आर॰ गुप्ता® कृत

पॉपुलर मास्टर गाइड

नेशनल टेस्टिंग एजेंसी (NTA)

UGC-NET/JRF

Junior Research Fellowship & Assistant Professor Eligibility Exam

अर्थशास्त्र

प्रश्न पत्र-II

लेखकः

संजय कुमार

एम॰ए॰ (अर्थशास्त्र), (गोल्डमेडलिस्ट), पी.एच.डी.

यूजीसी-सेट (अर्थशास्त्र), यूजीसी-नेट/जेआरएफ (अर्थशास्त्र)

2027
EDITION

रमेश पब्लिशिंग हाउस, नई दिल्ली

इस परीक्षा हेतु उपयोगी पुस्तक

UGC NET/JRF

अर्थशास्त्र

Paper-II

पिछले प्रश्न-पत्र (उत्तर सहित)

(जून 2012 से जनवरी 2026)

Book Code : R-2697 • Price : ₹ 620 • ISBN : 978-93-5477-922-0

E-mail your order to: order@rameshpublishinghouse.com

प्रकाशक

ओ.पी. गुप्ता, **रमेश पब्लिशिंग हाउस**

प्रशासनिक कार्यालय

12-H, न्यू दरियागंज रोड, ऑफिसर्स मेस के सामने,

नई दिल्ली-110002 ✆ 23275224, 23245124

E-mail: info@rameshpublishinghouse.com

For Online Shopping: www.rameshpublishinghouse.com

विक्रय केन्द्र

• बालाजी मार्किट, नई सड़क, दिल्ली-110006 ✆ 23282525 📱 9354373464

• 4457, नई सड़क, दिल्ली-110006

Book Code: R-467

ISBN: 978-93-87604-52-0

मूल्यः ₹ 690

मुद्रकः दीपक ऑफसैट, दिल्ली

विषय सूची

पिछले प्रश्न–पत्र, जनवरी 2026 (Exam held on 07-01-2026) 1-32

पिछले प्रश्न–पत्र, जून 2025 (Exam held on 29-06-2025) 1-40

पिछले प्रश्न–पत्र, जनवरी 2025 (Exam held on 03-01-2025) 41-76

पिछले प्रश्न–पत्र, अगस्त 2024 (Exam held on 28-08-2024) 1-40

UNIT-I
व्यष्टि आर्थिक विश्लेषण

1.1 मांग का सिद्धान्त 3-46

मांग फलन; मांग का नियम; मांग अनुसूची एवं मांग वक्र; बाजार मांग अनुसूची; बाजार मांग वक्र; मांग के प्रकार; मांग के नियम के अपवाद; मांग में परिवर्तन तथा मांगी गई मात्रा में परिवर्तन अर्थात मांग में विस्तार तथा संकुचन; मांग में वृद्धि तथा कमी; गणनावाचक उपायोगिता विश्लेषण; मार्शल के गणनावाचक उपयोगिता विश्लेषण की मान्यताएं; कुल उपयोगिता एवं सीमान्त उपयोगिता; सीमान्त उपयोगिता ह्रास नियम; सम सीमान्त उपयोगिता नियम; सम–सीमान्त उपयोगिता नियम की परिसीमाएं; गणनावाचक उपयोगिता विश्लेषण का आलोचनात्मक मूल्यांकन; मांग की लोच; मांग की लोच के प्रकार; मांग की कीमत लोच; मांग की कीमत लोच के प्रकार; कीमत लोच तथा कुल व्यय; मांग वक्र के किसी बिन्दु पर कीमत लोच की माप; मांग की चाप लोच; दो मांग वक्र के कीमत लोच की तुलना; मांग की प्रति–लोच; स्थानापन्न तथा पूरक वस्तुओं की मांग की प्रतिलोच; मांग की लोच को प्रभावित करने वाले कारक; मांग की आय–लोच; प्रतिस्थापन लोच; मूल्य लोच, आय लोच तथा प्रतिस्थापन लोच में परस्पर संबंध; पूर्ति की लोच; पूर्ति की लोच को प्रभावित करने वाले कारक; ऐंजिल वक्र; मांग का अनधिमान वक्र विश्लेषण; प्रतिस्थापन की सीमान्त दर; प्रतिस्थापन की सीमान्त दर तथा सीमान्त उपयोगिता में सम्बन्ध; अनधिमान वक्रों की विशेषताएं; बजट रेखा; उपभोक्ता का सन्तुलनः सन्तुष्टि अधिकतम करना; उपभोक्ता के सन्तुलन के लिए आवश्यक द्वितीय श्रेणी की शर्त; कीमत प्रभावः कीमत उपभोग वक्र; आय प्रभाव : आय उपभोग वक्र; प्रतिस्थापन प्रभाव; हिक्स का प्रतिस्थापन प्रभाव; स्लट्स्की का प्रतिस्थापन प्रभाव; हिक्स द्वारा कीमत प्रभाव को विभाजित करना; कीमत प्रभाव का आय तथा प्रतिस्थापन प्रभावों में विभाजन : स्लट्स्की की रीति; कीमत प्रभाव को आय प्रभाव तथा प्रतिस्थापन प्रभावों में विभाजित करने का लाभ; गिफिन वस्तु; आय एवं प्रतिस्थापन प्रभाव तथा मांग का नियम; मार्शल के गणनावाचक उपयोगिता विश्लेषण तथा अनधिमान वक्र विश्लेषण की तुलना; अनधिमान वक्र विश्लेषण की श्रेष्ठता; मांग का उद्घाटित अधिमान सिद्धान्त; उद्घाटित अधिमान सिद्धान्त की आलोचनात्मक समीक्षा; उपभोक्ता की बचत; उपभोक्ता की बचत का माप; अनधिमान वक्र की सहायता से उपभोक्ता की बचत की माप; उपभोक्ता की बचत की हिस्क की चार धारणाएं; कीमत–उपभोग वक्र तथा मांग की प्रति लोच में सम्बन्ध।

बहुविकल्पीय प्रश्न 37

उत्तरमाला 46

1.2 उत्पादन का सिद्धान्त 47-61

उत्पादन फलन; उत्पादन फलन के रूप; उत्पाद की अवधारणा; कुल उत्पाद; औसत उत्पाद; औसत उत्पाद वक्र की व्युत्पत्ति; सीमान्त उत्पाद; परिवर्तनशील अनुपात का नियम; परिवर्तनशील अनुपात के नियम की आवश्यक शर्तें; परिवर्तनशील अनुपात के नियम की तीन अवस्थाएं; समोत्पाद वक्र; तकनीकी प्रतिस्थापन की सीमान्त दर; तकनीकी प्रतिस्थापन की सीमान्त दर तथा उत्पादन के साधनों का सीमान्त उत्पाद; समोत्पाद वक्रों की विशेषताएं; तकनीकी प्रतिस्थापन की ह्रासमान सीमान्त दर; पूर्णतः स्थानापन्न

तथा पूर्णतः पूरक समोत्पाद वक्र; सम लागत रेखा; सम लागत रेखा की ढाल; उत्पादक–संतुलन; साधनों का अनुकूलतम (न्यूनतम लागत) संयोग की स्थिति में उत्पादक का संतुलन; विस्तार पथ; उत्पादन सम्भावना वक्र; पैमाने के प्रतिफल; रेखीय समरूप उत्पादन फलन; कॉब–डगलस उत्पादन फलन; कॉब–डगलस उत्पादन फलन की महत्त्वपूर्ण विशेषताएं।

बहुविकल्पीय प्रश्न 58

उत्तरमाला 61

1.3 लागत का सिद्धान्त 62-107

लागत की अवधारणा; स्पष्ट और अस्पष्ट लागतें; अवसर लागत; वास्तविक लागत; निजी, बाह्य एवं सामाजिक लागतें; लागत फलन; अल्पकालीन लागत फलन; दीर्घकालीन लागत फलन; अल्पकाल में लागतें : स्थिर लागतें तथा परिवर्तनशील लागतें; अल्पकाल में कुल लागत; औसत स्थिर लागत; औसत परिवर्तनशील लागत; औसत कुल लागत; सीमान्त लागत; सीमान्त लागत तथा औसत लागत में सम्बन्ध; औसत कुल लागत वक्र, औसत परिवर्तनशील लागत वक्र तथा औसत स्थिर लागत में सम्बन्ध; दीर्घकालीन औसत लागत वक्र; दीर्घकालीन सीमान्त लागत वक्र; इष्टतम उत्पादन तथा इष्टतम फर्म; बाहरी बचतें तथा हानियां; आगम की धारणाएं; कुल आगम; सीमान्त आगम; पूर्ण प्रतियोगिता की दशा में औसत तथा सीमान्त आय; अपूर्ण प्रतियोगिता के अन्तर्गत औसत तथा सीमान्त आय; औसत आय तथा सीमान्त आय वक्रों में सम्बन्ध; AR, MR तथा मूल्य–लोच (e_p) में सम्बन्ध; आंशिक बनाम सामान्य सन्तुलन विश्लेषण; विभिन्न प्रकार के बाजार ढांचों में कीमत तथा उत्पादन का निर्धारण; पूर्ण प्रतियोगिता के अन्तर्गत फर्म एवं उद्योग का सन्तुलन; पूर्ण प्रतियोगिता तथा शुद्ध प्रतियोगिता में अन्तर; प्रतियोगी फर्म का अल्पकालीन सन्तुलन; पूर्ण प्रतियोगिता में फर्म का दीर्घकालीन सन्तुलन; फर्म का दीर्घकालीन सन्तुलन एवं 'सामान्य लाभ की धारणा; पूर्ण प्रतियोगी उद्योग का अल्पकालीन सन्तुलन; पूर्ण प्रतियोगी उद्योग का दीर्घकालीन सन्तुलन; पूर्ण प्रतियोगी फर्म का अल्पकालीन पूर्ति वक्र; पूर्ण प्रतियोगिता, सामाजिक कल्याण तथा आर्थिक कुशलता; एकाधिकार में कीमत निर्धारण; एकाधिकार में कीमत–उत्पादन सन्तुलन; एकाधिकार एवं पूर्ति वक्र; एकाधिकार, साधनों का आवंटन तथा सामाजिक कल्याण; एकाधिकार का नियमन; एकाधिकार में सन्तुलन तथा पूर्ण प्रतियोगिता में सन्तुलन की तुलना; कीमत विभेदीकरण; कीमत विभेदीकरण की मात्रा; प्रथम कोटि का कीमत विभेदीकरण; द्वितीय कोटि का कीमत विभेदीकरण; तृतीय कोटि का कीमत विभेदीकरण; कीमत विभेदीकरण के अन्तर्गत एकाधिकारी का कीमत तथा सन्तुलन; राशिपतन; एकाधिकारी शक्ति की मात्रा का माप; एकाधिकारी की शक्ति की मांग की लोच द्वारा माप; लरनर द्वारा प्रतिपादित एकाधिकारी शक्ति की माप; मांग की प्रतिलोच द्वारा एकाधिकारी शक्ति की माप; द्विपक्षीय एकाधिकारी; एकाधिकारी प्रतियोगिता अथवा अपूर्ण प्रतियोगिता; उत्पाद विभेदीकरण; एकाधिकारी प्रतियोगिता में फर्म का सन्तुलन; अल्पकाल में व्यक्तिगत फर्म का सन्तुलन; एकाधिकारिक प्रतियोगिता में फर्म का दीर्घकालीन सन्तुलन तथा समूह सन्तुलन; एकाधिकारिक प्रतियोगिता, आर्थिक कुशलता तथा सामाजिक कल्याण; विक्रय लागतें एवं विज्ञापन; अल्पाधिकार; अल्पाधिकार की विशेषताएं; कीमत नेतृत्व; कीमत नेतृत्व के प्रकार; कपट सन्धायी अल्पाधिकार; कीमत दृढ़ता एवं विकुंचित मांग वक्र; कीमत दृढ़ता के कारण; विकुंचित मांग वक्र तथा अल्पाधिकारी का सन्तुलन; साधन कीमत विश्लेषण; वितरण के व्यष्टिपरक तथा समष्टि परक सिद्धान्त; वितरण का सीमान्त उत्पादकता सिद्धान्त; सीमान्त आय उत्पादन तथा सीमान्त उत्पादन का मूल्य; सीमान्त आय उत्पादन; सीमान्त उत्पादन का मूल्य; व्यक्तिगत फर्म द्वारा साधन की मांग; यूलर प्रमेय तथा योगीकरण समस्या; मजदूरी वृद्धि का श्रम क्रिया पर प्रभाव : आय प्रभाव तथा स्थानापत्ति प्रभाव; मजदूरी निवेद वक्र; लगान की प्रतिष्ठित अथवा रिकार्डियन सिद्धान्त; आर्थिक लगान एवं संविदा लगान; भेदात्मक लगान; लगान का आधुनिक सिद्धान्त; आभास लगान; लाभ का सिद्धान्त।

बहुविकल्पीय प्रश्न 98

उत्तरमाला 107

1.4 कल्याणकारी अर्थशास्त्र 108-115

वास्तविक अर्थशास्त्र तथा कल्याणकारी अर्थशास्त्र; नव–प्रतिष्ठित कल्याणकारी अर्थशास्त्र; परेटो अनुकूलतम; परेटो अनुकूलतम की शर्तें; परेटो अनुकूलतम की द्वितीय क्रम की तथा समस्त शर्तें; परेटो अनुकूलतम तथा पूर्ण प्रतियोगिता; बाजार असफलताएं; द्वितीय सर्वोत्तम का सिद्धान्त; नवीन कल्याणकारी अर्थशास्त्र; सामाजिक कल्याण फलन; बर्गसन–सैमुएलसन के सामाजिक कल्याण फलन के प्रमुख लक्षण।

बहुविकल्पीय प्रश्न 114

उत्तरमाला 115

UNIT-II
समष्टि आय विश्लेषण

2.1 रोजगार का क्लासिकी सिद्धान्त 119-188

क्लासिकी सिद्धान्त की आलोचना; 'से' का बाजार नियम; प्रभावी मांग का नियम; उपभोग फलन; उपभोग की प्रवृत्ति; सीमान्त उपभोग प्रवृत्ति; सीमान्त उपभोग प्रवृत्ति की विशेषताएं; सीमान्त उपभोग प्रवृत्ति और औसत उपभोग प्रवृत्ति में सम्बन्ध; बचत प्रवृत्ति; औसत बचत प्रवृत्ति; सीमान्त बचत प्रवृत्ति; औसत उपभोग प्रवृत्ति और औसत बचत प्रवृत्ति में सम्बन्ध; सीमान्त उपभोग प्रवृत्ति तथा सीमान्त बचत प्रवृत्ति में सम्बन्ध; केन्ज के उपभोग का मनोवैज्ञानिक नियम; केन्ज के उपभोग सम्बन्धी मनोवैज्ञानिक नियम की मान्यताएं; उपभोग फलन का सिद्धान्त; निरपेक्ष आय परिकल्पना; सापेक्ष आय परिकल्पना; इस नियम की आलोचना; स्थायी आय की परिकल्पना; इस सिद्धान्त की आलोचना; जीवन चक्र परिकल्पना; इसकी आलोचना; निवेश फलन; पूंजी और निवेश में सम्बन्ध; पूंजी की सीमान्त क्षमता; ब्याज की दर; निवेश की सीमान्त उत्पादकता; MEC तथा MEI में सम्बन्ध; निवेश बढ़ाने के उपाय; गुणक; सीमान्त उपभोग प्रवृत्ति और गुणक में सम्बन्ध; गुणक का कार्यकरण; प्रावैगिक या समयावधि गुणक; रिसाव तथा गुणक; गुणक की आलोचना; गुणक सिद्धान्त की विकासशील देशों पर व्यावहार्यता; केन्ज का रोजगार सिद्धान्त; क्लासीकल और केन्जीय मॉडलों की तुलना; केन्ज के रोजगार सिद्धान्त की आलोचना; मितव्ययिता का विरोधाभास; विदेशी व्यापार गुणक; त्वरण का नियम; त्वरण नियम की आलोचनाएं; अति गुणक या गुणक–त्वरक परस्पर क्रिया; मुद्रा की मांग; क्लासीकल मत; नव–क्लासीकल सिद्धान्त; मुद्रा की मांग का केन्जीय सिद्धान्त; केन्जोपरान्त मत; बोमल का स्टॉक सैद्धान्तिक मत; क्लासीकल एवं केन्जीय मतों में बोमल सिद्धान्त की श्रेष्ठता; टोबिन का निवेश सूची चयन मॉडल: जोखिम निवारण तरलता अधिमान सिद्धान्त; केन्जीय सिद्धान्त की तुलना में टोबिन के सिद्धान्त की श्रेष्ठता; फ्रीडमैन का सिद्धान्त; मुद्रा के परिमाण सिद्धान्त; नकदी लेन–देन सिद्धान्त; परिमाण सिद्धान्त का नकदी–शेष कैम्ब्रिज संस्करण; पीगू का समीकरण; राबर्टसन का समीकरण; कीन्ज का समीकरण; नकदी शेष सिद्धान्त तथा लेन–देन सिद्धान्त में समानता; लेन–देन तथा नकदी शेष सिद्धान्त में तुलना; केन्ज की मुद्रा एवं कीमत का सिद्धान्त; मुद्रा परिमाण के क्लासीकल सिद्धान्त की तुलना में केन्जीय सिद्धान्त की श्रेष्ठता; पेटिनकिन द्वारा किया गया मुद्रा तथा मूल्य सिद्धान्त का एकीकरण: वास्तविक शेष प्रभाव; ब्याज दर का सिद्धान्त; क्लासीकल सिद्धान्त के अनुसार ब्याज का निर्धारण; ऋण योग्य निधि सिद्धान्त अथवा नव–क्लासीकल सिद्धान्त; ब्याज दर के नव–क्लासीकल एवं क्लासीकल सिद्धान्त में तुलना; केन्ज का ब्याज का तरलता अधिमान सिद्धान्त; केन्ज के ब्याज के नकदी अधिमान की आलोचना; ब्याज का आधुनिक सिद्धान्त; IS तथा LM वक्र को प्रभावित करने वाले चरों में परिवर्तन का ब्याज दर पर प्रभाव; मुद्रा की पूर्ति; मुद्रा की पूर्ति के निर्धारक; प्रबल मुद्रा; साख का निर्माण; साख निर्माण का सूत्र; साख निर्माण की सीमाएं; मुद्रा के कार्य; फिलिप्स वक्र विश्लेषण; फिलिप्स वक्र की नीति विषयक निहित तत्त्व; व्यापार चक्र; काल्डर का व्यापार चक्र सि न्त; हिक्स का व्यापार चक्र सिद्धान्त; सैम्युलसन का व्यापार चक्र मॉडल; स्फीति का सिद्धांत; स्फीति उ राल; मांगाधिक्य स्फीति; लागताधिक्य

स्फीति; क्षेत्रीय अथवा मांग स्थानान्तरण स्फीति; संरचनात्मक स्फीति; खुली तथा निरूद्ध स्फीति; स्टैगफ्लेशन; स्फीति के कारण; पूर्ति को प्रभावित करने वाले कारक; विकासशील देशों में स्फीति रोकने के उपाय; अवस्फीति; स्फीति का परिणाम; समष्टि आर्थिक सन्तुलन; वस्तु और मुद्रा बाजार में सामान्य संतुलन; IS तथा LM अनुसूचियों में स्थानान्तरण: सामान्य संतुलन में परिवर्तन; IS फलन में स्थानान्तरण; LM फलन में स्थानान्तरण; मौद्रिक और राजकोषीय नीतियों की प्रभाविता; मौद्रिक नीति; राजकोषीय–नीति; पीगू प्रभाव तथा वास्तविक शेष प्रभाव में अन्तर।

बहुविकल्पीय प्रश्न **167**

उत्तरमाला **187**

UNIT-III
विकास एवं नियोजन

3.1 आर्थिक वृद्धि तथा आर्थिक विकास **189-247**

आर्थिक विकास के माप; मानव विकास सूचक; विकास के साथ असमानता में कमी के कारण; गिन्नी गुणांक; गरीबी का दुश्चक्र; अल्पविकास का संरचनात्मक दृष्टिकोण; सरकार की आर्थिक विकास में भूमिका; आर्थिक विकास का क्लासिकल सिद्धान्त; मार्क्स का सिद्धान्त; शुम्पीटर का सिद्धांत; लुईस का श्रम की असीमित पूर्ति सिद्धांत; फाई–रेनिस का दोहरी अर्थव्यवस्था का सिद्धांत; समीक्षात्मक मूल्यांकन; लीबन्स्टीन का क्रांतिक न्यूनतम प्रयत्न सिद्धांत; नैल्शन का निम्न संतुलन पाश सिद्धांत; 'प्रबल प्रयास सिद्धांत; संतुलित संवृद्धि का सिद्धांत; असंतुलित संवृद्धि का सिद्धांत; रोस्टोव की आर्थिक वृद्धि की अवस्थाएं; हैरड–डोमर मॉडल; हैरड तथा डोमर मॉडलों में असमानता; रॉबिन्सन मॉडल; कालडर मॉडल; सतत अवस्था वृद्धि; तकनीकी विकास; हिक्स की तटस्थता; हैरड की तटस्थता; आर्थिक विकास में कृषि तथा उद्योग का महत्त्व; तकनीक का चुनाव; श्रम गहन बनाम पूंजी गहन तकनीकें; विनियोग कसौटी; लागत–लाभ विश्लेषण; जनसंख्या तथा आर्थिक विकास; मानव पूंजी निर्माण; द्वय अन्तराल विश्लेषण; मिर्डल का चक्रीय कार्यकरण का सिद्धांत; प्रैबिश–सिंगर सिद्धांत; आर्थिक विकास में मुद्रा नीति; आर्थिक विकास में राजकोषीय नीति; अतंर्राष्ट्रीय व्यापार तथा आर्थिक विकास; अंतर्राष्ट्रीय व्यापार का महत्त्व; अप्रत्यक्ष लाभ।

बहुविकल्पीय प्रश्न **231**

उत्तरमाला **247**

UNIT-IV
राजस्व

4.1 सार्वजनिक बजट **249-281**

बजट के प्रकार; भारत में बजट प्रणाली; राजस्व एवं पूंजी बजट; निष्पादक बजट; निष्पादक बजट के लाभ; शून्य आधार बजट; केंद्रीय सरकार के विभिन्न प्रकार के बजट घाटे; सार्वजनिक व्यय; सार्वजनिक व्यय का वैगनर के विचार; लोक व्यय के अन्य सिद्धांत; करारोपण का सिद्धांत; कर भार विभाजन के विभिन्न उपागम; व्यक्तिपरक दृष्टिकोण; समान निरपेक्ष त्याग; समान अनुपाती त्याग; विभिन्न धारणाओं के अंतर्गत कराधान का भार; वस्तुपरक दृष्टिकोण; करों के प्रकार; कराधान के प्रभाव; कराघात का अर्थ; कर विवर्तन का अर्थ; कर भार का अर्थ; कराघात तथा कर भार में अन्तर; कर भार तथा कर के प्रभाव में अन्तर; कर का विवर्तन; प्रतिफल के नियमों का प्रभाव; पूर्ण प्रतियोगिता के अंतर्गत कर भार; एकाधिकार के अंतर्गत कर भार; कार्यात्मक वित्त; कार्यशील वित्त; राजकोषीय नीति; राजकोषीय नीति के उद्देश्य;

सार्वजनिक ऋण; सार्वजनिक ऋण का भार; सार्वजनिक ऋण का प्रबंध; सार्वजनिक ऋण के प्रबंध का सिद्धांत; संघीय वित्त व्यवस्था; संघीय वित्त समस्याएं; कर आय की लोच तथा उत्प्लावकता; वित्त आयोग; केन्द्र से राज्यों को साधन अन्तरण; साधन अन्तरण के अन्य स्रोत; गाडगिल फार्मूला; मुखर्जी फार्मूला; भारत में केंद्रीय–राज्य वित्तीय संबंध : क्षैतिज एवं ऊर्ध्व असंतुलन; 11 वें वित्त आयोग की सिफारिशें; भारत के वित्त आयोग; करों से संबंधित महत्त्वपूर्ण समितियां; कर देय क्षमता; निरपेक्ष तथा सापेक्ष कर देय क्षमता; कर देय क्षमता का महत्त्व; करदेय क्षमता का निर्धारण करने वाले तत्त्व; संतुलित बजट गुणक;

बहुविकल्पीय प्रश्न **272**

उत्तरमाला **280**

UNIT-V
अन्तर्राष्ट्रीय व्यापार

5.1 अंतर्राष्ट्रीय व्यापार **283-342**

स्मिथ का लागतों में निरपेक्ष अन्तरों का सिद्धांत; रिकार्डो का लागतों में तुलनात्मक अंतरों का सिद्धांत; हैबरलर का अवसर लागत सिद्धांत; प्रस्ताव वक्र; व्यापार उदासीनता वक्र; उत्पादन संभावना वक्र; समुदाय उदासीनता वक्र; मिल के पारस्परिक मांग का सिद्धांत; मान्यताएं; हैक्शर–ओलिन का अंतर्राष्ट्रीय व्यापार का सिद्धांत; साधन कीमत समानीकरण प्रमेय; स्टोप्लर–सैम्यूलसन प्रमेयः वास्तविक साधन आय पर वस्तु कीमतों में परिवर्तन का प्रभाव; रिब्जिन्स्की प्रमेयः व्यापार पर साधन संपन्नता परिवर्तनों का प्रभाव; साधन गहनता व्युत्क्रम; लियोनतिफ विरोधाभास; संतापकारी वृद्धि; व्यापार की शर्तें; राशि पातन; संरक्षण; शिशु उद्योग तर्क; प्रशुल्क; प्रशुल्कों के प्रभाव; इष्टतम प्रशुल्क; आय वितरण पर प्रशुल्क के प्रभावः स्टोप्लर सैम्यूलसन सिद्धांत; संरक्षण की प्रभावी दर; विदेशी व्यापार गुणक; विदेशी विनिमय दर; तत्काल और अग्रिम विनिमय दर; विदेशी विनिमय दर के सिद्धांत; टकसाल दर समता सिद्धांत; क्रय शक्ति समता सिद्धांत; भुगतान शेष सिद्धांत; विनिमय दर को प्रभावित करने वाले कारक; स्थिर विनिमय दरें; स्थिर विनिमय दरों के पक्ष में तर्क; स्थिर विनिमय दरों के विपक्ष में तर्क; लोचदार विनिमय दरें; लोचदार विनिमय दर प्रणाली के पक्ष में तर्क; लोचदार विनिमय दरों के विपक्ष में तर्क; प्रबंधित तिरती प्रणाली; विनिमय नियंत्रण; अंतर्राष्ट्रीय आर्थिक एकीकरण; कस्टम यूनियन के सिद्धांत; आंशिक संतुलन दृष्टिकोण; भुगतान शेष; व्यापार शेष और भुगतान शेष; भुगतान शेष का समायोजन; अवमूल्यन; अवमूल्यन की सफलता के लिए शर्तें; अवमूल्यन के सिद्धांत; अवमूल्यन का व्यापार शर्त प्रभाव; मौद्रिक उपागम तथा भुगतान संतुलन में समायोजन; भुगतान शेष नीतिः आंतरिक तथा बाह्य संतुलन; स्वैन मॉडल; अंतर्राष्ट्रीय रिजर्व; अंतर्राष्ट्रीय आरक्षणों की समस्या और आवश्यकता; विश्व तरलता को बढ़ाने में IMF की भूमिका; विश्व बैंक; अंतर्राष्ट्रीय मुद्रा कोष; IMF के उद्देश्य; विशेष आहरण अधिकार; विश्व बैंक परिवार; अंतर्राष्ट्रीय विकास परिषद; अंतर्राष्ट्रीय वित्त निगम; बहुपक्षीय निवेश गारंटी एजेंसी; संयुक्त राष्ट्र व्यापार एवं विकास सम्मेलन; अंकटाड के कार्य; एशियाई विकास बैंक; अंतर्राष्ट्रीय मुद्रा कोष बनाम विश्व बैंक; प्रशुल्क एवं व्यापार पर सामान्य समझौता–गैट; गैट वार्ताओं के दौर; उरुग्वे राउंड तथा डंकल प्रस्ताव; विश्व व्यापार संगठन; विश्व व्यापार संगठन के कार्य।

बहुविकल्पीय प्रश्न **321**

उत्तरमाला **342**

UNIT-VI
राष्ट्रीय आय

6.1 राष्ट्रीय आयः धारणाएं एवं माप **345-356**

राष्ट्रीय आय की परिभाषाएं; राष्ट्रीय आय की धारणाएं; राष्ट्रीय आय को मापने की विधियां; राष्ट्रीय आय के माप में कठिनाइयां; राष्ट्रीय आय की धारणाओं में परस्पर संबंध; सामाजिक लेखांकन; आगत–निर्गत लेखांकन।

बहुविकल्पीय प्रश्न **349**

उत्तरमाला **356**

UNIT-VII
जनसंख्या एवं आर्थिक विकास

7.1 जनसंख्या का सिद्धांत **357-371**

माल्थस का जनसंख्या सिद्धांत; माल्थस के जनसंख्या सिद्धांत की आलोचना; इष्टतम जनसंख्या सिद्धांत; इष्टतम सिद्धांत की आलोचनाएं; जनांकिकीय संक्रमण सिद्धांत; जनसंख्या एवं आर्थिक विकास; जनांकिकी के तत्त्व; प्रजनन शक्ति का माप; प्रजनन दरें; मरण दर का मापन; अशोधित मृत्यु दर; विशिष्ट मृत्यु दरें; प्रमाणित मृत्यु दरें; जीवन–सारणी; जीवन–सारणी की मान्यताएं; जीवन–सारणी की उपयोगिता; भारत में गरीबी; गरीबी के अनुमान।

बहुविकल्पीय प्रश्न **369**

उत्तरमाला **372**

UNIT-VIII
सांख्यिकीय विधियां

8.1 केन्द्रीय प्रवृत्ति की माप **373-421**

औसत का उद्देश्य, महत्त्व एवं कार्य; अच्छे औसत के आवश्यक तत्त्व; सांख्यिकीय माध्यों के प्रकार; समान्तर माध्य; समान्तर माध्य की बीजगणितीय विशेषताएं; समान्तर माध्य के लाभ; समान्तर माध्य के दोष; गुणोत्तर माध्य; गुणोत्तर माध्य के गुण; गुणोत्तर माध्य के दोष; हरात्मक माध्य; हरात्मक माध्य के विशेष प्रयोग; माध्यिका; माध्यिका के गुण; माध्यिका के दोष; बहुलक; बहुलक के गुण; बहुलक के दोष; औसतों का पारस्परिक संबंध; उपयुक्त औसत का चुनाव; अपकिरण तथा विषमता; द्वितीय श्रेणी के औसत; निरपेक्ष तथा सापेक्ष अपकिरण; अपकिरण की माप का उद्देश्य; विस्तार; विस्तार–गुणांक; विस्तार के दोष; अन्तर–चतुर्थक विस्तार; अन्तर–चतुर्थक विस्तार के गुण; दोष; चतुर्थक विचलन; चतुर्थक विचलन के गुण; चतुर्थक विचलन के दोष; माध्य विचलन; माध्य--विचलन के परिगणन संबंधी कुछ स्मरणीय बातें; माध्य विचलन के परिगणन की विधि; माध्य विचलन के गुण; माध्य विचलन के दोष; प्रमाप विचलन; प्रमाप विचलन के परिगणन संबंधी कुछ स्मरणीय बातें; प्रमाप विचलन के बीजगणितीय विशेषताएं; मानक या प्रमाप विचलन के गुण; प्रमाप विचलन के दोष; विचरण गुणांक; विचरण गुणांक के गणन विधि; विचरण–गुणांक का उपयोग; विषमता; विषमता का अर्थ व परिभाषा; सममित व सामान्य वितरण; असममित

वितरण अथवा विषम वितरण; विषमता की टैस्ट; ककुदता; प्रायिकता; प्रायिकता की गणितीय परिभाषा; घटनाएं; योग–प्रमेय; योग–प्रमेय की सीमाएं; गुणन प्रमेय; सशर्त प्रायिकता; द्विपद वितरण; द्वि–पद विस्तार से संबंधित कुछ स्मरणीय तथ्य; द्वि–पद वितरण का माध्य एवम् प्रमाप विचलन; द्वि–पद वितरण की विशेषताएं; प्वासों वितरण; असामान्य प्रकृति की घटनाओं के कुछ उदाहरण; प्वासों वितरण का समान्तर माध्य एवं प्रमाप विचलन; प्वासों वितरण की विशेषताएं; प्रसामान्य वितरण; मान्यताएं; प्रसामान्य वक्र की विशेषताएं; प्रसामान्य वितरण से संबंधित महत्त्वपूर्ण बातें; प्रसामान्य वक्र के क्षेत्रफल–संबंध; सह–सम्बंध; सह–संबंध के प्रकार; सह–संबंध का परिमाण; कार्ल पियर्सन का सह–संबंध गुणांक; मूल बिन्दू एवं पैमाने में परिवर्तन का सह–संबंध गुणांक पर प्रभाव; कार्ल पियर्सन के सह–संबंध गुणांक की मान्यताएं; कार्ल पियर्सन के सह–संबंध गुणांक की सीमाएं; सह–संबंध गुणांक की विशेषताएं; सह–संबंध और कार्य–कारण संबंध; समाश्रयण विश्लेषण; समाश्रयण तथा सह–सम्बन्ध में अन्तर; रेखीय समाश्रयण; समाश्रयण की दो रेखाएं क्यों होती हैं?; समाश्रयण रेखाओं के कार्य; समाश्रयण समीकरण; समाश्रयण गुणांक; समाश्रयण गुणांक की विशेषताएं; समाश्रयण गुणांकों से सह–संबंध गुणांक का निर्धारण; सह–संबंध विश्लेषण बनाम समाश्रयण विश्लेषण; सूचकांक; सूचकांक की विशेषताएं; सूचकांक तैयार करने के तरीके; साधारण या अ–भारित कीमत सूचकांक; कीमत सूचकांक की श्रृंखला–आधार विधि; श्रृंखला आधार सूचकांकों की निर्माण विधि; स्थिर–आधार से श्रृंखला सूचकांक ज्ञात करना; उपभोक्ता–मूल्य सूचकांक; उपभोक्ता मूल्य सूचकांक की उपयोगिता; भौतिक मात्राओं के सूचकांक; फिशर का आदर्श सूचकांक; फिशर के सूचकांक की विशेषताएं; फिशर के सूचकांक की गणना विधि; फिशर के सूचकांक के दोष; सूचकांक के अन्य महत्त्वपूर्ण फार्मूला; उत्क्राम्यता परीक्षाएं; तत्त्व उत्क्राम्यता परीक्षण; चक्रीय परीक्षण; काल–श्रेणी के संघटक; सुदीर्घकालीन प्रवृत्ति; अल्पकालीन उच्चावचन; अनियमित अथवा दैव उच्चावचन; प्रतिदर्श सिद्धांत; समग्र तथा प्रतिदर्श; समग्र के प्रकार; प्रतिदर्श की परिभाषा; संगणना या समग्र अनुसंधान; संगणना अनुसंधान का प्रयोग; प्रतिदर्श अनुसंधान; प्रतिदर्श या निदर्शन प्रणाली की उपयोगिता; प्रतिदर्श विधि के गुण; प्रतिदर्श विधि के दोष; प्रतिदर्श के आवश्यक तत्त्व; प्रतिदर्श के प्रकार; दैव प्रतिदर्श; स्तरित प्रतिदर्श; इस प्रणाली के गुण; बहु–स्तरीय दैव प्रतिदर्श; कोटा प्रतिदर्श; प्राचल एवं प्रतिदर्शज; प्रतिदर्श के उद्देश्य; सार्थकता परीक्षण; सार्थकता परीक्षण की सीमाएं; प्रतिदर्श बंटन; प्रतिदर्श वितरण; निदर्शन–वितरण; निदर्शन वितरणों का महत्त्व; प्रतिदर्श का आकार और प्रमापित मापें; टी–वितरण; टी–वितरण की विशेषताएं; प्रतिदर्श माध्य का सार्थकता–परीक्षण; दो प्रतिदर्श–माध्यों के अन्तर का सार्थकता–परीक्षण; सह–संबंध गुणांक का सार्थकता–परीक्षण; जेड–टैस्ट; जेड–टैस्ट का प्रयोग; एफ–टैस्ट; एफ–टैस्ट की मान्यताएं; एफ–टैस्ट की परिगणन प्रक्रिया; काई–वर्ग टैस्ट; काई–वर्ग टैस्ट की मान्यताएं; काई–वर्ग टैस्ट का उपयोग; काई–वर्ग टैस्ट की विशेषताएं; काई–वर्ग के विशेष गुण।

बहुविकल्पीय प्रश्न **416**

उत्तरमाला **421**

UNIT-IX
भारतीय अर्थव्यवस्था

9.1 राष्ट्रीय आय **425-426**

9.2 जनसंख्या **427-438**

9.3 निर्धनता **439**

9.4 कृषि **440-445**

9.5 उद्योग 446-450

9.6 श्रम 451-453

9.7 आर्थिक आयोजन 454-456

9.8 मुद्रा एवं बैंकिंग 457-465

9.9 पूँजी बाजार 466-469

9.10 लोक वित्त 470-475

आर्थिक शब्दावली 476-492

अभ्यास हेतु प्रश्न 493-513

उत्तरमाला 514-515

UNIT-X
गणितीय अर्थशास्त्र

10.1 आगत-निर्गत विश्लेषण 519-523
प्रमुख विशेषताएं; मान्यताएं; आयोजन के आगत–निर्गत मॉडल का प्रयोग; योजना की संभाव्यता और संगति; लियोनतिफ हल; आगत–निर्गत विश्लेषण की सीमाएं।

10.2 रेखीय प्रोग्रामिंग 524-532
रेखीय प्रोग्रामिंग की महत्त्वपूर्ण अवधारणाएं; प्रक्रियाएं तथा प्रक्रिया किरणें; वस्तुपरक फलन; संभाव्य हल; पदार्थों का चयन : अधिकतम लाभ की प्राप्ति; रेखीय प्रोग्रामिंग द्वारा आहार की समस्या का समाधान; रेखीय प्रोग्रामिंग का महत्व; रेखीय प्रोग्रामिंग की सीमाएं।

10.3 अवकलन तथा समाकलन का प्रयोग 533-556
आकलन के नियम; न्यूनतम और अधिकतम मान के लिए शर्त; समाकलन का प्रयोग।

बहुविकल्पीय प्रश्न 541

उत्तरमाला 546

महत्वपूर्ण वस्तुनिष्ठ प्रश्न .... (1-64)

REVISED SCHEME

As per the revised Scheme, the test will consist of two papers as below:

Paper	Marks	Number of Questions
I	100	50 questions. All are compulsory
II	200	100 questions. All are compulsory

- **Paper-I** shall consist of 50 objective type compulsory questions, each question carrying 2 marks. The questions which will be of general nature, intended to assess the teaching/research aptitude of the candidate. It will primarily be designed to test reasoning ability, comprehension, divergent thinking and general awareness of the candidate.
- **Paper-II** shall consist of 100 objective type compulsory questions, each question carrying 2 marks which will be based on the subject selected by the candidate.
- The Test will be conducted in Computer Based Test (CBT) Mode only.

पिछले प्रश्न-पत्र

National Testing Agency (NTA)

UGC-NET जूनियर रिसर्च फैलोशिप तथा सहायक प्राध्यापक पात्रता परीक्षा

अर्थशास्त्र, जनवरी-2026

(Exam held on 07-01-2026)

प्रश्न-पत्र-II

1. सूची-I का सूची-II से मिलान कीजिए।

सूची-I	सूची-II
A. 14वाँ वित्त आयोग	I. ऊर्ध्वाधर कर हस्तांतरण 41%
B. 15वाँ वित्त आयोग	II. ऊर्ध्वाधर कर हस्तांतरण 42%
C. 12वाँ वित्त आयोग	III. राज्यों का हिस्सा केंद्रीय करों का 32%
D. 13वाँ वित्त आयोग	IV. राज्यों का हिस्सा केंद्रीय करों का 30.5%

नीचे दिए गए विकल्पों में से **सही** उत्तर चुनिए:

1. A-IV, B-III, C-II, D-I
2. A-IV, B-III, C-I, D-II
3. A-III, B-IV, C-I, D-II
4. A-II, B-I, C-IV, D-III

2. अल्पाधिकार (Oligopoly) का किंक्ड-डिमांड मॉडल निम्नलिखित में से किसने विकसित किया था?

1. चेम्बरलिन 2. बर्ट्रेंड
3. स्टैकल बर्ग 4. स्वीजी

3. यदि अंतर समीकरण $Y_{t+1} - 1.2Y_t = 0$ दिया गया है, तो t के सापेक्ष Y_t का सामान्य व्यंजक क्या होगा?

1. $Y_t = (1.2)^t\, Y_1$
2. $Y_t = (1.2)^{t+1}\, Y_0$
3. $Y_t = (1.2)^{t-1}\, Y_1$
4. $Y_t = (1.2)^{t-1}\, Y_0 + C$

4. संतुलित बजट गुणक (Balanced Budget Multiplier) के मामले में:

A. उत्पादन में वृद्धि, सरकारी व्यय में वृद्धि से कम होती है।

B. उत्पादन में वृद्धि, सरकारी व्यय में वृद्धि से अधिक होती है।

C. सरकारी व्यय और करों में समान मात्रा में वृद्धि की जाती है।

D. गुणक का मान 1 के बराबर होता है।

नीचे दिए गए विकल्पों में से **सही** उत्तर चुनिए:

1. केवल C और D 2. केवल B और C
3. केवल A, B और C 4. केवल B और D

5. तरलता जाल (Liquidity Trap) की परिघटना के संबंध में निम्नलिखित में से कौन-सा कथन सत्य है?

1. समस्त अतिरिक्त मुद्रा आपूर्ति बांड खरीदने में खर्च की जाती है।
2. ब्याज दर का स्तर बहुत ऊँचा होता है।
3. समस्त अतिरिक्त मुद्रा आपूर्ति जनता द्वारा निष्क्रिय नगद शेष के रूप में रखी जाती है।
4. तरलता जाल की स्थिति से ब्याज दर में कमी आएगी।

6. केंद्रीय बजट 2025-26 में विभिन्न लाभकारी प्रस्तावों के कारण कितने राजस्व का त्याग करना पड़ेगा?

1. प्रत्यक्ष करों में ₹ 2 लाख करोड़ तथा अप्रत्यक्ष करों में ₹ 5600 करोड़
2. प्रत्यक्ष करों में ₹ 1.5 लाख करोड़ तथा अप्रत्यक्ष करों में ₹ 5600 करोड़
3. प्रत्यक्ष करों में ₹ 1 लाख करोड़ तथा अप्रत्यक्ष करों में ₹ 2600 करोड़
4. प्रत्यक्ष करों में ₹ 50,000 करोड़ तथा अप्रत्यक्ष करों में ₹ 2000 करोड़

7. नीचे दो कथन दिए गए हैं : एक को अभिकथन (A) तथा दूसरे को कारण (R) कहा गया है।

अभिकथन (A): सरकार द्वारा घाटा व्यय करने से निजी निवेश पर भीड़-बहिष्करण प्रभाव (Crowding Out Effect) पड़ता है।

कारण (R): जब सरकार अपने घाटे की पूर्ति बाजार से उधार लेकर करती है, तब बांड की कीमतें बढ़ जाती हैं तथा ब्याज दर घट जाती है।

उपरोक्त कथनों के आलोक में नीचे दिए गए विकल्पों में से **सबसे उपयुक्त** उत्तर चुनिए:

1. (A) और (R) दोनों सही हैं तथा (R), (A) की सही व्याख्या है।
2. (A) और (R) दोनों सही हैं, लेकिन (R), (A) की सही व्याख्या नहीं है।
3. (A) सही है, लेकिन (R) सही नहीं है।
4. (A) सही नहीं है, लेकिन (R) सही है।

8. प्रतिपूर्ति भुगतान (Compensation Payments) पर आधारित कल्याण मापदंड को क्या कहा जाता है?

1. डाल्टन-फ्रीडमैन प्रतिपूर्ति मापदंड
2. अमर्त्य सेन प्रतिपूर्ति मापदंड
3. पैरेटो-बेन्स प्रतिपूर्ति मापदंड
4. काल्डोर-हिक्स प्रतिपूर्ति मापदंड

9. मानव विकास सूचकांक (HDI) का प्रयोग देशों की रैंकिंग के लिए किस आधार पर किया जाता है?

1. जन्म के समय जीवन प्रत्याशा, वयस्क निरक्षरता दर तथा सुरक्षित जल की उपलब्धता से वंचित जनसंख्या का प्रतिशत।
2. वास्तविक प्रति व्यक्ति आय, 5 वर्ष से कम आयु के कम वजन वाले बच्चों का प्रतिशत तथा 40 वर्ष की आयु तक जीवित न रहने वाली जनसंख्या का प्रतिशत।
3. जन्म के समय जीवन प्रत्याशा, शैक्षिक उपलब्धि तथा क्रय शक्ति समता पर वास्तविक प्रति व्यक्ति आय।
4. आय असमानता तथा शहरी क्षेत्रों में रहने वाली जनसंख्या का प्रतिशत।

10. सूची-I का सूची-II से मिलान कीजिए।

सूची-I	**सूची-II**
A. केनेथ बोल्डिंग	I. प्रदूषण कर
B. जॉर्जेस्क्यू-रोजेन	II. स्पेसशिप अर्थ एवं पारिस्थितिक सीमाएँ
C. एलिनॉर ओस्ट्रॉम	III. सामूहिक संपत्ति संसाधनों का प्रबंधन
D. ए.सी. पिगू	IV. ऊर्जा एक सीमित कारक के रूप में

नीचे दिए गए विकल्पों में से **सही** उत्तर चुनिए:

1. A-I, B-III, C-II, D-IV
2. A-III, B-II, C-I, D-IV
3. A-II, B-I, C-IV, D-III
4. A-II, B-IV, C-III, D-I

11. डाल्टन के इष्टतम जनसंख्या सूत्र $M = \frac{A-O}{O}$ (जहाँ M = असंतुलन की मात्रा, A = वास्तविक जनसंख्या तथा O = इष्टतम जनसंख्या स्तर) के अनुसार कोई देश इष्टतम जनसंख्या वाला तब कहलाता है जब:

1. M धनात्मक हो
2. M ऋणात्मक हो
3. M शून्य हो
4. O शून्य हो

12. नीचे दो कथन दिए गए हैं : एक को अभिकथन (A) तथा दूसरे को कारण (R) कहा गया है।

अभिकथन (A): यदि X और Y कोई दो चर हैं और उन्हें नए चर U और V में इस प्रकार रूपांतरित किया जाए:

$$U = \frac{X - A}{h}, \quad V = \frac{Y - B}{K}$$

जहाँ A, B, h, K नियतांक हैं तथा h और $K > 0$ हैं, तब $r_{xy} = r_{uv}$

कारण (R): सहसंबंध गुणांक (r), मूल बिंदु तथा मापनी में परिवर्तन से स्वतंत्र होता है।

उपरोक्त कथनों के आलोक में नीचे दिए गए विकल्पों में से **सबसे उपयुक्त** उत्तर चुनिए:

1. (A) और (R) दोनों सही हैं तथा (R), (A) की सही व्याख्या है।
2. (A) और (R) दोनों सही हैं, लेकिन (R), (A) की सही व्याख्या नहीं है।
3. (A) सही है, लेकिन (R) सही नहीं है।
4. (A) सही नहीं है, लेकिन (R) सही है।

13. निर्धारण गुणांक (Coefficient of Determination) (R^2):

A. प्रतिगामकों (Regressors) की संख्या का बढ़ता हुआ फलन है।

B. प्रतिगामकों की संख्या का घटता हुआ फलन है।

C. प्रतिगामकों की संख्या बढ़ाने या घटाने से अप्रभावित रहता है।

D. सदैव धनात्मक होता है।

नीचे दिए गए विकल्पों में से **सही** उत्तर चुनिए:

1. केवल A और B 2. केवल A और C
3. केवल A और D 4. केवल B और C

14. एकाधिकार शक्ति (Monopoly Power) की व्याख्या निम्नलिखित में से किसके द्वारा की जाती है?

1. $\frac{(P - MC)}{P}$ 2. $\frac{(P + MC)}{P}$
3. $\frac{(P - AC)}{P}$ 4. $\frac{(P + AC)}{P}$

15. भारत में ₹ 1000 मूल्यवर्ग के नोट पहली बार किस वर्ष विमुद्रीकृत (Demonetised) किए गए थे?

1. 2016 2. 1978
3. 1969 4. 1980

16. नव-शास्त्रीय वृद्धि सिद्धांत (Neo-Classical Growth Theory) के मूल प्रतिपादन हैं:

A. उत्पादन की वृद्धि, श्रम उत्पादकता की वृद्धि दर पर निर्भर करती है।

B. उत्पादन की वृद्धि, प्रति व्यक्ति आय के स्तर पर निर्भर करती है।

C. बचत तथा निवेश का अनुपात आर्थिक वृद्धि निर्धारित करता है।

D. केवल निवेश ही आर्थिक वृद्धि निर्धारित करता है।

नीचे दिए गए विकल्पों में से **सही** उत्तर चुनिए:

1. केवल A और C 2. केवल A और B
3. केवल C और D 4. केवल B और C

17. निम्नलिखित में से ट्रेजरी बिलों के प्रकारों की सही पहचान कीजिए।

A. समायोजित मूल्य नीलामी

B. समान मूल्य नीलामी

C. बहु-मूल्य नीलामी

D. पुनःसमायोजित मूल्य नीलामी

नीचे दिए गए विकल्पों में से **सही** उत्तर चुनिए:

1. केवल A और B 2. केवल B और C
3. केवल C और D 4. केवल A और D

18. सार्वजनिक व्यय और राज्य गतिविधियों में वृद्धि की परिघटना की व्याख्या करने वाला सिद्धांत किसने प्रस्तुत किया?

1. बॉमोल 2. एलन पीकॉक
3. डाल्टन 4. एडोल्फ वैग्नर

19. विकास के "बिग-पुश" सिद्धांत की उत्पत्ति निम्नलिखित में से किस पर आधारित है?

1. असंतुलित आर्थिक वृद्धि
2. निम्न-स्तरीय संतुलन जाल तथा क्रांतिक न्यूनतम प्रयास
3. काल्डोर के वृद्धि नियम
4. हैरॉड की नाइफ-एण्ड इनस्टैबिलिटी अस्थिरता

20. नीचे दो कथन दिए गए हैं : एक को अभिकथन (A) तथा दूसरे को कारण (R) कहा गया है।

अभिकथन (A) : पेट्रोलियम निर्यातक देशों के संगठन (OPEC) दीर्घकाल में पेट्रोलियम उत्पादों के ऊँचे मूल्य बनाए रखने में असफल रहा है।

कारण (R): पेट्रोलियम उत्पादों के लिए दीर्घकाल में माँग और पूर्ति दोनों अलोचशील (Inelastic) होती हैं।

उपरोक्त कथनों के आलोक में नीचे दिए गए विकल्पों में से **सबसे उपयुक्त** उत्तर चुनिए:

1. (A) और (R) दोनों सही हैं तथा (R), (A) की सही व्याख्या है।
2. (A) और (R) दोनों सही हैं, लेकिन (R), (A) की सही व्याख्या नहीं है।
3. (A) सही है, लेकिन (R) सही नहीं है।
4. (A) सही नहीं है, लेकिन (R) सही है।

21. निम्नलिखित मदों एवं राशियों पर विचार कीजिए:

मद	राशि (₹ करोड़ में)
(*a*) कुल राजस्व प्राप्तियाँ	5600
(*b*) कुल पूँजी प्राप्तियाँ	3000
(*c*) ब्याज भुगतान	800
(*d*) विनिवेश प्राप्तियाँ	400
(*e*) कुल व्यय	8600
(*f*) ऋणों की वसूली	150

प्राथमिक घाटे (Primary Deficits) की राशि क्या होगी?

1. ₹ 2140 करोड़
2. ₹ 3000 करोड़
3. ₹ 1650 करोड़
4. ₹ 2450 करोड़

22. सूची-I का सूची-II से मिलान कीजिए (केंद्रीय बजट 2025-26 के अनुसार)।

सूची-I	सूची-II
A. केंद्रीय सरकारी व्यय के प्रतिशत के रूप में पेंशन	I. 22%
B. केंद्रीय सरकारी व्यय के प्रतिशत के रूप में राज्यों का करों एवं शुल्कों में हिस्सा	II. 18%
C. भारत का कर-GDP अनुपात	III. 81.3%
D. भारत का ऋण-GDP अनुपात	IV. 4%

नीचे दिए गए विकल्पों में से **सही** उत्तर चुनिए:

1. A-II, B-I, C-III, D-IV
2. A-II, B-III, C-I, D-IV
3. A-IV, B-III, C-I, D-II
4. A-IV, B-I, C-II, D-III

23. किसी गिफेन वस्तु (Giffen Commodity) की कीमत में कमी होने की स्थिति में हम पाते हैं:

1. धनात्मक प्रतिस्थापन प्रभाव, ऋणात्मक आय प्रभाव से कम होता है।
2. धनात्मक प्रतिस्थापन प्रभाव, ऋणात्मक आय प्रभाव से अधिक होता है।
3. ऋणात्मक प्रतिस्थापन प्रभाव, धनात्मक आय प्रभाव से अधिक होता है।
4. ऋणात्मक प्रतिस्थापन प्रभाव, धनात्मक आय प्रभाव से कम होता है।

24. सूची-I का सूची-II से मिलान कीजिए।

सूची-I	सूची-II
A. Q सिद्धांत	I. बेरोजगारी और मुद्रास्फीति
B. फिलिप्स वक्र	II. बेरोजगारी और उत्पादन
C. ओकुन का नियम	III. निवेश
D. तरलता जाल	IV. मुद्रा की माँग और ब्याज दर

नीचे दिए गए विकल्पों में से सही उत्तर चुनिए:

1. A-III, B-I, C-II, D-IV
2. A-I, B-II, C-IV, D-III
3. A-III, B-II, C-I, D-IV
4. A-II, B-IV, C-I, D-III

25. यदि बाजार मूल्य पर सकल राष्ट्रीय उत्पाद (GNP) ₹ 14400 करोड़, उपभोग ₹ 12000 करोड़, सरकारी क्रय ₹ 1200 करोड़, निर्यात ₹ 1000 करोड़ तथा आयात ₹ 1500 करोड़ है, तो निवेश का मूल्य होगा:

1. ₹ 1200 करोड़
2. ₹ 2000 करोड़
3. ₹ 1500 करोड़
4. ₹ 1700 करोड़

26. जब GDP में 1% वृद्धि होने पर सार्वजनिक राजस्व में 1% से अधिक वृद्धि होती है, तब इसे क्या कहा जाता है?

1. CENVAT
2. अलोचशील कर प्रणाली
3. आनुपातिक कर प्रणाली
4. कर आधिक्य (Tax buoyancy)

27. आर्थिक वृद्धि सिद्धांत के विकास का कालानुक्रमिक क्रम होगा:

A. हैरॉड-डोमर वृद्धि मॉडल
B. सोलो का नव-शास्त्रीय वृद्धि मॉडल
C. अंतर्जात वृद्धि सिद्धांत
D. एडम स्मिथ का "श्रम विभाजन" तथा "वृद्धिशील प्रतिफल" सिद्धांत

नीचे दिए गए विकल्पों में से **सही** उत्तर चुनिए:

1. D, C, B, A 2. D, B, C, A
3. D, A, B, C 4. B, D, A, C

28. किसी देश का "आर्थिक आश्रित भार" (Economic Dependency Burden) का अर्थ है:

A. देश के गैर-उत्पादक सदस्यों का भरण-पोषण देश की श्रमशक्ति द्वारा किया जाना।
B. देश का बकाया ऋण।
C. 15 वर्ष से कम आयु के बच्चे तथा 70 वर्ष से अधिक आयु के लोग।
D. निजी क्षेत्र में कार्य करने वाले लोग।

नीचे दिए गए विकल्पों में से **सही** उत्तर चुनिए:

1. केवल A और D 2. केवल A और C
3. केवल C और D 4. केवल B और C

29. NSSO तथा CSO किसके अंतर्गत आते हैं?

1. गृह मंत्रालय
2. वित्त मंत्रालय
3. उद्योग एवं वाणिज्य मंत्रालय
4. सांख्यिकी एवं कार्यक्रम कार्यान्वयन मंत्रालय (MoSPI)

30. हाल ही में मुद्रास्फीति दरों में गिरावट का रुझान देखा गया है तथा वे धीरे-धीरे केंद्रीय बैंक के लक्ष्य स्तर के निकट पहुँच रही हैं। इस संदर्भ में निम्नलिखित में से कौन-से कथन सही हैं?

A. आपूर्ति श्रृंखलाएँ आर्थिक अनिश्चितताओं के अनुरूप ढल रही हैं।
B. मौद्रिक नीति से सहजता (Easing Monetary Policy)
C. कठोर मौद्रिक नीति (Tighter Monetary Policy)
D. समष्टि माँग (AD) में वृद्धि, समष्टि पूर्ति (AS) की वृद्धि से अधिक है।

नीचे दिए गए विकल्पों में से सही उत्तर चुनिए:

1. केवल A और B 2. केवल B और D
3. केवल A और C 4. केवल C और D

31. किसी अर्थव्यवस्था के लिए निम्नलिखित जानकारी दी गई है। संतुलन आय स्तर का मान ज्ञात कीजिए:

$C = 100 + 0.75Y_d$; $G = 40$; $I = 60$; $t = 0.2$

यहाँ, C = उपभोग, Y_d = व्यय योग्य आय, G = सरकारी व्यय, I = निवेश, t = कर दर

1. 200 2. 500
3. 400 4. 450

32. नीचे दो कथन दिए गए हैं : एक को अभिकथन (A) तथा दूसरे को कारण (R) कहा गया है।

यदि X अवलोकनों की एक दी गई श्रेणी है तथा a और b कोई दो नियतांक हैं, तब मानक विचलन (SD) के संदर्भ में:

अभिकथन (A): $SD(X + a) = SD(X - b) = SD(X)$ तथा $SD(aX) = a^2.SD(X)$

कारण (R): SD मूल बिंदु के परिवर्तन से स्वतंत्र होता है, लेकिन मापनी के परिवर्तन से स्वतंत्र नहीं होता।

उपरोक्त कथनों के आलोक में नीचे दिए गए विकल्पों में से **सबसे उपयुक्त** उत्तर चुनिए:

1. (A) और (R) दोनों सही हैं तथा (R), (A) की सही व्याख्या है।
2. (A) और (R) दोनों सही हैं, लेकिन (R), (A) की सही व्याख्या नहीं है।
3. (A) सही है, लेकिन (R) सही नहीं है।
4. (A) सही नहीं है, लेकिन (R) सही है।

33. नीचे दो कथन दिए गए हैं : एक को अभिकथन (A) तथा दूसरे को कारण (R) कहा गया है।

अभिकथन (A): परिवार की औसत आय में 10% वृद्धि होने पर बच्चों के स्वास्थ्य और शिक्षा में निवेश में 50% वृद्धि होगी।

कारण (R): बच्चों के स्वास्थ्य और शिक्षा में निवेश से मानव पूँजी में वृद्धि होगी, जिससे मानव क्षमता तथा आर्थिक उत्पादकता बढ़ेगी।

उपरोक्त कथनों के आलोक में नीचे दिए गए विकल्पों में से **सबसे उपयुक्त** उत्तर चुनिए:

1. (A) और (R) दोनों सही हैं तथा (R), (A) की सही व्याख्या है।
2. (A) और (R) दोनों सही हैं, लेकिन (R), (A) की सही व्याख्या नहीं है।
3. (A) सही है, लेकिन (R) सही नहीं है।
4. (A) सही नहीं है, लेकिन (R) सही है।

34. यदि 20 और 15 आकार के नमूनों के प्रतिदर्श प्रसरण (Sample Variance) क्रमशः 35.53 और 34.92 हैं, तो F-सांख्यिकी का परिकलित मान होगा:

1. 1.02　　2. 0.98
3. 0.76　　4. 1.31

35. निम्नलिखित कथनों के आधार पर:

A. आव्यूह योग (Matrix Addition) क्रमविनिमेय नहीं होता।
B. आव्यूह योग साहचर्य (Associative) होता है।
C. आव्यूह गुणन क्रमविनिमेय होता है।
D. यदि गुणनफल अस्तित्व में हो, तो आव्यूह गुणन साहचर्य होता है।

नीचे दिए गए विकल्पों में से **सही** उत्तर चुनिए:

1. केवल A और C　　2. केवल A और D
3. केवल B और C　　4. केवल B और D

36. महात्मा गांधी राष्ट्रीय ग्रामीण रोजगार गारंटी योजना (MGNREGS) के संबंध में सही कथन की पहचान कीजिए:

1. राष्ट्रीय सलाहकार समिति (NAC) द्वारा प्रस्तावित प्रारूप में ग्रामीण क्षेत्रों के प्रत्येक परिवार को 120 दिनों के आकस्मिक शारीरिक कार्य की कानूनी गारंटी की परिकल्पना की गई थी।
2. उपलब्ध कराए गए रोजगार की लागत का 90 प्रतिशत केंद्र सरकार वहन करती है।
3. कार्यान्वयन के प्रथम चरण में 150 सर्वाधिक पिछड़े जिलों को शामिल किया गया था।
4. 2 अक्टूबर, 2010 से राष्ट्रीय ग्रामीण रोजगार गारंटी योजना (NREGS) का नाम बदलकर महात्मा गांधी राष्ट्रीय ग्रामीण रोजगार गारंटी योजना (MGNREGS) कर दिया गया।

37. दो इनपुट वाले कॉब-डगलस उत्पादन फलन $Q = AK^{\alpha}L^{\beta}$ के लिए, जहाँ $A > 0$ तथा α और $\beta > 0$ हैं, सीमांत उत्पाद होंगे:

A. $MP_k = \frac{\alpha}{K}Q$　　B. $MP_k = \frac{\beta}{K}Q$

C. $MP_L = \frac{\alpha}{L}Q$　　D. $MP_L = \frac{\beta}{L}Q$

नीचे दिए गए विकल्पों में से **सही** उत्तर चुनिए:

1. केवल A और C　　2. केवल A और D
3. केवल B और C　　4. केवल B और D

38. नीचे दो कथन दिए गए हैं : एक को अभिकथन (A) तथा दूसरे को कारण (R) कहा गया है।

अभिकथन (A) : प्रतिगमन विश्लेषण में विषमविचलनता (Heteroscedasticity) की समस्या की उपस्थिति का अर्थ है कि न्यूनतम वर्ग आकलक अभी भी निष्पक्ष (Unbiased) होते हैं, लेकिन दक्ष (Efficient) नहीं होते।

कारण (R) : प्रसरण के आकलन भी निष्पक्ष होते हैं।

उपरोक्त कथनों के आलोक में नीचे दिए गए विकल्पों में से **सबसे उपयुक्त** उत्तर चुनिए:

1. (A) और (R) दोनों सही हैं तथा (R), (A) की सही व्याख्या है।
2. (A) और (R) दोनों सही हैं, लेकिन (R), (A) की सही व्याख्या नहीं है।
3. (A) सही है, लेकिन (R) सही नहीं है।
4. (A) सही नहीं है, लेकिन (R) सही है।

39. किस कर को लोकप्रिय रूप से 'गंतव्य कर' (Destination tax) भी कहा जाता है?

1. सीमा शुल्क (Customs Duty)
2. निगम कर
3. वस्तु एवं सेवा कर (GST)
4. केंद्रीय उत्पाद शुल्क

40. निम्नलिखित को सही कालानुक्रमिक क्रम में व्यवस्थित कीजिए।

A. अप्रैल-मार्च से जनवरी-दिसंबर वित्तीय वर्ष में परिवर्तन संबंधी शंकर आचार्य समिति।
B. पूर्वव्यापी कर कानूनों पर पार्थसारथी शोम समिति।
C. कर सुधारों पर विजय केलकर समिति।
D. राजस्व-तटस्थ GST पर अरविंद सुब्रमणियन समिति।

नीचे दिए गए विकल्पों में से **सही** उत्तर चुनिए:

1. A, B, C, D　　2. C, A, D, B
3. C, B, D, A　　4. A, D, B, C

41. कोसियन सौदेबाजी दृष्टिकोण (Coasian Bargaining Approach) तब कार्य करेगा जब:

A. सौदेबाजी करने वाले पक्षों के अधिकार हस्तांतरणीय हों।
B. सौदेबाजी करने वाले पक्ष समान रूप से सूचित हों।
C. संपत्ति अधिकार कानूनी रूप से स्थापित हों।
D. संसाधन सार्वभौमिक रूप से स्वामित्व में हों।

नीचे दिए गए विकल्पों में से **सही** उत्तर चुनिए:

1. केवल A और D　　2. केवल B और D
3. केवल B और C　　4. केवल A और C

42. यदि माँग फलन P = 80 – 3Q तथा लागत फलन TC = 120 + 8Q है:

A. अधिकतम आय (Maximum Revenue) (Q = 12) पर प्राप्त होती है।
B. अधिकतम आय (Q = 3) पर प्राप्त होती है।
C. अधिकतम आय 528 है।
D. अधिकतम आय 213 है।

नीचे दिए गए विकल्पों में से **सही** उत्तर चुनिए:

1. केवल A और C　　2. केवल A और D
3. केवल B और C　　4. केवल B और D

43. सूची-I का सूची-II से मिलान कीजिए।

सूची-I	सूची-II
A. शिथिल चर	I. सभी संभव हलों में सर्वोत्तम हल
B. अधिशेष चर	II. ऐसा हल जो कम-से-कम एक शर्त का उल्लंघन करता हो
C. इष्टतम हल	III. ≤ प्रकार की असमानताओं में प्रयुक्त
D. अव्यवहार्य हल	IV. ≥ प्रकार की असमानताओं में प्रयुक्त

नीचे दिए गए विकल्पों में से **सही** उत्तर चुनिए:

1. A-IV, B-III, C-I, D-II
2. A-IV, B-III, C-II, D-I
3. A-III, B-IV, C-II, D-I
4. A-III, B-IV, C-I, D-II

44. फलन $y = f(x) = \sqrt{1-x^2}$ का परिसर (Range) क्या है?

1. [0, 1]　　2. [1, 0]
3. [1, ∞]　　4. [1, 2]

45. सूची-I का सूची-II से मिलान कीजिए।

सूची-I	सूची-II
A. लक्षित सार्वजनिक वितरण प्रणाली (TPDS)	I. 1992
B. पुनर्गठित सार्वजनिक वितरण प्रणाली (RPDS)	II. 2009
C. शिक्षा का अधिकार अधिनियम (RTE Act)	III. 1997
D. राष्ट्रीय खाद्य सुरक्षा अधिनियम (NFSA Act)	IV. 2013

नीचे दिए गए विकल्पों में से **सही** उत्तर चुनिए:

1. A-I, B-III, C-IV, D-II
2. A-IV, B-III, C-I, D-II
3. A-III, B-I, C-II, D-IV
4. A-II, B-IV, C-I, D-III

46. 'सैल्मन युद्ध' (The Salmon War) किन देशों के बीच हुआ था?

1. अमेरिका और क्यूबा
2. फ्रांस और यूनाइटेड किंगडम
3. नॉर्वे और स्कॉटलैंड
4. स्वीडन और जर्मनी

47. निम्नलिखित में से किन्हें 'क्लब वस्तुएँ' (Club goods) कहा जाता है?

A. रेलवे B. स्विमिंग पूल
C. रक्षा D. जिम

नीचे दिए गए विकल्पों में से **सही** उत्तर चुनिए:

1. केवल B और D 2. केवल A और B
3. केवल B और C 4. केवल A और D

48. यदि माँग फलन ($Q = 100 - P - P^2$) है, तो मूल्य ($P = 5$) पर माँग की लोच (e_d) होगी:

1. लोचदार (Elastic)
2. अलोचदार(Inelastic)
3. एकक लोचदार (Unitary elastic)
4. पूर्णतः लोचदार (Infinitely elastic)

49. सूची-I का सूत्री-II से मिलान कीजिए।

सूची-I	सूची-II
A. हैरॉड और डोमर	I. पूँजी-उत्पादन अनुपात की स्थिति
B. लुकास और रोमर	II. पूँजीवादी एवं गैर-पूँजीवादी क्षेत्रों वाली द्वैध अर्थव्यवस्था
C. आर्थर लुईस	III. निवेश एक दोधारी तलवार के रूप में
D. माइकल टोडारो	IV. ग्रामीण-नगरीय प्रवास

नीचे दिए गए विकल्पों में से **सही** उत्तर चुनिए:

1. A-IV, B-III, C-I, D-II
2. A-III, B-I, C-II, D-IV
3. A-I, B-II, C-III, D-IV
4. A-II, B-IV, C-III, D-I

50. निम्नलिखित संरचनात्मक मॉडल दिया गया है:

$$y_1 = 3y_2 - 2x_1 + x_2 + u_1$$
$$y_2 = y_3 + x_3 + u_2$$
$$y_3 = y_1 - y_2 - 2x_3 + u_3$$

क्रम शर्त (Order Condition) के आधार पर दूसरी समीकरण होगी:

1. अति-पहचानी गई (Over Identified)
2. ठीक-ठीक पहचानी गई (Exactly Identified)
3. अपर्याप्त रूप से पहचानी गई (Under Identified)
4. सूचना पर्याप्त नहीं है

51. सूची-I का सूची-II से मिलान कीजिए।

सूची-I	सूची-II
A. ऋण-अवस्फीति सिद्धांत	I. गिरते मूल्य स्तर आय स्तर को बढ़ाते हैं
B. पिगू प्रभाव	II. भविष्य की मौद्रिक कार्रवाई की घोषणा की नीति
C. अग्रिम मार्गदर्शन	III. मूल्य स्तर में अप्रत्याशित गिरावट से आय में कमी आ सकती है
D. ओकुन का नियम	IV. बेरोजगारी और वास्तविक GDP के बीच व्युत्क्रम संबंध

नीचे दिए गए विकल्पों में से **सही** उत्तर चुनिए:

1. A-I, B-III, C-II, D-IV
2. A-III, B-II, C-IV, D-I
3. A-III, B-I, C-II, D-IV
4. A-IV, B-I, C-II, D-III

52. यदि $\{\in_t\}$ एक पूर्णतः यादृच्छिक प्रक्रिया है जिसका माध्य शून्य तथा प्रसरण (σ^2) है:

A. प्रक्रिया $\{x_t\}$, जहाँ $x_t = \alpha_1 x_{t-1} + \alpha_2 x_{t-2} + ... + \alpha_r x_{t-r} + \in_t$ को r कोटि की स्व-प्रतिगामी प्रक्रिया कहते हैं।

B. प्रक्रिया $\{x_t\}$, जहाँ $x_t = \beta_0 \in_t + \beta_1 \in_{t-1} + ... + \beta_m \in_{t-m}$ को m कोटि की गतिमान औसत प्रक्रिया कहते हैं।

C. प्रक्रिया $\{x_t\}$, जहाँ $x_t = \beta_0 \in_t + \beta_1 \in_{t-1} + ... + \beta_m \in_{t-m}$ को r कोटि की स्व-प्रतिगामी प्रक्रिया कहते हैं।

D. प्रक्रिया $\{x_t\}$, जहाँ $x_t = \alpha_1 x_{t-1} + \alpha_2 x_{t-2} + ... + \alpha_r x_{t-r} + \in_t$ को m कोटि की गतिमान औसत प्रक्रिया कहते हैं।

नीचे दिए गए विकल्पों में से **सही** उत्तर चुनिए:

1. केवल A और B
2. केवल A और D
3. केवल B और D
4. केवल C और D

53. सन्निहित तकनीकी प्रगति (Embodied Technical Progress) की मुख्य विशेषता क्या है?

1. पूँजी संचय पर निर्भर न रहने वाली बाह्य तकनीकी प्रगति सन्निहित प्रगति कहलाती है।
2. ऐसी तकनीकी सुधार जो केवल नए निवेश के माध्यम से उत्पादन प्रणाली में सम्मिलित किए जा सकते हैं, सन्निहित प्रगति कहलाते हैं।
3. असंतुलित उत्पादकता वृद्धि सन्निहित प्रगति कहलाती है।
4. यह सरकारी समर्थन पर निर्भर करती है।

54. सूची-I का सूची-II से मिलान कीजिए।

सूची-I	सूची-II
A. नव-चेम्बरलिनियन मॉडल	I. उत्पादों का क्षैतिज विभेदीकरण
B. नव-होटेलिंग मॉडल	II. उत्पादों का ऊर्ध्वाधर विभेदीकरण
C. ब्रैंडर-क्रुगमैन मॉडल	III. उत्पाद विभेदीकरण
D. नव-हेक्सचर-ओहलिन मॉडल	IV. पारस्परिक डंपिंग

नीचे दिए गए विकल्पों में से **सही** उत्तर चुनिए:

1. A-IV, B-III, C-I, D-II
2. A-I, B-II, C-IV, D-III
3. A-I, B-III, C-II, D-IV
4. A-III, B-I, C-IV, D-II

55. A. आरक्षित मुद्रा (Reserve Money) = C + OD + CR

B. M_1 = C + OD

C. मुद्रा गुणक (Money Multiplier) (m) = M/RM

D. संकीर्ण मुद्रा आपूर्ति (Narrow Money Supply) = M_3

जहाँ, C = मुद्रा, OD = RBI के साथ अन्य जमा, CR = बैंकों का नकद आरक्षित, M = मुद्रा आपूर्ति, RM = आरक्षित मुद्रा

नीचे दिए गए विकल्पों में से **सही** उत्तर चुनिए:

1. केवल A और D
2. केवल B और C
3. केवल A और B
4. केवल A और C

56. सूची-I का सूची-II से मिलान कीजिए।

सूची-I	सूची-II
A. अमर्त्य सेन	I. आर्थिक वृद्धि के साथ असमानता का उत्थान और पतन
B. साइमन कुजनेट्स	II. आर्थिक अल्पविकास का चक्रीय एवं संचयी कारण
C. गुन्नार मिर्डल	III. आर्थिक विकास का भौगोलिक प्रतिरूप
D पॉल क्रुगमैन	IV. हकदारी, क्षमताएँ और चयन की स्वतंत्रता

नीचे दिए गए विकल्पों में से **सही** उत्तर चुनिए:

1. A-II, B-IV, C-I, D-III
2. A-III, B-II, C-IV, D-I
3. A-I, B-II, C-III, D-IV
4. A-IV, B-I, C-II, D-III

57. वित्तीय घाटे में वृद्धि से:

A. सरकारी व्यय में वृद्धि होती है।

B. घरेलू ब्याज दर में वृद्धि होती है।

C. निजी निवेश में गिरावट आती है।

D. सरकार द्वारा कुल उधारी में कमी आती है।

नीचे दिए गए विकल्पों में से **सही** उत्तर चुनिए:

1. केवल A, B और D
2. केवल A, B और C
3. केवल B, C और D
4. केवल B और D

58. प्राकृतिक एकाधिकार (Natural Monopoly) तब उत्पन्न होता है जब:

1. उत्पादन की प्रासंगिक सीमा में उत्पादन बढ़ने पर औसत लागत लगातार बढ़ती रहती है।
2. उत्पादन की प्रासंगिक सीमा में उत्पादन बढ़ने पर औसत लागत स्थिर रहती है।

3. उत्पादन की प्रासंगिक सीमा में उत्पादन बढ़ने पर औसत लागत पहले घटती है और फिर बढ़ती है।
4. उत्पादन की प्रासंगिक सीमा में उत्पादन बढ़ने पर औसत लागत लगातार घटती रहती है।

59. किसी शहर की पुरुष जनसंख्या 3% कैंसर से पीड़ित हैं, 15% धूम्रपान करने वाले हैं, जबकि 10% या तो धूम्रपान करने वाले हैं या कैंसर रोगी हैं यदि किसी व्यक्ति का यादृच्छिक चयन किया जाए, तो उसके धूम्रपान करने तथा कैंसर से पीड़ित होने की प्रायिकता क्या होगी?

1. 0.08
2. 0.8
3. 0.02
4. 0.2

60. तर्कसंगत अपेक्षा (Rational Expectation) के बारे में निम्नलिखित में से कौन-सा कथन सत्य नहीं है?

1. तर्कसंगत अपेक्षा सिद्धांत का विकास हैनसेन ने किया।
2. इसका उपयोग परिवारों, फर्मों और श्रमिकों द्वारा प्रासंगिक चरों के संबंध में अपेक्षाएँ बनाने में किया जाता है।
3. तर्कसंगत अपेक्षा सभी प्रासंगिक सूचनाओं का उपयोग करती है।
4. यह त्रुटिरहित अपेक्षा नहीं होती।

61. सूची-I का सूची-II से मिलान कीजिए।

सूची-I	सूची-II
A. प्रकार-I त्रुटि	I. H_0 को स्वीकार करना जबकि वह असत्य हो
B. प्रकार-II त्रुटि	II. $H_0: \mu = \mu_0$ तथा $\sigma^2 = \sigma_0^2$
C. सरल परिकल्पना	III. H_0 को अस्वीकार करना जबकि वह सत्य हो
D. मिश्रित परिकल्पना	IV. $H_0: \mu = \mu_0$ तथा σ^2 अज्ञात हो

नीचे दिए गए विकल्पों में से **सही** उत्तर चुनिए:

1. A-III, B-I, C-IV, D-II
2. A-I, B-III, C-II, D-IV
3. A-III, B-I, C-II, D-IV
4. A-I, B-III, C-IV, D-II

62. गरीबी मापन का हेडकाउंट सूचकांक (Headcount Index) किस पर आधारित है?

1. गरीबी रेखा से नीचे आने वाले लोगों की संख्या
2. गरीबी रेखा से नीचे की औसत आय स्तर और गरीबी रेखा के बीच का आनुपातिक अंतर।
3. द बॉटम बिलियन
4. आय की ऊर्ध्वाधर असमानता

63. पूर्णतः प्रतिस्पर्धी फर्म द्वारा श्रम की माँग के संतुलन स्तर पर निम्नलिखित में से कौन-सा सत्य होता है?

1. $VMP_L < MRP_L$
2. $VMP_L = MRP_L$
3. $VMP_L > MRP_L$
4. $VMP_L + MRP_L = W^*$

64. सूची-I का सूची-II से मिलान कीजिए।

सूची-I	सूची-II
A. माँग फलन $D = 64 - 8P$ के लिए $\lvert e_d \rvert$, जब $P = 6$	I. 6
B. पूर्ति फलन $S = -25 + 5P$ के लिए e_s, जब $P = 10$	II. 4
C. MR का मान जब $P = 8$ तथा $e_d = 4$	III. 3
D. MPP_L का मान जब $VMP_L = 12$ तथा $P = 3$	IV. 2

नीचे दिए गए विकल्पों में से **सही** उत्तर चुनिए:

1. A-III, B-IV, C-I, D-II
2. A-II, B-III, C-I, D-IV
3. A-I, B-IV, C-II, D-III
4. A-III, B-I, C-IV, D-II

65. A. व्यापार चक्र का नवाचार सिद्धांत (Innovation Theory of Business Cycle) जॉर्गेन्सन द्वारा दिया गया।

B. व्यापार चक्र का शुद्ध मौद्रिक सिद्धांत (Pure Monetary Theory of Business Cycle) हॉत्रे द्वारा दिया गया।

C. व्यापार चक्र का मौद्रिक-अधिनिवेश सिद्धांत (Monetary-over-investment Theory) क्लार्क द्वारा दिया गया।

D. व्यापार चक्र का गुणक-त्वरक अंतःक्रिया सिद्धांत (Multiplier-Acceleration Interaction Theory) सैम्युलसन द्वारा दिया गया।

नीचे दिए गए विकल्पों में से **सही** उत्तर चुनिए:

1. केवल A और B
2. केवल B और D
3. केवल A, B और C
4. केवल A और D

66. निम्नलिखित में से कौन-सा उत्पादन फलन पैमाने के घटते प्रतिफल (Decreasing Returns to Scale) को प्रदर्शित करता है?

1. $AK^{\frac{1}{4}}\sqrt{L}$
2. $A K^{\alpha} L^{1-\alpha}$
3. $A(3K + 5L)$
4. $A\sqrt{KL^3}$

67. वित्त आयोगों को उनके अध्यक्षों के साथ पहचानिए:

A. 12वाँ वित्त आयोग – सी. रंगराजन
B. 11वाँ वित्त आयोग – ए.एम. खुसरो
C. 14वाँ वित्त आयोग – आर.के. सिंह
D. 15वाँ वित्त आयोग – वाई.वी. रेड्डी

नीचे दिए गए विकल्पों में से **सही** उत्तर चुनिए:

1. A और D
2. B और C
3. C और D
4. A और B

68. नीचे दो कथन दिए गए हैं : एक को अभिकथन (A) तथा दूसरे को कारण (R) कहा गया है।

अभिकथन (A): जब प्रत्येक व्यक्ति प्रतिस्पर्धात्मक बाजार में व्यापार करता है, तब सभी पारस्परिक लाभकारी व्यापार पूर्ण हो जाते हैं तथा परिणामस्वरूप संसाधनों का संतुलन आवंटन आर्थिक रूप से दक्ष होता है।

कारण (R): यदि किसी अक्षम आवंटन से व्यापार सभी को बेहतर स्थिति में ले आए, तब भी नया आवंटन आवश्यक नहीं कि दक्ष हो।

उपरोक्त कथनों के आलोक में नीचे दिए गए विकल्पों में से **सबसे उपयुक्त** उत्तर चुनिए:

1. (A) और (R) दोनों सही हैं तथा (R), (A) की सही व्याख्या है।
2. (A) और (R) दोनों सही हैं, लेकिन (R), (A) की सही व्याख्या नहीं है।
3. (A) सही है, लेकिन (R) सही नहीं है।
4. (A) सही नहीं है, लेकिन (R) सही है।

69. वर्ष 2025-2026 के केंद्रीय बजट में निम्नलिखित कथन दिए गए है:

A. बीमा क्षेत्र के लिए FDI सीमा को 74 प्रतिशत से बढ़ाकर 100 प्रतिशत किया जाएगा।
B. बीमा क्षेत्र के लिए FDI सीमा को 51 प्रतिशत से बढ़ाकर 74 प्रतिशत किया जाएगा।
C. राज्यों का निवेश अनुकूल सूचकांक (Investment Friendliness Index) बनाया जाएगा।
D. राजकोषीय घाटा GDP का 4.4 प्रतिशत अनुमानित है।

नीचे दिए गए विकल्पों में से **सही** उत्तर चुनिए:

1. केवल B, C और D
2. केवल A, C और D
3. केवल A, B और C
4. केवल C और D

70. सही कथनों का चयन कीजिए:

A. '*q*' सिद्धांत इस बात पर बल देता है कि जब परिसंपत्तियाँ उनके पुनरुत्पादन लागत की तुलना में अधिक मूल्यवान होती हैं, तब निवेश बढ़ता है।
B. स्थिर विनिमय दर तथा मुक्त पूँजी गतिशीलता के अंतर्गत राजकोषीय विस्तार उत्पादन बढ़ाने में पूर्णतः अप्रभावी होता है।
C. निवेश कर साख (Investment Tax Credit) के अंतर्गत सरकार निवेश लागत का एक भाग वहन करती है।
D. स्थिर विनिमय दर तथा पूर्ण पूँजी गतिशीलता के अंतर्गत कोई देश स्वतंत्र मौद्रिक नीति नहीं अपना सकता।

नीचे दिए गए विकल्पों में से **सही** उत्तर चुनिए:

1. केवल B और D
2. केवल A और D
3. केवल A, C और D
4. केवल A, B और C

71. जब किसी संघ के सदस्य राष्ट्र का घरेलू उत्पादन किसी अन्य सदस्य राष्ट्र से कम लागत वाले आयातों द्वारा प्रतिस्थापित हो जाता है, तब उस संघ को क्या कहा जाता है?

1. व्यापार-विचलनकारी सीमा शुल्क संघ
2. व्यापार-सृजनकारी सीमा शुल्क संघ
3. वरीयता प्राप्त व्यापार समझौता
4. मुक्त व्यापार समझौता

72. नीचे दो कथन दिए गए हैं : एक को अभिकथन (A) तथा दूसरे को कारण (R) कहा गया है।

अभिकथन (A) : लगभग सत्तर के दशक के मध्य में विकसित देशों में संरक्षणवाद चिंताजनक रूप से बढ़ा है। यह मुख्यतः गैर-शुल्क बाधाओं (NTBs) के रूप में सामने आया है।

कारण (R): औद्योगिक देशों में बढ़ता संरक्षणवाद विकासशील तथा दक्षिण-पूर्व एशियाई देशों से बढ़ती प्रतिस्पर्धा के कारण है।

उपरोक्त कथनों के आलोक में नीचे दिए गए विकल्पों में से **सबसे उपयुक्त** उत्तर चुनिए:

1. (A) और (R) दोनों सही हैं तथा (R), (A) की सही व्याख्या है।
2. (A) और (R) दोनों सही हैं, लेकिन (R), (A) की सही व्याख्या नहीं है।
3. (A) सही है, लेकिन (R) सही नहीं है।
4. (A) सही नहीं है, लेकिन (R) सही है।

73. आवासीय क्षेत्र में प्रभावी किराया नियंत्रण (Effective Rent Control) के विश्लेषण हेतु:

A. अल्पकाल में आवास की कमी, दीर्घकाल की तुलना में कम होती है।

B. अल्पकाल में आवास की कमी, दीर्घकाल की तुलना में अधिक होती है।

C. प्रभावी किराया नियंत्रण तब होता है जब सरकार किराए पर प्रभावी न्यूनतम मूल्य (Price Floor) लगाती है।

D. प्रभावी किराया नियंत्रण तब होता है जब सरकार किराए पर प्रभावी मूल्य-सीमा (Price Ceiling) लगाती है।

नीचे दिए गए विकल्पों में से **सही** उत्तर चुनिए:

1. केवल A और C
2. केवल B और C
3. केवल A और D
4. केवल B और D

74. सूची-I का सूची-II से मिलान कीजिए।

सूची-I	सूची-II
A. नरसिम्हम समिति-I	I. कर सुधार
B. नरसिम्हम समिति-II	II. बैंकिंग क्षेत्र सुधार
C. चेलैया समिति	III. वित्तीय क्षेत्र सुधार
D. सी. रंगराजन समिति	IV. निर्धनता आकलन समिति

नीचे दिए गए विकल्पों में से **सही** उत्तर चुनिए:

1. A-IV, B-II, C-I, D-III
2. A-III, B-II, C-I, D-IV
3. A-II, B-III, C-IV, D-I
4. A-I, B-II, C-IV, D-III

75. आर्थिक सर्वेक्षण 2024-25 के आधार पर, भारत का व्यापारिक वस्तु घाटा (Merchandise Trade Deficit) बढ़ने के कारण:

A. गैर-पेट्रोलियम तथा गैर-रत्न एवं आभूषण निर्यात में गिरावट।

B. गैर-तेल तथा गैर-सोना आयात में वृद्धि।

C. आभूषण निर्यात पर प्रतिबंध लगाना।

D. त्योहरी खर्चों से पहले अग्रिम खरीद तथा सुरक्षित निवेश परिसंपत्तियों की माँग के कारण सोने के आयात में वृद्धि।

नीचे दिए गए विकल्पों में से **सही** उत्तर चुनिए:

1. केवल A और B
2. केवल B और D
3. केवल C और D
4. केवल A और C

76. नीचे दो कथन दिए गए हैं : एक को अभिकथन (A) तथा दूसरे को कारण (R) कहा गया है।

अभिकथन (A): 15 वर्ष और उससे अधिक आयु के व्यक्तियों के लिए अखिल भारतीय वार्षिक बेरोजगारी दर (सामान्य स्थिति) 2017-18 में 6 प्रतिशत से घटकर 2023-24 में 3.2 प्रतिशत हो गई है।

कारण (R): RBI के आँकड़ों के अनुसार, 26 दिसम्बर, 2025 को भारत का विदेशी मुद्रा भंडार लगभग 693 अरब डॉलर था।

उपरोक्त कथनों के आलोक में नीचे दिए गए विकल्पों में से **सबसे उपयुक्त** उत्तर चुनिए:

1. (A) और (R) दोनों सही हैं तथा (R), (A) की सही व्याख्या है।
2. (A) और (R) दोनों सही हैं, लेकिन (R), (A) की सही व्याख्या नहीं है।
3. (A) सही है, लेकिन (R) सही नहीं है।
4. (A) सही नहीं है, लेकिन (R) सही है।

77. व्युत्पत्तिशास्त्र (Etymologically) के अनुसार 'money' शब्द किस भाषा से लिया गया है?

1. ग्रीक
2. लैटिन
3. फारसी
4. संस्कृत

78. निम्नलिखित सिद्धांतों को कालानुक्रमिक क्रम में व्यवस्थित कीजिए।

A. मूल्य सीमा निर्धारण सिद्धांत (बेन मॉडल)

B. जे.आर. हिक्स द्वारा दिया गया माँग का तार्किक क्रम सिद्धांत

C. माँग का गणनात्मक उपयोगिता सिद्धांत

D. वालरस का सामान्य संतुलन सिद्धांत

नीचे दिए गए विकल्पों में से **सही** उत्तर चुनिए:

1. D, C, A, B
2. B, C, A, D
3. A, B, D, C
4. D, B, C, A

79. A. SEBI - परामर्शदात्री निकाय

B. GST परिषद - वैधानिक निकाय

C. नीति आयोग - परामर्शदात्री निकाय

D. RBI - वैधानिक निकाय

नीचे दिए गए विकल्पों में से **सही** उत्तर चुनिए:

1. A और B
2. A और C
3. B और D
4. C और D

80. सूची-I का सूची-II से मिलान कीजिए।

सूची-I	सूची-II
A. समान्तर श्रेणी का nवाँ पद	I. $\frac{n}{2}[2a+(n-1)d]$
B. गुणोत्तर श्रेणी का nवाँ पद	II. $a\left(\frac{r^n-1}{r-1}\right), r>1$
C. समान्तर श्रेणी के n पदों का योग	III. $a+(n-1)d$
D. गुणोत्तर श्रेणी के n पदों का योग	IV. ar^{n-1}

(जहाँ a प्रथम पद, d सार्व अंतर तथा r सार्व अनुपात है)

नीचे दिए गए विकल्पों में से **सही** उत्तर चुनिए:

1. A-III, B-IV, C-II, D-I
2. A-III, B-IV, C-I, D-II
3. A-IV, B-III, C-I, D-II
4. A-IV, B-I, C-II, D-III

81. निम्नलिखित में से किस दृष्टिकोण ने वाणिज्यिक बैंकों की सावधि जमा (Time Deposit) को मुद्रा आपूर्ति (Money Supply) की परिभाषा में शामिल किया है?

1. पारंपरिक दृष्टिकोण (The Conventional Approach)
2. शिकागो दृष्टिकोण (The Chicago Approach)
3. फेड दृष्टिकोण (The Fed Approach)
4. वाल्टर्स दृष्टिकोण (The Walters Approach)

82. नीचे दो कथन दिए गए हैं:

कथन (I): हरित क्रांति के कारण उत्तम अनाजों (Fine Cereals) के उत्पादन में वृद्धि हुई। उच्च प्रोत्साहनों तथा उच्च उपज देने वाली बीज किस्मों, उर्वरकों एवं रसायनों के प्रयोग ने इसे सफल बनाया।

कथन (II) : हरित क्रांति के कारण मोटे अनाजों (Coarse Cereals) के उत्पादन में गिरावट आई तथा उनके अंतर्गत क्षेत्र अन्य फसलों की ओर स्थानांतरित हो गया।

उपरोक्त कथनों के आलोक में नीचे दिए गए विकल्पों में से **सबसे उपयुक्त** उत्तर चुनिए:

1. कथन I और कथन II दोनों सही हैं।
2. कथन I और कथन II दोनों गलत हैं।
3. कथन I सही है, लेकिन कथन II गलत है।
4. कथन I गलत है, लेकिन कथन II सही है।

83. ग्रामीण अवसंरचना विकास कोष (RIDF) के संदर्भ में निम्नलिखित में से कौन-सा कथन सही नहीं है?

1. ग्रामीण अवसंरचना परियोजनाओं के लिए राज्य सरकारों तथा राज्य स्वामित्व वाले निगमों को निधि उपलब्ध कराना।
2. अनुसूचित वाणिज्यिक बैंक RIDF में निधि का योगदान करते हैं।
3. NABARD में 1995-96 में ₹ 2000 करोड़ की कोष राशि के साथ RIDF की स्थापना।
4. अब RIDF योजना का किसान क्रेडिट कार्ड (KCC) के साथ विलय कर दिया गया है।

84. A. वैश्वीकरण लाभ और अवसरों के साथ-साथ लागत एवं जोखिम भी लाता है।

B. वैश्वीकरण से देशों के बीच पूँजी, तकनीक, वस्तुओं और सेवाओं का प्रवाह होता है।

C. बाजार जितना बड़ा होगा, व्यापार और श्रम विभाजन से होने वाले लाभ उतने ही अधिक होंगे।

D. पूँजी, वस्तुओं और तकनीक के प्रवाह के रूप में वैश्वीकरण विश्व के सभी देशों में समान रूप से फैला हुआ है।

नीचे दिए गए विकल्पों में से **सही** उत्तर चुनिए:

1. केवल A, B और C
2. केवल A, B और D
3. केवल B और D
4. केवल B, C और D

85. निम्नलिखित में से कौन-सी वस्तुएँ अभी तक GST के अंतर्गत शामिल नहीं की गई हैं?

A. मोबाइल फोन B. बिजली
C. वस्त्र D. शराब

नीचे दिए गए विकल्पों में से **सही** उत्तर चुनिए:

1. केवल A और C 2. केवल B और C
3. केवल A और D 4. केवल B और D

86. नीचे दो कथन दिए गए हैं : एक को अभिकथन (A) तथा दूसरे को कारण (R) कहा गया है।

अभिकथन (A): भारत के विभिन्न राज्यों में डीजल और पेट्रोलियम उत्पादों की कीमतें अलग-अलग होती हैं।

कारण (R): उपरोक्त उत्पादों को अभी तक GST परिषद द्वारा GST के दायरे में नहीं लाया गया है।

उपरोक्त कथनों के आलोक में नीचे दिए गए विकल्पों में से **सबसे उपयुक्त** उत्तर चुनिए:

1. (A) और (R) दोनों सही हैं तथा (R), (A) की सही व्याख्या है।
2. (A) और (R) दोनों सही हैं, लेकिन (R), (A) की सही व्याख्या नहीं है।
3. (A) सही है, लेकिन (R) सही नहीं है।
4. (A) सही नहीं है, लेकिन (R) सही है।

87. बीटा (β) और गामा (γ) गुणांकों के आधार पर, यदि $\beta_2 < 3$ अथवा $\gamma_2 < 0$, तो वक्र को क्या कहा जाता है?

1. सामान्य वक्र (Normal Curve)
2. अधिक उत्कुंचित (Lepto Kurtic)
3. कम उत्कुंचित (Platy Kurtic)
4. उपर्याप्त आँकड़े (Insufficient Data)

88. निम्नलिखित में से कौन-सा भारतीय प्रतिभूति एवं विनिमय बोर्ड (SEBI) का कार्य नहीं है?

1. प्रतिभूतियों में अंदरूनी व्यापार (Insider Trading) पर प्रतिबंध लगाना
2. स्व-नियामक संगठनों को प्रोत्साहित और विनियमित करना।
3. नई पूँजी निर्गमों का अभिग्रहण (Underwriting) करना।
4. पोर्टफोलियों प्रबंधकों का विनियमन करना।

89. यदि $P(A) = \frac{1}{5}$ तथा $P(B) = \frac{1}{3}$ है और A तथा B दो परस्पर अपवर्ती घटनाएँ (Mutually Exclusive Events) हैं, तो न A और न ही B होने की प्रायिकता क्या होगी?

1. $\frac{8}{25}$
2. $\frac{1}{15}$
3. $\frac{7}{15}$
4. $\frac{1}{5}$

90. A. विनिमय प्रणाली (Barter System) में यदि 3 वस्तुओं का विनिमय करना हो, तो आवश्यक मूल्यों की संख्या 3 होगी।

B. मुद्रास्फीति की स्थिति में मुद्रा अपने कार्य नहीं करती।

C. विनिमय प्रणाली में दोहरी इच्छओं का संयोग (Double Coincidence of Wants) समस्या नहीं है।

D. कागजी मुद्रा (Paper Currencies) सांकेतिक मुद्रा (Token Money) होती है।

नीचे दिए गए विकल्पों में से **सही** उत्तर चुनिए:

1. केवल A, B और D
2. केवल B और D
3. केवल A और D
4. केवल B, C और D

निर्देशः (प्र.सं. 91 से 95 तक): *निम्नलिखित गद्यांश को पढ़कर प्रश्नों के उत्तर दीजिए:*

पर्यावरणीय परिसंपत्तियों के लिए बाजार विफल हो सकते हैं यदि कीमतें समाज की इच्छाओं और सीमाओं को सही प्रकार से व्यक्त न करें। आवास विनाश तथा जैव-विविधता की हानि के कारक बाजार विफलता के अनेक स्रोत से उत्पन्न होते हैं। प्रथम, बड़े भू-भागों के सार्वजनिक स्वामित्व, खुली पहुँच तथा भूमि प्रबंधन की सीमित सरकारी क्षमता के कारण आवास विनाश उत्पन्न होता है। आर्थिक प्रोत्साहन वन्यजीवों, लकड़ी, चरागाहों तथा कृषि भूमि के अत्यधिक दोहन को बढ़ावा देते हैं।

भूमि स्वामित्व की असुरक्षित व्यवस्था जैव-विविधता संरक्षण हेतु आवश्यक आवास को बनाए रखने के लिए बहुत कम प्रोत्साहन देती है। यह गैर-प्रतिस्पर्धिता (Non-rivalry) तथा गैर-बहिष्करण (Non-excludability) का मामला है, जो जैव-विविधता को नष्ट कर सकता है क्योंकि स्वयं उसका कोई मूल्य निर्धारित नहीं होता। ऐसी बाजार विफलताओं को अपूर्ण बाजारों (Incomplete Markets) से जोड़ा जा सकता है। दूसरी ओर, ऐसी स्थिति बाह्यताओं (Externality) के कारण भी उत्पन्न हो सकती है यदि कोई बाहरी एजेंट प्राकृतिक पारिस्थितिकी तंत्र को बाधित करे। इससे पारिस्थितिकी तंत्र का दुखद अंत हो सकता है, जब तक कि स्थानीय लोग इसे बचाने के लिए समन्वित प्रयास न करें।

91. एक सामान्य संपत्ति संसाधन (Common Property Resource - CPR) केवल किस स्थिति में कायम रह सकता है?

1. कठोर संपत्ति नियमों के अंतर्गत
2. कराधान
3. CPR पर आश्रित समुदाय के सामूहिक जीवन के प्रति विश्वसनीय प्रतिबद्धता
4. गैर-बहिष्करण

92. किसी संसाधन के बारे में विषम सूचना (Asymmetric Information) तब उत्पन्न होती है जब:

1. सरकारी हस्तक्षेप हो।
2. गैर-प्रतिस्पर्धिता हो।
3. गैर-बहिष्करण हो।
4. नैतिक संकट (Moral Hazard) तथा प्रतिकूलन चयन (Adverse Selection) हो।

93. सार्वजनिक वस्तुओं (Public Goods) में निम्नलिखित में से कौन-सा गुण नहीं होता?

1. गैर-प्रतिस्पर्धिता (Non-rival)
2. गैर-बहिष्करण (Non-excludable)
3. स्थानीय लोगों द्वारा नियंत्रित सामान्य संपत्ति संसाधन
4. मुक्त वस्तुएँ (Free Goods)

94. जैव-विविधता के लिए अपूर्ण बाजार (Incomplete Markets) उत्पन्न होते हैं क्योंकि:

1. जैव विविधता का समाज के लिए कोई मूल्य नहीं होता।

2. जैव-विविधता वाले वन पर स्पष्ट संपत्ति अधिकार स्थापित करने में विफलता।
3. वन संसाधन सभी के दोहन हेतु खुले होते हैं।
4. कोई भी व्यक्ति वन की जैव-विविधता बचाने के लिए धन देने को तैयार नहीं होता।

95. ''साझा संसाधनों की त्रासदी'' (Tragedy of Commons) की अवधारणा किसने दी?

1. रॉबर्ट सोलो
2. हैरोल्ड होटलिंग
3. गैरेट हार्डिन
4. पार्थ दासगुप्ता

निर्देशः (प्र.सं. 91 से 95 तक): *निम्नलिखित गद्यांश को पढ़कर प्रश्नों के उत्तर दीजिए:*

वर्तमान अंतराष्ट्रीय आर्थिक संबंधों पर बहुपक्षीय मंचों का प्रभाव बहुत कम हो गया है। बहुपक्षीय आर्थिक संस्थाओं की बैठकों को महत्वपूर्ण देशों के नेता गंभीरता से नहीं लेते। पूर्व में यह सुना गया कि उनके विश्व नेता WTO के विरुद्ध बोल रहे थे तथा अपने राष्ट्रीय हितों को प्राथमिकता दे रहे थे। यहाँ तक कि WTO के मंच का उपयोग भी बहुपक्षीय व्यापार के विरोध में किया गया।

1980 के दशक की शुरुआत में विश्व वैश्वीकरण की ओर बढ़ रहा था तथा बहुपक्षीय ऋण और व्यापार मंच आर्थिक एवं व्यापार वार्ताओं में महत्वपूर्ण भूमिका निभा रहे थे। धीरे-धीरे क्षेत्रीय आर्थिक संघों तथा द्विपक्षीय व्यापार मंचों ने प्रमुख स्थान प्राप्त कर लिया। ब्रिटेन का यूरोपीय संघ से बाहर निकलना, WTO मंचों में लगातार व्यवधान तथा अमेरिका के राष्ट्रपति एवं यूरोपीय नेताओं के अनेक वक्तव्यों से यह संदेश मिलने लगा कि वैश्वीकरण समाप्ति की ओर बढ़ रहा है।

हाल ही में भारतीय निर्यातों पर उच्च शुल्क लगाना तथा अमेरिका द्वारा किए गए विभिन्न उपाय, जो बहुपक्षीय व्यापार एवं निवेश मंचों द्वारा सुनिश्चित मुक्त और निष्पक्ष व्यापार का उल्लंघन करते हैं, गंभीर चिंता के विषय हैं। व्यापार व्यवधान कभी अंतर्राष्ट्रीय स्तर के उपयुक्त मंचों पर विचार का विषय नहीं बनते। लोग द्वितीय विश्व युद्ध के बाद अत्यधिक उत्साह और आशाओं के साथ निर्मित आर्थिक एवं राजनीतिक संस्थाओं की प्रासंगिकता पर प्रश्न उठाने लगे हैं। क्या वर्तमान घटनाक्रम एक नई विश्व व्यवस्था के लिए मोड़ का संकेत देते हैं?

96. WTO के सामने सबसे महत्वपूर्ण चुनौती क्या है?

1. क्षेत्रीय आर्थिक संघ तथा द्विपक्षी व्यापार मंच
2. ब्रिटेन का यूरोपीय संघ से बाहर निकलना
3. अंतर्राष्ट्रीय आर्थिक संबंधों का बहुपक्षीय मंचों से प्रभावित न होना
4. विश्व का वैश्वीकरण के बाद की व्यवस्था की ओर बढ़ना

97. वैश्वीकरण किसका परिणाम है?

1. ब्रिटेन का यूरोपीय संघ से बाहर निकलना
2. अमेरिका की पहल
3. बहुपक्षीय ऋण एवं व्यापार मंचों द्वारा निभाई गई भूमिका
4. द्वितीय विश्व युद्ध का परिणाम

98. वर्तमान अंतर्राष्ट्रीय आर्थिक संबंधों की प्रकृति क्या है?

1. अमेरिका और यूरोपीय देश अंतर्राष्ट्रीय समझौतों का उल्लंघन नहीं कर रहे हैं।
2. बहुपक्षीय मंचों को पृष्ठभूमि में धकेला जा रहा है।
3. बहुपक्षीय आर्थिक एवं राजनीतिक संस्थाओं को बढ़ी हुई भूमिका दी जा रही है।
4. विश्व नेता यह संदेश दे रहे हैं कि वैश्वीकरण में सुधार हो रहा है।

99. यह गद्यांश किस बारे में संकेत देता है?

1. बहुपक्षीय संस्थाओं ने अपनी कमजोरियों को स्वीकार कर लिया है।
2. बहुपक्षीय संस्थाओं में सुधार।
3. WTO अधिक महत्वपूर्ण बनता जा रहा है।
4. शक्तिशाली राष्ट्र अपने राष्ट्रीय हितों के लिए बहुपक्षीय संस्थाओं की भूमिका को कमजोर कर रहे हैं।

100. मुक्त और निष्पक्ष व्यापार का उल्लंघन किससे होता है?

1. उच्च और अनुचित शुल्क लगाना
2. क्षेत्रीय आर्थिक संघों और द्विपक्षीय व्यापार मंचों की कमजोर संरचना
3. विश्व नेताओं का WTO के पक्ष में बोलना
4. अमेरिका और यूरोप की अत्यधिक रुचि

उत्तरमाला

1	2	3	4	5	6	7	8	9	10
4	4	3	1	3	3	3	4	3	4
11	**12**	**13**	**14**	**15**	**16**	**17**	**18**	**19**	**20**
3	1	3	1	2	1	2	4	2	3
21	**22**	**23**	**24**	**25**	**26**	**27**	**28**	**29**	**30**
3	4	1	1	4	4	3	2	4	3
31	**32**	**33**	**34**	**35**	**36**	**37**	**38**	**39**	**40**
2	4	4	1	4	2	2	3	3	3
41	**42**	**43**	**44**	**45**	**46**	**47**	**48**	**49**	**50**
4	*	4	1	3	3	1	2	2	1
51	**52**	**53**	**54**	**55**	**56**	**57**	**58**	**59**	**60**
3	1	2	4	4	4	2	4	1	1
61	**62**	**63**	**64**	**65**	**66**	**67**	**68**	**69**	**70**
3	1	2	1	2	1	4	2	2	3
71	**72**	**73**	**74**	**75**	**76**	**77**	**78**	**79**	**80**
2	1	3	2	2	2	2	1	4	2
81	**82**	**83**	**84**	**85**	**86**	**87**	**88**	**89**	**90**
2	1	4	1	4	1	3	3	3	3
91	**92**	**93**	**94**	**95**	**96**	**97**	**98**	**99**	**100**
3	4	3	2	3	1	3	2	4	1

व्याख्यात्मक उत्तर

1. प्रश्न में वित्त आयोगों (Finance Commissions) को राज्यों को केंद्रीय करों के विभाज्य पूल (divisible pool) से अनुशंसित ऊर्ध्वाधर कर-वितरण (vertical devolution) प्रतिशतों के साथ सही मिलान करना आवश्यक है। 12वें वित्त आयोग ने 30.5% कर-वितरण की अनुशंसा की थी; अतः C–IV सही है। 13वें वित्त आयोग ने इसे बढ़ाकर 32% किया, इसलिए DृIII सही है। 14वें वित्त आयोग ने 42% कर-वितरण की अनुशंसा करके एक बड़ा संरचनात्मक परिवर्तन किया, जिससे राजकोषीय संघवाद (fiscal federalism) को महत्वपूर्ण रूप से सुदृढ़ किया गया; इसलिए A-II सही है। 15वें वित्त आयोग ने इस हिस्सेदारी को 41% कर दिया (मुख्यतः जम्मू एवं कश्मीर के केंद्र शासित प्रदेशों में पुनर्गठन के कारण), इसलिए B-I सही है। केवल विकल्प 4 ही इन सभी युग्मों को बिना किसी असंगति के सही रूप से दर्शाता है।

2. किंक्ड डिमांड कर्व मॉडल (Kinked Demand Curve Model) अल्पाधिकार (oligopoly) बाजारों में मूल्य कठोरता (price rigidity) की व्याख्या करता है। यह मानता है कि यदि कोई फर्म अपना मूल्य बढ़ाती है, तो प्रतिस्पर्धी उसका अनुसरण नहीं करते, जिससे मांग अत्यधिक लोचदार हो जाती है; लेकिन यदि वह मूल्य घटाती है, तो प्रतिस्पर्धी भी मूल्य कटौती का अनुसरण करते हैं, जिससे मांग अपेक्षाकृत अलोचदार हो जाती है। इससे मांग वक्र में "किंक" तथा सीमांत आय (marginal revenue) वक्र में असततता (discontinuity) उत्पन्न होती है, जिसके कारण लागतों में मध्यम परिवर्तन होने पर भी मूल्य स्थिर बने रहते हैं। इस विश्लेषणात्मक ढाँचे को औपचारिक रूप से 1939 में पॉल एम. स्वीजी (Paul M. Sweezy) ने विकसित किया था। अतः किंक्ड डिमांड मॉडल का सही श्रेय स्वीजी को दिया जाता है।

3. दिया गया अंतर समीकरण (difference equation) है:

$$Y_{t+1} - 1.2Y_t = 0$$

पुनर्व्यवस्थित करने पर:

$$Y_{t+1} = 1.2Y_t$$

यह प्रथम-कोटि रैखिक समरूप अंतर समीकरण (first-order linear homogeneous difference equation) है।

क्रमिक हल:

$$Y_2 = 1.2Y_1$$
$$Y_3 = 1.2Y_2 = (1.2)^2Y_1$$
$$Y_4 = (1.2)^3Y_1$$

अतः गणितीय आगमन (mathematical induction) द्वारा,

$$Y_t = (1.2)^{t-1}Y_1$$

जहाँ $t \geq 1$।

यह व्यंजक पुनरावृत्ति संबंध (recurrence relation) को पूर्णतः संतुष्ट करता है और बिना किसी सूचकांक त्रुटि के विकल्प 3 से मेल खाता है।

4. संतुलित बजट गुणक (Balanced Budget Multiplier) उस स्थिति को दर्शाता है जहाँ सरकारी व्यय (G) और कर (T) दोनों समान मात्रा से बढ़ते हैं। साधारण कीन्सीय आय निर्धारण मॉडल (Keynesian income determination model) में सरकारी व्यय में वृद्धि सीधे समष्टि मांग (aggregate demand) को बढ़ाती है, जबकि करों में वृद्धि उपभोज्य आय (disposable income) तथा उपभोग को MPC × कर परिवर्तन के अनुपात में घटाती है। संतुलन आय (equilibrium income) पर शुद्ध प्रभाव प्रारंभिक सरकारी व्यय वृद्धि के बराबर होता है, अर्थात संतुलित बजट गुणक का मान 1 होता है। इसलिए कथन C (G और T में समान वृद्धि) सही है तथा कथन D (गुणक = 1) भी सही है। कथन A और B मानक कीन्सीय संतुलित बजट गुणक परिणाम से मेल नहीं खाते।

5. तरलता जाल (Liquidity Trap) की स्थिति में ब्याज दर पहले ही बहुत निम्न स्तर पर पहुँच चुकी होती है, इसलिए लोग भविष्य में इसके बढ़ने की अपेक्षा करते हैं (जिसका अर्थ है कि बांड कीमतें गिर सकती हैं)। इस अपेक्षा के कारण लोग बांड खरीदने के बजाय मुद्रा (liquidity) को अपने पास रखना पसंद करते हैं। परिणामस्वरूप, जब केंद्रीय बैंक मुद्रा आपूर्ति बढ़ाता है, तब जनता अतिरिक्त मुद्रा को निष्क्रिय नकद शेष (idle cash balances) के रूप में रख लेती है और ब्याज दर में कोई महत्वपूर्ण गिरावट नहीं होती। यह विवरण विकल्प (3) से पूर्णतः मेल खाता है।

6. "लाभकारी प्रस्तावों के कारण राजस्व में कमी" (Revenue foregone due to beneficial proposals) से अभिप्राय उस अनुमानित कर-राजस्व हानि से है जो बजट में कर राहत, छूट अथवा रियायती दरों जैसी सुविधाएँ प्रदान करने के कारण होती है। दिए गए आँकड़े दो भागों में विभाजित हैं– (*i*) प्रत्यक्ष कर (जैसे व्यक्तिगत आयकर, कॉर्पोरेट कर) तथा (*ii*) अप्रत्यक्ष कर (जैसे सीमा शुल्क, उत्पाद शुल्क आदि)। केंद्रीय बजट 2025-26 के लिए ऐसे लाभकारी प्रस्तावों के कारण अनुमानित राजस्व हानि लगभग ₹ 1 लाख करोड़ प्रत्यक्ष करों में तथा लगभग ₹ 2600 करोड़ अप्रत्यक्ष करों में है, जो विकल्प (3) से सटीक मेल खाता है, जबकि अन्य विकल्प किसी एक पक्ष को अधिक/कम दर्शाते हैं या गलत संयोजन प्रस्तुत करते हैं।

7. सरकार द्वारा घाटा व्यय (deficit spending) करने से भीड़-बहिर्गमन प्रभाव (crowding-out effect) उत्पन्न हो सकता है क्योंकि सरकार प्रायः घाटे की पूर्ति बाजार से ऋण लेकर करती है। इससे ऋणयोग्य निधियों (loanable funds) की मांग बढ़ती है और बाजार ब्याज दर में वृद्धि की प्रवृत्ति होती है, जिससे निजी निवेश हतोत्साहित होता है–अतः Assertion (A) सही है।

किन्तु Reason (R) कहता है कि जब सरकार बाजार से ऋण लेती है, तब बांड कीमतें बढ़ती हैं और ब्याज दर गिरती है। सामान्यतः सरकार द्वारा अधिक बांड जारी करने से बांड की आपूर्ति बढ़ती है, जिससे बांड कीमतों पर नीचे की ओर दबाव पड़ता है तथा प्रतिफल/ब्याज दर बढ़ती है। इसलिए (R) सही नहीं है।

8. "प्रतिपूर्ति" (compensation) आधारित कल्याण परीक्षण यह जाँचता है कि क्या किसी नीति परिवर्तन से लाभ पाने वाले लोग, सिद्धांततः, हानि उठाने वालों को प्रतिपूर्ति कर सकते हैं और फिर भी स्वयं बेहतर स्थिति में रह सकते हैं। यही विचार काल्डोर-हिक्स मानदंड (Kaldorn-Hicks Criterion) का आधार है, जो कठोर पैरेटो शर्त को शिथिल करता है तथा वास्तविक प्रतिपूर्ति के बजाय संभावित प्रतिपूर्ति के आधार पर परिवर्तन का मूल्यांकन करता है। इसलिए प्रतिपूर्ति भुगतान पर आधारित कल्याण मानदंड काल्डोर-हिक्स प्रतिपूर्ति मानदंड कहलाता है।

9. मानव विकास सूचकांक (Human Development Index — HDI) एक संयुक्त सूचकांक है, जिसका उपयोग देशों की रैंकिंग करने के लिए किया जाता है। यह तीन प्रमुख आयामों–स्वास्थ्य, शिक्षा तथा जीवन स्तर–पर आधारित है। स्वास्थ्य को जन्म के समय जीवन प्रत्याशा (life expectancy at birth) द्वारा, शिक्षा को शैक्षिक उपलब्धि संकेतकों द्वारा, तथा जीवन स्तर को PPP आधार पर वास्तविक आय द्वारा मापा जाता है ताकि देशों के बीच क्रय शक्ति के अंतर को समायोजित किया जा सके। दिए गए विकल्पों में केवल विकल्प (3) ही HDI के इन मुख्य घटकों को सही रूप में दर्शाता है।

10. केनेथ बोल्डिंग (Kenneth Boulding) "स्पेसशिप अर्थ" (Spaceship Earth) तथा पारिस्थितिक सीमाओं के विचार से संबंधित हैं, इसलिए A-II।

जॉर्जेस्कू-रोगेन (Georgescu-Roegen) की जैव-अर्थशास्त्र (bioeconomics) अवधारणा एंट्रॉपी तथा ऊर्जा की सीमित भूमिका पर बल देती है, इसलिए B-IV।

एलिनोर ऑस्ट्रॉम (Elinor Ostrom) का मुख्य योगदान यह विश्लेषण है कि समुदाय संस्थाओं एवं नियमों के माध्यम से साझा संसाधनों (common property resources) का प्रबंधन कैसे करते हैं, इसलिए C-III।

ए.सी. पिगू (A.C. Pigou) बाह्यताओं (externalities) तथा सुधारात्मक कराधान (Pigouvian tax) से संबंधित हैं, जो प्रदूषण कर के अनुरूप है, इसलिए D-I।

इन सभी मिलानों का सही संयोजन केवल विकल्प (4) में है।

11. डाल्टन (Dalton) के इष्टतम जनसंख्या सूत्र के अनुसारः

$$M = \frac{A - O}{O}$$

किसी देश की जनसंख्या तब इष्टतम होती है जब वास्तविक जनसंख्या (A) इष्टतम जनसंख्या (O) के बराबर हो, अर्थात (A = O)।

प्रतिस्थापन करने परः

$$M = \frac{O - O}{O} = 0$$

अतः इष्टतम जनसंख्या शून्य विसमायोजन (zero mal-adjustment) के अनुरूप होती है, इसलिए सही विकल्प (3) है।

12. कथन में:

$$U = \frac{X - A}{h}, V = \frac{Y - B}{K}$$

यह X तथा Y का रैखिक रूपांतरण (linear transformation) है जिसमें मूल परिवर्तन (change of origin) तथा पैमाने का परिवर्तन (change of scale) शामिल है। सहसंबंध गुणांक (correlation coefficient) मूल परिवर्तन तथा धनात्मक पैमाना परिवर्तन से अप्रभावित रहता है। चूँकि $h > 0$ तथा $K > 0$ हैं, इसलिए दिशा परिवर्तित नहीं होती, अतः:

$$r_{XY} = r_{UV}$$

Reason ठीक इसी अपरिवर्तनीयता गुण को व्यक्त करता है और सीधे यह स्पष्ट करता है कि Assertion क्यों सही है।

13. जब किसी प्रतिगमन मॉडल (regression model) में अधिक व्याख्यात्मक चर (regressors) जोड़े जाते हैं, तब फिटेड मान या तो बेहतर होते हैं या समान रहते हैं; अर्थात वर्गों का अवशिष्ट योग (SSR) बढ़ नहीं सकता। इसलिए:

$$R^2 = 1 - \frac{SSR}{SST}$$

का मान घट नहीं सकता। अतः कथन A सही है तथा B गलत है।

मानक प्रतिगमन मॉडल में:

$$0 \le R^2 \le 1$$

अतः यह ऋणात्मक नहीं हो सकता, इसलिए कथन D सही है। कथन C गलत है क्योंकि R^2 प्रतिगमन चरों की संख्या से प्रभावित होता है। इसलिए सही संयोजन केवल A और D है।

14. एकाधिकार शक्ति (Monopoly Power) को सामान्यतः लर्नर सूचकांक (Lerner Index) द्वारा मापा जाता है, जो यह दर्शाता है कि फर्म सीमांत लागत (MC) से कितना अधिक मूल्य निर्धारित कर सकती है। पूर्ण प्रतियोगिता में:

$$P = MC$$

अतः सूचकांक का मान 0 होता है। जैसे-जैसे एकाधिकार शक्ति बढ़ती है, P > MC हो जाता है और

$$\frac{P - MC}{P}$$

का मान धनात्मक तथा अधिक हो जाता है, जो बढ़ती हुई एकाधिकार शक्ति को दर्शाता है।

15. प्रश्न भारत में ₹ 1000 के नोटों के विमुद्रीकरण (demonetisation) से संबंधित है। उच्च मूल्यवर्ग के नोटों जैसे ₹ 1000, ₹ 5000 तथा ₹ 10,000 को लक्षित करने वाला प्रमुख विमुद्रीकरण 1978 में हुआ था, जब काले धन तथा अघोषित संपत्ति पर नियंत्रण हेतु "High Denomination Bank Notes (Demonetisation) Ordinance" लागू किया गया था। दिए गए विकल्पों (2016, 1978, 1969, 1980) में केवल 1978 ही इस ऐतिहासिक विमुद्रीकरण से संबंधित है।

16. नव-शास्त्रीय (Solow-type) विकास मॉडल में दीर्घकालीन प्रति श्रमिक उत्पादन वृद्धि का मुख्य कारण तकनीकी प्रगति अथवा श्रम उत्पादकता में सुधार माना जाता है, इसलिए कथन A सही है। यह मॉडल बचत तथा निवेश (पूंजी संचय) को भी विकास पथ तथा स्थिर-अवस्था आय के निर्धारण में महत्वपूर्ण मानता है, इसलिए कथन C भी सही है। कथन B मूल सिद्धांत नहीं है क्योंकि विकास दर को प्रति व्यक्ति आय के स्तर पर निर्भर नहीं माना जाता, और कथन D बहुत संकीर्ण है क्योंकि विकास केवल निवेश पर निर्भर नहीं होता—तकनीकी प्रगति तथा अन्य कारक भी महत्वपूर्ण हैं।

17. व्यवहार में ट्रेजरी बिल (Treasury Bills) मानक नीलामी प्रणालियों जैसे—

(*i*) यूनिफॉर्म प्राइस ऑक्शन (uniform price auction) तथा

(*ii*) मल्टीपल प्राइस (डिस्क्रिमिनेटरी) ऑक्शन (multiple price auction)

के माध्यम से जारी किए जाते हैं। ये T-bills और अन्य सरकारी प्रतिभूतियों के लिए अंतर्राष्ट्रीय स्तर पर उपयोग किए जाने वाले मानक नीलामी तंत्र हैं। "Adjusted price auction" तथा "Readjusted price auction" मानक सार्वजनिक वित्त अथवा मौद्रिक अर्थशास्त्र में मान्य नीलामी प्रकार नहीं हैं। इसलिए A और D सही पहचान नहीं हैं।

18. यह विचार कि आर्थिक विकास के साथ-साथ सार्वजनिक व्यय तथा राज्य की गतिविधियाँ समय के साथ बढ़ती हैं, वैग्नर के नियम (Wagner's Law) द्वारा समझाया जाता है। आर्थिक विकास एवं औद्योगिकीकरण के साथ प्रशासन, कानून व्यवस्था, सामाजिक सेवाएँ, कल्याण, अवसंरचना तथा विनियमन जैसी राज्य की भूमिकाएँ बढ़ती हैं, जिससे सार्वजनिक व्यय राष्ट्रीय आय के अनुपात में भी बढ़ता है। इसलिए यह सिद्धांत एडोल्फ वैग्नर (Adolf Wagner) से संबंधित है।

19. बिग-पुश सिद्धांत (Big-Push Approach) के अनुसार निम्न आय वाली अर्थव्यवस्थाएँ निम्न-आय जाल में फँसी रह सकती हैं जब तक कि विभिन्न क्षेत्रों में एक बड़ा एवं समन्वित निवेश प्रयास न किया जाए, जिससे परस्पर पूरकता (complementarities), मांग संबंध (demand linkages) तथा पैमाने की अर्थव्यवस्थाएँ (economies of scale) प्रभावी हो सकें। यह विचार न्यूनतम आलोचनात्मक प्रयास (minimum critical effort) के माध्यम से निम्न-स्तरीय संतुलन से बाहर निकलने की अवधारणा से अधिक मेल खाता है, न कि हिर्शमैन के असंतुलित विकास सिद्धांत से। अतः सही विकल्प (2) है।

20. अभिकथन (A) व्यापक रूप से सही है क्योंकि दीर्घकाल में पेट्रोलियम की ऊँची कीमतों को बनाए रखना किसी कार्टेल के लिए कठिन होता है। इसका कारण कोटा उल्लंघन, गैर-OPEC आपूर्ति में वृद्धि, तकनीकी परिवर्तन (जैसे shale, deepwater) तथा उच्च कीमतों पर मांग में समायोजन है।

किन्तु कारण (R) सही नहीं है क्योंकि दीर्घकाल में पेट्रोलियम उत्पादों की मांग तथा आपूर्ति दोनों अधिक लोचदार हो जाती हैं—उपभोक्ता विकल्पों तथा दक्षता उपायों को अपनाते हैं और उत्पादक उत्पादन क्षमता बढ़ाते हैं।

इसलिए (R) गलत है तथा (A) की व्याख्या नहीं करता।

21. गैर-ऋण पूंजी प्राप्तियाँ (Non-debt capital receipts)

= विनिवेश (Disinvestment)

+ ऋणों की वसूली (Recovery of loans)

= 400 + 150 = 550

राजकोषीय घाटा (Fiscal deficit)

= कुल व्यय – (राजस्व प्राप्तियाँ + गैर-ऋण पूंजी प्राप्तियाँ)

राजकोषीय घाटा (Fiscal deficit)

= 8600 – (5600 + 550)

= 8600 – 6150 = 2450

प्राथमिक घाटा (Primary deficit)

= राजकोषीय घाटा – ब्याज भुगतान

= 2450 – 800 = 1650.

22. A. केंद्रीय सरकार के व्यय के प्रतिशत के रूप में पेंशन एक छोटा एकल-अंकीय हिस्सा होना चाहिए, इसलिए यह 4% (IV) से मेल खाता है।

C. कर-GDP अनुपात (Tax-GDP ratio) सामान्यतः ऐसे आँकड़ों में high teens के आसपास होता है, इसलिए यह 18% (II) से मेल खाता है।

D. ऋण-GDP अनुपात (Debt-GDP ratio) यहाँ सबसे बड़ा मान है, इसलिए यह 81.3% (III) से मेल खाता है।

शेष मान 22% (I) तब B (केंद्रीय सरकार के व्यय के प्रतिशत के रूप में राज्यों का करों एवं शुल्कों में हिस्सा) के लिए उपयुक्त है।

23. गिफेन वस्तु (Giffen good) के लिए, जब मूल्य घटता है:

- प्रतिस्थापन प्रभाव (Substitution effect) मांग की मात्रा बढ़ाता है (धनात्मक प्रभाव)।
- आय प्रभाव (Income effect) मांग की मात्रा घटाता है क्योंकि वस्तु अत्यधिक हीन (strongly inferior) होती है (ऋणात्मक प्रभाव)।

गिफेन स्थिति में ऋणात्मक आय प्रभाव, धनात्मक प्रतिस्थापन प्रभाव से अधिक प्रभावी होता है, इसलिए मूल्य घटने पर कुल मांग की मात्रा घट जाती है।

24. • टोबिन का सिद्धांत (Tobin's Q theory) q (बाजार मूल्य बनाम प्रतिस्थापन लागत) को पूंजी निर्माण के प्रोत्साहनों से जोड़ता है, इसलिए यह निवेश (Investment) (III) से मेल खाता है।

- फिलिप्स वक्र (Phillips Curve) मुद्रास्फीति (Inflation) और बेरोजगारी (Unemployment) को जोड़ता है, इसलिए यह (I) से मेल खाता है।
- ओकुन का नियम (Okun's Law) उत्पादन (Output) और बेरोजगारी को जोड़ता है, इसलिए यह (II) से मेल खाता है।
- तरलता जाल (Liquidity trap) ऐसी स्थिति का वर्णन करता है जहाँ मुद्रा की मांग बहुत अधिक हो जाती है और ब्याज-दर नीति अप्रभावी हो जाती है, इसलिए यह मुद्रा की मांग एवं ब्याज दर (VI) से मेल खाता है।

25. शुद्ध निर्यात (Net exports)

$$X - M = 1000 - 1500 = -500$$

राष्ट्रीय आय पहचान (National income identity):

$$Y = C + I + G + (X - M)$$
$$I = Y - C - G - (X - M)$$
$$I = 14400 - 12000 - 1200 - (-500)$$
$$I = 14400 - 13200 + 500$$
$$I = 1200 + 500 = 1700.$$

26. कर आधिक्य (Tax buoyancy) GDP में परिवर्तन के प्रति सार्वजनिक राजस्व (कर राजस्व) की संवेदनशीलता को मापता है। यदि GDP में 1% वृद्धि होती है और सार्वजनिक राजस्व में 1% से अधिक वृद्धि होती है, तो कर प्रणाली को उत्साहवर्धक (buoyant) कहा जाता है (buoyancy > 1)। अतः सही शब्द "कर आधिक्य" है, न कि CENVAT (जो एक कर व्यवस्था है), और न ही आनुपातिक/अलोचदार प्रणाली (जो समान या उससे कम आनुपातिक प्रतिक्रिया को दर्शाती है)।

27. **D. एडम स्मिथ का "श्रम विभाजन" (division of labour) तथा "वृद्धिशील प्रतिफल" (increasing returns) सिद्धांत (1776):** यह विकास चिंतन का प्रारंभिक आधार है, जो विशेषज्ञता एवं पैमाने को उत्पादकता वृद्धि से जोड़ता है। यह औपचारिक 20वीं सदी के विकास मॉडलों से पहले का सिद्धांत है और आगे के विकास सिद्धांतों के लिए शास्त्रीय आधार प्रदान करता है।

A. हैरॉड-डोमर विकास मॉडल (1939–1946): हैरॉड (1939) एवं डोमर (1946) ने एक औपचारिक गतिशील मॉडल विकसित किया जिसमें विकास बचत एवं पूंजी-उत्पादन संबंध पर निर्भर करता है। यह शास्त्रीय विचारों के बाद तथा नव-शास्त्रीय (Solow) ढाँचे से पहले आया।

B. सोलो का नव-शास्त्रीय विकास मॉडल (1956): सोलो (1956) ने पूंजी पर घटते प्रतिफल तथा दीर्घकालीन प्रति व्यक्ति विकास में तकनीकी प्रगति की भूमिका को स्पष्ट किया। यह हैरॉड-डोमर मॉडल के बाद आया और मुख्यधारा का मानक मॉडल बना।

C. अंतर्जात विकास सिद्धांत (Endogenous Growth Theory) (1980 के दशक के मध्य से; Romer 1986, Lucas 1988): यह सिद्धांत मॉडल के भीतर के कारकों (ज्ञान, मानव पूंजी, नवाचार) के माध्यम से निरंतर विकास की व्याख्या करता है, बिना केवल बाह्य तकनीक पर निर्भर हुए। यह सूचीबद्ध विकासों में सबसे नवीन सिद्धांत है और ऐतिहासिक रूप से सोलो मॉडल के बाद आता है।

28. "आर्थिक आश्रितता भार" (Economic dependency burden) से अभिप्राय कार्यशील (उत्पादक) जनसंख्या पर गैर-कार्यशील (आश्रित) जनसंख्या के पालन-पोषण के भार से है। कथन A इस विचार को दर्शाता है कि गैर-उत्पादक सदस्यों का भरण-पोषण श्रमबल द्वारा किया जाना चाहिए। कथन C सही रूप से सामान्य आश्रितों की पहचान करता है—युवा एवं वृद्ध (यहाँ 15 वर्ष से कम और 70 वर्ष से अधिक)। कथन B सार्वजनिक ऋण से संबंधित है, आश्रितता से नहीं, तथा D श्रमिकों के एक वर्ग को दर्शाता है, आश्रितों को नहीं।

29. NSSO तथा CSO भारत की आधिकारिक सांख्यिकीय प्रणाली के अंतर्गत कार्य करते हैं, जो सांख्यिकी एवं कार्यक्रम कार्यान्वयन मंत्रालय (Ministry of Statistics and Programme Implementation — MoSPI) के अधीन है। अतः सही मंत्रालय MoSPI है।

30. मुद्रास्फीति में केंद्रीय बैंक के लक्ष्य की ओर निरंतर गिरावट निम्न कारणों से संगत है:

(*i*) आपूर्ति शृंखलाओं में सुधार/अनुकूलन जिससे आपूर्ति अवरोध एवं लागत दबाव कम होते हैं (A), तथा

(*ii*) कठोर मौद्रिक नीति (उच्च नीतिगत दरें/तरलता की वापसी) जिससे समष्टि मांग एवं मुद्रास्फीति अपेक्षाएँ कम होती हैं (C)।

मौद्रिक नीति में ढील (B) सामान्यतः मांग एवं मुद्रास्फीति को बढ़ाती है, और यदि AD, AS से अधिक बढ़ती है (D), तो यह अपस्फीतिकारी (disinflationary) के बजाय मुद्रास्फीतिकारी होती है।

31. सरल कीन्सीय मॉडल में संतुलन आय के लिए:

$$AD = C + I + G$$

आनुपातिक कर t के लिए:

$$Y_d = (1 - t)Y$$
$$C = 100 + 0.75Y_d$$
$$Y_d = (1 - 0.2)Y = 0.8Y$$
$$C = 100 + 0.75(0.8Y)$$
$$= 100 + 0.6Y$$
$$AD = (100 + 0.6Y) + 60 + 40$$
$$= 200 + 0.6Y$$

संतुलन पर:

$$Y = AD = 200 + 0.6Y$$
$$Y = 0.6Y = 200$$
$$0.4Y = 200$$
$$Y = \frac{200}{0.4} = 500.$$

32. मानक विचलन (Standard deviation) मूल परिवर्तन (change of origin) से अप्रभावित रहता है, इसलिए:

$$SD(X + a) = SD(X)$$

और $SD(X - b) = SD(X)$

सही हैं। किन्तु पैमाने के परिवर्तन (change of scale) के अंतर्गत नियम होता है:

$$SD(aX) = |a| \cdot SD(X)$$

न कि

$$a^2 \cdot SD(X)$$

अतः अभिकथन (A) गलत है क्योंकि इसमें SD के लिए गलत scaling property दी गई है। कारण (R) सही है क्योंकि SD मूल परिवर्तन से स्वतंत्र लेकिन पैमाने पर निर्भर होता है। इसलिए सबसे उपयुक्त विकल्प (4) है।

33. अभिकथन यह दावा करता है कि औसत घरेलू आय में 10% वृद्धि अनिवार्य रूप से बच्चों के स्वास्थ्य एवं शिक्षा में 50% निवेश वृद्धि की ओर ले जाती है, जो कोई सामान्य आर्थिक/सांख्यिकीय नियम नहीं है और अतिरिक्त व्यावहारिक एवं संस्थागत शर्तों के बिना सार्वभौमिक रूप से सत्य नहीं माना जा सकता।

कारण सही है क्योंकि स्वास्थ्य एवं शिक्षा पर व्यय मानव पूंजी का निर्माण करता है (बेहतर कौशल, स्वास्थ्य, उत्पादकता), जो अर्थव्यवस्था की उत्पादन क्षमता एवं विकास को बढ़ा सकता है।

चूँकि (R) सत्य है लेकिन (A) आवश्यक रूप से सत्य नहीं है, इसलिए सही विकल्प (4) है।

34. F-परीक्षण (F-test) में गणना की गई F-सांख्यिकी बड़े नमूना प्रसरण (variance) और छोटे नमूना प्रसरण के अनुपात के रूप में ली जाती है।

$$\text{बड़ा प्रसरण} = 35.53$$
$$\text{छोटा प्रसरण} = 34.92$$
$$F = \frac{35.53}{34.92}$$
$$F = 1.0174...$$

दो दशमलव तक:

$$F \approx 1.02.$$

35. मैट्रिक्स योग (Matrix addition) क्रम-विनिमेय (commutative) तथा साहचर्य (associative) होता है, इसलिए कथन A ("क्रम-विनिमेय नहीं") गलत है जबकि कथन B सही है। मैट्रिक्स गुणा सामान्यतः क्रम-विनिमेय नहीं होता, इसलिए कथन C गलत है, लेकिन यह साहचर्य होता है जब गुणन परिभाषित हो, इसलिए कथन D सही है।

अतः सही संयोजन केवल B और D है, जो विकल्प (4) है।

36. NREGA/MGNREGA के अंतर्गत केंद्र सरकार अकुशल मजदूरी लागत का 100% भुगतान करती है तथा अन्य घटकों का भी बड़ा हिस्सा वहन करती है, जबकि राज्य सरकारें मुख्यतः बेरोजगारी भत्ता एवं शेष हिस्से का वहन करती हैं। चूँकि सबसे बड़ा व्यय अकुशल मजदूरी पर होता है और केंद्र इसे पूर्ण रूप से वहन करता है, इसलिए समग्र वित्तपोषण लगभग 90% केंद्र तथा 10% राज्यों द्वारा होता है। कार्यान्वयन के प्रथम चरण में 200 सबसे पिछड़े जिलों को शामिल किया गया था।

37. यदि:

$$Q = AK^aL^b$$

जहाँ $A > 0, a > 0, b > 0$

तो सीमांत उत्पाद आंशिक अवकलन द्वारा प्राप्त किए जाते हैं।

$$MP_K = \frac{\partial Q}{\partial K} = AaK^{a-1}L^b = \alpha\frac{Q}{K}$$

अतः कथन A सही है।

इसी प्रकार,

$$MP_L = \frac{\partial Q}{\partial L} = AbK^aL^{b-1} = \beta\frac{Q}{L}$$

अतः कथन D सही है।

कथन B एवं C में *a*, *b* तथा K, L का गलत विनिमय किया गया है।

38. विषम प्रसरणता (heteroscedasticity) की स्थिति में (सामान्य exogeneity धारणा के साथ) OLS slope estimators निष्पक्ष/सुसंगत बने रहते हैं, लेकिन वे अकार्यकुशल (inefficient) हो जाते हैं क्योंकि OLS अब न्यूनतम-प्रसरण रैखिक निष्पक्ष आकलक नहीं रहता। इसलिए अभिकथन (A) सही है।

किन्तु विषम प्रसरणता सामान्य OLS variance/standard error सूत्रों को गलत बना देती है; वे पक्षपाती/असंगत हो जाते हैं जब तक robust corrections का उपयोग न किया जाए। इसलिए "variance के अनुमान भी निष्पक्ष हैं" यह कथन सही नहीं है।

अतः (A) सही है लेकिन (R) सही नहीं है।

39. "गंतव्य कर" (Destination tax) वह कर है जिसमें कर-राजस्व उस क्षेत्राधिकार को प्राप्त होता है जहाँ वस्तु/सेवा का उपभोग किया जाता है, न कि जहाँ उसका उत्पादन होता है। GST को गंतव्य-आधारित उपभोग कर के रूप में डिजाइन किया गया है, इसलिए इसे लोकप्रिय रूप से destination tax कहा जाता है।

40. समय क्रम (earliest to latest) के अनुसार समितियों का गठन निम्नलिखित है:

- **विजय केलकर समिति (Vijay Kelkar Committee)** – प्रारंभिक 2000 के दशक (C पहले)
- **पार्थसारथी शोम समिति (Parthasarathy Shome Committee)** – 2012 के आसपास (B अगला)
- **अरविंद सुब्रमणियन समिति (Arvind Subramanian Committee)** – GST के राजस्व तटस्थ दर से संबंधित, मध्य 2010s (D अगला)
- **शंकर आचार्य समिति (Shankar Acharya Committee)** – वित्तीय वर्ष परिवर्तन पर, बाद का काल (A अंतिम)

अतः सही कालानुक्रमिक क्रमः C → B → D → A जो विकल्प (3) से मेल खाता है।

41. रोनाल्ड कोस (Ronald Coase) का सौदेबाजी समाधान तब कार्य करता है जब संपत्ति अधिकार स्पष्ट रूप से परिभाषित (clearly defined) तथा हस्तांतरणीय (transferable) हों, ताकि पक्षकार बाह्यताओं (externalities) को आंतरिक बनाने के लिए वार्ता कर सकें और कुशल परिणाम तक पहुँच सकें। "सार्वभौमिक स्वामित्व" सामान्यतः open-access/common-property समस्याएँ उत्पन्न करता है, जबकि "समान जानकारी" उपयोगी तो है परंतु कोसियन ढाँचे की मुख्य शर्त नहीं है।

42. मांग फलनः

$$P = 80 - 3Q$$

कुल आय (Total Revenue):

$$TR = P \times Q$$
$$TR = (80 - 3Q)Q$$
$$TR = 80Q - 3Q^2$$

अधिकतम आय के लिएः

$$\frac{d(TR)}{dQ} = 80 - 6Q$$

शून्य के बराबर रखेंः

$$80 - 6Q = 0$$
$$6Q = 80$$
$$Q = \frac{80}{6} = \frac{40}{3} \approx 13.33$$

अतः अधिकतम आय Q = 12 पर नहीं होती और न ही Q = 3 पर।

अब अधिकतम आय ज्ञात करेंः

$$TR \approx 533.33$$

यह न तो 528 है और न ही 213।

अतः दिए गए कोई भी कथन सही नहीं हैं।

उत्तरः NONE – कथन A से D तक कोई भी सही नहीं है।

43. A. शिथिल चर → III (जब बाधाएँ ≤ प्रकार की हों)

B. अधिशेष चर → IV (जब बाधाएँ ≥ प्रकार की हों)

C. इष्टतम हल → I (सभी व्यवहार्य समाधानों में सर्वोत्तम)

D. अव्यवहार्य हल → II (कम-से-कम एक शर्त का उल्लंघन)

44. यदिः

$$y = \sqrt{1 - x^2}$$

तोः

$$1 - x^2 \geq 0$$
$$-1 \leq x \leq 1$$

[-1, 1] पर $1 - x^2$ का मान 0 ($x = \pm 1$ पर) से 1($x = 0$ पर) तक होता है।

वर्गमूल लेने पर:

$$0 \le y \le 1$$

अतः परास (range) है: [0, 1].

45. A. लक्षित सार्वजनिक वितरण प्रणाली (TPDS) → III (1997)

B. पुनर्गठित सार्वजनिक वितरण प्रणाली (RPDS) → I (1992)

C. शिक्षा का अधिकार अधिनियम (RTE Act) → II (2009)

D. राष्ट्रीय खाद्य सुरक्षा अधिनियम (NFSA Act) → IV (2013).

46. यूरोपीय संदर्भ में "Salmon War" शब्द 1980 के दशक के अंत एवं 1990 के दशक के प्रारंभ में नॉर्वे के सैल्मन निर्यातकों तथा स्कॉटलैंड के सैल्मन उत्पादकों के बीच व्यापार विवाद को संदर्भित करता है। स्कॉटिश उत्पादकों ने आरोप लगाया कि नॉर्वे यूरोपीय बाजार में कृत्रिम रूप से कम कीमतों पर farmed salmon बेच रहा था, जिससे घरेलू उत्पादकों को नुकसान हो रहा था। इस विवाद के परिणामस्वरूप जाँच हुई और अंततः 1991 में यूरोपीय आयोग द्वारा anti-dumping duties लगाई गईं। चूँकि यह विवाद विशेष रूप से नॉर्वे के निर्यात तथा स्कॉटलैंड के सैल्मन उद्योग से संबंधित था, इसलिए सही युग्म नॉर्वे और स्कॉटलैंड है।

47. क्लब वस्तुएँ (Club goods) बहिष्करणीय (excludable) होती हैं अर्थात सदस्यता/शुल्क द्वारा पहुँच सीमित की जा सकती है, तथा भीड़भाड़ (congestion) होने तक गैर-प्रतिस्पर्धी (non-rival) रहती हैं। स्विमिंग पूल और जिम सामान्यतः सदस्यता या प्रवेश नियमों पर संचालित होते हैं, इसलिए ये क्लब वस्तुओं के अंतर्गत आते हैं। रक्षा (defense) गैर-बहिष्करणीय और गैर-प्रतिस्पर्धी होती है (सार्वजनिक वस्तु), तथा रेलवे को इस वर्गीकरण में मानक क्लब वस्तु के बजाय मिश्रित/भीड़भाड़ वाली सेवा माना जाता है। अतः केवल B और D सही हैं।

48.

$$Q = 100 - P - P^2$$

जब P = 5:

$$Q = 100 - 5 - 25 = 70$$

$$\left(\frac{dQ}{dP}\right) = -1 - 2P$$

$$\left(\frac{dQ}{dP}\right)_{P=5} = -1 - 10 = -11$$

मांग की मूल्य लोच:

$$e_d = \frac{dQ}{dP} \cdot \frac{P}{Q}$$

$$= -11 \cdot \frac{5}{70} = -\frac{55}{70} = -\frac{11}{14}$$

$$|e_d| = \frac{11}{14} \approx 0.79 < 1$$

अतः P = 5 पर मांग अलोचदार (inelastic) है।

49.
- हैरॉड और डोमर निवेश को ''दो-धारी तलवार'' (double-edged sword) की अवधारणा से जोड़ते हैं क्योंकि उनके विकास मॉडल में निवेश एक ओर उत्पादक क्षमता बढ़ाता है और दूसरी ओर आय एवं मांग उत्पन्न करता है। वांछित एवं वास्तविक विकास के बीच असंतुलन अस्थिरता पैदा करता है; अतः A-III।
- लुकास और रोमर ने 1980 के दशक के अंत में अंतर्जात विकास सिद्धांत (endogenous growth theory) विकसित किया, जिसमें मानव पूंजी, नवाचार तथा ज्ञान प्रसार को निरंतर विकास के आंतरिक प्रेरक माना गया; अतः B-I।
- आर्थर लुईस ने द्वैत अर्थव्यवस्था मॉडल (dual economy model) (1954) प्रस्तुत किया, जो निर्वाह क्षेत्र से आधुनिक पूंजीवादी क्षेत्र में श्रम हस्तांतरण के माध्यम से संरचनात्मक परिवर्तन की व्याख्या करता है; अतः C-II।
- माइकल टोडारो ने ग्रामीण-शहरी प्रवास मॉडल (1969) प्रतिपादित किया, जो प्रत्याशित आय अंतर पर आधारित है; अतः D-IV।

50. संरचनात्मक प्रणाली में अंतर्जात चर:

$$\{y_1, y_2, y_3\}$$

अतः G = 3

बहिर्जात चर:

$$\{x_1, x_2, x_3\}$$

अतः K = 3

दूसरा समीकरण:

$$y_2 = y_3 + x_3 + u_2$$

समीकरण (2) में उपस्थित अंतर्जात चर:

$$\{y_2, y_3\}$$

अतः $m = 2$

समीकरण (2) से बहिष्कृत बहिर्जात चर:

$$\{x_1, x_2\}$$

अतः $K - k_i = 2$

आर्डर शर्तः

$$K - k_i \geq (m - 1)$$
$$2 \geq 1$$

जो संतुष्ट है, तथाः

$$2 > (m - 1)$$

अतः आर्डर शर्त के अनुसार यह over-identified है।

रैंक शर्त भी संतुष्ट है क्योंकि कम-से-कम एक बहिष्कृत बहिर्जात चर (x_1 या x_2) अन्य संरचनात्मक समीकरणों में गैर-शून्य गुणांक के साथ उपस्थित है।

अतः दूसरा समीकरण over identified है।

51. • **A → III: ऋण-अवस्फीति (Debt-deflation)** – इरविंग फिशर के अनुसार जब मूल्य स्तर अप्रत्याशित रूप से गिरता है, तो नाममात्र ऋणों का वास्तविक मूल्य बढ़ जाता है। इससे बैलेंस शीट खराब होती है, संकटपूर्ण बिक्री एवं ऋण-घटाव बढ़ता है और उत्पादन/आय में कमी आ सकती है।

• **B → I: पिगू प्रभाव (Pigou effect)** – मूल्य स्तर में गिरावट मुद्रा शेष एवं संपत्ति के वास्तविक मूल्य को बढ़ाती है, जिससे उपभोग मांग तथा आय/उत्पादन को समर्थन मिलता है।

• **C → II: अग्रिम मार्गदर्शन** – यह मौद्रिक नीति का उपकरण है जिसमें केंद्रीय बैंक अपनी भविष्य की नीति स्थिति की घोषणा करता है ताकि वर्तमान अपेक्षाओं को प्रभावित किया जा सके।

• **D → IV:** ओकुन का नियम (Okun's law) बेरोजगारी और वास्तविक GDP के बीच विपरीत संबंध को दर्शाता है।

52. • A एक AR(r) परिभाषा है क्योंकि वर्तमान x_t, अपने पिछले r lagged मानों तथा white-noise shock e_t पर निर्भर करता है।

• B एक MA(m) परिभाषा है क्योंकि x_t, वर्तमान एवं पूर्व shocks (e_t, e_{t-1}, ..., e_{t-m}) का सीमित रैखिक संयोजन है।

C गलत है क्योंकि यह MA रूप को "autoregressive" कहता है, और D गलत है क्योंकि यह AR रूप को "moving average" कहता है।

53. सन्निहित तकनीकी प्रगति का अर्थ है कि नई तकनीक नई पूंजीगत वस्तुओं (नई मशीनों/vintages) में "निहित" होती है। इसलिए उत्पादकता मुख्यतः तब बढ़ती है जब फर्म निवेश कर पुरानी पूंजी को नई अधिक कुशल पूंजी से प्रतिस्थापित करती हैं। बिना नए निवेश के, मौजूदा पूंजी भंडार नवीनतम तकनीक को पूर्णतः शामिल नहीं कर पाता। यही विकल्प (2) में कहा गया है।

54. • **A → III:** नव-चैम्बरलिनियन दृष्टिकोण (neo-Chamberlinian approach) एकाधिकारात्मक प्रतियोगिता का उपयोग करता है जहाँ फर्में विभेदित उत्पाद (differentiated varieties) बनाती हैं। इसका मुख्य विचार बढ़ते प्रतिफल एवं अपूर्ण प्रतियोगिता के अंतर्गत उत्पाद विभेदन है।

• **B → I:** नव-होटेलिंग ढाँचा (neo-Hotelling framework) स्थान/विविधता को "रेखा" के साथ मॉडल करता है, जो horizontal differentiation को दर्शाने का मानक तरीका है।

• **C → IV:** ब्रैंडर-क्रुगमैन मॉडल segmented markets एवं trade costs के अंतर्गत reciprocal dumping के लिए प्रसिद्ध है।

• **D → II:** नव-हेक्सचर-ओहलिन विस्तार (Neon-Heckschern-Ohlin extensions) गुणवत्ता/कौशल-आधारित विशेषज्ञता से जुड़े हैं, जो vertical differentiation के अनुरूप है।

55. आरक्षित मुद्रा (Reserve money) में मुद्रा तथा केंद्रीय बैंक के पास जमा राशियाँ (बैंकों के reserves सहित) शामिल होती हैं, इसलिए A में दी गई संरचना सही है।

मुद्रा गुणक (Money multiplier):

$$m = M/RM$$

अतः C सही है।

B गलत है क्योंकि (M_1) केवल (C + OD) नहीं होता; इसमें मांग जमा (demand deposits) भी शामिल हैं।

D गलत है क्योंकि narrow money, (M_3) नहीं है; (M_3) व्यापक मुद्रा (broad money) है।

56. **A. अमर्त्य सेन → IV (हकदारी, क्षमताएँ एवं चयन की स्वतंत्रता)**: सेन का विकास एवं कल्याण अर्थशास्त्र capability approach तथा entitlement analysis पर आधारित हैं।

B. साइमन कुजनेट्स → I (आर्थिक विकास के साथ असमानता का बढ़ना एवं घटना): Kuznets Curve से जुड़े हैं।

C. गुन्नार मिर्डल → II (आर्थिक अल्पविकास का चक्रीय एवं संचयी कारण): मिर्डल का सिद्धांत बताता है कि अल्पविकास स्वयं को सुदृढ़ करने वाली प्रक्रिया है।

D. पॉल क्रुगमैन → III (आर्थिक विकास का भौगोलिक प्रतिरूप): क्रुगमैन का new economic geography सिद्धांत औद्योगिक संकेन्द्रण एवं spatial concentration की व्याख्या करता है।

57. राजकोषीय घाटे (fiscal deficit) में वृद्धि सामान्यतः ऐसी स्थिति को दर्शाती है जहाँ सरकारी व्यय, प्राप्तियों की तुलना में अधिक बढ़ जाता है। यह उच्च सरकारी व्यय (A) तथा अधिक बाजार उधारी की आवश्यकता से जुड़ा होता है। अधिक सरकारी उधारी ऋणयोग्य निधियों की मांग बढ़ाती है, जिससे घरेलू ब्याज दरें बढ़ती हैं (B) तथा crowding-out प्रभाव के माध्यम से निजी निवेश कम होता है (C)। सरकारी कुल उधारी में कमी (D) इस प्रक्रिया के विपरीत है।

58. प्राकृतिक एकाधिकार (Natural monopoly) तब उत्पन्न होता है जब पैमाने की अर्थव्यवस्थाएँ इतनी प्रबल हों कि एक ही फर्म पूरे बाजार को अनेक फर्मों की तुलना में कम औसत लागत पर सेवा प्रदान कर सके। इसके लिए दीर्घकालीन औसत लागत (LRAC) को पूरे प्रासंगिक उत्पादन क्षेत्र में लगातार गिरना चाहिए। यही विकल्प (4) में कहा गया है।

59. मान लें: S = smoker, C = cancer

दिया है: $P(C) = 0.03$

$P(S) = 0.15$

$P(S \cup C) = 0.10$

Inclusion-Exclusion नियम द्वारा:

$$P(S \cap C) = P(S) + P(C) - P(S \cup C) = 0.15 + 0.03 - 0.10 = 0.08$$

अतः आवश्यक प्रायिकता 0.08 है।

60. यह कथन सत्य नहीं है क्योंकि तर्कसंगत अपेक्षा सिद्धांत का श्रेय मुख्यतः जॉन एफ. मुथ (John F. Muth, 1961) को दिया जाता है, जिसे बाद में लुकास एवं सार्जेंट जैसे अर्थशास्त्रियों ने विकसित किया। "Hansen" को इसका प्रवर्तक बताना सही नहीं है। अन्य कथन तर्कसंगत अपेक्षा की मुख्य अवधारणा से मेल खाते हैं।

61. A. Type I error → III (जब (H_0) सत्य हो और उसे अस्वीकार कर दिया जाए)

B. Type II error → I (जब (H_0) असत्य हो और उसे स्वीकार कर लिया जाए)

C. Simple Hypothesis → II ($H_0 : \mu = \mu_0, \sigma^2 = \sigma_0^2$)

यह एक simple hypothesis है क्योंकि सभी parameters पूर्णतः निर्दिष्ट हैं।

D. Composite Hypothesis → IV ($H_0 : \mu = \mu_0$, σ^2 अज्ञात)

यह composite hypothesis है क्योंकि सभी parameters निर्दिष्ट नहीं हैं।

62. Headcount Index (H) गरीबी का सबसे सरल माप है। यह उन लोगों के अनुपात को मापता है जिनकी आय/उपभोग गरीबी रेखा से नीचे है। यह गरीबी की गहराई अथवा गरीबों के बीच असमानता को नहीं मापता।

63. पूर्ण प्रतियोगिता में:

$P = MR$

चूँकि: $VMPL = P \times MPL$

और $MRPL = MR \times MPL$

अतः $VMPL = MRPL$

पूर्ण प्रतियोगी फर्म के श्रम-बाजार संतुलन में:

$VMPL = W$

इसलिए: $VMPL = MRPL$

अनिवार्य रूप से सत्य होगा।

64. A. $|e_d|$ के लिए $D = 64 - 8P$, जब $P = 6$

$$Q = 64 - 8(6) = 16, \frac{dQ}{dP} = -8$$

$$|e_d| = \left|-8 \cdot \frac{6}{16}\right| = 3$$

अतः A → III

B. e_s के लिए $S = -25 + 5P$, जब $P = 10$

$$Q = -25 + 5(10) = 25, \frac{dQ}{dP} = 5$$

$$e_s = 5 \cdot \frac{10}{25} = 2$$

अतः B → IV

C. MR, जब $P = 8$ तथा $e_d = 4$

$$MR = P\left(1 - \frac{1}{e_d}\right) = 8\left(1 - \frac{1}{4}\right) = 6$$

अतः C → I

D. MPL, जब $VMPL = 12$ तथा $P = 3$

$VMPL = P \cdot MPL$

$12 = 3 \cdot MPL$

$MPL = 4$

अतः D → II।

65. व्यापार चक्र का नवाचार सिद्धांत का संबंध शुम्पीटर से है, जॉर्गेसन से नहीं; अतः A गलत है।

हॉट्रे (Hawtrey) व्यापार चक्र का शुद्ध मौद्रिक सिद्धांत से जुड़े हैं; अतः B सही है।

व्यापार चक्र का मौद्रिक-अधिनिवेश सिद्धांत का संबंध Hayek/Mises से है, जबकि क्लार्क त्वरक सिद्धांत से जुड़े हैं; अतः C गलत है।

व्यापार चक्र का गुणक-त्वरक अंतःक्रिया सिद्धांत का श्रेय सैम्युलसन (1939) को दिया जाता है; अतः D सही है।

अतः केवल B और D सही हैं।

66. यदि Cobb-Douglas उत्पादन फलनः

$$Q = AK^aL^b$$

तो returns to scale, $(a + b)$ पर निर्भर करता है।

यदिः $a + b < 1$

तो decreasing returns to scale होता है।

यहाँ: $a = \frac{1}{4}, b = \frac{1}{2}$

$$a + b = \frac{1}{4} + \frac{1}{2} = \frac{3}{4} < 1$$

अतः diminishing returns to scale होगा।

67. 12वें वित्त आयोग के अध्यक्ष सी. रंगराजन थे तथा 11वें वित्त आयोग के अध्यक्ष ए.एम. खुसरो थे; अतः A और B सही हैं। 14वें वित्त आयोग के अध्यक्ष वाई.वी रेड्डी थे (आर.के. सिंह नहीं), तथा 15वें वित्त आयोग के अध्यक्ष एन.के. सिंह थे (वाई.वी. रेड्डी नहीं); अतः C और D गलत हैं।

68. अभिकथन प्रथम कल्याण प्रमेय (First Welfare Theorem) की अवधारणा को व्यक्त करता है–प्रतिस्पर्धी बाजार संतुलन के अंतर्गत संसाधनों का आवंटन Pareto efficient होता है; अतः (A) सही है।

कारण भी सही है क्योंकि Pareto improvement किसी अन्य अकार्यकुशल बिंदु तक भी ले जा सकता है। किन्तु यह यह नहीं बताता कि प्रतिस्पर्धी संतुलन क्यों कुशल होता है। अतः (R), (A) की सही व्याख्या नहीं करता।

69. संघीय बजट 2025-26 में बीमा क्षेत्र में प्रत्यक्ष विदेशी निवेश (FDI) सीमा को 74% से बढ़ाकर 100% करने की घोषणा की गई थी (अतः A सही है, B सही नहीं है), और राज्यों के लिए एक निवेश अनुकूल सूचकांक शुरू करने की भी घोषणा की गई थी (अतः C सही है)। 2025-26 के लिए राजकोषीय घाटे का लक्ष्य GDP का 4.4% निधारित किया गया है, इसलिए D भी सही है; अतः सही संयोजन केवल A, C और D है।

70.
- टोबिन का q सिद्धांत (Tobin's q theory) कहता है कि जब पूंजी/संपत्तियों का बाजार मूल्य उनकी प्रतिस्थापन (replacement/reproduction) लागत की तुलना में अधिक होता है, तब निवेश बढ़ता है; अतः A सही है।
- मुंडेल-फ्लेमिंग मॉडल के अनुसार, स्थिर विनिमय दर (fixed exchange rate) तथा उच्च/पूर्ण पूंजी गतिशीलता की स्थिति में राजकोषीय विस्तार (fiscal expansion) सामान्यतः प्रभावी होता है (पूरी तरह ''अप्रभावी'' नहीं), इसलिए B गलत है।
- निवेश कर साख निवेश की प्रभावी लागत को कम करता है क्योंकि सरकार credit/subsidy के माध्यम से उसका कुछ भाग वहन करती है; अतः C सही है।
- नीतिगत त्रिविधा के अनुसार, स्थिर विनिमय दर और पूर्ण पूंजी गतिशीलता के साथ स्वतंत्र मौद्रिक नीति बनाए रखना संभव नहीं है; अतः D सही है।

71. व्यापार सृजन (Trade creation) तब होता है जब किसी सीमा शुल्क संघ (customs union) के गठन के बाद कोई सदस्य देश किसी वस्तु का घरेलू उत्पादन उच्च लागत पर करने के बजाय उसे किसी अन्य सदस्य देश से कम लागत पर आयात करने लगता है। यहाँ मुख्य संकेत है–''घरेलू उत्पादन ... को दूसरे सदस्य राष्ट्र से कम लागत वाले आयात द्वारा प्रतिस्थापित किया जाता है,'' जो उच्च-लागत घरेलू उत्पादन को कम-लागत साझेदार आयात से बदलने (efficiency gain) का सटीक वर्णन है।

इसके विपरीत, व्यापार विचलन (Trade diversion) का अर्थ होता है कि सामान्य बाह्य शुल्क (common external tariff) के कारण कम-लागत विश्व आयातों को उच्च-लागत साझेदार आयातों से बदल दिया जाए, जो यहाँ वर्णित नहीं है।

72. अभिकथन सही है क्योंकि 1970 के दशक के मध्य से कई विकसित देशों ने खुली शुल्क-वृद्धि (tariff hikes) के बजाय गैर-शुल्क अवरोधों (Non-Tariff Barriers — NTBs) जैसे quotas, VERs, तकनीकी मानक, anti-dumping, subsidies आदि का अधिक उपयोग करना शुरू किया। इसका एक कारण यह था कि बहुपक्षीय वार्ताओं (multilateral rounds) के अंतर्गत शुल्कों को लगातार कम किया जा रहा था।

कारण भी सही हैः विकासशील देशों तथा तीव्र औद्योगिकीकरण कर रही दक्षिण एवं दक्षिण-पूर्व एशियाई अर्थव्यवस्थाओं से बढ़ते प्रतिस्पर्धात्मक दबाव के कारण आयात-प्रतिस्पर्धी क्षेत्रों में अधिक संरक्षणवादी प्रतिक्रियाएँ उत्पन्न हुईं। यही प्रतिस्पर्धात्मक दबाव NTBs की ओर झुकाव का प्रमुख कारण बना; इसलिए (R), (A) की सही व्याख्या करता है।

73. प्रभावी किराया नियंत्रण (Effective rent control) एक बाध्यकारी किराया-सीमा (binding rent ceiling) है जिसे बाजार-संतुलन किराए से नीचे निर्धारित किया जाता है; अतः कथन D सही है और कथन C गलत है (price floor सामान्यतः "rent control" नहीं कहलाता)।

जब बाध्यकारी किराया-सीमा लागू होती है, तब अल्पकाल (short run) में आवास आपूर्ति तुरंत स्थिर होने के कारण कमी अपेक्षाकृत कम होती है; लेकिन दीर्घकाल (long run) में रख-रखाव में गिरावट, भवनों का अन्य उपयोगों में परिवर्तन, तथा नए निर्माण में हतोत्साह के कारण कमी बढ़ जाती है। इसलिए कथन A सही है जबकि B गलत है। अतः सही संयोजन केवल A और D है।

74. **A. नरसिंहम समिति-I → III (वित्तीय क्षेत्र सुधार):** इस समिति (1990 के दशक के प्रारंभ) ने व्यापक वित्तीय प्रणाली की समीक्षा की तथा वित्तीय क्षेत्र के ढाँचे में व्यापक सुधारों की अनुशंसा की। अतः इसका संबंध संपूर्ण वित्तीय क्षेत्र सुधार एजेंडा से है, न कि केवल संकीर्ण बैंकिंग सुधार से।

B. नरसिंहम समिति-II → II (बैंकिंग क्षेत्र सुधार): दूसरी समिति (1990 के दशक के उत्तरार्ध) ने अधिक प्रत्यक्ष रूप से बैंकिंग प्रणाली की मजबूती—पूंजी पर्याप्तता, NPA, prudential norms तथा प्रतिस्पर्धात्मकता—पर ध्यान केंद्रित किया। अतः इसे बैंकिंग क्षेत्र सुधार से सही रूप से जोड़ा गया है।

C. चेलैया समिति → I (कर सुधार): चेलैया समिति भारत की कर प्रणाली के पुनर्गठन एवं युक्तिकरण (rationalisation) संबंधी प्रस्तावों के लिए प्रसिद्ध है। अतः इसका सीधा संबंध कर सुधार से है।

D. सी. रंगराजन समिति → IV (निर्धनता आकलन समिति): रंगराजन ने ऐसी समिति की अध्यक्षता की जिसने भारत में गरीबी मापन पद्धति एवं गरीबी रेखा की पुनर्समीक्षा की। अतः यह निर्धनता आकलन समिति से संबंधित है।

75. वस्तु व्यापार घाटे (merchandise trade deficit) में वृद्धि का सबसे प्रत्यक्ष कारण आयातों में वृद्धि तथा/या कुछ विशेष आयात श्रेणियों में उछाल होता है।

कथन B गैर-तेल एवं गैर-सोना आयातों में वृद्धि की ओर संकेत करता है, जिससे पेट्रोलियम एवं सोने से परे आयात बिल बढ़ता है।

कथन D त्योहारों से पहले अग्रिम खरीद एवं सुरक्षित निवेश (safe-haven demand) के कारण सोने के आयात में वृद्धि को दर्शाता है—यह भी आयात बिल बढ़ाता है और व्यापार घाटे को विस्तृत कर सकता है।

कथन C (आभूषण निर्यात पर प्रतिबंध) इस प्रकार के सारांशों में घाटा बढ़ने का सामान्य व्यापक कारण नहीं माना जाता।

इसलिए केवल B और D उपयुक्त संयोजन हैं।

76. अभिकथन "सामान्य स्थिति" बेरोजगारी दर में समय के साथ गिरावट का उल्लेख करता है; यह हालिया PLFS प्रकार के रुझानों के अनुरूप है जहाँ सामान्य स्थिति बेरोजगारी दर मध्य एकल-अंकीय स्तर से घटकर 2023-24 तक निम्न एकल-अंकीय स्तर के निकट आ गई है।

कारण में 26 दिसंबर 2025 को भारत के विदेशी मुद्रा भंडार लगभग 693 अरब डॉलर होने की बात कही गई है। यह एक सही व्यापक आर्थिक संकेतक हो सकता है, लेकिन यह बेरोजगारी दर में गिरावट की व्याख्या नहीं करता क्योंकि बेरोजगारी में परिवर्तन मुख्यतः श्रम-बाजार भागीदारी, क्षेत्रीय रोजगार सृजन, विकास संरचना तथा मापन पद्धति से प्रभावित होते हैं—विदेशी मुद्रा भंडार इसका प्रत्यक्ष कारण नहीं है।

77. "Money" शब्द की व्युत्पत्ति लैटिन भाषा से जुड़ी है, विशेष रूप से moneta शब्द से (जो रोमन देवी Juno Moneta के मंदिर/टकसाल से संबंधित था), जिससे सिक्का एवं टकसाल संबंधी शब्द विकसित हुए और बाद में यूरोपीय भाषाओं में पहुँचे। अतः दिए गए विकल्पों में Latin सही मूल भाषा है।

78. **D. वालरास का सामान्य संतुलन सिद्धांत (Walras' Theory of General Equilibrium) (1874):** यह Elements of Pure Economics में प्रकाशित हुआ और अर्थशास्त्र की प्रारंभिक व्यवस्थित एवं गणितीय अवधारणाओं में से एक है; अतः यह सबसे पहले आता है।

C. मांग का गणनात्मक उपयोगिता सिद्धांत (1871-1890): इसे Jevons (1871) ने प्रारंभ किया और Marshall (1890) ने आगे विकसित किया। यह मानता है कि उपयोगिता को संख्यात्मक रूप से मापा जा सकता है। यह कालक्रम में वालरास के बाद आता है।

A. मूलसीमा निर्धारण सिद्धांत (1950s): Joe S. Bain द्वारा प्रतिपादित, यह बताता है कि अल्पाधिकार बाजारों में वर्तमान फर्में नए प्रवेशकों को रोकने हेतु कीमतें कैसे निर्धारित करती हैं।

B. मांग का तार्किक क्रम सिद्धांत (1934): J.R. Hicks एवं R.G.D. Allen ने A Reconsideration of the Theory of Value में इसे प्रस्तुत किया। इसमें उदासीनता वक्र (indifference curve) विश्लेषण तथा ordinal utility दृष्टिकोण का उपयोग किया गया।

79. SEBI एक वैधानिक नियामक संस्था (statutory regulator) है (SEBI Act के अंतर्गत स्थापित), इसलिए इसे "advisory body" कहना गलत है।

GST Council एक संवैधानिक निकाय (constitutional body) है (Article 279A के अंतर्गत स्थापित), इसलिए इसे "statutory body" कहना इस वर्गीकरण में सही नहीं है। हालाँकि, NITI Aayog एक advisory/think-tank प्रकार की संस्था है (न तो संवैधानिक और न ही वैधानिक), और RBI, RBI Act 1934 के अंतर्गत स्थापित एक statutory body है। इसलिए केवल C और D सही युग्म हैं।

80. A. अंकगणितीय श्रेणी (Arithmetic Progression) का *n*वाँ पद → III

$$a + (n - 1)d$$

AP में प्रत्येक पद common difference d से बढ़ता है; प्रथम पद a से $(n - 1)$ चरण आगे बढ़ने पर nवाँ पद प्राप्त होता है। यह AP का मानक सूत्र है।

B. ज्यामितीय श्रेणी (Geometric Progression) का *n*वाँ पद → IV

$$ar^{n-1}$$

GP में प्रत्येक पद common ratio r से गुणा होता है; प्रथम पद a से $(n - 1)$ गुणनों के बाद nवाँ पद ar^{n-1} होता है। यह exponential growth/decay को दर्शाता है।

C. AP के *n* पदों का योग → I

$$\frac{n}{2}[2a + (n-1)d]$$

AP का योग पदों की संख्या × प्रथम एवं अंतिम पद के औसत के बराबर होता है। अंतिम पद को $a + (n - 1)d$ लिखने पर यह संक्षिप्त रूप प्राप्त होता है।

D. GP के *n* पदों का योग → II

$$\frac{a(r^n - 1)}{r - 1}, r > 1$$

GP के योग का सूत्र sum को r से गुणा कर तथा घटाकर प्राप्त किया जाता है। इससेः

$$S_n(r - 1) = a(r^n - 1)$$

अतः $$S_n = \frac{a(r^n - 1)}{r - 1}, r = 1.$$

81. शिकागो स्कूल, विशेषकर मिल्टन फ्रिडमैन तथा अन्य मौद्रिकवादी, ने मुद्रा (money) की पारंपरिक परिभाषा का विस्तार किया। उनका तर्क था कि वाणिज्यिक बैंकों के time deposits, मुद्रा के निकट विकल्प (close substitutes) हैं क्योंकि वे मूल्य संचय (store of value) का कार्य करते हैं तथा कम लागत पर नकद में परिवर्तित किए जा सकते हैं। इसलिए इन्हें मुद्रा आपूर्ति की परिभाषा में शामिल किया जाना चाहिए।

पारंपरिक उपागम मुद्रा को केवल currency + demand deposits तक सीमित मानता था। अतः वह दृष्टिकोण जिसने वाणिज्यिक बैंकों के time deposits को money supply की परिभाषा में शामिल किया, शिकागो दृष्टिकोण कहलाता है।

82. भारत में हरित क्रांति (Green Revolution) मुख्यतः गेहूँ और चावल जैसे उत्तम अनाजों (fine cereals) में उत्पादकता एवं उत्पादन की तीव्र वृद्धि से जुड़ी थी, क्योंकि उच्च उपज देने वाली किस्मों (HYV seeds), सिंचाई, रासायनिक उर्वरकों तथा कीटनाशकों का सर्वाधिक उपयोग इन्हीं फसलों में किया गया। इसलिए कथन A सही है।

हरित क्रांति के दौरान सरकारी नीतियों, न्यूनतम समर्थन मूल्य (MSP), सिंचाई सुविधाओं तथा बाजार प्रोत्साहनों के कारण किसानों ने कई क्षेत्रों में ज्वार, बाजरा और रागी जैसे मोटे अनाजों (coarse cereals) की खेती कम करके गेहूँ एवं चावल जैसी अधिक लाभकारी फसलों की ओर रुख किया। परिणामस्वरूप मोटे अनाजों के क्षेत्रफल और उत्पादन में सापेक्ष गिरावट देखी गई। इसलिए कथन B भी सही है।

इस प्रकार दोनों कथन हरित क्रांति के प्रभावों का सही वर्णन करते हैं।

83. RIDF (Rural Infrastructure Development Fund) की स्थापना NABARD के अंतर्गत 1995-96 में लगभग ₹ 2000 करोड़ की प्रारंभिक राशि (initial corpus) के साथ की गई थी। इसका मुख्य उद्देश्य राज्य सरकारों एवं राज्य-स्वामित्व वाली एजेंसियों के माध्यम से ग्रामीण अवसंरचना (rural infrastructure) का वित्तपोषण करना था। इसके संसाधन मुख्यतः अनुसूचित वाणिज्यिक बैंकों (scheduled commercial banks) के योगदान से निर्मित होते हैं, विशेषकर तब जब वे priority sector lending लक्ष्यों को पूरा नहीं कर पाते। यह निधि ग्रामीण सड़कें, सिंचाई, पुल, बाजार तथा इसी प्रकार की अवसंरचनात्मक परियोजनाओं को वित्त प्रदान करती है।

हालाँकि, किसान क्रेडिट कार्ड (Kisan Credit Card) अल्पकालिक एवं संबंधित कृषि ऋण के लिए एक farm credit delivery mechanism है; यह RIDF का कोई merger product नहीं है। अतः merger संबंधी कथन गलत है।

84. कथन A सही है क्योंकि वैश्वीकरण (globalisation) सामान्यतः अवसरों (बाजार, तकनीकी पहुँच, दक्षता लाभ) का विस्तार करता है, लेकिन साथ ही समायोजन लागत एवं जोखिम (असमानता का दबाव, अस्थिरता, क्षेत्रीय विस्थापन) भी लाता है।

कथन B सही है क्योंकि वैश्वीकरण की परिभाषा ही वस्तुओं, सेवाओं, पूंजी तथा तकनीक (साथ ही विचारों और कभी-कभी श्रम) के सीमापार प्रवाह को तीव्र बनाना है।

कथन C सही है क्योंकि बड़े बाजार विशेषज्ञता (specialisation) तथा श्रम विभाजन (division of labour) को गहरा करते हैं, जिससे उत्पादकता बढ़ सकती है और व्यापार से लाभ अधिक हो सकता है।

कथन D गलत है क्योंकि ये प्रवाह समान रूप से वितरित नहीं होते; देशों के बीच तथा देशों के भीतर लाभ एवं एकीकरण अत्यधिक असमान होते हैं, जिसका कारण क्षमताओं, संस्थाओं, अवसंरचना तथा तुलनात्मक लाभ में अंतर है।

85. मोबाइल फोन और वस्त्र (textiles) स्पष्ट रूप से GST ढाँचे के अंतर्गत आते हैं तथा आपूर्ति शृंखला में GST दरों के अनुसार कराधान के अधीन होते हैं, जहाँ input tax credit तंत्र लागू होता है।

हालाँकि, बिजली (Electricity) सामान्यतः GST से बाहर रखी गई है (राज्य electricity duty तथा संबंधित शुल्क लगाते हैं), इसलिए यह मानक अर्थ में GST के अंतर्गत नहीं आती।

मानव उपभोग हेतु शराब (Alcohol for human consumption) को स्पष्ट रूप से GST से बाहर रखा गया है और इस पर राज्य excise/VAT प्रकार के कर लगाते हैं।

अतः GST के अंतर्गत न आने वाली वस्तुएँ केवल बिजली और शराब हैं, अर्थात केवल B और D।

86. डीजल की कीमतें विभिन्न राज्यों में अलग-अलग होती हैं क्योंकि डीजल जैसे पेट्रोलियम उत्पाद GST व्यवस्था के अंतर्गत नहीं लाए गए हैं।

चूँकि डीजल GST से बाहर है, इसलिए प्रत्येक राज्य अपना अलग VAT/sales tax तथा अतिरिक्त cess लगाता है, जिससे राज्यों के बीच कर-भार में भिन्नता उत्पन्न होती है। इन्हीं अलग-अलग राज्य स्तरीय कर संरचनाओं के कारण खुदरा डीजल कीमतों में अंतर होता है। अतः कारण सही रूप से स्पष्ट करता है कि राज्यों के बीच डीजल कीमतें क्यों भिन्न हैं।

87. β_2 kurtosis का coefficient है तथा $\gamma_2 = \beta_2 - 3$ excess kurtosis कहलाता है। सामान्य वक्र (normal curve) के लिए $\beta_2 = 3$ और $\gamma_2 = 0$ होता है। यदि $\beta_2 < 3$ तो $\gamma_2 < 0$ अर्थात वितरण सामान्य वितरण की तुलना में अधिक समतल (less peaked/flatter) होता है, जिसे platykurtic कहा जाता है।

अतः दी गई शर्त $\beta_2 < 3$ या $\gamma_2 < 0$ स्पष्ट रूप से platykurtic curve को दर्शाती है।

88. SEBI के मुख्य कार्य नियामक एवं पर्यवेक्षी (regulatory and supervisory) हैं—निवेशकों की सुरक्षा, intermediaries (जैसे portfolio managers) का विनियमन, insider trading की रोकथाम, तथा securities markets में self-regulatory organisations को प्रोत्साहित/नियमित करना।

नई पूंजी निर्गमों (new capital issues) का underwriting कार्य market intermediaries (जैसे underwriters/merchant bankers) द्वारा किया जाता है, जिन्हें SEBI पंजीकृत एवं विनियमित कर सकता है, लेकिन SEBI स्वयं capital issues का underwriting नहीं करता।

अतः "Underwriting new capital issues" SEBI का कार्य नहीं है।

89. दिया हैः

$$P(A) = \frac{1}{5}, P(B) = \frac{1}{3}$$

और A तथा B mutually exclusive हैं, इसलिए:

$$P(A \cap B) = 0$$

अब, $P(A \cup B) = P(A) + P(B)$

$$= \frac{1}{5} + \frac{1}{3} = \frac{3+5}{15} = \frac{8}{15}$$

अतः न A और न B की प्रायिकताः

$$1 - P(A \cup B) = 1 - \frac{8}{15} = \frac{7}{15}.$$

90. A सही है क्योंकि विनिमय प्रणाली में यदि (*n*) वस्तुएँ हों, तो आवश्यक विनिमय अनुपातों (prices) की संख्या $\frac{n(n-1)}{2}$ होती है।

यदि, $n = 3$

तो, $\frac{3 \times 2}{2} = 3$

अतः 3 कीमतों की आवश्यकता होगी।

B जैसा लिखा गया है, सही नहीं है क्योंकि मुद्रास्फीति (inflation) मुद्रा के कार्यों (विशेषकर store of value तथा unit of account) को कमजोर करती है, लेकिन इसका अर्थ यह नहीं कि मुद्रा पूरी तरह कार्य करना बंद कर देती है।

C गलत है क्योंकि double coincidence of wants वस्तु-विनिमय प्रणाली (barter) की मुख्य समस्या है—दोनों पक्षों की आवश्यकताओं का मेल होना चाहिए।

D सही है क्योंकि paper currency token (fiat) money होती है, जिसका मूल्य उसके कागज के आंतरिक मूल्य के बराबर नहीं होता।

अतः केवल A और D सही हैं।

91. एक सामान्य संपत्ति संसाधन (CPR) तब तक टिकाऊ रहती है जब उपयोगकर्ता समुदाय पहुँच (access), निष्कर्षण सीमाएँ (extraction limits), निगरानी (monitoring) तथा दंड (sanctions) संबंधी साझा नियम बना सके, स्वीकार कर सके तथा उन्हें लागू कर सके। इसके लिए सदस्यों के बीच सहयोग (cooperation) हेतु विश्वसनीय प्रतिबद्धता आवश्यक होती है, क्योंकि open-access व्यवहार अत्यधिक उपयोग (overuse) एवं संसाधन क्षय (depletion) की ओर ले जाता है। कठोर निजी संपत्ति नियम इसे CPR से अलग कर देते हैं, taxation इसकी मुख्य आवश्यकता नहीं है, तथा "non-exclusion" संसाधन के संरक्षण के बजाय अतिदोहन (overexploitation) को बढ़ाएगा।

92. एसिमेट्रिक इंफॉर्मेशन तब उत्पन्न होती है जब किसी लेन-देन में एक पक्ष के पास दूसरे पक्ष की तुलना में अधिक जानकारी होती है। इससे adverse selection (समझौते से पहले छिपी विशेषताएँ) तथा moral hazard (समझौते के बाद छिपे कार्य) जैसी समस्याएँ पैदा होती हैं। सरकारी हस्तक्षेप, गैर-प्रतिस्पर्धिता तथा गैर-बहिष्करण नीति अथवा सार्वजनिक वस्तुओं की विशेषताएँ हैं, न कि सूचना असंतुलन की। अतः जो विकल्प सीधे एसिमेट्रिक इंफॉर्मेशन को दर्शाता है, वह moral hazard तथा adverse selection है।

93. सार्वजनिक वस्तुओं (Public goods) की मुख्य विशेषताएँ non-rivalry तथा non-excludability हैं। ''स्थानीय लोगों द्वारा नियंत्रित सामान्य संपत्ति संसाधन'' CPRs को संदर्भित करता है, जहाँ सामुदायिक नियमों द्वारा exclusion संभव है लेकिन सीमित संसाधन/भीड़भाड़ के कारण rivalry मौजूद रहती है। इसलिए यह public goods से अलग श्रेणी है। "Free goods" public goods की आवश्यक विशेषता नहीं है (कई सार्वजनिक वस्तुएँ प्रदान करने में महँगी होती हैं), लेकिन दिए गए विकल्पों में स्पष्ट "not a property" CPR feature है।

94. अपूर्ण बाजार तब उत्पन्न होते हैं जब किसी मूल्यवान संपत्ति/सेवा का उचित मूल्य निर्धारण नहीं हो पाता क्योंकि संपत्ति अधिकार अस्पष्ट होते हैं तथा exclusion/enforcement कमजोर होता है। जैव विविधता (biodiversity) अक्सर ऐसे लाभ उत्पन्न करती है जिन्हें कोई एक स्वामी पूर्णतः प्राप्त नहीं कर सकता। इसलिए यदि स्पष्ट एवं लागू करने योग्य संपत्ति अधिकार न हों, तो biodiversity services के लिए उचित बाजार विकसित नहीं हो पाता और संरक्षण हेतु प्रोत्साहन कमजोर बने रहते हैं। Open access कमजोर संपत्ति अधिकार का एक लक्षण है, लेकिन यहाँ मुख्य संस्थागत कारण समुचित परिभाषित संपत्ति अधिकार की विफलता है।

95. ''साझा संसाधनों की त्रासदी'' की अवधारणा मुख्यतः Garrett Hardin (1968) से संबंधित है। उन्होंने बताया कि साझा संसाधन (shared resource) का व्यक्तिगत रूप से तर्कसंगत अतिदोहन (overuse) तब सामूहिक विनाश का कारण बन सकता है जब exclusion तथा cooperative

C. रणनीति T दुर्बलता से रणनीति B पर प्रभुत्वशाली है।

D. खिलाड़ी-1 की रणनीति M नैश-साम्य में कभी प्रयोग नहीं की जाएगी।

E. रणनीति M कठोरता से रणनीति T पर प्रभुत्वशाली है।

नीचे दिए गए विकल्पों में से **सही** उत्तर चुनें :

1. केवल A, B, C और E
2. केवल A, D और E
3. केवल B, C और D
4. केवल C, D और E

5. आर्थिक सर्वेक्षण 2024-25 के अनुसार, निम्नलिखित देशों को Q2 FY 25 में जीडीपी के प्रतिशत के रूप में उनके चालू खाते के शेष के आधार पर घटते/अवरोही क्रम में व्यवस्थित करें :

A. भारत
B. रूस
C. चीन
D. यू.के.
E. दक्षिण अफ्रीका

नीचे दिए गए विकल्पों में से **सही** उत्तर चुनें :

1. D, A, B, C, E
2. B, C, A, D, E
3. C, B, A, E, D
4. A, C, E, B, D

6. केन्द्रीय बजट 2025-26 में किए गए व्यय आबंटन के आधार पर निम्नलिखित मदों को घटते क्रम में व्यवस्थित करें।

A. कृषि और संबंद्ध गतिविधियाँ
B. शिक्षा
C. रक्षा
D. वाणिज्य और उद्योग
E. ग्रामीण विकास

नीचे दिए गए विकल्पों में से **सही** उत्तर चुनें :

1. E, C, A, D, B
2. C, E, A, B, D
3. C, A, E, D, B
4. A, E, C, B, D

7. सूची-I को सूची-II से सुमेलित करें :

सूची-I	सूची-II
A. अतिज्यामितीय वितरण का माध्य	I. $\frac{q}{p^2}$
B. ऋणात्मक द्विपदीय वितरण का आघूर्ण जनक फलन	II. $(Q - Pe^t)^{-r}$
C. द्विपदीय वितरण का कुर्तोसिस सहगुणांक	III. $\frac{nm}{N}$
D. ज्यामितीय वितरण का प्रसरण	IV. $\frac{1-6pq}{npq}$

नीचे दिए गए विकल्पों में से **सही** उत्तर चुनें :

1. A-II, B-III, C-I, D-IV
2. A-III, B-II, C-IV, D-I
3. A-I, B-III, C-IV, D-II
4. A-II, B-I, C-III, D-IV

8. कोशकला प्राथमिकता (लेक्सिकोग्राफिक प्रीफेरेन्स) उपयोगिता सिद्धांत के निम्नलिखित में से किस स्वयंतथ्य/स्वयंसिद्धि का उल्लंघन करता है?

1. संक्रामिकता स्वयंतथ्य/स्वयंसिद्धि
2. उत्तलता स्वयंतथ्य/स्वयं सिद्धि
3. सततता/नैरुतर्य स्वयंतथ्य/स्वयंसिद्धि
4. स्वतंत्रता स्वयंतथ्य/स्वयंसिद्धि

9. किसी मूल्य सदिश P पर उपभोक्ताओं के समुच्चय द्वारा समानांतर, सीधे संपदा विस्तार पथ प्रदर्शित करने के लिए निम्नलिखित में से कौन-सी शर्तें आवश्यक है?

A. प्राथमिकताएं गोरमेन फॉर्म के अप्रत्यक्ष उपयोगिता फलन गृहीत करती हैं।

B. प्राथमिकताएं विषमरूप होती हैं।

C. संपदा सभी उपभोक्ताओं में समान रूप से वितरित होती है।

D. सभी उपभोक्ताओं की समरूप प्राथमिकताएँ होती हैं जो समस्थितिक होते हैं।

E. सभी उपभोक्ताओं की प्राथमिकताएँ होती हैं जो समान वस्तु के संदर्भ में अद्धैरेखिक होती हैं।

22. सूची-I को सूची-II से सुमेलित करें :

सूची-I (मौद्रिक नीति प्रणाली)	सूची-II (अवधि)
A. राजकोषीय प्रभुत्व	I. 2016 से
B. बहुविध सूचक उपागम	II. 1951-1985
C. प्रतिपुष्टि के साथ मौद्रिक लक्ष्यन	III. 1998-2016
D. सुनम्य/लोचशील मुद्रास्फीति लक्ष्यन	IV. 1985-1998

नीचे दिए गए विकल्पों में से **सही** उत्तर चुनें :

1. A-III, B-IV, C-II, D-I
2. A-II, B-III, C-IV, D-I
3. A-II, B-I, C-IV, D-III
4. A-IV, B-III,C-I, D-II

23. केन्द्रीय बजट 2025-26 के अनुसार 01 अप्रैल 2025 से प्रभावी एमएसएमई की संशोधित अर्हता के बारे में निम्नलिखित में से कौन-से कथन सत्य हैं?

A. किसी उद्यम को सूक्ष्म उद्यम के रूप में वर्गीकृत किया जाता है यदि संयंत्र और मशीनरी में निवेश ₹ 2.5 करोड़ से अधिक नहीं होता है।

B. मध्यम उद्यम वह है जिसका टर्नओवर ₹ 50 करोड़ से अधिक नहीं होता है।

C. लघु उद्यम में निवेश सीमा ₹ 10 करोड़ तक होती है।

D. सूक्ष्म उद्यम वह है जिसका टर्नओवर ₹ 10 करोड़ तक होता है।

E. लघु उद्यम में टर्नओवर सीमा ₹ 100 करोड़ तक होती है।

नीचे दिए गए विकल्पों में से सही उत्तर चुनें :

1. केवल B, C और D
2. केवल A, D और E
3. केवल A, B और E
4. केवल C, D और E

24. आर्थिक संवृद्धि के हेरोड-डोमर मॉडल के बारे में निम्नलिखित में से कौन-सा सत्य नहीं है?

1. संवृद्धि की प्राकृतिक दर, श्रम बल और श्रम उत्पादकता की वृद्धि से बनी होती है।
2. यदि वास्तविक संवृद्धि (g), वीहित संवृद्धि दर (g_w) से अधिक है, तब g, g_w से तब तक अपसारी हो सकती है जब तक यह प्राकृतिक संवृद्धि दर (g_n) पर नहीं पहुँच जाती है।
3. दीर्घावधि में g, g_n से अधिक/महत्तर हो सकती है।
4. श्रम और पूंजी के संपूर्ण नियोजन के लिए $g = g_w = g_n$ आवश्यक होता है।

25. निम्नलिखित संकटों को कालक्रम (पुराने से शुरू करते हुए) से व्यवस्थित करें।

A. ओपेक तेल संकट

B. अंतर्राष्ट्रीय ऋण संकट

C. पूर्व एशियाई वित्तीय संकट

D. अर्जेंटीना आर्थिक संकट

E. यूरोजोन संकट

नीचे दिए गए विकल्पों में से **सही** उत्तर चुनें :

1. A, B, C, D, E
2. A, B, C, E, D
3. A, B, E, C, D
4. A, E, B, C, D

26. स्टोलपर-सैमुअलसन प्रमेय अभिधारणा कहती है कि :

1. किसी वस्तु के सापेक्षिक मूल्य में वृद्धि वस्तु के उत्पादन में सघनतापूर्वक प्रयुक्त कारक की आय बढ़ाती है।
2. किसी वस्तु के सापेक्षिक मूल्य में वृद्धि वस्तु के उत्पादन में सघनतापूर्वक प्रयुक्त कारक की आय घटाती है।
3. किसी वस्तु के सापेक्षिक मूल्य में वृद्धि वस्तु के उत्पादन में दुर्लभतापूर्वक प्रयुक्त कारक की आय बढ़ाती है।
4. किसी वस्तु के सापेक्षिक मूल्य में कमी वस्तु के उत्पादन में सघनतापूर्वक प्रयुक्त कारक की आय बढ़ाती है।

27. कोई विनिर्माण फर्म प्रबंधन एक कतिपय मैनुअल (हस्तचालित) प्रचालन को पूरा करने के लिए आवश्यक औसत समय का निर्धारण करना चाहता है। प्राक्कलन में त्रुटि, 2 मिनट से अधिक नहीं होगी, इसका 0.95

विश्वास होना चाहिए। समय और गति अध्ययन विशेषज्ञ द्वारा 16 मिनटों के रूप में कौन-सा प्रतिदर्श आकार प्राक्कलित किया गया है?

1. 96 2. 300
3. 255 4. 246

28. RBI की 54वीं मौद्रिक नीति समिति के निर्णयों के आधार पर, निम्नलिखित दरों को आरोही/बढ़ते क्रम में व्यवस्थित करें :

A. मार्जिनल स्टैण्डिंग फैसिलिटी रेट
B. स्टैण्डिंग डिपॉजिट फैसिलिटी रेट
C. सी.आर.आर.
D. रिवर्स रेपो दर
E. रेपो दर

नीचे दिए गए विकल्पों में से सही उत्तर चुनें :

1. C, D, A, B, E 2. B, C, D, A, E
3. D, C, B, E, A 4. C, D, E, B, A

29. IS-LM मॉडल के संदर्भ में, व्यय की उच्चत्तर सीमांत संभाव्यता किसमें परिणत होती है?

1. एक सपाट सकल मांग वक्र और परिणामतः एक तीव्र ढाल आईएस वक्र।
2. एक तीव्र ढाल सकल मांग वक्र और परिणामतः एक सपाट ढाल आईएस वक्र।
3. सकल मांग में वृद्धि और आईएस वक्र का दायीं तरफ हस्तांतरण।
4. वास्तविक धन के लिए मांग में वृद्धि।

30. सूची-I को सूची-II से सुमेलित करें :

सूची-I	सूची-II
A. प्रायिकता से प्रत्येक रणनीति सम्मिलन	I. नैश साम्यता
B. अन्य की रणनीति को प्रदत्त अधिकतम पे ऑफ	II. ग्रिम ट्रिमर रणनीति
C. दीर्घावधि व्यवहार	III. सर्वोत्तम प्रत्युत्तर फलन
D. सजा/दण्ड अवधि अनंत है	IV. मिश्रित रणनीति

नीचे दिए गए विकल्पों में से **सही** उत्तर चुनें :

1. A-II, B-III, C-IV, D-I
2. A-I, B-IV, C-III, D-II
3. A-III, B-II, C-IV, D-I
4. A-IV, B-III, C-I, D-II

31. निम्नलिखित में से कौन-सा दर्शाता है कि देश "B" एक पूंजी प्रचुर देश है?

A. $\left(\frac{\text{कुल पूंजी}}{\text{कुल श्रम}}\right)B > \left(\frac{\text{कुल पूंजी}}{\text{कुल श्रम}}\right)A$

B. $\left(\frac{\text{कुल पूंजी}}{\text{कुल श्रम}}\right)B < \left(\frac{\text{कुल पूंजी}}{\text{कुल श्रम}}\right)A$

C. $\left(\frac{\text{पूंजी का मूल्य}}{\text{श्रम का मूल्य}}\right)B < \left(\frac{\text{पूंजी का मूल्य}}{\text{श्रम का मूल्य}}\right)A$

D. $\left(\frac{\text{पूंजी का मूल्य}}{\text{श्रम का मूल्य}}\right)B > \left(\frac{\text{पूंजी का मूल्य}}{\text{श्रम का मूल्य}}\right)A$

E. $\left(\frac{\text{कुल श्रम}}{\text{कुल पूंजी}}\right)B > \left(\frac{\text{पूंजी का मूल्य}}{\text{श्रम का मूल्य}}\right)A$

नीचे दिए गए विकल्पों में से **सही** उत्तर चुनें :

1. केवल A और B
2. केवल A और C
3. केवल B और D
4. केवल C और E

32. एक कंपनी ने अपनी लागतों और राजस्व संरचना का परीक्षण किया है तथा निर्धारित किया है कि C-कुल लागत, R-कुल राजस्व और X-उत्पादित इकाइयों की संख्या निम्नानुसार संबंधित हैं :

$C = 100 + 0.015 X^2$ और $R = 3X$

उत्पाद स्तर X ज्ञात करें जो इस कंपनी का लाभ अधिकतम करेगा?

1. 120 2. 80
3. 150 4. 100

33. निम्नलिखित में से कौन-सा कथन संपत्ति अधिकारों को श्रेष्ठ रीति से परिभाषित करता है?

1. संपत्ति अधिकार से केवल भूमि और पूंजी का सरकारी स्वामित्व अभिप्रेत है।
2. संपत्ति अधिकार अनौपचारिक सामाजिक नियम हैं जो विधि द्वारा प्रवर्तित नहीं किए जा सकते हैं।
3. संपत्ति अधिकार विधिक रूप से प्रवर्तित किए जाते हैं ताकि निधारित किया जा सके कि संसाधन को कैसे प्रयुक्त, स्वामित्व और हस्तांतरित किया जाता है।
4. संपत्ति अधिकार व्यक्तियों को निजी संपत्ति से लाभ उठाने से रोकते हैं।

34. सूची-I को सूची-II से सुमेलित करें :

सूची-I (संकल्पना)	**सूची-II (प्रतिपादक)**
A. बचत का विरोधाभास	I. के. बेल्डिंग
B. जल-हीरा विरोधाभास	II. ए.सी. पिगू
C. मजदूरी रोजगार विरोधाभास	III. जे. एम. कीन्स
D. समष्टि आर्थिक विरोधाभास	IV. एडम स्मिथ

नीचे दिए गए विकल्पों में से **सही** उत्तर चुनें :

1. A-II, B-I, C-III, D-IV
2. A-I, B-II, C-III, D-IV
3. A-III, B-IV, C-II, D-I
4. A-III, B-IV, C-I, D-II

35. निम्नलिखित में से किस गेम में कोई नैश साम्य नहीं होता है?

1. बीओएस गेम
2. स्टैग हैट गेम
3. मैचिंग पेन्नीज गेम
4. प्रिजनर्स डिलेमा

36. नवशास्त्रीय संवृद्धि मॉडल के संदर्भ में, जनसंख्या वृद्धि दर में वृद्धि के प्रभाव हैं :

A. प्रति व्यक्ति पूंजी के स्थिर अवस्था स्तर में कमी
B. प्रति व्यक्ति उत्पादन में वृद्धि
C. कुल उत्पादन की स्थिर अवस्था संवृद्धि दर में वृद्धि
D. पूंजी-उत्पादन अनुपात में कमी
E. उत्पादन संभावना वक्र में अंतर्मुखी हस्तांतरण

नीचे दिए गए विकल्पों में से **सही** उत्तर चुनें :

1. केवल A, B और C
2. केवल B, C, D और E
3. केवल A और C
4. केवल C, D और E

37. एक उम्मीदवार तीन पदों के लिए साक्षात्कार हेतु चयनित होता है। प्रथम पद के लिए 3 उम्मीदवार, द्वितीय के लिए 4 उम्मीदवार और तृतीय के लिए 2 उम्मीदवार हैं। उम्मीदवार के कम-से-कम एक पद पर चयनित होने की प्रायिकता क्या है?

1. $\frac{1}{4}$ 2. $\frac{1}{2}$
3. $\frac{3}{4}$ 4. $\frac{1}{9}$

38. सूची-I को सूची-II से सुमेलित करें :

सूची-I	**सूची-II**
A. भुगतान संतुलन की आय प्रेरित समायोजन प्रक्रिया	I. पॉल सैमुअल्सन
B. बीओपी का अवशोषण उपागम	II. कीन्स, जे. एम.
C. असंभव त्रयी	III. सिडनी एस. एलेकजेंडर
D. कारक मूल्य साम्यकरण प्रमेय	IV. मुंडेल-फ्लेमिंग

नीचे दिए गए विकल्पों में से **सही** उत्तर चुनें :

1. A-I, B-II, C-III, D-IV
2. A-II, B-III, C-IV, D-I
3. A-II, B-III, C-I, D-IV
4. A-II, B-I, C-III, D-IV

39. सूची-I को सूची-II से सुमेलित करें :

सूची-I (संकल्पनाएँ)	सूची-II (उनका व्यंजक) (जहाँ, g_m = औद्योगिक उत्पादन वृद्धि, g_{GDP} = GDP वृद्धि, P_{nm} = औद्योगिक क्षेत्र के बाहर उत्पादकता, P_m = औद्योगिक उत्पादकता)
A. कालडोर का संवृद्धि का प्रथम नियम	I. $P_m = f(g_m)\ f' > 0$
B. कालडोर का संवृद्धि का द्वितीय नियम	II. $y' = -\in (u-u^*)$
C. कालडोर का संवृद्धि का तृतीय नियम	III. $g_{GDP} = f(g_m)\ f' > 0$
D. ओकुन का नियम	IV. $P_{nm} = f(g_m)\ f' > 0$

नीचे दिए गए विकल्पों में से **सही** उत्तर चुनें :

1. A-IV, B-III, C-I, D-II
2. A-III, B-IV, C-I, D-II
3. A-III, B-I, C-IV, D-II
4. A-IV, B-III, C-II, D-I

40. निम्नलिखित में से किस वर्ष आर.बी.आई. का अधिदेश/प्रस्तावना संशोधित किया गया था?

1. 2019
2. 2024
3. 2016
4. 2007

41. अंतर्राष्ट्रीय व्यापार के उत्पाद चक्र मॉडल में, किस चरण में नकल/अनुकरण करने वाला देश तृतीयक बाजारों में नवोन्मेषी देश से कम बिक्री करना शुरू करता है?

1. चरण-II
2. चरण-III
3. चरण-IV
4. चरण-V

42. संवृद्धि के गरीबी-भारित सूचकांक रचना का विचार है :

1. समाज में सभी आय समूहों को कम-से-कम बराबर भार प्रदान करना
2. उच्च संवृद्धि दर प्राप्त करना
3. समान आधार पर विदेश व्यापार सुगम बनाना
4. समृद्धतम आय जनसंख्या के समूहों को अधिक मूल्य या भार प्रदान करना तथा कम-आय समूहों को कोई भार प्रदान नहीं करना

43. निम्नलिखित में से कौन-सा धनात्मक निर्गत अंतराल का कारण है, जहाँ निर्गत अंतराल = वास्तविक निर्गम – संभावित निर्गत?

1. जनसंख्या वृद्धि
2. तकनीकी प्रगति
3. उत्पादन के कारकों का अतिनियोजन
4. संसाधनों का क्षमता से कम उपयोग

44. सूची-I को सूची-II से सुमेलित करें :

सूची-I (नवीकरणीय ऊर्जा स्त्रोत)	सूची-II (आर्थिक सर्वे 2024-25 के अनुसार, नवंबर 2024 को कुल ऊर्जा उत्पादन का %)
A. सौर ऊर्जा	I. 10.50%
B. जल ऊर्जा	II. 20.60%
C. परमाणु ऊर्जा	III. 10.30%
D. पवन ऊर्जा	IV. 1.80%

नीचे दिए गए विकल्पों में से **सही** उत्तर चुनें :

1. A-II, B-III, C-IV, D-I
2. A-III, B-I, C-IV, D-II
3. A-II, B-III, C-I, D-IV
4. A-II, B-I, C-III, D-IV

45. समाकलन करें : $\int \frac{x+3}{x+5} dx.$

1. $\frac{x^2}{2} - 2.\ln|x+5| + c$
2. $\frac{x^2}{2} + 2.\ln|x+5| + c$
3. $x + 2.\ln|x+5| + c$
4. $x - 2.\ln|x+5| + c$

46. भारत की विदेश व्यापार नीति (एफटीपी) 2023 के बारे में निम्नलिखित में से कौन-से सत्य हैं?

A. भारत की एफटीपी 2023 डिजिटल अर्थव्यवस्था में सीमा पार व्यापार को बढ़ावा देती है।

B. एफटीपी 2023 ई-कॉमर्स निर्यात हब (ECEH) के निर्माण पर बल देती है।

C. यह इराक से और इराक में शस्त्रों और संबंधित सामग्री के निर्यात और आयात का प्रतिषेध करती है।

D. यह सोमालिया से चारकोल के आयात का प्रतिषेध करती है।

E. यह लड़ाकू विमान, मिसाइलों और शस्त्र संबंधित सामग्रियों में कोरिया जनवादी गणराज्य से व्यापार मजबूत करने पर बल देती है।

नीचे दिए गए विकल्पों में से **सही** उत्तर चुनें :

1. केवल A, D और E
2. केवल D और E
3. केवल A, B और C
4. केवल A, B, C और D

47. सूची-I को सूची-II से सुमेलित करें :

सूची-I (प्राप्तियों की मद)	सूची-II (केंद्रीय बजट 2025-26 के अनुसार कुल प्राप्ति में % हिस्सा)
A. आयकर	I. 4%
B. सीमा शुल्क	II. 5%
C. निगम कर	III. 22%
D. केन्द्रीय उत्पाद शुल्क	IV. 17%

नीचे दिए गए विकल्पों में से **सही** उत्तर चुनें :

1. A-IV, B-II,C-III, D-I
2. A-III, B-I, C-II, D-IV
3. A-III, B-I, C-IV, D-II
4. A-IV, B-II,C-I, D-III

48. सूची-I को सूची-II से सुमेलित करें :

सूची-I	सूची-II
A. $\int_0^{\infty} \frac{1}{1+x^2} dx$	I. विद्यमान नहीं है
B. $\int_1^{\infty} \frac{1}{\sqrt{x}} dx$	II. 1/3
C. $\int_{-\infty}^{-1} \frac{1}{x^4} dx$	III. $\pi/2$
D. $\int_{-\infty}^{+\infty} \frac{1}{1+x^2} dx$	IV. π

नीचे दिए गए विकल्पों में से **सही** उत्तर चुनें :

1. A-I, B-II, C-IV, D-III
2. A-IV, B-I, C-II, D-III
3. A-III, B-I, C-II, D-IV
4. A-II, B-III, C-IV, D-I

49. यदि आय प्रभाव, प्रतिस्थापन प्रभाव, के विपरीत दिशा में है, किन्तु प्रतिस्थापन प्रभाव का प्रभुत्व है, तब वस्तु .... है।

1. सामान्य
2. हीनतम किन्तु गिफिन नहीं
3. गिफिन
4. उत्तर के लिए पर्याप्त सूचना नहीं है

50. नव शास्त्रीय उपागम के बारे में निम्नलिखित में से कौन-से कथन **सत्य** हैं?

A. मुख्य प्रतिपादक आर.ई. लुकास जूनियर थे।

B. यह अनुकूली प्रत्याशा पर आधारित है।

C. यह 1950 के दशक में विकसित हुआ था।

D. पूर्ण मजदूरी और मूल्य लोचशीलता

E. वास्तविक और प्रत्याशित मूल्य के बीच अंतर एक यादृच्छिक त्रुटि है।

नीचे दिए गए विकल्पों में से **सही** उत्तर चुनें :

1. केवल A, B और E
2. केवल A, D और E
3. केवल B, C, D और E
4. केवल A, B और D

51. सूची-I को सूची-II से सुमेलित करें :

सूची-I	सूची-II
A. विलोम "U" परिकल्पना	I. हर्मन डेली
B. संधारणीय विकास	II. गारेट्ट हार्डिन
C. पारिस्थितिकी अर्थशास्त्र	III. साइमन कुजनेट्स
D. सर्वसामान्य की त्रासदी	IV. ग्रो हारलेन ब्रंटलैंड

नीचे दिए गए विकल्पों में से **सही** उत्तर चुनें :

1. A-IV, B-II, C-III, D-I
2. A-III, B-I, C-IV, D-II
3. A-III, B-IV, C-I, D-II
4. A-III, B-IV, C-II, D-I

52. केन्द्रीय बजट 2025-26 के अनुसार वर्ष 2023-24 के लिए जीडीपी के प्रतिशत के रूप में निम्नलिखित केन्द्रीय सरकारी घाटों को बढ़ते/आरोही क्रम में व्यवस्थित करें।

A. राजकोषीय घाटा B. प्रभावी राजस्व घाटा
C. प्राथमिक घाटा D. चालू खाते का घाटा
E. राजस्व घाटा

नीचे दिए गए विकल्पों में से सही उत्तर चुनें :

1. D, B, A, C, E
2. D, A, B, C, E
3. D, B, C, E, A
4. D, C, B, E, A

53. यदि x माध्य λ के साथ एक पॉइसॉन विचर है, तब $P(x + 1)$ है :

1. $\frac{\lambda}{x+1}P(x)$ 2. $\frac{\lambda}{x}$
3. $\frac{x+1}{\lambda}P(x)$ 4. $\frac{x}{\lambda}P(x)$

54. निम्नलिखित में से किसके द्वारा अवस्फीति की उत्पादन लागत में वृद्धि की संभावना है?

1. मुद्रास्फीति प्रत्याशाएं अधिक शुद्ध बनती हैं
2. मौद्रिक संकुचन के प्रति मजदूरी और मूल्यों का धीमा प्रत्युत्तर
3. क्रमिक नीति प्रत्युत्तर
4. तर्कसंगत प्रत्याशाएं

55. शास्त्रीय अर्थशास्त्र के अनुसार, सरकारी घाटा खर्च में वृद्धि से निम्नलिखित में से क्या घटित होगा?

A. ऋणयोग्य निधि हेतु मांग में दायीं ओर हस्तांतरण
B. ब्याज दर में कमी
C. निवेश में वृद्धि
D. बचत में वृद्धि उपभोग में कमी के बराबर होती है
E. निवेश और उपभोग में कमी जो सरकारी खर्च में वृद्धि को संतुलित करती है।

नीचे दिए गए विकल्पों में से **सही** उत्तर चुनें :

1. केवल A, B और D
2. केवल A, D और E
3. केवल A, B, C और D
4. केवल C, D और E

56. अप्रत्यक्ष न्यूनतम वर्ग किसके सहगुणांक का प्राक्कलन करने में अनुप्रयुक्त होता है?

1. संरचनात्मक समीकरण
2. अत्यभिज्ञात समीकरण
3. अवक्रमित रूप समीकरण
4. अल्पाभिज्ञात समीकरण

57. निम्नलिखित में से कौन-से कथन पर्यावरणीय अर्थशास्त्र में दक्षता की संकल्पना का सही में विवरण प्रदान करते हैं?

A. सभी आबंटन पेरेटो दक्ष हैं यदि कोई भी, किसी अन्य को बदतर किए बिना बेहतर नहीं बनाया जा सकता है।
B. दक्षता सभी व्यक्तियों में संसाधनों का निष्पक्ष और समान वितरण सुनिश्चित करती है।
C. बाजार आबंटन केवल बाह्यताओं जैसी बाजार असफलताओं की अनुपस्थिति में ही दक्ष होते हैं।
D. दक्षता एक आदर्शमूलक संकल्पना है जो इससे संबंधित है कि सामाजिक मूल्य के आधार पर क्या किया जाना चाहिए।
E. बाह्यताओं को स्वांगीकृत करने वाली पर्यावरणीय नीतियां दक्षता संवर्धित कर सकती हैं।

नीचे दिए गए विकल्पों में से **सही** उत्तर चुनें :

1. केवल A, B और D
2. केवल A, B और E
3. केवल A, C और E
4. केवल B, C और D

58. यदि $U = 6x^2 + y^2$ और $4x - y = 1$ है, U का मान क्या है?

1. $\frac{4}{15}$ 2. $\frac{3}{11}$
3. $\frac{3}{16}$ 4. $\frac{4}{21}$

59. स्वोत्थान (बूटस्ट्रैपिंग) तकनीक .... में उपयोग की जाती है।

1. विशिष्ट पूर्वाग्रह/अभिनति के परीक्षण में
2. अभिरूचि के प्रतिमानों का प्रतिदर्शन वितरण प्राप्त करने में
3. स्वतः सहसंबंध के लिए परीक्षण
4. त्रुटि शब्द की सामान्यता के लिए परीक्षण

60. निम्नलिखित में से कौन-से किसी बंद अर्थव्यवस्था में आईएस-एलएम रूपरेखा में सरकारी व्यय में वृद्धि के प्रभाव हैं?

A. सरकारी व्यय से आय में वृद्धि गुणक की गुणा के समान/समतुल्य
B. आईएस वक्र में दायीं ओर हस्तांतरण, जो प्रदत्त ब्याज दर स्तर पर मुद्रा बाजार में असाम्य की ओर ले जाती है।
C. मुद्रा मांग की मात्रा उच्चतर होगी।
D. ब्याज दर घटेगी।
E. निजी निवेश में वृद्धि होगी जिससे कुल मांग बढ़ेगी।

नीचे दिए गए विकल्पों में से **सही** उत्तर चुनें :

1. केवल B, C और D
2. केवल C, D और E
3. केवल A, B और C
4. केवल B, D और E

61. मूल्यांकन करें $\int_1^2 e^{-2x} dx$

1. $(e^{-2} - e^{-4})$ 2. $-\frac{1}{2}(e^{-2} - e^{-4})$
3. $\frac{1}{2}(e^{-2} - e^{-4})$ 4. $\frac{1}{2}(e^{-2} + e^{-4})$

62. निम्नलिखित चक्रों को कालक्रम (पुराने से नए) से व्यवस्थित करें।

A. व्यापार बातचीत का सहस्राब्दि चक्र
B. दोहा चक्र
C. उरुग्वे चक्र
D. केनेडी चक्र
E. टोकियो चक्र

नीचे दिए गए विकल्पों में से **सही** उत्तर चुनें :

1. D, E, C, B, A
2. D, E, B, C, A
3. D, B, E, C, A
4. D, E, C, A, B

63. असममित सूचना की समस्याओं के संबंध में निम्नलिखित में से कौन-से कथन **सत्य** हैं?

A. विक्रेता उत्पाद की गुणवत्ता के बारे में क्रेताओं को संकेत प्रेषित करके असममित सूचना की समस्या से निपट सकते हैं।
B. यदि किसी विक्रेता के पास उत्पाद की गुणवत्ता के बारे में क्रेता से अधिक सूचना है, तब खराब उत्पाद बाजार से बेहतर उत्पादों को बाहर कर देंगे।
C. दक्षतम मजदूरी सिद्धांत के अनुसार, प्रतिस्पर्धी मजदूरी से कम मजदूरी कार्य से जी चुराने/कामचोरी करने से मजदूरों को हतोत्साहित करके मजदूर/कामगार उत्पादकता बढ़ाती है।
D. बीमा बाजार में सूचना की असममितता के कारण प्रतिकूल चयन उत्पन्न होता है।
E. स्वामी अपने एजेंटों को बेहतर प्रदर्शन करने का प्रोत्साहन देने वाले अनुबंध डिजाइन करके प्रमुख एजेंट समस्या से बच सकते हैं।

नीचे दिए गए विकल्पों में से **सही** उत्तर चुनें :

1. केवल A और B
2. केवल A, B और C
3. केवल B, C और D
4. केवल A, B, D और E

64. निम्नलिखित में से कौन-सी नीति आप्रभाविकता प्रस्थापनाओं की पूर्वधारणाएं नहीं हैं?

A. तर्कसंगत प्रत्याशा

B. नीति परिवर्तन अनुमानित नहीं होते हैं

C. आर्थिक एजेंटों के पास पूर्ण सूचना होती है

D. नामिक चर आर्थिक निर्णय प्रभावित करते हैं

E. उत्पादन और रोजगार अपने प्राकृतिक स्तर पर होते हैं।

नीचे दिए गए विकल्पों में से **सही** उत्तर चुनें :

1. केवल B और D
2. केवल A, C और D
3. केवल A, B, D और E
4. केवल C, D और E

65. वृद्धिमान राज्य क्रियाकलापों के वेगनर के नियम के संबंध में निम्नलिखित में से कौन-से कथन **सत्य** नहीं हैं?

A. वेगनर का नियम सार्वजनिक व्यय के धनात्मक सिद्धांत के रूप में वर्गीकृत किया जाता है।

B. औद्योगिकीकृत देशों में सार्वजनिक क्षेत्र, प्रति व्यक्ति आय और उत्पादन में वृद्धि के साथ कुल आर्थिक क्रियाकलाप के अनुपात के रूप में बढ़ता है।

C. सार्वजनिक क्षेत्र में समानुपाती वृद्धि स्थिर नहीं है बल्कि कुल आर्थिक क्रियाकलाप में वृद्धि के साथ वृद्धिमान है।

D. यह नियम सार्वजनिक व्यय पर युद्ध के प्रभाव के बारे में है।

E. सार्वजनिक व्यय सोपानी रीति से बढ़ता है।

नीचे दिए गए विकल्पों में से **सही** उत्तर चुनें :

1. केवल A, B और D
2. केवल B, C और E
3. केवल B और C
4. केवल D और E

66. सामान्य वितरण की स्थिति में निम्नलिखित में से कौन-से कथन **सत्य** हैं?

A. सामान्य वितरण के लिए μ_3, 0 है।

B. सामान्य वितरण के लिए β_2, 0 है।

C. सामान्य वितरण के लिए माध्य विचलन (लगभग माध्य) $\frac{4}{5}\sigma$ है।

D. सामान्य वितरण के लिए माध्य विचलन μ_4, $2\sigma^4$ है।

E. सामान्य वितरण के लिए अभिलाक्षणिक फलन $e^{i\mu t - \frac{t^2\sigma^2}{2}}$ है।

नीचे दिए गए विकल्पों में से **सही** उत्तर चुनें :

1. केवल A, C और E
2. केवल A, B, C और E
3. केवल B, C और D
4. केवल A, C और D

67. यदि Q = f(K, L) डिग्री एक का समघात उत्पादन फलन है, निम्नलिखित में से कौन-सा यूलर के प्रमेय को संतुष्ट करता है?

1. $\left(\frac{\partial Q}{\partial K}\right)+\left(\frac{\partial Q}{\partial L}\right)=Q$
2. $\left(\frac{\partial Q}{\partial K}\right)K+\left(\frac{\partial Q}{\partial L}\right)L=Q$
3. $\left(\frac{\partial Q}{\partial K}\right)K+\left(\frac{\partial Q}{\partial L}\right)L>1$
4. $\left(\frac{\partial Q}{\partial K}\right)+\left(\frac{\partial Q}{\partial L}\right)=1$

68. उपभोक्ता इष्टतमीकरण प्रक्रिया के परिणाम के संबंध में निम्नलिखित में से कौन-सा कथन **सत्य** है?

A. प्रत्येक वस्तु पर खर्च प्रति रुपए सीमांत उत्पादकता समान होती है।

B. वस्तुओं के बीच प्रतिस्थापन की सीमांत दर वस्तुओं के बीच मूल्यों के अनुपात के बराबर होती है।

C. उपभोक्ता अनधिमान मानचित्र में उच्चतम अनधिमान वक्र तक पहुँचता है।

D. उपभोक्ता अनधिमान वक्र उसकी बजट रेखा से स्पर्शक होता है।

E. उपयोगिता दृष्टिकोण से, उपभोक्ता अपनी बजट रेखा पर किन्हीं दो बिन्दुओं के बीच अनधिमानी होता है।

नीचे दिए गए विकल्पों में से **सही** उत्तर चुनें :

1. केवल A, C और E
2. केवल A, D और E
3. केवल A, B और D
4. केवल A, B, D और E

69. निम्नलिखित पर्यावरणीय अभिसमयों/सम्मेलनों को पुराने से नए के क्रम में व्यवस्थित करें।

A. क्योटो प्रोटोकॉल
B. मिनामाता प्रोटोकॉल
C. स्टॉकहोम प्रोटोकॉल
D. यूएन-आर.ई.डी.डी
E. रियो सम्मेलन

नीचे दिए गए विकल्पों में से **सही** उत्तर चुनें :

1. E, A, C, D, B
2. E, C, A, B, D
3. C, E, A, D, B
4. A, B, C, D, E

70. किसी वस्तु अर्थात् "भीड़भरा शहरी फुटपाथ/पारपथ" के बारे में निम्नलिखित में कौन-सा सत्य है?

1. यह प्रकृति में गैर-अपवर्जनीय और गैर-प्रतिस्पर्धी है।
2. यह प्रकृति में अपवर्जनीय किन्तु गैर-प्रतिस्पर्धी है।
3. यह प्रकृति में गैर-अपवर्जनीय किन्तु प्रतिस्पर्धी है।
4. यह प्रकृति में अपवर्जनीय और प्रतिस्पर्धी है।

71. प्रदत्त है $U = (x + 2)(y + 1)$ और $P_x = 4$ और $P_y = 6$ तथा बजट (B) =130। क्रय x^* और y^* का इष्टतम स्तर ज्ञात करें।

1. $x^* = 11,\ y^* = 16$
2. $x^* = 15,\ y^* = 28$
3. $x^* = 18,\ y^* = 8$
4. $x^* = 16,\ y^* = 11$

72. ग्रेन्जर और न्यूबोल्ड के अनुसार, कोई प्राक्कलित प्रतिगमन अप्रमाणिक है, यह संदेह करने का व्यवहारिक नियम किसके द्वारा प्रदान किया जाता है?

1. निम्न t-मान के साथ उच्च R^2 ($R^2 > t$)
2. निम्न डर्बिन-वाटसन d मान के साथ उच्च t मान ($t > d$)
3. निम्न डर्बिन-वाटसन d मान और उच्च R^2 ($R^2 > d$)
4. निम्न F मान और उच्च R^2 ($R^2 > F$)

73. निम्नलिखित में से कौन-सा प्रभावी संरक्षण की दर की गणना करने का सूत्र सही से दर्शाता है?

जहाँ g = अंतिम वस्तुओं के उत्पादकों के प्रभावी संरक्षण की दर, t = अंतिम वस्तु के उपभोक्ताओं पर नाममात्र टैरिफ दर, t_i = आयातित आगत पर नाममात्र टैरिफ दर और a_i = टैरिफ की अनुपस्थिति में अंतिम वस्तु के मूल्य पर आयातित आगत की लागत का अनुपात है।

1. $g = \frac{t - a_i t_i}{1 - a_i}$
2. $g = \frac{t + a_i t_i}{1 - a_i}$
3. $g = \frac{t - a_i t_i}{1 + a_i}$
4. $g = \frac{t + a_i t_i}{1 + a_i}$

74. सूची-I को सूची-II से सुमेलित करें :

सूची-I (15वें वित्त आयोग की अर्हताएँ)	**सूची-II (क्षैतिजीय अंतरण के लिए 15वें वित्त आयोग की अनुशंसा के अनुसार भार)**
A. आय दूरी	I. 15%
B. जनसंख्या	II. 12.5%
C. जनसांख्यिकीय प्रदर्शन	III. 45%
D. वन और पारिस्थितिकी	IV. 10%

नीचे दिए गए विकल्पों में से **सही** उत्तर चुनें :

1. A-III, B-IV, C-I, D-II
2. A-II, B-I, C-III, D-IV
3. A-III, B-I, C-II, D-IV
4. A-I, B-IV, C-II, D-III

75. सूची-I को सूची-II से सुमेलित करें :

सूची-I	सूची-II
A. विशिष्ट कारक मॉडल	I. प्रेबिश-सिंगर परिकल्पना
B. संतापकारी संवृद्धि	II. थॉमस मून
C. अंतर्राष्ट्रीय व्यापार का व्यापारवादी (मरकेन्टालिज्म) सिद्धांत	III. जगदीश भगवती
D. व्यापार शर्तों का निरपेक्ष शरण	IV. पॉल सैमुअल्सन और रोनाल्ड जोन्स

नीचे दिए गए विकल्पों में से **सही** उत्तर चुनें :

1. A-III, B-IV, C-II, D-I
2. A-IV, B-III, C-II, D-I
3. A-IV, B-II, C-III, D-I
4. A-II, B-IV, C-I, D-III

76. कल्पना करें कि निवेश की दर फलन $I(t) = 12t^{1/3}$ के द्वारा विवरणित है, और पूंजी स्टॉक $k(0) = 25$ है। पूंजी स्टॉक k का समय पथ ज्ञात करें।

1. $16t^{4/3} + 25$
2. $9t^{4/3} + 25$
3. $-9t^{4/3} + 25$
4. $-16t^{4/3} + 25$

77. निम्नलिखित प्रकाशनों को पुराने से नए के अनुसार कालक्रम में व्यवस्थित करें।

A. आर्थर लेविस द्वारा "थ्योरी ऑफ इकॉनोमिक ग्रोथ"
B. रॉबर्ट सोलोव द्वारा "ए कॉन्ट्रिब्यूशन टू दि थ्योरी ऑफ इकोनॉमिक ग्रोथ"
C. वाल्ट रोस्तोव द्वारा "दि स्टेजेज ऑफ इकॉनोमिक ग्रोथ : ए नॉन कम्यूनिस्ट मैनिफेस्टो"
D. गुन्नार मिर्डल द्वारा "एशियन ड्रामा : एन इन्क्वायरी इनटू दि पॉवर्टी ऑफ नेशंस"
E. अल्बर्ट हिर्शमैन द्वारा "स्ट्रैटेजी ऑफ इकोनॉमिक डेवलपमेंट"

नीचे दिए गए विकल्पों में से **सही** उत्तर चुनें :

1. A, E, B, C, D
2. E, B, C, D, A
3. C, D, B, E, A
4. A, B, E, C, D

78. निम्नलिखित में कौन-सा लोक ऋण संबंधी शास्त्रीय (क्लासिकी) विचारों के अनुसार सही नहीं है?

1. सार्वजनिक/लोक ऋण वित्तीयन में ब्याज भुगतान और ऋण परिशोधन के लिए निधियों की आवश्यकता होती है, अतः करदाताओं पर दोहरा बोझ पड़ता है।
2. सार्वजनिक ऋण वित्तीयन सकल मांग को अनुप्रेरित करने के लिए उपकरण के रूप में पूरक बजट नीति का समर्थन करता है।
3. सार्वजनिक ऋण बंजर उत्पादन और उपभोग सृजित करता है तथा बोझ भविष्य की पीढ़ियों पर हस्तांतरित किया जाता है।
4. सार्वजनिक ऋण पूंजी को नष्ट करता है जो अन्यथा उत्पादकतापूर्ण प्रयुक्त की जा सकती थी।

79. शास्त्रीय अर्थशास्त्र के संदर्भ में, मुद्रा आपूर्ति में वृद्धि के कारण क्या घटित होता है?

1. सकल मांग वक्र का बायीं ओर हस्तांतरण
2. सकल मांग वक्र का दायीं ओर हस्तांतरण
3. सकल आपूर्ति वक्र का दायीं ओर हस्तांतरण
4. सकल मांग और सकल आपूर्ति में कोई परिवर्तन नहीं, केवल मूल्य वृद्धि होती है

80. रोस्तोव के अनुसार, प्रथमोत्थान (टेक-ऑफ) चरण में कोई भी सेक्टर अग्रणी भूमिका निभा सकता है यदि निम्नलिखित शर्तें पूरी हों :

A. उत्पाद के लिए बाजार तेजी से बढ़ रहा है
B. अग्रणी सेक्टर द्वितीयक विस्तार सृजित करता है
C. सेक्टर में संचित लाभों से पूंजी की पर्याप्त और सतत आपूर्ति होती है
D. उत्पादकता बढ़ाने के लिए सेक्टर में नवीन तकनीकों की शुरूआत
E. औद्योगिक संरचना में परिवर्तन संरचनात्मक होने चाहिए

नीचे दिए गए विकल्पों में से सही उत्तर चुनें :

1. केवल B, C, D और E
2. केवल A, D और E
3. केवल A, C और D
4. केवल A, B, C और D

81. यदि कीन्सवादी निवेश बहुगुणक का मान 4 है, तब निम्नलिखित में से कौन-सा सदृश/संगत बचत फलन होगा?

1. $S = -4 + 0.4\ Y_D$
2. $S = -10 + 0.75\ Y_D$
3. $S = -12 + 0.25\ Y_D$
4. $S = -6 + 0.35\ Y_D$

82. वित्त आयोग के निम्नलिखित अध्यक्षों को उनकी नियुक्ति के क्रम में पुराने से नए के अनुसार व्यवस्थित करें।

A. ए.एम. खुसरो　　B. सी. रंगराजन
C. एन.के.पी. साल्वे　　D. के. ब्रह्मानंद रेड्डी
E. के.सी. पंत

नीचे दिए गए विकल्पों में से **सही** उत्तर चुनें :

1. A, C, E, D, B　　2. C, E, A, D, B
3. B, D, E, C, A　　4, D, C, E, A, B

83. निम्नलिखित में से कौन-सा सत्य नहीं है?

1. किसी कर का प्रभाव, आय प्रभाव और प्रतिस्थापन प्रभाव में विघटित किया जा सकता है।
2. एकमुश्त कर के साथ प्रतिस्थापन प्रभाव संबंद्ध होता है, किन्तु आय प्रभाव नहीं।
3. प्रतिस्थापन प्रभाव जितना बृहत्तर होगा, महाभार हानि उतनी बृहत्तर होगी।
4. कर के अध्यारोपण के परिणामस्वरूप उत्पादकों द्वारा प्राप्त मूल्यों में कमी से महाभार हानि संबद्ध होती है।

84. निम्नलिखित कर सुधार समितियों को उनके गठन वर्ष के आधार पर पुराने से नवीनतम के क्रम में व्यवस्थित करें।

A. राजा चैलैय्या कर सुधार समिति
B. टी.आर. रस्तोगी सेवा कर सुधार समिति
C. विजय केलकर कर सुधार समिति
D. पार्थसारथी शोम प्रत्यक्ष कर समिति
E. के.एल. रेखी अप्रत्यक्ष कर समिति

नीचे दिए गए विकल्पों में से **सही** उत्तर चुनें :

1. A, E, C, B, D　　2. E, A, C, B, D
3. A, E, D, C, B　　4. D, E, A, C, B

85. लुकास आलोचना के अनुसार :

1. यह मानती है कि मौद्रिक नीति वास्तविक चरों के संबंध में तटस्थ नहीं होती है।
2. अपवहन सहगुणांक समष्टि अर्थमित्ति मॉडलों को अधिक विश्वसनीय बना सकते हैं।
3. कीन्सवादी मॉडल सत्यता से नीतियों के भविष्य की प्रत्याशाओं पर प्रभाव के बारे में विचार करते हैं।
4. मॉडलों के सहगुणांकों की स्थिरता नीति पूर्वानुमानो के लिए महत्वपूर्ण है।

86. भारत में निम्नलिखित डेरिवेटिव बाजार घटनाओं को कालक्रम से (पुरातन से नवीनतम तक) व्यवस्थित करें :

A. व्यक्तिगत/एकल प्रतिभूतियों में ऑप्शन ट्रेडिंग की शुरूआत
B. ब्याज दर फ्यूचर्स की शुरूआत
C. स्टॉक फ्यूचर्स में व्यापार (ट्रेडिंग) की शुरूआत
D. सूचकांक आधारित फ्यूचर्स ट्रेडिंग की शुरूआत
E. सूचकांक ऑप्शंस में ट्रेडिंग की शुरूआत

नीचे दिए गए विकल्पों में से **सही** उत्तर चुनें :

1. D, C, E, A, B　　2. D, E, A, C, B
3. D, A, E, B, C　　4. D, C, E, B, A

87. आघूर्ण सृजनकारी फलन (M.G.F.) के विशिष्ट गुणधर्म का उपयोग करके, निम्नलिखित में से कौन-से सत्य वितरण हैं यदि M.G.F. निम्नानुसार है?

A. $M(t) = \left(\frac{1}{2}+\frac{1}{2}e^t\right)^6$ एक पॉइसॉन वितरण है।

B. $M(t) = \frac{(1+e^t)^5}{32}$ एक द्विपदीय वितरण है।

C. $M(t) = e^{3(e^t-1)}$ एक पॉइसॉन वितरण है।

D. $M(t) = e^{(e^t-1)/4}$ एक पॉइसॉन वितरण है।

E. $M(t) = 4(3e^{-t} - 1)^{-2}$ एक द्विपदीय वितरण है।

नीचे दिए गए विकल्पों में से **सही** उत्तर चुनें :

1. केवल A, B, C और D
2. केवल B, C और D
3. केवल B, C, D और E
4. A, B, C, D और E

88. सूची-I को सूची-II से सुमेलित करें :

सूची-I	सूची-II
A. जनसंख्या वृद्धि और संसाधन सीमा का सिद्धांत	I. अल्फ्रेड सोवे
B. जनसांख्यिकीय संक्रमण का सिद्धांत	II. जॉन ग्रौन्ट
C. जनसांख्यिकी के पिता	III. वारेन थॉम्पसन
D. "तृतीय विश्व" शब्द गढ़ा	IV. थॉमस माल्थस

नीचे दिए गए विकल्पों में से **सही** उत्तर चुनें :

1. A-III, B-IV, C-I, D-II
2. A-III, B-IV, C-II, D-I
3. A-III, B-II, C-IV, D-I
4. A-IV, B-III, C-I, D-II

89. आर्थिक सर्वेक्षण 2024-25 के अनुसार, निम्नलिखित क्षेत्रों को H1 FY 2025 में भारत में कुल एफडीआई में उनकी हिस्सेदारी के अनुसार घटते क्रम में व्यवस्थित करें :

A. वाहन उद्योग
B. चिकित्सालय और निदान केन्द्र
C. सीमेंट और जिप्सम उत्पाद
D. कम्प्यूटर सॉफ्टवेयर और हार्डवेयर
E. गैर-परंपरागत ऊर्जा

नीचे दिए गए विकल्पों में से **सही** उत्तर चुनें :

1. D, E, C, A, B
2. D, C, E, B, A
3. E, B, A, D, C
4. E, D, C, B, A

90. शून्य परिकल्पना (Null hypothesis) कि सभी ढलान गुणांक एक साथ शून्य के बराबर हैं, लॉगिट मॉडल में .... के द्वारा परीक्षण किया गया है।

1. F-टेस्ट
2. t-टेस्ट
3. काई स्क्वायर टेस्ट (Chi-square test)
4. संभावना अनुपात सांख्यिकी (Likelihood ratio statistics)

निर्देशः (प्र.सं. 91 से 95 तक): निम्नलिखित अनुच्छेद पढ़ें और प्रश्नों के उत्तर दीजिए :

दो निष्पक्ष पासे स्वतंत्र रूप से फेंके जाते हैं। तीन परिघटनाएं A, B और C निम्नानुसार विनिर्दिष्ट हैं।

A : प्रथम पासे से विषम आमुख
B : द्वितीय पासे से विषम आमुख
C : दोनों पासों पर बिन्दुओं (प्वाइंट्स) का योग विषम है।

91. P(A ∩ B ∩ C) ज्ञात करें :

1. 0
2. 1/2
3. 1/4
4. 1/6

92. P(C) ज्ञात करें :

1. 1/4
2. 1/2
3. 3/4
4. 5/6

93. P(B ∩ C) ज्ञात करें :

1. 1/2
2. 0
3. 1/4
4. 1/36

94. P(A ∩ B) ज्ञात करें :

1. 0
2. 3/4
3. 7/12
4. 1/4

95. P(A ∩ C) ज्ञात करें :

1. 0
2. 1/2
3. 1/6
4. 1/4

निर्देशः (प्र.सं. 96 से 100 तक): निम्नलिखित अनुच्छेद पढ़ें और प्रश्नों के उत्तर दीजिए :

आरबीआई की वर्तमान मौद्रिक नीति परिवर्तनशील समष्टि आर्थिक गत्यात्मकता के प्रति सूक्ष्मों नपा-तुला प्रत्युत्तर परिलक्षित करती है। हालांकि रेपो दर 6.5% पर अपरिवर्तित है, नीति की आधारशिला समायोजन की समझी-बुझी वापसी को उद्घाटित करती है, जो महामारी के दौर के प्रोत्साहन से परे हस्तांतरण का संकेत करती है। वैश्विक उतार-चढ़ाव के दुष्प्रभावों और घरेलू मुद्रास्फीतिकारी दबावों की चिंताओं के बीच आरबीआई का तरलता प्रबंधन परिवर्तनीय दर रिवर्स रेपो (VRRR) प्रचालनों का उपयोग करते हुए निष्क्रिय अधिशेष अवशोषण से सक्रिय समायोजन की ओर हस्तांतरित हो चुका है। नीति अग्रगामी दृष्टिकोण का संकेत करती है, जो क्षणिक मूल्य झटकों की ओर प्रतिक्रिया देने की बजाय मुद्रास्फीति प्रत्याशाओं को दिशा-निर्देशित करने पर अभिकेन्द्रित है। साख उधारी और उधारी दरों में क्षेत्रवार विभिन्नताओं के साथ मौद्रिक संप्रेषण असमान है। इसके अतिरिक्त नीति अप्रत्यक्ष रूप से समष्टि विवेकपूर्ण विनियमन और वित्तीय स्थिरता पर बल देती है, तथा वैश्विक ब्याज

दर अंतरों, पूंजी प्रवाह और मुद्रा उतार-चढ़ाव के खतरों को अभिस्वीकार करती है। यह एक अनिश्चित वैश्विक पर्यावरण में व्यापक वित्तीय प्रतिरोधक्षमता के साथ एक एकीकृत नीति रूपरेखा संतुलनकारी मुद्रास्फीति लक्ष्यन को परिलक्षित करती है।

96. मौद्रिक नीति में वापसी समायोजन का अर्थ है :

1. सीआरआर में वृद्धि
2. सक्रिय बॉन्ड क्रय
3. नीति पक्ष/स्थिति का क्रमिक सामान्यीकरण
4. विस्तारणशील राजकोषीय प्रोत्साहन

97. VRRR प्रचालन दर्शाते हैं :

1. दीर्घावधि पूंजी अंतर्वेशन
2. राजकोषीय घाटे का संरचनात्मक समायोजन
3. सक्रिय अल्पावधि तरलता अवशोषण
4. एसएलआर में कमी

98. निम्नलिखित में से कौन-सा क्षणिक मुद्रास्फीति झटकों को प्रबंधित करने की आरबीआई की रणनीति को दर्शाता है?

1. तत्काल दर बढ़ोतरी
2. सुविचारित तरलता उपकरणों के साथ यथा-स्थिति बनाए रखना
3. आक्रामक कठोरता
4. सीआरआर कम करना

99. वैश्विक ब्याज दर अंतर/विभेदन की आरबीआई की चिंता प्राथमिकतया किससे संबंधित है?

1. घरेलू खाद्य स्फीति
2. विदेशी पोर्टफोलियो प्रवाह और विनिमय दर प्रबंधन
3. रिटेल साख वृद्धि
4. कृषि संबंधी नीति

100. तत्काल दर कार्रवाई के बिना मुद्रास्फीति को दिशा-निर्देशित करने संबंधी आरबीआई के फोकस में कौन-सी संकल्पना अंतर्निहित है?

1. निष्क्रिय लक्ष्यन
2. प्रत्याशा प्रबंधन
3. साख राशनीकरण (आबंटन)
4. मौद्रिक विस्तार

उत्तरमाला

1	2	3	4	5	6	7	8	9	10
4	*	2	2	3	2	2	3	2	3
11	**12**	**13**	**14**	**15**	**16**	**17**	**18**	**19**	**20**
1	2	1	4	3	2	2	3	3	4
21	**22**	**23**	**24**	**25**	**26**	**27**	**28**	**29**	**30**
3	2	2	2	1	1	4	3	2	4
31	**32**	**33**	**34**	**35**	**36**	**37**	**38**	**39**	**40**
2	4	3	3	3	3	3	2	1	3
41	**42**	**43**	**44**	**45**	**46**	**47**	**48**	**49**	**50**
3	1	3	1	4	4	3	3	2	2
51	**52**	**53**	**54**	**55**	**56**	**57**	**58**	**59**	**60**
3	3	1	2	2	1	3	2	2	3
61	**62**	**63**	**64**	**65**	**66**	**67**	**68**	**69**	**70**
3	4	4	1	4	1	2	3	1	3
71	**72**	**73**	**74**	**75**	**76**	**77**	**78**	**79**	**80**
4	3	1	3	2	2	4	2	2	4
81	**82**	**83**	**84**	**85**	**86**	**87**	**88**	**89**	**90**
3	4	2	1	4	2	2	*	1	4
91	**92**	**93**	**94**	**95**	**96**	**97**	**98**	**99**	**100**
1	2	3	4	4	3	3	2	2	2

व्याख्यात्मक उत्तर

1. जब इनपुट और आउटपुट दोनों बाजार पूर्ण प्रतिस्पर्धी होते हैं, तो फर्म लाभ-अधिकतमकरण के लिए हर कारक को तब तक नियोजित करती है जब तक उस कारक का सीमांत राजस्व उत्पाद (VMP = P × MPP) उसके कारक-मूल्य के बराबर न हो जाए। प्रतिस्पर्धी बाजार में फर्म को आउटपुट के लिए कीमत तय करने की शक्ति नहीं होती; वह बाजार कीमत को मान कर चलती है। इसलिए फर्म यह सुनिश्चित करती है कि किसी भी अतिरिक्त इनपुट इकाई को जोड़ने पर जितना राजस्व बढ़ेगा, वह ठीक उतना ही हो जितना उस इनपुट के लिए भुगतान करना होगा। इस सिद्धांत को सीमांत उत्पादकता सिद्धांत (Marginal Productivity Theory of Distribution) कहा जाता है। इस कारण संतुलन पर हर उत्पादन कारक का भुगतान उसके सीमांत उत्पाद के मूल्य के बराबर होता है—यही कारण है कि मजदूरी, किराया, ब्याज या लाभ सब उसी आधार पर निर्धारित होते हैं।

2. कोई भी विकल्प चारों गुणों का शुद्ध सुमेलन नहीं देता; सही तथ्यों के आधार पर अपेक्षित सुमेलन है—A-III, B-(Skewness $\sqrt{8/n}$), C-I, D-($\mu_3 = 8n$)

विस्तृत व्याख्या (χ^2 वितरण, d.f. = n)

$\chi^2(n)$ को Gamma ($k = n/2$) के रूप में लिखा जा सकता है। गामा के मानक सूत्रों से χ^2 के आघूर्ण/मापदण्ड मिलते हैं :

1. औसत व प्रसरण

$\mu = k\theta = n$, μ_2 = Var = $k\theta^2 = 2n$

2. तिर्यकता (Skewness)

गामा के लिए $\gamma_1 = \frac{2}{\sqrt{k}}$. यहाँ $k = \frac{n}{2}$,

अतः

$$\gamma_1 = \frac{2}{\sqrt{n/2}} = \sqrt{\frac{8}{n}}.$$

3. कुर्तोसिस (β_2)

गामा के लिए अतिरिक्त कुर्तोसिस $= \frac{6}{k}$

अतः

$$\beta_2 = 3 + \frac{6}{k} = 3 + \frac{6}{(n/2)} = 3 + \frac{12}{n}$$

4. बहुलक (Mode)

Mode = $(k - 1)\theta$ (जब $k > 1$).

यहाँ

$$\text{Mode} = \left(\frac{n}{2} - 1\right) \times 2 = n - 2 (n > 2)$$

5. तृतीय केन्द्रीय आघूर्ण (μ_3)

$$\mu_3 = \gamma_1 \sigma^3 = \sqrt{\frac{8}{n}}\left(\sqrt{2n}\right)^3 = \sqrt{\frac{8}{n}}(2n)\sqrt{2n} = 8n$$

6. चतुर्थ केन्द्रीय आघूर्ण (μ_4)

कुर्तोसिस से :

$$\mu_4 = \beta_2 \mu_2^2$$
$$= \left(3 + \frac{12}{n}\right)(2n)^2$$
$$= 12n^2 + 48n$$
$$= 12n(n + 4)$$

सूची-II का सत्यापन (कौन-सा पद किससे मेल खाता है):

I. $(n - 2)$ → यह Mode है (सही)।

II. $48n + 12n^2 = 12n(n + 4)$ → यह μ_4 (चतुर्थ केन्द्रीय आघूर्ण) है, μ_2 नहीं।

III. $(12/n) + 3$ → यह β_2 (कुर्तोसिस) है (सही)।

IV. $\sqrt{2/n}$ → यह Coefficient of Variation = $\sqrt{2n}/n = \sqrt{2/n}$ है, Skewness नहीं (Skewness का सही मान $\sqrt{8/n}$ है)।

सही सुमेलन (मानक परिभाषाओं से) :

A. β_2 → III $3 + \frac{12}{n}$

B. तिर्यकता (Skewness) → $\sqrt{8/n}$ (सूची-II में उपलब्ध नहीं; IV $\sqrt{2/n}$ C.V. है)

C. बहुलक (Mode) $\rightarrow$ I $(n - 2)$

D. $\mu_3 = 8n$ (सूची-II का II वास्तव में μ_3 है)

अतः दिए गए विकल्पों (1-4) में से कोई भी चारों युग्मों को एक साथ सही नहीं मिलाता; इसलिए NONE उपयुक्त है।

3. जे. एम. कीन्स की प्रमुख कृतियों के प्रकाशन-वर्ष क्रम से क्रमबद्ध करने पर—(C) *Indian Currency and Finance* (1913) सबसे पहले आती है; यह भारत की मुद्रा-व्यवस्था, रिजर्व, स्वर्ण-विनिमय मानक और औपनिवेशिक प्रशासन की मौद्रिक नीतियों का विश्लेषण करती है। इसके बाद (E) *A Tract on Monetary Reform* (1923) में युद्धोत्तर मुद्रास्फीति, विनिमय दर-स्थिरता और मूल्य-स्तर लक्ष्यीकरण जैसे विचार प्रमुख हैं। तीसरे स्थान पर (A) *A Treatise on Money* (1930)—दो खंडों में मनी, ब्याज, आय और मूल्य-स्तर के पारस्परिक संबंधों का व्यवस्थित सिद्धांत प्रस्तुत करती है। फिर (D) *A Monetary Theory of Production* (1933)—यह लेख वास्तविक-वेतन वाले शास्त्रीय ढाँचे के बजाय मौद्रिक उत्पादन-अर्थव्यवस्था के दृष्टिकोण को उभारता है। अंत में (B) *The General Theory of Employment, Interest and Money* (1936), जिसने समष्टि-आर्थिक सोच में क्रांति लाकर प्रभावी माँग, बेरोजगारी और नीति-हस्तक्षेप की केन्द्रीयता स्थापित की।

अतः कालक्रम (पुराने से नए) : C, E, A, D, B.

4. पेऑफ मैट्रिक्स (खिलाड़ी-1, खिलाड़ी-2) :

	L	R
T	(1, 5)	(0, 3)
M	(2, 6)	(1, 4)
B	(3, 7)	(2, 2)

खिलाड़ी-1 का प्रभुत्व विश्लेषण

M बनाम T:

- यदि खिलाड़ी-2 L चुनता है : M = 2 > T = 1.
- यदि खिलाड़ी-2 R चुनता है : M = 1 > T= 0.

$\Rightarrow$ M, T पर कठोर प्रभुत्वशाली है।

B बनाम M:

- L पर : B = 3 > M = 2
- R पर : B = 2 > M = 1

$\Rightarrow$ B, M पर कठोर प्रभुत्वशाली है।

B बनाम T:

- L पर : B = 3 > T = 1
- R पर : B = 2 > T = 0

$\Rightarrow$ B, T पर कठोर प्रभुत्वशाली है।

निष्कर्ष (A): M, T को प्रभुत्वित करता है और B, M को प्रभुत्वित करता है—यह क्रम दर्शाता है कि खिलाड़ी-1 के पास प्रभुत्व की शृंखला है, जिससे रणनीति चयन में एकाधिक प्रभुत्वकारी विकल्प उभरते हैं $\Rightarrow$ A सत्य।

खिलाड़ी-2 का प्रभुत्व विश्लेषण

L बनाम R:

- T पर : L = 5 > R = 3
- M पर : L = 6 > R = 4
- B पर : L = 7 > R = 2

$\Rightarrow$ L, R पर कठोर प्रभुत्वशाली है।

इसका अर्थ है कि खिलाड़ी-2 के पास एक स्पष्ट प्रभुत्वकारी रणनीति है—इसलिए "कोई भी रणनीति दुर्बल प्रभुत्वशाली नहीं है" कथन असत्य।

अन्य कथनों का परीक्षण

- **C (T, B पर दुर्बल प्रभुत्वशाली) :** सभी स्थितियों में B > T. इसलिए C असत्य।
- **D (रणनीति M नैश-संतुलन में कभी प्रयुक्त नहीं होगी) :** M को B कठोर रूप से प्रभुत्वित करता है; प्रभुत्वित रणनीतियाँ नैश-संतुलन में प्रयोग नहीं होतीं $\Rightarrow$ D सत्य।
- **E (M, T पर कठोर प्रभुत्वशाली) :** ऊपर तुलना में देखा गया कि M हमेशा T से बेहतर है $\Rightarrow$ E सत्य।

सत्य कथन केवल A, D, E हैं।

5. देशों के चालू खाता शेष (% GDP) का तुलनात्मक आकलन (Q2 FY25):

- **चीन (C) :** सर्वाधिक सकारात्मक अधिशेष।
- **रूस (B) :** दूसरा उच्च अधिशेष।
- **भारत (A) :** हल्का घाटा, पर दक्षिण अफ्रीका से कम नकारात्मक।
- **दक्षिण अफ्रीका (E) :** भारत से अधिक नकारात्मक घाटा।
- **यू.के. (D) :** सबसे अधिक नकारात्मक घाटा।

घटते/अवरोही क्रम (अधिकतम अधिशेष से अधिकतम घाटे तक) : C, B, A, E, D.

6. घटते क्रम का तर्क :

C. **रक्षा** — सबसे बड़ा आवंटन; इसमें राजस्व व्यय, पूंजीगत व्यय और पेंशन शामिल हैं।

E. **ग्रामीण विकास** — मनरेगा, प्रधानमंत्री ग्रामीण आवास जैसी योजनाओं के कारण दूसरा सबसे बड़ा आवंटन।

A. **कृषि और संबद्ध गतिविधियाँ** — किसानों के कल्याण और कृषि अवसंरचना के लिए तीसरा स्थान।

B. **शिक्षा** — स्कूल शिक्षा और उच्च शिक्षा मंत्रालयों का सम्मिलित आवंटन, कृषि से थोड़ा कम।

D. **वाणिज्य और उद्योग** — पाँचों में सबसे कम राशि।

क्रम : C, E, A, B, D.

7. विस्तृत मिलान :

A. **अतिज्यामितीय वितरण का माध्य (Mean):** $E[X]=\frac{nm}{N} \Rightarrow$ III.

B. **ऋणात्मक द्विपदीय वितरण का आघूर्ण जनक फलन (MGF):** प्रपत्र $(Q - Pe^{t})^{-r}$ इस वितरण के MGF का मानक रूप है $\Rightarrow$ II.

C. **द्विपदीय वितरण का कुर्तोसिस सहगुणांक (Kurtosis coefficient):** $\frac{1+6pq}{npq} \Rightarrow$ IV.

D. **ज्यामितीय वितरण का प्रसरण (Variance):** $\frac{q}{p^2} \Rightarrow$ I.

8. लेक्सिकोग्राफिक प्राथमिकताएँ पहले एक वस्तु को पूर्ण प्राथमिकता देती हैं और केवल बराबरी पर दूसरी वस्तु को देखती हैं। इन प्राथमिकताओं को किसी सतत उपयोगिता फलन द्वारा प्रदर्शित नहीं किया जा सकता क्योंकि कितनी भी छोटी मात्रा की अदला-बदली ऊपरी-स्तर वाली वस्तु की प्राथमिकता नहीं बदलती। इस कारण यह सततता/नैरुतर्य (Continuity/Archimedean) स्वयंसिद्धि का उल्लंघन करती हैं। संक्रामिकता, उत्तलता और स्वतंत्रता जैसे अन्य स्वयंसिद्ध सामान्यतः नहीं टूटते, मुख्य उल्लंघन सततता में होता है।

9. तर्क (समानांतर, सीधे "संपदा विस्तार पथ" के लिए) : किसी दिए हुए मूल्य-सदिश p पर अलग-अलग उपभोक्ताओं के लिए मांग का आय/संपदा के साथ रैखिक और समान ढलान (Parallel) होना तभी संभव है जब उनकी आय-प्रतिक्रियाएँ संरचनात्मक रूप से एक जैसी हों।

A. **गोरमेन फॉर्म का अप्रत्यक्ष उपयोगिता फलन** — यदि प्रत्येक उपभोक्ता का अप्रत्यक्ष उपयोगिता फलन $v_i(p, m) = a_i(p) + b(p)m$ के गोरमेन-पोलर रूप में है और $b(p)$ सभी के लिए समान है, तो एन्गेल वेलाएँ/संपदा-विस्तार पथ सीधे और समानांतर होते हैं; $a_i(p)$ के कारण इंटरसेप्ट बदलते हैं पर ढलान समान रहती है।

D. **समरूप (Identical) व समस्थितिक (Homothetic) प्राथमिकताएँ** — यह विशेष स्थिति में सभी उपभोक्ताओं का संपदा-विस्तार पथ एक ही सीधी रेखा (Origin से ray) बनाता है; यह भी सीधा है और यद्यपि वही रेखा साझा होती है, इसे समानांतर-ढांचा की आवश्यक संरचना के अनुकूल माना जाता है (ढलान समान, इंटरसेप्ट का अभाव)।

E. **एक ही वस्तु के सापेक्ष अर्द्ध-रैखिक (Quasi-linear) प्राथमिकताएँ** — जब सभी के लिए एक ही numeraire में क्वाजी-लिनियरिटी हो, तो आय का प्रभाव उसी वस्तु में जाता है; इष्टतम बंडल की गमन-रेखा सीधी होती है और अलग-अलग उपभोक्ताओं में समान ढलान के साथ समानांतर पथ मिलते हैं (रूचि-पैरामीटर के चलते इंटरसेप्ट भिन्न हो सकते हैं)।

क्यों नहीं (B, C):

B. **विषमरूप (Heterogeneous) प्राथमिकताएँ** — सामान्यतः ढलानें बदलती हैं; समानांतरता टूटती है।

C. **समान संपदा-वितरण** — समानांतर रेखाएँ रुचि-संरचना से आती हैं; केवल संपदा बराबर बाँट देने से यह गुण स्वतः नहीं मिलता।

10. वर्गीकरण (चालू खाता बनाम पूंजी/वित्त) :

A. **अदृश्य निर्यात-आयात (सेवाएँ, आय, आदि)** — चालू खाते का हिस्सा।

C. **एकपक्षीय हस्तांतरण (remittances, grants)** — चालू खाता।

B. **प्रत्यक्ष निवेश (FDI)** — पूँजी/वित्त खाते में।

D. **SDR आबंटन** — देयताओं/आरक्षित परिसंपत्तियों का लेखा-परिवर्तन; वित्त खाते में।

E. **विदेशी राष्ट्रों से उधारी** — पूँजी/वित्त खाता।

अतः चालू खाते में आने वाले घटक केवल A और C हैं।

11. नवशास्त्रीय (Solow-प्रकार) निष्कर्ष :

- बचत दर बढ़ाने पर पूँजी-संचय तेज होता है, जिससे संक्रमण काल में उत्पादन (और प्रति-व्यक्ति उत्पादन) की वृद्धि दर बढ़ जाती है; अतः (1) सत्य।

- दीर्घावधि (steady state) की प्रति-व्यक्ति वृद्धि दर बाह्य तकनीकी प्रगति से तय होती है; मात्र बचत-दर बढ़ाने से यह नहीं बढ़ती; अतः (2) असत्य।
- स्थिर-अवस्था पूँजी/श्रम अनुपात बचत बढ़ने पर ऊँचा होता है, घटता नहीं; अतः (3) असत्य।
- दीर्घावधि पूँजी-स्तर व प्रति-व्यक्ति उत्पादन बचत बढ़ने पर अधिक होते हैं, घटते नहीं; अतः (4) असत्य।

12. विस्तृत विश्लेषण (कोस प्रमेय) :

A. यदि संपत्ति-अधिकार प्रदूषणकर्ता को दिए गए हैं, तो सौदेबाजी में वह पीड़ित को क्षतिपूर्ति देकर अपनी गतिविधि जारी रख सकता है—यह कुशल (efficient) परिणाम दे सकता है।

B. यदि अधिकार पीड़ित के पास हों, तो वह प्रदूषण घटाने/रोकने के लिए प्रदूषक को भुगतान कर सकता है; सौदेबाजी-समाधान फिर भी कुशल रह सकता है।

D. शून्य (या नगण्य) लेन-देन लागत पर बाह्यताओं की उपस्थिति में भी स्वैच्छिक सौदेबाजी से कुशल परिणाम संभव हैं।

क्यों नहीं C, E:

C. कोस के अनुसार दक्षता हेतु कर लगाना आवश्यक शर्त नहीं है; निजी सौदेबाजी पर्याप्त हो सकती है।

E. समान सौदेबाजी शक्ति की कोई अनिवार्यता नहीं; परिणामों का वितरण बदल सकता है, पर कुशलता बनी रह सकती है।

13. माँग : $P(x) = \sqrt{9-x}$ और उपभोग $x_0 = 5$, पर है।

व्यय (Expenditure): $P(5).5 = \sqrt{4}\cdot 5 = 2.5 = 10$

माँग-वक्र के नीचे का क्षेत्र 0 से 5 तक :

$$\int_0^5 \sqrt{9-x}\,dx = \left[-\frac{2}{3}(9-x)^{3/2}\right]_0^5$$

$$= \frac{2}{3}(9^{3/2} - 4^{3/2})$$

$$= \frac{2}{3}(27-8)$$

$$= \frac{38}{3}$$

उपभोक्ता अधिशेष (CS): $= \dfrac{38}{3} - 10 = \dfrac{8}{3}.$

14. मिलान व तर्क :

A. आय लोचशीलता एक से अधिक → III (विलासिता वस्तुएँ)

आय लोच >1 होने पर वस्तु को विलासिता (luxury) माना जाता है—आय बढ़े तो माँग आय से तेज बढ़ती है।

B. धनात्मक क्रॉस-मूल्य लोचशीलता → I (प्रतिस्थापक वस्तुएँ)

क्रॉस-लोच >0 दर्शाता है कि एक वस्तु की कीमत बढ़े तो दूसरी की माँग बढ़ती है—प्रतिस्थापन संबंध।

C. अधोगामी ढाल (downward sloping) PCC → IV (सापेक्षिक प्रत्यास्थ/लोचशील माँग)

मूल्य-उपभोग वक्र का ऋणात्मक ढाल बताता है कि जिस वस्तु का दाम घट रहा है, उसकी खपत बढ़ते हुए दूसरी वस्तु की खपत घटा रही है—उच्च प्रतिस्थापन प्रवृत्ति/उच्च प्रत्यास्थता का संकेत; अतः सापेक्षिक लोचशील माँग से संगति।

D. नकारात्मक आय-प्रभाव → II (हीनतम वस्तुएँ)

आय बढ़ने पर माँग घटती है—यह हीन (inferior) प्रकृति का सूचक है।

15. राष्ट्रीय आय में ₹ 400 की कमी होगी

सीमांत उपभोग प्रवृत्ति (MPC) = 0.8. एकमुश्त कर में वृद्धि ($\Delta T = +100$) से संतुलन-आय का परिवर्तन कर-गुणक से मिलता है :

$$\Delta Y = \frac{MPC}{1-MPC}\Delta T$$

$$= -\frac{0.8}{1-0.8}\times 100$$

$$= -\frac{0.8}{0.2}\times 100$$

$$= -4 \times 100$$

$$= -400.$$

अतः राष्ट्रीय आय ₹ 400 घटेगी।

16. आरोही क्रम (कुल व्यय में % हिस्सेदारी) :

C. पेंशन : सबसे छोटा हिस्सा।

D. प्रमुख सब्सिडियाँ : पेंशन से बड़ा, पर मध्यम स्तर।

A. वित्त आयोग एवं अन्य अंतरण : राज्यों/अन्य को स्थानान्तरण; सब्सिडियों से ऊँचा हिस्सा।

E. **केन्द्रीय क्षेत्र योजनाएँ (रक्षा व सब्सिडी-संबंधित पूंजीगत व्यय छोड़कर)** : बड़े कार्यक्रमों के कारण A से ऊपर।

C. **ब्याज भुगतान** : कुल व्यय में सबसे बड़ा हिस्सा।

इसलिए बढ़ते क्रम में : C, D, A, E, B.

17. विधि (Y on X प्रतिगमन) :

दिये गए : $\bar{Y} = 40, \bar{X} = 6$, $s_X = 1.5$, $s_Y = 10$, $r = 0.9$ विज्ञापन X = 10 पर बिक्री का अनुमान :

$$\hat{Y} = \bar{Y} + r\left(\frac{s_Y}{s_X}\right)(X - \bar{X})$$

$$= 40 + 0.9\left(\frac{10}{1.5}\right)(10-6)$$

$$= 40 + 0.9 \times 6.666 \ldots \times 4$$

$$= 40 + 24$$

$$= 64.$$

अतः संभावित बिक्री ≈ ₹ 64 करोड़।

18. व्याख्या :

A. बाह्यता होने पर सभी लागत और लाभ क्रेताओं व उत्पादकों द्वारा आंतरिकीकृत नहीं किए जाते, इसलिए यह सत्य है।

B. बाह्यता अल्प-उत्पादन (सकारात्मक बाह्यता) या अधिक-उत्पादन (नकारात्मक बाह्यता) का कारण बनती है—यह भी सत्य।

C. बाह्यता की उपस्थिति में बाजार आधारित निर्णय स्वतः दक्षतम परिणाम नहीं देते; इसलिए यह असत्य।

D. नकारात्मक बाह्यता में सीमांत सामाजिक लागत > सीमांत लागत (निजी) होती है—सत्य।

E. जब संपत्ति अधिकार स्पष्ट रूप से परिभाषित हों, तो सौदेबाजी (कोस प्रमेय) से बाह्यता की समस्या हल हो सकती है—सत्य।

19. भारतीय रिजर्व बैंक की मौद्रिक नीति रूपरेखा में परिचालन लक्ष्य (Operational target) वह दर है जिसे अल्पकालिक बाजार लेन-देन के माध्यम से नियंत्रित किया जाता है। भारत में यह वेटेड एवरेज कॉल मनी रेट (WACR) है। रेपो, रिवर्स रेपो, MSF जैसी दरें नीतिगत उपकरण (Policy rates) हैं, जिनसे WACR को परिचालन स्तर पर नियंत्रित किया जाता है। इसलिए सही उत्तर वेटेड एवरेज कॉल मनी रेट है।

20. स्टेप-बाय-स्टेप समाधान (*y* on *x*):

दिया है :

$\bar{x} = 32, \bar{y} = 38, b_{xy} = -0.2337, b_{yx} = -0.6643.$

x पर *y* का प्रतिगमन (regression of *y* on *x*) का सामान्य रूप :

$$y - \bar{y} = b_{yx}(x - \bar{x})$$

मान रखें :

$$y - 38 = -0.6643(x - 32)$$

विस्तार :

$$y - 38 = -0.6643x + (0.6643 \times 32),$$

$$= -0.6643x + 21.2576$$

$$y = -0.6643x + 21.2576 + 38$$

$$= -0.6643x + 59.2576$$

त्वरित जाँच : प्रतिगमन रेखा को $(\bar{x}, \bar{y}) = (32, 38)$ से गुजरना चाहिए

$-0.6643 \times 32 + 59.2576 = 38$ इसलिए समीकरण सही है।

21. तर्क (बढ़ते क्रम : नाममात्र GDP पर बाजार पूंजीकरण/Market-cap-to-GDP):

- **ब्राजील (D):** उभरते बाजारों में अपेक्षाकृत छोटा इक्विटी बाज़ार, कम अनुपात।
- **चीन (C):** बड़े GDP के मुकाबले इक्विटी बाजार का हाल के वर्षों में कमजोर प्रदर्शन; अनुपात ब्राजील से थोड़ा ऊपर।
- **यू.के. (A):** परिपक्व बाजार, मध्यम/ऊपरी-मध्य अनुपात।
- **भारत (B):** तेजी से बढ़ता बाजार; अनुपात यू.के. से ऊँचा।
- **जापान (E):** बहुत बड़ा बाजार-कैप, अनुपात पाँचों में सर्वाधिक के निकट।

इसलिए बढ़ते क्रम में : D, C, A, B, E.

22. मिलान व व्याख्या (भारत की मौद्रिक नीति रूपरेखाएँ) :

A. **राजकोषीय प्रभुत्व → II (1951–1985):** उच्च राजकोषीय घाटे का मौद्रिकरण, नियंत्रित दरें, ऋण का बाध्य खरीद—मौद्रिक नीति पर राजकोषीय प्राथमिकताओं का दबदबा।

B. **बहुविध सूचक उपागम → III (1998–2016):** सिर्फ मुद्रा/एम-टार्गेटिंग पर निर्भर न रहकर कई बाजार सूचकों (ब्याज, दरें, क्रेडिट, विनिमय आदि) से संकेत लेना।

C. **प्रतिपुष्टि के साथ मौद्रिक लक्ष्यन → IV (1985–1998):** M-aggregates पर औपचारिक लक्ष्य, वास्तविकता के अनुसार फीडबैक के साथ समायोजन।

D. **लचीला/लोचशील मुद्रास्फीति लक्ष्यन → I (2016 से) :** CPI-आधारित लक्ष्य, MPC ढाँचा; मौद्रिक नीति का स्पष्ट, नियम-आधारित एंकर।

23. व्याख्या (01 अप्रैल 2025 से प्रभावी संशोधित अर्हताएँ):

A. **सूक्ष्म (Micro) – निवेश सीमा :** संयंत्र/मशीनरी में ≤ ₹ 2.5 करोड़ — सत्य।

D. **सूक्ष्म (Micro) – टर्नओवर सीमा :** ≤ ₹ 10 करोड़ — सत्य।

E. **लघु (Small) – टर्नओवर सीमा : ≤ ₹ 100** करोड़ — सत्य।

B. **मध्यम (Medium)** – टर्नओवर ≤ ₹ 50 करोड़ — यह सीमा लघु वर्ग की रही; मध्यम के लिए इससे अधिक होती है — असत्य।

C. **लघु (Small)** – निवेश सीमा ≤ ₹ 10 करोड़ — संशोधित ढांचे में लघु की निवेश सीमा इससे ऊपर जाती है — असत्य।

अतः सही संयोजन केवल A, D और E है।

24. Harrod–Domar रूपरेखा :

तीन वृद्धि-दरें :

- **वास्तविक वृद्धि (g):** अर्थव्यवस्था में आय/उत्पादन की घटित वृद्धि।
- **वीहित (warranted)** वृद्धि (g_w): वह दर जिस पर फर्में अपनी स्थिर पूँजी-उत्पादन अनुपात v के साथ क्षमता का "ठीक-ठाक" उपयोग बनाए रखती हैं :

$$g_w = \frac{s}{v} \quad (s = \text{बचत दर}, v = \text{ICOR})$$

- **प्राकृतिक (natural)** वृद्धि (g_n): श्रम-आपूर्ति और श्रम-कार्यक्षमता/तकनीकी प्रगति के संयुक्त विस्तार की दर :

g_n = श्रम बल वृद्धि + श्रम उत्पादकता वृद्धि

अतः (1) का कथन–प्राकृतिक दर की रचना सही है।

Knife-edge अस्थिरता : Harrod-Domar में पूँजी-गुणांक स्थिर है और समायोजन का कोई आंतरिक तंत्र नहीं। यदि $g \neq g_w$, तो क्षमता-उपयोग का विचलन प्रेरित निवेश के जरिये और बढ़ता है :

- **$g > g_w$:** अधिक मांग/अधिक क्षमता-उपयोग ⇒ और निवेश ⇒ विचलन बढ़ता है।
- **$g < g_w$:** कम मांग/कम क्षमता-उपयोग ⇒ निवेश घटे ⇒ विचलन बढ़ता है।

मॉडल स्वयं g को g_n की ओर खींचने का तंत्र नहीं देता; g_n सिर्फ एक सीमा (Ceiling) है–अर्थव्यवस्था उससे ऊपर टिकाऊ नहीं चल सकती, पर स्वतः वहाँ अभिसरण का निष्कर्ष नहीं निकाला जा सकता। इसलिए विकल्प (2) का कथन गलत है।

दीर्घावधि तुल्यता और पूर्ण नियोजन : श्रम और पूंजी के सतत पूर्ण नियोजन के लिए तीनों दरों का मेल चाहिए :

$$g = g_w = g_n$$

अतः (4) सही है।

g_w बनाम g_n

दीर्घावधि में $g_w = \frac{s}{v}$ का मान बचत और ICOR पर निर्भर है; यह g_n से अधिक या कम हो सकता है। अतः यह कहना कि g_w g_n से अधिक हो सकता है सही है; इसलिए (3) सही है।

ऊपर के तर्क से असत्य कथन (2) है।

25. कालक्रम (पुराने से नए) :

A. ओपेक तेल संकट – 1973 (प्रथम ऑयल शॉक)

B. अंतर्राष्ट्रीय ऋण संकट – 1982 (लैटिन अमेरिकी ऋण संकट शिखर)

C. पूर्व एशियाई वित्तीय संकट – 1997

D. अर्जेंटीना आर्थिक संकट – 2001–02

E. यूरोजोन संकट – 2010–12

अतः क्रम : A, B, C, D, E.

26. किसी वस्तु के सापेक्षिक मूल्य में वृद्धि, उस वस्तु में सघनतापूर्वक प्रयुक्त कारक की आय बढ़ाती है

तर्क (Stolper–Samuelson] 2×2 Heckscher&Ohlin ढाँचा):

- यदि "कपड़ा" श्रम-सघन है और उसके सापेक्षिक मूल्य में वृद्धि होती है, तो वास्तविक मजदूरी (श्रम

का प्रतिफल) बढ़ती है, जबकि पूँजी का वास्तविक प्रतिफल घटता है।

- **सामान्यीकृत रूप में :** किसी वस्तु के सापेक्षिक मूल्य में वृद्धि $\Rightarrow$ उस वस्तु के सघन कारक की वास्तविक आय में वृद्धि, और अन्य कारक की वास्तविक आय में कमी।

इसलिए सही कथन (1) है।

27. विस्तृत गणना (औसत के लिए नमूना आकार) :

- वांछित अधिकतम त्रुटि (margin of error) E = 2 मिनट, विश्वास स्तर 95% $\Rightarrow$ Z = 1.96
- समय-अध्ययन विशेषज्ञ से जनसंख्या मानक विचलन का अनुमान σ =16 मिनट।
- सूत्र :

$$n = \left(\frac{Z\sigma}{E}\right)^2 = \left(\frac{1.96 \times 16}{2}\right)^2 = (15.68)^2 = 245.86...$$

- त्रुटि सीमा सुनिश्चित करने के लिए n को ऊपर की पूर्ण संख्या पर लिया जाता है $\Rightarrow n = 246$.
- टिप्पणी : यदि σ अज्ञात होता और छोटा नमूना लेते, तो t-मान का उपयोग करना पड़ता; पर σ ज्ञात/ अनुमानित होने पर Z-आधारित यही सूत्र उपयुक्त है।

28. आरोही क्रम का तर्क (नीति-दरों का कॉरिडोर-लॉजिक) :

- **रिवर्स रेपो दर (D):** तरलता अवशोषण के लिए निचला स्तर; कॉरिडोर का सबसे नीचे का कोना।
- **सी.आर.आर. (C):** नकद आरक्षित अनुपात प्रतिशत (दर नहीं) है; सामान्य मान-सेटिंग में रिवर्स रेपो से ऊपर रहता है, पर SDF/रेपो/MSF से नीचे।
- **स्टैण्डिंग डिपॉजिट फैसिलिटी (B) :** वर्तमान ढाँचे में फ्लोर; रिवर्स रेपो से ऊपर, रेपो से नीचे।
- **रेपो दर (E):** कॉरिडोर का केन्द्रीय "नीतिगत" एंकर; SDF से ऊपर, MSF से नीचे।
- **मार्जिनल स्टैण्डिंग फैसिलिटी (A) :** कॉरिडोर की सीलिंग; सभी से अधिक।

इसलिए बढ़ते क्रम में : रिवर्स रेपो D, C, B, E, A.

29. एक तीव्र ढाल सकल मांग वक्र और परिणामतः एक सपाट ढाल आईएस वक्र :

- IS वक्र की अवधारणारू IS वक्र उन सभी (Y, r) संयोजनों को दर्शाता है जहाँ वस्तु-बाज़ार संतुलन में होता है। इसमें ब्याज दर r और आय Y का वह संबंध शामिल है जो निवेश व बचत को संतुलित करता है।
- **उच्चतर सीमांत व्यय प्रवृत्ति (MPC) का प्रभाव :** जब उपभोग की सीमांत प्रवृत्ति (MPC) अधिक होती है, तो आय में छोटी-सी वृद्धि भी उपभोग में बड़ी वृद्धि उत्पन्न करती है। इस कारण गुणक (multiplier) बड़ा हो जाता है :

$$k = \frac{1}{1 - MPC}$$

बड़ा गुणक होने से किसी दिए गए निवेश परिवर्तन या ब्याज दर परिवर्तन के लिए आय में परिवर्तन बहुत अधिक होगा।

- **IS वक्र पर असर :** ब्याज दर घटने से निवेश बढ़ता है, और बड़ा गुणक इस निवेश वृद्धि को आय में और भी बड़ी वृद्धि में परिवर्तित करता है। इसका परिणाम यह होता है कि ब्याज दर के छोटे बदलाव पर आय में बड़े बदलाव होते हैं, जिससे IS वक्र अधिक सपाट (flatter) हो जाता है।
- **सकल मांग (AD) वक्र पर असर :** AD वक्र IS-LM संतुलनों के समुच्चय से प्राप्त होता है। जब IS अधिक सपाट होती है, तो LM-IS संतुलन का स्थान परिवर्तन कीमतों में बदलाव से अपेक्षाकृत छोटे Y-बदलाव पर होता है। यह सकल मांग वक्र को अधिक तीव्र (steeper) बना देता है।
- **निष्कर्ष :** उच्च MPC $\Rightarrow$ बड़ा गुणक $\Rightarrow$ सपाट IS वक्र और इसके परिणामस्वरूप तीव्र ढाल वाला AD वक्र। इस प्रकार दिया गया कथन — "एक तीव्र ढाल सकल मांग वक्र और परिणामतः एक सपाट ढाल आईएस वक्र" — सही रूप से व्यय की उच्चतर सीमांत प्रवृत्ति के प्रभाव को वर्णित करता है।

30. विस्तृत व्याख्या :

A. **प्रायिकता से प्रत्येक रणनीति सम्मिलन → IV (मिश्रित रणनीति) :** जब खिलाड़ी अपनी उपलब्ध रणनीतियों को एक निश्चित प्रायिकता वितरण के अनुसार खेलता है, तो इसे मिश्रित रणनीति (डपक्रमक ेजतंजमहल) कहा जाता है। इसमें कोई एक शुद्ध रणनीति नहीं चुनी जाती बल्कि प्रायिकताओं के आधार पर सम्मिलन होता है।

B. **अन्य की रणनीति को प्रदत्त अधिकतम पे-ऑफ → III (सर्वोत्तम प्रत्युत्तर फलन) :** किसी खिलाड़ी के लिए अन्य खिलाड़ियों की चुनी गई रणनीतियों को स्थिर मानकर जिस रणनीति से उसे सबसे अधिक लाभ (payoff) मिलता है, उसे सर्वोत्तम प्रत्युत्तर फलन (Best Response Function) कहते हैं।

C. **दीर्घावधि व्यवहार → I (नैश साम्यता):** जब हर खिलाड़ी इस प्रकार रणनीति चुनता है कि कोई भी अकेले बदल कर बेहतर लाभ न पा सके, तो वह नैश साम्यता (Nash Equilibrium) है। दोहराए गए खेलों में, समय के साथ दीर्घकालिक स्थिर व्यवहार इसी साम्यता से जुड़ा रहता है।

D. **सजा/दण्ड अवधि अनंत है → II (ग्रिम ट्रिगर रणनीति) :** ग्रिम ट्रिगर रणनीति में यदि किसी खिलाड़ी ने एक बार धोखा दिया, तो दूसरा खिलाड़ी अनंत काल तक उसे दण्डित करता रहता है। इस प्रकार दण्ड अवधि अनंत होती है।

अतः सही संयोजन A-IV, B-III, C-I, D-II है।

31. पूंजी-प्रचुरता (Capital Abundance) की अवधारणा

किसी देश को पूंजी-प्रचुर तब कहा जाता है जब किसी दूसरे देश की तुलना में उसके पास प्रति श्रमिक अधिक पूंजी हो या पूंजी की सापेक्ष कीमत कम हो। इस सिद्धांत का उपयोग हेक्शर-ओहलिन मॉडल और अंतर्राष्ट्रीय व्यापार के विश्लेषण में किया जाता है।

A. **भौतिक अनुपात (Physical Ratio) दृष्टिकोण**

$$\left(\frac{\text{कुल पूंजी}}{\text{कुल श्रम}}\right)B > \left(\frac{\text{कुल पूंजी}}{\text{कुल श्रम}}\right)A$$

इस शर्त का अर्थ है कि देश B के पास प्रति श्रमिक पूंजी की मात्रा देश A से अधिक है, अतः B पूंजी-प्रचुर है। सही है।

B. $$\left(\frac{\text{कुल पूंजी}}{\text{कुल श्रम}}\right)B < \left(\frac{\text{कुल पूंजी}}{\text{कुल श्रम}}\right)A$$

यह बताता है कि B की पूंजी-प्रति-श्रम मात्रा कम है—यह श्रम-प्रचुरता का संकेत है, पूंजी-प्रचुरता का नहीं। ⇒ B गलत है।

C. **मूल्य अनुपात (Price Ratio) दृष्टिकोण**

$$\left(\frac{\text{पूंजी का मूल्य}}{\text{श्रम का मूल्य}}\right)B < \left(\frac{\text{पूंजी का मूल्य}}{\text{श्रम का मूल्य}}\right)A$$

यह दर्शाता है कि B में पूंजी अपेक्षाकृत सस्ती है, इसलिए उसे पूंजी-प्रचुर माना जाएगा। ⇒ C सही है।

D. $$\left(\frac{\text{पूंजी का मूल्य}}{\text{श्रम का मूल्य}}\right)B > \left(\frac{\text{पूंजी का मूल्य}}{\text{श्रम का मूल्य}}\right)A$$

यह संकेत देता है कि B में पूंजी अपेक्षाकृत महंगी है ⇒ D गलत है।

E. $$\left(\frac{\text{कुल श्रम}}{\text{कुल पूंजी}}\right)B > \left(\frac{\text{पूंजी का मूल्य}}{\text{श्रम का मूल्य}}\right)A$$

यह असंगत तुलना है और पूंजी-प्रचुरता की परिभाषा से मेल नहीं खाती ⇒ E गलत है।

पूंजी-प्रचुरता के सही संकेतक केवल A और C हैं।

32. विस्तृत समाधान :

- कुल लागत : $C = 100 + 0.015X^2$
- कुल राजस्व : $R = 3X$
- लाभ :

$$\pi = R - C$$
$$= 3X - (100 + 0.015X^2)$$
$$= -0.015X^2 + 3X - 100$$

- **सीमान्त लाभ (Derivative):**

$$\frac{d\pi}{dX} = -0.03X + 3$$

अधिकतम पर $\frac{d\pi}{dX} = 0$:

$$-0.03X + 3 = 0$$
$$\Rightarrow 0.03X = 3$$
$$\Rightarrow X = 100$$

द्वितीय अवकलन जाँच :

$$\frac{d^2\pi}{dX^2} = -0.03 < 0$$

⇒ यह अधिकतम है।

इसलिए लाभ को अधिकतम करने वाला उत्पादन स्तर 100 इकाइयाँ है।

33. संपत्ति अधिकार वे कानूनी रूप से लागू अधिकार हैं जो यह निर्धारित करते हैं कि :

- संसाधन का उपयोग कौन करेगा,
- उसका स्वामित्व किसके पास होगा,
- और उसका हस्तांतरण कैसे किया जाएगा।

यह परिभाषा आर्थिक सिद्धांत में मान्य है। अन्य विकल्प या तो केवल सरकारी स्वामित्व तक सीमित हैं, या सामाजिक नियम बताते हैं, या निजी लाभ को रोकने की बात करते हैं—ये संपत्ति अधिकार की सही परिभाषा नहीं हैं।

34. मिलान व विस्तृत व्याख्या :

A. **बचत का विरोधाभास → III (जे. एम. कीन्स) :** कीन्स ने बताया कि यदि सभी बचत बढ़ाते हैं, तो समष्टि माँग घट सकती है और आय कम हो सकती है—इसे पैरेडॉक्स ऑफ थ्रिफ्ट कहते हैं।

B. **जल-हीरा विरोधाभास → IV (एडम स्मिथ) :** एडम स्मिथ ने बताया कि जल आवश्यक होते हुए भी सस्ता है, जबकि हीरे कम उपयोगी होते हुए भी महंगे हैं—यह वैल्यू पैरेडॉक्स है।

C. **मजदूरी रोजगार विरोधाभास → II (ए.सी. पिगू) :** पिगू के विश्लेषण में कभी-कभी मजदूरी कम करने से रोजगार बढ़ने के बजाय घट सकता है—इसे वेज-एम्प्लॉयमेंट पैरेडॉक्स कहा गया।

D. **समष्टि आर्थिक विरोधाभास → I (के. बेल्डिंग) :** समष्टि अर्थशास्त्र के व्यापक परिप्रेक्ष्य में के. बेल्डिंग ने इस अवधारणा को प्रतिपादित किया।

अतः सही संयोजन A-III, B-IV, C-II, D-I है।

35. मैचिंग पेन्नीज गेम

- Matching Pennies में खिलाड़ियों की रुचियाँ पूरी तरह विरोधी होती हैं—एक को मिलान चाहिए, दूसरे को असंगति। किसी भी शुद्ध रणनीति युग्म पर कम-से-कम एक खिलाड़ी अपना चुनाव बदलकर अपना पेऑफ बढ़ा सकता है, इसलिए शुद्ध नैश साम्य नहीं बनता। (यह खेल मिश्रित रणनीति में संतुलन रखता है, पर शुद्ध में नहीं।)
- BoS (Battle of the Sexes) और Stag Hunt दोनों में दो शुद्ध नैश संतुलन होते हैं।
- Prisoners' Dilemma में एक शुद्ध नैश संतुलन (दोनों का 'डिफेक्ट') होता है।

36. विस्तृत व्याख्या (Solow/नवशास्त्रीय संवृद्धि) :

A. **प्रति व्यक्ति पूंजी का स्थिर-अवस्था स्तर घटता है — सत्य।** n बढ़ने पर पूंजी-परिशोधन (capital dilution) तेज होता है; दिए गए s और v पर k (per-worker capital) कम हो जाती है।

B. **प्रति व्यक्ति उत्पादन में वृद्धि — असत्य।** k^* घटने से y^* (per-worker output) घटता है, बढ़ता नहीं।

C. **कुल उत्पादन की स्थिर-अवस्था वृद्धि दर बढ़ती है — सत्य।** समेकित Y की steady-state वृद्धि $n + g$ होती है; n बढ़ने पर यह दर बढ़ती है (मानते हुए g स्थिर है)।

D. **पूंजी-उत्पादन अनुपात में कमी — (कई निरूपणों में)** $K/Y = \dfrac{s}{n+g+\delta}$ से n बढ़ने पर घटता है; पर मानक परीक्षा-विकल्पों में अक्सर A और C पर बल होता है।

E. **उत्पादन-संभावना वक्र का अंतर्मुखी हस्तांतरण — असत्य।** श्रम वृद्धि से संसाधन-सीमा सामान्यतः बाहर की ओर सरकती; अंतर्मुखी बदलाव का निष्कर्ष उचित नहीं।

विकल्पों के अनुरूप न्यूनतम निर्विवाद सही युग्म A और C हैं।

37. विस्तृत गणना :

- प्रथम पद पर चयनित होने की प्रायिकता = 1/3 (3 दावेदार)।
- द्वितीय पर = 1/4 (4 दावेदार)।
- तृतीय पर = 1/2 (2 दावेदार)।
- कम-से-कम एक पर चयनित होने की प्रायिकता 1 − Pr (कहीं भी नहीं)

$$= 1 - \left(\frac{2}{3} \cdot \frac{3}{4} \cdot \frac{1}{2}\right)$$

$$= 1 - \frac{1}{4}$$

$$= \frac{3}{4}$$

38. मिलान और कारण :

A. **भुगतान संतुलन की आय-प्रेरित समायोजन प्रक्रिया → II (कीन्स, जे. एम.) :** आय/उत्पादन में परिवर्तन के जरिए आयात-निर्यात तथा BOP असंतुलन का स्वःसमायोजन—कीन्सीय आय-समायोजन दृष्टि।

B. **BOP का अवशोषण (Absorption) उपागम → III (सिडनी एस. एलेक्जेंडर) :** B = Y − A (जहाँ A = Absorption) पर बल; BOP सुधार के लिए उत्पादन-अवशोषण का अंतर निर्णायक।

C. **असंभव त्रयी → IV (मुंडेल-फ्लेमिंग) :** स्थिर विनिमय दर, मुक्त पूँजी प्रवाह और स्वतंत्र मौद्रिक नीति—तीनों साथ असंभव।

D. **कारक मूल्य साम्यकरण प्रमेय → I (पॉल सैमुअल्सन) :** H–O ढाँचे में मुक्त व्यापार के तहत समान तकनीक पर कारक-प्रतिफलों के समतलीकरण का सिद्धांत।

39. कालडोर के संवृद्धि नियम व ओकुन का नियम :

A. **कालडोर का प्रथम नियम → III**

GDP वृद्धि का उद्योग (निर्माण) की वृद्धि g_m से सकारात्मक संबंध : $g_{GDP} = f(g_m),\ f' > 0.$

B. **कालडोर का द्वितीय नियम (Verdorn's Law) → I**

निर्माण उत्पादकता P_m का g_m से सकारात्मक संबंध: $P_m = f(g_m),\ f' > 0.$

C. **कालडोर का तृतीय नियम → IV**

गैर-निर्माण क्षेत्र की उत्पादकता P_{nm} का g_m से सकारात्मक संबंध : $P_{nm} = f(g_m),\ f' > 0.$

D. **ओकुन का नियम → II**

आउटपुट/रोजगार-अन्तर का संबंध : $y' = -\varepsilon(u - u^*)$ (बेरोजगारी गैप बढ़े तो आउटपुट वृद्धि घटती है)।

40. मौद्रिक नीति ढाँचे का वैधानिक रूप और मौद्रिक नीति समिति (MPC) की स्थापना के साथ अधिदेश/प्रस्तावना में मुद्रास्फीति लक्ष्यन को समाहित करने हेतु कानून में संशोधन 2016 में किया गया।

41. अंतर्राष्ट्रीय व्यापार के उत्पाद चक्र मॉडल (Vernon Product Cycle) में :

- **चरण-I:** नवोन्मेषी देश में नया उत्पाद; घरेलू बाजार और विकसित देशों को निर्यात।
- **चरण-II:** अन्य विकसित देश अनुकरण करते हैं; नवोन्मेषी देश अभी भी प्रमुख आपूर्तिकर्ता।
- **चरण-III:** अनुकरणकर्ता देशों का उत्पादन बढ़ता है और वे घरेलू व तृतीयक बाजारों में हिस्सेदारी लेना शुरू करते हैं।
- **चरण-IV:** अनुकरणकर्ता देश तृतीयक बाजारों में नवोन्मेषी देश से कम बिक्री करने लगते हैं—यह विकल्प सही है।
- **चरण-V:** उत्पादन पूरी तरह स्थानांतरित हो सकता है।

42. गरीबी-भारित संवृद्धि सूचकांक (Poverty-weighted growth index) का उद्देश्य संवृद्धि के मापन में गरीबों को तुलनात्मक रूप से अधिक महत्व देना है। परिभाषा के अनुसार, यह इस विचार पर आधारित है कि सभी आय समूहों को कम से कम बराबर महत्व दिया जाए, ताकि संवृद्धि मापन केवल समृद्ध वर्ग पर निर्भर न रहे।

43. उत्पादन के कारकों का अतिनियोजन

- धनात्मक निर्गत अंतराल (Positive Output Gap) तब होता है जब वास्तविक उत्पादन (Actual Output) संभावित उत्पादन (Potential Output) से अधिक होता है।
- ऐसा तब होता है जब श्रम, पूँजी या अन्य संसाधनों का अतिनियोजन किया जाए, उदाहरण : अत्यधिक ओवरटाइम या मशीनों का क्षमता से अधिक प्रयोग।
- जनसंख्या वृद्धि या तकनीकी प्रगति संभावित उत्पादन को बढ़ाते हैं; संसाधनों का कम उपयोग नकारात्मक अंतराल दर्शाता है।

अतः सही कारण : उत्पादन के कारकों का अतिनियोजन।

44. सही मिलान :

A. **सौर ऊर्जा → II (20.60%)**

भारत में सौर ऊर्जा की स्थापित क्षमता पिछले कुछ वर्षों में तेजी से बढ़ी है। नवंबर 2024 तक उपलब्ध आँकड़े दर्शाते हैं कि सौर ऊर्जा कुल स्थापित ऊर्जा उत्पादन क्षमता का लगभग 20.60% बनाती है, जिससे यह सूचीबद्ध स्रोतों में सबसे बड़ा योगदानकर्ता है।

B. **जल ऊर्जा → III (10.30%)**

हाइड्रो पावर पारंपरिक नवीकरणीय स्रोतों में एक महत्वपूर्ण भाग है। आँकड़ों के अनुसार इसका योगदान 10.30% के आस-पास है। यह सौर और पवन के बाद प्रमुख नवीकरणीयों में एक स्थिर हिस्सा रखता है।

C. **परमाणु ऊर्जा → IV (1.80%)**

परमाणु ऊर्जा गैर-जीवाश्म स्रोतों में आती है, पर इसकी हिस्सेदारी अपेक्षाकृत बहुत कम रहती है। नवंबर 2024 के आँकड़ों में इसका हिस्सा केवल 1.80% है, जो इसे सबसे छोटे भाग के रूप में चिन्हित करता है।

D. **पवन ऊर्जा → I (10.50%)**

पवन ऊर्जा भी भारत में नवीकरणीय ऊर्जा के मुख्य स्रोतों में से एक है। इसका योगदान 10.50% के आसपास है, जो जल ऊर्जा से थोड़ा अधिक है।

इन कारणों से सही संयोजन A-II, B-III, C-IV, D-I है।

45. चरण-दर-चरण समाधान :

1. भिन्न को सरल करने पर :

$$\frac{x+3}{x+5} = \frac{(x+5)-2}{x+5}$$

$$= 1-\frac{2}{x+5}$$

2. समाकलन करने पर :

$$\int\frac{x+3}{x+5}dx = \int\left(1-\frac{2}{x+5}\right)dx$$

$$= \int dx-2\int\frac{1}{x+5}dx$$

3. प्रतिलोम लेने पर :

$$\int dx = x, \int\frac{1}{x+5}dx = \ln|x+5|$$

4. परिणाम

$$x-2\ln|x+5|+c$$

46. सही कथन और व्याख्या

A. एफटीपी 2023 डिजिटल अर्थव्यवस्था में सीमा-पार व्यापार को बढ़ावा देती है — सत्य। नीति ई-कॉमर्स तथा डिजिटल प्लेटफॉर्म के माध्यम से निर्यात को प्रोत्साहित करती है।

B. ई-कॉमर्स निर्यात हब (ECEH) के निर्माण पर बल देती है — सत्य। इसका उद्देश्य छोटे व्यवसायों को अंतरराष्ट्रीय बाजार तक पहुँच प्रदान करना है।

C, इराक से और इराक में शस्त्रों और संबंधित सामग्री के निर्यात-आयात का प्रतिबंध — सत्य। यह निर्यात नियंत्रण सूची में उल्लिखित है।

D. सोमालिया से चारकोल के आयात का प्रतिषेध — सत्य। यह भी नियंत्रण सूची का भाग है।

E. लड़ाकू विमान, मिसाइलों और हथियारों के लिए कोरिया जनवादी गणराज्य से व्यापार बढ़ाने का उल्लेख — असत्य। नीति उत्तर कोरिया जैसे प्रतिबंधित देशों के साथ हथियार व्यापार को प्रोत्साहित नहीं करती।

47. सही मिलान :

A. **आयकर → III (22%)**

आयकर व्यक्तियों, हिंदू अविभाजित परिवारों (HUF) तथा कुछ अन्य संस्थाओं की आय पर लगाया जाता है। केंद्रीय बजट 2025-26 के अनुमान के अनुसार, कुल सरकारी प्राप्तियों में आयकर का योगदान लगभग 22% है। यह प्रत्यक्ष करों में सबसे बड़ा स्रोत है और सरकार के कुल राजस्व का एक प्रमुख अंग बनाता है।

B. **सीमा शुल्क → I (4%)**

सीमा शुल्क आयातित एवं कुछ निर्यातित वस्तुओं पर लगाया जाता है। आधुनिक समय में भारत ने व्यापार उदारीकरण किया है, जिससे सीमा शुल्क से प्राप्त राजस्व का हिस्सा तुलनात्मक रूप से कम हो गया है। कुल प्राप्तियों में इसका हिस्सा लगभग 4% आँका गया है।

C. **निगम कर → IV (17%)**

निगम कर कंपनियों के लाभ पर लगाया जाता है। यह प्रत्यक्ष कर का दूसरा बड़ा स्रोत है। केंद्रीय बजट 2025-26 के अनुसार, निगम कर का हिस्सा लगभग 17% है, जो कॉर्पोरेट क्षेत्र की आय से होने वाले राजस्व को दर्शाता है।

D. **केंद्रीय उत्पाद शुल्क → II (5%)**

केंद्रीय उत्पाद शुल्क भारत में उत्पादित चुनिंदा वस्तुओं (मुख्यतः पेट्रोलियम उत्पादों व तंबाकू) पर लगाया जाता है। जीएसटी लागू होने के बाद इसका दायरा घटा है, परन्तु पेट्रोलियम उत्पादों के कारण यह राजस्व का स्रोत बना हुआ है। कुल प्राप्तियों में इसका योगदान लगभग 5% है।

उपरोक्त विस्तृत विश्लेषण के आधार पर सही संयोजन A-III, B-I, C-IV, D-II है।

48. मिलान और विस्तृत व्याख्या :

A. $\int_0^{\infty}\frac{1}{1+x^2}dx \rightarrow$ III. $\pi/2$

यह आर्कटैन्जेन्ट (arctan) फलन का मानक समाकलन है :

$$\int\frac{1}{1+x^2}dx = \arctan x$$

$$\Rightarrow [\arctan x]_0^{\infty} = \lim_{b\to\infty}\arctan b-\arctan 0$$

$$=\frac{\pi}{2}-0=\frac{\pi}{2}$$

B. $\int_1^{\infty}\frac{1}{\sqrt{x}}dx \rightarrow$ I. विद्यमान नहीं है

$$\int x^{-1/2}dx = 2\sqrt{x}$$

$$\Rightarrow \left[2\sqrt{x}\right]_1^{\infty} = \lim_{b\to\infty} 2\sqrt{b} - 2 = \infty$$

C. $\int_{-\infty}^{-1} \frac{1}{x^4} dx \rightarrow$ II. 1/3

$$\int x^{-4} dx = -\frac{1}{3}x^{-3}$$

$$\Rightarrow \left[-\frac{1}{3}x^{-3}\right]_{-\infty}^{-1} = -\frac{1}{3}(-1)^{-3} - \lim_{a\to-\infty}\left(-\frac{1}{3}a^{-3}\right)$$

$$= \frac{1}{3} - 0 = \frac{1}{3}$$

D. $\int_{-\infty}^{+\infty} \frac{1}{1+x^2} dx \rightarrow$ IV. π

$$[\arctan x]_{-\infty}^{+\infty} = \lim_{b\to\infty} \arctan b - \lim_{a\to\infty} \arctan a$$

$$= \frac{\pi}{2} - \left(-\frac{\pi}{2}\right) = \pi$$

अतः सही मिलान A-III, B-I, C-II, D-IV है।

49. हीनतम किन्तु गिफिन नहीं

- गिफिन वस्तु तब होती है जब आय प्रभाव और प्रतिस्थापन प्रभाव विपरीत दिशा में हों और आय प्रभाव का परिमाण प्रतिस्थापन प्रभाव से बड़ा हो—इससे माँग वक्र धनात्मक ढलान का हो जाता है।
- यहाँ प्रतिस्थापन प्रभाव का प्रभुत्व है (अर्थात् यह बड़ा है), भले ही आय प्रभाव विपरीत दिशा में है – वस्तु की कीमत घटने पर माँग बढ़ती है, लेकिन वस्तु हीनतम (Inferior) बनी रहती है।

इसलिए उत्तर : हीनतम किन्तु गिफिन नहीं।

50. विस्तृत/चरण-दर-चरण जाँच :

A. **मुख्य प्रतिपादक आर. ई. लुकास जूनियर – सत्य**

नई शास्त्रीय (New Classical) मैक्रो की नींव लुकास, सार्जेंट, वॉलेस, प्रिस्कॉट आदि ने रखी लुकास को इसके प्रमुख स्थापकों में गिना जाता है।

B. **''अनुकूली प्रत्याशा'' पर आधारित – असत्य**

नई शास्त्रीय दृष्टिकोण का केंद्रीय स्तंभ तर्कसंगत प्रत्याशाएँ (Rational Expectations) है; पर यह ''पूर्ण/सम्पूर्ण जानकारी'' का अनुमान आवश्यक रूप से नहीं लगाता। उदाहरणतः, गलत-अनुमान/सूचना-विसंगति (misperceptions) वाले मॉडल भी इसी परंपरा में आते हैं। इसलिए ''अनुकूली प्रत्याशा'' पर आधारित कहना सटीक नहीं अतः यह कथन सही निरूपण नहीं है।

C. **1950 के दशक में विकसित – असत्य**

यह परंपरा 1970 के दशक में उभरी और 1980 के दशक में पुख्ता हुई; 1950 का उल्लेख अनुपयुक्त है।

D. **पूर्ण मजदूरी व मूल्य लोचशीलता (market clearing) – सत्य**

नई शास्त्रीय विश्लेषण सतत बाज़ार-संतुलन मानता है; कीमतें/मजदूरी लचीली मानी जाती हैं, इसलिए संसाधन-बाज़ार क्लीयर होते हैं।

E. **वास्तविक व प्रत्याशित मूल्य का अंतर यादृच्छिक त्रुटि – सत्य**

तर्कसंगत प्रत्याशाओं में पूर्वानुमान-त्रुटि अपूर्वानुमेय/रैंडम (शून्य-औसत) होती है; व्यवस्थित, दोहराई जा सकने वाली गलती की अनुमति नहीं।

सत्य कथन A, D, E हैं।

51. मिलान व व्याख्या :

A. **विलोम "U" परिकल्पना → III (साइमन कुजनेट्स)** – आय असमानता और आर्थिक वृद्धि के संबंध में कुजनेट्स की परिकल्पना।

B. **संधारणीय विकास → IV (ग्रो हारलेन ब्रंटलैंड)** – ब्रंटलैंड रिपोर्ट ने स्थायी विकास की परिभाषा दी।

C. **पारिस्थितिकी अर्थशास्त्र → I (हर्मन डेली)** – डेली इस क्षेत्र के प्रमुख प्रतिपादक हैं।

D. **सर्वसामान्य की त्रासदी → II (गारेट्ट हार्डिन)** – सार्वजनिक संसाधनों के अतिप्रयोग का सिद्धांत।

52. क्रम का विस्तृत तर्क (2023-24 के आंकड़े, जीडीपी के प्रतिशत के रूप में)

D. **चालू खाते का घाटा (Current Account Deficit)** – सबसे कम प्रतिशत।

B. **प्रभावी राजस्व घाटा (Effective Revenue Deficit)** – चालू खाते से ऊपर, पर अन्य घाटों से कम।

C. **प्राथमिक घाटा (Primary Deficit)** – इससे ऊपर।

E. **राजस्व घाटा (Revenue Deficit)** – प्राथमिक घाटे से अधिक।

A. **राजकोषीय घाटा (Fiscal Deficit)** — सबसे बड़ा प्रतिशत।

अतः आरोही क्रम : D → B → C → E → A.

53. चरण-दर-चरण समाधान

पॉइसॉन वितरण का प्रायिकता फलन :

$$P(x) = \frac{e^{-\lambda}\lambda^{x}}{x!},\ x = 0, 1, 2, ...$$

हमें ज्ञात करना है :

$$P(x + 1) = ?$$

चरण 1: के लिए फलन लिखें

$$P(x+1) = \frac{e^{-\lambda}\lambda^{x+1}}{(x+1)!}$$

चरण 2: से अनुपात लें

$$P(x) = \frac{e^{-\lambda}\lambda^{x}}{x!}$$

अब

$$\frac{P(x+1)}{P(x)} = \frac{\frac{e^{-\lambda}\lambda^{x+1}}{(x+1)!}}{\frac{e^{-\lambda}\lambda^{x}}{x!}}$$

$$= \frac{\lambda^{x+1}}{\lambda^{x}} \cdot \frac{x!}{(x+1)!}$$

$$= \lambda \frac{1}{x+1}$$

चरण 3: P(x + 1) को P(x) के रूप में लिखें

$$P(x+1) = \frac{\lambda}{x+1} P(x)$$

54. धीमी समायोजन (sticky wages/prices) में जब नीति कड़ाई (disinflation) की जाती है, तो नामधारी वेतन-कीमतें तेज़ी से नीचे नहीं आतीं। वास्तविक मजदूरी/वास्तविक कीमतें बढ़ जाती हैं, माँग घटती है, उत्पादन-रोजगार अधिक गिरते हैं यही "त्याग अनुपात" (sacrifice ratio) को बड़ा बनाता है। तर्कसंगत/विश्वसनीय अपेक्षाएँ सामान्यतः लागत घटाती हैं; क्रमिक/धीमी नीति अक्सर मंदी को खींचकर कुल उत्पादन-हानि बढ़ा सकती है, पर प्रत्यक्ष रूप से सबसे स्पष्ट कारण धीमा प्रत्युत्तर ही है।

55. विकल्पों की जांच :

A. ऋणयोग्य निधि हेतु मांग दायीं शिफ्ट — सरकारी घाटा वित्त के लिए उधारी बढ़ती है — **सत्य**।

B. ब्याज दर में कमी — मांग बढ़ने से संतुलन ब्याज दर बढ़ती है — **असत्य**।

C. निवेश में वृद्धि — उच्च ब्याज दर से निजी निवेश घटता है (crowding out) — **असत्य**।

D. बचत में वृद्धि = उपभोग में कमी — उच्च r से निजी बचत बढ़ती/उपभोग घटता है — **सत्य**।

E. निवेश व उपभोग में कमी, जो G की वृद्धि की भरपाई करती है — पूर्ण-रोजगार उत्पादन मान्यता में, G↑ का प्रभाव C↓ और I↓ से ऑफसेट होता है — **सत्य**।

अतः केवल A, D और E सत्य है।

56. अप्रत्यक्ष न्यूनतम वर्ग (Indirect Least Squares- ILS) एक ऐसी तकनीक है जो समकालिक समीकरण प्रणालियों में तब उपयोग की जाती है जब दाएँ तरफ के चर (explanatory variables) में से कुछ आंतर्जात (endogenous) हों। इस स्थिति में सामान्य न्यूनतम वर्ग (OLS) विधि पक्षपाती (biased) और असंगत (inconsistent) अनुमान देती है।

संरचनात्मक समीकरण क्या हैं

- ये आर्थिक सिद्धांतों पर आधारित मूलभूत समीकरण होते हैं।
- इनमें कई आंतर्जात और बाह्य (exogenous) चर सम्मिलित होते हैं।
- समकालिक प्रणालियों के भीतर प्रत्येक संरचनात्मक समीकरण अर्थशास्त्रीय संबंधों का प्रत्यक्ष निरूपण है।

ILS की प्रक्रिया

- सबसे पहले अवक्रमित रूप (Reduced Form) समीकरण निकाले जाते हैं, जिनमें केवल बाह्य चर होते हैं।
- इन अवक्रमित समीकरणों पर OLS लागू कर गुणांक प्राप्त किए जाते हैं।
- इन गुणांकों और संरचनात्मक समीकरणों के बीच ज्ञात बीजीय संबंधों का उपयोग कर मूल संरचनात्मक गुणांकों का अनुमान लगाया जाता है।

क्यों अन्य विकल्प सही नहीं

- **अत्यभिज्ञात समीकरण** : यह पहचान की स्थिति है, पर ILS को विशेष रूप से "अत्यभिज्ञात" तक सीमित नहीं किया जाता; इसका उद्देश्य मूल संरचनात्मक समीकरणों के गुणांक निकालना है।

- **अवक्रमित रूप समीकरण** : ये केवल मध्यवर्ती कदम हैं; ILS इनका प्रत्यक्ष अनुमान नहीं लगाता।
- **अल्पाभिज्ञात समीकरण** : यहाँ पहचान असंभव होती है, इसलिए ILS लागू ही नहीं हो सकती।

अप्रत्यक्ष न्यूनतम वर्ग विधि का प्रयोग संरचनात्मक समीकरणों के सहगुणांक का प्राक्कलन करने के लिए किया जाता है। इसलिए सही उत्तर है – 1: संरचनात्मक समीकरण।

57. केवल A, C और E

A. पेरेटो दक्षता का अर्थ है कि कोई भी व्यक्ति किसी अन्य को बदतर किए बिना बेहतर नहीं बनाया जा सकता।

C. प्रतिस्पर्धी बाजार केवल तब दक्ष होते हैं जब बाह्यताओं जैसी बाजार विफलताएँ अनुपस्थित हों।

E. बाह्यताओं को आंतरिक करने वाली पर्यावरणीय नीतियाँ दक्षता में सुधार कर सकती हैं।

58. बाधा $4x - y = 1$

$\Rightarrow$ $y = 4x - 1$ को $U(x) = 6x^2 + y^2$ में रखने पर

$$U = 6x^2 + (4x - 1)^2$$
$$= 22x^2 - 8x + 1$$

$$\frac{dU}{dx} = 44x - 0 = 0$$

$$\Rightarrow x = \frac{2}{11}, y = -\frac{3}{11}$$

$$U = 6\left(\frac{2}{11}\right)^2 + \left(-\frac{3}{11}\right)^2$$
$$= \frac{33}{121}$$
$$= \frac{3}{11}$$

59. बूटस्ट्रैपिंग पुनः-नमूना (resampling) तकनीक है जो नमूना आँकड़ों से बार-बार नमूने लेकर किसी सांख्यिकी का अनुभवजन्य सैंपलिंग वितरण बनाती है।

60. केवल A, B और C

A. सरकारी व्यय में वृद्धि से आय गुणक के गुणनफल के समान बढ़ती है।

B. यह IS वक्र को दाहिनी ओर स्थानांतरित करती है, जिससे दी गई ब्याज दर पर मुद्रा बाजार में असंतुलन पैदा होता है।

C. आय बढ़ने से मुद्रा की माँग अधिक हो जाती है।

61. चरण-दर-चरण समाधान

हमें मूल्यांकन करना है :

$$I = \int_1^2 e^{-2x} dx$$

चरण 1: प्रतिलोम निकालें

$$\int e^{-2x} dx = \frac{e^{-2x}}{-2} = \frac{1}{2} e^{-2x}$$

चरण 2: सीमाएँ लगाएँ

$$I = \left[\frac{1}{2} e^{-2x} \right]_1^2$$

$$= -\frac{1}{2}e^{-4} - \left(-\frac{1}{2}e^{-2}\right)$$

$$= -\frac{1}{2}e^{-4} + \frac{1}{2}e^{-2}$$

चरण 3: सरलीकरण

$$I = \frac{1}{2}(e^{-2} - e^{-4})$$

62. कालक्रम (पुराने → नए) का ठोस तर्क

D. केनेडी चक्र (1964–1967)

- GATT के अंतर्गत बड़े पैमाने पर औद्योगिक टैरिफ कटौती का दौर।
- आधुनिक बहुपक्षीय वार्ता-परंपरा की अहम शुरुआत।

E. टोकियो चक्र (1973–1979)

- केवल टैरिफ ही नहीं, बल्कि गैर-शुल्क बाधाएँ (NTBs) और "कोड्स" पर भी समझौते।
- नियम-आधारित व्यापार शासन की ओर महत्वपूर्ण कदम।

C. उरुग्वे चक्र (1986–1994)

- कृषि, सेवाएँ (GATS), बौद्धिक संपदा (TRIPS) सहित व्यापक एजेंडा।
- परिणामस्वरूप WTO की स्थापना (1995)।

A. **व्यापार बातचीत का सहस्राब्दि (मिलेनियम) चक्र (1999)**

- नए दौर की शुरुआत का प्रयास (सीएटल बैठक); सम्मति न बनने से औपचारिक रूप नहीं ले सका, फिर भी कालक्रम में उरुग्वे के बाद आता है।

B. **दोहा चक्र** (2001-)

- विकास-केन्द्रित एजेंडा; बाजार पहुँच, कृषि सुधार, नियमों के अद्यतन आदि पर वार्ता।

क्यों यही क्रम सही है?

- 1960s (केनेडी) → 1970s (टोकियो) → 1980s–90s (उरुग्वे) → 1999 (मिलेनियम प्रयास) → 2001 (दोहा)।
- अन्य विकल्पों में कहीं न कहीं दोहा और मिलेनियम की आपसी स्थिति उलट दी गई है या दोहा को उरुग्वे से पहले रख दिया गया है, जो कालक्रम के विपरीत है।

63. विकल्पों की जांच :

A. **संकेत प्रेषण :** उच्च-गुणवत्ता वाले विक्रेता गारंटी, ब्रांडिंग या वारंटी से संकेत देकर सूचना-असमता को कम कर सकते हैं–सत्य।

B. **लेमन सिद्धांत :** जॉर्ज एकरलॉफ के अनुसार, जब विक्रेता को अधिक जानकारी होती है, तो खराब उत्पाद (lemons) अच्छे उत्पादों को बाजार से बाहर कर सकते हैं–सत्य।

C. **दक्षतम मजदूरी सिद्धांत का कथन :** दक्षतम मजदूरी सिद्धांत कहता है कि प्रतिस्पर्धी मजदूरी से ऊँची मजदूरी देने से कार्यचोरी कम होती है, न कि कम मजदूरी–असत्य।

D. **प्रतिकूल चयन :** बीमा बाजार में खरीदारों व विक्रेताओं के बीच सूचना असमानता से प्रतिकूल चयन होता है–सत्य।

E. **प्रमुख-एजेंट समस्या :** मालिक प्रोत्साहन आधारित अनुबंध डिजाइन कर एजेंटों को बेहतर प्रदर्शन के लिए प्रेरित कर सकते हैं–सत्य।

अतः सही विकल्प A, B, D, E हैं।

64. विकल्पों की जांच :

B. **नीति परिवर्तन अनुमानित नहीं होते हैं — नहीं (NOT an assumption):** नीति-अप्रभाविकता का दावा कहता है कि सिस्टेमैटिक/पूर्वानुमेय मौद्रिक नीति वास्तविक चर (उत्पादन/रोजगार) को नहीं बदलती। अतः "नीति परिवर्तन अनुमानित नहीं होते"—यह आवश्यक पूर्वधारणा नहीं है।

D. **नामिक चर आर्थिक निर्णय प्रभावित करते हैं — नहीं:** नई-शास्त्रीय ढाँचे में बाजार-सफाई व वास्तविकता पर आधारित निर्णय माने जाते हैं; नामिक चर स्वयं निर्णयों का आधार नहीं होते (सिर्फ अप्रत्याशित कीमत-आश्चर्य के माध्यम से अस्थायी प्रभाव हो सकता है)।

A. **तर्कसंगत प्रत्याशा — हाँ :** एजेंट नीति-नियमों सहित उपलब्ध सूचना से रैशनल एक्सपेक्टेशन्स बनाते हैं।

C. **पूर्ण सूचना — आमतौर पर संगत/स्वीकृत :** नीति-नियम की जानकारी व बाजार-सफाई मान्य; पहचान-आधारित सूक्ष्म-असम्पूर्ण सूचना की आवश्यकता नहीं।

E. **उत्पादन/रोजगार प्राकृतिक स्तर पर — हाँ :** दीर्घ/अपेक्षित स्थिति में वास्तविक चर प्राकृतिक स्तरों पर होते हैं।

अतः केवल B और D.

65. विकल्पों की जांच :

A. **सत्य :** वेगनर का नियम धनात्मक (positive) सिद्धांत के रूप में यह बताता है कि वास्तविक दुनिया में सार्वजनिक व्यय आय के साथ कैसे बदलता है; यह मानक (normative) कथन नहीं है।

B. **सत्य :** औद्योगिकीकरण/आय-वृद्धि के साथ सार्वजनिक क्षेत्र का हिस्सा बढ़ता है (आउटपुट/आय के अनुपात में)।

C. **सत्य :** वृद्धि अनुपाती से अधिक मानी जांती है (income elasticity of public expenditure > 1)।

D. **असत्य :** युद्ध के प्रभाव से संबंधित सिद्धांत पिकॉक-वाइजमैन का "डिस्प्लेसमेंट/रैचेट" है, वेगनर का नहीं।

E. **असत्य :** "सोपानी/रैचेट रूप में बढ़त" भी पिकॉक-वाइजमैन का निष्कर्ष है, वेगनर के नियम का नहीं।

अतः केवल D और E.

66. कथनों का विस्तृत विश्लेषण :

A. **सामान्य वितरण के लिए $\mu_3 = 0$ — सत्य**

- μ_3 तीसरा केंद्रीय आघूर्ण है, जो विषमता (Skewness) को दर्शाता है।
- सामान्य वितरण पूरी तरह से सममित (Symmetric) होता है, जिसका अर्थ है कि यह किसी भी दिशा में झुका हुआ नहीं होता।

इसलिए, सामान्य वितरण के लिए $\mu_3 = 0$ होता है।

B. **सामान्य वितरण के लिए $\beta_2 = 0$ — असत्य**

- β_2 कुर्तोसिस (Kurtosis) का माप है, जिसका मान नुकीलेपन या चपटेपन को दिखाता है।

- सामान्य वितरण के लिए सही मान $\beta_2 = 3$ होता है।
- $\beta_2 > 3$ होने पर वितरण लेप्टोकुर्टिक और $\beta_2 < 3$ होने पर प्लैटीकुर्टिक कहलाता है।
- अतः दिया गया मान 0 होना गलत है।

C. **सामान्य वितरण का माध्य विचलन (लगभग) — सत्य**

- माध्य विचलन (Mean Deviation) का मान सामान्य वितरण के लिए :

$$MD \approx 0.7979\sigma \approx \frac{4}{5}\sigma$$

- $\frac{4}{5} = 0.8$ है, जो 0.7979 के बहुत निकट है,

इसलिए यह एक सटीक सन्निकटन माना जाता है।

D. **सामान्य वितरण के लिए $\mu_4 = 2\sigma^4$ — असत्य**

- μ_4 चौथा केंद्रीय आघूर्ण (Fourth Central Moment) है।
- सामान्य वितरण के लिए सही मान $\mu_4 = 3\sigma^4$ होता है, न कि $2\sigma^4$।

E. **सामान्य वितरण का अभिलाक्षणिक फलन — सत्य**

- सामान्य वितरण $N(\mu, \sigma^2)$ के लिए Characteristic Function है :

$$\phi(t) = e^{i\mu t - \frac{1}{2}\sigma^2 t^2}$$

- जहाँ i काल्पनिक इकाई है।
- यह दिया गया रूप सही है।

अतः सत्य कथन A, C और E हैं।

67. Euler का प्रमेय, डिग्री 1 समजात फलन :

यदि उत्पादन फलन $Q = f(K, L)$ डिग्री 1 (constant returns to scale) का समजात (homogeneous) है, तो Euler के प्रमेय के अनुसार

$$rf(K, L) = \left(\frac{\partial f}{\partial K}\right)K + \left(\frac{\partial f}{\partial L}\right)L$$

जहाँ r समजातता की डिग्री है। डिग्री $r = 1$ होने पर

$$f(K, L) = \left(\frac{\partial f}{\partial K}\right)K + \left(\frac{\partial f}{\partial L}\right)L$$

अर्थात्

$$Q = MPK \cdot K + MPL \cdot L$$

जो विकल्प 2 में दिया गया है। अन्य विकल्पों में या तो K, L से गुणा नहीं है या गलत असमता/मान है, इसलिए वे Euler के प्रमेय को संतुष्ट नहीं करते।

68. विकल्पों की जांच :

A. **प्रत्येक वस्तु पर प्रति-रुपया सीमांत उपयोगिता समान होती है–सत्य**

उपभोक्ता तब इष्टतम स्थिति प्राप्त करता है जब अपने सीमित बजट को इस प्रकार खर्च करता है कि प्रत्येक वस्तु पर खर्च की गई अंतिम इकाई का सीमांत उपयोगिता प्रति रुपया समान हो। इसका अर्थ है :

$$\frac{MU_x}{P_x} = \frac{MU_y}{P_y} = \dots = \lambda$$

इससे बजट में किसी भी पुनःवितरण से अतिरिक्त संतुष्टि प्राप्त नहीं होगी।

B. **वस्तुओं के बीच प्रतिस्थापन की सीमांत दर (MRS) मूल्य अनुपात के बराबर होती है–सत्य**

प्रतिस्थापन की सीमांत दर (MRS) दो वस्तुओं के बीच उपभोक्ता की अदला-बदली की इच्छा दर्शाती है। इष्टतम बिंदु पर :

$$MRS_{xy} = \frac{MU_x}{MU_y} = \frac{P_x}{P_y}$$

यदि यह संतुलन न हो, तो उपभोक्ता अपनी खपत का अनुपात बदलकर अधिक उपयोगिता प्राप्त कर सकता है।

C. **उपभोक्ता अपने बजट प्रतिबंध के भीतर उच्चतम उपलब्ध अनधिमान वक्र तक पहुँचता है–सत्य**

इष्टतम खपत बिंदु वह है जहाँ उपभोक्ता अपने बजट सेट के भीतर सबसे ऊँचे स्तर की संतुष्टि प्राप्त करता है। इसका अर्थ है कि उपभोक्ता अपने बजट के अनुरूप अधिकतम उपयोगिता वाले बिंदु को चुनता है।

D. **उपभोक्ता की अनधिमान वक्र उसकी बजट रेखा से स्पर्शक होती है (असत्य आंशिक)**

यह शर्त केवल आंतरिक समाधान के लिए सही है। यदि कोना समाधान हो, तो यह शर्त लागू नहीं होती। इसलिए इसे सभी मामलों के लिए सार्विक परिणाम नहीं माना जा सकता।

E. उपयोगिता दृष्टिकोण से उपभोक्ता अपनी बजट रेखा के किसी भी दो बिंदुओं के बीच उदासीन होता है–असत्य

बजट रेखा पर विभिन्न बिंदु अलग-अलग अनधिमान वक्रों से संबंधित होते हैं। उपभोक्ता सभी बिंदुओं के प्रति उदासीन नहीं होगा; वह उस बिंदु को चुनता है जहाँ उच्चतम अनधिमान वक्र संभव है।

69. क्रम पुराने से नए :

E. **रियो सम्मेलन (1992) :** यह पृथ्वी शिखर सम्मेलन था, जिसमें जैव विविधता, जलवायु परिवर्तन और वनों पर प्रमुख अंतर्राष्ट्रीय समझौते हुए।

A. **क्योटो प्रोटोकॉल (1997) :** यह जलवायु परिवर्तन पर कानूनी रूप से बाध्यकारी उत्सर्जन कटौती लक्ष्य तय करने वाला पहला वैश्विक समझौता था।

C. **स्टॉकहोम सम्मेलन/प्रोटोकॉल (2001) :** यह स्थायी जैविक प्रदूषकों (POPs) को नियंत्रित करने पर केंद्रित था।

D. **यूएन-REDD (2008) :** यह विकासशील देशों में वनों की कटाई और वन क्षरण से उत्सर्जन कम करने के लिए शुरू किया गया संयुक्त राष्ट्र कार्यक्रम था।

B. **मिनामाता सम्मेलन (2013) :** पारे (Mercury) से प्रदूषण को रोकने के लिए यह समझौता हुआ।

अतः क्रम E, A, C, D, B है।

70. विकल्पों की जांच :

- **गैर-अपवर्जनीय (Non-Excludable):** भीड़भरे शहरी फुटपाथ का उपयोग करने से किसी भी व्यक्ति को आसानी से रोका नहीं जा सकता। इसके लिए गेट लगाना या प्रवेश शुल्क वसूलना न तो व्यावहारिक है न ही किफायती। इसलिए यह संसाधन गैर-अपवर्जनीय है।
- **प्रतिस्पर्धी (Rivalrous/Congestible):** जब अधिक लोग फुटपाथ पर चलते हैं, तो भीड़ बढ़ती है, जिससे अन्य व्यक्तियों की गति और आराम प्रभावित होते हैं। इस प्रकार हर अतिरिक्त उपयोगकर्ता अन्य उपयोगकर्ताओं के अनुभव को कम करता है।
- **सार्वजनिक वस्तुएँ (Public Goods):** गैर-अपवर्जनीय और गैर-प्रतिस्पर्धी होती हैं, जबकि भीड़भरा फुटपाथ प्रतिस्पर्धी है। इसलिए इसे सामान्य-संपत्ति संसाधन (Common Resource) भी कहा जा सकता है।

अतः यह वस्तु गैर-अपवर्जनीय लेकिन प्रतिस्पर्धी है → विकल्प 3।

71. इष्टतमीकरण (MRS = मूल्य अनुपात + बजट बाधा):

उपयोगिता : $U = (x + 2)(y + 1)$

$$\Rightarrow MU_x = \frac{\partial U}{\partial x} = y+1, MU_y = \frac{\partial U}{\partial y} = x+2$$

MRS: $\frac{MU_x}{MU_y} = \frac{y+1}{x+2}$

मूल्य अनुपात : $\frac{P_x}{P_y} = \frac{4}{6} = \frac{2}{3}$

प्रथम-आदेश शर्त (आंतरिक समाधान) :

$$\frac{y+1}{x+2} = \frac{2}{3}$$

$\Rightarrow 3(y + 1) = 2(x + 2)$

$\Rightarrow 3y = 2x + 1$

$\Rightarrow y = \frac{2x+1}{3}$

बजट बाधा : $4x + 6y = 130$ ऊपर का y रखकर :

$$4x + 6\left(\frac{2x+1}{3}\right) = 130$$

$\Rightarrow 4x + 2(2x + 1) = 130$

$\Rightarrow 8x + 2 = 130$

$\Rightarrow x = 16$

फिर $y = \frac{2(16)+1}{3} = 11$

अतः इष्टतम खपत : $x^* = 16$, $y^* = 11$

72. निम्न डर्बिन-वाटसन d मान और उच्च R^2 (यानी $R^2 > d$) कारण :

- समय-शृंखला में असंबद्ध/अस्थिर (non-stationary) रुझानों के कारण spurious regression में अक्सर R^2 बहुत ऊँचा आता है, जबकि अवशेषों में मजबूत धनात्मक आत्म सहसंबंध होता है ⇒ DW d बहुत छोटा।
- व्यवहारिक नियम : यदि R^2 बड़ा हो और d इतना कम कि $R^2 > d$, तो प्रतिगमन अप्रमाणिक/स्प्यूरियस होने का संदेह करें।

73. प्रभावी संरक्षण दर (Effective Rate of Protection—ERP) का विस्तृत विश्लेषण

प्रभावी संरक्षण दर (ERP) उस प्रतिशत वृद्धि को मापती है, जो किसी देश के किसी विशेष उद्योग में घरेलू मूल्य

वर्धन (Domestic Value Added) को मुक्त व्यापार (Free Trade) की तुलना में टैरिफ संरचना द्वारा प्राप्त होती है। यह केवल अंतिम वस्तु पर नाममात्र टैरिफ को नहीं, बल्कि उत्पादन प्रक्रिया में प्रयुक्त आयातित इनपुट पर लगाए गए टैरिफ को भी ध्यान में रखती है।

सूत्र का व्युत्पन्न (Derivation)

मान लें :

- t = अंतिम वस्तु पर नाममात्र टैरिफ दर
- t_i = आयातित आगत (Intermediate Input) पर नाममात्र टैरिफ दर
- a_i = मुक्त व्यापार की स्थिति में अंतिम वस्तु के मूल्य में आयातित आगत की लागत का अनुपात

मुक्त व्यापार के अंतर्गत मूल्य वर्धन (Value Added) = $1 - a_i$

टैरिफ के बाद मूल्य वर्धन = $(1 + t) - a_i(1 + t_i)$

ERP =

$$g = \frac{(1+t) - a_i(1+t_i) - (1-a_i)}{1-a_i}$$

सरलीकरण :

$$= \frac{1+t-a_i-a_it_i-1+a_i}{1-a_i} = \frac{t-a_it_i}{1-a_i}$$

अर्थ और व्याख्या

- यदि इनपुट पर टैरिफ (t_i) कम है और अंतिम वस्तु पर टैरिफ (t) अधिक, तो ERP नाममात्र टैरिफ से अधिक होगा।
- यदि इनपुट पर टैरिफ बहुत अधिक है, तो ERP घट सकता है, भले ही अंतिम वस्तु पर नाममात्र टैरिफ बड़ा हो।
- यह उद्योग के वास्तविक संरक्षण स्तर को बेहतर ढंग से मापता है, जबकि केवल नाममात्र टैरिफ दर ऐसा नहीं कर सकती।

अंतिम उत्तर : $g = \dfrac{t-a_it_i}{1-a_i}$

74. विकल्पों का मिलान :

A. **आय दूरी → 45% (III):** आय दूरी जितनी अधिक, उतनी ही अधिक क्षैतिज अंतरण—इस मानदंड का सबसे बड़ा भार।

B. **जनसंख्या (2011) → 15% (I):** नवीन जनगणना-आधारित जनसंख्या को मध्यम भार।

C. **जनसांख्यिकीय प्रदर्शन → 12.5% (II):** बेहतर जनांकिकीय परिणाम वाले राज्यों को प्रोत्साहन।

D. **वन व पारिस्थितिकी → 10% (IV):** हरित-क्षेत्र की रक्षा हेतु समर्पित भार।

अतः सही मिलान A-III, B-I, C-II, D-IV है।

75. विकल्पों का मिलान :

A. **विशिष्ट कारक मॉडल → IV (पॉल सैमुअल्सन और रोनाल्ड जोन्स)** : जिसे Ricardo–Viner/Specific-Factors मॉडल कहा जाता है।

B. **संतापकारी संवृद्धि → III (जगदीश भगवती)** : वृद्धि के बावजूद शर्तों के बिगड़ने से कल्याण घटने की परिकल्पना।

C. **व्यापारवादी सिद्धांत → II (थॉमस मून)** : निर्यात-प्रोत्साहन/सोने-संचय केंद्रित विचार।

D. **व्यापार शर्तों का 'निरपेक्ष शरण' (दीर्घकालिक अधःपतन) → I (प्रेबिश-सिंगर परिकल्पना)** : विकासशील देशों के ToT में दीर्घावधि गिरावट।

अतः सही मिलान A-IV, B-III, C-II, D-I है।

76. $k(t) = 9t^{4/3} + 25$

दिया है : निवेश दर $I(t) = 12t^{1/3}$ और पूँजी का गतिक समीकरण बिना अपक्षय के $k'(t) = I(t)$

समाकलन :

$$k(t) = \int 12t^{1/3}\,dt = 12 \cdot \frac{t^{4/3}}{4/3} = 9t^{4/3} + C$$

प्रारंभिक शर्त $k(0) = 25 \Rightarrow C = 25$

अतः पूँजी स्टॉक का समय पथ : $k(t) = 9t^{4/3} + 25$.

77. कालक्रम (पुराने → नए) :

A. **आर्थर लेविस** : "थ्योरी ऑफ इकॉनोमिक ग्रोथ" (1955)

B. **रॉबर्ट सोलोव** : "ए कॉन्ट्रिब्यूशन टू दि थ्योरी ऑफ इकोनॉमिक ग्रोथ" (1956)

E. **अल्बर्ट हिर्शमैन** : "स्ट्रैटेजी ऑफ इकोनॉमिक डेवलपमेंट" (1958)

C. **वाल्ट रोस्तोव :** "दि स्टेजेज ऑफ इकॉनोमिक ग्रोथ : ए नॉन कम्यूनिस्ट मैनिफेस्टो" (1960)

D. **गुन्नार मिरडल :** "एशियन ड्रामा : एन इन्क्वायरी इनटू दि पॉवर्टी ऑफ नेशंस" (1968)

अतः कालक्रम A, B, E, C, D है।

78. कथनों की जाँच :

1. **दोहरा बोझ :** शास्त्रीय दृष्टि में ब्याज व मूलधन चुकाने को लेकर करदाताओं पर भार पड़ता है → सत्य (शास्त्रीय मत)।
2. **AD को प्रोत्साहित करने हेतु ऋण-वित्त पोषण का समर्थन :** मांग-प्रबंधन के लिए सक्रिय राजकोषीय नीति का अनुमोदन शास्त्रीय नहीं, यह कीन्सीय रुख है → असत्य।
3. **बोझ भविष्य पर और निष्फल/बंजर उपभोग :** निजी पूँजी के विस्थापन व अंतर-पीढ़ी बोझ की धारणा → सत्य (शास्त्रीय मत)।
4. **निजी पूँजी का विनाशी/विस्थापन :** बचत का सरकारी उधारी की ओर मोड़ना, उत्पादक निवेश का संकुचन → सत्य (शास्त्रीय मत)।

अतः जो कथन शास्त्रीय दृष्टिकोण के अनुरूप नहीं है, वह (2) है।

79. शास्त्रीय अर्थशास्त्र में मुद्रा आपूर्ति वृद्धि का प्रभाव

1. शास्त्रीय मॉडल की प्रमुख धारणाएँ

- **दीर्घावधि दृष्टिकोण :** शास्त्रीय सिद्धांत दीर्घकाल पर केंद्रित है, जहाँ मूल्य और मजदूरी पूरी तरह लचीले (Fully Flexible) होते हैं।
- **से का नियम (Say's Law):** "आपूर्ति अपनी मांग का सृजन करती है" — अर्थव्यवस्था में संसाधनों का पूर्ण रोजगार हमेशा सुनिश्चित है।
- **मात्रा सिद्धांत (Quantity Theory of Money):** मुद्रा की मात्रा और मूल्य स्तर के बीच सीधा व आनुपातिक संबंध होता है।
- **पूर्ण रोजगार :** उत्पादन (Real Output) का स्तर प्राकृतिक स्तर Y_f पर स्थिर है, क्योंकि सभी संसाधन पहले से ही पूर्ण रूप से प्रयुक्त हैं।

2. मुद्रा आपूर्ति बढ़ने पर प्रक्रिया

- मुद्रा आपूर्ति M बढ़ने से लोगों के पास अधिक नकदी संतुलन उपलब्ध होता है।
- उपभोक्ता और निवेशक अधिक खर्च करने लगते हैं, जिससे वस्तुओं और सेवाओं की समग्र मांग (Aggregate Demand) बढ़ती है।
- ग्राफ पर इसका अर्थ है कि AD वक्र दायीं ओर शिफ्ट होता है।

3. आपूर्ति वक्र पर प्रभाव

- चूँकि सकल आपूर्ति वक्र (AS) शास्त्रीय मॉडल में लंबवत है (पूर्ण रोजगार उत्पादन स्तर पर), उत्पादन (Output) नहीं बढ़ता।
- बढ़ी हुई मांग केवल कीमत स्तर (Price Level) को ऊपर ले जाती है।

4. परिणाम

- AD वक्र का दायीं ओर स्थानांतरण।
- मूल्य स्तर में वृद्धि (मुद्रास्फीति)।
- उत्पादन में कोई वास्तविक वृद्धि नहीं — यह प्राकृतिक स्तर पर स्थिर रहता है।

अतः सकल मांग वक्र का दायीं ओर हस्तांतरण होगा।

80. विकल्पों की जांच :

A. **उत्पाद के लिए तेजी से बढ़ता बाजार–सत्य :** टेक-ऑफ के लिए अग्रणी क्षेत्र को अपने उत्पादन के लिए तीव्र गति से बढ़ती मांग चाहिए।

B. **द्वितीयक विस्तार का सृजन–सत्य :** अग्रणी सेक्टर का विकास अन्य क्षेत्रों में पूंजी निवेश, रोजगार और तकनीकी विस्तार को प्रोत्साहित करता है।

C. **संचित लाभों से पूंजी की पर्याप्त व सतत आपूर्ति–सत्य :** पूंजी प्रवाह स्थिर होना चाहिए ताकि विकास की गति बनी रहे।

D. **नवीन तकनीकों की शुरुआत–सत्य :** उत्पादकता को बढ़ाने के लिए नई तकनीकें लागू होनी चाहिए।

E. **औद्योगिक संरचना में संरचनात्मक परिवर्तन–असत्य :** यह दीर्घकालीन विकास के लिए सही है, परंतु टेक-ऑफ चरण की विशेष शर्त नहीं।

अतः केवल A, B, C और D.

81. निवेश बहुगुणक, $k = \frac{1}{MPS} = 4$

MPS = 0.25 बचत फलन का ढाल MPS होता है।

चार विकल्पों में केवल $S = -12 + 0.25\ Y_D$ का ढाल 0.25 है। नकारात्मक अवरोध (−12) निवेश के बिना बचत प्रवृत्ति को दर्शाता है।

82. पुराने → नए : क्रम के पीछे ठोस तर्क

D. **के. ब्रह्मानंद रेड्डी :** 6वां वित्त आयोग; 1972 में नियुक्ति/गठन (संदर्भ अवधि 1974–79)। 1970 के दशक की नियुक्ति।

C. **एन.के.पी. साल्वे :** 9वां वित्त आयोग; 1987 में गठन/नियुक्ति। 1980 के दशक के उत्तरार्ध का दौर।

E. **के.सी. पंत :** 10वां वित्त आयोग; 1992 में गठन/नियुक्ति। 1990 के दशक की शुरुआत।

A. **ए.एम. खुसरो :** 11वां वित्त आयोग; 1998 में गठन/नियुक्ति। 1990 के दशक के उत्तरार्ध।

B. **सी. रंगराजन :** 12वां वित्त आयोग; 2002 में गठन/नियुक्ति। 2000 के दशक की शुरुआत।

अतः कालक्रम (पुराने से नए) D, C, E, A, B है।

83. विकल्पों की जांच :

1. **किसी कर का प्रभाव आय एवं प्रतिस्थापन प्रभाव में विघटित किया जा सकता है (सत्य)**
   - ❑ उपभोक्ता सिद्धांत में, किसी कर का प्रभाव दो भागों में विभाजित किया जा सकता है :

     आय प्रभाव : कर के कारण वास्तविक आय में परिवर्तन।

     प्रतिस्थापन प्रभाव : सापेक्षिक मूल्यों में परिवर्तन के कारण खपत पैटर्न का बदलाव।
2. **एकमुश्त कर के साथ प्रतिस्थापन प्रभाव संबद्ध होता है, किन्तु आय प्रभाव नहीं (असत्य)**
   - ❑ एकमुश्त कर (Lump-Sum Tax) सापेक्षिक मूल्य अनुपात को नहीं बदलता।
   - ❑ इसका केवल आय प्रभाव होता है, प्रतिस्थापन प्रभाव नहीं।
   - ❑ कथन उल्टा कहा गया है, इसलिए यह सत्य नहीं।
3. **प्रतिस्थापन प्रभाव जितना बड़ा होगा, मृतभार हानि (Deadweight Loss) उतनी ही बड़ी होगी (सत्य)**
   - ❑ कर लगाने से उपभोक्ता महंगे विकल्पों से सस्ते विकल्पों की ओर स्थानांतरित होते हैं।
   - ❑ प्रतिस्थापन प्रभाव अधिक ⇒ संसाधनों का अधिक विकृत प्रयोग ⇒ Deadweight Loss अधिक।
4. **कर लगाने से उत्पादकों द्वारा प्राप्त मूल्य घटता है, जिससे मृतभार हानि संबद्ध होती है (सत्य)**
   - ❑ कर लगाने से बाजार मूल्य घटता है, उत्पादन व उपभोग में कमी होती है।
   - ❑ उत्पादक का राजस्व घटता है और समाज को दक्षता हानि होती है।

अतः विकल्प 2 सत्य नहीं है।

84. कर सुधार समितियों का विस्तृत कालक्रमिक विश्लेषण (पुराने → नवीनतम)

A. **राजा चौलैय्या कर सुधार समिति (1991)**

- **उद्देश्य :** भारत की प्रत्यक्ष कर प्रणाली में सुधार।
- **मुख्य सिफारिशें :**
  - ❑ आयकर दरों को सरल बनाना और कर संरचना को अधिक प्रगतिशील बनाना।
  - ❑ कर आधार का विस्तार करना ताकि अधिक लोग कर-नेट में आएं।
  - ❑ कर प्रशासन में पारदर्शिता और दक्षता लाना।
- **महत्त्व :** इसने 1990 के दशक के सुधारों की नींव रखी।

E. **के.एल. रेखी अप्रत्यक्ष कर समिति (1992)**

- **उद्देश्य :** उत्पाद शुल्क, सीमा शुल्क आदि अप्रत्यक्ष करों को सरल और तर्कसंगत बनाना।
- **मुख्य सिफारिशें :**
  - ❑ अप्रत्यक्ष कर दरों में एकरूपता।
  - ❑ टैक्स प्रणाली को वस्तु एवं सेवा कर (GST) की दिशा में ले जाने का सुझाव।
- **महत्त्व :** इस समिति ने अप्रत्यक्ष कर प्रणाली को आधुनिक बनाने के प्रारंभिक प्रयास किए।

C. **विजय केलकर कर सुधार समिति (2002)**

- **उद्देश्य :** कर नीति और प्रशासन को वैश्विक मानकों के अनुरूप बनाना।
- **मुख्य सिफारिशें :**
  - ❑ प्रत्यक्ष कर संहिता (Direct Tax Code) का ढाँचा।
  - ❑ वस्तु एवं सेवा कर (GST) का रोडमैप।
  - ❑ कर संग्रह तंत्र को मजबूत और सरल बनाना।
- **महत्त्व :** दीर्घकालिक और व्यापक सुधार एजेंडा।

B. **टी.आर. रस्तोगी सेवा कर सुधार समिति (2006)**

- **उद्देश्य :** सेवा कर प्रणाली को सुधारना।
- **मुख्य सिफारिशें :**
  - ❑ सेवा कर के दायरे को बढ़ाना।
  - ❑ दरों को तर्कसंगत बनाना और अनुपालन सरल करना।

- **महत्त्व :** जीएसटी लागू होने से पहले सेवा कर ढाँचे को बेहतर बनाने में सहायक।

D. **पार्थसारथी शोम प्रत्यक्ष कर समिति (2012)**

- **उद्देश्य :** प्रत्यक्ष कर संहिता के मसौदे की समीक्षा और सुधार।
- **मुख्य सिफारिशें :**
  - ❑ कर विवादों को कम करना।
  - ❑ निवेश वातावरण को अनुकूल बनाना।
  - ❑ अनुपालन को सरल बनाना और स्थिर कर नीतियाँ सुनिश्चित करना।
- **महत्त्व :** प्रत्यक्ष कर प्रणाली को आधुनिक और निवेश-अनुकूल बनाने की दिशा में अहम योगदान।

85. लुकास आलोचना का विस्तृत विश्लेषण

- **मुख्य विचार :** अर्थशास्त्री रॉबर्ट लुकास ने यह तर्क दिया कि पारंपरिक समष्टि-अर्थमिति मॉडल नीति परिवर्तनों के तहत विश्वसनीय पूर्वानुमान नहीं दे सकते।
- **कारण :** जब नीतियाँ बदलती हैं, तो आर्थिक एजेंटों की अपेक्षाएँ भी बदलती हैं, जिससे मॉडल के व्यवहार और सहगुणांक (coefficients) अस्थिर हो जाते हैं।

विकल्पों का परीक्षण :

1. मौद्रिक नीति के वास्तविक चरों पर तटस्थ न होने की मान्यता — यह लुकास आलोचना का सार नहीं है।
2. अपवहन सहगुणांक मॉडलों को अधिक विश्वसनीय बनाते हैं — यह लुकास आलोचना से असंबंधित है।
3. कीन्सवादी मॉडल नीतियों की भविष्य की प्रत्याशाओं को पहले से सही रूप में समाहित करते हैं — आलोचना इसके विपरीत है।
4. सहगुणांकों की स्थिरता नीति पूर्वानुमानों के लिए महत्वपूर्ण — यही लुकास आलोचना का मुख्य बिंदु है।

अतः सही उत्तर : विकल्प 4

86. भारत के डेरिवेटिव बाज़ार घटनाओं का विस्तृत कालक्रमिक विश्लेषण (पुराने → नवीनतम)

D. **सूचकांक आधारित फ्यूचर्स ट्रेडिंग की शुरूआत — जून 2000**

- **पहली घटना :** भारत में संगठित डेरिवेटिव ट्रेडिंग का शुभारंभ।
- **विशेषताएँ :** BSE Sensex और NSE Nifty जैसे सूचकांकों पर आधारित।
- **उद्देश्य :** निवेशकों को हेजिंग, जोखिम प्रबंधन और सट्टेबाजी के लिए औपचारिक मंच उपलब्ध कराना।
- **महत्त्व :** इसने भारतीय वित्तीय बाजार में डेरिवेटिव उत्पादों के लिए नींव रखी।

E. **सूचकांक ऑप्शंस में ट्रेडिंग की शुरूआत — जून 2001**

- **अगला विकास :** फ्यूचर्स के बाद ऑप्शन-आधारित ट्रेडिंग शुरू हुई।
- **तंत्र :** निवेशकों को एक निश्चित मूल्य पर सूचकांक खरीदने या बेचने का अधिकार (लेकिन बाध्यता नहीं) मिला।
- **लाभ :** जोखिम प्रबंधन को लचीला बनाया और निवेश रणनीतियों को अधिक विविध किया।

A. **व्यक्तिगत/एकल प्रतिभूतियों में ऑप्शन ट्रेडिंग की शुरूआत — जुलाई 2001**

- **विस्तार :** इंडेक्स से आगे बढ़ते हुए व्यक्तिगत स्टॉक्स पर ऑप्शंस का आगमन।
- **फायदा :** निवेशकों को विशिष्ट कंपनियों के शेयरों पर सटीक जोखिम प्रबंधन और रणनीति बनाने का अवसर मिला।
- **प्रभाव :** बाजार में भागीदारी बढ़ी और स्टॉक-विशिष्ट हेजिंग की सुविधा उपलब्ध हुई।

C. **स्टॉक फ्यूचर्स में ट्रेडिंग की शुरूआत — नवंबर 2001**

- **अगली कड़ी :** ऑप्शन ट्रेडिंग के बाद फ्यूचर्स को व्यक्तिगत स्टॉक्स पर लागू किया गया।
- **उपयोग :** निवेशक भविष्य की तारीख पर तय मूल्य पर स्टॉक खरीदने या बेचने के अनुबंध कर सकते हैं।
- **महत्त्व :** इसने भारतीय इक्विटी डेरिवेटिव बाज़ार को व्यापक और अधिक तरल बनाया।

B. **ब्याज दर फ्यूचर्स की शुरूआत — 2010 (संशोधित रूप में 2014)**

- **नवीनतम घटना :** ब्याज दरों के उतार-चढ़ाव से हेजिंग के लिए पेशकश।
- **विशेषता :** प्रारंभिक उत्पाद अपेक्षित सफलता नहीं प्राप्त कर पाया और 2014 में संशोधित रूप में पुनः प्रस्तुत किया गया।
- **प्रभाव :** बांड और फिक्स्ड-इनकम बाजार में जोखिम प्रबंधन के विकल्पों को मजबूत किया।

अतः सही क्रम D, E, A, C, B है।

87. चरण-दर-चरण जाँच (MGF का उपयोग)

मानक याद रखें

- बाइनॉमियल Bin(n, p) का MGF:

$$M(t) = (1 - p + pe^t)^n$$

- पॉइसॉन Poi(λ) का MGF:

$$M(t) = \exp(\lambda(e^t - 1))$$

- किसी भी वैध MGF के लिए M(0) = 1 होना अनिवार्य है।

कथनों की जाँच

A. $M(t) = \left(\frac{1}{2}+\frac{1}{2}e^t\right)^6$ —"पॉइसॉन"

- यह रूप ठीक-ठीक बाइनॉमियल Bin(6, 1/2) का है, पॉइसॉन नहीं।

अतः गलत।

B. $M(t) = \frac{(1+e^t)^5}{32}$ — "द्विपद"

- $\frac{(1+e^t)^5}{32} = \left(\frac{1}{2}+\frac{1}{2}e^t\right)^5 \Rightarrow$ बाइनॉमियल Bin (5, 1/2)[1]

अतः सही।

C. $M(t) = e^{3(e^t-1)}$ —"पॉइसॉन"

- $\lambda = 2$ के साथ पॉइसॉन का मानक रूप।

अतः सही।

D. $M(t) = e^{(e^t-1)/4}$ — "पॉइसॉन"

- $\lambda = \frac{1}{4}$ के साथ पॉइसॉन का मानक रूप।

अतः सही।

E. $M(t) = 4(3e^{-t} - 1)^{-2}$ — "द्विपद"

- $M(0) = 4(3 \cdot 1 + 2) = 20 \neq 1 \Rightarrow$ MGF के आवश्यक गुण M(0) = 1 का उल्लंघन।

अतः यह वैध MGF ही नहीं; कथन गलत।

अतः सही पहचान केवल B, C, D के लिए है।

88. विकल्पों की जांच :

- **A → IV (थॉमस माल्थस)** : "जनसंख्या वृद्धि और संसाधन-सीमा" का सिद्धांत माल्थस ने दिया। उन्होंने कहा कि जनसंख्या ज्यामितीय दर से बढ़ती है जबकि संसाधन केवल अंकगणितीय दर से बढ़ते हैं, जिसके परिणामस्वरूप अभाव और सामाजिक दबाव उत्पन्न होता है।
- **B → III (वारेन थॉम्पसन)** : "जनसांख्यिकीय संक्रमण" सिद्धांत के प्रवर्तक वारेन थॉम्पसन थे। उन्होंने समाजों को उच्च्य जन्म और मृत्यु दर वाले चरण से निम्न जन्म और मृत्यु दर वाले चरण की ओर संक्रमण के रूप में वर्गीकृत किया।
- **C → II (जॉन ग्रौन्ट)** : जॉन ग्रौन्ट को "जनसांख्यिकी के पिता" कहा जाता है। उन्होंने मृत्यु और जन्म रजिस्टरों का विश्लेषण कर पहली बार जीवन सारणी (life table) तैयार की और जनसंख्या अध्ययन को वैज्ञानिक आधार दिया।
- **D → I (अल्फ्रेड सोवे)** : अल्फ्रेड सोवे ने "तृतीय विश्व" शब्द का निर्माण किया, जिसका उपयोग औद्योगिक पश्चिम और समाजवादी ब्लॉक से भिन्न विकासशील देशों के समूह के लिए किया गया।

दिये गये विकल्पों में कोई भी विकल्प इस मिलान (A-IV, B-III, C-II, D-I) से मेल नहीं खाता है। अतः उत्तर NONE होगा।

89. विकल्पों की जांच :

D. **कंप्यूटर सॉफ्टवेयर व हार्डवेयर** : हाल के वर्षों में एफडीआई का सबसे बड़ा आकर्षण; सेवा/आईटी-सम्बद्ध प्रवाह यहाँ केंद्रित।

E. **गैर-परंपरागत ऊर्जा** : नवीकरणीय ऊर्जा परियोजनाओं में बड़े निवेश, सेक्टर की हिस्सेदारी ऊँची।

C. **सीमेंट व जिप्सम उत्पाद** : अवसंरचना/निर्माण चक्र से जुड़ी आवक; मध्यम से ऊँची।

A. **वाहन उद्योग** : स्थिर प्रवाह, पर ऊपर के दो-तीन क्षेत्रों से कम।

B. **चिकित्सालय व निदान केंद्र** : स्वास्थ्य सेवाओं में निवेश बढ़ रहा है, फिर भी तुलनात्मक हिस्सेदारी यहाँ सबसे नीचे।

अतः क्रम D, E, C, A, B है।

90. संभावना अनुपात सांख्यिकी (Likelihood Ratio Statistics)

परिकल्पना : $H_0 : \beta_1 = \beta_2 = \ldots = \beta_k = 0$ (सभी ढलान शून्य)।

विधि (Logit/ML फ्रेमवर्क) :

$$\Lambda = 2[\ell(\text{restricted}) - \ell(\text{unrestricted})]$$

जहाँ $\ell(\cdot)$ लॉग-लाइकलीहुड है।

निर्णय नियम : Λ का आसिम्प्टोटिक वितरण χ^2_k (डिग्री ऑफ फ्रीडम *k*) होता है; क्रिटिकल वैल्यू से तुलना कर निर्णय।

इसलिए लॉजिट मॉडल में संयुक्त शून्य-परिकल्पना की जाँच का मानक उपकरण Likelihood Ratio (LR) टेस्ट है।

91. दोनों पासों के कुल परिणाम 36 हैं। A ∩ B का अर्थ है दोनों विषम, तब योग हमेशा सम होगा, लेकिन C के अनुसार योग विषम होना चाहिए। अतः कोई भी युग्म संभव नहीं है। इसलिए P(A ∩ B ∩ C) = 0।

92. C के लिए योग विषम होना चाहिए। यह तभी संभव है जब एक पासा विषम और दूसरा सम हो। पहला विषम (3) और दूसरा सम (3) ⇒ 9 युग्म; पहला सम (3) और दूसरा विषम (3) ⇒ 9 युग्म; कुल 18 अनुकूल। अतः P(C) = 18/36 = 1/2.

93. B का अर्थ दूसरा पासा विषम और C के लिए योग विषम होना चाहिए। इसके लिए पहला पासा सम होना चाहिए। पहला सम (3) × दूसरा विषम (3) = 9 युग्म। अतः P(B ∩ C) = 9/36 = 1/4.

94. A ∩ B का अर्थ दोनों पासे विषम हैं। पहला विषम (3) × दूसरा विषम (3) = 9 युग्म। अतः P(A ∩ B) = 9/36 = 1/4.

95. A का अर्थ पहला पासा विषम है और C के लिए योग विषम होना चाहिए, अतः दूसरा पासा सम होना चाहिए। पहला विषम (3) × दूसरा सम (3) = 9 युग्म। अतः P(A ∩ C) = 9/36 = 1/4.

96. आरबीआई की नीति में "वापसी समायोजन" (withdrawal of accommodation) का अर्थ है महामारी के दौरान अपनाई गई विस्तारवादी मौद्रिक नीतियों से धीरे-धीरे हटकर नीति को सामान्य या तटस्थ स्थिति की ओर ले जाना। यह मुद्रास्फीति को नियंत्रित करते हुए वृद्धि को संतुलित करने का प्रयास है।

97. VRRR (Variable Rate Reverse Repo) परिचालन आरबीआई का अल्पकालिक उपकरण है जिसके माध्यम से वह बाजार से अधिशेष तरलता को अस्थायी रूप से खींच लेता है। यह निष्क्रिय अधिशेष अवशोषण से सक्रिय प्रबंधन की ओर बदलाव को दर्शाता है।

98. आरबीआई का दृष्टिकोण क्षणिक (transient) मुद्रास्फीति झटकों पर त्वरित दर परिवर्तन नहीं बल्कि मौजूदा दर को बनाए रखते हुए VRRR जैसी तरलता समायोजन तकनीकों का इस्तेमाल करना है। इससे मूल्य अस्थिरता पर शांतिपूर्वक नियंत्रण किया जाता है।

99. वैश्विक ब्याज दर अंतर का सीधा प्रभाव पूंजी प्रवाह, विदेशी निवेश (FPI/FII) और विनिमय दर पर पड़ता है। दरों के अंतर से पूंजी का देश से बाहर या भीतर आना बढ़ता-घटता है, जिससे आरबीआई को मुद्रा विनिमय दर की स्थिरता सुनिश्चित करनी होती है।

100. तत्काल दर परिवर्तन किए बिना मुद्रास्फीति को दिशा-निर्देशित करने का अर्थ है कि आरबीआई अपने संचार और नीति संकेतों के माध्यम से जनता और बाजार की अपेक्षाओं को प्रबंधित कर रही है। प्रत्याशा प्रबंधन से भविष्य की मुद्रास्फीति पर नियंत्रण रखने में मदद मिलती है बिना अचानक दर कार्रवाई किए।

पिछले प्रश्न–पत्र

National Testing Agency (NTA)

UGC-NET जूनियर रिसर्च फैलोशिप तथा सहायक प्राध्यापक पात्रता परीक्षा

अर्थशास्त्र, जनवरी-2025

(Exam held on 03-01-2025)

प्रश्न–पत्र-II

1. भारत में राष्ट्रीय आय सांख्यिकी की संगणना के लिए निम्नलिखित में से कौन-सी एजेंसी उत्तरदायी है?

1. भारतीय रिजर्व बैंक
2. वित्त मंत्रालय
3. नीति आयोग
4. केंद्रीय सांख्यिकी संगठन

2. निम्नलिखित व्यापार प्रतिरूपों में से कौन-सा पैमाने की बचतों और एकाधिकारी प्रतियोगिता की विशेषताओं को प्रदर्शित करता है?

1. केम्प प्रतिरूप
2. अंतः उद्योग व्यापार प्रतिरूप
3. क्रुगमैन व्यापार प्रतिरूप
4. फाल्वे प्रतिरूप

3. एक व्यवसाय-प्रतिष्ठान की सीमांत संप्राप्ति ₹ 10 है और यह प्रति इकाई ₹ 30 की कीमत वसूलता है। यह मानते हुए कि यह व्यवसाय-प्रतिष्ठान लाभ को अधिकतम करने वाला है, व्यवसाय प्रतिष्ठान के लिए लाभ अधिकतम करने के बिंदु पर मांग के संबंध में स्वयं की कीमत लोच क्या है?

1. 1.5 2. –1.5
3. –0.66 4. 0.66

4. निम्नलिखित सरकारी योजनाओं को उनके प्रारंभ करने के वर्ष के अनुसार कालानुक्रम में व्यवस्थित करें :

A. आयुष्मान भारत योजना
B. अटल पेंशन योजना
C. जल जीवन मिशन
D. पीएम उज्ज्वला योजना

नीचे दिए गए विकल्पों में से **सही** उत्तर का चयन कीजिए :

1. C, A, D, B 2. B, C, D, A
3. A, B, D, C 4. B, D, A, C

5. निम्नलिखित में से कौन-सा/कौन-से व्यापार के क्लासिकी सिद्धांत पर लागू **नहीं** होता है/होते हैं?

A. मूल्य का श्रम सिद्धांत
B. एक कारक प्रतिरूप
C. यह शून्य-योग चाल को संतुष्ट करता है
D. यह बहु-कारक प्रतिरूप है
E. उत्पाद के कारक घरेलू और अंतर्राष्ट्रीय रूप से चलायमान है

नीचे दिए गए विकल्पों में से **सही** उत्तर का चयन कीजिए :

1. केवल A, B 2. केवल B, C
3. केवल D, E 4. केवल C, D, E

6. एक केन्द्रीय बैंक अर्थव्यवस्था में मुद्रा पूर्ति को किस प्रकार बढ़ा सकता है?

A. नकद आरक्षित अनुपात को बढ़ाकर

B. जनता से सरकारी प्रतिभूतियां खरीदकर

C. नकद आरक्षित अनुपात को कम करके

D. रेपो दर को कम करके

नीचे दिए गए विकल्पों में से **सही** उत्तर का चयन कीजिए :

1. केवल A, B, C
2. केवल A, B, D
3. केवल B, C, D
4. केवल A, C, D

7. सूची-I के साथ सूची-II का मिलान कीजिए :

सूची-I	सूची-II
A. एडम स्मिथ	I. बाजार का आकार
B. डेविड रिकार्डो	II. प्राकृतिक संसाधन प्रतिबंध
C. कार्ल मार्क्स	III. उत्पादन की शक्तियां
D. अमर्त्य सेन	IV. चयन की स्वतंत्रता

नीचे दिए गए विकल्पों में से **सही** उत्तर का चयन कीजिए :

1. A-I, B-II, C-III, D-IV
2. A-IV, B-I, C-III, D-II
3. A-IV, B-III, C-II, D-I
4. A-I, B-II, C-IV, D-III

8. सूची-I के साथ सूची-II का मिलान कीजिए :

सूची-I	सूची-II
A. अनुकूलन प्रत्याशा के तहत विस्तारक मौद्रिक नीति	I. नीति केवल सामान्य स्फीति के साथ अप्रभावी है
B. तार्किक प्रत्याशाओं के तहत पूर्वानुमानित विस्तारक मौद्रिक नीति	II. नीति केवल सामान्य अवस्फीति के साथ अप्रभावी है
C. महामंदी के दौरान मुद्रा मजदूरी में कटौती	III. नीति केवल अल्प-अवधि में प्रभावी है, हालांकि लंबी अवधि में नहीं
D. काफी बड़ी प्रसूची लागत की उपस्थिति	IV. किसी भी सामान्य स्फीति/ अवस्फीति के साथ नीति प्रभावी नहीं है।

नीचे दिए गए विकल्पों में से **सही** उत्तर का चयन कीजिए :

1. A-I, B-II, C-III, D-IV
2. A-II, B-I, C-III, D-IV
3. A-III, B-I, C-II, D-IV
4. A-III, B-I, C-IV, D-II

9. एक द्वि-क्षेत्र अर्थव्यवस्था के लिए आगत-निर्गत मैट्रिक्स $A = \begin{pmatrix} 0.25 & 0.40 \\ 0.10 & 0.10 \end{pmatrix}$ द्वारा दिया गया है।

यदि दो क्षेत्रों के निर्गतों के लिए बाहरी मांग $D = \begin{pmatrix} 10 \\ 20 \end{pmatrix}$ है तो दो वस्तुओं (पण्य) के वैकल्पिक निर्गत स्तर क्या होंगे?

1. 26.77 और 18.43
2. 9.33 और 24.50
3. 26.77 और 25.20
4. 24.33 और 25.20

10. समीकरणों के निम्नलिखित तंत्र पर विचार करें :

$$Y_1 = \propto_0 + \propto_1 Y_2 + \propto_3 Y_3 + \propto_4 X_1 + \propto_5 X_2 + U_1$$
$$Y_2 = \beta_0 + \beta_1 Y_3 + \beta_2 Y_1 + \beta_3 X_2 + U_2$$
$$Y_3 = \lambda_0 + \lambda_1 x_1 + \lambda_2 x_2 + \lambda_3 x_3 + U_3$$

क्रम स्थिति के अनुसार प्रथम समीकरण है :

1. अज्ञात
2. यथोचित ज्ञात
3. अति-ज्ञात
4. कहना संभव नहीं है क्योंकि प्रतिरूप का न्यूनीकृत रूप नहीं दिया गया

11. निम्नलिखित को प्रथम से अंतिम की ओर व्यवस्थित करें :

A. द लॉजिक ऑफ इंवेस्टमेंट प्लानिंग–सुखमोय चक्रवर्ती

B. चॉइस ऑफ टेकनीक्स–अमर्त्य सेन

C. शेडो प्राइस–जेन टिनबर्गेन

D. द ट्रेजेडी ऑफ द कॉमन्स–जी. हार्डिन

E. मार्जिनल यूटिलिटी–एलफ्रेड मार्शल

नीचे दिए गए विकल्पों में से **सही** उत्तर का चयन कीजिए :

1. A, B, C, D, E
2. E, C, A, B, D
3. B, A, D, C, E
4. C, B, A, E, D

12. निम्नलिखित में से कौन-सी व्यापार से अभिलाभ की परिभाषा नहीं है/हैं?

A. यह वह हितलाभ है जिसमें व्यक्ति और देश अंतर्राष्ट्रीय व्यापार में भाग लेकर प्राप्त करते हैं।
B. यह आर्थिक अभिकर्त्ताओं को सकल हितलाभ है, जो व्यापार में वृद्धि के परिणामस्वरूप होता है।
C. यह उत्पादक अधिशेष में से उपभोक्ता अधिशेष को घटाता है।
D. यह आर्थिक अभिकर्त्ताओं का निवल हितलाभ है जो व्यापार में वृद्धि के परिणामस्वरूप होता है।
E. यह उत्पादक अधिशेषों और उपभोक्ता अधिशेषों का कुल योग है।

नीचे दिए गए विकल्पों में से **सही** उत्तर का चयन कीजिए :

1. केवल A
2. केवल B, C
3. केवल C, D
4. केवल C, D, E

13. साधारण पासे (डाइस) के छह संख्याओं को एक साथ घुमाया जाता है। प्रत्येक फलक पर भिन्न संख्या आने की क्या प्रायिकता है?

1. $\frac{1}{6^6}$
2. $\frac{6}{6^6}$
3. $\frac{6!}{6^6}$
4. $\frac{6^5}{6^6}$

14. दो निर्णय चरों के साथ एक रेखीय प्रोग्रामिंग समस्या के इष्टतम समाधान के संबंध में निम्नलिखित में से कौन-सा कथन सत्य है?

1. समस्या का हमेशा एक विशिष्ट हल होता है।
2. इष्टतम समाधान या तो एक नितांत बिंदु है या दो नितांत बिंदुओं को जोड़ने वाली रेखा पर है।
3. सभी संसाधन एक इष्टतम समाधान द्वारा उपयोग किए जाने चाहिए।
4. इष्टतम समाधान व्यवहार्य समाधानों के समुच्चय का एक आंतरिक बिंदु हो सकता है।

15. निम्नलिखित में से कौन-सा/कौन-से विनिमय दर के अंतर्गत नहीं आता है/हैं?

A. निर्यात गतिविधियां
B. खुले बाजार के कार्यकलाप
C. ब्याज दर
D. आयात गतिविधियां
E. ऋण के बहु-विस्तार

नीचे दिए गए विकल्पों में से **सही** उत्तर का चयन कीजिए :

1. केवल A
2. केवल B
3. केवल C, D
4. केवल B, E

16. सूची-I के साथ सूची-II का मिलान कीजिए :

	सूची-I		**सूची-II**
A.	पूर्णतया प्रतिस्पर्धी प्रतिरूप	I.	उत्पादक पहले उत्पाद की कीमत निर्धारित करता है और फिर उस कीमत पर मांगे गए निर्गत को उत्पादित करता है
B.	बेरट्रांड प्रतिरूप	II.	यह व्यवसाय-प्रतिष्ठानों के मध्य परस्पर-निर्भरता की अवधारणा को स्वीकार करता है
C.	स्टेकलबर्ग प्रतिरूप	III.	क्रेताओं और विक्रेताओं की बड़ी संख्या
D.	अल्पाधिकार प्रतिरूप	IV.	बाजार में कुछ प्रतिस्पर्धी फर्मे

नीचे दिए गए विकल्पों में से **सही** उत्तर का चयन कीजिए :

1. A-III, B-I, C-II, D-IV
2. A-I, B-II, C-III, D-IV
3. A-II, B-I, C-III, D-IV
4. A-III, B-II, C-IV, D-I

17. सूची-I के साथ सूची-II का मिलान कीजिए :

सूची-I	सूची-II
A. साधारण यादृच्छिक प्रतिचयन	I. गैर- प्रायिकता प्रतिचयन
B. व्यवस्थित प्रतिचयन	II. प्रत्येक स्तर से मदों का यादृच्छिक चुनाव
C. कोटा प्रतिचयन	III. प्रथम इकाई से यादृच्छिक चयन और शेष का व्यवस्थित चयन
D. स्तरीकृत यादृच्छिक प्रतिचयन	IV. सभी परीक्षणों में प्रत्येक मद के लिए चयन की समान प्रायिकता

नीचे दिए गए विकल्पों में से **सही** उत्तर का चयन कीजिए :

1. A-IV, B-III, C-I, D-II
2. A-IV, B-II, C-I, D-III
3. A-III, B-II, C-I, D-IV
4. A-IV, B-III, C-II, D-I

18. यदि एक चर की 'm' श्रेणियां हैं तो निम्नलिखित में से किसे प्रयुक्त करके हम प्रतिगमन के समीप जा सकते हैं?

1. 'm – 1' प्रतीकात्मक चर और एक अवरुद्ध पद
2. 'm' प्रतीकात्मक चर और एक अवरुद्ध पद
3. बिना अवरोध के (m – 1) प्रतीकात्मक चर
4. बिना अवरोध के (m + 1) प्रतीकात्मक चर

19. काल श्रेणी के लिए इकाई मूल परीक्षण इस निष्प्रभाव (null) परिकल्पना पर आधारित है कि विचाराधीन काल श्रेणी है :

1. स्थिर
2. अस्थिर
3. सुनिश्चितता से स्थिर
4. दुर्बल स्थिर

20. निम्नलिखित अवधारणाओं की प्रस्तावना को कालानुक्रम में (पुरातन से नवीनतम तक) व्यवस्थित करें :

A. फ्रिडमैन द्वारा अनुकूलन प्रत्याशा परिकल्पना

B. डुएसेनबेरी द्वारा सापेक्ष आय परिकल्पना

C. स्टिग्लिट्ज द्वारा दक्षता मजदूरी परिकल्पना

D. लुकास द्वारा तार्किक प्रत्याशा परिकल्पना

E. कालेक्कि द्वारा प्रभावी मांग समस्या

नीचे दिए गए विकल्पों में से **सही** उत्तर का चयन कीजिए :

1. E, A, B, C, D
2. B, A, E, C, D
3. B, A, D, C, E
4. E, B, A, D, C

21. उत्पादन प्रकार्य $Q = AK^{\propto B}$ के लिए, जहां A, $\propto, \beta > 0$ है, निम्नलिखित में से कौन-सा/कौन-से कथन सत्य है/हैं?

A. समघात की डिग्री 1 है

B. पूंजी के संबंध में निर्गत लोच है

C. यह स्थिर अनुमापी प्रतिफल प्रदर्शित करता है

D. कारक का सीमांत उत्पाद = कारक का औसत उत्पाद

नीचे दिए गए विकल्पों में से **सही** उत्तर का चयन कीजिए :

1. केवल A और B
2. केवल B और C
3. केवल B और D
4. केवल B

22. लेविस-रेनिस-फेई अबाधित प्रगति के लिए निम्नलिखित में से कौन-सी रणनीतियों को आवश्यक मानता है?

A. भूमि सुधार

B. हरित क्रांति

C. आयोजना

D. पूंजी संचयन

E. अंतर्राष्ट्रीय प्रवासन

नीचे दिए गए विकल्पों में से **सही** उत्तर का चयन कीजिए :

1. केवल A, D और E
2. केवल A, C और D
3. केवल A, C और E
4. केवल B, D और E

23. सूची-I के साथ सूची-II का मिलान कीजिए :

सूची-I	**सूची-II**
A. डरबिन-वॉटसन	I. मल्टीकोलिनियरिटी
B. ग्रेंजर	II. हेटेरोसिडास्टिक बाधाएँ
C. फेरर-ग्लुबर	III. कारणीय
D. ग्लेजसर	IV. स्व-सहसंबंधित बाधाएँ

नीचे दिए गए विकल्पों में से **सही** उत्तर का चयन कीजिए :

1. A-IV, B-III, C-I, D-II
2. A-IV, B-III, C-II, D-I
3. A-II, B-III, C-IV, D-I
4. A-III, B-IV, C-I, D-II

24. सूची-I के साथ सूची-II का मिलान कीजिए :

सूची-I	**सूची-II**
A. इकाई मूल परीक्षण	I. डरबिन-वॉटसन परीक्षण
B. कन्टिजन्सी तालिका	II. स्टूडेंट का टी परीक्षण
C. प्रतिगमन गुणांक	III. स्थिर
D. स्व-सहसंबंध	IV. χ^2 परीक्षण

नीचे दिए गए विकल्पों में से **सही** उत्तर का चयन कीजिए :

1. A-III, B-I, C-II, D-IV
2. A-III, B-IV, C-II, D-I
3. A-IV, B-II, C-III, D-I
4. A-I, B-III, C-II, D-IV

25. दो चर प्रतिगमन में आश्रित और स्वतंत्र चर क्रमशः Y और X हैं। X और Y के बीच सहसंबंध का गुणांक 0.8 है। निम्नलिखित में से कौन-सा कथन सत्य है?

1. Y के 8% विचरण की X द्वारा व्याख्या की गई है
2. Y के 64% विचरण की X द्वारा व्याख्या की गई है
3. Y के 0.8% विचरण की X द्वारा व्याख्या की गई है
4. Y के 80% विचरण की X द्वारा व्याख्या की गई है

26. एक काल अवधि से पिछड़े हुए एक 'मंद' आपूर्ति प्रकार्य वाले बाजार प्रतिरूप में संतुलन मूल्य के प्रतिमूल्य के काल पथ का अभिसरण निम्नलिखित में से किस पर निर्भर करता है?

1. क्या, आपूर्ति प्रकार्य की प्रवणता > मांग प्रकार्य की प्रवणता
2. क्या, आपूर्ति प्रकार्य की प्रवणता < मांग प्रकार्य की प्रवणता
3. क्या, आपूर्ति प्रकार्य की प्रवणता = मांग प्रकार्य की प्रवणता
4. मांग और/या आपूर्ति प्रकार्यों की प्रवणता से कोई संबंध नहीं है

27. निम्नलिखित पुस्तकों के लेखन को कालानुक्रम (पुरातन से नवीनतम) में व्यवस्थित करें :

A. व्हाई नेशंस फेल

B. ग्रुंडरिज

C. पॉवर्टी एंड फेमाइंस

D. द थ्योरी ऑफ मोरल सेंटिमेंट्स

E. प्रोड्क्शन ऑफ कमोडिटिज बाई मीन्स ऑफ कमोडिटिज

नीचे दिए गए विकल्पों में से **सही** उत्तर का चयन कीजिए :

1. A, B, C, D, E
2. B, A, D, E, C
3. D, B, E, C, A
4. B, A, E, D, C

28. केन्जीयन तंत्र में मुद्रा आपूर्ति में वृद्धि, माल और सेवाओं की मांग में वृद्धि निम्नलिखित में से किसके द्वारा करेगी?

1. वास्तविक शेष प्रभाव द्वारा उपभोग में वृद्धि करके
2. बॉन्ड की मांग बढ़ाकर और उसके द्वारा ब्याज दर घटाकर
3. बॉन्ड मांग घटाकर और उसके द्वारा ब्याज दर घटाकर
4. वास्तविक मजदूरी बढ़ाकर और उसके द्वारा लेन-देन मांग बढ़ाकर

29. वास्तविक व्यवसाय चक्र मत के अनुसार, आपूर्ति आघात में :

1. केवल अस्वैच्छिक बेरोजगारी है।
2. केवल स्वैच्छिक बेरोजगारी है।
3. स्वैच्छिक और अस्वैच्छिक दोनों बेरोजगारी साथ-साथ हैं।
4. बिल्कुल भी बेरोजगारी नहीं है।

30. प्रदत्त वस्तुनिष्ठ प्रकार्य $y = f(x_1, x_2 \ldots\ldots x_n)$ और प्रतिबंध $g(x_1, x_2 \ldots\ldots x_n) = 0$, किसी आत्यंतिक के लिए दूसरी प्रक्रम शर्त है :

A. $|\bar{H}_2| < 0, |\bar{H}_3| < 0$......... अधिकतम के लिए

B. $|\bar{H}_2| > 0, |\bar{H}_3| < 0$......... अधिकतम के लिए

C. $|\bar{H}_2| < 0, |\bar{H}_3| > 0$......... अधिकतम के लिए

D. $|\bar{H}_2| < 0, |\bar{H}_3| > 0$......... न्यूनतम के लिए

E. $|\bar{H}_2| < 0, |\bar{H}_3| < 0$......... न्यूनतम के लिए

नीचे दिए गए विकल्पों में से **सही** उत्तर का चयन कीजिए :

1. केवल A और D
2. केवल C और E
3. केवल B और D
4. केवल B और E

31. 'पिगोवियन कर' के बारे में सही विकल्प चुनिए :

A. इससे बाजार में कार्यकलाप पर आने वाली कुल लागत को अभ्यांतरित करने हेतु हल प्राप्त होता है।

B. इससे सरकारी नीति के माध्यम से प्रदूषक तत्वों का उत्पादन घटाने का हल प्राप्त होता है।

C. इससे रीयल सेक्टर (भू-सम्पदा क्षेत्र) में घटक उत्पादकता बढ़ाने में मदद मिलती है।

D. यह पृथक्करण कर की तरह कार्य करता है।

नीचे दिए गए विकल्पों में से **सही** उत्तर का चयन कीजिए :

1. केवल A, B
2. केवल C, D
3. केवल A
4. केवल A, B, D

32. सूची-I के साथ सूची-II का मिलान कीजिए :

सूची-I	सूची-II
A. प्रकार II त्रुटि	I. $P_{01} \times P_{10} = 1$
B. माध्य > बहुलक	II. जब H_0 सही नहीं हो तो H_0 को अस्वीकार नहीं करता
C. समरूपी जनसंख्या	III. सकारात्मक रूप से विषम वितरण
D. काल उत्क्रमण परीक्षण	IV. साधारण यादृच्छिक प्रतिचयन

नीचे दिए गए विकल्पों में से **सही** उत्तर का चयन कीजिए :

1. A-II, B-III, C-IV, D-I
2. A-III, B-I, C-II, D-IV
3. A-IV, B-II, C-III, D-I
4. A-I, B-II, C-III, D-IV

33. सूची-I के साथ सूची-II का मिलान कीजिए :

सूची-I	सूची-II
A. उपभोग में सकारात्मक बाह्यता	I. मध्यरात्रि को शोर करने वाली मोटर साइकिल चलाना
B. उत्पादन में सकारात्मक बाह्यता	II. पुष्प उद्यान के पास शहद कृषि
C. उपभोग में नकारात्मक बाह्यता	III. नदी में कूड़ा डालती कागज मिल
D. उत्पादन में नकारात्मक बाह्यता	IV. किसी घर की सफाई

नीचे दिए गए विकल्पों में से **सही** उत्तर का चयन कीजिए :

1. A-IV, B-II, C-I, D-III
2. A-I, B-IV, C-II, D-III
3. A-I, B-IV, C-III, D-II
4. A-IV, B-III, C-II, D-I

34. तार्किक प्रत्याशा के अंतर्गत किसी प्रतिस्पर्धी बाजार अर्थव्यवस्था में भी प्रभावी मांग समस्या उत्पन्न हो सकती है, यदि

1. परिपूर्ण दूरदृष्टि
2. समन्वय की असफलता हो
3. प्रत्याशित मांग आघात हो
4. अप्रत्याशित आपूर्ति आघात हो

35. बड़ा धक्का (बिग पुश) सिद्धांत विकास की प्रक्रिया को मानता है जो अनिवार्य रूप से निम्नलिखित में से किस पर निर्भर करती है :

1. व्यापक आयोजना
2. बिना किसी सरकारी हस्तक्षेप के मुक्त-बाजार
3. सुपरिभाषित निजी संपत्ति अधिकार
4. राजनीतिक लोकतंत्र

36. निम्नलिखित अवधारणाओं की प्रस्तावना/गढ़न को कालानुक्रम (सबसे पुरानी से नवीनतम) में व्यवस्थित करें :

A. प्राचीन समाजवादी संचयन
B. बेदखली से विकास
C. बेदखली से संचयन
D. प्राचीन पूंजीवादी संचयन
E. चाकू की धार (नाईफ एज) जैसी अस्थिरता

नीचे दिए गए विकल्पों में से **सही** उत्तर का चयन कीजिए :

1. D, A, E, B, C
2. A, D, B, E, C
3. D, A, E, C, B
4. A, D, B, C, E

37. अंतर्राष्ट्रीय मौद्रिक तंत्र के संबंध में निम्नलिखित में से कौन-सा/कौन-से सत्य है/हैं?

A. स्वर्ण विनिमय मानक
B. ओपीईसी (OPEC)
C. ब्रेटन वुड्स तंत्र
D. एक मूल्य का नियम
E. एशियन डेवलपमेंट बैंक

नीचे दिए गए विकल्पों में से **सही** उत्तर का चयन कीजिए :

1. केवल A 2. केवल A, B
3. केवल A, B, C 4. केवल A, C, D

38. सूची-I के साथ सूची-II का मिलान कीजिए :

सूची-I	सूची-II
A. जीवन चक्र परिकल्पना	I. कार्ल मार्क्स
B. नकदी शेष उपागम	II. फ्रांस्वा केसने
C. पूंजी का सुव्यवस्थित संयोजन	III. अल्फ्रेड मार्शल
D. टेबलियन इकोनॉमिक (Tablean Economique)	IV. एफ. मॉडिग्लियानी

नीचे दिए गए विकल्पों में से **सही** उत्तर का चयन कीजिए :

1. A-III, B-II, C-IV, D-I
2. A-IV, B-III, C-I, D-II
3. A-II, B-IV, C-III, D-I
4. A-I, B-III, C-II, D-IV

39. अप्रत्यक्ष कर के लाभ हैं :

A. इसका अपवंचन (कर चोरी) मुश्किल है
B. यह प्रकृति में लोचशील है
C. इसका भुगतान सुलभ है
D. यह कर दाता की भुगतान क्षमता पर आधारित है

नीचे दिए गए विकल्पों में से **सही** उत्तर का चयन कीजिए :

1. केवल C, B
2. केवल C, D
3. केवल A, B, C
4. केवल A, C, D

40. हेरिस-टोडारो ढांचा विवेचना करता है :

1. धकेला गया प्रवासन
2. खींचा गया प्रवासन
3. संरचनात्मक रूपांतरण
4. अस्थापित अर्थव्यवस्था

41. यदि सरकार का व्यय ₹ 100 बढ़ता है, कुल कर राजस्व ₹ 100 बढ़ता है, उपभोग की सीमांत प्रवणता का मान 0.5 है और स्वायत्त निवेश और उपभोग में कोई परिवर्तन है, तो किसी साधारण केन्जीयन बंद अर्थव्यवस्था प्रतिरूप में जीडीपी में कितनी वृद्धि होगी?

1. ₹ 0
2. ₹ 100
3. ₹ 200
4. ₹ 400

42. सतत् आपूर्ति आघात निम्नलिखित में से किसकी ओर ले जाता है?

1. फिलिप के वक्र का बायीं तरफ सतत रूप से इस तरह से खिसकना कि बेरोजगारी और मुद्रास्फीति दोनों में गिरावट हो।
2. फिलिप के वक्र का दायीं तरफ सतत रूप से इस तरह से खिसकना कि बेरोजगारी और मुद्रास्फीति दोनों में वृद्धि हो।
3. फिलिप के वक्र के सहारे इस तरह से सतत चलन कि बेरोजगारी और मुद्रास्फीति दोनों में गिरावट हो।
4. फिलिप के वक्र के सहारे इस तरह से सतत चलन कि बेरोजगारी और मुद्रास्फीति दोनों में वृद्धि हो।

43. आईएस-एलएम ढांचा में सामान्य अवमंदन की स्थिति में जैसे-जैसे सरकारी व्यय (G) में वृद्धि होती है,

A. वैसे-वैसे बंधपत्र मूल्य (pb) में गिरावट होती है, ब्याज दर (r) में वृद्धि होती है, जिससे निवेश (I) के स्तर में गिरावट होती है।

B. वस्तुओं की समग्र मांग में वृद्धि होती है, जिससे समग्र निर्गत और आय (y) के स्तर में वृद्धि होती है।

C. निजी निवेश (I) में गिरावट समग्र आय को घटाती है।

D. लोग मुद्रा प्राप्त करने के लिए बंधपत्र (B) बेचते हैं और इस प्रकार बंधपत्र आपूर्ति (Bs) में वृद्धि होती है, जिससे बंधपत्र का मूल्य घटता है।

E. मुद्रा (L_1) के लिए लेन-देन की मांग में वृद्धि होती है, जिससे मुद्रा मांग मुद्रा आपूर्ति से अधिक (L > M) हो जाती है।

नीचे दिए गए विकल्पों में से **सही** उत्तर का चयन कीजिए :

1. A, B, C, D, E
2. B, E, D, A, C
3. B, D, E, C, A
4. E, B, A, D, C

44. प्रदत्त $A = \begin{pmatrix} 2 & 0 & 4 \\ 1 & 3 & 1 \end{pmatrix}$ और B = (4 5 0), के संबंध में निम्नलिखित में से कौन-सा सत्य है?

A. $AB^T \begin{pmatrix} 8 \\ 19 \end{pmatrix}$ है

B. AB^T निर्धारित है

C. AB निर्धारित नहीं है

D. BA निर्धारित है

E. BA^T (8 19) है

नीचे दिए गए विकल्पों में से **सही** उत्तर का चयन कीजिए :

1. केवल A और E
2. केवल A, B, C और E
3. केवल A, B और C
4. केवल A, C और E

45. निम्नलिखित कथनों पर विचार करें :

A. कीमत नेतृत्व समतुल्यांक रणनीति एक नैश-समतुल्यांक रणनीति है

B. बेरट्रांड समतुल्यांक रणनीति एक नैश- समतुल्यांक रणनीति है

C. स्टेकलबर्ग समतुल्यांक रणनीति एक नैश समतुल्यांक रणनीति है

D. एकाधिकारी समतुल्यांक रणनीति एक नैश समतुल्यांक रणनीति है

E. क्रूनो की समतुल्यांक रणनीति एक नैश समतुल्यांक रणनीति है

नीचे दिए गए विकल्पों में से **सही** उत्तर का चयन कीजिए :

1. केवल A
2. केवल B
3. केवल A, B, C, E
4. केवल D और E

46. सूची-I के साथ सूची-II का मिलान कीजिए :

सूची-I	सूची-II
A. लिंडेल का सिद्धांत	I. सार्वजनिक माल का उत्पादन
B. क्लब सिद्धांत	II. सरकारी एजेंसियों में रोजगार की सतत वृद्धि
C. पार्किन्सन का नियम	III. सार्वजनिक वस्तुओं का मूल्य
D. होटलिंग का नियम	IV. खर्च करने योग्य संसाधनों का मूल्य लगाना

नीचे दिए गए विकल्पों में से **सही** उत्तर का चयन कीजिए :

1. A-III, B-I, C-II, D-IV
2. A-I, B-III, C-IV, D-II
3. A-I, B-III, C-II, D-IV
4. A-IV, B-I, C-II, D-III

47. सूची-I के साथ सूची-II का मिलान कीजिए :

सूची-I	सूची-II
A. व्यापार की सकल परिहास शर्तें	I. जैकब वाइनर
B. व्यापार की एकल क्रमगुणित शर्तें	II. डॉरेंस
C. व्यापार की आय शर्तें	III. एफ.डब्ल्यू. टॉसिंग
D. विकासशील देशों के व्यापार शर्तों में सेक्युलर ह्रास	IV. प्रेबिश- सिंगर

नीचे दिए गए विकल्पों में से **सही** उत्तर का चयन कीजिए :

1. A-I, B-II, C-III, D-IV
2. A-II, B-I, C-IV, D-III
3. A-IV, B-III, C-II, D-I
4. A-III, B-I, C-II, D-IV

48. जब घरेलू रूप से उत्पादित माल और सेवाओं पर C_d, I_d और G_d क्रमशः उपभोग व्यय, निवेश व्यय और सरकारी व्यय को दर्शाते हैं और X और M एक देश के क्रमशः निर्यात और आयात के समग्र मूल्य को दर्शाते हैं तो जीडीपी की गणना निम्नलिखित में से किस प्रकार की जाती है?

1. $C_d + I_d + G_d + X - M$
2. $C + I + G_d + X$
3. $C_d + I_d + G_d - M$
4. $C_d + I_d + G_d + X$

49. पूंजी की सीमांत दक्षता (MEC) और निवेश की सीमांत दक्षता (MEI) पूर्णतया अभिसरित होते हैं, जब :

1. निवेश की निवल दर सकारात्मक हो
2. निवेश की निवल दर नकारात्मक हो
3. निवेश की निवल दर शून्य हो
4. पूंजीगत स्टॉक का निवल मूल्य शून्य हो

50. कर-निर्धारण में उर्ध्वमुखी इक्विटी के लिए आवश्यक है कि :

1. भिन्न-भिन्न आय समूहों में लोगों पर समान रूप से कर लगाना चाहिए
2. भिन्न-भिन्न आय समूहों में व्यक्तियों पर भिन्न-भिन्न प्रकार से कर लगाना चाहिए
3. भिन्न-भिन्न आय समूहों के लोगों पर अनुपातिक रूप से कर लगाना चाहिए
4. व्यक्तिगत आय के आधार पर कोई कर न हो

51. निम्नलिखित में से कौन-सा सत्य नहीं है?

1. ऋण जनता से सरकार की निधि अंतरित करता है
2. सार्वजनिक उधारी उपभोग को कम करती है

3. कराधान उपभोग को कम करता है
4. सरकारी उधारी आय वितरण को प्रभावित नहीं करती है

52. निम्नलिखित को प्राचीनतम से नवीनतम के क्रम में व्यवस्थित करें :

A. मूल्य-स्पे-प्रवाह (Price-Specie-Flow) प्रणाली
B. तुलनात्मक लाभ
C. पूर्ण लाभ
D. अंतःउद्योग व्यापार
E. व्यापारवाद

नीचे दिए गए विकल्पों में से **सही** उत्तर का चयन कीजिए :

1. A, B, C, D, E
2. B, A, D, C, E
3. E, A, C, B, D
4. E, D, C, B, A

53. अंतर्जात वृद्धि सिद्धांत किसके द्वारा विकसित किया गया?

A. के. ऐरो
B. आर. बैरो
C. पी. रोमर
D. आर. सोलो
E. जी. मैन्किव

नीचे दिए गए विकल्पों में से **सही** उत्तर का चयन कीजिए :

1. केवल A, B, C, E
2. केवल A, B, E
3. केवल B, C, E
4. केवल A, B, C

54. सूची-I के साथ सूची-II का मिलान कीजिए :

सूची-I	सूची-II
A. अंतर्राष्ट्रीय व्यापार की आपूर्ति	I. डेविड रिकार्डो
B. अंतर्राष्ट्रीय व्यापार का मांग पक्ष	II. बास्टेबल एण्ड अल्फ्रेड मार्शल
C. अंतर्राष्ट्रीय व्यापार की अवसर लागत	III. जी. हैबरलेर
D. अंतर्राष्ट्रीय व्यापार का वास्तविक लागत सिद्धांत	IV. अल्फ्रेड मार्शल एण्ड एजवर्थ

नीचे दिए गए विकल्पों में से **सही** उत्तर का चयन कीजिए :

1. A-I, B-IV, C-III, D-II
2. A-I, B-IV, C-II, D-III
3. A-II, B-I, C-III, D-IV
4. A-IV, B-III, C-II, D-I

55. जब आय में बढ़ोतरी होने के फलस्वरूप कर के रूप में आय का प्रतिशत घटता है तो यह कहलाता है :

1. उत्तरोत्तर वर्धित कर
2. आनुपातिक कर
3. तटस्थ कर
4. प्रतिगमनकारी कर

56. जनांकिकीय लाभांश जनसंख्या के किस पक्ष से संबंधित है?

1. जीवन प्रत्याशा में वृद्धि
2. लिंगानुपात में वृद्धि
3. कुल जनन दर में ह्रास
4. मजदूरी अर्जित करने वाली आयु वाली जनसंख्या में वृद्धि

57. लेमन बाजार में असममितिक सूचना के परिणामस्वरूप :

A. औसत मूल्य में क्रमिक गिरावट आती है।
B. बेहतर गुणवत्ता वाले उत्पादों को क्रमिक रूप से बाजार से वापस ले लिया जाता है।
C. किसी एक पक्षकार द्वारा प्रतिकूल चयन किया जाता है।
D. खराब गुणवत्ता वाले उत्पादों को क्रमिक रूप से वापस लिया जाता है।

नीचे दिए गए विकल्पों में से **सही** उत्तर का चयन कीजिए :

1. केवल A
2. केवल A, C
3. केवल A, B, D
4. केवल A, B, C

58. पारिस्थितिकीय पदचिह्न से अभिप्रेत है :

1. प्रतिवर्ष किसी क्षेत्र में लगाए गए पौधों की संख्या
2. किसी देश में प्रतिवर्ष अवक्रमित पारिस्थितिकीय संसाधनों की मात्रा
3. किसी देश में घने जंगल का कुल क्षेत्र
4. मानव द्वारा उन्हें अपने परिवेश में उपलब्ध प्राकृतिक संसाधनों पर दबाव डालने का परिमाण

59. बाह्यता के होने की दशा में कोस प्रमेय में निम्नलिखित में से क्या तर्क प्रस्तुत किया गया है?

1. केवल सरकार के हस्तक्षेप से ही सामाजिक इष्टतम स्थिति प्राप्त की जा सकती है।
2. निजी पक्षकारों के मध्य परस्पर समझौता/करार के माध्यम से भी सामाजिक इष्टतम स्थिति प्राप्त की जा सकती है।
3. आय-प्रभाव और सैव्यवहार (लेन-देन) लागत पर हमेशा विचार किया जाना होता है।
4. संपत्ति का अधिकार किसी भी पक्षकार को नहीं दिया जा सकता है।

60. किसी संपत्ति तक मुक्त अभिगम के कारण प्रायः इसकी वहन क्षमता से अधिक सीमा तक इसका प्रयोग होता है। इस तरह की स्थिति कहलाती है :

1. सामान्य त्रासदी की समस्या
2. बाजार की विफलता की समस्या
3. बाह्यताओं की समस्या
4. नैतिक परिसंकट की समस्या

61. बहिर्गमन प्रभाव (क्राउडिंग आउट इफेक्ट) के क्षेत्र को अवरोही क्रम में व्यवस्थित कीजिए :

A. क्लासिकी समष्टि मॉडल
B. पूर्ण केन्जीयन प्रणाली जिसमें सामान्य दशाओं का पूर्वानुमान लगाया गया हो
C. सामान्य दशाओं की पूर्वमान्यता से आईएस-एलएम फ्रेमवर्क
D. सरल केन्जीयन मॉडल

नीचे दिए गए विकल्पों में से **सही** उत्तर का चयन कीजिए :

1. A, B, C, D   2. B, A, C, D
3. B, C, D, A   4. A, B, D, C

62. निम्नलिखित को आदितम से आधुनिककालीन क्रम में व्यवस्थित कीजिए :

A. एडम स्मिथ   B. डेविड रिकार्डो
C. डेविड ह्यूम   D. पॉल आर. कुगमैन
E. जेन टिनबर्जेन

नीचे दिए गए विकल्पों में से **सही** उत्तर का चयन कीजिए :

1. A, B, C, D, E
2. B, A, C, E, D
3. C, A, B, E, D
4. D, E, C, B, A

63. निम्नलिखित में से कौन-से कथन **सही** हैं?

A. सकल घरेलू उत्पाद सभी प्रकार के दोहरी गणना से मुक्त होता है।
B. दान को राष्ट्रीय आय में सम्मिलित किया जाता है।
C. भीख को वैयक्तिक आय में शामिल किया जाता है।
D. माल-सूची को निवेश में शामिल किया जाता है।
E. विदेशी कर्मकार की आय को सकल राष्ट्रीय उत्पाद (जी.एन.पी.) में शामिल किया जाता है न कि सकल घरेलू उत्पाद (जी.डी.पी.) में।

नीचे दिए गए विकल्पों में से **सही** उत्तर का चयन कीजिए :

1. केवल A और C
2. केवल A, C, D और E
3. केवल C, D और E
4. केवल C और D

64. वृहद-अर्थव्यवस्था की प्रमुख विचार शाखाओं के बारे में निम्नलिखित में से कौन-से कथन सही हैं?

A. नए केन्जीयन तार्किक प्रत्याशा, बाजार की कमियों की स्वीकार करते हैं और संचयी मांग की भूमिका को उजागर करते हैं।

B. मौद्रिकतावादी तार्किक प्रत्याशा, गैर-प्रतिस्पर्धी बाजार को मान्यता देते हैं तथा मौद्रिक नीति की भूमिका को उजागर करते हैं।

C. नए परम्परावादी तार्किक प्रत्याशा और प्रतिस्पर्धी बाजार को मान्यता देते हैं तथा नीति की अप्रासंगिकता को उजागर करते हैं।

D. परम्परावादी प्रतिस्पर्धी और टकराव रहित अर्थव्यवस्था को मान्यता देते हैं और नीति की अप्रभाविता को उजागर करते हैं।

E. केन्जीयन मजदूरी और कीमत की प्रत्यास्थता (लोच) को मान्यता देते हैं तथा नीति के प्रभावीपन को उजागर करते हैं।

नीचे दिए गए विकल्पों में से **सही** उत्तर का चयन कीजिए :

1. केवल A, C और D
2. केवल A, B, C और D
3. केवल B, C, D और E
4. केवल C और D

65. सूची-I के साथ सूची-II का मिलान कीजिए :

सूची-I	**सूची-II**
A. मुक्त व्यापार क्षेत्र	I. सदस्यों के मध्य सभी प्रशुल्क (टैरिफ) हटाए जाते हैं और जो सदस्य नहीं हैं उनके लिए बाह्य (विदेशी) व्यापार नीति अपनाई जाती है
B. सीमा शुल्क संघ	II. सदस्यों के मध्य सभी टैरिफ हटाए जाते हैं और समूह गैर-सदस्यों के लिए एक सामान्य विदेशी वाणिज्यिक नीति अपनाता है
C. सामान्य बाजार	III. समूह के सभी सदस्य एक-दूसरे के उत्पादों पर से टैरिफ हटा देते हैं और इसके साथ-साथ सदस्यों के साथ व्यापार-मूल्य स्थापित करने में अपनी स्वतंत्रता बनाए रखते हैं
D. आर्थिक संघ	IV. व्यापार एकीकरण की सर्वाधिक उन्नत अवस्था

नीचे दिए गए विकल्पों में से **सही** उत्तर का चयन कीजिए :

1. A-III, B-II, C-I, D-IV
2. A-I, B-II, C-III, D-IV
3. A-II, B-I, C-IV, D-III
4. A-IV, B-III, C-II, D-I

66. निम्नलिखित में से क्या जीवन तालिका में उपयुक्त नहीं बैठता है :

1. जीवन तालिका में आठ कॉलम होते हैं।
2. इसमें आयु-विशिष्ट मर्त्यता दर का उल्लेख होता है।
3. जीवन तालिका से आयु-विशिष्ट जन्म दर व्युत्पन्न किया जा सकता है।
4. आयु-विशिष्ट जीवन प्रत्याशा परिकलन किया जा सकता है।

67. पर्यावरणीय परिवर्तन यथा उद्यान बनाने, मनोहारी दृश्य निर्माण इत्यादि के कारण किसी मकान की कीमत में परिवर्तन को अनुमानित करने के लिए प्रयुक्त विधि है :

1. यात्रा लागत विधि
2. सुखवादी (भोगवादी) मूल्य-निर्धारण विधि
3. उत्पादन-प्रकार्य विधि
4. आकस्मिक मूल्यांकन विधि

68. ब्याज-दर और सट्टा मुद्रा मांग के मध्य व्युत्क्रमी संबंध होता है। इसका कारण है :

1. अनुकूलक प्रत्याशा परिकल्पना
2. प्रतिगमन प्रत्याशा परिकल्पना
3. विवेकपूर्ण (युक्ति संगत) प्रत्याशा परिकल्पना
4. सापेक्षिक मजदूरी परिकल्पना

69. CES उत्पादन फलन $y = [a_1x_1^p + a_2x_2^p]^p$ ज्ञात है तो विभिन्न कारकों के मध्य प्रतिस्थापना का लोच होगी :

1. 1
2. P
3. $\frac{1}{P}$
4. $\frac{1}{1-P}$

70. निम्नलिखित को उनकी स्थापना-तिथि के आधार पर क्रम में व्यवस्थित कीजिए :

A. आईडीबीआई-भारतीय औद्योगिक विकास बैंक

B. आईएफसीआई-भारतीय औद्योगिक वित्त निगम

C. आईसीआईसीआई-भारतीय औद्योगिक साख (ऋण) और निवेश निगम

D. आईआरबीआई-भारतीय औद्योगिक पुनर्निर्माण बैंक

नीचे दिए गए विकल्पों में से **सही** उत्तर का चयन कीजिए :

1. B, C, D, A
2. D, B, C, A
3. B, C, A, D
4. A, B, D, C

71. निम्नलिखित को आदितम से वर्तमान क्रम में व्यवस्थित कीजिए :

A. जॉन एफ. नैश

B. वॉन न्यूमान एण्ड ऑस्कर मॉर्गेस्टर्न

C. रॉबर्ट एक्सेलरॉड

D. पॉल मिलग्रोम

E. जॉन मेनार्ड स्मिथ

नीचे दिए गए विकल्पों में से **सही** उत्तर का चयन कीजिए :

1. A, B, C, D, E
2. A, C, B, D, E
3. A, D, B, C, E
4. B, A, C, E, D

72. प्राक्कलन की सामान्यीकृत न्यूनतम वर्ग विधि निम्नलिखित में से किन मामलों में प्रयुक्त हो सकती है?

A. स्वतः सह संबंधित बाधाएं

B. व्याख्यात्मक चरों के मध्य बहु सहरेखीयता

C. विषम प्रत्यास्थी बाधाएं

D. अति उपयुक्त मॉडल

E. त्रुटिपूर्ण प्रकार्यात्मक रूप

नीचे दिए गए विकल्पों में से **सही** उत्तर का चयन कीजिए :

1. केवल A, C और D
2. केवल C, B और E
3. केवल A और C
4. केवल C, D और E

73. सूची-I के साथ सूची-II का मिलान कीजिए :

सूची-I	**सूची-II**
A. अशोधित जन्म दर	I. $\frac{B}{P} \times 1000$
B. आयु-विशिष्ट प्रजनन दर	II. $\frac{B}{P_F} \times 1000$
C. कुल प्रजनन दर	III. $\frac{B_i}{P_{iF}} \times 1000$
D. सामान्य प्रजनन दर	IV. $\sum \frac{B_i}{P_{iF}} \times 1000$

नीचे दिए गए विकल्पों में से **सही** उत्तर का चयन कीजिए :

1. A-II, B-III, C-I, D-IV
2. A-I, B-III, C-II, D-IV
3. A-IV, B-I, C-II, D-III
4. A-I, B-III, C-IV, D-II

74. नव क्लासिकी वृहद (समष्टि) मॉडल में बिना अप्रत्याशित संघात के हमारे पास निम्नलिखित हो सकता है :

A. स्वैच्छिक बेरोजगारी

B. अनैच्छिक बेरोजगारी

C. प्रच्छन्न बेरोजगारी

D. चक्रीय बेरोजगारी

E. बेरोजगारी की स्वाभाविक दर

नीचे दिए गए विकल्पों में से **सही** उत्तर का चयन कीजिए :

1. केवल A और D
2. केवल B और C
3. केवल D और E
4. केवल A और E

75. वालरस नियम का कहना है कि यदि N-1 बाजारों में साम्यता है तो हमें निम्नलिखित बाजारों/बाजार में साम्य कीमतें प्राप्त हो सकती हैं :

1. N बाजार
2. 2N बाजार
3. N-3 बाजार
4. N-4 बाजार

76. **सही** विकल्प चुनिए :

साइटोवॉस्की द्वय मानदंड में

1. काल्डर-हिक्स कल्याण मानदण्ड परीक्षण को पूरा करना अपेक्षित नहीं होता हैं।
2. इसमें केवल व्युत्क्रम-परीक्षण को पूरा करना अपेक्षित है।
3. इसमें व्युत्क्रमण-परीक्षण को पूरा करना अपेक्षित नहीं है।
4. इसमें काल्डर-हिक्स परीक्षण तथा व्युत्क्रम परीक्षण को पूरा करना अपेक्षित होता है।

77. निम्नलिखित में से कौन-सी विशेषता एकाधिकारी प्रतिस्पर्धी के संदर्भ में उपयुक्त नहीं है?

1. प्रतिष्ठानों का कीमत पर कोई नियंत्रण नहीं होता है।
2. उत्पादन के कारकों की पूर्ण सचलता।
3. उत्पाद विभेदीकृत होते हैं।
4. घटक-मूल्य और प्रौद्योगिकी का उल्लेख रहता है।

78. निम्नलिखित विद्वानों के जनसंख्या-सिद्धांतों को कालक्रम में व्यवस्थित कीजिए :

A. कार्ल मार्क्स
B. एडविन कैनन
C. टी.आर. माल्थस
D. सी.आर. ब्लैकर

नीचे दिए गए विकल्पों में से **सही** उत्तर का चयन कीजिए :

1. B, C, A, D
2. A, B, C, D
3. C, B, A, D
4. B, C, D, A

79. अरेखीय सममात्रा और समलागत के मध्य स्पर्शज्या बिन्दू का तात्पर्य निम्नलिखित में से किससे है?

1. उत्पादन क्षमता का वह बिन्दु जहाँ कोई फर्म न्यूनतम संभावित लागत पर वांछित प्रतिफल उत्पन्न कर सकता है।
2. प्रतिफल के विभिन्न स्तर जिसे इनपुट के दिए गए स्तर का प्रयोग कर उत्पन्न किया जा सकता है।
3. इनपुट के विभिन्न युग्म जिसका प्रयोग निर्दिष्ट प्रतिफल स्तर तक उत्पादन के लिए किया जा सकता है।
4. विभिन्न स्तरों का प्रतिफल उत्पन्न करने के लिए अपेक्षित आदान का न्यूनतम लागत युग्मन।

80. निम्नलिखित में से क्या व्यापार का/के आधुनिक सिद्धांत नहीं हैं?

A. मानव कौशल सिद्धांत
B. घटक-अनुपात सिद्धांत
C. उत्पाद चक्र सिद्धांत
D. ऑफर कर्व एनालिसिस (प्रस्ताव वक्र विश्लेषण)
E. एकाधिकारी प्रतिस्पर्धी व्यापार सिद्धांत

नीचे दिए गए विकल्पों में से **सही** उत्तर का चयन कीजिए :

1. केवल A
2. केवल A, B
3. केवल B, D
4. केवल C, D, E

81. भारत के राष्ट्रीय स्तर के कार्यक्रम के बारे में निम्नांकित में से कौन-सा कथन सही **नहीं** है?

1. महात्मा गांधी राष्ट्रीय ग्रामीण रोजगार गारंटी कार्यक्रम (एम.जी.एन.आर.ई.जी.पी.) एक कार्यबल प्रवण कार्यक्रम है।
2. प्रधानमंत्री आवास योजना एक विकास योजना है।
3. प्रधानमंत्री ग्रामीण सड़क योजना खाद्य सुरक्षा संवर्धन कार्यक्रम है।
4. बी.बी.बी.पी. महिला-पुरुष समानता संवर्धन कार्यक्रम है।

82. निम्नलिखित जनांकिकीय पदबंधों को सी.आर. ब्लैकर के जनसंख्या-सिद्धांत के अनुसार व्यवस्थित कीजिए :

A. न्यून मर्त्यता और जन्म से अधिक मृत्यु
B. जन्म दर में गिरावट किन्तु मर्त्यता में ह्रास
C. उच्च जन्म दर और उच्च मृत्यु दर
D. न्यून जन्म दरें समान रूप से न्यून मर्त्यता से संतुलित

नीचे दिए गए विकल्पों में से **सही** उत्तर का चयन कीजिए :

1. C, B, A, D
2. C, B, D, A
3. A, C, B, D
4. B, C, D, A

83. व्यक्ति द्वारा धन की जमाखोरी के परिणाम हैं :

A. माल और सेवाओं का क्रय नहीं करने से उपयोगिता की कमी

B. बचत नहीं करने से परित्यक्त ब्याज

C. अपस्फीति के कारण धन के वास्तविक मोल का ह्रास

D. अन्य आस्तियों का क्रय नहीं करने के कारण प्रतिफल (अनुलाभ) की कमी

नीचे दिए गए विकल्पों में से **सही** उत्तर का चयन कीजिए :

1. केवल A, B, C
2. केवल A, B, D
3. केवल B, C, D
4. केवल A, B

84. निम्नलिखित में से कौन-सा भारत सरकार का ग्रामीण विकास कार्यक्रम नहीं है?

1. दीन दयाल उपाध्याय ग्रामीण कौशल्या योजना
2. प्रधानमंत्री ग्राम सड़क योजना
3. स्वच्छ भारत मिशन
4. राष्ट्रीय सामाजिक सहायता कार्यक्रम

85. सूची-I के साथ सूची-II का मिलान कीजिए :

सूची-I	**सूची-II**
A. वॉन न्यूमान एण्ड ऑस्कर मॉगेन्स्टर्न	I. जैसे-को-तैसा रणनीति
B. एक्सेलरॉड	II. खेल और आर्थिक व्यवहार सिद्धांत
C. स्टैकलबर्ग नेतृत्व मॉडल	III. नैश साम्यता
D. सिंगल-शॉट गेम	IV. धोखाधड़ी

नीचे दिए गए विकल्पों में से **सही** उत्तर का चयन कीजिए :

1. A-I, B-II, C-III, D-IV
2. A-II, B-I, C-IV, D-III
3. A-IV, B-III, C-II, D-I
4. A-II, B-I, C-III, D-IV

86. नीचे दिए गए उदाहरण को पढ़िए और दिए गए विकल्पों में से सही उत्तर चुनिए :

यदि कोई प्राध्यापक किसी परीक्षा में केवल वर्ण के ग्रेड देता है, हमें पता चलता है कि 'A' ग्रेड पाने वाले विद्यार्थी ने 'B' ग्रेड पाने वाले विद्यार्थी की तुलना में बेहतर प्रदर्शन किया किन्तु हम यह नहीं कह सकते कि क्रमबद्ध मापनी से वह कितना बेहतर था, ना ही हम यह कह सकते हैं कि 'A' और 'B' ग्रेड तथा 'C' ग्रेड पाने वाले विद्यार्थी में अधिमानता का अंतर है या नहीं।

1. मार्शल का उपयोगिता विश्लेषण
2. उद्घाटित अधिक्मान विश्लेषण
3. स्लट्स्की समीकरण
4. उदासीन वक्र विश्लेषण

87. मार्शल के उपयोगिता विश्लेषण में उपभोक्ता अधिशेष का आधार है :

1. सम-सीमांत उपयोगिता का नियम
2. अनुपात का नियम
3. ह्रास मान सीमांत उपयोगिता का नियम
4. मांग का नियम

88. निम्नलिखित सिद्धांतों को सही कालक्रम में व्यवस्थित करें (आदितम से आरंभ करते हुए) :

A. मुद्रा की मात्रा-सिद्धांत का कैम्ब्रिज संस्करण

B. मुद्रा की मांग का बौमोल का सिद्धांत

C. मुद्रा की मात्रा सिद्धांत का फिशर संस्करण

D. टॉबिन का मुद्रा की मांग का सिद्धांत

नीचे दिए गए विकल्पों में से **सही** उत्तर का चयन कीजिए :

1. C, A, D, B
2. A, C, B, D
3. C, A, B, D
4. B, C, D, A

89. भारत के अनौपचारिक क्षेत्र के बारे में अनुदैर्ध्य दत्त (आंकड़े) संबंधी प्रतिवेदनों का प्रकाशन भारत के किस मंत्रालय द्वारा किया गया है?

1. गृह मंत्रालय
2. नीति आयोग
3. सांख्यिकी और कार्यक्रम कार्यान्वयन मंत्रालय
4. वित्त मंत्रालय

90. निम्नलिखित घटनाओं को उनके घटित होने की प्रायिकता के आधार पर बढ़ते क्रम में व्यवस्थित कीजिए :

A. दो सिक्कों के युगपत उछाल में दो चित (शीर्षभाग) प्राप्त होने की प्रायिकता।

B. भली भांति संपृक्त ताश के पत्तों के एकल ड्रॉ से रानी (बेगम) का पत्ता प्राप्त होने की प्रायिकता।

C. किसी झोले में रखे 3 श्वेत और 7 काले गेंदों में से एक श्वेत गेंद प्राप्त होने की प्रायिकता।

D. किसी पाशक (डाई) के एकल रॉल से समसंख्या प्राप्त होने की प्रायिकता।

नीचे दिए गए विकल्पों में से **सही** उत्तर का चयन कीजिए :

1. A, D, B, C   2. C, A, B, D
3. B, C, A, D   4. B, A, C, D

निर्देशः (प्र.सं. 91 से 95 तक): निम्नलिखित कैदियों की दुविधा गेम पर विचार कीजिए

तालिका : सुरक्षा-निवेश गेम

		फर्म-2	
		कोई निवेश नहीं	निवेश
फर्म-1	कोई निवेश नहीं	$200 / $200	$250 / $100
	निवेश	$100 / $250	$225 / $225

उपरोक्त पेऑफ मैट्रिक्स को पढ़ें और निम्नलिखित प्रश्नों के उत्तर दें :

सही विकल्प ज्ञात कीजिए।

91. नैश साम्य तब घटित होता है जब दोनों फर्में अर्जित करती हैं :

1. (\$200, \$200)
2. (\$225, \$225)
3. (\$100, \$250)
4. (\$225, \$100)

92. उद्योग में एक फर्म द्वारा संरक्षा निवेश से :

1. दोनों फर्म की संरक्षा बढ़ती है।
2. निवेश करने वाली फर्म की संरक्षा बढ़ती है।
3. कुल मिलाकर उद्योग की संरक्षा सुनिश्चित नहीं की जा सकती।
4. जिस फर्म ने निवेश नहीं किया है उसके संरक्षा बढ़ती है।

93. दोनों फर्मों द्वारा किया गया निवेश :

1. साम्य है
2. आंशिक रूप से साम्य है
3. साम्य नहीं है
4. नैश साम्यता है

94. इस क्रीडा में अपेक्षा से कम निवेश की समस्या का परिहार किया जा सकता है यदि :

1. एक फर्म निवेश करे और दूसरा फर्म निवेश नहीं करे
2. सरकार ऐसे संरक्षा मानक निर्धारित करती है जिसमें दोनों फर्मों को निवेश करना पड़ेगा
3. दोनों निवेश करें
4. कोई भी निवेश नहीं करे

95. दो फर्म वाले उद्योग में से एक फर्म द्वारा संरक्षा निवेश के फलस्वरूप :

1. उस फर्म में कर्मकारों की मजदूरी बढ़ती है जिसने निवेश नहीं किया है
2. उस फर्म के कर्मकारों की मजदूरी बढ़ती है जिसने निवेश किया है
3. उस फर्म के कर्मकारों की मजदूरी घटती है जिसने निवेश किया है
4. दोनों फर्मों में कर्मकारों की मजदूरी घटती है

निर्देशः (प्र.सं. 96 से 100 तक): निम्नलिखित गद्यांश को ध्यानपूर्वक पढ़े और प्रश्नों के उत्तर दीजिए।

अपने वैयक्तिक अभिलाक्षणिक गुण अपनी सामाजिक पृष्ठभूमि, आर्थिक परिस्थितियां इत्यादि के आधार पर व्यक्ति में कुछ चीजें करने (या कुछ बनने) की योग्यता होती है जिसे महत्त्व देने का उसके पास कारण होता है। मूल्यांकन (मोल-निर्धारण) का तर्क प्रत्यक्ष (अंतर्ग्रस्त कार्यकरण से प्रत्यक्षतः उसका जीवन यथा हृष्टपुष्ट या स्वस्थ होना) अथवा अप्रत्यक्ष (अंतर्ग्रस्त कार्यकरण से उत्पादन बढ़ाने या बाजार में कीमत को समादिष्ट करने में अंशदान हो सकता है) हो सकता है। सैद्धांतिक रूप में मानवपूंजी परिप्रेक्ष्य को मोटे तौर पर परिभाषित करने में दोनों प्रकार के मोल-निर्धारण को समाहित किया जा सकता है किंतु प्रारूपिक रूप से इसकी परिभाषा परंपरागत रूप से प्रमुखतः परोक्ष मूल्य के संदर्भ में दी जाती है, अर्थात् उत्पादन में जिस तरह से भौतिक पूंजी प्रयुक्त होती है उसी रूप में मानवीय गुणों को भी प्रयुक्त किया जा सकता है। इस अर्थ में मानव पूंजी उपागम का अपेक्षाकृत अधिक संकीर्ण मत मानव की उस अभियोग्यता के समावेशी परिप्रेक्ष्य में सटीक बैठता है जिसमें मानव की योग्यताओं के प्रत्यक्ष और परोक्ष दोनों परिणाम समाहित हो सकते हैं। उदाहरण के तौर पर यदि शिक्षा व्यक्ति को वस्तु के उत्पादन में अधिक दक्ष बनाता है तो यह प्रत्यक्षतः मानवपूंजी का संवर्धन है। इसके फलस्वरूप अर्थव्यवस्था में उत्पादन के मोल में वृद्धि हो सकती है और इसके साथ-साथ शिक्षित होने वाले व्यक्ति की आय भी बढ़ सकती है। किन्तु इतनी-सी आय वाला कोई व्यक्ति पठन, संप्रेषण, तर्क विद्या के माध्यम से लाभान्वित होकर अपेक्षाकृत अधिक संसूचित रूप में विकल्पों का चयन कर सकता है और अन्य जनमानस उसे अधिक गंभीरतापूर्वक ले सकते हैं और इस तरह से कई अन्य बातें हो सकती हैं। इस प्रकार शिक्षा के फलस्वरूप प्राप्त होने वाली प्रसुविधाओं की भूमिका वस्तु उत्पादन में मानवपूंजी के रूप में इसकी भूमिका से कहीं अधिक है। वृहत्तर मानव अभियोग्यता संदर्श (परिप्रेक्ष्य) में इन अतिरिक्त भूमिकाओं को अभिलिखित कर इन्हें महत्त्व दिया जाएगा।

96. किसी व्यक्ति को शिक्षा प्रदान करने के फलस्वरूप निम्नलिखित में से किसका संवर्धन होता है?

1. मानव अभियोग्यता का न कि मानव पूंजी का
2. मानव पूंजी का न कि मानव अभियोग्यता का
3. मानव अभियोग्यता और मानव पूंजी दोनों का
4. न तो मानव अभियोग्यता का न ही मानव पूंजी का

97. व्यक्ति द्वारा कतिपय कार्य और कुछ बनने को महत्त्व देने का प्रत्यक्ष प्रभाव होता है, यथा :

1. उत्पादन में दक्ष होना
2. राष्ट्रीय धन में अंशदान
3. जीवन संवर्धन
4. उपयोगिता संवर्धन का उपभोग

98. मानव अभियोग्यता का संबंध है :

1. संसूचित विकल्प चयन से
2. प्रति व्यक्ति आय से
3. उत्पादन-दक्षता से
4. आर्थिक विकास से

99. निम्नलिखित में से कौन-सी अवधारणा मानव अभियोग्यता से संबंधित नहीं है?

1. स्वस्थ होना
2. तर्क वृद्धि में प्रवीण होना
3. सामाजिक स्वीकार्यता
4. अधिनायकवादी होना

100. मानव अभियोग्यता और मानव पूंजी निम्नांकित रूप में संबद्ध हैं :

1. ये दोनों पूर्णतः पृथक अवधारणाएं हैं
2. मानव अभियोग्यता मानव पूंजी की तुलना में अधिक उच्चतर श्रेणी की है
3. मानव पूंजी, मानव अभियोग्यता की तुलना में उच्चतर श्रेणी की है
4. ये दोनों प्रायः समान अवधारणाएं हैं

उत्तरमाला

1	2	3	4	5	6	7	8	9	10
4	3	2	4	4	3	1	3	3	1
11	**12**	**13**	**14**	**15**	**16**	**17**	**18**	**19**	**20**
2	2	3	2	4	1	1	1	2	4
21	**22**	**23**	**24**	**25**	**26**	**27**	**28**	**29**	**30**
4	2	1	2	2	2	3	2	2	4
31	**32**	**33**	**34**	**35**	**36**	**37**	**38**	**39**	**40**
4	1	1	2	2	1	4	2	3	2
41	**42**	**43**	**44**	**45**	**46**	**47**	**48**	**49**	**50**
2	2	2	2	3	1	4	1	3	2
51	**52**	**53**	**54**	**55**	**56**	**57**	**58**	**59**	**60**
4	3	4	1	4	4	4	4	2	1
61	**62**	**63**	**64**	**65**	**66**	**67**	**68**	**69**	**70**
1	3	4	1	1	3	2	2	4	3
71	**72**	**73**	**74**	**75**	**76**	**77**	**78**	**79**	**80**
4	3	4	4	1	4	2	3	1	3
81	**82**	**83**	**84**	**85**	**86**	**87**	**88**	**89**	**90**
3	2	2	3	4	4	3	3	3	4
91	**92**	**93**	**94**	**95**	**96**	**97**	**98**	**99**	**100**
1	2	3	2	4	3	3	1	4	2

व्याख्यात्मक उत्तर

1. भारत में राष्ट्रीय आय सांख्यिकी (National Accounts Statistics) के संकलन/संगणना और प्रकाशन की जिम्मेदारी केंद्रीय सांख्यिकी संगठन (CSO) पर रही है, जो सांख्यिकी एवं कार्यक्रम क्रियान्वयन मंत्रालय (MoSPI) के अंतर्गत आता है। यद्यपि 2019 से CSO और NSSO का पुनर्गठन होकर राष्ट्रीय सांख्यिकी कार्यालय (NSO) बना, पर विकल्पों में दिए गए नामों में यही सही इकाई है; RBI/वित्त मंत्रालय/नीति आयोग राष्ट्रीय आय का संकलन नहीं करते।

2. पैमाने की बचत (increasing returns to scale) और एकाधिकारी प्रतियोगिता (monopolistic competition) को एक साथ समाहित कर अंतःउद्योग व्यापार को समझाने वाला प्रतिरूप पॉल क्रुगमैन (1979/1980) का "क्रुगमैन व्यापार प्रतिरूप" है। इसमें अनेक फर्में, विविधता-प्रियता और आंतरिक पैमाने की बचत के कारण समान देशों के बीच भी व्यापार (intra-industry trade) उत्पन्न होता है। केम्प प्रतिरूप/फाल्वे प्रतिरूप या "अंतःउद्योग व्यापार" स्वयं कोई विशिष्ट मॉडल इस संयोजन को उतनी प्रत्यक्षता से नहीं दर्शाते।

3. एकाधिकार अथवा एकाधिकारी प्रतियोगिता के परिप्रेक्ष्य में, सीमांत आय (MR) और मूल्य लोच (ε) का संबंध सूत्र द्वारा व्यक्त किया जाता है :

$$MR = P\left(1+\frac{1}{\varepsilon}\right)$$

यहाँ दिए गए हैं :

- सीमांत आय MR = 10
- मूल्य P = 30

सूत्र में मान रखने पर :

$$\frac{MR}{P} = 1+\frac{1}{\varepsilon}$$

$$\frac{10}{30} = 1+\frac{1}{\varepsilon}$$

$$\frac{1}{3} = 1+\frac{1}{\varepsilon}$$

अब 1 घटाते हैं :

$$\frac{1}{3}-1 = \frac{1}{\varepsilon}$$

$$-\frac{2}{3} = \frac{1}{\varepsilon}$$

अतः

$$\varepsilon = -\frac{3}{2} = -1.5$$

माँग की स्व-मूल्य लोच ऋणात्मक होती है, अतः सही मान –1.5 है।

4. योजनाओं के आरंभिक वर्ष निम्न प्रकार हैं :

- अटल पेंशन योजना (B): मई 2015 में प्रारंभ।
- पीएम उज्ज्वला योजना (D): मई 2016 में प्रारंभ।
- आयुष्मान भारत योजना (A): सितम्बर 2018 में प्रारंभ।
- जल जीवन मिशन (C): अगस्त 2019 में प्रारंभ।

कालानुक्रम में क्रम होगा : B, D, A, C.

5. क्लासिकी व्यापार सिद्धांत (Classical Theory of Trade) जैसे एडम स्मिथ का निरपेक्ष लाभ (Absolute Advantage) और डेविड रिकार्डो का तुलनात्मक लाभ (Comparative Advantage) मुख्य रूप से श्रम को उत्पादन का एकमात्र कारक मानते हैं। यह मूल्य के श्रम सिद्धांत (Labour Theory of Value) को स्वीकार करते हैं और व्यापार को सकारात्मक-योग खेल (Positive-sum game) मानते हैं, जहाँ सभी भागीदार देशों को व्यापार से लाभ होता है। इन सिद्धांतों में यह धारणा भी शामिल है कि उत्पादन के कारक घरेलू स्तर पर पूर्ण रूप से गतिशील (perfectly mobile) होते हैं, लेकिन अंतर्राष्ट्रीय स्तर पर अचल (perfectly immobile) होते हैं।

इसलिए :

A. **मूल्य का श्रम सिद्धांत** : लागू होता है, क्योंकि यह क्लासिकी सिद्धांत का आधार है।

B. **एक कारक प्रतिरूप** : लागू होता है, क्योंकि क्लासिकी मॉडल एकल कारक (श्रम) पर आधारित है।

C. **यह शून्य-योग चाल को संतुष्ट करता है** : लागू नहीं होता, क्योंकि क्लासिकी सिद्धांत व्यापार को पारस्परिक लाभकारी मानते हैं, न कि शून्य-योग।

D. **यह बहु-कारक प्रतिरूप है** : लागू नहीं होता, क्योंकि क्लासिकी सिद्धांत बहु-कारक मॉडल नहीं हैं।

E. **उत्पाद के कारक घरेलू और अंतर्राष्ट्रीय रूप से चलायमान हैं** : लागू नहीं होता, क्योंकि क्लासिकी सिद्धांत केवल घरेलू गतिशीलता और अंतर्राष्ट्रीय अचलता को मानते हैं।

अतः जो कथन लागू नहीं होते वे हैं C, D और E.

6. केंद्रीय बैंक मुद्रा पूर्ति बढ़ाने के लिए :

B. **जनता से सरकारी प्रतिभूतियां खरीदना** : यह ओपन मार्केट ऑपरेशन द्वारा अर्थव्यवस्था में नकदी प्रवाह बढ़ाता है।

C. **नकद आरक्षित अनुपात (CRR) को कम करना** : इससे बैंकों के पास उधार देने हेतु अधिक नकदी उपलब्ध होती है।

D. **रेपो दर को कम करना** : इससे बैंकों को सस्ता ऋण मिलता है और ऋण प्रवाह बढ़ता है।

जबकि A. CRR को बढ़ाना मुद्रा आपूर्ति को घटाता है।

इसलिए, सही विकल्प है B, C, D.

7. सूची-I और सूची-II का सही मिलान इस प्रकार है :

- **A. एडम स्मिथ — I. बाजार का आकार** : एडम स्मिथ ने श्रम विभाजन के सिद्धांत में कहा कि श्रम विभाजन की सीमा बाजार के आकार पर निर्भर करती है।
- **B. डेविड रिकार्डो — II. प्राकृतिक संसाधन प्रतिबंध** : रिकार्डो का रेंट सिद्धांत और तुलनात्मक लाभ सिद्धांत भूमि जैसे प्राकृतिक संसाधन प्रतिबंधों को महत्व देता है।
- **C. कार्ल मार्क्स — III. उत्पादन की शक्तियां** : मार्क्स ने उत्पादन की शक्तियों और उत्पादन संबंधों के विरोधाभास पर आधारित ऐतिहासिक भौतिकवाद का प्रतिपादन किया।
- **D. अमर्त्य सेन — IV. चयन की स्वतंत्रता** : अमर्त्य सेन ने मानव विकास और क्षमताओं के दृष्टिकोण में स्वतंत्रता और विकल्पों के महत्व को रेखांकित किया।

अतः सही मिलान A-I, B-II, C-III, D-IV है।

8. मौद्रिक नीति सिद्धांतों के संदर्भ में सूची-I और सूची-II का सही मिलान इस प्रकार है :

- **A. अनुकूलन प्रत्याशा (Adaptive expectations) — III. नीति केवल अल्प-अवधि में प्रभावी है, हालांकि लंबी अवधि में नहीं :** इस दृष्टिकोण में लोग अपनी उम्मीदें पिछले अनुभवों के आधार पर बनाते हैं। अल्पकाल में मौद्रिक नीति उत्पादन और रोजगार पर प्रभाव डाल सकती है, लेकिन जैसे-जैसे लोग नई परिस्थितियों के अनुरूप अपनी अपेक्षाएँ बदलते हैं, दीर्घकाल में नीति अप्रभावी हो जाती है।
- **B. तार्किक प्रत्याशाओं (Rational expectations) के तहत पूर्वानुमानित विस्तारक मौद्रिक नीति — I. नीति केवल सामान्य स्फीति के साथ अप्रभावी है :** तार्किक प्रत्याशा सिद्धांत कहता है कि लोग सभी उपलब्ध सूचनाओं का उपयोग करके सही भविष्यवाणी करते हैं। यदि विस्तारक नीति पूर्वानुमेय है, तो लोग तुरंत अपने व्यवहार (मजदूरी और मूल्य) को समायोजित कर लेते हैं, जिससे नीति का वास्तविक उत्पादन पर कोई प्रभाव नहीं होता और केवल स्फीति (inflation) उत्पन्न होती है।
- **C. महामंदी के दौरान मुद्रा मजदूरी में कटौती — II. नीति केवल सामान्य अवस्फीति के साथ अप्रभावी है :** महामंदी में मजदूरी कटौती से समग्र मांग में और कमी आई, जिससे अवस्फीति और आर्थिक संकुचन हुआ। इस प्रकार ऐसी नीति सामान्य अवस्फीति के माहौल में अप्रभावी साबित हुई।
- **D. काफी बड़ी प्रसूची लागत (Menu cost) की उपस्थिति — IV. किसी भी सामान्य स्फीति/अवस्फीति के साथ नीति प्रभावी नहीं है :** जब प्रसूची लागतें बड़ी होती हैं, तो फर्में कीमतों को समायोजित करने से हिचकिचाती हैं, जिससे मौद्रिक या राजकोषीय नीतियों के प्रभाव को निष्प्रभावी कर देती हैं।

अतः सही मिलान A-III, B-I, C-II, D-IV है।

9. यह एक द्वि-क्षेत्रीय (two-sector) अर्थव्यवस्था का लेऑन्टीफ इनपुट-आउटपुट मॉडल है। हमें दिया गया है आगत-निर्गत मैट्रिक्स (A):

$$A = \begin{pmatrix} 0.25 & 0.40 \\ 0.10 & 0.10 \end{pmatrix}$$

बाहरी मांग वेक्टर (D):

$$D = \begin{pmatrix} 10 \\ 20 \end{pmatrix}$$

हमें निर्गत स्तर X निकालना है :

$$X = (I - A)^{-1} D$$

(1) इकाई मैट्रिक्स से A घटाना :

$$I - A = \begin{pmatrix} 1 & 0 \\ 0 & 1 \end{pmatrix} - \begin{pmatrix} 0.25 & 0.40 \\ 0.10 & 0.10 \end{pmatrix}$$

$$= \begin{pmatrix} 0.75 & -0.40 \\ -0.10 & 0.90 \end{pmatrix}$$

(2) डिटरमिनेंट निकालें :

$$|I - A| = (0.75)(0.90) - (-0.40)(-0.10)$$

$$= 0.675 - 0.04$$

$$= 0.635$$

(3) इनवर्स $(I\text{-}A)^{\{-1\}}$ निकालें :

एडज्वॉइंट :

$$Adj(I - A) = \begin{pmatrix} 0.90 & 0.40 \\ 0.10 & 0.75 \end{pmatrix}$$

(क्योंकि को-फैक्टर मैट्रिक्स का ट्रांसपोज लिया गया है और साइन परिवर्तन लागू किया गया है।)

अब,

$$(I - A)^{-1} = \frac{1}{0.635}\begin{pmatrix} 0.90 & 0.40 \\ 0.10 & 0.75 \end{pmatrix}$$

(4) D से गुणा करें :

पहले मैट्रिक्स गुणन :

$$\begin{pmatrix} 0.90 & 0.40 \\ 0.10 & 0.75 \end{pmatrix}\begin{pmatrix} 10 \\ 20 \end{pmatrix} = \begin{pmatrix} 0.90(10) + 0.40(20) \\ 0.10(10) + 0.75(20) \end{pmatrix}$$

$$= \begin{pmatrix} 9 + 8 \\ 1 + 15 \end{pmatrix}$$

$$= \begin{pmatrix} 17 \\ 16 \end{pmatrix}$$

अब इसे $\frac{1}{0.635}$ से गुणा करें :

$$X = \frac{1}{0.635}\left(\frac{17}{16}\right)$$

$$= \left(\frac{\frac{17}{0.635}}{\frac{16}{0.635}}\right)$$

$$= \left(\frac{26.77}{25.20}\right)$$

इस प्रकार पहले क्षेत्र का निर्गत स्तर लगभग 26.77 और दूसरे क्षेत्र का 25.20 होगा।

10. क्रम-स्थिति (order condition) के अनुसार किसी समीकरण की पहचान के लिए :

- प्रणाली में अंतर्जात (endogenous) चर Y_1, Y_2, Y_3 हैं।
- प्रथम समीकरण : $Y_1 = \propto_0 + \propto_1 Y_2 + \propto_3 Y_3 + \propto_4 X_1 + \propto_5 X_2 + U_1$.

यहाँ Y_1, Y_2, Y_3 अंतर्जात हैं। Y_1 आश्रित है और Y_2 व Y_3 दाईं ओर मौजूद हैं। Y_3 के लिए एक अलग समीकरण दिया गया है जिसमें केवल बाह्य चर X_1, X_2, X_3 हैं। कुल अंतर्जात चर = 3, कुल बहिर्जात = X_1, X_2, X_3। प्रणाली में 3 समीकरण और 3 अंतर्जात हैं। प्रथम समीकरण में शामिल न किए गए बाहरी चर = X_3 (क्योंकि X_1 और X_2 पहले से सम्मिलित हैं) और अंतर्जात चर Y_2, Y_3 सभी मौजूद हैं। छोड़े गए बहिर्जात = 1 है जबकि (कुल अंतर्जात −1) = 2 है। छोड़े गए (exogenous) < (endogenous − 1) ⇒ अज्ञात (under-identified)।

11. कालानुक्रमिक क्रम (प्रथम से अंतिम) के अनुसार इन अवधारणाओं व पुस्तकों को इस प्रकार व्यवस्थित किया जाता है :

E. **मार्जिनल यूटिलिटी–एलफ्रेड मार्शल :** सीमांत उपयोगिता की अवधारणा का उद्भव 1870 के दशक में जेवन्स, मेंगर और वालरस ने किया, और मार्शल ने इसे 1890 की Principles of Economics में नव-क्लासिकी अर्थशास्त्र का केंद्रीय हिस्सा बनाया।

C. **शैडो प्राइस–जेन टिनबर्गेन :** 1930 के दशक में योजनाबद्ध अर्थव्यवस्थाओं में संसाधनों के इष्टतम आवंटन हेतु प्रयुक्त अवधारणा।

A. **द लॉजिक ऑफ इंवेस्टमेंट प्लानिंग–सुखमोय चक्रवर्ती :** यह पुस्तक 1959 में प्रकाशित हुई, जिसने विकासशील देशों में निवेश योजना के लिए तार्किक ढाँचे पर जोर दिया।

B. **चॉइस ऑफ टेकनीक्स–अमर्त्य सेन :** 1960 में प्रकाशित, जिसमें अमर्त्य सेन ने विकासशील अर्थव्यवस्थाओं में तकनीकों के चुनाव और रोजगार प्रभाव पर चर्चा की।

D. **द ट्रेजेडी ऑफ द कॉमन्स–जी. हार्डिन :** यह प्रसिद्ध निबंध 1968 में Science पत्रिका में प्रकाशित हुआ और साझा संसाधनों के अति-उपयोग पर प्रकाश डाला।

इस प्रकार सही कालक्रम है : E, C, A, B, D.

12. व्यापार से अभिलाभ (Gains from trade) की परिभाषा न होने वाले कथनों की पहचान के लिए प्रत्येक विकल्प का विश्लेषण इस प्रकार है :

A. "यह वह हितलाभ है जिसमें व्यक्ति और देश अंतर्राष्ट्रीय व्यापार में भाग लेकर प्राप्त करते हैं।" — यह सही परिभाषा है।

B. "यह आर्थिक अभिकर्त्ताओं को सकल हितलाभ है, जो व्यापार में वृद्धि के परिणामस्वरूप होता है।" — यह गलत है, क्योंकि व्यापार से अभिलाभ को निवल लाभ के रूप में परिभाषित किया जाता है, सकल लाभ नहीं।

C. "यह उत्पादक अधिशेष में से उपभोक्ता अधिशेष को घटाता है।" — यह पूरी तरह गलत है। व्यापार से अभिलाभ उपभोक्ता अधिशेष + उत्पादक अधिशेष का योग होता है, घटाव नहीं।

D. "यह आर्थिक अभिकर्त्ताओं का निवल हितलाभ है जो व्यापार में वृद्धि के परिणामस्वरूप होता है।" — यह सही परिभाषा है।

E. "यह उत्पादक अधिशेषों और उपभोक्ता अधिशेषों का कुल योग है।" — यह भी सही परिभाषा है।

अतः गलत परिभाषाएँ केवल B और C हैं।

13. छह साधारण पासों को एक साथ घुमाने पर कुल संभावित परिणाम 6^6 होते हैं (हर पासे के 6-6 विकल्प)। "सभी पासों पर अलग-अलग संख्याएँ" आने के अनुकूल परिणामों की संख्या क्रमचयों के बराबर है :

$$6 \times 5 \times 4 \times 3 \times 2 \times 1 = 6!$$

अतः माँगी गई प्रायिकता :

$$P = \frac{6!}{6^6} = \frac{720}{46656} = \frac{5}{324}.$$

14. दो निर्णय चरों की रेखीय प्रोग्रामिंग में इष्टतम बिंदु या तो किसी नितांत (कोण/चरम) बिंदु पर मिलता है या बहु-इष्टतम स्थिति में दो नितांत बिंदुओं को जोड़ने वाली रेखा-खंड पर कहीं भी हो सकता है। इष्टतम का हमेशा एक ही हल होना आवश्यक नहीं, सभी संसाधनों का पूरा उपयोग भी आवश्यक नहीं, और शुद्ध आंतरिक बिंदु पर इष्टतम नहीं रहता (जब तक उद्देश्य फंक्शन तुच्छ न हो)।

15. "विनिमय दर के अंतर्गत" (अर्थात् विनिमय दर के प्रकार/संचालनों) में निर्यात-आयात जैसी बाह्य लेनदेन और ब्याज दरें (पूँजी प्रवाह के माध्यम से) प्रासंगिक होती हैं, जबकि खुले बाजार के कार्यकलाप (ओएमओ मौद्रिक नीति का उपकरण) और ऋण के बहु-विस्तार (बैंकों का क्रेडिट क्रिएशन तंत्र) विनिमय दर की श्रेणी नहीं हैं; ये धन-बाजार/मौद्रिक संचरण के विषय हैं।

अतः केवल B, E.

16. सूचियों का मिलान इस प्रकार है :

- पूर्णतया प्रतिस्पर्धी प्रतिरूप में क्रेताओं-विक्रेताओं की बड़ी संख्या होती है, किसी एक फर्म का मूल्य पर नियंत्रण नहीं—यह क्रेताओं और विक्रेताओं की बड़ी संख्या से मेल खाता है।
- बेरट्रांड प्रतिरूप में फर्में मूल्य तय करती हैं और फिर उसी मूल्य पर माँगित मात्रा का उत्पादन करती हैं—यह उत्पादक पहले कीमत निर्धारित करता है और फिर उस कीमत पर माँगे गए निर्गत को उत्पादित करता है।
- स्टेकलबर्ग प्रतिरूप में नेता-अनुयायी की रणनीति से फर्मों की परस्पर-निर्भरता स्पष्ट होती है—यह परस्पर-निर्भरता को स्वीकार करता है।
- अल्पाधिकार प्रतिरूप की परिभाषा ही है कि कुछ प्रतिस्पर्धी फर्में होती हैं—यह बाजार में कुछ प्रतिस्पर्धी फर्म है।

अतः सही मिलान A-III, B-I, C-II, D-IV है।

17. सूचियों का मिलान इस प्रकार है :

- साधारण यादृच्छिक प्रतिचयन में प्रत्येक मद के चुने जाने की समान प्रायिकता होती है— IV. सभी परीक्षणों में प्रत्येक मद के लिए चयन की समान प्रायिकता।
- व्यवस्थित प्रतिचयन में पहली इकाई यादृच्छिक तथा शेष नियत अंतर (हर k-वाँ) से— III. प्रथम इकाई से यादृच्छिक चयन और शेष का व्यवस्थित चयन।
- कोटा प्रतिचयन नमूना गैर-प्रायिकता विधि है—I. गैर-प्रायिकता प्रतिचयन।
- स्तरीकृत यादृच्छिक प्रतिचयन में प्रत्येक स्तर (stratum) से यादृच्छिक चयन—II. प्रत्येक स्तर से मदों का यादृच्छिक चुनाव।

अतः सही मिलान A-IV, B-III, C-I, D-II है।

18. श्रेणीबद्ध (m श्रेणियाँ) गुणात्मक चर को प्रतिगमन में शामिल करने के लिए डमी (प्रतीकात्मक) चर बनाए जाते हैं। इंटरसेप्ट (अवरुद्ध पद) होने पर m डमी लगाने से पूर्ण बहुसहसंबद्धता (dummy variable trap) हो जाती है, इसलिए मानक विनिर्देशन है : (m–1) डमी + अवरुद्ध पद। इससे प्रत्येक श्रेणी का प्रभाव संदर्भ श्रेणी की तुलना में मापा जाता है।

19. इकाई मूल परीक्षण (Unit root test – जैसे Augmented Dickey-Fuller) की शून्य परिकल्पना यह होती है कि दी गई काल श्रेणी अस्थिर (non-stationary) है। यदि शून्य को अस्वीकार नहीं किया जाता, तो श्रेणी में इकाई मूल है और वह अस्थिर है।

20. अवधारणाओं की ऐतिहासिक प्रस्तावनाएँ :

E. **कालेक्कि द्वारा प्रभावी मांग समस्या** – 1930 के दशक।

B. **डुएसेनबेरी द्वारा सापेक्ष आय परिकल्पना** – 1949।

A. **फ्रिडमैन द्वारा अनुकूलन प्रत्याशा परिकल्पना (Adaptive Expectations)** – 1957।

D. **लुकास द्वारा तार्किक प्रत्याशा परिकल्पना** (Rational Expectations) – 1972।

C. **स्टिग्लिट्ज द्वारा दक्षता मजदूरी परिकल्पना (Efficiency Wage)** – 1970 के दशक के उत्तरार्ध/1980।

कालानुक्रम : E, B, A, D, C.

21. उत्पादन प्रकार्य $Q = AK^{\alpha}B^{\beta}$ (जहाँ $A, \alpha, \beta > 0$) :

- पूँजी के संबंध में निर्गत लोच = α होती है — यह सही है (B)।
- समघात की डिग्री = $\alpha + \beta$ होती है। डिग्री 1 तभी होगी जब $\alpha + \beta = 1$; प्रश्न में यह शर्त नहीं दी गई, अतः (A) को निश्चित रूप से सही नहीं कहा जा सकता।

- स्थिर अनुमापी प्रतिफल (Constant returns) तभी होते हैं जब $\alpha + \beta = 1$; यह भी नहीं दिया गया।
- सीमांत उत्पाद = औसत उत्पाद तभी होगा जब घटती प्रतिफल नहीं बल्कि विशेष मान हो; सामान्यतः यह सत्य नहीं।

इसलिए, केवल (B) ही सदैव सत्य है।

22. लेविस-रेनिस-फेई (LRF) द्वि-क्षेत्रीय विकास प्रतिरूप में "अबाधित प्रगति" का केंद्र बिंदु पारम्परिक कृषि क्षेत्र से आधुनिक औद्योगिक क्षेत्र में अधिशेष श्रम का क्रमिक हस्तांतरण और आधुनिक क्षेत्र में पूंजी संचयन है। इसके लिए :

- **भूमि सुधार (A):** कृषि में उत्पादकता बढ़ाकर खाद्य अधिशेष/बाजार योग्य अधिशेष उत्पन्न करता है, जिससे मजदूरी का यथार्थ उत्पाद बढ़ता है और श्रम का निर्गमन संभव होता है।
- **आयोजना/योजनाबद्ध समन्वय (C):** कृषि-उद्योग तालमेल, निवेश प्राथमिकताएँ, और श्रम अवशोषण की गति को समन्वित करता है।
- **पूंजी संचयन (D):** आधुनिक क्षेत्र का निर्गत व रोजगार विस्तार पूंजी निर्माण पर निर्भर है—यही LRF की "इंजन" धुरी है।

हरित क्रांति (B) विशिष्ट तकनीकी-पैकेज कालखंडीय नीति है, मॉडल की आवश्यक शर्त नहीं; अंतर्राष्ट्रीय प्रवासन (E) इस प्रतिरूप की मूल धारणाओं में नहीं है (मॉडल घरेलू श्रम हस्तांतरण पर केंद्रित है)।

अतः केवल A, C और D सही हैं।

23. प्रमुख अर्थमितीय परीक्षणों का उद्देश्य :

- **डरबिन-वॉटसन (A):** अवशेषों में स्व-सहसंबंध (first-order autocorrelation) का निदान — IV।
- **ग्रेंजर (B):** समय-शृंखलाओं के बीच कारणीयता (predictive causality) का परीक्षण — III।
- **फेरर ग्लुबर (C):** मल्टीकोलिनियरिटी के निदान हेतु संयुक्त परीक्षण — I।
- **ग्लेजसर** (D): विभिन्न-विसरण (heteroskedasticity) के लिए प्रतिगमन-आधारित परीक्षण — II।

अतः सही मिलान A-IV, B-III, C-I, D-II है।

24. सांख्यिकीय औजारों का उपयुक्त युग्मन :

- **इकाई मूल परीक्षण (A):** समय-शृंखला की स्थिरता/इकाई-मूल की उपस्थिति की जाँच — III (स्थिर) से संबद्ध।
- **कन्टिजन्सी तालिका (B):** श्रेणीबद्ध आवृत्तियों पर काई-वर्ग (χ^2) परीक्षण — IV।
- **प्रतिगमन गुणांक (C):** एकल गुणांक के महत्व हेतु स्टूडेंट का टी-परीक्षण — II।
- **स्व-सहसंबंध (D):** अवशेषों के ऑटोकोरिलेशन हेतु डरबिन-वॉटसन परीक्षण — I।

अतः सही मिलान A-III, B-IV, C-II, D-I है।

25. दो-चर प्रतिगमन (Y आश्रित, X स्वतंत्र) में सहसंबंध गुणांक $r = 0.8$ दिया गया है। निर्धारण गुणांक (R^2) की गणना r^2 से होती है :

$$R^2 = r^2 = (0.8)^2 = 0.64$$

इसका अर्थ है कि Y के विचरण (variance) का 64% भाग X द्वारा समझाया जाता है।

- **विकल्प 1 (8%)** : गलत, क्योंकि 8% तब होता जब $r = 0.283$ के लगभग होता।
- **विकल्प** 3 (0.8%) : गलत, क्योंकि यह $r = 0.089$ जैसी स्थिति में आता।
- **विकल्प** 4 (80%) : गलत, क्योंकि 80% विचरण तब होता जब $r = 0.894$ होता।

अतः सही कथन है कि Y के 64% विचरण की व्याख्या X करता है।

26. एक-अवधि पिछड़ी आपूर्ति (Cobweb या "मंदी" आपूर्ति प्रकार्य) वाले बाजार प्रतिरूप में संतुलन मूल्य के काल-पथ का अभिसरण ढालों के अनुपात पर निर्भर करता है।

- Cobweb मॉडल में $Q_s = a + bP_t (b > 0)$ और $Q_d = c - dP_t (d > 0)$ हो।
- संतुलन के आस-पास विचलन का व्यवहार $\left|\frac{b}{d}\right|$ द्वारा नियंत्रित होता है।
- यदि $\left|\frac{b}{d}\right| < 1$ (आपूर्ति की प्रवणता < मांग की प्रवणता), तो मूल्य का पथ अभिसारी (convergent) होता है।

- यदि $\left|\frac{b}{d}\right| = 1$ हो, तो दोलन स्थिर रहते हैं।
- यदि $\left|\frac{b}{d}\right| > 1$ हो, तो दोलन अपसारी (divergent) हो जाते हैं।

अतः संतुलन मूल्य का अभिसरण तभी होगा जब आपूर्ति प्रकार्य की प्रवणता < मांग प्रकार्य की प्रवणता।

27. पुस्तकों के प्रकाशन का कालानुक्रम (पुरातन से नवीनतम) :

D. **द थ्योरी ऑफ मोरल सेंटिमेंट्स (1759–Adam Smith) :** नैतिक दर्शन और बाजार नैतिकता पर मूल ग्रंथ।

B. **ग्रुंडरिज (1857–1858 – Carl Marx) :** राजनीतिक अर्थव्यवस्था पर प्रारंभिक नोटबुक्स, Capital का प्रारूप।

E. **प्रोडक्शन ऑफ कमोडिटिज बाई मीन्स ऑफ कमोडिटिज (1960 – Piero Sraffa) :** नियो-रिकार्डियन अर्थशास्त्र और मूल्य सिद्धांत की पुनर्परिभाषा।

C. **पॉवर्टी एंड फेमाइंस (1981 – Amartya Sen) :** अकाल और गरीबी पर अधिकार-हक (entitlement) सिद्धांत का प्रतिपादन।

A. **व्हाई नेशंस फेल (2012 – Daron Acemoglu & James Robinson) :** संस्थागत विकास और आर्थिक समृद्धि के बीच संबंध पर आधुनिक अध्ययन।

क्रम होगा : D, B, E, C, A.

28. केन्जीयन (Keynesian) तंत्र में जब मुद्रा आपूर्ति बढ़ती है, तो लोगों के पास अतिरिक्त नकदी शेष होते हैं। वे इस अतिरिक्त धन से बॉन्ड की मांग बढ़ाते हैं, जिससे बॉन्ड की कीमतें बढ़ती हैं और ब्याज दर घटती है। ब्याज दर घटने से निवेश खर्च बढ़ता है और इसके परिणामस्वरूप माल व सेवाओं की कुल मांग (aggregate demand) बढ़ती है। यह तंत्र बॉन्ड की मांग बढ़ाकर और उसके द्वारा ब्याज दर घटाकर कार्य करता है।

29. वास्तविक व्यवसाय चक्र (Real Business Cycle) मत के अनुसार, सभी उतार-चढ़ाव वास्तविक आपूर्ति आघातों (जैसे प्रौद्योगिकी परिवर्तन) से होते हैं और मजदूरी व कीमतें लचीली हैं। अर्थव्यवस्था हमेशा संभावित उत्पादन स्तर पर रहती है, और यदि रोजगार घटता है तो इसे स्वैच्छिक बेरोजगारी माना जाता है—श्रमिक कम वास्तविक मजदूरी पर काम नहीं करना चाहते। इस मत में अस्वैच्छिक बेरोजगारी की अवधारणा नहीं है। अतः आपूर्ति आघात के समय बेरोजगारी को स्वैच्छिक माना जाता है।

30. प्रतिबंध $g(x_1, ..., x_n) = 0$ के साथ $y = (x_1, ..., x_n)$ के इष्टतम हेतु दूसरी-क्रम शर्तें Lagrangian $\mathcal{L} = f + \lambda g$ के bordered Hessian के अग्रणी (leading) प्रमुख नाबालकों $|H_2|$, $|H_3|$ ... के संकेत-पैटर्न से तय होती हैं। एक समानता-प्रतिबंध (single constraint) के मानक नियम—

- स्थानीय अधिकतम के लिए संकेत वैकल्पिक होते हैं और $|H_2|$ से धनात्मक से आरम्भ : $|H_2| > 0$, $|H_3| < 0$, $|H_4| > 0$, ...
- स्थानीय न्यूनतम के लिए $|H_2|$, $|H_3|$ ... का संकेत समान रहता है तथा एक बाधा के केस में दोनों ऋणात्मक माने जाते हैं : $|H_2| < 0$, $|H_3| < 0$ (उच्च-क्रम नाबालकों में वही पैटर्न)।

दिए गए कथनों का मिलान :

B. $|H_2| > 0$, $|H_3| < 0$ — अधिकतम के लिए उपयुक्त।

E. $|H_2| < 0$, $|H_3| < 0$ — न्यूनतम के लिए उपयुक्त।

अन्य युग्म उपर्युक्त आवश्यक संकेत-पैटर्न से नहीं मिलते।

अतः केवल B और E

31. 'पिगोवियन कर' (Pigovian Tax) नकारात्मक बाह्यताओं (जैसे प्रदूषण, शोर आदि) को सुधारने के लिए लगाया जाने वाला सुधारात्मक कर (corrective tax) है। इसका उद्देश्य यह है कि बाजार गतिविधि से उत्पन्न सामाजिक लागत (social cost) को उत्पादक/उपभोक्ता द्वारा वहन कराया जाए ताकि संतुलन सामाजिक रूप से इष्टतम हो। आइए विकल्पों का क्रमवार विश्लेषण करें :

A. "इससे बाजार में कार्यकलाप पर आने वाली कुल लागत को अभ्यांतरित करने हेतु हल प्राप्त होता है।"

सही — यह पिगोवियन कर का मूल उद्देश्य है : बाह्य (external) लागत को निजी लागत में सम्मिलित करना।

B. "इससे सरकारी नीति के माध्यम से प्रदूषक तत्वों का उत्पादन घटाने का हल प्राप्त होता है।"

सही — कर लगाने से प्रदूषक गतिविधि महंगी हो जाती है और उत्पादन/प्रदूषण घटता है।

C. "इससे रीयल सेक्टर (भू-सम्पदा क्षेत्र) में घटक उत्पादकता बढ़ाने में मदद मिलती है।"

गलत — पिगोवियन कर का भूमि या रीयल-सेक्टर की उत्पादकता से प्रत्यक्ष संबंध नहीं है।

D. "यह पृथक्करण कर की तरह कार्य करता है।"

सही — यह बाहरी लागत को आंतरिक करने वाला सुधारात्मक कर है और आर्थिक साहित्य में इसे अक्सर पृथक्करण या corrective tax की तरह ही माना जाता है।

अतः सही कथनों का समूह A, B, D है।

32. सूचियों का मिलान इस प्रकार है :

- A. **प्रकार II त्रुटि** : जब H_0 गलत होने पर भी उसे अस्वीकार नहीं किया जाता—यही प्रकार II त्रुटि है → II।
- B. **"माध्य > बहुलक"** : यह पैटर्न धनात्मक रूप से विषम (positively skewed) वितरण का लक्षण है → III।
- C. **समरूपी जनसंख्या** : ऐसे में साधारण यादृच्छिक प्रतिचयन उपयुक्त है → IV।
- D. **काल उत्क्रमण परीक्षण** : सूचकांक संख्याओं में शर्त $P_{01} \times P_{10} = 1$ → I।

अतः सही मिलान A-II, B-III, C-IV, D-I है।

33. सूचियों का मिलान इस प्रकार है :

- A. **उपभोग में सकारात्मक बाह्यता** : किसी घर की सफाई से पड़ोसियों को भी लाभ → IV।
- B. **उत्पादन में सकारात्मक बाह्यता** : पुष्प उद्यान के पास शहद कृषि—परागण से उपज में लाभ → II।
- C. **उपभोग में नकारात्मक बाह्यता** : मध्यरात्रि में शोर करने वाली मोटर साइकिल—दूसरों पर लागत थोपती है → I।
- D. **उत्पादन में नकारात्मक बाह्यता** : कागज मिल द्वारा नदी में कूड़ा—पर्यावरणीय लागत → III।

अतः सही मिलान A-IV, B-II, C-I, D-III है।

34. तार्किक प्रत्याशा (Rational Expectations) के अंतर्गत भी यदि सभी प्रतिभागी तार्किक ढंग से जानकारी का उपयोग कर रहे हों, तब भी प्रभावी मांग (Effective Demand) समस्या तब उत्पन्न हो सकती है जब बाजार-एजेंटों के बीच समन्वय असफल हो (coordination failure)। यदि फर्म और उपभोक्ता अपने निर्णयों का सही समन्वय न कर पाएं, तो मांग में गिरावट और बेरोजगारी हो सकती है। परिपूर्ण दूरदृष्टि या केवल आघात (demand/supply shocks) अपने आप में तार्किक प्रत्याशा ढांचे में स्थायी प्रभावी मांग समस्या नहीं बनाते।

35. बड़ा धक्का (Big Push) सिद्धांत (पॉल रोसेनस्टीन-रोडन, 1943) कहता है कि विकास के लिए एकल उद्योग निवेश पर्याप्त नहीं; कई परस्पर-निर्भर उद्योगों में व्यापक समन्वित निवेश और योजना (comprehensive planning) की आवश्यकता है। यह मुक्त-बाजार, केवल निजी संपत्ति अधिकार या लोकतांत्रिक ढांचे पर निर्भर नहीं करता।

36. अवधारणाओं का ऐतिहासिक क्रम (पुरातन → नवीनतम) :

D. प्राचीन पूंजीवादी संचयन (Primitive Capital Accumulation) — मार्क्स का विचार (19वीं सदी के मध्य)।

A. प्राचीन समाजवादी संचयन (Primitive Socialist Accumulation) — प्रीओब्राजेन्स्की (1920 के दशक, सोवियत संदर्भ)।

E. चाकू की धार जैसी अस्थिरता (Knife-edge Instability) — हैरॉड-डोमर वृद्धि सिद्धांत (1939–1940)।

B. बेदखली से विकास (Development by Dispossession) — डेविड हार्वे (2000 के दशक)।

C. बेदखली से संचयन (Accumulation by Dispossession) — डेविड हार्वे (2003)।

अतः सही अनुक्रम D → A → E → B → C है।

37. अंतर्राष्ट्रीय मौद्रिक तंत्र (International Monetary System) वे संस्थागत ढाँचे हैं जो अंतर्राष्ट्रीय भुगतान, विनिमय दर और भंडार संपत्तियों को संचालित करते हैं।

A. **स्वर्ण विनिमय मानक (Gold Exchange Standard)** — ऐतिहासिक अंतर्राष्ट्रीय मौद्रिक तंत्र।

B. **ओपीईसी (OPEC)** — यह तेल उत्पादक देशों का संगठन है, मौद्रिक तंत्र नहीं।

C. **ब्रेटन वुड्स तंत्र (Bretton Woods System)** — 1944–1971 तक का प्रमुख मौद्रिक ढाँचा।

D. **एक मूल्य का नियम (Law of One Price)** — अंतर्राष्ट्रीय वित्त व मुद्रा सिद्धांत का मूल नियम, जो मौद्रिक तंत्र से जुड़ा है।

E. एशियन डेवलपमेंट बैंक (ADB) — यह विकास वित्त संस्थान है, मौद्रिक तंत्र का हिस्सा नहीं।

अतः केवल A, C, D सत्य हैं।

38. सूचियों का मिलान इस प्रकार है :

- **A.** जीवन चक्र परिकल्पना (Life Cycle Hypothesis) — एफ. मॉडिग्लियानी (F. Modigliani) → **IV**।
- **B.** नकदी शेष उपागम (Cash Balance Approach) — अल्फ्रेड मार्शल (Alfred Marshall) → **III**।
- **C.** पूंजी का सुव्यवस्थित संयोजन (Orderly Combination of Capital) — कार्ल मार्क्स (Karl Marx) → **I**।
- **D.** टेबलियन इकोनॉमिक (Tableau Économique) — फ्रांस्वा केसने (Franizois Quesnay) → **II**।

अतः सही मिलान A-IV, B-III, C-I, D-II है।

39. अप्रत्यक्ष कर (Indirect Tax) के लाभ :

A. इसका अपवंचन (कर चोरी) मुश्किल है — सही, क्योंकि यह उपभोग पर लगाया जाता है।

B. यह प्रकृति में लोचशील है — सही, राजस्व उपभोग के साथ बढ़ता-घटता है।

C. इसका भुगतान सुलभ है — सही, उपभोक्ता वस्तु खरीदते समय आसानी से चुकाते हैं।

D. यह करदाता की भुगतान क्षमता पर आधारित है — गलत, यह प्रत्यक्ष कर का लाभ है, अप्रत्यक्ष कर का नहीं।

अतः केवल A, B, C सत्य हैं।

40. हैरिस टोडारो मॉडल (1970) ग्रामीण-शहरी प्रवासन का आर्थिक ढाँचा है। यह बताता है कि ग्रामीण लोग अपेक्षित शहरी मजदूरी और रोजगार संभावना के आधार पर शहरों की ओर प्रवास करते हैं—अर्थात् यह खींचे गए प्रवासन (pull migration) को समझाता है, जहाँ बेहतर अवसर लोगों को आकर्षित करते हैं, न कि केवल मजबूरी (push) से।

41. साधारण केन्जीयन बंद अर्थव्यवस्था प्रतिरूप (C + I + G) में :

सरकारी व्यय G में वृद्धि = 100 $\Rightarrow$ G = +100

कर राजस्व वृद्धि = 100 $\Rightarrow$ ΔT = +100

सीमांत उपभोग प्रवणता (MPC) = 0.5

गुणक (Government expenditure multiplier)

$$\frac{1}{1-\text{MPC}} = \frac{1}{1-0.5} = 2$$

कर गुणक = −MPC/(1 − MPC) = −0.5/0.5 = −1

जीडीपी परिवर्तन :

$$\begin{aligned}\Delta Y &= (\text{गुणक})\ \Delta G + (\text{करगुणक})\Delta T\\ &= 2(100) + (-1)(100)\\ &= 200 - 100\\ &= 100\end{aligned}$$

42. सतत् आपूर्ति आघात (Persistent Supply Shock) — यदि नकारात्मक (उत्पादन लागत में बढ़ोतरी), तो यह दीर्घकाल में फिलिप्स वक्र को दाईं ओर खिसकाता है, जिससे किसी भी बेरोजगारी दर पर उच्च मुद्रास्फीति होती है। यह दीर्घकालीन आपूर्ति-घटने की स्थिति को दर्शाता है जहाँ बेरोजगारी और मुद्रास्फीति दोनों बढ़ते हैं।

43. IS–LM ढाँचे में G बढ़ाने पर क्रमिक घटनाएँ इस तरह घटती हैं :

B. सरकारी व्यय बढ़ने से समग्र मांग (AD) बढ़ती है; IS दाएँ शिफ्ट होती है और आय/निर्गत y बढ़ता है।

E. y बढ़ने पर लेन-देन हेतु मुद्रा माँग L_1 बढ़ जाती है, इसलिए प्रारम्भिक ब्याज-दर पर मुद्रा माँग L > मुद्रा आपूर्ति M हो जाती है (मनी मार्केट में अधिशेष माँग)।

D. लोग अतिरिक्त नकदी पाने को बॉन्ड बेचते हैं $\Rightarrow$ बॉन्ड की बाजार-आपूर्ति (B_s) बढ़ती है $\Rightarrow$ बॉन्ड का मूल्य गिरता है।

A. बॉन्ड मूल्य गिरने से ब्याज दर r बढ़ती है; r बढ़ने से निजी निवेश I घटता है (क्राउडिंग-आउट)।

C. I में यह गिरावट आय-वृद्धि को आंशिक रूप से कम करती है (यानी, G से हुई बढ़ोतरी के सापेक्ष y का प्रभाव घटता है)।

उपरोक्त तार्किक अनुक्रम : B → E → D → A → C सही बैठता है।

44. दिया गया :

$$A = \begin{pmatrix} 2 & 0 & 4 \\ 1 & 3 & 1 \end{pmatrix},\ B = (4\ 5\ 0)$$

आकार जाँचें :

- A का आकार 2 × 3 (2 पंक्तियाँ, 3 स्तम्भ)।
- B का आकार 1 × 3 (1 पंक्ति, 3 स्तम्भ)।
- B^T का आकार 3 × 1।

A. AB^T (8 19) है

$$B^T = \begin{pmatrix} 4 \\ 5 \\ 0 \end{pmatrix}$$

$AB^T = (2 \times 3)(3 \times 1) \Rightarrow$ परिभाषित और परिणाम 2 × 1 वेक्टर देगा।

$$AB^T = \begin{pmatrix} 2 & 0 & 4 \\ 1 & 3 & 1 \end{pmatrix}\begin{pmatrix} 4 \\ 5 \\ 0 \end{pmatrix}$$

$$= \begin{pmatrix} 2\times4+0\times5+4\times0 \\ 1\times4+3\times5+1\times0 \end{pmatrix}$$

$$= \begin{pmatrix} 8 \\ 19 \end{pmatrix} \text{ (सत्य)}$$

B. AB^T निर्धारित है ऊपर दिखाया : परिभाषित और निकाल सकते हैं। सत्य है।

C. AB निर्धारित नहीं है
AB = (2 × 3)(1 × 3) — गुणन असंगत है (भीतरी आयाम 3 ≠ 1), इसलिए निर्धारित नहीं है। सत्य है।

D. BA निर्धारित है
B (1 × 3) और A (2 × 3) → आंतरिक आयाम 3 ≠ 2, इसलिए गुणन असंगत। असत्य है।

E. BA^T (8 19)है
A^T (3 × 2), तो $BA^T = (1 \times 3)(3 \times 2) =$ 1 × 2 वेक्टर :

$$BA^T = \begin{pmatrix} 4 \\ 5 \\ 0 \end{pmatrix}\begin{pmatrix} 2 & 1 \\ 0 & 3 \\ 4 & 1 \end{pmatrix}$$

$$= (4 \times 2 + 5 \times 0 + 0 \times 4,\ 4 \times 1 + 5 \times 3 + 0 \times 1)$$

$$= (8,\ 4 + 15)$$

= (8, 19) सत्य है।

अतः केवल A, B, C और E सत्य हैं।

45. खेल-सिद्धांत में किसी समतुल्यांक रणनीति को नैश समतुल्य तब कहते हैं जब कोई खिलाड़ी अकेले विचलित होकर लाभ नहीं बढ़ा सकता।

- **बेरट्रांड (B) :** फर्में मूल्य चुनती हैं; परस्पर सर्वोत्तम-प्रतिक्रिया से जो मूल्य-युग्म बनता है वह नैश समतुल्य है।
- **क्रूनो/कुर्नो (E) :** फर्में मात्रा चुनती हैं; उनकी सर्वोत्तम-प्रतिक्रिया वक्रों के प्रतिच्छेद पर प्राप्त मात्रा-युग्म नैश समतुल्य है।
- **स्टेकलबर्ग (C) :** क्रमिक (leader–follower) खेल है; इसका परिणाम उपखेल-सिद्ध नैश (Subgame-perfect Nash) भी होता है, अतः नैश समतुल्य के दायरे में आता है।
- **कीमत नेतृत्व (A) :** नेता-अनुयायी ढाँचे में मूल्य-चयन का स्थिर बिंदु भी नॉन-कोऑपरेटिव सर्वोत्तम प्रतिक्रियाओं का परिणाम माना जाता है—इसे भी नैश के रूप में स्वीकार किया जाता है।
- **एकाधिकारी (D) :** एक-खिलाड़ी अनुकूलन है; बहु-खिलाड़ी नैश की संकल्पना यहाँ यथार्थ अर्थ में लागू नहीं होती।

अतः केवल A, B, C, E.

46. सूचियों का मिलान इस प्रकार है :

- **लिंडेल का सिद्धांत (A) :** सार्वजनिक वस्तुओं के मूल्य/कर-शेयर निर्धारण का सिद्धांत → **III.** सार्वजनिक वस्तुओं का मूल्य।
- **क्लब सिद्धांत (B) :** क्लब-वस्तुओं/सार्वजनिक सेवाओं के इष्टतम उत्पादन/आकार का निर्धारण → **I.** सार्वजनिक माल का उत्पादन।
- **पार्किन्सन का नियम (C) :** सरकारी एजेंसियों में रोजगार की सतत् वृद्धि → **II**।
- **होटलिंग का नियम (D) :** क्षयशील (exhaustible) संसाधनों का मूल्य-पथ → **IV**।

अतः सही मिलान A-III, B-I, C-II, D-IV है।

47. सूचियों का मिलान इस प्रकार है :

- **व्यापार की सकल परिहास शर्तें (A: Gross Barter Terms of Trade)** — एफ. डब्ल्यू. टॉसिंग से संबद्ध → **III.**

- **व्यापार की एकल क्रमगुणित शर्तें (B: Single Factoral Terms of Trade) — जैकब वाइनर → I.**
- **व्यापार की आय शर्तें (C: Income Terms of Trade) — डॉरेंस द्वारा व्याख्यायित → II.**
- **विकासशील देशों के व्यापार शर्तों में सेक्युलर ह्रास (D) — प्रेबिश-सिंगर परिकल्पना। → IV.**

अतः सही मिलान A-III, B-I, C-II, D-IV है।

48. किसी देश का सकल घरेलू उत्पाद (GDP) = घरेलू उपभोग व्यय (Cd) + घरेलू निवेश व्यय (Id) + घरेलू सरकारी व्यय (Gd) + निर्यात (X) - आयात (M)। यह व्यय दृष्टिकोण (expenditure method) का मानक सूत्र है।

अतः Cd + Id + Gd + X - M:

49. पूंजी की सीमांत दक्षता (MEC) = किसी पूंजीगत संपत्ति की आंतरिक लाभ दर (internal rate of return), जबकि निवेश की सीमांत दक्षता (MEI) = उन निवेश परियोजनाओं का ब्याज-दर फंक्शन जो रैंक किए जाते हैं। ये दोनों तब पूर्णतः अभिसरित (coincide) होते हैं जब निवेश की निवल दर (net rate of investment) = शून्य हो—अर्थात् पूंजी स्टॉक में वृद्धि न हो रही हो।

50. उर्ध्वमुखी इक्विटी (Vertical Equity) का अर्थ है कि अधिक आय वाले व्यक्तियों को अपेक्षाकृत अधिक कर देना चाहिए। अतः कर-निर्धारण में आवश्यक है कि भिन्न-भिन्न आय समूहों के व्यक्तियों पर भिन्न-भिन्न प्रकार से (अर्थात् प्रगतिशील कर) लगाया जाए।

51. विकल्पो की जांच :

1. ऋण जनता से सरकार की निधि अंतरित करता है — सत्य।
2. सार्वजनिक उधारी उपभोग को कम करती है — सत्य, क्योंकि ऋण लेने से निजी उपभोग घट सकता है (crowding out)।
3. कराधान उपभोग को कम करता है — सत्य।
4. सरकारी उधारी आय वितरण को प्रभावित नहीं करती है — असत्य; उधारी से ब्याज भुगतान और संपत्ति रखने वालों को लाभ होता है, जिससे आय वितरण प्रभावित होता है।

52. ऐतिहासिक क्रम (पुरातन → नवीनतम) :

E. व्यापारवाद (Mercantilism) — 16वीं-17वीं शताब्दी।

A. मूल्य-स्पे-प्रवाह (Price-Specie-Flow) — डेविड ह्यूम, 18वीं शताब्दी मध्य।

C. पूर्ण लाभ (Absolute Advantage) — एडम स्मिथ, Wealth of Nations, 1776।

B. तुलनात्मक लाभ (Comparative Advantage) — डेविड रिकार्डो, 1817।

D. अंतःउद्योग व्यापार (Intra-industry Trade) — आधुनिक सिद्धांत, 20वीं सदी (क्रुगमैन आदि)।

अतः सही क्रम : E → A → C → B → D है।

53. अंतर्जात वृद्धि सिद्धांत (Endogenous Growth Theory) के प्रमुख योगदानकर्ता :

- के. ऐरो — सीखने द्वारा सीखना (learning-by-doing) अवधारणा, आधारभूत योगदान।
- आर. बैरो — सरकारी व्यय और नीतियों को सम्मिलित करते हुए मॉडल।
- पी. रोमर — 1986, 1990 के पेपरों से मुख्य औपचारिक प्रतिरूप।

आर. सोलो और जी. मैन्किव नियो-क्लासिकल वृद्धि सिद्धांत व बहिर्जात वृद्धि मॉडल से जुड़े हैं, न कि प्रत्यक्ष अंतर्जात वृद्धि के निर्माता।

अतः केवल A, B, C सत्य हैं।

54. अंतर्राष्ट्रीय व्यापार सिद्धांतों का विस्तृत विश्लेषण :

- **A. अंतर्राष्ट्रीय व्यापार की आपूर्ति — डेविड रिकार्डो (I) :** रिकार्डो का तुलनात्मक लाभ सिद्धांत बताता है कि कोई देश उन वस्तुओं के उत्पादन में विशेषज्ञता प्राप्त करेगा जहाँ उसकी सापेक्ष अवसर लागत कम है। यह आपूर्ति-पक्ष (supply side) का सिद्धांत है, क्योंकि यह उत्पादन की लागत और संसाधन आवंटन पर आधारित है।
- **B. अंतर्राष्ट्रीय व्यापार का मांग पक्ष — अल्फ्रेड मार्शल एवं एजवर्थ (IV):** मार्शल और एजवर्थ ने ऑफर कर्व (Offer Curve) अवधारणा दी, जो बताती है कि विभिन्न देशों के बीच विनिमय दर (terms of trade) कैसे उनकी मांग व आपूर्ति वक्रों से निर्धारित होती है। यह मांग-पक्ष को परिभाषित करता है।

- **C. अंतर्राष्ट्रीय व्यापार की अवसर लागत — जी. हैबरलेर (III) :** हैबरलेर ने पारंपरिक श्रम लागत सिद्धांत से हटकर अवसर लागत दृष्टिकोण प्रस्तुत किया, जिसमें विभिन्न कारकों की वैकल्पिक उपयोग लागतों को ध्यान में रखा गया। इससे अंतर्राष्ट्रीय व्यापार सिद्धांत अधिक यथार्थपरक बना।
- **D. अंतर्राष्ट्रीय व्यापार का वास्तविक लागत सिद्धांत — बास्टेबल एवं मार्शल (II):** वास्तविक लागत सिद्धांत में व्यापार की लागत को श्रम और त्यागी गई उपयोगिताओं के रूप में देखा जाता है, जिसे बास्टेबल और मार्शल ने परिभाषित किया।

अतः सही मिलान A-I, B-IV, C-III, D-II है।

55. प्रतिगमनकारी कर (Regressive Tax) का विवरण :

परिभाषा : जब आय में वृद्धि होने पर कर का औसत अनुपात (average tax rate) कम हो जाता है, तब उस कर को प्रतिगमनकारी कहा जाता है।

उदाहरण : बिक्री कर या वैट जैसे कर गरीबों पर अपेक्षाकृत अधिक बोझ डालते हैं क्योंकि उनकी आय का बड़ा हिस्सा उपभोग पर खर्च होता है, जबकि अमीर अपनी अतिरिक्त आय का कम भाग उपभोग पर खर्च करते हैं।

अन्य विकल्प क्यों नहीं :

- **उत्तरोत्तर वर्धित कर :** आय बढ़ने पर कर अनुपात बढ़ता है (प्रगतिशील कर)।
- **आनुपातिक कर :** सभी आय स्तरों पर समान अनुपात।
- **तटस्थ कर :** आय वितरण पर कोई प्रभाव नहीं डालता।

56. जनांकिकीय लाभांश (Demographic Dividend) का विवरण:

अर्थ : जनांकिकीय लाभांश वह आर्थिक अवसर है जब कार्यशील आयु समूह (आमतौर पर 15–64 वर्ष) की जनसंख्या का अनुपात तेजी से बढ़ता है।

प्रभाव :

- **श्रम बल में वृद्धि :** अधिक लोग उत्पादक कार्यों में शामिल हो सकते हैं।
- **बचत और निवेश में बढ़ोतरी :** कामकाजी लोग अधिक कमाते हैं, जिससे निवेश की क्षमता बढ़ती है।
- **आर्थिक विकास को गति :** निर्भर जनसंख्या (बच्चे व बुजुर्ग) का भार अपेक्षाकृत कम होता है, जिससे संसाधन उत्पादक गतिविधियों में जा सकते हैं।

अन्य विकल्प क्यों गलत :

- जीवन प्रत्याशा में वृद्धि केवल स्वास्थ्य सुधार को दर्शाता है, जनांकिकीय लाभांश नहीं।
- लिंगानुपात में वृद्धि असंतुलन को दर्शाता है, लाभांश से सीधा संबंध नहीं।
- कुल जनन दर में ह्रास (गिरावट) लाभांश की प्रारंभिक शर्त है, परन्तु प्रत्यक्ष लाभांश का संकेत नहीं।

57. लेमन मार्केट (Akerlof, 1970) में असममितिक सूचना से–

A. **औसत मूल्य में क्रमिक गिरावट आती है — सही।** खराब वस्तुएँ (lemons) बाजार में बनी रहती हैं, जिससे औसत कीमत गिरती है।

B. **बेहतर गुणवत्ता वाले उत्पादों को क्रमिक रूप से बाजार से वापस लिया जाता है — सही।** उच्च गुणवत्ता वाले विक्रेता कम मूल्य स्वीकार नहीं करते, अतः बाहर हो जाते हैं।

C. **किसी एक पक्षकार द्वारा प्रतिकूल चयन (Adverse Selection) किया जाता है — सही।** खरीदार या विक्रेता सूचना के असंतुलन का लाभ उठाकर प्रतिकूल चयन करते हैं।

D. **खराब गुणवत्ता वाले उत्पादों को क्रमिक रूप से वापस लिया जाता है — गलत,** वास्तव में खराब वस्तुएँ रहती हैं और अच्छी वस्तुएँ बाहर होती हैं।

अतः केवल A, B, C सत्य हैं।

58. पारिस्थितिकीय पदचिह्न (Ecological Footprint) का अर्थ है—मानव गतिविधियों द्वारा प्राकृतिक संसाधनों और पारिस्थितिक सेवाओं पर डाला गया दबाव—यानी पृथ्वी के संसाधनों का उपयोग करने की मानव की मांग का माप।

अन्य विकल्प पौधारोपण संख्या, जंगल क्षेत्र या केवल अवक्रमित संसाधन पर सीमित हैं, पर पदचिह्न का अर्थ व्यापक है।

59. कोस प्रमेय (Coase Theorem) के अनुसार :

यदि लेन-देन लागत नगण्य हों और संपत्ति अधिकार स्पष्ट रूप से परिभाषित हों, तो निजी पक्षकार आपस में सौदे/करार करके सामाजिक इष्टतम परिणाम प्राप्त कर सकते हैं—बिना सरकारी हस्तक्षेप। यह तर्क बताता है कि बाह्यताओं की स्थिति में भी निजी सौदे समाधान ला सकते हैं।

60. किसी संपत्ति तक मुक्त अभिगम (Free Access) होने पर लोग व्यक्तिगत लाभ हेतु उसका अत्यधिक उपयोग करते हैं, जिससे वहन-क्षमता (carrying capacity) से अधिक दबाव पड़ता है। इस स्थिति को "सामान्य त्रासदी (Tragedy of the Commons)" कहा जाता है (Garrett Hardin, 1968)।

61. बहिर्गमन प्रभाव (Crowding Out Effect) : बहिर्गमन प्रभाव तब होता है जब सरकारी व्यय (G) में वृद्धि से ब्याज दरें (r) बढ़ती हैं, जिससे निजी निवेश (I) और कभी-कभी उपभोग घट जाता है। इसका परिमाण अर्थव्यवस्था के मॉडल पर निर्भर करता है। नीचे चारों मॉडलों को अवरोही क्रम (सबसे अधिक → सबसे कम) में समझाया गया है :

A. **क्लासिकी समष्टि मॉडल (Classical Macro Model) – सर्वाधिक (Maximum) प्रभाव :** क्लासिकी मॉडल में पूर्ण रोजगार और पूरी तरह लोचदार ब्याज दर प्रतिक्रिया मानी जाती है। सरकारी व्यय में वृद्धि से निवेश पूरी तरह विस्थापित होता है (100% crowding out) और कुल उत्पादन अपरिवर्तित रहता है। बहिर्गमन प्रभाव यहाँ सबसे बड़ा होता है।

B. **पूर्ण केन्जीयन प्रणाली (Full Keynesian System with normal conditions) – उच्च (High) प्रभाव :** पूर्ण केन्जीयन प्रणाली में मुद्रा की मांग ब्याज दर के प्रति लोचदार होती है, लेकिन असीम रूप से लोचदार नहीं। सरकारी व्यय में वृद्धि ब्याज दर को काफी हद तक बढ़ाती है, जिससे निवेश में उल्लेखनीय कमी होती है। परिमाण क्लासिकी मॉडल से कम लेकिन IS–LM मॉडल से अधिक है।

C. **आईएस–एलएम फ्रेमवर्क (IS–LM Framework with normal assumptions) – मध्यम (Moderate) प्रभाव :** इस मॉडल में IS और LM वक्रों के ढलान पर निर्भर करता है। सामान्य परिस्थितियों में सरकारी व्यय से ब्याज दर मध्यम रूप से बढ़ती है और आंशिक बहिर्गमन होता है। यह व्यावहारिक परिदृश्य दर्शाता है जहाँ प्रभाव शून्य और पूर्ण के बीच होता है।

D. **सरल केन्जीयन मॉडल (Simple Keynesian Model) – न्यूनतम (Zero) प्रभाव :** सरल केन्जीयन मॉडल ब्याज दर या मुद्रा बाजार को शामिल नहीं करता। सरकारी व्यय में वृद्धि सीधे आय में वृद्धि लाती है और ब्याज दर को अपरिवर्तित मानता है। इसलिए इसमें बहिर्गमन प्रभाव शून्य माना जाता है।

अतः अवरोही क्रम A, B, C, D है।

62. विचारकों का ऐतिहासिक क्रम (आदितम → आधुनिकतम) :

C. डेविड ह्यूम (1711–1776) — मूल्य-स्पे-प्रवाह तंत्र।

A. एडम स्मिथ (1723–1790) — मंसजी व छंजपवदे।

B. डेविड रिकार्डो (1772–1823) — तुलनात्मक लाभ।

E. जेन टिनबर्जेन (1903–1994) — अर्थमिति और योजना मॉडल।

D. पॉल आर. क्रुगमैन (जन्म 1953) — नई व्यापार सिद्धांत।

अतः आधुनिककालीन क्रम C, A, B, E, D है।

63. कथनों की जांच :

A. "GDP सभी प्रकार की दोहरी गणना से मुक्त होता है" — सही तभी जब गणना केवल अंतिम वस्तुओं/मूल्य-वर्द्धन से की जाए; कथन जैसा लिखा है (सर्वथा/सदैव) स्वतः सत्य नहीं माना जाता।

B. दान (private transfers) राष्ट्रीय आय में शामिल नहीं होते।

C. भीख/भिक्षादान वैयक्तिक आय (Personal Income) में ट्रांसफर इनकम के रूप में शामिल मानी जाती है; राष्ट्रीय आय में नहीं।

D. माल-सूची (inventories) में परिवर्तन निवेश का हिस्सा होता है।

E. विदेशी कर्मकार (गैर-निवासी) की यहाँ कमाई GDP में आती है, GNP में नहीं; अतः कथन गलत।

अतः केवल C और D सत्य हैं।

64. कथनों की जांच :

A. **न्यू केन्जीयन :** तार्किक प्रत्याशाएँ, बाजार की अपूर्णताएँ (rigidities/imperfections) स्वीकार, समष्टि मांग की भूमिका पर बल — सही।

B. **मौद्रिकतावादी :** पारंपरिक रूप से अनुकूलन प्रत्याशाएँ (adaptive); गैर-प्रतिस्पर्धी बाजार उनका मूल आग्रह नहीं — गलत।

C. **न्यू क्लासिकल (नए परम्परावादी) :** तार्किक प्रत्याशाएँ, प्रतिस्पर्धी बाजार, और नीति-अप्रभाविता/अप्रासंगिकता (policy ineffectiveness) — सही।

D. **क्लासिकल** : प्रतिस्पर्धी, टकराव-रहित ढाँचा; नीति की अप्रभाविता/न्यूट्रैलिटी — सही।

E. **केन्जीयन** : मजदूरी/कीमत कठोर (sticky) मानते हैं, "प्रत्यास्थ (लोच)" नहीं — गलत।

अतः केवल A, C और D सत्य हैं।

65. सूचियों का मिलान इस प्रकार है :

- **A. मुक्त व्यापार क्षेत्र (FTA)** — सदस्य देशों के बीच टैरिफ हटते हैं, बाहरी देशों हेतु प्रत्येक सदस्य अपनी नीति रखता है → **III**।
- **B. सीमा शुल्क संघ (Customs Union)** — सदस्यों के बीच टैरिफ समाप्त और गैर-सदस्यों के लिए सामान्य (कॉमन) बाह्य व्यापार नीति → **II**।
- **C. सामान्य बाजार (Common Market)** — कस्टम्स यूनियन + कारकों (श्रम/पूंजी) की मुक्त आवाजाही; दिए गए युग्मों में शेष संगत परिभाषा I से मैप की गई है।
- **D. आर्थिक संघ (Economic Union)** — एकीकरण की सर्वाधिक उन्नत अवस्था (नीतियों का व्यापक समन्वय/मुद्रा तक) → **IV**।

अतः सही मिलान A-III, B-II, C-I, D-IV है।

66. जीवन तालिका (Life Table) से जुड़ी जानकारी—

- जीवन तालिका में सामान्यतः आठ कॉलम होते हैं — सही।
- इसमें आयु-विशिष्ट मर्त्यता दर (Age-specific mortality rate) शामिल होती है — सही।
- इससे आयु-विशिष्ट जीवन प्रत्याशा (Life Expectancy) की गणना की जा सकती है — सही।
- आयु-विशिष्ट जन्म दर सीधे जीवन तालिका से व्युत्पन्न नहीं की जाती — यह उपयुक्त नहीं।

67. पर्यावरणीय परिवर्तन (जैसे उद्यान बनाना, दृश्य सौंदर्य बढ़ाना) से मकान की कीमत पर प्रभाव का अनुमान लगाने के लिए सुखवादी (Hedonic Pricing) विधि प्रयुक्त की जाती है। यह विधि मकान के मूल्यों में मौजूद विशेषताओं (स्थान, परिवेश, दृश्य आदि) से पर्यावरणीय लाभ/हानि का मापन करती है।

68. ब्याज-दर और सट्टा मुद्रा मांग के बीच व्युत्क्रमी संबंध का कारण - प्रतिगमन प्रत्याशा परिकल्पना

प्रतिगमन प्रत्याशा परिकल्पना (Regressive Expectations Hypothesis): जे. एम. कीन्स ने अपने तरलता पसंदगी सिद्धांत (Liquidity Preference Theory) में यह विचार प्रस्तुत किया। इसके अनुसार लोग मानते हैं कि ब्याज दर दीर्घकालीन "सामान्य" स्तर की ओर लौटेगी।

- **यदि वर्तमान ब्याज दर सामान्य दर से अधिक है :** लोग मानते हैं कि आगे ब्याज दर गिरेगी ⇒ बांड की कीमतें बढ़ेंगी ⇒ बांड खरीदना लाभप्रद ⇒ नकदी रखने की इच्छा कम ⇒ सट्टा मुद्रा मांग घटती है।
- **यदि वर्तमान ब्याज दर सामान्य दर से कम है :** लोग मानते हैं कि आगे ब्याज दर बढ़ेगी ⇒ बांड की कीमतें गिरेंगी ⇒ पूंजी हानि की संभावना ⇒ नकदी रखना सुरक्षित ⇒ सट्टा मुद्रा मांग बढ़ती है।

यही कारण है कि ब्याज दर और सट्टा मुद्रा मांग के बीच व्युत्क्रमी (inverse) संबंध देखा जाता है।

अन्य विकल्प क्यों नहीं :

- **अनुकूलक प्रत्याशा (Adaptive Expectations):** अतीत के रुझानों पर आधारित अनुमान, पर कीन्स के सट्टा मांग संबंध का मुख्य आधार नहीं।
- **विवेकपूर्ण प्रत्याशा (Rational Expectations):** सभी उपलब्ध जानकारी से तर्कसंगत अनुमान; कीन्स का मॉडल इस पर आधारित नहीं था।
- **सापेक्षिक मजदूरी परिकल्पना :** श्रम बाजार व मजदूरी निर्धारण से संबंधित है।

69. CES उत्पादन फलन

सामान्य रूप :

$$y = \left[a_1x_1^p + a_2x_2^p\right]^{\frac{1}{p}}$$

या प्रश्नानुसार $[a_1x_1^p + a_2x_2^p]^p$। CES (Constant Elasticity of Substitution) उत्पादन फलन के लिए प्रतिस्थापन का लोच (Elasticity of Substitution) का मान $= \dfrac{1}{1-p}$ या $\dfrac{1}{1-\rho}$ (मानक रूपान्तर के आधार पर)। दिए विकल्पों में यह 1/(1 – P) के रूप में दिया गया है।

70. स्थापना-तिथियाँ (वर्ष) :

B. IFCI (भारतीय औद्योगिक वित्त निगम) - 1948।

C. ICICI (भारतीय औद्योगिक क्रेडिट और निवेश निगम) - 1955।

A. IDBI (भारतीय औद्योगिक विकास बैंक) - 1964।

D. IRBI (भारतीय औद्योगिक पुनर्निर्माण बैंक) - 1971 (बाद में IIBI)।

अतः सही क्रम B, C, A, D है।

71. आदितम से नवीनतम क्रम - विस्तृत विश्लेषण

B. वॉन न्यूमान एवं ऑस्कर मॉर्गेनस्टर्न (Von Neumann & Oskar Morgenstern) - Theory of Games and Economic Behavior (1944) ने आधुनिक गेम थ्योरी की नींव रखी।

A. जॉन एफ. नैश (John F. Nash) - 1950 के दशक में Nash Equilibrium की अवधारणा प्रस्तुत की।

C. रॉबर्ट एक्सेलरॉड (Robert Axelrod) - 1980 के दशक की शुरुआत में The Evolution of Cooperation प्रकाशित कर पुनरावृत्त खेलों और सहयोग की रणनीतियों को समझाया।

E. जॉन मेनार्ड स्मिथ (John Maynard Smith) - 1982 में Evolution and the Theory of Games प्रकाशित कर evolutionary game theory को लोकप्रिय किया।

D. पॉल मिलग्रोम (Paul Milgrom) - 1980 के दशक से नीलामी सिद्धांत में योगदान; 2020 में नोबेल पुरस्कार।

अतः कालानुक्रमिक क्रम B, A, C, E, D है।

72. प्राक्कलन की सामान्यीकृत न्यूनतम वर्ग विधि (GLS) - सही प्रयोग के मामले

A. **स्वतः सह-संबंधित बाधाएँ (Autocorrelated disturbances)** — GLS उन स्थितियों में प्रयुक्त होती है जहाँ त्रुटियाँ (errors) एक-दूसरे पर निर्भर (correlated) होती हैं, यानी ऑटोकोरिलेशन मौजूद हो। OLS के मानक अनुमानक BLUE नहीं रहते, GLS सुधार करता है।

B. **व्याख्यात्मक चरों के मध्य बहु सहरेखीयता (Multicollinearity among explanatory variables)** —बहुसहरेखीयता GLS का उद्देश्य नहीं है। इसके समाधान के लिए रीज (Ridge), लासो आदि विधियाँ प्रयुक्त होती हैं।

C. **विषम प्रत्यास्थी बाधाएँ (Heteroskedastic disturbances)** —GLS विशेष रूप से तब प्रयोग की जाती है जब त्रुटियों का विचलन स्थिर नहीं होता (heteroskedasticity) — GLS वेरिएंस को मानकीकृत कर अनुमानक को दक्ष बनाता है।

D. **अति उपयुक्त मॉडल (Over-identified model)** — यह अवधारणा प्रायः इंस्ट्रुमेंटल वेरिएबल्स/टू-स्टेज लीस्ट स्क्वेयर में आती है, GLS का प्रत्यक्ष क्षेत्र नहीं।

E. **त्रुटिपूर्ण प्रकार्यात्मक रूप (Incorrect functional form)** —गलत प्रकार्यात्मक रूप GLS नहीं सुलझाता; इसके लिए स्पेसिफिकेशन टेस्ट व सुधार आवश्यक हैं।

अतः केवल A और C.

73. सूची-I और सूची-II का सही मिलान

- **A. अशोधित जन्म दर (Crude Birth Rate):** कुल जनसंख्या के प्रति जन्म दर → $\frac{B}{P}\times 1000$ → **I**।
- **B. आयु-विशिष्ट प्रजनन दर (Age-Specific Fertility Rate):** किसी विशिष्ट आयु-समूह की महिलाओं में प्रति 1000 महिलाओं पर जन्म → $\frac{B_i}{P_{iF}}\times 1000$ → **III**।
- **C. कुल प्रजनन दर (Total Fertility Rate):** सभी आयु-विशिष्ट प्रजनन दरों का योग → $\sum\frac{B_i}{P_{iF}}\times 1000$ → **IV**।
- **D. सामान्य प्रजनन दर (General Fertility Rate):** प्रजनन आयु (15-49 वर्ष) की महिलाओं में प्रति 1000 पर जन्म → $\frac{B}{P_F}\times 1000$ → **II**।

अतः सही मिलान A-I, B-III, C-IV, D-II है।

74. नव-क्लासिकी वृहद (समष्टि) मॉडल - बेरोजगारी

- नव-क्लासिकी मॉडल में मजदूरी और कीमतें पूर्णतः लचीली मानी जाती हैं। बाजार तुरंत समायोजित होते हैं, इसलिए चक्रीय (Cyclical) या अनैच्छिक बेरोजगारी नहीं होती।
- केवल स्वैच्छिक बेरोजगारी (voluntary unemployment) हो सकती है—लोग बाजार मजदूरी पर काम न करने का चुनाव करते हैं।

- साथ ही, दीर्घकालीन स्थिति में स्वाभाविक दर बेरोजगारी (Natural Rate of Unemployment) होती है (जिसमें घर्षणात्मक व संरचनात्मक बेरोजगारी सम्मिलित हैं)।

अतः केवल A और E.

75. **वालरस का नियम (Walras' Law):** यह कहता है कि यदि अर्थव्यवस्था में N–1 बाजारों में साम्य (equilibrium) है, तो Nवें बाजार में भी स्वतः साम्य होगा। अतः सही विकल्प N बाजार है।

76. **साइटोवॉस्की द्वय मानदंड (Scitovsky Double Criterion):** काल्डर-हिक्स मानदंड के अनुसार, एक नीति परिवर्तन लाभदायक है यदि विजेता हारने वालों को क्षतिपूर्ति कर सकते हैं। लेकिन यह कभी-कभी चक्रित प्राथमिकताएँ (preference reversals) पैदा कर सकता है। साइटोवॉस्की मानदंड इस समस्या को सुलझाने के लिए कहता है कि परिवर्तन केवल तभी वांछनीय है जब :

- परिवर्तन काल्डर-हिक्स परीक्षण पूरा करता हो, और
- विपरीत परिवर्तन काल्डर-हिक्स के अनुसार अनुत्तीर्ण हो (यानी दोनों दिशाओं में कल्याण वृद्धि नहीं होनी चाहिए)। अर्थात् इसे काल्डर-हिक्स परीक्षण और व्युत्क्रम (reversal) परीक्षण दोनों पूरे करने चाहिए।

77. एकाधिकार प्रतिस्पर्धा (Monopolistic Competition) की मुख्य विशेषताएँ :

- **उत्पाद विभेदीकरण (Product Differentiation):** फर्में समान लेकिन थोड़ा अलग उत्पाद बेचती हैं (जैसे साबुन के विभिन्न ब्रांड)।
- **कीमत पर कुछ नियंत्रण (Some Price Control):** उत्पाद विभेदीकरण के कारण फर्में अपनी कीमतें प्रभावित कर सकती हैं।
- **बाजार में प्रवेश और निकास की स्वतंत्रता :** दीर्घकाल में असामान्य लाभ नहीं रहता।
- **घटक मूल्य और प्रौद्योगिकी ज्ञात (Given Factor Prices & Technology):** सभी फर्मों के लिए घटक मूल्य और प्रौद्योगिकी स्थिर मानी जाती है।

"उत्पादन के कारकों की पूर्ण सचलता" — यह विशेषता पूर्ण प्रतियोगिता (Perfect Competition) में लागू होती है, न कि एकाधिकार प्रतिस्पर्धा में। इसलिए यह विकल्प उपयुक्त नहीं है।

अन्य विकल्प क्यों सही हैं :

1. प्रतिष्ठानों का कीमत पर कोई नियंत्रण नहीं होता है — गलत कथन (इसलिए इसे भी अनुपयुक्त माना जा सकता था), पर आपके कथन के अनुसार प्रश्न के मानक उत्तर में उत्पादन कारकों की पूर्ण सचलता को अनुपयुक्त बताया गया है।
3. उत्पाद विभेदीकृत होते हैं — यह सही विशेषता है।
4. घटक मूल्य और प्रौद्योगिकी का उल्लेख रहता है — यह भी सही विशेषता है।

78. जनसंख्या सिद्धांत – कालक्रम

C. टी.आर. माल्थस (T.R. Malthus) – 1798, Essay on the Principle of Population।

B. एडविन कैनन (Edwin Cannan) – 19वीं शताब्दी के उत्तरार्ध/20वीं प्रारंभ, जनसंख्या एवं आर्थिक प्रगति पर।

A. कार्ल मार्क्स (Karl Marx) – 19वीं शताब्दी (1867 Das Kapital) में मॉल्थस की आलोचना।

D. सी.आर. ब्लैकर (C.R. Blacker) – 20वीं शताब्दी मध्य, जनसंख्या विभाजन (demographic transition) पर।

अतः कालक्रम C, B, A, D है।

79. अरेखीय सममात्रा (Isoquant) और समलागत (Isocost) के स्पर्शज्या बिन्दु का अर्थ :

- **Isoquant:** दिए गए प्रतिफल के लिए इनपुट संयोजन।
- **Isocost:** समान लागत के लिए इनपुट संयोजन।
- इनके स्पर्श बिन्दु पर MRTS = कारक मूल्य अनुपात, अर्थात् वह बिन्दु जहाँ फर्म वांछित उत्पादन न्यूनतम लागत पर करती है।

80. विकल्पों की जांच :

A. मानव कौशल सिद्धांत (Human Skills Theory) — नया, प्रौद्योगिकी/मानव पूँजी आधारित → आधुनिक।

B. घटक-अनुपात सिद्धांत (Factor Proportions Theory – Heckscher-Ohlin) — पारंपरिक/शास्त्रीय विस्तार, पूर्णतः आधुनिक नहीं।

C. उत्पाद चक्र सिद्धांत (Product Cycle Theory – Vernon) — आधुनिक।

D. ऑफर कर्व विश्लेषण (Offer Curve Analysis – Marshall/Edgeworth) — पारंपरिक, आधुनिक नहीं।

E. एकाधिकारी प्रतिस्पर्धी व्यापार सिद्धांत (Monopolistic Competition Trade Theory – Krugman) — आधुनिक।

अतः B और D आधुनिक सिद्धांत नहीं हैं।

81. भारत के राष्ट्रीय स्तर के कार्यक्रम – गलत कथन

1. MGNREGA – कार्यबल प्रवण (labour-intensive) कार्यक्रम → सही।
2. प्रधानमंत्री आवास योजना – विकास योजना → सही।
3. प्रधानमंत्री ग्रामीण सड़क योजना खाद्य सुरक्षा संवर्धन कार्यक्रम है — गलत; यह सड़क अवसंरचना योजना है।
4. BBBP (Beti Bachao Beti Padhao) – लैंगिक समानता संवर्धन → सही।

82. सी.आर. ब्लैकर का जनसंख्या-सिद्धांत (Demographic Transition) – चरण क्रम

C. **उच्च जन्म दर और उच्च मृत्यु दर – पहला चरण (High Stationary Stage):** दोनों दरें ऊँची होने के कारण जनसंख्या वृद्धि न्यून रहती है।

B. **जन्म दर में गिरावट किन्तु मर्त्यता में ह्रास – दूसरा चरण (Early Expanding Stage):** चिकित्सा व स्वच्छता सुधार से मृत्यु दर तेजी से गिरती है, जन्म दर ऊँची बनी रहती है ⇒ तेज जनसंख्या वृद्धि।

D. **न्यून जन्म दरें समान रूप से न्यून मर्त्यता से संतुलित – तीसरा/चौथा चरण (Late Expanding to Low Stationary):** जन्म दर भी घटने लगती है और अंततः मृत्यु दर के बराबर हो जाती है ⇒ वृद्धि दर धीमी या स्थिर।

A. **न्यून मर्त्यता और जन्म से अधिक मृत्यु – पाँचवाँ चरण (Declining Population Stage):** जन्म दर मृत्यु दर से भी नीचे आ जाती है ⇒ जनसंख्या घटने लगती है।

कालानुक्रमिक क्रम (पुरातन से नवीनतम) C, B, D, A है।

83. धन की जमाखोरी के परिणाम :

A. **माल और सेवाओं का क्रय नहीं करने से उपयोगिता की कमी** — जब व्यक्ति धन को खर्च न कर माल व सेवाएँ नहीं खरीदता, तो तत्काल उपयोगिता नहीं मिलती।

B. **बचत नहीं करने से परित्यक्त ब्याज** — यदि धन को बचत/निवेश में न लगाकर जमाखोरी की जाए तो ब्याज/प्रतिफल छोड़ दिया जाता है।

C. **अपस्फीति के कारण धन के वास्तविक मोल का ह्रास**— अपस्फीति (deflation) से तो धन का वास्तविक मूल्य बढ़ता है, घटता नहीं।

D. **अन्य आस्तियों का क्रय नहीं करने के कारण प्रतिफल की कमी** — धन को अन्य आस्तियों (शेयर, बॉन्ड आदि) में न लगाने से अवसर लागत होती है।

अतः A, B, D सही हैं।

84. भारत सरकार का ग्रामीण विकास कार्यक्रम :

- **दीन दयाल उपाध्याय ग्रामीण कौशल्य योजना** – ग्रामीण कौशल विकास कार्यक्रम → ग्रामीण विकास।
- **प्रधानमंत्री ग्राम सड़क योजना** – ग्रामीण संपर्क अवसंरचना → ग्रामीण विकास।
- **स्वच्छ भारत मिशन** – स्वच्छता अभियान (ग्रामीण व शहरी दोनों) → यह व्यापक मिशन है, केवल ग्रामीण विकास कार्यक्रम नहीं।
- **राष्ट्रीय सामाजिक सहायता कार्यक्रम** – ग्रामीण गरीबों को सामाजिक सुरक्षा सहायता → ग्रामीण विकास।

85. सूची-I और सूची-II का मिलान :

- **A.** वॉन न्यूमान और ऑस्कर मॉर्गेनस्टर्न — खेल और आर्थिक व्यवहार → **II**।
- **B.** एक्सेलरॉड (Axelrod) — जैसे को तैसा रणनीति → **I**।
- **C.** स्टैकलबर्ग नेतृत्व मॉडल — नेतृत्व मॉडल में अनुक्रमिक चालें, नैश संतुलन (Subgame Perfect Nash) से संबंधित → **III** (नैश साम्यता)।
- **D.** सिंगल-शॉट गेम — एक बार खेले गए खेल में धोखाधड़ी (Defection) प्रमुख रणनीति → **IV**।

अतः सही मिलान A-II, B-I, C-III, D-IV है।

86. मापनी का प्रकार (ग्रेड उदाहरण) :

- केवल क्रमबद्धता ज्ञात है (A-ग्रेड > B-ग्रेड) लेकिन अंतराल या अनुपात का पता नहीं चलता।
- यह Ordinal Scale का उदाहरण है, जो उदासीन वक्र विश्लेषण (Indifference Curve Analysis) की नींव में प्रयुक्त होता है—उदासीनता वरीयताओं में केवल रैंकिंग महत्वपूर्ण होती है, परंतु वरीयता का मात्रात्मक अंतर नहीं।

87. मार्शल के उपयोगिता विश्लेषण में उपभोक्ता अधिशेष का आधार :

- मार्शल ने उपभोक्ता अधिशेष की अवधारणा को ह्रासमान सीमांत उपयोगिता के नियम (Law of Diminishing Marginal Utility) पर आधारित किया।
- उन्होंने माना कि उपभोक्ता वस्तु के लिए जितना अधिक भुगतान करने को तैयार है (कुल उपयोगिता) और जितना वास्तव में भुगतान करता है (बाजार मूल्य), उनके बीच का अंतर अधिशेष है।

88. मुद्रा सिद्धांत – कालक्रम

C. फिशर का मात्रा सिद्धांत (Fisher's Version) – Equation of Exchange, 1911।

A. कैम्ब्रिज संस्करण (Cambridge Version) – पिगू, मार्शल द्वारा, 1917–20।

B. बौमोल का मुद्रा मांग सिद्धांत (Baumol's Transactions Demand Theory) – 1952।

D. टॉबिन का मुद्रा मांग सिद्धांत (Tobin's Portfolio Theory) – 1956–58।

अतः क्रम C, A, B, D है।

89. भारत में अनौपचारिक क्षेत्र (Informal Sector) पर आँकड़े सांख्यिकी और कार्यक्रम कार्यान्वयन मंत्रालय (MoSPI) द्वारा प्रकाशित किए जाते हैं। यह मंत्रालय NSSO (राष्ट्रीय नमूना सर्वेक्षण कार्यालय) के माध्यम से सर्वेक्षण करता है।

90. प्रायिकताओं का बढ़ते क्रम में क्रम निर्धारण :

A. दो सिक्कों के एक साथ उछाल में दो चित (HH) आने की प्रायिकता

- कुल संभावनाएँ = 4 (HH, HT, TH, TT)
- अनुकूल = 1 (HH) $\Rightarrow P = \frac{1}{4} = 0.25$

B. ताश से रानी (Queen) निकालने की प्रायिकता

- कुल पत्ते = 52; रानियाँ = 4

$\Rightarrow P = \frac{4}{52} = \frac{1}{13} \approx 0.0769$

C. 3 श्वेत और 7 काले गेंदों में से श्वेत गेंद की प्रायिकता

- कुल = 10; श्वेत = 3

$\Rightarrow P = \frac{3}{10} = 0.3$

D. पासे पर सम संख्या (2, 4, 6)

- कुल = 6; सम = 3

$\Rightarrow P = \frac{3}{6} = 0.5$

बढ़ता क्रम B, A, C, D है।

91. नैश साम्य वह प्रोफाइल है जहाँ कोई भी फर्म अकेले अपनी रणनीति बदलकर लाभ नहीं बढ़ा सकती (दूसरी फर्म की रणनीति स्थिर मानते हुए)। दिए गए पेऑफ विकल्प एक क्लासिक "कैदी की दुविधा" पैटर्न दर्शाते हैं :

- जब दूसरी फर्म सहयोग करे (जिससे दोनों को $225, \$225 मिल सकते हैं), तब विचलित होकर दूसरी रणनीति चुनने पर $250 मिलते हैं — यानी $250 > $225, इसलिए सहयोग सर्वोत्तम प्रतिक्रिया नहीं है।
- जब दूसरी फर्म विचलित/डिफेक्ट करे (जिससे $200, \$200 मिलते हैं), तब सहयोग करने पर $100 मिलता है — यानी $100 < $200, इसलिए इस स्थिति में भी डिफेक्ट ही सर्वोत्तम प्रतिक्रिया है।

इसलिए दोनों की सर्वोत्तम प्रतिक्रियाएँ एक-दूसरे को काटती हैं (डिफेक्ट, डिफेक्ट) पर, जिसका पेऑफ ($200, $200) है — यही नैश साम्य है; ($225, $225) पर कोई भी फर्म अकेले विचलित होकर $250 कमा सकती है, इसलिए वह नैश नहीं है।

92. संरक्षा निवेश (Safety Investment) का सीधा प्रभाव उस फर्म पर पड़ता है जो निवेश करती है। बेहतर सुरक्षा उपकरण, प्रशिक्षण और नियम अनुपालन के कारण दुर्घटना जोखिम घटता है और कार्यस्थल अधिक सुरक्षित हो जाता है। अन्य फर्मों की संरक्षा स्वचालित रूप से नहीं बढ़ती क्योंकि उन्होंने निवेश नहीं किया है, और उद्योग की कुल संरक्षा भी केवल एक फर्म के प्रयास से सुनिश्चित नहीं होती। इसलिए केवल वही फर्म लाभान्वित होती है जिसने निवेश किया।

93. दो फर्मों के बीच संरक्षा निवेश खेल एक रणनीतिक परस्पर-निर्भर स्थिति है। यदि दोनों निवेश करें तो सामाजिक कल्याण अधिकतम हो सकता है, लेकिन प्रत्येक फर्म के पास लागत बचाने और दूसरे के निवेश का लाभ लेने की प्रेरणा रहती है। इसलिए दोनों द्वारा निवेश करना स्थिर नैश साम्य नहीं बनता। इसका अर्थ है कि यह स्थिति गेम-थ्योरी के अनुसार साम्य नहीं है।

94. संरक्षा निवेश से संबंधित खेलों में फ्री-राइडिंग की प्रवृत्ति के कारण बाजार अकेले सामाजिक इष्टतम निवेश नहीं कर पाता। इस समस्या का समाधान सरकारी नियमन द्वारा होता है। जब सरकार न्यूनतम सुरक्षा मानक अनिवार्य कर देती है, तब सभी फर्मों को निवेश करना पड़ता है। इससे अंडर-इन्वेस्टमेंट (underinvestment) समाप्त होता है और उद्योग-व्यापी सुरक्षा सुनिश्चित होती है।

95. श्रम अर्थशास्त्र में क्षतिपूरक वेतन-अन्तर (Compensating Wage Differentials) के अनुसार, अधिक जोखिम वाले कामों के लिए उच्च मजदूरी की आवश्यकता होती है। जब किसी एक फर्म ने सुरक्षा निवेश कर दिया, तब उद्योग-स्तर पर जोखिम की धारणा घटती है। जोखिम कम होने से श्रमिकों को अब अतिरिक्त मुआवजे की आवश्यकता नहीं रहती। इसका प्रभाव केवल निवेश करने वाली फर्म तक सीमित नहीं रहता बल्कि श्रम बाजार में प्रतिस्पर्धा के कारण दोनों फर्मों में मजदूरी स्तर घट सकता है।

96. गद्यांश में कहा गया है कि शिक्षा व्यक्ति को उत्पादन में अधिक दक्ष बनाती है (मानव पूंजी का संवर्धन) और साथ ही उसकी जानकारी, संचार, तर्क शक्ति व सामाजिक स्वीकृति को भी बढ़ाती है (मानव अभियोग्यता का संवर्धन)। इसलिए शिक्षा से दोनों का संवर्धन होता है।

97. गद्यांश में प्रत्यक्ष प्रभाव के उदाहरण के रूप में स्पष्ट कहा गया है—''उसका जीवन हृष्ट-पुष्ट या स्वस्थ होना'', अर्थात् जीवन संवर्धन। यह प्रत्यक्ष प्रभाव है, जबकि अप्रत्यक्ष प्रभाव उत्पादन बढ़ाने व बाजार में कीमत को प्रभावित करने जैसे हैं।

98. गद्यांश के अंतिम भाग में बताया गया है कि शिक्षित व्यक्ति ''पठन, संप्रेषण, तर्क विद्या के माध्यम से लाभान्वित होकर अपेक्षाकृत अधिक संसूचित रूप में विकल्पों का चयन कर सकता है''। यह मानव अभियोग्यता की प्रमुख पहचान है।

99. गद्यांश में मानव अभियोग्यता से संबंधित पहलुओं में स्वस्थ होना, तर्क वृद्धि, और सामाजिक स्वीकार्यता का उल्लेख है। ''अधिनायकवादी होना'' (Authoritarian) इसका हिस्सा नहीं है।

100. गद्यांश के अनुसार, मानव पूंजी उपागम अपेक्षाकृत संकीर्ण दृष्टिकोण है और मानव अभियोग्यता व्यापक दृष्टिकोण है जिसमें प्रत्यक्ष व परोक्ष दोनों परिणाम शामिल हैं। अतः मानव अभियोग्यता को मानव पूंजी से उच्चतर श्रेणी का माना गया है।

पिछले प्रश्न-पत्र

National Testing Agency (NTA)

UGC-NET जूनियर रिसर्च फैलोशिप तथा सहायक प्राध्यापक पात्रता परीक्षा

अर्थशास्त्र, अगस्त-2024

(Exam held on 28-08-2024)

प्रश्न-पत्र-II

1. वस्तु की माँग फलन x के लिए

$$Q_d = f(P_x, P_y, M)$$

स्व-मूल्य लोच, प्रति मूल्य लोच और माँग की आय लोच का कुल योग होगा?

A. एक

B. शून्य

C. दो

D. एन (n), जहाँ $n > 1$

2. सूची-I से सूची-II का मिलान कीजिए:

सूची-I	सूची-II
(*a*) यात्रा लागत पद्धति	(*i*) सतत् विकास
(*b*) स्टर्न रिव्यू	(*ii*) समाप्य संसाधन
(*c*) ब्रंटलैंड आयोग की रिपोर्ट	(*iii*) जलवायु परिवर्तन
(*d*) प्रयोक्ता लागत	(*iv*) पर्यावरण मूल्य निर्धारण

नीचे दिए गए विकल्पों में से **सही** उत्तर का चयन कीजिए:

	(*a*)	(*b*)	(*c*)	(*d*)
A.	(*iv*)	(*ii*)	(*i*)	(*iii*)
B.	(*iv*)	(*i*)	(*ii*)	(*iii*)
C.	(*iv*)	(*iii*)	(*i*)	(*ii*)
D.	(*iii*)	(*iv*)	(*i*)	(*ii*)

3. निम्नलिखित को सबसे पहले से शुरु करके सबसे बाद के सही कालक्रमानुसार लगाइये:

(*a*) कोस (Coase) प्रमेय

(*b*) होटलिंग सिद्धांत

(*c*) नेश संतुलन

(*d*) क्योटो प्रोटोकॉल

(*e*) आई.यू.सी.एन. (प्राकृतिक संरक्षण के लिए अंतर्राष्ट्रीय संघ) की स्थापना

नीचे दिए गए विकल्पों में से **सही** उत्तर का चयन कीजिए:

A. (*b*), (*e*), (*c*), (*a*), (*d*)

B. (*b*), (*e*), (*a*), (*c*), (*d*)

C. (*b*), (*a*), (*d*), (*e*), (*c*)

D. (*e*), (*b*), (*a*), (*c*), (*d*)

4. सूची I से सूची II का मिलान कीजिए:

सूची-I	सूची-II
(*a*) पी.क्यू.एल.आई.	(*i*) अमर्त्य सेन
(*b*) एच.डी.आई.	(*ii*) महबूब-अल-हक
(*c*) विकास का सामर्थ्य उपागम	(*iii*) अल्केयर और फास्टर
(*d*) Multi-Dimensional Poverty Index	(*iv*) मोरिस डी. मोरिस

नीचे दिए गए विकल्पों में से **सही** उत्तर का चयन कीजिए:

	(*a*)	(*b*)	(*c*)	(*d*)
A.	(*iv*)	(*ii*)	(*i*)	(*iii*)
B.	(*iv*)	(*iii*)	(*ii*)	(*i*)
C.	(*i*)	(*ii*)	(*iii*)	(*iv*)
D.	(*iv*)	(*i*)	(*iii*)	(*ii*)

5. सूची-I से सूची-II का मिलान कीजिए:

सूची-I	सूची-II
(a) राचेल कार्सन	(i) इकोनॉमिक्स ऑफ बायोडायवर्सिटी
(b) केनेथ बोल्डिंग	(ii) इकोनॉमिक्स ऑफ कमिंग स्पेसशिप अर्थ
(c) जी. हार्डिन	(iii) सायलेंट स्प्रिंग
(d) पार्थ दासगुप्ता	(iv) ट्रेजेडी ऑफ कॉमन्स

नीचे दिए गए विकल्पों में से **सही** उत्तर का चयन कीजिए:

	(a)	(b)	(c)	(d)
A.	(ii)	(i)	(iv)	(iii)
B.	(iii)	(iv)	(i)	(ii)
C.	(iv)	(ii)	(iii)	(i)
D.	(iii)	(ii)	(iv)	(i)

6. दिया गया है कि $y = \frac{1+x}{1-2x}$, सही विकल्प का चयन कीजिए:

A. $\frac{dy}{dx} = \frac{3}{1-2x}$

B. $\frac{dy}{dx} = \frac{3}{(1-2x)^2}$

C. $\frac{dy}{dx} = \frac{3}{(1-2x)^3}$

D. $\frac{dy}{dx} = \frac{3}{(1-x)^2}$

7. प्रेक्षणों के एक सेट का न्यूनतम मान 4.5 है और उनका रेंज 10.9 है। समांतर माध्य 19.9 पाया गया है और माध्यिका 15.6 पाई गई है। निम्नलिखित में से कौन-सा कथन **सही** है?

A. समांतर माध्य गलत है किंतु माध्यिका सही है।

B. समांतर माध्य सही है किंतु माध्यिका गलत है।

C. समांतर माध्य और माध्यिका दोनों गलत है।

D. समांतर माध्य और माध्यिका दोनों सही हैं।

8. मुद्रा के नॉमिनल स्टॉक में बढ़ोतरी का परिणाम किस रूप में होता है:

A. संतुलन नॉमिनल ब्याज दर में वृद्धि और संतुलन वास्तविक आय में कमी

B. संतुलन नॉमिनल ब्याज दर में कमी और संतुलन वास्तविक आय में वृद्धि

C. संतुलन नॉमिनल ब्याज दर में कमी और संतुलन वास्तविक आय में कमी

D. संतुलन नॉमिनल ब्याज दर में वृद्धि और संतुलन वास्तविक आय में वृद्धि

9. मुद्रास्फीति समाज को कोई लाभ नहीं देती, बल्कि वह अनेक वास्तविक लागतें लगा देती है, निम्नलिखित में से कौन-सी मुद्रास्फीति की लागतें हैं?

(a) कम मुद्रा धारिता के साथ संबद्ध शू-लेदर लागत

(b) अधिक आवृत्ति में समायोजन कीमतों के साथ संबद्ध मेन्यु लागत

(c) सापेक्ष कीमतों की बढ़ी हुई परिवर्तनशीलता

(d) कर संहिता के गैर-सूचकांकन के कारण कर देयता में अनाशयित बदलाव

(e) ऋणों के साथ संबद्ध सम्पति का मनमाना पुनः वितरण

नीचे दिए गए विकल्पों में से **सही** उत्तर का चयन कीजिए:

A. केवल (a), (b), (c)

B. केवल (c), (d), (e)

C. केवल (b), (d), (a)

D. (a), (b), (c), (d), (e)

10. सूची-I से सूची-II का मिलान कीजिए:

सूची-I	सूची-II
(a) एड-वेलोरम टैरिफ	(i) प्रति इकाई नियत राशि
(b) आत्मनिर्भर अर्थतंत्र (Autarky)	(ii) एड-वेलोरम और विशिष्ट टैरिफ का संयोजन
(c) संयुक्त टैरिफ	(iii) अन्य देशों के साथ कोई व्यापार नहीं
(d) विशिष्ट टैरिफ	(iv) व्यापार की गई वस्तु के मूल्य का प्रतिशत

नीचे दिए गए विकल्पों में से **सही** उत्तर का चयन कीजिए:

	(a)	(b)	(c)	(d)
A.	(i)	(ii)	(iii)	(iv)
B.	(iv)	(iii)	(ii)	(i)
C.	(iv)	(i)	(ii)	(iii)
D.	(iii)	(ii)	(i)	(iv)

11. सरकार के माध्यम से भारत के रक्षा उद्योग में प्रत्यक्ष विदेशी निवेश की अनुमन्य सीमा क्या है?

A. 26 प्रतिशत B. 51 प्रतिशत
C. 74 प्रतिशत D. 100 प्रतिशत

12. सूची-I से सूची-II का मिलान कीजिए:

सूची-I	सूची-II
(a) सामान्य विषम विसारिता परीक्षण	(i) रामसे
(b) स्वतः सह-संबंध की सामान्य सूची	(ii) होसमैन
(c) सट्टकालिकता का परीक्षण	(iii) व्हाइट
(d) विनिर्देशन त्रुटि की सामान्य सूची	(iv) ब्रुश्च-गॉडफ्रे

नीचे दिए गए विकल्पों में से **सही** उत्तर का चयन कीजिए:

	(a)	(b)	(c)	(d)
A.	(i)	(ii)	(iii)	(iv)
B.	(iv)	(ii)	(i)	(iii)
C.	(iii)	(iv)	(ii)	(i)
D.	(iii)	(i)	(ii)	(iv)

13. निम्नलिखित में से पंद्रहवें वित्त आयोग द्वारा राज्यों को दिए गए अनुदान का सबसे बड़ा मद है?

A. आपदा जोखिम प्रबंधन अनुदान
B. राजस्व घाटा अनुदान
C. स्थानीय निकाय अनुदान
D. क्षेत्र विशिष्ट अनुदान

14. निम्नलिखित अर्थशास्त्रियों को उन्हें नोबल पुरस्कार दिए जाने के कालक्रमानुसार लगाइये: (सर्वप्रथम से शुरु होकर अद्यतन)

(a) आर्थर लेविस (b) गुन्नार मिर्डल
(c) मिल्टन फ्रीडमैन (d) ए.वी. बनर्जी
(e) लारेंस क्लीन

नीचे दिए गए विकल्पों में से **सही** उत्तर का चयन कीजिए:

A. (b), (c), (a), (e), (d)
B. (b), (c), (a), (d), (e)
C. (b), (a), (c), (e), (d)
D. (a), (b), (c), (e), (d)

15. नीचे लिखे कथनों पर विचार कीजिए:

(a) यदि कोई बाजार एक गौण प्रभाव (side effect) या बाह्यता उत्पन्न करता है तो बाजार समाधान अकार्यक्षम है।
(b) यदि कोई बाजार दक्ष है, तो बाजार में उत्पादित मात्रा उत्पादक और उपभोक्ता दोनों के अधिशेष को अधिकतम बनाती है।
(c) उपभोक्ता अधिशेष (Consumer's surplus) उपभोक्ता द्वारा मूल्य देने की इच्छा तथा विक्रेता की लागत का अंतर होता है।
(d) स्मिथ की अदृश्य हाथ अवधारणा का अर्थ है कि प्रतिस्पर्धी बाजार का परिणाम समाज के सदस्यों के बीच समानता का निर्माण करता है।
(e) प्रतिस्पर्धी बाजार का साथ पैरेटो कार्यक्षम (efficient) है।

नीचे दिए गए विकल्पों में से **सही** उत्तर का चयन कीजिए:

A. केवल (a), (b), (e)
B. केवल (a), (b), (d)
C. केवल (a), (e)
D. केवल (b), (d), (e)

16. भारतीय रिजर्व बैंक के कार्य क्षेत्र के अंतर्गत क्या नहीं आता है?

A. विदेशी मुद्रा भंडार का संरक्षक
B. बैंक नोटों का निर्गम
C. उधार देने का अंतिम आश्रय (रिसोर्ट)
D. ऋण का बहु विस्तार

17. सूची-I से सूची-II का मिलान कीजिए:

सूची-I	सूची-II
(*a*) नीति आयोग	(*i*) जैसे को तैसा रणनीति (Tit for Tat)
(*b*) आर. एक्सेलरोड	(*ii*) कार्यदक्षता मजदूरी सिद्धांत
(*c*) जे. स्टिगलिट्ज	(*iii*) के.एन. राज
(*d*) भारत की पहली पंचवर्षीय योजना (1951-1956)	(*iv*) ज्ञान सहायता

नीचे दिए गए विकल्पों में से **सही** उत्तर का चयन कीजिए:

	(*a*)	(*b*)	(*c*)	(*d*)
A.	(*ii*)	(*i*)	(*iii*)	(*iv*)
B.	(*iv*)	(*iii*)	(*ii*)	(*i*)
C.	(*iv*)	(*i*)	(*ii*)	(*iii*)
D.	(*i*)	(*ii*)	(*iii*)	(*iv*)

18. सूची-I से सूची-II का मिलान कीजिए:

सूची-I	सूची-II
(*a*) अंतर-पणन (Arbitrage)	(*i*) जब कोई निवेशक विदेशी विनिमय जोखिम को स्वीकार करती और चाहती है।
(*b*) हेजिंग	(*ii*) उस समय को संदर्भित करता है जब विदेशी मुद्रा बदलती है जिससे बहुधा स्पॉट दर (रेट) परिवर्तित होता है।
(*c*) सट्टेबाजी (Speculation)	(*iii*) मुद्रा को मौद्रिक केन्द्र से खरीदने से संबंधित है जहाँ यह सस्ती होती है।
(*d*) विदेशी विनिमय जोखिम	(*iv*) विदेशी विनिमय जोखिम के परिहार से संबंधित

नीचे दिए गए विकल्पों में से **सही** उत्तर का चयन कीजिए:

	(*a*)	(*b*)	(*c*)	(*d*)
A.	(*iii*)	(*iv*)	(*i*)	(*ii*)
B.	(*i*)	(*iii*)	(*ii*)	(*iv*)
C.	(*i*)	(*iii*)	(*iv*)	(*ii*)
D.	(*i*)	(*iv*)	(*iii*)	(*ii*)

19. जब आयात को प्रशुल्क (टैरिफ) की बजाय कोटा से सीमित किया जाता है, लागत कभी-कभी, _______ प्रक्रिया द्वारा बढ़ जाती है।

A. किराये की माँग
B. कोटा की माँग
C. कर की माँग
D. उपरोक्त में से कोई नहीं

20. आय निर्धारण के लीकेज-इंजेक्शन उपागम में यदि अन्य बातें पूर्ववत् रहें तो एकमुश्त कर में वृद्धि करने से _______ होता है।

A. निवेश + सरकारी व्यय रेखा ऊर्ध्वमुखी शिफ्ट
B. निवेश + सरकारी व्यय रेखा अधोमुखी शिफ्ट
C. बचत + कर रेखा बायीं ओर शिफ्ट
D. आय का संतुलन स्तर ऊर्ध्वमुखी शिफ्ट

21. सकल घरेलू उत्पाद या जी.डी.पी. को निम्नानुसार परिभाषित किया जाता है:

A. जी.डी.पी. = कुल घरेलू आय + अप्रत्यक्ष कर + मूल्यह्रास
B. जी.डी.पी. = कुल घरेलू आय + अप्रत्यक्ष कर – मूल्यह्रास
C. जी.डी.पी. = कुल घरेलू आय + मूल्यह्रास – अप्रत्यक्ष कर
D. जी.डी.पी. = कुल घरेलू आय + मूल्यह्रास – निवल घरेलू उत्पाद (एन.डी.पी.)

22. बाह्यताओं और पर्यावरणीय समस्याओं से संबंधित कोस थ्योरम की निम्नलिखित में से कौन-सी पूर्वधारणा नहीं है?

A. लेनदेन की लागत का अभाव
B. आय प्रभाव की उपस्थिति
C. पूर्ण जानकारी
D. पूर्ण सम्पदा अधिकार

23. विषम विसारिता (Hetroscedasticity) विभिन्न कारणों से हो सकती है निम्नलिखित में से कौन-सा इसका कारण **नहीं** है?

A. डेटा सेट में X और Y निर्देशांकों के अत्यंत कम या उच्च मान

B. समय के साथ चरों में सह-संबंध

C. मॉडल के कार्यात्मक रूप का गलत विनिर्देशन

D. चरों का गलत रूपांतरण

24. सूची-I से सूची-II का मिलान कीजिए:

सूची-I	सूची-II
(*a*) अंतरजातीय चर	(*i*) आटोकोरिलेशन गुणांक का महत्व
(*b*) काउंट R^2 (count R^2)	(*ii*) युगपत समीकरण
(*c*) एलजंग बाक्स स्टेटिसटिक	(*iii*) पैनल आंकड़ा प्रतिगमन
(*d*) लीस्ट स्क्वायर डमी चर मॉडल	(*iv*) लॉजिट प्रतिगमन

नीचे दिए गए विकल्पों में से **सही** उत्तर का चयन कीजिए:

	(*a*)	(*b*)	(*c*)	(*d*)
A.	(*iii*)	(*i*)	(*iv*)	(*ii*)
B.	(*ii*)	(*iii*)	(*i*)	(*iv*)
C.	(*ii*)	(*iii*)	(*iv*)	(*i*)
D.	(*ii*)	(*iv*)	(*i*)	(*iii*)

25. निम्नलिखित कथनों पर विचार कीजिए:

(*a*) पारिस्थितिक पदचिह्न (इकोलॉजिकल फुटप्रिंट) संपूर्ण पारिस्थितिकी तंत्र (इको सिस्टम) पर मांग का एक माप है।

(*b*) विकास के लिए ऊपर से नीचे का दृष्टिकोण (Top down approach) सामूहिक भागीदारी पर जोर देता है।

(*c*) वर्ष 2016 तक सहस्राब्दी विकास लक्ष्यों (MDGs) को प्राप्त करने का अनुमान लगाया गया था।

(*d*) सतत् विकास लक्ष्यों (SDGs) में 17 लक्ष्य शामिल हैं।

नीचे दिए गए विकल्पों में से **सही** उत्तर का चयन कीजिए:

A. केवल (*a*), (*d*)

B. केवल (*a*), (*b*), (*d*)

C. केवल (*a*), (*c*), (*d*)

D. (*a*), (*b*), (*c*), (*d*)

26. ANCOVA मॉडल में प्रतिगामक (Regressor) शामिल हैं जो हैं:

A. केवल परिमाणात्मक चर

B. केवल गुणात्मक चर

C. केवल श्रेणीबद्ध चर

D. गुणात्मक और परिमाणात्मक चर दोनों

27. सूची-I से सूची-II का मिलान कीजिए:

सूची-I	सूची-II
(*a*) नरसिंहम समिति, रिपोर्ट (II)	(*i*) बैंक में धोखा-धड़ी और कदाचार
(*b*) घोष समिति रिपोर्ट	(*ii*) बैकिंग में प्रौद्योगिकी संबंधी मुद्दे
(*c*) पद्मनाभन समिति	(*iii*) आर.बी.आई. को बाजार से 91 दिनों की टी. बिल वापस लेने चाहिए
(*d*) सराफ समिति	(*iv*) एक केन्द्रीय बैंक द्वारा निरीक्षण की शैली और अनुवर्ती कारवाई

नीचे दिए गए विकल्पों में से **सही** उत्तर का चयन कीजिए:

	(*a*)	(*b*)	(*c*)	(*d*)
A.	(*iii*)	(*iv*)	(*ii*)	(*i*)
B.	(*i*)	(*ii*)	(*iii*)	(*iv*)
C.	(*iii*)	(*i*)	(*iv*)	(*ii*)
D.	(*iii*)	(*ii*)	(*i*)	(*iv*)

28. वालरस के नियम के अनुसार रुपये, बांड की अव्यथिक मांग और वर्तमान उत्पादन (आउटपुट) का कुल योग अवश्य _______ के बराबर होगा।

A. एक

B. शून्य

C. एक से अधिक

D. एक से कम

29. निम्नलिखित मदों को उनके निर्माण के क्रम में पहले चरण से अंतिम चरण के अनुसार लगाइये:

(*a*) बजट

(*b*) उपयोगिता विश्लेषण

(*c*) माँग वक्र विश्लेषण

(*d*) तटस्थता वक्र विश्लेषण

(*e*) उपभोक्ता संतुलन

नीचे दिए गए विकल्पों में से **सही** उत्तर का चयन कीजिए:

A. (*d*), (*b*), (*a*), (*e*), (*c*)
B. (*a*), (*b*), (*c*), (*d*), (*e*)
C. (*b*), (*d*), (*e*), (*c*), (*a*)
D. (*b*), (*d*), (*a*), (*e*), (*c*)

30. उत्पादन फलन $Q = \frac{LK}{L + K}$ है:

A. डिग्री 1 का समरूप B. डिग्री 0 का समरूप
C. डिग्री 2 का समरूप D. डिग्री ½ का समरूप

31. सबसे पहले से शुरू करके बाद के क्रम में निम्नलिखित करों को उनकी शुरुआत के अनुसार लगाइये:

(*a*) वस्तु लेन-देन कर

(*b*) प्रतिभूति लेन-देन कर

(*c*) बैंकिग नकद लेन-देन कर

(*d*) न्यूनतम वैकल्पिक कर

(*e*) एंजेल कर

नीचे दिए गए विकल्पों में से **सही** उत्तर का चयन कीजिए:

A. (*d*), (*a*), (*e*), (*b*), (*c*)
B. (*b*), (*c*), (*a*), (*e*), (*d*)
C. (*d*), (*b*), (*c*), (*e*), (*a*)
D. (*c*), (*d*), (*b*), (*a*), (*e*)

32. भारत में गैर बैंकिग वित्तीय कंपनियों (एन.बी.एफ.सी.) के संबंध में निम्नलिखित कथनों पर विचार कीजिए:

(*a*) एन.बी.एफ.सी., आर.बी.आई. अधिनियम 1948 के अंतर्गत पंजीकृत हैं।

(*b*) एन.बी.एफ.सी., वाणिज्यिक बैंकों की तरह माँग जमा स्वीकार नहीं कर सकते हैं।

(*c*) एन.बी.एफ.सी. को अपनी प्राप्तियों का एक विशिष्ट प्रतिशत निर्विहन अनुमोदित प्रतिभूतियों में निवेश करना होता है।

(*d*) एन.बी.एफ.सी., धन बैंकों और पोर्टफोलियो प्रबंधन सेवाओं के कार्यरत हैं, सेबी द्वारा शासित होते है।

(*e*) प्रत्येक एन.बी.एफ.सी. को एक आरक्षित निधि सृजित करना होता है।

नीचे दिए गए विकल्पों में से **सही** उत्तर का चयन कीजिए:

A. केवल (*a*), (*b*), (*c*), (*d*)
B. केवल (*b*), (*c*), (*d*), (*e*)
C. केवल (*b*), (*d*), (*e*)
D. केवल (*b*), (*c*), (*e*)

33. परिमाण के बढ़ते हुए क्रम के अनुसार निम्नलिखित अभिव्यंजकों को व्यवस्थित कीजिए।

[दिया गया है: $a > 0, b > 0, x > 0$]

(*a*) $y = e^{a}$ (*b*) $y = e^{a + bx}$

(*c*) $y = e^{a+\frac{b}{x}}$ (*d*) $y = e^{a-\frac{b}{x}}$

(*e*) $y = e^{a + 2bx}$

नीचे दिए गए विकल्पों में से **सही** उत्तर का चयन कीजिए:

A. (*d*), (*a*), (*c*), (*b*), (*e*)
B. (*d*), (*a*), (*b*), (*c*), (*e*)
C. (*d*), (*b*), (*c*), (*a*), (*e*)
D. (*e*), (*b*), (*c*), (*a*), (*d*)

34. सूची-I से सूची-II का मिलान कीजिए:

सूची-I	सूची-II
(*a*) वितरण का एकाधिकार सिद्धांत	(*i*) वॉकर
(*b*) लाभ का सिद्धांत	(*ii*) रॉबिन्सन
(*c*) पूर्ण लागत कीमत-निर्धारण	(*iii*) कलेस्की
(*d*) किराये का आधुनिक सिद्धांत	(*iv*) हाल और हिच

नीचे दिए गए विकल्पों में से **सही** उत्तर का चयन कीजिए:

	(a)	(b)	(c)	(d)
A.	(ii)	(iii)	(i)	(iv)
B.	(iii)	(i)	(iv)	(ii)
C.	(iii)	(iv)	(ii)	(i)
D.	(iv)	(iii)	(ii)	(i)

35. पंद्रहवें वित्त आयोग के कर राजस्व हस्तांतरण फार्मूले के निम्नलिखित प्रतिमानों को उनके भारांक के अनुसार उच्चतम से शुरु करते हुए क्रम में लगाइये:

(*a*) इन्कम डिस्टेंस

(*b*) क्षेत्रफल

(*c*) जनांकिकीय निष्पादन

(*d*) वन और पारिस्थितिकी

(*e*) कर प्रयास

नीचे दिए गए विकल्पों में से **सही** उत्तर का चयन कीजिए:

A. (*a*), (*b*), (*c*), (*d*), (*e*)
B. (*a*), (*d*), (*b*), (*e*), (*c*)
C. (*b*), (*a*), (*c*), (*e*), (*d*)
D. (*c*), (*d*), (*a*), (*b*), (*e*)

36. निम्नलिखित में से कौन-सा मान यह दर्शाता है कि प्रत्येक महिला का स्थान, एक बेटी ले रही है जिसके परिणामस्वरूप कालांतर में आबादी स्थिर रहेगी?

A. जी.एफ.आर. = 1 B. एन.आर.आर. = 1
C. टी.एफ.आर. = 1 D. जी.आर.आर. = 1

37. समीकरण $2x - 3y < 5$ के ग्राफ के क्षेत्र में बिंदुओं O(0, 0) और P(2, –3) की स्थिति होगी:

A. O अन्दर और P बाहर
B. O और P दोनों बाहर
C. O और P दोनों अंदर
D. O बाहर और P अंदर

38. सूची-I से सूची-II का मिलान कीजिए:

सूची-I	**सूची-II**
(*a*) विदेशी मुद्रा व्यापार में शीर्ष लाभार्थी	(*i*) जॉन वान न्यूमैन और ऑस्कर मार्जेनेस्ट्रा
(*b*) प्रतिस्पर्धी साम्य पेरेटो कार्यदक्ष (efficient) है।	(*ii*) सामान्य संतुलन विश्लेषण
(*c*) वालरस	(*iii*) लंदन
(*d*) गेम थ्योरी	(*iv*) कल्याण अर्थशास्त्र का पहला सिद्धांत

नीचे दिए गए विकल्पों में से **सही** उत्तर का चयन कीजिए:

	(a)	(b)	(c)	(d)
A.	(ii)	(iii)	(i)	(iv)
B.	(iv)	(iii)	(ii)	(i)
C.	(i)	(ii)	(iii)	(iv)
D.	(iii)	(iv)	(ii)	(i)

39. सूची-I से सूची-II का मिलान कीजिए:

सूची-I	**सूची-II**
(*a*) डब्ल्यू.डब्ल्यू. लियोंटिफ	(*i*) शेडो प्राइस
(*b*) जेन टिम्बरजन	(*ii*) उपभोग फलन
(*c*) जे.एम. कीन्स	(*iii*) सजातीय उत्पादों के साथ कीमत प्रतिस्पर्धा
(*d*) जोसेफ बर्ट्रेंड	(*iv*) इनपुट-आउटपुट मॉडल

नीचे दिए गए विकल्पों में से **सही** उत्तर का चयन कीजिए:

	(a)	(b)	(c)	(d)
A.	(ii)	(iii)	(i)	(iv)
B.	(iv)	(i)	(ii)	(iii)
C.	(iii)	(iv)	(i)	(ii)
D.	(i)	(ii)	(iii)	(iv)

40. आपने एक प्रतिगमन विश्लेषण किया, किंतु दो चरों के बीच संबंध के बारे में सोचने के बाद आपने निर्णय लिया कि आपको व्याख्यात्मक (Explanatory variable) और प्रतिक्रिया चर (Response variable) को एक-दूसरे से बदलना चाहिए। आंकड़ों में प्रतिगमन मॉडल को पुनः स्थापित करने के बाद आप आशा करते हैं कि:

A. सह-संबंध का मान बदल जाएगा।
B. ढ़ाल (Slope) का चिह्न बदल जाएगा।

C. निर्धारण के गुणांक का मान बदल जाएगा।

D. एस.एस.ई. (वर्ग त्रुटि का योग) का मान बदल जाएगा।

41. भुगतान संतुलन में अधिशेष के लिए निम्नलिखित में से कौन-सा/से संभावित कारण है/हैं?

(*a*) आयातों में गिरावट

(*b*) ब्याज दर में गिरावट

(*c*) निर्यात में वृद्धि

(*d*) आय कर में वृद्धि

(*e*) उच्च बहिर्वर्ती विदेशी प्रत्यक्ष निवेश

नीचे दिए गए विकल्पों में से **सही** उत्तर का चयन कीजिए:

A. केवल (*a*), (*c*), (*e*)

B. केवल (*a*), (*b*), (*c*), (*e*)

C. केवल (*b*), (*c*), (*e*), (*d*)

D. केवल (*a*), (*c*)

42. निम्नलिखित में से **सही** कथन को पहचानिए:

(*a*) जब किसी वस्तु का कीमत उपयोग वक्र (पी.सी.सी.) क्षैतिज अक्ष के समानांतर होता है, वस्तु के लिए माँग फलन ऐकिक रूप से लोचशील होता है।

(*b*) दिया गया है $\log D = \alpha + \beta \log y + \gamma \log p$ तो $\log p$ के संबंध में $\log D$ की लोचशीलता γ है।

(*c*) कीन्स की सरल प्रणाली में स्थिरता की स्थिति $O < MPC < 1$ है।

(*d*) स्थिर लागत वक्र एक आयताकार अतिपरवलय (hyperbola) है।

नीचे दिए गए विकल्पों में से **सही** उत्तर का चयन कीजिए:

A. केवल (*a*), (*c*)

B. केवल (*a*), (*c*), (*d*)

C. केवल (*a*), (*b*), (*c*)

D. (*a*), (*b*), (*c*), (*d*)

43. माना कि $Q = \frac{20}{P}$ और $P \leq 10$, $MC = 1$, तो लाभ अधिकतमीकरण मूल्य और परिमाण क्या होगा?

A. $P = 20, Q = 4$

B. $P = 5, Q = 4$

C. $P = 10, Q = 2$

D. $P = 4, Q = 5$

44. राष्ट्रीय परिवार स्वास्थ्य सर्वेक्षण-5 के अनुसार सर्वेक्षण अवधि 2019-21 के दौरान प्रति हजार पुरुषों की तुलना में महिलाओं की संख्या कितनी थी?

A. 975 B. 991

C. 1003 D. 1020

45. निम्नलिखित को सर्वप्रथम से शुरु करके अद्यतन के **सही** कालक्रम में लगाइये:

(*a*) पैटिन्किन का वास्तविक शेष प्रभाव

(*b*) मुद्रा का पुनः निर्मित मात्रा सिद्धांत

(*c*) बॉमेल का मुद्रा का सिद्धांत

(*d*) नकद लेन-देन उपागम

(*e*) नकद शेष उपागम

नीचे दिए गए विकल्पों में से **सही** उत्तर का चयन कीजिए:

A. (*d*), (*e*), (*b*), (*c*), (*a*)

B. (*e*), (*d*), (*a*), (*b*), (*c*)

C. (*e*), (*d*), (*c*), (*b*), (*a*)

D. (*c*), (*d*), (*e*), (*a*), (*b*)

46. निम्नलिखित में से कौन-सा/से पूंजी बाजार के उपकरण है/हैं?

(*a*) उद्यम पूँजी

(*b*) ट्रेजरी बिल

(*c*) वाणिज्यिक बैंकों द्वारा जारी जमा प्रमाण-पत्र

(*d*) वैश्विक निक्षेप प्राप्ति

(*e*) अंतर कार्पोरेट निक्षेप

नीचे दिए गए विकल्पों में से **सही** उत्तर का चयन कीजिए:

A. केवल (*b*), (*d*), (*e*)

B. केवल (*a*), (*d*)

C. केवल (*a*), (*b*), (*d*)

D. केवल (*a*), (*d*), (*e*)

47. निम्नलिखित में से **सही** कथन पहचानिये:

(*a*) सार्वजनिक वस्तु गैर-अन्नय (non-exclusive) हैं।

(*b*) सार्वजनिक वस्तु राष्ट्रीय सुरक्षा है।

(*c*) सार्वजनिक वस्तु प्रतिद्वंद्वी है।

(*d*) सार्वजनिक वस्तु लोगों को गैर-शून्य सीमांत लागत पर लाभ प्रदान करता है।

(*e*) सार्वजनिक वस्तु उपभोग की अकार्यक्षमता सृजित करता है।

नीचे दिए गए विकल्पों में से **सही** उत्तर का चयन कीजिए:

A. केवल (*a*) और (*b*)

B. केवल (*b*) और (*c*)

C. केवल (*c*) और (*d*)

D. केवल (*d*) और (*e*)

48. राष्ट्रीय स्वास्थ्य नीति 2017 के निम्नलिखित लक्ष्यों पर विचार कीजिए। 2025 तक प्राप्त किए जाने वाले सही उद्देश्यों का चयन कीजिए:

(*a*) शिशु मृत्यु दर : 30

(*b*) पाँच वर्ष से कम आयु में मृत्यु दर : 20

(*c*) मातृ मृत्यु दर : 100

(*d*) कुल प्रजनन दर : 2.1

(*e*) जन्म के समय जीवन प्रत्याशा : 70 वर्ष

नीचे दिए गए विकल्पों में से **सही** उत्तर का चयन कीजिए:

A. केवल (*a*), (*b*), (*c*)

B. केवल (*b*), (*c*), (*d*)

C. केवल (*a*), (*c*), (*e*)

D. केवल (*c*), (*d*), (*e*)

49. _______ प्रभाव का निहितार्थ है कि जब मुद्रा स्थिति अधिक होती है, नॉमिनल ब्याज दर में वृद्धि की प्रवृत्ति होती है और जब मुद्रास्फिति कम होती है, तब नॉमिनल ब्याज दर में कमी की प्रवृत्ति होती है।

A. टॉबिन प्रभाव B. बॉमेल प्रभाव

C. फिशर प्रभाव D. पैटिन्किन प्रभाव

50. विश्व व्यापार के ग्रेविटी मॉडल के अनुसार देशों के निम्नलिखित में से कौन-से घटक उनके बीच व्यापार की मात्रा निर्धारित करते हैं:

(*a*) सकल घरेलू उत्पाद

(*b*) दूरी

(*c*) विदेशी विनिमय दर

(*d*) विदेशी व्यापार की तीव्रता

(*e*) विदेशी निवेश

नीचे दिए गए विकल्पों में से **सही** उत्तर का चयन कीजिए:

A. केवल (*a*) और (*b*)

B. केवल (*b*) और (*c*)

C. केवल (*a*) और (*c*)

D. केवल (*a*) और (*e*)

51. द्विघात रूप $ax^2 + by^2 + 2hxy$, $x = y = 0$ को छोड़कर x और y के सभी मानों के लिए ऋणात्मक है। यदि और केवल यदि:

A. $a > 0$ और $\begin{vmatrix} a & h \\ h & b \end{vmatrix} < 0$

B. $a < 0$ और $\begin{vmatrix} a & h \\ h & b \end{vmatrix} < 0$

C. $a < 0$ और $\begin{vmatrix} a & h \\ h & b \end{vmatrix} > 0$

D. $a < 0$ और $\begin{vmatrix} a & h \\ h & b \end{vmatrix} \neq 0$

52. सूची-I से सूची-II का मिलान कीजिए:

सूची-I	सूची-II
(*a*) बैंक रन	(*i*) डी. पियर्स
(*b*) q-अनुपात	(*ii*) एम. युनूस
(*c*) वास्तविक बचत	(*iii*) पी. डायमंड
(*d*) सूक्ष्म वित्त	(*iv*) जे. टोबिन

नीचे दिए गए विकल्पों में से **सही** उत्तर का चयन कीजिए:

	(a)	(b)	(c)	(d)
A.	(iv)	(i)	(iii)	(ii)
B.	(iii)	(iv)	(i)	(ii)
C.	(iii)	(ii)	(iv)	(i)
D.	(ii)	(iv)	(i)	(iii)

53. भारत में क्षेत्रीय ग्रामीण बैंकों (आर.आर.बी.) के बारे में निम्नलिखित कथनों पर विचार कीजिए:

(a) आर.आर.बी. को नरसिंहम कार्य समूह, 1975 की सिफारिशों के आधार पर स्थापित किया गया।

(b) आर.आर.बी. की इक्विटी का सर्वाधिक अनुपात उसके प्रायोजक बैंक के पास होता है।

(c) नाबार्ड आर.आर.बी. के सभी कार्यकलापों का समन्वय करता है।

(d) आर.आर.बी. अग्रणी बैंक है।

(e) आर.आर.बी. को नाबार्ड के माध्यम से पुनः वित्तपोषण सुविधाएँ प्रदान की जाती है।

नीचे दिए गए विकल्पों में से **सही** उत्तर का चयन कीजिए:

A. केवल (a), (c), (e)

B. केवल (a), (b), (c), (d)

C. केवल (b), (c), (e)

D. केवल (a), (e)

54. किस संगठन ने किस वर्ष भारत में यू.पी.आई. प्रणाली विकसित की है?

A. सेबी, 2016 B. एस.बी.आई., 2016

C. आर.बी.आई., 2015 D. एन.पी.सी.एल., 2016

55. काब-डगलस के उत्पादन फलन में:

$q = AL^{\alpha}K^{\beta}$ जहाँ A, α और β सभी धनात्मक हैं, α और β माप दंड मापते हैं:

A. निविष्टियों की उत्पादन लोचशीलता

B. प्रतिस्थापन की लोच

C. उत्पादन के निविष्टि (inputs) का मूल्य

D. प्रौद्योगिकीय स्थिति

56. भारत विश्व बैंक समूह के निम्नलिखित संस्थानों में से किसका सदस्य है?

(a) अंतर्राष्ट्रीय निपटान और निवेश विवाद केन्द्र

(b) अंतर्राष्ट्रीय विकास एसोसिएशन

(c) अंतर्राष्ट्रीय वित्त निगम

(d) बहुपक्षीय निवेश गारंटी एजेंसी

(e) अंतर्राष्ट्रीय पुनर्निर्माण और विकास बैंक

नीचे दिए गए विकल्पों में से **सही** उत्तर का चयन कीजिए:

A. केवल (a), (b), (c)

B. केवल (b), (c), (d)

C. केवल (b), (c), (d), (e)

D. केवल (a), (b), (d), (e)

57. माना कि बचत फलन है

$S = -5 + 0.32q$

तो निम्नलिखित में से सही उत्तर क्या है?

A. APC < MPC B. APC = MPC

C. APS > MPS D. APC > MPC

58. रैखिक प्रोग्रामन समस्या (एल.पी.पी.) में एक व्यवहार्य (Feasible) समाधान है:

(a) सभी समस्यागत बाध्यताओं का एक साथ समाधान करना चाहिए।

(b) सभी बाह्यताओं को नहीं, केवल उनमें से कुछ का समाधान करना चाहिए।

(c) व्यवहार्य क्षेत्र में एक कार्नर प्वाइंट होना चाहिए।

(d) वह वस्तु पूरक फलन के मूल्य को ईष्टतम बना या नहीं बना सकता है।

(e) शून्य से अधिक या उसके बराबर देना चाहिए।

नीचे दिए गए विकल्पों में से **सही** उत्तर का चयन कीजिए:

A. केवल (a), (d), (e)

B. केवल (a), (d)

C. केवल (a), (e)

D. केवल (b), (c), (e)

59. A और B दो ऐसी घटना (इवेंट) है जिसमें $P(\bar{A}) = 0.4$ और $P(A \cap B) = 0.2$ तो $P(A \cap \bar{B})$ किसके बराबर होगा?

A. 0.4 B. 0.2
C. 0.6 D. 0.8

60. निम्नलिखित में से सही कथन की पहचान कीजिए:

(*a*) पर्यावरण मूल्य निर्धारण सिद्धांत के अनुसार विकल्प मूल्य = भावी उपयोग मूल्य + उत्तरदान मूल्य + प्रतिनिधिक मूल्य
(*b*) प्रतिकूल चयन के कारण बाजार विफलता होना
(*c*) लागत लाभ विश्लेषण के एक प्रकार में आकस्मिक मूल्य निर्धारण पद्धति
(*d*) पब्लिक गुड और कॉमन गुड में समान विशेषताएँ
(*e*) लागत-लाभ विश्लेषण में एक मापदण्ड में आय की आंतरिक दर

नीचे दिए गए विकल्पों में से **सही** उत्तर का चयन कीजिए:

A. केवल (*a*) और (*b*)
B. केवल (*a*), (*c*), (*d*)
C. केवल (*a*), (*b*), (*e*)
D. केवल (*c*), (*d*), (*e*)

61. निम्नलिखित में से कौन-सा अत्यधिक गरीबी रेखा का वर्तमान वैश्विक मानक है?

A. \$1.90 – प्रति दिन B. \$2.00 – प्रति दिन
C. \$2.15 – प्रति दिन D. \$2.25 – प्रति दिन

62. निम्नलिखित में से कौन-से सिद्धांत और उनके विषय के जोड़ों का मिलान **सही** है?

(*a*) मोडिग्लिआनी-मिलर सिद्धांत : वस्तुओं की कीमत और साधन की वास्तविक आय
(*b*) डोर्फमैन-स्टाइनर सिद्धांत : विज्ञापन व्यय
(*c*) ऐरो का असंभवता सिद्धांत : सामाजिक चयन
(*d*) स्टोल्पर-सैम्युलसन सिद्धांत : पूंजी संरचना
(*e*) फिशर पृथक-करण सिद्धांतः लाभ अधिकतम करण सिद्धांत

नीचे दिए गए विकल्पों में से **सही** उत्तर का चयन कीजिए:

A. केवल (*a*), (*b*), (*d*)
B. केवल (*b*), (*d*), (*e*)
C. केवल (*a*), (*c*), (*d*)
D. केवल (*b*), (*c*), (*e*)

63. निम्नलिखित में से कौन-सा/से विकासशील देशों में आर्थिक एकीकरण का/के प्रयास है/हैं?

A. द सेंट्रल अमेरिकन कॉमन मार्केट
B. द कैरिबियन फ्री ट्रेड एसोसिएशन
C. द लैटिन अमेरिकन फ्री ट्रेड एसोसिएशन
D. उपरोक्त सभी

64. निम्नलिखित संपोषणीय विकास लक्ष्यों और उनके उद्देश्यों पर विचार कीजिए और बताइये कौन-कौन से का सही मिलान किया गया है?

(*a*) लक्ष्य 7 : वहनीय और स्वच्छ ऊर्जा
(*b*) लक्ष्य 10 : जलवायु कारवाई
(*c*) लक्ष्य 13 : असमानता कम करना
(*d*) लक्ष्य 14 : जल के नीचे जीवन
(*e*) लक्ष्य 15 : भूमि पर जीवन

नीचे दिए गए विकल्पों में से **सही** उत्तर का चयन कीजिए:

A. केवल (*b*), (*c*), (*d*)
B. केवल (*c*), (*d*), (*e*)
C. केवल (*b*), (*c*), (*e*)
D. केवल (*a*), (*d*), (*e*)

65. निम्नलिखित को प्राचीनतम से शुरु करके अद्यतन के कालक्रमानुसार लगाइये:

(*a*) ए.डब्ल्यू फिलिप्स : फिलिप्स वक्र
(*b*) जे.एम.कीन्स : जनरल थ्योरी ऑफ एम्प्लायमेंट इंटरेस्ट एंड मनी
(*c*) एडम स्मिथ : थ्योरी ऑफ ग्रोथ
(*d*) जॉन एफ. मथ : तार्किक प्रत्याशा उपागम
(*e*) राबर्ट एम. सोलो : विकास मॉडल

नीचे दिए गए विकल्पों में से **सही** उत्तर का चयन कीजिए:

A. (*a*), (*b*), (*c*), (*d*), (*e*)
B. (*c*), (*b*), (*e*), (*a*), (*d*)
C. (*b*), (*a*), (*c*), (*e*), (*d*)
D. (*e*), (*d*), (*c*), (*b*), (*a*)

66. नीति आयोग द्वारा जारी किए गए राज्य ऊर्जा दक्षता सूचकांक 2023 में किस राज्य ने शीर्ष रैंक प्राप्त करने के लिए सर्वाधिक स्कोर प्राप्त किया?

A. आंध्र प्रदेश B. गुजरात
C. हरियाणा D. कर्नाटक

67. निम्नलिखित में से कौन-सी समितियाँ भारत में बैंकिंग क्षेत्र में सुधारों के लिए गठित की गई?

(*a*) जालान समिति
(*b*) घोष समिति
(*c*) सराफ समिति
(*d*) गोकरण समिति
(*e*) तारापोर समिति

नीचे दिए गए विकल्पों में से **सही** उत्तर का चयन कीजिए:

A. केवल (*a*), (*b*), (*d*)
B. केवल (*b*), (*c*), (*e*)
C. केवल (*c*), (*d*), (*e*)
D. केवल (*a*), (*d*), (*c*)

68. अल्प विकसित देशों के लिए व्यापार की शर्तों की चिरंतन विकृति को निम्न के द्वारा स्पष्ट किया गया:

(*a*) जे.एस. मिल (*b*) एच. डब्ल्यू. सिंगर
(*c*) एडम स्मिथ (*d*) राउल प्रेबिश
(*e*) जगदीश भगवती

नीचे दिए गए विकल्पों में से **सही** उत्तर का चयन कीजिए:

A. केवल (*b*), (*d*), (*e*)
B. केवल (*a*), (*b*), (*d*)
C. केवल (*a*), (*d*), (*e*)
D. केवल (*c*), (*d*), (*e*)

69. $H_0 : \mu = \mu_0$ परीक्षण में, जब μ और σ दोनों अज्ञात हों, सांख्यिकी का संगत परीक्षण है:

A. $t_{n-1} = \dfrac{\overline{x} - \mu_0}{\dfrac{s'}{\sqrt{n}}}$ B. $t_{n-1} = \dfrac{\overline{x} - \mu_0}{\dfrac{s'}{\sqrt{n-1}}}$

C. $t_n = \dfrac{\overline{x} - \mu_0}{\dfrac{s'}{\sqrt{n}}}$ D. $t_{n-1} = \dfrac{\overline{x} - \mu_0}{\dfrac{s'}{n}}$

70. यू.एन.एफ.सी.सी.सी. (UNFCCC) की हरित जलवायु निधि के अंतर्गत 'अनुकूलन' और उपशमन कार्यों के बीच वित्तीय आबंटन के किस अनुपात का लक्ष्य रखा गया है?

A. 25 : 75 B. 40 : 60
C. 50 : 50 D. 75 : 25

71. सरकार द्वारा शुरु की गई निम्नलिखित पहलों को सर्वप्रथम से उनको शुरुआत के वर्ष से क्रम में लगाइये:

(*a*) अंत्योदय अन्न योजना
(*b*) मध्याह्न भोजन योजना (मिड डे मिल योजना)
(*c*) राष्ट्रीय खाद्य सुरक्षा अधिनियम
(*d*) पुनरीक्षित सार्वजनिक वितरण प्रणाली
(*e*) लक्षित सार्वजनिक वितरण प्रणाली

नीचे दिए गए विकल्पों में से **सही** उत्तर का चयन कीजिए:

A. (*d*), (*b*), (*e*), (*a*), (*c*)
B. (*a*), (*b*), (*d*), (*e*), (*c*)
C. (*e*), (*d*), (*b*), (*a*), (*c*)
D. (*b*), (*a*), (*d*), (*e*), (*c*)

72. निम्नलिखित सिद्धांतों को सर्वप्रथम से शुरु करके अद्यतन के सही कालक्रमानुसार लगाइये:

(*a*) अंतर्लयन (Absorption) उपागम
(*b*) साधन कीमत समतुल्यकरण सिद्धांत
(*c*) अन्योन्य पाटन मॉडल (रेसिप्रोकल डम्पिंग मॉडल)
(*d*) लियोंटिफ विरोधाभास
(*e*) इमिसराइजिंग ग्रोथ सिद्धांत

नीचे दिए गए विकल्पों में से **सही** उत्तर का चयन कीजिए:

A. (*b*), (*d*), (*a*), (*e*), (*c*)
B. (*d*), (*a*), (*b*), (*c*), (*e*)
C. (*e*), (*d*), (*b*), (*a*), (*c*)
D. (*d*), (*a*), (*c*), (*e*), (*b*)

73. किस कृषि वर्ष में, भारत की प्रथम कृषि जनगणना की गयी थी?

A. 1950-51　　B. 1960-61
C. 1970-71　　D. 1980-81

74. 'प्रदर्शन प्रभाव' (डिमॉन्सट्रेशन) पद का प्रयोग सर्वप्रथम किसके द्वारा किया गया था?

A. जेम्स ड्यूसेनबेरी　　B. जे.के. हॉलब्रेथ
C. जोन रोबिन्सन　　D. जे.एम. कीन्स

75. निम्नलिखित को सबसे पहले से शुरु करके सबसे बाद के सही कालक्रमानुसार लगाइये:

(*a*) विश्व व्यापार संगठन (डब्ल्यू.टी.ओ.)
(*b*) व्यापार और टैरिफ संबंधी सामान्य करार (गैट)
(*c*) भारत की नई आर्थिक नीति (एन.ई.पी.)
(*d*) माल और सेवा कर की शुरुआत (जी.एस.टी.)
(*e*) नाबार्ड की स्थापना

नीचे दिए गए विकल्पों में से **सही** उत्तर का चयन कीजिए:

A. (*b*), (*c*), (*e*), (*a*), (*d*)
B. (*b*), (*e*), (*c*), (*a*), (*d*)
C. (*b*), (*d*), (*e*), (*c*), (*a*)
D. (*a*), (*b*), (*c*), (*e*), (*d*)

76. सूची-I से सूची-II का मिलान कीजिए:

सूची-I	सूची-II
(*a*) श्रम-पूंजी अनुपात	(*i*) किसी वस्तु की कीमत अनन्य रूप में उसमें श्रम की मात्रा से निर्धारित होती है
(*b*) श्रम गहन वस्तु	(*ii*) समस्त सापेक्ष साधन कीमत पर कमतर पूंजी-श्रम अनुपात वाली वस्तु
(*c*) मूल्य का श्रम सिद्धांत	(*iii*) प्रयुक्त पूंजी पर प्रति इकाई श्रम की मात्रा
(*d*) श्रम बचत तकनीकी प्रगति	(*iv*) यह पूंजी की उत्पादकता को आनुपातिक रूप से श्रम की तुलना में अधिक बढ़ाती है

नीचे दिए गए विकल्पों में से **सही** उत्तर का चयन कीजिए:

	(*a*)	(*b*)	(*c*)	(*d*)
A.	(*iii*)	(*ii*)	(*i*)	(*iv*)
B.	(*ii*)	(*iii*)	(*i*)	(*iv*)
C.	(*i*)	(*ii*)	(*iii*)	(*iv*)
D.	(*i*)	(*ii*)	(*iv*)	(*iii*)

77. मानव विकास रिपोर्ट 2023/2024 में मानव विकास सूचकांक के अंतर्गत शामिल कुल 193 देशों में से, निम्नलिखित में से किस समूह में अधिकतम देशों को उनके मानव विकास सूचकांक मान के आधार पर वर्गीकृत किया गया है?

A. बहुत अधिक मानव विकास
B. अधिक मानव विकास
C. मध्यम मानव विकास
D. अल्प मानव विकास

78. सह-समाकलन के लिए परीक्षण निम्नलिखित द्वा निष्पादित होता है:

A. चाउ परीक्षण
B. फिलिप्स-पेरोन परीक्षण
C. एंजेल-ग्रेंजर परीक्षण
D. त्रुटि-सुधार तंत्र

79. सूची-I से सूची-II का मिलान कीजिए:

सूची-I	सूची-II
(*a*) मांट्रियल प्रोटोकॉल	(*i*) आकस्मिक मूल्य-निर्धारण पद्धति
(*b*) COP 28	(*ii*) सी.एफ.सी. का नियंत्रण
(*c*) Rio+20	(*iii*) जलवायु सम्मेलन
(*d*) स्वीकार करने की इच्छा (Willingness to accept)	(*iv*) सतत् विकास

नीचे दिए गए विकल्पों में से **सही** उत्तर का चयन कीजिए:

	(a)	(b)	(c)	(d)
A.	(ii)	(iii)	(iv)	(i)
B.	(ii)	(i)	(iv)	(iii)
C.	(iii)	(iv)	(ii)	(i)
D.	(i)	(ii)	(iv)	(iii)

80. निम्नलिखित गेम का नैश संतुलन

$$\begin{array}{cc} & \text{P}-2 \\ & \begin{array}{ccc} B_1 & B_2 & B_3 \end{array} \\ \text{P}-1 \begin{array}{c} A_1 \\ A_2 \\ A_3 \end{array} & \begin{bmatrix} 4,2 & 2,1 & 5,0 \\ 3,5 & 3,2 & 3,4 \\ 5,2 & 4,4 & 3,1 \end{bmatrix} \end{array}$$

किसके द्वारा प्राप्त होता है?

A. परिणाम (4, 4) के साथ कार्यनीतिक युग्म (A_3, B_2)
B. परिणाम (5, 2) के साथ कार्यनीतिक युग्म (A_3, B_1)
C. परिणाम (2, 1) के साथ कार्यनीतिक युग्म (A_1, B_2)
D. परिणाम (3, 1) के साथ कार्यनीतिक युग्म (A_3, B_2)

81. निम्नलिखित कथनों पर विचार कीजिए:

(a) सीमांत लागत अनुसूची केवल कुल लागत की क्रमिक मानों को घटाकर प्राप्त किया जाता है।
(b) सीमांत लागत अनुसूची को कुल लागत या कुल परिवर्तनशील लागत के क्रमिक मानों को घटाकर प्राप्त किया जाता है।
(c) सीमांत लागत अनुसूची को कुल परिवर्तनशील लागत या कुल स्थिर लागत के क्रमिक मानों को घटाकर प्राप्त किया जाता है।
(d) सीमांत लागत वक्र के नीचे का क्षेत्र कुल लागत के बराबर होता है।
(e) औसत परिवर्तनशील लागत, औसत लागत तथा औसत स्थिर लागत के अन्तर के बराबर होती है।

नीचे दिए गए विकल्पों में से **सही** उत्तर का चयन कीजिए:

A. केवल (b), (d), (e)
B. केवल (a), (d), (e)
C. केवल (a), (c), (d), (e)
D. केवल (a), (c), (d)

82. उच्च किंतु पूर्ण बहुसंरेखता (Multicollinearity) नहीं होने पर प्रतिगमन गुणांक का अनुमान का परिणाम निम्न को छोड़कर सभी हो सकता है?

A. अनुमानों का उच्च विश्वासता अंतराल (Confidence Internal)
B. लगभग सभी अनुमान सांख्यिकीय दृष्टि से महत्वपूर्ण हैं
C. उच्च R^2
D. अनुमान ब्लू (BLUE) है

83. निम्नलिखित में से सही कथनों को पहचानिये:

(a) मानव पर्यावरण संबंधी पहला यू.एन. सम्मेलन 1972 में नार्वे में हुआ था।
(b) I = PAT अभिव्यंजना में P गरीबी को दर्शाता है।
(c) प्रदूषण कर का सुझाव पिगू ने दिया था।
(d) जनसंख्या वृद्धि के बाद लाजिस्टिक वितरण होता है।
(e) पर्यावरण मूल्य निर्धारण पद्धति में सुखवादी कीमत निर्धारण का प्रयोग पर्यटन स्थलों के मूल्य निर्धारण में होता है।

नीचे दिए गए विकल्पों में से **सही** उत्तर का चयन कीजिए:

A. केवल (a), (d), (e)
B. केवल (c), (d), (e)
C. केवल (a), (b), (e)
D. केवल (c), (d)

84. निम्नलिखित अधिनियमों को प्राचीनतम से शुरु करके अद्यतन के सही कालक्रमानुसार लगाइये:

(*a*) चिट फंड अधिनियम

(*b*) भारतीय निर्यात आयात बैंक

(*c*) धन शोधन निवारण अधिनियम

(*d*) राष्ट्रीय आवासन बैंक अधिनियम

(*e*) क्षेत्रिय ग्रामीण बैंक अधिनियम

नीचे दिए गए विकल्पों में से **सही** उत्तर का चयन कीजिए:

A. (*e*), (*b*), (*a*), (*d*), (*c*)
B. (*e*), (*d*), (*c*), (*b*), (*a*)
C. (*d*), (*c*), (*b*), (*e*), (*a*)
D. (*d*), (*a*), (*e*), (*c*), (*b*)

85. सबसे पहले से शुरु करके निम्नलिखित घटनाओं के उनके होने की तारीख के अनुसार लगाइये:

(*a*) संसद में आई.आर.डी.ए. अधिनियम पारित हुआ।

(*b*) बैंकिग क्षेत्र में वित्तीय समावेशन की संकल्पना शुरु की गई।

(*c*) ग्लोबल ट्रस्ट बैंक का यू.टी.आई. बैंक में विलय हुआ।

(*d*) बाजार संबंधित दरों के साथ 364-डे ट्रेजरी विधेयक लाया गया।

(*e*) राजकोषीय उत्तरदायित्व और बजट प्रबंधन अधिनियम पारित हुआ।

नीचे दिए गए विकल्पों में से **सही** उत्तर का चयन कीजिए:

A. (*d*), (*a*), (*c*), (*e*), (*b*)
B. (*d*), (*c*), (*e*), (*a*), (*b*)
C. (*e*), (*d*), (*b*), (*a*), (*c*)
D. (*a*), (*c*), (*d*), (*e*), (*b*)

86. निम्नलिखित कथनों पर विचार कीजिए और सही कथनों की पहचान कीजिए:

(*a*) त्वरक मॉडल के अनुसार निवेश माँग जी.एन.पी. में परिवर्तन के अनुपातिक होती है।

(*b*) वास्तविक दर ब्याज की सांकेतिक दर जमा मुद्रास्फीति दर होती है।

(*c*) वास्तविक ब्याज दर जितनी अधिक होगी, पूंजी की किराया दर उतनी अधिक होगी।

(*d*) निवेश एक स्टॉक अवधारणा है।

(*e*) ब्याज दर एक प्रवाह अवधारणा है।

नीचे दिए गए विकल्पों में से **सही** उत्तर का चयन कीजिए:

A. केवल (*b*) और (*c*)
B. केवल (*a*) और (*b*)
C. केवल (*a*) और (*c*)
D. केवल (*a*), (*b*) और (*c*)

87. निम्नलिखित में से कौन-सा मौद्रिक नीति का उपस्कर **नहीं** है?

A. नकद आरक्षित निधि अनुपात
B. मुक्त बाजार संचालन
C. बैंक दर
D. कर दर

88. जीवन के पूर्ण किए गये प्रथम कितने निदों के दौरान शिशु की मृत्यु को नवजात शिशु की मृत्यु के रूप में परिभाषित किया जाता है?

A. जीवन के प्रथम 7 पूरे किए गए दिन
B. जीवन के प्रथम 14 पूरे किए गए दिन
C. जीवन के प्रथम 21 पूरे किए गए दिन
D. जीवन के प्रथम 28 पूरे किए गए दिन

89. निम्नलिखित को आरोही क्रम में (प्राचीनतम से शुरु करके) सही कालक्रमानुसार लगाइये:

(*a*) एफ.आर.बी.एम. अधिनियम

(*b*) भारत में बैंक का राष्ट्रीयकरण

(*c*) द्वितीय पंचवर्षीय योजना

(*d*) भारतीय लघु उद्योग विकास बैंक (सिडबी)

(*e*) भारतीय निर्यात-आयात बैंक (एग्जिम बैंक)

नीचे दिए गए विकल्पों में से **सही** उत्तर का चयन कीजिए:

A. (*c*), (*b*), (*e*), (*d*), (*a*)
B. (*c*), (*b*), (*a*), (*d*), (*e*)
C. (*c*), (*a*), (*b*), (*d*), (*e*)
D. (*c*), (*e*), (*a*), (*b*), (*d*)

90. कार्यदक्षता मजदूरी सिद्धांत की अवधारणा किसके द्वारा विकसित की गई:

A. येलेन और स्टिग्लिट्ज

B. जेन टिंबरजन

C. अल्फ्रेड मार्शल

D. विल्फ्रेडो पेरेटो

निर्देशः (प्र.सं. 91 से 95 तक): एकाधिकार शक्ति की सामाजिक लागत से संबंधित निम्नलिखित चित्र पर विचार कीजिए:

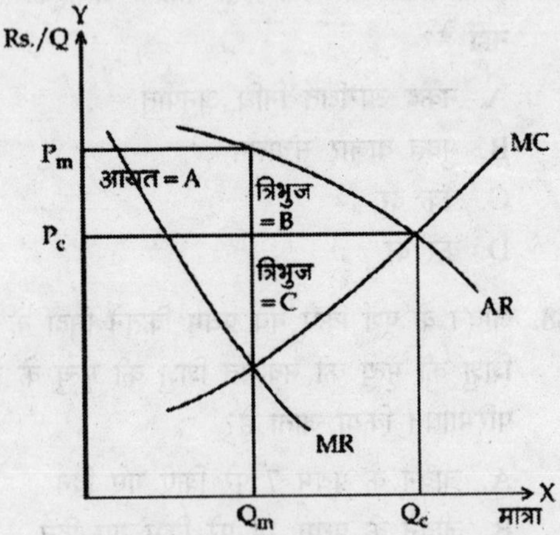

यहाँ

(*i*) X-अक्ष मात्रा मापता है।

(*ii*) Y-अक्ष प्रति यूनिट कीमत मापता है (रु./Q)

(*iii*) P_c = प्रतिस्पर्धी कीमत

(*iv*) P_m = एकाधिकार शक्ति

(*v*) Q_c = प्रतिस्पर्धी उत्पादन

(*vi*) Q_m = एकाधिकार उत्पादन

91. निम्नलिखित विकल्पों में से **सही** उत्तर चुनिये:

A. एकाधिकार उत्पादन प्रतिस्पर्धी उत्पादन की तुलना में पर्यावरण अनुकूल होता है।

B. प्रतिस्पर्धी उत्पादन एकाधिकार उत्पादन की तुलना में पर्यावरण अनुकूल होता है।

C. (*i*) और (*ii*) दोनों समान रूप से हानिकारक हैं।

D. (*i*) और (*ii*) दोनों समान रूप से पर्यावरण अनुकूल हैं।

92. उच्चतर कीमत के कारण (P_c से P_m) निम्नलिखित में से उत्पादक लाभ (उत्पादक अधिशेष) ज्ञात कीजिए:

A. A + C B. A – C

C. A + B D. B + C

93. निम्नलिखित विकल्पों में से प्रतिस्पर्धी से एकाधिकारी कीमत (P_c से P_m) की ओर जाने के कारण उपभोक्ता घाटा ज्ञात कीजिए:

A. A और C B. A और B

C. B और C D. केवल A

94. एकाधिकार शक्ति से कुल भार घाटा निम्नलिखित विकल्पों में से एक होता है। सही विकल्प चुनिये:

A. A+ B B. A + C

C. A D. B + C

95. उच्चतर कीमत के परिणामस्वरूप, उत्पादक को लाभ होता है और इसी के साथ नीचे दिए गए अनुसार क्रमशः उतनी राशि का घाटा होता है:
निम्नलिखित विकल्पों में से सही उत्तर ज्ञात कीजिए:

A. B, A B. B, C

C. A, C D. केवल A

निर्देशः (प्र.सं. 96 से 100 तक): निम्नलिखित गद्यांश को पढ़िए और प्रश्नों के उत्तर दीजिए।

वित्तीय वर्ष के लिए सरकार द्वारा बजट पेश किया गया था। कुछ प्रमुख शीर्षों और मदों पर यहाँ मुख्य रूप से ध्यान दिलाया गया है। कुल प्राप्तियाँ 400 करोड़ रुपये थी; जिसमें से राजस्व प्राप्तियाँ 250 करोड़ रुपये और पूंजीगत प्राप्तियाँ 150 करोड़ रुपये की थी। कुल राजस्व प्राप्तियों में, कर राजस्व प्राप्तियों ने 220 करोड़ रुपये और गैर कर राजस्व प्राप्तियों ने क्रमशः 30 करोड़ रुपये का अंशदान दिया। कुल पूंजीगत प्राप्तियों में उधारियाँ और उन्य देयताएँ 100 करोड़ रुपये की थी। 300 करोड़ रुपये के कुल राजस्व व्यय में से, ब्याज अदायगी 90 करोड़ रुपये थी और पूंजीगत आस्तियों के सृजन के लिए अनुदान 20 करोड़ रुपये था। 100 करोड़ रुपये के कुल पूंजीगत व्यय में से, स्कीमगत व्यय 75 करोड़ रुपये था और स्कीम से इतर व्यय 25 करोड़ रुपये था। दिए गए वित्तीय वर्ष के लिए वर्तमान कीमतों पर देश का सकल घरेलू उत्पाद (जी.डी.पी.) 2000 करोड़ रुपये था। भुगतान संतुलन खाते में चालू खाते का घाटा 50 करोड़ रुपये था।

96. जी.डी.पी. के प्रतिशत रूप में द्वि-युग्म (twin) घाटा कितना था?

A. 2.5% B. 5.0%
C. 7.5% D. 10.0%

97. जी.डी.पी. के प्रतिशत रूप में प्राथमिक घाटा कितना था?

A. 0.2% B. 0.3%
C. 0.4% D. 0.5%

98. जी.डी.पी. के प्रतिशत रूप में प्रभावी राजस्व घाटा कितना था?

A. 0.5% B. 1.0%
C. 1.5% D. 2.0%

99. जी.डी.पी. के प्रतिशत रूप में, राजकोषीय घाटा कितना था?

A. 5% B. 10%
C. 12.5% D. 15%

100. जी.डी.पी. के प्रतिशत रूप में राजस्व घाटा कितना था?

A. 2.5% B. 3.0%
C. 3.5% D. 4.0%

व्याख्यात्मक उत्तर

1. (B): माँग फलन $Qd = f(P_x, P_y, M)$ में जब हम किसी वस्तु की माँग के सबंध में इसकी अपनी कीमत (स्व-मूल्य), अन्य वस्तुओं की कीमतों (क्रॉस-प्राइस) तथा उपभोक्ताओं की आय (आय लोच) के प्रति लोच को जोड़ते हैं, तो यह योग शून्य प्राप्त होता है। इसका कारण यह है कि माँग फलन प्रायः समग्र रूप से मूल्य और आय के प्रति सजातीय रूप में एक अचल संतुलन बनाए रखता है। इसका अर्थ यह हुआ कि यदि सभी कीमतों और आय को एक समान अनुपात में परिवर्तित किया जाए, तो माँग में कोई वास्तविक परिवर्तन नहीं होता। जब स्व-मूल्य लोच संकेत करता है कि अपनी कीमत में बदलाव से माँग कैसे बदलती है, क्रॉस-प्राइस लोच दर्शाती है कि संबंधित वस्तुओं की कीमत में बदलाव से माँग कैसे प्रभावित होती है, और आय लोच बताती है कि आय में परिवर्तन होने पर माँग कैसी प्रतिक्रिया देती है; इन तीनों लोचों के प्रभाव सामूहिक रूप से संतुलित होते हैं। इस संतुलन की एक महत्वपूर्ण अवधारणा यह है कि माँग फंक्शन सभी कीमतों और आय के प्रति समक्ष रूप से समायोजित होने पर समग्र माँग अपरिवर्तित रहती है। इसी सजातीयता की शर्त के अंतर्गत ही तीनों लोचों का योग शून्य होता है। यह आर्थिक सिद्धांत उपभोक्ता सिद्धांत और माँग के गणितीय प्रतिरूपों से व्युत्पन्न किया जाता है, जहाँ माँग फलन को प्रायः शन्य समग्रता प्रतिबंध (Adding-up restriction) का पालन करते हुए सोचा जाता है। इस प्रकार, माँग वक्र की लोच संबंधी यह संपत्ति उपभोक्ता संतुलन और वरीयता संरचना से जुड़ी है। अंततः यह विशेष निष्कर्ष इंगित करता है कि कीमतों और आय के संयुक्त समानुपातिक बदलाव का अंतिम प्रभाव माँग पर तटस्थ होता है।

2. (C): यात्रा लागत पद्धति (Travel Cost Method) पर्यावरणीय वस्तुओं और सेवाओं के मूल्यांकन का एक तरीका है, जो किसी पर्यटक स्थल या प्राकृतिक संसाधन तक पहुँचने के लिए उपभोक्ताओं द्वारा किए गए खर्चों के आधार पर उसके वास्तविक मूल्य का आकलन करता है, अतः इसे पर्यावरण मूल्य निर्धारण से जोड़ना उचित है। स्टर्न रिव्यू जलवायु परिवर्तन की आर्थिक लागतों पर केंद्रित एक महत्वपूर्ण रिपोर्ट है, जो ग्रीनहाउस गैस उत्सर्जन, जलवांयु असंतुलन और इससे निपटने की नीतियों से जुड़े निहितार्थों का विश्लेषण करती है। ब्रंटलैंड आयोग ने 1987 में सतत् विकास की अवधारणा को सार्वजनिक विमर्श में लाकर मानव कल्याण तथा भविष्य की पीढ़ियों की जरूरतों को पूरा करने की सोच को एक व्यापक पहचान दी। प्रयोक्ता लागत (User Cost) इस बात पर केंद्रित है कि सीमित संसाधनों (समाप्य संसाधन) के वर्तमान उपभोग के कारण भविष्य में इन संसाधनों की उपलब्धता में कमी आने पर क्या लागत प्रभाव पड़ेगा। यात्रा लागत

पद्धति मूल्य निर्धारण (*iv*) से जुड़ती है क्योंकि यह पर्यावरणीय वस्तुओं के अप्रत्यक्ष मूल्यों को मापती है। स्टर्न रिव्यू जलवायु परिवर्तन (*iii*) से जुड़ती है क्योंकि यह सीधे तौर पर जलवायु असंतुलन के आर्थिक प्रभावों को दर्शाती है। ब्रंटलैंड आयोग सतत् विकास (*i*) से संबंधित है, क्योंकि यह भविष्य की संतुलित जरूरतों पर जोर देती है। प्रयोक्ता लागत समय संसाधनों (*ii*) से जुड़ती है, क्योंकि यह बताती है कि वर्तमान में संसाधनों का उपयोग कैसे भविष्य में इसकी उपलब्धता को प्रभावित करता है। इस प्रकार सभी संलग्न विकल्प उपयुक्त रूप से मेल खाते हैं।

3. (A): होटलिंग सिद्धांत (*b*) प्राकृतिक संसाधनों के इष्टतम निष्कर्षण का सिद्धांत है और इसे 1931 में हेरोल्ड होटलिंग ने प्रतिपादित किया था। इसके पश्चात अंतर्राष्ट्रीय स्तर पर पर्यावरण संरक्षण के लिए संस्थाओं का गठन हुआ, जिसमें आई.यू.सी.एन. (IUCN) की स्थापना (*e*) वर्ष 1948 में हुई, जो जैव विविधता के संरक्षण और सतत् उपयोग में महत्वपूर्ण भूमिका निभाती है। नेश संतुलन (*c*), जॉन नेश द्वारा 1950 के दशक में प्रतिपादित एक महत्वपूर्ण अवधारणा है, जो खेल सिद्धांत और सामरिक व्यवहार के विश्लेषण में उपयोगी है। कोस प्रमेय (*a*), रोनाल्ड कोस द्वारा 1960 में प्रस्तुत किया गया, जो संपत्ति अधिकारों की स्पष्टता और बाह्यताओं को आंतरिक बनाने पर बल देता है। अंतिम कड़ी के रूप में क्योटो प्रोटोकॉल (*d*) है, जो 1997 में अंतर्राष्ट्रीय संधि के रूप में अस्तित्व में आया, जिसका उद्देश्य ग्रीनहाउस गैस उत्सर्जन में कटौती कर जलवायु परिवर्तन का मुकाबला करना था। यह कालक्रम वास्तविक ऐतिहासिक क्रम को दर्शाता हैः सबसे पहले होटलिंग का कार्य (1931), फिर IUCN (1948), तत्पश्चात् नेश संतुलन (1950 के आसपास), इसके बाद कोस प्रमेय (1960) तथा अंततः क्योटो प्रोटोकॉल (1997)। इस क्रम में दिखाया गया प्रवाह आर्थिक सिद्धांतों से लेकर अंतर्राष्ट्रीय संस्थाओं और समझौतों तक का क्रमिक विकास स्पष्ट करता है।

4. (A): पी.क्यू.एल.आई. (PQLI) मोरिस डी. मोरिस द्वारा प्रतिपादित एक सूचकांक है, जो जीवन प्रत्याशा, शिशु मृत्यु दर और साक्षरता दर जैसे मानकों के आधार पर किसी समाज की भौतिक जीवन गुणवत्ता का मापन करता है। एच.डी.आई. (HDI) महबूब अल हक द्वारा प्रारंभ किया गया और अमर्त्य सेन जैसे अर्थशास्त्री के सहयोग से विकसित एक बहुआयामी मानक है, जो जीवन प्रत्याशा, शिक्षा और आय के आधार पर मानव विकास को आंकता है। विकास का सामर्थ्य (Capability Approach) अमर्त्य सेन द्वारा प्रतिपादित सिद्धांत है, जो संसाधनों से आगे बढ़कर लोगों की मूल क्षमताओं और स्वतंत्रताओं पर ध्यान देता है, यह बताता है कि वास्तविक विकास तब होता है जब व्यक्ति को अपने जीवन में सार्थक विकल्प चुनने की स्वतंत्रता मिले। बहुआयामी गरीबी सूचकांक (MPI) अल्केयर और फोस्टर द्वारा विकसित किया गया, जो आय की सीमा से परे स्वास्थ्य, शिक्षा और जीवनस्तर के कई आयामों को शामिल कर गरीबी के व्यापक विश्लेषण की अनुमति देता है। इस मेल से स्पष्ट होता है कि PQLI (*iv*) मोरिस से, HDI (*ii*) महबूब-अल-हक से, Capability (*i*) अमर्त्य सेन से और MPI (*iii*) अल्केयर-फोस्टर से संबद्ध है। इस क्रम में मानव विकास और सामाजिक कल्याण के मापन में समयानुसार विकसित सूचकाकों तथा सैद्धांतिक रूपरेखाओं का प्रतिबिंब है।

5. (D): राचेल कार्सन की ''साइलेंट स्प्रिंग'' (1962) (*a*)(*iii*) पर्यावरण विज्ञान में एक महत्वपूर्ण कृति मानी जाती है, जिसने रसायनों और कीटनाशकों के अंधाधुंध प्रयोग से पारिस्थितिकी तंत्र पर होने वाले दुष्प्रभावों को उजागर किया। केनेथ बोल्डिंग ने ''द इकॉनामिक्स ऑफ कमिंग स्पेसशिप अर्थ'' (*b*)(*ii*) की अवधारणा पेश की, जिसमें पृथ्वी को एक सीमित संसाधनों वाले अंतरिक्ष यान की तरह देखना सिखाया, जो अनंत शोषण की अनुमति नहीं देता। जी.हार्डिन ने ''ट्रेजेडी ऑफ कॉमन्स'' (*c*)(*iv*) में बताया कि सार्वजनिक संसाधनों के असीमित उपयोग से उनका अतिशोषण तथा क्षरण होना तय है, यदि उन पर स्वामित्व या नियंत्रण की स्पष्ट व्यवस्था न हो। पार्थ दासगुप्ता ने ''इकोनॉमिक्स ऑफ बायोडायवर्सिटी'' (*d*)(*i*) पर काम किया, जिसमें

जैव विविधता के क्षरण और उसके दूरगामी आर्थिक दुष्प्रभावों को समझने पर जोर दिया जाता है। ये सभी विचार धरती के पारिस्थितिकी तंत्र, संसाधन उपयोग, जैव विविधता तथा इनसे जुड़ी आर्थिक नीतियों को एक समग्र दृष्टि प्रदान करते हैं। कार्सन ने पर्यावरणीय क्षति पर ध्यान दिलाया, बोल्डिंग ने सीमित संसाधनों के दृष्टिकोण से अर्थव्यवस्था समझाई, हार्डिन ने साझा संसाधनों का समन्वित प्रबंधन सुझाया और दासगुप्ता ने जैव विविधता संरक्षण की आर्थिक विवेचना को मजबूती प्रदान की। यह क्रम हमें पर्यावरण अर्थशास्त्र और उससे जुड़े वैचारिक स्तंभों को समझने में सहायक है।

6. (B): $y = \frac{(1+x)}{(1-2x)}$ को अवकलित करने के लिए सबसे पहले हर घटक पर ध्यान देना आवश्यक है। अवकलन के लिए शासकीय रूप से भागफल नियम का प्रयोग किया जाता है:

यदि $y = \frac{u}{v}$ हो,

तो $\frac{dy}{dx} = \frac{\left[v\left(\frac{du}{dx}\right) - u\left(\frac{dv}{dx}\right)\right]}{v^2}$

यहाँ $u = 1 \times x$ है, और $\frac{du}{dx} = 1.$ $v = 1 - 2x$ है, तथा $\frac{dv}{dx} = -2.$

अब शासकीय नियम अनुसार:

$$\frac{dy}{dx} = \frac{[(1-2x)1 - (1+x)(-2)]}{(1-2x)^2}$$

$$= \frac{[1 - 2x + 2(1+x)]}{(1-2x)^2}$$

$$= \frac{[1 - 2x + 2 + 2x]}{(1-2x)^2}$$

$$= \frac{[3]}{(1-2x)^2}$$

इस प्रकार अवकलज $\frac{3}{(1-2x)^2}$ निकलता है। यह परिणाम स्पष्ट करता है कि अवकलन से प्राप्त व्यंजक एक सरल रूप में संघटित हो गया है। इसका अर्थ है कि समुचित अवकलज सभी x पर परिभाषित है, जहाँ $1 - 2x \neq 0$। यह व्युत्पन्न बताता है कि x में छोटे परिवर्तन y में किस प्रकार गुणित होकर बदलाव लाते हैं।

7. (C): दिए गए प्रेक्षणों का न्यूनतम मान 4.5 है और रेंज 10.9 होने से अधिकतम मान 4.5 + 10.9 = 15.4 निकलता है। समांतर माध्य (Mid-Range) को न्यूनतम और अधिकतम मान के औसत के रूप में परिभाषित किया जाता है: $\frac{(\text{न्यूनतम} + \text{अधिकतम})}{2}$

यहाँ $\frac{(4.5 + 15.4)}{2} = \frac{19.9}{2} = 9.95$ आता है, किन्तु कथन में समांतर माध्य 19.9 बताया गया है, जो गलत है। दूसरी ओर माध्यिका (Median) वह मान है जो व्यवस्थित आंकड़ों के क्रम के बीच में स्थित होता है। माध्यिका कभी भी अधिकतम मान से अधिक नहीं हो सकती। यहाँ अधिकतम मान 15.4 है, किंतु माध्यिका 15.6 दी गई है, जो तार्किक रूप से असंभव है। इस प्रकार समांतर माध्य भी गलत और माध्यिका भी गलत है। आँकड़ा सिद्धांत में यह असंगति दर्शाती है कि या तो मापन में त्रुटि है या मूल आंकड़ों का व्यवस्थित विश्लेषण सही तरीके से नहीं किया गया। क्योंकि दोनों ही मान एक सरल सांख्यिकीय जाँच (मध्य और मध्य मान) में असंगत दिखाई देता है, अतः दोनों गलत सिद्ध होते हैं।

8. (B): जब मुद्रा आपूर्ति में वृद्धि होती है, तो अर्थव्यवस्था में अधिक मात्रा में नकदी उपलब्ध हो जाती है। इससे धन की कीमत, अर्थात् ब्याज दर, कम होने लगती है, क्योंकि बाजार में धन की उपलब्धता बढ़ती है और ऋणदाताओं को अधिक आकर्षक करने के लिए ब्याज दरें घटानी पड़ती हैं। ब्याज दर कम होने से निवेश प्रोत्साहन बढ़ता है, क्योंकि कम लागत पर पूँजी उपलब्ध

होने से व्यवसाय विस्तार के लिए प्रोत्साहित होते हैं। इस निवेश वृद्धि का परिणाम उत्पादन और रोजगार में बढ़ोतरी हो सकती है, जिससे अंततः राष्ट्रीय वास्तविक आय में वृद्धि संभव है। क्लासिकल-कीन्सियन संदर्भ में बढ़ी हुई मुद्रा आपूर्ति LM वक्र को दाहिने शिफ्ट करती है, जिससे नई संतुलन स्थिति पर अधिक उत्पादन स्तर और कम ब्याज दर प्राप्त होती है। इस प्रकार नामिनल ब्याज दर घटती है और वास्तविक आय बढ़ती है। इस धारणा को दीर्घावधि में भी देखा जा सकता है, हालाँकि दीर्घावधि में मूल्य स्तर समायोजित हो सकता है। परंतु तत्काल प्रभाव में मुद्रा आपूर्ति बढ़ने से ब्याज दर में कमी और वास्तविक उत्पादन में विस्तार की प्रवृत्ति देखी जाती है, यह नीतिगत उपायों के प्रभावों को समझने में सहायक है।

9. (D): मुद्रास्फीति से समाज को कोई शुद्ध लाभ नहीं मिलता, इसके विपरीत यह कई वास्तविक लागतें प्रस्तुत करती है। शू-लेदर लागत (*a*) दर्शाती है कि लोग उच्च मुद्रास्फीति दर पर नकदी रखने से बचते हैं, अधिक बार बैंक जाना पड़ता है, जिससे समय और श्रम की लागत बढ़ती है। मेन्यु लागत (*b*) संकेत देती है कि कीमतें बार-बार बदलने से मूल्य-सूचियों, कैटलॉग इत्यादि को बदलने का खर्च बढ़ जाता है। सापेक्ष कीमतों की परिवर्तनशीलता (*c*) बढ़ने से उपभोक्ता व उत्पादक दोनों ही भ्रमित होते हैं, जिससे संसाधनों का कुशल आवंटन बाधित होता है। कर संहिता का गैर-सूचकांकन (*d*) मुद्रास्फीति के कारण लोगों को अनपेक्षित कर भार दे सकता है, क्योंकि कर स्लैब नामिनल आय पर आधारित होते हैं, वास्तविक क्रय शक्ति पर नहीं। ऋण पुनर्वितरण (*e*) अनिश्चित रूप से प्रभावित होता है क्योंकि अनपेक्षित मुद्रास्फीति कर्जदारों को लाभ और ऋणदाताओं को हानि पहुँचा सकती है। इस प्रकार सूचीबद्ध सभी लागतें मुद्रास्फीति के कारण समाज पर पड़ने वाली वास्तविक भारों का प्रतिनिधित्व करती हैं। ये सभी एक साथ मिलकर मुद्रास्फीति के प्रतिकूल प्रभावों को रेखांकित करते हैं।

10. (B): एड-वेलोरम टैरिफ (*a*)(*iv*) किसी आयातित वस्तु के मूल्य के प्रतिशत के रूप में लिया जाता है, यह मूल्य-सापेक्ष शुल्क है। आत्मनिर्भर अर्थतंत्र (Autarky) (*b*)(*iii*) वह स्थिति है, जिसमें देश किसी भी बाहरी व्यापार के बिना अपने सभी संसाधनों व जरूरतों की पूर्ति आंतरिक रूप से करता है। संयुक्त टैरिफ (*c*)(*ii*) वह मिश्रित शुल्क है, जहाँ एक ही वस्तु पर विशिष्ट शुल्क (प्रति इकाई एक नियत राशि) और एड-वेलोरम शुल्क (मूल्य के प्रतिशत पर आधारित) दोनों का सम्मिश्रण लगाया जाता है। विशिष्ट टैरिफ (*d*)(*i*) प्रति आयातित इकाई पर एक निश्चित राशि के रूप में तय किया जाता है, भले ही वस्तु की कीमत कम या ज्यादा हो। इस प्रकार एड-वेलोरम टैरिफ वस्तु की कीमत पर निर्भर है, विशिष्ट टैरिफ मात्रात्मक आधार पर लागू होता है, संयुक्त टैरिफ इन दोनों का संयोजन करता है और आत्मनिर्भर अर्थतंत्र में किसी भी प्रकार के टैरिफ का प्रश्न ही नहीं उठता क्योंकि कोई बाहरी व्यापार नहीं होता। इस तरह यह विकल्प व्यापार नीति के विभिन्न आयामों को स्पष्ट रूप से वर्गीकृत करता है।

11. (D): भारत के रक्षा क्षेत्र में प्रत्यक्ष विदेशी निवेश के संबंध में सरकार ने समय-समय पर उदारीकरण की नीतियाँ अपनाई हैं। प्रारंभिक वर्षों में यह सीमा 26 प्रतिशत थी, जिसे धीरे-धीरे बढ़ाया गया। वर्ष 2020 में भारत ने रक्षा निर्माण के क्षेत्र में एफडीआई सीमा को स्वचालित मार्ग से 74 प्रतिशत तक कर दिया और इसके ऊपर यदि सरकार की अनुमति ली जाए, तो इसे 100 प्रतिशत तक अनुमन्य किया गया। इसका अर्थ है कि यदि कोई विदेशी निवेशक सरकार से विशेष मंजूरी प्राप्त कर ले, तो वह 100 प्रतिशत प्रत्यक्ष विदेशी निवेश कर सकता है। यह उदारीकरण रणनीतिक, तकनीकी और आर्थिक दृष्टि से महत्त्वपूर्ण उपकरणों के विनिर्माण को प्रोत्साहित करने के उद्देश्य से लागू हुआ। इसका लाभ यह है कि भारत में उन्नत तकनीक, कुशल प्रबंधन तथा बेहतर पूँजी प्रवाह संभव हो सके, जिससे रक्षा उत्पादन का आधुनिकीकरण तथा आत्मनिर्भरता में वृद्धि हो। यह निर्णय भारत की 'मेक इन इंडिया' पहल एवं आयात निर्भरता को कम करने के प्रयासों के अंतर्गत समझा जा सकता है।

कुल मिलाकर, सरकार की मंजूरी लेने पर भारत के रक्षा उद्योग में 100 प्रतिशत प्रत्यक्ष विदेशी निवेश की अनुमति मिलना एक महत्वपूर्ण नीतिगत परिवर्तन है।

12. (C): सामान्य विषम विसारिता (Heteroskedasticity) जाँचने के लिए व्हाइट परीक्षण (White Test) (*iii*) का उपयोग किया जाता है। यदि प्रतिगमन में त्रुटियों का विचलन स्थिर न हो, तो व्हाइट परीक्षण इसका संकेत देता है, जिससे प्रतिगमन अनुमानों की विश्वसनीयता प्रभावित होती है। स्वतः सह-संबंध (Autocorrelation) की जाँचने के लिए ब्रुश्च-गॉडफ्रे (Breusch-Godfrey) परीक्षण (*iv*) का प्रयोग किया जाता है। स्वतः सह-संबंध तब होता है जब त्रुटियाँ स्वयं के पिछले मानों से संबंधित होती हैं, जिससे प्रतिगमन मॉडल की सटीकता प्रभावित होती है। सट्टकालिकता का परीक्षण (*c*) यहाँ होसमैन (Hausman) परीक्षण (*ii*) से सम्बद्ध किया गया है, जो प्रायः यादृच्छिक और स्थिर प्रभाव मॉडल के बीच चयन में किया जाता है, परंतु यहाँ इसे एक विशिष्ट अर्थ में प्रयोग किया गया है, जहाँ मॉडल के अनुमानक पक्षों की उपयुक्तता जाँची जाती है। विनिर्देशन त्रुटि (Specification error) की सामान्य जाँच के लिए रामसे (Ramsey) (*i*) परीक्षण का उपयोग होता है, जो मॉडल के कार्यात्मक रूप की जाँच करता है कि क्या मॉडल में कोई महत्वपूर्ण चर या उपयुक्त रूप अनुपस्थित है। इस प्रकार ऊपर दिए गए विकल्पों के अनुसार इन चार परीक्षणों का क्रम निर्धारित होता है, जो आँकड़ों में संभावित समस्याओं का पता लगाने के लिए अत्यन्त आवश्यक हैं।

13. (C): पन्द्रहवें वित्त आयोग (2021-2026) द्वारा राज्यों को दिए गए अनुदान विभिन्न मदों के अंतर्गत वितरित किए गए हैं, जिनमें मुख्यतः राजस्व घाटा अनुदान, आपदा जोखिम प्रबंधन अनुदान, स्थानीय निकाय अनुदान, तथा क्षेत्र विशिष्ट अनुदान शामिल हैं। उपलब्ध आँकड़ों के अनुसार पन्द्रहवें वित्त आयोग ने स्थानीय निकायों के सशक्तिकरण और उनके वित्तीय संसाधनों में वृद्धि हेतु बहुत अधिक महत्त्व दिया है। इस आयोग की सिफारिशों में स्थानीय निकायों (ग्राम पंचायतों, नगरपालिकाओं) को प्रदत्त अनुदान का हिस्सा अन्य मदों की तुलना में सबसे बड़ा है। इस बड़े आवंटन का उद्देश्य न केवल जमीनी स्तर पर लोकतांत्रिक संस्थाओं को आर्थिक रूप से समर्थ बनाना है, बल्कि स्थानीय स्तर पर आधारभूत संरचना, सामाजिक सेवाओं, तथा शहरी-ग्रामीण विकास को प्रोत्साहित करना भी है। इस बढ़े हुए आवंटन से स्थानीय स्तर पर पारदर्शिता व उत्तरदायित्व बढ़ाने में सहायता मिलती है। साथ ही, इससे स्थानीय संरचनाओं को अपने संसाधनों का बेहतर नियोजन और आवंटन कर सेवाओं में सुधार करने में सुविधा मिलती है। कुल मिलाकर पंद्रहवें वित्त आयोग द्वारा स्थानीय निकाय अनुदान सबसे बड़ा मद है, जो देश के संघीय ढाँचे में जमीनी स्तर पर वित्तीय सुदृढ़ता लाने का संकेत देता है।

14. (A): अर्थशास्त्र में नोबेल पुरस्कार मिलने का क्रम इतिहास के संदर्भ में देखा जाए तो गुन्नार मिर्डल (*b*) को 1974 में सम्मानित किया गया। इसके बाद मिल्टन फ्रीडमैन (*c*) को 1976 में नोबेल पुरस्कार प्राप्त हुआ, जिनके मौद्रिक सिद्धांत बहुत लोकप्रिय हुए। उसके पश्चात् आर्थर लेविस (*a*) को 1979 में विकास अर्थशास्त्र में उनके योगदान के लिए नोबेल पुरस्कार दिया गया। इसके पश्चात् लारेंस क्लीन (*e*) को 1980 में पुरस्कार मिला, जिनके अर्थमितिकीय प्रतिरूपण कार्यों ने नीति निर्माण में सहायता प्रदान की। अद्यतन सूची में ए.वी. बनर्जी (*d*) को 2019 में गरीबी उन्मूलन के क्षेत्र में प्रयोगाधारित दृष्टिकोण के लिए नोबेल पुरस्कार प्रदान किया गया। इस प्रकार कालक्रमः मिर्डल (1974), फ्रीडमैन (1976), लेविस (1979), क्लीन (1980) तथा अंत में बनर्जी (2019) आता है। यह क्रम अर्थशास्त्र में विचारों के विकास और समयानुसार बदलती शोध प्रवृत्तियों को प्रदर्शित करता है, जिनमें विकास, मौद्रिक नीति, सांख्यिकीय प्रतिरूपण और व्यावहारिक अनुभवजन्य विश्लेषण शामिल है।

15. (A): यदि किसी बाजार में गौण प्रभाव या बाह्यता (externality) मौजूद है (*a*), तो बाजार का संतुलन दक्ष नहीं होता क्योंकि मूल्य तंत्र उस बाह्यता को आंतरिक नहीं कर पाता, जिससे सामाजिक कल्याण कम होता है। यदि कोई बाजार दक्ष है, तो बाजार में

उत्पादित मात्रा ऐसी होती है कि उत्पादक एवं उपभोक्ता अधिशेष दोनों का योग अधिकतम हो जाता है (*b*), यही दक्षता की परिभाषा है। प्रतिस्पर्धी बाजार संतुलन पेरेटो कार्यक्षम होता है (*e*), अर्थात् किसी व्यक्ति की स्थिति सुधारे बिना दूसरे की स्थिति को बिगाड़े बिना और बेहतरी संभव नहीं रहती। उपभोक्ता अधिशेष वह अंतर है जो उपभोक्ता द्वारा किसी वस्तु के लिए अधिकतम willingness to pay (अधिकतम भुगतान की इच्छा) और वास्तविक भुगतान के बीच होता है, न कि विक्रेता की लागत के अंतर से (*c* गलत)। स्मिथ के अदृश्य हाथ की अवधारणा (*d*) दक्षता से संबंधित है, समानता से नहीं; अदृश्य हाथ यह कहता है कि व्यक्तिगत स्वार्थ-प्रेरित क्रियाएं प्रतिस्पर्धी बाजारों में समग्र सामाजिक कल्याण को अधिकतम कर सकती हैं, पर वह समानता की गारंटी नहीं देती (*d* गलत)। अतः (*a*), (*b*), (*e*) सही हैं और (*c*), (*d*) गलत।

16. (D): भारतीय रिजर्व बैंक (RBI) मुख्य रूप से देश के मौद्रिक प्रबंधन, वित्तीय स्थिरता, मुद्रा निर्गमन, बैंकों की निगरानी, विदेशी मुद्रा भंडार के संरक्षक, तथा अंतिम आश्रय (Lender of Last Resort) के रूप में कार्य करता है। यह मौद्रिक नीति निर्धारण करता है, मुद्रा की आपूर्ति को नियंत्रित करता है और वाणिज्यिक बैंकों पर नियंत्रण रखता है। विदेशी मुद्रा भंडार का संरक्षक बनना (A), बैंक नोटों का निर्गम (B), तथा अंतिम आश्रय के रूप में बैंकों को उधार देना (C) सभी आरबीआई के अधिकार-क्षेत्र में आते हैं। परन्तु ऋण का बहु विस्तार (Credit Multiplier Effect) वाणिज्यिक बैंकों की गतिविधियों से संबंधित है, जहाँ बैंक जमाराशियों के आधार पर कई गुना ऋण सृजन करते हैं। रिजर्व बैंक इस बहु-विस्तार की प्रत्यक्ष प्रक्रिया में शामिल नहीं होता, बल्कि वह मात्र नकद आरक्षित अनुपात (CRR), वैधानिक तरलता अनुपात (SLR) आदि के माध्यम से नियंत्रण रखता है। अतः ऋण का बहु विस्तार प्रत्यक्ष रूप से आरबीआई का कार्य नहीं है, यह वाणिज्यिक बैंकिंग तंत्र का स्वाभाविक परिणाम है।

17. (C): नीति आयोग (*a*) ज्ञान सहायता (*iv*) प्रदान करने वाली एक संस्थागत संरचना है, जो सरकार को नीति निर्माण में सलाह, शोध, विश्लेषण एवं नवोन्मेषी उपाय सुझाती है। आर. एक्सेलरोड (*b*) ने 'टिट फॉर टैट (जैसे को तैसा)' रणनीति (*i*) को खेल सिद्धांत में प्रसिद्ध किया, जिसमें सहयोग और प्रतिद्वंद्विता का संतुलन बनता है। जे. स्टिगलिट्ज (*c*) कार्यदक्षता मजदूरी सिद्धांत (*ii*) के लिए जाने जाते हैं, जिसके अनुसार कुछ परिस्थितियों में उच्च वेतन देना उत्पादकता बढ़ा सकता है। भारत की पहली पंचवर्षीय योजना (*d*) के निर्माण में के.एन. राज (*iii*) का महत्त्वपूर्ण योगदान माना जाता है, उनकी आर्थिक अंतर्दृष्टि एवं सलाह से इस योजना को दिशा मिली। इस क्रम से पता चलता है कि नीति आयोग आधुनिक नीतिगत परिवर्तन हेतु ज्ञान पर जोर देता है, आर. एक्सेलरोड ने रणनीतिक व्यवहार की समझ दी, स्टिगलिट्ज ने श्रम बाजार से जुड़ी दक्षता की अवधारणा को रेखांकित किया और के.एन. राज के सहयोग ने भारत की प्रारंभिक नियोजन प्रक्रिया को एक ठोस आधार प्रदान किया।

18. (A): अंतर-पणन (Arbitrage) (*a*)(*iii*) तब होता है जब निवेशक किसी मुद्रा को उस स्थान से खरीदता है जहाँ वह सस्ती होती है और उस स्थान पर बेचता है जहाँ वह महँगी होती है, इससे बिना जोखिम लाभ कमाया जा सकता है। हेजिंग (*b*)(*iv*) विदेशी विनिमय जोखिम का परिहार करने के लिए की जाती है, अर्थात् भविष्य में मुद्रा दरों के प्रतिकूल उतार-चढ़ाव से बचने के लिए अग्रिम अनुबंध या अन्य साधनों का प्रयोग होता है। सट्टेबाजी (Speculation) (*c*)(*i*) जोखिम ग्रहण करने की स्थिति है, यहाँ निवेशक जान-बूझकर विदेशी विनिमय दरों में संभावित उतार-चढ़ाव से लाभ उठाने की कोशिश करता है। विदेशी विनिमय जोखिम (*d*)(*ii*) स्पॉट दरों में परिवर्तन के समय को इंगित करता है, जब मुद्रा विनिमय दरें बदलने से लाभ या हानि की स्थिति उत्पन्न होती है। इस क्रम से स्पष्ट होता है कि अंतर-पणन और हेजिंग अपेक्षाकृत कम जोखिम वाली रणनीतियाँ हैं, जबकि सट्टेबाजी उच्च जोखिम लेना चाहती है, तथा विदेशी विनिमय जोखिम

इन सारी गतिविधियों के मूल में स्थित अनिश्चितता को दर्शाता है।

19. (A): जब किसी देश में आयात को सीधे शुल्क (टैरिफ) लगाने की बजाय कोटा (मात्रात्मक प्रतिबंध) द्वारा सीमित किया जाता है, तो इससे कदाचित लागतें नई तरह से बढ़ने लगती हैं। कोटा के मामले में सरकार को आयात से राजस्व प्राप्त नहीं होता (जैसे टैरिफ से प्राप्त होता), इसके बजाय कोटा लाइसेंस से जुड़ा दुर्लभता मूल्य (Rent) उत्पन्न हो सकता है। इस स्थिति में वे आयातक या लाइसेंस धारक जो कोटा का लाभ उठा रहे हैं, वे उस अतिरिक्त लाभ की माँग करेंगे जो आयातित वस्तुओं के मूल्य में प्रतिबंध से उत्पन्न दुर्लभता के कारण बढ़ा है। इस लाभ को रेंट (किराया) कहा जाता है। इस रेंट को प्राप्त करने के लिए उद्यमी, व्यापारी, यहाँ तक कि कभी-कभी राजनीतिक अभिनेताओं द्वारा भी संसाधनों की खपत की जाती है, जिसे रेंट सीकिंग (Rent Seeking) कहा जाता है। रेंट सीकिंग सामाजिक दृष्टि से अकार्यक्षम है, क्योंकि इसमें उत्पादक संसाधनों का उपयोग मूल्यवर्धन से नहीं, बल्कि नीति आधारित लाभ लेने के लिए किया जाता है। अतः टैरिफ हटाकर कोटा लागू करने से किराये की माँग बढ़ सकती है।

20. (C): आय निर्धारण के लीकेज-इंजेक्शन दृष्टिकोण में संतुलन वहाँ बनता है जहाँ कुल लीक (बचत-कर) और कुल इंजेक्शन (निवेश-सरकारी व्यय) समान हो जाते हैं। यदि एकमुश्त कर (lump-sum tax) में वृद्धि होती है, तो प्रत्येक आय स्तर पर सरकार को अधिक कर प्राप्त होता है। इससे बचत्कर (S+T) का योग किसी भी दिए गए आय स्तर पर बढ़ जाता है। S+T में वृद्धि का अर्थ है कि अब पहले के मुकाबले उसी आय स्तर पर अधिक लीकेज हो रही है। परिणामस्वरूप संतुलन बिंदु पर जहाँ पूर्व में I+G रेखा S+T रेखा को काटती थी, वहाँ अब S+T रेखा ऊँची (या 'उपर की ओर') हो गई है। यह नया संतुलन कम आय के स्तर पर स्थापित होता है, क्योंकि लीकेज बढ़ने से शुद्ध आय स्तर नीचे आ जाता है। आय निर्धारण के पारंपरिक चित्र में आय क्षैतिज अक्ष पर और लीकेज/इंजेक्शन ऊर्ध्वाधर अक्ष पर रखते हैं, अतः अधिक लीक होने पर नई संतुलन आय कम होगी और आय स्तर बायीं ओर (कम आय की ओर) स्थानांतरित होगा। दूसरे शब्दों में, बढ़े हुए एकमुश्त कर से उपभोक्ता व्यय घटता है, जिससे समग्र मांग कम होती है और आय का संतुलन स्तर घटता है। इस प्रकार आय निर्धारण संतुलन बिंदु बायीं ओर खिसक जाता है।

21. (A): कुल घरेलू आय को प्रायः कारक लागत पर आय के रूप में देखा जा सकता है, जो श्रम, पूँजी, भूमि और उद्यमिता आदि के प्रतिफलों का योग होता है। जी.डी.पी. (सकल घरेलू उत्पाद) को बाजार मूल्य पर मापा जाता है। बाजार मूल्य पर पहुँचने के लिए कारक लागत पर प्राप्त कुल घरेलू आय में अप्रत्यक्ष करों को जोड़ा जाता है, क्योंकि ये बाजारी मूल्य को बढ़ाते हैं। साथ ही सब्सिडी को घटाया जाता है, परंतु यहाँ विकल्पों में सब्सिडी का उल्लेख नहीं है, अतः इसे अनुपस्थित माना जाता है। मूल्यह्रास (Depreciation) को जोड़ने की आवश्यकता इसलिए होती है क्योंकि इससे हमें शुद्ध घरेलू उत्पाद (NDP) से सकल घरेलू उत्पाद (GDP) में परिवर्तन करने में सहायता मिलती है। परम्परागत सूत्र हैः जी.डी.पी. (बाजार मूल्य) = कुल घरेलू आय (कारक लागत) + अप्रत्यक्ष कर − सब्सिडी + मूल्यह्रास। यदि सब्सिडी शून्य मान लें, तब यह कुल घरेलू आय + अप्रत्यक्ष कर + मूल्यह्रास हो जाएगा। यह मानक अर्थशास्त्रीय पहचान है। उदाहरण स्वरूप, यदि किसी अर्थव्यवस्था की कुल घरेलू आय (कारक लागत पर) 100 है, अप्रत्यक्ष कर 10 है, और मूल्यह्रास 5 है, तो जी.डी.पी. = 100 + 10 + 5 = 115 होगी, जो बाजारी मूल्य पर सकल उत्पादन को दर्शाती है। अतः दिए गए विकल्पों में यही समीकरण सर्वमान्य सिद्धांत से मेल खाता है।

22. (B): कोस प्रमेय बाह्यताओं के मामले में कारगर समाधान प्राप्त करने के लिए कुछ मूलभूत पूर्वधारणाएँ रखता है। इनमें प्रमुख हैंः लेनदेन लागत का अभाव (ट्रांजैक्शन कॉस्ट लगभग शून्य होने की शर्त), सम्पूर्ण एवं उत्तम सूचना (पूर्ण जानकारी), और पूर्ण एवं सुस्पष्ट

सम्पदा अधिकारों का होना। इन शर्तों के तहत, कोस का कथन है कि सम्बद्ध पक्ष आपस में सौदेबाजी करके संसाधन आवंटन को दक्ष बना सकते हैं, चाहे प्रारंभिक सम्पदा अधिकार किसी के पास भी हों। हालाँकि, आय प्रभाव की उपस्थिति कोस प्रमेय की मूल शर्त नहीं है। आय प्रभाव के कारण सौदेबाजी के परिणाम जटिल हो सकते हैं और दक्ष समाधान प्राप्त करने में व्यवधान आ सकता है। कोस प्रमेय मात्र इस सिद्धांत पर टिका है कि यदि सम्पदा अधिकारों की स्पष्टता, लेनदेन लागत शून्य और पूर्ण जानकारी हो, तो निजी बातचीत से दक्ष समाधान पाया जा सकता है। आय प्रभावों की उपस्थिति या अनुपस्थिति उसकी मूल परिकल्पना में अनिवार्य नहीं है।

23. (B): विषम विसारिता (Heteroskedasticity) उस स्थिति को दर्शाती है जब प्रतिगमन मॉडल में त्रुटि पदों का विचलन (variance) स्थिर नहीं रहता, अर्थात् डेटा के भिन्न भागों में त्रुटि पदों की प्रसारिता अलग-अलग होती है। इसका कारण अक्सर डेटा सेट में चरों के मानों का अत्यधिक छितराव (बहुत बड़े या बहुत छोटे मान), गलत कार्यात्मक रूप (फंक्शनल फॉर्म) चयन, या चरों के गलत रूपांतरण (Transformation) हो सकता है। उदाहरण के लिए, यदि कोई चर बहुत बड़ी परास (range) में परिवर्तित हो रहा है तो भी विषम विसारिता उत्पन्न हो सकती है। कार्यात्मक रूप का गलत चयन (जैसे रैखिक के बजाय लघुगणकीय आवश्यक होने पर रैखिक मॉडल लगाना) भी विषम विसारिता ला सकता है। लेकिन समय के साथ चरों में सह-संबंध (autocorrelation) विषम विसारिता का प्रत्यक्ष कारण नहीं है; यह आमतौर पर क्रमिक रूप से संगठित डेटा में त्रुटि पदों के बीच अंतर्निहित सह-संबंध से जुड़ा है, न कि त्रुटि पदों के प्रसार में अंतर से। अतः समय आधारित सह-संबंध विषम विसारिता का कारण नहीं माना जाता।

24. (D): (*a*) अंतजतिय चर (Endogenous variable) वे चर हैं जिनका निर्धारण मॉडल के अंदर हो रहा हो, प्रायः ये एक युगपत समीकरण प्रणाली (Simultaneous Equation) (*ii*) में पाए जाते हैं।

(*b*) काउंट R^2 (count R^2) प्रायः लॉजिट (Logit) प्रतिगमन (*iv*) जैसे गुणात्मक आश्रित चर वाले मॉडलों में प्रयुक्त होने वाला एक संकेतक है, जो बताता है कि मॉडल ने कुल प्रेक्षणों में से कितने प्रतिशत को सही वर्गीकृत किया।

(*c*) एलजंग बाक्स (Ljung-Box) सांख्यिकीय परीक्षण (*i*) त्रुटि पदों में आटोकोरिलेशन की परीक्षा करने के लिए प्रयुक्त होता है, जो बताता है कि समय शृंखला मॉडल की शेषजीवीय त्रुटियाँ यादृच्छिक हैं या नहीं।

(*d*) लीस्ट स्क्वायर डमी चर मॉड्ल (LSDV Model) (*iii*) पैनल आँकड़ा प्रतिगमन में उपयोगी होता है, जहाँ स्थान (इंडिविजुअल) और समय पर आधारित डमी चर मॉडल में शामिल किए जाते हैं।

अतः उपरोक्त मेलः अंतरजातीय चर (*ii*), काउंट R^2 (*iv*), एलजंग बाक्स स्टेटिस्टिक (*i*), लीस्ट स्क्वायर डमी चर मॉडल (*iii*) सही बैठता है।

25. (A): (*a*) पारिस्थितिक पदचिह्न (Ecological Footprint) वास्तव में समूचे पारिस्थितिकी तंत्र पर मानव की माँग का माप है। यह दर्शाता है कि मानव गतिविधियों के लिए प्रकृति द्वारा संसाधनों की पुनरुत्पादन क्षमता और अवशोषण क्षमता कितना भार सह सकती है।

(*d*) सतत् विकास लक्ष्य (SDGs) संयुक्त राष्ट्र द्वारा निर्धारित 2015 में आरंभ 2030 तक प्राप्त करने योग्य 17 लक्ष्य हैं, जो सामाजिक, आर्थिक और पर्यावरणीय आयामों को संतुलित करने का प्रयास करते हैं।

(*b*) ऊपर से नीचे का दृष्टिकोण (Top-down approach) आमतौर पर नीति निर्माण और

क्रियान्वयन में उच्चस्तरीय निर्णयकर्ताओं के नियंत्रण पर जोर देता है, सामूहिक भागीदारी (जनसहभागिता) पर नहीं। जनसहभागिता नीचे से ऊपर (Bottom-up approach) में अधिक आती है, अतः (*b*) गलत है।

(*c*) सहस्त्राब्दी विकास लक्ष्य (MDGs) की समयावधि वर्ष 2000 से 2015 तक थी, न कि 2016, अतः (*c*) भी गलत है।

इसलिए केवल (*a*) और (*d*) ही सही हैं।

26. (D): ANCOVA (Analysis of Covariance) ANOVA और प्रतिगमन का मिश्रण है, जो श्रेणीबद्ध (गुणात्मक) चर और परिमाणात्मक (मात्रात्मक) चर दोनों को एक साथ मॉडल में शामिल करने की अनुमति देता है। इसमें मुख्य प्रभावों एवं अंतःक्रियाओं के विश्लेषण के साथ-साथ सह-परिवर्तियों (Covariates) के प्रभाव को नियंत्रित किया जाता है। सह-परिवर्तियाँ प्रायः परिमाणात्मक चर होती हैं, जबकि मुख्य कारक श्रेणीबद्ध हो सकते हैं। उदाहरण के लिए, शैक्षणिक उपलब्धि का विश्लेषण करते समय कक्षा-समूह (श्रेणीबद्ध) और बुद्धि लब्धि (IQ, एक परिमाणात्मक चर) दोनों को मॉडल में लाना ANCOVA का एक सामान्य उदाहरण है। अतः ANCOVA मॉडल गुणात्मक और परिमाणात्मक दोनों प्रकार के चर शामिल करता है।

27. (C): (*a*) नरसिंहम समिति रिपोर्ट (II) (द्वितीय) ने सिफारिश की थी कि आर.बी.आई. को बाजार से 91 दिन के ट्रेजरी बिल पुनर्खरीद (बैक) लेनी चाहिए, इससे अल्पकालिक धन प्रबंधन और मौद्रिक नियंत्रण बेहतर हो सकता है। अतः नरसिंहम समिति रिपोर्ट (II) (*a*) का संबंध (*iii*) से है।

(*b*) घोष समिति रिपोर्ट का संबंध बैंकिंग में धोखा-धड़ी और कदाचार से नियंत्रण के सुझावों (*i*) से है।

(*c*) पद्मनाभन समिति ने केंद्रीय बैंक (RBI) द्वारा निरीक्षण की शैली और अनुवर्ती कार्रवाई (*iv*) पर जोर दिया।

(*d*) सराफ समिति का संबंध बैंकिंग क्षेत्र में प्रौद्योगिकी संबंधी मुद्दों (*ii*) से था, जिसने कम्प्यूटरीकरण और तकनीकी उन्नयन पर ध्यान केंद्रित किया।

अतः उपरोक्त मिलान सही है: नरसिंहम समिति रिपोर्ट (II) → (*iii*), घोष समिति रिपोर्ट → (*i*), पद्मनाभन समिति → (*iv*), सराफ समिति → (*ii*)।

28. (B): वालरस का नियम कहता है कि यदि किसी अर्थव्यवस्था में सभी बाजार एक साथ लिए जाएँ, तो सभी वस्तुओं और सेवाओं तथा सम्पत्तियों के बाजारों में अतिरिक्त माँगों (Excess Demands) का योग शून्य होना चाहिए। यदि हम रुपये, बांड और वर्तमान उत्पादन को तीन वस्तुओं के रूप में देखें, तो तीनों में अतिरिक्त माँगों का योग शून्य होगा। इसका सिद्धांत यह है कि यदि किसी एक बाजार में अधिशेष माँग है, तो किसी अन्य में अधिशेष पूर्ति (या ऋणात्मक अधिशेष माँग) होगी, ताकि समग्र अर्थव्यवस्था संतुलित रहे। इस नियम से समष्टिगत संतुलन की मूलभूत अवधारणा स्पष्ट होती है। अतः तीनों की संयुक्त अतिरिक्त माँग का कुल योग शून्य के बराबर होना चाहिए।

29. (D): उपभोक्ता सिद्धांत में उपभोक्ता संतुलन और माँग वक्र निर्माण की प्रक्रिया कुछ चरणों में होती है:

1. उपयोगिता विश्लेषण (*b*) द्वारा सबसे पहले उपभोक्ता की पसंद की नींव समझी जाती है, जिसमें यह माना जाता है कि उपभोक्ता संतुष्टि की मात्रात्मक या तुलनात्मक माप संभव है।
2. तटस्थता वक्र विश्लेषण (*d*) उपयोगिता को रेखांकित करते हुए विभिन्न वस्तु बंडलों के बीच उपभोक्ता की वरीयताओं को दर्शाता है।
3. बजट (*a*) अथवा आय एवं कीमतों की बाधा के जोड़ने से उपभोक्ता की व्यवहारिक सीमाएँ समझ में आती हैं।
4. उपभोक्ता संतुलन (*e*) तब आता है, जब उपभोक्ता अपने बजट के अंदर अधिकतम उपयोगिता प्राप्त करने वाला बंडल चुनता है, जहाँ तटस्थता वक्र बजट रेखा को स्पर्श करता है।

5. जब विभिन्न कीमत स्तरों पर संतुलन की स्थिति देखी जाती है, तो माँग वक्र (*c*) का विश्लेषण किया जाता है।

इस क्रम में सही अनुक्रमः (*b*) उपयोगिता विश्लेषण, (*d*) तटस्थता वक्र, (*a*) बजट, (*e*) उपभोक्ता संतुलन, (*c*) माँग वक्र विश्लेषण।

30. (A): उत्पादन फलन $Q = (L * K)/(L + K)$

जाँच के लिए सभी आदानों (L, K) को एक ही स्केल कारक t से गुणा करते हैं:

$$\begin{aligned} Q(tL, tK) &= (tL * tK)/(tL + tK) \\ &= (t^2 * L * K)/t(L + K) \\ &= (t^2/t) * (LK/(L + K)) \\ &= t * (LK/(L + K)) \\ &= t * Q(L, K) \end{aligned}$$

यदि हम आदानों को t से गुना करते हैं, तो उत्पादन t गुना हो जाता है। इसका अर्थ यह हुआ कि यह उत्पादन फलन इनपुट में समानुपातिक वृद्धि करने पर आउटपुट को उसी अनुपात (t) में बढ़ाता है। किसी उत्पादन फलन में यदि इनपुट को t गुना करने पर आउटपुट भी t गुना बढ़े, तो वह डिग्री 1 की समरूपता (Homogeneous of degree 1) प्रदर्शित करता है। इस फलन में वही गुण दिखाया है, अतः यह डिग्री 1 का समरूप है।

31. (C): (*d*) न्यूनतम वैकल्पिक कर (MAT) की शुरुआत भारत में 1997 में हुई, जिसके पीछे उद्देश्य था कि बड़ी कंपनियाँ जो विभिन्न रियायतों के कारण बहुत कम या शून्य कर दे रही थीं, उनसे कम से कम एक न्यूनतम कर की वसूली की जाए।

(*b*) प्रतिभूति लेन-देन कर (Securities Transaction Tax – STT) वर्ष 2004 में पेश किया गया, ताकि शेयर व डेरिवेटिव सौदों पर एक छोटा कर लगाया जा सके।

(*c*) बैंकिंग नकद लेन-देन कर (Banking Cash Transaction Tax – BCTT) वर्ष 2005 में लागू हुआ, जिसका उद्देश्य बड़े नकद लेन-देन पर निगरानी रखना था।

(*e*) एंजेल कर (Angel Tax) वर्ष 2012 में स्टार्टअप्स में निवेश की गई पूँजी पर नियामकीय स्पष्टता न होने के कारण चर्चा में आया और फिर प्रावधानों के तहत निवेशकों से, जो उचित मूल्य से अधिक राशि निवेश करते थे, उस अंतर पर कर लिया जाने लगा।

(*a*) वस्तु लेन-देन कर (Commodity Transaction tax – CTT) 2013 में वस्तु वायदा सौदों पर लगाने हेतु पेश किया गया।

इस क्रम से स्पष्ट है कि सबसे पहले न्यूनतम वैकल्पिक कर (1997), फिर प्रतिभूति लेन-देन कर (2004), बैंकिंग नकद लेन-देन कर (2005), एंजेल कर (2012) और अंत में वस्तु लेन-देन कर (2013) आया।

32. (B): (*a*) एन.बी.एफ.सी. (NBFCs) भारतीय रिजर्व बैंक अधिनियम 1934 के अंतर्गत पंजीकृत होती हैं, न कि 1948 के अंतर्गत, अतः गलत है।

(*b*) NBFC माँग जमा स्वीकार नहीं कर सकतीं, यह सत्य है, अतः सही है।

(*c*) NBFC को अपनी कुल देयताओं का एक निश्चित अनुपात निर्दिष्ट तरल परिसंपत्तियों (SLR जैसे अनुमोदित प्रतिभूतियाँ) में रखना होता है, अतः सही है।

(*d*) जो NBFC मर्चेंट बैंकिंग और पोर्टफोलियो प्रबंधन करती हैं, वे SEBI के नियमन के अंतर्गत आती हैं, अतः सही है।

(*e*) NBFC को एक अनिवार्य आरक्षित निधि (Reserve Fund) स्थापित करनी होती है, जिसमें वे अपने शुद्ध लाभ का एक निर्धारित अंश हस्तांतरित करते हैं, अतः सही है।

इसलिए (*b*), (*c*), (*d*), (*e*) सही हैं।

33. (A): सभी चर धनात्मक हैं: $a > 0$, $b > 0$, $x > 0$] e^a धनात्मक संख्या है।

(*d*) $y = e^{a-\frac{b}{x}}$ में e^a से b/x घटाया गया है, इसलिए यह सबसे छोटा होगा।

(*a*) $y = e^a$ शुद्ध e^a है, जो (*d*) से बड़ा है, पर अन्य योगों से छोटा।

(*c*) $y = e^{a+\frac{b}{x}}$ अब e^a में b/x जोड़ा गया है, जो (*a*) से बड़ा होगा।

(*b*) $y = e^{a+bx}$ यहाँ e^a में bx जोड़ने से (b/x) की तुलना में आमतौर पर बड़ा मान मिलेगा, क्योंकि $x > 0$ और $bx > b/x$ ($x>1$ पर यह स्पष्ट, $x = 1$ पर बराबर, पर सामान्यतः x बढ़ने पर bx बढ़ता है)।

(*e*) $y = e^{a+2bx}$ सबसे बड़ा होगा क्योंकि इसमें bx में भी दुगुना जोड़ा गया है।

क्रम सबसे छोटा (*d*), (*a*), (*c*), (*b*) और (*e*) सबसे बड़ा है।

34. (B): (*a*) वितरण का एकाधिकार सिद्धांत (*iii*) मिशेल कलेस्की (Kalecki) से जुड़ा है, जिन्होंने पूँजीवाद में मूल्य-निर्धारण और आय वितरण पर अपना विश्लेषण दिया।

(*b*) लाभ का सिद्धांत (*i*) वाकर (Walker) से जोड़ा जाता है, जिन्होंने लाभ को उद्यमी की असाधारण उत्पादकता से उत्पन्न एक किस्म के 'किराये' के रूप में व्याख्यायित किया।

(*c*) पूर्ण लागत कीमत-निर्धारण (*iv*) हाल और हिच (Hall and Hitch) द्वारा प्रतिपादित विचार है, जिसने वास्तविक बाजार व्यवहार में औसत लागत पर लाभांश जोड़कर कीमत तय करने की प्रथाओं को समझाया।

(*d*) किराये का आधुनिक सिद्धांत (*ii*) जॉन रॉबिन्सन (Joan Robinson) से संबंधित है, जिन्होंने आधुनिक अर्थशास्त्र में रेंट की अवधारणा को प्रतिस्पर्धी असंतुलनों और संसाधन विभाजन से जोड़ा।

अतः दिए गए विकल्पों में (*iii*), (*i*), (*iv*), (*ii*) संयोजन सही है।

35. (A): पंद्रहवें वित्त आयोग (2021-26) के कर राजस्व हस्तांतरण फार्मूले में विभिन्न तय किए गए हैं। भारांक निम्न हैं:

(*a*) इंकम डिस्टेंस को सर्वाधिक भार (लगभग 45%) दिया गया है।

(*b*) क्षेत्रफल को 15% के लगभग भार दिया गया।

(*c*) जनांकिकीय निष्पादन को लगभग 12.5% भार मिला।

(*d*) वन और पारिस्थितिकी को लगभग 10% भार दिया गया।

(*e*) कर प्रयास को सबसे कम लगभग 2.5% भार मिला।

यानी सही अनुक्रमः (*a*), (*b*), (*c*), (*d*), (*e*) है।

36. (B): जननदर (Fertility) के संदर्भ में NRR (Net Reproduction Rate) = 1 इस बात का संकेत देता है कि प्रत्येक महिला औसतन अपने जीवनकाल में एक बेटी को जन्म देती है जो प्रजनन आयु तक पहुँचती है। इससे आबादी का आकार स्थिर बना रहता है, न बढ़ता न घटता है। NRR = 1 का अर्थ है अगली पीढ़ी की महिलाओं की संख्या वर्तमान पीढ़ी के बराबर रह जाएगी, जिससे दीर्घकाल में जनसंख्या स्थिर होने का संकेत मिलता है।

37. (A): असमाधित विषमाकरण $2x - 3y < 5$ के लिए जाँच:

O(0, 0) रखने पर $20 - 30 = 0 < 5$ सत्य है, अतः O बिंदु इस असमाधित क्षेत्र के अंदर है।

P(2, –3) रखने पर $2 \times 2 - 3(-3) = 4 + 9 = 13 < 5$ गलत है ($13 < 5$ असत्य), अतः P बिंदु बाहर है।

इस प्रकार O अंदर और P बाहर होगा।

38. (D): विदेशी मुद्रा व्यापार में शीर्ष लाभार्थी केंद्र लंदन (*a*) (*iii*) है, जो अंतर्राष्ट्रीय वित्तीय केंद्रों में अग्रणी स्थान रखता है।

प्रतिस्पर्धी साम्य के बारे में कल्याण अर्थशास्त्र का पहला सिद्धांत (*b*) (*iv*) कहता है कि प्रतिस्पर्धी साम्य पेरेटो कार्यदक्ष होता है।

वालरस (*c*) (*ii*) सामान्य संतुलन विश्लेषण से जुड़े थे, जिनकी दृष्टि में सभी बाजार एक साथ संतुलन की ओर अग्रसर होते हैं।

गेम थ्योरी (*d*) (*i*) जॉन वॉन न्यूमैन और ऑस्कर मॉर्जेनेस्ट्रान के नाम से जुड़ी है, जिन्होंने रणनीतिक निर्णय वर्तनों का गणितीय विश्लेषण विकसित किया।

इस क्रम में (*iii*), (*iv*), (*ii*), (*i*) विकल्प (D) से मेल खाता है।

39. (B): डब्ल्यू.डब्ल्यू. लियोंटिफ (*a*) (*iv*) अपने इनपुट-आउटपुट मॉडल के लिए प्रसिद्ध हैं, जिसमें आर्थिक व्यवस्था को अंतर-संबद्ध उत्पादन संरचनाओं के एक मैट्रिक्स के रूप में देखा जाता है।

जेन टिम्बरजन (*b*) (*i*) ने विकास नियोजन में शेडो प्राइस की अवधारणा पर कार्य किया, जहाँ बाजार मूल्य के अभाव में संसाधनों का आकलन किया जाता है।

जे.एम. कीन्स (*c*) (*ii*) उपभोग फलन पर अपने कार्य के लिए विख्यात हैं, उनकी 'सामान्य सिद्धांत' पुस्तक में उपभोग, बचत, निवेश इत्यादि संबंधों पर प्रकाश डाला गया है।

जोसेफ बर्ट्रेंड (*d*) (*iii*) समान उत्पाद वाली फर्मों के मध्य मूल्य प्रतिस्पर्धा के मॉडल के लिए जाने जाते हैं, जिसे बर्ट्रेंड प्रतिस्पर्धा के रूप में जाना जाता है।

इस प्रकार (*iv*), (*i*), (*ii*), (*iii*) क्रम सही है।

40. (D): सह-संबंध गुणांक (Correlation Coefficient) केवल परस्पर संबंध की परिमाण और दिशा दर्शाता है और यह X व Y के अदल-बदल से नहीं बदलता, अतः सह-संबंध का मान अपरिवर्तित रहता है।

ढ़ाल (Slope) का चिह्न पारस्परिक अदला-बदली से नहीं बदलना चाहिए, क्योंकि यदि X और Y के बीच एक समान संबंध है, तो दिशा वहीं रहेगी, हाँ ढ़ाल का मात्रात्मक मान बदल सकता है, पर चिह्न नहीं।

निर्धारण गुणांक (R^2), सह-संबंध के वर्ग के बराबर होता है, जो X व Y की अदला-बदली से नहीं बदलता, क्योंकि $r^2 = R^2$ अपरिवर्तित रहता है।

परंतु जब हम प्रतिगमन विश्लेषण में व्याख्यात्मक और प्रतिक्रिया चर को बदलते हैं, तो त्रुटि पदों की गणना नए dependent variable के आधार पर होगी। इससे SSE (Sum of Squared Errors) बदल जाएगा, क्योंकि अब पूर्व में स्वतंत्र चर बना दिया गया चर नई निर्भर चर बना है, जिसके चारों ओर बिंदुओं का प्रसार (विकिरण) भिन्न होगा। इस प्रकार SSE निश्चित रूप से बदलता है।

41. (D): भुगतान संतुलन में अधिशेष तब होता है जब देश के विदेशी मुद्रा प्रवाह (निर्यात, प्रेषण, पूंजी प्रवाह आदि) उसके बहिर्गमन (आयात, विदेश में निवेश आदि) से अधिक हों। आयातों में गिरावट (*a*) होने से बाहरी मुद्रा की निकासी कम होगी, जिससे भुगतान संतुलन सुधरता है। निर्यात में वृद्धि (*c*) होने से देश में विदेशी मुद्रा का आगमन बढ़ता है, जिससे अधिशेष की स्थिति उत्पन्न हो सकती है। ब्याज दर में गिरावट (*b*) अक्सर बाहरी पूंजी प्रवाह को घटाती है क्योंकि विदेशी निवेशकों को कम प्रतिफल मिलेगा, अतः यह अधिशेष का कारण नहीं बनता। आय कर में वृद्धि (*d*) आंतरिक कराधान है और इसका प्रत्यक्ष प्रभाव भुगतान संतुलन पर इतना स्पष्ट नहीं है; यद्यपि इससे आयात कुछ कम हो सकते हैं, परंतु इसका सुनिश्चित संबंध सीधे अधिशेष से नहीं जोड़ा जा सकता, आमतौर पर इसे प्राथमिक कारण नहीं माना जाता। उच्च बहिर्वर्ती विदेशी प्रत्यक्ष निवेश (*e*) का अर्थ है कि देश से बाहर पूँजी जा रही है, यह भुगतान संतुलन पर ऋणात्मक प्रभाव डालता है। अतः केवल (*a*) और (*c*) निश्चित रूप से अधिशेष के संभावित कारण हैं।

42. (A): दिए गए कथनों में से पहले (*a*) में कहा गया है कि जब किसी वस्तु का मूल्य-उपयोग वक्र (Price-Consumption Curve: PCC) क्षैतिज अक्ष के

समानांतर होता है, तो वस्तु के लिए माँग फलन ऐकिक लोचशील (Unit Elastic) होता है। मूल्य-उपयोग वक्र के ऐसे स्वरूप में कीमत में परिवर्तन के अनुपात में माँग ठीक समानुपात में बदलती है, इसलिए यह ऐकिक लोचशीलता का परिचायक है।

दूसरा सही कथन (*c*) कहता है कि कीन्स की सरल प्रणाली (सरल कीन्सीय मॉडल) में संतुलन की स्थिरता के लिए MPC (Marginal Propensity to Consume) का मान 0 और 1 के बीच होना चाहिए। यदि MPC = 0 या ≥1 होता है तो अर्थव्यवस्था अस्थिर हो सकती है। MPC का 0 से 1 के बीच रहना उपभोग और बचत के बीच संतुलन स्थापित करता है, जिससे आर्थिक संतुलन प्राप्त होता है।

(*b*) कथन में लिखा गया है log D का लोचशीलता से संबंध, परन्तु दिए गए सम्बन्ध को देखते हुए प्रत्यक्ष निष्कर्ष निकालना उचित नहीं है। (*d*) कथन गलत है क्योंकि स्थिर लागत रेखा (Fixed Cost Line) को आयताकार अतिपरावलय नहीं कहते, वह मात्र एक क्षैतिज रेखा के रूप में प्रकट होती है।

इस प्रकार सही उत्तर (*a*) और (*c*) ही हैं।

43. (C): दिया गया Q = 20/P और P ≤ 10, तथा MC = 1।

पहले मांग को प्रतिलोम करें: P = 20/Q।

कुल आय (TR) = P × Q = (20/Q) × Q = 20। कुल आय सदा 20 रहती है, चाहे Q कुछ भी हो।

कुल लागत (TC) = MC × Q = 1 × Q = Q।

लाभ (π) = TR – TC = 20 – Q।

लाभ अधिकतम करने के लिए Q को जितना कम रखा जाए, उतना अच्छा, क्योंकि π = 20 – Q है। Q जितना छोटा होगा, मुनाफा उतना अधिक। लेकिन P ≤ 10 की शर्त है, Q = 20/P होने से P ≤ 10 implies Q ≥ 2। Q को 2 से कम नहीं रख सकते (क्योंकि तब P > 10 हो जाएगा), अतः Q = 2 न्यूनतम संभव मात्रा है। Q = 2 पर P = 20/2 = 10। इस पर लाभ = 20 – 2 = 18 अधिकतम है। अतः P = 10, Q = 2 सही है।

44. (D): राष्ट्रीय परिवार स्वास्थ्य सर्वेक्षण-5 (2019-21) के अनुसार भारत में प्रति 1000 पुरुषों पर महिलाओं की संख्या 1020 पाई गई, जो पहली बार महिलाओं की संख्या पुरुषों से अधिक होने का संकेत देती है। यह एक महत्त्वपूर्ण जनांकिकीय बदलाव है।

45. (A): आर्थिक विचारधारा के कालक्रम में:

(*d*) नकद लेन-देन उपागम (कैश ट्रांजैक्शन अप्रोच) इरविंग फिशर द्वारा आरंभिक रूप में 1911 के आसपास प्रतिपादित हुआ।

(*e*) नकद शेष उपागम (कैश बैलेंस अप्रोच) कैंब्रिज अर्थशास्त्रियों (मार्शल, पिगू) द्वारा आगे बढ़ाया गया, यह भी आरंभिक 20वीं शताब्दी का है।

(*b*) मुद्रा का पुनः निर्मित मात्रा सिद्धांत (Reconstructed quantity theory) मिल्टन फ्रीडमैन द्वारा 1950 के दशक में प्रतिपादित किया गया।

(*c*) बॉमेल का मुद्रा सिद्धांत (Inventory Theoretic Approach) विलियम बॉमेल द्वारा 1952 में प्रस्तुत किया गया, यह फ्रीडमैन के पुनर्सिद्धांत से पहले नहीं, बल्कि लगभग उसी काल के आस-पास पर सामान्यतः उसे बाद के चरणों में प्रभावी माना जाता है।

(*a*) पैटिन्किन का वास्तविक शेष प्रभाव 1956 में प्रतिपादित हुआ और यह सबसे अद्यतन समझा जाता है।

ऐतिहासिक विवेचनाओं में Fisher और Cambridge को शुरुआत में रखा जाता है, उसके पश्चात आधुनिक अवधारणाएँ Friedman, Baumol और Patinkin आती हैं। अतः विकल्प (*d*), (*e*), (*b*), (*c*), (*a*) को सही क्रम के रूप में चुना जा सकता है।

46. (B): पूंजी बाजार के उपकरण वे हैं जो एक वर्ष से अधिक अवधि के लिए पूँजी जुटाने हेतु उपयोग किए जाते हैं। उद्यम पूँजी (*a*) लंबी अवधि के निवेश के लिए होती है और इसे पूँजी बाजार का हिस्सा माना जा सकता है। वैश्विक निक्षेप प्राप्तियां (GDR) (*d*) भी विदेशी बाजारों में सूचीबद्ध लंबी अवधि के पूँजी साधन हैं।

ट्रेजरी बिल (*b*) अल्पकालिक सरकारी प्रतिभूति है, जो सामान्यतः 1 वर्ष से कम अवधि के लिए होती है, अतः यह मनी मार्केट का उपकरण है। जमा प्रमाण-पत्र (Certificate of Deposit) (*c*) और अंतर कार्पोरेट निक्षेप (*e*) भी कम अवधि के होने से मनी मार्केट में आते हैं।

इसलिए पूंजी बाजार के उपकरणों में केवल उद्यम पूँजी (*a*) और वैश्विक निक्षेप प्राप्तियां (*d*) शामिल हैं।

47. (A): सार्वजनिक वस्तुएँ गैर-अभिज्ञेय (Non-Excludable) और गैर-प्रतिद्वंद्वी (Non-Rival) होती हैं। गैर-अभिज्ञेय का अर्थ है कि किसी को इनका उपभोग करने से रोका नहीं जा सकता (*a* सही)। राष्ट्रीय सुरक्षा (*b*) एक क्लासिक सार्वजनिक वस्तु का उदाहरण है, क्योंकि इसका लाभ सभी को समान रूप से मिलता है और किसी को इससे वंचित नहीं किया जा सकता।

सार्वजनिक वस्तु प्रतिद्वंद्वी नहीं होती (*c* गलत), अर्थात् एक व्यक्ति का उपभोग दूसरे को कोई हानि नहीं पहुँचाता।

सार्वजनिक वस्तु का सीमान्त लागत आमतौर पर शून्य या न के बराबर होती है, अतः (*d*) में कहा गया गैर-शून्य सीमांत लागत सही नहीं है।

(*e*) सार्वजनिक वस्तु उपभोग में अकार्यक्षमता नहीं, बल्कि दक्षता लाती है, क्योंकि किसी अतिरिक्त व्यक्ति के उपभोग से कोई अतिरिक्त लागत नहीं आती।

अतः केवल (*a*) और (*b*) सही हैं।

48. (D): राष्ट्रीय स्वास्थ्य नीति 2017 के लक्ष्य (2025 तक):

मातृ मृत्यु दर (MMR) को 100 तक लाना (*c*) एक घोषित लक्ष्य है।

कुल प्रजनन दर (TFR) को 2.1 तक लाना (*d*) एक महत्वपूर्ण लक्ष्य है।

जन्म के समय जीवन प्रत्याशा (Life Expectancy) को 70 वर्ष तक लाना (*e*) भी लक्ष्य है।

शिशु मृत्यु दर (*a*) को 28/1000 लाइव बर्थ तक लाने का लक्ष्य है, न कि 30, अतः (*a*) गलत।

पाँच वर्ष से कम आयु में मृत्यु दर (*b*) के लिए लक्ष्य लगभग 23 निर्धारित है, न कि 20, अतः (*b*) गलत है।

इसलिए केवल (*c*), (*d*), (*e*) सही हैं।

49. (C): फिशर प्रभाव के अनुसार नाममात्र ब्याज दर (Nominal Interest Rate) = वास्तविक ब्याज दर (Real Interest Rate) + अपेक्षित मुद्रास्फीति (Expected Inflation)। यदि मुद्रास्फीति बढ़ती है, तो नाममात्र ब्याज दर में वृद्धि की प्रवृत्ति होती है और यदि मुद्रास्फीति कम होती है तो नाममात्र ब्याज दर में कमी की प्रवृत्ति होती है। यह प्रत्यक्ष रूप से फिशर प्रभाव का सार है।

50. (A): ग्रेविटी मॉडल के अनुसार दो देशों के बीच व्यापार की मात्रा मुख्यतः दो कारकों पर निर्भर करती है: उनके सकल घरेलू उत्पाद (GDP) का गुणनफल (*a*) और उनके बीच की दूरी (*b*)। GDP जितना अधिक होगा, व्यापार की क्षमता उतनी अधिक होगी, और दूरी जितनी अधिक होगी, परिवहन लागत बढ़ने से व्यापार में अवरोध उतना बढ़ेगा।

विदेशी विनिमय दर (*c*), विदेशी व्यापार की तीव्रता (*d*) या विदेशी निवेश (*e*) मूल ग्रेविटी मॉडल के मूलभूत कारक नहीं हैं। अतः केवल (*a*) और (*b*) सही हैं।

51. (C): द्विघात रूप $ax^2 + 2hxy + by^2$ के ऋणात्मक निश्चित (Negative Definite) होने का अर्थ है कि $(x, y) \neq (0, 0)$ के लिए समीकरण सदैव ऋणात्मक मान देता है। दो चरों वाले द्विघात रूप के ऋणात्मक निश्चित होने के लिए निम्नलिखित शर्तें आवश्यक हैं: द्विघात रूप को सामान्य रूप में मैट्रिक्स द्वारा दर्शाया जा सकता है:

$$Q = \begin{pmatrix} x & y \end{pmatrix} \begin{pmatrix} a & h \\ h & b \end{pmatrix} \begin{pmatrix} x \\ y \end{pmatrix}$$

इस मैट्रिक्स का शीर्षस्थ (Top-left) तत्व '*a*' पहला प्रमुख उप-निर्धारक (Principal Minor) है। ऋणात्मक निश्चितता के लिए प्रथम प्रमुख उप-निर्धारक (यानि *a*) ऋणात्मक होना चाहिए, अर्थात् $a < 0$।

दूसरा प्रमुख उप-निर्धारक $\begin{vmatrix} a & h \\ h & b \end{vmatrix} = ab - h^2$ कहलाता है। ऋणात्मक निश्चितता के लिए यह निर्धारक धनात्मक होना चाहिए, अर्थात् $ab - h^2 > 0$।

सारांशतः, ऋणात्मक निश्चितता की शर्तः $a < 0$ और $ab - h^2 > 0$ होती है।

यदि $a < 0$ न हो तो रूप ऋणात्मक निश्चित नहीं हो सकता, क्योंकि यदि $a > 0$ होने पर कम से कम x-अक्ष के आस-पास कुछ मान द्विघात रूप को धनात्मक बना देंगे।

इसी प्रकार, यदि द्वितीय प्रमुख उप-निर्धारक $ab - h^2 \leq 0$ हो जाए, तो रूप अनिश्चित अथवा अर्द्ध-निश्चित हो सकता है, पर शुद्ध ऋणात्मक निश्चित नहीं।

इसलिये नकारात्मक निश्चितता की अचूक शर्त यही हैः $a < 0$ और निर्धारक > 0।

दिए गए विकल्पों में यही स्थिति विकल्प (C) में दी गई है।

अतः ऋणात्मक निश्चितता विकल्प (C): $a < 0$ और $\begin{vmatrix} a & h \\ h & b \end{vmatrix} > 0$ द्वारा सुनिश्चित होती है।

52. (B): बैंक रन का सिद्धांत पी. डायमंड (P Diamond) से जुड़ा है, तो बैंकिंग क्षेत्र में तरलता की समस्याओं और जमाकर्ता के भरोसे से संबंधित विश्लेषण प्रदान करते हैं। बैंक रन (*a*) में जमाकर्ता बैंक से अपने जमा एक साथ निकालने लगते हैं, जिसके मॉडल डायमंड तथा डिबविग ने विकसित किए। इस प्रकार (*a*) का मिलान (*iii*) पी. डायमंड से होता है।

q-अनुपात (*b*) जे. टोबिन (J. Tobin) के नाम से जुड़ा प्रसिद्ध अनुपात है जो कम्पनी के बाजार मूल्य और प्रतिस्थापन लागत के अनुपात को दर्शाता है, अतः (*b*) (*iv*) उचित है।

वास्तविक बचत (Real Saving) (*c*) का संबंध डी. पियर्स (D. Pierce) से है, जो वास्तविक अर्थव्यवस्था में बचत के माप और प्रभावों से संबंधित विचार प्रस्तुत करते हैं, अतः (*c*) (*i*)।

सूक्ष्म वित्त (*d*) का विचार एम. युनूस (M. Yunus) से जुड़ा है, जिन्होंने ग्रामीण निर्धन समुदायों को छोटे-छोटे ऋण प्रदान कर आत्मनिर्भरता और विकास को प्रोत्साहित किया, अतः (*d*) (*ii*)।

अतः सही क्रमः (*a*) (*iii*), (*b*) (*iv*), (*c*) (*i*), (*d*) (*ii*) विकल्प (B) में मिलता है।

53. (A): (*a*) भारत में क्षेत्रीय ग्रामीण बैंकों (RRBs) की स्थापना नरसिंहम कार्य समूह (1975) की सिफारिशों के आधार पर की गई। (सही)

(*b*) RRBs की इक्विटी में केंद्र सरकार, संबंधित राज्य सरकार और प्रायोजक बैंक का अंश होता है। सामान्यतः केंद्र सरकार का हिस्सा 50%, राज्य सरकार का 15% और प्रायोजक बैंक का 35% होता है, अर्थात् प्रायोजक बैंक का सर्वाधिक नहीं, बल्कि केंद्र का सर्वाधिक अंश होता है। (गलत)

(*c*) NABARD RRBs की गतिविधियों का समन्वय करता है, उन्हें नियामकीय मार्गदर्शन एवं निगरानी प्रदान करता है, (सही)

(*d*) RRBs अग्रणी बैंक (Lead Bank) नहीं होते; अग्रणी बैंक प्रणाली आमतौर पर किसी वाणिज्यिक बैंक को जिले में अग्रणी बैंक के रूप में नामित करती है। (गलत)

(*e*) RRBs को NABARD के माध्यम से पुनर्वित्त सुविधा प्राप्त होती है। (सही)

अतः सही कथन (*a*), (*c*), (*e*) विकल्प (A) के अनुरूप हैं।

54. (D): भारत में UPI (Unified Payments Interface) प्रणाली का विकास नेशनल पेमेंट्स कॉरपोरेशन ऑफ इंडिया (NPCI) द्वारा वर्ष 2016 में किया गया। NPCI भारतीय रिजर्व बैंक और भारतीय बैंक संघ की पहल पर स्थापित संस्था है जो भारत में खुदरा भुगतान और निपटान प्रणालियों के विकास में लगी है।

UPI ने डिजिटल लेन-देन को अत्यंत सरल, तीव्र एवं सुरक्षित बना दिया है। यह बैंक खाते को सीधे मोबाइल एप्लिकेशन के माध्यम से आपस में जोड़ने वाली एक एकीकृत भुगतान प्रणाली है।

55. (A): कॉब-डगलस उत्पादन फलन $q = A L^{\alpha} K^{\beta}$ में α और β वे घातांक हैं जो श्रम (L) और पूँजी (K) में परिवर्तन होने पर उत्पादन (q) में होने वाले प्रतिशत परिवर्तनों को दर्शाते हैं।

अर्थात् α = श्रम लोचशीलता (यदि L में 1% वृद्धि हो, तो उत्पादन लगभग α% बढ़ेगा) और β = पूँजी लोचशीलता (यदि K में 1% वृद्धि हो, तो उत्पादन लगभग β% बढ़ेगा)।

ये माप दंड इनपुट की उत्पादन लोचशीलता को प्रतिबिंबित करते हैं, न कि प्रतिस्थापन लोच, न मूल्य और न ही तकनीकी स्तर प्रत्यक्षतः। अतः विकल्प (A) सही है।

56. (C): विश्व बैंक समूह में प्रमुख पाँच संस्थाएँ होती है:

(*i*) अंतर्राष्ट्रीय पुनर्निर्माण और विकास बैंक (IBRD): भारत सदस्य नहीं है।

(*ii*) अंतर्राष्ट्रीय विकास संघ (IDA): भारत सदस्य है।

(*iii*) अंतर्राष्ट्रीय वित्त निगम (IFC): भारत सदस्य है।

(*iv*) बहुपक्षीय निवेश गारंटी एजेंसी (MIGA): भारत सदस्य है।

(*v*) अंतर्राष्ट्रीय निपटान और निवेश विवाद केन्द्र (ICSID): भारत सदस्य नहीं है।

इस प्रकार भारत IBRD, IDA, IFC, MIGA का सदस्य है, परन्तु ICSID का सदस्य नहीं है।

अतः (*b*), (*c*), (*d*), (*e*) सही है जो विकल्प (C) से मेल खाता है।

57. (D): दिया गया बचत फलन $S = -5 + 0.32q$ है। यदि q आय को निरूपित करता है, तो उपभोग $C = q - S = q - (-5 + 0.32\,q) = 5 + (1 - 0.32)q = 5 + 0.68q$।

औसत उपभोग प्रवृत्ति (APC) $= C/q$

$$= (S + 0.68q)/q$$

$$= 0.68 + 5/q$$

सीमांत उपभोग प्रवृत्ति (MPC) $= dC/dq = 0.68$। अब, $APC = 0.68 + 5/q$। चूँकि q धनात्मक है, $5/q$ धनात्मक होगा। इसका अर्थ है APC सदैव 0.68 से अधिक रहेगी, चाहे q कितना भी बड़ा हो, APC कम होते-होते 0.68 के करीब तो जाएगी पर कभी उससे कम नहीं होगी। इसलिए APC > MPC सत्य है। अतः विकल्प (D) सही है।

58. (A): एक रैखिक प्रोग्रामन समस्या में एक व्यवहार्य समाधान वह बिंदु है जो सभी बंदिशों (constraints) को संतुष्ट करता है और गैर-ऋणात्मकता शर्तों का पालन करता है।

(*a*) सभी समस्यागत बाध्यताओं को एक साथ पूरा करना आवश्यक है।

(*b*) कुछ बाह्यताओं को छोड़ना गलत होगा, व्यवहार्य समाधान के लिए सभी बंदिशों को संतुष्ट करना अनिवार्य है, अतः (*b*) गलत।

(*c*) व्यवहार्य समाधान सिर्फ कार्नर प्वाइंट पर ही नहीं पाया जाता, कोई भी बिंदु जो सभी बंदिशों का पालन करता है, व्यवहार्य हो सकता है, अतः (*c*) गलत।

(*d*) व्यवहार्य समाधान जरूरी नहीं कि इष्टतम हो, अतः यह संभव है कि वह वस्तुनिष्ठ फलन के इष्टतम मान को प्राप्त न करे।

(*e*) गैर-ऋणात्मकता शर्त के अनुसार चर शून्य या अधिक होना चाहिए।

इस प्रकार (*a*), (*d*), (*e*) सही हैं। अतः विकल्प (A) सही है।

59. (A): दो घटनाएँ A और B दी गई हैं, जिनमें $P(\bar{A}) = 0.4$ और $P(A \cap B) = 0.2$ ज्ञात है। इससे $P(A) = 1 - P(\bar{A}) = 1 - 0.4 = 0.6$ होती है।

कुल संभाव्यता के अनुसार A को B के साथ और बिना B के विभाजित किया जा सकता है:

$$P(A) = P(A \cap B) + P(A \cap \bar{B})$$

हमारे पास P(A\cap B) = 0.2 है और P(A) = 0.6, अतः

$$P(A \cap \bar{B}) = P(A) - P(A \cap B)$$
$$= 0.6 - 0.2 = 0.4$$

इस गणना से स्पष्ट है कि $P(A \cap \bar{B}) = 0.4$ होती है। इस मान से सिद्ध होता है कि विकल्प (A) 0.4 सही है।

यह परिणाम तर्कसंगत भी है, क्योंकि यदि A की कुल संभावना 0.6 है और उसमें से 0.2 भाग A और B दोनों के साथ घटित होने पर जाता है, तो शेष 0.4 भाग A के बिना B यानी $A \cap \bar{B}$ पर जाता है। इस प्रकार विकल्प (A) सही ठहरता है।

60. (C): (*a*) पर्यावरण मूल्य निर्धारण सिद्धांत में विकल्प मूल्य (Option Value) को अक्सर भविष्य में उपलब्धि बनाए रखने हेतु भुगतान करने की इच्छा के रूप में देखा जाता है। विकल्प मूल्य को कभी-कभी भविष्य उपयोग मूल्य के साथ उन मूल्यों से जोड़ा जाता है जो सीधे प्रयोग में नहीं आते परंतु भविष्य में प्रयोग के लिए संरक्षित रखने या संभावित प्रतिनिधि मूल्य (non-use values) के रूप में होते हैं। इस कथन में विकल्प मूल्य = भावी उपयोग मूल्य + प्रतिनिधिक मूल्य कहा गया है, इसे एक व्यापक व्याख्या मानकर सही माना जा सकता है, क्योंकि प्रतिनिधिक मूल्य अस्तित्व या विरासत मूल्य जैसे गैर-उपयोगी मूल्य का द्योतक हो सकता है।

(*b*) प्रतिकूल चयन (Adverse Selection) बाजार विफलता का एक प्रमुख कारण है, क्योंकि सूचना विषमता के कारण अनुबंधों में ऐसी असंतुलित स्थिति बनती है कि उच्च गुणवत्ता वाले उत्पाद बाहर हो सकते हैं।

(*c*) आकस्मिक मूल्य निर्धारण (Contingent Valuation) पद्धति, लागत-लाभ विश्लेषण की एक सुस्पष्ट विधि है जो अपारम्परिक या गैर-बाजार वस्तुओं का आर्थिक मूल्यांकन करती है। यह कथन भी सत्य माना जा सकता है, परंतु विकल्पों को ध्यान से देखें। उपलब्ध विकल्पों में (*c*) को शामिल करने वाला सही विकल्प (*b*) और (*d*) के साथ है, जहाँ (*d*) गलत है, अतः हमें सावधान रहना होगा।

(*d*) पब्लिक गुड और कॉमन गुड में समान विशेषताएँ नहीं होतीं। सार्वजनिक वस्तुएँ गैर-प्रतिद्वंद्वी एवं गैर-अभिज्ञेय होती हैं, जबकि कॉमन गुड गैर-अभिज्ञेय लेकिन प्रतिद्वंद्वी होती है। अतः (*d*) गलत है।

(*e*) लागत-लाभ विश्लेषण में आय की आंतरिक दर (Internal Rate of Return, IRR) एक महत्त्वपूर्ण मानदंड है जो परियोजनाओं की लाभप्रदता जाँचने में काम आता है।

अतः विकल्प (C): (*a*), (*b*) एवं (*e*) सही है।

61. (C): विश्व बैंक ने अत्यधिक गरीबी रेखा (Extreme Poverty Line) का निर्धारण इस आधार पर किया है कि कम-से-कम क्रय शक्ति समता (Purchasing Power Parity) के तहत इतना धन हो जो अत्यंत न्यूनतम आवश्यकताओं की पूर्ति कर सके। पहले यह मानक \$1.90 प्रतिदिन था, जिसे अद्यतन समीक्षा और क्रय शक्ति परिवर्तनों के चलते बढ़ाकर \$2.15 प्रतिदिन किया गया है। इस संशोधन का उद्देश्य मुद्रास्फीति तथा विभिन्न देशों में कीमतों के अनुरूप वास्तविक क्रय शक्ति का बेहतर परिलक्षण करना है।

इस नई सीमा का अर्थ यह है कि विश्व स्तर पर जो व्यक्ति \$2.15 प्रतिदिन से कम पर जीवन यापन कर रहे हैं, उन्हें अत्यधिक गरीब की श्रेणी में रखा जाता है। विश्व बैंक समय-समय पर इस रेखा को पुनर्मूल्यांकित करता है ताकि आर्थिक परिवर्तनों, कीमत स्तरों और वैश्विक समावेशन नीतियों को बेहतर ढंग से प्रतिबिंबित किया जा सके। यह सीमा निर्धारण नीति-निर्माताओं, अंतर्राष्ट्रीय संगठनों और शोधकर्ताओं को यह समझने में मदद करता है कि कहाँ गरीबी उन्मूलन हेतु नीतिगत प्रयासों की आवश्यकता अधिक है। अतः वर्तमान वैश्विक मानक \$2.15 प्रतिदिन है।

62. (D): (*a*) मोडिग्लियानी-मिलर सिद्धांत पूँजी संरचना (Capital Structure) की अप्रासंगिकता पर है, न कि वस्तुओं की कीमतों और वास्तविक आय से संबंधित। (गलत)

(*b*) डोर्फमैन-स्टाइनर सिद्धांत विज्ञापन व्यय के इष्टतम निर्धारण से जुड़ा हुआ है, यह बताता है कि किसी फर्म को किस स्तर पर विज्ञापन खर्च करना चाहिए। (सही)

(*c*) ऐरो का असंभवता सिद्धांत (Arrow's Impossibility Theorem) सामाजिक चयन सिद्धांत में एक केंद्रीय परिणाम है, जो दर्शाता है कि कुछ निष्पक्षता शर्तों के तहत संपूर्ण सामुदायिक पसंद को किसी व्यक्तिगत प्राथमिकता सत्र से व्युत्पन्न करना असंभव है। (सही)

(*d*) स्टोल्पर-सैम्युलसन सिद्धांत अंतर्राष्ट्रीय व्यापार और कारक मूल्यों के बीच संबंध बताता है, पूँजी संरचना से नहीं; यह बताता है कि व्यापार में मूल्य परिवर्तन किसी कारक आय को कैसे प्रभावित करेंगे। (गलत)

(*e*) फिशर पृथक-करण सिद्धांत (Fisher Separation Theorem) यह दर्शाता है कि एक फर्म की निवेश नीति शेयरधारकों की उपभोग वरीयताओं से पृथक होकर मात्र मूल्य अधिकतमकरण के सिद्धांत से निर्देशित हो सकती हैं, अतः इसे लाभ अधिकतमकरण से जोड़ना उचित है। (सही)

अतः सही संयोजन (*b*), (*c*), (*e*) है।

63. (D): विकासशील देशों में आर्थिक एकीकरण के कई प्रयास हुए हैं ताकि क्षेत्रीय व्यापार को प्रोत्साहन मिले, शुल्क बाधाएँ घटें और सामूहिक आर्थिक विकास हो। सेंट्रल अमेरिकन कॉमन मार्केट (Central American Common Market) मध्य अमेरिकी देशों के बीच व्यापार वाणिज्य बाधाओं को कम करने का प्रयास है। कैरिबियन फ्री ट्रेड एसोसिएश्न (CARIFTA) कैरिबियन देशों के बीच मुक्त व्यापार की सुविधा प्रदान करने का प्रयास था, जो बाद में कैरिकॉम (CARICOM) में परिवर्तित हुआ।

लैटिन अमेरिकन फ्री ट्रेड एसोसिएशन (LAFTA) भी लैटिन अमेरिकी देशों के बीच व्यापार उदारीकरण और आर्थिक सहयोग बढ़ाने का प्रयत्न था।

ये सभी विकासशील देशों के आर्थिक एकीकरण के उदाहरण हैं। अतः (*a*), (*b*), (*c*) सभी सम्मिलित हैं, इसलिए विकल्प (D) सही है।

64. (D): संयुक्त राष्ट्र के सतत् विकास लक्ष्य (SDGs) में:

(*a*) लक्ष्य 7 : वहनीय और स्वच्छ ऊर्जा (Affordable and Clean Energy) (सही)।

(*b*) लक्ष्य 10 : असमानताओं में कमी (Reduced Inequalities), न कि जलवायु कारवाई (गलत)।

(*c*) लक्ष्य 13 : जलवायु कारवाई (Climate Action), न कि असमानता कम करना (गलत)।

(*d*) लक्ष्य 14 : जल के नीचे जीवन (Life Below Water) (सही)।

(*e*) लक्ष्य 15 : भूमि पर जीवन (Life on Land) (सही)।

इसलिए (*a*), (*d*), (*e*) सही मेल बनते है।

65. (B): कालक्रम अनुसार महान अर्थशास्त्रियों के योगदानः

(*c*) एड्म स्मिथः वेल्थ ऑफ नेशंस (1776) तथा विकास के सिद्धांत 18वीं शताब्दी।

(*b*) जे.एम. कीन्सः जनरल थ्योरी (1936)

(*e*) राबर्ट एम. सोलोः विकास मॉडल (1956)

(*a*) ए.डब्ल्यू. फिलिप्सः फिलिप्स वक्र (1958)

(*d*) जॉन एफ. मथः तार्किक प्रत्याशा (Rational Expectations (1961)।

अतः (*c*), (*b*), (*e*), (*a*), (*d*) सही क्रम है।

66. (D): नीति आयोग द्वारा जारी ऊर्जा दक्षता सूचकांक 2023 में विभिन्न राज्यों का मूल्यांकन ऊर्जा दक्षता की दिशा में किए गए प्रयासों, नीतियों के कार्यान्वयन,

ऊर्जा बचत परिणामों आदि के आधार पर किया गया था। इस सूचकांक में कर्नाटक के उच्च अंक अर्जित कर शीर्ष स्थान प्राप्त किया। कर्नाटक ने ऊर्जा संरक्षण कानूनों का प्रभावी क्रियान्वयन, ऊर्जा ऑडिट, अक्षय ऊर्जा के अधिकतम उपयोग और उद्योगों में ऊर्जा दक्षता बढाने वाली नीतियों से अपने प्रदर्शन में उल्लेखनीय सुधार किया। इस परिणाम ने दर्शाया कि कर्नाटक ने ऊर्जा दक्षता के विभिन्न मापदंडों पर अन्य राज्यों की तुलना में बेहतर कार्य किया है।

67. (*)

68. (A): विकासशील देशों की व्यापार शर्तों (Terms of Trade) की चिरंतन विकृति (Deterioration) को समझाने में "प्रेबिश-सिंगर परिकल्पना" प्रसिद्ध है, जिसमें राउल प्रेबिश (*d*) और हंस सिंगर (*b*) ने दलील दी कि समय के साथ प्राथमिक वस्तुओं के मुकाबले विनिर्मित वस्तुओं के सापेक्ष मूल्य गिरते हैं, जिससे विकासशील देशों का TOT खराब होता जाता है। जगदीश भगवती (*e*) ने भी "इमिसराइजिंग ग्रोथ" जैसे सिद्धांतों के माध्यम से दिखाया कि कुछ परिस्थितियों में व्यापार वृद्धि से भी किसी देश की कल्याण स्थिति घट सकती है। जे.एस. मिल (*a*) और एड्म स्मिथ (*c*) इस विशिष्ट TOT खराबी सिद्धांत से प्रत्यक्ष रूप से नहीं जुड़े हैं।

अतः (*b*), (*d*), (*e*) सही हैं।

69. (A): एकल नमूना *t*-परीक्षण (Single Samle *t*-Test) में जब जनसंख्या का असैात (μ) अज्ञात हो और जनसंख्या का मानक विचलन (σ) भी अज्ञात हो, तब हम नमूना माध्य $\bar{x}$ और नमूना का मानक विचलन s' का प्रयोग करते हैं।

परिकल्पना $H_0 : \mu = \mu_0$

t-परीक्षण की सांख्यिकी (Test Statistic) निम्नानुसार परिभाषित होती है:

$$t = \frac{\bar{x} - \mu_0}{s'/\sqrt{n}}$$

जहाँ s' नमूने से व्युत्पन्न मानक विचलन का अनुमान है और n नमूने का आकार।

इस परीक्षण में स्वतंत्रता की डिग्री (Degrees of Freedom) $n - 1$ होती है, क्योंकि हम नमूना मानक विचलन से σ का अनुमान लगाते हैं।

विकल्प (A) में यही सूत्र दिया गया है:

$$t_{n-1} = \frac{\bar{x} - \mu_0}{s'/\sqrt{n}}$$

विकल्प (B) में $\sqrt{n-1}$ का प्रयोग गलत है, स्टैण्डर्ड फॉर्म नहीं है।

विकल्प (C) में t_n लिखा है, जबकि डिग्री ऑफ फ्रीडम $n - 1$ होनी चाहिए, तथा यह मानक *t*-परीक्षण से मेल नहीं खाता।

विकल्प (D) में s' से भाग देकर $\sqrt{n}$ के स्थान पर n का प्रयोग गलत है, क्योंकि मानक त्रुटि $s'/\sqrt{n}$ होती है, न कि s'/n।

अतः सही मानक *t*-परीक्षण सूत्र विकल्प (A) में प्रदर्शित किया गया है।

70. (C): यू.एन.एफ.सी.सी.सी. (NFCCC) की हरित जलवायु निधि (Green Climate Fund) ने अनुकूलन (Adaptation) और उपशमन (Mitigation) प्रयासों के बीच वित्तीय आबंटन में संतुलन बनाने का लक्ष्य रखा है। यह लक्ष्य अनुकूलन और उपशमन हेतु वित्त को समान अनुपात में, अर्थात् 50:50, उपलब्ध कराने का है। इससे आशय है कि कम से कम आधा वित्त उन कार्यों में जाए जो जलवायु परिवर्तन के प्रभावों से निपटने के लिए देश की क्षमता बढ़ाते हैं (अनुकूलन), और आधा वित्त उन गतिविधियों में लगाया जाए जो ग्रीनहाउस गैस उत्सर्जन को कम करने (उपशमन) पर केंद्रित हैं। यह लक्ष्य विकासशील देशों के लिए जलवायु परिवर्तन के विविध आयामों से जूझने में संतुलित सहयोग प्रदान करने की भावना को दर्शाता है।

71. (*)

72. (A): (*b*) साधन कीमत समतुल्यकरण सिद्धांत (Factor Price Equalization Theorem) लगभग 1948 के आसपास सैम्युलसन ने प्रतिपादित किया, यह हेक्स्शर-ओहलिन मॉडल का एक प्रमुख निष्कर्ष है।

(*d*) लियोंटिफ विरोधाभास (Leontief Paradox) 1953 में वासिली लियोंटिफ द्वारा खोजा गया, जो हेक्स्शर-ओहलिन सिद्धांत के व्यावहारिक अनुप्रयोग पर प्रश्नचिह्न लगाता है।

(*a*) अंतर्लयन (Absorption) उपागम सिडनी एलेक्जेंडर ने 1950 के दशक के मध्य में भुगतान संतुलन विश्लेषण के लिए प्रस्तुत किया।

(*e*) इमिसराइजिंग ग्रोथ सिद्धांत (Immiserizing Growth) जगदीश भगवती ने 1958 में प्रतिपादित किया, जिसमें कुछ परिस्थितियों में व्यापार विस्तार से भी कल्याण ह्रास हो सकता है।

(*c*) अन्योन्य पाटन मॉडल (Reciprocal Dumping Model) ब्रैंडर और क्रूगमैन ने 1980 के दशक (1983) में विकसित किया।

कालानुक्रमः (*b*) 1948, (*d*) 1953, (*a*) 1950s, (*e*) 1958, (*c*) 1980s

विकल्प (A) में यही क्रम मिलता है।

73. (C): भारत में प्रथम कृषि जनगणना कृषि वर्ष 1970-71 के दौरान की गई थी। इसका उद्देश्य कृषि जोतों (होल्डिंग्स) के आकार, वितरण, स्वामित्व और खेती की स्थिति पर आँकड़े एकत्रित करना था, ताकि नीति निर्धारण और कृषि क्षेत्र में संसाधन आवंटन को बेहतर बनाया जा सके। प्रथम कृषि जनगणना ने कृषि संरचना को समझने का आधार प्रदान किया।

74. (A): 'प्रदर्शन प्रभाव' (Demonstration Effect) का उल्लेख सर्वप्रथम जैम्स ड्यूसेनबेरी ने किया। ड्यूसेनबेरी ने उपभोग व्यवहार पर सामाजिक तुलना का प्रभाव समझाया, अर्थात् व्यक्ति अपना उपभोग स्तर आसपास के लोगों के उपभोग स्तर से प्रभावित होकर तय करते हैं। इससे उपभोक्ताओं की इच्छा और आदतें सामाजिक संदर्भ पर निर्भर हो जाती हैं।

75. (B): (*b*) व्यापार और टैरिफ संबंधी सामान्य करार (GATT) 1947 में अस्तित्व में आया।

(*e*) नाबार्ड (NABARD) की स्थापना 1982 में हुई।

(*c*) भारत की नई आर्थिक नीति (NEP) 1991 में लागू की गई, जिसने उदारीकरण, निजीकरण और वैश्वीकरण पर जोर दिया।

(*a*) विश्व व्यापार संगठन (WTO) 1995 में अस्तित्व में आया, जो GATT को प्रतिस्थापित करते हुए वैश्विक व्यापार का नियमन करता है।

(*d*) माल और सेवा कर (GST) भारत में 2017 में लागू हुआ।

कालक्रमः (*b*) GATT (1947), (*e*) NABARD (1982), (*c*) NEP (1991), (*a*) WTO (1995), (*d*) GST (2017)

विकल्प (B) यही क्रम दर्शाता है।

76. (A): (*a*) श्रम-पूंजी अनुपात (*iii*) प्रति इकाई पूँजी पर प्रयुक्त श्रम की मात्रा को दर्शाता है।

(*b*) श्रम गहन वस्तु (*ii*) वह वस्तु जिसमें पूँजी-श्रम अनुपात कम हो, अर्थात् तुलनात्मक रूप से अधिक श्रम का प्रयोग।

(*c*) मूल्य का श्रम सिद्धांत (*i*) वस्तु की कीमत अनन्य रूप सें उसमें निहित श्रम मात्रा पर निर्भर।

(*d*) श्रम बचत तकनीकी प्रगति (*iv*) वह तकनीक जो श्रम की तुलना में पूँजी की उत्पादकता को अनुपातिक रूप से अधिक बढ़ाती है।

विकल्प (A) सही है।

77. (A): मानव विकास रिपोर्ट (Human Development Report) 2023-24 में मानव विकास सूचकांक (HDI) के आधार पर देशों को चार मुख्य श्रेणियों में विभाजित किया गया है:

- **बहुत अधिक मानव विकासः** इस श्रेणी में ऐसे देश शामिल हैं जिनका मानव विकास सूचकांक 0.800

या उसस अधिक है। ये देश उच्च शिक्षा, स्वास्थ्य सेवाएं और उच्च जीवन स्तर के लिए जाने जाते हैं। उदाहरण के लिए: नॉर्वे, स्विट्जरलैंड, आयरलैंड, जर्मनी आदि।

- **अधिक मानव विकासः** इस श्रेणी में ऐसे देश शामिल हैं जिनका मानव विकास सूचकांका 0.700 से 0.799 के बीच है। ये देश शिक्षा, स्वास्थ्य और जीवन स्तर में बहुत अच्छे प्रदर्शन करते हैं लेकिन "बहुत अधिक" श्रेणी में नहीं आते। उदाहरण के लिए: ब्राजील, चीन, मैक्सिको, तुर्की आदि।
- **मध्यम मानव विकासः** इस श्रेणी में ऐसे देश शामिल हैं जिनका मानव विकास सूचकांक 0.550 से 0.699 के बीच है। इनमें शिक्षा, स्वास्थ्य सेवाओं और जीवन स्तर के मध्यम प्रदर्शन वाले देश आते हैं। उदाहरण के लिए: भारत, भूटान, बांग्लादेश, केन्या आदि।
- **अल्प मानव विकासः** इस श्रेणी में ऐसे देश शामिल हैं जिनका मानव विकास सूचकांक 0.550 से कम है। इन देशों में शिक्षा, स्वास्थ्य सेवाओं और जीवन स्तर में सुधार की काफी संभावनाएँ हैं। उदाहरण के लिए: अफगानिस्तान, नाइजर, यमन, मोजाम्बिक आदि।

मानव विकास सूचकांक का उद्देश्य विभिन्न देशों में नागरिकों की जीवन गुणवत्ता को मापता

78. (C): सह-समाकलन (Cointegration) की जाँच के लिए एंजेल-ग्रेंजर (Engle-Granger) परीक्षण एक प्रमुख विधि है। यह परीक्षण जाँचता है कि दो या अधिक समय श्रृंखलाओं के बीच दीर्घकालीन संतुलन संबंध मौजूद है या नहीं। यदि चर सह-समाकलित हैं, तो उनके बीच सामयिक विचलन भले ही हो, परंतु दीर्घकाल में वे एक निश्चित संबंध बनाए रखते हैं।

79. (A): (*a*) मांट्रियल प्रोटोकॉल (*ii*) (1987) क्लोरोफ्लोरोकार्बन (CFC) जैसे ओजोन ह्रासक पदार्थों के नियंत्रण पर केंद्रित है।

(*b*) Cop-28 (Conference of Parties) (*iii*) जलवायु परिवर्तन सम्मेलन से सम्बद्ध है।

(*c*) Rio+20 (*iv*) (2012) का मुख्य बिन्दु सतत् विकास था।

(*d*) स्वीकार करने की इच्छा (Willingness to accept) (*i*) आकस्मिक मूल्य निर्धारण पद्धति (Contingent Valuation Method)से जुड़ी है।

विकल्प (A) यही क्रम दर्शाता है।

80. (A): निर्दिष्ट खेल में खिलाड़ियों के लिए दिए गए रणनीति विकल्प A_1. A_2, A_3 (पंक्तियाँ) और B_1, B_2, B_3 (स्तंभ) हैं, तथा प्रत्येक कोष्ठ में (पंक्ति खिलाड़ी का प्रतिफल, स्तंभ खिलाड़ी का प्रतिफल) दिया गया है।

नैश संतुलन (Nash Equilibrium) वह बिंदु है जहाँ दोनों खिलाड़ी किसी भी एकतरफा विचलन से अपना लाभ नहीं बढ़ा सकते।

(A_3, B_2) पर मिलने वाले प्रतिफल (4, 4) दिए गए हैं।

A_3 रणनीति को देखते हुए B के लिए B_2 सर्वश्रेष्ठ प्रतिक्रिया होनी चाहिए। यदि हम A_3 पंक्ति देखते हैं:

$$A_3B_1 = (5, 2)$$
$$A_3B_2 = (4, 4)$$
$$A_3B_3 = (3, 1)$$

B_3 पर B को 1 मिलता है, B_1 पर 2 मिलता है और B_2 पर 4 मिलता है, अतः B_2 B के लिए सर्वश्रेष्ठ है अगर A3 चुना गया हो।

अब B_2 स्तंभ देखते हैं:

$$A_1B_2 = (2, 1)$$
$$A_2B_2 = (3, 2)$$
$$A_3B_2 = (4, 4)$$

A जब B_2 को निश्चित मान ले, तो A_1 पर 2 मिलते हैं, A_2 पर 3 मिलते हैं और A_3 पर 4 मिलते हैं। A के लिए B_2 चुनने पर A_3 सर्वश्रेष्ठ प्रतिक्रिया है।

इस प्रकार (A_3, B_2) युग्म पर दोनों खिलाड़ी एक-दूसरे की रणनीति को जानकर भी अपना निर्णय नहीं बदलेंगे, क्योंकि दोनों सर्वोत्तम प्रतिक्रिया की स्थिति में हैं। यह स्थिति नैश संतुलन को परिभाषित करती है।

अतः परिणाम (4, 4) तथा युग्म (A_3, B_2) ही नैश संतुलन है।

अतः सही उत्तर विकल्प (A) है।

81. (A): (b) सीमांत लागत अनुसूची को कुल लागत या कुल परिवर्तनशील लागत के क्रमिक मानों को घटा कर प्राप्त किया जाता है। यह कथन सही है क्योंकि सीमांत लागत (Marginal Cost) को कुल लागत (Total Cost) या कुल परिवर्तनशील लागत (Total Variable Cost) के अंतरालों से प्राप्त किया जाता है।

(*d*) सीमांत लागत वक्र के नीचे का क्षेत्र कुल लागत के बराबर होता है। यह कथन सही है। सीमांत लागत वक्र (Marginal Cost Curve) के नीचे का क्षेत्र कुल लागत (Total Cost) के बराबर होता है।

(*e*) औसत परिवर्तनशील लागत, औसत लागत तथा औसत स्थिर लागत के अंतर के बराबर होती है। यह कथन सही है। औसत परिवर्तनशील (Average Variable Cost) औसत लागत (Average Cost) और औसत स्थिर लागत (Average Fixed Cost) के अंतर के बराबर होती है।

सही उत्तर (A) केवल (*b*), (*d*), (*e*) है।

82. (B): उच्च किंतु पूर्ण बहुसरेखता नहीं होने पर प्रतिगमन गुणांक का अनुमान अस्थिर हो सकता है, मानक त्रुटियाँ बड़ी हो सकती हैं, जिसके कारण विश्वास अंतराल (Confidence Interval) विस्तृत हो जाते हैं। R^2 अभी भी ऊँचा हो सकता है क्योंकि व्याख्यात्मक चर आंशिक रूप से एक-दूसरे की व्याख्या करते हैं। हालांकि, बहुसरेखिता होने पर प्रायः सभी गुणांक सांख्यिकीय रूप से महत्वपूर्ण नहीं होते, बल्कि उनमें से कई गैर-महत्वपूर्ण हो सकते हैं। साथ ही BLUE संपत्ति (Best Linear Unbiased Estimator) OLS अनुमान के लिए बनी रहती है, बशर्ते प्रतिरूप की अन्य शर्तें पूरी हों। अतः ''लगभग सभी अनुमान सांख्यिकीय दृष्टि से महत्वपूर्ण'' यह कथन ऐसा है जो बहुसरेखिता की उपस्थिति में आमतौर पर गलत है।

83. (D): (*c*) प्रदूषण कर (Pigouvian Tax) आर्थर पिगू के सुझाया था, यह सत्य है।

(*d*) जनसंख्या वृद्धि एक चरण के बाद संसाधन की सीमाओं के कारण लाजिस्टिक वितरण वक्र (S-Shaped) की ओर उन्मुख हो जाती है, यह भी सत्य है।

अन्य कथन असत्य हैं।

84. (A): कालक्रम में अधिनियम:

(*e*) क्षेत्रीय ग्रामीण बैंक अधिनियम (RRB Act) 1976 में पारित हुआ।

(*b*) भारतीय निर्यात आयात बैंक (Exim Bank) की स्थापना 1981 में हुई।

(*a*) चिट फंड अधिनियम 1982 में पारित हुआ।

(*d*) राष्ट्रीय आवासन बैंक अधिनियम (NHB Act) 1987 में पारित हुआ।

(*c*) धन शोधन निवारण अधिनियम (PMLA) 2002 में पारित हुआ।

सही कालक्रमः (*e*) 1976, (*b*) 1981, (*a*) 1982, (*d*) 1987, (*c*) 2002।

85. (A)

86. (C): सही कथन है:

(*a*) त्वरक मॉडल के अनुसार, निवेश माँग GDP में परिवर्तन के अनुपात में होती है। यदि GDP बढ़ती है तो निवेश उससे अनुपातिक रूप से बढ़ता है।

(*c*) वास्तविक ब्याज दर जितनी अधिक होगी, पूँजी की किराया दर भी उतनी अधिक होगी, क्योंकि पूँजी की लागत बढ़ जाएगी।

87. (D): मौद्रिक नीति के उपकरण वे हैं जिनसे केंद्रीय बैंक मुद्रा की आपूर्ति और ब्याज दरों को प्रभावित करता है। नकद आरक्षित अनुपात (CRR), मुक्त बाजार संचालन (Open Market Operations), बैंक दर और रेपो दर जैसे उपकरण मौद्रिक नीतिकर्ता के हाथ में होते हैं।

कर दर (Tax Rate) राजकोषीय नीति का उपकरण है, मौद्रिक नीति का नहीं। अतः (D) सही उत्तर है।

88. (D): नवजात शिशु मृत्यु दर की परिभाषा के अनुसार जन्म के बाद प्रथम 28 दिन पूरे होने से पहले हुई मृत्यु को नवजात मृत्यु कहते हैं। यह स्वास्थ्य सेवाओं की उपलब्धता, मातृ पोषण और प्रसव पूर्व देखभाल की गुणवत्ता का एक महत्वपूर्ण संकेतक है।

89. (A): कालक्रमः

(*c*) द्वितीय पंचवर्षीय योजना 1956 में आरंभ।

(*b*) भारत में बैंकों का राष्ट्रीयकरण प्रथम चरण 1969 में।

(*e*) भारतीय निर्यात-आयात बैंक (Exim Bank) की स्थापना 1982 में।

(*d*) भारतीय लघु उद्योग विकास बैंक (SIDBI) की स्थापना 1990 में।

(*a*) FRBM अधिनियम 2003 मे।

क्रमः (*c*) 1956, (*b*) 1969, (*e*) 1982, (*d*) 1990, (*a*) 2003।

90. (A): कार्यदक्षता मजदूरी सिद्धांत (Efficinecy Wage Theory) जैनेट येलेन और जोसेफ स्टिग्लिट्ज सहित कुछ आधुनिक अर्थशास्त्रियों ने विकसित किया। इस सिद्धांत के अनुसार यदि फर्में मजदूरों को अधिक (कार्यदक्षता मजदूरी) का भुगतान करती हैं, तो श्रमिकों की उत्पादकता, स्वास्थ्य, प्रेरणा एवं निष्ठा बढ़ती है और इससे कुल लागतों में कमी अथवा कुल उत्पादन में वृद्धि हो सकती है।

91. (A): आकृति में दिखाया गया है कि एकाधिकार के अंतर्गत उत्पादित मात्रा (Q_m) प्रतिस्पर्धी उत्पादन मात्रा (Q_c) से कम होती है। यदि हम पर्यावरणीय प्रभाव को मात्रात्मक उत्पादन से जोड़ें, तो अधिक उत्पादन का अर्थ अधिक संसाधनों का दोहन, अधिक अपशिष्ट, अधिक प्रदूषण हो सकता है। अतः कम उत्पादन वाली परिस्थिति (एकाधिकार) तुलनात्मक रूप से कम पर्यावरणीय क्षति पहुँचा सकती है। इस प्रकार, एकाधिकार उत्पादन, जो Q_m है और Q_c से छोटा है, अपेक्षाकृत कम संसाधनों का उपयोग करेगा और कम अपशिष्ट उत्पन्न करेगा। अतः एकाधिकार उत्पादन अपेक्षाकृत अधिक पर्यावरण अनुकूल माना जा सकता है।

92. (B): उच्चतर कीमत (P_c से P_m) के कारण उत्पादक को अतिरिक्त लाभ (उत्पादक अधिशेष) प्राप्त होता है। उपभोक्ता से उत्पादक को स्थानांतरित होने वाला अधिशेष मुख्यतः क्षेत्र A द्वारा दर्शाया जाता है। किन्तु कम उत्पादन के कारण उत्पादक कुछ संभावित लाभ (जो अधिक मात्रा बेचने से प्राप्त होता) खो देता है, इसे क्षेत्र C द्वारा दर्शाया गया है। अतः उत्पादक को जो शुद्ध लाभ प्राप्त होता है, वह A (उपभोक्ता से उत्पादक की ओर गया लाभ) से C (कम उत्पादन के कारण खोया गया संभावित लाभ) को घटाने पर मिलता है। अतः उत्पादक लाभ = A – C।

93. (B): जब कीमत P_c से बढ़ाकर P_m की जाती है, उपभोक्ता अधिशेष में कमी आती है। उपभोक्ता अधिशेष की हानि दो भागों में बँटी होती हैः

1. A क्षेत्रः वह भाग जो अब उत्पादक अधिशेष के रूप में उत्पादक को स्थानांतरित हो जाता है।
2. B क्षेत्रः वह भाग जो मृतभार हानि (Deadweight Loss) का हिस्सा बन जाता है, पर उत्पादक को नहीं मिलता।

C भाग उत्पादक की हानि से संबंधित था, न कि उपभोक्ता के सीधे नुकसान से। उपभोक्ता का कुल घाटा A और B दोनों क्षेत्रों का योग है।

94. (D): एकाधिकार शक्ति के कारण अर्थव्यवस्था में एक मृतभार हानि (Deadweight Loss) उत्पन्न होती है। यह वह हानि है जो न तो उपभोक्ता को मिलती है और न ही उत्पादक को, बल्कि कुल सामाजिक कल्याण से बाहर हो जाती है। चित्र में मृतभार हानि दो त्रिभुजों B और C द्वारा दर्शाई गई है। अतः कुल भार घाटा = B + C।

95. (C): उच्चतर कीमत लगाने से उत्पादक को A नामक भाग का अधिशेष मिलता है, जो मूलतः उपभोक्ता से स्थानांतरित हुआ अतिरिक्त भुगतान है। परंतु, कम

उत्पादन ($Q_m < Q_c$) के कारण उत्पादक कुछ संभावित लाभ खो देता है, जिसे C नामक भाग दर्शाता है। इस प्रकार उत्पादक को A लाभ मिलता है, लेकिन साथ ही उतना ही C के बराबर घाटा भी होता है। परिणामतः शुद्ध परिवर्तन A – C होता है। इस विश्लेषण के अनुरूप सही विकल्प वह है जिसमें उत्पादक को लाभ A के रूप में और घाटा C के रूप में प्रदर्शित किया गया है।

96. (C): दिए गए आँकड़ों के अनुसार प्राप्तियाँ, व्यय, सकल घरेलू उत्पाद (GDP), और चालू खाते का घाटा (CAD) ज्ञात हैं। यहाँ द्वियुग्म घाटा (Twin Deficit) से अभिप्राय राजकोषीय घाटा (Fiscal Deficit) और चालू खाते के घाटे (Current Account Deficit) के योग से है।

सबसे पहले राजकोषीय घाटा निकालना आवश्यक है। कुल प्राप्तियाँ 400 करोड़ रुपये (राजस्व 250 करोड़ + पूँजीगत 150 करोड़) और कुल व्यय 400 करोड़ रुपये (राजस्व व्यय 300 करोड़ + पूँजीगत व्यय 100 करोड़) है। परंतु पूँजीगत प्राप्तियों में 100 करोड़ रुपये उधारियों और अन्य देयताओं के रूप में शामिल हैं, जो राजकोषीय घाटा दर्शाती हैं, क्योंकि अगर इन्हें हटाया जाए तो बिना ऋण के कुल प्राप्तियाँ 300 करोड़ (250 राजस्व + 50 पूँजी का अन्य भाग) ही हैं और कुल व्यय 400 करोड़ हैं, अतः 100 करोड़ का अंतर उधारी द्वारा पूरा किया गया, जो कि राजकोषीय घाटा है।

चालू खाते का घाटा (CAD) = 50 करोड़ रुपये दिया हुआ है।

द्वियुग्म घाटा = राजकोषीय घाटा + चालू खाते का घाटा

= 100 + 50

= 150 करोड़ रुपये

GDP = 2000 करोड़ रुपये

द्वियुग्म घाटा/GDP × 100

= (150/2000) × 100

= 7.5%।

97. (D): प्राथमिक घाटा (Primary Deficit)

= राजकोषीय घाटा – ब्याज अदायगी

ऊपर से राजकोषीय घाटा = 100 करोड़ रुपये।

ब्याज अदायगी = 90 करोड़ रुपये।

प्राथमिक घाटा = 100 – 90 = 10 करोड़ रुपये

GDP = 2000 करोड़ रुपये

प्राथमिक घाटा/GDP ×100

= (10/2000) × 100 = 0.5%।

98. (C): प्रभावी राजस्व घाटा (Effective Revenue Deficit) = राजस्व घाटा – पूँजीगत परिसंपत्ति निर्माण हेतु अनुदान।

राजस्व घाटा = राजस्व व्यय – राजस्व प्राप्ति

= 300 – 250

= 50 करोड़ रुपये।

पूँजीगत परिसंपत्ति निर्माण हेतु अनुदान = 20 करोड़ रुपये।

प्रभावी राजस्व घाटा = 50 – 20

= 30 करोड़ रुपये

GDP = 2000 करोड़ रुपये

(30/2000) × 100 = 1.5%।

99. (A): राजकोषीय घाटा पहले ही ज्ञात किया जा चुका है = 100 करोड़ रुपये।

GDP = 2000 करोड़ रुपये।

राजकोषीय घाटा प्रतिशत (FD/GDP × 100)

= (100/2000) × 100

= 5%.

100. (A): राजस्व घाटा = राजस्व व्यय – राजस्व प्राप्ति

= 300 – 250 = 50 करोड़ रुपये

GDP = 2000 करोड़ रुपये

राजस्व घाटा/GDP × 100

= (50/2000) × 100

= 2.5%.

यूनिट-I : व्यष्टि आर्थिक विश्लेषण

1.1 : मांग का सिद्धान्त
1.2 : उत्पादन का सिद्धान्त
1.3 : लागत का सिद्धान्त
1.4 : कल्याणकारी अर्थशास्त्र

1.1

मांग का सिद्धान्त
(THEORY OF DEMAND)

मांग फलन (Demand Function)

किसी वस्तु की मांग पर बहुत से कारकों का प्रभाव पड़ता है। जैसे वस्तु की कीमत, व्यक्ति की आय, तथा सम्बन्धित वस्तुओं की कीमतें। वस्तु की मांग तथा इसकी मांग को प्रभावित करने वाले कारकों के बीच परस्पर सम्बन्ध स्थापित करने वाले फलन को **मांग फलन (Demand Function)** कहते हैं। इसको निम्न प्रकार से लिखा जा सकता है :

$$D_x = f(P_x, I, P_y, P_z)$$

जहाँ D_x = वस्तु X की मांग

P_x = वस्तु X की कीमत

I = व्यक्ति की आय

P_y, P_z = सम्बन्धित वस्तुओं की कीमतें

मांग का नियम (Law of Demand)

मांग का नियम वस्तु की कीमत तथा बाजार में मांग की गई उसकी मात्रा के बीच सम्बन्ध को व्यक्त करता है। इस नियम को इस प्रकार परिभाषित किया जा सकता है :

''यदि मांग को प्रभावित करने वाले अन्य कारक स्थिर रहें तो किसी वस्तु की मांग एवं उसकी कीमत के बीच विपरीत अथवा विलोम सम्बन्ध होता है। ऊंची कीमत पर वस्तु की कम मात्रा खरीदी जाती है और कम कीमत पर वस्तु की अधिक मात्रा को खरीदा जाता है, बशर्ते मांग के अन्य निर्धारक स्थिर रहें।''

मांग के नियम की परिभाषा करते समय हमने **''मांग को प्रभावित करने वाले अन्य कारक स्थिर रहें''** वाक्य का प्रयोग किया है। जिसका अर्थ यह है कि मांग का नियम तभी क्रियाशील होता है जब—*(i)* लोगों की आय यथास्थिर रहती है, *(ii)* लोगों के स्वाद में कोई परिवर्तन नहीं होता, *(iii)* अन्य सम्बन्धित वस्तुओं की कीमतें यथास्थिर रहती हैं, *(iv)* विचाराधीन वस्तु का कोई स्थानापन्न (Substitute) उपलब्ध नहीं है, *(v)* लोगों को इस बारे में तनिक भी आशंका नहीं है कि आगे चलकर वस्तु की कीमत में कोई परिवर्तन होने वाला है। यदि उपर्युक्त मान्यताओं में किसी भी प्रकार का परिवर्तन होता है तो इससे मांग के नियम की क्रियाशीलता समाप्त हो जाती है।

मांग अनुसूची एवं मांग वक्र (Demand Schedule and Demand Curve)

मांग अनुसूची से अभिप्राय किसी वस्तु की उन विभिन्न मात्राओं की सूची से है, जिन्हें एक व्यक्तिगत उपभोक्ता बाजार में प्रचलित विभिन्न वैकल्पिक कीमतों पर खरीदता है। किसी व्यक्तिगत उपभोक्ता की चीनी के लिए काल्पनिक मांग अनुसूची को निम्न सारणी द्वारा दिखाया गया है—

सारणी : व्यक्तिगत मांग अनुसूची
(Individual Demand Schedule)

चीनी की कीमत (रु. प्रति किलोग्राम)	*चीनी की मांग की मात्रा (किलोग्राम में)*
10	7
20	6
30	5
40	4
50	3
60	2

ऊपर की सारणी में चीनी की विभिन्न कीमतों पर उपभोक्ताओं द्वारा चीनी की मांगी गई मात्रा को दिखाया गया है। इस मांग अनुसूची के आधार पर व्यक्तिगत उपभोक्ता के मांग वक्र को खींच सकते हैं। जिसे निम्न रेखा चित्र में दिखाया गया है—

इस रेखाचित्र में DD वक्र उपभोक्ता का मांग वक्र है। यह वक्र उपभोक्ता की चीनी की मांग और उसकी कीमत के बीच के

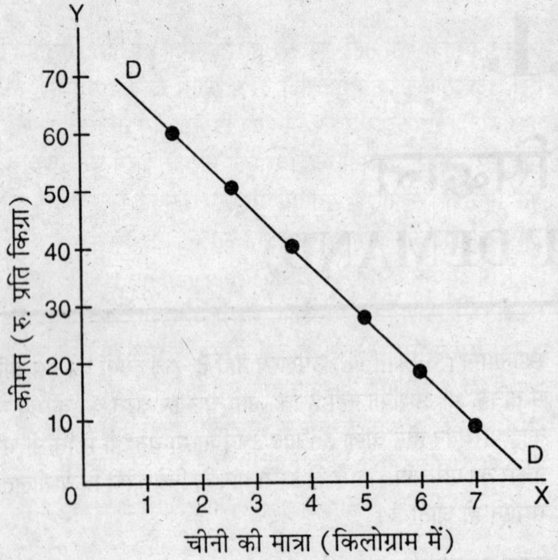

सम्बन्ध को व्यक्त करता है। रेखाचित्र से स्पष्ट है कि जैसे-जैसे चीनी की कीमत घटती है वैसे-वैसे उपभोक्ता द्वारा चीनी की मांग बढ़ती जाती है।

बाजार मांग अनुसूची (Market Demand Schedule)

व्यक्तिगत मांग-अनुसूची (Individual Demand Schedule) के आधार पर हम बाजार मांग अनुसूची का निर्माण कर सकते हैं। **बाजार मांग अनुसूची वास्तव में व्यक्तिगत मांग अनुसूचियों का जोड़ होता है।**

मान लीजिए, हम चार उपभोक्ताओं (A, B, C, D) के सन्दर्भ में संतरों की कीमत और संतरों की मांग का अध्ययन कर रहे हैं। विभिन्न कीमतों पर संतरे की मांग नीचे की सारणी में प्रदर्शित की गई है। यदि विभिन्न उपभोक्ताओं द्वारा विभिन्न कीमतों पर संतरों की मांग का योग कर लिया जाए तो हमें बाजार मांग अनुसूची प्राप्त हो सकती है। इस प्रकार की **बाजार मांग अनुसूची** (Market Demand Schedule) नीचे दी गई है—

सारणी : बाजार मांग अनुसूची

संतरों की कीमत (रुपए में)	*विभिन्न उपभोक्तओं द्वारा संतरों की मांग (दर्जनों में)*				*संतरों की कुल मांग (दर्जनों में)*
	A	*B*	*C*	*D*	
12	4	6	8	7	25
16	3	4	6	5	18
20	2	3	4	3	12
24	1	2	3	2	8

बाजार मांग वक्र (Market Demand Curve)

व्यक्तिगत मांग-वक्रों का **क्षैतिज जोड़** (Horizontal Summation) करके बाजार मांग वक्र को प्राप्त किया जा सकता है जैसा कि रेखाचित्र में दिखाया गया है। सुविधा के लिए हमने रेखाचित्र मे केवल दो उपभोक्ताओं के मांग वक्रों को लिया है। D_1 उपभोक्ता A का तथा D_2 उपभोक्ता B का मांग वक्र है। दोनों व्यक्तिगत मांग वक्र D_1 और D_2 का **क्षैतिज जोड़** लेकर हमने D_m या बाजार मांग वक्र को चित्रित किया है। रेखाचित्र में दिखाया गया है कि संतरे की कीमत 24 रुपए प्रति दर्जन होने पर उपभोक्ता A द्वारा 4 दर्जन तथा उपभोक्ता B द्वारा 4 दर्जन संतरे खरीदे जाते हैं। अत: 24 रुपए प्रति दर्जन संतरे की बाजार में कुल मांग 8 दर्जन होगी।

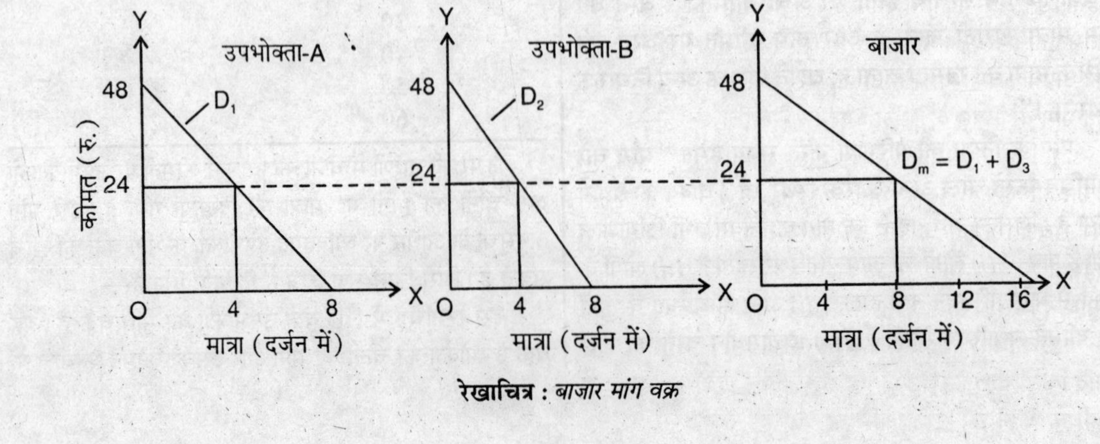

रेखाचित्र : *बाजार मांग वक्र*

मांग के प्रकार (Types of Demand)

मांग तीन प्रकार की होती है—

(क) कीमत मांग (Price Demand)

(ख) आय मांग (Income Demand)

(ग) प्रत्युत्तर मांग (Cross Demand)

(क) कीमत मांग : कीमत मांग से अभिप्राय वस्तु की उन विभिन्न मात्राओं से है जो उपभोक्ताओं द्वारा विभिन्न कीमतों पर खरीदी जाती हैं, बशर्ते अन्य निर्धारक स्थिर रहते हैं। अन्य निर्धारकों में उपभोक्ता आय, उनके स्वाद तथा फैशन एवं अन्य सम्बन्धित वस्तुओं की कीमतें सम्मिलित हैं। ये सब यथास्थिर (Constant) रहनी चाहिए।

(ख) आय मांग : आय मांग से अभिप्राय वस्तु की उन विभिन्न मात्राओं से है जो आय के विभिन्न स्तरों पर उपभोक्ताओं द्वारा खरीदी जाती हैं, बशर्ते अन्य कारक यथास्थिर (Constant) रहते हों।

(ग) प्रत्युत्तर मांग : प्रत्युत्तर मांग से अभिप्राय किसी वस्तु की उन विभिन्न मात्राओं से होता है जिन्हें उपभोक्ता किसी अन्य सम्बन्धित वस्तु की विभिन्न कीमतों पर खरीदता है, बशर्ते अन्य कारक यथास्थिर रहते हों। **इस प्रकार प्रत्युत्तर मांग किसी वस्तु की मांग तथा दूसरी किसी अन्य सम्बन्धित वस्तु की कीमत के बीच सम्बन्ध स्थापित करता है।**

मांग के नियम के अपवाद (Exceptions to the Law of Demand)

आमतौर पर, ऊंची कीमत पर वस्तु की मांग कम तथा कम कीमत पर वस्तु की मांग अधिक होती है। लेकिन कुछ परिस्थितियों में कीमत और मांग के बीच परस्पर विपरीत सम्बन्ध कायम नहीं रहता। इन अवस्थाओं में कीमत बढ़ने पर मांग बढ़ती है तथा कम कीमत होने पर मांग भी कम हो जाती है। इसको ही मांग के नियम का अपवाद कहा जाता है अर्थात मांग का नियम लागू नहीं होता है। मांग के नियम के प्रमुख अपवाद निम्नलिखित हैं—

1. गिफिन वस्तुएं (Giffen Goods) : गिफिन वस्तुएं विशेष प्रकार की निक्रिष्ट वस्तुएं (Inferior Goods) हैं जिनका नामकरण **सर राबर्ट गिफिन** के नाम पर किया गया है। इन वस्तुओं की कीमतों में वृद्धि होने पर इनकी मांग में भी वृद्धि होती है। इसे **गिफिन विरोधाभास** (Giffen Paradox) भी कहा जाता है।

2. कीमत वृद्धि की आशंका (Fear of rise in Prices): यदि किसी वस्तु की कीमत बढ़ रही है और भविष्य में इसके और अधिक बढ़ने की संभावना है तो बढ़ी हुई कीमत पर उपभोक्ता वस्तु की मात्रा कम नहीं, बल्कि अधिक मात्रा खरीदेंगे। इस प्रकार ऐसे उदाहरणों में कीमत-वृद्धि के परिणाम स्वरूप मांग में कमी नहीं होती। शेयर बाजार पर मांग का नियम लागू नहीं होता। शेयर बाजार में किसी कम्पनी के शेयरों की कीमतें बढ़ने पर उन शेयरों की मांग बढ़ जाती है क्योंकि सटोरिए इसकी कीमतों में और अधिक वृद्धि की आशा करने लगते हैं।

3. आपात कालीन स्थिति (Emergency) : आपातकालीन स्थिति जैसे, युद्ध, अकाल आदि में भी मांग का नियम लागू नहीं होता। ऐसे समय में वस्तुओं का अभाव उत्पन्न होने लगता है। उपभोक्ताओं को यह आशंका होने लगती है कि भविष्य में कहीं वस्तु बिल्कुल ही उपलब्ध न हो। इसलिए ऊंची कीमतों पर भी वे वस्तु की अधिक मात्रा में मांग करते हैं।

4. फैशन में परिवर्तन (Change in Fashion) : यह सिद्धान्त उन वस्तुओं पर लागू नहीं होता जो कि फैशन में नहीं रहती है। जिस प्रकार, यदि ऊंची एड़ी के जूते या चौड़ी टाइयों का फैशन नहीं रहता तो उन वस्तुओं की कीमतों में काफी कमी होने के बावजूद भी इनकी मांग में वृद्धि नहीं होगी।

5. मिथ्या आकर्षण (Conspicuous Consumption) : समाज में दिखावे के लिए या अधिक प्रतिष्ठा प्राप्त करने के लिए अमीर लोग ऐसी वस्तुओं को खरीदते हैं, जिनकी कीमत काफी अधिक होती है। जैसे बहुमूल्य मूर्तियों, हीरे, जवाहरात आदि की कीमत बढ़ने पर धनी लोग इनकी अधिक मात्रा में मांग करते हैं।

मांग में परिवर्तन (Change in Demand) तथा मांगी गई मात्रा में परिवर्तन अर्थात मांग में विस्तार तथा संकुचन (Change in Quantity Demanded, i.e., Expansion and Contraction of Demand)

मांग में परिवर्तन (Change in Demand) और मांगी गई मात्रा में परिवर्तन (Change in quantity demand) दोनों में अन्तर है। **मांगी गई मात्रा में परिवर्तन** मांग के नियम के साथ जुड़ा है। अन्य शब्दों में, कीमत में परिवर्तन वस्तु की मांगी गई मात्रा में परिवर्तन लाते हैं। इसके विपरीत, **मांग में परिवर्तन** [मांग में वृद्धि अथवा कमी—Increase or decrease in demand] कीमत परिवर्तनों के बिना ही हो जाता है। वास्तविकता यह है कि मांग में परिवर्तन का अध्ययन करते समय वस्तु की कीमत को स्थिर मान लिया जाता है। यदि उपभोक्ता की आय में परिवर्तन, रुचि (tastes) और फैशन में परिवर्तन के कारण वस्तु की मांग बदलती है तो इसे **'मांग में परिवर्तन'** (Change in demand) कहते हैं।

मांग में विस्तार या संकुचन (Expansion and Contraction of Demand)

जब वस्तु की कीमत में वृद्धि होने पर वस्तु की मांगी गई मात्रा में कमी होती है तो इसको **'मांग में संकुचन'** (Contraction of Demand) कहते हैं।

वस्तु की कीमत में कमी होने पर यदि वस्तु की मांगी गई मात्रा में वृद्धि होती है तो इसे **'मांग में विस्तार'** (Expansion of Demand) कहते हैं। इस प्रकार मांग में विस्तार तथा संकुचन वस्तु की कीमत में परिवर्तन से ही प्रभावित होता है। मांग के विस्तार एवं संकुचन में उपभोक्ता की मांग अनुसूची (Individual demand Schedule) नहीं बदलती है तथा वह एक ही मांग वक्र पर ऊपर या नीचे की ओर खिसकता है। मांग के विस्तार एवं संकुचन को **'एक ही मांग वक्र पर अन्तरण'** (Movement along the same demand curve) भी कहा जाता है। इसको हम एक चित्र की सहायता से निम्न प्रकार स्पष्ट कर सकते हैं—

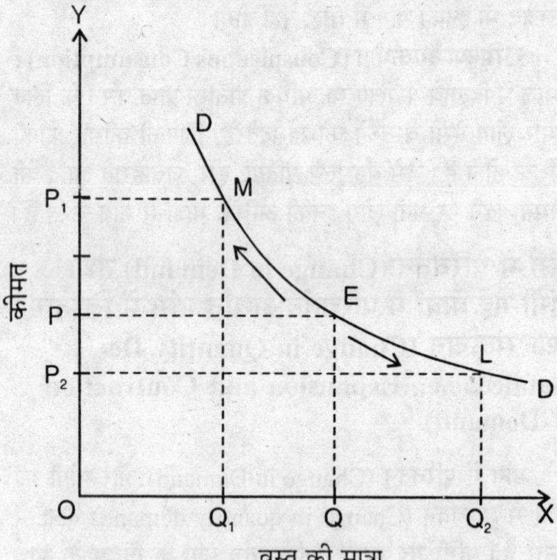

रेखाचित्र : *मांग में विस्तार तथा संकुचन का रेखाचित्र द्वारा स्पष्टीकरण*

उपरोक्त रेखाचित्र में आरंभिक कीमत PQ है तथा वस्तु की मांगी गई मात्रा OQ है। यदि कीमत कम होकर OP_2 हो जाती है तो वस्तु की मांगी गई मात्रा बढ़कर OQ_2 हो जाती है। मांग वक्र पर बिदु E से बिन्दु L की ओर चलन मांग के विस्तार को प्रदर्शित करता है। इसी तरह, यदि कीमत बढ़कर OP_1 हो जाती है तो वस्तु की मांगी गई मात्रा घटकर OQ_1 रह जाती है। मांग वक्र पर बिन्दु E से बिन्दु M की ओर चलन मांग के संकुचन को प्रदर्शित करता है।

मांग में वृद्धि तथा कमी (Increase and Decrease in Demand)

यदि वस्तु की कीमत में कोई परिवर्तन न हो, और उपभोक्ता की आय, फ़ैशन, रुचि (tastes), जनसंख्या आदि में परिवर्तन के कारण मांग में परिवर्तन (Change in demand) होते हैं, तो इसे मांग में वृद्धि या कमी कहा जाता है। इसको हम **'मांग वक्र का स्थानान्तरण'** (Shift of demand curve) भी कहते हैं। मांग की वृद्धि एवं कमी में उपभोक्ता की मांग अनुसूची (Demand Schedule) बदल जाती है, जिसके परिणामस्वरूप उपभोक्ता का मांग वक्र भी दाईं या बाईं ओर खिसक जाता है। मांग में वृद्धि हो हम निम्न रेखाचित्र की सहायता से स्पष्ट कर सकते हैं—

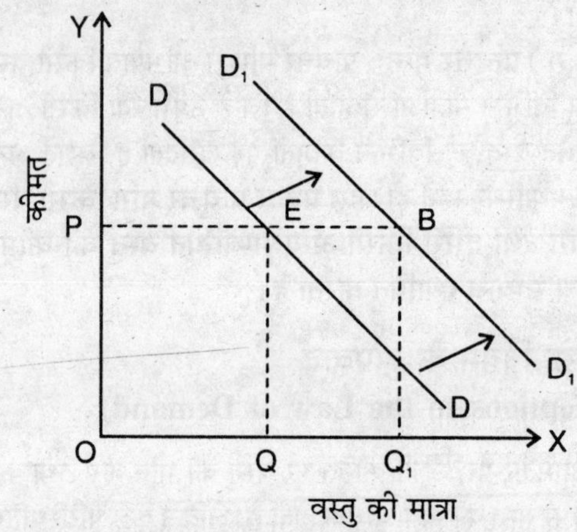

रेखाचित्र : *मांग वक्र का दायीं ओर खिसकना अर्थात मांग में वृद्धि*

उपरोक्त रेखाचित्र में उपभोक्ता का आरंभिक मांग वक्र DD है। उपभोक्ता OP कीमत पर वस्तु की OQ मात्रा खरीदता है। मान लीजिए कि उपभोक्ता की आय में वृद्धि हो जाती है जबकि कीमत समान रहती है। फलस्वरूप उपभोक्ता OP कीमत पर ही वस्तु की अधिक मात्रा अर्थात OQ_1 खरीदता है। उपभोक्ता का E बिन्दु से B बिन्दु की ओर खिसकना मांग में वृद्धि कहा जाएगा। इस प्रकार जब मांग में वृद्धि होती है तो समूचा मांग वक्र दायीं ओर खिसक (shift) जाता है।

इसी प्रकार मांग में कमी को भी रेखाचित्र की सहायता से स्पष्ट किया जा सकता है—

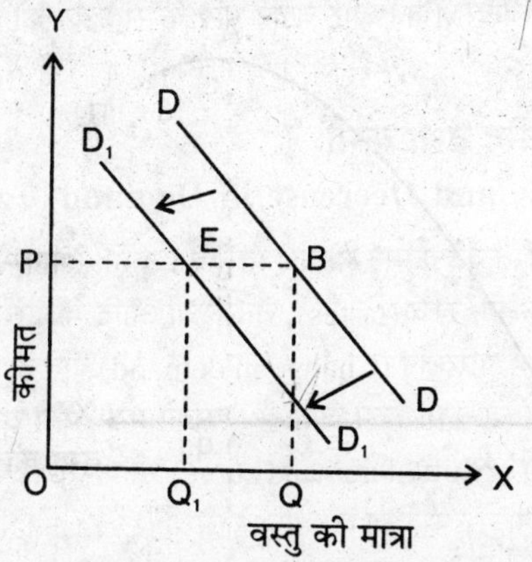

रेखाचित्र : *मांग वक्र का बायीं ओर खिसकना अर्थात मांग में कमी*

ऊपर के रेखाचित्र में उपभोक्ता का आरंभिक मांग वक्र DD है। लेकिन जब उपभोक्ता की आय में कमी हो जाती है तब मांग वक्र बायीं ओर खिसक कर D_1D_1 हो जाता है तथा अब OP कीमत पर ही उपभोक्ता द्वारा वस्तु की कम मात्रा अर्थात OQ_1 खरीदी जाती है। मांग वक्र का बायीं ओर खिसकना मांग में कमी को व्यक्त करता है।

मांग में परिवर्तन (Change in demand) के कारण

1. आय में परिवर्तन
2. प्रतियोगी वस्तुओं की कीमत में परिवर्तन
3. पूरक वस्तु की कीमत में परिवर्तन
4. जलवायु में परिवर्तन
5. फैशन एवं रुचि में परिवर्तन

मांग में परिवर्तन तथा मांगी गई मात्रा में परिवर्तन के अन्तर को निम्न प्रकार से भी स्पष्ट किया जा सकता है—

कीमत में परिवर्तन
↓
मांग में विस्तार | मांगी गई मात्रा में परिवर्तन | मांग का संकुचन

कीमत के अतिरिक्त किसी अन्य तत्त्व में परिवर्तन
↓
मांग में कमी | मांग में परिवर्तन | मांग में वृद्धि

गणनावाचक उपयोगिता विश्लेषण (Cardinal Utility Analysis)

गणनावाचक उपयोगिता विश्लेषण मांग का सबसे प्राचीन सिद्धान्त है जिसे **नव प्रतिष्ठित अर्थशास्त्रियों** (Neo Classical Economists) ने दिया था। चूंकि इस सिद्धान्त का अन्तिम रूप **मार्शल** द्वारा प्रदान किया गया इसलिए इसे **मार्शल का उपयोगिता विश्लेषण** (Marshallian utility analysis) के नाम से भी जाना जाता है।

मार्शल के गणनावाचक उपयोगिता विश्लेषण की मान्यताएं (Assumptions of Marshallian Cardinal Utility Analysis)

मार्शल के गणनावाचक विश्लेषण निम्न मान्यताओं पर आधारित हैं—

1. उपभोक्ता तर्कपूर्ण (Rational) ढंग से व्यवहार करता है तथा वह अपनी उपयोगिता को अधिकतम करना चाहता है।

2. वस्तु के उपभोग से प्राप्त उपयोगिता का परिमाणात्मक माप संभव है और इसको गणनावाचक संख्याओं (cardinal numbers) में व्यक्त किया जा सकता है।

3. मुद्रा की सीमान्त उपयोगिता Marginal Utility of Money) स्थिर रहती है।

4. उपयोगिताएं स्वतंत्र होती हैं (Utility are Independent) अर्थात उपभोक्ता को एक वस्तु के उपभोग से जो उपयोगिता प्राप्त होती है वह पूर्णतया उस वस्तु की मात्रा पर निर्भर होती है।

5. गणनावाचक विश्लेषण उपयोगिता को **योगात्मक** मानती है जिसका अर्थ है कि विभिन्न वस्तुओं से प्राप्त उपयोगिता को जोड़ कर क्रय की गई समस्त वस्तुओं के उपभोग से प्राप्त कुल उपयोगिता को प्राप्त किया जा सकता है।

कुल उपयोगिता एवं सीमान्त उपयोगिता (Total Utility and Marginal Utility)

वस्तु की सभी इकाइयों के उपभोग से जो उपयोगिता उपभोक्ता को प्राप्त होती है, उसे **कुल उपयोगिता** कहते हैं। उदाहरणार्थ, यदि उपभोक्ता वस्तु की कुल m इकाइयों का उपभोग करता है तब m इकाइयों से प्राप्त कुल उपयोगिता, उपभोक्ता की कुल उपयोगिता कहलाती है।

कुल उपयोगिता सीमान्त उपयोगिता का योग होती है। इस प्रकार :

$$TU_m = MU_1 + MU_2 + MU_3 + ... + MU_m$$

जहां TU_m वस्तु की कुल m इकाइयों से प्राप्त कुल उपयोगिता है तथा $MU_1, MU_2, MU_3 ... MU_m$ पहली, दूसरी, तीसरी...तथा m वीं इकाई से प्राप्त सीमान्त उपयोगिता है।

वस्तु की एक अतिरिक्त इकाई के उपभोग से कुल उपयोगिता में जो वृद्धि होती है उसे **सीमान्त उपयोगिता** कहते हैं। दूसरे शब्दों में,

सीमान्त उपयोगिता वस्तु की m इकाइयों से प्राप्त कुल उपयोगिता तथा $m-1$ इकाइयों से प्राप्त कुल उपयोगिता का अन्तर होता है।

$$MU_m = TU_m - TU_{m-1}$$

जहां MU_m, m वीं इकाई की सीमान्त उपयोगिता है; TU_m वस्तु की कुल m इकाइयों से प्राप्त कुल उपयोगिता है तथा TU_{m-1} वस्तु की $m-1$ इकाइयों से प्राप्त कुल उपोगिता है।

सीमान्त उपयोगिता को निम्न प्रकार से भी लिखा जा सकता है—

$$MU = \frac{d(TU)}{dQ}$$

अर्थात सीमान्त उपयोगिता कुल उपयोगिता में हुई परिवर्तन की वह दर है जो किसी वस्तु की मात्रा में एक निश्चित अल्प परिवर्तन के कारण.होती है।

कुल उपयोगिता तथा सीमान्त उपयोगिता के बीच सम्बन्ध (Relation Between Marginal Utility and Total Utility)

1. जब कुल उपयोगिता घटती हुई दर से बढ़ रही होती है तो इसका तात्पर्य होता है कि सीमान्त उपयोगिता घट रही है लेकिन **धनात्मक** है।

2. जब कुल उपयोगिता अधिकतम होती है तब सीमान्त उपयोगता शून्य होती है।

3. जब कुल उपयोगिता घटने लगती है तब सीमान्त उपयोगिता **ऋणात्मक** हो जाती है।

कुल उपयोगिता तथा सीमान्त उपयोगिता का रेखा-चित्र द्वारा स्पष्टीकरण

रेखाचित्र के भाग-A के कुल उपयोगिता वक्र TU से स्पष्ट है कि कुल उपयोगिता बिन्दु A तक घटती हुई दर से बढ़ रही है तथा A बिन्दु पर पहुंच कर अधिकतम हो जाती है। यदि A बिन्दु के बाद उपभोग मात्रा में और वृद्धि की जाती है तो कुल उपयोगिता घटने लगती है। रेखाचित्र के भाग B में MU वक्र सीमान्त उपयोगिता वक्र है जिसकी ढाल (Slope) ऋणात्मक है. अर्थात जैसे-जैसे उपभोक्ता द्वारा वस्तु की अधिकाधिक इकाइयों का उपभोग किया जाता है वैसे-वैसे कुल उपयोगिता तो बढ़ती है लेकिन सीमान्त उपयोगिता कम होती चली जाती है तथा वस्तु की OQ मात्रा पर, जब कुल उपयोगिता अधिकतम होती है, सीमान्त उपयोगिता शून्य

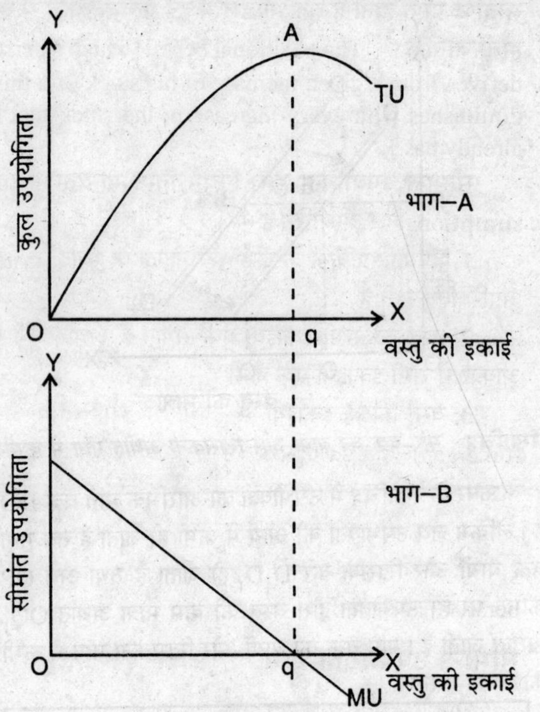

अर्थात X—अक्ष पर चली आती है। यदि इसके बाद भी उपभोग मात्रा को बढ़ाया जाता है तो सीमान्त उपयोगिता ऋणात्मक अर्थात X अक्ष के नीचे चली जाती है फलस्वरूप कुल उपयोगिता भी घटने लगती है जो कि TU वक्र से स्पष्ट हो जाता है।

सीमान्त उपयोगिता ह्रास नियम (Law of Diminishing Marginal Utility)

सीमान्त उपयोगिता ह्रास नियम यह बताता है कि जैसे-जैसे एक वस्तु की अधिकाधिक इकाइयों का उपभोग किया जाता है, उत्तरोत्तर इकाइयों से प्राप्त सीमान्त उपयोगिता घटती है। **अन्य शब्दों में**, जब एक उपभोक्ता एक वस्तु की अधिक इकाइयों को प्राप्त करता है तो वस्तु की अतिरिक्त इकाई से प्राप्त उपयोगिता गिरती जाती है। यहां यह बात विशेष ध्यान देने योग्य है कि एक वस्तु के उपभोग में वृद्धि से उसकी सीमान्त उपयोगिता (marginal utility) में कमी आती है, कुल उपयोगिता (total utility) में नहीं। इस प्रकार सीमान्त उपयोगिता ह्रास नियम का अर्थ यह है कि कुल उपयोगिता में वृद्धि होती है परन्तु घटती दर से।

मार्शल जो कि सीमान्त उपयोगिता विश्लेषण का सुप्रसिद्ध प्रतिपादक था, ने इस नियम का प्रतिपादन निम्न शब्दों में किया—**''एक वस्तु के स्टॉक में वृद्धि होने से व्यक्ति को जो अतिरिक्त**

सन्तुष्टि प्राप्त होती है वह भण्डार में हुई प्रत्येक वृद्धि से कम होती जाती है।'' [The additional benefit which a person derives from a given increase of his stock of a thing diminishes with every increase in the stock that he already has.]

सीमान्त उपयोगिता ह्रास नियम निम्न मान्यताओं (assumptions) पर आधारित है—

1. उपभोग-प्रक्रिया के दौरान उपभोक्ता के स्वाद (tastes) अपरिवर्तित रहते हैं;

2. वस्तु की सभी इकाइयां एक समान हैं अर्थात गुण एवं आकार में सभी इकाइयां एक जैसी हैं;

3. वस्तु की दो इकाइयों के उपभोग में कोई समय-अन्तर (time-gap) नहीं पड़ता। दूसरे शब्दों में, बिना किसी समय अन्तराल के उपभोग प्रक्रिया जारी रहती है।

4. मुद्रा की सीमान्त उपयोगिता स्थिर रहती है।

5. उपयोगिता का गणनात्मक संख्याओं (cardinal numbers) में माप संभव है।

सीमान्त उपयोगिता ह्रास नियम का स्पष्टीकरण

सारणी में एक उपभोक्ता द्वारा केले के उपभोग से प्राप्त कुल उपयोगिता एवं सीमान्त उपयोगिता को दिखाया गया है। सारणी से स्पष्ट है कि उपभोक्ता द्वारा केले की प्रत्येक अतिरिक्त इकाई के उपभोग से प्राप्त सीमान्त उपयोगिता घटती जाती है। यह बात ध्यान देने योग्य है कि केलों के उपभोग से उपभोक्ता को प्राप्त कुल उपयोगिता में छठी इकाई तक निरन्तर वृद्धि हुई है किन्तु यह वृद्धि घटती दर से हुई है। एक विशिष्ट समय में सातवीं इकाई से अधिक उपभोग करने पर केलों से प्राप्त कुल उपयोगिता घटने लगती है अर्थात सीमान्त उपयोगिता ऋणात्मक हो जाती है।

सारणी : सीमान्त उपयोगिता ह्रास नियम

केला की मात्रा	*कुल उपयोगिता (यूटिल्स में)*	*सीमान्त उपयोगिता (यूटिल्स में)*
1	12	12
2	22	10
3	30	8
4	36	6
5	40	4
6	41	1
7	41	0
8	39	– 2
9	34	–5

सीमान्त उपयोगिता ह्रास नियम की क्रियाशीलता का कारण

केनेथ ई. बोल्डिंग (Kenneth E. Boulding) के अनुसार इस नियम की कार्यशीलता के दो कारण हैं—

1. प्रथम कारण यह है कि वस्तुएं एक-दूसरे की पूर्ण स्थानापन्न (Prefect substitutes) नहीं होतीं। जब एक व्यक्ति एक वस्तु की अधिकाधिक इकाइयों का प्रयोग करता है तो उस वस्तु के लिए उस विशिष्ट आवश्यकता (Particular Wants) की तीव्रता कम हो जाती है। परन्तु यदि इस वस्तु की इकाइयां दूसरी अन्य आवश्यकताओं की सन्तुष्टि में प्रयुक्त की जा सकतीं तो उस वस्तु की सीमान्त उपयोगिता कभी कम नहीं होती।

2. सीमान्त उपयोगिता ह्रास नियम की क्रियाशीलता का दूसरा कारण यह है कि यद्यपि व्यक्ति की सभी आवश्यकताएं तो सन्तुष्ट नहीं हो सकती लेकिन किसी एक विशिष्ट आवश्यकता को सन्तुष्ट किया जा सकता है। इसलिए जब एक उपभोक्ता वस्तु की अधिकाधिक इकाइयों का उपभोग करता है तो उस वस्तु के लिए उसकी आवश्यकता की तीव्रता घटती जाती है और अन्त में एक ऐसी स्थिति पहुंच जाती है जिस पर वह उपभोक्ता उस वस्तु की कोई भी इकाई स्वीकार करने को तैयार नहीं होता। यहां पर वह पूर्ण सन्तुष्टि (The point of satiety) की स्थिति में पहुंच जाता है और उस वस्तु से प्राप्त सीमान्त उपयोगिता शून्य हो जाता है। किसी वस्तु के शून्य सीमान्त उपयोगिता का अर्थ यह है कि एक व्यक्ति को उस वस्तु की जितनी मात्रा की आवश्यकता थी वह उसे प्राप्त हो चुकी है।

सीमान्त उपयोगिता ह्रास नियम के उपयोग (Application and Uses of Law of Diminishing Marginal Utility)

सीमान्त उपयोगिता ह्रास नियम का आर्थिक सिद्धान्त तथा नीतियों में अनेक उपयोग हैं—

1. वस्तुओं के मूल्य निर्धारण में सीमान्त उपयोगिता की धारणा का महत्त्वपूर्ण योगदान है। सीमान्त उपयोगिता की धारणा से **मूल्य विरोधाभास** (Paradox of Value) की व्याख्या करने में बहुत सहायता मिली। प्राचीन क्लासीकल अर्थशास्त्री कीमत और उपयोगिता के बीच पाए जाने वाले घनिष्ठ सम्बन्ध से परिचित नहीं थे। बल्कि उनका निश्चयपूर्वक यह कथन था कि कीमत एवं उपयोगिता के बीच कोई सम्बन्ध होता ही नहीं। **ऐडम स्मिथ** (Adam Smith) ने इस सन्दर्भ में प्रसिद्ध **''हीरक-जल विरोधाभास''** (Diamond-water Paradox) का उदाहरण दिया

था। उनके अनुसार जल की ऊंची उपयोगिता होती है लेकिन उसकी कीमत शून्य ही होती है। इसके विपरीत, हीरे की उपयोगिता तो कम होती है लेकिन उसकी कीमत बहुत ऊंची होती है। क्लासीकल अर्थशास्त्री इस विरोधाभास का स्पष्टीकरण करने में असमर्थ ही रहे।

लेकिन आधुनिक अर्थशास्त्री **सीमान्त उपयोगिता** की धारणा द्वारा इस विरोधाभास की समुचित व्याख्या कर सकते हैं। आधुनिक अर्थशास्त्रियों के अनुसार किसी पदार्थ की कीमत उससे प्राप्त कुल उपयोगिता द्वारा निर्धारित नहीं होती बल्कि यह सीमान्त उपयोगिता ही है जो किसी पदार्थ की कीमत निश्चित करता है।

प्रचुर मात्रा में उपलब्ध होने के कारण जल की सीमान्त उपयोगिता बहुत कम अथवा शून्य होती है। अतएव इसकी कीमत भी बहुत कम अथवा शून्य होती है। दूसरी ओर हीरे दुर्लभ (scarce) होते हैं और इसलिए उनका सापेक्ष (relative) सीमान्त उपयोगिता बहुत अधिक होती है और इस कारण उनकी कीमतें भी ऊंची होती हैं। **अतएव वस्तु की कीमत का सम्बन्ध उसकी कुल उपयोगिता से नहीं, बल्कि सीमान्त उपयोगिता से होता है।**

2. सीमान्त उपयोगिता ह्रास नियम का एक अन्य महत्त्व यह है कि इसकी सहायता से हम मांग के नियम की व्युत्पत्ति करने तथा इस तथ्य की व्याख्या करने में कि मांग वक्र नीचे की ओर क्यों गिरता हुआ होता है, समर्थ हैं। इसके अतिरिक्त **मार्शल द्वारा प्रतिपादित** उपभोक्ता की बचत (Consumer surplus) की धारणा भी सीमान्त उपयोगिता ह्रास नियम पर आधारित है।

3. सीमान्त उपयोगिता ह्रास नियम का अन्य महत्त्वपूर्ण उपयोग राजकोषीय नीति (fiscal policy) के क्षेत्र में है। आधुनिक कल्याणकारी राज्य में सरकार जनता के कल्याण में वृद्धि करने के उद्देश्य से आय का पुनर्वितरण करती है। धनी लोगों पर वर्धमान (Progressive) आय कर लगाकर तथा उससे प्राप्त धन को निर्धन लोगों के लिए सामाजिक सेवाओं पर व्यय करना सीमान्त उपयोगिता ह्रास नियम पर ही आधारित है।

सम सीमान्त उपयोगिता नियम
(Law of Equi-marginal Utility)

सम सीमान्त उपयोगिता नियम हमें बताता है कि "**यदि किसी व्यक्ति के पास कोई ऐसी वस्तु है जिसके अनेक प्रयोग हैं तो वह इसे उन प्रयोगों में इस तरह बांटता है कि सभी प्रयोगों में इसकी सीमान्त उपयोगिता बराबर हो जाए।**" इस प्रकार किसी वस्तु को उसके विभिन्न उपयोगों में वितरित करते समय उपभोक्ता अधिकतम सन्तुष्टि तभी प्राप्त कर सकता है जब विभिन्न उपयोगों में वस्तु की सीमान्त उपयोगिता समान होती है।

मान लीजिए कि उपभोक्ता अपनी निश्चित आय को जिन वस्तुओं पर व्यय करना चाहता है वे केवल दो हैं, X और Y। उपभोक्ता का व्यवहार दो बातों से प्रभावित होगा, **पहला** तो वस्तुओं से प्राप्त होने वाले सीमान्त उपयोगिता तथा **दूसरा** वस्तुओं की कीमतें। मान लें कि दोनों वस्तुओं की कीमतें उपभोक्ता के लिए निश्चित हैं। इस दशा में सम-सीमान्त उपयोगिता नियम यह बताता है कि उपभोक्ता अपनी मौद्रिक आय को विभिन्न वस्तुओं (X और Y) में इस प्रकार वितरित करेगा कि प्रत्येक वस्तु पर व्यय किए गए अन्तिम रुपए से प्राप्त उपयोगिता समान हो। अन्य शब्दों में, उपभोक्ता उस समय सन्तुलन अर्थात अधिकतम सन्तुष्टि की स्थिति में होता है जब प्रत्येक वस्तु पर व्यय की गई मुद्रा से प्राप्त सीमान्त उपयोगिता समान होती है। एक वस्तु पर किए गए मौद्रिक व्यय से प्राप्त सीमान्त उपयोगिता को उस वस्तु की एक इकाई से प्राप्त उपयोगिता को उसकी कीमत से विभाजित करके ज्ञात किया जा सकता है। अन्य शब्दों में—

$$MU_E = \frac{MU_x}{P_x}$$

जहां MU_E वस्तु X पर मौद्रिक व्यय का सीमान्त उपयोगिता है तथा MU_x वस्तु X से प्राप्त सीमान्त उपयोगिता है तथा P_X. वस्तु X की कीमत है। इस प्रकार, सम-सीमान्त उपयोगिता नियम की परिभाषा इस प्रकार से भी की जा सकती है—**उपभोक्ता अपनी मौद्रिक आय को विभिन्न वस्तुओं पर इस प्रकार से व्यय करेगा कि विभिन्न वस्तुओं से प्राप्त सीमान्त उपयोगिता तथा उनकी कीमतों के अनुपात में समानता हो।** अतः उपभोक्ता उस समय सन्तुलन में होता है जबकि—

$$\frac{MU_x}{P_x} = \frac{MU_y}{P_y}$$

अब यदि $\frac{MU_x}{P_x}$ तथा $\frac{MU_y}{P_y}$ समान नहीं हैं तथा $\frac{MU_x}{P_x} > \frac{MU_y}{P_y}$, तो उपभोक्ता Y वस्तु के स्थान पर X वस्तु का अधिक से अधिक उपभोग करेगा फलस्वरूप वस्तु X की सीमान्त उपयोगिता घटेगी तथा वस्तु Y की सीमान्त उपयोगिता बढ़ेगी। उपभोक्ता वस्तु X का प्रतिस्थापन वस्तु Y से तब तक करता रहेगा जब तक कि $\frac{MU_x}{P_x}$ तथा $\frac{MU_y}{P_y}$ बराबर नहीं हो जाते। परन्तु $\frac{MU_x}{P_x}$ तथा $\frac{MU_y}{P_y}$ की समानता को केवल एक नहीं बल्कि व्यय के विभिन्न स्तरों पर प्राप्त किया जा सकता है। प्रश्न यह उठता है कि

उपभोक्ता दोनों वस्तुओं की कितनी मात्राओं में क्रय करेगा। यह उसकी मौद्रिक आय पर निर्भर करता है।

एक निश्चित आय दी हुई होने पर उपभोक्ता तब तक वस्तुओं का क्रय करता रहेगा जब तक प्रत्येक वस्तु पर व्यय की गई मुद्रा से प्राप्त सीमान्त उपयोगिता समान नहीं हो जाती। अत: उपभोक्ता उस स्थिति में सन्तुलन में होगा जबकि निम्न समीकरण की प्राप्ति होती है—

$$\frac{MU_x}{P_x} = \frac{MU_y}{P_y} = MU_m$$

जहां MU_m मुद्रा की सीमान्त उपयोगिता है।

यदि उपभोक्ता दो से अधिक वस्तुओं पर अपनी आय को खर्च कर रहा है तो भी उपर्युक्त समीकरण लागू होगा। इस प्रकार जब उपभोक्ता अनेक वस्तुओं पर अपनी दी हुई आय व्यय करता है तो उसकी सन्तुष्टि तब अधिकतम होगी जब वह अपनी आय को विभिन्न वस्तुओं पर इस प्रकार व्यय करता है जिससे निम्न समीकरण प्राप्त हो रहा हो—

$$\frac{MU_x}{P_x} = \frac{MU_y}{P_y} = \dots \frac{MU_n}{P_n} = MU_m$$

हम सारणी (Table) की सहायता से भी सम-सीमान्त उपयोगिता नियम की व्याख्या कर सकते हैं। मान लीजिए कि X तथा Y वस्तुओं की कीमतें क्रमश: तीन रुपए तथा चार रुपए हैं। सारणी-I में वस्तुओं की विभिन्न इकाइयों से प्राप्त सीमान्त उपयोगिता को दिखाया गया है तथा सारणी-II को वस्तु X के सीमान्त उपयोगिताओं (MU_x) को तीन से तथा वस्तु Y के सीमान्त उपयोगिताओं (MU_y) को चार से विभाजित करके प्राप्त किया गया है।

सारणी-I

X तथा Y वस्तु से प्राप्त सीमान्त उपयोगिता

इकाइयां	*MU_x (यूटिल्स में)*	*MU_y (यूटिल्स में)*
1	33	36
2	30	32
3	27	28
4	24	24
5	21	20
6	18	16

माना कि उपभोक्ता के पास इन दो वस्तुओं पर व्यय करने के लिए 20 रुपए हैं तथा मुद्रा की सीमान्त उपयोगिता (MU_m) 8 यूटिल्स है। सारणी-II से यह स्पष्ट है कि जब उपभोक्ता X वस्तु

सारणी II

मुद्रा से प्राप्त सीमान्त उपयोगिता

इकाइयां	$\frac{MU_x}{P_x}$	$\frac{MU_y}{P_y}$
1	11	9
2	10	8
3	9	7
4	8	6
5	7	5
6	6	4

की 4 इकाइयां खरीदता है तो $\frac{MU_x}{P_x} = \frac{24}{3} = 8$ यूटिल्स तथा वस्तु Y की दो इकाइयां खरीदने पर $\frac{MU_y}{P_y} = \frac{32}{4} = 8$ यूटिल्स दोनों बराबर हैं। इस प्रकार जब उपभोक्ता वस्तु X की 4 इकाइयों तथा वस्तु Y की 2 इकाइयों का क्रय करता है तो वह संतुलन में होगा और इन पर 20 रु. (4×3 रु. + 2×4 रु. = 20) व्यय करेगा।

सम-सीमान्त उपयोगिता नियम की परिसीमाएं (Limitations of the Law of Eqi-Marginal Utility)

यह आवश्यक नहीं है कि सभी व्यक्ति अपनी आय को व्यय करने में इस नियम का पूर्णतया पालन करते हों। इसका कारण निम्नलिखित है—

1. वास्तविक जीवन में सम-सीमान्त उपयोगिता नियम का पालन करने के लिए उपभोक्ता को अपने मन में विभिन्न वस्तुओं के सीमान्त उपयोगिता की माप एवं तुलना करनी आवश्यक है। किन्तु साधारण उपभोक्ता इतने विवेकशील नहीं होते कि वे सही प्रकार से सीमान्त उपयोगिता की गणना करें।

साथ ही साथ उपभोक्ता अपनी आय को व्यय करने में प्राय: अपनी आदत तथा रीति-रिवाजों से प्रभावित होते हैं। अपनी आदतों तथा रीति-रिवाजों से प्रभावित होकर वे अपनी आय को विभिन्न वस्तुओं पर व्यय करते हैं चाहे उन्हें यह अधिकतम सन्तुष्टि प्रदान करे अथवा नहीं।

2. वास्तविक जीवन में इस नियम का अनुकरण करने के लिए विभिन्न वस्तुओं से प्राप्त सीमान्त उपयोगिता की गणनावाचक (Cardinal) रूप में माप करना आवश्यक है, किन्तु ऐसा कर सकना बहुत कठिन है। अनेक अर्थशास्त्रियों का विचार है कि उपभोक्ता के लिए उपयोगिता की गणनावाचक रूप में माप करना

सम्भव नहीं है। उपयोगिता एक **मनोवैज्ञानिक भावना** (Psychological Feeling) होने के कारण इसकी माप गणनावाचक रूप में करना संभव नहीं है।

3. सम-सीमान्त उपयोगिता नियम की अन्य परिसीमा यह है कि **अविभाज्य वस्तुओं** की दशा में इसका पालन करना सम्भव नहीं है। इसका कारण यह है कि अविभाज्य (indivisible) वस्तुओं की बहुत बड़ी इकाइयां उपलब्ध होती है। वस्तुओं के अविभाज्य होने के कारण आवश्यकतानुसार उनकी मात्रा को घटाया-बढ़ाया नहीं जा सकता और इस प्रकार उन पर व्यय किए गए रुपयों की सीमान्त उपयोगिता बराबर अथवा समान नहीं की जा सकती। **उदाहरण** के लिए कार (Car) जो कि अविभाज्य है और खाद्यान्नों जो कि विभाज्य हैं में रुपए की सीमान्त उपयोगिता को समान नहीं किया जा सकता। एक कार की कीमत लगभग 2 से 3 लाख रुपए होती है और अविभाज्य होने के कारण उस पर व्यय को घटाया-बढ़ाया नहीं जा सकता है। स्पष्ट है कि ऐसी स्थिति में कार पर व्यय की गई रुपए की सीमान्त उपयोगिता को खाद्यान्नों पर व्यय की गई रुपए की सीमान्त उपयोगिता के समान नहीं किया जा सकता। अत: वस्तुओं की अविभाज्यता के कारण सम-सीमान्त उपयोगिता नियम को लागू करने में कठिनाई आती है।

गणनावाचक उपयोगिता विश्लेषण का आलोचनात्मक मूल्यांकन (Critical Evaluation of Cardinal Utility Analysis)

मार्शल का मांग का नियम, जो कि सीमान्त उपयोगिता विश्लेषण पर आधारित है, उसकी अनेक दृष्टिकोणों से आलोचना की गई है—

1. उपयोगिता की गणनावाचक मापनीयता अवास्तविक है (Cardinal Measurement of Utility is Unrealistic) : मांग का सीमान्त उपयोगिता विश्लेषण इस मान्यता पर आधारित है कि उपयोगिता का परिमाणात्मक रूप में माप संभव है। अन्य शब्दों में, इस विश्लेषण की यह मान्यता है कि उपयोगिता गणनावाचक रूप में मापनीय है। इसके अनुसार एक उपभोक्ता वस्तुओं से कितनी उपयोगिता प्राप्त कर सकता है, इसे 1,2, 3, 4 इत्यादि जैसी गणनावाचक संख्याओं में व्यक्त किया जा सकता है। किन्तु व्यावहारिक रूप से उपयोगिता को इस प्रकार के परिमाणात्मक अथवा गणनावाचक रूप में मापा नहीं जा सकता है। चूंकि उपयोगिता एक मानसिक अनुभूति तथा व्यक्तिपरक (subjective) तथ्य है, इसे परिमाणात्मक रूप में मापा नहीं जा सकता है। वास्तविक जीवन में उपभोक्ता विभिन्न वस्तुओं अथवा वस्तुओं के विभिन्न संयोगें से प्राप्त होने वाले संतुष्टि की केवल तुलना करने में ही समर्थ होते हैं। **जे.आर. हिंक्स** जैसे अर्थशास्त्रियों का मत है कि उपयोगिता की गणनावाचक मापनीयता की मान्यता अवास्तविक है और इसलिए इसे त्याग दिया जाना चाहिए।

2. स्वतंत्र उपयोगिता की मान्यता असत्य है (Assumption of Independent Utilities is Wrong) : सीमान्त उपयोगिता विश्लेषण की यह भी मान्यता है कि विभिन्न वस्तुओं से प्राप्त उपयोगिता स्वतंत्र होती हैं। इसका अर्थ है कि एक उपभोक्ता किसी वस्तु के उपभोग से जो संतुष्टि प्राप्त करता है वह केवल उसी वस्तु की मात्रा पर निर्भर करता है। अन्य शब्दों में, स्वतंत्र उपयोगिता का अभिप्राय यह है कि एक उपभोक्ता किसी वस्तु से जो सन्तुष्टि प्राप्त करता है वह उपभोग की गई अन्य वस्तुओं की मात्रा पर निर्भर नहीं करता है; यह केवल उसी वस्तु की खरीदी गई मात्रा पर ही निर्भर करता है। किन्तु वास्तविक जीवन में ऐसा नहीं है। वास्तविक जीवन में एक वस्तु से प्राप्त होने वाली उपयोगिता अन्य वस्तुओं की प्राप्ति पर भी निर्भर करता है जो या तो उसके स्थानापन्न अथवा उसकी पूरक हो सकती है। उदाहरणार्थ एक पैन (Pen) से प्राप्त होने वाली संतुष्टि इस बात पर निर्भर करती है कि स्याही उपलब्ध है अथवा नहीं।

3. मुद्रा के स्थिर सीमान्त उपयोगिता की मान्यता सही नहीं है (Assumption of Constant Marginal Utility of Money is not Valid) : गणनावाचक उपयोगिता विश्लेषण की एक महत्त्वपूर्ण मान्यता है कि जब उपभोक्ता अपनी आय को एक अथवा विभिन्न वस्तुओं पर विभिन्न मात्रा में व्यय करता है तो मुद्रा की सीमान्त उपयोगिता अपरिवर्तित रहती है, किन्तु वास्तविक जीवन में ऐसा नहीं होता। एक उपभोक्ता अपनी मौद्रिक आय को जैसे-जैसे वस्तुओं पर व्यय करता जाता है उसके पास शेष मौद्रिक आय घटती जाती है फलस्वरूप उपभोक्ता के लिए मुद्रा की सीमान्त उपयोगिता में वृद्धि होती चली जाती है। इसे अतिरिक्त, जब किसी वस्तु की कीमत में परिवर्तन होता है तो उपभोक्ता की वास्तविक आय भी परिवर्तित हो जाती है। वास्तविक आय में इस परिवर्तन से मुद्रा की सीमान्त उपयोगिता परिवर्तित होगी तथा उपभोक्ता की मौद्रिक आय पूर्ववत रहने पर भी विचारगत वस्तु की मांग पर इसका प्रभाव पड़ेगा। किन्तु सीमान्त उपयोगिता विश्लेषण इसकी उपेक्षा करता है तथा किसी वस्तु की कीमत में परिवर्तन से वास्तविक आय में परिवर्तनों के कारण वस्तुओं की मांग पर पड़ने वाले प्रभाव की ओर ध्यान नहीं देता।

4. मार्शल का सीमान्त उपयोगिता विश्लेषण कीमत प्रभाव को प्रतिस्थापन प्रभाव तथा आय प्रभाव में विभाजित नहीं करता : गणनावाचक सीमान्त उपयोगिता विश्लेषण का अन्य दोष यह है कि यह '**कीमत परिवर्तन**' के '**आय प्रभाव**' तथा '**प्रतिस्थापन प्रभाव**' में अन्तर नहीं करता है। हम जानते हैं कि जब एक वस्तु की कीमत घटती है तो उपभोक्ता पहले की अपेक्षा अधिक धनी हो जाता है अर्थात कीमत में कमी उपभोक्ता की वास्तविक आय में वृद्धि लाती है। अन्य शब्दों में, यदि कीमत में कमी से उपभोक्ता पहले के समान ही वस्तु की मात्रा खरीदता है तो उसके पास कुछ आय शेष रहेगी। इस आय से वह इस वस्तु तथा अन्य वस्तुओं की अपेक्षाकृत अधिक मात्रा खरीदने की स्थिति में होगा। यह कीमत में कमी का वस्तु की मांगी गई मात्रा पर **आय प्रभाव (Income effect)** है। इसके अतिरिक्त एक वस्तु की कीमत घटती है तो यह अन्य वस्तुओं की अपेक्षा सस्ती हो जाती है और परिणामस्वरूप उपभोक्ता उस वस्तु को अन्य वस्तुओं के बदले प्रतिस्थापित करने के लिए प्रेरित होता है। यह उस वस्तु की मांगी गई मात्रा में वृद्धि के रूप में परिणत होता है। यह वस्तु की मांगी गई मात्रा पर कीमत परिवर्तन का **प्रतिस्थापन प्रभाव (Substitution effect)** है।

इस प्रकार वस्तु की कीमत में कमी होने से आय प्रभाव तथा प्रतिस्थापन प्रभाव के कारण उसकी मांगी गई मात्रा में वृद्धि होती है। किन्तु सीमान्त उपयोगिता विश्लेषण कीमत परिवर्तन के आय तथा प्रतिस्थापन प्रभाव के मध्य अन्तर स्पष्ट नहीं करता है। वास्तव में मुद्रा की सीमान्त उपयोगिता की स्थिर मान्यता के कारण मार्शल कीमत परिवर्तन के आय प्रभाव की व्याख्या नहीं कर सका।

5. मार्शल गिफन विरोधाभास (Giffen Paradox) की व्याख्या नहीं कर सके (Marshall Could not explain Giffen Paradox) : कीमत प्रभाव को आय तथा प्रतिस्थापन प्रभाव के संयोग के रूप में न देखने तथा कीमत परिवर्तन के आय प्रभाव की उपेक्षा करने के कारण मार्शल गिफन विरोधाभास की व्याख्या नहीं कर सके। उन्होंने इसे केवल अपने मांग के नियम के अपवाद के रूप में माना।

मांग की लोच (Elasticity of Demand)

आर्थिक सिद्धान्त में लोच की धारणा को सर्वप्रथम **मार्शल** ने प्रस्तुत किया। हम मांग के नियम में यह स्पष्ट कर चुके हैं कि कीमत परिवर्तन का प्रभाव वस्तु की मांग पर पड़ता है। लेकिन कीमत परिवर्तन का प्रभाव सभी वस्तुओं की मांग पर एक समान नहीं पड़ता। कार की कीमत में कमी होने पर इसकी मांग बहुत अधिक मात्रा में बढ़ सकती है, चीनी की कीमत में कमी इसकी मांग में थोड़ी सी वृद्धि ला सकती है, जबकि नमक की कीमत में कमी इसकी मांग में बिल्कुल भी वृद्धि नहीं लाती। कीमत में परिवर्तन होने पर किसी वस्तु की मांग में आनुपातिक परिवर्तन या **प्रतिक्रियात्मक (responsiveness)** को ही मांग की लोच कहते हैं।

मांग की लोच के प्रकार
(Types of Elasticity of Demand)

1. मांग की कीमत लोच (Price elasticity of demand)
2. मांग की आय लोच (Income elasticity of demand)
3. मांग की आड़ी लोच (Cross elasticity of demand)

मांग की कीमत लोच
(Price Elasticity of Demand)

वस्तु की कीमत में होने वाले प्रतिशत परिवर्तन के कारण उसकी मांगी गई मात्रा में प्रतिशत परिवर्तन के अनुपात को ही मांग की कीमत कहते हैं। अतएव—

$$\text{कीमत लोच} = \frac{\text{मांगी गई मात्रा में प्रतिशत परिवर्तन}}{\text{कीमत में प्रतिशत परिवर्तन}}$$

$$e_P = \frac{\text{मांगी गई मात्रा में परिवर्तन/प्रारम्भिक मांग}}{\text{कीमत में परिवर्तन/प्रारम्भिक कीमत}}$$

$$= \frac{\Delta q / q}{\Delta P / P}$$

$$= \frac{\Delta q}{q} \div \frac{\Delta P}{P}$$

$$= \frac{\Delta q}{q} \times \frac{P}{\Delta P}$$

$$= \frac{\Delta q}{\Delta P} \times \frac{P}{q}$$

जहां e_P मांग की कीमत लोच को दर्शाता है।

Δq मांगी गई मात्रा में परिवर्तन को दर्शाता है।

q प्रारम्भिक मांग मात्रा।

ΔP वस्तु की कीमत में परिवर्तन है।

P वस्तु की प्रारम्भिक कीमत है।

गणित की दृष्टि से कीमत लोच **ऋणात्मक** होती है क्योंकि कीमत और मांगी गई मात्रा में परिवर्तन विपरीत दिशा में होता है। किन्तु कीमत में परिवर्तन के फलस्वरूप उसकी मांग-मात्रा में परिवर्तन का परिमाण (magnitude) अथवा सीमा (degree) जानने

के लिए हमें कीमत लोच के ऋणात्मक चिन्ह (Sign) को ध्यान में नहीं लेना चाहिए।

मांग की कीमत लोच के प्रकार (Kinds of Price Elasticity)

मांग में होने वाले परिवर्तनों के अनुपात के अनुसार मांग की कीमत लोच को निम्न श्रेणियों में बांटा जा सकता है—

1. पूर्णतया बेलोच मांग (Perfectly Inelastic Demand) : यदि एक वस्तु की कीमत में परिवर्तन होने पर वस्तु की मांगी गई मात्रा में कोई परिवर्तन नहीं होते तो इसे पूर्णतया बेलोच मांग कहते हैं। यदि पूर्णतया बेलोचदार मांग को रेखाचित्र की सहायता से प्रदर्शित किया जाए तो मांग वक्र एक सरल उदग्र रेखा (Vertical straight line) होगी। जो Y-अक्ष के समानान्तर होगी जैसा कि रेखाचित्र में दिखाया गया है।

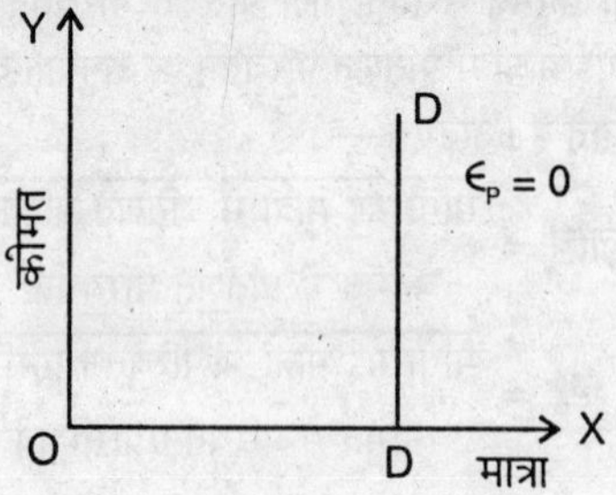

रेखाचित्र : *पूर्ण बेलोचदार मांग ($e_P = 0$)*

2. बेलोचदार मांग अथवा इकाई से कम मांग लोच (Inelastic demand or less than unit elastic demand): मांग उस दशा में बेलोच (अथवा इकाई से कम लोचदार) कहलाती है, जबकि कीमत में होने वाले प्रतिशत परिवर्तन की तुलना में मांग में होने वाले प्रतिशत परिवर्तन कम होते हैं। यदि बेलोच मांग को चित्र की सहायता से प्रदर्शित किया जाए तो मांग वक्र का ढाल (slope) तीव्र होगा जैसा कि रेखाचित्र में दर्शाया गया है।

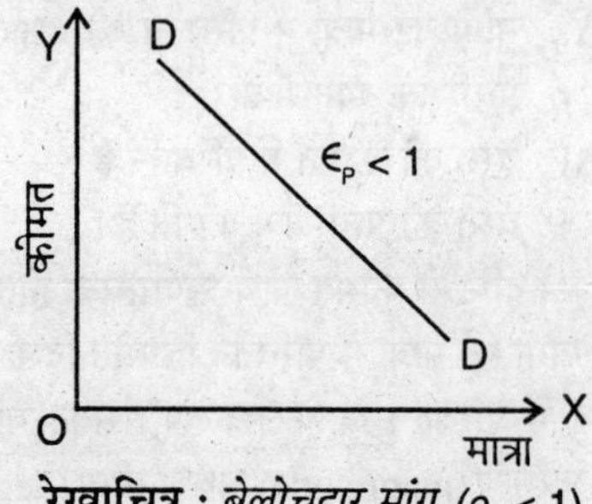

रेखाचित्र : *बेलोचदार मांग ($e_P < 1$)*

3. इकाई के बाराबर लोचदार मांग अथवा समलोचदार मांग (Unitary elastic demand) : जब किसी वस्तु की कीमत में किसी प्रतिशत परिवर्तन के फलस्वरूप उसकी मांग की मात्रा में भी उसी प्रतिशत से परिवर्तन होता है तो मांग की कीमत लोच इकाई के बराबर होती है। एक **सरल रेखीय मांग वक्र के मध्य बिन्दु** (middle point) पर मूल्य लोच इकाई के बराबर होती है। एक मांग वक्र के सभी बिन्दुओं पर भी मूल्य लोच इकाई के समान हो सकती है। ऐसा इकाई के समान कीमत लोच वाला मांग वक्र रेखाचित्र में दिखाया गया है। ऐसे मांग वक्र जिसके प्रत्येक बिन्दु अर्थात कीमत पर कीमत लोच (Price elasticity) इकाई के बराबर होती है, को गणित में **आयताकार अतिपरवलय** (rectangular hyperbola) कहा जाता है। आयताकार अतिपरवलय के विषय में एक स्मरणीय बात यह है कि यह अक्षों की ओर बढ़ता तो है परन्तु उन्हें स्पर्श नहीं करता।

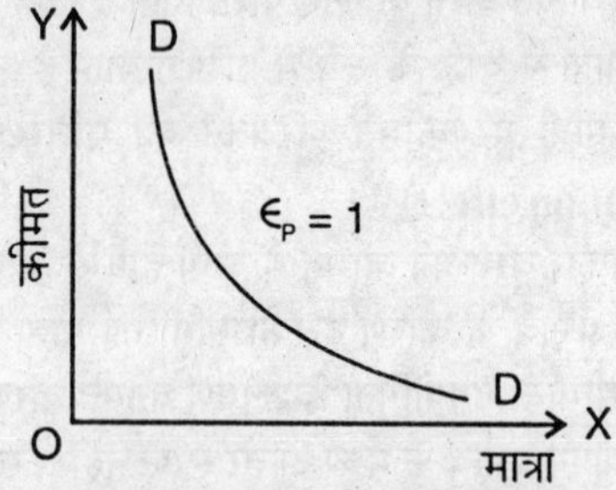

रेखाचित्र : *इकाई के समान कीमत लोच वाला मांग वक्र ($e_P = 1$) (आयताकार अतिपरवलय)*

4. लोचदार अथवा इकाई से अधिक लोचदार मांग (Elastic or more than unit elastic demand) : एक वस्तु की मांग उस समय लोचदार कही जाती है जबकि कीमत में परिवर्तन की तुलना में मांग में अधिक अनुपात में परिवर्तन होते हैं। यदि लोचदार मांग को चित्र की सहायता से प्रदर्शित किया जाए तो मांग वक्र एक साधारण ढाल वाला वक्र होगा जैसा कि रेखाचित्र में दिखाया गया है।

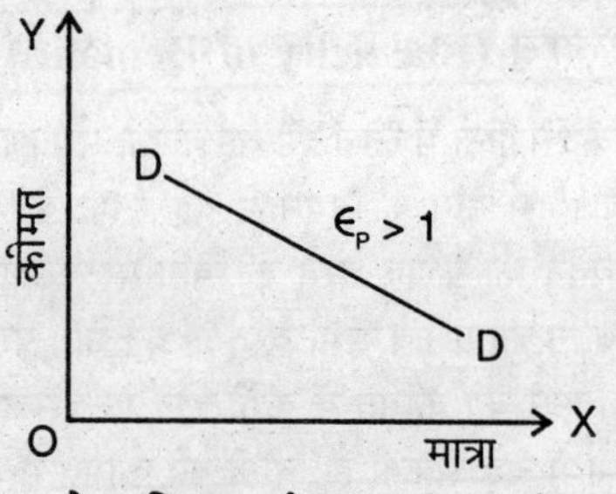

रेखाचित्र : *लोचदार मांग ($e_P > 1$)*

5. पूर्णतया लोचदार मांग (Perfectly Elastic Demand) : जब वस्तु की कीमत में कोई परिवर्तन न होने पर या बहुत सूक्ष्म परिवर्तन होने पर किसी वस्तु की मांग बहुत अधिक बढ़ जाती है या घट कर शून्य रह जाती है, तो इसे पूर्णतया लोचदार मांग कहते हैं। यदि पूर्णतया लोचदार मांग को एक रेखाचित्र की सहायता से दिखाया जाए तो मांग वक्र एक क्षैतिज (Horizontal) सरल रेखा होगी, जो कि X—अक्ष के समानान्तर है जैसा कि रेखा चित्र में प्रदर्शित किया गया है।

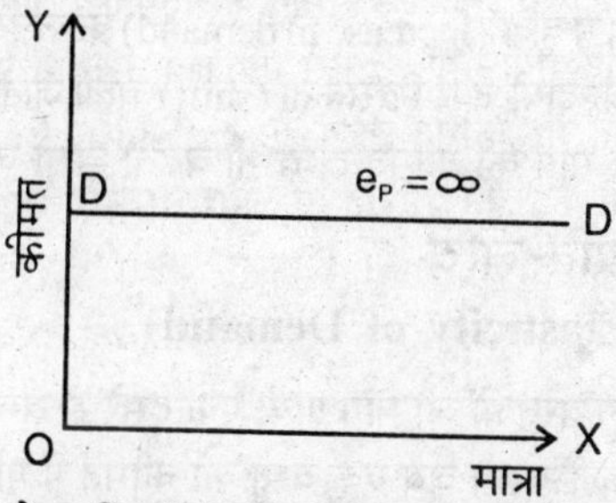

रेखाचित्र : *पूर्ण लोचदार मांग ($e_P = \infty$)*

कीमत लोच तथा कुल व्यय (Total Expenditure and Price Elasticity)

किसी वस्तु की कीमत लोच तथा उस पर किए गए कुल व्यय में घनिष्ठ सम्बन्ध होता है। कीमत में परिवर्तन के फलस्वरूप वस्तु पर किए गए कुल व्यय में परिवर्तन से हम उस वस्तु की कीमत लोच का पता लगा सकते हैं। परन्तु ध्यान रखने योग्य बात यह है कि कुल व्यय विधि से हम केवल यह ज्ञात कर सकते हैं कि क्या कीमत लोच इकाई के बराबर है, इकाई से अधिक है अथवा इकाई से कम।

● जब किसी वस्तु की कीमत में परिवर्तन होने पर भी उस पर किया जाने वाला कुल व्यय स्थिर रहता है तो कीमत लोच इकाई (Unity) के बराबर होगी।

● जब किसी वस्तु की कीमत के घटने से कुल व्यय में कमी होती है तथा कीमत में वृद्धि होने के साथ कुल व्यय भी बढ़ता है तो मांग की कीमत लोच इकाई से कम होगी।

● लेकिन यदि कीमत में कमी होने पर कुल व्यय बढ़ता है तथा कीमत में वृद्धि होने पर कुल व्यय घटता है तो मांग की कीमत लोच इकाई से अधिक अर्थात लोचदार होगी।

सारणी : मांग की कीमत लोच तथा कुल व्यय में सम्बन्ध

मांग की कीमत लोच	*कीमत घटने पर*	*कीमत बढ़ने पर*
● कीमत लोच इकाई से अधिक ($e_P > 1$) होगी।	कुल व्यय बढ़ता है	कुल व्यय घटता है
● कीमत लोच इकाई से कम ($e_P < 1$) होगी।	कुल व्यय घटता है	कुल व्यय बढ़ता है
● कीमत लोच इकाई के बराबर ($e_P = 1$) होगी।	कुल व्यय स्थिर रहता है	कुल व्यय स्थिर रहता है

मांग वक्र के किसी बिन्दु पर कीमत लोच की माप (Measurement of Price Elasticity at a Point on the Demand Curve)

मांग वक्र के किसी बिन्दु पर कीमत लोच को **'बिन्दु विधि'** (Point method) की सहायता से भी मापा जा सकता है। रेखाचित्र में एक सरल रेखा वाला मांग वक्र (Straight line demand curve) DD^1 दिया हुआ है जिस पर बिन्दु R स्थित है। R बिन्दु पर कीमत लोच जानने का सूत्र है—

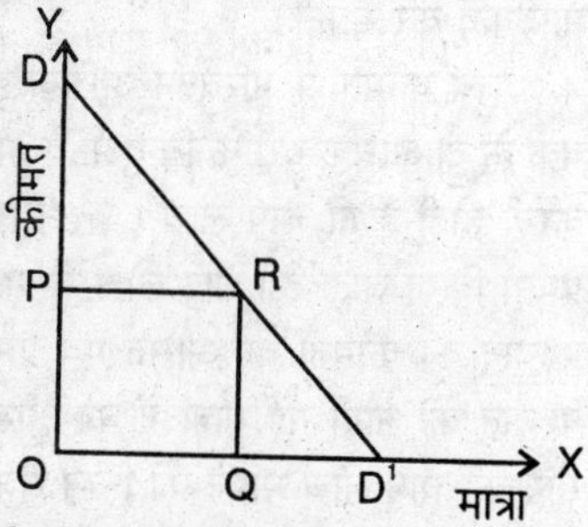

$$\text{मांग की लोच } (e_P) = \frac{\text{R से निचला भाग}}{\text{R से ऊपर का भाग}}$$

$$= \frac{RD^1}{RD}$$

इस सूत्र की सहायता से हम मांग वक्र के किसी बिन्दु पर कीमत लोच को जान सकते हैं।

सीधी मांग वक्र-रेखा (straight line demand curve) के विभिन्न बिन्दुओं पर मांग की कीमत लोच भिन्न-भिन्न होती है। सीधी मांग वक्र रेखा के **मध्य बिन्दु पर मांग की लोच इकाई के बारबर,** मध्य बिन्दु से ऊपर इकाई से अधिक अर्थात लोचदार तथा मध्य बिन्दु से नीचे इकाई से कम अर्थात बेलोचदार होती है। जिस बिन्दु पर मांग वक्र X—अक्ष को छूता है वहां पर कीमत लोच शून्य अर्थात पूर्णत: बेलोचदार तथा जहां यह Y—को

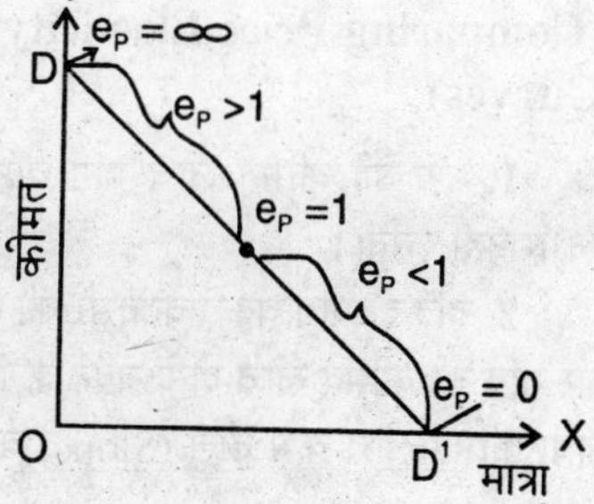

छूता है वहां पर कीमत लोच अनन्त अर्थात पूर्णत: लोचदार होगी। इन सभी को उपरोक्त रेखाचित्र की सहायता से दिखाया गया है।

मांग की चाप लोच
(Arc Elasticity of Demand)

ऊपर मांग की बिन्दु कीमत लोच (Point Price Elasticity) की धारणा की व्याख्या की गई है। बिन्दु कीमत लोच में कीमत में परिवर्तन के फलस्वरूप मांग-मात्रा में परिवर्तन का वर्णन किया जाता है जबकि कीमत में परिवर्तन बहुत ही कम होता है। किन्तु जब कीमत में परिवर्तन काफी अधिक होता है तो हम मांग की कीमत लोच को बिन्दु विधि (Point method) से पूर्णतया सही माप नहीं कर सकते।

जब कीमत में परिवर्तन अधिक होता है अर्थात जब मांग वक्र के दो अधिक दूरी के बिन्दुओं के मध्य कीमत लोच की माप करनी होती है तो चाप लोच (Arc Elasticity) की धारणा का प्रयोग किया जाता है। चाप लोच में प्रारम्भिक तथा परिवर्तन के पश्चात् की कीमतों का औसत एवं प्रारम्भिक तथा परिवर्तन के पश्चात् की मांगी गई मात्राओं का औसत लिया जाता है। अत: मांग की चाप लोच मापने का निम्न सूत्र है—

$$e_p = \frac{\Delta Q}{\left(\frac{Q_1 + Q_2}{2}\right)} \div \frac{\Delta P}{\left(\frac{P_1 + P_2}{2}\right)}$$

$$= \frac{\Delta Q}{\Delta P} \times \frac{P_1 + P_2}{Q_1 + Q_2}$$

जहां ΔQ मांगी गई मात्रा में परिवर्तन है।

Q_1 प्रारम्भिक मांग मात्रा है।

Q_2 कीमत परिवर्तन के बाद की मांग मात्रा है।

ΔP कीमत में परिवर्तन है।

P_1 प्रारम्भिक कीमत है।

P_2 परिवर्तन के पश्चात की कीमत है।

दो मांग वक्र के कीमत लोच की तुलना
(Comparing Price Elasticity of Two Demand Curves)

1. मांग की कीमत लोच मांग वक्र के ढाल (Slope) पर निर्भर नहीं करती।

2. यदि दो मांग वक्र एक दूसरे को काटते हैं तो कटान बिन्दु पर मांग की कीमत लोच दोनों वक्रों के लिए अलग-अलग होगी तथा कीमत लोच कम ढाल (Slope) वाले (Flatter) मांग वक्र पर अधिक ढाल वाले मांग (Steeper) वक्र की अपेक्षा अधिक होगी।

3. एक दी हुई कीमत पर दो समानान्तर मांग वक्रों की कीमत लोच भिन्न-भिन्न होती हैं तथा दायीं ओर स्थित मांग वक्र की कीमत लोच, बायीं ओर स्थित मांग वक्र की कीमत लोच की अपेक्षा कम होगी। अन्य शब्दों में, जैसे-जैसे मांग वक्र दायीं ओर खिसकता (Shift) जाता है, एक दी हुई कीमत पर मांग की कीमत लोच भी घटती चली जाती है।

4. मांग में वृद्धि (Increase in demand) के फलस्वरूप जैसे-जैसे मांग वक्र दायीं ओर खिसकता (shift) चला जाता है, एक दी हुई मात्रा पर मांग की कीमत लोच भी बढ़ती चली जाती है।

मांग की प्रति-लोच
(Cross Elasticity of Demand)

विभिन्न वस्तुओं की मांग प्राय: एक दूसरे से सम्बन्धित होती है जिसके फलस्वरूप जब एक वस्तु की कीमत में परिवर्तन होता है तो अन्य वस्तु की मांग भी बदल जाती है जबकि उसकी अपनी मांग स्थिर रहती है। **एक वस्तु की कीमत परिवर्तन से अन्य वस्तु की मांग मात्रा में परिवर्तन मांग की प्रति-लोच का द्योतक है।**

जब वस्तु Y की कीमत के घटने से वस्तु X की मांग मात्रा बढ़ती है तो मांग की प्रति-लोच के गुणांक (Coefficient) को वस्तु X की मांग मात्रा में आनुपातिक परिवर्तन को वस्तु Y की कीमत में आनुपातिक परिवर्तन से विभाजित करके ज्ञात किया जा सकता है।

$$\text{वस्तु X की वस्तु Y के लिए प्रति-लोच} = \frac{\text{वस्तु X की मांग मात्रा में आनुपातिक परिवर्तन}}{\text{वस्तु Y की कीमत में आनुपातिक परिवर्तन}}$$

अथवा,

$$e_c = \frac{\frac{\Delta Q_x}{Q_x}}{\frac{\Delta P_y}{P_y}}$$

$$= \frac{\Delta Q_x}{Q_x} \div \frac{\Delta P_y}{P_y}$$

$$= \frac{\Delta Q_x}{\Delta P_y} \times \frac{P_y}{Q_x}$$

जहां e_c वस्तु X की वस्तु Y के लिए मांग की प्रति-लोच को दर्शाता है।

Q_x वस्तु X की आरम्भिक मांग-मात्रा को दर्शाता है।
ΔQ_x वस्तु X की मांग मात्रा में परिवर्तन को दर्शाता है।
P_x वस्तु Y की आरम्भिक कीमत को दर्शाता है।
ΔP_x वस्तु Y की कीमत में परिवर्तन को दर्शाता है।

स्थानापन्न तथा पूरक वस्तुओं की मांग की प्रतिलोच (Cross Elasticity of demand of substitutes and complementary goods)

जब दो वस्तुएं एक दूसरे की स्थानापन्न (substitutes) होती हैं तो एक वस्तु की कीमत के बढ़ने पर अन्य वस्तु की मांग में वृद्धि होती है। इसी प्रकार जब दो स्थानापन्न वस्तुओं में से एक की कीमत घटती है तो अन्य वस्तु की मांग कम हो जाएगी। अतएव दो स्थानापन्न वस्तुओं के बीच मांग की प्रतिलोच (Cross Elasticity of demand) **धनात्मक** (Positive) होती है। इसके विपरीत, जब दो वस्तुएं (Complementary goods) एक दूसरे की पूरक वस्तुएं हैं जैसा कि रोटी और मक्खन, चाय और दूध आदि तो एक वस्तु की कीमत बढ़ने पर दूसरी वस्तु की मांग में कमी हो जाएगी तथा एक की कीमत घट जाने पर दूसरे वस्तु की मांग में वृद्धि हो जाएगी। अत: दो पूरक वस्तुओं के मध्य मांग की प्रति-लोच **ऋणात्मक** (Negative) होती है। अत: मांग की प्रतिलोच पर आधारित वर्गीकरण के अनुसार दो वस्तुएं स्थानापन्न होती हैं जब उनके मध्य प्रतिलोच धनात्मक होती है और वे पूरक होती हैं यदि उनमें प्रतिलोच ऋणात्मक होती है।

मांग की लोच को प्रभावित करने वाले कारक (Factors Influencing Elasticity of Demand)

मांग की लोच को प्रभावित करने वाले विभिन्न कारक निम्नलिखित हैं—

1. स्थानापन्न वस्तुओं की उपलब्धि (Availability of Substitute Goods) : किसी वस्तु की यदि स्थानापन्न वस्तुएं उपलब्ध हैं तो उसकी मांग लोचदार होगी। उदाहरण के तौर पर, यदि ब्रुक बॉण्ड चाय की कीमत बढ़ जाती है तो उपभोक्ता लिप्टन चाय का इस्तेमाल करना शुरु कर देगा, अत: ब्रुक बॉण्ड चाय की मांग में काफी कमी आ जाएगी। यदि एक वस्तु की स्थानापन्न वस्तुएं उपलब्ध नहीं हैं तो इसकी मांग बेलोच होगी।

2. वस्तु की प्रकृति (Nature of the commodity) : अनिवार्य वस्तुओं की मांग बेलोच होती है जबकि विलासिता की वस्तुओं की मांग की लोच अधिक लोचदार होती है।

3. वस्तु पर खर्च किए जाने वाले आय का भाग (Part of the income spent) : यदि उपभोक्ता किसी वस्तु पर अपनी आय का सूक्ष्म भाग खर्च करता है, तो उस वस्तु की मांग बेलोच होगी लेकिन यदि उपभोक्ता किसी वस्तु पर अपनी आय का बहुत बड़ा हिस्सा खर्च करता है तो उसकी मांग लोचदार होगी।

4. वस्तु के विविध उपयोग (Varied uses of the Commodity) : यदि एक वस्तु का प्रयोग एक से अधिक उपयोगों में किया जाता है, तो इसकी मांग लोचदार होगी। जिस प्रकार, बिजली का प्रयोग रोशनी के लिए, कमरा गर्म करने के लिए, भोजन पकाने के लिए किया जाता है। यदि बिजली की प्रति-इकाई कीमत बढ़ जाती है तो इसका उपयोग अति आवश्यक कार्यों, जैसे रोशनी, के लिए ही किया जाएगा। अत: बिजली की मांग कम हो जाएगी।

5. उपभोक्ता व्यवहार (Consumer's behaviour) : यदि किसी वस्तु का उपभोग करने की उपभोक्ता की आदत पड़ गई है तो उसकी मांग बेलोच होगी।

6. वस्तु के उपयोग का स्थगन (Postponement of the use of the Commodity) : जिस वस्तु के उपभोग को स्थगित किया जा सकता है, उसकी मांग लोच उस वस्तु से अधिक लोचदार होती है जिसके उपभोग का स्थगन नहीं किया जा सकता। यदि सन्तरों की कीमत बढ़ जाती है तो उनके उपभोग को स्थगित किया जा सकता है लेकिन औषधि की कीमत बढ़ जाने पर हम इसके उपभोग को स्थगित नहीं कर सकते। अत: संतरे की मांग लोचदार है जबकि औषधि की मांग बेलोच होती है।

7. समय-तत्त्व (Time) : दीर्घकाल की अपेक्षा अल्पकाल में मांग की कीमत लोच कम होती है।

मांग की आय-लोच (Income Elasticity of Demand)

वस्तु की मांग केवल कीमत पर ही निर्भर नहीं करती, यह आय पर भी निर्भर करती है। **मांग की आय लोच हमें यह बताती है कि किसी की आय में एक निश्चित प्रतिशत परिवर्तन के फलस्वरूप उसकी किसी वस्तु के लिए मांग में कितना प्रतिशत परिवर्तन होता है।** मांग की आय लोच को निम्न प्रकार से व्यक्त किया जा सकता है—

$$\text{आय लोच} = \frac{\text{मांग में प्रतिशत परिवर्तन}}{\text{आय में प्रतिशत परिवर्तन}}$$

$$= \frac{\dfrac{\text{मांग में परिवर्तन}}{\text{आरम्भिक मांग की मात्रा}} \times 100}{\dfrac{\text{आय में परिवर्तन}}{\text{आरम्भिक आय}} \times 100}$$

यदि M = आरम्भिक आय

ΔM = आय में परिवर्तन

Q = आरम्भिक मांग की मात्रा

ΔQ = मांग-मात्रा में परिवर्तन

e_i = आय लोच

तो,

$$e_i = \frac{\frac{\Delta Q}{Q} \times 100}{\frac{\Delta M}{M} \times 100} = \frac{\Delta Q}{Q} \times \frac{M}{\Delta M}$$

$$= \frac{\Delta Q}{\Delta M} \times \frac{M}{Q}$$

आय लोच तथा वस्तु पर व्यय किया गया आय का अनुपात (Income elasticity and Proportion of Income spent on a good)

एक वस्तु की आय लोच और उस पर व्यय किए गए आय के अनुपात में बड़ा घनिष्ठ सम्बन्ध है। दोनों में सम्बन्ध को निम्न तीन सूत्रों द्वारा प्रकट किया जा सकता है—

1. यदि आय में वृद्धि होने पर वस्तु पर व्यय की गई आय का अनुपात समान रहता है तो वस्तु की आय लोच इकाई के बराबर होती है। ($e_i = 1$)

2. यदि आय में वृद्धि होने पर वस्तु पर व्यय की गई आय का अनुपात बढ़ता है तो वस्तु की आय लोच इकाई से अधिक होती है। ($e_i > 1$)

3. यदि आय में वृद्धि होने पर व्यय की गई आय का अनुपात घटता है तो वस्तु की आय लोच इकाई से कम होती है। ($e_i < 1$)

आय लोच, सामान्य तथा घटिया वस्तुएं (Income Elasticity, Normal and Inferior Goods)

किसी वस्तु की शून्य आय लोच का तात्पर्य यह है कि उपभोक्ता की आय घटने-बढ़ने के साथ उस वस्तु की मांग मात्रा अथवा उस पर किए गए व्यय में कोई परिवर्तन नहीं होता। दूसरे शब्दों में, शून्य आय लोच की स्थिति में उपभोक्ता की मौद्रिक आय में वृद्धि के बावजूद भी वस्तु पर किए जाने वाले व्यय में कोई परिवर्तन नहीं होता है। शून्य आय लोच धनात्मक आय लोच तथा ऋणात्मक आय लोच के बीच एक विभाजन रेखा का कार्य करती है। जब किसी वस्तु की आय लोच शून्य से अधिक होती है [अर्थात यह धनात्मक (Positive) होती है] तो आय में वृद्धि से उस वस्तु की मांग बढ़ती है। ऐसी वस्तु को **सामान्य वस्तुएं** (normal goods) कहा जाता है। अत: सामान्य वस्तुओं की अवस्था में आय लोच धनात्मक होती है। दूसरी ओर वे वस्तुएं जिनकी आय लोच शून्य से कम होती है अर्थात ऋणात्मक (negative) होती है तो इन्हें **घटिया अथवा निम्न वस्तु** (inferior goods) कहा जाता है। उपभोक्ता की आय बढ़ने पर इन घटिया अथवा हीन वस्तुओं की मांग घटती है।

आय लोच, विलासिता तथा आवश्यक वस्तुएं (Income Elasticity, Luxuries and Necessities)

मांग की आय लोच के इकाई मूल्य का भी बड़ा महत्त्व है क्योंकि इससे हमें विलासिता की वस्तुओं तथा आवश्यक वस्तुओं को परिभाषित करने तथा उनमें अन्तर करने में सहायता मिलती है। जैसा कि हम जानते हैं कि जब उपभोक्ता की आय बढ़ने के साथ किसी वस्तु पर व्यय की गई राशि तथा आय का अनुपात स्थिर रहता है तो उस वस्तु की मांग की आय लोच इकाई के बराबर होती है। वे वस्तुएं जिनकी आय लोच इकाई से अधिक होती है **विलासिता की वस्तुएं** (luxuries of goods) कही जाती है। इसके विपरीत, वह वस्तु जिसकी आय लोच इकाई से कम होती है और जिस पर आय बढ़ने पर आय का पहले से कम अनुपात व्यय किया जाता है **आवश्यक वस्तु** (necessity goods) कही जाती है।

प्रतिस्थापन लोच (The Elasticity of Substitution)

दो वस्तुओं के बीच प्रतिस्थापन लोच इस बात का संकेत करती है कि एक वस्तु की स्थानापत्ति दूसरी वस्तु के द्वारा किस सीमा तक हो सकती है जबकि उपभोक्ता की कुल संतुष्टि में कोई परिवर्तन न हो (The elasticity of substitution between two goods is a measure of the case with which one can be substituted for the other)। जिस प्रकार मांग की कीमत लोच कीमत प्रभाव (Price effect) का सापेक्ष माप है, आय लोच आय प्रभाव (Income effect) का सापेक्ष माप है उसी प्रकार प्रतिस्थापन लोच प्रतिस्थापन प्रभाव (substitution effect) का सापेक्ष माप है।

जब एक वस्तु का दूसरी वस्तु द्वारा प्रतिस्थापित करना कठिन होता है तो दो वस्तुओं के अनुपात में थोड़ा-सा परिवर्तन उनके बीच प्रतिस्थापन की सीमान्त दर (marginal rate of substitution) में बहुत अधिक परिवर्तन ला देगा। जब दो वस्तुओं के बीच प्रतिस्थापन सुगम होता है तो उपभोक्ता के पास उनके अनुपात में थोड़े-से परिवर्तन से उनके बीच प्रतिस्थापन की सीमान्त दर में अधिक परिवर्तन नहीं होगा। इस प्रकार स्पष्ट है कि दो

वस्तुओं के अनुपात में परिवर्तन और उनके फलस्वरूप प्रतिस्थापन की सीमान्त दर में परिवर्तन में परस्पर सम्बन्ध से प्रतिस्थापन लोच का पता चला सकता है। अत: प्रतिस्थापन लोच को निम्न प्रकार से व्यक्त किया जा सकता है—

$$\text{प्रतिस्थापन लोच} = \frac{\text{दो वस्तुओं के अनुपात में प्रतिशत परिवर्तन}}{\text{वस्तुओं में प्रतिस्थापन की सीमान्त दर में प्रतिशत परिवर्तन}}$$

$$e_{\Delta} = \frac{\Delta\left(\frac{q_x}{q_y}\right)}{\frac{q_x}{q_y}} \div \frac{\Delta\left(\frac{\Delta Y}{\Delta X}\right)}{\frac{\Delta Y}{\Delta X}}$$

जहां पर e_{Δ} = प्रतिस्थापन लोच

$\frac{q_x}{q_y}$ = वस्तु X और Y का अनुपात

$\Delta\left(\frac{q_x}{q_y}\right)$ = वस्तु X और Y के अनुपात में थोड़ा सा परिवर्तन

$\frac{\Delta Y}{\Delta X}$ = वस्तु X की Y के साथ आरम्भिक प्रतिस्थापन की सीमान्त दर

$\Delta\left(\frac{\Delta Y}{\Delta X}\right)$ = प्रतिस्थापन की सीमान्त दर में परिवर्तन

यदि दो वस्तुएं X और Y एक दूसरे के **पूर्ण स्थानापन्न** (Perfect substitute) हैं तो उनके बीच **प्रतिस्थापन लोच अनन्त** (infinity) होती है। यदि वस्तुएं एक दूसरे के **निकटतम स्थानापन्न** (close substitutes) है तो उनके बीच प्रतिस्थापन लोच **बहुत अधिक** होगी। इसके विपरीत यदि वस्तुएं एक दूसरी की पूर्णपूरक (Perfect complements) हैं तो उनके बीच प्रतिस्थापन लोच का मान **शून्य** (Zero) होगा।

मूल्य लोच, आय लोच तथा प्रतिस्थापन लोच में परस्पर संबंध (Relation between price elasticity, income elasticity and substitution elasticity)

तीनों लोचों के बीच परस्पर सम्बन्ध को एक गणितीय सूत्र के रूप में निम्न प्रकार से व्यक्त किया जा सकता है—

$$e_p = k_x e_i + (I - k_x)\, e_s$$

जहां e_p = मांग की कीमत लोच

e_i = मांग की आय लोच

e_s = X की अन्य वस्तुओं से प्रतिस्थापन लोच

k_x = आय का अनुपात जो वस्तु X पर व्यय किया गया

पूर्ति की लोच (Elasticity of Supply)

किसी वस्तु की कीमत में हुए परिवर्तन के प्रति विक्रेताओं की अनुक्रिया शीलता (Responsiveness) को पूर्ति की लोच कहकर परिभाषित किया जा सकता है। एक वस्तु की पूर्ति की लोच वस्तु की कीमत में परिवर्तन होने के कारण वस्तु की पूर्ति में आनुपातिक परिवर्तन की प्रवृत्ति को प्रदर्शित करती है। **कीमत परिवर्तन** के परिणाम स्वरूप वस्तु की पूर्ति बढ़ सकती है अथवा घट सकती है। कीमत-परिवर्तन के परिणाम स्वरूप जिस सीमा तक वस्तु की पूर्ति बढ़ती है अथवा घटती है, उसे पूर्ति की लोच कहते हैं। पूर्ति की लोच को निम्न सूत्र से मापा जा सकता है—

$$\text{पूर्ति की लोच} = \frac{\text{पूर्ति की मात्रा में प्रतिशत परिवर्तन}}{\text{कीमत में प्रतिशत परिवर्तन}}$$

$$E_s = \frac{\Delta Q}{Q} \div \frac{\Delta P}{P}$$

$$= \frac{\Delta Q}{\Delta P} \times \frac{P}{Q}$$

जहां E_s = पूर्ति की लोच

ΔQ = पूर्ति की मात्रा में परिवर्तन

ΔP = कीमत में परिवर्तन

P = आरम्भिक कीमत

Q = आरम्भिक पूर्ति की मात्रा

पूर्ति की लोच पूर्ति वक्र की ढाल के प्रावण्य (Steepness) को निर्धारित करती है। वक्र की ढाल जितनी अधिक खड़ी (Steep) होती है, उतनी ही अधिक पूर्ति बेलोच होती है। यदि पूर्ति पूर्णतया बेलोच (Perfectly inelastic) है तो इसे एक सीधी उदग्र रेखा (Vertical straight line) द्वारा निरूपित किया जाता है जो कि Y—अक्ष के समानान्तर होती है। यदि पूर्ति पूर्णतया लोचदार (Perfectly elastic) है तो इसे X—अक्ष के समानान्तर एक सीधी क्षैतिज रेखा (Horizontal straight line) द्वारा व्यक्त किया जाता है। जब पूर्ति की लोच इकाई से अधिक ($E_s > 1$) होती है तो वस्तु की पूर्ति को लोचदार कहा जाता है। इसके विपरीत, जब पूर्ति की लोच इकाई से कम ($E_s < 1$) होती है तब वस्तु की पूर्ति को बेलोच कहा जाता है। **यदि पूर्ति वक्र मूल बिन्दु (Point of origin—O) से होकर गुजरता है तो यह इकाई के बराबर पूर्ति लोच ($E_s = 1$) को प्रकट करता है।**

पूर्ति की लोच को प्रभावित करने वाले कारक (Factors Determining elasticity of Supply)

एक वस्तु की पूर्ति की लोच अनेक कारकों से प्रभावित होती है, इनमें से प्रमुख कारक निम्नलिखित हैं—

1. उत्पादन लागत
2. भावी कीमतों में परिवर्तन
3. वस्तु की प्रकृति
4. समय तत्त्व

ऐंजिल वक्र (Engel Curve)

ऐंजिल वक्र वस्तु विशेष की मांगी गई मात्रा तथा उपभोक्ता की आय के बीच सम्बन्ध को प्रदर्शित करता है। चूंकि आय में वृद्धि होने से सामान्यत: वस्तु की अधिक मात्रा की मांग की जाती है अत: ऐंजिल वक्र का ढाल धनात्मक होता है। भिन्न-भिन्न वस्तुओं के लिए ऐंजिल वक्र की आकृति भिन्न-भिन्न होती है। अन्य शब्दों में, आवश्यक, विलासिता अथवा घटिया वस्तुओं के लिए एंजिल वक्र की आकृति (shape) भिन्न-भिन्न होता है।

आवश्यक वस्तुओं की स्थिति में **ऐंजिल वक्र उन्नतोदर (Convex)** होता है क्योंकि मांगी गई मात्रा में वृद्धि का अनुपात आय में वृद्धि के अनुपात से कम होता है। इस प्रकार के ऐंजिल वक्र का ढाल (slope) आय में वृद्धि के साथ बढ़ता है जो यह सूचित करता है कि आय में प्रत्येक समान वृद्धि होने पर वस्तु की खरीदी गई मात्रा में होने वाली वृद्धि क्रमश: घटती जाती है। **अन्य शब्दों** में, आवश्यक वस्तुओं की स्थिति में उपभोग आय में वृद्धि की अपेक्षा कम बढ़ता है। आवश्यक वस्तुओं के लिए ऐंजिल वक्र को निम्न रेखाचित्र द्वारा दिखाया गया है।

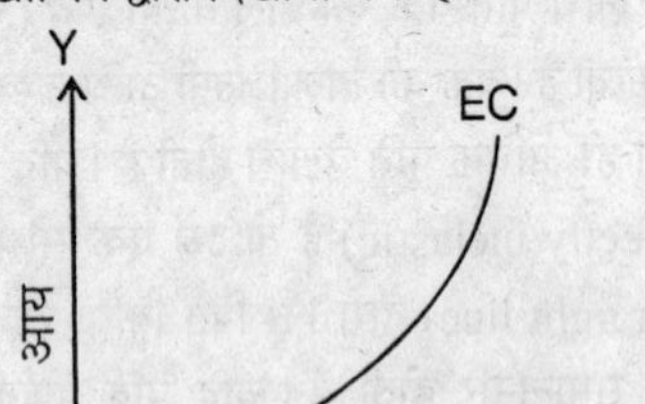

रेखाचित्र : *आवश्यक वस्तुओं की दशा में ऐंजिल वक्र*

विलासिता वस्तुओं की स्थिति में ऐंजिल वक्र **नतोदर (concave)** होता है क्योंकि वस्तुओं की मांगी गई मात्रा में वृद्धि का अनुपात आय में वृद्धि के अनुपात से अधिक होता है। इस प्रकार के ऐंजिल वक्र को निम्न रेखाचित्र द्वारा दर्शाया गया है।

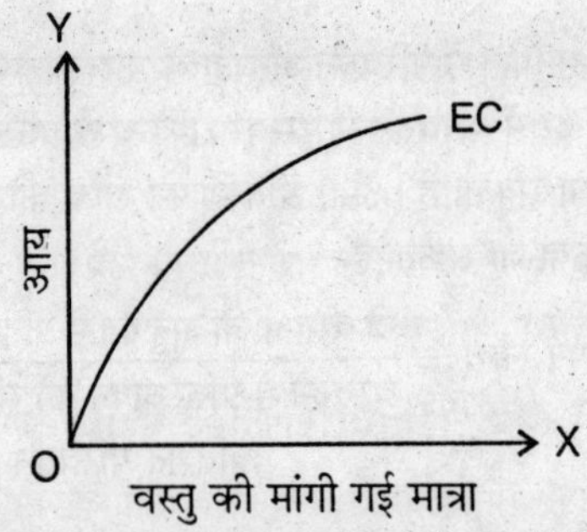

रेखाचित्र : *विलासिता की वस्तुओं की स्थिति में ऐंजिल वक्र*

निम्न अथवा हीन वस्तुओं (Inferior goods) की स्थिति में आय में वृद्धि के साथ वस्तु का उपभोग घटता है। रेखाचित्र में एक निम्न अथवा हीन वस्तु का ऐंजिल वक्र खींचा गया है जो कि पीछे की ओर मुड़ता हुआ (Back ward Bending) है तथा एक निश्चित आय के स्तर के बाद ऋणात्मक ढाल वाला होता है।

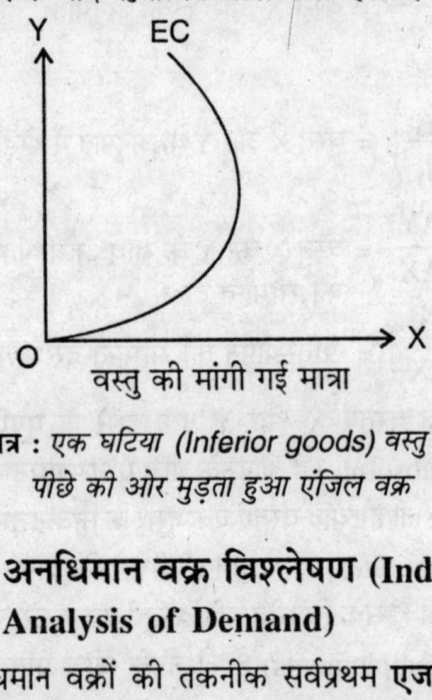

रेखाचित्र : *एक घटिया (Inferior goods) वस्तु के लिए पीछे की ओर मुड़ता हुआ एंजिल वक्र*

मांग का अनधिमान वक्र विश्लेषण (Indifference Curves Analysis of Demand)

अनधिमान वक्रों की तकनीक सर्वप्रथम **एजवर्थ** (Edge worth) ने निकाली थी किन्तु उसने अनधिमान वक्रों की सहायता से मांग का विश्लेषण नहीं किया। एजवर्थ के अतिरिक्त फिशर (Fisher), परेटो (Pareto), जॉनसन (Johnson) ने भी अनधिमान वक्रों का प्रयोग किया। किन्तु अनधिमान वक्रों (Indifference Curves) को अधिक विस्तृत रूप से उपभोक्ता की मांग का विश्लेषण करने के लिए **जे.आर. हिक्स** (J.R. Hicks) और **आर.जी.डी. ऐलन** (R.G.D. Allen) ने प्रयोग किया। उन्होंने संयुक्त रूप से एक निबन्ध प्रकाशित किया जिसमें उन्होंने मार्शल के उपयोगिता विश्लेषण की कटु आलोचना की। सन् 1939 में हिक्स ने अपनी **'वैल्यू एण्ड कैपीटल'** (Value and Capital) नामक

पुस्तक में अनधिमान वक्रों की सहायता से उपभोक्ता की मांग की पहले से अधिक विस्तृत और गहन रूप से व्याख्या की। आधुनिक समय में उपभोक्ता की मांग की व्याख्या करने के लिए अनधिमान वक्रों की पद्धति को मार्शल के गणनावाचक उपयोगिता विश्लेषण से अधिक श्रेष्ठ तथा उत्कृष्ट माना जाता है।

अनधिमान वक्र (Indifference Curves)

एक अनधिमान वक्र दो वस्तुओं के उन विभिन्न संयोगों को व्यक्त करता है जो उपभोक्ता को समान संतुष्टि देते हैं। चूंकि एक अनधिमान वक्र पर स्थित सभी संयोग उपभोक्ता को समान संतुष्टि देते हैं अत: उपभोक्ता उन संयोगों के प्रति उदासीन (indifferent) अथवा तटस्थ होगा अर्थात उसके लिए यह उदासीनता की बात होगी कि अनधिमान वक्र पर स्थित कोई भी वस्तुओं का संयोग उसे मिल जाए। इसलिए अनधिमान वक्रों को **सम-संतुष्टि वक्र** (Iso-Utility Curves) भी कहा जाता है। यहां पर ध्यान देने योग्य बात यह है कि अनधिमान वक्र पद्धति **क्रम वाचक उपयोगिता** (Ordinal Utility) की धारणा पर आधारित है जिसके अनुसार उपभोक्ता को विभिन्न वस्तुओं या वस्तुओं के विभिन्न संयोगों से जो संतुष्टि प्राप्त हो रही है उनकी केवल तुलना की जा सकती है। उदासीनता वक्र विश्लेषण तो केवल इतना ही बताता है कि वस्तुओं के एक संयोग से प्राप्त उपयोगिता दूसरे संयोग से प्राप्त उपयोगिता के समान है, कम है या अधिक है। किन्तु वह यह नहीं बता सकता कि उपयोगिता का एक स्तर किसी दूसरे स्तर की तुलना में कितना कम या अधिक है।

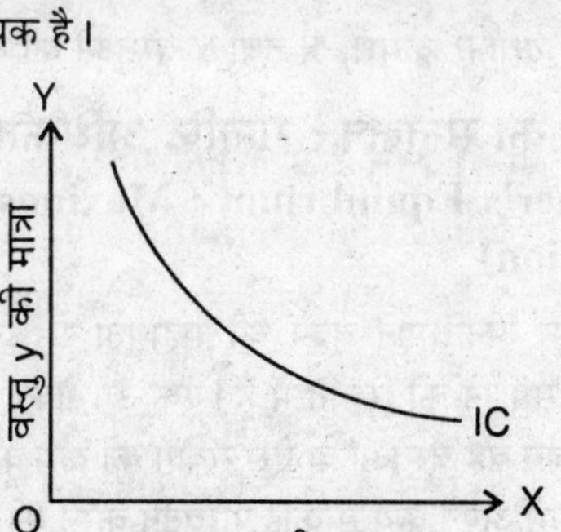

रेखाचित्र : *अनधिमान वक्र*

रेखाचित्र में अनधिमान या उदासीनता वक्र (Indifference curve) IC को दिखाया गया है। इस रेखाचित्र में वस्तु X की मात्रा को X—अक्ष पर मापा गया है और वस्तु Y की मात्रा को Y—अक्ष पर मापा गया है। अनधिमान वक्र IC पर स्थित वस्तुओं के प्रत्येक संयोग से उपभोक्ता को समान संतुष्टि प्राप्त होती है। अनधिमान वक्र के सतत (continuous) होने का अर्थ यह है कि वस्तुओं को पूर्णतया विभाज्य (divisible) माना गया है।

प्रतिस्थापन की सीमान्त दर (Marginal Rate of Substitution)

यह धारणा अनधिमान वक्र विश्लेषण एवं उपभोक्ता मांग के आधुनिक सिद्धान्त का आधार है। प्रतिस्थापन की सीमान्त दर की परिभाषा हम इस प्रकार दे सकते हैं—

वस्तु X की वस्तु Y के लिए प्रतिस्थापन की सीमान्त दर वस्तु Y की वह मात्रा है जिसको वस्तु X की एक अतिरिक्त इकाई प्राप्त करने के लिए उपभोक्ता त्याग करने को तैयार होता है जिससे सन्तुष्टि का स्तर स्थिर रहे। वस्तु X की वस्तु Y के लिए प्रतिस्थापन की सीमान्त दर को निम्न प्रकार से भी लिखा जा सकता है—

$$MRS_{xy} = \frac{\Delta Y}{\Delta X}$$

जहां MRS_{xy} X की Y के लिए प्रतिस्थापन की सीमान्त दर है तथा ΔY वस्तु Y की उस मात्रा को दर्शाता है जो उपभोक्ता वस्तु X के ΔX के बदले में त्यागने को तैयार होता है। चूंकि X वस्तु की मात्रा में वृद्धि के साथ Y वस्तु की मात्रा घटती चली जाती है, इसलिए प्रतिस्थापन की सीमान्त दर सदैव ऋणात्मक (Negative) होती है। प्रतिस्थापन की सीमान्त दर किसी विशेष बिन्दु पर अनधिमान वक्र की ढाल (slope) को व्यक्त करता है।

प्रतिस्थापन की सीमान्त दर तथा सीमान्त उपयोगिता में सम्बन्ध (The Relationship between Marginal Rate of Substitution and Marginal Utility)

दो वस्तुओं के बीच प्रतिस्थापन की सीमान्त दर उनके सीमान्त उपयोगिता के अनुपात के बराबर होता है। इसको निम्न प्रकार से व्यक्त किया जा सकता है—

$$\text{प्रतिस्थापन की सीमान्त दर } (MRS_{xy}) = \frac{MU_x}{MU_y}$$

जहां MU_x तथा MU_y क्रमशः X तथा Y वस्तु की सीमान्त उपयोगिता हैं।

अनधिमान वक्र विश्लेषण की मान्यता (Assumptions of indifference curve analysis)

1. अनधिमान वक्र-विश्लेषण यह मानकर चलता है कि क्रय करते समय उपभोक्ता **युक्ति-युक्त पूर्ण ढंग (Rational**

manner) से व्यवहार करता है अर्थात वह वस्तुओं के उन संयोग का क्रय करता है जिससे उसे अधिकतम संतुष्टि मिले।

2. इस विश्लेषण की दूसरी मान्यता है कि उपभोक्ता वस्तुओं तथा उनके संयोगों को संतुष्टि की दृष्टि से **क्रम** (Ordering of ranking) देने में सक्षम होता है।

3. तीसरी मान्यता यह है कि उपभोक्ता के अधिमान **सकर्मक (transitive)** होते हैं। इसका अर्थ यह है कि यदि उपभोक्ता किसी वस्तु A को वस्तु B से अधिक श्रेष्ठ मानता है अर्थात उसे अधिमान (Preferences) देता है और वस्तु B को वस्तु C की तुलना में अधिक पसन्द करता है, तो वह वस्तु A को वस्तु C की तुलना में अधिक अधिमान देगा।

4. अनधिमान वक्र विश्लेषण प्रतिस्थापन की **ह्रासमान सीमान्त दर** (Diminishing Marginal Rate of Substitution) की मान्यता पर आधारित है। इसका अर्थ यह है कि जब उपभोक्ता किसी एक वस्तु की अधिक से अधिक मात्रा का उपभोग करेगा तो वह इस वस्तु को प्राप्त करने के लिए दूसरी वस्तु की घटती मात्रा ही त्यागने के लिए तैयार होगा।

अनधिमान वक्रों की विशेषताएं (Properties of indifference curves)

अनधिमान वक्र की विशेषताएं निम्नलिखित हैं—

1. अनधिमान वक्रों (Indifference Curves) की ढाल ऋणात्मक (Negative) होती है अर्थात वे बायें से दायें नीचे की ओर झुके हुए होते हैं।

2. अनधिमान वक्र मूल बिन्दु की ओर उत्तल (Convex) होते हैं।

3. कोई भी दो अनधिमान वक्र एक-दूसरे को काट नहीं सकते।

4. प्रत्येक दायीं ओर स्थित अनधिमान वक्र अपनी बायीं ओर स्थित अनधिमान वक्र की तुलना में अधिक सन्तुष्टि को व्यक्त करता है।

5. यह आवश्यक नहीं है कि अनधिमान-वक्र एक-दूसरे के समानान्तर हों।

बजट रेखा (Budget Line)

बजट रेखा दो वस्तुओं के उन सभी संयोगों को प्रदर्शित करती है जिन्हें एक उपभोक्ता अपनी दी हुई मौद्रिक आय को दो वस्तुओं की दी हुई कीमतों पर व्यय करके खरीद सकता है।

बजट रेखा को गणितीय के रूप में निम्न प्रकार से लिखा जा सकता है—

$$P_x . X + P_y . Y = M$$

जहां P_x तथा P_y क्रमश: X तथा Y वस्तुओं की कीमतें तथा M उपभोक्ता की मौद्रिक आय को व्यक्त करता है।

बजट रेखा को निम्न रेखाचित्र द्वारा दर्शाया गया है—

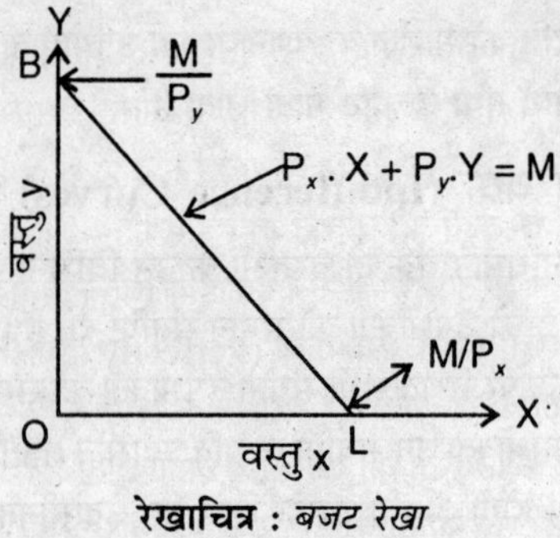

रेखाचित्र : *बजट रेखा*

जहां BL बजट रेखा है।

बजट रेखा बजट सीमा (Budget Constraint) को प्रदर्शित करती है। बजट रेखा के दाहिनी ओर पड़ने वाली वस्तुओं के संयोग का क्रय करना उपभोक्ता के लिए संभव नहीं होते हैं क्योंकि उपभोक्ता के पास इतनी पर्याप्त आय नहीं होती है कि वह उन्हें खरीद सके। आय तथा वस्तुओं की कीमतें दी होने पर बजट रेखा के बायीं ओर स्थित किसी भी संयोग को उपभोक्ता खरीद सकता है। बजट रेखा की ढाल (slope) दोनों वस्तुओं की कीमतों के अनुपात के बराबर होती है अर्थात—

$$\text{बजट रेखा BL की ढाल (slope)} = \frac{P_x}{P_y}$$

जहां P_x तथा P_y क्रमश: X तथा Y वस्तुओं की कीमत है।

उपभोक्ता का सन्तुलन : सन्तुष्टि अधिकतम करना (Consumer's Equilibrium : Maximising Satisfaction)

अब हम अनधिमान वक्रों की सहायता से उपभोक्ता के सन्तुलन को समझने की स्थिति में हैं। एक उपभोक्ता सन्तुलन में तब होता है जब वह वस्तुओं के ऐसे संयोग को क्रय कर रहा होता है जिससे उसमें अपने क्रय में कोई परिवर्तन करने की प्रवृत्ति नहीं होती।

उपभोक्ता के सन्तुलन की व्याख्या करने के लिए सर्वप्रथम निम्नलिखित मान्यताओं को लेते हैं—

1. उपभोक्ता अपनी सन्तुष्टि अधिकतम करने की चेष्टा करता है। दूसरे शब्दों में, उपभोक्ता को **विवेकशील** (rational) मान लिया गया है।

2. उपभोक्ता का एक दिया हुआ **अनधिमान मानचित्र**

(indifference map) है जो कि उसकी दो वस्तुओं के विभिन्न संयोगों के बीच **अधिमान क्रम** (scale of preferences) को प्रदर्शित करता है।

3. उपभोक्ता के पास दो वस्तुओं पर व्यय करने के लिए एक निश्चित मात्रा में मौद्रिक आय है तथा उसे अपनी इस समस्त आय को केवल इन्हीं दो वस्तुओं पर व्यय करना है।

4. दोनों वस्तुओं की कीमत दी हुई है।

5. प्रत्येक वस्तु की विभिन्न इकाईयां बिल्कुल एक जैसी हैं तथा प्रत्येक वस्तु **पूर्णतः विभाज्य** (Perfectly divisible) है।

उपभोक्ता के सन्तुलन को समझने के लिए उनके अनधिमान मानचित्र तथा बजट रेखा को एक साथ लाना होता है। आगे दर्शाए गए रेखाचित्र में उपभोक्ता के अनधिमान मानचित्र को बजट रेखा के साथ दिखाया गया है। वस्तु X की मात्रा को अक्ष—X पर लिया गया है और वस्तु Y की मात्रा को अक्ष—Y पर। दी हुई मुद्रा आय से तथा दो वस्तुओं की दी हुई कीमतों पर उपभोक्ता वस्तुओं का कोई भी संयोग जो बजट रेखा BL पर स्थित है क्रय कर सकता है। बजट रेखा BL पर स्थित है क्रय कर सकता है। बजट रेखा BL पर स्थित कोई भी संयोग समान मुद्रा लागत पर प्राप्त किया जा सकता है। दी हुई मुद्रा आय से तथा वस्तुओं की दी हुई कीमतों पर उपभोक्ता अपनी संतुष्टि अधिकतम करने के लिए अधिक ऊंचे अनधिमान वक्र पर पहुंचने की चेष्टा करेगा। लेकिन आय और कीमतों के बंधन उसे बजट रेखा (कीमत रेखा) BL पर वस्तुओं के संयोग के क्रय करने के लिए बाध्य करते हैं। रेखाचित्र से यह स्पष्ट है कि बजट रेखा BL पर वस्तुओं के जो संयोग स्थित हैं और जिन्हें उपभोक्ता अपनी दी हुई आय से खरीद सकता है, वे सभी समान अनधिमान वक्र पर स्थित नहीं हैं बल्कि विभिन्न अनधिमान वक्र पर स्थित हैं। सबसे ऊंचा अनधिमान जिस पर कि उपभोक्ता पहुंच सकता है वह है जिसको बजट रेखा BL स्पर्श करती है। वस्तुओं का कोई अन्य संयोग जो कि बजट रेखा BL पर स्थित है, नीचे के अनधिमान वक्र पर स्थित होगा और इसलिए वह स्पर्श बिन्दु वाले संयोग की तुलना में कम संतुष्टि देगा। रेखाचित्र में कीमत रेखा BL, अनधिमान वक्र IC_3 के बिन्दु Q पर स्पर्श करती है। IC_3 उच्चतम संभव अनधिमान वक्र है। इसलिए संयोग Q उपभोक्ता को अधिकतम संभव संतुष्टि प्रदान करेगा।

निस्संदेह अनधिमान वक्र IC_4 और IC_5 पर स्थित वस्तुओं के संयोग उपभोक्ता को Q की तुलना में अधिक संतुष्टि देंगे परन्तु दी हुई मुद्रा आय से तथा वस्तुओं की दी हुई कीमतों पर वे उपभोक्ता की क्रय शक्ति से बाहर हैं। इसलिए हम इस निष्कर्ष पर पहुंचते हैं कि एक दी हुई मुद्रा से तथा वस्तुओं की दी हुई कीमतों पर जिनको बजट रेखा BL व्यक्त करती है, उपभोक्ता बिन्दु Q जिस पर कि बजट रेखा BL अनधिमान वक्र IC_3 को स्पर्श करती है, संतुलन में होगा और अधिकतम संभव संतुष्टि प्राप्त करेगा। बिन्दु Q की संतुलन की स्थिति में उपभोक्ता वस्तु X की OM मात्रा और वस्तु Y की ON मात्रा क्रय करेगा।

स्पर्श बिन्दु Q पर बजट रेखा BL और अनधिमान वक्र IC_3 की ढालें (slopes) आपस में बराबर हैं। चूंकि अनधिमान वक्र की ढाल वस्तु X और Y के बीच प्रतिस्थापन की सीमान्त दर (Marginal rate fo substitution) को प्रकट करती है जबकि बजट रेखा की ढाल वस्तुओं की कीमतों के अनुपात को व्यक्त करती है। अतः संतुलन बिन्दु Q पर प्रतिस्थापन की सीमान्त दर

$$MRS_{xy} = \frac{\text{वस्तु X की कीमत}}{\text{वस्तु Y की कीमत}}$$

$$= \frac{P_x}{P_y}$$

इसलिए हम उपभोक्ता के संतुलन की पहली शर्त को इस प्रकार प्रकट कर सकते हैं कि उपभोक्ता संतुलन में वहां होता है जहां कि दी हुई बजट रेखा किसी अनधिमान वक्र को स्पर्श करती है अथवा जहां वस्तु X की Y के लिए प्रतिस्थापन की सीमान्त दर दो वस्तुओं की कीमतों के अनुपात के समान होती है।

उपभोक्ता के सन्तुलन के लिए आवश्यक द्वितीय श्रेणी की शर्त

(Second order Condition for Consumer's Equilibrium)

दी हुई बजट रेखा का किसी अनधिमान वक्र से स्पर्श करना अथवा दूसरे शब्दों में प्रतिस्थापन की सीमांत दर का दो वस्तुओं के कीमत अनुपात के बराबर होना उपभोक्ता के संतुलन की आवश्यक शर्त तो है, परन्तु पर्याप्त शर्त नहीं। एक अन्य शर्त भी है जो कि उपभोक्ता के संतुलन में होने के लिए अवश्य पूरी होनी चाहिए। दूसरी शर्त यह है कि संतुलन के बिन्दु पर अनधिमान वक्र मूल बिन्दु की ओर अवश्य ही **उत्तल (convex)** हो अथवा दूसरे शब्दों में वस्तु X की वस्तु Y के लिए प्रतिस्थापन की सीमांत दर संतुलन के बिन्दु पर अवश्य ही घट रही हो। **इस प्रकार उपभोक्ता के संतुलन के बारे में निम्नलिखित दो शर्तें पूरी होना आवश्यक है—**

1. दी हुई कीमत रेखा एक अनधिमान वक्र को अवश्य स्पर्श करती हो अथवा वस्तु X की वस्तु Y के लिए प्रतिस्थापन की सीमान्त दर दो वस्तुओं की कीमतों के अनुपात के सामन हो।

2. अनधिमान वक्र स्पर्श बिन्दु पर मूल बिन्दु की ओर उत्तल हो।

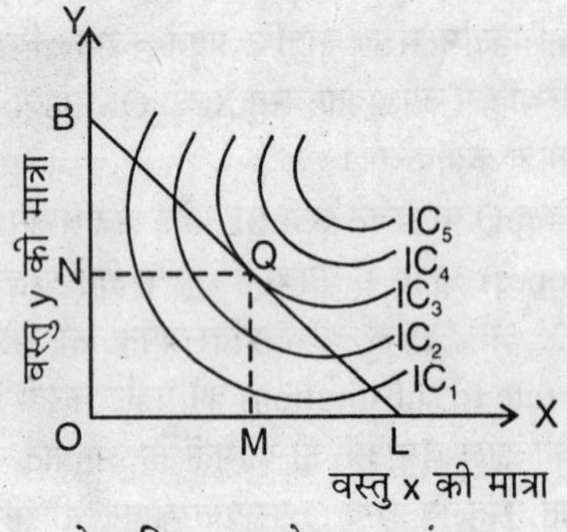

रेखाचित्र : *उपभोक्ता का संतुलन*

कीमत प्रभाव : कीमत उपभोग वक्र (Price Effect: Price Consumption Curve)

कीमत प्रभाव उपभोक्ता की किसी वस्तु की कीमत में परिवर्तन के फलस्वरूप उस समस्त प्रभाव को मापता है जो कि उस वस्तु की क्रय मात्रा पर पड़ता है। जबकि उपभोक्ता की आय, उसकी रुचियां और अन्य वस्तुओं की कीमतें समान रहती हैं। जब किसी वस्तु की कीमत में कमी या वृद्धि होती है तो उपभोक्ता की सन्तुष्टि में भी परिवर्तन होता है। दूसरे शब्दों में, वस्तु की कीमत के घटने पर उसका संतुलन एक उच्चतर अनधिमान वक्र पर होगा और यदि वस्तु की कीमत बढ़ती है तो वह इसके कारण नीचे के अनधिमान वक्र पर आ जाएगा। कीमत प्रभाव को रेखाचित्र में दिखाया गया है। वस्तु X और Y की दी हुई कीमतों और उपभोक्ता की दी हुई मुद्रा आय को बजट रेखा PL_1 व्यक्त करती है और उपभोक्ता अनधिमान वक्र IC_1 के बिन्दु Q पर संतुलन में है।

माना कि वस्तु X की कीमत घट जाती है जबकि वस्तु Y की कीमत और उपभोक्ता की मुद्रा आय समान रहती है। कीमत में इस परिवर्तन के फलस्वरूप बजट रेखा परिवर्तित होकर PL_2 हो जाएगी। अब उपभोक्ता ऊंचे अनधिमान वक्र IC_2 के बिन्दु R पर संतुलन में है और पहले की अपेक्षा वह वस्तु X की अधिक मात्रा तथा वस्तु Y की कम मात्रा क्रय कर रहा है। माना कि कीमत और घट जाती है जिससे कि बजट अथवा कीमत रेखा परिवर्तित होकर PL_3 हो जाती है। कीमत रेखा PL_3 से उपभोक्ता अधिमान वक्र IC_3 के बिन्दु S पर संतुलन में है। यदि वस्तु X की कीमत और घट जाती है जिससे कि बजट रेखा PL_4 बन जाती है तो उपभोक्ता अनधिमान वक्र IC_4 के बिन्दु T पर संतुलन की अवस्था को प्राप्त करता है। जब विभिन्न बिन्दुओं Q, R, S और T को परस्पर मिलाया जाता है तो हमें एक वक्र प्राप्त होता है जिसे **कीमत उपभोग वक्र** (Price Consumption Curve-PCC) कहते हैं। कीमत उपभोग वक्र कीमत प्रभाव को ही प्रकट करता है। यह इस बात को प्रकट करता है कि उपभोक्ता की रुचियां और मुद्रा आय स्थिर रहने पर वस्तु X की कीमत में परिवर्तन से उपभोक्ता द्वारा वस्तु X की क्रय मात्रा पर क्या प्रभाव पड़ता है। रेखाचित्र में कीमत उपभोग वक्र नीचे को झुका हुआ है। **नीचे को झुके हुए कीमत उपभोग वक्र का अर्थ है कि जब वस्तु X की कीमत घटती है तो उपभोक्ता उसकी अधिक मात्रा क्रय करता है और वस्तु Y की कम मात्रा।**

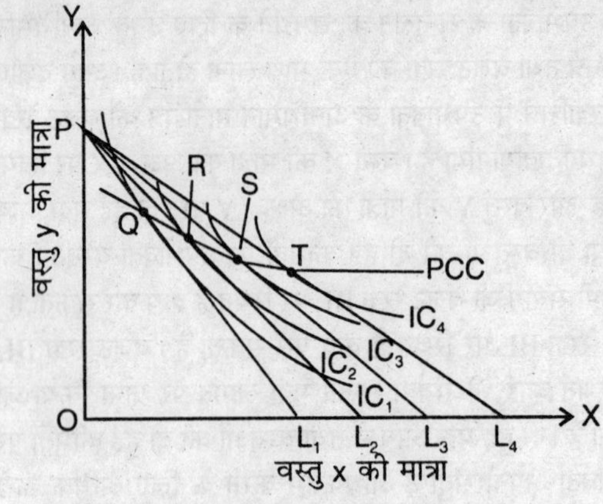

रेखाचित्र : *नीचे को झुकता हुआ कीमत उपभोग वक्र*

किन्तु नीचे को झुका हुआ कीमत उपभोग वक्र केवल एक संभावना है। कीमत उपभोग वक्र के अन्य भी कई रूप हो सकते हैं। रेखाचित्र A में ऊपर को चढ़ता हुआ कीमत उपभोग वक्र दिखाया गया है। **ऊपर को चढ़ते हुए कीमत उपभोग वक्र का अर्थ यह है कि जब वस्तु X की कीमत घटती है तो दोनों वस्तुओं X और Y की मांग मात्रा बढ़ती है।** कीमत उपभोग वक्र पीछे को भी मुड़ता हुआ हो सकता है। जैसा कि रेखाचित्र B में प्रदर्शित किया गया है। **वस्तु X के लिए पीछे को मुड़ता हुआ कीमत उपभोग वक्र इस बात को इंगित करता है कि जब वस्तु X की कीमत घटती है तो इसकी कम मात्रा मांगी अथवा खरीदी जाती है और जब उसकी कीमत बढ़ती है तो उसकी अधिक मात्रा खरीदी जाती है।**

किसी वस्तु के लिए कीमत उपभोग वक्र क्षितिज के समानान्तर सीधी रेखा भी हो सकता है। कीमत उपभोग वक्र के X—अक्ष के समानान्तर सरल रेखा का यह अर्थ है कि जब वस्तु X की कीमत घटती है तो इसकी खरीदी गई मात्रा बढ़ती है लेकिन वस्तु Y की खरीदी गई मात्रा स्थिर और समान रहती है। समानान्तर कीमत उपभोग रेखा को रेखाचित्र C में दिखाया गया है।

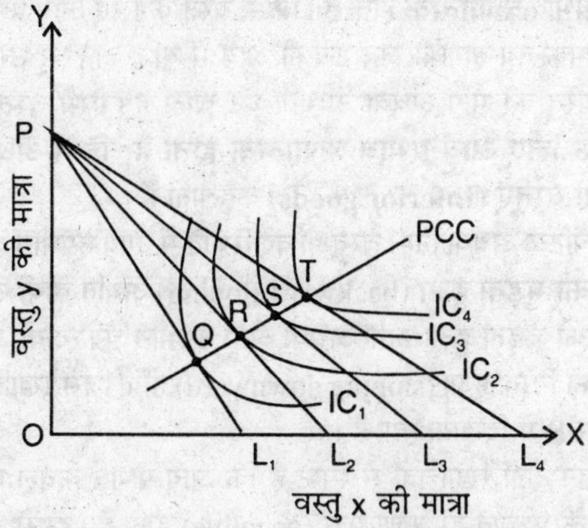

रेखाचित्र A : *ऊपर को बढ़ता हुआ कीमत उपभोग वक्र*

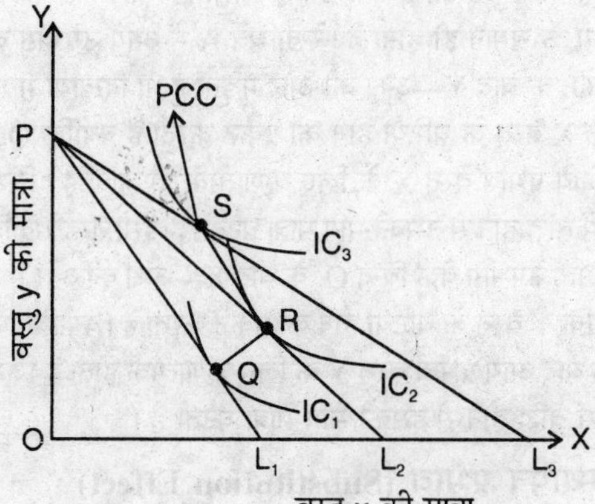

रेखाचित्र B : *पीछे को मुड़ता हुआ कीमत उपभोग वक्र*

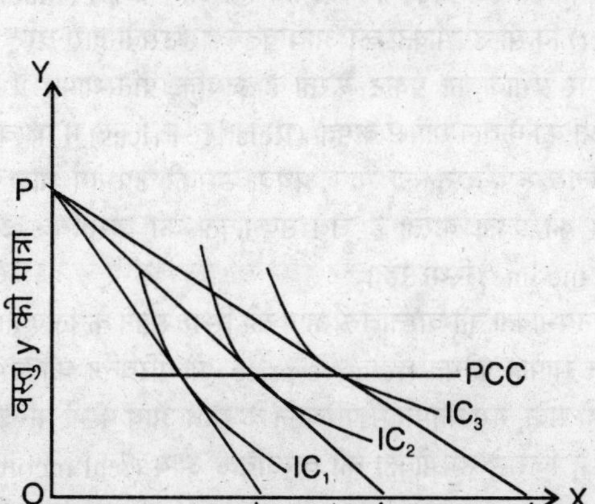

रेखाचित्र C : *X अक्ष के समानान्तर कीमत उपभोग वक्र*

आय प्रभाव : आय उपभोग वक्र (Income Effect: Income Consumption Curve)

अब हम इस बात का वर्णन करेंगे कि वस्तुओं की कीमतें तथा उपभोक्ता की रुचियां और अधिमान (Preferences) स्थिर रहने पर यदि उसकी मुद्रा-आय में परिवर्तन होता है तो उसके फलस्वरूप उसकी मांग अथवा वस्तुओं की खरीद पर क्या प्रभाव पड़ता है। **आय प्रभाव उपभोक्ता की आय में परिवर्तन से उसकी मांग पर प्रभाव को व्यक्त करता है।** आय प्रभाव को आगे रेखाचित्र में दर्शाया गया है।

वस्तुओं की कीमतें तथा आय दी हुई होने पर, जो कि बजट रेखा P_1L_1 में प्रकट होती है, उपभोक्ता अनधिमान वक्र IC_1 के बिन्दु Q_1 पर संतुलन में है। माना कि उपभोक्ता की आय बढ़ जाती है। फलस्वरूप बजट रेखा दायीं ओर खिसक कर P_2L_2 हो जाती है जो कि पहले वाले बजट रेखा (P_1L_1) के समानान्तर है। इस प्रकार बजट रेखा P_2L_2 पर उपभोक्ता अनधिमान वक्र IC_2 के बिन्दु Q_2 पर संतुलन में है और वह अब दोनों वस्तुओं की पहले की अपेक्षा अधिक मात्रा खरीद रहा है। चूंकि अब वह ऊंचे अनधिमान वक्र IC_2 पर संतुलन में है, इसलिए अब पहले से उसकी संतुष्टि का स्तर बढ़ जायेगा। यदि उसकी आय में और वृद्धि होती है जिससे बजट रेखा परिवर्तित होकर P_3L_3 हो जाती है तो उपभोक्ता अनधिमान वक्र IC_3 के बिन्दु Q_3 पर संतुलन में है।

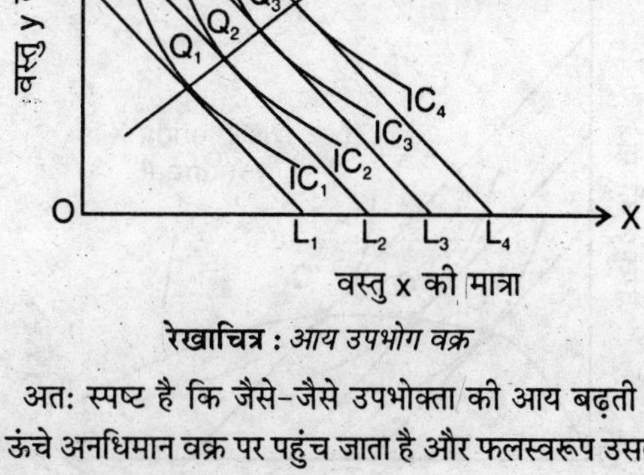

रेखाचित्र : *आय उपभोग वक्र*

अत: स्पष्ट है कि जैसे-जैसे उपभोक्ता की आय बढ़ती है, वह ऊंचे अनधिमान वक्र पर पहुंच जाता है और फलस्वरूप उसकी संतुष्टि में वृद्धि होती है।

अब यदि विभिन्न बिन्दुओं Q_1, Q_2, Q_3, Q_4 आदि को मिलाएं

जो कि विभिन्न आय के स्तरों पर उपभोक्ता के संतुलन को व्यक्त करते हैं तो हमें एक वक्र प्राप्त होता है जिसे **आय-उपभोग वक्र** (Income Consumption Curve) कहते हैं। इस प्रकार आय उपभोग वक्र वस्तुओं की मांग अथवा क्रय मात्रा पर आय प्रभाव को प्रकट करता है।

आय प्रभाव **धनात्मक** (Positive) भी हो सकता है और **ऋणात्मक** (Negative) भी। आय प्रभाव किसी वस्तु के लिए धनात्मक तब होता है जब उपभोक्ता की आय में वृद्धि होने से उसके द्वारा वस्तु का उपभोग अथवा मांग बढ़ जाती है। जब आय प्रभाव धनात्मक होता है तो आय उपभोग वक्र ऊपर को चढ़ेगा। केवल ऊपर को चढ़ता हुआ आय उपभोग वक्र ही दो वस्तुओं की मांग में वृद्धि को प्रकट कर सकता है। किन्तु कुछ वस्तुओं के लिए

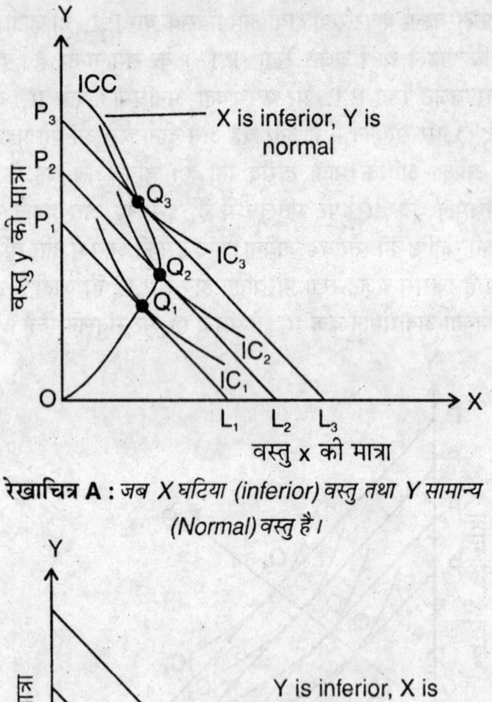

रेखाचित्र A : *जब X घटिया (inferior) वस्तु तथा Y सामान्य (Normal) वस्तु है।*

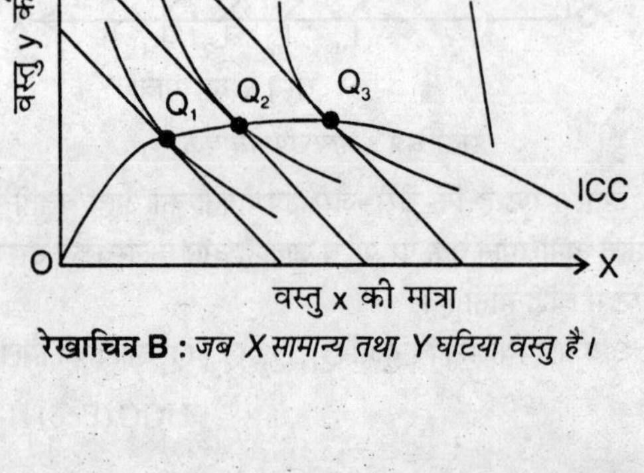

रेखाचित्र B : *जब X सामान्य तथा Y घटिया वस्तु है।*

आय प्रभाव **ऋणात्मक** होता है। किसी वस्तु के लिए आय प्रभाव ऋणात्मक तब होता है जब उसकी आय में वृद्धि होने पर उसके द्वारा वस्तु की मांग अथवा उपभोग घट जाता है। **ऐसी वस्तुएं, जिनके लिए आय प्रभाव ऋणात्मक होता है, निम्न अथवा घटिया वस्तुएं (Inferior goods)** कहलाती हैं।

घटिया अथवा निम्न वस्तुओं की स्थिति में आय उपभोग वक्र **पीछे को मुड़ता हुआ** (backward sloping) अर्थात बायीं ओर ऊपर को चढ़ता हुआ होगा अथवा आय उपभोग वक्र दायीं ओर नीचे को गिरता हुआ (sloping downward) होगा जिसे रेखाचित्र A और B में दिखाया गया है।

इन दोनों रेखाचित्रों से स्पष्ट है कि आय प्रभाव केवल एक बिन्दु के पश्चात ही ऋणात्मक (negative) होता है। इससे पता चलता है कि **केवल ऊंची आय स्तर पर ही कुछ वस्तुएं घटिया होती हैं** और कुछ सीमा तक उनके उपभोग में परिवर्तन सामान्य वस्तुओं के समान ही होता है। रेखाचित्र A में आय उपभोग वक्र बिन्दु Q_2 के बाद Y—अक्ष की ओर मुड़ता हुआ दिखाया गया है जो कि X वस्तु के घटिया होने को प्रकट करता है क्योंकि Q_2 के बाद आय प्रभाव वस्तु X के लिए ऋणात्मक हो जाता है। जिससे आय में वृद्धि होने से उसकी मांग मात्रा घटती है। इसी तरह रेखाचित्र B में आय उपभोग वक्र बिन्दु Q_2 के बाद X—अक्ष की ओर गिरता है जो कि Y वस्तु के घटिया होने को प्रकट करता है। क्योंकि बिन्दु Q_2 के बाद आय प्रभाव वस्तु Y के लिए ऋणात्मक होता है जिससे आय में वृद्धि होने से इसकी मांग मात्रा घटती है।

प्रतिस्थापन प्रभाव (Substitution Effect)

किसी वस्तु के उपभोग में परिवर्तन लाने के लिए एक अन्य महत्त्वपूर्ण कारक प्रतिस्थापन प्रभाव है। आय प्रभाव (Income effect) किसी उपभोक्ता की आय बढ़ने पर उसके द्वारा वस्तु की मांग पर प्रभाव को प्रकट करता है जबकि प्रतिस्थापन प्रभाव वस्तुओं की केवल सापेक्ष कमतों (Relative Prices) में परिवर्तन के फलस्वरूप वस्तु की मांग अथवा उसकी उपभोग मात्रा पर प्रभाव को प्रकट करता है जब उपभोक्ता की वास्तविक आय (real income) स्थिर रहे।

उपभोक्ता की वास्तविक आय को स्थिर रखने के लिए ताकि केवल सापेक्ष कीमत (relative price) में परिवर्तन का प्रभाव ज्ञात हो सके, हम कीमत में परिवर्तन के साथ आय में भी परिवर्तन करते हैं जिससे उपभोक्ता की वास्तविक आय (real income) समान ही रहे। उदाहरण के लिए, जब वस्तु X की कीमत घटती है तो उपभोक्ता की वास्तविक आय बढ़ जाएगी। प्रतिस्थापन प्रभाव को ज्ञात करने के लिए अर्थात वस्तु की सापेक्ष कीमत में परिवर्तन

के फलस्वरूप वस्तु X की मांग-मात्रा में परिवर्तन को ज्ञात करने के लिए हम उपभोक्ता से इतनी मुद्रा आय ले लेते हैं जितनी कि कीमत के घटने के कारण उसकी वास्तविक आय में वृद्धि होती है।

प्रतिस्थापन प्रभाव के विषय में दो प्रकार की धारणाएं प्रचलित हैं—

1. पहला **जे.आर. हिक्स** (J.R. Hicks) द्वारा प्रतिपादित की गई है और इसे हिक्स के प्रतिस्थापन प्रभाव (Hicksian Substitution Effect) की संज्ञा दी जाती है।

2. दूसरा **ई. स्लट्स्की** (E. Slutsky) द्वारा विकसित की गई है और इसलिए इसे स्लट्स्की का प्रतिस्थापन प्रभाव (Slutsky substitution) कहा जाता है।

प्रतिस्थापन प्रभाव के इन दो धारणाओं में अन्तर इस बात पर निर्भर करता है कि वस्तु की कीमत में परिवर्तन से उत्पन्न उपभोक्ता की वास्तविक आय में परिवर्तन को उसकी मौद्रिक आय (Money Income) में कितनी कमी या वृद्धि करके नष्ट कर दिया जाए जिससे उपभोक्ता (consumer) की वास्तविक आय पूर्ववत बनी रहे और इस प्रकार हम वस्तु की केवल सापेक्ष कीमत (relative price) में परिवर्तन का वस्तु की मांग पर प्रभाव जान सकें। यहां पर महत्त्वपूर्ण बात यह है कि हिक्स की धारणा में वास्तविक आय (real income) से अभिप्राय उपभोक्ता के संतुष्टि स्तर (Lavel of satisfaction) से है जबकि स्लट्स्की की धारणा में वास्तविक आय का अर्थ उपभोक्ता की क्रय-शक्ति (Purchasing Power) है।

हिक्स का प्रतिस्थापन प्रभाव (Hick's Substitution Effect)

हिक्स के प्रतिस्थापन प्रभाव में वस्तु की केवल सापेक्ष कीमत (relative price) में परिवर्तन का उपभोक्ता द्वारा वस्तु की मांग पर प्रभाव जानने के लिए उसकी मौद्रिक आय में उतनी मात्रा में परिवर्तन किया जाता है जिससे उसकी संतुष्टि (saisfaction) पूर्वस्तर (same lavel) पर स्थिर रहे। दूसरे शब्दों में, उपभोक्ता के पास मौद्रिक आय इतनी घटा दी जाती है जिससे कि वह उस अनधिमान वक्र (indifference curve) पर ही रहे जिस पर कि वह कीमत घटने से पहले था। इस प्रकार हिक्स का प्रतिस्थापन प्रभाव समान अनधिमान वक्र पर क्रियाशील होता है। मुद्रा आय की उस मात्रा जिसके घटाने पर उपभोक्ता, समान संतुष्टि के स्तर पर रहता है, को **आय में क्षतिपूरक परिवर्तन** (compensating variation in income) कहते हैं। **आय में क्षतिपूरक परिवर्तन उपभोक्ता की आय में वह परिवर्तन है, जो कि किसी वस्तु की कीमत में परिवर्तन के फलस्वरूप उपभोक्ता की संतुष्टि में हुई वृद्धि को नष्ट कर देती है।**

स्लट्स्की का प्रतिस्थापन प्रभाव (Slutsky Substitution Effect)

स्लट्स्की के अनुसार जब वस्तु की कीमत बदलती है और फलस्वरूप उपभोक्ता की **क्रय शक्ति** (Purchasing Power) में भी परिवर्तन होता है तो उपभोक्ता की आय को भी क्रय-शक्ति में परिवर्तन के समान बदला जाता है। उपभोक्ता की क्रय शक्ति में जो परिवर्तन होता है वह कीमत में परिवर्तन (ΔP) तथा वस्तु की क्रय मात्रा के गुणा के बराबर होता है। दूसरे शब्दों में, स्लट्स्की की पद्धति में उपभोक्ता की आय में परिवर्तन इतनी मात्रा में किया जाता है जिससे यदि उपभोक्ता चाहे तो वस्तुओं का वह संयोग क्रय कर सकता है जो वह पूर्व कीमत पर क्रय कर रहा था (In Slutsky's approach income is reduced or increased, as the case may be, by the amount which leaves the consumer to be able to purchase the same combination of goods, If he so desires, which he was having at the old Price.) अर्थात उपभोक्ता की आय में परिवर्तन पूर्व कीमत पर वस्तु X की क्रय की जा रही मात्रा की लागत तथा नई कीमत पर उसी मात्रा की लागत में अन्तर के समान किया जाता है। आय में इस परिवर्तन को **लागत-अन्तर** (cost difference) के बराबर परिवर्तन कहा जाता है। इस प्रकार स्लट्स्की के प्रतिस्थापन प्रभाव में, आय में परिवर्तन **लागत अन्तर** (cost difference) के बराबर किया जाता है।

लागत अन्तर (Cost Difference) : अब महत्त्वपूर्ण प्रश्न यह है कि लागत अन्तर को किस प्रकार मापा जाए। मान लें कि वस्तु X की कीमत में परिवर्तन को ΔP_x द्वारा व्यक्त किया जाए तथा यदि एक उपभोक्ता कीमत में परिवर्तन होने से पूर्व वस्तु X की Q_x मात्रा खरीद रहा है तो कीमत में ΔP_x के बराबर घटने पर $Q_x \Delta P_x$ के बराबर लागत अन्तर उत्पन्न हो जाएगा अर्थात अब उपभोक्ता को वस्तु X की वही मात्रा खरीदने के लिए $Q_x \Delta P_x$ के बराबर कम व्यय करना पड़ेगा। कल्पना कीजिए कि अब उपभोक्ता की आय तथा वस्तु Y की कीमत स्थिर रहने पर वस्तु X की कीमत P_{x_1} से घटकर P_{x_2} हो जाती है तो लागत अन्तर होगा—

$$P_{x_1} Q_x - P_{x_2} Q_x = \Delta P_x Q_x$$

कीमत प्रभाव आय प्रभाव तथा प्रतिस्थापन प्रभाव का योग है (Price Effect is the sum of Income and Substitution Effects)

जैसा कि ऊपर बताया गया है कि अन्य बातें समान रहने पर जब वस्तु X की कीमत घटती है तो उपभोक्ता का संतुलन बदलकर

ऊंचे अनधिमान वक्र या उदासीनता वक्र (indifference curve) पर हो जाता है। वास्तव में **कीमत प्रभाव आय प्रभाव तथा प्रतिस्थान प्रभाव का योग होता है।** दूसरे शब्दों में, कीमत प्रभाव को दो विभिन्न भागों—प्रतिस्थापन प्रभाव और आय प्रभाव—में विभाजित किया जा सकता है।

कीमत प्रभाव को आय प्रभाव तथा प्रतिस्थापन प्रभाव में विभाजित करने की मुख्यत: दो पद्धतियां (approaches) है। प्रथम हिक्स द्वारा प्रस्तुत विधि जिसमें **आय में क्षतिपूरक परिवर्तन** (Compensating Variation in Income) द्वारा कीमत प्रभाव को आय प्रभाव तथा प्रतिस्थापन प्रभाव में विभक्त किया जाता है। द्वितीय, स्लट्स्की द्वारा प्रस्तुत लागत अन्तर (cost difference) की विधि द्वारा कीमत में परिवर्तन के प्रभाव को उसके दो भागों में विभाजित किया जाता है।

हिक्स तथा स्लट्स्की कीमत प्रभाव को आय प्रभाव तथा प्रतिस्थापन प्रभाव में किस प्रकार विभाजित करते हैं की व्याख्या नीचे प्रस्तुत है—

हिक्स द्वारा कीमत प्रभाव को विभाजित करना (Hick's Method of Breaking up Price Effect)

आय में क्षतिपूरक परिवर्तन की विधि में वस्तु की कीमत के घटने अथवा बढ़ने पर उपभोक्ता की आय में उतना परिवर्तन किया जाता है जिससे उपभोक्ता कीमत में परिवर्तन से पहले की संतुष्टि के स्तर पर पहुंच जाए अर्थात वह पहले के अनधिमान वक्र (indifference curve) पर आ जाए। उदाहरणत: जब वस्तु की कीमत में कमी होती है और फलस्वरूप वह ऊंचे अनधिमान वक्र पर पहुंच जाता है तो उसकी संतुष्टि (satisfaction) में वृद्धि होती है। वस्तु की कीमत में कमी के कारण उसकी संतुष्टि में हुई वृद्धि को नष्ट (cancel) करने के लिए हमें उपभोक्ता से उतनी आय ले लेनी चाहिए जिससे वह पहले वाले अनधिमान वक्र पर पहुंच जाए। **आय में यह आवश्यक परिवर्तन (उदाहरण के लिए उस पर lump sum tax लगाकर) जिससे वस्तु की कीमत में कमी के कारण उसकी संतुष्टि अथवा कल्याण में वृद्धि नष्ट हो जाए को आय में क्षतिपूरक परिवर्तन कहते हैं।**

आय में क्षतिपूरक परिवर्तन द्वारा किस प्रकार वस्तु की कीमत में परिवर्तन से वस्तु की मांग पर प्रभाव को आय प्रभाव तथा प्रतिस्थापन प्रभाव में विभाजित किया जाता है को रेखाचित्र में दर्शाया गया है। जब वस्तु X की कीमत घटती है और परिणामस्वरूप बजट रेखा (budget line) बदल कर PL_1 से PL_2 हो जाती है तो उपभोक्ता की वास्तविक आय बढ़ जाती है अर्थात वह अपनी दी हुई मुद्रा आय (money income) से वस्तुओं की पहले की अपेक्षा अधिक मात्रा खरीद सकता है।

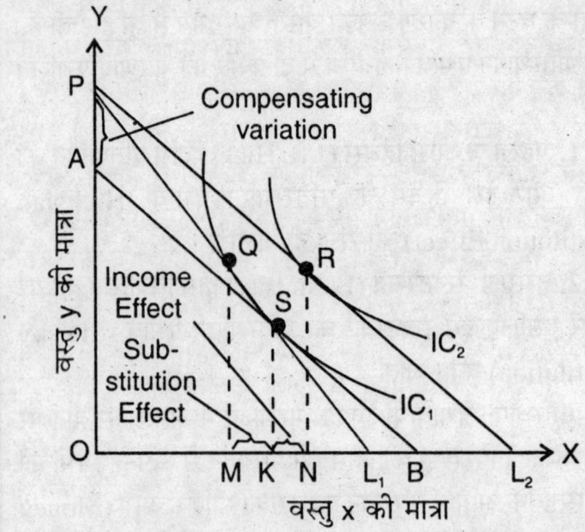

रेखाचित्र : *हिक्स की विधि द्वारा कीमत प्रभाव के आय तथा प्रतिस्थापन प्रभावों में पृथक करना*

कीमत में कमी के फलस्वरूप उपभोक्ता ऊंचे अनधिमान वक्र IC_2 के बिन्दु R पर पहुंच जाता है। Q बिन्दु से R बिन्दु पर उपभोक्ता के स्थानान्तरण में दोनों ही प्रभाव (आय प्रभाव तथा प्रतिस्थापन प्रभाव) सम्मिलित है। वस्तु X की कीमत घटने से उपभोक्ता की वास्तविक आय अथवा क्रयशक्ति बढ़ जाएगी। प्रतिस्थापन प्रभाव (substitution effect) को ज्ञात करने के लिए उपभोक्ता की वास्तविक आय में हुई इस वृद्धि को समाप्त करने के लिए उसकी मौद्रिक आय (money income) में इतनी कमी की जाती है जिससे कि वह अपने पहले वाले अनधिमान वक्र जिस पर कि वह कीमत में कम होने से पूर्व था, पर ही रहने को बाध्य हो जाए। जब उपभोक्ता से उसकी वास्तविक आय में वृद्धि को समाप्त करने के लिए कुछ आय अथवा मुद्रा ले ली जाती है तो बजट रेखा AB हो जाएगी जो कि PL_2 के समानान्तर है। रेखाचित्र में बजट रेखा AB को बजट रेखा PL_2 के समानान्तर इतनी दूरी पर खींचा गया है जिससे यह अनधिमान वक्र IC_1 के किसी बिन्दु पर स्पर्श करे अर्थात उपभोक्ता की आय में वस्तु X की मात्रा में L_2B के समान अथवा वस्तु Y की मात्रा में PA के समान कमी की गई है जिससे कि वह पहले वाले अनधिमान वक्र IC_1 के बिन्दु S पर संतुलन में है। अत: PA अथवा L_2B **आय में क्षतिपूरक परिवर्तन** (Compensating Variation in income) है। बजट रेखा AB वस्तु X और Y की परिवर्तित सापेक्ष कीमतों को व्यक्त करती है जिसमें पहले की तुलना में वस्तु X अधिक सस्ती है। चूंकि अब वस्तु X पूर्व की तुलना में अधिक सस्ती है। अत: उपभोक्ता के

लिए लाभकारी होगा कि वह वस्तु Y के स्थान पर वस्तु X का प्रतिस्थापन करे। रेखाचित्र से यह स्पष्ट है कि बजट रेखा AB से उपभोक्ता अनधिमान वक्र IC_1 के बिन्दु S पर संतुलन में है तथा इस स्थिति में वह X वस्तु की अधिक मात्रा तथा Y वस्तु की कम मात्रा क्रय कर रहा है। उपभोक्ता के क्रम में यह परिवर्तन वस्तु X और Y की केवल सापेक्ष कीमतों में परिवर्तन के कारण हुई है क्योंकि कीमत के घटने से वास्तविक आय में वृद्धि को आय में क्षतिपूरक कमी द्वारा समाप्त कर दिया गया है। इसलिए **बिन्दु Q से बिन्दु S तक उपभोक्ता की गति प्रतिस्थापन प्रभाव को प्रकट करती है।** क्योंकि ऐसा केवल सापेक्ष कीमतों में परिवर्तन के फल-स्वरूप हुआ है जबकि उसकी वास्तविक आय स्थिर ही रही है।

यदि उस मुद्रा आय की मात्रा को जो उपभोक्ता से ले ली गई थी उसे पुन: दे दी जाए तो उपभोक्ता अनधिमान वक्र IC_1 के बिन्दु S पर से चलकर ऊंचे अनधिमान वक्र IC_2 के बिन्दु R पर पहुंच जाएगा। उपभोक्ता का अनधिमान वक्र IC_1 के बिन्दु S से अपेक्षाकृत ऊंचे अनधिमान वक्र के बिन्दु R पर जाना **आय प्रभाव** के कारण ही हुआ है। इस प्रकार हम देखते हैं कि कीमत परिवर्तन के कारण उपभोक्ता द्वारा बिन्दु Q से बिन्दु R तक जाने को दो चरणों में विभक्त किया जा सकता है। प्रथम, **प्रतिस्थापन प्रभाव** के परिणामस्वरूप बिन्दु Q से बिन्दु S तक जाना, और द्वितीय **आय प्रभाव** के फलस्वरूप उसका बिन्दु S से बिन्दु R तक जाना। अत: स्पष्ट है कि कीमत प्रभाव प्रतिस्थापन प्रभाव और आय प्रभाव का योग है।

X वस्तु की कीमत में कमी होने से उसकी क्रय मात्रा पर पड़ने वाला विभिन्न प्रभाव इस प्रकार हैं—

कीमत प्रभाव = MN

प्रतिस्थापन प्रभाव = MK

आय प्रभाव = KN

रेखाचित्र से, MN = MK + KN

अथवा,

कीमत प्रभाव = प्रतिस्थापन प्रभाव + आय प्रभाव

उपर्युक्त विश्लेषण से यह स्पष्ट है कि कीमत प्रभाव आय प्रभाव तथा प्रतिस्थापन प्रभाव का योग है।

कीमत प्रभाव का आय तथा प्रतिस्थापन प्रभावों में विभाजन : स्लट्स्की की रीति (Breaking up Price Effect into Income and Substitution Effects : Slutsky Method)

कीमत प्रभाव को विभाजित करने की स्लट्स्की की रीति को रेखाचित्र में प्रदर्शित की गई है। दी हुई कीमत तथा आय पर जिसको बजट रेखा PL_1 व्यक्त करती है उपभोक्ता अनधिमान वक्र IC_1 के बिन्दु Q पर संतुलन में है। अन्य बातें पूर्ववत रहने पर वस्तु X की कीमत में कुछ कमी होने के कारण, बजट रेखा परिवर्तित होकर PL_2 हो जाती है और उपभोक्ता अब अनधिमान वक्र IC_3 के बिन्दु R पर संतुलन की स्थिति प्राप्त करेगा। बिन्दु Q से बिन्दु R तक उपभोक्ता की गति कीमत प्रभाव (Price Effect) को व्यक्त करती है। अब प्रतिस्थापन प्रभाव को ज्ञात करने के लिए उपभोक्ता की मौद्रिक आय (money income) में इतनी मात्रा से कमी की जानी चाहिए जिससे यदि वह चाहे तो वस्तुओं का पूर्व संयोग Q खरीद सके। इसके लिए एक बजट रेखा AB जो कि PL_2 के समानान्तर है खींची गई है जो बिन्दु Q से गुजरती है। बजट रेखा AB से उपभोक्ता, यदि चाहे तो पूर्व संयोग Q को खरीद सकता है। परन्तु वास्तव में वह बजट रेखा AB से संयोग Q को नहीं खरीदेगा क्योंकि अब उपभोक्ता पहले की अपेक्षा अधिक ऊंचे अनधिमान वक्र IC_2 पर पहुंचने की स्थिति में है। क्योंकि उपभोक्ता X वस्तु के सस्ती होने के कारण वस्तु Y के स्थान पर इस वस्तु की ज्यादा मात्रा क्रय करेगा। **उपभोक्ता की बिन्दु Q से बिन्दु S तक की गति स्लट्स्की के प्रतिस्थापन प्रभाव को व्यक्त करती है।**

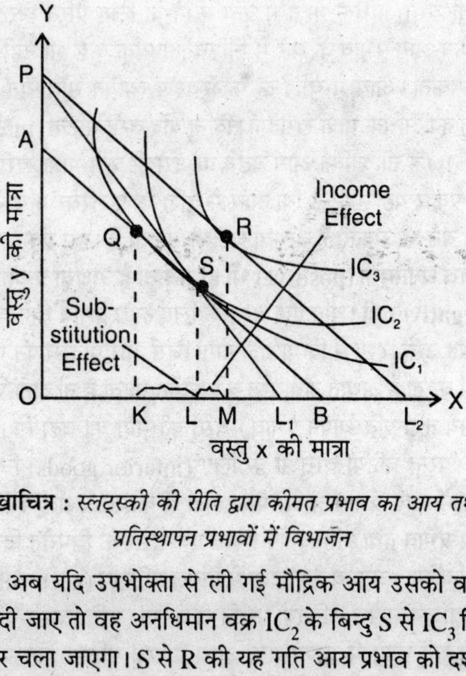

रेखाचित्र : *स्लट्स्की की रीति द्वारा कीमत प्रभाव का आय तथा प्रतिस्थापन प्रभावों में विभाजन*

अब यदि उपभोक्ता से ली गई मौद्रिक आय उसको वापस कर दी जाए तो वह अनधिमान वक्र IC_2 के बिन्दु S से IC_3 बिन्दु R पर चला जाएगा। S से R की यह गति आय प्रभाव को दर्शाती है। इस प्रकार उपभोक्ता की कीमत प्रभाव के फलस्वरूप बिन्दु Q से R तक की गति को दो चरणों में बांटा जा सकता है : **प्रथम,**

प्रतिस्थापन प्रभाव के कारण Q से S तक तथा **द्वितीय**, आय प्रभाव के कारण S से R तक।

यहां पुन: बताना आवश्यक है कि **हिक्सियन रीति के विपरीत स्लट्स्की के प्रतिस्थापन प्रभाव के अन्तर्गत उपभोक्ता एक नीचे के अनधिमान वक्र से ऊंचे अनधिमान वक्र पर चला जाता है।**

कीमत प्रभाव को आय प्रभाव तथा प्रतिस्थापन प्रभावों में विभाजित करने का लाभ

कीमत प्रभाव को आय प्रभाव तथा प्रतिस्थापन प्रभावों के योग के रूप में समझने का विशेष लाभ यह है कि इससे एक वस्तु की कीमत में परिवर्तन के फलस्वरूप उसकी मांग मात्रा में परिवर्तन को अधिक सही ढंग से समझा जा सकता है। अधिकांश वस्तुओं की दशा में, आय प्रभाव तथा प्रतिस्थापन प्रभाव समान दिशा में कार्य करते हैं। परन्तु कुछ वस्तुओं की अवस्था में, ये दो प्रभाव विपरीत दिशा में कार्य करते हैं। प्रतिस्थापन प्रभाव की दिशा हमेशा निश्चित रहती है। अन्य शब्दों में, एक वस्तु की सापेक्ष कीमत में कमी उसकी मांग मात्रा बढ़ाने की ओर कार्य करती है अर्थात प्रस्थापन प्रभाव (substitution effect) उपभोक्ता को सदा ही सस्ती वस्तु अधिक मात्रा में क्रय करने के लिए प्रेरित करता है। लेकिन आय प्रभाव के बारे में निश्चिततापूर्वक कुछ भी नहीं कहा जा सकता। आय में वृद्धि के फलस्वरूप व्यक्ति सामान्यत: एक वस्तु की अधिक मात्रा खरीदेगा। किन्तु यदि वस्तु घटिया (inferior goods) है तो व्यक्ति आय बढ़ने पर उसकी कम मात्रा खरीदेगा। इस प्रकार यह स्पष्ट है कि आय में वृद्धि के फलस्वरूप वस्तु की मांग बढ़ भी सकती है अथवा घट भी सकती है। इस प्रकार **आय प्रभाव धनात्मक (positive) भी हो सकता है अथवा ऋणात्मक (negative)** भी। यदि एक वस्तु के लिए आय प्रभाव धनात्मक है तो यह उसी दिशा में क्रियाशील होगा जिस ओर प्रतिस्थापन प्रभाव कार्य करता है अर्थात जब वस्तु की कीमत घटती है तो दोनों प्रभाव (आय तथा प्रतिस्थापन प्रभाव) वस्तु की मांग को बढ़ायेंगे।

परन्तु घटिया वस्तुओं के लिए (inferior goods) जिनकी दशा में आय प्रभाव **ऋणात्मक** होता है कीमत प्रभाव में निहित आय प्रभाव तथा प्रतिस्थापन प्रभाव एक दूसरे के विपरीत दिशा में कार्य करेगा। अतएव ऐसी दशा में निवल परिणाम (net result) दो प्रभावों की सापेक्ष शक्तियों पर निर्भर करेगा। **यदि किसी घटिया वस्तु की दशा में ऋणात्मक आय प्रभाव प्रतिस्थापन प्रभाव की तुलना में कम शक्तिशाली है तो उसकी कीमत घटने पर उसकी मांग, सामान्य वस्तुओं (normal goods) की भांति बढ़ेगी। परन्तु यदि किसी घटिया वस्तु (inferior goods) की दशा में ऋणात्मक आय प्रभाव प्रतिस्थापन प्रभाव की अपेक्षा अधिक शक्तिशाली है तो कीमत घटने पर उसकी मांग घट जाएगी।** इस प्रकार किसी वस्तु की मांग मात्रा उसकी कीमत घटने अथवा बढ़ने पर किस दिशा में बदलेगी, यह एक ओर आय प्रभाव की दिशा और शक्ति पर और दूसरी ओर प्रतिस्थापन प्रभाव की शक्ति पर निर्भर करता है।

इस प्रकार यह स्पष्ट है कि वस्तु की कीमत में परिवर्तन के फलस्वरूप उसकी मांग में परिवर्तन की दिशा को समझाने के लिए कीमत प्रभाव को दो भागों में आय प्रभाव तथा प्रतिस्थापन प्रभाव में विभाजित करना आवश्यक है। चूंकि मार्शल ऐसा नहीं कर सका इसलिए वह घटिया एवं गिफन वस्तुओं (giffen goods) की दशा में कीमत और मांग में संबंध की समुचित व्याख्या करने में विफल रहा।

गिफिन वस्तु (Giffen Goods)

कुछ वस्तुएं ऐसी भी हो सकती हैं जिनकी दशा में ऋणात्मक आय प्रभाव प्रतिस्थापन प्रभाव की तुलना में अधिक शक्तिशाली हो, ऐसी दशा में वस्तु की मांगी गई मात्रा उसकी कीमत घटने पर घटेगी और कीमत के बढ़ने पर बढ़ेगी अर्थात ऐसी वस्तु की दशा में कीमत और मांग में सीधा सम्बन्ध होगा। (Quantity demanded will very directly with Price)। परन्तु किसी वस्तु के लिए आय प्रभाव तभी अधिक शक्तिशाली हो सकता है यदि उपभोक्ता अपनी आय का बहुत बड़ा भाग उस पर खर्च करता है। जिससे कि उस वस्तु की कीमत गिरने पर उसकी वास्तविक आय में बहुत वृद्धि हो सके। **ऐसी घटिया वस्तुएं जिनकी दशा में उपभोक्ता उनकी कीमत गिरने पर उनके उपभोग को घटा देता है को गिफन वस्तु (Giffen goods) कहा जाता है।** इस प्रकार गिफन की स्थिति में मांग का नियम (law of demand) लागू नहीं होता है। अन्य शब्दों में गिफन वस्तु की मांग और उसकी कीमत में सीधा सम्बन्ध होता है। (Quantity demanded of a Giffen goods varies directly with Price)। एक गिफन वस्तु होने के लिए निम्न तीन शर्तों का पूरा होना आवश्यक है—

(i) वस्तु निम्न पदार्थ (Inferior goods) हो जिसका ऋणात्मक आय प्रभाव शक्तिशाली हो;

(ii) उस वस्तु का प्रतिस्थापन प्रभाव (substitution effect) कम हो; तथा

(iii) उस वस्तु पर आय का अधिक बड़ा भाग व्यय किया जाता हो।

आय एवं प्रतिस्थापन प्रभाव तथा मांग का नियम

1. जब आय प्रभाव धनात्मक अथवा शून्य होता है तो वस्तु की मांग मात्रा उसकी कीमत में परिवर्तन की विपरीत दिशा में (inversely) बदलती है।

2. जब किसी वस्तु का आय प्रभाव ऋणात्मक होता है परन्तु प्रतिस्थापन प्रभाव की अपेक्षा कम शक्तिशाली होता है तो भी उसकी मांग और कीमत में विपरीत (inversely) का सम्बन्ध होगा।

3. जब किसी वस्तु का आय प्रभाव ऋणात्मक (Negative) हो तथा यह प्रतिस्थापन प्रभाव से अधिक शक्तिशाली हो तो वस्तु की मांग और कीमत में **प्रत्यक्ष तथा सीधा** (directly) सम्बन्ध होगा।

जब उपर्युक्त प्रथम अथवा द्वितीय शर्त पूरी होती है तो मार्शल का मांग का नियम लागू होगा और फलस्वरूप वस्तु का मांग वक्र (Demand Curve) बाएं से दायीं ओर नीचे को झुका हुआ होता है। यदि तृतीय शर्त पूरी होती है तो वह गिफन का उदाहरण होगा और ऐसे वस्तु का मांग वक्र ऊपर को चढ़ता हुआ (upward sloping) अर्थात धनात्मक ढाल वाला (Positive sloping) होगा। मार्शल ने गिफन पदार्थ को अपने मांग के नियम का अपवाद माना और इसकी समुचित व्याख्या नहीं कर सका। इसलिए अनधिमान वक्र विश्लेषण मार्शल के विश्लेषण से इस दृष्टि से श्रेष्ठ है कि यह एक अधिक व्यापक मांग का नियम (a more general law of demand) निर्धारित करने में सफल हुई है।

मार्शल के गणनावाचक उपयोगिता विश्लेषण तथा अनधिमान वक्र विश्लेषण की तुलना

(Marshallian Cardinal utility analysis Vs. Indifference curve analysis)

यद्यपि उपभोक्ता की मांग का अध्ययन करने के लिए ये दोनों विश्लेषण एक दूसरे से पूर्णतया भिन्न हैं परन्तु फिर भी इनमें कुछ समान बातें हैं जिनका वर्णन निम्न प्रकार से किया जा सकता है—

1. दोनों विश्लेषण इस मान्यता पर आधारित हैं कि उपभोक्ता तर्कपूर्ण (rational) है तथा वह उपयोगिता को अधिकतम (maximisation of utility or satisfaction) करना चाहता है।

2. मार्शल के गणनावाचक उपयोगिता विश्लेषण में उपभोक्ता के संतुलन की शर्त यह है कि विभिन्न वस्तुओं के सीमान्त उपयोगिता कीमतों के समानुपाती हैं। अन्य शब्दों में, एक उपभोक्ता तब संतुलन में होता है जबकि वह अपनी मौद्रिक आय को विभिन्न वस्तुओं पर इस प्रकार व्यक्त करता है कि—

$$\frac{MU_x}{P_x} = \frac{MU_y}{P_y}$$

तथा इसी प्रकार अनधिमान वक्र विश्लेषण के अनुसार उपभोक्ता तब संतुलन में होता है जब दो वस्तुओं के मध्य प्रतिस्थापन की सीमान्त दर (marginal rate of substitution) उनकी कीमतों में अनुपात के बराबर हो अर्थात निम्न शर्त की पूर्ति होती हो—

$$MRS_{xy} = \frac{p_x}{P_y} = \frac{\text{वस्तु X की कीमत}}{\text{वस्तु Y की कीमत}} \quad (i)$$

परन्तु हिक्स ने वस्तु X की वस्तु Y के लिए प्रतिस्थापन की सीमान्त दर (MRS_{xy}) की परिभाषा दो वस्तुओं के बीच सीमान्त उपयोगिता के अनुपातों के रूप में की।

अत:

$$MRS_{xy} = \frac{MU_x}{MU_y} \quad (ii)$$

जहां MU_x तथा MU_y क्रमश: X तथा Y वस्तु की सीमान्त उपयोगिता है।

(i) और *(ii)* से निम्न सूत्र निकलता है—

$$\frac{MU_x}{P_x} = \frac{MU_y}{P_y}$$

इसको निम्न प्रकार भी लिखा जा सकता है—

$$\frac{MU_x}{P_x} = \frac{MU_y}{P_y} \quad (iii)$$

इस प्रकार स्पष्ट है कि स्थिति *(iii)* मार्शल द्वारा प्रतिपादित उपभोक्ता संतुलन की समानुपातिक शर्त (Proporationality Condition) ही है।

3. दोनों प्रकार के विश्लेषणों में तीसरी समानता यह है कि दोनों में किसी न किसी रूप में, ह्रासमान सीमान्त उपयोगिता (diminishing marginal utility) की कल्पना की गई है। हिक्स के अनधिमान वक्र विश्लेषण में अनधिमान वक्रों को उद्गम के उन्नतोदर (convex to the origin) माना गया है। अनधिमान वक्रों (indifference curves) का अभिप्राय यह है कि जब वस्तु Y की अधिकाधिक इकाइयों का प्रतिस्थापन वस्तु X से किया जाता है तो X की Y के लिए प्रतिस्थापन की सीमान्त दर (MRS_{xy}) गिरती जाती है। ह्रासमान सीमान्त प्रतिस्थापन दर का सिद्धान्त मार्शल द्वारा प्रतिपादित ह्रासमान सीमान्त उपयोगिता नियम के समरूप ही है।

अनधिमान वक्र विश्लेषण की श्रेष्ठता (Superiority of Indifference Curve Analysis)

अब हम इस बात का वर्णन करेंगे कि अनधिमान वक्र विश्लेषण किस प्रकार से मार्शल के गणनावाचक उपयोगिता विश्लेषण से श्रेष्ठ है।

1. गणनावाचक बनाम क्रमवाचक उपयोगिता (Cardinal Vs. Ordinal Measurability of Utility) : मार्शल का विश्लेषण इस मान्यता पर आधारित है कि उपयोगिता को व्यक्ति निरपेक्ष (Objective) तथा परिमाणात्मक रूप में मापा जा सकता है। अन्य शब्दों में, इस विश्लेषण की यह मान्यता है कि उपयोगिता गणनावाचक (Cardinal) रूप में मापनीय है। इसके अनुसार एक उपभोक्ता वस्तुओं से कितनी उपयोगिता प्राप्त करता है, इसे 1, 2, 3, 4 इत्यादि जैसी गणनावाचक संख्याओं में व्यक्त किया जा सकता है। किन्तु वास्तविक व्यवहार में उपयोगिता को इस प्रकार के परिमाणात्मक अथवा गणनावाचक रूप में मापा नहीं जा सकता है क्योंकि उपयोगिता एक मानसिक अनुभूति तथा व्यक्तिपरक (Subjective) तथ्य है इसलिए इसे परिमाणात्मक रूप में मापा नहीं जा सकता है। इसलिए अनधिमान वक्र विश्लेषण में **'उपयोगिता की क्रमवाचक रूप से मापनीयता'** (ordinal measurement of utility) की कल्पना की गई है। इसके अनुसार उपभोक्ता विभिन्न वस्तुओं अथवा वस्तुओं के विभिन्न संयोगों से प्राप्त होने वाले संतुष्टि (Satisfaction) की केवल तुलना ही कर सकता है।

इस प्रकार यह स्पष्ट है कि मांग का अनधिमान वक्र विश्लेषण जो कि क्रमवाचक (Ordinals) उपयोगिता की मान्यता पर आधारित है मार्शल के गणनावाचक (cardinal) विश्लेषण से श्रेष्ठ है।

2. मुद्रा के स्थिर सीमान्त उपयोगिता सम्बन्धी मान्यता के बिना मांग का विश्लेषण (Analysis of demand without the assumption of constant Marginal utility of money) : मांग का अनधिमान वक्र विश्लेषण की दूसरी महत्त्वपूर्ण श्रेष्ठता यह है कि यह उपभोक्ता के व्यवहार की व्याख्या मुद्रा की स्थिर सीमान्त उपयोगिता की मान्यता (assumption) के बना करती है तथा मांग के नियम (Law of demand) की व्युत्पत्ति करती है।

3. कीमत प्रभाव को आय प्रभाव तथा प्रतिस्थापन प्रभाव में विभाजित करना (Breaking up Price effect into income and substitution effect) : अनधिमान वक्र विश्लेषण की श्रेष्ठता इस तथ्य से भी स्पष्ट होती है कि यह आय तथा प्रतिस्थापन प्रभावों में भेद करके वस्तु की कीमत में परिवर्तन के कारण मांग पर पड़ने वाले प्रभावों का विस्तार से अध्ययन करता है। लेकिन मार्शल ने मुद्रा की सीमान्त उपयोगिता को स्थिर मानकर कीमत परिवर्तन के आय प्रभाव की उपेक्षा की। वह कीमत परिवर्तन के प्रभाव की मिश्रित प्रकृति (Composite character) को समझने में असमर्थ रहा।

4. अनधिमान वक्रों द्वारा स्वतंत्र उपयोगिता की परिकल्पना का त्याग (Hypothesis of independent utilities given up by indifference curve analysis)–मार्शल का गणनावाचक विश्लेषण स्वतंत्र उपयोगिता की परिकल्पना पर आधारित है। इसका अर्थ यह है कि उपभोक्ता को एक वस्तु से जो उपयोगिता प्राप्त होता है वह केवल उसी वस्तु की मात्रा पर ही निर्भर करता है। उपयोगिता को स्वतंत्र मानकर मार्शल ने विभिन्न वस्तुओं के प्रतिस्थापन तथा पूरक सम्बन्धों (relation of substitution and complementarity between commodities) की एकदम उपेक्षा की।

दूसरी ओर हिक्स-ऐलन के अनधिमान वक्र विश्लेषण में यह त्रुटि नहीं है। इस विश्लेषण में उपयोगिता को स्वतंत्र नहीं माना गया है और विभिन्न वस्तुओं के पूरक व प्रतिस्थापन सम्बन्धों को ठीक प्रकार से स्वीकार किया गया है। यह विश्लेषण पूरक (complementary) तथा स्थानापन्न (substitute) वस्तुओं की परिभाषा व व्याख्या अच्छी प्रकार से कर सकता है।

मांग का उद्घाटित अधिमान सिद्धान्त (Revealed Preference theory of demand)

ऊपर हमने **मार्शल** द्वारा प्रतिपादित मांग के गणनावाचक विश्लेषण तथा **हिक्स-ऐलन** के मांग के अनधिमान वक्र विश्लेषण का वर्णन किया है। इन दोनों सिद्धान्तों में उपभोक्ता के व्यवहार का अध्ययन करने के लिए **आत्मपरीक्षण विधि** (introspective method) अथवा **मनोवैज्ञानिक तरीके** का प्रयोग किया गया है। अन्य शब्दों में, ये दोनों सिद्धान्त उपभोक्ता की मांग का **मनोवैज्ञानिक विश्लेषण** प्रस्तुत करते हैं। परन्तु **सेम्युलसन** द्वारा प्रतिपादित मांग का उद्घाटित अधिमान सिद्धान्त विभिन्न कीमत आय स्थितियों में उपभोक्ता के **व्यवहार** को आधार मानकर उपभोक्ता की मांग की व्याख्या करता है। अत: मनोवैज्ञानिक अथवा आत्मपरीक्षण व्याख्या की तुलना में **प्रो. सेम्युलसन** का उद्घाटित अधिमान सिद्धान्त उपभोक्ता की मांग की **व्यवहारात्मक** (Behaviouristic) व्याख्या है।

प्रो. सैम्युलसन (Samuelson) का उद्घाटित अधिमान

सिद्धान्त चार महत्त्वपूर्ण मान्यताओं पर आधारित है—

1. उपभोक्ता का चयन (Choice) उसके अधिमान को प्रकट करता है। (Choice reveals preference)

2. उपभोक्ता कम वस्तुओं की तुलना में अधिक वस्तुओं को अधिमान (Preference) देता है।

3. किसी दी हुई कीमत-आय परिस्थितियों में उपभोक्ता को दो वस्तुओं के किसी एक संयोग का चयन करना चाहिए।

4. किसी व्यक्तिगत उपभोक्ता के अधिमानों से सम्बन्धित चयन सम्बन्धी दो अवलोकनों में टकराव नहीं हो सकता। (No two observations of behaviour can conflict with regard to an individual consumer's preference).

उपर्युक्त मान्यताओं के रहते उद्घाटित अधिमान सिद्धान्त यह स्पष्ट करता है कि एक उपभोक्ता जब वस्तुओं के विभिन्न वैकल्पिक संयोगों में से किसी एक को संयोग माना जोकि संयोग A को चयन करने का निश्चय करता है तो वह अन्य उन संयोगों को जिनका वह क्रय कर सकता था की तुलना में संयोग A के पक्ष में अपने अधिमान को उद्घाटित करता है। अन्य शब्दों में, उपभोक्ता चयन किए गए संयोग A के पक्ष में, अन्य सभी उपलब्ध वैकल्पिक संयोगों को त्याग देता है। इस प्रकार प्रो. सेम्युलसन के शब्दों में **चयन अधिमान को उद्घाटित करता है।** (Choice reveals Preference) 'चयन अधिमान को उद्घाटित करता है' की परिकल्पना के आधार पर हम उपभोक्ता के अधिमानों के सम्बन्ध में निश्चित सूचना प्राप्त कर सकते हैं। परन्तु इसके लिए हमको उसके बाजार में व्यवहार का अवलोकन करना होता है।

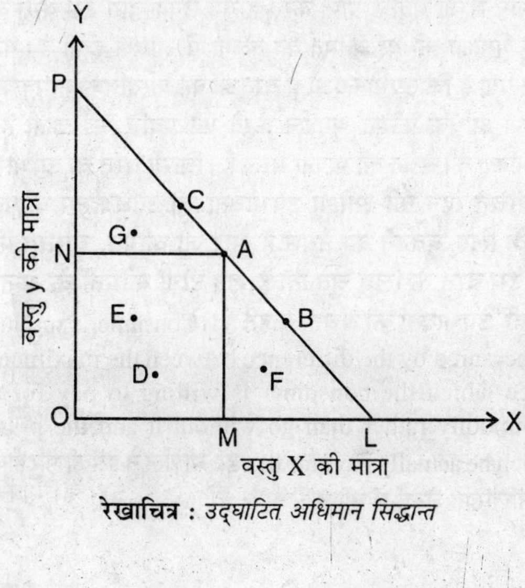

रेखाचित्र : *उद्घाटित अधिमान सिद्धान्त*

उद्घाटित अधिमान सिद्धान्त की व्याख्या रेखाचित्र की सहायता से की जा सकती है। रेखाचित्र में यदि वस्तुओं X तथा Y की कीमतों तथा उपभोक्ता की आय दी हुई हो तो बजट अथवा कीमत रेखा PL रेखा होगी। PL कीमत रेखा एक निश्चित कीमत आय स्थिति (Price-income situation) को दर्शाती है।

दी गई कीमत तथा आय की स्थिति में उपभोक्ता PL रेखा पर स्थित या OPL त्रिभुज के भीतर स्थित कोई भी संयोग को खरीदने की स्थिति में है। अन्य शब्दों में, PL रेखा पर के विभिन्न संयोग जैसे A, B, C तथा इस रेखा के नीचे के अन्य संयोग जैसे D, E, F तथा G आदि उन विभिन्न संयोगों को व्यक्त करते हैं जिनको उपभोक्ता प्राप्त कर सकता है तथा इनमें से ही किसी एक का चयन उसको करना होगा। दी हुई कीमत-आय स्थिति में, समस्त संयोगों में से उपभोक्ता यदि संयोग A का चयन करता है तो स्पष्ट है कि उस संयोग को प्राप्त करने के लिए वह अन्य सभी संयोगों जैसे B, C, D, E तथा F को त्याग देता है।

प्रो. सेम्युलसन का उद्घाटित अधिमान सिद्धान्त किस प्रकार की अधिमान परिकल्पना पर निर्भर है, अधिक ध्यान देने योग्य है। सेम्युलसन के उद्घाटित अधिमान सिद्धान्त में **सबल क्रमबद्धता** (strong ordering) की अधिमान परिकल्पना (Preference hypothesis) का प्रयोग किया गया है। सबल क्रमबद्धता का अभिप्राय यह है कि उपभोक्ता के अधिमान-क्रम के विभिन्न संयोगों में निश्चित क्रम (definite ordering) होता है और इसलिए जब एक उपभोक्ता किसी एक संयोग का चयन करता है तो अन्य संयोगों की तुलना में वह उसके लिए अपने अधिमान को स्पष्टत: उद्घाटित करता है। अत: सबल क्रमबद्धता (strong ordering) की स्थिति में यह मान लिया जाता है कि विभिन्न संयोगों के मध्य उपभोक्ता उदासीन नहीं हो सकता। (Under strong ordering, relation of indifference between various alternative combinations is ruled out.) ऊपर के रेखाचित्र में जब उपभोक्ता उपलब्ध विभिन्न संयोगों में से संयोग A का चयन करता है तो स्पष्ट है कि उसके मन में A के लिए अन्य सभी संयोगों की तुलना में निश्चित प्राथमिकता है। सबल क्रमबद्धता की परिकल्पना के कारण इस विश्लेषण में इस संभावना को विचार में नहीं लिया जाता है कि उपभोक्ता अन्य संयोगों तथा चुने गए संयोग 'A' में उदासीन हो सकता है। जबकि हिक्स के अनधिमान वक्र विश्लेषण **निर्बल क्रमबद्धता** (weak ordering) की मान्यता पर आधारित है। जिसमें यह माना गया है कि उपभोक्ता विभिन्न संयोगों के मध्य उदासीन होगा।

उद्घाटित अधिमान सिद्धान्त की आलोचनात्मक समीक्षा (Critical Appraisal of Revealed Preference Theory)

सेम्युलसन के उद्घाटित अधिमान सिद्धान्त **मार्शल** के गणनावाचक उपयोगिता सिद्धान्त तथा **हिक्स -ऐलन** के अनधिमान वक्र सिद्धान्त से निम्न बातों में श्रेष्ठ (superior) है।

पहला, यह पहला सिद्धान्त है जिसने उपभोक्ता के पर्यवेक्षित व्यवहार के आधार पर व्यवहारवादी पद्धति का प्रयोग करके मांग के नियम का व्युत्पादन (derive) किया। इसके विपरीत, मार्शल एवं हिक्स-ऐलन के सिद्धान्तों ने उपभोक्ता के व्यवहार की मनोवैज्ञानिक (Psychological) तथा अन्तर्विश्लेषणात्मक (introspective) व्याख्या प्रस्तुत की।

दूसरा, यह विश्लेषण यह मानकर नहीं चलता कि उपभोक्ता अपनी समूची आय दोनों वस्तुओं पर व्यय करता है। वास्तव में यह स्थिति का अत्यन्त यथार्थ विश्लेषण है। हमारे लिए यह मानकर चलना सर्वथा अव्यवहारिक है कि उपभोक्ता अपनी समूची आय केवल दो वस्तुओं पर ही व्यय कर देता है।

तीसरा, यह विश्लेषण **निरन्तरता** (Continuity) की मान्यता को भी त्याग दिया है, जबकि अनधिमान वक्र (indifference curve) सिद्धान्त निरन्तरता की मान्यता पर आधारित है। अन्य शब्दों में, अनधिमान वक्र निरन्तर वक्र होते हैं जिन पर वे सब संयोग (Combination) स्थित होते हैं जिनकी कल्पना की जा सकती है, चाहे वे बाजार में वास्तव में उपलब्ध है या नहीं। लेकिन उद्घाटित अधिमान सिद्धान्त में, निरन्तरता की मान्यता निहित नहीं है। अन्य शब्दों में इस सिद्धान्त के उपभोक्ता के वास्तविक पर्यवेक्षित चयन पर आधारित होने के कारण दी हुई कीमत आय स्थिति में उपभोक्ता केवल उन संयोगों में से ही चयन करेगा जो बाजार में उपलब्ध हैं इसलिए इस सिद्धान्त में निरन्तरता नहीं है।

लेकिन उपर्युक्त गुणों के साथ-साथ प्रो. सेम्युलसन के उद्घाटित अधिमान सिद्धान्त में कुछ त्रुटियां भी पाई जाती हैं।

पहला, सेम्युलसन ने अपने उद्घाटित अधिमान सिद्धान्त में मांग के नियम को इस मान्यता के आधार पर सिद्ध किया है कि मांग की आय लोच (Income elasticity of demand) धनात्मक (Positive) है। इसलिए आय लोच के ऋणात्मक (Negative) होने पर सेम्युलसन का उद्घाटित अधिमान सिद्धान्त मांग के नियम की व्याख्या करने में असफल रहता है।

दूसरा, यह सिद्धान्त आय प्रभाव (Income effect) को स्थानापत्ति प्रभाव (Substitution effect) से पृथक करने का प्रयास नहीं करता।

तीसरा, उद्घाटित अधिमान सिद्धान्त **गिफिन विरोधाभास** (Giffen Paradox) की व्याख्या नहीं कर सकता। चूंकि गिफिन वस्तुओं की स्थिति तब उत्पन्न होती है जब आय प्रभाव ऋणात्मक हो। मांग नियम (demand theorem) की स्थापना में आय लोच को धनात्मक मान लेने के कारण सेम्युलसन का सिद्धान्त गिफिन विरोधाभास की व्याख्या नहीं कर सकता।

चौथा, यह सिद्धान्त **व्यक्तिगत मांग वक्र** (Individual demand curve) से ही सम्बन्धित है, **बाजार मांग वक्र** (Market demand curve) से नहीं।

पांचवा, यह सिद्धान्त तो केवल उस उपभोक्ता का अध्ययन करता है जिसका बाजार-व्यवहार सर्वथा चालू कीमतों से ही शासित होता है। इस सिद्धान्त में यह मान लिया जाता है कि चालू कीमतों को छोड़ अन्य किसी भी कारक से उपभोक्ता शासित नहीं होता। लेकिन, जैसा कि हम जानते हैं कि बाजार में खरीदारी करते समय उपभोक्ता बहुधा गैर-आर्थिक कारकों से भी प्रभावित होता है।

संक्षेप में हम कह सकते हैं कि सेम्युलसन के सिद्धान्त की श्रेष्ठता इस बात में है कि इसने उपभोक्ता की मांग की व्याख्या करने में वैज्ञानिक या व्यावहारवादी तरीके का प्रयोग किया और सबल क्रमबद्धता (strong ordering) प्रकार की अधिमान परि-कल्पना का प्रतिपादन किया।

उपभोक्ता की बचत (Consumer's Surplus)

आधुनिक आर्थिक विश्लेषण में उपभोक्ता की बचत का सिद्धान्त एक महत्त्वपूर्ण भूमिका प्रस्तुत करता है। इस सिद्धान्त को प्रतिपादित करने का श्रेय **डॉ. अल्फ्रेड मार्शल** को दिया जाता है। उपभोक्ता की बचत के विचार का सार यह है कि उपभोक्ता वस्तुओं के उपभोग से जो संतुष्टि प्राप्त करते हैं वह उनके द्वारा उस वस्तु के लिए भुगतान की गई कीमत की तुलना में अधिक होती है। यह देखा गया है कि उपभोक्ताओं में वस्तुओं की वास्तविक कीमत की अपेक्षा अधिक कीमत भुगतान करने की प्रवृत्ति पाई जाती है। उपभोक्ता की बचत को मापना सरल है। **किसी वस्तु के उपभोग से वंचित रहने की अपेक्षा उपभोक्ता जो अधिकतम कीमत उसके लिए चुकाने को तैयार है और जो कीमत, वास्तव में, वह उस वस्तु के लिए चुकाता है, इन दोनों कीमतों के अन्तर को ही 'उपभोक्ता की बचत' कहते हैं।** (Consumer's surplus is measured by the difference between the maximum price which the consumer is willing to pay for a commodity rather than go without it and the price which he actually pays for it)। **डॉ. मार्शल** ने इसकी परिभाषा निम्नलिखित शब्दों में की है :

''उपभोक्ता किसी वस्तु से वंचित रहने की अपेक्षा उस वस्तु के लिए वास्तव में दिए गए मूल्य के अतिरिक्त जो अधिक मूल्य देने को तैयार हो जाता है, वह इस अधिक संतुष्टि की आर्थिक माप है और इसको उपभोक्ता की बचत कहा जाता है।''

एक वस्तु के लिए एक व्यक्ति मुद्रा की जो मात्रा भुगतान करने के लिए तैयार होता है, वह उस वस्तु से उसे प्राप्त होने वाली उपयोगिता की मात्रा को व्यक्त करती है। जितनी अधिक मुद्रा की मात्रा वह भुगतान करने के लिए इच्छुक रहता है, उससे प्राप्त होने वाली उपयोगिता अथवा संतुष्टि उसे उतनी ही अधिक होगी। इसलिए वस्तु की एक इकाई की सीमान्त उपयोगिता उस कीमत को निर्धारित करती है जो कि एक उपभोक्ता उस इकाई के लिए भुगतान करने को तैयार होगा। एक व्यक्ति जो कुल उपयोगिता प्राप्त करेगा वह वस्तु की खरीदी गई इकाइयों के सीमान्त उपयोगिता का योगफल (Σ MU) होगा तथा कुल कीमत जो वह वास्तव में भुगतान करेगा वह प्रति इकाई कीमत तथा खरीदी गई इकाइयों की संख्या के गुणा के बाराबर है। इस प्रकार

उपभोक्ता की बचत = एक उपभोक्ता कितना भुगतान करने के लिए तैयार है – वह वास्तव में कितना भुगतान करता है।
= सीमान्त उपयोगिता का योगफल – (कीमत × क्रय की गई इकाइयां) Σ MU – (Price × No. of units purchased)

उपभोक्ता की बचत का विचार **ह्रासमान सीमान्त उपयोगिता के नियम** (law of diminishing marginal utility) से व्युत्पादित किया गया है। जैसे-जैसे हम एक वस्तु की अधिक इकाइयां खरीदते हैं, अतिरिक्त इकाइयों से प्राप्त होने वाली सीमान्त उपयोगिता कम होती चली जाती है। उपभोक्ता तब संतुलन में होता है जब दी हुई कीमत सीमान्त उपयोगिता के बराबर हो जाती है अन्य शब्दों में, उपभोक्ता एक वस्तु की उत्तोत्तर इकाइयों को तब तक खरीदता है जब तक कि सीमान्त उपयोगिता दी गई कीमत के बराबर न हो जाती है। इसका अर्थ यह है कि संतुलन बिन्दु पर एक उपभोक्ता जितना भुगतान करने को तैयार होगा (सीमान्त उपयोगिता), वह उस कीमत के बराबर होता है जिसको वह वास्तव में भुगतान करता है।

किन्तु उसके द्वारा खरीदी गई सीमान्त इकाई से पहले की इकाइयों से जो सीमान्त उपयोगिता वह प्राप्त करता है, उस कीमत की अपेक्षा अधिक होता है जिसका वह उनके लिए वास्तव में भुगतान करता है। इसका कारण यह है कि उसके लिए कीमत स्थिर होती है।

उपभोक्ता की बचत का माप (Measure of consumer surplus)

उपभोक्ता की बचत को निम्न रेखाचित्र में दिखाया गया है।

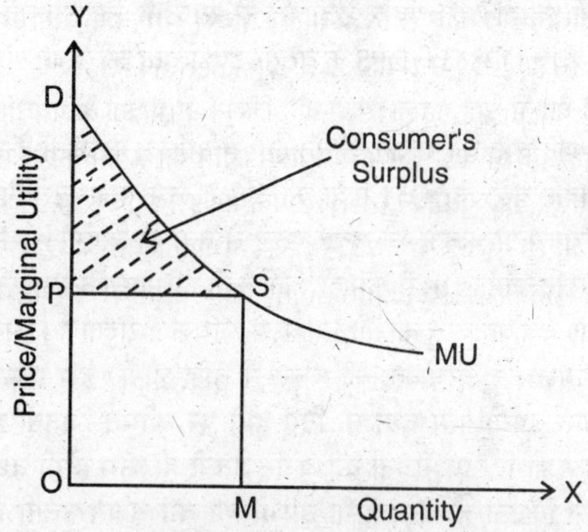

रेखाचित्र : *उपभोक्ता की बचत*

रेखाचित्र के X—अक्ष पर वस्तु की मात्रा तथा Y—अक्ष पर वस्तु की कीमत तथा सीमान्त उपयोगिता को मापा गया है। MU सीमान्त उपयोगिता वक्र है जो नीचे को गिरता हुआ है और यह व्यक्त करता है कि जैसे-जैसे उपभोक्ता वस्तु की अधिक इकाइयां खरीदता है, उसका सीमान्त उपयोगिता कम होता जाता है। जैसा कि ऊपर बताया गया है कि सीमान्त उपयोगिता उस कीमत को प्रदर्शित करता है जो एक व्यक्ति उस वस्तु के बिना रहने के बजाय उसके विभिन्न इकाइयों के लिए भुगतान करने को तैयार होगा। यदि OP वह कीमत है जो बाजार में प्रचलित है तो उपभोक्ता तब सन्तुलन में होगा जब वह वस्तु की OM इकाइयां खरीदता है क्योंकि OM इकाइयों पर सीमान्त उपयोगिता दी हुई कीमत OP के बराबर है। वस्तु की M वीं इकाई उपभोक्ता को कोई बचत प्रदान नहीं करती क्योंकि वह खरीदी गई अन्तिम इकाई है और इसके लिए भुगतान की गई कीमत सीमान्त उपयोगिता के बराबर है। किन्तु अन्तर सीमान्त इकाइयों अर्थात M वीं इकाई से पहले की इकाइयों के लिए सीमान्त उपयोगिता कीमत की अपेक्षा अधिक है और इसलिए ये इकाइयां उपभोक्ता के लिए **उपभोक्ता की बचत** उत्पन्न करती है। वस्तु की विभिन्न इकाइयों के सीमान्त उपयोगिता के योग (ΣMU) द्वारा ज्ञात किया जा सकता है।

रेखाचित्र में वस्तु की OM इकाइयों से उपभोक्ता को प्राप्त कुल उपयोगिता (total utility) M बिन्दु तक MU वक्र के अन्तर्गत क्षेत्रफल के बराबर होगा अर्थात OM इकाइयों की कुल उपयोगिता

ODSM के बराबर है। अन्य शब्दों में, वस्तु की OM इकाइयों के लिए उपभोक्ता ODSM रुपयों के बराबर धनराशि भुगतान करने को तैयार होगा। किन्तु कीमत के OP दिए होने पर वस्तु की OM इकाइयों के लिए उपभोक्ता वास्तव में OPSM के बराबर ही धनराशि भुगतान करेगा। इस प्रकार रेखाचित्र से स्पष्ट है कि उपभोक्ता ODSM – OPSM = DPS के बराबर **उपभोक्ता की** बचत प्राप्त करता है।

यदि वस्तु की बाजार कीमत OP से अधिक हो जाती है तो उपभोक्ता वस्तु की OM मात्रा की अपेक्षा कम मात्रा खरीदेगा। फलस्वरूप उपभोक्ता की बचत पहले से कम हो जाएगी। दूसरी ओर, यदि कीमत OP से कम हो जाती है तो उपभोक्ता तब संतुलन में होगा जब वह वस्तु की OM मात्रा से अधिक खरीदता है। इसके परिणामस्वरूप उपभोक्ता की बचत में वृद्धि होगी। **इस प्रकार सीमान्त उपयोगिता वक्र के दिए होने पर कीमत जितनी ही अधिक होगी, उपभोक्ता की बचत उतनी ही कम होगी तथा कीमत जितनी ही कम होगी उपभोक्ता की बचत उतनी ही अधिक होगी।**

यहां ध्यान देने योग्य बात यह है कि हमने उपभोक्ता के बचत के विश्लेषण में कल्पना की है कि बाजार में **पूर्ण प्रतियोगिता** (Perfect competition) होती है ताकि एक दी हुई कीमत पर उपभोक्ता वस्तु की कोई भी मात्रा खरीद सकता है। लेकिन यदि विक्रेता **कीमत विभेद** (Price discrimination) करता है तथा वस्तु की विभिन्न इकाइयों के लिए भिन्न-भिन्न कीमतें अर्थात वस्तु की कुछ इकाइयों के लिए अपेक्षाकृत अधिक तथा कुछ के लिए अपेक्षाकृत कम कीमतें, वसूल करता है तो इस स्थिति में उपभोक्ता को अपेक्षाकृत कम बचत प्राप्त होगा। इस प्रकार **जब विक्रेता कीमत विभेदीकरण करता है तो उपभोक्ता को पूर्ण प्रतियोगिता की अपेक्षा कम मात्रा में उपभोक्ता की बचत प्राप्त होगा।** यदि विक्रेता **पूर्ण कीमत विभेदीकरण** (Perfect Price discrimination) करता है अर्थात यदि वह वस्तु की प्रत्येक इकाई के लिए उस कीमत के बराबर वसूल करता है जिसे कोई उपभोक्ता उसके लिए भुगतान करने के लिए तैयार होता है तो उस दशा में उपभोक्ता को कोई बचत प्राप्त नहीं होगा।

अनधिमान वक्र की सहायता से उपभोक्ता की बचत की माप (Measurement of Consumer's surplus through indifference curves)

ऊपर हमने उपभोक्ता की बचत को मापने की मार्शलीय विधि का वर्णन किया है। अब हम उपभोक्ता की बचत को **हिक्स** के अनधिमान वक्र तकनीक की सहायता से मापेंगे। अनधिमान वक्र की सहायता से किस प्रकार उपभोक्ता की बचत मापी जाती है यह रेखाचित्र में दिखाया गया है। रेखाचित्र में हमने X—अक्ष पर वस्तु की मात्रा तथा Y—अक्ष पर उपभोक्ता की मौद्रिक आय (Money income) मापी है। माना कि उपभोक्ता की आय OM है जिसे वह वस्तु X पर तथा शेष धनराशि अन्य वस्तुओं पर व्यय कर सकता है। M से गुजरते हुए एक अनधिमान वक्र IC_1 खींचा गया है जो यह व्यक्त करता है कि IC_1 पर स्थित X वस्तु तथा मुद्रा के सभी संयोग उपभोक्ता को उतना ही सन्तोष प्रदान करते हैं जितना कि मुद्रा की OM मात्रा। उदाहरणार्थ, अनधिमान वक्र IC_1 पर R संयोग को लें तो इसका अर्थ है कि वस्तु की OA मात्रा तथा मुद्रा की OS मात्रा उपभोक्ता को उतना ही सन्तोष प्रदान करेगी जितना कि मुद्रा की OM मात्रा क्योंकि M तथा R दोनों संयोग एक ही अनधिमान वक्र IC_1 पर स्थित हैं। अन्य शब्दों में, इसका अर्थ है कि X वस्तु की OA मात्रा के लिए उपभोक्ता मुद्रा की MS मात्रा भुगतान करने के लिए इच्छुक है। इस प्रकार यह स्पष्ट है कि वह X वस्तु की OA मात्रा के लिए FR (= MS) मुद्रा त्याग करने के लिए तैयार है।

अब माना कि X वस्तु की बाजार में कीमत इस प्रकार है कि हम बजट रेखा ML प्राप्त करते हैं। हम उपभोक्ता के संतुलन के विश्लेषण से जानते हैं कि उपभोक्ता वहां पर सन्तुलन में होगा जहां पर दी गई बजट रेखा एक अनधिमान वक्र को स्पर्श करती है। रेखाचित्र से स्पष्ट है कि बजट रेखा ML अनधिमान वक्र IC_2 के बिन्दु H पर स्पर्श करता है। सन्तुलन की इस स्थिति में उपभोक्ता के पास वस्तु की OA मात्रा तथा मुद्रा आय की OT मात्रा है।

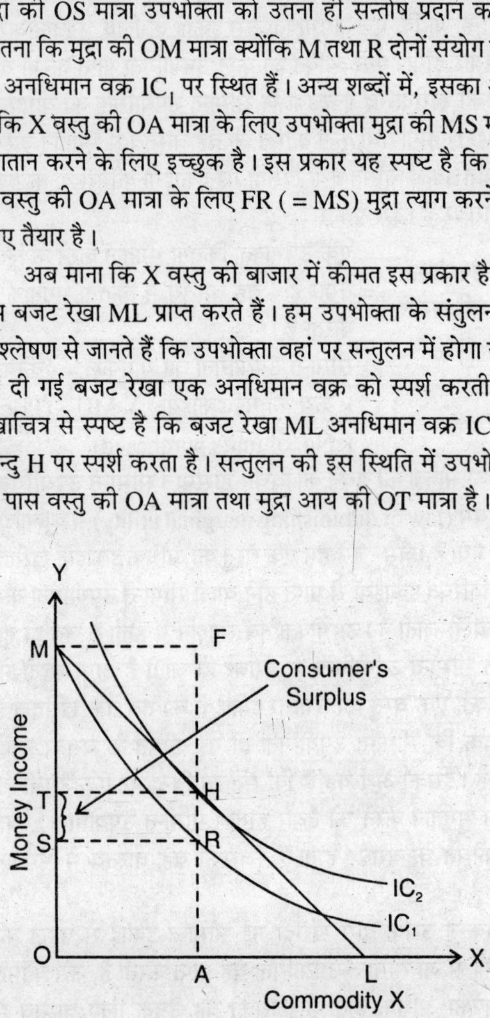

रेखाचित्र : *अनधिमान वक्र तकनीक की सहायता से उपभोक्ता की बचत की माप*

इस प्रकार X वस्तु की प्रचलित बाजार कीमत पर उपभोक्ता ने X वस्तु की OA मात्रा प्राप्त करने के लिए मुद्रा की MT मात्रा का त्याग कर दिया है। लेकिन जैसा कि हमने ऊपर देखा है कि उपभोक्ता X वस्तु की OA मात्रा प्राप्त करने के लिए मुद्रा की MS(या FR) मात्रा त्याग करने के लिए तैयार था। किसी वस्तु के लिए उपभोक्ता जो चुकाता है और जो कुछ चुकाने के लिए तैयार है, इन दोनों के अन्तर को ही **'उपभोक्ता की बचत'** कहते हैं। दर्शाए गए रेखा चित्र में X वस्तु की OA मात्रा के लिए उपभोक्ता MS मुद्रा देने को तैयार है लेकिन, वास्तव में, इस मात्रा के लिए वह MT मुद्रा ही चुकाता है। अत: इन दोनों राशियों का अन्तर (MS – MT = TS = HR) ही उपभोक्ता की बचत है।

उपभोक्ता की बचत की हिक्स की चार धारणाएं (Hicksian Four Concepts of Consumer's Surplus)

हिक्स द्वारा उपभोक्ता की बचत की निम्न चार धारणाएं (Concepts) प्रस्तुत की गई हैं—

1. कीमत क्षतिपूरक परिवर्तन (Price Compensation Variation)
2. कीमत सममूल्य परिवर्तन (Price Equivalent Variation)
3. परिमाण क्षतिपूरक परिवर्तन (Quantity Compensating Variation)

कीमत-उपभोग वक्र तथा मांग की प्रति लोच में सम्बन्ध (Relation between Price Consumption Curve and Cross Elasticity of Demand)

1. जब दो वस्तुओं में मांग की प्रतिलोच **धनात्मक** (Positive) होती है तो कीमत उपभोग वक्र (Price consumption Curve-PCC) नीचे की ओर झुका हुआ (Downward sloping or Negative slope) होता है।

2. जब दो वस्तुओं में मांग की प्रतिलोच **ऋणात्मक** होती है तो कीमत उपभोग वक्र ऊपर को चढ़ता हुआ (Upward sloping or Positive slope) होता है।

3. जब दो वस्तुओं में मांग की प्रतिलोच (Cross elasticity) **शून्य** होती है तो कीमत उपभोग वक्र समानान्तर सरल रेखा होता है।

4. परिमाण सममूल्य परिवर्तन (Quantity Equivalent Variation)

यहां ध्यान देने योग्य बात यह है कि हिक्स के उपभोक्ता की बचत की इन चार धारणाओं का सम्पूर्ण विश्लेषण इस तथ्य पर निर्भर करता है कि उपभोक्ता की बचत को समझने की सर्वोत्तम विधि यह है कि इसे वस्तु की कीमत में कमी के परिणामस्वरूप उस अतिरिक्त लाभ या सन्तुष्टि (satisfaction) के रूप में समझा जाए जो कि एक उपभोक्ता प्राप्त करेगा।

बहुविकल्पीय प्रश्न

1. उपभोक्ता को एक निश्चित आय के खर्च से अधिकतम कुल उपयोगिता तब प्राप्त होगी जब—

A. खरीदी गई प्रत्येक वस्तु की सीमान्त उपयोगिता इकाई के बराबर हो।

B. खरीदी गई प्रत्येक वस्तु की सीमान्त उपयोगिता का अपनी कीमत के साथ समान अनुपात हो।

C. खरीदी गई प्रत्येक वस्तु की सीमान्त उपयोगिता का अपनी उत्पादन लागत के साथ समान अनुपात हो।

D. खरीदी गई वस्तुओं की कीमतें समान हों।

2. यदि कीमत उपभोग वक्र ऋणात्मक है तो वह निम्नलिखित कारण अथवा कारणों से है—

1. प्रतिस्थापन प्रभाव की तुलना में ऋणात्मक आय प्रभाव अधिक प्रबल है।
2. प्रतिस्थापन प्रभाव ऋणात्मक है।
3. सम्बन्धित वस्तु गिफिन वस्तु है।

उपर्युक्त कारणों में से—

A. केवल 1 सही है। B. 1 और 2 सही हैं।

C. 2 और 3 सही हैं। D. 1 और 3 सही हैं।

3. कार्डिनल उपयोगिता सिद्धान्त के लिए निम्नलिखित में से कौन-सी पूर्णधारणा आवश्यक नहीं है ?

A. उपभोक्ता की विवेकशीलता

B. मुद्रा की स्थिर सीमान्त उपयोगिता

C. पूर्णत: प्रतियोगी बाजार

D. उपयोगिता की योगात्मकता

4. यदि दो वस्तुएं एक दूसरे की पूरक हैं तो एक वस्तु की कीमत में वृद्धि होने के फलस्वरूप—

A. दूसरी वस्तु की मांग में ऊर्ध्वमुखी खिसकाव परिलक्षित होगा।

B. दूसरी वस्तु की कीमत में वृद्धि की प्रवृत्ति उत्पन्न होगी।

C. दूसरी वस्तु की मांग में अधोमुखी खिसकाव परिलक्षित होगा।

D. दूसरी वस्तु की मांग में कोई खिसकाव परिलक्षित नहीं होगा।

5. यदि किसी वस्तु की मांग की कीमत लोच इकाई से कम है तो उसकी कीमत घटने का परिणाम होगा कि—

A. उसकी खरीदी जाने वाली मात्रा में अनुपात से कम परिवर्तन होगा।

B. उसकी खरीदी जाने वाली मात्रा में अनुपात से अधिक परिवर्तन होगा।

C. उस पर किए जाने वाले कुल व्यय में वृद्धि हो जाएगी।

D. मांग वक्र खिसक जाएगा।

6. मांग की आय लोच बराबर है—

A. $\dfrac{\text{उपभोक्ता की आय में परिवर्तन}}{\text{वस्तु की कीमत में आनुपातिक परिवर्तन}}$

B. $\dfrac{\text{वस्तु की मांगी गई मात्रा में आनुपातिक परिवर्तन}}{\text{उपभोक्ता की आय में आनुपातिक परिवर्तन}}$

C. $\dfrac{\text{वस्तु की कीमत में आनुपातिक परिवर्तन}}{\text{उपभोक्ता की आय में आनुपातिक परिवर्तन}}$

D. $\dfrac{\text{उपभोक्ता की आय में आनुपातिक परिवर्तन}}{\text{वस्तु की मांगी गई मात्रा में आनुपातिक परिवर्तन}}$

7. क्लासीकल लेखक 'जल-हीरा' विरोधाभास को सुलझा नहीं पाए क्योंकि वे भेद नहीं कर सके—

A. AU और MU के बीच

B. MU और TU के बीच

C. AU तथा TU के बीच

D. MU तथा MC के बीच

8. निम्नलिखित में से कौन-सा कथन जे.आर. हिक्स के मांग के अनधिमान वक्र विश्लेषण को सही तौर पर प्रतिबिम्बित करता है?

A. मार्शल की पद्धति के साथ पैरेटो का सिद्धान्त

B. पैरेटो की पद्धति के साथ पैरेटो का सिद्धान्त

C. पैरटो की पद्धति के साथ मार्शल का सिद्धान्त

D. मार्शल की पद्धति के साथ मार्शल का सिद्धान्त

9. दिए गए आरेख पर आधारित निम्नलिखित में से कौन-सा सूत्र बिन्दु R पर मांग की लोच को मापने के लिए उचित रहेगा?

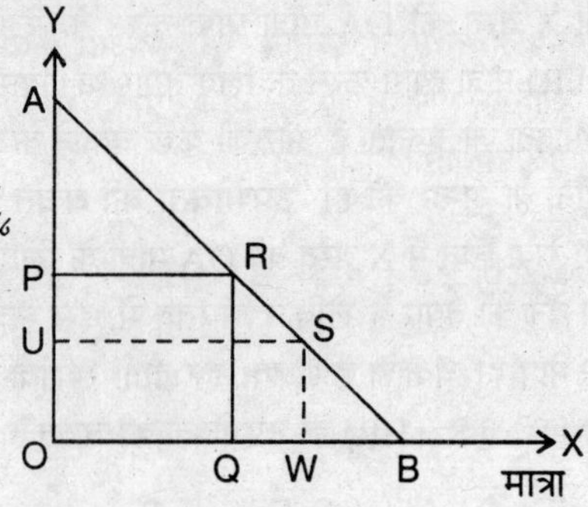

A. $\dfrac{RS}{SB} = \dfrac{RS}{RA} = \dfrac{OU}{PU}$

B. $\dfrac{RS}{RA} = \dfrac{RS}{SB} = \dfrac{PU}{OU}$

C. $\dfrac{RA}{RB} = \dfrac{OQ}{OB} = \dfrac{PA}{PO}$

D. $\dfrac{RB}{RA} = \dfrac{QB}{OQ} = \dfrac{OP}{PA}$

10. प्रकट अधिमान उपागम का वर्णन इस रूप में कर सकते हैं—

A. दृढ़ क्रम-स्थापन तथा शाब्दिक अधिमान पैटर्न

B. विवेकपूर्णता, सुसंगति तथा संक्रामिता

C. विवेकपूर्णता तथा दुर्बल क्रम स्थापन

D. संक्रामिता तथा दुर्बल क्रम स्थापन

11. यह मानते हुए कि मांग फलन $Q = 10 - 0.5\,P$ है, P = 10 पर मांग की लोच होगी—

A. 0.5 B. 1.0

C. 1.5 D. 2.0

12. गिफन विरोधाभास तब उत्पन्न होता है जब आय प्रभाव—

A. प्रतिस्थापन प्रभाव से अधिक होता है।

B. प्रतिस्थापन प्रभाव के बराबर होता है।

C. प्रतिस्थापन प्रभाव से कम होता है।

D. ऋणात्मक होता है तथा प्रतिस्थापन प्रभाव से अधिक होता है।

13. सूची I का सूची II के साथ सुमेल कीजिए और सूचियों के नीचे दिए गए कूट का प्रयोग करते हुए सही उत्तर का चयन कीजिए—

सूची I	*सूची II*
a. कार्डिनल उपागम	1. वॉन न्यूमेन मोर्जेस्टीन
b. अनधिमान वक्र उपागम	2. एल्फ्रेड मार्शल
c. प्रकट अधिमान उपागम	3. जे.आर. हिक्स
d. जोखिम पूर्ण वरणों का नव उपयोगिता सिद्धान्त	4. पी.ए. सैमुएल्सन

कूट—

A. a-2, b-3, c-1, d-4 B. a-3, b-2, c-1, d-4
C. a-2, b-3, c-4, d-1 D. a-3, b-2, c-4, d-1

14. यदि दो वस्तुओं में से एक वस्तु की कीमत में परिवर्तन होने से उनकी खरीदी जाने वाली मात्राओं में परिवर्तन होता है तो उनके बीच मांग की प्रति लोच—

A. ऋणात्मक होगी B. धनात्मक होगी
C. शून्य होगी D. एक होगी

15. मान लीजिए कि कोई उपभोक्ता दो वस्तुएं A और B खरीदता है। जब उपभोक्ता की आय में वृद्धि होने के साथ ही वस्तु A सस्ती हो जाती है तो यह देखने में आता है कि A का उपभोग घट गया है और B का उपभोग बढ़ गया है। यह इसलिए है कि—

A. आय प्रभाव ने प्रतिस्थापन प्रभाव पर प्रमुखता प्राप्त कर ली है।
B. उपभोक्ता की वास्तविक आय घट गई है।
C. प्रतिस्थापन प्रभाव ने आय प्रभाव पर प्रमुखता प्राप्त कर ली है।
D. वस्तु B, वस्तु A की पूर्ण स्थानापन्न नहीं है।

16. स्लट्स्की समीकरण सम्बन्ध रखता है—

A. वस्तुओं के उच्च स्तरीय वस्तुओं और निम्न स्तरीय वस्तुओं के वियोजन से
B. कीमत प्रभाव के आय प्रभाव तथा प्रतिस्थापन प्रभाव के वियोजन से
C. वस्तुओं के अनिवार्य तथा विलास की वस्तुओं के बीच वियोजन से
D. वस्तुओं के ऊंची कीमत वाली और नीची कीमत वाली वस्तुओं के बीच वियोजन से

17. यहां दी गई आकृति में वस्तु X का मांग वक्र DD है। जैसे ही इस वस्तु की कीमत P_1 से गिरकर P_2 पर आ जाती है, उसकी मांगी गई राशि Q_1 से बढ़कर Q_2 हो जाती है। खड़ी लकीरों से दर्शाया गया क्षेत्र समानान्तर (X—अक्ष के) लकीरों से दर्शाए गए क्षेत्र की तुलना में कहीं ज्यादा बड़ा दिखाई दे रहा है। E_1 और E_2 के बीच का वक्र—

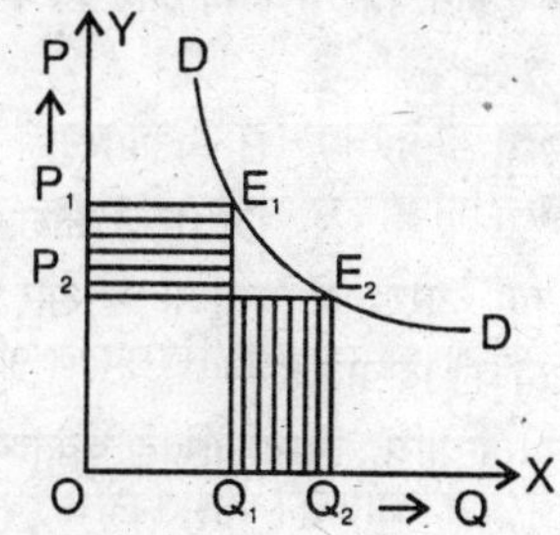

A. लोचदार है।
B. लोचहीन है।
C. लोच इकाई के बराबर है।
D. लोचदार है अथवा लोचहीन, इसका निर्णय आकृति में दिए गए वक्र के आधार पर नहीं किया जा सकता।

18. उपभोक्ता व्यवहार सिद्धान्त में निश्चितता की दशाओं के अन्तर्गत चयन के साथ निम्नलिखित में से किनका ताल्लुक है ?

1. प्रकट अधिमान उपागम
2. मार्शल का कार्डिनलिस्ट उपागम
3. हिक्स का अनधिमान वक्र उपागम

नीचे दिए गए कूट की सहायता से सही उत्तर का चयन कीजिए—

कूट—

A. 1 और 2 B. 2 और 3
C. 1 और 3 D. 1, 2 और 3

19. उपभोक्ता बचत का क्षेत्र निम्न में सही तौर पर दर्शाया गया है—

A. 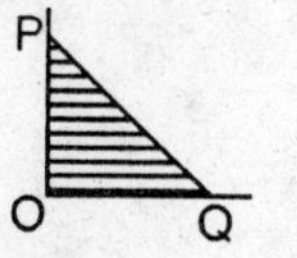

B. 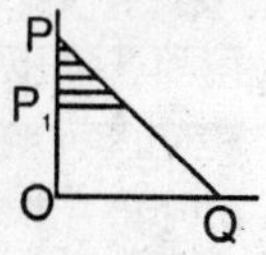

C. 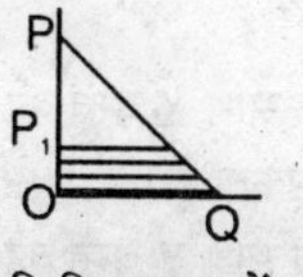

D. 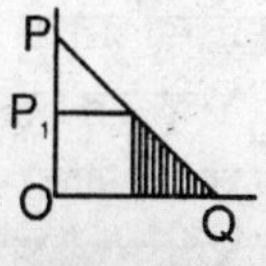

20. निम्नलिखित कारकों/वक्तव्यों पर विचार कीजिए—

1. आय प्रभाव और प्रतिस्थापन प्रभाव मिलकर उपभोक्ता की उस वस्तु की अधिक मात्रा को खरीदने की योग्यता और इच्छा में वृद्धि करते हैं जिसकी कीमत में गिरावट आ गई है।

2. वस्तु के उत्पादन में वृद्धि।
3. ह्रासमान सीमान्त उपयोगिता का नियम।
जिनके कारण मांग वक्र नीचे की ओर प्रवण होता है, उनमें सम्मिलित हैं—
A. 2 और 3 B. 1 और 3
C. 1 और 2 D. 1, 2 और 3

21. नीचे दिए गए आरेख दो वस्तुओं X और Y के आय-उपभोग वक्रों को दिखाते हैं—
आरेखों पर आधारित निम्नलिखित वक्तव्यों पर विचार कीजिए—

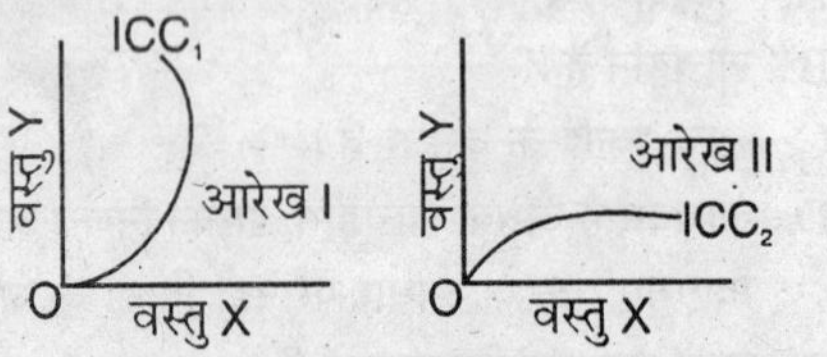

1. I का वक्र वस्तु X को समान्य वस्तु के रूप में दर्शाता है।
2. I का वक्र वस्तु Y को सामान्य वस्तु के रूप में दर्शाता है।
3. II का वक्र वस्तु X को सामान्य वस्तु के रूप में दर्शाता है।
4. II का वक्र वस्तु Y को सामान्य वस्तु के रूप में दर्शाता है।

उपर्युक्त वक्तव्यों में से—
A. 1 और 2 सही हैं। B. 1 और 4 सही हैं।
C. 2 और 3 सही हैं। D. 2 और 4 सही हैं।

22. इनमें से किस अर्थशास्त्री ने उदासीनता वक्रों का सर्वप्रथम प्रयोग किया—
A. मार्शल B. पाल एल. सेम्युल्सन
C. हिक्स D. कुजनेट्स

23. कीमत रेखा पर सभी बिन्दु दर्शाते हैं—
A. बढ़ता हुआ कुल व्यय
B. घटता हुआ कुल व्यय
C. समान कुल व्यय
D. उपर्युक्त में से कोई नहीं

24. बजट रेखा दर्शाती है—
A. Y वस्तु की शून्य मात्रा के साथ X वस्तु की कुल मात्रा जो उपभोक्ता क्रय कर सकता है।
B. X वस्तु की शून्य मात्रा के साथ Y वस्तु की कुल मात्रा जो उपभोक्ता क्रय कर सकता है।
C. X और Y वस्तु की विभिन्न मात्राओं के संयोग जो उपभोक्ता क्रय कर सकता है।
D. उपरोक्त सभी

25. सामान्य वस्तु के मामले में प्रतिस्थापन प्रभाव—
A. धनात्मक होता है। B. ऋणात्मक होता है।
C. शून्य होता है। D. उपरोक्त में से कोई नहीं।

26. किस वक्र की सहायता से उपभोक्ता की मांग वक्र को प्राप्त किया जा सकता है—
A. आय-उपभोग वक्र B. कीमत उपभोग वक्र
C. एंजिल वक्र D. उपरोक्त में से कोई नहीं

27. प्रकट अधिमान उपागम की मान्यता है—
A. मजबूत क्रम B. कमजोर क्रम
C. असामंजस्य D. उपरोक्त में से कोई नहीं

28. मांग के नियम के अन्तर्गत सामान्य स्थिति में मांग वक्र—
A. नीचे की ओर झुका होता है।
B. ऊपर की ओर चढ़ता है।
C. आधार रेखा के समानान्तर होता है।
D. आधार रेखा पर लम्ब होता है।

29. सम-सीमान्त उपयोगिता नियम का प्रतिपादन किसने किया—
A. गोसेन B. जे.बी. से
C. रिकार्डो D. मार्शल

30. यदि दो वस्तुएं पूर्ण स्थानापन्न हों, तो उनके लिए खींचे गए अनधिमान वक्र की आकृति होगी—
A. L — आकार की
B. U — आकार की
C. ∩ — आकार की
D. ऋणात्मक ढाल वाली सरल रेखा की तरह

31. आय प्रभाव का अध्ययन करते समय स्थिर माना जाता है—
A. उपभोक्ता की मौद्रिक आय को
B. उपभोक्ता की वास्तविक आय को
C. वस्तुओं की कीमत को
D. इन सभी को

32. उपभोक्ता की बचत का विचार सर्वप्रथम किसने दिया—
A. टॉसिंग B. ड्यूपिट
C. मार्शल D. कीन्स

33. एक उपभोक्ता इस बिन्दु पर सन्तुलन में होता है—
A. TU = P B. MU = P
C. MU > P D. MU < P

34. सीमान्त उपयोगिता (MU) जब शून्य होती है तो कुल उपयोगिता—
A. अधिकतम होगी B. घटती हुई दर से बढ़ेगी
C. घटती है D. स्थिर रहती है

35. एंजिल वक्र एक वस्तु की उन मात्राओं को बताता है जिसे उपभोक्ता खरीदना चाहता है, विभिन्न—

A. कीमतों पर B. आय स्तरों पर
C. आवश्यकताओं पर D. मांग पर

36. पूर्णतया पूरक वस्तुओं की स्थिति में अनधिमान वक्र की आकृति होगी—

A. X—अक्ष के समानान्तर
B. नीचे को गिरती हुई
C. L — आकार की
D. ऊपर को चढ़ती हुई

37. कीमत प्रभाव बराबर होता है—

A. प्रतिस्थापन प्रभाव + आय प्रभाव
B. प्रतिस्थापन प्रभाव – आय प्रभाव
C. आय प्रभाव – प्रतिस्थापन प्रभाव
D. उपर्युक्त में से कोई नहीं

38. निम्न में से कौन-सा कथन सही है—

A. घटिया वस्तुओं के सन्दर्भ में आय प्रभाव धनात्मक होता है यद्यपि प्रतिस्थापन प्रभाव ऋणात्मक हो।
B. घटिया-वस्तुओं के सन्दर्भ आय प्रभाव ऋणात्मक होता है यद्यपि प्रतिस्थापन प्रभाव धनात्मक होता हो।
C. घटिया वस्तुओं में आय प्रभाव एवं प्रतिस्थापन प्रभाव दोनों धनात्मक होते हैं।
D. घटिया वस्तुओं में दोनों प्रभाव ऋणात्मक होते हैं।

39. हीरा-जल विरोधाभास की सर्वप्रथम किसने व्याख्या की थी—

A. हिक्स B. मार्शल
C. एडम स्मिथ D. एलन

40. मांग की आड़ी लोच होती है—

A. $\frac{\Delta q}{\Delta p} \times \frac{q_1 + q_2}{p_1 + p_2}$ B. $\frac{\Delta q}{\Delta p} \times \frac{p_1 + p_2}{q_1 + q_2}$

C. $\frac{\Delta p}{\Delta q} \times \frac{p_1 + p_2}{q_1 + q_2}$ D. $\frac{\Delta q}{\Delta p} \times \frac{p_1 + p_2}{q_1 \times q_2}$

41. उपभोक्ता उस बिन्दु पर संतुलन में होता है जहां बजट रेखा उदासीनता वक्र को—

A. स्पर्श करती है।
B. काटती है।
C. दोनों समानान्तर होती हैं।
D. उक्त में कोई नहीं।

42. अगर कीमत उपभोग वक्र ऋणात्मक है तो—

A. मांग की लोच इकाई के बराबर है।
B. वस्तु की मांग लोच इकाई से अधिक है।
C. वस्तु की मांग की लोच इकाई से कम है।
D. वस्तु की मांग की लोच शून्य है।

43. क्रमवाचक (ordinal) दृष्टिकोण से—

A. उपयोगिता एक व्यक्तिगत संकल्पना है।
B. उपयोगिता एक वस्तुगत संकल्पना है।
C. उपयोगिता एक आदर्शात्मक संकल्पना है।
D. उपर्युक्त में से कोई नहीं।

44. निम्नलिखित में से कौन-सी संयुक्त मांग है?

A. कॉफी और चाय B. घी और तेल
C. टूथपेस्ट और ब्रुश D. पेन तथा पेंसिल

45. किसी वस्तु की मांग 30 इकाई से बढ़कर 45 इकाई हो जाती है, जब कीमत 12 रु. से घटकर 10 रु. रह जाती है, तो मांग की लोच होगी—

A. 0.6 B. 2.5
C. 3.0 D. 7.5

46. रैखिक मांग फलन पर मांग की कीमत लोच—

A. बढ़ती है जैसे-जैसे बिन्दु नीचे की ओर अग्रसर होता है।
B. घटती है जैसे-जैसे बिन्दु नीचे की ओर अग्रसर होती है।
C. Y—अक्ष पर स्थिति बिन्दु के लिए न्यूनतम होती है।
D. सभी बिन्दुओं पर समान होती है।

47. मांग वक्र के विभिन्न बिन्दुओं पर मांग की कीमत लोच समान होती है, जब मांग वक्र—

A. एक सीधी रेखा होती है।
B. नीचे गिरता हुआ वक्र होता है।
C. आयतीय परिवलय वक्र होता है।
D. वृत्त के आकार का होता है।

48. गोसन का प्रथम नियम है—

A. ह्रासमान सीमान्त उपयोगिता नियम
B. वृद्धिमान सीमान्त उपयोगिता नियम
C. सम-सीमान्त उपयोगिता नियम
D. कुल उपयोगिता नियम

49. जब दो वस्तुओं के बीच मांग की आड़ी मूल्य लोच शून्य होती है तब वे वस्तुएं—

A. पूरक होती हैं।

B. स्वतन्त्र होती हैं।
C. प्रतिस्थापन्न होती हैं।
D. विलासिता की वस्तुएं होती हैं।

50. उपभोक्ता संतुलन में होता है जब—
A. दी हुई आय पर उसका लाभ अधिकतम होता है।
B. दी हुई आय पर उसका लाभ न्यूनतम होता है।
C. दी हुई आय पर उसको अधिकतम उपयोगिता प्राप्त होती है।
D. दी हुई आय और कीमत पर उसको अधिकतम उपयोगिता प्राप्त होती है।

51. एक फलन से तात्पर्य होता है—
A. एक वस्तु की मांग से
B. एक वस्तु की पूर्ति से
C. एक वस्तु की मांग तथा पूर्ति से
D. एक आश्रित चर तथा एक या अधिक स्वतंत्र चरों के बीच सम्बन्ध से।

52. आय तथा प्रतिस्थापन प्रभावों की व्याख्या के लिए '**लागत अंतर**' विधि का अनुपालन निम्नलिखित अर्थशास्त्रियों में किसने दिया है—
A. हिक्स B. स्लट्स्की
C. सेम्युलसन D. ऐलन

53. किसी सरल रेखा मांग वक्र जो दोनों अक्षों को काटता है के मध्य बिन्दु पर मांग की लोच का मान होगा—
A. 2.0 B. 1.5
C. 1.0 D. 0.5

54. जब $\frac{MU_x}{P_x} > \frac{MU_y}{P_y}$ तब उपभोक्ता को क्रय करना चाहिए—
A. X की अधिक मात्रा तथा Y की कम मात्रा।
B. X की कम मात्रा तथा Y की अधिक मात्रा।
C. X तथा Y दोनों की अधिक मात्रा।
D. X तथा Y दोनों की कम मात्रा।

55. उपभोक्ता के संतुलन की निम्नलिखित में से कौन-सी एक सही शर्त है—
A. $MRS_{x,y} = P_x . P_y$ B. $MRS_{x,y} = \frac{P_x}{P_y}$
C. $MRS_{x,y} = \frac{P_y}{P_x}$ D. $MRS_{x,y} = \frac{1}{P_x.P_y}$

56. एंजिल के नियम के अनुसार खाद्य पदार्थों की मांग की लोच—
A. इकाई से कम होती है।
B. इकाई के बराबर होती है।
C. इकाई से अधिक होती है।
D. अनन्त होती है।

57. अनधिमान वक्र उस समय असामान्य रूप का होगा जब चयन की समस्या होगी—
A. उन वस्तुओं में जो स्थानापन्न हों
B. उपभोग और बचत में
C. प्रतिभूतियों से प्राप्त आय और जोखिम में
D. उपभोग वस्तुओं और परिसम्पत्तियों में

58. जब दो वस्तुएं पूर्ण प्रतिस्थानापन्न हों तब MRS होगी—
A. घटती हुई B. स्थिर
C. अस्थिर D. बढ़ती हुई

59. सीमान्त उपयोगिता को जिस सूत्र से ज्ञात किया जा सकता है, वह है—
A. $MU_n = TU_n - TU_{n-1}$
B. $MU_n = TU_n + TU_{n-1}$
C. $MU_n = TU_1 + MU_2 + MU_n$
D. $MU_n = TU_n = MU_n$

60. अगर मांग वक्र दायीं ओर खिसकता है तो इसका अर्थ है—
A. वस्तु की कीमत गिरी है।
B. मांग फलन उन्नत हुआ है।
C. पूर्ति फलन उन्नत हुआ है।
D. उपभोक्ता की वास्तविक आय घटी है।

61. कीमत परिवर्तन का प्रतियोगी वस्तु की मांग पर साधारणतया प्रतिस्थापन्न प्रभाव होता है—
A. इकाई के बराबर। B. शून्य।
C. उल्टी दिशा में। D. सीधी दिशा में।

62. लेमन का दूसरा गिलास एक प्यासे लड़के को अपेक्षाकृत कम सन्तुष्टि प्रदान करता है। यह एक स्पष्ट एवं निश्चित विचार है—
A. मांग के नियम का
B. घटती प्रत्यय के नियम का
C. घटती उपयोगिता के नियम का
D. पूर्ति के नियम का

63. एक अनधिमान वक्र दायीं ओर नीचे ढलुआ होता है क्योंकि एक वस्तु की अधिक मात्रा तथा दूसरी की कम मात्रा देती है—

A. वही सन्तुष्टि

B. अधिकतम सन्तुष्टि

C. अपेक्षाकृत अधिक सन्तुष्टि

D. घटता हुआ व्यय

64. इनमें से कौन-सी वस्तुएं स्थानापन्न वस्तुएं हैं—

A. कॉफी और दूध

B. हीरा और गाय

C. पेन और स्याही

D. सरसों का तेल और नारियल तेल

65. एक वस्तु की कीमत में परिवर्तन होने पर उसकी मांगी गई मात्रा अपरिवर्तित रहने पर, मांग की लोच का गुणांक होता है—

A. एक से ज्यादा B. एक से कम

C. शून्य D. अनन्त

66. निम्न सूचना उपलबध है—

वस्तु	मात्रा	कीमत	सीमान्त उपयोगिता (MU)
Y	40	35	7
Z	30	55	?

यह परिकल्पना करते हुए कि उपभोक्ता Y व Z वस्तु से उपयोगिता अधिकतम करना चाहता है, Z वस्तु से प्राप्त सीमान्त उपयोगिता है—

A. 9 B. 11

C. 25 D. 10

67. A = B = 20 यूटिल्स कथन से तात्पर्य है—

A. उपयोगिता का क्रमवाचक माप

B. उपयोगिता का गणनावाचक माप

C. उपयोगिता का क्रमवाचक एवं गणनावाचक माप

D. उपरोक्त में कोई नहीं

68. मांग की आय लोच ऋणात्मक होने पर, जैसे-जैसे आय घटती है, वस्तु की खरीदी गई मात्रा—

A. गिरती है।

B. बढ़ती है।

C. अपरिवर्तित रहती है।

D. पहले बढ़ती है फिर गिरती है।

69. पूर्ण बेलाचदार मांग में, जब कीमत 2 प्रतिशत से बढ़ती है तब मांग कम होती है—

A. 10 प्रतिशत से B. 0 प्रतिशत से

C. 3 प्रतिशत से D. 2 प्रतिशत से

70. निम्न में से एक सम सीमान्त उपयोगिता को दर्शाने वाला समीकरण है—

A. $\frac{MU_a}{P_a} = \frac{MU_b}{P_b} = \frac{MU_c}{P_c}$

B. $MU_a \times P_a = MU_b \times P_b = MU_c \times P_c$

C. $\frac{MU_a}{P_a} > \frac{MU_b}{P_b} > \frac{MU_c}{P_c}$

D. $\frac{P_a}{MU_a} = \frac{P_b}{MU_b} = \frac{P_c}{MU_c}$

71. सीमान्त उपयोगिता (MU) सदैव—

A. बढ़ती है। B. घटती है।

C. स्थिर रहती है। D. इनमें से कोई नहीं है।

72. अगर उपभोक्ताओं की आय बढ़ती है तो—

A. मांग वक्र स्थिर रहता है।

B. मांग वक्र बाएं खिसक जाता है।

C. मांग वक्र दाएं खिसक जाता है।

D. मांग की कीमत लोच बढ़ जाती है।

73. गिफन वस्तु की कीमत में कमी से—

A. मांग स्थिर रहती है।

B. मांग में भी कमी आ जाती है।

C. मांग में वृद्धि हो जाती है।

D. मांग में असामान्य रूप से परिवर्तन आ जाता है।

74. उपभोक्ता की बचत को निम्न की सहायता से मापी जाती है—

A. कुछ उपयोगिता वक्र B. सीमान्त उपयोगिता वक्र

C. पूर्ति वक्र D. उपरोक्त में कोई नहीं

75. मार्शल के अनुसार सीमान्त उपयोगिता ह्रास नियम निम्न-स्तर पर लागू होता है—

A. मुद्रा पर उसी ढंग से लागू होता है जिस ढंग से अन्य वस्तुओं पर।

B. बैंक मुद्रा के अलावा मुद्रा पर लागू नहीं होता।

C. बैंक मुद्रा पर लागू नहीं होता लेकिन नकद मुद्रा पर लागू होता है।

D. मुद्रा के अलावा सभी वस्तुओं पर लागू होता है।

76. कुल उपयोगिता वक्र—

A. हमेशा ऊपर उठता है।

B. हमेशा नीचे गिरता है।

C. पहले गिरता है और तब उठता है।
D. पहले उठता है तब गिरता है।

77. दिए गए रेखाचित्र में चित्रित परिस्थिति में—

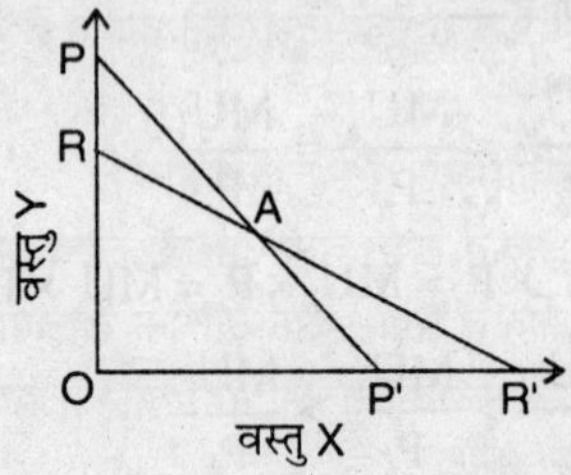

A. कीमत रेखा PP' पर उपभोक्ता की वास्तविक आय RR' पर वास्तविक आय की अपेक्षा कम है।
B. PP' और RR' कीमत रेखाओं पर उपभोक्ताओं की वास्तविक आय समान है।
C. कीमत रेखा PP' पर उपभोक्ता की वास्तविक आय RR' पर वास्तविक आय की अपेक्षा अधिक है।
D. पर्याप्त आंकड़ों के अभाव में दोनों स्थितियों की वास्तविक आय की तुलना नहीं की जा सकती।

78. निम्नलिखित वक्तव्यों पर विचार कीजिए—
एक संविदा वक्र (उपभोग/उत्पादन)
1. किन्हीं दो उदासीनता वक्रों के बीच
2. किन्हीं दो समान मात्रा वक्रों के बीच
3. एक उदासीनता वक्र और बजट रेखा के बीच स्पर्शिता बिन्दुओं का रेखा पथ है।

इन वक्तव्यों में से—
A. 1, 2 और 3 सही हैं। B. 1 और 2 सही हैं।
C. 2 और 3 सही हैं। D. 1 और 3 सही हैं।

79. दिए गए रेखाचित्र में 'A' उपभोक्ता द्वारा खरीदी गई दो वस्तुओं X और Y का सम्मिश्रण चित्रित करता है जबकि बजट रेखा PP' है। रेखाचित्र में 'B' और 'C' 'X' और 'Y' दो वस्तुओं के अन्य सम्मिश्रण चित्रित करते हैं। कीमत रेखा RR' 'A' बिन्दु से गुजरती है। उक्त उपभोक्ता के लिए—

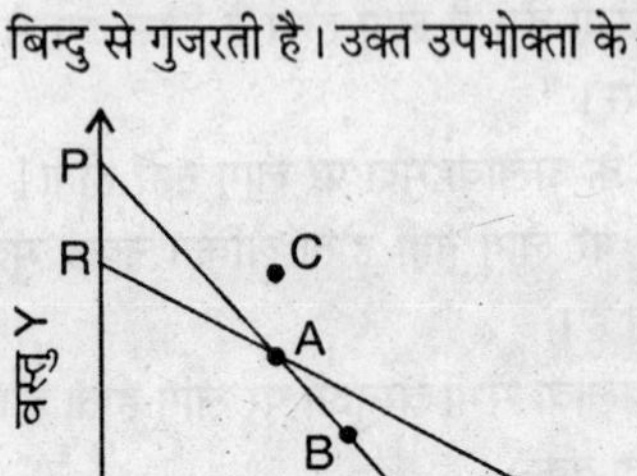

A. A के प्रति C से अधिक अधिमान व्यक्त किया गया है।
B. B के प्रति A से अधिक अधिमान व्यक्त किया गया है।
C. A के प्रति B से अधिक अधिमान व्यक्त किया गया है।
D. C के प्रति A से अधिक अधिमान व्यक्त किया गया है।

80. विवेकपूर्ण व्यवहार करने वाले एक उपभोक्ता के समक्ष X और Y वस्तुओं के विभिन्न सम्मिश्रण खरीदने का विकल्प है। जिनकी उसके लिए निम्नलिखित सीमान्त उपयोगिता सूचियां हैं—

इकाइयों की संख्या	*प्राप्त सीमान्त उपयोगिता*	
	'X' वस्तु से	*'Y' वस्तु से*
1	10	7
2	9	6
3	8	5
4	7	4
5	6	3
6	4	2

यदि X और Y वस्तुओं की कीमत क्रमशः 2 रु. और 1 रु. हो तो उपभोक्ता अपनी जेब में उपलब्ध 15 रु. से खरीदना पसन्द करेगा—
A. 6 इकाइयां X की और 3 इकाइयां Y की
B. 5 इकाइयां X की और 5 इकाइयां Y की
C. 4 इकाइयां X की और 4 इकाइयां Y की
D. 5 इकाइयां X की और 2 इकाइयां Y की

81. स्थिर उपयोगिता के पथ को कहते हैं—
A. विस्तार पथ B. उपयोगिता फलन
C. अनधिमान वक्र D. मांग फलन

82. सूची I को सूची II के साथ सुमेलित कीजिए और सूचियों के नीचे दिए गए कूट का प्रयोग कर सही उत्तर चुनिए—

सूची I	*सूची II*
a. मांग में विस्तार	1. उसी मांग वक्र पर बायीं ओर से दाहिनी ओर गति।
b. मांग में संकुचन	2. उसी मांग वक्र पर दायी ओर से बायीं ओर गति।
c. मांग में वृद्धि	3. मांग वक्र का दाहिनी ओर स्थानान्तरण।
d. मांग में कमी	4. मांग वक्र का बायीं ओर स्थानान्तरण।

A. a-1, b-2, c-3, d-4
B. a-1, b-2, c-4, d-3
C. a-3, b-4, c-1, d-2
D. a-3, b-4, c-2, d-1

83. कोई निर्दिष्ट अनधिमान मानचित्र दिखलाता है—
A. संतुष्टि का एक निर्दिष्ट स्तर
B. रुचियों और अधिमानों का एक निर्दिष्ट स्वरूप
C. संतुष्टि का औसत स्तर
D. उपर्युक्त सभी

84. निम्न में से कौन-सा एक सही सुमेलित नहीं है ?
A. उद्घाटित अधिमान सिद्धान्त—सैम्युलसन।
B. अनधिमान वक्र विश्लेषण—हिक्स।
C. गणनावाचक उपयोगिता—रॉबिन्सन।
D. आगत-निर्गत विश्लेषण—लियोन्तिफ

85. यदि मांग वक्र आयताकार अतिपरवलय (Rectangular Hyperbola) है तो मांग की कीमत लोच होगी—
A. 0.25 B. 0.75
C. 1.00 D. 0.50

86. निम्न कथन में से कौन सही नहीं है—
A. एक अनधिमान वक्र पर भिन्न-भिन्न बिन्दु दो वस्तुओं के भिन्न-भिन्न संयोगों को प्रदर्शित करते हैं।
B. उपभोग सम्भावना रेखा पर भिन्न-भिन्न बिन्दु दो वस्तुओं के भिन्न-भिन्न संयोग को प्रदर्शित करते हैं।
C. अनधिमान वक्र पर समस्त बिन्दु सन्तोष (satisfaction) के समान स्तर को दर्शाते हैं।
D. उपभोग सम्भावना रेखा पर समस्त बिन्दु सन्तोष के समान स्तर को प्रदर्शित करते हैं।

87. निम्नलिखित आंकड़ों पर विचार कीजिए—

प्रति किग्रा. कीमत (रु. में)	गेहूं की कीमत (किग्रा.)
12	5
10	?

जब गेहूं की कीमत 10 रु. प्रति किग्रा. है और उसकी मांग की लोच इकाई के बराबर है तो गेहूं की किग्रा. में मांग होगी—
A. 5.0 B. 6.0
C. 10.0 D. 12.0

88. एक वस्तु की मांग-वक्र के नीचे का कुल क्षेत्र मापता है—
A. सीमान्त उपयोगिता B. कुल उपयोगिता
C. उपभोक्ता की बचत D. उत्पादक की बचत

89. यदि कीमत उपभोग वक्र क्षैतिज हो तो X (जिसकी कीमत गिरती है) के लिए मांग की कीमत लोच होगी—
A. शून्य B. एक
C. एक से अधिक D. एक से कम

90. यदि कीमत उपभोग वक्र (PCC) ऋणात्मक ढाल वाला हो तो X के लिए मांग की कीमत लोच होगी—
A. एक B. एक से अधिक
C. एक से कम D. शून्य

91. यदि दो मांग वक्र एक-दूसरे को काटते हैं तो कटान बिन्दु पर—
A. वे समान रूप से लोचदार होंगे।
B. अपेक्षाकृत खड़ा वक्र अधिक लोचदार होगा।
C. अपेक्षाकृत सपाट वक्र अधिक लोचदार होगा।
D. उनके लोच की तुलना नहीं की जा सकती है।

92. सुमेल कीजिए—
(a) $TU_n - TU_{n-1}$ — 1. उपभोक्ता की मौद्रिक आय
(b) $MU_1 + MU_2 + \ldots + MU_n$ — 2. कुल उपयोगिता
(c) $\frac{MU_x}{P_x} = \frac{MU_y}{P_y}$ — 3. उपभोक्ता का संतुलन
(d) $P_x . Q_x = P_y Q_y$ — 4. सीमान्त उपयोगिता

	(a)	(b)	(c)	(d)
A.	3	4	2	1
B.	2	4	3	1
C.	4	2	3	1
D.	4	3	2	1

93. यदि व्यक्ति की आय में वृद्धि होने पर वस्तु पर व्यय की गई आय का अनुपात समान रहता है तो वस्तु की मांग की आय-लोच—
A. इकाई के बराबर होती है।
B. इकाई से अधिक होती है।
C. इकाई से कम होती है।
D. उपरोक्त में से कोई नहीं

94. यदि व्यक्ति के आय में वृद्धि होने पर वस्तु की व्यय की गई आय का अनुपात घटता है तो मांग की आय लोच होगी—
A. इकाई के बराबर B. इकाई से कम
C. इकाई से अधिक D. उपरोक्त में से कोई नही।

95. कीमत लोच (e_P) आय लोच (e_i) तथा प्रतिस्थापन लोच (e_s) में सम्बन्ध स्थापित करने वाला सूत्र है—
A. $e_P = K_x e_i + (1 - K_x) e_s$
B. $e_i = K_x + (1 + e_P) e_s$
C. $e_P = K_x e_i + e_s$
D. $e_s = K_x e_i + (1 - K_x) e_P$

96. दो स्थानापन्न वस्तुओं के बीच मांग की प्रतिलोच (cross-elasticity) होती है—

A. धनात्मक B. ऋणात्मक
C. शून्य D. इनमें से कोई नहीं

97. दो पूरक वस्तुओं के बीच मांग की प्रति लोच होती है—

A. ऋणात्मक B. धनात्मक
C. शून्य D. इनमें से कोई नहीं

98. जब वस्तु की कीमत के घटने पर उस पर किया जाने वाला कुल व्यय बढ़ता है तथा कीमत के बढ़ने पर व्यय घटता है तो मांग की कीमत लोच होगी—

A. $e_P = 1$ B. $e_P > 1$
C. $e_P < 1$ D. $e_P = 0$

99. जब वस्तु की कीमत के घटने पर कुल व्यय घटता है तथा कीमत के बढ़ने पर कुल व्यय बढ़ता है तो मांग की कीमत लोच होगी—

A. $e_P > 1$ B. $e_P < 1$
C. $e_P = 0$ D. $e_P = 1$

100. कार और पेट्रोल का उपभोग किया जाता है यदि पेट्रोल की कीमत बढ़ती है तो कार की मांग घट जाती है क्योंकि कार एवं पेट्रोल की मांग है—

A. पूरक B. प्रतिस्थापन
C. स्वतंत्र D. उपरोक्त में कोई नहीं

निर्देश (प्रश्न 101 व 102): *प्रत्येक प्रश्न में कथन (A) तथा कारण (R) दिए गए हैं। जिनके विकल्प निम्नानुसार हैं—*

A. A तथा R दोनों सही हैं, और R, A का सही स्पष्टीकरण करता है।
B. A तथा R दोनों सही हैं, परन्तु R, A का सही स्पष्टीकरण नहीं करता है।
C. A सही है, परन्तु R गलत है।
D. A गलत है, परन्तु R सही है।

101. **कथन (A):** निम्नस्तरीय वस्तुओं के लिए मांग की आय लोच ऋणात्मक होती है।

कारण (R): जैसे-जैसे आय बढ़ती है, उन वस्तुओं पर आय का अधिकाधिक भाग खर्च होता है जिन पर होने वाला खर्च आय की तुलना में अधिक तेजी से बढ़ता है।

102. **कथन (A):** उपभोक्ता का अधिशेष संभाव्य कीमत तथा वास्तविक कीमत के बीच का अंतर है।

कारण (R): कीमत तथा उपभोक्ता के अधिशेष के बीच प्रतिलोम संबंध होता है।

उत्तरमाला

1	2	3	4	5	6	7	8	9	10
B	D	C	C	A	B	B	C	D	A
11	**12**	**13**	**14**	**15**	**16**	**17**	**18**	**19**	**20**
B	A	C	B	C	B	A	D	B	B
21	**22**	**23**	**24**	**25**	**26**	**27**	**28**	**29**	**30**
C	C	C	D	A	B	A	A	D	D
31	**32**	**33**	**34**	**35**	**36**	**37**	**38**	**39**	**40**
C	B	B	A	B	C	A	B	C	B
41	**42**	**43**	**44**	**45**	**46**	**47**	**48**	**49**	**50**
A	B	A	C	C	B	C	A	B	C
51	**52**	**53**	**54**	**55**	**56**	**57**	**58**	**59**	**60**
D	B	C	A	B	A	C	B	A	B
61	**62**	**63**	**64**	**65**	**66**	**67**	**68**	**69**	**70**
D	C	A	D	C	D	B	B	B	A
71	**72**	**73**	**74**	**75**	**76**	**77**	**78**	**79**	**80**
B	C	B	B	D	D	D	B	C	D
81	**82**	**83**	**84**	**85**	**86**	**87**	**88**	**89**	**90**
C	A	B	C	C	D	B	A	B	B
91	**92**	**93**	**94**	**95**	**96**	**97**	**98**	**99**	**100**
C	C	A	B	A	A	A	B	A	A
101	**102**								
A	A								

1.2

उत्पादन का सिद्धान्त
(THEORY OF PRODUCTION)

उत्पादन फलन (Production Function)

उत्पादन के साधनों तथा उत्पाद की मात्रा में सम्बन्ध को **उत्पादन फलन** (Production Function) कहते हैं। यह साधनों तथा उत्पाद के बीच तकनीकी सम्बन्ध को प्रकट करता है। सांकेतिक रूप में उत्पादन फलन को निम्न प्रकार व्यक्त किया जाता है :

$$X = f(a, b, c, \dots n)$$

जहां X वस्तु की उत्पादन मात्रा को व्यक्त करता है, तथा *a, b, c,* ... *n* साधनों की मात्रा है। '*f*' फलन का संकेत है।

उत्पादन फलन के रूप (Types of Production Function)

आर्थिक सिद्धान्त में हम दो प्रकार के उत्पादन फलनों का विशेष अध्ययन करते हैं।

पहली वह स्थिति जिसमें उत्पादन के बाकी सब साधनों को स्थिर मान लिया जाता है तथा एक परिवर्तनशील साधन की मात्रा बढ़ाने पर उत्पादन की मात्रा में होने वाले परिवर्तनों का अध्ययन किया जाता है। इस प्रकार के उत्पादन फलन का अध्ययन **''परिवर्तनशील अनुपात का नियम''** (Law of Variable Productions) के रूप में किया जाता है।

दूसरी स्थिति वह है जिसमें उत्पादन के सभी साधनों को परिवर्तनशील मान लिया जाता है अर्थात **उत्पादन के पैमाने** (Scale of Production) को बदला जा सकता है। इस प्रकार के उत्पादन फलन का अध्ययन **पैमाने के प्रतिफल** (Returns to Scale) के रूप में किया जाता है। लेकिन ध्यान देने योग्य बात यह है कि पैमाने के प्रतिफल नियम के अन्तर्गत उत्पादन के सभी साधनों का अनुपात पहले जैसा ही बना रहता है।

उत्पाद की अवधारणा (Concept of Product)

एक फर्म द्वारा एक निर्दिष्ट समय में उत्पादित वस्तुओं की मात्रा को ही '**उत्पाद**' (Product) या उत्पादन (output) कहते हैं। उत्पादित वस्तुओं की मात्रा का हम तीन रूपों में अध्ययन कर सकते हैं—

1. कुल उत्पाद (Total Product)

2. औसत उत्पाद (Average Product)

3. सीमान्त उत्पाद (Marginal Product)

कुल उत्पाद (Total Product)

परिवर्तनशील साधन की एक निश्चित मात्रा का प्रयोग करके (जबकि अन्य साधन स्थिर रहते हैं) जो उत्पादन की कुल मात्रा प्राप्त होती है उसे कुल उत्पाद (Total Product) कहते हैं। जैसे-जैसे परिवर्तनशील साधन की मात्रा बढ़ाई जाती है, कुल उत्पादन में वृद्धि होती है लेकिन परिवर्तनशील साधनों की मात्रा में निरन्तर वृद्धि करने पर कुल उत्पादन एक सीमा तक ही बढ़ सकता है। कुल उत्पादन में वृद्धि की दर साधन के प्रयोग की विभिन्न दरों पर भिन्न-भिन्न होती है। जैसा कि रेखाचित्र में बनाए गए कुल उत्पादन वक्र (TP) से स्पष्ट है कि आरम्भ में कुल उत्पादन में बढ़ती दर (increasing rate) से वृद्धि होती है अर्थात आरम्भ में कुल उत्पाद वक्र (TP) की ढाल (Slope) बढ़ रही है। एक अवस्था के बाद कुल उत्पाद वक्र TP कम दर से बढ़ना आरम्भ करता है जब परिवर्तनशील साधन की अधिक मात्रा प्रयोग की जाती है।

रेखाचित्र में श्रम का कुल उत्पाद वक्र (TP) मूल बिन्दु O से आरम्भ होता है। जब पूंजी की एक स्थिर मात्रा के साथ श्रम की OL_1 मात्रा प्रयोग की जाती है तो कुल उत्पादन L_1Q_1 है। पूंजी की उसी स्थिर मात्रा से श्रम की OL_2 मात्रा प्रयोग करने पर कुल उत्पाद बढ़कर L_2Q_2 हो जाता है। इसी प्रकार स्थिर पूंजी के साथ परिवर्तनशील साधन के अधिक प्रयोग से उसका कुल उत्पाद बढ़ता जाता है जब तक कि श्रम की OL_3 मात्रा नहीं हो जाती जिस पर कि कुल उत्पादन उच्चतम स्तर L_3Q_3 पर है। इसके पश्चात

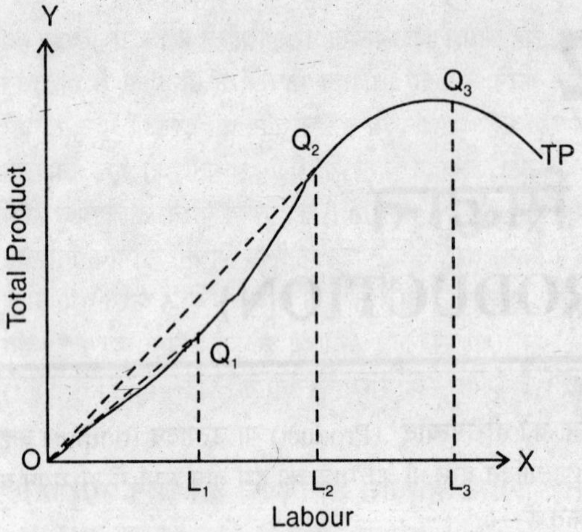

रेखाचित्र : *श्रम का कुल उत्पाद वक्र*

परिवर्तनशील साधन (श्रम-Labour) का अधिक प्रयोग करने पर कुल उत्पादन घटना शुरू हो जाता है।

औसत उत्पाद (Average Product)

एक परिवर्तनशील साधन (श्रम) का औसत उत्पाद उस साधन की प्रति इकाई के प्रयोग से प्राप्त उत्पादन को कहते हैं, इसीलिए इसको साधन की प्रति इकाई उत्पादकता भी कहते हैं। इसे साधन के कुल उत्पाद को उसकी प्रयोग की गई मात्रा से भाग देकर प्राप्त किया जाता है। अत:

$$AP_L = \frac{Q}{L}$$

जहां AP_L श्रम के औसत भौतिक उत्पाद को, Q वस्तु की कुल उत्पादन मात्रा को तथा L श्रम की प्रयोग की गई मात्रा को व्यक्त करते हैं।

औसत उत्पाद वक्र की व्युत्पत्ति (Derivation of Average Product Curve)

साधन के औसत भौतिक उत्पाद वक्र को उसके कुल उत्पाद वक्र से सरलतापूर्वक व्युत्पादित किया जा सकता है। औसत उत्पाद को कुल उत्पाद वक्र पर मूल बिन्दु से खींची गई रेखा (line) की ढाल (Slope) द्वारा मापा जा सकता है (Average Product is determined by the slope of a line drawn form the origin to the total Product curve)।

रेखाचित्र से स्पष्ट है कि परिवर्तनशील साधन श्रम का औसत उत्पाद वक्र आरंभ में ऊपर की ओर बढ़ता है और उच्चतम सीमा पर पहुंच कर नीचे को गिरने लगता है अर्थात स्थिर साधन की एक दी हुई मात्रा के साथ जब परिवर्तनशील साधन की मात्रा का प्रयोग बढ़ाया जाता है तो उसका औसत उत्पादन आरंभ में बढता है और फिर उच्चतम सीमा पर पहुंच कर घटने लगता है।

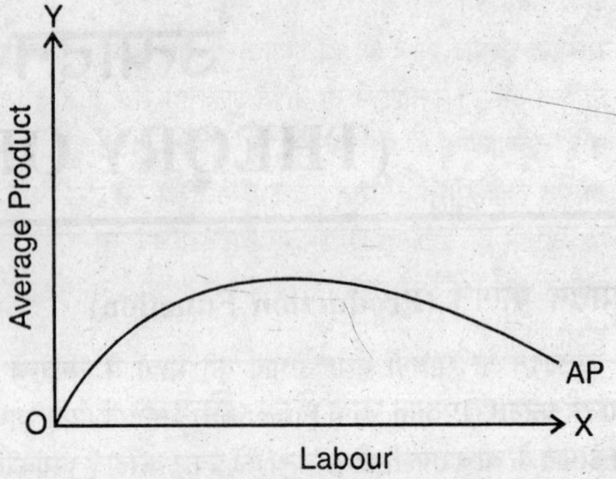

रेखाचित्र : *औसत उत्पादन वक्र*

अन्य शब्दों में, **परिवर्तनशील साधन का औसत उत्पाद वक्र अंग्रेजी के अक्षर U के विपरीत आकृति (inverted U-shape)** का होता है।

सीमान्त उत्पाद (Marginal Product)

परिवर्तनशील साधन की एक अतिरिक्त इकाई के प्रयोग करने पर कुल उत्पाद में जो वृद्धि होती है उसे साधन का सीमान्त उत्पाद कहा जाता है जबकि उत्पादन के अन्य साधन स्थिर रहते हैं (Marginal Product of a variable factor is defined as the change in total Product resulting from a unit change of this factor, Keeping all other factors constant)।

यदि हम मान लें कि परिवर्तनशील साधन श्रम (labour) है तथा श्रम की मात्रा में ΔL से वृद्धि की जाती है जिसके फलस्वरूप उत्पादन में ΔQ के बराबर वृद्धि होती है तो श्रम का सीमान्त उत्पाद (MP_L) होगा—

$$MP_L = \frac{\Delta Q}{\Delta L}$$

परिवर्तनशील साधन का सीमान्त उत्पाद वक्र उसके कुल उत्पाद वक्र (total product curve) से खींचा जा सकता है। परिवर्तनशील साधन के किसी विशेष स्तर पर कुल उत्पाद वक्र के ढाल (Slope) को मापकर उस स्तर पर उस परिवर्तनशील साधन की सीमान्त उत्पादकता को ज्ञात किया जा सकता है।

महत्वपूर्ण तथ्य

- जब कुल उत्पादन अधिकतम होता है तो सीमान्त उत्पाद शून्य होता है।
- सीमान्त उत्पाद शून्य भी हो सकता है और ऋणात्मक भी लेकिन औसत उत्पाद न तो कभी शून्य हो सकता है और न ही ऋणात्मक।
- औसत तथा सीमान्त उत्पाद वक्र एक दूसरे को उस बिन्दु पर काटते हैं जहां पर औसत उत्पाद अधिकतम होता है लेकिन इस बिन्दु पर सीमान्त उत्पाद वक्र नीचे को गिरता हुआ होता है।

परिवर्तनशील अनुपात का नियम (Law of Variable Proportions)

आर्थिक सिद्धान्त में परिवर्तनशील अनुपात के नियम का बड़ा महत्त्व है। यह नियम ऐसे उत्पादन फलन का अध्ययन करता है जिसमें उत्पादन के अन्य साधनों को स्थिर रख कर किसी एक साधन की मात्रा में परिवर्तन किया जाता है। जब अन्य साधनों को स्थिर (constant) रखकर एक परिवर्तनशील साधन (variable factor) की मात्रा बढ़ाई जाती है तो परिवर्तनशील साधन तथा स्थिर साधनों में अनुपात बदल जाता है अर्थात स्थिर साधनों की तुलना में परिवर्तनशील साधन का अनुपात बढ़ जाता है। चूंकि इस नियम के अन्तर्गत हम साधनों के अनुपातों में परिवर्तन का उत्पादन पर प्रभाव का अध्ययन करते हैं इसलिए इसे **परिवर्तनशील अनुपात का नियम** (Law of variable Proportions) कहते हैं।

परिवर्तनशील अनुपात के नियम की आवश्यक शर्तें

परिवर्तनशील अनुपात का नियम कुछ विशेष दशाओं में ही लागू होता है। यदि इन दशाओं में कोई परिवर्तन हो जाए तो यह नियम लागू नहीं होगा। ये विभिन्न दशाएं अथवा शर्तें निम्न हैं—

1. उत्पादन की तकनीक (Technology) में कोई परिवर्तन नहीं होना चाहिए। यदि तकनीक में सुधार हो जाए अर्थात पहले से अधिक बढ़िया तकनीक का प्रयोग किया जाए तो परिवर्तनशील साधन के सीमान्त तथा औसत उत्पादन घटने के स्थान पर बढ़ सकते हैं।

2. कुछ साधन ऐसे अवश्य होना चाहिए जिनकी मात्रा को स्थिर रखा गया हो क्योंकि इस प्रकार ही हम साधनों के अनुपात में परिवर्तन कर सकते हैं तथा उनका उत्पादन पर प्रभाव जान सकते हैं। यदि सभी साधनों को बढ़ाया-घटाया जाता है तो यह नियम लागू नहीं होगा।

3. यह नियम इस मान्यता पर आधारित है कि एक वस्तु का उत्पादन करने के लिए विभिन्न साधनों के अनुपातों में परिवर्तन करना संभव है। यह नियम उन वस्तुओं की दशाओं में लागू **नहीं** होता जिनका उत्पादन करने के लिए साधनों की एक निश्चित अनुपात (Fixed Proportion) का प्रयोग करना आवश्यक होता है। जब किसी वस्तु के उत्पादन के लिए साधनों की एक निश्चित अनुपात आवश्यक होता है तो एक साधन में वृद्धि करने तथा अन्य साधनों को स्थिर रखने से उत्पादन की मात्रा नहीं बढ़ेगी अर्थात परिवर्तनशील साधन का **सीमान्त उत्पाद** (Marginal Product) **शून्य** (Zero) होगा।

परिवर्तनशील अनुपात के नियम की तीन अवस्थाएं (Three stages of the law of Variable Proportion)

परिवर्तनशील अनुपात के नियम के अनुसार किसी परिवर्तनशील साधन की इकाइयों में वृद्धि करने पर उत्पादन में तीन अवस्थाएं दृष्टिगोचर होती हैं, इन तीन अवस्थाओं को रेखाचित्र से भली प्रकार समझा जा सकता है।

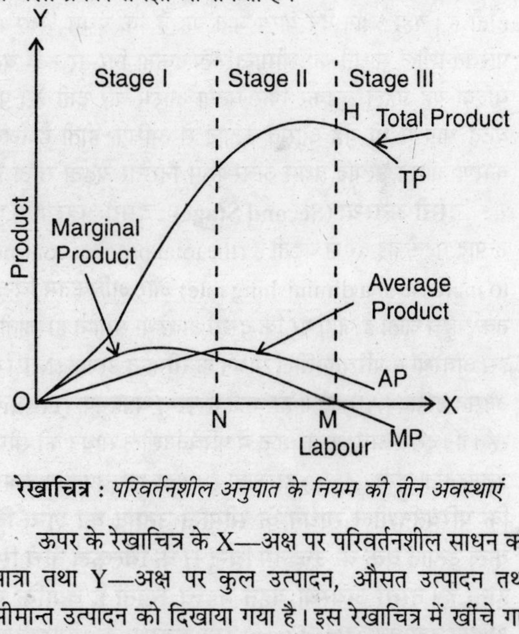

रेखाचित्र : *परिवर्तनशील अनुपात के नियम की तीन अवस्थाएं*

ऊपर के रेखाचित्र के X—अक्ष पर परिवर्तनशील साधन की मात्रा तथा Y—अक्ष पर कुल उत्पादन, औसत उत्पादन तथा सीमान्त उत्पादन को दिखाया गया है। इस रेखाचित्र में खींचे गए वक्रों से इस बात का पता चलता है कि साधनों के अनुपात में परिवर्तन होने पर कुल उत्पादन, औसत उत्पादन तथा सीमान्त उत्पादन किस प्रकार बदलते हैं। कुल उत्पादन वक्र TP बिन्दु H तक बढ़ता है और उसके बाद घटना शुरू कर देता है। औसत तथा सीमान्त उत्पादन वक्र भी पहले बढ़ते हैं और फिर घटना आरम्भ

कर देते हैं, परन्तु सीमान्त उत्पादन वक्र (MP) औसत उत्पादन वक्र (AP) की तुलना में पहले घटना आरम्भ कर देता है।

इस कुल, औसत तथा सीमान्त उत्पादनों में परिवर्तन की निम्नलिखित तीन अवस्थाएं (stages) हैं—

प्रथम अवस्था (First Stage) : इस अवस्था में कुल उत्पाद तथा औसत उत्पाद निरन्तर बढ़ता है लेकिन सीमान्त उत्पाद एक बिन्दु पर अधिकतम होकर घटना आरंभ कर देता है। प्रथम अवस्था के दौरान यद्यपि सीमान्त उत्पाद घट रहा होता है लेकिन औसत उत्पाद (average product) से अधिक होता है। यह अवस्था वहां समाप्त होती है जहां औसत उत्पाद वक्र का उच्चतम बिन्दु होता है। प्रथम अवस्था में स्थिर साधनों (fixed factors) की मात्रा परिवर्तनशील साधन की तुलना में अत्यधिक होती है जिससे यदि स्थिर साधन की मात्रा को कुछ घटा दिया जाए तो कुल उत्पादन बढ़ जाएगा। अत: **प्रथम अवस्था में स्थिर साधन की सीमान्त उत्पादकता ऋणात्मक** (negative) होती है। प्रथम अवस्था **बढ़ते प्रतिफल की अवस्था** (Stage of increasing returns) कही जाती है क्योंकि इसमें परिवर्तनशील साधन के औसत उत्पाद (average product of the variable factor) में लगातार वृद्धि होती है। यहां ध्यान देने योग्य बात यह है कि प्रथम अवस्था में परिवर्तनशील साधन की सीमान्त उत्पादकता निरन्तर नहीं बढ़ती बल्कि यह पहले बढ़कर फिर घटना आरंभ कर देती है। परन्तु घटते भाग में भी यह औसत उत्पाद से अधिक होती है जिसके कारण औसत उत्पाद प्रथम अवस्था में निरन्तर बढ़ता रहता है।

दूसरी अवस्था (Second Stage) : दूसरी अवस्था में कुल उत्पाद घटती हुई दर से बढ़ती है (the total product continues to increase at a diminishing rate) और अधिकतम बिन्दु H तक पहुंच जाता है जहां पर कि दूसरी अवस्था समाप्त हो जाती है। इस अवस्था में परिवर्तनशील साधन के सीमान्त उत्पाद (MP) तथा औसत उत्पाद (AP) दोनों ही घटते हैं परन्तु धनात्मक (Positive) रहते हैं। दूसरी अवस्था के अन्त में परिवर्तनशील साधन की सीमान्त उत्पादकता शून्य (Zero) हो जाती है। यहां महत्त्वपूर्ण बात यह है कि **परिवर्तनशील साधन के सीमान्त उत्पाद का शून्य बिन्दु कुल उत्पाद वक्र के उच्चतम बिन्दु H के बिल्कुल नीचे स्थित होता है। दूसरी अवस्था बहुत महत्त्व रखती है क्योंकि फर्म अथवा उत्पादक (Producer) इसी अवस्था के भीतर ही वस्तु का उत्पादन करेगा।** दूसरी अवस्था को **घटते प्रतिफल की अवस्था** (Stage of diminishing returns) कहते हैं क्योंकि इसमें सीमान्त उत्पाद तथा औसत उत्पाद दोनों ही निरन्तर घटते हैं।

तीसरी अवस्था (Third Stage) : तीसरी अवस्था में कुल उत्पादन घटने लगता है। परिणामस्वरूप परिवर्तनशील साधन की सीमान्त उत्पादकता ऋणात्मक (Negative) हो जाती है और सीमान्त उत्पाद वक्र (MP-Curve) अक्ष—X के नीचे चला जाता है। इस अवस्था में स्थिर साधन (fixed factors) की तुलना में परिवर्तनशील साधन की मात्रा काफी अधिक होता है जिससे यदि परिवर्तनशील साधन की कुछ मात्रा घटा दी जाए तो कुल उत्पाद में वृद्धि होगी। इस अवस्था को **ऋणात्मक प्रतिफल की अवस्था** (stage of negative returns) कहा जाता है क्योंकि इसमें परिवर्तनशील साधन की सीमान्त उत्पादकता ऋणात्मक हो जाती है।

सारणी : उत्पादन की तीन अवस्थाएं

अवस्था	*कुल उत्पाद*	*औसत उत्पाद*	*सीमान्त उत्पाद*
पहली अवस्था	बढ़ता है।	बढ़ता है तथा अन्त में अधिकतम हो जाता है।	पहले बढ़ता है फिर गिरना आरम्भ कर देता है।
दूसरी अवस्था	बढ़ता है। अधिकतम हो जाता है।	गिरता है।	गिरता है। शून्य हो जाता है।
तीसरी अवस्था	गिरता है।	गिरता है।	गिरता है तथा ऋणात्मक हो जाता है।

समोत्पाद वक्र (Isoquants)

जिस प्रकार अनधिमान वक्र (Indifference Curve) दो वस्तुओं के उन संयोगों को व्यक्त करता है जिनसे उपभोक्ता को समान सन्तुष्टि प्राप्त होती है, उसी तरह समोत्पाद वक्र (Isoquants) दो साधनों के उन विभिन्न संयोगों (Combinations) को दर्शाता है जिनसे समान मात्रा में उत्पादन होता है। समोत्पाद वक्र (Isoquants) पर प्रदर्शित साधनों के संयोगों से समान मात्रा में उत्पादन सम्भव होने के कारण उत्पादक उनमें उदासीन सा होगा अर्थात उसका उन संयोगों के मध्य कोई अधिमान नहीं होगा, इसलिए समोत्पाद वक्रों को उत्पादन अनधिमान वक्र (Production Indifference Curve) भी कहते हैं। अंग्रेजी में इनके अन्य नाम **Iso-Product Curves तथा Equal Product Curves भी हैं।**

यद्यपि समोत्पाद वक्र मांग के सिद्धान्त के अनधिमान वक्रों (Indifference Curves) के समान हैं लेकिन इन दोनों में एक महत्त्वपूर्ण अन्तर है। एक अनधिमान वक्र दो वस्तुओं के उन सभी

संयोगों को व्यक्त करता है जिनसे उपभोक्ता को समान सन्तुष्टि मिलती है, लेकिन इनसे हमें यह पता नहीं चलता कि उपभोक्ता को उनसे कितनी सन्तुष्टि मिलती है। ऐसा इसलिए है क्योंकि उपयोगिता अथवा सन्तुष्टि (satisfaction) एक मानसिक चीज है जिसको मापा नहीं जा सकता। इसके विपरीत समोत्पाद वक्रों को सरलता से उनके अनुरूप उत्पादन मात्रा द्वारा दिखाया जा सकता है। क्योंकि वस्तु का उत्पादन एक भौतिक चीज है जिसे भौतिक इकाइयों (Physical units) में आसानी से मापा जा सकता है।

तकनीकी प्रतिस्थापन की सीमान्त दर (Marginal Rate of Technical substitution)

श्रम की पूंजी के लिए तकनीकी प्रतिस्थापन की सीमान्त दर का अर्थ है कि श्रम की एक इकाई पूंजी की कितनी इकाइयों के स्थान पर प्रयोग हो सकती है जिससे उत्पादन की मात्रा समान रहे। (Marginal rate of technical substitution of labour for capital is the number of units of capital which can be replaced by one unit of labour, quantity of the output remaining unchanged).

तकनीकी प्रतिस्थापन की सीमान्त दर (MRTS) को निम्न प्रकार से लिखा जा सकता है—

$$MRTS_{LK} = \frac{\Delta K}{\Delta L}$$ जहां Δ परिवर्तन का द्योतक है।

चूंकि $\frac{\Delta K}{\Delta L}$ समोत्पाद वक्र की ढाल (slope) को दर्शाता है। अत: हम समोत्पाद वक्र (Isoquant curve) के किसी बिन्दु पर तकनीकी प्रतिस्थापन की सीमान्त दर (MTRS) वहां पर खींची गई स्पर्श रेखा (tangent) की ढाल (slope) से ज्ञात कर सकते हैं।

$$\therefore MTRS_{LK} = \text{slope of isoquant}$$

$$= \frac{\Delta K}{\Delta L}$$

तकनीकी प्रतिस्थापन की सीमान्त दर तथा उत्पादन के साधनों का सीमान्त उत्पाद (Marginal Rate of Technical Substitution and Marginal Products of Factors)

तकनीकी प्रतिस्थापन की सीमान्त दर के संदर्भ में एक महत्त्वपूर्ण बात यह है कि यह साधनों (Factors) के सीमान्त उत्पादों (Marginal Products) के अनुपात के समान होती है। एक समोत्पाद वक्र पर जब हम पूंजी की श्रम द्वारा प्रतिस्थापन करते हैं तो पूंजी में कमी होने से उत्पादन मात्रा में कमी श्रम में वृद्धि होने से उत्पादन मात्रा में वृद्धि के समान होगी क्योंकि एक समोत्पाद वक्र के सभी बिन्दुओं पर उत्पादन की मात्रा स्थिर रहती है। समोत्पाद वक्र पर श्रम द्वारा पूंजी के प्रतिस्थापन से उत्पादन मात्रा में कमी पूंजी की सीमान्त उत्पादकता और उसकी (पूंजी) कम हुई मात्रा के गुणनफल के बराबर होगी और इसी प्रकार श्रम के अधिक प्रयोग से उत्पादन में वृद्धि श्रम की सीमान्त उत्पादकता और उसकी (श्रम) की मात्रा में वृद्धि के गुणनफल के बराबर होगी।

अतएव समोत्पाद वक्र पर

$$\text{loss of output} = \text{gain in output}$$

$$\Delta K \times MP_K = \Delta L \times MP_L$$

$$\frac{\Delta K}{\Delta L} = \frac{MP_L}{MP_K}$$

लेकिन हम जानते हैं कि $\frac{\Delta K}{\Delta L}$ तकनीकी प्रतिस्थापन की सीमान्तदर है अत:

$$MRTS_{LK} = \frac{MP_L}{MP_K}$$

इस प्रकार हम देखते हैं कि श्रम की पूंजी के लिए प्रतिस्थापन की सीमान्त दर ($MRTS_{LK}$) दोनों साधनों के सीमान्त उत्पादों (Marginal Products) के अनुपात के बराबर होती है।

समोत्पाद वक्रों की विशेषताएं (Characteristics of Isoquants)

समोत्पाद वक्रों की मुख्य विशेषताएं निम्नलिखित हैं—

1. समोत्पाद वक्र दायीं ओर नीचे को झुका होता है (Isoquants slopes downward to the right)। इसका कारण यह है कि यदि श्रम की मात्रा बढ़ाई जाती है तो उत्पादन मात्रा स्थिर रखने के लिए पूंजी की मात्रा घटानी पड़ती है।

2. समोत्पाद वक्र मूल-बिन्दु की ओर उन्नतोदर होते हैं। (Isoquants are convex to the origin)। इसके पीछे मान्यता यह है कि जैसे-जैसे K (पूंजी) के स्थान पर L (श्रम) का प्रयोग बढ़ाया जाता है तो तकनीकी प्रतिस्थापन की सीमान्त दर ($MRTS_{LK}$) घटती चली जाती है। समोत्पाद वक्रों की उन्नतोदरता (Convexity) का तात्पर्य यह है कि परिवर्तनशील साधन के अधिक प्रयोग करने पर ह्रासमान प्रतिफल (diminishing rerurns) प्राप्त होते हैं।

3. कोई दो समोत्पाद वक्र कभी भी एक-दूसरे को नहीं काटते (Two Isoquants cannot cut each other)।

4. दायीं ओर स्थित समोत्पाद वक्र अपनी बायीं ओर स्थित

समोत्पाद वक्र की तुलना में अधिक उत्पाद को दर्शाता है (Isoquant lying to the right represents a larger output)।

तकनीकी प्रतिस्थापन की ह्रासमान सीमान्त दर (Diminishing Marginal Rate of Technical Substitution)

तकनीकी प्रतिस्थापन की सीमान्त दर के विषय में एक उल्लेखनीय बात यह है कि ज्यों-ज्यों पूंजी के स्थान पर श्रम की मात्रा बढ़ाई जाती है, त्यों-त्यों श्रम द्वारा पूंजी की प्रतिस्थापन की सीमान्त दर घटती चली जाती है। (Marginal rate of technical substitution of labour for capital generally diminishes as the quantity of labour is increased)। अन्य शब्दों में, जैसे-जैसे पूंजी के स्थान पर श्रम का प्रयोग बढ़ाया जाता है तो पूंजी की संख्या, जिनके स्थान पर श्रम की एक इकाई का प्रयोग हो सकता है, घटती जाएगी। इसे ही ह्रासमान तकनीकी प्रतिस्थापन की सीमान्त दर का नियम (law of diminishing marginal rate of technical substitution) कहते हैं। इस नियम का कारण ह्रासमान सीमान्त प्रतिफल (law of diminishing returns) के नियम का लागू होना है। जैसे अगर श्रम की मात्रा बढ़ाई जाती है और पूंजी की मात्रा घटाई जाती है तो ह्रासमान सीमान्त प्रतिफल के नियम के कारण श्रम की सीमान्त उत्पादकता (Marginal Productivity) घटती जाएगी और पूंजी की सीमान्त उत्पादकता बढ़ जाएगी। परिणामस्वरूप अब उत्पादन की मात्रा समान रखने के लिए श्रम की, पूंजी की पहले से कम इकाइयों के स्थान पर प्रयुक्त होगी।

पूर्णतः स्थानापन्न तथा पूर्णतः पूरक समोत्पाद वक्र (Isoquants of Perfect Substitutes and Complements)

जब उत्पादन के दोनों साधन एक-दूसरे के पूर्णतया स्थानापन्न होते हैं (when two factors are perfect substitutes of each other) तो समोत्पाद वक्र उन्नतोदर (convex) न होकर **सरल रेखाओं** (straight lines) की आकृति वाला होता है क्योंकि दो पूर्णतया स्थानापन्न साधनों के बीच प्रतिस्थापन की सीमान्त दर **स्थिर (constant)** रहती है। इस प्रकार के समोत्पाद वक्र को निम्न रेखाचित्र में दिखाए गए हैं।

जब उत्पादन के दोनों साधन एक दूसरे के पूरक होते हैं तो उनका समोत्पाद वक्र समकोण की आकृति (right angled) अथवा अंग्रेजी के अक्षर L की आकृति (L—shape) के होते हैं।

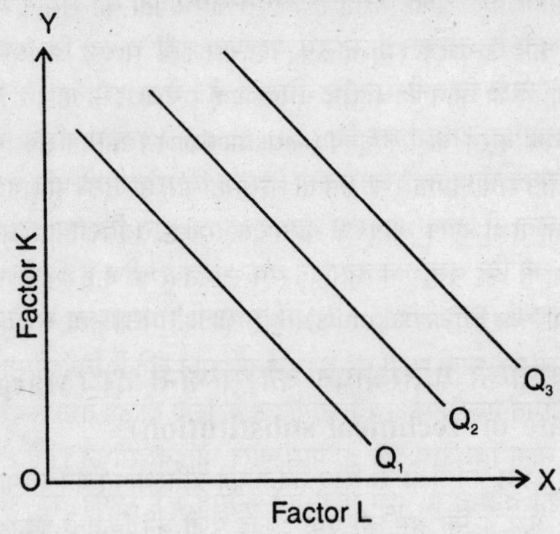

रेखाचित्र : *पूर्णतया स्थानापन्न साधनों की स्थिति में समोत्पाद वक्र*

जैसा कि रेखाचित्र में दिखाया गया है। पूर्णतया पूरक साधन (Perfectly complementary factors) वे होते हैं जो वस्तु के उत्पादन में संयुक्त रूप से स्थिर अनुपात (jointly in fixed Proportion) में प्रयोग होते हैं।

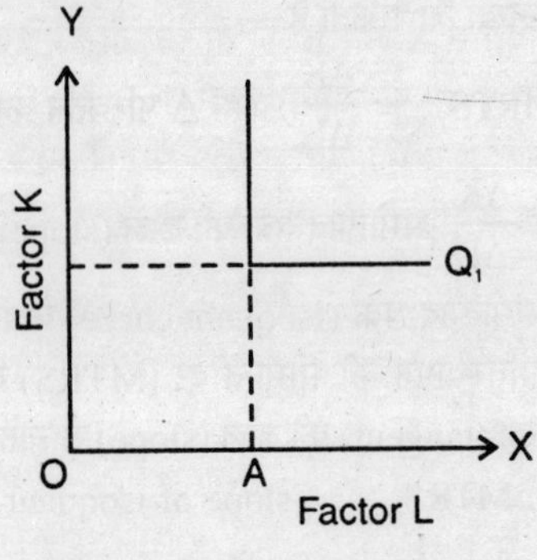

रेखाचित्र : *पूर्णतया पूरक साधनों की स्थिति में समोत्पाद वक्र*

रेखाचित्र में साधन L की OA मात्रा तथा साधन K की OB मात्रा को प्रयोग करके समोत्पाद वक्र Q_1 द्वारा व्यक्त वस्तु के उत्पादन का स्तर प्राप्त होता है। इस दशा में यदि एक साधन में तो वृद्धि की जाती है लेकिन दूसरे साधन में आनुपातिक वृद्धि नहीं की जाती है तो उत्पादन में वृद्धि सम्भव नहीं होगी। यही कारण है कि समोत्पाद वक्र **समकोण** (right angle) की आकृति का होता है जिसके दो बाजू हैं, एक सरल उदग्र रेखा (vertical straight line) और दूसरा क्षितिज के समानान्तर सरल रेखा (horizontal straight line) और ये दो बाजू एक दिए हुए अनुपात में दो साधनों के संयोग पर बनाए जाते हैं।

सम लागत रेखा (Iso-cost Line)

कोई उत्पादक (Producer) उत्पादन के साधनों के विभिन्न संयोगों में से कौन सा संयोग चुनेगा यह उत्पादक के पास साधनों पर व्यय करने के लिए रुपए तथा साधनों की कीमत पर निर्भर होता है। सम लागत रेखा इन दो तत्त्वों अर्थात उत्पादन साधनों की कीमतों तथा कुल व्यय जो उत्पादक साधन खरीदने पर करना चाहता है को प्रकट करता है। सम लागत रेखा को रेखाचित्र में दर्शाया गया है जिसके X—अक्ष पर श्रम की मात्रा तथा Y—अक्ष पर पूंजी की मात्रा मापी गई है। हम यह मान लेते हैं कि इन साधनों की कीमतें एक फर्म अथवा उत्पादक के लिए दी हुई तथा स्थिर हैं।

माना कि उत्पादक के पास कुल मौद्रिक साधन C है। यदि श्रम की कीमत w तथा पूंजी की कीमत r है। यदि वह अपनी समस्त मौद्रिक साधन C को श्रम पर व्यय करता है तो वह श्रम की $\frac{C}{w}$ इकाइयां खरीदेगा। रेखाचित्र में OB श्रम की $\frac{C}{w}$ इकाइयों के बराबर है। यदि उत्पादक अपनी समस्त राशि पूंजी पर व्यय करता है तो वह पूंजी की $\frac{C}{r}$ इकाइयां खरीद सकेगा जो कि OA के बराबर है।

अब यदि हम A और B को मिलाएं तो हमें रेखा AB प्राप्त होती है। यह रेखा AB **सम लागत रेखा** (Iso-cost Line) कहलाती है। क्योंकि यह दो साधनों के उन सभी संयोगों को प्रकट करती है जिसे उत्पादक अपनी दी हुई मौद्रिक साधन C से खरीद सकता है।

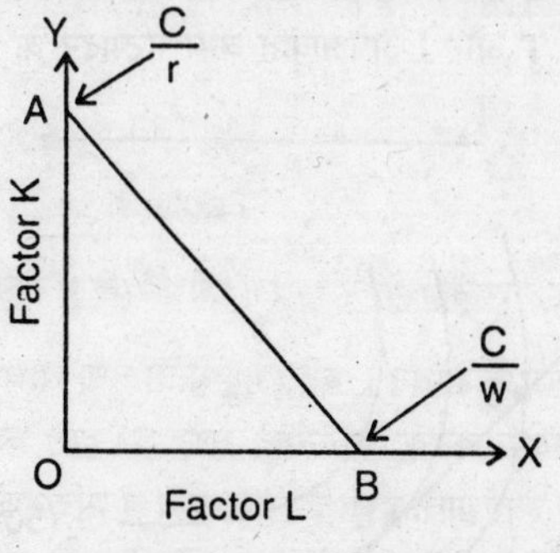

रेखाचित्र : *सम-लागत रेखा*

सम लागत रेखा की ढाल (Slope of the Iso-cost Line)

सम लागत रेखा AB की ढाल (slope) दो साधनों (श्रम व पूंजी) की कीमतों के अनुपात के बराबर होती है। अतः

$$\text{सम-लागत रेखा AB की ढाल} = \frac{\text{श्रम की कीमत}}{\text{पूंजी की कीमत}} = \frac{w}{r}$$

उत्पादक-संतुलन (Producer's Equilibrium)

उत्पादक उस समय संतुलन में होता है जब या तो वह एक दी हुई मौद्रिक साधन से अधिकतम उत्पादन प्राप्त करता है या वस्तु की एक विशेष मात्रा को कम से कम लागत पर उत्पादित करता है।

A. साधनों का अनुकूलतम (न्यूनतम लागत) संयोग की स्थिति में उत्पादक का संतुलन (Producer's Equilibrium with Optimum (or Least-cost) Factor Combination)

माना कि उत्पादक को एक वस्तु की 200 इकाइयां उत्पादित करनी हैं। वस्तु की 200 इकाइयां रेखाचित्र के समोत्पाद वक्र Q पर स्थित किसी भी साधनों के संयोग जैसे S, E, T, आदि द्वारा उत्पादित की जा सकती है। उत्पादक वस्तु की इस विशेष मात्रा को कम से कम लागत पर उत्पादित करने का प्रयास करेगा ताकि उसको लाभ अधिकतम हो।

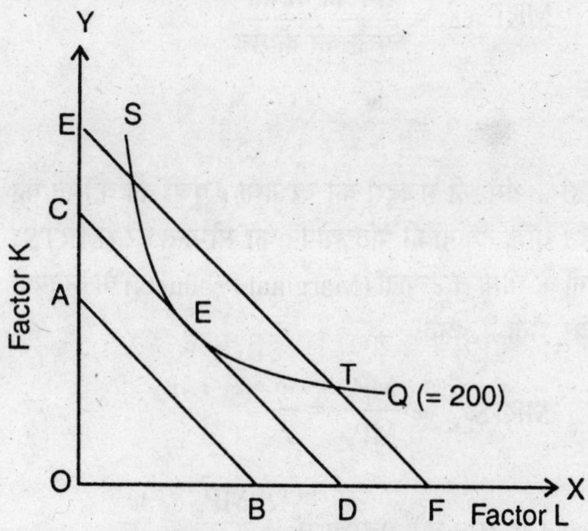

रेखाचित्र : *साधनों का न्यूनतम संयोग*

रेखाचित्र से स्पष्ट है कि उत्पादक साधनों के संयोग E को चुनेगा जहां पर समोत्पाद वक्र Q सम-लागत रेखा CD को स्पर्श (tengent) करती है। वस्तु की 200 इकाइयां उत्पादित करने के लिए साधनों के E संयोग के प्रयोग से लागत न्यूनतम होगी।

उत्पादक समोत्पाद वक्र Q पर स्थित किसी अन्य संयोग जैसे S और T को उत्पादन करने के लिए नहीं चुनेगा क्योंकि ये सभी CD से ऊंचे सम लागत रेखा पर स्थित हैं और परिणामस्वरूप

उत्पादक को वस्तु की 200 इकाइयां उत्पादित करने के लिए अधिक लागत उठानी पड़ेगी। इस प्रकार E से भिन्न साधनों के किसी भी अन्य संयोग की लागत E की तुलना में अधिक होगी।

अत: हम इस निष्कर्ष पर पहुंचते हैं कि उत्पादक वस्तु की 200 इकाइयां उत्पादित करने के लिए साधनों के संयोग E को चुनेगा जिस पर समोत्पाद वक्र Q सम लागत रेखा CD को स्पर्श (tangent) करता है। श्रम तथा पूंजी का E संयोग (combination) वस्तु की 200 इकाइयां उत्पादित करने के लिए अनुकूलतम (optimum) है क्योंकि इससे उत्पादन लागत न्यूनतम होती है। जैसा कि हम जानते हैं कि समोत्पाद वक्र की ढाल (slope) प्रतिस्थापन की सीमान्त दर को प्रकट करती है और सम लागत वक्र (Iso-cost line) की ढाल साधनों की कीमतों के अनुपात को दर्शाती है। उपरोक्त रेखाचित्र से स्पष्ट है कि समोत्पाद वक्र Q और सम लागत वक्र CD एक-दूसरे को बिन्दु E पर स्पर्श कर रहे हैं अत: बिन्दु E पर दोनों की ढालें बराबर होंगी। अत: बिन्दु E पर प्रतिस्थापन की सीमान्त दर (MRTS) श्रम और पूंजी की कीमतों के अनुपात के समान है।

अत: संतुलन बिन्दु पर—

$$MRTS_{LK} = \frac{\text{श्रम की कीमत}}{\text{पूंजी की कीमत}}$$

$$= \frac{w}{r}$$

जहां w श्रम की मजदूरी की दर तथा r पूंजी की कीमत को दर्शाते हैं। चूंकि तकनीकी प्रतिस्थापन की सीमान्त दर (MRTS) दो साधनों के सीमान्त उत्पादों (Marginal Products) के अनुपात के बराबर होती है, अत:

$$MRTS_{LK} = \frac{MP_L}{MP_K} = \frac{w}{r}$$

अर्थात सन्तुलन की अवस्था में— $\frac{MP_L}{MP_K} = \frac{w}{r}$

या, $\frac{MP_L}{w} = \frac{MP_K}{r}$

अत: दो साधनों के संयोग के विषय में हम इस निष्कर्ष पर पहुंचते हैं कि उत्पादक दो साधनों की इतनी-इतनी मात्राओं का प्रयोग करेगा जिससे उन साधनों के सीमान्त उत्पादों (Marginal Products) में अनुपात उनकी कीमतों के अनुपात के बराबर हो।

लागत-व्यय की एक निर्दिष्ट मात्रा के साथ उत्पादक का संतुलन (Producer's Equilibrium with a Given Level of outlay)

उत्पादक-संतुलन (Producer's equilibrium) की एक अन्य समस्या एक दी हुई लागत-व्यय से वस्तु के उत्पादन को अधिकतम करने से सम्बन्धित है। हम मान लें कि एक उत्पादक यह निर्णय पहले ही ले चुका है कि उसे किसी वस्तु के उत्पादन पर कुल कितना निवेश-व्यय (खर्च) करना है। कुल व्यय की एक निर्दिष्ट मात्रा तथा साधनों की कीमतें दी हुई होने पर एक सम-लागत रेखा (Iso-cost Line) बनेगी। कुल व्यय की एक निर्दिष्ट मात्रा दी हुई होने पर एक विवेकशील उत्पादक उत्पादन को अधिकतम करने की चेष्टा करेगा। माना कि उत्पादक के लिए एक दी हुई सम-लागत रेखा AB है। जिसे रेखाचित्र में दिखाया गया है। उत्पादक को इस सम-लागत रेखा AB पर स्थित श्रम तथा पूंजी के विभिन्न संयोगों जैसे कि R, S, E, T और J में से किसी संयोग को चुनना होगा। रेखाचित्र में समोत्पाद वक्रों का एक मानचित्र भी दिखाया गया है जिसमें विभिन्न समोत्पाद वक्र (Isoquants) उत्पादन के विभिन्न स्तरों (200, 300, 400 इकाइयां) को दर्शाते हैं। इस रेखाचित्र से स्पष्ट है कि सम-लागत रेखा पर स्थित विभिन्न संयोगों में से उत्पादक बिन्दु E संयोग को उत्पादन के लिए चयन करेगा अर्थात उत्पादक का संतुलन बिन्दु E पर होगा। इस संयोग-विशेष के चयन का कारण यह है कि दी हुई सम-लागत रेखा पर स्थित सभी संयोगों में से संयोग E से वह अधिकतम संभव उत्पादन प्राप्त कर सकता है। सम-लागत रेखा पर स्थित अन्य सभी संयोग जैसे कि R, S, T और J अपेक्षाकृत कम उत्पादन के समोत्पाद

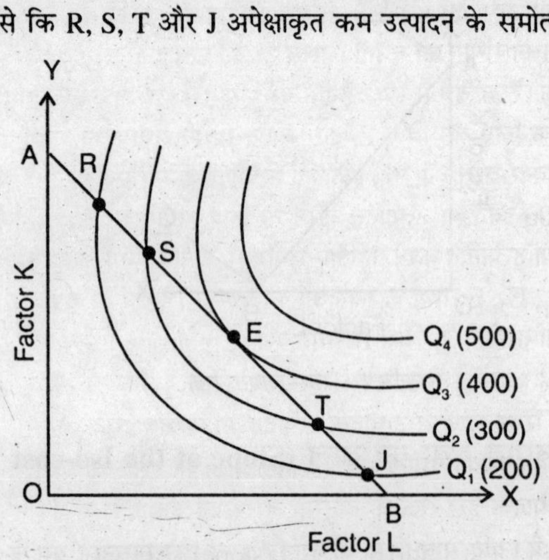

रेखाचित्र : कुल व्यय की एक दी हुई मात्रा की स्थिति में उत्पादक का संतुलन

वक्रों पर स्थित हैं।

संतुलन बिन्दु E पर सम-लागत रेखा समोत्पाद वक्र Q_3 को स्पर्श कर रही है। **अतः E बिन्दु पर**

$$MRTS_{LK} = \frac{w}{r}$$

लेकिन $$MRTS_{LK} = \frac{MP_L}{MP_K}$$

अतः $$\frac{MP_L}{MP_K} = \frac{w}{r}$$

उपर्युक्त विश्लेषण से स्पष्ट है कि दिए हुए कुल व्यय से उत्पादन को अधिकतम करना तथा उत्पादन मात्रा दी हुई होने पर लागत न्यूनतम करने के विषय में हम उत्पादक के सन्तुलन की समान शर्तों पर पहुंचते हैं।

विस्तार पथ (Expansion-Path)

समोत्पाद वक्र मानचित्र एवं तत्संबंधी (corresponding) सम-लागत रेखाओं से हम पैमाना रेखा (Scale Line) अथवा विस्तार पथ को खींच सकते हैं। विस्तार पथ के अन्तर्गत हम इस बात का अध्ययन करते हैं कि उद्यमी अथवा फर्म उत्पादन का विस्तार करने पर साधन संयोग (Factors Combination) को किस प्रकार बदलेगी जबकि साधनों (श्रम एवं पूंजी) की कीमतें स्थिर रहती हैं।

रेखाचित्र में समोत्पाद वक्र मानचित्र तथा परस्पर समानान्तर सम-लागत रेखाएं को दर्शाया गया है। यदि फर्म को वस्तु की 100 इकाइयां उत्पादित करनी हैं तो वह समोत्पाद वक्र Q_1 पर स्थित ऐसे साधन संयोग को चुनेगी जिससे उसकी उत्पादन लागत न्यूनतम हो सके। रेखाचित्र से स्पष्ट है कि वस्तु की 100 इकाइयां उत्पादित करने के लिए वह बिन्दु E_1 द्वारा व्यक्त साधन संयोग को चुनेगा। इसी प्रकार वस्तु की 200 इकाइयां उत्पादित करने के लिए संयोग E_2, 300 इकाइयां उत्पादित करने के लिए संयोग E_3 तथा 400 इकाइयां उत्पादित करने के लिए संयोग E_4 चुना जाएगा। अब यदि हम E_1, E_2, E_3 तथा E_4 बिन्दुओं को परस्पर मिलाएं तो हमें एक रेखा प्राप्त होती है, जिसे **विस्तार पथ** (expansion path) कहा जाता है। इसको विस्तार पथ इसलिए कहते हैं कि साधनों की कीमतें स्थिर रहने पर उत्पादक उत्पादन का विस्तार इसके अनुसार करता है। इसको पैमाना रेखा (scale line) भी इसलिए कहते हैं कि उत्पादक इस रेखा के अनुसार ही अपने उत्पादन का पैमाना बढ़ाता है। यदि साधनों की कीमतें स्थिर रहें तो उत्पादक उत्पादन बढ़ाने के लिए विस्तार पथ पर स्थित साधनों के संयोग को ही चुनेगा। **विस्तार पथ से हमें यह पता चलता है कि उत्पादन बढ़ने पर साधनों का संयोग बदल जाएगा। विस्तार-पथ के किसी संयोग से उत्पादन करने का अर्थ वस्तु की दी हुई मात्रा को न्यूनतम लागत पर उत्पादित करना है, यदि साधनों की कीमत स्थिर रहें।**

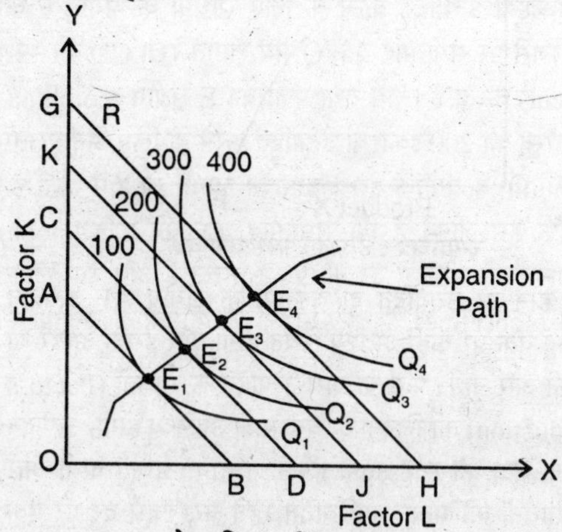

रेखाचित्र : *विस्तार पथ*

रेखीय समरूप उत्पादन फलन की स्थिति में विस्तार पथ मूल बिन्दु से सरल रेखा की आकृति का होता है। (The expansion path in case of linearly homo-geneous production function is a straight line from the origin).

उत्पादन सम्भावना वक्र (Production Possibility Curve)

उत्पादन सम्भावना वक्र दो वस्तुओं के उन विभिन्न संयोगों को प्रदर्शित करता है जिन्हें फर्म दिए हुए साधनों की मात्रा से उत्पादित कर सकती है। उत्पादन संभावना वक्र (Production Possibility Curve-PPC) यह दर्शाता है कि उत्पादन के साधनों के दिए होने पर, एक वस्तु के उत्पादन में वृद्धि करने पर अन्य वस्तु के उत्पादन में कमी आवश्यक हो जाती है।

उत्पादन संभावना वक्र को **'रूपान्तरण वक्र'** (Transformation Curve) भी कहा जाता है क्योंकि इस वक्र के एक बिन्दु से दूसरे बिन्दु पर चलने पर एक वस्तु दूसरे वस्तु में रूपान्तरित होता है। रेखाचित्र में उत्पादन संभावना वक्र AF को दिखाया गया है।

रेखाचित्र से स्पष्ट है कि जैसे-जैसे फर्म A से F की ओर चलती है, वह X वस्तु की अधिक मात्रा के लिए Y वस्तु की कुछ मात्रा का परित्याग करती है। दूसरी ओर, यदि फर्म F से A की ओर चलती है तो वह Y वस्तु की अधिक मात्रा के लिए X वस्तु की कुछ मात्रा का परित्याग करेगी। दिए हुए साधनों के फर्म द्वारा पूर्ण

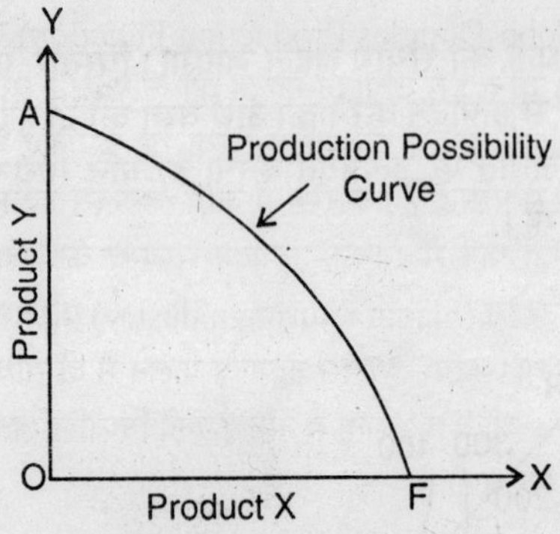

रेखाचित्र : *उत्पादन सम्भावना वक्र*

उपयोग होने पर उत्पादित दो वस्तुओं के संयोग AF उत्पादन सम्भावना वक्र पर कहीं अवश्य स्थित होगा और इसके अन्दर या बाहर की ओर नहीं। फर्म के पास उत्पादन के साधनों (Factors of Production) की जितनी अधिक मात्रा उपलब्ध होगी, उत्पादन सम्भावना वक्र का स्तर उतना ही ऊंचा होगा अर्थात दायीं ओर होगा। साधनों की मात्रा अपरिवर्तित रहने पर, जिस दर पर एक वस्तु का दूसरे में रूपान्तरण होता है, वह **रूपान्तरण की सीमान्त दर** (marginal rate of transformation) कहलाती है। अन्य शब्दों में, X तथा Y के मध्य रूपान्तरण की सीमान्त दर Y की वह मात्रा है जो X की एक अतिरिक्त इकाई का उत्पादन करने के लिए परित्याग की जाती है। जैसे-जैसे फर्म X की अधिक तथा Y की कम मात्रा उत्पादित करती है उसका X की अधिक इकाई के लिए Y पदार्थ का त्याग बढ़ता जाता है। इस प्रकार जैसे-जैसे फर्म X की अधिक मात्रा तथा Y की कम मात्रा उत्पादित करती है, रुपान्तरण की सीमान्त दर बढ़ती जाती है। **रूपान्तरण की वर्धमान सीमान्त दर के कारण उत्पादन संभावना वक्र मूल बिन्दु के नतोदर (concave)** हो जाता है। उत्पादन संभावना वक्र के किसी बिन्दु पर रूपान्तरण की सीमान्त दर उस बिन्दु पर वक्र के ढाल के बराबर होती है। **यहां ध्यान देने योग्य बात यह है कि यदि उत्पादन सम्भावना वक्र (PPC) उन्नतोदर (Convex) है तो इसका तात्पर्य यह है कि वर्धमान प्रतिफल (Increasing returns) का नियम लागू हो रहा है।**

पैमाने के प्रतिफल (Returns to Scale)

परिवर्तनशील अनुपात के नियम की घटना अल्प काल (short run) से सम्बन्धित है क्योंकि अल्पकाल में उत्पादन के कुछ साधन स्थिर तथा कुछ साधन परिवर्तनशील होते हैं। इसलिए अल्पकाल में साधनों के अनुपात में तो परिवर्तन किया जा सकता है, लेकिन उत्पादन के पैमाने (Scale of Production) को नहीं बदला जा सकता। लेकिन दीर्घकाल (long run) में उत्पादन के सभी साधन परिवर्तनशील होते हैं, इसलिए उत्पादन के पैमाने में दीर्घकाल में परिवर्तन किए जा सकते हैं।

पैमाने के प्रतिफल के अन्तर्गत हम इस बात का अध्ययन करते हैं कि **जब किसी वस्तु के उत्पादन में प्रयोग होने वाले सभी साधनों को बढ़ाया जाए तो इसका उत्पादन पर क्या प्रभाव पड़ता है।** पैमाने के प्रतिफल में इस बात का ध्यान रखना आवश्यक है कि उत्पादन के पैमाने को बढ़ाने के लिए उत्पादन के विभिन्न साधनों को एक निर्दिष्ट अनुपात में ही बढ़ाया जाता है। अत: पैमाने के प्रतिफल यह प्रकट करते हैं कि किसी निर्दिष्ट पैमाने रेखा पर यदि सभी साधनों में आनुपातिक वृद्धि की जाए तो उत्पादन में किस अनुपात में वृद्धि होगी।

पैमाने के प्रतिफल स्थिर (constant) भी हो सकते हैं, वर्धमान (Increasing) भी, अथवा ह्रासमान (Decreasing) भी। यदि सभी साधनों को एक विशेष अनुपात में बढ़ाया जाए और परिणामस्वरूप उत्पादन भी उसी अनुपात से ही बढ़े तो **पैमाने के स्थिर प्रतिफल** (Constant Returns to Scale) प्राप्त होंगे। अत: यदि सभी साधनों को दुगुना करने से उत्पादन भी दुगुना हो जाता है तो पैमाने के प्रतिफल स्थिर होंगे। परन्तु यदि उत्पादन में अधिक अनुपात से वृद्धि होती है तो **पैमाने का वर्धमान प्रतिफल** (Increasing Returns to Scale) प्राप्त होंगे। अत: यदि सभी साधनों की मांग को दुगुना किया जाता है और फलस्वरूप उत्पादन दुगुने से अधिक बढ़ता है तो पैमाने के प्रतिफल वर्धमान होंगे। इसके विपरीत, यदि सभी साधनों की मात्रा को बढ़ाने से उत्पादन में अनुपात से कम वृद्धि होती है तो **पैमाने के ह्रासमान (घटते) प्रतिफल** (Decreasing Returns to Scale) प्राप्त होंगे।

वर्धमान प्रतिफल (Increasing Returns to Scale) इसलिए प्राप्त होते हैं क्योंकि बड़े पैमाने पर उत्पादन से **(1) श्रमिकों में अधिक विशेषीकरण अथवा श्रम विभाजन संभव हो जाता है और (2) विशिष्ट एवं उन्नत प्रकार की मशीनों तथा तकनीकी दृष्टि से अन्य उन्नत एवं श्रेष्ठ साधनों का प्रयोग संभव हो जाता है।**

पैमाने के घटते प्रतिफल का कारण **बड़े पैमान के उत्पादन में प्रबन्ध, समन्वय तथा नियंत्रण सम्बन्धी बड़ी कठिनाइयों का उत्पन्न हो जाना है।** जब फर्म का आकार अत्यधिक बढ़ जाता है तो उसका प्रबन्ध इतनी कुशलता से नहीं हो सकता जितना की कम आकार पर सम्भव होता है।

रेखीय समरूप उत्पादन फलन (Linearly Homogeneous Production Function)

यद्यपि उत्पादन फलन कई प्रकार के होते हैं, लेकिन एक विशेष प्रकार के उत्पादन फलन में अर्थशास्त्रियों की बहुत रुचि रही है। वह है रेखीय समरूप उत्पादन फलन। इसे **प्रथम कोटि का समरूप उत्पादन फलन** (homogeneous production function of the first degree) भी कहते हैं। प्रथम कोटि के समरूप उत्पादन फलन का तात्पर्य है कि जब उत्पादन के समस्त साधनों को किसी विशेष अनुपात में बढ़ाया जाता है तो उत्पादन में वृद्धि भी उसी अनुपात से होगी। अत: **रेखीय (अर्थात प्रथम कोटि का) समरूप उत्पादन फलन में पैमाने के स्थिर प्रतिफल (constant returns to scale)** प्राप्त होते हैं। यदि उत्पादन के दो साधन X तथा Y हैं तो प्रथम कोटि के उत्पादन फलन को गणितीय रूप में निम्न प्रकार लिखा जा सकता है—

$$mQ = f(mx, my)$$

जहां Q उत्पादन मात्रा तथा m किसी वास्तविक अंक (real number) के द्योतक हैं। उपर्युक्त उत्पादन फलन का अर्थ यह है कि यदि X और Y साधनों को m गुणा बढ़ाया जाता है तो उत्पादन में भी m गुणा वृद्धि होगी। यही कारण है कि प्रथम कोटि के समरूप उत्पादन फलन से पैमाने के स्थिर प्रतिफल प्राप्त होते हैं।

सामान्य रूप से किसी **समरूप उत्पादन फलन** (homogeneous production function) को निम्न प्रकार लिखा जाता है—

$$Qm^{K} = f(mx, my)$$

जहां m कोई वास्तविक अंक है और k स्थिर राशि (Constant) है। इसे k कोटि का समरूप उत्पादन फलन कहा जाता है। The power k of m is called the degree of homogeneity of the function and is a measure of the returns to scale :

- यदि k एक से अधिक है ($k > 1$) तो उत्पादन फलन से **पैमाने के वर्धमान प्रतिफल** (increasing returns to scale) प्राप्त होते हैं।
- यदि k एक से कम है ($k < 1$) तो पैमाने के ह्रासमान प्रतिफल (diminishing returns to scale) प्राप्त होते हैं।
- यदि k एक के बराबर है ($k = 1$) है तो पैमाने के स्थिर प्रतिफल (constant returns to scale) प्राप्त होते हैं।

कॉब-डगलस उत्पादन फलन (Cobb-Douglas Production Function)

एक महत्त्वपूर्ण वास्तवकि उत्पादन फलन जिसे सांख्यिकीय तरीकों के प्रयोग से प्राप्त किया गया है **कॉब-डगलस उत्पादन फलन** (Cobb-Douglas Production Function) के नाम से प्रसिद्ध है। चूंकि इस उत्पादन फलन को कॉब और डगलस नाम के दो अर्थशास्त्रियों ने प्रतिपादित किया था, इसलिए यह फलन उनके नाम से प्रसिद्ध है। आरम्भ में कॉब-डगलस उत्पादन फलन दो व्यक्तिगत फर्म में साधन-उत्पादन सम्बन्ध के बजाय समस्त विनिर्माण उद्योग (manufacturing industry) की दशा में प्राप्त किया गया था। कॉब-डगलस उत्पादन फलन में दो साधन—श्रम और पूंजी—को लिया जाता है और इसको निम्नलिखित गणितीय रूप में लिखा जाता है—

$$Q = AL^{a} k^{1-a}$$

जहां पर

Q, विनिर्माण उद्योग की उत्पादन मात्रा का द्योतक है।
L, श्रम की प्रयोग की गई मात्रा को व्यक्त करता है।
k, पूंजी की उपयोग की गई मात्रा का सूचक है, तथा
A, स्थिर तत्त्व (Positive constants) हैं।

जबकि 'a' उत्पादन में श्रम का भाग (Share) तथा ($1 - a$) पूंजी का भाग है।

कॉब-डगलस उत्पादन फलन की महत्त्वपूर्ण विशेषताएं (Important Features of Cobb-Douglas Production Function)

कॉब-डगलस उत्पादन फलन जो कि **रेखीय समरूप उत्पादन फलन** (linearly homogeneous production function) का एक रूप है, की अनेक महत्त्वपूर्ण विशेषताएं हैं।

प्रथम, इस उत्पादन फलन के अनुसार वस्तु का उत्पादन करने के लिए दोनों साधनों—श्रम व पूंजी का प्रयोग होना आवश्यक है। यदि इनमें से किसी एक साधन का प्रयोग नहीं होता तो वस्तु उत्पादन शून्य होगा।

दूसरा, कॉब-डगलस उत्पादन फलन के अनुसार यदि एक साधन स्थिर रहने पर दूसरे साधन की मात्रा बढ़ाई जाती है तो परिवर्तनशील साधन की सीमान्त उत्पादकता घटती है (marginal product of the variable factor diminishes)।

तीसरा, कॉब-डगलस उत्पादन फलन के अनुसार **पैमाने के प्रतिफल (returns to scale) स्थिर (constant)** प्राप्त होते हैं अर्थात श्रम तथा पूंजी की किसी अनुपात में बढ़ाने से वस्तु का उत्पादन भी उसी अनुपात से बढ़ता है।

चौथा, कॉब-डगलस उत्पादन फलन के अनुसार **तकनीकी प्रतिस्थापन की लोच (Elasticity of technical substitution)** इकाई (unity) के बराबर होती है।

बहुविकल्पीय प्रश्न

1. कॉब-डगलस उत्पादन फलन के मामले में, किसी निवष्टि की निर्गत लोच—
A. स्थिर होती है।
B. इकाई के बराबर होती है।
C. सभी निर्विष्टों का फलन होती है।
D. अनिर्धार्य होती है।

2. उत्पादन सिद्धान्त में प्रसार पथ अनुरूप है—
A. एंजिल वक्र के B. कीमत उपभोग वक्र के
C. आय उपभोग वक्र के D. बजटीय तंगी के

3. यदि पूंजी 'K' को Y अक्ष तथा श्रम 'L' को X-अक्ष पर आलेखित किया जाए तो सम लागत (Iso-cost) वक्र का ढाल होगा—
A. P_K/P_L B. P_L/P_K
C. $-P_L/P_K$ D. $-P_K/P_L$

4. निम्नलिखित को निकालने के लिए एक नैतिक अथवा मूल्य निर्णय लेना आवश्यक है—
A. रूपान्तरण वक्र
B. ग्रान्ड उपयोगिता सम्भावना वक्र
C. उपभोग संविदा वक्र
D. समाज कल्याण फलन

5. अपने एडिंग अप प्रमेय में यूलर निम्नलिखित में से किस स्थिति को मानकर चलता है ? प्रतिस्थापन लोच—
A. शून्य के बराबर है।
B. शून्य से अधिक किन्तु 1 से कम है।
C. एक के बराबर है।
D. एक से अधिक है।

6. यह प्रदत्त है कि X के लिए मांग तथा पूर्ति का समीकरण इस प्रकार है—मांग : $P_x = 32 - 0.75x$, पूर्ति : $P_x = 2 + 0.50x$ तो संतुलन कीमत तथा मात्रा क्रमश: होगी—
A. 8 और 32 B. 14 और 32
C. 14 और 24 D. 8 और 24

7. निम्नलिखित वक्तव्यों पर विचार कीजिए—
1. समानमात्रा (Isoquant) वक्र की ढाल ऋणात्मक होती है।
2. समानमात्रा वक्र एक-दूसरे के समानान्तर होने चाहिए।
3. समान मात्रा वक्र एक-दूसरे को काट सकते हैं।
4. समानमात्रा वक्र मूल बिन्दु के प्रति उत्तल होते हैं।

उपर्युक्त वक्तव्यों में से
A. 1 और 2 सही हैं। B. 1 और 3 सही हैं।
C. 1 और 4 सही हैं। D. 2 और 4 सही हैं।

8. सूची I का सूची II के साथ सुमेल कीजिए और सूचियों के नीचे दिए गए कूट से सही उत्तर का चुनाव कीजिए—

सूची I	*सूची II*
(a) वर्धमान प्रतिफल	1. निकोलस काल्डार
(b) आय वितरण	2. एलिन यंग
(c) असीमित श्रम आपूर्ति	3. डेविड रिकार्डो
(d) ह्रासमान प्रतिफल	4. आर्थल लुई

कूट—

	(a)	*(b)*	*(c)*	*(d)*
A.	2	4	1	3
B.	2	1	4	3
C.	3	4	2	1
D.	3	1	4	2

9. कॉब-डगलस के उत्पादन फलन $Y = A L^{\alpha} k^{\beta}$; $\alpha, \beta > 0$ पर विचार करते हुए सूची I का सूची II के साथ सुमेल कीजिए और सूचियों के नीचे दिए हुए कूट का प्रयोग करते हुए सही उत्तर का चयन कीजिए—

सूची I	*सूची II*
a. वर्धमान अनुमापी प्रतिफल	1. $\alpha + \beta = 1$
b. ह्रासमान अनुमापी प्रतिफल	2. $\alpha + \beta > 1$
c. स्थिर अनुमापी प्रतिफल	3. $\alpha + \beta < 1$
d. ह्रासमान कारक प्रतिफल	4. $\alpha, \beta < 1$

कूट—

	(a)	*(b)*	*(c)*	*(d)*
A.	2	3	1	4
B.	2	3	4	1
C.	3	2	4	1
D.	3	2	1	4

10. अर्थशास्त्र में उत्पादन हैं—
A. वस्तु का निर्माण
B. वस्तु में उपयोगिता का सृजन
C. उद्योगों की स्थापना
D. उपर्युक्त सभी

11. कॉब वेब सिद्धान्त निम्नलिखित अवस्था की व्याख्या कर सकता है—

A. स्थिर संतुलन B. अस्थिर संतुलन
C. तटस्थ संतुलन D. उपर्युक्त सभी

12. निम्न में से कौन-सा कॉब डगलस उत्पाद फलन है, यदि Q कुल उत्पाद, K पूंजी तथा L श्रम की मात्रा व्यक्त करता है—
A. $Q = A K^{\alpha} L^{\alpha-1}$ B. $Q = A K^{\alpha} L^{\alpha+1}$
C. $Q = A K^{\alpha} L^{1-\alpha}$ D. $Q = A K^{\alpha} L^{\alpha}$

13. एक रेखीय तथा समावयव (homogeneous) उत्पादन फलन का सम्बन्ध है—
A. स्थिर पैमाने के प्रतिफल का नियम
B. घटते हुए पैमाने के प्रतिफल का नियम
C. बढ़ते हुए मैमाने के प्रतिफल का नियम
D. उपर्युक्त में से कोई नहीं

14. जब उत्पादन फलन समांग होता है तो फर्म का विस्तार पथ—
A. बाएं से दाएं को ऊपर उठता हुआ वक्र होता है।
B. बाएं से दाएं नीचे को गिरता हुआ वक्र होता है।
C. बाएं से दाएं ऊपर को उठती हुई सरल रेखा जैसा होता है।
D. बाएं से दाएं नीचे को गिरती हुई सरल रेखा समान होता है।

15. किसी उत्पादन फलन $Q = 101\, L^{0.47} K^{0.53}$ के लिए पूंजी उत्पादन की लोच होगी—
A. 1.01 B. 0.47
C. 0.53 D. $\frac{0.47}{0.53}$

16. कॉब-डगलस उत्पादन फलन के घातांक मापक है—
A. आगत-गहनता का
B. आगतों की उत्पादन लोच का
C. उत्पादन के साधनों का उत्पादन में अंशदान का।
D. उपरोक्ता सभी

17. रिज रेखाओं पर श्रम व पूंजी की सीमान्त उत्पादकता होती है—
A. धनात्मक B. ऋणात्मक
C. शून्य D. उपरोक्त में कोई नहीं

18. केवल एक विशिष्ट उपयोग में आने वाले उत्पादन के साधन की अवसर लागत—
A. अनन्त होती है। B. बहुत अधिक होती है।
C. बहुत कम होती है। D. शून्य होती है।

19. यदि उत्पादन के दो साधन पूर्ण प्रतिस्थापनीय हो तो प्रतिस्थापन लोच होगी—
A. अनन्त B. अधिक
C. एक D. शून्य

20. कॉब डगलस के उत्पादन फलन के अनुसार तकनीकी प्रगति—
A. तटस्थ नहीं होती।
B. हिक्स और हैरॉड दोनों ही अर्थों में तटस्थ होती है।
C. हिक्स के अर्थ में तो तटस्थ होती है पर हैरॉड के अर्थ में नहीं होती।
D. हैरॉड के अर्थ में तो तटस्थ होती है पर हिक्स के अर्थ में नहीं होती।

21. दो वस्तुओं के मध्य ह्रासमान सीमान्त प्रतिस्थापन की दर अनधिमान वक्र को बनाती है—
A. X—अक्ष के समानान्तर
B. Y—अक्ष के समानान्तर
C. मूल बिन्दु के प्रति उत्तल
D. मूल बिन्दु के प्रति अवतल

22. यदि वस्तु की कीमत 20 रु. है तथा मांग की कीमत लोच 2.5 है, उत्पादक की सीमान्त आय होगी—
A. 8 रु. B. 50 रु.
C. 12 रु. D. 18.5 रु.

23. उत्पादन के आरम्भिक अवस्था में वृद्धिमान प्रतिफल नियम क्यों कार्यशील होता है ?
A. स्थिर साधन की अविभाज्यता
B. श्रम का बढ़ता हुआ विशिष्टीकरण
C. तकनीकी परिवर्तन
D. उपरोक्ता A और B दोनों

24. समोत्पाद (Isoquant) वक्र का ढाल मापता है—
A. आगत कीमतों का अनुपात
B. पैमाने के प्रतिफल
C. घटते हुए सीमान्त प्रतिफल
D. सीमान्त उत्पादों का अनुपात

25. प्रतिस्थापन लोच (elasticity of substitution) की अवधारणा प्रस्तुत की थी—
A. मार्शल ने B. कीन्स ने
C. शुल्ज ने D. हिक्स ने

26. उत्पादन की द्वितीय अवस्था आरम्भ होती है जहां—
A. AP_L गिरना आरम्भ करती है।
B. MP_L गिरना आरम्भ करती है।
C. MP_L अधिकतम होती है।
D. MP_L शून्य होती है।

27. श्रम की मात्रा को एक इकाई से बढ़ाने पर एक फर्म पूंजी की दो इकाइयां त्याग करती है और फिर भी समान उत्पादन उत्पादित करती है तब $MRTS_{LK}$ है—

A. 1 B. 1/2
C. 2 D. 3

28. किसी भी उत्पादन के साधन का सीमान्त आगम उत्पादन (MRP) बराबर है—
A. MPP × MR B. MPP × P
C. MPP × AR D. ARP × MR

29. उत्पादन में 'अविभाजनशीलताओं' से उत्पादन फलन की प्रकृति होती है—
A. वृद्धि नियम की
B. ह्रास नियम की
C. स्थिर नियम की
D. नकारात्मक उत्पादन नियम की

30. अर्थशास्त्र के अध्ययन का प्रारम्भिक बिन्दु है—
A. उत्पादन B. उपभोग
C. सीमितता D. वितरण

31. पैमाने का उत्पाद वृद्धि नियम (Law of Increasing Returns to scale) लागू होने से उत्पादन के समस्त साधनों को दोगुना करने पर कुल उत्पादन—
A. दो गुने से अधिक हो जाता है।
B. दो गुना हो जाता है।
C. 50 प्रतिशत बढ़ जाता है।
D. प्रभावित नहीं होता है।

32. निम्नलिखित वक्तव्यों पर विचार कीजिए—
उत्पादन के संतुलन बिन्दु पर
1. समान मात्रा वक्र समान लागत वक्र को स्पर्श करता है।
2. MRTS बराबर है $\frac{P_L}{P_K}$ के
3. $\frac{MP_L}{P_L} = \frac{MP_K}{P_K}$
इन वक्तव्यों में—
A. केवल 1 सही है। B. 1 और 2 सही हैं।
C. 2 और 3 सही हैं। D. 1, 2 और 3 सही हैं।

33. एक फर्म को पता चलता है कि वस्तु की 99 इकाइयों के उत्पादन की कुल लागत 995 रु. है। 100 इकाइयों के उत्पादन की औसत लागत 10 रु. है इसका अर्थ है कि इस स्तर पर उत्पादन की सीमान्त लागत—
A. 1 रु. है। B. 10 रु. है।
C. 5 रु. है। D. 11 रु. है।

34. किसी कारक के ह्रासमान सीमान्त प्रतिफल मूलतः इस कारण होते हैं कि—
A. अन्य कारकों के परिमाण अपेक्षाकृत निश्चित होता है।
B. उस कारक का परिमाण निश्चित होता है।
C. सब कारकों के परिमाण निश्चित होता है।
D. उत्पादन पर सरकारी नियंत्रण होता है।

35. श्रम के संदर्भ में उत्पादन की लोच (labour elasticity of output) इकाई के बराबर होगी, जब श्रम का औसत उत्पादन—
A. मजदूरी दर के बराबर है।
B. पूंजी के औसत उत्पादन के बराबर है।
C. श्रम के सीमान्त उत्पादन के बराबर है।
D. श्रम के सीमान्त उत्पादन से अधिक है।

36. निम्नलिखित कथनों पर विचार कीजिए—
औसत उत्पादन और सीमान्त उत्पादन के मध्य समानता के बिन्दु पर औसत उत्पादन (AP)—
1. अधिकतम है। 2. न्यूनतम है।
3. स्थिर है। 4. बढ़ता हुआ है।
उपर्युक्त कथनों में से कौन-कौन से सही हैं?
A. 1 और 4 B. 2 और 4
C. 1 और 3 D. 2 और 3

37. उत्पादन फलन Y = LK—
A. द्वितीय कोटि का समघात है।
B. प्रथम कोटि का समघात है।
C. शून्य कोटि का समघात है।
D. असमघात है।

38. मान लीजिए कि उत्पादन (Y) पूंजी (K) का फलन है, तब उत्पादन का पूंजीलोच होगा—
A. $\frac{MP_K}{AP_K}$ B. $\frac{AP_K}{MP_K}$
C. $\frac{Y}{K}$ D. उपरोक्त में से कोई नहीं

39. पूर्ति वक्र का कीमत लोच केवल एक के बराबर होगा जब—
A. वह धनात्मक अन्तः खण्ड के साथ एक सीधी रेखा है।
B. वह ऋणात्मक अन्तःखण्ड के साथ एक सीधी रेखा है।
C. वह मूल बिन्दु से गुजरती हुई एक सीधी रेखा है।
D. वह क्षैतिज है।

40. यदि दो उपादान (inputs) पूर्णतः स्थानापन्न हैं तब सम-उत्पाद वक्र—

A. एक सीधी रेखा होगा।

B. एक परवलय होगा।

C. एक समकोणीय अतिपरवलय होगा।

D. एक L आकार का वक्र होगा।

41. पैमाने के स्थिर प्रतिफल के अन्तर्गत योग प्रमेय तब लागू होता है जब उत्पादन के कारकों का भुगतान किया जाता है, उनकी—

A. सीमान्त उत्पादकता के अनुसार

B. औसत उत्पादकता के अनुसार

C. कुल उत्पादकता के अनुसार

D. उपरोक्त सभी

42. मुक्त अर्थव्यवस्था में उत्पादन सम्बन्धी निर्णय लिए जाते हैं—

A. सरकार द्वारा B. बाजार द्वारा

C. जनता द्वारा D. योजना आयोग द्वारा

निर्देश: *प्रश्न संख्या 43 में कथन (A) तथा कारण (R) दिए गए हैं। जिनके विकल्प निम्नानुसार हैं—*

A. A तथा R दोनों सही हैं, और R, A का सही स्पष्टीकरण करता है।

B. A तथा R दोनों सही हैं, परन्तु R, A का सही स्पष्टीकरण नहीं करता है।

C. A सही है, परन्तु R गलत है।

D. A गलत है, परन्तु R सही है।

43. **कथन (A):** जब कुल उत्पादन में वृद्धि कुल निविष्टियों में वृद्धि की अपेक्षा अनुपात से अधिक होती है तो यह वर्धमान अनुमापी प्रतिफल की स्थिति होती है।

कारण (R): अनुमापी प्रतिफल उत्पादन कारकों की अविभाज्यता का परिणाम होते हैं।

44. सूची-I को सूची-II से सुमेलित कीजिए और नीचे दिये गये कूटों के अनुसार सही उत्तर दीजिए:

सूची-I	सूची-II
I. फर्म का व्यवहार सिद्धांत	1. जे.बी. क्लार्क
II. वितरण का सीमांत उत्पादकता सिद्धांत	2. साइर्ट और मार्क
III. कल्याण का दोहरा मापदंड	3. कैनेथ एरो
IV. असंभवता का सिद्धांत	4. सिटोवोस्की

कूट:

	I	II	III	IV
A.	2	1	4	3
B.	3	2	4	1
C.	1	4	3	2
D.	2	1	3	4

45. सूची-I को सूची-II से सुमेलित कीजिए और नीचे दिये गये कूटों के अनुसार सही उत्तर दीजिए:

सूची-I	सूची-II
I. अदृश्य हस्त	1. कार्ल मार्क्स
II. वारियर नाइट	2. एडम स्मिथ
III. पी क्यू एल आई	3. शुम्पीटर
IV. मूल्य आधिक्य	4. मोरिस डी मोरिस

कूट:

	I	II	III	IV
A.	1	4	2	3
B.	2	3	4	1
C.	1	2	3	1
D.	4	3	2	1

उत्तरमाला

1	2	3	4	5	6	7	8	9	10
A	C	B	D	C	C	C	B	D	B
11	**12**	**13**	**14**	**15**	**16**	**17**	**18**	**19**	**20**
D	C	A	C	C	D	C	D	A	A
21	**22**	**23**	**24**	**25**	**26**	**27**	**28**	**29**	**30**
C	C	A	D	D	A	C	A	A	A
31	**32**	**33**	**34**	**35**	**36**	**37**	**38**	**39**	**40**
A	D	C	A	C	C	B	A	C	A
41	**42**	**43**	**44**	**45**					
A	B	A	A	B					

1.3

लागत का सिद्धान्त (THEORY OF COSTS)

उत्पादन के साधनों पर जो व्यय किया जाता है, उसे उत्पादन-लागत कहते हैं।

लागत की अवधारणा (Concepts of Costs)

सामान्य रूप से लागत का अभिप्राय मौद्रिक लागतों से होता है, जो कि एक वस्तु के उत्पादन में व्यय की जाती है। उत्पादन लागत में केवल मौद्रिक लागत ही नहीं अपितु अन्य लागतें भी शामिल होती हैं। अत: उत्पादन लागतों को हम निम्न वर्गों में वर्गीकृत कर सकते हैं—

1. स्पष्ट और अस्पष्ट लागतें (Explicit and Implicit Costs)

2. अवसर लागत (Opportunity Cost)

3. वास्तविक लागत (Real Cost)

4. निजी एवं सामाजिक लागत (Private and Social Costs)

स्पष्ट और अस्पष्ट लागतें

एक वस्तु के उत्पादन के लिए प्रयुक्त साधनों को जो पुरस्कार स्पष्ट रूप से मुद्रा के रूप में दिया जाता है, उसे स्पष्ट लागत (Explicit Cost) कहते हैं। स्पष्ट लागतों में, श्रम की मजदूरी, भूमि या इमारतों का लगान, कच्चे-माल की लागत, पूंजी का ब्याज, परिवहन लागत, आदि को सम्मिलित किया जाता है।

उत्पादक के स्वयं के साधनों (निजी भूमि, श्रम अथवा पूंजी) के बाजार दर पर पुरस्कारों को अस्पष्ट लागत (Implicit Cost) कह सकते हैं। उदाहरणार्थ, उत्पादक व्यवसाय में अपनी निजी भूमि लगा सकता है, अपनी ही पूंजी का प्रयोग कर सकता है, और प्रबन्धक के नाते स्वयं अपनी ही सेवाएं प्रस्तुत कर सकता है। परिणामत: अपनी भूमि का प्रयोग करने के कारण उसे लगान मिलना चाहिए। अपने द्वारा लगाई गई पूंजी का उसे ब्याज मिलना चाहिए। इसी प्रकार प्रबन्धक के रूप में काम करने के नाते उसे वेतन प्राप्त होना चाहिए। ये सभी मदें अस्पष्ट लागतों में सम्मिलित की जाएगी। अत: अस्पष्ट लागतों में उन सभी लागतों तथा सेवाओं की कीमत शामिल होती हैं, जिनका उत्पादक प्रयोग करता है, किन्तु प्रत्यक्ष रूप में कीमत नहीं चुकाता।

स्पष्ट और अस्पष्ट लागतों के योग से ही एक वस्तु की कुल उत्पादन लागत को ज्ञात किया जा सकता है।

अवसर लागत (Opportunity Cost)

आधुनिक आर्थिक विश्लेषण में अवसर लागत का विचार एक बहुत महत्त्वपूर्ण स्थान रखता है। **किसी वस्तु की अवसर लागत वह अन्य सर्वोत्तम वैकल्पिक वस्तु है जिसका परित्याग किया जाता है।** उदाहरणार्थ जो साधन युद्ध सामग्री का उत्पादन करने में उपयोग किए जाते हैं, वे कार अथवा अन्य आटोमोबाइल्स का उत्पादन करने में भी किए जा सकते हैं इसलिए युद्ध सामग्री के उत्पादन की अवसर लागत वंचित हुए या परित्याग की गई कारों तथा अन्य आटोमोबाइल का उत्पादन है जो साधनों की उन्हीं मात्राओं से उत्पादित किए जा सकते जो युद्ध सामग्री निर्माण में प्रयुक्त हो गए। एक अन्य उदाहरण लें, गेहूं उत्पादित करने वाला एक किसान उन्हीं साधनों से आलू उत्पादित कर सकता है। इसलिए 1 कुन्तल गेहूं की अवसर लागत परित्याग की गई आलू के उत्पादन की मात्रा है। इस प्रकार किसी वस्तु की अवसर लागत वह अन्य सर्वोत्तम विकल्प है जो इसके बजाय उन्हीं साधनों से अथवा उसी मौद्रिक मूल्य वाले साधनों के द्वारा उत्पादित किया जा सकता था।

अवसर लागत की अवधारणा पर विचार करते समय दो बातों पर हमेशा ध्यान देना जरूरी है—

पहला, किसी वस्तु की अवसर लागत किसी अगले सर्वोत्तम विकल्प को त्यागने की लागत है, अर्थात प्रत्येक त्यागे गए विकल्प की लागत अवसर लागत नहीं है, बल्कि सर्वोत्तम विकल्प के त्याग की लागत है।

दूसरा, अगले सर्वोत्तम विकल्प को सामान्यतया उन्हीं आगतों

(Inputs) के संयोगों से उत्पादित करना संभव होना चाहिए जिसकी सहायता से निर्णय ली गई वस्तु का उत्पादन होता है।

अल्पकाल (short-run) में चूंकि किसी स्थिर साधन का कोई वैकल्पिक उपयोग संभव नहीं है, इसलिए इसकी अवसर लागत शून्य होगी। इसी तरह, प्रत्येक परिवर्तनशील साधन को उसकी अवसर लागत के बराबर, पुरस्कार देना आवश्यक है अन्यथा उस साधन को रोजगार में बनाए रखना संभव नहीं होगा।

वास्तविक लागत (Real Cost)

वास्तविक लागत की धारणा **डॉ. मार्शल** की देन है। उन्होंने इसकी परिभाषा इन शब्दों में की है—"**उत्पादन में निहित श्रमिकों के सभी प्रकार के प्रयास एवं पूंजी बचत के लिए आवश्यक सभी प्रकार की प्रतीक्षाएं—ये दोनों मिलकर वास्तविक लागत कहलाते हैं। दूसरे शब्दों में, इन सभी प्रयासों एवं प्रतीक्षाओं को संयुक्त रूप में वास्तविक लागत कहते हैं।**" इस प्रकार वास्तविक लागत से अभिप्राय उन सभी कष्ट, त्याग तथा प्रयत्नों से है जो कि उत्पत्ति के साधनों को किसी वस्तु के उत्पादन करने में उठाने पड़ते हैं।

निजी, बाह्य एवं सामाजिक लागतें (Private, External and Social Costs)

निजी लागत से अभिप्रय किसी वस्तु के उत्पादन पर उत्पादक द्वारा किए गए खर्च से है। अन्य शब्दों में, निजी लागतें वे हैं जिनका फर्म उत्पादित की जाने वाली वस्तु के उत्पादन तथा कीमत से सम्बन्धित निर्णय करते समय ध्यान रखता है। तथापि, निजी लागतों के अतिरिक्त एक फर्म द्वारा वस्तु का उत्पादन अन्य लोगों को कुछ ऐसे लाभ या हानियां पहुंचाता है जिनका वह वस्तु के उत्पादन तथा कीमत से सम्बन्धित निर्णय लेते समय ध्यान नहीं रखता है। उदाहरण के लिए, एक फैक्टरी अपने अवशेष (Wastes) पदार्थों को किसी नदी या झील में फेंक देती है। अवशेष पदार्थों को इस प्रकार फेंकने में फैक्टरी की निजी लागत शून्य हो सकती है, लेकिन समाज में जल प्रदूषण की दृष्टि से यह लागत अधिक है।

वह लागत जो किसी फर्म के द्वारा वहन न करके समाज में किन्हीं अन्य लोगों द्वारा वहन की जाती है, उसे बाह्य लागत (External Costs) कहते हैं। निजी लागत एवं बाह्य लागत के योग को ही सामाजिक लागत कहते हैं।

सामाजिक लागत = निजी लागत + बाह्य लागत

कई बार एक फर्म के उत्पादन के कारण अन्य फर्म या उपभोक्ता को लाभ भी पहुंचता है, लेकिन इसके लिए फर्म को कोई मूल्य नहीं प्राप्त होता। उदाहरण के लिए, जब सेबों की फसल तैयार होती है, तो यह बड़ी संख्या में मधुमक्खियों को आकर्षित करती है, जिससे शहद के उत्पादकों को लाभ होता है। इस प्रकार सेबों के उत्पादक बाह्य लाभ शहद के उत्पादकों को प्रदान करते हैं। इस प्रकार सामाजिक लागतें (Social Costs), फर्म की निजी लागतें तथा उनके द्वारा अन्य फर्म या उपभोक्ता को पहुंचाए गए बाह्य लाभ अथवा हानियों की योगफल होती हैं।

लागत फलन (Cost Functions)

लागत-फलन वस्तु की उत्पादन-लागत और उत्पादन की मात्रा के सम्बन्ध को अभिव्यक्त करता है। लागत-फलन विभिन्न प्रकार के रूप ग्रहण करता है। किन्तु कीमत सिद्धान्त में साधारणतया दो प्रकार के लागत-फलनों का अध्ययन किया जाता है—

1. अल्पकालीन लागत-फलन (Short-run cost function)

2. दीर्घ कालीन लागत-फलन (Long-run cost function)

अल्पकालीन लागत फलन (Short-run cost function)

अल्पकाल, उत्पादन काल की वह अवस्था है जिसके दौरान उत्पादन की मात्रा को केवल परिवर्तनशील साधनों (variable factors) की मात्रा में परिवर्तित करके ही घटाया-बढ़ाया जा सकता है। अन्य शब्दों में, इस समय-काल में फर्म के पास उपलब्ध कुछ साधन स्थिर होते हैं और कुछ परिवर्तनशील। फर्म को उत्पादन की मात्रा में परिवर्तन करने के लिए इतना समय नहीं मिलता कि वह स्थिर साधनों की मात्रा में भी परिवर्तन कर सके।

अतः अल्पकाल में फर्म के कुछ उत्पादन साधन स्थिर रहते हैं और कुछ परिवर्तनशील। इसलिए अल्पकाल (short-run) में लागत का अध्ययन स्थिर लागत (fixed cost) एवं परिवर्तनशील लागत (variable cost) के रूप में किया जाता है।

दीर्घकालीन लागत फलन (Long-run cost function)

दीर्घकाल में उत्पादन का प्रत्येक साधन परिवर्तनशील होता है। किसी भी उत्पादन के साधन की मात्रा को दीर्घकाल में घटाया बढ़ाया जा सकता है। दीर्घकाल में, चूंकि उत्पादन के सभी साधन परिवर्तनशील होते हैं, इसलिए केवल परिवर्तनशील लागत अथवा कुल लागत का अध्ययन किया जाता है।

अल्पकालीन तथा दीर्घकालीन लागत फलनों में अन्तर यह

है कि अल्पकाल में लागत और उत्पादन में सम्बन्ध का अध्ययन कुछ साधनों जैसे कि पूंजी तथा भूमि को स्थिर मान कर किया जाता है, जबकि दीर्घकालीन लागत फलन में लागत और उत्पादन में सम्बन्ध का अध्ययन सभी साधनों को परिवर्तनशील मानकर किया जाता है।

यहां यह उल्लेखनीय है कि लागत फलन अथवा लागत वक्र के व्युत्पादन करने में यह मान लिया जाता है कि वस्तु की प्रत्येक मात्रा **न्यूनतम सम्भव लागत** पर उत्पादित की जाती है। अन्य शब्दों में, वस्तु उत्पादन के लिए **अनुकूलतम अथवा आर्थिक दृष्टि से कुशल साधन संयोग** (optimum or economically efficient combination) का प्रयोग किया जाता है। इस प्रकार दीर्घकालीन लागत फलन अथवा लागत वक्र का प्रत्येक बिन्दु साधनों के **अनुकूलतम साधन संयोग** (optimum factor combination) को दर्शाता है जिससे उत्पादन की प्रत्येक मात्रा निम्नतम लागत संयोग से संभव हो सके। अल्पकाल में भी यह मान लिया जाता है कि संयंत्र (Plant) के आकार अर्थात पूंजी की मात्रा दी हुई (constant) होने पर फर्में वस्तु की विभिन्न मात्राओं को न्यूनतम सम्भव लागत पर उत्पादित करती हैं।

अल्पकाल में लागतें : स्थिर लागतें तथा परिवर्तनशील लागतें (Costs in Short Run : Fixed Costs and Variable Costs)

अल्पकाल में कुल लागत कुल परिवर्तनशील लागत तथा कुल स्थिर लागतों का योग होता है। स्थिर लागतों में वे लागतें सम्मिलित होती हैं जो उत्पादन की मात्रा से स्वतंत्र होती हैं अर्थात जो उत्पादन में परिवर्तन करने से नहीं बदलतीं। ये स्थिर लागतें एक स्थिर मात्रा को व्यक्त करती हैं जिसे अल्पकाल में फर्म को उठाना ही पड़ता है चाहे उसका उत्पादन कम हो अथवा अधिक। यदि अल्पकाल में फर्म कुछ समय के लिए उत्पादन बंद भी कर दे तो भी उसे ये स्थिर लागतें वहन करनी ही होती हैं। स्थिर लागतों को ऊपरी लागतें (over head costs) भी कहते हैं। इस प्रकार स्थिर लागतों में निम्नलिखित लागतों को शामिल किया जाता है—

a. इमारत का किराया;
b. बीमा की फीस;
c. पूंजी पर ब्याज;
d. प्रबन्धक का वेतन;
e. मशीनरी आदि की मूल्यह्रास (depreciation) की लागतें;
f. सम्पति कर;
g. चौकीदार की मजदूरी आदि।

जबकि, **परिवर्तनशील लागतें** (Variable Costs) वे लागतें हैं जिनको अल्पकाल में बदला जा सकता है। अतः कुल परिवर्तनशील लागतें अल्पकाल में उत्पादन में परिवर्तन के फलस्वरूप बदल जाती हैं। अर्थात जब उत्पादन घटाया जाता है तो वे घटती हैं अथवा जब उत्पादन बढ़ाया जाता है तो वे बढ़ जाती हैं। यदि फर्म अल्पकाल में कुछ समय के लिए उत्पादन बन्द कर देती है तो वह परिवर्तनशील साधनों का प्रयोग नहीं करेगी और इसलिए परिवर्तनशील लागत शून्य (Zero) होगी। परिवर्तनशील लागतों में निम्नलिखित लागतें शामिल होती हैं—

a. श्रमिकों की मजदूरी;
b. कच्चे माल की कीमतें;
c. बिजली और ईंधन के प्रयोग की कीमत;
d. परिवहन पर उठाए गए व्यय आदि।

अल्पकाल में कुल लागत (Total Cost in Short-run)

जैसा कि हम जानते हैं कि अल्पकाल में वस्तु के उत्पादन की कुल लागत इसकी परिवर्तनशील लागतों तथा कुल स्थिर लागतों का योग होता है। अतः

कुल लागत = कुल स्थिर लागत + कुल परिवर्तनशील लागत

$$TC = TFC + TVC$$

जहां TC कुल लागत, TFC कुल स्थिर लागत तथा TVC कुल परिवर्तनशील लागत है। चूंकि कुल लागत का एक भाग अर्थात कुल परिवर्तनशील लागत (TVC) उत्पादन में परिवर्तन से बदलता है, इसलिए कुल लागत भी उत्पादन की मात्रा में, कमी अथवा वृद्धि से बदलेगी। उत्पादन की मात्रा बढ़ने पर कुल लागत बढ़ेगी और उत्पादन के घटने पर घटेगी। कुल स्थिर लागत वक्र (TFC) तथा कुल परिवर्तनशील लागत वक्र (TVC) को रेखाचित्र में दिखाया गया है। रेखाचित्र के अक्ष—X पर उत्पादन की मात्रा को मापा गया है और अक्ष—Y पर लागत को।

उत्पादन का स्तर चाहे कितना ही क्यों न हो कुल स्थिर लागत स्थिर रहती है इसलिए कुल स्थिर लागत वक्र (TFC) अक्ष—X के समानान्तर रेखा होगी। **रेखाचित्र से स्पष्ट है कि कुल स्थिर लागत वक्र अक्ष—Y के एक बिन्दु से आरम्भ होता है जिसका अर्थ है कि चाहे उत्पादन बिल्कुल ही न हो, फिर भी कुल स्थिर लागत उठानी पड़ेगी।** जबकि परिवर्तनशील लागत वक्र (TVC) मूल बिन्दु से आरम्भ होता है जो कि इस बात को प्रदर्शित करता है कि जब उत्पादन शून्य होगा तो परिवर्तनशील लागत भी शून्य होगी। कुल लागत वक्र (TC) को कुल स्थिर लागत वक्र

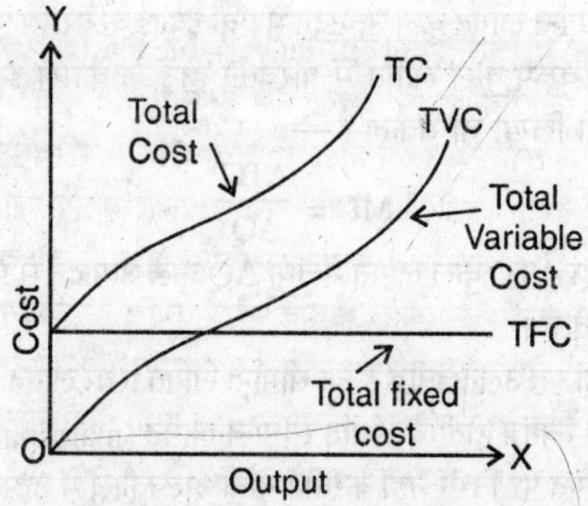

रेखाचित्र : *कुल, परिवर्तनशील तथा स्थिर लागत वक्र*

(TFC) के ऊपर कुल परिवर्तनशील लागत वक्र (TVC) को जोड़ कर प्राप्त किया जाता है। **ऊपर के रेखाचित्र से स्पष्ट है कि कुल परिवर्तनशील लागत वक्र (TVC) तथा कुल लागत वक्र (TC) के बीच का अन्तर सभी उत्पादन स्तरों पर समान है।**

इसका कारण यह है कि कुल परिवर्तनशील लागत वक्र तथा कुल लागत वक्र के बीच का अन्तर कुल स्थिर लागत की मात्रा को व्यक्त करता है जो कि अल्पकाल में उत्पादन बढ़ने पर स्थिर रहती है। यह भी ध्यान रखना चाहिए कि कुल लागत वक्र (TC) तथा कुल स्थिर लागत वक्र (TFC) के बीच का अन्तर कुल परिवर्तनशील लागतों की मात्रा को व्यक्त करता है जो कि उत्पादन बढ़ने के साथ बढ़ती है। कुल लागत वक्र की आकृति बिल्कुल कुल परिवर्तनशील लागत के सामन ही होती है क्योंकि इन दो वक्रों में दूरी बिल्कुल समान रहती है।

औसत स्थिर लागत (Average Fixed Cost)

औसत स्थिर लागत उत्पादन की प्रति इकाई स्थिर लागत है। अन्य शब्दों में, कुल स्थिर लागत को उत्पादन की कुल मात्रा से भाग देने पर औसत स्थिर लागत प्राप्त होती है। अत:,

$$\text{औसत स्थिर लागत} = \frac{\text{कुल स्थिर लागत}}{\text{उत्पादन की कुल मात्रा}}$$

$$AFC = \frac{TFC}{Q}$$

चूंकि कुल स्थिर लागत (TFC) एक स्थिर मात्रा होती है, इसलिए औसत स्थिर लागत उत्पादन बढ़ने पर लगातार घटती जाएगी। इसलिए औसत स्थिर लागत का वक्र दायीं ओर नीचे को गिरता हुआ होता है। रेखाचित्र में औसत स्थिर लागत वक्र AFC को दिखाया गया है। रेखाचित्र से स्पष्ट है कि AFC वक्र लगातार नीचे को गिर रहा है। दूसरे शब्दों में, औसत स्थिर लागत वक्र के

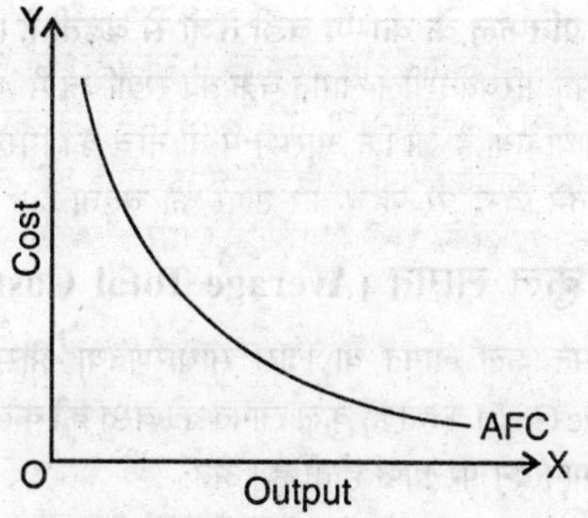

रेखाचित्र : *औसत स्थिर लागत वक्र*

अक्ष—X के निकट पहुंचने की प्रवृत्ति है लेकिन उसको स्पर्श नहीं करेगा। रेखाचित्र से यह भी स्पष्ट है कि AFC वक्र की आकृति **आयताकार अतिपरवलय** (rectangular hyperbola) की तरह है।

औसत परिवर्तनशील लागत (Average Variable Cost)

कुल परिवर्तनशील लागत को वस्तु की कुल उत्पादन मात्रा से भाग देने पर औसत परिवर्तनशील लागत प्राप्त होती है। अत:

$$\text{औसत परिवर्तनशील लागत} = \frac{\text{कुल परिवर्तनशील लागत}}{\text{कुल उत्पादन की मात्रा}}$$

$$AVC = \frac{TVC}{Q}$$

जहां Q कुल उत्पादन मात्रा को व्यक्त करता है।

इस प्रकार औसत परिवर्तनशील लागत उत्पादन की प्रति इकाई परिवर्तनशील लागत है। **कुछ सीमा तक औसत लागत बढ़ते प्रतिफल के कारण घटती है तथा क्षमता बिन्दु (या न्यूनतम लागत बिन्दु) के बाद उत्पादन बढ़ने पर औसत लागत**

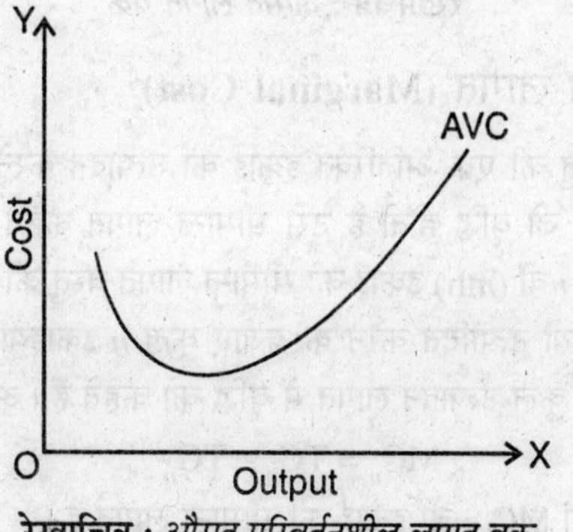

रेखाचित्र : *औसत परिवर्तनशील लागत वक्र*

ह्रासमान प्रतिफल के कारण बड़ी तेजी से बढ़ती है।

औसत परिवर्तनशील लागत वक्र को रेखाचित्र में AVC वक्र द्वारा दिखाया गया है जो कि आरम्भ में तो नीचे को गिरता है और फिर न्यूनतम बिन्दु पर पहुंच कर ऊपर को चढ़ता है।

औसत कुल लागत (Average Total Cost)

औसत कुल लागत या जिसे साधारणतया औसत लागत (Average Cost) कहते हैं, कुल लागत को वस्तु की कुल उत्पादन मात्रा से भाग देने पर प्राप्त होती है। अत:

$$\text{औसत कुल लागत} = \frac{\text{कुल लागत}}{\text{कुल उत्पादन की मात्रा}}$$

$$ATC = \frac{TC}{Q}$$

चूंकि कुल लागत परिवर्तनशील लागत तथा कुल स्थिर लागत का जोड़ होती है, इसलिए औसत कुल लागत, औसत परिवर्तनशील लागत तथा औसत स्थिर लागत के जोड़ के बराबर होगी अर्थात

$$ATC = AFC + AVC$$

रेखाचित्र में औसत लागत वक्र को AC वक्र द्वारा दिखाया गया है जो उत्पादन की आरम्भिक अवस्था में क्रमश: गिरती जाती है किन्तु एक सीमा के बाद यह क्रमश: बढ़ती जाती है।

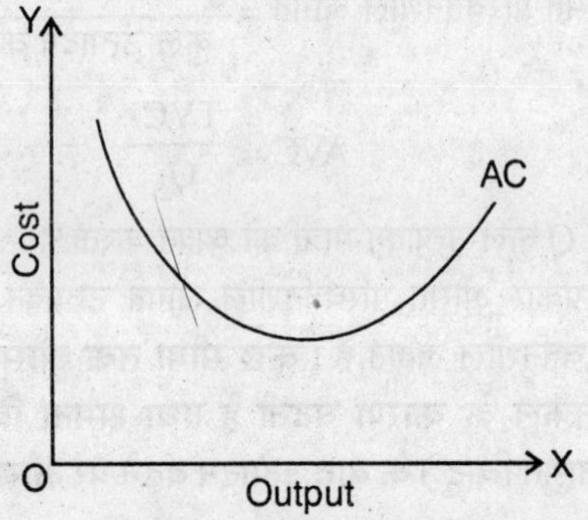

रेखाचित्र : *औसत लागत वक्र*

सीमान्त लागत (Marginal Cost)

वस्तु की एक अतिरिक्त इकाई का उत्पादन करने पर कुल लागत में जो वृद्धि होती है उसे सीमान्त लागत कहते हैं। अन्य शब्दों में, nवीं (nth) इकाई की सीमान्त लागत वस्तु की कुल (n–1) इकाइयां उत्पादित करने के बजाए कुल n इकाइयां उत्पादित करने पर कुल उत्पादन लागत में वृद्धि को कहते हैं। अत:

$$MC_n = TC_n - TC_{n-1}$$

जहां MC_n nवीं इकाई की सीमान्त लागत है।

सीमान्त लागत कुल उत्पादन में एक इकाई के बराबर परिवर्तन के फलस्वरूप कुल लागत में परिवर्तन होने के कारण इसे निम्न प्रकार भी लिखा जा सकता है—

$$MC = \frac{\Delta TC}{\Delta Q}$$

जहां ΔTC कुल लागत में तथा ΔQ कुल उत्पादन में परिवर्तन को दर्शाते हैं।

यहां यह उल्लेखनीय है कि सीमान्त लागत स्थिर लागत (fixed cost) से स्वतंत्र होती है अर्थात सीमान्त लागत (marginal cost) स्थिर लागत पर निर्भर नहीं करती। चूंकि अल्पकाल में उत्पादन की मात्रा में परिवर्तन करने पर केवल परिवर्तनशील लागतें (variable costs) ही बदलती हैं। अत: सीमान्त लागतें केवल परिवर्तनशील लागतों में परिवर्तन होने के कारण ही उत्पन्न होती हैं। अत:

$$MC = \frac{\Delta TVC}{\Delta Q}$$

जहां ΔTVC कुल परिवर्तनशील लागत में परिवर्तन को दर्शाता है।

परिवर्तनशील अनुपात का नियम (Law of Variable Proportion) सीमान्त लागत वक्र की आकृति को निर्धारित करता है। उत्पादन की आरम्भिक अवस्था में सीमान्त लागत घटती है, मध्यवर्ती अवस्था में स्थिर रहती है तथा अन्त में यह बढ़ती है। रेखाचित्र में सीमान्त लागत वक्र MC को दर्शाया गया है। सीमान्त लागत वक्र U आकार का होता है, जिसका आशय यह है कि सीमान्त लागत आरम्भ में कम होती है और अन्त में बढ़ती है।

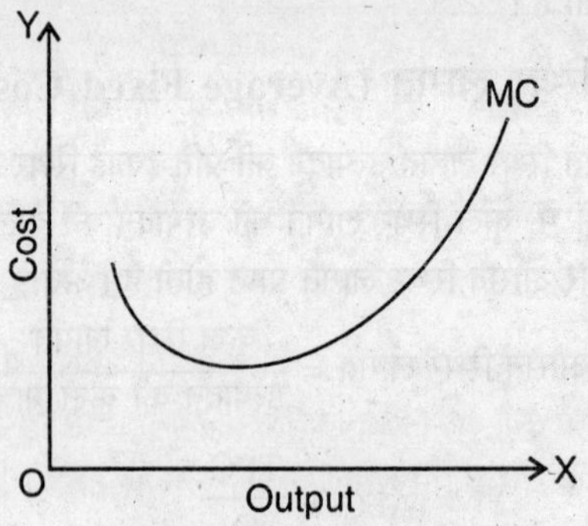

रेखाचित्र : *सीमान्त लागत वक्र*

सीमान्त लागत तथा औसत लागत में सम्बन्ध (Relationship between Marginal Cost and Average Cost)

सीमान्त लागत तथा औसत लागत में सम्बन्ध को निम्न प्रकार से व्यक्त किया जा सकता है—

1. जब सीमान्त लागत औसत लागत से कम होती है तो औसत लागत घटती है और जब सीमान्त लागत औसत लागत से अधिक होती है तो औसत लागत बढ़ती है।

2. जब उत्पादन की मात्रा को बढ़ाने पर औसत लागत घटती है, तो सीमान्त लागत इससे अधिक तेजी से घटती है।

3. सीमान्त लागत औसत लागत की तुलना में जल्दी बढ़ना शुरू कर देती है। **सीमान्त लागत वक्र औसत लागत वक्र को उसके न्यूनतम बिन्दु पर काटता है।**

4. औसत लागत में वृद्धि होने पर सीमान्त लागत उससे कहीं अधिक तेजी से बढ़ने लगती है।

5. उत्पादन के दौरान कुछ समय तक ऐसी भी स्थिति आती है जबकि औसत लागत गिर रही होती है लेकिन सीमान्त लागत बढ़ना शुरू कर देती है।

औसत एवं सीमान्त लागत में सम्बन्ध को रेखाचित्र द्वारा निम्न प्रकार से स्पष्ट किया जा सकता है।

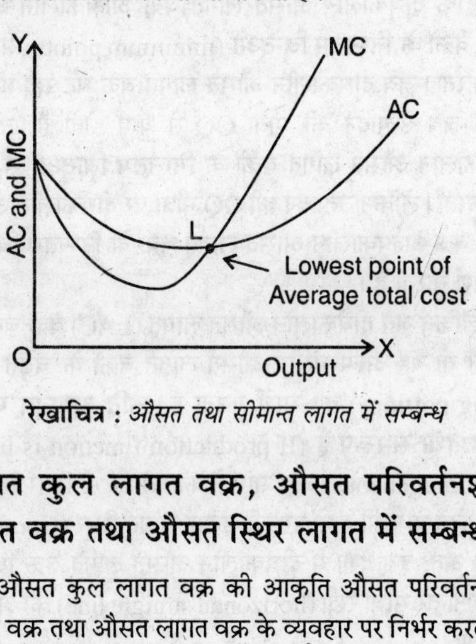

रेखाचित्र : *औसत तथा सीमान्त लागत में सम्बन्ध*

औसत कुल लागत वक्र, औसत परिवर्तनशील लागत वक्र तथा औसत स्थिर लागत में सम्बन्ध

औसत कुल लागत वक्र की आकृति औसत परिवर्तनशील लागत वक्र तथा औसत लागत वक्र के व्यवहार पर निर्भर करती है। आरम्भ में औसत परिवर्तनशील लागत और औसत स्थिर लागत वक्र नीचे को गिरते हैं, इसलिए औसत कुल लागत वक्र भी आरम्भ में तेजी से नीचे को गिरता है। जब औसत परिवर्तनशील लागत ऊपर को बढ़ना आरम्भ करता है, लेकिन औसत स्थिर लागत वक्र तेजी से नीचे गिर रहा होता है तो औसत कुल लागत वक्र नीचे को गिरना जारी रखेगा। इसका कारण यह है कि इस अवस्था में औसत स्थिर लागत वक्र में गिरावट औसत परिवर्तनशील लागत वक्र में वृद्धि की तुलना में अधिक होती है। परन्तु जब उत्पादन और बढ़ाया जाता है तो औसत परिवर्तनशील लागत अधिक तीव्रता से बढ़ती है और औसत स्थिर लागत में गिरावट की गति से अधिक हो जाती है फलस्वरूप औसत कुल लागत वक्र ऊपर को बढ़ना आरम्भ कर देता है। इसलिए औसत लागत वक्र औसत परिवर्तनशील लागत की तरह आरम्भ में नीचे को गिरता है और निम्नतम बिन्दु पर पहुंच कर ऊपर को चढ़ना आरम्भ कर देता है। इसलिए **औसत कुल लागत वक्र की आकृति लगभग अंग्रेजी के अक्षर U के समान होती है।**

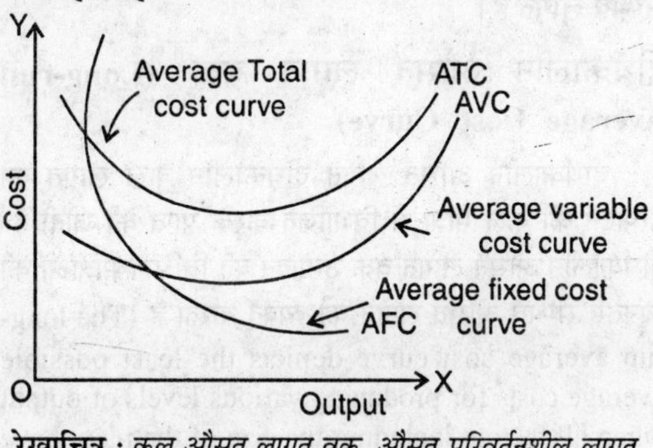

रेखाचित्र : *कुल औसत लागत वक्र, औसत परिवर्तनशील लागत वक्र तथा औसत स्थिर लागत वक्र में सम्बन्ध*

महत्त्वपूर्ण तथ्य

- सीमान्त लागत वक्र औसत कुल लागत तथा औसत परिवर्तनशील लागत वक्रों को उनके न्यूनतम बिन्दुओं पर काटता है।
- ATC, AVC तथा MC वक्रों की आकृति अंग्रेजी के अक्षर U के समान होती है।
- AFC वक्र की आकृति U के समान न होकर **आयताकार अतिपरवलय** (rectangular hyperbola) के समान होती है।
- औसत परिवर्तनशील लागत को कुल परिवर्तनशील लागत वक्र पर मूल बिन्दु (origin) से खींची गई रेखा (ray) की ढाल (slope) द्वारा मापा जा सकता है।
- सीमान्त लागत को कुल लागत वक्र के ढाल (slope) से मापी जा सकती है। क्योंकि $\frac{\Delta TC}{\Delta Q}$ जो कि सीमान्त लागत है, कुल लागत वक्र के ढाल को व्यक्त करता है।

दीर्घकालीन लागत वक्र (Long-run Cost Curve)

जैसा कि हम जानते हैं दीर्घकाल में कोई भी साधन स्थिर नहीं

होता और इसलिए सभी को उत्पादन के अनुसार बदला जा सकता है। **दीर्घकालीन उत्पादन फलन (long-run production function) में इसलिए कोई भी साधन स्थिर नहीं होता और फर्म की कोई भी लागत स्थिर लागत नहीं होती।** अतः यदि दीर्घकाल में जब फर्म को उत्पादन बढ़ाना हो तो वह पहले से बड़ा संयंत्र लगा सकती है और यदि उत्पादन घटाना हो तो वह पहले से छोटा संयंत्र स्थापित कर सकती है। **दीर्घकालीन उत्पादन लागत किसी दिए हुए उत्पादन स्तर को उत्पादित करने की न्यूनतम सम्भव लागत है।**

दीर्घकालीन औसत लागत वक्र (Long-run Average Cost Curve)

दीर्घकालीन औसत लागत दीर्घकालीन कुल लागत को उत्पादन की कुल मात्रा से विभाजित करके प्राप्त की जाती है। दीर्घकालीन औसत लागत वक्र उत्पादन की विभिन्न मात्राओं की न्यूनतम सम्भव औसत लागत को व्यक्त करता है (The long-run average cost curve depicts the least possible average costs for producing various levels of output when all factors including the size of the plant have been adjusted)। दीर्घकालीन औसत लागत वक्र को **आवरण वक्र** (envelope curve) भी कहा जाता है क्योंकि यह अनेक अल्पकालीन औसत लागत वक्रों को स्पर्श करते हुए गुजरता है। रेखाचित्र में दीर्घकालीन औसत लागत वक्र को LAC द्वारा प्रदर्शित किया गया है। यह दीर्घकालीन औसत लागत वक्र इस प्रकार बनाया अथवा खींचा गया है जिससे वह प्रत्येक अल्पकालीन औसत लागत वक्र को स्पर्श करता हो। इसलिए दीर्घकालीन औसत लागत वक्र का प्रत्येक बिन्दु किसी अल्पकालीन औसत लागत वक्र के बिन्दु को अवश्य स्पर्श करेगा। **वास्तव में दीर्घकालीन औसत लागत वक्र इन्हीं स्पर्श बिन्दुओं का बना होता है** (The long-run average cost curve is nothing else but he locus of all these tangency points)।

रेखाचित्र से स्पष्ट है कि LAC वक्र आरम्भ में नीचे की ओर गिरता है और फिर एक बिन्दु के पश्चात ऊपर की ओर चढ़ता है। अतः दीर्घकालीन औसत लागत वक्र भी लगभग अंग्रेजी के अक्षर U की आकृति का होता है। LAC वक्र की यह आकृति **पैमाने के प्रतिफल** (returns to scale) पर निर्भर करती है। आरम्भ में पैमाने के बढ़ते प्रतिफल (increasing returns to scale) के कारण ही दीर्घकालीन औसत लागत उत्पादन के बढ़ने पर घटती है और कुछ सीमा के बाद पैमाने के घटते प्रतिफल (decreasing returns to scale) के कारण यह बढ़ती है। रेखाचित्र से स्पष्ट है

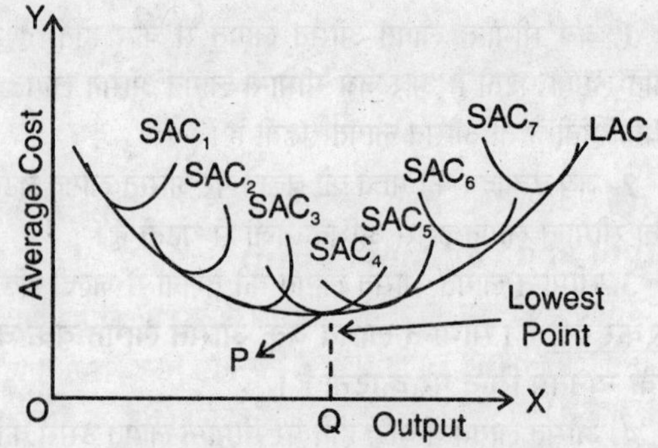

रेखाचित्र : *दीर्घकालीन औसत लागत वक्र*

कि दीर्घकालीन औसत लागत उत्पादन की OQ मात्रा पर न्यूनतम है। दीर्घकालीन औसत लागत वक्र उत्पादन मात्रा OQ तक नीचे को गिरता है और उसके बाद ऊपर को चढ़ना आरम्भ कर देता है। दीर्घकालीन औसत लागत वक्र के सम्बन्ध में एक महत्त्वपूर्ण तथ्य यह है कि दीर्घकालीन औसत लागत वक्र अल्पकालीन औसत लागत वक्रों के **निम्नतम बिन्दुओं** (minimum points) से स्पर्श नहीं करता। जब दीर्घकालीन औसत लागत वक्र घट रहा होता है अर्थात जब उत्पादन की मात्रा OQ से कम होती है, तो यह अल्पकालीन औसत लागत वक्रों के **निम्नतम बिन्दुओं** से स्पर्श नहीं करता। लेकिन उत्पादन की OQ मात्रा पर दीर्घकालीन औसत लागत वक्र अल्पकालीन औसत लागत वक्र के निम्नतम बिन्दु P पर स्पर्श करती है।

लेकिन जब दीर्घकालीन औसत लागत (LAC) वक्र चढ़ रहा होता है तो यह अल्पकालीन औसत लागत वक्रों के चढ़ते भागों (rising portions) को स्पर्श करता है। **यदि उत्पादन फलन रेखीय तथा समरूप है** (If production function is linear and homogeneous) और साधनों की कीमतें भी स्थिर रहती हैं तो उत्पादन के सभी स्तरों पर प्रति इकाई लागत स्थिर (Constant) रहेगी। अतः इस दशा में दीर्घकालीन औसत लागत वक्र क्षितिज के समानान्तर सीधी रेखा (horizontal straight line) की आकृति का होगा।

दीर्घकालीन सीमान्त लागत वक्र (Long-run Marginal Cost)

दीर्घकालीन सीमान्त लागत वक्र की आकृति अंग्रेजी के U अक्षर के समान होती है तथा यह दीर्घकालीन औसत लागत वक्र को उसके **निम्नतम बिन्दु** पर काटता है। दीर्घकालीन सीमान्त लागत वक्र दीर्घकालीन कुल लागत वक्र से सीधे तौर पर प्राप्त किया जा सकता है क्योंकि किसी उत्पादन मात्रा पर दीर्घकालीन

सीमान्त लागत उत्पादन की उस मात्रा पर कुल लागत वक्र की ढाल (slope) के बराबर होती है।

इष्टतम उत्पादन तथा इष्टतम फर्म (Optimum Output and Optimum Firm)

उत्पादन की उस मात्रा को **इष्टतम उत्पादन** कहा जाता है जो दीर्घकालीन औसत लागत वक्र के निम्नतम बिन्दु पर उत्पादित किया जाता है। जो फर्म दीर्घकालीन औसत लागत वक्र के निम्नतम बिन्दु पर उत्पादन कर रही होती है उस फर्म को **इष्टतम फर्म** कहा जाता है।

L-आकार का दीर्घकालीन औसत लागत वक्र : आधुनिक विचारधारा (L-shaped Long-Run Average Cost Curve: Modern View about Cost-Behaviour)

आधुनिक अर्थशास्त्रियों द्वारा अनुभवसिद्ध प्रमाणों (Empirical evidence) से पता चला है कि दीर्घकालीन औसत लागत वक्र— U आकृति का न होकर यह अंग्रेजी के अक्षर L की आकृति का होता है। जिसका अर्थ यह है कि प्रारम्भ में दीर्घकालीन औसत लागत वक्र तीव्रता से नीचे गिरता है, परन्तु एक बिन्दु के पश्चात् यह स्थिर रहता है अथवा अपने दाहिने छोर पर धीरे-धीरे नीचे को गिरता हुआ भी हो सकता है। L-आकृति का दीर्घकालीन औसत लागत वक्र रेखाचित्र में दर्शाया गया है। रेखाचित्र के L-आकृति के दीर्घकालीन औसत लागत वक्र (LAC) तथा U-आकृति के LAC में अन्तर यह है कि प्रथम प्रकार के वक्र में कोई भी ऊपर को उठता भाग नहीं है।

आर्थिक सिद्धान्त जिसके अनुसार दीर्घकालीन औसत लागत वक्र की आकृति U की तरह होती है और अनुभवसिद्ध प्रमाण जो कि दीर्घकालीन औसत लागत वक्र की आकृति L के समान पाते हैं, के बीच स्पष्ट अन्तर्विरोध है।

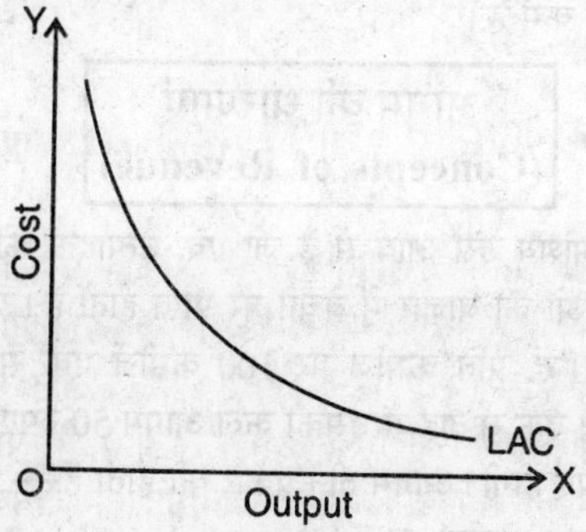

रेखाचित्र : *L आकार का दीर्घकालीन औसत लागत वक्र*

दीर्घकालीन औसत लागत वक्र की L-आकृति के सम्बन्ध में निम्नलिखित दो व्याख्याएं प्रस्तुत की जाती हैं—

1. प्रौद्योगिकीय प्रगति Technological Progress)— अनुभवसिद्ध प्रमाण दीर्घकालीन औसत लागत वक्र की आकृति U के समान क्यों नहीं पाता, इसका एक कारण यह है कि जहां **आर्थिक सिद्धान्त** यह पहले से ही मान लेता है कि प्रौद्योगिकी (Technology) अपरिवर्तित रहती है या प्रौद्योगिकीय प्रगति (Technological progress) नहीं होती है। परन्तु वास्तविक जगत में दीर्घकाल में प्रौद्योगिकीय प्रगति तो होती रहती है। परिणामस्वरूप दीर्घकालीन औसत लागत वक्र (LAC) एक समय के बाद नीचे की ओर सरक जाता है। विभिन्न समयों में की जाने वाली अनुभवजन्य जांच, प्रौद्योगिकीय प्रगति की विद्यमानता के कारण ही ऊपर की ओर उठता हुआ दीर्घकालीन औसत लागत वक्र नहीं पा सकती। **अतः हम इस निष्कर्ष पर पहुंचते हैं कि दी हुई एवं अपरिवर्तित प्रौद्योगिकी की स्थिति में दीर्घकालीन औसत लागत वक्र की आकृति U-के समान होती है परन्तु अनुभवसिद्ध अध्ययन से, समयोपरि हुई प्रौद्योगिकीय उन्नति के कारण, दीर्घकालीन औसत लागत वक्र की L-आकृति प्राप्त होती है।**

2. कार्य करते-करते सीखना (Learning by Doing)— कार्य करते-करते सीखना एक दूसरा तत्त्व है जो दीर्घकालीन औसत लागत वक्र के निरन्तर नीचे की ओर गिरने का कारण है। यह एक साधारण ज्ञान की बात है कि एक उत्पादक (Producer) कोई उत्पादक कार्य करते-करते स्वयं सीखता है। किसी विशेष कार्य को प्रारम्भ करने के समय से वह जितनी ही अधिक मात्रा में उस कार्य को करता है, उसे उतना ही अधिक अनुभव प्राप्त होता है और अनुभव से वह पहले की अपेक्षा श्रेष्ठतर ढंग से कार्य करना सीखता है। इससे लागत कम होती है। अतः प्रौद्योगिकीय प्रगति के तत्त्व के अतिरिक्त 'अधिगम' (Learning) भी हमें एक दूसरा कारण प्रदान करता है जिससे कि दीर्घकालीन औसत लागत वक्रों की आकृति U के सदृश न होकर L के सदृश होती है। **प्रो. स्टोनियर एवं हेग** (Prof. Stonier and Hague) के अनुसार, ''किसी पूर्व निरीक्षण के समय से जितना ही अधिक समय व्यतीत होगा और उसके फलस्वरूप उत्पादित की गई कुल वस्तु की मात्रा जितनी ही अधिक होगी, दी हुई प्रौद्योगिकी (Technology) के साथ एक फर्म पहले की अपेक्षा प्रति इकाई उतनी ही निम्न लागत पर उत्पादन करना सीख सकती है। अतः यह हो सकता है कि प्रौद्योगिकीय परिवर्तन ही केवल एकमात्र कारण नहीं है जिससे दीर्घकालीन औसत लागत वक्र U आकृति के न होकर L आकृति के होते हैं।''

बाहरी बचतें तथा हानियां (External Economies and Diseconomies)

जैसा कि हम जानते हैं कि दीर्घकालीन औसत लागत वक्र उत्पादन के पैमाने की बचतों, यथा उपज के उच्चतर स्तर पर श्रम विभाजन एवं विशेषीकृत यंत्रों की अधिक मात्रा का उपयोग होने के कारण नीचे की ओर गिरता है। उत्पादन के उच्च स्तर पर श्रम-विभाजन एवं विशेषीकृत यन्त्रों का अधिक मात्रा में उपयोग '**आंतरिक बचतें**' (Internal Economies) हैं। इन्हें आन्तरिक इस अर्थ में कहा जाता है कि ये किसी फर्म को तभी प्राप्त होती है जब उसकी स्वयं की उत्पादन मात्रा अथवा पैमाना बढ़ता है। (They are internal in the sence that they accrue to the firm when its own output or scale increases)। 'आन्तरिक बचतों' के अतिरिक्त **प्रो. मार्शल** ने **'बाहरी बचतों'** (External Economies) की धारणा प्रस्तुत की है। किसी फर्म की लागत केवल उसकी उत्पादन मात्रा (output) के स्तर पर ही निर्भर न होकर सम्पूर्ण उद्योग की उत्पादन मात्रा पर निर्भर होती है। 'बाहरी बचतें' तथा 'बाहरी हानियां' (External Diseconomies) वे बचतें एवं हानियां हैं जो विभिन्न फर्मों को सम्पूर्ण उद्योग के विस्तार के परिणामस्वरूप प्राप्त होती है तथा ये किसी व्यक्तिगत (individual) फर्म की उत्पादन मात्रा के स्तर पर निर्भर नहीं होती है। इन्हें 'बाहरी' इस अर्थ में कहा जाता है कि ये किसी फर्म को उसकी आन्तरिक स्थिति के फलस्वरूप प्राप्त नहीं होती है बल्कि ये बाहरी कारणों, जैसे उद्योग के विकास के कारण उत्पन्न होती है।

अब हम प्रमुख बाहरी बचतों की व्याख्या करेंगे जो सम्पूर्ण उद्योग के विकास के कारण फर्मों को प्राप्त होती है और उनकी उत्पादन लागत को कम करती है।

1. सस्ता कच्चा माल एवं पूंजीगत उपकरण—उद्योग के विकास से नए एवं अपेक्षाकृत सस्ते कच्चे माल, मशीनरी तथा अन्य प्रकार के पूंजीगत उपकरण उपलब्ध होने लगते हैं। उद्योग के प्रसार के परिणामस्वरूप विविध प्रकार की उत्पादन सामग्री एवं पूंजीगत उपकरणों की जिनकी आवश्यकता उद्योग को होती है, मांग बढ़ जाती है। इससे इन वस्तुओं का अन्य उद्योगों द्वारा बड़े पैमाने पर उत्पादन करना संभव हो जाता है। बड़े पैमाने पर उत्पादन करने से इनकी लागत कम हो जाती है तथा इन वस्तुओं की कीमतें गिर जाती हैं। अत: उद्योग में कार्यरत फर्में, जो इन सामग्रियों एवं पूंजीगत उपकरणों का प्रयोग करती हैं, उन्हें कम मूल्य पर प्राप्त कर लेती है।

2. तकनीकी (Technological) बाहरी बचतें—जब सम्पूर्ण उद्योग अपना प्रसार करता है तो इससे नए तकनीकी ज्ञान की खोज होती है तथा उसके अनुरूप पहले की अपेक्षा श्रेष्ठतर एंव सुधरी मशीनों का प्रयोग होने लगता है और उद्योग में कार्यरत फर्मों की उत्पादकता में वृद्धि हो जाती है जिसके फलस्वरूप उनकी उत्पादन लागत घट जाती है।

3. कुशल श्रम का विकास (Development of skilled Labour)—किसी क्षेत्र विशेष में उद्योग के विकास के फलस्वरूप वहां पर प्रशिक्षित श्रमिकों का समूह विकसित हो जाता है जिसका उद्योग में कार्यरत फर्मों की उत्पादकता के स्तर एवं उत्पादन लागतों पर अनुकूल प्रभाव पड़ता है।

4. सहायक एवं परस्पर सम्बन्धित उद्योगों का विकास (The Growth of subsidiary and Correlated Industries)—किसी उद्योग के विकास के कारण फर्मों को प्राप्त होने वाली एक अन्य बाहरी बचत है, **'सहायक एवं सम्बन्धित उद्योगों का विकास'**। ये सहायक उद्योग कच्चे माल, औजारों तथा मशीनों के उत्पादन में विशेषज्ञता प्राप्त कर सकते हैं तथा वे प्रमुख उद्योगों को इन सभी वस्तुएं को कम मूल्य पर प्रदान कर सकते हैं।

5. सम्मुनत यातायात एवं विपणन सुविधाएं (Improved Transportation and Marketing Facilities)—उद्योग का प्रसार एवं विकास यातायात एवं विपणन सुविधाओं के विकास को सम्भव बना सकता है जिससे फर्मों की उत्पादन लागत पर्याप्त मात्रा में कम हो जाएगी।

बाहरी हानियां (External Diseconomies)

किसी उद्योग का विकास कुछ बाहरी हानियों को भी जन्म दे सकता है जो फर्मों के लागत वक्रों को ऊंचा उठा देती है। बाहरी हानियों का प्रमुख उदाहरण यह है कि जब उद्योग का प्रसार होता है तो विभिन्न साधनों की मांग बढ़ जाती है। फलस्वरूप कुछ साधनों के मूल्य बढ़ जाते हैं। उद्योग का प्रसार उन कच्चे मालों एवं पूंजीगत पदार्थों के मूल्य को निश्चित रूप से ऊपर बढ़ा देगा जिनकी पूर्ति कम है।

आगम की धारणाएं (Concepts of Revenue)

आगम से आशय उस आय से है जो एक उत्पादक को अपनी निर्मित वस्तुओं को बाजार में बेचने पर प्राप्त होती है। यदि एक उत्पादक 50 रु. प्रति कमीज पर 100 कमीजें एक सप्ताह में बेचता है, तो एक सप्ताह में उसकी कुल आगम 50 रुपए × 100 = 5000 रुपए होगी। आगम तीन प्रकार की होती हैं—

(i) कुल आगम (Total Revenue)

(ii) औसत आगम (Average Revenue)

(iii) सीमान्त आगम (Marginal Revenue)

कुल आगम (Total Revenue)

एक फर्म या उत्पादक को अपनी समस्त उत्पादित वस्तुओं को बेचने से जो मुद्रा प्राप्त होती है उसे कुल आगम कहते हैं। कुल आगम, फर्म की कुल बिक्री की मात्रा तथा वस्तु की कीमत पर निर्भर करती है।

कुल आगम को निम्नलिखित सूत्र की सहायता से ज्ञात किया जा सकता है—

$$TR = P \times Q$$

जहां, TR = कुल लागत

P = वस्तु की प्रति इकाई कीमत

Q = वस्तु की बेची गई मात्रा है।

औसत आगम (Average Revenue)

कुल आगम को बिक्री की गई वस्तुओं की कुल इकाइयों से विभाजित करके औसत आगम या औसत आय को ज्ञात किया जा सकता है। औसत आगम उत्पादन की प्रति इकाई से प्राप्त आय को कहते हैं। अत:

$$\text{औसत आय} = \frac{\text{कुल आय}}{\text{कुल उत्पादित तथा बेची गई मात्रा}}$$

$$AR = \frac{TR}{Q}$$

जहां पर TR कुल आगम, AR औसत आगम तथा Q वस्तु की मात्रा को व्यक्त करते हैं।

अब प्रश्न यह है कि क्या औसत आगम (average revenue) वस्तु की कीमत (Price) से भिन्न होती है अथवा ये दोनों एक ही धारणाएं हैं। यदि विक्रेता पदार्थ की विभिन्न इकाइयों को समान कीमत पर बेचता है तो उसकी औसत आगम, कीमत के समान होगी। परन्तु जब वह वस्तु की विभिन्न इकाइयों को भिन्न-भिन्न कीमतों पर बेचता है तो औसत आगम, कीमत के बराबर नहीं होगी। जैसा कि हम जानते हैं कि विक्रेता का मांग वक्र वस्तु की विभिन्न कीमतों पर क्रेताओं द्वारा खरीदी गई मात्राओं को व्यक्त करता है, इसलिए वह औसत आय अथवा कीमत को भी प्रकट करता है जो कि विक्रेता को वस्तु की बेची गई विभिन्न मात्राओं पर प्राप्त होती है। इसका कारण यह है कि क्रेता द्वारा दी गई कीमत विक्रेता के लिए आय होती है। अत: **फर्म का औसत आय वक्र (average revenue curve)** वास्तव में उपभोक्ता का मांग वक्र (Demand curve) ही होता है।

सीमान्त आगम (Marginal Revenue)

किसी वस्तु की एक अतिरिक्त इकाई को बेचने से कुल आगम में जो वृद्धि होती है, उसे सीमान्त आगम कहते हैं। अन्य शब्दों में, एक उत्पादक को वस्तु की एक अतिरिक्त इकाई बेचने से जो आय प्राप्त होती है, वह सीमान्त आगम कहलाती है। बीजगणित के शब्दों में, सीमान्त आय (आगम) वस्तु की कुल $(n - 1)$ इकाइयों के बजाय कुल n इकाइयों के बेचने से कुल आय में हुई वृद्धि को कहते हैं। अत:

$$MR = TR_n - TR_{n-1}$$

जहां MR सीमान्त आय को, TR_n वस्तु की n इकाइयां बेचने पर कुल आय को, तथा TR_{n-1} वस्तु की $(n - 1)$ इकाइयां बेचने पर कुल आय को प्रकट करते हैं।

सीमान्त आय को एक अन्य रूप में भी व्यक्त किया जा सकता है। जो निम्नलिखित है—

$$MR = \frac{\Delta TR}{\Delta Q}$$

जहां ΔTR कुल आगम या कुल आय में परिवर्तन तथा ΔQ वस्तु की उत्पादन अथवा विक्रय मात्रा में परिवर्तन का सूचक है।

सीमान्त आगम (Marginal Revenue) का व्यवहार इस बात पर निर्भर करता है कि उत्पादक एक वस्तु को किस प्रकार बेच रहा है। हम इस संदर्भ में दो स्थितियों पर विचार कर सकते हैं।

पहली अवस्था वह है जिसमें कि एक कीमत पर उत्पादक वस्तु की सभी इकाइयों को बेचता है। ऐसी स्थिति में सीमान्त आय (MR) औसत आय (AR) के समान हो जाती है।

दूसरी अवस्था वह है, जिसमें कि बिक्री की मात्रा को बढ़ाने के लिए उत्पादक को वस्तु की कीमत में कमी करनी पड़ती है। ऐसी स्थिति में बिक्री की इकाइयों में वृद्धि होने पर **औसत आय** (average revenue) भी निरन्तर घटती जाती है तथा इसमें कमी औसत आय की तुलना में कहीं अधिक होती है।

पूर्ण प्रतियोगिता की दशा में औसत तथा सीमान्त आय (Average and Marginal Revenues under Perfect Competition)

पूर्ण प्रतियोगिता का तात्पर्य यह है कि उद्योग में इतनी बड़ी संख्या में फर्में होती हैं कि कोई अकेली फर्म अपनी उत्पादन मात्रा सम्बन्धी नीतियों और निर्णयों द्वारा अपनी वस्तु की कीमत में कोई परिवर्तन नहीं ला सकती, वरन बाजार में उस वस्तु की जो कीमत प्रचलित है उस पर जितनी मात्रा चाहे बेच सकती है। इससे स्पष्ट है कि **पूर्ण प्रतियोगिता (Perfect competition) में फर्म की**

औसत आय का वक्र क्षितिज के समानान्तर सरल रेखा (Horizontal straight line) होगा। इसका अर्थ यह है कि जितनी मात्रा में भी वस्तु का उत्पादन वह फर्म करेगी, इसे वह बाजार में प्रचलित समान कीमत पर बेच सकती है। चूंकि पूर्ण प्रतियोगिता के अन्तर्गत एक फर्म द्वारा वस्तु की सभी इकाइयों को एक समान कीमत पर बेची जाती है इसलिए फर्म की सीमान्त आय (MR), औसत आय (AR) के बराबर होगी। साथ ही साथ पूर्ण प्रतियोगिता के अन्तर्गत फर्म की औसत आय, कीमत के भी बराबर होती है। इस पूर्ण प्रतियोगिता की अवस्था को जबकि औसत आय (अथवा कीमत) स्थिर रहती है और सीमान्त आय, औसत आय के बराबर है, रेखाचित्र में दर्शाय गया है। औसत आय वक्र (AR-Curve) इस दशा में एक समानान्तर सरल रेखा होती है। समानान्तर सरल रेखा वाला औसत आय वक्र यह प्रकट करता है कि कीमत अथवा औसत आय OP पर ही स्थिर रहती है। चाहे वस्तु की कितनी भी इकाइयां बेची जाएं। ऐसी अवस्था में सीमान्त आय (MR) वक्र, औसत आय (AR) वक्र के समान होगी क्योंकि सीमान्त आय, औसत आय के बराबर होती है।

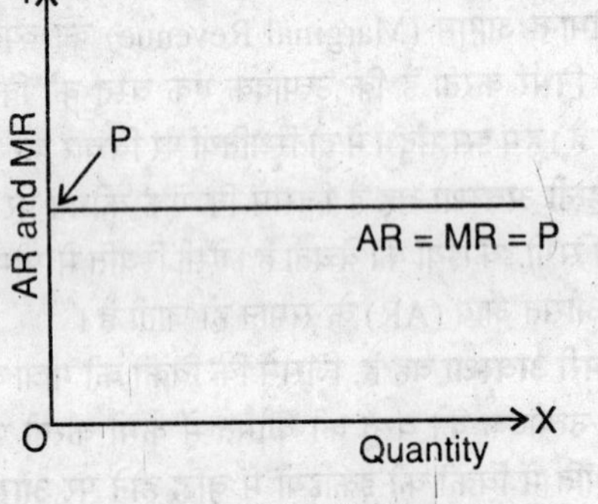

रेखाचित्र : *पूर्ण प्रतियोगिता में औसत आय (AR) तथा सीमान्त आय (MR) वक्र*

अपूर्ण प्रतियोगिता के अन्तर्गत औसत तथा सीमान्त आय (Average Revenue and Marginal Revenue Under Imperfect Competition)

अपूर्ण प्रतियोगिता के अन्तर्गत एक व्यक्तिगत फर्म वस्तु की विभिन्न इकाइयां भिन्न-भिन्न कीमतों पर बेचती है। फलस्वरूप इस स्थिति में फर्म का औसत आय (AR), सीमान्त आय के बराबर नहीं होता है। रेखाचित्र में अपूर्ण प्रतियोगिता की दशा में एक फर्म का औसत आय वक्र (AR) तथा सीमान्त आय वक्र (MR) को दिखाया गया है।

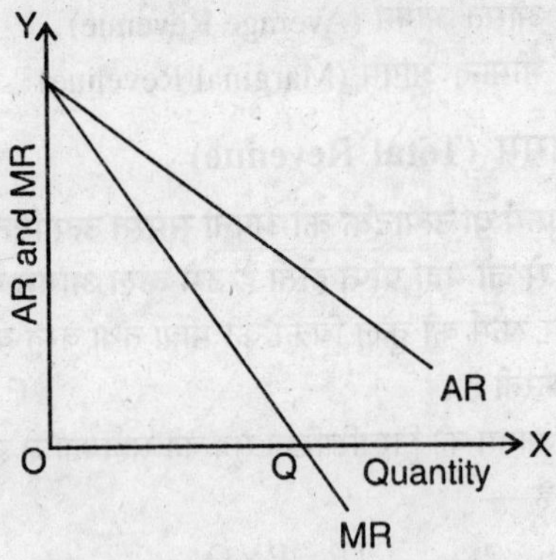

रेखाचित्र : *अपूर्ण प्रतियोगिता के अन्तर्गत फर्म की औसत आय तथा सीमान्त आय वक्र*

उपरोक्त रेखाचित्र से स्पष्ट है कि दोनों वक्र (AR और MR) नीचे को गिर रहा है तथा सीमान्त आय वक्र (MR), औसत आय वक्र (AR) के नीचे स्थित है। जिसका अर्थ यह है कि अपूर्ण प्रतियोगिता (imperfect Competition) के अधीन फर्म द्वारा उत्पादन तथा विक्रय की गई मात्रा में वृद्धि करने पर औसत तथा सीमान्त आय दोनों ही घटती चली जाती हैं लेकिन सीमान्त आय में घटने की दर, औसत आय में घटने की दर से अधिक होती है। जब वस्तु की OQ इकाइयां उत्पादित करके बेची जाती हैं तो सीमान्त आय शून्य (Zero) है। यदि वस्तु की मात्रा को (OQ) से अधिक बढ़ाया जाता है तो सीमान्त आय ऋणात्मक (Negative) हो जाती है।

औसत आय तथा सीमान्त आय वक्रों में सम्बन्ध (Relationship between AR and MR Curves)

हमने ऊपर देखा कि जब औसत आय वक्र (AR) नीचे की ओर गिरता हुआ होता है तो सीमान्त आय वक्र (MR) उसके नीचे अथवा बायीं ओर स्थित होगा। अब सवाल यह उठता है कि सीमान्त आय वक्र (MR) औसत आय वक्र (AR) से बायीं ओर को कितनी दूरी पर होगा। इसके बारे में एक सामान्य नियम है जो भली प्रकार समझ लेना चाहिए। जब औसत आय वक्र एक सरल रेखा (Straight line) हो और नीचे को गिरता हुआ अर्थात ऋणात्मक ढाल (negative slope) वाला हो तो सीमान्त आय वक्र (MR), औसत आय वक्र (AR) से Y—अक्ष की ओर **आधी दूरी** पर होगा जैसा कि रेखाचित्र में दिखाया गया है अर्थात औसत आय वक्र पर के किसी बिन्दु से Y—अक्ष पर कोई लम्ब (Perpendi-cular) खींचा जाए तो सीमान्त आय वक्र (MR) इसके मध्य बिन्दु (middle point) से गुजरेगा। इस रेखाचित्र में सीमान्त आय वक्र बिन्दु C से गुजर रहा है जहां कि AC = BC है।

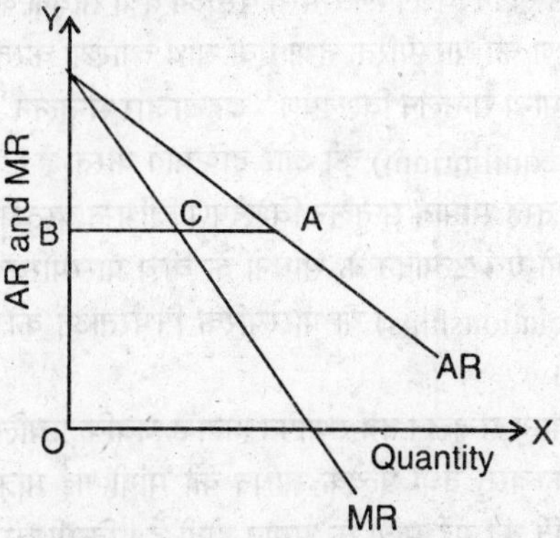

रेखाचित्र : *सीमान्त आय वक्र (MR), औसत आय वक्र (AR) तथा Y—अक्ष के बीच की दूरी के मध्य बिन्दु (middle point) से गुजरेगा।*

ऊपर हमने सीमान्त आय वक्र तथा औसत आय वक्र में सम्बन्ध उस स्थिति में पढ़ा जबकि औसत आय वक्र नीचे गिरती हुई एक सरल रेखा (Straight line) हो। अब हम दोनों वक्रों में सम्बन्ध को उस स्थिति में चर्चा करेंगे जब औसत आय वक्र सीधी रेखा न होकर वक्र की आकृति (Curve shape) का हो। यदि औसत आय वक्र उद्गम बिन्दु की ओर उत्तल (Convex to the point of origin) हो तो सीमान्त आय वक्र, औसत आय वक्र से **आधी से अधिक दूरी** से होकर गुजरेगा जैसा कि निम्न रेखाचित्र में दिखाया गया है। इस रेखाचित्र में AB रेखा पर मध्य बिन्दु C है और MR वक्र बिन्दु C की बायीं ओर से (अर्थात औसत आय वक्र से आधी से अधिक दूरी पर), गुजर रहा है।

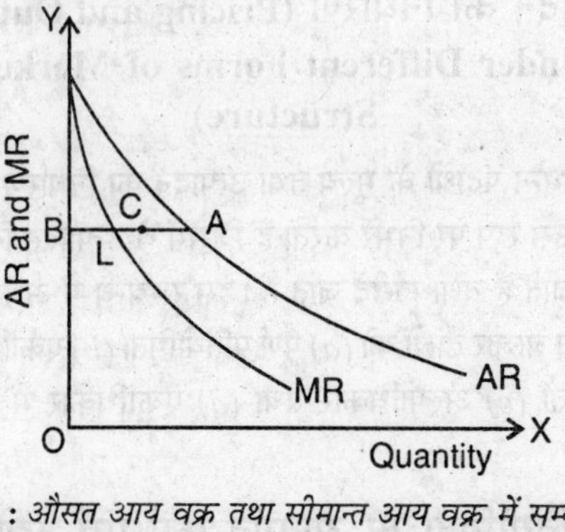

रेखाचित्र : *औसत आय वक्र तथा सीमान्त आय वक्र में सम्बन्ध जब औसत आय वक्र (AR) मूल बिन्दु की ओर उत्तल होता है।*

अब यदि औसत आय वक्र उद्गम बिन्दु की ओर अवतल आकृति का (concave to the point of origin) हो तो सीमान्त आय वक्र (MR), औसत आय वक्र से **आधी से कम दूरी** पर से होकर गुजरेगा जैसा कि निम्न रेखाचित्र से स्पष्ट है। इस रेखाचित्र में सीमान्त आय वक्र (MR), AB रेखा के मध्य बिन्दु C के दायीं ओर से गुजर रहा है।

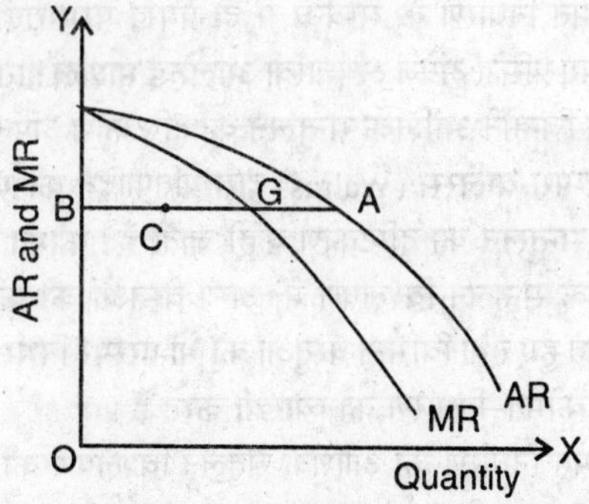

रेखाचित्र : *औसत आय वक्र तथा सीमान्त आय वक्र में सम्बन्ध जब औसत आय वक्र (AR) मूल बिन्दु की ओर अवतल हो।*

AR, MR तथा मूल्य-लोच (e_P) में सम्बन्ध

हम औसत आय (AR), सीमान्त आय (MR) तथा मांग की मूल्य लोच (e_P) के बीच के सम्बन्ध को निम्न सूत्र की सहायता से स्थापित कर सकते हैं—

$$MR = AR\left(\frac{e-1}{e}\right)$$

यदि $e = 1$ तो

$$MR = AR\left(\frac{1-1}{1}\right) = AR \times 0 = 0$$

इस प्रकार यदि मूल्य लोच इकाई के बराबर होती है तो सीमान्त आय (MR) शून्य होगी।

इसी प्रकार यह सिद्ध किया जा सकता है कि—

यदि $e > 1$, MR धनात्मक (Positive) होगा।

यदि $e < 1$, MR ऋणात्मक (Negative) होगा।

महत्त्वपूर्ण तथ्य

1. वस्तु की जिस मात्रा पर मांग वक्र (अथवा AR वक्र) की मूल्य-लोच (Price Elasticity) इकाई के बराबर होती है, कुल आय (TR) अधिकतम तथा सीमान्त आय (MR) शून्य होती है।
2. यदि मांग वक्र (अथवा AR वक्र) की मूल्य-लोच इकाई से अधिक होती है तो कुल आय बढ़ रही होती है तथा सीमान्त आय (MR) धनात्मक (Positive) होती है।
3. यदि मांग वक्र की मूल्य लोच (Price Elasticity) इकाई से कम होती है तो कुल आय (TR) घट रही होती है तथा सीमान्त आय (MR) ऋणात्मक (negative) होगी।

आंशिक बनाम सामान्य सन्तुलन विश्लेषण (Partial Vs. General Equilibrium Analysis)

कीमत निर्धारण के सम्बन्ध में दो प्रमुख परम्पराएं रही हैं। एक परम्परा प्रसिद्ध अंग्रेज अर्थशास्त्री **आल्फ्रेड मार्शल** द्वारा स्थापित की गई है जिन्होंने **आंशिक सन्तुलन** का दृष्टिकोण अपनाया तथा दूसरी परम्परा **वालरस** (Walras) द्वारा प्रतिपादित की गई है जो **सामान्य सन्तुलन** का दृष्टिकोण कही जाती है। कीमत निर्धारण के आंशिक सन्तुलन विश्लेषण में, अन्य वस्तुओं की कीमत को स्थिर रखते हुए तथा विभिन्न वस्तुओं को भी परस्पर निर्भर न मानते हुए, हम कीमत-निर्धारण की व्याख्या करते हैं।

कीमत निर्धारण की आंशिक संतुलन विश्लेषण की व्याख्या में एक वस्तु के लिए मांग फलन (या मांग वक्र) इस मान्यता पर खींचा जाता है कि अन्य वस्तुओं की कीमतें, रुचियां तथा उपभोक्ताओं की आय स्थिर रहती है। इसी प्रकार एक वस्तु की पूर्ति वक्र का निर्माण इस मान्यता पर किया जाता है कि अन्य वस्तुओं की कीमतें, उत्पादन के साधनों की कीमतें (Prices of factors) तथा उत्पादन फलन अपरिवर्तित रहते हैं। तब मार्शल का आंशिक सन्तुलन विश्लेषण अन्य वस्तुओं की कीमतों, संसाधनों की कीमतों इत्यादि को अपरिवर्तित मानते हुए किसी एक वस्तु की कीमत निर्धारण को मांग तथा पूर्ति वक्रों के प्रतिच्छेद (Intersection) से व्याख्या करने का प्रयत्न करता है। **'स्थिति के यथावत रहने'** (other things remaining the same) की मान्यता के दिए हुए होने पर यह एक वस्तु की कीमत निर्धारण की व्याख्या, अन्य सभी वस्तुओं की कीमतों से स्वतंत्र रूप से करता है।

इस प्रकार आंशिक सन्तुलन विश्लेषण इस सामान्यता पर आधारित है कि किसी एक क्षेत्र में परिवर्तन शेष क्षेत्रों को महत्त्वपूर्ण रूप से प्रभावित नहीं करते हैं। अत: आंशिक सन्तुलन विश्लेषण में यदि एक वस्तु की कीमत परिवर्तित होती है तो यह अन्य वस्तुओं की मांग को प्रभावित नहीं करेगी।

सामान्य सन्तुलन विश्लेषण : वालरस (General Equilibrium Analysis : Walras)

सामान्य सन्तुलन विश्लेषण में एक वस्तु की कीमत की व्याख्या अन्य वस्तुओं की कीमतों से स्वतन्त्र रहकर नहीं की जाती है चूंकि एक वस्तु X की कीमत में परिवर्तन, अन्य वस्तुओं की कीमतों तथा मांगी जाने वाली मात्राओं को प्रभावित करते हैं तथा बदले में अन्य वस्तुओं की कीमतों तथा मांगी जाने वाली मात्राओं में परिवर्तन X वस्तु की मांगी जाने वाली मात्रा को प्रभावित करते हैं, अत: सामान्य सन्तुलन विश्लेषण समस्त वस्तुओं तथा साधनों की कीमतों के निर्धारण की पारस्परिक तथा एक साथ व्याख्या करता है। इस प्रकार सामान्य सन्तुलन विश्लेषण **''बहुबाजार सन्तुलन''** (multi market equilibrium) की ओर दृष्टिपात करता है।

इस तरह सामाय सन्तुलन विश्लेषण विभिन्न वस्तुओं के बीच या वस्तुओं एवं उत्पादन के साधनों के बीच पारस्परिक सम्बन्धों (inter-relationships) या पारस्परिक निर्भरताओं की विवेचना करता है।

सामान्य सन्तुलन तब स्थापित होता है जबकि प्रचलित कीमत पर प्रत्येक वस्तु तथा प्रत्येक साधन की मांगी गई मात्रा क्रमश: उनकी पूर्ति की गई मात्रा के समान होती है। किसी वस्तु अथवा साधन की मांग या पूर्ति में परिवर्तन सभी वस्तुओं तथा साधनों की कीमतों में परिवर्तन करेगा। परिणामस्वरूप विभिन्न वस्तुओं तथा साधनों की मांग, पूर्ति तथा कीमतों में तब एक समायोजन तथा पुन: समायोजन आरम्भ होगा जब तक कि नवीन सामान्य सन्तुलन स्थापित नहीं हो जाता है। अत: वस्तुओं तथा साधनों की कीमतों तथा मात्राओं के बीच अन्त: सम्बन्ध तथा पारस्परिक निर्भरता की व्याख्या करना तथा अन्तत: सभी वस्तुओं तथा साधनों की सापेक्ष कीमतों के निर्धारण, वे अनुपात जिसमें विभिन्न वस्तुएं उत्पादित की जाती हैं तथा विभिन्न वस्तुओं के उत्पादन करने के लिए विभिन्न साधनों के किन अनुपातों का प्रयोग किया जाता है, की व्याख्या करना सामान्य सन्तुलन विश्लेषण का सार (essence) है।

विभिन्न प्रकार के बाजार ढांचों में कीमत तथा उत्पादन का निर्धारण (Pricing and Output Under Different Forms of Market Structure)

विभिन्न पदार्थों के मूल्य तथा उत्पादन का निर्धारण बाजार-ढांचे के उस रूप पर निर्भर करता है जिसमें वे उत्पादित किए जाते हैं, बेचे जाते हैं तथा खरीदे जाते हैं। इस सम्बन्ध में अर्थशास्त्रियों ने विभिन्न बाजार ढांचों को *(a)* पूर्ण प्रतियोगिता *(b)* एकाधिकारिक प्रतियोगिता *(c)* अल्पाधिकार तथा *(d)* एकाधिकार में वर्गीकृत किया है।

पूर्ण प्रतियोगिता के अन्तर्गत फर्म एवं उद्योग का सन्तुलन (Equilibrium of the firm and Industry under perfect Competition)

पूर्ण प्रतियोगिता बाजार में तब विद्यमान रहती है जब निम्नलिखित शर्तें पूरी होती हैं—

1. वस्तुओं को उत्पादित करने तथा बेचने वाली फर्मों अथवा विक्रेताओं की संख्या अधिक हो।

2. सभी फर्मों द्वारा उत्पादित वस्तुएं बिल्कुल समान हों।

3. विक्रेता तथा क्रेता दोनों को बाजार में प्रचलित कीमत के विषय में पूर्ण जानकारी प्राप्त हो।

4. उद्योग में फर्में स्वतन्त्र रूप से प्रवेश कर सकती हों तथा उससे बाहर जा सकती हों।

पूर्ण प्रतियोगिता तथा शुद्ध प्रतियोगिता में अन्तर (Prefect competition distinguished from pure competition)

अर्थशास्त्रियों द्वारा पूर्ण प्रतियोगिता (Perfect Competition) तथा शुद्ध प्रतियोगिता (Pure Competition) में अन्तर किया जाता है। शुद्ध प्रतियोगिता उस प्रतियोगिता को व्यक्त करती है जिसमें एकाधिकार (Monopoly) का कोई अंश विद्यमान न हो।

दूसरे शब्दों में, शुद्ध प्रतियोगिता तब पाई जाती है जब एकाधिकार मौजूद न हो। इस प्रकार शुद्ध प्रतियोगिता केवल एक प्रकार की शुद्धता अर्थात एकाधिकारी अंशों (degree of monopoly) की अनुपस्थिति को प्रकट करती है अर्थात शुद्ध प्रतियोगिता एक संकुचित धारणा है। दूसरी ओर, पूर्ण प्रतियोगिता (Perfect Competition) अधिक व्यापक धारणा है जिसमें केवल एकाधिकार की अनुपस्थिति ही नहीं होती बल्कि कई अन्य प्रकार की शुद्धताएं भी पाई जाती हैं। ये अन्य प्रकार की शुद्धताएं हैं— **साधनों की पूर्ण गतिशीलता** (Perfect mobility of the factors) तथा दूसरा है **भविष्य के बारे में पूर्ण ज्ञान** (Perfect Knowledge about the Future)।

प्रतियोगी फर्म का अल्पकालीन सन्तुलन (Short-run equilibrium of the competitive firm)

पूर्ण प्रतियोगिता में फर्म के सन्तुलन की निम्न दो शर्तें हैं—

1. अनिवार्य शर्त (necessary condition) यह है कि सन्तुलन बिन्दु पर फर्म की सीमान्त लागत (MC) उसकी सीमान्त आय (MR) के बराबर होनी चाहिए अर्थात्

MC = MR = कीमत

2. फर्म के सन्तुलन की **द्वितीय शर्त** अथवा पर्याप्त शर्त (sufficient condition) यह है कि सन्तुलन के बिन्दु पर सीमान्त लागत वक्र ऊपर को चढ़ रहा हो अर्थात सीमान्त आय वक्र (MR) को सीमान्त लागत वक्र (MC) नीचे से ऊपर की ओर काटता हो।

रेखाचित्र में प्रतियोगी फर्म के अल्पकालीन सन्तुलन को दर्शाया गया है। जैसा कि हम जानते हैं कि पूर्ण प्रतियोगिता के अन्तर्गत एक व्यक्तिगत फर्म (individual firm) को बाजार में प्रचलित कीमत को ही मानना पड़ता है। वह अपने व्यक्तिगत उत्पादन को घटा-बढ़ा कर बाजार में प्रचलित वस्तु की कीमत पर कोई प्रभाव नहीं डाल सकती। परिणामस्वरूप पूर्ण प्रतियोगिता में फर्म का मांग वक्र (demand curve) अथवा औसत आय वक्र (average revenue curve) एक समानान्तर सरल रेखा होती है। चूंकि पूर्ण प्रतियोगिता के अन्तर्गत काम कर रही फर्म उत्पादन की अतिरिक्त इकाइयां समान कीमत पर बेचती हैं, इसलिए इसका सीमान्त आय (MR) औसत आय (AR) वक्र के समान ही होती है।

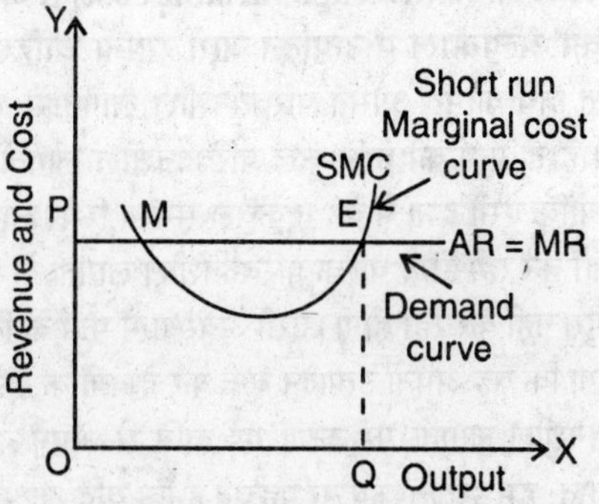

रेखाचित्र : *पूर्ण प्रतियोगिता के अन्तर्गत फर्म का अल्पकालीन सन्तुलन*

उपरोक्त रेखाचित्र से स्पष्ट है कि फर्म के सन्तुलन की अनिवार्य शर्त बिन्दु M तथा E दोनों पर लागू होता है जहां पर सीमान्त लागत (MC) तथा सीमान्त आय (MR) बराबर हैं। लेकिन सन्तुलन की द्वितीय स्तर की शर्त बिन्दु M पर लागू नहीं होती है। अत: फर्म बिन्दु E पर सन्तुलन में होगा तथा OQ उत्पादन करेगा। क्योंकि बिन्दु E पर सीमान्त लागत वक्र (SMC), सीमान्त आगम वक्र (MR) को नीचे की ओर से काटता है।

सन्तुलन बिन्दु पर फर्म को अल्पकाल में हानि भी हो सकती है या लाभ भी, यह फर्म के औसत लागत वक्र की स्थिति पर निर्भर करती है। साथ ही साथ बाजार में प्रचलित वस्तु की कीमत पर भी यह निर्भर करता है।

अल्पकाल में हानि की स्थिति में फर्म उत्पादन बन्द अथवा स्थगित क्यों नहीं कर देती? (Incase of losses, why does not the firm stop Production?)

अब प्रश्न यह है कि फर्में वस्तु का उत्पादन क्यों करती रहती हैं जब उन्हें हानि हो रही होती है। इसका कारण यह है कि फर्में अल्पकाल में पूंजी, उपकरण, संयन्त्र आदि जैसे स्थिर साधनों को बदल नहीं सकती और इसलिए उन्हें स्थिर लागतों के बराबर तो हानि उठानी ही पड़ेगी चाहे वे अल्पकाल में वस्तु का उत्पादन बन्द ही क्यों न कर दें। यदि फर्म अल्पकाल में उत्पादन जारी रखते हुए

परिवर्तनशील लागतों को पूरा करने के पश्चात, स्थिर लागतों का भी कुछ भाग अर्जित कर लेती हैं तो उसकी हानि स्थिर लागतों से कम होगी। इसलिए फर्म के लिए यह बड़ी विवेक की बात है कि वह अल्पकाल में अपना उत्पादन तब तक जारी रखे जब तक उसे परिवर्तनशील लागतों से अधिक आय प्राप्त हो रही है चाहे समग्र रूप से उसे हानि ही हो रही है क्योंकि ऐसा करने से ही वह अल्पकाल में अपनी हानि को न्यूनतम कर सकेगी। इसलिए हम इस निष्कर्ष पर पहुंचते हैं कि **जब तक वस्तु की कीमत उसकी औसत परिवर्तनशील लागत (average variable cost) से अधिक है तो फर्म को अल्पकाल में उत्पादन जारी रखना चाहिए।**

परन्तु जब कीमत औसत परिवर्तनशील लागत से भी नीचे गिर जाती है तो फर्म की हानि कुल परिवर्तनशील लागतों से बढ़ जाएगी क्योंकि ऐसी दशा में वह न केवल समस्त स्थिर लागतों को ही पूरा नहीं कर रही होगी बल्कि परिवर्तनशील लागतों के भी कुछ भाग को पूरा नहीं कर रही होगी। ऐसी अवस्था में फर्म के लिए यह उचित होगा कि वह अपना उत्पादन बन्द कर दे क्योंकि ऐसा करने से परिवर्तनशील लागतों पर उठाई गई हानि से अपने को बचा सकेगी। अत: हम इस निष्कर्ष पर पहुंचते हैं कि यदि अल्पकाल में फर्म परिवर्तनशील लागतों को भी पूरा नहीं करती तो वह अनावश्यक हानि से बचने के लिए उत्पादन बन्द कर देगी।

पूर्ण प्रतियोगिता में फर्म का दीर्घकालीन सन्तुलन (Long-run Equilibrium of the Firm under Perfect Competition)

जैसा कि हम जानते हैं कि दीर्घकाल में फर्मों की कोई भी लागत स्थिर नहीं होती बल्कि सभी लागतें परिवर्तनशील होती हैं। इसके अतिरिक्त दीर्घकाल में नई फर्में उद्योग में प्रवेश कर सकती हैं अथवा उद्योग को छोड़कर बाहर भी जा सकती है। पूर्ण प्रतियोगिता के अन्तर्गत दीर्घकालीन सन्तुलन प्राप्त होने के लिए निम्न दो शर्तें अवश्य पूरी होनी चाहिए—

1. कीमत = दीर्घकालीन सीमान्त लागत [Price = LMC]

2. कीमत = दीर्घकालीन औसत लागत [Price = LAC]

यदि कीमत, सीमान्त लागत और औसत लागत दोनों के बराबर है तो दीर्घकालीन संतुलन की शर्त अन्य रूप में होगी—

कीमत = दीर्घकालीन सीमान्त लागत = दीर्घकालीन औसत लागत या

Price = LMC = LAC = AR = MR

सीमान्त लागत और औसत लागत के परस्पर सम्बन्ध से हम जानते हैं कि दीर्घकालीन सीमान्त लागत केवल दीर्घकालीन औसत लागत वक्र के निम्नतम बिन्दु पर ही बराबर होती हैं। इसलिए फर्म के दीर्घकालीन सन्तुलन की शर्त को हम निम्न प्रकार भी लिख सकते हैं—

कीमत = दीर्घकालीन सीमान्त लागत = दीर्घकालीन औसत लागत (निम्नतम) या,

Price = LMC = Minimum LAC = MR = AR

रेखाचित्र में पूर्ण प्रतियोगी फर्म के दीर्घकालीन सन्तुलन को दर्शाया गया है। फर्म बिन्दु E पर सन्तुलन में है क्योंकि इस बिन्दु पर सन्तुलन की शर्त पूरी हो जाती है अर्थात बिन्दु E पर दीर्घकालीन सीमान्त (LMC) न केवल कीमत के बराबर है बल्कि दीर्घकालीन औसत लागत के भी बराबर है।

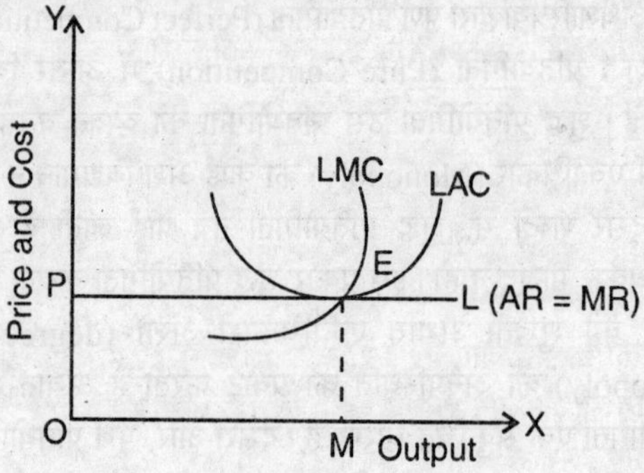

रेखाचित्र : *पूर्ण प्रतियोगी फर्म का दीर्घकालीन सन्तुलन*

यहां ध्यान देने योग्य बात यह है कि पूर्ण प्रतियोगी फर्म दीर्घकालीन सन्तुलन में तब होगी जब कीमत ऐसे स्तर पर हो जिससे समानान्तर औसत एवं सीमान्त आय वक्र, औसत लागत वक्र के निम्नतम बिन्दु पर स्पर्श करता है। जैसा कि हम जानते हैं कि एक समानान्तर औसत एवं सीमान्त आय वक्र अंग्रेजी के अक्षर U की आकृति के औसत लागत वक्र को केवल निम्नतम बिन्दु (minimum point) पर ही स्पर्श कर सकता है। तथा औसत लागत वक्र के निम्नतम बिन्दु पर ही सीमान्त लागत और औसत लागत समान होती है, इसलिए दीर्घकालीन सन्तुलन की स्थिति में कीमत, सीमान्त लागत और औसत लागत दोनों के बराबर होगी। अन्य शब्दों में, दीर्घकालीन सन्तुलन की शर्तें औसत लागत वक्र के निम्नतम बिन्दु पर ही पूरी होती है।

उपर्युक्त विश्लेषण से स्पष्ट है कि पूर्ण प्रतियोगी फर्म का दीर्घकालीन सन्तुलन दीर्घकालीन औसत लागत वक्र (LAC) के निम्नतम बिन्दु पर स्थापित होता है। फर्म द्वारा दीर्घकालीन औसत लागत वक्र के निम्नतम बिन्दु पर उत्पादन करना इस बात का द्योतक है कि फर्म **इष्टतम आकार** (optimum size) की है अथवा यह **निम्नतम सम्भव औसत लागत** पर उत्पादन कर रही है। फर्म द्वारा

पूर्ण प्रतियोगिता में दीर्घकाल में इष्टतम आकार पर उत्पादन करना सामाजिक दृष्टिकोण से दो प्रकार से लाभदायक है।

प्रथम, इष्टतम आकार पर उत्पादन करने से समाज के संसाधनों का अधिकतम कुशल ढंग से प्रयोग हो रहा होता है। **द्वितीय,** यह इस बात को भी सुनिश्चित करता है कि उपभोक्ता वस्तुओं को निम्नतम सम्भव कीमत पर प्राप्त कर रहे होते हैं।

फर्म का दीर्घकालीन सन्तुलन एवं 'सामान्य लाभ' की धारणा (Long-run Equilibrium of the Firm and the concept of Normal Profits)

दीर्घकाल में पूर्ण प्रतियोगी फर्म को केवल **सामान्य लाभ** (normal prifit) ही प्राप्त होते हैं क्योंकि यदि फर्म को असामान्य लाभ (supernormal profits) प्राप्त होंगे तो इनसे आकर्षित होकर नई फर्में उद्योग में प्रवेश करेगी। उद्योग में नई फर्मों के आ जाने से फर्मों की संख्या बढ़ जाएगी जिससे वस्तु के उत्पादन अथवा पूर्ति में वृद्धि होगी। वस्तु के उत्पादन अथवा पूर्ति के बढ़ जाने से वस्तु की कीमत गिर जाएगी। फर्मों के प्रवेश करने से लागत भी बढ़ जाएगी क्योंकि उत्पादन के विभिन्न साधनों की मांग बढ़ने से उनकी कीमतें बढ़ जाएंगी। इस प्रकार हम देखते हैं कि नई फर्मों के उद्योग में आ जाने से एक ओर वस्तु की कीमत गिरेगी और दूसरी ओर वस्तु की लागत बढ़ेगी। इस प्रकार नई फर्में उद्योग में तब तक प्रवेश करती चली जाएंगी जब तक कि कीमत औसत लागत के बराबर नहीं हो जाती और **असामान्य लाभ** (super normal profits) बिल्कुल समाप्त नहीं हो जाते।

दीर्घकाल में फर्म को हानि नहीं होती है। क्योंकि हानियों के कारण फर्में उस उद्योग को छोड़कर चली जाएगी। परिणाम-स्वरूप उद्योग का उत्पादन घट जाएगा जिससे वस्तु की कीमत बढ़ जाएगी। दूसरी ओर कुछ फर्मों के उद्योग छोड़ जाने से उत्पादन के साधनों की मांग कम हो जाएगी जिससे उनकी कीमतें घट जाएगी। अत: कुछ फर्मों के उद्योग छोड़ जाने से उत्पादन की लागत कम हो जाएगी। फर्में उस उद्योग को तब तक छोड़ती रहेंगी जब तक कीमत, औसत लागत के बराबर नहीं हो जाती और उद्योग में रह गई फर्में सामान्य लाभ (normal profits) नहीं कमा रही होतीं।

पूर्ण प्रतियोगी उद्योग का अल्पकालीन सन्तुलन (Short-Run Equilibrium of the Perfectly Competitive Industry)

कोई पूर्ण प्रतियोगी उद्योग अल्पकालीन सन्तुलन में तब होता है जब उसके द्वारा वस्तु की पूर्ति-मात्रा उसकी मांग मात्रा के बराबर होती है अर्थात उद्योग उस बिन्दु पर सन्तुलन में होगा जहां पर मांग वक्र (demand curve) और पूर्ति वक्र एक दूसरे को काटते हैं। उद्योग के सन्तुलन की स्थिति में उसमें कार्यरत सभी वर्तमान फर्में व्यक्तिगत रूप से सन्तुलन में होती हैं। लेकिन यह जरूरी नहीं है कि उद्योग के अल्पकालीन सन्तुलन की स्थिति में उसमें कार्यरत सभी फर्में लाभ ही कमा रही हों। हो सकता है कि कुछ फर्में हानि भी उठा रही हों।

उद्योग के अल्पकालीन सन्तुलन को रेखाचित्र के भाग-A में दर्शाया गया है। इस रेखाचित्र में उद्योग के लिए मांग वक्र DD तथा उसके द्वारा अल्पकालीन पूर्ति वक्र S_1S_1 दिखाए गए हैं जो एक दूसरे को बिन्दु E पर काटते हैं। सन्तुलन बिन्दु E पर कीमत OP_1 तथा उद्योग द्वारा वस्तु की उत्पादित मात्रा OQ_1 निर्धारित होती है। उद्योग द्वारा निर्धारित इस कीमत को सभी व्यक्तिगत फर्में स्वीकार करती हैं। रेखाचित्र के भाग-B से पता चलता है कि OP_1 कीमत पर फर्म बिन्दु R पर सन्तुलन में है तथा असामान्य लाभ (super normal profits) अर्जित कर रही है लेकिन रेखाचित्र के भाग-C से स्पष्ट है कि OP_1 कीमत पर एक दूसरे फर्म को हानि हो रही है।

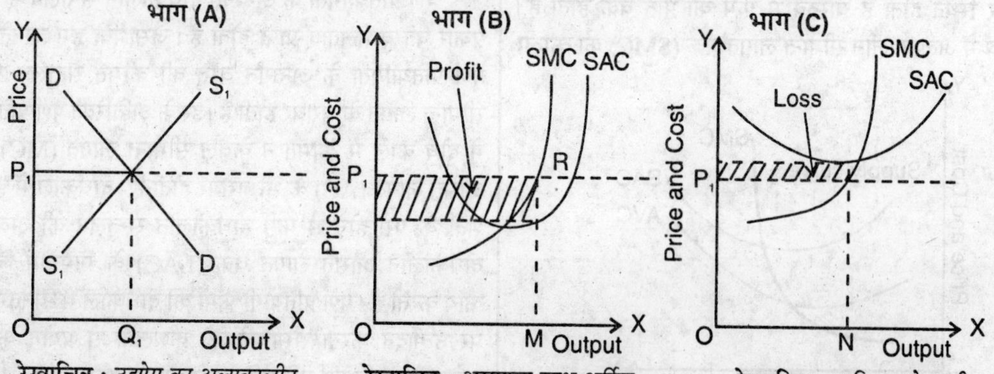

रेखाचित्र : *उद्योग का अल्पकालीन सन्तुलन*

रेखाचित्र : *असमान्य लाभ अर्जित करनेवाली फर्म का अल्पकालीन संतुलन*

रेखाचित्र : *हानि उठाने वाली फर्म का अल्पकालीन संतुलन*

उपरोक्त विवेचन से हम पूर्ण प्रतियोगी उद्योग के सन्तुलन के सम्बन्ध में निम्न निष्कर्ष निकाल सकते हैं—

1. वस्तु की मांग तथा उद्योग की अल्पकालीन पूर्ति (supply) सन्तुलन में हो।

2. उद्योग में कार्यरत सभी फर्में सन्तुलन में हो।

3. उद्योग के अल्पकालीन सन्तुलन की स्थिति में कुछ फर्में अधिक लाभ भी अर्जित कर सकती हैं तथा कुछ हानि भी उठा सकती हैं जो कि उनके लागत वक्रों की स्थिति पर निर्भर करता है।

पूर्ण प्रतियोगी उद्योग का दीर्घकालीन सन्तुलन (Long-run Equilibrium of the Perfectly Competitive Industry)

तकनीकी तथा उत्पादन के संसाधनों की कीमतों के दिए होने पर पूर्ण प्रतियोगी उद्योग के दीर्घकालीन सन्तुलन के लिए यह आवश्यक है कि सन्तुलन की स्थिति में बाहर से फर्मों को उद्योग में प्रवेश करने की कोई प्रवृत्ति न हो और न ही उद्योग में कार्य कर रही वर्तमान फर्म उसे छोड़कर अन्य उद्योगों को जाना चाहती हो। ऐसा तब होता है जब वर्तमान फर्में केवल **सामान्य लाभ** (normal profits) ही अर्जित कर रही हों (अर्थात उनके आर्थिक लाभ शून्य हों)। अत: उद्योग के दीर्घकालीन सन्तुलन के लिए यह आवश्यक है कि कीमत उसकी दीर्घकालीन औसत लागत (LAC) के बराबर हो।

पूर्ण प्रतियोगी फर्म का अल्पकालीन पूर्ति वक्र (Short-run supply curve of the firm under perfect competition)

पूर्ण प्रतियोगी फर्म के अल्पकालीन सीमान्त लागत (SMC) वक्र का केवल वह भाग जो कि औसत परिवर्तनशील लागत (AVC) के ऊपर स्थित होता है वास्तव में फर्म का पूर्ति वक्र होता है। रेखाचित्र में अल्पकालीन सीमान्त लागत वक्र (SMC) का **काला किया गया भाग** फर्म के अल्पकालीन पूर्ति वक्र को व्यक्त करता है।

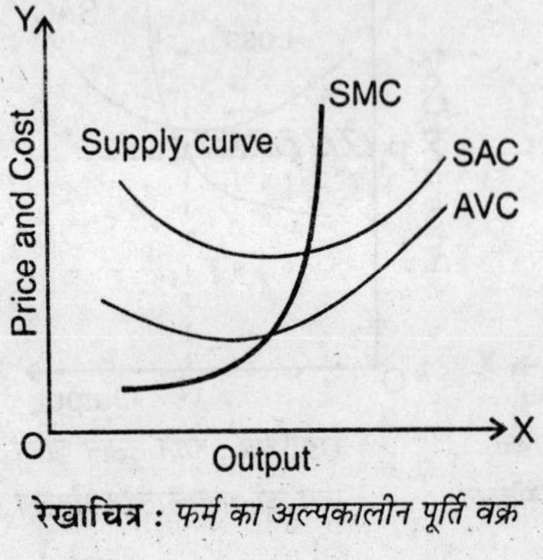

रेखाचित्र : *फर्म का अल्पकालीन पूर्ति वक्र*

पूर्ण प्रतियोगिता, सामाजिक कल्याण तथा आर्थिक कुशलता (Perfect Competition, Social Welfare and Economic Efficiency)

पूर्ण प्रतियोगिता बाजार का आदर्श अथवा उत्तम रूप माना जाता है क्योंकि इसके अन्तर्गत अधिकतम सामाजिक कल्याण की प्राप्ति होती है। अन्य शब्दों में, दीर्घकालीन पूर्ण प्रतियोगी सन्तुलन में आर्थिक कुशलता (economic efficiency) पाई जाती है। आर्थिक कुशलता के दो पक्ष (aspects) हैं और इन दोनों दृष्टिकोणों से पूर्ण प्रतियोगिता के अन्तर्गत आर्थिक कुशलता विद्यमान रहती हैं। **प्रथम,** उत्पादन के साधनों के उपयोग की दृष्टि से आर्थिक कुशलता का अभिप्राय यह है कि प्रत्येक वस्तु के उत्पादन में संसाधनों का प्रयोग इस प्रकार किया जाए कि निम्नतम सम्भव लागत उठानी पड़े। इसे **उत्पादन कुशलता** (Production efficiency) की संज्ञा दी गई है। **दूसरा,** पक्ष यह है कि विभिन्न वस्तुओं के उत्पादन में संसाधनों का आवंटन इस प्रकार हो कि उपभोक्ताओं को अधिकतम सन्तुष्टि अथवा कल्याण की प्राप्ति हो सके। अन्य शब्दों में इसका अर्थ है कि संसाधनों का आवंटन ऐसा हो जिससे उत्पन्न उत्पादन का ढांचा (अर्थात विभिन्न वस्तुओं की मात्रा) ऐसा हो जो उपभोक्ताओं के अधिमानों के अनुकूल (according to the preference of the consumers) हो ताकि उनको अधिकतम सन्तुष्टि प्राप्त हो सके। इस दूसरी प्रकार की आर्थिक कुशलता को **आवंटनात्मक कुशलता** (allocative efficiency) अथवा **उत्पादन की अनुकूलतम दिशा** (optimum direction of Production) कहा जाता है।

पूर्ण प्रतियोगिता के अन्तर्गत दीर्घकालीन सन्तुलन में ये दोनों प्रकार की कुशलताएं प्राप्त होती हैं। जैसा कि हम जानते हैं कि पूर्ण प्रतियोगिता के अन्तर्गत वस्तु की कीमत सन्तुलन स्तर पर सीमान्त लागत के बराबर होती है। इसके अतिरिक्त पूर्ण प्रतियोगिता में दीर्घ काल में कीमत न केवल सीमान्त लागत (MC) बल्कि औसत लागत (AC) के भी बराबर होती है। दीर्घकाल में इन दोनों शर्तों के पूरा होने से फर्में दीर्घकालीन सन्तुलन की अवस्था में दीर्घकालीन औसत लागत वक्र (LAC) के निम्नतम बिन्दु पर कार्य करती हैं। पूर्ण प्रतियोगी फर्मों की दीर्घकाल में न्यूनतम लागत पर उत्पादन करना संसाधनों को कुशलता से प्रयोग करने का सूचक है अर्थात पूर्ण प्रतियोगिता **उत्पादन कुशलता** (Production efficiency) को सुनिश्चित करती है।

पूर्ण प्रतियोगिता के अन्तर्गत साधनों की आवंटनात्मक कुशलता (allocative efficiency) भी प्राप्त होती है जिससे उपभोक्ताओं की सन्तुष्टि अथवा कल्याण अधिकतम होता है। ऐसा इसलिए सम्भव होता है कि पूर्ण प्रतियोगिता में अधिकतम लाभ (maximum Profits) की दशा में वस्तु की कीमत उसकी सीमान्त लागत (MC) के बराबर होती है। यह उल्लेखनीय है कि कीमत जिसे उपभोक्ता वस्तु की किसी मात्रा के लिए देने को तैयार होता है वह उस वस्तु के उपभोग से प्राप्त सीमान्त उपयोगिता (Marginal utility) को व्यक्त करती है। समाज द्वारा प्राप्त कुल उपयोगिता अथवा कल्याण तब अधिकतम होता है जब किसी वस्तु की उतनी मात्रा उत्पादित की जाती है जिस पर उसकी कीमत, सीमान्त लागत के बराबर हो। यदि किसी वस्तु के उत्पादन का स्तर उस स्तर से कम है जिस पर कि कीमत, सीमान्त लागत के बराबर है तो इस बात का सूचक है कि वस्तु की कुछ इकाइयां उत्पादित नहीं की जा रही है फलस्वरूप उपभोक्ताओं को प्राप्त सीमान्त उपयोगिता समाज द्वारा उन पर उठाई गई सीमान्त लागत से अधिक है अर्थात समाज की सन्तुष्टि (अथवा कल्याण) अधिकतम नहीं होती जब वस्तु की उत्पादन मात्रा कीमत एवं सीमान्त लागत के समानता स्तर से कम होती है।

एकाधिकार में कीमत निर्धारण (Pricing Under Monopoly)

एकाधिकार तब होता है जब किसी वस्तु का, जिसका कोई निकट के स्थानापन्न उपलब्ध न हों, केवल एक ही उत्पादक फर्म अथवा विक्रेता हो (Monopoly is said to exist when there is only one producer or seller of a product which has no close substitutes)। एकाधिकार की इस परिभाषा से स्पष्ट है कि एकाधिकार के होने के लिए तीन शर्तों की पूर्ति होना आवश्यक है—

1. एक वस्तु का एक ही उत्पादक अथवा विक्रेता हो।

2. उस वस्तु के निकट के स्थानापन्न (close substitutes) उपलब्ध न हों।

3. उस उद्योग में प्रवेश के लिए बड़ी रुकावटें हों।

एकाधिकार में कीमत-उत्पादन सन्तुलन (Price-Output Equilibrium Under Monopoly)

पूर्ण प्रतियोगी फर्म की तरह एकाधिकारी भी अपने लाभ को अधिकतम करने की चेष्टा करता है। एकाधिकारी का लाभ अधिकतम तब होगा जब दो शर्तें पूरी होती हों—

प्रथम, सीमान्त आय (MR), सीमान्त लागत (MC) के बराबर हो,

दूसरा, सन्तुलन बिन्दु पर सीमान्त लागत वक्र का ढाल, सीमान्त आय वक्र की ढाल (slope) से अधिक हो।

जैसा कि हम जानते हैं कि पूर्ण प्रतियोगिता में व्यक्तिगत फर्म के लिए मांग वक्र (demand curve) X—अक्ष के समानान्तर होता है और सीमान्त आय (MR) उसकी औसत आय (AR) के बराबर होता है। लेकिन **एकाधिकारी का मांग वक्र अर्थात औसत आय वक्र (average revenue curve) बाएं से दाएं नीचे की ओर झुका हुआ होता है तथा सीमान्त आय (MR) वक्र औसत आय (AR) वक्र के नीचे स्थित होता है।** एकाधिकारी तथा पूर्ण प्रतियोगी की फर्म के लिए मांग दशाओं में इस अन्तर के कारण ही इन दोनों में अधिकतम लाभ के उद्देश्य के भिन्न-भिन्न परिणाम निकलते हैं।

एकाधिकार में सन्तुलन को रेखाचित्र में दिखाया गया है।

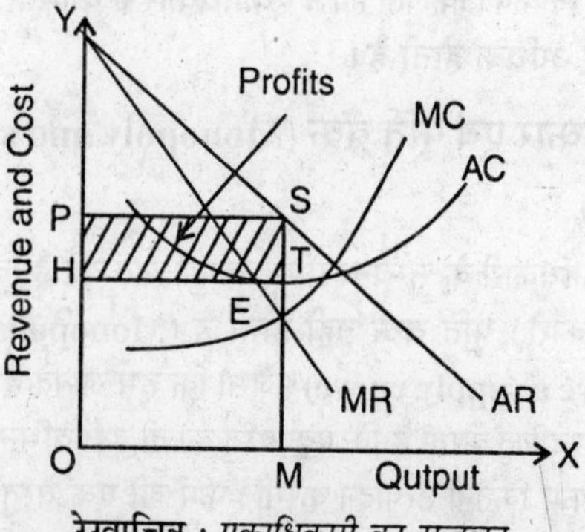

रेखाचित्र : *एकाधिकारी का सन्तुलन*

एकाधिकारी वस्तु की अतिरिक्त इकाइयां उत्पादित करता चला जाएगा जब तक सीमान्त आय (MR), सीमान्त लागत (MC) से अधिक होती है। ऐसा इसलिए है क्योंकि प्रत्येक ऐसी इकाई उत्पादित करना जिससे लागत की अपेक्षा आय में अधिक वृद्धि होती है लाभकारी है। एकाधिकारी फर्म के लाभ उस उत्पादन स्तर पर अधिकतम होंगे जिस पर कि सीमान्त आय (MR), सीमान्त लागत (MC) के बराबर है। ऊपर के रेखाचित्र से स्पष्ट है कि उत्पादन स्तर OM पर ही सीमान्त लागत (MC) वक्र और सीमान्त आय (MR) वक्र एक दूसरे को काटते हैं। यदि एकाधिकारी OM मात्रा से कम मात्रा उत्पादित करता है तो उसके लाभ कम होंगे। इसके विरुद्ध, यदि वह OM से अधिक उत्पादन करता है तो सीमान्त लागत, सीमान्त आय से अधिक होगी परिणामस्वरूप वह OM से अतिरिक्त इकाइयों पर हानि उठा रहा होगा। अत: उत्पादन मात्रा OM पर ही उसे अधिकतम लाभ प्राप्त होंगे और इस पर ही उसका सन्तुलन होगा। रेखाचित्र से स्पष्ट है कि वस्तु की OM मात्रा बेचने से एकाधिकारी को MS अथवा OP कीमत

प्राप्त होगी। उसके द्वारा अर्जित कुल लाभ HTSP के क्षेत्रफल के बराबर हैं।

एकाधिकार और पूर्ण प्रतियोगिता में एक महत्त्वपूर्ण अन्तर ध्यान देने योग्य यह है कि पूर्ण प्रतियोगिता में कीमत सीमान्त लागत के बराबर होती है लेकिन एकाधिकार (monopoly) में ऐसा नहीं है। क्योंकि एकाधिकारी का मांग वक्र (demand curve) नीचे को गिर रहा होता है और उसका सीमान्त आय (MR) वक्र औसत आय वक्र के नीचे स्थित होता है। इसलिए एकाधिकारी की दशा में सन्तुलन की स्थिति में जब सीमान्त लागत (MC) सीमान्त आय (MR) के बराबर होती है तो यह कीमत अथवा औसत आय से कम होगी। रेखाचित्र से स्पष्ट है कि सन्तुलन मात्रा OM पर सीमान्त लागत और सीमान्त आय बराबर है और दोनों ही ME के समान हैं परन्तु वे कीमत अथवा औसत आय MS से कम हैं। इससे यह निष्कर्ष निकलता है कि **एकाधिकार में कीमत, सीमान्त लागत से अधिक होती है।**

एकाधिकार एवं पूर्ति वक्र (Monopoly and supply curve)

एकाधिकारी के सम्बन्ध में महत्त्वपूर्ण बात यह है कि इसका (एकाधिकारी) **पूर्ति वक्र नहीं होता है (Monopolist does not have a supply curve)**। जैसा कि हम जानते हैं कि पूर्ति वक्र यह प्रदर्शित करता है कि एक वस्तु की दी हुई विभिन्न कीमतों पर एक फर्म कितना उत्पादन करेगी। फर्म की एक वस्तु का पूर्ति वक्र **अद्वितीय कीमत-उत्पाद सम्बन्ध** (Unique Price output relation) व्यक्त करता है अर्थात यह प्रत्येक दी हुई कीमत पर उत्पादन की वह विशिष्ट मात्रा होती है जिसे फर्म उत्पादन करेगी तथा बाजार में बेचेगी। जैसा कि हम जानते हैं कि पूर्ति वक्र का विचार तभी लागू होता है जबकि फर्म का वस्तु की कीमत पर कोई नियंत्रण नहीं रहता तथा इसे दिया हुआ मान लेती है। चूंकि पूर्ण प्रतियोगिता की स्थिति में ही फर्म का कीमत पर कोई नियन्त्रण नहीं होता। फलस्वरूप इसकी मांग वक्र X—अक्ष के समानान्तर एक सरल रेखा (straight-line) होती है। अत: इस स्थिति में एक **अद्वितीय कीमत-उत्पाद सम्बन्ध** स्थापित हो जाता है। एक पूर्ण प्रतियोगी फर्म की सीमान्त आय (MR) कीमत के बराबर होती है और इसलिए लाभ अधिकतम करने के लिए फर्म कीमत (= MR) को सीमान्त लागत (MC) के समान करती है। जब मांग में परिवर्तन के कारण कीमत में परिवर्तन होता है तो प्रतियोगी फर्म इस नवीन अधिक कीमत (अर्थात नई MR) को उत्पादन के अपेक्षाकृत अधिक स्तर पर सीमान्त लागत के बराबर करती है। इस प्रकार **पूर्ण प्रतियोगिता के अन्तर्गत सीमान्त लागत वक्र फर्म का पूर्ति वक्र हो जाता है।**

किन्तु एकाधिकारी फर्म का वस्तु की कीमत पर नियन्त्रण होता है परिणामस्वरूप इसका मांग वक्र नीचे की ओर गिरता (negative slope) हुआ होता है तथा सीमान्त आय वक्र इसके नीचे स्थित होता है। अत: एक एकाधिकारी लाभ को अधिकतम करने के लिए कीमत को सीमान्त लागत के समान नहीं करता है बल्कि इसके बजाय वह सीमान्त आय को सीमान्त लागत के बराबर करता है। फलस्वरूप मांग में परिवर्तन के कारण कीमत में परिवर्तन उस **अद्वितीय कीमत-उत्पाद सम्बन्ध** को व्यक्त नहीं करते जैसा कि पूर्ण प्रतियोगी फर्म की स्थिति में होता है। वस्तुत: एकाधिकार के अन्तर्गत मांग में परिवर्तन उत्पादन मात्रा में बिना किसी परिवर्तन के कीमत में परिवर्तन कर सकते हैं अथवा कीमत में बिना किसी परिवर्तन के उत्पादन में परिवर्तन कर सकते हैं अथवा वे कीमत तथा उत्पादन दोनों में परिवर्तन कर सकते हैं। इस प्रकार स्पष्ट है कि **एकाधिकार के अन्तर्गत कोई भी अद्वितीय कीमत उत्पादन सम्बन्ध नहीं होता है जो कि पूर्ति वक्र की धारणा के उपयुक्त होने के लिए आवश्यक है।** इस प्रकार एकाधिकार के अन्तर्गत कोई पूर्ति वक्र नहीं होता है।

एकाधिकार, साधनों का आवंटन तथा सामाजिक कल्याण (Monopoly, Allocation of Resources and Social Welfare)

पूर्ण प्रतियोगिता तथा एकाधिकार में महत्त्वपूर्ण अन्तर यह है कि पूर्ण प्रतियोगिता (Perfect competition) की स्थिति में साधनों का अनुकूलतम आवंटन (Optimum Allocation of Resources) प्राप्त होता है और इस प्रकार इससे अधिकतम सामाजिक कल्याण (maximum social welfare) की प्राप्ति होती है। लेकिन एकाधिकार की स्थिति में साधनों का अनुकूलतम आवंटन नहीं होता जिससे सामाजिक कल्याण का ह्रास होता है। यहां हम मान लेते हैं कि फर्म पैमाने के स्थिर प्रतिफल (constant returns to scale) प्राप्त कर रही है जिससे रेखाचित्र में औसत लागत वक्र (AC) तथा सीमान्त लागत वक्र (MC) क्षैतिज रेखाएं हैं।

जैसा कि हम जानते हैं कि मांग वक्र उपभोक्ताओं द्वारा वस्तु की विभिन्न इकाइयों से प्राप्त सीमान्त उपयोगिताओं (MU) का प्रतीक होती है। जब तक बाजार में प्रचलित कीमत सीमान्त उपयोगिता से कम होती है, वस्तु की अतिरिक्त इकाइयां प्राप्त करने से उपभोक्ताओं की सन्तुष्टि में निवल (net) वृद्धि होती है। उपभोक्ताओं की सन्तुष्टि अथवा सामाजिक कल्याण तभी अधिकतम

होता है जब वस्तु की इतनी इकाइयां उत्पादित की जा रही होती हैं ताकि सीमान्त उपयोगिता (Marginal Utility) वस्तु की कीमत के समान होता है।

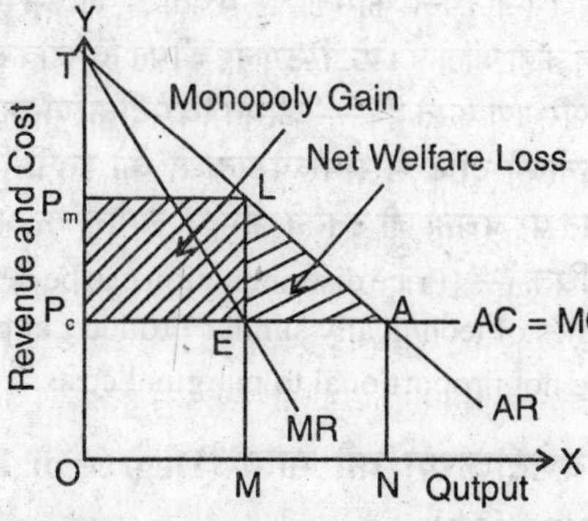

रेखाचित्र : *एकाधिकार के कारण कल्याण में कमी*

रेखाचित्र में पूर्ण प्रतियोगी फर्म द्वारा वस्तु की ON मात्रा उत्पादित की जाती है क्योंकि इस पर कीमत, सीमान्त लागत (MC) तथा औसत लागत (AC) के समान है। वस्तु के (ON) उत्पादन तथा OP_c कीमत से उपभोक्ताओं को P_cTA के बराबर उपभोक्ता की बचत (consumer's surplus) मिलेगी जो कि उनको प्राप्त सन्तुष्टि अथवा कल्याण का सूचक है।

लेकिन एकाधिकारी फर्म का सन्तुलन वस्तु की ON उत्पादन मात्रा पर नहीं होगा और न ही वह OP_c कीमत निश्चित करेगा। एकाधिकार की स्थिति में फर्म OM मात्रा पर सन्तुलन में होगी जहां पर कि सीमान्त लागत (MC), सीमान्त आय (MR) के बराबर है और वस्तु की OP_m कीमत निर्धारित होगी। एकाधिकार की स्थिति में OM उत्पादन मात्रा तथा OP_m कीमत निर्धारित होने से उपभोक्ता की बचत घटकर LP_mT के समान हो जाएगी अर्थात उपभोक्ता को AP_cP_mL के बराबर सन्तुष्टि (कल्याण) में कमी होगी। लेकिन एकाधिकारी द्वारा उत्पादन मात्रा ON से घटाकर OM कर देने तथा कीमत OP_c से बढ़ाकर OP_m कर देने से उसको P_cELP_m के बराबर लाभ (gain) प्राप्त होगा। स्पष्ट है कि एकाधिकार की स्थिति में उपभोक्ता के कल्याण में कमी (AP_cP_mL) एकाधिकारी द्वारा प्राप्त लाभ (monopolist's gain) जो कि P_cELP_m के बराबर है से अधिक है। अन्य शब्दों में, एकाधिकार की स्थापना से पूर्ण प्रतियोगिता की तुलना में त्रिभुज AEL के बराबर सन्तुष्टि अथवा कल्याण में निवल कमी (net welfare loss) होती है। इसका अर्थ यह है कि उपभोक्ता वस्तु की MN मात्रा के लिए उस पर उठाई जाने वाली लागत से अधिक कीमत देने के लिए तैयार है परन्तु उसे यह मात्रा वास्तव में प्राप्त नहीं होती है क्योंकि एकाधिकारी इसे उत्पादित नहीं करता है। परिणामस्वरूप समाज को त्रिभुज AEL के बराबर कल्याण में हानि एकाधिकार की स्थापना के कारण होती है।

निष्कर्ष रूप में, एकाधिकारी वस्तु के उत्पादन का वह स्तर उत्पादित न करके साधनों का गलत आवंटन तथा कल्याण में विशुद्ध हानि (**जिसे dead weight loss कहा जाता है**) करता है जिस पर कीमत उत्पादन की सीमान्त लागत के बराबर होती है। यहां यह भी ध्यान देने योग्य बात है कि कल्याण में निवल हानि करने के अतिरिक्त एकाधिकारी ने आय का हस्तांतरण भी किया है। P_cELP_m क्षेत्रफल के बराबर एकाधिकारी का मौद्रिक लाभ (monopolist's gain) **एकाधिकारी उत्पादक** की ओर आय के हस्तांतरण को दर्शाता है।

एकाधिकारी को यह लाभ उपभोक्ताओं की लागत पर हुआ है। इस प्रकार एकाधिकार का अर्थव्यवस्था के आय वितरण पर भी बुरा प्रभाव पड़ता है।

एकाधिकार का नियमन (Regulation of Monopoly)

ऊपर हमने देखा है कि एकाधिकारी न केवल अर्थव्यवस्था में आय वितरण की असमानताओं में वृद्धि करते हैं बल्कि समाज के साधनों के आवंटन में अकुशलता भी उत्पन्न करते हैं। अत: दो उद्देश्य प्राप्त करने के दृष्टिकोण से एकाधिकार का नियमन किया जाता है। **प्रथम,** आय वितरण में सुधार तथा एकाधिकारियों द्वारा उपभोक्ताओं के शोषण से बचाने के लिए इसका नियमन किया जाता है। **दूसरा,** एकाधिकार का नियमन साधनों के आर्थिक दृष्टि से कुशल आवंटन को समुचित करारोपण या अपने वस्तु के लिए वसूल की जा सकने वाली अधिकतम कीमत निर्धारण के माध्यम से नियमित किया जा सकता है।

साधनों के आवंटन अथवा आय के वितरण में सुधार लाने के लिए सरकार एकाधिकारी द्वारा वसूल की जाने वाली **कीमत को नियमित** (Price Regulation) करने का निर्णय करती है। स्पष्ट है कि सरकार अधिकतम कीमत (कीमत सीमा) एकाधिकारी के लाभ को अधिकतम करने वाली कीमत की अपेक्षा कम स्तर पर निर्धारित करेगी। कीमत निर्धारण के दो प्रकार का नियम है जिनका एकाधिकार की स्थिति में कीमत नियमन के लिए उपयोग किया जाता है।

पहला, चूंकि सामाजिक कल्याण तब अधिकतम होता है जब वस्तु की कीमत उस स्तर पर निर्धारित की जाती है जहां पर कीमत, सीमान्त लागत के बराबर होती है। अत: एकाधिकार

के अन्तर्गत अधिकतम कीमत को सीमान्त लागत के बराबर निर्धारित करने का प्रस्ताव किया जाता है। इसलिए इसे **सीमान्त-लागत कीमत निर्धारण** (Marginal cost Pricing) कहा जाता है।

दूसरा, कभी-कभी एकाधिकारी द्वारा उत्पादित वस्तु की कीमत का नियमन करते समय **औसत लागत कीमत निर्धारण** (Average Cost Pricing) की नीति अपनाई जाती है। जिसमें अधिकतम कीमत औसत लागत (Average Cost) के बराबर निश्चित की जाती है।

एकाधिकार में सन्तुलन तथा पूर्ण प्रतियोगिता में सन्तुलत की तुलना (Comparing Between Monopoly Equilibrium and Perfectly Competitive Equilibrium)

दोनों में कई महत्त्वपूर्ण अन्तर पाए जाते हैं जिनकी व्याख्या नीचे की जा रही है।

1. सन्तुलन की स्थिति में पूर्ण प्रतियोगिता में कीमत, सीमान्त लागत (MC) के बराबर (Price = MC) होती है, किन्तु एकाधिकार के अन्तर्गत कीमत, सीमान्त लागत से अधिक (Price > MC) होती है।

2. पूर्ण प्रतियोगिता में फर्म का दीर्घकालीन सन्तुलन औसत लागत वक्र (LAC) के निम्नतम बिन्दु पर होता है, लेकिन एकाधिकारी फर्म का दीर्घकालीन सन्तुलन सामान्यत: उस उत्पादन स्तर पर होता है जहां कि दीर्घकालीन औसत लागत वक्र (LAC) अभी घट रही होती है और अपने निम्नतम स्तर पर नहीं पहुंची होती है।

3. पूर्ण प्रतियोगिता में सन्तुलन तथा एकाधिकार में सन्तुलन में एक और महत्त्वपूर्ण अन्तर यह है कि एकाधिकार में कीमत पूर्ण प्रतियोगिता की तुलना में अधिक होती है और उत्पादन मात्रा उससे कम, यदि दोनों परिस्थितियों में लागतें समान हों।

4. एकाधिकारी एक वस्तु की कीमतों में विभेदीकरण (Price discrimination) कर सकता है अर्थात वह विभिन्न उपभोक्ताओं से वस्तु की भिन्न-भिन्न कीमतें प्राप्त कर सकता है जबकि एक पूर्ण प्रतियोगी फर्म ऐसा नहीं कर सकता।

5. पूर्ण प्रतियोगिता में फर्म का सन्तुलन केवल तब सम्भव होता है जब सन्तुलन बिन्दु पर सीमान्त लागत बढ़ रही हो, परन्तु एकाधिकारी का संतुलन तीनों दशाओं में सम्भव है अर्थात जब सीमान्त लागत बढ़ रही हो, स्थिर हो अथवा सन्तुलन मात्रा पर घट रही हो।

कीमत विभेदीकरण (Price Discrimination)

जब एक विक्रेता एक वस्तु को विभिन्न उपभोक्ताओं अथवा क्रेताओं को भिन्न-भिन्न कीमतों पर बेचता है तो इसे कीमत विभेदीकरण कहा जाता है। **प्रो. स्टिगलर** कीमत विभेदीकरण की इस प्रकार परिभाषा करते हैं—**"कीमत विभेदीकरण का अर्थ है कि तकनीकी दृष्टि से समरूप पदार्थों को इतनी भिन्न-भिन्न कीमत पर बेचना जो उनकी सीमान्त लागतों के अनुपात से कहीं अधिक है"** (Price discrimination can be defined as "the sales of technically similar Products at prices which are not proportional to marginal costs.")।

कीमत विभेदीकरण की मात्रा (Degree of Price Discrimination)

प्रो. ए.सी. पीगू (A.C. Pigou) ने कीमत विभेदीकरण की मात्रा विषयक तीन किस्में बताई हैं—

1. प्रथम कोटि का कीमत विभेदीकरण (Price discrimination of the first degree)

2. द्वितीय कोटि का कीमत विभेदीकरण (Price discrimination of the second degree)

3. तृतीय कोटि का कीमत विभेदीकरण (Price discrimination of the third degree)

प्रथम कोटि का कीमत विभेदीकरण

इसको **पूर्ण कीमत विभेदीकरण** (Perfect Price discrimination) भी कहा जाता है। इस प्रकार का कीमत विभेदीकरण तब होता है जब कोई एकाधिकारी किसी वस्तु की प्रत्येक इकाई को भिन्न-भिन्न कीमतों पर बेचता है (Perfect Price discrimination is said to occur when a monopolist is able to sale each separate unit of the Product at a different Price)। पूर्ण कीमत विभेदीकरण के अन्तर्गत वस्तु की प्रत्येक इकाई के लिए उतनी कीमत वसूल की जाती है जिससे उपभोक्ता को कुछ भी उपभोक्ता की बचत (consumer surplus) प्राप्त न हो।

प्रथम कोटि के अथवा पूर्ण कीमत विभेदीकरण के विषय में ध्यान देने योग्य महत्त्वपूर्ण बात यह है कि इसके अन्तर्गत वस्तु की कीमत और सीमान्त आय (MR) परस्पर बराबर होते हैं। फलस्वरूप पूर्ण विभेदीकरण (Perfect Price discrimination) में एकाधिकारी के वस्तु का मांग वक्र (demand curve) उसका सीमान्त आय (marginal revenue) वक्र भी होता है।

द्वितीय कोटि का कीमत विभेदीकरण

द्वितीय कोटि के कीमत विभेदीकरण के अन्तर्गत एकाधिकारी अपने क्रेताओं अथवा उपभोक्ताओं को भिन्न-भिन्न वर्गों में बांटता है तथा प्रत्येक वर्ग से उतनी कीमत प्राप्त करता है जितना उस वर्ग का सीमान्त क्रेता देने को तैयार होता है (In price discrimination of the second degree, monopolist divides his market into different groups of buyers and from each group of buyers he changes which a marginal buyer of that group is just willing to pay)।

तृतीय कोटि का कीमत विभेदीकरण

इस प्रकार का कीमत विभेदीकरण वास्तविक आर्थिक जगत में बहुत पाया जाता है। इसके अन्तर्गत वस्तु के उपभोक्ताओं अथवा क्रेताओं को एकाधिकारी दो वर्गों में विभाजित करता है और इन विभिन्न मार्किटों के उपभोक्ताओं से भिन्न-भिन्न कीमतें प्राप्त करता है। इसका एक उदाहरण एक बिजली आपूर्ति कम्पनी द्वारा घरों में प्रकाश के लिए तथा औद्योगिक उपयोग के लिए बिजली (Power) का भिन्न-भिन्न शुल्क प्राप्त करना है।

कीमत विभेदीकरण कब सम्भव होता है? (When is Price discrimination possible?)

कीमत विभेदीकरण निम्नलिखित परिस्थितियों में सम्भव होता है—

1. वस्तु अथवा सेवा की प्रकृति (nature of good or service) ऐसी होनी चाहिए जिससे उसको एक मार्किट से दूसरी मार्किट तक हस्तान्तरण करना सम्भव न हो।

2. कीमत विभेदीकरण तब भी होता है जबकि विभिन्न मार्किट अधिक दूरी पर स्थित हों।

3. कई हालतों में कीमत विभेदीकरण कानूनी आधार (legal sanction) पर किया जाता है। उदाहरणार्थ एक विद्युत कम्पनी विद्युत को औद्योगिक प्रयोजनों के लिए अधिक कीमत पर बेच सकती है और घरों में प्रकाश के लिए कम कीमत पर।

4. कीमत विभेदीकरण तब भी सम्भव होता है जब विभिन्न क्रेता किसी सेवा को विभिन्न प्रकार के प्रयोजनों के लिए चाहते हों। उदाहरण के लिए रेलवे रुई और कोयले के परिवहन के लिए भिन्न-भिन्न दरें प्राप्त करती है।

कीमत विभेदीकरण कब लाभकारी होता है? (When is price discrimination profitable?)

कीमत विभेदीकरण तब लाभकारी होता है यदि समान एकाधिकारी कीमत (A single monopoly price) पर एक मार्किट में मांग की कीमत लोच अन्य मार्किट में मांग की कीमत लोच से भिन्न है (Price discrimination is profitable only if elasticity of demand in one market is different from elasticity of demand in the other at the single monopoly price)। इसलिए **एकाधिकारी दो मार्किटों में कीमतों में विभेद तब करेगा जब उसके वस्तु की मांग की कीमत लोच (Price elasticity) उन दो मार्किटों में भिन्न-भिन्न हो।**

कीमत विभेदीकरण के अन्तर्गत एकाधिकारी का कीमत तथा सन्तुलन (Equilibrium of the discriminating Monopolist)

सन्तुलन स्थिति को प्राप्त करने के लिए विभेदीकरण कर रहे एकाधिकारी को तीन निर्णय लेने होते हैं—

1. वह वस्तु की कितनी मात्रा उत्पादित करे,

2. वस्तु के कुल उत्पादन को मार्किट के दो भागों में किस प्रकार बांटे, और

3. मार्किट के दो भागों के लिए कितनी-कितनी कीमतें निर्धारित करे।

कुल उत्पादन की मात्रा का निर्णय करने के लिए विभेदीकरण करने वाला एकाधिकारी **सीमान्त सिद्धान्त** का पालन करता है अर्थात वह अपने उत्पादन की सीमान्त आय (MR) और सीमान्त लागत (MC) में तुलना करेगा। यहां इस बात का ध्यान रखना जरूरी है कि हमने यह माना है कि एकाधिकारी अपने समस्त उत्पाद को दो मार्किटों में बेचता है। विभेदीकरण करने वाले एकाधिकारी का सीमान्त आय, जिसे **कुल सीमान्त आय** (aggregate marginal revenue—AMR) भी कहते हैं, दोनों मार्किटों के सीमान्त आय वक्रों को साथ-साथ रख कर जोड़ने (lateral summation) से प्राप्त होती है। रेखाचित्र में उप-मार्किट A में MR_a सीमान्त आय वक्र है तथा उप मार्किट B में MR_b सीमान्त आय वक्र है। अब कुल सीमान्त आय वक्र AMR है जो कि MR_a और MR_b वक्रों को साथ-साथ रखकर जोड़ने से प्राप्त किया गया है। यह कुल सीमान्त आय वक्र (AMR) उत्पादन की कुल मात्रा को दो मार्किटों में मिलाकर बेच देने से प्राप्त सीमान्त आय को व्यक्त करता है। एकाधिकारी के कुल उत्पादन का सीमान्त लागत वक्र MC है जो कि रेखाचित्र के भाग-C में दिखाई गई है।

रेखाचित्र के भाग-C से स्पष्ट है कि विभेदकारी एकाधिकारी को अधिकतम लाभ वस्तु की OM मात्रा उत्पादित करने से ही होंगे क्योंकि OM पर ही कुल सीमान्त आय (AMR), सीमान्त लागत (MC) के बराबर है।

उत्पादन की कुल मात्रा निश्चित करने के पश्चात अब विभेदकारी एकाधिकारी को अपने कुल उत्पादन को दो मार्किटों में बांटने की समस्या है। वह अपनी कुल उत्पादन मात्रा OM को दो मार्किटों में इस प्रकार बांटेगा जिससे उसे दोनों मार्किटों से समान सीमान्त आय प्राप्त हो। कुल लाभ को अधिकतम करने के लिए दोनों मार्किटों में सीमान्त आय का बराबर होना आवश्यक है। लेकिन विभेदीकरण कर रहे एकाधिकारी के सन्तुलन में होने की केवल यह शर्त नहीं है कि उसकी दोनों मार्किटों में सीमान्त आयें बराबर हों बल्कि यह भी शर्त है कि वे सीमान्त आयें उसके कुल उत्पादन की सीमान्त लागत के बराबर हों। रेखाचित्र के भाग-C से स्पष्ट है कि सन्तुलन उत्पादन मात्रा OM पर सीमान्त लागत ME के बराबर है। अब OM उत्पादन मात्रा को दोनों मार्किटों में इस प्रकार विभाजित करना है जिससे प्रत्येक में प्राप्त सीमान्त आय इस सीमान्त लागत ME के बराबर हो। रेखाचित्र के भाग-A से स्पष्ट है कि उप-मार्किट A में वस्तु की OM_1 मात्रा बेचने से प्राप्त सीमान्त आय M_1E_1, सीमान्त लागत ME के बराबर होगी। इसी प्रकार रेखाचित्र के भाग-B से स्पष्ट है कि उप-मार्किट B में वस्तु की OM_2 मात्रा बेचने से प्राप्त सीमान्त आय M_2E_2, सीमान्त लागत ME के बराबर है।

एक अन्य उल्लेखनीय बात यह देखनी है कि विभेदीकरण करने वाला एकाधिकारी अपनी दोनों मार्किटों में वस्तु की कितनी-कितनी कीमतें प्राप्त करेगा। रेखाचित्र के भाग-A से स्पष्ट है कि उप-मार्किट A में मांग वक्र D_a है और वहां पर वस्तु की OM_1 मात्रा बेचने पर M_1P_1 के समान कीमत प्राप्त होगी। इसलिए उप-मार्किट A में एकाधिकारी अपने उत्पाद को M_1P_1 कीमत पर बेचेगा। इसी प्रकार उपमार्किट B में मांग वक्र D_b है जिससे वस्तु की OM_2 मात्रा बेचने से M_2P_2 कीमत प्राप्त होगी। यहां ध्यान देने योग्य बात यह है कि उप मार्किट A में वस्तु की कीमत अधिक होगी क्योंकि वहां पर मांग की कीमत लोच कम है और उपमार्किट B में कम कीमत निश्चित होगी जहां कि मांग अधिक लोचदार है। उपर्युक्त विश्लेषण से हम इस निष्कर्ष पर पहुंचते हैं कि विभेदकारी एकाधिकारी के सन्तुलन के लिए निम्न दो शर्तों की पूर्ति होना आवश्यक है—

1. कुल सीमान्त आय (AMR) = सीमान्त लागत (MC)

2. $MR_a = MR_b = MC$

राशिपतन (Dumping)

एकाधिकारी द्वारा कीमत विभेदीकरण के सिद्धान्त का एक महत्त्वपूर्ण उपयोग अन्तर्राष्ट्रीय व्यापार के क्षेत्र में है। **राशिपतन अन्तर्राष्ट्रीय कीमत विभेदीकरण है** (Dumping is international price discrimination)। राशिपतन उस स्थिति में होता है जब कोई उत्पादक अपने उत्पाद को किसी विदेशी मार्केट में स्वदेश की तुलना में कम कीमत पर बेचता है।

एकाधिकारी शक्ति की मात्रा का माप (Measurement of the degree of monopoly Power)

एकाधिकारी शक्ति से हमारा तात्पर्य उस स्वनिर्णय (discretion) की मात्रा से है जो कि उत्पादक या विक्रेता को अपनी कीमत व उत्पादन नीति का निर्धारण करने के सम्बन्ध में प्राप्त होता है (Monopoly power indicates the degree of control which a producer or seller possesses over the price and output of a product)। अन्य शब्दों में, एकाधिकारी की शक्ति नियन्त्रण की उस मात्रा का प्रतीक है जो उत्पादक या विक्रेता को अपने उत्पाद की कीमत तथा उत्पादन के सम्बन्ध में निर्णय लेने में प्राप्त होती है।

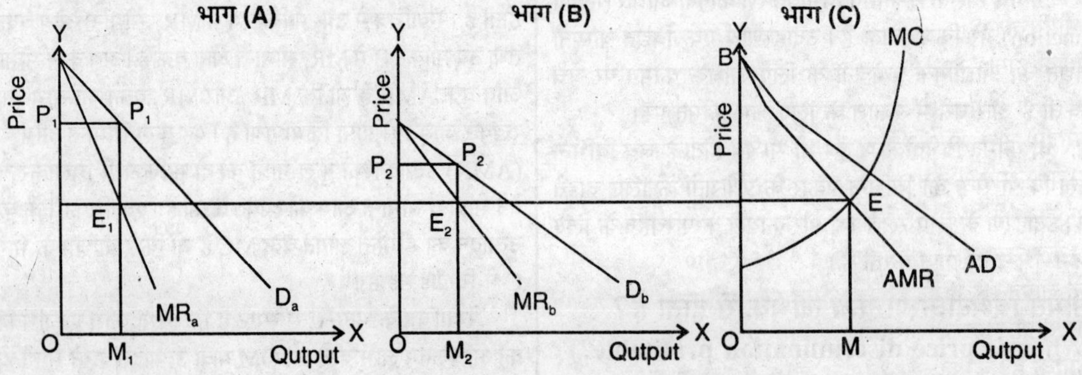

रेखाचित्र : *विभेदकारी एकाधिकारी का सन्तुलन*

एकाधिकारी की शक्ति को मापने की अनेक विधियों को अर्थशास्त्रियों द्वारा सुझाया गया है परन्तु हम यहां पर केवल तीन की ही विवेचना करेंगे।

एकाधिकारी की शक्ति की मांग की लोच द्वारा माप (Elasticity of Demand as a Measure of Monopoly Power)

उत्पादक अथवा विक्रेता के वस्तु की मांग की कीमत लोच (Price elasticity of demand) को काफी लम्बे समय से एकाधिकारी की शक्ति की मात्रा का माप करने में उपयोग किया जा रहा है। इस विधि के अन्तर्गत मांग की कीमत लोच के व्युत्क्रम (inverse) से एकाधिकारी शक्ति की माप की जाती है। अत:

$$\text{एकाधिकारी शक्ति की मात्रा (degree of monopoly power)} = \frac{1}{e_P}$$

जहां e_P मांग की कीमत लोच है। इस सूत्र से स्पष्ट है कि मांग की कीमत लोच जितनी कम होगी विक्रेता अथवा उत्पादक की एकाधिकारी शक्ति उतनी ही अधिक होगी। मांग की लोच अधिक होने पर एकाधिकारी शक्ति कम होगी।

लरनर द्वारा प्रतिपादित एकाधिकारी शक्ति की माप (Lerner's Measure of Monopoly Power)

प्रो. ए.पी. लरनर (Prof. A.P. Lerner) ने एकाधिकारी शक्ति के माप के अन्य तरीका बताया है जिसको काफी लोकप्रियता मिली है। एकाधिकारी शक्ति को मापने के लिए लरनर ने **पूर्ण प्रतियोगिता** को विचलन का आधार माना है। उसने पूर्ण प्रतियोगिता (Perfect competition) को **सामाजिक अनुकूलतम** (Social optimum) **तथा अधिकतम कल्याण** की स्थिति माना। इससे कोई भी विचलन (departure) एकाधिकारी शक्ति की उपस्थिति का प्रतीक होगा। जैसा कि हम जानते हैं कि अपूर्ण प्रतियोगिता (Imperfect competition) की स्थिति में फर्म का मांग वक्र बायें से दायें नीचे की ओर झुका हुआ होता है और सीमान्त आय (MR) वक्र उसके नीचे होता है। अत: अपूर्ण प्रतियोगिता में विक्रेता की सन्तुलन की स्थिति में, सीमान्त लागत (MC), सीमान्त आय (MR) के बराबर होगी लेकिन कीमत (Price), सीमान्त आय या सीमान्त लागत से अधिक होगी। **कीमत तथा सीमान्त लागत में यह अन्तर, प्रो. लरनर के अनुसार एकाधिकारी शक्ति के अस्तित्व का द्योतक है।** कीमत और सीमान्त लागत में यह अन्तर जितना अधिक होगा, उत्पादक अथवा विक्रेता की एकाधिकारी शक्ति उतनी ही अधिक होगी। इस आधार पर ही **लरनर** ने एकाधिकारी शक्ति को मापने का एक निश्चित सूचक (index) बनाया जो निम्न है—

$$\text{एकाधिकारी शक्ति का सूचक (Index of Monopoly Power)} = \frac{P - MC}{P}$$

जहां P कीमत तथा MC उत्पादन के सन्तुलन स्तर पर सीमान्त लागत है।

पूर्ण प्रतियोगिता की स्थिति में जब कीमत P, सीमान्त लागत (MC) के बराबर होती है तो लरनर के एकाधिकारी शक्ति का सूचक शून्य के बराबर होगा। जिसका अर्थ यह है कि उत्पादक के पास कोई एकाधिकारी शक्ति नहीं होती है। दूसरी ओर, जब उत्पादक द्वारा उत्पादित वस्तु की कोई भी उत्पादन लागत नहीं होगी तो सीमान्त लागत (MC) शून्य के बराबर होगी फलस्वरूप लरनर के एकाधिकारी शक्ति का सूचक एक के बराबर होगा। अत: स्पष्ट है कि लरनर का एकाधिकारी शक्ति का सूचक एक से लेकर शून्य के बीच में हो सकता है।

मांग की प्रतिलोच द्वारा एकाधिकारी शक्ति की माप (Cross Elasticity of Demand as a Measure of Monopoly Power)

मांग की प्रति-लोच की धारणा की सहायता से एकाधिकारी शक्ति को मापने का सर्वप्रथम सुझाव **केल्डर** (Kaldor) ने दिया था परन्तु उस पर अधिक ध्यान **रॉबर्ट ट्रिफिन** (Robert Triffin) ने दिया। मांग की प्रति-लोच (Cross-elasticity of demand) यह बताती है कि एक फर्म द्वारा उत्पादित वस्तु की मांग का दूसरी फर्म द्वारा उत्पादित वस्तु की कीमत पर निर्भरता की मात्रा कितनी है। यदि एक फर्म के वस्तु की मांग दूसरी फर्म के वस्तु की कीमत पर निर्भर नहीं करती, तब वह फर्म दूसरी फर्म की कीमत एवं उत्पादन नीतियों के प्रभाव से स्वतंत्र होगी। एक फर्म की वस्तु की मांग की प्रतिलोच जितनी कम होगी, फर्म की एकाधिकारी शक्ति की मात्रा भी उतनी ही अधिक होगी तथा विलोम क्रम। जब एक फर्म या विक्रेता के उत्पाद की मांग पर अन्य फर्म की वस्तु की कीमत का प्रभाव नहीं पड़ता है तो इसके वस्तु की मांग की प्रति-लोच शून्य (Zero) होती है। परिणामस्वरूप फर्म को अपनी कीमत व उत्पादन नीति अपनाने के लिए पूर्ण एकाधिकारी (Perfect Monopoly) शक्ति प्राप्त होगी। अत: **रॉबर्ट ट्रिफिन** ने शुद्ध एकाधिकार की परिभाषा उस स्थिति से की जिसमें फर्म के वस्तु की मांग की प्रति लोच शून्य है। एक फर्म के उत्पाद की मांग की प्रति-लोच जितनी अधिक होगी, फर्मों में प्रतियोगिता की मात्रा उतनी ही अधिक होगी और एकाधिकारी शक्ति उतनी ही कम।

द्विपक्षीय एकाधिकार (Bilateral Monopoly)

द्विपक्षीय एकाधिकार उस स्थिति में होता है जब किसी वस्तु के एकाकी विक्रेता (Single Seller) को उसके एकाकी क्रेता (Single Buyer) का सामना करना होता है। इस प्रकार द्विपक्षीय एकाधिकार के अन्तर्गत एक विक्रेता अपनी वस्तु अथवा साधन का एकाधिकारी (Monopolist) होता है तथा एकाकी क्रेता उस वस्तु अथवा साधन का क्रय-एकाधिकारी (Monopolist) होता है। इस प्रकार **द्विपक्षीय एकाधिकार के अन्तर्गत एकाधिकारी एक क्रय एकाधिकारी का सामना करता है** (Under Bilateral Monopoly, a monopolist faces a monopsonist)। यद्यपि उत्पादन या वस्तु बाजार में द्विपक्षीय एकाधिकार की स्थिति बहुत कम पाई जाती है परन्तु **यह आगतों (Inputs) अथवा उत्पादन के साधनों के बाजार** (Factor markets) में प्राय: पायी जाती है। द्विपक्षीय एकाधिकार के सम्बन्ध में एक महत्त्वपूर्ण बात यह है कि **वस्तु की कीमत एवं मात्रा द्विपक्षीय एकाधिकार के अन्तर्गत अनिश्चित होती है**। (The price and quantity are indeterminate under bilateral monopoly)।

एकाधिकारिक प्रतियोगिता अथवा अपूर्ण प्रतियोगिता (Monopolistic Competition of Imperfect Competition)

पूर्ण प्रतियोगिता की स्थिति वास्तविक जगत में बहुत ही कम पाई जाती है और इसलिए वह वास्तविक मार्किट की दशाओं का प्रतिनिधित्व नहीं करती। पूर्ण प्रतियोगिता के सिद्धान्तों से निकाले गए निष्कर्ष वास्तविक जगत की व्यावसायिक फर्मों पर लागू नहीं होते। इसी को ध्यान में रखकर **प्रो. ई.एच. चैम्बरलिन** (E.H. Chamberlin) और **श्रीमती जोन राबिन्सन** (Joan Robinson) ने अपूर्ण प्रतियोगिता अथवा एकाधिकारिक प्रतियोगिता की विचारधारा को प्रस्तुत किया।

एकाधिकारिक अथवा अपूर्ण प्रतियोगिता की प्रमुख विशेषता यह है कि इसमें एक व्यक्तिगत फर्म के उत्पाद की मांग वक्र की ढाल बाएं से दायीं ओर नीचे को होती है। परिणामस्वरूप एकाधिकारिक प्रतियोगिता में काम कर रही फर्म का सीमान्त आय (MR) वक्र, औसत आय वक्र से भिन्न होता है।

इस प्रकार एकाधिकारिक प्रतियोगिता की धारणा जिसको **प्रो. चैम्बरलिन** ने प्रतिपादित किया है, सही अर्थों में क्रान्तिकारी और महत्त्वपूर्ण धारणा है और पूर्ण प्रतियोगिता (Perfect Competition) की तुलना में अधिक वास्तविक है।

उत्पाद विभेदीकरण (Product Differentiation)

एकाधिकारिक प्रतियोगिता की महत्त्वपूर्ण विशेषता जिससे प्रतियोगिता और एकाधिकार का मिश्रण होता है, वह है **उत्पाद का विभेदीकरण** (Product Differentiation)। इसका तात्पर्य यह है कि विभिन्न फर्मों द्वारा उत्पादित की जा रही वस्तु बिल्कुल एक जैसे नहीं होती बल्कि उनमें कुछ अन्तर पाया जाता है। अत: एकाधिकारिक प्रतियोगिता में अन्तर पाया जाता है। अत: एकाधिकारिक प्रतियोगिता में विभिन्न फर्मों द्वारा उत्पादित वस्तु बिल्कुल एक जैसी तो नहीं होती पर उनमें आपस में निकट का सम्बन्ध होता है। इस प्रकार विभेदीकरण का अर्थ विभिन्न उत्पादों का बिल्कुल भिन्न होना नहीं होता बल्कि उनमें केवल थोड़ा सा ही अन्तर पाया जाता है और वास्तव में वे एक दूसरे के निकट के स्थानापन्न (Close Substitutes) होते हैं। इसलिए उनमें **मांग की प्रति-लोच** (cross elasticity) अधिक होती है परन्तु अनन्त नहीं।

एकाधिकारिक प्रतियोगिता में फर्म का सन्तुलन (Equilibrium of a Firm under Monopolistic Competition)

एकाधिकारिक प्रतियोगिता में व्यक्तिगत फर्म के वस्तु की मांग उसके द्वारा विज्ञापन पर किए गए व्यय पर निर्भर करती है। एकाधिकारिक प्रतियोगिता में व्यक्तिगत फर्म का सन्तुलन तीन विषयों में होता है—

1. कीमत के विषय में,

2. वस्तु की मात्रा के सम्बन्ध में,

3. विज्ञापन व्यय की मात्रा के विषय में।

परन्तु हम यहां पर एक फर्म द्वारा उत्पादित वस्तु की एक विशेष किस्म को मानकर और विज्ञापन पर किसी विशेष व्यय को स्थिर मानकर, केवल कीमत तथा उत्पादन मात्रा के विषय में ही फर्म के सन्तुलन की व्याख्या करेंगे।

अल्पकाल में व्यक्तिगत फर्म का सन्तुलन (Short-run Equilibrium of a Firm)

एकाधिकारिक प्रतियोगिता में विभिन्न फर्में ऐसी वस्तुओं का उत्पादन करती हैं जो एक दूसरे के निकट के स्थानापन्न होती हैं इसलिए प्रत्येक फर्म के वस्तु के मांग वक्र की स्थिति, तथा मूल्य लोच प्रतियोगी स्थानापन्न वस्तुओं की उपलब्धि तथा उनकी कीमतों पर निर्भर करेगी। इसलिए एकाधिकारिक प्रतियोगिता में किसी व्यक्तिगत फर्म के सन्तुलन की व्याख्या अन्य फर्मों से पृथक होकर

नहीं की जा सकती। किन्तु हम अपने विश्लेषण को आसान बनाने के लिए स्थानापन्न वस्तुओं की उपलब्धि तथा प्रतिद्वन्द्वी फर्मों द्वारा उनके लिए प्राप्त की जाने वाली कीमतों को निश्चित मानकर एक व्यक्तिगत फर्म के सन्तुलन की विवेचना स्वतन्त्र रूप से करेंगे। मार्किट में **एकाधिकारिक प्रतियोगी** फर्म के वस्तु की कई निकट के स्थानापन्न होने के कारण इस फर्म के वस्तु का मांग वक्र अधिक कीमत सापेक्ष (elastic) होगा।

यदि स्थानापन्न वस्तुओं की किस्म और उनकी कीमतों को स्थिर मान लिया जाए तो एकाधिकारिक प्रतियोगिता में एक फर्म के उत्पाद का एक निश्चित मांग वक्र होगा। एकाधिकारिक प्रतियोगिता में एक व्यक्तिगत फर्म का सन्तुलन रेखाचित्र में दर्शाया गया है। स्थानापन्न वस्तुओं की किस्म और उनकी कीमतें दी हुई होने पर DD फर्म का मांग वक्र है जो कि बायें से दायें नीचे की ओर झुका हुआ है।

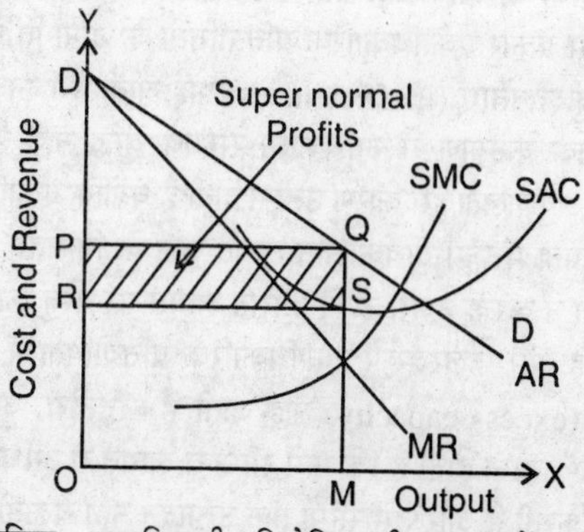

रेखाचित्र : *एकाधिकारी प्रतियोगिता की अवस्था में फर्म का अल्पकालीन सन्तुलन*

रेखाचित्र में फर्म का मांग वक्र DD, फर्म का औसत आय (AR) वक्र भी है। SMC तथा SAC क्रमश: फर्म की अल्पकालीन सीमान्त लागत तथा अल्पकालीन औसत लागत हैं। मांग और लागत की दी हुई अवस्था में फर्म अपने उत्पाद की मात्रा तथा कीमत को उस बिन्दु पर निर्धारित करेगी जहां पर उसे अधिकतम लाभ हो। अत: एकाधिकारी प्रतियोगिता की फर्म अपने लाभ अधिकतम करने के लिए सीमान्त लागत (MC) को सीमान्त आय (MR) के बराबर करेगी। रेखाचित्र से स्पष्ट है कि फर्म अपना उत्पादन OM मात्रा पर ही निश्चित करेगी क्योंकि इस मात्रा पर ही सीमान्त लागत और सीमान्त आय परस्पर बराबर होती है। रेखाचित्र से यह भी स्पष्ट है कि वस्तु की OM मात्रा बेचने से वस्तु की OP कीमत प्राप्त होगी। अत: सन्तुलन स्थिति में OP कीमत और OM उत्पादन मात्रा निश्चित करके फर्म RSQP के बराबर लाभ अर्जित कर रही है।

एकाधिकारिक प्रतियोगिता की स्थिति में फर्म को अल्पकाल में असामान्य लाभ (supernormal profits) भी हो सकते हैं, सामान्य लाभ (normal profits) भी हो सकते हैं अथवा हानि भी हो सकती है यह फर्म के वस्तु के मांग वक्र की स्थिति और औसत लागत वक्र की स्थिति पर निर्भर करती है।

एकाधिकारिक प्रतियोगिता में फर्म का दीर्घकालीन सन्तुलन तथा समूह सन्तुलन (Long-Run Equilibrium of a Firm and Group Equilibrium under Monopolistic Competition)

अब हम इस बात की चर्चा करेंगे कि एकाधिकारी प्रतियोगिता में समस्त फर्म किस प्रकार सन्तुलन में होता है। जैसा कि हम जानते हैं कि एकाधिकारिक प्रतियोगिता की स्थिति में एक फर्म का कीमत और उत्पादन सम्बन्धी निर्णय इसके प्रतियोगी फर्मों को प्रभावित करेंगे जो प्रतिक्रिया के रूप में अपनी कीमत और उत्पादन नीतियों में परिवर्तन करेंगे। विभिन्न फर्मों में परस्पर निर्भरता (interdependence), एकाधिकारिक प्रतियोगिता की मुख्य विशेषता है।

एकाधिकारिक प्रतियोगिता में समूह सन्तुलन की विवेचना करने में अन्य समस्या जो आती है, वह यह है कि उस समूह की विभिन्न फर्मों की मांग और लागत दशाओं में विभिन्नता पाई जाती है। समूह के सन्तुलन के विश्लेषण को सरल बनाने के लिए **चैम्बरलिन** प्रत्येक फर्म की इन विभिन्न दशाओं में अन्तरों को ध्यान में नहीं लाता और सभी को एक ही स्थितियों में कार्य करते हुए मान लेता है। इसके अतिरिक्त चैम्बरलिन एक और मान्यता करता है कि एकाधिकारी प्रतियोगिता में बड़ी संख्या में फर्मों के होने के कारण एक फर्म द्वारा अपने वस्तु की कीमत और उत्पादन मात्रा में परिवर्तन का प्रभाव अन्य प्रतियोगियों पर इतना कम होगा कि वे प्रतिक्रिया स्वरूप अपनी कीमतों और उत्पादन मात्राओं में परिवर्तन करने के लिए प्रेरित नहीं होंगे। चैम्बरलिन द्वारा की गई उपर्युक्त मान्यताओं को ध्यान में रखते हुए अब हम फर्मों के ऐसे समूह जो कि निकट के स्थानापन्न वस्तुओं को उत्पादित कर रही होती हैं के सन्तुलन की व्याख्या कर सकते हैं।

एकाधिकारिक प्रतियोगिता के अन्तर्गत दीर्घकालीन सन्तुलन के बारे में एक और उल्लेखनीय बात यह है कि फर्मों की संख्या में वृद्धि हो जाने से फर्मों का दीर्घकालीन मांग वक्र अधिक मूल्य सापेक्ष अथवा लोचदार (more elastic) हो जाते हैं अर्थात उनकी ढाल (slope) कम हो जाती है। रेखाचित्र में समूह की प्रत्येक फर्म

का मांग वक्र DD और औसत लागत वक्र LAC को दिखाया गया है। एकाधिकारिक प्रतियोगिता के अन्तर्गत फर्म के दीर्घकालीन सन्तुलन अथवा समस्त समूह (Group) के सन्तुलन के लिए निम्न दो शर्तों की पूर्ति होना आवश्यक है—

सीमान्त आय (MR)= सीमान्त लागत (MC)

औसत आय (AR) = दीर्घकालीन औसत लागत (LAC)

रेखाचित्र से स्पष्ट है कि उत्पादन की OL मात्रा तथा OK कीमत पर फर्म का औसत आय वक्र, औसत लागत वक्र को बिन्दु T पर स्पर्श करता है साथ ही साथ इस मात्रा पर सीमान्त लागत (MC), सीमान्त आय (MR) के भी बराबर है। ऊपर सन्तुलन बिन्दु पर फर्म की औसत आय, औसत लागत के बराबर है इसलिए सामान्य लाभ (Normal Profits) ही फर्म को प्राप्त हो रही है। चूंकि ऊपर हम यह मान्यता कर चुके हैं कि सभी फर्मों के मांग तथा औसत लागत वक्र समान हैं, इसलिए सभी के औसत आय वक्र उनके औसत लागत वक्रों से स्पर्श की स्थिति में होंगे और सभी केवल सामान्य लाभ ही प्राप्त कर रही होंगी।

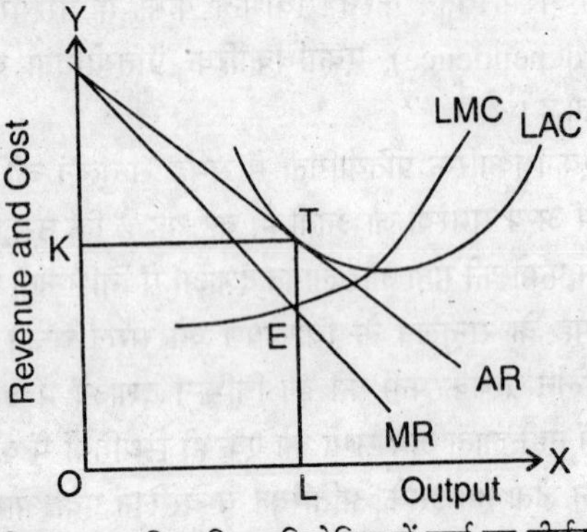

रेखाचित्र : *एकाधिकारिक प्रतियोगिता में फर्म का दीर्घकालीन सन्तुलन अथवा समूह सन्तुलन*

एकाधिकारिक प्रतियोगिता, आर्थिक कुशलता तथा सामाजिक कल्याण (Monopolistic Competition, Economic Efficiency and Social Welfare)

एकाधिकारिक प्रतियोगिता के अन्तर्गत सन्तुलन तथा पूर्ण प्रतियोगी सन्तुलन में एक महत्त्वपूर्ण अन्तर यह है कि पूर्ण प्रतियोगिता में सन्तुलन उस उत्पादन स्तर पर होता है जहां वस्तु की कीमत उसकी सीमान्त लागत के समान होती है (Price = MC)। किन्तु एकाधिकारिक प्रतियोगिता में फर्म के वस्तु का मांग वक्र नीचे की ओर गिरता हुआ होता है और सीमान्त आय (MR) वक्र उसके नीचे स्थित होता है। परिणामस्वरूप सन्तुलन की स्थिति में जिस उत्पादन की मात्रा पर फर्म की सीमान्त लागत (MC) सीमान्त आय (MR) के बराबर होती है, वह कीमत से कम होती है। उपभोक्ताओं द्वारा वस्तु के लिए दी जाने वाली कीमत उनको उनसे प्राप्त सीमान्त उपयोगिता को दर्शाती है। जबकि वस्तु की सीमान्त लागत समाज द्वारा उसमें प्रयुक्त किए गए संसाधनों पर उठायी गई लागत को दर्शाती है। अत: सन्तुलन की दशा में वस्तु की कीमत का सीमान्त लागत से अधिक होना यह प्रकट करता है कि वस्तु के सीमान्त उत्पादन से उपभोक्ताओं की सन्तुष्टि में वृद्धि समाज द्वारा उठाई गई लागत से अधिक है। लेकिन अधिकतम सामाजिक कल्याण के लिए यह आवश्यक है कि वस्तु के उत्पादन स्तर को वहां तक बढ़ाया जाए जहां कीमत, सीमान्त लागत के बराबर होती है। लेकिन एकाधिकारिक प्रतियोगिता में उत्पादन उस स्तर से कम होता है जहां पर कीमत, सीमान्त लागत के बराबर होती है। परिणामस्वरूप **एकाधिकारिक प्रतियोगिता में अधिकतम सामाजिक कल्याण की प्राप्ति नहीं हो पाती है।**

इस प्रकार एकाधिकारिक प्रतियोगिता के अन्तर्गत दो प्रकार की **अकुशलताएं** (inefficiencies) पाई जाती हैं जिनके कारण सामाजिक कल्याण में अधिकतम सम्भव वृद्धि नहीं हो पाती। **प्रथम,** अकुशलता इस कारण उत्पन्न होती है क्योंकि एकाधिकारिक प्रतियोगिता में फर्में दीर्घकालीन लागत वक्र के निम्नतम बिन्दु पर उत्पादन न करके उससे ऊंची औसत लागत पर वस्तु का उत्पादन करती है और फलस्वरूप एकाधिकारिक प्रतियोगिता में आधिक्य क्षमता (excess capacity) पाई जाती है। **द्वितीय,** अकुशलता इसलिए उत्पन्न होती है कि फर्में सीमान्त लागत से अधिक कीमत वसूल करती हैं और उस सीमा तक उत्पादन नहीं बढ़ाती जिस पर कीमत, सीमान्त लागत के बराबर होती है। इससे सामाजिक कल्याण का ह्रास होता है।

विक्रय लागतें एवं विज्ञापन (Selling Costs and Advertising)

विज्ञापन व्यय की अपेक्षा **''विक्रय लागतों''** का अर्थ विस्तृत होता है। विज्ञापन व्यय के अन्तर्गत उत्पाद को केवल समाचार पत्रों, पत्रिकाओं, रेडियो तथा टेलीविजन में विज्ञापित कराने के लिए किया गया व्यय ही सम्मिलित होता है, जबकि विक्रय लागतों के अन्तर्गत विज्ञापन व्यय के अतिरिक्त सेल्समैनों के वेतन एवं मजदूरी, फुटकर विक्रेताओं द्वारा उत्पाद के प्रदर्शन के लिए भत्ता एवं अनेक अन्य प्रकार की प्रोत्साहन सम्बन्धी क्रियाओं पर किया गया व्यय सम्मिलित होता है। **प्रो. चेम्बरलिन ने, जिन्होंने मूल्य सिद्धान्त में विक्रय लागतों के विश्लेषण का सूत्रपात किया है, इन्हें उत्पादन लागतों (Production Costs) से भिन्न बतलाया है।** चेम्बरलिन के अनुसार उत्पादन लागतों में वे व्यय

सम्मिलित होते हैं जो उपभोक्ता की दी हुई मांग या आवश्यकता की पूर्ति के लिए किसी वस्तु के विनिर्मित करने एवं उसे उपभोक्ता को प्रदान करने के लिए प्रदान किए जाते हैं, जबकि विक्रय लागतें वे हैं जो किसी वस्तु की मांग को परिवर्तित करने, उसमें वृद्धि करने तथा उसका सृजन करने के लिए की जाती हैं।

अल्पाधिकार (Oligopoly)

अल्पाधिकार, अपूर्ण प्रतियोगिता का एक महत्त्वपूर्ण रूप है। अल्पाधिकार उस स्थिति को कहा जाता है जिसमें एक वस्तु के उत्पादक अथवा बेचने वाली फर्में थोड़ी सी होती है। अन्य शब्दों में, जबकि एक वस्तु के दो अथवा दो से अधिक (परन्तु बहुत अधिक नहीं) उत्पादक अथवा विक्रेता हों तो अल्पाधिकार की स्थिति उत्पन्न हो जाती हैं। अल्पाधिकार का सरलतम रूप द्वि-अधिकार (Duopoly) है जिसमें एक वस्तु के केवल दो उत्पादक अथवा विक्रेता होते हैं।

अल्पाधिकार के दो रूप हैं—

(क) शुद्ध अल्पाधिकार, तथा

(ख) भेदात्मक अल्पाधिकार।

जब बाजार में विद्यमान सभी फर्में एक समान वस्तु का उत्पादन करती हैं तो उसे **शुद्ध अल्पाधिकार** (Pure Oligopoly) या **बिना उत्पाद विभेदीकरण का अल्पाधिकार** (Oligopoly without Product differentiation) कहा जाता है। इसके विपरीत यदि विभिन्न फर्में भिन्न प्रकार की वस्तुओं का उत्पादन करती हैं तो इसे **भेदात्मक अल्पाधिकार** (Differentiated Oligopoly) अथवा **उत्पाद विभेदीकरण सहित अल्पाधिकार** (Oligopoly with Product differentiation) कहते हैं।

अल्पाधिकार की विशेषताएं (Characteristics of Oligopoly)

अल्पाधिकारी की कुछ प्रमुख विशेषताएं निम्न हैं—

1. परस्पर निर्भरता (Interdependence)—अल्पाधिकार की सबसे महत्त्वपूर्ण विशेषता उद्योग की कुछ फर्मों द्वारा निर्णय करने में पारस्परिक निर्भरता है। एक अल्पाधिकारी फर्म द्वारा निर्णय लेते समय यह ध्यान रखना होता है कि उसके निर्णयों के प्रतिक्रिया स्वरूप उसके प्रतिद्वन्द्वी की प्रतिक्रियाएं किस प्रकार की होंगी।

2. अल्पाधिकारी के मांग वक्र की अनिश्चितता (Indeterminateness of demand curve facing an Oligopolist)—अन्य मुख्य विशेषता यह है कि अल्पाधिकारी जिस मांग वक्र का सामना करता है वह अनिश्चित होता है। मांग वक्र यह बताता है कि विभिन्न कीमतों पर एक फर्म अपनी वस्तु की कितनी-कितनी मात्राएं बेच सकती है। लेकिन फर्मों के **परस्पर निर्भरता** के कारण अल्पाधिकार में स्थिति बिल्कुल भिन्न है। अल्पाधिकार की स्थिति में एक फर्म यह नहीं मान सकती कि उसके द्वारा कीमत परिवर्तन की स्थिति में उसके प्रतिद्वन्द्वी अपनी कीमतों में कोई परिवर्तन नहीं करेंगे। इसके कारण अल्पाधिकारी का मांग वक्र अनिश्चित होता है। क्योंकि यह प्रतिद्वन्द्वी फर्मों द्वारा कीमत परिवर्तनों के कारण विवर्तित (shift) होता रहता है।

एक फर्म के लिए निश्चित मांग वक्र को तभी बनाया जा सकता है जबकि यह निश्चित रूप से पता हो कि प्रतिद्वन्द्वी फर्मों द्वारा कीमतों में किसी भी प्रकार का परिवर्तन नहीं किया जाएगा अथवा यह पता हो कि इस कीमत के परिवर्तन के परिणामस्वरूप उनकी कीमतों में किसी प्रकार के परिवर्तन होंगे। परन्तु अल्पाधिकार में यह निश्चित नहीं है कि एक फर्म द्वारा कीमत परिवर्तन का निश्चित परिणाम प्रतिद्वन्द्वियों पर क्या पड़ेगा। इसलिए एक अल्पाधिकारी फर्म के मांग वक्र को निश्चित रूप से नहीं बनाया जा सकता।

कीमत नेतृत्व (Price Leadership)

अल्पाधिकार के अन्तर्गत कीमत निर्धारण की एक महत्त्वपूर्ण विधि को **'कीमत-नेतृत्व'** (Price Leadership) कहते हैं। कीमत-नेतृत्व से अभिप्राय उस बाजार-स्थिति से है जिसके अन्तर्गत कीमत उद्योग की केवल एक ही फर्म द्वारा निर्धारित की जाती है। उद्योग की अन्य फर्में उसे बिना प्रश्न किए स्वीकार कर लेती हैं।

कीमत नेतृत्व के प्रकार (Types of Price Leadership)

कीमत-नेतृत्व दो प्रकार का होता है—

(क) प्रधान फर्म द्वारा कीमत नेतृत्व (Dominant Firm Price Leadership)

(ख) स्थितिमान कीमत नेतृत्व (Barometric Price Leadership)

प्रधान फर्म द्वारा कीमत नेतृत्व के अन्तर्गत एक उद्योग की कुछ फर्मों में से एक फर्म कुल उत्पादन के एक बहुत बड़े भाग का उत्पादन करने के कारण वस्तु के बाजार पर अपना प्रभुत्व रखती है। इस प्रधान फर्म का वस्तु के बाजार पर अत्यधिक प्रभाव रहता है और अन्य फर्में छोटी होने के कारण बाजार को अधिक प्रभावित नहीं कर पाती। परिणामस्वरूप प्रधान फर्म कीमत निर्धारित करती है और अन्य फर्में उसे स्वीकार कर लेती हैं। चूंकि अन्य फर्में छोटी आकार की होती हैं, अतः प्रधान फर्म द्वारा निर्धारित कीमत को उन्हें स्वीकार करना ही पड़ता है। अतः छोटी फर्मों का औसत आगत-वक्र (AR) एक क्षैतिज रेखा होती है। इन छोटी फर्मों को

अपनी उत्पादन मात्राओं को उस बिन्दु से समायोजित करना होता है जिस पर उनकी सीमान्त लागतें (MC) प्रधान फर्म द्वारा स्थापित कीमत के बराबर होती हैं।

दूसरे प्रकार के कीमत नेतृत्व को **स्थितिमान कीमत नेतृत्व** (Barometric Price Leadership) कहते हैं जिसके अन्तर्गत एक पुरानी, अनुभवी तथा सबसे बड़ी फर्म सबके संरक्षक का रूप धारण कर लेती है और सभी फर्मों के हितों की रक्षा करती है। वह बाजार में वस्तु की मांग, उत्पादन लागत, अन्य सम्बन्धित वस्तुओं के सम्बन्ध में बाजार स्थितियों में परिवर्तनों का अनुमान लगाती है और कीमत को इस प्रकार निर्धारित करती है कि वे सभी फर्मों के दृष्टिकोण से सर्वोत्तम हों। स्वाभाविक है कि अन्य सभी फर्में इस कीमत को स्वीकार करेंगी।

कपट सन्धायी अल्पाधिकार (Collusive Oligopoly)

कभी-कभी अल्पाधिकारी फर्मों द्वारा कीमत-उत्पादन निर्धारण के सम्बन्ध में आपस में औपचारिक समझौता कर लिया जाता है। औपचारिक समझौता के अन्तर्गत अल्पाधिकारी आपस में विचार-विमर्श करके अपनी कीमत या उत्पादन के सम्बन्ध में कार्य करने के लिए कुछ सामान्य नियम निर्धारित कर लेते हैं। इसके अन्तर्गत वे लिखित समझौते भी कर सकते हैं जिनमें उन दण्डों का भी उल्लेख हो सकता है जो समझौता तोड़ने पर मिलेंगे।

अल्पाधिकारियों में औपचारिक समझौते की स्थिति में कीमत उत्पादन निर्धारण का अध्ययन **''कपट सन्धायी अल्पाधिकार''** (Collusive Oligopoly) के अन्तर्गत किया जाता है।

जब एक उद्योग के विभिन्न अल्पाधिकारी मिलकर एक औपचारिक समझौता करते हैं तो कहा जाता है कि उन्होंने **कार्टेल** (Cartel) अथवा संघ का निर्माण किया है। औपचारिक समझौते द्वारा एक ऐसी कीमत निर्धारित करने का प्रयास किया जाता है जिससे सभी सदस्य फर्मों को **अधिकतम संयुक्त लाभ** (Maximum Joint Profits) प्राप्त हो सकें। फर्मों के इस प्रकार के संयोग (Combination) अथवा संघ को शक्तिशाली एकाधिकार (Strong monopoly) की संज्ञा दी जाती है।

कीमत दृढ़ता एवं विकुंचित मांग वक्र (Price rigidity and Kinked demand curve)

कीमत दृढ़ता (Price-rigidity) अल्पाधिकारी की एक महत्त्वपूर्ण विशेषता है। अल्पाधिकार के अन्तर्गत कीमत निर्धारण की कोई भी विधि क्यों न अपनाई जाए, कीमत में दृढ़ता की प्रवृत्ति निश्चय ही कार्यशील होगी। अन्य शब्दों में, अल्पाधिकार के अधीन उद्योग से सम्बन्धित मांग एवं लागत दशाओं में परिवर्तन के बावजूद कीमत स्थिरता की प्रवृत्ति पाई जाती है। अल्पाधिकार के अन्तर्गत जब एक बार कीमत निर्धारित हो जाती है तो कई महीनों यहां तक कि कई वर्षों तक वही कीमत चालू रहती है। मांग एवं लागत में परिवर्तनों के बावजूद उस कीमत में तनिक भी परिवर्तन नहीं होता है। अल्पाधिकार की स्थिति में कीमत-स्थिरता के सम्बन्ध में बहुत सी व्याख्याएं प्रस्तुत की गई हैं परन्तु सबसे लोकप्रिय व्याख्या विकुंचित (Kinked) मांग वक्र सिद्धान्त की है।

विकुंचित मांग वक्र सिद्धान्त का प्रतिपादन **पॉल एम. स्वीजी** (Paul M. Sweezy) द्वारा किया गया था।

विकुंचित मांग वक्र सिद्धान्त अल्पाधिकार में कीमत निर्धारण की व्याख्या नहीं करता। यह केवल इतना बताता है कि जब एक बार अल्पाधिकार में कीमत निर्धारण हो जाती है तो यह अपरिवर्तित अथवा स्थिर क्यों रहती है। इस सिद्धान्त के अनुसार, अल्पाधिकारी जिस मांग वक्र का सामना करता है, उसमें वर्तमान कीमत के स्तर पर विकुंचन (Knik) होता है। मांग वक्र में विकुंचन वर्तमान कीमत-स्तर पर इसलिए होता है क्योंकि मांग वक्र का वह भाग जो वर्तमान कीमत से ऊपर है अत्यन्त लोचदार (more-elastic) होता है और वर्तमान कीमत से मांग वक्र का नीचे का भाग बेलोचदार (Inelastic) होता है। रेखाचित्र में विकुंचित मांग वक्र *d*D को दिखाया गया है।

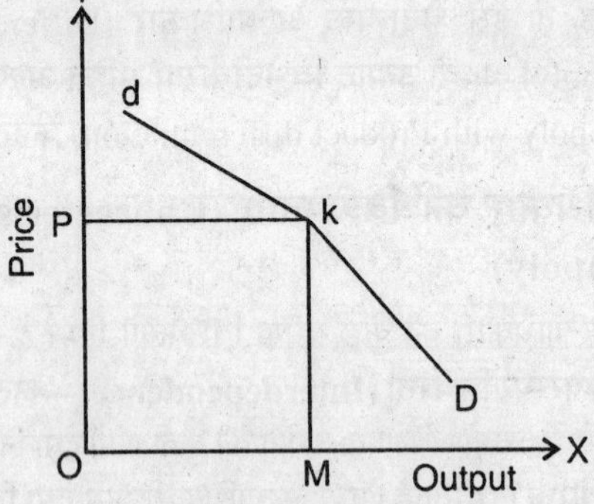

रेखाचित्र : *विकुंचित मांग वक्र*

रेखाचित्र में वर्तमान कीमत स्तर OP है तथा इस कीमत पर फर्म OM मात्रा का उत्पादन एवं बिक्री कर रही है। *d*D मांग वक्र का ऊपर वाला भाग dK अपेक्षाकृत लोचदार है तथा निचला भाग *k*D अपेक्षाकृत बेलोचदार। लोचों में अन्तर उस विशेष प्रतियोगी **प्रतिक्रिया ढांचे** (reaction pattern) के कारण होता है जिसकी कल्पना विकुंचित मांग वक्र सिद्धान्त में की गई है।

विकुंचित मांग वक्र सिद्धान्त में जिस प्रतियोगी प्रतिक्रिया की कल्पना की गई है वह यह है : **प्रत्येक अल्पाधिकारी यह विश्वास करता है कि यदि वह अपनी कीमत को वर्तमान स्तर से कम कर देता है तो उसके प्रतिद्वन्द्वी भी ऐसा ही करेंगे और अपनी-अपनी कीमतों को कम कर देंगे, परन्तु यदि वह कीमत को वर्तमान स्तर से बढ़ा देता है तो उसके प्रतिद्वन्द्वी इसका अनुसरण नहीं करेंगे अर्थात अपनी-अपनी कीमतों में वृद्धि नहीं करेंगे।**

कीमत दृढ़ता के कारण (Reason for Price Rigidity)

अब हम इस बात की चर्चा करेंगे कि एक अल्पाधिकारी, जो कि विकुंचित मांग वक्र का सामना करता है, में कीमत बढ़ाने अथवा कम करने की प्रेरणा का अभाव क्यों होता है। अल्पाधिकारी, चूंकि कीमत को वर्तमान कीमत स्तर से घटा कर मांग में अधिक वृद्धि नहीं कर सकता और वर्तमान कीमत स्तर से कीमत को बढ़ाने पर उसकी बिक्री बहुत कम हो जाने के कारण वह वर्तमान कीमत में परिवर्तन लाने के लिए प्रेरित नहीं होता। अन्य शब्दों में, चूंकि वर्तमान कीमत को बदलने में कोई लाभ नहीं है, इसलिए अल्पाधिकारी वर्तमान कीमत पर ही अपनी वस्तु को बेचता रहेगा।

विकुंचित मांग वक्र तथा अल्पाधिकारी का सन्तुलन (Kinked demand curve and the Equilibrium of the Oligopolist)

विकुंचित मांग वक्र की स्थिति में अल्पाधिकारी वर्तमान कीमत स्तर पर सन्तुलन की स्थिति में होगा। अन्य शब्दों में, अल्पाधिकारी फर्म को वर्तमान कीमत स्तर पर अधिकतम लाभ प्राप्त होगा। अधिकतम लाभ प्रदान करने वाले कीमत-उत्पादन संयोग का पता लगाने के लिए रेखाचित्र में विकुंचित मांग वक्र (*d*D) तथा तदनुरूपी सीमान्त आय वक्र MR दर्शाया गया है। विकुंचित मांग वक्र से सम्बन्धित सीमान्त आय वक्र (MR) में **सान्तरता (discontinuity)** होता है। इस सान्तरता की लम्बाई इस बात पर निर्भर करती है कि मांग वक्र के *k* बिन्दु पर इस वक्र के दो भागों *dk* तथा *k*D की लोचों में क्या अन्तर है? दोनों भागों में लोचों में अन्तर जितना अधिक होगा, सान्तरता की लम्बाई भी उतनी ही अधिक होगी।

रेखाचित्र में सीमान्त आय वक्र (MR) में (HR) सान्तर भाग (discontinuous) या अन्तराल (gap) है। अब यदि अल्पाधिकारी का सीमान्त लागत वक्र इस प्रकार का है कि यह सीमान्त आय वक्र के सान्तर भाग HR से गुजरता है, जैसा कि रेखाचित्र में दिखाया गया है, तो अल्पाधिकारी को वर्तमान कीमत स्तर OP पर ही अधिकतम लाभ प्राप्त होंगे। इस प्रकार फर्म E बिन्दु पर OP

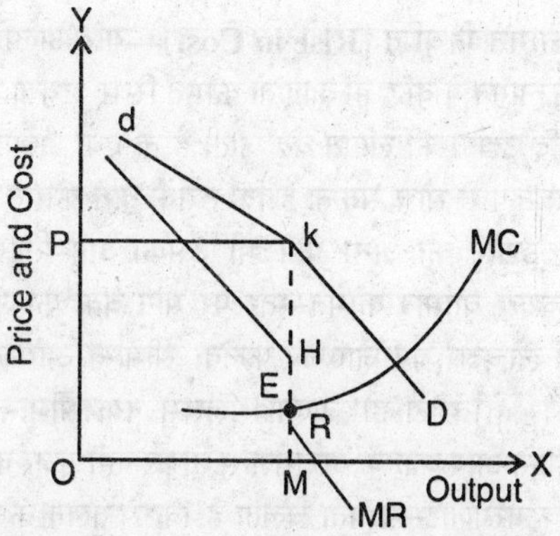

कीमत तथा उत्पादन मात्रा OM के साथ सन्तुलन में होगा। अल्पाधिकारी, चूंकि वर्तमान कीमत-स्तर पर अपने लाभों को अधिकतम कर रहा है, उसके लिए कीमत में परिवर्तन करने के लिए कोई प्रेरणा नहीं होगी। लागतों में परिवर्तन के बावजूद जब तक सीमान्त लागत वक्र सीमान्त आय वक्र के HR अन्तराल से गुजरता रहेगा तब तक कीमत स्थिर रहेगी।

किन्तु यह ध्यान देने योग्य है कि विकुंचित मांग वक्र सिद्धान्त से यह भावार्थ नहीं निकलता कि जब भी लागत व मांग दशाओं में परिवर्तन आता है तो कीमत पूर्ववत ही रहती है। लागत एवं मांग दशाओं में परिवर्तन होने पर कब कीमत में परिवर्तन हो सकता है इसकी व्याख्या नीचे की जा रही है—

1. लागतों में कमी (Decline in costs)—जब उत्पादन लागत में कमी होती है तो कीमत के स्थिर रहने की सम्भावना अधिक होती है। जब उत्पादन लागत घटती है तो वर्तमान कीमत पर मांग वक्र का ऊपर वाला भाग अधिक लोचदार (more elastic) बन जाएगा क्योंकि कम लागतों के साथ इस बात की अधिक निश्चित सम्भावना है कि अल्पाधिकारी द्वारा अपनी कीमत बढ़ाए जाने पर उसके प्रतिद्वन्द्वी अपनी कीमतों में वृद्धि नहीं करेंगे और इससे अल्पाधिकारी की बिक्री बहुत घट जाएगी। दूसरी ओर, लागतों में कमी होने पर मांग वक्र का निचला भाग अधिक बेलोचदार बन जाएगा। क्योंकि लागतों में गिरावट के कारण इस बात की निश्चित सम्भावना है कि अल्पाधिकारी द्वारा कीमत के कम किए जाने पर उसके प्रतिद्वन्द्वी भी कीमत को कम कर देंगे। इस प्रकार लागतों में कमी के कारण मांग वक्र के ऊपर वाला भाग के अधिक लोचदार तथा नीचे वाले भाग के अधिक बेलोचदार हो जाने के कारण सीमान्त आय वक्र में अन्तराल (gap) में वृद्धि हो जाती है। परिणामस्वरूप, नया सीमान्त लागत वक्र भी प्राय: अन्तराल के मध्य से होकर ही गुजरेगा और कीमत तथा उत्पादन की मात्रा पूर्ववत रहेगी।

2. लागत में वृद्धि (Rise in Cost)—यदि अल्पाधिकारी उद्योग की लागत में वृद्धि हो जाए तो कीमत स्थिर अथवा दृढ़ नहीं रहेगी। यदि उद्योग की लागत बढ़ जाती है तो एक अल्पाधिकारी यह उचित रूप से सोच सकता है कि उसके द्वारा कीमत में वृद्धि करने पर उद्योग की अन्य फर्में भी उसका अनुसरण करेंगी। परिणामस्वरूप वर्तमान कीमत-स्तर पर मांग वक्र का ऊपर का भाग कम लोचदार बन जाएगा। फलत: सीमान्त आय वक्र का अन्तराल (gap) छोटा हो जाएगा। जिससे नया सीमान्त लागत वक्र-सीमान्त आय वक्र के अन्तराल से होकर नहीं गुजर कर ऊपर से होकर गुजरेगा। इससे पता चलता है कि सन्तुलन कीमत बढ़ जाएगी तथा सन्तुलन उत्पादन मात्रा घट जाएगी। **इस प्रकार विकुंचित मांग वक्र सिद्धान्त से यह पता चलता है कि लागत वृद्धि की दशा में कीमत के स्थिर रहने की सम्भावना नहीं है।**

3. मांग में कमी (Decrease in demand)—मांग में कमी होने की स्थिति में अधिक सम्भावना यह है कि कीमत स्थिर अथवा दृढ़ रहेगी और इसमें कोई गिरावट नहीं होगी। जब मांग गिरती है, तो यह अधिक निश्चित हो जाता है कि यदि कोई अल्पाधिकार कीमत में कमी की क्रिया को प्रारम्भ करता है तो अन्य उसका अनुसरण करेंगे जिसका परिणाम यह होगा कि मांग वक्र का निचला भाग अधिक बेलोचदार बन जाएगा। दूसरी ओर, मांग के कम होने की स्थिति में प्राय: यह निश्चित है कि एक अल्पाधिकारी द्वारा कीमत में वृद्धि करने की स्थिति में अन्य फर्में उसका अनुसरण नहीं करेंगे। परिणामस्वरूप मांग वक्र का ऊपर वाला भाग अधिक लोचदार बन जाएगा। मांग वक्र के ऊपर वाले भाग की लोच में वृद्धि तथा निचले भाग की लोच में कमी हो जाने के कारण, सीमान्त आय वक्र में अन्तराल बढ़ जाएगा। परिणामस्वरूप इस बात की सम्भावना अधिक है कि दिया हुआ सीमान्त लागत वक्र नए सीमान्त आय वक्र को अन्तराल के अन्दर ही काटेगा। इससे पता लगता है कि मांग के कम होने पर कीमत के अपरिवर्तित रहने की सम्भावना रहती है।

4. मांग में वृद्धि (Increase in demand)—जब मांग में वृद्धि हो जाती है, तो कीमत के स्थिर रहने की सम्भावना नहीं है। मांग में वृद्धि की दशा में, एक अल्पाधिकारी यह आशा कर सकता है कि वह कीमत में वृद्धि करता है तो उसके प्रतियोगी सम्भवत: उसका अनुसरण करेंगे। इसलिए मांग वक्र का ऊपर वाला भाग कम लोचदार बन जाएगा। परिणामस्वरूप सीमांत आय वक्र में अन्तराल कम हो जाएगा और यदि यह अन्तराल बहुत कम हो जाता है तो इस बात की सम्भावना अधिक है कि सीमान्त लागत वक्र, सीमान्त आय वक्र अन्तराल के ऊपर काटेगा।

इस प्रकार यह स्पष्ट है कि अल्पाधिकार का विकुंचित मांग वक्र विश्लेषण गिरती लागतों या गिरती मांग की दशाओं में कीमत स्थिरता की व्याख्या करता है, जबकि लागतों के बढ़ने या मांग के बढ़ने पर कीमतों में बढ़ने की सम्भावना होती है।

साधन कीमत विश्लेषण (Factor Pricing Analysis)

साधन कीमत का विश्लेषण हम वितरण के सिद्धान्त (Theory of distribution) के अन्तर्गत करते हैं। अतएव वितरण के सिद्धान्त के अन्तर्गत हम भूमि का किराया (rant), श्रम की मजदूरी (wages), पूंजी पर ब्याज (Interest) तथा उद्यमी के लाभ (Profits) का विश्लेषण करते हैं। यहां ध्यान देने योग्य बात यह है कि वितरण के सिद्धान्त (Theory of distribution) में **वैयक्तिक वितरण** (Personal distribution) की व्याख्या नहीं करते बल्कि **कार्यानुसार वितरण** (functional distribution) की व्याख्या करते हैं। विभिन्न साधनों की सेवाओं की कीमतों के निर्धारण की विवेचना कार्यानुसार वितरण में की जाती है। इसके अन्तर्गत इस बात की विवेचना नहीं की जाती कि समाज के विभिन्न व्यक्तियों में आय का वितरण किस प्रकार होता है। विभिन्न व्यक्तियों में आय का वितरण (अर्थात वैयक्तिक वितरण) न केवल व्यक्तियों के साधनों की कीमतों पर निर्भर करता है बल्कि इस पर भी निर्भर करता है कि वे साधनों की कितनी मात्रा के स्वामी हैं।

वितरण के व्यष्टिपरक तथा समष्टि परक सिद्धान्त (Micro and Macro-theories of distribution)

कार्यानुसार वितरण (functional distribution) का अध्ययन दो दृष्टिकोणों से किया जाता है। **ये हैं व्यष्टिपरक तथा समष्टिपरक दृष्टिकोण। वितरण का व्यष्टिपरक सिद्धान्त** (Micro theory of distribution) इस बात की व्याख्या करता है कि उत्पादन के विभिन्न साधनों के पुरस्कार अथवा पारिश्रमिक की दरें (rate of reward) किस प्रकार निर्धारित होती हैं। अन्य शब्दों में, उत्पादन-साधनों की सापेक्ष कीमतें (relative prices) जैसे कि श्रमिकों की मजदूरी की दर, भूमि पर लगान की दर, पूंजी पर ब्याज की दर का निर्धारण किस प्रकार होता है। इसके विपरीत, वितरण का समष्टिपरक सिद्धान्त (Macro theory of distribution) राष्ट्रीय आय में विभिन्न साधनों के समस्त भागों (total or aggregate shares) के निर्धारण की व्याख्या करता है। वितरण के समष्टिपरक सिद्धान्त के विभिन्न साधनों के सापेक्ष भागों (relative shares) की व्याख्या करने के कारण, इसे **वितरणात्मक भागों का सिद्धान्त (theory of distributive** shares) भी कहा जाता है। इस प्रकार वितरण का समष्टिपरक सिद्धान्त यह बताता है कि राष्ट्रीय आय में श्रमिकों की समस्त आय, देश के सभी उद्यमकर्ताओं को राष्ट्रीय आय से प्राप्त कुल लाभ इत्यादि किस प्रकार निर्धारित होते हैं।

वितरण का सीमान्त उत्पादकता सिद्धान्त (Marginal Productivity theory of distribution)

साधनों की कीमतों के निर्धारण के सम्बन्ध में महत्त्वपूर्ण व्याख्या वितरण के सीमान्त उत्पादकता सिद्धान्त द्वारा की जाती है। इस सिद्धान्त के अनुसार उत्पादन के साधनों की कीमतें उनकी सीमान्त उत्पादकताओं (marginal productivities) द्वारा निर्धारित होती है अर्थात प्रत्येक साधन को उसके उपयोग के लिए उतना पुरस्कार (reward) मिलता है जितना उसका सीमान्त उत्पादन होता है (factors are paid rewards equal to their marginal products)। सर्वप्रथम सीमान्त उत्पादकता सिद्धान्त मजदूरी के निर्धारण की व्याख्या के लिए प्रस्तुत किया गया परन्तु बाद में अन्य साधनों, भूमि, पूंजी आदि की कीमतों के निर्धारण की व्याख्या इससे की गयी।

सीमान्त आय उत्पादन (MRP) तथा सीमान्त उत्पादन का मूल्य (VMP) (Marginal Revenue Product and Value of Marginal Product)

साधनों की कीमत निर्धारण के सिद्धान्त को भली-भांति समझने के लिए सीमान्त उत्पादन की दो महत्त्वपूर्ण धारणाओं को समझना आवश्यक है। साधनों की कीमत न केवल उनकी सीमान्त भौतिक उत्पादकता (Marginal Physical productivity) पर निर्भर करती है बल्कि इस बात पर भी कि उसके द्वारा उत्पादित वस्तु मार्केट में विक्रय करने पर उत्पादक को कितनी आय प्रदान करता है। इस सम्बन्ध में निम्न दो प्रकार की धारणाओं (concepts) का प्रयोग किया जाता है—

1. **सीमान्त आय उत्पादन** (Marginal Revenue Product)
2. **सीमान्त उत्पादन का मूल्य** (Value of Marginal Product)

सीमान्त आय उत्पादन (Marginal Revenue Product or MRP)

उत्पादन के किसी साधन का सीमान्त आय उत्पादन उस साधन की एक अतिरिक्त इकाई के उपयोग करने पर उत्पादनकर्ता की **कुल आय** (total revenue) में वृद्धि को कहते हैं जब कि अन्य साधनों पर किया गया कुल व्यय स्थिर रहता है। इस प्रकार श्रम की एक अतिरिक्त इकाई के उपयोग करने से नियोजक (employer) की आय में हुए वृद्धि को श्रम का सीमान्त आय उत्पादन (MRP) कहा जाता है।

साधन का सीमान्त आय उत्पादन को ज्ञात करने की विधि में पहले साधन की सीमान्त भौतिक उत्पादन (Marginal Physical Product) को मापा जाता है और फिर उसे वस्तु की सीमान्त आय (Marginal Revenue or MR) से गुणा किया जाता है। अत:

$$\text{सीमान्त आय उत्पादन (MRP)} = MPP \times MR$$

जहां MPP साधन के सीमान्त भौतिक उत्पाद को व्यक्त करता है। किसी साधन का MPP उस साधन की एक अतिरिक्त इकाई के उपयोग करने से कुल भौतिक उत्पादन में हुई वृद्धि को व्यक्त करता है।

सीमान्त उत्पादन का मूल्य (Value of Marginal Product or VMP)

साधन के सीमान्त उत्पादन का मूल्य (VMP) भी एक महत्त्वपूर्ण धारणा है। यह साधन के सीमान्त भौतिक उत्पादन (MPP) को वस्तु की कीमत से गुणा करके प्राप्त किया जाता है। अत:

$$VMP = MPP \times \text{उत्पादित वस्तु की कीमत}$$

चूंकि वस्तु मार्केट में पूर्ण प्रतियोगिता पाए जाने की स्थिति में एक फर्म के लिए वस्तु की कीमत स्थिर रहती है तथा फर्म का सीमान्त आय (MR) उत्पादित वस्तु की कीमत के समान होती है (under perfect competition in the product market, MR = price of the product)। इससे सिद्ध होता है कि वस्तु मार्केट में पूर्ण प्रतियोगिता के अन्तर्गत साधन का सीमान्त उत्पादन मूल्य (VMP), साधन के सीमान्त आय उत्पादन (MR) के बराबर होगा।

अत: वस्तु मार्केट में पूर्ण प्रतियोगिता के अन्तर्गत—

$$VMP = MRP$$

व्यक्तिगत फर्म द्वारा साधन की मांग

नियोक्ता (employer) की ओर से किसी साधन की मांग उस साधन की सीमान्त आय उत्पादकता (Marginal revenue productivity) पर निर्भर करती है। अत: साधन का सीमान्त आय उत्पादकता वक्र ही किसी व्यक्तिगत फर्म द्वारा उस साधन का मांग-वक्र होता है (Marginal revenue productivity curve is the demand curve for a factor of production of an individual firm)। लेकिन यहां ध्यान देने योग्य बात यह है कि

MRP वक्र का बायीं से दायीं ओर नीचे की ओर गिरने वाला भाग ही साधन का मांग वक्र होता है (It should be noted that only the downward sloping portion of the MRP curve forms the demand curve for that factor)। फर्म द्वारा साधन की मांग वक्र को निम्न रेखाचित्र की सहायता से दिखाया गया है—

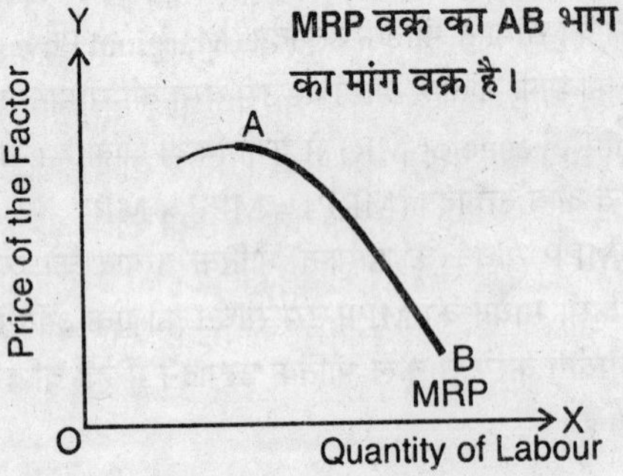

रेखाचित्र : *फर्म द्वारा साधन की मांग*

यूलर प्रमेय तथा योगीकरण समस्या (Euler's theorem and Adding up Problem or Product Exhaustion Problem)

उत्पादन के साधनों को उनकी सीमान्त उत्पादकताओं (Marginal Products) के बराबर पारिश्रमिक देने की बात कही गई तो इससे एक बड़ी समस्या खड़ी हो गई जिस पर कि उस समय के प्रसिद्ध अर्थशास्त्रियों में वाद-विवाद छिड़ गया। समस्या यह थी कि यदि सभी साधनों को उनकी सीमान्त उत्पादकताओं के बराबर पारिश्रमिक प्राप्त होते हैं तो क्या इससे कुल उत्पादन (total product) पूर्णतया वितरित हो जाएगा और शेष कुछ नहीं बचेगा (If all factors were paid rewards equal to their marginal products, would the total product be just exactly exhausted?) इसे सिद्ध करने से सम्बन्धित समस्या को **योगीकरण की समस्या** (Adding up Problem) कहा गया है।

''योगीकरण समस्या'' (adding-up problem) से सम्बन्धित दो समाधान अर्थशास्त्रियों द्वारा प्रस्तुत किए गए हैं। **प्रथम फिलीप विकस्टीड** (Philip wicksteed) द्वारा प्रतिपादित समाधान है जो कि पैमाने के स्थिर प्रतिफल के होने पर आधारित है। **द्वितीय,** विकसेल, बरोन और वालरस द्वारा प्रस्तुत समाधान है जो कि फर्मों के दीर्घकालीन औसत लागत वक्र के निम्नतम बिन्दु पर उत्पादन करने पर आधारित है।

फिलीप विकस्टीड उन अर्थशास्त्रियों में से हैं जिन्होंने सर्वप्रथम योगीकरण की समस्या की चर्चा की और इसका समाधान प्रस्तुत किया। विकस्टीड ने इस बात को सिद्ध करने के लिए कि सभी साधनों को उनकी सीमान्त उत्पादकताओं के समान कीमतें देने पर कुल उत्पादन पूर्णतया वितरित हो जाएगा, गणित के एक प्रसिद्ध प्रमेय (mathematical theorem), जिसे **यूलर का प्रमेय** (Euler's theorem) कहा जाता है, का प्रयोग किया। यदि उत्पादन फलन प्रथम कोटि का समरूप फलन है (If production function is homogeneous of the first degree) तो यूलर प्रमेय के अनुसार यदि उत्पादन के विभिन्न साधनों को उनकी सीमान्त उत्पादकताओं के अनुसार पुरस्कार (rewards) दिए जाएं तो कुल उत्पादन पूर्णतया वितरित (Exhaust) हो जाएगी।

इस प्रकार विक्स्टीड ने **पैमाने के स्थिर प्रतिफल** (constant returns to scale) की पूर्व धारणा करते हुए और यूलर प्रमेय को निहित करके योगीकरण की समस्या का समाधान प्रस्तुत किया।

मजदूरी वृद्धि का श्रम क्रिया पर प्रभाव : आय प्रभाव तथा स्थानापत्ति प्रभाव (Effect of wage increase on work effort : Income effect and substitution effect)

श्रम की पूर्ति को निर्धारित करने वाले सबसे अधिक महत्त्वपूर्ण आर्थिक कारक **'कार्य-अवकाश अनुपात'** (work leisure ratio) है। अवकाश एक प्राकृतिक मानवीय प्रेरणा है जिसका त्याग वह आय प्राप्ति के लिए करता है। इस प्रकार कार्य अवकाश का परित्याग है। मौद्रिक मजदूरी वह आकर्षण है जिसकी प्राप्ति के लिए श्रमिक अवकाश का त्याग करता है। इस प्रकार श्रमिक अधिक मौद्रिक आय तभी प्राप्त कर सकता है जबकि वह अधिक से अधिक कार्य करे अथवा अधिक से अधिक अवकाश का परित्याग करे।

मजदूरी दर में वृद्धि का दो प्रभाव होता है—**आय प्रभाव तथा प्रतिस्थापन प्रभाव।** जब मजदूरी की दर में वृद्धि होती है तो श्रमिक अवकाश का कार्य द्वारा प्रतिस्थापन करता है और अधिक मौद्रिक आय की प्राप्ति से आकर्षित होकर श्रमिक पहले की अपेक्षा अधिक घण्टे काम करने लगता है। इसे मजदूरी वृद्धि का **प्रतिस्थापन प्रभाव** कहते हैं। अन्य शब्दों में, मजदूरी दर में वृद्धि होने पर काम में लगाया गया प्रत्येक घण्टा पहले से अधिक आय लाता है अर्थात मजदूरी दर में वृद्धि अवकाश को पहले से **अधिक महंगा** (more expensive) बना देती है जिससे प्रेरित होकर श्रमिक अवकाश का आय से प्रतिस्थापन करता है। इस प्रकार मजदूरी दर में वृद्धि के प्रतिस्थापन प्रभाव का परिणाम सदा श्रम कार्य की मात्रा (श्रम की पूर्ति) में वृद्धि तथा अवकाश में कमी होती है। इस स्थिति में श्रम का पूर्ति वक्र बायें से दायें ऊपर की ओर चढ़ता हुआ होता है।

लेकिन दूसरी ओर मजदूरी वृद्धि का विपरीत प्रभाव भी सम्भव हो सकता है।

मजदूरी दर में निरन्तर वृद्धि होने से तथा प्रतिस्थापन प्रभाव के कारण श्रमिक की आय इतनी अधिक बढ़ जाती है कि यदि एक सीमा के बाद अगर मजदूरी दर में वृद्धि की जाती है तो भी श्रमिक पहले की अपेक्षा काम **कम** और अवकाश का उपभोग अधिक करना चाहता है। **इसे मजदूरी वृद्धि का आय प्रभाव (income effect)** कहते हैं। इस स्थिति में श्रमिक का श्रम-पूर्ति वक्र (labour supply curve) पीछे की ओर मुड़ जाता है।

इस प्रकार मजदूरी दर में वृद्धि का प्रतिस्थापन प्रभाव तथा आय प्रभाव विपरीत दिशाओं में कार्य करता है, जबकि प्रतिस्थापन प्रभाव के कारण श्रम-कार्य की मात्रा में वृद्धि की प्रवृत्ति होती है वहीं आय प्रभाव श्रम-कार्य की मात्रा को कम कर देता है। यदि मजदूरी दर में वृद्धि का प्रतिस्थापन प्रभाव इसके आय प्रभाव से प्रबल है, तो शुद्ध प्रभाव (Net effect) श्रम-कार्य की मात्रा में वृद्धि का होगा, अर्थात जब मजदूरी दर में वृद्धि होगी तो अधिक घण्टे काम किया जाएगा। इस प्रकार मजदूरी दर में वृद्धि के कारण श्रमिक अधिक श्रम क्रिया की पूर्ति करेगा या कम, यह आय तथा प्रतिस्थापन प्रभावों की सापेक्ष शक्तियों पर निर्भर करेगा।

मजदूरी निवेद वक्र (Wage offer curve)

मजदूरी निवेद वक्र यह बताता है कि विभिन्न मजदूरी दरों पर श्रमिक कितने घण्टे काम करने को तैयार होगा। रेखाचित्र में मजदूरी निवेद वक्र को दिखाया गया है। रेखाचित्र से स्पष्ट है कि आरम्भ में जब मजदूरी की दर बढ़ती है तो श्रम घण्टों की पूर्ति में भी वृद्धि होती है इसका तात्पर्य यह है कि मजदूरी दर में वृद्धि का प्रतिस्थापन प्रभाव इसके आय प्रभाव से शक्तिशाली है जिसके

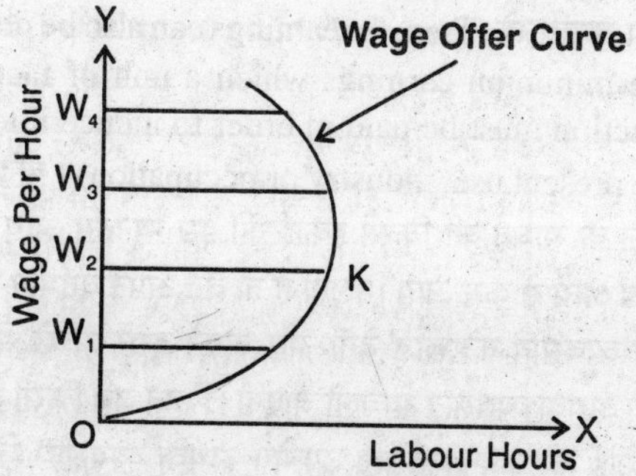

रेखाचित्र : मजदूरी निवेद वक्र

परिणामस्वरूप मजदूरी दर में वृद्धि होने पर श्रम घण्टों की पूर्ति में वृद्धि हो जाती है।

ऊपर के रेखाचित्र से स्पष्ट है कि W_2 मजदूरी की दर तक श्रम घण्टे की पूर्ति में वृद्धि होती है लेकिन इसके बाद मजदूरी की दर में वृद्धि करने पर श्रम घण्टे का पूर्ति कम होने लगता है अर्थात पूर्ति वक्र पीछे की ओर मुड़ जाता है। इस प्रकार रेखाचित्र से स्पष्ट है कि जब प्रति घंटा मजदूरी दर बहुत निम्न स्तर से बढ़कर साधारणत: अच्छे स्तर तक पहुंचती है तो श्रम घण्टे की पूर्ति में वृद्धि होती है और इसके उपरान्त जब मजदूरी दरों में वृद्धि होती है तो श्रम घण्टों की पूर्ति में कमी होने लगती है। इसका कारण यह है कि प्रत्येक व्यक्ति की कुछ न्यूनतम आवश्यकताएं होती हैं जिनको सन्तुष्ट करने के लिए मौद्रिक आय की आवश्यकता होती है। जब मजदूरी की दर इतनी कम होती है कि वह अपनी न्यूनतम आवश्यकताओं की संतुष्टि के लिए पर्याप्त आय प्राप्त नहीं कर रहा होता है तो आय के लिए, अवकाश की तुलना में, उसका अधिमान सापेक्षत: अधिक होगा। इसलिए जब मजदूरी दर में वृद्धि होगी तो श्रमिक अधिक घंटे कार्य करेगा। जब मजदूरी की दर बढ़कर उस स्तर पर पहुंच जाती है जहां कि वह अपनी न्यूनतम आवश्यकताओं को पूरा करने के लिए पर्याप्त आय प्राप्त कर लेता है, तब मजदूरी दरों में वृद्धि होने पर कार्य-घंटे में कमी होने लग जाएगी, क्योंकि अब व्यक्ति अधिक अवकाश का आनन्द उठाने की सोच सकता है और साथ ही इतनी आय भी प्राप्त कर सकता है कि उसकी न्यूनतम आवश्यकताएं पूरी हो जाएं।

लगान का प्रतिष्ठित अथवा रिकार्डियन सिद्धान्त (Classical or Ricardian theory of Rent)

लगान का प्रतिष्ठित सिद्धान्त कृषि के घटते प्रतिफल के नियम के लागू होने पर आधारित है। प्रतिष्ठित लेखक जैसे कि वैस्ट (West), टोरेन्ट्स (Torrents), माल्थस और रिकार्डो ने स्वतंत्र रूप से **भेदात्मक लगान** (differential rent) का सिद्धान्त विकसित किया। लेकिन डेविड रिकोर्डो द्वारा प्रस्तुत लगान का सिद्धान्त अधिक लोकप्रिय बन गया है। रिकार्डो ने लगान के सिद्धान्त को विकसित करने में **वैस्ट और माल्थस** को अपना पूर्वगामी (fore runner) कहा है। रिकार्डो ने लगान की पभिाषा इस प्रकार की : **''लगान भूमि के उत्पादन का वह भाग है जो भूमि के स्वामी को भूमि की मूल तथा अविनाशी शक्तियों के प्रयोग के लिए दिया जाता है''** (Rent is that portion of the produce of earth which is paid to the land lord for the use of the original and indestructible powers of the Soil.)

आर्थिक लगान एवं संविदा लगान (Economic Rent and Contract Rent)

आर्थिक लगान केवल भूमि के प्रयोग के लिए भुगतान है जबकि **संविदा लगान** में भूमि के स्वामी द्वारा नालियों, कुओं आदि में किए गए पूंजी-निवेश की कीमत अथवा प्रतिफल भी सम्मिलित होता है। भूमि के स्वामी द्वारा भूमि में किए गए पूंजी-निवेश के प्रतिफल को संविदा लगान से घटा कर जो शेष रहता है, वह शुद्ध आर्थिक लगान है जो कि केवल भूमि के प्रयोग अथवा भूमि की मूल तथा अविनाशी शक्तियों के प्रयोग की कीमत है।

भेदात्मक लगान (Differential Rent)

रिकार्डो द्वारा जिस लगान की व्याख्या की गई थी, वह **भेदात्मक लगान** (differential rent) था। उनके अनुसार, लगान वह विभेदक आधिक्य (differential surplus) है जो अधिक उपजाऊ भूमियों को कम उपजाऊ भूमियों की तुलना में प्राप्त होता है। इस प्रकार लगान एक **'भेदात्मक लाभ'** है जो भूमि की 'उर्वरता में अन्तर' अथवा 'स्थिति में अन्तर' अथवा दोनों कारण से उत्पन्न हो सकता है। यदि सभी भूमियां सजातीय होती अर्थात समान रूप में उपजाऊ होती तो रिकार्डो के अनुसार लगान का सृजन ही न होता। इस प्रकार भेदात्मक लगान **उत्कृष्ट भूमि** अथवा **अधिसीमान्त भूमि** (intra-marginal land) तथा सीमान्त भूमि (marginal land) के वास्तविक उत्पाद के अन्तर के रूप में मापा जाता है। **सीमान्त भूमि को कोई लगान प्राप्त नहीं होता** जबकि इससे श्रेष्ठ सभी अन्य भूमियों को लगान प्राप्त होता है। अत: आर्थिक लगान को निम्न विधि से ज्ञात किया जा सकता है—

आर्थिक लगान = अधिसीमान्त भूमियों की वास्तविक उपज – सीमान्त भूमि की उपज

यहां ध्यान देने योग्य बात यह है कि रिकार्डो के अनुसार लगान उत्पादन लागत (Production cost) का भाग नहीं होता। चूंकि भूमि का लगान उत्पादन लागत में सम्मिलित नहीं होता, इसलिए यह कीमत को निर्धारित नहीं करता। इस प्रकार रिकार्डो के सिद्धान्त के अनुसार लगान, कीमत का निर्धारक (Price determining) नहीं है। वस्तुत: इस सिद्धान्त में लगान कीमत द्वारा निर्धारित होता है (rent is price determined) अर्थात यह कीमत ही है जो लगान को निर्धारित करती है। इसलिए रिकार्डो ने कहा कि **अन्न की कीमत इसलिए ऊंची नहीं है कि लगान देना पड़ता है बल्कि लगान इसलिए दिया जाता है क्योंकि अन्न की कीमत ऊंची है** (Corn is not high because rent is paid, but a rent is paid because corn is high)।

लगान का आधुनिक सिद्धान्त (Modern Theory of Rent)

लगान के आधुनिक सिद्धान्त का प्रतिपादन जिन अर्थशास्त्रियों ने किया उनमें **श्रीमती जॉन रॉबिन्सन, बेन्हम तथा बोल्डिंग** का नाम विशेष रूप से उल्लेखनीय है। रिकार्डो की भांति ये अर्थशास्त्री भी लगान को एक **अधिशेष** (surplus) आय मानते हैं। लेकिन ये अर्थशास्त्री रिकार्डो के इस कथन से सहमत नहीं कि लगान एक भेदात्मक अधिशेष है जो केवल भूमि को ही प्राप्त होता है। **आधुनिक अर्थशास्त्रियों ने लगान शब्द का प्रयोग व्यापक अर्थ में किया है। इसमें उन सभी साधनों को प्राप्त होने वाला अधिशेष शामिल है, जिनकी पूर्ति पूर्णतया लोचदार नहीं होती।** जिस प्रकार यह अधिशेष भूमि को प्राप्त होता है, इसी प्रकार यह उत्पादन के अन्य साधनों श्रम, पूंजी तथा व्यवस्था को भी प्राप्त हो सकता है।

आधुनिक सिद्धान्त में लगान का प्रयोग किसी साधन की विकल्प आय (transfer earning) से अतिरिक्त आय (surplus) के भाव में किया जाता है।

इस प्रकार आधुनिक सिद्धान्त के अनुसार आर्थिक लगान किसी साधन की विकल्प आय से अतिरिक्त आय है जिसे कोई साधन अपने वर्तमान व्यवसाय (occupation), उद्योग अथवा उपयोग में अर्जित कर रहा होता है।

विकल्प आय से अभिप्राय किसी साधन की वह आय अथवा कीमत है जो उसे किसी अन्य अच्छे-से-अच्छे उपयोग, व्यवसाय अथवा उद्योग से प्राप्त हो सकती है (Transfer earnings are the amount of income which any particular unit of a factor could earn in its next best paid alternative use, occupation or industry)। विकल्प आय को हम इस प्रकार भी परिभाषित कर सकते हैं—**विकल्प आय वह न्यूनतम आय है जो किसी उत्पादन के साधन की इकाई को अवश्य मिलनी चाहिए जिससे वह वर्तमान उपयोग, व्यवसाय अथवा उद्योग में काम करती रहे** (Transfer earnings can also be defined as the minimum earnings which a unit of factor of production must be paid in order to induce it to stay in the present use, industry or occupation)। यदि किसी उत्पादन के साधन की किसी इकाई को इस न्यूनतम आय अर्थात विकल्प आय से कम आय मिलती है तो वह अपने वर्तमान उपयोग अथवा व्यवसाय को छोड़ देगी और अपने दूसरे अच्छे से अच्छे उपयोग अथवा व्यवसाय में चली जाएगी। किन्तु जब किसी उत्पादन की इकाई को अपने वर्तमान उपयोग अथवा व्यवसाय में अपनी उस न्यूनतम आय से, जो उसे अवश्य मिलनी चाहिए, अधिक

आय मिल रही हो तो वह अतिरिक्त आय (surplus earnings) उसका आर्थिक लगान (economic rent) होगा। आर्थिक लगान की यह धारणा सभी उत्पादन के साधनों पर लागू होती है। अत:

आर्थिक लगान अथवा अधिशेष } = **वास्तविक आय (Actual earnings)** – **विकल्प आय (Transfer earnings)**

अब प्रश्न यह उठता है कि यह अधिशेष (surplus) का प्राप्त होगा। **अधिशेष** (अर्थात विकल्प आय से अधिक आय) तब किसी साधन की इकाई को प्राप्त होगा जबकि उस साधन की पूर्ति किसी उपयोग, उद्योग अथवा व्यवसाय के लिए पूर्णतया लोचदार से कम होगी (Economic rent arises when any factor of production is less than perfectly elastic)। किसी साधन की पूर्ति किसी उपयोग, उद्योग अथवा व्यवसाय के लिए पूर्णतया लोचदार होगी तो कोई अधिशेष उत्पन्न न होगा।

अब हम साधनों की विभिन्न पूर्ति लोचों की स्थिति में लगान के आधुनिक सिद्धान्त की चर्चा करेंगे।

1. साधन की पूर्णतया लोचदार पूर्ति तथा लगान—जब किसी साधन की पूर्ति पूर्णतया लोचदार (perfectly elastic) होती है तो ऐसे साधन को वर्तमान उद्योग अथवा उपयोग में प्राप्त कीमत या आय अर्थात वास्तविक आय उसकी **विकल्प अथवा हस्तांतरण आय** के बराबर होगी जिससे उसे कोई अधिशेष (economic rent) प्राप्त नहीं होगा।

2. साधन की पूर्णतया बेलोच पूर्ति तथा लगान—जब किसी साधन की पूर्ति पूर्णतया बेलोच (Perfectly inelastic) होती है तो ऐसी स्थिति में साधन की वैकल्पिक आय (transfer earning) शून्य होती है। अत: साधन को प्राप्त होने वाली सारी की सारी आय (अर्थात समस्त वास्तविक आय) लगान होगी।

3. साधन की लोचदार पूर्ति (Elastic supply) तथा लगान—यदि उत्पादन के साधन की पूर्ति लोचदार है तो साधन का पुरस्कार बढ़ने पर उसकी पूर्ति बढ़ेगी। ऐसी स्थिति में साधन की वास्तविक आय उसकी हस्तांतरण आय से भिन्न होगी।

ऊपर के रेखाचित्र में SS साधन की पूर्ति वक्र तथा DD साधन की मांग वक्र है। रेखाचित्र से यह स्पष्ट है कि साधन की ON मात्रा को प्राप्त होने वाली **वैकल्पिक आय** (transfer earning) OSPN के बराबर है तथा साधन की इस मात्रा को प्राप्त होने वाली कुल वास्तविक आय OWPN है। अतएव साधन की ON मात्रा को प्राप्त होने वाली **आर्थिक लगान** SWP (OWPN—OSPN) क्षेत्र के बराबर है।

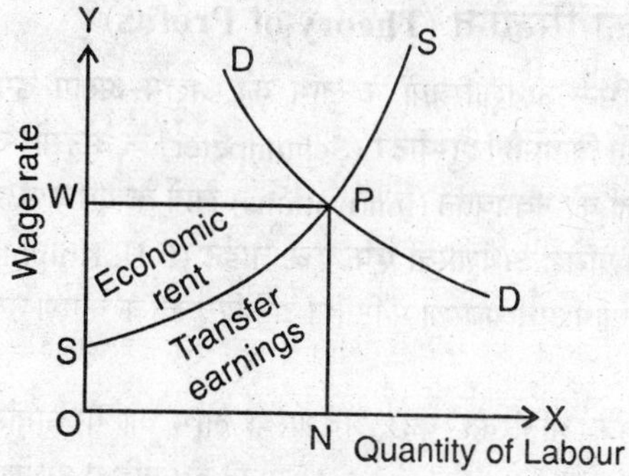

रेखाचित्र : *जब साधन की पूर्ति लोचदार होती है तो साधन की आय का कुछ भाग वैकल्पिक आय तथा कुछ भाग आर्थिक लगान होता है।*

आभास लगान (Quasi Rent)

अर्ध-लगान की धारणा को सर्वप्रथम **मार्शल** ने प्रतिपादित किया था। डॉ. मार्शल ने 'आभास-लगान' अथवा अर्ध-लगान शब्द का प्रयोग विशेषकर उस आय के लिए किया था जो अल्पकाल में मशीनों एवं अन्य मनुष्य-कृत यन्त्रों से प्राप्त होती है। अत: आभास-लगान की धारणा अल्पकालीन धारणा है।

'आभास-लगान' विशुद्ध लगान से भिन्न होता है। विशुद्ध लगान तो उत्पादन के उन साधनों को प्राप्त होता है जिनकी पूर्ति अल्पकाल एवं दीर्घकाल दोनों में ही स्थिर रहती है। इसके विपरीत, आभास-लगान उन साधनों को प्राप्त होता है जिनकी पूर्ति यद्यपि अल्पकाल में तो स्थिर होती है, लेकिन दीर्घकाल में बढ़ायी जा सकती है।

डॉ. मार्शल ने एक अन्य सन्दर्भ में भी **आभास-लगान** की धारणा का प्रयोग किया है। उनके अनुसार, अल्पकाल में किसी वस्तु की उत्पादन लागत को दो शीर्षकों के अन्तर्गत विभाजित किया जा सकता है—*(i)* स्थिर लागत (fixed costs) *(ii)* परिवर्तनशील लागत (variable costs)। अल्पकाल में जब तक कीमत, परिवर्तनशील लागत के बराबर रहती है, फर्म अपना उत्पादन कार्य जारी रखती है। **डॉ. मार्शल के अनुसार, यदि अल्पकाल में वस्तु की कीमत परिवर्तनशील लागत से बढ़ जाती है तो उस फर्म को आभास-लगान प्राप्त होगा। इस प्रकार आभास लगान अल्पकाल में कुल परिवर्तनशील लागतों के अतिरिक्त आय है।** अत:

आभास लगान = कुल आय – कुल परिवर्तनशील लागतें

या,

Quasi Rent = Total Revenue – Total variable costs

लाभ का सिद्धान्त (Theory of Profits)

विभिन्न अर्थशास्त्रियों ने लाभ को अलग-अलग ढंग से परिभाषित किया है। **शुम्पीटर** (Schumpeter) के अनुसार लाभ उद्यमकर्ता को नवप्रवर्तन (innovations) लाने के एवज में प्राप्त होता है। प्रसिद्ध अर्थशास्त्री **एफ.एच. नाईट** (F.H. Knight) के अनुसार लाभ अर्थव्यवस्था में निहित अनिश्चितता के कारण उत्पन्न होते हैं।

इसके अतिरिक्त, कुछ अर्थशास्त्री लाभ को गैरकार्यात्मक आय (non-functional income) मानते हैं। प्रसिद्ध अर्थशास्त्री **केन्ज** ने यह विचार प्रस्तुत किया कि लाभ सामान्य कीमत-स्तर में अनुकूल परिवर्तन के कारण उत्पन्न होते हैं। श्रीमती जॉन रॉबिन्सन, प्रोफेसर चैम्बरलिन और कलेस्की (Kalecki) लाभ को अपूर्ण प्रतियोगिता तथा एकाधिकार के कारण उत्पन्न होना मानते हैं। उनके अनुसार अपूर्णता की मात्रा (degree of imprefection) जितनी ही अधिक होगी अर्थात् एक उद्यमकर्ता की एकाधिकारी शक्ति (monopoly power) जितनी अधिक होगी उसको उतना ही अधिक लाभ प्राप्त होंगे।

- **जे.बी. क्लार्क (J.B. Clark)** ने सर्वप्रथम यह विचार प्रस्तुत किया कि लाभ एक गत्यात्मक आधिक्य (Dynamic Surplus) है। उनके अनुसार लाभ एक गत्यात्मक अर्थव्यवस्था अर्थात् ऐसी अर्थव्यवस्था जिसमें लगातार परिवर्तन हो रहे हों, उत्पन्न होते हैं।
- **प्रो.नाइट** के अनुसार, लाभ, उद्यमी को जोखिम वहन करने के प्रतिफल के रूप में प्राप्त होता है।
- **मार्क्स** के अनुसार लाभ एक **अतिरेक मूल्य** है। मार्क्स के अनुसार सम्पत्ति के स्वामियों द्वारा, जो कि अनुत्पादक वर्ग है, उत्पादक श्रमिकों के शोषण द्वारा ही लाभ की उत्पत्ति होती है।

बहुविकल्पीय प्रश्न

1. पूर्ण प्रतियोगिता के अन्तर्गत निम्नलिखित में से कौन-सी बात सही है?

A. AR वक्र एक सीधी रेखा के रूप में होता है और यह X—अक्ष के समानान्तर होता है।

B. AR वक्र एक सीधी रेखा के रूप में होता है और यह Y—अक्ष के समानान्तर होता है।

C. AR वक्र मूल बिन्दु के प्रति उत्तल होता है।

D. AR वक्र मूल बिन्दु के प्रति अवतल होता है।

2. श्रम का एकाधिकारात्मक शोषण तब होता है जब—

A. मजदूरी सीमान्त आय उत्पाद से कम होती है।

B. मजदूरी तथा सीमान्त आय उत्पाद (MRP) दोनों बराबर होते हैं।

C. मजदूरी सीमान्त आय उत्पाद से अधिक होता है।

D. मजदूरी सीमान्त भौतिक उत्पाद के बराबर होता है।

3. औसत आय (AR), सीमान्त आय (MR) और मांग की कीमत लोच (e_P) के बीच इस प्रकार का सम्बन्ध है कि—

A. AR और MR का योग e_P के बराबर बैठता है।

B. AR और MR का अंतर e_P के विलोमत: आश्रित है।

C. AR और e_P का अंतर MR के मान पर आश्रित है।

D. जब AR = MR तो $e_P = 0$

4. लाभ के विषय में निम्नलिखित में से कौन-सा दृष्टिकोण फ्रैंक नाइट के नाम से जोड़ा जा सकता है?

A. लाभ अपने स्वामित्व वाले पूंजी का अंतर्निहित प्रतिफल है।

B. लाभ नव प्रवर्तन का पुरस्कार है।

C. लाभ जोखिम तथा अनिश्चितता के साथ घनिष्ठ रूप से सम्बद्ध है।

D. लाभ केवल एकाधिकार की कमाई है।

5. आभासी लगान होता है—

A. फर्म के कुल लाभों के बराबर

B. फर्म के कुल लाभों से अधिक

C. फर्म के कुल लाभों से कम

D. फर्म के लाभों से सम्बन्धित नहीं

6. पीछे को झुकता हुआ श्रम का आपूर्ति वक्र अस्तित्वमान होता है—

A. केवल मुद्रास्फीति की दशाओं में

B. जब आय प्रभाव स्थानापत्ति प्रभाव से प्रबल हो

C. केवल श्रम प्रधान उद्योग में

D. केवल उच्च लागत उद्योग में

7. रिकार्डो के लगान सिद्धान्त के अनुसार लगान की उत्पत्ति का कारण है—
A. भूमि की उर्वरता
B. भूमि की कमी
C. भूमि की उर्वरता के बीच अन्तर
D. भूमि की आपूर्ति की स्थिरता अन्तर

8. जब एक अपूर्ण प्रतियोगी फर्म के लिए कारक A ही एक मात्र परिवर्ती कारक है तो कारक A के लिए फर्म की मांग निम्नलिखित के द्वारा व्यक्त होती है—
A. VMP वक्र B. TRP वक्र
C. MFC वक्र D. MRP वक्र

9. विभेदक लागत स्थितियों के अन्तर्गत फर्मों के दीर्घकालीन संतुलन के लिए अपेक्षित है कि—
A. कीमत = सभी फर्मों की सीमान्त लागत (MC) = सभी फर्मों की औसत लागत (AC)
B. सीमान्त फर्म की MC = कीमत = सभी फर्मों की AC
C. सभी फर्मों की MC = सीमान्त फर्म की AC = कीमत
D. सभी फर्मों की MC = सीमान्त फर्म की कीमत = सभी फर्मों की AC

10. सूची I का सूची II के साथ सुमेल कीजिए और सूचियों के नीचे दिए गए कूट का प्रयोग करते हुए सही उत्तर का चयन कीजिए—

सूची I	*सूची II*
a. उपभोक्ता की बचत	1. आपूर्ति निर्णय
b. उपयोगिता सिद्धान्त	2. विज्ञापन कला
c. लागत विश्लेषण	3. प्रगामी कराधान
d. उत्पाद विभेदन	4. कल्याण अर्थशास्त्र

कूट—
A. a-4, b-3, c-1, d-2
B. a-4, b-3, c-2, d-1
C. a-3, b-4,- c-2, d-1
D. a-3, b-4, c-1, d-2

11. रोश चाइल्ड के अनुसार एकाधिकार शक्ति की मात्रा आधारित है—
A. मांग की कीमत लोच पर
B. मांग की कीमत प्रतिलोच पर
C. किसी फर्म और उद्योग के मांग वक्र की प्रवणता पर
D. अधिमान्य लाभ पर

12. निम्नलिखित में से कौन-सा लर्नर के एकाधिकारी शक्ति के माप का द्योतक नहीं है?
A. 1 – (MR/P) B. (P – MC)/P
C. $1/e$ D. $1 - [(1 - e)/e]$

13. एक क्रेताधिकारी की संतुलन की स्थिति की पूर्ण प्रतियोगी बाजार के किसी उत्पादक के साथ तुलना करने पर ज्ञात होता है कि पूर्ण प्रतियोगिता में—
A. उत्पादक की तुलना में एक क्रेताधिकारी की कीमत ऊंची और उत्पादन अपेक्षाकृत अधिक होता है।
B. उत्पादक की तुलना में एक क्रेताधिकारी की कीमत कम और उत्पादन अपेक्षाकृत अधिक होता है।
C. उत्पादक की तुलना में एक क्रेताधिकारी की कीमत कम और उत्पादन अपेक्षाकृत कम होता है।
D. उत्पादक की तुलना में एक क्रेताधिकारी की कीमत ऊंची और उत्पादन भी अपेक्षाकृत अधिक होता है।

14. किसी अर्थव्यवस्था में किन्हीं दो व्यक्तियों के बीच किन्हीं दो वस्तुओं का परेटो इष्टतम वितरण निम्नलिखित की अपेक्षा रखता है—
A. $MRS^1_{xy} = MRS^2_{xy}$
B. MRS = MRTS
C. $MRS^1_{xy} + MRS^2_{xy} = 1$
D. $MRS^1_{xy} + MRS^2_{xy} = MRTS$

15. जान रॉबिन्सन के किराए के आधुनिक सिद्धान्त का कथन है कि किराया भूमि के इस्तेमाल के लिए की गई वास्तविक अदायगी और—
A. उसके एकाधिकारी अर्जनों का अंतर है।
B. उसके अंतरण अर्जनों का अंतर है।
C. उसके सीमान्त अर्जनों का अंतर है।
D. उसके औसत अर्जनों का अंतर है।

16. पीगू के अनुसार राष्ट्रीय लाभांश तब अधिकतम होता है जब—
A. सीमान्त लागत न्यूनतम कर दी जाए।
B. निवल (net) सामाजिक सीमान्त उत्पादकता अधिकतम हो।
C. निवल निजी सीमान्त उत्पादकता अधिकतम हो।
D. निवल सामाजिक सीमान्त उत्पादकता निवल निजी सीमान्त उत्पादकता के बराबर हो जाए।

17. सूची I का सूची II के साथ सुमेल कीजिए और नीचे दिए गए कूट का प्रयोग करते हुए सही उत्तर का चयन कीजिए—

सूची I	*सूची II*
(a) बिक्री आय अधिकतमीकरण	1. सायर्ट एवं मार्च
(b) प्रवेश निरोध कीमत निर्धारण	2. बोमल

(c) प्रबंधकीय विवेक 3. बेन
4. विलियमसन

कूट—

	(a)	(b)	(c)
A.	2	3	4
B.	2	1	3
C.	3	4	2
D.	4	1	3

18. जब किसी फर्म का उत्पादन बढ़ता है तब उसकी औसत स्थिर लागत—
A. लगातार गिरती जाती है।
B. स्थिर रहती है।
C. लगातार बढ़ती जाती है।
D. पहले गिरती है फिर बढ़ती जाती है।

19. अल्पकालीन लागत वक्र प्रभावित होता है—
A. पैमाने के प्रतिफल के नियम से।
B. परिवर्तनशील अनुपातों के नियम से।
C. बाह्य और अन्तरिक बचतों से।
D. उपर्युक्त किसी से नहीं

20. निम्न में से कौन-सा वक्र Uआकार का नहीं होता?
A. औसत स्थिर लागत वक्र
B. औसत परिवर्तनशील लागत वक्र
C. औसत लागत वक्र
D. सीमान्त लागत वक्र

21. मूल्य विभेद संभव है—
A. केवल एकाधिकारी की स्थिति में
B. केवल एकाधिकारी प्रतिस्पर्धा में
C. केवल पूर्ण स्पर्धा में
D. बाजार के किसी भी रूप में

22. आभास लगान प्रतिफल है—
A. प्राथमिक लागत का
B. द्वितीयक लागत का
C. प्राथमिक और द्वितीयक दोनों लागतों का
D. उपर्युक्त किसी का नहीं

23. पूर्ण प्रतियोगिता में दीर्घकाल में कीमत बराबर होगी—
A. न्यूनतम सीमान्त लागत के
B. न्यूनतम औसत लागत के
C. न्यूनतम औसत स्थिर लागत के
D. न्यूनतम औसत परिवर्तनीय लागत के

24. '**विक्रय लागत**' शब्द का प्रयोग सर्वप्रथम किस अर्थशास्त्री ने किया?
A. सेम्युलसन B. मार्शल
C. जेवन्स D. चेम्बरलीन

25. 'प्रतिनिधि फर्म' का विचार किसने दिया?
A. कीन्स ने B. पीगू ने
C. रॉबिन्स ने D. मार्शल ने

26. 'आभास लगान' शब्द का प्रयोग सर्वप्रथम किसने किया?
A. मार्शल B. एडम स्मिथ
C. रिकार्डो D. बोल्डिंग

27. विकुंचित मांग वक्र का विचार किसने दिया?
A. स्वीजी ने B. फैलनर ने
C. रॉबिन्सन ने D. मैकल्प ने

28. अवसर लागत को हस्तांतरण आय कहा जाता है क्योंकि—
A. इससे कम आय मिलने पर उत्पादन का साधन दूसरे श्रेष्ठ विकल्प में हस्तांतरित हो जाता है।
B. अवसर लागत को हस्तांतरित किया जा सकता है।
C. यह अन्य विकल्पों से मिलने वाली आय से कम होती है।
D. उपर्युक्त में से कोई नहीं।

29. दीर्घकाल में हमेशा एकाधिकारात्मक फर्म कमाती है—
A. सामान्य लाभ B. अधिक लाभ
C. हानि D. कोई नहीं

30. The theory of monopolistic competition के लेखक हैं—
A. चैम्बरलिन B. हिक्स
C. मार्शल D. रॉबिन्सन

31. आर्थिक लगान है—
A. वर्तमान आय – हस्तांतरण आय
B. वर्तमान आय + हस्तांतरण आय
C. वर्तमान आय + पहले की आय
D. केवल हस्तांतरण आय

32. लाभ के लगान सिद्धान्त का प्रतिपादक है—
A. मार्शल B. रिकार्डो
C. मिल D. वाकर

33. **ब्रेक-इवेन बिन्दु** (Break even point) क्या है?
A. वह स्थिति जब फर्म लाभ कमा रही हो।
B. वह स्थिति जब फर्म को हानि हो रही हो।
C. वह स्थिति जब फर्म को न लाभ हो और न हानि।
D. इसका लाभ-हानि से कोई सम्बन्ध नहीं है।

34. किसी फर्म को अधिकतम लाभ तब प्राप्त होगा जब उसकी सीमान्त आय (MR)—
A. सीमान्त लागत (MC) के बराबर हो।
B. औसत लागत के बराबर हो।
C. औसत परिवर्तनशील लागत के बराबर हो।
D. कुल लागत के बराबर हो।

35. अल्पकाल में एक फर्म उत्पादन तब बन्द कर देगी जबकि—
A. कीमत, औसत परिवर्तनशील लागत (AVC) से कम हो।
B. कीमत, AVC से अधिक हो।
C. कीमत, AVC के बराबर हो।
D. कीमत, औसत लागत के बराबर हो।

36. सीमान्त लागत औसत लागत के तब बराबर होती है जब औसत लागत—
A. न्यूनतम होती है। B. अधिकतम होती है।
C. बढ़ती हुई होती है। D. गिरती हुई होती है।

37. अनुकूलतम फर्म वह है जिसकी—
A. औसत लागत न्यूनतम है।
B. सीमान्त लागत न्यूनतम है।
C. उक्त दोनों लागतें न्यूनतम हैं।
D. जहां अधिकतम लाभ मिलता है।

38. निम्नलिखित रेखाचित्र में कौन–सा क्षेत्र जॉन रॉबिन्सन के अनुसार शोषण को व्यक्त करता है—

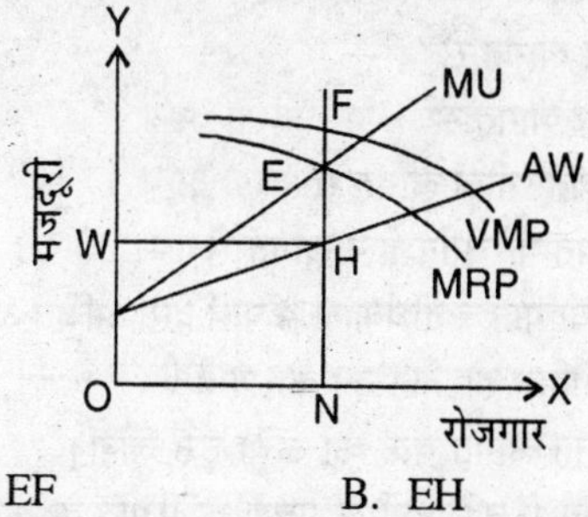

A. EF B. EH
C. NH D. FH

39. क्रेताधिकारी एक ऐसी बाजार स्थिति है जिसमें—
A. केवल एक ही विक्रेता होता है।
B. कुछ क्रेता तथा कुछ विक्रेता होते हैं।
C. केवल एक ही क्रेता होता है।
D. अनेक क्रेता और अनेक विक्रेता होते हैं।

40. कीमत दृढ़ता का विचार किसने दिया—
A. चेम्बरलिन B. विलियम्सन
C. एजवर्थ D. पाल एम. स्वीजी

41. रिकार्डो के लगान सिद्धान्त के अनुसार लगान—
A. कीमत का निर्धारण करता है।
B. उत्पादन लागत का एक अंश होता है।
C. कीमत द्वारा निर्धारित होता है।
D. उत्पत्ति के सभी साधनों को प्राप्त होता है।

42. जिस वस्तु बाजार में केवल एक क्रेता तथा एक विक्रेता है। कहा जाता है—
A. द्विपक्षीय एकाधिकार B. द्वयाधिकार
C. क्रेताधिकार D. विक्रेताधिकार

43. विभेदकारी मूल्य तब लाभदायक होता है, जब—
A. मांग की लोच अनन्त हो।
B. विभिन्न बाजारों में मांग की लोच अलग-अलग होती है।
C. मांग की लोच इकाई हो।
D. विभिन्न बाजारों में मांग की लोच समान हो।

44. सीमान्त लागत वक्र उस समय पूर्ति वक्र होते हैं जबकि—
A. प्रतिस्पर्धा शुद्ध हो।
B. प्रतिस्पर्द्धा एकाधिकारिक हो।
C. प्रतिस्पर्द्धा अपूर्ण हो।
D. प्रतिस्पर्द्धा का अभाव हो।

45. पूर्ण प्रतियोगिता के अन्तर्गत बाजार कीमत को प्रभावित कर सकता है—
A. कोई एक क्रेता
B. कोई एक विक्रेता
C. दोनों क्रेता और विक्रेता
D. न क्रेता और न विक्रेता

46. सीमान्त फर्म वह है जो—
A. मूल्य के गिरने पर सबसे पहले पहले उद्योग छोड़ेगा।
B. मूल्य के गिरने पर सबसे अन्त में उद्योग छोड़ेगा।
C. अपना धंधा जारी रखने हेतु सबसे पहले मूल्य कम कर देगा।
D. उपर्युक्त में से कोई नहीं।

47. एकाधिकारी अपने उत्पादन को उस कीमत पर बेचना चाहेगा, जहां मांग की लोच—
A. शून्य हो। B. इकाई से कम हो।
C. इकाई से अधिक हो। D. अनंत हो।

48. जब वस्तु बाजार तथा आगत बाजार दोनों में अपूर्ण स्पर्धा हो तो साधन को दिया गया मूल्य—
A. उसके सीमान्त भौतिक उत्पादन के बराबर होता है।
B. उसके सीमान्त आय उत्पादन के बराबर होता है।
C. उसके सीमान्त आय उत्पादन से कम होता है।
D. उसके सीमान्त आय उत्पादन से अधिक होता है।

49. उस अर्थशास्त्री का नाम बताइए, जिसने कीमत निर्धारण में समय को महत्त्व दिया—
A. रिकार्डो B. पीगू
C. रॉबिन्सन D. मार्शल

50. एक रेखीय तथा समावयव (homogeneous) उत्पादन फलन का सम्बन्ध है—
A. स्थिर पैमाने के प्रतिफल का नियम
B. घटते हुए पैमाने के प्रतिफल का नियम
C. बढ़ते हुए पैमाने के प्रतिफल का नियम
D. उपर्युक्त में से कोई नहीं

51. इनमें से कौन-सा सूत्र, औसत और सीमान्त आय की सहायता से मांग की लोच मापने के लिए उपयुक्त है—
A. $e = \frac{MR}{AR - MR}$ B. $e = \frac{AR}{TR - MR}$
C. $e = \frac{MR}{MR - AR}$ D. $e = \frac{AR}{AR - MR}$

52. दीर्घ काल में—
A. स्थिर लागतें नहीं होती हैं।
B. परिवर्तनशील लागतें नहीं होती हैं।
C. सामान्य लाभ नहीं होता है।
D. पैमाने की मितव्ययितायें नहीं होती हैं।

53. विक्रेता बाजार वह स्थिति है जिसमें विक्रेता—
A. संख्या में अधिक होते हैं।
B. व्यापारिक छूट देने को बाध्य होते हैं।
C. बाजार में वर्चस्व स्थापित करने में सफल होते हैं।
D. कीमत पर प्रभाव डालने में सफल नहीं हो पाते हैं।

54. विकुंचित मांग वक्र मॉडल के अन्तर्गत अल्पाधिकारी—
A. परस्पर निर्भरता को स्वीकार करते हैं।
B. कपट-संधि नहीं करते।
C. कीमतों को स्थिर रखने का प्रयास करते हैं।
D. उपर्युक्त सभी करते हैं।

55. पूर्ण तथा अपूर्ण प्रतियोगिता में अंतर दर्शाता है—
A. AR वक्र B. MR वक्र
C. AC वक्र D. MC वक्र

56. अपूर्ण प्रतियोगिता को 'दुधारी तलवार' किसने कहा है—
A. चेम्बरलिन B. स्टिगलर
C. सेम्युल्सन D. रॉबिन्सन

57. शुद्ध एकाधिकार में निहित है कि उसके उत्पाद की मांग की आड़ी लोच हो—
A. इकाई
B. इकाई से अधिक पर अनंत से कम
C. शून्य
D. अनन्त

58. स्थिर लागतें वे लागतें होती हैं—
A. जिन पर उत्पादकता ह्रासमान प्रतिफल लागू होता है।
B. जिन्हें सीमान्त लागत आकलन में समाहित किया जाता है।
C. जिनका उत्पादन वृद्धि से सम्बन्ध नहीं होता है।
D. जो प्रतियोगी फर्म में अंतर्निहित होती है।

59. जब औसत आगम (AR) वक्र पर मांग की लोच इकाई के बराबर होती है तो सीमान्त आगम (MR) का मान होता है—
A. $MR = AR$ B. $MR > AR$
C. $MR = \infty$ D. $MR = 0$

60. बाजार में स्थिर सन्तुलन हेतु मांग वक्र की ढाल—
A. पूर्ति वक्र की ढाल के बराबर होना चाहिए।
B. पूर्ति वक्र के ढाल से कम होना चाहिए।
C. पूर्ति वक्र के ढाल से अधिक होना चाहिए।
D. उपरोक्त सभी

61. सीमान्त लागत स्वतंत्र होती है—
A. कुल लागत से
B. स्थिर लागत से
C. परिवर्तनशील लागत से
D. औसत परिवर्तनशील लागत से

62. पूर्ण प्रतियोगिता व दीर्घकाल में फर्म द्वारा अर्जित असामान्य लाभ तिरोहित हो जाने का कारण है—
A. औसत लागत वक्र का ऊंचा उठ जाना।
B. उद्योग में नई फर्मों के प्रवेश के प्रभाव के कारण।
C. उत्पादकों की लाभ अर्जन की इच्छा न होना
D. सरकार द्वारा सारे लाभ को अभिज्ञप्त कर लेना।

63. विकुंचित मांग वक्र का ऊपरी भाग सापेक्षतया—
A. अधिक लोचदार होता है।
B. कम लोचदार होता है।

C. पूर्णरूप से बेलोचदार होता है।
D. पूर्ण लोचदार होता है।

64. किस प्रकार की बाजार प्रणाली में सामूहिक सौदेबाजी मजदूरी को प्रभावित करने में सफल नहीं होगी?
A. पूर्ण प्रतियोगिता B. अपूर्ण प्रतियोगिता
C. एकाधिकार D. एक-क्रेताधिकार

65. अनुभव आधारित गवेषणाओं से यह स्पष्ट होता है कि दीर्घकालीन औसत लागत वक्र का आकार होता है—
A. U के समान B. L के समान
C. उल्टे J के समान D. J के समान

66. कपटपूर्ण अल्पाधिकार (collusive oligopoly) में—
A. अनकहे समझौते किए जाते हैं।
B. कोई समझौता नहीं होता है।
C. प्रत्येक विक्रेता कीमत नेता होता है।
D. प्रत्येक फर्म प्रबल फर्म होती है।

67. एकाधिकारी की शक्ति की कोटि की माप किस-किस के बीच अन्तर से की जाती है?
A. औसत आगम (AR) और औसत लागत (AC)
B. औसत आगम (AR) और सीमान्त लागत (MC)
C. औसत लागत (AC) और सीमान्त लागत (MC)
D. औसत लागत (AC) और सीमान्त आगम (MR)

68. किसी फर्म का और उद्योग का औसत आय वक्र एक ही होता है—
A. अल्पाधिकार में B. पूर्ण प्रतियोगिता में
C. द्वयाधिकार में D. एकाधिकार में

69. 'योग प्रमेय सिद्धान्त' किसने विकसित किया था?
A. वीजर ने B. विक्स्टीड ने
C. बॉम वावर्क ने D. कार्ल मेंगर ने

70. पूर्ण प्रतियोगिता की स्थिति में फर्म का मांग वक्र—
A. उदग्र होता है।
B. क्षैतिज होता है।
C. ऋणात्मक ढाल वाला होता है।
D. धनात्मक ढाल लिए हुए होता है।

71. उत्पादन में घटती लागतें परिणाम हैं—
A. आन्तरिक मितव्ययिताओं का आन्तरिक अमितव्ययिताओं से अधिक होना।
B. बाह्य मितव्ययिताओं का बाह्य अमितव्ययिताओं से अधिक होना।
C. आन्तरिक मितव्ययिताओं का बाह्य अमितव्ययिताओं से अधिक होना।
D. बाह्य मितव्ययिताओं का होना।

72. पूर्ण प्रतियोगिता में अल्पकाल में एक फर्म परिवर्तित कर सकती है—
A. उत्पादन का पैमाना
B. उत्पादन का क्षेत्र
C. तकनीकी-सम्मिश्रण की
D. परिवर्तनशील आदान संरचना

73. पूर्ण प्रतियोगिता में मांग गिरने पर कीमत बढ़ेगी यदि उत्पादन निम्न दशा में हो रहा हो—
A. पैमाने का वृद्धिमान नियम
B. स्थिर नियम
C. ह्रास नियम
D. पैमाने के ह्रासमान नियम

74. जब एकाधिकारी की सीमान्त लागत ₹ 6 हो और कीमत ₹ 10 हो तो एकाधिकारी शक्ति की माप होगी—
A. 0.4 B. 6.0
C. 0.6 D. 4.0

75. एकाधिकारात्मक प्रतियोगिता में हम उम्मीद करते हैं—
A. मांग की निम्न आड़ी लोच
B. मांग की शून्य आड़ी लोच
C. मांग की अनन्त आड़ी लोच
D. मांग की उच्च आड़ी लोच

76. अतिरेक क्षमता रहते हुए भी साम्य होता है—
A. पूर्ण प्रतियोगिता में B. गला-कट प्रतियोगिता में
C. एकाधिकार में D. क्रेता-एकाधिकार में

77. कुल लाभ अधिकतम होंगे जबकि—
A. TR समान है TC के
B. TR तथा TC वक्र समानान्तर हों।
C. TR तथा TC वक्र समानान्तर हों तथा TC अधिक हों TR से।
D. TR तथा TC वक्र समानान्तर हों तथा TR अधिक हों TC से।

78. MR = MC = AR = AC = P द्वारा दीर्घकालीन सन्तुलन प्रकट होता है—
A. प्रतियोगी फर्म का B. अल्पाधिकारी फर्म का
C. एकाधिकारी फर्म का D. इनमें से कोई नहीं

79. पैमाने के बढ़ते हुए प्रतिफल की दशा में एक फर्म का सन्तुलन असंगत है यदि बाजार—
A. अपूर्ण प्रतिस्पर्धी है। B. अल्पाधिकारी है।
C. एकाधिकारी है। D. पूर्ण प्रतियोगी है।

80. उत्पादनकर्ता की बचत है निम्न में अन्तर के बराबर—
A. कीमत एवं सीमान्त लागत
B. औसत आय एवं सीमान्त आय
C. सीमान्त लागत एवं सीमान्त आय
D. औसत आय एवं कुल आय

81. निम्न में से किस स्थिति में एक एकाधिकारी अधिकतम लाभ प्राप्त करेगा—

	सीमान्त आय (₹)	*सीमान्त लागत (₹)*
A.	2.00	1.00
B.	2.00	2.50
C.	2.40	2.40
D.	3.00	1.50

82. एक फर्म द्वारा किसी उत्पादन के साधन को क्रय करने में हुई लागत कहलाती है—
A. स्पष्ट लागत B. अस्पष्ट लागत
C. स्थिर लागत D. परिवर्तनशील लागत

83. मूल-बिन्दु से गुजरती हुई सीधी रेखा जहां कुल परिवर्तनशील लागत वक्र को स्पर्श करती है वहां—
A. MC बराबर है AC के
B. MC बराब़ार है AFC के
C. MC बराबर है AVC के
D. AC न्यूनतम है।

84. प्रथम श्रेणी का विभेदात्मक एकाधिकार का विचार किसने दिया था—
A. पीगू B. रॉबिन्सन
C. मार्शल D. चेम्बरलिन

85. रिकार्डो के अनुसार 'सीमान्त भूमि' (Marginal land) का अर्थ है—
A. लगान रहित भूमि
B. कुल लागत बराबर कुल आय
C. कोई आधिक्य उपलब्ध नहीं
D. उपर्युक्त सभी

86. आर्थिक लगान (Economic Rent) होता है—
A. एक आधिक्य (surplus) न कि लागत (cost)
B. एक लागत न कि आधिक्य
C. लागत तथा आधिक्य दोनों ही
D. न आधिक्य न लागत

87. वस्तु बाजार में एकाधिकार का अर्थ है—
A. मात्र एक विक्रेता
B. बाजार में प्रवेश पर रोक
C. एक नजदीकी विकल्प रहित वस्तु का एक मात्र विक्रेता
D. उपर्युक्त सभी

88. दीर्घकाल (Long-run) में पूर्ण प्रतियोगिता के अन्दर सभी उत्पादकों के लिए कौन-सा सूत्र सही है—
A. SAC > P B. SAC < P
C. SAC = P D. SMC > P

89. पूर्ण प्रतियोगी फर्म निम्नलिखित रेखाचित्र में किस बिन्दु पर सन्तुलन में होगा—

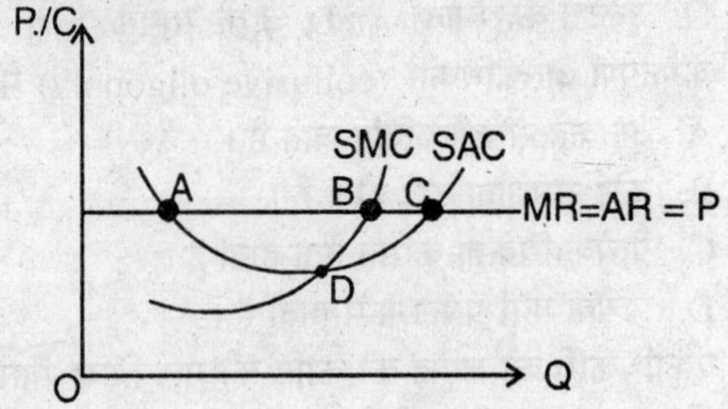

A. D पर B. A पर
C. B पर D. C पर

90. निम्न में से कौन-सी शर्त पूर्ण प्रतियोगिता के लिए आवश्यक नहीं है—
A. विक्रेताओं एवं क्रेताओं का बाहुल्य
B. उद्योग में फर्मों का स्वतंत्र प्रवेश एवं निकासी
C. वस्तु समरूपता
D. अत्यधिक विज्ञापन व्यय

91. MRP और VMP समान रहते हैं जब—
A. वस्तु की कीमत स्थिर रहती है।
B. उत्पाद अपरिवर्तित रहती है।
C. वस्तु की कीमत गिरती है।
D. उपरोक्त में कोई नहीं।

92. एकाधिकारी के दीर्घकाल में संतुलन के लिए निम्न में से कौन-सी दशा उपयुक्त है—
A. MC = MR < AR
B. MC = MR = AC = AR
C. MC = MR = P > AR
D. MC = MR < AC

93. एक द्वि-अधिकार संतुलन उत्पादन के सन्दर्भ में अनुपात $\frac{\text{द्वि-अधिकार उत्पादन}}{\text{प्रतियोगी उत्पादन}}$ है—
A. 1 के बराबर B. 1 से अधिक
C. 1/4 के बराबर D. 2/3 के बराबर

115. **कथन (A):** बिक्री कर लगा देने से एकाधिकारी के लाभ पर प्रभाव नहीं पड़ता।
कारण (R): एकाधिकार बिक्री कर के भार को उपभोक्ता के ऊपर डाल देता है।

116. **कथन (A):** सीमान्त आय वक्र के नीचे गिरने की दर AR वक्र के नीचे गिरने की दर के दुगुने से अधिक है।
कारण (R): MR और AR वक्र, रेखीय है और इनका ढाल ऋणात्मक है।

117. **कथन (A):** एक एकाधिकारी के पास अपने उत्पाद के मूल्य में हेर-फेर करने की पर्याप्त शक्ति होती है।
कारण (R): एकाधिकारी की एकाधिकारिक शक्ति की माप सीमान्त लागत के ऊपर मूल्य के आधिक्य से होती है।

उत्तरमाला

1	2	3	4	5	6	7	8	9	10
A	A	B	C	B	B	C	D	C	A
11	**12**	**13**	**14**	**15**	**16**	**17**	**18**	**19**	**20**
B	B	C	A	B	B	A	A	B	A
21	**22**	**23**	**24**	**25**	**26**	**27**	**28**	**29**	**30**
A	B	B	D	D	A	A	A	B	A
31	**32**	**33**	**34**	**35**	**36**	**37**	**38**	**39**	**40**
A	D	C	A	A	A	A	D	C	D
41	**42**	**43**	**44**	**45**	**46**	**47**	**48**	**49**	**50**
C	A	B	A	D	A	C	C	D	A
51	**52**	**53**	**54**	**55**	**56**	**57**	**58**	**59**	**60**
D	A	C	D	A	D	C	C	D	C
61	**62**	**63**	**64**	**65**	**66**	**67**	**68**	**69**	**70**
B	B	A	C	B	B	B	D	B	B
71	**72**	**73**	**74**	**75**	**76**	**77**	**78**	**79**	**80**
A	D	A	A	D	B	D	A	D	A
81	**82**	**83**	**84**	**85**	**86**	**87**	**88**	**89**	**90**
C	A	C	A	A	A	D	C	C	D
91	**92**	**93**	**94**	**95**	**96**	**97**	**98**	**99**	**100**
A	A	A	C	C	C	A	D	B	A
101	**102**	**103**	**104**	**105**	**106**	**107**	**108**	**109**	**110**
A	A	A	C	A	D	D	D	B	A
111	**112**	**113**	**114**	**115**	**116**	**117**			
A	A	A	C	D	B	A			

1.4

कल्याणकारी अर्थशास्त्र
(WELFARE ECONOMICS)

आर्थिक सिद्धान्त के दो प्रमुख पहलू वास्तविक (Positive) तथा आदर्शात्मक (normative) होते हैं। कल्याणकारी अर्थशास्त्र आर्थिक सिद्धान्त के आदर्शात्मक पहलू से ही सम्बन्धित होता है। जिसके अन्तर्गत किसी आर्थिक नीति की वांछनीयता (desirability) अथवा अवांछनीयता की व्याख्या की जाती है। आदर्शात्मक विज्ञान के रूप में कल्याणकारी अर्थशास्त्र किसी आर्थिक क्रिया अथवा नीति की अच्छाई अथवा बुराई के विषय में **मूल्यगत निर्णय** (Value-Judgement) करता है। कल्याणकारी अर्थशास्त्र का विचार **जे. बैन्थम** (J. Bentham) ने उपयोगितावाद के नाम से बहुत पहले ही दिया था किन्तु इसे कल्याणकारी अर्थशास्त्री के रूप में नहीं जाना जाता था। इसके पश्चात मार्शल, पीगू (Pigou), कैल्डोर (Kaldor), हिक्स (Hicks) परेटो, रेडर आदि अर्थशास्त्रियों ने कल्याणकारी अर्थशास्त्र के विकास में महत्त्वपूर्ण योगदान किया।

रेडर **(Redar)** के अनुसार, "**कल्याणकारी अर्थशास्त्र अर्थ विज्ञान की वह शाखा है जो आर्थिक नीतियों के लिए औचित्य के मानदण्ड की स्थापना तथा प्रयोग करने का प्रयत्न करती है।**" (Welfare economics is the branch of economic science that attempts to establish and apply criteria of Propriety to economic policies)। इस प्रकार कल्याणकारी अर्थशास्त्र आर्थिक नीतियों के औचित्य निर्धारित करने का मानदण्ड प्रस्तुत करता है अर्थात अनेक कारण परिणाम-सम्बन्धों के विश्लेषण से प्राप्त निष्कर्षों पर आधारित आर्थिक नीतियों के उचित अथवा अनुचित होने के विषय में मूल्यगत निर्णय देता है।

वास्तविक अर्थशास्त्र तथा कल्याणकारी अर्थशास्त्र (Positive Economics and Welfare Economics)

वास्तविक अर्थशास्त्र के अन्तर्गत हम कारण-परिणाम सम्बन्ध (Cause and Effect Relationship) तक ही सीमित रहते हैं। उन परिणामों के नैतिक पहलू का अध्ययन वास्तविक अर्थशास्त्र के क्षेत्र के बाहर होता है। उदाहरणार्थ "पूर्ति स्थिर रहने पर मांग में वृद्धि होने से मूल्यों में वृद्धि होती है" वास्तविक अर्थशास्त्र तो ऐसा क्यों होता है, की व्याख्या तक ही सीमित रहता है यह "मूल्यों में वृद्धि वांछनीय है अथवा नहीं" इसके विषय में कोई निर्णय नहीं देता है। इस प्रकार वास्तविक अर्थशास्त्र आर्थिक घटना 'क्या' है (what is) प्रश्न से सम्बन्धित होता है। इसके विपरीत, कल्याणकारी अर्थशास्त्र के अन्तर्गत हम कारण—परिणाम सम्बन्धों की वांछनीयता अथवा अवांछनीयता का अध्ययन करते हैं अर्थात उपर्युक्त उदाहरण में यदि मूल्य में वृद्धि हो जाती है तो क्या 'यह वांछनीय है अथवा नहीं' इस बात का अध्ययन हम कल्याणकारी अर्थशास्त्र में करते हैं। इस प्रकार कल्याणकारी अर्थशास्त्र "What ought to be" (क्या होना चाहिए) प्रश्न से सम्बन्धित होता है।

वास्तविक तथा कल्याणकारी अर्थशास्त्र में अन्य अन्तर यह है कि वास्तविक अर्थशास्त्र के निष्कर्षों की कुछ मान्यताओं के आधार पर तथा कुछ वास्तविक जगत से एकत्रित आंकड़ों के आधार पर परीक्षण किया जा सकता है। जबकि कल्याणकारी अर्थशास्त्र के निष्कर्षों का आंकड़ों द्वारा परीक्षण नहीं किया जा सकता क्योंकि कल्याण एक मानसिक विचार है जिसका सही-सही माप सम्भव नहीं है।

उदाहरणार्थ यदि राष्ट्रीय आय में वृद्धि हो जाए तो हम निश्चित रूप से नहीं कह सकते कि समाज का कल्याण पहले की अपेक्षा अधिक हो गया है।

नव-प्रतिष्ठित कल्याणकारी अर्थशास्त्र (Neo-Classical Welfare Economics)

नव-प्रतिष्ठित अर्थशास्त्री मार्शल, पीगू (Pigu), तथा कैनन (Cannon) आदि ने अर्थशास्त्र को एक कल्याणकारी विज्ञान के रूप में प्रस्तुत किया है। मार्शल ने अपनी पुस्तक 'Principles of Economics' में उपभोक्ता की बचत के विचार के आधार पर कल्याणकारी अर्थशास्त्र का विचार प्रस्तुत किया। मार्शल का विचार

था कि उपभोक्ता की बचत में प्रत्येक वृद्धि समाज के आर्थिक कल्याण में वृद्धि का प्रतीक है।

नव-प्रतिष्ठित अर्थशास्त्रियों में दूसरे महत्त्वपूर्ण अर्थशास्त्री प्रो. पीगू थे जिन्होंने **'कल्याण का अर्थशास्त्र'** के रूप में कल्याणकारी अर्थशास्त्र का एक वैज्ञानिक आधार प्रस्तुत किया। पीगू ने कल्याणकारी अर्थशास्त्र को केवल **आर्थिक कल्याण** तक ही सीमित किया। पीगू राष्ट्रीय आय तथा उसके वितरण (distribution of income) के आधार पर आर्थिक कल्याण की व्याख्या करता है।

परेटो अनुकूलतम (Pareto Optimum)

परेटो प्रथम अर्थशास्त्री थे जिन्होंने **उपयोगिता के क्रमवाचक विचार** (Ordinal Concept of Utility) के आधार पर कल्याणकारी अर्थशास्त्र का विचार प्रस्तुत किया। उसने स्पष्ट किया कि पूर्ण प्रतियोगिता समाज के अनुकूलतम कल्याण की स्थिति को प्राप्त करने में सहायक होती है। अत: परेटो ने सामाजिक अनुकूलतम (Social optimum) का विचार प्रस्तुत किया। परेटो की सामाजिक अनुकूलतम वह स्थिति है जिसके अन्तर्गत साधनों (inputs) अथवा उत्पादनों (outputs) के पुनरावंटन (re-allocation) द्वारा बिना किसी व्यक्ति को हीनतर (worse off) किए हुए किसी अन्य व्यक्ति को श्रेष्ठतर (better off) करना सम्भव नहीं होता है। इस प्रकार परेटो अनुकूलतम की दशा में संसाधनों के पुनरावंटन द्वारा बिना किसी अन्य व्यक्ति के कल्याण को कम किए किसी अन्य व्यक्ति के कल्याण में वृद्धि करना असंभव होता है। अत: यदि किसी स्थिति में समाज में वस्तुओं तथा सेवाओं अथवा उत्पादन के साधनों के विभिन्न प्रयोगों में पुनर्वितरण द्वारा कल्याण में वृद्धि सम्भव है तो वह अनुकूलतम दशा नहीं होगी।

परेटो अनुकूलतम की शर्तें (Conditions of Pareto Optimum)

परेटो अनुकूलतम की विभिन्न शर्तों की व्याख्या करने से पहले हम उनकी मान्यताओं की चर्चा करेंगे। परेटो अनुकूलतम की मान्यताएं (assumptions) निम्न हैं—

1. उपयोगिता एक क्रमवाचक तत्त्व है तथा प्रत्येक व्यक्ति के लिए क्रमवाचक उपयोगिता फलन (ordinal utility function) दिया हुआ है।

2. उत्पादन फलन (Production function) दिया हुआ है।

3. प्रत्येक व्यक्ति अपनी सन्तुष्टि (Satisfaction) को अधिकतम करना चाहता है।

4. सभी वस्तुएं पूर्णत: विभाज्य (Perfectly divisible) हैं तथा सभी व्यक्ति प्रत्येक वस्तु की एक निश्चित मात्रा का प्रयोग करते हैं।

5. पूर्ण प्रतियोगिता के कारण उत्पादन के सभी साधन पूर्णतया गतिशील हैं।

उपर्युक्त मान्यताओं को ध्यान में रखते हुए अब हम परेटो अनुकूलतम की शर्तों की व्याख्या कर सकते हैं, जो नीचे दी गई हैं।

1. पहली अनुकूलतम शर्त विभिन्न उपभोक्ताओं के बीच वस्तुओं के अनुकूलतम वितरण से सम्बन्धित है। इस शर्त के अनुसार **''समाज में प्रत्येक व्यक्ति के लिए किन्हीं दो वस्तुओं के मध्य प्रतिस्थापन की सीमान्त दर (MRS) समान होनी चाहिए।''**

(For each individual in a society, marginal rate of substitution between two goods must be the same.) इसे वस्तुओं के उपभोग अथवा वितरण की स्थिति में परेटो अनुकूलतम कहते हैं।

2. दूसरी शर्त उत्पादन के क्षेत्र में विभिन्न साधनों के अनुकूलतम प्रयोग पर आधारित है। इस शर्त को निम्न प्रकार व्यक्त किया जा सकता है। **किसी वस्तु विशेष के उत्पादन में दो साधनों का प्रयोग करने वाली किन्हीं दो फर्मों के लिए दो साधनों के मध्य तकनीकी प्रतिस्थापन की सीमान्त दर (MRTS) समान होनी चाहिए** (Marginal Rate of Technical Substitution (MRTS) between any pair of factors be the same for any two firms using the same to produce a product.)।

3. तीसरी शर्त उत्पादन की तकनीकी दशाओं तथा उपभोक्ता के अधिमानों (consumer's preferences) पर आधारित है। इस शर्त द्वारा विभिन्न प्रकार की वस्तुओं की अनुकूलतम उत्पादन की मात्राओं का निर्धारण किया जाता है। इसे **आवंटनात्मक कुशलता** की शर्त भी कहा जाता है क्योंकि इसके अनुसार विभिन्न वस्तुओं में साधनों का आवंटन ऐसा होना चाहिए कि उपभोक्ताओं की सन्तुष्टि अथवा कल्याण अधिकतम हो। इस शर्त को निम्न प्रकार परिभाषित किया जाता है—**दो वस्तुओं का उपभोग करने वाले किसी एक व्यक्ति के लिए दोनों वस्तुओं के मध्य प्रतिस्थापन की सीमान्त दर (MRS) समुदाय के लिए उनके मध्य रूपान्तरण की सीमान्त दर के समान होनी चाहिए** [The marginal rate of substitution between any pair of products for any person consuming both must be the same as the marginal rate of transformation (for the community) between them.]।

परेटो अनुकूलतम की द्वितीय क्रम की तथा समस्त शर्तें (The second order and total conditions of pareto optimum)

ऊपर हमने परेटो अनुकूलतम की जो सीमान्त शर्तों की व्याख्या की है वे प्रथम क्रम की शर्तें (first order conditions) हैं तथा अधिकतम सामाजिक कल्याण की प्राप्ति के लिए वे आवश्यक तो हैं किन्तु पर्याप्त (sufficient) नहीं। इसलिए अधिकतम सामाजिक कल्याण अथवा परेटो अनुकूलतम की प्राप्ति के लिए उपयुक्त सीमान्त शर्तों के अतिरिक्त **द्वितीय क्रम की शर्तों** (second order conditions) की पूर्ति भी आवश्यक है। इन द्वितीय क्रम की शर्तों के अनुसार जहां पर सीमान्त शर्तों की पूर्ति होती है वहां यदि अनधिमान वक्र (indifference curve) मूल बिन्दु की ओर उत्तल (convex) हों और रूपान्तरण वक्र (transformation curves) मूल बिन्दु की ओर अवतल हों तो सामाजिक कल्याण अधिकतम होगा अर्थात परेटो अनुकूलतम की स्थिति प्राप्त होगी।

समस्त दशाएं (Total Conditions)—यदि उपरोक्त दोनों शर्तों को पूरा किया जाए तो भी यह जरूरी नहीं है कि अधिकतम सामाजिक कल्याण की स्थिति की प्राप्ति हो। अधिकतम सामाजिक कल्याण की प्राप्ति के लिए एक अन्य प्रकार की शर्तें, जिनको **जे.आर. हिक्स** (J.R. Hicks) ने **समस्त शर्तों** की संज्ञा दी है, की पूर्ति होना भी आवश्यक है। इन समस्त शर्तों के अनुसार अधिकतम कल्याण की प्राप्ति के लिए यह आवश्यक है कि कोई ऐसी वस्तु उत्पादित करके जो पहले उत्पादित नहीं की जा रही है अथवा ऐसे साधन का प्रयोग करके जिसका प्रयोग नहीं हो रहा है कल्याण में वृद्धि करना असम्भव हो (If welfare is to be maximum, it must be impossible to increase welfare by producing a product not otherwise produced or by using a factor not otherwise used.)।

यदि वर्तमान स्थिति ऐसी है कि किसी नए वस्तु को उत्पन्न करके अथवा अप्रयुक्त साधन को उत्पादन के लिए प्रयोग करके सामाजिक कल्याण में वृद्धि की जा सकती है तो हिक्स की समस्त शर्तों की पूर्ति नहीं होगी और इसलिए वर्तमान स्थिति परेटो अनुकूलतम अथवा अधिकतम सामाजिक कल्याण की स्थिति नहीं होगी।

उपर्युक्त विवरण से स्पष्ट है कि परेटो की दृष्टि से अधिकतम सामाजिक कल्याण तभी प्राप्त होगा जबकि प्रथम एवं द्वितीय क्रम की शर्तें तथा समस्त शर्तों की पूर्ति होती है। किन्तु **यह परेटो अनुकूलतम (Pareto optimum) की कोई अद्वितीय स्थिति (unique situation) नहीं है**। कई स्थितियां अथवा बिन्दु परेटो अनुकूलतम पर हो सकते हैं लेकिन इनमें सर्वश्रेष्ठ कौन-सा है इसको परेटो के मानदण्ड द्वारा निर्धारित नहीं किया जा सकता। परेटो अनुकूलतम की शर्तों का समस्त विश्लेषण वर्तमान आय वितरण की मान्यता पर आधारित है। यदि आय वितरण में परिवर्तन हो जाता है तो भिन्न-भिन्न परेटो अनुकूलतम की स्थिति प्राप्त होंगे। परेटो ने ऐसा कोई मानदण्ड प्रतिपादित नहीं किया जिसके आधार पर यह निश्चित किया जा सके कि नया अनुकूलतम पहले के परेटो अनुकूलतम से श्रेष्ठ है या नहीं।

परेटो अनुकूलतम तथा पूर्ण प्रतियोगिता (Pareto Optimality and Perfect Competition)

पूर्ण प्रतियोगिता एक आदर्श मार्किट व्यवस्था है जिससे परेटो अनुकूलतम अथवा अधिकतम सामाजिक कल्याण की प्राप्ति होती है क्योंकि पूर्ण प्रतियोगिता परेटो अनुकूलतम की सभी सीमान्त शर्तों (marginal conditions) को पूरा करती है।

लेकिन **पूर्ण प्रतियोगिता से सदैव परेटो अनुकूलतम अथवा अधिकतम सामाजिक कल्याण की प्राप्ति नहीं होती**। क्योंकि पूर्ण प्रतियोगिता यह सुनिश्चित नहीं करती कि परेटो अनुकूलतम के लिए आवश्यक द्वितीय क्रम की शर्तों (Second order conditions) की भी पूर्ति होगी। इसके अतिरिक्त जब उत्पादन तथा उपभोग के क्षेत्र में बाह्य मितव्ययिताएं (external economies) तथा बाह्य अमितव्ययिताएं (external dis-economies) विद्यमान होती हैं तो पूर्ण प्रतियोगिता के अन्तर्गत परेटो अनुकूलतम प्राप्त नहीं होगा। अन्य महत्त्वपूर्ण कारण यह है कि पूर्ण प्रतियोगिता का पाया जाना यह सुनिश्चत नहीं करता कि साधनों का पूर्ण उपयोग किया जाएगा और अर्थव्यवस्था उत्पादन सम्भावना वक्र पर ही कार्य करेगी। अन्य शब्दों में, पूर्ण प्रतियोगिता का पाया जाना परेटो अनुकूलतम के लिए आवश्यक समस्त शर्तों (total conditions) की पूर्ति की जिम्मेदारी नहीं लेती है।

अन्ततः पूर्ण प्रतियोगिता तथा परेटो अनुकूलतम के विश्लेषण में वर्तमान आय वितरण को दिया हुआ मान लेते हैं और यह स्वीकार कर लिया जाता है कि समाज में आय का वर्तमान वितरण **इष्टतम अथवा अनुकूलतम** है। किन्तु यह मान्यता सत्य से दूर है। पूर्ण प्रतियोगिता में ऐसी कोई बात नहीं है जो यह सुनिश्चित करे कि आय वितरण अनुकूलतम अथवा सन्तुष्टि अधिकतम करने वाला होगा।

उपर्युक्त विश्लेषण से यह सिद्ध होता है कि पूर्ण प्रतियोगिता परेटो अनुकूलतम अथवा अधिकतम सामाजिक कल्याण के लिए यद्यपि आवश्यक है किन्तु पर्याप्त (sufficient) नहीं है। अतः एक पूंजीवादी अथवा स्वतन्त्र मार्केट अर्थव्यवस्था जिसमें पूर्ण प्रतियोगिता पाई जाती है परेटो अनुकूलतम अथवा अधिकतम सामाजिक

कल्याण सुनिश्चत करती है कुछ शर्तों के पूरा होने पर ही स्वीकारणीय है। ये शर्तें हैं—

1. द्वितीय क्रम की शर्तें (Second order conditions) पूरी होती हों,

2. उत्पादन तथा उपभोग के क्षेत्र में बाह्य मितव्ययिताएं एवं अमितव्ययिताएं अनुपस्थित हों,

3. उपलब्ध संसाधन पूर्णत: प्रयोग हो रहे हों (resources are fully employed),

4. आय का वर्तमान वितरण सामाजिक दृष्टि से अनुकूलतम हो।

बाजार असफलताएं (Market Failures)

कुछ परिस्थितियों में स्वतंत्र बाजार व्यवस्था परेटो अनुकूलतम (अर्थात अधिकतम सामाजिक कल्याण की स्थिति) की ओर नहीं ले जा सकती हैं। जिन परिस्थितियों के कारण स्वतन्त्र बाजार व्यवस्था आर्थिक कुशलता या अधिकतम सामाजिक कल्याण को प्राप्त करने में असफल रहता है उन्हें बाजार अथवा मार्किट असफलता (market failure) कहा गया है।

बाजार असफलता के प्रमुख कारण निम्न होते हैं—

1. एकाधिकार अथवा अपूर्ण प्रतियोगिता का अस्तित्व,

2. उत्पादन तथा उपभोग में बाह्य मितव्ययिताएं एवं अमितव्ययिताएं की उपस्थिति,

3. सार्वजनिक वस्तुओं (Public goods) का उपभोग।

द्वितीय सर्वोत्तम का सिद्धान्त (Theory of the Second Best)

प्रो. लिप्से (Lipsey) तथा लंकास्टर ने अपने **द्वितीय सर्वोत्तम के सिद्धान्त** में इस बात की चर्चा की है कि परेटो अनुकूलतम की सभी शर्तों को सन्तुष्ट करना संभव नहीं होता है तथा उसके परिणामस्वरूप सर्वोत्तम हल अर्थात अधिकतम सामाजिक कल्याण की स्थिति प्राप्त करने योग्य नहीं होती है। किन्तु क्या यदि वे शर्तें कुछ बाजार में पूरी नहीं होती हैं तो शेष बाजारों में इन शर्तों को सन्तुष्ट करने के द्वारा **द्वितीय सर्वोत्तम की स्थिति** को प्राप्त करने का प्रयास किया जाना चाहिए। वे अपने द्वितीय सर्वोत्तम सिद्धान्त में बल देकर कहते हैं कि यह **द्वितीय सर्वोत्तम हल सामाजिक कल्याण में वृद्धि नहीं करेगा (The next best solution will not lead to increase in social welfare)**।

द्वितीय सर्वोत्तम के सिद्धान्त के तर्क को रेखाचित्र की सहायता से स्पष्ट किया जा सकता है। रेखाचित्र में उत्पादन सम्भावना वक्र PP^1 खींचा गया है।

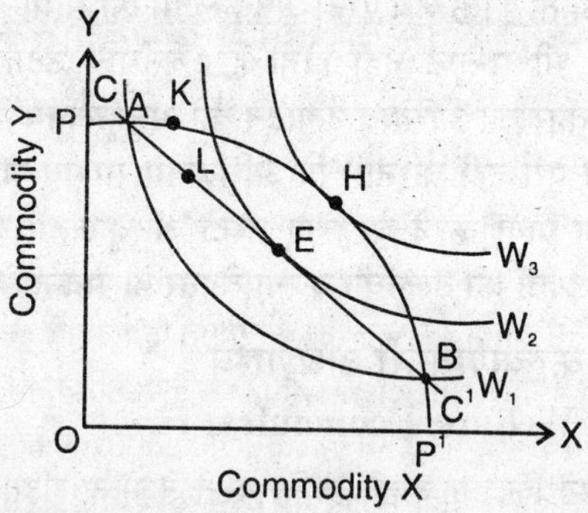

रेखाचित्र : *द्वितीय सर्वोत्तम सिद्धान्त का ग्राफिक प्रदर्शन*

PP^1 वक्र पर स्थित सभी बिन्दु परेटो अनुकूलतम में है। लिप्से तथा लंकास्टर के अनुसार यदि सभी सीमान्त शर्तें सन्तुष्ट नहीं होती हैं तो सामाजिक कल्याण के अपेक्षाकृत ऊंचे स्तर को प्राप्त करने के लिए कभी-कभी उत्पादन सम्भावना वक्र (PP') के अन्दर की ओर गमन बेहतर होता है। रेखाचित्र में W_1, W_2, W_3 सामाजिक कल्याण वक्र (जिसे समुदाय अधिमान वक्र भी कहा जाता है) भी खींचे गए हैं। ये सामाजिक कल्याण वक्र दो वस्तुओं X और Y के उन संयोगों को प्रदर्शित करते हैं जो समाज का समान रूप से कल्याण करते हैं। इसके अतिरिक्त सामाजिक कल्याण वक्र जितने ऊंचे होते हैं सामाजिक कल्याण का स्तर भी उतना ही अधिक होता है।

रेखाचित्र से स्पष्ट है कि H बिन्दु पर सामाजिक कल्याण वक्र, उत्पादन सम्भावना वक्र PP^1 को स्पर्श करता है जो परेटो अनुकूलतम की सभी सीमान्त शर्तों को सन्तुष्ट करते हुए अधिकतम सामाजिक कल्याण के बिन्दु को प्रदर्शित करता है। अब माना कि दोनों वस्तुओं के बाजारों में एकाधिकार की स्थिति होने के कारण सामाजिक कल्याण के दृष्टिकोण से सर्वोत्तम बिन्दु H को प्राप्त नहीं किया जा सकता। इसके अतिरिक्त माना कि एकाधिकार के अस्तित्व के कारण CC^1 रेखा पर स्थिति संयोग को ही प्राप्त किया जा सकता है। माना कि वर्तमान अर्थव्यवस्था CC^1 रेखा के L बिन्दु पर स्थित है जो उत्पादन सम्भावना वक्र के A या B बिन्दु के अन्दर स्थित है तथा जो प्राप्त करने योग्य रेखा CC^1 पर भी स्थित है लेकिन उत्पादन संभावनावक्र के A या B बिन्दु अपेक्षाकृत नीचे सामाजिक कल्याण वक्र W_1 पर स्थित है। यदि इसके बजाय L बिन्दु से E बिन्दु पर जाते हैं जो उत्पादन सम्भावना वक्र के अन्दर है और इसलिए परेटो अनुकूलतम नहीं है लेकिन A तथा B की अपेक्षा अधिक कल्याण देता है जैसा कि सामाजिक कल्याण वक्र W_2 द्वारा प्रदर्शित है। इस प्रकार **द्वितीय सर्वोत्तम सिद्धान्त जोर**

देकर कहता है कि जब परेटो अनुकूलतम की सीमान्त शर्तों में से एक भी सन्तुष्ट नहीं होती है (वर्तमान उदाहरण में, एकाधिकार का अस्तित्व उत्पादन की अनुकूलतम दिशा की शर्त को पूरा नहीं करता) तो अधिकतम सम्भव सामाजिक कल्याण प्राप्त करने के लिए परेटो अनुकूलतम की अन्य सीमान्त शर्तों का उल्लंघन करना बेहतर हो सकता है।

नवीन कल्याणकारी अर्थशास्त्र (New Welfare Economics)

जैसा कि हम जानते हैं कि परेटो ने मूल्य रहित (Value Free) कल्याण में वृद्धि का एक वस्तुपरक मानदण्ड प्रस्तुत किया जिसके द्वारा उन्होंने स्पष्ट किया कि आर्थिक नीति में कोई परिवर्तन जो समाज के एक व्यक्ति को कोई हानि नहीं पहुंचाता तथा समाज के किसी अन्य व्यक्ति की स्थिति में सुधार करता है (अर्थात कल्याण में वृद्धि करता है) तो वह सामाजिक कल्याण में वृद्धि को प्रदर्शित करता है। लेकिन परेटो मानदण्ड ऐसी परिस्थितियों में सामाज के कल्याण में परिवर्तन की माप करने में असमर्थ है जिसके अन्तर्गत किसी नीति परिवर्तन से समाज के एक वर्ग को हानि तथा दूसरे वर्ग को लाभ होता है। ऐसी स्थिति में सामाजिक कल्याण में वृद्धि अथवा कमी को परेटो के मानदण्ड द्वारा ज्ञात नहीं किया जा सकता। इस प्रश्न का उत्तर देने के लिए अर्थशास्त्रियों ने कल्याणकारी अर्थशास्त्र को पुन: प्रतिष्ठित करने हेतु दो प्रकार के मुख्य प्रयास किए। प्रथम प्रयास **कालडोर** (Kaldor), **हिक्स** (Hicks) तथा **सिटोवस्की** (Scitovosky) जैसे अर्थशास्त्रियों द्वारा किया गया। इन्होंने **'क्षतिपूर्ति सिद्धान्त'** (Compensation Principle) का विचार दिया। **क्षतिपूरक सिद्धान्त को ही नवीन कल्याणकारी अर्थशास्त्र (New Welfare Economics) कहा जाता है।** कल्याणकारी अर्थशास्त्र को पुन: प्रतिष्ठित करने का दूसरा प्रयास **बर्गसन** (Bergson), **सैम्युलसन, टिंटर** (Tinter) जैसे अर्थशास्त्रियों द्वारा किया गया था। उन्होंने एक वैकल्पिक अस्त्र का निर्माण किया जिसे **सामाजिक कल्याण क्रिया** (Social Welfare Function) कहते हैं।

क्षतिपूर्ति सिद्धान्त निम्न मान्यताओं पर आधारित है। **प्रथम,** यह सिद्धान्त मानकर चलता है कि व्यक्तियों की रुचियां (tastes) स्थिर रहती हैं तथा उत्पादन तथा उपभोग पर बाह्य प्रभाव अनुपस्थित रहते हैं। **दूसरा,** उपयोगिता की गणन-संख्यात्मक माप (cardinal measurement) नहीं होती और न ही उपयोगिता की अन्त: वैयक्तिक तुलनाएं सम्भव होती हैं। **तीसरा,** व्यक्ति अपने कल्याण का सर्वश्रेष्ठ निर्णायक होता है। इस प्रकार इस मान्यता के अनुसार प्रत्येक व्यक्ति का कल्याण एक दूसरे से स्वतंत्र रहता है। **चौथा,** यह सिद्धान्त मान लेता है कि उत्पादन की समस्या को वितरण की समस्या से पृथक किया जा सकता है। अत: यह सिद्धान्त सामाजिक कल्याण पर केवल उत्पादन के स्तर में हुए परिवर्तनों के प्रभाव का ही अध्ययन करता है।

कालडोर एवं हिक्स दोनों अर्थशास्त्रियों का सुनिश्चित मत है कि अन्त: वैयक्तिक तुलनाओं को किए बिना ही सामाजिक कल्याण सम्बन्धी निष्कर्ष निकालना संभव है। उनका यह दावा है कि सामाजिक कल्याण में हुई वृद्धि का परेटो द्वारा प्रस्तुत मापदण्ड उन परिवर्तनों पर भी लागू किया जा सकता है जिनसे कुछ व्यक्तियों को लाभ और कुछ को हानि होती है। लेकिन शर्त यह है कि लाभान्वित व्यक्ति हानि उठाने वाले व्यक्तियों की क्षतिपूर्ति करने के पश्चात भी शुद्ध लाभ-प्राप्तकर्ता ही बना रहे। **प्रो. कालडोर** ने क्षतिपूर्ति सिद्धान्त को इस प्रकार व्यक्त किया था—"**अर्थशास्त्री को यह सिद्ध करने की आवश्यकता नहीं है कि किसी नीति विशेष को क्रियान्वित करने से समाज के किसी भी सदस्य को हानि नहीं होती। अर्थशास्त्री के लिए तो केवल यही सिद्ध कर देना पर्याप्त है कि हानि से पीड़ित यदि सभी लोगों की पूर्ण क्षति पूर्ति कर दी जाती है तो भी समाज पहले की अपेक्षा अधिक अनुकूल स्थिति में बना रहता है।**"

प्रो. हिक्स ने क्षतिपूर्ति सिद्धान्त को इस प्रकार व्यक्त किया है : "**यदि किसी परिवर्तन से A की स्थिति में इतना सुधार हो जाता है कि वह B की क्षति पूर्ति करने के उपरान्त भी पहले की अपेक्षा अधिक समृद्ध हो जाता है तो इस प्रकार के परिवर्तन अथवा पुनर्संगठन को हम सुस्पष्ट सुधार ही मानेंगे।**" (If A is made so much better off by the change that he could compensate B for his loss and still have something left over, then the reorganisation is unequivocal improvement.)

कालडोर एवं हिक्स द्वारा प्रतिपादित क्षतिपूर्ति सिद्धान्त की निम्नलिखित आलोचनाएं की गई हैं—

1. आलोचकों के अनुसार यह सिद्धान्त उत्पादन एवं वितरण के बीच आवश्यक भेद करता है और वितरण की ओर समुचित ध्यान दिए बिना ही वास्तविक आय की धारणा की परिभाषा कर डालता है। आलोचकों का कहना है कि उत्पादन की समस्या को वितरण की समस्या से पृथक नहीं किया जा सकता है।

2. यह कहा गया है कि जिन अन्त: वैयक्तिक उपयोगिता तुलनाओं से कालडोर एवं हिक्स बचना चाहते थे, वे तुलनाएं उनके अपने सिद्धान्त में भी सन्निहित हैं। इस सिद्धान्त के अनुसार व्यक्तिगत लाभ एवं हानि की मौद्रिक माप इस मान्यता पर आधारित

होती है कि मुद्रा की सीमान्त उपयोगिता अमीर एवं गरीब के लिए समान है।

3. आलोचकों का कहना है कि यदि इस सिद्धान्त को क्रियान्वित किया जाए तो वास्तविक क्षतिपूर्ति के भुगतान के प्रश्न पर अनेक व्यावहारिक कठिनाइयां उत्पन्न हो जाएंगी। आर्थिक नीति में परिवर्तन के फलस्वरूप किसी व्यक्ति विशेष के लाभ अथवा हानि का यदि हमें अनुमान लगाना है तो हमें उसके उपयोगिता क्रम (utility-Scale) के बारे में ज्ञान होना चाहिए। लेकिन वास्तविकता यह है कि हम प्रत्येक व्यक्ति के उपयोगिता-क्रम की जानकारी प्राप्त करने की स्थिति में नहीं है। इसके अतिरिक्त, आर्थिक नीति में परिवर्तन के फलस्वरूप हानि पीड़ितों को क्षतिपूर्ति चुकाने में अनेक प्रशासनिक कठिनाइयां उत्पन्न होती हैं।

4. क्षतिपूर्ति सिद्धान्त के अनुसार लाभान्वित व्यक्तियों द्वारा हानिग्रस्त व्यक्तियों को क्षतिपूर्ति कर सकने के पश्चात भी पहले से बेहतर रहते हैं तो प्रस्तावित परिवर्तन सामाजिक कल्याण को बढ़ाएगा, किन्तु यह क्षतिपूर्ति वास्तव में करना आवश्यक नहीं। लेकिन यह सही नहीं है। वे नीति परिवर्तन जो वास्तविक क्षतिपूर्ति के साथ सामाजिक कल्याण को बढ़ाते हैं, आवश्यक नहीं कि वे क्षतिपूर्ति के बिना भी सामाजिक कल्याण को बढ़ाएं।

उपर्युक्त विश्लेषण से स्पष्ट है कि कालडोर व हिक्स के क्षतिपूर्ति सिद्धान्त की अनेक आलोचनाएं की गई हैं। इन आलोचनाओं के कारण कुछ अर्थशास्त्री जैसे कि बर्गसन (Bergson), सेमुएल्सन (Samuelson) तथा एरो (Arrow) ने सामाजिक कल्याणकारी फलन (social welfare function) की अवधारणा विकसित की है। जिसमें स्पष्ट रूप से नैतिक निर्णयों (Value judgements) को समाविष्ट किया जाता है और इसके आधार पर नीति परिवर्तनों का सामाजिक कल्याण पर प्रभावों की जांच की जाती है।

सामाजिक कल्याण फलन (Social Welfare Function)

बर्गसन एंव सैमुएलसन (Bergson and Samuelson) ने सामाजिक कल्याण फलन का प्रतिपादन किया। इस प्रतिपादन के आधार पर उत्पादन तथा विनिमय की **'अनुकूलतम शर्तें'** अधिकतम कल्याण के लिए आवश्यक शर्तें स्वीकार की जाती हैं। बर्गसन तथा सैमुएलसन के अनुसार यदि कल्याणकारी अर्थशास्त्र **मूल्यगत निर्णयों** (value judgements) का समावेश नहीं करता तो वह व्यर्थ है तथा उसका कोई व्यावहारिक महत्त्व नहीं रह जाता है। इसलिए **बर्गसन-सैमुएलसन का सामाजिक कल्याण फलन स्पष्ट मूल्यगत निर्णयों पर आधारित है** (Bergson-Samuelson social welfare function is based on explicit value judgements)। ये मूल्यगत निर्णय किसी स्थिति का मूल्यांकन करने में किसी नीति निर्माता की सहायता करते हैं। सामाजिक कल्याण फलन समाज के कल्याण का क्रमवाचक सूचकांक (ordinal index) होता है जो विभिन्न व्यक्तियों की क्रमवाचक उपयोगिताओं पर निर्भर करता है।

क्रमवाचक उपयोगिताओं का मूल्य उन सभी चरों (variables) पर निर्भर करता है जो व्यक्तिगत उपयोगिताओं को प्रभावित करते हैं। सामाजिक कल्याण फलन को निम्न प्रकार से व्यक्त किया जा सकता है—

$$W = w(u_1, u_2, u_3, \ldots u_n)$$

जहां W सामाजिक कल्याण को, u_1, u_2, u_3 तथा u_n विभिन्न व्यक्तियों की क्रमवाचक उपयोगिताओं को तथा w उपयोगिता तथा सामाजिक कल्याण के मध्य कार्यात्मक सम्बन्ध (functional relationship) को व्यक्त करते हैं। इस प्रकार उपर्युक्त फलन यह स्पष्ट करता है कि समाज का कल्याण विभिन्न व्यक्तियों के उपयोगिता सूचकांक u_1, u_2, u_3 तथा u_n पर निर्भर करता है। u_1, u_2, u_3 तथा u_n का मूल्य उन अनेक चरों पर निर्भर करता है जिन पर विभिन्न व्यक्तियों के क्रमवाचक उपयोगिता सूचकांक निर्भर करते हैं।

बर्गसन-सैमुएलसन के सामाजिक कल्याण फलन के प्रमुख लक्षण (Main features of Bergson-Samuelson's social welfare function)

बर्गसन-सैमुएलसन द्वारा प्रतिपादित सामाजिक कल्याण फलन के निम्न प्रमुख लक्षण होते हैं—

1. सामाजिक कल्याण फलन अन्तर्वैयक्तिक तुलना पर आधारित है। मूल्यगत निर्णय इसी का परिणाम हैं। यह अन्तर्वैयक्तिक तुलना उपयोगिता के गणनावाचक विचार पर आधारित न होकर क्रमवाचक विचार (ordinal concept) पर आधारित है।

2. यह कल्याण फलन किसी एक मात्र मूल्यगत निर्णय का ही समावेश न करके किसी भी प्रकार के मूल्यगत निर्णय को समाविष्ट करता है।

3. इस फलन में सम्मिलित नैतिक विचार पूर्णतया क्रमवाचक (ordinal) हैं।

4. मूल्यगत निर्णयों के आधार पर एक बार सामाजिक कल्याण फलन के निर्धारित हो जाने के पश्चात अनुकूलतम सामाजिक कल्याण के स्तर को प्राप्त करने के लिए कीमत सिद्धान्त द्वारा साधनों का आवंटन विभिन्न क्षेत्रों में किया जा सकता है तथा वस्तुओं के उत्पादन को उपभोक्ताओं में न्यायपूर्ण ढंग से वितरित किया जा सकता है ताकि सामाजिक कल्याण अधिकतम हो सके।

यहां ध्यान देने योग्य बात यह है कि परेटो के अनुकूलतम सिद्धान्त में वस्तुओं के उत्पादन, व्यक्तियों में वितरण तथा वस्तु उत्पादन की संरचना (composition) के विषय में कोई **एक निश्चित अनुकूलतम हल** (unique optimum solution) प्राप्त नहीं होता जो कि अधिकतम सामाजिक कल्याण को व्यक्त करता हो। अनेक ऐसे हल होते हैं जो परेटो के मानदण्ड की दृष्टि से अनुकूलतम होते हैं। इस प्रकार परेटो अनुकूलतम विश्लेषण हमें अधिकतम सामाजिक कल्याण का कोई निश्चित हल प्रदान नहीं करता है। किन्तु **सामाजिक कल्याण फलन** की सहायता से हम अधिकतम सामाजिक कल्याण (Maximum Social Welfare) का हल प्राप्त कर सकते हैं अर्थात् सामाजिक कल्याण फलन को परेटो अनुकूलतम विश्लेषण से जोड़कर हम साधनों के संयोग (input combination), उत्पादन के वितरण तथा कुल उत्पादन में विभिन्न वस्तुओं की मात्रा (Composition of output) के सम्बंध में **एक विशेष हल** (unique solution) प्राप्त कर सकते हैं जो अधिकतम सामाजिक कल्याण की प्राप्ति को सुनिश्चित करता हो।

बहुविकल्पीय प्रश्न

1. काल्डर-हिक्स मुआवजा निष्कर्ष के अनुसार आर्थिक नीति में परिवर्तन करने से समाज कल्याण में अभिवृद्धि होती है, यदि—

A. फायदे में रहने वाले लोग घाटे में रहने वालों की भरपाई कर सकें।

B. घाटे में रहने वाले लोग फायदे में रहने वालों को पुरानी स्थिति में ही बने रहने के लिए प्रेरित करने के लिए लाभकारी घूस दे सकें।

C. फायदे में रहने वाले लोग घाटे में रहने वालों के घाटे की भरपाई कर सकें और फिर भी स्वयं पहले की अपेक्षा बेहतर आर्थिक स्थिति में रहें।

D. घाटे में रहने वाले लोग परिवर्तन का विरोध न करें।

2. मार्क्स के अनुसार शोषण की दर होती है—

A. V + S B. S/V

C. V/S D. $\frac{C}{V+S}$

3. 'बर्गसन मापदण्ड' सम्बन्धित है—

A. कल्याण अर्थशास्त्र से B. श्रम अर्थशास्त्र से

C. विकास अर्थशास्त्र से D. अन्तर्राष्ट्रीय अर्थशास्त्र से

4. एजवर्थ-बॉक्स मानचित्र में, दो उपभोक्ताओं के तटस्थ वक्रों के स्पर्शक बिन्दुओं के बिन्दु पथ को जाना जाता है—

A. आय उपयोग वक्र B. रिज रेखाएं

C. संविदा वक्र D. प्रसार पथ

5. 'सामान्य साम्य' तथा 'आंशिक साम्य' के प्रत्यय सम्बन्धित हैं, क्रमशः—

A. रिकार्डो तथा वालरस से

B. वालरस तथा मार्शल से

C. ऐरो तथा डेवर्थू से

D. कीन्स तथा हेन्सन से

6. परेटो के कल्याण के अधिकतमीकरण के लिए क्या सत्य है?

A. इससे अनेक अनुकूलतम बिन्दु प्राप्त होते हैं।

B. इससे केवल एक अनुकूलतम बिन्दु प्राप्त होता है।

C. यह मूल्यगत निर्णय पर आधारित है।

D. यह उपयोगिता के मापनीय विचार पर आधारित है।

7. तीन व्यक्तियों (A, B और C) के एक समाज में निम्नलिखित में से कौन-सा एक सामाजिक कल्याण में परेटो सुधार को दर्शाता है?

A. A का कल्याण बढ़ता है, B का कल्याण बढ़ता है, C का कल्याण घटता है।

B. A का कल्याण बढ़ता है, B का कल्याण घटता है, C का कल्याण यथावत् रहता है।

C. A का कल्याण बढ़ता है, B का कल्याण यथावत् रहता है, C का कल्याण घटता है।

D. A का कल्याण बढ़ता है, B का कल्याण यथावत् रहता है, C का कल्याण यथावत् रहता है।

8. दो वस्तुओं का दो व्यक्तियों के बीच वितरण तब परेटो इष्टतम कहा जाता है, जब—

A. वितरण में कोई परिवर्तन दोनों व्यक्तियों को पहले की अपेक्षा अधिक खुशहाल बनाता है।

B. कोई परिवर्तन, जो एक व्यक्ति को अधिक खुशहाल बनाता है, एवं दूसरे को बदतर स्थिति में पहुंचा जाता है।

C. आर्थिक नीति में कोई परिवर्तन कुछ के कल्याण को बढ़ाता है और दूसरों के कल्याण को घटाता है और जो फायदे में रहते हैं वे घाटे में रहने वालों की क्षतिपूर्ति कर देते हैं।

D. सीमान्त सामाजिक उत्पाद सब उद्योगों में समान होते हैं तथा सम्पदा के उत्पादन को अधिकतम कर दिया जाता है।

9. उत्पादन के किन्हीं दो कारकों जैसे K और L के मध्य परेटो इष्टतम आवंटन के लिए अनिवार्य शर्त है कि समानता हो—
A. प्रत्येक प्रयोगों/फर्मों में दोनों कारकों, K और L के सीमान्त उत्पादकताओं के मध्य।
B. प्रत्येक प्रयोगों/फर्मों में दोनों कारकों के MRTS के मध्य।
C. उनकी बाजार कीमतों के अनुपात और MRTS के मध्य।
D. दोनों कारकों की बाजार कीमतों के मध्य।

10. एक देश में आय असमानताओं को नापा जा सकता है—
A. लॉरेंज वक्र द्वारा
B. गिनी गुणांक द्वारा
C. विभिन्न वर्गों द्वारा प्राप्त आय के अनुपात द्वारा।
D. उपरोक्त सभी।

11. एजवर्थ उत्पादन बॉक्स में, संतुलन की संभावित स्थितियों में:
A. सम उत्पादक वक्र एक दूसरे को स्पर्श करते हैं।
B. सम उत्पादक वक्र एक दूसरे को काटते हैं।
C. आगतों का सीमान्त उत्पाद बराबर है।
D. B और C दोनों।

निर्देश: *प्रश्न संख्या 12 के लिए, परीक्षार्थियों को सही कालानुक्रमिक क्रम के विकल्प का चयन करना है।*

12. (*i*) वैल्यु एण्ड कैपीटल
(*ii*) प्रिंसीपल्स ऑफ पोलिटिकल इकोनॉमी एण्ड टैक्सेशन
(*iii*) ए रिवीज़न ऑफ डिमांड थ्योरी
(*iv*) दी जनरल थ्योरी ऑफ एंप्लॉयमेंट, इंटरेस्ट एण्ड मनी

A.	(*iii*)	(*iv*)	(*i*)	(*iii*)
B.	(*iii*)	(*i*)	(*iv*)	(*ii*)
C.	(*iv*)	(*iii*)	(*i*)	(*ii*)
D.	(*i*)	(*iv*)	(*iii*)	(*ii*)

13. सूची I का सूची II के साथ सुमेल कीजिए और नीचे दिए गए कूट का प्रयोग करते हुए सही उत्तर का चयन कीजिए–

सूची-I	*सूची-II*
1. क्षतिपूर्ति मापदंड	(*i*) विलियमसन
2. असम्भाव्य सिद्धान्त	(*ii*) एफ.एच. नाईट
3. प्रबन्धकीय विवेक मॉडल	(*iii*) काल्डर-हिक्स
4. लाभ का अनिश्चितता सिद्धान्त	(*iv*) कैनेथ ऐरो

कूट :

	1	2	3	4
A.	(*iv*)	(*i*)	(*iii*)	(*ii*)
B.	(*iii*)	(*iv*)	(*i*)	(*ii*)
C.	(*ii*)	(*iii*)	(*i*)	(*iv*)
D.	(*iii*)	(*ii*)	(*iv*)	(*i*)

14. परेटो (Pareto) अनुकूलतम (Optimality) किस वक्र के किसी भी बिन्दु पर स्थापित हो सकता है:
A. लैफ्फर वक्र
B. एन्जल वक्र
C. कॉन्ट्रेक्ट वक्र
D. लोरेन्ज वक्र

15. निम्नलिखित में से कौन परेटो (Pareto) द्वारा प्रतिपादित अनुकूलतम की पूर्वधारणा ***नहीं*** है?
A. पूर्ण प्रतिस्पर्धा का विद्यमान होना
B. बहिर्मुखता का अभाव
C. उपयोगिता की संख्यासूचक प्रकृति
D. उपयोगिता क्रमसूचक है

16. फीजिकल क्वालिटी ऑफ लाइफ इंडेक्स (POLI) का परिकलन इनके द्वारा किया गया :
A. महबूबुल हक
B. मीयर जी. एम.
C. मौरिस डी.
D. इनमें से कोई नहीं

उत्तरमाला

1	2	3	4	5	6	7	8	9	10
C	B	A	C	B	A	D	B	B	D
11	12	13	14	15	16				
A	A	B	C	C	C				

यूनिट-II : समष्टि आय विश्लेषण

2.1 : रोजगार का क्लासिकी सिद्धान्त

2.1

रोजगार का क्लासिकी सिद्धान्त
(THE CLASSICAL THEORY OF EMPLOYMENT)

रोजगार के क्लासिकी सिद्धान्त के अनुसार पूंजीवादी अर्थव्यवस्था में बिना स्फीति का (inflation) का पूर्ण रोजगार (Full employment) पाया जाता है। **मजदूरी-कीमत नम्यता** (wage price flexibility) के दिए होने पर अर्थव्यवस्था में स्वत:कारी (automatic) शक्तियां पाई जाती हैं जो अर्थव्यवस्था को पूर्ण रोजगार के स्तर पर कायम रखती है और उसी स्तर पर उत्पादन करने को प्रेरित करती हैं। अत: रोजगार के क्लासिकी सिद्धान्त में पूर्ण रोजगार एक सामान्य स्थिति मानी जाती है और इस स्तर से विचलन कुछ असामान्य स्थिति होती है।

मान्यताएं (Assumptions)—रोजगार का क्लासिकी सिद्धान्त निम्नलिखित मान्यताओं पर आधारित है—

1. बिना विदेशी व्यापार (closed economy) के तथा बिना सरकारी हस्तक्षेप (laissez faire) के पूंजीवादी अर्थव्यवस्था पाई जाती है।

2. श्रम और वस्तु बाजारों में पूर्ण प्रतियोगिता (Perfect Competition) पाई जाती है।

3. श्रम समरूप होती है।

4. अर्थव्यवस्था का कुल उत्पादन उपभोग तथा निवेश पर व्यय हो जाता है।

5. मुद्रा की मात्रा दी हुई है।

6. मुद्रा मजदूरी और वास्तविक मजदूरी (real wage) में सीधा तथा समानुपातिक (Proportional) सम्बन्ध होता है।

7. मजदूरी और कीमतें नम्य (flexible) है।

8. ब्याज की दर पूर्णत: लोचदार होती है।

क्लासिकी सिद्धान्त की आलोचना
(Criticisims of the Classical theory)

रोजगार के क्लासिकी सिद्धान्त की अवास्तविक मान्यताओं के कारण केन्ज ने इस सिद्धान्त की कड़ी आलोचना की है। केन्ज ने निम्नलिखित कारणों से क्लासिकी सिद्धान्त पर प्रहार किया है—

1. अल्परोजगार सन्तुलन Underemployment equilibrium)—केन्ज ने पूंजीवादी अर्थव्यवस्था में पूर्ण रोजगार सन्तुलन की क्लासिकी सिद्धान्त की मान्यता को अवास्तविक बताया। केन्ज के अनुसार पूंजीवादी अर्थव्यवस्थाओं में **अनैच्छिक बेरोजगारी** (involuntary unemployment) का अस्तित्व यह सिद्ध करता है कि अल्परोजगार सन्तुलन एक **सामान्य** स्थिति है और पूर्ण रोजगार सन्तुलन की स्थिति असाधारण तथा आकस्मिक है।

2. सामान्य से अधिक उत्पादन सम्भव (over production possible)—केन्ज ने क्लासीकल अर्थशास्त्री **'से'** द्वारा प्रतिपादित **बाजार नियम** (Say's Law of Markets) की धारणा को गलत बताया। उसके अनुसार उत्पादन के साधनों के स्वामियों द्वारा अर्जित समस्त आय उन वस्तुओं के क्रय में खर्च नहीं होती जिनके उत्पादन में वे सहायक होते हैं। अर्जित आय का कुछ भाग बचा लिया जाता है जो अपने आप ही निवेश नहीं हो जाता क्योंकि बचत तथा निवेश पृथक-पृथक कार्य हैं। इसलिए जब समस्त अर्जित आय (Aggregate income) उपभोग वस्तुओं पर खर्च नहीं होती और उसका कुछ अंश बचा लिया जाता है तो कुल मांग (Aggregate demand) में कमी आ जाती है। जिसके परिणामस्वरूप अति उत्पादन (over production) होता है क्योंकि कुल पूर्ति, कुल मांग से अधिक हो जाती है। इससे, आगे चलकर, सामान्य बेरोजगारी आती है।

3. अर्थव्यवस्था में स्वत: समायोजन असम्भव (Self adjustment impossible in the economy)—केन्ज, क्लासीकल सिद्धान्त के इस विचार से सहमत नहीं है कि आर्थिक प्रणाली स्वयं समायोजित (self adjusting) होती है। केन्ज का मानना है कि समाज में असमान ढांचे के कारण पूंजीवादी प्रणाली कभी भी स्वयं समायोजित नहीं हो पाती। पूंजीवादी समाज में दो वर्ग होते हैं—अमीर और गरीब। अमीरों के पास बहुत धन होता है परन्तु वे सारे धन को उपभोग पर व्यय नहीं करते। जबकि गरीबों के पास उपभोक्ता वस्तुएं खरीदने के लिए धन का अभाव होता है।

इस प्रकार कुल पूर्ति, कुल मांग की तुलना में अधिक हो जाती है परिणामस्वरूप अर्थव्यवस्था में अति उत्पादन और बेरोजगारी की दशा उत्पन्न हो जाती है। अत: केन्ज के विचारानुसार, पूर्ति एवं मांग में सन्तुलन बनाए रखने के लिए राज्य हस्तक्षेप आवश्यक है।

4. मजदूरी कटौती का खण्डन (Refutation of wage cut)—केन्ज ने क्लासीकल सिद्धान्त की इस धारणा का खंडन किया कि मुद्रा मजदूरी में कटौती करके अर्थव्यवस्था में पूर्ण रोजगार लाया जा सकता है। मुद्रा-मजदूरी में कमी लागतों तथा मांग को घटाकर एक उद्योग में तो रोजगार बढ़ा सकती है परन्तु समस्त अर्थव्यवस्था के लिए इस प्रकार की नीति से रोजगार घट जाता है। जब मजदूरी में सामान्य कटौती होती है, तो श्रमिकों की आय घट जाती है। परिणामत: कुल मांग गिर जाती है जिससे रोजगार में कमी आती है।

5. वास्तविक मजदूरी तथा मुद्रा मजदूरी में प्रत्यक्ष सम्बन्ध नहीं—केन्ज ने क्लासीकल सिद्धान्त के इस मत को कभी स्वीकार नहीं किया कि मुद्रा मजदूरी तथा वास्तविक मजदूरी के बीच प्रत्यक्ष समानुपातिक सम्बन्ध (direct proportionate relationship) होता है। उसके अनुसार इन दोनों में उल्टा (inverse) सम्बन्ध होता है। जब मुद्रा मजदूरी गिरती है तो वास्तविक मजदूरी बढ़ती है और विलोमत: भी।

6. अल्पकालीन विश्लेषण (short run analysis)—क्लासीकल अर्थशास्त्री, **दीर्घकालीन सन्तुलन** (long term equilibrium) पर बल देते थे किन्तु केन्ज ने इसका विरोध किया। इसलिए वह मांग पर दीर्घकालीन प्रभाव को छोड़ देता है।

7. मुद्रा निष्प्रभावी नहीं (Money not neutral)—क्लासीकल अर्थशास्त्री मुद्रा को निष्प्रभावी मानते थे। इसलिए उन्होंने मौद्रिक सिद्धान्त में उत्पादन, रोजगार एवं ब्याज दर के सिद्धान्त को शामिल नहीं किया था। उनके अनुसार, उत्पादन और रोजगार का स्तर तथा ब्याज की सन्तुलन दर वास्तविक शक्तियों (real forces) द्वारा निर्धारित होते हैं। केन्ज ने क्लासीकल सिद्धान्त की इस धारणा की आलोचना की कि मौद्रिक सिद्धान्त, मूल्य सिद्धान्त से भिन्न है। उसने मौद्रिक सिद्धान्त को मूल्य सिद्धान्त के साथ जोड़ दिया और ब्याज सिद्धान्त को मौद्रिक सिद्धान्त के क्षेत्र में ला दिया।

'से' का बाजार नियम
(Say's law of Market)

'से' का बाजार नियम क्लासीकल रोजगार सिद्धान्त का आधार है। 19 वीं शताब्दी के प्रारम्भ में फ्रांसीसी अर्थशास्त्री **जे.बी. से** ने यह धारणा व्यक्त की **''पूर्ति स्वयं अपनी मांग पैदा करती है''** (Supply creates its own demand)। उनके अनुसार, मांग का मुख्य स्रोत उत्पादन के विभिन्न साधनों को प्राप्त होने वाली आय होती है और यह आय उत्पादन प्रक्रिया से स्वत: की उत्पन्न होती है। उत्पादन के साथ ही साथ मांग इसलिए बढ़ती है क्योंकि उत्पादन में लगे हुए साधनों को पारिश्रमिक मिलता है। अन्य शब्दों में, प्रत्येक उत्पादन की मात्रा के परिणामस्वरूप देश के परिचलन (circulation) में उतनी ही मात्रा की क्रय-शक्ति प्रविष्ट हो जाती है। फलत: जितना माल तैयार होता है, वह सारा का सारा स्वत: ही बिक जाता है। इस प्रकार अतिरिक्त अथवा **अति उत्पादन** (over production) का प्रश्न ही उत्पन्न नहीं होता है। इस प्रकार सामान्य अति उत्पादन के अभाव में सामान्य बेरोजगारी भी सम्भव नहीं है। यदि किसी कारण अत्यधिक उत्पादन के कारण अर्थव्यवस्था में बेरोजगारी की स्थिति उत्पन्न हो जाती है तो यह अल्पकालीन स्थिति है। दीर्घकाल में वस्तुओं की मांग और पूर्ति एक दूसरे के सामन हो जाते हैं।

प्रभावी मांग का नियम
(The Principle of Effective demand)

प्रभावी मांग का नियम केन्ज के रोजगार सिद्धान्त का आधार है। केन्ज के रोजगार सिद्धान्त के अनुसार पूंजीवादी अर्थव्यवस्था में रोजगार का स्तर प्रभावी मांग पर निर्भर करता है। इस प्रभावी मांग में कमी आने से बेरोजगारी आती है और रोजगार के स्तर को प्रभावी मांग (effective demand) के स्तर को बढ़ाकर बढ़ाया जा सकता है।

केन्ज के अनुसार, **''समस्त मांग फलन (Aggregate demand function) के जिस बिन्दु पर समस्त पूर्ति फलन (Aggregate supply function) काटता है उस बिन्दु पर समस्त मांग का मूल्य प्रभावी मांग कहलाएगा।''** इस प्रकार प्रभावी मांग समस्त मांग फलन (अथवा प्राप्तियां-Receipts) ,एवं कुल पूर्ति फलन (अथवा लागतों—costs) से निर्धारित होती है। **कुल मांग फलन मुद्रा की उन भिन्न-भिन्न राशियों (amounts) की अनुसूची (schedule) होती है जिनकी (रोजगार के भिन्न-भिन्न स्तरों पर) उद्यमियों को अपने उत्पादन की बिक्री से प्राप्त होने की आशा (expectation) रहती है।** [Aggregate demand function is a schedule of the various amounts of money which the entrepreneurs in an economy expect from the sale of their output at varying levels of employment]। यह वह कुल प्राप्तियां (Aggregate receipts) होती हैं जिसे सभी उद्यमी मिलकर अपने उत्पादन की बिक्री से प्राप्त होने की आशा करते हैं। इसके विपरीत, **कुल पूर्ति फलन मुद्रा की उन भिन्न-भिन्न राशियों**

की वह अनुसूची होती हैं जो (रोजगार के भिन्न-भिन्न स्तरों पर) उत्पादन की बिक्री से उद्यमियों को मिलनी ही चाहिए। [Aggregate supply function, on the other hand, is a schedule of the various amounts of money which the entrepreneurs in an economy must receive from the sale of output at varying levels of output.] इस प्रकार कुल पूर्ति फलन किसी अर्थव्यवस्था में उद्यमियों की कुल लागतों (costs) का और कुल मांग फलन उनकी कुल प्राप्तियों (receipts) का प्रतिनिधित्व करती है।

रेखाचित्र में प्रभावी मांग के निर्धारण को दिखाया गया है, जिसमें AD कुल मांग फलन है और AS कुल पूर्ति फलन है। X—अक्ष पर रोजगार के स्तर को तथा Y—पर लागत तथा प्राप्तियों को दिखाया गया है। AD तथा AS दोनों वक्र बिन्दु E पर एक दूसरे को काटते हैं। यही प्रभावी मांग का बिन्दु है। जहां ON श्रमिक रोजगार पर लगे है। इस बिन्दु पर उद्यमियों के लाभों की आशाएं अधिकतम हो जाती हैं। इसके अतिरिक्त किसी अन्य बिन्दु पर उद्यमियों को या तो हानि उठानी पड़ेगी या असामान्य लाभ (super normal profits) प्राप्त होंगे।

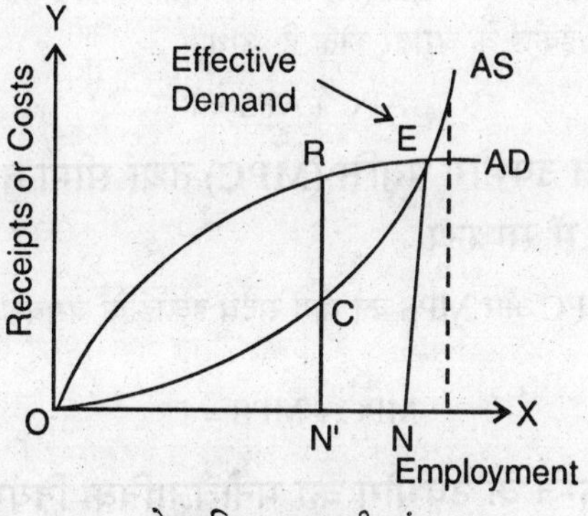

रेखाचित्र : *प्रभावी मांग*

रोजगार के ON' स्तर पर लागतों की अपेक्षा प्राप्तियां अधिक हैं। इससे स्पष्ट होता है कि और श्रमिकों को रोजगार प्रदान करना उद्यमियों के लिए लाभप्रद रहेगा। लेकिन रोजगार के स्तर को ON स्तर से आगे ले जाना उद्यमियों के लिए लाभप्रद नहीं रहेगा क्योंकि प्राप्तियों से लागत बढ़ जाती है। इस प्रकार प्रभावी मांग का बिन्दु E अर्थव्यवस्था में रोजगार के वास्तविक स्तर को निर्धारित करता है।

केन्ज मानता है कि प्रभावी मांग के इन दो निर्धारकों में से कुल पूर्ति फलन स्थिर रहता है क्योंकि यह उत्पादन की तकनीकी स्थितियों, कच्चे माल, मशीनों आदि की प्राप्ति पर निर्भर करता है जो कि अल्पकाल में परिवर्तित नहीं होते। इसलिए **अर्थव्यवस्था में रोजगार का स्तर निर्धारित करने में कुल मांग फलन ही अत्यन्त महत्त्वपूर्ण कार्य करता है।**

केन्ज के अनुसार, कुल मांग फलन उपभोग फलन तथा निवेश फलन पर निर्भर करता है। हो सकता है कि या तो उपभोग व्यय या निवेश व्यय या फिर दोनों में कमी होना बेरोजगारी का कारण हो। इस प्रकार, प्रभावी मांग के नियम में कुल मांग फलन ही '**प्रभावी**' तत्त्व ठहरता है।

उपभोग फलन
(Consumption Function)

उपभोग फलन आय-उपभोग सम्बन्ध को दर्शाता है। यह कुल उपभोग तथा समस्त राष्ट्रीय आय के बीच फलनात्मक सम्बन्ध है। सूत्र के रूप में,

$$C = f(Y)$$

जहां C उपभोग, Y आय का स्तर तथा f फलानात्मक सम्बन्ध है। इस प्रकार उपभोग फलन का अभिप्राय यह है कि उपभोग आय का फलन है अर्थात उपभोग आय पर निर्भर करता है।

उपभोग की प्रवृत्ति (Propensity to consume)

आय में परिवर्तन के कारण उपभोग में होने वाले परिवर्तन के सम्बन्ध को उपभोग की प्रवृत्ति कहते हैं। आय और उपभोग के सम्बन्ध को दो प्रकार से मापा जा सकता है—

1. औसत उपभोग प्रवृत्ति (Average Propensity to consume – APC)

2. सीमान्त उपभोग प्रवृत्ति (Marginal Propensity to consume – MPC)

औसत उपभोग प्रवृत्ति (APC)—आय और उपभोग के अनुपात को औसत उपभोग प्रवृत्ति कहते हैं। अर्थात—

$$APC = \frac{C}{Y}$$

जहां C उपभोग व्यय तथा Y आय का स्तर है।

ज्यों-ज्यों आय बढ़ती है, त्यों-त्यों APC घटती जाती है क्योंकि उपभोग पर व्यय की गई आय का अनुपात आय में वृद्धि के साथ कम होता जाता है।

सीमान्त उपभोग प्रवृत्ति—

सीमान्त उपभोग प्रवृत्ति (MPC) का आशय आय में परिवर्तन के परिणामस्वरूप उपभोग में होने वाले परिवर्तन के अनुपात से है। सीमान्त उपभोग प्रवृत्ति को निम्न प्रकार से ज्ञात किया जा सकता है।

$$MPC = \frac{\Delta C}{\Delta Y}$$

जहां ΔC उपभोग में परिवर्तन तथा ΔY आय में परिवर्तन है।

सीमान्त उपभोग प्रवृत्ति की विशेषताएं

सीमान्त उपभोग प्रवृत्ति की निम्नलिखित विशेषताएं हैं—

1. सीमान्त उपभोग प्रवृत्ति हमेशा **धनात्मक** होती है। इसका अर्थ यह हुआ कि आय में वृद्धि के फलस्वरूप उपभोग व्यय में कुछ-न-कुछ वृद्धि अवश्य होगी अर्थात् उपभोग व्यय में वृद्धि कभी शून्य नहीं होती।

2. सीमान्त उपभोग प्रवृत्ति (MPC) हमेशा **इकाई से कम** होती है। गणितीय तौर पर, MPC का मूल्य, $O < MPC < 1$ रहता है। यह विशेषता हमें बताती है कि उपभोग में वृद्धि, आय में वृद्धि से अपेक्षाकृत कम रहती है।

3. गरीब वर्ग के लोगों की सीमान्त उपभोग प्रवृत्ति (MPC) अधिक होती है। क्योंकि उनकी आय का स्तर कम होने के कारण वे सारी आय अपने उपभोग पर व्यय कर देते हैं जबकि धनिकों की MPC हमेशा कम होती है क्योंकि इस वर्ग के लोगों की आय निर्धनों से बहुत अधिक होती है और वे अपनी सम्पूर्ण आय उपभोग पर व्यय नहीं कर पाते। यही कारण है कि अल्पविकसित देशों में MPC अधिक होती है और विकसित देशों में कम।

सीमान्त उपभोग प्रवृत्ति (MPC) और औसत उपभोग प्रवृत्ति (APC) में सम्बन्ध—

सीमान्त उपभोग प्रवृत्ति (MPC), औसत उपभोग प्रवृत्ति (APC) में परिवर्तन की दर है। चक्रीय उतार-चढ़ावों के दौरान जब आय में परिवर्तन होता है तो सीमान्त उपभोग प्रवृत्ति (MPC) और औसत उपभोग प्रवृत्ति (APC) दोनों में ही परिवर्तन होता है। जब आय बढ़ती है तो MPC एवं APC दोनों घट जाती हैं लेकिन MPC अपेक्षाकृत तेजी से घटती है। इसके विपरीत जब आय घटती है तो MPC एवं APC दोनों बढ़ते हैं परन्तु APC अपेक्षाकृत कम दर से बढ़ती है। केन्ज के अनुसार अल्पकाल में $APC > MPC$। लेकिन **दीर्घकाल में APC तथा MPC दोनों ही बराबर रहते हैं।**

बचत प्रवृत्ति (Propensity to Save)

जिस प्रकार आय और उपभोग के सम्बन्ध को APC और MPC की सहायता से मापा जाता है उसी तरह आय और बचत के सम्बन्ध को **बचत प्रवृत्ति** (Propensity to save) की सहायता से मापा जाता है। बचत प्रवृत्ति को दो प्रकार से व्यक्त किया जा सकता है : **औसत बचत प्रवृत्ति** तथा **सीमान्त बचत प्रवृत्ति**।

औसत बचत प्रवृत्ति (Average Propensity to Save)

औसत बचत प्रवृत्ति, आय और बचत के अनुपात को व्यक्त करती है। इसलिए,

$$APS = \frac{S}{Y}$$

जहां APS औसत बचत प्रवृत्ति, S सामूहिक बचत तथा Y सामूहिक आय है।

सीमान्त बचत प्रवृत्ति (Marginal Propensity to Save–MPS)

सीमान्त बचत प्रवृत्ति आय और बचत के सापेक्षिक आनुपातिक परिवर्तन को व्यक्त करती है। इसलिए,

$$MPS = \frac{\Delta S}{\Delta Y}$$

जहां ΔS सामूहिक बचत में परिवर्तन तथा ΔY सकल आय में परिवर्तन को दर्शाता है।

औसत उपभोग प्रवृत्ति तथा औसत बचत प्रवृत्ति में सम्बन्ध

औसत उपभोग प्रवृत्ति (APC) और औसत बचत प्रवृत्ति (APS) का योग इकाई के बराबर होता है, अर्थात

$$APC + APS = 1$$

सीमान्त उपभोग प्रवृत्ति (MPC) तथा सीमान्त बचत प्रवृत्ति में सम्बन्ध

MPC और MPS का योग सदैव इकाई के बराबर होता है, अर्थात

$$MPC + MPS = 1$$

केन्ज के उपभोग का मनोवैज्ञानिक नियम (Keynes's Psychological law of consumption)

केन्ज के अनुसार, मनोविज्ञान का वह आधारभूत नियम जिस पर हम मानव स्वभाव के ज्ञान और जीवन के विस्तृत अनुभवों के आधार पर अति विश्वास के साथ निर्भर रहने के अधिकारी हैं—यह है कि नियमानुसार तथा सामान्य तौर से मानव अपनी आय वृद्धि के साथ ही साथ अपने उपभोग में भी वृद्धि करने का आदी है, किन्तु यह वृद्धि आय वृद्धि के अनुपात से कम ही होती है। केन्ज के इस कथन को ही उनके द्वारा प्रतिपादित **उपभोग का मनोवैज्ञानिक नियम** कहा जाता है। इस प्रकार इस नियम का अभिप्राय है कि लोगों की प्रवृत्ति यह रहती है कि वे उपभोग पर आय में वृद्धि की अपेक्षा कम व्यय करें। इस नियम से सम्बद्ध तीन प्रस्थापनाएं (Propositions) हैं—

1. जब आय बढ़ती है तो उपभोग व्यय भी बढ़ता है किन्तु वह आय वृद्धि की अपेक्षा कुछ कम मात्रा में बढ़ता है।

2. आय में हुई वृद्धि उपभोग व्यय तथा बचत के बीच किसी न किसी अनुपात में विभाजित हो जाती है।

3. आय में वृद्धि हो जाने से उपभोग तथा बचत दोनों में वृद्धि होती है। इसका मतलब यह है कि बढ़ी हुई आय से उपभोग अथवा बचत में पहले की अपेक्षा कमी होने की सम्भावना नहीं है। क्योंकि जब आय बढ़ती है तो उपभोग भी बढ़ता है परन्तु पहले की अपेक्षा कम मात्रा में, जिसके परिणामस्वरूप बचत में वृद्धि होती है। इस प्रकार आय में वृद्धि होने पर उपभोग तथा बचत दोनों बढ़ जाते हैं।

केन्ज के उपभोग सम्बन्धी मनोवैज्ञानिक नियम की मान्यताएं

केन्ज के नियम की निम्नलिखित मान्यताएं हैं—

1. मनोवैज्ञानिक तथा संस्थानिक अवस्थाओं को स्थिर मान लिया जाता है (The Psychological institutional complex remains constant)—यह नियम इस धारणा पर आधारित है कि उपभोग व्यय को प्रभावित करने वाली मनोवैज्ञानिक तथा संस्थानिक स्थितियां स्थिर रहती हैं। ये स्थितियां हैं—आय वितरण, रुचियां, स्वभाव, सामाजिक प्रथाएं, मानसिक प्रवृत्ति, जनसंख्या वृद्धि इत्यादि। केन्ज के अनुसार अल्पकाल में इनमें परिवर्तन नहीं होता और उपभोग केवल आय पर निर्भर रहता है।

2. परिस्थितियां सामान्य (Normal) बनी रहनी चाहिए (It assumes the existence of normal conditions)—इस नियम की दूसरी मान्यता यह है कि देश में परिस्थितियां सामान्य बनी रहनी चाहिए। यदि अर्थव्यवस्था को युद्ध, क्रान्ति, राजनीतिक उथल-पुथल अथवा अति स्फीति जैसी असामान्य तथा असाधारण परिस्थितियों का सामना करना पड़े, तो यह नियम लागू नहीं होता। ऐसी स्थिति में लोग समस्त बढ़ी हुई आय को उपभोग पर खर्च कर सकते हैं।

3. देश में अबन्ध उद्यम (Laissez Faire) पर आधारित धनी एवं समृद्धशाली पूंजीवादी अर्थव्यवस्था होनी चाहिए (The country should have a rich and prosperous capitallis economy based upon laissez faire)—इस नियम की तीसरी मान्यता यह है कि देश धनी एवं समृद्धशाली हो और **अबन्ध उद्यम** नीति का अनुसरण करता हो। अन्य शब्दों में, यह नियम पूंजीवादी अर्थव्यवस्था में लागू होता है जहां कि सरकार की ओर से कोई हस्तक्षेप नहीं होता। निर्धन एवं पिछड़े हुए समाज में इस नियम के लिए कोई स्थान नहीं है। जहां राज्य निजी उद्यम तथा उपभोग व्ययों का नियमन करता है, वहां यह नियम समाप्त हो जाता है। इस प्रकार, यह नियम समाजवादी अथवा राज्य नियंत्रित तथा नियमित अर्थव्यवस्थाओं में लागू नहीं होता।

उपभोग फलन का सिद्धान्त
(Theory of the Consumption function)

उपभोग फलन से सम्बन्धित चार परिकल्पनाएं प्रसिद्ध हैं—

1. निरपेक्ष आय परिकल्पना (The Absolute Income Hypothesis)

2. सापेक्ष आय परिकल्पना (The Relative Income Hypothesis)

3. स्थायी आय की परिकल्पना (The Permanent Income Hypothesis)

4. जीवन चक्र परिकल्पना (The Life-Cycle Hypothesis)

निरपेक्ष आय परिकल्पना

इसका प्रतिपादन **केन्ज** ने किया था। इस परिकल्पना के अनुसार उपभोक्ता अपनी **आय के निरपेक्ष स्तर** (absolute level of income) के आधार पर ही उपभोग पर व्यय करता है। यह परिकल्पना यह बताता है कि जब आय बढ़ती है, तो उपभोग भी बढ़ता है परन्तु वह आय में वृद्धि की अपेक्षा कम बढ़ता है और विलोमत: भी। इसका मतलब है कि उपभोग तथा आय का सम्बन्ध अननुपातिक (non-Proportional) है।

सापेक्ष आय परिकल्पना

इस परिकल्पना का प्रतिपादन **'जेम्स डूसनबरी'** (James Dussenberry) ने किया था। यह परिकल्पना इस मान्यता पर आधारित है कि—

1. प्रत्येक व्यक्ति का उपभोग व्यवहार स्वतंत्र नहीं होता बल्कि अन्य व्यक्तियों के व्यवहार पर निर्भर होता है।

2. उपभोग सम्बन्ध कालान्तर में अपरिवर्तनीय होते हैं।

उपभोग फलन विषयक अपने इस सिद्धान्त की व्याख्या करते हुए डूसनबरी लिखता है कि यदि हम उपभोक्ता व्यवहार की समस्या को वास्तव में समझाना चाहते हैं तो हमें पहले उपभोग ढांचों की समाजिक प्रकृति की मान्यता देनी होगी। उपभोग ढांचों की सामाजिक प्रकृति से उसका तात्पर्य है कि मानवों की प्रवृत्ति न केवल अपने धनी पड़ोसियों के समकक्ष तक पहुंचने की होती है बल्कि उनसे भी आगे बढ़ जाने की होती है। इस प्रकार उपभोक्ताओं के व्यवहार एक-दूसरे पर निर्भर करते हैं।

डूसनबरी के सिद्धान्त का दूसरा भाग है—**'आय की गत चोटी'** (Past Peak of income) परिकल्पना, जो उपभोग फलन में अल्पकालीन उतार-चढ़ावों की व्याख्या करती है और केन्ज की इस मान्यता का प्रतिकार करती है कि उपभोग सम्बन्ध परिवर्तनीय हैं। इस परिकल्पना के अनुसार समृद्धि के समय उपभोग स्तर बढ़ेगा और धीरे-धीरे अपने आपको अधिक ऊंचे स्तर पर समायोजित कर लेगा। जब एक बार लोग आय के एक विशेष उच्चतम स्तर पर पहुंच जाते हैं और इस जीवन स्तर के आदी हो जाते हैं तो मंदी के दौरान भी वे अपने उपभोग ढांचों को छोड़ने को तैयार नहीं होते।

डूसनबरी के शब्दों में, ''किसी परिवार के लिए शुरू में अधिक खर्चों को रोकने की अपेक्षा ऊंचे स्तर से खर्चे घटाना अधिक कठिन होता है।'' इस प्रकार जैसे-जैसे आय गिरती है वैसे-वैसे उपभोग भी गिरता है परन्तु आय में वृद्धि की अपेक्षा कम अनुपात में दूसरी ओर, जब **समुत्थान** (recovery) की अवधि के दौरान आय बढ़ती है तो बचत में तीव्र वृद्धि के साथ उपभोग भी तेजी से बढ़ता है।

इस नियम की आलोचना—

1. यह सिद्धान्त इस मान्यता पर आधारित है कि आय तथा उपभोग में समानुपाती (Proportional) वृद्धि होती है। परन्तु पूर्ण रोजगार स्तर पर होने वाली आय की वृद्धियों से उपभोग में हमेशा समानुपाती वृद्धियां नहीं होतीं।

2. डूसनबरी का सिद्धान्त इस मान्यता पर आधारित है कि समस्त आय के स्तर में परिवर्तन होने पर भी आय का वितरण लगभग अपरिवर्तित रहता है। यदि आय में वृद्धि होने पर आय का अधिक समानता की दिशा में पुनर्वितरण होता है तो यह सिद्धान्त अप्रभावी होगा।

3. यह सिद्धान्त मानकर चलता है कि उपभोक्ता के व्यय में होने वाले परिवर्तन उसके पिछले उच्चतम आय स्तर से सम्बद्ध रहते हैं। लेकिन यह सिद्धान्त उपभोक्ता व्यवहार को प्रभावित करने वाले अन्य कारकों की जैसे कि परिसम्पत्ति धारणों, शहरीकरण, आयु संरचना में परिवर्तनों, नई उपभोक्ता वस्तुओं के आगमन इत्यादि की उपेक्षा करता है।

4. इस सिद्धान्त की एक और अवास्तविक मान्यता यह है कि उपभोक्ता का व्यवहार दूसरों पर निर्भर होता है जिसके परिणाम स्वरूप किसी उपभोक्ता का व्यय उसके धनी पड़ोसी के उपभोग ढांचों से सम्बन्ध रखता है। परन्तु आलोचकों का कहना है कि व्यवहार में हमेशा ऐसा नहीं होता है।

स्थायी आय की परिकल्पना

इस परिकल्पना का प्रतिपादन **फ्रीडमैन** (Friedman) ने किया था। फ्रीडमैन ने इस मत को अस्वीकार किया कि **''चालू आय''** उपभोग व्यय को निर्धारित करती है। उसके अनुसार केवल **स्थायी आय** में होने वाले परिवर्तन ही उपभोग को व्यवस्थित रूप से प्रभावित करते हैं।

इस सिद्धान्त की आलोचना—

1. फ्रीडमैन की यह मान्यता अवास्तविक है कि उपभोग तथा आय के अस्थायी भागों (transitory components) में कोई सह सम्बन्ध (correlation) नहीं है। इस मान्यता का मतलब है कि जब परिवार की मापित आय (measured income) बढ़ती है या घटती है तो उसका उपभोग न तो बढ़ता है और न ही घटता है क्योंकि न तो वह तदनुसार बचत करता है और न ही व्यय करता है। परन्तु वास्तव में ऐसा नहीं होता है।

2. फ्रीडमैन ने अपने सिद्धान्त में जो **'स्थायी'** (Permanent), 'अस्थायी' (transitory) तथा **'मापित'** (measured) शब्दों का प्रयोग किया है। इससे सिद्धान्त जटिल हो गया है।

3. स्थायी आय सिद्धान्त की एक और कमी यह है कि फ्रीडमैन मानवीय तथा मानवेतर (non-human) धन में कोई भेद नहीं करता और अपने सिद्धान्त के आनुभाविक विश्लेषण में, दोनों से प्राप्त आय को एक ही शब्दावली में सम्मिलित कर लेता है।

जीवन चक्र परिकल्पना

इस परिकल्पना का प्रतिपादन **एण्डो तथा मोदिग्ल्यानी** (Ando and Modigliani) ने किया। इस सिद्धान्त के अनुसार, उपभोग किसी उपभोक्ता की जीवन काल में प्रत्याशित आय का फलन है। (According to this theory, consumption is a function of lifetime expected income of the consumer)। किसी व्यक्तिगत उपभोक्ता का उपभोग इस बात पर निर्भर करता है कि उसके उपलब्ध संसाधन (resources) क्या हैं, पूंजी पर प्रतिफल की दर क्या है, उसकी व्यय करने की योजना क्या है और वह योजना किस उम्र में बनायी गई है। उपभोक्ता की आय (अथवा साधनों) के वर्तमान मूल्य में परिसम्पत्तियों अथवा सम्पत्ति से प्राप्त आय तथा चालू एवं प्रत्याशित श्रम आय से प्राप्त आय सम्मिलित रहती हैं।

यह सिद्धान्त निम्न मान्यताओं पर आधारित है—

1. उपभोक्ता के जीवनकाल में कीमत स्तर में कोई परिवर्तन नहीं होता।

2. ब्याज की दर स्थिर रहती है।

3. उपभोक्ता को विरासत में कोई परिसम्पत्तियां प्राप्त नहीं होती और उसकी निवल परिसम्पत्तियां उसकी अपनी ही बचतों का परिणाम होती हैं।

उपभोक्ता की जीवन अवधि दी हुई होने पर उसका **उपभोग उसके संसाधनों (Resources) के समानुपाती होता है।** परन्तु उपभोक्ता जिन संसाधनों को व्यय करने की योजना बनाता है, उनका अनुपात इस बात पर निर्भर करेगा कि वह व्यय करने की योजना अपने जीवन के प्रारम्भिक वर्षों में बनाता है अथवा अन्तिम वर्षों में। नियम यह है कि किसी व्यक्ति की औसत आय उसके जीवन के आरम्भिक वर्षों में अपेक्षाकृत कम होती है और जीवन के अन्तिम वर्षों में भी उसकी औसत आय कम होती है। इसका कारण यह है कि उपभोक्ता के जीवन के प्रारम्भिक वर्षों में परिसम्पत्तियां बहुत कम होती हैं और जीवन के अन्तिम वर्षों में श्रम आय (labour income) कम होती है। लेकिन उसके जीवन के मध्यवर्ती काल में उसकी परिसम्पत्तियों से आय भी और श्रम आय भी अधिक होती है। परिणमस्वरूप एक उपभोक्ता का उपभोग स्तर समस्त जीवन पर्यन्त लगभग स्थिर अथवा बढ़ता हुआ रहता है।

इसकी आलोचना (Its criticism)

1. इस सिद्धान्त का यह कथन कि उपभोक्ता अपने जीवन भर के उपभोग को योजनाबद्ध करता है, अवास्तविक है। क्योंकि उपभोक्ता भावी उपभोग की अपेक्षा वर्तमान उपभोग पर अधिक ध्यान देता है।

2. यह सिद्धान्त पहले से मान लेता है कि उपभोग व्यक्ति की परिसम्पत्तियों से प्रत्यक्ष रूप से जुड़ा हुआ है। ज्यों-ज्यों परिसम्पत्तियां बढ़ती हैं त्यों-त्यों व्यक्ति का उपभोग भी बढ़ता है और परिसम्पत्तियों के घटने पर उपभोग घटता है। लेकिन आलोचकों का कहना है कि हो सकता है कि व्यक्ति अपनी परिसम्पत्तियां बढ़ाने के लिए उपभोग घटा दे।

3. उपभोग न केवल व्यक्ति के परिसम्पत्तियों पर बल्कि उसके जीवन के प्रति दृष्टिकोण पर भी निर्भर करता है। समान आय एवं परिसम्पत्तियों के दिए हुए होने पर एक व्यक्ति दूसरे की अपेक्षा अधिक उपभोग कर सकता है।

निवेश फलन
(The Investment Function)

निवेश राष्ट्रीय आय और रोजगार के स्तर का एक महत्त्वपूर्ण निर्धारक है। अर्थशास्त्र में निवेश का अर्थ इसके दिन-प्रतिदिन के अर्थ से भिन्न है। सामान्यतया शेयरों, स्टॉक, ऋण पत्रों तथा प्रतिभूतियों की खरीद को निवेश कहा जाता है। लेकिन अर्थशास्त्र में निवेश का एक भिन्न अर्थ है। यहां निवेश का अर्थ है **"वास्तविक निवेश"।** यदि कोई व्यक्ति अपनी बचाए गए आय का उपयोग मकान के निर्माण में करता है तो इसे वास्तविक निवेश या निवेश (investment) कहा जाएगा। लेकिन यदि कोई व्यक्ति पुराने मकान को खरीदता है तो यह निवेश न होकर केवल सम्पत्ति के स्वामित्व का हस्तांतरण होगा।

इस प्रकार यदि बचतों का उपयोग नई मशीनों, उपस्करों (equipments) आदि खरीदने के लिए किया जाता है तो इसे निवेश कहेंगे। अत: निवेश का अभिप्राय नई मशीनें, नए मकानों और अन्य पूंजीगत वस्तुओं को खरीदने से है। जिससे विद्यमान पूंजी के स्टॉक में वृद्धि होती है।

पूंजी और निवेश में सम्बन्ध

पूंजी और निवेश एक दूसरे के साथ **शुद्ध निवेश** (Net Investment) द्वारा सम्बद्ध होते हैं। एक वर्ष में नई पूंजी परिसम्पत्तियों पर किया गया कुल व्यय सकल निवेश (Gross Investment) होता है। परन्तु प्रत्येक वर्ष पूंजी में घिसावट एवं टूट-फूट होती रहती है। इसलिए **शुद्ध निवेश = सकल (Gross) निवेश घटा (Minus) मूल्यह्रास (depreciation) और प्रतिस्थापन (Replacement)** निवेश। इस प्रकार शुद्ध निवेश अर्थव्यवस्था के वर्तमान पूंजी स्टॉक में शुद्ध वृद्धि होता है। यदि सकल निवेश, मूल्यह्रास (depreciation) के बराबर है तो शुद्ध निवेश शून्य होता है तथा अर्थव्यवस्था के पूंजी स्टॉक में कोई वृद्धि नहीं होती है। यदि सकल निवेश, मूल्यह्रास से कम है तो अर्थव्यवस्था में विनिवेश (disinvestment) होता है तथा पूंजी स्टॉक कम हो जाता है। अत: अर्थव्यवस्था के वास्तविक पूंजी स्टॉक में वृद्धि के लिए, सकल निवेश अवश्य मूल्यह्रास से अधिक होना चाहिए अर्थात शुद्ध निवेश होना चाहिए।

प्रेरित और स्वायत्त निवेश (Induced and Autonomous Investment)

प्रेरित निवेश— अधिक से अधिक लाभ अथवा आय कमाने के उद्देश्य से जब निवेश किया जाता है तो इसे प्रेरित निवेश कहते हैं। लाभों को प्रभावित करने वाले साधन जैसे कि कीमतें, मजदूरी तथा ब्याज में परिवर्तन-प्रेरित निवेश को प्रभावित करते हैं। इसी प्रकार आय भी प्रेरित निवेश को प्रभावित करती है। जब आय बढ़ती है तो उपभोक्ता वस्तुओं की मांग बढ़ती है और इसे पूरा करने के लिए निवेश बढ़ता है। अन्तिम विश्लेषण में, प्रेरित निवेश आय का फलन होता है अर्थात $I = f(Y)$।

स्वायत्त निवेश— स्वायत्त निवेश (autonomous

investment) आय के स्तर से प्रभावित नहीं होता अर्थात यह आय बेलोच होता है। स्वायत्त निवेश मांग में परिवर्तन से भी प्रभावित नहीं होता बल्कि यह मांग को प्रभावित करता है। सामाजिक उपरिव्ययों (social overheads) में सरकार द्वारा किया गया निवेश स्वायत्त होता है। स्वायत्त निवेश को बहिर्जात (exogenous) घटक जैसे नवप्रवर्तन, आविष्कार, जनसंख्या तथा श्रम शक्ति की वृद्धि, अनुसंधान, सामाजिक तथा कानूनी संस्थाएं, मौसम परिवर्तन, युद्ध, क्रांति इत्यादि प्रभावित करते हैं। दीर्घकाल में सब प्रकार का निजी निवेश स्वायत्त बन जाता है क्योंकि उसे बहिर्जात (exogenous) घटक प्रभावित करता है।

निवेश के निर्धारक (Determinants of Investment)

निवेश दो बातों से प्रभावित होते हैं—

1. पूंजी की सीमान्त क्षमता

2. ब्याज की दर

पूंजी की सीमान्त क्षमता (Marginal Efficiency of Capital)

पूंजी की सीमान्त क्षमता पूंजी निवेश का एक प्रमुख निर्धारक तत्त्व है। यह पूंजी परिसम्पत्ति की एक अतिरिक्त इकाई से, उसकी लागत पर, प्रत्याशित प्रतिफल की उच्चतम दर है (The marginal efficiency of capital (MEC) is the highest rate of return expected from an additional unit of a capital asset over its cost)। यदि भविष्य में प्रत्याशित प्रतिफल (returns) अधिक होने की आशा है तो पूंजी निवेश लाभदायक रहता है।

स्पष्ट रूप से पूंजी की सीमान्त क्षमता के दो निर्धारक तत्त्व हैं—*(a)* पूंजीगत परिसम्पत्ति से सम्भावित आय, तथा *(b)* पूंजीगत परिसम्पत्ति का पूर्ति मूल्य।

पूंजीगत परिसम्पत्तियों से संभावित आय (Prospective income from the capital assets)

पूंजीगत परिसम्पत्तियों से संभावित आय का आशय पूंजीगत परिसम्पत्ति के उपयोग से प्राप्त संभावित आय और परिवर्तनशील लागतों के अंतर से हैं। पूंजी परिसम्पत्ति के उपयोग से संभावित आय, इस परिसम्पत्ति के उपयोग के कारण कुल उत्पादन में वृद्धि के द्वारा ज्ञात की जा सकती है। इसे **पूंजी की सीमान्त आगम उत्पादिता** (Marginal revenue Productivity of capital) भी कहते हैं। परिवर्तनशील लागत का आशय विभिन्न आगतों जैसे कच्चा माल, मजदूरी, परिवहन, विज्ञापन आदि पर किए जाने वाले व्यय से है। पूंजीगत परिसम्पत्तियों से संभावित आय को ज्ञात करने के लिए पूंजी की सीमान्त आगत उत्पादिता में से परिवर्तनशील लागतों को घटाया जाता है।

प्रो. डिलर्ड (Dillard) ने प्रत्याशित आय की व्याख्या इस प्रकार की है : "प्रत्याशित आय वह राशि है जो कोई व्यावसायिक फर्म अपनी पूंजी परिसम्पत्ति की सहायता से किए गए उत्पादन को बेचकर प्राप्त करने की आशा करती हो। ये प्राप्तियां कुछ समय के लिए मुद्रा आय के एक प्रवाह का रूप धारण कर लेती है"

पूंजीगत परिसम्पत्ति की पूर्ति मूल्य (Supply Price of Capital Assets)

इसका अभिप्राय पूंजीगत परिसम्पत्ति की लागत से है। अन्य शब्दों में, निवेश करते समय पूंजीगत वस्तुओं पर जो व्यय होता है उसे पूर्ति मूल्य या पूर्ति कीमत कहते हैं। उदाहरणार्थ, नई मशीनरी लगाते समय जो खर्च किया जाता है उसे पूर्ति मूल्य या नए निवेश की लागत कहते हैं।

ब्याज की दर (Rate of interest)

किसी परियोजना के वित्तपोषण (finance) के लिए आवश्यक कोषों की लागत को ब्याज दर कहते हैं। यदि MEC ब्याज की दर से अधिक है तो निवेशकर्ता निवेश करने के लिए प्रेरित होगा। इसके विपरीत, यदि MEC ब्याज की दर से कम है तो इसके परिणामस्वरूप निवेश क्रियाएं हतोत्साहित होंगी।

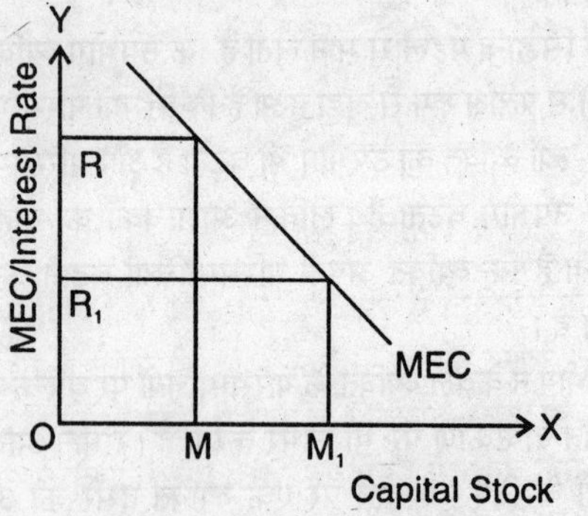

रेखाचित्र : *ब्याज दर और निवेश*

इसलिए ब्याज की ऊंची दर पर पूंजी का निवेश कम और नीची दर पर निवेश अधिक होगा जैसा कि रेखाचित्र में दर्शाया गया है। रेखाचित्र में MEC वक्र का **ऋणात्मक ढाल** ब्याज की दर और निवेश के विपरीत सम्बन्ध को प्रकट करता है। जब ब्याज की दर OR है तो निवेश OM तथा ब्याज दर घटकर OR_1, होने पर निवेश बढ़कर OM_1 हो जाता है।

निवेश की सीमान्त उत्पादकता (The Marginal Efficiency of Investment–MEI)

निवेश की सीमान्त उत्पादकता (MEI) प्रतिफल की वह प्रत्याशित दर है जो किसी पूंजी परिसम्पत्ति पर दिए हुए निवेश से, ब्याज की दर को छोड़कर सभी लागतें पूंरी करने के बाद प्राप्त होती है (The MEI is the rate of return expected from a given investment on a capital asset after covering all its costs, except the rate of interest.)। किसी परिसम्पत्ति पर किया जाने वाला निवेश इस बात पर निर्भर करेगा कि बाजार से निधियों की प्राप्ति के लिए ब्याज की दर कितनी है। यदि ब्याज की दर अधिक होगी, तो निवेश का स्तर कम रहेगा। निवेश अधिक होगा यदि ब्याज की दर कम होगी। **इस प्रकार MEI निवेश को ब्याज की दर से सम्बद्ध करता है।** MEI वक्र यह दिखाता है कि ब्याज की विविध दरों पर निवेश की मांग की मात्रा कितनी अधिक होगी। यही कारण है कि इसे निवेश मांग अनुसूची या वक्र कहा जाता है। MEI वक्र की ढाल ऋणात्मक होती है जैसा कि रेखाचित्र में दिखाया गया है।

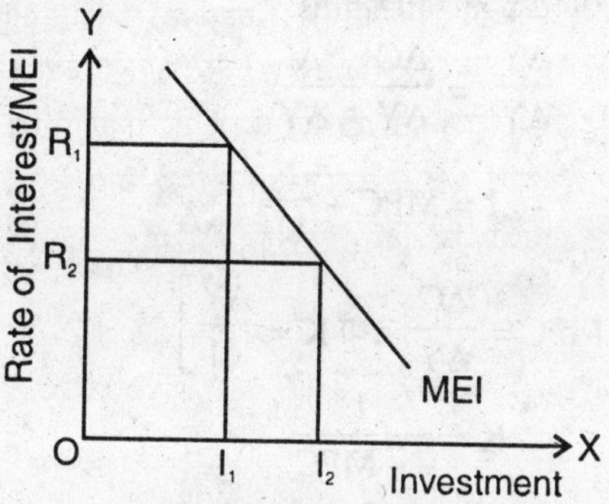

रेखाचित्र : *MEI वक्र*

ऊपर के रेखाचित्र में ब्याज की OR_1 दर पर निवेश की मात्रा OI_1 है। जब ब्याज की दर गिरकर OR_2 हो जाती है तो निवेश बढ़कर OI_2 हो जाता है। ब्याज की दर में कमी होने से निवेश में किस सीमा तक बढ़ोत्तरी होगी यह MEI वक्र की लोच पर निर्भर करता है। MEI वक्र जितना ही कम लोचदार होगा, ब्याज की दर गिरने के परिणामस्वरूप निवेश में वृद्धि भी उतनी ही कम होगी और विलोमशः भी।

MEC तथा MEI में सम्बन्ध [Relation between the MEC (Capital stock) and the MEI (Investment)]

लर्नर, गार्डनर एक्ले (Gardener Ackley) तथा अन्य अर्थशास्त्रियों ने दोनों में स्पष्ट अन्तर किया है।

MEC पूंजी की दी हुई पूर्ति कीमत पर आधारित है और MEI इस कीमत में प्रेरित परिवर्तनों पर आधारित है। MEC पूंजी की सभी क्रमिक इकाइयों पर प्रतिफल की दर को प्रकट करती है और उसका पूंजी के वर्तमान स्टॉक से कोई सम्बन्ध नहीं होता। दूसरी ओर, MEI पूंजी के वर्तमान स्टॉक के अतिरिक्त पूंजी की केवल इकाइयों पर प्रतिफल की दर है। (The MEI shows the rate of returns on only units of capital over and above the existing stock of capital)। MEC में, पूंजी का स्टॉक रेखाचित्र में क्षैतिज अक्ष पर लिया जाता है जबकि MEI में निवेश की मात्रा क्षैतिज अक्ष पर लिया जाता है। MEC **'स्टाक'** (stock) विषयक धारणा है और **MEI 'प्रवाह'** (flow) विषयक धारणा है।

MEC ब्याज दर के प्रत्येक स्तर पर अर्थव्यवस्था के इष्टतम पूंजी स्टॉक (optimum capital stock) को निर्धारित करती है। पूंजी का स्टॉक दिया हुआ होने पर, MEI प्रत्येक ब्याज दर पर अर्थव्यवस्था के निवेश को निर्धारित करती है। अर्थव्यवस्था में तब तक निवेश किया जाता रहेगा जब तक पूंजी स्टॉक इष्टतम स्तर पर नहीं पहुंच जाता है। अर्थव्यवस्था में इष्टतम पूंजी स्टॉक उपलब्ध कराने के लिए किए जाने वाले निवेश की मात्रा उत्पादन के उस नियम पर निर्भर करेगी जिसके अन्तर्गत पूंजी वस्तु उद्योग चल रहा है। यदि पूंजी वस्तु उद्योग **स्थिर लागतों के नियम** के अन्तर्गत कार्य कर रहा है तो पूंजी का पूर्ति वक्र पूर्ण लोचदार होगा जो MEI वक्र को क्षैतिज (अथवा पूर्ण लोचदार) बना देगा। यदि पूंजी वस्तु उद्योग बढ़ती लागतों के नियम के अन्तर्गत कार्य कर रहा है तो पूंजी के पूर्ति वक्र का ढाल ऊपर की ओर होगा जो MEI वक्र को नीचे की ओर ढालू बना देगा।

निवेश बढ़ाने के उपाय (Measures to Stimulate Investment)

अर्थव्यवस्था में रोजगार का स्तर उपभोग तथा निवेश के स्तर पर निर्भर करता है। चूंकि अल्पकाल में उपभोग फलन स्थिर रहता है इसलिए निवेश अधिक महत्त्वपूर्ण है क्योंकि निवेश में वृद्धि करके रोजगार को बढ़ाया जा सकता है। जहां तक सार्वजनिक निवेश का सम्बन्ध है राज्य उपलब्ध साधनों के अनुरूप इसमें वृद्धि कर सकता है। मुख्य समस्या तो निजी निवेश को बढ़ाने की होती है जो कि मन्दी के दौरान बहुत कम रहता है। निजी निवेश को प्रोत्साहित करने के लिए निम्नलिखित उपाय किए जा सकते हैं—

1. सस्ती मुद्रा नीति (Cheap money policy)—सस्ती मुद्रा नीति अर्थात ब्याज की दर को कम करके निजी निवेश को

बढ़ाया जा सकता है। क्योंकि निम्न ब्याज दर पर व्यापारी वर्ग को अधिक निवेश करने का प्रोत्साहन मिलेगा।

2. निगम-करों में कमी (Reduction in corporate taxes)—निवेश पर निगम करों का प्रतिकूल प्रभाव पड़ता है। इसलिए निवेश को प्रोत्साहित करने के लिए आवश्यक है कि कम्पनियों को लाभों से प्राप्त होने वाली आय पर या तो कर लगाया ही न जाए या फिर इस प्रकार लगाया जाए कि नया निवेश हतोत्साहित न हो।

3. समुद्दीपन नीति (Pump Priming Policy)—यह नीति निजी निवेश बढ़ाने के उद्देश्य से सार्वजनिक निर्माण कार्यों पर सरकारी व्यय से सम्बन्ध रखती है। जब एक बार सार्वजनिक व्यय प्रारंभ हो जाता है तो वह गुणक नियम के मार्ग से आय तथा उपभोग व्ययों को संचयी ढंग से बढ़ाता चलता है। जिसका निवेश पर अनुकूल प्रभाव पड़ता है।

4. कीमत समर्थन नीति (Pricing-Support Policy)—कीमतों में अत्यधिक उतार-चढ़ाव निजी निवेश पर प्रतिकूल प्रभाव डालते हैं। इसलिए निजी निवेश को प्रोत्साहन देने के लिए आवश्यक है कि कीमतें स्थिर रहें। इसके लिए सरकार द्वारा **कीमत समर्थन** की नीति अपनाया जाना चाहिए।

5. अनुसंधान को बढ़ावा (Promotion of research)—सरकार को अनुसंधान सम्बन्धी कार्यों को प्रोत्साहन देना चाहिए तथा विविध उद्योगों पर किए गए अनुसंधान की उपलब्धियों को सरकार द्वारा निजी उद्यमों को प्रदान करने की व्यवस्था की जानी चाहिए ताकि निजी उद्यम इनसे लाभ उठा सकें।

6. एकाधिकार सम्बन्धी प्रवृत्तियों की समाप्ति (Abolition of monopolistic tendencies)—सरकार द्वारा बाजार में व्याप्त एकाधिकारिक प्रवृत्तियों को दूर करने के लिए प्रयास किया जाना चाहिए क्योंकि इससे प्रतियोगिता को तथा निवेश को प्रोत्साहन मिलता है।

गुणक (Multiplier)

गुणक की धारणा का विकास सर्वप्रथम **आर.एफ. काहन** (R.F. Kahn) ने किया था। काहन (Kahn) का गुणक सिद्धान्त रोजगार गुणक से सम्बन्धित है। **केन्ज** ने काहन के विचारों का आधार बनाकर **निवेश गुणक** (investment multiplier) की धारणा का विकास किया।

निवेश गुणक सिद्धान्त (investment multiplier theory) को आमतौर पर गुणक सिद्धान्त भी कहा जाता है। **गुणक का सिद्धान्त निवेश में परिवर्तन के कारण आय, रोजगार और उत्पादन में होने वाले परिवर्तनों के आनुपातिक सम्बन्ध को दर्शाता है। गुणक गुणांक** (multiplier coefficient) निवेश में परिवर्तन के कारण आय में परिवर्तन को मापता है। इस प्रकार—

$$K = \frac{\Delta Y}{\Delta I}$$

जहां K गुणक, ΔY आय में परिवर्तन तथा ΔI निवेश में परिवर्तन है।

सीमान्त उपभोग प्रवृत्ति और गुणक में सम्बन्ध (Relationship between Marginal Propensity to consme and Multiplier)

गुणक का मूल्य सीमान्त उपभोग प्रवृत्ति (MPC) पर निर्भर करता है। MPC का मूल्य जितना अधिक होगा, गुणक का मूल्य भी उतना ही अधिक होगा और विलोमशः भी। MPC और गुणक के बीच सम्बन्ध को निम्न प्रकार से प्रकट किया जा सकता है—

$$Y = C + I$$
$$\Delta Y = \Delta C + \Delta I$$

दोनों तरफ ΔY से भाग देने पर

$$\frac{\Delta Y}{\Delta Y} = \frac{\Delta C}{\Delta Y} + \frac{\Delta I}{\Delta Y}$$

$$1 = MPC + \frac{1}{K}$$

$$\left[\because MPC = \frac{\Delta C}{\Delta Y} \text{ तथा } K = \frac{\Delta Y}{\Delta I} \right]$$

या
$$K = \frac{1}{1 - MPC}$$

$$K = \frac{1}{MPS} \quad [\because MPC + MPS = 1]$$

जहां MPS सीमान्त बचत प्रवृत्ति है।

उपरोक्त समीकरण से स्पष्ट है कि गुणक, MPC के साथ सीधा (directly) तथा MPS के साथ विपरीत (inverse) रूप से सम्बन्धित होता है। चूंकि MPC हमेशा शून्य से अधिक और एक से कम ($0 < MPC < 1$) होती है इसलिए गुणक का मूल्य हमेशा एक और अनन्त ($1 < MPC < \infty$) के बीच रहता है। यदि गुणक का मूल्य एक है तो इसका अर्थ है कि आय में दी हुई समस्त वृद्धि को बचाया जा रहा है तथा उपभोग पर कुछ भी व्यय नहीं किया जा रहा है क्योंकि MPC शून्य है। दूसरी ओर, अनन्त गुणक का मतलब है कि आय में हुई समस्त वृद्धि उपभोग पर व्यय की जाती है क्योंकि इस स्थिति में MPC का मूल्य एक के बराबर होता है। किन्तु ये दोनों ही दशाएं सामान्य नहीं होती, अतः गुणक एक या

अनन्त कभी नहीं हो सकता। यह सामान्यत: एक और अनन्त के बीच ही रहता है।

गुणक का कार्यकरण (Working of the Multiplier)

गुणक आगे (forward) तथा पीछे (backward) दोनों की ओर कार्य करता है। गुणक के आगे की ओर कार्यकरण के अन्तर्गत हम निवेश में वृद्धि का आय एवं उपभोग पर पड़ने वाले प्रभाव का अध्ययन करते हैं जबकि, गुणक के पीछे की ओर कार्यकरण के अन्तर्गत हम निवेश में कमी का आय और उपभोग पर पड़ने वाले प्रभाव का अध्ययन करते हैं।

प्रावैगिक या समयावधि गुणक (Dynamic or Period Multiplier)

ऊपर हमने केन्ज के जिस गुणक सिद्धान्त की चर्चा की है वह समय पश्चता (time lag) के बिना स्थैतिक संतुलन विश्लेषण पर आधारित है जिसमें आय पर निवेश में परिवर्तन का कुल प्रभाव तत्काल होता है जिससे उपभोग वस्तुओं का उत्पादन उसी समय होता है और उपभोग व्यय भी तुरन्त कर दिया जाता है, लेकिन व्यावहारिक रूप से ऐसा नहीं होता। क्योंकि आय की प्राप्ति तथा आय का उपभोग वस्तुओं पर व्यय होने तथा उपभोग वस्तुओं को उत्पादित करने के बीच समय-पश्चता (time lag) हमेशा पाया जाता है। इस समस्या का निवारण प्रावैगिक गुणक विश्लेषण के माध्यम से किया जाता है।

प्रावैगिक गुणक (dynamic multiplier) समय-पश्चता से सम्बन्धित है। इस के अनुसार गुणक प्रक्रिया को पूरा करने के लिए आय और उपभोग में समायोजनों की शृंखला (series of adjustments) कई महीनों या वर्ष भी ले सकती है जो कालावधि की मान्यता पर निर्भर करती है।

रिसाव तथा गुणक (Leakages and the Multiplier)

आय धारा (income stream) में रिसाव (leakage) नए निवेश के गुणक प्रवाह को दुर्बल बनाते हैं। यदि MPC दिया हुआ हो तो आय धारा में रिसावों के कारण प्रत्येक चक्र में आय में होने वाली वृद्धि घटती जाती है और अन्तत: आय प्रसारण की प्रक्रिया समाप्त हो जाती है। निम्नलिखित रिसाव महत्त्वपूर्ण हैं—

1. ऋण की अदायगी (Debt cancellation)—बढ़ी हुई आय का कुछ अंश पुराने ऋणों के भुगतान में निकल जाता है जिससे उपभोग व्यय में वृद्धि नहीं होती है।

2. निष्क्रिय नकदी का संग्रह Accumulation of idle cash deposits)—यदि बढ़ी हुई आय को निष्क्रिय नकदी शेषों (idle cash balances) के रूप में संग्रह कर लिया जाता है तो यह आय-धारा में रिसाव का कार्य करेगा।

3. कीमत स्फीति (Price inflation)—कीमत स्फीति के कारण बढ़ी हुई आय का पर्याप्त भाग उपभोग, आय एवं रोजगार की वृद्धि के बजाय वस्तुओं की ऊंची कीमतों पर व्यय हो जाता है।

4. आयात (Imports)—आयातित माल की खरीद पर व्यय किया गया आय, आय धारा में से रिसाव का कार्य करता है।

5. पुराने स्टॉक एवं प्रतिभूतियों का क्रय (Purchase of old stocks and securities)—यदि बढ़ी हुई आय का कुछ भाग उपभोक्ता वस्तुओं का क्रय करने की अपेक्षा पुराने स्टॉक तथा प्रतिभूतियों के क्रय में व्यय होगा तो उपभोग व्यय गिर जाएगा और आय पर उसका संचयी (cumulative) प्रभाव पहले से कम रहेगा। दूसरे शब्दों में, जब लोग पुराने स्टॉक और शेयर खरीदेंगे तो उपभोग व्यय में कमी होने से गुणक का आकार कम हो जाएगा।

गुणक की आलोचना (Criticism of the Multiplier)

निम्नलिखित आधार पर अर्थशास्त्रियों ने गुणक सिद्धान्त की कड़ी आलोचना की है—

1. केन्ज का गुणक सिद्धान्त तात्कालिक (instantaneous) प्रक्रिया है जिसमें समय पश्चता (time lag) नहीं होती है। यह काल रहित (time less) स्थैतिक सन्तुलन विश्लेषण है जिसमें आय पर निवेश में परिवर्तन का कुल प्रभाव तात्कालिक होता है। जिसके अन्तर्गत उपभोक्ता वस्तु का उत्पादन उसी समय होता है और उपभोग व्यय भी तुरन्त कर दिया जाता है। लेकिन तथ्यों से इसकी पुष्टि नहीं होती, क्योंकि आय की प्राप्ति और आय का उपभोग वस्तुओं पर व्यय होने एवं उपभोग वस्तुओं के उत्पादन करने के बीच समय पश्चता सदैव पाया जाता है। इस प्रकार केन्ज का काल रहित विश्लेषण संक्रमण (transition) की उपेक्षा करता है और केवल नए संतुलन आय स्तर की ही व्याख्या करता है और इसलिए यह अभयार्थिक है।

2. गुणक सिद्धान्त की एक दुर्बलता यह भी है कि यह उपभोग व्यय में परिवर्तनों के माध्यम से आय पर पड़ने वाले निवेश के प्रभावों का अध्ययन करता है। लेकिन यह निवेश पर उपभोग के प्रभाव की उपेक्षा कर जाता है।

3. इस परिकल्पना के आधार पर कि MPC एक से कम और शून्य से अधिक होती है, केन्ज का गुणक सिद्धान्त उपभोग तथा आय के बीच रेखीय सम्बन्ध स्थापित करता है। लेकिन

आनुभविक अध्ययन बताते हैं कि दोनों के बीच का सम्बन्ध जटिल तथा अरेखिय है।

गुणक सिद्धान्त की विकासशील देशों पर व्यावहार्यता (Applicability of Multiplier theory to developing countries)

केन्ज का गुणक सिद्धान्त अल्पविकसित अथवा विकासशील देशों पर लागू होगा या नहीं इसकी जांच करने के लिए पहले हमें इस सिद्धान्त की मान्यताओं पर विचार करना होगा। केन्ज का गुणक सिद्धान्त निम्नलिखित चार मान्यताओं पर आधारित है—

1. अनैच्छिक बेरोजगारी (Involuntary unemployment) का पाया जाना।

2. पूंजीवादी औद्योगिक अर्थव्यवस्था की उपस्थिति, जहां उत्पादन का पूर्ति वक्र ऊपर की ओर दाएं को ढालू होता है, परन्तु तब तक अनुलम्ब (vertical) नहीं बनता, जब तक कि बहुत काफी समय न बीत चुका हो;

3. उपभोग वस्तु उद्योग में अतिरिक्त क्षमता (excess capacity) पाई जाती है;

4. उत्पादन बढ़ाने के लिए आवश्यक कार्यकारी (working) पूंजी की अपेक्षाकृत लोचदार पूर्ति (elastic supply) का पाया जाना।

अब हम अल्पविकसित देशों के सन्दर्भ में उपर्युक्त चारों मान्यताओं का परीक्षण करेंगे। जैसा कि हम जानते हैं कि केन्ज का गुणक विश्लेषण **अनैच्छिक बेरोजगारी** से सम्बन्ध रखती है। लेकिन अल्पविकसित देशों में **छिपी बेरोजगारी** (disguised unemployment) पाई जाती है। इस प्रकार अल्पविकसित देशों में अनैच्छिक बेरोजगारी के बजाए छिपी बेरोजगारी का अस्तित्व गुणक सिद्धान्त के कार्यकरण में बाधा उत्पन्न करता है। दूसरी समस्या यह है कि अल्पविकसित देशों में उत्पादन का पूर्ति वक्र बेलोच होता है जो गुणक के कार्यकरण को कठिन बना देता है। कारण यह है कि उपभोग वस्तु उद्योगों की प्रकृति इन देशों में ऐसी होती है कि वे उत्पादन का विस्तार करने तथा अधिक रोजगार प्रदान करने में असमर्थ होते हैं। अल्पविकसित देशों में प्रमुख उपभोग वस्तु उद्योग कृषि है, जो लगभग स्थिर होती है। इसका कारण यह है कि अल्पकाल में उत्पादन बढ़ाने के लिए कृषि-उत्पादकों को आवश्यक सुविधाएं नहीं प्राप्त होती। परिणाम यह होता है कि निवेश की प्रारम्भिक वृद्धि के साथ आय, उत्पादन तथा रोजगार में द्वितीय, तृतीयक तथा अन्य वृद्धियां नहीं हो पातीं।

इसी प्रकार अल्पविकसित देशों में उपभोग वस्तु उद्योगों में अतिरिक्त क्षमता का अभाव तथा उत्पादन बढ़ाने के लिए कार्यकारी पूंजी की अपेक्षाकृत बेलोच पूर्ति गुणक के प्रचलन को कठिन बना देता है।

निष्कर्षत: हम कह सकते हैं कि दो प्रमुख कारणों से अल्पविकसित देशों में केन्ज का गुणक सिद्धान्त नहीं लागू हो पाता। पहला कारण यह है कि इन देशों में अनैच्छिक बेरोजगारी नहीं मिलती और दूसरा यह कि इन देशों में उत्पादन की पूर्ति बेलोच होती है।

केन्ज का रोजगार सिद्धान्त (Keynesian theory of employment)

केन्ज के रोजगार सिद्धान्त के अनुसार आय एवं रोजगार का स्तर प्रभवी मांग (effective demand) पर निर्भर करता है। जैसा कि हम जानते हैं कि प्रभावी मांग दो कारकों द्वारा निर्धारित होती है—*(a)* समस्त पूर्ति फलन (Aggregate supply function) *(b)* समस्त मांग फलन (Aggregate demand function)। समस्त पूर्ति फलन उत्पादन की भौतिक या तकनीकी दशाओं पर निर्भर करता है जो अल्पकाल (short run) में स्थिर रहती है। इसलिए **केन्ज समस्त पूर्ति फलन को स्थिर मानता है और मंदी तथा बेरोजगारी को दूर करने के लिए अपना सारा ध्यान समस्त मांग फलन पर केन्द्रित करता है।** अत: समस्त मांग फलन रोजगार के स्तर को निर्धारित करती है। समस्त मांग फलन में दो प्रकार के व्यय शामिल होते हैं—उपभोग व्यय तथा निवेश व्यय। उपभोग व्यय, आय और उपभोग प्रवृत्ति पर निर्भर करता है जबकि ब्याज की दर और पूंजी की सीमान्त उत्पादकता निवेश को निर्धारित करती है।

केन्ज के रोजगार सिद्धान्त के अनुसार अर्थव्यवस्था में आय का संतुलन या साम्य स्तर उस बिन्दु पर स्थापित होता है जहां पर समस्त मांग समस्त पूर्ति को काटती है। आय के इस सन्तुलन स्तर को रेखाचित्र की सहायता से दिखाया गया है। रेखाचित्र में आय और रोजगार के स्तर को X—अक्ष पर तथा **स्वायत निवेश** को Y—अक्ष पर लिया गया है। (C + I) समस्त मांग वक्र है जिसको उपभोग फलन C पर आय के सभी स्तरों पर एक समान निवेश को जोड़ कर खींचा गया है। 45° रेखा समस्त पूर्ति (C + S) वक्र है। अर्थव्यवस्था E बिन्दु पर सन्तुलन में है जहां पर समस्त मांग (Aggregate demand) समस्त पूर्ति (Aggregate supply) को काटता है। E बिन्दु **प्रभावी मांग** का भी बिन्दु है जहां आय एवं रोजगार का संतुलन स्तर OY, निर्धारित होता है। यह अल्प राजगार का संतुलन स्तर है। केन्ज अल्प रोजगार स्तर को एक सामान्य अवस्था मानता था और पूर्ण रोजगार को एक विशेष अवस्था।

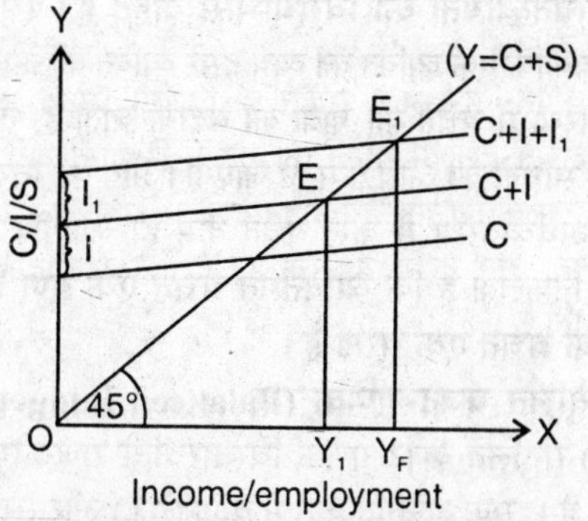

रेखाचित्र : *केन्ज का रोजगार सिद्धान्त*

ऊपर के रेखाचित्र में OY_F आय का पूर्ण रोजगार स्तर है। इस सतर पर पहुंचने के लिए **स्वायत्त निवेश** (autonomous investment) I_1 के बराबर बढ़ा दिया जाता है ताकि कुल मांग वक्र (C + I) ऊपर को सरक कर $C + I + I_1$ पर आ जाता है। यह नया समस्त मांग वक्र है जो समस्त पूर्ति वक्र (Y = C + S) को E_1 पर काटता है, तथा पूर्ण रोजगार आय स्तर OY_F के साथ मेल खाता प्रभावी मांग का ऊंचा बिन्दु है। यह स्पष्ट करता है कि आय और रोजगार में Y_1F_1 की इच्छित वृद्धि प्राप्त करने के लिए निवेश में I_1 वृद्धि का गुणक प्रभाव रोजगार और आय में Y_1F_1 की वृद्धि लाता है।

क्लासीकल और केन्जीय मॉडलों की तुलना (Comparison of Classical and Keynesian Models)

अब हम क्लासीकल और केन्ज के रोजगार सिद्धान्तों की तुलना करेंगें।

1. रोजगार का स्तर (Level of employment)—क्लासीकल यह मानते हैं कि अर्थव्यवस्था में पूर्ण रोजगार की स्थिति रहती है और पूर्ण रोजगार से कम की अवस्था असाधारण होती है। जबकि केन्ज यह मानता है कि अर्थव्यवथा में पूर्ण रोजगार का होना एक विशेष स्थिति है।

2. से का नियम (Say's law)—क्लासीकल विश्लेषण **से** के इस बाजार-नियम पर आधारित है कि **'पूर्ति स्वयं अपनी मांग पैदा कर लेती है।'** इस प्रकार क्लासिकल विश्लेषण **अति उत्पादन** (over production) की संभावना से इन्कार करता है। जबकि **केन्ज** ने **से** के बाजार नियम का खण्डन किया। उसके अनुसार साधन स्वामियों द्वारा अर्जित समस्त आय उन वस्तुओं के क्रय में खर्च नहीं होती जिनके उत्पादन में वे सहायक होते हैं। अर्जित आय का कुछ भाग बचा लिया जाता है। परिणामस्वरूप **सामान्य अति उत्पादन** होता है, क्योंकि वह सब विक्रय नहीं हो पाता जिसका कि उत्पादन हुआ है। इस प्रकार केन्ज ने इस नियम का सहारा लेकर, कि सीमान्त उपभोग प्रवृत्ति एक से कम रहती है, **से** के नियम को निरर्थक ठहराया।

3. अबन्ध नीति (Laissez Faire)—क्लासीकल अर्थशास्त्र **अबन्ध नीति** पर आधारित है जिसमें सरकार का कोई हस्तक्षेप नहीं होता। जबकि केन्ज का सिद्धान्त सरकारी हस्तक्षेप का पक्ष लेता है और निजी निवेश की कमी से उत्पन्न अन्तर को भरने के लिए सार्वजनिक निवेश के महत्त्व पर बल देता है।

4. मजदूरी कटौती (Wage cut)—प्रमुख क्लासीकल अर्थशास्त्रियों में से **पीगू** (Pigou) ने बेरोजगारी की समस्या को हल करने के लिए मजदूरी की कटौती की नीति का समर्थन किया था। लेकिन केन्ज ने सैद्धान्तिक तथा व्यवहारिक दोनों ही दृष्टि से इसका विरोध किया। केन्ज ने अर्थव्यवस्था में रोजगार का स्तर बढ़ाने के लिए लचीली मजदूरी नीति के स्थान पर लचीली मुद्रा नीति का समर्थन किया।

5. बचत निवेश समानता (saving investment equality)—क्लासीकल अर्थशास्त्री यह मानते थे कि बचत व निवेश हमेशा समान रहते हैं। यदि किसी कारणवश बचत, निवेश से बढ़ जाती है तो इनके बीच समानता ब्याज दर के माध्यम से लाई जा सकती है। लेकिन केन्ज इस मत से सहमत नहीं था। उसके अनुसार, बचत निवेश समानता ब्याज दर में परिवर्तन के द्वारा नहीं बल्कि आय में परिवर्तन के द्वारा लाई जा सकती है। वास्तव में निवेश ब्याज दर के अतिरिक्त पूंजी की सीमान्त उत्पादकता (MEC) पर भी निर्भर करता है।

6. मुद्रा सिद्धान्त (Monetary theory)—क्लासीकल विचारधारा के समर्थकों ने मुद्रा सिद्धान्त को मूल्य सिद्धान्त से पृथक कर दिया था। लेकिन केन्ज ने मौद्रिक सिद्धान्त को मूल्य सिद्धान्त में समाहित कर दिया।

7. नीतियां (Policies)—चूंकि क्लासीकल अर्थशास्त्री अबन्ध नीति (laissez faire) के समर्थक थे, इसलिए उन्हें राजकोषीय नीति अथवा मौद्रिक नीति में कोई विश्वास नहीं था। वे संतुलित बजट नीति में विश्वास रखते थे। इसके विपरीत, केन्ज ने क्रमशः सस्ती मुद्रा तथा महंगी मुद्रा के साथ-साथ अवस्फीति (deflation) के दौरान घाटे के बजटों और स्फीति के दौरान बेशी बजटों (surplus budgets) के महत्त्व पर बल दिया।

केन्ज के रोजगार सिद्धान्त की आलोचना (Criticism of Keynesian theory employment)

केन्ज के सिद्धान्त की आलोचना निम्न आधार पर की गई है—

1. केन्ज ने रोजगार के स्तर के निर्धारण में एक मात्र निवेश फलन पर निर्भर रहकर और उपभोग फलन को अल्पकाल में स्थिर मानकर गलती की है। क्योंकि यह अच्छी तरह सिद्ध हो चुका है कि अल्पकाल के दौरान भी उपभोग प्रवृत्ति में वृद्धि का रोजगार की मात्रा पर अच्छा प्रभाव पड़ता है।

2. केन्ज का सिद्धान्त बन्द अर्थव्यवस्था की धारणा पर आधारित है जो आय तथा रोजगार के स्तर पर पड़ने वाले विदेशी व्यापार के प्रभाव को छोड़ देती है। इससे केन्ज का सिद्धान्त अयथार्थिक बन जाता है क्योंकि सभी अर्थव्यवस्थाएं खुली अर्थव्यवस्थाएं होती हैं और उनके रोजगार स्तर पर विदेशी व्यापार गहरा प्रभाव डालता है।

3. केन्ज के सिद्धान्त की एक अन्य आलोचना यह है कि यह अल्पकाल (short-run) से सम्बन्धित है। इसलिए उसने अपने सिद्धान्त में पूंजी का स्टॉक, वर्तमान तकनीक, लोगों की रुचियां तथा स्वभाव, जनसंख्या का आकार इत्यादि को स्थिर मान लिया है। लेकिन आलोचकों का कहना है कि अल्पकाल के दौरान भी इनमें परिवर्तन होता है।

4. केन्ज के सिद्धान्त की एक और कमजोरी यह है कि यह सिद्धान्त पूर्ण प्रतियोगिता की अवास्तविक मान्यता पर आधारित है। इससे यह सिद्धान्त समाजवादी देशों पर लागू नहीं होता है क्योंकि वहां समस्त अर्थव्यवस्था को राज्य चलाता है। केन्ज का सिद्धान्त तो आधुनिक पूंजीवादी अर्थव्यवस्थाओं पर भी लागू नहीं होता क्योंकि वहां पूर्ण प्रतियोगिता की बजाय एकाधिकारात्मक प्रतियोगिता पाई जाती है।

केन्ज की आलोचना इसलिए भी की गई है कि उसने केवल चक्रीय बेरोजगारी को ही उठाया है और पूंजीवादी अर्थव्यवस्थाओं में पाई जाने वाली अन्य प्रकार की बेरोजगारी अस्थायी बेरोजगारी (Frictional unemployment) और प्रौद्योगिकीय (Technological) बेरोजगारी को छोड़ दिया है।

मितव्ययिता का विरोधाभास (The Paradox of thrift)

गुणक सिद्धान्त हमें इस निष्कर्ष पर पहुंचाता है कि एक अर्थव्यवस्था उसी समय अधिक आय और बचत प्राप्त कर सकती है जबकि उपभोग बढ़ रहा हो। यदि एक अर्थव्यवस्था अतिरिक्त निवेश द्वारा सृजित समस्त अतिरिक्त आय को बचा लेती है तो भविष्य में आय का स्तर कम हो जाएगा। आय कम होने पर अर्थव्यवस्था की बचत की क्षमता कम हो जाएगी। अन्य शब्दों में, बचत में वृद्धि का प्रयास कुल बचत में कमी उत्पन्न करता है। **इसको मितव्ययिता का विरोधाभास कहते हैं।** ऐसा इसलिए होता है क्योंकि एक व्यक्ति का व्यय दूसरे व्यक्ति की आय है। यदि अर्थव्यवस्था में बचत की मात्रा को बढ़ाया जाता है, तो उत्पादन के अन्य साधनों की आय कम हो जाएगी। आय का स्तर गिरने पर सम्पूर्ण अर्थव्यवस्था में कुल बचत कम हो जाएगी। इससे यह निष्कर्ष निकलता है कि **व्यक्तिगत बचत एक गुण है जबकि सामूहिक बचत एक बुराई है।**

संतुलित बजट गुणक (Balanced Budget Multipliers) संतुलित बजट गुणक **विस्तारवादी राजकोषीय नीति** का अंग है। इसके अन्तर्गत करों में वृद्धि (ΔT) और सरकारी व्यय में वृद्धि (ΔG) की मात्रा बराबर होती है लेकिन फिर भी राष्ट्रीय आय में शुद्ध वृद्धि होती है।

संतुलित बजट गुणक, कर गुणक (Tax multipliers) और सरकारी व्यय गुणक (Gevernment-expenditure multiplier) के संयुक्त कार्यकरण पर आधारित है। सरकारी व्यय गुणक होता है

$$\Delta Y = \frac{1}{1-C}\,\Delta G$$

[जहां $C = MPC$]

$$\text{or} \quad \frac{\Delta Y}{\Delta G} = \frac{1}{1-C} \qquad (1)$$

जो यह बताता है कि आय में परिवर्तन (ΔY) बराबर होगा गुणक $\frac{1}{1-C}$ गुणा स्वायत्त सरकारी व्यय में परिवर्तन (ΔG) के। जबकि कर गुणक होता है—

$$\Delta Y = \frac{-C}{1-C}\,\Delta T$$

$$\text{or} \quad \frac{\Delta Y}{\Delta T} = \frac{-C}{1-C} \qquad (2)$$

सरकारी व्यय और करों में एक साथ परिवर्तन को समी. (1) और (2) के योग के रूप में व्यक्त किया जा सकता है। अतः

$$\frac{\Delta Y}{\Delta T} + \frac{\Delta Y}{\Delta G} = \frac{-C}{1-C} + \frac{1}{1-C} = \frac{1-C}{1-C} = 1$$

चूंकि संतुलित बजट की स्थिति में $\Delta G = \Delta T$, अतः आय में परिवर्तन की राशि सरकारी व्यय और करों में परिवर्तन की राशि के बराबर होगा। इस संतुलित बजट गुणक या इकाई गुणक (unit multiplier) को रेखाचित्र की सहायता से समझाया जा सकता है। दिखाए गए रेखाचित्र में कर लगने से पहले का उपभोग फलन C है और आय का स्तर OY_2 है। AG मात्रा के बराबर कर लगाया

जाता है। जिसके परिणामस्वरूप उपभोग फलन नीचे की ओर सरक कर C_1 पर आ जाता है। अब अर्थव्यवस्था में GE मात्रा का सरकारी व्यय लगाया जाता है जो कि कर प्राप्ति AG के बराबर है। नई कुल मांग फलन $C_1 + G$ है जो E बिन्दु पर OY_2 आय को निर्धारित करती है। आय में वृद्धि Y_1Y_2 के बराबर है जो कि कर प्रति AG के तथा सरकारी व्यय GE के बराबर है अर्थात **AG = GE = Y_1Y_2**। यह सिद्ध करता है राष्ट्रीय आय में वृद्धि, सरकारी व्यय में वृद्धि के एक गुणा से बढ़ोतरी होती है जो संतुलित बजट गुणक है (This prove that income has risen by one times the amount of increase in govt. expenditure which is a balanced budget expansion.)

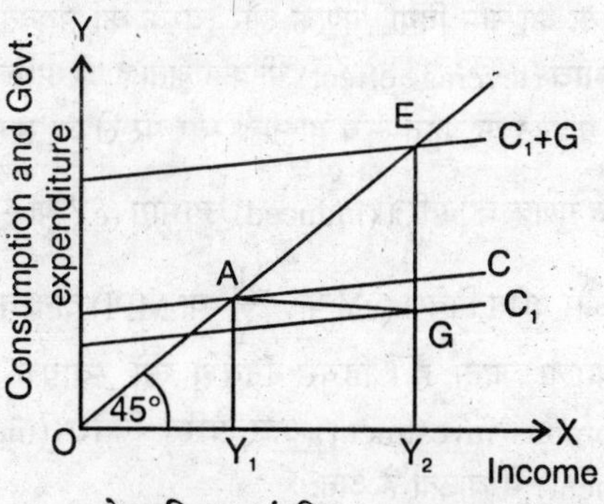

रेखाचित्र : *संतुलित बजट गुणक*

उपरोक्त विश्लेषण एक मुश्त कर (lump-sum tax) लगाने से सम्बद्ध है। यदि एक मुश्त कर की अपेक्षा **समानुपातिक** (Proportional) **आय कर** लगाया जाता है तो संतुलित बजट गुणक सिद्धान्त लागू नहीं होता।

विदेशी व्यापार गुणक (Foreign Trade Multiplier)

विदेशी व्यापार गुणक को **निर्यात गुणक** भी कहा जाता है। विदेशी व्यापार गुणक की प्रक्रिया को इस प्रकार समझा जा सकता है। माना कि देश के निर्यात में वृद्धि होती है। परिणामस्वरूप निर्यातक विदेशी मांग को पूरा करने के लिए अधिक से अधिक उत्पादन के साधन को रोजगार में लगाएंगे। इससे साधनों के स्वामियों की आय बढ़ेगी। यह प्रक्रिया चलती रहेगी, और राष्ट्रीय आय गुणक के मूल्य के अनुसार बढ़ेगी। गुणक का मूल्य सीमान्त बचत प्रवृति (MPS) और सीमान्त आयात प्रवृत्ति $\left(MPI = \frac{\Delta M}{\Delta Y}\right)$ के मूल्यों पर निर्भर करता है। सीमान्त आयात प्रवृत्ति काआशय आय में परिवर्तन के परिणामस्वरूप आयातों में होने वाले परिवर्तन के अनुपात से है।

बीजगणितीय रूप में विदेश व्यापार गुणक निम्न प्रकार से निकाला जा सकता है—

$$Y = C + I + X - M$$

जहां Y राष्ट्रीय आय है, C कुल उपभोग, I कुल निवेश, X निर्यात और M आयात है।

ऊपर के समीकरण को इस प्रकार भी लिखा जा सकता है—

$$\Delta Y = \Delta C + \Delta I + \Delta X - \Delta M$$

दोनों तरफ ΔY से भाग देने पर

$$\frac{\Delta Y}{\Delta Y} = \frac{\Delta C}{\Delta Y} + \frac{\Delta I}{\Delta Y} + \frac{\Delta X}{\Delta Y} - \frac{\Delta M}{\Delta Y}$$

$$\text{or} \quad 1 = MPC + \frac{\Delta I}{\Delta Y} + \frac{\Delta X}{\Delta Y} - MPM$$

$$= \left(\because MPC = \frac{\Delta C}{\Delta Y} \quad MPI = \frac{\Delta M}{\Delta Y}\right)$$

$$\text{or,} \quad \Delta Y = \frac{1}{1 - MPC + MPI}(\Delta I + \Delta X)$$

यहां $\frac{1}{(1 - MPC + MPI)}$ विदेशी व्यापार गुणक है। इस प्रकार यह स्पष्ट है कि जब MPC अधिक रहती है तो गुणक का मूल्य अधिक होता है और इसी प्रकार MPI के अधिक रहने पर गुणक का मूल्य कम होगा।

त्वरण का नियम (The Principle of Acceleration)

त्वरण के सिद्धान्त को अर्थशास्त्र में पहली बार 1917 में **जे.एम. क्लार्क** ने प्रयोग किया। त्वरण तथा नियम इस तथ्य पर आधारित है कि उपभोग में परिवर्तन निवेश की मात्रा को प्रभावित करती है। इस प्रकार त्वरण का नियम यह व्यक्त करता है कि निवेश उपभोग पर निर्भर करता है। अन्य शब्दों में, **त्वरण का सिद्धान्त निवेश की मात्रा पर उपभोग की दर में वृद्धि अथवा कमी के प्रभावों की माप करता है।** सूत्र रूप में,

$$\beta = \frac{\Delta I}{\Delta C}$$

जहां β त्वरण गुणांक ΔI निवेश में शुद्ध परिवर्तन तथा ΔC उपभोग व्यय में शुद्ध परिवर्तन है।

त्वरण सिद्धान्त के इस विवरण को **हिक्स** ने अधिक विस्तार से इस प्रकार व्यक्त किया है कि **त्वरण गुणांक,** प्रेरित निवेश में परिवर्तन तथा उत्पादन में परिवर्तन का अनुपात होता है। अतः

त्वरक $v = \frac{\Delta I}{\Delta Y}$ या पूंजी-उत्पाद परिवर्तन का अनुपात। यह

उत्पादन में सम्बद्ध परिवर्तन (ΔY) और निवेश में परिवर्तन (ΔI) पर निर्भर करता है। हिक्स के अनुसार त्वरण सिद्धान्त यह दर्शाता है कि पूंजी वस्तुओं के लिए मांग केवल उपभोग वस्तुओं (consumer goods) से ही व्युत्पन्न नहीं होती है बल्कि राष्ट्रीय उत्पादन की किसी भी प्रत्यक्ष मांग से। **सैम्युलसन** त्वरक को उपभोग वस्तुओं की मांग में परिवर्तन के फलस्वरूप निवेश में जो परिवर्तन होता है, उसके अनुपात के रूप में परिभाषित करता है, अर्थात—

$$\beta = \frac{\Delta I}{\Delta C}$$

जहां β त्वरक, ΔI निवेश में परिवर्तन तथा ΔC उपभोग वस्तुओं की मांग में परिवर्तन को व्यक्त करता है।

त्वरण नियम की आलोचनाएं

1. त्वरण नियम स्थिर **पूंजी-उत्पाद अनुपात** (capital-output ratio) पर आधारित है। परन्तु आधुनिक गतिशील जगत में यह अनुपात स्थिर नहीं रहता है बल्कि व्यापार चक्र की विभिन्न अवस्थाओं (phases) में परिवर्तित हो जाता है।

2. त्वरण-सिद्धान्त यह मान लेता है कि प्लांटों में अप्रयुक्त (unused) या अतिरिक्त क्षमता नहीं होती। यदि कुछ मशीनें अपनी पूर्ण क्षमता के अनुसार कार्य नहीं कर रही हैं और निष्क्रिय पड़ी हैं तो ऐसी स्थिति में त्वरण नियम नहीं काम करेगा।

3. त्वरण-सिद्धान्त यह मान लेता है कि उपभोग मांग में वृद्धि स्थायी होती है। यदि यह आशा हो कि उपभोक्ता वस्तुओं के लिए मांग में वृद्धि अस्थायी है तो उत्पादक नई पूंजी वस्तुओं में निवेश नहीं करेगा परिणामस्वरूप त्वरण नियम सफल नहीं होगा।

4. त्वरण-सिद्धान्त इस मान्यता पर आधारित है कि **साख की पूर्ति लोचदार** होती है। ताकि जब प्रेरित उपभोग के परिणामस्वरूप प्रेरित निवेश (induced investment) हो, तो पूंजी वस्तु उद्योगों में निवेश के लिए सस्ती साख (cheap credit) आसानी से उपलब्ध हो सके। यदि पर्याप्त मात्रा में सस्ती साख उपलब्ध नहीं होगी तथा ब्याज की दर ऊंची होगी तो पूंजी वस्तुओं में बहुत कम निवेश होगा। इस प्रकार, त्वरण पूर्ण रूप से काम नहीं करेगा।

5. इस नियम की अन्य मुख्य त्रुटि यह है कि यह उद्यमियों द्वारा निर्णय लेने में **प्रत्याशाओं के कार्य भार** (role of expectations) की उपेक्षा करता है। निवेश सम्बन्धी निर्णय केवल मांग द्वारा ही प्रभावित नहीं होते हैं। वे भावी प्रत्याशाओं जैसे स्टॉक बाजार परिवर्तनों, राजनैतिक हलचलों, आर्थिक वातावरण आदि द्वारा भी प्रभावित होते हैं।

इन सीमाओं के बावजूद गुणक सिद्धान्त की अपेक्षा, त्वरण का नियम आय-प्रजनन (income propagation) को अधिक वास्तविक तथा स्पष्ट बनाता है। गुणक, उपभोग के मार्ग से आय पर निवेश में परिवर्तन का प्रभाव दिखाता है जबकि त्वरण, निवेश तथा आय पर उपभोग के प्रभाव को व्यक्त करता है।

अति गुणक या गुणक-त्वरक परस्पर क्रिया (The super multiplier or The multiplier-Accelerator Interaction)

हिक्स ने आय पर प्रारम्भिक निवेश का कुल प्रभाव मापने के लिए गुणक तथा त्वरक को गणितीय विधि से मिला दिया और इसे **अतिगुणक** का नाम दिया। गुणक और त्वरक का संयुक्त प्रभाव **लीवर प्रभाव** (leverage effect) भी कहलाता है जो अर्थव्यवस्था को आय प्रजनन के बहुत ऊंचे या नीचे स्तर पर ले जा सकता है।

अति गुणक को प्रेरित (induced) उपभोग (cY या $\frac{\Delta C}{\Delta Y}$ या MPC) और प्रेरित निवेश (vY या $\frac{\Delta I}{\Delta Y}$ या MPI) दोनों को जोड़ कर निकाला जाता है। हिक्स निवेश को स्वायत्त निवेश (autonomous investment) और प्रेरित निवेश (induced investment) में बांटता है अत:

$$I = I_a + vY$$

जहां I_a स्वायत्त निवेश तथा vY प्रेरित निवेश है।

चूंकि $\quad Y = C + I$

[जहां $C =$ उपभोग है]

$$\therefore \Delta Y = c\Delta Y + \Delta I_a + v\Delta Y$$

$$\frac{\Delta Y}{\Delta Ia} = \frac{1}{1 - c - v} = \frac{1}{S - v}$$

जहां $\quad K_s = \frac{1}{1 - c - v} = \frac{1}{S - v}$

जहां K_s अतिगुणक है, c सीमान्त उपभोग प्रवृत्ति है, v सीमान्त निवेश प्रवृत्ति तथा S सीमान्त बचत प्रवृत्ति है।

इस प्रकार अतिगुणक (super multiplier) बताता है कि यदि स्वायत निवेश में कोई प्रारम्भिक वृद्धि होती है, तो आय में स्वायत्त निवेश की K_s गुणा वृद्धि हो जाएगी।

मुद्रा की मांग (The demand for money)

मुद्रा के दो महत्त्वपूर्ण कार्यों के कारण मुद्रा की मांग उत्पन्न होती है। प्रथम यह है कि मुद्रा विनिमय के माध्यम का कार्य करती

है और दूसरा यह है कि मुद्रा-मूल्य का संचय (store of value) है। अत: व्यक्ति और व्यापारी मुद्रा को आंशिक रूप से नकदी के रूप में और आंशिक रूप से परिसम्पत्तियों के रूप में रखना चाहते हैं। मुद्रा की मांग के निम्न मत हैं—**क्लासीकल, नव क्लासीकल** (neo classical), केन्जीय तथा केन्जोपरान्त (Post Keynesian)। इन मतों की निम्नलिखित विवेचना की गई है।

क्लासीकल मत (Classical Approach)

क्लासीकल अर्थशास्त्रियों ने मुद्रा के संचलन वेग (velocity of circulation) के रूप में **मुद्रा की लेन-देन मांग** पर बल दिया। इसका कारण यह है कि क्लासीकल विचार धारा के अनुसार मुद्रा विनिमय के माध्यम का कार्य करती है और वस्तुओं तथा सेवाओं के विनिमय को सुगम बनाती है। फिशर (Fisher) के **'विनिमय के समीकरण'** में $MV = PT$

जहां M मुद्रा की कुल मात्रा, V मुद्रा का संचलन वेग, P कीमत स्तर तथा T मुद्रा में विनिमय की गयी कुल वस्तुओं और सेवाओं की मात्रा है।

इस समीकरण में PT मुद्रा की मांग को व्यक्त करता है जो अर्थव्यवस्था में किए गए लेन-देनों के मूल्य पर निर्भर करता है। MV मुद्रा की पूर्ति को व्यक्त करता है और संतुलन स्तर पर मुद्रा की मांग के बराबर होती है। इस प्रकार मुद्रा की मांग का समीकरण होगा—

$$M_d = PT$$

जहां M_d मुद्रा की मांग है।

नव-क्लासीकल सिद्धान्त (Neo-Classical Theory)

मुद्रा के मांग के नव-क्लासीकल सिद्धान्त को कैम्ब्रिज अर्थशास्त्री **मार्शल** और **पीगू** ने दिया था। कैम्ब्रिज मत के अनुसार मुद्रा की मांग का समीकरण है—

$$M_d = KPY$$

जहां M_d मुद्रा की मांग, K वास्तविक मौद्रिक आय का भाग है जिसे लोग नकदी के रूप में रखना चाहते हैं, P कीमत स्तर है। **यह समीकरण बताता है कि अन्य बातें समान रहने पर सामान्य रूप में मुद्रा की मांग प्रत्येक व्यक्ति के नकदी आय स्तर के समानुपातिक होगी।** (The Key feature of the cambridge equation is that it makes the demand for money a function of money income and only of it.) मुद्रा की कैम्ब्रिज मांग फलन को निम्न रेखाचित्र की सहायता से दिखाया जा सकता है।

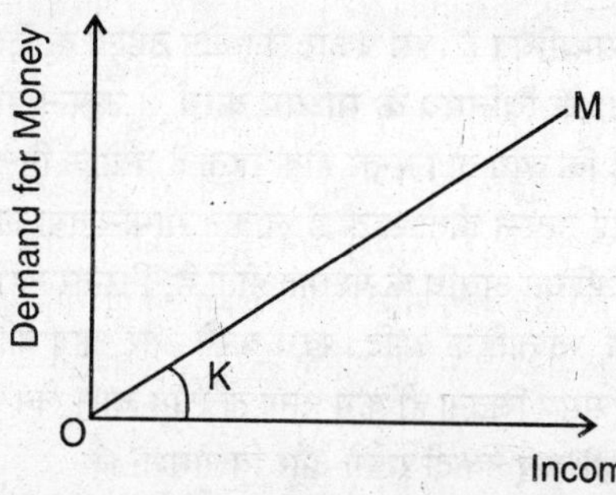

रेखाचित्र : *Cambridge Demand for Money Function*

आलोचना—मुद्रा की मांग के **क्लासीकल मत** की मुख्य आलोचना इस बात से उत्पन्न होती है कि यह **मुद्रा के मूल्य संचय** (store of value) कार्य की उपेक्षा करता है।

क्लासीकल अर्थशास्त्रियों ने केवल **मुद्रा के विनिमय के माध्यम कार्य** के ऊपर ही बल दिया है। उनके अनुसार अर्थव्यवस्था में मुद्रा निष्प्रभावी (neutral) भूमिका निभाती है। यदि मुद्रा को सम्पत्ति के रूप में संचित कर ली जाए तो वह बढ़ती नहीं है और व्यर्थ होती है। यह एक गलत धारणा है क्योंकि मुद्रा परिसम्पत्ति का कार्य भी करती है जब यह बिलों, बांडों, प्रतिभूतियों, ऋणपत्रों, वास्तविक परिसम्पत्तियों जैसे मकान, जमीन आदि अन्य प्रकार की परिसम्पत्तियों में परिवर्तित कर दी जाती है। अत: मुद्रा की मांग के क्लासीकल सिद्धान्त की मुख्य कमी मुद्रा के परिसम्पत्ति कार्य की उपेक्षा थी, जिसे **केन्ज** ने दूर किया।

मुद्रा की मांग का केन्जीय सिद्धान्त

केन्ज ने अपनी पुस्तक General Theory में मुद्रा की मांग के लिए एक नया शब्द **''तरलता अधिमान''** का प्रयोग किया है। केन्ज के अनुसार अर्थव्यवस्था में मुद्रा की मांग तीन उद्देश्यों के कारण होती है—

1. लेन-देन उद्देश्य (Transactions motive)
2. सतर्कता उद्देश्य (Precautionary motive)
3. सट्टा उद्देश्य (Speculative motive)

केन्ज के अनुसार मुद्रा की मांग इन्हीं तीन उद्देश्यों के कारण होती है। इन्हीं तीनों उद्देश्यों के कारण हुई मुद्रा की मांग को **मुद्रा की कुल मांग** (Aggregate demand for money) कहते हैं। स्मरण रहे, केन्ज के **'मुद्रा की मांग'** से अभिप्राय मुद्रा की उस राशि से है जो लोग अपने पास रखते हैं (The demand for money in the Keynesian sense is the demand to hold money)।

1. लेन-देन उद्देश्य—यह रोजाना के लेन-देनों के लिए मुद्रा

की मांग से सम्बन्धित है। इस प्रकार लेन-देन उद्देश्य के लिए मुद्रा की मांग **मुद्रा के विनिमय के माध्यम कार्य** से उत्पन्न होती है। हम जानते हैं कि व्यय तो निरन्तर होता रहता है क्योंकि नित्य-प्रति आवश्यकताएं उत्पन्न होती रहती हैं लेकिन सामान्यतया आय की प्राप्ति एक निश्चित अवधि के पश्चात होती है, निरन्तर नहीं होती, जैसे मासिक, साप्ताहिक आदि। खर्च करने और आय की प्राप्ति के बीच का समय जितना ही कम होगा तो लोग चालू लेन-देन के लिए उतना ही कम नकदी रखेंगे और विलोमशः।

केन्ज के अनुसार, अन्य तत्त्वों के दिए होने पर, मुद्रा की लेन-देन उद्देश्य से सम्बन्धित मांग आय स्तर का प्रत्यक्ष समानुपातिक और धनात्मक फलन है। इसे इस प्रकार व्यक्त किया जा सकता है—

$$L_t = kY$$

जहां L_t मुद्रा की लेन-देन मांग, k आय का वह भाग जो लेन-देन उद्देश्य के लिए रखा जाता है, और Y आय है।

इस समीकरण को निम्न रेखाचित्र की सहायता से दर्शाया गया है। जहां kY रेखा मुद्रा की लेन-देन मांग और आय स्तर में रेखीय (linear) और समानुपातिक सम्बन्ध व्यक्त करती है।

यहां ध्यान देने योग्य बात यह है कि केन्ज ने मुद्रा की लेन-देन मांग को ब्याज बेलोच माना है।

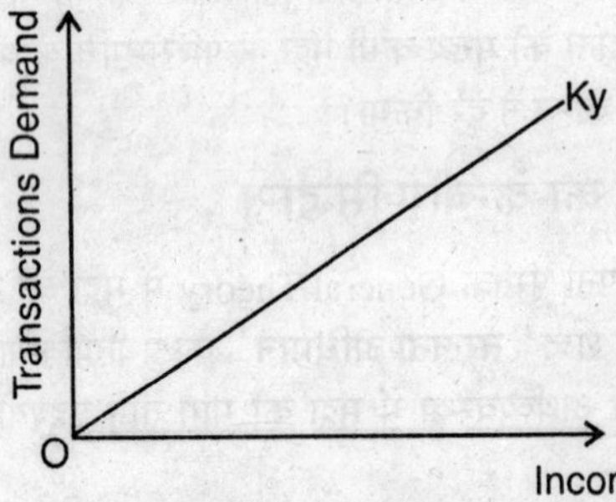

रेखाचित्र : *मुद्रा की लेन-देन मांग*

2. सतर्कता उद्देश्य—व्यक्ति तथा व्यावसायिक फर्में आपात स्थिति का सामना करने के लिए भी कुछ अतिरिक्त राशि नकदी के रूप में रखते हैं। इसे ही सतर्कता उद्देश्य के लिए मुद्रा की मांग कहते हैं। अप्रत्याशित आवश्यकताओं को पूरा करने के लिए व्यक्ति और व्यापारी दोनों ही कुछ नकदी रिजर्व में रखते हैं। व्यक्ति तो बीमारी, दुर्घटना, बेरोजगारी और अपूर्वदृष्ट संभाव्यताओं (unforeseen contingencies) की व्यवस्था करने के लिए कुछ नकदी रिजर्व रखता है। इसी प्रकार, व्यापारी प्रतिकूल स्थितियों को पार करने के लिए या अप्रत्याशित सौदों से लाभ उठाने के लिए कुछ नकदी रिजर्व रखता है। इन्हीं सभी उद्देश्यों के लिए रखी गई मुद्रा की मांग को सतर्कता मांग कहते हैं।

केन्ज के अनुसार मुद्रा की लेन-देन मांग की तरह, सतर्कता मांग भी आय स्तर का फलन होती है।

3. सट्टा उद्देश्य—केन्ज के अनुसार मुद्रा की सट्टा मांग इस उद्देश्य के लिए होती है कि "भविष्य के सम्बन्ध में मार्किट की तुलना में अधिक जानकारी द्वारा लाभ कमाए जा सकें। सट्टा उद्देश्य के लिए रखी गई मुद्रा मूल्य का एक तरल संचय है जो उपयुक्त अवसर पर बांडों या प्रतिभूतियों में निवेश की जा सकती हैं।"

केन्ज के अनुसार मुद्रा की सट्टा मांग ब्याज दर का घटता हुआ फलन है। ब्याज की दर जितनी ऊंची होगी, मुद्रा की सट्टा मांग उतनी ही कम होगी तथा ब्याज दर जितनी कम होगी मुद्रा की सट्टा मांग उतनी ही अधिक होगी। इसको इस प्रकार व्यक्त किया जा सकता है—

$$L_s = f(r)$$

जहां L_s मुद्रा की सट्टा मांग है और r ब्याज की दर है। रेखाचित्र की सहायता से मुद्रा की सट्टा मांग को ऊपर दर्शाया गया है।

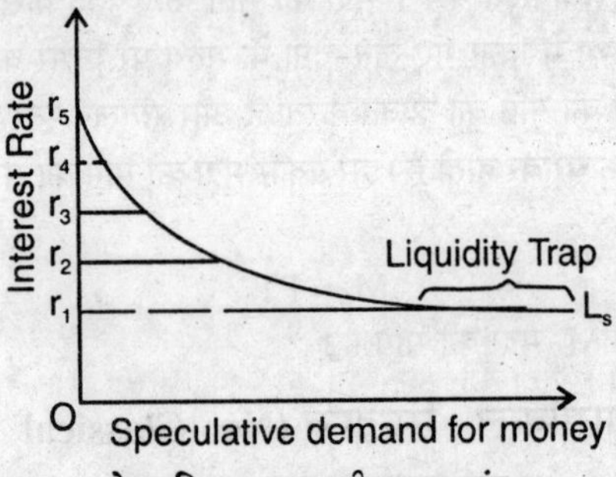

रेखाचित्र : *मुद्रा की सट्टा मांग*

उपरोक्त रेखाचित्र से स्पष्ट है कि ब्याज की बहुत ऊंची दर r_5 पर मुद्रा की सट्टा मांग शून्य है क्योंकि व्यापारी अपने समस्त नकदी को बांडों में निवेश कर देते हैं क्योंकि उन्हें विश्वास होता है कि ब्याज दर में और वृद्धि नहीं हो सकती परिणामस्वरूप बांडों की कीमत अब और नहीं घटेगी बल्कि अब बढ़ेगी ही। जैसे-जैसे ब्याज की दर घटेगी मुद्रा की सट्टा मांग बढ़ेगी। अतः L_s वक्र का आकार यह दिखाता है कि जब ब्याज दर बढ़ती है तो मुद्रा की सट्टा मांग गिरती है तथा ब्याज दर में कमी से यह बढ़ती है।

तरलता जाल (Liquidity trap)—बहुत नीची ब्याज दर जैसे कि उपरोक्त रेखाचित्र में r_1 पर L_s वक्र **पूर्णतया लोचदार** (Perfectly elastic) बन जाता है, और मुद्रा की सट्टा मांग अनन्त लोच होती है। L_s वक्र का यह भाग **"तरलता जाल"** कहलाता है। इतनी नीची ब्याज दर पर लोग बांडों में निवेश करने

के बजाय मुद्रा को नकदी में रखने को अधिमान (Preference) देते हैं, क्योंकि बांडों को खरीदने का मतलब होगा निश्चित हानि। लोग उस समय तक बांड नहीं खरीदेंगे जब तक ब्याज दर इस निम्न स्तर पर रहती है। केन्ज के अनुसार जब ब्याज दर शून्य के निकट आती है तो बांड रखने में हानि का जोखिम बढ़ जाता है। अत: ब्याज दर जितनी ही कम होगी नकदी रखने की मांग उतनी ही अधिक होगी। परिणामस्वरूप, L_s वक्र पूर्णतया लोचदार बन जाएगा।

तरलता जाल की स्थिति से कई महत्त्वपूर्ण बातें सम्बन्धित हैं। **पहली,** सस्ती मुद्रा नीति का अनुसरण करके भी मुद्रा प्राधिकारी ब्याज की दर को प्रभावित नहीं कर सकती। **दूसरी,** ब्याज की दर गिरकर **शून्य** पर नहीं आ सकती। **अन्तिम,** पूर्ण लोचदार L_s वक्र के सामने एक सामान्य मजदूरी कटौती की नीति भी प्रभावकारी नहीं हो सकती।

केन्ज के अनुसार, मुद्रा की कुल मांग, लेन-देन तथा सतर्कता उद्देश्यों एवं सट्टा उद्देश्यों के लिए मुद्रा की मांग का योग होती है। चूंकि लेन-देन और सतर्कता उद्देश्यों के लिए रखी गई मुद्रा मुख्यतया आय का फलन होता है और सट्टा मांग ब्याज दर का फलन है। इस प्रकार मुद्रा की कुल मांग आय और ब्याज दर दोनों का फलन होता है—

$$L = L_t + L_s$$
$$= f(Y) + f(r)$$
$$= f(Y, r)$$

जहां L मुद्रा की कुल मांग को व्यक्त करता है।

मुद्रा की कुल मांग वक्र लेन-देन और सतर्कता उद्देश्यों के मांग फलन तथा सट्टा उद्देश्य के लिए मांग फलन के पार्श्व योग (lateral summation) द्वारा खींचा जा सकता है। जिसे रेखाचित्र में दिखाया गया है।

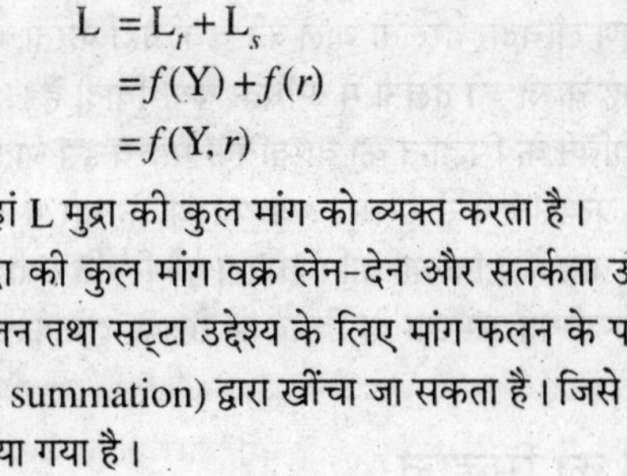

रेखाचित्र : *मुद्रा की कुल मांग (केन्ज के अनुसार)*

उपरोक्त रेखाचित्र में L मुद्रा की कुल मांग वक्र है। जब ब्याज दर Or_1 होता है तो कुल मांग OD है। जिसमें तीनों उद्देश्यों के लिए मुद्रा की मांग शामिल है।

केन्जोपरान्त मत (Post Keynesian Approach)

मुद्रा की मांग के केन्जोपरान्त सिद्धान्त के अन्तर्गत **बोमल** (Boumol), **टोबिन** (Tobin) तथा **फ्रीडमैन** (Friedman) के विचारों को शामिल किया जाता है। **प्रो. बोमल** अपने विचारों में मुद्रा की लेन-देन मांग को ब्याज लोच (interest elastic) बतलाया। **प्रो. टोबिन** तरलता अधिमान (liquidity preference) को जोखिम के प्रति व्यवहार मानता है। जबकि **फ्रीडमैन** के अनुसार मुद्रा की मांग केवल आय तथा ब्याज की दर का ही नहीं, बल्कि कुल सम्पत्ति का भी फलन होता है।

बोमल का स्टॉक सैद्धान्तिक मत (Baumol's Inventory Theoretic Approach)

चूंकि केन्ज मुद्रा की लेन-देन मांग को आय के स्तर का फलन मानता है और लेन-देन मांग तथा आय के बीच रेखीय एवं समानुपाती, सम्बन्ध मानता है। लेकिन बोमल के अनुसार मुद्रा की लेन-देन मांग तथा आय में सम्बन्ध न तो रेखीय है और न ही समानुपातिक, बल्कि होता यह है कि जब आय में परिवर्तन होते हैं तो मुद्रा की लेन-देन मांग में आनुपातिक से कम परिवर्तन होते हैं। फिर केन्ज यह भी मानता था कि लेन-देन मांग मुख्य रूप से ब्याज बेलोच होती है। परन्तु बोमल ने मुद्रा की लेन-देन मांग को ब्याज लोच माना है। बोमल ने अपने सिद्धान्त में इस बात पर बल दिया है कि मुद्रा की मांग **वास्तविक शेषों** (real balances) के लिए मांग होती है। बोमल के लेन-देनों के लिए वास्तविक शेषों (मुद्रा की मांग) की मांग को इस प्रकार व्यक्त किया जा सकता है—

$$M_d = \frac{1}{2}\sqrt{\frac{2hY}{r}} \times P$$

जहां M_d मुद्रा की लेन-देन मांग, P कीमत स्तर, r ब्याज दर, h गैर ब्याज लागतें तथा Y आय स्तर हैं।

उपरोक्त समीकरण से स्पष्ट है कि कीमत स्तर में परिवर्तनों और मुद्रा की लेन-देन मांग के बीच प्रत्यक्ष एवं समानुपातिक सम्बन्ध होता है। इस प्रकार बोमल द्वारा प्रस्तुत वास्तविक शेषों की मांग के विश्लेषण का मतलब है कि लेन-देनों के लिए मुद्रा की मांग में मुद्रा भ्रांति (money illusion) नहीं है।

क्लासीकल एवं केन्जीय मतों में बोमल सिद्धान्त की श्रेष्ठता

बोमल का मुद्रा की लेन-देन मांग सम्बन्धी स्टॉक सैद्धान्तिक

मत क्लासीकल तथा केन्जीय मतों से निम्न मामलों में श्रेष्ठ है—

1. मुद्रा की मांग का क्लासीकल सिद्धान्त यह मानकर चलता है कि लेन-देन मांग और आय स्तर में रेखीय एवं समानुपातिक सम्बन्ध होता है। लेकिन **बोमल** के अनुसार यह सम्बन्ध समानुपातिक नही होता है। उसके अनुसार जब आय बढ़ती है तो लेन-देन मांग भी बढ़ती है परन्तु **नकदी प्रबन्ध में पैमाने की बचतों** के कारण यह मांग आय की अपेक्षा कम अनुपात में बढ़ती है।

2. बोमल के सिद्धान्त की श्रेष्ठता इस बात में भी है कि जहां केन्ज का मत है कि मुद्रा की लेन-देन मांग ब्याज बेलोच होती है वहीं बोमल ने सिद्ध किया कि मुद्रा की लेन-देन मांग ब्याज लोचात्मक (interest elastic) होती है।

3. बोमल के सिद्धान्त की श्रेष्ठता का कारण यह भी है कि यह **वास्तविक शेषों** के लिए लेन-देन मांग का विश्लेषण करता है और मुद्रा भ्रांति (money illusion) के अभाव पर बल देता है।

4. बोमल का स्टॉक विषयक सैद्धान्तिक दृष्टिकोण क्लासीकल एवं केन्जीय दोनों ही दृष्टि कोणों से इसलिए भी श्रेष्ठ है कि यह परिसम्पत्तियों और उनकी ब्याज एवं ब्याजेतर लागतों को ध्यान में रखकर मुद्रा की लेन-देन मांग को पूंजी सिद्धान्त में एकीकृत कर देता है।

टोबिन का निवेश सूची चयन मॉडल : जोखिम निवारण तरलता अधिमान सिद्धान्त (Tobin's Portfolio Selection Model : The Risk Aversion theory of liquidity Preference)

जेम्स टोबिन ने अपने "Liquidity Preference as Behaviour Towards Risk" शीर्षक प्रसिद्ध लेख में निवेश सूची चयन पर आधारित **जोखिम निवारण तरलता अधिमान सिद्धान्त** (risk aversion theory of liquidity preference) प्रस्तुत किया।

इस सिद्धान्त में उसने तरलता अधिमान (liquidity preference) के केन्जीयन सिद्धान्त के दो प्रमुख दोषों को दूर किया है। **एक,** केन्ज का तरलता अधिमान भावी ब्याज दरों की प्रत्याशाओं की बेलोच (inelasticity) पर निर्भर करता है। **दूसरा,** व्यक्ति या तो मुद्रा रखता है या फिर बांड (Bond) ही। टोबीन ने अपने सिद्धान्त में इन दोनों दोषों को दूर कर दिया है। उसका सिद्धान्त भावी ब्याज दरों की प्रत्याशाओं की बेलोच पर निर्भर नहीं करता है बल्कि यह मान्यता लेकर चलता है कि परिसम्पत्तियां (interest bearing assets) रखने से पूंजी लाभ अथवा हानि का प्रत्याशित मूल्य (expected value) हमेशा शून्य होता है। फिर यह इस बात को भी स्पष्ट करता है कि किसी व्यक्ति की निवेश सूची में मुद्रा तथा बांड (bond) दोनों ही रहते हैं, यह नहीं कि एक समय में कोई एक ही रहे।

केन्जीय सिद्धान्त की तुलना में टोबिन के सिद्धान्त की श्रेष्ठता

केन्ज के मुद्रा के तरलता अधिमान सिद्धान्त की तुलना में टोबिन का सिद्धान्त निम्न बातों में श्रेष्ठ है—

1. टोबिन का सिद्धान्त भावी ब्याज दरों की प्रत्याशाओं की बेलोच पर निर्भर नहीं करता है बल्कि यह मान्यता लेकर चलता है कि ब्याज धारक परिसम्पत्तियों (interest bearing assets) से पूंजी लाभ अथवा हानि का प्रत्याशित मूल्य हमेशा शून्य होता है। इस सम्बन्ध में टोबिन केन्ज के सिद्धान्त की अपेक्षा तार्किक रूप से अपने सिद्धान्त को तरलता अधिमान का अधिक संतोषजनक आधार मानता है।

2. यह सिद्धान्त इस बात में भी श्रेष्ठ है जोकि यह बताता है कि लोग केवल बांड या मुद्रा की बजाय बांडों तथा मुद्रा के रूप में विविध निवेश सूची रखते हैं।

3. केन्ज की भांति टोबिन भी मानता है कि मुद्रा की मांग ब्याज दरों पर गहन रूप से निर्भर हैं और ब्याज दरों से विपरीत ढंग से सम्बन्धित हैं। परन्तु टोबिन बहुत नीची ब्याज दरों पर मुद्रा की मांग की पूर्ण लोचदार तरलता जाल की चर्चा नहीं करता, और इस दृष्टि से वह केन्ज की तुलना में अधिक यथार्थवादी है।

4. टोबिन के सिद्धान्त का वास्तविक महत्त्व इस बात में नहीं है कि यह प्रत्यक्ष रूप से समस्त अर्थव्यवस्था के बारे में बताता है बल्कि इस बात में है कि यह अनिश्चितता की स्थिति रहते मुद्रा की मांग से सम्बन्धित समस्या के विषय में रोचक दृष्टिकोण प्रस्तुत करता है।

फ्रीडमैन का सिद्धान्त

फ्रीडमैन द्वारा प्रतिपादित मुद्रा के मांग सिद्धान्त को **मुद्रा का आधुनिक सिद्धान्त** (Modern Theory of Money) भी कहा जाता है। फ्रीडमैन के अनुसार मुद्रा की मांग तीन कारकों पर निर्भर करती है—*(a)* विभिन्न प्रकार की परिसम्पत्तियों के रूप में रखी गई कुल सम्पत्ति *(b)* विभिन्न प्रकार की सम्पत्ति की सम्बन्धित कीमतें या उनके सापेक्षिक प्रतिफल *(c)* सम्पत्तियों के स्वामियों की रुचियां एवं अधिमान।

फ्रीडमैन ने मुद्रा की मांग या मुद्रा शेषों की मांग को निर्धारित करने वाले दो कारकों पर बल दिया है। वे हैं : *(i)* विभिन्न प्रकार की वैकल्पिक परिसम्पत्तियों जैसे बांड व शेयरों पर ब्याज की दर

(ii) कीमत स्तरों में परिवर्तन की प्रत्याशित दर। वास्तव में ये दोनों ही कारक मुद्रा शेषों की रखने की लागत को प्रभावित करते हैं। फ्रीडमैन यह मानता है कि वास्तविक आय मुद्रा की मांग का प्रमुख निर्धारक है।

उदाहरणार्थ, वास्तविक आय में वृद्धि व उसके फलस्वरूप लेन-देन की मात्रा में वृद्धि के कारण मुद्रा की लेन-देन मांग में वृद्धि हो जाती है। दूसरा, मुद्रा एक परिसम्पत्ति है और सम्पत्ति रखने का प्रमुख विकल्प है, मुद्रा सुविधा, सुरक्षा व पूर्ण तरलता के रूप में प्रतिफल प्रदान करती है और सबसे ऊपर यह मौद्रिक प्रतिफल भी प्रदान करती है अर्थात बैंक के बचत खाते में रखी राशि पर बैंक ब्याज भी प्रदान करता है। स्वाभाविक है कि दीर्घकाल में समाज की वास्तविक आय व सम्पत्ति की वृद्धि के साथ-साथ मुद्रा की मांग भी बढ़ जाएगी। अन्य शब्दों में, **दीर्घकाल में मुद्रा की मांग की लोच इकाई (unity) से अधिक होती है।**

फ्रीडमैन ने मुद्रा के मांग फलन को निम्न प्रकार से व्यक्त किया है—

$$M = f\left(Y, P, \frac{1}{P}.\frac{dp}{dt}, r_b, r_e, w, u\right)$$

जहां M= मांगी गई मुद्रा का कुल स्टॉक

P = कीमत स्तर

$\left(\frac{1}{P}.\frac{dp}{dt}\right)$ = वस्तुओं की कीमतों में होने वाले परिवर्तन की प्रत्याशित दर

w = मानवीय सम्पत्ति से गैर मानवीय सम्पत्ति का अनुपात

u = रुचियां, अधिमानों तथा अन्य सम्बद्ध चर

r_b = बांडों पर प्रतिफल

r_e = इक्विटी पर प्रतिफल

इस मांग फलन से यह निष्कर्ष निकलता है कि विभिन्न परिसम्पत्तियों की प्रत्याशित लाभ में वृद्धि होने से सम्पत्ति धारक की मुद्रा की मांग राशि घट जाती है और सम्पत्ति में वृद्धि मुद्रा की मांग को बढ़ा देती है।

मुद्रा के परिमाण सिद्धान्त (Quantity Theory of Money)

आमतौर पर मुद्रा का मूल्य (Value of money) या कीमत स्तर स्थिर नहीं रहते बल्कि उनमें उतार-चढ़ाव आता रहता है। मुद्रा का मूल्य क्यों परिवर्तित होता है अर्थात कीमत स्तर क्यों परिवर्तित होता है? मुद्रा का परिमाण सिद्धान्त इसी प्रश्न को उत्तर देने का प्रयत्न करता है। यह सिद्धान्त मुद्रा का परिमाण सिद्धान्त इसलिए कहलाता है क्योंकि इसके द्वारा मुद्रा के मूल्य को मुद्रा के परिमाण में होने वाले परिवर्तनों के रूप में प्रकट किया जाता है।

परिमाण सिद्धान्त के दो संस्करण हैं—**पहला,** अमरीकन संस्करण या नकदी लेन-देन सिद्धान्त व **दूसरा** कैम्ब्रिज संस्करण या नकदी शेष (cash approach) सिद्धान्त।

नकदी लेन-देन सिद्धान्त (Cash Transactions Approach)

मुद्रा के नकदी लेन-देन सिद्धान्त का प्रतिपादन **फिशर** ने किया था। यह सिद्धान्त बताता है कि मुद्रा का परिमाण ही कीमत स्तर अथवा मुद्रा के मूल्य (Value of money) का मुख्य निर्धारक है। यदि मुद्रा के परिमाण (quantity) में परिवर्तन होगा तो वह ठीक उसी अनुपात में कीमत स्तर में परिवर्तन ला देगा। फिशर के शब्दों में, "**यदि अन्य चीजें स्थिर रहें तो, ज्यों-ज्यों मुद्रा संचलन (circulation of money) की मात्रा बढ़ती है त्यों-त्यों कीमत स्तर भी प्रत्यक्ष अनुपात में बढ़ता है और मुद्रा का मूल्य भी घटता जाता है और विलोमशः भी।**" यदि मुद्रा की मात्रा दुगुनी कर दी जाए तो कीमत स्तर भी दुगुना हो जाएगा और मुद्रा का मूल्य आधा रह जाएगा। दूसरी ओर यदि मुद्रा की मात्रा घटकर आधी हो जाए तो कीमत स्तर भी गिरकर आधा रह जाएगा और मुद्रा का मूल्य दुगुना हो जाएगा।

फिशर ने इस सिद्धान्त को समीकरण रूप में इस प्रकार व्यक्त किया—

$$PT = MV$$

जहां P = कीमत स्तर

M = मुद्रा की कुल मात्रा

V = मुद्रा का संचलन वेग (circulation velocity)

T = मुद्रा के विनिमय में प्राप्त वस्तुओं तथा सेवाओं की कुल राशि अथवा मुद्रा द्वारा किया गया लेन-देन।

फिशर ने V और T को दीर्घकाल तक स्थिर मान लिया। अतः उपरोक्त समीकरण से स्पष्ट है कि M में यदि कोई परिवर्तन होगा तो उसके अनुसरण में P में भी परिवर्तन होगा। फिशर ने एक वृहत समीकरण भी दिया है, जिसमें उसने मुद्रा का वर्गीकरण दो भागों में किया है—अर्थात जनता के पास नकदी की मात्रा और बैंक मुद्रा या बैंक जमाएं। उसका यह समीकरण है—

$$PT = MV + M'V' \text{ या } P = \frac{MV + M'V'}{T}$$

जहां M' बैंक जमाओं के लिए प्रयुक्त किया गया है और V'

बैंक जमाओं का संचलन वेग है।

फिशर के मुद्रा परिमाण के सिद्धान्त को रेखाचित्र के भाग A और भाग B की सहायता से स्पष्ट किया जा सकता है। रेखाचित्र का भाग A मुद्रा की मात्रा में परिवर्तनों का कीमत स्तर पर प्रभाव को स्पष्ट करता है। आरम्भ में, जब मुद्रा की मात्रा M है तो कीमत स्तर P है। जब मुद्रा की मात्रा बढ़ा कर दुगुनी अर्थात M_2 कर दी जाती है तो कीमत स्तर भी दुगुना अर्थात P_2 हो जाता है। फिर जब मुद्रा की मात्रा बढ़ाकर चार गुना अर्थात M_4 कर दी जाती है तो कीमत स्तर भी बढ़कर चार गुना अर्थात P_4 हो जाता है। इस सम्बन्ध को वक्र $P = f(M)$ [मूल बिन्दु से 45° कोण] द्वारा व्यक्त किया जाता है।

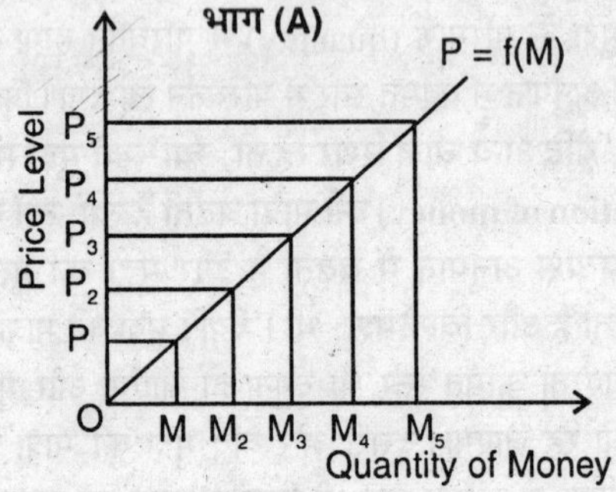

रेखाचित्र : *मुद्रा की मात्रा और कीमत में सम्बन्ध*

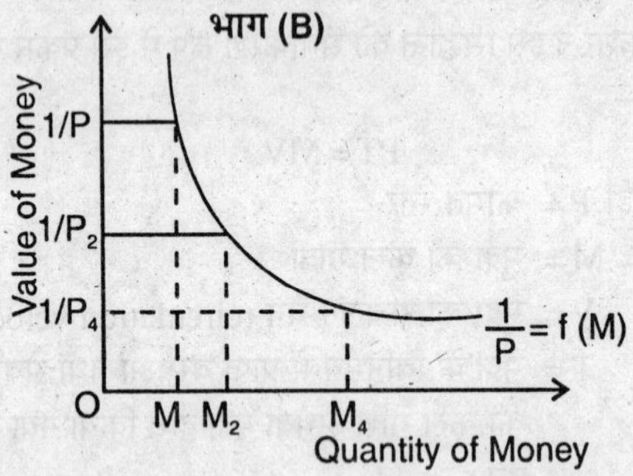

रेखाचित्र : *मुद्रा की मात्रा और मुद्रा के मूल्य में सम्बन्ध*

रेखाचित्र के भाग B में मुद्रा की मात्रा तथा मुद्रा के मूल्य के बीच विपरीत सम्बन्ध को दर्शाया गया है। जब मुद्रा की मात्रा M है तो मुद्रा का मूल्य 1/P है। जब मुद्रा की मात्रा बढ़ा कर दुगुनी अर्थात P_2 कर दी जाती है तो मुद्रा का मूल्य पहले से आधा अर्थात $1/P_2$ रह जाता है और जब मुद्रा की मात्रा बढ़कर चार गुना अर्थात M_4 हो जाती है तो मुद्रा का मूल्य घटकर चौथाई अर्थात $1/P_4$ हो जाता है। मुद्रा की मात्रा और मुद्रा के मूल्य के बीच इस विलोम सम्बन्ध को नीचे की ओर ढलवां वक्र $1/P = f(M)$ द्वारा दिखाया गया है।

सिद्धान्त की मान्यताएं (Assumptions of the Theory)

फिशर का सिद्धान्त निम्नलिखित पूर्व-मान्यताओं पर आधारित है—

1. V और T को स्वतन्त्र माना गया है अर्थात वे मुद्रा के परिमाण (M) या मूल्य स्तर (P) में होने वाले परिवर्तनों से प्रभावित नहीं होते।

2. P एक निष्क्रिय तत्त्व है जो अन्य साधनों से प्रभावित होता है।

3. V और T दीर्घकाल तक स्थिर रहते हैं।

4. यह सिद्धान्त इस पूर्णधारणा पर आधारित है कि अर्थव्यवस्था में पूर्ण रोजगार विद्यमान है।

परिमाण सिद्धान्त का नकदी-शेष कैम्ब्रिज संस्करण (Cash Balances Version of Quantity Theory)

बीसवीं सदी में कुछ अंग्रेज अर्थशास्त्रियों ने, मार्शल के नेतृत्व में परिमाण सिद्धान्त का थोड़ा भिन्न संस्करण लोकप्रिय बनाया। इन अर्थशास्त्रियों में विशेषकर पीगू, रॉबर्टसन और कीन्स, कैम्ब्रिज विश्वविद्यालय से सम्बन्धित थे। अतएव इस सिद्धान्त को कैम्ब्रिज सिद्धान्त या नकदी-शेष (Cash balance) भी कहते हैं।

कैम्ब्रिज सिद्धान्त के अनुसार मुद्रा का मूल्य (या मूल्य स्तर) मुद्रा की मांग पर निर्भर करता है। पर मुद्रा की मांग लेन-देन उद्देश्य के लिए नहीं की जाती बल्कि मूल्य के संचय (Store of value) के उद्देश्य से की जाती है। जब मुद्रा की मांग बढ़ेगी तो लोग वस्तुओं तथा सेवाओं पर अपने खर्च घटा देंगे ताकि उनके पास अधिक मात्रा में नकदी रहे। इससे वस्तुओं तथा सेवाओं की मांग घट जाएगी परिणाम स्वरूप कीमत स्तर गिर जाएगा जिससे मुद्रा का मूल्य बढ़ जाएगा। दूसरी ओर, मुद्रा की मांग गिरने से कीमत स्तर बढ़ेगा और मुद्रा का मूल्य कम हो जाएगा।

मार्शल का समीकरण

मार्शल का समीकरण है—

$$M = PKY$$

जहां M लोगों के पास मुद्रा के परिमाण को, P कीमत स्तर को, Y वास्तविक आय (real income) तथा K वास्तविक आय का वह अंश जिसे लोग नकदी के रूप में रखना चाहते हैं को व्यक्त करता है।

इस समीकरण से स्पष्ट है कि मुद्रा का मूल्य (अर्थात कीमत) नकदी के रूप में रखे जाने वाले द्रव्य की मांग पर निर्भर होता है।

पीगू का समीकरण (Pigou's Equation)

पीगू ने नकदी शेष सिद्धान्त को समीकरण के रूप में निम्न प्रकार से व्यक्त किया है—

$$P = \frac{KR}{M}$$

जहां P = मुद्रा की क्रय शक्ति अथवा मुद्रा का मूल्य

K = राष्ट्रीय आय का अंश, जिसे जनता नकदी के रूप में रखना चाहती है।

R = राष्ट्रीय आय या समाज के समस्त साधन (resources)

M = वैध मुद्रा की वास्तविक मात्रा।

पीगू के अनुसार मुद्रा की मांग के अन्तर्गत केवल वैध मुद्रा अथवा नकदी ही नहीं आती बल्कि बैंक नोट तथा बैंक शेष भी आते हैं। बैंक नोटों तथा बैंक शेषों को मुद्रा की मांग में सम्मिलित करने के लिए पीगू ने अपने समीकरण का संशोधित रूप इस प्रकार प्रस्तुत किया—

$$P = \frac{KR}{M}\{c + h(1-c)\}$$

जहां c लोगों द्वारा वैध मुद्रा एवं प्रतीक सिक्कों के रूप में वास्तव में रखी गई कुल वास्तविक आय का अनुपात है, $(1-c)$, बैंक नोटों तथा बैंक शेषों का अनुपात है, और h वास्तविक वैध मुद्रा का वह अनुपात है जिसे बैंकर अपने ग्राहकों द्वारा धारित नोटों तथा शेषों के मुकाबले रखते हैं।

पीगू के अनुसार जब समीकरण P = KR/M में K तथा R को स्थिर मान लिया जाता है तो यह समीकरण **आयताकार अधीन्द्र** (rectangular hyperbola) के रूप में वैध मुद्रा का मांग वक्र प्रदान करता है। इसका मतलब है कि मुद्रा की मांग वक्र का लोच एक के बराबर होता है।

राबर्टसन का समीकरण (Robertson's Equation)

राबर्टसन का समीकरण पीगू के समीकरण से मिलता जुलता है। दोनों के समीकरणों में केवल इतना अन्तर है कि पीगू के कुल वास्तविक संसाधन R के स्थान पर राबर्टसन ने वस्तुओं तथा सेवाओं के कुल सौदों का परिमाण T लिया। राबर्टसन का समीकरण है—

$$M = PKT \quad \text{या} \quad P = \frac{M}{KT}$$

जहां P = कीमत स्तर।

M = मुद्रा की कुल मात्रा।

T = वस्तुओं तथा सेवाओं की कुल राशि

K = (T) का अंश जिसे लोग नकदी शेष के रूप में अपने पास रखना चाहते हैं।

कीन्स का समीकरण (Keyne's Equation)

दूसरी ओर कीन्स ने **वास्तविक शेष मात्रा समीकरण** (Real Balances Quantity Equation) का प्रतिपादन किया, जो केवल उपभोक्ता वस्तुओं के सन्दर्भ में है। कीन्स के अनुसार व्यक्ति अपने पास नकदी केवल उपभोक्ता वस्तुओं या सेवाओं को खरीदने के लिए रखते हैं। कीन्स का समीकरण है—

$$n = PK$$

जहां n आम जनता के पास नकदी को, P = उपभोक्ता वस्तु की कीमत तथा K उपभोक्ता वस्तु का वह अनुपात है जिसके लिए जनता नकदी n रखती है।

यदि K स्थिरांक हो तो n में अनुपाती वृद्धि होने से P (कीमत स्तर) में अनुपाती वृद्धि होगी।

नकदी शेष सिद्धान्त तथा लेन-देन सिद्धान्त में समानता

मुद्रा के परिमाण सिद्धान्त के विषय में फिशर के लेन-देन दृष्टिकोण तथा कैम्ब्रिजीय नकदी शेष दृष्टिकोण का थोड़ा बारीकी से विश्लेषण किया जाए तो स्पष्ट होगा कि दोनों सिद्धान्त प्रायः एक से ही हैं। **प्रथमतः,** दोनों ही बताते हैं कि मूल्य स्तर मुद्रा की मात्रा पर निर्भर है। **दूसरा,** फिशर समीकरण का V और कैम्ब्रिज समीकरण का K दोनों ही एक दूसरे के व्युत्क्रम (reciprocals) हैं अर्थात $V = \frac{1}{K}$।

लेन-देन तथा नकदी शेष सिद्धान्त में तुलना

दोनों सिद्धान्तों में निम्न अन्तर है—

1. दोनों सिद्धान्त मुद्रा की मांग के बारे में विभिन्न विचारों को प्रयोग में लाते हैं। **लेन-देन सिद्धान्त** (transactions approach) में मुद्रा की मांग वस्तुओं के विनिमय के लिए की जाती है, जबकि **नकदी शेष सिद्धान्त** (cash balance approach) में मुद्रा की मांग **'मूल्य संचय'** (store of value) के लिए की जाती है।

2. लेन-देन सिद्धान्त में मुद्रा परिचलित होती है जबकि नकदी शेष सिद्धान्त में यह केवल निष्क्रिय शेषों के रूप में रखी जाती है अर्थात मूल्य के संग्रह का कार्य करती है। फलस्वरूप लेन-देन सिद्धान्त में मुद्रा के संचलन वेग (V) पर अधिक बल दिया जाता है। जबकि नकदी शेष सिद्धान्त में संचलन वेग की संकल्पनाओं को एकदम रद्द कर दिया गया है।

3. लेन-देन सिद्धान्त दीर्घावधि से सम्बन्ध रखता है जबकि नकदी शेष सिद्धान्त अल्पावधि से संबंधित है।

4. नकदी शेष समीकरण में अन्तिम वस्तुओं से सम्बन्धित लेन-देन ही शामिल होता है जबकि लेन-देन समीकरण में सभी प्रकार के लेन-देन शामिल होता है। जिससे लेन-देन सिद्धान्त में वास्तविक कीमत-स्तर निर्धारित करने में कठिनाइयां उत्पन्न होती हैं।

केन्ज का मुद्रा एवं कीमत का सिद्धान्त (Keynesian theory of money and prices)

केन्ज, क्लासीकल अर्थशास्त्रियों के इस बात से सहमत नहीं है कि मुद्रा के परिमाण तथा कीमतों में प्रत्यक्ष एवं समानुपाती सम्बन्ध है। उसका कहना है कि कीमतों पर मुद्रा के परिमाण में परिवर्तन का प्रभाव **अप्रत्यक्ष एवं अननुपातिक** (non-proportional) होता है। इसी सन्दर्भ में केन्ज द्वारा **पुन: व्यवस्थापित मुद्रा का परिमाण सिद्धान्त** (Keynes's Reformulated Quantity theory of money) प्रस्तुत किया गया है। केन्ज द्वारा प्रस्तुत यह सिद्धान्त निम्नलिखित मान्यताओं पर आधारित है—

1. जब तक अर्थव्यवस्था में बेरोजगारी रहती है तब तक उत्पादन के सभी साधनों की पूर्ति पूर्ण लोचदार होती है।

2. उत्पादन के सभी साधन समरूप, पूर्णतया विभाज्य एवं परस्पर परिवर्तनशील होते हैं।

3. पैमाने के प्रतिफल स्थिर होते हैं जिसके परिणाम स्वरूप उत्पादन बढ़ने पर कीमतें नहीं बढ़ती या घटती।

4. जब तक कोई भी बेकार संसाधन रहते हैं तब तक प्रभावी मांग तथा मुद्रा का परिमाण उसी पैमाने के अनुपात में बढ़ता है।

उपरोक्त मान्यताओं के दिए हुए होने पर मुद्रा के परिमाण में तथा कीमतों में होने वाले परिवर्तनों के बीच कार्यकरण की केन्जीयन शृंखला **ब्याज दर के माध्यम** से अप्रत्यक्ष होती है। इसलिए जब मुद्रा का परिमाण बढ़ता है और यदि तरलता अधिमान स्थिर रहता है तो ब्याज दर गिरने लगते हैं। पूंजी की सीमान्त उत्पादकता स्थिर होने पर, ब्याज की दर गिरने से निवेश की मात्रा बढ़ेगी। बढ़े हुए निवेश के कारण गुणक प्रभाव के माध्यम से प्रभावी मांग बढ़ेगी जिसके परिणामस्वरूप आय, उत्पादन और रोजगार बढ़ेंगे। चूंकि बेरोजगारी की स्थिति में उत्पादन के साधनों का पूर्ति वक्र पूर्ण लोचदार होता है इसलिए मजदूरी तथा गैर-मजदूरी साधन स्थिर पारिश्रमिक दर पर उपलब्ध होते हैं। क्योंकि पैमाने के प्रतिफल स्थिर होते हैं इसलिए जब तक थोड़ी सी बेरोजगारी भी रहती है तब तक उत्पादन में वृद्धि होने पर कीमतें नहीं बढ़ेंगी। इन परिस्थितियों में उत्पादन और रोजगार उसी अनुपात मे बढेंगे जिस अनुपात में प्रभावी मांग बढ़ती है और जिस अनुपात में मुद्रा का परिमाण बढ़ेगा उसी अनुपात में प्रभावी मांग बढ़ेगी। लेकिन जब एक बार अर्थव्यवस्था में पूर्ण रोजगार की स्थिति आ जाती है तो मुद्रा की पूर्ति में परिवर्तन होने पर उत्पादन में बिल्कुल कोई परिवर्तन नहीं होता। परिणाम स्वरूप कीमतें भी उसी अनुपात में बढ़ने लगती हैं। इस प्रकार केन्ज का पुन: व्यवस्थापित मुद्रा का परिमाण सिद्धान्त कहता है कि अर्थव्यवस्था में जब तक बेरोजगारी रहेगी तब तक जिस अनुपात में मुद्रा का परिमाण बढ़ेगा उसी अनुपात में उत्पादन बढ़ेगा और कीमतों में कोई परिवर्तन नहीं होगा। लेकिन एक बार जब अर्थव्यवस्था में पूर्ण रोजगार की स्थिति आ जाएगी तो जिस अनुपात में मुद्रा के परिमाण में परिवर्तन होगा उसी अनुपात में कीमतों में भी परिवर्तन होगा। इस प्रकार यह सिद्धान्त इस बात पर बल देता है कि मुद्रा के परिमाण में वृद्धि होने पर कीमतें तभी बढ़ती हैं जब पूर्ण रोजगार की स्थिति आ जाती है, उससे पहले नहीं।

इस पुन: व्यवस्थापित मुद्रा के परिणाम सिद्धान्त को रेखाचित्र के भाग A तथा भाग B में दिखाया गया है। जहां **OTC** तो मुद्रा के परिमाण से सम्बन्धित उत्पादन वक्र है और **PRC** मुद्रा के परिमाण से सम्बन्धित कीमत वक्र है। रेखाचित्र का भाग (A) बताता है कि जब मुद्रा का परिमाण O से बढ़कर M पर चला जाता है तो OTC वक्र के OT भाग पर उत्पादन का स्तर भी बढ़ जाता है। जब मुद्रा का परिमाण OM स्तर पर पहुंच जाता है तो पूर्ण रोजगार की स्थिति (OQ_F) आ जाती है। अत: T बिन्दु के बाद उत्पादन वक्र अनुलम्ब हो जाता है, क्योंकि मुद्रा के परिमाण में होने वाली और वृद्धि, उत्पादन को पूर्ण रोजगार स्तर OQ_F से आगे नहीं बढ़ा सकती।

भाग-A भाग-B

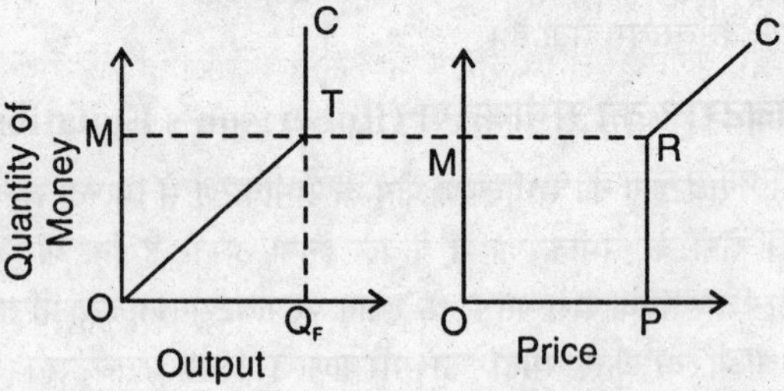

रेखाचित्र का भाग (B) मुद्रा के परिमाण और कीमतों के बीच सम्बन्ध को व्यक्त करता है। जब तक बेरोजगारी रहेगी, कीमतें स्थिर रहेंगी चाहे मुद्रा के परिमाण में कितनी ही वृद्धि क्यों न हो। कीमतें तभी बढ़ने लगती हैं जब पूर्ण रोजगार का स्तर आ जाता है। रेखाचित्र में उत्पादन के पूर्ण रोजगार स्तर OQ_F के अनुरूप मुद्रा के OM परिमाण पर कीमत स्तर OP स्थिर रहता है। परन्तु मुद्रा के

परिमाण में OM से आगे होने वाली वृद्धि से कीमतें उसी अनुपात में बढ़ती हैं जिस अनुपात में मुद्रा का परिमाण बढ़ता है। इसे कीमत वक्र PRC के RC भाग द्वारा दिखाया गया है।

मुद्रा परिमाण के क्लासीकल सिद्धान्त की तुलना में केन्जीय सिद्धान्त की श्रेष्ठता (Superiority of the Keynesian theory over the classical quantity theory of money)

मुद्रा के परिमाण के क्लासीकल सिद्धान्त की तुलना में केन्ज का मुद्रा एवं कीमत सिद्धान्त अधिक श्रेष्ठ है जिसके निम्नलिखित कारण हैं—

1. केन्ज का सिद्धान्त इसलिए श्रेष्ठ है कि वह इस क्लासीकल मत का खण्डन करता है कि मुद्रा के परिमाण तथा कीमतों के बीच प्रत्यक्ष एवं समानुपातिक सम्बन्ध स्थापित करता है। इसकी बजाय वह मुद्रा के परिमाण तथा कीमतों के बीच अप्रत्यक्ष तथा अननुपातिक सम्बन्ध स्थापित करता है।

2. केन्ज के सिद्धान्त की श्रेष्ठता इस बात में भी है कि उसने मुद्रा के सिद्धान्त को मूल्य सिद्धान्त से एकीकृत कर दिया है। मूल्य सिद्धान्त यह बताता है कि किसी भी वस्तु का मूल्य मांग व पूर्ति की शक्तियों द्वारा निर्धारित होता है। सामान्य कीमत स्तर उत्पादन लागत के स्तर, पूर्ति की लोच तथा रोजगार के स्तर पर निर्भर होता है। अत: केन्ज ने अपने उत्पादन रोजगार के सिद्धान्त के द्वारा सफलतापूर्वक सामान्य मूल्य सिद्धान्त व मुद्रा सिद्धान्त का एकीकरण कर दिया है। वह बताता है कि मुद्रा के परिमाण में परिवर्तन एक प्रतिक्रिया के क्रम को उत्पन्न कर देती है जो ब्याज दर, प्रभावी मांग की मात्रा, उत्पादन व रोजगार के स्तर व उत्पादन लागतों के जरिए सामान्य कीमत स्तर को प्रभावित करता है।

3. क्लासीकल विश्लेषण के मुकाबले केन्जीयन विश्लेषण इस मायने में भी श्रेष्ठ है कि यह बेरोजगारी तथा पूर्ण रोजगार दोनों स्थितियों में मुद्रा के परिमाण और कीमतों के सम्बन्ध का अध्ययन करता है।

4. क्लासीकल सिद्धान्त की अपेक्षा केन्जीयन सिद्धान्त इसलिए भी श्रेष्ठ है कि यह महत्त्वपूर्ण नीति संकेतों पर बल देता है। क्लासीकल सिद्धान्त मानता है कि मुद्रा के परिमाण में होने वाली प्रत्येक वृद्धि से स्फीति आती है। दूसरी ओर, केन्ज कहता है कि जब तक बेरोजगारी रहती है तब तक कीमतों में बहुत धीरे-धीरे वृद्धि होती है और स्फीति का कोई खतरा नहीं होता। मुद्रा के परिमाण में होने वाली प्रत्येक वृद्धि के साथ कीमतों में होने वाली वृद्धि केवल तभी स्फीतिकारी होती है जब अर्थ व्यवस्था पूर्ण रोजगार स्तर पर पहुंच जाती है।

पेटिनकिन द्वारा किया गया मुद्रा तथा मूल्य सिद्धान्त का एकीकरण : वास्तविक शेष प्रभाव (Patinkin's integration of monetary and value theory : The Real Balance Effect)

पेटिनकिन ने नव क्लासीकल अर्थशास्त्रियों की इस बात को लेकर आलोचना की है कि उन्होंने वस्तु बाजार एवं मुद्रा बाजार का द्वि-विभाजन कर दिया है। द्वि-विभाजन (dichotomisation) का अर्थ है कि सापेक्ष कीमत स्तर (relative price) को वस्तुओं की मांग तथा पूर्ति निर्धारित करती है और **निरपेक्ष कीमत** स्तर को मुद्रा की मांग तथा पूर्ति निर्धारित करती है। नव क्लासीकल सिद्धान्त की द्वि-विभाजन की मान्यता का खण्डन करते हुए पेटिनकिन ने अर्थव्यवस्था के मुद्रा बाजार तथा वस्तु बाजार का एकीकरण किया है। उसने वास्तविक शेष प्रभाव (real balance effect) के माध्यम से दोनों बाजारों का समाधान किया है। **वास्तविक शेषों का अर्थ है–लोगों के नकदी धारणों के स्टॉक की वास्तविक क्रय शक्ति।**

जब कीमत स्तर बदलता है तो वह लोगों के नकदी धारणों की क्रय शक्ति को प्रभावित करता है जो कि आगे वस्तुओं की मांग और पूर्ति को प्रभावित करती है। यही **वास्तविक शेष प्रभाव** है। पेटिनकिन इस प्रभाव के माध्यम से द्वि-विभाजन को नकारता है। इसके लिए, पेटिनकिन किसी समुदाय द्वारा धारित वास्तविक शेषों के स्टॉक (M/P) को उसकी वस्तुओं के लिए मांग पर प्रभाव के रूप में प्रस्तुत करता है। इस प्रकार किसी वस्तु के लिए मांग, वास्तविक शेष तथा सापेक्ष कीमतों पर निर्भर करता है। अब यदि कीमत स्तर बढ़ेगा तो इससे लोगों का वास्तविक शेष (क्रय शक्ति) कम हो जाएगा और वे पहले से कम खर्च करेंगे। इसका मतलब है कि वस्तुओं की मांग कम हो जाएगी और परिणामत: कीमत स्तर गिर जाएगा। इसके विपरीत कीमत स्तर गिरने से वास्तविक शेष बढ़ जाएंगे जिसके परिणामस्वरूप वस्तुओं की कीमतें एवं कीमत स्तर बढ़ेंगे। पेटिनकिन के शब्दों में ''यही महत्त्वपूर्ण बात है निरपेक्ष कीमत स्तर का अपने सन्तुलन मूल्य की ओर प्रावैगिक समूहन-वास्तविक शेष प्रभाव के माध्यम से-वस्तु बाजारों को और निष्कर्षत: सापेक्ष कीमतों को प्रभावित करेगा।'' इस प्रकार निरपेक्ष कीमतें न केवल मुद्रा बाजार में बल्कि अर्थव्यवस्था के वास्तविक क्षेत्र में भी महत्त्वपूर्ण कार्य करती हैं।

ब्याज दर का सिद्धान्त
(Theory of Interest Rate)

ब्याज का क्लासीकल सिद्धान्त (Classical Theory of Interest)

ब्याज के बारे में सबसे पहले सिद्धान्त को क्लासीकल अथवा वास्तविक सिद्धान्त कहते हैं। इसे वास्तविक सिद्धान्त इसलिए कहते हैं क्योंकि यह वास्तविक कारकों जैसे कि पूंजी की उत्पादकता (Productivity of capital), बचत की प्रवृत्ति आदि पर आधारित है। क्लासीकल सिद्धान्त के अन्तर्गत हम दो बातों की व्याख्या करेंगे, **प्रथम,** यह कि ब्याज दर उत्पन्न क्यों होती है। **दूसरा,** यह कि इसके अनुसार ब्याज की दर का निर्धारण किस प्रकार होता है।

ब्याज क्यों उत्पन्न होता है? (Why does rate of interest arise)

ब्याज क्यों उत्पन्न होता है, के बारे में विभिन्न क्लासीकल अर्थशास्त्रियों का अलग-अलग मत हैं। इसके बारे में कई सिद्धान्त प्रस्तुत किए गए जिनका विवेचन हम आगे कर रहे हैं।

उपभोग स्थगन तथा प्रतीक्षा सिद्धान्त (Abstinence and Waiting Theory)—उपभोग स्थगन का सिद्धान्त प्रसिद्ध अर्थशास्त्री **सीनियर** (Senior) ने प्रतिपादित किया। उनके विचार में बचत करने में व्यक्ति कुछ त्याग करता है और यह त्याग है उपभोग का स्थगन। व्यक्ति को उपभोग का स्थगन करने को प्रेरित करने के लिए कुछ पुरस्कार मिलना चाहिए और यह पुरस्कार ब्याज ही है। अत: इस सिद्धान्त के अनुसार ब्याज उपभोग के स्थगन का पुरस्कार है।

ब्याज का बट्टा सिद्धान्त (Agio Theory)—यह सिद्धान्त आस्ट्रियन अर्थशास्त्री **बॉम बावर्क** (Bohm Bawerk) ने प्रस्तुत किया। उसके अनुसार ब्याज इसलिए उत्पन्न होता है क्योंकि मानव भावी उपभोग की अपेक्षा वर्तमान उपभोग को अधिक पसन्द करता है। मनुष्य अपनी भावी आवश्यकताओं को वर्तमान आवश्यकताओं की तुलना में कम महत्त्व देते हैं। ब्याज वह प्रलोभन है जो मनुष्य को अपने वर्तमान उपभोग को भविष्य के किसी समय तक स्थगित करने के लिए दिया जाता है।

फिशर का समय अधिमान्यता सिद्धान्त (Time Preference Theory of Fisher)—इस सिद्धान्त को **इर्विन फिशर** ने प्रस्तुत किया। ब्याज क्यों दिया जाता है कि व्याख्या फिशर समय अधिमान्यता (time preference) द्वारा करता है।

क्लासीकल सिद्धान्त के अनुसार ब्याज का निर्धारण (Determination of Rate of Interest according to Classical Theory)

क्लासीकल सिद्धान्त के अनुसार ब्याज दर निवेश के लिए बचत की मांग तथा बचत की पूर्ति द्वारा निर्धारित होती है। बाजार में ब्याज की वह दर निर्धारित होगी जिस पर कि बचत की मांग (demand for saving) और बचत की पूर्ति (supply of saving) सन्तुलन में है।

निवेश के लिए मांग (Demand for Investment)—पूंजी की मांग निवेशकों द्वारा की जाती है। निवेशकों द्वारा पूंजी की मांग इसलिए की जाती है क्योंकि पूंजी उत्पादक होती है। पूंजी की मांग, ब्याज दर पर निर्भर करती है। ब्याज की ऊंची दर पर पूंजी की मांग कम और ब्याज की नीची दर पर पूंजी की मांग अधिक होती है। इस प्रकार दोनों के बीच विलोम (inverse) का सम्बन्ध होता है और पूंजी का मांग वक्र अथवा निवेश के लिए बचतों का मांग वक्र बायें से दायें नीचे की ओर ढलवा होता है।

बचतों की पूर्ति (Supply of Saving)—निवेश के लिए पूंजी की पूर्ति बचत पर निर्भर करती है। बचत की दर ब्याज पर निर्भर करती है। कम ब्याज की दर पर कम मात्रा में बचत की पूर्ति होगी और ऊंची ब्याज की दर पर अधिक मात्रा में बचत की पूर्ति होगी। अत: बचत पूर्ति वक्र अथवा पूंजी पूर्ति वक्र बायें से दायें ऊपर की ओर चढ़ता हुआ होता है।

मांग और पूर्ति का सन्तुलन—अब हम इस बात की चर्चा करेंगे कि मांग और पूर्ति की शक्तियों की परस्पर क्रिया से ब्याज की दर कैसे निर्धारित होगी। ब्याज की दर उस स्तर पर निर्धारित होगी जिस पर निवेश के लिए बचतों की मांग और बचतों की पूर्ति एक दूसरे के बराबर होंगी। रेखाचित्र में I, I निवेश मांग वक्र (Investment Demand Curve) है और S, S बचतों का पूर्ति वक्र (supply curve of saving) है। दोनों वक्र एक दूसरे को E बिन्दु पर काटते हैं जहां पर संतुलित ब्याज की दर *Or* है। इस

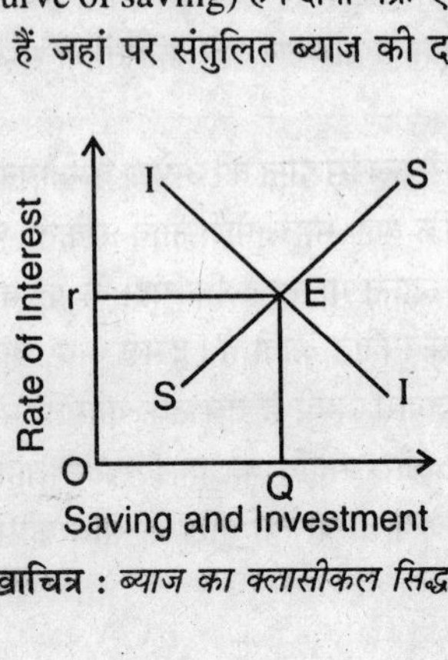

रेखाचित्र : *ब्याज का क्लासीकल सिद्धान्त*

संतुलित ब्याज दर *Or* पर निवेश के लिए बचत की मांग और बचत की पूर्ति दोनों OQ मात्रा के बराबर हैं।

यदि ब्याज की दर *Or* से अधिक होगी तो इस पर बचत की पूर्ति बचतों की मांग की अपेक्षा अधिक होगी। इसका परिणाम यह होगा कि बचत करने वालों में प्रतियोगिता के फलस्वरूप ब्याज की दर घट कर *Or* पर आ जाएगी। यदि ब्याज की दर *Or* से कम हो तो बचतों की मांग बचतों की पूर्ति की अपेक्षा अधिक हो जाएगी जिससे बचत की मांग करने वालों में परस्पर प्रतियोगिता के कारण ब्याज की दर बढ़कर पुन: *Or* हो जाएगी।

आलोचना— क्लासीकल अर्थशास्त्रियों द्वारा प्रस्तुत किए गए ब्याज के **वास्तविक सिद्धान्त** की कड़ी आलोचना की गई है।

1. इस सिद्धान्त का बड़ा दोष यह है कि यह आय के स्तर को दिया (constant) हुआ मान लेता है।

2. इस सिद्धान्त में ब्याज की दर के निर्धारक बचत की मांग और पूर्ति वक्र दोनों एक दूसरे से स्वतंत्र माने गए हैं। लेकिन केन्ज के अनुसार दोनों वक्र एक-दूसरे से स्वतन्त्र नहीं होते।

3. यह अनिश्चित सिद्धान्त (indeterminate theory) है क्योंकि बचतें आय के स्तर पर निर्भर करती हैं। इसलिए ब्याज की दर तब तक ज्ञात नहीं हो सकती जब तक कि आय का स्तर पहले से ज्ञात न हो और ब्याज की दर को पहले से जाने बिना स्वयं आय स्तर का ज्ञान नहीं हो सकता। इसी कारण केन्ज ने ब्याज के क्लासीकल सिद्धान्त को अनिश्चित बताया है।

4. यह सिद्धान्त पूर्ण रोजगार की अवास्तविक मान्यता पर आधारित है।

5. क्लासीकल सिद्धान्त ब्याज दर के निर्धारिण में मौद्रिक तत्त्वों की बिल्कुल उपेक्षा करता है।

ऋण योग्य निधि सिद्धान्त अथवा नव-क्लासीकल सिद्धान्त (Loanable funds theory of Interest or Neo-classical theory)

नव-क्लासीकल या ऋण योग्य निधि सिद्धान्त ऋण योग्य निधियों या साख की मांग और पूर्ति के रूप में ब्याज निर्धारण की व्याख्या करता है। इस सिद्धान्त को विकसित करने वाले अर्थशास्त्रियों में प्रमुख अर्थशास्त्री **विकसेल, बर्टिल ओहलिन, राबर्टसन, लिंडहल, वाइनर** आदि हैं। इस सिद्धान्त के अनुसार वास्तविक शक्तियां (real forces) जैसे कि बचत करने की भावना, प्रतीक्षा, समय अधिमान्यता (time preferences) तथा पूंजी की उत्पादकता ही केवल ब्याज दर को निर्धारित नहीं करते बल्कि मुद्रा का संचय तथा असंचय करना (hoarding and dishoarding of money), बैंकों द्वारा मुद्रा का सृजन, उपभोग के लिए मुद्रा-ऋण की मांग भी ब्याज दर के निर्धारण में भाग लेते हैं। इस प्रकार **ऋण-योग्य निधि के सिद्धान्त के समर्थकों ने ब्याज का निर्धारण मौद्रिक (monetary) तथा गैर-मौद्रिक (non-monetary) दोनों प्रकार की शक्तियों द्वारा होना माना है**। अतएव ऋण योग्य राशियों का सिद्धान्त वास्तव में ब्याज का मौद्रिक सिद्धान्त है यद्यपि यह केवल अपूर्ण रूप से ही मौद्रिक है क्योंकि इसमें ब्याज दर के निर्धारण में बचत तथा पूंजी की उत्पादकता जैसी वास्तविक शक्तियों के महत्त्व को भी स्वीकार किया गया है। इस सिद्धान्त के अनुसार ब्याज दर ऋण योग्य राशियों की मांग तथा उनकी पूर्ति द्वारा निर्धारित होती है।

ऋण योग्य निधियों की मांग (Demand for Loanable Funds)—ऋण योग्य निधियों के लिए मांग के प्रमुख रूप से तीन स्रोत हैं : सरकार, व्यापारी और उपभोक्ता, जिन्हें निवेश, संग्रह (hoarding) और उपभोग के लिए उनकी जरूरत होती है। **सरकार** सार्वजनिक निर्माण कार्यों के लिए या युद्ध की तैयारियों के लिए निधियां उधार लेती है। **व्यापारी** पूंजी वस्तुओं को खरीदने और निवेश प्रोजेक्ट प्रारम्भ करने के लिए उधार लेते हैं। इस प्रकार के उधार **ब्याज लोच** (interest elastic) होते हैं। **उपभोक्ताओं** की ओर से ऋण योग्य निधियों की मांग स्कूटर, मकान आदि जैसी टिकाऊ उपभोक्ता वस्तुओं को खरीदने के लिए होती है। व्यक्तिगत ऋण भी **ब्याज लोच** होते हैं। ब्याज की ऊंची दर की अपेक्षा नीची दर पर उधार लेने की प्रवृत्ति अधिक होती है। उपभोग के लिए ऋण की मांग (जिसे dissavings भी कहते हैं) का वक्र बायें से दायें नीचे की ओर झुका हुआ होता है जिसे रेखाचित्र में D_s वक्र द्वारा दिखाया गया है। सरकार और व्यापारी दोनों के लिए निवेश निधियों की मांग वक्र को I से दिखाया गया है। इसका ढाल नीचे की ओर है जो यह प्रकट करता है कि ब्याज की ऊंची दर पर कम और नीची दर पर अधिक निधियां उधार ली जाती हैं। अन्त में, नकदी या तरल रूप में संग्रह करने के लिए भी निधियों की मांग की जाती है। वे भी ब्याज लोच होते हैं और उन्हें H (hoarding) वक्र के रूप में रेखाचित्र में दर्शाया गया है। इन I, D_s तथा H का **पार्श्व योग** (lateral summation) हमें ऋण-योग्य निधियों का कुल मांग वक्र DL देता है।

ऋण-योग्य निधियों की पूर्ति (Supply of Loanable Funds)—ऋण-योग्य निधियों की पूर्ति बचतों, विसंग्रह (dis-hoarding) तथा बैंक उधार (bank credit) से होती है। बचत के प्रमुख स्रोत व्यक्तिगत और फर्मों की बचतें होती हैं। यद्यपि व्यक्तिगत बचतें आय स्तर पर निर्भर करती हैं, फिर भी, आय के स्तर को दिया हुआ मान लेने पर वे **ब्याज लोच** मानी जाती हैं। फर्मों की

बचतें फर्मों के अवितरित लाभ हैं। फर्मों की बचत भी ब्याज की दर पर निर्भर करती हैं। ऊंची ब्याज दर पर फर्म मार्किट से ऋण लेने के बजाय अपनी बचत में वृद्धि करेगी। व्यक्तिगत बचतों (personal savings) और फर्मों की बचत को जोड़कर हमें कुल बचत वक्र S प्राप्त होता है। ऋण योग्य निधियों की पूर्ति का दूसरा स्रोत है–विसंग्रह (dishoarding)। ऐसी निधियां ब्याज की दर से सीधा सम्बन्ध रखती हैं। ब्याज की दर जितनी अधिक ऊंची होगी विसंग्रह से उतनी ही अधिक निधियां बाहर आएंगी और विलोमश: भी। इसलिए विसंग्रह का वक्र बायें से दायें ऊपर को चढ़ता हुआ होता है। रेखाचित्र में D_H विसंग्रह का वक्र है। अन्तिम, ऋण योग्य निधियों की पूर्ति का एक महत्त्वपूर्ण स्रोत **बैंक साख** (bank credit) है। बैंक साख की पूर्ति भी ब्याज की दर पर निर्भर होती है। साधारणतया बैंक ऊंची ब्याज की दर पर अधिक मात्रा में ऋण देने को प्रेरित होते हैं। इसलिए बैंक साख की पूर्ति का वक्र भी बाएं से दाएं ऊपर को चढ़ता है। रेखाचित्र में बैंक साख वक्र को B_M से दिखाया गया है। यदि इन S, D_H तथा B_M वक्रों का **पार्श्व योग** कर दिया जाए तो हमें ऋण योग्य निधियों की कुल पूर्ति वक्र S_L प्राप्त होता है।

मांग और पूर्ति में सन्तुलन—हमने ऊपर ऋण योग्य राशियों की मांग (demand for loanable funds) और उनकी पूर्ति (supply of loanable funds) के पक्षों की व्याख्या की है। इन मांग और पूर्ति की शक्तियों के सन्तुलन द्वारा ब्याज की दर निर्धारित होती है। ब्याज की दर उस स्तर पर संतुलन में होगी जहां ऋण योग्य निधियों की मांग की मात्रा व उनकी पूर्ति की मात्रा बराबर होगी।

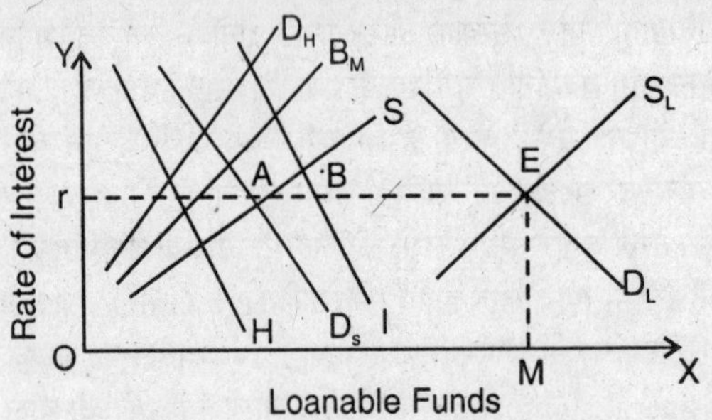

रेखाचित्र : *ब्याज का नव क्लासीकल सिद्धान्त*

ऊपर के रेखाचित्र में S_L और D_L एक दूसरे को E बिन्दु पर काटते हैं और ब्याज की Or दर निश्चित करते हैं। इस पर निधियों की M मात्रा उधार ली और दी जाती हैं।

इसकी आलोचना

1. ऋण योग्य निधियों के लिए मांग और पूर्ति अनुसूचियां ब्याज की संतुलित दर निर्धारित करती हैं। ब्याज की यह दर पूर्ति पक्ष के सब तत्त्वों को मांग पक्ष के सब अनुरूप तत्त्वों के बराबर नहीं कर पाती। इस प्रकार, ब्याज की Or संतुलित दर **अस्थिर संतुलन** को प्रकट करती है। स्थिर संतुलन के लिए आवश्यक है कि संतुलन की Or दर पर प्रत्याशित (exante या planned) निवेश प्रत्याशित बचतों के बराबर हो। उपरोक्त रेखाचित्र में निवेश I प्रत्याशित बचत S से AB मात्रा में बढ़ जाता है।

2. इस सिद्धान्त की अन्य आलोचना यह है कि यह सिद्धान्त बतलाता है कि ऋण योग्य निधियों की पूर्ति को बचतों में से नकदी शेषों को निकाल कर बढ़ाया जा सकता है तथा बचतों में नकद शेषों को जमा करके कम किया जा सकता है। इसका अभिप्राय यह है कि नकदी शेष काफी लोचदार हैं। परन्तु यह सही दृष्टिकोण नहीं लगता क्योंकि समाज के पास कुल नकदी शेषों की मात्रा स्थिर होती है और किसी भी समय कुल मुद्रा की पूर्ति के बराबर होती है। जब कभी भी नकदी शेषों में परिवर्तन होते हैं तो वे वास्तव में मुद्रा के संचलन वेग (velocity of circulation) में पाए जाते हैं, न कि समाज के पास नकदी शेषों की मात्रा में।

3. यह सिद्धान्त बचतों पर ब्याज दर के प्रभाव पर अधिक बल देता है। यह बचतों को ब्याज लोच मानता है। सामान्य तौर से, लोग ब्याज अर्जित करने के लिए बचत नहीं करते बल्कि सतर्कता उद्देश्य की पूर्ति के लिए करते हैं। इस प्रकार बचतें **ब्याज बेलोच** होती है।

4. इस सिद्धान्त की आलोचना इस कारण भी की जाती है कि यह मौद्रिक तत्त्वों को वास्तविक तत्त्वों के साथ जोड़ देता है। बचत तथा निवेश जैसे वास्तविक तत्त्वों को बैंक साख तथा विसंग्रह जैसे मौद्रिक तत्त्वों के साथ, बिना आय स्तर में परिवर्तन लाए, जोड़ देना सही नहीं है। इस प्रकार यह सिद्धान्त अवास्तविक बन जाता है।

ब्याज दर के नव-क्लासीकल एवं क्लासीकल सिद्धान्त में तुलना

ऋण-योग्य निधि सिद्धान्त (नव-क्लासीकल सिद्धान्त) क्लासीकल सिद्धान्त से कई बातों में श्रेष्ठ तथा अधिक वास्तविक है।

1. क्लासीकल सिद्धान्त ब्याज का **वास्तविक सिद्धान्त** है जो ब्याज पर मौद्रिक प्रभावों की उपेक्षा करता है। वास्तविक एवं मौद्रिक तत्त्वों के समावेश करने के कारण ऋण-योग्य निधि सिद्धान्त क्लासीकल सिद्धान्त से श्रेष्ठ बन जाता है।

2. क्लासीकल अर्थशास्त्री **बैंक साख** (bank credit) के कार्य की उपेक्षा करते हैं जो कि ब्याज दर को प्रभावित करने वाली मुद्रा पूर्ति का अंग है। दूसरी ओर, बैंक साख ऋण-योग्य निधि

सिद्धान्त में एक महत्त्वपूर्ण साधन के रूप में ब्याज दर को प्रभावित करती है। इस कारण भी यह सिद्धान्त श्रेष्ठ है।

3. क्लासीकल सिद्धान्त के अनुसार मुद्रा केवल एक **आवरण** (veil) है अर्थात ब्याज दर को प्रभावित करने वाला एक निष्क्रिय तत्त्व है। इस मायने में ऋण योग्य निधि सिद्धान्त क्लासीकल सिद्धान्त से श्रेष्ठ है क्योंकि यह ब्याज दर निर्धारण में मुद्रा को एक **सक्रिय** तत्त्व मानता है।

4. क्लासीकल सिद्धान्त अपने ब्याज सिद्धान्त में संग्रह के कार्य पर ध्यान नहीं देता। ऋण-योग्य निधियों की मांग में मुद्रा के संग्रह करने की इच्छा शामिल करके, ऋण-योग्य निधि सिद्धान्त अधिक वास्तविक बन जाता है।

केन्ज का ब्याज का तरलता अधिमान सिद्धान्त (Keynes's Liquidity Preference Theory of Interest)

केन्ज ने ब्याज दर के विषय में क्लासीकल और ऋण-योग्य निधियों वाले ब्याज सिद्धान्तों को गलत सिद्ध किया और इसके स्थान पर एक नवीन सिद्धान्त प्रतिपादित किया, जिसे **ब्याज दर का तरलता अधिमान सिद्धान्त** (Liquidity Preference Theory of the Rate of Interest) कहते हैं। केन्ज के अनुसार ब्याज पूर्णतया एक **मौद्रिक तत्त्व** है और इसलिए यह मुद्रा की मांग (अर्थात तरलता अधिमान) और मुद्रा की पूर्ति द्वारा निर्धारित होता है। केन्ज की परिभाषा के अनुसार ब्याज एक निश्चित अवधि के लिए मुद्रा की तरलता त्यागने का पुरस्कार होती है।

मुद्रा की मांग (Demand for Money)—केन्ज ने मुद्रा के लिए मांग के स्थान पर एक नया शब्द **तरलता अधिमान** दिया। 'तरलता अधिमान' मुद्रा को नकदी के रूप में रखने की इच्छा है। केन्ज के अनुसार नकदी की मांग तीन उद्देश्यों के लिए की जाती है—(1) लेन-देन उद्देश्य, (2) सतर्कता उद्देश्य, (3) सट्टा उद्देश्य। केन्ज के अनुसार लेन-देन और सतर्कता उद्देश्य के लिए नकदी की मांग सापेक्षतया ब्याज बेलोच होती हैं परन्तु वे बहुत अधिक आय लोच (income elastic) होती है। इसको इस प्रकार व्यक्त किया जाता है—

$$M_1 = L_1(Y)$$

जहां M_1 लेन-देन तथा सतर्कता उद्देश्यों के लिए मुद्रा की मांग तथा Y आय स्तर को दर्शाता है।

नकदी की मांग का तीसरा उद्देश्य (सट्टा उद्देश्य) केन्ज के मस्तिष्क का आविष्कार है। अपने ब्याज दर निर्धारण के सिद्धान्त में केन्ज ने नकदी की मांग के इसी तीसरे उद्देश्य पर सबसे अधिक बल दिया है। केन्ज के अनुसार मुद्रा की सट्टा मांग ब्याज दर का घटता हुआ फलन है। जितनी अधिक ब्याज दर होगी उतनी ही कम मुद्रा की सट्टा मांग होगी और विलोमशः भी। बीजगणित रूप में, केन्ज ने मुद्रा की सट्टा मांग को इस प्रकार व्यक्त किया—$M_2 = L_2(r)$, जहां M_2 मुद्रा की सट्टा मांग है और r ब्याज दर। रेखागणितीय रूप में, यह एक समतल वक्र है जो बायीं ओर से दायीं ओर नीचे की ओर ढाल (negative slope) होता है। परन्तु ब्याज की बहुत नीची दर पर पर मुद्रा की सट्टा मांग पूर्णतया लोचदार बन जाती है।

मुद्रा की कुल मांग (Total demand for money)—मुद्रा की कुल मांग ऊपर वर्णित तीन उद्देश्यों से मिलकर बनती है। यदि मुद्रा की कुल मांग को M से प्रकट किया जाए, लेन-देन तथा सतर्कता उद्देश्यों को मिलाकर M_1 से और सट्टा उद्देश्य के लिए रखी गई मुद्रा को M_2 से, तो $M = M_1 + M_2$ चूंकि $M_1 = L_1(Y)$ और $M_2 = L_2(r)$, इसलिए मुद्रा की कुल मांग फलन $M = L(Y, r)$ होता है।

मुद्रा की पूर्ति (Demand for Money)—मुद्रा की पूर्ति का सम्बन्ध किसी एक समय में सब उद्देश्यों के लिए देश की मुद्रा की कुल मात्रा से होता है। किसी समय देश में मुद्रा की पूर्ति कितनी होगी इसका निर्णय करना देश के मुद्रा अधिकारी (monetary authorities) के हाथ में होता है और इस पर देश के लोगों तथा व्यवसायों का लगभग कुछ भी प्रभाव नहीं होता। अतः मुद्रा की पूर्ति वक्र को पूर्ण **ब्याज बेलोच** मान लिया जाता है।

ब्याज की दर का निर्धारण (Determination of rate of interest)—केन्ज के अनुसार ब्याज की दर उस स्तर पर निर्धारित होती है जहां पर मुद्रा की मांग मुद्रा की पूर्ति के बराबर होती है। रेखाचित्र में QM रेखा मुद्रा की पूर्ति को व्यक्त करती है और LP मुद्रा की कुल मांग वक्र या तरलता अधिमान वक्र (Liquidity Preference curve) है। दानों E बिन्दु पर एक-दूसरे को काटते हैं। ब्याज की संतुलन दर Or है क्योंकि ब्याज की इस दर पर मुद्रा की मांग और पूर्ति की मात्रा बराबर है।

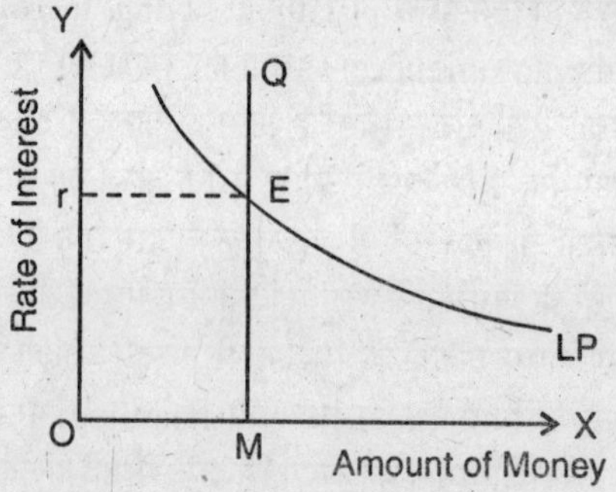

रेखाचित्र : मुद्रा की मांग और पूर्ति में सन्तुलन

अब यदि मौद्रिक प्राधिकारी द्वारा मुद्रा की पूर्ति में वृद्धि कर दी जाती है लेकिन तरलता अधिमान वक्र LP वही रहता है तो ब्याज दर कम हो जाएगी। लेकिन यदि मुद्रा की पूर्ति दी हुई होने पर, मुद्रा की मांग बढ़ती है और तरलता अधिमान वक्र ऊपर को सरक जाता है, तो ब्याज दर बढ़ती है। **नकदी अधिमान वक्र को प्रभावित करने वाले तत्त्व हैं—कीमतों का सामान्य स्तर; देश में नकदी मजदूरी का स्तर; केन्द्रीय बैंक की मुद्रा नीति; कराधान की सरकारी नीति; अर्थव्यवस्था के आय स्तर।**

केन्ज के ब्याज के नकदी अधिमान की आलोचना

1. वास्तविक तत्त्वों की उपेक्षा (Ignores real factors)—केन्ज के विश्लेषण में सबसे बड़ी भ्रान्ति यह है कि वह ब्याज की दर के निर्धारण में वास्तविक तत्त्वों को छोड़ देता है।

2. अनिर्धारित सिद्धान्त (Indeterminate theory)—क्लासीकल सिद्धान्त की भांति केन्ज का सिद्धान्त भी अनिर्धारित है। केन्ज कहता है कि तरलता अधिमान तथा मुद्रा की मात्रा ब्याज की दर को निर्धारित करते हैं। परन्तु यह बात ठीक नहीं है क्योंकि आय के प्रत्येक स्तर पर एक नया तरलता अधिमान वक्र खींचना पड़ेगा। इसलिए जब तक आय स्तर पहले से ज्ञात न हो तब तक मुद्रा की मांग और पूर्ति हमें यह नहीं बता सकते कि ब्याज की दर क्या होगी।

3. बचतों के बिना तरलता संभव नहीं (No Liquidity without Savings)—केन्ज के अनुसार ब्याज तरलता अथवा नकदी त्यागने का पुरस्कार है और यह बचत प्रेरणा अथवा प्रतीक्षा करने का पुरस्कार नहीं है। परन्तु प्रश्न यह है कि बचत के बिना तरल अथवा नकदी के रूप में रखने के लिए मुद्रा राशियां कहां से उपलब्ध होंगी और नकदी अथवा तरलता त्यागने का प्रश्न ही नहीं उठता यदि पहले से मुद्रा बचाई गई न हो। **जैकब वाइनर** (Jacob Viner) उचित ही कहते हैं—**''बचत के बिना नकदी त्यागने का प्रश्न ही नहीं होता''** (without savings there can be no liquidity to surrender)। इस प्रकार ब्याज की दर के निर्धारण का बचत से घनिष्ठ सम्बन्ध है जिसकी केन्ज ने उपेक्षा की है।

उपर्युक्त विश्लेषण से स्पष्ट है कि केन्ज का ब्याज सिद्धान्त भी त्रुटियों से रहित नहीं है। परन्तु केन्ज द्वारा नकदी अधिमान पर ब्याज दर के निर्धारक के रूप में दिया गया महत्त्व ठीक है। वास्तव में, ऋण योग्य राशियों के सिद्धान्त के प्रस्तुतकर्त्ताओं ने भी अपने सिद्धान्त में **संचय** तथा **असंचय** (dishoarding) पर अधिक बल देकर नकदी अधिमान को अपने सिद्धान्त में सम्मिलित किया। हम **प्रो. हैमबर्ग** (Hemberg) से सहमत हैं कि जिन्होंने कहा कि, ''केन्ज ने कोई नए सिद्धान्त का निर्माण नहीं किया, जैसा कि उसने और उसके अनुयायियों ने सोचा। वास्तव में उसके द्वारा **संचय का ब्याज दर पर प्रभाव** को महत्त्व देना ब्याज के सिद्धान्त में मूल्यवान योगदान था जिसको कि ऋण योग्य राशियों के सिद्धान्तकर्त्ताओं ने अपने सिद्धान्त में सम्मिलित किया ताकि यह अधिक पूर्ण बन जाए।''

ब्याज का आधुनिक सिद्धान्त (Modern Theory of Interest)

हिक्स एवं हैनसन (Hicks and Hansen) ने ब्याज दर के निर्धारण के क्लासीकल एवं केन्जीयन सिद्धान्तों से कुछ महत्त्वपूर्ण अंशों को निकाल कर उन्हें एक नवीन सिद्धान्त में संयोजित कर दिया है। इसे ही **ब्याज का आधुनिक सिद्धान्त** कहा जाता है। इस सिद्धान्त ने मौद्रिक एवं गैर मौद्रिक (अथवा वास्तविक) तत्त्वों को संयोजित करके ब्याज दर के निर्धारण की व्याख्या प्रस्तुत की है। क्लासीकल सिद्धान्त ने ब्याज दर के निर्धारण की व्याख्या प्रस्तुत करते समय केवल वास्तविक तत्त्वों को ही महत्त्व दिया था। इसके विपरीत, केन्ज के सिद्धान्त ने केवल मौद्रिक तत्त्वों को ही महत्त्व प्रदान किया था। लेकिन **आधुनिक सिद्धान्त** ने मौद्रिक एवं वास्तविक दोनों तत्त्वों को महत्त्व देता है।

आधुनिक सिद्धान्त के अनुसार आय सहित ब्याज दर के चार निर्धारक हैं—(1) बचत, (2) निवेश, (3) तरलता अधिमान, (4) मुद्रा पूर्ति। ब्याज दर के निर्धारण के सन्दर्भ में आधुनिक सिद्धान्त ने दो वक्रों का विकास किया है—IS वक्र तथा LM वक्र। IS वक्र वास्तविक क्षेत्र (real sector) में स्थापित सन्तुलन को व्यक्त करता है जबकि LM वक्र मौद्रिक क्षेत्र (monetary sector) में संतुलन को व्यक्त करता है। **हिक्स एवं हैनसन** इन्हीं दोनों वक्रों LM और IS की परस्पर क्रिया द्वारा ब्याज दर के निर्धारण की व्याख्या करते हैं। हिक्स और हैनसन द्वारा IS और LM वक्र किस प्रकार व्युत्पादित किए जाते हैं, इसका विश्लेषण हम नीचे प्रस्तुत करते हैं।

रेखाचित्र के भाग A और B में यह दर्शाया गया है कि केन्ज के तरलता अधिमान सिद्धान्त से LM वक्र किस प्रकार प्राप्त किया जाता है। LM वक्र हमें बताता है कि मुद्रा की मात्रा तथा विभिन्न आय स्तरों पर विभिन्न नकदी अधिमान वक्र दिए हुए होने पर ब्याज की दर क्या होगी। रेखाचित्र के भाग A से स्पष्ट है कि जैसे-जैसे आय बढ़ती है, तरलता अधिमान वक्र LP ऊपर की ओर सरक जाता है। इस स्थिति में ब्याज दर बढ़ेगी यदि मुद्रा की पूर्ति में कोई परिवर्तन न हो। रेखाचित्र के इस भाग में विभिन्न आय के

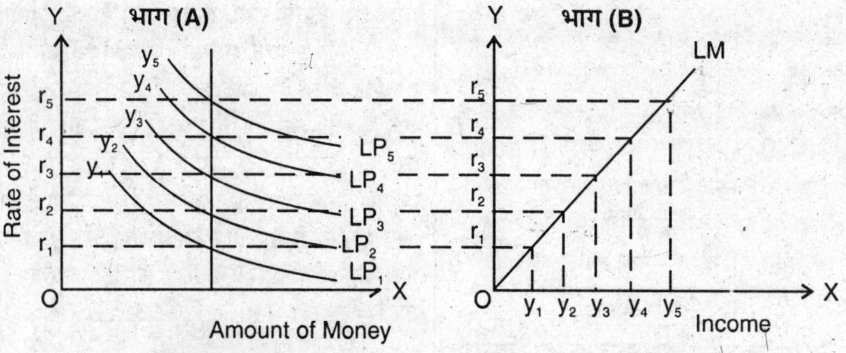

रेखाचित्र : *केन्ज के तरलता अधिमान सिद्धान्त से LM वक्र की व्युत्पत्ति*

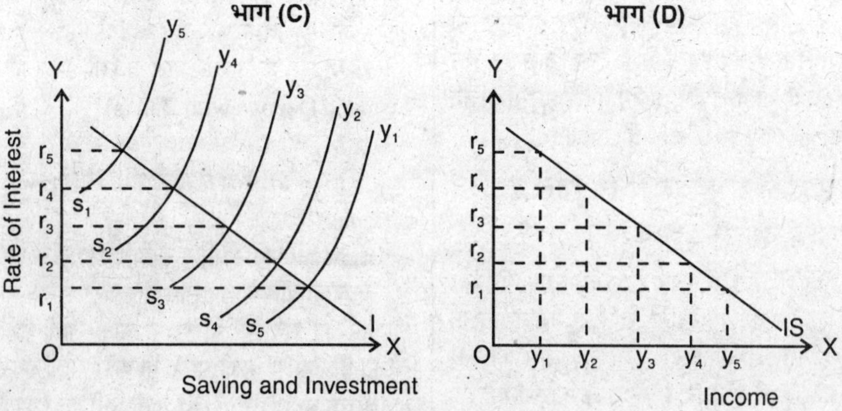

रेखाचित्र : *IS वक्र की व्युत्पत्ति*

स्तरों, Y_1, Y_2, Y_3, Y_4 और Y_5 पर नकदी अधिमान वक्र क्रमशः LP_1, LP_2, LP_3, LP_4, और LP_5 हैं और उनके अनुसार ब्याज की दरें क्रमशः r_1, r_2, r_3, r_4, और r_5 हैं। रेखाचित्र के भाग A से प्राप्त जानकारी से रेखाचित्र के भाग B में स्पष्ट एवं प्रत्यक्ष रूप से विभिन्न ब्याज दरों को दिखाया गया है जिससे हमें LM वक्र प्राप्त होता है।

रेखाचित्र के भाग C और D में यह दिखाया गया है कि किस प्रकार हम क्लासीकल सिद्धान्त से IS वक्र प्राप्त करते हैं। रेखाचित्र के भाग C से स्पष्ट है कि विभिन्न आय स्तरों Y_1, Y_2, Y_3, Y_4 तथा Y_5 पर बचत वक्र क्रमशः $S_1 Y_1, S_2 Y_2, S_3 Y_3, S_4 Y_4$ तथा $S_5 Y_5$ हैं जो कि दिए हुए निवेश वक्र से क्रिया कर के ब्याज की दर क्रमशः r_5, r_4, r_3, r_2, तथा r_1 निर्धारित करते हैं। रेखाचित्र के भाग C से यह जानकारी प्राप्त करके कि विभिन्न आय स्तरों पर बचत वक्रों तथा निवेश मांग द्वारा निर्धारित विभिन्न आय के स्तरों पर ब्याज की विभिन्न दरें क्या हैं, को हम रेखाचित्र के भाग D मे स्पष्ट रूप से दिखाते हैं जिससे हमें IS वक्र की प्राप्ति होती है।

ब्याज दर का निर्धारण—उपरोक्त विश्लेषण से यह स्पष्ट है कि IS तथा LM वक्र आय स्तरों तथा ब्याज दरों से सम्बद्ध होते हैं। अपने आप में वे न तो आय स्तर और न ही ब्याज दर के बारे में बता सकते हैं। ब्याज दर के आधुनिक सिद्धान्त के अनुसार ब्याज दर उस बिन्दु पर निर्धारित होते हैं जहां पर दोनों वक्र एक दूसरे को काटते हैं।

आगे दिखाए गए रेखाचित्र में LM तथा IS वक्र E बिन्दु पर काटते हैं और OY_3 आय स्तर के अनुरूप Or_3 ब्याज दर निर्धारित होती है। ब्याज दर तथा आय के ये स्तर **वास्तविक** बाजार तथा मुद्रा बाजार में साथ-साथ संतुलन स्थापित करते हैं।

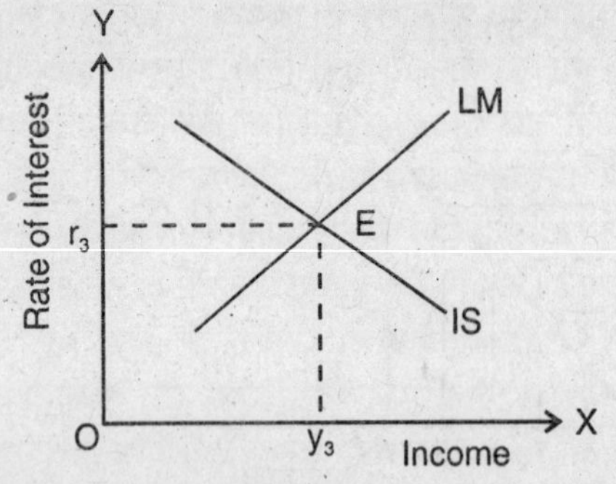

रेखाचित्र : *आधुनिक सिद्धान्त के अनुसार ब्याज दर का निर्धारण*

अत: उक्त विश्लेषण से हमने देखा कि ब्याज दर तथा आय स्तर दोनों ही इन चार तत्त्वों [अर्थात *(i)* निवेश मांग अनुसूची, *(ii)* बचत अनुसूची, *(iii)* नकदी अधिमान अनुसूची, *(iv)* मुद्रा की पूर्ति] द्वारा एक साथ निर्धारित किए जाते हैं। जब तक इन चार निर्धारक तत्त्वों में से कोई भी तत्त्व हमें मालूम न हो, हम सन्तुलित ब्याज दर और सन्तुलित आय स्तर जान नहीं सकते।

IS तथा LM वक्र को प्रभावित करने वाले चरों में परिवर्तन का ब्याज दर पर प्रभाव

1. मुद्रा की पूर्ति में वृद्धि होने पर LM वक्र दाहिनी ओर सरक जाएगा और IS वक्र के अपरिवर्तित रहने पर नवीन संतुलन अवस्था में पहले की अपेक्षा ब्याज दर कम और आय का स्तर अधिक होगा। जबकि मुद्रा की पूर्ति में कमी के परिणामस्वरूप LM वक्र बायीं ओर सरक जाएगा और IS वक्र के अपरिवर्तित रहने पर नवीन सन्तुलन की अवस्था में पहले की अपेक्षा ब्याज दर ऊंची तथा आय का स्तर कम होगा।

2. जब बचत करने की इच्छा कम होती है अर्थात जब उपभोग प्रवृत्ति बढ़ती है तो IS वक्र दाहिनी ओर सरक जाता है। LM वक्र के अपरिवर्तित रहने पर नवीन संतुलन की अवस्था में ब्याज दर तथा आय स्तर पहले की अपेक्षा अधिक होंगे। दूसरी ओर यदि बचत करने की इच्छा बढ़ जाती है अर्थात उपभोग प्रवृत्ति कम हो जाती है तो IS वक्र बांयी ओर सरक जाएगा और LM वक्र के अपरिवर्तित रहने पर नवीन सन्तुलन की अवस्था में ब्याज दर तथा आय स्तर पहले की अपेक्षा कम होगा।

3. तरलता अधिमान के बढ़ने पर LM वक्र बायीं ओर सरक जाएगा तथा IS वक्र के दिए होने पर, नवीन सन्तुलन की स्थिति में ब्याज दर पहले की अपेक्षा ऊंची तथा आय का स्तर पहले की अपेक्षा कम होगा। इसके विपरीत, यदि लोगों का तरलता अधिमान घटता है तो LM वक्र दाहिनी ओर सरक जाएगा परिणाम स्वरूप ब्याज दर में कमी तथा राष्ट्रीय आय में वृद्धि होगी।

4. निवेश तथा सरकारी व्यय में परिवर्तन भी IS वक्र को प्रभावित करते हैं। यदि निजी निवेश बढ़ता है या सरकार अपने व्यय में वृद्धि करती है, तो इससे IS वक्र दाहिनी ओर सरक जाएगा तथा LM वक्र के दिए हुए होने पर ब्याज दर तथा आय का स्तर बढ़ेगा। इसके विपरीत, यदि निवेश कम होता है या सरकार अपना व्यय कम कर देती है तो IS वक्र बायीं ओर सरक जाएगा तथा LM वक्र के दिए होने पर ब्याज दर कम हो जाएगी।

मुद्रा की पूर्ति
(The Supply of Money)

किसी भी समय पर मुद्रा की पूर्ति का अर्थ है अर्थव्यवस्था में विद्यमान मुद्रा का कुल परिमाण। मुद्रा की पूर्ति से सम्बन्धित चार अलग-अलग अवधारणाएं हैं। जो निम्न हैं—

1. M_1 = जनता के पास करेंसी + बैंकों की मांग जमा (Demand Deposit with Banks)

2. $M_2 = M_1$ + पोस्ट ऑफिस सेविंग बैंक जमाएं

3. $M_3 = M_1$ + बैंकों में सावधि जमाएं (Net time deposits of Banks)

4. $M_4 = M_3$ + पोस्ट आफिस की कुल जमाएं

मुद्रा की पूर्ति के उपर्युक्त चार परिभाषाओं में से $\mathbf{M_1}$ को मुद्रा की पूर्ति का **संकीर्ण परिभाषा** माना जाता है जबकि $\mathbf{M_3}$ को विस्तृत दृष्टिकोण वाली परिभाषा कहा जाता है। इसी कारण M_3 को **विस्तृत मुद्रा** (Broad Money) भी कहा जाता है। यहां जानने योग्य बात यह है कि M_1 की अपेक्षा M_2 कम तरल होता है। इसी प्रकार M_3, M_1 तथा M_2 की अपेक्षा कम तरल होता है। **M_4 की तरलता सबसे कम होती है।** अन्य शब्दों में जैसे-जैसे हम M_1 से M_2, M_3, तथा M_4 की ओर बढ़ते हैं मुद्रा की तरलता घटती जाती है।

मुद्रा की पूर्ति के निर्धारक (Determinants of the Money Supply)

मुद्रा की पूर्ति के निर्धारण के सम्बन्ध में दो सिद्धान्त हैं। प्रथम मत के अनुसार, मुद्रा पूर्ति को केन्द्रीय बैंक (Central Bank) बहिर्जात रूप (exogenously) से निर्धारित करता है। दूसरा मत यह है कि आर्थिक क्रिया में होने वाले परिवर्तन अन्तर्जात रूप से मुद्रा पूर्ति को निर्धारित करते हैं जो कि लोगों की जमा की सापेक्षता में करेन्सी धारण करने की इच्छा, ब्याज की दर, इत्यादि को प्रभावित करती है। इस प्रकार मुद्रा पूर्ति के निर्धारक बहिर्जात भी है और अन्तर्जात भी। अत: मुद्रा की पूर्ति के निर्धारक हैं—नकदी

रिजर्व अनुपात (C.R.R.), बैंकों के अतिरिक्त रिजर्व और जमाओं की सापेक्षता में करेन्सी धारण की लोगों की इच्छा।

1. आवश्यक रिजर्व अनुपात (The required reserve ratio)—आवश्यक रिजर्व अनुपात को नकदी रिजर्व अनुपात (cash reserve ratio–CRR) भी कहा जाता है। यह मुद्रा पूर्ति का एक महत्त्वपूर्ण निर्धारक है। जब आवश्यक रिजर्व अनुपात बढ़ता है तो कमर्शियल बैंकों के पास मुद्रा की पूर्ति घट जाती है और जब आवश्यक रिजर्व अनुपात घट जाता है तो मुद्रा की पूर्ति बढ़ जाती है। चालू तथा सावधि जमा देयताओं (liabilities) से नकदी का अनुपात, आवश्यक रिजर्व अनुपात कहलाता है, जिसे केन्द्रीय बैंक निर्धारित करता है। प्रत्येक कमर्शियल बैंक को इन देयताओं का कुछ प्रतिशत देश के केन्द्रीय बैंक के पास जमा के रूप में रखना पड़ता है। परन्तु जिस करेन्सी नोट अथवा नकदी को कमर्शियल बैंक अपनी तिजोरियों में रखते हैं, उसे नकदी रिजर्व अनुपात में सम्मिलित नहीं किया जाता है।

भारत में मुद्रा पूर्ति निर्धारित करने के लिए कानून द्वारा एक अतिरिक्त कदम के रूप में **कानूनी रिजर्व अनुपात** (statutory liquidity ratio–SLR) निश्चित किया गया है। अन्य देशों में SLR को द्वितीयक (Secondary) रिजर्व अनुपात की संज्ञा दी गई है जबकि आवश्यक रिजर्व अनुपात को प्राथमिक (Primary) अनुपात कहा जाता है। यदि SLR बढ़ा दिया जाए तो इससे कमर्शियल बैंकों की उधार देने के लिए मुद्रा पूर्ति कम हो जाती है और यदि SLR कम कर दिया जाए तो बैंकों की उधार देने के लिए मुद्रा पूर्ति बढ़ जाती है।

2. कमर्शियल बैंकों के अतिरिक्त रिजर्व (Excess reserves of Commercial Banks)—कमर्शियल बैंकों के अतिरिक्त रिजर्व भी मुद्रा पूर्ति का एक महत्त्वपूर्ण निर्धारक है। कमर्शियल बैंकों की आरक्षितियों (reserves) में उनकी केन्द्रीय बैंक के पास जमाएं तथा उनकी तिजोरियों या तहखानों में विद्यमान करेन्सी शामिल होती हैं। बैंकों की तिजोरियों या तहखानों में विद्यमान करेंसी ही उनके अतिरिक्त रिजर्व (excess reserves) होते हैं। बैंकों के अतिरिक्त रिजर्व, आवश्यक रिजर्व (required reserve) की मात्रा पर निर्भर करते हैं। कमर्शियल बैंक के अतिरिक्त रिजर्व ही उसकी जमा देयताओं के आकार को प्रभावित करते हैं। कमर्शियल बैंक अपने अतिरिक्त रिजर्व के बराबर कर्ज देते हैं, इस प्रकार अतिरिक्त रिजर्व मुद्रा पूर्ति का आवश्यक अंग है। किसी कमर्शियल बैंक की मुद्रा पूर्ति निर्धारित करने के लिए केन्द्रीय बैंक खुले बाजार परिचालन (open market operations) और कटौती दर नीति (discount rate policy) अपनाकर उसके रिजर्वों को प्रभावित करता है।

खुले बाजार परिचालन का सम्बन्ध सरकारी प्रतिभूतियों तथा अन्य प्रकार की सरकारी तथा निजी परिसम्पत्तियों जैसे हुंडी, प्रतिभूतियों, बांड (Bonds) इत्यादि का खुले बाजार में क्रय विक्रय से सम्बन्ध रखता है। जब केन्द्रीय बैंक खुले बाजार में प्रतिभूतियां बेचता या खरीदता है तो बैंक के अतिरिक्त रिजर्वों का स्तर घट या बढ़ जाता है। केन्द्रीय बैंक द्वारा खरीदी जाने वाली प्रतिभूतियों का भुगतान प्रतिभूतियों के धारकों को चैकों द्वारा किया जाता है। आगे वे उन चैकों को कमर्शियल बैंकों में जमा करा देते हैं जिससे बैंक आरक्षितियों (reserves) का स्तर बढ़ जाता है। इसके विपरीत जब केन्द्रीय बैंक जनता और बैंकों को प्रतिभूतियां बेचता है तो जनता और बैंक नकदी या चैकों के माध्यम से केन्द्रीय बैंक को भुगतान करते हैं और परिणामस्वरूप कमर्शियल बैंक के आरक्षितियों (reserves) का स्तर गिर जाता है।

कटौती दर नीति कमर्शियल बैंकों की बैंक साख की लागत एवं पूर्ति को प्रभावित करके मुद्रा पूर्ति पर असर डालती है। **कटौती दर जिसे भारत में बैंक दर कहा जाता है, वह ब्याज दर है जिस पर केन्द्रीय बैंक से कमर्शियल बैंक उधार लेते हैं।** ऊंची बैंक दर का मतलब है कि यदि कमर्शियल बैंक केन्द्रीय बैंक को प्रतिभूतियां बेचते हैं तो उन्हें कम राशियां प्राप्त होती हैं। कमर्शियल बैंक, आगे जनता को उधार देने की दर बढ़ा देते हैं जिसके परिणामस्वरूप उनके लिए ऋण महंगे हो जाते हैं। इस प्रकार साख (credit) तथा कमर्शियल बैंकों की आरक्षितियां संकुचित हो जाएंगी। यदि बैंक दर घटा दी जाएं तो स्थिति पलट जाएगी। इससे साख और परिणामी बैंक आरक्षितियों का विस्तार होगा।

कमर्शियल बैंकों की रिजर्वों पर महत्त्वपूर्ण प्रभाव केवल तभी पड़ता है जब खुले बाजार परिचालन तथा कटौती दर नीति एक दूसरे की पूरक हों। अन्यथा बैंक रिजर्वों तथा परिणामी मुद्रा पूर्ति को प्रभावित करने की उनकी क्षमता सीमित होती है।

3. जनता की करेन्सी तथा जमाएं रखने की इच्छा (Public's desire to hold currency and deposits)—लोगों की करेन्सी (नकदी) रखने की इच्छा भी मुद्रा पूर्ति को निर्धारित करती है। यदि लोगों की यह आदत बनी हुई है कि वे नकदी कम रखते हैं और कमर्शियल बैंकों में अधिक जमा रखते हैं तो मुद्रा पूर्ति अधिक होगी। इसका कारण यह है कि अधिक जमाओं से अधिक मुद्रा का निर्माण (creation of credit) बैंकों द्वारा किया जा सकता है। इसके विपरीत, यदि लोगों में बैंकिंग की आदत नहीं है और वे अपने मुद्रा धारणों को नकदी के रूप में रखना बेहतर समझते हैं, तो बैंकों द्वारा साख निर्माण अपेक्षाकृत कम होगा और मुद्रा पूर्ति का स्तर नीचा होगा।

प्रबल मुद्रा (High Powered Money)

प्रबल मुद्रा वह राशि है जो कमर्शियल बैंकों के पास आरक्षितियों और जनता के पास करेन्सी (नोटों तथा सिक्कों) के रूप में विद्यमान रहती है। प्रबल मुद्रा को **उच्चस्तरीय मुद्रा** भी कहा जाता है। प्रबल मुद्रा बैंक जमाओं के विस्तार और मुद्रा-पूर्ति के निर्माण का आधार है। मुद्रा की पूर्ति मौद्रिक आधार में परिवर्तनों के साथ प्रत्यक्ष रूप से और करेन्सी तथा रिजर्व अनुपातों में परिवर्तनों के साथ उलटे तौर से परिवर्तित होती है। प्रबल मुद्रा को इस प्रकार व्यक्त किया जा सकता है—

$$H = C + R$$

जहां H प्रबल मुद्रा तथा R कमर्शियल बैंकों के रिजर्व को व्यक्त करता है। **प्रबल मुद्रा को आधार मुद्रा (base money) भी कहा जाता है।**

मुद्रा की पूर्ति तथा प्रबल मुद्रा के बीच सम्बन्ध को निम्नलिखित रूप में व्यक्त किया जा सकता है। चूंकि मुद्रा की पूर्ति (M) के अन्तर्गत कमर्शियल बैंकों की मांग जमा (DD) और जनता द्वारा धारित करेन्सी (C) सम्मिलित होती है। इसलिए मुद्रा की पूर्ति—

$$M = C + DD \qquad (1)$$

प्रबल मुद्रा (H) के अन्तर्गत जनता द्वारा धारित करेन्सी (C) तथा कमर्शियल बैंकों के रिजर्व (cash reserves of banks) R सम्मिलित होते हैं। इस प्रकार प्रबल मुद्रा—

$$H = C + R \qquad (2)$$

M तथा H के बीच सम्बन्ध को H से M के अनुपात के रूप में व्यक्त किया जा सकता है। इसलिए समीकरण (1) को समीकरण (2) से विभक्त करने पर—

$$\frac{M}{H} = \frac{DD + C}{C + R} \qquad (3)$$

समीकरण (3) के दायीं ओर के अंश तथा हर को DD से विभाजित करने पर—

$$\frac{M}{H} = \frac{\frac{DD}{DD} + \frac{C}{DD}}{\frac{C}{DD} + \frac{R}{DD}}$$

$$\frac{M}{H} = \frac{1 + \frac{C}{DD}}{\frac{C}{DD} + \frac{R}{DD}} \qquad (4)$$

C/DD के स्थान पर c तथा R/DD के स्थान पर r को समीकरण (4) में रखने पर—

$$\frac{M}{H} = \frac{1 + c}{c + r} \qquad (5)$$

जहां c करेंसी जमा अनुपात (currency-deposit ratio) तथा r रिजर्व जमा अनुपात (reserve deposit ratio) को व्यक्त करता है।

$$M = \frac{1 + c}{c + r} H \qquad (6)$$

जहां पर $\frac{1+c}{c+r}$ को **मुद्रा गुणक** कहा जाता है।

समीकरण (6) से स्पष्ट है कि मुद्रा की पूर्ति को प्रबल मुद्रा (H) तथा मुद्रा गुणक $\left(\frac{1+c}{c+r}\right)$ निर्धारित करते हैं। मुद्रा गुणक के परिणाम को जनता का करेन्सी अनुपात (c) तथा रिजर्व अनुपात (r) निर्धारित करते हैं। ये दोनों अनुपात जितने कम होंगे, **मुद्रा गुणक** उतना ही अधिक होगा।

साख का निर्माण (Creation of Credit)

बैंक साख (credit) से तात्पर्य बैंक के ऋणों व अग्रिमों से होता है एवं साख निर्माण का अर्थ इन ऋणों एवं अग्रिमों को गुणित करना है। चूंकि हर बैंक का ऋण अपनी राशि के बराबर जमाएं उत्पन्न कर देता है। अत: बैंक का साख निर्माण का अर्थ जमाओं का गुणित होना है।

साख निर्माण का सूत्र (Formula of Credit Creation)

कमर्शियल बैंकों की साख निर्माण की शक्ति **नकदी जमा अनुपात** (Cash deposit ratio) पर निर्भर करती है।

नकदी जमा अनुपात जितना ही अधिक होगा बैंकों की साख निर्माण की शक्ति उतनी ही कम होगी। यदि बैंक नकदी जमा अनुपात शत प्रतिशत रखते हैं तो कोई साख का निर्माण नहीं होगा। आधुनिक बैंक शत-प्रतिशत नकदी रिजर्व नहीं रखते। उन्हें कानूनी तौर से अपनी जमाओं की एक स्थिर प्रतिशतता नकदी के रूप में रखनी पड़ती है। बाकी की राशि वे उधार देते हैं। अत: साख निर्माण का आधार **आवश्यक रिजर्व अनुपात** (required reserve ratio) है। अत: बैंक द्वारा कुल साख निर्माण का सूत्र होगा—

$$\text{बैंक का कुल साख निर्माण} = \text{बैंक की कुल जमा} \times \frac{1}{r}$$

जहां r आवश्यक रिजर्व अनुपात है।

यदि एक बैंक के पास 1000 रु. जमाओं (deposits) में है और इसका आवश्यक रिजर्व अनुपात 20 प्रतिशत है तो

बैंक द्वारा कुल साख का निर्माण $= 1000 \times \frac{1}{0.20} = 5000$ रु.

इस प्रकार यह बैंक 5000 रु. तक कुल साख का निर्माण कर सकता है।

साख निर्माण की सीमाएं (Limits to credit creation)

कमर्शियल बैंकों की साख निर्माण की शक्ति पर निम्नलिखित सीमाएं हैं—

1. बैंकों की साख निर्माण की शक्ति उस नकद राशि पर निर्भर करती है जो बैंक के पास विद्यमान होती है। बैंकों के पास जितनी अधिक नकदी होगी वे उतनी ही अधिक मात्रा में साख का निर्माण कर सकेंगे।

2. बैंक की साख निर्माण की शक्ति पर्याप्त जमानतों की उपलब्धता पर निर्भर करती है। यदि जनता के पास पर्याप्त जमानतें न हों तो बैंक साख का निर्माण नहीं कर सकता।

3. लोगों में बैंकिंग की आदतों पर भी बैंकों की साख निर्माण की शक्ति निर्भर करती है। यदि लोगों में चैकों का प्रयोग करने की आदत नहीं हो तो कर्जे देने का परिणाम यह होगा कि बैंकिंग प्रणाली की साख निर्माण प्रक्रिया से नकदी का निकास हो जाएगा। इससे बैंकों की अपेक्षित स्तर तक साख निर्माण करने की शक्ति क्षीण पड़ जाएगी।

4. केन्द्रीय बैंक द्वारा नियत किया गया जमा से नकदी का न्यूनतम कानूनी रिजर्व अनुपात भी एक महत्त्वपूर्ण कारक है जो बैंकों की साख निर्माण की शक्ति को निर्धारित करता है। यह अनुपात जितना अधिक होगा; बैंकों की साख निर्माण करने की शक्ति उतनी ही कम होगी।

5. साख निर्माण करने की शक्ति देश के आर्थिक वातावरण पर भी निर्भर करती है। अर्थव्यवस्था में तेजी के समय व्यापारियों द्वारा बैंकों से अधिक कर्ज लिया जाता है लेकिन मंदी के दिनों में बैंक व्यापारियों को कर्जे लेने पर मजबूर नहीं कर सकता।

6. केन्द्रीय बैंकों की साख नियंत्रण नीति भी कमर्शियल बैंकों की साख निर्माण की शक्ति को सीमित करती है। केन्द्रीय बैंक खुले बाजार प्रचालनों, बैंक दर नीति तथा परिवर्तनशील सीमा आवश्यकताओं के द्वारा बैंकों की नगदी रिजर्व राशि को प्रभावित करता है। तदनुसार, वह कमर्शियल बैंकों के साख विस्तार या संकुचन को प्रभावित करता है।

निष्कर्ष रूप में कहा जा सकता है कि कमर्शियल बैंकों की साख निर्माण की शक्तियां असीमित नहीं होती हैं।

मुद्रा के कार्य (Functions of Money)

मुद्रा अनेक **प्राथमिक, द्वितीयक, आकस्मिक** तथा अन्य कार्य करती है जो केवल वस्तु विनिमय प्रणाली की कठिनाइयों को ही दूर नहीं करती बल्कि आज की दुनिया में व्यापार तथा उद्योग को प्रगति के पथ पर अग्रसर करती है। हम इन कार्यों की आगे चर्चा कर रहे हैं।

1. प्राथमिक कार्य (Primary Functions)—मुद्रा के दो प्राथमिक कार्य हैं—

(a) विनिमय के माध्यम के रूप में (Money as a medium of exchange)

(b) मूल्य की इकाई के रूप में (Money as unit of value)

2. गौण कार्य (Secondary Functions)—मुद्रा के तीन गौण कार्य हैं—

(a) स्थगित भुगतानों के मानक के रूप में (Money as a standard of deferred payments)

(b) मूल्य के संचय के रूप में (Money as a store of value)

(c) मूल्य के हस्तांतरण के रूप में (Money as a transfer of value)

3. आकस्मिक कार्य (Contingent Functions)—प्रो. **डेविड किनले** के मतानुसार मुद्रा कुछ आकस्मिक अथवा प्रासंगिक कार्य भी करती है।

(a) साख प्रणाली का आधार (Basis of the credit system)

(b) राष्ट्रीय आय को मापना और वितरण करना (Measurement and distribution of national income)

(c) सीमान्त उपयोगिताओं तथा उत्पादकताओं की समकार (Equalizer of marginal utilities and productivities)

फिलिप्स वक्र विश्लेषण (Phillips Curve Analysis)

फिलिप्स वक्र, बेरोजगारी दर तथा मुद्रा मजदूरी परिवर्तनों की दर में सम्बन्ध का निरीक्षण करती है। इंग्लैंड के अर्थशास्त्री ए. डब्ल्यू. फिलिप्स ने इसे पहचाना था, इसलिए इसे **फिलिप्स वक्र** कहते हैं। **यह वक्र बताता है कि बेरोजगारी की दर और मुद्रा मजदूरी बढ़ने की दर के बीच विपरीत सम्बन्ध होता है।** फिलिप्स ने अपने विश्लेषण को इंग्लैंड के आंकड़ों पर आधारित करके यह अनुभवजन्य निष्कर्ष प्रस्तुत किया कि जब अर्थव्यवस्था में बेरोजगारी बहुत होती है तो मुद्रा मजदूरी दरों के बढ़ने की दर कम होती है। क्योंकि नियोक्ताओं पर मुद्रा मजदूरी दरें बढ़ाने का दबाव कम

होता है। इसके विपरीत जब बेरोजगारी कम होती है तो मुद्रा मजदूरी दरों में वृद्धि की दर ऊंची होती है।

मुद्रा मजदूरी दर और बेरोजगारी के बीच इस विपरीत सम्बन्ध को प्रभावि करने वाला कारक है—व्यापार क्रिया की प्रकृति। बढ़ती व्यापार क्रिया की अवधि में जब श्रम की बढ़ती मांग के साथ बेरोजगारी गिर रही होगी तो मालिक मजदूरी बढ़ा देंगे। इसके विपरीत घटती व्यापार क्रिया अर्थात मंदी की स्थिति में जब श्रम के लिए मांग गिर रही होगी और बेरोजगारी बढ़ रही होगी तो मालिक मजदूरी बढ़ाने को तैयार नहीं होंगे।

इस प्रकार फिलिप्स वक्र बेरोजगारी तथा मुद्रा मजदूरी के बीच **वस्तु विनिमय** (trade off) को व्यक्त करता है। फिलिप्स वक्र को रेखाचित्र की सहायता से नीचे दर्शाया गया है।

नीचे रेखाचित्र में अनुलम्ब अक्ष पर मुद्रा मजदूरी में प्रतिशत परिवर्तन को और क्षैतिज अक्ष पर बेरोजगारी की प्रतिशतता को दर्शाया गया है। फिलिप्स वक्र को PC वक्र द्वारा दिखाया गया है। यह वक्र मूल बिन्दु के उन्नतोदर (convex) है जो बतलाता है कि जब बेरोजगारी की दर गिरती (कम) है तो मुद्रा मजदूरी में होने वाला प्रतिशत परिवर्तन बढ़ जाता है।

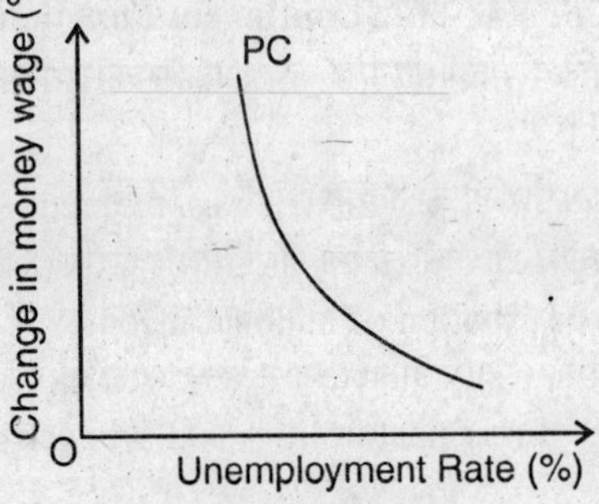

रेखाचित्र : *फिलिप्स वक्र*

सैम्युलसन तथा सोलो ने फिलिप्स के विश्लेषण को बढ़ाकर बेरोजगारी के स्तर और कीमतों के स्तर में परिवर्तन की दर के बीच वस्तु विनिमय (trade off) तक पहुंचाया। इस प्रकार फिलिप्स वक्र यह सुझाव देता है कि स्फीति (inflation) को बढ़ाकर हमेशा बेरोजगारी का स्तर घटाया जा सकता है। और बेरोजगारी को बढ़ाकर स्फीति की दर घटायी जा सकती है।

कुछ अर्थशास्त्रियों का कहना है कि फिलिप्स वक्र **अल्पकाल** से सम्बन्ध रखता है। दीर्घकाल में, स्फीति तथा रोजगार में कोई वस्तु विनिमय नहीं रहता है। इन मतों की स्थापना **फ्रीडमैन** तथा **फैल्प्स** (Friedman and Phelps) ने की है और उनका सिद्धान्त **'त्वरणवादी परिकल्पना'** (Accelerationist hypothesis) के नाम से प्रसिद्ध है।

फ्रीडमैन के मतानुसार, **''बेरोजगारी की प्राकृतिक दर''** (Natural rate of unemployment) होती है जो प्रमुख रूप से **अस्थायी बेरोजगारी** (Frictional unemployment) से निर्मित होती है। इसलिए बेरोजगारी की प्राकृतिक दर ऐसी दर है जो पूर्ण रोजगार (Full employment) के अनुरूप होती है। **फ्रीडमैन की परिकल्पना यह है कि बेरोजगारी की प्राकृतिक दर से कम के कारण ही मुद्रा मजदूरी बढ़ती है। इसके विपरीत मुद्रा मजदूरी तभी गिरती है जब बेरोजगारी प्राकृतिक दर से बढ़ जाती है।** यदि बेरोजगारी प्राकृतिक दर से कम होगी, तो फिलिप्स वक्र ऊपर को मुड़ जाएगा और कीमत वृद्धि तीव्र गति से होगी। यदि प्राकृतिक दर की अपेक्षा बेरोजगारी अधिक होगी, तो अल्पकालीन फिलिप्स वक्र नीचे को मुड़ जाएगा और कीमत वृद्धि मन्द पड़ जाएगी। **फ्रीडमैन की परिकल्पना के अनुसार दीर्घकालीन फिलिप्स वक्र अनुलम्ब होता है।** इसका मतलब यह है कि अल्पकाल को छोड़कर दीर्घकाल में स्फीति और बेरोजगारी के बीच सम्बन्ध **वस्तु विनिमय (Trade off)** नहीं होता है।

जेम्स टोबिन ने अपने विश्लेषणों में ऋणात्मक ढाल वाला और अनुलम्ब फिलिप्स वक्र के बीच समन्वय किया है। टोबिन के अनुसार **फिलिप्स वक्र किंकित आकृति** (Kinked shaped) का होता है। जिसका एक भाग तो सामान्य फिलिप्स वक्र जैसा होता है और शेष भाग अनुलम्ब (vertical) होता है। इसके पीछे टोबिन का मत है कि सीमाओं के भीतर तो एक फिलिप्स वक्र होता है परन्तु जब अर्थव्यवस्था का विस्तार होता है और रोजगार बढ़ता है तो यह वक्र और भी अधिक नाजुक बन जाता है। और अदृश्य बन जाता है जब तक कि बेरोजगारी की क्रांतिक (critical) निम्न दर पर वह अनुलम्ब नहीं बनता (Tobin believes that there is a Phillips curve within limits, but as the economy expands and employment grows, the curve becomes even more fragile and vanishes until it becomes vertical at some critically low rate of unemployment.)। इस प्रकार की स्थिति को रेखाचित्र में दर्शाया गया है। रेखाचित्र में U_c बेरोजगारी की वह क्रांतिक दर है जिस पर फिलिप्स वक्र अनुलम्ब बन जाता है और बेरोजगारी और स्फीति के बीच कोई विनिमय (trade off) नहीं रहता है। टोबिन का मत है कि इस वक्र का जो अनुलम्ब भाग है उसका कारण अधिक मजदूरी के लिए मांग का बढ़ना नहीं है बल्कि वह तो श्रम बाजार की अपूर्णताओं के कारण प्रकट होता है। U_c स्तर पर और अधिक रोजगार प्रदान करना सम्भव नहीं है क्योंकि जो लोग नौकरी करना

चाहते हैं उनमें या तो सही कुशलता नहीं है या फिर उम्र अथवा लिंग भेद की दृष्टि से वे गलत व्यक्ति हैं या फिर वे गलत स्थान पर नियुक्त हैं।

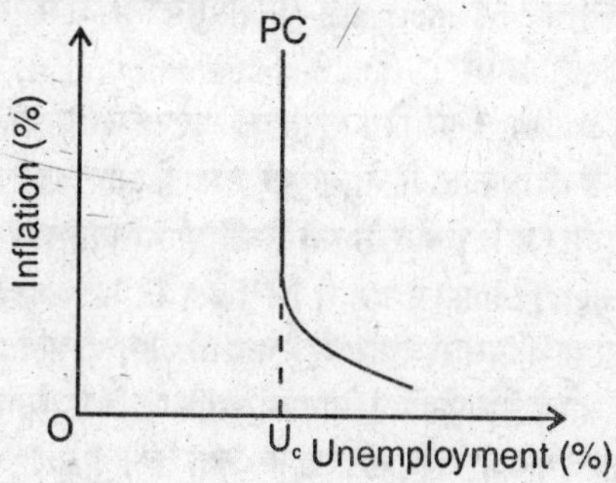

रेखाचित्र : *टोबिन के अनुसार फिलिप्स वक्र*

फिलिप्स वक्र की ऋणात्मक ढाल की स्थिति में मजदूरी नीचे की ओर अनम्य है, क्योंकि यदि मजदूरों की सापेक्ष मजदूरी में कटौती होती है तो वे उसका विरोध करते हैं (Regarding the normal portion of the Phillips curve which is negatively sloping, wages are sticky downward because labourers resist a decline in their relative wages.)। टोबिन का मत है कि अधिक पूर्तियों की स्थिति में एक **मजदूरी परिवर्तन आधार** (wage change floor) होता है। चित्र में U_c के दायीं ओर अपेक्षाकृत अधिक बेरोजगारी के क्षेत्र में जब समस्त मांग और स्फीति बढ़ती है और अनैच्छिक बेरोजगारी घटती है तो धीरे-धीरे मजदूरी आधार बाजार (wage floor markets) समाप्त हो जाते हैं जब श्रम बाजार के सभी क्षेत्र मजदूरी आधार से ऊपर होते हैं तो बेरोजगारी की क्रांतिक निम्न दर का U_c स्तर आ जाता है।

टोबिन की भांति **सोलो** (Solow) यह नहीं मानता कि फिलिप्स वक्र स्फीति के सब दरों पर अनुलम्ब होता है। उसका मत है कि यह वक्र स्फीति की धनात्मक दरों पर अनुलम्ब (vertical) होता है और स्फीति की ऋणात्मक दरों पर क्षैतिज (horizontal) होता है जैसा कि रेखाचित्र में दर्शाया गया है। रेखाचित्र के फिलिप्स वक्र LPC का आधार यह है कि भारी बेरोजगारी अथवा अवस्फीति में भी मजदूरी नीचे की ओर अनम्य (sticky) होती है। परन्तु बेरोजगारी के एक विशिष्ट स्तर पर जब श्रम के लिए मांग बढ़ती है तो प्रत्याशित स्फीति (expected inflation) के रहते भी मजदूरी बढ़ती है। क्योंकि बेरोजगारी के न्यूनतम स्तर पर फिलिप्स वक्र LPC अनुलम्ब हो जाता है, इसलिए बेरोजगारी और स्फीति में कोई विनिमय (trade off) नहीं होता है।

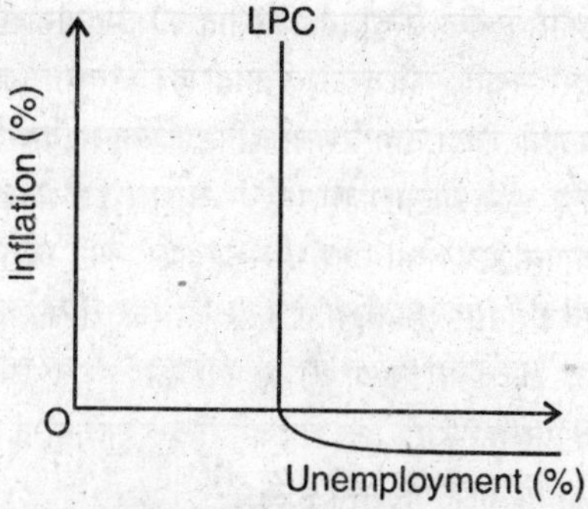

रेखाचित्र : *सोलो का फिलिप्स वक्र*

फिलिप्स वक्र की नीति विषयक निहित तत्त्व (Policy implications of the Phillips Curve)

फिलिप्स वक्र की नीति सम्बन्धी निहित तत्त्व महत्त्वपूर्ण हैं। यह सुझाव देता है कि बेरोजगारी के ऊंचे स्तरों के बिना, स्फीति (inflation) को रोकने के लिए मौद्रिक तथा राजकोषीय नीतियां किस सीमा तक प्रयोग में लाई जा सकती हैं। अन्य शब्दों में, यह अधिकारी वर्ग का इस सम्बन्ध में मार्ग दर्शन करता है कि जब बेरोजगारी का स्तर दिया हुआ हो, तो स्फीति की कितनी दर सहन की जा सकती है। इस मतलब के लिए, फिलिप्स वक्र की सही स्थिति जानना आवश्यक है। जैसा कि रेखाचित्र में दिखाया गया है यदि वक्र PC_1 है जहां बिन्दु E पर श्रम की उत्पादकता तथा मजदूरी दर बराबर हैं तो पूर्ण रोजगार तथा कीमत स्थिरता संभव होगी। E बिन्दु के बायीं ओर का वक्र बताता है कि पूर्ण रोजगार और कीमत स्थिरता संगत नीति (consistent policy) उद्देश्य है। इसका तात्पर्य है कि स्फीति के निम्न स्तर को बेरोजगारी के निम्न स्तर से विनिमय (Trade off) किया जा सकता है। दूसरी ओर यदि फिलिप्स वक्र PC है जैसा कि चित्र में दिखाया गया है तो यह बताता है कि अधिकारियों की कीमत स्थिरता और अधिक बेरोजगारी में से किसी एक को चुनना होगा।

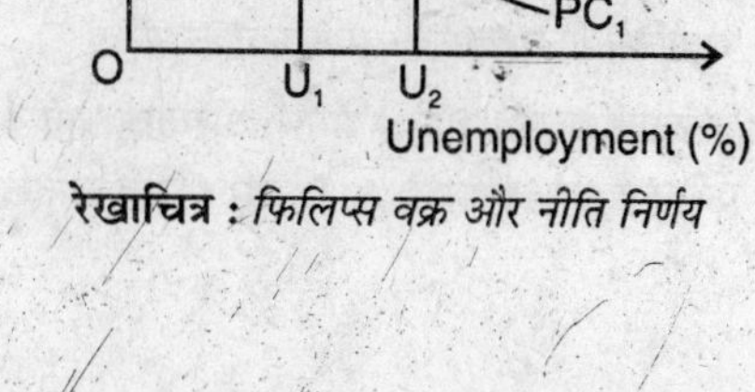

रेखाचित्र : *फिलिप्स वक्र और नीति निर्णय*

इस प्रकार, फिलिप्स वक्र की स्थिति को देखकर अधिकारी यह निर्णय कर सकते हैं कि किस प्रकार मौद्रिक तथा राजकोषीय नीतियां अपनायी जाएं। उदाहरणार्थ यदि अधिकारी यह देखें कि स्फीति की दर P_2 बेरोजगारी की U_1 दर से मेल नहीं खाती तो वे ऐसी मौद्रिक तथा राजकोषीय नीतियां अपनाएंगे जो फिलिप्स वक्र PC को बायीं PC_1 वक्र की स्थिति पर ला दें। इससे बेरोजगारी के उसी U_1 स्तर और अपेक्षाकृत नीची स्फीति दर P_1 के बीच श्रेष्ठ विनिमय उपलब्ध होगा।

व्यापार चक्र (Trade Cycle)

व्यापार चक्र पूंजीवादी अर्थ व्यवस्था का अंग है। यह अर्थव्यवस्था के चक्रीय तेजियों तथा मंदियों के विषय से सम्बन्धित है। व्यापार चक्र में कुल रोजगार, आय, उत्पादन तथा कीमत स्तर में तरंग की तरह (wave like) उतार चढ़ाव आते रहते हैं।

अब हम व्यापार चक्रों के तीन आधुनिक महत्त्वपूर्ण **मॉडलों सैम्युलसन मॉडल, हिक्स मॉडल** तथा **काल्डर मॉडल** की चर्चा करेंगे।

काल्डर का व्यापार चक्र सिद्धान्त (Kaldor's theory of the trade cycle)

काल्डर ने बचत और निवेश की केन्जीय शब्दावली के आधार पर व्यापार चक्र के मॉडल को प्रस्तुत किया। उसके अनुसार नियोजित बचत (Planned saving) और और निवेश का अन्तर चक्र को लाता है। लेकिन काल्डर के अनुसार व्यापार चक्र तभी संभव है जब बचत और निवेश **अरेखीय** (non-linear) हों। काल्डर के व्यापार चक्र को रेखाचित्र की सहायता से इस प्रकार समझाया जा सकता है।

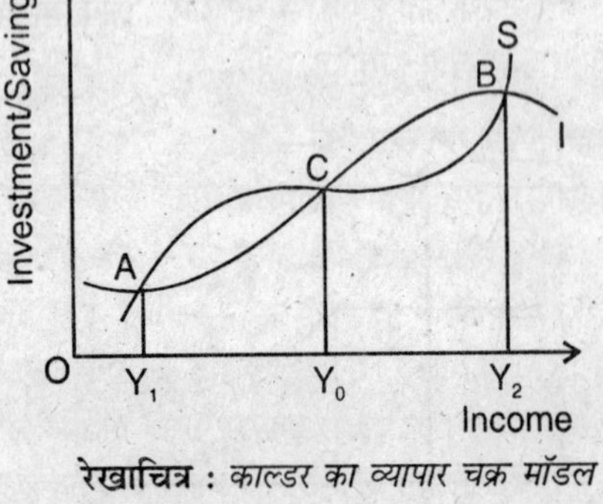

रेखाचित्र : *काल्डर का व्यापार चक्र मॉडल*

ऊपर के रेखाचित्र में I और S क्रमशः अरेखीय निवेश फलन तथा बचत फलन है। रेखाचित्र में A, B और C बहु सन्तुलनों को दर्शाता है। इनमें से A और B स्थिर संतुलन है तथा C अस्थिर संतुलन है। C और B के बीच तथा A बिन्दु से नीचे I > S है। परिणामस्वरूप आय का स्तर बढ़ेगा। लेकिन A और C के बीच और B बिन्दु के ऊपर, S > I है परिणामस्वरूप आय का स्तर घटेगा।

परन्तु A और B पर स्थित संतुलन अल्पकाल में ही केवल स्थिर रहते हैं। दीर्घकाल में ये अस्थिर होते हैं और चक्र का पथ दृष्टिगोचर होता है। A और B की स्थितियां दीर्घकाल में **स्विच बिन्दु** (switch points) है। ये वे बिन्दु हैं जिन पर अर्थव्यवस्था अपनी दिशा या तो प्रसार अथवा संकुचन की ओर परिवर्तित करती है। बिन्दु C दोनों दिशाओं की ओर अस्थिर होता है। जब बिन्दु C और B नजदीक आते हैं तो व्यापार चक्र की प्रसार अवस्था (Expansion Phase) प्रारम्भ होती है। जब वे मिलते है तो प्रसार समाप्त हो जाता है और संकुचन (contraction phase) प्रारंभ होता है।

काल्डर के अनुसार अर्थव्यवस्था की तेजी अपने आप ही निश्चित रूप से समाप्त हो जाएगी। परन्तु मंदी स्थैतिक स्थिति में पड़ सकती है और वहीं रह सकती है जब तक कि बाह्य परिवर्तन (जैसे कि नए आविष्कारों की खोज या नई मार्किटों का खोलना) उसके बचाव में नहीं आते। फिर काल्डर के मॉडल में चक्र समान लम्बाई और अवधि के आवश्यक तौर से नहीं होते हैं और न ही प्रसार और संकुचन आवश्यक तौर से समरूपक होते हैं। यहां ध्यान देने योग्य बात यह है कि **काल्डर अपने व्यापार चक्र सिद्धान्त की व्याख्या करने में न तो त्वरण नियम और न ही मौद्रिक कारकों का प्रयोग करता है।**

हिक्स का व्यापार चक्र सिद्धान्त (Hicks's theory of the trade cycle)

हिक्स ने **गुणक त्वरण परस्पर क्रिया** के नियम के आधार पर अपना व्यापार चक्रों का सिद्धान्त निर्मित किया है। उसके लिए "त्वरण का सिद्धान्त तथा गुणक का सिद्धान्त अर्थव्यवस्था में उतार-चढ़ावों के सिद्धान्त के ठीक वैसे ही दो पक्ष हैं, जैसे कि मांग का सिद्धान्त तथा पूर्ति का सिद्धान्त मूल्य सिद्धान्त के दो पक्ष हैं।" हिक्स का विचार है कि जब अर्थव्यवस्था में निवेश होता है तो गुणक प्रभाव के कारण आय में कई गुनी वृद्धि होती है जिससे उपभोग की वस्तुओं की मांग बढ़ती है। त्वरक प्रभाव के कारण, उपभोग वस्तुओं की मांग में वृद्धि होने से, विनियोग (Investment-प्ररित) में वृद्धि होती है। इस प्रकार गुणक तथा त्वरक के संयुक्त प्रभाव के कारण अर्थव्यवस्था में तेजी की स्थिति आती है। जब गुणक तथा त्वरक विपरीत दिशा में कार्य करते हैं तो मंदी की

स्थिति आती है। हिक्स के अनुसार निवेश दो प्रकार का होता है—**स्वायत्त निवेश** और **प्रेरित निवेश**। स्वायत्त निवेश विद्यमान आर्थिक दशाओं—राष्ट्रीय आय का स्तर तथा उपभोग आदि से स्वतंत्र होता है। इस निवेश का दबाव गुण के रूप में प्रकट होता है। प्रेरित निवेश, बाह्य दशाओं से प्रभावित होता है तथा इसका दबाव त्वरक के रूप में प्रकट होता है।

मॉडल की मान्यताएं (Assumptions of the Model)

व्यापार चक्र की हिक्सीय सिद्धान्त निम्नलिखित मान्यताओं पर आधारित है—

1. हिक्स के अनुसार स्वायत्त निवेश स्थिर दर से इस तरह बढ़ता है ताकि अर्थव्यवस्था गतिमान संतुलन में रहे।

2. हिक्स मान लेता है कि गुणक तथा त्वरक के मूल्य स्थिर है।

3. अर्थव्यवस्था उत्पादन के पूर्ण रोजगार स्तर से आगे नहीं विस्तार कर सकती। इस प्रकार **पूर्ण रोजगार सीमा,** अर्थव्यवस्था के ऊपर की ओर गति पर **प्रत्यक्ष** नियन्त्रण का काम करती है।

4. अवनति (downswing) में त्वरक का कार्यकरण अर्थव्यवस्था की नीचे की ओर गति पर अप्रत्यक्ष नियंत्रण प्रदान करता है। त्वरक में कमी की दर को मूल्यह्रास की दर अवनति में सीमित करती है।

5. क्योंकि यह मान लिया गया है कि उपभोग तथा प्रेरित निवेश समयपश्चता (lagged) के साथ कार्यकरण करते है, इसलिए गुणक तथा त्वरक के बीच सम्बन्ध समयान्तर ढंग से किया जाता है।

उपर्युक्त मान्यताओं के रहते, हिक्स के व्यापार चक्र सिद्धान्त को रेखाचित्र में दर्शाया गया है। रेखा AA स्थिर दर से बढ़ रहे **स्वायत्त निवेश** को व्यक्त करती है। EE उत्पादन का संतुलन स्तर है जो AA पर निर्भर है। The multiplier and autonomous investment together determine the equilibrium level of income shown by the line LL. Hicks calls this the floor line.

हिक्स संतुलन पथ EE पर P_o से प्रारम्भ करता है, जब **स्वायत्त निवेश** की दर में वृद्धि से आय बढ़ने लगती है। परिणामतः गुणक तथा त्वरक के संयुक्त कार्यकरण द्वारा उत्पादन तथा आय की वृद्धि अर्थव्यवस्था को विस्तार पथ पर P_o से ऊपर की ओर P_1 पर ले जाती है। जब अर्थव्यवस्था P_1 पर पूर्ण रोजगार शिखर का स्पर्श करती है तो वह कुछ समय के लिए शिखर के साथ चलेगी और अवनति (downswing) तुरन्त नहीं प्रारम्भ हो जाएगी। निवेश समय पश्चता जितना ही अधिक होगा, अर्थव्यवस्था उतना ही शिखर पथ के साथ-साथ चलेगी।

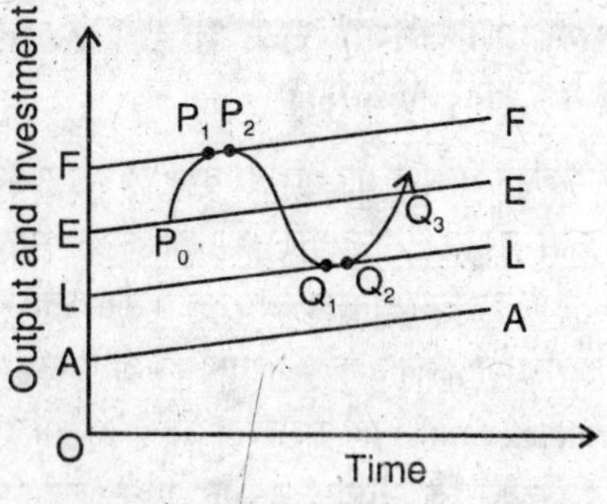

रेखाचित्र : *हिक्स का व्यापार चक्र मॉडल*

क्योंकि चक्र की पिछली अवस्था की सापेक्षता में इस स्तर पर आय घट रही है, इसलिए निवेश मात्रा घट जाती है। निवेश की इतनी मात्रा अर्थव्यवस्था को शिखर स्तर पर रखने के लिए अपर्याप्त है और तब नीचे की ओर झुकाव शुरू हो जाता है।

अवनति (downswing) के दौरान गुणक—त्वरक का कार्यकरण विपरीत दिशा में होता है। घटता हुआ निवेश आय को घटाता है, घटी हुई आय निवेश को घटाती है और यही प्रक्रिया आगे चलती रहती है। जब तक की अर्थव्यवस्था Q_1 पर पहुंच नहीं जाती अर्थव्यवस्था Q_1 से तुरन्त ऊपर की ओर नहीं मुड़ जाती। बल्कि रेखा LL के साथ-साथ चलेगी क्योंकि अर्थव्यवस्था में अतिरिक्त क्षमता है, अन्ततः जब सारी अतिरिक्त क्षमता समाप्त हो जाएगी तो स्वायत्त निवेश आय को बढ़ाएगा, जिससे आगे प्रेरित निवेश बढ़ेगा ताकि त्वरक चालू हो जाए जो गुणक के साथ अर्थव्यवस्था को फिर शिखर की ओर ले जाएगा। इस तरीके से अर्थव्यवस्था में चक्रीय प्रक्रिया की आवृत्ति होती चलेगी।

हिक्स के मॉडल की निम्नलिखित आधार पर **आलोचना** की गई है—

1. गुणक का मूल्य स्थिर नहीं होता है।

2. त्वरक का भी मूल्य स्थिर नहीं रहता है।

3. स्वायत्त निवेश (Autonomous investment) निरन्तर नहीं होता है।

4. स्वायत्त और प्रेरित निवेश में भेद युक्तियुक्त नहीं है।

5. हिक्स ने व्यापार चक्र के शिखर अथवा ऊपरी सीमा की जो व्याख्या की है, उसके लिए भी उसकी आलोचना की गई है। **ड्यूसनबरी** के अनुसार, शिखर मन्दी के शुरू होने की समुचित व्याख्या करने में असमर्थ रहता है।

6. हिक्स के सिद्धान्त की एक और गम्भीर परिसीमा यह है कि यह व्यापार चक्र की यांत्रिक (Mechanical) व्याख्या प्रस्तुत करता है।

सैम्युलसन का व्यापार चक्र मॉडल (Samuelson's Trade Cycles Model)

सैम्युलसन के अनुसार गुणक तथा त्वरक इकट्ठे मिलकर चक्रीय उतार चढ़ाव उत्पन्न करते हैं। त्वरक का मूल्य जितना ही अधिक होगा, **विस्फोटात्मक चक्र** की संभावना भी उतनी ही अधिक होगी। गुणक का मूल्य जितना ही अधिक होगा, चक्रहीन पथ (cycleless path) की संभावना उतनी ही अधिक होगी।

यह मानकर कि सीमान्त उपभोग प्रवृत्ति का मूल्य **शून्य** से अधिक और **एक** से कम ($0 < MPC < 1$) एवं त्वरक का मूल्य **शून्य** से अधिक है, सैम्युलसन पांच प्रकार के चक्रीय उतार चढ़ावों की व्याख्या करता है।

सीमाएं—सैम्युलसन द्वारा प्रस्तुत विश्लेषण की निम्न सीमाएं हैं—

1. सैम्युलसन ने जिन विभिन्न चक्रों की व्याख्या की है, उनकी अवधि की लम्बाई के सम्बन्ध में वह मौन है।

2. फिर सैम्युलसन का विश्लेषण यह मान लेता है कि उपभोग की सीमान्त प्रवृत्ति तथा त्वरक स्थिर हैं, परन्तु वास्तव में वे आय के स्तर के साथ-साथ परिवर्तित होते हैं। अत: यह मॉडल छोटे-छोटे उतार-चढ़ावों के अध्ययन पर ही लागू हो सकता है।

3. प्रस्तुत मॉडल में जिन चक्रों की व्याख्या की गई है, वे प्रवृत्तिहीन अर्थव्यवस्था में स्थिर स्तर के गिर्द ही घूमते हैं। यह वास्तविक नहीं है, क्योंकि अर्थव्यवस्था प्रवृत्तिहीन (trendless) नहीं होती बल्कि वृद्धि की प्रक्रिया में रहती है। इसी का परिणाम है कि **हिक्स** ने वृद्धिशील अर्थव्यवस्था में व्यापार चक्र के अपने सिद्धान्त का निर्माण किया।

स्फीति का सिद्धांत (Theories of Inflation)

स्फीति को सबसे पहले **नव-क्लासीकल** अर्थशास्त्रियों ने परिभाषित किया था। स्फीति से उनका तात्पर्य था, मुद्रा के परिमाण में अत्यधिक वृद्धि के परिणामस्वरूप कीमतों में द्रुत (galloping) वृद्धि। जबकि **केन्ज़** के अनुसार, जब मुद्रा की पूर्ति पूर्ण रोजगार स्तर से आगे बढ़ जाती है तो उत्पादन बढ़ना बन्द हो जाता है और मुद्रा पूर्ति के साथ कीमतें समानुपात में बढ़ती हैं। केन्ज़ के अनुसार यही असली स्फीति है। **यहां ध्यान देने योग्य बात यह है कि केन्ज़ अपने विश्लेषण में इस बात पर बल देता है कि स्फीति का कारण मांग है और वह स्फीति के लागत पक्ष की उपेक्षा करता है।**

स्फीति अन्तराल (Inflationary Gap)

स्फीति अन्तराल की अवधारणा का प्रतिपादन **केन्ज** ने किया था। केन्ज़ के अनुसार पूर्ण रोजगार के स्तर पर समस्त मांग में समस्त पूर्ति की अपेक्षा तीव्र वृद्धि से इन दोनों में जो अन्तराल उत्पन्न हो जाता है उसे ही **स्फीति अन्तराल** कहा जाता है। समस्त मांग का स्तर जितना ही अधिक होगा अन्तराल (gap) भी उतना ही अधिक होता है। स्थिर औसत-बचत प्रवृत्ति दी हुई होने पर, पूर्ण रोजगार स्तर पर मुद्रा-आय में वृद्धि से जब पूर्ति से मांग बढ़ जाएगी तो परिणामस्वरूप स्फीती अन्तराल उत्पन्न हो जाएगा।

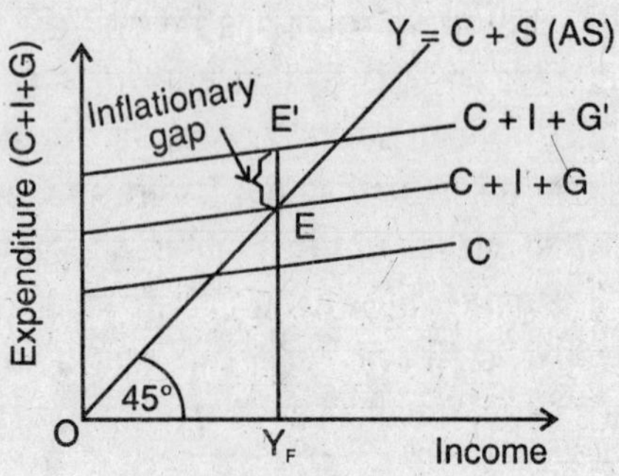

रेखाचित्र : *स्फीति अन्तराल*

स्फीति अन्तराल को रेखाचित्र की सहायता से भी दिखाया जा सकता है। रेखाचित्र में Y_F आय का पूर्ण रोजगार स्तर है जो कुल मांग रेखा C+I+G और कुल पूर्ति को व्यक्त करने वाली रेखा 45° की E बिन्दु पर समानता से उपलब्ध हुआ है। सरकारी व्यय में वृद्धि के फलस्वरूप समस्त मांग फलन (C+I+G') ऊपर की ओर विवर्तित (Shift) हो जाता है। परिणाम स्वरूप पूर्ण रोजगार के स्तर पर समस्त मांग एवं समस्त पूर्ति के बीच एक अन्तराल उत्पन्न हो जाता है जोकि EE' के बराबर है। इसे ही स्फीति अन्तराल कहा जाता है।

स्फीति अन्तराल कैसे समाप्त किया जा सकता है? इसके लिए बचतों में वृद्धि की जानी चाहिए ताकि समस्त मांग घट जाए। दूसरा हल यह है कि उपलब्ध उत्पादन का मूल्य बढ़ाकर प्रयोज्य आय (disposable income) के बराबर कर दिया जाए। परन्तु अल्पकाल में उत्पदन तो बढ़ाया नहीं जा सकता।

निजी निवेश भी घटाया नहीं जा सकता जबकि सरकारी व्यय स्वायत्त होता है। इसलिए अल्पकाल में दोनों ही घटाए नहीं जा सकते। इसलिए सरकार के पास एक ही विकल्प रह जाता है कि कराधान बढ़ाए और बचतों को प्रोत्साहन दें।

मांगाधिक्य अथवा स्फीति का मौद्रिक सिद्धांत (Demand-Pull or Monetary Theory of Inflation)

इस सिद्धांत के अनुसार, जब अर्थव्यवस्था में समस्त पूर्ति से समस्त मांग अधिक हो जाती है तो कीमतों में स्फीतिकारी वृद्धि होने लगेगी। इसकी प्राचीनतम व्याख्या मुद्रा के परम्परागत (classical theory) परिमाण सिद्धांत में मिलती है। यह सिद्धांत बताता है कि मुद्रा पूर्ति की वृद्धि के अनुपात में कीमतें बढ़ती है। पूर्ण रोजगार का स्तर दिया हुआ होने पर, यदि मुद्रा की पूर्ति दो गुणा कर दी जाए तो कीमतें भी दो गुणा हो जाएंगी। इस प्रकार, स्फीति उसी रफ्तार से चलती है जिस रफ्तार से मुद्रा पूर्ति का विस्तार होता है। इस विश्लेषण में समस्त पूर्ति स्थिर मान ली गई है और अर्थ-व्यवस्था में हमेशा पूर्ण रोजगार रहता है। स्वाभाविक है कि जब मुद्रा की पूर्ति बढ़ती है तो वह वस्तुओं की मांग बढ़ाती है, लेकिन संसाधन पूर्ण रूप से रोजगार-युक्त हैं, इसलिए वस्तुओं की पूर्ति नहीं बढ़ सकती। इससे कीमतें बढ़ जाती है।

आधुनिक मौद्रिक सिद्धांतवादियों जिनके नेता **फ्रीडमैन** है, का मत है कि ''स्फीति सदैव तथा सर्वत्र एक मौद्रिक घटना होती है।'' आधुनिक परिमाण सिद्धांतवादी न तो यह मान्यता रखते हैं कि पूर्ण रोजगार सामान्य स्थिति है और न ही यह कि मुद्रा के वेग (Velocity of Money) स्थिर होता है। फिर भी वे स्फीति को मुद्रा पूर्ति की अतिवृद्धि का परिणाम मानते हैं।

लागताधिक्य स्फीति (Cost-Push inflation)

मजदूरी आधिक्य (Wage-Push) और लाभाधिक्य (Profit Push) के कारण जो कीमतों में वृद्धि होती है उससे लागताधिक्य (Cost-Push) स्फीति आती है।

लागताधिक्य स्फीति का मूल कारण यह है कि श्रम की उत्पादकता की अपेक्षा मुद्रा मजदूरी अधिक तेजी से बढ़ने लगती है। विकसित देशों में ट्रेड-यूनियनें अधिक शक्तिशाली होती हैं। वे मालिकों पर दबाव डालती हैं कि श्रम की उत्पादकता (productivity of labour) में वृद्धि की अपेक्षा मजदूरी में कहीं अधिक वृद्धि करें, जिसके परिणामस्वरूप वस्तुओं के उत्पादन लागत बढ़ जाती है। जिसका-परिणाम यह होता है कि कीमतें बढ़ने लगती है। कीमतें बढ़ने से यूनियनों को और अधिक मजदूरी मांगने की प्रेरणा मिलती है। इससे मजदूरी-लागत उत्चक्र (Spiral) चलता रहता है। जिसके परिणामस्वरूप लागताधिक्य अथवा मजदूरी जन्य स्फीति आती है।

फिर जब मुद्रा मजदूरी बढ़ती है तो अर्थव्यवस्था के कुछ क्षेत्रों पर प्रभाव पड़ता है और उन क्षेत्रों के उत्पादों की कीमतें बढ़ जाती है। बहुत बार ऐसा होता है कि एक क्षेत्र के उत्पाद दूसरे क्षेत्रों में वस्तुओं के उत्पादन की आगतों (Inputs) के रूप में प्रयोग होते हैं। परिणामत: अन्य क्षेत्रों की उत्पादन लागत बढ़ जाएगी और इस प्रकार उनकी वस्तुओं की कीमतें बढ़ेगी। इस प्रकार हो सकता है कि अर्थव्यवस्था के कुछ क्षेत्रों में मजदूरी-जन्य स्फीति समस्त अर्थव्यवस्था में कीमतों में स्फीतिकारी वृद्धि कर दे।

लागताधिक्य स्फीति का एक और कारण लाभाधिक्य स्फीति है। अल्पाधिकारी तथा एकाधिकारी फर्में, अधिक लाभ कमाने के उद्देश्य से श्रम तथा उत्पादन लागतों में हुई वृद्धि को समाप्त करने के लिए अपनी वस्तुओं की कीमते बढ़ा देती हैं। क्योंकि इस तरह की फर्मों के लिए अपूर्ण प्रतियोगिता होती है इसलिए ये फर्में स्वयं अपनी वस्तुओं की कीमतें निर्देशित (administer) कर सकती हैं। लाभ-जन्य स्फीति को स्फीति कीमत का सिद्धान्त अथवा कीमत-जन्य स्फीति अथवा विक्रेताओं की स्फीति अथवा बाजार-शक्ति स्फीति भी कहते हैं।

लागताधिक्य सिद्धांत की तीन आधारों पर आलोचना की गयी है। **प्रथम,** लागताधिक्य सिद्धांत बेरोजगारी से सम्बद्ध है। इसलिए मौद्रिक प्राधिकारी दुविधा में होता है। क्योंकि स्फीति रोकने के लिए उसे बेरोजगारी सहन करनी पड़ेगी। **दूसरा,** यदि सरकार पूर्ण रोजगार की नीति के प्रति वचनबद्ध है, तो यूनियनों द्वारा बढ़वायी जाने वाली मजदूरी सहन करनी होगी और इसलिए स्फीति भी सहन करनी होगी। **तीसरा,** यदि बेरोजगारी की अवधियों में सरकार समस्त मांग को बढ़ाने का प्रयत्न करती है तो हो सकता है कि इससे उत्पादन और रोजगार बढ़ने के बजाय ट्रेड-यूनियनों के कार्य से मजदूरी में वृद्धि हो जाए।

क्षेत्रीय अथवा मांग स्थानान्तरण स्फीति (Sectoral or demand -shift inflation)

क्षेत्रीय स्फीति **चार्ल्स शुल्ज** (Charles Shultz) के नाम से सम्बद्ध है। उसने “Recent inflation in the United States” शीर्षक शोध पत्र में लक्ष्य किया था कि 1955-57 तक कीमतों में जो वृद्धियां हुई थीं, उनका कारण न तो मांगाधिक्य था और न ही लागताधिक्य, बल्कि मांग में क्षेत्रीय स्थानान्तरणों के कारण वे वृद्धियां हुई थीं। शुल्ज ने अमेरिकी अर्थव्यवस्था के सन्दर्भ में अपनी थीसीस प्रस्तुत की थी परन्तु अब उसे आधुनिक औद्योगिक अर्थव्यवस्थाओं के लिए सामान्य सिद्धांत बना दिया गया है।

शुल्ज के अनुसार कीमतें तथा मजदूरी अति मांग के प्रत्युत्तर में ऊपर की ओर लोचदार होती हैं। परन्तु नीचे की ओर अनम्य

होती है। जब मांग बढ़ती है तो मजदूरी तथा कीमतें भी बढ़ती है परन्तु मांग गिरने पर वे गिरती नहीं। यदि अर्थव्यवस्था के कुछ क्षेत्रों में अति मांग हो और अन्य क्षेत्रों में न्यून मांग हो, तो इससे भी सामान्य कीमत स्तर बढ़ेगा। इसका कारण यह है कि न्यून मांग क्षेत्रों में भी कीमतें नहीं गिरतीं क्योंकि कीमतें नीचे की ओर अनम्य होती हैं। परन्तु अति मांग क्षेत्रों में कीमतें बढ़ती हैं जबकि अन्य क्षेत्रों में स्थिर रहती है। निवल प्रभाव यह होता है कि कीमतों का कुल स्तर बढ़ जाता है।

फिर, यह भी हो सकता है कि अति मांग उद्योगों (अथवा क्षेत्रों) में होने वाली कीमत वृद्धि फैलकर वस्तु की कीमतों और श्रम की मजदूरी के माध्यम से न्यून-मांग उद्योगों में भी पहुंच जाए। विशिष्ट उद्योगों में मांग बढ़ने से मध्यवर्ती सामग्री और पुर्जों की कीमत में सामान्य वृद्धि हो जाएगी। सामग्री की ये बढ़ती कीमतें फैलकर उन न्यून मांग उद्योग तक पहुंच जाएंगी जो उसे आगतों के रूप में प्रयोग करते हैं।

इस प्रकार मांग-स्थानान्तरण स्फीतिकारी प्रक्रिया (Demand Shift Inflationary Process) शुरू तो तब होती है जब विशिष्ट उद्योगों में मांग बहुत बढ़ जाती है परन्तु इसका अन्तिम परिणाम यह होता है कि सामान्य कीमत-स्तर बढ़ जाता है। क्योंकि कीमतें तथा मजदूरी घटती नहीं और उनकी प्रकृति-लागत अनुस्थापित (oriented) होती है। इसमें न तो लागत में स्वायत्त वृद्धि पायी जाती है और न ही समस्त अति मांग में। इस प्रकार अर्थव्यवस्था में कीमतों तथा मजदूरी का ढांचा दिया हुआ होने पर, इस तरह की स्फीति मांग की संरचना में होने वाले तीव्र परिवर्तनों का आवश्यक परिणाम होती है।

संरचनात्मक स्फीति (Structural inflation)

स्फीति का संरचनावादी सिद्धांत दक्षिण अमेरिका में विकसित हुआ था। यह सिद्धांत इस बात पर बल देता है कि विकासशील देशों में स्फीति का प्रमुख कारण संरचनात्मक कठोरताएं होती है। इस सिद्धांत के अनुसार विकास के साथ स्फीति का आना भी आवश्यक है। क्योंकि ज्यों-ज्यों अर्थव्यवस्था का विकास होता है त्यों-त्यों कठोरताएं उत्पन्न हो जाती हैं जिनसे संरचनात्मक स्फीति आती है। आर्थिक विकास की प्रारंभिक अवस्था में गैर-कृषि आय बढ़ती है और उनके साथ-साथ जनसंख्या की वृद्धि दर भी अधिक होती है जो वस्तुओं की मांग को बढ़ाती है। परन्तु इनकी घरेलू पूर्ति बेलोच होती है इसलिए खाद्य पदार्थों की कीमतें बढ़ जाती है।

जब कीमतें बढ़ती है तो खाद्य पदार्थों का उत्पादन नहीं बढ़ता क्योंकि उनका उत्पादन बेलोच होता है। इसका कारण एक तो यह है कि भूमि संबंध दोषपूर्ण होती है और दूसरा कारण यह है कि अनेक अन्य कठोरताएं विद्यमान रहती हैं, जैसे, सिंचाई, वित्त, विपणन (marketing) आदि का अभाव और खराब फसलें। इसके अतिरिक्त विदेशी विनिमय प्रतिबंधों के कारण खाद्य पदार्थ भारी मात्रा में आयात भी नहीं किये जा सकते।

इस प्रकार विकासशील देशों में पूर्ति की लोचहीनता, कीमतों के न घटने की प्रवृत्ति और आय की वृद्धियों के परिणामस्वरूप संरचनात्मक स्फीति आती है।

खुली तथा निरूद्ध स्फीति (Open and Suppressed inflation)

जब अधिकारी वर्ग की ओर से सामान्य हस्तक्षेप के बिना वस्तुओं तथा साधनों की कीमतें निश्चित की जाए और वस्तुओं तथा साधनों के बाजारों को स्वतंत्र रूप से कार्य करने दिया जाए तब खुली स्फीति आती है। इस प्रकार खुली स्फीति बाजार प्रक्रिया में बिना रूकावट के प्रचलन का परिणाम है। बिना रोक (Unchecked) के खुली स्फीति से अन्तत: अति-स्फीति (hyper inflation) आती है। इसके विपरीत जब खुली स्फीति को रोकने के लिए सरकार भौतिक तथा मौद्रिक नियंत्रण लगाती है तो वह दमित (repressed) या निरूद्ध (suppressed) स्फीति कहलाती है।

स्टैगफ्लेशन (Stagflation)

अंग्रेजी का Stagflation शब्द Stag और flation के योग से बना है। Stag पदांश Stagnation से और flation पदांश inflation से लिया गया है। **स्टैगफ्लेशन ऐसी विरोधाभास स्थिति है जिसमें अर्थव्यवस्था में बेरोजगारी के साथ-साथ मुद्रा-स्फीति की दर भी ऊंची होती है।** इसे स्फीतिकारी सुस्ती (Inflationary recession) भी कहते हैं। संयुक्त राज्य अमेरिका में गतिहीन-स्फीति का स्तर **'असुविधा सूचकांक'** (dicomfort index) द्वारा मापा जाता है।

स्टैगफ्लेशन के प्रमुख कारणों में से एक कारण समस्त पूर्ति (Aggregate Supply) में कमी का होना है। जब समस्त पूर्ति घटती है तो उत्पादन और रोजगार गिर जाते हैं और कीमत स्तर बढ़ता है। समस्त पूर्ति में कमी का कारण श्रमपूर्ति में बाधा हो सकता है।

समस्त पूर्ति में कमी का एक और कारण केन्द्रीय, राज्य तथा स्थानीय सरकारों द्वारा अप्रत्यक्ष करों का बढ़ाया जाना है। जब अप्रत्यक्ष कर बढ़ते हैं तो वे लागतों तथा कीमतों को बढ़ा देते हैं और उत्पादन तथा रोजगार को कम कर देते हैं। फिर जब सरकार कर की दर बढ़ाती है तो वास्तविक क्रय शक्ति लोगों से हस्तांतरित होकर सरकार के हाथों में चली जाती है। परिणामस्वरूप समस्त

मांग गिर जाती है और उत्पादन एवं रोजगार पर प्रतिकूल प्रभाव पड़ता है। पर, यदि सरकार अपने व्यय को उतना ही बढ़ा दे जितना कि कर राजस्व बढ़ा है तो इससे अतिरिक्त मांग बढ़ेगी और कीमत स्तर और बढ़ जाएगा।

स्फीति के कारण (Cause of inflation)

अर्थव्यवस्था में स्फीति तब आती है जब वस्तुओं तथा सेवाओं की समस्त पूर्ति से उनकी समस्त मांग बढ़ जाती है। अब हम उन कारणों का विश्लेषण करेंगे जिनसे **मांग** बढ़ती है और **पूर्ति** कम रह जाती है।

मांग को प्रभावित करने वाले कारक

समस्त मांग को प्रभावित करने वाले निम्न कारक हैं—

1. मुद्रा पूर्ति में वृद्धि—समस्त मांग में वृद्धि का पहला कारण मुद्रा की पूर्ति में वृद्धि होना है।

2. सार्वजनिक व्यय में वृद्धि—दूसरा कारण है सार्वजनिक व्यय का बढ़ जाना। सार्वजनिक व्ययों में वृद्धि के फलस्वरूप भी वस्तुओं तथा सेवाओं की समस्त मांग बढ़ जाती है।

3. घाटे की वित्त व्यवस्था—अपने बढ़ते खर्च को पूरा करने के लिए सरकार जनता से उधार लेकर तथा अधिक करेन्सी नोट छापकर घाटे की वित्त व्यवस्था का तरीका अपनाती है। इससे भी समस्त मांग बढ़ जाती है।

4. कालाधन—कर चोरी, भ्रष्टाचार इत्यादि के कारण विद्यमान कालाधन भी समस्त मांग को बढ़ाता है।

5. ऋण का भुगतान—जब कभी सरकार जनता को अपने पिछले आन्तरिक ऋण को पुनर्भुगतान करती है तो जनता के पास मुद्रा पूर्ति बढ़ जाती है। इससे वस्तुओं तथा सेवाओं की मांग बढ़ने लगती है।

पूर्ति को प्रभावित करने वाले कारक

समस्त पूर्ति में कमी लाने वाले प्रमुख कारक निम्नलिखित हैं—

1. उत्पादन के साधनों की कमी—वस्तुओं की पूर्तियों को प्रभावित करने वाला एक प्रमुख कारण श्रम, कच्चे माल, पूंजी इत्यादि साधनों की कमी होना है।

2. प्राकृतिक संकट—सूखा या बाढ़ भी एक कारण है जो कृषि उत्पादनों की पूर्तियों पर प्रतिकूल प्रभाव डालता है। कृषि उत्पादों की पूर्तियां घटने से, आगे, खाद्य पदार्थों तथा कच्चे माल की कमियां हो जाती है और स्फीतिकारी दबाव बढ़ जाते हैं।

3. कृत्रिम दुर्लभताएं—जमाखोर तथा सट्टोरिये कृत्रिम दुर्लभताएं पैदाकर देते हैं और चोर बाजारी करते हैं। इस प्रकार वे वस्तुओं की पूर्ति घटाने और उनकी कीमतें बढ़ाने के लिए उत्तरदायी बनते हैं।

विकासशील देशों में स्फीति रोकने के उपाय (Measures to Control inflation in Developing Economies)

स्फीति को नियंत्रित करने के लिए ऐसे देशों में सरकारें अनेक मौद्रिक, राजकोषीय तथा भौतिक उपाय अपनाती हैं ताकि वस्तुओं की मांग को रोका जा सके और उनकी पूर्ति बढ़ायी जा सके।

1. मौद्रिक उपाय (Monetary measures)—स्फीतिकारी दबावों को रोकने के लिए केन्द्रीय बैंक अनेक चरणों में नकदी रिजर्व अनुपात (CRR) बढ़ाता है। साथ ही इस बात का भी ध्यान रखता है कि उत्पादक क्रिया का विस्तार करने में साख की पूर्ति बाधा न बने और चुने हुए क्षेत्रों को अधिक साख उपलब्ध कराकर प्रेरित किया जा सके। इसके अतिरिक्त बैंक दर को समुचित बढ़ाकर तथा खुले बाजार प्रचालनों के द्वारा प्रतिभूतियों की बिक्री को भी केन्द्रीय बैंक स्फीति को रोकने के लिए अपनाता है। लेकिन एक विकासशील देश में ये दोनों उपाय स्फीति को रोकने में विशेष सफल नहीं होते हैं। इसलिए ऐसे देश में **चयनात्मक साख नियंत्रण नीति** ही स्फीति रोकने में अधिक सफल होती है।

2. राजकोषीय उपाय (Fiscal measures)—विकासशील देश में स्फीति रोकने के लिए सरकार अनेक राजकोषीय उपाय अपनाती है। उपभोक्ता वस्तुओं के उत्पादन को बढ़ाने के लिए अनेक प्रकार के कर रियायत सरकार द्वारा प्रदान किए जाते हैं। बचत को बढ़ावा देने के लिए भी उपाय किए जाते हैं।

स्फीति को रोकने के लिए अन्य राजकोषीय उपाय **ऋण प्रबन्धन** है। जिन लोगों के पास अधिक धन है, उसका व्यर्थ व्यय रोकने के लिए सरकार और सरकारी उपक्रम एवं उद्योग दीर्घकालीन ऋण या ऋण पत्र जारी करते हैं जिन पर ब्याज या तो कर मुक्त होता है या कुछ सीमा तक कर छूट युक्त।

3. भौतिक उपाय (Physical measures)—भौतिक उपायों का उद्देश्य यह सुनिश्चित करना है कि कीमतों के नियंत्रण के लिए दुर्लभ साधनों की उचित व्यवस्था की जाए। विकासशील देश में भौतिक उपायों के अन्तर्गत कुछ आवश्यक वस्तुओं की कीमतें नियंत्रित करना, कृषि उत्पादों की कीमतें निश्चित करना और सार्वजनिक वितरण प्रणाली के माध्यम से आवश्यक वस्तुओं का वितरण शामिल होते हैं।

4. पूर्ति में वृद्धि (Increase in supply)—विकासशील

देशों की सरकारें आवश्यक वस्तुओं की उपलब्धता को सुनिश्चित करने के लिए भी अनेक कदम उठाती हैं।

अवस्फीति (Deflation)

स्फीति का विपरीत है अवस्फीति। अवस्फीति की स्थिति में मुद्रा का मूल्य बढ़ता है अर्थात् कीमतें गिरती हैं। यह कम हो रहे उत्पादन तथा रोजगार से सम्बद्ध होती है।

स्फीति का परिणाम (Effects of inflation)

स्फीति का अलग-अलग लोगों पर अलग-अलग प्रभाव पड़ता है।

1. स्फीति के कारण कर्जदारों (creditors) को लाभ होता है और ऋणदाताओं को हानि होती है।

2. जब स्फीति आती है, तो वेतन लेने वाले वर्करों को जैसे क्लर्कों, अध्यापकों तथा अन्य सफेश पोशों को हानि होती है।

3. पैन्शन भोगी, ब्याज तथा किराया पाने वाले लोगों को स्फीति के कारण हानि होती है।

4. शेयर तथा इक्विटी धारकों को स्फीति के दौरान लाभ होता है।

5. जब स्फीति आती है तो व्यापारी तथा उत्पादकों को लाभ होती है।

6. स्फीति से आय तथा धन के वितरण में असमानताएं बढ़ती है।

7. स्फीति देश के भुगतान-शेषों पर प्रतिकूल प्रभाव डालती है।

समष्टि आर्थिक सन्तुलन

समष्टि आर्थिक सन्तुलन एक मार्किट अर्थव्यवस्था के वास्तविक (IS) और वित्तीय (LM) क्षेत्रों के परस्पर संबंधों का विश्लेषण करता है। IS वक्र (या फलन या अनुसूची) वस्तु बाजार के संतुलन को व्यक्त करता है। यह ब्याज दरों और आय स्तरों के उन संयोगों को दर्शाता है जहाँ बचत और निवेश की समानता होती है। इसे वास्तविक संतुलन भी कहते हैं। IS वक्र बाएं से दाएं नीचे की ओर ढ़ालू होता है क्योंकि ब्याज दर के गिरने के साथ-साथ निवेश में वृद्धि होती है परिणामस्वरूप आय में भी वृद्धि होती है। IS वक्र की एक महत्त्वपूर्ण विशेषता यह है कि एक IS वक्र के दायीं ओर कोई भी बिन्दु वस्तु बाजार में अतिपूर्ति (excess supply) व्यक्त करता है और IS वक्र के बायीं ओर कोई भी बिन्दु अतिमांग (excess demand) को व्यक्त करता है।

LM वक्र ब्याज दरों और आय स्तरों के उन सभी संयोगों को व्यक्त करता है जिनपर मुद्रा की मांग और पूर्ति बराबर होती है। इस प्रकार मुद्रा बाजार संतुलन में होती है। LM वक्र बायीं से दायीं ओर ऊपर को ढलान वाला (Positive Slope) होता है क्योंकि मुद्रा की पूर्ति दी होने पर आय के स्तर में वृद्धि मुद्रा की मांग में भी वृद्धि लाती है जिससे ब्याज दर बढ़ती है। यह आगे, मुद्रा की मांग को कम कर देती है और इस प्रकार मुद्रा की मांग को मुद्रा की पूर्ति के बराबर रखती है। मुद्रा की मांग की आय के साथ लोच जितनी कम होगी और मुद्रा की मांग की ब्याज दर के साथ लोच (elasticity) जितनी अधिक होगी उतना ही LM वक्र चपटा होगा इसका मतलब यह है कि आय में परिवर्तन से ब्याज दर पर कम प्रभाव पड़ता है। यदि आय में परिवर्तन से ब्याज दर पर अधिक प्रभाव पड़ता है तो LM वक्र तिरछा होता है। ऐसी स्थिति में, मुद्रा की मांग की आय के साथ लोच अधिक होती है। जबकि ब्याज दर के साथ लोच कम होती है। यदि मुद्रा की मांग ब्याज दर के प्रति बेलोचदार है तो LM वक्र अनुलम्ब (vertical) होगा। यदि मुद्रा की मांग ब्याज दर के प्रति बहुत संवेदनशील है तो LM वक्र क्षैतिज (horizontal) होता है अर्थात् LM वक्र **पूर्णतया लोचदार** होता है।

वस्तु और मुद्रा बाजार में सामान्य संतुलन (General equilibrium of Product and Money market)

जब IS वक्र की ब्याज-दर तथा आय की संतुलन जोड़ी LM वक्र की ब्याज दर तथा आय की सन्तुलन जोड़ी के बराबर होती है तो सामान्य सन्तुलन स्थापित होता है। अन्य शब्दों में, जब दोनों वस्तु और मुद्रा बाजारों में ब्याज-दर और आय-स्तर की एक ही जोड़ी हो तो दोनों बाजार सामान्य सन्तुलन की स्थिति में होते हैं।

ऐसी संतुलन स्थिति रेखाचित्र में दर्शायी गयी है जहां IS वक्र तथा LM वक्र एक दूसरे को E बिन्दु पर काटते हैं जो OY आय-स्तर तथा OR ब्याज-दर से संबद्ध है। आय स्तर और ब्याज दर का यह संयोग वास्तविक (Real) या वस्तु (बचत-निर्देश) बाजार

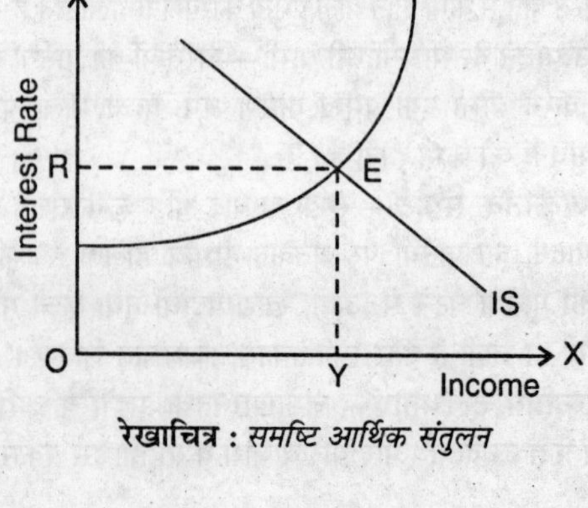

रेखाचित्र : *समष्टि आर्थिक संतुलन*

तथा मुद्रा (मुद्रा की पूर्ति एवं मांग) बाजार में एक ही समय में संतुलन लाती है। कीमत स्तर (Price level) दिया होने पर, यह सामान्य संतुलन स्थिति एक निश्चित समय में विद्यमान रहती है।

IS और LM अनुसूचियों में स्थानान्तरण : सामान्य संतुलन में परिवर्तन (Shifts in the IS and LM Functions : Changes in General Equilibrium)

वस्तु और मुद्रा बाजारों का सामान्य संतुलन जिसकी चर्चा हमने ऊपर की है **स्थैतिक संतुलन विश्लेषण** पर आधारित है। आय स्तर और ब्याज दर का सामान्य संतुलन संयोग, IS वक्र या LM वक्र या दोनों में एक ही समय स्थानान्तरण होने से परिवर्तित हो सकता है। IS वक्र बचत या निवेश में परिवर्तन से स्थानान्तरित हो सकता है तथा LM वक्र में स्थानान्तरण मुद्रा की पूर्ति या तरलता अधिमान (मुद्रा की मांग) में परिवर्तन के कारण हो सकता है।

IS फलन में स्थानान्तरण (Shifts in the IS Function)

IS वक्र बचत में कमी होने से दायीं ओर तथा बचत में वृद्धि होने से यह बायीं ओर सरक जाता है।

उपभोग में वृद्धि होने से भी IS वक्र दायीं ओर सरक (Shift) जाता है जबकि उपभोग में कमी होने से IS वक्र बायीं ओर को सरक जाता है। स्वायत्त निवेश में वृद्धि होने से भी IS वक्र दायीं ओर सरक जाता है। इसके विपरीत, जब निवेश कम होता है तो IS वक्र बायीं ओर सरक जाएगा।

सरकारी व्यय में वृद्धि या कर में कमी होने के फलस्वरूप भी IS वक्र दायीं ओर को सरक जाता है।

IS वक्र का दायीं ओर सरकना और परिणामस्वरूप दिए हुए LM वक्र के साथ संतुलन रेखा चित्र में दर्शाया गया है। रेखाचित्र में स्वायत्त निवेश में वृद्धि या बचत में कमी होने पर IS वक्र IS से IS_1 पर स्थानान्तरण हो जाता है तथा E_1 बिन्दु पर सन्तुलन स्थापित होता है। जो ऊंचे आय स्तर OY_1 तथा ऊंची ब्याज दर OR_1 को व्यक्त करता है। यदि ब्याज दर बढ़ने की अपेक्षा OR स्तर पर स्थित रहती है तो निवेश में वृद्धि द्वारा आय OY से बढ़कर OY_2 स्तर पर आ जाती है। परन्तु वास्तव में आय में इतनी वृद्धि नहीं होती है। ऐसा इसलिए कि आय में वृद्धि से लेन-देन उद्देश्यों के लिए मुद्रा की मांग ब्याज दर को OR_1 स्तर पर बढ़ा देगी जहां IS और LM वक्र बिन्दु E_1 पर काटते हैं। अत: निवेश में वृद्धि का विस्तारात्मक (expansionary) प्रभाव ब्याज में वृद्धि द्वारा मंद हो जाता है तथा आय पूर्ण गुणक से कम बढ़ती है।

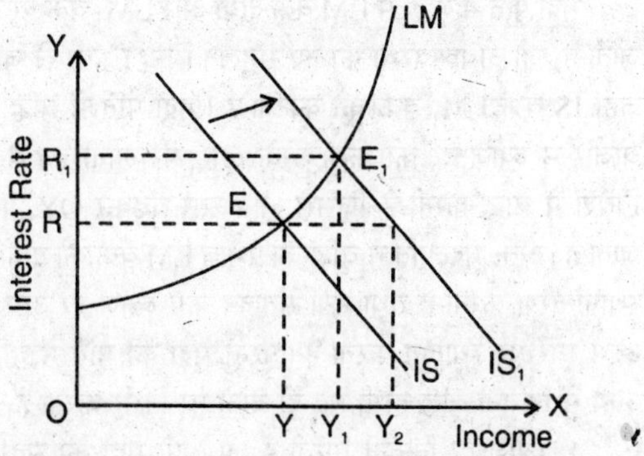

रेखाचित्र : *IS वक्र में स्थानान्तरण का संतुलन पर प्रभाव*

इसके विपरीत, जब निवेश कम होता है, या बचत बढ़ती है तो IS वक्र बायीं ओर सरक (Shift) जाएगा तथा संतुलन आय (Equlibrium level of income) और ब्याज दर के नीचे स्तर पर स्थापित हो जाएगा।

LM फलन में स्थानान्तरण (Shifts in the LM Functions)

मुद्रा की मांग दी हुई होने पर मुद्रा की पूर्ति में वृद्धि से या मुद्रा की पूर्ति दी हुई होने पर मुद्रा की मांग में कमी से LM वक्र दायीं ओर स्थानांतरण करता है। केंद्रीय बैंक की विस्तारात्मक (expansionary) मौद्रिक नीति के परिणामस्वरूप लेन-देन तथा सट्टा (speculative) उद्देश्यों के लिए लोगों के पास मुद्रा पूर्ति बढ़ जाएगी। इससे LM वक्र दायीं ओर सरक जाता है।

मुद्रा की मांग में कमी का मतलब है प्रत्येक आय और ब्याज स्तर पर मांगी गयी शेषों की मात्रा में कमी है। मुद्रा शेषों की मांग में ऐसी कमी मुद्रा की पूर्ति को मुद्रा की मांग से अधिक कर देती है। परिणामस्वरूप LM वक्र दायीं ओर स्थानान्तरित हो जाता है। इसे रेखाचित्र में दर्शाया गया है।

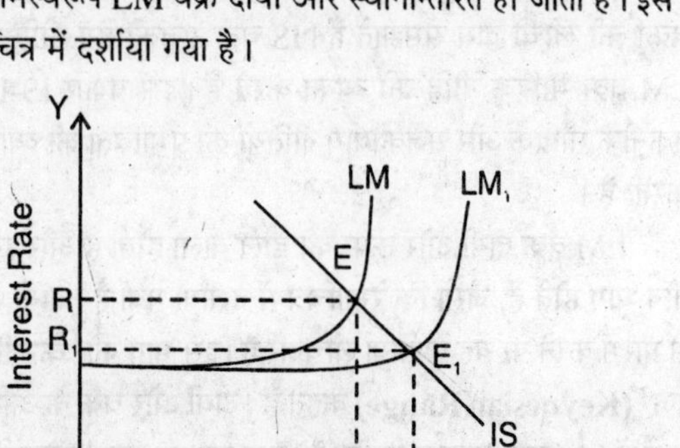

रेखाचित्र : *LM फलन में स्थानान्तरण का संतुलन पर प्रभाव*

मुद्रा पूर्ति में वृद्धि से LM वक्र दायीं ओर LM_1 वक्र पर सरक जाता है, जो अर्थव्यवस्था को नए संतुलन बिन्दु E_1 पर ले जाता है जहां IS वक्र LM_1 वक्र को काटता है। मुद्रा पूर्ति में वृद्धि, मुद्रा बाजार में ब्याज दर को कम करके OR_1 पर लाती है। ये आगे निवेश में वृद्धि करती है जिससे आय स्तर बढ़कर OY_1 पर आ जाता है। अत: मुद्रा पूर्ति में वृद्धि का प्रभाव LM वक्र को दायीं ओर स्थानान्तरण करना है तथा नया संतुलन कम ब्याज दर और ऊंचे आय स्तर पर स्थापित करना है। परन्तु मुद्रा की पूर्ति में वृद्धि से आय में कितनी वृद्धि होगी यह दो बातों पर निर्भर करता है :

1. ब्याज दर कितनी गिरती है जो आगे मुद्रा की सट्टा मांग (Speculative demand) की लोच पर निर्भर करती है, और

2. ब्याज दर में दी हुई कमी के कारण निवेश में कितनी वृद्धि होती है जो आगे निवेश मांग फलन की ब्याज लोच पर निर्भर करती है।

लेकिन यदि मुद्रा पूर्ति में कमी या मुद्रा की मांग में वृद्धि होती है तो LM वक्र बायीं ओर को स्थानान्तरण हो जाएगा। परिणाम स्वरूप नया संतुलन ऊंची ब्याज दर पर तथा निम्न आय स्तर पर स्थापित होगा।

मौद्रिक और राजकोषीय नीतियों की प्रभाविता (Effectiveness of Monetary and Fiscal Policies)

मौद्रिक और राजकोषीय नीतियों की सापेक्ष प्रभाविता अर्थशास्त्रियों में वाद-विवाद का विषय रही है। आर्थिक स्थिरीकरण के लिए मुद्रावाद्दी मौद्रिक नीति को राजकोषीय नीति की अपेक्षा अधिक प्रभावशाली मानते हैं। दूसरी ओर, केन्जवादी इसके विपरीत मत रखते हैं। इन दोनों के बीच, समन्वयवादी मध्य मार्ग का समर्थन करते हैं। आधुनिक अर्थशास्त्री इन तीनों मतों को IS-LM वक्रों की लोचों द्वारा समझाते हैं। IS वक्र राजकोषीय नीति तथा LM वक्र मौद्रिक नीति को व्यक्त करते हैं। इस प्रकार IS-LM तकनीक मौद्रिक और राजकोषीय नीतियों की प्रभाविता की व्याख्या करती है।

LM वक्र दायीं ओर ऊपर को ढाल वाला होता है और इसके तीन भाग होते हैं, जैसा कि रेखाचित्र में दर्शाया गया है। बायीं ओर से प्रारंभ करने पर यह पूर्णतया लोचदार है। इस भाग को **'केन्जीय-रेंज' (Keynesian Range)** कहते हैं। दायीं ओर वक्र के अन्तिम भाग में LM वक्र पूर्णतया बेलोच है। वक्र का यह भाग **'क्लासीकी रेंज'** (Classical Range) कहलाता है। वक्र के इन दोनों भागों के बीच में **'मध्यवर्ती रेंज'** (Intermediate Range) है। केन्ज़ीय रेंज **राजकोषीय मत** को व्यक्त करता है और क्लासिकी रेंज **मुद्रावादी मत** तथा मध्यवर्ती रेंज समन्वयवादी मत।

मौद्रिक तथा राजकोषीय नीतियों की प्रभाविता समझाने के लिए हम इनकी विस्तारात्मक नीतियां लेते हैं जो इस बात पर निर्भर करती हैं कि वे कहां तक तीनों रेंजों में आय स्तर और ब्याज दर को प्रभावित करती है।

मौद्रिक नीति (Monetary Policy)

मौद्रिक नीति की प्रभाविता (effectiveness) को रेखाचित्र में समझाया गया है जहां तीन रेंजवाले LM वक्र LM_1 और LM_2 तीन IS वक्रों के साथ दिखाए गए हैं। LM_2 वक्र मुद्रा पूर्ति में वृद्धि से उत्पन्न होता है।

केन्जीय रेंज (The Keynesian Range)

केन्जीय रेंज में LM वक्र पूर्णतया लोचदार होता है। यह केन्जीय तरलता पाश (liquidity trap) स्थिति है जिसमें LM वक्र क्षैतिज है और ब्याज दर OR_1 से नीचे नहीं गिर सकती है। मुद्रा पूर्ति में जब वृद्धि की जाती है तो LM_1 दायीं ओर सरक कर LM_2 हो जाती है। रेखाचित्र से स्पष्ट है कि IS वक्र के दिया हुआ होने पर LM वक्र के इस प्रकार के स्थानान्तरण से ब्याज दर पर कोई प्रभाव नहीं पड़ता है। परिणाम स्वरूप, निवेश बिल्कुल प्रभावित नहीं होता जिससे आय का स्तर OY_1 पर अपरिवर्तित रहता है। ऐसा इसलिए होता है कि बहुत नीची ब्याज दर पर, लोग मुद्रा को बांडों (या प्रतिभूतियों) की अपेक्षा नकदी में रखने को अधिमान देते हैं। अत: तरलता पाश की केन्जीय मान्यता के अन्तर्गत LM वक्र का क्षैतिज भाग (X-अक्ष के समानान्तर) मुद्रा की पूर्ति में वृद्धि द्वारा प्रभावित नहीं होता है। इस प्रकार केन्जीय रेंज में मौद्रिक नीति बिल्कुल निष्प्रभावी होती है।

क्लासीकी रेंज (The Classical Range)

क्लासीकी रेंज के अन्तर्गत LM वक्र **पूर्णतया बेलोचदार** (Perfectly inelastic) होता है। जिसमें LM वक्र उदग्र (vertical) हो जाता है। रेखाचित्र में, क्लासिकी रेंज के अन्तर्गत अर्थव्यवस्था D बिन्दु पर संतुलन में है जहां IS_3 वक्र LM_1 वक्र को काटता है तथा ब्याज दर OR_5 और आय स्तर OY_4 होता है। मान लीजिए कि केन्द्रीय बैंक विस्तारात्मक मौद्रिक नीति अपनाता है। परिणामस्वरूप मुद्रा पूर्ति में वृद्धि होती है जिससे LM_1 वक्र दायीं ओर सरक कर (Shift) LM_2 हो जाती है। परिणामस्वरूप जब IS_3 वक्र LM_2 वक्र को E बिन्दु पर काटता है तो आय स्तर OY_4 से बढ़कर OY_5 हो जाता है तथा ब्याज दर गिरकर OR_5 से OR_4 हो जाती है।

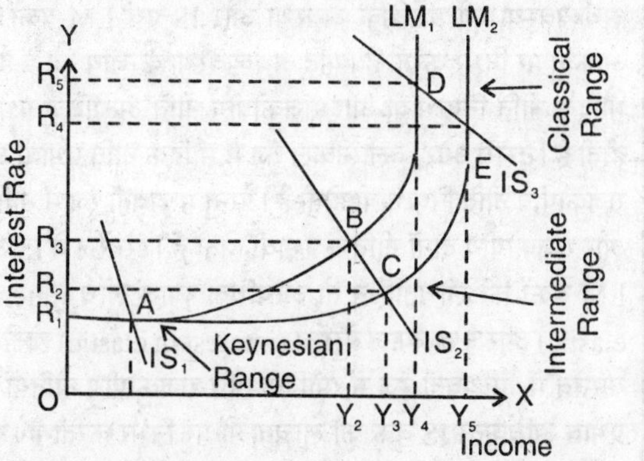

रेखाचित्र : LM वक्र के विभिन्न भागों में मौद्रिक नीति की प्रभावशालिता

मुद्रा पूर्ति में वृद्धि के परिणामस्वरूप आय स्तर में वृद्धि तथा ब्याज दर में कमी इस क्लासिकी मान्यता पर आधारित है कि **मुद्रा मुख्यतौर से विनिमय का माध्यम** है। जब केन्द्रीय बैंक बाजार में प्रतिभूतियां खरीदता है तो उनकी कीमतें बढ़ जाती है तथा ब्याज दर गिर जाती है। तब सम्पत्ति धारक प्रतिभूतियों की अपेक्षा अन्य परिसम्पत्तियों को अधिक आकर्षक पाते हैं। इसलिए वे अपने बढ़े हुए नकदी धारणों को नए या वर्तमान पूंजी निवेशों में लगाते हैं, जो आगे आय के स्तर में वृद्धि लाते हैं।

परन्तु जब तक सम्पत्ति धारकों के पास अधिक मुद्रा शेष होते हैं, वे अर्जक परिसम्पत्तियों के साथ प्रतियोगिता करते जाएंगे। परिणामस्वरूप, ब्याज दर गिरती जाएगी और निवेश बढ़ता जाएगा, जब तक की अतिरिक्त मुद्राशेष ऐसे सौदों में खप नहीं जाता है। अन्ततः आय के स्तर में वृद्धि मुद्रा पूर्ति में पूर्ण वृद्धि के बराबर हो जाती है। **अतः क्लासिकी रेंज में मौद्रिक नीति अत्यधिक प्रभावी होती है**। ऐसी स्थिति में अर्थव्यवस्था आय तथा ब्याज दर के ऊंचे स्तरों पर होती है और मुद्रा पूर्ति की समस्त वृद्धि को लेन-देन उद्देश्यों के लिए उपयोग करती है जिससे राष्ट्रीय आय में वृद्धि मुद्रा पूर्ति में पूर्ण वृद्धि के बराबर होती है।

मध्यवर्ती रेंज (Intermediate Range)

अब हम मध्यवर्ती रेंज पर विचार करेंगे जहां पर प्रारंभिक संतुलन B बिन्दु पर होता है जहां IS_2 वक्र LM_1 वक्र को काटता है और आय स्तर OY_2 तथा ब्याज दर OR_3 है। मुद्रा पूर्ति में वृद्धि LM_1 वक्र को LM_2 वक्र पर ला देती है। परिणामस्वरूप, नया संतुलन C बिन्दु पर स्थापित होता है जहां IS_2 वक्र LM_2 वक्र को काटता है। परिणामस्वरूप ब्याज दर OR_2 हो जाता है। मध्यवर्ती रेंज में आय में वृद्धि Y_2Y_3 क्लासिकल रेंज में आय में वृद्धि Y_4Y_5 से अपेक्षाकृत कम होती है। ऐसा इसलिए होता है कि क्लासिकल रेंज में मुद्रा पूर्ति में समस्त वृद्धि लेन-देन उद्देश्यों के लिए खप जाती है। परन्तु मध्यवर्ती रेंज में बढ़ी हुई मुद्रा पूर्ति का कुछ भाग सट्टा उद्देश्य (Speculative motive) तथा कुछ भाग लेने-देन के उद्देश्यों (Transactions motive) के लिए खप जाती है। जो मुद्रा सट्टा उद्देश्यों के लिए रख ली जाती है सम्पत्ति धारकों द्वारा निवेश नहीं की जाती और उनके पास निष्क्रिय शेषों के रूप में रहती है। इसके कारण आय स्तर में वृद्धि मुद्रा पूर्ति में वृद्धि की तुलना में कम होती है। इसलिए मध्यवर्ती रेंज में मौद्रिक नीति क्लासीकल रेंज की अपेक्षा कम प्रभावी होती है।

राजकोषीय-नीति (Fiscal Policy)

LM वक्र के विभिन्न भागों पर राजकोषीय नीति के प्रभाव को निम्न रेखाचित्र द्वारा समझाया जा सकता है।

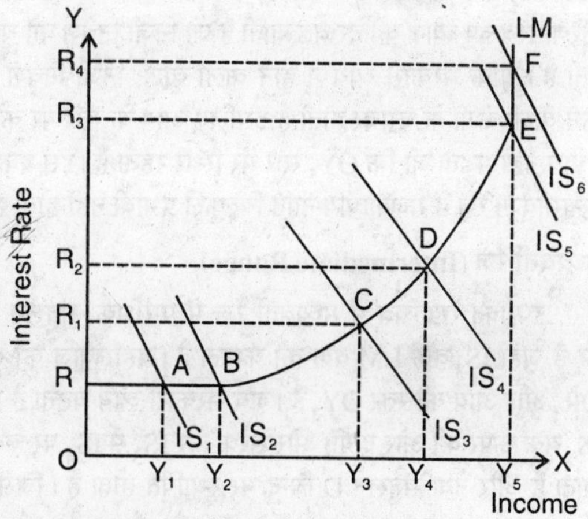

रेखाचित्र : LM वक्र के विभिन्न भागों पर राजकोषीय नीति का प्रभाव

केन्जीय रेंज (The Keynesian Range)

सबसे पहले केन्जीय रेंज पर विचार करते हैं। इसमें प्रारंभिक संतुलन A पर है जहां LM वक्र को IS_1 वक्र काटता है। मान लीजिए कि सरकारी व्यय बढ़ जाता है। परिणामस्वरूप IS_1 वक्र दायीं ओर सरक कर IS_2 हो जाता है तथा नया संतुलन बिन्दु B हो जाता है। जिससे आय स्तर OY_1 से बढ़कर OY_2 हो जाता है परन्तु ब्याज दर OR पर अपरिवर्तित रहती है। केन्जीय रेंज में आय में वृद्धि, सरकारी व्यय में वृद्धि का पूर्ण गुणक गुणा के बराबर होती है। इसका कारण यह है कि ब्याज दर के निम्नस्तर पर सम्पत्ति धारकों के पास बहुत-सारी निष्क्रिय मुद्रा होती है इसे ब्याज दर बढ़ाए बिना ऊंचे लेन-देनों की वित्त-प्रबन्धन करने के लिए प्रयोग में लाया जा सकता है। जब ब्याज दर नहीं बढ़ती है तो निवेश का

स्तर पहले जितना ही रहता है और आय में जो वृद्धि होती है वह सरकारी व्यय (Government expenditure) में बढ़ोतरी का पूर्ण गुणक गुणा के बराबर होती है। इस प्रकार केन्जीय रेंज में राजकोषीय नीति बहुत प्रभावी होती है।

क्लासीकल रेंज (The Classical Range)

क्लासीकल रेंज में प्रारंभिक संतुलन E बिन्दु पर है जहां IS_5 वक्र LM वक्र को काटता है। यहां ब्याज की दर OR_3 और आय स्तर OY_5 है। जब सरकारी व्यय को बढ़ाया जाता है तो IS_5 वक्र दायीं ओर सरक कर IS_6 पर चला जाता है। परिणामस्वरूप LM वक्र को IS_6 वक्र F पर काटता है और ब्याज की दर बढ़कर OR_4 हो जाती है तथा आय OY_5 पर अपरिवर्तित रहती है।

इसका कारण यह है कि क्लासीकल स्थिति पूर्ण रोजगार अर्थव्यवस्था से संबंध रखती है जहां सरकारी व्यय में बढ़ोतरी के परिणामस्वरूप ब्याज की दर बढ़ जाती है जो निजी निवेश को घटा देती है। चूंकि सरकारी व्यय में होने वाली वृद्धि, निजी निवेश में होने वाली कमी के बराबर होती है इसलिए आय के स्तर पर कोई प्रभाव नहीं पड़ता जो कि OY_5 स्तर पर स्थिर रहता है। इस प्रकार क्लासीकल रेंज में राजकोषीय नीति बिल्कुल प्रभावी नहीं होती है।

मध्यवर्ती रेंज (Intermediate Range)

उपरोक्त रेखाचित्र में मध्यवर्ती रेंज में प्रारंभिक-संतुलन C पर है जहां IS_3 वक्र LM वक्र को काटता है। यहां ब्याज की दर OR_1 और आय की स्तर OY_3 है। जब सरकारी व्यय बढ़ता है तो IS_3 वक्र ऊपर की ओर दायीं, ओर सरक कर IS_3 से IS_4 पर चला जाता है और नया संतुलन D बिन्दु पर स्थापित होता है। जिससे आय स्तर OY_3 से बढ़कर OY_4 हो जाती है और ब्याज की दर OR_1 से बढ़कर OR_2 हो जाती है। मध्यवर्ती रेंज में आय स्तर तथा ब्याज की दर, दोनों के बढ़ने के दो कारण हैं :

प्रथम, सरकारी व्यय में वृद्धि होने के परिणामस्वरूप आय इसलिए बढ़ती है कि लेन-देन के लिए अतिरिक्त मुद्रा शेष उपलब्ध हो जाते हैं।

दूसरे, स्थिर मुद्रा पूर्ति के दिए हुए होने पर, सम्पत्ति धारक लेन-देनों के लिए उपलब्ध मुद्रा-शेषों का कुछ भाग निष्क्रिय शेषों के रूप में रख लेते हैं जिससे ब्याज की दर बढ़ जाती है। ब्याज की दर बढ़ने का परिणाम यह होता है कि निवेश घट जाता है और राजकोषीय नीति उतनी प्रभावी नहीं हो पाती जितनी केन्जीय रेंज में होती है।

मौद्रिक-राजकोषीय मिश्रण (Monetary Fiscal Mix)

मौद्रिक तथा राजकोषीय नीति की सापेक्ष प्रभावशालीता अर्थव्यवस्था की प्रारंभिक अवस्था और IS एवं LM वक्रों की आकृति पर निर्भर करती है। यदि अर्थव्यवस्था केन्जीय रेंज में है तो मौद्रिक नीति निष्प्रभावी और राजकोषीय नीति अत्यधिक प्रभावी होती है। **दूसरी ओर,** क्लासीकल रेंज में मौद्रिक नीति प्रभावी और राजकोषीय नीति निष्प्रभावी होती है। परन्तु मध्यवर्ती रेंज में मौद्रिक और राजकोषीय दोनों नीतियां प्रभावी होती हैं। इस रेंज में IS और LM वक्रों की लोचताएं न तो अत्यधिक ब्याज लोच (interest elastic) और न ही ब्याज बेलोच (interest in elastic) होती है। वास्तव में, मध्यवर्ती रेंज में, मौद्रिक और राजकोषीय नीतियों का प्रभाव अधिकतर IS वक्र की लोचताओं पर निर्भर करती है। यदि IS वक्र बेलोच है तो राजकोषीय नीति मौद्रिक नीति से अधिक प्रभावी होती है। दूसरी ओर, यदि IS वक्र लोचदार है तो राजकोषीय नीति की अपेक्षा मौद्रिक नीति अधिक प्रभावी होती है। अत: मौद्रिक तथा राजकोषीय नीतियों दोनों की ही पूर्ण-प्रभावशालीता के लिए सबसे अच्छा तरीका मौद्रिक राजकोषीय मिश्रण अपनाना है।

केन्ज प्रभाव (The Keynes Effect)

मुद्रा मजदूरी तथा ब्याज दरों में कटौती करके निवेश तथा रोजगार बढ़ाने की प्रक्रिया को **'केन्ज प्रभाव'** कहते हैं। केन्ज का मत है कि जब मुद्रा मजदूरी और कीमतें गिरती है तो मुद्रा आय भी गिर जाती है, जिसका मतलब है कि वास्तविक आय बढ़ जाती है। परिणामस्वरूप लेन-देन तथा सतर्कता उद्देश्यों के लिए लोगों को कम मुद्रा की जरूरत पड़ेगी। यदि यह मान लिया जाए कि मुद्रा की पूर्ति में कोई परिवर्तन नहीं होता, तो इसका मतलब होगा कि लोगों के पास आवश्यकता से अधिक मुद्रा तरल रूप में होगी। इससे सट्टा उद्देश्यों के लिए मुद्रा की मांग बढ़ जाएगी। इसलिए, लोग अतिरिक्त मुद्रा को प्रतिभूतियों तथा बांड खरीदने में निवेश करेंगे। ऐसी वित्तीय परिसम्पत्तियों की मांग बढ़ने से उनकी कीमतें बढ़ जाएंगी और परिणामस्वरूप ब्याज की दर गिर जाएगी। गिरती ब्याज दर, आगे, निवेश, राष्ट्रीय आय तथा रोजगार को बढ़ाएगी।

लेकिन केन्ज इस बात का खण्डन करता है कि लचीली मजदूरी एवं कीमतों की नीति से पूर्ण रोजगार की अवस्था आ सकती है। उसके अनुसार इससे केवल अल्प-रोजगार संतुलन की स्थिति आ सकती है। मजदूरी-कीमत लचीलेपन के मार्ग से अर्थव्यवस्था के पूर्ण रोजगार स्तर तक पहुंचने में जो बाधा आती है उसके दो कारण हैं। **प्रथम,** आरम्भ में जब मुद्रा मजदूरी और कीमतों में कटौती होती है तो मुद्रा की मांग घट जाती है परिणामस्वरूप ब्याज की दर घटने लगती है। परन्तु जब ब्याज की दर बहुत निम्नस्तर पर पहुंच जाती है। तो **तरलता जाल (liquidity trap)**

कार्यशील हो जाता है। दूसरा, यदि निवेश ब्याज दर में कमी के प्रति बिल्कुल असंवेदनशील है, तो **लचीली मजदूरी-कीमत नीति** (Flexible wage-price cut policy) से अर्थव्यवस्था पूर्ण रोजगार स्तर तक नहीं पहुंच सकेगी।

पीगू प्रभाव (The Pigou effect)

पीगू प्रभाव को **धन प्रभाव** (Wealth effect) भी कहते हैं। इस प्रभाव की प्रस्थापना **ए.सी. पीगू** ने 1943 में केन्ज के इस तर्क का खण्डन करने के लिए किया था कि मजदूरी-कीमत में कमी अपने आप पूर्ण रोजगार की स्थिति नहीं ला सकती। पीगू केन्ज के इस बात से सहमत था कि मजदूरी-कीमत में कमी ब्याज दर में कटौती के माध्यम से निवेश तथा आय को बढ़ाती है। लेकिन वह केन्ज की इस बात से सहमत नहीं था कि तरलता-जाल के कारण वास्तविक आय को बढ़ाकर पूर्ण रोजगार के स्तर तक नहीं पहुंचाया जा सकता। पीगू के अनुसार मजदूरी में कमी उपभोग का स्तर बढ़ाकर अपने-आप पूर्ण रोजगार को लाएगी। उसका मानना है कि जब मुद्रा-मजदूरी घटती है तो कीमतें गिरती हैं और मुद्रा का मूल्य बढ़ जाता है। मुद्रा का मूल्य बढ़ने का मतलब है परिसम्पत्तियों के वास्तविक मूल्य में वृद्धि । परिसम्पत्तियों के मूल्य में वृद्धि होने से उनके मालिक अपने को पहले से अधिक धनी महसूस करेंगे। इसलिए वे अपनी **चालू आय** (disposable income) में से कम बचत करेंगे और उपभोग पर अधिक खर्च करेंगे। परिणामस्वरूप समस्त मांग (aggregate demand) और उत्पादन बढ़ेगा और अर्थव्यवस्था में अपने-आप पूर्ण रोजगार होगा। पीगू प्रभाव के परिणामस्वरूप उपभोग फलन ऊपर की ओर सरकेगा (अथवा बचत फलन नीचे को सरकेगा), IS फलन की शब्दावली में इसका मतलब है कि IS-वक्र दायीं ओर को सरक (Shift) जाता है।

पीगू प्रभाव में ध्यान देने योग्य बात यह है कि यह दो मान्यताओं पर आधारित है, **पहला,** लचीली मजदूरी तथा कीमत स्तर और **दूसरा,** मुद्रा की स्थिर पूर्ति। इसलिए जब स्थिर परिसम्पत्तियों का वास्तविक मूल्य बढ़ता है तो उपभोग बढ़ने या बचत घटने से केवल IS वक्र ही दायीं ओर को सरकता है। मुद्रा की स्थिर पूर्ति की मान्यता के कारण LM वक्र दिया हुआ मान लिया जाता है। इसका कारण यह है कि पीगू का विश्लेषण पूर्ण रूप से स्थैतिक है। एक और महत्त्वपूर्ण बात यह है कि यह विश्लेषण **निरपेक्ष** (absolute) कीमतों के लचीलेपन पर आधारित है।

पीगू प्रभाव तथा वास्तविक शेष प्रभाव में अन्तर (Difference between the Pigou Effect and the Real Balance Effect)

पीगू प्रभाव तथा वास्तविक शेष प्रभाव समरूप न होकर बिल्कुल अलग-अलग हैं। पीगू प्रभाव स्थैतिक (Static) विश्लेषण है जो उपभोग पर मजदूरी-कीमत में कमी के प्रभाव से संबंध रखता है। यह प्रभाव मुद्रा की पूर्ति को स्थिर मान लेता है। यह प्रभाव बताता है कि जब मजदूरी-कीमत में कमी के परिणामस्वरूप उपभोग बढ़ता है तो IS वक्र दायीं ओर सरक कर दिए हुए LM वक्र को काटता है और अपने आप पूर्ण रोजगार की अवस्था आ जाती है।

'वास्तविक शेष प्रभाव' पीगू प्रभाव का ही संशोधित रूप है जिसे **पेटिन्किन** (Patinkin) ने प्रदान किया है। यह गत्यात्मक (dynamic) विश्लेषण है जिसमें पीगू प्रभाव तथा केन्जीय प्रभाव दोनों शामिल हैं। केन्ज प्रभाव बताता है कि मजदूरी-कीमत में कमी के परिणामस्वरूप जब मुद्रा का वास्तविक मूल्य बढ़ता है तो अपेक्षाकृत थोड़े लेन-देन शेषों की जरूरत रह जाती है जो प्रतिभूतियों (Securities) के लिए अधिक मांग उत्पन्न कर देते हैं। परिणामस्वरूप प्रतिभूतियों की कीमतें बढ़ जाती है और आय के प्रत्येक स्तर पर ब्याज की दर गिर जाती है जिससे LM-वक्र दायीं ओर को सरक जाता है।

इस प्रकार केन्जीय प्रभाव का प्रचालन केवल LM फलन को दायीं ओर सरका देती हैं और पीगू प्रभाव का प्रचालन केवल IS वक्र को दायीं ओर सरकाती है। लेकिन वास्तविक शेष प्रभाव में LM तथा IS फलन दोनों ही तब तक दायीं ओर को सरक जाते हैं जब तक कि वे पूर्ण रोजगार के स्तर पर एक दूसरे को नहीं काटते।

बहुविकल्पी प्रश्न

1. केन्ज के तरलता जाल की स्थितियों में, द्रव्य की पूर्ति में वृद्धि होने से—
A. ब्याज दर कम हो जाएगी
B. निवेश व्यय बढ़ जाएगा
C. रोजगार स्तर बढ़ जाएगा
D. ब्याज दर, रोजगार तथा निवेश पर कोई प्रभाव नहीं पड़ेगा

2. यदि ब्याज की चालू दर 4% हो तो शेयर बाजार का दलाल

सट्टा शेषों तथा आय देने वाली परिसम्पत्तियों की धारण करने के बीच तटस्थ तभी रहेगा जब ब्याज की प्रत्यशित दर हो—

A. 3.84 B. 3.85
C. 4.15 D. 4.16

3. यह मानते हुए कि द्रव्य की मांग की ब्याज लोच 0.5% है तथा अन्य बातें स्थिर हैं, यदि द्रव्य की आपूर्ति उसकी मांग से 5% से अधिक है तो बाजार संतुलन स्थापित करने के लिए उसकी ब्याज दर में कितनी गिरावट आनी चाहिए—

A. 2.5% B. 5%
C. 10% D. 15%

4. फ्राइडमैन का दावा है कि मुद्रा का परिमाण सिद्धांत आमतौर पर—

A. मुद्रा की मांग का सिद्धांत है
B. कीमत स्तर का सिद्धांत है
C. मुद्रा आय का सिद्धांत है
D. मुद्रा के मूल्य का सिद्धांत है।

5. MV = PT में 'V' तथा M = KPT में 'K'—

A. एक ही हैं
B. परस्पर संबंध नहीं है।
C. एक दूसरे पर निर्भर हैं
D. एक दूसरे के व्युत्क्रम हैं

6. केन्जीय प्रणाली में मुद्रा मजदूरी दर में गिरावट के परिणामस्वरूप—

A. रोजगार में वृद्धि होगी
B. कीमत स्तर गिरेगा
C. ब्याज दर में वृद्धि होगी
D. मुद्रा के परिणाम में ह्रास होगा

7. फिलिप्स वक्र निम्नलिखित के बीच संबंध दर्शाता है—

A. मजदूरी वृद्धि का प्रतिशत तथा अर्थव्यवस्था के श्रम-बल की बेरोजगारी का प्रतिशत
B. मजदूरी वृद्धि का प्रतिशत तथा अर्थव्यवस्था के श्रम-बल की रोजगार वृद्धि का प्रतिशत
C. कीमत-परिवर्तन का प्रतिशत तथा आय में परिवर्तन का प्रतिशत
D. कीमत-परिवर्तन का प्रतिशत तथा मांग में परिवर्तन का प्रतिशत

8. तरलता जाल से अभिप्राय है—

A. पूर्णतः लोचहीन तरलता अधिमान वक्र
B. पूर्णतः लोचदार तरलता अधिमान वक्र
C. इकाई लोचयुक्त तरलता अधिमान वक्र
D. इकाई से कम लोचयुक्त तरलता अधिमान वक्र

9. यदि जनता के पास मुद्रा की राशि रु. 500 करोड़ है, वाणिज्यिक बैंकों के पास-मांग जमा रु. 2,500 करोड़ के हैं, वाणिज्यिक बैंकों के पास साविधिक जमा रु. 5,000 करोड़ हैं, RBI के पास अन्य जमा रु. 50 करोड़ के है, डाकघरों में बचत जमा रु. 200 करोड़ .के हैं, तो मुद्रा-पूर्ति M_1 होगी—

A. रु. 3,050 करोड़ B. रु. 5,500 करोड़
C. रु. 8,000 करोड़ D. रु. 8,050 करोड़

10. निम्नलिखित में से कौन-सा साधन न्यूनतम तरलता प्रदान करता है?

A. ट्रेजरी बिल B. अचल सम्पत्ति
C. विनिमय पत्र D. वाहक चैक

11. निम्नलिखित में से किस युग्म का सुमेल सही है?

A. विभेदी ब्याज दर और आयात
B. M_1 और सावधि जमा
C. नकदी रिजर्व अनुपात और चयनात्मक उधार नियंत्रण
D. सांविधिक तरलता अनुपात और सामान्य उधार नियंत्रण

12. कीन्सीय अर्थशास्त्र में, एक निश्चित कुल निवेश व्यय पर बचत प्रवृत्ति में वृद्धि होने के परिणाम स्वरूप—

A. बचत मात्रा में गिरावट आएगी
B. आय में गिरावट आएगी
C. ब्याज दर में वृद्धि होगी
D. आय में वृद्धि होगी

13. एकल बैंकिग प्रणाली बड़ी लोकप्रिय है—

A. इग्लैण्ड में B. जापान में
C. भारत में D. स. रा. अमेरिका में

14. बहु-बैंक प्रणाली में, यदि नकद आरक्षण अनुपात 20% हों तो 100 करोड़ रुपए के नकद जमा प्राप्त होने पर समूची बैंक प्रणाली निम्नलिखित सीमा तक जमा का सृजन कर सकती है—

A. 80 करोड़ रुपये B. 100 करोड़ रुपये
C. 320 करोड़ रुपये D. 400 करोड़ रुपये

15. खुले बाजार की कार्यवाहियों का सिद्धांत यह मानकर चलता है कि—

A. बैंक जमा तथा वैध मुद्रा, दोनों के संचलन वेगों के बीच कोई संबंध नहीं है।
B. वैध मुद्रा का संचलन—वेग, बैंक जमा के संचलन-

वेग से अधिक है।

C. बैंक जमा का संचलन वेग, वैध मुद्रा के संचलन-वेग से अधिक है।

D. बैंक जमा तथा वैध मुद्रा का संचलन वेग स्थिर होता है।

16. आय-निर्धारण के IS-LM मॉडल में, बचत-प्रवृत्ति में वृद्धि होने के परिणामस्वरुप—

A. LM वक्र दायीं ओर को खिसक जाता है

B. IS वक्र दायीं ओर को खिसक जाता है।

C. LM वक्र बायीं ओर को खिसक जाता है।

D. IS वक्र बायीं ओर को खिसक जाता है।

17. यदि गुणक तथा त्वरक की अंत:क्रिया के फलस्वरूप आय के पथ में काफी अधिक दोलन होने की संभावना है तो

A. सीमान्त बचत-प्रवृत्ति का मान त्वरक के मान से कम होना चहिए

B. सीमान्त बचत-प्रवृत्ति का मान त्वरक के मान से अधिक होना चाहिए

C. त्वरक का मान एक से अधिक होना चाहिए

D. सीमान्त बचत-प्रवृत्ति का मान तथा त्वरक के मान का योग एक से अधिक होना चाहिए

18. कीन्स का तरलता अधिमान सिद्धांत समाधान प्रस्तुत करता है—

A. अर्थव्यवस्था में मुद्रा बाजार की संक्रिया का

B. वास्तविक तथा मौद्रिक क्षेत्रों की अन्योन्य क्रिया का

C. सट्टेबाज के अभिप्रेरण का

D. ब्याज दर में परिवर्तन लाने के लिए मुद्रा तथा पूंजी बाजारों में होनेवाले समायोजन की प्रक्रिया का।

19. कीन्स के सामान्य सिद्धान्त में, निवेश तथा बचत को मुख्यतया निम्नलिखित में परिवर्तन के जरिए बराबरी पर लाया जाता है—

A. ब्याज दर B. मुद्रा का आय वेग

C. राष्ट्रीय आय D. कीमतों का स्तर

20. तरलता अधिमान वक्र निम्नलिखित में से किनके कारण दाहिनी ओर जाने के लिए प्रवृत्त होगा?

1. लोगों का विश्वास कि कीमतें अभी बहुत कम हैं और शीघ्र ही बढ़ जाएंगी
2. व्यवसाइयों का विश्वास कि विक्रेता देय ऋणों के जल्दी भुगतान के लिए दबाव डाल सकते हैं।
3. लोगों का विश्वास कि वे जिसे सामान्य कीमत मानते हैं बंध पत्रों की कीमत उसकी तुलना में ऊंची है।

नीचे दिए गए कूट का प्रयोग करते हुए सही उत्तर का चयन कीजिए—

A. 1, 2 और 3 B. 1 और 2

C. 2 और 3 D. 1 और 3

21. सूची I का सूची II के साथ सुमेल कीजिए और सूचियों के नीचे दिये गए कूट का प्रयोग करते हुए सही उत्तर का चयन कीजिए—

सूची I	*सूची II*
A. गुणक	1. डोन पेटिन्किन
B. तरलता जाल	2. आर.एफ. कान
C. मुद्रा की तटस्थता	3. जे. एम. कीन्स
D. तरलता स्पेक्ट्रम	4. जेम्स टोबिन

कूट—

A. A-2 B-3 C-4 D-1 B. A-3 B-2 C-4 D-1

C. A-2 B-3 C-1 D-4 D. A-3 B-2 C-1 D-4

22. यदि मुद्रा की आपूर्ति में कोई बहिर्जात वृद्धि होती है तो—

A. व्यवहार शेषों के लिए मांग बढ़ जाएगी

B. सट्टा प्रयोजनों के लिए उपलब्ध द्रव्य की मात्रा में वृद्धि हो जाएगी

C. एहतियाती शेषों पर कोई प्रभाव नहीं पड़ेगा

D. लोग बंध पत्र बेचने की कोशिश करेंगे जिससे बंध पत्रों की कीमत गिर जाएगी

23. बलात् बचत का अभिप्राय है—

A. व्यक्तिगत आय तथा धन पर कर

B. आयकर दाताओं पर आरोपित अनिवार्य जमा

C. निजी क्षेत्र के कर्मचारियों के भविष्य निधि अंशदान

D. कीमतें बढ़ने के फलस्वरूप उपभोग में घटत

24. निम्न में से कौन-सी चीजें किसी वाणिज्यिक बैंक की उधार सृजन की क्षमता को घटा देगी—

1. सावधि तथा मांग जमा
2. कर्जें
3. केन्द्रीय बैंक के पास जमा
4. हाथ रोकड़

नीचे दिए गए **कूट** का प्रयोग करते हुए सही उत्तर का चयन कीजिए—

A. 1 और 2 B. 2 और 4

C. 3 और 4 D. 1 और 4

25. उधार गुणक गुणांक होता है—
A. नकद आरक्षित अनुपात का व्युत्क्रम
B. नकद आरक्षित अनुपात के बराबर
C. देशी आरक्षितियों का प्राथमिक जमा के साथ अनुपात
D. ब्याज दर का प्राथमिक जमाओं के साथ अनुपात

26. उच्च शक्ति मुद्रा योग है–
A. जनता द्वारा धारित मुद्रा तथा बैंक आरक्षितियों का
B. प्राइवेट लोगों को दिए गए कर्जे तथा बैंकों द्वारा धारित सरकारी बंध पत्रों का
C. बैंकों के पास मांग जमा तथा जनता द्वारा धारित नकदी का
D. बैंकों द्वारा अपनी तिजोरियों में धारित नकदी तथा केन्द्रीय बैंक के पास उनके निक्षेपों का

27. निम्न कथनों पर विचार कीजिए—यदि केन्द्रीय बैंक खुले बाजार में सरकारी प्रतिभूतियां बेचता है तो इसके फलस्वरूप—
1. मुद्रा की आपूर्ति में वृद्धि हो जाएगी
2. उधार की लागत बढ़ जाएगी
3. मुद्रा की आपूर्ति में कमी हो जाएगी
4. उधार की लागत में कमी हो जाएगी

इन कथनों में से
A. 1 और 2 सही है B. 2 और 3 सही है
C. 3 और 4 सही है D. 1 और 4 सही है

28. निम्नलिखित में से किस बात से वाणिज्यिक बैंकों की आरक्षितियों में बढ़ने की प्रवृत्ति पैदा होगी—
A. बैंक दर में वृद्धि
B. भारतीय रिजर्व बैंक द्वारा खुले बाजार में सरकारी प्रतिभूतियों की बिक्री
C. भारतीय रिजर्व बैंक द्वारा खुले बाजार में सरकारी प्रतिभूतियों की खरीद
D. बैंक दर में कटौती

29. कीन्स के अनुसार, मुद्रा की व्यवहार मांग, L को इस प्रकार व्यक्त किया जा सकता है—
A. $L = k(y)$ B. $L = I(r)$
C. $L = k(y) + I(r)$ D. $L = y - 1$

30. फिशर का विनिमय समीकरण स्थापित करता है—
A. मुद्रा और कीमतों के बीच प्रत्यक्ष संबंध
B. मुद्रा और कीमतों के बीच प्रतिलोम संबंध
C. मुद्रा और कीमतों के बीच प्रत्यक्ष और आनुपातिक संबंध
D. मुद्रा और कीमतों के बीच प्रतिलोम तथा आनुपातिक संबंध

31. सूची I का सूची II के साथ-सुमेल कीजिए और सूचियों के नीचे दिए गए कूट का प्रयोग करते हुए सही उत्तर का चयन कीजिए—

सूची I	*सूची II*
A. ब्याज का उपभोग स्थगन सिद्धांत	1. नट विकसेल
B. ब्याज का समय-अधिमान सिद्धांत	2. इरविंग फिशर
C. ब्याज का कर्ज-योग्य निधि सिद्धांत	3. एन. डब्ल्यू सीनियर
D. ब्याज का तरलता-अधिमान सिद्धांत	4. जे. एम. कीन्स

कूट :
A. A-2 B-3 C-1 D-4 B. A-3 B-2 C-1 D-4
C. A-3 B-2 C-4 D-1 D. A-2 B-3 C-4 D-1

32. मुद्रा स्फीति को नियंत्रित करने के लिए केंद्रिय बैंक को चाहिए कि—
A. सरकारी प्रतिभूतियों की बिक्री करें और बैंक दर को घटा दें
B. सरकारी प्रतिभूतियों की बिक्री करें और बैंक दर को बढ़ा दें
C. सरकारी प्रतिभूतियों की खरीद करें और बैंक दर को बढ़ा दें
D. सरकारी प्रतिभूतियों की खरीद करें और बैंक दर को घटा दें

33. 1962 से भारतीय रिजर्व बैंक को वाणिज्यिक बैंकों के समग्र जमाओं के नकद आरक्षित अनुपात (CRR) को निम्नलिखित के बीच घटाने-बढ़ाने का प्राधिकार मिला हुआ है—
A. 2 प्रतिशत से 8 प्रतिशत के बीच
B. 5 प्रतिशत से 20 प्रतिशत के बीच
C. 3 प्रतिशत से 10 प्रतिशत के बीच
D. 3 प्रतिशत से 15 प्रतिशत के बीच

34. निम्नलिखित कथनों पर विचार कीजिए—
सामान्य कीमत-स्तर में बढ़ोतरी हो सकती है—
1. मुद्रा की आपूर्ति में वृद्धि
2. उत्पादन के समग्र स्तर में गिरावट

3. प्रभावी मांग में वृद्धि

उपर्युक्त कथनों में से—

A. 1 सही है B. 1 और 2 सही है
C. 2 और 3 सही है D. 1, 2 और 3 सही है।

35. वाणिज्य बैंक द्वारा धारित निम्न प्रकार की परिसंपत्तियों पर विचार कीजिए—

1. शीघ्रावधि एवं अल्पसूचना मुद्रा
2. सरकारी प्रतिभूतियां
3. अग्रिम
4. नकदी

उपर्युक्त परिसम्पत्तियों का तरलता ह्रासमान क्रम है—

A. 4, 1, 3, 2 B. 1, 4, 3, 2
C. 1, 4, 2, 3 D. 4, 1, 2, 3

36. अल्पविकसित देशों में मौद्रिक नीति के प्रभाव की सीमित प्रकृति निम्न में से किन बातों के कारण है—

1. मुद्रा बाजार असंगठित होता है और इसलिए केन्द्रीय बैंक का मुद्रा प्रबंधन व्यापक नहीं होता।
2. वहां की सरकारें विकास की बजटीय नीति के रूप में हमेशा घाटे की वित्त व्यवस्था का आश्रय लेती है
3. बैंक उधार मुद्रा आपूर्ति का थोड़ा सा अंश ही होता है
4. विशाल अ-मौद्रिक क्षेत्र के अस्तित्व में होने के कारण बैंकदर परिवर्तन और अन्य मौद्रिक पहल प्रभावी सिद्ध नहीं हो पाती।

नीचे दिए गए **कूट** का प्रयोग करते हुए सही उत्तर का चयन कीजिए—

A. 1, 3 और 4 B. 1, 2 और 3
C. 1, 2 और 4 D. 2, 3और 4

37. निवेश गुणक निम्नलिखित सूत्र से ज्ञात किया जा सकता है—

A. $\dfrac{1}{1-\dfrac{\Delta C}{\Delta Y}}$ B. $\dfrac{1}{1-\dfrac{\Delta C}{\Delta S}}$

C. $\dfrac{1}{1+\dfrac{\Delta C}{\Delta Y}}$ D. $\dfrac{1}{1+\dfrac{\Delta C}{\Delta S}}$

38. यदि कीमत-स्तर में वृद्धि की आशा हो तो निवेश को बढ़ावा मिलेगा क्योंकि—

A. पूंजीगत पदार्थों के उत्पादन में बढ़ोतरी होगी
B. पूंजी के प्रत्याशित प्रतिफल में वृद्धि हो जाएगी
C. लोग अपेक्षाकृत अधिक बचत करेंगे जिससे ब्याज दर गिर जाएगी
D. पूंजीगत पदार्थों की उत्पादन लागत में गिरावट आ जाएगी।

39. यह मानते हुए कि—

निवेश में परिवर्तन $\Delta I = 20$
सीमान्त बचत प्रवृति (MPS) = 0.5
सीमान्त निवेश प्रवृत्ति (MPI) = 0.1
आय में परिवर्तन (ΔY) बराबर होगा—

A. 25 के B. 40 के
C. 100 के D. 200 के

40. स्थायी आय पकिल्पना के अनुसार

A. दीर्घकालीन कुल औसत उपभोग प्रवृत्ति (APC) दीर्घकालीन सीमान्त उपभोग प्रवृति (MPC) के बराबर होती है।
B. दीर्घकालीनें कुल औसत उपभोग प्रवृत्ति दीर्घकालीन कुल सीमान्त उपभोग प्रवृत्ति से अधिक होती है।
C. दीर्घकालीन कुल औसत उपभोग प्रवृत्ति दीर्घकालीन कुल सीमान्त उपभोग प्रवृत्ति से कम होती है।
D. परिवारों की आय के विभिन्न स्तरों से निरपेक्ष, प्रत्येक व्यक्ति की औसत उपभोग प्रवृत्ति समान होती है।

41. कीन्स के अनुसार सीमान्त उपभोग प्रवृत्ति—

A. कभी भी इकाई से अधिक नहीं होगी
B. इकाई से अधिक हो सकती है
C. कभी भी औसत उपभोग प्रवृत्ति से अधिक नहीं हो सकती
D. सीमान्त उपभोग प्रवृत्ति ऋणात्मक होगी

42. अतिगुणक से अभिप्राय है :

A. गुणक और त्वरक की अन्योन्य क्रिया
B. सीमान्त उपभोग प्रवृत्ति का अन्योन्य
C. पूंजी उत्पाद अनुपात
D. बजट गुणक

43. कीन्स के तरलता अधिमान ब्याज सिद्धांत में मुद्रा वर्तमान और भविष्य के बीच कड़ी के रूप में काम करती है—

A. लेन-देन के लिए मुद्रा की मांग के विषय में
B. पूर्वोपाय के लिए मुद्रा की मांग के विषय में
C. कारोबार के लिए मुद्रा की मांग के विषय में
D. मुद्रा की अपेक्षी मांग के विषय में

44. निम्नलिखित पर विचार कीजिए—

1. मुद्रा आपूर्ति M_1

2. डाकखाना बचत बैंकों में बचत जमा
3. बैंकों के निवल सावधि जमा
4. NSC को छोड़कर, डाकखाना बचत बैंकों की कुल जमा

मुद्रा आपूर्ति M_3 माप में शामिल होंगे—

A. 1, 2 और 3 B. 1 और 3
C. 1 और 4 D. 3 और 4

45. यदि नकद आरक्षण अनुपात 40% है और वाणिज्यिक बैंकों को सरकारी व्यय के परिणामस्वरूप 15 करोड़ रु. की ताजा नकदी की प्राप्ति होती है, तो वाणिज्यिक बैंकों द्वारा दिए गए ऋणों में वृद्धि होगी—

A. 37,500 रु. की B. 40,000 रु. की
C. 60,000 रु. की D. 30, 500 रु. की

46. निम्न में से कौन-से युग्म सही सुमेलित है ?

1. ब्याज दर एक वास्तविक तत्व है—नवक्लासिकी अर्थशास्त्र
2. ब्याज दर एक मौद्रिक तत्व है—मार्शल
3. ब्याज दर बचत स्तर को प्रभावित नहीं करती—केम्ब्रिज सम्प्रदाय
4. घटी हुई ब्याज दरें अपने साथ ऐसी उत्पादन प्रक्रियाएं लाती है जो अधिक घुमावदार होती है—बॉम बॉर्क

सही उत्तर का चयन कीजिए—

A. 1, 2 और 3 B. 1, 3 और 4
C. 1, 2 और 4 D. 3 और 4

47. निम्नलिखित कथनों पर विचार कीजिए—IS और LM वक्रों का प्रतिच्छेदन मेल खाता है—

1. वास्तविक क्षेत्र में संतुलन
2. मौद्रिक क्षेत्र में संतुलन
3. आवश्यक रूप से तरलता जाल से
4. वालरास के सामान्य संतुलन से

इन कथनों में से—

A. 1 और 3 सही है B. 1 और 2 सही है
C. 2, 3 और 4 सही है D. 1, 2, 3 और 4 सही है

48. रोजगार गुणक के लेखक हैं—

A. लॉर्ड बेवरिज B. जे.एम. कीन्स
C. आर. एफ. काह्न D. जे. आर. हिक्स

49. IS-LM मॉडल के प्रतिपादक हैं—

A. जे. आर. हिक्स B. एफ. मोडिग्लियानी
C. पी. ए. सेम्युलसन D. जे. एम. कीन्स

50. प्रत्याशित निवेश से प्रत्याशित बचत के आधिक्य का अर्थ है कि—

A. आय में ह्रास होगा B. आय में वृद्धि होगी
C. आय यथावत रहेगी D. मूल्य में कमी होगी

51. निम्नलिखित उपभोग फलनों में से कौन-सा एक गुणक R= 4 से मेल खाता है—

A. $C = 24 + 0.5Y$ B. $C = 240 + 0.25Y$
C. $C = 24 + 0.55Y$ D. $C = 240 + 0.75Y$

52. एक द्वि-क्षेत्रीय अर्थव्यवस्था में, बचत तथा निवेश के फलन निम्न प्रकार हैं— $S = -10 + 0.2Y, I = -3 + 0.1Y$ तो आय का संतुलन स्तर होगा—

A. 70 B. 80
C. 90 D. 100

53. मान लीजिए MPC गिरती है तथा IS-वक्र बायीं ओर स्थानान्तरित होता है। तब अन्य बातें समान रहने पर क्या घटित होता है—

A. संतुलन का स्तर नीचे हो जाता है
B. संतुलन का स्तर ऊच्चतर हो जाता है
C. संतुलन में कोई परिवर्तन नहीं होता है
D. केवल ब्याज की दर घट जाती है

54. सूची I को सूची II से सुमेलित कीजिए और सूचियों के नीचे दिए गए कूट का प्रयोग कर सही उत्तर चुनिए—

सूची I	*सूची II*
A. जीवन चक्र अवधारणा	1. कीन्स
B. स्थायी आय अवधारणा	2. ड्यूजेनबरी
C. निरपेक्ष आय अवधारणा	3. फ्रीडमैन
D. सापेक्ष आय अवधारणा	4. मोडिग्लियानी

कूट—

A. A-4 B-3 C-1 D-2 B. A-4 B-3 C-2 D-1
C. A-3 B-2 C-1 D-4 D. A-3 B-2 C-4 D-1

55. सट्टेबाजी के लिए मुद्रा मांग होती है—

A. ब्याज निर्धारक B. ब्याज निर्धारित
C. आय निर्धारक D. आय निर्धारित

56. निम्नलिखित कथनों पर विचार कीजिए—

1. IS वक्र को बायीं ओर के बिन्दु वस्तु की पूर्ति के अतिरेक को दर्शाते हैं।
2. LM वक्र के दाहिनी ओर के बिन्दु मुद्रा की मांग के अतिरेक को दर्शाते हैं।
3. IS वक्र के दाहिनी ओर के बिन्दु मुद्रा की पूर्ति के अतिरेक को दर्शाते हैं।

4. IS वक्र के दाहिनी ओर के बिन्दु वस्तु की पूर्ति के अतिरेक को दर्शाते हैं।

A. 2 और 4 सही है B. 1 और 3 सही है
C. 2 और 3 सही है D. 1, 2 और 3 सही है

57. मुद्रा की संचलन वेग निर्भर करती है—
A. जनता द्वारा मौद्रिक आय के व्यय की बारम्बारता पर
B. मुद्रा के अर्जन और व्यय की बारम्बारता पर
C. वह गति जिससे मुद्रा का स्टॉक आय कमाने वालों की ओर से अंतिम उत्पाद के उत्पादन की ओर गतिशील होता है
D. अंतिम उत्पाद खरीदने के लिए जनता के नकदी अधिमान पर

58. निम्नलिखित कथनों पर विचार कीजिए—अप्रत्याशित मुद्रास्फीति से सम्भवत: लाभान्वित हो सकते हैं—
1. कर्जदार
2. जीवन बीमा पॉलीसी धारक
3. वे व्यक्ति जिनकी कम्पनियों के पास सावधि जमाएं है

इन कथनों में से
A. केवल 1 सही है B. 1 और 2 सही है
C. 1, 2 और 3 सही है D. 2, 3 और 4 सही है

59. निम्नलिखित में से कौन-सी एक विधि केन्द्रीय बैंक द्वारा गुणात्मक साख नियंत्रण के साधन के रूप में प्रयुक्त की जा सकती है—
A. बैंक दर नीति
B. खुले बाजार की क्रियाएं
C. मार्जिन की आवश्यकता में परिवर्तन
D. आरक्षित अनुपात में परिवर्तन

60. आधुनिक मुद्रा परिमाण सिद्धांत के प्रतिपादक कौन माने जाते हैं—
A. फिशर B. किन्स
C. फ्रीडमैन D. पेटिंकिन

61. मुद्रा का कार्य है—
A. मूल्य का संचय B. विनिमय का माध्यम
C. मूल्य मापन D. उपर्युक्त सभी

62. वास्तविक संतुलन प्रभाव सिद्धांत का प्रतिपादन किया—
A. पीगू B. मार्शल
C. फिशर D. कीन्स

63. गर्म मुद्रा (Hot currency) है—
A. जिसका बाह्य मूल्य तेजी से बढ़ रहा हो
B. जिसका बाह्य मूल्य तेजी से गिर रहा हो
C. जो कीमती धातुओं की बनी हो
D. उपर्युक्त में से कोई नहीं

64. 'ब्याज तरलता के परित्याग का पुरस्कार है' यह किसका कथन है—
A. विक्सेल B. मार्शल
C. हिक्स D. कीन्स

65. ब्याज के बट्टा सिद्धांत का जनक हैं—
A. सीनियर B. फिशर
C. वाम बावर्क D. मार्शल

66. ब्याज के आधुनिक सिद्धांत के अन्तर्गत जिन दो सिद्धान्तों का संश्लेषण किया गया है वे हैं—
A. शास्त्रीय सिद्धांत और तरलता अधिमान सिद्धांत
B. शास्त्रीय सिद्धांत और त्याग का सिद्धांत
C. शास्त्रीय सिद्धांत और ऋणयोग्य कोष सिद्धांत
D. उपरोक्त में से कोई नहीं

67. तरलता जाल की स्थिति में ब्याज दर होती है—
A. शून्य B. न्यूनतम
C. अधिकतम D. सभी

68. "मुद्रा स्फीति अन्यायपूर्ण है और मुद्रा संकुचन अनुपयुक्त, इन दोनों में मुद्रा संकुचन अधिक बुरा है" यह कथन किसका है—
A. कीन्स B. फ्रीडमैन
C. फिशर D. राबर्टसन

69. मुद्रा पूर्ति M_2 क्या है—
A. नोट एवं सिक्के तथा मांग जमा
B. नोट, सिक्के, मांग जमा तथा डाकघर की बचत राशियां
C. बैंकों के पास सावधि जमा
D. कोई नहीं

70. मुद्रा के आकस्मिक कार्य है—
A. मूल्य संचय
B. मूल्य मापन
C. मूल्य का हस्तांतरण
D. साख का आधार

71. मुद्रा स्फीति नियंत्रण में कौन-सा उपाय सहायक होता है—
A. बैंक दर में कमी
B. बैंक दर में वृद्धि
C. CRR में कमी
D. खुले बाजार में प्रतिभूतियों का क्रय

72. मुद्रा स्फीति से सर्वाधिक हानि होती है—
A. ऋणदाता B. ऋणी
C. किसान D. उद्यमी

73. 'पूर्ति अपनी मांग स्वयं पैदा करती है' यह कथन है—
A. पीगू B. मार्शल
C. से D. फिशर

74. फिशर का मुद्रा मूल्य सिद्धांत किस पर आधारित है—
A. मुद्रा के चलन पर B. मुद्रा की मात्रा पर
C. कीमत स्तर पर D. व्यापार की मात्रा पर

75. ब्याज की प्राकृतिक दर के प्रतिपादक हैं—
A. फ्रीडमैन B. मार्शल
C. विकसेल D. चैपमैन

76. निम्नलिखित में से कौन Crowding out effect से संबंधित है—
A. निजी विनियोग में वृद्धि के कारण सार्वजनिक विनियोग में कमी
B. सार्वजनिक व्यय में वृद्धि के परिणामस्वरूप निजी उपभोग तथा विनियोग में कमी
C. सार्वजनिक विनियोग में कमी के कारण निजी विनियोग में वृद्धि
D. निजी विनियोग में वृद्धि के कारण सार्वजनिक व्यय में वृद्धि

77. Soft currency से तात्पर्य है—
A. अपरिवर्तनीय कागज मुद्रा
B. जिसे प्राप्त करना आसान हो
C. जिसका मूल्य गिर रहा हो
D. उपर्युक्त में से कोई नहीं

78. कौन-सा मौद्रिक नीति का उपकरण है—
A. राजकीय व्यय B. जनता से ऋण लेना
C. बैंक दर D. करारोपण

79. सर्वाधिक तरल मुद्रा है—
A. M_1 B. M_2
C. M_3 D. M_4

80. साख नियंत्रण की मात्रात्मक विधि नहीं है—
A. बैंक दर में परिवर्तन
B. खुले बाजार की क्रियाएं
C. आरक्षित अनुपातों में परिवर्तन
D. नैतिक दबाव (Moral sussaion)

81. यदि उपभोग फलन $C = 20 + 0.8Y$, आय का स्तर 300 रु. हो तो उपभोग व्यय होगा—
A. 260 रु. B. 240 रु.
C. 200 रु. D. 280 रु.

82. मांग प्रेरित स्फीति हो सकती है—
A. कच्चे माल के मूल्य में वृद्धि के कारण
B. बेरोजगारी में तीव्र वृद्धि के कारण
C. उपभोग व्यय में वृद्धि के कारण
D. करारोपण में गिरावट के कारण

83. गुणक व्यक्त करता है—
A. निवेश और आय के संबंध को
B. निवेश और उपभोग के संबंध को
C. निवेश वृद्धि और आय वृद्धि के संबंध को
D. निवेश वृद्धि और उपभोग वृद्धि के संबंध को

84. फिशर के अनुसार मुद्रा की पूर्ति है—
A. $MV+M^{1}V^{1}$ B. $MV^{1}+M^{1}V^{1}$
C. $MV+M$ D. MV/T

85. कीन्स के अनुसार 'सक्रिय शेष' वह मुद्रा है जो रखी जाती है—
A. लेन-देन के उद्देश्य से
B. पूर्वोपाय उद्देश्य से
C. सट्टे बाजी के उद्देश्य से
D. लेन-देन तथा पूर्वोपाय उद्देश्य से

86. LM अनुसूची है जहां—
A. मुद्रा की पूर्ति वस्तुओं के लिए मांग के बराबर होती है
B. मुद्रा की पूर्ति मुद्रा की मांग के बराबर होती है
C. मुद्रा की मांग वस्तुओं के लिए मांग के बराबर होती है
D. मुद्रा की लेन-देन तथा सतर्कता मांग मुद्रा की परिकल्पी मांग के बराबर होती है

87. केन्स के अनुसार मुद्रा की मांग निर्भर करती है—
A. केवल आय पर
B. केवल ब्याज दर पर
C. आय एवं ब्याज दर दोनों पर
D. बचत पर

88. यदि किसी वर्ष मुद्रा की आय चलन गति 3 हो तो अर्थव्यवस्था में कुल मुद्रा भंडार होगा—
A. वास्तविक सकल राष्ट्रीय उत्पाद का 1/3
B. 3 महीने की राष्ट्रीय आय
C. वर्ष की मौद्रिक आय का 1/3
D. वास्तविक सकल राष्ट्रीय उत्पाद का तीन गुना

89. हिक्स हैन्सन विश्लेषण जो निवेश बचत वक्र और तरलता

मुद्रा पूर्ति वक्र की सहायता से किया गया है, यह बतलाता है कि जिन दोनों बाजारों में एक साथ साम्य होता है, वे हैं—

A. वस्तु बाजार और साधन बाजार
B. मुद्रा बाजार और साधन बाजार
C. मुद्रा बाजार और स्टॉक बाजार
D. वस्तु बाजार और मुद्रा बाजार

90. फ्रीडमैन के अनुसार दीर्घकालीन फिलिप्स वक्र का आकार होगा—

A. बाएं से दाएं नीचे को गिरता हुआ
B. बाएं से दाएं ऊपर को उठता हुआ
C. X अक्ष के समानान्तर
D. Y अक्ष के समानान्तर

91. कैम्ब्रिज समीकरण M = KPY में K का तात्पर्य है—

A. मुद्रा के परिचलन वेग से
B. मुद्रा के परिचलन वेग के विलोम से
C. मुद्रा के आय वेग से
D. समय की इकाई से जिसके लिए मुद्रा शेषों की मांग हो रही है

92. त्वरक सिद्धांत का प्रतिपादन किया—

A. कॉलिन क्लार्क ने B. केन्स ने
C. हैरोड ने D. सैम्युलसन ने

93. गुणक की अवधारणा सर्वप्रथम दी—

A. कॉन ने B. केन्स ने
C. हिक्स ने D. हैरोड ने

94. यदि सीमान्त बचत प्रवृत्ति 0.2 हो तो गुणक का मान होगा—

A. 2.0 B. 1.25
C. 4.0 D. 5.0

95. यद्यपि ब्याज की दर मुद्रा की मांग और पूर्ति में साम्य के द्वारा निर्धारित होती है, तथापि कभी-कभी मुद्रा की पूर्ति में वृद्धि भी ब्याज दर को घटा नहीं पाती। यह विचार दिया—

A. नट विकसेल ने B. जे. एम. केन्स ने
C. बाम बावर्क ने D. इरविंग फिशर ने

96. एक वस्तु विनिमय अर्थव्यवस्था में 10 वस्तुओं के लिए सापेक्ष कीमतें होंगी—

A. 100 B. 60
C. 45 D. 40

97. 'बुरी मुद्रा अच्छी मुद्रा को चलन से बाहर कर देती है', यह कथन किसका है—

A. मार्शल B. क्राउथर
C. ऐली D. ग्रेशम

98. केन्स जिस मुद्रा स्फीति से बहुत अधिक चिंतित थे वह थी—

A. मांग-प्रेरित मुद्रा स्फीति
B. लागत-जन्य मुद्रा स्फीति
C. संरचनात्मक मुद्रा स्फीति
D. स्फीतिक अवसाद

99. यदि अन्य बातें समान हों तो मुद्रा की पूर्ति में वृद्धि का परिणाम होगा—

A. आय तथा ब्याज दर का ऊंचा स्तर
B. आय तथा ब्याज दर का नीचा स्तर
C. आय का ऊंचा स्तर तथा ब्याज दर का नीचा स्तर
D. आय का नीचा स्तर तथा ब्याज दर का ऊंचा स्तर

100. निम्न में से किसको मुद्रा की पूर्ति का विस्तृत माप माना जाता है—

A. M_1 B. M_2
C. M_3 D. M_4

101. निम्नलिखित में से कौन-सा कथन मुद्रा की मांग के संबंध में सत्य है—

A. आय के स्तर से धनात्मक रूप से संबंधित तथा ब्याज की दर से ऋणात्मक रूप से संबंधित
B. आय के स्तर तथा ब्याज की दर से ऋणात्मक रूप से संबंधित
C. आय के स्तर तथा ब्याज की दर से धनात्मक रूप से संबंधित
D. आय के स्तर से ऋणात्मक रूप से संबंधित तथा ब्याज की दर से धनात्मक रूप से संबंधित

102. मुद्रा के परिमाण सिद्धांत का केम्ब्रिज दृष्टिकोण मुद्रा के निम्न कार्य-पर अधिक बल देता है—

A. मूल्य संग्रह
B. विनिमय का माध्यम
C. लेखा की इकाई
D. विलम्बित भुगतान का आधार

103. केन्जीय सिद्धांत के अनुसार मुद्रा की मांग में वृद्धि होने पर—

A. मूल्य-स्तर बढ़ जाता है
B. उपभोग वस्तुओं की मांग बढ़ जाती है
C. निवेश मांग बढ़ जाती है
D. बांडो की मांग घट जाती है

104. कीन्स के ब्याज दर सिद्धांत में मुद्रा का पूर्ति वक्र सदैव होता है—

A. लम्बवत् B. नीचे को गिरता हुआ

C. ऊपर को चढ़ता हुआ D. क्षैतिज

105. यदि अर्थव्यवस्था में वास्तविक राष्ट्रीय आय और मुद्रा का परिमाण स्थिर है, तो कैम्ब्रिज समीकरण में K में वृद्धि का परिणाम होगा—

A. निरपेक्ष मूल्य स्तर में कमी
B. निरपेक्ष मूल्य स्तर में वृद्धि
C. सापेक्ष मूल्य स्तर में कमी
D. सापेक्ष मूल्य स्तर में वृद्धि

106. निम्न में से कौन-सा कथन केन्जीय उपभोग फलन के लिए सत्य नहीं है—

A. सीमान्त उपभोग प्रवृत्ति स्थिर होती है
B. औसत उपभोग प्रवृत्ति स्थिर होती है
C. सीमान्त उपभोग प्रवृत्ति, औसत उपभोग प्रवृत्ति से अधिक होती है
D. सीमान्त उपभोग प्रवृत्ति, औसत उपभोग प्रवृत्ति से कम होती है

107. आय सिद्धांत प्रस्तुत करने में कीन्स का दृष्टिकोण—

A. स्थैतिक था
B. तुलनात्मक रूप से स्थैतिक था
C. हिक्स के अर्थ में प्रावैगिक था
D. हैरॉड के अर्थ में प्रावैगिक था

108. नीचे दिए गए आरेख में उपभोग फलन CC है। केन्जीय परिप्रेक्ष्य से संबंधित बचत फलन प्रदर्शित होगा—

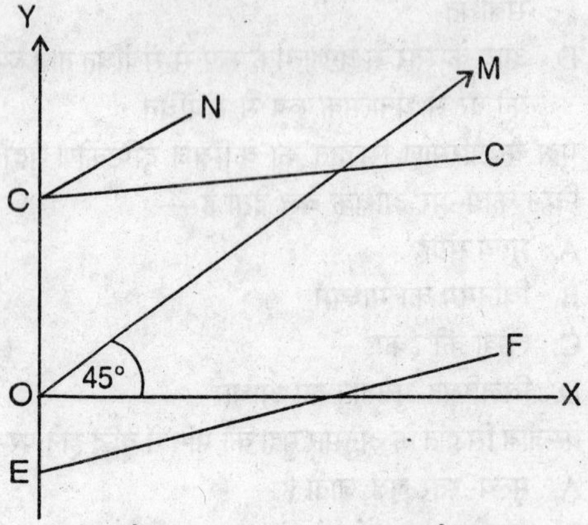

A. CN से B. OM से
C. EF से D. CY से

109. मौद्रिक मजदूरी दर में कटौती केन्सियन विचार के अनुसार श्रम के लिए रोजगार के अवसर नहीं बढ़ाती क्योंकि—

A. इससे श्रमिकों की उत्पादकता कम हो सकती है
B. इससे अन्य साधनों के स्थान पर श्रम का उपयोग नहीं बढ़ता
C. इससे प्रभावी मांग (effective demand) नहीं बढ़ती
D. इससे श्रम आन्दोलन हो सकता है जो मजदूरी में कटौती समाप्त करने की मांग कर सकता है।

110. निम्न में से कौन-सा कथन गलत है—

A. उच्च शक्ति मुद्रा अर्थव्यवस्था में कुल मुद्रा पूर्ति का महत्त्वपूर्ण भाग होती है
B. उच्च शक्ति मुद्रा (High Powered Money) अर्थव्यवस्था में मुद्रा प्रसार को आधार प्रदान करती है
C. उच्च शक्ति मुद्रा को नियंत्रित नहीं किया जा सकता है
D. उच्च शक्ति मुद्रा को नियंत्रित किया जा सकता है

111. केन्ज की पुस्तक ''जनरल थ्योरी ऑफ इम्प्लायमेंट, इन्ट्रेस्ट एंड मनी'' प्रकाशित हुई—

A. 1923 में B. 1930 में
C. 1936 में D. 1943 में

112. यदि बैंकिंग व्यवस्था को 1300 करोड़ रुपया प्राथमिक जमा के रूप में प्राप्त होता है तथा वह 12.5 प्रतिशत नकद कोष अनुपात बनाए रखता है तो उसके पास जमा व्युत्पन्न में वृद्धि होगी—

A. 9,100 करोड़ रु. B. 10,400 करोड़ रु.
C. 16,250 करोड़ रु. D. 8,000 करोड़ रु.

113. केन्स के मुद्रा की मांग के बारे में त्रुटिपूर्ण होने का क्या कारण है—

A. उसने मुद्रा की मांग को दो अलग-अलग भागों में व्यक्त किया
B. उसने मुद्रा की मांग की ब्याज लोच को असीमित बताया
C. उसने परिसम्पत्ति के रूप में मुद्रा को केवल एक ही विकल्प बांड पर विचार किया
D. उपरोक्त सभी कारण

114. निम्न में से कौन एक पूर्ण रोजगार की प्रप्ति में बाधक है—

A. गैर लोचशील ब्याज दर
B. लोचशील कीमतें
C. लोचशील मजदूरी दर
D. ऐच्छिक बेरोजगारी

115. ''ब्याज विशुद्ध रूप से एक मौद्रिक चर है।'' यह विचार है—

A. ऋण योग्य कोष सिद्धांत का
B. तरलता अधिमान सिद्धांत का
C. बचत-निवेश सिद्धांत का

D. त्याग सिद्धांत का

116. कीन्स के अनुसार, विनियोक्ता बाण्ड की अपेक्षा मुद्रा को अपने पास रखना पसन्द करेंगे जबकि वे उम्मीद करते हैं कि—

A. ब्याज दर में गिरावट आयेगी
B. ब्याज की दर में वृद्धि होगी
C. बाण्ड की कीमतों में वृद्धि होगी
D. ब्याज की दर स्थिर रहेगी

117. निम्न में से कौन एक गुणक के मान में रिसाव का कारण होगा—

A. बिक्री कर की दर में कमी
B. आय कर की दर में कमी
C. उपभोग वस्तुओं के मूल्य में कमी
D. आयात में वृद्धि

118. IS वक्र निम्नलिखित में से किन संयोगों को दर्शाता है—

A. ऊंची ब्याज दर तथा निम्न आय स्तर के बीच
B. ऊंची ब्याज दर तथा ऊंचे आय स्तर के बीच
C. ऊंची ब्याज दर तथा ऊंचे निवेश स्तर के बीच
D. ऊंची ब्याज दर तथा निम्न बचत स्तर के बीच

119. केन्ज के रोजगार सिद्धान्त में पूर्ण रोजगार का अर्थ है—

A. श्रम का पूर्ण रोजगार
B. पूंजी का पूर्ण रोजगार
C. प्राकृतिक संसाधनों का पूर्ण उपयोग
D. सबी संसाधनों का पूर्ण रोजगार

120. निम्न में से किसने मुद्रा को कल्याण के नापने का पैमाना बनाया—

A. जे. एस. मिल B. ए. मार्शल
C. एल. राबिन्सन D. ए. सी. पीगू

121. मुद्रा का परिमाण सिद्धांत एक—

A. स्थैतिक सिद्धांत है
B. प्रावैगिक सिद्धांत है
C. तुलनात्मक स्थैतिक सिद्धांत है
D. तथ्य का कथन है

122. 'सामान्यत: व्यक्ति आय के एक निश्चित अंश को मुद्रा शेष के रूप में रखना चाहते हैं' यह कथन संबंधित है—

A. फिशर के समीकरण से
B. केम्ब्रिज समीकरण से
C. मिल्टन फ्रीडमैन से
D. लार्ड केन्स से

123. उत्पादक परिसम्पत्ति के रूप में मानव सम्पत्ति को मुद्रा के सिद्धांत में उपयोग करने का श्रेय दिया जाता है—

A. ए.के. सेन को B. जे. एम. केन्स को
C. एम. फ्रीडमैन को D. एच. जे. जानसन को

124. बेरोजगारी की दर तथा स्फीति की दर के बीच अल्पकाल में आनुभविक संबंध को औपचारिक रूप प्रदत्त किया—

A. ए. डब्ल्यू फिलिप्स ने B. जेम्स ट्रॉबिन ने
C. पाल सेम्यूलसन ने D. केन्स ने

125. कीन्स का रोजगार सिद्धांत जुड़ा है—

A. ऐच्छिक बेरोजगारी से
B. संरचनात्मक बेरोजगारी से
C. अनैच्छिक बेरोजगारी से
D. स्वरोजगार से

126. उपभोक्ता अपनी आय में हुई वृद्धि का 20% बचाता है तो गुणक का मान होगा—

A. 2 B. 4
C. 5 D. 8

127. उपभोग तथा व्यय योग्य आय के मध्य एक अनुपातिक संबंध होता है, यदि—

A. MPC > APC B. MPC = APC
C. MPC < APC D. MPC = 0

जहां MPC सीमान्त उपभोग प्रवृत्ति और APC औसत उपभोग प्रवृत्ति है।

128. रैटचैट प्रभाव (Ratchet Effect) का अर्थ है—

A. आय में वृद्धि के साथ सीमान्त उपभोग प्रवृत्ति घटती है
B. आय में वृद्धि के साथ सीमान्त उपभोग प्रवृत्ति अपरिवर्तित रहती है
C. आय में वृद्धि के साथ सीमान्त उपभोग प्रवृत्ति बढ़ती है
D. जब आय घटती है तो सीमान्त उपभोग प्रवृत्ति उसी प्रकार परिवर्तित होती है जैसे आय में वृद्धि होने के साथ परिवर्तित होती है

129. उच्च शक्ति मुद्रा का परिमाण (Quantity of high powered money) नहीं प्रभावित होता—

A. सरकार की बजट संबंधी नीति से
B. केन्द्रीय बैंक के पास विदेशी विनिमय परिमाण से
C. बैंकों द्वारा केन्द्रीय बैंक से लिए गए ऋण से
D. बैंकों में जनता की जमा से

130. आय स्फीति (Income inflation) से अभिप्राय है—

A. समग्र मांग कम है समग्र पूर्ति से
B. अर्थव्यवस्था के कुछ क्षेत्रों में कीमत वृद्धि से

C. अर्थव्यवस्था में मौद्रिक आय में वृद्धि से
D. अर्थव्यवस्था में पूर्ण रोजगार के बाद कीमत वृद्धि से

131. मौद्रिक विभ्रम (Money illusion)—
1. तभी महत्वपूर्ण है जब स्फीति धीमी होती है, परन्तु भागती स्फीति में यह समाप्त हो जाता है।
2. स्फीति की गति को बढ़ा देता है।
3. स्फीति की गति को कम कर देता है।
4. स्फीति की गति को परिवर्तित नहीं करता
उपर्युक्त में कौन सही है ? सही उत्तर का चुनाव निम्नलिखित कूट में से कीजिए—
A. 1 तथा 2   B. 1 तथा 3
C. 1 तथा 4   D. केवल 4

132. मुद्रा एक परिसम्पत्ति (Asset) है इसकी मांग दूसरी परिसम्पत्तियों की मांग के साथ ही निर्धारित होती है। यह विचार दिया है—
A. टॉबिन ने   B. हिक्स ने
C. कीन्स ने   D. फ्रीडमैन ने

133. ''मौद्रिक नीति का कार्यान्वयन निर्धारित नियम के अनुसार होना चाहिए न कि विवेक के अनुसार'', यह विचार दिया—
A. जे. एम. कीन्स ने   B. एम. फ्रीडमैन ने
C. एच. जॉन्सन ने   D. डॉन पेटिन्किन ने

134. रिजर्व मुद्रा (Reserve money) में सम्मिलित होते हैं—
A. केवल बैंकों में सावधि जमा
B. जनता की चलन मुद्रा तथा बैंकों के पास नकदी
C. केवल बैंकों के पास नकदी
D. बैंकों के पास नकदी तथा डाकघर बचत-बैंक जमा

135. उपभोग पर 'रैटचैट प्रभाव' (Ratchat effect) का प्रतिपादन किया—
A. जे. एस. ड्यूसेनबरी   B. जे. एम. कीन्स
C. जे. आर. हिक्स   D. जे. एम. क्लार्क

136. उपभोग फलन दीर्घ एवं अल्पकाल दोनों में होते हैं—
A. रैखिक
B. अ-रैखिक व नीचे गिरते हुए
C. नीचे ढ़ाल लिए रैखिक
D. U-आकार का

137. कीन्स के सिद्धांत में प्रभावी मांग वहां होगी जहां—
A. सकल मांग फलन अधिकतम मान प्राप्त कर लेता है
B. जहां पूर्ण रोजगार होता है
C. जहां सकल मांग कीमत तथा सकल पूर्ति कीमत परस्पर बराबर हैं
D. जहां सकल मांग फलन तथा सकल पूर्ति फलन के बीच ऊर्ध्व दूरी अधिकतम होती है

138. क्लासीकल सिद्धांत के अनुसार ब्याज दर का निर्धारण होता है—
A. मुद्रा की मांग और पूर्ति से
B. बचत की मांग और पूर्ति से
C. ऋण योग्य राशि की मांग और पूर्ति से
D. उपर्युक्त में से कोई नहीं

139. निम्नलिखित में से लागत प्रेरित स्फीति का कारण कौन-सा है—
A. उपभोग व्यय में वृद्धि   B. करों में कमी
C. मांग में वृद्धि   D. मजदूरी में वृद्धि

140. साख सृजन की प्रक्रिया का परिणाम होता है—
A. वास्तविक राष्ट्रीय आय में वृद्धि
B. देश की वास्तविक सम्पत्ति में वृद्धि
C. मुद्रा की पूर्ति में वृद्धि
D. राष्ट्रीय ऋण में कमी

141. "A Treatise of Money" पुस्तक किसने लिखी है—
A. सेलिग मेन   B. जे. एम. केन्स
C. क्राउथर   D. किनली

142. मुद्रा के कार्यों को स्थैतिक एवं प्रावैगिक श्रेणियों में किसने बांटा—
A. पॉल एन्जिग   B. क्राउथर
C. कीन्स   D. एडम स्मिथ

143. नकद-शेष समीकरण से कौन संबंधित है—
A. मार्शल, पीगू और फिशर
B. मार्शल, पीगू और राबर्टसन
C. हिक्स, एलन और हैन्सन
D. एडमस्मिथ, माल्थस और रिकार्डो

144. विनिमय का समीकरण किसके समीकरण को कहा जाता है—
A. फिशर   B. कीन्स
C. मार्शल   D. रॉबर्टसन

145. बेरोजगारी की प्राकृतिक दर वह दर है जो—
A. पूर्ण रोजगार पर प्रचलित होती है
B. 6 से 8 प्रतिशत के बीच रहती है
C. संरचनात्मक परिवर्तन का परिणाम है
D. उपर्युक्त सभी

146. कीन्स के अनुसार ब्याज दर निर्धारित होती है—
A. मुद्रा बाजार में
B. पूंजी बाजार में
C. मुद्रा तथा पूंजी बाजारों में
D. सरकार द्वारा

147. नव-प्रतिष्ठावादी (Neo-classical) अर्थशास्त्रियों के अनुसार मुद्रा—
A. उत्पादन तटस्थ है
B. उत्पादन के लिए हानिकारक होती है
C. उत्पादन को तोड़-मरोड़ देती है
D. उत्पादन के लिए अनावश्यक है

148. कीन्स का आर्थिक विश्लेषण है—
A. दीर्घकालीन एवं स्थिर
B. दीर्घकालीन एवं गतिमान
C. अल्पकालीन एवं स्थिर
D. अल्पकालीन एवं गतिमान

149. MPC का मूल्य होता है—
A. एक से अधिक
B. एक के बराबर
C. एक से कम लेकिन शून्य से अधिक
D. अनन्त

150. सरकारी बजट संतुलित होने की अवस्था में सरकारी खर्च में 100 करोड़ रुपये की बढ़ोतरी करने पर राष्ट्रीय आय में कितनी बढ़ोतरी होगी—
A. 500 करोड़ B. 100 करोड़
C. शून्य D. −100 करोड़

151. जब नियोजित बचत = – 40 + 0.20Y और नियोजित निवेश = 60 रु, तो आय का संतुलन स्तर होगा—
A. 100 रु. B. 400 रु.
C. 500 रु. D. 1,000 रु.

152. जब LM समीकरण Y = 750 + 20 i है तो मुद्रा की मांग और मुद्रा की पूर्ति में संतुलन तब होगा जब—
A. i = 10 और y = 750 रु.
B. i = 10 और y = 800 रु.
C. i = 10 और y = 950 रु.
D. i = 10 और y = 900 रु.

153. निम्नलिखित में किन स्थितियों में मुद्रा की पूर्ति में वृद्धि संतुलन आय पर कोई प्रभाव नहीं डालती है—
A. LM तीव्र रूप से ढ़ालदार है और IS सापेक्ष रूप से चपटा है।
B. LM लम्बवत् है और IS का ढ़ाल तीव्र है
C. LM तीव्र रूप से ढ़ालदार है और IS लम्बवत है।
D. LM सापेक्ष रूप से IS की तरह ही चपटा है।

154. जनता की बैंकिंग आदतों में वृद्धि होने पर जमा-गुणक (Deposit Multiplier) का आकार—
A. घटता है B. बढ़ता है
C. स्थिर रहता है D. शून्य हो जाता है

155. ब्याज दर में परिवर्तन निम्नलिखित उद्देश्यों के लिए रखी जाने वाली मुद्रा की मात्रा को बहुत प्रभावित नहीं करती है—
A. लेन-देन उद्देश्य
B. सावधानी (Precautionary motive) उद्देश्य
C. लेन-देन तथा सावधानी उद्देश्य दोनों
D. सट्टा उद्देश्य

156. ओकन का (Okun's) का नियम संबंध बतलाता है—
A. कर की दर और कर की राशि में
B. बेरोजगारी के स्तर और मुद्रा प्रसार के स्तर में
C. बेरोजगारी के स्तर और वृद्धि के स्तर में
D. आय के स्तर और मांग स्तर में

157. ''मांग पूर्ति का निर्माण करती है'' इस अवधारणा को प्रस्तुत किया—
A. फ्रीडमैंन ने B. जे.बी.से. ने
C. जे. एम. कीन्स ने D. रोबर्ट ई. लुकास ने

158. $P = \frac{kR}{M}$ समीकरण संबंधित है—
A. मार्शल B. मिल
C. पीगू D. केन्स

159. यदि ब्याज की दर शून्य से अधिक है तो इसका अर्थ होता है—
A. वर्तमान वस्तुओं और भावी वस्तुओं का हमेशा समान मूल्य होता है
B. वर्तमान वस्तुओं का मूल्य भावी वस्तुओं के मूल्य से कम होती है
C. वर्तमान उपभोग का मूल्य भावी उपभोग से अधिक होता है
D. वर्तमान उपभोग का मूल्य भावी उपभोग से कम होता है

160. किसी ऐसी अर्थव्यवस्था में जहां लोग हमेशा किसी अतिरिक्त

आय के आधे का उपभोग करते हैं दूसरे आधे की बचत करते हैं, वहां 20,000 रु. का कोई अतिरिक्त सरकारी व्यय सृजित कर सकता है—

A. 10,000 रु. की अतिरिक्त आय
B. 40,000 रु. की अतिरिक्त आय
C. शून्य अतिरिक्त आय
D. 20,000 रु. की अतिरिक्त आय

161. यदि रैखिक उपभोग फलन का अधोमुखी समानान्तर स्थानान्तरण हो तो निवेश गुणक—

A. घटेगा B. सीमान्त रूप से बढ़ेगा
C. पूर्ववत् रहेगा D. दुगुना हो जाएगा

162. यदि उपभोग फलन मूल बिन्दु से गुजरे तो APC = MPC के लिए वह अवश्य—

A. बिना किसी अन्तर्रोध के रैखिक होगा
B. बिना किसी अन्तर्रोध के अरैखिक होगा
C. आय अक्ष पर नकारात्मक अन्तर्रोध के साथ रैखिक होगा
D. उपभोग अक्ष पर सकारात्मक अन्तर्रोध के साथ रैखिक होगा

163. निम्नलिखित पर विचार कीजिए—

1. निवेश मांग 2. समस्त मांग
3. ब्याज की दर 4. मुद्रा पूर्ति

कीन्स ने मुद्रा पूर्ति में परिवर्तन का प्रभाव जिस सही क्रम में देखा था वह है—

A. 1, 2, 3, 4 B. 2, 1, 3, 4
C. 4, 3, 2, 1 D. 4, 3, 1, 2

164. मान लें कि किसी अर्थव्यवस्था में मुद्रास्फीति स्थिर है और मुद्रा की मांग आय और ब्याज-दर का फलन है, तब अगर आय का स्तर बढ़ता है तो—

A. मुद्रा की मांग के परिमाण में कमी और ब्याज की दर में वृद्धि होगी
B. मुद्रा की मांग के परिमाण में वृद्धि और ब्याज की दर में वृद्धि होगी
C. मुद्रा की मांग के परिमाण में कमी और ब्याज की दर में कमी होगी
D. मुद्रा की मांग के परिमाण में वृद्धि और ब्याज की दर में कमी होगी

165. मुद्रा की मांग का पोर्टफोलियो सिद्धांत यह मानकर चलता है कि व्यक्ति—

A. जोखिम की परवाह नहीं करता
B. जोखिम के प्रति तटस्थ होता है
C. जोखिम से प्यार करता है
D. जोखिम के प्रति अनिच्छुक रहता है

166. यदि ब्याज दर बढ़ेगी तो बांडधारी लोग—

A. बांडो पर पूंजीगत लाभ प्राप्त करेंगे
B. बांडो पर पूंजीगत हानि उठायेंगें
C. बेचना चाहते हुए भी ग्राहक नहीं ढूंढ़ पायेंगे
D. न पूंजीगत लाभ प्राप्त करेंगे और नहीं पूंजीगत हानि उठायेंगे

167. यदि मुद्रा की मांग पूर्ण ब्याज लोचदार हो तो प्रसारण मौद्रिक नीति की कारगरता होती है—

A. अधिकतम B. साधारण
C. अत्यन्त निम्न D. शून्य

168. मुद्रा स्फीति पर नियंत्रण के लिए केन्द्रीय बैंक को चाहिए कि—

A. खुले बाजार में सरकारी प्रतिभूतियां बेचे
B. बैंक दर को कम करे
C. खुले बाजार में सरकारी प्रतिभूतियां खरीदें
D. बैंकों के आरक्षण अनुपात को कम करे

169. निम्नलिखित में से कौन एक सही और सम्भावित अनुक्रम है ? (M मुद्रा पूर्ति है, i ब्याज की मौद्रिक दर तथा I निवेश है)

A. M नीचा है, i नीचा, I नीचा है, GNP नीचा है।
B. M नीचा है, i नीचा, I ऊंचा है, GNP ऊंचा है।
C. M नीचा है, i ऊंचा है, I नीचा है, GNP नीचा है।
D. M ऊंचा है, i ऊंचा है, I ऊंचा है, GNP ऊंचा है।

170. यदि आय (Y) के सब स्तरों पर MPC = APC है, तो इसके समकक्ष उपभोग फलन (Consumption function) होगा—

A. $C = a + bY$ B. $C = bY$
C. $C = bY^2$ D. $C = a + bY^2$

171. निवेश का त्वरक सिद्धांत (Accelerator Principle of Investment) निवेश की वर्तमान दर को—

A. ब्याज की दीर्घकालीन दर से सम्बद्ध करता है
B. ब्याज की अल्पकालीन दर से सम्बद्ध करता है
C. उत्पादन के वर्तमान स्तर से सम्बद्ध करता है
D. बचत के स्तर से सम्बद्ध करता है

172. यदि MPS बढ़ती है तो उत्पादन का संतुलन स्तर—

A. बढ़ेगा B. कम होगा

C. स्थिर रहेगा D. अनिश्चित रहेगा

173. मुद्रा बाजार की पुर: स्थापना (Introduction) के साथ संतुलित आय-व्यय गुणक (Balanced Budget Multiplier) होगा—

A. इकाई B. इकाई से अधिक
C. इकाई से कम D. शून्य

174. क्लासिकी सिद्धांत के अनुसार मुद्रा पूर्ति में 10 प्रतिशत की वृद्धि से—

A. मौद्रिक मजदूरी दरों में 10 प्रतिशत की बढ़ोतरी होगी पर वास्तविक मजदूरी पर कोई प्रभाव नहीं होगा।
B. वास्तविक मजदूरी दरें 10 प्रतिशत बढ़ेगी।
C. वास्तविक मजदूरी दरें 10 प्रतिशत घटेंगी।
D. मौद्रिक मजदूरी दरें तथा वास्तविक मजदूरी दरें दोनों ही 10 प्रतिशत बढ़ेगी।

175. समीकरण $0.5Y + 50i - 240 = 0$—

A. उपभोग फलन का समीकरण है।
B. निवेश फलन का समीकरण है।
C. IS फलन का समीकरण है।
D. LM फलन का समीकरण है।

176. केन्स के अनुसार निम्निलिखित में से कौन-सा एक अनैच्छिक बेरोजगारी (Involuntary unemployment) का मूलभूत कारण है—

A. वस्तुओं एवं सेवाओं की मांग में सामान्य कमी
B. देश के कार्य उपलब्धता वाले अन्य भागों की ओर प्रवसन करने में श्रमिकों की अनिच्छा
C. आवश्यक कुशलताओं के न होने के कारण व्यवसायों में परिवर्तन करने में असमर्थता
D. दूसरे व्यवसायों एवं क्षेत्रों में उपलब्ध रोजगार के अवसरों के प्रति श्रमिकों का अज्ञान

177. मुद्रा की अपेक्षी मांग (Speculative demand) बढ़ेगी यदि—

A. प्रतिभूतियों की कीमतों में वृद्धि प्रत्याशित है।
B. वस्तुओं की कीमतों में कमी प्रत्याशित है।
C. ब्याज दर का स्थिर होना प्रत्याशित है।
D. ब्याज दर में वृद्धि प्रत्याशित है।

178. फिशर के V और कैम्ब्रिज समीकरण के K के बीच संबंध है—

A. $V = 1/K$ B. $V = \frac{1}{1+K}$
C. $V = 1 + K$ D. $V = 1 - K$

179. दिया गया है—
$C = 50 + 0.5Y$
$I = 80$
$G = 100$
आय का संतुलन स्तर है—

A. 460 B. 560
C. 230 D. 360

180. यदि निवेश गुणक 4 है तब प्रासंगिक उपभोग फलन है—

A. $C = 28 + 0.75Y$ B. $C = -28 + 0.78Y$
C. $C = 28 + 0.70Y$ D. $C = 28 + 0.40Y$

181. निम्नलिखित कथनों पर विचार कीजिए—

1. बॉण्ड की कीमतें और ब्याज की दरें सीधे परिवर्तित होती है।
2. ''पूर्ति स्वत: अपनी मांग सृजित करती है।'' को बालरा के नियम के रूप में जाना जाता है।
3. वह दर जो पूंजी परिसम्पत्ति में निवेश से अपेक्षित होने वाले बट्टागत नकदी प्रवाह को इसकी पूर्ति कीमत के समान कर देती है, निवेश की सीमांत दक्षता होती है।
4. प्रयोज्य आय (Disposable income), व्यक्तिगत आय पर कर के साथ प्रतिलोमत: परिवर्तित होता है।

उपर्युक्त में से कौन-कौन-से कथन सही हैं—

A. 3 और 4 B. 1 और 3
C. 2 और 4 D. 1, 2 और 3

182. निम्नलिखित में से कौन प्रतिनिधियात्मक उपभोग फलन के साथ संगत है—

A. APC=MPC B. MPC = 0
C. APC = 0 D. APC > MPC

183. एक उद्यमी पूंजी परिसम्पति प्राप्त करने की योजना बनाता है जिसमें प्रथम वर्ष के अन्त में 660 रु. प्राप्त होने की आशा है और द्वितीय वर्ष के अन्त में 1452 रु. प्राप्त होने की आशा है। इसके पश्चात् यह अनुपयोगी हो जायेगी। बट्टा दर 0.10 है। इसकी संतुलन पूर्ति कीमत क्या होगी—

A. 2,112 B. 2,000
C. 1,800 D. 1,200

184. निम्नलिखित कथनों पर विचार कीजिए—

1. जब कीमतें, लागतों में बिना किसी परिवर्तन के गिरती है, तब पूंजी की सीमान्त दक्षता गिरती है।
2. जब कीमतें, लागतों में बिना किसी परिवर्तन के गिरती है, तब पूंजी की सीमान्त दक्षता बढ़ती है।
3. पूंजी की सीमान्त दक्षता बढ़े हुए निवेश के साथ पूंजीगत

वस्तुओं के अधिक उत्पादन के कारण गिरती है।
4. पूंजी की सीमान्त दक्षता बढ़े हुए निवेश के साथ पूंजीगत वस्तुओं के अधिक उत्पादन के कारण बढ़ती है।

उपर्युक्त में से कौन-कौन से कथन सही हैं—

A. 1 और 2 B. 1 और 3
C. 1 और 4 D. 2 और 3

185. निम्नलिखित कथनों पर विचार कीजिए—
चिर-प्रतिष्ठित अर्थशास्त्रियों का विश्वास था कि अर्थव्यवस्था में बेरोजगारी बनी रहेगी—
1. श्रम की बचत करने वाली तकनीकी प्रगति के कारण।
2. वस्तुओं की मांग में अपर्याप्तता के कारण।
3. अर्थव्यवस्था की स्वतंत्र क्रिया में सरकारी हस्तक्षेप के कारण।

उपर्युक्त कथनों में से कौन सही है—

A. 1, 2 और 3 B. 1 और 2
C. 2 और 3 D. केवल 2

186. जब आय में वृद्धि होती है तब तरलता अधिमान वक्र पर इस प्रकार प्रभाव पड़ता है कि—
A. यह बायें को विवर्तित होता है।
B. यह बिल्कुल विवर्तित नहीं होता है।
C. यह दायें को विवर्तित होता है।
D. इसके ढ़ाल में परिवर्तन होता है।

187. मुद्रा की तटस्थता का निहितार्थ है कि मुद्रा पूर्ति में की गयी किसी वृद्धि से—
A. सभी कीमतें उसी अनुपात में बढ़ेगी
B. सभी कीमतें विभिन्न अनुपात में बढ़ेगी
C. सभी कीमतें उसी अनुपात में घटेगी।
D. कीमतों में कोई परिवर्तन नहीं होगा।

188. वह सिद्धांत जिसमें मुद्रा की लेन-देन संबंधी मांग ब्याज की दर पर भी निर्भर करती है, प्रस्तुत किया था—
A. केन्ज और पीगू ने B. बोमल और टॉबिन ने
C. हिक्स और सोलो ने D. मीड और सैम्युलसन ने

189. निम्न में से कौन-सा एक सही सुमेलित नहीं है—
A. स्फीतिकारी अन्तराल : केन्ज
B. नकद सतुंलन उपागम : पीगू
C. त्वरण-गुणक विश्लेषण : हिक्स
D. विनिमय का समीकरण : मार्शल

190. मुद्रा के परिमाण सिद्धांत का निहितार्थ है कि कीमत स्तर में वृद्धि—
A. उत्पादन में वृद्धि से संबंधित होगी।
B. मुद्रा-पूर्ति में वृद्धि से संबंधित होगी।
C. मुद्रा-पूर्ति में कमी से संबंधित होगी।
D. A और B दोनों से संबंधित होगी।

191. अगर सभी नयी निर्गमित मुद्रा बचा ली जाये तो—
A. केवल निरपेक्ष मूल्य में वृद्धि होगी
B. कीमतें बढ़ सकती हैं यदि मुद्रा के चलन वेग में वृद्धि हो।
C. उसी के बराबर समय-जमा बढ़ जाएगी।
D. उसी के बराबर मांग-जमा बढ़ जाएगी।

192. मुद्रावादी वे हैं जो विचार रखते हैं कि—
A. बेरोजगारी से ज्यादा गम्भीर मुद्रा स्फीति है।
B. मुद्रास्फीति से ज्यादा गंभीर बेरोजगारी है।
C. उधार की ब्याज दरें नीची हो।
D. मुद्रा की पूर्ति को ऊंची दर से बढ़ना चाहिए।

193. ब्याज की नीची दर—
A. मजदूरी गिराती है।
B. मजदूरी बढ़ाती है।
C. अपने आप में निवेश बढ़ाने के लिए अपर्याप्त है।
D. सदैव केन्द्रीय बैंक द्वारा मुद्रा बाजार को दिए गए आदेशों से होती है।

194. मौद्रिक नीति किससे संबंधित है—
A. सरकार B. मौद्रिक अधिकारी
C. महाजन D. व्यापारिक बैंक

195. मान लीजिए—
M = 1000, M' = 5000, V = 2, V' = 2 और T = 1000
सामान्य कीमत स्तर होगा—
A. 8 रु. B. 10 रु.
C. 12 रु. D. 14 रु.

196. पूर्ति-समर्थक वे अर्थशास्त्री हैं जो समष्टि आर्थिक समस्याओं-बेरोजगारी एवं मुद्रा प्रसार-का हल ढूंढ़ते हैं—
A. करों में कटौती एवं उद्योगों को विनियंत्रित करने में।
B. वस्तुओं की पूर्ति बढ़ाने के लिए कीमतों को बढ़ाने में
C. समग्र मांग को उच्च स्तर प्राप्त करने में।
D. बजट घाटे का स्तर अधिक करने में।

197. एक बेरोजगार व्यक्ति को परिभाषित किया जा सकता है—
A. जो कार्य नहीं करता है।
B. जो काम चाहता है परन्तु उसे काम नहीं मिलता है।
C. जो अपनी योग्यता से नीचे के काम में लगा है।
D. जो न तो काम चाहता है और न ही जिसे काम मिलता है।

198. मुद्रा की पूर्ति है—

A. एक स्टॉक विचार

B. एक प्रवाह (Flow) विचार

C. दोनों-स्टॉक एवं प्रवाह विचार

D. उपरोक्त में से कोई भी नहीं

199. स्फीति अन्तराल को दूर किया जा सकता है—

A. शुद्ध Tax Revenue और सरकारी व्यय में समान बढ़ोतरी से

B. सरकारी व्यय में वृद्धि और शुद्ध Tax Revenue में ह्रास से

C. शुद्ध Tax Revenue और सरकारी व्यय में समान ह्रास से

D. Tax Revenue में ह्रास से

200. निम्न में से कौन नजदीकी-मुद्रा (Near-money) का उदाहरण है—

A. सिक्का B. मांग-जमाएं

C. विनिमय बिल D. साज-सम्मान

201. मुद्रा पूर्ति में परिवर्तन से ब्याज दर प्रभावित नहीं होती। निम्न में से किन सिद्धांतों ने यह विचार प्रकट किया—

1. प्रतिष्ठित सिद्धांत
2. ऋण योग्य वित्त सिद्धांत
3. तरलता अधिमान सिद्धांत
4. समय अधिमान सिद्धांत

अपना उत्तर निम्न कूटों में से चुनिये—

A. 1 और 2 B. 2 और 3

C. 3 और 4 D. 1 और 4

202. तरलता अधिमान वक्र दायीं ओर को गिरता हुआ होता है क्योंकि—

A. जैसे ब्याज दर बढ़ती है, मुद्रा के संचय की अवसर लागत घट जाती है।

B. जैसे ब्याज दर बढ़ती है, मुद्रा के संचय की अवसर लागत बढ़ जाती है।

C. जैसे ब्याज दर घटती है, मुद्रा के संचय की अवसर लागत अप्रभावित रहती है।

D. जब ब्याज दर कम होती है तो केन्द्रीय बैंक मुद्रा की पूर्ति घटा देते हैं।

203. मुद्रा की सट्टा मांग में वृद्धि होगी यदि—

A. लोगों के विचार से ब्याज की वर्तमान दर सामान्य ब्याज दर से कम है।

B. लोगों के विचार से ब्याज की वर्तमान दर सामान्य ब्याज दर से अधिक है।

C. मौद्रिक आय में वृद्धि हुई है।

D. अर्थव्यवस्था उत्कर्ष में है और व्यापारियों की प्रत्याशाएं आशाजनक हैं

204. निम्न में से किस अर्थशास्त्री ने आर्थिक स्थिति के स्तर के निर्धारक के रूप में प्रभावी मांग का सर्वप्रथम उल्लेख किया—

A. डी. रिकार्डो B. टी. आर. माल्थस

C. ए. मार्शल D. जे. एम. कीन्स

205. रोजगार में आरम्भिक प्रत्यक्ष वृद्धि के प्रभावस्वरूप कुल रोजगार में कई गुना वृद्धि होती है. यह संबंध प्रतिपादित किया—

A. जे. एम. कीन्स ने B. आर. एफ. कान ने

C. ए. सी. पीगू ने D. जे. रॉबिन्सन ने

206. क्लासीकल रोजगार सिद्धांत में श्रम बाजार की पूर्ण निकासी किससे होती है—

A. ब्याज दर की लोचशीलता के कारण

B. मजदूरी दर की लोचशीलता के कारण

C. वस्तुओं के मूल्य की लोचशीलता के कारण

D. वस्तु बाजार में पूर्ण प्रतियोगिता के क्लासीकल मान्यता के कारण

207. केन्स के ब्याज-सिद्धान्त में, यदि अन्य बातें समान रहें और मुद्रा की विनिमय-व्यवहार के लिए मांग बढ़ जाये तो ब्याज दर—

A. घटेगी

B. बढ़ेगी

C. अपरिवर्तित रहेगी

D. किसी भी दिशा में में बदल सकती है

208. निम्न में से किस अर्थशास्त्री ने उपभोग फलन के सन्दर्भ में स्थायी आय की अवधारणा का प्रयोग किया—

A. एम. फ्रीडमैन B. जे.एस. ड्यूजनबेरी

C. जे.एम. केन्स D. एन. काल्डॉर

209. त्वरक के सन्दर्भ में निम्न कथनों पर विचार कीजिए तथा नीचे लिखे कूट से सही कथनों का चयन कीजिए—

1. यह मांग की वृद्धि दर पर निर्भर करता है।
2. अर्थव्यवस्था में अनुपयुक्त क्षमता न होने पर कार्यशील होता है।
3. पूंजी-क्षय बढ़ जाने पर इसका मान बढ़ जाता है।

4. यह मांग के स्तर पर निर्भर करता है।

कूट :

A. 1 और 2 सही है। B. 2 और 3 सही है।
C. 3 और 4 सही है। D. 2, 3 और 4 सही है।

210. हिक्स-हैन्सन द्वारा प्रतिपादित IS-LM मॉडल के अनुसार साथ-साथ साम्य होता है—

A. आय के स्तर और ब्याज की दर में
B. आय के स्तर और उपभोग में
C. स्फीति और बेरोजगारी में
D. मुद्रा की मांग और पूर्ति में

211. जब सकल निवेश शून्य हो जाता है तो निम्न में से कौन राष्ट्रीय आय को शून्य होने से रोकता है—

A. उपभोग B. गुणक
C. त्वरक D. उपरोक्त में कोई नहीं

212. पूर्ण रोजगार की स्थिति के पूर्व, जब मूल्य स्तर में कमी आती है, समग्र मांग बढ़ जाती है जिससे रोजगार और आय में वृद्धि होती है। मूल्य स्तर और समग्र मांग में यह संबंध कहा जाता है—

A. वास्तविक शेष प्रभाव B. आय प्रभाव
C. मूल्य प्रभाव D. रोजगार प्रभाव

213. सट्टे के लिए मुद्रा की मांग बांड के प्रत्याशित मूल्यों पर निर्भर करती है। यह विचार दिया—

A. जे.एम. केन्स ने B. के. विकसेल ने
C. डी. एच. रॉबर्ट्सन ने D. एम. फ्रीडमैन ने

214. मुद्रा-गुणक अनुपात है—

A. मुद्रा के कुल परिमाण और मौद्रिक राष्ट्रीय आय में
B. प्राथमिक मुद्रा के परिमाण तथा सहायक मुद्रा के परिमाण में
C. प्राथमिक मुद्रा के परिमाण तथा मुद्रा के कुल परिमाण में
D. मुद्रा की कुल मात्रा तथा निवेश मात्रा में

215. केन्स के अनुसार बचत और निवेश परिभाषाओं के अनुसार सदैव बराबर होते हैं। पर जब वे बराबर नहीं होते तो असाम्य (disequilibrium) उत्पन्न हो जाता है। इन दोनों कथनों में सामंजस्य किस प्रकार बांधा जा सकता है—

1. प्रत्याशित (ex-ante) या नियोजित (planned) बचत, प्रत्याशित या नियोजित निवेश के बराबर है।
2. प्राप्त बचत (ex-post saving) प्राप्त निवेश के बराबर है।
3. बचत और निवेश सारणियां (Schedule) एक रूप हैं।
4. बचत और निवेश आय के साम्य स्तर पर बराबर हैं।

अपना उत्तर निम्नलिखित कूट में से चुनें—

A. 1 और 3 B. 2 और 4
C. 3 और 4 D. 1 और 4

216. **कथन (A) :** केन्स के अनुसार मंदी में निजी निवेश प्रोत्साहित नहीं होता है।

कारण (R) : मंदी में पूंजी की सीमान्त उत्पादकता अधिक होती है।

नीचे लिखे कूट से सही उत्तर चुनें—

A. A तथा R दोनों सत्य हैं तथा R, A की सही व्याख्या करता है।
B. A तथा R दोनों सत्य हैं पर R, A की सही व्याख्या नहीं करता है।
C. A सही है पर R सही नहीं है।
D. A सही नहीं है पर R सही है।

217. ब्याज-दर अनिर्धारणीय (indeterminate) है—

A. प्रतिष्ठित सिद्धांत के अनुसार
B. ऋण-योग्य निधि सिद्धांत के अनुसार
C. तरलता अधिमान सिद्धांत के अनुसार
D. उपरोक्त सभी सिद्धांतों के अनुसार

218. मुद्रा का परिमाण सिद्धांत सबसे पहले किसने प्रतिपादित किया—

A. डी. रिकार्डो B. डैवानजत्ती
C. डी. ह्यूम D. जे. मिल

219. ''मुद्रा जो मानव जाति के लिए अनेक वरदानों का स्रोत हैं, यदि नियंत्रित न की जाए, तो विपत्ति और विभ्रम का स्रोत हो जाती है।'' यह कथन किस अर्थशास्त्री का है—

A. डी. एच. रॉबर्ट्सन B. ए. मार्शल
C. जे. एम. केन्स D. जे.टॉबिन

220. मौद्रिक नीति को निर्धारित नियम के अनुसार चलना चाहिए न कि विवेक के अनुसार। यह विचार दिया—

A. जे. एम. केन्स ने B. एच. जानसन ने
C. एम. फ्रीडमैन ने D. डान पेटिन्किन ने

221. भारतीय अर्थव्यवस्था में रिजर्व मुद्रा बढ़ेगी यदि—

A. शुद्ध गैर-मौद्रिक देयताएं बढ़ा जाएं।
B. रिजर्व बैंक के पास शुद्ध विदेशी मुद्रा भंडार बढ़ जाए।
C. रिजर्व बैंक के पास शुद्ध विदेशी मुद्रा भंडार घट जाए।
D. रिजर्व बैंक द्वारा वाणिज्यिक क्षेत्र को उपलब्ध शुद्ध साख घट जाए।

222. मुद्रा के परिमाण सिद्धांत के अनुसार कीमत स्तर बढ़ता है यदि—
A. मुद्रा की पूर्ति में कमी होती है।
B. मुद्रा का संचलन वेग बढ़ता है।
C. सौदों की सकल मात्रा बढ़ती है।
D. मुद्रा की वास्तविक मांग बढ़ती है।

223. निम्नलिखित कथनों पर विचार कीजिए—
1. निरपेक्ष आय परिकल्पना केन्स से सम्बंधित है।
2. $S = -20 + 0.4Y$ और $C = 20 + 0.6Y$ समान निवेश गुणक फल देता है।
3. निवेश गुणक बढ़ता है जब कभी व्यवस्था में आयकर लगाया जाता है।
4. बांड कीमत और ब्याज दर प्रत्यक्ष संबंधित हैं।

उपर्युक्त कथनों में से कौन-सा सही है—
A. केवल 1 B. 2 और 3
C. 3और 4 D. 1 और 2

224. जब निवेश का ब्याज की दर से ऋणात्मक संबंध होता है, वस्तु बाजार में सन्तुलन उत्पाद होता है—
A. ब्याज की दर से असंबंधित
B. ब्याज की दर से विपरीत दिशा में संबंधित
C. ब्याज की दर से धनात्मक संबंधित
D. अनिर्धार्य

225. गुणक का मूल्य तथा सीमान्त उपभोग प्रवृत्ति के बीच संबंधों को बताते हुए निम्नलिखित कथनों पर विचार कीजिए—
1. सीमांत उपभोग प्रवृत्ति जितनी ऊंची होगी, गुणक उतना ही ऊंचा होगा।
2. सीमांत उपभोग प्रवृत्ति जितनी ऊंची होगी, गुणक उतना ही नीचा होगा।
3. जब सीमान्त उपभोग प्रवृत्ति एक होती है, गुणक का मूल्य अनन्त होता है।

उपर्युक्त कथनों में से कौन सही है—
A. केवल 1 B. 2 और 3
C. 1, 2 और 3 D. 1 और 3

226. राजकोषीय व्यय में वृद्धि के परिणामस्वरूप—
A. फिलिप्स वक्र दाहिनी तरफ हट जाती है।
B. फिलिप्स वक्र बायीं तरफ हट जाती है।
C. फिलिप्स वक्र का संचलन इस प्रकार होता है कि बेरोजगारी बढ़ती है और मुद्रा स्फीति गिरती है।
D. फिलिप्स वक्र का संचलन इस प्रकार होता है कि बेरोजगारी गिरती है और मुद्रास्फीति बढ़ती है।

227. जब आय गिरती है तब तरलता अधिमान वक्र का क्या होता है—
A. यह हटती नहीं है।
B. यह बायीं तरफ हटती है।
C. यह दायीं तरफ हटती है।
D. यह लम्बवत् अक्ष के समानान्तर हो जाती है।

228. निम्नलिखित कथनों पर विचार कीजिए—
1. यदि सरकारी व्यय बढ़ता है, तो IS वक्र दाहिनी तरफ हटती है।
2. यदि कर बढ़ते हैं तो IS वक्र दाहिनी तरफ हटती है।
3. यदि कीमत स्तर बढ़ता है, तो LM वक्र बायीं तरफ हटती है।
4. निवेश फलन की ब्याज दर लोच जितनी अधिक होगी, IS वक्र की ब्याज दर लोच भी उतनी ही अधिक होगी।

उपर्युक्त कथनों में से कौन सही है—
A. 2, 3 और 4 B. 1, 3 और 4
C. 1 और 2 D. केवल 2

229. एक अर्थव्यवस्था पर विचार कीजिए जिसके संबंध में निम्नलिखित सूचनाएं हैं—
1. रिजर्व मुद्रा = 10,000 रु.
2. मुद्रा तथा मांग जमाएं = 25,000 रु.
3. मुद्रा, मांग तथा सावधि जमाएं = 50,000 रु.
4. राष्ट्रीय आय = 1,00,000 रु.

इस अर्थव्यवस्था में MI का आय प्रचलन वेग है—
A. 4.0 B. 2.5
C. 10.0 D. 2.0

230. स्फीति संबद्ध गतिरोध (Stag flation) उस स्थिति को बताती है जिसकी विशेषताएं है—
A. अवस्फीति तथा बढ़ती बेरोजगारी
B. मुद्रा स्फीति तथा बढ़ता हुआ रोजगार
C. मुद्रा स्फीति तथा बढ़ती हुई बेरोजगारी
D. स्थिर रोजगार तथा अवस्फीति

231. जब मुद्रा का आन्तरिक मूल्य एवं अंकित मूल्य समान है तब इसे कहा जाता है—
A. सांकेतिक मुद्रा
B. सम्पूर्ण काय मुद्रा (Full-bodied money)
C. आभास मुद्रा (quasi money)
D. अधिदिष्ट मुद्रा (fiat money)

232. निम्नलिखित में से कौन-सा एक मौद्रिक नीति के उपकरणों में सम्मिलित नहीं है—

A. प्रशुल्क
B. नैतिक अनुनय (Moral Suasion)
C. खुले बाजार की क्रियाएं
D. उधार राशनिंग (credit rationing)

233. निम्नलिखित में से कौन-सा एक, मिल्टन फ्रीडमैन के अनुसार, मुद्रा की मांग का प्रमुख निर्धारक नहीं है—

A. सकल सम्पत्ति
B. सतर्कता उद्देश्य
C. विभिन्न प्रकार की परिसम्पत्तियों पर प्राप्त किए जाने वाले प्रतिफल की सापेक्षिक दरें
D. भौतिक गैर-मानव पूंजीगत वस्तुएं तथा मानव पूंजी।

234. निम्नलिखित कारकों में से कौन-सा एक, प्रचलन वेग को प्रभावित करता है—

A. आय प्राप्तियों की समय इकाई
B. लेन देन की बारम्बारता
C. तरलता अधिमान
D. उपर्युक्त सभी

235. सूची I और सूची II के साथ सुमेलित कीजिए और सूचियों के नीचे दिए गए कूटों का प्रयोग करते हुए सही उत्तर चुनिए—

सूची I	*सूची II*
A. ए. डब्ल्यू. फिलिप्स	1. केन्द्रीय बैंक
B. फिण्डले शिराज	2. मजदूरी और बेरोजगारी दर के बीच ट्रेड ऑफ
C. जे. एम. केन्स	3. लाभ का सिद्धांत
D. आर. एस. सेयर्स	4. कर देय योग्यता
	5. तरलता जाल

कूट :

A. A-5 B-4 C-1 D-2
B. A-2 B-3 C-5 D-1
C. A-5 B-3 C-1 D-2
D. A-2 B-4 C-5 C-1

236. निम्नलिखित कथनों में से कौन-सा एक,विनिमय के समीकरण MV = PT के सन्दर्भ में सही है—

A. यदि M को दुगुना किया जाता है, V और T को अप्रभावित छोड़ा जाता है तो P अवश्य दुगुना होना चाहिए।
B. यदि M को दुगुना किया जाता है, V को अप्रभावित छोड़ा जाता है, तो P आधा हो जाएगा।
C. यदि M और T को दुगुना किया जाता है, V को अप्रभावित छोड़ा जाता है, तो P आधा हो जाएगा।
D. यदि M को दुगुना किया जाता है, V को आधा और T को अप्रभावित छोड़ा जाता है तो P तीन गुना हो जाता है।

237. यदि प्रचलित ब्याज की दर 7 प्रतिशत है तो 1,000 रु. के एक बांड के लिए, जो प्रतिवर्ष 60 रु. दे रहा है तथा उसकी परिपक्वता का केवल एक वर्ष बाकी है, कितना भुगतान करना होगा—

A. $\frac{1000}{1.07}$
B. 1000×1.07
C. 940
D. $1060 \times \frac{1}{1.07}$

238. 2000 करोड़ रु. लागत वाली परियोजना A की MEC, 15, एवं 1,100 करोड़ रु. लागत वाली परियोजना B की MEC, 7 तथा 1,500 करोड़ रु. लागत वाली परियोजना C की MEC, 13 है। यदि ब्याज की दर 8 प्रतिशत है, तो निवेश का कुल संतुलन स्तर क्या है—

A. 2,000 करोड़ रु.
B. 1,100 करोड़ रु.
C. 1,500 करोड़ रु.
D. 3,500 करोड़ रु.

239. निम्नलिखित कथनों पर विचार कीजिए—

1. एक अर्थव्यवस्था में जहां उत्पादन क्षमताएं बढ़ रही हैं, सकल निजी घरेलू निवेश मूल्य ह्रास से अधिक होता है।
2. सार्वजनिक ऋण पर ब्याज राष्ट्रीय आय का हिस्सा नहीं है परन्तु वह व्यक्तिगत आय में जुड़ता है।
3. जब माल सूची में विस्तार होता है विनिवेश घटित होता है।
4. नये गृह (Home) का क्रय, GNP में, विनियोग (investment) के एक हिस्से के रूप में सम्मिलित होता है।

उपर्युक्त कथनों में से कौन-कौन से सही हैं—

A. 1 और 2
B. 3 और 4
C. 1, 2 और 4
D. 1, 3 और 4

240. निम्नलिखित कथनों पर विचार कीजिए—

1. त्वरक प्रतिरूप (accelerator model) के अनुसार, निवेश मांग, GNP में परिवर्तन की आनुपातिक होती है।
2. वास्तविक ब्याज की दर, नकदी ब्याज की दर

(nominal rate of interest) तथा मुद्रास्फीति दर का योग होती है।
3. वास्तविक ब्याज की दर जितनी ऊंची होती है, पूंजी की किराया लागत उतनी ही ऊंची होगी।
4. निवेश एक स्टॉक संकल्पना है।

उपर्युक्त कथनों में से कौन-कौन से सही हैं—

A. 2 और 3 B. 1 और 2
C. 1 और 3 D. 1, 2, 3 और 4

241. निम्नलिखित में से कौन-सा एक कथन केन्स के उपभोग फलन के लिए सत्य है—

A. आय बढ़ने के साथ उपभोग समान मात्रा में बढ़ता है।
B. आय बढ़ने के साथ उपभोग आनुपातिक रूप से बढ़ता है।
C. उपभोग में वृद्धि आय में वृद्धि से तीव्र होती है।
D. उपभोग में वृद्धि आय वृद्धि से कम तीव्रता से होती है।

242. निम्न में से कौन सा कथन निवेश गुणक के लिए सही नहीं है—

A. इसका मान सीमान्त बचत प्रवृत्ति पर निर्भर करता है।
B. यह केवल स्वायत्त निवेश के लिए क्रियाशील होता है।
C. यह आय का निवेश से संबंध स्थापित करता है।
D. अल्पकाल में इसका मान स्थिर रहता है।

243. मुद्रा की मांग के कीन्सीय सिद्धांत के अनुसार लेन-देन के लिए मुद्रा की वास्तविक मांग होती है—

1. ब्याज के प्रति लोचदार
2. कीमतों के प्रति लोचदार
3. आय के प्रति लोचदार
4. बेलोचदार

कूट :

A. 1 और 2 B. 1 और 3
C. 2 और 3 D. 1, 2 और 3

244. $P = \frac{KR}{M}[c + h(1-c)]$ यह समीकरण किसका है—

A. फिशर का B. पीगू का
C. राबर्टसन का D. फ्रीडमैन का

245. समष्टि अर्थशास्त्र का संबंध है—

A. वस्तुओं और सेवाओं के उत्पादन के स्तर से
B. सामान्य कीमत स्तर से
C. वास्तविक उत्पादन की संवृद्धि से
D. उपर्युक्त सभी

246. समीकरण $C = A + BY_d$ में, आश्रित चर में परिवर्तन को दर्शाने वाला गुणांक है—

A. A B. B
C. Y_d D. ये सभी

निर्देश (प्रश्न 247 से 251 तक): *प्रत्येक प्रश्न में* ***कथन (A)*** *तथा* ***कारण (R)*** *दिए गए हैं। जिनके विकल्प निम्नानुसार हैं:*

A. A तथा R दोनों सही हैं, और R, A का सही स्पष्टीकरण करता है।
B. A तथा R दोनों सही हैं, परन्तु R, A का सही स्पष्टीकरण नहीं करता है।
C. A सही है, परन्तु R गलत है।
D. A गलत है, परन्तु R सही है।

247. **कथन (A):** प्राथमिक वित्तीय बाज़ार नए वित्तीय दावों (Financial Claims) का कारोबार करता है।
कारण (R): वह बचत (Savings) जुटाता है और व्यावसायिक इकाइयों को नयी पूंजी की पूर्ति (Supply of new capital) करता है।

248. **कथन (A):** मुद्रा वर्तमान तथा भविष्य के बीच की एक कड़ी है।
कारण (R): मुद्रा मूल्य का संचय है।

249. **कथन (A):** बोमोल के अनुसार, नकदी की लेनदेन मांग लेने देनों के परिणाम के वर्गमूल के हिसाब से घटती-बढ़ती है।
कारण (R): मुद्रा की लेन-देन मांग आय का एक फलन है।

250. **कथन (A):** कीन्स के अनुसार, किसी अर्थव्यवस्था में रोज़गार का स्तर GNP का फलन होता है।
कारण (R): GNP समग्र मांग द्वारा निर्धारित होती है जो स्वयं गृहस्थियों के उपभोग तथा व्यवसाय के निवेश निर्णयों पर निर्भर करती है।

251. **कथन (A):** SLR के वर्तमान स्तर में चरणबद्ध तरीके से कमी करने से वाणिज्यिक बैंकों के पास लाभार्जक ऋणदान के लिए अपेक्षाकृत अधिक निधियां उपलब्ध होंगी।
कारण (R): वाणिज्यिक बैंक लाभार्जनशील संख्याएं हैं।

उत्तरमाला

1	2	3	4	5	6	7	8	9	10
D	B	C	A	D	A	A	B	A	B
11	**12**	**13**	**14**	**15**	**16**	**17**	**18**	**19**	**20**
D	B	D	D	D	C	B	A	C	C

21	22	23	24	25	26	27	28	29	30
A	B	D	C	A	A	B	D	C	C
31	32	33	34	35	36	37	38	39	40
B	B	D	B	A	A	A	C	B	A
41	42	43	44	45	46	47	48	49	50
A	A	B	B	A	B	B	C	A	A
51	52	53	54	55	56	57	58	59	60
C	A	A	C	B	A	A	B	C	C
61	62	63	64	65	66	67	68	69	70
D	A	A	D	C	A	B	A	B	D
71	72	73	74	75	76	77	78	79	80
B	A	C	A	B	B	D	C	A	D
81	82	83	84	85	86	87	88	89	90
A	C	C	A	D	C	C	A	D	D
91	92	93	94	95	96	97	98	99	100
B	A	A	D	B	C	D	A	C	C
101	102	103	104	105	106	107	108	109	110
A	A	D	A	C	C	D	C	C	C
111	112	113	114	115	116	117	118	119	120
C	B	D	A	B	A	C	A	D	D
121	122	123	124	125	126	127	128	129	130
C	B	C	C	C	C	B	C	A	C
131	132	133	134	135	136	137	138	139	140
A	D	B	B	A	A	C	B	D	C
141	142	143	144	145	146	147	148	149	150
B	C	B	A	A	A	A	C	C	B
151	152	153	154	155	156	157	158	159	160
C	C	B	B	C	C	C	C	C	B
161	162	163	164	165	166	167	168	169	170
C	A	D	B	C	B	A	A	C	B
171	172	173	174	175	176	177	178	179	180
C	B	A	D	D	A	A	A	A	A
181	182	183	184	185	186	187	188	189	190
A	A	C	C	D	C	A	B	D	B
191	192	193	194	195	196	197	198	199	200
A	B	B	B	C	C	B	A	B	C
201	202	203	204	205	206	207	208	209	210
D	B	A	B	B	B	B	A	D	A
211	212	213	214	215	216	217	218	219	220
A	A	A	C	D	C	D	B	A	C
221	222	223	224	225	226	227	228	229	230
B	B	D	B	D	D	B	B	A	C
231	232	233	234	235	236	237	238	239	240
B	D	B	B	D	A	B	C	C	D
241	242	243	244	245	246	247	248	249	250
D	D	C	B	D	B	A	A	B	A
251									
B									

यूनिट-III : विकास एवं नियोजन

3.1 आर्थिक वृद्धि तथा आर्थिक विकास

3.1

आर्थिक वृद्धि तथा आर्थिक विकास (ECONOMIC GROWTH AND ECONOMIC DEVELOPMENT)

विभिन्न अर्थशास्त्रियों ने आर्थिक विकास और आर्थिक वृद्धि (Economic growth) शब्दों के अर्थ को अलग-अलग ढंग से परिभाषित किया है। प्रायः अर्थशास्त्री आर्थिक विकास शब्द का प्रयोग अल्पविकसित देशों के लिए और आर्थिक वृद्धि का प्रयोग विकसित देशों के लिए करते हैं।

शूम्पीटर की परिभाषा : शूम्पीटर आर्थिक विकास और आर्थिक वृद्धि शब्दों में भेद को स्पष्ट करते हुए कहता है कि विकास स्थिर अवस्था में एक निरन्तर और स्वतः प्रेरित परिवर्तन है जो पहले से विद्यमान संतुलन अवस्था को हमेशा के लिए परिवर्तित और विस्थापित करता है, जबकि वृद्धि दीर्घकाल में होने वाले क्रमिक तथा सतत परिवर्तन है जो बचतों तथा जनसंख्या की दर में धीरे-धीरे वृद्धि द्वारा आता है।

हिक्स की परिभाषा : हिक्स की परिभाषा द्वारा भी दोनों शब्दों में अन्तर स्पष्ट किया जा सकता है। उसके अनुसार, ''अल्पविकसित देशों की समस्याएं उपयोग में न लाए गए साधनों के विकास से संबंध रखती है, भले ही उनके उपयोग भली-भांति ज्ञात हों, जबकि उन्नत देशों की समस्याएं वृद्धि से संबंधित रहती हैं जिनके बहुत सारे साधन पहले से ज्ञात और किसी सीमा तक विकसित होते हैं।''

हिक्स की परिभाषा से स्पष्ट है कि 'विकास' शब्द का संबंध पिछड़े हुए देशों से है जहां पर साधनों का पूर्ण उपयोग नहीं हुआ और उनके विकास की और संभावना है। जबकि 'वृद्धि' शब्द का प्रयोग आर्थिक दृष्टिकोण से विकसित देशों से है।

मैडिसन की परिभाषा : मैडिसन की परिभाषा द्वारा किया गया भेद सबसे सरल है। उसके शब्दों में ''आय स्तरों को ऊंचा करना सामान्यतया अमीर देशों में आर्थिक वृद्धि कहलाता है जबकि गरीब देशों में यह आर्थिक विकास कहलाता है।''

किंडलबर्गर और हैरिस की परिभाषा (Kindleberger and Herick) : इनके अनुसार आर्थिक विश्लेषण में कभी-कभी 'वृद्धि' और 'विकास' को पर्यायवाची के रूप में प्रयुक्त किया जाता है। लेकिन जहां दोनों धारणाएं प्रयुक्त की जाती हैं वहां विशेषतया अलग अर्थ लिया जाता है। स्पष्ट और अस्पष्ट रूप से सामान्य तौर से इनका प्रयोग इस प्रकार से हैं। ''आर्थिक वृद्धि का मतलब अधिक उत्पादन है जबकि आर्थिक विकास का अर्थ है अधिक उत्पादन तथा तकनीकी और संस्थानिक व्यवस्थाओं में परिवर्तन जिनके द्वारा यह उत्पादित तथा वितरित होता है।''

इस प्रकार आर्थिक वृद्धि का संबंध देश की प्रति व्यक्ति आय या उत्पादन में एक मात्रात्मक निरंतर वृद्धि से है जो कि उसकी श्रम शक्ति, उपभोग, पूंजी और व्यापार की मात्रा में प्रसार के साथ होती है। दूसरी ओर, आर्थिक विकास एक विस्तृत धारणा है। यह आर्थिक आवश्यकताओं, वस्तुओं, प्रेरणाओं और संस्थाओं में गुणात्मक परिवर्तनों से संबंधित है। यह प्रौद्योगिकी और संरचनात्मक परिवर्तनों जैसे वृद्धि के अंतर्निहित निर्धारकों का वर्णन करता है। एक अर्थव्यवस्था वृद्धि कर सकती है परन्तु यह विकास नहीं कर सकती क्योंकि प्रौद्योगिकी और संरचनात्मक परिवर्तनों के अभाव के कारण गरीबी, बेरोजगारी और असमानताएं निरन्तर विद्यमान रहती हैं। परंतु प्रति व्यक्ति उत्पादन में वृद्धि के अभाव के कारण, विशेषकर जब जनसंख्या तीव्रता से बढ़ रही है, तो आर्थिक वृद्धि के बिना विकास के बारे में सोचना कठिन है।

आर्थिक विकास के माप (Measurement of Economic Development)

आर्थिक विकास को चार प्रकार से मापा जा सकता है :

1. सकल राष्ट्रीय उत्पाद (Gross National Product): कुछ अर्थशास्त्री सकल राष्ट्रीय उत्पाद (G.N.P.) में वृद्धि को ही आर्थिक विकास का सूचक मानते हैं। उनके अनुसार, 'आर्थिक विकास को समय की किसी दीर्घावधि में एक अर्थ व्यवस्था की वास्तविक राष्ट्रीय आय में वृद्धि के रूप में मापा जाए।' इस संदर्भ

में प्रोफेसर **मॉयर एवं बाल्डविन** ने ठीक ही कहा है कि ''आर्थिक विकास एक प्रक्रिया है जिसके द्वारा एक अर्थव्यवस्था की वास्तविक राष्ट्रीय आय में दीर्घकाल में वृद्धि होती है।''

2. प्रति व्यक्ति आय (Per Capita Real Income) : आर्थिक विकास मापने की दूसरी परिभाषा का संबंध लम्बी अवधि में **प्रति व्यक्ति वास्तविक आय** में वृद्धि से है। प्रति व्यक्ति वास्तविक आय या उत्पादन में वृद्धि के रूप में आर्थिक विकास की परिभाषा देने में अर्थशास्त्री एकमत हैं। **बुकैनन तथा एलिस** (Buchanan and Ellis) के अनुसार, ''विकास का अर्थ पूंजी निवेश के उपयोग द्वारा अल्पविकसित क्षेत्रों की वास्तविक आय सम्भाव्यताओं का विकास करने के लिए ऐसे परिवर्तन लाना और ऐसे उत्पादक स्रोतों को बढ़ाना है, जो प्रति व्यक्ति वास्तविक आय बढ़ाने की संभावना प्रकट करते हैं।'' इन परिभाषाओं का उद्देश्य इस बात पर बल देना है कि आर्थिक विकास के लिए वास्तविक आय में वृद्धि की दर जनसंख्या में वृद्धि की दर से अधिक होनी चाहिए। लेकिन फिर भी कठिनाइयां रह जाती हैं।

यह संभव है कि प्रति व्यक्ति आय में वृद्धि के परिणामस्वरूप जनसाधारण के वास्तविक जीवन स्तर में सुधार न हो। यह भी सम्भव है कि जब प्रतिव्यक्ति वास्तविक आय बढ़ रही हो तो प्रति व्यक्ति उपभोग की मात्रा कम होती जा रही हो। हो सकता है कि लोग बचत की दर बढ़ा रहे हों या फिर सरकार स्वयं इस बढ़ी हुई आय को सैनिक अथवा अन्य उद्देश्यों के लिए इस्तेमाल कर रही हो। वास्तविक राष्ट्रीय आय में वृद्धि के बावजूद जनसाधारण की गरीबी का दूसरा कारण यह भी हो सकता है कि बढ़ी हुई आय बहुसंख्यक गरीबों के पास जाने की बजाय मुट्ठी भर अमीरों के हाथ मे जा रही हो।

इन सबके बावजूद विभिन्न देशों की आर्थिक प्रगति के स्तर के लिए सबसे अधिक व्यापक रूप से किया जाने वाला माप प्रति व्यक्ति आय ही है।

3. आर्थिक कल्याण (Economic Welfare) : आर्थिक विकास को आर्थिक कल्याण के दृष्टिकोण से भी मापा जा सकता है। आर्थिक कल्याण की दृष्टि से ऐसी प्रक्रिया को आर्थिक विकास माना जाता है जिससे प्रति व्यक्ति वास्तविक आय में वृद्धि होती है और उसके साथ-साथ आय की असमानताओं का अन्तर कम होता है तथा समस्त जनसाधारण के अधिमान सन्तुष्ट होते हैं। इसके अनुसार आर्थिक विकास एक ऐसी प्रक्रिया है जिसके द्वारा व्यक्तियों को वस्तुओं और सेवाओं के उपभोग में वृद्धि होती है। **ओकन और रिचर्ड्सन** (Okun and Richardson) के शब्दों में आर्थिक विकास ''भौतिक समृद्धि में ऐसा अनवरत दीर्घकालीन सुधार है, जो कि वस्तुओं और सेवाओं के बढ़ते हुए प्रवाह में प्रतिबिम्बित समझा जा सकता है।

4. सामाजिक अथवा मूलभूत आवश्यकता सूचक (Social or Basic Needs Indicator) : आर्थिक विकास के माप के रूप में GNP अथवा GNP प्रति व्यक्ति से असंतुष्ट होकर कुछ अर्थशास्त्रियों ने आर्थिक विकास को सामाजिक अथवा मूलभूत आवश्यकता सूचक के रूप में मापना प्रारंभ किया है। जिसके अनुसार वे तीन विभिन्न, परंतु पूरक, रोजगार को बढ़ाने, गरीबी को दूर करने तथा आय और धन की असमानताओं को कम करने के लिए मूलभूत मानवीय आवश्यकताओं (basic human needs) की कूटनीति पर बल देते हैं। इसके अनुसार, जनसाधारण को स्वास्थ्य, शिक्षा, जल, खुराक, कपड़े, आवास, काम आदि के रूप में मूलभूत भौतिक आवश्यकताएं और साथ ही सांस्कृतिक पहचान तथा जीवन और कार्य में उद्देश्य एवं सक्रिय भाग की भावना जैसी अभौतिक आवश्यकताएं प्रदान करना है।

मानव विकास सूचक (Human development indices)

अब हम **मौरिस** (Morris) द्वारा विकसित जीवन का भौतिक गुणवत्ता सूचक (Physical Quality of Life Index) तथा **संयुक्त राष्ट्र विकास कार्यक्रम** (UNDP) द्वारा विकसित मानव विकास सूचक (HDI) का अध्ययन करेंगे।

1. जीवन का भौतिक गुणवत्ता सूचक (PQLI) : इसको मौरिस डी. मौरिस (Morris D. Morris) ने विकसित किया है। उसने शिशु मृत्यु दर, एक नर्ष की आयु में जीवन सम्भाव्यता तथा 15 वर्ष की आयु में मूल शिक्षा जैसे तीन सूचक घटकों को इसमें शामिल किया है। PQLI सूचक की गणना तीनों घटकों को समान भार (Weight) देते हुए औसत निकाल कर की जाती है तथा सूचक को शून्य से 100 के पैमान पर रखा गया है। शून्य को न्यूनतम तथा 100 को सर्वोत्तम प्रदर्शन के रूप में परिभाषित किया गया है।

2. मानव विकास सूचक (HDI) : 1990 से संयुक्त राष्ट्र संघ विकास कार्यक्रम (UNDP) अपनी वार्षिक मानव विकास रिपोर्ट में मानव विकास सूचक (HDI) के रूप में मानव विकास के माप को प्रस्तुत कर रहा है। किसी देश के HDI का मूल्य निकालने के लिए तीन सूचकों को लिया जाता है :

i. **दीर्घायु :** जिसे जन्म के समय जीवन की संभाव्यता द्वारा मापा जाता है।

ii. **शैक्षिक योग्यताओं की प्राप्ति :** जिसे वयस्क शिक्षा (दो

तिहाई भार) तथा प्राथमिक, माध्यमिक व क्षेत्रीय विद्यालयों में उपस्थित अनुपातों (एक तिहाई भार) के मिश्रण के रूप में मापा जाता है।

iii. **जीवन स्तर :** जिसे डालर की क्रय शक्ति समता (Purchasing Power Parity) पर आधारित वास्तविक प्रति व्यक्ति GDP द्वारा मापा जाता है।

HDI जीवन की संभाव्यता सूचक, शैक्षिक प्राप्तियां सूचक तथा समायोजित वास्तविक प्रतिव्यक्ति GDP सूचक का सरल औसत सूचक है (HDI is a simple average of life expectancy index, educational attainment index and the adjusted real GDP per capita index.) इसकी गणना इन तीनों संकेतकों के योग को 3 (तीन) से विभाजित कर निकाली जाती है।

HDI की अपनी सीमाएं भी हैं। **प्रथम,** केवल तीन सूचक ही मानव विकास के सूचक नहीं हैं। शिशु मृत्युदर, पोषण आदि अन्य सूचक भी हो सकते हैं। **द्वितीय,** HDI निरपेक्ष (absolute) की बजाय सापेक्ष (relative) मानव विकास मापता है यदि सभी देश समान भारित (Weighted) दर से अपने HDI मूल्य को सुधार लें तो निम्न मानव विकास वाले देशों के सुधार का पता नहीं चल पाएगा। **तृतीय,** किसी देश का HDI वहां पाई जाने वाली ऊंची असमानता को दूर करने के लक्ष्य से भटक सकता है।

आर्थिक वृद्धि और आय वितरण : कुजनेट्स की परिकल्पना (Economic Growth and Income Distribution : The Kuznets Hypothesis) :

क्या आर्थिक वृद्धि आय वितरण को कम करती है या बढ़ाती है, इस विषय पर अर्थशास्त्रियों में बहुत मतभेद पाया जाता है। **प्रो.**

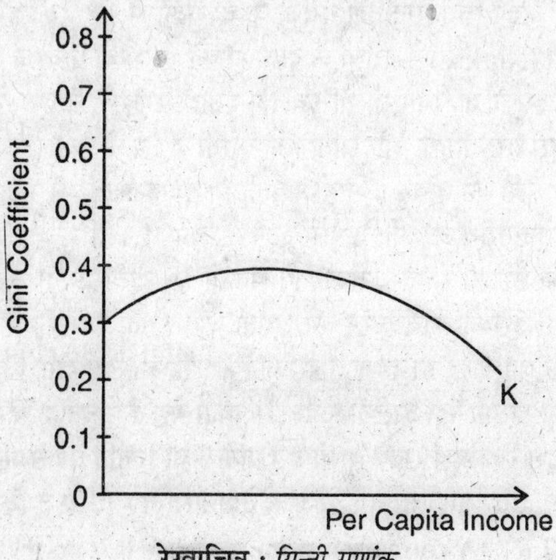

रेखाचित्र : *गिन्नी गुणांक*

कुजनेट्स (Kuznets) प्रथम अर्थशास्त्री है जिसने इस समस्या का आनुभविकता से अध्ययन किया है। उसने पाया कि आर्थिक वृद्धि की प्रारम्भिक अवस्था में सापेक्ष आय असमानता बढ़ती है, कुछ समय के लिए स्थिर होती है और बाद की अवस्थाओं में कम होती है। इसे आय वितरण की **विपरीत U आकार की परिकल्पना** inverted U-shaped hypothesis) कहते हैं।

प्रति व्यक्ति आय में वृद्धि से सम्बद्ध **गिन्नी गुणांक** जो आय-वितरण के परिवर्तनों को मापता है, वह कुजनेट्स के विपरीत U-आकार वक्र K को अनुरेखित करता है, जैसा कि ऊपर के रेखाचित्र में दर्शाया गया है।

यहां ध्यान देने योग्य बात यह है कि कुजनेट्स वक्र का अधिक सरल भाग दायीं ओर स्थित है, अर्थात विकास के उच्च स्तरों पर प्रति व्यक्ति आय में वृद्धि के साथ आय असमानता कम होती है। फिर भी, विकास के निम्न से मध्य स्तरों तक अनुमानित कुजनेट्स वक्र के इर्द-गिर्द अंतर अधिकतम है, जो LDCs से संबद्ध है। इस प्रकार, विपरीत U-आकार वक्र परिकल्पना वर्तमान विकसित और विकासशील देशों पर लागू होती है, जहां विकसित देशों की तुलना में विकासशील देशों में असमानता की कोटि अधिक है।

विकास के साथ असमानताओं में वृद्धि के कारण (Causes of increase in Inequality with Development)

बहुत से ऐसे कारक हैं जो अल्पविकसित देशों में विकास की प्रारंभिक अवस्थाओं में सापेक्ष आय असमानता बढ़ाते हैं।

1. अल्पविकसित देशों में भौगोलिक, सामाजिक, **वित्तीय** और प्रौद्योगिकीय द्वैतवाद (dualism) पाए जाते हैं। जब परंपरागत समाज में आधुनिक औद्योगिक अर्थव्यवस्था में परिवर्तन की प्रक्रिया प्रारंभ होती है, तो यह आय वितरण में असमानताएं बढ़ाती हैं। संरचनात्मक परिवर्तन होते हैं जो रोजगार के अवसर बढ़ाते हैं, नए संसाधानों का उपयोग करते हैं और प्रौद्योगिकी में सुधार लाते हैं। इससे औद्योगिक क्षेत्र में प्रति व्यक्ति आय में वृद्धि होती है। शहरी क्षेत्रों में वर्करों, मैनेजरों, उद्यमियों आदि की आमदनियों में तीव्र गति से वृद्धि होती है। परंतु ग्रामीण क्षेत्रों में कृषि और गैर कृषि धंधों में लगे वर्करों की प्रति व्यक्ति आय नहीं बढ़ती है। इसके कई कारण हैं। जैसे–निर्वाह योग्य कृषि, त्रुटिपूर्ण भूमि पट्टा प्रणाली और ग्रामीण पिछड़ापन।

2. शहरी क्षेत्रों में प्रौद्योगिकी उन्नति और वित्तीय सुविधाओं में बढ़ोतरी होने से, उद्यमियों की एक नई श्रेणी उभरती है जो व्यवसाय, व्यापार और विनिर्माण में विविधीकरण करती है। परिणामस्वरूप, उनमें कार्यरत व्यक्तियों की आमदनियां और लाभ बढ़ते हैं।

3. ग्रामीण क्षेत्रों से शहरी क्षेत्रों में स्थानान्तरण अनपढ़ और अप्रशिक्षित लोगों को शहरों में लाभकर रोजगार के अवसर प्रदान नहीं करता है। उनमें से अधिकतर फल सब्जियां, समाचार पत्र आदि बेचने वाले, कुली, बैरे (Waiters), दुकान-सहायक, घरेलू नौकर आदि बन जाते हैं। ऐसे सभी लोग अल्परोजगार होते हैं और उनकी आमदनी बहुत कम होती है।

4. औद्योगिक क्षेत्र पूंजी-गहन-तकनीकों का प्रयोग करता है। जो शिक्षित और कुशल कामगारों को खपाता है। इस क्षेत्र में काम करने वालों की ऊंची आय होती है और मालिक अधिक लाभ कमाते हैं। इस प्रकार, आधुनिक औद्योगिक क्षेत्र ग्रामीण निर्वाह क्षेत्र की तुलना में अधिक तेजी से वृद्धि करता है। फलस्वरूप उस क्षेत्र की राष्ट्रीय आय में आय और लाभ का सापेक्ष हिस्सा ग्रामीण क्षेत्र की अपेक्षा अधिक तेजी से बढ़ता है।

5. सरकार की ओर से विकास के लिए वित्तीय संसाधनों के आवंटनों का झुकाव शहरी क्षेत्रों की ओर होता है, जिससे ग्रामीण अर्थव्यवस्था पिछड़ी हुई रह जाती है जिसमें छिपी हुई बेरोजगारी (disguised unemployment) और प्रति व्यक्ति कम आय पाई जाती है।

6. अल्पविकसित देशों में राजनीतिक कारणों से सरकारें आय और धन का संकेन्द्रण कम करने के लिए भूमि सुधार तथा अन्य आर्थिक उपायों से सम्बद्ध कानून पास करने और उन्हें लागू करने में अनेक कठिनाइयां पाते हैं। परिणामस्वरूप, आय असमानताओं में वृद्धि होती है।

7. फिर ऐसी सरकारें वित्तीय तौर से कमजोर होती हैं और वे नि:शुल्क शिक्षा, स्वास्थ्य सुविधाओं आदि सामाजिक सुरक्षा उपायों पर व्यय करने में असमर्थ होती हैं। ऐसे उपाय गरीबी को कम करके प्रति व्यक्ति आय बढ़ाते हैं। ये सरकारें बचत, निवेश और पूंजी निर्माण बढ़ाने हेतु आय और लाभों पर भारी कर भी नहीं लगाती हैं।

8. अन्ततः अल्पविकसित देशों में जनसंख्या की उच्च वृद्धि दर लोगों की निरपेक्ष (absolute) संख्या को और परिणामत: सापेक्ष असमानता को बढ़ाती है।

विकास के साथ असमानता में कमी के कारण (Causes of Reduction in Inequality with Development)

कुजनेट्स विकास के साथ आय वितरण की असमानता में कमी के दो कारण देता है। **प्रथम** उच्चतर आय वर्गों की प्रति व्यक्ति आय में वृद्धि होती है क्योंकि उनका सम्पत्ति से प्राप्त आय का हिस्सा कम हो जाता है। **दूसरे** जब सरकार शिक्षा, स्वास्थ्य सेवाओं, उत्तराधिकारी और आय कराधान, सामाजिक सुरक्षा और आर्थिक सहायता से सम्बंधित व्यक्तियों अथवा समस्त वर्गों के लिए निर्णय लेती है, तो निम्न आय वर्गों की प्रतिव्यक्ति आय बढ़ती है।

जैसे-जैसे विकास होता जाता है, वह औद्योगिक क्षेत्र में संचयी प्रसार की एक शृंखला चालू कर देता है, जिससे प्रति व्यक्ति आय में वृद्धि होती जाती है। ये आगे ग्रामीण क्षेत्रों की वस्तुओं तथा कृषि पदार्थों की मांग में वृद्धि करती है, जिससे इन क्षेत्रों के लोगों की प्रति व्यक्ति आय में वृद्धि होती है। इन्हें **हर्षमैन** विकास के नीचे की ओर रिसने वाले प्रभाव (trickling down effects) और **मिर्डल** प्रसरण प्रभाव (spread effects) कहते हैं।

इसके अतिरिक्त, ग्रामीण क्षेत्रों में शहरी या समुद्र पार से भेजी गई धनराशि के कारण भी देहाती क्षेत्र की आय बढ़ती है। देहातों में रहने वाले जो लोग शहरों या विदेशों में रहते हैं, अपने घर वालों को काफी धनराशि भेजते हैं। सबसे महत्त्वपूर्ण कारण यह है कि जैसे-जैसे विकास की गति तीव्र होती जाती है, जनसंख्या की वृद्धि दर कम होती चली जाती है। जिससे प्रति व्यक्ति आय में वृद्धि होती है।

गिन्नी गुणांक (Gini Coefficient)

गिन्नी गुणांक आय वितरण में पाई जाने वाली असमानता की कोटि (degree) की माप करता है। इसका मान शून्य से एक के बीच रहता है। गिन्नी गुणांक का शून्य मान आय वितरण में पूर्ण समानता को तथा गुणांक का एक मान पूर्ण असमानता को व्यक्त करता है। जितना ही अधिक गुणांक होगा, उतनी ही अधिक असमानता होगी।

गरीबी का दुश्चक्र (Vicious Circles of Poverty)

अल्प विकसित देश गरीबी के दुश्चक्रों में पड़े हुए रहते हैं। **नर्क्से** (Nurkse) ने गरीबी के दुश्चक्रों को इन शब्दों में व्यक्त किया है, "इसका तात्पर्य ऐसी शक्तियों का वृतीय समूह है जो एक-दूसरी पर इस तरह क्रिया और प्रतिक्रिया करती है कि वे एक गरीब देश को गरीबी की अवस्था में ही रखती हैं। उदाहरणार्थ, हो सकता है कि एक गरीब आदमी के पास खाने को काफी न हो; कम खाने के कारण उसकी सेहत कमजोर हो सकती है; शारीरिक दुर्बलता के कारण उसकी कार्य करने की क्षमता कम होगी, जिसका मतलब है कि वह दरिद्र ही रहेगा, जिसका फिर यह मतलब होगा कि उसे काफी खुराक नहीं मिलेगी, और इस प्रकार यह क्रम चलता रहेगा।" पूरे देश से संबंध रखने वाली इस प्रकार की स्थिति को **नर्क्से** इस कथन द्वारा व्यक्त करता है, **"एक देश इसलिए गरीब है कि वह गरीब है" (A country is poor because it is poor)**।

अल्पविकसित देशों में गरीबी के दुश्चक्र उत्पन्न होने का कारण है, पूंजी की कमी, मार्केट-अपूर्णताओं, आर्थिक पिछड़ेपन तथा कम उत्पादकता। गरीबी का दुश्चक्र मांग और पूर्ति पक्ष दोनों ओर से होता है। अल्पविकसित देशों में निम्न उत्पादकता के कारण वास्तविक आय कम होती है। वास्तविक आय के निम्न स्तर का मतलब है बचत की निम्न दर। बचत के निम्न स्तर का परिणाम यह होता है—निवेश की निम्न दर तथा पूंजी की कमी। फिर पूंजी की कमी का परिणाम उत्पादकता का निम्न स्तर होता है। इस प्रकार पूर्ति की ओर से गरीबी का दुश्चक्र पूरा हो जाता है। जिसे रेखाचित्र के भाग A में दिखाया गया है।

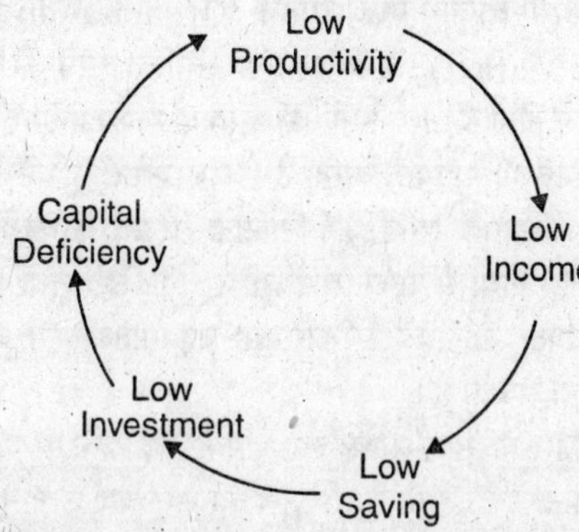

रेखाचित्र A : *पूर्ति पक्ष की ओर से गरीबी का दुश्चक्र*

मांग पक्ष की ओर से गरीबी का दुश्चक्र इस प्रकार पूरा होता है। अल्पविकसित देशों में वास्तविक आय का निम्न स्तर मांग के स्तर को गिरा देता है, जिसे आगे निवेश का अनुपात गिर जाता है। जिससे पूंजी की कमी तथा आगे उत्पादकता का स्तर निम्न हो जाता है। जैसा कि रेखाचित्र के भाग B में दिखाया गया है।

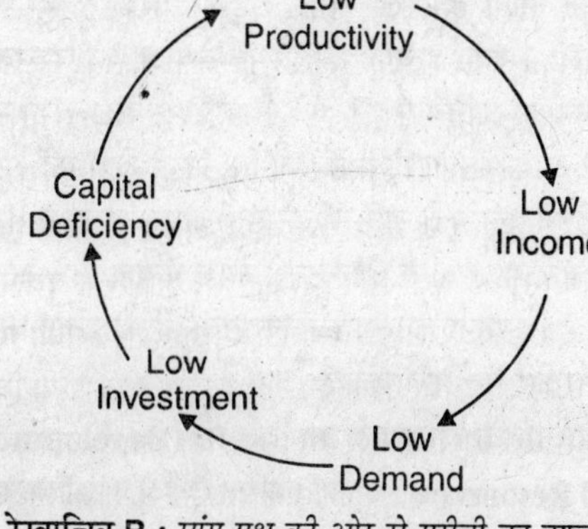

रेखाचित्र B : *मांग पक्ष की ओर से गरीबी का दुश्चक्र*

इस प्रकार अर्थव्यवस्था का अल्पविकास तथा गरीबी पर्यायवाची हैं। कोई देश इसलिए गरीब है कि वह अल्पविकसित है। कोई देश इसलिए अल्पविकसित है कि वह गरीब है और इसलिए अल्पविकसित रहता है कि उसके पास विकास प्रवर्तन के लिए आवश्यक साधन नहीं होते।

इस दुश्चक्र से अर्थव्यवस्था को निकालने के लिए उपाय प्राकृतिक साधनों का विकास, पूंजी-निर्माण को बढ़ावा, बाजार सुविधाओं का विकास, प्रौद्योगिकी उन्नति, मानवीय साधनों का विकास एवं संरचनात्मक परिवर्तन आवश्यक है। इसके अतिरिक्त संतुलित विकास भी आवश्यक है।

अल्पविकास का संरचनात्मक दृष्टिकोण (Structural View of Under-Development)

एक अल्पविकसित अर्थव्यवस्था में एक विस्तृत प्राथमिक क्षेत्र और एक बहुत छोटे द्वितीयक क्षेत्र के साथ एक और छोटा सा तृतीयक क्षेत्र होता है। इन देशों में दो-तिहाई या इससे भी अधिक लोग ग्रामीण क्षेत्रों में रहते हैं और कृषि उनका प्रमुख व्यवसाय होता है।

विकास प्रक्रिया के दौरान जब संरचनात्मक परिवर्तन आरंभ होता है तो अकृषि क्षेत्र फैलता है तथा कृषि क्षेत्र में कार्यरत जनसंख्या का अनुपात कम हो जाता है। कृषि क्षेत्र का राष्ट्रीय आय में योगदान कम होने लगता है। परन्तु शुद्ध राष्ट्रीय उत्पाद में कृषि क्षेत्र के भाग की कमी का अर्थ कृषि के उत्पादन में कमी से नहीं होता है बल्कि संरचनात्मक परिवर्तन के दौरान कृषि उपज निरपेक्ष रूप से बढ़ती है। कृषि उत्पादन में वृद्धि का मुख्य कारण भूमि सुधार, सुधरी हुई कृषि तकनीकें तथा आगतें, वित्त की सुविधा आदि होता है।

जब कृषि उत्पादन में वृद्धि होती है तो इससे कृषि क्षेत्र में मौद्रिक आय बढ़ती है। यह आगे कृषि आगतों और उपभोक्ता वस्तुओं की ग्रामीण मांग को बढ़ाती है जो औद्योगिक क्षेत्र के प्रसार को प्रोत्साहित करती है। औद्योगिक क्षेत्र स्वयं भी कृषि क्षेत्र को प्रभावित करता है। **प्रथम** फार्म उत्पादन की वृद्धि के लिए औद्योगिक क्षेत्र द्वारा निर्मित सुधरी हुई मशीनरी और अन्य आगतें उपलब्ध होती हैं। **दूसरे** बढ़ रही कृषि उत्पादकता और आय, औद्योगिक क्षेत्र की उपभोक्ता वस्तुओं और सेवाओं की मांग बढ़ाती हैं। अन्य शब्दों में, कृषि उत्पादकता और आय बढ़ाने का अवसर बहुत अधिक अर्थव्यवस्था के संरचनात्मक रूपान्तरण पर निर्भर करता है क्योंकि यह खाद्य पदार्थों की व्यापारिक मांग की वृद्धि, वैकल्पिक रोजगार के अवसरों में वृद्धि और कृषि क्षेत्र को उपलब्ध खरीदी गई आगतों की अधिक मात्रा और किस्म को प्रभावित करता है।

संरचनात्मक परिवर्तन का एक अन्य पहलू जनसंख्या का प्राथमिक और द्वितीयक क्षेत्र से तृतीयक क्षेत्र में स्थानान्तरण है। तृतीयक क्षेत्र में सेवाएं सम्मिलित होती हैं जो अभौतिक वस्तुओं का उत्पादन करती हैं, जैसे परिवहन, शिक्षा, सरकारी तथा घरेलू सेवाएं आदि। आर्थिक विकास के साथ तृतीयक क्षेत्र की वस्तुओं की मांग बहुत शीघ्रता से बढ़ती है। अत: आर्थिक विकास के साथ-साथ तृतीयक क्षेत्र में कार्यकारी श्रम का अनुपात बढ़ जाता है।

संरचनात्मक परिवर्तन का एक और महत्त्वपूर्ण पहलू एक नई सामाजिक व्यवस्था का विकास है। यह सामाजिक तथा सांस्कृतिक ढांचे में संरचनात्मक परिवर्तन से संबंधित होता है। संयुक्त परिवार, जाति प्रथा, धार्मिक कट्टरता जैसी सामाजिक संस्थाओं को ऐसे परिवर्तित करना चाहिए ताकि आर्थिक विकास संभव हो सके।

इस प्रकार अल्पविकसित देशों में संरचनात्मक परिवर्तन से अभिप्राय एक परंपरागत कृषक समाज से आधुनिक औद्योगिक अर्थव्यवस्था में परिवर्तन है, जिसमें वर्तमान संस्थाओं, सामाजिक प्रवृत्तियों और प्रेरणाओं में महत्त्वपूर्ण रूपान्तरण पाया जाता है। ऐसे संरचनात्मक परिवर्तन से रोजगार के अवसरों, उत्पादकता तथा पूंजी स्टॉक में वृद्धि होती है और नए साधनों के प्रयोग और तकनीक में सुधार होते हैं।

सरकार की आर्थिक विकास में भूमिका (Role of the Government in Economic Development)

अल्पविकसित देशों की समस्याएं इतनी अधिक होती हैं कि उन्हें आर्थिक शक्तियों के स्वतंत्र कार्यकरण पर नहीं छोड़ा जा सकता। निजी उद्यम (Private sector) इन समस्याओं को नहीं हल कर सकता। इसलिए ऐसे देशों में आर्थिक विकास के लिए सरकार का हस्तक्षेप अनिवार्य होता है। इन देशों में विकास की प्रारंभिक अवस्थाओं में उन क्षेत्रों में निवेश की जरूरत होती है जो बाह्य मितव्ययिताओं को बढ़ावा देते हैं अर्थात विद्युत, परिवहन, शिक्षा, स्वास्थ्य इत्यादि आर्थिक तथा सामाजिक उपरि सुविधाओं के निर्माण पर बल देने की आवश्यकता होती है। इन क्षेत्रों में निवेश के लिए निजी क्षेत्र आगे आने को तैयार नहीं होता है क्योंकि इनमें जोखिम अधिक होता है और लाभ कम। अल्पविकसित देशों की अर्थव्यवस्था के विभिन्न क्षेत्रों में संतुलित वृद्धि की जरूरत होती है ताकि पूर्ति का मांग से समायोजन किया जा सके। इसके लिए आवश्यक है कि वस्तुओं के उत्पादन, वितरण तथा उपभोग पर नियंत्रण किया जाए। इसके लिए भी सरकार को भौतिक नियंत्रणों और मुद्रा तथा राजकोषीय विधियों की युक्तियां निकालनी पड़ती हैं। फिर, अल्पविकसित देशों में व्याप्त रहने वाली आर्थिक तथा सामाजिक असमानताओं को कम करने के लिए ऐसी विधियां अनिवार्य हैं।

अल्पविकसित देशों में सरकार निम्न क्षेत्रों में हस्तक्षेप करके विकास कार्य को बल देती है।

1. बाजार का विस्तार (Expansion of the Market) : यातायात एवं संचार के साधनों का विकास करके सरकार बाजार का विकास कर सकती है। इसके अतिरिक्त उद्योगों एवं कृषि विकास के लिए वित्तीय सहायता प्रदान करने हेतु संस्थाओं का निर्माण एवं विकास भी सरकार ही कर सकती है।

2. श्रम-बाजार का संगठन (Organisation of the Labour Market) : श्रम बाजार को संगठित करने का कार्य भी सरकार का होता है। श्रम संघों को सरकार मान्यता देकर श्रम को संगठित होने में सहायता करता है। काम करने के घंटे, मजदूरी भुगतान, औद्योगिक झगड़ों को निपटाना सरकार के कार्य भाग में ही आते हैं। गांवों में रोजगार संबंधी सूचना केन्द्र तथा शहरों में रोजगार दफ्तर खोलकर सरकार श्रम की गतिशीलता बढ़ाने में सहायक हो सकती है।

विकास के साथ-साथ जब श्रमिक वर्ग गांवों से शहरों की ओर प्रस्थान करता है तो शहरीकरण की समस्याएं उत्पन्न होती हैं जैसे निवास, जल, बिजली, परिवहन आदि जिनका समाधान केवल सरकार ही कर सकती है। श्रमिकों के लिए भवन-निर्माण, चिकित्सा, शिक्षा, पार्क, परिवहन, जल, बिजली आदि की सुविधाओं का प्रबंध राज्य द्वारा ही सम्भव हो सकता है।

3. आर्थिक और सामाजिक उपरि-सुविधाएं (Economic and social Overheads) : अल्पविकसित देशों में सामाजिक तथा आर्थिक उपरिसुविधाएं प्रदान करना अधिकतर राज्य क्रियाओं के अन्तर्गत आता है। रेल-मार्गों, सड़क-परिवहन, दूर-संचार, गैस, बिजली, सिंचाई इत्यादि आधारभूत सेवाओं की जरूरत भावी विकास के लिए अनिवार्य है। इनके विकास के लिए बड़ी मात्रा में निवेश की आवश्यकता होती है। जो कि निजी क्षेत्रों की क्षमता से परे होते हैं। केवल यही नहीं बल्कि सार्वजनिक सेवाओं में निवेश करने में जोखिम रहता है और उनसे लाभ केवल दीर्घ अवधि में प्राप्त होते हैं। इसलिए इन सार्वजनिक सेवाओं को प्रदान करने का दायित्व सरकार पर आ पड़ता है।

4. प्राकृतिक संसाधनों का विकास (Development of Natural Resources) : अल्पविकसित देशों में, प्राकृतिक संसाधन कम विकसित या अविकसित होते हैं। जो देश उपनिवेश रहे हैं उनमें विकसित राष्ट्रों ने प्राकृतिक संसाधनों का अन्धाधुन्ध तथा

विनाशकारी उपयोग निजी स्वार्थ के लिए किया है। ऐसी हालत में प्राकृतिक संसाधनों के विकास को निजी क्षेत्रों पर छोड़ना राष्ट्र हित में नहीं है। इसलिए सरकार का यह कर्तव्य बन जाता है कि देश के आर्थिक विकास के लिए खनिज, वन आदि संसाधनों का सर्वेक्षण करवाए और उनके उपयोग के लिए उचित नीति अपनाए। सरकारी अधिकारी संरक्षण संबंधी अनेक उपायों के द्वारा प्राकृतिक संसाधनों के उपयोग की गति एवं जीवन काल को प्रभावित कर सकते हैं।

5. औद्योगिक विकास (Industrial Development) : अल्पविकसित देशों में निजी उद्यम केवल उपभोक्ता वस्तुओं के क्षेत्र में ही पाया जाता है। भारी तथा आधारभूत उद्योगों में पूंजी निवेश बहुत अधिक मात्रा में करना पड़ता है तथा उनसे उत्पादन दीर्घ अवधि में प्राप्त होता है। इसलिए निजी उद्यम में ऐसे उद्योग स्थापित करने की क्षमता नहीं पाई जाती। दूसरी ओर, निर्यात प्रोत्साहन तथा आयात स्थानापन्नता करने वाले उद्योगों की स्थापना आर्थिक विकास के लिए बहुत आवश्यक होती है।

ऐसे देशों में उद्योग केवल कुछ बड़े नगरों में ही केन्द्रित होते हैं, जबकि देश का अधिकतर भाग उद्योगरहित और पिछड़ा होता है। ऐसा इसलिए कि उपरिसुविधाओं के अभाव के कारण निजी उद्यम उन क्षेत्रों में उद्योग स्थापित करने का साहस नहीं करता।

इन सभी कमियों को दूर करना और एक सुनिश्चित राष्ट्रीय औद्योगिक नीति को अपनाना सरकार का कार्य भाग होता है। छोटे,बड़े और घरेलू उद्योगों को प्रोत्साहित करना, उद्योगों का विकेन्द्रीयकरण करना, तथा तकनीकों को आयात करना, लोक उद्योग एवं संयुक्त उद्योग स्थापित करना तथा राष्ट्रीय हित में विदेशी उद्योगों का राष्ट्रीयकरण करना, ये सभी सरकार के कार्य के अन्तर्गत आते हैं।

6. मौद्रिक नीति (Monetary Policy) : अर्थव्यवस्था में सरकार उचित मौद्रिक नीति अपनाकर बैंकिंग प्रणाली का विस्तार, साख विस्तार, साख नियंत्रण और कीमतों में स्थिरता लाती है। ये सब कार्य राज्य का केन्द्रीय बैंक करता है।

7. राजकोषीय नीति (Fiscal Policy) : राजकोषीय नीति द्वारा सरकार बचत, निवेश तथा पूंजी निर्माण की दर को बढ़ाकर राष्ट्रीय आय और रोजगार में वृद्धि करती है। इसके लिए सरकार उचित कर, बजट तथा सार्वजनिक व्यय एवं उधार ग्रहण नीतियां अपनाती हैं जो राजकोषीय नीति के ही अंग होते हैं। इस नीति के अन्तर्गत ही सरकार भुगतान शेष एवं विदेशी विनिमय की समस्याओ का समाधान करके, स्फीति को रोककर देश के आर्थिक विकास की दर को बढ़ने में सहायक होती है।

8. विदेशी व्यापार में वृद्धि (Increase in Foreign Trade) : अल्पविकसित देशों में विदेशी व्यापार का आकार बहुत सीमित होता है क्योंकि ऐसे देश कुछ प्राथमिक वस्तुओं जैसे खनिज पदार्थ, कच्चा माल, कृषि पदार्थ आदि का निर्यात करते हैं और विनिर्मित उपभोक्ता वस्तुएं तथा पूंजी पदार्थ का आयात करते हैं। कच्चे माल की अपेक्षा निर्मित माल और पूंजी पदार्थों का मूल्य अधिक होने के कारण आयातें निर्यातों से अधिक होते हैं जिससे भुगतान संतुलन तथा विदेशी विनिमय की समस्याएं उत्पन्न हो जाती हैं जिन्हें सरकार ही हल कर सकती है।

इनके समाधान के लिए विदेशी सहायता विकसित देशों की सरकारों से तथा अन्तर्राष्ट्रीय संस्थाओं से प्राप्त करना, सरकार का कार्य क्षेत्र होता है। इसके अतिरिक्त अनावश्यक विलासताओं की वस्तुओं के आयात पर सरकार ही प्रतिबंध लगा सकती है। आयात-प्रतिस्थापन तथा निर्यात प्रोत्साहन के लिए उचित नीतियों को अपना कर सरकार भुगतान-संतुलन तथा विदेशी विनिमय की समस्याओं को हल कर सकती है। इनके लिए, सरकार आयात प्रतिस्थापन उद्योगों को स्थापित करने हेतु वित्तीय, तकनीकी आदि सहायता प्रदान करती है। दूसरी ओर, निर्यात-प्रोत्साहन के लिए निर्यात उद्योगों को पूंजी पदार्थ, कच्चे माल, वित आदि अनेक सुविधाएं देकर बढ़िया तथा सस्ता माल बनाने में सहायक सिद्ध होती है। यही नहीं सरकार निर्यात करों में छूट द्वारा, विदेशों के साथ द्विपक्षीय समझौतों द्वारा, राज्य व्यापार निगम (State Trading Corporation) की स्थापना करके, विदेशों में औद्योगिक मेलों एवं प्रदर्शनियों में भाग लेकर भी निर्यात उद्योगों को सहायता करती है। इस प्रकार सरकार अन्तर्राष्ट्रीय व्यापार द्वारा बाजार का विस्तार करके साधनों के उचित प्रयोग द्वारा आय, निवेश तथा रोजगार को बढ़ाने में सहायक होता है।

9. कृषि विकास (Agriculture Development) : अल्पविकसित देशों में प्रमुख व्यवयाय कृषि होती है और राष्ट्रीय आय के आधे से अधिक भाग का योगदान देती है। इसके बावजूद, कृषि गतिहीनता की स्थिति में रहती है। कृषि में संलग्न व्यक्तियों के अनुपात में राष्ट्रीय आय का भाग आनुपातिक रूप से कम होता है। इसका आधारभूत कारण यह है कि प्रति एकड़ कृषि उत्पादकता बहुत कम होती है। कम उत्पादकता के कारण हैं : जोतों का अनार्थिक आकार, भूमि जोतों का बिखरा होना, समुचित ऋण सुविधाओं का अभाव और ऋण बोझ, सिंचाई सुविधाओं का अभाव और वर्षा पर निर्भरता, उत्पादन के प्राचीन तरीकों का प्रयोग तथा भूमि पर जनसंख्या का अत्यधिक दबाव।

अल्प विकसित देशों में किसान गरीब, तथा अशिक्षित होते हैं। उनमें संगठन का अभाव होता है। उनके पास भूमि में सुधार

करने के लिए पर्याप्त प्रेरणा नहीं होती। इसलिए भूमि-सुधार करने और कृषि विकास के लिए योजनाएं बनाने का काम सरकार के कार्य के अन्तर्गत आता है।.

आर्थिक विकास का क्लासिकल सिद्धांत (Classical theory of Economic Development)

आर्थिक विकास के क्लासिकल मॉडल के अनुसार लाभों में प्रत्याशित वृद्धि से निवेश में वृद्धि होती है, जो पूंजी के वर्तमान स्टॉक तथा सुधरी हुई तकनीकों के अविचल प्रवाह में वृद्धि करती है। पूंजी संचय में वृद्धि के परिणामस्वरूप मजदूरी कोष (wage fund) बढ़ता है। जिससे मजदूरी बढ़ती है। मजदूरी दर में वृद्धि जनसंख्या में तीव्र वृद्धि को प्रेरित करती है जिससे अन्न की मांग बढ़ जाती है। अतिरिक्त श्रम तथा पूंजी लगाकर खाद्य पदार्थों के उत्पादन को बढ़ाया जाता है। लेकिन भूमि पर घटते प्रतिफल के नियम के लागू होने से श्रम लागत बढ़ जाती है। परिणाम यह होता है कि अन्न की कीमत बढ़ जाती है जिससे लगान (Rent) बढ़ जाता है, मजदूरी बढ़ती है तथा इस प्रकार लाभ कम हो जाते हैं। लाभों में कमी होने का मतलब है कि निवेश घट जाता है, प्रौद्योगिकी प्रगति रुक जाती है, मजदूरी कोष घट जाता है और जनसंख्या में वृद्धि तथा पूंजी संचय धीमे पड़ जाते हैं जनसंख्या स्थिर हो जाती है और स्थिर अवस्था शुरू हो जाती है।

आर्थिक विकास के क्लासिकल सिद्धांत की व्याख्या इस प्रकार भी की जा सकती है :

अबंध नीति (Laissez faire policy) : क्लासिकल अर्थशास्त्री पूर्ण प्रतियोगी और मुक्त तथा बिना किसी बाहरी हस्तक्षेप वाली अर्थव्यवस्था में विश्वास रखते थे।

पूंजी संचय आर्थिक विकास की कुंजी (Capital accumulation the key of Progress) : क्लासिकल सिद्धांत पूंजी संचय को आर्थिक विकास की कुंजी मानता है। इसके लिए वह अधिक बचत करने पर जोर देता है। केवल पूंजीपति तथा भूमिपति को ही बचत करने के योग्य समझा जाता है। श्रमिक वर्ग को बचत करने में असमर्थ समझा जाता है क्योंकि उसे निर्वाह-स्तर के बराबर ही मजदूरी मिलती है।

लाभ निवेश की प्रेरणा (Profit the incentive to investment) : क्लासिकल सिद्धांत के अनुसार लाभ निवेश को प्रेरित करता है। लाभ जितना ही अधिक होगा पूंजी संचय तथा निवेश उतना ही अधिक होगा।

लाभ घटने की प्रवृत्ति (Tendency of Profit to decline) : लाभ लगातार नहीं बढ़ते बल्कि पूंजीपतियों में जब अधिक पूंजी संचय के लिए प्रतियोगिता बढ़ती है, तो लाभ घटने प्रारम्भ हो जाते हैं। **स्मिथ** के अनुसार इसका कारण पूंजीपतियों में प्रतियोगिता से मजदूरी का बढ़ना है, जबकि **रिकार्डो** के अनुसार अनाज की कीमत बढ़ने से जब मजदूरी तथा लगान बढ़ते हैं तो लाभों में कमी होती है।

स्थिर अवस्था (Stationary State) : क्लासिकल सिद्धांत पूंजी संचय की प्रक्रिया के अंत में स्थिर अवस्था को देखता है। उसके अनुसार जब लाभ एक बार घटना प्रारम्भ करता है तो यह क्रम लगातार चलता रहता है, जब तक कि अर्थव्यवस्था में लाभ शून्य नहीं हो जाते, जनसंख्या में वृद्धि रुक नहीं जाती, पूंजी संचय बन्द नहीं हो जाता। रिकार्डो तथा माल्थस दोनों यह मानते थे कि घटते प्रतिफल के नियम के कार्यकरण के माध्यम से बढ़ती जनसंख्या तथा घटती पूंजी वृद्धि आर्थिक विकास में चरम बाधाएं हैं। इनसे ही अर्थव्यवस्था में स्थिर अवस्था आती है।

समीक्षात्मक टिप्पणी (Critical Appraisal) : विकास का सरल तथा सामान्य क्लासिकल सिद्धांत की निम्न कारणों से आलोचना की गई है।

1. क्लासिकल सिद्धान्त की इस बात को लेकर आलोचना की जाती है कि इसने विकास प्रक्रिया में मध्यवर्ग के कार्यों की उपेक्षा की है।

2. सार्वजनिक क्षेत्र (Public Sector) की अवहेलना के कारण भी क्लासिकल सिद्धांत की आलोचना की जाती है।

3. विकास में विज्ञान तथा प्रौद्योगिकी के कार्य की उपेक्षा क्लासिकल सिद्धांत की एक महत्त्वपूर्ण कमी है।

4. रिकार्डो तथा माल्थस जैसे क्लासिकल अर्थशास्त्रियों का मत है–"कि पूंजीवादी विकास का अन्तिम परिणाम स्थिर अवस्था है"– दो मान्यताओं पर आधारित है : घटते प्रतिफलों का भूमि पर लागू होना तथा माल्थस की जनसंख्या विषयक सिद्धांत। विकसित राष्ट्रों में कृषि उत्पादन की तीव्र वृद्धि ने सिद्ध कर दिया है कि क्लासिकल अर्थशास्त्रियों ने भूमि के संबंध में घटते प्रतिफलों के निवारण में प्रौद्योगिकीय प्रगति की क्षमताओं का कम मूल्यांकन किया। इसी प्रकार पश्चिमी दुनिया में विद्यमान जनसंख्या प्रवृत्तियों ने माल्थस के जनसंख्या सिद्धांत को गलत सिद्ध कर दिया है। माल्थस सिद्धांत के नितांत विपरीत जनसंख्या इतनी नहीं बढ़ी कि खाद्य पूर्ति से बढ़ जाए। दूसरी ओर, जनसंख्या की वृद्धि की अपेक्षा कृषि उत्पादकता बहुत तेजी से बढ़ी है।

5. क्लासिकल मॉडल की इस बात को लेकर भी आलोचना की जाती है कि इसने ऐसी स्थैतिक अवस्था का रूप धारण कर लिया जिसमें परिवर्तन तो था परंतु एक संतुलन बिन्दु के गिर्द,

जिसमें प्रगति वृक्ष की भांति नियमित, एकरूप एवं निरन्तर थी। लेकिन आलोचकों का कहना है कि आर्थिक वृद्धि की प्रक्रिया की यह व्याख्या सन्तोषजनक नहीं है। क्योंकि आर्थिक वृद्धि एकरूप तथा निरन्तर नहीं बल्कि रुक-रुक कर (by fits and starts) होती है।

मार्क्स का सिद्धांत (The Marxian Theory)

Das Kapital का लेखक कार्ल मार्क्स ने आर्थिक विकास के सिद्धांत में तीन प्रसंगों में योगदान दिया है, अर्थात इतिहास की आर्थिक व्याख्या प्रदान करने के विस्तृत प्रसंग में; पूंजीवादी विकास की प्रेरक शक्तियों को विशिष्टता प्रदान करने के संकुचित प्रसंग में; तथा योजनाबद्ध आर्थिक विकास का वैकल्पिक मार्ग सुझाने के अन्तिम प्रसंग में।

इतिहास की भौतिकवादी व्याख्या (Materialistic interpretation of history) : इतिहास की भौतिकवादी व्याख्या यह स्पष्ट करने का प्रयत्न करती है कि समस्त ऐतिहासिक घटनाएं समाज के भिन्न-भिन्न वर्गों के बीच लगातार आर्थिक संघर्ष का परिणाम है। इस संघर्ष का प्रमुख कारण है 'उत्पादन की विधि' (mode of production) तथा 'उत्पादन के संबंधों' (relations of production) के बीच विरोध। मार्क्स के अनुसार, प्रत्येक समाज का वर्ग-ढांचे सम्पत्तिवान तथा सम्पत्तिहीन वर्गों से बना होता है। चूंकि उत्पादन की विधि में परिवर्तन हो सकता है, इसलिए समाज के विकास में एक ऐसी अवस्था आती है, जब उत्पादन की शक्तियां समाज के वर्ग-ढांचे से टकराती हैं। परिणामस्वरूप वर्ग संघर्ष (Class Struggle) होता है।

अतिरेक मूल्य (Surplus Value) : मार्क्स अपने अतिरेक मूल्य के सिद्धांत का प्रयोग पूंजीवाद के अन्तर्गत 'वर्ग संघर्ष' के आर्थिक आधार के रूप में करता है और इससे वह अपने आर्थिक विकास के विश्लेषण के ऊपरी ढांचे का निर्माण करता है। कुछ पूंजीपतियों के हाथों में अतिरेक मूल्य के संचय के परिणामस्वरूप वर्ग संघर्ष होता है।

मार्क्स के अनुसार, पूंजीवाद दो महान प्रतिद्वंद्वियों में विभक्त होता है। पहला, श्रमिक जो अपनी श्रमशक्ति को बेचते हैं और दूसरा, पूंजीपति जो उत्पादन के साधनों के स्वामी होते हैं। पूंजीपति श्रमिकों को कच्चे माल, मशीन आदि देता है और वह वस्तुएं बनाते हैं। जब निर्मित वस्तुएं बेची जाती हैं तो पूंजीपति यह पाता है कि मुद्रा की राशि जो उसको प्राप्त होती है वह उसके द्वारा खर्च की गई राशि से अधिक है। इसे इस प्रकार व्यक्त किया जा सकता है। एक पूंजीपति मार्केट में कुछ मुद्रा (M) लेकर आता है और उससे कच्चा माल, मशीनें, श्रमशक्ति आदि उत्पादन के साधन खरीदता है। इनसे वस्तु C का निर्माण होता है जिसे वह अधिक मूल्य M^1 पर बेचता है। इस प्रकार समीकरण होता है : $M - C - M^1$ जहां M से M' अधिक है। M और M^1 का अन्तर ही अतिरेक मूल्य होता है। मार्क्स के अनुसार यह अतिरेक मूल्य (Surplus value) केवल श्रम शक्तियों से ही उत्पन्न होता है। श्रम शक्ति किसी भी अन्य वस्तु की ही भांति होती है। मजदूर अपने श्रम को उतने में बेचता है जितने के बराबर वह श्रम मार्किट में होता है अर्थात उसके मूल्य के बराबर। और श्रम शक्ति का मूल्य मजदूर को बनाए रखने के लिए आवश्यक निर्वाह के साधनों का मूल्य है, जो उसके उत्पादन के लिए आवश्यक घंटों द्वारा निर्धारित होता है। मार्क्स के अनुसार, श्रम के निर्वाह के लिए आवश्यक वस्तुओं का मूल्य कभी उस श्रम के उत्पादन के मूल्य के बराबर नहीं होता। यदि एक मजदूर दस घंटे रोज काम करता है, परंतु उसे अपने निर्वाह के लिए पर्याप्त वस्तुओं के उत्पादन में छः घंटे का श्रम लगता है तो उसे छः घंटे के श्रम के बराबर मजदूरी क भुगतान किया जाएगा। चार घंटे के श्रम के मूल्य का अन्तर शुद्ध लाभों, लगान तथा ब्याज के रूप में पूंजीपति की जेब में चला जाता है। मार्क्स इस बिना मजदूरी के काम को "**अतिरेक मूल्य**" कहता है। उस अतिरिक्त श्रम को, जो मजदूर करता है, परंतु जिसके बदले उसे कुछ भुगतान नहीं किया जाता, मार्क्स उसे '**अतिरेक श्रम**' कहता है।

पूंजी संचय (Capital accumulation) : मार्क्स के अनुसार **अतिरेक श्रम** द्वारा ही पूंजी संचय होता है। यह अतिरेक श्रम केवल पूंजीपति के लाभों को बढ़ाता है। पूंजीपति का प्रमुख उद्देश्य अतिरेक मूल्य को बढ़ाना होता है जिससे उसके लाभ बढ़ें। वह तीन प्रकार से अपने लाभों को अधिकतम करने का प्रयत्न करता है :

1. काम के घंटे बढ़ाने के लिए कार्यकारी दिन को लम्बा करके। यदि काम के घंटे दस से बढ़ाकर बारह कर दिए जाएं, तो अतिरेक श्रम अपने आप चार से बढ़कर छः हो जाएगा।

2. मजदूरों के निर्वाह उत्पादन के लिए अपेक्षित घंटों की संख्या घटाकर। यदि उन्हें छः से घटाकर चार कर दिया जाए तो अतिरेक श्रम फिर चार से बढ़कर छः हो जाएगा।

3. श्रम की उत्पादकता बढ़ाकर। इसके लिए प्रौद्योगिकीय परिवर्तन या मशीनरी के अधिक प्रयोग की आवश्यकता होती है जो कुल उत्पादन को बढ़ाने और उत्पादन की लागत घटाने में सहायता देता हे। मार्क्स के अनुसार, मशीनरी के प्रयोग से औरतें और बच्चे भी काम पर लगाए जाते हैं जिससे पूंजीपति के लिए अतिरेक मूल्य बढ़ता है।

मार्क्स के अनुसार, पूंजीपति इन तीनों तरीकों में से श्रम की उत्पादकता बढ़ाने का तरीका चुनता है क्योंकि अन्य दोनों तरीकों की अपनी सीमाएं हैं। इसलिए श्रम की उत्पादकता में सुधार लाने के लिए पूंजीपति अतिरेक मूल्य की बचत करते हैं और पूंजी का बड़ा स्टॉक प्राप्त करने के लिए उसे पुन: निवेश करते हैं और इस प्रकार पूंजी संचय करते हैं।

पूंजी की मात्रा भी लाभों को निर्धारित करती है। जैसा कि मार्क्स का कहना है, **''पूंजी वह मृत श्रम है, जो एक मांसखोर जन्तु की भांति जीवित श्रम का खून चूसकर ही जीवित रहती है और वह जितना अधिक श्रम को चूसती है उतना ही अधिक जीवित रहती है।''** मार्क्स पूंजी को **'स्थिर पूंजी'** तथा **'परिवर्ती पूंजी'** में विभक्त करता है। कच्चे माल या उपकरण के खरीदने में लगी पूंजी को मार्क्स स्थिर पूंजी (C) कहता है। जबकि श्रम शक्ति को खरीदने में लगी पूंजी को वह परिवर्ती पूंजी (V) कहता है। परिवर्ती पूंजी ही अतिरेक मूल्य का प्रमुख स्रोत है। अतिरेक मूल्य को मार्क्स S द्वारा व्यक्त करता है। इस प्रकार :

वस्तु का कुल मूल्य = स्थिर पूजी + परिवर्ती पूंजी + अतिरेक मूल्य = C + V + S

मार्क्स स्थिर पूंजी का परिवर्ती पूंजी से अनुपात (C/V) को **पूंजी की संगठित संरचना** (Organic Composition of Capital) कहता है। मार्क्स **अतिरेक मूल्य की दर या शोषण की कोटि** (degree of exploitation) को S/V के रूप में परिभाषित करता है। मार्क्स ने संकेत दिया है कि लाभ की दर एकमात्र अतिरेक मूल्य की दर पर ही निर्भर नहीं है। यदि पूंजी की संगठित संरचना में परिवर्तन हो जाए तो लाभ की दर में भी परिवर्तन हो सकता है भले ही अतिरेक मूल्य स्थिर रहे।

पूंजीपतियों के बीच प्रतियोगिता उन्हें अपनी वस्तुएं सस्ती करने पर विवश करती है। यह तभी संभव है जब श्रम बचतकारी मशीनें लगाई जाएं जिनसे श्रम उत्पादकता बढ़ती है। लेकिन जब पूंजीपति श्रमिकों के स्थान पर मशीनों को स्थानापन्न करता है तो पूंजी की संगठित संरचना (C/V) बढ़ने लगती है। चूंकि लाभों की दर और पूंजी की संगठित संरचना के बीच विपरीत संबंध होता है इसलिए लाभों की दर घटने लगती है। मार्क्स ने लाभों की घटती दर की इस प्रवृत्ति की व्याख्या निम्नलिखित समीकरण द्वारा किया है—

$$r = \frac{S}{C+V} = \frac{S/V}{C/V+1}$$

उपरोक्त समीरकरण से स्पष्ट है कि लाभों की दर (r) पूंजी की संगठित संरचना (C/V) के साथ विपरीत बदलती है और अतिरेक मूल्य की दर (S/V) के साथ सीधा बदलती है। इस प्रकार अधिक पूंजी को मशीनों पर लगाने से लाभ की दर कम हो जाती है।

पूंजीवादी संकट (Capitalist Crisis)

लाभों की घटती दर की इस प्रवृत्ति को समाप्त करने के लिए पूंजीपति मजदूरी घटाकर, कार्यकारी दिन को लम्बा करके और उत्पादकता में वृद्धि इत्यादि के द्वारा शोषण की कोटि बढ़ाते हैं। चूंकि प्रत्येक पूंजीपति श्रम बचतकारी तथा लागत घटाने वाली विधियों का प्रयोग करने में लगा रहता है, इसलिए कुल उत्पादन से श्रम का (अत: अतिरेक मूल्य का) अनुपात और भी कम हो जाता है। लाभों की दर और भी घट जाती है। तब उत्पादन लाभदायक नहीं रह जाता। पूंजीवादी संकट प्रारम्भ हो जाता है। मार्क्स के अनुसार समस्त आर्थिक संकट का कारण जन-साधारण की दरिद्रता तथा सीमित क्रय शक्ति है। वस्तुओं का अतिउत्पादन, मार्किट खोजने में अत्यधिक कठिनाइयां, कीमतों में कमी और उत्पादन में तीव्र कटौती के रूप में आर्थिक संकट प्रकट होते हैं। संकट के समय में बेरोजगारी बहुत बढ़ जाती है, श्रमिकों की मजदूरी और घटा दी जाती है, ऋण की सुविधाएं समाप्त हो जाती हैं और छोटे पूंजीपति तबाह हो जाते हैं।

मार्क्स के अनुसार ऐसा सदैव नहीं होता। जल्दी ही पुन: प्रवर्तन (revival) प्रारम्भ हो जाता है। कीमतों का निम्न स्तर, मजदूरी में कटौती, सट्टा संकटों की समाप्ति लाभों की दर को बढ़ाने लगते हैं। जिनके परिणामस्वरूप नए निवेश होते हैं। जैसा कि मार्क्स ने लिखा है, ''संकट, सदा ही बड़े नए निवेशों का प्रारम्भ बिन्दु होता है। इसलिए समस्त समाज के दृष्टिकोण से संकट, थोड़ा बहुत अगले प्रस्थापिता चक्र (turnover cycle) का नया भौतिक आधार है।'' संकट से मन्दी और उसके बाद पुनरुत्थान तथा तेजी और फिर संकट का यह चक्र पूंजीवादी उत्पादन के विकास का साक्षी है।

संकट की प्रत्येक अवधि में अधिक शक्तिशाली पूंजीपति कमजोर पूंजीपतियों का अधिकार छीन लेते हैं और इसके साथ ही मजदूर वर्ग का क्रोध बढ़ता जाता है और तब अन्त में पूंजीवाद का **प्रलय का दिन** आ पहुंचता है।

आलोचना : मार्क्स के सिद्धांत की आलोचना निम्न कारणों से की गई है :

1. अतिरेक मूल्य अवास्तविक (Surplus Value unrealistic) : मार्क्स का समस्त विश्लेषण अतिरेक मूल्य के सिद्धांत पर आधारित है। परंतु आलोचकों का कहना है कि वास्तविक

जगत में हमारा संबंध मूल्यों से नहीं बल्कि वास्तविक व्यवहार्य कीमतों से रहता है।

2. प्रौद्योगिकीय प्रगति रोजगार बढ़ाने में सहायक (Technological Progress helpful in increasing employment) : मार्क्स के अनुसार प्रौद्योगिकीय प्रगति से बेरोजगारी बढ़ती है। परन्तु यह मत अतिशयोक्तिपूर्ण है क्योंकि प्रौद्योगिकीय प्रगति का दीर्घकालीन प्रभाव यह होता है कि कुल मांग तथा आय बढ़ाकर रोजगार के अपेक्षाकृत अधिक अवसर उत्पन्न किए जाएं।

3. लाभों के घटने की प्रवृत्ति की व्याख्या सही नहीं (Falling tendency of profits not correct) : मार्क्स के अनुसार ज्यों-ज्यों विकास तीव्र होता है त्यों-त्यों पूंजी की संगठित संरचना में वृद्धि होती है, जो लाभों की दर घटा देती है। परंतु मार्क्स यह समझाने में असमर्थ रहा कि प्रौद्योगिकीय नवप्रवर्तन पूंजी की बचत करने वाले भी हो सकते हैं, और पूंजी उत्पाद अनुपातों में कमी तथा उत्पादकता में वृद्धि होने पर मजदूरी के साथ-साथ लाभ भी बढ़ सकते हैं।

4. उसका चक्रीय सिद्धांत गलत है (His Cyclical theory is wrong) : मार्क्स पहला व्यक्ति था जो **'चक्र'** (Cycle) को अपने विश्लेषणात्मक ढांचे का अभिन्न अंग मानता था। उसने इस बात पर बल दिया कि पूंजी संचय उपभोक्ता वस्तुओं के लिए मांग को घटाता है और लाभों में कमी लाता है। परंतु वह यह समझने में असमर्थ रहा कि आर्थिक विकास होने पर न तो कुल आय में मजदूरी का हिस्सा कम होना जरूरी है और न ही उपभोक्ता वस्तुओं के लिए मांग का।

5. स्थैतिक विश्लेषण (Static analysis) : शुम्पीटर के अनुसार मार्क्स का विश्लेषण गत्यात्मक न होकर स्थैतिक विश्लेषण है।

शुम्पीटर का सिद्धांत (The Schumpeterian Theory)

जोसेफ एलोइ शूम्पीटर ने पहली बार 1911 में जर्मन भाषा में प्रकाशित The Theory of Economic Development में अपना सिद्धांत प्रस्तुत किया।

शूम्पीटर एक ऐसी अर्थव्यवस्था की कल्पना करता है जो स्थिर संतुलन में होता है। ऐसी स्थिर अवस्था में न तो कोई लाभ, न ही कोई बचतें, न कोई ब्याज दरें और न ही कोई निवेश होते हैं और न ही किसी प्रकार की अनैच्छिक बेरोजगारी होती है। ऐसी संतुलन को शूम्पीटर **वृत्तीय प्रवाह** (Circular flow) के रूप में परिभाषित करता है, जो प्रतिवर्ष एक ही तरह से उसी प्रकार अपनी पुनरावृत्ति करता रहता है जिस प्रकार जीवों में रक्त का संचलन होता है। शूम्पीटर के अनुसार, विकास वृत्तीय प्रवाह की दिशाओं में आकस्मिक तथा अनिरंतर परिवर्तन है जो पहले की विद्यमान संतुलन की स्थिति को सदा के लिए परिवर्तित तथा विस्थापित कर देती है (Development is **spontaneous and discontinuous change** in the channels of the circular flow, disturbance of equilibrium, which for ever alters and displances the equilibrium state previously existing) आर्थिक जीवन में **'आकस्मिक तथा अनिरंतर'** परिवर्तन अर्थव्यवस्था पर बाहर से नहीं थोपे जाते बल्कि वे अर्थव्यवस्था के भीतर ही उत्पन्न होते हैं। विकास उन नए संयोगों को कार्यान्वित करने से होता है जिनकी सम्भवनाएं स्थिर अवस्था में मौजूद रहती है। शूम्पीटर के अनुसार नए संयोग नवप्रवर्तनों के रूप में प्रकट होते हैं। शूम्पीटर के अनुसार, एक नई वस्तु का प्रचलन करने तथा वर्तमान वस्तुओं में निरंतर सुधार करने से आर्थिक विकास होता है।

शूम्पीटर के अनुसार नवप्रवर्तन का कार्य **उद्यमी** (entrepreneur) करता है पूंजीपति नहीं। उद्यमी साधारण प्रबंधकीय योग्यता का व्यक्ति नहीं होता बल्कि ऐसा व्यक्ति होता है जो एकदम किसी नई चीज का प्रचलन करता है। वह वित्त नहीं प्रदान करता, पर उसके प्रयोग का निदेशन (direction) करता है। अपना आर्थिक कार्य करने के लिए उद्यमी को दो चीजों की जरूरत होती है **: एक** नई वस्तुओं का उत्पादन करने के लिए तकनीकी ज्ञान होना; **दूसरा,** ऋण के रूप में उत्पादन के साधनों पर नियंत्रण की शक्ति। शूम्पीटर के अनुसार, तकनीकी ज्ञान का ऐसा सरोवर विद्यमान है जिसे अभी तक खोला नहीं गया है और जिसका प्रयोग उद्यमी कर सकता है। इसलिए विकास आरम्भ करने के लिए **साख** (credit) आवश्यक है।

शूम्पीटर का विकास मॉडल वृत्तीय प्रवाह (Circular flow) को एक नवप्रवर्तन से भंग करने से प्रारंभ होता है। इस नवप्रवर्तन को एक उद्यमी लाभ कमाने के लिए एक नई वस्तु के रूप में करता है। वृत्तीय प्रवाह को तोड़ने के लिए उद्यमियों को बैंक से ऋण प्राप्त होता है। चूंकि नवप्रवर्तनों में निवेश में जोखम होती है इसलिए उन्हें ऋण पर ब्याज देना पड़ेगा। जब नवप्रवर्तन एक बार सफल हो जाता है और लाभ देने लगता है तो अन्य उद्यमी भी इस ओर अग्रसर होते हैं। एक क्षेत्र में नवप्रवर्तन संबद्ध क्षेत्रों में अन्य नवप्रवर्तनों को प्रोत्साहन दे सकता है। उदाहरणार्थ, मोटरकार उद्योग आरम्भ होने के परिणामस्वरूप राजमार्गों, रबर टायरों तथा पेट्रोल उत्पादन इत्यादि के निर्माण में नए निवेशों की लहर फैल सकती है।

चूंकि निवेश के लिए बैंक साख द्वारा वित्त प्रदान किया जाता

है इसलिए निवेश मौद्रिक आय तथा कीमतों को बढ़ाता है और समस्त अर्थव्यवस्था में संचयी विस्तार की सृष्टि करने में सहायक होता है। उपभोक्ताओं की क्रय शक्ति में वृद्धि होने के साथ, पुराने उद्योगों की वस्तुओं की मांग उनकी पूर्ति के अनुपात से बढ़ जाती है। परिणामस्वरूप कीमतें बढ़ती हैं तथा लाभ बढ़ता है। जिससे पुराने उद्योग बैंकों से ऋण लेकर विस्तार करते हैं। इससे साख स्फीति (credit inflation) की द्वितीयक लहर प्रेरित होती है, जो नवप्रवर्तन की प्राथमिक लहरों पर अध्यारोपित (superimposed) हो जाती है। कुछ समय बाद नई वस्तुएं मार्किट में आना शुरू हो जाती हैं, जो पुरानी वस्तुओं को विस्थापित (displace) करती है। पुरानी वस्तुओं की मांग घट जाती है। उनकी कीमतें गिर जाती हैं। परिणाम स्वरूप पुरानी फर्में उत्पादन घटा देती हैं। जब नवप्रवर्तक लाभों में से बैंक को ऋण लौटाना शुरू करते हैं तो मुद्रा की मात्रा घट जाती है और कीमतें गिरने लगती हैं। जिससे लाभ कम हो जाते हैं। अनिश्चितता तथा जोखिम बढ़ जाता है जिससे नवप्रवर्तन की प्रेरणा घटती है और अन्त में समाप्त हो जाती है। परिणामस्वरूप मन्दी आती है।

शूम्पीटर आर्थिक प्रक्रिया में केन्द्रातीफ दीर्घ लहर (Kondratieff long wave) के उतार-चढ़ाव के पाए जाने में विश्वास रखता है। प्रत्येक ऊपर जाने वाली दीर्घलहर एक नई वस्तु के रूप में नवप्रवर्तन लाती जाती है जो नई मार्किट, उत्पादन की तकनीकों, कच्चे माल तथा मध्यवर्ती वस्तुओं की पूर्ति के नए स्रोतों और नए व्यावसायिक संगठनों के रूप में होते हैं। इस प्रकार जनसाधारण के लिए वस्तुओं की प्रचुर मात्रा उपलब्ध होती है। जब एक बार तेज़ी की प्रक्रिया समाप्त होती है तो नीचे की ओर दीर्घ लहर प्रारंभ हो जाती है और 'पुराने संतुलन के आसपास के बिन्दु' (Point of previous neighbourhood of equilibrium) की ओर पुनः समायोजन की कष्टप्रद प्रक्रिया शुरू हो जाती है। अन्त में समुत्थान (recover) की प्राकृतिक शक्तियां पुनरुत्थान (revival) लाती है और संतुलन फिर आ जाता है। फिर कुछ साहसिक उद्यमी नए नवप्रवर्तनों से शुरू करते हैं, अन्य उसका अनुसरण करते हैं नई तेजी शुरू हो जाती है। शूम्पीटर पूंजीवाद विकास की इस प्रक्रिया को **''सृजनात्मक विनाश''** (creative destruction) कहता है जिसमें समाज के पुराने आर्थिक ढांचे निरन्तर नाश किए जा रहे हैं और उनके स्थान पर नए ढांचे लगातार निर्मित किए जा रहे हैं।

शूम्पीटर के आर्थिक विकास की समस्त चक्रीय प्रक्रिया को रेखाचित्र में दर्शाया गया है। जहां नवप्रवर्तन की द्वितीयक लहर को प्राथमिक लहर पर अध्यारोपित किया गया है। अति आशावादिता और सट्टे से समृद्धि की अवस्था में विकास तीव्र गति से होता है। जब सुस्ती (recession) प्रारंभ होती है तो व्यापार चक्र संतुलन से नीचे मंदी की अवस्था में चलता है। अन्ततः एक अन्य नवप्रवर्तन पुनरुत्थान लाता है।

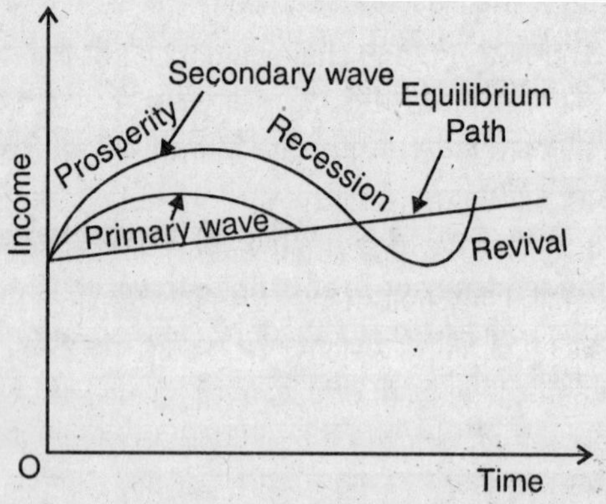

रेखाचित्र : *शूम्पीटर के आर्थिक विकास की चक्रीय प्रक्रिया*

शूम्पीटर के विश्लेषण में **उद्यमी** (entrepreneurs) ही प्रमुख व्यक्ति होता है। वे आकस्मिक तथा असतत ढंग से आर्थिक विकास करता है। शूम्पीटर के अनुसार दीर्घकाल में, निरंतर प्रौद्योगिकीय प्रगति का परिणाम यह होगा कि कुल तथा प्रतिव्यक्ति उत्पादन में असीम वृद्धि हो जाएगी क्योंकि ऐतिहासिकता से प्रौद्योगिकीय प्रगति के घटते प्रतिफल नहीं होते। जब तक प्रौद्योगिकीय प्रगति होती रहेगी तब तक लाभों की दर धनात्मक रहेगी। इसलिए न तो निवेश योग्य कोषों के स्रोत ही सूख सकते हैं और न ही निवेश के अवसर ही समाप्त हो सकते हैं। इसलिए पूंजीवादी समाज में प्रति व्यक्ति आय के स्तर पर कोई ऊंची सीमा नहीं होती। फिर भी, पूंजीवाद की आर्थिक सफलता का परिणाम अन्त में उसकी तबाही होगा। पूंजीवाद के भविष्य पर अन्तिम टिप्पणी देते हुए शूम्पीटर ने लिखा था, ''क्या पूंजीवाद बच रहेगा? नहीं, मैं समझता हूं कि वह बच नहीं पाएगा।'' उसके अनुसार, पूंजीवाद की सफलता ही ''इन सामाजिक संस्थाओं की जड़ खोदती है जो उसकी रक्षा करती है और अनिवार्य रूप से ऐसी परिस्थितियां उत्पन्न करती हैं जिनमें पूंजीवाद नहीं जी सकेगा और प्रबलता से समाजवाद के स्पष्ट वारिस होने का संकेत करती है।''

सिद्धांत की आलोचनाएं : शूम्पीटर के सिद्धांत की आलोचनाएं निम्न बातों को लेकर की जाती है—

1. शूम्पीटर के सिद्धांत की समस्त विकास प्रक्रिया उद्यमी एवं नवप्रवर्तन पर आधारित हैं। लेकिन वर्तमान समय में सभी प्रकार के नवप्रवर्तन कम्पनियों के कार्यक्रम का एक अंग होता है तथा

इसके लिए किसी विशेष प्रकार के व्यक्ति की आवश्यकता नहीं समझी जाती।

2. शूम्पीटर के अनुसार नवप्रवर्तनों से आर्थिक विकास चक्रीय प्रक्रिया में होता है परन्तु यह सही नहीं है। आर्थिक विकास के लिए मन्दी एवं तेजी का चक्र आवश्यक नहीं।

3. शूम्पीटर नवप्रवर्तन (Innovations) को ही विकास का मुख्य कारण मानता है परन्तु यह वास्तविकता से दूर है क्योंकि आर्थिक विकास केवल नवप्रवर्तनों पर ही निर्भर नहीं करता बल्कि कई अन्य आर्थिक तथा सामाजिक तत्त्वों पर भी निर्भर करता है।

4. शूम्पीटर बैंक साख (Bank credit) को पूंजी निर्माण में आवश्यकता से अधिक महत्त्व देता है। बड़े-बड़े औद्योगिक संस्थान अल्पकाल में तों बैंकों से ऋण प्राप्त कर सकते हैं परंतु दीर्घकालीन नवप्रवर्तनों के लिए, जिनमें अत्यधिक पूंजी की आवश्यकता होती है, बैंक ऋण अपर्याप्त होते हैं। इसके लिए ऋण पत्र तथा नए शेयरों को बेचकर ही पूंजी प्राप्त की जा सकती है।

5. पूंजीवाद से समाजवाद की ओर जाने का शूम्पीटर का विश्लेषण सही नहीं है। वह इस बात का विश्लेषण नहीं करता है कि पूंजीवाद समाजवाद (socialism) की ओर कैसे अग्रसर होता है। वह केवल यह बताता है कि उद्यमी के कार्यों में परिवर्तनों से पूंजीवादी समाज का संस्थानिक ढांचा परिवर्तित हो रहा है। उसका पूंजीवाद के नाश (end of capitalism) का विश्लेषण भावुक है, न कि वास्तविक।

6. शूम्पीटर के सिद्धांत की आलोचना इस बात को लेकर भी की जाती है कि अर्थव्यवस्था में मन्दी और तेजी नवप्रवर्तनों कारण ही नहीं होती बल्कि इसके कई मनोवैज्ञानिक, प्राकृतिक, वित्तीय आदि कारण भी होते हैं।

7. शूम्पीटर का बैंक ऋण पर एकमात्र बल निवेश में वास्तविक बचतों के भाग की अवहेलना कर देता है। यह आर्थिक विकास में घाटे के वित्त प्रबंध, बजट की बचतों, सार्वजनिक ऋण तथा अन्य राजकोषीय तरीकों के महत्त्व को क्षति पहुंचाता है।

अंत में, **बाल्डविन** तथा **मायर** के शब्दों में, ''शूम्पीटर ने जो विकास का वृहत सामाजिक आर्थिक विश्लेषण किया है उसकी सर्वत्र प्रशंसा की जाती है, परंतु बहुत कम लोग उसके निष्कर्षों को स्वीकार करने के लिए तैयार हैं। उसका विश्लेषण एक तरफा है तथा उसने कई बातों पर आवश्यकता से अधिक जोर दिया।''

लुईस का श्रम की असीमित पूर्ति सिद्धांत (Lewis's Theory of Unlimited Supplies of Labour)

लुईस के आर्थिक विकास का सिद्धांत द्वि-क्षेत्र अर्थव्यवस्था (Two Sector economy) से संबंधित है। उसने श्रम की असीमित पूर्तियों से आर्थिक विकास (economic development with unlimited supplies of labour) का बहुत ही व्यवस्थित सिद्धांत प्रस्तुत किया है। लुईस के अनुसार आर्थिक विकास तब होता है जब श्रम को निर्वाह क्षेत्र (subsistence sector) से हटा कर पूंजीवादी क्षेत्र में लगाने के परिणामस्वरूप **पूंजी संचय** होता है।

लुईस का मानना है कि निर्वाह मजदूरी (subsistence wage) पर श्रम की पूर्ण लोचदार पूर्ति (perfectly elastic supply) का क्लासिकल मॉडल अनेक अल्पविकसित देशों में भी सही ठहरता है। इस प्रकार की अर्थव्यवस्था में श्रम की सीमान्त उत्पादकता **शून्य** या कभी-कभी ऋणात्मक भी होती है। क्योंकि श्रम की पूर्ति असीमित होती है, इसलिए चालू मजदूरी पर, बिना किसी सीमा के, निर्वाह क्षेत्र से श्रमिकों को हटाकर तथा पूंजीवादी क्षेत्र में लगाकर, नए उद्योग स्थापित किए जा सकते हैं या वर्तमान उद्योगों का विस्तार हो सकता है। परंतु पूंजीवादी क्षेत्र को कुशल श्रमिक भी चाहिए। इस संबंध में लुईस का मानना है कि कुशल श्रम केवल **''आंशिक अड़चन''** (quasi bottleneck) है जिसे अकुशल श्रमिकों को प्रशिक्षण सुविधाएं प्रदान करके दूर किया जा सकता है। चूंकि पूंजीवादी क्षेत्र में मजदूरी की तुलना में श्रम की सीमान्त उत्पादकता अधिक होती है। जिसके परिणाम स्वरूप पूंजीपति को **पूंजीवादी अतिरेक** (capitalist surplus) की प्राप्ति होती है। लुईस का मानना है कि पूंजी का निर्माण इसी पूंजीवादी अतिरेक पर निर्भर करता है। इस अतिरेक को नई पूंजी परिसम्पत्तियों में पुन: निवेशित किया जाता है। जिसके परिणामस्वरूप पूंजी का निर्माण होता है और निर्वाह क्षेत्र से और लोग रोजगार पर लगाए जाते हैं। यह प्रक्रिया तब तक चलती रहती है जब तक कि पूंजी श्रम अनुपात नहीं बढ़ जाता और श्रम की पूर्ति लोच रहित नहीं बन

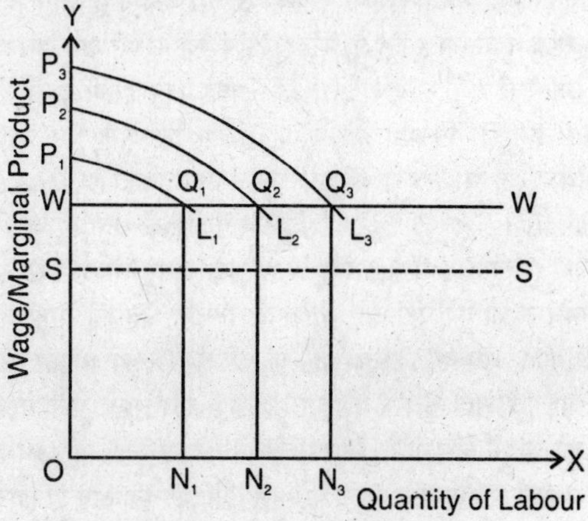

रेखाचित्र : *लुईस का श्रम की असीमित पूर्ति सिद्धांत*

जाती। अत: पूंजी निर्माण पूंजीवादी अतिरेक पर निर्भर करता है। लुईस के मॉडल को रेखाचित्र की सहायता से ऊपर में दर्शाया गया है।

उपरोक्त रेखाचित्र में SS रेखा औसत निर्वाह कमाई को व्यक्त करता है जबकि WW पूंजीवादी मजदूरी को। पूंजीवादी क्षेत्र में शुरू में ON_1 श्रम की सीमान्त उत्पादकता (marginal productivity) P_1Q_1 है। इस स्थिति में WP_1Q_1 पूंजीवादी अतिरेक है। जब यह अतिरेक पूंजीपतियों द्वारा पुन: निवेश किया जाता है तो श्रम की सीमान्त उत्पादकता का वक्र ऊपर को सरक कर P_2Q_2 हो जाता है। अब पूंजीवादी अतिरेक और रोजगार पहले से अधिक होता है, जो कि क्रमश: WP_2Q_2 तथा ON_2 है। और अधिक पुन: निवेश सीमान्त उत्पादकता वक्र को तथा रोजगार के स्तर को बढ़ाकर P_4Q_4 तथा N_4 पर ले जाते हैं और यह तब तक चलता रहता है जब तक कोई अतिरेक श्रम न बचे।

इस प्रकार पूंजीपतियों द्वारा कमाए गए लाभों में से पूंजी का निर्माण होता है। प्रो. लुईस तकनीकी ज्ञान तथा उत्पादक पूंजी की वृद्धि के बीच कोई भेद नहीं करता और दोनों को एक ही तत्त्व मानता है, जिसका परिणाम यह है कि तकनीकी प्रगति लाभों को, बढ़ाती है और पूंजीवादी क्षेत्र में रोजगार में वृद्धि करती है।

वृद्धि प्रक्रिया का अन्त (End of the Growth Process)

लुईस के मॉडल के अनुसार ''यदि किसी स्थिर वास्तविक मजदूरी पर श्रम की असीमित पूर्तियां उपलब्ध हों और यदि लाभों का कुछ भाग उत्पादक क्षमता में पुन: निवेश किया जाता रहे, तो राष्ट्रीय आय की सापेक्षता में लाभ निरंतर बढ़ते जाएंगे और राष्ट्रीय आय की सापेक्षता में पूंजी निर्माण भी बढ़ता जाएगा।'' परंतु लुईस का मानना है कि वृद्धि प्रक्रिया अनिश्चित काल के लिए निरंतर नहीं चलती रह सकती। कभी न कभी तो इसे रुकना ही होगा।

लुईस ने बताया है कि *(i)* यदि पूंजीनिर्माण के परिणाम स्वरूप कोई अतिरेक श्रम न बचे; *(ii)* यदि पूंजी क्षेत्र इतनी तेजी से विकास करे कि निर्वाह क्षेत्र में जनसंख्या बिल्कुल घट जाए परिणामस्वरूप इस क्षेत्र में श्रम की औसत उत्पादकता (Average Productivity) बढ़ जाए और इस प्रकार पूंजीवादी क्षेत्र में मजदूरी बढ़ जाए (रेखाचित्र में SS तथा WW वक्र ऊपर की ओर सरक जाएं और लाभों को घटा दें); *(iii)* यदि निर्वाह क्षेत्र की सापेक्षता में पूंजीवादी, क्षेत्र का विस्तार होने के परिणामस्वरूप व्यापार की स्थितियां पूंजीवादी क्षेत्र के विरुद्ध हो जाएं और कच्चे माल तथा अन्न की चढ़ती कीमतों के साथ पूंजीपति को श्रमिकों को अधिक ऊंची मजदूरी का भुगतान करना पड़े; *(iv)* यदि निर्वाह क्षेत्र उत्पादन की नई तकनीकें अपना लें, जिससे पूंजीवादी क्षेत्र में वास्तविक मजदूरी बढ़ जाए तथा इस प्रकार पूंजीवादी अतिरेक कम हो जाए और अन्तिम, यदि पूंजीवादी क्षेत्र में श्रमिक पूंजीवादी ढंग का जीवन अपना लें तथा अधिक ऊंची मजदूरी के लिए संघर्ष करें और मजदूरी बढ़वाने में सफल हो जाएं तो पूंजीनिर्माण की दर और पूंजी अतिरेक कम हो जाएंगे।

आलोचना : कुछ निश्चित स्थितियों के अन्तर्गत लुईस का सिद्धांत अति जनसंख्या वाले अल्पविकसित देशों पर लागू होता है। इसलिए इसकी कुछ मान्यताएं इसकी व्यावहार्यता को सीमाबद्ध करती हैं।

1. यह सिद्धांत पूंजीवादी क्षेत्र में उस समय तक मजदूरी दर को स्थिर मानता है जब तक कि निर्वाह क्षेत्र से श्रमिकों की समस्त पूर्ति खत्म नहीं हो जाती। परंतु यह धारणा गलत है क्योंकि एक अल्पविकसित अर्थव्यवस्था के औद्योगिक क्षेत्र में मजदूरी की दर काल पर्यन्त बढ़ती रहती है चाहे ग्रामीण क्षेत्र में खुली बेरोजगारी ही क्यों न हो।

2. लुईस यह मानता था कि पूंजीवादी अतिरेक पूंजीपतियों द्वारा उत्पादकीय पूंजी में पुन: निवेश कर दिया जाता है।

परंतु **रेनल्डस** (Reynolds) का मानना है कि यदि उत्पादकीय पूंजी श्रम बचत कारी होती है तो यह श्रम को खपा नहीं सकेगी तथा इस परिस्थिति में लुईस का सिद्धांत लागू नहीं होगा।

3. लुईस मान लेता है कि अल्पविकसित देशों में श्रम की असीमित पूर्ति होती है परंतु बहुत से अल्पविकसित देश ऐसे हैं जिनके संबंध में यह धारणा अवास्तविक है।

4. लुईस की यह मान्यता कि अल्पविकसित देशों में ''निवेश गुणक'' कार्यशील रहता है, वास्तविकता से परे है।

5. ऊंची पूंजीवादी मजदूरी होने से ही अतिरेक श्रम निर्वाह क्षेत्र से पूंजीवादी क्षेत्र में नहीं चला जाएगा। लोगों को अपनी भूमि एवं परिवार से इतना अधिक लगाव होता है कि वह अपने रिश्तेदारों और घर को छोड़ना पसंद नहीं करते। इसके अतिरिक्त पूंजीवादी क्षेत्र में भाषा एवं रीति-रिवाज की विभिन्नताएं तथा मकान एवं महंगाई की समस्याएं निर्वाह क्षेत्र से श्रम की गतिशीलता के रास्ते में महत्त्वपूर्ण रुकावटें हैं। यह इस मॉडल की एक प्रमुख कमी है।

6. लुईस मॉडल इस धारणा पर आधारित है कि जब अतिरेक श्रम निर्वाह क्षेत्र से पूंजीवादी क्षेत्र में चला जाता है तो निर्वाह क्षेत्र में कृषि उत्पादन पर कोई प्रभाव नहीं पड़ता। परंतु वास्तविकता यह है कि श्रमिकों को खेतों से हटाने पर कृषि उत्पादन में कमी होती है।

इन सीमाओं के बावजूद, लुईस मॉडल का प्रधान गुण यह है कि यह बहुत ही स्पष्ट ढंग से विकास प्रक्रिया की व्याख्या करता

है। इस द्विक्षेत्र मॉडल (Two sector model) का विश्लेषणात्मक मूल्य बहुत है। यह स्पष्ट करता है कि उन अल्पविकसित देशों में पूंजी संचय किस प्रकार होता है जहां श्रम की अधिकता और पूंजी की दुर्लभता हो।

फाई-रेनिस का दोहरी अर्थव्यवस्था का सिद्धांत (The Fie-Ranis Theory of Dual Economy)

'A Theory of Economic Development' शीर्षक वाले लेख में फाई व रेनिस ने इस बात का विश्लेषण किया है कि संक्रमण-प्रक्रिया में एक विकासशील अर्थव्यवस्था गतिहीनता की स्थिति से आत्मजनक वृद्धि (Self sustained growth) की ओर जाने की आशा करती है। उनका यह सिद्धांत लुईस के असीमित पूर्ति सिद्धांत से उत्तम है क्योंकि लुईस कृषि क्षेत्र में वृद्धि का संतोषजनक विश्लेषण नहीं कर पाया है।

फाई एवं रेनिस के सिद्धांत का संबंध श्रम अतिरेक (labour surplus) तथा संसाधनहीन अर्थव्यवस्था से है जहां की अधिकतर जनसंख्या कृषि कार्यों में लगी रहती है लेकिन कृषि क्षेत्र गतिहीन अवस्था में रहता है। ऐसी अर्थव्यवस्था में कृषि रहित व्यवसाय भी पाए जाते हैं। किन्तु उनमें पूंजी का कम उपयोग होता है, इसमें एक सक्रिय तथा गत्यात्मक औद्योगिक क्षेत्र भी है। ऐसी अर्थ व्यवस्था में विकास से अभिप्राय कृषि अतिरेक श्रमिकों का औद्योगिक क्षेत्र को पुनः आवंटन (reallocation) करना है, जिनका कृषि उत्पादन में योगदान शून्य अथवा नगण्य है, जहां वे कृषि में संस्थानिक मजदूरी के बराबर मजदूरी पर उत्पादक बन जाते हैं।

मान्यताएं : फाई तथा रेनिस के आर्थिक विकास का सिद्धांत निम्नलिखित मान्यताओं पर आधारित है :

1. एक दोहरी अर्थव्यवस्था है जहां एक ओर परम्परागत तथा गतिहीन कृषि क्षेत्र है तो दूसरी ओर एक सक्रिय औद्योगिक क्षेत्र।

2. कृषि क्षेत्र में पूंजी का संचय नहीं होता है।

3. भूमि की पूर्ति स्थिर है।

4. कृषि उत्पाद केवल भूमि तथा श्रम का फलन होता है।

5. कृषि क्षेत्र में पैमान के स्थिर प्रतिफल पाए जाते हैं।

6. यदि जनसंख्या उस मात्रा से अधिक होती है जहां श्रम की सीमान्त उत्पादकता शून्य बन जाती है तो श्रम को कृषि उत्पादन में हानि के बिना औद्योगिक क्षेत्र में स्थानान्तरण किया जा सकता है।

7. जनसंख्या की वृद्धि को एक वहिर्जात (Exogenous) तत्त्व के रूप में माना गया है।

8. औद्योगिक क्षेत्र में वास्तविक मजदूरी स्थिर रहती है।

9. दोनों क्षेत्रों में श्रमिक केवल कृषि वस्तुओं का उपभोग करते हैं।

इन मान्यताओं के रहते फाई तथा रेनिस श्रम अतिरेक अर्थव्यवस्था के विकास को तीन अवस्थाओं में प्रस्तुत करते हैं।

प्रथम अवस्था में, अदृश्य बेरोजगार श्रमिक, जो कृषि उत्पादन में कोई वृद्धि नहीं करते, को **संस्थानिक मजदूरी** (institutional wage) पर **औद्योगिक क्षेत्र में स्थानान्तरित** कर दिया जाता है।

द्वितीय अवस्था में, कृषि श्रमिक जो कृषि उत्पादन में वृद्धि तो करते हैं किन्तु प्राप्त संस्थानिक मजदूरी से कम उत्पादन करते हैं इनको भी औद्योगिक क्षेत्र में भेज दिया जाता है। यदि श्रमिक का औद्योगिक क्षेत्र में निरन्तर स्थानान्तरण किया जाता रहता है तो अन्ततः ऐसी स्थिति उत्पन्न होती है जब कि कृषि श्रमिक संस्थानिक मजदूरी के बराबर उत्पादन करने लगते हैं, इसी से **तृतीय अवस्था** प्रारम्भ होती है। जो कि उत्कृष (take off) की अन्तिम स्थिति है और आत्मजनक वृद्धि का प्रारंभ है। इस अवस्था में खेतिहर मजदूर संस्थानिक मजदूरी से अधिक उत्पादन करने लगते हैं। इस अवस्था में श्रम अतिरेक समाप्त हो जाता है और कृषि का व्यापारिकरण (Commercialised) हो जाता है।

फाई तथा रेनिस अवस्था I तथा अवस्था II के बीच की सीमा को **'दुर्लभता बिन्दु'** (shortage point) कहते हैं जबकि अवस्था II तथा अवस्था III के बीच की सीमा को 'व्यापारिक बिन्दु' (Commercialisation point) कहते हैं। फाई तथा रेनिस के अनुसार, द्वितीय अवस्था के समाप्त होने का आर्थिक महत्त्व यह है कि यह अर्थव्यवस्था को आत्मजनक वृद्धि में सरलता से चलने की योग्यता प्रदान करती है।

फाई तथा रेनिस के अनुसार उनका मॉडल उत्कृष्ट प्रक्रिया (take off process) के दौरान संतुलित वृद्धि की शर्तों को पूरा करता है।

समीक्षात्मक मूल्यांकन (Critical Appraisal)

फाई तथा रेनिस का मॉडल लुईस के मॉडल का एक सुधरा हुआ रूप है। लुईस का मॉडल कृषि क्षेत्र के विकास को ध्यान में न रखते हुए केवल औद्योगिक क्षेत्र पर ही केन्द्रित रहता है। जबकि फाई तथा रेनिस का विकास मॉडल विकास को प्रारम्भ करने में दोनों क्षेत्रों के परस्पर प्रभाव को दर्शाता है। इस सिद्धांत की मुख्य श्रेष्ठता यह है कि यह अल्पविकसित देशों में पूंजी के संचय के लिए कृषि वस्तुओं के महत्त्व को प्रकट करता है।

इन श्रेष्ठताओं के बावजूद इस मॉडल की निम्न आलोचना की गई है :

1. फाई तथा रेनिस का मॉडल इस धारणा पर आधारित है कि विकास प्रक्रिया की अवस्था I तथा II के दौरान संस्थानिक मजदूरी स्थिर होती है तथा MPP (marginal physical product) से ऊंची होती है। लेकिन इस मान्यता के पक्ष में कोई आनुभाविक प्रमाण नहीं है। वास्तव में श्रम अतिरेक अल्प विकसित देशों में कृषि श्रेमिकों को दी जाने वाली मजदूरी MPP से काफी कम होती है।

2. इस सिद्धांत की धारणा यह है कि कृषि उत्पादकता में वृद्धि होने के बावजूद संस्थानिक मजदूरी पहली दो अवस्थाओं में स्थिर रहती है। जबकि आलोचकों का कहना है कि कृषि उत्पादकता में सामान्य वृद्धि के कारण फार्म मजदूरी का बढ़ना निश्चित है।

3. इस सिद्धांत के अनुसार, जब कृषि क्षेत्र तृतीय अवस्था में प्रवेश करता है तो व्यापारिकृत हो जाता है। किन्तु अर्थव्यवस्था की सरल आत्मजनक वृद्धि की ओर जाने की संभावना नहीं रहती क्योंकि स्फीतिकारी दबाव प्रारंभ हो जाता है।

4. फाई तथा रेनिस मानते हैं कि भूमि की स्थिर मात्रा के साथ जनसंख्या का एक बहुत बड़ा आकार होगा जो कि MPP को शून्य कर देगा। लेकिन **शुल्ज** इस मत से सहमत नहीं है कि श्रम अतिरेक अर्थव्यवस्था में MPP शून्य होती है।

लीबन्स्टीन का क्रांतिक न्यूनतम प्रयत्न सिद्धांत (Liebenstein's Critical Minimum Effort Thesis)

प्रो. लीबन्स्टीन ने यह सिद्धांत प्रस्तुत किया है कि अल्पविकसित देशों मे गरीबी का दुश्चक्र पाया जाता है, जो उन्हें प्रति व्यक्ति निम्न आय संतुलन स्थिति के इर्द-गिर्द रखता है। इस दुश्चक्र से निकलने का मार्ग है एक निश्चित **''क्रांतिक न्यूनतम प्रयत्न''** (critical minimum effort), जो प्रति व्यक्ति आय को उस स्तर तक बढ़ा दे जिस पर सतत विकास कायम रह सके। अल्पविकसित अर्थव्यवस्थाओं में कुछ कारक ऐसे होते हैं जो प्रति व्यक्ति आय को निम्न स्तर पर रखते हैं। लीबन्स्टीन के अनुसार अर्थव्यवस्था को पिछड़ेपन की स्थिति में रखने वाले इन कारकों पर काबू पाने के लिए काफी बड़े क्रांतिक न्यूनतम प्रयत्न (CME) की आवश्यकता होती है ताकि आर्थिक वृद्धि की तीव्र दर को बनाई रखी जा सके। क्रांतिक न्यूनतम प्रयत्न के परिणाम स्वरूप व्यक्तिगत आय बढ़ेगी और बचत तथा निवेश के स्तर को बढ़ाएगी, जिसके आगे ये परिणाम होंगे :

I. वृद्धि कारकों का विस्तार
II. वृद्धि को कम करने वाले कारकों की प्रभावशीलता में कमी
III. सामाजिक तथा आर्थिक गतिशीलता को बढ़ावा देने वाली सामाजिक तथा आर्थिक वातावरण संबंधी स्थितियों का निर्माण।
IV. अधिक विशेषीकरण तथा द्वितीयक एवं तृतीयक क्षेत्रों का विस्तार।

और अंतिम, ऐसे वातावरण का विकास जो परिवर्तन लाए तथा आर्थिक एवं सामाजिक परिवर्तनों के लिए अधिक प्रेरक हो और विशेष रूप से ऐसे वातावरण का विकास, जिससे जनन क्षमता (fertility) में कमी और जनसंख्या वृद्धि की दर में संभावित कमी हो।

लीबन्स्टीन का सिद्धांत इस अनुभवजन्य प्रमाण पर आधारित है कि जनसंख्या वृद्धि की दर प्रति व्यक्ति आय के स्तर का फलन होती है। यह आर्थिक विकास की विभिन्न अवस्थओं से गहरा संबंध रखती है। आरम्भ में निर्वाह संतुलन स्तर आय पर subsistence equilibrium level of income) जन्म तथा मरण दरें दोनों अधिकतम होती हैं। यदि प्रति व्यक्ति आय को निर्वाह संतुलन की स्थिति से ऊपर बढ़ा दिया जाए तो मृत्यु दर गिर जाएगी लेकिन जन्म दर में कोई कमी नहीं होगी। परिणामतः जनसंख्या वृद्धि की दर बढ़ जाएगी। इस प्रकार प्रतिव्यक्ति आय में वृद्धि जनसंख्या में वृद्धि दर को बढ़ाती है। लेकिन एक निश्चित सीमा तक ही ऐसा होता है। उसके बाद प्रति व्यक्ति आय में वृद्धि जन्म दर को घटा देती है और ज्यों-ज्यों विकास की गति बढ़ती है त्यों-त्यों जनसंख्या वृद्धि की दर कम होती चली जाती है।

नैल्शन का निम्न संतुलन पाश सिद्धांत (Nelson's Theory of Low-level Equilibrium Trap)

आर.आर. नैल्शन ने अल्पविकसित देशों के लिए **निम्न संतुलन पाश का सिद्धांत** विकसित किया। नैल्शन का सिद्धांत माल्थस की इस मान्यता पर आधारित है कि किसी देश की प्रति व्यक्ति आय के 'न्यूनतम जीवन निर्वाह स्तर' से बढ़ जाने पर जनसंख्या बढ़ने लगती है। परंतु जब जनसंख्या की वृद्धि दर ''एक उच्च भौतिक सीमा'' पर पहुंच जाती है तो प्रति व्यक्ति आय में और वृद्धियां होने पर यह (जनसंख्या वृद्धि दर) गिरने लगती है।

नैल्शन के अनुसार, ''अल्पविकसित देशों के रोग की पहचान यह है कि वह प्रति व्यक्ति आय का ऐसा स्तर है जो निर्वाह आवश्यकताओं पर या उनके निकट पहुंच कर स्थिर हो जाता है।'' (The malady of underdeveloped economies can be diagnosed as a stable equilibrium level of per capita income at or close to subsistence requirements.) प्रति व्यक्ति आय के स्थिर संतुलन स्तर पर, बचत की दर और परिणामत: शुद्ध निवेश की दर एक नीचे स्तर पर रहती है। जब कुल राष्ट्रीय आय की वृद्धि दर को बढ़ाकर बचत एवं निवेश की दर बढ़ाने के प्रयत्न किए जाते हैं तो उनके साथ जनसंख्या वृद्धि की दर भी ऊंची हो जाती है जो प्रति व्यक्ति आय को पीछे धकेल कर उसको स्थिर संतुलन स्तर पर पहुंचा देती है। इस प्रकार अल्पविकसित अर्थव्यवस्थाएं निम्न संतुलन पाश की जकड़ में फंस जाती हैं।

'प्रबल प्रयास' सिद्धांत (The 'Big Push' Theory)

'प्रबल प्रयास' सिद्धांत का प्रतिपादन **प्रो. पाल एन. रोजेस्टीन–रोदान** (Prof. Paul N. Rosenstein–Rodan) ने किया था। इस सिद्धांत के अनुसार अल्पविकसित अर्थव्यवस्था में विकास की बाधाओं को पार करने और उसे प्रगति पथ पर चलाने के लिए प्रबल प्रयास की आवश्यकता होती है जो न्यूनतम किन्तु उच्च मात्रा के निवेश के रूप में होना चाहिए। इस सिद्धांत का मानना है कि धीमी गति के विकास के द्वारा अर्थव्यवस्था को सफलतापूर्वक विकास पथ पर नहीं लाया जा सकता बल्कि इसके लिए आवश्यक स्थिति यह है कि एक न्यूनतम मात्रा में निवेश किया जाए।

इसके लिए उन **बाह्य मितव्ययिताओं** (external economies) को प्राप्त करना आवश्यक हो जाता है जो तकनीकी रूप में स्वतंत्र उद्योगों की एक साथ स्थापना से उत्पन्न होती है। इस प्रकार निवेश की एक न्यूनतम मात्रा से उत्पन्न होने वाली **अविभाज्यताएं** (indivisibilities) तथा बाह्य मितव्ययिताएं आर्थिक विकास का सफलतापूर्वक सूत्रपात करने के लिए आवश्यक है।

रोजेस्टीन-रोदन ने अपने प्रबल प्रयास सिद्धांत में तीन विभिन्न प्रकार की अविभाज्यताओं तथा बाह्य मितव्ययिताओं की चर्चा की है—

1. उत्पादन फलन में अविभाज्यता (Indivisibilities in the production function)

2. मांग की अविभाज्यता (Indivisibilities of demand)

3. बचतों की पूर्ति में अविभाज्यता (Indivisibilities in the supply of savings)

संतुलित संवृद्धि का सिद्धांत (The Doctrine of Balanced Growth)

रोजेस्टीन-रोदान प्रथम अर्थशास्त्री था जिसने अपने 1943 ई. के लेख "Problems of Industrialization of Eastern and South-Eastern Europe" में संतुलित संवृद्धि के सिद्धांत का प्रतिपादन किया। बाद में रेगनर नर्क्से एवं आर्थर लुईस ने संतुलित वृद्धि के सिद्धांत का समर्थन किया। संतुलित वृद्धि के सिद्धांत के अनुसार विभिन्न उपभोक्ता वस्तु उद्योगों के बीच और उपभोक्ता वस्तु तथा पूंजी वस्तु उद्योगों के बीच संतुलन होना चाहिए। इसका यह भी अभिप्राय है कि उद्योग एवं कृषि क्षेत्र में तथा घरेलू एवं निर्यात क्षेत्र में संतुलन रहे।

फिर, इसके लिए सामाजिक एवं आर्थिक उपरि-सुविधाओं (social and Economic Overheads) तथा प्रत्यक्षत: उत्पादक निवेशों के बीच और अनुलंब तथा क्षैतिज बाह्य मितव्ययिताओं के बीच संतुलन आवश्यक है। संक्षेप में, संतुलित वृद्धि का सिद्धांत यह व्यक्त करता है कि अर्थव्यवस्था के विभिन्न क्षेत्रों का एक साथ सामंजस्यपूर्ण विकास होना चाहिए ताकि सब क्षेत्र साथ-साथ बढ़ें (The theory of balanced growth states that there should be **simultaneous and harmonious** development of different sectors of the economy so that all sectors grow in unison.)

इसके लिए पूर्ति तथा मांग पक्षों में संतुलन की आवश्यकता होती है। **पूर्ति पक्ष** अर्थव्यवस्था के उन सभी संबंधित विभिन्न अंगों के एक साथ विकास पर बल देता है जो वस्तुओं की पूर्ति बढ़ाने में सहायक होते हैं। इनमें वे सभी उद्योग, जो उपभोक्ता वस्तुओं का उत्पादन करते हैं मध्यवर्ती वस्तुएं, कच्चे माल, विद्युत, कृषि, सिंचाई, परिवहन आदि साधनों का एक साथ समान रूप से विकास सम्मिलित है। जबकि **मांग पक्ष** लोगों को रोजगार के अधिक साधन प्रदान करके उनकी आय बढ़ाने से संबंध रखता है ताकि वस्तुओं तथा सेवाओं की मांग बढ़े। सभी प्रकार के उद्योगों को एक साथ स्थापित करने से जब लोग रोजगार पर लगेंगे तो वे एक-दूसरे की वस्तुओं के लिए मांग पैदा करेंगे। मांग पक्ष पूरक उद्योग, उपभोक्ता वस्तु उद्योग, विशेष रूप से कृषि तथा निर्माणकारी उद्योगों से संबंधित हैं।

संतुलित वृद्धि का सिद्धांत यह आवश्यक बना देता है कि सरकार योजना बनाए और निर्देशन तथा समायोजन करे।

असंतुलित संवृद्धि का सिद्धांत (The Theory of Unbalanced Growth)

प्रो. ए.ओ. हर्षमैन (A.O. Hirschman) ने 'असंतुलित वृद्धि' के सिद्धांत का प्रतिपादन किया है। उनके अनुसार किसी अल्पविकसित देश में आर्थिक वृद्धि लाने का श्रेष्ठतम मार्ग यह है

कि पहले से बनाई गई कूटनीति के अनुसार जानबूझकर असंतुलन लाया जाए। हर्षमैन के अनुसार, अर्थव्यवस्था के कुशलतापूर्वक चुने गए उद्योगों अथवा क्षेत्रों में किए गए निवेश नए निवेशों के अवसर प्रदान करेंगे और इस प्रकार और अधिक विकास का मार्ग खोल देंगे। हर्षमैन का मानना है कि विकास "**असंतुलन की शृंखला**" (Chain of disequilibria) है जो असंतुलनों को समाप्त करने की बजाय जीवित रखें, जिनके लाभ तथा हानियां प्रतियोगी अर्थव्यवस्था के लक्षण हैं।

असंतुलित वृद्धि का सिद्धांत संतुलित वृद्धि के सिद्धांत के ठीक विपरीत है। असंतुलित वृद्धि के सिद्धांत के अनुसार अर्थव्यवस्था के सभी क्षेत्रों में एक साथ निवेश न करके केवल कुछ क्षेत्रों में ही सर्वप्रथम निवेश करना चाहिए। अल्पविकसित देशों के पास साधन और पूंजी इतने नहीं होते कि सभी क्षेत्रों में निवेश एक साथ किया जा सके। इस कारण इन देशों में कुछ चुने हुए प्रमुख क्षेत्रों या उद्योगों में निवेश करके उनमें विकास की गति तीव्र की जाती है और उनसे उत्पन्न होने वाली मितव्ययिताओं में वृद्धि होने से अन्य क्षेत्रों का भी विकास होता है। इस प्रकार, धीरे-धीरे अर्थव्यवस्था असंतुलित वृद्धि से संतुलित वृद्धि की ओर बढ़ती है।

हर्षमैन के अनुसार किसी भी निवेश के **अग्रानुबंधन प्रभाव** (Forward Linkage Effects-FLE) और **पश्चानुबंधन प्रभाव** (Backward Linkage Effects-BLE) दोनों हो सकते हैं। FLE उत्पादन की आगामी अवस्थाओं में निवेश को प्रोत्साहित करते हैं, और BLE उत्पादन की प्रारंभिक अवस्थाओं में। विकास की नीति यह होना चाहिए कि वह अधिकतम कुल प्रभाव (total linkage effect) वाली परियोजनाओं का पता लगाए। ऐसे परियोजनाएं समय तथा देश के साथ बदलती रहती है। हर्षमैन का मानना है कि अधिकतम संयुक्त अनुबंधन प्राप्तांक (Combined linkage score) वाला उद्योग **लोहा तथा इस्पात** है।

रोस्टोव की आर्थिक वृद्धि की अवस्थाएं (Rostow's Stages of Economic Growth)

प्रो. रोस्टोव आर्थिक वृद्धि की प्रक्रिया को पांच अवस्थाओं में विभक्त करता है :

1. परम्परागत समाज (The traditional society)

2. उत्कृष की पूर्व-स्थितियों की अवस्था (The Pre-conditions for the take off)

3. उत्कृष की अवस्था (The take off stage)

4. परिपक्वता की ओर अग्रसर अवस्था (The drive to maturity)

5. अत्यधिक उपभोग की अवस्था (The age of high mass consumption)

हैरड-डोमर मॉडल (The Harrod-Domar Models)

हैरड-डोमर के आर्थिक संवृद्धि का मॉडल विकसित देशों के अनुभव पर आधारित हैं। हैरड तथा डोमर आर्थिक वृद्धि की प्रक्रिया में निवेश को काफी महत्त्व देते हैं। परंतु वे निवेश की द्वैत (dual) प्रकृति पर बल देते हैं।

पहला, निवेश आय का सृजन करता है।

दूसरा, निवेश अर्थव्यवस्था के पूंजी-स्टॉक में वृद्धि कर उसकी उत्पादन क्षमता में वृद्धि करता है।

इसलिए जब तक शुद्ध निवेश होता रहेगा, वास्तविक आय तथा उत्पादन का विस्तार होता रहेगा। लेकिन वर्ष दर वर्ष आय का पूर्ण रोजगार संतुलन स्तर बनाए रखने के लिए यह आवश्यक है कि वास्तविक आय तथा उत्पादन का उसी दर से विस्तार हो जिस दर से पूंजी स्टॉक की उत्पादन क्षमता का विस्तार हो रहा है। दोनों में किसी भी प्रकार के विचलन से अतिरिक्त क्षमता उत्पन्न हो जाएगी और इस प्रकार उद्यमी निवेश को घटाने पर मजबूर हो जाएंगे। जो बाद में आय तथा रोजगार को घटाकर और अर्थव्यवस्था को सतत तथा एकरूप वृद्धि के संतुलन मार्ग से हटाकर अर्थव्यवस्था पर प्रतिकूल प्रभाव डालेगा। इसलिए यदि दीर्घकाल में पूर्ण रोजगार को बनाए रखना है तो शुद्ध निवेश निरंतर बढ़ते रहना चाहिए। इसके साथ ही यह भी आवश्यक है कि वास्तविक आय में निरन्तर उस दर से वृद्धि होती रहे, जो बढ़ते पूंजी स्टॉक की क्षमता के पूर्ण उपयोग को सुनिश्चित करने के लिए पर्याप्त हो। आय वृद्धि की इस आवश्यक दर को–'**अभीष्ट वृद्धि दर**' या 'पूर्ण क्षमता वृद्धि दर' (warranted rate of growth) कहा जाता है।

मान्यताएं : हैरेड-डोमर का विकास मॉडल निम्नलिखित मान्यताओं पर आधारित है—

1. बिना सरकारी हस्तक्षेप के मुक्त अर्थव्यवस्था पाई जाती है।

2. निवेश तथा उत्पादन क्षमता निर्माण के बीच कोई समय अन्तराल नहीं होता है।

3. अर्थव्यवस्था बन्द (closed economy) होती है जिनमें विदेशी व्यापार नहीं होता।

4. औसत बचत प्रवृत्ति (APS), सीमान्त बचत प्रवृत्ति (MPS) के बराबर होती है।

5. सीमान्त बचत प्रवृत्ति स्थिर रहती है।

6. कोई मूल्य ह्रास नहीं होता क्योंकि पूंजी वस्तुओं को अनन्तजीवी मान लिया जाता है।

7. सामान्य कीमत स्तर स्थिर रहता है। अन्य शब्दों में, मौद्रिक आय तथा वास्तविक आय समान होती है।

8. बचत तथा निवेश उसी वर्ष की आय से संबंध रखते हैं।

9. ब्याज दरों में कोई परिवर्तन नहीं होता है।

10. पूंजी तथा श्रम का अनुपात उत्पादन प्रक्रिया में स्थिर होता है।

डोमर मॉडल (The Domar Model)

डोमर ने अपने मॉडल का निर्माण इस प्रश्न को लेकर किया है कि चूंकि निवेश एक ओर जहां आय का निर्माण करता है वहीं दूसरी ओर अर्थव्यवस्था की उत्पादक क्षमता को बढ़ाता है, इसलिए उत्पादन क्षमता में वृद्धि को आय में वृद्धि करने के लिए, निवेश किस दर से बढ़े ताकि पूर्ण रोजगार बना रहे?

डोमर के अनुसार यदि हम अर्थव्यवस्था में पूर्ण रोजगार को बनाए रखना चाहते हैं तो निवेश में वृद्धि दर $\left(\frac{\Delta I}{I}\right)$, Sa के बराबर होनी चाहिए। अर्थात—

$$\frac{\Delta I}{I} = Sa$$

जहां a = पूंजी-उत्पाद अनुपात का व्युत्क्रम

S = औसत उपभोग प्रवृत्ति

हैरड का मॉडल (The Harrod Model)

प्रो. हैरड अपने मॉडल द्वारा यह बताने का प्रयास करता है कि किस प्रकार अर्थव्यवस्था में सतत वृद्धि पाई जा सकती है। जब एक बार इस सतत वृद्धि दर में बाधा पड़ जाती है और अर्थव्यवस्था असंतुलन में हो जाती है तो संचयी शक्तियां इस विचलन को बनाए रखने में लगी रहती हैं, जिससे दीर्घकालीन अवस्फीति (deflation) या स्फीति (inflation) हो सकती है।

हैरड का मॉडल वृद्धि की तीन भिन्न दरों पर आधारित है। **पहला,** G द्वारा व्यक्त **वास्तविक वृद्धि दर** (Actual growth rate) है, जिसे बचत अनुपात तथा पूंजी उत्पाद अनुपात निर्धारित करते हैं। यह वृद्धि दर की अल्पकालीन चक्रीय परिवर्तनों (short run cyclical variations) को प्रकट करती है। **दूसरा,** Gw द्वारा व्यक्त **अभीष्ट वृद्धि दर** (warranted rate of growth) है, जो किसी अर्थव्यवस्था की पूर्ण क्षमता उपयोग की वृद्धि दर होती है। **तीसरा,** Gn द्वारा व्यक्त **प्राकृतिक दर** (natural growth rate) है जिसे हैरड **'इष्टतम कल्याण'** (welfare optimum) मानता है। इसे पूर्ण रोजगार वृद्धि दर भी कहा जाता है। यह बढ़ती हुई जनसंख्या तथा प्रौद्योगिकीय प्रगति द्वारा निर्धारित पूर्ण रोजगार उत्पादन में वृद्धि की दर है।

पूर्ण रोजगार संतुलन के लिए वास्तविक वृद्धि की दर (G) और अभीष्ट वृद्धि दर (Gw) अवश्य बराबर होनी चाहिए। यदि G और Gw बराबर नहीं है तो अर्थव्यवस्था असंतुलन में रहेगी। उदाहरणस्वरूप, यदि Gw से G अधिक हो जाए तो ऐसी स्थिति में दीर्घकालीन स्फीति (Secular inflation) आती है क्योंकि आय में वृद्धि की दर उत्पादकीय क्षमता में वृद्धि की दर से अधिक होती है। आगे इससे पूंजी वस्तुओं की भी कमी हो जाएगी क्योंकि पूंजी वस्तुओं की वास्तविक मात्रा आवश्यक पूंजी वस्तुओं से कम है। इन परिस्थितियों में इच्छित निवेश (desired investment) बचत की अपेक्षा अधिक होगा और कुल उत्पादन कुल मांग से कम रह जाएगा। इस प्रकार दीर्घकालीन स्फीति होगी।

दूसरी ओर, यदि Gw से G कम है तो ऐसी स्थिति में **दीर्घकालीन मंदी** (secular depression) आती है क्योंकि आय अर्थव्यवस्था के उत्पादकीय क्षमता की अपेक्षा धीरे-धीरे बढ़ती है। परिणामस्वरूप पूंजी वस्तुओं की अधिकता हो जाती है। जिसका तात्पर्य यह है कि इच्छित निवेश बचत से कम है और कुल मांग कुल पूर्ति से कम है। इसका परिणाम होता है उत्पादन, रोजगार और आय में कमी। हैरड का मानना है कि जब एक बार Gw से G अलग हो जाता है तो यह संतुलन से दूर होता चला जाएगा। अत: G और Gw में संतुलन **छुरी धार संतुलन** (Knife-edge equilibrium) है क्योंकि जब यह एक बार भंग हो जाता है तो स्वयं संतुलन में नहीं आ जाता।

G, Gw तथा Gn का विचलन (Divergence of G, Gw and Gn) : यदि वृद्धि की प्राकृतिक, वास्तविक तथा अभीष्ट दरों में कोई विचलन होता है तो अर्थव्यवस्था में दीर्घकालीन स्थिरता (Secular stagnation) अथवा स्फीति की परिस्थितियां उत्पन्न हो जाती हैं। हैरड के अनुसार यदि Gn से Gw अधिक हो जाती है तो **दीर्घकालीन गतिहीनता** (Secular stagnation) उत्पन्न हो जाती है। ऐसी स्थिति में G से Gw अधिक होती है तथा श्रम की कमी एवं पूंजी पदार्थों का आधिक्य होता है। मशीनें बेकार हो जाती हैं तथा अर्थव्यवस्था में अतिरिक्त क्षमता (excess capacity) पायी जाती है। इसे निवेश, उत्पादन, रोजगार एवं आय और कम हो जाते हैं। इस प्रकार अर्थव्यवस्था मंदी के शिकंजे में जकड़ जाएगी। ऐसे हालात में बचत एक बुराई है।

यदि Gw से Gn अधिक होती है तो ऐसी स्थिति में अर्थव्यवस्था में दीर्घकालीन स्फीति उत्पन्न होने की प्रवृत्ति पाई जाती है। क्योंकि जब Gn से Gw कम होती है तो श्रम की

अधिकता तथा पूंजी पदार्थों की कमी पाई जाती है। लाभ अधिक होते हैं क्योंकि वास्तविक निवेश से अनुमानित निवेश अधिक होता है और व्यापारी वर्ग में अपने पूंजी भंडार को बढ़ाने की प्रवृत्ति पाई जाती है। इससे दीर्घकालीन स्फीति उत्पन्न हो जाती है। ऐसी परिस्थिति में बचत एक गुण होता है क्योंकि यह अभीष्ट दर (Gw) को बढ़ाने में सहायक होती है।

हैरड मॉडल में इस अस्थिरता का कारण उसकी आधारभूत मान्यताओं की दृढ़ता हैं। ये मान्यताएं हैं—एक स्थिर उत्पादन फलन, एक स्थिर बचत अनुपात तथा श्रम शक्ति की एक स्थिर वृद्धि दर। हैरड के वृद्धि मॉडल का नीति संकेत (Policy implications) है कि बचत स्फीति अन्तराल अर्थव्यवस्था (inflationary gap economy) में गुण है लेकिन अवस्फीति अन्तराल अर्थव्यवस्था (deflationary gap economy) में दोष। इस प्रकार विकसित अर्थव्यवस्था में स्थिति की मांग के अनुसार बचत को घटाना या बढ़ाना पड़ता है।

हैरड तथा डोमर मॉडलों में असमानता

दोनों में निम्न असमानताएं पाई जाती हैं—

1. डोमर का वृद्धि मॉडल वृद्धि की एक दर पर आधारित है जबकि हैरड तीन भिन्न वृद्धि दरों का प्रयोग करता है।

2. डोमर पूंजी उत्पाद अनुपात (Capital output ratio) के **व्युत्क्रम** (reciprocal) का प्रयोग करता है जबकि हैरड पूंजी उत्पाद अनुपात का।

3. डोमर गुणक (multiplier) का प्रयोग करता है जबकि हैरड त्वरक (accelerator) का प्रयोग करता है।

4. डोमर निवेश को वृद्धि प्रक्रिया में महत्त्वपूर्ण मानता है तथा इसकी दोहरी प्रकृति पर बल देता है। लेकिन हैरड आय के स्तर को वृद्धि प्रक्रिया में सबसे महत्त्वपूर्ण कारक समझता है। डोमर जहां निवेश की मांग और पूर्ति के बीच संबंध स्थापित करता है, दूसरी ओर, हैरड बचत की मांग और पूर्ति के बीच संबंध स्थापित करता है।

रॉबिन्सन मॉडल (The Robinson Model)

श्रीमती जोन रॉबिन्सन ने अपनी पुस्तक **The Accumulation of capital** में खेल के पूंजीवादी नियमों पर आधारित आर्थिक वृद्धि के मॉडल का निर्माण किया है।

मान्यताएं (Assumptions)—

रॉबिन्सन का मॉडल निम्नलिखित मान्यताओं पर आधारित हैं—

1. अर्थव्यवस्था बिना किसी सरकारी हस्तक्षेप के तथा बंद (close economy) है।

2. केवल पूंजी एवं श्रम ही ऐसी अर्थव्यवस्था में उत्पादकीय साधन है।

3. पूंजी तथा श्रम स्थिर अनुपातों में प्रयोग किए जाते हैं।

4. तकनीकी प्रगति तटस्थ होती है।

5. उद्यमी जितना चाहे श्रम को रोजगार पर लगा सकते हैं।

6. श्रमिक तथा उद्यमी केवल दो ही वर्ग होते हैं जिनके बीच आय का वितरण किया जाता है।

7. श्रमिकों द्वारा कोई बचत नहीं की जाती तथा वे अपनी समस्त मजदूरी आय को उपभोग पर व्यय कर देते हैं।

8. कीमत स्तर अपरिवर्तित रहता है।

9. बचत करने और लाभों से प्राप्त अपनी समूची आय को पूंजी निर्माण के लिए निवेश करने के सिवाय उद्यमी कुछ भी उपभोग नहीं करते।

रॉबिन्सन मॉडल में शुद्ध राष्ट्रीय आय (Net National Income) कुल मजदूरी तथा कुल लाभों का जोड़ होता है। जिसे इस प्रकार व्यक्त किया जा सकता है—

$$Y = pK + wN$$

जहां Y शुद्ध राष्ट्रीय आय है, w वास्तविक मजदूरी दर, N रोजगार पर लगे श्रमिकों की संख्या, p लाभ की दर तथा K पूंजी की मात्रा है; चूंकि रॉबिन्सन मॉडल में लाभ-दर महत्त्वपूर्ण है, इसलिए उपरोक्त समीकरण को इस प्रकार व्यक्ति किया जा सकता है—

$$Y - wN = pK$$

$$\text{या } p = \frac{Y - wN}{K}$$

बाएं पक्ष को N से विभाजित करने से

$$p = \frac{\frac{Y}{N} - w}{K/N}$$

ऊपर के समीकरण में $\frac{Y}{N} = lp$ तथा $\frac{K}{N} = r$ को प्रतिस्थापित करने से $p = \frac{lp - w}{r}$

जहां पर p = लाभ की दर, lp श्रम की उत्पादकता, w वास्तविक मजदूरी दर, तथा r पूंजी-श्रम अनुपात है। यदि आय स्थिर रहती है तो मजदूरी दर कम होगी लेकिन यदि आय बढ़ती है तो मजदूरी दर स्थिर रहेगी। जिससे लाभ की दर बढ़ जाएगी। लाभ

की दर तब भी बढ़ सकती है जब पूंजी-श्रम अनुपात (r) कम हो जाए। इस तरह उद्यमी अपने लाभ को अधिकतम करते हैं।

राष्ट्रीय आय के व्यय पक्ष में राष्ट्रीय आय उपभोग व्यय तथा निवेश व्यय के कुल योग के बराबर होती है। अत: $Y = C + I$

रॉबिन्सन के अनुसार मजदूरी आय में से बचत का भाग शून्य होता है लेकिन उद्यमी निवेश केवल लाभ के उद्देश्य से करते हैं, अत: $I = S$, निवेश $I = \Delta K$, जहां ΔK वास्तविक पूंजी में वृद्धि को व्यक्त करता है, जबकि—

$$S = pK$$

अत: $$pK = \Delta k \quad (\because S = I)$$

या, $$p = \frac{\Delta K}{K}$$

उपरोक्त समीकरण से स्पष्ट है कि लाभ की दर, पूंजी में वृद्धि की दर के बराबर होती है।

स्वर्ण युग (The Golden age)

पूंजी की वृद्धि दर $\left(\frac{\Delta K}{K}\right)$ के अतिरिक्त , जनसंख्या की वृद्धि दर $\left(\frac{\Delta N}{N}\right)$ दूसरा तत्त्व है जो अर्थव्यवस्था की वृद्धि दर को प्रभावित करती है। जब जनसंख्या की वृद्धि दर, पूंजी की वृद्धि के बराबर हो जाती है अर्थात

$$\frac{\Delta N}{N} = \frac{\Delta K}{K}$$

तब अर्थव्यवस्था पूर्ण रोजगार संतुलन में होती है। रॉबिन्सन ने इसे **'स्वर्ण युग'** कहा है। रॉबिन्सन का मानना है कि यदि अर्थव्यवस्था 'स्वर्णयुग' के मार्ग से हट जाए तो कुछ शक्तियां ऐसी होती हैं जो उन्हें पुन: संतुलन स्थिति में लाने का प्रयत्न करती है। मान लें कि जनसंख्या वृद्धि की दर पूंजी वृद्धि की दर से अधिक है अर्थात $\frac{\Delta N}{N} > \frac{\Delta K}{K}$ ऐसी स्थिति उत्तरोत्तर अधिक अल्प रोजगार लाती है। ऐसी स्थिति में, अधिक श्रम की पूर्ति मुद्रा मजदूरी को घटा देगा और यदि कीमत स्तर स्थिर रहे तो वास्तविक मजदूरी को कम कर देगा। परिणामत: लाभ की दर बढ़ेगी तथा पूंजी की वृद्धि दर को जनसंख्या स्तर तक बढ़ा देगी। मुद्रा मजदूरी की दृढ़ता के कारण यदि वास्तविक मजदूरी कम नहीं होती तो संतुलनकारी तंत्र काम नहीं करेगा। स्वर्ण युग संतुलन पुन: स्थापित नहीं हो सकेगा और उत्तरोत्तर अल्परोजगार कायम रहेगा।

लेकिन जब जनसंख्या वृद्धि की अपेक्षा पूंजी अधिक तेजी से बढ़ती है, अर्थात $\frac{\Delta K}{K} > \frac{\Delta N}{N}$ तो स्वर्ण युग की ओर संतुलन प्रौद्योगिकीय परिवर्तनों जैसे पूंजी श्रम अनुपात या उत्पादकता में परिवर्तन के द्वारा अथवा समस्त उत्पादन फलन को ऊपर की ओर सरका कर लाया जा सकता है ताकि जैसे-जैसे पूंजी संचय हो, वैसे-वैसे श्रम के लिए जरूरत भी बढ़ जाए। लेकिन रॉबिन्सन का मानना है कि "जिस तंत्र के द्वारा पूंजी संचय की दर का श्रम की पूर्ति में वृद्धि की दर से समायोजन होता है, वह उस समय अधिक विश्वसनीय होता है, जब पूंजी संचय की दर में कमी करने की आवश्यकता होती है, अपेक्षाकृत उसके कि जब वृद्धि की आवश्यकता होती है। जब निवेश नहीं बढ़ता और अर्थव्यवस्था गतिहीनता में फंस जाती है तो पूंजी के स्टॉक की सापेक्षता में अतिरेक श्रम का बढ़ना बहुत ही आसान होता है, जबकि उद्यमी न तो पूंजी संचय करेंगे और न ही फालतू पूंजी रखेंगे, ताकि जब (श्रम शक्ति की सापेक्षता में) पूंजी की दर, इधर या उधर की ओर बहुत ऊंची हो तो इसका नीचे लाया जाना निश्चित हो।"

रॉबिन्सन के अनुसार अर्थव्यवस्था उस समय स्वर्ण युग में होती है, जब **'संभाव्य वृद्धि अनुपात'** (Potential growth rate) प्राप्त होता है। संभाव्य वृद्धि अनुपात पूंजी संचय की उस उच्चतम दर को प्रकट करता है, जो लाभ की स्थिर दर पर हमेशा के लिए कायम रखी जा सकती है। यह 'संभाव्य वृद्धि दर' श्रम शक्ति की आनुपातिक दर तथा प्रति व्यक्ति उत्पादन की वृद्धि की आनुपातिक दर के लगभग बराबर होती है। स्वर्ण युग की परिस्थितियां वृद्धि अनुपात की स्थिरता चाहती हैं क्योंकि वृद्धि अनुपात (growth ratio) में बार-बार परिवर्तन स्वर्ण युग की शांति को भंग करते हैं। परंतु यह भी संभव है कि वृद्धि-अनुपात के स्थिर रहते हुए भी यह शान्ति संभव न हो। पूंजी के कुल स्टॉक में वृद्धि पूंजी संचय के उत्साह को मंद करती है जिससे गतिहीनता की अवस्था शुरू हो जाती है और अर्थव्यवस्था स्वर्ण युग के मार्ग से हट जाती है। रॉबिन्सन **स्थैतिक स्थिति** (static state) को स्वर्ण युग की विशिष्ट अवस्था मानते हैं जिसमें वृद्धि अनुपात शून्य होता है, लाभ की दर भी शून्य होती है और उद्योग के समस्त उत्पादन को मजदूरी खपा लेती है (wages absorb the entire net output of industry). रॉबिन्सन इस स्थिति को **'आर्थिक निर्वाण की स्थिति'** (The state of economic bliss) कहती है क्योंकि उपभोग अधिकतम स्तर पर होता है, जिसे दी हुई तकनीकी परिस्थितियों में स्थायी रूप से कायम रखा जा सकता है।

समीक्षा : रॉबिन्सन का वृद्धि मॉडल हैरड के वृद्धि मॉडल का विस्तार है। संभाव्य वृद्धि दर (Potential growth rate) हैरड

की प्राकृतिक वृद्धि दर (natural growth rate) के समान है।

स्वर्ण युग में वास्तविक वृद्धि दर (G) तथा प्राकृतिक वृद्धि दर (Gn) एक दूसरे के बराबर होती है और अभीष्ट वृद्धि दर (warranted rate of growth–Gw) उनके अनुरूप होती है। दोनों मॉडलें स्थिर बचत अनुपात तथा तटस्थ तकनीकी परिस्थितियों को स्वीकार करते हैं। लेकिन रॉबिन्सन का सिद्धांत लाभ मजदूरी संबंध पर तथा श्रम उत्पादकता पर निर्भर करता है। इसके विपरीत हैरड का सिद्धांत बचत आय अनुपात तथा पूंजी उत्पादकता पर निर्भर है। रॉबिन्सन का मॉडल पूंजी संचय में श्रम के महत्त्व पर बल देता है, जबकि हैरड का मॉडल पूंजी के महत्त्व पर।

रॉबिन्सन के वृद्धि मॉडल की निम्न कमियां हैं—

1. रॉबिन्सन का वृद्धि मॉडल बन्द अर्थव्यवस्था (closed economy) की मान्यता पर आधारित है। लेकिन विकसित देशों की अर्थव्यवस्थाएं बन्द नहीं बल्कि खुली होती हैं।

2. रॉबिन्सन का मॉडल स्थिर कीमत स्तर की मान्यता पर आधारित है परंतु यह मान्यता अवास्तविक है। विकास प्रक्रिया के दौरान जब निवेश की मात्रा को लगातार बढ़ायी जाती है तो साधनों की मांग भी बढ़ती जाती है परंतु उनकी पूर्ति को मांग के अनुसार बढ़ाया नहीं जा सकता। इस कारण कीमतें बढ़ती हैं। अत: वृद्धि के साथ कीमतों का बढ़ना अनिवार्य है।

3. रॉबिन्सन का मानना है कि एक दी हुई मात्रा उत्पादित करने के लिए पूंजी और श्रम स्थिर अनुपातों में लगाए जाते हैं। लेकिन यह मान्यता अवास्तविक है क्योंकि एक गत्यात्मक अर्थव्यवस्था (dynamic economy) में समय के साथ पूंजी और श्रम में स्थानापन्नता होती रहती है तथा स्थानापन्नता की कोटि प्रौद्योगिकी परिवर्तनों की प्रकृति पर निर्भर करती है।

4. रॉबिन्सन का मॉडल संस्थानिक साधनों (institutional factors) को दिए हुए मानकर चलता है लेकिन किसी भी मॉडल में आर्थिक वृद्धि के एक निर्धारक के रूप में संस्थानिक साधनों के कार्य की उपेक्षा नहीं की जा सकती। अर्थव्यवस्था का विकास काफी हद तक सामाजिक, सांस्कृतिक तथा संस्थानिक परिवर्तनों पर निर्भर करता है।

कालडर मॉडल (Kaldor Model)

कालडर मॉडल '**क्लासिकी बचत फलन**' पर आधारित हैं जिसका अभिप्राय यह है कि बचत, लाभ (P) और राष्ट्रीय आय (Y) के अनुपात के बराबर होती है।

प्रो. कालडर का मॉडल निम्नलिखित मान्यताओं पर आधारित है—

1. राष्ट्रीय आय में केवल मजदूरी (W) तथा लाभ (P) शामिल होते हैं। मजदूरी में शारीरिक श्रम और वेतन दोनों आते हैं जबकि लाभ में सम्पत्ति स्वामियों और उद्यमियों की आय को शामिल किया जाता है।

2. मजदूरों की सीमान्त उपभोग प्रवृत्ति (MPC) पूंजीपतियों की अपेक्षा अधिक होती है। जिसके परिणामस्वरूप मजदूरों की सीमान्त बचत प्रवृत्ति (MPS), पूंजीपतियों की अपेक्षा बहुत कम होती है।

3. पूर्ण रोजगार की स्थिति पाई जाती है जिसमें कुल आय (Y) दी हुई है।

4. अपूर्ण प्रतियोगिता अथवा एकाधिकार शक्ति के तत्त्व पाए जाते हैं।

उपर्युक्त मान्यताओं के रहते प्रो. कालडर के वृद्धि मॉडल के अनुसार शुद्ध राष्ट्रीय आय (Y) कुल मजदूरी की राशि (W) तथा कुल लाभों (P) का योग के बराबर होती है। अत:

$$Y = W + P$$

या $$W = Y - P$$

अर्थव्यवस्था की कुल बचत (S), मजदूरी की राशि में से कुल बचतें (S_w) एवं लाभों में से कुल बचतें (S_p) के योग के बराबर होता है। अत:

$$S = S_w + S_p$$

यदि मजदूरों की सीमान्त बचत प्रवृत्ति को sw तथा पूंजीपतियों की सीमान्त बचत प्रवृत्ति को sp मान लें तो

$$S = swW + spP$$

लेकिन $$I = S$$

अत: $$I = swW + spP$$

$$I = spP + sw\,[Y - P]\,[\because W = Y - P]$$

$$I = spP + swY - swP$$

$$I = (sp + sw)\,P + swY$$

निवेश का राष्ट्रीय आय से अनुपात जानने के लिए दोनों ओर Y से भाग देने से उपरोक्त समीकरण का रूप इस प्रकार हो जाएगा—

$$\frac{I}{Y} = \frac{(sp - sw)P}{Y} + sw \qquad ...(1)$$

समीकरण (1) से लाभ का राष्ट्रीय आय का अनुपात होगा

$$\frac{P}{Y} = \frac{1}{(sp - sw)} \times \frac{I}{Y} - \frac{sw}{(sp - sw)} \qquad ...(2)$$

उपरोक्त समीकरण से स्पष्ट है कि मजदूरों तथा पूंजीपतियों की सीमान्त बचत प्रवृत्तियों (MPS) के दी हुई होने पर, राष्ट्रीय आय में लाभ का भाग कुल उत्पादन से निवेश के अनुपात पर

निर्भर करता है। जब तक पूंजीपतियों की सीमान्त बचत प्रवृत्ति, मजदूरों की सीमान्त बचत प्रवृत्ति से अधिक रहती है तो I/Y में वृद्धि होने से राष्ट्रीय आय में लाभों के भाग में वृद्धि होगी।

प्रो. कालडर का मॉडल पूर्ण रोजगार की धारणा के साथ इस बात को दर्शाता है कि नकद मजदूरी के स्तर के संबंध में कीमतों के स्तर को मांग निर्धारित करती है। निवेश स्तर में वृद्धि, मांग और कीमतों के स्तर को बढ़ा देगी। परिणामस्वरूप, राष्ट्रीय आय में लाभ का भाग बढ़ेगा परंतु मजदूरी का भाग घटेगा। इसके विपरीत, निवेश में कमी, कुल मांग एवं कीमत स्तर को घटाएगी। जिससे राष्ट्रीय आय में लाभ का भाग घटेगा लेकिन मजदूरी का भाग बढ़ेगा।

कालडर का मॉडल उस समय क्रियाशील होता है जब दोनों बचत प्रवृत्तियां अलग-अलग ($sp \neq sw$) हों और मजदूरों की सीमान्त बचत प्रवृत्ति की अपेक्षा पूंजीपतियों की सीमान्त बचत प्रवृत्ति अधिक हो। $sp > sw$ स्थिरता की अवस्था है।

यदि sp से sw अधिक हो तो कीमतों में कमी होने से मांग में कमी होगी और कीमतों में संचयी (cumulative) गिरावट आएगी। इसी प्रकार कीमतों में वृद्धि भी संचयी होगी।

कालडर के अनुसार व्यवस्था की **'स्थिरता की कोटि'** (degree of stability) दोनों सीमान्त बचत प्रवृत्तियों के अन्तर के व्युत्क्रम $\left(\frac{1}{(sp - sw)}\right)$ पर निर्भर करती है। जिसे कालडर **'आय वितरण की संवेदनशीलता का गुणांक'** (coefficient of sensitivity of income distribution) कहता है। यदि दोनों बचत प्रवृत्तियों में अन्तर कम है तो गुणांक का मान अधिक होगा और निवेश आय अनुपात (I/Y) में थोड़ा परिवर्तन से आय वितरण (P/Y) में अपेक्षाकृत बड़े परिवर्तन होंगे और विलोमशः। यदि मजदूरों की सीमान्त बचत प्रवृत्ति (sw) शून्य है तो लाभों की मात्रा निवेश की राशि तथा पूंजीपति उपभोग के योग के बराबर होगी।

अर्थात्
$$P = \frac{1}{sP} + I$$

यह **'अक्षय भंडार'** (widow's cruse) जहां उद्यमियों के उपभोग में वृद्धि उनके कुल लाभ को बिल्कुल उपभोग की मात्रा के बराबर बढ़ा देती है। यदि किसी दीर्घकालीन समय में I/Y और Sp को स्थिर मान लिया जाए तो राष्ट्रीय आय में मजदूरी का भाग भी स्थिर होगा। अन्य शब्दों में, जब प्रति व्यक्ति उत्पादन बढ़ता है तो वास्तविक मजदूरी अपने आप बढ़ जाएगी। यदि मजदूरों की सीमान्त बचत प्रवृत्ति धनात्मक हो तो कुल लाभों में मजदूरों की बचत की राशि (Sw) के बराबर कमी आ जाएगी। जब मजदूरों की बचतें घट जाती है तो कुल लाभ, निवेशों में परिवर्तन की अपेक्षा अधिक मात्रा में बढ़ जाते हैं और आय में मजदूरी का भाग कम हो जाता है। दूसरी ओर, जब श्रमिकों की बचतें बढ़ती हैं तो निवेश में परिवर्तन की अपेक्षा कुल लाभ अधिक मात्रा में घट जाते हैं और आय में मजदूरी का भाग बढ़ जाता है।

इसकी आलोचनाएं (Its Criticism)

कालडर के सिद्धांत की निम्न कारणों से विभिन्न अर्थशास्त्रियों द्वारा आलोचना की गई है—

1. कालडर का मानना है कि कुछ विशेष स्थितियों के रहते हुए राष्ट्रीय आय में लाभ और मजदूरी का भाग निवेश-आय अनुपात (I/Y) पर निर्भर करता है। लेकिन आलोचकों का कहना है कि यह जरूरी नहीं है कि कालडर द्वारा निर्धारित सभी शर्तें पूरी ही होती हों। इस परिस्थिति में निवेश-आय अनुपात (I/Y) स्वयं लाभ की दर (P/Y) पर निर्भर करेगा।

2. कालडर के सिद्धांत की अन्य कमजोरी यह है कि यह सिद्धांत पूर्ण रोजगार के स्तर से नीचे आय के फलनात्मक वितरण को समझाने में असमर्थ है।

3. इस बात को लेकर भी कालडर की आलोचना की जाती है कि वह आय वितरण पर तकनीकी उन्नति के प्रभाव की उपेक्षा करता है।

4. कालडर के सिद्धांत की अन्य कमजोरी यह है कि वह सभी लाभों को पूंजीपतियों के कारण ही बताता है। इस तरह इसका अभिप्राय यह है कि मजदूरों की बचतें पूर्ण रूप से पूंजीपतियों को उपहार के रूप में हस्तांतरित की जाती हैं। यह स्पष्टतया असंगत है क्योंकि ऐसी हालत में कोई भी व्यक्ति बिल्कुल बचत नहीं करेगा।

5. कालडर के सिद्धांत की आलोचना इस बात को लेकर भी की जाती है कि उसके लगान और ब्याज के रूप में भूमि और पूंजी के सापेक्ष भागों की उपेक्षा की है।

6. कालडर का सिद्धांत इसलिए भी अवास्तविक बन जाता है क्योंकि यह अपने सिद्धांत में मानव पूंजी (human capital) को नहीं लेता जो राष्ट्रीय आय के वितरणात्मक हिस्से निर्धारित करने में महत्त्वपूर्ण योगदान देती है।

7. प्रो. मीड (Prof. Meade) के अनुसार, कालडर का वितरण सिद्धांत अल्पकालिक स्फीति के लिए अधिक उपयुक्त है न कि दीर्घकालीन वृद्धि के लिए। मान लीजिए कि पूर्ण रोज़गार की स्थिति में उद्यमी पूंजी विकास पर अधिक व्यय करने का निर्णय लेते हैं। यह गुणक द्वारा मांग में तथा कीमतों में वृद्धि का कारण बनेगा।

सतत अवस्था वृद्धि (Steady State Growth)

सतत अवस्था वृद्धि के विचार को दीर्घकालीन स्थैतिक सिद्धांत के संतुलन (long run equilibrium growth) का अंग माना जाता है। सतत अवस्था वृद्धि के विचार को संतुलित वृद्धि के नाम से भी जाना जाता है। वृद्धि की इस अवस्था में सभी चर (variables) जैसे कि उत्पादन, जनसंख्या, पूंजी स्टॉक, बचत, निवेश तथा तकनीकी उन्नति या तो स्थिर घातांक (exponential) दर पर **वृद्धि** करते हैं या स्थिर रहते हैं।

विभिन्न नव-क्लासिकी अर्थशास्त्रियों ने सतत अवस्था वृद्धि के बारे में अलग-अलग विचार दिए हैं। हैरड के अनुसार एक अर्थव्यवस्था सतत अवस्था वृद्धि में तब होती है जब $Gw = Gn$ होता है।

रॉबिन्सन सतत अवस्था वृद्धि की स्थिति को **संचय का 'स्वर्णयुग'** (Golden age of accumulation) कहती है "जो एक काल्पनिक विचारधारा है जिसे किसी भी वास्तविक अर्थव्यवस्था में प्राप्त नहीं किया जा सकता।" लेकिन यह एक स्थिर संतुलन की स्थिति है। जबकि **मीड** (Meade) के अनुसार, एक सतत अवस्था वृद्धि में कुल आय की वृद्धि दर तथा प्रति व्यक्ति आय की वृद्धि दर स्थिर होती है तथा जनसंख्या की वृद्धि स्थिर आनुपातिक दर पर होती है, जबकि तकनीकी उन्नति की दर में कोई परिवर्तन नहीं होता।

उपरोक्त विचारों से स्पष्ट है कि कोई अर्थव्यवस्था सतत वृद्धि अवस्था में तब कहलाती है जब कि इसके उत्पादन, रोजगार तथा पूंजी स्टॉक **घातांकीय रूप** (grow exponentially) में वृद्धि करते हैं जबकि पूंजी उत्पाद अनुपात स्थिर रहता है। प्राय: सतत वृद्धि अवस्था को अधिक सुविधापूर्वक तरीके से इस प्रकार परिभाषित किया जाता है जिसकी आवश्यकताएं ये हों कि उत्पादन और रोजगार किसी स्थिर समानुपातिक दरों से वृद्धि करते रहे हों तथा बचत और निवेश उत्पादन का स्थिर अंश हों। क्योंकि तब शुद्ध निवेश उसी समानुपातिक दर से बढ़ना चाहिए जिस दर से उत्पादन बढ़ता है।

तकनीकी विकास (Technical Progress)

तकनीकी प्रगति तटस्थ (Neutral) या अतटस्थ (Non-Neutral) हो सकती है। जब एक तकनीकी परिवर्तन न तो पूंजी बचतकारी (Capital saving) और न ही श्रम बचतकारी (labour saving) हो तो उसे तटस्थ तकनीकी परिवर्तन कहा जाता है। इसके ठीक विपरीत जब तकनीकी परिवर्तन पूंजी बचतकारी और श्रम बचतकारी हो तो उसे तटस्थ तकनीकी परिवर्तन कहते हैं। वृद्धि अर्थशास्त्र (growth economics) के साहित्य में तटस्थ तथा अतटस्थ तकनीकी परिवतनों पर **हिक्स** तथा **हैरड** द्वारा काफी विस्तृत ढंग से चर्चा की गई है।

हिक्स की तटस्थता (Hicks Neutrality)

हिक्स के अनुसार वह तकनीकी प्रगति तटस्थ होती है जो श्रम तथा पूंजी की सीमान्त उत्पादकता को उसी अनुपात में बढ़ाती है। अन्य शब्दों में, एक तकनीकी प्रगति तटस्थ तब रहता है जब एक स्थिर पूंजी-श्रम अनुपात पर श्रम के साथ पूंजी के सीमान्त उत्पादन का अनुपात अपरिवर्तित रहता है। हिक्स का तटस्थ तकनीकी परिवर्तन रेखाचित्र में दो भिन्न उत्पादन फलनों की तुलना करते हुए दर्शाया गया है। Y—अक्ष पर श्रम की औसत उत्पादकता को तथा X—अक्ष पर पूंजी श्रम अनुपात को दर्शाया गया है। **OM श्रम तथा पूंजी के सीमान्त उत्पाद** के अनुपात को प्रकट करता है। OP तकनीकी प्रगति से पहले का उत्पादन फलन तथा OP_1 तकनीकी प्रगति के बाद का उत्पादन फलन है।

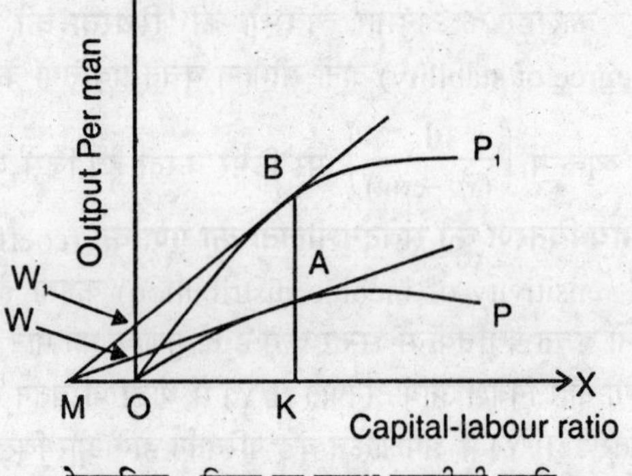

रेखाचित्र : *हिक्स का तटस्थ तकनीकी प्रगति*

उत्पादन फलन OP की स्थिति में स्पर्श रेखा MWA की ढाल (slope) पूंजी के सीमान्त उत्पादन को तथा OW श्रम के सीमान्त उत्पादन को व्यक्त करता है। हिक्स की तटस्थ तकनीकी प्रगति के लिए आवश्यक है कि यदि तकनीकी परिवर्तन उत्पादन फलन को ऊपर की ओर OP से OP_1 की ओर सरका देता है तो दोनों सीमान्त उत्पादनों का अनुपात अवश्य ही क्षैतिज अक्ष से किसी भी अनुलम्ब रेखा पर समान होना चाहिए। इसके अलावा हिक्स के तटस्थ तकनीकी प्रगति में यह भी शर्त है कि उच्चतर उत्पादन फलन (OP_1) की स्पर्श रेखा MP_1 को अवश्य ही M बिन्दु से गुजरनी चाहिए। जबकि MP रेखा तकनीकी प्रगति से पूर्व की उत्पादन फलन (OP) की स्पर्श रेखा है। सीमान्त श्रम उत्पाद तथा सीमान्त पूंजी उत्पाद के अनुपात तभी तकनीकी

परिवर्तन के बावजूद समान रहते हैं जब दोनों स्पर्श रेखाएं M बिन्दु से निकलती हैं।

रेखाचित्र से स्पष्ट है कि श्रम की सीमान्त उत्पादकता तथा पूंजी की सीमान्त उत्पादकता के बीच का अनुपात KB अनुलम्ब (Vertical) रेखा के A और B बिन्दु पर समान है।

हिक्स की तकनीकी प्रगति की तटस्थता की उपरोक्त परिभाषा से श्रम बचतकारी (labour saving) तथा पूंजी बचतकारी (capital saving) तकनीकी प्रगति को परिभाषित किया जा सकता है। जिसे रॉबिन्सन ने **पक्षपाती तकनीकी प्रगति** (biased technical progress) कहा है। जो तकनीकी प्रगति स्थिर पूंजी श्रम अनुपात (fixed capital output ratio) पर श्रम की सीमान्त उत्पादकता की सापेक्षता में पूंजी की सीमान्त उत्पादकता को बढ़ाती है, वह तकनीकी प्रगति **श्रम बचतकारी** अथवा पूंजी प्रयोगकारी (capital using) होती है। रेखाचित्र की सहायता से श्रम बचतकारी तकनीकी प्रगति को स्पष्ट किया गया है।

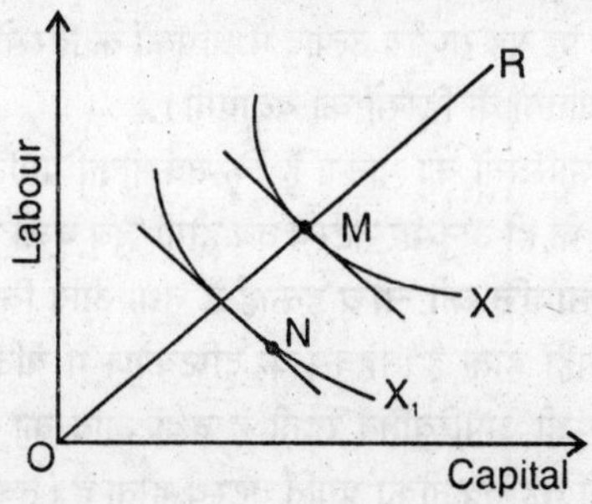

रेखाचित्र : *श्रम बचतकारी तकनीकी प्रगति*

उपरोक्त रेखाचित्र में X तकनीकी प्रगति से पहले का सममात्रा (isoquant) वक्र है तथा X_1 तकनीकी प्रगति के बाद का सममात्रा वक्र है। सममात्रा वक्र X_1 के बिन्दु N पर एक दी हुई पूंजी श्रम अनुपात पर पूंजी की अपेक्षा कम श्रम चाहिए। इस प्रकार का तकनीकी परिवर्तन अपेक्षाकृत श्रम बचतकारी होता है। **यदि उपयोग किया गया श्रम पूर्णतः कम कर दिया जाए तथा पूंजी के उपयोग को बढ़ा दिया जाए तो तकनीकी परिवर्तन पूर्णतः (absolutely) श्रम बचतकारी तथा पूंजी प्रयोगकारी (capital using) होगा।**

दूसरी ओर, जो तकनीकी प्रगति स्थिर पूंजी श्रम अनुपात के रहते पूंजी की सीमान्त उत्पादकता की सापेक्षता में श्रम की सीमान्त उत्पादकता को बढ़ाती हैं, वह तकनीकी प्रगति **पूंजी बचतकारी** (capital saving) अथवा **श्रम प्रयोगकारी** (labour using) होती है। इस स्थिति में दिए गए उत्पाद को उत्पादित करने के लिए अब श्रम की अपेक्षा कम पूंजी की आवश्यकता होती है। पूंजी बचतकारी तकनीकी प्रगति को निम्न रेखाचित्र की सहायता से स्पष्ट किया है।

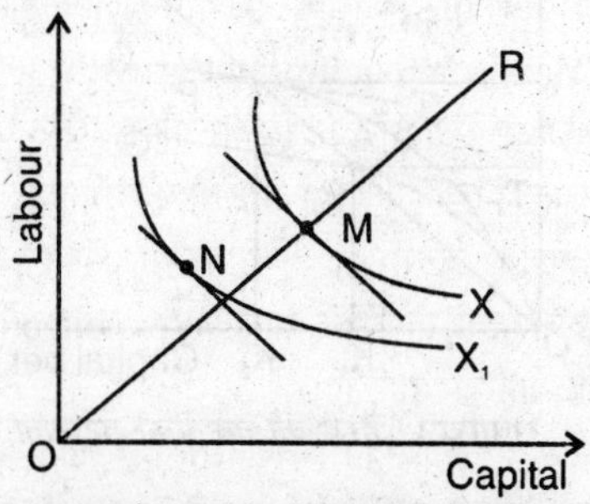

रेखाचित्र : *पूंजी बचतकारी तकनीकी प्रगति*

उपरोक्त रेखाचित्र में सममात्रा वक्र X_1 के बिन्दु N पर, दी हुई पूंजी श्रम अनुपात के लिए, तकनीकी प्रगति के बाद श्रम की अपेक्षा कम पूंजी की आवश्यकता होती है। इस प्रकार का तकनीकी परिवर्तन अपेक्षाकृत (relatively) पूंजी बचतकारी होता है। यदि प्रयोग की जाने वाली पूंजी को पूर्णतः कम कर दिया जाए तथा श्रम के प्रयोग को बढ़ाया जाए तो तकनीकी प्रगति पूर्णतः (absolutely) पूंजी बचतकारी तथा श्रम प्रयोगकारी (labour using) होगा।

हिक्स की तटस्थता की आलोचना

हिक्स के तकनीकी प्रगति की तटस्थता की आलोचना इस आधार पर की जाती है यह एक कठोर प्रकार की परिभाषा है जबकि इसमें काफी संख्या में साधन शामिल हैं। **दूसरा,** मांग की लोचों तथा प्रतिस्थापन लोचों पर निर्भरता के कारण हिक्स का विश्लेषण काफी जटिल हो जाता है। **अन्तिम,** हिक्स की तटस्थता की आलोचना इस आधार पर भी हुई है कि यह **स्थैतिक आर्थिक विश्लेषण** पर आधारित है।

हैरड की तटस्थता (Harrod Neutrality)

हैरड ने अपनी पुस्तक 'Towards a Dynamic Economics' में तटस्थ तकनीकी प्रगति की वैकल्पिक परिभाषा दी है। उसके अनुसार तकनीकी प्रगति **तटस्थ** तब होगी जब **लाभ की एक स्थिर दर** (अथवा ब्याज दर) पर पूंजी उत्पाद अनुपात भी स्थिर हो। यदि एक स्थिर लाभ दर पर तकनीकी परिवर्तन के कारण पूंजी उत्पाद अनुपात बढ़ जाता है तब तकनीकी परिवर्तन **श्रम बचतकारी** होता है। दूसरी ओर, यदि एक स्थिर लाभ दर पर तकनीकी परिवर्तन के कारण पूंजी उत्पाद अनुपात घट जाता है तो तकनीकी परिवर्तन पूंजी बचतकारी होता है। हैरड की तटस्थता को नीचे दी गई रेखाचित्र की सहायता से भी स्पष्ट किया जा सकता है।

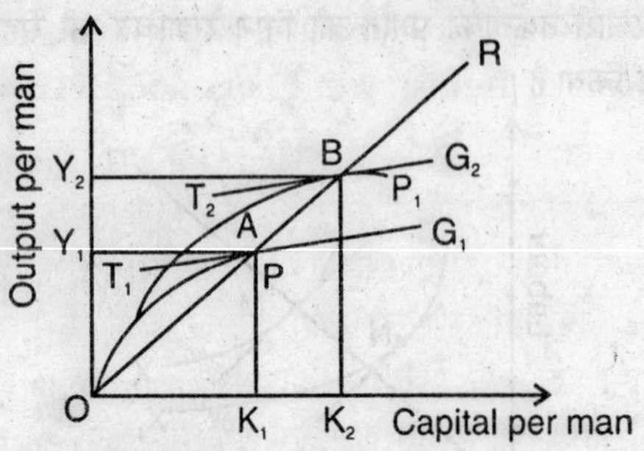

रेखाचित्र : *हैरड की तकनीकी तटस्थता*

उपरोक्त रेखाचित्र में OP तकनीकी परिवर्तन के पहले का उत्पादन फलन (Production Function) है तथा OP_1 तकनीकी परिवर्तन के बाद का उत्पादन फलन है। उत्पादन फलन OP के बिन्दु A पर पूंजी उत्पादन अनुपात $\frac{OK_1}{OY_1}$ है तथा उत्पादन फलन OP_1 के बिन्दु B पर पूंजी उत्पाद अनुपात $\frac{OK_2}{OY_2}$ है। चूंकि रेखा OR दोनों बिन्दुओं A तथा B से होकर गुजरती है इसलिए पूंजी उत्पाद अनुपात इन दोनों बिन्दुओं पर समान है अर्थात

$$\frac{OK_1}{OY_1} = \frac{OK_2}{OY_2}$$

हैरड की तटस्थता के अनुसार तकनीकी प्रगति के बाद लाभ की दर एक स्थिर पूंजी उत्पादन अनुपात के साथ-साथ निश्चित रूप से स्थिर रहे। इसका आशय यह है कि पूंजी की सीमान्त उत्पादकता (या लाभ की दर) उत्पादन फलन OP तथा OP_1 के बिन्दु A तथा B पर समान होनी चाहिए। हैरड की तटस्थता के अनुसार, इसके लिए, उत्पादन फलन OP के बिन्दु A पर तथा उत्पादन फलन OP_1 के बिन्दु B पर स्पर्श रेखाओं क्रमशः T_1G_1 तथा T_2G_2 की ढाल बराबर होनी चाहिए। अन्य शब्दों में, इसका तात्पर्य यह है कि बिन्दु A तथा बिन्दु B पर की स्पर्श रेखाएं अवश्य ही समानान्तर हों। रेखाचित्र से स्पष्ट है कि स्पर्श रेखाएं T_1G_1 तथा T_2G_2 एक-दूसरे के समानान्तर है। इस प्रकार हैरड तटस्थ तकनीकी परिवर्तन जो कि उत्पादन फलन OP को ऊपर को सरका कर OP_1 पर ले जाता है क्रमशः बिन्दु A तथा B पर पूंजी उत्पादन को रेखा OR के माध्यम से बराबर दर्शाता है तथा स्पर्श रेखा T_1G_1 तथा T_2G_2 की ढलानों की समानता द्वारा स्थिर लाभ को दर्शाता है।

यहां ध्यान देने योग्य बात यह है कि हैरड की तटस्थ तकनीकी प्रगति की परिभाषा हिक्स की परिभाषा से श्रेष्ठ है। क्योंकि यह **गत्यात्मक स्थिति** (dynamic situation) पर लागू होती है न कि स्थैतिक स्थिति पर। हैरड की तकनीकी तटस्थता आर्थिक वृद्धि सिद्धांत का एक महत्त्वपूर्ण भाग है क्योंकि इसमें पूंजी उत्पाद अनुपात सिद्धांत का प्रयोग किया गया है। जो कि आधुनिक वृद्धि विश्लेषण का अनिवार्य अंग है। इसके अलावा **हैरड की तटस्थ तकनीकी परिवर्तन का श्रम से सीधा संबंध नहीं होता** क्योंकि यह पूर्णतः पूंजी तथा उत्पादन के संबंध पर आधारित है।

हैरड की तटस्थता का संबंध राष्ट्रीय उत्पादन में साधनों के हिस्से के वितरण से भी है। हैरड की तटस्थ तकनीकी परिवर्तन के अन्तर्गत राष्ट्रीय उत्पाद में पूंजी एवं श्रम दोनों के हिस्से स्थिर रहते हैं यदि लाभ की दर तथा पूंजी उत्पाद अनुपात स्थिर रहे। यदि तकनीकी प्रगति हैरड के अनुसार पूंजी बचतकारी होगी तो यह राष्ट्रीय उत्पाद में श्रमिकों के हिस्से को बढ़ाएगी तथा पूंजीपतियों के हिस्से को घटाएगी, यदि ब्याज की दर स्थिर हो तो। इसके विपरीत, यदि तकनीकी प्रगति श्रम बचतकारी है तो ब्याज की दर स्थिर रहने पर यह राष्ट्रीय उत्पाद में श्रमिकों के हिस्सों को घटाएगी तथा पूंजीपतियों के हिस्सों को बढ़ाएगी।

अर्थशास्त्रियों का मानना है कि तकनीकी प्रगति हिक्स तथा हैरड दोनों के ही अनुसार तटस्थ तब होगी जब **पूंजी तथा श्रम के बीच स्थानापत्ति की लोच इकाई** है तथा आय वितरण में कोई परिवर्तन नहीं होता है। हिक्स के दृष्टिकोण में यदि दी गई श्रम शक्ति से पूंजी अपरिवर्तित रहती है तथा आय का वितरण वही रहता है तो वह तकनीकी प्रगति तटस्थ होता है। तकनीकी प्रगति हैरड के दृष्टिकोण से तटस्थ (neutral) तब होती है जब श्रम शक्ति के साथ पूंजी उसी अनुपात में बढ़ती है जिस अनुपात में राष्ट्रीय उत्पाद तथा साथ ही साथ आय का वितरण (distribution of income) भी समान रहता है।

आर्थिक विकास में कृषि तथा उद्योग का महत्त्व (Importance of Agriculture and Industry in Economic Development)

आर्थिक विकास में कृषि का महत्त्व

आर्थिक विकास में कृषि के योगदान निम्नलिखित प्रकार का होता है—

1. खाद्यान्नों की आपूर्ति (Supply of food grains) : आर्थिक विकास के फलस्वरूप जब अल्पविकसित देशों के लोगों की प्रति व्यक्ति आय में वृद्धि होती है तो परिणामस्वरूप खाद्य पदार्थों की मांग में तीव्र वृद्धि होती है। फिर, मृत्यु दर में तीव्र कमी तथा जन्म दर में धीमी गिरावट से जनसंख्या की वृद्धि दर तीव्र होती

है जिससे खाद्यों की मांग और बढ़ती है। इसके अतिरिक्त, विकास के कारण शहरों तथा औद्योगिक क्षेत्रों में जनसंख्या के प्रसार से भी खाद्यों की मांग बढ़ती है। इन सभी तत्त्वों को ध्यान में रखते हुए कृषि उत्पादन में वृद्धि दर खाद्य मांग से अधिक होनी चाहिए। लेकिन यदि खाद्य पदार्थों का बढ़ा हुआ उत्पादन उनकी मांग की वृद्धि से कम रहता है तो खाद्यान्नों की कीमत में काफी बढ़ोतरी होगी। घरेलू कमी तथा बढ़ती कीमतों को रोकने के लिए विदेशों से खाद्यान्न आयातित करने पड़ेंगे। परंतु ऐसा विकास के लिए आवश्यक पूंजी पदार्थों की लागत पर होगा।

2. औद्योगिक विकास में भूमिका (Role in industrial development) : जब आर्थिक विकास के फलस्वरूप कृषि उत्पादन एवं उत्पादकता में वृद्धि होती है तो ग्रामीण क्षेत्रों की क्रय शक्ति (आय) में भी वृद्धि होती है। जिससे निर्मित वस्तुओं की मांग बढ़ेगी फलस्वरूप औद्योगिक क्षेत्र का प्रसार होगा। इसके अतिरिक्त उर्वरक, आधुनिक मशीन, ट्रैक्टर, सिंचाई आदि आगतों की कृषि क्षेत्र में मांग बढ़ने से औद्योगिक क्षेत्र का और प्रसार इन सब कारणों से औद्योगिक विकास में तीव्रता आएगी।

3. तृतीयक क्षेत्र का प्रसार (Expansion of tertiary sector) : जब ग्रामीण क्षेत्रों से विक्रय अतिरेक को शहरी क्षेत्रों में बेचने हेतु मंडियों में ले जाना पड़ता है तो उससे परिवहन एवं संचार के साधनों का प्रसार होता है। इसी प्रकार, ग्रामीण क्षेत्रों की मांग पूरा करने के लिए जब निर्मित वस्तुएं शहरों से ग्रामीण क्षेत्रों में लाई जाती हैं तो भी इन साधनों का विकास होता है। इसके अतिरिक्त बैंकिंग एवं वितीय संस्थाओं का भी ग्रामीण क्षेत्रों में प्रसार होता है।

4. विदेशी विनिमय की प्राप्ति में भूमिका (Role in Foreign exchange earning) : अल्पविकसित देशों द्वारा की जाने वाली निर्यातों में कृषि पदार्थों की महत्त्वपूर्ण भूमिका होती है। जब अल्पविकसित देशों में कृषि क्षेत्र के उत्पादन तथा उत्पादकता में वृद्धि होती है तो उनके निर्यातों में भी वृद्धि होती है। जिससे वे अधिक विदेशी विनिमय कमाते हैं। इस विदेशी विनिमय का उपयोग विदेशों से पूंजी पदार्थों को आयात करने में खर्च किया जा सकता है।

5. रोजगार बढ़ाना (Increase in employment) : कृषि क्षेत्र का विकास ग्रामीण क्षेत्र में रोजगार के अवसरों का प्रसार एवं विविधीकरण करती है। जब कृषकों की आय बढ़ती है तो गैर फार्म ग्रामीण रोजगार का प्रसार तथा विविधीकरण होता है। भूमिहीन तथा सीमान्त कृषक मुख्यत: गैर कृषि धंधों में लगे होते हैं जिनमें कपड़ा बुनना, लकड़ी का काम, औजार बनाना, मकानों के निर्माण तथा मरम्मत आदि शामिल होते हैं। ये सभी क्रियाएं बढ़ी हुई स्थानीय मांग को पूरा करती हैं।

आर्थिक विकास में उद्योग की भूमिका (Role of Industry in Economic Development)

उद्योगों की आर्थिक विकास में महत्त्वपूर्ण भूमिका होती है। अल्पविकसित देशों में बिना औद्योगीकरण के कृषि, परिवहन, संचार, निर्यात, रोजगार आदि का विकास संभव नहीं है।

औद्योगीकरण उपभोक्ता वस्तुओं तथा पूंजी पदार्थों एवं सामाजिक उपरि पूंजी (social overhead capital) के निर्माण की प्रक्रिया है जिससे व्यक्तियों तथा व्यवसायों को वस्तुएं तथा सेवाएं प्रदान की जाती हैं। औद्योगीकरण अल्प विकसित देशों के आर्थिक विकास में निम्नलिखित प्रकार से मुख्य भूमिका निभाता है—

1. रोजगार प्रदान करना (To provide exployment) : कृषि क्षेत्र में बेरोजगार तथा अल्परोजगार को रोजगार प्रदान करने के लिए औद्योगीकरण आवश्यक है। ऐसे व्यक्तियों का सीमान्त उत्पाद (Marginal Productivity) शून्य या नगण्य होता है और उन्हें कृषि उत्पाद में बिना किसी कमी अथवा नुकसान के कृषि से उद्योग में स्थानान्तरित किया जा सकता है। चूंकि उद्योगों में कृषि की अपेक्षा श्रम की सीमान्त उत्पादकता अधिक होती है, इसलिए ऐसे वर्करों को औद्योगिक क्षेत्र में स्थानान्तरण करने से कुल उत्पादन बढ़ेगा।

2. कृषि आगतों की पूर्ति (To supply inputs for agriculture) : अल्पविकसित देशों में कृषि क्षेत्र के उत्पादन तथा उत्पादकता बढ़ाने के लिए उर्वरक, मशीनरी तथा अन्य आगतों की पूर्ति सुनिश्चित करने हेतु औद्योगिक विकास आवश्यक है।

3. पूंजी में वृद्धि (Increase in capital) : औद्योगीकरण अल्पविकसित देशों के लिए आवश्यक है क्योंकि इससे बढ़ते प्रतिफलन तथा पैमाने की बचतें प्राप्त होती है जिनसे पूंजी स्टॉक में वृद्धि होती है। इससे कृषि का आधुनिकीकरण होता है जिससे फार्म उत्पादन में वृद्धि होती है। कृषि में अनुसंधान और तकनीकी सुधार औद्योगीकरण द्वारा ही संभव है।

4. कृषि का व्यापारीकरण (commercialisation of agriculture) : औद्योगीकरण के फलस्वरूप कृषि का व्यापारीकरण होता है। जिससे निर्वाह खेती की जगह व्यापारिक खेती प्रारंभ होती है। परिवहन तथा संचार के साधनों के विकास के फलस्वरूप किसान सहायक धंधे जैसे दूध, घी, मक्खन आदि का उत्पादन; फल, फूल, सब्जी आदि उगाना; मुर्गी, मछली आदि का पालन करते हैं। इससे रोजगार का विविधीकरण होता है। ग्रामीण जनसंख्या की प्रति व्यक्ति आय में वृद्धि होती है।

5. व्यापार की शर्तों को सुधारना (To improve the terms of trade) : अल्पविकसित देशों की निर्यात योग्य प्राथमिक वस्तुओं की कीमतों के अन्तर्राष्ट्रीय मार्केट में उतार-चढ़ाव के कारण उनकी व्यापार शर्तों में ह्रास होता है। जिनमें सुधार के लिए औद्योगीकरण आवश्यक है। आमतौर पर अल्पविकसित देश प्राथमिक वस्तुओं का निर्यात करते हैं तथा निर्मित वस्तुओं का आयात करते हैं। विकसित देशों की संरक्षणात्मक नीतियों के कारण प्राथमिक वस्तुओं की कीमतें गिरती हैं जबकि निर्मित वस्तुओं की कीमतें बढ़ती हैं। इससे उनकी व्यापार शर्तों में ह्रास होता है। इस कारण आर्थिक विकास के लिए इन देशों को प्राथमिक वस्तुओं पर निर्भरता कम करनी चाहिए, जिसका एकमात्र उपाय औद्योगीकरण है ताकि वे आयात स्थानापन्न तथा निर्यात प्रधान उद्योग स्थापित कर सकें।

6. शहरीकरण (Urbanisation) : औद्योगीकरण के फलस्वरूप शहरीकरण की प्रक्रिया प्रारंभ हो जाती है जो ग्रामीण लोगों तथा क्षेत्रों में अनेक प्रकार का परिवर्तन लाती है।

7. शहरों में रोजगार और आय में वृद्धि (Increase in employment and income in cities) : औद्योगीकरण के फलस्वरूप शहरों में रोजगार के साधनों में वृद्धि होती है जिससे आय बढ़ती है। औद्योगिक क्षेत्रों में नई तकनीकों तथा नई और विविध कुशलताओं से उद्योगों के लाभ बढ़ते हैं। जिससे बचतें बढ़ती हैं तथा वस्तुओं तथा सेवाओं के लिए मांग में वृद्धि होती है जिससे आगे निवेश प्रोत्साहित होता है।

आलोचनात्मक समीक्षा (Critical appraisal) : अल्पविकसित देशों द्वारा विकास की प्रारंभिक अवस्था में अपनाई गई औद्योगीकरण की नीति से उन्हें पर्याप्त सामाजिक तथा आर्थिक लाभ नहीं हुए हैं। यह आय और धन की असमानताएं, बेरोजगारी तथा क्षेत्रीय असंतुलन को दूर करने में असफल रही है। कृषि क्षेत्र के विकास की उपेक्षा होने के कारण विकास की गति समरूप नहीं हुई है। इनके अतिरिक्त औद्योगीकरण ने इन देशों में अनेक गंभीर समस्याओं को पैदा किया है जैसे—

1. ग्रामीण क्षेत्रों में गतिहीनता
2. शहरी निम्न वर्ग की जनसंख्या में आकस्मिक वृद्धि
3. विकास जरूरतों के अनुरूप शिक्षा का अभाव
4. श्रम शक्ति तथा जनसंख्या की ऊंची वृद्धि दरें।

उपरोक्त कारणों से अनेक अर्थशास्त्रियों का मानना है कि विकास की प्रक्रिया कृषि तथा औद्योगिक क्षेत्रों की सुव्यवस्थित तथा संतुलित विकास के साथ जुड़ी हुई है। सतत विकास के लिए दोनों क्षेत्रों का संतुलित विकास आवश्यक है क्योंकि कृषि तथा औद्योगिक क्षेत्र एक दूसरे के प्रतिद्वंद्वी न होकर एक दूसरे के पूरक हैं।

तकनीक का चुनाव (Choice of Techniques)

अल्पविकसित देशों के सम्मुख एक समस्या यह रहती है कि अर्थव्यवस्था की वृद्धि दर को बढ़ाने के लिए उपलब्ध साधनों का श्रेष्ठतम उपयोग कैसे किया जाए। इन देशों में श्रम की प्रचुरता लेकिन पूंजी दुर्लभ होती है। ये दोनों प्रमुख साधन तकनीबद्ध के चुनाव से सम्बंधित समस्या को खड़ी करती हैं। तकनीकों के चुनाव से तात्पर्य आर्थिक विकास के लिए ऐसी तकनीक का चुनाव करना है जो अर्थव्यवस्था में उपलब्ध वर्तमान साधन अनुपातों को ध्यान में रखते हुए अन्य तकनीकों की अपेक्षा अधिक दक्ष हो। दक्ष (efficient) तकनीक वह होती है जो दी हुई उत्पाद की लागतों को न्यूनतम करें अथवा दिए हुए आगतों (Inputs) से उत्पादन को अधिकतम बनाए।

श्रम गहन बनाम पूंजी गहन तकनीकें (Labour intensive Vs. Capital intensive techniques)

पूंजी की दुर्लभता और श्रम की बहुतायत अल्पविकसित देशों की सामान्य विशिष्टता है। अर्थशास्त्रियों में इस बात को लेकर खासा विवाद है कि विकास के प्रारंभिक अवस्थाओं में अल्पविकसित देशों को किस प्रकार की तकनीकें अपनानी चाहिए। कुछ श्रम गहन तकनीक को अपनाने पर जोर देते हैं तो कुछ पूंजी गहन तकनीक को अपनाने के पक्ष में तर्क देते हैं।

प्रोफेसर नर्क्से का मत है कि औद्योगिक विकास की प्रारंभिक अवस्थाओं में अल्पविकसित देशों को उत्पादन की श्रम गहन तकनीकें अपनानी चाहिए। लेकिन बहुत से अर्थशास्त्री ऐसे देशों में पूंजी गहन तकनीकें अपनाने के पक्ष में हैं। हम इन दोनों तकनीकों के समर्थन में दिए गए तर्कों पर विचार करेंगे।

श्रम गहन तकनीकों के पक्ष में तर्क (Argument in favour of labour intensive techniques) : अर्थशास्त्रियों द्वारा श्रम गहन तकनीकों के समर्थन में प्रस्तुत किए गए तर्क निम्नलिखित हैं—

1. बेरोजगारी की समस्या का हल (Solution of unemployment problem) : अल्पविकसित देशों में बेरोजगारी, अल्प रोजगार तथा छिपी हुई बेरोजगारी की गंभीर समस्या पाई जाती है। इन समस्याओं के समाधान के लिए श्रम गहन तकनीकें अपनाई जानी चाहिए जिससे अधिक से अधिक लोगों को रोजगार प्राप्त होगा।

2. कम कुशलता की आवश्यकता (Need of less skill):

अल्पविकसित देशों की जनता अनपढ़, अप्रशिक्षित तथा अकुशल होती है। परन्तु यह कठिनाई श्रम प्रधान तकनीकें अपनाकर दूर की जा सकती हैं क्योंकि ऐसी तकनीकें अनपढ़ और अकुशल व्यक्ति बहुत कम समय में आसानी से सीख सकते हैं। इस प्रकार रोजगार तथा उत्पादन में वृद्धि के साथ-साथ श्रम गहन तकनीकें अपनाने से अल्पविकसित देशों में कुशलता (skill) का भी निर्माण होता है।

3. कम पूंजी की आवश्यकता (Need for less capital): श्रम गहन तकनीकें अल्पविकसित देशों को इसलिए भी अपनानी आवश्यक होती हैं क्योंकि ऐसी तकनीकों के लिए कम पूंजी की आवश्यकता होती है जिसकी ऐसे देशों में बहुत कमी पाई जाती है।

4. एकाधिकार की उत्पत्ति पर रोक (Restriction on the emergence of monopolies) : श्रम गहन तकनीकें अपनाने से अभिप्राय यह है कि अर्थव्यवस्था में एकाधिकारी शक्ति की उत्पत्ति पर रोक लग जाना। जब सारे देश में ऐसी उत्पादन तकनीकें अपनाई जाती हैं तो प्रत्येक व्यक्ति एक प्रकार से उद्यमी होता है जिससे आर्थिक शक्ति का एक या कुछ एक व्यक्तियों के हाथ में संकेंद्रण नहीं हो पाता। इस प्रकार अर्थव्यवस्था में एकाधिकार के उद्भव पर रोक लग जाती है।

5. आय का समान वितरण (Equal distribution of income) : जब अल्पविकसित देशों में बड़े पैमाने पर श्रम प्रधान तकनीकें अपनाई जाती हैं तो इससे आय का समान वितरण करने में सहायता मिलती है क्योंकि आय व धन का कुछ उद्योगपतियों के हाथ में संकेंद्रण नहीं हो पाता, बल्कि श्रम गहन तकनीकें अपनाने वाले असंख्य लोगों की धीरे-धीरे आय बढ़ती है। इस प्रकार राष्ट्रीय आय का वितरण अधिक समान होता जाता है।

पूंजी गहन तकनीकों के पक्ष में तर्क (argument in favour of capital intensive techniques) : पूंजी गहन तकनीकों के पक्ष में अर्थशास्त्रियों द्वारा निम्नलिखित तर्क दिए जाते हैं—

1. विकास की अधिकतम दर के लिए (For maximum growth rate) : विकास की गति को तीव्र करने के लिए अल्पविकसित देशों में पूंजी गहन तकनीकें अपनाना अच्छा होता है क्योंकि इनके द्वारा ही दीर्घकाल में रोजगार, उत्पादन एवं आय में विस्तार होता है।

2. शीघ्र औद्योगीकरण (Rapid industrialisation) : अल्पविकसित देशों में जब पूंजी प्रधान तकनीकें अपनाई जाती हैं तो इसका अभिप्राय यह होता है कि बड़े-बड़े उद्योगों की स्थापना, जिससे देश में शीघ्र औद्योगीकरण की सम्भावना बन जाती है।

3. निवेश की दर को बढ़ाने के लिए (To increase the rate of investment) : पूंजीगहन तकनीकें अपनाने से अर्थ-व्यवस्था में निवेश की दर में वृद्धि होती है। जिससे आर्थिक विकास तेज होता है। क्योंकि ऐसी तकनीकें अपनाने से जब किसी उद्योग की आय बढ़ती है तो उसका बड़ा भाग उद्यमी को चला जाता है जो उसे पुनः निवेशित कर देता है। इस प्रकार जब समस्त अर्थव्यवस्था में ऐसी तकनीकें अपनायी जाती हैं तो निवेश की दर बढ़ती है और उससे शीघ्र आर्थिक विकास होता है।

4. लागतों में कमी (fall in costs) : उद्योगों में जब पूंजी गहन तकनीकें अपनाई जाती हैं तो उन्हें पैमाने की बचतें और लाभ प्राप्त होते हैं जिससे उपादन बढ़ता है और लागतें कम होती हैं।

5. प्रतिव्यक्ति उत्पादकता में वृद्धि (Rise in per capita Productivity) : तीव्र गति से आर्थिक विकास के लिए प्रति व्यक्ति उत्पादकता अधिक होनी चाहिए जो कि केवल पूंजी गहन तकनीकें अपनाने से ही संभव है क्योंकि एक श्रमिक हाथ की अपेक्षा मशीनों से अधिक उत्पादन किया जा सकता है।

6. मानक वस्तुओं का निर्माण (Production of standard Products) : अल्पविकसित देशों में पूंजी गहन तकनीकें अपनाने से मानक वस्तुओं के निर्माण को बढ़ावा मिलता है जो बढ़िया तथा सस्ती होती है।

7. आयात में कमी (Reduction in imports) : यद्यपि पूंजी गहन तकनीकें अपनाने से प्रारंभ में अल्पविकसित देशों को पूंजी पदार्थों का आयात करना पड़ता है लेकिन दीर्घकाल में ये तकनीकें आयातों को कम करने में सहायक होती हैं। इनके द्वारा अर्थव्यवस्था में जब पूंजी तथा उपभोक्ता वस्तुओं से संबंधित उद्योग स्थापित हो जाते हैं तो आयात में कमी आती है तथा निर्यात में वृद्धि होती है। इस प्रकार भुगतान शेष तथा विदेशी मुद्रा की समस्याएं हल हो जाती हैं। हमने ऊपर श्रम गहन तथा पूंजी गहन तकनीकों के पक्ष में तर्कों पर विचार किया है। लेकिन फिर भी यह निर्णय कर सकना कठिन है कि अल्पविकसित देशों में कौन-सी तकनीक अपनाई जाए। वास्तविकता तो यह है कि दोनों तकनीकें एक-दूसरे से बिल्कुल भिन्न नहीं है। श्रम गहन तकनीकों के प्रयोग से अर्थव्यवस्था में अल्पकाल में ही उत्पादन तथा रोजगार बढ़ता है। दूसरी ओर, पूंजीगहन तकनीकें अपनाने से पूंजी निर्माण की दर बढ़ती है और फिर दीर्घकाल में उत्पादन क्षमता तथा रोजगार अधिकतम होते है। परंतु अल्पविकसित देशों के प्रसंग में श्रम-गहन तथा पूंजीगहन तकनीकों में से चुनाव करते समय साधनों की

विविधता, उनकी उत्पादन की सापेक्ष लागतें, समय की विभिन्न अवधियों में रोजगार, आय, बचत तथा निवेश पर प्रभाव, घरेलू तथा विदेशी मांग पर प्रभाव आदि बातों को ध्यान में रखा जाना चाहिए। पूंजी गहन तकनीकों की अपेक्षा श्रम गहन तकनीकों से निर्मित वस्तुओं की उत्पादन लागत अधिक होती है क्योंकि श्रम गहन तकनीकें पैमाने की बचतें उपलब्ध कराने में असमर्थ रहती हैं। लेकिन इस तथ्य के कारण आयोजकों को श्रम गहन तकनीकों के पक्ष में निर्णय लेने से नहीं घबराना चाहिए क्योंकि इससे पूंजी जैसे दुर्लभ साधनों के प्रयोग की मितव्ययिता प्राप्त होती है। उत्पादन की ऐसी विधियां रोजगार के अधिक अवसर उत्पन्न करती हैं और उपभोक्ता वस्तुओं की पूर्ति बढ़ाने में तथा विदेशों से कच्चे माल, खाद्य तथा पूंजी वस्तुओं के आयात की आवश्यकता से छुटकारा दिलाने में सहायक होती है। इस प्रकार श्रम गहन तकनीकें स्फीतिकारी (Inflationary) प्रवृत्तियों तथा भुगतान शेष की कठिनाइयों को दूर करती हैं। लेकिन श्रम गहन तकनीकों की कुछ अपनी समस्याएं भी हैं। इस प्रकार की तकनीकों का प्रयोग पूंजी संचय की दर उतनी तेजी से नहीं बढ़ा सकता जितनी गति से पूंजी गहन तकनीकों का प्रयोग बढ़ा सकता है। यद्यपि इसमें सन्देह नहीं है कि श्रम गहन विधिया अधिक रोजगार के अवसर उत्पन्न करती हैं और परिणामत: आय स्तरों को बढ़ाती हैं परन्तु उन्हीं लोगों की आय बढ़ाती है जिनकी आय बहुत कम होती है तथा सीमान्त उपभोग प्रवृत्ति (marginal propensity to consume) अधिक होती है। इसलिए प्रजनित आय का थोड़ा भाग ही बचत तथा निवेश के लिए उपलब्ध होता है।

निष्कर्षत: हम कह सकते हैं कि अल्पविकसित देशों की विशाल जनसंख्या के हित को ध्यान में रखते हुए अर्थात रोजगार के अधिक अवसर उत्पन्न करने, वस्तुओं की पूर्ति बढ़ाने, यथासंभव स्फीतिकारी तथा भुगतान शेष के दबावों को रोकने के लिए उपभोक्ता वस्तु क्षेत्र में श्रम गहन तकनीकें प्रयोग करनी चाहिए। जबकि आय की वृद्धि की दर पर **"सतत तथा संचयी प्रभाव"** (Continuing and compounding effect) के लिए आधारभूत तथा पूंजी प्रधान उद्योगों में पूंजी गहन तकनीकों का प्रयोग करना चाहिए।

विनियोग कसौटी (Investment Criteria)

विनियोग कसौटियों से अभिप्राय उन दिशा निर्देशों से है जिनके अनुसार एक अल्पविकसित देश में आयोजन प्राधिकरण द्वारा निवेश का आवंटन योजना के उद्देश्यों के अनुरूप विभिन्न क्षेत्रों और परियोजनाओं में किया जाता है। सभी अल्पविकसित देशों में उत्पादकीय संसाधन दुर्लभ होते हैं तथा उनका आवंटन एक जटिल समस्या है। संसाधनों के समुचित उपयोग पर देश का आर्थिक विकास निर्भर करता है तथा संसाधनों के उपयोग, निवेश नीतियों पर निर्भर करते हैं। अत: आर्थिक विकास निवेश के आवंटन से जुड़ा हुआ है।

निवेश आवंटन में चुनाव की अनेक समस्याएं उत्पन्न होती है **पहली,** अर्थव्यवस्था के विभिन्न क्षेत्रों में, कितना निवेश करना है? **दूसरी,** विभिन्न परियोजनाओं पर कितना निवेश करना है? **तीसरी,** कौन-कौन सी तकनीकों को विभिन्न क्षेत्रों और परियोजनाओं में निवेश के लिए प्रयोग किया जाए? **चौथी,** निवेश आवंटन में किन क्षेत्रों और परियोजनाओं को प्राथमिकता दी जाए? **पांचवी,** निवेश आवंटन कितनी समय अवधि में किया जाए? निवेश आवंटन से संबंधित ये निर्णय अल्पविकसित देशों में विकास योजना के उद्देश्यों पर निर्भर करते हैं।

वास्तव में निवेश कितना, कहां और कब करना है के बारे में कोई सुनिश्चित नियम नहीं है बल्कि इनके बारे में निर्णय करने हेतु निवेश कसौटियों की आवश्यकता होती है। इन समस्याओं को सुलझाने के लिए विभिन्न अर्थशास्त्रियों ने अनेक विनियोग कसौटियों (निवेश कसौटियों) को प्रस्तुत किया है जिनकी चर्चा हम आगे कर रहे हैं।

1. पूंजी-आवर्त कसौटी (The Capital Turnover Criterion) : इस कसौटी को **प्रो. जे.जे. पोलक** (Prof. J.J. Polak) तथा **प्रो. एन.एस. बुकनैन** (Prof. N.S. Buchanan) ने सबसे पहले प्रस्तुत किया था। विनियोग की इस कसौटी का मानना है कि चूंकि अल्पविकसित देशों में पूंजी दुर्लभ होती है इसलिए इन देशों में ऐसी तकनीकें अपनानी चाहिए जो पूंजी की प्रति इकाई पर अधिकतम उत्पादन प्रदान करें। अन्य शब्दों में उत्पादन को अधिकतम बनाने के लिए वैसी निवेश परियोजना का चुनाव करना चाहिए जिसकी पूंजी आवर्त दर (rate of capital turnover) ऊंची हो (अर्थात जिसका पूंजी उत्पाद अनुपात कम हो)। ऐसी परियोजनाएं अल्पविकसित देशों में अधिक रोजगार के अवसर भी उपलब्ध कराती हैं।

2. सामाजिक सीमान्त उत्पादिकता की कसौटी (The Social Marginal Productivity Criterion) : सामाजिक सीमान्त उत्पादिकता की कसौटी को सबसे पहले **ए.ई. काहन** (A.E. Kahn) ने प्रस्तुत किया जिसे बाद में **होल्लिस बी. चेनरी** (Hollis B. Chenery) ने उसमें सुधार किया। यह ह्रासमान सीमान्त उत्पादकता के सिद्धांत (diminishing marginal productivity approach) पर आधारित है। जब किसी परियोजना में, अन्य स्थिर आगतों (inputs) के साथ, पूंजी की मात्रा जैसे-जैसे बढ़ायी जाती है तो एक समय के बाद उसका सीमान्त उत्पादन तब तक

गिरता रहेगा, जब तक कि विभिन्न प्रयोगों में पूंजी की सीमान्त उत्पादकता समान नहीं हो जाती। इस कसौटी का लक्ष्य यह है कि सीमित निवेश साधनों को ऐसे ढंग से वितरित किया जाना चाहिए जिससे राष्ट्रीय उत्पादन (national output) अधिकतम हो सके। अन्य शब्दों में, उनका उपयोग सर्वाधिक उत्पादक परियोजनाओं में किया जाना चाहिए। काहन का कहना है कि यह कसौटी ''राष्ट्रीय उत्पादन में सीमान्त इकाई के कुल शुद्ध योगदान (Total net contribution of the marginal unit) पर विचार करता है, और योगदान के (अथवा उसकी लागतों के) केवल उतने भाग पर नहीं विचार करता, जो निजी निवेशक (Private investor) को प्राप्त होते हों।'' इस प्रकार यह कसौटी व्यक्तिगत निवेश परियोजनाओं पर नहीं बल्कि समस्त अर्थव्यवस्था पर लागू होती है।

3. पुनर्निवेश कसौटी (The Reinvestment Criterion) विनियोग के पुनर्निवेश कसौटी को **गलेन्सन** (Galenson) तथा **लीबन्स्टीन** (leibenstein) ने प्रस्तुत किया है। इसे अतिरेक दर का सिद्धांत (rate of surplus criterion) अथवा सीमान्त प्रति व्यक्ति निवेश गुणांक (marginal per capita investment quoteient) भी कहा जाता है। गलेन्सन तथा लीबन्स्टीन वर्तमान की बजाय भविष्य में प्रति व्यक्ति उत्पादन को अधिकतम करने पर बल देते हैं। ऐसा तभी संभव है जब बचत की दर को बढ़ाया जाए ताकि आय का पुनर्निवेश हो सके। यह मान लेने पर कि राष्ट्रीय आय मजदूरी तथा लाभों में विभाजित होती है तथा मजदूरी उपभोग व्यय में खर्च हो जाती है जबकि लाभ निवेश के लिए बचा लिए जाते हैं तो लाभों की मात्रा जितना ही अधिक होगा, बचतों की दर भी उतनी ही ऊंची होगी परिणामस्वरूप प्रति व्यक्ति पूंजी की उपलब्ध मात्रा भी उतनी ही बड़ी होगी और उत्पादन की वृद्धि दर भी उतनी ही अधिक होगी जिसके परिणामस्वरूप भविष्य में प्रति व्यक्ति उत्पादन बढ़ेगा। विनियोग की इस कसौटी का मानना है कि विकास की प्रारंभिक अवस्था में, राष्ट्रीय आय में से लाभों का अनुपात बढ़ाने के लिए और प्रतिव्यक्ति उपभोग को नियंत्रित करने के लिए, अल्पविकसित देशों में ''न्यूनतम क्रांतिक प्रयास'' (critical minimum effort) आवश्यक होता है। इससे बचतें तथा पुनर्निवेशित अतिरेक बढ़ेगा। श्रम शक्ति की गुणवत्ता तथा मात्रा के दिए हुए होने पर प्रति व्यक्ति उत्पादन को पूंजी श्रम अनुपात (capital labour ratio) ही निर्धारित करता है। निवेश अतिरेक (investible surplus) की दर (r) को निर्धारित करने के लिए गलेन्सन तथा लीबन्स्टीन निम्नलिखित सूत्र का प्रयोग करते हैं :

$$r = \frac{P - e.w}{C}$$

जहां P प्रति मशीन उत्पादन है, e प्रति मशीन श्रमिकों की संख्या, w वास्तविक मजदूरी और C मशीन की लागत है। उपरोक्त समीकरण से स्पष्ट है कि C के अनुपात में P को बढ़ा कर और $e.w$ को घटा कर निवेश अतिरेक की दर r को बढ़ाया जा सकता है।

पूंजी का श्रम से अनुपात, प्रति व्यक्ति उत्पादन संभाव्य (per capita output potential) तथा प्रति व्यक्ति विनियोज्य अतिरेक (per capita investible surplus) को बढ़ाने के लिए, गलेन्सन तथा लीबन्स्टीन उन देशों में भी पूंजी गहन तकनीकों का समर्थन करते हैं, जहां पूंजी दुर्लभ (scarce) है और श्रम की प्रचुरता है। श्रम की अपेक्षा पूंजी के ऊंचे अनुपात वाली उत्पादन प्रक्रियाओं का परिणाम यह होता है कि आय का बड़ा भाग लाभों में चला जाता है और थोड़ा भाग ही मजदूरी के रूप में रह जाता है। इस प्रकार प्रारंभिक आय का अधिक बड़ा अनुपात निवेश के लिए लाभों के माध्यम से उपलब्ध रहता है। अधिक लाभ होने पर बचतें भी अधिक होंगी। परिणामस्वरूप, निवेश के लिए अधिक पूंजी उपलब्ध होगी तथा उत्पादन में अधिक वृद्धि होगी।

यद्यपि पुनर्निवेश कसौटी की अनेक सीमाएं हैं लेकिन इसके बावजूद यह कसौटी अल्पविकसित देशों की आय वृद्धि दर के त्वरण के लिए प्रथम सन्निकटन (approximation) के रूप में उपयोगी है। सामाजिक सीमान्त उत्पादकता कसौटी की अपेक्षा यह कसौटी अधिक यथार्थिक (realistic) हैं, क्योंकि यह निवेश की दर पर जनसंख्या वृद्धि के भविष्य में पड़ने वाले प्रभाव पर विचार करती है।

4. काल श्रेणी कसौटी (The Time series Criterion): विनियोग के काल श्रेणी कसौटी को **ए.के. सेन** ने प्रस्तुत किया है। यह कसौटी समय की एक दी हुई अवधि के भीतर उत्पादन को अधिकतम बनाने का प्रयत्न करती है। पूंजी उत्पाद अनुपात तथा बचतों की दर के दिए हुए होने पर श्रम गहन तथा पूंजी गहन तकनीकों का काल मार्ग (time period) खींचा जा सकता है और इसके आधार पर यह पता लगाया जा सकता है कि दोनों में से कौन-सी तकनीक काल क्षितिज (time horizon) पर अधिकतम प्रतिफल प्रदान करेगी।

लागत-लाभ विश्लेषण (Cost Benefit Analysis)

सामाजिक दृष्टिकोण से **परियोजनाओं के मूल्यांकन** (Project evaluation) के लिए लागत लाभ विश्लेषण सबसे उपयुक्त तथा सर्वमान्य तरीका है। यह परियोजना मूल्यांकन के लिए सर्वाधिक वैज्ञानिक तथा उपयोगी कसौटी भी है। योजना प्राधिकरण के लिए लागत-लाभ विश्लेषण इस बात में सहायक है

कि वह परियोजना के लाभों और लागतों के वर्तमान मूल्यों के बीच अन्तर को अधिकतम करके अनुकूलतम साधन आवंटन (allocation) उपलब्ध कराने के लिए सही निवेश निर्णय कर सके। इसके अन्तर्गत लागतों तथा लाभों की गणना, तुलना और मूल्यांकन शामिल होता है। इस प्रकार इसका अभिप्राय है कि परियोजना में शामिल होने वाली लागतों के मुकाबले प्रतिफलों का मूल्यांकन करना। वास्तव में, लागत-लाभ विश्लेषण का अर्थ किसी नीति के सामाजिक लाभों तथा अलाभों (disadvantages) को एक सामान्य मुद्रा इकाई में परिमाणित तथा वर्णित करना है। इसका उद्देश्य शुद्ध सामाजिक लाभों (net social benefits) को स्थापित करना है। इस उद्देश्य को इस प्रकार भी व्यक्त किया जा सकता है—

$$NSB = Benefits - Costs$$

जहां लाभों और लागतों को किसी सामान्य मुद्रा इकाई में वास्तविक मार्केट कीमतों की बजाय आगतों और निर्गतों की छाया अथवा लेखांकन कीमतों (shadow of accounting prices) में मापा जाता है।

इस प्रकार निष्कर्षत: कहा जा सकता है कि लागत लाभ विश्लेषण के अन्तर्गत परियोजना का मूल्यांकन करते समय हमें प्रत्यक्ष लाभों और कुल प्रत्यक्ष लागतों की गणना तथा तुलना करनी होती है। यदि लागतों की अपेक्षा लाभों के अधिक होने की आशा है तो परियोजना शुरू करना लाभदायक होगा अन्यथा नहीं। कुल प्रत्यक्ष लागतें तथा लाभ निकालने के लिए, **पहले,** तो उत्पादित वस्तुओं तथा सेवाओं की भौतिक मात्राओं के, **दूसरे,** उपभोग की गई वस्तुओं तथा सेवाओं की भौतिक मात्राओं के आंकड़े इकट्ठे किए जाते हैं और उनका हिसाब लगाया जाता है। **तीसरे,** स्फीतिकारी (inflationary) तथा अपस्फीतिकारी (deflationary) स्थितियों को महत्त्व देते हुए विभिन्न बाजारों में वर्तमान कीमत सूचकों के आधार पर इन वस्तुओं तथा सेवाओं के मुद्रा मूल्य की गणना की जाती है। **अन्तिम,** वार्षिक लागतों का हिसाब लगाते समय, पूंजी परिसम्पत्तियों के टिकाऊपन तथा उनके मूल्य ह्रास पर उचित ध्यान देना होता है। कुल लागतों को पूंजी परिसम्पत्तियों की प्रत्याशित जीवन अवधि से विभक्त करके वार्षिक लागतों का हिसाब लगाया जाता है। इसी प्रकार, वार्षिक लाभों को परियोजनाओं से प्राप्त होने वाले प्रत्यक्ष लाभों के मुद्रा-मूल्य (Money value) की गणना करके और उसमें से परियोजना की सम्बद्ध लागतें घटा कर भी गणना की जा सकती है।

लागत लाभ विश्लेषण का विकास **यू.एस.ए.** में सिंचाई एवं परिवहन परियोजनाओं में निवेश के मूल्यांकन के लिए किया गया था। लागत लाभ विश्लेषण के प्रयोग का भारत में प्रथम नियमित प्रयास **डी.आर. गाडगिल** (D.R. Gadgil) द्वारा महाराष्ट्र में गोदावरी तथा प्रवरा नहर व्यवस्थाओं के लिए किया गया। इसके पश्चात **सोवानी** (sovani) तथा **नीलकंठ रथ** (Nilkanth Rath) ने हीराकुंड बांध परियोजना की लागतों और लाभों का मूल्यांकन किया।

जनसंख्या तथा आर्थिक विकास (Population and Economic Development)

जनसंख्या वृद्धि का विकसित एवं अल्पविकसित देशों की अर्थव्यवस्था पर अलग-अलग प्रभाव पड़ता है। विकसित देशों में चूंकि पूंजी प्रचुर मात्रा में उपलब्ध होती है तथा श्रम की दुर्लभता होती है। इसलिए जनसंख्या वृद्धि ऐसे देशों की अर्थव्यवस्थाओं के विकास में सहायक हुई है। लेकिन अल्पविकसित देश गरीब, पूंजी दुर्लभ तथा श्रम प्रचुर होते हैं। जनसंख्या में वृद्धि इनके आर्थिक विकास पर निम्न तरीकों से कुप्रभाव डालती है।

1. जनसंख्या तथा प्रति व्यक्ति आय : जनसंख्या वृद्धि का प्रति व्यक्ति आय पर प्रतिकूल प्रभाव पड़ता है। जनसंख्या में तीव्र वृद्धि के कारण राष्ट्रीय उत्पादन में होने वाली प्रत्येक वृद्धि के साथ-साथ उपभोक्ताओं की संख्या भी बढ़ती जाती है। जनसंख्या में बच्चों की बड़ी संख्या से अर्थव्यवस्था पर भी भारी बोझ पड़ता है क्योंकि ये बच्चे केवल उपभोग करते हैं और राष्ट्रीय उत्पादन में कुछ भी योगदान नहीं करते। इस प्रकार राष्ट्रीय आय में जो भी वृद्धि होती है उसे जनसंख्या में हुई तीव्र वृद्धि शून्य कर देती है। परिणामस्वरूप जनसंख्या वृद्धि के प्रभाव से प्रति व्यक्ति आय घट जाती है।

2. जनसंख्या तथा कृषि विकास : जनसंख्या में वृद्धि के फलस्वरूप भूमि पर जनसंख्या का दबाव बढ़ जाता है जिससे छिपी हुई बेरोजगारी में वृद्धि हो जाती है। परिणामस्वरूप प्रतिव्यक्ति आय और भी घट जाती है। प्रति व्यक्ति आय का निम्न स्तर बचत तथा निवेश की प्रवृत्ति को घटा देती है। परिणामस्वरूप भूमि पर उन्नत तकनीकों तथा अन्य सुधारों का प्रयोग नहीं हो पाता। कृषि में पूंजी निर्माण की प्रक्रिया को धक्का पहुंचता है और अर्थव्यवस्था निर्वाह स्तरीय दलदल में फंस जाती है। बढ़ी हुई जनसंख्या के लिए खाद्यान्न जरूरतों को पूरा करने के लिए विदेशो से खाद्यान्नों का आयात करना पड़ता है जिससे भुगतान शेषों की कठिनाइयां बढ़ जाती है। इस प्रकार स्पष्ट है कि जनसंख्या की वृद्धि अल्प-विकसित देशों में कृषि विकास की गति को धीमा कर देती है।

3. जनसंख्या तथा पूंजी निर्माण : जनसंख्या वृद्धि से पूंजी-निर्माण की गति धीमी पड़ जाती है। जैसे-जैसे जनसंख्या बढ़ती है खाद्य पदार्थों, आवास, वस्त्रों आदि की मांग भी बढ़ती चली जाती

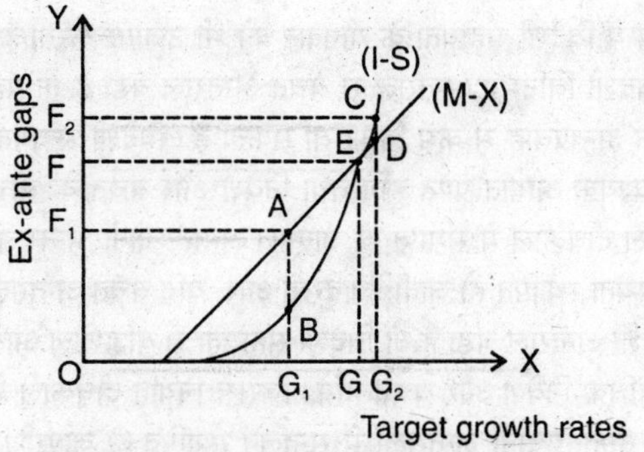

रेखाचित्र : *बचत अन्तराल तथा विदेशी विनिमय अन्तराल के बीच संबंध*

inputs) सम्मिलित होते हैं। इस पर राष्ट्रीय आय का आकार तथा जनता तथा अर्थव्यवस्था के विभिन्न क्षेत्रों में किए गए आय के वितरण का प्रभाव पड़ता है। निर्यात बहिर्जात (exogenously) रूप में विश्व कीमतों तथा मात्राओं जो कि मौसम अथवा प्राकृतिक परिस्थितियों के अनुसार बदलती है, के द्वारा निर्धारित किए जाते हैं। चूंकि ये तत्त्व एक-दूसरे से अपने आप में स्वतंत्र माने जाते हैं इसलिए बचत अन्तराल और विदेशी विनिमय अन्तराल प्रत्याशित रूप (ex-ante sense) में आकार में असमान होते हैं। यह भी मान लिया जाता है कि बचतों तथा विदेशी विनिमय को एक-दूसरे के साथ स्थानापन्न नही किया जा सकता तथा देश अपनी संभावित बचतों को निर्यात में नहीं बदल सकता।

उपरोक्त मान्यताएं दी हुई होने पर रेखाचित्र में दोनों प्रत्याशित अन्तरालों (ex-ante gaps) तथा उनके संबंधों को आय के विभिन्न लक्ष्य वृद्धि दरों के साथ दर्शाया गया है।

उपरोक्त रेखाचित्र में प्रत्याशित बचतों तथा विदेशी विनिमय अन्तरालों को अनुलम्ब अक्ष पर तथा वृद्धि दरों को क्षैतिज अक्ष पर दर्शाया गया है। प्रत्याशित बचतों के अन्तराल को (I – S) वक्र से तथा प्रत्याशित विदेशी विनिमय अन्तराल को (M – X) वक्र से निरूपित किया गया है। ये दोनों E बिन्दु पर समान हैं। लक्षित वृद्धि दर OG को शुद्ध विदेशी सहायता OF के अन्तर्वाह (inflow) से प्राप्त किया गया है। यदि लक्षित वृद्धि दर OG_1 है तो विदेशी विनिमय अन्तराल बचतों के अन्तराल से AB के बराबर बड़ा है। विदेशी सहायता का शुद्ध अन्तर्वाह OF_1 बढ़े हुए विदेशी विनिमय अन्तराल को पूरा करने में असमर्थ है। अत: वृद्धि की इस दर को प्राप्त नहीं किया जा सकता। दूसरी ओर, यदि लक्षित वृद्धि दर OG_2 है तो बचत अन्तराल विदेशी विनिमय अन्तराल से CD के बराबर अधिक है। इस वृद्धि दर को भी नहीं प्राप्त किया जा सकता है क्योंकि विदेशी सहायता का अन्तर्वाह बचतों के अन्तरालों को भरने में अपर्याप्त है। अधिक बड़े बचत अन्तराल OF_2 को पूरा करने के लिए एक अधिक बड़ा विदेशी मुद्रा अन्तर्वाह चाहिए। उपभोक्ता मांग की बनावट तथा उत्पादन प्रणाली की प्रकृति एवं सीमित लचीलापन होने के कारण आयातों में कमी नहीं किया जा सकता है। **चेनरी** इन संरचनात्मक दृढ़ताओं से मुक्ति पाने के लिए उपभोग के ढांचे, आय के वितरण, रोजगार के स्तर तथा वृद्धि और विनिमय की दर में परिवर्तनों पर रोक लगाने का सुझाव देता है। इन उपायों के द्वारा दोनों अन्तरालों में बिना विदेशी सहायता के समायोजन लाया जा सकता है। लेकिन इससे आर्थिक वृद्धि की प्रक्रिया में बाधा उत्पन्न होगी।

बहुत से अर्थशास्त्रियों का मानना है कि यदि कीमतें लचीली हों तो इस प्रकार की दृढ़ताओं की संभावनाएं नहीं होती हैं। यदि उत्पादन के संसाधन इष्टतम ढंग से आवंटित (optimally allocated) किए जाते हैं तो आर्थिक वृद्धि में रुकावट केवल बचतों के कारण ही हो सकता है। अत: अर्थव्यवस्था में केवल बचत अन्तराल होगा। यदि उचित विनियम दर नीतियों अथवा कीमत नीतियों को अपनाया जाता है तो संसाधन, आयातों के वृद्धि प्रभाव तथा घरेलू बचतों के बीच के अन्तर को दूर करने के लिए स्थानान्तरित हो जाएंगे और इसी तरह प्रत्याशित अन्तरालों (ex-ante gap) में अन्तर दूर हो जाएंगे। इससे स्पष्ट होता है कि यदि विदेशी विनिमय अन्तराल बड़ा है तो अवश्य ही गलत कीमत नीतियों (inappropriate price policies) के कारण है जो कि संसाधनों के कुवितरण का कारण बना होगा।

अन्तरालों को भरने के लिए आवश्यक विदेशी सहायता एक निश्चित समय बिन्दु पर बड़े अन्तराल (dominant gap) के द्वारा निर्धारित होती है। यदि बचत अन्तराल विदेशी विनिमय अन्तराल से बड़ा है तो अर्थव्यवस्था एक **बचत अवरोध** (saving constraint) में कही जाएगी। दूसरी ओर, यदि विदेशी विनिमय अन्तराल बचत अन्तराल से बड़ा है तो अर्थव्यवस्था **विदेशी विनिमय अवरोध** (foreign exchange constraint) में होगी। विदेशी सहायता के रूप में पूंजी के अन्तर्वाह से बचत अवरोधों को दूर किया जा सकता है। दीर्घकाल में, विदेशी सहायता की आवश्यक राशि बढ़ी हुई आय द्वारा प्रजनित निवेश में वृद्धि तथा बचत में वृद्धि के अन्तर के बराबर होगी। जब बचत अन्तराल समाप्त हो जाता है तो अर्थव्यवस्था की लक्ष्य वृद्धि दर कायम हो जाएगी (target growth rate of the economy will be sustained)।

यदि विदेशी विनिमय अन्तराल किसी दिए गए समय बिन्दु पर किसी अल्पविकसित देश में बड़ा है तो विदेशी सहायता इससे मुक्ति दिलाने में सहायक हो सकती है। वह देश पूंजी, मध्यवर्ती

वस्तुओं तथा तकनीकी सहायता आयातित करके नई निवेश परियोजनाएं प्रारंभ कर सकता है। दीर्घकाल में, आवश्यक विदेशी सहायता आयातों तथा निर्यातों में वृद्धि के अन्तर के बराबर होगी। अर्थव्यवस्था की लक्ष्य वृद्धि दर को प्राप्त करने के लिए जब निर्यात उस स्तर तक बढ़ते हैं कि वे आयातों को पूरा कर पाने में समर्थ होते हैं तो विदेशी विनिमय अन्तराल समाप्त हो जाएगा।

इन दोनों अन्तरालों में से कौन-सा अल्पविकसित देशों में पहले प्रभावी होगा इसके संबंध में चेनरी का मानना है कि विकास प्रक्रिया के दौरान इन देशों में सबसे पहले बचत अन्तराल प्रभावी होता है तथा बाद में विदेशी विनिमय अन्तराल प्रभावी होता है।

इसकी सीमाएं : द्वय अन्तराल विश्लेषण कुछ संकुचित मान्यताओं पर आधारित है जो कि अल्पविकसित देशों में लक्षित वृद्धि दर को पाने में इसकी उपयोगिता को सीमित करता है। इस विश्लेषण की मान्यता है कि लक्षित वृद्धि दर के लिए निवेश को बनाए रखने के लिए घरेलू बचतों में वृद्धि को आवश्यक विदेशी विनिमय के लिए स्थानापन्न के रूप में उपयोग नहीं किया जा सकता है। यह विश्लेषण यह भी मानकर चलता है कि देश निर्यात प्रोत्साहन तथा आयात स्थानापत्ति नीतियों को नहीं अपना सकता। यह विभिन्न प्रकार की वस्तुओं में संरचनात्मक दृढ़ताओं तथा गैर स्थानापत्ति (non substitutability) को मानता है। ये दृढ़ताएं (rigidities) दी होने पर यदि विदेशी विनिमय अन्तराल बचत अन्तराल से बड़ा है तो घरेलू बचत संभाव्य (domestic saving potential) को न तो पूंजी वस्तुओं तथा न ही निर्यातों के लिए उपयोग में लाया जा सकता है। ये मान्यताएं अत्यधिक अवास्तविक हैं तथा आनुभाविक प्रभावों द्वारा समर्थित नहीं हैं।

अनेक आलोचकों का विचार है कि बड़ा बचत अन्तराल होने पर अल्पविकसित देशों को विदेशी सहायता की आवश्यकता नहीं है। बड़े बचत अन्तराल का अभिप्राय यह है कि देश की अर्थव्यवस्था पूर्ण रोजगार के स्तर पर कार्यशील है। इसलिए यह विदेशी विनिमय को निवेश उद्देश्यों के लिए पूंजी वस्तुओं के आयात पर उपयोग नहीं कर रहा है क्योंकि घरेलू संसाधन पूर्णत: रोजगार युक्त हैं। पूर्ण रोजगार की स्थिति में आयातों द्वारा पूंजी वस्तुओं में निवेश से स्फीति पैदा होगी।

इसका महत्त्व : द्वय अन्तराल विश्लेषण आर्थिक विकास के लिए एक अल्पविकसित देश की पूंजी आवश्यकताओं का अनुमान लगाने हेतु बहुत महत्त्वपूर्ण है। यह बताता है कि एक अर्थव्यवस्था के भीतर कितनी पूंजी का निर्माण किया जा सकता है तथा विदेशों से कितने पूंजी के अन्तर्प्रवाह की आवश्यकता होती है।

दोनों अन्तरालों के बीच विचलन (divergence) आर्थिक विकास में विदेशी सहायता के योगदान को भी उजागर करता है। यदि विदेशी विनिमय अन्तराल से बचत अन्तराल बड़ा है तो यह पूंजी के अन्तर्प्रवाह से कम किया जा सकता है। विदेशी सहायता से आवश्यक आयात प्राप्त होंगे तथा निवेश और बचत के बीच अन्तराल दीर्घकाल में समाप्त हो जाएगा। अन्तत: दोनों अन्तरालों की साम्यता स्थापित हो जाती है। दूसरी ओर, यदि बचत अन्तराल से विदेशी अन्तराल बड़ा है तो विदेशी सहायता से वृद्धिशील आय द्वारा अधिक निवेश और बचत होंगे। जिससे निर्यात दीर्घकाल में बढ़ेंगे। अन्तत: दोनों अन्तरालों में सन्तुलन स्थापित हो जाएगी।

इस प्रकार द्वय अन्तराल विश्लेषण विदेशी सहायता द्वारा अर्थव्यवस्था की लक्षित वृद्धि दर प्राप्त करने में सहायक होता है।

मिर्डल का चक्रीय कार्यकरण का सिद्धांत (Myrdal's Theory of Circular Causation)

मिर्डल (Myrdal) का कहना है कि अन्तर्राष्ट्रीय व्यापार का परिणाम चक्रीय कार्यकरण प्रक्रिया होती है जिससे विकसित देशों को लाभ होता है लेकिन अल्पविकसित तथा पिछड़े हुए देशों को हानि। क्योंकि **अति निर्यात प्रभाव** (back wash effects) प्रसरण प्रभाव (spread effects) पर प्रभावी हो जाता है। इससे अन्तर्राष्ट्रीय स्तर पर असमानताएं संचयी रूप से बढ़ने लगती हैं और अल्पविकसित देशों के भीतर भी प्रादेशिक असमानताएं (regional in equalities) उत्पन्न हो जाती हैं।

इस प्रकार मिर्डल अपना सिद्धांत राष्ट्रीय तथा अंतर्राष्ट्रीय स्तर पर असमानताओं के विचार के इर्द-गिर्द निर्मित किया है। अपने सिद्धांत की व्याख्या करने के लिए उसने ''**अति निर्यात**'' (back wash) तथा ''प्रसरण'' (spread) प्रभावों की धारणा का प्रयोग किया है। मिर्डल के अनुसार अति निर्यात प्रभाव ''एक स्थान में आर्थिक विस्तार के...वे सभी सुसंगत प्रतिकूल परिवर्तन हैं...जो उस स्थान के बाहर होते हैं। मैं इसके अन्तर्गत उन सभी प्रभावों को सम्मिलित करता हूं जो देशांतरण तथा पूंजीपतियों एवं व्यापार के मार्ग से होते हैं और उन कुल संचयीभूत प्रभावों को भी शामिल करता हूं जो गैर-आर्थिक तथा आर्थिक सभी साधनों में चक्रीय कार्यकरण की प्रक्रिया का परिणाम है।'' (Myrdal defines **back wash effects as** "all relevant adverse changes...of economic expansion in a locality...caused outside the locality. I include under this label the effects via migration, capital movements and trade as well as the total cumulated effects resulting from the process of **Circular causation** between all the factors", "non economic" as well as "economic") जबकि **प्रसरण प्रभाव** "आर्थिक विस्तार के केन्द्रों से अन्य क्षेत्रों की ओर विस्तारशील संवेग के कुछ अपकेन्द्री प्रसरण को दर्शाते हैं।" (The **spread effects** refer to certain centrifugal "spread effects" of expansionary momentum from the centres of economic expansion to other regions.) मिर्डल के अनुसार अन्तर्राष्ट्रीय स्तर पर असमानताओं का प्रमुख कारण अल्पविकसित देशों में **प्रबल** अतिनिर्यात प्रभाव तथा दुर्बल प्रसरण प्रभाव रहे हैं।

मिर्डल के अनुसार अन्तर्राष्ट्रीय व्यापार के अल्पविकसित देशों पर प्रबल अतिनिर्यात प्रभाव तथा दुर्बल प्रसरण प्रभाव हो सकते हैं। यदि व्यापार करने वाले दो देशों में से एक औद्योगिक देश हो और दूसरा अल्पविकसित देश तो उनके बीच अबाधित व्यापार (free trade) औद्योगिक देश को बल देगा और अल्पविकसित देश को कंगाल बना देगा। विकसित देशों में प्रबल प्रसरण प्रभावों वाले निर्माण उद्योगों का विस्तृत आधार होता है। अपनी औद्योगिक वस्तुओं को सस्ती दरों पर अल्पविकसित देशों में निर्यात करके उन्होंने अल्पविकसित देशों के लघु तथा कुटीर उद्योगों को बर्बाद कर दिया है।

इसका परिणाम यह हुआ है कि अल्पविकसित देश निर्यात योग्य प्राथमिक वस्तुओं के उत्पादक बन कर रह गए हैं। चूंकि अन्तर्राष्ट्रीय बाजार में प्राथमिक वस्तुओं की मांग लोचरहित (in elastic) होती है। इसलिए वे अपने निर्यातों की विश्व कीमतों के गिरने या चढ़ने से लाभ नहीं उठा पाते। जब अल्प विकसित देशों द्वारा निर्यातित वस्तुओं की विश्व कीमतें बढ़ती हैं तब भी वे उससे लाभ नहीं उठा पाते। बढ़े हुए निर्यात आयों (export earnings) से स्फीतिकारी दबाव आते हैं, निवेश व्यय का कुआवंटन होता है और भुगतान शेष की कठिनाइयां सामने आती हैं क्योंकि वे सट्टे, प्रदर्शन उपभोग, वास्तविक सम्पदा, विदेशी मुद्रा धारणों आदि में व्यर्थ जाती हैं। इसके विपरीत विकसित देश अपने निर्यात योग्य वस्तुओं की लोचात्मक बाजार के कारण कीमतों में उतार-चढ़ाव का फायदा उठाने में सफल हो जाते हैं।

इस प्रकार मिर्डल का सिद्धांत अन्तर्राष्ट्रीय स्तर पर असमानताओं के लिए प्रबल अति निर्यात प्रभाव को उत्तरदायी मानता है। इस तथ्य से इन्कार भी नहीं किया जा सकता है कि अल्पविकसित देशों में प्रबल अति निर्यात प्रभाव प्रसरण प्रभावों को मन्द कर देते हैं। बाजार शक्तियों की स्वतंत्र कार्यकलाप तथा अबाधित व्यापार ने ऐसे देशों की निर्यात क्षमता को दबाया है। परिणामस्वरूप अल्पविकसित देशों के आयातों तथा निर्यातों में बड़ा अन्तराल आ गया है जिसने उनके आर्थिक विकास को एक महंगा तथा लम्बा मामला बना दिया है। आनुभाविक प्रमाणों से भी स्पष्ट होता है कि मिर्डल का सिद्धांत सच्चाई के करीब है।

प्रैबिश-सिंगर सिद्धांत (Prebisch-Singer Thesis)

प्रैबिश तथा **सिंगर** का मानना है कि विश्व अर्थव्यवस्था में कुछ असंतुलनकारी शक्तियां कार्यशील रही हैं जिसके परिणामस्वरूप अन्तर्राष्ट्रीय व्यापार के लाभ प्रमुख रूप से विकसित देशों को प्राप्त हुए हैं।

अन्तर्राष्ट्रीय व्यापार ने अल्पविकसित देशों के निर्यात उद्योगों को काफी बढ़ावा दिया है। लेकिन इसने इन देशों की शेष अर्थव्यवस्था के विकास में अधिक योगदान नहीं दिया है क्योंकि इन देशों ने अर्थव्यवस्था के दूसरे क्षेत्रों की पूर्ण उपेक्षा करके निर्यात उद्योगों का विकास किया है। दूसरी ओर निर्यातों पर अत्यधिक निर्भरता ने इन अर्थव्यवस्थाओं को उनकी वस्तुओं की मांग और कीमतों को अन्तर्राष्ट्रीय उतार-चढ़ावों के खतरे में डाल दिया है। मन्दी के दौरान उनकी व्यापार शर्तें प्रतिकूल हो जाती हैं विदेशी विनिमय अर्जन (foreign exchange earning) तीव्रता से गिर जाते हैं। परिणामस्वरूप उनके भुगतान शेष प्रतिकूल हो जाते हैं। लेकिन अपनी वस्तुओं की कीमतों को गिरने का लाभ वे उनका निर्यात बढ़ाकर नहीं उठा सकती क्योंकि उनकी निर्यात वस्तुओं की पूर्ति लोच रहित होती है, जो कि प्रमुख रूप से कृषि तथा खनिज वस्तुएं होती हैं। इसी प्रकार, वे विश्व मार्केट में तेजी का लाभ भी उठाने में असमर्थ रहते हैं। उनकी व्यापार शर्तों (terms of trade) में सुधार के साथ उत्पादन तथा रोजगार में वृद्धि नहीं होती जिसका कारण है—मार्केट अपूर्णताएं, अपर्याप्त पूरक पूंजी तथा संरचनात्मक कुसमायोजन (mala adjustment)। इसके विपरीत, बढ़ी हुई निर्यात कमायी सट्टे, दिखावटी उपभोग, भूमि, विदेशी विनिमय इत्यादि में नष्ट कर दी जाती है। इनसे स्फीति-दबाव, निवेश व्यय का कुआवंटन तथा भुगतान शेष की कठिनाइयां भी उत्पन्न होती है।

परिणामस्वरूप, अल्पविकसित देशों की व्यापार की आय शर्तों (income terms of trade) में दीर्घकालीन ह्रास हुआ है। जिससे उन्हें भुगतान शेष की कठिनाइयों का सामना करना पड़ता है। इससे विदेशी निवेश तथा सहायता के अधिक अंतर्प्रवाह की आवश्यकता पड़ती है। इसने आगे, ऋण पर ब्याज तथा ऋण सेवा भार में वृद्धि कर दी है, निजी प्रत्यक्ष विदेशी निवेश पर लाभों तथा लाभांशों के आय भुगतान में बढ़ोतरी हुई है तथा **विदेशी पूंजी के निवल अंतर्प्रवाह** में कमी हुई है। इन कारणों से विदेशी विनिमय रिजर्वों की और कमी हुई है जिससे अल्पविकसित देशों की विकास

परियोजनाओं पर प्रतिकूल प्रभाव पड़ा है।

उपरोक्त विवेचनाओं से स्पष्ट है कि प्रैबिश सिंगर सिद्धांत स्पष्ट करता है कि **व्यापार की शर्तों का दीर्घकालीन ह्रास** (Secular deterioration in the terms of trade) अल्पविकसित देशों की वृद्धि को रोकने में एक महत्त्वपूर्ण कारक रहा है। विश्व के परिसर में स्थित अल्पविकसित देशों तथा चक्रीय केन्द्रों (विकसित देशों) के बीच व्यापार की शर्तें विकसित देशों के पक्ष में स्थानान्तरित हुई हैं। इसका कारण यह है कि उनके साधन और वस्तु बाजारों में एकाधिकारात्मक तत्त्वों ने उन्हें अपनी प्रौद्योगिकी उन्नति द्वारा लाभ को बढ़ रही साधन आयों (factors income) के रूप में रखने दिया है जबकि अल्पविकसित देशों में उत्पादकता वृद्धि का लाभ कीमत घटाने में वितरित हुए हैं।

अल्पविकसित देश न केवल विकसित देशों के उत्पादकता लाभों को प्राप्त करने में असफल रहे हैं बल्कि प्रौद्योगिकी पिछड़ापन तथा जनसंख्या दबावों के कारण वे अपने उत्पादकता लाभों को भी रखने में असमर्थ रहे हैं।

सिंगर की यह धारणा है कि अल्पविकसित देशों का द्वार विदेशी व्यापार तथा निवेश के लिए खोलने से उनके विकास में बाधा पड़ी है, क्योंकि इन निवेशों का उद्देश्य तथा प्रभाव विकसित देशों की मशीनों तथा लोगों के लिए खुराक के नए स्रोतों का खोलना है। विकसित देशों ने अपनी निर्मित वस्तुओं का ऊंची कीमतों पर अल्पविकसित देशों को निर्यात करके ऊंची मजदूरियों और लाभों के रूप में फायदा उठाया है, जबकि अल्पविकसित देशों की खाद्य तथा कच्चामाल उत्पादन के लाभ कीमत कटौतियों में व्यर्थ गए हैं जिनका फिर लाभ विकसित देशों को हुआ है। ऐंजल के नियम का कार्यकरण विकसित तथा अल्पविकसित देशों के बीच कीमत विभेदों को बढ़ाने में एक मुख्य कारक है। जब आय बढ़ती है तो खाद्य पदार्थों के लिए मांग निर्मित वस्तुओं के लिए मांग की अपेक्षा बहुत धीरे-धीरे बढ़ती है। विनिर्माण में

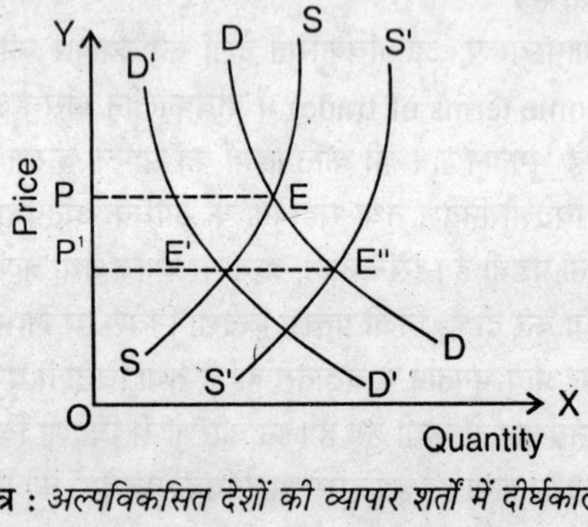

रेखाचित्र : *अल्पविकसित देशों की व्यापार शर्तों में दीर्घकालीन ह्रास*

तकनीकी प्रगति के कारण प्रति इकाई उत्पादन में प्रयोग किए गए कच्चे माल की मात्रा घटती है। अत: कच्चे माल की मांग गिरती है। इसको रेखाचित्र की सहायता से इस प्रकार स्पष्ट किया जा सकता है। रेखाचित्र में दर्शाए गए D तथा S क्रमश: प्राथमिक वस्तुओं के विश्व मांग तथा पूर्ति वक्र को व्यक्त करता है जो बेलोच है। पूर्ति में थोड़ी सी वृद्धि SS से S'S' अथवा मांग में थोड़ी सी गिरावट DD से D'D' कीमत में OP से OP' अधिक कमी ला देगी।

इस प्रकार, विकसित देशों ने ऊंची कीमत वाली निर्मित निर्यात वस्तुओं के उत्पादकों के रूप में तथा कम कीमतों वाली आयातित खाद्य वस्तुओं और कच्चे माल के उपभोक्ताओं के रूप में अपनी दोहरी स्थिति में लाभदायक संचयी प्रभावों का आनन्द उठाया है। दूसरी ओर, अल्पविकसित देशों ने ऊंची कीमत वाली आयातित निर्मित वस्तुओं के उपभोक्ता के रूप में तथा कम कीमतों वाले खाद्य पदार्थों एवं कच्चे माल के उत्पादकों के रूप में दोनों तरह से हानि उठाई है।

मुख्य तौर से प्रैबिश सिंगर सिद्धांत में प्राथमिक वस्तुओं की व्यापार की शर्तों में दीर्घकालीन ह्रास के तीन कारण बताए गए हैं—

(a) प्राथमिक वस्तुओं के लिए मांग सापेक्षतया आय बेलोच (income inelastic) होती है। जब आय बढ़ती है तो प्राथमिक वस्तुओं की मांग अनुपात से बहुत कम बढ़ती है। दूसरी ओर, निर्मित वस्तुओं की मांग सापेक्षतया आय लोच (income elastic) है। आय बढ़ने से ऐसी वस्तुओं की मांग अनुपात में अधिक बढ़ती है। इसी कारण प्राथमिक वस्तुओं का उत्पादन करने वाले अल्पविकसित देश की व्यापार की शर्तें उनके विरुद्ध जाती है।

(b) प्राथमिक वस्तुओं से संबंधित कच्चे माल की सस्ती स्थानापन्न वस्तुओं के निर्माण होने से प्राथमिक वस्तुओं की मांग में गिरावट होने के कारण उनकी कीमतों में कमी होती है, जैसे पटसन के स्थान पर नाइलोन की बोरियां, रस्से आदि का आविष्कार से विश्व में पटसन की मांग का कम होना।

(c) विकसित देशों की निर्मित वस्तुओं के उत्पादन में एकाधिकार जिस कारण वे अधिक कीमतें लेने में समर्थ होते हैं।

इसकी आलोचना : अर्थशास्त्रियों ने निम्नलिखित सांख्यिकीय तथा विश्लेषणात्मक तर्कों के आधार पर प्रैबिश सिंगर के दीर्घकालीन ह्रास सिद्धांत की कटु आलोचना की है—

1. कमजोर सांख्यिकीय आधार

2. सभी विकसित देश विनिर्मित तथा सभी अल्पविकसित देश प्राथमिक वस्तुओं का निर्यात नहीं करते।

3. एकाधिकारात्मक तत्त्व का प्रभाव सही नहीं।

4. ऐंजल का नियम लागू नहीं होता।

इन आलोचनाओं के बावजूद अल्पविकसित तथा विकसित देशों के बीच व्यापार की शर्तों पर वर्तमान आंकड़ों ने प्रैबिश सिंगर सिद्धांत की सत्यता को प्रमाणित किया है।

आर्थिक विकास में मुद्रा नीति (Monetary Policy in Economic Development)

मौद्रिक नीति किसी देश के मुद्रा प्राधिकरण की मौद्रिक मामलों से संबंधित नीति को बताती है। इसकी परिभाषा इस प्रकार दी जा सकती है कि यह वह नीति है जो निम्न बातों से संबंध रखती है—

(a) बैंक दर नीति (Bank rate Policy)

(b) खुले बाजार के प्रचालन (Open market operations)

(c) रिजर्व अनुपातों में परिवर्तन (Changes in reserves ratios)

(d) चयनात्मक साख नियंत्रण (selective credit controls)

ऊपर बताए गए प्रथम तीन उपायों का संबंध साख नियंत्रण के **मात्रात्मक** नियंत्रण से है। इनका उद्देश्य बैंकों के माध्यम से अर्थव्यवस्था में साख के सम्पूर्ण स्तर का नियमन करना है। जबकि अन्तिम चौथा का संबंध साख नियंत्रण के **गुणात्मक** (qualitative) उपायों से है। गुणात्मक अथवा चयनात्मक साख नियंत्रणों का लक्ष्य विशिष्ट प्रकार की साख का नियंत्रण करना है। इनके अंतर्गत परिवर्तनशील सीमा आवश्यकताएं (changing margin requirements) तथा उपभोक्ता साख नियमन शामिल होता है।

अल्पविकसित देशों में, मौद्रिक नीति साख की लागत तथा प्राप्यता को प्रभावित करके स्फीति पर नियंत्रण करके तथा भुगतान शेष संतुलन को बनाए रखकर आर्थिक विकास को तीव्र करने में महत्त्वपूर्ण कार्य करती है। जब विकास की गति तीव्र होती है तो व्यापार के बढ़ते परिमाण, तेजी से बढ़ती जनसंख्या और विस्तारशील मौद्रिक क्षेत्र की आवश्यकताओं को पूरा करने के लिए उचित मौद्रिक नीति और भी आवश्यक हो जाती है।

आर्थिक विकास में राजकोषीय नीति (Fiscal policy in Economic development)

राजकोषीय नीति से हमारा अभिप्राय सरकार के उन कार्यों से है जो सरकार की प्राप्तियों तथा व्ययों को प्रभावित करते हैं। आर्थिक विकास को बढ़ावा देने के लिए राजकोषीय नीति का प्रयोग हाल ही में शुरू हुआ है। केन्ज द्वारा प्रस्तुत किया गया राजकोषीय नीति विकसित देशों की अर्थव्यवस्थाओं पर लागू होता है। विकसित अर्थव्यवस्थाओं में राजकोषीय नीति का कार्य वृद्धि की दर को स्थिर बनाना है। अल्पविकसित अर्थव्यवस्था के प्रसंग में इसका कार्य पूंजी निर्माण की दर को बढ़ाना है। इसे आर्थिक विकास के साधन के रूप में रूपांकित किया गया है। केन्ज के विश्लेषण में, राजकोषीय विधियों का प्रयोग बचत घटाने तथा उपभोग प्रवृत्ति बढ़ाने के लिए होता है। परंतु अल्पविकसित देशों को एकदम भिन्न समस्या का सामना करना पड़ता है। ऐसी अर्थव्यवस्था में बचत की प्रवृत्ति बहुत कम और उपभोग प्रवृत्ति बहुत ही अधिक होती है। इस प्रकार, अल्पविकसित अर्थव्यवस्थाओं से केन्जीय विश्लेषण की सम्बद्धता बहुत कम है। जैसा कि **नर्क्से** ने कहा है, **''इसमें संदेह नहीं कि केन्ज के 'सामान्य सिद्धांत' का झुकाव बचतों के विरुद्ध और व्यय करने के पक्ष में है परंतु जब उसे उन परिस्थितियों में आरोपित किया जाता है जिनमें कि अल्पविकसित देश अपने को पाते हैं, तो वह प्रणाली घातक सिद्ध होती है।''**

राजकोषीय नीति के उद्देश्य (Objectives of Fiscal Policy) : राजकोषीय नीति आर्थिक विकास को बढ़ावा देने के साधन के रूप में निम्नलिखित उद्देश्यों की पूर्ति को लक्ष्य बनाती है—

1. निवेश की दर को बढ़ाना

2. रोजगार के अवसर बढ़ाना

3. सामाजिक दृष्टि से अनुकूलतम निवेश को प्रोत्साहन देना

4. स्फीति पर नियंत्रण करना

5. धन तथा आय के वितरण में असमानता को दूर करना

राजकोषीय नीति के औजार (Instruments of Fiscal Policy) : राजकोषीय नीति के तीन प्रमुख औजार हैं—

1. कराधान (taxation)

2. सार्वजनिक उधार

3. सार्वजनिक व्यय

राजकोषीय नीति का महत्त्व (Importance of Fiscal Policy) : अल्पविकसित देशों में आर्थिक विकास के लिए राजकोषीय नीति का प्रयोग अति आवश्यक होता है। इन देशों में, प्रति व्यक्ति आय का स्तर तथा बचतें बहुत ही कम होती हैं। बचतों का काफी भाग अनुत्पादक दिशाओं में—भू-संपदाओं, आभूषणों, स्वर्ण, सट्टा इत्यादि में अपव्यय हो जाता है। राजकोषीय नीति इन सबको उत्पादक दिशाओं में मोड़ती है।

सामाजिक तथा आर्थिक उपरिव्ययों (Social and Economic overheads) के निर्माण तथा नए उद्योगों की स्थापना में सरकारी व्यय देश के रोजगार, उत्पादन तथा आय स्तरों को बढ़ाने में सहायक होते हैं। चूंकि अल्पविकसित अर्थव्यवस्थाओं में ऐच्छिक बचतों (Voluntary Savings) का अभाव पाया जाता है

इसलिए बचतों के बढ़ाने के लिए कराधान अत्यन्त उपयोगी साधन है। कराधान प्रभावपूर्ण ढंग से धनी वर्गों के विशिष्ट उपभोग तथा अन्य फिजूल खर्च घटा देता है। इस प्रकार, निजी उपभोग को घटाने और पूंजी निर्माण के निष्क्रिय साधनों को सरकार के द्वारा हस्तांतरण करने के लिए कराधान एक महत्त्वपूर्ण तथा उपयोगी साधन है।

मुद्रा तथा पूंजी बाजार के पर्याप्त विकास नहीं होने के कारण अल्पविकसित देशों में अकेली मौद्रिक नीति (monetary policy) सफल नहीं हो पाती है इसलिए पूंजी निर्माण की दर बढ़ाने के लिए राजकोषीय नीति को मौद्रिक नीति के महत्त्वपूर्ण सहयोग के रूप में प्रयोग किया जा सकता है।

अंतर्राष्ट्रीय व्यापार तथा आर्थिक विकास

आर्थिक विकास में अन्तर्राष्ट्रीय व्यापार की भूमिका अत्यन्त महत्त्वपूर्ण है। **क्लासिकी तथा नव-क्लासिकी** (Classical and Neo-classical) अर्थशास्त्रियों ने देश के विकास में अन्तर्राष्ट्रीय व्यापार को इतना अधिक महत्त्व दिया कि इसे विकास का इंजन (Trade as engine of growth) माना। इसके विपरीत मत रखने वालों का कहना है कि ऐतिहासिक दृष्टि से विदेशी व्यापार ने अन्तर्राष्ट्रीय असमानता उत्पन्न की है। इसके कारण गरीब देशों को अन्तर्राष्ट्रीय विशेषीकरण के लाभों का परित्याग करना पड़े तो भी वे आयात स्थानापन्न नीतियों का अनुसरण करके आर्थिक विकास की दर बढ़ा सकते हैं।

अंतर्राष्ट्रीय व्यापार का महत्त्व (Importance of international trade)

अल्पविकसित देशों के लिए विदेशी व्यापार बहुत महत्त्व रखता है। यह विकास की लालसा उत्पन्न करता है, ज्ञान तथा अनुभव देता है, जो विकास को संभव बनाते हैं और इसे पूरा करने के साधन प्रदान करता है। विदेशी व्यापार के अनेक प्रत्यक्ष तथा अप्रत्यक्ष लाभ है।

प्रत्यक्ष लाभ (Direct Benefits) : विदेशी व्यापार से निम्नलिखित प्रत्यक्ष लाभ प्राप्त होते हैं—

***i.* उत्पादन स्तर में वृद्धि :** अन्तर्राष्ट्रीय व्यापार के फलस्वरूप जब कोई देश कुछ वस्तुओं के उत्पादन में विशिष्टीकरण करता है तो वह जिन वस्तुओं का कम लागत पर उत्पादन करता है उन्हें उन वस्तुओं से विनिमय कर लेता है जिनका दूसरे देश कम लागत पर उत्पादन करते हैं। इस प्रकार उस देश को व्यापार से लाभ होता है और राष्ट्रीय आय में वृद्धि होती है जो आगे उत्पादन के स्तर तथा अर्थव्यवस्था की वृद्धि दर को बढ़ाती है।

***ii.* बाजार के आकार में विस्तार :** अल्पविकसित देशों के विकास के मार्ग में उसके घरेलू मार्केट का छोटा आकार बाधक रहता है जो कि उत्पादन की पर्याप्त मात्रा को नहीं खपा पाता। इससे निवेश की प्रेरणा घट जाती है। इन देशों में बाजार का आकार इसलिए छोटा होता है कि प्रति व्यक्ति आय तथा क्रय शक्ति कम होती है। अंतर्राष्ट्रीय व्यापार इन देशों के मार्केट का विस्तार करता है और अधिक दक्ष संसाधनों के आवंटन से निवेश आय तथा बचत की प्रेरणा को बढ़ाता है।

***iii.* उत्पादन लागतों में कमी :** बाजार के विस्तार से अनेक आन्तरिक तथा बाह्य मितव्ययिताएं उत्पन्न होती हैं और परिणामस्वरूप उत्पादन की लागत घट जाती है।

***iv.* साधनों का दक्ष उपयोग :** वर्तमान साधनों को अधिक उत्पादकता से प्रयोग किया जाता है और दिए हुए उत्पादन फलनों के साथ संसाधनों का आवंटन अधिक दक्ष बन जाता है। **जे.एस. मिल** के अनुसार यह विदेशी व्यापार का सीधा लाभ है।

***v.* निर्वाह क्षेत्र का मौद्रीकृत क्षेत्र में रूपान्तरण (Transformation of subsistence sector into monetized Sector) :** विदेशी व्यापार, कृषि उत्पादन के लिए मार्केट प्रदान करके निर्वाह क्षेत्र को मौद्रीकृत क्षेत्र में रूपान्तरण करने में सहायक होता है और कृषि वर्ग की आय तथा जीवन स्तर को बढ़ाता है।

***vi.* उत्पादन की तकनीकों में सुधार :** अल्पविकसित देशों में उत्पादन तकनीकें पिछड़ी हुई होती हैं जिसका मुख्य कारण तकनीकी ज्ञान की कमी है। विदेशी प्रतियोगिता के कारण इन देशों में तकनीकी सुधारों को प्राथमिकता दी जाती है जिससे परम्परागत वस्तुओं में विशिष्टीकरण प्राप्त किया जाता है। परिणामस्वरूप, अन्तर्राष्ट्रीय व्यापार में इन परम्परागत वस्तुओं का योगदान बढ़ता है जिससे देश को लाभ होता है।

***vii.* अतिरेक का निर्गम (Vent for Surplus) : मिंत** (Myint) ने अन्तर्राष्ट्रीय व्यापार से होने वाले लाभों के प्रभावों को मापने के लिए **स्मिथ** का **अतिरेक का निर्गम** सिद्धांत अल्पविकसित देशों पर लागू किया है। विदेशी व्यापार के आरम्भ होने से प्राथमिक वस्तुएं उत्पादित करने वाले अल्पविकसित देशों में ''अतिरेक के लिए निर्गम'' की संभावना खुल जाती है। क्योंकि ऐसे देश के परम्परागत निर्वाह क्षेत्र में श्रम और पूंजी अल्प प्रयुक्त होते हैं, इसलिए जब वह विदेशी व्यापार करना प्रारम्भ करते हैं तो उसे निर्यात के लिए प्राथमिक वस्तुएं उत्पादित करने के अधिक सुअवसर प्राप्त होते हैं। वह उन विनिर्मित वस्तुओं को जिन्हें वह उत्पादित नहीं कर सकता है उनके आयातों के बदले प्राथमिक वस्तुओं के

अतिरेक उत्पादित कर सकता है। इस प्रकार देश को अन्तर्राष्ट्रीय व्यापार से लाभ होता है।

अप्रत्यक्ष लाभ (Indirect benefits)

अंतर्राष्ट्रीय व्यापार से कई अप्रत्यक्ष लाभ भी प्राप्त होते हैं। मार्केट का आकार और विशेषीकरण का क्षेत्र बढ़ाकर अन्तर्राष्ट्रीय व्यापार मशीनों का अधिक प्रयोग करता है। आविष्कारों तथा नव प्रवर्तनों को प्रोत्साहन देता है, श्रम की उत्पादकता बढ़ाता है, लागतें घटाता है और आर्थिक विकास लाता है। विदेशी व्यापार से विदेशी पूंजी का आयात भी होता है और नए विचार, तकनीक ज्ञान, कुशलता, प्रबन्धकीय दक्षता तथा उद्यमता धीरे-धीरे मस्तिष्क में जम जाते हैं। **अन्तिम,** यह स्वस्थ प्रतियोगिता को पोषित करता है और अदक्ष एकाधिकारों को रोकता है।

बहुविकल्पी प्रश्न

1. विकास अर्थशास्त्र में द्वैधवाद से अभिप्राय है—

A. द्वैध कीमत नीति

B. आधुनिक तथा पारम्परिक क्षेत्रों का सह-अस्तित्व

C. सार्वजनिक तथा निजी क्षेत्रों का सह अस्तित्व

D. संस्थानिक तथा संस्थानेतर अभिकरणों का सहअस्तित्व

2. प्रेबिश सिंगर की अभिधारणा के अनुसार विकासशील देशों की संवृद्धि में बाधक एक मुख्य कारक है—

A. वस्तु व्यापार के मामले में उनके द्वारा अनुभव की जाने वाली व्यापार शर्तों की सुदीर्घकालीन गिरावट

B. जनसंख्या संवृद्धि की ऊंची दर

C. घरेलू अर्थव्यवस्था में प्रभावी मांग का अभाव

D. घरेलू बचतों तथा निवेश की निम्न दरें

3. यदि राष्ट्रीय वास्तविक आय की लक्ष्यगत संवृद्धि दर 6 प्रतिशत हो, पूंजी निर्गत अनुपात 3 : 1 हो, सीमान्त बचत दर 13 प्रतिशत हो तो चेनरी के द्वि-अन्तराल मॉडल के अनुसार, अंतरालों के आकार का परिकलन करते हुए, 'बचत अंतराल' कितना होगा?

A. 7 प्रतिशत B. 6 प्रतिशत

C. 5 प्रतिशत D. 4 प्रतिशत

4. कथन (A) : रोस्टोव (Rostow) के अनुसार, 'उच्च व्यापक उपभोग' की अंतिम अवस्था में समाज का ज्यादा ध्यान पूर्ति के बजाय मांग पर, उत्पादन की समस्याओं के बजाय उपभोग की समस्याओं पर और व्यापकतम रूप में, कल्याण पर केन्द्रित हो जाता है।

कारण (R) : 'उत्कृष (Take off) अवस्था' और 'उच्च व्यापक उपभोग की अवस्था' में कोई विशेष अन्तर नहीं है।

A. A तथा R दोनों सही हैं और R, A का सही स्पष्टीकरण करता है।

B. A तथा R दोनों सही हैं और R, A का सही स्पष्टीकरण नहीं करता है।

C. A सही है परंतु R गलत है।

D. A गलत है, परंतु R सही है।

5. कथन (A) : अल्पविकसित देशों में विकसित देशों की विकास प्रक्रिया का पूर्णतया अनुकरण कठिन है।

कारण (R) : वर्तमान के विकसित देशों ने जिस स्तर से शुरूआत की थी, उसकी तुलना में आज के अल्पविकसित देशों को कहीं अधिक निम्न आर्थिक स्तर से विकास की शुरूआत करनी पड़ रही है।

A. A तथा R दोनों सही हैं और R, A का सही स्पष्टीकरण करता है।

B. A तथा R दोनों सही हैं और R, A का सही स्पष्टीकरण नहीं करता है।

C. A सही है परंतु R गलत है।

D. A गलत है, परंतु R सही है।

6. कुजनेत्स के अनुसार, विकास की प्रक्रिया में आय असमानताओं में प्रवृत्ति पाई जाती है—

A. बढ़ने की

B. घटने की

C. पहले बढ़ने और फिर घटने की

D. पहले घटने और फिर बढ़ने की

7. निम्नलिखित में से कौन-सा कथन संवृद्धि की सहज दर (Natural rate of growth) को ठीक-ठीक परिभाषित करता है—

A. यह वह न्यूनतम दर है जिस पर श्रम के पूर्ण रोजगार सहित उत्पादन में वृद्धि की जा सकती है।

B. यह वह सहज दर है जिस पर श्रम के पूर्ण रोजगार सहित उत्पादन में वृद्धि की जा सकती है।

C. यह वह अधिकतम दर है जिस पर श्रम के पूर्ण रोजगार सहित उत्पादन में वृद्धि की जा सकती है।

D. यह वह वास्तविक दर है जिस पर श्रम के पूर्ण रोजगार

सहित उत्पादन में वृद्धि की जा सकती है।

8. लुईस (Lewis) के आर्थिक विकास के मॉडल में, पूंजीवादी क्षेत्र अतिरेक (surplus) का सृजन एवं उसका पुनर्निवेश करता है और बदले में, निर्वाह मात्र क्षेत्र से हटाए गए श्रम को खपा लेता है। यह प्रक्रिया तब तक चलती है जब तक—

A. पूंजीवादी क्षेत्र में MP_L शून्य से अधिक नहीं हो जाता।

B. पूंजीवादी क्षेत्र का MP_L निर्वाह क्षेत्र के MP_L से कम नहीं हो जाता।

C. पूंजीवादी क्षेत्र का MP_L निर्वाह क्षेत्र की मजदूरी दर से अधिक रहता है और निर्वाह मात्र क्षेत्र का MP_L अब सकारात्मक है।

D. पूंजीवादी क्षेत्र में $MP_L = AP_L$

9. निम्नलिखित कथनों पर विचार कीजिए—नर्क्स के अनुसार, अल्पविकसित अर्थव्यवस्था में प्रच्छन्न बेरोजगारी पूंजी निर्माण का एक स्रोत है, यदि सभी अनुत्पाद श्रमिकों—

1. का निर्वाह व्यय उत्पादक श्रमिकों द्वारा उठाया जा रहा हो।
2. को कर्जे देकर परिसम्पत्तियां उपलब्ध कराई जा रही हो।
3. को तत्काल उत्पादकता बढ़ाने वाले निर्माण कार्यों पर जुटा दिया जाए।

उपर्युक्त कथनों में से—

A. 1, 2 और 3 सही हैं। B. 1 और 2 सही हैं।

C. 1 और 3 सही हैं। D. 2 और 3 सही हैं।

10. सूची I का सूची II के साथ सुमेल कीजिए और सूचियों के नीचे दिए गए कूटों का उपयोग करते हुए सही उत्तर का चयन कीजिए—

सूची I	***सूची II***
a. आर्थिक संवृद्धि का नव-क्लासिकी सिद्धांत	1. लेबेन्स्टीन
	2. जे.एच. बूक
b. आर्थिक विकास का बड़ा धक्का सिद्धांत	3. हर्शमैन
	4. रोजेस्टीन रोडान
c. क्रांतिक न्यूनतम प्रयास थीसिस	5. मीड
d. सामाजिक द्वैत	

कूट :	*a*	*b*	*c*	*d*
A.	2	3	4	5
B.	5	4	1	2
C.	3	5	2	1
D.	1	3	5	2

11. **कथन** (A) : रोस्टोव अग्रणी क्षेत्रकों के विकास को अर्थव्यवस्था के उत्थान की एक शर्त मानते हैं।

कारण (R) : अन्य क्षेत्रकों के उत्पादों की मांग इन्हीं क्षेत्रकों की मांग के जरिए संचारित होती है।

A. A तथा R दोनों सही हैं और R, A का सही स्पष्टीकरण करता है।

B. A तथा R दोनों सही हैं और R, A का सही स्पष्टीकरण नहीं करता है।

C. A सही है परंतु R गलत है।

D. A गलत है, परंतु R सही है।

12. निवेश निर्णय के सिद्धांत में, सबसे उपयुक्त आंतरिक प्रतिफल दर (IRR) वह है जो—

A. निवल (Net) वर्तमान मूल्य को अधिकतम करती है।

B. सकल (Gross) वर्तमान मूल्य को अधिकतम करती है।

C. निवल वर्तमान मूल्य को शून्य करती है।

D. सकल वर्तमान मूल्य को शून्य करती है।

13. इस प्राक्कल्पना का कि राष्ट्रों के विकास के इतिहास में आय असमानता की मात्रा आरंभिक चरणों में बढ़ती है और बाद के चरणों में घट जाती है, प्रतिपादक है—

A. आर.एफ. हेरोड B. साइमन कुजनेत्स

C. जे.आर. हिक्स D. टी.डब्ल्यू. शूल्ज

14. प्रच्छन्न बेरोजगारी के विषय में निम्नलिखित में से कौन-सी बातें सही हैं—

1. यह संभाव्य बचतों का प्रतिनिधित्व करती है।
2. श्रम की सीमान्त उत्पादकता शून्य अथवा अत्यंत निम्न है।
3. यह संयुक्त परिवार प्रणाली के कारण है।
4. यह ग्रामीय क्षेत्रों तक सीमित है।

नीचे दिए गए कूट का प्रयोग करते हुए सही उत्तर का चयन कीजिए—

A. 1, 2, 3 और 4 सही हैं।

B. 2 और 4 सही हैं।

C. 3 और 4 सही हैं।

D. 1, 2 और 3 सही हैं।

15. जीवन सूचकांक की भौतिक गुणवत्ता (PQLI) आधारित है—

A. साक्षरता के प्रतिशत, शिशु मृत्यु दर तथा आयु संभाविता पर

B. भोजन, जल, आश्रय तथा स्वास्थ्य सेवाओं की समुचित आपूर्ति पर
C. सफाई, शिक्षा और कल्याणकारी उपायों की व्यवस्था पर
D. ऊपर A, B, C में बताई गई सभी बातों पर

16. बुनियादी सिद्धांत जिस पर हैरोड तथा डोमर ने बल दिया और जिसे संवृद्धि के सभी आधुनिक सिद्धांतों में समाविष्ट किया गया है—
A. निवल (net) निवेश का द्वैध प्रभाव
B. निवल निवेश का क्षमता प्रभाव
C. निवल निवेश का बचत प्रभाव
D. निवल निवेश का क्राउडिंग आउट प्रभाव

17. यह दिया गया हो कि संवृद्धि दर $g = 5\%$ और सीमान्त बचत प्रवृत्ति MPS = 0.5 है, तो हैरोड के मॉडल के समानुरूप पूंजी निर्गत अनुपात का मूल्य होगा—
A. 100 B. 0.1
C. 0.11 D. 10

18. राउल प्रेबिश द्वारा प्रस्तुत, विकासशील देशों की व्यापार शर्तों की सुदीर्घकालीन गिरावट के समाधान के लिए निम्नलिखित में से कौन-सी बातें प्रासंगिक हैं—
1. प्राथमिक उत्पादों की मांग की निम्न आय लोच
2. विनिर्मित वस्तुओं के बाजारों की संरचना प्राथमिक वस्तुओं के बाजारों की संरचना से अधिक एकाधिकारी होती है।
3. प्रौद्योगिकीय उन्नति के फलस्वरूप होने वाली उत्पादकता वृद्धि औद्योगिक वस्तुओं की कीमतों में कमी के रूप में प्रतिबिम्बित नहीं हुई है।
4. विनिर्मित वस्तुओं की गुणवत्ता में पर्याप्त वृद्धि हुई है।

नीचे दिए गए कूट का प्रयोग करते हुए सही उत्तर का चयन कीजिए—
A. 2, 3 और 4 सही हैं। B. 1, 3 और 4 सही हैं।
C. 1, 2 और 4 सही हैं। D. 1, 2 और 3 सही हैं।

19. ''विकास निश्चल स्थिति में होने वाला एक ऐसा सतत एवं स्वत: प्रवर्तित परिवर्तन है जो उस समय विद्यमान संतुलन को सदा के लिए परिवर्तित एवं विस्थापित कर देता है; इसकी तुलना में, संवृद्धि दीर्घकाल में आने वाला एक क्रमिक एवं सुधार परिवर्तन है जो बचत और जनसंख्या की दर में क्रमिक वृद्धि द्वारा पैदा होता है।'' विकास एवं संवृद्धि की इस सुपरिचित परिभाषा को देने वाले हैं—
A. सी.पी. किंडल बर्गर B. यू. हिक्स
C. जे.ए. शुम्पीटर D. रेगनर नर्क्से

20. निम्नलिखित पर विचार कीजिए—
1. किसी देश के व्यक्तियों को अधिक पूंजी के संचयन का अवसर प्रदान करती है।
2. देश के लोगों को ज्ञान, कौशल स्तरों और क्षमताओं में वृद्धि करने का अवसर प्रदान करती है।
3. गोचर धन का संचय संभव बनाती है।
4. अगोचर धन का संचय संभव बनाती है।

एक संकल्पना के रूप में मानव पूंजी निर्माण की बेहतर व्याख्या उपलब्ध कराते हैं—
A. 1, 2 और 4 B. 1, 2 और 3
C. 3 और 4 D. 2 और 4

21. हर्षमैन के अनुसार, 'अभिसारी' शृंखला में वे निवेश परियोजनाएं समाविष्ट हैं, जो जितनी बाह्य मितव्ययिताओं का सृजन करती है उनसे अधिक का विनियोग करती हैं और 'अपसारी' शृंखला में वे निवेश परियोजनाएं समाविष्ट हैं जो जितनी बाह्य मितव्ययिताओं का विनियोग करती हैं उनसे अधिक का सृजन करती हैं। इस दृष्टि से, शक्ति और परिवहन में किए गए निवेश—
A. अभिसारी शृंखला के हैं।
B. अपसारी शृंखला के हैं।
C. क्रमश: अभिसारी और अपसारी शृंखलाओं के हैं।
D. दोनों ह्रासमान प्रतिफल के साथ अभिसारी शृंखला के हैं।

22. सूची I का सूची II के साथ सुमेल कीजिए और नीचे दिए गए कूट का प्रयोग करते हुए सही उत्तर का चयन कीजिए—

सूची I	*सूची II*
(a) पूंजी आवर्त कसौटी	1. गेलेन्सन-लीबेन्स्टीन
(b) सामाजिक सीमांत उत्पादकता कसौटी	2. ए.के. सेन
(c) काल श्रेणी कसौटी	3. कान-चेनरी
(d) पुनर्निवेश दर कसौटी	4. बुकनान-पोलक

कूट :	*a*	*b*	*c*	*d*
A.	4	3	2	1
B.	4	2	3	1
C.	1	2	3	4
D.	1	3	2	4

23. संतुलित संवृद्धि की मूल व्याख्या का सरोकार निम्नलिखित से है—
A. निजी और सामाजिक हित लाभों के बीच भेद को दूर

करने के लिए कार्यकलाप में व्यापक विस्तार

B. सभी क्षेत्रकों में समान दर से संवृद्धि

C. सभी क्षेत्रकों में समान राशि का निवेश

D. कमियों अथवा आधिक्यों का अभाव

24. नीचे दी गई आकृति से निम्नलिखित में से कौन-सी दशाओं का अनुमान किया जा सकता है—

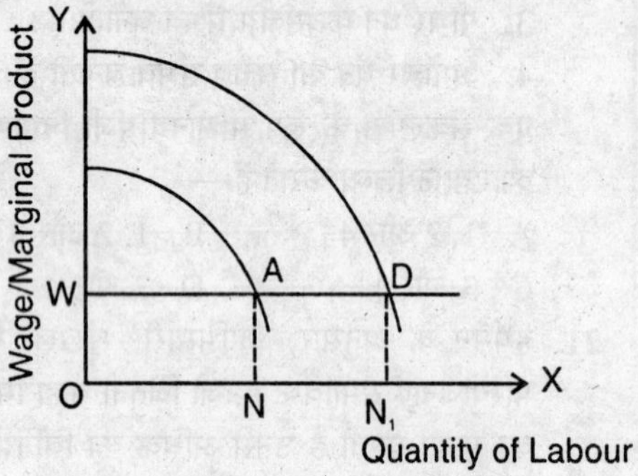

1. पूंजी के प्रतिफल में वृद्धि होती है जिससे आगे और निवेश को प्रोत्साहन मिलता है चूंकि पूंजीपति में औसत सीमान्त बचत प्रवृत्ति होती है।
2. पूंजी के प्रतिफल में वृद्धि होती है जिससे आगे और निवेश को प्रोत्साहन मिलती है क्योंकि पूंजीपति में औसत से ऊंची सीमान्त बचत प्रवृत्ति होती है।
3. पूंजीपति व्यवहार के फलस्वरूप GNP में पूंजी के अंश में वृद्धि हो जाती है जिससे और भी बचत एवं निवेश होता है।
4. पूंजीपति बिन्दु 'B' तक श्रम को काम पर रखता है, इस बिन्दु पर उत्पादन में श्रम का अंश OWBN होता है।

नीचे दिए गए कूट का प्रयोग करते हुए सही उत्तर का चयन कीजिए—

A. 1 और 3 B. 2 और 3

C. 1 और 4 C. 2 और 4

25. निर्धनता के दुष्चक्र को उत्पादन की एक ही लाइन में स्वत: हो रहे निवेश के बजाए पूंजी का तुल्यकालिक प्रयोग करके तोड़ा जा सकता है। इस कथन में 'उत्पादन की एक ही लाइन' से अभिप्राय है—

A. किसी विशेष प्रकार की वस्तु के उत्पादन में निवेश

B. उत्पादन की किसी विशेष प्रक्रिया में विशेष क्षमता प्राप्ति

C. अर्थव्यवस्था के किसी विशेष क्षेत्र में निवेश

D. उसी उत्पाद की किस्मों का अभाव

26. आर्थिक संवृद्धि के मार्क्सवादी विश्लेषण के साथ निम्नलिखित में से कौन-से कथन जुड़े हैं?

1. इतिहास किसी भी रूप में संयोगिक घटनाओं का सम्मुच्य नहीं है। यह कतिपय अन्वेषणीय नियमों का अनुसरण करता है जो सामाजिक संगठन के सादा परिवर्तनशील और नित नए रूपों को जन्म देते हैं।
2. पूंजीवाद की स्थापना में आरंभिक औपनिवेशिक विस्तार ने प्रमुख भूमिका निभाई थी।
3. प्रकृति मामलों को इस प्रकार विन्यस्त करती है कि उसके द्वारा निर्धारित उचित न्यायिक प्रणाली ही विकास को बढ़ावा देने का सर्वोत्तम साधन बन जाती है।

नीचे दिए गए कूट का प्रयोग करते हुए सही उत्तर का चयन कीजिए—

A. 1 और 2 B. 1 और 3

C. 2 और 3 D. 1, 2 और 3

27. सूची I का सूची II के साथ सुमेल कीजिए और सूचियों के नीचे दिए गए कूट का प्रयोग करते हुए सही उत्तर का चयन कीजिए—

सूची I	*सूची II*
(a) पी.एन. रोजेस्टीन-रोड्रान	1. क्रांतिक न्यूनतम प्रयास
(b) एच.लीबेंस्टीन	2. बड़े धक्के का सिद्धांत
(c) आर. नर्क्स	3. टेक-ऑफ स्टेज
(d) डब्ल्यू.डब्ल्यू. रोस्टोव	4. निर्धनता का दुष्चक्र

कूट :	*a*	*b*	*c*	*d*
A.	2	1	4	3
B.	3	4	2	1
C.	3	1	4	2
D.	2	4	1	3

28. **कथन** (A) : नव-क्लासिकी अर्थशास्त्र हमेशा उन्नत अर्थव्यवस्था में आर्थिक संवृद्धि के स्थायित्व पर बल देता है।

कारण (R) : नव-क्लासिकी अर्थशास्त्र में कारक प्रतिस्थापनीयता की पूर्वधारणा सदा स्थायी संवृद्धि की ओर ले जाती है।

A. A तथा R दोनों सही हैं और R, A का सही स्पष्टीकरण करता है।

B. A तथा R दोनों सही हैं और R, A का सही स्पष्टीकरण नहीं करता है।

C. A सही है परंतु R गलत है।

D. A गलत है, परंतु R सही है।

29. वह सूचक जो आयु संभावित और साक्षरता के सामाजिक सूचकों का मूल आय के उस माप से सम्मिलन करता है जो लोगों को गरीबी की रेखा से ऊपर उठाने के लिए पर्याप्त क्रय शक्ति को प्रतिबिम्बित करने के लिए समायोजित है, कहलाता है—

A. मूल आवश्यकता सूचक B. क्रय शक्ति सूचक
C. मानव विकास सूचक D. कल्याण सूचक

30. सूची I का सूची II के साथ सुमेल कीजिए और सूचियों के नीचे दिए गए कूट का प्रयोग करते हुए सही उत्तर का चयन कीजिए—

सूची I	*सूची II*
(a) पूंजी की अंतर्लयन क्षमता	1. ए.ओ. हर्शमैन
(b) प्रौद्योगिकीय द्वयात्मकता	2. एम.केलेस्की
(c) अनुमेय और बाध्य अनुक्रम	3. बी.हिगिन्स
(d) जीवन की भौतिक गुणता का सूचक	4. डी. मॉरिस

कूट :	*a*	*b*	*c*	*d*
A.	2	3	4	1
B.	2	3	1	4
C.	3	2	1	4
D.	3	2	4	1

31. निम्नलिखित वक्तव्यों पर विचार कीजिए—
'आर्थिक विकास'
1. अनवरत प्रक्रिया है।
2. अल्पकालीन प्रक्रिया है।
3. दीर्घकालीन प्रक्रिया है।

इन वक्तव्यों में से

A. केवल 2 सही है। B. 1 और 3 सही हैं।
C. केवल 3 सही है। D. 1 और 2 सही हैं।

32. निम्नलिखित वक्तव्यों पर विचार कीजिए—
आपूर्ति की ओर से '**बिग पुश सिद्धांत**' के पक्ष में तर्क जुड़ा हुआ है—
1. बाजार के छोटे आकार के कल्पित अस्तित्व के साथ।
2. बाह्यता के कल्पित अस्तित्व के साथ।
3. अविभाज्यताओं के कल्पित अस्तित्व के साथ।
4. जनसंख्या की ऊंची वृद्धि के कल्पित अस्तित्व के साथ

A. 1 और 2 सही हैं। B. 1, 3 और 4 सही हैं।
C. 2, 3 और 4 सही हैं। D. 2 और 3 सही हैं।

33. डब्ल्यू. डब्ल्यू. रॉस्टोव के 'संवृद्धि के चरणों' में परिपक्वता की ओर चालन का चरण—

A. उत्कृष्ट अवस्था चरण के बाद आता है।
B. विकास का आरम्भ करता है।
C. विकास को सम्पूर्ण करता है।
D. उच्च सामूहिक उपभोग चरण के बाद आता है।

34. फ्रेडरिक लिस्ट के अनुसार विकास के विभिन्न चरणों का अनुक्रम है—

A. पशुचारण, कृषि, कृषि विनिर्माण
B. वन्य, कृषि, कृषि विनिर्माण
C. कृषि, कृषि विनिर्माण, उद्योग
D. वन्य, पशुचारण, कृषि, कृषि विनिर्माण, विनिर्माण, वाणिज्य

35. दिए गए रेखाचित्र में एक उत्पादन सम्भावना सीमा (PPF) को चित्रित किया गया है। एक कम विकसित देश (LDC) होगा—

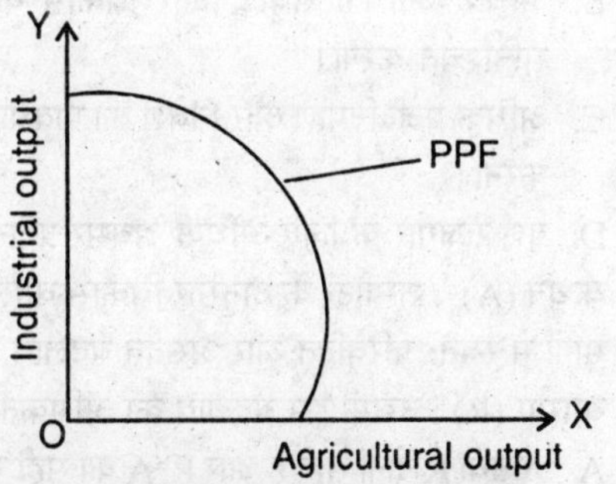

A. उत्पादन सम्भावना सीमा के भीतर
B. उत्पादन सम्भावना सीमा पर
C. उत्पादन सम्भावना सीमा के बाहर
D. ऐसे बिन्दु पर जो उद्गम को पूरी तरह ढक लेता है।

36. सूची I का सूची II के साथ सुमेल कीजिए और सूचियों के नीचे दिए गए कूट का प्रयोग करते हुए सही उत्तर का चयन कीजिए—

सूची I	*सूची II*
(a) इकोनॉमिक ग्रोथ एंड स्ट्रक्चर	1. फेलनर
(b) रीडिंग्स इन दी थ्योरी ऑफ इन्कम डिस्ट्रीब्यूशन	2. कुजनेट्स
(c) एन.एस्से ऑन मार्किसयन इकोनामिक्स	3. डब्ल्यू. एच. डीन
(d) दी थ्योरी ऑन जियोग्राफिकल लोकेशन ऑफ इकोनॉमिक एक्टिविटी	4. जोर रॉ बिन्सन

कूट :	*a*	*b*	*c*	*d*
A.	2	1	4	3
B.	2	1	3	4
C.	1	2	3	4
D.	1	2	4	3

37. साधारणतया किसी देश की अनुकूलतम जनसंख्या से अभिप्राय जनसंख्या के उस परिणाम से होता है जहां—

A. अधिकतम प्रति व्यक्ति उत्पादन प्राप्त होता है।

B. जनसंख्या की वृद्धि दर स्थिर बनी रहती है।

C. उद्योगों में लगे कर्मियों के अनुपात में वृद्धि होती है।

D. ग्रामीण जनसंख्या को लाभकर रोजगार प्रदान होता है।

38. विकास नियोजन का सर्वाधिक महत्त्वपूर्ण उद्देश्य है—

A. अधिक आर्थिक समानता की अवस्था सुनिश्चित करना।

B. अधिक आर्थिक संवृद्धि और विकास की अवस्था सुनिश्चित करना।

C. अधिक पूंजी निर्माण और निवेश का प्रावधान उपलब्ध करना।

D. पूर्ण रोजगार के लिए अधिक अवसर प्रदान करना।

39. **कथन** (A) : शुम्पीटर के अनुसार विकास वर्तुल प्रवाह के मार्गों में स्वत: परिवर्तित और असतत बदलाव है।

कारण (R) : उद्यमी इस बदलाव का अभिकर्ता है।

A. A तथा R दोनों सही हैं और R, A का सही स्पष्टीकरण करता है।

B. A तथा R दोनों सही हैं और R, A का सही स्पष्टीकरण नहीं करता है।

C. A सही है परंतु R गलत है।

D. A गलत है, परंतु R सही है।

40. निम्नलिखित में से कौन-सा एक युग्म सही सुमेलित नहीं है?

A. साइमन कुजनेट्स—एशियन ड्रामा

B. जे.रॉबिन्सन—एस्सेज इन दी थ्योरी ऑफ इकनॉमिक ग्रोथ

C. कार्ल मार्क्स—दास कैपिटल

D. आर्थर डब्ल्यू लेविस—थ्योरी ऑफ इकनॉमिक ग्रोथ

41. आर्थिक वृद्धि का वणिकवादी सिद्धांत मुख्य रूप से संबंधित है—

A. स्वर्ण के आयात के माध्यम से संचलन में हुई मुद्रा की मात्रा में वृद्धि से।

B. जनसंख्या के आकार में हुई बढ़ोतरी से।

C. कुशल उद्यमी कार्यों के लिए परिस्थिति बनाने में राज्य के हस्तक्षेप में वृद्धि से।

D. व्यापार शेष के आधिक्य में वृद्धि से

42. पूंजी उत्पाद अनुपात 3 : 1 और जनसंख्या वृद्धि की दर प्रति वर्ष 2.5% मानते हुए, निवेश में 10.5% की वृद्धि हो जाने से प्रति व्यक्ति आय में वृद्धि होगी—

A. शून्य प्रतिशत तक B. 0.1 प्रतिशत तक

C. 3.0 प्रतिशत तक D. 7.0 प्रतिशत तक

43. हैरोड की प्राकृतिक वृद्धि दर है—

A. वह वृद्धि दर जो जनसंख्या की वृद्धि और तकनीकी सुधार के फलस्वरूप हो पाती है।

B. वह वृद्धि दर जो कमाने वालों को यह संतोष देती है कि उन्होंने सही काम किया है।

C. वास्तविक वृद्धि दर

D. पूंजी संचय की दर में वृद्धि

44. आय की उच्च विषमता की अवस्था में आय का वितरण होता है—

A. एक सममित वितरण

B. U-आकार का वितरण

C. एक उल्टे J-आकार का वितरण

D. उपर्युक्त में से कोई नहीं

45. ''आर्थिक विकास श्रम की असीमित पूर्ति के साथ'' विकास का एक मॉडल है जिसका प्रतिपादन किया था—

A. ए.ओ. हर्षमैन ने B. डब्ल्यू.डब्ल्यू. रोस्टोव ने

C. डब्ल्यू. ए. लेविस ने D. हॉलिस चेनारी ने

46. लिबंस्टीन अपने क्रांतिक न्यूनतम प्रयास के प्रमेय में जनसंख्या को ऐसे घटक के रूप में मानता है जो है—

A. आय-सृजक B. आय-अवसादी

C. निवेश-प्रेरक D. बाजार-बिस्तारी

47. कुजनेट्स के अनुसार निम्नलिखित लक्षणों में से कौन-सा आधुनिक आर्थिक विकास का सबसे महत्त्वपूर्ण लक्षण है–

A. सामाजिक एवं वैचारिक रूपान्तरण

B. संरचनात्मक रूपान्तरण

C. उत्पादन के साधनों की उच्च उत्पादकता

D. प्रति व्यक्ति उत्पादन की उच्च वृद्धि दर

48. निम्नलिखित में से एक या एक से अधिक अर्थशास्त्री यह तर्क देते हुए जान पड़े हैं कि अन्तर्राष्ट्रीय व्यापार विकासशील देशों के औद्योगीकरण के लिए घातक है—

1. गुन्नार मिर्डल 2. रॉल प्रेबिश

3. हैबरलर 4. डेविड रिकार्डो

निम्नलिखित कूट का प्रयोग कर सही उत्तर चुनिए—

A. 2 और 3 B. 3 और 4
C. 1 और 4 D. 1 और 2

49. सोलो द्वारा प्रतिपादित नव-क्लासिकी संवृद्धि मॉडल में निम्नलिखित में से किस को मानकर चला गया है—

1. परिवर्ती बचत दर
2. स्थिर जनसंख्या संवृद्धि दर
3. परिवर्ती पूंजी उत्पाद अनुपात

नीचे दिए गए कूट का प्रयोग कर सही उत्तर चुनिए—

A. केवल 1 B. 1 और 2
C. केवल 3 D. 2 और 3

50. शुम्पीटर द्वारा विकसित संवृद्धि का सिद्धांत महत्त्व देता है—

A. संतुलित संवृद्धि की आवश्यकता को
B. आधारिक संरचना के विकास को
C. प्रबंधकों की भूमिका को
D. नव-प्रवर्तनों की भूमिका को

51. उच्च बचत वाली अर्थव्यवस्था होते हुए भी कोई विकासशील देश तेजी से मूलत: इसलिए संवृद्धि नहीं कर सकता क्योंकि वहां है—

A. कमजोर प्रशासन तंत्र B. निरक्षरता
C. उच्च जनसंख्या घनत्व D. उच्च पूंजी उत्पाद अनुपात

52. हिक्स की तटस्थ तकनीकी परिवर्तन का निहितार्थ है कि—

A. एकक समोत्पाद में समानान्तर ऊर्ध्वमुखी स्थानान्तरण आता है।
B. एकक समोत्पाद में समानान्तर अधोमुखी स्थानान्तरण आता है।
C. एकक समोत्पाद परिवर्तनों की वक्रता बदलती है।
D. उपर्युक्त में से कोई नहीं

53. पूंजी सघनीकरण का अर्थ है—

A. पूंजी की तुलना में श्रम की अपेक्षाकृत बड़ी मात्रा का प्रयोग
B. मजदूरों की बढ़ी हुई संख्या के कारण समान प्रकार की पूंजी का अपेक्षाकृत अधिक मात्रा में प्रयोग
C. पहले से ही विद्यमान उत्पादन में प्रति मजदूर पूंजी में वृद्धि
D. मानव पूंजी का अपेक्षाकृत अधिक प्रयोग

54. यदि कृषि में श्रम की सीमान्त उत्पादिकता शून्य हो तो आर्थर लुइस द्वारा उद्योग के लिए माना गया श्रम पूर्ति वक्र होगा—

A. पूर्णतया लोचदार
B. पूर्णतया बेलोचदार
C. इकाई लोच के बराबर
D. सापेक्षिक रूप से लोचदार

55. निम्नलिखित कथनों पर विचार कीजिए—हैरॉड-डोमर संवृद्धि मॉडल में छुरी-धार (Knife-edge) समस्या का निहितार्थ है, स्थिर

1. जनसंख्या वृद्धि पर
2. उत्पादन
3. बचत दर
4. पूंजी उत्पादन अनुपात

A. केवल 4 सही है। B. 1 और 2 सही है।
C. 1, 2 और 3 सही है। D 1, 3 और 4 सही हैं।

56. प्रदर्शन प्रभाव (demonstration effect) का अर्थ है—

A. विज्ञापन का प्रभाव
B. उपभोग का अनुकरण प्रभाव
C. मनोरंजन प्रभाव
D. किसी प्रयोग का प्रभाव

57. अर्थशास्त्रियों और उनके द्वारा प्रतिपादित सिद्धांतों के निम्नलिखित युग्मों में से कौन-सा एक सही सुमेलित है—

A. ए.डब्ल्यू. लिविस—''बिग पुश'' सिद्धांत
B. ए.ओ. हर्षमैन—असंतुलित विकास का सिद्धांत
C. रोजेस्टीन-रोडेन—आर्थिक संवृद्धि की अवस्थाएं
D. डब्ल्यू.डब्ल्यू. रोस्टोव—श्रम की असीमित पूर्ति के साथ विकास का सिद्धान्त

58. निम्नलिखित में से कौन-सा एक हैरॉड-डोमर मॉडल (Harrod-Domar Model) की मान्यता नहीं है—

A. स्थिर पूंजी उत्पाद अनुपात
B. परिवर्तनशील सीमान्त और औसत बचत प्रवृत्ति
C. बंद अर्थव्यवस्था (closed economy)
D. पूंजी उत्पाद का एकमात्र कारक है।

59. विकास आयोजन के संदर्भ में द्वि-अन्तराल सिद्धांत (Two gap theory) निर्दिष्ट करता है—

A. स्फीति अंतराल और निवेश अन्तराल को
B. बचत अंतराल और अवस्फीति अन्तराल को
C. विदेशी मुद्रा अंतराल को
D. बचत बाध्यता और विदेशी मुद्रा बाध्यता को

60. सूची I का सूची II के साथ सुमेल कीजिए और सूचियों के

नीचे दिए गए कूट का प्रयोग करते हुए सही उत्तर का चयन कीजिए—

सूची I	*सूची II*
(a) सोलो	1. तटस्थ तकनीकी परिवर्तन, जिसके अन्तर्गत उत्पादन में परिवर्तन के बावजूद, **पूंजी श्रम अनुपात** स्थिर रहता है।
(b) हिक्स	2. तटस्थ तकनीकी परिवर्तन, जिसके अन्तर्गत श्रम उत्पाद अनुपात स्थिर रहता है, जिसके कारक समानुपात पूंजी की बचत के पक्ष में अभिनत होते हैं।
(c) हैराड	3. तटस्थ तकनीकी परिवर्तन, जिसके अन्तर्गत पूंजी उत्पाद अनुपात स्थिर रहता है, जिससे कारक समानुपात पूंजी की बचत के पक्ष में अभिनत होते हैं।

कूट :	*a*	*b*	*c*
A.	2	1	3
B.	1	2	3
C.	3	2	1
D.	3	1	2

61. अर्द्ध विकसित देशों में बचत सम्भावना के स्रोत के रूप में प्रच्छन्न बेरोजगारी (disguised unemployment) का उपयोग सुझाया है—

A. आर. नर्क्से ने B. पी. बारान ने
C. आर. हैरॉड ने D. डब्ल्यू.डब्ल्यू. रोस्तोव ने

62. निम्नलिखित युग्मों में से कौन-सा एक सही सुमेलित नहीं है—

A. विकासशील देशों के लिए रोलिंग योजना—कॉल्डोर
B आर्थिक नियतवाद (economic determinism)—मार्क्स
C. संतुलित संवृद्धि सिद्धांत—नर्क्से
D. श्रम की असीमित पूर्ति के साथ विकास—लिविस

63. हैरड-डोमर मॉडल के अनुसार, दिए गए सीमान्त पूंजी उत्पादन अनुपात में, अभीष्ट वृद्धि दर निर्भर करती है—

A. श्रम शक्ति की वृद्धि दर पर
B. निवेश की सीमान्त उत्पादकता पर
C. पूंजी की सीमान्त दक्षता पर
D. बचत-आय अनुपात पर

64. कुजनेट्स के अनुसार विकास की प्रक्रिया में आय असमानताओं की प्रवृत्ति—

A. घटने की होती है।
B. बढ़ने की होती है।
C. पहले बढ़ने की और फिर घटने की होती है।
D. पहले घटने की और फिर बढ़ने की होती है।

65. श्रम की पूर्णत: लोचदार पूर्ति निर्णायक भूमिका निभाती है—

A. माल्थस के विकास मॉडल में
B. प्रेविश प्राक्कल्पना में
C. कुजनेट्स के विकास मॉडल में
D. लेविस के विकास मॉडल में

66. निम्नलिखित कथनों पर विचार कीजिए—
आर्थिक विकास से सम्बद्ध जनांकीकीय संक्रमण की विशिष्ट अवस्थाओं का सही क्रम है—

1. निम्न मृत्यु दर के साथ निम्न जन्म दर
2. उच्च मृत्यु दर के साथ उच्च जन्म दर
3. निम्न मृत्यु दर के साथ उच्च जन्म दर

उपर्युक्त का सही क्रम है—

A. 1, 2, 3 B. 2, 1, 3
C. 2, 3, 1 C. 3, 2, 1

67. नर्क्से के अनुसार अल्पविकसित देशों के संदर्भ में निम्न कथन सही है—

A. कृषि क्षेत्र की अर्द्ध बेरोजगारी, पूंजी निर्माण का एक साधन होती है।
B. कृषि क्षेत्र की अर्द्ध बेरोजगारी आधिक्य श्रम के स्थानान्तरण का सही कारण है।
C. संतुलित निवेश से ही आर्थिक विकास संभव है।
D. उपर्युक्त सभी कथन सही हैं।

68. आर्थिक विकास का संबंध होता है—

A. पूंजीवादी अर्थव्यवस्था से
B. समाजवादी अर्थव्यवस्था से
C. मिश्रित अर्थव्यवस्था से
D. विकासशील अर्थव्यवस्था से

69. रोस्टोव के अनुसार जब समाज में आर्थिक एवं सामाजिक पूंजी का निर्माण होता है तो यह अवस्था है—

A. परम्परागत समाज
B. आत्म स्फूर्ति की पूर्व शर्तें
C. आत्म स्फूर्ति की अवस्था
D. उपर्युक्त में से कोई नहीं

70. ''वर्तमान में विकसित देश अधिक विकसित और निर्धन देश अधिक निर्धन होते जा रहे हैं आर्थिक विकास से अन्तर्राष्ट्रीय असमानताएं बढ़ रही हैं।''
यह कथन किस अर्थशास्त्री का है—
A. कीन्स B. मिर्डाल
C. के.एन.राज D. स्टिग्लर

71. अल्पविकसित देशों में vicious circle of poverty का प्रतिपादन किसने किया—
A. जॉन राबिन्सन B. रिकार्डो
C. नर्क्स D. लिवेन्स्टीन

72. An Enquiry into the Nature and causes of the wealth of Nations के लेखक थे—
A. रिकार्डो B. मिल
C. राबर्टसन D. एडम स्मिथ

73. आर्थिक विकास की आत्म स्फूर्ति की अवस्था में शुद्ध निवेश दर रोस्टोव के अनुसार होनी चाहिए—
A. 5% B. 10%
C. 15% D. 20%

74. हैरोड-डोमर मॉडल में विकास G, औसत बचत अनुपात S तथा पूंजी उत्पाद अनुपात V से निम्नलिखित रूप से संबंधित है—
A. $G = V/(1 - S)$ B. $G = (1 - V)/S$
C. $S = S/V$ D. $G = V/S$

75. आर्थिक विकास के निर्धारक तत्त्व में कौन-सा आर्थिक नहीं है—
A. विकासशील अर्थव्यवस्था
B. प्रौद्योगिकी एवं नव-प्रवर्तन
C. विदेशी पूंजी
D. स्थिर एवं कुशल प्रशासन

76. The Problems of capital formation in the under developed economy के लेखक हैं—
A. नर्क्स B. लुईस
C. हैरड D. शुम्पीटर

77. Forward linkage effects एवं Backward linkage effect पाई जाती है—
A. संतुलित विकास सिद्धांत में
B. बड़े धक्के का सिद्धांत में
C. न्यूनतम क्रांतिक प्रयास सिद्धांत में
D. असंतुलित विकास सिद्धांत में

78. तकनीकी परिवर्तन गैर-तटस्थ होगा जब—
A. श्रम बचतकारी B. पूंजी बचतकारी
C. A तथा B दोनों D. दोनों में से कोई नहीं

79. हैरोड-डोमर मॉडल है—
A. प्रावैगिक
B. स्थैतिक
C. प्रावैगिक एवं स्थैतिक दोनों
D. उपर्युक्त में से कोई नहीं

80. आर्थिक संवृद्धि दर संबंधित है—
A. विकसित देश B. अविकसित देश
C. विकासशील देश D. मिश्रित अर्थव्यवस्था

81. मार्क्स के अनुसार वस्तुओं के मूल्य का विभाजन इस प्रकार होता है—
A. स्थिरपूंजी – परिवर्तनशील पूंजी = अतिरेक मूल्य
B. स्थिर पूंजी + परिवर्तनशील पूंजी = अतिरेक मूल्य
C. स्थिर पूंजी + परिवर्तनशील पूंजी + अतिरेक मूल्य
D. उपरोक्त में से कोई नहीं

82. रिकार्डो के मॉडल में पूंजी संचय की उच्चदर संवृद्धि दर के–
A. स्थिरता की स्थिति स्थगित कर देगी
B. स्थिरता की स्थिति को जल्दी लाएगी
C. जनसंख्या की वृद्धि दर को कम कर देगी
D. वर्द्धमान प्रतिफलों को उत्पन्न करेगी

83. क्लासिकी विकास सिद्धांत के अर्थशास्त्री हैं—
A. रिकार्डो B. स्मिथ
C. माल्थस D. उपर्युक्त सभी

84. मूल्य के आधिक्य (Surplus value) सिद्धांत के जनक हैं–
A. रिकार्डो B. सिंगर
C. लेविस D. मार्क्स

85. रोस्टोव के अनुसार Take off stage के तुरन्त बाद निम्न अवस्था होती है—
A. परिपक्वता की अवस्था (Drive to maturity)
B. विकास की प्रक्रिया
C. अत्यधिक उपभोग की अवस्था
D. उपर्युक्त में से कोई नहीं

86. विकास में सामाजिक द्वैतवाद सिद्धांत का प्रयोग किया है—
A. बोके (Bocke) B. कुजनेट्स
C. लियोंटिफे D. मार्शल

87. जनसंख्या विस्फोट मुख्यत: निम्न कारणों से होता है—
A. जन्मदर में तेजी से वृद्धि

B. मृत्युदर में तेजी से गिरावट
C. उपर्युक्त दोनों
D. अप्रवास की बढ़ती दर

88. **Back wash effects** का सर्वप्रथम प्रयोग किसने किया था—
A. गुन्नार मिर्डल B. एच.डब्ल्यू. सिंगर
C. रॉल प्रेबिश D. जे.एन. भगवती

89. 'आर्थिक विकास हेतु अल्पविकसित देशों की परिस्थितियों के लिए सामने से प्रहार की अपेक्षा छापामार युद्ध करना अधिक उपयोगी है। यह शब्द संबंधित है—''
A. सिंगर B. मिर्डल
C. मायर्स D. हैबलर

90. प्रदर्शन प्रभाव' (demonstration effects) के संबंध में निम्नलिखित में से कौन-सा सही नहीं है—
A. यह बचत की प्रवृत्ति को कम करता है।
B. यह स्फीतिक दबाव पैदा करता है।
C. यह भुगतान शेष में असंतुलन पैदा करता है।
D. यह बेरोजगारी की दशा को प्रोत्साहित करता है।

91. अल्पविकसित देशों में दीर्घकाल में आय स्तर में वृद्धि के साथ बचत अनुपात में वृद्धि नहीं होती। नर्क्स के अनुसार इसका कारण है—
A. व्यय प्रभाव B. आय प्रभाव
C. प्रतिस्थापन प्रभाव D. प्रदर्शन प्रभाव

92. एक अल्पविकसित देश की विशेषता होती है—
A. कृषि पर अत्यधिक निर्भरता
B. उच्च साक्षरता की दर
C. पूंजीगहन तकनीक
D. प्राकृतिक संसाधनों का अनुकूलतम प्रयोग

93. निम्नलिखित में से विकास का आर्थिक निर्धारक कौन नहीं है—
A. प्राकृतिक साधन B. मानवीय साधन
C. तकनीकी साधन D. प्रजातांत्रिक सरकार

94. आर्थिक शक्तियों के उस चक्रीय समूह को जो एक दूसरे पर इस प्रकार क्रिया और प्रतिक्रिया करता है कि एक निर्धन देश निर्धनता की स्थिति में बना रहता है, कहा जाता है—
A. तरलता जाल B. निम्नस्तरीय संतुलन जाल
C. निर्धनता का कुचक्र D. चक्रीय प्रवाह

95. निम्नलिखित सम्भावित पूंजी उत्पाद अनुपातों में से किसी देश के लिए कौन-सी पूंजी उत्पादन की दर सर्वाधिक लाभदायक होती है—
A. 6 : 1 B. 5 : 1
C. 4 : 1 D. 3 : 1

96. वृद्धि का दीर्घकालीन मॉडल दिया—
A. आर.एफ. हैरोड ने B. सोलो ने
C. ए.के. सेन ने D. डब्ल्यू.ए. लिविस ने

97. आर्थिक विकास की प्रक्रिया में अर्थ व्यवस्था का उत्पादन संभावना वक्र—
A. दिया हुआ और स्थायी होता है।
B. अंदर की ओर हटता है।
C. बाहर की ओर हटता है।
D. सभी दिशाओं में जा सकता है।

98. हैरड के मॉडल में वांछित वृद्धि दर [warranted rate of growt (Gw)] निर्भर करती है।
A. बचत अनुपात पर प्रत्यक्षतः तथा पूंजी उत्पादन अनुपात पर अप्रत्यक्षतः
B. बचत अनुपात तथा पूंजी उत्पादन अनुपात दोनों पर प्रत्यक्षतः
C. बचत अनुपात तथा पूंजी उत्पादन अनुपात दोनों पर अप्रत्यक्षतः
D. बचत अनुपात पर अप्रत्यक्षतः तथा पूंजी उत्पादन अनुपात पर प्रत्यक्षतः

99. **Steady state growth** का तात्पर्य है—
A. जब सभी साधनों में वृद्धि हो।
B. जब सभी साधनों की वृद्धि समान दर से हो।
C. जब सभी साधनों तथा उत्पादन की वृद्धि समान दर से हो।
D. जब सभी साधनों तथा उत्पादन की वृद्धि समान दर से हो तथा यह दर समय के प्रति स्थिर रहे।

100. आर्थिक संवृद्धि के साथ राष्ट्रीय आय में सेवा क्षेत्र का अंशदान—
A. घटता है। B. बढ़ता है।
C. स्थिर रहता है। D. उपर्युक्त में से कोई नहीं

101. रिकार्डो ने भविष्यवाणी की कि अर्थव्यवस्था स्थिर अवस्था में समाप्त हो जाएगी क्योंकि—
A. व्यक्ति कार्य करते-करते थक जाएंगे।
B. अर्थव्यवस्था में स्वर्ण नहीं बचेगा।
C. नव-प्रवर्तन का अन्त हो गया।
D. अर्थव्यवस्था में कृषि योग्य भूमि नहीं बचेगी।

102. नर्क्स के अनुसार, अल्पविकसित देश के संदर्भ में विनियोग

करने की अभिप्रेरणा सीमित होती है—

A. बचत की कमी के कारण

B. विनियोग के अवसर कम होने के कारण

C. बाजार का आकार सीमित होने के कारण

D. सरकार की नीति के कारण

103. किसी देश के विकास स्तर के अनुमान अथवा तुलना करने के लिए अन्य बातों के साथ निम्नलिखित अभिलक्षण प्रयोग में लाए जा सकते हैं—

A. कृषि से उत्पन्न राष्ट्रीय आय का प्रतिशत

B. व्यापार से संबंधित सकल राष्ट्रीय उत्पाद का प्रतिशत

C. प्रति व्यक्ति ऊर्जा उपभोग

D. उपर्युक्त सभी

104. संतुलित विकास से तात्पर्य है—

A. अर्थव्यवस्था के विभिन्न क्षेत्रों में समान रूप से विकास होता है।

B. अर्थव्यवस्था के विभिन्न क्षेत्रों में समान वृद्धि दर हो।

C. अर्थव्यवस्था के विभिन्न क्षेत्रों में आवंटित साधनों में समान वृद्धि हो।

D. उपरोक्त में से कोई नहीं

105. विकास के सुनहरे नियम का प्रतिपादन किया था—

A. राबर्ट सोलो द्वारा B. हैरोड द्वारा

C. डोमर द्वारा D. सेम्यूलसन द्वारा

106. '**उड़ते हंसों की पंक्ति**' प्रारूप (फ्लाइंग गीज मॉडल) का संबंध औद्योगीकरण के उस प्रारूप से है जो विशिष्ट है—

A. सभी विकासशील देशों के लिए

B. सभी विकसित यूरोपीय देशों के लिए

C. लैटिन अमेरिकी अर्थव्यवस्थाओं के लिए

D. पूर्व एशियाई अर्थव्यवस्थाओं के लिए

107. हैरोड मॉडल में वांछित वृद्धि दर (Gw) बनाए रखने के लिए प्रत्येक क्रमिक काल में आय की वृद्धि—

A. बढ़ते परिमाण में होनी चाहिए।

B. स्थिर परिमाण में होनी चाहिए।

C. घटते हुए परिमाण में होनी चाहिए।

D. जनसंख्या वृद्धि की दर के अनुरूप होनी चाहिए।

108. आगत-निर्गत विश्लेषण (input-output analysis) के प्रतिपादन तथा विकास का श्रेय जाता है।

A. आर.जी.डी. ऐलन को

B. एल. कोन्टोरोविच को

C. पी.ए. सैम्युलसन को

D. डब्ल्यू. डब्ल्यू. लियोन्तीव को

109. गिनी गुणांक माप है—

A. निवेश की उत्पादकता की।

B. पारिवारिक जोत पर घरेलू सदस्यों की अल्प बेरोजगारी की।

C. व्यापारिक बैंकों में गौण तथा प्राथमिक जमा के बीच अनुपात की।

D. आय के वितरण में समानता या असमानता की।

110. '**हिन्दू वृद्धि दर**' का संबंध निम्नलिखित अर्थशास्त्री से है—

A. जे.एन. भगवती B. राजकृष्ण

C. टी.एन. श्रीनिवासन D. ए.के. सेन

111. हैरॉड मॉडल में जब $G = Gw < Gn$ होता है तो इसका अर्थ है—

A. स्फीति होगी।

B. अवस्फीति होगी।

C. श्रम के पूर्ण रोजगार की स्थिति नहीं होगी।

D. उद्योगों में उत्पादन क्षमता का पूरा-पूरा उपयोग नहीं होगा।

112. प्रच्छन्न बेरोजगारी (disguised unemployment) की अवधारणा की प्रमाणिकता को संदिग्ध बताया है—

1. शुल्ज ने 2. लेविस ने

3. जे.रॉबिन्सन ने 4. जॉर्गेन्सन ने

नीचे दिए गए कूट से सही उत्तर चुनिए—

A. केवल 1 B. 1 और 3

C. 1 और 4 D. 2 और 4

113. 'अंतर्राष्ट्रीय व्यापार अब विकास का इंजन नहीं रहा है।' इस विचार को प्रस्तुत किया—

A. ए.मार्शल ने B. आर. नर्क्स ने

C. जे. वाइनर ने D. जी. हैबरलर ने

114. सूची A में पुस्तकों के नाम तथा सूची B में अर्थशास्त्रियों के नाम दिए गए हैं। दोनों सूचियों के सही जोड़े बनाने हैं तथा उत्तर निम्नलिखित कूट की सहायता से देना है—

सूची I	***सूची II***
(a) द स्ट्रक्चर ऑफ अमेरिकन इकॉनमी	1. जी. मिर्डल
	2. आर. नर्क्स
(b) एशियन ड्रामा	3. जे. राबिन्सन
(c) प्राब्लम्स ऑफ कैपिटल फार्मेशन इन अंडरडेवलप्ड कंट्रीज	4. डब्ल्यू. लियोन्टीफ
(d) एक्युमुलेशन ऑफ कैपिटल	

कूट :	(a)	(b)	(c)	(d)
A.	1	2	3	4
B.	4	1	2	3
C.	2	3	4	1
D.	3	4	1	2

115. निम्नलिखित विकास सिद्धांतों में से कौन एक 'से' (Say) के बाजार नियम से समर्थन पाता है—

A. शुम्पीटर का सिद्धांत
B. लेविस का असीमित श्रम आपूर्ति का सिद्धांत
C. एल.ओ. हर्षमैन का सिद्धांत
D. रेग्नर नर्क्स का संतुलित विकास का सिद्धांत

116. निम्नलिखित अर्थशास्त्रियों में से किसने 'पंगु स्वर्ण काल' का विचार दिया—

A. यंगसन B. डोमर
C. जे. रॉबिन्सन D. हैराड

117. 'बाह्य बचतों' की अवधारणा को आर्थिक विकास के संदर्भ में सर्वप्रथम प्रयोग किया—

A. रॉजेस्टीन रोडान ने B. यंग ने
C. सिंगर ने D. नर्क्स ने

118. विकास मॉडल में मुद्रा का प्रयोग सर्वप्रथम किया—

A. आर.एफ. हैरॉड ने B. डोमर ने
C. रॉबिन्सन ने D. टॉबिन ने

119. शुम्पीटर के अनुसार आर्थिक विकास एक—

A. स्थैतिक अवस्था में असतत परिवर्तन है।
B. दीर्घकाल में होने वाला क्रमिक परिवर्तन है।
C. आय के स्तरों में वृद्धि की दशा है।
D. बचत की दर में सामान्य वृद्धि का परिणाम है।

120. रोजेस्टीन रोडान के अनुसार अर्थव्यवस्था के विकास की सर्वोत्तम विधि है—

A. अर्थव्यवस्था को जानबूझ कर असंतुलित करना
B. व्यापक सामाजिक विकास
C. निवेश का एक वृहद एवं संतुलित कार्यक्रम
D. उपरोक्त में से कोई नहीं

121. विकास का क्लासीकल सिद्धांत में निम्नलिखित में से कौन-सी एक मान्यता नहीं है—

A. वास्तविक मजदूरी दर प्रथानुसार निर्धारित (custom determined) होती है।
B. जनसंख्या वृद्धि की दर बाह्य निर्धारित तत्त्व है।
C. रोजगार मजदूरी कोष पर निर्भर करता है।
D. श्रम विभाजन बाजार के आकार पर निर्भर करता है।

122. 'न्यूनतम क्रांतिक प्रयास' (Critical minimum effort) सिद्धांत में आय बढ़ने के पश्चात जनसंख्या बढ़ने का कारण है—

A. ज्यादा बड़े परिवार की लालसा
B. मृत्यु दर का कम होना
C. दूसरे देशों से प्रवसन
D. बेहतर आहार

123. वांछित वृद्धि दर (warranted rate of growth-Gw) क्या है—

A. एक दिए हुए समय में उत्पादन की वृद्धि दर
B. वह दर जिस पर उत्पादक की प्रत्याशाएं (Producers expectations) संतुष्ट होती है।
C. पूर्ण रोजगार की स्थिति में उत्पादन की वृद्धि दर।
D. एक दिए हुए समय में उत्पादन क्षमता में वृद्धि दर।

124. विकास की प्रक्रिया में निवेश के चुनाव में काल श्रेणी आधार (Time series Criterion) का प्रतिपादन किया—

A. एक.के. सेन ने B. ए.ई. कान ने
C. लेविस ने D. एच.बी. चेनरी ने

125. सूची I को सूची II से सुमेलित कीजिए और सूचियों के नीचे दिए गए कूटों का प्रयोग करते हुए सही उत्तर चुनिए—

सूची I	*सूची II*
(a) अमर्त्य सेन	1. विकास के चरण (stage of growth)
(b) हर्षमैन	2. असंतुलित विकास (Unbalanced growth)
(c) रोस्टोव	3. चक्रीय संचयी प्रक्रिया (cumulative circular causation)
(d) जी. मिर्डाल	4. तकनीकी चुनाव (choice of technique)

कूट :	(a)	(b)	(c)	(d)
A.	1	2	3	4
B.	4	1	3	2
C.	4	2	1	3
D.	3	2	4	1

126. **कथन** (A) : लीबेन्स्टीन के अनुसार जनसंख्या में वृद्धि विकास की गति को मंद करने वाला कारण है।

कारण (R) : जैसे-जैसे आय बढ़ती है, व्यक्ति ज्यादा बड़े परिवार का भार वहन कर सकते हैं।

A. A तथा R दोनों सही हैं और R, A का सही स्पष्टीकरण

करता है।

B. A तथा R दोनों सही हैं और R, A का सही स्पष्टीकरण नहीं करता है।

C. A सही है परंतु R गलत है।

D. A गलत है, परंतु R सही है।

127. कथन (A) : विकास का 'प्रबल प्रयास सिद्धांत' (Big push theory) बड़े पैमाने के विकास प्रयासों की मांग करता है।

कारण (R) : सभी विकासशील देश क्षेत्रफल व जनसंख्या में वृहद होते हैं।

A. A तथा R दोनों सही हैं और R, A का सही स्पष्टीकरण करता है।

B. A तथा R दोनों सही हैं और R, A का सही स्पष्टीकरण नहीं करता है।

C. A सही है परंतु R गलत है।

D. A गलत है, परंतु R सही है।

128. हैरोड के विकास मॉडल में यदि वास्तविक विकास दर (Ga) वांछित विकास दर (Gw) से अधिक हो तो परिणाम—

A. नियंत्रित असंतुलन

B. अनियंत्रित असंतुलन

C. संतुलन पथ

D. असंतुलन जो कि संतुलन की ओर लाया जा सकता है।

129. कथन (A) : रैगनर नर्क्स ने अल्पविकसित देशों के आर्थिक विकास हेतु संतुलित विकास उपागम (Balanced growth approach) का तर्क दिया।

कारण (R) : विकासशील देशों में राज्य के निर्देशन में विभिन्न आर्थिक क्षेत्रों के विकास हेतु वृहद् विकास कार्यक्रम आर्थिक विकास की प्रक्रिया आरम्भ करने हेतु संगठित किया जा सकता है।

A. A तथा R दोनों सही हैं और R, A का सही स्पष्टीकरण करता है।

B. A तथा R दोनों सही हैं और R, A का सही स्पष्टीकरण नहीं करता है।

C. A सही है परंतु R गलत है।

D. A गलत है, परंतु R सही है।

130. निम्नलिखित पर विचार कीजिए—

1. जनसंख्या में वृद्धि
2. शिक्षा, स्वास्थ्य तथा आवास में सुधार
3. अधिक उत्पादक क्षेत्रों के लिए श्रमिकों का प्रवास
4. सामाजिक संरचना में सुधार

उपर्युक्त में से मानव पूंजी विकास (Human capital formation) में सम्मिलित होते हैं—

A. 2, 3 और 4   B. 1, 2 और 4

C. केवल 1 और 4   D. केवल 2 और 3

131. निम्नलिखित में से कौन-सा एक आय की असमानताओं को नहीं मापता है—

A. लॉरेंज वक्र

B. प्रति व्यक्ति आय

C. गिनी गुणांक

D. विभिन्न आय वर्गों में जनसंख्या का प्रतिशत

132. ''संतुलित विकास की नीति कम आय वाले देशों के विकास के संदर्भ में वास्तविक क्षमताओं के अभाव के कारण उपयुक्त नहीं है।'' यह विचार दिया है—

A. सिंगर ने   B. हर्षमैन ने

C. स्ट्रीटिन ने   D. वाइनर ने

133. उद्यमी सर्वाधिक निकटता से संबंधित है—

A. आविष्कार से   B. नव-प्रवर्तन से

C. प्रबन्ध से   D. लोक प्रशासन से

134. कोई देश बचत अंतर को कैसे कम कर सकता है—

A. वृद्धिगत पूंजी उत्पाद अनुपात को कम करके

B. घरेलू उपभोग को कम करके

C. विदेशी सहायता प्राप्त करके

D. उपर्युक्त सभी

135. विकास के स्तर के मापन हेतु भौतिक उत्पादन सूचकांकों के उपयोग की अपनी सीमाएं हैं क्योंकि—

A. भौतिक उत्पादनों की माप नहीं हो सकती।

B. भौतिक उत्पादनों की तुलना नहीं हो सकती।

C. गुणात्मक सुधारों की गणना स्वतंत्र नहीं है।

D. मौद्रिक अनुमान अधिक सही होते हैं।

136. आर्थिक विकास के साथ श्रम शक्ति में सेवा क्षेत्र का अंश—

A. कम होता जाता है।   B. बढ़ता जाता है।

C. अपरिवर्तित रहता है।   D. अनिश्चित रहता है।

137. "Principal of Political Economy and Taxation" नामक पुस्तक किसने लिखी?

A. गार्नियर   B. रिकार्डो

C. माल्थस   D. बेस्टियार

138. "The Theory of Economic Growth" नामक पुस्तक का रचयिता कौन है—

A. रोडेन   B. नर्क्स

C. लुईस D. लिबन्स्टीन

139. कौलिन क्लार्क के अनुसार आर्थिक विकास का सूचक क्या है—

A. राष्ट्रीय आय B. प्रतिव्यक्ति आय
C. जनसंख्या घनत्व D. व्यापारिक ढांचा

140. जनसंख्या वृद्धि पर आर्थिक विकास के प्रभाव की जानकारी किस सिद्धांत से मिली—

A. माल्थस का जनसंख्या सिद्धांत
B. जनसंख्या का अनुकूलतम सिद्धांत
C. जनसंख्या का संक्रमण सिद्धांत
D. जनसंख्या का प्राणीशास्त्रीय सिद्धांत

141. "The stages of Economic Growth" पुस्तक किसने लिखी—

A. रोस्टोव B. कार्ल मार्क्स
C. शुम्पीटर D. सिंगर

142. ''पूंजी निर्माण का अर्थ यह है कि समाज द्वारा अपनी समस्त चालू आय को उपभोग में व्यय नहीं किया जाता, वरन् आय का एक भाग पूंजीगत वस्तुओं जैसे मशीन, उपकरण, यातायात सुविधाएं इत्यादि में लगा दिया जाता है।''
यह किसकी परिभाषा है—

A. सी.पी. किंडल बर्गर B. फेल्डमेन
C. रेग्नर नर्क्स D. महलानोवीस

143. जे.एस. मिल की पुस्तक जो सन् 1848 में प्रकाशित हुई, उसका नाम है—

A. 'Capitalism, Socialism and Democracy'
B. 'Principles of political Economy and Taxation'
C. 'The Theory of Economic Development'
D. 'Principles of political Economy with Some of their Applications to Social philosophy'

144. मार्क्स ने लाभ की दर एवं पूंजी की संरचना का संबंध किस समीकरण से व्यक्त किया—

A. $r = \frac{S}{C+V}$ B. $r = S/V$
C. $r = \frac{C+V}{S}$ D. $r = C/S$

145. मजदूरी के जीवन-निर्वाह सिद्धांत को निम्न में से क्या कहा जाता है—

A. मजदूरी कोष सिद्धांत
B. मजदूरी का लौह नियम
C. मजदूरी का सीमान्त उत्पादकता सिद्धांत
D. मजदूरी का जीवन स्तर सिद्धांत

146. 'The Theory of Economic Development' पुस्तक किसने लिखी—

A. किन्डलबर्गर B. शुम्पीटर
C. मार्शल D. बालरस

147. रोस्टोव के अनुसार भारत स्वयं स्फूर्त की अवस्था (Take of stage) में प्रवेश कर चुका है—

A. 1948 में B. 1952 में
C. 1956 में D. 1977 में

148. भारत ने असंतुलित विकास की नीति अपनाई—

A. प्रथम योजना में B. द्वितीय योजना में
C. तृतीय योजना में D. पांचवीं योजना में

149. गरीबी के कुचक्र को तोड़ने के लिए नर्क्स ने किसकी वकालत की—

A. कृषि वृद्धि B. औद्योगिक वृद्धि
C. संतुलित वृद्धि D. असंतुलित वृद्धि

150. एक देश का आर्थिक विकास निम्न पर निर्भर करता है—

A. प्राकृतिक साधन B. पूंजी निर्माण
C. बाजार का आकार D. इनमें से कोई नहीं

151. सरल शब्दों में आर्थिक विकास की परिभाषा इस प्रकार दी जा सकती है—

A. दीर्घकाल तक वास्तविक राष्ट्रीय आय की दर में वृद्धि।
B. पिछले वर्ष की तुलना में वास्तविक प्रति व्यक्ति आय में वृद्धि।
C. वर्ष प्रति वर्ष वास्तविक विनियोग में वृद्धि
D. जनसंख्या वृद्धि दर के बराबर राष्ट्रीय आय में वृद्धि

152. मजदूरी कोष (Wage Fund) सिद्धांत किसने दिया—

A. जे.एस. मिल B. माल्थस
C. फिशर D. वाकर

153. एक बाजार अर्थव्यवस्था के लिए किसने आर्थिक विकास के पांच अवस्थाएं सुझाए थे—

A. रोजेस्टीन रोडान B. डब्ल्यू.डब्ल्यू. रोस्टोव
C. गुन्नार मिर्डाल D. जे.ए. शुम्पीटर

154. लुईस का सिद्धांत विकास के क्रम को किस संदर्भ में समझाता है—

A. एक क्षेत्रीय अर्थव्यवस्था
B. द्वि क्षेत्रीय अर्थव्यवस्था

C. चतुर्क्षेत्रीय अर्थव्यवस्था
D. बहुक्षेत्रीय अर्थव्यवस्था

155. अर्थशास्त्री जिन्होंने आर्थिक विकास और आधारभूत परिवर्तन के मध्य संबंध को दर्शाया है—
A. जे.आर. हिक्स B. रैगनर नर्क्स
C. साईमन कुजनेट्स D. रोजेस्टीन रोडान

156. "Low Level Equilibrium Trap" के सिद्धांत को किसने प्रतिपादित किया—
A. रैगनर नर्क्स B. लीबेन्स्टीन
C. रोस्टोव D. नेल्सन

157. मिरडल द्वारा रचित 'एशियन ड्रामा' :
A. अंग्रेजी ड्रामा की एक पुस्तक है।
B. अविकसित राष्ट्रों की गरीबी की अर्थव्यवस्था से संबंधित है।
C. प्रचुरता की अर्थव्यवस्था से संबंधित पुस्तक है।
D. अविकसित देशों के बजट ढांचे और राष्ट्रीय योजना से संबंधित है।

158. माइकेल टोडारो के अनुसार विकास—
A. एक विशुद्ध आर्थिक घटना है।
B. तकनीकी नवप्रवर्तन से संबंधित है।
C. संपूर्ण रूप से सामाजिक व्यवस्था के Reorientation से संबंधित है।
D. उपरोक्त में से कोई नहीं।

159. जब वास्तविक GNP का विस्तार हो रहा हो तो—
A. आर्थिक वृद्धि विस्तृत है किन्तु आवश्यक नहीं कि गहन हो।
B. आर्थिक वृद्धि गहन है किन्तु आवश्यक नहीं कि विस्तृत हो।
C. आर्थिक वृद्धि विस्तृत एवं गहन है।
D. आर्थिक वृद्धि विस्तृत एवं गहन दोनों ही नहीं है।

160. जनांकिकीय संक्रमण के सिद्धांत की अवस्थाएं होती हैं—
A. दो B. तीन
C. चार D. पांच

161. डोमर मॉडल में—
A. मांग व पूर्ति दोनों को बढ़ाने के लिए निवेश चाहिए।
B. पूंजी उत्पाद अनुपात को बढ़ाने पर बल दिया गया है।
C. क्लासीकल अर्थशास्त्र को पूर्ण त्याग दिया गया है।
D. उपरोक्त में से कोई नहीं

162. आर्थिक संवृद्धि का विचार—
A. एक आयामी प्रकृति का है जो राष्ट्रीय आय में वृद्धि मापता है।
B. बहु-आयामी है जो गैर आर्थिक तत्त्वों को भी सम्मिलित करता है।
C. का संबंध विकास से है परंतु विपन्नता से नहीं है।
D. का संबंध साधन विकास से है परंतु मानव विकास से नहीं है।

163. हैरड-डोमर मॉडलों में, "अति-उत्पादन" वह स्थिति है जहां—
A. सभी उत्पादनकर्ता कुल मिलाकर बहुत ज्यादा उत्पादन कर रहे हैं।
B. सभी उत्पादनकर्ता, वांछनीय उत्पादन से कम पैदा कर रहे हैं।
C. सभी उत्पादनकर्ता, वांछनीय उत्पादन से अधिक पैदा कर रहे हैं।
D. अतिरिक्त क्षमता का सृजन हो गया है।

164. मार्क्स **पूंजी के जैविक गठन** (Organic Composition of Capital) का जिक्र करते हैं। निम्नलिखित अनुपातों में से कौन-सा एक इसके लिए है। जहां C स्थिर पूंजी है, V परिवर्तनशील पूंजी है और S अतिरेक मूल्य है।
A. $\frac{C}{V+S}$ B. $\frac{C}{V}$
C. $\frac{C}{C+V}$ D. $\frac{C+V}{V}$

165. निम्नलिखित में से कौन-सा एक सामान्यतया आर्थिक संवृद्धि का वास्तविक सूचकांक (true index) माना जाता है—
A. एक वर्ष के दौरान, स्थिर कीमतों पर राष्ट्रीय आय में वृद्धि।
B. वास्तविक प्रति व्यक्ति आय में धारित वृद्धि।
C. समय के साथ-साथ चालू कीमतों पर राष्ट्रीय आय में वृद्धि।
D. जनसंख्या में वृद्धि के साथ-साथ ही राष्ट्रीय आय में वृद्धि।

166. हैरॉड मॉडल में निवेश मांग (Investment demand) निम्न में से किसका फलन है—
A. राष्ट्रीय आय
B. मूल्य स्तर में परिवर्तन की दर
C. राष्ट्रीय आय में परिवर्तन की दर
D. ब्याज दर

167. निम्न में से किस अर्थशास्त्री ने जनसंख्या की प्रवृत्ति को आर्थिक विकास की प्रक्रिया को आरम्भ करने में एक बाधा माना है।
A. पी.एन. रॉजेंस्टीन रोडन
B. डब्ल्यू. डब्ल्यू. रोस्टव
C. आर. नर्क्स
D. एच. लिबिंस्टीन

168. आर्थिक विकास की प्रक्रिया के प्रारम्भिक चरणों में कई अविभाज्यताएं बाधक होती हैं। इस विचार का प्रतिपादन किया—
A. आर. नर्क्स ने
B. एच.डब्ल्यू. सिंगर ने
C. पी.एन. रॉजेंस्टीन रोडन ने
D. डब्ल्यू.डब्ल्यू रोस्टोव ने

169. विकास की प्रक्रिया को 'असंतुलनों की एक शृंखला' (Chain of disequilibria) के रूप में व्यक्त किया—
A. आर.ई. बाल्डविन ने B. एच. लिबिंस्टीन ने
C. पी.एन. रॉजेंस्टीन ने D. ए.ओ. हर्षमैन

170. पूंजीवाद के अंतर्गत विकास प्रक्रिया को सृजनात्मक विध्वंस (creative destruction) कहा है—
A. कार्ल मार्क्स ने B. ए.एच. हैन्सन ने
C. आर. लक्जमबर्ग ने D. जे. शुम्पीटर ने

171. निम्न में से किस अर्थशास्त्री ने विकासशील अर्थव्यवस्था को मूलत: अस्थिर (unstable) अर्थव्यवस्था कहा है—
A. आर.एफ. हैराड B. डी. रिकार्डो
C. आर.एम. सोलो D. टी. स्वाय

172. विकासशील अर्थव्यवस्थाओं में अतिरिक्त श्रम इस अर्थ में मिलता है कि प्रत्येक श्रमिक सामान्य कार्य घंटों (working hours) की अपेक्षा कम घंटे कार्य करता है। यह विचार प्रस्तुत किया—
A. जे.रॉबिन्सन ने B. एम. डॉब ने
C. आर. नर्क्स ने D. ए.के. सेन ने

173. हैरॉड के संवृद्धि मॉडल में Ga संवृद्धि की वास्तविक दर को, G*w* संवृद्धि की वांछित दर को तथा Gn संवृद्धि की प्राकृतिक दर को बतलाता है। संवृद्धि दर स्थिर होगी जब—
A. $Ga = Gn$ B. $Gw = Gn$
C. $Ga = Gw$ D. $Gw > Gn$

174. आर्थिक विकास के संदर्भ में द्वैत अर्थव्यवस्था (dualism) पर विचार किया—
1. बी. हिगिन्स ने (B. Higgins)
2. जे.एच. बोके (J.H. Bocke)
3. डब्ल्यू.ए. लिविस ने (W.A. Lewis)
4. आर.एफ. हैरॉड ने (R.F. Harrod)

अपना उत्तर निम्नलिखित कूटों में से चुनिए—
A. केवल 1 और 2 B. केवल 1 और 4
C. केवल 2 और 3 D. केवल 1, 2 और 3

175. किसी अर्थव्यवस्था में यदि पूंजी उत्पाद अनुपात 4.2 हो तो राष्ट्रीय आय में 5.2% की वृद्धि के लिए बचत आय अनुपात क्या होना चाहिए—
A. 9.4% B. 20.0%
C. 21.3% D. 21.8%

176. हिक्स अपनी तटस्थ तकनीकी प्रगति की परिभाषा में किसको स्थिर मानकर चलता है—
A. पूंजी श्रम अनुपात को
B. पूंजी उत्पाद अनुपात को
C. श्रम की सीमान्त उत्पादकता को
D. पूंजी की सीमान्त उत्पादकता को

177. यदि गिन्नी गुणांक (Gini Coefficient) का मान एक के बराबर है तो इसका तात्पर्य है—
A. आय के वितरण में पूर्णरूपेण असमानता।
B. आय के वितरण में पूर्ण रूपेण समानता।
C. A और B दोनों।
D. कुछ कहा नहीं जा सकता।

178. **कथन (A):** आर्थिक विकास की प्रक्रिया में, गैर-आर्थिक कारक महत्त्वपूर्ण भूमिका अदा करते हैं।
कारण (R): पूंजी संचयन, मानव पूंजी निर्माण का भी स्वरूप लेता है।
A. A और R दोनों सही हैं और R, A का सही स्पष्टीकरण है।
B. A और R दोनों सही हैं परन्तु R, A का सही स्पष्टीकरण नहीं है।
C. A सही है, परन्तु R गलत है।
D. A गलत है, परन्तु R सही है।

179. **कथन (A):** नव-क्लासिकी विकास सिद्धान्त इसमें विश्वास करता है कि विकसित एवं विकासशील देशों की विकास अभिरचना में सारगर्भित अन्तर होते हैं।
कारण (R): इसका प्रमुख कारण कम विकसित देशों की अर्थव्यवस्थाओं में रहने वाली अपूर्णताओं के फलस्वरूप बाज़ार की असफलताएं हैं।
A. A तथा R दोनों सही हैं, और R, A का सही स्पष्टीकरण है।
B. A और R दोनों सही हैं परन्तु R, A का सही स्पष्टीकरण नहीं है।
C. A सही है, परन्तु R गलत है।
D. A गलत है, परन्तु R सही है।

180. कथन (A): शुम्पीटर के अनुसार विकास वर्तुल प्रवाह के मार्गों में स्वतः परिवर्तित और असतत बदलाव है।

कारण (R): उद्यमी इस बदलाव का अभिकर्ता है।

A. A और R दोनों सही हैं और R, A का सही स्पष्टीकरण है।

B. A और R दोनों सही हैं, परन्तु R, A का सही स्पष्टीकरण नहीं है।

C. A सही है, परन्तु R गलत है।

D. A गलत है, परन्तु R सही है।

181. कथन (A): अल्पविकसित देशों में कुल रोज़गार में कृषि के रोज़गार का भाग कुल आय में कृषिजन्य आय के भाग से अधिक होता है।

कारण (R): अल्पविकसित देशों में कृषि की चारित्रिक विशेषता निम्न उत्पादकता होती है।

A. A और R दोनों सही हैं और R, A का सही स्पष्टीकरण है।

B. A और R दोनों सही हैं, परन्तु R, A का सही स्पष्टीकरण नहीं है।

C. A सही है, परन्तु R गलत है।

D. A गलत है, परन्तु R सही है।

उत्तरमाला

1	2	3	4	5	6	7	8	9	10
B	A	C	D	A	C	A	C	A	B
11	12	13	14	15	16	17	18	19	20
A	A	B	A	A	A	D	C	C	A
21	22	23	24	25	26	27	28	29	30
B	A	C	D	C	D	A	D	C	B
31	32	33	34	35	36	37	38	39	40
B	D	A	D	A	A	A	B	A	A
41	42	43	44	45	46	47	48	49	50
A	B	A	C	C	C	D	D	D	D
51	52	53	54	55	56	57	58	59	60
D	A	C	A	D	B	B	B	D	A
61	62	63	64	65	66	67	68	69	70
A	A	D	C	D	C	D	D	B	B
71	72	73	74	75	76	77	78	79	80
C	D	B	C	D	B	D	C	A	A
81	82	83	84	85	86	87	88	89	90
C	B	D	A	A	A	C	A	A	D
91	92	93	94	95	96	97	98	99	100
D	A	D	C	D	B	C	A	D	B
101	102	103	104	105	106	107	108	109	110
D	C	D	D	A	C	B	D	D	B
111	112	113	114	115	116	117	118	119	120
C	A	C	B	C	C	A	D	A	C
121	122	123	124	125	126	127	128	129	130
A	B	B	A	C	A	C	D	A	A
131	132	133	134	135	136	137	138	139	140
B	A	B	D	C	B	B	C	B	C
141	142	143	144	145	146	147	148	149	150
A	A	D	A	C	B	C	B	C	D
151	152	153	154	155	156	157	158	159	160
A	A	B	B	D	D	B	C	C	B
161	162	163	164	165	166	167	168	169	170
A	B	C	C	B	C	D	C	D	D
171	172	173	174	175	176	177	178	179	180
A	D	B	D	D	A	A	A	A	A
181									
A									

यूनिट–IV : राजस्व

4.1 सार्वजनिक बजट

4.1

सार्वजनिक बजट
(THE PUBLIC BUDGETS)

बजट वित्तीय प्रशासन का सर्वाधिक प्रमुख उपकरण है। बजट किसी भी प्रकार के शासन की आधारशिला माना जाता है। बजट शब्द की उत्पत्ति फ्रांसीसी भाषा के **Bougettee** शब्द से हुई है। जिसका अर्थ चमड़े का थैला है। सबसे पहले इस शब्द का प्रयोग इंग्लैंड के वित्त मंत्री ने **सन् 1733** में अपने वित्तीय प्रस्ताव को संसद में प्रस्तुत करते हुए किया। जब उनके बोलने की बारी आई तो अपनी मेज पर पड़े हुए चमड़े के थैले को खोलकर उन्होंने उसमें से अपने वक्तव्य की प्रति निकाली और तभी सदस्यों ने व्यंग्य में कहा कि अब बजट खुला। इसके बाद तो आय-व्यय के ब्यौरे का नाम ही बजट पड़ गया।

परिभाषा : सामान्य भाषा में बजट एक विवरण है जिसमें आगामी वर्ष में शासन कितना खर्च करेगा और करों के माध्यम से कितनी आय प्राप्त करेगा, इसका उल्लेख होता है। बजट में विनियोग एवं राजस्व अधिनियमों का उल्लेख रहता है। विनियोजन से खर्च होता है और राजस्व से आय होती है। वित्त मंत्री बजट के माध्यम से विधानमण्डल को यह बताता है कि आगामी वर्ष के लिए शासन कौन से विनियोजन अधिनियमों को तथा कौन से राजस्व अधिनियमों को विधानमंडल में पारित कराने वाला है। बजट आगामी वर्ष के लिए होता है इसलिए अनुमानित ही होता है।

इस प्रकार बजट एक प्रकार से अनुमानित आय-व्यय का ब्यौरा होता है। बजट के संबंध में निम्नलिखित महत्त्वपूर्ण बातें प्रकाश में आती है—

1. बजट अनुमानित आय एवं व्यय का एक विवरण है।
2. यह एक सीमित अवधि के लिए होता है।
3. बजट को स्वीकृत करने के लिए एक सार्वजनिक निकाय की आवश्यकता होती है।
4. बजट नियंत्रण से मुक्त नहीं होता है।

इस प्रकार बजट में उत्पादन, उपभोग, आयात-निर्यात, राष्ट्रीयकरण, क्रय-विक्रय, वाणिज्य, उद्योग, आयकर, कराधान आदि समस्याओं के संदर्भ में सरकारी नीतियों का समावेश होता है।

बजट के प्रकार

बजट के निम्न प्रकार हैं—

1. वार्षिक या दीर्घकालीन बजट
2. एकल या बहुल बजट
3. संतुलित बजट
4. राजस्व बजट
5. पूंजी बजट
6. कार्य-निष्पादन बजट

भारत में बजट प्रणाली

हमारे देश में बजट पद्धति का शुभारम्भ **लार्ड केनिंग** के कार्यकाल में हुआ। 1859 में जेम्स विल्सन को वाइसराय की कार्यकारिणी में वित्त-सदस्य के रूप में नियुक्त किया गया। **जेम्स विल्सन** ने 18 फरवरी, 1860 को वाइसराय की परिषद् में प्रथम बार बजट प्रस्तुत किया। इसके बाद प्रतिवर्ष वित्तीय स्थिति का विवरण प्रस्तुत करने वाला बजट वाइसराय की परिषद में प्रस्तुत किया जाने लगा।

संविधान की **धारा 112** के अनुसार भारत सरकार प्रतिवर्ष फरवरी के अंतिम सप्ताह में—पिछले वर्ष में जो आय प्राप्त हुई है तथा जो व्यय किया गया है वह तथा अगले वर्ष में जो व्यय करना चाहती है तथा इस व्यय को पूरा करने के लिए जिन साधनों द्वारा आय होने की आशा है उन सबका ब्यौरा संसद में प्रस्तुत करती है।

राजस्व एवं पूंजी बजट (Revenue and Capital Budget)

भारतीय संविधान में यह कहा गया है कि बजट को राजस्व एवं पूंजी बजट में बांटा जाना चाहिए। अत: भारत सरकार के बजट को राजस्व बजट तथा पूंजी बजट में बांटा जाता है।

राजस्व बजट (Revenue Budget)

राजस्व बजट के दो भाग होते हैं—

1. राजस्व प्राप्तियां (Revenue Receipts) : राजस्व प्राप्तियों में करों से प्राप्त होने वाली आय के अतिरिक्त वह आय भी सम्मिलित की जाती है जो केन्द्रीय सरकार को ब्याज के रूप में अथवा सरकार के द्वारा किए गए विनियोगों (investments) के फलस्वरूप लाभ के रूप में होती है। इसके अतिरिक्त राजस्व प्राप्तियों में सरकार द्वारा की गई सेवाओं के मूल्य एवं शुल्कों द्वारा प्राप्त आय भी शामिल होती है। इस प्रकार यह स्पष्ट है कि राजस्व प्राप्तियों में करों एवं गैर-करों से प्राप्त आय (Tax Revenue and Non-Tax Revenue) को सम्मिलित किया जाता है।

2. राजस्व व्यय (Revenue Expenditure) : राजस्व व्यय में सरकार के वह सब खर्चे शामिल किए जाते हैं जिन्हें सरकार कर्मचारियों के वेतन भुगतान एवं अन्य सभी प्रकार के भत्तों व सरकारी कामकाज चलाने के लिए करती है। इसके अतिरिक्त सरकारी सेवाओं को जनता को उपलब्ध कराने पर जो व्यय होता है वह भी राजस्व व्यय के अन्तर्गत आता है। सरकार द्वारा किए जाने वाले ब्याज भुगतान की राशि भी राजस्व व्यय के अंतर्गत आती है। इस प्रकार स्पष्ट है कि राजस्व व्यय से किसी प्रकार की सम्पत्ति अथवा पूंजी का निर्माण नहीं होता है। सरकार के द्वारा राज्यों एवं अन्य संस्थाओं को दिए जाने वाला अनुदान भी इसी के अंतर्गत आता है।

पूंजी बजट (Capital Budget)

पूंजी बजट में भी राजस्व बजट की भांति पूंजी प्राप्तियों और पूंजी व्यय का ब्यौरा दिया जाता है—

1. पूंजीगत प्राप्तियां (Capital Receipts) : इसके अंतर्गत मुख्य रूप से सरकार द्वारा जनता से जो ऋण प्राप्त किए जाते हैं उनका ब्यौरा होता है। इसके अतिरिक्त सरकार को रिजर्व बैंक ऑफ इंडिया एवं अन्य संस्थाओं से जो ऋण प्राप्त होते हैं तथा राज्य सरकारों, केन्द्र शासित क्षेत्रों द्वारा ऋणों के भुगतान से केन्द्रीय सरकार को जो आय प्राप्त होती है उसका ब्यौरा होता है।

2. पूंजीगत व्यय (Capital Payments) : इसके अंतर्गत वे सब व्यय सम्मिलित किए जाते हैं जो सरकार पूंजी निर्माण कार्यों पर व्यय करती है, जैसे—भूमि विकास पर व्यय, भवन निर्माण, मशीनों एवं पुर्जों तथा कंपनियों के हिस्से खरीदने पर जो व्यय किया जाता है उसको इसी मद में सम्मिलित किया जाता है। इसके अतिरिक्त जो व्यय पुलों, सड़कों एवं बांध बनाने पर होता है वह सब तथा इसी प्रकार के अन्य सभी व्यय इस मद के अंतर्गत आते हैं। इस प्रकार पूंजीगत व्यय का प्रयोग विशेषकर विकास एवं पूंजी निर्माण के लिए किया जाता है।

निष्पादक बजट (Performance Budgeting)

निष्पादक बजट की अवधारणा का आरंभ सर्वप्रथम **संयुक्त राज्य अमेरिका** में हुआ। 1950 से अमेरिका की सरकार ने इस प्रकार के बजट को स्वीकार कर लिया है।

भारत में 1955 के आसपास से निष्पादक बजट के पक्ष में वातावरण बनने लगा था। 1964 में भारत ने अमेरीकी विशेषज्ञ फ्रैंक क्राउज (Frank Krause) को इस आकलन के लिए आमंत्रित किया कि निष्पादक बजट भारत में अपनाया जा सकता है अथवा नहीं। क्राउज ने निष्पादक बजट को आरंभ करने की सिफारिश की। 1968 में प्रशासकीय सुधार आयोग ने वित्त प्रशासन संबंधी अपनी रिपोर्ट में केन्द्र तथा राज्यों दोनों में निष्पादक बजट अपनाने का सुझाव दिया। केन्द्रीय सरकार ने 1968 में इस सिफारिश को मान लिया तथा चार मंत्रालयों में निष्पादक बजट तैयार किए गए। 1977-78 में केंद्रीय सरकार के 38 विभागों ने निष्पादक बजट प्रस्तुत किए। कुछ राज्य सरकारों ने भी कुछ विभागों में निष्पादक बजट प्रणाली आरंभ की।

निष्पादक बजट के लाभ (Advantages of Performance Budgeting)

निष्पादक बजट के निम्नलिखित लाभ हैं—

1. यह बजट बतलाता है कि गत वर्ष कौन-से कार्य पूरे किए गए और कितने खर्च पर।

2. यह प्रशासन में उत्तरदायित्व को सुनिश्चित करता है। कौन किस कार्य के लिए उत्तरदायी है तथा किसको क्या अधिकार प्राप्त हैं, यह निष्पादक बजट स्पष्ट कर देता है।

3. निष्पादक बजट योजना के निर्माण, नियंत्रण तथा प्रबंध का एक अति शक्तिशाली उपकरण है।

4. यह बजट कार्यक्रमों तथा उपलब्धियों पर केन्द्रित रहता है। अत: इससे स्पष्ट हो जाता है कि उपलब्धियां कितनी हुई तथा कितने खर्च पर हुई।

5. यह विधानमंडल द्वारा बजट का अच्छी प्रकार से पुनरावलोकन एवं मूल्यांकन करने में सहायता देता है।

शून्य आधार बजट (Zero Based Budget)

शून्य आधार बजट को **पीटर ए. पायर** ने सर्वप्रथम प्रतिपादित किया था। सर्वप्रथम इसे **संयुक्त राज्य अमेरिका** में अपनाया गया था। भारत सरकार द्वारा शून्य आधार बजट की संकल्पना वर्ष 1985 में प्रस्तुत की गई। शून्य आधारित बजट के पीछे यह तर्क निहित था कि जो खर्च गैर योजना व्यय के रूप में विकास कार्यों में

किया जाता है। उस व्यय का विकास में क्या योगदान है, इस बात का पता लगाया जा सके। अत: पूंजी निर्माण में गैर योजना व्यय के योगदान को परखने के लिए शून्य आधार बजट प्रस्ताव प्रस्तुत किया गया। यह प्रस्ताव बजट व्यय में कमी के उद्देश्य से नहीं बल्कि बजट का प्रयोग अधिक उद्देश्यपूर्ण कार्यों में किए जाने हेतु किया गया। ZBB means that all the financial requirements of a budget unit are analysed, evaluated add Justified annually and not just the increased or additional requirements.

केन्द्रीय सरकार के विभिन्न प्रकार के बजट घाटे (Various Types of Deficits of the Central Government)

केन्द्र सरकार के घाटों को निम्नलिखित रूपों में व्यक्त किया जा सकता है—

1. बजटीय घाटा (Budget Deficit)

2. राजस्व घाटा (Revenue Deficit)

3. मौद्रिकृत घाटा (Monetised Deficit)

4. राजकोषीय घाटा (Fiscal Deficit)

5. प्राथमिक घाटा (Primary Deficit)

1. बजटीय घाटा : यह घाटा राजस्व तथा पूंजीगत खातों के अंतर्गत दिखाई जाने वाली समस्त प्राप्तियों तथा समस्त व्यय का अन्तर होता है।

2. राजस्व घाटा : यह घाटा केवल राजस्व प्राप्तियों तथा राजस्व व्यय के मध्य अन्तर को प्रदर्शित करता है।

3. मौद्रिकृत घाटा : यह घाटा केन्द्र सरकार के लिए भारतीय रिजर्व बैंक की शुद्ध साख में होने वाली वृद्धि को बताता है। इसके अंतर्गत शामिल किया जाता है—

(a) भारतीय रिजर्व बैंक के बकाया ट्रेजरी बिल की शुद्ध वृद्धि तथा

(b) सरकार की बाजार उधार में RBI का योगदान

4. राजकोषीय घाटा : यह राजस्व प्राप्तियों, अनुदानों तथा गैर-ऋण पूंजीगत प्राप्तियों (Non-debt capital receipt) के ऊपर सरकार के कुल व्यय (राजस्व तथा पूंजीगत व्यय, जिसमें उधार दिए गए शुद्ध ऋणों की राशि भी सम्मिलित होती है) का अतिरेक होता है।

5. प्राथमिक घाटा : जब राजकोषीय घाटे में ब्याज अदायगियों को घटा दिया जाता है तो शेष राशि को प्राथमिक घाटा कहा जाता है।

सार्वजनिक व्यय (Public Expenditure)

सार्वजनिक व्यय उस व्यय को कहते हैं जो लोक सत्ताओं अर्थात केन्द्र, राज्य तथा स्थानीय सरकारों के द्वारा या तो नागरिकों की सामूहिक आवश्यकताओं की संतुष्टि के लिए किया जाता है अथवा उनके आर्थिक एवं सामाजिक कल्याण में वृद्धि करने के लिए। आजकल सरकारी व्यय की मात्रा, संसार के प्राय: सभी देशों में निरन्तर बढ़ रही है। इसका कारण यही है कि विभिन्न क्षेत्रों तथा मोर्चों पर सरकार तथा अन्य लोक निकायों के कार्यों में निरन्तर विस्तार हो रहा है।

आधुनिक समय में राज्य प्राचीन युग के राज्यों की भांति पुलिस राज्य न होकर कल्याणकारी राज्य हैं। कल्याणकारी राज्य को जनता का अधिक कल्याण कार्य करना पड़ता है, जिसमें सरकार को सामाजिक कल्याण और आर्थिक विकास के लिए अनेक उद्देश्यों को पूरा करने हेतु भारी मात्रा में व्यय करना पड़ता है। इस प्रकार कल्याणकारी राज्य की अवधारणा के कारण वर्तमान राज्यों के कार्यों में पर्याप्त वृद्धि हो गई है। सार्वजनिक व्यय प्राय: निम्नलिखित कार्यों के लिए किया जाता है—

1. सुरक्षा के लिए

2. सामाजिक कल्याण के लिए

3. सार्वजनिक उद्योगों की स्थापना के लिए

4. प्राकृतिक प्रकोपों को दूर करने के लिए

5. जनोपयोगी सेवाओं के लिए

6. प्रशासनिक सेवाओं के लिए

सार्वजनिक व्यय पर वैगनर के विचार (Wagner's views on Public expenditure)

जर्मन अर्थशास्त्री वैगनर का विचार था कि आर्थिक विकास के कारण सार्वजनिक व्यय में वृद्धि होना आवश्यक है। वैगनर के मतानुसार सरकारी सेवाओं के लिए आय की लोच **इकाई से अधिक** होती है।

सार्वजनिक व्यय का सिद्धांत (Principle of Public Expenditure)

सार्वजनिक व्यय का सिद्धांत अधिकतम सामाजिक लाभ (maximum social advantage) के सिद्धांत पर आधारित है। **पहला,** यह सिद्धांत सरकारी खर्च को ऐसे बिन्दु तक जारी रखने की अनुमति देता है जहां कि सरकार द्वारा खर्च किए गए अन्तिम रुपए से प्राप्त होने वाला **सीमान्त सामाजिक लाभ** उस सीमान्त त्याग (marginal sacrifice) के बराबर हो जो कराधान द्वारा

वसूल किए जाने वाले अन्तिम रुपए के कारण करदाता को करना पड़ता है। **दूसरा,** इस सिद्धांत के अनुसार सरकार को विभिन्न मदों के बीच अपने साधनों का वितरण इस प्रकार करना चाहिए जिससे कि प्रत्येक मद से प्राप्त होने वाला सीमान्त उपयोगिता बराबर हो। इस प्रकार स्पष्ट है कि अपने साधनों का विभिन्न मदों के बीच बंटवारा करते समय यदि सरकार द्वारा इस सिद्धांत को ध्यान में रखा जाए तो अधिकतम सामाजिक कल्याण की प्राप्ति की जा सकती है।

ऊपर सार्वजनिक व्यय के जिस सिद्धांत की चर्चा की गई है वे केवल आदर्श (Ideals) हैं और सैद्धांतिक रूप से ही सत्य हैं। व्यावहारिक रूप से उन्हें लागू करना बड़ा कठिन है।

सार्वजनिक व्यय के सिद्धांत का नियम (Canons of Public Expenditure)

प्रो. शिराज (Shirras) ने सार्वजनिक व्यय के चार सिद्धांतों का उल्लेख किया है जो निम्नलिखित हैं—

1. लाभ का सिद्धांत (Canon of Benefit) : इस सिद्धांत के अनुसार सरकारी खर्च की योजना इस प्रकार बनाई जानी चाहिए कि उससे समाज के किसी विशेष वर्ग के लिए नहीं बल्कि सम्पूर्ण रूप से समस्त समाज के लिए अधिकतम सामाजिक लाभ तथा सामाजिक कल्याण प्राप्त किया जा सके। इस प्रकार इसका तात्पर्य है कि राज्य द्वारा अपने साधनों का बंटवारा इस प्रकार करना चाहिए कि—

(a) देश के कुल उत्पादन में वृद्धि हो;

(b) बाह्य आक्रमण तथा आन्तरिक अशांति से संपूर्ण समाज की सुरक्षा हो सके;

(c) आय वितरण में असमानताओं को कम किया जा सके।

2. मितव्ययिता का सिद्धांत (Canon of Economy) : मितव्ययिता के सिद्धांत से आशय है कि राज्य खर्च करने के मामले में किफायती दृष्टिकोण सामने रखे। इस संबंध में दो विचारणीय बातें उल्लेखनीय हैं। **पहली,** सरकार को किसी भी मद पर न्यूनतम आवश्यक धनराशि ही व्यय करनी चाहिए। **दूसरी,** उसे यथासंभव समाज की उत्पादन शक्ति में वृद्धि भी करनी चाहिए।

3. स्वीकृति का सिद्धांत (Canon of Sanction) : इस सिद्धांत का अर्थ यह है कि बिना उपयुक्त अधिकारों या सत्ता की स्वीकृति के कोई भी सरकारी खर्च नहीं किया जाना चाहिए।

4. बचत का सिद्धांत (Canon of Surplus) : इस सिद्धांत के अनुसार सरकारी खर्च में घाटे की स्थिति से बचा जाना चाहिए। यह सिद्धांत बतलाता है कि आम आदमी के समान सरकार को भी अपने साधनों की परिधि में रहकर ही खर्च करना चाहिए। लेकिन इस सिद्धांत को आधुनिक अर्थशास्त्री महत्त्व नहीं देते हैं।

लोक व्यय के अन्य सिद्धांत (Other Canons of Public Expenditure)

सार्वजनिक व्यय के उपर्युक्त सिद्धांतों के अलावा, कुछ अर्थशास्त्रियों ने कुछ अन्य सिद्धांतों का भी उल्लेख किया है। ये सिद्धांत हैं—

1. लोच का सिद्धांत (Canon of Elasticity) : इस सिद्धांत का मानना है कि राज्य की व्यय नीति ऐसी होनी चाहिए कि जो देश की बदलती हुई परिस्थितियों के साथ स्वयं को परिवर्तित कर सके, अर्थात, देश की आवश्यकताओं और परिस्थितियों के अनुसार सार्वजनिक व्यय में परिवर्तन करना संभव हो सके।

2. न्यायपूर्ण वितरण का सिद्धांत (Canon of Equitable Distribution) : इस सिद्धांत के अनुसार सरकारी व्यय इस प्रकार किया जाना चाहिए कि उससे आय के वितरण की असमानताएं कम हों।

सार्वजनिक व्यय के प्रभाव (Effects of Public Expenditure) : सार्वजनिक व्यय बचत, निवेश, मुद्रास्फीति, वितरण, बेरोजगारी आदि पर महत्त्वपूर्ण प्रभाव डालता है।

1. बचत पर प्रभाव : सरकारी व्यय लोगों में बचत करने की योग्यता में कई प्रकार से वृद्धि करता है। नि:शुल्क शिक्षा, नि:शुल्क चिकित्सा सुविधाओं आदि पर किया गया खर्च लोगों की विशेष रूप से निम्न आय वर्ग के लोगों की क्रय शक्ति में वृद्धि कर देते हैं जिससे उनकी बचत करने की क्षमता में वृद्धि होती है। इसके अतिरिक्त वेतनों एवं मजदूरियों की वृद्धि पर किया जाने वाला और उन्हें सस्ती दरों पर खाद्य एवं अन्य आवश्यक पदार्थ प्रदान करने वाला सरकारी व्यय लोगों की क्रय-शक्ति बढ़ाकर उनकी बचत करने की क्षमता में वृद्धि करता है।

2. निवेश पर प्रभाव : कानून एवं व्यवस्था की स्थापना पर किया जाने वाला सरकारी व्यय लोगों के मन में आत्म विश्वास पैदा करता है। जो उन्हें उत्पादकीय क्रियाओं में निवेश करने के लिए प्रोत्साहित करता है। आर्थिक एवं सामाजिक आधारभूत सेवाओं को संपन्न करने के लिए किया गया सार्वजनिक खर्च विभिन्न उपभेक्ता वस्तुओं तथा सेवाओं के बाजारों के आकार में वृद्धि करके निजी उद्यमियों को निवेश के लिए प्रेरित करता है।

3. वितरण पर प्रभाव : सार्वाजनिक व्यय धन का समान एवं न्यायपूर्ण वितरण करने में भी महत्त्वपूर्ण भूमिका निभाता है। यदि अधिकांश सार्वजनिक व्यय निर्धन लोगों के कल्याण पर खर्च किया

जाता है तो इससे समाज में आय तथा धन का अधिक समान एवं न्यायपूर्ण वितरण करना संभव होता है।

4. मुद्रास्फीति में सार्वजनिक व्यय : सरकारी व्यय मुद्रास्फीति को नियंत्रित करने में भी सहायक हो सकता है। इस स्थिति में सरकार को चाहिए कि वह बेशी का बजट (surplus budget) बनाए। इस प्रकार बेशी के बजट से जो अतिरिक्त धन की प्राप्ति होगी उसका उपयोग सरकार द्वारा अर्थव्यवस्था की कुल उत्पादन क्षमता को बढ़ाने में किया जा सकता है। लेकिन समस्या के समाधान का यह पहलू केवल अल्पविकसित अथवा विकासशील देशों के लिए ही सही सिद्ध हो सकता है जहां रोजगार का स्तर पूर्ण रोजगार से कम होता है।

5. आर्थिक विकास तथा वृद्धि में सार्वजनिक व्यय का योगदान : विकसित तथा अल्पविकसित देशों को जिस सबसे बड़ी समस्या का सामना करना होता है वह है, रोजगार तथा आय में वृद्धि करने की समस्या। सरकारी व्यय का कार्यक्रम अनेक लोगों को रोजगार प्रदान करने में प्रत्यक्ष रूप से सहायक होता है। परिणामस्वरूप वस्तुओं तथा सेवाओं के लिए इन लोगों की मांग में वृद्धि होती है जिससे रोजगार के अवसर और भी बढ़ते हैं। यहां महत्त्वपूर्ण बात यह है कि सार्वजनिक खर्च के कार्यक्रम इस प्रकार बनाए जाने चाहिए कि उत्पादन में वृद्धि के साथ-साथ उत्पादित वस्तुओं की मांग भी बढ़े। **अन्य शब्दों में** 'आर्थिक स्थिरता के साथ आर्थिक प्रगति' के सिद्धांत को अपनाया जाना चाहिए।

यदि सरकारी खर्च शिक्षा तथा जन स्वास्थ्य, परिवहन, संचार तथा बिजली आदि साधनों की व्यवस्था पर किया जाए तो गैर सरकारी क्षेत्र को तीव्रगति से निवेश करने तथा उत्पादन में वृद्धि करने के लिए प्रोत्साहित किया जा सकता है। सरकार को चाहिए कि वह ऐसे उद्यमों को अपने हाथ में लेने के लिए भी सरकारी खर्च करने को तैयार रहे जो गैर सरकारी क्षेत्र को आकर्षित नहीं करते क्योंकि उनमें लाभ की संभावनाएं बहुत कम होती हैं अथवा जिनमें भारी मात्रा में पूंजी निवेश की आवश्यकता होती है और प्रतिफल लम्बे समय के बाद प्राप्त होता है। ऐसे उद्योगों के अंतर्गत लोहा एवं इस्पात, अणुशक्ति, बहुउद्देशीय जलविद्युत परियोजनाएं, भारी विद्युत तथा इंजीनियरिंग आदि आते हैं।

करारोपण का सिद्धांत (Canons of Taxation)

एडम स्मिथ (Adam Smith) पहले अर्थशास्त्री थे जिन्होंने कराधान के सिद्धांतों का अथवा कराधान के नियमों का प्रतिपादन किया। तत्पश्चात अन्य अर्थशास्त्रियों जिनमें **फिण्डले शिराज, बेस्टेबिल** (Bastable) प्रमुख है, ने करारोपण के अन्य सिद्धांतों का प्रतिपादन किया।

एडम स्मिथ के कराधान के सिद्धांत (Adam Smith's Canons of Taxation) : एडम स्मिथ द्वारा प्रस्तुत कराधान के सिद्धांत निम्नलिखित हैं—

1. समानता का सिद्धांत (The Canon of Equality) : यह स्मिथ द्वारा प्रतिपादित सबसे पहला सिद्धांत है। इस सिद्धांत के अनुसार सरकार को अपने व्यय की पूर्ति के लिए प्रत्येक नागरिक से उसकी योग्यतानुसार कर वसूल करना चाहिए।

2. निश्चितता का सिद्धांत (Canon of Certainty) : इसके अनुसार प्रत्येक व्यक्ति जो कर देता है वह निश्चित होना चाहिए, मनमाना नहीं। कर के भुगतान का समय, भुगतान की विधि तथा भुगतान की राशि आदि करदाता तथा प्रत्येक अन्य व्यक्ति को स्पष्ट होनी चाहिए।

3. सुविधा का सिद्धांत (Canon of Convenience) : इस सिद्धांत के अनुसार प्रत्येक कर ऐसे समय तथा ऐसी रीति से वसूल किया जाना चाहिए कि उसको अदा करना करदाता के लिए सबसे अधिक सुविधाजनक हो। अन्य शब्दों में, कर ऐसे तरीके से लगाया जाना चाहिए और ऐसे समय लगाया जाना चाहिए जबकि करदाता उसका अत्यन्त सुविधा के साथ भुगतान कर सके।

4. मितव्ययिता का सिद्धान्त (Canon of Economy) : स्मिथ का चौथा और अन्तिम सिद्धांत है मितव्ययिता या किफायत का सिद्धांत। इस सिद्धांत का उद्देश्य है कि कर-वसूली की **प्रशासनिक लागत** कम से कम रखी जाए अर्थात लोगों की जेब से बाहर आने वाला धन तथा राजकोष में जमा किया जाने वाला धन में कम से कम अन्तर हो।

कराधान के अन्य सिद्धांत (Other Canons of Taxation) : बेस्टेबिल ने एडम स्मिथ के सिद्धांतों के अलावा कुछ अन्य सिद्धांतों का भी प्रतिपादन किया है। ये सिद्धांत निम्नलिखित हैं—

1. उत्पादकता का सिद्धांत (Canon of Productivity)
2. लोच का सिद्धांत (Canon of Elasticity)
3. विविधता का सिद्धांत (Canon of Diversity)
4. सरलता का सिद्धांत (Canon of Simplicity)
5. वांछनीयता का सिद्धांत (Canon of Expediency)

कर भार विभाजन के विभिन्न उपागम (Different approaches to the division of tax burden)

प्रत्येक कर व्यक्तियों पर एक भार होता है क्योंकि करों से व्यक्तियों की आय कम हो जाती है तथा उपभोग घट जाता है। अत: यह आवश्यक है कि सामाजिक, आर्थिक तथा राजनीतिक दृष्टिकोणों से कर भार का न्यायपूर्ण वितरण हो।

कर भार के वितरण में न्याय के आदर्श को प्राप्त करने के लिए समय-समय पर अर्थशास्त्रियों ने अनेक सिद्धांतों का प्रतिपादन किया है जिनमें निम्न सिद्धांत प्रमुख हैं—

1. वित्तीय सिद्धांत (Financial Theory) : यह सिद्धांत **कॉलबर्ट** (colbert) के इस कथन से संबंधित है कि "बत्तख के पर इस प्रकार निकाले जाएं कि वह कम से कम शोर मचाए" अर्थात इस सिद्धांत का उद्देश्य अधिकाधिक आय प्राप्त करना है तथा कर इस प्रकार से लगाए जाएं कि जनता उनका कम से कम विरोध करे। यह सिद्धांत अव्यवहारिक तथा अनुचित है। क्योंकि इस सिद्धांत के अनुसार कर भार उन व्यक्तियों को वहन करना पड़ेगा जिनमें विरोध करने एवं चिल्लाने की शक्ति नहीं है।

2. समता का सिद्धांत (Principle of Equity) : आधुनिक अर्थशास्त्रियों ने कराधान भार के वितरण के मामले में न्याय (Justice) पर भारी जोर दिया है और समता एवं न्याय के सिद्धांत को अपनाने की वकालत की है। समता में दो पहलू अंतर्निहित हैं—समान तथा असमान परिस्थितियों में लोगों से पृथक्-पृथक् व्यवहार किया जाए। **समान परिस्थितियों** (like circumstances) का अभिप्राय यह है कि जो लोग आर्थिक दृष्टिकोण से समान रूप से समृद्ध हैं तथा समान परिस्थितियों में जीवन व्यतीत कर रहे हैं उन्हें समान मात्रा में ही कर अदा करना चाहिए। इसे **समतल न्याय** (horizontal equity) भी कहा जाता है। असमान परिस्थितियों (unlike circumstances) से आशय है कि असमान परिस्थितियों में रहने वाले लोगों से असमान अथवा तद्नुसार ही व्यवहार किया जाए अर्थात समृद्ध अथवा अच्छी हालत वाले व्यक्ति अन्य लोगों के मुकाबले अधिक कर अदा करें। इसे **असमतल न्याय** (Vertical equity) कहा जाता है।

3. सेवा की लागत का सिद्धांत (Cost of Service Theory) : यह कर भार के वितरण से संबंधित प्राचीन सिद्धांतों में से एक है। इस सिद्धांत के अनुसार, सरकार व्यक्तिगत करदाताओं के लाभ के लिए जो विभिन्न सेवाएं संपन्न करती है उनकी लागत को ही कराधान का आधार बनाया जाना चाहिए। प्रत्येक करदाता से उस लागत (cost) के बराबर कर लिया जाना चाहिए जो कि उसको प्रदान की जाने वाली सेवा पर लगी हो। इसका अर्थ यह है कि जितनी अधिक लागत होगी, कर की दर भी उतनी ही अधिक ऊंची होगी और इसके विपरीत लागत यदि कम होगी तो कर की दर भी कम होगी।

लेकिन इस सिद्धांत को निम्न आधार पर स्वीकार नहीं किया जाता है—

(a) सेवा की लागत का अनुमान लगाना कठिन

(b) कल्याणकारी राज्य की अवधारणा के अनुपयुक्त

(c) कर के मूल लक्षण के विपरीत

4. लाभ सिद्धांत (Benefit Theory) : इस सिद्धांत के अनुसार लोगों में कराधान के भार को उन लाभों के अनुपात में बांटा जाना चाहिए जो कि वे राज्य से प्राप्त करते हैं। इसके अनुसार जो लोग राज्य से समान लाभ प्राप्त करते हैं उन्हें कर भी एक समान ही अदा करना चाहिए और जो लोग अधिक लाभ प्राप्त करते हैं उन्हें कम लाभ प्राप्त करने वाले लोगों के मुकाबले अधिक कर अदा करना चाहिए।

लाभ का सिद्धांत सेवा की लागत के सिद्धांत से बहुत कुछ मिलता-जुलता है। लाभ सिद्धांत **मांग** (demand) के दृष्टिकोण से समस्या पर विचार करता है और लागत सिद्धांत **पूर्ति** के दृष्टिकोण से। इस सिद्धांत की निम्नलिखित आधार पर आलोचना की गई है—

(a) प्रति व्यक्ति लाभ का अनुमान लगाना कठिन

(b) निर्धनों पर अधिक कर भार

(c) सामाजिक कल्याण असंभव

(d) असमानता दूर करना कठिन

5. भुगतान सामर्थ्य का सिद्धांत (Ability to Pay Theory) : यह एक **सर्वस्वीकृति** सिद्धांत है। इस सिद्धांत के अनुसार प्रत्येक व्यक्ति को अपनी भुगतान करने की सामर्थ्य के अनुपात में राज्य को अपना अंशदान देना चाहिए। इस प्रकार धनी व्यक्ति की करदान योग्यता अधिक होने से उसे अधिक मात्रा में तथा निर्धन की करदान योग्यता कम होने से कम मात्रा में अंश दान देना चाहिए। भुगतान सामर्थ्य का सिद्धांत इस उक्ति के आधार पर बनाया गया है कि कानून के अंतर्गत सभी के साथ समान व्यवहार किया जाना चाहिए।

भुगतान सामर्थ्य के सिद्धांत के अंतर्गत एक मौलिक समस्या यह उत्पन्न होती है कि व्यक्ति की कर अदा करने की सामर्थ्य को मापा कैसे जाए? इस उद्देश्य की पूर्ति के लिए दो दृष्टिकोणों का सहारा लिया जाता है—

(a) **व्यक्तिपरक दृष्टिकोण** (Subjective approach)

(b) **वस्तुपरक दृष्टिकोण** (objective approach)

व्यक्तिपरक दृष्टिकोण के अंतर्गत, करदान सामर्थ्य को मापने के लिए त्याग सिद्धांत (sacrifice theory) का उपयोग किया जाता है और वस्तुपरक दृष्टिकोण में, इस कार्य के लिए उत्पादक शक्ति सिद्धांत (faculty theory)-आय, संपत्ति का उपयोग किया जाता है।

व्यक्तिपरक दृष्टिकोण (Subjective approach)

व्यक्तिपरक दृष्टिकोण करदाताओं की मनोवैज्ञानिक अथवा मानसिक प्रतिक्रियाओं पर आधारित है। इस दृष्टिकोण की मान्यता

है कि करदाता को करों के अदा करने में मानसिक असंतोष, कष्ट तथा अन्य प्रकार की असुविधाएं होती हैं। इस प्रकार करदाता जब कर का भुगतान करता है तो उसे त्याग करना पड़ता है। यदि करभार को न्यायपूर्ण रीति से बांटा जाए तो प्रत्येक करदाता को समान त्याग ही करना होगा।

व्यक्तिपरक दृष्टिकोण से करारोपण के तीन आधार लिए जाते हैं—

(a) समान निरपेक्ष त्याग (Equal Absolute Sacrifice)

(b) समान आनुपातिक त्याग (Equal Proportional Sacrifice)

(c) समसीमान्त त्याग अथवा न्यूनतम कुल त्याग (Equal Marginal Sacrifice)

समान निरपेक्ष त्याग (Equal Absolute Sacrifice)

इस सिद्धांत के अनुसार करदाताओं पर करभार का वितरण इस प्रकार से किया जाना चाहिए कि सब कर दाताओं पर प्रत्यक्ष वास्तविक भार बराबर हो।

समान अनुपाती त्याग (Equal Proportional Sacrifice)

इस सिद्धांत के अनुसार करदाताओं पर कर का भार समान नहीं रहता है बल्कि उनकी आर्थिक स्थितियों के अनुपात में निश्चित होता है। अन्य शब्दों में, इस सिद्धांत के अनुसार कर लगाने के परिणामस्वरूप होने वाली उपयोगिता की हानि करदाताओं की कुल आय के अनुपात में होनी चाहिए। इस स्थिति में अधिक आय वाले करदाता निम्न आय वाले करदाताओं के मुकाबले अधिक कर अदा करेंगे। परंतु आय के प्रति त्याग का अनुपात सभी के लिए बराबर होगा। इसको निम्न प्रकार व्यक्त किया जा सकता है—

$$\frac{\text{व्यक्ति A द्वारा किया जाने वाला त्याग}}{\text{A की आय}} = \frac{\text{व्यक्ति B द्वारा किया जाने वाला त्याग}}{\text{B की आय}}$$

समान सीमान्त त्याग (Equal Marginal Sacrifice): इस सिद्धांत के अनुसार विभिन्न करदाताओं का कुल त्याग नहीं बल्कि सीमान्त त्याग (अर्थात करदाता के आय की अन्तिम इकाई द्वारा कराया जाने वाला त्याग) बराबर होना चाहिए ताकि समुदाय का समस्त त्याग सम्पूर्ण रूप से न्यूनतम हो।

इस सिद्धांत के अनुसार कर का निर्धारण इस प्रकार किया जाना चाहिए कि करदाताओं द्वारा किए गए त्याग की मात्रा कम से कम हो तथा सामाजिक लाभ अधिकतम हो। यह तभी संभव है जब सभी करदाताओं का सीमान्त त्याग बराबर हो। **समान सीमान्त त्याग का सिद्धांत अत्यधिक आरोही** (Progressive) कर ढांचे का निर्माण करता है।

विभिन्न धारणाओं के अंतर्गत कराधान का भार (Burden on Taxation Under Different Concepts)

त्याग की धारणा	*कर ढांचे की प्रकृति*	*कराधान का भार*	
		उच्च आय वर्ग पर	*निम्न आय वर्ग पर*
(a) समान कुल त्याग	न्यूनतम आरोही (least progressive)	निम्नतम	उच्चतम
(b) समान अनुपाती त्याग	अपेक्षाकृत अधिक आरोही	उच्चतम	निम्नतम
(c) समान सीमान्त त्याग	अत्यधिक तीव्र आरोही कराधान	उच्चतम	निम्नतम

वस्तुपरक दृष्टिकोण (Objective Approach)

त्याग सिद्धांत अथवा व्यक्तिपरक दृष्टिकोण के विपरीत वस्तुपरक सिद्धांत करदाता की भावनाओं एवं उसके कष्टों की अपेक्षा उसकी करदेय क्षमता (taxable capacity) के द्राव्यिक मूल्य (money value) को दृष्टिगत रखता है। इस प्रकार त्याग सिद्धांत की तरह वस्तुपरक दृष्टिकोण करदाता की मनोवैज्ञानिक भावनाओं पर आधारित नहीं है बल्कि उसकी करदेय क्षमता पर आधारित है जो कि उसकी आय, संचित धन तथा सम्पत्ति आदि के द्वारा मापी जाता है वस्तुपरक दृष्टिकोण के अंतर्गत व्यक्ति की कर अदा करने की सामर्थ्य को मापने के तीन महत्त्वपूर्ण मापदंड हैं—

(a) करदाता की आय

(b) करदाता की सम्पत्ति

(c) करदाता का उपभोग स्तर या व्यय

करों के प्रकार (Kinds of Taxes)

करों को उनके स्वरूप, प्रकृति तथा उनको लगाने की विधि के आधार पर कई वर्गों में बांटा जा सकता है। आधुनिक कर व्यवस्था में करों के आमतौर पर निम्नलिखित वर्गीकरण पाए जाते हैं—

1. प्रत्यक्ष एवं परोक्ष कर (Direct and Indirect Taxes)

2. विशिष्ट तथा मूल्यनुसार कर (Specific and Ad-valorem Duties)

3. आरोही (Progressive), अनुपाती (Proportional), अवरोही (Regressive) कर।

प्रत्यक्ष तथा परोक्ष कर (Direct and Indirect Taxes): प्रत्यक्ष कर वह भुगतान है जिसमें कराधान एवं करभार एक ही व्यक्ति पर पड़ता है। इसके विपरीत यदि कराधान (Impact) और करभार (Incidence) अलग-अलग व्यक्तियों पर पड़ता है तो वह परोक्ष कर (indirect taxes) कहलाता है। इस प्रकार परोक्ष कर तो वह होता है जिसका अन्तरण (shifting) किया जा सकता है अथवा जिसे किसी अन्य व्यक्ति पर टाला जा सकता है, और प्रत्यक्ष कर वह होता है जिसका अन्तरण नहीं किया जा सकता अथवा जिसकी अदायगी को अन्य किसी व्यक्ति पर टाला नहीं जा सकता। इसका अर्थ यह है कि प्रत्यक्ष करों की स्थिति में तो कराधान (Impact) अथवा **तात्कालिक द्रव्य भार** (immediate money burden) और कर भार अथवा करापात (incidence) अथवा **अन्तिम द्रव्य भार** (ultimate money burden) दोनों एक ही व्यक्ति पर पड़ते हैं किन्तु परोक्ष करों की स्थिति में यह भिन्न-भिन्न व्यक्तियों पर पड़ता है। आय कर, सम्पत्ति कर, निगम कर आदि **प्रत्यक्ष कर** की श्रेणी में आते हैं जबकि सीमा शुल्क, उत्पाद शुल्क, बिक्री कर आदि **अप्रत्यक्ष कर** की श्रेणी में आते हैं।

मूल्यानुसार कर तथा विशिष्ट कर (Ad-valorem and specific Duties): मूल्यानुसार कर वह कर है जो कि वस्तु के मूल्य के रूप में व्यक्त किया जाता है जबकि विशिष्ट कर उन करों को कहते हैं जो कि वस्तु की इकाई एवं मात्रा के आधार पर अदा की गई एक निश्चित रकम के रूप में व्यक्त किए जाते हैं। **उदाहरणार्थ** आयात या निर्यात कर वस्तु के मूल्य पर 2 प्रतिशत की दर से लगाए जा सकते हैं। जो कि मूल्यानुसार कर है। इसी प्रकार कपड़े पर प्रति मीटर कुछ पैसे की दर से अथवा चीनी पर प्रति क्विंटल कुछ रुपए की दर से उत्पाद शुल्क (excise duty) लगाया जा सकता है जो कि विशिष्ट कर है।

आरोही (प्रगतिशील), अनुपाती तथा अवरोही कर (Progressive Proportional and Regressive Taxes): कर पद्धति की रचना विभिन्न प्रकार के करों को मिलाकर की जाती है जिनमें से कुछ कर आरोही हो सकते हैं तथा कुछ अनुपाती जबकि कुछ अवरोही। लेकिन कर पद्धति में अवरोही करों की विद्यमानता को अधिक वांछनीय नहीं माना जाता। वस्तुतः सम्पूर्ण रूप में किसी भी कर पद्धति की प्रकृति आरोही (Progressive) होनी चाहिए। भारतीय कर-पद्धति का निर्माण यद्यपि आरोही तथा अनुपाती दोनों ही प्रकारों को मिलाकर किया गया है तथापि उसकी प्रकृति, सम्पूर्ण रूप में, आरोही ही कही जा सकती है।

टेलर ने अनुपाती, आरोही तथा अवरोही करों की व्याख्या की है। उसके अनुसार, **आरोही करों की दर** (Progressive tax rate) की अनुसूची वह होती है जिसमें कर आधार अर्थात आय बढ़ने के साथ-साथ करों की दरों में वृद्धि हो जाती है और अवरोही करों की दर अनुसूची वह है जिसमें कि जैसे-जैसे कर आधार अर्थात आय बढ़ती है वैसे-वैसे ही करों की दरें भी घटती हैं। अनुपाती कर की स्थिति में, आय में परिवर्तन होने के बाद भी कर की दर स्थिर रहती है। अनुपाती, आरोही तथा अवरोही करों की दरें आगे दिए गए अनुसूचियों की सहायता से समझाई गई है।

अनुपाती कर की दरें (Proportional Tax Rates)

आय स्तर	*कर की दर*	*कर की राशि*
10,000 रु.	10 प्रतिशत	1,000 रु.
20,000 रु.	10 प्रतिशत	2,000 रु.
30,000 रु.	10 प्रतिशत	3,000 रु.
40,000 रु.	10 प्रतिशत	4,000 रु.

इस प्रकार स्पष्ट है कि अनुपाती करों के अंतर्गत आय के बढ़ने पर कर की दर में कोई परिवर्तन नहीं होता लेकिन आय बढ़ने के साथ-साथ करदाता द्वारा अदा किए जाने वाली कर की कुल राशि बढ़ती है।

प्रगतिशील कर की दरें (Progressive Tax Rates)

आय स्तर	*कर की दर*	*कर की राशि*
10,000 रु.	10 प्रतिशत	1,000 रु.
20,000 रु.	15 प्रतिशत	3,000 रु.
30,000 रु.	25 प्रतिशत	7,500 रु.
40,000 रु.	40 प्रतिशत	16,000 रु.

स्पष्ट है कि आरोही करों के अंतर्गत आय में वृद्धि होने पर करों की दरों में भी तेजी से वृद्धि होती है। साथ ही, करों के रूप में अदा की जाने वाली कुल धनराशि भी तेजी से बढ़ती है।

अवरोही कर की दरें (Regressive Tax Rates)

आय स्तर	*कर की दर*	*कर की राशि*
10,000 रु.	10 प्रतिशत	1,000 रु.
20,000 रु.	7 प्रतिशत	1,400 रु.
30,000 रु.	5 प्रतिशत	1,500 रु.
40,000 रु.	4 प्रतिशत	1,600 रु.

स्पष्ट है कि अवरोही करों के अंतर्गत, आय बढ़ने पर कर

की दर घटती जाती है जबकि आय के बढ़ने पर करों के रूप में अदा की जाने वाली कुल धनराशि में अवश्य वृद्धि होती है।

कराधान के प्रभाव (Effects of Taxation)

आजकल कराधान का उपयोग केवल राजस्व प्राप्ति के स्रोत के रूप में ही नहीं किया जाता बल्कि कुछ ऐसे सामाजिक एवं आर्थिक लक्ष्यों की प्राप्ति के एक महत्त्वपूर्ण साधन के रूप में भी किया जाता है जैसे कि उपभोग एवं उत्पादन का नियमन, तेजी एवं मंदी की स्थितियों पर नियंत्रण, आर्थिक प्रगति को प्रोत्साहन तथा आय की असमानताओं की समाप्ति आदि। इन क्रियाओं पर कराधान के प्रभाव अच्छे भी हो सकते हैं और बुरे भी। अत: सरकार को केवल राजस्व प्राप्ति की ही बात को ध्यान में नहीं रखना पड़ता बल्कि कराधान के आर्थिक प्रभाव को भी दृष्टिगत रखना पड़ता है।

अब हम कराधान के प्रभावों का निम्न शीर्षकों के अंतर्गत विवेचन करेंगे—

1. बचत तथा निवेश पर प्रभाव (Effects on Saving and Investment) : करों की अत्यधिक ऊंची दरें बचतों पर प्रतिकूल प्रभाव डालती हैं क्योंकि बचत आय पर निर्भर करती है और जब कराधान द्वारा आय कम हो जाती है तो बचत अपने आप ही कम होने लगती है। चूंकि निवेश बचत पर निर्भर करता है इसलिए जब कराधान से बचतें कम हो जाती हैं तो इसका प्रतिकूल प्रभाव निवेश पर भी पड़ता है।

2. उत्पादन के गठन तथा स्वरूप पर कराधान के प्रभाव (Effects of Taxation on Composition and Production) : उत्पादन का गठन तथा प्रतिरूप इस बात पर निर्भर होता है कि विभिन्न उद्योगों के बीच तथा विभिन्न क्षेत्रों के बीच साधनों का बंटवारा किस प्रकार का होता है। विभिन्न उद्योगों तथा क्षेत्रों के बीच साधनों का अंतरण या दिशा परिवर्तन (diversion) करने के लिए कराधान को राजकोषीय नीति (fiscal policy) के एक अस्त्र के रूप में प्रयुक्त किया जा सकता है।

जब कुछ उद्योगों की उत्पादित वस्तुओं पर कर लगाया जाता है तो उससे उनकी कीमतें बढ़ जाती हैं। कीमतें बढ़ने से उन वस्तुओं की मांग कम हो जाती है तथा इसके फलस्वरूप लाभ भी घट जाते हैं। इसका परिणामस्वरूप यह होता है कि इन उद्योगों के साधन अन्य उद्योगों की ओर हस्तांतरित होने लगते हैं जिनकी उत्पादित वस्तुओं पर या तो कर बिल्कुल नहीं लगता अथवा बहुत हल्की दरों से कर लगता है।

3. वितरण पर कराधान के प्रभाव (Effects of Taxation on Distribution) : जर्मन अर्थशास्त्री वैगनर (Wagner) को ऐसे सर्वप्रथम अर्थशास्त्रियों में गिना जाता है जिन्होंने इस बात पर जोर दिया कि कराधान का उपयोग आय की असमानताओं को कम करने के एक अस्त्र के रूप में किया जाना चाहिए। अत्यधिक आरोही कर प्रणाली आय तथा धन के वितरण में पाई जाने वाली असमानताओं को काफी कम करती है। वे सभी प्रत्यक्ष कर जो कि अदा करने की सामर्थ्य तथा आरोहण के सिद्धांत पर आधारित होते हैं वितरण पर वांछनीय प्रभाव डाल सकते हैं।

4. कराधान तथा मुद्रा स्फीति (Taxation and Inflation) : मुद्रा स्फीति के दिनों में कराधान का उद्देश्य लोगों की क्रय शक्ति (Purchasing Power) को कम करना होता है। नए कर लगाने तथा प्रचलित करों की दरों में वृद्धि करने से उपभोग पर अंकुश लगती हैं, जिससे प्रभावी मांग (effective demand) का स्तर गिरता है और इससे कीमतों में स्थिरता लाने में मदद मिलती है। यही नहीं मुद्रास्फीति के दिनों में भारी कर लगाने से तथा प्रचलित करों की दरों में वृद्धि करने से क्रय शक्ति लोगों के हाथों में से सरकार की ओर स्थानान्तरित हो जाती है जिसका यदि समुचित रूप से उत्पादन कार्यों के लिए उपयोग किया जाए तो इससे आर्थिक क्रियाओं व रोजगार का स्तर ऊंचा उठता है और वस्तुओं तथा सेवाओं की पूर्ति में वांछित वृद्धि होने से बढ़ती हुई कीमतें रुकने लगती हैं। मुद्रास्फीति के दिनों में कुछ कर संबंधी छूटें तथा कर रियायतें देना भी इसलिए जरूरी हो जाता है ताकि बचतों तथा निवेशों की दर में वृद्धि करके उत्पादन को बढ़ाया जा सके।

कराघात का अर्थ (Meaning of Impact of Tax)

जो व्यक्ति कर की रकम प्रारंभिक रूप से सरकार को अदा करता है वही कराघात (Impact) को वहन करता है। अत: कराघात किसी कर को उस व्यक्ति पर लगाने का तात्कालिक परिणाम है जो कि उसे सर्वप्रथम भुगतान करता है। वास्तव में कराघात कर के तात्कालिक भार (immediate burden) को प्रकट करता है, कर के अंतिम भार को नहीं।

कर विवर्तन का अर्थ (Meaning of Shifting of Tax)

कर का विवर्तन उस प्रक्रिया की ओर संकेत करता है जिसके द्वारा किसी कर का द्रव्य भार (money burden) एक व्यक्ति से दूसरे व्यक्ति को स्थानान्तरित होता जाता है। कर का विवर्तन आगे की ओर को भी हो सकता है और पीछे की ओर को भी। एक उत्पादक (Producer) जिस पर कि कर लगाया गया है, उस कर

को उपभोक्ता पर डाल सकता है अथवा एक विक्रेता अपने पर लगे कर को क्रेता पर डाल सकता है। इन उदाहरणों में उपभोक्ता तथा क्रेता पर कर का **आगे की ओर विवर्तन** (forward shifting) किया गया है। दूसरी ओर, कर पहली बार में (in the first instance) उपभोक्ता या क्रेता पर लगाया जा सकता है और उस कर को क्रमश: उत्पादक तथा विक्रेता की ओर अंतरित (shift) कर सकते हैं। इस स्थिति में कर का पीछे की ओर विवर्तन (backward shifting) किया गया है। कच्चे माल की पूर्ति तथा श्रमिकों पर लगाए गए कर पीछे की ओर विवर्तन अथवा प्रतिगामी विवर्तन (backward shifting) के उदाहरण माने जा सकते हैं।

कर भार का अर्थ (Meaning of Incidence of Tax)

जो व्यक्ति **अंतिम रूप** से कर का भार उठाता है उस पर कर के मौद्रिक भार (money burden) को कर भार (Incidence) कहा जाता है। कर भार उस व्यक्ति पर रहती है जो कि कर के **द्रव्य भार** को किसी अन्य व्यक्ति पर नहीं डाल सकता अर्थात जो अन्तत: उसे वहन करता है।

प्रो. फिण्डले शिराज के अनुसार, ''करापात (incidence) विवर्तन का अन्तिम परिणाम है। यह प्रत्यक्ष मौद्रिक भार है। इस प्रकार करापात की समस्या में यह विश्लेषण किया जाता है कि कर का भुगतान वास्तविक रूप से कौन करता है अर्थात मौद्रिक भार अन्तिम रूप से किस पर पड़ता है।''

कराघात तथा कर भार में अन्तर (Difference between Impact and Incidence)

1. कराघात कर के प्रारंभिक भार (burden) को प्रकट करता है जबकि कर भार (incidence) कर के अन्तिम भार को दर्शाती है।

2. करदाता को कराघात का अनुभव तो कर लगने के स्थल पर ही हो जाता है जबकि वह कर भार का अनुभव कर के अंतिम रूप से टिकने पर ही करता है।

3. कराघात का अनुभव वह व्यक्ति करता है जिससे कि कर संग्रह किया जाता है और कर भार का अनुभव वह व्यक्ति करता है जो कि कर के भार को वास्तव में वहन करता है।

4. कराघात का तो विवर्तन (shifting) किया जा सकता है लेकिन कर भार का नहीं।

करभार तथा कर के प्रभाव में अन्तर (Difference between Incidence and Effect of Taxation)

कर भार और कर के प्रभावों के बीच अन्तर करना यद्यपि कोई सरल कार्य नहीं है, परंतु फिर भी इसका प्रयास यहां पर किया गया है। कर उस व्यक्ति की आय को कम कर देता है जिस पर कर भार (incidence) पड़ता है। परिणामस्वरूप, वह व्यक्ति अपना उपभोग या निवेश को घटाने के लिए बाध्य हो जाता है। इसे **कराधान का प्रभाव** (Effect of taxation) कहा जाएगा, कर का भार नहीं। कर भार तथा कर के प्रभावों के बीच अन्तर एक विशिष्ट उदाहरण की सहायता से किया जा सकता है। मान लीजिए, कर लगाने के परिणामस्वरूप कोई उत्पादक वस्तु की कीमत बढ़ाने में समर्थ हो जाता है और कीमत में वृद्धि भी वह केवल कर की राशि के ही बराबर नहीं बल्कि उससे भी कुछ अधिक करता है तो इस स्थिति में यह कहा जाएगा कि उपभोक्ता पर केवल कर भार (incidence of taxation) ही नहीं है बल्कि जो बोझ उपभोक्ता उठा रहा है वह कर भार की राशि से कुछ अधिक है। इसे **कराधान का प्रभाव** कहा जा सकता है। अत: कराधान के प्रभाव में करदाता को होने वाली यह अतिरिक्त हानि भी सम्मिलित रहती है। इसके अतिरिक्त यह प्रभाव केवल उन लोगों द्वारा ही अनुभव नहीं किया जाता है जो कि इसे अदा करते हैं, बल्कि उन लोगों द्वारा भी अनुभव किया जाता है जो कि कर अदा नहीं करते। इस प्रकार कर भार तथा कर के प्रभावों के बीच अन्तर स्पष्ट हो जाता है।

डाल्टन ने कर भार को **प्रत्यक्ष द्रव्य भार** (direct money burden) कहा है और कर के प्रभाव को कर के **परोक्ष द्रव्य भार** (indirect money burden) का नाम दिया है।

इस प्रकार स्पष्ट है कि कर भार (incidence) के अंतर्गत केवल करों के प्रत्यक्ष द्राव्यिक भार का अध्ययन करते हैं। जबकि इसके विपरीत कर प्रभाव का आशय विस्तृत रूप में लगाया जाता है। इसके अंतर्गत करारोपण के कारण जो आर्थिक, सामाजिक एवं राजनैतिक प्रभाव उत्पन्न होते हैं, उनका विस्तृत अध्ययन किया जाता है।

कर का विवर्तन (Shifting of Taxation)

कर का विवर्तन तथा कर भार (incidence) मांग और पूर्ति की लोच तथा प्रतिफल के नियम (Law of return) पर निर्भर करता है।

1. यदि पूर्ति की लोच (e_s) तथा मांग की लोच (e_d) बराबर है तो कर का भार क्रेताओं तथा विक्रेताओं के बीच बराबर-बराबर बंट जाता है और वस्तु की कीमत में कर की **आधी राशि** के बराबर वृद्धि होती है। लेकिन ऐसा केवल तभी संभव होता है जबकि पूर्ति और मांग वक्र का ढाल एक समान होता है। इसे रेखाचित्र द्वारा इस प्रकार समझाया जा सकता है।

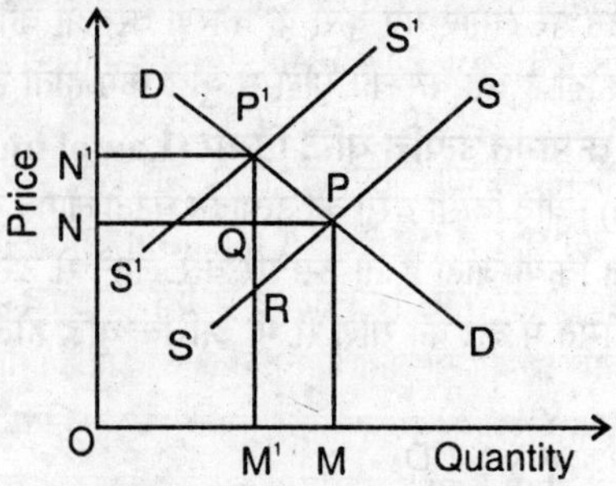

रेखाचित्र : *कर का भार जब $e_d = e_s$*

इस रेखाचित्र में कर का भार या कर की राशि

$$= P'R = P'Q + QR$$

जहां $P'Q = QR$

चूंकि पूर्ति और मांग वक्र की ढाल बराबर है। इसी कारण कर की राशि क्रेताओं और विक्रेताओं के बीच समान रूप से विभाजित है और कीमत में प्रति इकाई कर की आधी राशि के बराबर अर्थात P'Q के बराबर वृद्धि होती है।

2. जब पूर्ति की लोच मांग की लोच से अधिक होती है अर्थात $e_s > e_d$ तो कर का भार विक्रेताओं के मुकाबले क्रेताओं पर अधिक पड़ेगा और वस्तु की कीमत में जो वृद्धि होगी वह प्रति इकाई कर की राशि के आधी से अधिक होगी।

नीचे दर्शाई गई रेखाचित्र की सहायता से इसे और भी स्पष्ट किया जा सकता है।

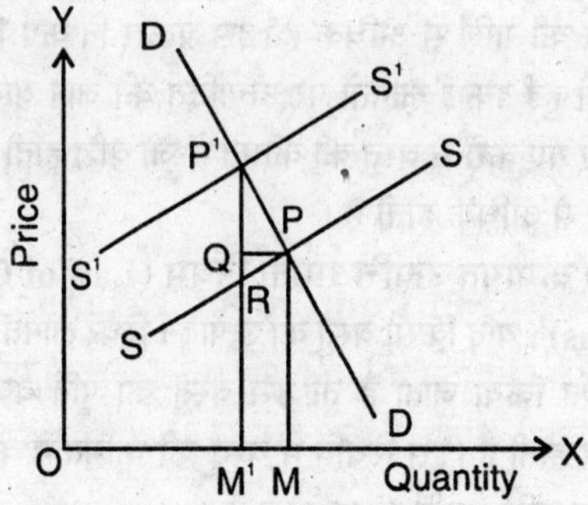

रेखाचित्र : *कर का भार जब $e_s > e_d$*

निम्न रेखाचित्र से स्पष्ट है कि पूर्ति वक्र मांग वक्र की अपेक्षा अधिक लोचदार है। PM कर लगने से पूर्व वस्तु की कीमत है जबकि P'M' कर लगने के बाद की कीमत है। P'R प्रति इकाई कर की राशि है।

$$P'R = P'Q + QR$$

लेकिन $P'Q > QR$

अत: कर का भार विक्रेताओं के मुकाबले क्रेताओं पर अधिक है और इस स्थिति में कीमत में जो वृद्धि होगी वह P'Q के बराबर होगी।

3. जब पूर्ति की लोच, मांग की लोच से कम होती है अर्थात $e_s < e_d$ तो कर का भार क्रेताओं के मुकाबले विक्रेताओं पर अधिक अनुपात में पड़ता है क्योंकि कीमतों में जो वृद्धि होती है वह प्रति इकाई कर की मात्रा के आधी से कम होती है।

रेखाचित्र द्वारा इसे और भी स्पष्ट किया जा सकता है।

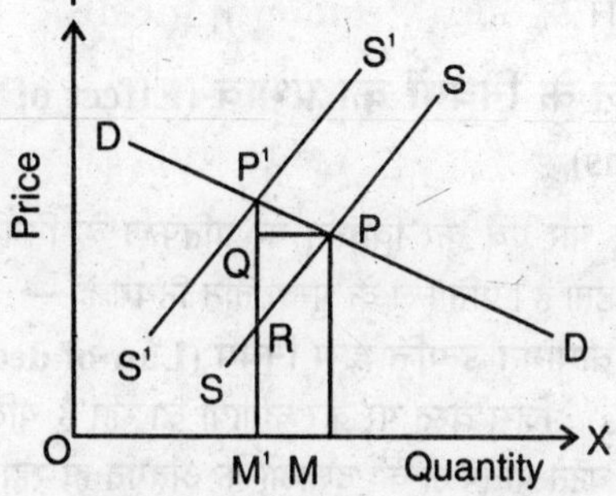

रेखाचित्र : *कर का भार जब $e_d > e_s$*

रेखाचित्र से स्पष्ट है कि पूर्ति अपेक्षाकृत बेलोचदार है और मांग लोचदार है। कर लगने से पूर्व की कीमत PM है और कर लगने के बाद की कीमत P'M' है। P'R कर की राशि है।

यहां $P'R = P'Q + QR$

लेकिन $QR > P'Q$

4. यदि वस्तु की मांग पूर्णतया लोचदार है और उसकी पूर्ति अपेक्षाकृत बेलोचदार है तो कर का सम्पूर्ण भार विक्रेता पर ही पड़ेगा।

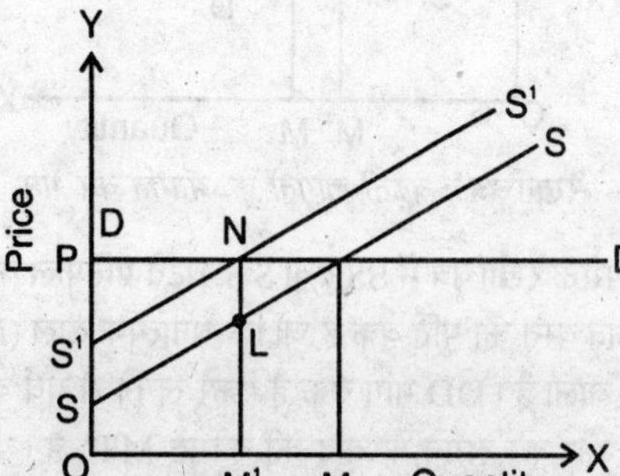

रेखाचित्र : *कर का भार जब e_d = पूर्णतया लोचदार*

उपरोक्त रेखाचित्र से स्पष्ट है कि NL कर का सम्पूर्ण भार

विक्रेताओं द्वारा ही वहन किया जाता है क्योंकि पूर्णतया लोचदार मांग के कारण वस्तु की कीमत में कसी भी प्रकार की बढ़ोतरी नहीं होती है।

5. यदि किसी वस्तु की मांग पूर्णतया बेलोचदार (Perfectly inelastic) है और पूर्ति अपेक्षाकृत लोचदार (relatively elastic) तो कर का सम्पूर्ण भार क्रेता पर ही पड़ेगा।

6. यदि वस्तु की पूर्ति पूर्णतया लोचदार तथा मांग पूर्णतया बेलोचदार है तो भी कर का सम्पूर्ण भार क्रेता (buyer) पर पड़ेगा।

7. यदि वस्तु की पूर्ति पूर्णतया बेलोचदार (Perfectly inelastic) है और मांग लोचदार है तो कर का सम्पूर्ण भार विक्रेता पर पड़ेगा।

प्रतिफल के नियमों का प्रभाव (Effect of laws of returns)

कर भार एवं कर विवर्तन पर प्रतिफल के नियमों का भी प्रभाव पड़ता है। प्रतिफल के मुख्य तीन नियम हैं—

1. क्रमागत उत्पत्ति ह्रास नियम (Law of decreasing returns) : जिस वस्तु पर कर लगाया जा रहा है यदि वस्तु का उत्पादन घटते प्रतिफल की दशाओं के अंतर्गत हो रहा है तो उस वस्तु पर कर लगने से वस्तु की कीमत में कर की रकम से कुछ कम मात्रा में वृद्धि होती है। परिणामस्वरूप कर का केवल एक भाग ही क्रेताओं की ओर अंतरित होता है।

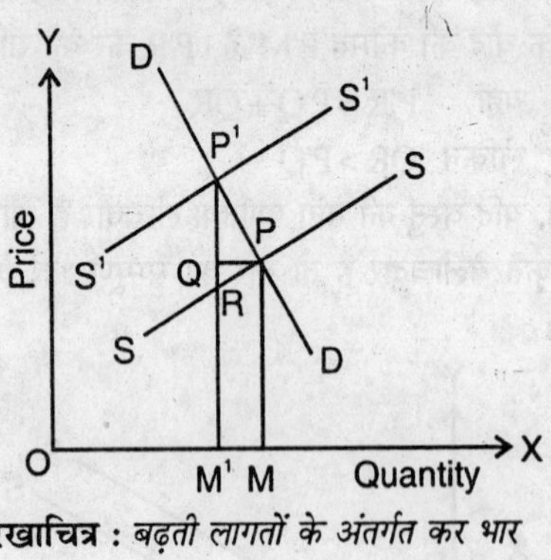

रेखाचित्र : *बढ़ती लागतों के अंतर्गत कर भार*

उपरोक्त रेखाचित्र में SS तथा S'S' घटते प्रतिफल की दशाओं के अंतर्गत वस्तु का पूर्ति वक्र है जो कि धनात्मक ढाल (Positive slope) वाला है। DD मांग वक्र है। कर लगने से पूर्व की कीमत PM है और कर लगने के बाद की कीमत M'P'. है। प्रति इकाई कर की राशि P'R है। कीमत में जो बढ़ोतरी हुई है वह P'Q के बराबर है, जो कि कर की राशि में कम है। इस प्रकार स्पष्ट है कि जिन वस्तुओं का उत्पादन बढ़ती हुई लागतों के अंतर्गत किया जाता है उन पर लगाए गए करों के कारण वस्तुओं की कीमत में जो वृद्धि होती है वह कर की राशि से कुछ कम होती है।

***(b)* क्रमागत उत्पत्ति वृद्धि नियम (Law of increasing returns) :** यदि किसी वस्तु का उत्पादन घटती लागत की दशाओं के अंतर्गत किया जाता है तो उस पर कर लगने से उस वस्तु की औसत कीमत में कर की राशि से भी अधिक वृद्धि होती है।

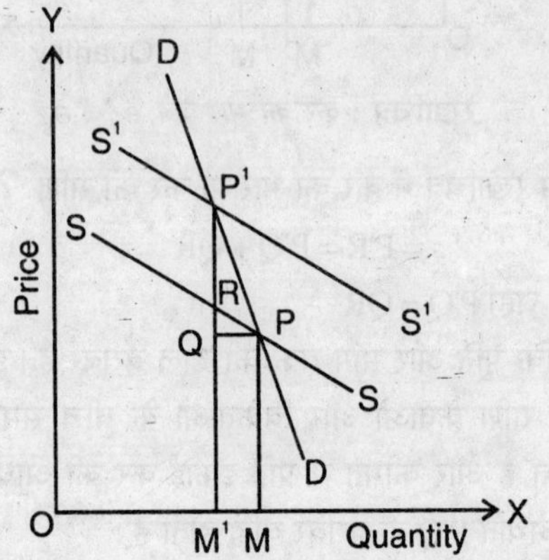

रेखाचित्र : *घटती लागतों के अंतर्गत कर भार*

उपरोक्त रेखाचित्र में ऋणात्मक ढाल वाला पूर्ति वक्र SS तथा S'S' है जो कि बढ़ते हुए प्रतिफल को व्यक्त करता है। कर लगने से पूर्व की कीमत PM है तथा कर लगने के बाद की कीमत P'M' है। प्रति इकाई कर की राशि P'R है और कीमत में होने वाली वृद्धि P'Q है। लेकिन P'Q बड़ी है। P'R से। अत: कीमत में होने वाली वृद्धि कर की राशि से अधिक है। इस प्रकार निष्कर्ष निकलता है कि घटती हुई इकाई लागतों पर उत्पादित की जाने वाली वस्तुओं पर लगाए गए करों से वस्तु क़ी कीमत में जो वृद्धि होती है, वह कर की राशि से अधिक होती है।

***(c)* क्रमागत उत्पत्ति समता नियम (Law of Constant Returns) :** यदि किसी वस्तु का उत्पादन स्थिर लागत की दशाओं के अंतर्गत किया जाता है तो उस वस्तु का पूर्ति वक्र **पूर्णतया लोचदार** होती है। इस स्थिति में वस्तु की कीमत में कर की राशि के बराबर वृद्धि करना संभव होता है।

आगे दिए गए रेखाचित्र में SS कर लगने से पूर्व का पूर्ति वक्र है तथा S'S' कर लगने के बाद का पूर्ति वक्र है। PM कर पूर्व कीमत है तथा P'M' कर लगने के बाद का वस्तु की कीमत है। P'R प्रति इकाई कर की राशि है। कर लगने के बाद कीमत में जो वृद्धि हुई है वह भी P'R के ही बराबर है।

इस प्रकार स्पष्ट है कि स्थिर इकाई लागतों के अंतर्गत उत्पन्न

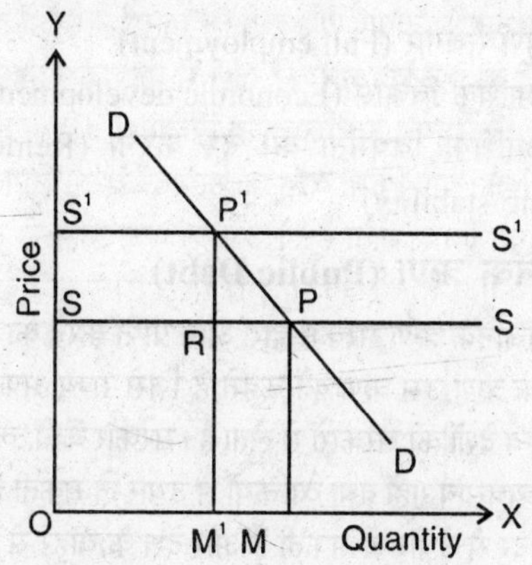

रेखाचित्र : *स्थिर लागतों के अंतर्गत कर भार*

की जाने वाली वस्तुओं पर जो कर लगाए जाते हैं उनसे वस्तु की कीमत में कर की पूर्ण राशि के बराबर वृद्धि होती है।

पूर्ण प्रतियोगिता के अंतर्गत कर भार (Incidence of Taxation Under Perfect Competition)

अब हम एक मुश्त कर (lump-sum tax), लाभ कर तथा विशिष्ट कर (Specific tax) का पूर्ण प्रतियोगी फर्म पर पड़ने वाले प्रभाव का अध्ययन करेंगे।

1. एक मुश्त कर का प्रभाव (Incidence of Inposition of lump-sum tax) : अल्पकाल में फर्म की सीमान्त लागत (MC) एक मुश्त कर से प्रभावित नहीं होती इसलिए वस्तु के उत्पादन तथा कीमत पर कोई प्रभाव नहीं पड़ता है। लेकिन **दीर्घकाल** में एक मुश्त कर (lump-sum tax) लगने से वस्तु का उत्पादन घट जाता है तथा कीमत में वृद्धि हो जाती है।

2. लाभ कर का प्रभाव (Incidence of Imposition of profits tax) : लाभ कर का अल्पकाल में पूर्ण प्रतियोगी फर्म द्वारा उत्पादित वस्तु की मात्रा तथा कीमत पर बिल्कुल भी प्रभाव नहीं पड़ता लेकिन दीर्घकाल (long-run) में उद्योग का पूर्ति वक्र बायीं ओर को खिसक जाता है। परिणाम स्वरूप कीमत में बढ़ोतरी हो जाती है।

3. विशिष्ट कर का प्रभाव (Incidence of Imposition of a specific sales tax) : विशिष्ट कर पूर्ण प्रतियोगी फर्म के सीमान्त लागत को प्रभावित करती है। परिणामस्वरूप कीमत में बढ़ोतरी तथा उत्पादित वस्तु की मात्रा में कमी हो जाती है। वस्तु पर प्रति इकाई विशिष्ट उत्पाद शुल्क लगाने से कीमत में कितनी बढ़ोतरी होगी यह दी हुई मांग वक्र की स्थिति में पूर्ति वक्र की लोच पर निर्भर करता है।

एकाधिकार के अंतर्गत कर भार (Incidence of Taxation Under Monopoly)

1. एक मुश्त कर : जब एकाधिकारी पर कोई कर एकमुश्त रूप में अथवा एक निश्चित रूप में लगाया जाता है तो वह उसकी सीमान्त लागत को प्रभावित नहीं करता। जिससे सीमान्त लागत वक्र (Marginal cost curve) की स्थिति में कोई परिवर्तन नहीं होता है। परिणामस्वरूप कीमत में किसी भी प्रकार का परिवर्तन नहीं होता है तथा सम्पूर्ण कर भार एकाधिकारी फर्म द्वारा ही वहन किया जाता है।

2. लाभ कर : लाभ कर की स्थिति में भी कर का सम्पूर्ण भार एकाधिकरी द्वारा ही वहन किया जाता है।

3. विशिष्ट कर (Specific Tax) : एकाधिकारी पर जब प्रति इकाई उत्पाद कर लगाया जाता है तो एकाधिकारी की सीमांत लागत में वृद्धि हो जाती है। परिणामस्वरूप फर्म अपनी वस्तु की कीमतों में वृद्धि कर देता है।

कार्यात्मक वित्त (Functional Finance)

प्राचीन अर्थशास्त्रियों का मानना था कि राजकोषीय नीति का मुख्य कार्य आय-व्यय का लेखा-जोखा करना है। इनका कहना था कि सार्वजनिक वित्त में केवल उन सिद्धांतों का ही अध्ययन किया जाता है जिनका उपयोग सार्वजनिक प्रक्रियाओं के पालन के लिए आय प्राप्त करके उसे व्यय करना होता है। **क्लासिकी अर्थशास्त्रियों** जैसे एडम स्मिथ, रिकार्डो, मिल एवं बेस्टेबेल के मतानुसार करारोपण केवल आय का साधन है। आर्थिक असमानताओं को दूर करना तथा आर्थिक क्रियाओं का नियमन करना करारोपण का उद्देश्य नहीं है। लेकिन आधुनिक अर्थशास्त्रियों के मतानुसार करारोपण का उद्देश्य आर्थिक असमानताओं को कम करना एवं आर्थिक क्रियाओं का नियमन करना है। **कीन्स** पहले अर्थशास्त्री थे जिन्होंने इस बात पर जोर दिया कि राजस्व की नीतियों द्वारा आर्थिक क्रियाओं को प्रभावित किया जा सकता है। कीन्स के पश्चात **ए.पी. लर्नर** ने इस विचार को आधुनिक रूप प्रदान किया।

कार्यात्मक वित्त की विचारधारा का प्रतिपादन सर्वप्रथम **कीन्स** ने किया था और प्रो. ए.पी. लर्नर ने उसका और विकास किया।

कार्यात्मक वित्त का उद्देश्य (Objects of Functional Finance)

वर्तमान में कार्यात्मक वित्त एक महत्त्वपूर्ण धारणा है। इसके कुछ प्रमुख उद्देश्य होते हैं जो निम्नलिखित हैं—

1. रोजगार में वृद्धि

2. आय-स्तर में वृद्धि

3. आर्थिक विकास

4. बचत वृद्धि

5. व्यापार चक्रों पर रोक

कार्यशील वित्त (Activating Finance)

प्रो. बलजीत सिंह ने कार्यात्मक वित्त के स्थान पर एक नए दृष्टिकोण का प्रतिपादन किया है, जिसे कार्यशील वित्त के नाम से पुकारा जाता है। साधनों की गतिशीलता बनाए रखने तथा आर्थिक विकास में राजकोषीय नीति की जो भूमिका होती है उसे कार्यशील वित्त कहा जाता है। कार्यशील वित्त में राज्य द्वारा राजकोषीय समायोजन किया जाता है, जिससे अर्थव्यवस्था में विनियोग का निरन्तर प्रवाह होता रहे तथा उपलब्ध साधनों का अधिकतम प्रयोग हो सके, ताकि राष्ट्रीय आय में वृद्धि हो सके।

प्रो. सिंह का कहना है कि कीन्स एवं लर्नर के वित्तीय दृष्टिकोण केवल विकसित अर्थव्यवस्था तक ही सीमित है जबकि वास्तविक समस्या अल्पविकसित अर्थव्यवस्था की होती है। गरीब देशों में राजकोषीय नीति का इस प्रकार नियमन एवं संचालन करना चाहिए ताकि उपलब्ध साधनों का इष्टतम प्रयोग करके उत्पादन एवं रोजगार में वृद्धि की जा सके।

राजकोषीय नीति (Fiscal Policy)

राजकोषीय नीति के अंतर्गत करारोपण, सार्वजनिक व्यय तथा सार्वजनिक ऋण की उन क्रियाओं का विवेचन किया जाता है जिनके द्वारा सरकार पूर्व निर्धारित उद्देश्यों की प्राप्ति का प्रयास करती है। इस प्रकार करों, सरकारी व्यय, ऋणों की अदायगी तथा उपादान (subsidies) आदि को राजकोषीय एजेन्ट्स के नाम से जाना जाता है।

राजकोषीय नीति के उद्देश्य (Objectives of Fiscal Policy)

राजकोषीय नीति के उद्देश्य विभिन्न देशों की परिस्थितियों पर निर्भर करते हैं। विकसित देशों में राजकोषीय नीति का उद्देश्य पूर्ण रोजगार के स्तर पर आर्थिक स्थिरता बनाए रखना होता है। इसके विपरीत भारत जैसे विकासशील देश में राजकोषीय नीति का प्रमुख उद्देश्य देश का तीव्र रूप से आर्थिक विकास करना होता है। इस नीति का अन्य प्रमुख उद्देश्य आर्थिक विषमताओं को दूर करना है। इस प्रकार राजकोषीय नीति के निम्न उद्देश्य होते हैं—

1. आर्थिक स्थायित्व (Economic stability)

2. पूर्ण रोजगार (Full employment)

3. आर्थिक विकास (Economic development)

4. आर्थिक विषमता को दूर करना (Remove the economic stability)

सार्वजनिक ऋण (Public Debt)

सार्वजनिक ऋण सरकार द्वारा आय प्राप्त करने का साधन है। सार्वजनिक ऋण उस ऋण को कहते हैं जिसे राज्य अपनी प्रजा से अथवा अन्य देशों की सरकारों से लेता है। सरकार बैंकों, व्यवसायिक संगठनों, व्यवसाय गृहों तथा व्यक्तियों से उधार ले सकती है। सरकार देश के अंदर से उधार ले सकती है और देश के बाहर से भी अथवा दोनों जगहों से भी।

सार्वजनिक ऋण आमतौर पर बॉण्डों के रूप में (अथवा यदि ऋण थोड़े समय के लिए चाहिए तो राजकोषीय पत्र के रूप में) होता है। इन बॉण्डों में सरकार यह वायदा करती है कि वह निर्धारित समय में मूलधन की वापसी के साथ ही बॉण्ड धारकों को पूर्ण निर्धारित दर से नियमित समयान्तरों पर अथवा अन्त में एकमुश्त धन राशि के रूप में ब्याज की भी अदायगी करेगी। ऋण सरकार की आय का अंतिम स्रोत होता है।

सार्वजनिक ऋण का भार (Burden of Public debt)

सार्वजनिक ऋण के भार से आशय उस त्याग (Sacrifice) से होता है जो कि कराधान में वृद्धि के प्रभावों के कारण लोगों को करना होता है। कराधान में वृद्धि उस समय करनी होती है जबकि सार्वजनिक ऋणों की वापसी की जाती है तथा वार्षिक ब्याज की अदायगियां की जाती हैं। सार्वजनिक ऋण का भार प्रत्यक्ष भी हो सकता है और परोक्ष (indirect) भी। सार्वजनिक ऋण के भार का अनुमान लगाते समय इस बात का भी ध्यान रखा जाना चाहिए कि ऋण उत्पादक है या अनुत्पादक, वह आन्तरिक (internal) है या विदेशी (external) और यह कि अर्थव्यवस्था में कीमत स्तर की स्थिति क्या है। यदि कीमतों का स्तर गिरता है तो मुद्रा का मूल्य (Value of money) बढ़ता है और विपरीत स्थिति में इससे उल्टा होता है। यदि कीमतों का स्तर गिरता है तो ब्याज का वास्तविक भार (real burden) बढ़ता है और विपरीत स्थिति में इससे उल्टा है।

सार्वजनिक ऋण के भार का अनुमान (Estimation of the Burden on Public debt)

सार्वजनिक ऋणों के तुलनात्मक भार का अनुमान लगाने की अनेक रीतियां हैं। किन्तु इस संबंध में निष्कर्ष यह है कि यदि सभी बातों पर विचार किया जाए तो किसी एक ही रीति को न अपनाकर

विभिन्न रीतियों का सम्मिलित रूप से प्रयोग किया जाना चाहिए। इस संबंध में सर्वाधिक उपयोगी रीतियां (Methods) ये हैं—

1. राष्ट्रीय आय पर राष्ट्रीय ऋण का अनुपात ज्ञात करना।

2. कुल सामान्य व्यय पर ऋण सेवा (debt services) के व्यय का प्रतिशत ज्ञात करना।

सार्वजनिक ऋण के सापेक्षिक भार का अनुमान लगाने के लिए इन दोनों ही रीतियों के मिश्रण को उपयोगी माना जाता है।

सार्वजनिक ऋण का प्रबंध (Public debt management)

लोक ऋण की व्यवस्था के लक्ष्य से आशय है कि सरकार द्वारा कर्ज लेने तथा उनकी वापसी की रीतियों का देश की आर्थिक स्थिति पर प्रतिकूल प्रभाव नहीं पड़ना चाहिए। इसके विपरीत इन रीतियों (Methods) से आर्थिक स्थिरता को बनाये रखने में मदद मिलनी चाहिए। अन्य शब्दों में, सरकार द्वारा कर्ज लेना तथा उसे वापिस करने का ढंग ऐसा होना चाहिए कि उससे अर्थ व्यवस्था पर मुद्रास्फीति अथवा मुद्राअवस्फीति संबंधी प्रभाव कम पड़े और सरकार को उसकी आवश्यकता हेतु धन प्राप्त हो जाए। अत: उन सभी तरीकों को लोक ऋण प्रबन्ध में सम्मिलित किया जाता है जो कि उधार लेने तथा उसको वापसी करने की प्रक्रिया के द्वारा इन लक्ष्यों की प्राप्ति के लिए सरकार द्वारा अपनाए जाते हैं।

इस प्रकार जारी किए जाने वाले सार्वजनिक ऋण का स्वरूप क्या हो, नए बॉण्ड किन शर्तों पर बेचे जाएं, परिपक्व ऋणों (maturing debts) का शोधन या वापसी किस प्रकार हो, विभिन्न प्रकार के लोक ऋण किस अनुपात में जारी किए जाएं आदि का संबंध सार्वजनिक ऋण के प्रबंध व्यवस्था से होता है।

सार्वजनिक ऋण के प्रबंध का सिद्धांत (Principles of Public debt management)

सार्वजनिक ऋण के प्रबंध के अनेक सिद्धांत प्रचलित हैं जिनमें से प्रमुख निम्नलिखित हैं—

1. सार्वजनिक ऋण की **ब्याज लागत** न्यूनतम होनी चाहिए।

2. सार्वजनिक ऋणों का प्रबंध ऐसे ढंग से किया जाना चाहिए कि लोक ऋण पत्रों की किस्म तथा उनको जारी करने की शर्तों आदि के संबंध में निवेशकर्ताओं (investors) की इच्छाओं व आवश्यकताओं को संतुष्ट किया जा सके।

3. सार्वजनिक ऋणों का प्रबंध इस प्रकार किया जाना चाहिए कि वह अल्पकालीन ऋणों का दीर्घकालीन ऋणों के रूप में निधिकरण (funding) करने में अधिकाधिक सहायक हों।

4. सार्वजनिक ऋण नीति का राजकोषीय व मौद्रिक नीति के साथ तालमेल बना रहना चाहिए।

उपरोक्त सिद्धांतों के अध्ययन से स्पष्ट है कि सार्वजनिक ऋण के प्रबंध के सभी लक्ष्यों को प्राप्त करना, हो सकता है कि संभव न हो। उदाहरण के लिए, ब्याज की दरों को नीची रखने की नीति से मुद्रा स्फीति संबंधी दशाएं उत्पन्न हो सकती हैं जबकि अल्पकालीन ऋण का दीर्घकालीन ऋण में निधिकरण करने की नीति सुस्ती और बेरोजगारी उत्पन्न कर सकती है। अत: सार्वजनिक ऋण का प्रबंध ऐसे तरीके से किया जाना चाहिए कि उससे आर्थिक लाभ तो अधिक से अधिक प्राप्त हो और आर्थिक हानि कम से कम हो।

संघीय वित्त व्यवस्था (The Federal Finance)

संघीय शासन व्यवस्था में केन्द्रीय शासन अथवा केन्द्रीय सरकार के साथ-साथ विभिन्न राज्यों में राज्य सरकारें भी होती हैं। केन्द्र एवं राज्यों के मध्य वित्तीय संबंध **संघीय वित्त सिद्धांत (Principles of Federal Finance)** पर निर्भर करते हैं।

संघीय वित्त समस्याएं (Problems of Federal Finance)

संघीय वित्त की मुख्य समस्या केन्द्र तथा राज्यों के मध्य वित्तीय साधनों के वितरण से संबंधित है। चूंकि केन्द्र तथा राज्य की सरकारें अपने आर्थिक तथा भावी विकास के कार्यक्रमों को बिना वित्तीय प्रबंध द्वारा संचालित नहीं कर सकते इसलिए यह समस्या उनके लिए अत्यधिक महत्त्वपूर्ण होती है। इन तथ्यों को निम्न आधारों पर स्पष्ट किया जा सकता है—

1. कार्यों का विभाजन वित्तीय साधनों के अनुरूप : संघवाद के अंतर्गत संविधान में केन्द्र तथा राज्यों को लगभग एक-दूसरे से स्वतंत्र कार्य सौंपे गए हैं। अत: यह आवश्यक है कि प्रत्येक सरकार को अपने-अपने कार्य संपन्न करने के लिए पर्याप्त मात्रा में वित्तीय साधन उपलब्ध कराए जाएं।

2. कार्यों तथा साधनों में असंतुलन : संघीय व्यवस्था में यह देखा गया है कि केन्द्र सरकार के आय के स्रोत तो धीरे-धीरे बढ़ते जाते हैं लेकिन राज्यों के कार्यों के अनुरूप उनके आय के स्रोत बढ़ नहीं पाते। वर्तमान में कल्याणकारी राज्य की धारणा से राज्यों के कार्यों में अत्यधिक वृद्धि हो गई है, किन्तु उनको पर्याप्त मात्रा में धन उपलब्ध नहीं हो पाता है। ऐसी स्थिति में इस प्रकार की व्यवस्था की आवश्यकता होती है जो बदलती हुई परिस्थितियों में साधनों का पुनर्वितरण एवं समन्वय कर सके।

3. राज्यों की सापेक्ष निर्धनता : कुछ राज्यों की सापेक्ष निर्धनता (relative poverty) भी वित्तीय समस्या को उत्पन्न करती है। आर्थिक विकास एवं प्राकृतिक साधनों की विभिन्नता के कारण

राज्यों की वित्तीय समस्याएं भिन्न-भिन्न होती हैं। प्रत्येक संघीय व्यवस्था के लिए इन विषमताओं को दूर करना आवश्यक है। समस्या को संघ द्वारा राज्यों को आर्थिक अनुदान देकर हल किया जा सकता है। निर्धन राज्यों को अन्य राज्यों की अपेक्षा अधिक अनुदान दिया जाना चाहिए। हमारे देश में इन असमानताओं को दूर करने के लिए वित्त आयोग कर राजस्व तथा अनुदान सामान्यता जनसंख्या एवं प्रति व्यक्ति आय के आधार पर सिफारिश करता है।

कर आय की लोच तथा उत्प्लावकता (Elasticity and buoyancy)

किसी भी कर प्रणाली में लचीलेपन का अर्थ यह होता है कि करों में आय लोच (income elasticity) काफी है। अन्य शब्दों में, जब राष्ट्रीय आय में वृद्धि से ही कर राजस्व में अनुपात से अधिक वृद्धि हो जाती है तो कर ढांचा लचीला माना जाता है। **करों की उत्प्लावकता** (buoyancy of taxes) की अवधारणा व्यापक है। ज़ब करों की दरों में परिवर्तन, कराधान के आधार में विस्तार, अर्थात नए लोगों और नई वस्तुओं पर कराधान को भी ध्यान में रखकर आय के प्रति कर राजस्व की प्रतिक्रिया (responsiveness) की जांच की जाती है तो दरअसल हम करों की उत्प्लावकता मालूम करते हैं।

वित्त आयोग (Finance Commission)

भारतीय संविधान में यह तथ्य स्वीकार किया गया है कि सरकारों की बदलती हुई जरूरतों और परिस्थितियों के कारण केन्द्र और राज्यों के बीच साधनों के विभाजन के आधार में समय-समय पर परिवर्तन की आवश्यकता होगी। अत: संविधान में केन्द्र और राज्यों के बीच साधनों के विभाजन के लिए कोई निश्चित सिद्धांत अथवा नियम निर्धारित नहीं किए गए। इसके बजाए संविधान में यह व्यवस्था की गई है कि हर पांचवें वर्ष या इससे पहले इन मुद्दों पर विचार करने के लिए एक वित्त आयोग की नियुक्ति राष्ट्रपति द्वारा की जानी चाहिए। वित्त आयोग की नियुक्ति संविधान की **धारा 280** के अंतर्गत की जाती है।

वित्त आयोग मुख्य रूप से दो बातों में अपनी सिफारिशें देता है—

1. उन सिद्धांतों का प्रतिपादन करना जिनके आधार पर केन्द्र और राज्यों के बीच विभाज्य करों का विभाजन हो। इस तरह वित्त आयोग सिफारिश करता है कि विभाज्य करों से प्राप्ति में केन्द्रीय और राज्य सरकारों का भाग कितना-कितना होगा।

2. उन सिद्धांतों के बारे में सिफारिश करना जिनके आधार पर केन्द्र सरकार राज्यों को अनुदान देगी। वित्त आयोग अनुदान की राशि के बारे में अपनी सिफारिशें करता है।

इसके अतिरिक्त राष्ट्रपति स्वस्थ वित्तीय व्यवस्था के लिए वित्त आयोग को किसी भी संबंधित मसले पर सिफारिश देने के लिए आग्रह कर सकते हैं। यहां ध्यान देने योग्य बात यह है कि मुख्य कर जिनका विभाजन केन्द्र और राज्यों के बीच होता है **आय कर** एवं **केन्द्रीय उत्पादन शुल्क** हैं।

केन्द्र से राज्यों को साधन अन्तरण (Resources Transferred from Centre to State)

भारत में राजस्व के स्रोतों का केन्द्र और राज्यों के बीच विभाजन कुछ इस तरह हुआ है कि केन्द्र सरकार के पास हमेशा बड़ी मात्रा में अतिरिक्त साधन रहते हैं जबकि राज्यों के बजटों में साधनों की कमी रहती है। इसलिए केन्द्र से राज्यों को कर विभाजन के द्वारा साधन अंतरण की व्यवस्था की गई है। इसके अलावा संविधान की **धारा 275** और **282** के अंतर्गत केन्द्र से राज्यों को सहायक अनुदान (grants in aid) की व्यवस्था है। **धारा 275** के अंतर्गत केन्द्रीय सरकार राज्यों को वित्त आयोग की सिफारिश पर सहायक अनुदान देती है। ये अनुदान राज्यों के राजस्व और व्यय के बीच अन्तर को पूरा करने के लिए दिए जाते हैं। **धारा 282** के अंतर्गत दिए जाने वाले अनुदान विवेकाधीन (discretionary) है। केन्द्र सरकार राज्यों को सूखा, बाढ़ आदि प्राकृतिक विपत्तियों के समय सहायक अनुदान इसी धारा के अंतर्गत देती है। यदि कर विभाजन और सहायक अनुदान द्वारा भी राज्य सरकारें अपने व्यय और राजस्व के बीच अन्तर को पूरा नहीं कर पाती हैं तो वे संविधान की **धारा 293** के अंतर्गत केन्द्र से ऋण ले सकती हैं। इस तरह केन्द्र से राज्यों को साधनों का अवतरण तीन प्रकार से होता है—

1. करों और शुल्कों का विभाजन

2. सहायक अनुदान

3. ऋण

साधन अन्तरण के अन्य स्रोत (Other Sources of resources transfer)

वित्त आयोग की सिफारिशों के आधार पर केन्द्र से राज्यों को साधन अंतरण के अलवा दो अन्य आधार हैं जिन पर केन्द्र से राज्यों को साधनों का अंतरण होता है। ये हैं—

1. योजना आयोग की सिफारिशों पर योजना के लिए सहायता

2. केन्द्र से राज्यों को विवेकाधीन अनुदान

इस रूप में राज्यों को केन्द्र से मिलने वाले साधन उससे कहीं ज्यादा रहे हैं जो उन्हें वित्त आयोगों की सिफारिशों पर प्राप्त हुए हैं। यह तथ्य इस बात को प्रकट करता है कि राज्य स्तर पर निर्णय को

प्रभावित करने की कितनी अधिक शक्ति केन्द्र के पास है। आयोजन काल में **सांविधिक अन्तरण** (statutory transfers) प्राय: कुल अंतरणों के **एक-तिहाई** से कम रहे हैं। दो-तिहाई अंतरण राज्य योजनाओं के लिए योजना आयोग की सिफारिश पर या केन्द्रीय सरकार द्वारा विवेकाधीन अनुदान के रूप में हुए हैं। लम्बे अर्से तक केन्द्र से राज्यों को गैर सांविधिक अन्तरणों के विषय में निर्णय लेने के लिए कोई **वस्तुपरक मानदंड** (Objective Criterion) नहीं था और इसकी वजह से इसमें केन्द्र की मनमानी करने की बड़ी गुंजाइश थी। सारी बात इस पर निर्भर करती थी कि केन्द्र राज्यों की जरूरतों के बारे में क्या सोचता है। यहां ध्यान देने योग्य बात यह है कि यद्यपि योजना आयोग के पास कोई सांविधिक अधिकार नहीं है जिसके अंतर्गत वह केन्द्र से राज्यों की वित्तीय साधनों के अंतरण की सिफारिश करे, लेकिन फिर भी वह वित्त आयोग की तरह कार्य करते हुए केन्द्र से राज्यों को साधन अंतरण के लिए निरंतर सिफारिश करता रहा है और, जैसा कि ऊपर स्पष्ट किया जा चुका है, उसकी सिफारिशों के आधार पर, वित्त आयोग की सिफारिशों की तुलना में, केन्द्र से राज्यों को साधनों का कहीं ज्यादा अंतरण हुआ है।

गाडगिल फार्मूला (The Gadgil Formula)

1969-70 में पहली बार केन्द्र से राज्यों को योजनाबद्ध सहायता देने के लिए आधार तय किया गया। यह आधार **गाडगिल फार्मूला** कहलाता है। इसके अनुसार योजनाबद्ध सहायता के लिए निम्नलिखित मापदंड तय किए गए—

आधार	*भार (प्रतिशत में)*
● जनसंख्या	60
● राज्य की प्रतिव्यक्ति आय राष्ट्रीय औसत से कम होन पर	10
● कर प्रयास	10
● मध्यम श्रेणी की सिंचाई परियोजनाओं पर चल रहे काम	10
● अलग-अलग राज्यों की अपनी विशेष समस्याएं	10

गाडगिल फार्मूले के अनुसार, योजनाबद्ध सहायता का 30 प्रतिशत भाग अनुदान के रूप में तथा 70 प्रतिशत भाग ऋणों के रूप में देने की व्यवस्था की गई थी। जम्मू काश्मीर, असम और उत्तर-पूर्वी राज्यों पर यह फार्मूला लागू नहीं किया गया था। इन राज्यों को योजनाबद्ध सहायता का 90 प्रतिशत अनुदान के रूप में और 10 प्रतिशत ऋणों के रूप में देना तय हुआ। **चौथी** और **पांचवीं पंचवर्षीय योजनाओं** में केन्द्र से राज्यों को योजनाबद्ध सहायता देते समय गाडगिल फार्मूले का प्रयोग किया गया।

अगस्त 1980 में राष्ट्रीय विकास परिषद ने एक परिवर्तित गाडगिल फार्मूला स्वीकार किया। जिसके अनुसार उन राज्यों को जिनकी प्रति व्यक्ति आय राष्ट्रीय औसत से कम है अन्तरण का हिस्सा 10 प्रतिशत से बढ़ाकर 20 प्रतिशत कर दिया गया। इस नए गाडगिल फार्मूले का प्रयोग राज्यों को **छठी तथा सातवीं** योजनाओं में तथा 1990-91 में योजना सहायता निर्धारित करने के लिए किया गया। कुछ राज्यों ने इस फार्मूले में भी संशोधन की मांग की। इस मांग को ध्यान में रखते हुए राष्ट्रीय विकास परिषद ने अक्टूबर 1990 की बैठक में कई विकल्पों पर विचार किया और एक संशोधित फार्मूले को स्वीकार किया। इस संशोधित फार्मूले के अनुसार, योजनाबद्ध सहायता का 55 प्रतिशत जनसंख्या के आधार पर, 25 प्रतिशत प्रति व्यक्ति आय के आधार पर, 5 प्रतिशत राजकोषीय प्रबंधन के आधार पर तथा 15 प्रतिशत विशिष्ट विकास समस्याओं के आधार पर देना निश्चित हुआ। इस फार्मूले का प्रयोग केवल 1991-92 में योजना सहायता के वितरण के लिए किया गया।

मुखर्जी फार्मूला (The Mukherjee Formula)

संशोधित गाडगिल फार्मूले को भी कुछ राज्यों द्वारा अस्वीकार कर दिए जाने के कारण इसमें परिवर्तन करना आवश्यक हो गया। अत: केन्द्र से राज्यों को योजनाबद्ध सहायता का नया व सर्वमान्य आधार तैयार करने के लिए सितम्बर, 1991 में प्रणव मुखर्जी की अध्यक्षता में एक समिति का गठन किया। मुखर्जी समिति के सुझावों पर राष्ट्रीय विकास परिषद की दिसम्बर, 1991 की बैठक में विचार-विमर्श करने के बाद एक नया फार्मूला स्वीकार किया गया, जिसे **मुखर्जी फार्मूला** कहा जाता है। इस फार्मूले में राज्यों को योजनाबद्ध सहायता के निर्धारण के लिए निम्नलिखित मापदंडों का प्रयोग किया गया—

आधार	*भार (प्रतिशत में)*
● जनसंख्या (1971 की जनगणना)	60
● प्रति व्यक्ति आय	25
● कर प्रयासों, राजकोषीय प्रबंधन तथा राष्ट्रीय उद्देश्यों को प्राप्त करने की दिशा में प्रगति	7.5
● विशिष्ट समस्याएं	7.5

भारत में केन्द्रीय-राज्य वित्तीय संबंध : क्षैतिज एवं ऊर्ध्व असंतुलन (Union-State Financial Relations in India-Horizontal and Vertical Imbalances)

भारत में संघीय वित्त की कुछ विशेष समस्याएं हैं जिनका समाधान केन्द्र और राज्यों के बीच संबंध ठीक रखने के लिए बहुत आवश्यक हैं। अब हम इन समस्याओं की चर्चा करेंगे।

1. राज्य सरकारों की आवश्यकताओं और साधनों में अन्तर (Gap between needs and resources of state Governments) : भारतीय संविधान ने केन्द्र तथा राज्यों के बीच आर्थिक शक्तियों का विभाजन किया है। लेकिन राज्यों की राजस्व एकत्रण की क्षमता कम है, क्योंकि उन्हें जो कर लगाने का अधिकार है उनकी प्रकृति ऐसी है कि उनसे काफी राजस्व की प्राप्ति नहीं होती। माल गुजारी, कृषि आय पर कर, बिक्री कर, मादक पदार्थों पर उत्पादक शुल्क, मोटर वाहनों पर कर, मनोरंजन कर आदि राज्यों द्वारा लगाए जाते हैं। ये कर केन्द्र द्वारा लगाए जाने वाले करों की तुलना में कम लोचपूर्ण है। पिछले चार दशकों में देश में जो भी आर्थिक प्रगति हुई है उससे आयकर, निगमकर, केन्द्रीय उत्पादन शुल्कों और सीमा शुल्कों का आधार विस्तृत हुआ है। इससे समय के साथ केन्द्रीय सरकार की अपने साधनों को बढ़ाने के विषय में सामर्थ्य काफी बढ़ी है। केन्द्र और राज्यों के बीच वित्तीय संबंधों का यह ढांचा, जिसमें राजस्व के लोचहीन साधन राज्यों के पास और लोचपूर्ण साधन केन्द्र के पास हैं, राज्यों के लिए प्रतिकूल परिस्थितियां पैदा करता है। राज्यों को विकास सेवाओं और विशेष रूप से सामाजिक कल्याण के कार्यों के कारण साधनों की बहुत जरूरत है। लेकिन उनके पास उनके अनुरूप आय नहीं है। इसकी वजह से **लम्बवत असंतुलन** (vertical imbalances) बढ़े हैं और राज्य सरकारों की केन्द्र पर निर्भरता में काफी वृद्धि हुई है। इससे राज्य सरकारों पर केन्द्र का दबाव बढ़ा है और प्रायः केन्द्रीय सरकार राज्य सरकारों को अपनी नीति को अपनाने को विवश करती है। यद्रि राज्य में केन्द्र से भिन्न राजनीतिक दल की सरकार है तो प्रायः दोनों के बीच टकराव की स्थिति भी पैदा हो जाती है और ऐसा होने पर केन्द्रीय सरकार राज्य सरकार की नीतियों की प्रभावशीलता खत्म करने की दिशा में भी कार्य करती है जो अनुचित होते हुए भी रोका नहीं जा सकता।

2. वित्त आयोगों के महत्त्व में कमी (Reduced importance of Finance Commissions) : वित्त आयोग जो एक सांविधिक संस्था है की सिफारिशों पर केन्द्र से राज्यों को साधनों का केवल एक-तिहाई अन्तरण हुआ है। दो-तिहाई अंतरण योजना आयोग की सिफारिशों पर अथवा केन्द्रीय सरकार ने विवेकाधीन निर्णयों के आधार पर किया है। विवेकाधीन अनुदानों के माध्यम से प्रायः केन्द्र ने राज्य स्तर पर निर्णय प्रक्रिया को प्रभावित करने की कोशिश की है।

3. क्षेत्रीय असंतुलन का संतोषजनक समाधान खोज पाने में असफलता (Failure to tackle the Problem of regional imbalances to any satisfactory extent) : योजना आयोग और वित्त आयोगों की सिफारिशों पर केन्द्र से राज्यों को साधनों के अन्तरण से राज्यों के बीच '**क्षैतिज असंतुलन**' (horizontal imbalances) कम नहीं हुआ है और सच तो यह है कि उनकी प्रति व्यक्ति आयों में असमानताएं बढ़ रही हैं। जैसा कि हम जानते हैं कि योजनाबद्ध सहायता का 70 प्रतिशत ऋणों के रूप में और 30 प्रतिशत अनुदान के रूप में होती है। ये अनुपात स्थिर है और इसीलिए विकसित राज्यों और आर्थिक दृष्टि से पिछड़े राज्यों के बीच किसी तरह का भेदभाव नहीं होता।

व्यवहार में इस तरह की नीति पिछड़े राज्यों के हितों के खिलाफ जाती है। होना यह चाहिए कि पिछड़े राज्यों को सहायता का बड़ा अंश अनुदान के रूप में दिया जाए और विकसित राज्यों को सहायता का बड़ा अंश ऋणों के रूप में मिले। ऐसा न करने का प्रायः परिणाम यह हुआ कि अक्सर विकसित राज्यों को प्रति व्यक्ति अनुदान गरीब और पिछड़े राज्यों की तुलना में अधिक मिला है।

जहां तक वित्त आयोगों के माध्यम से केन्द्र से राज्यों को साधन अन्तरण का सवाल है, वित्त आयोगों ने पिछड़े राज्यों के हितों को ध्यान में रखा है लेकिन यह कहना कठिन है कि उन्होंने इन राज्यों के पक्ष में कोई स्पष्ट झुकाव दिखाया है। इसका परिणाम यह हुआ है कि विकसित राज्य केन्द्र से राज्यों को अंतरित साधनों का बड़ा हिस्सा हथियाने में सफल हो गए हैं। वित्त आयोगों ने

अनुदान के आवंटन में राज्यों की बजट संबंधी आवश्यकताओं को अनावश्यक रूप से ज्यादा महत्त्व दिया है। यह सही नीति नहीं है क्योंकि प्राय: विकसित राज्यों ने जानबूझकर अपने बजटों में घाटा दिखाया है और इस तरह वे कई बार अपेक्षाकृत गरीब राज्यों की तुलना में ज्यादा अुनदान पाने में सफल हो गए हैं।

13वें वित्त आयोग की सिफारिशें (Recommendations of 13th Finance Commission)

1. केन्द्र सरकार के विभिन्न करों की निबल प्राप्तियों में से 32 प्रतिशत प्राप्तियाँ राज्यों को जाएगी। इनमें से प्रत्येक राज्य के हिस्से का निर्धारण निम्न सारणी में प्रदत्त भार के अनुसार किया जाएगा।

सारणी कर अंतरण के लिए मानदण्ड तथा भार

क्र.सं.	*मानदण्ड*	*बारहवां वित्त आयोग (भार)*	*तेरहवां वित्त आयोग (भार)*
1.	जनसंख्या (19 + 1)	25.0	25.0
2.	क्षेत्रफल	10.0	10.0
3.	राजकोषीय क्षमता अन्तर	50.0	47.5
4.	राजकोषीय अनुशासन	7.5	17.5
5.	कर प्रयास	7.5	—
	योग	100.0	100.0

2. केन्द्र अपने सकल कर राजस्व में अपना हिस्सा कम करने के उद्देश्य से उपकरों तथा अधिकारों के उद्ग्रहण की समीक्षा करे।

3. राजस्व खाते पर राज्यों की समग्र अंतरणों पर निर्दिष्टात्मक सीमा केन्द्र की सकल राजस्व प्राप्तियों के 39.5 प्रतिशत पर नियत की जाए।

4. आठ राज्यों के लिए पंचाट अवधि (2010-15) में 51,800 करोड़ रुपए का कुल आयोजना भिन्न राजस्व अनुदान अनुसंशित किया गया है जबकि विशेष श्रेणी के तीन राज्यों (असम, सिक्किम तथा उत्तराखण्ड) के लिए 1500 करोड़ रुपए का निष्पादन अनुदान अनुसंशित किया गया है।

इस तरह तेरहवें वित्त आयोग की सिफारिशों से 2010-11 से 2014-15 की पांच वर्षों की अवधि में राज्यों को केन्द्रीय करों एवं शुल्कों के हिस्से के रूप में कुल 1448096.0 करोड़ रुपये तथा सहयता अनुदान के रूप में 258581.0 करोड़ रुपए अर्थात् कुल 1706677.0 करोड़ रुपये प्राप्त होंगे। तेरहवें वित्त आयोग ने इस बात का विशेष ध्यान रखा है कि यदि किसी राज्य को केन्द्रीय करों एवं शुल्कों में छोटी-सी धनराशि प्राप्त हो रही है, किन्तु पर्यावरण संरक्षण, सामाजिक क्षेत्रक-शिक्षा एवं स्वास्थ्य के विकास तथा सड़कों आदि के अनुसरण से जुड़ी आवश्यकताएं अधिक हैं तो उसे अनुदान सहायता के रूप में अधिक धनराशि प्राप्त हो जाए। जैसे कि पूर्वोत्तर के राज्य तथा जम्मू-कश्मीर। तेरहवें वित्त आयोग की सिफारिशों से महाराष्ट्र, गुजरात, तमिलनाडु, कर्नाटक, हरियाणा तथा पंजाब जैसे विकसित राज्यों को अपेक्षाकृत कम धनराशि प्राप्त हो सकती है, जबकि उत्तर प्रदेश, बिहार, पश्चिम बंगाल, मध्य प्रदेश, उड़ीसा तथा राजस्थान जैसे पिछड़े राज्य अधिक धनराशि प्राप्त करने में सफल रहे हैं।

महत्त्वपूर्ण तथ्य

- प्रो. केल्डोर के सुझाव पर सर्वप्रथम 1957 ई. में भारत में व्यय कर (Expenditure tax) लगाया गया था।
- MODVAT, भारत में 1 अप्रैल, 1986 में लागू किया गया था।
- भारत में सेवा कर (service tax) सर्वप्रथम 1994 में लगाया गया था।
- कृषि आय पर कर लगाना राज्य सरकार के अंतर्गत आता है।

भारत के वित्त आयोग

क्रमांक	*गठन का वर्ष*	*अध्यक्ष का नाम*	*सिफारिशों का क्रियान्वयन वर्ष*
पहला	1951	के.सी. नियोगी	1952-57
दूसरा	1956	के.सन्थानम	1957-62
तीसरा	1960	ए.के. चंदा	1962-66
चौथा	1964	डॉ. पी.वी. राजामन्नार	1966-69
पांचवां	1968	महावीर त्यागी	1969-74
छठा	1972	ब्रह्मानंद रेड्डी	1974-79
सातवां	1977	जे.एम. शेलेट	1979-84
आठवां	1983	वाई.बी. चव्हाण	1984-89
नौवां	1987	एन.के.पी. साल्वे	1989-95
दसवां	1992	के.सी. पंत	1995-2000
ग्यारहवां	1998	ए.एम. खुसरो	2000-2005
बारहवां	2002	सी. रंगराजन	2005-2010
तेरहवां	2007	विजय एल. केलकर	2010-2015

करों से संबंधित महत्त्वपूर्ण समितियां

नाम	कार्य/संबंध
1. श्री.एल.के. झा समिति	अप्रत्यक्ष कर प्रणाली में सुधार से संबंधित
2. वांचू समिति	प्रत्यक्ष करों के वंचन (evasion) एवं परिहार (Avoidance) की जांच से संबंधित
3. श्री के.एन. राज समिति	कृषि आय पर कर से संबंधित
4. राजा जे. चल्लैया समिति	प्रत्यक्ष एवं अप्रत्यक्ष करों में सुधार से संबंधित

कर देय क्षमता (Taxable Capacity)

कर देय क्षमता का अर्थ साधारणतया समाज की कर देने की अधिकतम क्षमता से लगाया जाता है। यह करारोपण की वह अधिकतम सीमा है जिसे एक देश के निवासी दे सकते हैं। उस सीमा से आगे कर लगाने से उत्पादन तथा कार्यक्षमता पर बुरा प्रभाव पड़ने लगता है। वास्तव में कर देय क्षमता समाज की कुल मिलाकर कर अदा करने की योग्यता को मापता है।

किसी देश की कर देय क्षमता को किसी एक पूर्ण धनराशि या मात्रा के रूप में व्यक्त नहीं किया जा सकता, बल्कि इसके कुछ चिन्ह या लक्षण निश्चित किए जा सकते हैं जिनसे प्रकट हो जाता है कि कर देय सीमा तक पहुंचा जा चुका है अथवा नहीं। कर देय क्षमता की स्पष्ट सीमाओं का सही-सही निर्धारण कर सकना भी संभव नहीं है। इस प्रकार कहा जा सकता है कि कर देय क्षमता धनराशि की वह अधिकतम मात्रा है जिसे किसी देश के नागरिक, बिना असहनीय भार का अनुभव किए ही, सरकार के खर्चों के लिए अपने अंशदान के रूप में दे सकते हैं।

निरपेक्ष तथा सापेक्ष कर देय क्षमता (Absolute and Relative Taxable Capacity)

कर देय क्षमता का उल्लेख निम्नलिखित दो रूपों में किया जा सकता है—

1. निरपेक्ष कर देय क्षमता (Absolute Taxable Capacity)
2. सापेक्ष कर देय क्षमता (Relative Taxable Capacity)

निरपेक्ष कर देय क्षमता : निरपेक्ष कर देय क्षमता से आशय उस अधिकतम धनराशि से है जो कि किसी भी प्रकार के असुखद प्रभाव डाले बिना ही समुदाय से प्राप्त की जा सकती है। **प्रो. शिराज** के मतानुसार, जब किसी देश की आर्थिक संरचना की इस दृष्टिकोण से जांच की जाती है कि हम यह जान सकें कि वह देश कितना कर भार वहन कर सकता है तो ऐसी स्थिति में निरपेक्ष करदेय क्षमता के मापने का प्रयास किया जाता है।

सापेक्ष कर देय क्षमता : इसका अर्थ है—एक समुदाय की तुलना में दूसरे समुदाय की कर देय क्षमता। इसका संबंध उस अनुपात से भी है जिसके अनुसार किसी संघ के दो या दो से अधिक राज्य कराधान के रूप में सामूहिक व्यय में अपना अंशदान देते हैं। यदि कोई समुदाय अपने निर्धारित भाग से अधिक अंशदान देता है तो कहा जाएगा कि उसकी सापेक्षिक कर देय क्षमता अन्य समुदाय से अधिक है।

निरपेक्ष एवं सापेक्ष कर देय क्षमता की धारणाओं को सैद्धांतिक रूप से देखा जाए तो निरपेक्ष कर देय क्षमता सिद्धांत अधिक स्पष्ट नजर आता है। किन्तु व्यावहारिक दृष्टिकोण से यह सिद्धांत अधिक व्यावहारिक नहीं है। क्योंकि इसका माप संभव नहीं । इसके विपरीत सापेक्ष कर देय क्षमता बहुत सरल एवं स्पष्ट है क्योंकि इसके अंतर्गत विभिन्न समुदायों के मध्य कर देय क्षमता का सापेक्षिक माप किया जा सकता है। **डॉ. डाल्टन** ने निरपेक्ष करदेय क्षमता की अपेक्षा सापेक्ष कर देय क्षमता को अधिक व्यावहारिक बताया था। सापेक्ष कर देय क्षमता का महत्त्व इस बात से लगाया जा सकता है कि यदि निरपेक्ष कर देय क्षमता भारत में लागू करें तो लोगों की कम आय होने से जनसंख्या का बहुत बड़ा भाग कर से मुक्त हो जाएगा। इसके विपरीत सापेक्ष कर देय क्षमता में भारत की अधिकांश जनसंख्या को कर का भार वहन करना पड़ेगा। इससे पूंजी निर्माण में गतिशीलता आ सकेगी जो देश के आर्थिक विकास में सहायक होगी। इससे स्पष्ट है कि सापेक्ष कर देय क्षमता निरपेक्ष कर देय क्षमता से अधिक व्यावहारिक है।

करदेय क्षमता का महत्त्व (Significance of taxable Capacity)

जैसा कि हम जानते हैं कि कर देय क्षमता में यह जानने का प्रयत्न किया जाता है कि किसी एक समाज के विशिष्ट समय में बिना कार्यक्षमता को प्रभावित किए कर चुकाने की कितनी क्षमता है। किसी भी देश का वित्त मंत्री तभी सफल कहलाएगा जब वह नागरिकों पर इस प्रकार से कर लगाए ताकि उनके उत्पादन पर बुरा प्रभाव न पड़े।

इसके लिए उसे नागरिकों की कर देय क्षमता के बारे में ज्ञान होना बहुत आवश्यक है। संक्षेप में कर देय क्षमता की विचारधारा का महत्त्व निम्न प्रकार से दर्शाया जा सकता है—

1. असाधारण परिस्थितियां : करदेय क्षमता का पता लगाने की आवश्यकता यह जानने के लिए हो सकती है कि युद्ध जैसे

असाधारण कार्यों की वित्तीय व्यवस्था के लिए लोगों से कितना धन एकत्र किया जा सकता है।

2. आर्थिक विकास : करदेय क्षमता की जानकारी आर्थिक विकास तथा नियोजन के लिए देश के आर्थिक साधनों को गतिशील करने के लिए उपयोगी सिद्ध हो सकती है।

3. कर व्यवस्था का सुदृढ़ आधार : यह सरकार को ऐसे अनावश्यक करों को लगाने से रोक सकती है जिनका कि उत्पादन तथा उपभोग पर प्रतिकूल प्रभाव पड़ सकता है।

4. तुलनात्मक आधार : किसी संघीय देश में विभिन्न राज्यों के बीच कराधान के भार की तुलना की दृष्टि से भी यह विचारधारा उपयोगी सिद्ध हो सकती है।

5. संतुलित विकास : यह धारणा इस दृष्टि से भी उपयोगी सिद्ध हो सकती है कि इसके द्वारा केन्द्र सरकार अपने साधनों को विभिन्न राज्य सरकारों के बीच इस प्रकार बांट सकती है कि जिससे देश की अर्थव्यवस्था का संतुलित ढंग से विकास किया जा सके।

करदेय क्षमता का निर्धारण करने वाले तत्त्व (Factors determining taxable capacity)

करदेय क्षमता अनेक तत्त्वों पर निर्भर करती है जिसमें से कुछ प्रमुख निम्नलिखित हैं—

1. राष्ट्रीय आय की मात्रा
2. जनसंख्या का आकार तथा उनकी वृद्धि की दर
3. आय और धन का वितरण
4. कराधान का स्वरूप
5. आय की स्थिरता
6. सरकारी व्यय की प्रकृति
7. लोगों का जीवन स्तर
8. प्रशासनिक कार्य कुशलता
9. आर्थिक स्थिति
10. राजनीतिक दशाएं

संतुलित बजट गुणक (Balanced Budget Multiplier)

संतुलित बजट गुणक का प्रयोग विस्तारवादी राजकोषीय नीति दर्शाने के लिए किया जाता है। इसके अंतर्गत करों में वृद्धि (ΔT) और सरकारी व्यय में वृद्धि (ΔG) की मात्रा बराबर होती है ($\Delta T = \Delta G$)। लेकिन फिर भी आय में वृद्धि होती है। संतुलित बजट के विस्तारवादी प्रभाव का आधार यह है कि कर केवल प्रयोज्य आय (disposable income) का स्तर कम करने की प्रवृत्ति रखता है। इसलिए, जब एक अर्थव्यवस्था की प्रयोज्य आय का केवल एक भाग ही उपभोग उद्देश्यों के लिए प्रयोग किया जाता है तो अर्थव्यवस्था का उपभोग व्यय कर की पूरी राशि के बराबर कम नहीं होगा। लेकिन दूसरी ओर, सरकारी व्यय कर की पूरी राशि के बराबर बढ़ता है। अत: उपभोग व्यय में कर के कारण कमी से सरकारी व्यय में अधिक वृद्धि होती है। परिणामस्वरूप राष्ट्रीय आय में शुद्ध वृद्धि होती है।

संतुलित बजट गुणक, कर गुणक और सरकारी व्यय गुणक के संयुक्त कार्यकरण पर आधारित है। संतुलित बजट गुणक में, सरकारी व्यय गुणक से कर गुणक छोटा होता है। सरकारी व्यय गुणक है :

$$\Delta Y = \frac{1}{1-C}\Delta G$$

या,
$$\frac{\Delta Y}{\Delta G} = \frac{1}{1-C}$$

(जहां C = सीमान्त उपभोग प्रवृत्ति)

जो यह दर्शाता है कि आय में परिवर्तन (ΔY) बराबर होगा गुणक (1/1–C) गुणा स्वायत्त सरकारी व्यय में परिवर्तन (ΔG) के। कर गुणक है :

$$\Delta Y = \frac{-C\Delta T}{1-C}$$

या,
$$\frac{\Delta Y}{\Delta T} = \frac{-C}{1-C} \qquad (2)$$

सरकारी व्यय और करों में एक साथ परिवर्तन को समीकरण (1) और (2) के जोड़ के रूप में व्यक्त किया जा सकता है—

$$\frac{\Delta Y}{\Delta G} + \frac{\Delta Y}{\Delta T} = \frac{1}{1-C} - \frac{C}{1-C} = \frac{1-C}{1-C} = 1$$

चूंकि $\Delta G = \Delta T$, **आय में परिवर्तन की राशि सरकारी व्यय और करों में परिवर्तन की राशि के बराबर होगा।**

यहां ध्यान देने योग्य बात यह है कि ऊपर का विश्लेषण **एक मुश्त कर** लगाने से संबद्ध है। यदि एक मुश्त कर की अपेक्षा समानुपातिक (Proportional) आय कर लगाया जाता है तो संतुलित बजट गुणक का सिद्धांत लागू नहीं होगा। क्योंकि आय कर लगाने से सरकारी व्यय में वृद्धि का प्रसारात्मक (expansionary) प्रभाव नहीं होता क्योंकि बढ़ी हुई आय कर उगाही के रूप में सरकारी खजाने में चली जाती है तथा सरकार अपनी व्यय को कर प्राप्ति के बराबर करने में असमर्थ रहती है। अत: संतुलित बजट गुणक लागू नहीं होता।

बहुविकल्पी प्रश्न

1. यदि किसी कर प्रणाली में 1000 रु. की आय वाले व्यक्तियों से 100 रु. कर लिया जाता है और 2000 रु. की आय वाले व्यक्तियों से 150 रु. तो इस कर प्रणाली को कहेंगे—
   A. आरोही B. अवरोही
   C. आनुपातिक D. उपर्युक्त में से कोई नहीं
2. आरोही आय कारधान में, वास्तविक आय के एक निश्चित स्तर पर कर का वास्तविक मूल्य—
   A. मुद्रा स्फीति में बढ़ जाता है।
   B. मुद्रा स्फीति में घट जाता है।
   C. मुद्रा स्फीति में अपरिवर्तित रहता है।
   D. मंदी के दौरान बढ़ जाता है।
3. निम्नलिखित में से कौन-सी परिभाषा बजटीय घाटे की सही परिभाषा है—
   A. सरकार के राजस्व एवं पूंजी लेखे में प्राप्तियों और व्यय का अंतर
   B. पूंजी लेखे में प्राप्तियों और व्यय में अंतर
   C. सरकार द्वारा जारी किए गए ट्रेजरी बिलों की शुद्ध वृद्धि तथा RBI के पास रखी अपने रोकड़ बाकी से आहरण का कुल जोड़
   D. एक ओर, सरकारी व्यय और शुद्ध ऋणदान तथा दूसरी ओर चालू राजस्व और अनुदानों के बीच का अंतर
4. निम्नलिखित में से कौन-सा कर राज्य सरकार द्वारा लगाया जाता है—
   A. चीनी पर उत्पाद शुल्क
   B. शराब पर उत्पाद शुल्क
   C. सीमेंट पर उत्पाद शुल्क
   D. साइकिलों पर उत्पाद शुल्क
5. गाडगिल फार्मूले का इस्तेमाल किया जाता है—
   A. राज्यों के बीच कर और करेतर राजस्व की व्यवस्था में
   B. राज्यों की योजनाओं के लिए केन्द्रीय सहायता के नियमन में
   C. राज्यों के लिए सहायता अनुदान का निर्णय करने में
   D. केन्द्र प्रायोजित योजनाओं के लिए राज्यों के बीच सहायता बंटवारे का निर्णय करते समय
6. यदि पूर्ति वक्र पूर्णतया लोचहीन हो तो एक परिमणात्मक बिक्री कर का अल्पकालिक प्रभाव यह होगा कि उस कर भार को—
   A. पूरी तरह उपभोक्ताओं पर डाल दिया जाए।
   B. पूरी तरह उत्पादकों पर डाल दिया जाए।
   C. उत्पादकों तथा उपभोक्ताओं पर बराबर-बराबर डाल दिया जाए।
   D. ऐसी अन्य वस्तुओं पर डाल दिया जाए जिनकी आपूर्ति की स्थिति अपेक्षाकृत अधिक लोचदार है।
7. राजकोषीय घाटे को परिभाषित किया जाता है—
   A. राजस्व और पूंजीगत दोनों प्रकार की सभी प्राप्तियों तथा व्यय का अंतर
   B. RBI द्वारा केन्द्रीय सरकार को दिए गए निवल उधार में वृद्धि।
   C. राजस्व प्राप्तियों, अनुदानों तथा ऋणेतर पूंजीगत प्राप्तियों के ऊपर कुल व्यय जिसमें उधार को घटाने के बाद कर्जे शामिल हैं, का आधिक्य।
   D. राजस्व तथा पूंजीगत प्राप्तियों के ऊपर राजस्व व्यय का आधिक्य
8. **कथन (A) :** प्रति इकाई कर के आरोपण से एकाधिकारी के औसत लागत तथा सीमान्त लागत वक्र ऊपर की ओर खिसक जाते हैं।

   कारण (R) : प्रति इकाई कर परिवर्ती लागत के सामने है।
   A. A और R दोनों सही हैं, और R, A का सही स्पष्टीकरण है।
   B. A और R दोनों सही हैं, और R, A का सही स्पष्टीकरण नहीं है।
   C. A सही है, परंतु R गलत है।
   D. A गलत है परंतु R सही है।
9. **कथन (A) :** बिक्रीकर लगा देने से एकाधिकारी के लाभ पर प्रभाव नहीं पड़ता।

   कारण (R) : एकाधिकारी बिक्री कर के भार को उपभोक्ता के ऊपर डाल देता है।
   A. A और R दोनों सही हैं, और R, A का सही स्पष्टीकरण है।
   B. A और R दोनों सही हैं, परंतु R, A का सही स्पष्टीकरण नहीं है।
   C. A सही है, परंतु R गलत है।
   D. A गलत है परंतु R सही है।

10. संघ सरकार के चालू राजस्व में निम्नलिखित में से कौन सी मदें सम्मिलित नहीं हैं—

1. कर राजस्व
2. करेतर राजस्व
3. कर्जे
4. छोटी बचतें
5. ब्याज अदायगिया

नीचे दिए गए कूट का प्रयोग करते हुए सही उत्तर का चयन कीजिए—

A. 1, 2 और 5
B. 3 और 4
C. 1,3, 4, और 5
D. 2 और 5

11. केन्द्रीय अनुदानों के प्रयोजन के लिए निम्नलिखित में से कौन-सा राज्य विशेष श्रेणी का राज्य नहीं है—

A. असम
B. त्रिपुरा
C. सिक्किम
D. केरल

12. भारत सरकार ने दीर्घकालीन राजकोषीय नीति का सूत्रपात किया था—

A. 1982 में
B. 1985 में
C. 1989 में
D. 1991 में

13. आमतौर पर यह माना जाता है कि कर की दर में वृद्धि करने से सामान्यतया कर राजस्व में बढ़ोतरी हो जाएगी। लेकिन एक मत यह भी है कि आय कर की दरें घटाने से आय कर राजस्व में उल्लेखनीय वृद्धि होगी। बाद वाले दृष्टिकोण से नाम जुड़ा है—

A. आर्थर लाफर
B. राबर्ट साइमन
C. हार्बर्ट साइमन
D. जे.बी. से

14. सूची I का सूची II से सुमेल कीजिए और सूचियों के नीचे दिए गए कूट का प्रयोग करते हुए सही उत्तर का चयन कीजिए—

सूची I	*सूची II*
(*a*) सेवा कर	1. केन्द्र सरकार
(*b*) स्टाम्प शुल्क	2. राज्य सरकार
(*c*) संपत्ति कर	
(*d*) बिक्री कर	

कूट :	(*a*)	(*b*)	(*c*)	(*d*)
A.	1	2	2	1
B.	1	2	1	2
C.	2	1	2	1
D.	1	1	1	2

15. कराधान में राज्यों के भाग को निकालने के बाद निम्नलिखित कर राजस्वों में से कौन-सी मद केन्द्र सरकार को राजस्व की अधिकतम राशि उपलब्ध कराती है—

A. निगम कर
B. आयकर
C. सीमा शुल्क
D. संघीय उत्पाद शुल्क

16. वित्त आयोग की सिफारिशों के अनुसार, आयकर के अतिरिक्त निम्नलिखित में से किस कर की निवल प्राप्ति को केन्द्र और राज्यों के बीच बांटा जाना चाहिए।

1. अतिरिक्त उत्पाद शुल्क
2. कृषि संपत्तियों पर धन कर
3. संघीय उत्पाद शुल्क

नीचे दिए गए कूट का प्रयोग करते हुए सही उत्तर का चयन कीजिए—

A. 1, 2 और 3
B. केवल 3
C. 1 और 2
D. 2 और 3

17. सूची I का सूची II से सुमेल कीजिए और सूचियों के नीचे दिए गए कूट का प्रयोग करते हुए सही उत्तर का चयन कीजिए—

सूची I	*सूची II*
(*a*) राजकोषीय घाटा	1. (राजस्व और ब्याज प्राप्तियां) और (राजस्व खर्च) के बीच अंतर
(*b*) राजस्व घाटा	2. (राजस्व प्राप्तियां + कर्जों की वसूली और अन्य प्राप्तियां) और (कुल खर्च) के बीच अंतर
(*c*) बजट घाटा	3. पूंजीगत खाते प्राप्तियां और संवितरण के बीच अंतर
(*d*) पूंजी घाटा	4. कुल प्राप्तियां और कुल संवितरण के बीच अंतर

कूट :	(*a*)	(*b*)	(*c*)	(*d*)
A.	1	2	4	3
B.	2	1	4	3
C.	2	1	3	4
D.	1	2	3	4

18. **कथन (A) :** भारत में संघीय कराधान का भार मुख्यतया निम्न और मध्यम आय वर्गों द्वारा वहन किया जाता है।

कारण (R) : कर संरचना ऐसी है कि वस्तुओं पर लगने वाले करों की ही प्रधानता है।

A. A और R दोनों सही हैं, और R, A का सही स्पष्टीकरण है।
B. A और R दोनों सही हैं, परंतु R, A का सही स्पष्टीकरण नहीं है।

C. A सही है, परंतु R गलत है।
D. A गलत है परंतु R सही है।

19. निम्नलिखित में से किस को भारत सरकार के पूंजी बजट में शामिल किया जाता है—
1. भारतीय रिजर्व बैंक से ऋण
2. विदेशी सरकारों से प्राप्त कर्जे
3. सड़कों, इमारतों, मशीनरी इत्यादि जैसी परिसम्पत्तियों के अधिग्रहण पर व्यय।
4. राज्यों और केन्द्र शासित प्रदेशों को दिए गए ऋण और पेशगियां।

नीचे दिए गए कूट का प्रयोग कर सही उत्तर का चयन कीजिए—
A. 1, 2 और 3 B. 2 और 3
C. केवल 1 D. 1, 2, 3 और 4

20. भारत की समानान्तर अर्थव्यवस्था में काले धन के निर्माण के निम्नलिखित प्रभावों में से कौन-सा एक भारत सरकार के लिए सर्वाधिक चिंता का कारण रहा है—
A. साधनों का स्थावर सम्पदा के क्रय में विपथन और अति सुविधा गृह निर्माण में निवेश
B. बहुमूल्य रत्नों, जेवरात, स्वर्ण आदि में निवेश
C. व्यवसायियों एवं पूंजीपतियों का प्रदर्शन उपभोग
D. करों के अपवंचन से सरकारी कोष में राजस्व की हानि

21. भारत सरकार के बजट घाटे में निम्नलिखित में से किसका अंश सबसे अधिक है?
A. बजट घाटा B. राजकोषीय घाटा
C. राजस्व घाटा D. प्राथमिक घाटा

22. नगरपालिकाएं अपने व्यय का वित्तीयन अन्य के अलावा करती हैं—
A. बिक्री कर लगाकर B. व्यवसाय कर लगाकर
C. उत्पाद शुल्क लगाकर D. उपहार कर लगाकर

23. वित्त विधेयक वह विधेयक है जो—
A. भारत की संचित निधि में से व्यय का प्राधिकार देता है।
B. भारत की आकस्मिकता निधि में से व्यय का प्राधिकार देता है।
C. अनुवर्ती वित्त वर्ष के लिए सरकार के वित्तीय प्रस्तावों को लागू करता है।
D. सरकार को करों आदि के द्वारा जुटाई गई धनराशि का व्यय करने का प्राधिकार देता है।

24. **कथन (A) :** आरोही आय कर सम-सीमान्त त्याग पर आधारित है।
कारण (R) : आय जितनी अधिक होगी करदाता के लिए मुद्रा की सीमान्त उपयोगिता उतना ही कम होगा।
A. A और R दोनों सही हैं, और R, A का सही स्पष्टीकरण है।
B. A और R दोनों सही हैं, और R, A का सही स्पष्टीकरण नहीं है।
C. A सही है, परंतु R गलत है।
D. A गलत है परंतु R सही है।

25. कल्पना कीजिए कि अधिकतम लाभ प्राप्त करने वाला एक एकाधिकारी अल्पकालीन सन्तुलन में है। अब अतिरिक्त साधनों को जुटाने के लिए सरकार एकाधिकारी पर 5 लाख रु. प्रतिवर्ष एकमुश्त कर लगा देती है। इस नीति का एकाधिकारी पर तुरंत (अल्पकालीन) प्रभाव ऐसा होगा कि वह—
A. उत्पादित मात्रा घटा देगा और बाजार कीमत बढ़ जाएगी।
B. उत्पादित मात्रा बढ़ा देगा और बाजार कीमत गिर जाएगी।
C. उत्पादन स्थिर रखेगा और कीमत पर कोई प्रभाव नहीं पड़ेगा।
D. काम बंद कर देगा।

26. निम्नलिखित कथनों पर विचार कीजिए—विकासशील देशों में राजकोषीय नीति के दो प्रमुख उद्देश्य हैं—
1. तीव्रगति से आर्थिक वृद्धि
2. मूल्य स्थिरता
3. पूर्ण रोजगार
4. न्यायोचित वितरण

इन कथनों में से—
A. 1 और 2 सही हैं। B. 2 और 3 सही हैं।
C. 2 और 4 सही हैं। D. 1 और 4 सही हैं।

27. कर का समस्त भार विक्रेता वहन करेगा, यदि—
A. वस्तु की मांग बेलोच है और पूर्ति पूर्णतः लोचदार है।
B. वस्तु की मांग की लोच वही है जो वस्तु की पूर्ति की लोच है।
C. वस्तु की मांग पूर्णतः लोचदार है और वस्तु की पूर्ति बेलोचदार है।
D. वस्तु की मांग लोच वस्तु की पूर्ति लोच से कम है।

28. निम्नलिखित में से कौन-सा युग्म सही सुमेलित है—

A. राजकोषीय घाटा—जी.डी.पी.

B. प्राथमिक घाटा—मुद्रा की पूर्ति

C. मुद्रीकृत घाटा—ब्याज भुगतान

D. बजट घाटा—राजस्व लेखे पर राजस्व व्यय एवं प्राप्तियां

29. निम्नलिखित कथनों पर विचार कीजिए—भारतीय आय कर—

1. आरोही होता है। 2. समानुपातिक होता है।
3. प्रत्यक्ष होता है। 4. आय लोचदार होता है।

इन कथनों में से—

A. 1, 2 और 4 सही हैं। B. 1, 2 और 3 सही हैं।
C. 1, 3 और 4 सही हैं। D. 2, 3 और 4 सही हैं।

30. केन्द्र सरकार के राजस्व के प्रमुख स्रोत हैं—

1. आय कर 2. निगम कर
3. सीमा शुल्क 4. उत्पाद शुल्क

इनके महत्त्व के आधार पर इनका घटते क्रम में सही अनुक्रम है—

A. 4, 3, 2, 1 B. 1, 2, 3, 4
C. 4, 2, 1, 3 D. 3, 1, 2, 4

31. निम्नलिखित में से किस कर के राजस्व का बंटवारा केन्द्र सरकार राज्य सरकारों के साथ नहीं करती—

A. केन्द्रीय बिक्री कर B. आय कर
C. उत्पादन शुल्क D. सीमा शुल्क

32. निम्न में से कौन-सा स्रोत सरकार के राजस्व का स्रोत नहीं माना जाता है—

A. कर

B. सार्वजनिक उद्यमों के आधिक्य

C. अंतरण भुगतान

D. आंतरिक ऋणों और जमाओं का संग्रहण

33. भारत में, राज्यों को संघीय वित्तीय सहायता दी जाती है—

A. राज्यों के कर उगाहने के प्रयास के आधार पर

B. राज्यों की राजस्व वसूली के आधार पर

C. जनसंख्या, कर उगाहने के प्रयास तथा राज्य की विशिष्ट समस्याओं के आधार पर

D. राज्यों की मांग के आधार पर

34. निम्नलिखित करों में से कौन-सा एक कर अनन्य रूप से भारत की राज्य सरकारों के लिए ही है—

A. आय कर B. कृषि आय कर
C. एक्साइज ड्यूटी D. सम्पत्ति कर

35. निम्नलिखित कर राजस्व के साधनों में से कौन-सा एक साधन अप्रत्यक्ष कर की श्रेणी में आता है—

A. निगम कर B. सीमा शुल्क
C. सम्पति कर D. आय कर

36. पिछले दशक के केन्द्रीय बजट के राजस्व व्यय के अन्तर्गत सर्वाधिक व्यय वाला शीर्ष कौन-सा था—

A. रक्षा B. ब्याज अदायगी
C. उपादान D. समाज सेवाएं

37. केन्द्रीय सरकार के घाटा वित्तीयन का निम्नलिखित में से कौन-सा एक प्रभाव आम आदमी पर सर्वाधिक दुष्प्रभाव डालता है—

A. बाध्य बचत

B. बैंकों द्वारा ऋण सर्जन

C. कीमतों में स्फीति कारी वृद्धि

D. सामाजिक निवेश के ढांचे में परिवर्तन

38. 1950-51 से केन्द्रीय सरकार के सार्वजनिक ऋण में तीव्र वृद्धि हुई है—

A. अनियंत्रित मुद्रा स्फीति के कारण

B. केन्द्रीय सरकार द्वारा उगाहे गए राजस्व में राज्य सरकारों की बढ़ती हुई हिस्सेदारी के कारण

C. सार्वजनिक व्यय के वित्तीयन के बढ़ते हुए भार के कारण

D. निरन्तर बढ़ती जनसंख्या के कारण

39. लोक वित्त में ''अधिकतम समाज कल्याण'' प्राप्ति की स्थिति तब आती है जब—

A. करों की सीमान्त अनुपयोगिता सार्वजनिक व्यय की सीमान्त उपयोगिता से अधिक हो।

B. करों की सीमांत अनुपयोगिता सार्वजनिक व्यय की सीमान्त उपयोगिता से कम हो।

C. करों की सीमान्त अनुपयोगिता सार्वजनिक व्यय की सीमान्त उपयोगिता के बराबर हो।

D. कर एवं सार्वजनिक व्यय का स्तर न्यूनतम हो।

40. निम्नलिखित कथनों पर विचार कीजिए—कर भार का क्रेता एवं विक्रेता के बीच विभाजन—

1. मांग एवं पूर्ति के लोच द्वारा नियमित होता है।
2. लागत व्यय की स्थिति द्वारा नियमित होता है।
3. बाजार की संरचना द्वारा नियमित होता है।

इन कथनों में—

A. 1 और 2 सही है। B. 2 और 3 सही है।

C. 1 और 3 सही है। D. 1, 2 और 3 सही है।

41. पूंजीगत लाभ का अर्थ है—

A. उस उत्पादन की बिक्री में वृद्धि जिसके लिए पूंजी निवेश किया गया है।
B. अधिष्ठित सम्पत्ति के मूल्य में वृद्धि
C. पूंजी परिसम्पत्ति पर सकल लाभार्जन
D. पूंजी की सीमान्त उत्पादिकता

42. निम्नलिखित कथनों पर विचार कीजिए—कोई सरकार अपना बजट घाटा पूरा कर सकती है—

1. देश के केन्द्रीय बैंक से अपने रोकड़ शेष के आहरण द्वारा
2. केन्द्रीय बैंक तथा व्यवसायी बैंकों से ऋण लेकर
3. नए नोट छाप कर

इन कथनों में से—

A. 1 और 2 सही हैं। B. 1 और 3 सही हैं।
C. 2 और 3 सही हैं। D. 1, 2 और 3 सही हैं।

43. निम्नलिखित में से कौन-सा एक राज्य कराधान के अधिकार क्षेत्र में नहीं आता—

A. भू-राजस्व
B. कृषिजन्य आय पर कर
C. भूमि और भवनों का कर
D. वैयक्तिक आय कर

44. निम्नलिखित में से कौन-सा एक भारत में राज्य सरकारों के राजस्व का अत्यन्त महत्त्वपूर्ण स्रोत है—

A. भू-राजस्व
B. राज्य उत्पाद शुल्क
C. बिक्री कर
D. स्टाम्प और पंजीकरण शुल्क

45. वर्त्तमान थोक मूल्य सूचकांक (WPI) के आधार वर्ष 1993-94 को बदलकर किस वर्ष को स्वीकृति प्रदान की गयी है।

A. 2001-02 B. 2002-03
C. 2003-04 D. 2004-05

46. अधिकतम सामाजिक लाभ का सिद्धांत संबंधित है—

A. केवल करारोपण से
B. केवल व्यय से
C. केवल सार्वजनिक ऋण से
D. करारोपण एवं सार्वजनिक व्यय दोनों से

47. सूची I का सूची II से सुमेल कीजिए और सूचियों के नीचे दिए गए कूट का प्रयोग करते हुए सही उत्तर का चयन कीजिए—

सूची I	*सूची II*
(a) निगम कर	1. राज्य सरकार
(b) विक्रय कर	2. नगर निगम
(c) भवन कर	3. भारत सरकार
(d) सम्पत्ति कर	

कूट :	*(a)*	*(b)*	*(c)*	*(d)*
A.	3	1	2	3
B.	2	1	1	3
C.	2	3	3	2
D.	3	2	2	1

48. करारोपण में न्याय को सर्वाधिक सुनिश्चित किया जाता है–

A. समान निरपेक्ष त्याग के सिद्धांत का अनुप्रयोग कर
B. समान आनुपातिक त्याग के सिद्धांत का अनुप्रयोग कर
C. समान सीमान्त त्याग के सिद्धांत का अनुप्रयोग कर
D. प्रतिदान के सिद्धांत का अनुप्रयोग कर

49. टोबिन कर—

A. निर्यातों पर कर है।
B. आयातों पर कर है।
C. विदेशी विनिमय के लेन-देन पर कर है।
D. विक्रय पर कर है।

50. बजटीय घाटे में सम्मिलित नहीं है—

A. राजस्व घाटा
B. पूंजी बजट घाटा
C. भुगतान संतुलन घाटा
D. सार्वजनिक ऋण पर ब्याज भुगतान

51. उत्तर उदारीकरण अवधि में भारत में सकल कर राजस्व में प्रत्यक्ष करों का अंश—

A. बढ़ गया है।
B. घट गया है।
C. पहले बढ़ा और बाद में घट गया।
D. समान बना रहा है।

52. अब तक कुल कितने वित्त आयोग गठित किए जा चुके हैं?

A. 12 B. 11
C. 13 D. इनमें से कोई नहीं

53. ग्यारहवीं पंचवर्षीय योजना (2007-12) में घरेलू बचत की दर सकल घरेलू उत्पाद का कितना प्रतिशत प्राप्त करने को लक्ष्य रखा गया है?

A. 34.8 प्रतिशत B. 29.6 प्रतिशत
C. 30.3 प्रतिशत D. 27.1 प्रतिशत

54. **कथन (A) :** विकासशील देशों में सार्वजनिक व्यय की वित्त व्यवस्था हेतु करारोपण की अपेक्षा सरकारी ऋण ग्रहण को अधिक अधिमान दिया जाता है।

कारण (R) : करारोपण के लिए वर्तमान उपभोग में कटौती आवश्यक होगी।

A. A और R दोनों सही हैं, और R, A का सही स्पष्टीकरण है।

B. A और R दोनों सही हैं, परंतु R, A का सही स्पष्टीकरण नहीं है।

C. A सही है, परंतु R गलत है।

D. A गलत है परंतु R सही है।

55. वांचू समिति का संबंध था—

A. कर सुधार B. काला धन

C. वित्त सुधार D. कोई नहीं

56. जिस आय कर में आय वृद्धि के साथ-साथ कर की दर घटती है, उसे कहा जाता है—

A. प्रतिगामी कर प्रणाली (Regressive tax)

B. अद्योगामी कर प्रणाली

C. प्रगतिशील कर प्रणाली

D. कोई नहीं

57. यदि वस्तु की पूर्ति पूर्णतया लोचदार है तो करारोपण का भार किस पर पड़ेगा—

A. पूर्णतया क्रेता पर

B. पूर्णतया विक्रेता पर

C. दोनों पर आंशिक रूप से

D. कोई नहीं

58. गैर योजनागत व्यय है—

A. ब्याज भुगतान B. सुरक्षा व्यय

C. अनुदान D. उपर्युक्त सभी

59. राजकोषीय घाटा में से ब्याज भुगतान की राशि घटाने पर निम्न में से क्या प्राप्त होता है—

A. राजस्व घाटा B. बजटीय घाटा

C. प्राथमिक घाटा D. वित्तीय घाटा

60. भारत सरकार को सर्वाधिक राजस्व किस स्रोत से प्राप्त होता है—

A. कर B. ऋण

C. हीनार्थ प्रबन्ध D. अनुदान

61. राज्यों के कर में अधिक लोच किसमें है—

A. बिक्री कर B. भूमि कर

C. मनोरंजन कर D. उत्पाद शुल्क

62. राज समिति का संबंध है—

A. कृषि आय पर करारोपण

B. भूमि सुधार

C. काला धन

D. प्रतिभूति घोटाला

63. करदेय-क्षमता दो प्रकार का होता है—

A. सापेक्ष—निरपेक्ष B. सीमित—असीमित

C. प्रत्यक्ष—अप्रत्यक्ष D. उपर्युक्त कोई नहीं

64. तेरहवें वित्त आयोग के अध्यक्ष थे—

A. साल्वे B. विजय एल. केलकर

C. बी. शंकरानंद D. के.सी. नियोगी

65. करापात किसी ऐसे व्यक्ति पर होता है जो उसको—

A. दूसरों पर नहीं टाल सकता है।

B. दूसरों पर टाल सकता है।

C. वंचन कर सकता है।

D. स्थगित कर सकता है।

66. भारत में काला धन—

A. केवल मूल्यों को बढ़ाता है।

B. तीव्रता से केवल विलासिता उपभोग बढ़ाता है।

C. केवल सरकार की आय की हानि करता है।

D. उपर्युक्त तीनों को प्रभावित करता है।

67. कृषि आय कर है—

A. संघीय सूची में B. राज्य सूची में

C. समवर्ती सूची में D. (A) और (B) दोनों में

68. राज्यों के तदर्थ अनुदान हेतु, गाडगिल फार्मूले के अंतर्गत सर्वाधिक महत्त्व दिया गया है—

A. जनसंख्या को B. संसाधन जुटाने को

C. आय को D. विशेष समस्याओं को

69. केन्द्र सरकार द्वारा प्रत्येक रुपया उगाही में, निम्न में से किसका हिस्सा सर्वाधिक है—

A. आंतरिक ऋण B. सीमा शुल्क

C. उत्पाद शुल्क D. निगम कर

70. विकासशील देशों की निम्नलिखित में से किस समस्या के निदान हेतु 'बेकर प्लान' एक युक्ति के रूप में प्रयुक्त की गई—

A. मुद्रा स्फीति की समस्या

B. खाद्य सुरक्षा की समस्या

C. अवैधानिक प्रवास की समस्या

D. ऋण अदायगी की समस्या

71. वित्त आयोग का कार्य यह संस्तुति करना है कि—
A. केन्द्र तथा राज्यों के मध्य बांटे जाने वाली करों की शुद्ध राशि को वितरित करने के विषय में।
B. राज्यों के बीच इस राशि के अंशों का आवंटन करने के विषय में।
C. राज्यों को केन्द्र द्वारा दिए जाने वाले अनुदानों के सिद्धांत के विषय में।
D. उपर्युक्त सभी

72. भारत में वित आयोग सामान्यतया कितने वर्षों के पश्चात गठित किया जाता है—
A. पांच वर्ष
B. चार वर्ष
C. तीन वर्ष
D. इस संबंध में कोई निश्चित अवधि नहीं है।

73. निम्नलिखित में से कौन राजकोषीय नीति का उपकरण नहीं है—
A. ब्याज दर B. करारोपण
C. सार्वजनिक व्यय D. सार्वजनिक ऋण

74. लोक व्यय के संबंध में फिण्डले शिराज द्वारा दिए गए नियमों में निम्नलिखित में से कौन-सा नियम सम्मिलित नहीं है—
A. आधिक्य का सिद्धांत
B. लोच का सिद्धांत
C. मितव्ययिता का सिद्धांत
D. अनुमोदन का सिद्धांत

75. निम्नलिखित अर्थशास्त्रियों में से किसने व्यय पर कर लगाने का सुझाव दिया—
A. डाल्टन B. मस्ग्रेव
C. काल्डर D. फिलिप्स

76. भारत वर्ष में राज्य सरकारों के सकल राजकोषीय घाटे के वित्त पोषण का सबसे महत्त्वपूर्ण स्रोत रहा है—
A. वित्तीय संस्थाओं से ऋण
B. भविष्य निधि तथा आरक्षित निधियों से ऋण
C. केन्द्र सरकार से ऋण
D. बाजार से उधार

77. 1991 के पश्चात् भारतवर्ष में कर सुधार के पीछे प्रमुख उद्देश्य रहा है—
A. कर की दरों को नरम रखना
B. कर के आधार को विस्तृत रखना
C. अच्छा-कर-प्रशासन सुनिश्चित करना
D. उपरोक्त सभी

78. अधिकतम सामाजिक लाभ के सिद्धांत को सर्वप्रथम बताया था—
A. हिक्स ने B. डाल्टन ने
C. टेलर ने D. मस्ग्रेव ने

79. समता का नियम सर्वाधिक पूरा होता है—
A. बिक्री कर द्वारा B. उत्पादन शुल्क द्वारा
C. आय कर द्वारा D. उपरोक्त सभी से

80. कर विवर्तन उस प्रक्रिया को दर्शाता है जिससे—
A. कर का मौद्रिक भार एक व्यक्ति से दूसरे व्यक्ति पर हस्तांतरित हो जाता है।
B. कर का वास्तविक भार एक व्यक्ति से दूसरे व्यक्ति पर हस्तांतरित हो जाता है।
C. उपरोक्त दोनों
D. उपरोक्त में से कोई नहीं

81. हीनार्थ-प्रबंधन की नीति की इसलिए आलोचना की जाती है क्योंकि इसमें—
A. सरकार धीरे-धीरे दीवालिया हो जाती है।
B. पश्चिमी उच्च उपभोग स्तरीय जीवन-शैली को बल मिलता है।
C. ऊंची समग्र मांग प्राप्त होती है।
D. मुद्रास्फीति को बढ़ावा देती है।

82. बजट घाटे की तुलना में राजकोषीय घाटे का आकार सदा ही होगा—
A. अधिक B. कम
C. बराबर D. उपरोक्त में कोई नहीं

83. निम्नलिखित में से कुछ करों का भार विवर्तित नहीं किया जा सकता—
1. आय पर कर
2. व्यापारिक लाभ पर कर
3. आयात-निर्यात शुल्क
4. उत्पादन शुल्क
नीचे दिए गए कूट से सही उत्तर चुनिए—
A. 1 तथा 2 B. 3 तथा 4
C. 1, 3 तथा 4 D. 2 तथा 3

84. विदेशी निवेश सम्बंधी 'विश्व निवेश रिपोर्ट' किस संस्थान द्वारा प्रतिवर्ष जारी की जाती है?
A. IMF B. IBRD
C. WTO D. UNCTAD

85. लाफर वक्र (Laffer Curve) संबंध दर्शाता है—
A. कर आय तथा कर की दर के मध्य
B. प्रति व्यक्ति आय तथा कर की दर के मध्य
C. कर आय तथा राष्ट्रीय आय के मध्य
D. बचत तथा कर की दर के मध्य

86. शून्य आधारित बजट की अवधारणा दी—
A. आर.ए. मसग्रेव ने B. जे.एम. कीन्स ने
C. पीटर ए. पायर ने D. ए.एच. हैन्सन ने

87. क्रियात्मक वित्त के प्रत्यय को सर्वप्रथम प्रस्तुत किया—
A. ए.पी. लर्नर ने B. एम. फ्रीडमैन ने
C. ई. कैनन ने D. ए.एच. हैन्सन ने

88. ''आय की बजाय व्यय व्यक्ति की कर देय क्षमता का अधिक अच्छा मापक है।'' यह विचार दिया—
A. कैल्डोर ने B. लर्नर ने
C. सैम्युलसन ने D. पीगू ने

89. वैगनर की परिकल्पना का संबंध—
A. सार्वजनिक आय से है।
B. सार्वजनिक व्यय से है।
C. मुद्रा की पूर्ति से है।
D. सार्वजनिक ऋण से है।

90. राजकोषीय नीति के संबंध में निम्नलिखित में से कौन-सा कथन सही नहीं है—
A. राजकोषीय नीति कर और व्यय नीति को सम्मिलित करता है।
B. राजकोषीय नीति का संबंध सार्वजनिक ऋण तथा ऋण प्रबंध से है।
C. राजकोषीय नीति अर्थव्यवस्था में मुद्रा की पूर्ति को प्रभावित करती है।
D. राजकोषीय नीति विनिमय दर को स्थिर रखती है।

91. भारत में वित्त आयोग का गठन कौन करता है—
A. राष्ट्रपति
B. प्रधानमंत्री
C. वित्त मंत्री
D. RBI का गवर्नर

92. पिछले दशक में भारत सरकार के सकल कर आगम में अप्रत्यक्ष करों के योगदान में—
A. स्थिरता रही है।
B. गिरने की प्रवृत्ति रही है।
C. बढ़ने की प्रवृत्ति रही है।
D. कोई स्थिर प्रवृत्ति नहीं रही है।

93. केन्द्र सरकार के कुल ऋण का लगभग कितना प्रतिशत विदेशी ऋण है—
A. 30 प्रतिशत B. 20 प्रतिशत
C. 10 प्रतिशत D. 5 प्रतिशत

94. तेरहवें वित्त आयोग की सिफारिशें लागू होने की समयावधि है—
A. 1990-1995 B. 2010-2015
C. 1995-2000 D. 1997-2002

95. बजट-घाटे की कौन-सी अवधारणा भारतीय संदर्भ में अर्थहीन हो गई है—
A. राजकोषीय घाटा B. बजेटरी घाटा
C. प्राथमिक घाटा D. राजस्व घाटा

96. कर गुणक सामान्यतया—
A. सरकारी व्यय गुणक से अधिक होता है।
B. सरकारी व्यय गुणक के बराबर होता है।
C. सरकारी व्यय गुणक से कम होता है।
D. विनियोग गुणक के बराबर होता है।

97. निम्न में से कौन वित्तीय नीति का उद्देश्य नहीं है—
A. आर्थिक विकास
B. आर्थिक स्थिरता
C. रोजगार स्तर को अधिकतम करना
D. वित्तीय संस्थाओं का नियमन

98. करापात के संबंध में निम्न में से कौन-सा कथन सही है—
A. आयात पर लगे कर का सम्पूर्ण करापात (incidence) आयात करने वाले देश के उपभोक्ताओं पर होता है।
B. निर्यात कर का सम्पूर्ण करापात उत्पादक पर होता है।
C. आयात और निर्यात करों का करापात उत्पादक और आयात करने वाले देश के प्रयोजक के बीच बराबर-बराबर बंट जाता है।
D. आयात और निर्यात करों के करापात का उत्पादक और प्रयोजक के बीच बंटवारा उनकी मांग की लोच के अनुपात के विपरीत अनुपात में होता है।

99. 1 अप्रैल, 2002 से अल्प बचत स्कीम (small saving schemes) की वसूली का कितना भाग राज्यों को जा रहा है—
A. 20 प्रतिशत B. 100 प्रतिशत
C. 60 प्रतिशत D. 0 प्रतिशत

100. यदि पूर्ति पूर्णतया बेलोचदार हो और मांग की लोच अधिक

(highly elastic) हो तो अल्पकाल में किसी विशिष्ट बिक्री कर का करापात होगा—

A. पूर्णतया उपभोक्ताओं पर
B. पूर्णतया विक्रेताओं पर
C. विक्रेताओं तथा उपभोक्ताओं दोनों पर आधा-आधा
D. उपभोक्ता पर विक्रेताओं की अपेक्षा अधिक

101. सामाजिक वस्तुओं का प्रावधान समस्याएं पैदा करता है क्योंकि—

A. ऐसी वस्तुएं उपभोग में गैर प्रतियोगी होने की प्रवृत्ति रखती है।
B. व्यक्तिगत उपभोक्ता अधिमान के संदर्भ में प्रकट नहीं होते।
C. बाजारी प्रक्रिया ऐसी वस्तुओं के प्रावधान के लिए उचित नहीं होती।
D. उपरोक्त सभी।

102. निम्नलिखित में से कौन-सा एक राज्य कर राजस्व का स्रोत नहीं है—

A. भू-राजस्व
B. मोटर वाहन कर
C. मनोरंजन कर
D. निगम कर

103. सूची I का सूची II से सुमेल कीजिए और सूचियों के नीचे दिए गए कूट का प्रयोग करते हुए सही उत्तर का चयन कीजिए—

सूची I	*सूची II*
(a) ए.डब्ल्यू. फिलिप्स	1. केन्द्रीय बैंक
(b) फिण्डले शिराज	2. मजदूरी एवं बेरोजगारी दर के बीच ट्रेड ऑफ
(c) जे.एम. केन्स	3. लाभ का सिद्धांत
(d) आर.एस. सेयर्स	4. कर देय क्षमता
	5. तरलता जाल

कूट :	*(a)*	*(b)*	*(c)*	*(d)*
A.	5	4	1	2
B.	2	3	5	1
C.	5	3	1	2
D.	2	4	5	1

104. पूर्ति समर्थक अर्थशास्त्री राजस्व नीति के प्रयोग की अनुशंसा करते हैं—

A. व्यापार चक्र में स्थायित्व के लिए
B. बैंकिंग व्यवस्था के नियंत्रण के लिए
C. श्रम बाजार में प्रोत्साहन के लिए
D. मौद्रिक नीति के स्थान पर

105. कर भार का तात्पर्य है—

A. कर अंततः कौन वहन करता है।
B. करारोपण के सिद्धांत
C. प्रत्यक्ष एवं परोक्ष कर
D. कर निरन्तर आरोपित है या समयान्तराल के बाद

106. कराधान का कौन-सा पहलू आदर्शात्मक अर्थशास्त्र से संबंधित है—

A. कर का अन्तिम भुगतान
B. कर का काम करने की प्रेरणा पर प्रभाव
C. कर का औचित्य
D. उपर्युक्त सभी

107. घाटे की वित्त व्यवस्था (deficit financing) का अर्थ है—

A. विदेशी सहायता पर आश्रितता
B. विदेशों से उधार लेकर खर्च करना
C. विकास सुनिश्चित करने के लिए समुचित खर्च नहीं करना।
D. आगम (Revenue) से अधिक खर्च करना।

108. चलैय्या समिति का संबंध है—

A. प्रतिभूति घोटाला B. अप्रत्यक्ष कर
C. मुद्रा नीति D. कर सुधार प्रणाली

109. **कथन (A):** अप्रत्यक्ष कर, सामान्यतः प्रतिगामी प्रवृत्ति के होते हैं।

कारण (R): वे सभी करदाताओं पर उनकी आय में भेद के बिना समान रूप से लागू किये जाते हैं।

A. A और R दोनों सही हैं और R, A का सही स्पष्टीकरण है।
B. A और R दोनों सही हैं, परन्तु R, A का सही स्पष्टीकरण नहीं है।
C. A सही है, परन्तु R गलत है।
D. A गलत है, परन्तु R सही है।

110. **कथन (A):** समय के साथ-साथ केन्द्रीय सरकार का राजस्व घाटा बढ़ रहा है।

कारण (R): ब्याज भुगतान में वृद्धि राजस्व घाटे में वृद्धि का सर्वाधिक महत्त्वपूर्ण कारण है।

A. A और R दोनों सही हैं और R, A का सही स्पष्टीकरण है।

B. A और R दोनों सही हैं, परन्तु R, A का सही स्पष्टीकरण नहीं है।
C. A सही है, परन्तु R गलत है।
D. A गलत है, परन्तु R सही है।

111. कथन (A): विकासशील देश में धारा वित्तीयन कभी भी संसाधन जुटाने की अच्छी विधि नहीं मानी जा सकती।
कारण (R): घाटा वित्तीयन से मुद्रा स्फीति उत्पन्न होती है।
A. A और R दोनों सही हैं और R, A का सही स्पष्टीकरण है।
B. A और R दोनों सही हैं, परन्तु R, A का सही स्पष्टीकरण नहीं है।
C. A सही है, परन्तु R गलत है।
D. A गलत है, परन्तु R सही है।

112. कथन (A): लोकवित्त आदर्श विज्ञान है।
कारण (R): राजकोषीय क्रिया के उद्देश्य में संसाधनों का उचित आबंटन, आय का वितरण, पूर्ण रोज़गार और स्थिरता के साथ वृद्धि निहित हैं।
A. A और R दोनों सही हैं और R, A का सही स्पष्टीकरण है।
B. A और R दोनों सही हैं, परन्तु R, A का सही स्पष्टीकरण नहीं है।
C. A सही है, परन्तु R गलत है।
D. A गलत है, परन्तु R सही है।

उत्तरमाला

1	2	3	4	5	6	7	8	9	10
A	B	A	B	D	B	C	A	A	B
11	**12**	**13**	**14**	**15**	**16**	**17**	**18**	**19**	**20**
D	B	A	D	C	B	D	A	D	D
21	**22**	**23**	**24**	**25**	**26**	**27**	**28**	**29**	**30**
B	B	C	A	C	A	C	A	C	A
31	**32**	**33**	**34**	**35**	**36**	**37**	**38**	**39**	**40**
D	C	C	B	B	B	C	C	C	C
41	**42**	**43**	**44**	**45**	**46**	**47**	**48**	**49**	**50**
C	D	D	C	D	D	A	C	C	D
51	**52**	**53**	**54**	**55**	**56**	**57**	**58**	**59**	**60**
A	C	A	A	A	A	A	D	C	A
61	**62**	**63**	**64**	**65**	**66**	**67**	**68**	**69**	**70**
A	A	A	B	A	D	B	A	A	D
71	**72**	**73**	**74**	**75**	**76**	**77**	**78**	**79**	**80**
D	A	A	B	C	C	D	B	C	A
81	**82**	**83**	**84**	**85**	**86**	**87**	**88**	**89**	**90**
D	A	A	D	A	C	A	A	B	C
91	**92**	**93**	**94**	**95**	**96**	**97**	**98**	**99**	**100**
A	B	C	B	B	C	D	D	B	B
101	**102**	**103**	**104**	**105**	**106**	**107**	**108**	**109**	**110**
D	D	D	D	A	D	D	D	A	A
111	**112**								
A	A								

यूनिट-V : अन्तर्राष्ट्रीय व्यापार

अंतर्राष्ट्रीय व्यापार
(INTERNATIONAL TRADE)

स्मिथ का लागतों में निरपेक्ष अन्तरों का सिद्धांत (Smith's theory of absolute differences in costs)

स्मिथ के अनुसार अंतर्राष्ट्रीय व्यापार का एक मात्र कारण लागतों में **निरपेक्ष अंतरों** का होना है। इस सिद्धांत के अनुसार प्रत्येक देश को उस वस्तु के उत्पादन में विशिष्टीकरण करना चाहिए जिसे वह दूसरे देशों की अपेक्षा अधिक सस्ती दर पर उत्पादित कर सकता है और उसे उन वस्तुओं के साथ विनिमय कर सकता है जिनकी दूसरे देशों में कम लागत आती है।

रिकार्डो का लागतों में तुलनात्मक अंतरों का सिद्धांत (Ricardo's theory of comparative differences in costs)

रिकार्डो के अनुसार, लागतों में निरपेक्ष अंतर नहीं बल्कि **तुलनात्मक अंतर** दो देशों के बीच व्यापार संबंध को निर्धारित करता है। जब कोई देश किसी अन्य देश के साथ व्यापार करता है तो वह उन वस्तुओं का निर्यात करेगा जिनमें उसकी **तुलनात्मक उत्पादन लागतें** कम हैं और उन वस्तुओं का आयात करेगा जिनमें उसकी तुलनात्मक उत्पादन लागतें अधिक हैं। रिकार्डो के अनुसार, अंतर्राष्ट्रीय व्यापार का आधार यही है।

सिद्धांत की मान्यताएं (Assumptions of the theory)

रिकार्डो का तुलनात्मक लागतों का सिद्धांत निम्नलिखित मान्यताओं पर आधारित है—

1. केवल दो ही देश मान लीजिए इंग्लैंड और पुर्तगाल हैं।

2. वे समरूप दो वस्तुओं शराब और कपड़े का उत्पादन करते हैं।

3. दोनों देशों में रुचियां समान हैं।

4. श्रम ही उत्पादन का एकमात्र साधन है।

5. श्रम की सभी इकाइयां समरूप हैं।

6. वस्तुओं की कीमतों को श्रम लागत (labour cost) अर्थात प्रत्येक के उत्पादन में लगी श्रम इकाइयों की संख्या निर्धारित करती है।

7. स्थिर लागतों या प्रतिफलों के नियम के अधीन वस्तुओं का उत्पादन होता है।

8. दोनों देशों के बीच वस्तु विनिमय प्रणाली के आधार पर व्यापार होता है।

9. प्रौद्योगिक ज्ञान अपरिवर्तित है।

10. उत्पादन के साधन प्रत्येक देश के भीतर तो पूर्णतया गतिशील है परंतु दोनों देशों के बीच पूर्णतया गतिहीन है।

11. दोनों देशों के बीच स्वतंत्र रूप से व्यापार होता है।

12. दोनों देशों के बीच व्यापार करने में कोई परिवहन लागतें नहीं हैं।

13. दोनों देशों में उत्पादन के सभी साधन पूर्णतया रोजगार में लगे हैं।

उपरोक्त मान्यताएं दी होने पर, रिकार्डो यह दर्शाता है कि दोनों देशों के बीच व्यापार संभव है जब एक देश को दोनों वस्तुओं के उत्पादन में निरपेक्ष लाभ हो, परंतु एक की अपेक्षा दूसरी वस्तु के उत्पादन में तुलनात्मक लाभ हो। इसे रिकार्डो के इंगलैंड और पुर्तगाल के बीच व्यापार के प्रसिद्ध उदाहरण द्वारा निम्न सारणी में दर्शाया गया है।

सारणी : वस्तु की एक इकाई उत्पादित करने के लिए श्रम के अपेक्षित श्रम-घंटे

देश	*शराब*	*कपड़ा*
इंग्लैंड	120	100
पुर्तगाल	80	90

उपरोक्त सारणी यह दर्शाती है कि इंग्लैंड में शराब की एक इकाई उत्पादित करने के लिए 120 श्रम घंटे चाहिए, जबकि

कपड़े की एक इकाई के लिए 100 श्रम घंटे चाहिए। दूसरी ओर पुर्तगाल में शराब और कपड़े की एक-एक इकाई उत्पादित करने के लिए क्रमश: 80 तक 90 श्रम घंटे चाहिए। इस प्रकार, इंग्लैंड पुर्तगाल की अपेक्षा शराब और कपड़ा दोनों का ही उत्पादन करने के लिए अधिक श्रम का उपयोग करता है। अन्य शब्दों में, दोनों वस्तुएं उत्पादित करने में पुर्तगाली श्रम, इंगलिश श्रम की अपेक्षा अधिक कुशल है। इसलिए, शराब और कपड़ा दोनों के उत्पादन में पुर्तगाल निरपेक्ष लाभ रखता है। लेकिन पुर्तगाल को अधिक लाभ शराब का उत्पादन करके तथा उसे इंग्लैंड को निर्यात करके प्राप्त होगा। क्योंकि इसमें वह अधिक तुलनात्मक लाभ रखता है। ऐसा इस कारण कि पुर्तगाल में शराब की उत्पादन लागत (80/120 घंटे) कपड़े की उत्पादन लागत (90/100 श्रम घंटे) से कम है। दूसरी ओर, यह इंग्लैंड के पक्ष में है कि वह कपड़े के उत्पादन में विशिष्टीकरण करे, जिसमें उसकी **न्यूनतम तुलनात्मक हानि** होती है। ऐसा इस कारण कि इंग्लैंड में कपड़े की उत्पादन लागत (100/90 श्रम घंटे) शराब की उत्पादन लागत (120/80 श्रम घंटे) की तुलना में कम है। अत: दोनों देशों के लिए व्यापार लाभदायक है। दोनों देशों की तुलनात्मक लाभ स्थिति को रेखाचित्र में उत्पादन संभावना वक्रों द्वारा दर्शाया गया है।

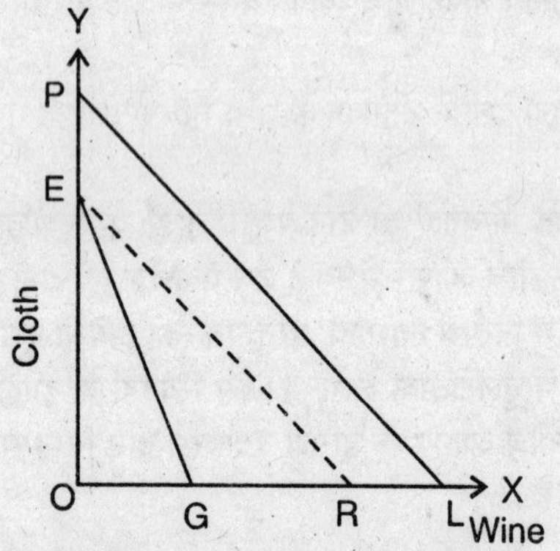

रेखाचित्र : *तुलनात्मक लागत का सिद्धांत*

उपरोक्त रेखाचित्र में PL पुर्तगाल का उत्पादन संभावना वक्र है तथा EG इंग्लैंड का उत्पादन संभावना वक्र (Production Possibility curve) है।

पुर्तगाल को इंग्लैंड की तुलना में शराब और कपड़ा दोनों वस्तुओं के उत्पादन में निरपेक्ष लाभ प्राप्त है। यह शराब की OL इकाइयां तथा कपड़े की OP इकाइयां उत्पादित करता है। जबकि इंग्लैंड शराब की OG इकाइयां तथा कपड़े की OE इकाइयां उत्पादित करता है। परंतु ER रेखा की ढाल (Slope) जो कि PL के समानान्तर है, दर्शाती है कि पुर्तगाल को शराब के उत्पादन में तुलनात्मक लाभ होता है। दूसरी ओर, इंग्लैंड को कपड़े की OE इकाइयों के उत्पादन में न्यूनतम तुलनात्मक हानि होती है। इस प्रकार, पुर्तगाल शराब की OR इकाइयों का निर्यात इंग्लैंड को करेगा और बदले में इंग्लैंड से कपड़े की OE इकाइयां विनिमय करेगा।

सिद्धांत की आलोचनाएं (Its Criticism)

1. तुलनात्मक लागत सिद्धांत की इस आधार पर आलोचना की जाती है कि यह **मूल्य के श्रम सिद्धांत** (labour theory of value) पर आधारित है।

2. समान रुचियों की मान्यता अवास्तविक है क्योंकि एक देश में विभिन्न आय श्रेणियों के लोगों की रुचियों (tastes) में अन्तर होते हैं।

3. तुलनात्मक लागतों का सिद्धांत इस मान्यता पर आधारित है कि श्रम का सभी वस्तुओं के उत्पादन में समान रूप से स्थिर अनुपातों में प्रयोग होता है। यह मूलत: **स्थैतिक** विश्लेषण है और इसलिए अयथार्थिक (Unrealistic) है।

4. यह सिद्धांत एक और कमजोर मान्यता पर आधारित है कि अंतर्राष्ट्रीय विशिष्टीकरण के कारण उत्पादन में वृद्धि के बाद लागतें स्थिर हो जाती हैं। परंतु तथ्य यह है कि लागतें या तो बढ़ती हैं या कम होती हैं।

5. रिकार्डो व्यापार में तुलनात्मक लाभ निर्धारित करने में परिवहन लागतें छोड़ देता है। यह बहुत ही अयथार्थिक है क्योंकि विश्व व्यापार का ढांचा निर्धारित करने में परिवहन लागतें बहुत महत्त्वपूर्ण कार्य करती हैं।

6. रिकार्डो का मॉडल दो वस्तुओं के आधार पर दो देशों के बीच व्यापार से संबंध रखता है। जो कि गलत है। क्योंकि वास्तव में अंतराष्ट्रीय व्यापार कई देशों के बीच तथा कई वस्तुओं के लिए होता है।

7. इस सिद्धांत की एक अन्य दुर्बलता यह है कि यह मुक्त व्यापार की मान्यता लेकर चलता है।

8. रिकार्डो का सिद्धांत एक पक्षीय है क्योंकि यह अंतर्राष्ट्रीय व्यापार के केवल पूर्ति पक्ष (supply side) पर विचार करता है और मांग पक्ष को छोड़ देता है।

9. यह सिद्धांत मान लेता है कि उत्पादन के साधन देश के भीतर पूर्णतया गतिशील है और अंतर्राष्ट्रीय रूप से पूर्णतया गतिहीन। यह बात सही नहीं है क्योंकि देश के भीतर भी साधन एक उद्योग से दूसरे उद्योग में अथवा एक राज्य से दूसरे राज्य में स्वतंत्र रूप से गतिशील नहीं होते।

10. सभी क्लासिकी सिद्धांतों की भांति, तुलनात्मक लागतों का सिद्धान्त भी पूर्ण रोजगार की अवास्तविक मान्यता पर आधारित है। यह मान्यता भी सिद्धांत को स्थैतिक (Static) बना देती है।

11. यह सिद्धांत अंतर्राष्ट्रीय व्यापार में तकनीकी नवप्रवर्तनों की उपेक्षा करता है। यह अवास्तविक है क्योंकि तकनीकी परिवर्तन केवल घरेलू मार्किट के लिए ही नहीं बल्कि अंतर्राष्ट्रीय मार्किट के लिए भी वस्तुओं की पूर्ति बढ़ाने में सहायक होते हैं।

12. रिकार्डो का सिद्धांत केवल यह वर्णन करता है कि दो देश किस प्रकार अंतर्राष्ट्रीय व्यापार से लाभ प्राप्त करते हैं परंतु यह दर्शाने में विफल है कि व्यापार से लाभ का वितरण दोनों देशों के बीच कैसे होता है। इसलिए यह **अपूर्ण** (Incomplete) सिद्धांत है।

इन दुर्बलताओं के बावजूद, यह सिद्धांत समय की कसौटी पर खरा उतरा है। यद्यपि इसमें बहुत सारे सुधार किए गए हैं पर इसका मूल ढांचा ज्यों का त्यों रहा है।

हैबरलर का अवसर लागत सिद्धांत (Haberler's theory of Opportunity Cost)

रिकार्डो के तुलनात्मक लागत सिद्धांत की इस बात के लिए बहुत कटु आलोचना की गई है कि यह श्रम के मूल्य सिद्धांत पर आधारित है। श्रम का मूल्य सिद्धांत कहता है कि किसी वस्तु के उत्पादन में जितना श्रम समय लगता है कि उसके बराबर उस वस्तु का मूल्य होता है। इसका मतलब यह है कि श्रम ही उत्पादन का एक मात्र साधन है, श्रम समरूप होता है और सब वस्तुओं के उत्पादन में श्रम का उपयोग एक से स्थिर अनुपातों में किया जाता है। परंतु ये सब मान्यताएं अवास्तविक है क्योंकि—

1. श्रम ही उत्पादन का एकमात्र साधन नहीं है क्योंकि वस्तुओं का उत्पादन अन्य साधनों जैसे भूमि, पूंजी एवं अन्य संसाधनों के संयोग से होता है।

2. श्रम समरूप नहीं बल्कि विभिन्न रूपीय होता है।

3. विभिन्न वस्तुओं के उत्पादन में श्रम अलग-अलग अनुपातों में काम में लाया जाता है और श्रम को पूंजी के बदले और पूंजी को श्रम के बदले स्थानापन्न किया जा सकता है।

हैबरलर का अवसर लागत सिद्धांत इन कमियों को पूरा करता है और जिस रूप में यह तुलनात्मक लागतों के सिद्धांत की व्याख्या करता है उसे उसने **'स्थानापन्नता वक्र'** कहा है। इस स्थानापन्नता वक्र को सैम्यूलसन ने **'उत्पादन संभावना वक्र'** अथवा **'रूपान्तरण वक्र'** और लर्नर (Lerner) ने इसे **'उत्पादन उदासीनता वक्र'** अथवा उत्पादन सीमा नाम दिया है।

अवसर लागत सिद्धांत कहता है कि यदि कोई देश वस्तु X अथवा वस्तु Y का उत्पादन कर सकता है तो X वस्तु की अवसर लागत दूसरी वस्तु Y की उस मात्रा के बराबर होगी जो उसे उस वस्तु X की एक अतिरिक्त इकाई प्राप्त करने के लिए छोड़नी पड़ेगी। इस प्रकार, दोनों वस्तुओं की परस्पर विनिमय दर उनकी अवसर लागतों के रूप में व्यक्त की जाती है।

मान्यताएं (Assumptions)

हैबरलर का सिद्धांत निम्नलिखित मान्यताओं पर आधारित है।

1. केवल दो देश हैं।

2. प्रत्येक देश के पास उत्पादन के दो साधन हैं-श्रम तथा पूंजी।

3. प्रत्येक देश दो वस्तुओं X तथा Y का उत्पादन कर सकता है।

4. साधन तथा वस्तु बाजार दोनों में ही पूर्ण प्रतियोगिता है।

5. प्रत्येक वस्तु की कीमत उसकी सीमान्त मुद्रा लागतों के बराबर है।

6. प्रत्येक साधन की पूर्ति स्थिर है।

7. प्रत्येक देश में पूर्ण रोजगार है।

8. प्रौद्योगिकी में कोई परिवर्तन नहीं होता है।

9. दोनों देशों के बीच उत्पादन के साधन अगतिशील हैं।

10. देशों के भीतर साधन पूर्णरूप से गतिशील हैं।

11. दोनों देशों के बीच व्यापार पूर्णरूप से स्वतंत्र और अबाधित है।

इन मान्यताओं के दिए हुए होने पर, उत्पादन संभावना वक्र (Production Possibility curve) बताता है कि कोई देश उपलब्ध प्रौद्योगिकी के साथ उत्पादन के साधनों का पूर्ण उपयोग करते हुए दोनों वस्तुओं के अधिकतम दक्षता से कितने विविध वैकल्पिक संयोग बना सकता है। **उत्पादन संभावना वक्र की ढाल एक वस्तु की उस मात्रा को मापती है जो देश को दूसरी वस्तु की एक अतिरिक्त इकाई प्राप्त करने के लिए छोड़नी पड़ेगी।** अन्य शब्दों में, उत्पादन संभावना वक्र की ढाल उसकी रूपान्तरण की सीमान्त दर (MRPT) है।

विभिन्न लागत स्थितियों के अंतर्गत उत्पादन संभावना वक्र का रूप यह निर्धारित करता है कि अवसर लागत सिद्धांत के अंतर्गत अंतर्राष्ट्रीय व्यापार के आधार और उससे प्राप्त होने वाले लाभ क्या हैं। यदि एक वस्तु X की अतिरिक्त मात्रा प्राप्त करने के लिए दूसरी वस्तु Y की छोड़ी जाने वाली अपेक्षित मात्रा स्थिर रहती

है तो **उत्पादन संभावना वक्र एक** सरल रेखा होगी। अन्य शब्दों में, **स्थिर अवसर लागतों के अंतर्गत उत्पादन संभावना वक्र एक सरल रेखा होती है।**

यदि X की अतिरिक्त मात्रा प्राप्त करने के लिए Y की उत्तरोत्तर अपेक्षाकृत अधिक मात्रा छोड़नी पड़ती है तो उत्पादन संभावना वक्र मूल बिन्दु की ओर **नतोदर** (concave) होगा और बताएगा कि अवसर लागत (Opportunity cost) बढ़ रही है। अन्य शब्दों में, **बढ़ती हुई अवसर लागतों के अंतर्गत उत्पादन संभावना वक्र मूल बिन्दु की ओर नतोदर होता है** और अंतिम, यदि X की अतिरिक्त मात्रा प्राप्त करने के लिए Y की अपेक्षाकृत कम मात्रा छोड़नी पड़ती है तो उत्पादन संभावना वक्र मूल बिन्दु की ओर उन्नतोदर (convex) होगा जो बताता है कि **अवसर लागतें घट रही हैं।**

प्रस्ताव वक्र (The offer curve)

अंतर्राष्ट्रीय व्यापार सिद्धांत में प्रस्ताव वक्र एक महत्त्वपूर्ण रेखागणितीय औजार है। **सर्वप्रथम मार्शल तथा एजवर्थ** ने इसे प्रयोग किया था। लेकिन अब मिल (Mill) के पारस्परिक मांग सिद्धांत, अन्तर्राष्ट्रीय व्यापार से लाभों, विनिमय दर सिद्धांत और प्रशुल्क सिद्धांत की व्याख्या करने के लिए इसे प्रयोग किया जाता है। किसी देश का प्रस्ताव वक्र उस सापेक्ष वस्तु कीमत को निर्धारित करता है जिस पर व्यापार होता है। यह उस देश की निर्यात योग्य वस्तु की उन विविध मात्राओं को प्रदर्शित करता है जिन्हें वह देश विविध अंतर्राष्ट्रीय कीमतों पर आयात योग्य वस्तु से विनिमय करने को तैयार है। किसी देश का प्रस्ताव वक्र उस देश के उत्पादन संभावना वक्र, उसके समुदाय उदासीनता वक्रों और उन विविध अंतर्राष्ट्रीय वस्तु कीमतों से व्युत्पन्न किया जाता है जिन कीमतों पर वह दूसरे देश से व्यापार करने को तैयार है।

व्यापार उदासीनता वक्र (The trade indifference Curve)

व्यापार उदासीनता वक्र एक रेखागणितीय युक्ति है। इसे किसी देश के उत्पादन संभावना वक्र और समुदाय उदासीनता वक्र से उस देश का प्रस्ताव वक्र व्युत्पन्न करने के लिए **जेम्स मीड (James Meade)** ने विकसित किया था। मीड इस तकनीक को यह दिखाने के लिए प्रयोग करता है कि व्यापार का उत्पादन तथा उपभोग पर क्या प्रभाव पड़ता है। व्यापार उदासीनता वक्र घरेलू उत्पादन तथा उपभोग में होने वाले परिवर्तनों को दर्शाता ही है, साथ ही, व्यापार शर्तों और व्यापार के परिमाण में परिवर्तनों से वास्तविक आय में होने वाले परिवर्तन को भी दिखाता है।

उत्पादन संभावना वक्र (The Production Possibility Curve)

उत्पादन संभावना वक्र अंतर्राष्ट्रीय व्यापार संतुलन में **पूर्ति पक्ष** को व्यक्त करता है। यह बताता है कि कोई देश उपलब्ध प्रौद्योगिकी से अपने उत्पादन के साधनों का अधिकतम दक्षता से प्रयोग करके दो वस्तुओं के कौन-कौन से विविध वैकल्पिक संयोगों का उत्पादन कर सकता है। यह अवसर लागतों के सिद्धांत पर आधारित है। उत्पादन संभावना वक्र की ढाल किसी एक वस्तु की उस मात्रा को मापती है जो एक देश को किसी दूसरी वस्तु की अतिरिक्त इकाई पाने के लिए छोड़नी पड़ती है। **अन्य शब्दों में,** उत्पादन संभावना वक्र की ढाल ऋणात्मक होती है।

समुदाय उदासीनता वक्र (The community indifference curve)

समुदाय उदासीनता वक्र अथवा सामाजिक उदासीनता वक्र अंतर्राष्ट्रीय व्यापार संतुलन में **मांग पक्ष** को व्यक्त करता है। समुदाय उदासीनता वक्र दो वस्तुओं के उन विविध संयोगों को व्यक्त करता है जो समुदाय को समान संतुष्टि प्रदान करते हैं। व्यक्ति उदासीनता वक्रों की जो विशिष्टताएं हैं, वही विशिष्टताएं समुदाय उदासीनता वक्रों की होती हैं।

समुदाय उदासीनता वक्र बाएं से दाएं नीचे की ओर ढालू होता है। यह मूल बिन्दु की ओर **उन्नतोदर** (convex) होता है। समुदाय उदासीनता वक्र मूल बिन्दु से जितना अधिक दूर होगा, वह उतनी ही अधिक उपयोगिता व्यक्त करेगा। किसी समुदाय उदासीनता वक्र की किसी बिन्दु पर निरपेक्ष ढलान उसकी स्थानापन्नता की सीमान्त दर (MRS) होती है। स्थानापन्नता की सीमान्त दर किसी एक वस्तु की वह मात्रा है जिसे कोई राष्ट्र किसी दूसरी वस्तु की एक इकाई के बदले छोड़ने को तैयार होता है और फिर भी उसी उदासीनता वक्र पर स्थिर रहता है।

अंतिम बात, जो कम महत्त्वपूर्ण नहीं वह, यह आवश्यक है कि समुदाय उदासीनता वक्र एक-दूसरे को न काटें। इसका मतलब है कि देश के सभी निवासियों की आय तथा रुचियां एक जैसी होनी चाहिए।

मिल के पारस्परिक मांग का सिद्धांत (Mill's theory of reciprocal demand)

मिल ने व्यापार की संतुलन शर्तों के निर्धारण की व्याख्या करने के लिए **'पारस्परिक मांग'** (reciprocal demand) शब्द का प्रयोग किया है। यह शब्द किसी देश की एक वस्तु की मांग को

अन्य वस्तु की उन मात्राओं के रूप में निर्दिष्ट करने के लिए प्रयोग किया जाता है जो वह बदले में छोड़ने को तैयार है। पारस्परिक मांग ही व्यापार की शर्तों को निर्धारित करती है।

मान्यताएं (Assumptions)

मिल के पारस्परिक मांग का सिद्धांत निम्नलिखित मान्यताओं पर आधारित है—

1. दो देश हैं, मान लीजिए, इंग्लैंड और जर्मनी।
2. दो वस्तुएं हैं—लिनन (linen) और कपड़ा।
3. दोनों ही वस्तुओं का उत्पादन स्थिर प्रतिफलों के नियम के अंतर्गत होता है।
4. परिवहन लागतें बिल्कुल नहीं हैं।
5. साधन एवं वस्तु बाजारों में पूर्ण प्रतियोगिता पाई जाती है।
6. पूर्ण रोजगार (Full employment) की स्थिति है।
7. दोनों देशों के बीच स्वतंत्र व्यापार होता है।
8. दोनों देशों के बीच व्यापार संबंधों में तुलनात्मक लागतों का नियम लागू होता है।

मिल के पारस्परिक मांग के सिद्धांत की आरेखीय व्याख्या **मार्शल के प्रस्ताव वक्रों** के रूप में की जा सकती है। रेखाचित्र में इंग्लैंड जो केवल कपड़े का उत्पादन करता है जिसे क्षैतिज अक्ष—X पर लिया गया है और जर्मनी केवल लिनन का उत्पादन करता है जिसे अनुलंब अक्ष—Y पर लिया गया है। OE वक्र इंग्लैंड का प्रस्ताव वक्र है। जो बताता है कि लिनन की दी हुई मात्रा के बदले इंग्लैंड कपड़े की कितनी इकाइयां छोड़ने को तैयार है। इसी प्रकार OG वक्र जर्मनी का प्रस्ताव वक्र है जो बताता है कि कपड़े की दी हुई मात्रा के बदले जर्मनी **लिनन** की कितनी इकाइयां छोड़ने को तैयार है। बिन्दु T जहां दोनों प्रस्ताव वक्र OE तथा OG एक-दूसरे

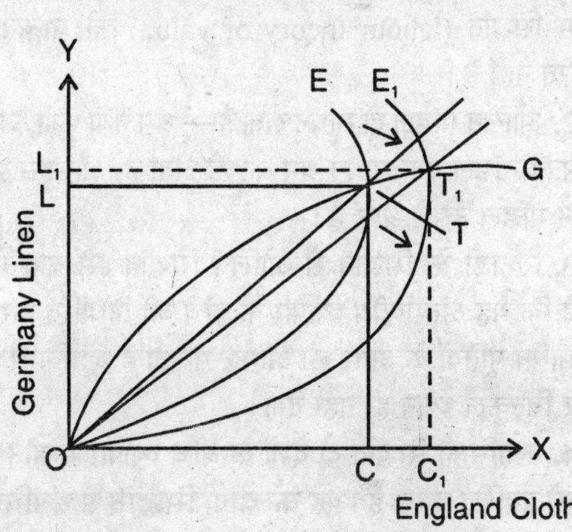

रेखाचित्र : *मिल का पारस्परिक मांग सिद्धांत*

को काटते हैं, संतुलन बिन्दु है। इस बिन्दु पर इंग्लैंड कपड़े की OC मात्रा के बदले जर्मनी के लिनन की OL मात्रा से व्यापार करता है। जिस दर पर लिनन के बदले कपड़े का विनिमय होता है वह रेखा OT के ढलान के बराबर है।

जब एक देश की ओर से दूसरे देश की वस्तु के लिए मांग में परिवर्तन होता है तो इससे उस देश के प्रस्ताव वक्र का रूप बदल जाता है। मान लीजिए कि जर्मनी की लिनन के लिए इंग्लैंड की मांग बढ़ जाती है। इसके परिणामस्वरूप इंग्लैंड का प्रस्ताव वक्र दांए को सरककर OE_1 पर चला जाता है। जो जर्मनी के प्रस्ताव वक्र OG को T_1 पर काटता है। अब इंग्लैंड लिनन की OL_1 इकाइयों के बदले कपड़े की OC_1 इकाइयों का व्यापार करता है। OT_1 रेखा के ढाल से स्पष्ट है कि व्यापार की शर्तें इंग्लैंड के लिए खराब हो गई है तथा जर्मन के लिए बेहतर हो गई है। यह इस तथ्य से स्पष्ट है कि इंग्लैंड लिनन की LL_1 इकाइयों के बदले कपड़े की CC_1 इकाइयां जर्मनी को देता है। LL_1 से CC_1 भाग अधिक बड़ा है।

यहां ध्यान देने योग्य बात यह है कि व्यापार की वास्तविक शर्तें प्रत्येक देश के प्रस्ताव वक्र की मांग की लोच पर निर्भर करती है। किसी देश का प्रस्ताव वक्र जितना अधिक लोचदार होगा, दूसरे देश की तुलना में व्यापार की शर्तें उसके लिए उतना ही अधिक प्रतिकूल होंगी। इसके विपरीत, उसका प्रस्ताव वक्र जितना अधिक बेलोच होगा, दूसरे देश की अपेक्षा व्यापार की शर्तें उसके लिए उतना ही अधिक अनुकूल होगी।

हैक्शर-ओलिन का अंतर्राष्ट्रीय व्यापार का सिद्धांत (Heckscher-Ohlin theory of International trade)

इस सिद्धांत को अंतर्राष्ट्रीय व्यापार का **सामान्य संतुलन सिद्धांत (General Equilibrium Theory)** अथवा **साधन संपन्नता** (Factor Endowment) अथवा **साधन अनुपातों** (Factor Proportions) अथवा **अंतर्राष्ट्रीय व्यापार का आधुनिक सिद्धांत** (Modern Theory of International Trade) भी कहते हैं।

हैक्शर ओलिन सिद्धांत यह बताता है कि व्यापार के ढांचे का प्रमुख निर्धारक तत्त्व है साधन पूर्तियों की सापेक्ष प्राप्यता (relative availability)। विभिन्न देशों की साधन संपन्नताएं तथा साधन पूर्तियां भिन्न-भिन्न होती हैं। कुछ देशों में पूंजी अधिक होती है तो कुछ देशों में श्रम अधिक होता है। यह सिद्धांत कहता है कि जिन देशों में पूंजी अधिक होगी, वे पूंजी गहन (Capital intensive)

वस्तुओं को निर्यात करेंगे और जिन देशों में श्रम अधिक होगा वे श्रम गहन (labour intensive) वस्तुओं को निर्यात करेंगे।

सिद्धांत की मान्यताएं (Assumptions of the theory)

हैक्शर ओलिन सिद्धांत निम्नलिखित मान्यताओं पर आधारित है—

1. यह दो-एवं-दो-एवं-दो मॉडल पर आधारित है अर्थात दो देश हैं, दो वस्तुएं हैं तथा उत्पादन के दो साधन हैं।

2. वस्तुओं तथा साधन बाजारों में पूर्ण प्रतियोगिता है।

3. उत्पादन के संसाधन पूर्ण नियोजित (fully employed) है।

4. विभिन्न देशों की साधन संपन्नताओं में मात्रात्मक अंतर है। परंतु गुणात्मक रूप से वे समरूप हैं।

5. दोनों वस्तुओं के उत्पादन फलनों की साधन गहनताएं विभिन्न हैं अर्थात वे श्रम गहन तथ पूंजी गहन हैं।

6. विभिन्न वस्तुओं के उत्पादन फलन भिन्न-भिन्न हैं, परंतु दोनों देशों में प्रत्येक वस्तु के उत्पादन फलन समान हैं।

इसका मतलब है कि वस्तु X का उत्पादन फलन वस्तु Y के उत्पादन फलन से भिन्न है। परंतु दोनों देशों में वस्तु Y के उत्पादन के लिए प्रयुक्त तकनीक समान है।

7. प्रत्येक देश के भीतर साधन पूर्णतया गतिशील है परन्तु अंतर्राष्ट्रीय रूप से वे गतिहीन हैं।

8. कोई परिवहन लागतें नहीं हैं।

9. दोनों देशों के बीच मुक्त तथा बिना किसी प्रतिबंध के व्यापार होता है।

10. प्रत्येक देश में प्रत्येक वस्तु का उत्पादन पैमाने के स्थिर प्रतिफल के अंतर्गत होता है।

11. दोनों देशों में उपभोक्ताओं के अधिमान (Preference) तथा उनकी मांग के ढांचे समरूप हैं।

12. प्रौद्योगिकी ज्ञान में कोई परिवर्तन नहीं होता है।

इन मान्यताओं के दिए हुए होने पर, हैक्शर तथा ओलिन का कहना है कि दो देशों के बीच साधन संपन्नताओं में अन्तरों के परिणाम स्वरूप साधनों की सापेक्ष मांग तथा पूर्ति में अंतरों द्वारा उत्पन्न सापेक्ष वस्तु कीमतों का अंतर ही अंतर्राष्ट्रीय व्यापार का तुरंत कारण है। जिन वस्तुओं में दुर्लभ साधनों की बड़ी मात्राएं प्रयोग होती हैं उन्हें आयात किया जाता है जबकि उन वस्तुओं को निर्यात किया जाता है जिनमें प्रचुर साधन प्रयोग होते हैं।

हैक्शर ओलिन प्रमेय की दो परिभाषाओं के रूप में व्याख्या की जाती है—

1. साधन संपन्नता कीमत कसौटी के रूप में

2. साधन संपन्नता भौतिक कसौटी के रूप में

साधन कीमतों के रूप में साधन संपन्नता (Factor abundance in terms of factor Prices) : हैक्शर-ओलिन ने साधन कीमतों के रूप में साधन संपन्नता की व्याख्या की है। उनकी परिभाषा के अनुसार, देश A में पूंजी की प्रचुरता होगी बशर्ते कि $(P_C/P_L)A < (P_C/P_L)B$, जहां P_C तथा P_L क्रमशः पूंजी तथा श्रम की कीमतों को व्यक्त करते हैं और A तथा B दोनों देशों को लक्ष्य करते हैं। अन्य शब्दों में, यदि देश A में पूंजी अपेक्षाकृत सस्ती है तो उस देश में पूंजी की प्रचुरता है और यदि देश B में श्रम सस्ता है तो उस देश में श्रम की प्रचुरता है। इस प्रकार, देश A पूंजी गहन वस्तु को निर्यात करेगा और देश B श्रम गहन वस्तु को निर्यात करेगा।

भौतिक रूप में साधन प्रचुरता (Factor abundance in Physical Terms) : हैक्शर-ओलिन के सिद्धांत की भौतिक रूप में साधन प्रचुरता के आधार पर भी व्याख्या की जाती है। यदि देश A सापेक्ष रूप से पूंजी प्रचुर है और देश B सापेक्ष रूप से श्रम प्रचुर, तो भौतिक मात्राओं में मापने से $\frac{C_A}{L_A} > \frac{C_B}{L_B}$, जहां C_A तथा L_A देश A में क्रमशः पूंजी तथा श्रम की कुल मात्राएं हैं और C_B तथा L_B देश B में क्रमशः पूंजी तथा श्रम की मात्राएं हैं।

क्लासिकी सिद्धांत की तुलना में इसकी श्रेष्ठता (Its superiority over the classical theory)

अंतर्राष्ट्रीय व्यापार के क्लासिकी सिद्धांत की तुलना में हैक्शर ओलिन सिद्धांत कई बातों में श्रेष्ठ है।

1. हैक्शर ओलिन सिद्धांत क्लासिकी सिद्धांत के विपरीत मूल्य के श्रम सिद्धांत (labour theory of value) की मान्यता पर आधारित नहीं है।

2. ओलिन मॉडल दो साधन लेता है—श्रम तथा पूंजी, जबकि क्लासिकी मॉडल एक साधन श्रम को ही लेता है, और इस प्रकार ओलिन मॉडल उससे श्रेष्ठ है।

3. रिकार्डो के सिद्धांत से ओलिन सिद्धांत इस बात में भी श्रेष्ठ है कि यह अंतर्राष्ट्रीय व्यापार के ढांचे को निर्धारित करने के लिए साधन पूर्तियों के अंतर को आधार मानता है जबकि रिकार्डो इस पर बिल्कुल ध्यान ही नहीं देता।

4. क्लासिकी सिद्धांत दो देशों के बीच व्यापार से होने वाले लाभ को प्रदर्शित करता है। यह **कल्याण सिद्धांत** से संबंधित है। दूसरी ओर, ओलिन-मॉडल वैज्ञानिक है और व्यापार के मूल आधार

पर ध्यान केन्द्रित करता है। इस प्रकार यह यथार्थ मूलक सिद्धांत का गुण ग्रहण कर लेता है।

5. ओलिन का सिद्धांत क्लासिकी सिद्धांत से अधिक वास्तविक है क्योंकि यह एक देश द्वारा एक वस्तु के उत्पादन में पूर्ण विशिष्टीकरण की ओर ले जाता है तथा दूसरे देश को दूसरी वस्तु में, जब दोनों देश एक-दूसरे के साथ व्यापार करते हैं। इसकी तुलना में, क्लासिकी सिद्धांत में दो देशों के बीच व्यापार पूर्ण विशिष्टीकरण की ओर ले जा भी सकता है और नहीं भी।

ऊपर के विवेचन से स्पष्ट है कि हैक्शर-ओलिन प्रमेय क्लासिकी सिद्धांत से श्रेष्ठ है। यह रिकार्डो के तुलनात्मक लागतों के सिद्धांत तथा मिल की परस्पर मांग (reciprocal demand) की अवधारणा को अपने में समा लेता है और साथ ही इन पर सुधार भी करता है।

इसकी आलोचनाएं (Its Criticism)

हैक्शर-ओलिन सिद्धांत की निम्नलिखित आधार पर आलोचना की गई है—

1. दो-एवं-दो-एवं-दो मॉडल पर आधारित होने के कारण इस सिद्धांत की आलोचना की जाती है।

2. यह सिद्धांत मान लेता है कि दो देशों में समरूप साधन विद्यमान हैं। परंतु वास्तव में, देशों के बीच कोई भी दो साधन गुणात्मक दृष्टि से समरूप नहीं होते और एक साधन भी विविध प्रकार का होता है।

3. यह सिद्धांत यह मानकर चलता है कि दो देशों में प्रत्येक वस्तु की उत्पादन तकनीकें समरूप हैं। लेकिन वास्तव में दो देशों में एक ही वस्तु की उत्पादन तकनीकें अलग-अलग होती हैं। ऐसी स्थिति में, हो सकता है कि व्यापार हैक्शर-ओलिन सिद्धांत के तरीके से न हो।

4. यह सिद्धांत दोनों देशों में समरूप रुचियां और उपभोक्ताओं के समान मांग ढांचों की मान्यता पर आधारित है। जो कि वास्तविकता से परे है।

5. इस सिद्धांत की यह मान्यता है कि उत्पादन में पैमाने के स्थिर प्रतिफल पाए जाते हैं, भी वास्तविक नहीं है।

6. यह सिद्धांत दो देशों के बीच व्यापार में परिवहन लागतों को नहीं लेता। जो कि सही नहीं है। परिवहन लागतें वस्तु की कीमतों पर महत्त्वपूर्ण प्रभाव डालती हैं।

7. प्रोफेसर लियोनतिफ (Prof. Leontief) द्वारा किए गए इस सिद्धांत के आनुभाविक अध्ययन से (जिसे लियोनतिफ विरोधाभास भी कहते हैं) ये विरोधाभासी परिणाम प्राप्त हुए हैं कि यद्यपि संयुक्त राज्य अमेरिका पूंजी प्रचुर देश है तथापि वह श्रम गहन वस्तुओं का निर्यात और पूंजी गहन वस्तुओं का आयात करता है।

8. यह सिद्धांत पूर्ण रोजगार तथा पूर्ण प्रतियोगिता की अवास्तविक मान्यताओं पर आधारित है क्योंकि न तो किसी देश में पूर्ण रोजगार पाई जाती है और न ही विश्व व्यापार में पूर्ण प्रतियोगिता है बल्कि व्यापार में बड़े पैमाने पर प्रतिबंध विद्यमान है।

इन आलोचनाओं के बावजूद, अन्तर्राष्ट्रीय व्यापार का हैक्शर-ओलिन सिद्धांत निश्चय ही क्लासिकी सिद्धांत से श्रेष्ठ है क्योंकि यह सामान्य संतुलन परिवेश में अंतर्राष्ट्रीय व्यापार का आधार स्पष्ट करने का प्रयन्त करता है।

साधन कीमत समानीकरण प्रमेय (Factor Price Equalisation theorem)

सैम्यूलसन (Samuelson) ने यह स्पष्ट किया है कि कुछ विशिष्ट परिस्थितियों के अंतर्गत वस्तुओं के स्वतंत्र व्यापार से अनिवार्य रूप से पूर्ण साधन कीमत समानीकरण हो जाएगा।

इसकी मान्यताएं (Its Assumptions)

सैम्यूलसन सिद्धांत निम्नलिखित मान्यताओं पर आधारित है—

1. केवल दो देश हैं तथा वे दो वस्तुओं का उत्पादन तथा व्यापार करते हैं।

2. उत्पादन के दो साधन हैं—भूमि तथा श्रम।

3. प्रत्येक वस्तु का उत्पादन फलन कोटि एक का समरूप (linear homogenious production function) है और इसलिए उस पर यूलर (Euler's) का सिद्धांत लागू होता है। अन्य शब्दों में, वे पैमाने के स्थिर प्रतिफल दर्शाते हैं।

4. उत्पादन के साधन घटती हुई सीमान्त उत्पादकता के नियम के अधीन कार्य करते हैं।

5. प्रत्येक वस्तु के लिए साधन गहनताएं भिन्न-भिन्न हैं। अन्य शब्दों में, उत्पादन फलन **स्थानापन्नता की स्थिर लोचें** (constant elasticity of substitution) रखते हैं।

6. पूर्ण प्रतियोगिता है और प्रशुल्क तथा परिवहन लागतें नहीं हैं।

7. उत्पादन के साधन दोनों देशों के बीच गतिशील नहीं है।

8. उत्पादन में प्रयोग किए जाने वाले उत्पादन के साधनों की मात्राएं स्थिर मान ली गई हैं।

9. दोनों देश उत्पादन के दोनों साधनों का प्रयोग करते हुए दोनों वस्तुओं का उत्पादन करते हैं।

इन मान्यताओं के दिए हुए होने पर, दोनों देशों में वास्तविक साधन कीमतें अवश्य ठीक एक जैसी होंगी। चूंकि पूर्ण प्रतियोगिता की स्थिति है इसलिए प्रत्येक देश में दोनों वस्तुओं की कीमतों का अनुपात दोनों वस्तुओं के उत्पादन की सीमान्त लागतों के अनुपात के बराबर होगा। फिर, दोनों देशों में प्रत्येक वस्तु की कीमत समान होगी, क्योंकि यह मान लिया गया है कि व्यापार स्वतंत्र रूप से होता है तथा परिवहन लागतें नहीं हैं।

चूंकि कीमतें सीमान्त लागतों को व्यक्त करती हैं, इसलिए यदि दोनों देशों में कीमतें समान हैं तो सीमान्त लागतें (marginal costs) भी अवश्य समान होंगी। फिर, यह मान लेने पर कि दोनों देशों में श्रम की सीमान्त उत्पादकता एक समान है और चूंकि उत्पादन के साधनों को किए गए भुगतान सीमान्त उत्पादकताओं (marginal productivity) को व्यक्त करते हैं, इसलिए दोनों देशों में मजदूरी अवश्य समान होगी। दूसरे साधन अर्थात भूमि पर भी यही तर्क लागू होता है।

मीड, एल्जवर्थ तथा अन्य अर्थशास्त्रियों ने सैम्यूलसन के साधन कीमत समानीकरण सिद्धांत की इस आधार पर बहुत कटु आलोचना की है कि इसकी मान्यताएं बहुत ही अवरोधक हैं। उनका मत है कि साधन कीमत समानीकरण **आंशिक** ही हो सकता है, पूर्ण नहीं। उन्होंने अपने मत के समर्थन में निम्नलिखित कारण प्रस्तुत किए हैं—

1. उत्पादन फलन (Production Function) समरूप नहीं होते हैं।

2. परिवहन लागतें व्यापार में सदैव शामिल होती हैं।

3. पैमाने के स्थिर प्रतिफलों (constant returns to scale) में साधन कीमत समानीकरण संभव नहीं है।

4. एक वस्तु में विशिष्टीकरण (Specialisation) संभव है।

5. दो से अधिक वस्तुओं और साधनों पर लागू नहीं होता है।

स्टोप्लर-सैम्यूलसन प्रमेय : वास्तविक साधन आय पर वस्तु कीमतों में परिवर्तन का प्रभाव (The stopler—Samuelson theorem : The effect of change in commodity prices on real factor rewards)

स्टोप्लर–सैम्यूलसन प्रमेय साधनों की वास्तविक आय पर कीमतों में हुए परिवर्तन के प्रभावों की जांच करता है। यह सिद्धांत कहता है कि यदि दो–साधन दो–वस्तु अर्थव्यवस्था में किसी वस्तु की कीमत बढ़ती है तो जिस वस्तु की कीमत बढ़ी है उसके उत्पादन में प्रयुक्त होने वाले प्रचुर साधन की कीमत बढ़ जाएगी और दुर्लभ साधन की कीमत घट जाएगी और विलोमशः भी।

इससे यह निष्कर्ष निकलता है कि व्यापार खुलने के परिणामस्वरूप प्रचुर साधन से उत्पादित वस्तु का उत्पादन बढ़ता है जिससे उस साधन की वास्तविक आय में वृद्धि होती है। इस प्रकार आय का वितरण प्रचुर साधन के पक्ष में और दुर्लभ साधन के विरुद्ध चला जाता है। परिणामस्वरूप आय वितरण में असमानता (inequality) बढ़ जाती है।

रिब्जिन्स्की प्रमेय : व्यापार पर साधन संपन्नता परिवर्तनों का प्रभाव (The Rybzynski theorem : the effect of factor endowment changes on trade)

हैक्शर-ओलिन सिद्धांत तथा साधन-कीमत समानीकरण सिद्धांत, दोनों ही, स्थिर साधन संपन्नताओं की मान्यताओं पर आधारित हैं। रिब्जिन्स्की ने अपने 1955 में प्रकाशित एक लेख में यह बताया कि एक साधन को स्थिर रखकर दूसरे साधन में परिवर्तन करने से अंतर्राष्ट्रीय व्यापार में भाग लेने वाली दो वस्तुओं के उत्पादनों पर क्या प्रभाव पड़ेगा। यह **रिब्जिन्स्की प्रमेय** के नाम से प्रचलित है। यह सिद्धांत कहता है कि दो-साधन दो-वस्तु अर्थव्यवस्था में यदि एक की पूर्ति बढ़ा दी जाए और दूसरे साधन की पूर्ति स्थिर रखी जाए तो परिणाम यह होगा कि उस वस्तु का उत्पादन बढ़ जाएगा जो बढ़ाए गए साधन को गहनता से प्रयोग करती है और दूसरी वस्तु का उत्पादन घट जाएगा। उदाहरणार्थ, यदि श्रम की पूर्ति बढ़ती है तो श्रम गहन वस्तु का उत्पादन बढ़ता है और पूंजी-गहन वस्तु का उत्पादन घट जाता है। इसके विपरीत, यदि पूंजी की पूर्ति बढ़ती है तो पूंजी-गहन वस्तु का उत्पादन बढ़ जाता है।

इसकी मान्यताएं (Its assumptions)

यह प्रमेय निम्नलिखित मान्यताओं पर आधारित है—

1. दो देश हैं जो एक-दूसरे के साथ व्यापार करते हैं। परंतु विश्लेषण ज्यामितीय रूप से एक देश तक ही सीमित हैं।

2. यह देश केवल दो वस्तुओं का उत्पादन करता है।

3. इन वस्तुओं का उत्पादन दो साधनों, श्रम तथा पूंजी से किया जाता है।

4. उत्पादन के दोनों साधन पूर्ण रूप से विभाज्य (devisible), पूर्ण रूप से गतिशील और कुछ सीमा तक परस्पर स्थानापन्नीय हैं।

5. दोनों वस्तुओं का उत्पादन फलन रेखीय और समरूप है।

6. प्रत्येक वस्तु की साधन गहनता भिन्न-भिन्न है।

7. वस्तु कीमतें तथा साधन कीमतें दोनों ही स्थिर हैं।

8. वस्तु तथा साधन बाजारों में पूर्ण प्रतियोगिता है।

9. केवल एक साधन की पूर्ति में परिवर्तन किया जाता है जबकि दूसरे साधन की पूर्ति स्थिर रखी जाती है।

इसकी आलोचनाएं (Its Criticisms)

रिब्जिन्स्की प्रमेय की दो बातों को लेकर आलोचना की जाती है—

1. यदि उत्पादन के दूसरे साधन की पूर्ति भी साथ-साथ बढ़ा दी जाए तो यह प्रमेय लागू नहीं होगा।

2. रिब्जिन्स्की के सिद्धांत को बहु-साधन मॉडल पर लागू करना बहुत कठिन है।

साधन गहनता व्युत्क्रम (Factor Intensity Reversal)

सैम्यूलसन का साधन-कीमत समानीकरण सिद्धांत इस मान्यता पर आधारित है कि उत्पादन फलन साधन गहनताओं में विभिन्न होते हैं। इसका मतलब है कि उत्पादन फलनों की **स्थानापन्नता लोचें** (elasticity of substitution) **स्थिर** होती हैं जिससे दोनों उत्पादन फलनों के सभी संबद्ध बिन्दुओं पर यह पहचाना जा सकता है कि प्रत्येक उत्पादन फलन अपेक्षाकृत पूंजी गहन है अथवा श्रम गहन। परंतु यह भी संभव है कि दोनों उत्पादन फलनों की स्थानापन्नता लोचें समान न हों। हो सकता है कि उत्पादन फलन का कोई बिन्दु सापेक्ष रूप से पूंजी गहन हो और उसी उत्पादन फलन का कोई दूसरा बिन्दु सापेक्ष रूप से श्रम गहन हो। **यह साधन गहनता व्युत्क्रमों की स्थिति है।**

लियोनतिफ विरोधाभास (Leontief Paradox)

हैक्शर-ओलिन मॉडल के सत्यापन के संबंध में पहला व्यापक प्रयत्न लियोनतिफ ने 1951 में किया था। हैक्शर-ओलिन सिद्धांत कहता है कि जिस देश में सापेक्षतया अधिक पूंजी होगी वह देश पूंजी गहन वस्तुओं का निर्यात करेगा और उन वस्तुओं का आयात करेगा जिनके उत्पादन में दुर्लभ साधन श्रम की सापेक्षतया बड़ी मात्राओं की जरूरत पड़ती है। लियोनतिफ अपने अध्ययन के आधार पर इस विरोध मूलक निष्कर्ष पर पहुंचा कि यद्यपि बाकी दुनिया के मुकाबले संयुक्त राज्य अमेरिका में पूंजी की सापेक्षतया बड़ी मात्रा और श्रम की सापेक्षतया थोड़ी मात्रा है, फिर भी अमेरिका ने श्रम गहन वस्तुओं का निर्यात और पूंजी गहन वस्तुओं का आयात किया। इस निष्कर्ष को लियोनतिफ विरोधाभास का नाम दिया गया है।

लियोनतिफ ने अपना परीक्षण इस भविष्य कथन से शुरू किया कि संयुक्त राज्य अमेरिका अपने प्रचुर साधन पूंजी को वस्तुओं के रूप में निर्यात करेगा और अपने दुर्लभ साधन श्रम को वस्तुओं के रूप में आयात करेगा। इस भविष्यवाणी का परीक्षण करने के लिए लियोनतिफ ने संयुक्त राज्य अमेरिका की **1947** की आगत-निर्गत तालिका का प्रयोग किया। उसने 50 क्षेत्रों में उद्योगों के कुल 200 ग्रुप बनाए। इनमें से 38 क्षेत्र अपने उत्पादनों का अंतर्राष्ट्रीय बाजार में सीधा व्यापार करते थे। लियोनतिफ के आनुभाविक निष्कर्षों से पता चलता है कि U.S.A. के निर्यात उद्योगों की अपेक्षा उसके आयात स्थानापन्न उद्योगों में पूंजी-श्रम का अनुपात 30 प्रतिशत अधिक था। इसका मतलब है कि संयुक्त राज्य में निर्यात उद्योगों की अपेक्षा आयात प्रतियोगी उद्योग सापेक्षतया अधिक पूंजी गहन है। जैसा कि लियोनतिफ ने कहा है, ''श्रम के अंतर्राष्ट्रीय विभाजन में अमेरिका की सहभागिता (Participation) उत्पादन के पूंजी गहन तरीकों की अपेक्षा श्रम गहन तरीकों के विशिष्टीकरण पर आधारित है।'' अन्य शब्दों में, ''वह देश अपनी पूंजी की बचत और अतिरेक श्रम का प्रयोग करने के लिए विदेशों के साथ व्यापार करता है न कि इसके विपरीत।'' इस प्रकार लियोनतिफ जिन निष्कर्षों पर पहुंचा वे हैक्शर-ओलिन मॉडल की प्रस्थापनाओं के प्रतिकूल थे।

संतापकारी वृद्धि (Immiserising growth)

संतापकारी वृद्धि का सिद्धांत विकासशील देशों की व्यापार शर्तों के ह्रास से संबंध रखता है। **एजवर्थ** (Edgeworth) पहला अर्थशास्त्री था जिसने इस संभावना को बताया कि हो सकता है कि आर्थिक वृद्धि के परिणामस्वरूप विकासशील देश की **व्यापार शर्तें** (terms of trade) इस सीमा तक बिगड़ जाएं कि वृद्धि के फलस्वरूप होने वाले उत्पादन के लाभ को व्यापार की प्रतिकूल शर्तें समाप्त कर दें। **जगदीश भगवती** ने इस स्थिति को **'संतापकारी वृद्धि'** (Immiserising growth) नाम दिया है। उनके अनुसार ''आर्थिक विकास से उत्पादन बढ़ता है पर हो सकता है कि उससे व्यापार शर्तें इतनी अधिक बिगड़ जाएं कि विकास के लाभदायक प्रभाव को समाप्त कर दें और विकासशील देश की वास्तविक आय को घटा दें।''

संतापकारी वृद्धि सिद्धांत का मानना है कि आर्थिक विकास के परिणाम स्वरूप विकासशील देश अपेक्षाकृत नीचे के समुदाय उदासीनता वक्र पर आ जाता है। परिणामस्वरूप आयातित वस्तुओं का उपभोग घट जाता है और निर्यातित वस्तुओं का उत्पादन बढ़ जाता है। संतापकारी वृद्धि की संभावना तब उत्पन्न होती है जब,

एक तो, देश की वृद्धि निर्यात क्षेत्र की ओर अभिनत हो और दूसरा, देश की निर्यात वस्तुओं की मांग **बेलोच** हो, और अंतिम, वृद्धि वास्तव में स्थिर सापेक्ष वस्तु कीमतों पर आयात वस्तुओं का घरेलू उत्पादन घटा देती है।

इस प्रकार संतापकारी वृद्धि का सिद्धांत उन विकासशील देशों पर लागू होता है जो विदेश व्यापार पर बहुत अधिक निर्भर करते हैं, जो क्षेत्रफल की दृष्टि से बहुत बड़े होते हैं, और विश्व व्यापार की उन प्राथमिक वस्तुओं के अधिकांश भाग का उत्पादन करते हैं जिनकी मांग बेलोच होती है। इसके उदाहरण के रूप में ब्राजील का उल्लेख किया जा सकता है। ब्राजील में कॉफी की भरपूर फसल होती है जिससे सारी दुनिया में कॉफी की कीमत गिर जाती है। इसका परिणाम यह होता है कि ब्राजील की व्यापार शर्तें खराब हो जाती हैं और देश में संतापकारी वृद्धि की स्थिति उत्पन्न हो जाती है।

यह सिद्धांत किसी छोटे विकासशील देश पर लागू नहीं होता। परंतु भगवती ने प्रदर्शित किया है कि एकाधिकार व्यापार एवं प्रशुल्क जैसी विकृतियों के उत्पन्न होने पर किसी छोटे देश में भी संतापकारी वृद्धि की संभावना हो सकती है।

व्यापार की शर्तें (Terms of Trade)

व्यापार की शर्तें उस दर को बताती है जिस दर पर एक देश की वस्तुओं का दूसरे देश की वस्तुओं से विनिमय होता है। यह दर किसी देश के आयातों के रूप में उस देश के निर्यातों की क्रय शक्ति का माप है और उस देश की निर्यात कीमतों तथा आयात कीमतों के बीच संबंध के रूप में व्यक्त की जाती है। जब किसी देश की आयात कीमतों की सापेक्षता में उस देश की निर्यात कीमतें बढ़ती हैं तो कहा जाता है कि उसकी व्यापार शर्तें बेहतर हो गई हैं। परिणामस्वरूप देश को व्यापार से लाभ होता है क्योंकि यह निर्यात की दी हुई मात्रा के बदले आयातों की अधिक मात्रा प्राप्त कर सकता है। दूसरी ओर, यदि उस देश की निर्यात कीमतों की सापेक्षता में आयात कीमतें बढ़ती हैं तो कहा जाता है कि उसकी व्यापार शर्तें प्रतिकूल हो गई हैं। परिणामस्वरूप उस देश का व्यापार से होने वाला लाभ कम हो जाएगा क्योंकि अब यह निर्यातों की दी हुई मात्रा के बदले आयातों की पहले से कम मात्रा प्राप्त कर सकेगा।

अर्थशास्त्रियों ने अनेक प्रकार के व्यापार शर्तों की चर्चा की है। आगे हम उनमें से प्रत्येक पर क्रमशः विचार करेंगे।

1. वस्तु व्यापार की शर्तें (Commodity terms of trade): इसको **निवल वस्तु विनिमय शर्तें** (net barter terms of trade) भी कहा जाता है। यह देश की निर्यात वस्तुओं तथा आयात वस्तुओं की कीमतों का अनुपात होता है।

किसी अवधि विशेष में व्यापार की वस्तु विनिमय शर्तों में हुए परिवर्तनों को मापने के लिए आयात कीमतों में परिवर्तन से निर्यात कीमतों में परिवर्तन का अनुपात लिया जाता है। अतः निवल वस्तु विनिमय व्यपार शर्तों का सूत्र होगा—

$$T_c = \frac{Px_1 / Px_0}{Pm_1 / Pm_0} \times 100$$

जहां T_c व्यापार की वस्तु विनिमय शर्त है, Px_0 तथा Px_1 क्रमशः आधार एवं चालू वर्ष की निर्यात कीमत है एवं Pm_0 तथा Pm_1 क्रमशः आधार तथा चालू वर्ष की आयात कीमत को व्यक्त करता है।

व्यापार की वस्तु अथवा निवल वस्तु विनिमय शर्तों की संधारणा को अर्थशास्त्रियों ने अंतर्राष्ट्रीय व्यापार से होने वाले लाभ को मापने के लिए प्रयोग किया है। **मिल-मार्शल** विश्लेषण में प्रस्ताव वक्रों द्वारा निर्धारित व्यापार की शर्तें वस्तुतः व्यापार की वस्तु-विनिमय शर्तों से संबद्ध है।

2. सकल वस्तु विनिमय व्यापार की शर्तें (Gross barter terms of trade) : टॉसिंग (Taussing) ने सकल वस्तु विनिमय व्यापार की शर्तों का सिद्धांत प्रस्तुत किया है। यह किसी देश के आयातों तथा निर्यातों की कुल मात्राओं के बीच के अनुपात को दर्शाता है। यह अनुपात जितना अधिक होगा, सकल व्यापार की शर्तें उतनी ही बेहतर होंगी। किसी अवधि विशेष में सकल वस्तु विनिमय व्यापार की शर्तों में परिवर्तनों को मापने के लिए, आधार वर्ष तथा चालू वर्ष के अंत में आयातों तथा निर्यातों की मात्राओं के सूचकांकों को एक-दूसरे से संबद्ध किया जाता है। इसके लिए सूत्र है—

$$Tg = \frac{Qm_1 / Qm_0}{Qx_1 / Qx_0} \times 100$$

जहां Tg = सकल वस्तु विनिमय व्यापार की शर्तें
Qm_1 = चालू वर्ष की आयातों की मात्रा
Qm_0 = आधार वर्ष की आयातों की मात्रा
Qx_1 = चालू वर्ष की निर्यातों की मात्रा
Qx_0 = आधार वर्ष की निर्यातों की मात्रा है।

3. व्यापार की आय शर्तें (Income terms of trade) : व्यापार की आय शर्तों को **डोरेन्स** (Dorrance) ने प्रस्तुत किया है। यह सिद्धांत किसी देश के निर्यातों की मात्रा और उसकी निर्यात एवं

आयात कीमतों (निवल वस्तु विनिमय व्यापार शर्तों) पर ध्यान देता है। अन्य शब्दों में, व्यापार की आय शर्तें किसी देश की निवल वस्तु विनिमय व्यापार शर्तों तथा उसके निर्यात मात्रा का गुणनफल होती है। इसे यों व्यक्त किया जा सकता है—

$$Ty = Tc \cdot Qx$$

$$= \frac{\text{निर्यात कीमतों का सूचकांक}}{\text{आयात कीमतों का सूचकांक}} \times \text{निर्यात की मात्रा}$$

जहां Ty = व्यापार की आय शर्तें

Tc = निवल वस्तु विनिमय व्यापार शर्तें

Qx = निर्यात मात्रा

व्यापार की आय शर्तों का सूचक बढ़ने का मतलब है कि देश अपने निर्यातों के बदले अधिक वस्तुएं आयात कर सकता है। किसी देश के लिए व्यापार की आय शर्तें बेहतर हो सकती हैं परंतु हो सकता है कि उसकी निवल वस्तु विनिमय व्यापार शर्तें प्रतिकूल हो जाएं। यह मान लेने पर कि आयात कीमतें स्थिर रहती हैं, यदि निर्यात कीमतें गिर जाएं तो निर्यात बढ़ेंगे। इस प्रकार हो सकता है कि जहां व्यापार की आय शर्तें बेहतर हो गई हों, वहीं निवल वस्तु विनिमय व्यापार शर्तें प्रतिकूल हो गई हों।

4. व्यापार की एकल घटकीय शर्तें (Single factoral terms of trade) : प्रोफेसर वाइनर (Viner) ने व्यापार की एकल घटकीय शर्तों की अभिधारणा प्रस्तुत की है। यह सिद्धांत घरेलू निर्यात क्षेत्र में होने वाले उत्पादकता परिवर्तनों पर विचार करता है। इसकी गणना करने के लिए व्यापार की निवल वस्तु विनिमय शर्तों के सूचक को घरेलू निर्यात उद्योगों में उत्पादकता परिवर्तनों के सूचक से गुणा किया जाता है। इसे इस प्रकार व्यक्त किया जा सकता है—

$$Ts = Tc \cdot Fx$$

$$= \frac{Px}{Pm} \times Fx \quad \left(\because Tc = \frac{Px}{Pm}\right)$$

जहां Ts व्यापार की एकल घटकीय शर्तें हैं, Tc व्यापार की वस्तु विनिमय शर्तें और Fc निर्यात उद्योगों का उत्पादकता सूचक है।

5. व्यापार की द्वि-घटकीय शर्तें (Double Factoral terms of trade) : इस सिद्धांत का प्रतिपादन भी **वाइनर** ने किया था। व्यापार की द्वि-घटकीय शर्तें उन उत्पादकता परिवर्तनों पर ध्यान देती हैं जो घरेलू निर्यात क्षेत्र में और देश के आयातों का उत्पादन करने वाले विदेशी निर्यात क्षेत्र में होते हैं। व्यापार की द्वि-घटकीय शर्तों को मापने का सूत्र है—

$$Td = Tc \cdot \frac{Fx}{Fm}$$

$$= \frac{Px}{Pm} \cdot \frac{Fx}{Fm} \quad \left[\because Tc = \frac{Px}{Pm}\right]$$

जहां Td व्यापार की द्वि-घटकीय शर्तें, Tc वस्तु विनिमय व्यापार की शर्तें, Fx निर्यात उत्पादकता सूचक और Fm आयात उत्पादकता सूचक है।

व्यापार की शर्तों को प्रभावित करने वाले कारक (Factors affecting terms of trade)

किसी देश की व्यापार की शर्तों पर निम्नलिखित कारकों का प्रभाव पड़ता है—

1. प्रस्ताव वक्र (offer curve) की लोच

2. साधन संपन्नताओं (factor endowments) में परिवर्तन

3. प्रौद्योगिकीय परिवर्तन (Change in technology)

4. लोगों की रुचियों में परिवर्तन (changes in tastes of people)

5. आर्थिक वृद्धि (Economic Growth)

6. प्रशुल्क (Tariff)

7. अवमूल्यन (Devaluation)

राशि पातन (Dumping)

राशि पातन अंतर्राष्ट्रीय कीमत विभेदीकरण है (Dumping is international price discrimination)। राशि पातन उस स्थिति में होता है जब कोई उत्पादक अपने उत्पाद को किसी विदेशी मार्केट में स्वदेशी मार्केट की तुलना में कम कीमत पर बेचता है। राशिपातन का उद्देश्य प्रतिद्वंद्वियों को मार्केट से खदेड़ कर कम समय में विदेशी मार्केट पर नियंत्रण प्राप्त करना होता है। एक बार जब उत्पादक किसी विदेशी मार्केट में एकाधिकार स्थापित करने में सफल हो जाता है तो फिर वहां वह बहुत ऊंची कीमत निश्चित करता है और इस प्रकार विदेशी उपभोक्ताओं का शोषण करना आरंभ कर देता है।

संरक्षण (Protection)

'संरक्षण' शब्द उस नीति की ओर संकेत करता है जिसके द्वारा घरेलू उद्योगों को विदेशों की प्रतियोगिता से बचाया जाता है। इसका उद्देश्य यह है कि कम कीमत की वस्तुओं के आयातों पर प्रतिबंध लगाए जाएं ताकि ऊंची कीमत की वस्तुओं का उत्पादन करने वाले घरेलू उद्योगों को बचाया जा सके। घरेलू उद्योगों को

संरक्षण प्रदान करने का एक तरीका तो यह है कि आयातों पर इतने शुल्क लगा दिए जाएं जिनसे वस्तुओं की कीमत घरेलू वस्तुओं की कीमत से बढ़ जाए, या दूसरा तरीका यह है कि कोटा द्वारा उन्हें संरक्षण दिया जाए या अन्य गैर प्रशुल्क प्रतिबंध लगाया जाए ताकि सस्ती विदेशी वस्तुओं के आयात कठिन अथवा असंभव हो जाएं। इसके अतिरिक्त घरेलू उद्योगों को सहायिकी (subsidy) अथवा अधिदान (Bounties) दिया जा सकता है ताकि वे सस्ती विदेशी वस्तुओं से प्रतियोगिता कर सकें।

शिशु उद्योग तर्क (Infant industry argument)

संरक्षण के पक्ष में सबसे पुराना और सर्वाधिक स्वीकृत तर्क शिशु उद्योग विषयक तर्क है। जिसे **अलैक्जैण्डर हैमिल्टन** (Alexander Hamilton) ने 1790 में व्यवस्थित रूप से प्रस्तुत किया और **फ्रैडरिक लिस्ट** (Friedrich List) ने 1885 में इसे लोकप्रिय बनाया। यह तर्क इस धारणा पर आधारित है कि जिस उद्योग अथवा उद्योगों के ग्रुप को संरक्षण प्रदान करना है उसमें देश को अदृश्य तुलनात्मक लाभ (comparative advantage) होता है। इसलिए तर्क यह दिया जाता है कि यदि उद्योगों को उनकी प्रारंभिक (शिशुत्व की) अवस्था में विदेशी उत्पादकों से नहीं बचाया जाता है तो वे तुलनात्मक लाभ उठाने के लिए विकास नहीं कर सकेंगे। इसके लिए आवश्यक है कि वे इष्टतम आकार (optimum size) तक विकसित हों ताकि वे अत्यधिक दक्षता तथा प्रतियोगिता पूर्वक कार्य करें और अपेक्षाकृत कम लागतों पर उत्पादन करे।

शिशु उद्योग संरक्षण के पक्ष में तर्क यह है कि जब कोई नया उद्योग शुरू होता है तो वह पैमाने की आन्तरिक मितव्ययिताओं का लाभ नहीं उठा सकता और अपने विदेशी प्रतियोगियों के मुकाबले उसकी उत्पादन लागत अधिक होती है। परंतु यदि सभी प्रकार की सुविधाएं, जैसे सहायिकियां, विदेशी वस्तुओं पर भारी आयात शुल्क आदि प्रदान करके उसे संरक्षण दिया जाए तो उसका विस्तार होगा और उसे पैमाने की आंतरिक बचतें प्राप्त होंगी। आगे, इसके परिणामस्वरूप उस उद्योग में सभी फर्मों को पैमाने की बाह्य मितव्ययिताएं प्राप्त हो सकती हैं।

प्रशुल्क (Tarrif)

प्रशुल्क वह कर है जो आयातों पर लगाया जाता है। प्रशुल्क दो विभिन्न उद्देश्यों के लिए लगाए जाते हैं। पहला, राजस्व के लिए और दूसरा, संरक्षण प्रदान करने के लिए। आयात शुल्कों की दर जितनी कम होगी, उनसे राजस्व की प्राप्ति उतनी ही अधिक होगी। इसका कारण यह है कि जब थोड़ा आयात शुल्क लगाया जाता है तो आयातित वस्तुओं की कीमत बहुत नहीं बढ़ती। इसलिए उपभोक्ता सामान्य रूप से अपनी मांग में परिवर्तन करने के लिए प्रेरित नहीं होता।

प्रशुल्कों के प्रभाव (Effects of Tarrifs)

प्रशुल्कों के अनेक प्रभाव हैं—

1. कीमत प्रभाव (Price Effect) : प्रशुल्क लगाने से आयातित वस्तुओं की कीमतों में वृद्धि होती है।

2. उपभोग प्रभाव (Consumption Effect) : प्रशुल्क उस वस्तु का उपभोग घटाता है जिस पर प्रशुल्क लगाया जाता है और उपभोक्ता बचत में भी कमी आती है।

3. पुनर्वितरण प्रभाव (Redistribution Effect) : प्रशुल्क लगने के बाद घरेलू उत्पादकों को अपनी वस्तु की अधिक कीमत प्राप्त होती है। यह प्रशुल्क का पुनर्वितरण प्रभाव है।

4. व्यापार शर्तों पर प्रभाव (Terms of Trade Effect) : प्रशुल्क का व्यापार शर्त प्रभाव यह है कि जो देश प्रशुल्क लगाता है उसकी व्यापार शर्तें बेहतर हो जाती हैं। वह अपने आयात अपेक्षाकृत कम दामों पर प्राप्त कर सकता है क्योंकि विदेशी निर्यातकर्ता को शुल्क के कुछ भाग अथवा सम्पूर्ण शुल्क का भुगतान करना पड़ता है। परंतु प्रशुल्क लगाने वाले देश की व्यापार शर्तों में कितना सुधार होगा यह दूसरे देश के प्रस्ताव वक्र (offer curve) की लोच पर निर्भर करता है।

5. भुगतान संतुलन प्रभाव (Balance of Payments Effect) : प्रशुल्क से भुगतान संतुलन पर अनुकूल प्रभाव पड़ता है क्योंकि प्रशुल्क से प्रशुल्क लगाने वाले देश के आयात घटते हैं।

इष्टतम प्रशुल्क (Optimum Tariff)

प्रशुल्क लगाने से प्रशुल्क लगाने वाले देश की व्यापार शर्तों में सुधार होता है, व्यापार की मात्रा घटती है और प्रशुल्क लगाने वाले देश का कल्याण (Welfare) सुधरता है। व्यापार शर्तों में सुधार प्रशुल्क का **धनात्मक** (Positive) प्रभाव है और व्यापार की मात्रा में कमी होना प्रशुल्क का **ऋणात्मक** प्रभाव है। केवल तभी देश के कल्याण में सुधार होता है जब प्रशुल्क के ऋणात्मक प्रभाव की अपेक्षा उसका धनात्मक प्रभाव अधिक हो। जो प्रशुल्क देश के कल्याण को अधिकतम बनाता है वह **इष्टतम प्रशुल्क** (Optimum Tariff) कहलाता है।

प्रशुल्क लगाने वाले देश को इष्टतम प्रशुल्क से तभी लाभ हो सकता है जब दूसरे देश का प्रस्ताव वक्र **पूर्ण लोचदार** (Perfect Elastic) से कम हो। यदि दूसरे देश का प्रस्ताव वक्र पूर्ण लोचदार है तो प्रशुल्क लगाने से प्रशुल्क लगाने वाले देश का कल्याण नहीं बढ़ेगा। इसे रेखाचित्र द्वारा और स्पष्ट किया जा सकता है। जर्मनी

का प्रस्ताव वक्र OG सरल रेखा के रूप में दिखाया गया है, जो कि पूर्ण लोचदार है। OE इंग्लैंड का प्रस्ताव वक्र है। मुक्त व्यापार के अंतर्गत OG व्यापार की शर्तें प्रदान करता है और संतुलन बिन्दु T पर स्थापित होता है। जहां दोनों प्रस्ताव वक्र एक-दूसरे को काटते हैं।

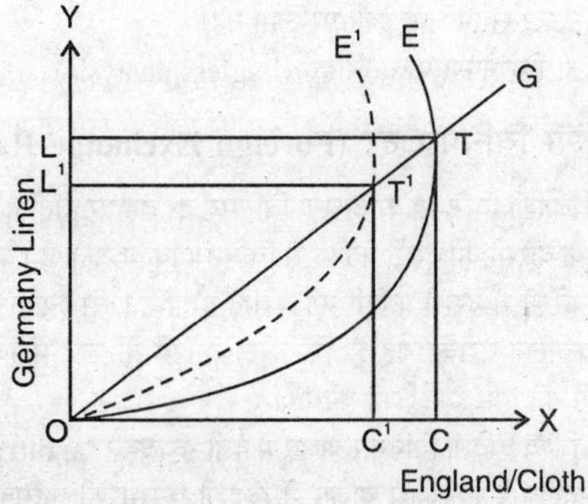

रेखाचित्र : *पूर्ण लोचदार प्रस्ताव वक्र की स्थिति में इष्टतम कल्याण*

जब इंग्लैंड प्रशुल्क लगाता है तो इसका प्रस्ताव वक्र OE' पर आ जाता है। पणिामस्वरूप नया संतुलन T' पर स्थापित होता है। इस स्थिति में व्यापार की शर्तें अपरिवर्तित रहती हैं। परंतु व्यापार की मात्रा घट जाती है। यहां प्रशुल्क का धनात्मक प्रभाव **शून्य** है क्योंकि व्यापार की शर्तों में कोई सुधार नहीं होता है। जबकि प्रशुल्क का ऋणात्मक प्रभाव अधिक प्रबल है क्योंकि इससे व्यापार की मात्रा बहुत घट जाती है। इसलिए इष्टतम प्रशुल्क शून्य है।

प्रोफेसर किंडलबर्गर ने इष्टतम प्रशुल्क की दर मापने का फार्मूला दिया है जो निम्न है—

$$T_F = \frac{1}{e-1}$$

जहां T_F इष्टतम प्रशुल्क दर है और e दूसरे देश के प्रस्ताव वक्र की लोच है।

यदि इस फार्मूले में e के मान को अनन्त रखा जाए तो इष्टतम प्रशुल्क का मूल्य शून्य होगा। यदि e का मान एक है तो इष्टतम प्रशुल्क का मूल्य अनंत होगा। इस प्रकार जब e का मान इकाई से अधिक होता है तो इष्टतम प्रशुल्क का मूल्य घट जाता है। यदि e का मान इकाई से कम है तो इष्टतम प्रशुल्क का मूल्य ऋणात्मक होता है और यह दर्शाता है कि विदेशी प्रस्ताव वक्र के बेलोच (inelastic) भाग पर इष्टतम प्रशुल्क का अस्तित्व नहीं होता।

आय वितरण पर प्रशुल्क के प्रभाव : स्टोप्लर सैम्यूलसन सिद्धांत (Effects of a tariff on income distribution : The Stopler-Samuelson Theorem)

स्टोप्लर-सैम्यूलसन के अनुसार कुछ प्रतिबंधक मान्यताओं के अंतर्गत, प्रशुल्क लगाने से सापेक्ष रूप से उत्पादन के दुर्लभ साधन की सापेक्ष और निरपेक्ष दोनों प्रकार की आय बढ़ सकती है और सापेक्ष रूप से प्रचुर साधन की सापेक्ष तथा निरपेक्ष दोनों प्रकार की आय घट सकती है।

यह सिद्धांत आगे कहता है कि प्रशुल्क लगाने से देश की राष्ट्रीय आय घट जाती है लेकिन आय के पुनर्वितरण पर प्रशुल्क का अनुकूल प्रभाव पड़ता है।

संरक्षण की प्रभावी दर (Effective rate of Protection)

संरक्षण की प्रभावी दर आयातित कच्चे माल एवं मध्यवर्ती वस्तुओं पर लगाए गए शुल्क पर ध्यान देता है। प्रभावी शुल्क दर वास्तव में प्रशुल्क तथा विनिर्माण द्वारा मूल्य बढ़ाव (Value added) के बीच संबंध को व्यक्त करती है। यह संरक्षण की वास्तविक दर को मापती है जिसे मूल्यानुसार प्रशुल्क दर घरेलू आयात प्रतियोगी उद्योग को प्रदान करती है।

संरक्षण की प्रभावी दर **कोर्डन** (corden) के संशोधित फार्मूले के अनुसार मापी जाती है—

$$e_t = \frac{t_n - a \cdot t_i}{1-a}$$

जहां e_t संरक्षण की प्रभावी दर है, t_n अंतिम वस्तु पर मूल्यानुसार प्रशुल्क दर है, a बिना प्रशुल्क अंतिम वस्तु के मूल्य से आयातित आगतों (input) के मूल्य का अनुपात है, और t_i आयातित आगतों का मूल्यानुसार प्रशुल्क की दर है।

विदेशी व्यापार गुणक (Foreign trade multiplier)

विदेशी व्यापार गुणक, जो निर्यात गुणक भी कहलाता है, केन्ज के निवेश गुणक (investment multiplier) की तरह कार्य करता है। जब निर्यात बढ़ते हैं तो निर्यात उद्योगों के साथ संबंधित सभी व्यक्तियों की आमदनियों में भी वृद्धि होती है। लेकिन यह उनकी सीमान्त बचत प्रवृत्ति (MPS) तथा सीमान्त आयात प्रवृत्ति (MPI) पर निर्भर करती है। जितनी कम यह दोनों सीमांत प्रवृत्तियां होंगी उतना ही अधिक गुणक का मूल्य होगा और विलोमशः। विदेशी व्यापार गुणक की प्रक्रिया को इस प्रकार समझा जा सकता

है। मान लीजिए कि देश के निर्यातों में वृद्धि होती है। विदेशी मांग को पूरा करने के लिए निर्यातक अधिक से अधिक साधनों को रोजगार पर लगाएगा। परिणामस्वरूप साधनों के मालिकों की आय बढ़ेगी। यह प्रकिया चलती रहेगी और राष्ट्रीय आय (National Income) गुणक के मूल्य के अनुसार बढ़ेगी। विदेशी व्यापार गुणक का मूल्य सीमान्त बचत प्रवृत्ति और सीमान्त आयात प्रवृत्ति के मूल्यों पर निर्भर करता है, जबकि इन दोनों प्रवृत्तियों और निर्यात गुणक में विपरीत संबंध होता है।

बीजगणितीय रूप में विदेशी व्यापार गुणक निम्न प्रकार से निकाला जा सकता है—

$$Y = C + I + X - M$$

जहां Y राष्ट्रीय आय है, C कुल उपभोग व्यय, I कुल निवेश, X कुल निर्यात और M कुल आयात है।

यदि सीमान्त उपभोग प्रवृत्ति, c तथा सीमान्त आयात प्रवृत्ति को, m से दर्शाया जाए तो—

$$Y = cY + I + X - mY$$

या, $$Y - cY + my = I + X$$

या, $$Y(1 - c + m) = I + X$$

या, $$Y = \frac{1 = X}{1 - c + m}$$

$$\because \quad m = \frac{\Delta M}{\Delta Y} = MPI$$

$$\therefore \quad Y = \frac{1}{1 - c + m}(I + X)$$

$$Y = \frac{1}{s + m}(I + X) \qquad [\text{जहां } S = MPS]$$

यदि निवेश स्थिर रहे तो राष्ट्रीय आय निर्यात पर निर्भर करती है। यहां पर $\left(\frac{1}{s+m}\right)$ विदेशी व्यापार गुणक है।

मान्यताएं : विदेशी व्यापार गुणक निम्नलिखित मान्यताओं पर आधारित है—

1. अर्थव्यवस्था में पूर्ण रोजगार पाया जाता है।

2. यह विश्लेषण केवल दो देशों पर ही लागू होता है।

3. दोनों देशों में प्रशुल्क या आयात नियंत्रण या संरक्षण की नीति नहीं अपनाई जाती है।

4. घरेलू निवेश (I) स्थिर रहता है।

5. सरकारी व्यय को भी स्थिर माना जाता है।

इसकी आलोचना (Its Criticism)

विदेशी व्यापार गुणक तुलनात्मक स्थैतिकी विश्लेषण और कुछ मान्यताओं पर आधारित है जो इसे अवास्तविक बना देता है। निम्न आधार पर इसकी आलोचना की जाती है—

1. पूर्ण रोजगार की अवास्तविक मान्यता

2. दो से अधिक देशों पर लागू नहीं

3. विश्लेषण पश्चतारहित (Lagless analysis)

विदेशी विनिमय दर (Foreign Exchange Rate)

विदेशी विनिमय दर अथवा विनिमय दर वह दर होती है जिस पर एक करेंसी को दूसरी करेंसी से विनिमय किया जाता है। यह दर एक करेंसी में दूसरी करेंसी की कीमत होती है। इसे व्यक्त करने का प्रचलित तरीका यह है कि घरेलू करेंसी के रूप में विदेशी करेंसी की एक इकाई की कीमत।

विश्व विदेशी विनिमय बाजार में **हुंडी-व्यवहार (arbitrage)** का मतलब है कि जिस बाजार में विदेशी करेंसी की कीमत कम हो वहां से विदेशी करेंसी खरीदी जाए और जहां उसकी कीमत अधिक है वहां उसे बेच दिया जाए। Arbitrage का परिणाम यह होता है कि करेंसियों की विदेशी विनिमय दर के अंतर समाप्त हो जाते हैं और विश्व विदेशी विनिमय बाजार में एक ही विनिमय दर विद्यमान हो जाती है।

तत्काल और अग्रिम विनिमय दर (Spot and Forward Exchange rate)

विदेशी विनिमय बाजार में दो प्रकार की विनिमय दरें होती हैं–

1. तत्काल विनिमय दर
2. अग्रिम विनिमय दर

तत्काल विनिमय दर (Spot exchange rate) : तत्काल विनिमय दर वह दर है जिस पर एक देश की करेंसी का दूसरे देश की करेंसी से वर्तमान अवधि में विनिमय किया जाता है। तत्काल लेन-देनों के लिए प्रभावी विनिमय दर को **तत्काल दर** और ऐसे सौदों के लिए मार्केट को **तत्काल मार्केट** कहते हैं।

अग्रिम विनिमय दर (Forward exchange rate)

अग्रिम विनिमय दर वह दर है जिस पर भविष्य में विदेशी करेंसी उपलब्ध की जाती हैं। अग्रिम सौदा दो ग्रुपों के बीच होता है, जिसके अनुसार भविष्य में एक निश्चित तिथि तक विदेशी करेंसी की एक निश्चित राशि को एक पार्टी दूसरी पार्टी को सुपुर्द करती है।

अग्रिम विनिमय दर के कार्यकरण को समझने के लिए उसका तत्काल विनिमय दर के साथ संबंध जानना आवश्यक है। अनुबंध करते समय यदि अग्रिम विनिमय दर तत्काल विनिमय दर के बिल्कुल बराबर है तो अग्रिम विनिमय दर को **सममूल्य पर** (at par) कहते हैं। जब अग्रिम मार्केट में एक करेंसी तत्काल मार्केट के मुकाबले में दूसरी करेंसी की अधिक इकाइयां खरीदती हैं तो अग्रिम विनिमय दर को **अधिमूल्य पर** (at a premium) कहते हैं।

इसके विपरीत, यदि अग्रिम मार्केट में एक करेंसी तत्काल मार्केट के मुकाबले में दूसरी करेंसी की कम इकाइयां खरीदती हैं तो अग्रिम दर को **बट्टे पर** (at a discount) कहते हैं।

अग्रिम विनिमय में व्यापारिक बैंक लेन-देन करते हैं। वे विदेशी विनिमय में अपने कोषों का समायोजन करने के लिए **विनिमय परिचालन** (Swap Operations) करते हैं। Swap शब्द का अर्थ है तत्काल करेंसी के साथ अग्रिम करेंसी की एक ही समय में अदला-बदली करना। अग्रिम विनिमय मार्केट के परिचालन निर्यातकों और आयातकर्ताओं को विदेशी विनिमय दरों में होने वाले उतार-चढ़ावों से उत्पन्न जोखिमों को कम करने में सहायक होते हैं।

विदेशी विनिमय दर के सिद्धांत (Theories of Foreign Exchange Rates)

विदेशी विनिमय दर निर्धारित करने के तीन सिद्धांत हैं—

1. टकसाल दर समता सिद्धांत
2. क्रय शक्ति समता सिद्धांत
3. भुगतान शेष सिद्धांत

टकसाल दर समता सिद्धांत (The Mint Par Parity Theory)

यह सिद्धांत अंतर्राष्ट्रीय स्वर्णमानक के कार्यकरण से संबंध रखता है। इस प्रणाली के अंतर्गत जो करेंसी चलती थी उसे एक निश्चित दर पर सोने में बदला जा सकता था। करेंसी की एक इकाई का मूल्य सोने के निश्चित भार में होता था। देश का केन्द्रीय बैंक हमेशा निर्धारित कीमत पर सोना खरीदने और बेचने को तैयार रहता था। **जिस दर पर देश की मानक मुद्रा सोने में बदली जा सकती थी वह दर स्वर्ण की टकसाल दर कहलाती थी।** यदि सोने की ब्रिटेन में सरकारी कीमत 6 पाउण्ड प्रति आउंस है तो यह इंग्लैंड में सोने की टकसाल दर कीमत और यदि अमेरिका में सोने की सरकारी कीमत 36 डॉलर प्रति आउंस है तो यह अमेरिका में सोने की टकसाल दर कीमत है। डॉलर तथा पाउण्ड के बीच विनिमय दर

$$\frac{36}{6} = 6 \text{ डॉलर} = 1 \text{ पाउंड}$$

पर निश्चित होगी। इस दर को टकसाल दर समता अथवा विनिमय की टकसाल दर समता कहा जाता था क्योंकि यह सोने की टकसाल कीमत पर आधारित थी।

परंतु विनिमय की वास्तविक दर टकसाल दर समता से उतनी अधिक या कम हो सकती है जितनी दोनों देशों के बीच जहाज में सोना लाने और ले जाने की लागत पड़ती थी।

चूंकि स्वर्ण मानक समाप्त हो गया है, इसलिए टकसाल दर समता सिद्धांत बहुत पहले रद्द कर दिया गया था। आज किसी भी देश में स्वर्ण मानक नहीं है। अब न तो बेरोक-टोक सोना लाया तथा ले जाया जा सकता है और न ही स्वर्ण समता विद्यमान है। इसलिए अब यह सिद्धांत केवल शैक्षिक महत्त्व रखता है।

क्रय शक्ति समता सिद्धांत (The Pruchasing Power Parity Theory)

अपरिवर्ती कागज करेंसी वाले देशों के बीच विनिमय दर निर्धारित करने के लिए **जी. कैसल** ने 1920 में क्रय शक्ति समता सिद्धांत विकसित किया था। इस सिद्धांत के अनुसार दो अपरिवर्ती कागज करेंसियों के बीच विनिमय दर को उनकी क्रय शक्तियों की समता निर्धारित करती है। अन्य शब्दों में, दो देशों के बीच विनिमय दर को उनके सापेक्ष कीमत स्तर निर्धारित करते हैं।

इस सिद्धांत के अनुसार, दो देशों के बीच विनिमय दर उस बिन्दु पर निर्धारित होती है जहां दोनों देशों की अपनी-अपनी क्रय शक्तियां समान होती हैं। यह क्रय शक्ति समता है जो परिवर्तनशील समता है और वैसी निश्चित समता नहीं है जैसी स्वर्ण मानक (gold standard) के अंतर्गत होती है। इसलिए जब भी कीमत स्तर में परिवर्तन होता है, तो हर परिवर्तन के साथ विनिमय दर भी बदल जाती है।

भुगतान शेष सिद्धांत (The Balance of Payments Theory)

इस सिद्धांत के अनुसार, मुक्त विनिमय दरों के अंतर्गत किसी देश की करेंसी की विनिमय दर उसके भुगतान शेष पर निर्भर करती है। अनुकूल भुगतान शेष विनिमय दर को बढ़ाता है जबकि प्रतिकूल भुगतान शेष विनिमय दर को घटाता है। इस प्रकार, इस सिद्धांत का मतलब है कि विदेशी विनिमय की मांग तथा पूर्ति विनिमय दर को निर्धारित करती है।

जब भुगतान शेष प्रतिकूल होता है तो इसका मतलब है कि विदेशी करेंसी की पूर्ति से उसकी मांग अधिक है। इसके परिणामस्वरूप विदेशी करेंसी की तुलना में घरेलू करेंसी का मूल्य गिर जाता है और परिणामस्वरूप विनिमय दर गिर जाती है। इसके विपरीत, यदि भुगतान शेष अनुकूल है तो इसका मतलब होता है कि दी हुई विनिमय दर पर विदेशी करेंसी की मांग से विदेशी करेंसी की पूर्ति अधिक है। इसके परिणाम स्वरूप विदेशी करेंसी की तुलना में घरेलू करेंसी का मूल्य बढ़ जाता है और इसलिए विनिमय दर बढ़ जाती है।

जब प्रतिकूल भुगतान-शेष की स्थिति में वास्तविक विनिमय दर संतुलित विनिमय दर से नीचे चली जाती है तो निर्यात बढ़ते हैं परिणामस्वरूप प्रतिकूल भुगतान शेष समाप्त हो जाता है तथा संतुलित विनिमय दर पुन: स्थापित हो जाती है। दूसरी ओर जब अनुकूल भुगतान-शेष स्थिति के अंतर्गत विनिमय दर बढ़ कर संतुलित विनिमय दर से ऊपर चली जाती है तो निर्यात घट जाते हैं। परिणामस्वरूप अनुकूल भुगतान-शेष समाप्त हो जाता है और संतुलित विनिमय दर पुन: स्थापित हो जाती है। इस प्रकार किसी भी समय विनिमय दर को विदेशी विनिमय की मांग तथा पूर्ति निर्धारित करती है। यहां ध्यान देने योग्य बात यह है कि इस संदर्भ में **चार लोचें** (elasticity) प्रासंगिक है—

1. निर्यातों की मांग की विदेशी लोच

2. निर्यातों की पूर्ति की घरेलू लोच

3. आयातों की मांग की घरेलू लोच

4. आयातों की पूर्ति की विदेशी लोच।

यदि मांग लोचें ऊंची हों और पूर्ति लोचें नीची, तो विनिमय की संतुलित दर स्थिर रहती है।

विनिमय दर को प्रभावित करने वाले कारक

विनिमय दर पर निम्नलिखित कारकों का प्रभाव पड़ता है—

1. सापेक्ष कीमत स्तरों में परिवर्तन

2. निर्यातों तथा आयातों में परिवर्तन

3. पूंजी गतियां (capital movements)

4. सट्टे का प्रभाव (Influence of Speculation)

5. बैंकों का प्रभाव

6. स्टॉक एक्सचेंज प्रभाव

7. राजनैतिक परिस्थितियां

8. संरचनात्मक प्रभाव (structural influences)

स्थिर विनिमय दरें (Fixed exchange rates)

स्थिर विनिमय दरों के अंतर्गत सभी विनिमय लेन-देन उस विनिमय दर पर होते हैं जिसे मौद्रिक प्राधिकारी निर्धारित करता है। ये अधिकारी कानून बनाकर अथवा करेंसी बाजारों में हस्तक्षेप करके विनिमय की दर निश्चित कर सकते हैं। ये देश की जरूरतों के अनुसार करेंसियां खरीद सकते हैं अथवा देश की करेंसी का मूल्य बढ़ाने या घटाने के लिए नीति निर्णय ले सकते हैं।

स्थिर विनिमय दरों के पक्ष में तर्क (Case for fixed exchange rates)

स्थिर विनिमय दर प्रणाली के लाभ निम्नलिखित हैं—

1. स्थिर विनिमय दरें अंतर्राष्ट्रीय व्यापार को प्रोत्साहन देती हैं तथा आर्थिक एकीकरण को बढ़ावा देती हैं।

2. इस प्रणाली के पक्ष में दूसरा तर्क यह दिया जाता है कि यह व्यवस्थित तथा अबाध रूप से दीर्घकालीन पूंजी प्रवाहों को प्रोत्साहन देती है। स्थिर विनिमय दरों की प्रणाली में न तो कोई अनिश्चितता होती है और न ही कोई जोखिम।

3. सट्टे के परिणामस्वरूप विनिमय दर पर किसी प्रतिकूल प्रभाव पड़ने का भय नहीं रहता, क्योंकि स्थिर विनिमय दरों की प्रणाली के अंतर्गत मौद्रिक प्राधिकारी सट्टा संबंधी क्रियाओं को नियंत्रित करता है।

4. स्थिर विनिमय दर की प्रणाली का एक लाभ यह भी है कि यह प्रणाली एक प्रतिबंध का काम करती है और मौद्रिक प्राधिकारियों पर यह अनुशासन लगाती है कि वे देशों के भीतर उत्तरदायित्वपूर्ण वित्तीय नीतियों का अनुसरण करें।

स्थिर विनिमय दरों के विपक्ष में तर्क (Case Against Fixed Exchange Rates)

विनिमय दर की स्थिर प्रणाली के विपक्ष में निम्नलिखित तर्क प्रस्तुत किया जाता है—

1. स्थिर विनिमय दर की प्रणाली के कार्यकरण में प्रमुख दोष यह है कि यह पूर्ण रोजगार तथा स्थिर कीमतों के उद्देश्यों की उपेक्षा करता है। उदाहरणार्थ, यदि किसी देश के भुगतान शेष में अतिरेक है तो कीमतें बढ़ाकर ही उस अतिरेक का समायोजन किया जा सकता है।

2. इस प्रणाली के अंतर्गत विदेशी करेंसियों की भारी आरक्षितियां रखनी पड़ती हैं। जिन देशों के भुगतान शेष में घाटे हैं, यदि वे अवमूल्यन से बचना चाहते हैं तो उन्हें भारी मात्रा में विदेशी करेंसियों की आरक्षितियां रखनी होंगी। परिणामस्वरूप मौद्रिक

प्राधिकारियों पर विदेशी विनिमय आरक्षितियों की व्यवस्था करने की भारी जिम्मेदारी आ जाती है।

3. इस प्रणाली के लिए जटिल विनिमय नियंत्रण उपायों की भी जरूरत पड़ती है। इन उपायों से अर्थव्यवस्था के संसाधनों का कुविभाजन होता है।

लोचदार विनिमय दरें (Flexible Exchange Rates)

लोचदार अथवा तिरती (floating) विनिमय दरों को बाजार की शक्तियां निर्धारित करती हैं। इस प्रणाली के अंतर्गत विनिमय दर को प्रभावित करने के उद्देश्य से मौद्रिक प्राधिकारी हस्तक्षेप नहीं करते। यदि किसी करेंसी की आपूर्ति अधिक होगी तो विदेशों के विनिमय बाजारों में उस करेंसी का मूल्य गिर जाएगा। इससे विनिमय दर गिर जाएगी। इसके विपरीत, करेंसी की कमी होने से विनिमय दर बढ़ेगी।

लोचदार विनिमय दर प्रणाली के पक्ष में तर्क (Case for flexible exchange rates)

विनिमय दर की लोचदार प्रणाली के निम्नलिखित लाभ बताए जाते हैं—

1. इस प्रणाली के अंतर्गत विनिमय दर अपने आप तथा मुक्त रूप से बदलती रहती है तथा मांग और पूर्ति में समानता ला देती है। यह घाटे या अतिरेक को बढ़ने नहीं देता और किसी एक करेंसी की दुर्लभता अथवा आधिक्य की समस्या को समाप्त कर देती है।

2. लोचदार विनिमय दरों के पक्ष में आधारभूत तर्क यह है कि क्योंकि ये दरें सुनिश्चित करती हैं कि बाह्य संतुलन अपने आप बना रहेगा, इसलिए ये दरें देशों को मौद्रिक, फिस्कल तथा अन्य नैतिक उपकरणों के प्रयोग करने की स्वायत्तता प्रदान करती है।

3. चूंकि इस प्रणाली के अंतर्गत भुगतान शेष असंतुलन अपने आप ठीक हो जाते हैं इसलिए स्वर्ण गतिविधियों तथा पूंजी प्रवाहों को देश में आने या देश से बाहर जाने के संबंध में कोई कदम उठाने की जरूरत नहीं होती।

4. यह प्रणाली **मौद्रिक नीति** के प्रभाव को बढ़ाती है। यदि कोई देश अपना उत्पादन बढ़ाना चाहता है, तो वह अपनी ब्याज दरें घटा देगा। लोचदार विनिमय दर प्रणाली के अंतर्गत ब्याज की दर घटाने से पूंजी विदेश जाने लगेगी। परिणामस्वरूप करेंसी की कीमत घटेगी जिससे निर्यात बढ़ेंगे और आयात गिरेंगे। निर्यात बढ़ने पर घरेलू कीमतें बढ़ेंगी अथवा आय बढ़ेगी अथवा दोनों ही बढेंगे। इस प्रकार अनुकूल व्यापार शेष घरेलू व्यय पर अपेक्षाकृत नीची (कम) ब्याज दरों के विस्तारक प्रभावों को मजबूत बनाएगा और इसलिए मुद्रा नीति अधिक प्रभावी बन जाएगी।

5. लोचदार विनिमय दर प्रणाली के अंतर्गत जटिल एवं महंगे व्यापार प्रतिबंध तथा विनिमय नियंत्रण लगाने की जरूरत नहीं पड़ती है।

6. इस प्रणाली से दुनिया के राष्ट्रों को प्रतियोगी विनिमय दर अवमूल्यन तथा प्रशुल्क विषयक झगड़ों से छुटकारा मिल जाएगा और कस्टम यूनियनें एवं करेंसी क्षेत्र बनाने की जरूरत नहीं रहेगी क्योंकि कस्टम यूनियनें तथा करेंसी क्षेत्र स्थिर विनिमय दरों की प्रणाली के ही परिणाम होते हैं।

लोचदार विनिमय दरों के विपक्ष में तर्क (Case against flexible exchange rates)

लोचदार विनिमय दर प्रणाली के विपक्ष में निम्नलिखित तर्क प्रस्तुत किए जाते हैं—

1. इस प्रणाली का दोष यह है कि जब विनिमय दरें अक्सर बदलती रहती हैं तो विनिमय संबंधी जोखिमें उत्पन्न हो जाती हैं, अनिश्चितता पनपती है और अंतर्राष्ट्रीय व्यापार तथा पूंजी की गतियों में बाधाएं खड़ी हो जाती हैं।

2. लोचदार प्रणाली की एक प्रमुख दोष यह भी है कि यह सट्टे की क्रियाओं को बढ़ावा देती है।

3. लोचदार विनिमय दर प्रणाली में एक गंभीर दोष यह है कि यह प्रणाली स्फीति (Inflation) को बढ़ाती है। आलोचकों का कहना है कि लोचदार विनिमय दरों की प्रणाली के अंतर्गत जब विनिमय दर का मूल्य ह्रास होता है तो उसके परिणामस्वरूप स्फीति का दुश्चक्र प्रारंभ हो जाता है।

4. इस प्रणाली के विरुद्ध यह भी तर्क दिया जाता है कि यह प्रणाली विश्व बाजार को छिन्न-भिन्न करके रख देती है। कोई भी मुद्रा ऐसी नहीं है जो विनिमय के माध्यम का, लेखा की इकाई का, मूल्य के भंडार का और स्थगित भुगतान के मानक का काम कर सके। इस प्रणाली के अंतर्गत संसाधनों का आबंटन इष्टतम से बहुत कम स्तर पर रहेगा।

प्रबंधित तिरती प्रणाली (Managed Floating System)

दिसंबर, 1971 के **स्मिथ सोनियन समझौते** (Smith Sonian Agreement) के परिणामस्वरूप एक नई स्थिर विनिमय दर प्रणाली अपनाई गई। इस समझौते के अंतर्गत विनिमय दरों के उतार-चढ़ावों की सीमा केन्द्रीय दरों से 2.25 प्रतिशत के घेरे में रखी गई। 1973 में यह सीमा बढ़ाकर 4.5 प्रतिशत कर दी गई (अर्थात विनिमय दरें केन्द्रीय दरों से 4.5 प्रतिशत अधिक या कम हो सकती थी)।

इस समय यूरोप में एक नई बात यह हुई कि EEC देशों ने अपनी करेंसियों के आपसी उतार-चढ़ावों की सीमा अपेक्षाकृत घटा दी। इसे **सुरंग में सांप** (Snake in the Tunnel) की संज्ञा दी गई। इस व्यवस्था के अंतर्गत EEC देशों की करेंसिया परस्पर बांध दी गई और वे एक-दूसरे की सापेक्षता में संकीर्ण सीमाओं के भीतर घट-बढ़ सकती थी। जब 12 फरवरी, 1973 को अमेरीका ने डालर का अवमूल्यन किया, तो स्मिथ सोनियन समझौता टूट गया। मार्च 1973 में भारत, कनाडा, जापान, स्विटजरलैंड, इंग्लैंड तथा कई छोटे देशों में तिरती (Floating) विनिमय दरें विद्यमान थी। पर EEC देशों के बीच ''संयुक्त तिरण'' (joint float) मार्च 1973 के बाद भी चलती रही और अब इसे **झील में सांप** (Snake in the lake) नाम दिया गया, क्योंकि कोई ऐसी पट्टी नहीं थी जिसके भीतर अन्य करेंसियों की सापेक्षता में ECC करेंसियां घट बढ़ सकती थीं।

जनवरी, 1976 में **जमैका समझौता** (Jamaica agreement) हुआ। इस समझौते के परिणामस्वरूप IMF के तत्वाधान में **तिरती** (Floating) विनिमय दरों की प्रणाली को मान्यता प्रदान की गई। IMF के अधिकांश सदस्य देशों को अनेक कारणों से विवश होकर अपनी करेंसियां तिरती बनानी पड़ी।

परंतु तिरती विनिमय दरों की प्रणाली मुक्त रूप से लोचदार प्रणाली नहीं बल्कि ''प्रबंधित तिरती'' प्रणाली है। यह सरकारी हस्तक्षेप के बिना कभी नहीं चली। क्योंकि सरकारें समय-समय पर इसमें हस्तक्षेप करती रही हैं। इसलिए इसे **''प्रबंधित''** अथवा **''गंदी''** (dirty) तिरती प्रणाली नाम दिया गया। 1977 में हस्तक्षेप बहुत बढ़ गया तो इसे मैली (filthy) तिरती प्रणाली नाम दिया गया। जब सरकारें बिल्कुल हस्तक्षेप न करें तो यह **'स्वच्छ'** (clean) प्रणाली कहलाती है।

विनिमय नियंत्रण (Exchange Control)

अंतर्राष्ट्रीय व्यापार तथा भुगतानों को नियंत्रित करने की एक महत्त्वपूर्ण युक्ति विनिमय नियंत्रण है। इसका लक्ष्य विदेशों से प्राप्तियों तथा विदेशों को किए गए भुगतानों को संतुलित करना है। इस प्रकार विनिमय नियंत्रण का अर्थ सरकार द्वारा विदेशी करेंसी के रूप में समस्त विदेशी प्राप्तियों तथा भुगतानों का नियंत्रण करना है।

विशेषताएं (Features) : विनिमय नियंत्रण प्रणाली की मुख्य विशेषताएं निम्न हैं—

1. इसमें विदेशी विनिमय मार्केट पर सरकार का पूर्ण नियंत्रण होता है।

2. सभी प्रकार की विदेशी करेंसियों को देश के केन्द्रीय बैंक को समर्पित करना पड़ता है।

3. केन्द्रीय बैंक सरकारी विनिमय दर निश्चित करती है।

4. यह सरकारी विनिमय दर को कायम रखने के लिए विदेशी करेंसियों की मांग और पूर्ति का नियमन करता है।

5. केवल विशिष्ट बैंक और लाइसेंस प्राप्त व्यापारी विदेशी विनिमय में लेन-देन कर सकते हैं।

6. केन्द्रीय बैंक आवश्यक आयातों को खरीदने के लिए विनिमय की कम दरें लेकर और विलासिता की आयातों को खरीदने के लिए ऊंची दरें लेकर विभेदात्मक एकाधिकारी के रूप में कार्य करता है।

विनिमय नियंत्रण के उद्देश्य (Objectives of exchange control) : विनिमय नियंत्रण प्रणाली के निम्न उद्देश्य होते हैं—

1. अतिमूल्यन (Over valuation) : कुछ देश अपनी करेंसी का अधिक मूल्य बनाए रखने के लिए विनिमय नियंत्रण अपनाते हैं। इसके अंतर्गत करेंसी का विदेशी विनिमय मूल्य उससे ऊंचे स्तर पर रखा जाता है जिस पर कि बाजार शक्तियां उसे रखने की अनुमति देती हैं। करेंसी के अतिमूल्यन के तीन कारण हैं : **प्रथम,** देश लड़ाई में उलझा है और उसे बड़ी मात्रा में आयातों की जरूरत है। **दूसरा,** देश विकास प्रक्रिया से गुजर रहा है और उसे विदेश से कच्चे माल और पूंजी उपकरणों की जरूरत है। **तीसरा,** देश को भारी विदेशी ऋण चुकाना है।

लेकिन करेंसी के अतिमूल्यन के उद्देश्य से विनिमय नियंत्रण केवल अल्पकालीन उपाय के रूप में ही अपनाया जा सकता है। दीर्घकाल में, इससे प्रतिकूल भुगतान शेष की स्थिति उत्पन्न हो जाती है।

2. अल्पमूल्यन (Under Valuation) : कुछ देश अपनी करेंसी का मूल्य कम रखने के लिए विनिमय नियंत्रण लागू करते हैं। इसका उद्देश्य निर्यात बढ़ाना, आयात घटाना तथा देश का सामान्य कीमत स्तर बढ़ाना होता है। परंतु इस तरह की नीति किसी ऐसे छोटे देश में ही सफल हो सकती है जिसका अंतर्राष्ट्रीय व्यापार में मामूली हिस्सा हो। परंतु, यदि कोई बड़ा देश इस नीति को अपनाएगा तो दूसरे देशों में इसकी प्रतिक्रिया होगी और वे भी यही नीति अपनाएंगे और यह बात विश्व अर्थव्यवस्था के लिए बहुत खतरनाक है।

3. पूंजी पलायन को रोकना (Prevention of Capital Flight) : विनिमय नियंत्रण का एक उद्देश्य यह भी है कि पूंजी को देश से विदेश में जाने से रोका जाए।

4. घरेलू उद्योगों को संरक्षण (Protection to domestic Industries) : विनिमय नियंत्रण इसलिए भी अपनाया जाता है, ताकि विदेशी उत्पादकों के मुकाबले में घरेलू उद्योगों को संरक्षण प्रदान किया जा सके। विनिमय नियंत्रण प्राधिकरण उन वस्तुओं के

आयात को नियंत्रित करता है जो घरेलू उत्पादन से प्रतियोगिता करती है और इस प्रकार उन्हें विदेशी प्रतियोगिता से संरक्षण प्रदान करता है।

5. प्रतिकूल भुगतान शेष सुधारना (Remedying unfavourable balance of payments) : प्रतिकूल भुगतान-शेष सुधारने के लिए विनिमय नियंत्रण लागू किया जाता है। आयातों तथा विदेशी विनिमय को नियंत्रित तथा नियमित करके इसे पूरा किया जाता है।

6. विनिमय दरों का स्थिरीकरण (Stabilization of exchange rates) : विनिमय की दरों को स्थिर करने के लिए भी विनिमय नियंत्रण अपनाया जाता है। घटती बढ़ती विनिमय दरों से वाणिज्य तथा उद्योग को हानि पहुंचती है। इसलिए सरकार इस उद्देश्य से विनिमय नियंत्रण उपाय अपनाती है।

विनिमय नियंत्रण के तरीके (Methods of Exchange Control)

विनिमय नियंत्रण के दो तरीके हैं—प्रत्यक्ष तथा अप्रत्यक्ष।

प्रत्यक्ष तरीके (Direct Methods) : देश का केन्द्रीय बैंक विनिमय नियंत्रण प्राधिकरण होता है। वह विदेशी विनिमय के प्रयोग तथा मात्रा को नियंत्रित करने के लिए अनेक तरीके अपनाता है वे तरीके निम्नलिखित हैं—

1. हस्तक्षेप (Intervention) : हस्तक्षेप का मतलब है कि सरकार अपनी करेंसी का मूल्य ऊंचा या नीचा रखने के लिए विदेशी विनिमय बाजार में हस्तक्षेप करती है। इस तरीके को **अधिकीलित विनिमय दरें (Pegging Exchange rates)** कहते हैं।

यदि सरकार अपनी करेंसी की विनिमय दर को विदेशी बाजार में प्रचलित विनिमय दर से ऊंचे स्तर पर निश्चित करती है तो इसे **''ऊपर कीलना''** (Pegging up) कहते हैं।

दूसरी ओर, करेंसी की विनिमय दर को विदेशी बाजार में प्रचलित विनिमय दर से नीचे स्तर पर निश्चित करने को **''नीचे कीलना''** (Pegging down) कहते हैं। इन दोनों स्थितियों में हस्तक्षेप का मतलब है विदेशी करेंसियों के बदले स्थानीय करेंसी को स्थिर दरों पर खरीदना या बेचना।

2. बहु विनिमय दरें (Multiple exchange rates) : जब कोई देश अनेक प्रकार के आयातों, निर्यातों तथा पूंजी हस्तांतरणों में से प्रत्येक के लिए अलग-अलग विनिमय दरें स्थापित करता है तो इसे बहु विनिमय दर कहते हैं। विनिमय नियंत्रण की यह प्रणाली ऐसे ढंग से चलाई जाती है कि आयातों का विदेशी मूल्य बढ़ जाता है और निर्यातों का विदेशी मूल्य घट जाता है। इसका लक्ष्य आयात घटाकर तथा निर्यात बढ़ाकर देश के लिए भुगतान शेष संतुलन उपलब्ध करना है। **जर्मनी** पहला देश था जिसने सबसे पहले यह प्रणाली अपनाई थी।

3. अवरुद्ध लेखे (Blocked accounts) : विनिमय नियंत्रण की इस प्रणाली के अंतर्गत, आयातों के भुगतान विदेशी निर्यातकर्ताओं के अवरुद्ध खातों में जमा कर दिए जाते हैं। इस तरह के खाते आयातकर्ता देश के केन्द्रीय बैंक में रखे जाते हैं। निर्यातकर्ताओं को कुछ समय के लिए उन खातों से पैसा निकालने की मनाही कर दी जाती है। पर, जिस देश में ये ख़ाते स्थित होते हैं, वह उन्हें काम में ला सकता है। जर्मनी पहला देश था जिसने 1931 में सर्वप्रथम यह प्रणाली अपनाई थी।

4. समाशोधन समझौते (Clearing Agreements) : विनिमय नियंत्रण की इस प्रणाली के अंतर्गत दो व्यापार करने वाले देश यह समझौता कर लेते हैं कि वह अपने-अपने देश के केन्द्रीय बैंक में खाता खोल लें और केंद्रीय बैंक के माध्यम से आयातों तथा निर्यातों के सभी भुगतानों का समाशोधन किया जाए। इस तरीके को द्विपक्षीय समाशोधन अथवा समाशोधन समझौता अथवा विनिमय समाशोधन कहते हैं।

अप्रत्यक्ष तरीके (Indirect Methods)

विनिमय नियंत्रण के कुछ अप्रत्यक्ष तरीके भी हैं जो विनिमय दरों को प्रभावित करते हैं। वे निम्नलिखित हैं—

1. मात्रात्मक प्रतिबंध (Quantitative Restrictions)

2. निर्यात अधिदान (Export bounties)

3. ब्याज दरें बढ़ाना (Rising interest rates)

विनिमय नियंत्रण के दोष (Demerits of Exchange Control)

विनिमय नियंत्रण के निम्नलिखित दोष हैं—

1. विनिमय नियंत्रण अंतर्राष्ट्रीय व्यापार की मात्रा तथा मूल्य घटाता है।

2. विनिमय नियंत्रण प्रणाली से अदक्षता, भ्रष्टाचार तथा लालफीताशाही फैलता है।

3. यह प्रणाली महंगी है, क्योंकि विनिमय नियंत्रण प्रणाली को दक्षतापूर्वक चलाने के लिए विनिमय नियंत्रण प्राधिकरण को बहुत अधिक लोगों की जरूरत पड़ती है।

4. विनिमय नियंत्रण हमेशा विदेशी विनिमय में काला बाजारी को जन्म देता है।

अंतर्राष्ट्रीय आर्थिक एकीकरण (International Economic Integration)

राष्ट्रों के बीच आर्थिक एकीकरण के लिए चार प्रकार की व्यवस्थाएं हैं जो कि निम्नलिखित है—

1. मुक्त व्यापार क्षेत्र (Free Trade Area) : यह आर्थिक एकीकरण का शिथिल रूप है। इसके अंतर्गत ग्रुप के सदस्य देश आपस में तो प्रशुल्क तथा अन्य व्यापार बाधाएं समाप्त कर देते हैं, पर प्रत्येक सदस्य देश गैर सदस्य देशों के साथ अपना प्रशुल्क, व्यापार प्रतिबंध तथा कमर्शियल नीतियां बनाए रखता है।

2. कस्टम यूनियन (Customs Union) : कस्टम यूनियन में भाग लेने वाले देश गैर सदस्य देशों से आयातों पर एक साझा बाह्य प्रशुल्क और कमर्शियल नीति अपनाते हैं और आपस के सभी प्रशुल्क तथा व्यापार प्रतिबंध समाप्त कर देते हैं।

इस प्रकार कस्टम यूनियन में, गैर सदस्य देशों के साथ व्यापार संबंधों में यूनियन के सभी सदस्य एक इकाई के रूप में कार्य करते हैं। मुक्त व्यापार क्षेत्र तथा कस्टम यूनियन एक-दूसरे से इस बात से मिलते-जुलते हैं कि सदस्य देशों के बीच बिना प्रशुल्क वस्तुएं लाई तथा ले जाई जाती हैं। परंतु उनमें भिन्नता यह है कि जहां मुक्त व्यापार क्षेत्र में प्रत्येक देश गैर सदस्य देशों के साथ अपना-अपना प्रशुल्क लगाता है, वहीं कस्टम यूनियन गैर-सदस्य देशों पर साझा प्रशुल्क लगाती है।

3. साझा बाजार (Common Market) : साझा बाजार सदस्य राष्ट्रों का एकीकृत बाजार क्षेत्र है जिसमें वस्तुएं, सेवाएं तथा उत्पादन के साधन बेरोक-टोक आ जा सकते हैं। साझे बाजार में, उत्पादन तथा साधन बाजार एकीकृत होते हैं। वास्तव में साझा बाजार कस्टम यूनियन नियम को और आगे बढ़ाता है क्योंकि यह सदस्य देशों में वस्तुओं के साथ-साथ श्रम तथा पूंजी के भी बेरोक-टोक आवागमन की अनुमति देता है।

4. आर्थिक यूनियन (Economic Union) : राष्ट्रों के बीच आर्थिक एकीकरण का उच्चतम रूप आर्थिक यूनियन है। साझे बाजार की तरह ही आर्थिक यूनियन में भी उत्पादन तथा साधन बाजारों का एकीकरण तो होता ही है साथ ही साथ आर्थिक यूनियन मौद्रिक, राजकोषीय तथा अन्य नीतियों में भी सामंजस्य स्थापित करती है। इस प्रकार साझा बाह्य प्रशुल्क तथा साझी घरेलू नीतियां अपनाने के संबंध में आर्थिक यूनियन के सदस्य देशों के बीच काफी ताल-मेल होता है।

कस्टम यूनियन के सिद्धांत (The Theory of Customs Unions)

कस्टम यूनियन सिद्धांत का व्यवस्थित विकास सबसे पहले **जैकब वाइनर** (Jacob Viner) ने 1950 में किया था। कस्टम यूनियन सिद्धांत का विकास दो रूपों में किया गया है—**आंशिक संतुलन सिद्धांत** तथा **सामान्य संतुलन सिद्धांत।**

आंशिक संतुलन दृष्टिकोण (Partial Equilibrium Approach)

कस्टम यूनियन सिद्धांत के आंशिक संतुलन दृष्टिकोण को **वाइनर** ने व्यापार निर्माण (Trade creation) तथा **व्यापार विचलन** (Trade diversion) के रूप में विकसित किया था। वाइनर ने उनके केवल **उत्पादन प्रभावों** का अध्ययन किया था और लिप्सी तथा मीड ने उनके **उपभोग प्रभावों पर** बल दिया। लेकिन **जोनसन** ने आंशिक संतुलन विश्लेषण में इन दोनों सिद्धांतों को व्यवस्थित रूप से मिलाया।

इसकी मान्यताएं (Its Assumptions)

कस्टम यूनियन का आंशिक संतुलन विश्लेषण निम्नलिखित मान्यताओं पर आधारित है—

1. दो देश हैं जिनमें से एक का नाम घरेलू देश (H) है और दूसरा साथी देश (P) जो कस्टम यूनियन बनाते हैं।

2. कस्टम यूनियन साझा बाह्य प्रशुल्क लागू करता है, इसके अतिरिक्त और किसी प्रकार का व्यापार प्रतिबंध नहीं है।

3. दोनों देशों द्वारा एक वस्तु का ही उत्पादन किया जाता है।

4. इस वस्तु का उत्पादन स्थिर लागतों के अंतर्गत होता है।

5. दोनों देशों का पूर्ति वक्र पूर्ण रूप से लोचदार है।

6. वस्तु तथा साधन बाजारों में पूर्ण प्रतियोगिता है।

7. परिवहन लागतें बिल्कुल नहीं हैं।

8. संसाधन पूर्ण रोजगार में लगे हैं।

9. प्रौद्योगिकी दी हुई है और स्थिर है।

इन मान्यताओं के दिए हुए होने पर, कस्टम यूनियन का सिद्धांत **व्यापार निर्माण** तथा **व्यापार विचलन** के रूप में उत्पादन, उपभोग तथा व्यापार पर कस्टम यूनियन के प्रभावों का विश्लेषण करता है।

जब दो देश अर्थात H और P के बीच कस्टम यूनियन बनाई जाती है तो इन दोनों के आपसी आयातों पर से प्रशुल्क समाप्त कर दिए जाते हैं परंतु बाकी दुनिया से आयातों पर प्रशुल्क लगे रहते हैं। घरेलू देश (H) अब साथी देश (P) से वस्तु का नि:शुल्क आयात करता है।

इसके परिणामस्वरूप व्यापार निर्माण तथा व्यापार विचलन होता है। **व्यापार निर्माण** तब होता है जब घरेलू देश (H) अपनी उच्चतर लागत वाली वस्तु की जगह साथी देश (P) से निम्नतर

लागत वाली वस्तु का आयात करता है। इसका आगे **उत्पादन प्रभाव** तथा **उपभोग प्रभाव** होता है। उत्पादन प्रभाव तो यह है कि घरेलू देश में वस्तु X का उत्पादन या तो घट जाता है या तो बिल्कुल समाप्त हो जाता है और उसकी बजाय साथी देश से ही उस वस्तु को आयात की जाती है। उपभोग प्रभाव यह है कि घरेलू वस्तु X के स्थान पर साथी देश की स्थानापन्न वस्तु का उपभोग बढ़ जाता है, क्योंकि पहले वस्तु X ऊंचे दामों पर मिलती थी और अब स्थानापन्न वस्तु कम दामों पर मिलती है। **उत्पादन प्रभाव तथा उपभोग प्रभाव दोनों मिलकर कस्टम यूनियन के व्यापार निर्माण प्रभाव को व्यक्त करते हैं।** उत्पादन प्रभाव तथा उपभोग प्रभाव के अनुरूप, व्यापार निर्माण से दो प्रकार का लाभ होता है—**एक** तो वस्तु की वास्तविक लागत में बचत होती है, क्योंकि पहले वस्तु का घरेलू उत्पादन ऊंची लागत पर होता था और अब वही वस्तु साथी देश से कम दामों पर आयात की जाती है। **दूसरा,** उपभोक्ता की बचत में बढ़ोतरी होती है।

व्यापार विचलन तब होता है जब घरेलू देश (H) निम्नतर लागत वाले बाकी दुनिया के बजाय अधिक लागत वाले साथी देश (P) से वस्तु का आयात करता है।

इस व्यापार विचलन के दो पक्ष हैं—**पहला,** वस्तु X की लागत बढ़ जाती है। **दूसरा,** उपभोक्ता की बचत (Consumer Surplus) में कमी हो जाती है। ये दोनों प्रभाव मिलकर कस्टम यूनियन के व्यापार विचलन प्रभाव को व्यक्त करते हैं। इससे विश्व की उत्पादन दक्षता घटती है, क्योंकि उतनी ही मात्रा के उत्पादन के लिए अपेक्षाकृत अधिक मात्रा में संसाधनों की जरूरत पड़ती है। **वाइनर के मतानुसार, यही कारण है कि व्यापार विचलन के परिणाम स्वरूप विश्व का कल्याण घटता है।**

इसकी सीमाएं (Its limitations)

कस्टम यूनियन का आंशिक संतुलन विश्लेषण अपूर्ण है क्योंकि यह विश्लेषण एकल वस्तु मॉडल पर आधारित है। वास्तव में, जब कस्टम यूनियन बनती है तो वह एक नहीं अपितु बहुत सी वस्तुओं को प्रभावित करती है। फिर, यह विश्लेषण स्थिर व्यापार शर्तों की मान्यता पर आधारित है और इसलिए व्यापार संतुलित रहता है। जो कि असंगत है। इसके अतिरिक्त यह विश्लेषण बाकी दुनिया पर पड़ने वाले कस्टम यूनियन के प्रभाव का अध्ययन नहीं करता। आंशिक संतुलन विश्लेषण की इन सीमाओं के कारण अर्थशास्त्रियों ने कस्टम यूनियन सिद्धांत का सामान्य संतुलन दृष्टिकोण (general equilibrium approach) विकसित किया है।

भुगतान शेष (Balance of Payments)

किसी देश का भुगतान शेष उसके किसी दिए हुए वर्ष में बाहर के सभी देशों से किए गए समस्त आर्थिक लेने-देनों का व्यवस्थित रिकार्ड है। किसी देश का भुगतान शेष लेखा दोहरी प्रविष्टि (entry) बहीखाता के सिद्धांत पर बनाया जाता है। प्रत्येक लेन-देन बैलेन्स शीट के क्रेडिट और डेबिट पक्ष में दर्ज किया जाता है। जब किसी बाहर के देश से भुगतान प्राप्त होता है तो यह क्रेडिट सौदा है और जब किसी बाहर के देश को भुगतान किया जाता है तो वह डेबिट सौदा होता है।

भुगतान शेष लेखे को तीन श्रेणियों में विभाजित किया जाता है—**चालू लेखा, पूंजी लेखा** तथा **सरकारी भुगतान लेखा** अथवा **सरकारी रिजर्व परिसम्पत्ति लेखा।**

1. चालू लेखा (The current account) : देश के चालू लेखों में वे सब लेन-देन आते हैं जो वस्तुओं तथा सेवाओं के व्यापार तथा एकपक्षीय (या न लौटाये जाने वाले) हस्तांतरणों से संबंध रखते हैं। सेवाओं के लेन-देनों में यात्रा तथा परिवहन, विदेशी निवेशों पर आय तथा भुगतान इत्यादि शामिल रहते हैं। हस्तांतरण भुगतानों का संबंध उपहारों, विदेशी सहायता, पैंशनों, निजी प्रेषणों (remitances), से है।

2. पूंजी लेखा (Capital Account) : पूंजी लेखे के अंतर्गत देश के वित्तीय परिसम्पत्तियों के लेन-देन आते हैं जो अल्पावधि एवं दीर्घावधि ऋण, और निजी तथा सरकारी निवेशों के रूप में पाए जाते हैं। अन्य शब्दों में, पूंजी लेखा ऋणों और निवेशों के अंतर्राष्ट्रीय प्रवाह को दर्शाता है और देश की परिसम्पत्तियों और देयताओं में हुए परिवर्तनों को व्यक्त करता है। दीर्घावधि लेन-देन उन अंतर्राष्ट्रीय पूंजी गतियों से संबंध रखते हैं जिनकी परिपक्वता की अवधि एक वर्ष या एक वर्ष से अधिक होती है और उनमें प्रत्यक्ष निवेश जैसे विदेशी प्लांट लगाना, निवेश सूची (Port folio) निवेश जैसे विदेशी बांडों और स्टॉकों का क्रय और अंतर्राष्ट्रीय ऋण शामिल रहते हैं।

3. सरकारी भुगतान लेखा (Official settlements accounts) : सरकारी भुगतान लेखा अथवा सरकारी रिजर्व परिसम्पत्ति लेखा वास्तव में पूंजी लेखा का ही भाग है। लेकिन इंग्लैंड तथा संयुक्त राज्य अमेरिका के भुगतान शेष लेखे इसे अलग लेखे के रूप में दिखाते हैं। यह लेखा देश की एक वर्ष के दौरान विदेशी सरकारी धारकों के पास तरल तथा अतरल देयताओं में परिवर्तन को और राष्ट्र की सरकारी रिजर्व परिसम्पत्तियों में परिवर्तन को मापता है। किसी देश की सरकारी रिजर्व परिसम्पत्तियों में

उसका स्वर्ण का स्टॉक, उसकी परिवर्तनीय विदेशी करेंसियां तथा SDR के धारण और IMF में उसकी निवल स्थिति शामिल हैं।

चालू लेखे में सबसे अधिक महत्त्वपूर्ण मद वस्तुओं के आयात और निर्यात हैं। किसी देश के निर्यातों और आयातों का अंतर उसका **व्यापार शेष** (balance of trade) कहलाता है। यदि प्रत्यक्ष (visible) आयातों से प्रत्यक्ष निर्यात बढ़ जाए तो व्यापार शेष अनुकूल होता है। यदि स्थिति इसके विपरीत हो तो व्यापार शेष प्रतिकूल होता है।

लेकिन वास्तविकता यह है कि सेवाएं तथा हस्तांतरण भुगतान अथवा चालू लेखे की अप्रत्यक्ष मदें (invisible items) ही भुगतान शेष लेखे का सही रूप प्रस्तुत करती है। चालू खाते में, वस्तुओं तथा सेवाओं के निर्यात और हस्तांतरण भुगतानों की प्राप्तियां क्रेडिट के रूप में दर्ज की जाती हैं क्योंकि वे विदेशियों से प्राप्त होती हैं। दूसरी ओर वस्तुओं तथा सेवाओं के आयात और विदेशियों को किए गए हस्तांतरण भुगतान डेबिट के रूप में दर्ज किए जाते हैं क्योंकि विदेशियों को उनका भुगतान किया जाता है। **चालू लेखे और पूंजी लेखे का जोड़ बुनियादी (basic) शेष** कहलाता है।

भुगतान शेष लेखा

क्रेडिट (+) (प्राप्तियां)	डेबिट (–) (भुगतान)
1. चालू लेखा	
● वस्तुओं तथा सेवाओं का निर्यात	● वस्तुओं तथा सेवाओं का आयात
● हस्तांतरण भुगतान	● हस्तांतरण भुगतान
2. पूंजी लेखा	
● विदेशियों से उधार लेना	● विदेशियों को उधार देना
● विदेशियों द्वारा किए गए प्रत्यक्ष निवेश	● विदेशों में किए गए प्रत्यक्ष निवेश
3. सरकारी लेखा	
● स्वर्ण तथा विदेशी करेंसियों के सरकारी धारणों में वृद्धि	● स्वर्ण तथा विदेशी करेंसियों के सरकारी धारणों में कमी

लेखांकन की दृष्टि से किसी देश के भुगतान शेष हमेशा संतुलन में होते हैं। तीनों लेखें के निवल (Net) क्रेडिट और डेबिट शेषों का बीजगणितीय जोड़ हर हालत में **शून्य** होगा।

व्यापार शेष और भुगतान शेष (Balance of Trade and Balance of Payments)

किसी देश के भुगतान शेष उसके किसी एक वर्ष में किए गए अंतर्राष्ट्रीय लेन-देनों की प्राप्तियों और भुगतानों का व्यवस्थित रिकार्ड होता है। प्रत्येक लेन-देन को बैलेंस शीट के क्रेडिट पक्ष और डेबिट पक्ष में दर्ज किया जाता है। **क्रेडिट पक्ष** में दर्ज की जाने वाली प्रमुख मदें हैं—

1. प्रत्यक्ष निर्यात (Visible exports) जो निर्यातित वस्तुओं से संबंध रखते हैं।

2. अप्रत्यक्ष निर्यात (invisible exports) जो उन सेवाओं को व्यक्त करते हैं जो एक देश अन्य देशों को प्रदान करता है। इस तरह की सेवाओं के अंतर्गत बैंकिंग, बीमा, जहाजरानी तथा तकनीकी ज्ञान इत्यादि के रूप में प्रदान की गई सेवाएं, देश में आने वाले पर्यटकों तथा विद्यार्थियों द्वारा यात्रा और शिक्षा पर खर्च की गई मुद्रा आती है।

3. विदेशियों से उपहारों के रूप में प्राप्त हस्तांतरण प्राप्तियां।

4. विदेशों से लिए गए उधार और विदेशियों द्वारा देश में किए गए निवेश

5. विदेशों तथा अंतर्राष्ट्रीय संस्थाओं को किया गया रिजर्व परिसम्पत्तियों का सरकारी विक्रय।

डेबिट पक्ष में प्रमुख मदें निम्नलिखित होती हैं—

1. प्रत्यक्ष आयात जो आयातित वस्तुओं से संबंध रखते हैं।

2. विदेशियों द्वारा प्रदान की गई सेवाओं के बदले घरेलू देश द्वारा किए गए भुगतानों के रूप में अप्रत्यक्ष आयात।

3. उपहारों इत्यादि के रूप में विदेशियों को किए गए हस्तांतरण भुगतान।

4. विदेशों को दिए गए ऋण, विदेशों में किए गए निवेश और ऋणों का पुनर्भुगतान।

5. विदेशों तथा अंतर्राष्ट्रीय संस्थाओं से रिजर्व परिसम्पत्तियों अथवा स्वर्ण का सरकारी क्रय।

जबकि व्यापार शेष केवल निर्यातित और आयातित वस्तुओं के मूल्य का अंतर होता है। समीकरण के रूप में—

$$Y = C + I + G + (X - M)$$

जहां Y राष्ट्रीय आय को, C उपभोग व्यय को, I निवेश व्यय को, G सरकारी व्यय को, X वस्तुओं तथा सेवाओं के निर्यातों को और M वस्तुओं तथा सेवाओं के आयातों को व्यक्त करते हैं। (X – M) व्यापार शेष को व्यक्त करता है। यदि X और M का अन्तर शून्य है तो व्यापार शेष संतुलित हो जाता है। यदि M की अपेक्षा X बड़ा है तो व्यापार शेष अनुकूल है। दूसरी ओर, यदि M से X कम है तो व्यापार शेष में घाटा है।

असंतुलन के कारण (Causes of disequilibrium)

भुगतान शेष में असंतुलन के कई कारण हैं—

1. मौसमी उतार-चढ़ाव, कृषि उत्पादनों पर मौसम के प्रभाव इत्यादि कुछ ऐसे कारण हैं जो अस्थायी रूप से भुगतान शेष में असंतुलन उत्पन्न कर देते हैं।

2. देश की राष्ट्रीय आय में परिवर्तन भी असंतुलन का एक कारण है। यदि देश की राष्ट्रीय आय बढ़ेगी तो आयात बढ़ जाएंगे और परिणाम यह होगा कि यदि अन्य बातें समान रहें तो भुगतान शेष में घाटा उत्पन्न हो जाएगा। यदि देश पहले ही पूर्ण रोजगार के स्तर पर है तो आय बढ़ने से कीमतों में स्फीतिकारी वृद्धि होगी और देश के आयात बढ़ जाएंगे जो भुगतान शेष में असंतुलन उत्पन्न कर देंगे।

3. भुगतान शेष में असंतुलन उत्पन्न होने का एक कारण स्फीति है। जब देश में स्फीति (inflation) आती है तो निर्यातों की कीमतें बढ़ जाती हैं। परिणामस्वरूप, निर्यात कम हो जाते हैं। पर साथ ही आयातों की मांग भी बढ़ जाती है। जिससे भुगतान शेष प्रतिकूल हो जाता है।

4. किसी देश के भुगतान शेष उसके आर्थिक विकास की अवस्था पर भी निर्भर करता है। यदि देश विकास की प्रक्रिया से गुजर रहा है तो उसके भुगतान शेष में घाटा होगा।

भुगतान शेष का समायोजन (Adjustment in the balance of Payments)

जब किसी देश के भुगतान शेष में घाटा या अतिरेक होता है तो उसका समायोजन या तो कीमत तथा आय परिवर्तनों के माध्यम से किया जाता है या फिर अवमूल्यन तथा प्रत्यक्ष नियंत्रण जैसे कुछ नीति उपाय अपनाकर किया जाता है।

1. मूल्यह्रास के माध्यम से समायोजन (कीमत प्रभाव) (Adjustment through exchange depreciation-Price effect) : लचीली विनिमय दरों के अंतर्गत, विदेशी विनिमय की मांग और पूर्ति की शक्तियां अपने आप भुगतान शेष के असंतुलन को ठीक कर देती हैं। यदि देश के भुगतान शेष में घाटा हो तो देश की करेंसी का मूल्य ह्रास और यदि देश के भुगतान शेष में अतिरेक हो तो देश की करेंसी की मूल्य वृद्धि करने पर अपने आप संतुलन स्थापित हो जाता है। **करेंसी के मूल्यह्रास का मतलब है कि उसका सापेक्ष मूल्य घट जाता है और मूल्य वृद्धि का अर्थ है कि उसका सापेक्ष मूल्य बढ़ जाता है।** मूल्य ह्रास से निर्यातों को प्रोत्साहन मिलता है और आयात हतोत्साहित होते हैं जबकि मूल्य वृद्धि की स्थिति इसके उलट होती है।

अवमूल्यन (Devaluation) : जो देश किसी अन्य देश की करेंसी की तुलना में अपनी करेंसी का अवमूल्यन करता है तो अवमूल्यन से उस देश के आयातों की घरेलू कीमत बढ़ जाती है और निर्यातों की विदेशी कीमत गिर जाती है। **मूल्यह्रास** और अवमूल्यन में अंतर है। मूल्यह्रास का निर्णय बाजार शक्तियां करती हैं जबकि **अवमूल्यन** का निर्णय मौद्रिक प्राधिकारी करता है। जब अवमूल्यन करके करेंसी का विदेशी मूल्य घटाया जाता है तो निर्यात सस्ते हो जाते हैं और आयात महंगे हो जाते हैं। परिणामस्वरूप, निर्यात बढ़ते हैं और आयात घट जाते हैं और इस प्रकार भुगतान शेष का घाटा समाप्त हो जाता है।

3. प्रशुल्क (Tariff) : सरकार संरक्षणात्मक प्रशुल्क लगाकर आयातित वस्तुओं की मात्रा कम करके घरेलू उद्योगों को प्रोत्साहित करती हैं जिससे भुगतान शेष के संतुलन को ठीक करने में सहायता मिलती है।

4. पूंजी गतियों के माध्यम से समायोजन (Adjustment through capital movement) : पूंजीगतियों के माध्यम से भी भुगतान शेष में संतुलन लाया जाता है। पूंजी अंतर्प्रवाहों (inflows) से घाटे और पूंजी वहिर्प्रवाहों (outflows) से अतिरेक की वित्त व्यवस्था की जा सकती है।

जब पूंजी पूर्ण रूप से गतिशील होती है तो घरेलू ब्याज दर में होने वाले थोड़े परिवर्तन ही पूंजी के बड़े प्रवाह ले आते हैं। जब घरेलू ब्याज दर विश्व ब्याज दर के बराबर हो तो यह कहा जाता है कि भुगतान शेष संतुलन में है। यदि घरेलू ब्याज दर विश्व दर से कम होगी तो पूंजी के बहिर्प्रवाह अधिक होंगे जो करेंसी का मूल्य घटा देंगे। इसके विपरीत यदि, घरेलू ब्याज दर विश्व दर से ऊंची होगी तो पूंजी के बड़े अंतर्प्रवाह होंगे जो करेंसी के मूल्य बहुत बढ़ा देंगे।

5. निर्यातों को प्रोत्साहन (Stimulation of exports) : निर्यातों को प्रोत्साहन देकर भी भुगतान शेष के घाटे को दूर किया जा सकता है।

6. विनिमय नियंत्रण (Exchange control) : विनिमय नियंत्रण द्वारा भी सरकार प्रतिकूल भुगतान शेष को ठीक करती है। इसके अंतर्गत सरकार विदेशी विनिमय बाजार को नियंत्रित करती है।

7. आयात नियंत्रण (Import control) : भुगतान शेष असंतुलन को दूर करने का एक अन्य उपाय आयातों का नियंत्रण करना है। इसके अंतर्गत अनावश्यक और विलासिता की वस्तुओं के आयात पर रोक लगा दी जाती है अथवा उन पर भारी आयात कर लगाए जाते हैं। इसके अतिरिक्त विभिन्न प्रकार के आयात

कोटा लगाकर आयातों पर रोक लगाकर उनका नियमन किया जाता है।

अवमूल्यन (Devaluation)

अवमूल्यन का अर्थ देश की मुद्रा के बाह्य मूल्य को कम करना है। इसके अंतर्गत मुद्रा की आन्तरिक क्रय शक्ति में कोई परिवर्तन नहीं किया जाता। जब अवमूल्यन किया जाता है तो देश की मुद्रा के बाह्य मूल्य में अन्य देशों की मुद्राओं के मूल्य की अपेक्षा कम हो जाती है, जबकि विदेशी मुद्राओं के मूल्य में वृद्धि होती है। परिणामस्वरूप, देश के आयातों की घरेलू कीमत बढ़ जाती है और निर्यातों की विदेशी कीमत गिर जाती हैं। इससे देश की निर्यात वस्तुएं विदेशों में सस्ती हो जाती हैं। जिससे निर्यात प्रोत्साहित होते हैं। दूसरी ओर, देश में जो आयातित माल आएगा वह पहले से महंगा होगा। इससे आयात निरूत्साहित होंगे। परिणामस्वरूप, अवमूल्यन से जब निर्यात बढ़ेंगे और आयात कम होंगे तो देश का भुगतान शेष संतुलन की ओर अग्रसर होगा।

अवमूल्यन का भुगतान शेष पर प्रभाव निर्यातों और आयातों की मांग और पूर्ति की लोचों पर निर्भर करता है। इस संबंध में अर्थशास्त्रियों ने अनेक स्थितियों की व्याख्या की है।

1. निर्यातों की बेलोच मांग (Inelastic demand of exports) : यदि देश के निर्यातों की विदेशी मांग की लोच इकाई से कम है, तो भुगतान शेष पर अवमूल्यन का प्रतिकूल प्रभाव होगा। इसे रेखाचित्र में दर्शाया गया है जहां D_x वक्र निर्यातों की बेलोच मांग को व्यक्त करता है और S_x अवमूल्यन से पहले का निर्यातों का पूर्ण लोचदार पूर्ति वक्र है। ये दोनों वक्र E बिन्दु पर काटते हैं। OR विनिमय की दर है तथा OX निर्यातों की मात्रा है। अवमूल्यन के बाद निर्यातों का पूर्ति वक्र S'_x हो जाता है जो D_x को E' पर काटता है।

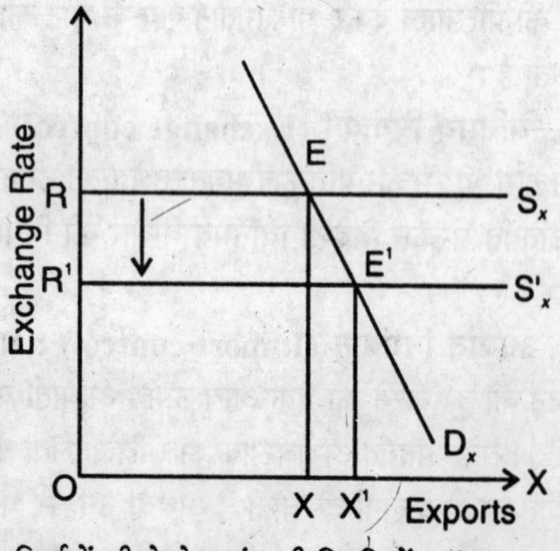

रेखाचित्र : *निर्यातों की बेलोच मांग की स्थिति में अवमूल्यन का प्रभाव*

रेखाचित्र से स्पष्ट है कि अवमूल्यन से पूर्व निर्यातों का कुल मूल्य OXER अवमूल्यन के पश्चात निर्यातों के कुल मूल्य OX'E'R' से अधिक है। इससे सिद्ध होता है कि अवमूल्यन से भुगतान शेष पर प्रतिकूल प्रभाव पड़ा है क्योंकि आय में कमी हुई है।

2. लोचदार मांग (Elastic demand) : यदि निर्यातों की विदेशी मांग लोचदार अथवा इकाई से अधिक है तो अवमूल्यन से भुगतान शेष में सुधार होगा। जिसे रेखाचित्र की सहायता से दर्शाया जा सकता है।

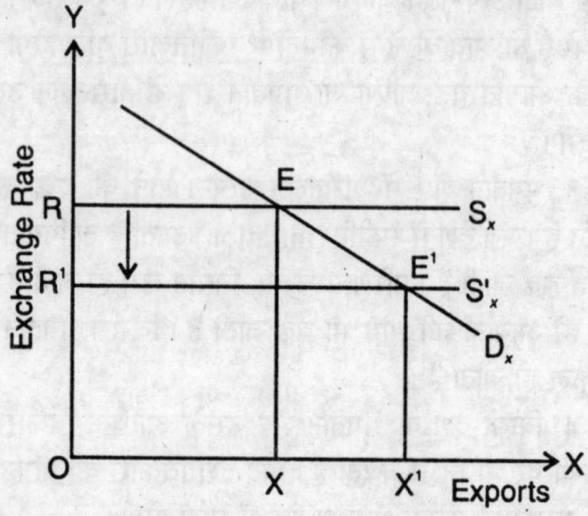

रेखाचित्र : *लोचदार मांग की स्थिति में अवमूल्यन का प्रभाव*

उपरोक्त रेखाचित्र से स्पष्ट है कि अवमूल्यन से पहले OX मात्रा का निर्यात किया जाता है तथा अवमूल्यन के बाद OX' मात्रा का। स्पष्ट है कि अवमूल्यन से निर्यात बढ़े हैं। परिणामस्वरूप, भुगतान शेष पर अनुकूल प्रभाव पड़ा है क्योंकि अवमूल्यन से पहले निर्यातों का कुल मूल्य OXER, अवमूल्यन के बाद निर्यातों के कुल मूल्य OX'E'R' से कम है।

3. मांग की इकाई लोच (Unit elasticity of demand): यदि निर्यातों की मांग की लोच इकाई हो तो अवमूल्यन के पूर्व और पश्चात निर्यातों के मूल्य में कोई अंतर नहीं होगा तथा दोनों का क्षेत्रफल बराबर होने से भुगतान शेष पर कोई प्रभाव नहीं पड़ेगा।

4. आयातों की पूर्ण बेलोच मांग (Inelastic demand of imports) : आयातों की मांग **पूर्ण बेलोच** (Perfect inelastic) होने पर अवमूल्यन के बाद आयातों का कुल मूल्य अवमूल्यन से पहले के कुल मूल्य से अधिक होगा जिससे भुगतान शेष पर प्रतिकूल प्रभाव पड़ेगा तथा अवमूल्यन से लाभ के बजाय हानि होगी। इसे रेखाचित्र में दर्शाया गया है। जहां D_m आयातों की पूर्ण बेलोचदार मांग है तथा S_m पूर्ण लोचदार पूर्ति वक्र है।

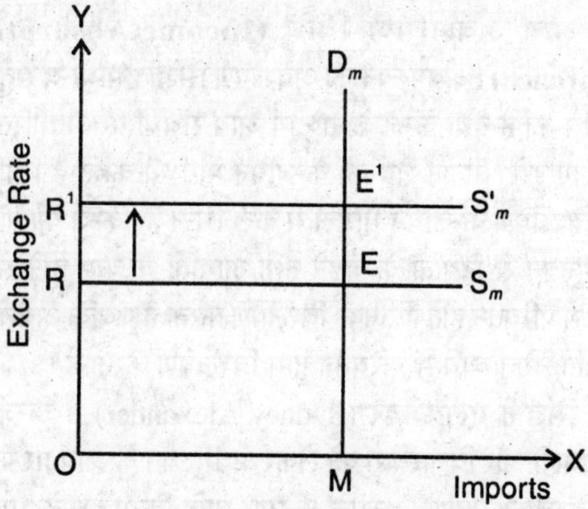

रेखाचित्र : *आयातों की पूर्ण बेलोचदार मांग की स्थिति में अवमूल्यन का प्रभाव*

अवमूल्यन करने से पूर्ति वक्र सरक कर ऊपर S'_m पर चला जाता है। इसका प्रभाव यह होता है कि अवमूल्यन के बाद आयातों का कुल मूल्य OR'E'M अवमूल्यन से पूर्व के कुल मूल्य OREM से अधिक होता है। इस प्रकार अवमूल्यन से आयातों का कुल मूल्य पहले से बढ़ने के कारण भुगतान शेष की स्थिति और खराब हो जाती है।

यदि आयातों की मांग की लोच इकाई से कम हो तो भी अवमूल्यन का भुगतान शेष पर प्रतिकूल प्रभाव पड़ता है जैसा कि इस रेखाचित्र से स्पष्ट है।

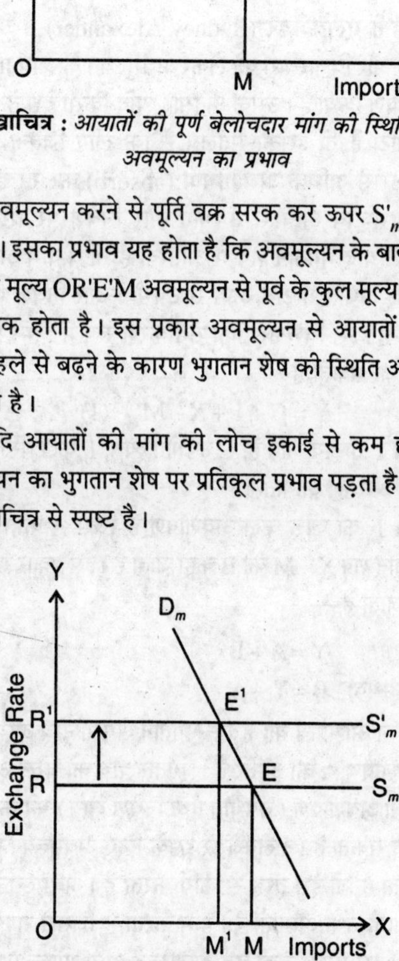

रेखाचित्र : *आयातों की अपेक्षाकृत बेलोचदार मांग की स्थिति में अवमूल्यन का प्रभाव*

5. लोचदार मांग (Elastic demand) : यदि आयातों की मांग की लोच इकाई से अधिक है तो अवमूल्यन का भुगतान शेष पर अनुकूल प्रभाव पड़ता है क्योंकि अवमूल्यन के बाद आयातों का कुल मूल्य अवमूल्यन से पहले के कुल मूल्य से कम होगा। इसे रेखाचित्र में दर्शाया गया है जहां OR'E'M' < OREM।

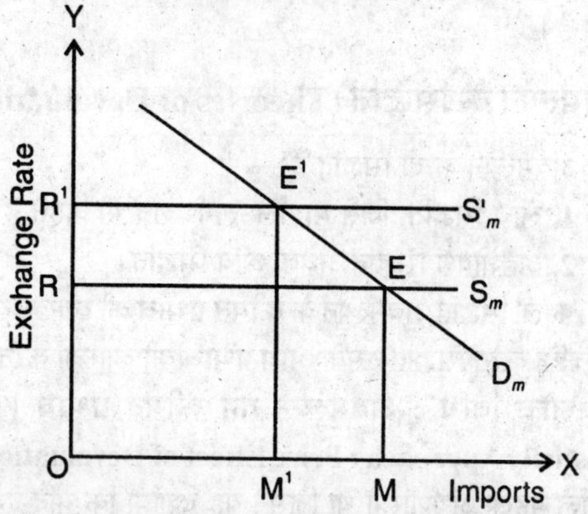

रेखाचित्र : *अपेक्षाकृत लोचदार मांग की स्थिति में अवमूल्यन का प्रभाव*

6. मांग की इकाई लोच (Unitary Elasticity of demand) : यदि आयातों की मांग की लोच इकाई के बराबर होती है तो अवमूल्यन से पूर्व और बाद आयातों के कुल मूल्य की राशि बराबर होगी तथा भुगतान शेष पर अवमूल्यन का कोई प्रभाव नहीं पड़ेगा।

अवमूल्यन की सफलता के लिए शर्तें (Conditions for the success of the devalua-tion)

भुगतान संतुलन को दूर करने का अवमूल्यन एक महत्त्वपूर्ण उपाय है लेकिन इसकी सफलता कुछ आवश्यक शर्तों पर निर्भर करती है।

1. निर्यातों और आयातों की मांग की लोच इकाई से अधिक : अवमूल्यन का भुगतान शेष पर अलुकूल प्रभाव तभी पड़ता है जब निर्यातों और आयातों की मांग की लोच इकाई से अधिक होती है।

2. निर्यातों की पर्याप्त पूर्ति : अवमूल्यन की सफलता के लिए दूसरी शर्त यह है कि जब अवमूल्यन से देश के निर्यातों की मांग में वृद्धि हो तो उनकी पूर्ति भी पर्याप्त होनी चाहिए अन्यथा अवमूल्यन का अनुकूल प्रभाव विफल होगा।

3. स्थिर आन्तरिक कीमत : अवमूल्यन का भुगतान शेष पर अनुकूल प्रभाव तभी पड़ेगा यदि अवमूल्यन के पश्चात देश के अंदर कीमत स्तर स्थिर रहता है।

4. अवमूल्यन प्रतियोगिता मूलक न हो : अवमूल्यन की नीति तभी सफल हो सकती है जबकि अन्य देश प्रतिक्रिया स्वरूप

अवमूल्यन न करें। यदि अन्य देश भी अपनी करेंसियों का प्रतिक्रिया स्वरूप अवमूल्यन करते हैं तो अवमूल्यन का प्रभाव निष्क्रिय हो जाता है।

अवमूल्यन के सिद्धांत (Theories of Devaluation)

अवमूल्यन के दो सिद्धांत हैं—

1. लोच सिद्धांत, जिसे **मार्शल-लर्नर** शर्त भी कहते हैं।

2. अवशोषण सिद्धांत अथवा आय सिद्धांत।

पहला सिद्धांत अवमूल्यन के **कीमत प्रभाव** की व्याख्या करता है जबकि दूसरा सिद्धांत उसके **आय प्रभाव** की व्याख्या करता है।

लोच विधि : अवमूल्यन का कीमत प्रभाव (The Elasticity Approach : Price Effect of Devaluation) : **मार्शल** पहला अर्थशास्त्री था जिसने यह दर्शाया कि यदि देश के निर्यातों के लिए विदेशी मांग की लोच तथा आयातों के लिए घरेलू मांग की लोच का जोड़ इकाई से अधिक हो तो अवमूल्यन का भुगतान शेष पर अनुकूल प्रभाव होता है। लर्नर ने इसका और प्रचार किया। अत: मार्शल-लर्नर शर्त लोच गुणांकों के महत्त्व को दर्शाती है जिसके अनुसार अवमूल्यन का प्रभाव कीमतों और निर्यातों एवं आयातों के मूल्यों पर पड़ता है।

यह सिद्धांत इन मान्यताओं पर आधारित है कि व्यापार की जाने वाली वस्तुओं की पूर्ति पूर्ण लोचदार है तथा वस्तु कीमतें घरेलू मुद्रा में निश्चित है। यह सिद्धांत भुगतान शेष के असंतुलन को विनिमय दर (कीमत) द्वारा समायोजन करने पर आधारित है। अवमूल्यन करने से जब देश की विनिमय दर (अर्थात मुद्रा की विदेशी कीमत) गिरती है तो आयात कम होते हैं और निर्यात बढ़ते हैं। पर ये प्रभाव तभी दृष्टिगोचर होते हैं जबकि आयातों और निर्यातों की मांग की लोचों का जोड़ इकाई से अधिक हो, अर्थात—

$$e_x + e_m > 1$$

जहां e_x निर्यातों की मांग लोच है तथा e_m आयातों की मांग लोच है।

यही मार्शल-लर्नर शर्त है जिसके अनुसार यदि इन दोनों लोचों का जोड़ इकाई से अधिक हो तो एक देश अवमूल्यन द्वारा अपने भुगतान शेष में सुधार कर सकता है। यदि मार्शल-लर्नर शर्त पूरी नहीं होती अर्थात $e_x + e_m = 1$ अथवा $e_x + e_m < 1$ हो, तो भुगतान संतुलन पर अवमूल्यन का अनुकूल प्रभाव नहीं होगा।

इस प्रकार जब निर्यातों की मांग की लोच तथा आयातों की मांग की लोच का जोड़ एक से अधिक होता है तो अपनी करेंसी का अवमूल्यन करने वाले देश के भुगतान शेष में सुधार होगा।

आय अवशोषण विधि (Income Absorption Approach) : अवमूल्यन का अवशोषण सिद्धांत **सामान्य संतुलन प्रकृति** का है तथा केन्ज के राष्ट्रीय आय संबंधों पर आधारित है। इसलिए इसे भुगतान शेष का केन्जीयन मार्ग भी कहते हैं। लेकिन यह विश्लेषण केन्जीयन मॉडल से कुछ भिन्न है। केन्ज का मॉडल अवमूल्यन से निर्यातों के बढ़ने तथा आयातों के कम होने से जो आय में परिवर्तन होते हैं उनका विश्लेषण करता है जबकि अवशोषण सिद्धांत घरेलू व्यय में परिवर्तन द्वारा विश्लेषण करता है।

सिडनी एलेक्जैंडर (Sydney Alexander) ने केन्जीयन शब्दावली और विचारधारा को लेकर अवमूल्यन के आय पर प्रभाव का विश्लेषण किया है। उसके अनुसार, यदि किसी देश के भुगतान शेष में घाटा है तो इसका मतलब है कि लोग जितना उत्पादन करते हैं उससे अधिक **अवशोषण** (absorb) कर रहे हैं। अन्य शब्दों में, राष्ट्रीय आय से उपभोग और निवेश पर घरेलू व्यय अधिक है। यदि भुगतान शेष में अतिरेक है तो वे कम अवशोषण कर रहे हैं, अर्थात राष्ट्रीय आय से उपभोग और निवेश पर घरेलू व्यय कम है। इस विश्लेषण को समीकरण रूप में निम्न प्रकार से समझाया जा सकता है—

$$Y = C + I_d + X - M \quad (1)$$

जहां Y राष्ट्रीय आय है, C उपभोग व्यय, I_d कुल घरेलू निवेश, X निर्यात और M आयात है।

$C + I_d$ का जोड़ कुल अवशोषण है जिसे A कहा जाता है तथा भुगतान शेष X – M को B कहा जाता है। इस प्रकार समीकरण (1) बन जाता है—

$$Y = A + B$$

अथवा $$B = Y - A$$

इसका अभिप्राय यह है कि भुगतान शेष राष्ट्रीय आय Y तथा कुल अवशोषण A का अन्तर है। भुगतान शेष को घरेलू आय बढ़ा कर अथवा अवशोषण (उपभोग तथा निवेश व्यय) को कम करके सुधारा जा सकता है। अलेक्जेंडर इसके लिए अवमूल्यन करने का सुझाव देता है जो इस तरह से कार्य करता है। अवमूल्यन निर्यातों को बढ़ाता है तथा आयातों को कम करता है जिससे राष्ट्रीय आय बढती है। इस प्रकार बढ़ी हुई अतिरिक्त आय गुणक प्रभाव द्वारा आय को और बढ़ाएगी। इससे घरेलू उपभोग में वृद्धि होगी। इस प्रकार, राष्ट्रीय आय में वृद्धि का भुगतान शेष पर शुद्ध प्रभाव राष्ट्रीय आय में कुल वृद्धि तथा अवशोषण में प्रेरित वृद्धि का अन्तर है।

अवमूल्यन का व्यापार शर्त प्रभाव (Terms of Trade Effect of Devaluation)

अवमूल्यन देश की व्यापार शर्तों को सुधारता है या बिगाड़ता है यह आयातों और निर्यातों की मांग एवं पूर्ति लोचों पर निर्भर करता है। पूर्तियों की सापेक्षता में मांगें जितनी अधिक लोचदार होंगी, उतना ही अवमूल्यन का व्यापार की शर्तों पर प्रभाव बेहतर होगा। अवमूल्यन का व्यापार शर्तों पर प्रभाव को निम्न प्रकार से व्यक्त किया जा सकता है—

1. अवमूल्यन व्यापार की शर्तों को सुधारता है, यदि $d_x d_m > S_x S_m$ हो।

2. अवमूल्यन व्यापार की शर्तों को बिगाड़ता है, यदि $d_x d_m < S_x S_m$ हो।

3. अवमूल्यन का व्यापार की शर्तों पर कोई प्रभाव नहीं पड़ता, यदि $d_x d_m = S_x S_m$ हो।

जहां d_x तथा d_m निर्यातों एवं आयातों की क्रमश: मांग की लोच है और S_x तथा S_m निर्यातों एवं आयातों की क्रमश: पूर्ति की लोच है।

मौद्रिक उपागम तथा भुगतान संतुलन में समायोजन (Monetary approach and adjustment in the balance of payments)

भुगतान शेष के समायोजन के तीन सिद्धांत हैं। **पहला,** लोच सिद्धांत जिसे मार्शल-लर्नर शर्त भी कहते हैं। **दूसरा,** अवशोषण सिद्धांत है जिसे आय सिद्धांत भी कहते हैं। इन दोनों सिद्धांतों की व्याख्या पहले की जा चुकी है। **तीसरा,** मौद्रिक उपागम (Monetary approach) है जिसका विश्लेषण अब हम करेंगे।

मौद्रिक उपागम : भुगतान शेष का मौद्रिक उपागम मुद्रा की मांग और पूर्ति के रूप में भुगतान शेष में परिवर्तनों का विवेचन करता है। इस सिद्धांत के अनुसार, भुगतान शेष घाटा सदैव और सभी स्थानों पर एक मौद्रिक तत्त्व है। इसलिए यह केवल मौद्रिक उपायों से ही ठीक किया जा सकता है।

इसकी मान्यताएं (Its Assumptions)

भुगतान शेष का मौद्रिक सिद्धांत निम्न मान्यताओं पर आधारित है—

1. परिवहन लागतों को लेने के पश्चात विभिन्न देशों में बेची गई समान वस्तुओं के लिए ''एक कीमत का नियम'' लागू होता है। अन्य शब्दों में, व्यापार की जाने वाली वस्तुओं की कीमत और एक देश के उत्पादन का स्तर बहिर्जातीय (exogenously) मान लिए जाते हैं।

2. सभी देशों में पूर्ण रोजगार पाया जाता है। इसलिए एक देश में बढ़ी हुई मांग को घरेलू उत्पाद में वृद्धि से पूरा नहीं किया जा सकता है।

3. एक अर्थव्यवस्था में मुद्रा की मांग स्थिर फलन है— आय, धन और ब्याज दर जैसे समग्र आर्थिक चरों की। जब आय बढ़ती है तो मुद्रा की मांग (नकद शेषों) बढ़ती है और ब्याज दरें बढ़ती हैं तो मुद्रा की मांग गिरती है।

इन मान्यताओं के दिए होने पर, भुगतान शेष घाटा को इस प्रकार परिभाषित किया जा सकता है—भुगतान शेष घाटा बराबर है नकद शेषों के लिए बढ़ी हुई मांग पर आधारित अतिरिक्त मांगी गई मुद्रा के ऊपर घरेलू साख निर्माण द्वारा मुद्रा पूर्ति का आधिक्य। **इस प्रकार भुगतान शेष घाटा अर्थव्यवस्था में** अतिरिक्त मुद्रा पूर्ति को व्यक्त करता है। परिणामस्वरूप लोग अपने अतिरिक्त मुद्रा धारणों को विदेशी वस्तुओं और प्रतिभूतियों के साथ बदलते हैं। स्थिर विनिमय दर प्रणाली के अंतर्गत, केन्द्रीय बैंक को विदेशी विनिमय आरक्षण बेचने पड़ेंगे और घरेलू करेंसी की अतिरिक्त पूर्ति को समाप्त करने के लिए घरेलू करेंसी खरीदनी पड़ेंगी। इस प्रकार भुगतान शेष में संतुलन पुन: स्थापित हो जाएगा।

दूसरी ओर, दी हुई विनिमय दर पर यदि मुद्रा की पूर्ति वर्तमान मुद्रा की मांग से कम है तो भुगतान शेष में आधिक्य होगा। परिणाम-स्वरूप, लोग विदेशियों को वस्तुएं तथा प्रतिभूतियां (Securities) बेच कर घरेलू करेंसी प्राप्त करते हैं। वे अपने व्यय को अपनी आय की अपेक्षा कम करके अतिरिक्त मुद्रा शेषों को प्राप्त करने का भी प्रयत्न करेंगे। अपनी ओर से केन्द्रीय बैंक, घरेलू करेंसी की कमी को दूर करने के लिए अतिरिक्त विदेशी करेंसी को घरेलू करेंसी के बदले खरीदेगा।

भुगतान शेष की मौद्रिक विधि को गणितीय रूप में इस प्रकार व्यक्त किया जा सकता है। चूंकि मुद्रा की मांग ब्याज और आय का फलन है। इसलिए—

$$M_d = f(Y, r)$$

और $$M_s = D + B$$

जहां M_d मुद्रा की मांग को, Y राष्ट्रीय आय को तथा r ब्याज दर को, M_s मुद्रा की पूर्ति को, D साख निर्मित घरेलू मुद्रा को तथा B भुगतान शेष आधिक्य या विदेशों से रिजर्व प्रवाह को व्यक्त करता है।

संतुलन की स्थिति में,

$$M_d = M_s$$

या $$M_s = D + B$$

$$B = M_d - D$$

इस समीकरण से स्पष्ट है कि भुगतान शेष आधिक्य (B) मुद्रा शेषों की मांग (M_d) और साख निर्मित मुद्रा के स्टॉक (D) का अंतर है। इसका अभिप्राय यह है कि यदि भुगतान शेष में आधिक्य है तो यह विदेशी रिजर्वों के अंतर्प्रवाह द्वारा समाप्त हो जाएगा अथवा यदि भुगतान शेष में घाटा है तो यह विदेशी रिजर्वों के बहिर्प्रवाहों द्वारा समाप्त हो जाएगी। इस प्रकार घाटा अथवा आधिक्य विदेशी रिजर्वों के प्रवाह को व्यक्त करता है। इस प्रकार भुगतान शेष का समायोजन रिजर्व प्रवाहों के पोर्टफोलियों (प्रतिभूतियों) परिवर्तनों के प्रभाव द्वारा अथवा घरेलू मौद्रिक प्राधिकारियों की उपयुक्त मुद्रा नीतियों द्वारा अपने आप हो जाता है।

लेकिन एक मुक्त तिरती (Free floating) विनिमय दरों की प्रणाली के अंतर्गत मुद्रा की मांग और पूर्ति के बीच समायोजन **घरेलू कीमतों** में बढ़ोतरी और घरेलू करेंसी के मूल्य ह्रास द्वारा किया जाता है जो आयात वस्तुओं की कीमतें बढ़ा देता है।

इसकी आलोचनाएं (Its Criticism)

भुगतान शेष के मौद्रिक सिद्धांत की कई कारणों से आलोचना की गई है।

1. मुद्रा की मांग स्थिर नहीं (Demand for money not stable) : आलोचक मुद्रा की स्थिर मांग की मान्यता से सहमत नहीं है। मुद्रा की मांग दीर्घकाल में स्थिर हो सकती है लेकिन अल्पकाल में यह स्थिर नहीं रह सकती।

2. पूर्ण रोजगार संभव नहीं : इसी प्रकार पूर्ण रोजगार की मान्यता को भी स्वीकार नहीं किया जाता है क्योंकि देशों में अनैच्छिक बेरोजगारी पाई जाती है।

3. एक कीमत नियम अमान्य (One Price law invalid): आलोचकों ने बेची जाने वाली समान वस्तुओं के लिए एक कीमत नियम की मान्यता को अस्वीकार किया है।

4. मार्केट अपूर्णताएं (Market Imperfections) : मार्केट अपूर्णताओं के कारण भी अनेक मार्केटों में एक कीमत के नियम को सही ढंग से कार्य करने में विघ्न पड़ता है। फिर व्यापारियों द्वारा विदेशी कीमतों और व्यापार नियमों के बारे में सूचनाओं के अभाव के कारण भी कीमतों में विभिन्नता हो सकती है।

निष्कर्ष (Conclusion) : इन आलोचनाओं के बावजूद, भुगतान शेष का आधुनिक मौद्रक सिद्धांत **ह्यूम के कीमत** स्वर्ण प्रवाह सिद्धांत के अनुसार मुद्रा का तात्पर्य केवल कीमती धातुओं से था। घाटे वाले देश में स्वर्ण बहिर्प्रवाह से मुद्रा पूर्ति में संकुचन आता था और परिणाम स्वरूप कीमतों में कमी होती थी। आधिक्य वाले देश में इसके विपरीत होता था। अत: भुगतान शेष में कीमतों में परिवर्तन द्वारा संतुलन पुन: स्थापित हो जाता था। जबकि आधुनिक मौद्रिक सिद्धांत के अंतर्गत भुगतान शेष में घाटा अथवा आधिक्य मुद्रा पूर्ति में परिवर्तनों और उनके परिणामी आय और व्यय पर या वस्तुओं के उत्पादन और उपभोग पर प्रभावों द्वारा ठीक किया जा सकता है।

भुगतान शेष नीति : आंतरिक तथा बाह्य संतुलन (Balance of Payments Policy : Internal and External Balance)

भुगतान संतुलन को ठीक करने के दो तरीके हैं—स्वचालित **समायोजन** तथा **नीति** उपाय। स्वचालित समायोजन, स्वर्ण मानक के अंतर्गत आंतरिक कीमतों में परिवर्तनों द्वारा विनिमय दर में परिवर्तनों के माध्यम से अपरिवर्त्य कागज करेंसी के अंतर्गत बाह्य कीमतों में परिवर्तनों द्वारा और राष्ट्रीय आय में परिवर्तनों द्वारा किया जाता है। इनकी चर्चा पहले की जा चुकी है। यहां हम दूसरे तरीके पर विचार करेंगे। दूसरा तरीका नीति उपायों से संबंध रखता है। भुगतान शेष असंतुलन को ठीक करने के लिए प्रत्येक सरकार नीति उपाय अपनाती है। वे उपाय निम्नलिखित हैं—

(a) आंतरिक शेष जो कीमत स्थिरता के साथ पूर्ण रोजगार से संबद्ध है।

(b) बाह्य शेष अथवा भुगतान शेष संतुलन।

मीड के अनुसार दोनों आंतरिक तथा बाह्य शेष संतुलन बनाए रखने के लिए प्रत्येक देश को अपने कुल व्यय तथा विनिमय दर पर नियंत्रण रखना होगा।

भुगतान शेष में घाटे का मतलब है कि आय के मुकाबले व्यय बढ़ गया है। इसे ठीक करने के लिए व्यय को घटाना होगा। व्यय घटाने वाली नीतियों का लक्ष्य होता है कि अपेक्षाकृत अधिक कर लगाकर और ब्याज दर बढ़ाकर कुल मांग घटाई जाए जिससे कुल मांग तथा उत्पादन घटे। जब व्यय तथा उत्पादन घटेगा तो घरेलू कीमत स्तर गिरेगा। इससे व्यय विदेशी वस्तुओं पर से हटकर घरेलू वस्तुओं पर होने लगेगा। परिणामस्वरूप देश के आयात घट जाएंगे।

व्यय बढ़ाने वाली नीतियों का लक्ष्य होता है कि घरेलू वस्तुओं की मांग बढ़ाई जाए और व्यय को आयातित वस्तुओं से हटाकर घरेलू वस्तुओं पर बढ़ाया जाए। इस तरह के व्यय परिवर्तन से घरेलू उत्पादन बढ़ता है। जब तक व्यय करने की सीमान्त प्रवृत्ति इकाई से कम रहेगी तब तक देश के भुगतान शेष में सुधार होगा। आंतरिक तथा बाह्य शेष संतुलन के दोनों उद्देश्य एक साथ पूरा करने के लिए व्यय घटाने और व्यय बढ़ाने वाले उपकरणों के न्याय संगत सम्मिश्रण की जरूरत है। उदाहरणार्थ, यदि अर्थव्यवस्था पहले से ही पूर्ण

रोजगार स्तर पर है तो अवमूल्यन की नीति इस तरह की अर्थव्यवस्था के भीतर स्फीति को बढ़ाएगी। इसलिए पूर्ण रोजगार तथा भुगतान शेष संतुलन बनाए रखने के लिए जरूरी है कि अवमूल्यन की व्यय बढ़ाने वाली नीति के साथ-साथ अधिक कठोर फिस्कल और मौद्रिक नियंत्रणों की मूल्य घटाने वाली नीति भी अपनाई जाए।

आन्तरिक तथा बाह्य शेष के दोनों लक्ष्यों को एक साथ पूरा करने के लिए, नीति उपकरणों के बीच संबंधों की चर्चा **ट्रेवर स्वैन** मॉडल के रूप में ही जा रही है।

स्वैन मॉडल (The Swan Model)

यह मॉडल निम्नलिखित मान्यताओं पर आधारित है—

I. व्यापार प्रतिबंध बिल्कुल नहीं है।

II. पूंजी बिल्कुल गतिशील नहीं है।

रेखाचित्र में X—अक्ष वास्तविक घरेलू व्यय को मापता है और Y—अक्ष विनिमय दर को मापता है। यदि X—अक्ष पर बायीं ओर को (O की ओर) चलें तो इसका मतलब होगा कि व्यय घटाने वाली नीति काम में लाई जा रही है और यदि X—अक्ष पर ऊपर की ओर चलें तो इसका तात्पर्य है कि व्यय बढ़ाने वाली नीति प्रयोग की जा रही है। FF आंतरिक संतुलन वक्र है जो पूर्ण रोजगार तथा स्थिर कीमतों की स्थिति को दर्शाता है। यह विनिमय दरों तथा वास्तविक घरेलू व्यय के विविध संयोगों को व्यक्त करता है। FF वक्र की ढलान ऋणात्मक है जो बताती है कि यदि वास्तविक व्यय या अवशोषण बढ़ती है तो उसे देश की विनिमय दर घटाकर, संतुलित करना होगा ताकि कीमतों को स्थिर रखते हुए पूर्ण रोजगार बनाए रखने के लिए उसका व्यापार शेष घटाया जाए। स्पष्ट है कि FF वक्र से ऊपर दाएं को स्थित बिन्दु स्फीति से संबंध रखते हैं और FF वक्र से नीचे बाएं को स्थित मन्दी अथवा बेरोजगारी से संबंध रखते हैं।

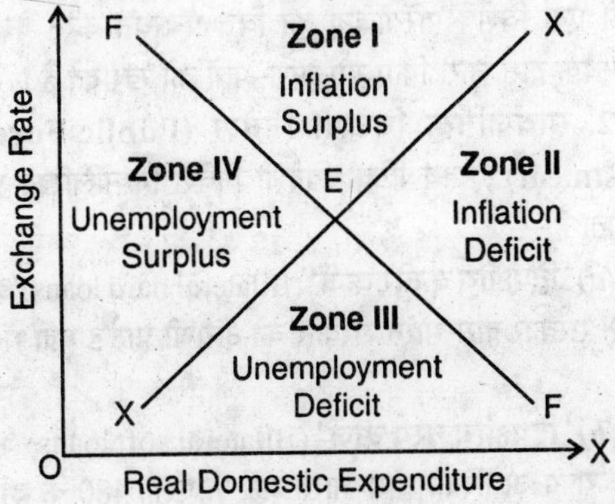

रेखाचित्र : *स्वैन मॉडल*

उपरोक्त रेखाचित्र में XX वक्र बाह्य शेष को व्यक्त करता है जहां, पूंजी गतियों के अभाव में, निर्यात तथा आयात बराबर है। इसलिए बाह्य शेष संतुलन तब होता है जब निवल निर्यात शून्य हो। यह वक्र बाएं से दाएं को ऊपर की ओर ढालू है जो बताता है कि यदि अर्थव्यवस्था को बाह्य संतुलन में रहना है तो अवमूल्यन को घरेलू व्यय में बढ़ोतरी के बराबर संतुलित करना होगा। अवमूल्यन निर्यातों को प्रोत्साहन देकर तथा आयातों को हतोत्साहित करके देश की व्यापारिक शेष स्थिति को बेहतर बनाएगा और वास्तविक घरेलू व्यय में बढ़ोतरी देश के आयातों को पर्याप्त रूप से बढ़ाएगी। स्पष्ट है कि XX वक्र से ऊपर स्थित बिन्दु भुगतान शेष के अतिरेक को बताते हैं और इस वक्र से नीचे स्थित बिन्दु भुगतान शेष के घाटे से संबंध रखते हैं।

FF वक्र जिस बिन्दु पर XX वक्र को काटता है वह बिन्दु **bliss point** है जहां अर्थव्यवस्था एक साथ आंतरिक तथा बाह्य संतुलन में है। रेखाचित्र में E ऐसा बिन्दु है जहां विनिमय दर तथा वास्तविक घरेलू व्यय संतुलन में है। यदि अर्थव्यवस्था E बिन्दु पर नहीं है तो वह असंतुलन में है। स्वैन के अनुसार E बिन्दु के इर्द-गिर्द असंतुलन के चार निम्न क्षेत्र हैं—

क्षेत्र I : स्फीति तथा भुगतान शेष में अतिरेक राशि।

क्षेत्र II : स्फीति तथा भुगतान शेष में अतिरेक घाटा।

क्षेत्र III : बेरोजगारी तथा भुगतान शेष में अतिरेक घाटा।

क्षेत्र IV : बेरोजगारी तथा भुगतान शेष में अतिरेक।

नीति उपाय (Policy Measures)

इस बात की व्याख्या करने के लिए कि एक साथ आंतरिक तथा बाह्य संतुलन प्राप्त करने के लिए किस प्रकार के नीति उपाय अपनानी चाहिए, हम नीचे दर्शाए गए असंतुलन की आठ संभव स्थितियां लेते हैं।

निम्न रेखाचित्र में बिन्दु A पर एक देश के भुगतान शेष तथा बेरोजगारी (या मंदी) संतुलन में है। ऐसी स्थिति में इस बात की जरूरत है कि घरेलू व्यय बढ़ाकर घरेलू अर्थव्यवस्था का विस्तार किया जाए। इससे निवल निर्यात घटेंगे। इस प्रवृत्ति को रोकने के लिए अवमूल्यन के साथ घरेलू व्यय की बढ़ोतरी करनी होगी।

यदि बेरोजगारी और भुगतान शेष में घाटा दोनों एक साथ विद्यमान हों जैसा कि बिन्दु K पर, तो घरेलू व्यय बढ़ाया जाना चाहिए। जो नीति विस्तारक उपायों के माध्यम से आंतरिक मांग बढ़ाती है तथा घरेलू रोजगार भी बढ़ाती है। परंतु इस नीति से भुगतान शेष घाटा भी बढ़ता है। इसे **दुविधा क्षेत्र** (dilemma

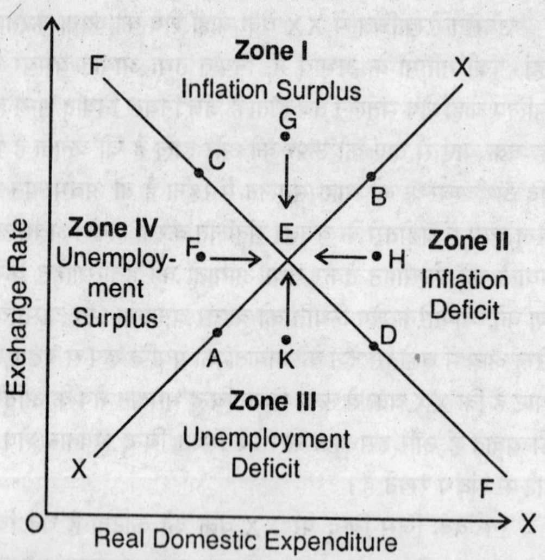

zone) कहते हैं क्योंकि इस स्थिति में विस्तारक नीति की बजाय अवमूल्यन की नीति बेहतर है।

यदि अर्थव्यवस्था में पूर्ण रोजगार के साथ भुगतान शेष घाटे का भी मिश्रण हो जैसा कि बिन्दु D पर, तो इसका हल अवमूल्यन है। परिणामस्वरूप विदेशी मांग के आधिक्य से घरेलू अर्थव्यवस्था में स्फीति आएगी। इन प्रवृत्तियों को रोकने के लिए थोड़े अवमूल्यन के साथ घरेलू व्यय में कटौती करनी होगी।

जोन II में बिन्दु H पर घरेलू स्फीति के साथ ही भुगतान शेष में घाटा भी है। स्फीति का मुकाबला करने के लिए घरेलू व्यय घटाना होगा जो भुगतान शेष के घाटे को कम कर सकेगा और अन्त में अर्थव्यवस्था संतुलन स्थिति E की ओर बढ़ेगी।

यदि देश में भुगतान शेष संतुलन तथा स्फीति है जैसा कि बिन्दु B पर, तो देश को अपनी विनिमय दर बढ़ानी चाहिए और घरेलू व्यय घटाना चाहिए।

जोन I में बिन्दु G पर भुगतान शेष में अतिरेक के साथ ही स्फीति भी है। इस स्थिति में अतिरेक को ठीक करने के लिए विनिमय दर घटायी जाए और स्फीति का मुकाबला करने के लिए व्यय को घटाया जाए। लेकिन घरेलू व्यय के घटाने से अतिरेक बढ़ेगा। यह भी दुविधा क्षेत्र है। यदि देश में पूर्ण रोजगार तथा भुगतान शेष में अतिरेक है जैसा कि बिन्दु C पर, तो देश को अपनी विनिमय दर बढ़ानी चाहिए। परंतु विनिमय दर बढ़ने से बेरोजगारी आएगी। इससे बेचने के लिए देश को अपना घरेलू व्यय बढ़ाना चाहिए।

जोन IV में बिन्दु F पर भुगतान शेष में अतिरेक के साथ बेरोजगारी है। यहां आंतरिक तथा बाह्य दोनों संतुलनों के लिए घरेलू व्यय बढ़ाना उचित होगा। इस तरह की नीति से रोजगार बढ़ेगा और आयातों में बढ़ोतरी को प्रोत्साहन मिलेगा जिसके परिणामस्वरूप अतिरेक का आकार घटेगा।

विदेशी सहायता के प्रकार (Types of Foreign aid): विदेशी पूंजी किसी देश में निजी निवेश और सार्वजनिक निवेशों के रूप में प्रवेश कर सकती है।

1. निजी विदेशी निवेश (Private Foreign Investment) : निजी विदेशी निवेश प्रत्यक्ष या अप्रत्यक्ष रूप में हो सकती है।

***(a)* प्रत्यक्ष निवेश (Direct investment) :** प्रत्यक्ष निवेश का मतलब है कि निवेश करने वाले देश की व्यापार संस्थाएं निवेश के माध्यम से निर्मित परिसम्पत्तियों पर **यथार्थतः** (de facto) या अधिकारतः (de Jure) नियंत्रण करती है। प्रत्यक्ष निवेश के कई रूप हो सकते हैं—पूंजी आयातकारी देश में निवेशक देश की कम्पनी की उपशाखा खोलना, ऐसी व्यापार संस्था की स्थापना, जिसमें निवेशक का बहुमत शेयर धारण हो, पूंजी आयातकारी देश में ऐसी कम्पनी खोलना जिसका पूर्ण रूप से वित्त-प्रबन्ध निवेशक देश में स्थित मूल कम्पनी करे, या निवेशक देश के नागरिकों द्वारा दूसरे देश में स्थिर परिसम्पत्तियों का निर्माण करना।

***(b)* अप्रत्यक्ष निवेश (Indirect investment) :** अप्रत्यक्ष निवेशों को **''निवेश सूची''** (Port folio) अथवा **''किराया जीवी''** (rentier) निवेश कहते हैं। इनमें प्रमुखतः (पूंजी आयातकारी देश की सरकार द्वारा निर्गमित अथवा गारंटीशुदा) हस्तांतरणीय प्रतिभूतियां, हिस्से अथवा ऋण पत्र सम्मिलित होते हैं, जिन्हें किसी अन्य देश के नागरिक लेते हैं। इन धारणों से कंपनी पर नियंत्रण का अधिकार प्राप्त नहीं होता, शेयर-होल्डर केवल लाभांश प्राप्त कर सकते हैं। आजकल **बहुपक्षीय अप्रत्यक्ष** निवेश भी होते हैं। किसी देश के नागरिक किसी अल्पविकसित देश में एक विशेष परियोजना का वित्त प्रबन्धन करने के लिए विश्व बैंक द्वारा जारी किए गए ऋण-पत्रों को खरीदते हैं।

2. सार्वजनिक विदेशी निवेश (Public Foreign investment) : सार्वजनिक विदेशी निवेश निम्नलिखित प्रकार का होता है—

***(a)* 'द्विपक्षीय कठोर कर्जे'** (Bilateral hard loans) अर्थात ब्रिटिश सरकार द्वारा भारत सरकार को अंग्रेजी पाउंड मुद्रा में कर्ज देना।

***(b)* 'द्विपक्षीय नरम कर्जे'** (Bilateral soft loans) अर्थात् संयुक्त राज्य अमेरिका द्वारा भारत को पी.एल. 480 के अंतर्गत खाद्यान्न बेचना।

(c) **'बहुपक्षीय कर्जे'** (Multilateral loans) अर्थात सदस्य देशों द्वारा Aid India Club तथा Colombo Plan इत्यादि में अंशदान। इस वर्ग के अंतर्गत वे कर्जे भी आते हैं जिन्हें संयुक्त राष्ट्र की विविध एजेंसियां जैसे IBRD, IFC, IDA, UNDP इत्यादि उपलब्ध कराती है।

अंतर्राष्ट्रीय रिजर्व (International Reserve)

अंतर्राष्ट्रीय रिजर्व सामान्य तौर से **अंतर्राष्ट्रीय तरलता** के पर्यायवाची के रूप में प्रयोग होता है। अंतर्राष्ट्रीय तरलता एक देश के भुगतान शेष के घाटे को ठीक करने के लिए उसके केन्द्रीय बैंक द्वारा रखे गए अंतर्राष्ट्रीय तौर से स्वीकार्य परिसंपत्तियों के समस्त भंडार हैं। अन्य शब्दों में, अंतर्राष्ट्रीय तरलता, बिना समायोजन नीतियां अपनाएं, एक देश को अपने भुगतान शेष के घाटे की वित्त व्यवस्था करने की क्षमता प्रदान करती है। अंतर्राष्ट्रीय आरक्षणों में एक देश के अधिकृत स्वर्ण भंडार, विनिमय विदेशी करेंसियां तथा SDR के धारण और IMF में इसकी निवल स्थिति शामिल होते हैं।

अंतर्राष्ट्रीय तरलता के साहित्य में **स्वाधिकृत** (owned) उधार लिए गए (उधारकृत) तथा शर्त या **प्रतिबंधित** (conditional) एवं बिना शर्त (अप्रतिबंधित) आरक्षणों में भेद किया जाता है। बाकी विश्व के साथ देश की सभी चालू और पूंजी लेखा देयताएं पूरी करने के बाद विदेशी विनिमय अतिरेक स्वाधिकृत आरक्षण होते हैं। इसी प्रकार, देश के अधिकृत स्वर्ण भंडार उसके स्वाधिकृत आरक्षण है। विदेशों से पूंजी आयातों के रूप में उधार-ग्रहण और दूसरे देशों द्वारा देश में किए गए प्रत्यक्ष निवेश उधारकृत आरक्षण है। स्वाधिकृत और उधारकृत आरक्षण दोनों ही अंतर्राष्ट्रीय तरलता के स्रोत है।

बिना शर्त अंतर्राष्ट्रीय आरक्षणों में एक देश के अधिकृत स्वर्ण भंडार, विदेशी करेंसियों और SDR के धारणा, IMF में इसकी निवल स्थिति तथा अंतर्राष्ट्रीय परिसम्पत्तियों के निजी धारण सम्मिलित होते हैं।

अंतर्राष्ट्रीय आरक्षणों की समस्या और आवश्यकता (Need and Problem of International Reserves)

अंतर्राष्ट्रीय तरलता की समस्या इस कारण उत्पन्न हुई है कि अंतर्राष्ट्रीय तरलता (या आरक्षणों) की मांग उनकी पूर्ति के अनुपात से अधिक बढ़ रही है जिससे अंतर्राष्ट्रीय तरलता की कमी हो गई है। यह मूलत: विश्व के अधिकतर देशों के बढ़ते हुए भुगतान शेष घाटों के कारण है। विशेषकर अल्पविकसित देशों का विश्व मार्केटों के साथ व्यापार खुल जाने के बाद, ये देश अपने भुगतान शेषों में निरन्तर घाटों का सामना कर रहे हैं। निर्यातों पर अत्यधिक निर्भरता होने से ये अर्थव्यवस्थाएं अपनी वस्तुओं की मांग और कीमतों में अंतर्राष्ट्रीय उतार-चढ़ावों से प्रभावित होती है।

दूसरी ओर, विकास करने के लिए उनकी आयात आवश्यकताएं बढ़ रही हैं। परिणामस्वरूप, विदेशी विनिमय की कठिनाइयों का सामना उन्हें करना पड़ता है। इसने अधिक विदेशी सहायता और निवेश के अन्त: प्रवाह की आवश्यकता को बढ़ा दिया है। इस कारण, उनके ऋण भुगतान और ऋण पर ब्याज तथा निजी प्रत्यक्ष विदेशी निवेश पर लाभांश, लाभ एवं रायल्टी भुगतानों में वृद्धि हुई है जिसके विदेशी पूंजी का निवल अंत:प्रवाह कम हो रहा है। इन सभी कारणों से उनके विदेशी विनिमय आरक्षणों में कमी हो गई है।

विश्व तरलता को बढ़ाने में IMF की भूमिका (Role of the IMF in Increasing World Liquidity)

IMF एक अंतर्राष्ट्रीय मौद्रिक संस्था है जो अपने सदस्यों के लिए विश्व तरलता पूर्ति का मुख्य स्रोत है। 1970 के प्रारंभ में इसने SDRs निर्माण और जारी करने की एक स्कीम चलाई। SDRs बिना शर्त रिजर्व परिसम्पत्तियां हैं जो विश्व आरक्षणों के स्तर को प्रभावित करने तथा अंतर्राष्ट्रीय तरलता की समस्या को सुलझाने के लिए है। IMF, SDR का निर्माण करता है और अपने सदस्यों को उनके कोटा का अनुपात आवंटित करता है। इस उद्देश्य के लिए कोष ने एक विशेष आहरण लेखा स्थापित किया है। SDRs नई प्रकार के अंतर्राष्ट्रीय मुद्रा रिजर्व है जिनका निर्माण अंतर्राष्ट्रीय मुद्रा प्रणाली के एकमात्र यू.एस. डालर और सोने की कीमतों में उतार-चढ़ावों पर निर्भरता से मुक्त रखने के लिए किया गया है। इनका निर्माण अंतर्राष्ट्रीय तरलता को सुधारने के लिए किया गया ताकि कोष के सदस्यों के भुगतान शेष में मूल असंतुलनों को ठीक किया जा सके।

IMF के पास अपने सदस्य देशों की तरलता बढ़ाने के लिए अनेक प्रकार की सुविधाएं हैं। IMF की ओर से सदस्यों को उधार उनके चालू खाते में भुगतान शेषों के असंतुलनों को दूर करने के लिए दिया जाता है। यदि सदस्य देश के पास उनके कोटे से कम करेन्सी है तो यह **अन्तर रिजर्व भाग** (reserve tranche) कहलाता है। 1960 के दशक से कोष ने अपने सदस्यों के लिए अनेक नई ऋण सुविधाएं निर्मित की हैं। ये हैं—

1. बफर स्टॉक सुविधा (Buffer stock financing facility-BSFF) : सदस्य देशों के वस्तु बफर स्टॉक के वित्त की

व्यवस्था करने के लिए बफर स्टॉक सुविधा 1969 में बनाई गई थी। यह सुविधा उधार लेने वाले सदस्य के कोटा के 30 प्रतिशत के बराबर तक है।

2. विस्तृत वित्त पोषक सुविधा (The extended fund financing facility-EFF) : यह भी एक विशिष्ट सुविधा है जो 1974 में बनाई गई थी। EFF के अंतर्गत, IMF सदस्य देशों को इस मलतब के लिए साख प्रदान करता है कि वे अपने अपेक्षाकृत लम्बी अवधियों के भुगतान शेष घाटों को पूरा कर सकें और इन ऋणों की राशि सामान्य साख सुविधाओं के अंतर्गत उसके निर्धारित कोटों से अधिक होती है। EFF दस वर्ष तक के लिए साख प्रदान करती है तथा सदस्य देशों के कोटा का तीन सौ प्रतिशत तक ऋण दिए जाते हैं।

3. पूरक वित्त पोषक सुविधा (The supplementary Financing Facility-SFF) इसकी स्थापना 1977 में हुई थी। इसका उद्देश्य था कि सदस्यों को विस्तारित या तैयार प्रबंधों के अंतर्गत पूरक वित्त व्यवस्था प्रदान की जाए ताकि वे अपने उन गंभीर भुगतान शेष घाटों को पूरा कर सकें जो उनकी अर्थव्यवस्थाओं और उनके कोटों की तुलना से बहुत अधिक हो। यह सुविधा निम्न आय वाले विकासशील देशों को प्रदान की जाती है।

इसके अतिरिक्त, IMF ने 1968 में संगठनिक समायोजन सुविधा (SAF), 1987 में वर्धित संगठनिक समायोजन सुविधा (ESAF) तथा 1988 में क्षतिपूरक एवं आकस्मिक वित्तपोषक सुविधा (CCFF) का निर्माण किया। ये सभी सुविधाएं निम्न आय वाले देशों के लिए हैं। इनके द्वारा भी IMF अंतर्राष्ट्रीय तरलता बढ़ाने में सहायक हुआ है।

विश्व बैंक (World Bank)

अंतर्राष्ट्रीय पुनर्निर्माण तथा विकास बैंक (International Bank for Reconstruction and Development, IBRD), जिसे विश्व बैंक भी कहा जाता है, की स्थापना 1944 के ब्रेटन बुड्ज समझौते के अंतर्गत 1945 में हुई थी।

कार्य (Functions)

विश्व बैंक के निम्नलिखित कार्य हैं—

1. उत्पादक उद्देश्य के लिए पूंजी निवेश की सुविधा प्रदान करके अपने सदस्य देशों के पुनर्निर्माण तथा विकास में सहायता देना और अपेक्षाकृत कम विकसित देशों में उत्पादक सुविधाओं और संसाधनों के विकास को प्रोत्साहन देना।

2. प्रतिभूतियां देकर निजी विदेशी निवेश को बढ़ावा देना अथवा निजी निवेशकों द्वारा ऋणों तथा अन्य निवेश में भागीदारी को बढ़ावा देना और जब उचित शर्तों पर पूंजी उपलब्ध न हो तो अपने संसाधनों से या उधार लिए गए संसाधनों से उत्पादक उद्देश्य के लिए वित्त की व्यवस्था करके निजी निवेश को सम्पूर्ण करना।

3. अंतर्राष्ट्रीय व्यापार के दीर्घकालीक स्थायी संतुलित वृद्धि को बढ़ावा देना और सदस्य देशों के उत्पादक संसाधनों के विकास के लिए अंतर्राष्ट्रीय निवेश को प्रोत्साहन देकर, सदस्य देशों के भुगतान शेष में संतुलन बनाए रखना और परिणामस्वरूप उनके क्षेत्रों में उत्पादकता और उनका जीवन स्तर और परिस्थितियों को बढ़ाने में सहायता देना।

विश्व बैंक मध्यावधि तथा दीर्घावधि ऋण देता है जो प्राय: परियोजना के पूर्ण होने तक चलते हैं। जब बैंक शुरू हुआ तब से दो दशक तक बैंक के उधारदान प्रचालन भारी रूप से पूंजी आधारित परियोजनाओं पर केन्द्रित थे जैसे विद्युत उत्पादन एवं वितरण, सिंचाई परियोजनाएं, रेल और सड़क मार्ग आदि। 1970 के दशक के बाद से आधारिक निवेश के लिए कर्जों में कमी हुई है। इसके बजाय इसने विकासशील देशों में शिक्षा प्रणाली में परिवर्तन करने के लिए, औद्योगिक निवेशों की वित्त व्यवस्था करने वाली संस्थाओं की स्थापना के लिए और कृषि परियोजनाएं तैयार करने में सहायता देने के लिए वित्त प्रदान करना है। इसकी वर्तमान विकास कूटनीति उन निवेशों पर अधिक बदल देती है जो विकासशील देशों के गरीब लोगों की उत्पादकता और जीवन-स्तर बढ़ा कर उनके कल्याण को प्रभावित करते हैं। इस उद्देश्य को पूरा करने के लिए बैंक, कृषि एवं ग्रामीण विकास, शिक्षा, परिवार कल्याण, पौष्टिक आहार, कम लागत के आवास गृह, पेय जल और सीवर संबंधी परियोजनाओं के लिए वित्त की व्यवस्था करता है।

अंतर्राष्ट्रीय मुद्रा कोष (International Monetary Fund)

अंतर्राष्ट्रीय मुद्रा कोष की स्थापना ब्रैटन वुड्ज समझौते के तहत 1945 में की गई थी। इसकी स्थापना सदस्य देशों में आर्थिक तथा वित्तीय सहयोग को बढ़ावा देने के लिए हुई थी ताकि विश्व व्यापार का विस्तार और आर्थिक वृद्धि आसानी से हो सके।

IMF के उद्देश्य (Objectives of the IMF)

IMF के उद्देश्य निम्नलिखित हैं—

1. ऐसी स्थायी संस्था के माध्यम से अंतर्राष्ट्रीय मौद्रिक सहयोग को बढ़ावा देना जो अंतर्राष्ट्रीय मौद्रिक समस्याओं के संबंध में विचार-विमर्श और सहयोग की मशीनरी प्रदान करे।

2. अंतर्राष्ट्रीय व्यापार के विस्तार एवं संतुलित वृद्धि को सुगम

बनाना और परिणामस्वरूप आर्थिक नीति के प्राथमिक उद्देश्यों के रूप में सभी सदस्य देशों में रोजगार एवं वास्तविक आय के ऊंचे स्तरों को बढ़ावा देने और बनाए रखने में तथा सदस्यों के उत्पादक संसाधनों के विकास में योगदान देना।

3. विनिमय स्थिरता को बढ़ावा देना, सदस्यों में सुव्यवस्थित विनिमय प्रबंध बनाए रखना और प्रतियोगी विनिमय मूल्य ह्रास से बचना।

4. सदस्य देशों के चालू लेन-देन के संबध में भुगतान की बहुउद्देशीय प्रणाली की स्थापना करने में और उन विदेशी विनिमय प्रतिबंधों को समाप्त करने में सहायता देना जो विश्व व्यापार की वृद्धि में बाधा पहुंचाते हैं।

5. सदस्य देशों को उचित संरक्षणों के अंतर्गत कोष के संसाधन उपलब्ध कराकर उनमें विश्वास जगाना और इस प्रकार उन्हें यह अवसर प्रदान करना कि वे राष्ट्रीय अथवा अंतर्राष्ट्रीय समृद्धि को तबाह करने वाले उपायों का आश्रय लिए बिना ही अपने भुगतान शेष कुसमायोजनों को ठीक कर सकें।

विशेष आहरण अधिकार (Special Drawing Rights-SDRs)

1970 के आरम्भ में, IMF ने विशेष आहरण अधिकार (SDRs) के निर्माण और जारी करने की एक स्कीम चलाई। SDRs को **कागजी सोना** भी कहते हैं। SDRs विश्व रिजर्वों के स्तर को प्रभावित करने के लिए शर्तरहित रिजर्व परिसम्पत्तियों के रूप मे निर्मित किए गए थे ताकि अंतर्राष्ट्रीय तरलता की समस्या हल की जा सके। यह भाग लेने वाले सदस्यों को उनके कोष कोटों के अनुपात में आवंटित किए जाते हैं। आरम्भ में SDR का मूल्य 16 करेंसियों के समूह के आधार पर आकलित किया जाता था। लेकिन 1981 से SDR का मूल्य **पांच करेंसियों** के समूह के आधार पर आकलित किया जाता है। इन करेंसियों में अमेरिकी डालर, जर्मन मार्क, अंग्रेजी पाउण्ड, फ्रांसीसी फ्रैंक और जापानी येन आते हैं।

SDR लेखा की अंतर्राष्ट्रीय इकाई है जो ''कोष विशेष लेखा'' में रखी जाती है। ''कोष सामान्य लेखा'' में सभी करेंसियों के कोटों का मूल्य निर्धारण SDR में किया जाता है। अंतर्राष्ट्रीय मौद्रिक परिसम्पत्ति के रूप में, SDR केन्द्रीय बैंकों और सरकारों के अंतर्राष्ट्रीय रिजर्वों में रखे जाते हैं ताकि वे अपने भुगतान शेषों की कमियों या अतिरेकों के लिए वित्त की व्यवस्था कर सकें। IMF द्वारा कर्जों और पुनर्भुगतान के रूप में किए गए सभी लेन-देनों को SDR के रूप में व्यक्त किया जाता है।

IMF विशेष आहरण लेखा में रखे गए SDRs के समस्त धारणों पर ब्याज देता है और भागीदारों को किए गए सब आवंटनों पर उसी दर से ब्याज वसूल करता है। इस प्रकार जिन भागीदारों के धारण उनके आवंटनों से बढ़ जाते हैं वे चालू ब्याज दर पर निवल (net) ब्याज कमाते हैं और जिनके धारण आवंटनों से कम होते हैं वे चालू ब्याज दर पर निवल भुगतान करते हैं।

विश्व बैंक परिवार (World Bank Family)

विश्व बैंक से संबद्ध तीन संस्थाएं हैं जो विश्व बैंक के परिवार के रूप में कार्य करती हैं। ये हैं—

1. अंतर्राष्ट्रीय विकास परिषद (IDA)

2. अंतर्राष्ट्रीय वित्त निगम (IFC)

3. बहुपक्षीय निवेश गारंटी एजेंसी (MIGA)

अंतर्राष्ट्रीय विकास परिषद (International Development Association)

यह विश्व बैंक से संबद्ध संस्था है जो **1960** में स्थापित की गई थी। कानूनी और वित्तीय तौर से यह संस्था विश्व बैंक से अलग है परंतु वास्तव में यह विश्व बैंक की सिस्टर संस्था है। IDA को विश्व बैंक की **''नरम ऋणी खिड़की''** (soft loan window) कहा जाता है। यह अपने दरिद्र सदस्य देशों को रियायती दरों पर **''नरम कर्जे''** प्रदान करती है। इसके द्वारा गैर परियोजना और परियोजना दोनों प्रकार के ऋण प्रदान किए जाते हैं। इनके द्वारा सहायता प्राप्तकर्ता देश के केवल सरकार को ही दिए जाते हैं, निजी संस्थाओं को नहीं।

अंतर्राष्ट्रीय वित्त निगम (International Finance Corporation)

अंतर्राष्ट्रीय वित्त निगम विश्व बैंक से संबद्ध एक अन्य संस्था है जिसकी स्थापना **1956** में की गई थी। इसको स्थापित करने के दो मुख्य कारण थे—

1. विश्व बैंक सदस्य देश की सरकार को अथवा उसकी गारंटी पर ऋण देता है। यह निजी क्षेत्र को बिना उस देश की सरकार की गारंटी के ऋण नहीं देता है।

2. विश्व बैंक ईक्विटी अथवा उद्यम (जोखिम) पूंजी निजी क्षेत्र को प्रदान नहीं करता है। यह केवल परोक्ष रूप में विकास वित्त कंपनियों के माध्यम से निजी क्षेत्र की वित्तीय आवश्यकताएं पूरी करता है।

इन दो कमियों को दूर करने हेतु अंतर्राष्ट्रीय वित्त निगम की स्थापना की गई।

उद्देश्य (Objectives)

निगम का उद्देश्य सदस्य देशों, विशेषकर कम विकसित क्षेत्रों, में उत्पादकीय निजी उपक्रम की वृद्धि को प्रोत्साहित करके आर्थिक विकास को बढ़ाना है। इस प्रकार IFC के निम्न उद्देश्य हैं—

1. निगम निजी निवेशकों के साथ मिलकर उत्पादकीय निजी उपक्रम की स्थापना, सुधार और प्रसार के वित्त प्रबंध में सहायता करता है। इसके लिए इसका उद्देश्य सदस्य देश की सरकार की पुनर्भुगतान की गारंटी के बिना उस देश में निवेश करना है।

2. घरेलू और विदेशी निजी पूंजी के निवेश सुअवसरों तथा अनुभवी प्रबंधन को इकट्ठा करना है।

3. सदस्य देशों में घरेलू और विदेशी निजी पूंजी उत्पादकीय निवेश में प्रवाहित करने के लिए प्रोत्साहन देना और इसके लिए सहायक स्थितियां निर्मित करने में प्रेरक होना है।

बहुपक्षीय निवेश गारंटी एजेंसी (Multilateral Investment Guarantee Agency)

बहुपक्षीय निवेश गारंटी एजेंसी (MIGA) विश्व बैंक ग्रुप की नवीनतम संबद्ध संस्था है जो अप्रैल, 1988 में स्थापित हुई।

उद्देश्य (Objectives) : MIGA के निम्न मुख्य उद्देश्य हैं—

1. इसका प्राथमिक उद्देश्य सदस्य विकासशील देशों में विदेशी निवेश के प्रवाह को प्रोत्साहित करना है।

2. अपने गारंटी प्रोग्राम के द्वारा यह राजनीतिक जोखिम दूर करने के लिए निवेश बीमा प्रदान करती है।

3. मिगा का गारंटी प्रोग्राम निवेशकों को चार प्रकार के गैर व्यवसायिक जोखिमों से उत्पन्न होने वाली हानियों के विरुद्ध बीमा सुरक्षा प्रदान करता है।

4. मिगा केवल नए निवेशों का बीमा कर सकता है जिसमें वर्तमान निवेशों का प्रसार, निजीकरण और वित्तीय पुनर्संरचना करना शामिल है।

5. यह विकासशील देशों की सरकारों को प्रोत्साहन और परामर्श देने वाली सेवाएं भी प्रदान करता है ताकि उनके निवेश वातावरण का आकर्षण बढ़ाया जा सके।

संयुक्त राष्ट्र व्यापार एवं विकास सम्मेलन (UN Conference on Trade and Development)

संयुक्त राष्ट्र व्यापार और विकास सम्मेलन (UNCTAD) की स्थापना IMF तथा गैट (GATT) जैसी अंतर्राष्ट्रीय संस्थाओं के असंतोषजनक कार्य के कारण **1964** में की गई थी। इसका कारण यह था कि इन संस्थाओं ने विकसित देशों का पक्ष लिया तथा अल्पविकसित देशों की विशेष व्यापार और विकास समस्याओं का निदान करने में असफल रहे हैं। UNCTAD यू.एन. महासभा का एक स्थायी अंग है जिसका मुख्यालय **जेनेवा** में है।

अनकटाड के कार्य (Functions of UNCTAD)

अनकटाड के निम्नलिखित कार्य हैं—

1. भिन्न सामाजिक-आर्थिक व्यवस्थाओं वाले विशेषकर अल्पविकसित देशों के आर्थिक विकास को तीव्र करने के लिए अंतर्राष्ट्रीय व्यापार को बढ़ाना।

2. अंतर्राष्ट्रीय व्यापार और आर्थिक विकास से संबंधित समस्याओं के लिए सिद्धांत और नीति बनाना।

3. सामान्यतया अंतर्राष्ट्रीय व्यापार और आर्थिक विकास से संबंधित समस्याओं के क्षेत्र में संयुक्त राष्ट्र व्यवस्था के भीतर अन्य संस्थाओं के क्रिया-कलापों में समन्वय करना तथा उसकी समीक्षा करना।

एशियाई विकास बैंक (Asian Development Bank) :

इसकी स्थापना एशियाई देशों की आवश्यकता को पूरा करने के लिए 1966 में की गई थी। इसका मुख्यालय **मनीला में है।**

इसके कार्य : एशियाई विकास बैंक निम्नलिखित कार्य करता है—

1. वित्त सहायता : यह अनुदानों और कर्जों के रूप में वित्तीय सहायता प्रदान करता है। यह तीन प्रकार के कर्जे देता है—परियोजना उधार दान, क्षेत्र उधार दान तथा प्रोग्राम उधार दान।

2. तकनीकी सहायता (Technical Assistance) : तकनीकी सहायता प्रदान करने के लिए ADB ने एक **तकनीकी सहायता विशेष कोष** स्थापित किया है। यह सदस्य देशों की सरकारों, उनकी एजेंसियों, क्षेत्रीय संस्थाओं तथा निजी फर्मों को तकनीकी सहायता प्रदान करता है। ADB की तकनीकी सहायता दो उद्देश्यों के लिए होती है—**प्रथम,** विशिष्ट राष्ट्रीय अथवा क्षेत्रीय विकास परियोजनाओं एवं योजनाओं को तैयार, वित्त प्रबंधन और कार्यान्वित करने के लिए। **दूसरा,** कृषि, उद्योग तथा लोक प्रशासन जैसे क्षेत्रों में राष्ट्रीय अथवा क्षेत्रीय स्तर पर नई संस्थाएं स्थापित करने अथवा वर्तमान संस्थाओं के कार्यकरण के लिए।

3. अन्य कार्य : ADB के अन्य कार्य क्षेत्रीय आर्थिक एकीकरण को प्रोत्साहित करना तथा इससे संबंधित सर्वेक्षण और शोध करना ताकि भविष्य के लिए नीति निर्धारण किया जा सके।

अंतर्राष्ट्रीय मुद्रा कोष बनाम विश्व बैंक

अंतर्राष्ट्रीय मुद्रा कोष एवं विश्व बैंक दोनों ही **ब्रेटन बुड्स सम्मेलन** के निर्णयों की व्यावहारिक परिणति है। दोनों ही के माध्यम से अंतर्राष्ट्रीय आर्थिक सहयोग की भावना को बल मिला है। फिर भी दोनों संस्थाओं द्वारा प्रदान की जाने वाली आर्थिक सहायता में मुख्य अन्तर यह है कि **विश्व बैंक द्वारा सदस्य राष्ट्रों में संतुलित आर्थिक विकास प्रोत्साहित करने हेतु दीर्घकालीन ऋण उपलब्ध कराया जाता है जबकि मुद्रा कोष द्वारा सदस्य राष्ट्रों के भुगतान संतुलन में असाम्य को दूर करने के लिए अल्पकालीन ऋण उपलब्ध कराए जाते हैं।**

प्रशुल्क एवं व्यापार पर सामान्य समझौता–गैट (General Agreement on Tariffs and Trade–GATT)

1930 की विश्वव्यापी मन्दी के दौरान अंतर्राष्ट्रीय व्यापार का विकास अस्त-व्यस्त हो गया था और विभिन्न देशों ने अपने-अपने हितों की सुरक्षा के लिए आयात प्रतिबंधों का सहारा लेना प्रारंभ कर दिया था। परिणामस्वरूप विश्व व्यापार में कमी उत्पन्न हो गई। इससे उभरने के लिए नवम्बर, 1945 में अमेरिका ने अंतर्राष्ट्रीय व्यापार तथा रोजगार के विस्तार के उद्देश्य से अनेक प्रस्ताव प्रकाशित किए। अंततः **30 अक्टूबर, 1947** को जेनेवा में 23 देशों द्वारा सीमा शुल्कों से संबंधित एक सामान्य समझौते पर हस्ताक्षर किए गए। इसी समझौते को **'गैट'** (General Agreement on Tariffs and Trade–GATT) के नाम से जाना जाता है। **यह समझौता 1 जनवरी, 1948 से लागू हुआ। गैट का मुख्यालय जेनेवा में था।** 12 दिसम्बर, 1994 को गैट का अस्तित्व समाप्त कर दिया गया तथा इसकी जगह 1 जनवरी, 1995 से स्थापित विश्व व्यापार संगठन (WTO) ने ले ली है।

गैट के उद्देश्य : गैट की स्थापना के निम्नलिखित प्रमुख उद्देश्य थे—

1. व्यापारिक क्षेत्र से पक्षपात हटाकर सभी देशों को बाजार की प्राप्ति के लिए समान अवसर प्रदान करना।

2. वास्तविक आय वृद्धि तथा वस्तुओं के लिए प्रभावशाली मांग को बढ़ाना।

3. पारस्परिक लाभ के लिए व्यापारिक तटकरों एवं रुकावटों को कम करना तथा अंतर्राष्ट्रीय व्यापार से भेदभाव मिटाना।

4. अंतर्राष्ट्रीय व्यापार संबंधी समस्याओं को पारस्परिक सहयोग एवं परामर्श द्वारा सुविधापूर्वक सुलझाना।

5. विश्व में समग्र दृष्टिकोण के आधार पर संपूर्ण समाज के लोगों का जीवन स्तर ऊंचा उठाना।

इन उपर्युक्त वर्णित उद्देश्यों की प्राप्ति स्वतंत्र और बहुपक्षीय व्यापार को प्रोत्साहित करके अप्रत्यक्ष रूप से की जाती थी। गैट चार्टर में यह स्पष्ट किया गया था कि गैट के किसी भी सदस्य देश द्वारा किसी दूसरे देश के उत्पादों के लिए जो लाभ अथवा छूट दी जाए, वह बिना किसी शर्त के समस्त सदस्य देशों के उत्पादों के लिए स्वतः दी जाएगी। इस प्रकार **'सबसे अधिक प्रिय राष्ट्र'** (Most favoured Nation–MFN) का सिद्धांत यह स्पष्ट करता है कि प्रत्येक राष्ट्र को सर्वाधिक अनुग्रह प्राप्त राष्ट्र समझा जाना चाहिए। सदस्य देशों के मध्य द्विपक्षीय आधार पर किए जाने वाले समझौते के अंतर्गत जो रियायतें दी जाती हैं वे सभी रियायतें सभी सदस्य देशों को दी जानी चाहिए।

गैट वार्ताओं के दौर (Rounds of GATT Negotiations)

गैट के स्थापना वर्ष 1947 से उसके अंत तक इसकी वार्ताओं के **आठ दौर** आयोजित किए गए। इनमें से प्रथम छः चक्रों का संबंध मुख्यरूप से प्रशुल्क दरों में कमी करने से रहा था। गैट वार्ता के सातवें दौर में गैर प्रशुल्क बाधाओं को हल करने का मुद्दा सम्मिलित किया गया। गैट का आठवां चक्र अपने पूर्व सम्मेलनों से पूर्णतः भिन्न रहा, क्योंकि इस वार्ता में अनेक नए विषयों को सम्मिलित किया गया। **उरुग्वे चक्र** (Urugvay Round) के परिणामस्वरूप ही गैट के स्थान पर एक अधिक शक्तिशाली संगठन

गैट वार्ताओं के दौर

वार्ता दौर (Round)	वर्ष (Year)	स्थान Venue
पहला	1947	जेनेवा
दूसरा	1949	अनेसी (फ्रांस)
तीसरा	1950-51	तोरके (इंग्लैंड)
चौथा	1956	जेनेवा
पांचवां (डिल्लन राउंड)	1960-61	जेनेवा
छठा (केनेडी राउंड)	1964-67	जेनेवा
सातवां (टोकियो राउंड)	1973-79	जेनेवा
आठवां (उरुग्वे राउंड)	1986-93	पुंता डेल एस्ते

(उरुग्वे में प्रारंभ व जेनेवा में समाप्त)

'विश्व व्यापार संगठन' 1 जनवरी, 1995 से अस्तित्व में आ गया।

उरुग्वे राउंड तथा डंकल प्रस्ताव
(Urugvay Round and Dunkel Proposals)

गैट के आठवें राउंड अर्थात उरुग्वे राउंड का प्रारंभ सितम्बर, 1986 में हुआ। इस दौर की वार्ता की विभिन्न बैठकें मांट्रियल, जेनेवा, ब्रूसेल्स आदि देशें में सम्पन्न की गई। इस वार्ता की समाप्ति के लिए चार वर्षों की अवधि (1986 से 1990 तक) निर्धारित की गई थी। लेकिन अनेक विवादों के कारण यह वार्ता लम्बी चलती गई। अन्ततः गैट के तत्कालीन महानिदेशक **आर्थर डंकल** (Arthur Dunkel) को इस समस्या के समाधान का दायित्व सौंप दिया गया। दिसम्बर, 1991 को आर्थर डंकल ने नए सिरे से सदस्य देशों के सामने आपसी सहमति के लिए विस्तृत दस्तावेज प्रस्तुत किया। इन प्रस्तावों को ही **डंकल प्रस्ताव** (Dunkel Proposals) अथवा **'ड्राफ्ट फाइनल एक्ट'** (Draft Final Act) कहा जाता है। प्रस्ताव के निष्कर्षों के लिए अंतिम रूप से 15 दिसम्बर, 1993 की तारीख भी निर्धारित कर दी गई थी। तदनुरूप सदस्य देशों द्वारा इसे 15 दिसम्बर, 1993 को जेनेवा में स्वीकृति प्रदान कर दी गई। 15 अप्रैल, 1994 को मोरक्को के मराकश नगर में 124 सदस्य देशों द्वारा समझौते पर हस्ताक्षर कर दिए गए।

गैट के आठवें दौर की वार्ता में कुल 15 क्षेत्रों को सम्मिलित किया गया था। जिन्हें दो भागों में विभाजित किया गया। **पहला भाग,** व्यापारिक वस्तुओं से संबंधित था, जबकि **दूसरा भाग** सेवाओं से संबधित था। पहले भाग में 14 मदें (क्षेत्र) को शामिल किया गया था। आगे चलकर इन 14 क्षेत्रों में निम्नलिखित सात क्षेत्रों के अंतर्गत पुनः विभाजित किया गया—

1. बाजार पहुंच (Market Access)
2. कृषि (Agriculture)
3. वस्त्र (Textiles)
4. ट्रिम्स (TRIMS)
5. ट्रिप्स (TRIPS)
6. सेवाओं का व्यापार (Trade in Services)
7. संस्थागत मामले (Institutional Matters)

उपर्युक्त विषयों पर आपसी विचार विमर्श के बाद आम सहमति प्राप्त करनी थी, किन्तु ऐसा नहीं हो सका। वस्तुतः बौद्धिक सम्पदा अधिकार के व्यापार संबंधी पहलू (TRIPS) और व्यापार संबंधी निवेश उपायों (TRIMS) तथा सेवाओं को गैट के अंतर्गत ले आने के प्रश्न पर ही मुख्य विरोध उत्पन्न हो गया। आठवें दौर के पहले तक इन मुद्दों को गैट के अंतर्गत सम्मिलित नहीं किया गया था। अमेरिका द्वारा प्रस्तुत इस प्रस्ताव का भारत सहित अनेक विकासशील देशों ने विरोध किया। इन विषयों के संबंध में विकासशील देशों का दृष्टिकोण यह रहा था कि यदि सेवा, निवेश एवं प्रबंध जैसे क्षेत्रों में विकसित देशों को मुक्त व्यापार करने की छूट दे दी जाएगी तो विकासशील देशों में इन क्षेत्रों का विकास रुक जाएगा।

अंततः 15 अप्रैल, 1994 को मराकश में सदस्य राष्ट्रों ने गैट के उरुग्वे चक्र समझौते पर हस्ताक्षर कर दिए व इसके परिणामस्वरूप 1 जनवरी, 1995 से विश्व व्यापार संगठन (WTO) की स्थापना भी कर दी गई।

विश्व व्यापार संगठन
(World Trade Organisation)

विश्व व्यापार संगठन की स्थापना इसके पूर्ववर्ती 'गैट' (GATT) की उरुग्वे चक्र की लम्बी वार्ता के परिणामस्वरूप हुई थी। इसकी स्थापना के लिए उरुग्वे चक्र के समझौते पर मोरक्को के मराकश नगर में अप्रैल, 1994 में गैट के सदस्य राष्ट्रों ने हस्ताक्षर किए थे। 1 जनवरी, 1995 से इसकी विधिवत रूप से स्थापना हो गई तथा इसने विश्व व्यापार के नियमन के लिए एक औपचारिक संगठन के रूप में गैट का स्थान ले लिया। गैट एक अनौपचारिक संगठन के रूप में ही 1948 से विश्व व्यापार का नियमन करता चला आ रहा था।

गैट की अस्थायी प्रकृति के विपरीत विश्व व्यापार संगठन एक स्थायी संगठन है तथा इसकी स्थापना सदस्य राष्ट्रों की संसदों द्वारा अनुमोदित एक अंतर्राष्ट्रीय संधि के आधार पर हुई है। आर्थिक जगत में इसकी स्थिति अब IMF तथा विश्व बैंक के तुल्य ही है। लेकिन विश्व बैंक एवं IMF की भांति यह संयुक्त राष्ट्र संघ का एक एजेंसी नहीं है।

WTO का मुख्य कार्य यह निश्चित करना है कि वस्तुओं का अंतर्राष्ट्रीय व्यापार, विदेशी निवेश, बौद्धिक संपदा अधिकार इत्यादि निश्चित नियमों के आधार पर निर्धारित हों। WTO समझौतों के पालन को सुनिश्चित करेगा तथा सदस्यों के बीच उठने वाले विवादों के लिए एक स्थायी मध्यस्थ की भूमिका अदा करेगा। इस उद्देश्य के लिए एक विवाद निपटान संस्था (Dispute Settlement Body) का गठन किया गया है। WTO सदस्य देशों की व्यापार नीतियों की भी समय-समय पर समीक्षा करता है तथा बौद्धिक संपदा अधिकारों की सुरक्षा के लिए भी कदम उठाता है।

WTO की सर्वोच्च संस्था **मंत्रीस्तरीय सम्मेलन** (Ministerial

Confererence) है। मंत्रीस्तरीय सम्मेलन का आयोजन प्रत्येक दो वर्ष पर होता है। दिन-प्रतिदिन के प्रशासकीय कार्यों को सम्पन्न करने के लिए संगठन का सर्वोच्च पदाधिकारी **महानिदेशक** (Director General) होता है। जनरल कौंसिल (General Council) द्वारा महानिदेशक का चुनाव 4 वर्ष के लिए किया जाता है। WTO का मुख्यालय **जेनेवा** में है।

विश्व व्यापार संगठन के कार्य संचालन हेतु अनेक महत्त्वपूर्ण समितियां हैं। सर्वाधिक महत्त्वपूर्ण दो समितियां हैं—

1. विवाद निवारण समिति (Dispute Settlement Body–DSB)

2. व्यापार नीति समीक्षा समिति (Trade Policy Review Body–TPRB)

DSB का कार्य विभिन्न राष्ट्रों के विरुद्ध विश्व व्यापार संगठन के व्यापार नियमों के उल्लंघन की शिकायतों पर विचार करना है। सभी सदस्य देश इस समिति के सदस्य होते हैं। इस समिति की बैठक माह में दो बार होती है।

TPRB का कार्य सदस्य देशों की व्यापार नीति की समीक्षा करना है। WTO के सभी सदस्य राष्ट्र इस समिति के सदस्य होते हैं।

उपर्युक्त के अतिरिक्त विश्व व्यापार संगठन की अन्य महत्त्पूर्ण समितियां हैं—

1. विश्व व्यापार परिषद् (Council for Trade in Goods)

2. सेवा व्यापार परिषद् (Council for Trade in Services)

3. व्यापार सम्बद्ध बौद्धिक संपदा अधिकारों की कौंसिल (Council for Trade Related Aspects of Intellectual Property Rights)

विश्व व्यापार संगठन के कार्य

WTO के कुछ महत्त्वपूर्ण कार्यों का उल्लेख निम्नलिखित प्रकार से किया जा सकता है—

1. विश्व व्यापार समझौता एवं बहुपक्षीय समझौतों के कार्यान्वयन, प्रकाशन एवं परिचालन हेतु सुविधाएं प्रदान करना।

2. व्यापार एवं प्रशुल्क से संबंधित किसी भी भावी मसले पर सदस्यों के बीच विचार विमर्श हेतु एक मंच के रूप में कार्य करना।

3. विवादों के निपटारे (Settlement of Disputes) से संबंधित नियमों एवं प्रक्रियाओं को प्रशासित करना।

4. व्यापार नीति समीक्षा प्रक्रिया (Trade Policy Review Mechanism) से संबंधित नियमों एवं प्रावधानों को लागू करना।

5. वैश्विक आर्थिक नीति निर्माण में अधिक सामंजस्य भाव (Coherence) लाने के लिए अंतर्राष्ट्रीय मुद्रा कोष एवं विश्व बैंक से सहयोग करना।

6. विश्व में उपलब्ध संसाधनों का अनुकूलतम प्रयोग करना।

वस्तुनिष्ठ प्रश्न

1. सामान्यत: प्रत्येक देश ऐसी वस्तु का निर्यात करता है जिसमें उस कारक की प्रधानता होती है जिसका उस देश में अपेक्षाकृत बहुलता है तथा ऐसी वस्तु का आयात करता है जिसमें उस कारक की प्रधानता होती है जिसका उस देश में अपेक्षाकृत अभाव है। इस कथन का संबंध है—

A. हैबरलर के अंतर्राष्ट्रीय व्यापार के अवसर लागत सिद्धांत से।

B. मिल के अन्योन्य मांग के सिद्धांत से।

C. हैक्शन-ओलिन प्रमेय से।

D. उपर्युक्त में से किसी से नहीं

2. अदृश्य मदों के व्यापार से अभिप्राय है—

A. वह व्यापार जो अभिलिखित नहीं है।

B. तस्करी

C. सैनिक वस्तुओं का व्यापार

D. सेवाओं का व्यापार

3. सूची I का सूची II के साथ सुमेल कीजिए और सूचियों के नीचे दिए गए कूटों की सहायता से सही उत्तर का चयन कीजिए—

सूची I	*सूची II*
(a) निरपेक्ष लाभ	1. जे.एस. मिल
(b) तुलनात्मक लागत का सिद्धांत	2. जे.एम. कीन्स
(c) निवेश गुणक	3. डेविड रिकार्डो
	4. एडम स्मिथ

कूट :	*(a)*	*(b)*	*(c)*
A.	4	3	2
B.	3	1	2
C.	4	2	3
D.	2	3	4

4. निम्नलिखित आंकड़े अदायगी शेष के लेखाओं पर आधारित है—

आयात — रु. 400 करोड़

निर्यात — रु. 340 करोड़

नौवहन — रु. 3 करोड़
यात्रा, पर्यटन आदि — रु. 5 करोड़
ब्याज, लाभांश, लाभ — रु. 50 करोड़
प्रवासियों की निधियां — रु. 1 करोड़

व्यापार शेष है—

A. + 740 करोड़ रु. B. – 740 करोड़ रु.
C. + 60 करोड़ रु. D. – 60 करोड़ रु.

5. निर्यातों और आयातों की पूर्ति पूर्णत: लोचदार हो तो अवमूल्यन के जरिए भुगतान शेष में सुधार लाने की अनिवार्य शर्त यह है कि निर्यातों की मांग की कीमत लोच और आयातों की मांग की कीमत लोच का योग होना चाहिए—

A. एक से अधिक B. एक के बराबर
C. एक से कम D. शून्य के बराबर

6. निम्नलिखित कथनों पर विचार कीजिए—निश्चित घरेलू कीमत स्तर और विनिमय दर पर, व्यापार शेष के घाटे को निम्नलिखित के जरिए सुधारा जा सकता है—

1. घरेलू आय का संकुचन करके
2. घरेलू आय का विस्तार करके
3. विदेशगत आय का संकुचन करके
4. विदेशगत आय का विस्तार करके

इन कथनों में से—

A. 1 और 3 सही हैं। B. 2 और 3 सही हैं।
C. 2 और 4 सही हैं। D. 1 और 4 सही हैं।

7. निम्नलिखित में से कौन-सी संस्था ''सुलभ कर्ज पटल'' (Soft loan window) से कर्जे प्रदान करती है—

A. अंतर्राष्ट्रीय वित्त निगम
B. अंतर्राष्ट्रीय मुद्रा कोष
C. अंतर्राष्ट्रीय पुनर्निर्माण तथा विकास बैंक
D. अंतर्राष्ट्रीय विकास अभिकरण

8. व्यापार सृजन प्रभाव की गुंजाइश सर्वाधिक तब होती है जब सीमा शुल्क संघ बनाने वाले देशों की उत्पादन संरचनाएं—

A. मुख्यतया पूरक होती है।
B. मुख्यतया प्रतियोगी होती है।
C. पूरक भी होती है और प्रतियोगी भी।
D. एक दूसरे को प्रतिबिम्बित करती हैं।

9. सूची I का सूची II के साथ सुमेल कीजिए और सूचियों के नीचे दिए गए कूटों की सहायता से सही उत्तर का चयन कीजिए—

सूची I	*सूची II*
(a) एफ. वाई. एजवर्थ	1. बॉक्स आरेख
(b) प्रेबिश-सिंगर	2. सीमा शुल्क संघ के व्यापार विचलन एवं व्यापार निर्माण प्रभाव
(c) जेकब वाइनर	3. विकासशील देशों की व्यापार शर्तों में सुदीर्घकालीन गिरावट

कूट :	*(a)*	*(b)*	*(c)*
A.	1	3	2
B.	2	3	1
C.	3	1	2
D.	1	2	3

10.

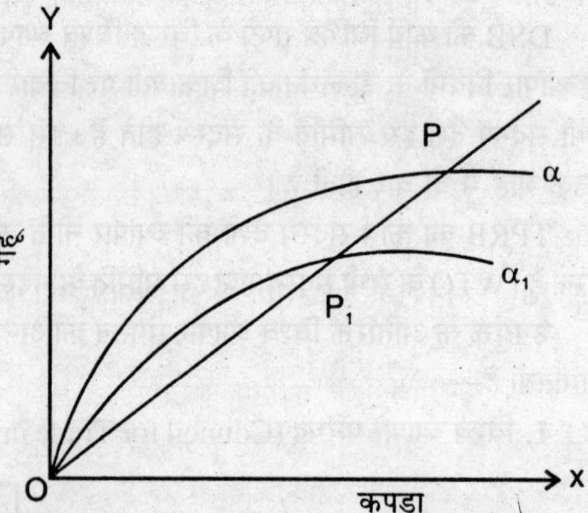

उपर्युक्त आरेख में A देश का प्रस्ताव वक्र α और B देश का प्रस्ताव वक्र β है, जो O से उद्भूत होने वाली सीधी रेखा है। मुक्त व्यापार की स्थिति में साम्यावस्था P बिन्दु पर होगी और व्यापार शर्तें OP द्वारा प्रदर्शित हैं। A देश द्वारा लगाए गए किसी प्रशुल्क से उसका प्रस्ताव वक्र परिवर्तित होकर $α_1$ हो जाएगा, जिससे व्यापार शर्तों में कोई परिवर्तन हुए बगैर व्यापार की मात्रा घट जाएगी। ऐसी परिस्थिति में A देश के लिए इष्टतम टैरिफ होना चाहिए—

A. शून्य B. इकाई
C. अनन्त D. 200 प्रतिशत

11. स्वर्णमान के तंत्र का निहितार्थ यह है कि उसमें अपने नियमों के ढांचे के भीतर—

A. बेशी तथा घाटे वाले दोनों ही देशों में सममित समायोजन होता है।
B. स्वर्ण प्रवाहों का निष्प्रभावन होता है।
C. समायोजन का भार पूरी तरह से घाटे वाले देश पर होता है।

D. समायोजन का भार पूरी तरह से बेशी वाले देश पर होता है।

12. वर्तमान में SDR का मूल्य निम्नलिखित में नियत किया जाता है।

A. स्वर्ण में
B. डॉलर में
C. 16 देशों की मुद्राओं के समुच्च्य के आधार पर
D. 5 देशों की मुद्राओं के समुच्चय के आधार पर

13. अवमूल्यन तब अधिक कारगर होता है जब—

A. इसके साथ-साथ अल्पावधि की ब्याज दरें भी गिर जाती हैं।
B. अवमूल्यन करने वाले देश के निर्यातों की मांग लोचदार होती है।
C. अवमूल्यन करने वाले देश के आयातों की मांग लोचहीन होती है।
D. अवमूल्यन के फलस्वरूप निर्यातों की कीमतें बढ़ जाती हैं।

14. अंतर्राष्ट्रीय व्यापार तथा श्रम के विभाजन की गुंजाइश मर्यादित है—

A. प्रौद्योगिकी की उपलब्धता से
B. अंतर्राष्ट्रीय बाजार के आकार से
C. पूंजी की उपलब्धता से
D. निर्यातों के लिए बेशी उत्पादन से

15. जो टैरिफ देश के आर्थिक कल्याण को अधिकतमीकरण करता है, उसे कहते हैं—

A. संरक्षणात्मक टैरिफ B. भेदमूलक टैरिफ
C. अभेदमूलक टैरिफ D. इष्टतम टैरिफ

16. किस देश को पूंजी की दृष्टि से सुसंपन्न देश उस स्थिति में कहते हैं। यदि—

A. उस देश में विद्यमान पूंजी का समग्र मूल्य श्रम तथा भूमि के समग्र मूल्य से अधिक हो।
B. उस देश का मजदूरी-किराया अनुपात उन देशों की तुलना में अधिक हो जिनके साथ उसका व्यापार होता है।
C. उस देश में पूंजी पर ब्याज की दर उन देशों की तुलना मे कम हो जिनके साथ उसका व्यापार होता है।
D. उस देश ने अपनी प्रति व्यक्ति निवेश की राशि में वर्धमान प्रवृत्ति प्रदर्शित की हो।

17. सूची I (विदेश व्यापार से संबंधित मौद्रिक कार्रवाई अथवा आर्थिक घटनाओं का वर्णन) का सूची II (वे पारिभाषिक अभिव्यक्तियां जो सूचीगत कार्रवाइयों का बोधक हैं) के साथ सुमेल कीजिए और सूचियों के नीचे दिए गए कूटों की सहायता से सही उत्तर का चयन कीजिए—

सूची I	*सूची II*
(a) सरकार अथवा उसकी प्राधिकृत एजेन्सी द्वारा विदेशी मुद्रा बाजार में घरेलू मुद्रा का क्रय-विक्रय	1. अधिकीलन की संक्रिया
(b) विश्व बाजारों में बिकने वाली वस्तु के लिए भिन्न-भिन्न बाजारों में भिन्न-भिन्न कीमतें वसूल करना	2. पाटेन (dumping) की संक्रिया
(c) आयातों के लिए स्थानीय खरीददारों द्वारा अदा की गई कीमत जो उनके सामान्य मूल्य से अधिक हो।	3. पोत पर्यन्त निःशुल्क (F.O.B.)
(d) निर्यात होने वाली किसी वस्तु के स्थानीय उत्पादकों को उस वस्तु की केवल उतनी कीमत की प्राप्ति जो देश से जाते समय उसकी थी।	4. लागत, बीमा और भाड़ा (C.I.F.)

कूट :	*(a)*	*(b)*	*(c)*	*(d)*
A.	2	1	3	4
B.	1	2	4	3
C.	3	1	2	4
D.	1	4	3	2

18. निम्नलिखित कथनों पर विचार कीजिए—स्वर्णमान के अंतर्गत, घाटे वाले राष्ट्र की ओर से बेशी वाले राष्ट्र की ओर स्वर्ण का अंतर्प्रवाह होने के परिणामस्वरूप—

1. बेशी वाले राष्ट्र में ब्याज की दरें गिर जाती हैं।
2. घाटे वाले राष्ट्र में ब्याज की दरें गिर जाती हैं।
3. बेशी वाले राष्ट्र की ओर से घाटे वाले राष्ट्र की ओर पूंजी बहिर्प्रवाह होता है।
4. घाटे वाले राष्ट्र की ओर से बेशी वाले राष्ट्र की ओर पूंजी का बहिर्प्रवाह होता है।

उपर्युक्त कथनों में से—

A. 1 और 4 सही हैं। B. 1 और 3 सही हैं।
C. 2 और 3 सही हैं। D. 2 और 4 सही हैं।

19. सीधे नियंत्रण से आशय है—

A. बाजार शक्तियों की कार्यकलाप में हस्तक्षेप

B. कीमत तथा मजदूरी नियंत्रण

C. व्यापार तथा विनिमय नियंत्रण

D. उपर्युक्त सभी

20. किसी देश की भुगतान शेष के चालू लेखे में निम्नलिखित में से कौन-सा व्यवहार जमा की प्रविष्टि का बोधक है—

A. तिजारती माल के आयात

B. विदेशी कम्पनियों द्वारा प्रदत्त परिवहन सेवाएं

C. देश के अंदर विदेशी पर्यटकों द्वारा खर्च की गई राशियां

D. विदेशी ठेकेदारों तथा इंजीनियरों को दी गई फीसें

21. द्वितीय विश्व युद्ध के बाद से अंतर्राष्ट्रीय तरलता की अधिकांश वृद्धि के लिए निम्नलिखित में से कौन-सी मदें जिम्मेदार थी—

1. स्वर्ण
2. डॉलर
3. अन्य परिवर्तनीय मुद्राएं
4. विशेष आहरण अधिकार (SDRs)

नीचे दिए गए कूटों का उपयोग करते हुए सही उत्तर का चयन कीजिए—

A. 1, 2 और 4 B. 1 और 3

C. 2 और 3 D. 3 और 4

22. निम्नलिखित में से कौन-सा युग्म सही सुमेलित है—

A. आय में निर्दिष्ट परिवर्तन के साथ जुड़ा आयातों का परिवर्तन — औसत आयात प्रवृत्ति

B. कुल राष्ट्रीय आय के प्रतिशत के रूप मे आयातों का मूल्य — सीमान्त आयात प्रवृत्ति

C. निर्यातों में परिवर्तन होने से राष्ट्र की आय में हुआ परिवर्तन — विदेश व्यापार गुणक

D. जब कुछ उत्पाद अन्य उत्पादों की तुलना में संवृद्धि में कहीं अधिक योगदान करते हैं। — संतुलित वृद्धि

23. GATT के अंतर्गत 'परम मित्र राष्ट्र' (MEN) की अपेक्षा है कि—

A. कुछ खास देशों के साथ तरजीही व्यवहार किया जाए।

B. केवल विकासशील देशों के साथ तरजीही व्यवहार किया जाए।

C. जिन देशों का भुगतान शेष घाटे में है उनके साथ तरजीही व्यवहार किया जाए।

D. GATT के सभी सदस्य देशों के साथ तरजीही व्यवहार किया जाए।

24. **कथन** (A) : कारक-कीमत समानीकरण प्रमेय का ताल्लुक कारक कीमतों पर व्यापार के प्रभाव से है।

कारण (R) : वस्तु व्यापार का कारक कीमतों पर कोई प्रभाव नहीं होता।

A. A और R दोनों सही हैं और R, A का सही स्पष्टीकरण है।

B. A और R दोनों सही हैं और R, A का सही स्पष्टीकरण नहीं है।

C. A सही हैं परंतु R गलत है।

D. A गलत है परंतु R सही है।

25. **कथन** (A) : हैक्शर-ओलिन सिद्धांत तुलनात्मक लागतों के क्लासिकी सिद्धांत को अमान्य करता है।

कारण (R) : हैक्शर-ओलिन सिद्धांत तुलनात्मक लागत सिद्धांत के आधार की पुन: परीक्षा करता है।

A. A और R दोनों सही हैं और R, A का सही स्पष्टीकरण है।

B. A और R दोनों सही हैं और R, A का सही स्पष्टीकरण नहीं है।

C. A सही हैं परंतु R गलत है।

D. A गलत है परंतु R सही है।

26. सूची I का सूची II के साथ सुमेल कीजिए और सूचियों के नीचे दिए गए कूटों की सहायता से सही उत्तर का चयन कीजिए—

सूची I	***सूची II***
(a) रिबेजिस्की प्रमेय	1. प्रशुल्कों का कारक कीमतों पर प्रभाव
(b) मेजलर प्रभाव	2. कारक संवृद्धि का उत्पादन तथा व्यापार पर प्रभाव
(c) स्टोप्लर सेमुएल्सन प्रभाव	3. प्रशुल्कों का घरेलू कीमतों पर प्रभाव
(d) 'इम्माइजराइजिंग' वृद्धि	4. संवृद्धि का व्यापार शर्तों पर प्रभाव

कूट : *(a)* *(b)* *(c)* *(d)*

	(a)	(b)	(c)	(d)
A.	2	3	1	4
B.	4	3	1	2
C.	4	1	3	2
D.	2	1	3	4

27. विदेश व्यापार गुणक को ज्ञात करने का सूत्र है—

A. $K = ds + dm$ B. $K = \frac{dy}{ds + dm}$

C. $K = \frac{ds}{dy} + \frac{dm}{dy}$ D. $K = \frac{dx}{dm}$

28. निम्नलिखित में से कौन-सा युग्म सही सुमेलित है—

1. क्लब ऑफ रोम—संवृद्धि की सीमाएं
2. विश्व व्यापार संगठन—बहुपक्षवाद
3. यूरोपीय साझा बाजार—सुरंग में सांप

नीचे दिए गए कूट का प्रयोग करते हुए सही उत्तर का चयन कीजिए—

A. केवल 1 B. 1, 2 और 3
C. 2 और 3 D. 1 और 3

29. दो देशों को 1 और 2 से, पूंजी और श्रम को क्रमश: C तथा L से तथा कीमत को P से व्यक्त करते हुए, हैक्शर-ओहलिन के अर्थ में देश 1 में पूंजी की अपेक्षाकृत अधिक प्रचुरता होगी, यदि व्यापार आरंभ होने से पूर्व—

A. $\left(\frac{P_C}{P_L}\right)_1 > \left(\frac{P_C}{P_L}\right)_2$ B. $\left(\frac{P_C}{P_L}\right)_1 = \left(\frac{P_C}{P_L}\right)_2$

C. $\left(\frac{P_C}{P_L}\right)_1 < \left(\frac{P_C}{P_L}\right)_2$ D. $\left(\frac{P_C}{P_L}\right)_1 \geq \left(\frac{P_C}{P_L}\right)_2$

30. सूची I का सूची II के साथ सुमेल कीजिए और सूचियों के नीचे दिए गए कूटों की सहायता से सही उत्तर का चयन कीजिए—

सूची I	*सूची II*
(a) निरपेक्ष लाभ का नियम	1. लियोन्टिफ
(b) कारक अनुपात व व्यापार	2. मार्शल
(c) प्रस्ताव वक्र	3. एडम स्मिथ
(d) विकल्प लागत	4. हैबरलर

कूट :

	(a)	(b)	(c)	(d)
A.	1	3	2	4
B.	3	1	2	4
C.	1	3	4	2
D.	3	1	4	2

31. इंग्लैंड और पुर्तगाल के बीच अंतर्राष्ट्रीय व्यापार के रिकार्डो के उदाहरण में, कपड़ा और शराब का व्यापार चलता रहेगा तथा दोनों पक्षों के लिए लाभकारी होगा बशर्तें—

A. दोनों देशों के घरेलू विनिमय अनुपात अंतर्राष्ट्रीय विनिमय अनुपात से निम्नतर हो।

B. पुर्तगाल का घरेलू विनिमय अनुपात अंतर्राष्ट्रीय विनिमय अनुपात से उच्चतर हो।

C. इंग्लैंड का घरेलू विनिमय अनुपात अंतर्राष्ट्रीय विनिमय अनुपात से निम्नतर हो।

D. दोनों देशों के घरेलू विनिमय अनुपात अंतर्राष्ट्रीय विनिमय अनुपात की सीमाओं में हो।

32. व्यापार शर्तों में अनुकूल विकास तब होता है जब किसी देश को—

A. आयातों के लिए वही कीमत तथा निर्यातों के लिए निम्नतर कीमत प्राप्त होती है।

B. निर्यातों के लिए वही कीमत तथा आयातों के लिए उच्चतर कीमत प्राप्त होती है।

C. संतुलित व्यापार के साथ निर्यातों के उसी परिमाण के बदले आयातों का अपेक्षाकृत अधिक परिमाण प्राप्त होता है।

D. संतुलित व्यापार के साथ आयातों के उसी परिमाण के बदले निर्यातों का अपेक्षाकृत अधिक परिमाण प्राप्त होता है।

33. निम्नलिखित कथनों पर विचार कीजिए—अवमूल्यन का प्रभाव यह होता है कि वह—

1. सापेक्ष कीमतों में परिवर्तन ला देता है।
2. घरेलू मुद्रा के विदेशी मूल्य को बढ़ा देता है।
3. विदेशी बाजारों में घरेलू निर्यातों के प्रतियोगित्व को सुधार देता है।
4. व्यापार संतुलन को सुधार देता है बशर्ते आयातों की घरेलू मांग अत्यधिक लोचहीन हो।

इन कथनों में से—

A. 1, 2 और 4 सही हैं। B. 2, 3 और 4 सही हैं।
C. 2 और 3 सही हैं। D. 1 और 3 सही हैं।

34. आयातों के आधिक्य के कारण उत्पन्न भुगतान शेष के असंतुलन को प्रभावहीन किया जा सकता है—

A. ब्याज दर घटाकर

B. मौद्रिक इकाई के मूल्य में वृद्धि करके और वित्तीय संरचना को मजबूत करने के लिए अन्य कदम उठाकर

C. ब्याज दर बढ़ाकर और उसके साथ ही अन्य अवस्फीतिकारी मौद्रिक तथा राजकोषीय कदम उठाकर

D. सरकारी व्यय में बढ़ोत्तरी करके और उसके साथ ही अन्य प्रसारक मौद्रिक एवं राजकोषीय कदम उठाकर

35. जहां विदेशी प्रस्ताव वक्र की लोच एक के बराबर है, वहां इष्टतम टैरिफ होगा—

A. अनंत B. एक

C. एक से कम D. शून्य

36. तुलनात्मक लाभ के रिकार्डो के सिद्धांत का ताल्लुक है—

A. अल्पावधि परिणाम से B. दीर्घावधि परिणाम से

C. मध्यावधि परिणाम से D. उपर्युक्त सभी से

37. अंतर्राष्ट्रीय व्यापार के हैक्शर-ओलिन प्रमेय की पूर्वधारणाओं में निम्नलिखित में से कौन-सी पूर्वधारणा सबसे महत्त्वपूर्ण है—

A. द्विकारक मॉडल B. दो वस्तुएं

C. कोई टैरिफ नहीं D. स्थिर रुचियां

38. सूची I का सूची II के साथ सुमेल कीजिए और सूचियों के नीचे दिए गए कूटों की सहायता से सही उत्तर का चयन कीजिए—

सूची I	*सूची II*
(a) व्यापार की वस्तु विनिमय शर्तें	1. जे.एस. मिल
(b) व्यापार की द्विकारक शर्तें	2. जेकब वाइनर
(c) व्यापार की निवल वस्तु विनिमय शर्तें	3. एफ.डब्ल्यू. टॉसिंग
(d) विकासशील देशों की व्यापार शर्तों का सुदीर्घकालीन निर्धारण	4. प्रेबिश-सिंगर

कूट :	*(a)*	*(b)*	*(c)*	*(d)*
A.	1	2	3	4
B.	3	2	1	4
C.	1	3	4	2
D.	3	4	2	1

39. निर्यात जनित संवृद्धि के पश्चात देश की आर्थिक स्थिति सुधर जाएगी बशर्ते कि—

A. निर्यात जनित संवृद्धि से होने वाले लाभ बिगड़ती व्यापार शर्तों के कारण उत्पन्न हानियों से ज्यादा हो।

B. निर्यात जनित संवृद्धि से होने वाले लाभ बिगड़ती व्यापार शर्तों के कारण उत्पन्न हानियों का प्रतिकार कर दे।

C. व्यापार की दीर्घावधि शर्तें अनुकूल हों।

D. आयात की मांग लोच एक से कम हो।

40. एक तीन देशीय-दो वस्तु मॉडल में, जिसमें देशों का आकार असमान है, घरेलू विनिमय अनुपात इस प्रकार है—

देश	*घरेलू विनिमय अनुपात*
A	2a : 1b
B	1a : 1b
C	1a : 2b

इस मॉडल के अनुसार, अंतर्राष्ट्रीय व्यापार की स्थिरता की सर्वाधिक संभावना निम्नलिखित अंतर्राष्ट्रीय व्यापार शर्तों पर होगी—

A. 2a : 1b B. 1a : 1b

C. 1a : 2b D. 0.5a : 1b

41. मान लीजिए कि अंतिम वस्तु के आयात पर लगने वाली नामिक (nominal) टैरिफ दर 30 प्रतिशत है। आयातित निविष्टियों पर लगने वाली नामिक टैरिफ दर 10 प्रतिशत है और अंतिम वस्तु के मूल्य में आयातित निविष्टियों का अनुपात 50 प्रतिशत है। ऐसी स्थिति में प्रभावी टैरिफ दर होगी—

A. 50 प्रतिशत B. 40 प्रतिशत

C. 30 प्रतिशत D. 10 प्रतिशत

42. देश के भुगतान शेष संतुलन की अवस्था में होता है जब—

A. घरेलू मुद्रा की मांग उसकी पूर्ति के बराबर होती है।

B. घरेलू मुद्रा की मांग अधिकतम होती है।

C. घरेलू मुद्रा की मांग न्यूनतम होती है।

D. घरेलू मुद्रा की मांग और साथ ही उसकी आपूर्ति अधिकतम होती है।

43. ड्यूनेजबरी का मत था कि कम विकसित देशों को निम्नलिखित कारण से अपने भुगतान शेष पर गंभीर एवं प्रतिकूल प्रभाव का सामना करना होगा—

A. बैक वॉश प्रभाव B. स्प्रैड प्रभाव

C. प्रदर्शन प्रभाव D. गुणक प्रभाव

44. यदि घरेलू उपभोक्ताओं की मांग अनंत रूप से लोचदार है और विदेशी उत्पादक की आपूर्ति पूर्णतया बेलोचदार, तो पूरा प्रशुल्क—

A. घरेलू उपभोक्ताओं द्वारा अदा किया जाएगा।

B. विदेशी उत्पादक द्वारा अदा किया जाएगा।

C. घरेलू उपभोक्ताओं और विदेशी उत्पादक के बीच बराबर वहन किया जाएगा।

D. दोनों में से किसी को भी न तो आगम की प्राप्ति होगी और न ही संरक्षण की।

45. मुक्त व्यापार का एक लाभ है आय के वितरण में सुधार

लाना। इस प्रकार मुक्त व्यापार के फलस्वरूप आय का कुछ पुनर्वितरण होता है—

A. गरीबों की आय में वृद्धि होने से
B. अमीरों की आय में कमी होने से
C. उपरोक्त (A) और (B) दोनों
D. दुर्लभ साधन की कीमत में कमी और प्रचुर साधन की कीमत में वृद्धि होने से

46. अन्य बातों के अलावा विश्व व्यापार संगठन का मुख्य उद्देश्य है—

A. साझा बाजार, देशों के बीच तकनीकी प्रशिक्षण और व्यापार में शामिल वस्तुओं की पारस्परिक कीमतों के विषय में सामान्य सहमति प्राप्त करना।
B. सदस्य देशों के बीच बौद्धिक सम्पदा अधिकारों और पेटेंट अधिकारों को कायम रखना
C. अगले दशक में U.S.A. की व्यापार शर्तों में सुधार लाना।
D. बातचीत द्वारा आयात कोटा में कमी करके और अंतर्राष्ट्रीय व्यापार के सार्वभौमीकरण के माध्यम से प्रशुल्कों में कमी लाना।

47. सूची I का सूची II के साथ सुमेल कीजिए और सूचियों के नीचे दिए गए कूटों की सहायता से सही उत्तर का चयन कीजिए—

सूची I	*सूची II*
(a) हैमिल्टन लिस्ट	1. व्यापार सृजन और व्यापार विचलन
(b) मार्शल-लर्नर	2. शैशव-अवस्था उद्योग तर्क
(c) एजवर्थ	3. लोच दृष्टिकोण
(d) जैकब वाइनर	4. परीक्षणीतकारी संवृद्धि

कूट :	*(a)*	*(b)*	*(c)*	*(d)*
A.	2	3	1	4
B.	2	3	4	1
C.	3	2	4	1
D.	3	2	1	4

48. ''एक पूर्णतया नम्य विनिमय दर पद्धति के अंतर्गत प्रत्येक देश को तैयार रहना पड़ता है कि वह विदेशी मुद्रा बाजार के समाशोधन के लिए जिस स्तर तक आवश्यक हो विनिमय दर को घटने या बढ़ने दे। सत्ता को बिल्कुल हस्तक्षेप नहीं करना चाहिए। इन शर्तों के पूरा होने पर ही विदेशी मुद्रा बाजार में स्वतंत्र संतुलन तथा भुगतान शेष संतुलन को सुसंगत रूप से प्राप्त किया जा सकेगा।'' इस परिच्छेद के अनुसार पूर्णतया नम्य विनिमय दर के अंतर्गत—

A. भुगतान शेष का संतुलन स्वत: ही हो जाता है।
B. संतुलन के लिए सरकारी हस्तक्षेप आवश्यक है।
C. विदेशी मुद्रा बाजार संतुलन लाने में अक्षम है।
D. संतुलन के लिए स्वर्ण मान आवश्यक है।

49. GATT दौरों और उनसे संबंधित वर्षों के निम्नलिखित युग्मों में कौन-से सही सुमेलित है—

1. पहला दौर — 1948
2. केनेडी दौर — 1964-67
3. टोक्यो दौर — 1973-79

नीचे दिए गए कूट का प्रयोग कर सही उत्तर का चयन कीजिए—

A. 1, 2 और 3 B. 1 और 2
C. 2 और 3 D. 1 और 3

50. सूची I का सूची II के साथ सुमेल कीजिए और सूचियों के नीचे दिए गए कूटों की सहायता से सही उत्तर का चयन कीजिए—

सूची I	*सूची II*
(a) मुक्त व्यापार क्षेत्र	1. व्यापार और साधनों के आने जाने पर कोई प्रतिबंध नहीं
(b) सीमा शुल्क क्षेत्र	2. व्यापार मुक्त है और सीमा शुल्क नहीं है।
(c) साझा बाजार	3. सीमा शुल्क नहीं, गैर सदस्यों पर शुल्क
(d) आर्थिक संघ	4. एकीकरण की उन्नत अवस्था

कूट :	*(a)*	*(b)*	*(c)*	*(d)*
A.	2	1	3	4
B.	3	2	4	1
C.	2	3	1	4
D.	1	3	4	2

51. मान लीजिए कि कपड़ा धोने की मशीन उद्योग को संरक्षण देने के उद्देश्य से सरकार कपड़ा धोने की मशीन की कीमत पर 10 प्रतिशत (मूल्यानुसार) का नकद कर लगाती है। कपड़ा धोने की मशीन की कुल लागत 10,000 रु. है। प्रधान घरेलू साधन का अंश 40 प्रतिशत है और आयातित आगतों का 60 प्रतिशत। नकद कर के बाद कपड़ा धोने की मशीन की प्रति इकाई कीमत 11,000 रु. = 10,000 रु. + 1,000 रु. होगी। इस स्थिति में कर की प्रभावी दर है—

A. 5% B. 10%

C. 25% D. 40%

52. दिए गए रेखाचित्र में वक्र I और वक्र II क्रमश: देश A और देश B के उत्पादन संभावना वक्रों को चित्रित करते हैं। रेखाचित्र दो-देश, दो वस्तु मॉडल से संबंधित है। जब मुक्त व्यापार खुल जाता है तो प्रत्येक देश व्यापार के रिकार्डो मॉडल के अनुरूप विशेषता प्राप्त करता है। किसी एक समय व्यापार की शर्तें देश A के घरेलू विनिमय अनुपात पर तय होगी। इस स्थिति में अंतर्राष्ट्रीय व्यापार से लाभ होगा—

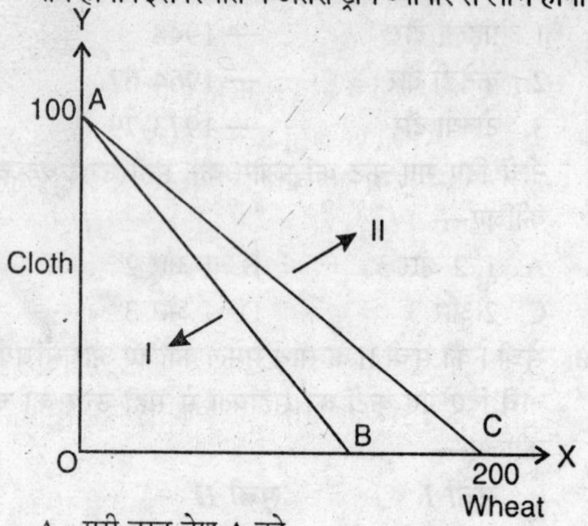

A. पूरी तरह देश A को
B. पूरी तरह देश B को
C. दोनों देशों को समान अनुपात में
D. दोनों देशों को, परंतु B को A से अधिक लाभ होगा।

53. मुद्रा अवमूल्यन के परिणामस्वरूप एक देश की व्यापार स्थिति में सुधार होगा (जहां S_x= निर्यात पूर्ति की लोच, S_m= आयात पूर्ति की लोच, D_x = निर्यात मांग की लोच, D_m = आयात मांग की लोच) यदि—

A. $S_x S_m > D_x D_m$ B. $D_x D_m > S_x S_m$

C. $D_x D_m > S_x S_m$ D. $\frac{S_x S_m}{D_x D_m} < 1$

54. निम्नलिखित का सही अनुक्रम क्या है—
1. मराकश घोषणा
2. स्मिथ सोनियन समझौता
3. कीन्स प्लान

नीचे दिए गए कूट का प्रयोग कर सही उत्तर चुनिए—

A. 1, 2, 3 B. 2, 3, 1
C. 3, 2, 1 D. 3, 1, 2

55. निम्नलिखित कथनों पर विचार कीजिए—प्रशुल्क और कोटा के प्रभावों के बीच वह तुल्यता, जो आयात की समान मात्रा को सीमित करती है, इस मान्यता पर आधारित है कि—
A. विदेश में प्रतिस्पर्द्धात्मक स्थितियां विद्यमान हैं।
B. कोटा धारकों के मध्य पूर्ण प्रतियोगिता है।
C. घरेलू आयात प्रतियोगी उद्योग में स्वतंत्र प्रतियोगिता है।

इन कथनों से—

A. केवल 1 सही है। B. 1 और 2 सही हैं।
C. 1, 2 और 3 सही हैं। D. 2 और 3 सही हैं।

56. निम्नलिखित कथनों पर विचार कीजिए—विदेशी अप्रत्यक्ष निवेश में सम्मिलित है—
1. सार्वभौम निक्षेप रसीदें और विदेशी करेंसी परिवर्तनीय बांड।
2. विदेशी संस्थागत निवेश
3. अप्रवासी बाह्य जमाएं
4. घरेलू ऊर्जा परियोजना में बहुराष्ट्रीय कंपनी का निवेश।

इन कथनों में से—

A. 1 और 2 सही हैं। B. 1 और 3 सही हैं।
C. 1, 2 और 4 सही हैं। B. 2, 3 और 4 सही हैं।

57. निम्नलिखित में से कौन-सा एक युग्म सही सुमेलित नहीं है—
A. टॉजिग—वस्तु विनिमय व्यापार स्थिति
B. प्रेबिश—ह्रासमान व्यापार शर्त की स्थिति
C. मार्शल—आपूर्ति वक्र
D. वालरास—राशिपातन दशाएं

58. निम्नलिखित में से कौन-सा एक युग्म सही सुमेलित नहीं है—
A. विशिष्ट शुल्क—मात्रा पर आधारित शुल्क
B. आत्मनिर्भरता—व्यापार की अनुपस्थिति
C. कोटा—गैर प्रशुल्क विकृतियां
D. अनुकूलतम प्रशुल्क—विनिमय नियंत्रण

59. संतुलन के बिन्दु पर विनिमय दर वह है जो बनाए रखती है—
A. आयात और निर्यात में संतुलन
B. देश के विदेशी विनिमय रिजर्व में बिना किसी शुद्ध परिवर्तन के एक पूरी अवधि में भुगतान शेष में संतुलन।
C. घरेलू अवस्फीति की नीति के साथ भुगतान शेष में संतुलन
D. काम निपटाने के लिए मौद्रिक अधिकारियों के पास संतोषप्रद विदेशी विनिमय रिजर्व

60. निम्नलिखित में से कौन-सी मदों को भुगतान शेष के चालू

खाता में सम्मिलित किया जा सकता है—

1. वस्तु निर्यात
2. गृह देश में विदेशी पर्यटकों का व्यय
3. गृह देश में विदेशी अल्पावधि निवेश
4. बैंकिंग, बीमा और परिवहन सेवाएं
5. विदेश में निवेशित पूंजी से प्राप्त आय

नीचे दिए गए कूट का प्रयोग कर सही उत्तर का चयन कीजिए—

A. केवल 1 B. 1, 2, 3 और 4
C. 1, 2, 4 और 5 D. 1, 3 और 4

61. अंकटाड (UNCTAD) का पूरा नाम है—

A. यूनाइटेड नेशन्स कमिटी ऑफ टेक्निकल एसिस्टेंस फॉर डेवलपमेंट का।
B. यूनाइटेड नेशन्स सेन्टर फॉर ट्रेड एड एंड डवलपमेंट का।
C. यूनाइटेड नेशन्स कॉन्फरेंस ऑन ट्रेड एंड डेवलपमेंट का।
D. यूनाइटेड नेशन्स कमीशन ऑन ट्रॉसफर ऑफ एंड फॉर डेवलपमेंट का

62. **कथन** (A) : रिकार्डो का तुलनात्मक लागत सिद्धांत मूल्य के श्रम सिद्धांत पर आधारित है।

कारण (R) : मूल्य का श्रम सिद्धांत घरेलू व्यापार में चरितार्थ होता है किन्तु जब इसको अंतर्राष्ट्रीय व्यापार में लागू करते हैं तो यह टूट जाता है।

A. A और R दोनों सही हैं और R, A का सही स्पष्टीकरण है।
B. A और R दोनों सही हैं और R, A का सही स्पष्टीकरण नहीं है।
C. A सही हैं परंतु R गलत है।
D. A गलत है परंतु R सही है।

63. **कथन** (A) : अवमूल्यन तथ्यतः विनिमय दर में परिवर्तन करता है।

कारण (R) : पुनर्मूल्यन, अवमूल्यन का उल्टा है।

A. A और R दोनों सही हैं और R, A का सही स्पष्टीकरण है।
B. A और R दोनों सही हैं और R, A का सही स्पष्टीकरण नहीं है।
C. A सही हैं परंतु R गलत है।
D. A गलत है परंतु R सही है।

64. **कथन** (A) : सीमा शुल्क मुख्य रूप से वस्तु मूल्यों को प्रभावित करते हैं।

कारण (R) : मात्रात्मक प्रतिबंध इस ढंग से बनाए गए हैं कि वे आयातित या निर्यातित वस्तु के परिणाम को निर्धारित करते हैं।

A. A और R दोनों सही हैं और R, A का सही स्पष्टीकरण है।
B. A और R दोनों सही हैं और R, A का सही स्पष्टीकरण नहीं है।
C. A सही हैं परंतु R गलत है।
D. A गलत है परंतु R सही है।

65. ऐसे संसार में जहां केवल दो वस्तुएं, X और Y तथा कारकों का पूर्ण रोजगार हो, वस्तु X, की कीमत में वृद्धि का परिणाम होता है—

A. X के उत्पादन में सघन रूप से प्रयुक्त कारक के वास्तविक पुरस्कार में वृद्धि
B. Y के उत्पादन में कम सघन रूप से प्रयुक्त कारक के वास्तविक पुरस्कार में कमी
C. X के उत्पादन में कम सघन रूप से प्रयुक्त कारक के वास्तविक पुरस्कार में वृद्धि
D. Y के उत्पादन में अधिक सघन रूप से प्रयुक्त कारक के वास्तविक पुस्कार में वृद्धि।

66. निम्नलिखित में से WTO के कार्य कौन से हैं—

1. व्यापार समझौतों के लिए मंच प्रदान करना
2. WTO करार को लागू करना
3. सदस्यों के परस्पर विवादों का निपटारा करना।
4. भूमंडलीय आर्थिक नीतियों के निर्माण में IMF और IBRD के साथ समन्वय करना।

नीचे दिए गए कूट का प्रयोग कर सही उत्तर चुनें—

A. 1, 2 और 3 B. 1, 2, 3 और 4
C. 1 और 3 D. 2 और 4

67. शिशु उद्योग तर्क का पक्ष समर्थन बहुधा किया जाता है—

A. कीमत विभेद के संदर्भ में
B. उत्पाद विविधीकरण के संदर्भ में
C. संरक्षण के संबंध में
D. संसाधन संग्रहण के संदर्भ में

68. प्रशुल्क का संप्राप्ति (Revenue) पर कोई प्रभाव नहीं होगा यदि लगाया गया शुल्क है—

A. 50 प्रतिशत B. 100 प्रतिशत

C. अनिषेधात्मक D. निषेधात्मक

69. निम्नलिखित अवस्थाओं में से किस एक में उन दो देशों के बीच व्यापार की सम्भावना होगी जिनकी कारक विधियां समरूप होती हैं—

A. जब दोनों देशों में उपभोक्ताओं की रुचियों और अधिमानों में अंतर होते हैं।

B. जब दोनों देशों में वस्तु कीमतों में अंतर होता है।

C. जब दोनों देशों के बीच विभिन्न वस्तुओं की उत्पादन लागत में अंतर होता है।

D. जब दोनों देशों में समान वस्तुओं के उत्पादन फलन समरूप होते हैं।

70. पाटने (dumping) का लक्ष्य होता है कि किसी बाहरी देश में—

A. उच्च कीमत वाली वस्तुओं की बाढ़ ला दें।

B. निम्न कीमत वाली वस्तुओं की बाढ़ ला दें।

C. समान कीमत वाली वस्तुओं की बाढ़ ला दें।

D. घटती बढ़ती कीमतों वाली वस्तुओं की बाढ़ ला दें।

71. निम्नलिखित कथनों पर विचार कीजिए—यदि आपूर्ति वक्र एक सीधी रेखा हो तो—

1. उच्च प्रशुल्क दरें व्यापार स्थिति को सुधार सकती हैं।
2. निम्न प्रशुल्क दरें व्यापार स्थिति को सुधार सकती हैं।
3. प्रशुल्क की अनुपस्थिति व्यापार की स्थिति को सुधार सकती है।

इन कथनों में से—

A. केवल 1 सही है। B. केवल 2 सही है।

C. केवल 3 सही है। D. 2 और 3 सही है।

72. मुद्रा का अधिमूल्यन तब वांछनीय नहीं होता, जब—

A. किसी देश को विदेश से बड़ी खरीदारियां करने की एकाएक जरूरत पड़ जाती है।

B. किसी देश को अपने ऋणों के भुगतान के लिए विदेशी मुद्रा की बड़ी राशियां प्राप्त करने के लिए एकाएक जरूरत पड़ती है।

C. देश में कीमतें अन्य देशों की संगत कीमतों से ऊंची होती हैं।

D. कोई देश अपने निर्यात को बढ़ाना और आयात को घटाना चाहता है।

73. निम्नलिखित में से कौन एक मुद्रा की पूंजी लेखा परिवर्तनीयता को दर्शाता है—

A. वस्तुओं और सेवाओं में व्यापार के कारण विदेशी मुद्रा में लेन-देन की स्वतंत्रता।

B. सेवाओं में व्यापार के कारण विदेशी मुद्रा में लेन-देन की स्वतंत्रता।

C. वित्तीय परिसम्पत्तियों में बाहरी देशों के साथ बेरोकटोक लेन-देन की स्वतंत्रता।

D. एक देश के नागरिकों द्वारा दूसरे देश में प्रेषण पर कोई प्रतिबंध न होना।

74. **कथन** (A) : अवमूल्यन द्वारा भुगतान संतुलन का असंतुलन दूर किया जा सकता है।

कारण (R) : अवमूल्यन द्वारा आयातित वस्तुओं की कीमतें बढ़ जाती हैं और अवमूल्यन करने वाले देश द्वारा निर्यातित वस्तुओं की विदेशी क़ीमत घट जाती है।

A. A और R दोनों सही हैं और R, A का सही स्पष्टीकरण है।

B. A और R दोनों सही हैं और R, A का सही स्पष्टीकरण नहीं है।

C. A सही हैं परंतु R गलत है।

D. A गलत है परंतु R सही है।

75. एक अनुकूलतम प्रशुल्क (Optimum Tariff)—

A. व्यापार की शर्तों में सुधार करता है।

B. व्यापार की शर्तों को स्थिर रखता है।

C. व्यापार की शर्तों को न्यून करता है।

D. देश के कल्याण स्तर को घटाता है।

76. निम्नलिखित कथनों पर विचार कीजिए—

अवमूल्यन (Devaluation) का परिणाम होता है—

1. आयात की घरेलू कीमतों में वृद्धि
2. निर्यात की घरेलू कीमतों में वृद्धि
3. निर्यात और आयात की घरेलू कीमतों में वृद्धि
4. निर्यात की विदेशी कीमतों में कमी।

उपर्युक्त में कौन-कौन से कथन सही है—

A. 1, 2 और 3 B. 1 और 2

C. 2, 3 और 4 D. 1 और 4

77. हेक्श्चर-ओहलिन के व्यापार के सिद्धांतों को वैध होने के लिए दोनों देशों की सापेक्ष साधन निधि (Relative Factor Endowment) होनी चाहिए—

A. परस्पर निकट B. यथा संभव दूर-दूर

C. समरूप D. बिना किसी संबंध के

78. निम्नलिखित कथनों में से कौन-सा एक सही नहीं है—

A. दो देशों के मध्य व्यापार हो सकता है जब उनकी पूर्ति

और मांग की स्थितियां समरूप हों।

B. दो देशों में व्यापार हो सकता है यदि पूर्ति की स्थितियां भिन्न हों तथा मांग की स्थितियां समान हों।

C. दो देशों के मध्य व्यापार हो सकता है यदि पूर्ति की स्थितियां समरूप हों और मांग की स्थितियां असमान हों।

D. दो देशों के मध्य व्यापार हो सकता है यदि पूर्ति एवं मांग की स्थितियां भिन्न-भिन्न हों।

79. यदि निर्यात के लिए मांग की कीमत लोच शून्य है तो स्थानीय मुद्रा में निर्यात—

A. अवमूल्यन के बाद वैसा ही होगा।

B. अवमूल्यन के बाद कम होगा।

C. अवमूल्यन के बाद पर्याप्त रूप से बढ़ेगा।

D. अवमूल्यन के बाद आंशिक रूप से बढ़ेगा।

80. सीमा शुल्क संघ (custom unions) से हमेशा होता है—

A. केवल व्यापार विचलन (diversion)

B. केवल व्यापार निर्माण (creation)

C. व्यापार विचलन और व्यापार निर्माण दोनों

D. न व्यापार विचलन और न ही व्यापार निर्माण

81. श्रम-आधिक्य अर्थव्यवस्था (Labour abundance economy) में एक आयात प्रशुल्क आय का वितरण करता है—

A. भू-स्वामियों के पक्ष में

B. श्रम जीवियों के पक्ष में

C. पूंजी और कौशलों के स्वामियों के पक्ष में

D. सरकार के पक्ष में

82. निम्नलिखित मान्यताओं पर विचार कीजिए—

1. पूर्ण प्रतियोगिता
2. देशों के मध्य साधनों की पूर्ण गतिशीलता
3. पैमाने के अनुसार स्थिर प्रतिफल

उपर्युक्त मान्यताओं में कौन-कौन सी रिकार्डो के तुलनात्मक लागत सिद्धांत से संबंधित है—

A. 1, 2 और 3 B. 1 और 2

C. 1 और 3 D. 2 और 3

83. निम्नलिखित में से कौन-सा युग्म सही सुमेलित नहीं है—

A. WTO : व्यापार पर सामान्यत: परिमाणात्मक नियंत्रणों के उपयोग को मना करता है।

B. IMF : भुगतान संतुलन में असामान्यावस्था दूर करने हेतु वित्त व्यवस्था करता है।

C. SAARC : दक्षिण एशियाई देशों के मध्य व्यापार को प्रोत्साहित करता है।

D. ASEAN : सभी एशियाई देशों का आर्थिक संगठन।

84. हेक्शर-ओहलिन प्रमेय को सिद्ध करने के लिए गैर साधन सघनता प्रतिलोम की मान्यता—

A. आवश्यक है।

B. पर्याप्त है।

C. आवश्यक और पर्याप्त है।

D. न आवश्यक है और न ही पर्याप्त

85. निम्नलिखित कथनों पर विचार कीजिए—

भारत में विदेशी पोर्टफोलियो निवेश का अर्थ है—

1. एक विदेशी फर्म द्वारा सहायक व्यवसाय प्रारंभ करने हेतु निवेश।
2. एक विदेशी फर्म द्वारा कोई विद्यमान फर्म को अधिगृहीत करने में निवेश।
3. शेयरों में विदेशी निवेश।
4. बॉण्डों में विदेशी निवेश।

उपर्युक्त कथनों में कौन-कौन से सही हैं—

A. 1, 2 और 3 B. 2, 3 और 4

C. 2 और 3 D. 3 और 4

86. IMF के सदस्यों द्वारा स्वत: उधार लेने का अधिकार निर्धारित होता है—

A. इसके भुगतान संतुलन की असामान्यावस्था की गंभीरता के द्वारा

B. निधि में अभिद नियतांश (subscribed quota) द्वारा

C. सुरक्षित करेन्सियों में इसके धारण के आकार के द्वारा

D. स्वर्णमान में इसकी मुद्रा के मूल्य के द्वारा

87. निम्नलिखित कथनों पर विचार कीजिए—

व्यापार संबंधित निवेश उपायों (TRIMs) के अनुसार—

1. विदेशी पूंजी कंपनियों पर लगे सभी प्रतिबंध नहीं हटेंगे।
2. निवेश के किसी भी क्षेत्र पर कोई प्रतिबंध नहीं लगेगा।
3. कच्चे पदार्थों के आयात को स्वतंत्रतापूर्वक आने की अनुमति होगी।
4. उत्पादन के एक भाग का निर्यात अनिवार्य होगा।

A. 1, 3 और 4 B. 1, 2 और 3

C. 1, 2 , और 4 D. 2, 3 और 4

88. रिकार्डो की उस अर्थव्यवस्था पर विचार कीजिए जो कि श्रम की 45 इकाइयों से संपन्न है। यह दो वस्तुओं गाजर - हलवा और कुल्फी का उत्पादन कर सकती है। श्रम की एक इकाई 4 किलो गाजर-हलवा या 6 किलो कुल्फी का

उत्पादन कर सकती है। गाजर-हलवा की अंतराष्ट्रीय कीमत कुल्फी को मानक लेते हुए 2 है। स्वतंत्र व्यापार की स्थिति में, यह देश—

A. 15 किलो कुल्फी का उत्पादन करेगा।
B. 130 किलो कुल्फी का उत्पादन करेगा।
C. 180 किलो गाजर-हलवा का उत्पादन करेगा।
D. 270 किलो गाजर-हलवा का उत्पादन करेगा।

89. यदि एक छोटे आयात प्रतिस्पर्धी उद्योग को संरक्षण दिया जाता है तो उपभोक्ता की बचत और घरेलू लाभ क्रमशः—

A. बढ़ेंगे, बढ़ेंगे B. गिरेंगे, गिरेंगे
C. बढ़ेंगे, गिरेंगे D. गिरेंगे, बढ़ेंगे

90. निम्नलिखित शर्तों में से किस एक को उपादान कीमत-समीकरण प्रमेय में नहीं माना गया है—

A. विभिन्न उपादान इन्डाउमेंट की विशेषता के आधार पर देश वर्गीकृत है।
B. विभिन्न उत्पादन फलन की विशेषता के आधार पर देश वर्गीकृत है।
C. विभिन्न उपादान गहनता की विशेषता के आधार पर उद्योग वर्गीकृत है।
D. प्रत्येक देश उस वस्तु का निर्यात करेगा जिसमें उसने सापेक्षित रूप से गहनता के साथ प्रचुर उपादान का उपयोग किया है।

91. भारत के खाद्य तेल के आयात के संदर्भ में निम्नलिखित रेखाचित्र पर विचार कीजिए—

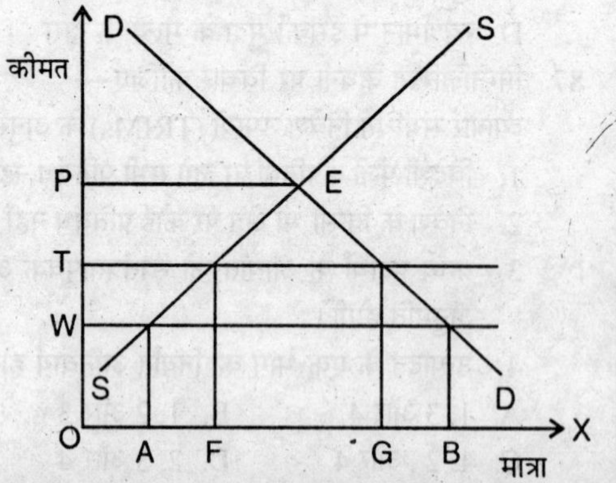

व्यापार से पूर्व, मांग वक्र DD और पूर्ति वक्र SS परस्पर E पर काटकर घरेलू कीमत OP देते हैं जो कि विश्व कीमत OW से अधिक है।

विश्व कीमत OW पर—

खाद्य तेल की मांग = OB
खाद्य तेल की घरेलू पूर्ति = OA
खाद्य तेल का आयात = AB

मान लीजिए कि खाद्य तेल के आयात पर प्रशुल्क लगा दिया जाता है। कीमत बढ़कर OT हो जाती हैं। प्रशुल्क के प्रभाव के संदर्भ में रेखाचित्र से निम्नलिखित अनुमान निकाले जा सकते हैं।

आयात प्रशुल्क

1. उपभोग को घटाता है।
2. उत्पादन को बढ़ाता है।
3. व्यापार की मात्रा को घटाता है।

नीचे दिए गए कूटों की सहायता से सही उत्तर चुनिए—

A. 1, 2 और 3 B. 1 और 2
C. 2 और 3 D. 1 और 3

92. रेखाचित्र में डॉलर की मांग और पूर्ति वक्र को दर्शाया गया है। केन्द्रीय सत्ता E_2 पर विनिमय दर (रुपए प्रति डॉलर) बनाए रखना चाहती है।

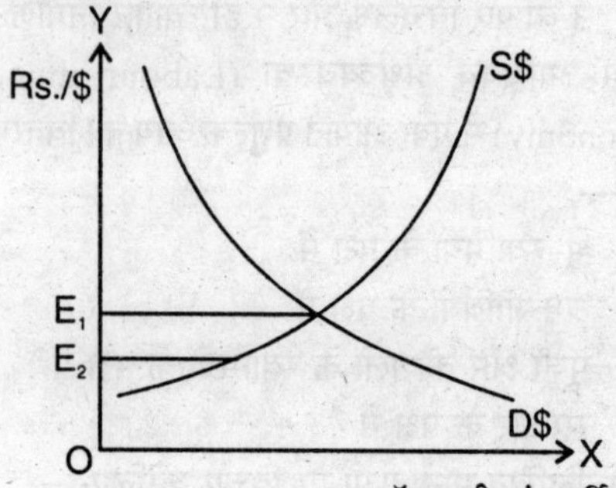

तब केन्द्रीय सत्ता को आवश्यकता होगी—

A. डॉलर खरीदने और रुपए बेचने की
B. डॉलर बेचने ओर रुपया खरीदने की
C. आयात पर प्रशुल्क को घटाने की
D. निर्यात पर कर लगाने की

93. वर्तमान अंतर्राष्ट्रीय मौद्रिक प्रणाली में भारतीय रुपए को अधिकीलित किया गया है—

A. U.S. डॉलर से B. U.K. पौंड से
C. यूरो से D. मुद्राओं के एक समूह से

94. एक परिवर्तनशील विनिमय दर प्रणाली में घरेलू ब्याज दर में वृद्धि प्रेरित करेगी—

A. चालू खाते में सुधार और पूंजी खाते में ह्रास को
B. चालू और पूंजी दोनों ही खातों में सुधार को

C. दोनों खातों में ह्रास को

D. चालू खाते में ह्रास को और पूंजी खाते में सुधार को

95. निम्नलिखित में से कौन एक भारत की चालू खाता परिवर्तनीयता के अंतर्गत अनुज्ञेय नहीं है—

A. विदेशी विनिमय खाता धारक निवासी

B. भारतीय बैंकों में खाता धारक विदेशी व्यक्ति

C. विदेशी मुद्रा खाता धारक निर्यातक

D. अल्पावधि पूंजी का स्वतंत्र आवागमन

96. एक स्वतंत्र तिरती विनिमय दर प्रणाली में—

A. चालू खाता और पूंजी खाता का योग शून्य होता है।

B. प्रत्येक खाता व्यष्टिगत रूप से शून्य के बराबर हो सकता है।

C. विनिमय दर बाजार शक्तियों से निर्धारित होता है।

D. उपर्युक्त सभी कथन सही हैं।

97. विनिमय दर के क्रयशक्ति समता (PPP) सिद्धांत का निहितार्थ है कि देश A की मुद्रा देश B की मुद्रा की तुलना में ह्रास करेगी यदि—

A. A में मुद्रास्फीति की दर B में मुद्रास्फीति की दर से अधिक है।

B. A में सामान्य ब्याज दर B में सामान्य ब्याज दर से अधिक है।

C. B में GDP वृद्धि दर A में GDP वृद्धि दर से अधिक है।

D. विदेशी प्रत्यक्ष निवेश B से A की ओर प्रवाहमान है।

98. भारत चाय का बड़ा निर्यातक और साइकिल का छोटा निर्यातक है। इस संदर्भ में निम्नलिखित में से कौन-सा एक सत्य है—

A. चाय पर निर्यात-उपादान विश्व चाय बाजार में भारत की व्यापार शर्त को सुधारेगा।

B. चाय पर निर्यात उपादान विश्व चाय बाजार में भारत की व्यापार शर्त को बदतर करेगा।

C. साइकिल पर निर्यात उपादान विश्व साइकिल बाजार में भारत की व्यापार शर्त को सुधारेगा।

D. साइकिल पर निर्यात उपादान विश्व साइकिल बाजार में भारत की व्यापार शर्त को बदतर करेगा।

99. दो देश शुगरलैंड और साल्टलैंड है। प्रत्येक देश चीनी और नमक का उत्पादन करता है। पहला चीनी का और दूसरा नमक का निर्यात करता है। स्वतंत्र व्यापार संतुलन से प्रारंभ करते हुए शुगरलैंड द्वारा लगाया गया नमक पर प्रशुल्क निम्नलिखित में से किस एक तरीके से आपूर्ति वक्रों और शुगरलैंड के परिप्रेक्ष्य से चीनी की सापेक्षिक कीमत को प्रभावित करेगा—

A. साल्टलैंड के आपूर्ति वक्र का स्थानान्तर करेगा, चीनी की कीमत में वृद्धि करेगा।

B. साल्टलैंड के आपूर्ति वक्र का स्थानान्तर करेगा, चीनी की कीमत में कमी करेगा।

C. शुगरलैंड के आपूर्ति वक्र का स्थानान्तर करेगा, चीनी की कीमत में वृद्धि करेगा।

D. शुगरलैंड के आपूर्ति वक्र का स्थानान्तर करेगा, चीनी की कीमत में कमी करेगा।

100. भारत की पिछली यात्रा के दौरान, बिल गेट्स ने सरकारी स्वामित्व वाली एयरलाइन्स द्वारा यात्रा की। उन्होंने बैंगलौर में क्रिकेट भी देखा और खेल के विकास के लिए एक मिलियन डॉलर का दान कर्नाटक फंड फॉर क्रिकेट (KFC) को दिया। उनके द्वारा एयर टिकट के लिए भुगतान की गई राशि और KFC को दिया गया दान वर्गीकृत होगा—

A. क्रमशः सेवाओं का निर्यात और भारत को एकपक्षीय हस्तांतरण के रूप में।

B. क्रमशः दोनों ही प्रकरणों में भारत को एकपक्षीय हस्तांतरण के रूप में।

C. क्रमशः सेवाओं के आयात और सेवाओं के निर्यात के रूप में।

D. क्रमशः वाणिज्यिक वस्तुओं के आयात और सेवाओं के आयात के रूप में।

101. दो देशों घाना और जायरे पर विचार कीजिए—
हेक्श्चर-ओहलिन संरचना को मानते हुए यदि इन दो देशों में पूंजी और श्रम की कुल पूर्ति घाना के लिए $K_a = 300$, $L_a = 150$ और जायरे के लिए $K_z = 110$ और $L_z = 50$ है। प्रत्येक देश दो वस्तुओं—कोको और मटर का उत्पादन करता है और दोनों देशों में कोको का उत्पादन अधिक श्रम प्रधान है। हैक्श्चर-ओहलिन सिद्धात का पूर्वकथन है कि—

A. जायरे घाना को कोको निर्यात करता है।

B. जायरे घाना से कोको आयात करता है।

C. जायरे घाना से मटर आयात करता है।

D. (A) और (C) दोनों लागू होंगे।

102. **कथन** (A) : अ-व्यापार (No-Trade) की तुलना में मुक्त व्यापार से किसी देश को उत्पादनों तथा उपभोग के लाभ होते हैं।

कारण (R) : व्यापार से लाभ का परिमाण अ-व्यापार से

हुए मूल्य परिवर्तन के परिणाम से स्वतंत्र होता है।

A. A और R दोनों सही हैं और R, A का सही स्पष्टीकरण है।

B. A और R दोनों सही हैं और R, A का सही स्पष्टीकरण नहीं है।

C. A सही हैं परंतु R गलत है।

D. A गलत है परंतु R सही है।

103. **कथन** (A) : मान लीजिए पाकिस्तान भारत समेत अपने पड़ोसी देशों के साथ FTA (मुक्त व्यापार क्षेत्र) का निर्माण करता है और इस FTA के निर्माण से पूर्व, पाकिस्तान विशेष प्रकार के जवाहरात दक्षिण अफ्रीका से आयात किया करता था लेकिन अब उन्हें भारत से आयात करता है। इसे **'व्यापार विपथन'** (trade diversion) कहा जाता है।

कारण (R) : अब पाकिस्तान में भारत द्वारा बहुत अधिक FDI (विदेशी प्रत्यक्ष निवेश) होता है जो पूर्व में नहीं हो रहा था। इसे व्यापार सृजन कहा जाता है।

A. A और R दोनों सही हैं और R, A का सही स्पष्टीकरण है।

B. A और R दोनों सही हैं और R, A का सही स्पष्टीकरण नहीं है।

C. A सही हैं परंतु R गलत है।

D. A गलत है परंतु R सही है।

104. **कथन** (A) : एक देश का भुगतान संतुलन हमेशा शून्य के बराबर होता है।

कारण (R) : यदि देश के भुगतान संतुलन लेखा घाटा है तो इसका वित्तीयन निश्चित रूप से आरक्षित निधि में परिवर्तन करके, दीर्घावधि पूंजी संचलन अथवा दीर्घावधि ऋण ग्रहण द्वारा किया जाना चाहिए।

A. A और R दोनों सही हैं और R, A का सही स्पष्टीकरण है।

B. A और R दोनों सही हैं और R, A का सही स्पष्टीकरण नहीं है।

C. A सही हैं परंतु R गलत है।

D. A गलत है परंतु R सही है।

105. "Gold Tranche" (रिजर्व ट्रान्श) निर्दिष्ट करता है—

A. विश्व बैंक की ऋण व्यवस्था को।

B. एक केन्द्रीय बैंक की किसी एक क्रिया को।

C. WTO द्वारा इसके सदस्यों को प्रदत्त एक साख प्रणाली को।

D. IMF द्वारा इसके सदस्यों को प्रदत्त एक साख प्रणाली को।

106. WTO के प्रावधानों के अंतर्गत—

A. G-7 देशों के पास 'विवाद निपटारा निकाय' द्वारा दिए गए अधिमत को अस्वीकृत करने का निषेधाधिकार है।

B. एक देश या देश समूह द्वारा प्रकरण दर्ज किए जाने पर विवाद निपटारा निकाय को प्रकरण दर्ज किए जाने की तिथि से 15 मास के अंदर अधिमत (अपीलों समेत) लेना होता है।

C. सेवाओं में व्यापार पर कोई समझौता नहीं है।

D. उपर्युक्त सभी कथन सही हैं।

107. टोबिन कर—

A. निर्यातों पर कर है।

B. आयातों पर कर है।

C. विदेशी विनिमय के लेन-देन पर कर है।

D. विक्रय पर कर है।

108. अंतर्राष्ट्रीय व्यापार अंतर्क्षेत्रीय व्यापार की एक विशिष्ट दशा है। यह कथन किस अर्थशास्त्री का है—

A. स्मिथ B. रिकार्डो

C. हैबरलर D. ओहलिन

109. विश्व बैंक की स्थापना हुई—

A. 1944 में B. 1951 में

C. 1916 में D. 1947 में

110. भुगतान संतुलन हमेशा रहता है—

A. संतुलित B. असंतुलित

C. कभी संतुलित कभी असंतुलित

D. उपर्युक्त सभी

111. किसी देश के आयात तथा निर्यात के अंतर को क्या नाम दिया जाता है—

A. भुगतान संतुलन B. अदृश्य व्यापार संतुलन

C. एक देश की देनदारी D. व्यापार संतुलन

112. स्टोपलर-सैम्युलसन प्रमेय के अनुसार प्रशुल्क लगाने पर अभाव वाले साधन की वास्तविक आय—

A. बढ़ती है B. कम होती है

C. स्थिर रहती है D. अप्रभावित रहती है

113. बन्द अर्थव्यवस्था है—

A. जिसकी सीमाएं दूसरे देश के लिए खुली न हों।

B. जो किसी अन्य देश से कोई आर्थिक संबंध न रखता हो।

C. जो आत्म निर्भर हो।
D. उपर्युक्त में से कोई नहीं

114. व्यापार की शर्तों को निम्न प्रकार बताया जा सकता है—

A. $\text{व्यापार की शर्तें} = \dfrac{\text{आयात मूल्य}}{\text{निर्यात मूल्य}}$

B. $\text{व्यापार की शर्तें} = \dfrac{\text{निर्यात मूल्य}}{\text{आयात मूल्य}}$

C. $\text{व्यापार की शर्तें} = \dfrac{\text{निर्यात मांग}}{\text{निर्यात मूल्य}}$

D. $\text{व्यापार की शर्तें} = \dfrac{\text{आयात पूर्ति}}{\text{निर्यात मांग}}$

115. श्रम विभाजन के आधार पर एक देश को उस वस्तु का उत्पादन करना चाहिए जिसमें उत्पादन लागत—
A. न्यूनतम हो B. अधिकतम हो
C. स्थिर हो D. शून्य हो

116. कौन सी मद भुगतान संतुलन की क्रेडिट प्रविष्टि नहीं है—
A. हस्तांतरण भुगतान B. विदेशों में विनियोग
C. वस्तुओं के निर्यात D. सेवाओं का निर्यात

17. अवशोषण विधि के प्रतिपादक थे—
A. मार्शल B. पीगू
C. ओहलिन D. अलेक्जैंडर

118. उत्पादन में किसी देश को पूर्ण विशिष्टीकरण निम्न स्थितियों में प्राप्त हो सकता है—
A. लागत समता की स्थिति में।
B. ह्रासमान लागत की स्थिति में
C वृद्धिमान लागत की स्थिति में
D. शून्य लागत की स्थिति में

119. व्यापार की शर्तें उस देश के पक्ष में होंगी जिसकी निर्यात एवं आयात की मांग की लोच—
A. कम हो B. अधिक हो
C. स्थिर हो D. उपर्युक्त में से कोई नहीं

120. स्वतंत्र व्यापार नीति के समर्थक थे—
A. रिकार्डो B. मिल
C. स्मिथ D. उपर्युक्त सभी

121. ''विदेशी विनिमय दर का अवमूल्यन भुगतान संतुलन पर अनुकूल प्रभाव डालता है जबकि विनिमय दर के अधिमूल्यन का भुगतान संतुलन पर प्रतिकूल प्रभाव होगा। यदि देश के निर्यातों और आयातों की मांग की लोच इकाई से अधिक हो।'' यह कथन है—
A. हैबरलर, ओहलिन B. एडमस्मिथ, मिल
C. मार्शल, लर्नर D. सेम्युलसन

122. किस परिस्थिति में अंतर्राष्ट्रीय व्यापार संभव और लाभप्रद है—
A. लागतों में पूर्ण अंतर
B. लागतों में तुलनात्मक अंतर
C. इन दोनों
D. लागतों में समान अंतर

123. किसी देश की प्रस्ताव वक्र सरल रेखा होगी जबकि निर्यात के लिए इसकी पूर्ति का मूल्य लोच—
A. इकाई हो B. शून्य हो
C. ऋणात्मक हो D. असीमित हो

124. वस्तु के आयात तथा निर्यात पर लगाया गया मात्रात्मक नियंत्रण कहलाता है—
A. कोटा B. तटकर
C. अनुदान D. प्रशुल्क

125. लियोन्टिफ विरोधाभास अमेरिका के संदर्भ में निम्न निष्कर्ष देता है—
A. अमेरिका द्वारा श्रम गहन वस्तुओं का निर्यात एवं पूंजी गहन वस्तुओं का आयात करना।
B. अमेरिका द्वारा पूंजीगहन वस्तुओं का निर्यात और श्रम गहन वस्तुओं का आयात करना।
C. अमेरिका द्वारा पूंजी गहन वस्तुओं का केवल निर्यात करना।
D. अमेरिका द्वारा केवल श्रम गहन वस्तुओं का निर्यात एवं आयात करना।

126. अंतर्राष्ट्रीय मुद्रा कोष अपने सदस्य देशों को निम्न उद्देश्य के लिए ऋण सहायता देता है—
A. दीर्घकालीन आर्थिक विकास
B. भारी उद्योगों की स्थापना के लिए
C. अल्पकालीन भुगतान असंतुलन असाम्य को ठीक करने के लिए।
D. देश में आधारभूत सुविधाओं के लिए

127. निम्न में से कौन-सा विदेशी विनिमय बाजार का सबसे महत्त्वपूर्ण कार्य है—
A. क्रयशक्ति के हस्तांतरण के कार्य को प्रभावित करना।
B. विदेशी व्यापार को साख प्रदान करना।
C. विदेशी विनिमय की जोखिम को उठाने का कार्य करना।

D. आपसी समझौते का कार्य करना।

128. अंतर्राष्ट्रीय व्यापार से लाभ तब होता है जबकि दोनों देशों में उत्पादन संभावना रेखा का ढाल निम्न प्रकार का होगा—

A. एक सीधी रेखा में B. असमान ढाल
C. समान ढाल D. उपर्युक्त में से कोई नहीं

129. कागजी स्वर्ण है—

A. एस.डी.आर.
B. कागजी रुपया जिसे सोने का पूर्ण समर्थन प्राप्त हो।
C. यूरोपीय बाजार की मुद्रा है।
D. अरब देशों की विशेष मुद्रा।

130. तुलनात्मक लागत का सिद्धांत किस पर आधारित है—

A. मूल्य का श्रम सिद्धांत B. वास्तविक लागत
C. मौद्रिक लागत D. उपरोक्त में से कोई नहीं

131. यदि आयातों की मांग लोचदार है तो आयात मूल्य में वृद्धि होने से आयात में—

A. कमी होगी B. बेशी होगी
C. स्थिरता होगी D. उपरोक्त में से कोई नहीं

132. अदृश्य व्यापार में शामिल होता है—

A. वस्तु निर्यात B. पर्यटन
C. वस्तु आयात D. विदेशी विनियोग

133. विश्व बैंक को इस नाम से भी जाना जाता है—

A. अंतर्राष्ट्रीय विकास एजेंसी
B. अंतर्राष्ट्रीय मुद्रा कोष
C. अंतर्राष्ट्रीय पुनर्निर्माण तथा विकास बैंक
D. उपर्युक्त में से कोई नहीं

134. घरेलू मुद्रा और एक वाह्य मुद्रा के बीच विनिमय दर बराबर होता है—

A. आंतरिक चलन मुद्रा की एक इकाई का मूल्य विदेशी चलन मुद्रा में।
B. विदेशी चलन मुद्रा की एक इकाई का मूल्य आंतरिक चलन मुद्रा में।
C. स्वर्ण का विदेशी चलन मुद्रा में मूल्य।
D. स्वर्ण का अंतरिम चलन मुद्रा में मूल्य

135. मूल्य ह्रास से आयात होते हैं—

A. प्रतियोगी वस्तुएं B. अधिक महंगे
C. गैर लोचदार वस्तुएं D. अधिक सस्ते

136. वाणिक्वादियों के संबंध में निम्नलिखित में से कौन-सा कथन सत्य है—

A. वे स्वतंत्र व्यापार के विरोधी थे।
B. वे आयातों की अपेक्षा निर्यातों का अधिक समर्थन करते थे।
C. सम्पत्ति का मान दंड स्वर्ण भंडार होता है।
D. उपर्युक्त सभी

137. भुगतान शेष को परिभाषित किया जाता है कि यह एक देश के निश्चित अवधि में शेष संसार से होने वाले व्यवहारों का एक संक्षिप्त ब्यौरा है। यहां पर भुगतान शेष का तात्पर्य है—

A. केवल चालू खाते से
B. केवल पूंजी खाते से
C. केवल सरकारी आरक्षित खाते से
D. उपरोक्त तीनों से

138. यदि एक देश A दूसरे देश B की अपेक्षा दोनों वस्तुएं X और Y का कम उत्पादन लागत पर उत्पादन करता है तो—

A. दोनों देशों के बीच व्यापार नहीं होगा।
B. A दोनों वस्तुओं का निर्यात B को करेगा पर व्यापार की शर्तें उसके अनुकूल होंगी।
C. A दोनों वस्तुओं का निर्यात B को करेगा पर व्यापार की शर्तें उसके प्रतिकूल होंगी।
D. दोनों देशों के बीच व्यापार होगा तथा देश A, व्यापार से लाभ अधिकतम करने हेतु केवल एक ही वस्तु का उत्पादन और निर्यात करेगा।

139. अंतर्राष्ट्रीय व्यापार, विकास का एक इंजन है। यह कथन है—

A. रिकार्डो का B. हैबरलर का
C. मार्शल का D. ओहलिन का

140. 'वस्तुएं गतिशील हैं क्योंकि साधन गतिशील नहीं हैं।' यह कथन है—

A. डेविड रिकार्डो B. हैबरलर
C. हेक्श्चर-ओहलिन D. मीड

141. निम्नलिखित में से कौन जेकब वाइनर के नाम से संबंधित है—

A. व्यापार की आय शर्तें
B. व्यापार की एकल साधन शर्तें
C. व्यापार की उपयोगिता शर्तें
D. व्यापार की शुद्ध लेन-देन शर्तें

142. निम्न में से कौन-सा अर्थशास्त्री तटकर संघ के विचार से नहीं जुड़ा है—

A. जेकब वाइनर B. हैबरलर

C. बेला बलासा D. पाल सेम्युलसन

143. WTO का मुख्यालय स्थित है—

A. वाशिंगटन में B. जिनेवा में

C. न्यूयार्क में D. लक्जेमबर्ग में

144. दो देशों A तथा B के मध्य समान मात्रा में पूंजी एवं श्रम से वस्तु X तथा Y का उत्पादन निम्न प्रकार से होता है—

देश	**वस्तु की इकाइयां**	
	X	Y
A	5	2
B	1	1

ये देश उत्पादन में किस प्रकार विशिष्टता प्राप्त करेंगे तथा व्यापार करंगे—

A. देश A, X वस्तु व देश B, Y वस्तु के उत्पादन में विशिष्टता प्राप्त करेंगे।

B. देश A दोनों वस्तुओं का उत्पादन करेगा।

C. देश B दोनों वस्तुओं का उत्पादन बराबर मात्रा में करेगा।

D. A और B के बीच व्यापार संभव ही नहीं है।

145. प्रतिकूल भुगतान संतुलन को ठीक करने के लिए निम्न उपायों में से कौन-सा उपाय मौद्रिक नहीं है—

A. अवस्फीति B. विनिमय नियंत्रण

C. अवमूल्यन D. आयात-प्रतिबंध

146. रिकार्डो द्वारा अपनाई गई निम्न मान्यताओं में से हैबरलर ने कौन-सी मान्यता छोड़ दी है—

A. दो देश और दो वस्तुएं हैं।

B. दोनों वस्तुओं की उत्पादन लागतें श्रम की इकाइयों में परिकल्पित की जाती हैं।

C. परिवहन व्यय नहीं होता।

D. दोनों देशों में वस्तुओं और साधनों के बाजारों में पूर्ण स्पर्धा पाई जाती है।

147. अंतर्राष्ट्रीय व्यापार में एक गतिशील और विकासशील देश की विशेषता उसके द्वारा नवप्रवर्तन की दर से जानी जाती है जिसमें सम्मिलित हैं—

A. नवीन वस्तुओं एवं उत्पादन प्रक्रियाओं की संख्या जो देश प्रतिवर्ष अपनाता है।

B. देश के द्वारा आधुनिक तकनीक के आयात करने तथा अनुकूलन करने की गति

C. (A) और (B) दोनों

D. दोनों में से कोई नहीं

148. अंतर्राष्ट्रीय व्यापार में प्रस्ताव वक्र का संबंध है—

A. लर्नर-मार्शल से B. मार्शल-पैरेटो से

C. एजवर्थ-मार्शल से D. एजबर्थ-पैरेटो से

149. ''अंतर्राष्ट्रीय व्यापार अब विकास का इंजन नहीं रहा है'' इस विचार को प्रस्तुत किया—

A. ए. मार्शल ने B. आर. नर्क्स ने

C. जे. वाइनर ने D. जी. हैबरलर ने

150. व्यापार शर्तों की प्रवृत्ति विकासशील देशों के हितों के विपरीत बदलने की रही है। इस विचार का प्रतिपादन किया—

A. सिंगर-प्रेबिश्च ने B. वाइनर ने

C. मार्शल ने D. ओहलिन ने

151. निम्नलिखित में से कौन स्वतंत्र अंतर्राष्ट्रीय व्यापार के संदर्भ में सत्य है—

A. मुक्त व्यापार संसाधनों के अनुकूलतम प्रयोग को प्रेरित करता है।

B. मुक्त व्यापार एकाधिकार के सृजन को रोकता है।

C. मुक्त व्यापार औद्योगिक संरचना का विविधीकरण करता है।

D. उपरोक्त सभी

152. निर्यातों में परिवर्तन के फलस्वरूप आय में परिवर्तन के अनुपात को कहते हैं—

A. विदेशी व्यापार गुणक

B. पूंजी गुणक

C. व्यापार की आय आधारित शर्तें

D. अर्थव्यवस्था में खुलेपन की माप

153. व्यापार का अवसर लागत का सिद्धांत—

A. व्यापार के तुलनात्मक लागत सिद्धांत के पक्ष में है।

B. व्यापार के तुलनात्मक लागत सिद्धांत की काट है।

C. लगान अर्जन आर्थिक गति विधि की व्याख्या है।

D. उपर्युक्त में से संबंधित नहीं है।

154. निर्यात की किसी मात्रा के बदले में आयात की जाने वाली अधिकतम मात्रा को प्रदर्शित करने वाला वक्र कहलाता है—

A. पूर्ति वक्र

B. मांग वक्र

C. उपभोग वक्र

D. प्रस्ताव वक्र (Offer curve)

155. भुगतान शेष के संतुलन में कीमत समायोजन क्रांतिक रूप से निर्भर करता है—

A. पूर्ति फलनों की लोच पर

B. मांग फलनों की लोच पर
C. मांग एवं पूर्ति फलनों की लोच पर
D. उपरोक्त में से किसी पर नहीं

156. हैबरलर के अंतर्राष्ट्रीय व्यापार के सिद्धांत में दोनों में से कोई भी देश पूर्ण विशिष्टीकरण नहीं करेगा यदि उत्पादन होता है—
A. बढ़ते प्रतिफल के नियम के अंतर्गत
B. घटते प्रतिफल के नियम के अंतर्गत
C. स्थिर प्रतिफल के नियम के अंतर्गत
D. उपरोक्त सभी के अंतर्गत

157. सहभागी देशों के मध्य आर्थिक सहयोग के निम्नलिखित स्वरूपों में कौन सबसे निर्बल स्वरूप है—
A. स्वतंत्र व्यापार क्षेत्र B. आर्थिक संघ
C. सीमा संघ D. साझा बाजार

158. **कथन** (A) : आयात प्रशुल्क लगने पर आयातित वस्तु की कीमत में वृद्धि की संभावना होती है।
कारण (R) : यह कीमत वृद्धि व्यापारित देशों में वस्तु की मांग और पूर्ति की लोचों पर निर्भर करती है।
A. A और R दोनों सही हैं और R, A का सही स्पष्टीकरण है।
B. A और R दोनों सही हैं और R, A का सही स्पष्टीकरण नहीं है।
C. A सही हैं परंतु R गलत है।
D. A गलत है परंतु R सही है।

159. क्रय शक्ति समता सिद्धात का प्रतिपादन किया—
A. रिकार्डो ने B. मार्शल ने
C. कैसल ने D. वाइनर ने

160. निम्नलिखित में से किसने कहा था कि अंतर्राष्ट्रीय व्यापार निरपेक्ष लाभ की अवधारणा पर आधारित है।
A. एडम स्मिथ B. रिकार्डो
C. ओहलिन D. जे.एस. मिल

161. यदि P मूल्य स्तर हो, *x* निर्यात का, *m* आयात का तथा Q परिमाण का द्योतक हो, तो आय व्यापार शर्त होगी—
A. $\frac{Px}{Pm}Qx$ B. $\frac{Pm}{Px}\cdot\frac{Qx}{Qm}$
C. $\frac{Px}{Pm}\cdot Qx$ D. $\frac{Pm}{Px}\cdot Qx$

162. व्यापार तटस्थता वक्र (Trade indifference curve) की संकल्पना के प्रस्तुतकर्ता हैं—
A. मीड B. मार्शल
C. ओहलिन D. बोसोडर्स्टन

163. निम्नलिखित में से कौन-सा एक किसी देश की व्यापार शर्तों को प्रभावित करने वाला कारक नहीं है—
A. प्रशुल्क B. अवूल्यन
C. आर्थिक संवृद्धि D. स्थिर विनिमय दर

164. सन्तापकारी संवृद्धि (Immiserizing Growth) की संकल्पना के प्रतिपादक हैं—
A. जगदीश भगवती B. जैकब वाइनर
C. पॉल सैम्युलसन D. रॉल प्रेबिश

165. स्टॉपलर-सैम्युलसन प्रमेय का संबंध है, प्रशुल्क के प्रभाव का—
A. आय वितरण पर B. व्यापार शर्त पर
C. उपभोग पर D. कीमतों पर

166. अंतर्राष्ट्रीय व्यापार के आधुनिक सिद्धांत (Modern theory) का श्रेय दिया जाता है—
A. ओहलिन को B. रिकार्डो को
C. एजवर्थ को D. वाइनर को

167. अंतर्राष्ट्रीय व्यापार के प्रतिष्ठित सिद्धांत के अनुसार दो देश व्यापार इसलिए करते हैं कि—
A. परिवहन लागत महत्त्वपूर्ण है।
B. समाज को श्रेष्ठ वस्तुएं उपभोग के लिए प्राप्त होती है।
C. देश प्रशुल्क लगाते हैं।
D. उत्पादन की दशाएं भिन्न-भिन्न हैं।

168. एक देश की मुद्रा के बाह्य मूल्य में बाजार द्वारा निर्धारित ऊपर की ओर होने वाला समायोजन कहलाता है—
A. अवमूल्यन
B. अधिमूल्यन
C. विनिमय ह्रास (depreciation)
D. विनिमय प्रसार (appreciation)

169. निम्नलिखित में से कौन-सी एक अंतर्राष्ट्रीय व्यापार के अवसर लागत सिद्धांत की मान्यता नहीं है—
A. केवल दो देश और दो वस्तुएं हैं।
B. परिवहन लागतें नहीं हैं
C. दोनों देशों में, दोनों वस्तुओं के उत्पादन में स्थिर प्रतिफल का नियम क्रियाशील है।
D. दोनों देशों में वस्तु एवं साधन बाजारों में पूर्ण प्रतियोगिता है।

170. निम्नलिखित मदों में से किसे देश के भुगतान संतुलन में सम्मिलित नहीं किया जाता है—
A. पर्यटकों द्वारा किया गया व्यय
B. अन्य देशों को दिया गया अथवा प्राप्त किया गया ब्याज
C. पोत सेवाएं
D. आयात तथा निर्यात शुल्क

171. यदि किसी देश को अंतर्राष्ट्रीय व्यापार से लाभ प्राप्त हो तो उसका उपभोग बिन्दु—
A. उत्पादन संभावना सीमा पर होगा।
B. उत्पादन संभावना सीमा के अंदर होगा।
C. उत्पादन संभावना सीमा के ऊपर होगा।
D. उपरोक्त में से कोई भी।

172. कौन-सा उपाय प्रतिकूल भुगतान संतुलन के नियंत्रण में सहायक नहीं है—
A. हीनार्थ प्रबंधन B. आयात नियंत्रण
C. निर्यात प्रोत्साहन D. अवमूल्यन

173. रिकार्डो के तुलनात्मक लागत सिद्धांत में किसने संशोधन किया—
A. कीन्स B. ओहलिन
C. जे.बी. से D. सैम्युलसन

174. ''इंटर रीजनल एंड इंटरनेशनल ट्रेड'' पुस्तक के लेखक हैं—
A. ओहलिन B. हैक्श्चर
C. रिकार्डो D. गुन्नार मिर्डाल

175. जब दो देशों में स्वर्ण मुद्राएं चलन में हैं तो उनके बीच विनिमय दर निर्धारण की प्रक्रिया को कहा जाता है—
A. टकसाली समता
B. क्रयशक्ति समता
C. तुलनात्मक लागतों का अंतर
D. स्वर्ण समता मान

176. जब कोई वस्तु विदेशों में घरेलू बाजार कीमत से कम में बेचा जाता है या उत्पादन लागत से कम में बेचा जाता है, तो यह कहलाता है—
A. विनिमय नियंत्रण B. अवमूल्यन
C. अधिक मूल्यन D. राशिपातन

177. एक देश द्वारा आयात कर लगाने से देश में उपभोक्ता की बचत में होती है—
A. वृद्धि B. गिरावट
C. अपरिवर्तन D. इनमें से कोई भी नहीं

178. एक निश्चित विनिमय दर प्रणाली में भुगतान संतुलन का स्वचालित समायोजन लाया जाता है—
A. राजकोषीय नीति हस्तक्षेप में विचरण के द्वारा
B. व्यापार नीति हस्तक्षेप में विचरण के द्वारा
C. आन्तरिक कीमतों में विचरण के द्वारा
D. बाह्य कीमतों में विचरण के द्वारा

179. निम्नलिखित कथनों पर विचार कीजिए—
प्रशुल्क का प्रभाव होता है—
1. घरेलू कीमत को बढ़ाने के लिए
2. उपभोग घटाने के लिए
3. आयातों को बढ़ाने के लिए
उपर्युक्त कथनों में से कौन-कौन से सही हैं—
A. 1 और 2 B. 2 और 3
C. 1 और 3 D. 1, 2 और 3

180. निम्नलिखित में से कौन-सा एक सही सुमेलित है—
A. MFA : मुक्त कृषि व्यापार
B. UNCTAD : मुक्त व्यापार क्षेत्र
C. IMF : भुगतान संतुलन की कठिनाइयां
D. MFN : प्रत्यक्ष विदेशी निवेश

181. एक व्यापार करने वाले बड़े देश के लिए, वैकल्पिक प्रशुल्क तर्क इस प्रतिज्ञप्ति पर आधारित है कि आयातों पर प्रशुल्क
A. देश के व्यापार शर्तों को नीचा करता है।
B. देश के व्यापार की शर्तों को सुधारता है।
C. देश के व्यापार की शर्तों को अपरिवर्तित छोड़ता है।
D. आयात प्रतियोगी उद्योगों को संरक्षित करने में असफल होता है।

182. कल्पना कीजिए कि एक देश ने स्वतंत्र रूप से प्रवाहित विनिमय दर प्रणाली को अपनाया है, तो अन्य बातें पूर्ववत रहे तो यदि देश में कीमत स्तर बढ़ती है, तो इसका परिणाम होता है—
A. देश की मुद्रा की मांग में वृद्धि और मुद्रा में मूल्य ह्रास
B. देश की मुद्रा की मांग में वृद्धि और मुद्रा में मूल्य वृद्धि
C. देश की मुद्रा की मांग में कमी और मुद्रा में मूल्य वृद्धि
D. देश की मुद्रा की मांग में कमी और मुद्रा में मूल्य ह्रास

183. निम्नलिखित में से कौन-सी एक सन्धि उरुग्वे दौर की वार्ताओं में सम्मिलित थी—
A. सेवाओं में व्यापार पर सामान्य समझौता
B. व्यापार संबंधित बौद्धिक सम्पदा अधिकार
C. व्यापार संबंधित निवेश उपाय
D. उपर्युक्त सभी

184. व्यापार प्रतिरूप का हैक्श्चर ओहलिन सिद्धांत मानता है—
A. उत्पाद बाजारों में पूर्ण प्रतियोगिता लेकिन उपादान बाजारों में नहीं।
B. उपादान बाजारों में पूर्ण प्रतियोगिता लेकिन उत्पाद बाजारों में नहीं।
C. पूर्ण प्रतियोगिता, उत्पाद एवं उपादान दोनों बाजारों में।
D. श्रम बाजार में बेरोजगारी।

185. निम्नलिखित का सही अनुक्रम क्या है—
1. उरुग्वे दौर की बातचीत
2. WTO की सियेटल बैठक
3. GATT की स्थापना

नीचे दिए गए कूट की सहायता से सही उत्तर चुनिए—
A, 1, 2, 3 B. 3, 1, 2
C. 3, 2, 1 D. 2, 3, 1

186. एक देश के भुगतान संतुलन का घाटा निर्दिष्ट करता है—
A. स्वायत्त प्राप्तियों और स्वायत्त भुगतानों के बीच अन्तर को।
B. वित्त निभाव प्राप्तियों और स्वायत्त भुगतानों के बीच अन्तर को।
C. वित्त निभाव प्रासियों और वित्त निभाव भुगतानों के बीच अन्तर को।
D. स्वायत्त प्राप्तियों और वित्त निभाव भुगतानों के बीच अन्तर को।

187. विशेष आहरण अधिकार (SDRs) IMF की मुद्रा है। यह होती है—
A. कागजी मुद्रा के रूप में
B. स्वर्ण के रूप में
C. रजत एवं स्वर्ण दोनों के रूप में
D. मात्र बही खाता प्रविष्टि के रूप में

188. मान लीजिए कि विश्व अर्थव्यवस्था में दो देश शामिल हैं, स्वदेश और विदेश। स्वदेश द्वारा विदेश से किए गए अपने आयातों पर लगाया गया प्रशुल्क हटा देगा।
A. स्वदेश प्रस्ताव वक्र को दायीं ओर
B. विदेश प्रस्ताव वक्र को दायीं ओर
C. स्वदेश प्रस्ताव वक्र को बायीं ओर
D. विदेश प्रस्ताव वक्र को बायीं ओर

189. एक छोटी प्रतियोगी मुद्रा के सन्दर्भ में, आयात प्रशुल्क में वृद्धि के कारण होता है—
A. कल्याण के रूप में उपभोग कुल भार हानि, क्योंकि उपभोक्ता अब उत्पादन की अपेक्षाकृत उच्च कीमत चुकाता है।
B. कल्याण के रूप में उत्पादन कुल भार मुनाफा, क्योंकि घरेलू उत्पादक प्रशुल्क संरक्षण से मुनाफा पाते हैं।
C. एक समस्त कल्याण मुनाफा।
D. क्योंकि आयात की राशि घटती है, व्यापार को मुनाफा होता है।

190. निम्नलिखित कथनों पर विचार कीजिए—
ब्रेटनवुड्स सम्मेलन के परिणाम स्वरूप स्थापना की गई—
1. अंतर्राष्ट्रीय मुद्रा कोष को (IMF)
2. अंतर्राष्ट्रीय विकास एवं पुनर्निर्माण बैंक की (IBRD)
3. संयुक्त राष्ट्र की

उपर्युक्त कथनों में से कौन-कौन से सही हैं—
A. 1 और 2 B. 2 और 3
C. 1 और 3 D. 1, 2 और 3

191. रिकार्डो के दो वस्तु व्यापार मॉडल में उत्पादन में सम्पूर्ण विशेषता, मुक्त व्यापार संतुलन में घटित होती है, क्योंकि—
A. उत्पादन सम्भावना सीमान्त बढ़ती हुई अवसर लागत को संतुष्ट करती है।
B. उत्पादन के उपादान की तुलना में ह्रासमान प्रतिफल मिलता है।
C. उत्पादन के उपादान की तुलना में वर्द्धमान प्रतिफल मिलता है।
D. उत्पादन सम्भावना सीमान्त स्थिर अवसर लागत को संतुष्ट करता है।

192. भारत हस्तनिर्मित कालीनों का निवल निर्यातक है और कम्प्यूटर मेमोरी चिप्स तथा प्रिन्टर जैसे उच्च औद्योगिकीय उत्पादों का आयातक है। भारतीय व्यापार के इस प्रतिरूप की व्याख्या की जाती है—
A. रिकार्डो सिद्धांत द्वारा
B. मूल्य के श्रम सिद्धांत द्वारा
C. मूल्य के श्रम समता सिद्धांत द्वारा
D. क्रय शक्ति समता सिद्धांत द्वारा

193. अंतर्राष्ट्रीय व्यापार के लाभ सम्मिलित राष्ट्रों में बांटे जाते हैं—
A. बराबर
B. निर्यात के अनुसार
C. मांग और पूर्ति के लोच अनुसार
D. उपरोक्त में से कोई नहीं

194. अनुकूलतम प्रशुल्क का सूत्र है—
जब e = विदेशी देश के प्रस्ताव वक्र का लोच

t = अनुकूलतम प्रशुल्क

A. $t = \frac{e-1}{e}$ B. $t = \frac{1}{e}$

C. $t = \frac{1}{e+1}$ D. $t = \frac{1}{e-1}$

195. निम्न कथन किसका है—

''अंतर्राष्ट्रीय व्यापार अंतर्क्षेत्रीय अथवा अंतर्स्थानीय व्यापार का विशिष्ट रूप मात्र है।''

A. हैबरलर B. बर्टिल ओहनिल
C. मार्शल D. रिकार्डो

196. व्यापार के होने का कारण है—

A. लागतों में समान अंतर
B. लागतों में विशाल अंतर
C. लागतों में निरपेक्ष अंतर
D. लागतों में तुलनात्मक अंतर

197. एक देश का व्यापार संतुलन बराबर है—

A. भुगतान संतुलन के
B. भुगतान संतुलन + निर्यात के
C. भुगतान संतुलन – आयात के
D. निर्यात – आयात के

198. एक देश का 'ऑफर वक्र' उस अक्ष की ओर झुका हुआ होता है जिस पर बताया गया है—

A. आयात वस्तु B. निर्यात वस्तु
C. निर्यात आयात वस्तु D. गैर व्यापार वाली वस्तु

199. यदि किसी देश की व्यापार शर्तें 3 हैं तो उसके व्यापार के सहभागी देश की व्यापार शर्तें हैं—

A. 3 B. 1/3
C. 1 D. 9

200. ओटार्की वह अवस्था है जहां—

A. राष्ट्रों के मध्य व्यापार होता है।
B. पड़ोसी देशों के मध्य व्यापार होता है।
C. गैर प्रतिस्पर्धी देशों के मध्य व्यापार होता है।
D. राष्ट्रों के मध्य कोई व्यापार न हो।

201. भुगतान संतुलन का आधिक्य कारण बन सकता है।

A. मुद्रा पूर्ति में कमी का
B. रोजगार व मुद्रा की मात्रा में वृद्धि का
C. रोजगार के कम होने व मुद्रा के बढ़ने का
D. रोजगार एवं मुद्रा पूर्ति के घटने का

202. एक देश की करेंसी के मूल्य में गिरावट से घरेलू कीमतें—

A. बढ़ती हैं B. बढ़ती हैं या घटती हैं।
C. घटती हैं। D. अपरिवर्तित रहती है।

203. दो देश अंतर्राष्ट्रीय व्यापार तब करेंगे जबकि—

A. दो देशों की ''घरेलू विनिमय अनुपात'' अलग हों।
B. दो देशों की ''घरेलू विनिमय अनुपात'' बड़े देश के घरेलू अनुपात से ज्यादा हो।
C. दो देश अंतर्राष्ट्रीय लाभों को बराबरी से बांटे।
D. दो देशों की तटकर दरें बराबर हों।

204. अंतर्राष्ट्रीय व्यापार सिद्धांत में निम्न में से क्या गलत है—

A. यह अंतर क्षेत्रीय व्यापार का विशिष्ट रूप है।
B. विक्रेता अपने लिए अनावश्यक को बेचते हैं, क्रेता जरूरी का क्रय करते हैं।
C. सभी देश लाभान्वित होते हैं चाहे भुगतान संतुलन पक्ष में न हो।
D. उपभोक्ता अपने लाभ एवं विक्रेता अपनी उपयोगिताएं बढ़ाते हैं।

205. हेक्शर ओहलीन सिद्धांत तुलनात्मक लागत का सिद्धांत है, किन्तु तुलनात्मक लाभ होने चाहिए—

A. मौद्रिक लागतों में
B. कीमतों में, जो सामान्य साम्य कीमतें हो
C. निरपेक्ष घटक मात्राओं में
D. श्रम लागतों में

206. अगर भुगतान संतुलन में निरंतर आधिक्य हो तो—

A. इससे कोई समस्या उत्पन्न नहीं होगी।
B. इससे उस देश की मुद्रा की विदेशी विनिमय दर में वृद्धि होगी, जिससे निर्यात बढ़ेंगे।
C. इससे देश को बाहर से निवेश प्राप्त करने के लिए मजबूर होना पड़ेगा।
D. इससे देश की मुद्रा की विदेशी विनिमय दर में वृद्धि होगी, जिससे निर्यात गिर सकते हैं।

207. अंतर्राष्ट्रीय व्यापार का साधारणतया यह प्रभाव होता है कि–

A. गरीब देश हमेशा दुष्प्रभावों से ग्रसित होते हैं।
B. बढ़ते व्यापार से आयात की सीमान्त क्षमता घट जाती है।
C. पूर्ण रोजगार हो जाएगा।
D. निर्यात अगर आयातों से अधिक होते हैं तो आय गुणक रूप से बढ़ती है।

208. अंतर्राष्ट्रीय आर्थिक संबंध दीर्घकाल में सबसे अच्छी तरह सध सकते हैं यदि—

A. सभी विदेशी पूंजी को प्रत्यक्ष निवेश के लिए आमंत्रित किया जाए।

B. सभी विदेशी पूंजी को पोर्ट फोलियो निवेश के लिए आमंत्रित किया जाए।

C. घरेलू उद्योगों को संरक्षण दिया जाए।

D. न्यूनतम सरकारी हस्तक्षेप के साथ स्वतंत्रता एवं बहुराष्ट्रीय सौदे हों।

209. प्रतिकूल भुगतान संतुलन को दीर्घकाल में ठीक करने का उपाय है—

A. जनसंख्या को कम करना।

B. जनसंख्या वृद्धि को कम करना।

C. सस्ती एवं अच्छी किस्म की वस्तुओं का उत्पादन

D. विदेशी मुद्राओं की तुलना में अपनी मुद्रा का अवमूल्यन करें।

उत्तरमाला

1	2	3	4	5	6	7	8	9	10
C	D	A	D	A	C	D	A	D	A
11	**12**	**13**	**14**	**15**	**16**	**17**	**18**	**19**	**20**
A	D	B	D	D	C	B	A	D	C
21	**22**	**23**	**24**	**25**	**26**	**27**	**28**	**29**	**30**
A	C	D	B	C	A	B	C	C	B
31	**32**	**33**	**34**	**35**	**36**	**37**	**38**	**39**	**40**
A	C	D	C	A	D	A	A	A	C
41	**42**	**43**	**44**	**45**	**46**	**47**	**48**	**49**	**50**
D	A	C	B	D	D	B	A	C	C
51	**52**	**53**	**54**	**55**	**56**	**57**	**58**	**59**	**60**
C	A	B	C	C	B	D	D	B	C
61	**62**	**63**	**64**	**65**	**66**	**67**	**68**	**69**	**70**
C	B	A	A	A	B	C	D	A	B
71	**72**	**73**	**74**	**75**	**76**	**77**	**78**	**79**	**80**
C	D	C	A	A	D	B	A	A	C
81	**82**	**83**	**84**	**85**	**86**	**87**	**88**	**89**	**90**
C	C	D	D	D	B	B	C	B	B
91	**92**	**93**	**94**	**95**	**96**	**97**	**98**	**99**	**100**
A	A	D	D	D	C	A	C	C	A
101	**102**	**103**	**104**	**105**	**106**	**107**	**108**	**109**	**110**
B	A	C	A	D	B	C	D	D	A
111	**112**	**113**	**114**	**115**	**116**	**117**	**118**	**119**	**120**
D	A	B	B	A	B	D	A	B	D
121	**122**	**123**	**124**	**125**	**126**	**127**	**128**	**129**	**130**
C	C	D	A	A	C	B	B	A	A
131	**132**	**133**	**134**	**135**	**136**	**137**	**138**	**139**	**140**
A	B	C	B	B	D	D	D	B	A
141	**142**	**143**	**144**	**145**	**146**	**147**	**148**	**419**	**150**
B	B	B	A	D	B	A	C	C	A
151	**152**	**153**	**154**	**155**	**156**	**157**	**158**	**159**	**160**
D	A	A	D	C	B	A	A	C	A
161	**162**	**163**	**164**	**165**	**166**	**167**	**168**	**169**	**170**
A	A	D	A	A	A	D	B	C	D
171	**172**	**173**	**174**	**175**	**176**	**177**	**178**	**179**	**180**
C	A	B	A	D	D	B	A	A	C
181	**182**	**183**	**184**	**185**	**186**	**187**	**188**	**189**	**190**
B	B	D	C	B	B	D	C	B	A
191	**192**	**193**	**194**	**195**	**196**	**197**	**198**	**199**	**200**
D	B	C	D	B	D	D	A	B	D
201	**202**	**203**	**204**	**205**	**206**	**207**	**208**	**209**	
B	D	A	C	B	D	D	D	D	

यूनिट-VI : राष्ट्रीय आय

राष्ट्रीय आय : धारणाएं एवं माप
(NATIONAL INCOME : CONCEPT AND MEASUREMENT)

साधारण शब्दों में, राष्ट्रीय आय से अभिप्राय किसी देश में एक वर्ष में उत्पादित वस्तुओं और सेवाओं के कुल मूल्य से है। दूसरे शब्दों में, एक देश में वर्ष भर में आर्थिक क्रियाओं से अर्जित आय की कुल मात्रा को राष्ट्रीय आय कहा जाता है। इसमें सभी साधनों को दी गई मजदूरी, ब्याज, लगान एवं लाभ सम्मिलित किए जाते हैं।

राष्ट्रीय आय की परिभाषाएं (Definitions of National Income)

राष्ट्रीय आय की परिभाषाओं को दो श्रेणियों में बांटा जा सकता है।

1. मार्शल, पीगू तथा फिशर की परम्परागत परिभाषाएं

2. आधुनिक परिभाषाएं

मार्शल की परिभाषा : मार्शल के अनुसार, **''किसी एक देश का श्रम तथा पूंजी उसके प्राकृतिक साधनों पर क्रियाशील होकर प्रतिवर्ष भौतिक और अभौतिक वस्तुओं का एक शुद्ध योगफल पैदा करता है, जिसमें सभी प्रकार की सेवाएं सम्मिलित होती हैं। यही उस देश की वास्तविक शुद्ध वार्षिक आय या देश का राजस्व या राष्ट्रीय लाभांश है।''** इस परिभाषा में 'शुद्ध' शब्द का प्रयोग इसलिए किया गया है कि उत्पादन करते समय मशीनों की टूट-फूट, मूल्य-ह्रास तथा कच्चे-माल और अर्धनिर्मित वस्तुओं के क्षय को कुल राष्ट्रीय आय में से घटाना पड़ता है, तभी शुद्ध राष्ट्रीय आय प्राप्त होती है और इसमें विदेशी निवेश से होने वाली आय को जोड़ा जाता है।

पीगू की परिभाषा : पीगू ने अपनी परिभाषा में, मुद्रा में मापी जाने वाली आय को शामिल किया है। पीगू के अनुसार, **''राष्ट्रीय आय समाज की वस्तुपरक (objective) आय का वह भाग है जो मुद्रा में मापा जा सकता है और इसमें विदेशों से प्राप्त आय भी सम्मिलित होती है।''** आजकल राष्ट्रीय आय की गणना इस परिभाषा में बताई गई दो बातों के अनुसार ही किया जाता है। **प्रथम,** दोहरी गणना से बचते हुए, उन वस्तुओं और सेवाओं को राष्ट्रीय आय में शामिल किया जाता है जो मुद्रा में मापी जा सकती है। **दूसरे,** विदेशों से प्राप्त आय को राष्ट्रीय आय में सम्मिलित किया जाता है।

फिशर की परिभाषा : फिशर के अनुसार, ''राष्ट्रीय लाभांश अथवा आय में केवल अन्तिम उपभोक्ताओं द्वारा प्राप्त सेवाएं सम्मिलित होती हैं, चाहे वे भौतिक या मानवीय वातावरण से प्राप्त हों। इस प्रकार एक पियानो या ओवरकोट जो मेरे लिए इस वर्ष बनाया गया है, इस वर्ष की आय का भाग नहीं है, वरन पूंजी में वृद्धि है। केवल इन वस्तुओं द्वारा मेरे लिए इस वर्ष की गई सेवाएं ही आय है।'' फिशर की परिभाषा को मार्शल तथा पीगू की परिभाषाओं से उत्तम माना जाता है क्योंकि फिशर की परिभाषा से उचित **आर्थिक कल्याण** का बोध होता है। फिशर **'उपभोग'** को राष्ट्रीय आय का आधार मानता है, जबकि मार्शल और पीगू **उत्पादन** को।

उपरोक्त परिभाषाओं से स्पष्ट है कि मार्शल तथा पीगू की परिभाषाएं हमें आर्थिक कल्याण को प्रभावित करने वाले कारणों को बताती है, जबकि फिशर की परिभाषा भिन्न-भिन्न वर्षों के आर्थिक कल्याण की तुलना करने में सहायक सिद्ध होती है।

आधुनिक दृष्टिकोण से राष्ट्रीय आय की परिभाषा **साईमान कुजनेट्स** ने इन शब्दों में की है, **''राष्ट्रीय आय वस्तुओं और सेवाओं का वह शुद्ध उत्पादन है जो एक वर्ष की अवधि में देश की उत्पादन प्रणाली में अंतिम उपभोक्ताओं के हाथों में पहुंचता है।''**

राष्ट्रीय आय की धारणाएं (Concepts of National Income)

राष्ट्रीय आय से संबंधित कई अवधारणाएं हैं, जैसे—

1. सकल राष्ट्रीय उत्पाद (Gross National Product—GNP)

2. शुद्ध राष्ट्रीय उत्पाद (Net National Product)

3. साधन लागत पर शुद्ध राष्ट्रीय आय (Net National Income at Factor Cost)

4. साधन लागत पर शुद्ध घरेलू उत्पाद (Net Domestic Product at Factors Cost)

5. वैयक्तिक आय (Personal Income)

6. उपभोग्य आय (Disposable Income)

7. वास्तविक आय (Real Income)

1. सकल राष्ट्रीय उत्पाद (Gross National Product): सकल राष्ट्रीय उत्पाद एक वर्ष में चालू उत्पादन से अंतिम वस्तुओं और सेवाओं के बाजार मूल्य का माप है। इसके अंतर्गत विदेशों से प्राप्त शुद्ध आय शामिल होती है। **GNP के संदर्भ में निम्न बातें महत्त्वपूर्ण हैं—**

(a) अर्थव्यवस्था के सकल राष्ट्रीय उत्पाद की गणना करते समय केवल अंतिम पदार्थों की बाजार कीमत ही लेनी चाहिए।

(b) सकल राष्ट्रीय उत्पाद की गणना करते समय मुफ्त वस्तुओं और सेवाओं को शामिल नहीं किया जाता। जैसे, मां का बच्चे को पालना, प्राध्यापक का अपने पुत्र को पढ़ाना, संगीतशास्त्री का मित्रों को संगीत सुनाना, शिल्पी का अपने शौक के लिए मूर्ति निर्माण करना आदि।

(c) सकल राष्ट्रीय उत्पाद में ऐसे सौदे नहीं लिए जाते जो चालू वर्ष के उत्पादन से प्राप्त नहीं होते व जिनका उत्पादन में कोई योग नहीं होता। पुरानी वस्तुओं, पुरानी कम्पनियों के शेयर व ऋण पत्रों तथा परिसम्पत्तियों का क्रय-विक्रय सकल राष्ट्रीय उत्पाद में सम्मिलित नहीं किया जाता क्योंकि इनसे राष्ट्रीय उत्पादन में कोई वृद्धि नहीं होती। इसी प्रकार सामाजिक सुरक्षा के अधीन प्राप्त होने वाले भुगतान जैसे बेरोजगारी, बीमा भत्ता, बुढ़ापे में प्राप्त होने वाली पैंशन तथा सार्वजनिक ऋण पर ब्याज भी सकल राष्ट्रीय उत्पाद में शामिल नहीं किए जाते।

(d) पूंजी परिसम्पत्तियों में बाजार मूल्यों के उतार-चढ़ाव से होने वाले परिवर्तनों के कारण जो लाभ हानियां होती हैं, उन्हें सकल राष्ट्रीय उत्पाद में शामिल नहीं किया जाता।

(e) अवैध क्रियाओं से प्राप्त आय को सकल राष्ट्रीय उत्पाद में शामिल नहीं किया जाता है।

2. बाजार कीमतों पर सकल राष्ट्रीय उत्पाद (GNP at Market Prices) : जब एक देश में एक वर्ष में उत्पादित कुल उत्पादन को उसी वर्ष की प्रचलित बाजार कीमतों से गुणा कर दिया जाए तो बाजार कीमतों पर GNP प्राप्त होती है।

3. साधन लागत पर सकल राष्ट्रीय उत्पाद (GNP at Factor Cost) : साधन लागत पर GNP एक देश में एक वर्ष में विभिन्न उत्पादन के साधनों द्वारा उत्पादित और प्राप्त होने वाली आय के मुद्रा मूल्य का जोड़ है। बाजार कीमतों पर GNP में सरकार द्वारा वस्तुओं पर लगाए गए अप्रत्यक्ष कर सदैव सम्मिलित होते हैं जिनसे उनकी कीमतें बढ़ जाती हैं। परंतु साधन लागत पर GNP वह आय है जो उत्पादन के साधन केवल अपनी सेवाओं के बदले प्राप्त करते हैं। इसलिए, साधन लागत पर GNP प्राप्त करने के लिए बाजार कीमतों पर GNP में से अप्रत्यक्ष कर घटा दिए जाते हैं। **GNP at factor cost = GNP at market Prices – Indirect taxes + subsidies.**

4. शुद्ध राष्ट्रीय उत्पाद (Net National Product–NNP): उत्पादन प्रक्रिया के दौरान कुछ स्थिर संयंत्र घिस जाते हैं, कुछ मशीनें टूट या खराब हो जाती हैं और अन्य प्रौद्योगिकी परिवर्तनों के कारण अप्रचलित हो जाती हैं। इनकी मरम्मत और प्रतिस्थापन के लिए जो राशि रखी जाती है उसे मूल्यह्रास (depreciation) कहते हैं। शुद्ध राष्ट्रीय उत्पाद प्राप्त करने के लिए GNP में से मूल्ह्रास घटा दिया जाता है। अत:

NNP = GNP – depreciation

5. बाजार कीमतों पर शुद्ध राष्ट्रीय उत्पाद (NNP at market Prices) : बाजार कीमतों पर शुद्ध राष्ट्रीय उत्पादन एक देश में एक वर्ष में अंतिम वस्तुओं और सेवाओं का बाजार कीमतों पर शुद्ध मूल्य होता है। यदि बाजार कीमतों पर GNP में से मूल्यह्रास घटा दिया जाए तो बाजार कीमतों पर NNP प्राप्त होती है। अत:—

NNP at market prices = GNP at market prices – depreciation

6. साधन लागत पर शुद्ध राष्ट्रीय उत्पाद (NNP at Factor Cost) : किसी देश में उत्पादन के साधनों के सहयोग से एक वर्ष में जो वस्तुओं का शुद्ध उत्पादन साधन कीमतों पर प्राप्त होता है, उसे साधन लागत पर राष्ट्रीय उत्पाद कहते हैं। इसके अंतर्गत उत्पादन के साधनों को मजदूरी व वेतन, लगान, ब्याज तथा लाभ के रूप में प्राप्त आय सम्मिलित होती है। इसीलिए साधन लागत पर शुद्ध राष्ट्रीय आय को साधनों के भागों के अनुसार राष्ट्रीय आय (National Income by distributive shares) कहते हैं या केवल **राष्ट्रीय आय। इस प्रकार साधन लागत पर शुद्ध राष्ट्रीय उत्पाद को ही राष्ट्रीय आय कहा जाता है।** अत:—

NNP at Factor Cost = NNP at market prices – indirect taxes + subsidies + Government surplus = **National Income**

7. निजी आय (Private Income) : निजी आय से अभिप्राय

निजी व्यक्तियों द्वारा उत्पादकीय या अन्य स्रोतों से प्राप्त तथा निगमों द्वारा रखी आय से है। इसे साधन लागत पर NNP से कुछ मदें घटाकर और कुछ जोड़कर निकाली जा सकती हैं। जोड़ में अंतरण भुगतान जैसे पेंशन, बेरोजगारी भत्ता, बीमारी और अन्य सामाजिक सुरक्षा लाभ उपहार और विदीशों से भेजी गई राशि, लाटरियों या घुड़ दौड़ों से अप्रत्याशित (wind fall) लाभ और सार्वजनिक ऋण पर ब्याज शामिल होते हैं। कटौतियों में सरकारी विभागों से आय, सार्वजनिक उद्यमों के आधिक्य (surplus), कर्मचारियों का सामाजिक सुरक्षा स्कीमों जैसे भविष्य निधियों, जीवन बीमा आदि में अंशदान सम्मिलित होता है। अत:

Private Income = Natinal Income or NNP at factor cost + transfer payments + interest on public debt – social security – profits and surplus of public undertaking.

8. वैयक्तिक आय (Personal Income) : वैयक्तिक आय किसी देश में एक वर्ष में निजी व्यक्तियों द्वारा प्रत्यक्ष करों को देने से पहले सभी स्रोतों से प्राप्त आय होती है। राष्ट्रीय आय में से अवितरित निगम लाभ, लाभकर और कर्मचारियों का सामाजिक सुरक्षा स्कीमों को अंशदान घटाकर वैयक्तिक आय निकाली जाती है। ये तीनों मदें राष्ट्रीय आय से इसलिए घटा दिए जाते हैं क्योंकि वे व्यक्तियों को प्राप्त नहीं होते। अत:—

Personal Income = National Income – undistributed corporate profits – profit taxes – social security contribution + transfer payments + interest on public debt.

9. प्रयोज्य आय (Disposable Income) : प्रयोज्य आय से अभिप्राय उस वास्तविक आय से है जो व्यक्तियों व परिवारों द्वारा उपभोग पर व्यय की जा सकती है। Personal income पूरे तौर पर उपभोग पर खर्च नहीं की जा सकती क्योंकि वह आयकर देने से पहले की आय होती है। इसलिए प्रयोज्य आय को जानने के लिए वैयक्तिक आय में से प्रत्यक्ष कर घटा दिए जाते हैं। अत:—

Disposable Income = personal income – direct taxes

10. वास्तविक आय (Real Income) : जब राष्ट्रीय आय को एक आधार वर्ष की कीमतों के सामान्य स्तर पर व्यक्त किया जाए तो उसे वास्तविक आय कहते हैं। जैसा कि हम जानते हैं कि राष्ट्रीय आय चालू कीमतों पर उत्पादित वस्तुओं एवं सेवाओं का मुद्रा मूल्य होता है। लेकिन इससे अर्थव्यवस्था की वास्तविक स्थिति का पता नहीं चलता। संभव है कि इस वर्ष पिछले वर्ष की अपेक्षा वस्तुओं और सेवाओं का शुद्ध राष्ट्रीय उत्पादन कम हुआ हो, परंतु इस वर्ष कीमतों के बढ़ने के कारण राष्ट्रीय आय में वृद्धि हुई हो। इसके विपरीत, यह संभव है कि शुद्ध राष्ट्रीय उत्पादन तो बढ़ा हो परंतु कीमत स्तर गिर गया हो, इससे राष्ट्रीय आय में पिछले वर्ष की अपेक्षा कमी प्रतीत होगी। इन परिस्थितियों में राष्ट्रीय आय देश की वास्तविक स्थिति को प्रकट नहीं करती। इसी त्रुटि को दूर करने के लिए वास्तविक आय की धारणा प्रचलित हुई है।

देश की किसी वर्ष की वास्तविक आय जानने के लिए एक ऐसा वर्ष आधार वर्ष (Base year) लिया जाता है, जब सामान्य कीमत स्तर न तो अधिक और न कम हो तथा उसको 100 के बराबर मान लिया जाता है। अब जिस वर्ष की वास्तविक राष्ट्रीय आय जाननी हो, उस वर्ष की कीमतों के सामान्य स्तर को आधार वर्ष की कीमतों पर मूल्यांकन किया जाता है। अत:—

$$\text{Real Income} = \frac{100 \times \text{National Income at current Price}}{\text{Current Year Index}}$$

11. प्रति व्यक्ति आय (Per Capita Income)—प्रति व्यक्ति राष्ट्रीय आय को निम्न सूत्र की सहायता से ज्ञात किया जाता है—

$$\text{प्रति व्यक्ति आय} = \frac{\text{कुल राष्ट्रीय आय}}{\text{देश की कुल जनसंख्या}}$$

राष्ट्रीय आय को मापने की विधियां (Methods of Measuring National Income)

किसी देश की राष्ट्रीय आय को निम्नलिखित विधियों द्वारा मापा जा सकता है—

1. उत्पाद गणना विधि : इस पद्धति के अंतर्गत देश में एक वर्ष में उत्पादित अंतिम वस्तुओं तथा सेवाओं का शुद्ध मूल्य ज्ञात किया जाता है तथा उसके योग को अंतिम उत्पाद योग (Final Product Total) कहा जाता है। यह वास्तव में सकल घरेलू उत्पाद (GDP) को दर्शाता है। इसके अंतर्गत अंतिम वस्तुओं एवं सेवाओं को ही सम्मिलित किया जाता है तथा मध्यवर्ती वस्तु और सेवाओं को छोड़ दिया जाता है।

2. आय विधि (Income Method) : इस पद्धति के अंतर्गत राष्ट्रीय आय की गणना के लिए विभिन्न क्षेत्रों में कार्यरत व्यक्तियों तथा व्यावसायिक उपक्रमों की शुद्ध आय का योग प्राप्त किया जाता है, अर्थात सभी उत्पादन के साधनों द्वारा प्राप्त शुद्ध किराया, शुद्ध मजदूरी, शुद्ध ब्याज तथा शुद्ध लाभ को जोड़ लिया जाता है। परंतु आय के रूप में प्राप्त अंतरण भुगतानों को इसमें सम्मिलित नहीं किया जाता। इस विधि के अंतर्गत निम्नलिखित समीकरण उपयोग में लाया जा सकता है—

राष्ट्रीय आय = कुल लगान + कुल मजदूरी + कुल ब्याज + कुल लाभ

3. व्यय विधि (Expenditure Method) : इस विधि के अनुसार वर्ष भर में समाज द्वारा किए गए कुल खर्च को जोड़ा जाता है, जिसमें वैयक्तिक उपभोग व्यय, शुद्ध घरेलू निवेश, वस्तुओं और सेवाओं पर सरकारी व्यय तथा शुद्ध विदेशी निवेश शामिल होते हैं। यह धारणा इस मान्यता पर आधारित है कि राष्ट्रीय आय सदैव राष्ट्रीय व्यय के बराबर होती है।

4. मूल्य बढ़ाव विधि (Value Added Method) : राष्ट्रीय आय मापने की अन्य विधि उद्योगों द्वारा मूल्य बढ़ाव की है। उत्पादन की प्रत्येक स्टेज में भौतिक आगतों (outputs) और निर्गतों (input) का अन्तर मूल्य बढ़ाव होता है। यदि अर्थव्यवस्था में सभी उद्योगों के ऐसे अंतर जोड़ लिए जाएं तो सकल घरेलू उत्पाद प्राप्त हो जाता है जिसमें विदेशों से शुद्ध आय जमा करने से सकल राष्ट्रीय उत्पाद प्राप्त होता है।

भारत जैसे देश में राष्ट्रीय आय की गणना के लिए उत्पादन प्रणाली (Product Method) तथा आय प्रणाली (Income Method) का सम्मिश्रण प्रयोग किया जाता है।

राष्ट्रीय आय के माप में कठिनाइयां (Difficulties in the Measurement of National Income)

किसी भी देश की राष्ट्रीय आय की गणना करते समय निम्न-लिखित समस्याओं का सामना करना पड़ता है।

1. कुछ सेवाएं (Some Services) : राष्ट्रीय आय की माप सदैव मुद्रा में ही होती हैं लेकिन बहुत सी वस्तुएं और सेवाएं ऐसी होती हैं जिनका मुद्रा में मूल्यांकन करना कठिन होता है, जैसे किसी व्यक्ति द्वारा अपने शौक के लिए चित्र बनाना, मां का अपने बच्चों को पालना आदि। ऐसी सभी सेवाएं राष्ट्रीय आय में सम्मिलित न होने से राष्ट्रीय आय कम हो जाती है।

2. दोहरी गणना (Double Counting) : राष्ट्रीय आय की गणना करते समय सबसे बड़ी कठिनाई दोहरी गणना की होती है। इसके अंतर्गत एक वस्तु या सेवा का कई बार गिनने की आशंका बनी रहती है। इस कठिनाई से बचने के लिए केवल अंतिम वस्तुओं और सेवाओं को ही लिया जाता है जो आसान काम नहीं है।

3. अवैध क्रियाएं (Inlegal activities) : राष्ट्रीय आय में अवैध क्रियाओं से प्राप्त आय सम्मिलित नहीं की जाती जैसे, जुए या चोरी से बनाई गई शराब से आय। इन सेवाओं एवं वस्तुओं का मूल्य होता है और वे उपभोक्ताओं की आवश्यकताओं को भी पूरा करती है परन्तु इनको राष्ट्रीय आय में शामिल न करने से राष्ट्रीय आय कम रह जाती है।

4. अंतरण भुगतान (Transfer earnings) : राष्ट्रीय आय में अंतरण भुगतानों को सम्मिलित करने की कठिनाई उत्पन्न होती है। पेंशन, बेरोजगारी भत्ता, तथा सार्वजनिक ऋणों पर ब्याज व्यक्तियों को प्राप्त होते हैं पर इन्हें राष्ट्रीय आय में शामिल नहीं किया जाता है।

5. सार्वजनिक सेवाएं (Public Services) : राष्ट्रीय आय की गणना में बहुत सी सार्वजनिक वस्तुओं को भी शामिल किया जाता है जिनका ठीक-ठीक हिसाब लगाना कठिन होता है। सैनिक तथा पुलिस सेवाओं की गणना कैसे की जाए? युद्ध के दिनों में तो सेना क्रियाशील होती है जबकि शांति में छावनियों में ही विश्राम करती है इसी प्रकार सिंचाई तथा शक्ति परियोजनाओं से प्राप्त लाभों का मुद्रा के रूप में राष्ट्रीय आय में योगदान का हिसाब लगाना भी एक कठिन समस्या है।

6. माल सूची परिवर्तन (Inventory Changes) : सभी मान सूची परिवर्तन चाहे वे ऋणात्मक हों या धनात्मक, GNP में शामिल किए जाते हैं। परंतु समस्या यह है कि फर्में अपनी माल सूचियों को उनकी मूल लागतों के हिसाब से दर्ज करती हैं न कि उनकी प्रतिस्थापन लागत के हिसाब से। जब कीमतें बढ़ती हैं तो माल सूचियों के अंकित मूल्य में लाभ होता है। इसके विपरीत कीमतें गिरने पर हानि होती है। अत: GNP का सही हिसाब लगाने के लिए माल सूची समायोजन की आवश्यकता होती है जो कि बहुत कठिन काम है।

7. मूल्यह्रास (depreciation) : जब पूंजी मूल्यह्रास को GNP में से घटा दिया जाता है तो NNP प्राप्त होती है। परंतु मूल्यह्रास की गणना कठिन है।

राष्ट्रीय आय की धारणाओं में परस्पर संबंध (Inter relationships among different concepts of National Income)

राष्ट्रीय आय की विभिन्न धारणाओं में परस्पर संबंधों को निम्नलिखित समीकरणों की सहायता से दिखाया जा सकता है—

1. बाजार कीमतों पर GNP = साधन लागत पर GNP + अप्रत्यक्ष कर – सहायकियां

2. बाजार कीमतों पर NNP = बाजर कीमतों पर GNP – मूल्यह्रास

3. बाजार कीमतों पर शुद्ध घरेलू उत्पाद (NDP) = बाजार कीमतों पर NNP – विदेश से शुद्ध साधन आय

4. साधन लागत पर NNP या राष्ट्रीय आय = बाजार कीमतों पर NNP – अप्रत्यक्ष कर + सहायकियां

5. साधन लागत पर NDP = राष्ट्रीय आय – विदेशों से प्राप्त शुद्ध साधन आय।

6. निजी आय = साधन लागत पर NNP + सरकारी और व्यवसाय अंतरण भुगतान + उपहार और धन राशि के रूप में विदेशों से चालू हस्तांतरण + अप्रत्याशित लाभ + विदेश से शुद्ध साधन आय + सार्वजनिक ऋण पर ब्याज – सामाजिक सुरक्षा अंशदान – सरकारी विभागों एवं **संपत्ति से आय** – सार्वजनिक निगमों के लाभ और आधिक्य

वैयक्तिक आय = निजी आय – अवितरित निगम लाभ – निगम कर।

8. प्रयोज्य आय = वैयक्तिक आय – प्रत्यक्ष कर

सामाजिक लेखांकन (Social Accounting)

अर्थशास्त्र में '**सामाजिक लेखांकन**' शब्द का समावेश सबसे पहले '**जे.आर. हिक्स**' (J.R. Hicks) ने 1942 में किया था। सामाजिक लेखांकन जिसे राष्ट्रीय आय लेखांकन भी कहते हैं, वह प्रणाली है जिसके द्वारा अर्थव्यवस्था के विभिन्न क्षेत्रों के पारस्परिक संबंधों को सांख्यिकीय रूप में प्रस्तुत किया जाता है ताकि अर्थव्यवस्था की समस्त आर्थिक स्थितियों को पूरी तरह समझा जा सके। यह आर्थिक ढांचे के अध्ययन की पद्धति है। यह किसी समाज की अर्थव्यवस्था की प्रकृति के बारे में सूचना प्रस्तुत करने की तकनीक है।

आगत-निर्गत लेखांकन (Input-Output Accounting)

आगत-निर्गत विश्लेषण सबसे पहले **W.W. Leontif** ने अपनी पुस्तक The Structure of American Economy में 1951 में प्रस्तुत किया था। आगत-निर्गत विश्लेषण से हमें सम्पूर्ण आर्थिक व्यवस्था में औद्योगिक अन्त:संबंध तथा परस्पर निर्भरता के बारे में पता चलता है।

वस्तुनिष्ठ प्रश्न

1. राष्ट्रीय आय से तात्पर्य है—
- A. सरकार को एक वर्ष में प्राप्त राजस्व
- B. राष्ट्रीयकृत उद्यमों और बैंकों की आय
- C. सरकार का बजटीय अधिशेष
- D. देश के सभी कारकों के अर्जनों का कुल योग

2. किसी देश की NNP का साधन लागतों पर परिकलन करते समय निम्नलिखित में से कौन-से तत्त्व सम्मिलित नहीं किए जाते—
- A. किराया, ब्याज, मजदूरियां और लाभ
- B. नियोक्ताओं द्वारा सामाजिक सुरक्षा व्यवस्थाओं के अंतर्गत मजदूरी के पूरक के तौर पर अदा की गई राशियां
- C. कारकों को विदेशों से दी गई अदायगियां
- D. अप्रत्यक्ष कर

3. वास्तविक और संभाव्य GNP के अंतराल की मात्रा निम्नलिखित का माप है—
- A. स्फीति अंतराल का
- B. अवस्फीति अंतराल का
- C. बचत-निवेश अंतराल का
- D. बेरोजगारी की प्राकृतिक दर का

4. मध्यवर्ती वस्तुएं GNP में सम्मिलित नहीं की जाती क्योंकि—
- A. उनसे दोहरेपन की समस्या पैदा होती है।
- B. उनका मूल्य निर्धारित नहीं किया जा सकता।
- C. ऐसी वस्तुओं की परिभाषा करना कठिन है।
- D. ऐसी वस्तुओं का प्रत्यक्षत: उपभोग नहीं होता।

5. प्रयोज्य आय है—
- A. राष्ट्रीय आय
- B. प्रत्यक्ष करों को घटाने के बाद शेष बची राष्ट्रीय आय।
- C. प्रत्यक्ष करों तथा अवितरित लाभों को घटाने के बाद शेष राष्ट्रीय आय।
- D. प्रत्यक्ष करों तथा अवितरित लाभों को घटाने और अंतरण अदायगियों को जोड़ने के बाद राष्ट्रीय आय।

6. बाजार कीमतों पर शुद्ध राष्ट्रीय आय (NNP) बराबर है—
- A. बाजार कीमतों पर सकल राष्ट्रीय उत्पाद जिसमें से मूल्यह्रास घटा दिया गया हो।
- B. विदेशों से हुए अर्जनों को जोड़ने या घटाने के बाद आने वाला बाजार कीमतों पर शुद्ध घरेलू उत्पाद।
- C. अप्रत्यक्ष करों और आर्थिक सहायकियों को घटाने के बाद सकल घरेलू उत्पाद।
- D. मूल्यह्रास जोड़ने या घटाने के बाद सकल राष्ट्रीय उत्पाद।

7. **कथन** (A) : GNP राष्ट्र में एक वर्ष के दौरान उत्पादित सभी वस्तुओं और सेवाओं का मूल्य है।
कारण (R) : राष्ट्रीय उत्पादन का सर्वाधिक व्यापक माप

GNP है

A. A तथा R दोनों सही हैं, और R, A का सही स्पष्टीकरण करता है।

B. A तथा R दोनों सही हैं, परंतु R, A का सही स्पष्टीकरण नहीं करता है।

C. A सही हैं परंतु R गलत है।

D. A गलत है, परंतु R सही है।

8. राष्ट्रीय आय का परिकलन करते समय निम्नलिखित में से किस मद को शामिल नहीं किया जाता—

A. किराए पर लिए गए टी.वी. सेट द्वारा प्रदत्त सेवा

B. किसी लॉटरी में जीते गए 10,000 रु.

C. किराए की रिहायशें

D. ऐसे गृहकार्य जिनके लिए अदायगियां की गई हैं।

9. निम्नलिखित में से कौन-सा सरकार का उपभोग व्यय है—

A. कर्मचारियों को मुआवजा + व्यावसायिक उद्यमों से निवल खरीद

B. सरकारी कर्मचारियों की मजदूरियां तथा वेतन

C. रक्षा पर किया गया सरकारी व्यय

D व्यक्तियों तथा राज्य सरकारों को की गई अंतरण अदायगियां

10. निम्नलिखित में से कौन-सा किसी फैक्टरी के उत्पादन के मूल्य के बराबर होता है—

A. सरकारों द्वारा जोड़ा गया कुल मूल्य

B. सभी कारकेतर निविष्टियों का मूल्य + अप्रत्यक्ष कर

C. कारक तथा कारकेतर निविष्टियों के लिए की गई अदायगियां

D. कारकेतर निविष्टियों के लिए की गई अदायगियां + मजदूरियां

11. सरकार के पुलिस विभाग द्वारा गश्त लगाने के लिए इस्तेमाल में लाई गई कारों को माना जाना चाहिए।

A. अंतिम वस्तुएं, क्योंकि वे व्यावसायिक क्षेत्र द्वारा सरकार को बेची जाती हैं।

B. उपभोक्ता वस्तुएं, क्योंकि सरकार इनका पुनर्विक्रय नहीं करती।

C. पूंजीगत वस्तुएं, क्योंकि इससे देश के पूंजी निर्माण में वृद्धि होती है।

D. मध्यवर्ती वस्तुएं, क्योंकि इन कारों के इस्तेमाल के जरिए पुलिस सेवाओं का उपभोग होता है।

12. सूची I का सूची II के साथ सुमेल कीजिए और सूचियों के नीचे दिए गए कूट का प्रयोग करते हुए सही उत्तर का चयन कीजिए—

सूची I	*सूची II*
(a) उत्पाद विधि	1. एक वर्ष के दौरान उत्पादन के कारकों द्वारा अर्जित आयों का योग
(b) व्यय विधि	2. वर्ष के समस्त अंतिम उत्पाद के मूल्य का योग
(c) आय विधि	3. मध्यवर्ती तथा अंतिम उत्पादों के मूल्य का योग
(d) दोहरी गणना	4. उपभोग तथा निवेश वस्तुओं पर किए गए सभी निजी तथा सार्वजनिक खर्च का योग

कूट :	*(a)*	*(b)*	*(c)*	*(d)*
A.	1	4	2	3
B.	2	4	1	3
C.	2	1	3	4
D.	1	3	2	4

13. यह मानते हुए कि—

बाजार कीमतों पर GNP = 192866 करोड़ रु.

अचल पूंजी का उपभोग = 13371 करोड़ रु.

विदेशों से प्राप्त निवल कारक आय = – 975 करोड़ रु.

बाजार कीमतों पर NDP होगी—

A. 178520 करोड़ रु. B. 207212 करोड़ रु.

C. 180470 करोड़ रु. D. 205262 करोड़ रु.

14. सरकार द्वारा की गई अंतरण अदायगियां निवल घरेलू उत्पाद में शामिल नहीं की जाती क्योंकि—

A. ये सरकार द्वारा ग्राहीताओं को दिए गए उपहार हैं।

B. उनकी विकल्प लागत शून्य होती है।

C. संभव है कि ये अदायगियां अंतत: ग्राहीताओं तक पहुंचे ही नहीं।

D. इन राशियों की अदायगी के बदले किन्हीं वस्तुओं और सेवाओं का तद्नुरूप उत्पादन नहीं हुआ है।

15. भारत में राष्ट्रीय आय का अभिकलन करते समय निम्नलिखित में से किन/किन विधियों का इस्तेमाल किया जाता है—

1. निवल (net) उत्पाद विधि
2. निवल आय विधि
3. व्यय विधि

नीचे दिए गए कूट का प्रयोग करते हुए सही उत्तर का चयन

कीजिए—

A. केवल 3 B. 1 और 2

C. केवल 1 D. 1, 2 और 3

16. सूची I का सूची II के साथ सुमेल कीजिए और सूचियों के नीचे दिए गए कूट का प्रयोग करते हुए सही उत्तर का चयन कीजिए—

सूची I	*सूची II*
(a) स्थायी पूंजी की खपत	1. अंत-औद्योगिक खरीदों को घटाने के बाद सकल उत्पाद
(b) मूल्यवर्द्धित	2. संवृत अर्थव्यवस्था में राष्ट्रीय आय
(c) व्यापार से निवल आय	3. मूल्यह्रास
(d) घरेलू उत्पाद	4. (X – M)

कूट :	*(a)*	*(b)*	*(c)*	*(d)*
A.	3	1	2	4
B.	1	3	2	4
C.	1	3	4	2
D.	3	1	4	2

17. निम्नलिखित वक्तव्यों पर विचार कीजिए—

राष्ट्रीय आय लेखाओं का अध्ययन अत्यधिक महत्त्वपूर्ण है क्योंकि उनसे—

1. राष्ट्रीय उत्पाद के परिणाम और उसकी संरचना में परिवर्तन व्यक्त होते हैं।
2. समाज के विभिन्न वर्गों के बीच राष्ट्रीय आय के वितरण के विषय में जानकारी प्राप्त होती है।
3. उपभोग और निवेश के बीच राष्ट्रीय व्यय के बंटवारे की रीति व्यक्त होती है।

इन वक्तव्यों में से—

A. 1 और 2 सही हैं। B. 2 और 3 सही हैं।

C. 1 और 3 सही हैं। D. 1, 2 और 3 सही हैं।

18. किसी दी गई अवधि के लिए एक देश की राष्ट्रीय आय—

A. कुल उपभोग और निवेश व्यय के योग के बराबर होगी।

B. नागरिकों द्वारा उत्पादित वस्तुओं और सेवाओं के कुल मूल्य के बराबर होगी।

C. सभी व्यक्तियों की वैयक्तिक आय के योग के बराबर होगी।

D. उत्पादित अंतिम वस्तुओं और सेवाओं के मौद्रिक मूल्य के बराबर होगी।

19. एक बंद अर्थव्यवस्था के लिए जिसमें विदेशी व्यापार नहीं है, निम्नलिखित में से कौन-सा एक सही है—

A. GDP = GNP B. GDP > GNP

C. GDP < GNP D GDP = GNP = 0

20. निम्नलिखित में से कौन-से कथन NNP (शुद्ध राष्ट्रीय उत्पाद) और NMP (शुद्ध भौतिक उत्पाद) के अंतर की व्याख्या करते हैं—

1. NNP में सेवाएं सम्मिलित हैं।
2. NNP में सेवाएं सम्मिलित नहीं हैं।
3. NMP में सेवाएं सम्मिलित हैं।
4. NMP में सेवाएं सम्मिलित नहीं हैं।

नीचे दिए गए कूट का प्रयोग कर सही उत्तर चुनिए—

A. 1 और 4 B. 2 और 4

C. 1 और 3 D. 2 और 3

21. GNP अंतराल, अंतराल है—

A. GNP और NNP के बीच

B. GNP और मूल्यह्रास के बीच

C. GNP और GDP के बीच

D. संभावित और वास्तविक GNP के बीच

22. सूची I का सूची II के साथ सुमेल कीजिए और सूचियों के नीचे दिए गए कूट का प्रयोग करते हुए सही उत्तर का चयन कीजिए—

सूची I	*सूची II*
(a) संबंधित मूल्य	1. स्थिर कीमतें
(b) मौद्रिक आय	2. आगत-निर्गत आव्यूह
(c) वास्तविक आय	3. पेंशन
(d) हस्तांतरण प्राप्तियां	4. चालू कीमतें

कूट :	*(a)*	*(b)*	*(c)*	*(d)*
A.	4	2	3	1
B.	2	4	1	3
C.	4	2	1	3
D.	2	4	1	3

23. संवर्धित मूल्य से तात्पर्य उस मूल्य से है, जो—

A. बाजार कीमतों पर उत्पादन का होता है।

B. वस्तुओं एवं सेवाओं से मूल्यह्रास घटाकर होता है।

C. वस्तुओं और सेवाओं से मध्यवर्ती वस्तुओं एवं सेवाओं की लागत घटाकर होता है।

D. साधन लागत पर उत्पादन का होता है।

24. निम्नलिखित कथनों में से कौन-सा एक सही है—
A. सकल राष्ट्रीय उत्पादन में मूल्यह्रास सम्मिलित है।
B. संवर्धित मूल्य में हस्तांतरण भुगतान सम्मिलित है।
C. वैयक्तिक आय में अवितरित लाभ सम्मिलित है।
D. प्रयोज्य आय में वैयक्तिक कर सम्मिलित है।

25. 1993-94 में बाजार कीमतों पर GNP 1,92,866 करोड़ रु. थी और साधन लागत पर GNP 1,71,201 करोड़ रु. थी। वर्ष भर में शासन ने 5,107 करोड़ रु. उपादान के रूप में प्रदान किया। इस वर्ष के लिए करोड़ रुपयों में अप्रत्यक्ष करों की राशि का आकलन होगा—
A. 31,879 रु. B. 26,772 रु.
C. 21,665 रु. D. 16,558 रु.

26. GNP, NNP से—
A. कुल करों की राशि के बराबर अधिक होता है।
B. शासकीय व्यय के बराबर अधिक होता है।
C. हस्तांतरण भुगतानों के बराबर अधिक होता है।
D. सकल निवेश और निवल (net) निवेश के मध्य अंतर के बराबर अधिक होता है।

27. एक अर्थव्यवस्था की निवल राष्ट्रीय आय 20,000 मिलियन डॉलर है, अप्रत्यक्ष कर 2,000 मिलियन डॉलर है, उपादान 1,000 मिलियन डॉलर है और उसकी जनसंख्या 150 मिलियन है। कारक लागत पर राष्ट्रीय आय क्या होगी—
A. 21,000 मिलियन डॉलर
B. 19,000 मिलियन डॉलर
C. 23,000 मिलियन डॉलर
D. 22,000 मिलियन डॉलर

28. ''देश की उत्पादन व्यवस्था से वर्ष भर में प्रवाहित होकर अंतिम उपभोक्ता के हाथों में जाने वाली वस्तुओं तथा सेवा में अथवा देश की पूंजीगत वस्तुओं के स्टॉक में शुद्ध वृद्धि को राष्ट्रीय आय कहते हैं।'' यह परिभाषा किस अर्थशास्त्री की है—
A. साइमन कुजनेट्स B. मार्शल
C. पीगू D. फिशर

29. Y = C + I है—
A. एक समीकरण B. एक पहचान
C. एक सूत्र D एक फलन

30. निजी उपभोग व्यय कहलाएगा—
A. NNP B. GDP
C. PI D. PDI

31. राष्ट्रीय उत्पाद में गणना की जाती है—
A. सभी वस्तुएं
B. वे वस्तुएं जिनका बाजार में विनिमय होता है।
C. वे वस्तुएं जिनका बाजार में विनिमय होता है किन्तु उत्पादकों द्वारा उपभोग नहीं किया जाता।
D. विनिमय हो तथा उत्पादकों द्वारा अपने उपभोग के लिए रखी गई हो।

32. सामाजिक लेखांकन में किसे चुना जा सकता है—
A. GNP
B. NNP
C. NI अथवा PI
D. उपर्युक्त में से कोई भी जो उद्देश्य की पूर्ति करता हो।

33. साइमन कुजनेट्स के अनुसार राष्ट्रीय आय मापने की विधियां हैं—
A. दो B. तीन
C. चार D. पांच

34. राष्ट्रीय आय के आकलन में निम्नलिखित में से कौन-सा दोहरी गणना का उदाहरण है—
A. उपभोक्ता को उत्पादक द्वारा टोकरियां बेचना
B. नर्स को किया गया भुगतान
C. कपड़ा उद्योग द्वारा बिजली का उपभोग
D. उपभोक्ता द्वारा बिजली का उपभोग

35. शुद्ध राष्ट्रीय उत्पाद (NNP) है—
A. सकल राष्ट्रीय उत्पाद + अप्रत्यक्ष कर
B. सकल राष्ट्रीय उत्पाद – अप्रत्यक्ष कर
C. सकल राष्ट्रीय उत्पाद – घिसावट व्यय
D. उपर्युक्त में से कोई नहीं

36. मध्यवर्ती वस्तुएं GDP में शामिल नहीं की जाती क्योंकि—
A. ऐसी वस्तुओं की परिभाषा करना कठिन है।
B. ऐसी वस्तुओं का प्रत्यक्षत: उपभोग नहीं होता।
C. उनका मूल्य निर्धारित नहीं किया जा सकता।
D. उनसे दोहरेपन की समस्या पैदा होती है।

37. वास्तविक आय/जनसंख्या = होगी—
A. प्रति व्यक्ति आय
B. वैयक्तिक आय
C. प्रति व्यक्ति वास्तविक आय
D. उपर्युक्त में से सभी

38. ''राष्ट्रीय लाभांशों तथा आय में केवल अंतिम उपभोक्ताओं द्वारा प्राप्त सेवाएं सम्मिलित होती है। चाहे वे भौतिक या मानवीय वातावरण से प्राप्त हो। इस प्रकार एक पियानो या

ओवरकोट जो मेरे लिए इस वर्ष बनाया गया है इस वर्ष की आय का भाग नहीं है। वरन पूंजी में वृद्धि है। केवल इन वस्तुओं द्वारा मेरे लिए इस वर्ष की गई सेवाएं ही आय है।''
यह परिभाषा किसकी है—

A. कुजनेट्स B. मार्शल
C. पीगू D. फिशर

39. राष्ट्रीय आय की गणना कितनी अवधि के लिए की जाती है—

A. एक वर्ष B. दो वर्ष
C. तीन वर्ष D पांच वर्ष

40. किसी विकासशील अर्थव्यवस्था में राष्ट्रीय आय के अनुमान में अर्थशास्त्रियों को सामना करना पड़ता है—

A. केवल अवधारणा की समस्याओं का
B. केवल सांख्यिकीय समस्याओं का
C. उक्त दोनों समस्याओं का
D. दोनों में से किसी का नहीं

41. राष्ट्रीय आय की गणना होती है—

A. प्रचलित कीमतों पर
B. प्रचलित एवं स्थिर दोनों कीमतों पर
C. स्थिर कीमतों पर
D. मूल्यानुपातों पर

42. राष्ट्रीय आय मापने की सर्वोत्तम विधि है—

A. उत्पाद + व्यय विधि B. उत्पाद विधि
C. आय विधि D. कोई नहीं

43. स्थिर कीमतों पर राष्ट्रीय आय किस प्रकार प्रकट की जा सकती है—

A. $\dfrac{\text{चालू कीमतों पर राष्ट्रीय आय}}{\text{चालू वर्ष का कीमत सूचकांक}} \times 100$

B. $\dfrac{\text{चालू कीमतों पर राष्ट्रीय आय}}{\text{आधार वर्ष का कीमत सूचकांक}} \times \text{चालू वर्ष का कीमत सूचकांक}$

C. $\dfrac{\text{चालू कीमतों पर राष्ट्रीय आय}}{\text{आधार वर्ष का कीमत सूचकांक}} \times 100$

D. उपर्युक्त में से कोई नहीं

44. राष्ट्रीय आय में दोहरी गणना का परिहार किया जाता है—

A. वित्तीय अंतरणों को अलग करके।
B. सकल राष्ट्रीय उत्पाद की माप के लिए वर्धित मूल्य विधि का उपयोग करके।
C. पहले से उत्पादित वस्तुओं के बाजार मूल्य को अलग करके।
D. उन वस्तुओं को छोड़ देने से जो कि बाजार विनियोग में नहीं आती है।

45. निम्नलिखित में से कौन सकल राष्ट्रीय आय की गणना में सम्मिलित किया जाएगा—

1. कंपनी द्वारा लाभांश का भुगतान।
2. पुराने भवन की विक्रय से आय।
3. सरकार द्वारा वृद्धावस्था पेंशन।
4. कंपनी द्वारा बनाई गई पूंजी का निर्गम।

A. 1 तथा 4 B. 1 तथा 3
C. 1, 3 तथा 4 D. केवल 1

46. यदि बाजार मूल्यों पर राष्ट्रीय आय में सहायकियां जोड़ दिया जाए और अप्रत्यक्ष कर घटा दिया जाए तो वह राशि बराबर होगी—

A. साधन कीमतों पर राष्ट्रीय आय के।
B. बाजार मूल्यों पर समग्र घरेलू उत्पाद के।
C. बाजार मूल्यों पर शुद्ध राष्ट्रीय उत्पाद के।
D. वैयक्तिक आय के।

47. यदि सकल निवेश शून्य हो जाए तो निम्न में से कौन राष्ट्रीय आय को शून्य होने से रोकता है—

A. उपभोग B. गुणक
C. बैंक दर D. आयात

48. निम्न में से कौन–सी विधि सकल राष्ट्रीय उत्पाद के आकलन की विधि नहीं है—

A. उत्पाद प्रत्यागम B. मूल्य वर्धित प्रत्यागम
C. आय प्रत्यागम D. वित्तीय प्रत्यागम

49. राष्ट्रीय आय (National Income) का सामान्य रूप से अर्थ है—

A. बाजार मूल्य पर शुद्ध राष्ट्रीय उत्पाद
B. बाजार मूल्य पर सकल राष्ट्रीय उत्पाद
C. साधन लागत पर सकल राष्ट्रीय उत्पाद
D साधन लागत पर शुद्ध राष्ट्रीय उत्पाद

50. NDP को प्राप्त करने के लिए GDP में से किसको घटाया जाता है—

A. मूल्यह्रास B. अप्रत्यक्ष कर
C. प्रत्यक्ष कर D. अनुदान

51. राष्ट्रीय ऋण पर देय ब्याज सम्मिलित होता है—

A. GNP में B. NNP में
C. व्यक्तिगत आय में D. राष्ट्रीय आय में

52. द्विक्षेत्रीय प्रारूप में आय का चक्रीय प्रवाह प्रदर्शित

करता है—

A. घरेलू तथा व्यापारिक क्षेत्रों के बीच बहाव।
B. घरेलू तथा व्यापारिक क्षेत्रों द्वारा रखी गई धन की मात्रा।
C. घरेलू तथा व्यापारिक क्षेत्रों द्वारा की गई निवेश।
D. घरेलू तथा व्यापारिक क्षेत्रों द्वारा की गई बचतें।

53. 'वास्तविक राष्ट्रीय आय' में वृद्धि होती है, जबकि—
A. आवश्यक वस्तुओं की कीमतें बढ़ जाती हैं।
B. लोगों की बचतें बढ़ जाती हैं।
C. अर्थव्यवस्था में मुद्रा की पूर्ति बढ़ जाती है।
D. अर्थव्यवस्था में कुल उत्पादन बढ़ जाता है।

54. एक काल्पनिक अर्थव्यवस्था के लिए
शुद्ध राष्ट्रीय उत्पाद = 10,000 करोड़ रु.
अप्रत्यक्ष कर = 1,500 करोड़ रु.
सब्सिडी = 800 करोड़ रु.
तो राष्ट्रीय आय का मान होगा—
A. 12,300 करोड़ रु. B. 10,800 करोड़ रु.
C. 7,700 करोड़ रु. D. 9,300 करोड़ रु.

55. निम्नलिखित में से कौन एक राष्ट्रीय आय में सम्मिलित नहीं किया जाता है—
A. मजदूरी तथा वेतन B. अवकाश पेंशन
C. सब्सिडी D. अंतिम वस्तुएं

56. राष्ट्रीय आय के आंकड़े होते हैं—
A. पूर्ण सही B. वास्तविक
C. अनुमान D. आय में श्रम के अंश से

57. औसत जीवन स्तर में परिवर्तनों की माप की जाती है—
A. वास्तविक प्रति व्यक्ति आय से
B. वास्तविक मजदूरी दर से
C. मौद्रिक आय से
D. उपरोक्त में से कोई नहीं

58. यदि PY व्यक्तिगत आय, CS निगमों की बचतें, CT निगमों पर कर, DT परिवारों द्वारा चुकाया गया कर, M राज्य का अन्य आगम है, तब व्यक्तिगत उपभोग योग्य आय होगी—
A. PY – CS – CT – DT – M
B. PY – CS – DT – M
C. PY + CS – CT – DT + M
D. PY + CS – CT – DT – M

59. साइमन कुजनेट्स की राष्ट्रीय आय की परिभाषा मिलती है–
A. अल्फ्रेड मार्शल से B. एडम स्मिथ से
C. इरविंग फिशर से D इनमें से कोई नहीं

60. ''राष्ट्रीय आय में केवल उन्हीं वस्तुओं और सेवाओं को सम्मिलित किया जाता है जिन्हें मुद्रा से मापा जा सकता है।'' यह परिभाषा किसकी है—
A. मार्शल B. फिशर
C. कीन्स D. पीगू

61. आकार में सबसे बड़ा किसको माना जाएगा—
A. उपभोग आय B. शुद्ध राष्ट्रीय आय
C. सकल राष्ट्रीय उत्पाद D. वैयक्तिक व्यय

62. राष्ट्रीय आय तथा आर्थिक कल्याण के परस्पर संबंध की व्याख्या सर्वप्रथम किसने की—
A. एडम स्मिथ B. डेविड रिकार्डो
C. मार्शल D. पीगू

63. सामाजिक लेखाविधि किसने प्रतिपादित की—
A. रिचर्ड स्टोन B. फिशर
C. पीगू D. मार्शल

64. कौन-सा सही है—
A. PI = NNP B. PI < DPI
C. PI = GNP D. PI > DPI

65. राष्ट्रीय आय का आकलन करते समय निम्न में से किसे सम्मिलित नहीं किया जाता—
A. किराए की आय B. मजदूरी और वेतन
C. ब्याज और लाभ D. पेंशन

66. निम्न में से कौन-सा समीकरण गलत है—
A. NNP = GNP + घिसावट
B. NNP = GNP – घिसावट
C. GNP = NNP + घिसावट
D. इनमें से कोई नहीं

67. मूल्यह्रास की गणना की जाती है—
A. उत्पादन के सभी साधनों के लिए
B. केवल भूमि के लिए
C. केवल पूंजीगत सामान के लिए
D. केवल श्रमिकों के लिए

68. जब मौद्रिक सकल उत्पाद 1,100 रु. है, और वास्तविक सकल राष्ट्रीय उत्पाद 1,000 रु. है, तो सकल राष्ट्रीय उत्पाद अवस्फीतक (deflator) है—
A. 9.09 B. 90.91
C. 1.11 D. 110

69. उपभोग + बचत बराबर है—
A. उपभोग वैयक्तिक आय के

B. शुद्ध वैयक्तिक आय के
C. प्रति व्यक्ति वास्तविक आय के
D राष्ट्रीय आय के

70. प्रति व्यक्ति आय बढ़ती है जब—
A. G.N.P., जनसंख्या की तुलना में धीमी गति से बढ़ती है।
B. G.N.P और जनसंख्या समान गति से बढ़ती है।
C. G.N.P., जनसंख्या की तुलना में अधिक गति से बढ़ती है।
D. G.N.P. नहीं बढ़ती और जनसंख्या धीमी गति से बढ़ती है।

71. दोहरी गणना का प्रभाव है—
A. राष्ट्रीय उत्पादन को समझना।
B. राष्ट्रीय आय का अति अनुमान करना।
C. राष्ट्रीय उत्पादन की विकृति।
D. राष्ट्रीय उत्पादन के विषय में भ्रमित निष्कर्ष निकालना।

72. निम्न में से कौन-सा हस्तांतरित भुगतान नहीं है—
A. बच्चों को दिया जाने वाला जेब खर्च
B. सार्वजनिक ऋण पर ब्याज
C. घरेलू नौकर को दिया गया भुगतान
D. एक गृहणी को दिया गया भुगतान

73. सार्वजनिक ऋण पर ब्याज
A. NNP का अंश परंतु NI का अंश नहीं
B. NI का अंश परंतु PI का अंश नहीं
C. NI का अंश नहीं परंतु PI में सम्मिलित
D. अन्य किसी प्रकार की ब्याज आय के समान ही मानी जाती है।

74. आय गणना के आधार पर सकल राष्ट्रीय उत्पाद की गणना करने में सम्मिलित नहीं है—
A. मजदूरी B. कर
C. लगान D. लाभ

75. हस्तांतरण भुगतान 'राष्ट्रीय आय' में सम्मिलित नहीं होते हैं क्योंकि—
A. इनको सम्मिलित करने का अर्थ है दोहरी गणना।
B. जिनको हस्तांतरण भुगतान मिलता है उनका वर्तमान उत्पादन में कोई योगदान नहीं होता।
C. इससे केवल आय का एक जेब से दूसरी जेब में हस्तांतरण होता है।
D. उपरोक्त सभी प्रासंगिक हैं।

76. उत्पादन विधि से राष्ट्रीय आय की गणना करने में निम्न में से कौन-सा सम्मिलित नहीं किया जाता—
A. पुन: स्थापन मूल्य
B. मध्य वस्तुओं का मूल्य
C. स्थायी पूंजी का ह्रास
D. अंतिम परिष्कृत माल का मूल्य

77. राष्ट्रीय आय, NNP से निम्न के बराबर कम होती है—
A. अंतरण भुगतान B. पूंजी उपभोग भत्ता
C. परोक्ष व्यापार कर D. व्यक्तिगत कर

78. व्यक्तिगत आय प्राप्त करने के लिए राष्ट्रीय आय में से निम्न को नहीं घटाया जाता—
A. सार्वजनिक ऋण पर ब्याज
B. सामाजिक सुरक्षा अंशदान
C. अवितरित निगमीय आय
D. उपरोक्त में से कोई नहीं

79. अंतरण भुगतानों को उन भुगतानों के लिए प्रयोग किया जाता है जो किए जाते हैं—
A. वस्तुओं और सेवाओं के बिना किसी विनिमय को।
B. कर्मचारियों का एक कार्य से दूसरे कार्य को अंतरण पर।
C. कर्मचारियों को क्षतिपूर्ति के रूप में।
D उपरोक्त में से कोई नहीं।

80. राष्ट्रीय आय बाजार कीमतों पर निम्न के कारण बढ़ती है—
A. करों से
B. आयातों के कारण पूर्ति बढ़ने से
C. सब्सिडीज से
D. सरकारी नौकरियों के पद खाली रख कर बचत करने से

81. निम्नलिखित कथनों पर विचार कीजिए—
1. एक अर्थव्यवस्था में जहां उत्पादन क्षमताएं बढ़ रही हैं, सकल निजी घरेलू निवेश मूल्यह्रास से अधिक होता है।
2. सार्वजनिक ऋण पर ब्याज राष्ट्रीय आय का हिस्सा नहीं है परंतु वह व्यक्तिगत आय में जुड़ता है।
3. जब माल सूची में विस्तार होता है तब विनिवेश घटित होता है
4. नए गृह का क्रय, GNP में, विनियोग के एक हिस्से के रूप में सम्मिलित होता है।

उपर्युक्त कथनों में से कौन-कौन से सही हैं—
A. 1 और 2 B. 3 और 4

C. 1, 2 और 4 D. 1, 3 और 4

82. राष्ट्रीय आय की 'सामाजिक संगणना' संबधित है—

A. सामाजिक सिरोपरी सुविधाओं पर सार्वजनिक व्यय से।

B. सामाजिक सेवाओं से राजस्व प्राप्ति व सार्वजनिक व्यय से।

C. कौन, क्या, कहां, कितना और कैसे उत्पादन कर रहा है तथा कौन, क्या व कितना उपभोग कर रहा है।

D. राष्ट्रीय आय का कितना भाग सामाजिक रूप से पिछड़े लोगों के पास जा रहा है।

83. आय विधि द्वारा राष्ट्रीय आय की गणना करते समय निम्नलिखित में से किस एक को सम्मिलित नहीं किया जाता है—

A. किराए से आय B. अवितरित लाभ

C. मिश्रित आय D. पेंशन

84. कथन (A): Y = C + I (जहाँ Y = राष्ट्रीय आय, C = उपभोग, I = निवेश)

कारण (R): C और I राष्ट्रीय आय के महत्त्वपूर्ण निर्धारक हैं।

A. A और R दोनों सही हैं और R, A का सही स्पष्टीकरण है।

B. A और R दोनों सही हैं, परन्तु R, A का सही स्पष्टीकरण नहीं है।

C. A सही है, परन्तु R गलत है।

D. A गलत है, परन्तु R सही है।

85. कथन (A): राष्ट्रीय आय आकलन में अंतरण आय को सम्मिलित नहीं किया जाता है।

कारण (R): अंतरण आय उत्पादन सेवाओं के लिए भुगतान नहीं है।

A. A और R दोनों सही हैं और R, A का सही स्पष्टीकरण है।

B. A और R दोनों सही हैं, परन्तु R, A का सही स्पष्टीकरण नहीं है।

C. A सही है, परन्तु R गलत है।

D. A गलत है, परन्तु R सही है।

86. कथन (A): प्रति व्यक्ति आय के आंकड़े, देशों की क्रमवार श्रेणीकरण के लिए वास्तविक कल्याण के सन्दर्भ में कमज़ोर उपकरण है।

कारण (R): निर्धन देशों में राष्ट्रीय आय का एक अच्छा हिस्सा उल्लिखित नहीं होता।

A. A और R दोनों सही हैं और R, A का सही स्पष्टीकरण है।

B. A और R दोनों सही हैं, परन्तु R, A का सही स्पष्टीकरण नहीं है।

C. A सही है, परन्तु R गलत है।

D. A गलत है, परन्तु R सही है।

उत्तरमाला

1	2	3	4	5	6	7	8	9	10
D	B	C	A	B	A	C	B	D	C
11	**12**	**13**	**14**	**15**	**16**	**17**	**18**	**19**	**20**
D	C	C	D	B	D	A	D	A	A
21	**22**	**23**	**24**	**25**	**26**	**27**	**28**	**29**	**30**
C	B	C	A	B	D	B	A	A	D
31	**32**	**33**	**34**	**35**	**36**	**37**	**38**	**39**	**40**
D	D	B	C	C	D	C	D	A	C
41	**42**	**43**	**44**	**45**	**46**	**47**	**48**	**49**	**50**
B	A	A	B	A	A	A	D	C	A
51	**52**	**53**	**54**	**55**	**56**	**57**	**58**	**59**	**60**
C	A	D	D	B	C	A	A	C	D
61	**62**	**63**	**64**	**65**	**66**	**67**	**68**	**69**	**70**
C	D	D	D	D	A	C	C	A	C
71	**72**	**73**	**74**	**75**	**76**	**77**	**78**	**79**	**80**
D	C	C	B	B	B	C	A	A	C
81	**82**	**83**	**84**	**85**	**86**				
C	C	D	A	A	A				

यूनिट–VII : जनसंख्या एवं आर्थिक विकास

जनसंख्या का सिद्धांत
(THEORY OF POPULATION)

जनसंख्या की समस्याओं में अर्थशास्त्रियों की अभिरुचि प्राचीन काल से ही चली आ रही है। **टी.आर. माल्थस** प्रथम अर्थशास्त्री थे, जिन्होंने जनसंख्या की समस्याओं का वैज्ञानिक विश्लेषण किया था। बीसवीं शताब्दी के कुछ अर्थशास्त्रियों ने माल्थस के सिद्धांत से असंतुष्ट होकर **जनसंख्या के इष्टतम सिद्धांत** (Optimum Theory of Population) का प्रतिपादन किया है। लेकिन यह सिद्धांत भी जनसंख्या एवं आर्थिक विकास के पारस्परिक संबंध की व्याख्या करने में असफल ही रहता है। इसके अलावा, कई दृष्टिकोणों से यह सिद्धांत अस्पष्ट तथा अनिर्धार्य (indeterminate) भी है। इन्हीं कारणों से कुछ अर्थशास्त्रियों ने एक अन्य सिद्धांत का निर्माण किया है। इसे जनांकिकीय संक्रमण सिद्धांत (Theory of Demographic Transition) कहते हैं। यह सिद्धांत आर्थिक विकास एवं जनसंख्या के बीच संबंध स्थापित करता है। अमेरिकी जीव-विज्ञानी, **प्रो. रेमण्ड पर्ल** (Reymond Pearl) द्वारा प्रतिपादित एक अन्य सिद्धांत भी है जिसे **जनसंख्या का जीव-विज्ञानीय सिद्धांत** (Biological Theory of Population) कहते हैं। यह सिद्धांत जनसंख्या विकास के जीवन संबंधी कारणों (Biological reasons) पर प्रकाश डालता है।

माल्थस का जनसंख्या सिद्धांत (Malthusian Theory of Population)

टॉमस रॉबर्ट माल्थस ने अपनी प्रसिद्ध पुस्तक **An Esay on the Principle of Population (1798)** में इस सिद्धांत का प्रतिपादन किया था। व्यवसाय से माल्थस पादरी थे। उन्होंने 18 वीं शताब्दी में यूरोप के विभिन्न देशों के जनसंख्या विकास का गहन अध्ययन किया था। यूरोपीय देशों की आकस्मिक एवं त्वरित जनसंख्या वृद्धि से वह आतंकित हो उठे थे। उन्हें मानव का भविष्य अंधकारमय दिखायी दिया। अत: उन्होंने जनसंख्या वृद्धि को कड़े नियंत्रण मे रखने की वांछनीयता पर बल दिया। अपनी उक्त पुस्तक में उन्होंने जो दृष्टिकोण प्रस्तुत क्रिया था, उसे माल्थस का जनसंख्या सिद्धांत कहा जाता है।

माल्थस के सिद्धांत की महत्त्वपूर्ण बातें निम्नलिखित हैं—

1. खाद्य सामग्री का उत्पादन ह्रासमान प्रतिफल नियम के अंतर्गत होता है। प्रकृति कृपण (miserly) है। यदि मानव अधिक खाद्य सामग्री के उत्पादन का प्रयास करता है तो उसे तुरन्त प्रकृति की संवेदनशीलता एवं उसका सहयोग प्राप्त नहीं होता। जैसे-जैसे भूमि पर पूंजी एवं श्रम की अधिकाधिक मात्राओं का प्रयोग किया जाता है, कुल खाद्य उत्पादन निस्संदेह बढ़ता है लेकिन ह्रासमान प्रतिफल नियम की कार्यशीलता के परिणामस्वरूप खाद्य उत्पादन की यह वृद्धि **घटती दर** पर होती है। जैसा कि माल्थस ने बताया है खाद्यान्नों की पूर्ति **अंकगणितीय रीति** (Arithmetical progression) में बढ़ती है अर्थात 1, 2, 3, 4, 5, 6 आदि की दर से बढ़ती है।

2. जनसंख्या पर कोई नियंत्रण न लगाया जाए तो खाद्य पूर्ति की तुलना में यह अधिक तेजी से बढ़ती है। माल्थस के अनुसार, जनसंख्या में ज्यामितीय रीति (Geometrical progression) में बढ़ने की सार्वभौमिक प्रवृति पाई जाती है। अन्य शब्दों में, जनसंख्या 1, 2, 4, 8, 16, 32, 64 आदि की दर से बढ़ती है। कहने का तात्पर्य यह है कि खाद्य पूर्ति की तुलना में जनसंख्या अधिक तेजी से बढ़ती है। प्रत्येक 25 वर्ष बाद जनसंख्या में दुगुना होने की प्रवृत्ति पाई जाती है।

3. अत: खाद्य पूर्ति एवं जनसंख्या विकास स्वतंत्र तत्त्वों द्वारा प्रभावित होते हैं। खाद्य पूर्ति पर ह्रासमान प्रतिफल नियम का प्रभाव पड़ता है जबकि जनसंख्या वृद्धि मानवीय बहुप्रजता (Human fecundity) से प्रभावित होती है। इस तरह खाद्यपूर्ति एवं जनसंख्या वृद्धि में एक प्रकार की दौड़ लगती है। लेकिन इस दौड़ में खाद्य पूर्ति पिछड़ जाती है। अत: खाद्यपूर्ति एवं जनसंख्या वृद्धि में असंतुलन उत्पन्न हो जाता है।

4. खाद्य पूर्ति एवं जनसंख्या वृद्धि के बीच उत्पन्न इसी असंतुलन के परिणामस्वरूप बढ़ती हुई जनसंख्या का भरण-पोषण

वर्तमान स्तर पर नहीं किया जा सकता। देश में व्यापक पैमाने पर भुखमरी एवं अल्पपोषण की स्थिति उत्पन्न हो जाती है। अकालों, महामारियों, बाढ़ों, भूकम्पों, युद्धों एवं अन्य प्राकृतिक विपत्तियों के फलस्वरूप मानवीय जीवन की महान क्षति होती है। इन विपत्तियों को माल्थस ने **नैसर्गिक प्रतिबंध** (Positive or natural checks) कहकर सम्बोधित किया था। परिणामत: खाद्य पूर्ति एवं जनसंख्या में पुन: संतुलन स्थापित हो जाता है। नैसर्गिक प्रतिबंधों को प्राकृतिक प्रतिबंध (Natural checks) इसलिए कहते हैं क्योंकि इस प्रकार के प्रतिबंध स्वयं प्रकृति द्वारा लगाए जाते हैं। इनका उद्देश्य खाद्यपूर्ति एवं जनसंख्या के बीच पुन: संतुलन स्थापित करना होता है। किन्तु स्मरण रहे कि प्रकृति इन प्रतिबंधों को तब लागू करती है जब मानव स्वयं अपने द्वारा जनसंख्या की अत्यधिक वृद्धि को रोकने में असमर्थ रहता है।

5. माल्थस के अनुसार मानव **निरोधक प्रतिबंधों** (Preventive checks) का आश्रय लेकर नैसर्गिक प्रतिबंधों से अपने आप को बचा सकता है। निरोधक प्रतिबंध वास्तव में **मनुष्य कृत प्रतिबंध** (Man made checks) होते हैं। उदाहरणार्थ, अविवाहित जीवन (celibacy), ब्रह्मचर्य, विलम्बित विवाह (late marriages), संयम, (moral restraint) आदि महत्त्वपूर्ण निरोधक प्रतिबंध हैं। यदि मनुष्य इन निरोधक प्रतिबंधों का प्रयोग करता है तो जनसंख्या एवं खाद्य पूर्ति के बीच संतुलन बना रहेगा और प्रकृति को अपने प्रतिबंध लागू करने की आवश्यकता ही नहीं पड़ेगी।

यहां ध्यान देने योग्य बात यह है कि **माल्थस ने नैसर्गिक प्रतिबंधों की अपेक्षा निरोधक प्रतिबंधों को प्राथमिक दी थी।** स्मरण रहे कि निरोधक प्रतिबंधों में माल्थस ने गर्भ निरोध (contraception) अथवा जन्म नियंत्रण के कृत्रिम उपायों (Artifical methods of birth control) को सम्मिलित नहीं किया था। इसका कारण यह था कि 18 वीं शताब्दी में इस प्रकार के कृत्रिम उपायों का अभी विकास नहीं हो पाया था।

माल्थस के जनसंख्या सिद्धांत की आलोचना

आलोचकों ने माल्थस सिद्धांत में निम्नलिखित त्रुटियां बताई हैं—

1. इस सिद्धांत का गणितीय स्वरूप आपत्तिजनक है।

2. माल्थस ने वैज्ञानिक आविष्कारों की उपेक्षा की थी।

3. माल्थस ने जनसंख्या की तुलना केवल खाद्य उत्पादन से की थी, कुल उत्पादन से नहीं।

4. केवल संयम से ही जनसंख्या वृद्धि को नियंत्रण में नहीं रखा जा सकता।

माल्थस के जनसंख्या सिद्धांत की मुख्य-मुख्य बातों का सारांश निम्न चार्ट द्वारा प्रस्तुत किया जा सकता है :

माल्थस का जनसंख्या सिद्धांत

जनसंख्या ज्यामितीय श्रेणी में बढ़ती है अर्थात यह 1, 2, 4, 8, 16, 32, 64 आदि की दर पर बढ़ती है	खाद्य आपूर्ति अंकगणितीय श्रेणी में बढ़ती है अर्थात यह 1, 2, 3, 4, 5, 6 आदि दर पर बढ़ती है।

इनके कारण जनसंख्या एवं खाद्य पूर्ति में असंतुलन उत्पन्न होता है।

असंतुलन का निवारण

नैसर्गिक एवं प्राकृतिक प्रतिबंध (अकाल, महामारियां, युद्ध, भूकंप बाढ आदि)	निरोधक प्रतिबंध (ब्रह्मचर्य, संयम, विवाह स्थगन)

5. जनसंख्या वृद्धि किसी राष्ट्र के लिए सदैव हानिकारक नहीं होती।

6. अति-जनसंख्या वाले देश में प्राकृतिक विपत्तियां अनिवार्य नहीं हैं।

इष्टतम जनसंख्या सिद्धांत (Optimum Theory of Population)

इष्टतम जनसंख्या सिद्धांत को सर्वोत्तम, आदर्श एवं अनुकूलतम जनसंख्या सिद्धांत भी कहते हैं। यह सिद्धांत माल्थस के जनसंख्या सिद्धांत की प्रतिक्रिया मात्र है। माल्थस ने जनसंख्या में होने वाली प्रत्येक वृद्धि की भर्त्सना की थी और सुझाव दिया था कि बढ़ती हुई जनसंख्या को समुचित स्तर पर सीमित करने हेतु निरोधक प्रतिबंधों का अधिकाधिक प्रयोग किया जाए। लेकिन जल्दी ही कुछ अर्थशास्त्रियों द्वारा यह अनुभव किया गया कि सभी परिस्थितियों में जनसंख्या वृद्धि बुरी नहीं होती। कभी-कभी जनसंख्या वृद्धि स्पष्ट अच्छाई (Positive good) मानी जाती है। यहां तक कि इसे राष्ट्रीय परिसम्पत्ति (national asset) की संज्ञा दी जाती है। उदाहरणार्थ, न्यून-जनसंख्या वाले देश में जनसंख्या वृद्धि अति वांछनीय होती है क्योंकि इससे देश की प्रति व्यक्ति आय बढ़ जाती

है अथवा श्रम की औसत उत्पादकता में वृद्धि हो जाती है। इसके विपरीत, अति जनसंख्या वाले देश के लिए जनसंख्या वृद्धि हानिकारक होती है क्योंकि इससे देश की प्रति व्यक्ति आय में कमी हो जाती है अथवा श्रम की औसत उत्पादकता घट जाती है। माल्थस के सिद्धांत की मुख्य त्रुटि यह है कि यह अपनी तर्क प्रक्रिया सभी देशों पर उनकी आर्थिक स्थितियों का ध्यान किए बिना लागू कर देता है। इसके विपरीत, **इष्टतम जनसंख्या सिद्धांत देश में प्रचलित आर्थिक स्थिति को ध्यान में रखकर जनसंख्या की समस्या का अध्ययन करता है।** अतः माल्थस ने जनसंख्या समस्या के प्रति **सामान्य दृष्टिकोण** (general approach) अपनाया था। इसके विपरीत, इष्टतम जनसंख्या सिद्धांत ने इस समस्या के प्रति **विशिष्ट दृष्टिकोण** (Particular approach) अपनाया है।

इष्टतम जनसंख्या सिद्धांत का विकास हाल ही के वर्षों में हुआ है। इस सिद्धांत का मूलभूत विचार, सर्वप्रथम, प्रो. सिजविक (Sidgwick) द्वारा अपनी प्रसिद्ध पुस्तक **'Principles of Political Economy'** में प्रस्तुत किया था। **प्रो. एडविन केनन** (Edwin Cannon) ने इष्टतम जनसंख्या के विचार का आगे चलकर और विकास किया और इसे एक क्रमबद्ध एवं वैज्ञानिक सिद्धांत का रूप प्रदान किया। बाद में रॉबिन्स, डाल्टन एवं कार साण्डर्स जैसे सुविख्यात अर्थशास्त्रियों ने इसे परिष्कृत कर अधिक स्वीकार्य रूप में प्रस्तुत किया है।

इष्टतम जनसंख्या सिद्धांत उस विशेष जनसंख्या की परिभाषा प्रस्तुत करता है जो किसी देश विशेष के लिए आर्थिक दृष्टिकोण से आदर्श जनसंख्या (ideal population) होती है। वास्तव में, **इष्टतम अथवा अनुकूलतम जनसंख्या वह आदर्श जनसंख्या होती है जिसके परिणामस्वरूप देश की प्रति व्यक्ति आय अधिकतम आकार की हो जाती है। इष्टतम जनसंख्या सिद्धांत का मुख्य उद्देश्य अधिकतम प्रति व्यक्ति आय प्राप्त करना होता है।** अतः यह सिद्धांत जनसंख्या परिवर्तनों एवं उनसे जनित प्रति व्यक्ति आय परिवर्तनों के पारस्परिक संबंधों का अध्ययन करता है। इस सिद्धांत के अनुसार प्रत्येक देश में जनसंख्या का एक विशिष्ट ऐसा आकार होता है जो वर्तमान तकनीकी (technology) एवं वर्तमान प्राकृतिक साधनों की सहायता से उस देश को अधिकतम प्रति व्यक्ति आय प्रदान करता है। जनसंख्या का वही विशेष आकार उस देश की इष्टतम जनसंख्या होती है।

इष्टतम जनसंख्या सिद्धांत दो महत्त्वपूर्ण मान्यताओं पर आधारित है :

1. यह सिद्धांत यह मानकर चलता है कि देश की जनसंख्या वृद्धि के साथ कुल जनसंख्या एवं कार्यकारी जनसंख्या (working population) का पारस्परिक अनुपात अपरिवर्तित अथवा स्थिर रहता है।

2. यह सिद्धांत यह मानकर चलता है कि जब जनसंख्या बढ़ती है तो देश के प्राकृतिक साधन, पूंजी की मात्रा एवं तकनीकी अपरिवर्तित रहते हैं।

इस प्रकार इष्टतम जनसंख्या देश की आदर्श अथवा वांछनीय जनसंख्या होती है। यदि कोई देश अधिकतम प्रति व्यक्ति आय प्राप्त करना चाहता है तो उसकी वास्तविक जनसंख्या इसी आकार की होनी चाहिए। यदि वास्तविक जनसंख्या, इष्टतम जनसंख्या से बढ़ जाती है तो वह देश अति जनसंख्या वाला देश बन जाता है। इसके विपरीत यदि वास्तविक जनसंख्या, इष्टतम जनसंख्या से कम होती है तो वह देश न्यून जनसंख्या वाला देश होता है।

'इष्टतम जनसंख्या' की धारणा को रेखाचित्र की सहायता से भी स्पष्ट किया जा सकता है।

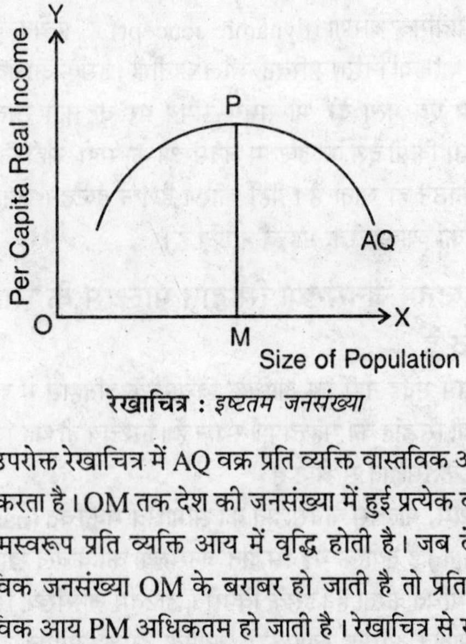

रेखाचित्र : *इष्टतम जनसंख्या*

उपरोक्त रेखाचित्र में AQ वक्र प्रति व्यक्ति वास्तविक आय को व्यक्त करता है। OM तक देश की जनसंख्या में हुई प्रत्येक वृद्धि के परिणामस्वरूप प्रति व्यक्ति आय में वृद्धि होती है। जब देश की वास्तविक जनसंख्या OM के बराबर हो जाती है तो प्रति व्यक्ति वास्तविक आय PM अधिकतम हो जाती है। रेखाचित्र से स्पष्ट है कि यदि देश की वास्तविक जनसंख्या M बिन्दु के दाएं अथवा बाएं होती है तो प्रति व्यक्ति वास्तविक आय PM से कम होगी। P बिन्दु के उपरांत जनसंख्या में होने वाली प्रत्येक वृद्धि से प्रति व्यक्ति वास्तविक आय में ह्रास होता है। AQ वक्र की ऋणात्मक (negative) ढाल से यह स्पष्ट हो जाता है। अतः P बिन्दु के उपरांत जनसंख्या में होने वाली प्रत्येक वृद्धि अति जनसंख्या की समस्या उत्पन्न कर देती है।

जब तक प्रति व्यक्ति आय PM के बराबर नहीं हो जाती,

जनसंख्या की प्रत्येक वृद्धि वांछनीय होती है। लेकिन एक बार जब प्रति व्यक्ति वास्तविक आय PM हो तो उसके बाद जनसंख्या में होने वाली प्रत्येक अतिरिक्त वृद्धि से अति जनसंख्या उत्पन्न हो जाती है।

यहां पर दो बातें ध्यान देने योग्य हैं। **प्रथम,** किसी देश की इष्टतम जनसंख्या कभी भी स्थिर नहीं होती। देश के उत्पादन साधनों में होने वाले संख्यात्मक एवं गुणात्मक परिवर्तनों के अनुसार इष्टतम जनसंख्या के आकार में भी परिवर्तन होते रहते हैं। अत: इष्टतम जनसंख्या कभी ऊपर उठती है और कभी नीचे गिरती है। हम किसी भी देश की इष्टतम जनसंख्या को स्थायी आधार पर निश्चित नहीं कर सकते। इसका कारण यह है कि देश की औद्योगिक संरचना, उत्पादन साधनों एवं प्रविधियों में समय-समय पर परिवर्तन होते रहते हैं। **दूसरा,** किसी देश की इष्टतम जनसंख्या को सही-सही निर्धारित करना भी सरल नहीं है। यह कहना कठिन है कि किसी देश की इष्टतम जनसंख्या क्या होगी। इष्टतम जनसंख्या की धारणा प्रावैगिक धारणा (dynamic concept) है, प्रत्येक देश में आर्थिक शक्तियां निरंतर परिवर्तनशील रहती है। इसके अलावा देश की जन्म एवं मृत्यु दरें भी समय-समय पर बदलती रहती है। परिणामत: किसी देश की इष्टतम जनसंख्या का सही-सही निर्धारण करना कठिन हो जाता है। यही कारण है कि इष्टतम जनसंख्या सिद्धांत का व्यावहारिक महत्त्व नगण्य है।

क्या इष्टतम जनसंख्या सिद्धांत माल्थस के सिद्धांत से श्रेष्ठ है

इसमें संदेह नहीं कि आर्थिक विचारों के इतिहास में इष्टतम जनसंख्या सिद्धांत का महत्त्वपूर्ण स्थान है। निश्चय ही यह सिद्धांत माल्थस के सिद्धांत से श्रेष्ठ है।

प्रथम, माल्थस के सिद्धांत का सीमाक्षेत्र संकुचित (narrow coverage) है क्योंकि यह सिद्धांत जनसंख्या को केवल खाद्यान्नों से ही संबंधित करता है। इसके विपरीत, इष्टतम जनसंख्या सिद्धांत का सीमाक्षेत्र अधिक व्यापक है क्योंकि इसके अंतर्गत इष्टतम जनसंख्या के आकार का निर्धारण करते समय देश के समूचे उत्पादन को ध्यान में रखा जाता है।

दूसरा, माल्थस के अनुसार जनसंख्या की प्रत्येक वृद्धि हानिकारक होती है। लेकिन इष्टतम सिद्धांत के अनुसार जनसंख्या की प्रत्येक वृद्धि हानिकारक नहीं होती। यदि देश में न्यून जनसंख्या की स्थिति है तो जनसंख्या वृद्धि से प्रति व्यक्ति आय बढ़ जाती है। अत: इस स्थिति में जनसंख्या वृद्धि देश के हित में है। इष्टतम सिद्धांत के अनुसार जनसंख्या वृद्धि तभी हानिकारक होती है जब देश की वास्तविक जनसंख्या, इष्टतम जनसंख्या से आगे बढ़ जाती है।

तीसरा, माल्थस कृषि में ह्रासमान प्रतिफल नियम की क्रियाशीलता से अति भयभीत थे। वे सोच भी नहीं सकते थे कि कृषि उत्पादन में कभी भी वर्धमान प्रतिफल नियम क्रियाशील हो सकता है। लेकिन इष्टतम सिद्धांत के अनुसार कृषि में भी एक निश्चित बिन्दु तक वर्धमान प्रतिफल नियम के कार्यशील होने की संभावना रहती है।

चौथा, माल्थस के सिद्धांत को वैज्ञानिक नहीं माना जा सकता क्योंकि यह सिद्धांत इस विषय पर कुछ भी प्रकाश नहीं डालता कि देश की इष्टतम अथवा आदर्श जनसंख्या क्या होनी चाहिए। इसके विपरीत, इष्टतम सिद्धांत हमें यह बताता है कि किसी देश की इष्टतम जनसंख्या क्या होनी चाहिए।

पांचवां, माल्थस का सिद्धांत केवल अति जनसंख्या वाले देश पर ही लागू होता है। लेकिन इष्टतम सिद्धांत न केवल अति जनसंख्या, बल्कि न्यून जनसंख्या वाले देश पर भी क्रियाशील होता है।

इष्टतम सिद्धांत की आलोचनाएं

इसमें संदेह नहीं कि इष्टतम सिद्धांत, माल्थस के सिद्धांत से श्रेष्ठ है। लेकिन यह सिद्धांत भी दोषमुक्त नहीं है। आलोचकों के अनुसार इस सिद्धांत में कई त्रुटियां पाई जाती हैं।

1. यह सिद्धांत जिन दो मूलभूत मान्यताओं पर आधारित है वे यथार्थ से परे हैं।

2. आलोचकों के अनुसार, किसी देश की इष्टतम जनसंख्या का निर्धारण करते समय यह सिद्धांत केवल विशुद्ध आर्थिक तत्त्वों को ही महत्त्व देता है। वास्तव में यह इस सिद्धांत की एक महान त्रुटि है। आलोचकों का कहना है कि किसी देश की इष्टतम जनसंख्या का निर्धारण करते समय हमें केवल आर्थिक ही नहीं, बल्कि सामाजिक, राजनीतिक यहां तक कि सामरिक तत्त्वों को भी ध्यान में रखना चाहिए।

3. यह सिद्धांत समस्या के वितरणात्मक पहलू (distributional aspect) की उपेक्षा करता है। इस सिद्धांत के अनुसार यदि प्रति व्यक्ति वास्तविक आय बढ़ रही है तो जनसंख्या वृद्धि आर्थिक एवं सामाजिक दृष्टिकोण से देश के लिए लाभदायक सिद्ध होती है। लेकिन इस बात की क्या गारंटी है कि देश की बढ़ती हुई वास्तविक आय चंद मुट्ठी भर लोगों के हाथ में केन्द्रित नहीं हो जाएगी। जनसंख्या एवं राष्ट्रीय आय की वृद्धि देश के लिए लाभदायक सिद्ध नहीं हो सकती यदि बढ़ी हुई राष्ट्रीय आय विभिन्न वर्गों में न्यायोचित आधार पर वितरित नहीं की जाती।

जनांकिकीय संक्रमण का सिद्धांत (Theory of Demographic Transition)

वास्तव में, जनांकिकीय संक्रमण सिद्धांत (Theory of demographic transition) को नवीनतम जनसंख्या सिद्धांत स्वीकार किया जाता है। अधिकांश वर्तमान अर्थशास्त्री इसी सिद्धांत का समर्थन एवं अनुमोदन करते हैं। यह सिद्धांत बहुत ही सरल एवं सादा है और पश्चिम के औद्योगीकृत देशों के वास्तविक अनुभव पर आधारित है।

इस सिद्धांत के अनुसार प्रत्येक देश जनसंख्या वृद्धि की **तीन अवस्थाओं** में से होकर गुजरता है। **प्रथम अवस्था** में जन्म एवं मृत्युदरें दोनों ही ऊंची होती हैं। परिणामत: जनसंख्या लगभग स्थिर (stable) ही होती है। **दूसरी अवस्था** में मृत्युदर तेजी से नीचे गिर जाती है जबकि जन्मदर लगभग पुराने स्तर पर ही बनी रहती है। परिणामस्वरूप जनसंख्या तीव्र गति से बढ़ती है। **तीसरी अवस्था** में जन्मदर भी नीचे गिर जाती है और पहले से गिरी हुई मृत्युदर के स्तर पर पहुंच जाती है अत: इस अवस्था में जनसंख्या की वृद्धि बहुत धीमी पड़ जाती है। अब हम इन तीनों अवस्थाओं का विस्तृत विश्लेषण करेंगे।

प्रथम अवस्था : प्रथम अवस्था में देश पिछड़ा हुआ एवं अल्पविकसित होता है। ऐसे देश में कृषि मुख्य व्यवसाय होता है। ऐसे देश में जन्म एवं मृत्यु दरें ऊंची होती हैं। इस प्रकार के समाज में सामाजिक विचार ऐसे होते हैं कि उनसे बड़े आकार के परिवारों को प्रोत्साहन मिलता है। आर्थिक आधारों पर भी बड़े-बड़े आकार के कुटुम्बों का समर्थन किया जाता है। इस प्रकार की अर्थव्यवस्था में बच्चों को देयता (liability) नहीं, बल्कि परिसम्पत्ति (assets) के रूप में ग्रहण किया जाता है। देश में सामान्य निरक्षरता (general illiteracy) की स्थिति पाई जाती है। इस प्रकार सामाजिक एवं आर्थिक तत्त्व मिलकर देश की जन्मदर को बहुत ऊंचा कर देते हैं। इस प्रकार की अर्थव्यवस्था में उच्च जन्मदर के साथ-साथ मृत्युदर भी बहुत ऊंची होती है। ऊंची मृत्युदर के कारण हैं—अल्प एवं घटियां किस्म का भोजन, अत्यंत पिछड़ी हुई सफाई व्यवस्था तथा डॉक्टरी सुविधाओं का लगभग पूर्ण अभाव। इस प्रकार की अर्थव्यवस्था में शिशु मृत्यु दर (infant mortality) एवं मातृ मृत्युदर (moternal mortality) दोनों ही ऊंची होती हैं।

चूंकि जन्म एवं मृत्यु दरें दोनों ही ऊंची होती हैं अत: इस अवस्था में देश की जनसंख्या लगभग स्थिर ही रहती हैं। सन् 1921 से पूर्व भारत को जनसंख्या वृद्धि की प्रथम अवस्था में सम्मिलित किया जा सकता है। सन् 1921 के पूर्व भारत की जनसंख्या लगभग स्थिर सी थी क्योंकि यहां की जन्म एवं मृत्यु दरें दोनों ही ऊंची थी।

दूसरी अवस्था : दूसरी अवस्था के दौरान आर्थिक दृष्टि से देश थोड़ा अधिक विकसित हो जाता है। इस आर्थिक विकास के फलस्वरूप मृत्युदर में पर्याप्त कमी हो जाती है। मृत्यु दर में होने वाली कमी के कारण इस प्रकार हैं—खाद्यान्नों की अधिक मात्रा में नियमित उपलब्धि, बीमारियों एवं महामारियों पर अधिक नियंत्रण, जनसाधारण में स्वास्थ चेतना (health consciousness) की जागृति, जीवन-संरक्षक औषधियों की उपलब्धि इत्यादि। इस प्रकार देश की मृत्युदर तो नीचे गिर जाती है लेकिन जन्मदर ऊंचे स्तर पर बनी रहती है।

चूंकि मृत्युदर तेजी से नीचे गिर जाती है जबकि जन्मदर ऊंचे स्तर पर ही बनी रहती है, इसलिए इस अवस्था में देश की जनसंख्या बड़ी तेजी के साथ बढ़ने लगती है। यही कारण है कि इस अवस्था को **'जनसंख्या विस्फोट'** (Population explosion) की अवस्था कहते हैं। आज के भारत को बिना किसी कठिनाई के जनसंख्या की दूसरी अवस्था में सम्मिलित किया जा सकता है क्योंकि आजकल हमारे देश में दूसरी अवस्था के सभी चिह्न दृष्टिगोचर हो रहे हैं।

तीसरी अवस्था : इस अवस्था में देश विकास के और भी अधिक ऊंचे स्तर पर पहुंच जाता है। समूचे देश में साक्षरता का सामान्य प्रसार हो जाता है। परिणामत: जनसाधारण अधिक प्रबुद्ध (enlightened) हो जाता है। लोग छोटे आकार के परिवार के महत्त्व को समझने लगते हैं। पुराने सामाजिक रस्मों रिवाज नए विचारों के प्रभाव के अंतर्गत बदलने लगते हैं। बच्चों को अब परिसम्पत्ति के रूप में नहीं लिया जाता बल्कि वे तो एक प्रकार से देयता (liability) बन जाते हैं। जनसाधारण में अब कम बच्चे पैदा करने की प्रवृत्ति कार्यशील हो उठती है। स्त्री शिक्षा के प्रसार के फलस्वरूप स्त्रियों के दृष्टिकोण में भी परिवर्तन होने लगता है। इस सब का परिणाम यह होता है कि देश की जन्मदर में काफी कमी हो जाती है। मृत्युदर तो दूसरी अवस्था में ही गिर चुकी होती है। परिणामत: निम्न जन्मदर एवं निम्न मृत्युदर में एक नया संतुलन स्थापित हो जाता है। अत: देश की जनसंख्या अब धीमी गति से बढ़ती है। पश्चिम के अधिकांश देशों को जनसंख्या वृद्धि की तीसरी अवस्था में सम्मिलित किया जा सकता है।

जनसंख्या एवं आर्थिक विकास (Population and Economic Development)

किसी देश के आर्थिक विकास में जनसंख्या की क्या भूमिका

होती है? क्या जनसंख्या वृद्धि देश के आर्थिक विकास में सहायक होती है अथवा बाधक? इस प्रश्न का हमारे पास कोई सीधा उत्तर नहीं है। यह तो देश की स्थितियों पर निर्भर करता है। उदाहरणार्थ, 19वीं शताब्दी के प्रारंभिक काल में जनसंख्या वृद्धि से पश्चिमी देशों के आर्थिक विकास को बहुमूल्य प्रोत्साहन मिला था। जनसंख्या वृद्धि से इन देशों को आवश्यक श्रम पूर्ति प्राप्त हुई जिससे इनका द्रुत गति से औद्योगीकरण संभव हो सका। आज भी पश्चिमी देशों की स्थिति में कोई विशेष अंतर नहीं पड़ा है। श्रम की कमी तो आज भी वहां पाई जाती है। यद्यपि पूंजी इन देशों में प्रचुर मात्रा में उपलब्ध है। आस्ट्रेलिया एवं न्यूजीलैड जैसे देशों को भी इसी समस्या का सामना करना पड़ रहा है। सत्य तो यह है कि आस्ट्रेलिया का आर्थिक विकास श्रम के अभाव के कारण अवरुद्ध पड़ा है। अत: आस्ट्रेलिया जैसे देश के आर्थिक विकास को त्वरित (accelerate) करने में जनसंख्या वृद्धि सहायक सिद्ध होगी।

लेकिन आज के अल्प विकसित देशों की समस्या भिन्न है। इस प्रकार के देश में द्रुतगति से बढ़ती हुई जनसंख्या विकास प्रक्रिया में सहायक होने के बजाय उल्टे बाधक हो जाती है।

आइए, अब हम यह देखें कि तेजी से बढ़ती हुई जनसंख्या का अल्प विकसित देश की अर्थ व्यवस्था पर क्या प्रभाव पड़ता है।

1. जनसंख्या जब तेजी से बढ़ती है तो बहुत सारे साधन जिनका उपयोग विकास कार्यों के लिए किया जा सकता है, आम उपभोग की वस्तुओं के उत्पादन में लगाने पड़ते हैं। खाद्य पदार्थों, आवास, वस्त्रों आदि की मांग जनसंख्या बढ़ने के साथ-साथ बढ़ती है जिसे पूरा करने के लिए इनका उत्पादन भी बढ़ाना होता है। इस प्रकार जब एक विकासशील देश अनिवार्य आवश्यकता की वस्तुओं का उत्पादन बढ़ाने में उलझ जाता है तो विकास में बाधा पड़ती है।

2. जनसंख्या की वृद्धि से भूमि तथा कच्चे पदार्थों के साथ जनसंख्या का अनुपात ऊंचा हो जाता है और इससे संबंधित उद्योगों में परिवर्तनशील साधनों (Variable Factors) की उत्पादिता में कमी हो जाती है। जिससे आर्थिक विकास में बाधा पहुंचती है।

3. अल्पविकसित देशों में जनसंख्या वृद्धि से बेरोजगारी एवं न्यून रोजगार (under employment) की गंभीर समस्याएं उत्पन्न हो जाती हैं। ऐसे देशों में तो पहले से ही जनसंख्या का आधिक्य होता है। यदि श्रम पूर्ति में और अधिक वृद्धि होती है तो इससे बेरोजगारी एवं न्यून रोजगार की समस्याएं और भी अधिक गंभीर हो जाएंगे क्योंकि पूंजी एवं परिपूरक साधनों के अभाव में अतिरिक्त जनसंख्या को लाभपूर्ण रोजगार (gainful employment) प्रदान नहीं किया जा सकता।

4. पश्चिमी देशों में जनसंख्या वृद्धि का पूंजी-निर्माण पर लाभदायक प्रभाव पड़ता है। इसका कारण यह है कि जनसंख्या वृद्धि समाज की **प्रभावपूर्ण मांग** (effective demand) को बढ़ा देती है। परिणामस्वरूप निवेशों की मात्रा बढ़ जाती है। जिससे समाज की आय में वृद्धि होती है। परिणामत: बचतों की मात्रा भी बढ़ जाती है। जिसका पूंजी निर्माण पर अनुकूल प्रभाव पड़ता है। लेकिन अल्पविकसित देश में जनसंख्या वृद्धि से पूंजी निर्माण की दर बढ़ने के बजाए उल्टे घट जाएगी। चूंकि अल्प विकसित देश में पूंजी एवं अन्य साधनों का अभाव होता है, अत: जनसंख्या वृद्धि के फलस्वरूप अतिरिक्त श्रम पूर्ति को उत्पादक कार्यों में नहीं लगाया जा सकता है। लेकिन इस अतिरिक्त श्रम पूर्ति के लिए भोजन, कपड़े एवं मकानों की व्यवस्था करनी होगी। इससे उपभोग व्यय निश्चय ही बढ़ जाएगा। लेकिन देश का आय स्तर स्थिर ही रहेगा। परिणामत: बचतों की मात्रा पहले से कम हो जाएगी। अत: अल्प विकसित देश में द्रुत गति से बढ़ती हुई जनसंख्या पूंजी निर्माण के लिए हानिकारक होती है।

उपर्युक्त विवेचन से एक व्यापक निष्कर्ष यह निकलता है कि अल्प विकसित देश के लिए द्रुत गति से बढ़ती हुई जनसंख्या हानिकारक सिद्ध होती है। इससे बेरोजगारी की समस्या और अधिक कठिन हो जाती है, पूंजी निर्माण की दर नीचे गिर जाती है, जनसाधारण के रहन-सहन स्तर में ह्रास हो जाता है। परिणामत: लोगों की सामान्य कार्यक्षमता भी पहले की अपेक्षा घट जाती है। संक्षेप में, जनसंख्या वृद्धि से अल्पविकसित देश के आर्थिक विकास का उद्देश्य ही पराजित हो जाता है।

जनांकिकी के तत्त्व (Concepts of Demography)

जीवनांक दर (Vital Statistical Rate) : जार्ज बार्कले के अनुसार "जनसंख्या में घटित होने वाली विशिष्ट जीवन-घटनाओं की आवृत्ति को जीवनांक दर (vital rate) कहते हैं। जीवनांक दरों को अधिकतर प्रति हजार के रूप में व्यक्त किया जाता है ताकि तुलना करने में सुविधा बनी रहे। ध्यान रहे, जीवनांक दरें सदैव एक निश्चित स्थान और निश्चित समय के आधार पर संगठित की जाती हैं और इनकी गणना के लिए जीवन घटना से संबंधित निरपेक्ष अंकों को, आधार संख्या अर्थात स्थान विशेष की जनसंख्या से विभाजित कर दिया जाता है।"

सूत्रानुसार—

$$\text{जीवनांक दर (vital rate)} = \frac{\text{जीवनांक घटना के प्रकरणों की संख्या}}{\text{घटना की जोखिम से प्रभावित कुल जनसंख्या}}$$

प्रजनन शक्ति का माप (Measurement of Fertility)

जनसंख्या में होने वाली वृद्धि का सही माप तब तक नहीं किया जा सकता जब तक कि प्रजनन शक्ति का माप न कर लिया जाए। व्यवहार में प्राय: जिन उर्वरता दरों का प्रयोग किया जाता है वे इस प्रकार हैं—

अशोधित जन्म दर (Crude Birth Rate) : उर्वरता दर को मापने की यह सरलतम विधि है। यह सापेक्ष गति का एक ऐसा सूचकांक है जो शिशु जन्म के रूप में जनंसख्या में होने वाली वृद्धि को दर्शाता है। इस विधि में जन्म-संख्याएं कुल जनसंख्या से संबंधित होती हैं। चूंकि जीवित-जन्म (live-births) ही सही अर्थों में विद्यमान जनसंख्या में होने वाली वृद्धि का प्रतीक है इसलिए उर्वरता मापन में केवल जीवित जन्म-संख्या का ही प्रयोग किया जाता है। इस प्रकार अशोधित जन्म-दर की माप करने के लिए कुल जीवित-जन्म संख्या को वर्ष के मध्य में पाए जाने वाली कुल जनसंख्या से विभाजित कर दिया जाता है। सूत्रानुसार—

$$CBR = \frac{\Sigma B}{\Sigma P} \times 1000$$

जहां CBR = अशोधित जन्म दर

ΣB = एक वर्ष में जन्मित जीवित शिशुओं की कुल संख्या

ΣP = मध्यावधि की कुल जनसंख्या

यह विधि सरल होने के बावजूद उपयुक्त नहीं है क्योंकि अंतर क्षेत्रीय तुलना के लिए इसका प्रयोग उचित नहीं समझा जाता। उदाहरण के तौर पर यदि दो क्षेत्रों की जनसंख्या का आयु वितरण तथा लिंगानुपात भिन्न है तो ऐसी दशा में उन क्षेत्रों की अशोधित जन्म दरों के आधार पर तुलना भ्रमात्मक सिद्ध होगी।

सामान्य प्रजनन दर (General Fertility Rate) : सामान्य उर्वरता दर, प्रजनन योग्य आयु (reproductive span) वाली प्रति हजार स्त्रियों द्वारा जन्म दिए गए कुल जीवित शिशुओं की संख्या का एक अनुपात है।

सूत्रानुसार,

$$GFR = \frac{\Sigma B}{\sum_{15}^{49} P} \times 1000$$

या,

$$GFR = \frac{\text{एक वर्ष में जन्मे जीवित शिशुओं की संख्या}}{\text{15-49 आयु वर्ग की स्त्रियों की मध्यावधि संख्या}} \times 1000$$

विशिष्ट उर्वरता दर (Specific Fertility Rate) : विशिष्ट उर्वरता दर की माप की आवश्यकता इस कारण होती है क्योंकि उर्वरता पर अनेक कारणों जैसे आयु विवाह, क्षेत्र तथा शहरी-ग्रामीण विशेषताओं आदि का प्रभाव पड़ता है। जब उर्वरता की माप आयु वितरण के आधार पर किया जाता है तब इसे **''आयु विशिष्ट उर्वरता दर''** कहते हैं। चूंकि स्त्रियों में उर्वरता भिन्न-भिन्न आयु वर्गों में भिन्न-भिन्न होती है इसलिए प्रजनन योग्य, विभिन्न आयु की स्त्रियों का वर्गीकरण करना आवश्यक हो जाता है। इस प्रकार स्त्रियों के सम्पूर्ण प्रजनन काल को सुनिश्चित आयु वर्गों में बांटकर अलग-अलग आयु वर्गों की स्त्रियों की उर्वरता के अनुपात को ही 'विशिष्ट उर्वरता दर' कहते हैं। अन्य शब्दों में, उर्वरता दर, प्रजनन काल में एक निश्चित आयु समूह की प्रति हजार स्त्रियों द्वारा जन्मे जीवित शिशुओं की संख्या है। सूत्रानुसार—

$$SFR = \frac{\text{विशिष्ट प्रजनन योग्य आयु वर्ग की स्त्रियों द्वारा जन्मित जीवित शिशुओं की संख्या}}{\text{उसी विशिष्ट आयु वर्ग की स्त्रियों की संख्या}} \times 1000$$

कुल उर्वरता दर (Total Fertility Rate) : किसी स्थान की विभिन्न आयु वर्गानुसार विशिष्ट उर्वरता दरों के योग को कुल उर्वरता दर कहते हैं अर्थात यह विभिन्न आयु विशिष्ट उर्वरता दरों का जोड़ है। कुल उर्वरता दर, वास्तव में, यह बतलाती है कि यदि प्रजनन योग्य आयु में किसी स्त्री की मृत्यु न हो तो उस काल में से गुजरने वाली 1000 स्त्रियों द्वारा जन्मित शिशुओं की कुल प्रत्याशित संख्या कितनी होगी।

सूत्रानुसार—

$$TFR = \sum_{15}^{49}(SFR_1 + SFR_2 + \ldots SFR_n)$$

$$\text{या, } TFR = \sum_{15}^{49} SFR$$

आयु विशिष्ट उर्वरता दरों (SFR's) की गणना करते समय आयु वर्गों के बीच जितना विस्तार (Magnitude) होता है, कुल उर्वरता दर का आगणन करने के लिए उन SFR's के योग को उतने वर्ग विस्तार से गुणा कर दिया जाता है।

सूत्रानुसार—

$$TFR = \sum_{15}^{49} SFR \times i$$

i = आयु समूह का वर्ग विस्तार

उर्वरता दर की सीमाएं (Limitations of Fertility Rate): जनसंख्या वृद्धि की दर का अनुमान लगाने के लिए उर्वरता

दरें अधिक उपयुक्त नहीं समझी जाती क्योंकि ये नवजात शिशु के लिंग (sex) और उसकी मृत्यु दर (mortality) को ध्यान में नहीं रखतीं। अगर पैदा होने वाले शिशु अधिकांशत: लड़के हैं तो जनसंख्या अवश्यमेव घटेगी और यदि कन्याओं की अधिकता है तो जनसंख्या नि:संदेह बढ़ती हुई होगी। अत: यदि मृत्यु दर को दृष्टि में न रखा जाए तो जनसंख्या वृद्धि की सही जानकारी नहीं की जा सकती क्योंकि यह संभव हो सकता है कि कन्याओं की एक बड़ी संख्या प्रजनन योग्य आयु प्राप्त करने से पूर्व ही मर जाए अर्थात गर्भ धारण काल तक पहुंच ही न पाए। अत: जनसंख्या में होने वाली वास्तविक वृद्धि की जानकारी हेतु सदैव 'प्रजनन दरों' का आगणन किया जाता है।

प्रजनन दरें (Reproduction Rates)

प्रजनन दरें दो प्रकार की होती हैं—

1. सकल प्रजनन दर (Gross Reproduction Rate) : आज की नवजात कन्याएं भविष्य की माताएं होती हैं और जनसंख्या की वृद्धि सही अर्थों में कन्याओं की संख्या पर ही निर्भर करती है। इसलिए जनसंख्या पुनरुत्पादन का सही माप करने हेतु सकल प्रजनन दर का आगणन किया जाता है। **''सकल प्रजनन दर, 15-49 वर्ष वाले आयु वर्ग की स्त्रियों की केवल कन्या जन्म पर आधारित, आयु विशिष्टता उर्वरता दरों का योग है।''** सकल प्रजनन दर हमें यह बतलाती है कि किस दर पर माताएं, कन्याओं द्वारा और पुरानी पीढ़ी, नई पीढ़ी द्वारा प्रतिस्थापित की जाएगी बशर्ते कि—

I. प्रजनन काल की उच्चतम सीमा अर्थात 49 वर्ष तक पहुंचने से पहले किसी भी माता की मृत्यु न हो अथवा वह परदेशगमन न करें और,

II. प्रजनन काल में चालू उर्वरता दरें यथास्थिर बनी रहें।

उदाहरणार्थ, मान लीजिए 1000 कन्याएं 49 वर्ष की आयु तक जीवित रहती हैं और 5000 शिशुओं को जन्म देती हैं जिसमें से 46 प्रतिशत लड़कियां हैं तो उनके द्वारा उत्पन्न कन्याओं की संख्या, $5000 \times \frac{46}{100} = 2300$ होगी। अर्थात यहां सकल प्रजनन दर 2300 प्रति हजार होगी और प्रति स्त्री यह दर 2.3 होगी। इसका अर्थ यह हुआ कि वर्तमान समय की एक माता के स्थान पर भविष्य में 2.3 माताएं बन चुकी होंगी और इस दृष्टि से जनसंख्या का प्रतिस्थापन भी तेजी के साथ हो रहा होगा।

निर्वचन (Interpretation)

1. अगर जनसंख्या की सकल प्रजनन दर 1 है तो इसका अर्थ यह होता है कि संबंधित लिंग अपने आप को पूरी तरह से प्रतिस्थापित कर रहा है।

2. यदि यह दर 1 से कम है तो जनसंख्या में कमी होगी क्योंकि भविष्य में माताओं की संख्या निरन्तर कम होती रहेगी। इसके विपरीत यदि सकल प्रजनन दर 1 से अधिक है तो भविष्य में जनसंख्या बढ़ेगी भले ही मृत्यु दर कितनी ही नीची क्यों न हो।

गणना विधि : सकल प्रजनन दर का आगणन निम्न सूत्रों द्वारा किया जा सकता है।

$$\text{GRR} = \frac{\text{पैदा होने वाली कन्याओं की संख्या}}{\text{कुल जन्म संख्या}} \times \text{कुल उर्वरता दर (TFR)}$$

गुण व सीमाएं : GRR का प्रयोग विभिन्न क्षेत्रों अथवा एक ही क्षेत्र में विभिन्न समय अवधियों में उर्वरता की माप करने के लिए किया जाता है। यह दर कुल उर्वरता दर की अपेक्षा अधिक उपयोगी मानी जाती है क्योंकि इसका आगणन करते समय केवल उन जन्मित कन्याओं को दृष्टि में रखा जाता है जो कि भविष्य की माताएं होती हैं, जबकि कुल उर्वरता दर की गणना करते समय बालक एवं बालिकाओं दोनों को सम्मिलित किया जाता है जो कि गलत है। GRR का मुख्य दोष, वर्तमान मृत्यु दर (current mortality) को दृष्टि में न रखना है। चूंकि सभी लड़कियां प्रजनन योग्य आयु तक जिन्दा नहीं रह पातीं इसलिए सकल प्रजनन दर भ्रमात्मक विचार है क्योंकि यह संभावित माताओं की संख्या को अनावश्यक रूप से बढ़ा देती है। इस दोष को शुद्ध प्रजनन दर की गणना करके दूर किया जा सकता है।

2. शुद्ध प्रजनन दर (Ner Reproduction Rate) : जैसा कि ऊपर लिखा जा चुका है कि सकल प्रजनन दर की एक दोषपूर्ण मान्यता यह है कि प्रजनन काल की उच्चतम सीमा पर पहुंचने तक किसी स्त्री की मृत्यु नहीं होगी। वास्तविकता तो यह है कि सभी नवजात कन्याएं माताएं नहीं बन पातीं क्योंकि उनमें से कुछ की मृत्यु 15 वर्ष से पूर्व ही हो जाती है और कुछ प्रजनन काल की उच्चतम सीमा तक पहुंच ही नहीं पातीं। अत: सही प्रजनन दर की जानकारी करने के लिए मरण तत्त्व (mortality factor) का समावेश अथवा समायोजन करना आवश्यक होता है। इस प्रकार सकल प्रजनन दर में चालू मरण दर के प्रभाव का समायोजन कर देने पर शुद्ध प्रजनन दर प्राप्त की जा सकती है। **''शुद्ध प्रजनन दर से आशय उर्वरता के आधार पर और मरण दरों के समायोजन के बाद, 1000 नवजात कन्याओं द्वारा अपने संपूर्ण प्रजनन काल में उत्पन्न की जाने वाली कन्याओं की संख्या से है।''** यह दर इस तथ्य का माप है कि किस हद तक माताएं उन कन्याओं

को जन्म देती हैं जो स्वयं उन्हें (माताओं को) प्रतिस्थापित करने के लिए पूरे प्रजनन काल तक जीवित बनी रहती हैं।

उदाहरणार्थ, यदि 1000 स्त्रियां अपने प्रजनन काल में 4600 शिशुओं को जन्म दें और इनमें से 49 प्रतिशत लड़कियां हों जिनमें से 75 प्रतिशत अपने पूरे प्रजनन काल तक जीवित बनी रहीं, बशर्ते कि उर्वरता दरों में कोई परिवर्तन न हो, तो प्रजनन दरों की गणना इस प्रकार की जाएगी—

$$\text{GRR} = \frac{4600 \times 49}{100} = 2254\%$$

$$\text{या,} \quad = \frac{2254}{1000} = 2.25 \text{ प्रति स्त्री}$$

$$\text{NRR} = \frac{2254 \times 75}{100} = 1690\%$$

$$\text{या,} \quad = \frac{1690}{1000} = 1.69 \text{ प्रति स्त्री}$$

निर्वचन (Interpretation)

यह बात तो स्वत: ही स्पष्ट है कि शुद्ध प्रजनन दर किसी भी हाल में सकल प्रजनन दर से अधिक नहीं हो सकती क्योंकि इसका आगणन करते समय मरण दर को भी ध्यान में रखा जाता है। यदि NRR, 1 के बराबर है तो इसका अर्थ यह हुआ कि चालू उर्वरता और मरण दरों को देखते हुए, नवजात कन्याएं भविष्य में अपने आप को पूर्णतया प्रतिस्थापित कर लेंगी अर्थात अगली पीढ़ी वर्तमान पीढ़ी के बराबर होगी। यदि NRR, 1 से कम है तो भविष्य में माताओं का प्रतिस्थापन कम होगा अर्थात भविष्य में जनसंख्या घटती जाएगी। इसके विपरीत यदि NRR, 1 से अधिक है तो वर्तमान एक माता के स्थान पर भविष्य में एक से अधिक माताएं बनी रहेंगी अर्थात भविष्य में जनसंख्या बढ़ती जाएगी। सिद्धांत रूप में GRR तथा NRR प्राय: 0 से 5 के बीच रहती है।

गणना विधि : शुद्ध प्रजनन दर की गणना के निम्न सूत्र हैं—

$$\text{NRR} = \frac{\text{1000 स्त्रियों द्वारा चालू उर्वरता एवं मरण दरों के आधार पर जन्मित कन्याओं की संख्या}}{1000}$$

गुण व दोष

नि:संदेह सकल प्रजनन दर की अपेक्षा शुद्ध प्रजनन दर एक अधिक श्रेष्ठ माप है लेकिन फिर भी जनसंख्या के प्रतिस्थापन के माप के रूप में इस पर अधिक भरोसा नहीं किया जा सकता क्योंकि **प्रथम,** यह उर्वरता दर और मरण दर की स्थिरता की मान्यता को स्वीकार करती है जबकि व्यवहार में ये दोनों दरें प्राय: बदलती रहती हैं। **दूसरे,** यह संभव है कि किसी देश की जन्म दर गिरने के बजाय, उसकी जनसंख्या पर देश भ्रमण (emigration) के कारण कम हो जाए अथवा उस देश में ऐसे अप्रवासी (immigrants) लोगों के स्टॉक में बढ़ोतरी हो जाए जो अपेक्षाकृत अधिक पौरुषत्व रखते हों अर्थात जिनमें संतान पैदा करने की अधिक क्षमता हो।

मरण दर का मापन (Measurement of Mortality)

मरण संबंधी माप करने हेतु प्राय: निम्न मृत्यु दरों का आगणन किया जाता है—

1. अशोधित मृत्यु दर (Crude Death Rate)
2. विशिष्ट मृत्यु दरें (Specific Death Rates)
3. प्रमाणित मृत्यु दर (Standardised Death Rates)

अशोधित मृत्यु दर (Crude Death Rate)

किसी दिए हुए वर्ष के लिए अशोधित मृत्यु दर हमें यह बताती है कि उस वर्ष विशेष में होने वाली मौतों ने जनसंख्या को किस दर से कम किया है। यह दर पुरुषों और स्त्रियों की अलग-अलग निकाली जा सकती है। इसकी गणना का सूत्र इस प्रकार है—

$$\text{CDR} = \frac{\Sigma D}{\Sigma P} \times 1000$$

$$\text{या,} \quad \text{CDR} = \frac{\text{मृतकों की कुल संख्या}}{\text{कुल जनसंख्या}} \times 1000$$

$$\text{CDR} = \frac{\text{Annual Deaths}}{\text{Annual Mean Population}} \times 1000$$

विशिष्ट मृत्यु दरें (Specific Death Rates)

किसी विशिष्ट आयु वर्ग के लिए निकाली गई मृत्यु दर को 'विशिष्ट मृत्यु दर' कहते हैं और किसी कारण विशेष (जैसे हैजा, चेचक, पीलिया, हत्या आदि) से मरने वालों की संख्या के आधार पर निकाली गई मृत्यु दर को 'मृत्यु कारण दर' (annual cause of death rate) कहते हैं। इसकी गणना का सूत्र इस प्रकार है—

$$\text{SDR} = \frac{\text{दी हुई अवधि में किसी क्षेत्र की जनसंख्या के विशिष्ट आयु वर्ग में मृतकों की संख्या}}{\text{प्रदत्त अवधि में उसी क्षेत्र की उक्त विशिष्ट आयु वर्ग की जनसंख्या}}$$

प्रमाणित मृत्यु दरें (Standardised Death Rates)

अशोधित मृत्यु दरें अंतरक्षेत्रीय तुलना की दृष्टि से सर्वथा अनुपयुक्त होती हैं क्योंकि यह दो स्थानों की जनसंख्या की आयु एवं लिंग (sex) की विभिन्नता पर कोई ध्यान नहीं देती और फलस्वरूप वास्तविक मरण दर का पता नहीं लग पाता। इसलिए मृत्यु दरों की सही तुलना हेतु, अशोधित मृत्यु दरों में समायोजन करने का सुझाव दिया जाता है ताकि जनसंख्या को आयु वर्गानुसार, 'अंतर' को दूर किया जा सके। वास्तव में, इस समायोजन प्रक्रिया के फलस्वरूप प्राप्त दरों को ही **संशोधित दरें** (Corrected Rates), प्रमाणित दरें (standardised rates) अथवा 'समायोजित दरें' (adjusted rates) कहते हैं। मृत्यु दरों के प्रमाणीकरण अर्थात आयु समायोजन की मुख्यत: दो रीतियां हैं—

1. प्रत्यक्ष रीति
2. परोक्ष रीति

प्रत्यक्ष रीति (Direct Method) : प्रमाणीकरण की इस रीति के अनुसार सर्वप्रथम किसी एक क्षेत्र अथवा स्थान की जनसंख्या को प्रमाप जनसंख्या मान लिया जाता है। इसके बाद प्रत्येक स्थान की जनसंख्या की आयु विशिष्ट मृत्यु दरों की, प्रमाप जनसंख्या से गुणा करके और उसे कुल जनसंख्या से विभाजित करते हुए प्रमाणित मृत्यु दर ज्ञात कर ली जाती है। सूत्रानुसार—

$$SDR = \frac{\Sigma(Ps \times Dt)}{\Sigma Ps}$$

जहां Ps = प्रमाप जनसंख्या

Dt = स्थानीय जनसंख्या की आयु-विशिष्ट दरें

इस रीति का प्रमुख गुण इसकी सरलता है लेकिन इसका एक मुख्य दोष यह है कि इस विधि में प्रमापित जनसंख्या का निर्धारण करना कठिन होता है। इसका कारण यह है कि एक ही देश के विभिन्न क्षेत्रों की मृत्यु-दरों की तुलना करते समय पूरे देश की जनसंख्या-वितरण को प्रमापित मान लिया जाता है जो कि गलत है।

परोक्ष रीति (Indirect Method)—इस रीति का प्रयोग तब किया जाता है जब आयु-विशिष्ट मृत्यु-दरें ज्ञात न हों लेकिन स्थानीय जनसंख्या का आयु-वर्ग के अनुसार वितरण ज्ञात हो।

अन्य मृत्यु दरें (Other Mortality Rates)—उपरोक्त मृत्य-दरों की गणना के अलावा कुछ अन्य प्रकार की मृत्यु-दरों के आगणन की भी अवश्यकता पड़ती है। ये मृत्यु-दरें मुख्य रूप से निम्न हैं—

शिशु मृत्यु-दर (Infant Mortality Rate)—शिशु मृत्यु-दरें समाज की सामान्य स्वास्थ्य प्रद दशाओं का सर्वश्रेष्ठ सूचकांक माना जाता है। जैसकि हम लोग जानते हैं कि साधारणतया जीवन के पहले एक वर्ष तक मृत्यु का जोखिम सबसे अधिक होता है। अत: **किसी निश्चित समय अवधि में एक वर्ष से कम** आयु वाले बच्चों की मृत्यु-दर को शिशु मृत्यु-दर कहा जाता है। इसकी गणना का सूत्र इस प्रकार है—

$$\text{शिशु मृत्यु-दर} = \frac{\text{निश्चित वर्ष और क्षेत्र में एक वर्ष से कम आयु वाले बच्चों की मृत्यु संख्या}}{\text{उसी वर्ष व क्षेत्र में जन्मित शिशुओं की कुल संख्या}} \times 1000$$

नव-जन्म मृत्यु-दर (Neo-Natal Mortality Rate)—नव-जन्म मृत्यु-दर, शिशु मृत्यु-दर की भांति ही एक आयु विशिष्ट मृत्यु-दर है जो **एक माह** से कम आयु वाले बच्चों की मृत्यु-दर का अध्ययन करती है। सूत्रानुसार—

$$\text{नव-जन्म मृत्यु-दर} = \frac{\text{निश्चित वर्ष और क्षेत्र में एक माह से कम आयु वाले बच्चों की मृत्यु संख्या}}{\text{उसी वर्ष व क्षेत्र में जन्मित शिशुओं की संख्या}} \times 1000$$

मातृत्व मृत्यु-दर (Maternal Mortality Rate)—मातृत्व मृत्यु-दर से आशय शिशु जन्म के कारण हुई स्त्रियों की मृत्यु-दर से है। इसकी गणना के लिए, शिशु-जन्म के कारण होने वाली स्त्री-मृत्यु संख्या को कुल शिशु-जन्म संख्या से विभाजित कर दिया जाता है। सूत्रानुसार-

$$\text{मातृत्व मृत्यु-दर} = \frac{\text{निश्चित वर्ष व क्षेत्र में प्रजनन योग्य आयु की स्त्रियों में शिशु-जन्म के कारण हुई कुल मृत्यु संख्या}}{\text{उसी वर्ष और क्षेत्र में जन्मित शिशुओं की संख्या}} \times 1000$$

जीवन-सारणी (Life Table)

उद्देश्य एवं अर्थ (Purpose and Meaning)—जन-स्वास्थ्य की दृष्टि से जनसंख्या में मरणांक संबंधी स्थिति का अध्ययन करने के लिए यद्यपि अनेक प्रकार की दरें प्रयोग में लाई जाती हैं। लेकिन जीवन-सारणी (life-table) इसका एक अधिक प्रभावशाली एवं व्यापक ढंग माना जाता है। जीवन-सारणी किसी जनसंख्या द्वारा अनुभव की गयी मृत्यु-दरों के संक्षिप्तीकरण की एक सरलतम रीति है। ये सारणियां आमतौर से प्रत्येक जनगणना के बाद मरणांक संबंधी दशाओं का अध्ययन करने के लिए तैयार की जाती हैं।

इतना ही नहीं, विस्तृत अध्ययन की दृष्टि से इन सारणियों की रचना देश के प्रत्येक भौगोलिक उपविभाजन अथवा जनसंख्या के विभिन्न वृत्त-खण्डों (Segments) के लिए भी की जाती है। इसी प्रकार स्त्रियों व पुरुषों के लिए यह सारणियां अलग-अलग तैयार की जाती हैं क्योंकि दोनों की मरण दरों में अन्तर होता है।

जीवन-सारणी की मान्यताएं

जीवन-सारणी की रचना निम्न मान्यताओं के आधार पर की जाती है—

1. सहगण (Cohort of People) में कमी केवल मृत्यु-दर के कारण होती है और इस पर देशान्तरवास या देशान्तरगमन का कोई प्रभाव नहीं पड़ता।

2. मृत्यु का क्रम एक पूर्व निर्धारित सूची के अनुरूप बना रहता है।

3. इस सारणी की एक यह भी मान्यता है कि प्रत्येक आयु पर मृत्यु संख्या एक जन्म-दिवस से अगले जन्म-दिवस के बीच समान रूप से वितरित होता है।

जीवन-सारणी की उपयोगिता

जीवन-सारणी को जीवन-समंकों के क्षेत्र में अत्यधिक प्रयोग किया जाता है क्योंकि यह सारणी अनेक महत्वपूर्ण सूचनाओं को उपलब्ध कराती है। संक्षेप में, जीवन-सारणी की उपयोगिता निम्न बातों से आंकी जा सकती है :

(*i*) जनसंख्या के भावी आकार का प्रक्षेपण करने में जीवन-सारणी उपयोगी सिद्ध होती है।

(*ii*) जीवन-सारणी की सहायता से शुद्ध प्रजनन-दर का आगणन करके जनसंख्या-वृद्धि का मापन किया जा सकता है।

(*iii*) जीवन-सारणी का प्रयोग दो जनसंख्याओं में मृत्यु-स्थिति की तुलना करने और उसके प्रभाव का अध्ययन करने के लिए भी किया जाता है।

(*iv*) बीमा-व्यवसाय के लिए इन सारणियों का सर्वाधिक महत्त्व है क्योंकि जीवन-सारणी के विभिन्न स्तम्भों के आधार पर ही विभिन्न आयु वाले व्यक्तियों के लिए प्रीमियम (Premium) का निर्धारण किया जाता है।

वस्तुनिष्ठ प्रश्न

1. भारत के महापंजीयक तथा जनगणना आयुक्त का कार्यालय निम्नलिखित में से किनके लिए उत्तरदायी है?

I. दशवार्षिक जनगणना संचालन एवं उससे सम्बन्धित आँकड़ों का प्रकाशन।
II. वार्षिक भूमि-उपयोग के आँकड़ों का प्रकाशन।
III. वार्षिक स्वास्थ्य तथा शिक्षा के आँकड़ों का प्रकाशन।
IV. प्रतिचयनित पंजीकरण प्रणाली के आधार पर प्राप्त वार्षिक जन्म-मरण की सांख्यिकी का प्रकाशन।

A. I तथा II सही हैं।
B. I तथा IV सही हैं।
C. I तथा III सही हैं।
D. उपरिलिखित सभी सही हैं।

2. नीचे दो कथन दिये गये हैं, एक को **अभिकथन (A)** और दूसरे को **कारण (R)** का नाम दिया गया है। नीचे दिये संकेतों से अपने उत्तर का चयन कीजिये :

अभिकथन (A): असीमित आकार के अनुकूलतम पर्यावरण में तर्कगणितीय जनसंख्या वृद्धि स्वीकार की जाती है।

कारण (R) : वृद्धि चरघातांकी वक्र का अनुसरण करती है।

संकेत :

A. (A) और (R) दोनों सही हैं और (R), (A) की सही व्याख्या है।
B. (A) और (R) दोनों सही हैं परन्तु (R), (A) की सही व्याख्या नहीं है।
C. (A) सही है परन्तु (R) गलत है।
D. (A) गलत है परन्तु (R) सही है।

3. किसी प्रदेश में एक समयावधि में जनसंख्या के वितरण के माध्य केन्द्र के सापेक्षिक विस्थापन के परीक्षण हेतु अनुप्रयोग किया जाएगा:

A. निकटस्थ पड़ोसी विश्लेषण
B. हरात्मक माध्य
C. माध्य से माध्य विचलन
D. भारित गणितीय माध्य

4. पिछले तीन दशकों की अवधि में भारत में अनुसूचित जनजातियों की जनसंख्या के स्थानिक संकेन्द्रण में परिवर्तन को मापने की उपयुक्त विधि है

A. विचरण गुणांक
B. गिनी गुणांक
C. विविधरूपण निर्देशांक
D. असमरूपता निर्देशांक

5. प्राकृतिक जनसंख्या वृद्धि निम्नलिखित का प्रकार्य है:
A. जन्म
B. मृत्यु
C. जनन क्षमता तथा मृत्यु दर
D. प्रवसन

6. जनांककीय संक्रमण सिद्धान्त में घटना अनुक्रम है:
(*i*) उच्च जन्म दर एवं उच्च मृत्यु दर
(*ii*) उच्च जन्म दर एवं निम्न मृत्यु दर
(*iii*) निम्न जन्म दर एवं निम्न मृत्यु दर
(*iv*) निम्न जन्म दर एवं उच्च मृत्यु दर
कूटः
A. (*i*) (*ii*) (*iii*) (*iv*)
B. (*ii*) (*iii*) (*i*) (*iv*)
C. (*iv*) (*iii*) (*ii*) (*i*)
D. (*iii*) (*ii*) (*i*) (*iv*)

7. जनसंख्या वितरण का प्रतिरूप निर्धारित होता है:
A. खनिजों की उपलब्धता द्वारा
B. कृषि पद्धतियों द्वारा
C. सांस्कृतिक पद्धतियों द्वारा
D. स्थलाकृतिक विशेषताओं द्वारा

8. जनसंख्या प्रवास-प्रवाह किसके द्वारा निर्धारित होता है?
A. राजनैतिक निर्णय B. 'पुश ऐंड पुल' कारक
C. ऐतिहासिक घटनायें D. धार्मिक कारक

9. जनांकिकी संक्रमण मॉडल निम्नलिखित में से किस क्षेत्र के जनांकिकी अनुभव के आंकड़ों पर आधारित है?
A. उत्तर पश्चिमी यूरोप B. स.रा. अमेरिका
C. दक्षिण-पूर्वी एशिया D. दक्षिणी अमेरिका

10. नगरीय जनसंख्या में वृद्धि ग्रामीण जनसंख्या वृद्धि से अधिक तेज रफ्तार से होती है, क्योंकि:
A. नगरीय जनसंख्या में उच्च जन्म दर है।
B. ग्रामीण जनसंख्या में उच्च मृत्यु दर है।
C. बड़ी संख्या में व्यक्ति नगर केन्द्रों की ओर प्रवासन करते हैं।
D. नगर केन्द्र व्यवसाय के अच्छे अवसर प्रदान करते हैं।

11. जब किसी क्षेत्र का जनसंख्या घनत्व कुल जनसंख्या को कुल कृषि क्षेत्र से विभाजित करके ज्ञात किया जाता है, तो इसे कहते हैं:
A. अंकगणितीय घनत्व B. कृषि घनत्व
C. आर्थिक घनत्व D. कायिक घनत्व

12. जनांकिकी संक्रमण सिद्धान्त के प्रतिपादक थे:
A. वारेन थाम्पसन
B. सी.पी. ब्लेकर
C. फ्रैंक नोटेस्टाइन
D. ए.जे. कोल और ई.एम. हूवर

13. जनसंख्या घनत्व के सम्बन्ध में निम्नलिखित में से कौन सही क्रम है?
A. अफ्रीका, एशिया, अमेरिका, यूरोप
B. अमेरिका, एशिया, अफ्रीका, यूरोप
C. यूरोप, एशिया, अमेरिका, अफ्रीका
D. एशिया, यूरोप, अफ्रीका, अमेरिका

14. भारत में राज्य स्तर पर जनसंख्या के वितरण का उत्तम रीति से प्रतिनिधित्व इनमें से किसके द्वारा किया जाता है?
A. डॉट मेथड B. पाई डायग्राम
C. कोरोप्लेथ D. आइसोप्लेथ

15. जनसांख्यिकीय संक्रमण में जनसंख्या विस्फोट की शुरुआत को इंगित करने वाली अवस्था है:
A. अवस्था I B. अवस्था II
C. अवस्था III D. अवस्था IV

16. 2.1 प्रतिशत वार्षिक दर से वृद्धि होने पर जनसंख्या दुगुनी हो जाएगी:
A. 37 वर्ष में B. 29 वर्ष में
C. 33 वर्ष में D. 28 वर्ष में

17. निम्नलिखित को कालक्रमानुसार व्यवस्थित करें।
(i) (AAY) अन्त्योदय अन्न योजना
(ii) (SJSRY) स्वर्ण जयन्ती शहरी रोजगार योजना
(iii) (VAMBAY) वाल्मीकि अम्बेडकर आवास योजना
(iv) (IAY) ग्रामीण आवास-इन्दिरा आवास योजना
कूटः
A. (ii) (iv) (i) (iii)
B. (i) (ii) (iii) (iv)
C. (iv) (iii) (ii) (i)
D. (iii) (i) (iv) (ii)

18. भारत में कौन-से राज्य का मानव विकास सूचकांक सर्वाधिक है?

A. आन्ध्र प्रदेश B. दिल्ली
C. केरल D. उत्तर प्रदेश

19. पहले वाले से प्रारम्भ कर, निम्नलिखित योजनाओं को कालक्रमानुसार व्यवस्थित करें
(i) प्रधानमंत्री रोजगार योजना
(ii) ग्रामीण रोजगारोत्पादक कार्यक्रम
(iii) सम्पूर्ण ग्रामीण रोजगार योजना
(iv) राष्ट्रीय भोजन एवं कार्य योजना

कूट:

A.	(i)	(ii)	(iii)	(iv)
B.	(iv)	(ii)	(iii)	(i)
C.	(iii)	(iv)	(ii)	(i)
D.	(i)	(iii)	(ii)	(iv)

20. 'गरीबी का दुष्चक्र' की प्राक्कल्पना इनके बीच अन्तरसंबंध को इंगित करता है।
A. उत्पादकता तथा आय
B. आय तथा जनसंख्या
C. मुद्रास्फीति तथा उच्च उपभोग
D. श्रम आधिक्य तथा प्रच्छन्न बेरोजगारी

21. निम्नांकित में से कौन-सा संकेतक मानव विकास सूचकांक में नहीं लिया गया है?
A. जीवन प्रत्याशा
B. प्रौढ़ साक्षरता
C. प्रति व्यक्ति सकल घरेलू उत्पाद
D. प्रति व्यक्ति खाद्य पदार्थों का उपभोग

22. एच.डी.आई. सूचकांक सर्वप्रथम किसने विकसित किया?
A. UNDP
B. IMF
C. यूनिसेफ
D. अंकटाड (UNCTAD)

23. अल्पविकसित देशों में छद्म बेरोजगारी का अर्थ है:
A. कुछ व्यक्तियों की सीमान्त उत्पादकता शून्य है।
B. कुछ व्यक्तियों की सीमान्त उत्पादकता शून्य से ज्यादा है।
C. कुछ व्यक्तियों की सीमान्त उत्पादकता उच्च है।
D. कुछ व्यक्तियों की सीमान्त उत्पादकता इकाई है।

24. निर्धनता का संकेतक निम्नांकित में से कौन-सा है?
A. हैड काउन्ट सूचकांक
B. निर्धनता अंतराल अनुपात
C. निर्धनता वर्ग अंतराल अनुपात
D. उपर्युक्त सभी

25. जनसंख्या घनत्व का अर्थ है:
A. प्रति वर्ग किलोमीटर में रहने वाले व्यक्तियों की संख्या
B. प्रति किलोमीटर में रहने वाले व्यक्तियों की संख्या
C. गाँव में रहने वाले व्यक्तियों की संख्या
D. निर्धनता की रेखा के नीचे तथा निर्धनता की रेखा से ऊपर रहने वाले व्यक्तियों की संख्या में अनुपात

26. भारत में साक्षरता के संबंध में निम्नलिखित में से कौन-सा कथन सही है?
1. जो व्यक्ति केवल पढ़ सकता है परन्तु लिख नहीं सकता, उसे साक्षर नहीं माना जाता
2. 5 वर्ष से कम आयु वाले बच्चों की गणना इसके अन्तर्गत नहीं की जाती—चाहे वे पढ़ और लिख भी सकते हों
3. जनगणना के प्रयोजन के लिए, उस व्यक्ति को साक्षर माना जाता है, जो संविधान की आठवीं अनुसूची में उल्लिखित 15 भाषाओं में से किसी भी एक भाषा में पढ़ और लिख सकता हो और उसे समझ सकता हो
4. जब यह कहा जाता है कि किसी जिले में 100% साक्षरता हो गई है, तो इसका अर्थ यह नहीं होता कि उस जिले की सारी जनसंख्या साक्षर है

A. 1, 3 और 4 B. 2, 3 और 4
C. 1, 2 और 3 D. 1, 2 और 4

27. 'नया जनसंख्या बम' का तात्पर्य है:
A. तीसरी दुनिया में वृद्धों की जनसंख्या में वृद्धि
B. तीसरी दुनिया में शीघ्रता से बढ़ रही नगरों की जनसंख्या
C. तीसरी दुनिया में बड़े पैमाने पर संकट जन्य प्रव्रजन
D. सोवियत प्रव्रजकों की बाढ़

28. **कथन (A):** आँकड़ों के अनुसार भारत में लड़कों की अपेक्षा लड़कियाँ प्रति वर्ष अधिक संख्या में जन्म लेती हैं।

कारण (R): भारत में लड़कों की मृत्यु दर (Death rate) लड़कियों की मृत्यु दर (Death rate) की अपेक्षा अधिक है।

कूटः

A. (A) और (R) दोनों सही हैं और (R), (A) का सही स्पष्टीकरण है।

B. (A) और (R) दोनों सही हैं, परन्तु (R), (A) का सही स्पष्टीकरण नहीं है।

C. (A) सही है, परन्तु (R) गलत है

D. (A(गलत है, परन्तु (R) सही है।

29. किसी नगर की 3,00,000 की जनसंख्या में 1,80,000 पुरुष हैं। 50 प्रतिशत साक्षर हैं। यदि 70 प्रतिशत पुरुष साक्षर हों तो साक्षर महिलाओं की संख्या हैः

A. 24,000 B. 30,000
C. 54,000 D. 60,000

30. जनसंख्या वृद्धि के मुख्य घटक हैं:

A. उत्पादकता B. मत्यता
C. प्रवास D. उपरोक्त सभी

31. लोगों के बीच जनन नियंत्रण के प्रति जागरूकता पैदा करने की सर्वोत्तम विधि हैः

A. शिक्षा का प्रसार करना
B. मूलभूत सुविधाओं को कम करना
C. नियम कानून बनाना
D. शिक्षा एवं मीडिया द्वारा जागरूकता का प्रसार करना

32. जनसंख्या वृद्धि को रोकने का सर्वोत्तम उपाय हैः

A. मृत्यु दर में वृद्धि लाना
B. प्रति व्यक्ति खाद्य-आपूर्ति में कमी लाना
C. प्रव्रजन
D. जनचेतना पैदा करना

33. अत्यधिक आबादी किस सिद्धांत पर आधारित है?

A. किसी क्षेत्र विशेष में लोगों की संपूर्ण संख्या पर
B. क्षेत्र विशेष में जनसंख्या घनत्व पर
C. क्षेत्र विशेष में उपलब्ध खाद्य उपलब्धता पर
D. विभिन्न मानवीय पेशाओं के संदर्भ में भू-क्षमता को बढ़ाना

34. भारत में जनसंख्या वृद्धि का मुख्य कारण हैः

A. मृत्यु दर में कमी आना
B. जन्म दर में वृद्धि होना
C. आधुनिक तकनीकों का उपयोग
D. अधिक स्थान की व्यवस्था होना

35. निम्नलिखित में से किस दशक में जनसंख्या वृद्धि दर नकारात्मक रही?

A. 1901-11 B. 1921-31
C. 1911-21 D. 1951-61

उत्तरमाला

1	2	3	4	5	6	7	8	9	10
D	A	A	C	C	A	D	B	A	C
11	**12**	**13**	**14**	**15**	**16**	**17**	**18**	**19**	**20**
D	C	C	A	C	D	C	C	A	A
21	**22**	**23**	**24**	**25**	**26**	**27**	**28**	**29**	**30**
D	A	A	D	A	B	C	C	A	D
31	**32**	**33**	**34**	**35**					
D	D	C	A	C					

यूनिट-VIII : सांख्यिकीय विधियां

केन्द्रीय प्रवृत्ति की माप
(MEASURES OF CENTRAL TENDENCY)

केन्द्रीय प्रवृत्ति के अन्तर्गत हम औसत (average) की माप करते हैं। औसत किसी समंक (data) श्रेणी का एक ऐसा विशिष्ट मूल्य है जिसके आस-पास अन्य समंकों के केन्द्रित होने की प्रवृत्ति पायी जाती है। यह (average) श्रेणी के सीमान्त पदों के बीच स्थित एक ऐसा अंक है जो वितरण के मध्य-भाग में मूल्यों के जमाव की जानकारी देता है। **इसी कारण इसे केन्द्रीय प्रवृत्ति का माप भी कहा जाता है क्योंकि** व्यक्तिगत चर-मूल्यों का जमाव अधिकतर उसके आस-पास ही होता है। अत: औसत, सम्पूर्ण वितरण की अभिव्यक्ति का एक मात्र सार्थक प्रतिनधि है। (An averages is a significant single expression representative of the whole distribution)

औसत का उद्देश्य, महत्त्व एवं कार्य (Objects, Importance and Functions of Average)

महत्त्व : आधुनिक युग में सांख्यिकीय औसतों का महत्त्व दिन-प्रतिदिन बढ़ता जा रहा है। **डॉ. बाउले** ने तो सांख्यिकी को औसतों का ही विज्ञान कहा है। हम प्रत्येक समस्या का सदैव औसत रूप में अध्ययन करते हैं। उदाहरणार्थ औसत आयु, आय, मूल्य, व्यय, ऊंचाई, उत्पादन, लागत तथा मजदूरी आदि अनेक अध्ययन-विषय हमारी प्रतिदिन की दिनचर्या में आते हैं। ज्योतिष शास्त्र से भौतिक शास्त्र तक और मनोविज्ञान से अर्थशास्त्र तक सभी आधुनिक शास्त्र पूरी तरह से माध्यों पर निर्भर हैं।

उद्देश्य एवं कार्य

सांख्यकी औसत के उद्देश्य एवं कार्य निम्नलिखित हैं—

1. सरल एवं संक्षिप्त चित्र प्रस्तुत करना

2. तुलनात्मक अध्ययन की सुविधा प्रदान करना

3. सम्पूर्ण समूह का प्रतिनिधित्व करना

4. नीति-निर्माण में सहायक

5. सांख्यिकीय विश्लेषण का आधार

अच्छे औसत के आवश्यक तत्त्व (Requisites of a Good Average)

एक अच्छे औसत में निम्न गुण होने चाहियें—

1. स्पष्ट एवं स्थिर परिभाषा

2. सभी मूल्यों पर आधारित

3. बीजगणितीय विवेचन के लिये उपयुक्त

4. प्रतिचयन (Sampling) के परिवर्तनों का न्यूनतम प्रभाव

5. चरम मूल्यों का न्यूनतम प्रभाव

सांख्यिकीय माध्यों के प्रकार (Kinds of Statistical Averages)

1. माध्य (Mean)

2. माध्यिका (Median)

3. बहुलक (Mode)

माध्य (Mean)

माध्य तीन प्रकार के होते हैं—

1. समांतर माध्य (Arithmetic Mean)

2. गुणोत्तर माध्य (Geometric Mean)

3. हरात्मक माध्य (Harmonic Mean)

समान्तर माध्य (Arithmetic Mean)

समान्तर माध्य सबसे अधिक प्रचलित माध्य है जिसका प्रयोग सामान्यत: प्रत्येक व्यक्ति द्वारा दैनिक जीवन में किया जाता है। **"समान्तर माध्य वह मूल्य है जो किसी श्रेणी के सभी पदों के मूल्यों के योग में उन पदों की संख्या से भाग देने पर प्राप्त होता है।"**

समान्तर माध्य की बीजगणितीय विशेषताएं

1. समान्तर माध्य की सबसे महत्त्वपूर्ण बीजगणितीय विशेषता यह है कि एक वास्तविक माध्य से लिये गये विभिन्न मूल्यों के **विचलनों का बीजगणितीय जोड़ शून्य** होता है।

2. समान्तर माध्य की दूसरी विशेषता यह है कि वास्तविक माध्य से विभिन्न मूल्यों के विचलनों के वर्गों का योगफल **न्यूनतम** हुआ करता है। अर्थात्

$$\Sigma d^2 = \Sigma\left(X - \overline{X}\right)^2 = \text{Minimum}$$

जहां X दी हुई श्रेणी के प्रत्येक का व्यक्तिगत मूल्य है तथा $\overline{X}$ समानान्तर माध्य है।

3. दो विभिन्न समंक-समूहों के समान्तर माध्य व उसके पदों की संख्या ज्ञात होने पर उनका सामूहिक समान्तर माध्य ज्ञात किया जा सकता है।

समान्तर माध्य के लाभ (Merits of Mean)

समान्तर माध्य में एक '**आदर्श माध्य**' के सभी गुण पाये जाते हैं और यह एक अत्यन्त लोकप्रिय माध्य है। इस माध्य के लाभ इस प्रकार हैं—

1. सरलता—समान्तर माध्य गणना करने व समझने की दृष्टि से अत्यन्त सरल है।

2. श्रेणी के सभी पदों पर आधारित—बहुलक तथा माध्यिका के विपरीत समान्तर माध्य श्रेणी के सभी पदों पर आधारित होता है जिस कारण यह श्रेणी का अधिक अच्छा प्रतिनिधित्व करता है।

3. निश्चितता—समान्तर माध्य में निश्चितता का गुण होता है और यह बहुलक व माध्यिका की भांति ''आन्तरगणन व अनुमान'' पर आधारित नहीं होता।

समान्तर माध्य के दोष (Demerits of Mean)

समान्तर माध्य के निम्न दोष हैं—

1. चरम मूल्यों को अधिक महत्त्व देना—समान्तर माध्य का सबसे बड़ा अवगुण यह है कि यह चरम मूल्यों को अत्यधिक महत्त्व देता है। अर्थात् यह माध्य श्रेणी के बड़े पद-मूल्यों द्वारा अधिक प्रभावित होता है। उदाहरणार्थ, एक फैक्टरी के चार कर्मचारियों के वेतनों-1000 रु., 50 रु., 40 रु. व 30 रु. का समान्तर माध्य 280 रु. होगा जो कि सत्यता से मीलों दूर हैं क्योंकि अधिकतर लोगों का वेतन 50 रु. से कम है। केवल एक वेतन-मूल्य (1000 रु.) के बड़े होने के कारण समान्तर माध्य इतना अधिक ऊंचा हो गया है।

2. अवास्तविक माध्य—सामान्तर माध्य कभी-कभी पूर्णांक में न होकर दशमलव या भिन्न के रूप में आता है जो कि इसे अवस्तविक के साथ-साथ हास्यप्रद बना देता है। उदाहरणार्थ, चार मातओं द्वारा क्रमशः 3, 2, 1 और 4 बच्चों को जन्म दिया गया जिसका प्रति माता औसत बच्चा 2.5 आता है जो कि एक अत्यन्त हास्यप्रद बात लगती है।

3. अप्रतिनिधित्व—समान्तर माध्य किसी श्रेणी का एक ऐसा मूल्य हो सकता है जो उस श्रेणी में न होकर कोई बाहर का मूल्य हो। उदाहरणार्थ, 6, 7 व 2 का समान्तर माध्य 5 है जो इन तीनों में से एक भी नहीं है। यही कारण है कि यह माध्य उचित प्रतिनिधित्व नहीं कर पाता।

4. गणना संबंधी जटिलता—स्थिति संबंधी माध्यों जैसे बहुलक व माध्यिका की अपेक्षा समान्तर माध्य की गणना-क्रिया अधिक जटिल है। **प्रथम,** यह निरीक्षण द्वारा नहीं निकाला जा सकता। **दूसरा,** यदि श्रेणी का कोई एक मूल्य भी अज्ञात है तो समान्तर माध्य नहीं निकल पायेगा क्योंकि यह श्रेणी के सभी मूल्यों पर आधारित होता है। **तीसरा,** माध्यिका एवं बहुलक की भांति इस माध्य का निर्धारण बिन्दु-रेखीय रीति द्वारा भी नहीं किया जा सकता।

5. अनुपयुक्तता—समान्तर माध्य का अंतिम दोष यह है कि इसके द्वारा अनुपात, दर व प्रतिशत आदि की गणना करना संभव नहीं हो पाता है।

गुणोत्तर माध्य (Geometric Mean)

किसी समंक-श्रेणी का गुणोत्तर माध्य उसके सभी मूल्यों के गुणनफल का वह मूल (root) होता है जितनी उस श्रेणी में सख्याएं होती हैं। उदाहरणार्थ, यदि दो संख्याओं के मूल्य 8 व 32 हैं तो उनका गुणोत्तर माध्य $\sqrt{8 \times 32}$ अर्थात 16 होगा। इसी प्रकार यदि तीन संख्याएं क्रमशः 40, 80 व 20 दी हुई हैं तो उनका गुणोत्तर माध्य इस प्रकार निकलेगा—

$$G_m = \sqrt[3]{40 \times 80 \times 20}$$

$$= \sqrt[3]{64000} = 40$$

सूत्र रूप में,

$$G_m = \sqrt[n]{(X_1) \times (X_2) \times (X_3) \ldots (X_n)}$$

जहां n = पदों की संख्या

$X_1, X_2, X_3.....$ = पदों का मूल्य

गुणोत्तर माध्य के गुण

1. गुणोत्तर माध्य श्रेणी के सभी मूल्यों पर आधारित माध्य है।

2. यह माध्य उच्चस्तरीय गणितीय विवेचन के लिए सर्वथा उपयुक्त हैं।

3. गुणोत्तर माध्य पर **सीमान्त पदों** का बहुत **कम प्रभाव** पड़ता है।

4. अनुपातों एवं प्रतिशत वृद्धि-दरों को निकालने के दृष्टिकोण से गुणोत्तर माध्य सर्वश्रेष्ठ समझा जाता है।

5. जब कभी श्रेणी के बड़े मूल्यों को कम और छोटे मूल्यों को अधिक महत्त्व देना हो तो गुणोत्तर माध्य ही सर्वथा उपयुक्त समझा जाता है।

6. किसी श्रेणी की **आवृत्ति में अत्यधिक विषमता** होने की स्थिति में यह माध्य विशेष रूप से उपयुक्त समझा जाता है।

गुणोत्तर माध्य के दोष

1. इसकी गणना क्रिया अत्यन्त जटिल है।

2. यदि श्रेणी के किसी पद का मूल्य शून्य है अथवा ऋणात्मक है तो गुणोत्तर माध्य भी शून्य अथवा ऋणात्मक होगा जो कि संभव नहीं है।

3. गुणोत्तर माध्य के लिए भी श्रेणी के सभी मूल्यों की जानकारी होना आवश्यक है।

4. केवल निरीक्षण द्वारा गुणोत्तर माध्य का निकालना संभव नहीं हो पाता है।

हरात्मक माध्य (Harmonic Mean)

किसी श्रेणी का हरात्मक माध्य वह मूल्य होता है जो उस श्रेणी के पदों की संख्या को, उन पदों के व्युत्क्रमों (reciprocals) के योग से भाग देने पर प्राप्त होता है। अन्य शब्दों में, मूल्यों के व्युत्क्रमों के समान्तर माध्य के व्युत्क्रम को, उनका हरात्मक माध्य कहा जाता है।

$$\text{Hm} = \text{Reciprocal}\left[\frac{\Sigma\text{Reciprocals}}{\text{N}}\right]$$

जहां Hm = हरात्मक माध्य
N = पदों की संख्या

हरात्मक माध्य के विशेष प्रयोग (Special Uses of Harmonic Means)

व्यवहार में हरात्मक माध्य का प्रयोग कुछ विशेष प्रकार की परिस्थितियों में ही किया जाता है। किसी फर्म के लाभ की औसत वृद्धि-दर, किसी यात्रा की औसत-गति (average speed), किसी वस्तु की औसत कीमत (average price) जिस पर वह बेची गयी है और चलन वेग-की औसत-दर आदि ज्ञात करने के लिए हरात्मक माध्य विशेष रूप सेउपयुक्त है। ध्यान रहे, इन स्थितियों में समान्तर माध्य का प्रयोग नहीं करना चाहिये।

माध्यिका (Median)

माध्यिका,एक क्रमबद्ध समंक-माला का केंद्रीय या मध्य-मूल्य होता है अर्थात् उसे दो बराबर भागों में विभाजित करता है। **उदाहरणार्थ,** यदि 5 छात्रों के प्राप्तांक क्रमशः 2, 5, 6, 9, 14 हों तो उनका माध्यिका 6 होगा क्योंकि यह तीसरे क्रम का अंक श्रेणी के बिल्कुल मध्य में स्थित है और इससे पहले के दोनों अंक (2, 5) इससे छोटे हैं तथा बाद के दोनों अंक (9, 14) इससे बड़े हैं।

व्यक्तिगत श्रेणी (Individual Series) में माध्यिका

व्यक्तिगत श्रेणी में माध्यिका निकालने की विधि अत्यन्त सरल है।

1. सबसे पहले पदों को आरोही अथवा अवरोही क्रम में अनुविन्यासित किया जाता है।

2. तत्पश्चात् निम्न सूत्र द्वारा माध्यिका मूल्य ज्ञात कर लिया जाता है—

$$M = \text{size of}\left(\frac{N+1}{2}\right)\text{th item}$$

जहां M = माध्यिका
N = पदों की संख्या (Number of items)

सम पद-संख्या वाली श्रेणी में माध्यिका निकालना (Location of Median in a Series with Even Number of items)

जब श्रेणी में पदों की संख्या **विषम** (odd) होती है अर्थात् 2 से विभाज्य नहीं होती तब माध्यिका साइज सदा पूर्णांक-संख्या होती हैं और ऐसे में माध्यिका आसानी से ज्ञात हो जाता है। लेकिन जब पदों की संख्या 'सम' (Even) होती है अर्थात् 2 से विभाज्य होती है तब सम-संख्या में 1 जोड़कर और योग में 2 का भाग देने पर भाजनफल अर्थात् माध्यिका-साइज पूर्णांक-संख्या नहीं आता बल्कि भिन्न (fraction) में आता है। ऐसी स्थिति में माध्यिका का निर्धारण दोनों केन्द्रीय मूल्यों का समान्तर माध्य निकाल कर अर्थात् दोनों को जोड़ कर तथा उसे 2 से भाग देकर प्राप्त कर लिया जाता है। इसे निम्न उदाहरण की सहायता से स्पष्ट किया जा सकता है—

एक कक्षा में 16 छात्रों के अंग्रेजी-टैस्ट में प्राप्तांक नीचे दिये गये हैं। माध्यिका प्राप्तांक ज्ञात कीजिए—

क्रम संख्या:	1	2	3	4	5	6	7	8
	9	10	11	12	13	14	15	16
प्राप्तांक :	5	12	17	23	28	31	37	41
	42	49	54	58	65	68	73	77

Solution :

$$\text{Median Size} = \frac{N+1}{2}$$

$$= \frac{16+1}{2} = 8.5 \text{ th item}$$

Size of 8.5 th item

$$= \frac{\text{Value of 8th item} + \text{Value of 9th item}}{2}$$

$$= \frac{41+42}{2} = 41.5$$

Median Marks = 41.5

खण्डित श्रेणी में माध्यिका (Median in Discrete Series)

परिगणन विधि : *(i)* पहले संचयी आवृत्तियां ज्ञात की जाती हैं।

(ii) फिर निम्न सूत्र द्वारा माध्यिका की क्रम-संख्या ज्ञात कर ली जाती है—

$$M = \text{Size of} \left(\frac{N+1}{2}\right) \text{th item}$$

जहां N = आवृत्तियों का योग

(iii) माध्यिका साइज या क्रम-संख्या का मूल्य संचयी आवृत्ति की सहायता से ज्ञात किया जाता है। जिस संचयी आवृत्ति में यह क्रम-संख्या पहली बार सम्मिलत होती है उसके सम्मुख रखा हुआ पद-मूल्य ही माध्यिका होता है। इसे निम्न उदाहरण की सहायता से स्पष्ट किया जा सकता है।

Illustration—Find Median of the Following Series—

Size :	1	2	3	4	5	6	7	8	9	10
Frequency :	2	7	17	29	38	41	40	30	17	6

Solution :

पद X	आवृत्ति (f)	संचय आवृत्ति $(c.f.)$
1	2	2
2	7	9
3	17	26
4	29	55
5	38	93
6	41	134
7	40	174
8	30	204
9	17	221
10	6	227
	$N = \Sigma f = 227$	

$$M = \text{Size of} \left(\frac{N+1}{2}\right) \text{th item}$$

$$= \text{Size of} \left(\frac{227+1}{2}\right) \text{th item}$$

$= 114$ th item

अब संचयी आवृत्ति कॉलम को देखने से पता चलता है कि 114 क्रमसंख्या 134 में शामिल है। अत: इसका तत्संवादी मूल्य ही माध्यिका है।

$\therefore M = 6$

अखण्डित या सतत श्रेणी में माध्यिका (Median in Continuous Series)

परिगणन विधि—

(i) सर्वप्रथम संचयी आवृत्तियां ज्ञात की जाती है।

(ii) इसके बाद माध्यिका-संख्या अर्थात् केन्द्रीय पद ज्ञात करने के लिए निम्न सूत्र का प्रयोग किया जाता है—

$$M = \text{Size of} \left(\frac{N}{2}\right) \text{th item}$$

Note : माध्यिका-संख्या निकालने की दृष्टि से **खण्डित** तथा **अखण्डित** श्रेणी में थोड़ा अन्तर है। खण्डित श्रेणी में माध्यिका $\frac{N+1}{2}$ पद का मूल्य होता है जबकि अखण्डित श्रेणी में N/2 पद का मूल्य माध्यिका माना जाता है। इसका कारण यह है कि माध्यिका-मूल्य सदैव एकसमान आना चाहिये भले ही श्रेणी आरोही क्रम या अवरोही क्रम में दी गयी हो और यह तभी संभव हैं जबकि माध्यिका संख्या के लिए N/2 का प्रयोग किया जाए।

(*iii*) इसके पश्चात् माध्यिका संख्या जिस संचयी आवृत्ति में सबसे पहली बार शामिल होती है उससे संबंधित वर्ग, **माध्यिका वर्गान्तर** कहलाता है।

(*iv*) 'माध्यिका-वर्गान्तर' में से माध्यिका का मूल्य ज्ञात करने के लिए आन्तरगणन किया जाता है जिसका सूत्र इस प्रकार है—

$$M = l_1 + \frac{i}{f}(m-c)$$

जहां M = माध्यिका (Median)

l_1 = माध्यिका-वर्ग की निचली सीमा (Lower limit of median class)

i = माध्यिका-वर्ग का विस्तार

f = माध्यिका-वर्ग की आवृत्ति (Frequency of the median class)

m = माध्यिका-संख्या (median number i.e. N/2)

c = माध्यिका-वर्गान्तर से ठीक पहले वाले वर्ग की संचयी आवृत्ति (c.f. of the group just preceding the median class)

Illustration—Calculate Median from the following—

मजदूरी (रु.) :	30-40	40-50	50-60	60-70	70-80
श्रमिकों की संख्या :	50	54	85	45	30

Solution :

मजदूरी	*श्रमिकों की संख्या* (*f*)	*संचयी आवृत्ति* (*c.f.*)
30-40	50	50
40-50	54	104
50-60	85	189
60-70	45	234
70-80	30	264
	$N = \Sigma f = 264$	

$$M = \text{Size of } \left[\frac{N}{2}\right]$$

$$= \frac{264}{2} = 132\text{th item}$$

132 संख्या, संचयी आवृत्ति 189 में शामिल है। अत: उसके ठीक सामने वाला वर्ग 50-60 माध्यिका वर्ग (median class) होगा।

$$M = l_1 + \frac{i}{f}(m-c)$$

यहां $l_1 = 50, i = 10, f = 85, m = 132, c = 104$

$$\therefore M = 50 + \frac{10}{85}(132-104) = 50 + \frac{10 \times 28}{85}$$

$$= 50 + 3.29 = 53.29$$

$\therefore$ माध्यिका मजदूरी = 53.29

माध्यिका के गुण (Merits of Median)

1. चरम सीमाओं का न्यूनतम प्रभाव—माध्यिका एक स्थिति संबंधी औसत है जिसके कारण इस पर चरम मूल्यों का कोई प्रभाव नहीं पड़ता अर्थात् सीमान्त पदों की बिना जानकारी किये भी माध्यिका की गणना की जा सकती है।

2. बिन्दु-रेखीय रीति द्वारा निर्धारण—माध्यिका का एक अन्य गुण यह है कि इसका निर्धारण बिन्दु-रेखीय रीति द्वारा भी किया जा सकता है।

3. स्पष्टता एवं निश्चितता—माध्यिका बहुलक की भांति अनिश्चित औसत नहीं है और इसका निर्धारण सभी प्रकार की श्रेणियों जैसे खुले सिरे वाले वर्गान्तर, असमान वर्ग-विस्तार वाले आवृत्ति वितरण आदि में निश्चितता के साथ किया जा सकता है।

4. गुणात्मक तथ्यों के लिये सर्वथा उपर्युक्त—माध्यिका गुणात्मक तथ्यों जैसे बौद्धिक स्तर, स्वास्थ्य, दरिद्रता आदि की माप के लिये सर्वोत्तम माना जाता है।

माध्यिका के दोष (Demerits of Median)

1. निर्धारण संबंधी कठिनाइयां—प्रथम, माध्यिका का निर्धारण करने के लिए पदों को आरोही या अवरोही क्रम में सजाना पड़ता है। **दूसरा,** पदों की संख्या 'सम' (even) होने पर माध्यिका का 'वास्तविक मूल्य' पता नहीं चल पाता बल्कि केवल सम्भावित मूल्य को ज्ञात किया जा सकता है। **तीसरा,** अखण्डित श्रेणी में माध्यिका-निर्धारण की यह मान्यता है कि आवृत्तियों का वितरण समान रूप से हुआ हो जबकि ऐसा सदैव देखने में नहीं आता।

2. चरम पदों की अवहेलना—जब कभी चरम सीमाओं को महत्त्व देना आवश्यक हो,वहां यह अनुपयुक्त सिद्ध होता है।

3. बीजगणितीय विवेचन संभव न होना—माध्यिका का एक अन्य दोष यह है कि माध्यिका-मूल्य को आवृत्तियों से गुणा करने पर पद-मूल्यों का कुल योग ज्ञात नहीं किया जा सकता। वास्तव में इस बीजगणितीय गुण के अभाव के कारण ही इसका उच्चतर सांख्यिकीय रीतियों में प्रयोग नहीं हो पाता।

4. दोषपूर्ण प्रतिनिधित्व या अस्पष्टता—जब श्रेणी के पद-मूल्यों में काफी अन्तर हो या फिर आवृत्तियां अनियमित हों, वहां माध्यिका केन्द्रीय प्रवृत्ति का सही रूप से प्रतिनिधित्व नहीं कर पाता।

बहुलक (Mode)

अंग्रेजी शब्द 'Mode' की उत्पत्ति फ्रेंच भाषा के *'La mode'* से हुई है जिसका अर्थ है फैशन या रिवाज अर्थात् जिसका प्रचलन अधिक हो। सांख्यिकीय में भी इस शब्द का यही अर्थ लिया जाता है। अतः बहुलक किसी समंक-मात्रा में अधिकतम आवृत्ति वाला पद होता है अथवा यह उस बिन्दु को बताता है जहां सबसे अधिक पद संकेन्द्रित होते है। अन्य शब्दों में, बहुलक वह मूल्य है जो श्रेणी में सबसे अधिक बार आता हो अर्थात् जिसकी सर्वाधिक आवृत्ति हो।

Illustration : निम्नलिखित आंकड़ों का बहुलक ज्ञात कीजिये—

7 9 9 7 9 4 10 3 5 9 9

Solution : उपर्युक्त संख्याओं में 9 पद सबसे अधिक बार आया है।

अत: 9 ही बहुलक पद होगा।

∴ बहुलक = 9

बहुलक के गुण

बहुलक के निम्नलिखित गुण हैं—

1. चरम सीमाओं का न्यूनतम प्रभाव—बहुलक पर श्रेणी के चरम मूल्यों का बहुत कम प्रभाव पड़ता है। अन्य शब्दों में, बहुलक निर्धारण के लिए श्रेणी के सभी पदों की जानकारी का होना जरुरी नहीं होता क्योंकि एक नियमित आवृत्ति वितरण में बहुलक-वर्ग और उसके आस-पास की आवृत्तियों को देखकर ही बहुलक का निर्धारण किया जा सकता है।

2. बिन्दु-रेखीय रीति निर्धारण—बहुलक का निर्धारण बिन्दु-रेखीय रीति द्वारा भी आसानी से किया जा सकता है।

3. सर्वोत्तम प्रतिनिधित्व—चूंकि बहुलक श्रेणी का वह मूल्य होता है जिसकी पुनरावृत्ति सबसे अधिक बार होती है। अत: इस आधार पर बहुलक श्रेणी का सर्वोत्तम प्रतिनिधित्व करने वाला औसत कहा जा सकता है।

बहुलक के दोष

बहुलक के प्रमुख दोष इस प्रकार हैं—

1. चरम सीमाओं की उपेक्षा—बहुलक चरम सीमाओं को कोई महत्त्व नहीं देता जोकि गणितीय दृष्टि से उचित नहीं है।

2. अस्पष्ट तथा अनिश्चित—बहुलक का सबसे बड़ा दोष इसकी अस्पष्टता एवं अनिश्चितता है। जब श्रेणी के सभी पदों की आवृत्तियां समान होती हैं तो ऐसी स्थिति में बहुलक का निर्धारण नहीं किया जा सकता। कभी-कभी एक श्रेणी में दो या दो से अधिक बहुलक भी हो सकते हैं।

3. बीजगणितीय विवेचन का संभव न होना—चूंकि बहुलक श्रेणी के सभी पदों पर आधारित नहीं होता इसलिए इस औसत का बीजगणितीय विवेचन संभव नहीं है। वास्तव में, इसी दोष के कारण बहुलक का अन्य सांख्यिकीय रीतियों में प्रयोग बहुत कम हो पाता है।

4. भ्रमात्मक औसत—बहुलक का एक अन्य दोष इसके द्वारा श्रेणी का सही प्रतिनधित्व न कर पाना है। **उदाहरण** के तौर पर यदि 200 व्यक्तियों में से 10 लोगों की आय 100 रुपये है और शेष 190 लोगों की आय 100 रुपये से कम है तो बहुलक आय 100 रुपये ही होगी जो कि सही नहीं कही जा सकती। इसका कारण यह है कि 200 व्यक्तियों में से मात्र 10 लोगों की आय 100 रुपये है जबकि 190 लोगों अर्थात् उसके 19 गुने लोगों की आय इससे कम है। इस प्रकार बहुलक एक भ्रमात्मक स्थिति पैदा कर देता है।

औसतों का पारस्परिक संबंध (Empirical Relationship between Averages)

(a) माध्य, माध्यिका तथा बहुलक का संबंध—एक सममित (Symmetrical) आवृत्ति वितरण की दशा में माध्य (mean) माध्यिका तथा बहुलक का मूल्य एक दूसरे के बराबर होते हैं। अर्थात्

$$\boxed{\overline{X} = M = Z}$$

जहां $\overline{X}$ = Mean
M = Median
Z = Mode.

परन्तु साधारण रूप से असममित वितरण (Moderately Asymmetrical distribution) में समान्तर माध्य और बहुलक का अन्तर, सामान्यतया समान्तर माध्य एवं माध्यिका के अन्तर का तीन गुना होता है। अर्थात्

$$\overline{X} - Z = 3(\overline{X} - M)$$

इस मौलिक सूत्र की सहायता से अगर कोई दो का मूल्य ज्ञात हों,तो तीसरे का मूल्य ज्ञात किया जा सकता है।

(b) सामान्तर, गुणोत्तर व हरात्मक माध्य का संबंध—

1. तीनों गणितीय माध्यों में समान्तर माध्य का मूल्य सबसे बड़ा होता है, गुणोत्तर माध्य उससे छोटा होता है, और हरात्मक माध्य सबसे छोटा होता है। अर्थात्

$$\boxed{\overline{X} > G.M. > H.M.}$$

परन्तु इस नियम का एक अपवाद है और वह यह कि जब कभी समंक-श्रेणी के सभी पद समान मूल्य के होते हैं तो ऐसी स्थिति में—

$$\boxed{X = G.M. = H.M.}$$

2. किन्हीं दो मूल्यों का गुणोत्तर माध्य उसके समान्तर माध्य तथा हरात्मक माध्य के गुणोत्तर माध्य के बराबर हुआ करता है। अर्थात्

$$G.M. = \sqrt{\bar{X} \times H.M.} \text{ या, } G.M. = \bar{X} \times H.M.$$

उपयुक्त औसत का चुनाव (Choice of a Suitable Average)

यद्यपि ऊपर विभिन्न प्रकार के औसतों का उल्लेख किया गया है परन्तु कोई भी एक औसत सभी परिस्थितियों के लिए उपयुक्त नहीं होता। अत: एक उपयुक्त औसत का चुनाव करते समय निम्न बातों को ध्यान में रखा जाना चाहिये—

1. पूर्व-निश्चित उद्देश्य—औसत का चुनाव पूर्व निश्चित उद्देश्य के अनुसार किया जाना चाहिए। **उदाहरणार्थ,** यदि श्रेणी के सभी पदों (items) को समान महत्त्व देना हो तो **समान्तर माध्य;** यदि श्रेणी के बड़े मूल्यों को कम और छोटे मूल्यों को अधिक महत्त्व देना हो तो **गुणोत्तर माध्य;** यदि श्रेणी के केन्द्रीय मूल्य का निर्धारण करना हो तो **माध्यिका;** और मूल्यों के अधिकतम संकेन्द्रण का बिन्दु ज्ञात करना हो तो **बहुलक** का प्रयोग किया जाना चाहिए।

2. आवृत्ति बंटन का स्वरूप—औसत का चुनाव काफी हद तक श्रेणी के पद या आवृत्ति-वितरण के स्वरूप पर भी निर्भर करता है। **उदाहरणार्थ, यदि श्रेणी के अधिकांश पद छोटे मूल्य के हैं और एक-आध पद बड़े मूल्य का है तो ऐसी स्थिति में समान्तर माध्य के बजाय गुणोत्तर माध्य अधिक उपयुक्त होगा।** इसी प्रकार यदि अधिकतर पद-मूल्यों का जमाव केन्द्र में है तो माध्यिका उपयुक्त समझा जाता है।

अपकिरण तथा विषमता (Dispersion and Skewness)

अपकिरण का अर्थ व परिभाषा (Meaning and Definition of Dispersion)—अपकिरण को प्रसार (Spread), बिखराव (scatter) तथा विचरण (Variation) आदि नामों से भी पुकारा जाता है। अपकिरण का संबंध समंकों की एकरूपता से है और इसका काम औसत मूल्य से पद-मूल्यों के बिखराव या फैलाव की माप करना है।

दो अर्थों में प्रयोग

अपकिरण शब्द का दो अर्थों में प्रयोग किया जाता है। **प्रथम अर्थ में,** अपकिरण का आशय समंक श्रेणी के सीमान्त-मूल्यों के अन्तर (अधिकतम तथा न्यूनतम मूल्य के अन्तर) या सीमा-विस्तार से है। इस अर्थ में, अपकिरण से हमें उन सीमाओं का अन्तर ज्ञात हो जाता है जिनके भीतर समंक श्रेणी के सभी पद पाये जाते हैं। **इसके विपरीत दूसरे अर्थ में,** अपकिरण समंक श्रेणी के औसत (average) से निकाले गये विभिन्न पदों के विचलनों (deviations) का औसत है। इस अर्थ में अपकिरण से हमें यह जानकारी होती है कि श्रेणी की केन्द्रीय प्रवृत्ति से विभिन्न पद-मूल्यों की औसत दूरी कितनी है? अपकिरण का दूसरा अर्थ, पहले अर्थ की तुलना में विचरण की सही व यथार्थ माप प्रस्तुत करने के कारण, अधिक उपर्युक्त समझा जाता है।

द्वितीय श्रेणी के औसत (Average of the Second Order)

केन्द्रीय प्रवृत्ति की माप जैसे बहुलक, माध्यिका, माध्य आदि प्रथम श्रेणी के औसत (Averages of the first order) कहलातें हैं क्योंकि ये वास्तविक मूल्यों पर आधारित होते हैं। इसके विपरीत अपकिरण की मापों को **'द्वितीय श्रेणी के औसत'** कहते हैं क्योंकि ये औसत से निकाले गये विचलनों का औसत होते हैं।

निरपेक्ष तथा सापेक्ष अपकिरण (Absolute and relative Dispersion)

जब किसी समंक श्रेणी के विचरण या विखराव की माप निरपेक्ष रूप में उस श्रेणी की इकाई में (जैसे व्यक्तियों की आय को रूपये में, लम्बाई को सेन्टीमीटर में, आयु को वर्षों में) ही किया जाता है तो उसे अपकिरण की निरपेक्ष माप कहते हैं। निरपेक्ष माप का मुख्य दोष यह है कि उसके आधार पर विभिन्न समंक श्रेणियों की तुलना नहीं की जा सकती जिनकी इकाइयां (Units) अलग-अलग हों। अत: तुलनात्मक अध्ययन के लिये निरपेक्ष माप को, संबंधित औसत से भाग देने पर जो अनुपात या प्रतिशत आता है वह अपकिरण का सापेक्ष माप कहलाता है। स्पष्ट है कि सापेक्ष माप समंक श्रेणी की इकाई में व्यक्त न होकर एक अनुपात या प्रतिशत रूप में व्यक्त होती है। इसे **अपकिरण-गुणांक** (Coefficient of Dispersion) भी कहते हैं।

अपकिरण की माप के उद्देश्य

अपकिरण की माप निम्न उद्देश्यों के लिए आवश्यक है—

1. माध्य की विश्वसनीयता का पता लगाना (To Judge the reliability of an average)—अपकिरण की माप से हम यह पता लगा सकते हैं कि कोई एक औसत कहां तक समूह की सही प्रतिनिधित्व करता है। यदि विचरण (Variation) की मात्रा कम होती है तो माध्य प्रतिरूप मूल्य होता है अर्थात् वह व्यक्तिगत पद-मूल्यों का निकटता से प्रतिनिधित्व करता है। इसके विपरीत जब विचरण की मात्रा अधिक होती है तो औसत, बशर्ते कि प्रतिदर्श काफी बड़ा न हो, अविश्वसनीय होता है क्योंकि ऐसी स्थिति में पद मूल्यों में एकरूपता की मात्रा कम होती है।

2. दो या अधिक श्रेणियों में विचरणशीलता की तुलना करना (To Compare two or more Series with regard to their Variability)—अपकिरण की मापों के आधार पर दो या अधिक श्रेणियों के मध्य विचरणशीलता की तुलना आसानी से की जा सकती है। इस प्रकार अपकिरण का अध्ययन किसी समूह में एकरूपता (Uniformity) अथवा नियमितता (Consistency) का पता लगाने का एक साधन है। अत्यधिक विचरण का अर्थ है एकरूपता या समानुरूपता का अभाव, जबकि अल्प-विचरण का अर्थ है एकरूपता की उपस्थिति।

अपकिरण मापने की विधियां (Method of Measuring Dispersion)—अपकिरण के माप की दो प्रमुख विधियां हैं। यह विधियां इस प्रकार हैं—

(a) सीमा विधि (Method of Limits)

1. विस्तार (Range)

2. अन्तर-चतुर्थक विस्तार (Interquartile Range)

(b) विचलन-माध्य विधि (Method of Averaging Deviations)

1. चतुर्थक विचलन (Quartile deviation)

2. माध्य विचलन (Mean deviation)

3. प्रमाप विचलन (Standard Deviation)

विस्तार (Range)

विस्तार अपकिरण का सबसे सरल माप है। किसी समंक माला में 'सबसे बड़े पद' तथा 'सबसे छोटे पद' के मूल्य के अन्तर को विस्तार कहते हैं। इसका सूत्र है—

$$R = L - S$$

जहां R = विस्तार

L = श्रेणी का सबसे बड़ा मूल्य (Largest Value)

S = श्रेणी का सबसे छोटा मूल्य (Smallest Value)

विस्तार-गुणांक (Co-efficient of Range)

अपकिरण के तुलनात्मक अध्ययन के लिये विस्तार का सापेक्ष माप ज्ञात करना जरूरी होता है। इस सापेक्ष माप को ही **विस्तार-गुणांक** कहते हैं। सूत्रानुसार—

$$\text{विस्तार-गुणांक (C.R.)} = \frac{L - S}{L + S}$$

विस्तार के दोष

विस्तार अपकिरण का सरल माप होते हुए भी सन्तोषजनक नहीं कहा जा सकता क्योंकि

1. यह अस्थिर माप है।

2. श्रेणी के सभी पदों पर आधारित नहीं होता है।

3. विस्तार, श्रेणी की बनावट को स्पष्ट करने में असमर्थ रहता है।

4. आवृत्ति वितरणों के लिए तो विस्तार अनुपयुक्त समझा जाता है।

अन्तर-चतुर्थक विस्तार (Inter-Quartile Range)

अन्तर-चतुर्थक विस्तार भी, विस्तार (Range) की ही भांति चरम-सीमाओं पर आधारित एक माप है। अन्तर केवल इतना है कि समंक माला के प्रारंभिक व अन्तिम (न्यूनतम व अधिकतम) मूल्यों को न लेकर, श्रेणी का प्रथम व तृतीय चतुर्थक लिया जाता है।

अत: श्रेणी के तृतीय चतुर्थक और प्रथम चतुर्थक के अन्तर को **अन्तर चतुर्थक विस्तार** कहते हैं। इसकी गणना विधि इस प्रकार है—

1. सबसे पहले दोनों चतुर्थक (Q_1 तथा Q_3) ज्ञात किये जाते हैं। अर्थात्

$$Q_1 = \text{Size of} \left(\frac{N+1}{4}\right) \text{th item}$$

$$Q_3 = \text{Size of } \frac{3(N+1)}{4} \text{ th item}$$

जहां N श्रेणी के पदों की कुल संख्या है।

2. फिर, निम्न सूत्र का प्रयोग किया जाता है—

$$I.R. = Q_3 - Q_1$$

जहां I.R. = अन्तर-चतुर्थक विस्तार

Q_3 = तृतीय चतुर्थक (Third Quartiles)

Q_1 = प्रथम चतुर्थक (First Quartiles)

अन्तर-चतुर्थक विस्तार के गुण (Merits)

1. विस्तार की भांति यह भी अपकिरण के माप की एक सरल रीति है।

विषमता का अर्थ व परिभाषा

विषमता से अभिप्राय किसी "**समंक माला में संमिति (Symmetry) का अभाव होना समझा जाता है।**" अन्य शब्दों में, समंक माला में जब आवृत्ति-वितरण, समिति से दूर हो जाता है और वितरण असममित होने लगे, तो इस प्रवृत्ति को विषमता कहते हैं। संपेक्ष में किसी वितरण की समिति से दूर हटने की प्रवृत्ति को विषमता (skewness) कहते हैं। (Skewness or asymmetry denotes the tendency of a disrtibution to depart from symmetry)। विषमता का अर्थ जानने के लिए यह आवश्यक होगा कि पहले सममित तथा असममित (Symmetrical and Asymmetrical) वितरण का अर्थ स्पष्ट कर लिया जाये।

सममित व सामान्य वितरण (Symmetrical or Normal Distribution)

इस प्रकार के वितरण में आवृत्तियां एक निश्चित तथा नियमित क्रम से बढ़ती व घटती है। जिस क्रम से पहले आवृत्ति बढ़ती है, एक निश्चित बिन्दु पर अधिकतम होने के पश्चात् उसी क्रम से घटने लगती है। अगर ऐसे आवृत्ति वितरण का वक्र तैयार किया जाये तो वह सदैव घण्टे के आकार वाला (Bell-Shaped) होता है। जैसा कि रेखाचित्र में दर्शाया गया है। **सममित वितरण में समान्तर माध्य ($\overline{X}$), माध्यिका (M) तथा बहुलक (Z) का मूल्य सदैव बराबर होता है और माध्यिका से दोनों चतुर्थक मूल्यों के अन्तर भी आपस में समान होते हैं।**

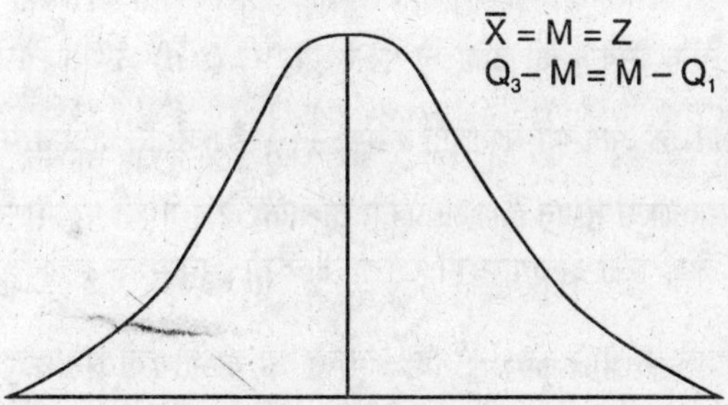

रेखाचित्र : *सममति वितरण (विषमता का अभाव)*

असममित वितरण अथवा विषम वितरण (Asymmetrical Distribution)

असममित वितरण में आवृत्तियों के बढ़ने व घटने के क्रम में कोई समानता नहीं होती है। आवृत्तियां जिस क्रम से पहले बढ़ती हैं अधिकतम होने के पश्चात् फिर उसी क्रम से नहीं घटती हैं। ऐसे वितरण का वक्र घण्टाकार न होकर, दाएं या बाएं झुकाव लिए हुए होता है। **ऐसे वितरण में समान्तर माध्य, माध्यिका एवं बहुलक का मूल्य बराबर नहीं होता।** इस प्रकार के वितरण में **विषमता (Skewness)** पायी जाती है। यह विषमता निम्न दो प्रकार की होती है—

(a) धनात्मक (Positive)—यदि वक्र **दाहिनी और अधिक झुका हुआ हो** तो विषमता घनात्मक होती है। (*If the frequency curve of a distribution has a longer tail to the right of the central maximum than to left, the distribution is said to be skewed the right or to have positive skewness*) धनात्मक विषमता वक्र में समान्तर माध्य ($\overline{X}$) का मूल्य, माध्यिका तथा बहुलक से अधिक होता है। इस प्रकार के वितरण में माध्यिका से तृतीय-चतुर्थक का अन्तर (Q_3–M), माध्यिका से प्रथम चतुर्थक के अन्तर (M–Q_1) से अधिक होता है। रेखाचित्र में इस प्रकार के वितरण को स्पष्ट किया गया है।

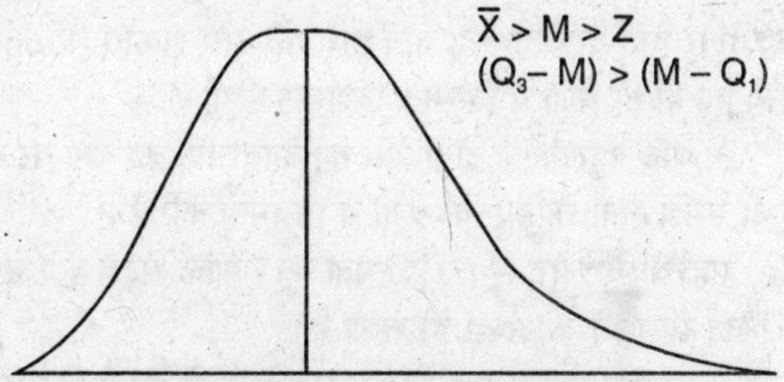

रेखाचित्र : *धनात्मक विषमता*

(b) ऋणात्मक (Negative)—यदि वक्र **बायीं ओर अधिक झुका हुआ हो** तो विषमता **ऋणात्मक** होती है। ऐसे वितरण में समान्तर माध्य का मूल्य माध्यिका से कम और माध्यिका का मूल्य बहुलक से कम होता है। इसी प्रकार माध्यिका व तृतीय चतुर्थक का अन्तर (Q_3–M), माध्यिका और प्रथम चतुर्थक के अन्तर (M–Q_1) से कम होता है। निम्न रेखाचित्र में इस प्रकार के वितरण को स्पष्ट किया गया है।

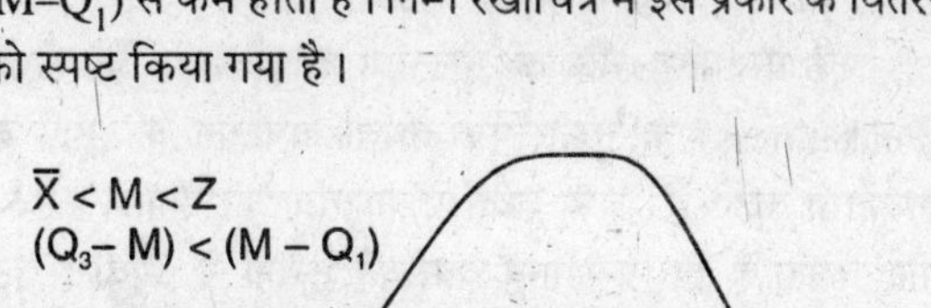

रेखाचित्र : *ऋणात्मक विषमता*

विषमता की टैस्ट (Test of Skewness)

विषमता की टैस्ट निम्न आधार पर की जाती है—

1. यदि किसी श्रेणी में **समान्तर माध्य, माध्यिका तथा बहुलक का मूल्य समान होता है** तो श्रेणी में विषमता नहीं होती है। इन तीनों में जितना अधिक अन्तर होगा, विषमता उतनी ही अधिक होगी।

2. यदि किसी श्रेणी में **दोनों चतुर्थक, माध्यिका** से समान दरी पर न हों अर्थात् $(Q_3 – M) \neq (M – Q_1)$ तो श्रेणी में विषमता पायी जाती है।

3. यदि माध्यिका, बहुलक तथा समान्तर माध्य से लिये गये विचलनों का बीजगणितीय योग (Σd) शून्य न हो तो श्रेणी में विषमता अवश्य होगी। अगर विचलनों का योग शून्य है तो श्रेणी में विषमता अनुपस्थित होगी।

4. जब श्रेणी के आवृत्ति वितरण को वक्र के रूप में प्रकट किया जाये और वह (i) घण्टे के आकार वाला वक्र बन जाये तो वितरण सममित होगा अर्थात विषमता का अभाव माना जाएगा। (ii) अगर वक्र दायें हाथ या बायें हाथ की ओर झुकाव (Slope) लिये हुए हो तो श्रेणी में विषमता विद्यमान होगी।

5. यदि बहुलक के दोनों ओर की आवृत्तियों का योग बराबर है तो समझ लेना चाहिए कि श्रेणी में विषमता नहीं है।

महत्त्वपूर्ण नोट—*(i)* विषमता का गुणांक सदैव + 1 तथा – 1 की सीमाओं के अन्दर ही रहता है।

(ii) यदि विषमता गुणांक का मूल्य 0 है तो **श्रेणी विषमता रहित** होती है।

(iii) यदि विषमता गुणांक का मूल्य (+) में है तो **विषमता धनात्मक** होती है।

(iv) विषमता गुणांक का मूल्य (–) में है तो **विषमता ऋणात्मक** होती है।

ककुदता (Kurtosis)

एक प्रसामान्य-वक्र की तुलना में आवृत्ति-वक्र के शीर्षत्व (Peakedness) या नुकीलेपन अथवा चपटेपन की माप को **ककुदता** कहते हैं। अन्य शब्दों में,ककुदता की माप से हमें यह पता चलता है कि प्रसामान्य वक्र की तुलना में आवृत्ति-वंटन अधिक नुकीला है अथवा अधिक चपटा है।

इससे स्पष्ट है कि ककुदता की माप का मुख्य उद्देश्य यह बताना है कि श्रेणी के मध्य भागों में आवृत्तियों का **केन्द्रीयकरण** अथवा **जमाव** (*Concentration of frequencies in he middle of series*) किस प्रकार का है। यदि किसी श्रेणी के मध्य भाग में आवृत्तियों का जमाव सामान्य है तो वह आवृत्ति-वक्र '**मध्यम शीर्षवाला**' (Mesokurtic) कहलाता है। यदि आवृत्तियां श्रेणी के मध्यवर्ती भाग में अत्यन्त सघनता के साथ केन्द्रित है तो ऐसा आवृत्ति-वक्र '**नुकीले शीर्षवाला**' (Lepto-Kurtic) कहलाता है। अगर श्रेणी के मध्यवर्ती भाग में आवृत्तियों का जमाव छितरा हुआ है अर्थात् कम है तो इस वक्र को 'चपटे-शीर्षवाला' (Platy-Kurtic) वक्र कहते है। वक्र के इन तीनों प्रकार को निम्न रेखाचित्र द्वारा स्पष्ट किया जा सकता है।

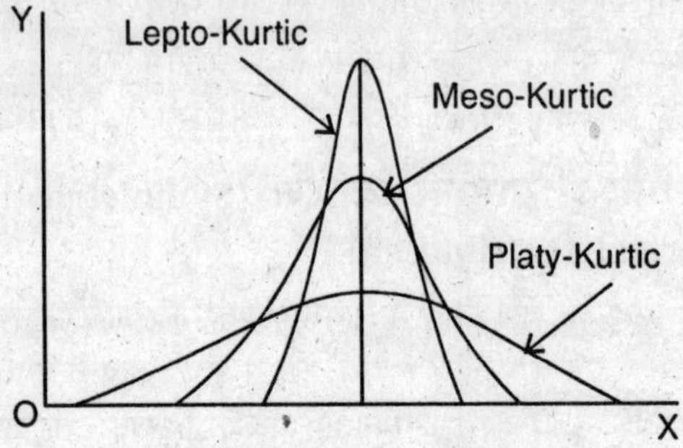

प्रायिकता (Probability)

प्रायिकता, किसी घटना के होने अथवा न होने के संबंध में प्रत्याशा (expectation) का एक माप है। सूत्र के रूप में इसे इस प्रकार लिखा जा सकता है—

$$\text{घटना घटित होने की प्रायिकता (P)} = \frac{\text{घटना की अनुकूल स्थितियों की संख्या}}{\text{घटना की समस्त स्थितियों की संख्या}}$$

एक सिक्के को उछालने पर उसके पट (tail) अथवा चित्त (head) के आने की संभावना क्रमशः $\frac{1}{2}, \frac{1}{2}$ है। अर्थात् दोनों तरफ की सम्भावना समान है। इसी प्रकार ताश के 52 पत्तों की गड्डी में से यदि कोई पत्ता अनायास ही खींचा जाये तो 'हुकुम के इक्के' के निकलने क प्रायिकता $\frac{1}{52}$ है; 'किसी भी इक्के' की प्रायिकता $\frac{4}{52}$ या $\frac{1}{13}$ है (क्योंकि ताश में इक्कों की संख्या चार होती है)।

प्रायिकता की गणितीय परिभाषा (Mathematical Definition)

गणितीय परिभाषा के अनुसार यदि कोई घटना *m* बार घट सकती है और *n* बार नहीं घट सकती है तो घटना के घटित होने या न घटित होने की प्रायिकता निम्न होगी—

घटना के घटने की प्रायिकता (P) $= \dfrac{m}{m+n}$

घटना के न घटने की प्रायिकता (q) $= \dfrac{n}{m+n}$

घटनाएं (Events)

(a) स्वतंत्र एवं आश्रित घटनाएं (Independent and Dependent Events)—घटनाएं स्वतंत्र तब मानी जाती है जब एक घटना के घटित होने का दूसरी घटनाओं पर कोई प्रभाव नहीं पड़ता। **उदाहरणस्वरूप,** सिक्के के प्रथम उछाल की घटना का दूसरे उछाल पर कोई प्रभाव नहीं पड़ता है। **दूसरा उदाहरण,** ताश के 52 पत्तें में से काले रंग का एक पत्ता निकलने की प्रायिकता $\frac{26}{52}$ है। यदि एक पत्ता निकालकर वापस गड्डी में रख दिया जाए और पुन: एक पत्ता निकाला जाये तो काले रंग के पत्ते की प्रायिकता वही $\frac{26}{52}$ बनी रहेगी। अत: दो बार सिक्के का उछाला जाना या दो बार पत्तों का खींचा जाना स्वतंत्र घटनाएं हैं।

लेकिन जब एक घटना का प्रभाव दूसरी घटना पर भी पड़ता है तो ऐसी घटनाएं परस्पर आश्रित घटनाएं कहलाती है। आश्रित घटनाओं के संदर्भ में यह जानना आवश्यक है कि घटनाओं की प्रायिकता पूर्ववत् न रहकर बदल जाती है। **उदाहरणस्वरूप,** ताश की एक पूरी गड्डी से काले रंग के एक पत्ते की प्रायिकता $\frac{26}{52}$ है लेकिन इस पत्ते को निकालने के बाद यदि इसे गड्डी में वापिस न रखा जाए और दूसरी बार कोई नया पत्ता निकाला जाए तो अब काले रंग के पत्तें की प्रायिकता $\frac{25}{51}$ रह जाएगी।

परस्पर अपवर्जी घटनाएं (Mutually Exclusive Events)—दो या अधिक घटनाएं तब परस्पर अपवर्जी मानी जाती हैं जब उनमें से एक घटना का घटित होना, दूसरी घटना को घटित होने से रोक देता है। **अन्य शब्दों में,** जब दो घटनाएं एक साथ घटित ही न हो सकती हों तो उन्हें परस्पर अपवर्जी कहा जाता है। **उदाहरण स्वरूप,** एक सिक्के के उछाले जाने पर वह या तो 'चित' या 'पट' गिरेगा। यह तय है कि दोनों एक साथ नहीं आ सकता है। इसलिए सिक्के का 'चित' या 'पट' गिरना **अपवर्जी घटनाएं** हैं।

योग-प्रमेय (Addition theorem)

इस प्रमेय के अनुसार ''यदि दो घटनाएं परस्पर अपवर्जी हैं तो एक घटना के घटने की सम्भावना P_1 तथा दूसरी घटना के घटित होने की सम्भावना P_2 हो, तो दोनों में से किसी भी एक घटना के घटित होने की सम्भावना P_1+P_2 होगी।'' दूसरे शब्दों में, दो या दो से अधिक परस्पर अपवर्जी घटनाओं में से किसी एक घटना (A या B) के घटने की सम्भावना उन घटनाओं की अलग-अलग सम्भावनाओं का जोड़ है। सूत्र के रूप में —

दो अपवर्जी घटनाओं के होने पर—

$$P(A \text{ या } B) = P(A) + P(B).$$

दो से अधिक अपवर्जी घटनाओं के होने पर—

$$P(A \text{ या } B \text{ या } C \text{ या}....) = P(A) + P(B) + P(C) + ...$$

योग-प्रमेय की सीमाएं

योग-प्रमेय उस स्थिति में लागू हो सकता है जबकि—

(a) घटनाएं परस्पर अपवर्जी (mutually exclusive) हों

(b) वे एक ही समूह (set) से सम्बंधित हों।

घटनाएं जब परस्पर अपवर्जी न हों (Not Mutually Exclusive Events)

जब घटनाएं परस्पर अपवर्जी न हों अर्थात् जब दो घटनाओं में या तो A या B या दोनों घट सकती हों, तो ऐसी हालत में संशोधित योग प्रमेय होगा—

$$\boxed{P(A \text{ या } B) = P(A) + P(B) - P(A \text{ तथा } B)}$$

दो से अधिक अर्थात् मान लें तीन घटनाओं के लिए योग-प्रमेय का संशोधित रूप इस प्रकार होगा—

$$\boxed{\begin{array}{c} P(A \text{ या } B \text{ या } C) = P(A) + P(B) + P(C) - P(A \text{ तथा } B) \\ - P(A \text{ तथा } C) - P(B \text{ तथा } C) + P(A \text{ तथा } B \text{ तथा } C) \end{array}}$$

गुणनं प्रमेय (Multiplication Theorem)

इस प्रमेय का प्रयोग तब किया जाता है जब दी हुई सभी स्वतंत्र घटनाओं के एक-साथ घटने की प्रायिकता का अनुमान लगाना हो। यदि दो घटनायें पारस्परिक रूप से स्वतंत्र हों तथा एक घटना के घटित होने की संभावना P_1 तथा दूसरी घटना के घटित होने की संभावना P_2 हो तो दोनों घटनाओं के एक-साथ घटने की सम्भावना $P_1 \times P_2$ होगी। **उदाहरणार्थ** एक सिक्का उछालने पर उसके 'पट' गिरने की संभावना $\frac{1}{2}$ है तथा एक पासा फेंकने पर 5 संख्या आने की संभावना $\frac{1}{6}$ है। यदि इन दोनों स्वतंत्र घटनाओं अर्थात् सिक्के तथा पासे को एक साथ उछाला तथा फेंका जाए तो

सिक्के के पट गिरने और पासें में 5 संख्या के आने की संभावना

$\frac{1}{2} \times \frac{1}{6} = \frac{1}{12}$ होगी। सूत्रानुसार—

$$P(A \text{ तथा } B) = P(A) \times P(B).$$

यदि दो घटनाएं परस्पर अपवर्जी हों तो

$$P(A \text{ तथा } B) = 0$$

सशर्त प्रायिकता (Conditional Probability)

जब एक घटना का प्रभाव दूसरी घटना पर पड़ता हो तो उन्हें परस्पर आश्रित घटनाएं कहते हैं और ऐसी स्थिति में घटनाओं की प्रायिकता भी पूर्ववत् न रहकर बदल जाती है। **उदाहरणार्थ** ताश की एक गड्डी में से दैव आधार पर एक लाल रंग का पत्ता निकालने के बाद यदि उसे गड्डी में पुनः वापिस न रखा जाए तो दूसरी बार लाल रंग के पत्ते निकालने की प्रायिकता 26/52 के स्थान पर 25/51 होगी। यदि पहली बार काले रंग का पत्ता निकलता है और उसे गड्डी में वापिस नहीं रखा जाता तो दूसरी बार लाल रंग के पत्ते के निकलने की प्रयिकता 26/51 ही होगी। वास्तव में, दोनों ही दशाओं में दूसरी घटना पूरी तरह से पहली घटना के परिणाम पर आश्रित हैं। अतः सूत्र रूप में—

$$P(A \text{ तथा } B) = P(A) \times P(B/A)$$

जहां P(B/A) = B की सशर्त प्रायिकता अर्थात् यह B की उस स्थिति की प्रायिकता है जिसमें A घटना पहले ही घटित हो चुकी है।

P(A/B) = A की सशर्त प्रायिकता जिसमें B पहले घट चुकी है।

तीन घटनाओं A, B, C के होने पर सूत्र निम्न होगा—

$$P(A \text{ तथा } B \text{ तथा } C) = P(A) \times P(B/A) \times P(C/AB)$$

Illustration—एक थैले में 6 सफेद तथा 4 काली गेंदें हैं। बिना दुबारा रखे हुए दो गेंदें एक के बाद एक निकाली जाती हैं। इसकी क्या संभावना है कि दोनों गेंदें काली होगीं?

Solution—पहली बार में काली गेंदें निकलने की प्रायिकता—

$$P(A) = \frac{4}{6+4} = \frac{4}{10} = \frac{2}{5}$$

अब थैले में 10 – 1 = 9 गेंदें रह गयी हैं जिनमें से 6 सफेद तथा 3 काली गेंदे हैं। दूसरी बार भी काली गेंद निकलने की संभावना जबकि पहली बार काली गेंद निकल चुकी है—

$$P(B/A) = \frac{3}{6+3} = \frac{3}{9} = \frac{1}{3}$$

दोनों गेंदें काली निकलने की प्रायिकता—

$$P(AB) = P(A) \times P(B/A)$$
$$= 2/5 \times 1/3 = 2/15$$

द्विपद वितरण (Binomial Distribution)

द्वि-पद वितरण को '**बर्नोली वितरण**' भी कहा जाता है क्योंकि इसकी रचना करने का श्रेय जेम्स बर्नोली को है। द्वि-पद का शाब्दिक अर्थ है दो पदों का पाया जाना, जिसमें से एक घटना की सफलता और दूसरी घटना की असफलता से संबंधित होता है। 'वास्तव में द्वि-पद वितरण एक ऐसा खण्डित आवृत्ति वितरण है जो दो अलग प्रकृति के विकल्पों (success or failure) के एक समूह की संभावना को प्रकट करता है।' यदि सिक्के के उछालने पर 'चित्त' को सफलता (P) और 'पट' को असफलता (q) माना जाए तो प्रायिकता सिद्धांत के आधार पर वस्तु-स्थिति इस प्रकार होगी—

$$P = q = 1/2 \text{ or } P + q = 1$$

इसके विपरीत यदि दो सिक्के एक-साथ उछाले जायें तो दोनों सिक्कों के 'पट' व 'चित' गिरने की चार निम्नलिखित सम्भावित स्थितियां हो सकती हैं—

दोनों पट (TT)

दोनों चित्त (HH)

पहला चित्त, दूसरा पट (HT)

पहला पट, दूसरा चित (TH)

अतः स्पष्ट है कि सभी परिणामों की प्रायिकता का योग $= (P + q)^2$

$$= P^2 + 2Pq + q^2$$

यदि दो की बजाय तीन सिक्के एक साथ उछाले जायें तो परिणामों की स्थिति इस प्रकार होगी—

$$(P + q)^3 = P^3 + 3P^2q + 3Pq^2 + q^3$$

इसी तरह तीन से अधिक अर्थात् n घटनाओं के लिए द्विपद वितरण तैयार किये जा सकते हैं।

द्वि-पद विस्तार से संबंधित कुछ स्मरणीय तथ्य

द्वि-पद विस्तार करते समय निम्न बातों को ध्यान में रखना जरूरी होता है—

1. पदों की संख्या—द्वि-पद विस्तार में पदों की संख्या सदैव (n + 1) होती है अर्थात् घात (Power) से एक अधिक।

उदाहरण स्वरूप, $(P+q)^3$ में 4 पद होंगे और $(P+q)^6$ में 7 पद होंगे।

2. घातों का क्रम—द्वि-पद विस्तार करते समय P के घात क्रमशः घटते हुए क्रम में लिखे जाते हैं जबकि q के घात क्रमशः बढ़ते हुए क्रम से लिखे जायेंगे।

3. घातों का योग—द्वि-पद विस्तार के प्रत्येक पद में P और q के घातों का जोड़ सदैव घटनाओं की संख्याओं अर्थात् n के बराबर होगा। उदाहरण स्वरूप, $P^2 + 2Pq + q^2$ के पहले पद में P का घात 2 है और q का घात 0 है और दोनों घातों का जोड़ 2 + 0 = 2 है। दूसरे और तीसरे पद में घातों का जोड़ क्रमशः 1 + 1 = 2, 0 + 2 = 2 ही बना रहेगा।

4. प्रायिकताओं का योग—द्वि-पद वितरण के सभी पदों का जोड़ सदैव 1 होता है।

5. गुणांक संबंधी बातें—द्वि-पद विस्तार के गुणांक संबंधी दो महत्त्वपूर्ण बातें इस प्रकार हैं—

(*a*) एक पूरे द्वि-पद विस्तार के विभिन्न गुणांक सदैव **सममित (Symmetrical)** रूप लिये होते हैं। उदाहरण स्वरूप, $n = 4$ के लिए [1, 4, 6, 4, 1]; इसी प्रकार $n = 6$ के लिए [1, 6, 15, 20, 15, 6, 1]।

(*b*) द्वि-पद वितरण के सभी पदों के गुणांकों का योग 2^n होता है, जैसे —यदि $n = 4$ तो

गुणांक : 1, 4, 6, 4, 1 = 16

or, $2^4 = 16$

द्वि-पद वितरण का माध्य एवम् प्रमाप विचलन (Mean and Standard Deviation Binomial Distribution)

ऐसे आवृत्त वितरणों में, जहां स्वतंत्र घटनाओं की संख्या और घटना की प्रायिकता का ज्ञान हो, माध्य और प्रमाप विचलन की गणना आसानी से की जा सकती है। द्विपद-वितरण के **समान्तर माध्य** का सूत्र इस प्रकार है—

$$\boxed{\overline{X} = nP}$$

जहां $\overline{X}$ = समान्तर माध्य

n = स्वतंत्र घटनाओं की संख्या

P = किसी एक घटना की प्रायिकता

द्वि-पद वितरण के **प्रमाप विचलन** का सूत्र निम्न प्रकार से है—

$$\sigma = \sqrt{nPq}$$

जहां σ = Standard deviation

द्वि-पद वितरण की विशेषताएं

द्वि-पद वितरण की प्रमुख विशेषताएं निम्न हैं—

1. सैद्धान्तिक वितरण—यह सैद्धान्तिक वितरण बर्नोली-प्रमेय पर आधारित है।

2. आवृत्ति बहुभुज (Frequency Polygon)—द्वि-पद वितरण को ग्राफ पेपर पर आवृत्ति बहुभुज के रूप में प्रदर्शित किया जा सकता है।

3. खण्डित (Discrete) वितरण—सैद्धान्तिक आवृत्ति वितरण सदैव खण्डित प्रकृति का होता है। प्रत्याशित आवृत्तियों की गणना हेतु द्विपद विस्तार करना पड़ता है।

4. द्विपद वितरण का स्वरूप—इस प्रकार के वितरण का स्वरूप P (सफलता) एवं q (असफलता) और घातांक n के मूल्य पर आधारित होता है। ध्यान देने योग्य बातें यह है कि यदि—

P = q तो वितरण सममित होगा।

लेकिन यदि

P ≠ q तो वितरण असममित होगा।

परन्तु यदि P और q असमान हैं लेकिन n का मूल्य काफी बड़ा है तो असममिति की मात्रा कम होती जाती हैं अर्थात् वितरण सममित होने लगता है।

5. द्विपद वितरण का अंग—द्विपद वितरण के लिए n, P और q का ज्ञात होना आवश्यक है।

प्वासों वितरण (Poisson Distribution)

ऊपर के विवरण से स्पष्ट है कि P और q के असमान होने पर भी द्विपद वितरण सममित होने की प्रवृत्ति रखता है बशर्ते कि n का मूल्य काफी बड़ा हो ताकि (P–q) का मान $\sqrt{nPq}$ से अपेक्षाकृत छोटा बना रहे। जब P (सफलता) का मान काफी छोटा हो तो श्रेणी की सीमाएं भिन्न रूप लिये हुए होती हैं।

यदि हम मान लें कि n का मूल्य काफी बड़ा है और श्रेणी का समान्तर माध्य-अर्थात nP एक छोटी संख्या (Finite number) है। यदि श्रेणी के माध्य को m द्वारा प्रदर्शित किया जाये अर्थात्

$$m = nP$$

और ऊपर की दोनों मान्यताएं पूरी हों तो द्विपद विस्तार एक अत्यन्त सरल रूप ले लेगा।

ऐसी स्थिति में x सफलताओं की प्रायिकता निम्न सूत्र द्वारा प्राप्त की जा सकती है—

$$\boxed{P(x) = e^{-m}\frac{m^x}{x!}}$$

इसी सूत्र को ही **प्वासों वितरण** कहा जाता है। **साइमन डेविस प्वासों** नामक फ्रांसीसी गणितज्ञ ने इस सूत्र का 1837 में प्रतिपादन किया था जिसके फलस्वरूप यह सूत्र उनके नाम से ही प्रचलित हो गया है।

प्वासों वितरण का उद्देश्य द्विपद वितरण की सीमाओं का निर्धारण करना है और इसका प्रयोग उन परिस्थितियों में किया जाता है जहां—

(*i*) घटना के घटित होने की प्रायिकता अर्थात् P बहुत ही कम हो।
(*ii*) घटना के घटित न होने की प्रायिकता अर्थात् q अपेक्षाकृत काफी अधिक हो।
(*iii*) n घातांक का मान (value of exponent) अत्यधिक हो।
(*iv*) nP अर्थात् समान्तर माध्य का मूल्य कम है।

इस प्रकार प्वासों वितरण का प्रयोग उन घटनाओं के लिए किया जाता है जो स्वाभावतः **असामान्य एवं दुर्लभ** प्रकृति की होती है।

असामान्य प्रकृति की घटनाओं के कुछ उदाहरण

(*a*) किसी काल विशेष में विशिष्ट आयु-वर्ग वाले **प्रतिष्ठित** व्यक्तियों द्वारा की जाने वाली आत्महत्याओं की संख्या।

(*b*) एक अच्छे स्तर के प्रैस में छपी पुस्तक के किसी एक पृष्ठ पर होने वाली अशुद्धियों की संख्या।

(*c*) एक अत्यन्त तीव्र भूकम्प के फलस्वरूप न मरने वालों की संख्या।

(*d*) स्वच्छ पानी की एक बूंद में उपलब्ध कीटाणुओं की संख्या।

प्वासों वितरण का समान्तर माध्य एवं प्रमाप विचलन

जैसा कि हम जानते हैं कि द्विपद वितरण में माध्य एवं प्रमाप विचलन क्रमशः nP तथा $\sqrt{n\text{P}q}$ के बराबर होता है और ऊपर यह भी स्पष्ट किया जा चुका है कि प्वासों वितरण में **P का मूल्य बहुत कम होता है**। जब कि q का मूल्य अत्यधिक अर्थात् लगभग 1 के बराबर होता है। अतः प्वासों अचर-मूल्य ज्ञात करते समय q के स्थान पर 1 मूल्य रखा जा सकता है। सूत्रानुसार—

समान्तर माध्य (Arithmetic Mean)

$$\overline{\text{X}} = \text{nP}$$

प्रमाप विचलन (Standard Deviation)

$$\sigma = \sqrt{n\text{P}q} = \sqrt{n \times \text{P} \times 1}$$

$$= \sqrt{n\text{P}} = \sqrt{\overline{\text{X}}} \qquad [\because \overline{\text{X}} = nP]$$

$$\text{or, } \sigma^2 = \overline{\text{X}}$$

प्वासों वितरण की विशेषताएं

1. वितरण की प्रकृति—द्विपद वितरण की तरह प्वासों वितरण भी खंडित प्रकृति का होता है।

2. वितरण का प्रयोग—जिन घटनाओं के घटने की सफलता अर्थात् 'P' बहुत कम हो और असफलता यानि 'q' अत्यधिक हो और साथ-ही-साथ 'n' का मूल्य भी काफी बड़ा हो वहां इस वितरण का प्रयोग किया जाता है। अन्य शब्दों में, यह वितरण असामान्य घटनाओं के लिए अधिक उपयुक्त समझा जाता है।

3. प्रमुख मूल्य—समान्तर माध्य, प्वासों वितरण का प्रमुख मूल्य है जिसकी जानकारी होने पर प्वासों वितरण की रचना आसानी से की जा सकती है।

4. वितरण का स्वरूप—यह वितरण भी असममित प्रकृति का होता है। लेकिन जैसे-जैसे समान्तर माध्य का मूल्य बड़ा होता जाता है वैसे-वैसे विषमता की मात्रा भी कम होती जाती है।

5. महत्त्व एवं उपयोगिता—दुर्लभ अथवा असामान्य प्रकृति की घटनाओं के लिए उपयोगी होने के साथ-साथ जनांकिकी, टेलीफोन संदेश वाहन, यातायात नियंत्रण तथा गुण-नियंत्रण की सांख्यिकीय समस्याओं के समाधान हेतु प्वासों वितरण का अपना एक विशेष महत्त्व है।

प्रसामान्य वितरण (Normal Distribution)

प्रसामान्य वितरण एक अखण्डित (Continuous) और अनन्त द्विपद वितरण है। **'n' का मान अनन्त होने पर द्विपद वितरण स्वतः ही प्रसामान्य वितरण का रूप ले लेता है।**

मान्यताएं

प्रसामान्य वितरण कुछ आधारभूत मान्यताओं पर आधारित है। इन मान्यताओं के कारण प्रसामान्य वितरण व्यावहारिकता के स्थान पर सैद्धांतिक महत्त्व ज्यादा रखता है। प्रसामान्य वितरण की प्रमुख मान्यताएं निम्नलिखित हैं—

(*i*) प्रत्येक घटना को प्रभावित करने वाले कारकों में पारस्परिक निर्भरता का अभाव होता है अर्थात् वे एक-दूसरे से स्वतंत्र (independent) है।
(*ii*) घटना विशेष पर विभिन्न कारकों का प्रभाव पड़ता है और ये सभी कारक समान रूप से महत्त्वपूर्ण है।

(*iii*) कारक शक्तियों का प्रभाव इस प्रकार का होना चाहिये कि समान्तर माध्य के दोनों ओर आवृत्तियों का बिखराव समान बना रहे। अन्य शब्दों में, वितरण **सममित** होना चाहिये।

प्रसामान्य वक्र की विशेषताएं (Properties of Normal Curve)

प्रसामान्य वक्र की मुख्य विशेषताएं निम्नलिखित हैं—

1. आकृति (Shape)—प्रसामान्य वक्र पूर्णरूप से एक सममित वक्र है। आवृत्तियों का फैलाव केन्द्र में अधिक और दायें-बायें गिरते हुए क्रम से होता है। इसके शीर्ष बिन्दु से दोनों तरफ का फैलाव समान होने के कारण इसकी आकृति घण्टाकार (bell-Shaped) होती है और यदि इसे उच्चतम कोटि-अक्ष (maximum ordinate) से मोड़ा जाये तो इसका आधा भाग दूसरे आधे भाग को पूर्णत ढक लेता है।

2. अखण्डित वितरण (Continuous Distribution)—प्रसामान्य वितरण, द्विपद तथा प्वासों वितरण के विपरीत, एक अखण्डित वितरण है जिसमें सतत चर-मूल्यों का प्रयोग होता है।

3. अनन्त-स्पर्शी (Asymptotic to the Base Line)—अनन्त-स्पर्शी से अभिप्राय यह है कि वक्र के दोनों सिरे आधार रेखा के निकट आते रहते हैं लेकिन उसको स्पर्श नहीं कर पाते। वास्तव में, वक्र दोनों दिशाओं में अनन्त की ओर अग्रसर होता है।

नोट : प्रसामान्य वितरण पूर्णत: एक सममित वितरण होता है जिसके कारण विषम परिघातों (Moments) का मूल्य सदैव शून्य होता है। फलस्वरूप विषमता भी शून्य होती है और Kurtosis का मान्य 3 होता है जो **मध्य शीर्ष वाले** (Meso Kurtic) वितरण का प्रतीक है।

प्रसामान्य वितरण से संबंधित महत्त्वपूर्ण बातें

1. केन्द्रीय प्रवृत्ति की माप—प्रसामान्य वितरण में बहुलक, समान्तर माध्य तथा माध्यिका का मूल्य समान होता है। अर्थात्

$$Z = M = \overline{X}$$

2. चतुर्थक (Quartile)—प्रथम तथा तृतीय चतुर्थक माध्यिका से समान दूरी पर स्थित होते हैं। अर्थात्

$$(Q_3 - M) = (M - Q_1)$$

3. माध्य विचलन—प्रसामान्य वितरण का माध्य विचलन उसके प्रमाप विचलन का लगभग 4/5 भाग होता है।

4. चतुर्थक विचलन—चतुर्थक विचलन (Quartile Deviation) सम्भाव्य विभ्रम के बराबर होता है और सम्भाव्य विभ्रम (Probable Error) प्रमाप विचलन का 0.6745 अथवा 2/3 भाग होता है।

5. माध्य विचलन एवं सम्भाव्य विभ्रम—सम्भाव्य विभ्रम माध्य विचलन का 0.845 गुणा अर्थात् लगभग **5/6** भाग होता है।

6. कोटि-सम्बंध (Ordinate relationship)—प्रसामान्य वक्र के माध्य पर (अर्थात् आधार रेखा के ठीक केन्द्र में) कोटि अक्ष की ऊंचाई अधिकतम होती है और इसे **सर्वोच्च कोटि** (maximum ordinate) कहते हैं। स्मरण रहे, कोटि-अक्ष पर माध्य से 1 बार प्रमाप विचलन ($\overline{X} \pm \sigma$) की दूरी माध्य पर कोटि-अक्ष की ऊंचाई की 0.60653 या **60.65%** होती है। इसी तरह माध्य-कोटि से विभिन्न σ दूरियों पर भी ऊंचाई का यह अनुपात निश्चित होता है।

7. क्षेत्रफल सम्बंध (Area Relationship)—प्रसामान्य वक्र में सबसे महत्त्वपूर्ण सम्बंध **'क्षेत्रफल सम्बंध'** माना जाता है। जैसा कि ऊपर कोटि सम्बंध के अन्तर्गत स्पष्ट किया जा चुका है, माध्य से दोनों ओर प्रमाप विचलन अन्तरों **(Sigma distances or $\overline{X} \pm \sigma$)** पर स्थित कोटि-अक्ष की ऊंचाई माध्य-कोटि (mean ordinate) की ऊंचाई के एक निश्चित अनुपात में होती है। जिसका अर्थ यह हुआ कि माध्य-कोटि अक्ष और माध्य से किसी निश्चित प्रमाप-विचलन की दूरी पर कोटि-अक्ष के माध्य वक्र का क्षेत्रफल, प्रसामान्य वक्र के सम्पूर्ण क्षेत्रफल का सदैव निश्चित अनुपात होता है। **उदाहरण स्वरूप,** माध्य से एक प्रमाप विचलन अर्थात् 1σ की दूरी पर दाहिनी ओर ($\overline{X} + \sigma$) सम्पूर्ण क्षेत्र का **0.34134** भाग और इसी प्रकार बायीं ओर ($\overline{X} - \sigma$) दूरी पर भी 0.34134 भाग; और इस प्रकार दोनों ओर मिलाकर $\overline{X} \pm \sigma$ दूरी पर कुल क्षेत्रफल का 0.68268 या 68.27% भाग सम्मिलित होता है। इसी प्रकार माध्य से दो प्रमाप विचलन ($\overline{X} \pm 2\sigma$) तथा तीन प्रमाप विचलन ($\overline{X} \pm 3\sigma$) की दूरियों के कोटि-अक्षों में माध्य वक्र के सम्पूर्ण क्षेत्रफल का क्रमश: **94.45%** तथा **99.73%** भाग पाया जाता है। इस क्षेत्रफल संबंध को निम्न रेखाचित्र द्वारा भी दिखाया जा सकता है—

प्रसामान्य वक्र के क्षेत्रफल-संबंध

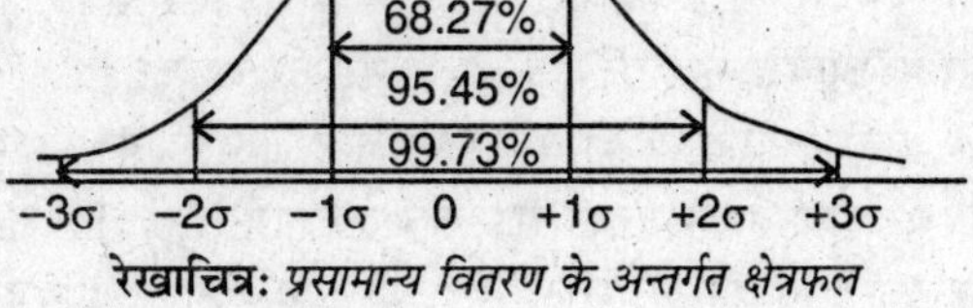

रेखाचित्र: *प्रसामान्य वितरण के अन्तर्गत क्षेत्रफल*

सह-सम्बंध (Correlation)

जब दो या दो से अधिक समूहों, वर्गों, तथा समंक श्रेणियों के बीच एक निश्चित संबंध होता है तो उसे सह-संबंध कहते हैं। मानव जीवन से संबंधित सभी क्षेत्रों में अथवा विभिन्न विज्ञानों में यह प्राय: देखने को मिलता है कि दो विभिन्न प्रकार की समंक श्रेणियों में आपस में किसी न किसी प्रकार का सम्बंध पाया जाता है जिसके परिणामस्वरूप एक श्रेणी या च्रर (Variable) में परिवर्तन होने पर दूसरी श्रेणी या चर भी प्रभावित होकर परिवर्तित हो जाते हैं। जैसा कि यह अनुभव सिद्ध है कि वर्षा के अधिक मात्रा में होने पर कृषि उत्पादन भी बढ़ता है और वर्षा के अत्यधिक (आवश्यकता से अधिक) होने पर कृषि उत्पादन में ह्रास भी होने लगता है। इसी प्रकार मुद्रा की मात्रा बढ़ने पर मूल्य स्तर बढ़ने लगता है और मुद्रा का मूल्य घटने लगता है। हमारे कहने का अभिप्राय यह है कि जब दो सम्बद्ध समंक मालाओं या चरों में **कार्य-करण संबंध (Causal relationship)** हो तो वे दोनों चर (variable) सह-सम्बन्धित (Correlated) माने जाते है।

सह-संबंध के प्रकार (Types of Correlation)

1. ऋणात्मक तथा धनात्मक सह-संबंध (Negative and Positive Correlation)—जब एक समंक श्रेणी में, एक दिशा में परिवर्तन होने से दूसरी सम्बद्ध श्रेणी में विपरीत दिशा में परिवर्तन होते हैं तो ऐसा सह-संबंध ऋणात्मक कहलाता है। **उदाहरणस्वरूप**—मुद्रा की पूर्ति घटने पर मुद्रा का मूल्य बढ़ना ऋणात्मक सह-संबंध कहलाएगा।

इसके विपरीत जब दो समंक मालाओं में **एक ही दिशा** में परिवर्तन होता है तो ऐसा सह-संबंध धनात्मक अथवा प्रत्यक्ष कहलाता है। **उदाहरण स्वरूप**—वस्तु की मांग घटने पर उसका मूल्य घटना।

2. रेखीय तथा वक्रीय सह-संबंध (Linear and Curvilinear Correlation)—जब एक चर में परिवर्तन होने पर दूसरे चर में होने वाला परिवर्तन स्थायी रूप से उसी अनुपात में होता है तो ऐसा सह-संबंध, **रेखीय** (Linear) **सह-संबंध** कहलाता है। **उदाहरणस्वरूप**—मुद्रा की मात्रा में 30% की वृद्धि होने पर मूल्य-स्तर में 20% की वृद्धि होना। रेखीय सह-संबंध को ग्राफ पेपर पर अंकित करने पर एक **सरल रेखा** तैयार होती है।

इसके विपरीत जब दो चरों में होने वाले परिवर्तनों का अनुपात **अस्थिर** होता है तो उनका सह-संबंध वक्रीय (Curvilinear) कहलाता है। उदाहरण के लिए, मुद्रा की मात्रा में 30% वृद्धि होने पर, मूल्य-स्तर में कभी 10% तो कभी 20% तो कभी 25% की वृद्धि होना वक्रीय सह-संबंध माना जाएगा। **ध्यान रहे,** ऐसी स्थिति में ग्राफ पेपर पर चर-मूल्यों को अंकित करने पर सरल रेखा के बजाय वक्र-रेखा तैयार होगी।

सह-संबंध का परिमाण (Degrees of Correlation)

1. पूर्ण सह-संबंध (Perfect Correlation)

(a) अगर दो चरों (variables) में परिवर्तन **एक ही दिशा** तथा **एक ही अनुपात** में होता है तो ऐसा सह-संबंध **पूर्ण तथा धनात्मक** (Perfect Positive Correlation) कहलाता है। इस स्थिति में **सह-संबंध गुणांक (Co-efficient of correlation) + 1** होता है।

(b) लेकिन अगर एक चर (variable) में परिवर्तन के परिणामस्वरूप दूसरे चर में परिवर्तन **विपरीत दिशा** में लेकिन **समान अनुपात** में होता है तो उन चरों में पाया जाने वाला संबंध, **पूर्ण ऋणात्मक सह-संबंध (Perfect Negative Correlation)** कहलाता है। इस स्थिति में **सह-संबंध गुणांक –1**होता है।

2. सह-संबंध का पूर्णत: अभाव (Absence of Correlation)—जब एक चर में परिवर्तन का प्रभाव दूसरे चर पर बिल्कुल नहीं पड़ता है तो ऐसी स्थिति में दोनों चरों में **सह-संबंध का अभाव** (No Correlation) होता है। इस स्थिति में सह-संबंध गुणांक शून्य (0) होता है।

3. सह-संबंध का सीमित परिमाण (Limited Degrees of Correlation)—पूर्ण सह-संबंध और सह-संबंध के पूर्णत: अभाव की स्थितियों के बीच की स्थिति को "**सीमित सह-संबंध**" कहते हैं। **अन्य शब्दों में,** यह वह स्थिति होती है जब सह-संबंध न तो पूर्ण होता है और न ही सह-संबंध का पूर्णत: अभाव होता है बल्कि सह-संबंध सीमित मात्रा में पाया जाता है। इस प्रकार का सह-संबंध भी **धनात्मक** अथवा **ऋणात्मक** दोनों प्रकार का हो सकता है। परिणाम की दृष्टि से इस प्रकार के सह-संबंध की निम्न तीन स्थितियां हो सकती हैं—

(a) सह-संबंध का उच्च परिमाण (High Degrees)—जब दो चरों या श्रेणियों में पूर्ण सह-संबंध न हो, पर्न्तु सह-संबंध फिर भी पर्याप्त मात्रा में पाया जाता हो तो इसे हम **उच्चस्तरीय (High degree)** सह-संबंध कहते हैं। इस प्रकार का **सह-संबंध गुणांक ± 0.75** से लेकर **±1** के बीच में पाया जाता है।

(b) मध्यम-स्तर के सह-संबंध (Moderate Degree)—यदि सह-संबंध उच्चस्तर से तो कम हो, परन्तु अत्यधिक कम भी न हो तो उसे हम मध्यम स्तर के सह-सम्बंध कहते हैं। इस स्थिति

में **सह-संबंध गुणांक सामान्यतः ± 0.25 से लेकर ± 0.75** के बीच में रहता है।

(c) निम्न-स्तर का सह-संबंध (Low Degree)—निम्न-स्तर का सह-संबंध **'मध्यम-स्तरीय सह-संबंध'** से कम तथा **'शून्य'** की स्थिति से ऊपर की मात्रा की ओर संकेत करता है। इस स्थिति में सह-संबंध गुणांक सदैव शून्य से अधिक लेकिन ±0.25 से कम ही रहता है।

सह-संबंध का परिमाण (Degrees)

परिमाण	धनात्मक सह-संबंध	ऋणात्मक सह-संबंध
पूर्ण (Perfect)	+1	–1
उच्च (High)	+ 0.75 और + 1 के बीच	–0.75 और –1 के बीच
मध्यम (Moderate)	+0.25 और +0.75 के बीच	–0.25 और –0.75 के बीच
निम्न (Low)	0 और +0.25 के बीच	0 और –0.25 के बीच
अनुपस्थित (Absence)	0	0

विक्षेप-चित्र या बिन्दु-चित्र (Scatter-diagram or Dot-diagram)

ग्राफ पेपर पर अंकित बिन्दु चित्र द्वारा दो चरों के बीच पाये जाने वाले सह-संबंध की दिशा व मात्रा का सहज अनुमान लगाया जा सकता है। बिन्दु-चित्र तैयार करते समय स्वतंत्र चर-मूल्यों (X) को ग्राफ पेपर के **X–अक्ष** पर तथा तत्संबंधी आश्रित चर-मूल्यों (Y) को **Y-अक्ष** पर अंकित किया जाता है। इस प्रकार श्रेणी में जितने युग्म-पद (Pairs of values) होते हैं उतने ही बिन्दु ग्राफ पेपर पर अंकित हो जाते हैं और उनके बनने वाले चित्र को ही **बिन्दु-चित्र** कहते हैं। इन अंकित बिन्दुओं की अपनी निश्चित प्रवृत्ति होती है। इन बिन्दुओं के फैलाव के आधार पर ही सह-संबंध की दिशा एवं मात्रा का अनुमान लगाया जाता है।

बिन्दु-चित्र का अध्ययन निम्न विधि द्वारा किया जाता है—

(a) पूर्ण धनात्मक सह-संबंध

यदि अंकित किये गए सभी बिन्दु ग्राफ पेपर के बायीं ओर के निचले कोने (origin) से दायीं ओर के ऊपरी कोने तक एक सरल रेखा का रूप लिये हुए हों तो इससे यह निष्कर्ष निकलता है कि दोनों चरों में **पूर्ण धनात्मक** (Perfect Correlation) सह-संबंध है। इसे उपरोक्त रेखाचित्र द्वारा दिखाया जा सकता है।

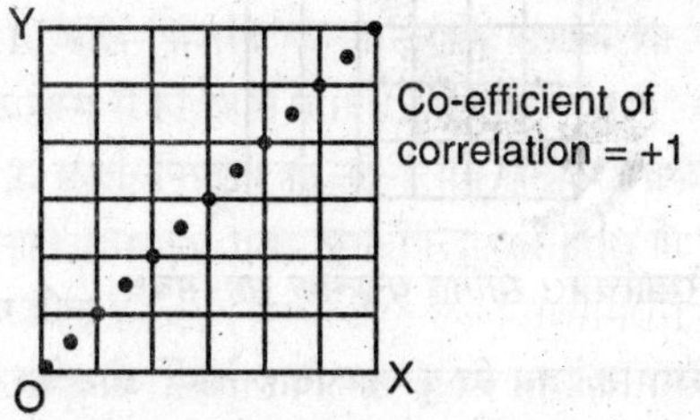

रेखाचित्र : *पूर्ण धनात्मक सह-संबंध*

(b) पूर्ण ऋणात्मक सह-संबंध

यदि अंकित किये गये सभी बिन्दु बायीं ओर के ऊपरी कोने से दायीं ओर के निचले कोने तक एक सरल रेखा का रूप लिये हुए हों तो यह पूर्ण ऋणात्मक सह-संबंध का प्रतीक माना जाता है। इसे रेखाचित्र द्वारा निम्न प्रकार से दर्शाया जा सकता है।

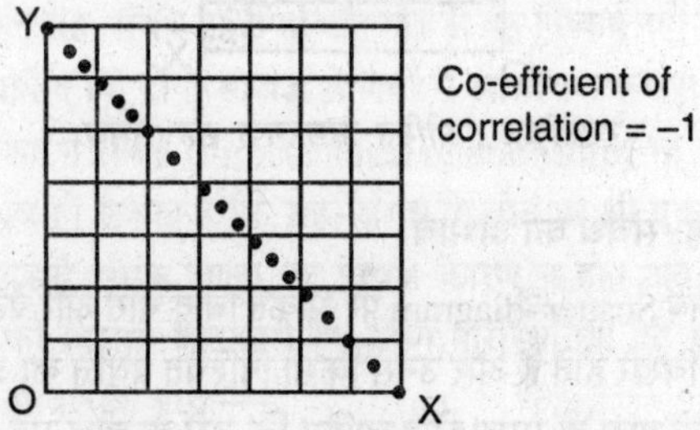

रेखाचित्र : *पूर्ण ऋणात्मक सह-संबंध*

(c) सीमित सह-संबंध

जब ग्राफ पेपर पर अंकित बिन्दु सरल रेखा का रूप लेने के बजाय केवल एक दिशा में बढ़ने वाले प्रवाह की भांति होते हैं तो ऐसी स्थिति में चर-मूल्यों में सीमित सह-संबंध पाया जाता है। **ध्यान रहे,** अंकित बिन्दु एक दूसरे से जितने अधिक पास-पास रहते हैं, चर-मूल्यों के बीच सह-संबंध की मात्रा उतनी ही अधिक होती है। लेकिन ये बिन्दु एक दसरे से जितने अधिक दूर होते जाते हैं सह-संबंध की मात्रा उतनी ही कम हो जाती है।

सीमित सह-संबंध **धनात्मक** हो सकता है या **ऋणात्मक।** दो चरों के बीच सह-संबंध धनात्मक तब माना जाता है जब बिन्दुओं की प्रवृत्ति बायें से दाये की ओर बढ़ने की होती है। इसे रेखाचित्र द्वारा इस प्रकार स्पष्ट किया जा सकता है।

एक-दूसरे पर प्रभाव डालते हों, अर्थात् दोनों ही एक दूसरे के लिए कारण अथवा परिणाम हो सकते हैं। यदि ऐसी स्थिति है तो यह नहीं बताया जा सकता कि दोनों में से कौन-सा कारण है और कौन-सा परिणाम। जैसे 'प्रति व्यक्ति आय' और 'शिक्षा पर व्यय' में सह संबंध का पाया जाना। आय के बढ़ने पर शिक्षा पर व्यय बढ़ने लगता है और शिक्षा के बढ़ने पर आय में भी वृद्धि होने लगती है।

अत: निष्कर्षत: हम यह कह सकते हैं कि सह-संबंध की वास्तविक जानकारी केवल उसकी उपस्थिति मात्र से नहीं की जा सकती, जब तक कि दोनों सम्बद्ध चरों में प्रत्यक्ष कार्य-कारण संबंध की जानकारी न प्राप्त कर ली जाए।

समाश्रयण विश्लेषण (Regression Analysis)

जैसा कि हम जानते हैं कि दो श्रेणियों के बीच पाये जाने वाले पारस्परिक संबंध की विवेचना 'सह-संबंध' के आधार पर की जा सकती है। लेकिन एक श्रेणी के चर-मूल्य के आधार पर दूसरी आश्रित श्रेणी के तत्संवादी (Corresponding) चर-मूल्य का सर्वोपयुक्त अनुमान लगाना सहसंबंध की सहायता से संभव नहीं हो पाता है। अत: सर्वोपयुक्त अनुमान एवं भावी अनुमानों की मीमांसा करने के लिए ही 'समाश्रयण विश्लेषण' (regression analysis) का अध्ययन आवश्यक समझा जाता है।

सांख्यिकीय विश्लेषण में समाश्रयण के सिद्धांत को प्रतिपादित करने का श्रेय **सर फ्रान्सिस गाल्टन** (Sir Francis Galton) को है।

समाश्रयण तथा सह-सम्बन्ध में अन्तर

1. सह-संबंध की सहायता से दो या अधिक चरों में पाये जाने वाले परस्पर औसत-संबंध की केवल **''मात्रा''** (Degree) का पता चलता है जबकि समाश्रयण इस संबंध की 'प्रकृति' (nature) पर भी प्रकाश डालता है।

2. सह-संबंध की अपेक्षा समाश्रयण विश्लेषण 'कारण-परिणाम' संबंध की व्याख्या अधिक स्पष्ट ढंग से करता है। सह-संबंध तो केवल दो चरों में परस्पर संबंध की **'मात्रा'** को बताता है। इसलिए हमारे लिये यह कहना कठिन है कि कौन-सा चर **कारण** तथा कौन-सा चर परिणाम है। इसके विपरीत समाश्रयण विश्लेषण के अन्तर्गत कारण-परिणाम संबंध की व्याख्या अधिक स्पष्ट रूप से हो पाती है क्योंकि जहां एक चर स्वतंत्र चर के रूप में लिया जाता है वहीं दूसरी चर आश्रित चर का काम करता है।

रेखीय समाश्रयण (Linear Regression)

जब दो सम्बंधित श्रेणियों के चर मूल्यों को बिन्दुरेखा पर अंकित करने से जो बिन्दु-चित्र (dot-diagram) प्राप्त होता है तथा इस चित्र पर अंकित बिन्दुओं के मध्य से गुजरने वाली जो दो रेखाएं निर्मित होती है वास्तव में, यही रेखाएं समाश्रयण रेखाएं कहलाती हैं। यहां ध्यान देने योग्य बात यह है कि समाश्रयण **रेखीय** हो सकता है अथवा वक्रीय। समाश्रयण रेखाओं के समीकरण **एक-घातीय** (equation of the first order) होते हैं अर्थात् X पर Y की समाश्रयण रेखा का समीकरण $\mathbf{X = a + bY}$, और इसी प्रकार Y पर X की समाश्रयण रेखा का समीकरण $Y = a + bX$ होता है।

समाश्रयण की दो रेखाएं क्यों होती हैं? (Why there are two regression lines?)

इसके दो कारण हैं—

(a) पहला कारण यह है कि दो सम्बंधित चरों के दिये होने पर एक रेखा, X का Y पर समाश्रयण प्रकट करती है और दूसरी रेखा, Y का X पर समाश्रयण प्रकट करती है। प्रथम रेखा की रचना के लिए Y को स्वतंत्र चर-मूल्य और X को आश्रित चर-मूल्य माना जाता है तथा इस रेखा की सहायता से Y के दिये हुए औसत मूल्य के तत्संवादी X का, सर्वोपयुक्त माध्य-मूल्य का अनुमान लगाया जा सकता है। इसके विपरीत दूसरी रेखा के लिए X को स्वतंत्र चर-मूल्य और Y को आश्रित चर-मूल्य माना जाता है तथा इसकी सहायता से Y का सर्वोत्तम माध्य-मूल्य ज्ञात किया जा सकता है। दो समाश्रयण रेखाएं होने का दूसरा कारण यह है कि इन रेखाओं की रचना **''न्यूनतम वर्ग रीति''** की इस मान्यता के आधार पर की जाती है कि 'खींची जाने वाली रेखा ऐसी होनी चाहिए कि जिससे विभिन्न बिन्दुओं के विचलनों के वर्गों का जोड़ न्यूनतम हों।' चूंकि विचलनों के वर्गों के योग को न्यूनतम बनाए रखने के लिए दो रेखाओं का होना जरूरी है। इस कारण भी समाश्रयण की दो रेखाएं होती हैं।

अपवाद

यद्यपि समाश्रयण रेखाएं दो ही होती हैं लेकिन इसका एक अपवाद भी है। जब दो चरों में पूर्ण-संह-संबंध (Perfect correlation) होता है चाहे वह पूर्ण धनात्मक हो या पूर्ण ऋणात्मक तो केवल एक ही समाश्रयण रेखा हुआ करती है।

समाश्रयण रेखाओं के कार्य (Functions of Regression Lines)

समाश्रयण रेखाओं के मुख्य रूप से दो कार्य हैं—

1. सबसे उपयुक्त अनुमान लगाना—इन रेखाओं की सहायता से एक श्रेणी के दिये हुए मूल्य के आधार पर दूसरी श्रेणी के तत्संवादी (Corresponding) सबसे उपयुक्त औसत मूल्य का अनुमान लगाया जा सकता है।

2. सह-संबंध की दिशा (direction) और मात्रा (degree) का ज्ञान करना—इन रेखाओं द्वारा चरों में सह-संबंध की मात्रा और दिशा का पता लगाया जा सकता है।

(a) जब दोनों रेखाएं एक-दूसरे को पूर्णतया ढक लें तो 'सह-संबंध पूर्ण' माना जायेगा।

(b) लेकिन यदि दोनों रेखाएं एक-दूसरे को **समकोण** पर काटें तो चरों के बीच **सह-संबंध का अभाव** होता है।

(c) दोनों रेखाएं एक-दूसरे के जितनी अधिक निकट होंगी सह-संबंध की मात्रा उतनी ही अधिक होगी तथा विपरीत स्थिति में विपरीत होगा।

(d) यदि दोनों रेखाएं रेखाचित्र पर बायें निचले कोने से दाहिने ऊपर के कोने की ओर बढ़ती हैं तो 'सह-संबंध धनात्मक' होगा।

(e) इसके विपरीत समाश्रयण रेखाएं अगर बायें से दायें ऊपर से नीचे की ओर जाती हैं तो दोनों चरों के बीच 'सह-संबंध-ऋणात्मक' होता है।

समाश्रयण समीकरण (Regression Equations)

समाश्रयण समीकरण समाश्रयण रेखाओं की भांति दो होते हैं—

(a) X का Y पर समाश्रयण समीकरण (Regression Equation of X on Y)

$$X = a + bY$$

(b) Y का X पर समाश्रयण समीकरण (Regression Equation of Y on X)

$$Y = a + bX$$

'*a*' तथा '*b*' अचर मूल्यों का निर्वचन

उपरोक्त समीकरण के दोनों अचर मूल्य ('*a*' तथा '*b*') समाश्रयण रेखा की स्थिति का निर्धारण करते हैं। प्रथम अचर-मूल्य '*a*' **अन्तः खण्ड** (Intercept) है। **अन्य शब्दों** में, रेखा चित्र पर, मूल-बिन्दु से कोटि-अक्ष पर समाश्रयण रेखा के स्पर्श-बिन्दु का अन्तर ही अन्तः खण्ड कहलाता है।

अन्त:खण्ड का बीजगणितीय माप—

I. समीकरण : $X = a + bY$ में $a = \overline{X} - b\overline{Y}$

II. समीकरण : $Y = a + bX$ में $a = \overline{Y} - b\overline{X}$

जहां $\overline{X}$, $\overline{Y}$ = समान्तर माध्य

'*b*' अचर मूल्य समाश्रयण रेखा के ढ़ाल (Slope of the line) का निर्धारण करता है अर्थात् इससे यह पता चलता है कि X में प्रति-इकाई परिवर्तन होने से Y में कितना परिवर्तन होगा। ध्यान देने योग्य बात यह है कि यदि '*b*' का मान **धनात्मक** है तो समाश्रयण रेखा का ढ़ाल बायें से दायें ऊपर की तरफ होगा और इसका मान **ऋणात्मक** होने पर समाश्रयण रेखा का ढ़ाल बायें से दायें नीचे की ओर गिरता हुआ होगा। '*b*' को **समाश्रयण-गुणांक** भी कहते हैं।

यदि हम X तथा Y श्रेणी के वास्तविक मूल्यों को लेने के बजाय, उनके समान्तर माध्यों से विचलन ले लेते हैं तो ऐसा करने पर ऊपर दर्शाए गए समाश्रयण समीकरणों का स्वरूप निम्न प्रकार का हो जाता है—

I. X का Y पर समाश्रयण समीकरण

$$X - \overline{X} = r\frac{\sigma_x}{\sigma_y}\left(Y - \overline{Y}\right)$$

II. Y का X पर समाश्रयण समीकरण

$$Y - \overline{Y} = r\frac{\sigma_y}{\sigma_x}\left(X - \overline{X}\right)$$

जहां $\overline{X}$ = X श्रेणी का समान्तर माध्य,
$\overline{Y}$ = Y श्रेणी का समान्तर माध्य,
σ_x = X श्रेणी का प्रमाप विचलन,
σ_y = Y श्रेणी का प्रमाप विचलन,
r = सह-संबंध गुणांक

जब X का Y पर अथवा Y का X पर सर्वोपयुक्त मूल्य ज्ञात करना हो तो तब इन समीकरणों का प्रयोग किया जाता है। बशर्ते कि प्रश्न में $\overline{X}, \overline{Y}, \sigma_x, \sigma_y$ तथा r के मान दिये हुए हों। स्मरण रहे, X तथा Y में से जिसका अनुमान लगाना हो, उसी के समीकरण का प्रयोग किया जाता है।

समाश्रयण गुणांक (Regression Co-efficients)

ऊपर के विवरण में चर्चा की गयी समाश्रयण समीकरण में '*b*' समाश्रयण गुणांक को व्यक्त करता है। यह गुणांक स्वतंत्र चर-मूल्य में परिवर्तन के कारण आश्रित चर-मूल्य में होने वाले परिवर्तन की **'मात्रा'** तथा **'दिशा'** को बतलाता है। **अन्य शब्दों में,** यह गुणांक इस बात को स्पष्ट करता है कि एक श्रेणी के चर-मूल्यों में **इकाई परिवर्तन** (Unit Change) होने से दूसरी श्रेणी के चर-मूल्यों में औसत कितना परिवर्तन होगा। इस प्रकार यह समाश्रयण रेखा के ढ़ाल (Slope of regression line) का बीजगणितीय

माप है। समाश्रयण रेखाओं और समीकरणों की भांति, समाश्रयण गुणांक भी दो होते हैं—

(a) X का Y पर समाश्रयण गुणांक (Regression Coefficient of X on Y)

$$b_{xy} = r\frac{\sigma_x}{\sigma_y}$$

जहां r = सह-सम्बन्ध गुणांक

(b) Y का X पर समाश्रयण गुणांक (Regression Coefficient of Y on X)

$$b_{yx} = r\frac{\sigma_y}{\sigma_x}$$

समाश्रयण गुणांक की विशेषताएं

समाश्रयण गुणांक की निम्न विशेषताएं हैं—

1. दो समाश्रयण गुणांकों का **गुणोत्तर माध्य,** सह-संबंध गुणांक के बराबर होता है। सूत्रानुसार—

$$r = \sqrt{b_{xy} \times b_{yx}}$$

2. दोनों समाश्रयण गुणांकों (b_{xy} एवं b_{yx}) का मूल्य अलग-अलग इकाई (Unity) से अधिक नहीं हो सकता है। अर्थात्

$$\sqrt{b_{xy} \times b_{yx}} \leq 1$$

इसका कारण यह है कि यदि b_{xy} तथा b_{yx} दोनों का मूल्य 1से अधिक है तो दोनों का गुणनफल (r^2) भी 1से बड़ा होगा और फलस्वरूप उसका वर्गमूल भी 1से बड़ा हो जाएगा। जो कि असंभव है। ध्यान देने योग्य बात यह है कि, दोनों में से किसी एक गुणांक का मूल्य 1 से बड़ा हो सकता है परन्तु ऐसा होने पर दूसरे गुणांक का मूल्य इतना छोटा होगा कि दोनों का गुणनफल 1 से अधिक न होने पाये।

3. दोनों समाश्रयण गुणांकों का **समान्तर माध्य,** सह-संबंध गुणांक के बराबर या उससे बड़ा होता है। सूत्रानुसार

$$\frac{b_{xy} + b_{yx}}{2} \geq r$$

4. समाश्रयण गुणांक **मूल (origin)** के प्रति स्वतंत्र होते हैं परन्तु पैमाने (Scale) के प्रति नहीं।

समाश्रयण गुणांकों से सह-संबंध गुणांक का निर्धारण

जैसा कि हमने ऊपर चर्चा किया है सह-संबंध गुणांक, दोनों समाश्रयण गुणांकों का **गुणोत्तर माध्य** होता है। अत: सह-संबंध गुणांक को ज्ञात करने के लिए दोनों समाश्रयण गुणांकों के गुणनफल का वर्गमूल निकाल लिया जाता है।

सह-संबंध विश्लेषण बनाम समाश्रयण विश्लेषण (Correlation Analysis Vs. Regression Analysis)

1. सह-संबंध गुणांक (r_{xy}) दो चरों के बीच **''रेखीय संबंध''** की दिशा तथा मात्रा (degree) का माप है। यह **सममित** (Symmetric) होता है अर्थात् $r_{xy} = r_{yx}$ और इसका इस बात से कोई मतलब नहीं होता कि X तथा Y में से कौन-सा चर आश्रित है और कौन-सा चर स्वतंत्र है।

जबकि इसके विपरीत **समाश्रयण विश्लेषण** का उद्देश्य दो चरों के मध्य **'कार्यात्मक संबंध'** (Functional relationship) को स्थापित करना है और फिर इस संबंध के प्रयोग द्वारा स्वतंत्र चर के किसी प्रदत्त मूल्य के लिए आश्रित-चर के मूल्य का अनुमान लगाना है। इस प्रकार समाश्रयण विश्लेषण चरों की प्रकृति (nature) पर भी प्रकाश डालता है। इसके अतिरिक्त समाश्रयण गुणांक सममित नहीं होते। अर्थात्

$$b_{xy} \neq b_{yx}$$

2. सह-संबंध गुणांक रेखीय संबंध का एक सापेक्ष (relative) माप है और यह **माप की इकाइयों (Units of measurements)** के प्रति स्वतंत्र होता है। यह तो ± 1 के बीच की एक शुद्ध संख्या है।

इसके विपरीत समाश्रयण गुणांक **निरपेक्ष** (absolute) माप है जो यह बताता है कि एक श्रेणी के चर-मूल्यों में इकाई के बराबर परिवर्तन होने से दूसरी श्रेणी के चर-मूल्यों में कितना परिवर्तन होगा।

3. दो चरों में निरर्थक या अव्यवहारिक सह-संबंध हो सकता है। जिसका कोई व्यवहारिक प्रासंगिकता नहीं हो सकती है। लेकिन समाश्रयण विश्लेषण में ऐसा कोई निरर्थक संबंध नहीं होता है।

4. सह-संबंध गुणांक दो चरों के मध्य केवल **रेखीय संबंध** का ही अध्ययन करता है। इसलिए इसका अनुप्रयोग भी सीमित है। इसके विपरीत समाश्रयण विश्लेषण रेखीय तथा गैर-रेखीय (non-linear) दोनों प्रकार का अध्ययन करने के कारण विस्तृत रूप में प्रयोग किया जाता है।

सूचकांक (Index Numbers)

आर्थिक एवं व्यवसायिक तथ्यों में होने वाले परिवर्तनों की

प्रवृत्ति इतनी प्रबल होती है कि उनका समय-समय पर माप करना अत्यावश्यक हो जाता है ताकि परिवर्तनों के तदनुरूप आर्थिक नीति का निर्धारण किया जा सके। इन आर्थिक उतार-चढ़ावों को यद्यपि प्रत्यक्ष रूप से मापना कठिन है लेकिन सापेक्ष रूप से इनकी गणना की जा सकती है। **सूचकांक** वास्तव में इन्हीं विभिन्न आर्थिक तथ्यों में होने वाले उच्चावचनों (fluctuations) को मापने की एक सापेक्ष विधि है। **अन्य शब्दों में, सूचकांक ऐसी घटनाओं एवं परिवर्तनों का एक सापेक्ष माप है जिनका प्रत्यक्ष माप संभव नहीं होता।**

सूचकांक की विशेषताएं

सूचकांकों की निम्न विशेषताएं होती है—

1. सूचकांक परिवर्तनों का सापेक्ष माप है।

2. सूचकांक प्रतिशतों का माध्य है।

3. सूचकांक तुलनात्मक अध्ययन का आधार प्रस्तुत करता है।

4. सूचकांकों का प्रयोग व्यापक पैमाने पर होता है।

सूचकांक तैयार करने के तरीके (Methods of Construction of Index Numbers)

सूचकांक तैयार करने में निम्नलिखित बातों का ध्यान रखना चाहिए—

1. सूचकांक का उद्देश्य (Purpose of the index number)—सूचकांक तैयार करने से पहले, यह निर्णय कर लेना चाहिए कि किस मतलब के लिए उसकी जरूरत है। एक वर्ग अथवा उद्देश्य के लिए निर्मित सूचकांक अन्य उद्देश्यों के लिए काम में नहीं लाया जा सकता। श्रमिक वर्ग का निर्वाह-लागत (cost of living) सूचकांक कृषकों के लिए प्रयोग में नहीं लाया जा सकता क्योंकि उनके उपभोग में सम्मिलित मदें भिन्न-भिन्न होंगी।

2. वस्तुओं का चुनाव (Selection of Commodities)—वस्तुओं का चुनाव इस बात पर निर्भर करेगा कि सूचकांक किस उद्देश्य के लिए तैयार किया जा रहा है। परन्तु वस्तुओं की संख्या न तो बहुत अधिक होनी चाहिए और न ही बहुत कम। फिर, जो वस्तुएं चुनी जाए वे ऐसी हों जो वस्तुओं के समूह का व्यापक प्रतिनिधित्व करती हों। वस्तुएं ऐसी होनी चाहिए कि उनकी तुलना की जा सके अर्थात् मानक अथवा वर्गित (graded) वस्तुएं ही चुनी जाए।

3. कीमतों का चुनाव (Selection of Prices)—वस्तुओं के चुनाव के उपरान्त कीमतों के चुनाव की समस्या उत्पन्न होती है। कीमतों का चुनाव करते समय अत्यन्त सतर्कता एवं निष्पक्षता से काम करना चाहिए अन्यथा सूचकांकों के अशुद्ध होने की सम्भावना बनी रहेगी।

(a) **कीमतों** के बारे में सबसे पहले यह निश्चित किया जाना चाहिए कि थोक मूल्य लेने हैं या फुटकर। इस बात का निर्णय सूचकांक के उद्देश्य पर निर्भर करता है।

(b) **तत्पश्चात्** कीमत प्राप्ति के स्थान एवं स्रोत का भी निश्चय करना पड़ता है। कीमत उन मण्डियों से लिये जाने चाहिए जहां पर वस्तुओं की बड़ी मात्रा में क्रय-विक्रय होता हो। कीमत प्राप्ति के स्रोत निष्पक्ष, विश्वसनीय तथा उपयुक्त होने चाहिए। इस दृष्टि से पत्र-पत्रिकाओं, रेडियो तथा सरकारी सूत्रों से कीमत प्राप्त किये जा सकते हैं।

4. औसत का चुनाव (Selection of an average)—चूंकि सूचकांक औसतें होती हैं, इसलिए उचित औसत चुनने की समस्या सामने आती है। अंकगणितीय माध्य (arithmetic mean) तथा गुणोत्तर माध्य (geometric mean), ये दो महत्त्वपूर्ण औसतें हैं। दोनों में से अंकगणितीय माध्य अधिक सरल है। पर औसत कीमतों को या तो निश्चित आधार (fixed base) विधि से या श्रृंखला आधार (Chain Base) विधि से कीमत सापेक्षताओं अर्थात् प्रतिशतताओं में बदल लेना चाहिए।

5. भारों का चुनाव (Selection of Weights)—सूचकांक तैयार करते समय विविध वस्तुओं को उचित महत्त्व देना चाहिए। जो वस्तुएं उपभोक्ताओं के उपभोग में अधिक महत्त्वपूर्ण हों, उन्हें अन्य वस्तुओं की अपेक्षा अधिक महत्त्व देना चाहिए। भार (Weight) निर्धारित करने के लिए यह देखा जाता है कि उपभोक्ता वस्तुओं पर अपनी आय की कितनी सापेक्ष मात्रा व्यय करते हैं। भारों को कीमत अथवा मात्रा के द्वारा व्यक्त किया जा सकता है।

6. आधार वर्ष का चुनाव (Selection of base period)—सूचकांक के निर्माण में आधार वर्ष का चुनाव अत्यन्त महत्त्वपूर्ण कदम है। आधार वर्ष ऐसी होनी चाहिए जो सामान्य हो और युद्ध, अकाल, भूकम्प, सूखा, तेजी इत्यादि असमान्य घटनाओं से मुक्त हो।

7. फार्मूले का चुनाव (Selection of formula)—सूचकांक बनाने के लिए अनेक फार्मूले बनाए गए हैं। परन्तु उपयुक्त फार्मूले का चुनाव आंकड़ों की उपलब्धता तथा सूचकांक के उद्देश्य पर निर्भर करता है। सभी प्रकार के सूचकांकों के लिए कोई एक फार्मूला काम में नहीं लाया जा सकता।

साधारण या अ-भारित कीमत सूचकांक (Simple or Unweighted Index Numbers)

सूचकांकों की रचना करते समय जब सभी वस्तुओं को समान महत्त्व दिया जाता है तो ऐसे सूचकांको को साधारण या अ-भारित कीमत सूचकांक कहते हैं। साधारण कीमत सूचकांको के निर्माण की दो विधियां हैं—

(i) सरल समूही विधि (Simple Aggregative Method)

(ii) मूल्यानुपाती सरल-माध्य विधि (Simple Average of Price Relatives Method)

(i) सरल समूही विधि—साधारण सूचकांको के निर्माण करने की यह सबसे सरल विधि है। इस विधि के अनुसार, प्रचलित या चालू वर्ष के विभिन्न वस्तुओं की कीमतों के योग को आधार वर्ष की कीमतों के योग से भाग देकर 100 से गुणा कर दिया जाता है। सूत्रानुसार—

$$P_{01} = \frac{\Sigma P_1}{\Sigma P_0} \times 100$$

$$\text{या, } P_{01} = \frac{\text{चालू वर्ष के कीमतों का योग}}{\text{आधार वर्ष की कीमतों का योग}} \times 100$$

जहां P_1 = चालू वर्ष की कीमत

P_0 = आधार वर्ष की कीमत

P_{01} = आधार वर्ष की कीमतों के आधार पर चालू वर्ष की कीमतों का सूचकांक

(ii) मूल्यानुपाती सरल-माध्य विधि—इस विधि के अन्तर्गत सबसे पहले प्रत्येक वस्तु का मूल्यानुपात (R) निकाला जाता है। स्थिर आधार के मूल्य को 100 मानकर निकाला गया प्रचलित वर्ष का प्रतिशत ही, मूल्यानुपात कहलाता है। सूत्रानुसार—

एक वर्षीय आधार

$$R = \frac{\text{चालू वर्ष की कीमत}}{\text{आधार वर्ष की कीमत}} \times 100$$

$$\text{या, } R = \frac{P_1}{P_0} \times 100$$

माध्य-अवधि आधार

$$R = \frac{\text{चालू वर्ष की कीमत}}{\text{औसत कीमत}} \times 100$$

$$\text{या, } R = \frac{P_1}{P_{\overline{X}}} \times 100$$

जहां R = मूल्यानुपात (Price Relatives)

P_1 = चालू वर्ष की कीमत

P_0 = आधार वर्ष की कीमत

$\overline{X}$ = औसत कीमत

कीमत सूचकांक की श्रृंखला-आधार विधि (Chain-Base Method)

स्थिर आधार विधि के विपरीत इस विधि में आधार वर्ष निश्चित व स्थिर न रहकर बदलता रहता है। इस विधि के अनुसार **प्रत्येक चालू वर्ष के लिए उससे पिछला वर्ष, आधार वर्ष की भांति काम करता है।** इस प्रकार आधार और चालू वर्ष में एक श्रृंखला सी बनी रहने के कारण इसको शृंखला आधार विधि कहते हैं। इस विधि का प्रमुख गुण यह है कि इसके द्वारा अल्पकालीन तथा तत्कालीन परिवर्तनों का पता चलता रहता है। इतना ही नहीं, इसमें पुरानी वस्तुओं के परित्याग तथा नवीन वस्तुओं के समावेश की संभावना भी बनी रहती है। **दोष** की दृष्टि से यह विधि दीर्घकालीन परिवर्तनों के अध्ययन के लिए सर्वथा अनुपयुक्त समझी जाती है।

श्रृंखला आधार सूचकांको की निर्माण विधि

सबसे पहले सभी वस्तुओं के श्रृंखला मूल्यानुपात निकाले जाते हैं। जिसका सूत्र है—

$$\text{L.R.} = \frac{\text{Current Year's Price}}{\text{Previous Year's Price}} \times 100$$

इस प्रकार निकाले गए श्रृंखला मूल्यानुपातों के योग को वस्तुओं की संख्या से भाग देने पर **'श्रृंखला-मूल्यानुपातों का माध्य'** (Average of Link Relatives) ज्ञात हो जाता है।

स्थिर-आधार से श्रृंखला सूचकांक ज्ञात करना

जब हम उपर्युक्त विधि द्वारा श्रृंखला-मूल्यानुपात निकालते हैं तो इससे विभिन्न वर्षों में एक निकटवर्ती संबंध या कड़ी का ज्ञान तो होता है, परन्तु कभी-कभी इन समस्त कड़ियों का संबंध हम एक निश्चित तथा स्थिर वर्ष से भी करना चाहते हैं ताकि सभी वर्षों के परिवर्तन एक निश्चित वर्ष से श्रृंखलाबद्ध हो जायें। इसका प्रयोग वास्तव में परिवर्तन की दर को शीघ्र समझने के लिए किया जाता है। इस प्रकार से श्रृंखलित मूल्यानुपातों को, **श्रृंखला-अनुपात** (Chain Relative or Chain Indices Chained to a Fixed Base) भी कहते हैं। इसका सूत्र है—

$$\begin{array}{c}\text{Chain Index}\\\text{for}\\\text{Current Year}\end{array} = \frac{\text{(Chain Index of Previous Year} \times \text{Average Link Relative of Current Year)}}{100}$$

उपभोक्ता-मूल्य सूचकांक (Consumer Price Index Numbers)

उपभोक्ता मूल्य सूचकांक को **फुटकर-मूल्य सूचकांक** (Retail Price Index Numbers) अथवा **जीवन-निर्वाह का लागत सूचकांक** (Cost of Living Price Index Numbers) अथवा **जीवन यापन सूचकांक** (Price of Living Index Numbers) भी कहा जाता है। **यह सूचकांक केवल मूल्य-स्तर में होने वाले परिवर्तनों का मापन करता है।** उपभोक्ता मूल्य सूचकांक हमें बतलाता है कि किसी एक वर्ग-विशेष के उपभोक्ताओं को, वस्तुओं एवं सेवाओं की एक निश्चित मात्रा खरीदने के लिए आधार वर्ष में किये गए भुगतान की तुलना में, किसी अन्य निश्चित समय-बिन्दु (Point of time) पर वस्तुओं एवं सेवाओं की उसी मात्रा के लिए कितना भुगतान करना पड़ता है।

इस प्रकार किसी स्थान-विशेष से संबंधित किसी वर्ग विशेष के उपभोक्ताओं पर पड़ने वाले मूल्य-परिवर्तनों के प्रभाव का माप करने के लिए जो सूचकांक बनाए जाते हैं, उन्हें उपभोक्ता-मूल्य सूचकांक कहा जाता है।

उपभोक्ता मूल्य सूचकांक की उपयोगिता

उपभोक्ता-मूल्य सूचकांक की उपयोगिता निम्न है—

1. मुद्रा की क्रय-शक्ति का माप करना—इन सूचकांकों की सहायता से मुद्रा की क्रय-शक्ति का अनुमान आसानी से लगाया जा सकता है। सूत्रानुसार—

$$\text{मुद्रा की क्रय शक्ति} = \frac{1}{\text{उपभोक्ता मूल्य सूचकांक}}$$

2. वास्तविक मजदूरी ज्ञात करना—ये सूचकांक वास्तविक मजदूरी (real wages) को ज्ञात करने में सहायक सिद्ध होते हैं। सूत्रानुसार-

$$\text{वास्तविक मजदूरी} = \frac{\text{मौद्रिक मजदूरी}}{\text{उपभोक्ता मूल्य सूचकांक}} \times 100$$

3. महंगाई भत्ता तथा न्यूनतम मजदूरी का निर्धारण—औद्योगिक कर्मचारियों की मंहगाई भत्ता (Dearness Allowance) तथा न्यूनतम मजदूरी (Minimum Wage) आदि उपभोक्ता-मूल्य सूचकांक के आधार पर ही निश्चित की जाती है।

4. मूल्य-नियंत्रण तथा राशनिंग में सहायक—उपभोक्ता मूल्य-सूचकांको की सहायता से लोगों की रहन-सहन की लागत में होने वाले परिवर्तनों का पता चल जाता है जिसके आधार पर सरकार आवश्यकतानुसार मूल्य-नियंत्रण की नीति अपना सकती है और राशनिंग व्यवस्था को लागू कर सकती है।

भौतिक मात्राओं के सूचकांक (Index Number of Physical Quantities)

यह सूचकांक उत्पादन में होने वाले परिवर्तनों को दर्शाता है तथा इसके अन्तर्गत कीमतों के स्थान पर उत्पादन की मात्रा का तुलनात्मक अध्ययन किया जाता है। इन सूचकांकों की निर्माण-विधि कीमत-सूचकांक की निर्माण विधि की जैसी ही है। अन्तर की दृष्टि से केवल '**कीमत**' के स्थान पर '**मात्रा**' रखी जाती है। सूचकांक की रचना करते समय सर्वप्रथम निम्न सूत्र की सहायता से **मात्रानुपात** (Quantity relatives) ज्ञात किये जाते हैं—

$$\text{मात्रानुपात} = \frac{\text{चालू वर्ष में मात्रा}}{\text{आधार वर्ष में मात्रा}} \times 100$$

इसके बाद चालू वर्ष के सभी मात्रानुपातों का समान्तर माध्य निकाल लिया जाता है और इसको ही **भौतिक मात्राओं का सूचकांक** कहा जाता है। ध्यान रहे, मात्रा सूचकांक की इस रीति में भी 'भारों' का प्रयोग किया जा सकता है और भारों का निर्धारण वस्तुओं के सापेक्ष महत्त्व को दृष्टि में रखकर किया जाता है।

फिशर का आदर्श सूचकांक (Fisher's Ideal Index Number)

उपरोक्त चर्चा की गयी सभी भारित सूचकांक विधियों में एक सामान्य दोष यह था कि आधार वर्ष की मात्रा व भार को चालू वर्ष के लिए भी प्रयोग किया गया है जो कि सही नहीं है। चूंकि वस्तुओं के मूल्यों में परिवर्तन होने के साथ-ही-साथ, उनकी मात्रा में भी परिवर्तन होते रहते हैं इसलिए यह अधिक उचित होगा कि आधार वर्ष और चालू वर्ष के लिए अलग-अलग मात्राओं या भारों का अलग-अलग प्रयोग किया जाये। **प्रो. इरविंग फिशर** पहले व्यक्ति थे जिन्होंने् इस तथ्य के आधार पर एक फार्मूला बनाया, जिसको फिशर के आदर्श सूचकांक के नाम से पुकारा जाता है।

फिशर के सूचकांक की विशेषताएं

फिशर के सूचकांक की निम्न विशेषताएं है—

1. यह परिवर्तनशील भारों पर आधारित है।

2. माध्य की दृष्टि से इसमें **गुणोत्तर माध्य** (Geometric Mean) का प्रयोग किया जाता है जो कि सबसे अधिक विश्वसनीय माध्य समझा जाता है, तथा

3. यह सूचकांक '**उत्क्राम्यता परीक्षण**' (Reversibility Test) को पूरा करता है।

2. भविष्य के बारे में पूर्वानुमान लगाना।

3. भूतकालीन परिवर्तनों से अनुभव प्राप्त करना।

4. व्यापार-चक्र का अनुमान लगाना।

5. अन्य पारस्परिक श्रेणियों से तुलना करना।

काल-श्रेणी के संघटक (Components of Time-Series)

काल-श्रेणी के संघटक से अभिप्राय है कि एक काल-श्रेणी में कितने प्रकार के उच्चावचन (Fluctuation) हो सकते हैं। आमतौर पर इन परिवर्तनों को मुख्य रूप से तीन वर्गों में बांटा जा सकता है—

1. सुदीर्घकालीन प्रवृत्ति (Secular Trend)

2. अल्पकालीन उच्चावचन (Short-term Fluctuations)

3. अनियमित या दैव उच्चावचन (Irregular or Random Fluctuations)

सुदीर्घकालीन प्रवृत्ति

आमतौर पर देखने में आता है कि किसी भी काल श्रेणी में समय-समय पर उतार-चढ़ाव होते रहते हैं, लेकिन दीर्घकालीन दृष्टि से उक्त श्रेणी में होने वाले परिवर्तनों की अन्तर्निहित प्रवृत्ति (underlying tendency) एक ही दिशा की ओर होती है। अन्य शब्दों में, परिवर्तनों का रूख या तो बढ़ने का होता है या घटने का। **उदाहरणार्थ,** भारत में खाद्य-पदार्थों की कीमतों में दिन-प्रति-दिन उतार-चढ़ाव आते रहते हैं, लेकिन स्वतंत्रता के बाद से अभी तक यदि कीमतों में हुए परिवर्तनों का मूल्यांकन किया जाए तो यह बात स्पष्ट है कि कीमतों में दीर्घकालीन प्रवृत्ति बढ़ने की ही रही है। **संक्षेप में,** दीर्घकाल में किसी काल-श्रेणी के बढ़ने या घटने की सामान्य मूलभूत प्रवृत्ति को ही सुदीर्घकालीन प्रवृत्ति (Secular trend) कहते हैं।

अल्पकालीन उच्चावचन

एक काल-श्रेणी में होने वाले अल्पकालीन उतार-चढ़ावों को **अल्पकालीन उच्चावचन** (Short-term Fluctuations) कहते हैं। **ध्यान रहे,** यह उच्चावचन दोनों दिशाओं में होते रहते हैं। मुख्य रूप से अल्पकालीन उच्चावचन दो प्रकार के होते हैं—

(a) आर्तव विचरण (Seasonal Variations)—किसी काल-श्रेणी में एक ही वर्ष के अन्दर, जलवायु अथवा रीति-रिवाज में होने वाले परिवर्तनों के परिणाम स्वरूप जो नियमित अथवा अनियमित उतार-चढ़ाव आते हैं उन्हें 'आर्तव विचरण' या 'मौसमी परिवर्तन' कहते हैं।

(b) चक्रीय उच्चावचन (Cyclical Fluctuations)—आर्तव विचरण की भांति चक्रीय उच्चावचन भी नियतकालिक होते हैं अर्थात् एक निश्चित समय के बाद घटित होते रहते हैं। चक्रीय उच्चावचन के क्रम एक वृत की तरह होता है। एक के बाद दूसरी अवस्था की पुनरावृत्ति अपने आप होती रहती है। साधारणतया प्रत्येक चक्रीय उच्चावचन की चार अवस्थाएं होती हैं—

(i) समृद्धि (Prosperity)

(ii) प्रतिसार (Recession)

(iii) अवसाद (Depression)

(iv) पुनरुत्थान (Recovery)

अनियमित अथवा दैव उच्चावचन

जब किसी काल-श्रेणी में आकस्मिक रूप से अथवा दैवयोग (at random) से अनियमित परिवर्तन होते हैं जिनकी न तो कोई सम्भावना रही हो और न ही जिनकी कोई निश्चित अवधि हो, उन्हें अनियमित, क्रमहीन अथवा दैव उच्चावचन कहते हैं। **अन्य शब्दों में,** अनियमित उच्चावचन आकस्मिक घटनाओं व प्राकृतिक अभिशापों जैसे युद्ध, भूकम्प, बाढ़ तथा औद्योगिक संघर्षों की प्रतिक्रिया स्वरूप घटित होते हैं।

प्रतिदर्श सिद्धांत (Sampling Theory)

सांख्यिकीय अनुसंधान के समय हमारे समक्ष एक विचारणीय प्रश्न यह उठता है कि अनुसंधान का **'स्वरूप'** या **'प्रकार'** क्या हो? **अन्य शब्दों में,** समंकों (data) का संकलन **संगणना अनुसंधान** (Census Investigation) के अनुसार किया जाए या **प्रतिदर्श अनुसंधान** (Sample Investigation) के आधार पर। इन दोनों विधियों का सांख्यिकीय-क्षेत्र में विशेष महत्त्व है। इनका विस्तार से वर्णन करने से पहले हमे समग्र (Universe) तथा प्रतिदर्श का अर्थ जान लेना जरूरी होगा।

समग्र तथा प्रतिदर्श (The Universe and the Sample)

समग्र या समष्टि से हमारा अभिप्राय, अनुसंधान के लिए निर्धारित उस समस्त क्षेत्र से है जिसके बारे में जानकारी प्राप्त करनी होती है। **अन्य शब्दों में,** विचाराधीन विषय-वस्तुओं के सम्पूर्ण समूह को समग्र कहते हैं। ध्यान रखने योग्य बात यह है कि समग्र का आकार अनुसंधान के उद्देश्य एवं क्षेत्र पर निर्भर करता है और यह छोटा या बड़ा हो सकता है अथवा सीमित या असीमित हो सकता है। उदाहरण के तौर पर भारतीय

विश्वविद्यालयों में विद्यार्थियों की कुल संख्या; बिहार के विश्वविद्यालयों में विद्यार्थियों की कुल संख्या; जय प्रकाश विश्वविद्यालय में विद्यार्थियों की कुल संख्या; राजेन्द्र कालेज में विद्यार्थियों की कुल संख्या और राजेन्द्र कालेज के अर्थशास्त्र फैकल्टी में विद्यार्थियों की कुल संख्या, अलग-अलग स्तर पर तैयार किये गए **'समग्रों'** के विविध उदाहरण हैं।

समग्र के प्रकार (Types of Universe)

समग्र दो प्रकार का होता है—

1. परिमित समग्र (Finite Universe)

2. अपरिमित समग्र (Infinite Universe)

परिमित समग्र वह होता है जिसमें इकाइयों की संख्या सुनिश्चित हो अर्थात् जिस समग्र में पायी जाने वाली इकाइयों की कुल संख्या की गणना की जा सकती हो। जैसे दिल्ली विश्वविद्यालय में छात्रों की कुल संख्या, कानपुर में औद्योगिक श्रमिकों की संख्या इत्यादि परिमित समग्र के उदाहरण है।

अपरिमित समग्र में इकाइयों की संख्या अनिश्चित अर्थात् अनन्त होती है। (*An infinite universe is a universe containing limitless number of items.*) जैसे सर में बाल, पेड़ों की पत्तियों की संख्या, आसमान में तारों की संख्या आदि अपरिमित समग्र के उदाहरण है।

प्रतिदर्श की परिभाषा (Definition of a Sample)

समग्र (Universe) में सम्मिलित प्रत्येक इकाई, प्रतिचयन-इकाई (Sampling unit) कहलाती है और उसमें से चुनी गयी प्रत्येक इकाई-विशेष या इकाइयां विशेष को प्रतिदर्श (Sample) कहते हैं। अन्य शब्दों में, **प्रतिदर्श समग्र की इकाइयों का वह अंश है जो पूर्ण समग्र के अध्ययन हेतु चुना जाता है। एक प्रतिदर्श को समग्र की विशेषताओं का स्पष्ट चित्रण करना चाहिए। यह अपने में एक 'लघु-समग्र' है या इसे समग्र का उप-समुच्चय कह सकते हैं।** (A Sample is that part of the universe which we select for the purpose of investigation. A sample should exhibit the characteristics of the universe, it should be a 'microcosm' a word which literally means "Small universe".)

संगणना या समग्र अनुसंधान (Census Investigation)

जब हम किसी समस्या विशेष, से संबंधित पूरे क्षेत्र या समग्र (Universe or Population) की प्रत्येक व्यक्तिगत इकाई का अध्ययन करके उससे निष्कर्ष निकालते हैं तो इस प्रकार के अनुसंधान को **संगणना** (Census) या समग्र अनुसंधान कहते हैं। **उदाहरणस्वरूप,** मान लें कि किसी स्कूल में 5000 विद्यार्थियों के बारे में कोई जानकारी (जैसे मासिक व्यय, औसत ऊंचाई, औसत भार आदि) प्राप्त करनी है। इसके लिए यदि प्रत्येक छात्र से व्यक्तिगत रूप से पूछ-ताछ करके समंक (data) एकत्र किये जाये तो यह संगणना अनुसंधान कहलाएगा। इस उदाहरण में पूरा स्कूल (अर्थात् सभी 5000 छात्र) समग्र (Universe) माना जाएगा और व्यक्तिगत रूप से प्रत्येक छात्र उस समग्र की इकाई (unit of Sample) होगा। भारत में जनगणना (Population Census) संगणना विधि-द्वारा ही किया जाता है।

संगणना अनुसंधान का प्रयोग

संगणना अनुसंधान का प्रयोग निम्नलिखित स्थितियों में ऊचित होता है—

1. जब समग्र का आकार सीमित हो।

2. जहां परिशुद्धता की अधिक आवश्यकता हो।

3. जहां सांख्यिकीय एकक (statistical Unit) में विजातीयता या विविध गुण पाये जाते हों।

4. जहां विस्तृत सूचनायें एकत्रित करनी हों।

प्रतिदर्श अनुसंधान (Sample Investigation)

संगणना प्रणाली के विपरीत, प्रतिदर्श अनुसंधान में समग्र की प्रत्येक इकाई का व्यक्तिगत रूप से अध्ययन नहीं किया जाता बल्कि समग्र में से केवल कुछ चुनी हुई इकाइयों का गहन अध्ययन किया जाता है। अनुसंधान की इस विधि के अन्तर्गत समग्र में से किसी आधार पर कुछ प्रतिनिधि इकाइयां चुन ली जाती हैं और उन चुनी हुई इकाइयों के विस्तृत अध्ययन से निष्कर्ष निकाले जाते हैं। इस प्रकार प्रतिदर्श अनुसंधान समस्त समूह के एक अंश का अध्ययन है, सम्पूर्ण समूह या समग्र का नहीं। उदाहरणस्वरूप, अगर किसी स्कूल के 5000 विद्यार्थियों के स्वास्थ्य से संबंधित सर्वेक्षण करना है तो स्कूल के प्रत्येक छात्र का अध्ययन न करके, यदि हम उसमें से कुछ, जैसे 500 छात्र को छांट कर उनका अध्ययन कर लें तो यह **प्रतिदर्श अनुसंधान** कहलायेगा। इन 500 छात्रों के अध्ययन से प्राप्त होने वाला निष्कर्ष, समस्त समग्र पर भी लागू होगा क्योंकि प्रतिचयन प्रणाली का आधार यह है कि चुने गए प्रतिदर्श (samples) समग्र का पूर्ण प्रतिनिधित्व करते हैं अर्थात उनमें वही विशेषताएं पायी जाती हैं जो पूरे समग्र (Universe) में होती है।

प्रतिदर्श या निदर्शन प्रणाली की उपयोगिता

वर्तमान समय में यह प्रणाली सांख्यिकीय अनुसंधान का एक महत्त्वपूर्ण अंग है। आर्थिक एवं व्यापारिक क्षेत्र के अलावा दैनिक जीवन में भी इस प्रणाली का अत्यधिक प्रयोग किया जाता है।

प्रतिदर्श प्रणाली का उपयोग

निम्नलिखित स्थितियों में प्रतिदर्श प्रणाली (Sampling Method) अधिक उपयुक्त समझी जाती है—

1. अनन्त समग्र—यदि समग्र अनन्त (Infinity) है तो ऐसी स्थिति में केवल प्रतिदर्श प्रणाली ही उपयुक्त है।

2. विस्तृत क्षेत्र तथा शुद्धता की कम आवश्यकता—यदि विश्लेषण का क्षेत्र काफी विस्तृत है और शुद्धता के उच्च-स्तर की आवश्यकता नहीं है तो प्रतिदर्श प्रणाली ही अधिक उपर्युक्त है। **उदाहरणस्वरूप,** यदि राष्ट्रीय स्तर पर उपभोक्ताओं की रूचि का पता लगाना है तो इसके लिये प्रत्येक उपभोक्ता से सम्पर्क स्थापित करके संगणना जांच करना,असंभव नहीं तो कठिन अवश्य है। अत: इस स्थिति में प्रतिदर्श विधि का प्रयोग ही अधिक उचित होगा।

3. अव्यवहारिकता—कुछ क्षेत्रों में संगणना द्वारा जांच करना असंभव तथा अव्यवहारिक होता है। **उदाहरणार्थ,** यदि भारत में कोयले की कुल मात्रा का पता लगाना है तो यह संगणना विधि द्वारा सभी खानों को खोदकर ही पता लगाया जा सकता है, परन्तु ऐसा करना असम्भव भी है और आर्थिक दृष्टि से अवांछनीय भी। अत: ऐसी स्थिति में प्रतिदर्श विधि ही अधिक उपयुक्त है।

प्रतिदर्श विधि के गुण

1. मितव्ययता
2. उपयुक्तता
3. विस्तृत जांच की सुविधा
4. अधिक वैज्ञानिक रीति

प्रतिदर्श विधि के दोष

1. कम शुद्धता
2. भ्रमात्मक परिणाम की प्राप्ति
3. कम विश्वसनीय
4. विशिष्ट ज्ञान की आवश्यकता

प्रतिदर्श के आवश्यक तत्त्व (Essentials of Sampling)

शुद्ध तथा निष्पक्ष निष्कर्ष प्राप्त करने के लिए प्रतिदर्श में निम्न गुणों का होना आवश्यक है—

1. पूर्ण प्रतिनिधित्व—छांटे गये प्रतिदर्श (Sample) को समग्र की सभी विशेषताओं का पूर्ण प्रतिनिधित्व करना चाहिये। यह तभी संभव है जब समग्र की प्रत्येक इकाई को प्रतिदर्श के रूप में चुने जाने का समान अवसर प्राप्त हो।

2. स्वतंत्रता—समग्र (Universe) की सभी इकाइयां एक-दूसरे से स्वतंत्र होनी चाहिए। **अन्य शब्दों में,** किसी एक इकाई का प्रतिदर्श में शामिल होना शर्त रहित, अर्थात् किसी अन्य इकाई-विशेष के सम्मिलित होने पर निर्भर नहीं होना चहिये।

3. पर्याप्तता—प्रतिदर्शों की संख्या पर्याप्त होनी चाहिये। प्रतिदर्श जितना बड़ा होगा शुद्धता उतनी ही अधिक होगी।

4. सजातीयता—सजातीयता से आशय यह है कि यदि समग्र में से दो या अधिक तरह के प्रतिदर्श छांटे गये हैं तो उनमें परस्पर सजातीयता होना चाहिए, अन्यथा प्रतिदर्शों में विचरण अधिक होने के कारण विभ्रम (erros) उत्पन्न होने लगेंगे।

प्रतिदर्श के प्रकार (Types of Sampling)

प्रतिदर्श के निम्न प्रकार हैं—

सविचार प्रतिदर्श (Deliberate Sampling or Purposive Selection)—यह विधि अनुसंधानकर्ता की 'इच्छा एवं आवश्यकता' पर आधारित है। इस विधि के अनुसार अनुसंधानकर्ता पूरे समग्र में से आवश्यकतानुसार, उन इकाइयों को चुन लेता है, जो उसकी दृष्टि में समग्र का प्रतिनिधित्व करती हों। इस प्रकार स्पष्ट है कि प्रतिदर्श में किन इकाइयों को शामिल किया जाए या न किया जाए, यह सब अनुसंधानकर्ता की स्वेच्छा एवं विवेक पर निर्भर करता है।

इस प्रणाली के गुण एवं दोष—यह एक अत्यन्त सरल विधि है और साथ-ही उन क्षेत्रों के लिये अधिक उपयुक्त है जिनमें सभी इकाइयां समरूप हों। इस विधि का प्रमुख दोष यह है कि इसके अनुसार प्रतिदर्श छांटते समय अनुसंधानकर्ता की व्यक्तिगत धारणाओं और पक्षपात का डर सदैव रहता है। जिससे निष्कर्ष अशुद्ध निकलते हैं।

दैव प्रतिदर्श (Random Sampling or Chance Selection)

प्रतिदर्श चयन की यह सर्वश्रेष्ठ विधि है क्योंकि इसमें अनुसंधानकर्ता के पक्षपात की कोई सम्भावना नहीं होती। प्रतिदर्श का चयन अनुसंधानकर्ता की '**इच्छा**' के बजाय '**अवसर**' (Chance) पर निर्भर करता है। समग्र की प्रत्येक इकाई को इस बात का

समान अवसर मिलता है कि वह प्रतिदर्श रूप में चुनी जा सके। चूंकि इस प्रणाली के अन्तर्गत प्रतिदर्श-चयन की प्रक्रिया पूरी तरह से दैव या अवसर पर छोड़ दी जाती है। इसलिए प्राय: कहा जाता है कि **''एक अच्छा प्रतिदर्श दैव प्रतिचयन पर आधारित होना चाहिए''** (A good sample must be based on random selection.)

दैव प्रतिदर्श की रीतियां (Methods of Random Sampling)—दैव प्रतिदर्श के अनुसार प्रतिदर्श चुनने की निम्न विधियां हैं—

(a) लाटरी विधि (Lottery Method)

(b) ढ़ोल घुमाकर (By Rotating the Drum)

(c) सुव्यवस्थित क्रम (Systematic Arrangement)

स्तरित प्रतिदर्श (Stratified Sampling)

यह विधि उपरोक्त दोनों विधियों का सम्मिश्रण है और भिन्न-भिन्न विशेषताओं वाले समग्र में से प्रतिदर्श छांटने के लिए अधिक उपयुक्त है। इस विधि में सबसे पहले, समग्र को उनकी विशेषताओं के आधार पर अनेक सजातीय भागों या स्तरों (Strata) में बांट दिया जाता है। इसके बाद प्रत्येक भाग में से, अनुपातिक रूप में, दैव प्रतिदर्श के आधार पर इकाइयां चुन ली जाती हैं।

मान लीजिए किसी कॉलेज के 6500 छात्रों का औसत प्राप्तांक (average marks) के बारे में पता करना है। सर्वप्रथम इसके लिए कॉलेज के सभी छात्रों को विभिन्न फैकल्टी (Faculty) जैसे आर्ट्स, कामर्स, साइन्स, कानून आदि में बांटा जायेगा। माना कि चारों फैकल्टी में क्रमश: 1500, 2000, 1000 एवं 2000 छात्र हैं। और हमें 10 प्रतिशत के हिसाब से प्रतिदर्श लेने हैं तो चारों फैकल्टी में से दैव आधार पर क्रमश: 150, 200, 100 एवं 200 छात्र चुन लिये जायेंगे।

इस प्रणाली के गुण—

(a) यह विधि उपर्युक्त दोनों विधियों का सम्मिश्रण होने के कारण सर्वश्रेष्ठ समझी जाती है।

(b) विषम प्रकृति के समग्रों के लिए यह विधि अधिक उपयुक्त है।

(c) इस विधि द्वारा लिए गए प्रतिदर्श समग्र का सही प्रतिनिधित्व करते हैं।

बहु-स्तरीय दैव प्रतिदर्श (Multi-Stage Random Sampling)

यह प्रणाली भी दैव प्रतिदर्श पर आधारित है परन्तु इकाइयों के चुनाव का कार्य कई स्तरों (Stages) में किया जाता है। **उदाहरणार्थ,** हरियाणा में अगर प्रति-व्यक्ति आय ज्ञात करना हो, तो सबसे पहले पूरे राज्य में से दैव आधार पर कुछ जिले का चुनाव कर लिया जाता है। फिर उन जिलों में से कुछ शहर, शहरों में से कुछ मुहल्ले और मुहल्लों में से कुछ परिवारों का चयन कर लिया जाता है। यहां ध्यान रखने योग्य बात यह है कि यह सब क्रिया सविचार न होकर, दैव आधार पर ही की जाती है।

कोटा प्रतिदर्श (Quota Sampling)

यह विधि स्तरित प्रतिदर्श का ही एक विशिष्ट रूप है। इस विधि में प्रगणकों के लिये अलग-अलग 'कोटा' निश्चित कर दिया जाता है। **अन्य शब्दों में,** प्रत्येक प्रगणक को शुरु में ही बता दिया जाता है कि उसे अपने निर्धारित क्षेत्र में कितनी प्रतिदर्श-इकाइयों का चयन करना है। प्रगणक अपने-अपने क्षेत्र में इकाइयों के चयन के मामले में पूरी तरह स्वतंत्र होते हैं। आमतौर पर यह देखने में आता है कि प्रगणकों द्वारा इकाइयों का चयन दैव आधार पर न करके अपनी इच्छा, विवेक एवं निर्णय के अनुसार किया जाता है। फलत: निष्कर्ष शुद्ध नहीं निकलते।

निष्कर्ष—प्रतिदर्श अनुसंधान की उपर्युक्त सभी विधियों में गुण व दोष हैं। अत: हमारे लिए यह कहना कि इनमें से कौन-सी विधि सबसे अच्छी है, कठिन है क्योंकि विधि का चुनाव काफी हद तक समग्र की प्रकृति, इकाइयों की विशेषता, समग्र का आकार, शुद्धता की मात्रा तथा समय व साधन पर निर्भर करता है। वैसे अनुभाविक प्रमाण से स्पष्ट है कि सामान्यत: दैव प्रतिदर्श तथा स्तरित प्रतिदर्श का ही अधिक प्रयोग किया जाता है क्योंकि ये विधियां, सही अर्थों में, प्रतिदर्श सिद्धांत पर आधारित हैं।

प्राचल एवं प्रतिदर्शज (Parameter and Statistic)

प्रतिदर्श सिद्धांत को जानने के लिए **प्राचल** एवं **प्रतिदर्शज** के अर्थ को समझना आवश्यक है। जब किसी समग्र (universe) की सभी इकाइयों के सांख्यिकीय माप जैसे माध्य, प्रमाप विचलन अथवा सह-संबंध गुणांक निकाले जायें तो इन मापों को **प्राचल** के नाम से जाना जाता है। जबकि इसके विपरीत समग्र में से चुनी गयी प्रतिदर्श-इकाइयों से निकाले गये सांख्यिकय मापों को प्रतिदर्शज (Statistic) कहते हैं। **उदाहरणार्थ,** मान ले कि एक समग्र में 4000 इकाइयां हैं। यदि इन सम्पूर्ण इकाइयों का इस्तेमाल करके माध्य तथा प्रमाप विचलन निकाले जायें तो ये प्राचल कहलायेंगे्। इसके विपरीत यदि इन 4000 इकाइयों में से 400 इकाइयां प्रतिदर्श के रूप में चुन ली जाए और उनका माध्य अथवा प्रमाप विचलन निकाला जाये तो ये **'प्रतिदर्श-माप'** प्रतिदर्शज कहलायेंगे।

प्रतिदर्श के उद्देश्य (Objective of Sampling)

प्रतिदर्श विश्लेषण का सबसे महत्त्वपूर्ण उद्देश्य किसी विचाराधीन समस्या के बारे में कम-से-कम समय, धन व शक्ति खर्च करके अधिक-से-अधिक जानकारी प्राप्त करना है। प्रतिदर्श विश्लेषण के मुख्य उद्देश्य को निम्न प्रकार से व्यक्त किया जा सकता है—

(a) प्राचलों का अनुमान (Estimation of Parameters)

प्रतिदर्श सिद्धांत का मुख्य उद्देश्य प्रतिदर्श का अध्ययन करके पूरे समग्र के बारे में कम-से-कम समय में, प्रतिदर्शज की सहायता से प्राचल का अर्थात् प्रतिदर्श (Sample) की सहायता से समग्र का अनभिनत अनुमान लगाना प्रतिदर्श सिद्धांत का प्राथमिक उद्देश्य है। यह अनुमान दो प्रकार का हो सकता है—

(i) बिन्दु-अनुमान (Point Estimate)

(ii) अन्तराल-अनुमान (Interval Estimate)

(b) परिकल्पना का परीक्षण (Testing of Hypothesis)

प्रतिदर्श सिद्धांत का दूसरा महत्त्वपूर्ण उद्देश्य चुने गए प्रतिदर्श (Sample) के आधार पर समग्र के संबंध में की गयी किसी सुनिश्चित परिकल्पना की विधिवत् ढंग से जांच करना है। स्मरण रहे, परिकल्पना-परीक्षण के अन्तर्गत इस बात की जांच की जाती है कि वास्तविक और परिकल्पित प्राचल के बीच पाया जाने वाला अन्तर **प्रतिदर्श-उच्चावचनों** (Sampling Fluctuations) के कारण है या किसी अन्य कारण से है। परिकल्पना-परीक्षण को नीचे दिये गये एक उदाहरण द्वारा भी समझा जा सकता है। मान लीजिये एक सिक्का 200 बार हवा में उछाला गया और वह 120 बार 'चित' (Head) तथा 80 बार 'पट' गिरता है। चूंकि एक सुडौल सिक्के के चित व पट गिरने की संभावना सदैव क्रमश: 1/2 तथा 1/2 होती है। अत: इस आधार पर प्रत्याशा (Expectation) यह होगी कि यह सिक्का 100 बार 'चित्त' एवं 100 बार 'पट' गिरेगा जबकि सिक्का,वास्तविक रूप में 120 बार चित एवं 80 बार पट गिरा है। अब परिकल्पना परीक्षण के अन्तर्गत हमें यह देखना है कि प्रत्याशित और अवलोकित का यह अन्तर (100–80 = 20) क्यों है अर्थात् यह अन्तर सार्थक है या नहीं। यदि यह अन्तर सार्थक (Significant) है तो सिक्का सुडौल नहीं है और हमारी ''यह परिकल्पना कि सिक्का सुडौल है—गलत सिद्ध हो जाती है क्योंकि प्रत्याशा और अवलोकन का अन्तर प्रतिदर्श उच्चावचनों (Sampling Fluctuations) के कारण न होकर किन्हीं अन्य कारणों (सिक्के के सुडौल न होने के कारण) से हुआ है। इसके विपरीत यदि यह अन्तर सार्थक नहीं है तो सिक्का सुडौल माना जाएगा और हमारी परिकल्पना सत्य सिद्ध होगी। वास्तव में इस जांच को ही **सार्थकता परीक्षण** (Test of Significance) कहते है।''

सार्थकता परीक्षण (Test of Significance)

एक बड़े समग्र में से कुछ निश्चित आकार के यदि अनेक दैव प्रतिदर्श (Random Samples) चुने जायें और उनके कुछ मान जैसे समान्तर माध्य एवं प्रमाप विचलन आदि ज्ञात किये जायें तो प्रतिदर्शों के माध्य एक समान नहीं होंगे बल्कि ये समग्र के प्राचलों से भी भिन्न होंगे। अवलोकित प्रतिदर्शज और परिकल्पित प्राचल के बीच पाया जाने वाला अन्तर यदि निदर्शन (Sampling) प्रक्रिया के कारण हुआ है तो वह 'अर्थ-हीन' माना जाएगा। यदि यह अन्तर काफी अधिक हो और दैव के कारण न होकर किसी अन्य कारण का परिणाम रहा हो, तो सांख्यिकीय दृष्टि से इसे 'सार्थक' माना जायेगा।

यहां ध्यान रखने योग्य बात यह है कि सार्थकता परीक्षण का प्रयोग तब किया जाना चाहिए जब प्रतिदर्श सरल और दैव (Simple and Random) प्रकृति का हो। प्रतिदर्श सरल एवं दैव प्रकृति का तब माना जाएगा जब वह निम्न तीन शर्तों को पूरा करता हो—

1. प्रतिदर्श इकाइयां एक ही मौलिक समग्र में से चुनी गयी हों।

2. समग्र की प्रत्येक इकाई का प्रतिदर्श (Sample) में सम्मिलित होने की सम्भावना समान हो।

3. तीसरी शर्त यह है कि प्रतिदर्श के रूप में विभिन्न इकाइयों का निकाला जाना आपस में स्वतंत्र घटनाएं होनी चाहिए। **अन्य शब्दों में,** प्रत्येक इकाई विशेष का प्रतिदर्श के रूप में छंटकर आने की सम्भावना यथास्थिर बनी रहनी चाहिए।

सार्थकता परीक्षण की सीमाएं (Limitations of the Test of Significance)

सांख्यिकीय सार्थकता परीक्षण की कुछ सीमाएं भी है—

1. सार्थकता परीक्षण का इस्तेमाल यांत्रिक रूप से नहीं किया जा सकता क्योंकि ये एक ऐसी कच्ची सामग्री की भांति हैं जिनमें से निर्णय लेने होते हैं, वे स्वयं में निर्णय नहीं है।

2. ऐसी भी सम्भावना हो सकती है जब प्रत्याशित एवं अवलोकित में वास्तविक अन्तर विद्यमान हो लेकिन इस बात का कोई प्रमाण न हो कि वे सांख्यिकीय दृष्टि से सार्थक हैं। यह स्थिति विशेष रूप से तब उत्पन्न होती है जब समग्र (Universe)

काफी छोटे हो। इसके विपरीत समग्र के छोटे होने पर भी सांख्यिकीय सार्थकता का आभास हो सकता है। अत: आवश्यकता इस बात की है कि निर्वचन का कार्य-बहुत सावधानीपूर्वक किया जाए।

3. यद्यपि सार्थकता-परीक्षण इस बात का संकेत कर सकते हैं कि अन्तर सार्थकतापूर्ण है लेकिन वे यह स्पष्ट नहीं कर पाते कि यह अन्तर क्यों है।

प्रतिदर्श बंटन (Sampling Distributions)

निदर्शन-सिद्धांत (Sampling Theory) के अन्तर्गत मुख्य रूप से तीन प्रकार के आवृत्ति-वितरण और उनकी विशेषताओं का अध्ययन किया जाता है। ये आवृत्ति-वितरण निम्न हैं—

1. समग्र-वितरण (The Universe Distribution)

2. प्रतिदर्श वितरण (The Sample Disribution)

3. निदर्शन-वितरण (The Sampling Distribution)

प्रतिदर्श वितरण (The Sample Distribution)

यदि समग्र में से दैव आधार पर यदि कुछ प्रतिदर्श चुन लिए जायें और उनका अध्ययन किया जाए तो उसके वितरण-आकार को **'प्रतिदर्श-वितरण'** कहा जाता है। प्रतिदर्श वितरण किसी भी रूप अथवा आकृति का हो सकता है।

निदर्शन-वितरण (The Sampling Distribution)

यदि हम पूरे समग्र में से प्रतिदर्शों के अनेक समूह को दैव आधार पर छांटे और इन सभी समूह-प्रतिदर्शों का अलग-अलग माध्य ज्ञात किया जाए तो उससे बनने वाले आवृत्ति-वितरण को **निदर्शन-वितरण** (Sampling distribution) कहा जाता है। इस प्रकार के वितरण में प्रत्येक इकाई (item) एक प्रतिदर्श का माध्य है। यहां ध्यान देने योग्य बात यह है कि माध्यों का निदर्शन वितरण प्रसामान्य वितरण के लगभग समरूप होता है। अन्य शब्दों में, निदर्शन-वितरण का माध्य समग्र के माध्य के समान होता है।

निदर्शन वितरणों का महत्त्व

सांख्यिकीय आगमन (Statistical induction) में निदर्शन वितरणों का अपना एक विशेष महत्त्व है क्योंकि इन वितरणों में निम्न महत्त्वपूर्ण विशेषताएं पायी जाती हैं—

1. पहली विशेषता यह है कि यदि बड़े आकार के अनेक दैव प्रतिदर्श एक विशाल समग्र में से छांटे जायें तो उनके प्रतिदर्शजों का निदर्शन-वितरण या तो प्रसामान्य वितरण के अत्यन्त सन्निकट होगा या पूरी तरह से प्रसामान्य होगा। भले ही मूल-समग्र पूर्णत: प्रसामान्य हो या लगभग प्रसामान्य हो। निदर्शन-वितरण की इस विशेषता को **'केन्द्रीय सीमा प्रमेय'** (Central Limit Theorem) भी कहते हैं। निष्कर्षत: हम कह सकते हैं कि प्रसामान्य समग्र से लिये गये दैव प्रतिदर्शों का निदर्शन वितरण सदैव प्रसामान्य होता है भले ही प्रतिदर्श (Sample) का आकार छोटा ही क्यों न हो। इसके विपरीत यदि समग्र प्रसामान्य नहीं है तो भी जैसे-जैसे प्रतिदर्श-आकार अनन्त रूप लेता जायेगा वैसे-वैसे उसका निदर्शन-वितरण भी प्रसामान्यता के सन्निकट होता जाएगा।

2. निदर्शन वितरण की दूसरी विशेषता यह है कि इसका समान्तर माध्य और मूल-समग्र (Parent Universe) का समान्तर माध्य दोनों एक समान होते हैं। निदर्शन-वितरण की इस विशेषता के आधार पर ही प्रतिदर्श-माध्यों की मदद से समग्र के माध्य मूल्य (mean value) का सर्वोपयुक्त अनुमान लगाया जाता है।

प्रतिदर्श का आकार और प्रमापित मापें (Size of Sample and Standard Measures)

बड़े प्रतिदर्शों का विश्लेषण जिन मान्यताओं पर आधारित होते हैं वे छोटे प्रतिदर्शों के लिए उपयुक्त नहीं होते हैं। जैसे, बड़े प्रतिदर्शों के सन्दर्भ में हमारी एक मान्यता यह है कि प्रतिदर्शजों का निदर्शन-वितरण (Sampling distribution of statistics) प्रसामान्य होता है और दूसरा, निदर्शन-अध्ययनों से प्राप्त मूल्य एवं समग्र मूल्य एक दूसरे के काफी करीब होते हैं। **अन्य शब्दों में,** प्रतिदर्शज मूल्य एवं प्राचल (Prameters) मूल्य लगभग समान होते हैं। लेकिन जब प्रतिदर्शों का आकार छोटा होता है तो उपर्युक्त दोनों मान्यताएं गलत हो जाती है क्योंकि छोटे प्रतिदर्शों के आधार पर तैयार किया गया निदर्शन-वितरण कभी भी प्रसामान्य नहीं हो पाता और न ही इसका समान्तर माध्य व प्रमाप विचलन, समग्र के समान्तर माध्य व प्रमाप विचलन के बराबर होता है। अत: इस स्थिति में यह आवश्यक हो जाता है कि छोटे प्रतिदर्शों का विश्लेषण किन्हीं अलग प्रकार की मान्यताओं एवं प्रविधियों के आधार पर किया जाये ताकि वांछित सांख्यिकीय शुद्धता बनी रहे। स्मरण रखने योग्य बात यह है कि छोटे न्यायदर्शों का विश्लेषण करते समय हमारा उद्देश्य मुख्य रूप से यह मालूम करना है कि अवलोकित मूल्य और प्राचल मूल्य का अन्तर निदर्शन-उच्चावचनों के कारण हुआ है या किसी अन्य कारण से।

इस प्रकार स्पष्ट है कि छोटे प्रतिदर्शों से प्राप्त अनुमान प्राचल मूल्यों की गणना करने के लिए अधिक उपयोगी सिद्ध नहीं हो सकते, इसलिए लघु आकार (Small Size) वाले प्रतिदर्शों (Samples) के प्राचल माध्य अथवा प्रमाप विचलन का आकलन करना कठिन होता है। इसी कारण छोटे प्रतिदर्शों के विश्लेषण में हमारा प्रधान उद्देश्य प्राचल मूल्य का अनुमान लगाना नहीं होता बल्कि केवल यह मालूम करना होता है कि निदर्शन के अवलोकित (observed) मूल्य व प्राचल मूल्य (Parameter Value) का अन्तर निदर्शन उच्चावचनों के कारण उत्पन्न हुआ है अथवा नहीं। **उदाहरणस्वरूप,** यदि 15 इकाइयों के प्रतिदर्श में औसत लम्बाई 65 इंच है तो इस प्रतिदर्शज के आधार पर हम यह निकालने का प्रयास नहीं करेंगे कि पूरे समग्र की माध्य लम्बाई कितनी होगी बल्कि हमारा उद्देश्य तो यह जानना होगा कि 65 इंच की औसत लम्बाई इस परिकल्पना से कहां तक संगति रखती है कि समग्र की वास्तविक औसत लम्बाई 68 इंच है।

बड़े प्रतिदर्शों के विपरीत छोटे प्रतिदर्शों में सार्थकता-परीक्षण (Test of significance) का कार्य-कुछ विशिष्टता लिये हुए है। इसी कारण **छोटे-प्रतिदर्शों** में सार्थकता की जांच निम्न वितरणों के आधार पर अलग-अलग ढंग से की जाती है—

1. टी-वितरण (T-Distribution)

2. जेड-वितरण (Z-Distribution)

3. एफ-वितरण (F-Distribution)

टी-वितरण (T-Distribution)

इस वितरण की संकल्पना का श्रेय **विलियम सीली गोस्सेट** (William Sealy Gosset) को दिया जाता है। इस वितरण के अनुसार समग्र-माध्य (Universe-Mean) और प्रतिदर्श-माध्य (Sample-Mean) के अन्तर को प्रमाप विचलन से भाग दे दिया जाए तो 't' का मूल्य प्राप्त हो जाता है। ध्यान रहे, प्रमाप विचलन की गणना करते समय बेस्सेल संशोधन का किया जाना आवश्यक है।

सूत्रानुसार

$$t = \frac{\overline{X} - \mu}{S}\sqrt{n}$$

जहां $\overline{X}$ = प्रतिदर्श-माध्य

μ = समग्र का माध्य

n = प्रतिदर्श (Sample) में इकाइयों की संख्या

S = प्रमाप विचलन (समग्र का)

टी-वितरण की विशेषताएं

टी-वितरण की निम्न विशेषताएं हैं—

1. टी-वितरण से निर्मित होने वाला वक्र सममित (Symmetrical) और एक-शिखर (Mono-Peak) वाला होता है।

बेस्सेल संशोधन (Bessel's Correction)

छोटे प्रतिदर्शों में उत्पन्न होने वाली त्रुटियों की सही जानकारी करने के लिए सदैव बेस्सेल-संशोधन का प्रयोग किया जाता है। इसका सूत्र है—

$$S = \sqrt{\left(\frac{n}{n-1}\right)\frac{\left(X-\overline{X}\right)^2}{n}} = \sqrt{\frac{\left(X-\overline{X}\right)^2}{n-1}}$$

जहां S = समग्र का प्रमाप विचलन

$n/n-1$ = बेस्सेल संशोधन

2. यह आम-तौर से प्रसामान्य वक्र (Normal Curve) से मिलता जुलता है।

3. प्रतिदर्शों का आकार बढ़ने पर यह वितरण लगभग प्रसामान्य रूप ले लेता है।

4. टी-वक्र का स्वरूप विभिन्न स्वातन्त्र्यांशों के लिए अलग-अलग होता है जिन्हें t-table में से 5% या 1% सार्थकता-स्तरों पर देखा जा सकता है।

5. 'टी' का परिकलित मूल्य, इसके सारणी मूल्य से अधिक होने पर अन्तर सार्थक माना जाता है और परिकल्पना गलत सिद्ध हो जाती है लेकिन परिकल्पित मूल्य के कम होने पर अन्तर अर्थहीन होता है अर्थात् यह अन्तर निदर्शन-उच्चावचनों (Sampling-Fluctuations) के कारण उत्पन्न हुआ मान लिया जाता है।

अब हम **टी-वितरण** के आधार पर छोटे-प्रतिदर्शों के विभिन्न प्रतिदर्शजों का परिगणन अलग-अलग शीर्षकों के अन्तर्गत करेंगे।

प्रतिदर्श माध्य का सार्थकता-परीक्षण

छोटे आकार के प्रतिदर्श के समान्तर माध्य और समग्र के समान्तर माध्य के अन्तर की सार्थकता की जांच करने के लिए निम्न प्रक्रियाओं से होकर गुजरना पड़ता है—

1. सर्वप्रथम यह परिकल्पना की जाती है कि प्रतिदर्श माध्य और समग्र-माध्य में कोई अन्तर नहीं है।

2. इसके बाद समग्र के प्रमाप विचलन की गणना, बेस्सेल संशोधन के साथ, निम्न सूत्र की सहायता से की जाती है—

$$S = \sqrt{\frac{\Sigma(X-\overline{X})^2}{n-1}}$$

3. इसके बाद 'टी' की गणना निम्न सूत्र के आधार पर की जाती है।

$$t = \frac{\overline{X} - \mu}{S}\sqrt{n}$$

4. इसके बाद स्वातन्त्र्य-कोटियों की संख्या (Number of degrees of freedom) ज्ञात की जाती है। जिसका सूत्र निम्न है—

$$d.f. = n - K$$

यद्यपि d.f. का मान अधिकतर $(n-1)$ के बराबर होता है।

5. निर्वचन—विभिन्न सार्थकता स्तरों पर 't' का परिकल्पित मूल्य इसके सारणी मूल्य से अधिक है तो परिकल्पना असत्य मानी जाएगी और ऐसी स्थिति में प्रतिदर्श-माध्य (Sample-Mean) तथा समग्र माध्य का अन्तर सार्थक समझना चाहिये। इसके विपरीत स्थिति होने पर परिकल्पना सत्य होगी और अन्तर अर्थहीन समझा जायेगा। **ध्यान-रहे, टी-टैस्ट** अधिकतर 5% सार्तकता-स्तर पर ही किया जाता है।

उदाहरण : एक समग्र से लिए गए प्रतिदर्श के 10 बच्चों की ऊंचाइयां क्रमशः 63, 63, 64, 65, 66, 69, 69, 70, 70, 71 हैं। इस परिकल्पना की विवेचना कीजिए कि समग्र की माध्य ऊंचाई 65 है। (d.f. 9 के लिए 't' का 5% वाला मान 2.262 है)

हल : हमें इस बात का पता करना है कि समग्र की माध्य ऊंचाई 65 इंच है अथवा नहीं। अतः हमारी यह परिकल्पना है कि प्रतिदर्श (Sample) माध्य और समग्र-माध्य में कोई अन्तर नहीं है।

माध्य एवं प्रमाप विचलन (S) की गणना

पद (*X*)	*विचलन* $(X-\overline{X})$	*विचलनों का वर्ग* $(X-\overline{X})^2$
63	− 4	16
63	− 4	16
64	− 3	9
65	− 2	4
66	− 1	1
69	+ 2	4
69	+ 2	4
70	+ 3	9
70	+ 3	9
71	+ 4	16
$\Sigma X = 670$	$\Sigma(X-\overline{X}) = 0$	$\Sigma(X-\overline{X})^2 = 88$

$$\text{Mean} = \overline{X} = \frac{\Sigma X}{n} = \frac{670}{10} = 67$$

$$S = \sqrt{\frac{\Sigma(X-\overline{X})^2}{n-1}} = \sqrt{\frac{88}{10-1}}$$

$$= \sqrt{\frac{88}{9}} = \sqrt{9.78} = 3.13$$

$$\because \quad t = \frac{\overline{X} - \mu}{S}\sqrt{n}$$

$$= \frac{67-65}{3.13}\sqrt{10}$$

$$\therefore \quad t = 2.02$$

d.f. = 10–1 [जहां d.f. = degree of freedom]

= 9

चूंकि 5% सार्थकता-स्तर पर d.f. के 9 मान के लिए t का सारणी मूल्य 2.262 दिया हुआ है जबकि 't' का संगणित मूल्य 2.02 है जो कि उससे कम है, अतः अन्तर अर्थहीन है और हमारी परिकल्पना सत्य है। इस आधार पर हम कह सकते हैं कि समग्र की माध्य ऊंचाई 65 इंच ही है।

दो प्रतिदर्श-माध्यों के अन्तर का सार्थकता-परीक्षण (Significance-Test of the Difference Between Two Sample Means)

दो छोटे आकार के प्रतिदर्शों के माध्यों के बीच पाये जाने वाले अन्तर की सार्थकता की जांच करने का हमारा उद्देश्य केवल यह मालूम करना होता है कि क्या इन दोनों प्रतिदर्श माध्यों में अन्तर सार्थक है अथवा अर्थहीन, अर्थात क्या दोनों प्रतिदर्श एक ही मूल-समग्र में से चुन गये है या अलग अलग समग्रों में से। इस परीक्षण के लिए **प्रमाप विचलन** (S) एवं **टी** (t) के परिकलन का सूत्र नीचे दिया जा रहा है—

$$S = \sqrt{\frac{\Sigma d_1^2 + \Sigma d_2^2}{n_1 + n_2 - 2}}$$

$$t = \frac{\overline{X}_1 - \overline{X}_2}{S} \times \sqrt{\frac{n_1 . n_2}{n_1 + n_2}}$$

$$d.f. = n_1 + n_2 - 2$$

जहां $\overline{X}_1$ = पहले प्रतिदर्श के लिए समान्तर माध्य

$\overline{X}_2$ = दूसरे प्रतिदर्श के लिए समान्तर माध्य

d_1^2 = पहले प्रतिदर्श के लिए समान्तर माध्य से लिए गए विचलनों के वर्गों का योग

d_2^2 = दूसरे प्रतिदर्श के लिए समान्तर माध्य से लिए गए विचलनों के वर्गों का योग

n_1 = पहले प्रतिदर्श (Sample) में इकाइयों की संख्या

n_2 = दूसरे प्रतिदर्श में इकाइयों की संख्या

उदाहरण : 9 एवं 7 इकाइयों वाली दो यादृच्छिक प्रतिदर्शों (random samples) के समान्तर माध्य क्रमशः 196.42 तथा 198.82 हैं। माध्य से निकाले गए विचलनों के वर्गों का योग क्रमशः 26.94 तथा 18.73 हैं। क्या दोनों प्रतिदर्श एक ही समग्र से चुने हुए माने जा सकते हैं? (14 d.f. के लिए 5% सार्थकता स्तर पर t का सारणी मूल्य 2.145 है)

हल : Given :

$n_1 = 9, \quad \overline{X}_1 = 196.42, \ \Sigma d_1^2 = 26.94$

$n_2 = 7, \quad \overline{X}_2 = 198.82, \ \Sigma d_2^2 = 18.73$

Let the hypothesis be that both the samples have been taken from one and the same universe and hence their difference is insignificant.

$$S = \sqrt{\frac{\Sigma d_1^2 + \Sigma d_2^2}{n_1 + n_2 - 2}}$$

$$= \sqrt{\frac{26.94 + 18.73}{9 + 7 - 2}} = \sqrt{\frac{45.67}{14}} = 1.8$$

and $$t = \frac{\overline{X}_1 - \overline{X}_2}{S} \times \sqrt{\frac{n_1 . n_2}{n_1 + n_2}}$$

$$= \frac{196.42 - 198.82}{1.8} \times \sqrt{\frac{9 \times 7}{9 + 7}}$$

$$= \frac{2.40}{1.8} \times \sqrt{3.94} = \frac{2.40 \times 1.98}{1.8}$$

$$= \frac{4.752}{1.8} = 2.64$$

and d.f. $= n_1 + n_2 - 2$
$= 9 + 7 - 2 = 14$

The table value of 't' for 14 d.f. at 5% level of Significance is 2.145. The calculated value is greater than this, hence the difference is significant. Thus both the samples have not been taken from the same universe.

सह-संबंध गुणांक का सार्थकता-परीक्षण (Test of Significance of Coefficient of Correlation)

सह-संबंध गुणांक के सन्दर्भ में t-टैस्ट के द्वारा, इस परिकल्पना की जांच की जाती है कि समग्र में गुण-संबंध शून्य है अर्थात् अर्थहीन है या सार्थक। इस स्थिति में t का सूत्र होगा—

$$t = \frac{r}{\sqrt{1 - r^2}} \times \sqrt{n - 2}$$

जहां r = Co-efficient of correlation

नोट : बेस्सेल संशोधन (Bessel's Correction) की दृष्टि से यहां Number of degrees of freedom (d.f.) का मान होता है—

$$\boxed{d.f. = n - 2}$$

उदाहरण : किसी प्रसामान्य समग्र में से लिये गए 11 युग्मों के यादृच्छिक प्रतिदर्श में सह-संबंध गुणांक + 0.5 है। क्या यह मान समग्र में सह-संबंध के अस्तित्व का सार्थक द्योतक है? t-टैस्ट का प्रयोग कीजिए (d.f. के 9 मान के लिए 5% सार्थकता स्तर पर t का मूल्य 2.262 है)

हल : दिया हुआ है—

$r = 0.5, \qquad n = 11$

$$\therefore t = \frac{r}{\sqrt{1 - r^2}} \times \sqrt{n - 2}$$

$$= \frac{0.5}{\sqrt{1 - (0.5)^2}} \times \sqrt{11 - 2}$$

$$= \frac{0.5}{\sqrt{.75}} \times \sqrt{9}$$

$$= \frac{0.5 \times 3}{0.87} = \frac{1.5}{0.87} = 1.72$$

and d.f. $= n - 2$
$= 11 - 2 = 9$

चूंकि 9 d.f. के लिए 5% सार्थकता स्तर पर t का सारणी मूल्य 2.262 है। जबकि t का परिगणित मूल्य सारणी मूल्य से कम है, अतः सह-संबंध गुणांक सार्थक नहीं है अर्थात् समग्र में चरों में सह-संबंध नहीं है।

जेड-टैस्ट (Z-Test)

इसका प्रतिपादन **प्रो. रौनेल्ड फिशर** ने किया था। इसी कारण इसको **फिशर का जेड -परीक्षण** के नाम से भी जाना जाता है। इसका प्रयोग सह-संबंध गुणांक की सार्थकता की जांच करने में किया जाता है। चूंकि इस विधि में r (Co-efficient of Correlation) का Z-प्रतिदर्शन में रूपान्तरण करना पड़ता है। इसलिए इसे प्रायः **फिशर का जेड-टैस्ट** या 'Z–transformation' भी कहा जाता है।

जेड़-टैस्ट का प्रयोग

जेड-टैस्ट से सह-संबंध गुणांक से संबंधित सभी प्रश्नों का हल नहीं किया जा सकता। Z-टैस्ट का प्रयोग निम्न दो स्थितियों में ही किया जाना चाहिए—

I. जब यह जांच करनी हो कि r के अवलोकित मूल्य का किसी परिकल्पित मूल्य से अन्तर सार्थक है या नहीं।

II. दूसरा, जब हमें दो प्रतिदर्शों के सह-संबंध गुणांकों जैसे r_1 एवं r_2 के बीच पाये जाने वाले अन्तर की सार्थकता की जांच करनी हो।

यहां ध्यान देने योग्य बात यह है कि r का अवलोकित मूल्य शून्य से सार्थक रूप से भिन्न है या नहीं तो ऐसी स्थिति में **Z-टैस्ट** का प्रयोग न करके **टी-टैस्ट** का प्रयोग किया जाना चाहिए।

एफ-टैस्ट (F-test)

इस टैस्ट को प्रतिपादित एवं विकसित करने का श्रेय **प्रो. फिशर** एवं **जार्ज स्नैडेकॉर** (Georg W. Snedecor) को दिया जाता है। एफ-टैस्ट को **प्रसरण अनुपात जांच विधि** के नाम से भी जाना जाता है। इसका प्रयोग तब किया जाता है जब दो प्रसरणों (Variance) अर्थात् विचरण मापांकों के अन्तर की सार्थकता की जांच करनी हो। अन्य शब्दों में, जब इस तथ्य का पता लगाना हो कि समग्र के प्रसरण के दो स्वतंत्र अनुमान सार्थक रूप से भिन्न हैं अर्थात् दोनों प्रतिदर्श एक ही समष्टि-प्रसरण वाले प्रसामान्य समग्र में उद्धृत किये गये हैं या नहीं तो प्रसरण-अनुपात परीक्षण विधि का प्रयोग किया जाता है।

एफ-टैस्ट की मान्यताएं (Assumptions of F-test)

एफ-टैस्ट निम्न मान्यताओं पर आधारित है—

1. जिस समग्र में से प्रतिदर्शों का चयन किया जाना है उसका वितरण प्रसामान्य होना चाहिये।

2. प्रतिदर्श इकाइयों का चयन सरल, यादृच्छिक एवं स्वतंत्रता के आधार पर होना चाहिए।

3. प्रसरण के विभिन्न संघटकों (Components) का योग कुल प्रसरण के बराबर होना चाहिए। अर्थात्

Total variance = Variance between samples + Variance with in samples

4. एफ-टैस्ट की अन्तिम मान्यता यह है कि प्रसरण-अनुपात सदैव 1 से अधिक (>1) होना चाहिए।

एफ-टैस्ट की परिगणन प्रक्रिया (Calculation of F-test)

1. सबसे पहले दोनों प्रतिदर्शों के **प्रसरण** की गणना निम्न सूत्र की सहायता से कर ली जाती है—

$$S_1^2 = \frac{\Sigma(X_1 - \overline{X}_1)^2}{n_1 - 1} \quad \text{तथा} \quad S_2^2 = \frac{\Sigma(X_2 - \overline{X}_2)^2}{n_2 - 1}$$

जहां S_1 और S_2 क्रमशः दोनों प्रतिदर्शों के प्रसरण हैं।

2. इसके बाद प्रसरण अनुपात (variance ratio) निकाल लिया जाता है। सूत्रानुसार

$$F = \frac{\text{वृहत्तर प्रसरण अनुमान}}{\text{लघु-प्रसरण अनुमान}}$$

नोट—F का मान निकालते समय S_1^2 और S_2^2 में से जो भी मूल्य बड़ा होता है उसे दूसरे मूल्य से विभाजित किया जाता है। जैसे—

$$F = \frac{S_1^2}{S_2^2} \text{ (जब } S_1^2 > S_2^2)$$

या

$$F = \frac{S_2^2}{S_1^2} \text{ (जब } S_2^2 > S_1^2)$$

3. फिर स्वातन्त्र्य-कोटियों की संख्या (degrees of freedom) का पता लगाया जाता है।

4. इसके बाद निर्वचन की दृष्टि से 5% सार्थकता-स्तर पर स्वातन्त्र्य कोटियों के मूल्य एफ-सारणी से देख लिए जाते हैं।

5. अन्त में निष्कर्ष निकाला जाता है। इस दृष्टि से—

यदि $F > F_{0.05}$ तब **प्रसरण-अनुपात** (Variance ratio) **सार्थक** होगा; और दोनों प्रतिदर्श एक ही समग्र में से नहीं लिये हुए माने जायेंगे।

यदि $F > F_{0.05}$ तब **प्रसरण-अनुपात अर्थहीन** होगा; और दोनों प्रतिदर्श एक ही समग्र में से लिये हुए माने जायेगें।

काई-वर्ग टैस्ट (Chi-Square Test)

काई-वर्ग,जो कि वास्तविक (Observed) एवं प्रत्याशित (expected) आवृत्तियों के अन्तर का एक माप है, का उद्देश्य वास्तव में दो गुणों की **स्वतन्त्रता की जांच** (test of independence) करना है। इसका सर्वप्रथम प्रयोग **प्रो. हेलमर्ट** द्वारा किया गया था। लेकिन विस्तृत विश्लेषण करने का श्रेय **प्रो. कार्ल पियर्सन** को है। काई-वर्ग टैस्ट से इस बात की जानकारी होती है कि किसी समग्र (Universe) विशेष में अवलोकित एवं प्रत्याशित मूल्य का अन्तर क्या हमारी आधार भूत परिकल्पनाओं के गलत होने के कारण है, अथवा यह मात्र किसी संयोग अर्थात् दैव का परिणाम है।

काई-वर्ग टैस्ट की मान्यताएं (Assumptions for Applying χ-test)

x-टैस्ट की मान्यताएं निम्न हैं—

1. काई-वर्ग टैस्ट की यह मान्यता है कि समग्र में से प्रतिदर्शों (Sample) का चयन दैव आधार पर होना चाहिए।

2. प्रत्येक अवलोकन का परिणाम (out come) पिछले परिणाम से स्वतंत्र है।

3. इस टैस्ट का प्रयोग जिन घटनाओं के लिए किया जाता है वे परस्पर अपवर्जी (mutually exclusive) होनी चाहिए।

4. अवलोकनों (observations) की संख्या (N) यथासंभव बड़ी अर्थात् 50 से अधिक होनी चाहिए अन्यथा अवलोकित तथा प्रत्याशित आवृत्तियों के अन्तरों (fo – fe) का बंटन प्रसामान्य नहीं होगा।

5. समंक (data) मौलिक इकाइयों (Units) में व्यक्त किया जाना चाहिए।

काई-वर्ग टैस्ट का उपयोग (Uses of Chi-Square Test)

काई-वर्ग टैस्ट का आधुनिक सांख्यिकीय में प्रमुखता से प्रयोग किया जाता है। निम्न परीक्षणों में इसका प्रयोग प्रमुखता से होता है—

1. इस टैस्ट का प्रयोग सैद्धान्तिक आवृत्ति बंटन और अवलोकित आवृत्ति बंटन में अन्तर का परीक्षण करने में किया जाता है।

2. स्वतन्त्रता की जांच (Test of independence)—इसके अन्तर्गत इस टैस्ट द्वारा दो गुणों के बीच साहचर्य (association) का परीक्षण किया जाता है।

3. सजातीयता की जांच (Test of Homogeneity)—सजातीयता परीक्षण के अन्तर्गत कई-वर्ग टैस्ट इस तथ्य की जांच करता है कि विभिन्न प्रतिदर्श (Sample) एक ही समग्र (Universe) में से लिये गए हैं या नहीं। इसके अतिरिक्त काई-टैस्ट का प्रयोग समग्र मापांक (Population variance) की जांच करने में भी किया जाता है।

काई-वर्ग टैस्ट की विशेषताएं

1. काई-वर्ग टैस्ट एक गैर-प्राचल (Non-Paramateric) परीक्षण है अर्थात् यह टैस्ट आवृत्तियों पर आधारित है जबकि Z तथा *t* टैस्ट प्राचलों (जैसे-माध्य, प्रमाप विचलन आदि) पर आधारित है।

2. काई-वर्ग टैस्ट का प्रयोग निष्कर्ष (inference) निकालने के लिए किया जाता है और इस प्रकार यह परिकल्पना जांच के लिए उपयोगी उपकरण माना जाता है। लेकिन Z तथा *t* टैस्ट की तरह यह अनुमान (estimation) हेतु अधिक उपयोगी नहीं है।

3. काई-वर्ग बंटन यद्यपि निश्चित रूप से एक सतत (Continuous) बंटन है लेकिन यह ऐसे खण्डित दैव चरों, जिनकी आवृत्तियां (समूहन या बिना समूहन) द्वारा सारणीबद्ध की जा सकती हैं, पर भी लागू हो सकता है।

4. जहां क्रान्तिक मान (critical values) स्वातन्त्रयांश (d.f.) के साथ-साथ बदलते रहते हैं वहां काई-वर्ग बंटन, *t* बंटन के ही अनुरूप होता है। degrees of freedom की संख्याओं की प्रत्येक वृद्धि के साथ नया काई-वर्ग बंटन बनाया जाता है।

5. अवलोकित (observed) तथा प्रत्याशित (expected) आवृत्तियों का योग (sum) सदैव शून्य (Zero) होता है। इस गुण के कारण काई-वर्ग के परिगणन में किसी भी गलती का आसानी से पता लगाया जा सकता है।

काई-वर्ग के विशेष गुण (Special Properties of χ^2)

1. काई-वर्ग का संयोगात्मक या संचयात्मक गुण (Additive Property of χ^2)— काई-वर्ग का विशेष गुण यह है कि यदि किसी समग्र से अनेक यादृच्छिक प्रतिदर्श लेकर उनके अलग-अलग काई-वर्ग निकाले जाएं तो ऐसे सभी स्वतंत्र काई-वर्गों के मान जोड़कर पूरे समग्र (Universe) के बारे में अधिक विश्वसनीय निष्कर्ष-निकालना संभव है। इस प्रकार प्राप्त सामूहिक काई-वर्ग और स्वातन्त्र्यांश (degree of freedom) का योग, अलग-अलग काई-वर्गों तथा स्वातन्त्रयांशों के योग के बराबर होगा।

2. काई-वर्ग बंटन का स्वरूप और स्वातन्त्रयांश (χ^2 – Distribution and d.f.)—χ^2 का स्वरूप Number of degree of freedom पर निर्भर करता है अर्थात् प्रत्येक d.f. के मान के लिए एक अलग χ^2 वक्र बनता है। यदि d.f. बहुत कम है तो χ^2 बंटन का वक्र धनात्मक (Positive) लिये होगा। लेकिन जैसे-जैसे d.f. की संख्या बढ़ती जाती है वैसे-वैसे वक्र की असममिति कम होती जाती है।

वस्तुनिष्ठ प्रश्न

1. (–1) का सह-संबंध गुणांक दर्शाता है—
   A. कोई सह-संबंध नहीं
   B. परिपूर्ण सह-संबंध
   C. उपेक्षणीय सह-संबंध
   D. या तो सह-संबंध अनुपस्थित है या फिर उसका महत्त्व उपेक्षणीय है।
2. मौसप विशेषज्ञ हर एक घंटे के तापमान पाठ्यांक का औसत लेने की जगह तापमान के अधिकतम एवं न्यूनतम पाठ्यांक

का औसत लेते हैं, यह मानते हुए कि तापमान में विचलन—

A. पूरे दिन आद्योपांत सममित है।
B. पूरे दिन सर्वसमय एक समान है।
C. अविच्छिन्न है।
D. अननुमेय है।

3. निम्नलिखित में से कौन-सा एक सत्य है जबकि एक चर के दो मूल्य हों—

A. ज्यामितीय माध्य और हरात्मक माध्य का समान्तर माध्य वितरण के समान्तर माध्य के बराबर होता है।
B. समान्तर माध्य में हरात्मक माध्य का ज्यामितीय माध्य वितरण के ज्यामितीय माध्य के बराबर होता है।
C. समान्तर माध्य और ज्यामितीय माध्य का हरात्मक माध्य वितरण के हरात्मक माध्य के बराबर होता है।
D. सभी माध्य आपस में बराबर होते हैं।

4. निम्नलिखित कथनों पर विचार कीजिए—

1. आयत-चित्र एक क्षेत्र चित्र है।
2. वर्ग बारम्बारताओं का आयत-चित्र से अन्तर-गणन किया जा सकता है।

इन कथनों में से

A. केवल 1 सही है।
B. केवल 2 सही है।
C. 1 और 2 सही है।
D. न तो 1 और न ही 2 सही है।

5. यदि 1970 और 1990 के कीमत आंकड़े तथा 1990 के लिए मात्रा आंकड़े दिए हुए हैं, तो किस प्रकार के सूचकांक (1970 को आधार वर्ष मानकर) तैयार किए जा सकते हैं—

A. मार्शल-एजवर्थ सूचकांक
B. फिशर सूचकांक
C. पाशे सूचकांक
D. लेस्पीयरे सूचकांक

6. यदि कोई आवृत्ति वितरण किसी व्यक्ति के सेवा-योजन के दिनों की संख्या में दिया जाए तो दैनिक स्थिति संकल्पना द्वारा बेरोजगारी की दर प्राप्त की जाती है—

A. 1 में से वितरण का माध्य घटाकर
B. 7 में से माध्य घटाकर
C. 7 में से माध्य घटाकर और 100 से गुणा करके
D. 1 में से माध्य का सप्तांश घटाकर और परिणामी को 100 से गुणा करके

7. कल्पना कीजिए कि एक विद्यालय का प्रधानाचार्य अपने यहां पढ़ने वाले विद्यार्थियों की, जिनकी संख्या 649 है, औसत ऊंचाई जानना चाहता है। उसे ज्ञात है कि यदि वह किसी अध्यापक से सभी विद्यार्थियों की लम्बाई नापने को कहे तो यह एक अत्यधिक समय लेने वाला कार्य होगा। ऐसी स्थिति में यदि वह कोई ऐसी पद्धति निकाले की युक्ति करता है जिसमें उसे केवल एक ही विद्यार्थी की लम्बाई नापनी पड़े, तो वह निम्नलिखित में से कौन-सा उपाय अपना सकता है—

A. माध्य और बहुलक B. माध्य और माध्यिका
C. बहुलक D. माध्य

8. यदि किसी चर के सभी मान किसी निर्दिष्ट संख्या द्वारा गुणा किया जाए तो निम्नलिखित में से किस पर कोई प्रभाव नहीं पड़ेगा—

A. माध्य B. माध्यिका
C. परिसर D. विस्तरण का गुणांक

9. प्रकीर्णन की गणना नहीं की जाती—

A. समान्तर माध्य के संबंध में
B. माध्यिका के संबंध में
C. बहुलक के संबंध में
D. ज्यामितीय माध्य के संबंध में

10. उस मूल्य-सूचकांक को, जिसमें आधार वर्ष के परिणाम का भारिता के रूप में उपयोग होता है, कहते हैं—

A. पाश्चे (Paasche's) सूचकांक
B. लॉस्पेयर्स (Laspeyre's) सूचकांक
C. फिशर (Fisher's) का आदर्श सूचकांक
D. थोक कीमत सूचकांक

11. निम्नांकित विकीर्ण आरेख पर विचार कीजिये इसके सर्वोत्तम निष्कर्ष यह निकाला जा सकता है, कि—

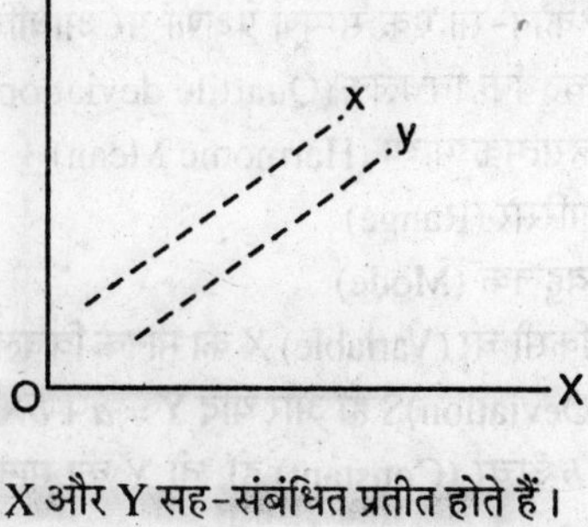

A. X और Y सह-संबंधित प्रतीत होते हैं।
B. X और Y निःसंदेह सह-संबंधित हैं।

C. Y का हेतु X है।

D. X का हेतु Y है।

12. सांख्यिकीय बिद् यूल ने इंग्लैंड एवं वेल्स के एंग्लिकन गिरजाघरों में 1886-1911 के बीच सम्पन्न विवाहों, तथा उसी काल की मानकीकृत मृत्यु दरों के अनुपात में, 0.95 का उन्नत सह-संबंध पाया था। यूल ने उसे निरर्थक सह संबंध की संज्ञा दी थी, क्योंकि—

A. ये दोनों घटनाएं महत्त्वपूर्ण नहीं है।

B. ये दोनों घटनाएं सिद्धांततः संबंधित नहीं हैं।

C. मृत्यु दरों का आवश्यक रूप से मानकीकरण किया गया है।

D. अध्ययन में अन्य गिरजाघरों का समावेश नहीं है।

13. यदि दो चरों के बीच सह-संबंध गुणांक r हो, तो—

A. $0 \le r \le 1$ B. $-1 \le r \le 0$

C. $-1 \le r \le 1$ D. $1 \le r \le 2$

14. निम्नलिखित मापों पर विचार कीजिए—

1. सह-संबंध गुणांक (Correlation Coefficient)
2. सह-प्रसरण (Covariance)
3. विचरण गुणांक (Coefficient of variation)
4. सूचकांक (Index Number)

इनमें से कौन-कौन-सी इकाई-मुक्त (Unit-Free) है—

A. 1 और 2 B. 2 और 3

C. 2 और 4 D. 1,3 और 4

15. यदि सब वस्तुओं की कीमतें समान अनुपात में परिवर्तित हुई हों और लेस्पेयर्स (Laspeyres) का कीमत सूचकांक 150 हो, तो पाश्चे (Paasche's) का कीमत सूचकांक होगा—

A. 300 B. 150

C. 175 D. 100

16. निम्नलिखित सांख्यिकीय मापों (Statistical measures) में से कौन-सा एक सम्पूर्ण प्रेक्षणों पर आधारित है—

A. चतुर्थक विचलन (Quartile deviation)

B. हरात्मक माध्य (Harmonic Mean)

C. परिसर (Range)

D. बहुलक (Mode)

17. यदि किसी चर (Variable) X का मानक विचलन (Standard Deviation)S हो और यदि $Y = a + bX$ हो, जहां a और b अचर (Constant) हों, तो Y का मानक विचलन होगा—

A. $a + bS$ B. bS

C. $\sqrt{b.S}$ D. b^2S

18. निम्नलिखित औसतों में से किस एक का अभिकलन संचयीबारम्बारता वक्र (Cumulative Frequency Curve) से होता है—

A. ज्यामितीय माध्य (Geometric Mean)

B. हरात्मक माध्य (Harmonic Mean)

C. बहुलक (Mode)

D. माध्यिका (Median)

19. यदि किसी चर X के 10 मानों के किसी समुच्चय (Sets) में न्यूनतम मान 5 को बदलकर 4 कर दिया जाए तो—

A. X के माध्यिका और बहुलक दोनो घट जाएंगे।

B. माध्यिका घटेगी, परन्तु बहुलक अपरिवर्तित रहेगा।

C. माध्यिका अपरिवर्तित रहेगी, परन्तु बहुलक घटेगा।

D. न माध्यिका और न ही बहुलक परिवर्तित होगा।

20. विचलनों के वर्ग का योग न्यूनतम होता है जब वह विचलन—

A. बहुलक से लिया गया हो

B. माध्यिका से लिया गया हो

C. अंकगणितीय माध्य से लिया गया हो

D. ज्यामितीय माध्य से लिया गया हो

21. निम्नलिखित सांख्यिकीय मापों में कौन-सी एक अत्यधिक बड़ी या छोटी संख्याओं से प्रभावित नहीं होती—

A. माध्यिका B. हरात्मक माध्य

C. मानक विचलन D. विचरण गुणांक

22. X और Y दो चरों का निम्नलिखित वितरण दिया गया है—

X:	1	2	3	4	5
Y:	3	4	5	6	7

Y का मानक विचलन होगा—

A. X के मानक विचलन के बराबर

B. (X का मानक विचलन) × 2

C. (X का मानक विचलन) + 2

D. (X का मानक विचलन) − 2

23. छः संख्याओं 3, 3, 3, 5, 5, 5 का मानक विचलन है—

A. 1

B. 4

C. 0

D. प्राप्त नहीं किया जा सकता क्योंकि मापन की इकाई नहीं दी गयी है।

24. यदि एक प्रतिदर्श आंकड़े के लिए माध्य < माध्यिका <

बहुलक तो वितरण—
A. दाहिनी ओर विषम है।
B. सममित है।
C. बायीं ओर विषम है।
D. न सममित है और न विषम है।

25. यदि $X = \frac{9-U}{3}$ और Y = V–4 तथा U और V के मध्य सह-संबंध गुणांक 0.13 है तो X और Y के बीच सह-संबंध गुणांक होगा—
A. 0.093
B. –0.093
C. –0.93
D. व्युत्पन्न नहीं किया जा सकता।

26. निम्न में से कौन-सा सबसे अनिश्चित माध्य है—
A. बहुलक B. माध्यिका
C. गुणोत्तर माध्य D. हरात्मक माध्य

27. बहुलक निर्धारण का एक तरीका है—
A. Mode = 2 Median – 3 Mean
B. Mode = 2 Median + 3 Mean
C. Mode = 3 Median – 2 Mean
D. Mode = 3 Median + 2 Mean

28. दो अंकों 8 और 18 का गुणोत्तर माध्य होगा—
A. 12 B. 13
C. 15 D. 11.09

29. यदि दो श्रेणियों A तथा B के प्रमाप विचलन समान हैं परन्तु A श्रेणी का समान्तर माध्य B के माध्य से अधिक है। अत: A का विचरण गुणांक—
A. B के गुणांक से कम होगा
B. अधिक होगा
C. समान होगा
D. इनमें से कोई नहीं होगा

30. एक प्रसामान्य वक्र के अधीन $\overline{X} + 3\sigma$ में समाविष्ट होता है—
A. 99% क्षेत्रफल B. 95% क्षेत्रफल
C. 99.73% क्षेत्रफल D. 99.37% क्षेत्रफल

31. माध्यिका से लिए गए विचलनों का योग होगा—
A. धनात्मक B. ऋणात्मक
C. शून्य D. उपरोक्त में से कोई नहीं

32. निरपेक्ष विचलनों (absolute deviations) का योग न्यूनतम होगा, जब मापा जाए—
A. माध्यिका से B. माध्य से
C. बहुलक से D. उपरोक्त में से कोई नहीं

33. यदि एक विक्षेप चित्र (Scatter diagram) बनाने पर सभी बिन्दु ऊपर बाएं कोने से नीचे दायें कोने की ओर एक सरल रेखा के रूप में प्रकट हों तो इससे निष्कर्ष निकलता है—
A. पूर्ण धनात्मक सह-संबंध है।
B. सामान्य धनात्मक सह-संबंध है।
C. पूर्ण ऋणात्मक सह-संबंध है।
D. सह-संबंध नहीं है।

34. सह-संबंध का अभिप्राय है—
A. चरों में कारण व परिणाम का संबंध होना।
B. चरों में साथ-साथ परिवर्तन होना।
C. चरों में परस्पर निर्भरता का पाया जाना।
D. उपरोक्त में से कोई नहीं।

35. किसी श्रेणी में बहुलक मूल्य होता है—
A. मध्यवर्ती मूल्य
B. सर्वाधिक आवृत्ति वाला मूल्य
C. गुरुत्व केन्द्र (Centre of gravity)
D. इनमें से कोई नहीं

36. केन्द्रीय प्रवृत्ति का सर्वोत्तम एवं आदर्श माप है—
A. समान्तर माध्य B. गुणोत्तर माध्य
C. बहुलक D. चल-माध्य

37. गुणात्मक मापों के लिए सर्वोपयुक्त माध्य है—
A. बहुलक B. समान्तर माध्य
C. माध्यिका D. कोई नहीं

38. किसी श्रेणी में $\overline{X} = GM = HM$, होता है, बशर्ते उस श्रेणी के सभी मूल्य—
A. बढ़ते हुए हों
B. घटते हुए हों
C. समान हों
D. किसी क्रम से व्यवस्थित न हों

39. किसी-श्रेणी में समान्तर माध्य से N मूल्यों के विचलनों का बीजगणितीय जोड़ होता है—
A. N B. 0
C. $N\overline{X}$ D. $N/\overline{X}$

40. निम्नलिखित कथनों में से कौन-सा एक सही **नहीं** है? फिशर का सूचकांक
A. लैस्पेयर के सूचकांक (L) एवं पास्चे (Paasche's) सूचकांक (P) के बीच स्थित होता है।

B. L एवं P का अंकगणितीय माध्य है।
C. L एवं P का ज्यामितीय माध्य है।
D. L या P के बराबर है, यदि L = P

41. निम्नलिखित कथनों पर विचार कीजिए—
1. चतुर्थक विचलन अपेक्षाकृत अधिक अनुदेशित परास है, यह अत्यान्तिक मदों (extreme items) के प्रक्षेपण को अमान्य करता है।
2. चतुर्थक विचलन गुणांक (Coefficient of quartile deviation), विभिन्न बंटनों में विचरण कोटि की तुलना करने के लिए प्रयोग नहीं किये जा सकते।
3. एक श्रेणी के लिए 10 दशमक हैं।

उपर्युक्त कथनों में से कौन-सा/से सही है/हैं ?
A. 1, 2 और 3 B. केवल 2
C. केवल 3 D. केवल 1

42. निम्नलिखित सूचकांको में से कौन-सा एक कालोत्क्रमण एवं उपादान उत्क्रमण परीक्षणों (Time reversal and factor reversal) दोनों को सन्तुष्ट करता है—
A. लैस्पेयर सूचकांक (Laspeyre's Index)
B. फिशर सूचकांक (Fisher's Index)
C. पास्चे सूचकांक (Paasche's Index)
D. केली सूचकांक (Kelly's Index)

43. निम्नलिखित आंकड़े—1, 2, 3, 4 और 100 दिए हुए हैं, तो सबसे अच्छा केन्द्रीय प्रवृत्ति मापक है—
A. अंकगणितीय माध्य (Arithmetic Mean)
B. माध्यिका (Median)
C. बहुलक (Mode)
D. ज्यामितीय माध्य (Geometric Mean)

44. यदि एक दिए हुए आंकड़ों के लिए बहुलक 5, माध्यिका 15 तथा माध्य 20 है, तो इसका अर्थ है प्रतिदर्श आंकड़े (Sample data)—
A. दाहिनी ओर विषम हैं।
B. बायीं ओर विषम (Skewed) हैं।
C. सममित (Symmetric) हैं।
D. न सममित हैं न विषम हैं।

45. निम्नलिखित कथनों पर विचार कीजिए—
1. सह-संबंध विश्लेषण, दो या दो से अधिक चरों के बीच संबंध के निर्धारण में सहायक है, यह कारण व प्रभाव के संबंध के बारे में कुछ नहीं बताता है।
2. स्पष्टीकृत विचलन (explained variation) का, कुल विचलन (total variation) में अनुपात, सह-संबंध गुणांक (Coefficient of correlation) कहलाता है।
3. पियरसन गुणांक (Pearsonian Coefficient) सदैव रेखीय संबंध मानता है और आत्यंतिक मदों (extreme items) से अनुचित रूप से प्रभावित होता है।

उपर्युक्त कथनों में से कौन-सा/से सही है/हैं—
A. केवल 2 B. 1और 2
C. 2और 3 D. 2और 3

46. बारम्बारता बंटन में दाहिने ओर का निचला सिरा बायें ओर के नचले सिरे का प्रतिबिम्ब है। यह बंटन (distribution) है—
A. धनात्मक विषम (Positively Skewed)
B. ऋणात्मक विषम (Negatively Skewed)
C. असममित (Asymmetric)
D. सममित (Symmetric)

47. संचयी बारम्बारता रेखाचित्र से निम्नलिखित में से किस एक प्रकार का औसत आकलित किया जा सकता है—
A. ज्यामितीय माध्य B. हरात्मक माध्य
C. माध्यिका D. बहुलक

48. एक वर्ष के दौरान दो वस्तुओं की कीमतों का अनुपात 3 है जबकि अगले वर्ष में यह 2 है। इन अनुपातों के औसतन के लिए—
A. अंकगणितीय माध्य सर्वाधिक उपयुक्त है।
B. हरात्मक माध्य सर्वाधिक उपयुक्त है।
C. ज्यामितीय माध्य सर्वाधिक उपयुक्त है।
D. अंकगणितीय, हरात्मक एवं ज्यामितीय माध्य, तीनों समान रूप से उपयुक्त है।

49. निम्नलिखित कथनों पर विचार कीजिए—
1. कीमत बंटन (Price distribution) या आय बंटन (Income distribution) जैसे विषम बंटनों (skewed distribution) पर कार्य करते समय माध्यिका उपयोगी नहीं है।
2. केवल एक ओजाइव (Ogive) रेखांकित कर माध्यिका का आरेखीय निर्धारण किया जा सकता है।
3. बहुलक का प्रयोग गुणात्मक घटना की व्याख्या के लिए किया जा सकता है।

उपर्युक्त कथनों में से कौन-कौन से सही हैं—
A. 1और 2 B. 1और 3
C. 2और 3 D. 1, 2 और 3

50. निम्न चरांको (variates) में सह-संबंध गुणांक है—

X:	1	2	3	4	5	6
Y:	10	12	14	16	18	20

A. –1 B. 0
C. +1 D. ± 1

51. प्रथम 10 विषम संख्याओं का माध्य (Arithmetic Mean) है—
A. 5.5 B. 9
C. 11 D. 10

52. प्राप्त अंकों के समुच्चय 15, 13, 10, 9, 8 का **मानक विचलन** (Standard deviation) क्या है—

A. 11 B. 9
C. 2.6 D. 0

53. 2, 5, X, 7 श्रेणी का समान्तर माध्य 5 है तो X का मान ज्ञात कीजिए—

A. 3 B. 2
C. –3 D. 6

54. यदि किसी वितरण का मानक विचलन (σ) 8 है तथा समान्तर माध्य ($\overline{X}$) 10 है तो विचरण गुणांक होगा—

A. 80 B. 800
C. 8000 D. 125

55. एक कम्पनी में 75 कर्मचारियों को दिया जाने वाला माध्य (Mean) वेतन 1420 रु. है। इनमें 25 कर्मचारियों का माध्य वेतन 1350 रु. है तथा 30 कर्मचारियों का माध्य वेतन 1425 रुपए है। शेष कर्मचारियों का माध्य वेतन क्या है—

A. 1350 रु. B. 1500 रु.
C. 1450 रु. D. 1425 रु.

56. प्रमाप विचलन गुणांक (Coefficient of Standard deviation) ज्ञात करने का सूत्र है—

A. $\frac{\overline{X}}{\sigma}\times 100$ B. $\frac{\overline{X}}{\sigma}$
C. $\frac{\sigma}{\overline{X}}$ D. $\frac{\sigma}{\overline{X}}\times 100$

57. विचरण गुणांक (Coefficient of variation) ज्ञात करने का सूत्र है—

A. $\frac{\sigma\times\overline{X}}{100}$ B. $\frac{\sigma}{\overline{X}}\times 100$
C. $\frac{\sigma}{\overline{X}}\times 1000$ D. $\frac{\overline{X}}{\sigma}\times 100$

58. प्रसामान्य वितरण (Normal Distribution) में होता है—

A. $Z = M = \overline{X}$ B. $Z > M > \overline{X}$
C. $Z < M < \overline{X}$ D. $Z = M > \overline{X}$

59. **कथन (A):** प्रसरण हमेशा मानक विचलन से अधिक होता है।

कारण (R): प्रसरण मानक विचलन का वर्ग होता है।

A. A और R दोनों सही हैं और R, A का सही स्पष्टीकरण है।
B. A और R दोनों सही हैं, परन्तु R, A का सही स्पष्टीकरण नहीं है।
C. A सही है, परन्तु R गलत है।
D. A गलत है, परन्तु R सही है।

60. बहुलक तथा माध्यिका किस प्रकार के सांख्यिकी माध्य हैं?

A. स्थिति सम्बन्धी माध्य B. गणितीय माध्य
C. व्यापारिक माध्य D. चल माध्य

61. लारेंज वक्र माप है—

A. केन्द्रीय प्रवृत्ति का B. विषमता का
C. ककुदता का D. अपकिरण का

62. रैखिक सह-सम्बन्ध गुणांक परिकलन का सूत्र है—

A. $r_{yx} = \frac{b_{yx}+b_{xy}}{2}$ B. $r_{yx} = \sqrt{b_{yx}.b_{xy}}$

C. $r_{yx} = \frac{2}{\left(\frac{1}{b_{yx}}+\frac{1}{b_{xy}}\right)}$ D. $r_{yx} = \frac{w_1 b_{yx} + w_2 b_{yx}}{w_1 + w_2}$

उत्तरमाला

1.	2	3	4	5	6	7	8	9	10
B	A	A	C	C	D	C	D	D	A
11	12	13	14	15	16	17	18	19	20
B	B	C	D	B	B	B	D	D	C
21	22	23	24	25	26	27	28	29	30
A	A	C	C	A	A	C	A	A	C
31	32	33	34	35	36	37	38	39	40
A	A	C	B	B	A	C	C	B	B
41	42	43	44	45	46	47	48	49	50
A	B	D	A	D	B	C	B	D	C
51	52	53	54	55	56	57	58	59	60
D	C	D	A	B	C	B	A	A	A
61	62								
D	B								

यूनिट–IX : भारतीय अर्थव्यवस्था

1. राष्ट्रीय आय (NATIONAL INCOME)

- राष्ट्रीय आय समिति का गठन 1949 ई. में प्रो. पी. सी. महालनोबिस की अध्यक्षता में किया गया था।
- राष्ट्रीय आय समिति (National Income Committee) के अनुसार, राष्ट्रीय आय के प्राक्कलन के लिए किसी अवधि विशेष में उत्पन्न वस्तुओं और सेवाओं की मात्रा को दूसरी बार गिने बिना मापा जाता है।
- राष्ट्रीय आय एक प्रवाह (Flow) है।
- भारत में राष्ट्रीय आय के आँकड़ें वित्तीय वर्ष (1 अप्रैल से 31 मार्च तक) पर आधारित हैं।
- भारत में राष्ट्रीय आय की गणना के लिए उत्पादन प्रणाली (Production Method) तथा आय प्रणाली (Income Method) का सम्मिश्रण प्रयोग किया जाता है।
- भारत में सर्वप्रथम 1868 ई. में दादाभाई नौरोजी ने राष्ट्रीय आय के अनुमान लगाए थे। उन्होंने अपनी पुस्तक 'Poverty and Un-British Rule in India' में प्रति व्यक्ति वार्षिक आय 20 रुपए बताई थी।
- भारत में राष्ट्रीय आय के आँकड़ों का संकलन एवं प्रकाशन केन्द्रीय सांख्यिकीय कार्यालय (Central Statistical Office–CSO) द्वारा किया जाता है।
- राष्ट्रीय आय के सृजन में अर्थव्यवस्था के तीन क्षेत्रों का योगदान होता है– प्राथमिक, द्वितीयक एवं तृतीयक क्षेत्र।
- प्राथमिक क्षेत्र के अन्तर्गत कृषि, वन, मत्स्य एवं खान को शामिल किया जाता है।
- द्वितीयक क्षेत्र के दो प्रमुख अंग हैं–विनिर्माण (Manufacturing) तथा निर्माण (Construction)। विद्युत, गैस एवं जल आपूर्ति को इसी क्षेत्र के अन्तर्गत शामिल किया जाता है।
- तृतीयक क्षेत्र में व्यापार, परिवहन, संचार, बैंकिंग, बीमा, वास्तविक जायदाद (Real Estate) तथा सामुदायिक व वैयक्तिक सेवाएं (Community and Personal Services) आदि को शामिल किया जाता है।
- प्राथमिक क्षेत्र का भारत के सकल घरेलू उत्पाद (Gross Domestic Product) में योगदान 1950-51 में 55.11 प्रतिशत से घटकर 2021-22 में मात्र 18.8 प्रतिशत रह गया है।
- द्वितीयक क्षेत्र का योगदान 1950-51 में 13.34 प्रतिशत से बढ़कर 2021-22 में 28.2 प्रतिशत हो गया है।
- सेवा क्षेत्र का सकल घरेलू उत्पाद में योगदान 1950-51 में 29.55 प्रतिशत से बढ़कर 2021-22 में 53.0 प्रतिशत हो गया है।
- साधन लागत पर शुद्ध राष्ट्रीय उत्पाद (Net National Product at Factor Cost) को ही राष्ट्रीय आय (National Income) कहा जाता है।
- नए आधार वर्ष (2011-12) पर आधारित राष्ट्रीय आय सम्बन्धी पहले आँकड़े केन्द्र सरकार के सांख्यिकी एवं कार्यक्रम कार्यान्वयन मंत्रालय के केन्द्रीय सांख्यिकी कार्यालय (Central Statistical Office–CSO) ने सर्वप्रथम 30 जनवरी, 2015 को जारी किए थे। इससे पूर्व राष्ट्रीय आय सम्बन्धी विभिन्न आकलन वर्ष 2004-05 को आधार वर्ष लेते हुए जारी किए जाते रहे थे (2004-05 को जनवरी 2010 में आधार वर्ष के रूप में अपनाया गया था, उससे पहले 1999-2000 आधार वर्ष था)।
- राष्ट्रीय आय सम्बन्धी नई श्रृंखला में एक अन्य महत्वपूर्ण धारणात्मक (Conceptual) परिवर्तन जीडीपी के आकलन के सम्बन्ध में किया गया है। नई श्रृंखला में अब उपादान लागत पर सकल घरेलू उत्पाद (GDP at Factor Cost) का आकलन अवधारणा हटा दिया गया है तथा बाजार मूल्य पर सकल घरेलू उत्पाद (GDP at Market Price) को ही जीडीपी के रूप में स्वीकार किया गया है। इस प्रकार जीडीपी की दोनों अवधारणाएं– नॉमिनल जीडीपी (प्रचलित मूल्यों पर जीडीपी) तथा रीयल जीडीपी (स्थिर मूल्यों पर जीडीपी) अब बाजार मूल्य पर ही होगी। स्थिर मूल्यों वाले जीडीपी का आकलन 2011-12 के मूल्यों पर किया जाएगा।

- साधन लागत पर सकल घरेलू उत्पाद के स्थान पर अब उद्योगों की प्रत्येक श्रेणी के सकल मूल्यवर्द्धन जीवीए एट बेसिक प्राइसेज (Gross Value Added at Basic Prices) के आँकड़े सीएसओ द्वारा जारी किए जाएंगे। यह व्यवस्था ही अन्तर्राष्ट्रीय स्तर पर आमतौर पर प्रचलित है। 30 जनवरी, 2015 को जारी नए आँकड़ों में 2011-12, 2012-13 व 2013-14 के लिए जीवीए एट फैक्टर कॉस्ट (GVAFC) के आँकड़े सीएसओ ने जारी किए हैं।
- स्थिर मूल्यों पर प्रति व्यक्ति आय 2021-22 में ₹ 91,723 (द्वि.अ.अनु.) रहने का सीएसओ का अनंतिम अनुमान है, जबकि 2021-22 में प्रचलित कीमतों पर प्रति व्यक्ति आय ₹ 1,49,848 (द्वि.अ.अनु.) रही है। इस प्रकार 2020-21 में वास्तविक प्रति व्यक्ति आय में 7.8 प्रतिशत की वृद्धि का सीएसओ का अग्रिम अनुमान है।
- **सकल घरेलू उत्पाद (GDP):** वित्तीय वर्ष 2021-22 में वास्तविक सकल घरेलू उत्पाद (GDP at Constant 2011-12 Prices) ₹ 143.37 लाख करोड़ रहने का सीएसओ का अनंतिम अनुमान है। इस प्रकार 2020-21 में जीडीपी में वृद्धि 8.9 प्रतिशत रहने की सम्भावना है, जबकि 2014-15 में वृद्धि 7.2% थी।
- **सकल घरेलू उत्पाद (GDP):** वित्तीय वर्ष 2020-21 में चालू कीमतों पर सकल घरेलू उत्पाद (GDP/GDP at Current Prices) ₹ 332.75 लाख करोड़ रहने का सीएसओ का अनंतिम अनुमान है। चालू मूल्यों पर 2020-21 में जीडीपी में वृद्धि 19.2 प्रतिशत रहने का अनुमान है, जबकि 2014-15 में यह वृद्धि 10.8 प्रतिशत थी।
- **राष्ट्रीय आय व प्रति व्यक्ति आयः** सीएसओ के अनंतिम अनुमानों में चालू कीमतों पर 2021-22 में शुद्ध राष्ट्रीय आय (Net National Income—National Income at Current Prices) ₹ 205.07 लाख करोड़ अनुमानित है, जबकि 2020-21 में यह ₹ 195.34 लाख करोड़ रही है। इस प्रकार चालू कीमतों पर शुद्ध राष्ट्रीय आय में 19.3 प्रतिशत की वृद्धि 2020-21 में अनुमानित है।

विभिन्न योजनाओं के दौरान शुद्ध राष्ट्रीय उत्पाद (NNP) और प्रति व्यक्ति राष्ट्रीय उत्पाद की वृद्धि दर

पंचवर्षीय योजना	शुद्ध राष्ट्रीय उत्पाद (स्थिर मूल्य)	प्रति व्यक्ति शुद्ध राष्ट्रीय आय (स्थिर मूल्य)
पहली योजना (1951-1956)	4.6	2.7
दूसरी योजना (1956-1961)	4.1	2.1
तीसरी योजना (1961-1966)	3.3	1.0
वार्षिक योजना (तीन) (1966-1969)	3.5	1.3
चौथी योजना (1969-1974)	3.0	0.7
पांचवीं योजना (1974-1979)	5.0	2.7
वार्षिक योजना (1979-1980)	-5.9	-8.2
छठी योजना (1980-1985)	5.3	3.1
सातवीं योजना (1985-1990)	5.8	3.6
वार्षिक योजना (दो) (1990-1992)	2.8	0.8
आठवीं योजना (1992-1997)	6.5	4.4
नौवीं योजना (1997-2002)	5.4	3.4
दसवीं योजना (2002-2007)	7.6	5.9
ग्यारहवीं योजना (2007-2012)	7.5	6.0
बारहवीं योजना (2012-2017)	9.0	—

2. जनसंख्या
(POPULATION)

- आधुनिक पद्धति एवं व्यवस्थित ढंग से सर्वप्रथम जनगणना-1749 में स्वीडन द्वारा कराया गया था। दशकीय जनगणना का कार्य 1890 में सर्वप्रथम अमेरिका में कराया गया।
- 11 जुलाई को प्रतिवर्ष विश्व जनसंख्या दिवस के रूप में मनाया जाता है।
- भारत में अंग्रेजों के शासन काल में आधुनिक प्रणाली की सर्वप्रथम जनगणना लॉर्ड मेयो के शासन काल में 1872 में करायी गयी थी। लेकिन जनगणना का क्रमवार आकलन अर्थात् प्रथम नियमित जनगणना 1881 में लॉर्ड रिपन के शासन काल से मानी जाती है। इसके बाद आजतक नियमित रूप से प्रत्येक 10 वर्ष बाद इसे सम्पन्न कराया जा रहा है।
- वर्ष 2011 की जनगणना भारत की 15वीं तथा स्वतंत्र भारत की 7वीं अखिल भारतीय जनगणना है।
- जनगणना सम्बंधी दायित्व पूर्णतया केन्द्र के पास है अर्थात् केवल केन्द्र सरकार ही जनगणना कराने का कार्य कर सकती है। राज्य सरकारों को जनगणना कराने का अधिकार प्राप्त नहीं है।
- जनगणना की कार्य प्रणाली निर्धारित करने और इसको समुचित प्रकार से सम्पादित कराने हेतु 'जनगणना अधिनियम, 1948' बनाया गया है। इसी अधिनियम के अन्तर्गत केन्द्र सरकार द्वारा 'भारत के महारजिस्ट्रार तथा जनगणना आयुक्त' (Registrar General & Census Commissioner of India) की नियुक्ति की जाती है।
- जनसंख्या घनत्व से अभिप्राय किसी देश या क्षेत्र विशेष में प्रति वर्ग किमी. (per sq. km) में निवास करने वाले व्यक्तियों की संख्या से है। इसे 'व्यक्ति-भूमि अनुपात' (Man-Land Ratio) के नाम से भी जाना जाता है।

$$\text{जनसंख्या घनत्व} = \frac{\text{देश या स्थान विशेष की कुल जनसंख्या}}{\text{देश या स्थान विशेष का कुल क्षेत्रफल}}$$

- प्रति 1000 पुरुषों की तुलना में स्त्रियों की संख्या को लिंगानुपात के रूप में व्यक्त किया जाता है।

$$\text{लिंगानुपात} = \frac{\text{स्त्रियों की संख्या}}{\text{पुरुषों की संख्या}} \times 1000$$

- जनसंख्या में 0-6 आयु समूह में प्रति 1000 पुरुषों की तुलना में उसी आयु समूह में स्त्रियों की संख्या को 'शिशु लिंग अनुपात' (Child Sex Ratio, CSR) कहा जाता है।

शिशु लिंग अनुपात (0-6 वर्ष) =

$$\frac{\text{बालिकाओं की संख्या (0-6)}}{\text{बालकों की संख्या (0-6)}} \times 1000$$

- 7 वर्ष और उससे अधिक आयु वाली कुल जनसंख्या में साक्षरों के प्रतिशत को साक्षरता दर कहते हैं।
- सात वर्ष और उससे अधिक आयु का जो व्यक्ति किसी भाषा को समझ सकता हो और उसे लिख तथा पढ़ सकता हो, 'साक्षर' (Literate) कहा जाता है।
- कोई व्यक्ति जो न तो पढ़ सकता है और न ही लिख सकता है अथवा किसी भाषा को पढ़ सकता है किन्तु लिख नहीं सकता, 'निरक्षर' (Illiterate) कहा जाता है। छः वर्ष अथवा उससे कम आयु के सभी बच्चों को चाहे वे स्कूल भी जाते हों और कुछ लिखना-पढ़ना भी सीख गये हों, निरक्षर कहा जाता है।
- 1,00,000 और उससे अधिक जनसंख्या वाले नगरों को 'शहर' (City) कहा जाता है।
- जनगणना, 2011 के अनुसार ऐसे सभी स्थान जहाँ नगर पालिका (Municipality), नगर निगम (Corporation), छावनी बोर्ड (Cantonment Board) या अधिसूचित नगर क्षेत्र समिति (Notified Town Area Committee) आदि शामिल हों, नगरीय क्षेत्र (Urban Area) के अन्तर्गत आते

हैं, जो निम्नलिखित सभी तीन शर्तें एक साथ पूरी करते हों–

1. न्यूनतम जनसंख्या 5000 हो।
2. कार्यशील पुरुषों का न्यूनतम 75% गैर कृषि (Non-Agricultural) कार्यों में संलग्न हो।
3. 'जनसंख्या घनत्व' (Density of Population) कम-से-कम 400 व्यक्ति प्रति वर्ग किमी. हो।

- कुल जनसंख्या की तुलना में कुल कर्मी (दीर्घकालिक कर्मी + अल्पकालिक कर्मी) के प्रतिशत को 'कार्य सहभागिता दर' (Work Participation Rate, WPR) कहा जाता है।

कार्य सहभागिता दर (WPR) =

$$\frac{\text{कुल कर्मी (दीर्घकालिक + अल्पकालिक)}}{\text{कुल जनसंख्या}} \times 100$$

- वर्ष 1921 को 'महान विभाजक वर्ष' (Great Divide Year) के नाम से जाना जाता है।
- जनगणना, 2011 के अंतिम आँकड़ों के अनुसार भारत की कुल जनसंख्या 1,21,08,54,977 है जिनमें से पुरुष जनसंख्या 62,32,70,258 तथा महिला जनसंख्या 58,75,84,719 है।
- जनगणना, 2011 के अनुसार भारत के सर्वाधिक जनसंख्या वाले पांच राज्य (घटते क्रम में) हैं– उत्तर प्रदेश, महाराष्ट्र, बिहार, प. बंगाल एवं आंध्र प्रदेश।
- जनगणना, 2011 के अनुसार भारत के न्यूनतम जनसंख्या वाले तीन राज्य (बढ़ते हुए क्रम में) हैं– सिक्किम, मिजोरम, अरुणाचल प्रदेश।
- जनगणना, 2011 के अनुसार सर्वाधिक जनसंख्या वाले तीन केन्द्र शासित प्रदेश (घटते हुए क्रम में) हैं– दिल्ली, पुडुचेरी, चंडीगढ़।
- जनगणना, 2011 के अनुसार न्यूनतम जनसंख्या वाले तीन केन्द्र शासित प्रदेश (बढ़ते हुए क्रम में) हैं– लक्षद्वीप, दमन एवं दीव, दादरा और नगर हवेली।
- जनगणना, 2011 के अनुसार भारत में 2001-2011 में दशकीय वृद्धि 17.7 रही है।
- जनगणना, 2011 के अनुसार भारत में जनघनत्व 382 व्यक्ति प्रति वर्ग किमी. है।
- जनगणना, 2011 के अनुसार न्यूनतम लिंगानुपात वाले पाँच राज्य (बढ़ते हुए क्रम में) हैं– हरियाणा (879), जम्मू-कश्मीर (889), सिक्किम (890), पंजाब (895), उत्तर प्रदेश (912)।
- जनगणना, 2011 के अनुसार सर्वाधिक दशकीय वृद्धि दर वाले पाँच राज्य (घटते हुए क्रम में) है– मेघालय (27.9%), अरुणाचल प्रदेश (26%), बिहार (25.4%), जम्मू-कश्मीर (23.6%), मिजोरम (23.5%)।
- जनगणना, 2011 के अनुसार सर्वाधिक साक्षरता वाला राज्य केरल (94%) है।
- जनगणना, 2011 के अनुसार न्यूनतम साक्षरता वाला राज्य बिहार (61.8%) है।
- भारत की जनसंख्या में सर्वाधिक वृद्धि 1961-71 के दशक में 24.80% हुई थी।
- 15वीं जनगणना के दशक में भारत के राज्यों/संघ प्रशासित क्षेत्रों के सन्दर्भ में (2001-11) सर्वाधिक तथा न्यूनतम दशकीय जनसंख्या वृद्धि दर क्रमशः दादर एवं नागर हवेली (55.9%) और नगालैंड (–) 0.6% का रहा।
- जनगणना-2011 के अनुसार देश में सर्वाधिक जनसंख्या वृद्धि दर वाले दो जिले क्रमशः अरुणाचल प्रदेश और पुदुचेरी के कुरुंगकुमे (111.01%) और यमन (77.15%) हैं।
- जनगणना-2011 के अंतिम आंकड़ों के अनुसार–भारत के दो सर्वाधिक वृद्धि दर वाले राज्य/केन्द्र शासित क्षेत्र क्रमशः दादरा व नागर हवेली (55.9%) और दमन व दीव (53.8%) हैं।
- जनगणना-2011 के अनुसार निम्नतम वृद्धि दर वाले दो राज्य/केन्द्र शासित क्षेत्र क्रमशः नगालैण्ड (–0.6%) और केरल (4.9%) हैं।
- देश में सर्वाधिक जनसंख्या वाले दो जिलों के नाम इस प्रकार हैं–महाराष्ट्र का थाणे (1,10,54,131), पं. बंगाल का उ. चौबीस परगना (1,00,82,852)।
- देश में न्यूनतम जनसंख्या वाले दो जिलों के नाम इस प्रकार हैं–दिबांग घाटी (अरुणाचल प्रदेश), 7948 एवं अंजाव (अरुणाचल प्रदेश) (21089)।
- उत्तर भारत में हिमाचल प्रदेश (972), उत्तराखंड (963), झारखण्ड (949) पश्चिम बंगाल (950) और छत्तीसगढ़ (991) राज्यों में लिंग अनुपात राष्ट्रीय औसत से अधिक है।

जनगणना 2011: क्षेत्रफल, जनसंख्या, जनघनत्व, दशकीय वृद्धि दर (अंतिम)

क्र.स.	राज्य/के.शा.प्रदेश	क्षेत्रफल (वर्ग किमी.)	जनसंख्या 2001	जनसंख्या 2011	जनघनत्व 2001	जनघनत्व 2011	दशकीय वृद्धि दर 2001–2011
1.	जम्मू और कश्मीर	222,236.00	10,143,700	1,25,41,302	100	124	23.6
2.	हिमाचल प्रदेश	55,673.00	6,077,900	68,64,602	109	123	12.9
3.	पंजाब	50,362.00	24,358,999	2,77,43,338	484	551	13.9
4.	चंडीगढ़	114.00	900,635	10,55,450	7,900	9258	17.2
5.	उत्तराखंड	53483.00	8,489,349	1,00,86,292	159	189	18.8
6.	हरियाणा	44212.00	21,144,564	2,53,51,462	478	573	19.9
7.	दिल्ली	1483.00	13,850,507	1,67,87,941	9,340	11320	21.2
8.	राजस्थान	342,239.00	56,507,188	6,85,48,437	165	200	21.3
9.	उत्तर प्रदेश	240,928.00	166,197,921	19,98,12,341	690	829	20.2
10.	बिहार	94,163.00	82,998,509	10,40,99,452	881	1106	25.4
11.	सिक्किम	7,096.00	540,851	6,10,577	76	86	12.9
12.	अरुणाचल प्रदेश	83,743.00	1,097,968	13,83,727	13	17	26.0
13.	नागालैंड	16,579.00	1,990,036	19,78,502	120	119	–0.6
14.	मणिपुर	22,327.00	2,293,896	28,55,794	103	128	31.79
15.	मिजोरम	21,081.00	888,573	10,97,206	42	52	23.5
16.	त्रिपुरा	10,486.00	3,199,203	36,73,917	305	350	14.8
17.	मेघालय	22,429.00	2,318,822	29,66,889	103	132	27.9
18.	असम	78,438.00	26,655,528	3,12,05,576	340	398	17.1
19.	प. बंगाल	88752.00	80,176,197	9,12,76,115	903	1028	13.8
20.	झारखंड	79714.00	26,945,829	3,29,88,134	338	414	22.4
21.	ओडिशा	155,707.00	36,804,660	4,19,74,218	236	270	14.0
22.	छत्तीसगढ़	135,191.00	20,833,803	2,55,45,198	154	189	22.6
23.	मध्य पद्रेश	308,245.00	60,348,023	7,26,26,809	196	236	20.3
24.	गुजरात	196,024.00	50,671,017	6,04,39,692	258	308	19.3
25.	दमन और दीव	112.00	158,204	2,43,247	1,413	2191	53.8
26.	दादरा/नगर हवेली	491.00	220,490	3,43,709	449	700	55.9
27.	महाराष्ट्र	307,713.00	96,878,627	11,23,74,333	315	365	16.0
28.	आंध्र प्रदेश	160,205.00	76,210,007	4,93,86,799	277	308	11.0
29.	कर्नाटक	191,791.00	52,850,562	6,10,95,297	276	319	15.6
30.	गोवा	3,702.00	1,347,668	14,58,545	364	394	8.2
31.	लक्षद्वीप	32.00	60,650	64,473	1,895	2149	6.3
32.	केरल	38863.00	31,841,374	3,34,06,061	819	860	4.9
33.	तमिलनाडु	130,058.00	62,405,679	7,21,47,030	480	555	15.6
34.	पुडुचेरी	479.00	974,345	12,47,953	2,030	2546	28.1
35.	अंडमान/निकोबार द्वीप समूह	8249.00	356,152	3,80,581	43	46	6.9
36.	तेलंगाना	114,840.00		3,51,93,978	—	307	13.58
	भारत	**3,287,240.00**	**1,028,737,436**	**1,21,08,54,977**	**325**	**382**	**17.7**

जनगणना 2011: जनसंख्या एवं लिंगानुपात (अंतिम)

क्र.स.		जनसंख्या 2011			लिंगानुपात	
	राज्य/के.शा.प्रदेश	जनसंख्या	पुरुष	स्त्रियां/महिलाएं	2001	2011
1.	जम्मू और कश्मीर	1,25,41,302	66,40,662	59,00,640	892	889
2.	हिमाचल प्रदेश	68,64,602	34,81,873	33,82,729	968	972
3.	पंजाब	2,77,43,338	1,46,39,465	1,31,03,873	876	895
4.	चंडीगढ़	10,55,450	5,80,663	4,74,784	777	818
5.	उत्तराखंड	1,00,86,292	51,37,773	49,48,519	962	963
6.	हरियाणा	2,53,51,462	1,34,94,734	1,18,56,728	861	879
7.	दिल्ली	1,67,87,941	89,87,326	78,00,615	821	868
8.	राजस्थान	6,85,48,437	3,55,50,997	3,29,97,440	921	928
9.	उत्तर प्रदेश	19,98,12,341	10,44,80,510	9,53,31,831	898	912
10.	बिहार	10,40,99,452	5,42,78,157	4,98,21,295	919	918
11.	सिक्किम	6,10,577	3,23,070	2,87,507	875	890
12.	अरुणाचल प्रदेश	13,83,727	7,13,912	6,69,815	893	938
13.	नागालैंड	19,78,502	10,24,649	9,53,853	900	931
14.	मणिपुर	28,55,794	14,38,586	14,17,208	974	985
15.	मिजोरम	10,97,206	5,55,339	5,41,867	935	976
16.	त्रिपुरा	36,73,917	18,74,376	17,99,541	948	960
17.	मेघालय	29,66,889	14,91,832	14,75,057	972	989
18.	असम	3,12,05,576	1,59,39,443	1,52,66,133	935	958
19.	प. बंगाल	9,12,76,115	4,68,09,027	4,44,67,088	934	950
20.	झारखंड	3,29,88,134	1,69,30,315	1,60,57,819	941	949
21.	ओडिशा	4,19,74,218	2,12,12,136	2,07,62,082	972	979
22.	छत्तीसगढ़	2,55,45,198	1,28,32,895	1,27,12,303	989	991
23.	मध्य प्रदेश	7,26,26,809	3,76,12,306	3,50,14,503	919	931
24.	गुजरात	6,04,39,692	3,14,91,260	2,89,48,432	920	919
25.	दमन और दीव	2,43,247	1,50,301	92,946	710	618
26.	दादरा/नगर हवेली	3,43,709	1,93,760	1,49,949	812	774
27.	महाराष्ट्र	11,23,74,333	5,82,43,056	5,41,31,277	922	929
28.	आंध्र प्रदेश	49,386,799	2,47,38,068	2,46,48,731	978	993
29.	कर्नाटक	6,10,95,297	3,09,66,657	3,01,28,640	965	973
30.	गोवा	14,58,545	7,39,140	7,19,405	961	973
31.	लक्षद्वीप	64,473	33,123	31,350	948	947
32.	केरल	3,34,06,061	1,60,27,412	1,73,78,649	1,058	1084
33.	तमिलनाडु	7,21,47,030	3,61,37,975	3,60,09,055	987	996
34.	पुडुचेरी	12,47,953	6,12,511	6,35,442	1,001	1037
35.	अं./नि.द्वीप समूह	3,80,581	2,02,871	1,77,710	846	876
36.	तेलंगाना	3,51,93,978	1,77,04,078	1,74,89,900	—	988
	भारत	**1,21,08,54,977**	**62,32,70,258**	**58,75,84,719**	**933**	**943**

जनगणना 2011: साक्षरता (अंतिम)

क्र.स.	राज्य/के.शा.प्रदेश	कुल जनसंख्या	कुल साक्षर जनसंख्या	पुरुष साक्षर जनसंख्या	महिला साक्षर जनसंख्या	साक्षरता का प्रतिशत		
						कुल	पुरुष	महिला
1.	जम्मू और कश्मीर	1,25,41,302	70,67,233	42,64,671	28,02,562	67.2	76.8	56.4
2.	हिमाचल प्रदेश	68,64,602	50,39,736	27,52,590	22,87,146	82.8	89.5	75.9
3.	पंजाब	2,77,43,338	1,87,07,137	1,04,36,056	82,71,081	75.8	80.4	70.7
4.	चंडीगढ़	10,55,450	8,05,438	4,65,346	3,40,092	86.0	90.0	81.2
5.	उत्तराखंड	1,00,86,292	68,80,953	38,63,708	30,17,245	78.8	87.4	70.0
6.	हरियाणा	2,53,51,462	1,65,98,988	97,94,067	68,04,921	75.6	84.1	65.9
7.	दिल्ली	1,67,87,941	1,27,37,767	71,94,856	55,42,911	86.2	90.9	80.8
8.	राजस्थान	6,85,48,437	3,82,75,282	2,36,88,412	1,45,86,870	66.1	79.2	52.1
9.	उत्तर प्रदेश	19,98,12,341	1,43,97,555	6,82,34,964	4,61,62,591	67.7	77.3	57.2
10.	बिहार	10,40,99,452	5,25,04,553	3,16,08,023	2,08,96,530	61.8	71.2	51.5
11.	सिक्किम	6,10,577	4,44,952	2,51,269	1,93,683	81.4	86.6	75.6
12.	अरुणाचल प्रदेश	13,83,727	7,66,005	4,39,868	3,26,137	65.4	72.6	57.7
13.	नागालैंड	19,78,502	13,42,434	7,23,957	6,18,477	79.6	82.8	76.1
14.	मणिपुर	28,55,794	17,68,181	9,60,015	8,08,166	79.2	86.1	72.4
15.	मिजोरम	10,97,206	8,48,175	4,38,529	4,09,646	91.3	93.3	89.3
16.	त्रिपुरा	36,73,917	28,04,783	15,01,369	13,03,414	87.2	91.5	82.7
17.	मेघालय	29,66,889	17,85,005	9,13,879	8,71,126	74.4	76.0	72.9
18.	असम	3,12,05,576	1,91,77,977	1,05,68,639	86,09,338	72.2	77.8	66.3
19.	प. बंगाल	9,12,76,115	6,15,38,281	3,38,18,810	2,77,19,471	76.3	81.7	70.5
20.	झारखंड	3,29,88,134	1,83,28,069	1,08,82,519	74,45,550	66.4	76.8	55.4
21.	ओडिशा	4,19,74,218	2,67,42,595	1,50,89,681	1,16,52,914	72.9	81.6	64.0
22.	छत्तीसगढ़	2,55,45,198	1,53,79,922	88,07,893	65,72,029	70.3	80.3	60.2
23.	मध्य प्रदेश	7,26,26,809	4,28,51,169	2,51,74,328	1,76,76,841	69.3	78.7	59.2
24.	गुजरात	6,04,39,692	4,10,93,358	2,34,74,873	1,76,18,485	78.0	85.8	69.7
25.	दमन और दीव	2,43,247	1,88,406	1,24,643	63,763	87.1	91.5	79.5
26.	दादरा/नगर हवेली	3,43,709	2,23,230	1,42,521	80,709	76.2	85.2	64.3
27.	महाराष्ट्र	11,23,74,333	8,15,54,290	4,52,57,584	3,62,96,706	82.3	88.4	75.9
28.	आंध्र प्रदेश	4,93,86,799	2,97,72,532	1,65,01,990	1,32,70,542	67.0	74.9	59.1
29.	कर्नाटक	6,10,95,297	4,06,47,322	2,25,08,471	1,81,38,851	75.4	82.5	68.1
30.	गोवा	14,58,545	11,65,487	6,15,823	5,49,664	88.7	92.6	84.7
31.	लक्षद्वीप	64,473	52,553	,28,023	24,530	91.8	95.6	87.9
32.	केरल	3,34,06,061	2,81,35,824	1,37,04,903	1,44,30,921	94.0	96.1	92.1
33.	तमिलनाडु	7,21,47,030	5,18,37,507	2,80,40,491	2,37,97,016	80.1	86.8	73.4
34.	पुडुचेरी	12,47,953	9,57,309	4,97,378	4,59,931	85.8	91.3	80.7
35.	अं./नि.द्वीप समूह	3,80,581	2,94,281	1,64,377	1,29,904	86.6	90.3	82.4
36.	तेलंगाना	3,51,93,978	2,07,84,228	1,17,49,253	90,34,975	66.4	74.9	57.9
	भारत	**1,21,08,54,977**	**76,34,98,517**	**43,46,83,779**	**32,88,14,738**	**73.0**	**80.9**	**64.6**

जनगणना 2011 और 2001 के अनुसार राज्यों एवं केंद्र शासित प्रदेशों की रैंकिंग घटते क्रम में

2011 में रैंक	राज्य/के.शा.प्रदेश	जनसंख्या 2011	भारत की कुल जनसंख्या में प्रतिशत		2001 में रैंक
			2011	2001	
1.	उत्तर प्रदेश	19,98,12,341	16.51	16.16	1
2.	महाराष्ट्र	11,23,74,333	9.28	9.42	2
3.	बिहार	10,40,99,452	8.60	8.07	3
4.	प. बंगाल	9,12,76,115	7.54	7.79	4
5.	मध्य प्रदेश	7,26,26,809	6.00	5.87	5
6.	तमिलनाडु	7,21,47,030	5.96	6.07	6
7.	राजस्थान	6,85,48,437	5.66	5.49	7
8.	कर्नाटक	6,10,95,297	5.05	5.14	8
9.	गुजरात	6,04,39,692	4.99	4.93	9
10.	आन्ध्र प्रदेश	4,93,86,799	4.08	7.41	10
11.	ओडिशा	4,19,74,218	3.47	3.58	11
12.	तेलंगाना	3,51,93,978	2.91	—	—
13.	केरल	3,34,06,061	2.76	3.10	12
14.	झारखण्ड	3,29,88,134	2.73	2.62	13
15.	असम	3,12,05,576	2.58	2.59	14
16.	पंजाब	2,77,43,338	2.29	2.37	15
17.	छत्तीसगढ़	2,55,45,198	2.11	2.03	17
18.	हरियाणा	2,53,51,462	2.09	2.06	16
19.	दिल्ली	1,67,87,941	1.39	1.35	18
20.	जम्मू और कश्मीर	1,25,41,302	1.04	0.99	19
21.	उत्तराखंड	1,00,86,292	0.83	0.83	20
22.	हिमाचल प्रदेश	68,64,602	0.57	0.59	21
23.	त्रिपुरा	36,73,917	0.30	0.31	22
24.	मेघालय	29,66,889	0.25	0.23	23
25.	मणिपुर	28,55,794	0.23	0.22	24
26.	नागालैंड	19,78,502	0.16	0.19	25
27.	गोवा	14,58,545	0.12	0.13	26
28.	अरुणाचल प्रदेश	13,83,727	0.11	0.11	27
29.	पुडुचेरी	12,47,953	0.10	0.09	28
30.	मिजोरम	10,97,206	0.09	0.09	30
31.	चंडीगढ़	10,55,450	0.09	0.09	29
32.	सिक्किम	6,10,577	0.05	0.05	31
33.	अं./नि.द्वीप समूह	3,80,581	0.03	0.03	32
34.	दादरा एवं नगर हवेली	3,43,709	0.03	0.02	33
35.	दमन एवं दीव	2,43,247	0.02	0.02	34
36.	लक्षदीप	64,473	0.01	0.01	35
	भारत	**1,21,08,54,977**	**100.0**	**100.00**	

जनगणना 2011 के अनुसार 0–6 आयु समूह की जनसंख्या की रैंकिंग घटते क्रम में

रैंक	राज्य/के.शा.प्रदेश	जनसंख्या	पुरुष	स्त्रियां/महिलाएं
1.	उत्तर प्रदेश	3,07,91,331	1,61,85,581	1,46,05,750
2.	बिहार	1,91,33,964	98,87,239	92,46,725
3.	महाराष्ट्र	1,33,26,517	70,35,391	62,91,126
4.	मध्य प्रदेश	1,08,09,395	56,36,172	51,73,223
5.	राजस्थान	1,06,49,504	56,39,176	50,10,328
6.	पश्चिम बंगाल	1,05,81,466	54,10,396	51,71,070
7.	गुजरात	77,77,262	41,15,384	36,61,878
8.	तमिलनाडु	74,23,832	38,20,276	36,03,556
9.	कर्नाटक	71,61,033	36,75,291	34,85,742
10.	झारखंड	53,89,495	27,67,147	26,22,348
11.	ओडिशा	52,73,194	27,16,497	25,56,697
12.	आन्ध्र प्रदेश	52,22,384	26,86,453	25,35,931
13.	असम	46,38,130	23,63,485	22,74,645
14.	तेलंगाना	39,20,418	20,28,497	18,91,921
15.	छत्तीसगढ़	36,61,689	18,59,935	18,01,754
16.	केरल	34,72,955	17,68,244	17,04,711
17.	हरियाणा	33,80,721	18,43,109	15,37,612
18.	पंजाब	30,76,219	16,65,994	14,10,225
19.	जम्मू और कश्मीर	20,18,905	10,84,355	9,34,550
20.	दिल्ली	20,12,454	10,75,440	9,37,014
21.	उत्तराखंड	13,55,814	7,17,199	6,38,615
22.	हिमाचल प्रदेश	7,77,898	4,07,459	3,70,439
23.	मेघालय	5,68,536	2,88,646	2,79,890
24.	त्रिपुरा	4,58,014	2,34,008	2,24,006
25.	मणिपुर	3,75,357	1,94,484	1,80,873
26.	नागालैंड	2,91,071	1,49,785	1,41,286
27.	अरुणाचल प्रदेश	2,12,188	1,07,624	1,04,564
28.	मिजोरम	1,68,531	85,561	82,970
29.	गोवा	1,44,611	74,460	70,151
30.	पुदुचेरी	1,32,858	67,527	65,331
31.	चंडीगढ़	1,19,434	63,536	55,898
32.	सिक्किम	64,111	32,761	31,350
33.	दादरा एवं नगर हवेली	50,895	26,431	24,464
34.	अंडमान एवं निकोबार द्वीप समूह	40,878	20,770	20,108
35.	दमन एवं दीव	26,934	14,144	12,790
36.	लक्षद्वीप	7,255	3,797	3,458
	भारत	**16,45,15,253**	**8,57,72,254**	**7,87,62,999**

दशकीय वृद्धि दर के अनुसार राज्यों एवं के.शा.प्र. की रैंकिंग घटते क्रम में

रैंक	राज्य/के.शा.प्रदेश	दशकीय वृद्धि प्रतिशत
1.	दादरा और नगर हवेली	55.9
2.	दमन एवं दीव	53.8
3.	मणिपुर	31.79
4.	पुडुचेरी	28.1
5.	मेघालय	27.9
6.	अरुणाचल प्रदेश	26.0
7.	बिहार	25.4
8.	जम्मू और कश्मीर	23.6
9.	मिजोरम	23.5
10.	छत्तीसगढ़	22.6
11.	झारखंड	22.4
12.	राजस्थान	21.3
13.	रा.रा.क्षे. दिल्ली	21.2
14.	मध्य प्रदेश	20.3
15.	उत्तर प्रदेश	20.2
16.	हरियाणा	19.9
17.	गुजरात	19.3
18.	उत्तराखंड	18.8
19.	चंडीगढ़	17.2
20.	असम	17.1
21.	महाराष्ट्र	16.0
22.	तमिलनाडु	15.6
23.	कर्नाटक	15.6
24.	त्रिपुरा	14.8
25.	ओडिशा	14.0
26.	पंजाब	13.9
27.	प. बंगाल	13.8
28.	तेलंगाना	13.5
29.	हिमाचल प्रदेश	12.9
30.	सिक्किम	12.9
31.	आंध्र प्रदेश	11.0
32.	गोवा	8.2
33.	अं./नि.द्वीप समूह	6.9
34.	लक्षद्वीप	6.3
35.	केरल	4.9
36.	नागालैंड	–0.6
	भारत	**17.7**

राज्यवार शिशु लिंगानुपात

रैंक	राज्य/के.शा.प्रदेश	शिशु लिंगानुपात
1.	अरुणाचल प्रदेश	972
2.	मिजोरम	970
3.	मेघालय	970
4.	छत्तीसगढ़	969
5.	अं./नि.द्वीप समूह	968
6.	पुडुचेरी	967
7.	केरल	964
8.	असम	962
9.	त्रिपुरा	957
10.	सिक्किम	957
11.	प. बंगाल	956
12.	झारखंड	948
13.	कर्नाटक	948
14.	गोवा	942
15.	ओडिशा	941
16.	तमिलनाडु	943
17.	नागालैंड	943
18.	आंध्र प्रदेश	939
19.	बिहार	935
20.	तेलंगाना	933
21.	मणिपुर	930
22.	दादरा/नगर हवेली	926
23.	लक्षद्वीप	911
24.	मध्य प्रदेश	918
25.	हिमाचल प्रदेश	909
26.	दमन और दीव	904
27.	उत्तर प्रदेश	902
28.	महाराष्ट्र	894
29.	उत्तराखंड	890
30.	गुजरात	890
31.	राजस्थान	888
32.	चंडीगढ़	880
33.	दिल्ली	871
34.	जम्मू और कश्मीर	862
35.	पंजाब	846
36.	हरियाणा	834
	भारत	**918**

जनगणना 2011 और 2001 के अनुसार जनघनत्व के आधार पर राज्यों/के.शा.प्र. की क्रमानुसार स्थिति

2011 में रैंक	राज्य/के.शा.प्रदेश	जनसंख्या 2011	जनघनत्व (प्रति वर्ग किमी.) 2011	जनघनत्व (प्रति वर्ग किमी.) 2001	2001 में रैंक
1.	रा.रा.क्षे. दिल्ली	1,67,87,941	11320	9,340	1
2.	चंडीगढ़	10,55,450	9258	7,900	2
3.	पुडुचेरी	12,47,953	2547	2,034	3
4.	दमन एवं दीव	2,43,247	2191	1,413	4
5.	लक्षदीप	64,743	2149	1,895	5
6.	बिहार	10,40,99,452	1106	881	6
7.	प. बंगाल	9,12,76,115	1028	903	7
8.	केरल	3,34,06,061	860	819	8
9.	उत्तर प्रदेश	19,98,12,341	829	690	9
10.	दादरा एवं नगर हवेली	3,43,709	700	449	10
11.	हरियाणा	2,53,51,462	573	478	11
12.	तमिलनाडु	7,21,47,030	555	480	12
13.	पंजाब	2,77,43,338	551	484	13
14.	झारखंड	3,29,88,134	414	338	14
15.	असम	3,12,05,576	398	340	15
16.	गोवा	14,58,545	394	364	16
17.	महाराष्ट्र	11,23,74,333	365	315	17
18.	त्रिपुरा	36,73,917	350	305	18
19.	कर्नाटक	6,10,95,297	319	276	19.
20.	गुजरात	6,04,39,692	308	258	21
21.	आंध्र प्रदेश	4,93,86,799	308	277	20
22.	तेलंगाना	3,51,93,978	307	—	—
23.	ओडिशा	4,19,74,218	270	236	22
24.	मध्य प्रदेश	7,26,26,809	236	196	23
25.	राजस्थान	6,85,48,437	200	165	24
26.	उत्तराखंड	1,00,86,292	189	159	25
27.	छत्तीसगढ़	2,55,45,198	189	154	26
28.	मेघालय	29,66,889	132	103	27
29.	मणिपुर	28,55,794	128	103	30
30.	जम्मू और कश्मीर	1,25,41,302	124	100	28
31.	हिमाचल प्रदेश	68,64,602	123	109	29
32.	नागालैंड	19,78,502	119	120	31
33.	सिक्किम	6,10,577	86	76	32
34.	मिजोरम	10,97,206	52	42	33
35.	अं./नि.द्वीप समूह	3,80,581	46	43	34
36.	अरुणाचल प्रदेश	13,83,727	17	13	35
	भारत	**1,21,08,54,977**	**382**	**325**	

लिंगानुपात के अनुसार राज्यों एवं के.शा.प्र. की रैंकिंग घटते क्रम में

रैंक	राज्य/के.शा.प्रदेश	लिंगानुपात
1.	केरल	1,084
2.	पुडुचेरी	1,037
3.	तमिलनाडु	996
4.	आंध्र प्रदेश	993
5.	छत्तीसगढ़	991
6.	मेघालय	989
7.	तेलंगाना	988
8.	मणिपुर	985
9.	ओडिशा	979
10.	मिजोरम	976
11.	कर्नाटक	973
12.	गोवा	973
13.	हिमाचल प्रदेश	972
14.	उत्तराखंड	963
15.	त्रिपुरा	960
16.	असम	958
17.	प. बंगाल	950
18.	झारखंड	948
19.	लक्षद्वीप	946
20.	अरुणाचल प्रदेश	938
21.	नगालैण्ड	931
22.	मध्य प्रदेश	931
23.	महाराष्ट्र	929
24.	राजस्थान	928
25.	गुजरात	919
26.	बिहार	918
27.	उत्तर प्रदेश	912
28.	पंजाब	895
29.	सिक्किम	890
30.	जम्मू और कश्मीर	889
31.	हरियाणा	879
32.	अं./नि.द्वीप समूह	876
33.	दिल्ली	868
34.	चंडीगढ़	818
35.	दादरा/नगर हवेली	774
36.	दमन और दीव	618
	भारत	**943**

जनगणना 2011 के अनुसार साक्षरता के आधार पर राज्यों/के.शा.प्र. की रैंकिंग घटते क्रम में

रैंक	राज्य/के.शा.प्रदेश	साक्षरता दर
1.	केरल	94.0
2.	लक्षद्वीप	91.8
3.	मिजोरम	91.3
4.	गोवा	88.7
5.	त्रिपुरा	87.2
6.	दमन और दीव	87.1
7.	अं./नि.द्वीप समूह	86.6
8.	रा.रा.क्षे. दिल्ली	86.2
9.	चंडीगढ़	86.0
10.	पुडुचेरी	85.8
11.	हिमाचल प्रदेश	82.8
12.	महाराष्ट्र	82.3
13.	सिक्किम	81.4
14.	तमिलनाडु	80.1
15.	नागालैंड	79.6
16.	मणिपुर	79.2
17.	उत्तराखंड	78.8
18.	गुजरात	78.0
19.	प. बंगाल	76.3
20.	दादरा और नगर हवेली	76.2
21.	पंजाब	75.8
22.	हरियाणा	75.6
23.	कर्नाटक	75.4
24.	मेघालय	74.4
25.	ओडिशा	72.9
26.	असम	72.2
27.	छत्तीसगढ़	70.3
28.	मध्य प्रदेश	69.3
29.	उत्तर प्रदेश	67.7
30.	जम्मू और कश्मीर	67.2
31.	आंध्र प्रदेश	67.0
32.	झारखंड	66.4
33.	तेलंगाना	66.4
34.	राजस्थान	66.1
35.	अरुणाचल प्रदेश	65.4
36.	बिहार	61.8
	भारत	**73.0**

जनगणना 2011 के अनुसार पुरुष साक्षरता के आधार पर राज्यों/के.शा.प्र. की रैंकिंग घटते क्रम में

रैंक	राज्य/के.शा.प्रदेश	साक्षरता दर
1.	केरल	96.1
2.	लक्षद्वीप	95.6
3.	मिजोरम	93.3
4.	गोवा	92.6
5.	त्रिपुरा	91.5
6.	दमन और दीव	91.5
7.	पुडुचेरी	91.3
8.	रा.रा.क्षे. दिल्ली	90.9
9.	अं./नि.द्वीप समूह	90.3
10.	चंडीगढ़	90.0
11.	हिमाचल प्रदेश	89.5
12.	महाराष्ट्र	88.4
13.	उत्तराखण्ड	87.4
14.	तमिलनाडु	86.8
15.	सिक्किम	86.6
16.	मणिपुर	86.1
17.	गुजरात	85.8
18.	दादरा और नगर हवेली	85.2
19.	हरियाणा	84.1
20.	नागालैंड	82.8
21.	कर्नाटक	82.5
22.	प. बंगाल	81.7
23.	ओडिशा	81.6
24.	पंजाब	80.4
25.	छत्तीसगढ़	80.3
26.	राजस्थान	79.2
27.	मध्य प्रदेश	78.7
28.	असम	77.8
29.	उत्तर प्रदेश	77.3
30.	झारखंड	76.8
31.	जम्मू और कश्मीर	76.8
32.	मेघालय	76.0
33.	आंध्र प्रदेश	74.9
34.	तेलंगाना	74.9
35.	अरुणाचल प्रदेश	72.6
36.	बिहार	71.2
	भारत	**80.9**

जनगणना 2011 के अनुसार महिला साक्षरता के आधार पर राज्यों/के.शा.प्र. की रैंकिंग घटते क्रम में

रैंक	राज्य/के.शा.प्रदेश	साक्षरता दर
1.	केरल	92.1
2.	लक्षद्वीप	89.3
3.	मिजोरम	89.3
4.	गोवा	84.7
5.	त्रिपुरा	82.7
6.	अं./नि.द्वीप समूह	82.4
7.	चंडीगढ़	81.2
8.	रा.रा.क्षे. दिल्ली	80.8
9.	पुडुचेरी	80.7
10.	दमन और दीव	79.5
11.	नागालैंड	76.1
12.	हिमाचल प्रदेश	75.9
13.	महाराष्ट्र	75.9
14.	सिक्किम	75.6
15.	तमिलनाडु	73.4
16.	मेघालय	72.9
17.	मणिपुर	72.4
18.	पंजाब	70.7
19.	प. बंगाल	70.5
20.	उत्तराखंड	70.0
21.	गुजरात	69.7
22.	कर्नाटक	68.1
23.	असम	66.3
24.	हरियाणा	65.9
25.	दादरा और नगर हवेली	64.3
26.	ओडिशा	64.0
27.	छत्तीसगढ़	60.2
28.	मध्य प्रदेश	59.2
29.	आंध्र प्रदेश	59.1
30.	तेलंगाना	57.9
31.	अरुणाचल प्रदेश	57.7
32.	उत्तर प्रदेश	57.2
33.	जम्मू और कश्मीर	56.4
34.	झारखंड	55.4
35.	राजस्थान	52.1
35.	बिहार	51.5
	भारत	**64.6**

जनगणना 2011: ग्रामीण एवं शहरी जनसंख्या

क्र. सं.	राज्य/केन्द्रशासित प्रदेश	ग्रामीण जनसंख्या	नगरीय जनसंख्या	ग्रामीण जनसंख्या का %	नगरीय जनसंख्या का %
1.	जम्मू-कश्मीर	91,08,060	34,33,242	72.6	27.4
2.	हिमाचल प्रदेश	61,76,050	6,88,552	90.0	10.0
3.	पंजाब	1,73,44,192	1,03,99,146	62.5	37.5
4.	चंडीगढ़	28,991	10,26,459	2.7	97.3
5.	उत्तराखंड	70,36,954	30,49,338	69.8	30.2
6.	हरियाणा	1,65,09,359	88,42,103	65.1	34.9
7.	दिल्ली	4,19,042	1,63,68,899	2.5	97.5
8.	राजस्थान	5,15,00,352	1,70,48,085	75.1	24.9
9.	उत्तर प्रदेश	15,53,17,278	4,44,95,063	77.7	22.3
10.	बिहार	9,23,41,436	1,17,58,016	88.7	11.3
11.	सिक्किम	4,56,999	1,53,578	74.8	25.2
12.	अरुणाचल प्रदेश	10,66,358	3,17,369	77.1	22.9
13.	नागालैंड	14,07,536	5,70,966	71.1	28.9
14.	मणिपुर	20,21,640	8,34,154	70.8	29.2
15.	मिजोरम	5,25,435	5,71,771	47.9	52.1
16.	त्रिपुरा	27,12,464	9,61,453	73.8	26.2
17.	मेघालय	23,71,439	5,95,450	79.9	20.1
18.	असम	2,68,07,034	43,98,542	85.9	14.1
19.	पश्चिम बंगाल	6,21,83,113	2,90,93,002	68.1	31.9
20.	झारखंड	2,50,55,073	79,33,061	76.0	24.0
21.	ओडिशा	3,49,70,562	70,03,656	83.3	16.7
22.	छत्तीसगढ़	1,96,07,961	59,37,237	76.8	23.2
23.	मध्य प्रदेश	5,25,57,404	2,00,69,405	72.4	27.6
24.	गुजरात	3,46,94,609	2,57,45,083	57.4	42.6
25.	दमन और दीव	60,396	1,82,851	24.8	75.2
26.	दादरा नगर हवेली	1,83,114	1,60,595	53.3	46.7
27.	महाराष्ट्र	6,15,56,074	5,08,18,259	54.8	45.2
28.	आंध्र प्रदेश	3,99,70,761	1,46,10,410	66.6	33.4
29.	कर्नाटक	3,74,69,335	2,36,25,962	61.3	38.7
30.	गोवा	5,51,731	9,06,814	37.8	62.2
31.	लक्षद्वीप	14,141	50,332	21.9	78.1
32.	केरल	1,74,71,135	1,59,34,926	52.3	47.7
33.	तमिलनाडु	3,72,29,590	3,49,17,440	51.6	48.4
34.	पुडुचेरी	3,95,200	8,52,753	31.7	68.3
35.	अं.नि. द्वीप समूह	2,37,093	1,43,488	62.3	37.7
36.	तेलंगाना	2,15,85,313	1,36,08,665	61.33	38.64
	भारत	83,37,48,852	37,71,06,125	68.9	31.1

3. निर्धनता
(POVERTY)

- निर्धनता का अर्थ उस स्थिति से है, जिसमें समाज का एक भाग अपने जीवन की बुनियादी आवश्यकताओं को संतुष्ट करने में असमर्थ रहता है। निर्धनता की परिभाषा विभिन्न देशों में भिन्न-भिन्न प्रकार से दी गयी है, तथापि इन सबका आधार न्यूनतम या अच्छे जीवन स्तर की कल्पना से है।
- भारत में निर्धनता के निर्धारण के लिए भोजन में कैलोरी की मात्रा को आधार बनाया गया है।
- योजना आयोग के अनुसार ग्रामीण क्षेत्र में प्रति व्यक्ति 2400 कैलोरी प्रतिदिन तथा शहरी क्षेत्र में प्रति व्यक्ति 2100 कैलोरी प्रतिदिन के हिसाब से जिन्हें प्राप्त नहीं हो पाता, उसे गरीबी रेखा से नीचे माना जाता है।
- जब लोग अपने जीवन की बुनियादी आवश्यकताओं को पूरा करने में असमर्थ रहते हैं तो उन्हें निरपेक्ष गरीब (Absolute Poverty) कहा जाता है।
- निरपेक्ष गरीबी (Absolute Poverty) गरीबी रेखा से नीचे रहने वाले लोगों की कुल संख्या को इंगित करती है।
- सापेक्ष गरीबी (Relative Poverty) एक तुलनात्मक अवधारणा है।
- रंगराजन समिति ने निर्धनता के मापन हेतु राष्ट्रीय नमूना सर्वेक्षणों के उपभोग आकलनों को प्रयुक्त किया।
- योजना आयोग, जो राष्ट्रीय और राज्य-स्तरों पर ग्रामीण और शहरी क्षेत्रों के लिए अलग-अलग गरीबी रेखा से नीचे जीवन-यापन करने वाले लोगों की संख्या और अनुपात का अनुमान लगाने के लिए नोडल एजेन्सी थी, लगभग पांच वर्ष के अन्तराल के बाद राष्ट्रीय प्रतिदर्श सर्वेक्षण संगठन (NSSO) द्वारा किये गये परिवार के उपभोग पर हुए खर्च के वृहद् नमूना सर्वेक्षण के आधार पर गरीबी का अनुमान लगाता था।
- योजना आयोग ने दिसम्बर, 2005 में प्रोफेसर सुरेश डी. तेंदुलकर की अध्यक्षता में एक विशेषज्ञ समूह का गठन किया था जिसने दिसम्बर 2009 में अपनी रिपोर्ट प्रस्तुत की। तेंदुलकर समिति द्वारा वर्ष 1993-94 और 2004-05 के लिए गरीबी संबंधी अनुमान योजना आयोग द्वारा स्वीकृत कर लिए गये थे।
- तेंदुलकर समिति ने वर्ष 2004-05 के लिए नई गरीबी रेखा को ग्रामीण क्षेत्रों में 446.68 रुपए प्रति व्यक्ति प्रति मास तथा शहरी क्षेत्रों में 578.80 रुपए प्रति व्यक्ति प्रति मास परिभाषित किया है। इस आधार पर 2004-05 में 42.0 प्रतिशत ग्रामीण जनसंख्या तथा 25.5 प्रतिशत शहरी जनसंख्या गरीबी रेखा के नीचे थी। 2004-05 में 37.2 प्रतिशत भारतीय जनसंख्या गरीबी रेखा के नीचे थी। 2009-10 में घटकर यह मात्रा 29.8 प्रतिशत हो गई।
- भारत में गरीबी का अनुमान लगाने वाले प्रमुख अर्थशास्त्री हैं– पी.के. बर्धन, एम.एस. आहलूवालिया, बी.एस. मिन्हास, दांडेकर एवं रथ, एम.पी. गुप्त तथा सुन्दरम एवं तेंदुलकर।

निर्धनता रेखाएँ

विशेषज्ञ समूह	वर्ष	प्रति व्यक्ति प्रतिदिन उपभोग व्यय (रुपये में)		प्रति व्यक्ति औसत मासिक उपभोग (रुपये में)	
		ग्रामीण	नगरीय	ग्रामीण	नगरीय
रंगराजन विशेषज्ञ समूह	2011-12	32.4	46.9	972	1407
	2009-10	26.7	39.9	801	1198
तेन्दुलकर विशेषज्ञ समूह	2011-12	27.2	33.3	816	1000
	2009-10	22.4	28.7	673	860

4. कृषि
(AGRICULTURE)

- भारत की राष्ट्रीय आय में कृषि का योगदान 1950-51 में 55.40 प्रतिशत था जो 2021-22 में घटकर 18.8% (2011-12 की कीमतों पर) रह गया है।
- 1951 में कार्यकारी जनसंख्या का 69.5 प्रतिशत कृषि में लगा हुआ था। यह प्रतिशत संख्या 1991 में घटकर 66.9% तथा 2001 में 56.7% हो गयी। देश की कुल श्रम शक्ति का लगभग 48.9% भाग कृषि एवं उससे संबंधित उद्योग-धंधों से अपनी-आजीविका कमाता है।
- 1960-61 में कुल निर्यातों में कृषि निर्यातों का हिस्सा 44.3 प्रतिशत था, जो गिरते-गिरते 1980-81 में 30.7 प्रतिशत तथा 2020-21 में 22.8 प्रतिशत रह गया।
- भारत में सर्वप्रथम 1960-61 में एक कार्यक्रम 'गहन कृषि जिला कार्यक्रम' (Intensive Agricultural District Programme–IADP) के नाम से देश के सात चुने हुए जिलों में अपनाया गया। इस कार्यक्रम का उद्देश्य किसानों को ऋण, बीज, खाद, औजार आदि उपलब्ध कराना एवं केन्द्रित प्रयासों द्वारा दूसरे क्षेत्रों के लिए गहन खेती का ढाँचा तैयार करना था।
- 1964-65 में एक दूसरा कार्यक्रम 'गहन कृषि क्षेत्रीय कार्यक्रम' (Intensive Agricultural Area Programme – IAAP) देश के कुछ भागों में लागू किया गया।
- 1966-67 में भारत में नई कृषि युक्ति (New Agricultural Strategy) एक पैकेज कार्यक्रम के रूप में शुरू किया गया और इसे अधिक उपज देने वाली किस्मों का कार्यक्रम (High Yielding Varieties Programmes – HYVP) की संज्ञा दी गयी।
- भारत के सन्दर्भ में हरित क्रान्ति का तात्पर्य छठे दशक के मध्य (1966-67) में कृषि उत्पादन में उस तीव्र वृद्धि से है, जो ऊँची उपज वाली बीजों (High Yielding Varieties of Seeds) एवं रासायनिक खादों व नई तकनीक के प्रयोग के फलस्वरूप हुई।
- भारत में हरित-क्रान्ति (Green Revolution) के परिणामस्वरूप खाद्यान्नों के उत्पादन में जो आत्मनिर्भरता आयी उसका श्रेय अमेरिकी कृषि वैज्ञानिक डॉ. नोरमान ई. बोरलॉग तथा डॉ. एम.एस. स्वामीनाथन को जाता है।
- धान, ज्वार-बाजरा, मक्का, कपास, गन्ना, अरहर, मूँग, उर्द, लोबिया, तिल, सोयाबीन और मूँगफली खरीफ फसल के अन्तर्गत आते हैं।
- गेहूँ, जौ, चना, तोरिया, मटर और सरसों रबी फसल के अन्तर्गत आते हैं।
- मूँग, तरबूज, खरबूज, ककड़ी, तरकारियाँ व सूरजमुखी जायद फसल के अन्तर्गत आते हैं।
- उन्नत किस्म के बीजों का कार्यक्रम (हरित क्रान्ति) केवल पाँच फसलों—गेहूँ, चावल, ज्वार, बाजरा तथा मक्का—के लिए अपनाया गया था तथा अखाद्य फसलों (non-foodgrains) को इस कार्यक्रम से बाहर रखा गया था।
- भारत में हरित क्रांति के फलस्वरूप गेहूँ के उत्पादन तथा उत्पादकता में तीव्र गति से वृद्धि हुई।
- भारत में खाद्य फसलें जिनमें गेहूँ, चावल, मक्का, ज्वार, बाजरा, दालें, सब्जी, फल इत्यादि शामिल हैं। कुल कृषि क्षेत्र के 'तीन-चौथाई' हिस्सों पर उगाई जाती है। खाद्यान्नों के अधीन क्षेत्र का एक बड़ा हिस्सा अनाज के अधीन है।
- तिलहन उत्पादन को बढ़ाने के लिए सरकार ने 1980 के दशक में कई कार्यक्रम आरंभ किये—1985-86 में राष्ट्रीय तिलहन विकास परियोजना (National Oilseeds Development Project), मई 1986 में तिलहनों का प्रौद्योगिकी मिशन (Technology Mission in Oilseeds) तथा 1987-88 में तिलहन उत्पादन थ्रस्ट कार्यक्रम (Oilseeds Production Thrust Programme)। इन कार्यक्रमों के परिणामस्वरूप तिलहनों के अधीन क्षेत्र में तेज वृद्धि हुई और यह 1985-86 में 1.90 करोड़ हैक्टेयर से बढ़कर 1998-99 में 2.62 करोड़ हैक्टेयर हो गया परन्तु 2003-04 में यह कम होकर 2.34 करोड़ हैक्टेयर रह गया। 2020-21 में तिलहनों के अधीन 28.8 मिलियन हैक्टयेर क्षेत्र था।

- दालों के उत्पादन में वृद्धि के उद्देश्य से 1986 में दालों के लिए राष्ट्रीय विकास कार्यक्रम (National Pulses Development Programme) आरंभ किया गया।
- देश के पूर्वी क्षेत्र तथा शुष्क क्षेत्र (dry land areas) में हरित क्रांति के प्रसार के लिए सातवीं योजना में दो विशिष्ट कार्यक्रम शुरू किये गये– 1. विशेष चावल उत्पादन योजना कार्यक्रम (Special Rice Production Programme) तथा 2. वर्षा आश्रित क्षेत्रों में राष्ट्रीय जलसंभर विकास कार्यक्रम (National Watershed Development Programme for Rainfed Agriculture)। पहला कार्यक्रम देश के पूर्वी क्षेत्र (असम, बिहार, उड़ीसा, पश्चिमी बंगाल, पूर्वी उत्तर प्रदेश तथा पूर्वी मध्य प्रदेश) में शुरू किया गया। दूसरा कार्यक्रम 1986-87 में शुरू किया गया और इसका उद्देश्य शुष्क क्षेत्रों में भूमि एवं जल संसाधनों के अनुकूलतम उपयोग द्वारा कृषि उत्पादन एवं उत्पादकता में वृद्धि करना है।
- भारत में लगभग 85% जोतों का आकार 2 हैक्टेयर से कम है।
- भारत में उर्वरकों के उत्पादन में तेज वृद्धि के बावजूद, आवश्यकताओं की पूर्ति के लिए काफी मात्रा में उर्वरकों का आयात करना पड़ता है।
- भारत में पौटाशी उर्वरकों का उत्पादन नहीं किया जाता है।
- 1963 में राष्ट्रीय बीज निगम (National Seeds Corporation) की स्थापना की गयी जिसका उद्देश्य देशभर के लिए उन्नत उत्पादकता वाले बीजों का उत्पादन एवं वितरण करना है।
- उर्वरक उत्पादन एवं उपभोग में भारत का विश्व में चीन और अमेरिका के बाद तीसरा स्थान है।
- **बड़ी सिंचाई परियोजनाएं :** इनमें उन परियोजनाओं को शामिल किया जाता है जिनके नियंत्रण के अधीन 10,000 हैक्टेयर से अधिक संचयी कृषि योग्य क्षेत्रफल हो।
- **मध्यम सिंचाई परियोजनाएं :** इनमें उन परियोजनाओं को शामिल किया जाता है जिनके नियंत्रण के अधीन 2,000 से 10,000 हैक्टेयर संचयी कृषि योग्य क्षेत्रफल हो।
- **छोटी सिंचाई परियोजनाएं :** इनमें उन परियोजनाओं को शामिल किया जाता है जिनके नियंत्रण के अधीन 2000 हैक्टेयर तक संचयी कृषि योग्य क्षेत्रफल हो।
- भारत में केवल 47 प्रतिशत कृषित क्षेत्र पर ही सिंचाई की सुविधाएं उपलब्ध है अर्थात् 53 प्रतिशत क्षेत्र अभी भी वर्षा पर निर्भर है।
- भारत में सिंचाई के साधनों में नहरों का स्थान महत्त्वपूर्ण है।
- सिंचाई सहित अन्य ग्रामीण आधारिक संरचना की परियोजनाओं को सहायता प्रदान करने के लिए 1995-96 में ग्रामीण आधारिक संरचना विकास फंड (Rural Infrastructure Development Fund–RIDF) की स्थापना की गयी है। इसे वार्षिक कार्यक्रम के रूप में प्रतिवर्ष अपनाया जा रहा है।
- 1996-97 में एक त्वरित सिंचाई लाभ योजना (Accelerated Irrigation Benefit Scheme–AIBS) शुरू की गयी जिसके अधीन केन्द्र सरकार राज्य सरकारों को चुनिंदा बड़ी और बहु-उद्देशीय सिंचाई परियोजनाओं को पूरा करने के लिए आर्थिक सहायता प्रदान करती है।
- केन्द्र सरकार द्वारा प्रायोजित कमान क्षेत्र विकास कार्यक्रम (CADP) वर्ष 1974-75 में प्रारंभ किया गया। इस कार्यक्रम का उद्देश्य देश की चुनी हुई बड़ी और मझोली परियोजनाओं की सिंचाई क्षमता का तेजी से बेहतर उपयोग सुनिश्चित करना है।
- 1 अप्रैल, 2004 से कमान क्षेत्र विकास कार्यक्रम (CADP) को पुनर्गठित करके कमान क्षेत्र विकास तथा जल प्रबन्धन कार्यक्रम (CADWM) नाम दिया गया है।
- ग्रामीण आधारिक संरचना के निर्माण के लिए सरकार ने 2005 में 'भारत निर्माण कार्यक्रम' शुरू किया। यह एक समयबद्ध कार्यक्रम है। इसमें ग्रामीण आधारिक संरचना के 6 हिस्सों पर काम करने की व्यवस्था है– सिंचाई, ग्रामीण सड़के, ग्रामीण आवास, ग्रामीण जल आपूर्ति, ग्रामीण विद्युतीकरण तथा ग्रामीण टेलीफोन व्यवस्था।
- सूखे, बाढ़, ओलावृष्टि, चक्रवात, आग जैसी प्राकृतिक विपदाओं और कीटों व बीमारियों के कारण फसलों को होने वाली क्षति से किसानों का संरक्षण करने के लिए 1999-2000 में राष्ट्रीय कृषि बीमा योजना (National Agriculture Insurance Scheme) शुरू की गयी। इस योजना ने 1985 में आरंभ की गयी व्यापक फसल बीमा योजना का स्थान ले लिया।

- कृषि वित्त के स्रोतों को दो वर्गों में बांटा जा सकता है– गैर-संस्थागत स्रोत (Non-institutional Source) तथा संस्थागत स्रोत (Institutional Source)।
- गैर-संस्थागत स्रोतों (Non-Institutional Sources) के अन्तर्गत आते हैं– (*i*) महाजन तथा साहूकार (*ii*) सम्बंधी और रिश्तेदार (*iii*) व्यापारी (*iv*) जमींदार और (*v*) आढ़ति।
- संस्थागत स्रोतों (Institutional Sources) में प्रमुख हैं– (*i*) सहकारी समितियाँ और बैंक (*ii*) व्यापारिक बैंक और (*iii*) क्षेत्रीय ग्रामीण बैंक।
- भारतीय किसानों की वित्तीय आवश्यकताओं को तीन प्रकार के ऋणों द्वारा पूरा किया जाता है–
  1. अल्पकालीन ऋणों के अन्तर्गत खेतीबाड़ी या घरेलू आवश्यकताओं की पूर्ति के लिए 15 माह से भी कम समय के लिए धन की आवश्यकता पड़ती है। बीज, उर्वरक तथा पारिवारिक आवश्यकताओं के लिए अल्पकालीन ऋण की मांग की जाती है।
  2. मध्यकालीन ऋणों के अन्तर्गत भूमि में सुधार करने के लिए, पशु खरीदने के लिए तथा कृषि उपकरण प्राप्त करने के लिए 15 माह से 5 वर्ष तक की अवधि के लिए प्राप्त किये गए ऋणों को सम्मिलित किया जाता है।
  3. दीर्घकालीन ऋणों के अन्तर्गत भूमि खरीदने, भूमि पर स्थायी सुधार करने, पुराने ऋणों का भुगतान करने तथा मंहगे कृषि यंत्र खरीदने के लिए 5 वर्ष से अधिक समयावधि के ऋणों को सम्मिलित किया जाता है।
- सहकारी क्षेत्र में प्राथमिक कृषि समितियाँ अल्पकालिक और मध्यकालिक ऋण और कृषि तथा ग्रामीण विकास बैंक दीर्घकालिक ऋण प्रदान करते हैं।
- व्यापारिक बैंक और क्षेत्रीय ग्रामीण बैंक कृषि और सम्बंधित क्रियाओं के लिए अल्पकालिक और मध्यकालिक ऋण प्रदान करते हैं।
- कृषि और ग्रामीण विकास का राष्ट्रीय बैंक (NABARD) कृषि साख के लिए राष्ट्रीय स्तर पर शीर्ष संस्था है। यह कृषि साख प्रदान करने वाली संस्थाओं को पुनर्वित्तीय सहायता प्रदान करता है।
- NABARD की स्थापना 1982 में की गयी थी।
- भारत में सहकारी समितियों की शुरुआत 1904 ई. में की गयी।
- भारत में सहकारी साख संगठन का स्वरूप संघीय है। सबसे नीचे प्राथमिक कृषि व अकृषि साख समितियाँ हैं। इनके ऊपर सहकारी बैंकिंग यूनियन तथा केन्द्रीय सहकारी बैंकों का संगठन होता है। सबसे ऊपर राज्य सहकारी बैंक होते हैं। राज्य सहकारी बैंकों को भारतीय संघ के प्रत्येक राज्य में सहकारी साख संगठन में सर्वोच्च स्थान प्राप्त होता है।
- भारत में सहकारी आन्दोलन की यह विशेषता है कि कृषि साख को असाधारण महत्त्व दिया गया है। भारत में सहकारिता का प्रारंभ भी प्राथमिक कृषि साख समितियों द्वारा ही हुआ था। अब भी अधिकांश सहकारी समितियाँ यही हैं।
- केन्द्रीय सहकारी बैंक जिला स्तर के संगठन हैं। ये दो प्रकार के होते हैं– सहकारी बैंकिंग यूनियन तथा द्वितीय मिश्रित केन्द्रीय सहकारी बैंक। सहकारी बैंकिंग यूनियनों की सदस्यता केवल सहकारी समितियों को ही प्राप्त होती है। मिश्रित सहकारी बैंकों का प्रमुख कार्य प्रारंभिक सहकारी साख समितियों को आवश्यकता के समय ऋण प्रदान करना है।
- वित्तीय समावेशन (Financial Inclusion) का अर्थ है समाज के उपेक्षित व निम्न आय वर्ग के असंख्य लोगों को सस्ती लागत पर बैंकिंग सेवाएं उपलब्ध कराना।
- अखिल भारतीय साख सर्वेक्षण समिति (1954) के सुझावों के आधार पर सरकार ने 1957 में केन्द्रीय गोदाम निगम (Central Warehousing Corporation) की स्थापना की।
- कृषि विपणन के राष्ट्रीय संस्थान (National Institution of Agricultural Marketing) की स्थापना 1988 में की गयी।
- राष्ट्रीय सहकारी विपणन फेडरेशन (National Agricultural Co-operative Marketing Federation of India Ltd.–NAFED) राष्ट्रीय स्तर की सहकारी विपणन संस्था है।
- योजना काल में कृषि कीमतें सतत् रूप से बढ़ती रही हैं। इसका अपवाद केवल पहली पंचवर्षीय योजना है जब कृषि कीमतों में वस्तुतः गिरावट हुई है।
- वर्तमान में थोक मूल्य सूचकांक का आधार वर्ष 2011-12 है।

- कृषि कीमतों में स्थायित्व लाने के प्रयास में मार्च 1964 में खाद्य क्षेत्रों के संगठन (Organisation of Food Zones) का गठन किया गया।
- 1965 में कृषि कीमत आयोग (जिसे 1985 में कृषि लागत व कीमत आयोग का नाम दिया गया–ACPC) की स्थापना की गयी।
- कृषि लागत व कीमत आयोग विभिन्न कृषि वस्तुओं के लिए न्यूनतम समर्थन कीमतों, वसूली कीमतों तथा निर्गमन कीमतों (Issue Prices) की घोषणा करता है।
- समर्थन कीमतें उत्पादकों को यह गारण्टी देती हैं कि यदि अत्यधिक उत्पादन हुआ तो भी सरकार कीमतों को इनसे नीचे नहीं गिरने देगी। इस उद्देश्य के लिए सरकार न्यूनतम समर्थन कीमतों पर बड़े पैमाने पर खाद्यान्नों की खरीदारी करने के लिए वचनबद्ध है।
- वसूली कीमतें वे कीमतें हैं जिन पर सरकार आम वर्षों में खाद्यान्नों को मण्डियों से खरीदती है।
- निर्गमन कीमत वह कीमत है जिस पर उचित दर की दुकानों के माध्यम से सरकार उपभोक्ताओं को खाद्यान्न बेचती है।
- खाद्य सुरक्षा के मात्रात्मक एवं गुणात्मक पहलुओं के समाधान के लिए भारत सरकार ने तीन खाद्य आधारित सुरक्षा जाल (Food based safety nets) अपनाए हैं– (1) सार्वजनिक वितरण प्रणाली (2) समेकित बाल विकास सेवाएं (Integrated Child Development Services – ICDS) (3) दोपहर भोजन कार्यक्रम (Mid-day Meals Programme)।
- भारत में सार्वजनिक वितरण प्रणाली का मुख्य उद्देश्य उपभोक्ताओं को सस्ती कीमतों पर आवश्यक उपभोग वस्तुएं उपलब्ध कराना है ताकि उन्हें इनकी बढ़ती हुई कीमतों के प्रभाव से बचाया जा सके तथा जनसंख्या को न्यूनतम आवश्यक उपभोग स्तर प्राप्त करने में सहायता दी जा सके।
- भारतीय खाद्य निगम की स्थापना 1965 में हुई थी।
- भारतीय खाद्य निगम (Food Corporation of India – FCI) खाद्यान्नों व अन्य सामग्री की खरीदारी, भण्डारण व संग्रहण, स्थानान्तरण, वितरण तथा बिक्री का काम करता है।
- 1 जून, 1997 में सरकार ने लक्षित सार्वजनिक वितरण प्रणाली (Targeted Public Distribution System) लागू की जिसके तहत् दोहरी कीमत संरचना लागू की गयी। इस प्रणाली के अधीन, गरीबी रेखा से नीचे रहने वाले लोगों के लिए निर्गमन कीमत को आर्थिक लागत का 50 प्रतिशत रखा गया जबकि गरीबी रेखा से ऊपर रहने वाले लोगों के लिए इसे आर्थिक लागत के बराबर रखा गया।
- एकीकृत बाल विकास सेवाओं (ICDS) का कार्यक्रम भारत के मानव संसाधन मंत्रालय द्वारा 1975 में केन्द्रीय कार्यक्रम के रूप में शुरू किया गया। इस कार्यक्रम में छः मूल सेवाएं प्रदान करने की व्यवस्था है : (1) पूरक खाना (supplementary feeding) जिसके तहत प्रत्येक बच्चे को साल में 300 दिन 500 कैलोरी प्रतिदिन व 12-15 ग्राम प्रोटीन प्रतिदिन तथा प्रत्येक गर्भवती व स्तनपान कराने वाली महिला को 600 कैलोरी प्रतिदिन तथा 18-20 ग्राम प्रोटीन प्रतिदिन उपलब्ध कराने का प्रावधान है; (2) बीमारियों के खिलाफ प्रतिरक्षण (immunisation); (3) स्वास्थ्य परीक्षण; (4) विशेषज्ञों से परामर्श की सुविधाएँ (referral services); (5) व्यस्क स्त्रियों को स्वास्थ्य एवं पोषण के बारे में शिक्षा; तथा (6) 3-6 वर्ष के बच्चों को अनौपचारिक स्कूल-पूर्व (non-formal pre-school) शिक्षा। ICDS का कार्यान्वयन 'आंगनवाड़ी' केन्द्र के माध्यम से किया जा रहा है। काम करने वाले कर्मचारियों में मुख्य विकास परियोजना अफसर (chief development project officer), सुपरवाइजर, आंगनवाड़ी कार्यकर्ता तथा सहायक शामिल हैं।
- **मध्याह्न भोजन योजनाः** मध्याह्न योजना के अंतर्गत सरकारी और सरकार से सहायता प्राप्त स्कूलों, विशेष प्रशिक्षण केंद्रों (एस.टीसी) और सर्व शिक्षा अभियान (एसएसए) के तहत आने वाले मदरसों के पहली से आठवीं कक्षा के सभी छात्र-छात्राओं को दोपहर का भोजन दिया जाता है। देशभर की 11.50 लाख संस्थाओं के 12 करोड़ छात्रों को मध्याह्न भोजन की यह विश्व की सबसे बड़ी विद्यालयाधीन भोजन योजना है। बच्चों को पढ़ाई के लिए स्कूल में लाने और उनकी उपस्थिति

बनाए रखने के अलावा, मध्याह्न भोजन योजना से सामाजिक और स्त्री-पुरुष समानता को भी प्रोत्साहन मिला है। इससे कक्षा में भूख से निवारण, स्कूल में उपस्थिति और सामाजिक समानता को बढ़ावा तथा बालक-बालिकाओं के बीच समानता को प्रोत्साहित करने में मदद मिली है।

- **मध्याह्न भोजन के मानकः**

  (I) मध्याह्न भोजन का कैलोरी मूल्यः पके हुए भोजन में 100 ग्राम, गेहूँ/चावल, 20 ग्राम दाल, 50 ग्राम सब्जी और 5 ग्राम तेल/चिकनाई शामिल होती है, जिससे प्राथमिक स्तर पर 450 कैलोरी और 12 ग्राम प्रोटीन की प्राप्ति होती है। उच्च प्राथमिक स्तर के बच्चों को जो भोजन दिया जाता है, उसमें 150 ग्राम गेहूँ/चावल, 30 ग्राम दाल, 75 ग्राम सब्जी और 7.5 ग्राम तेल/चिकनाई होती है, जिससे 700 कैलोरी ऊर्जा और 20 ग्राम प्रोटीन की प्राप्ति होती है।

  (II) एमडीएम योजना के अंतर्गत खाना पकाने की लागतः खाना पकाने की लागत में दालों, सब्जियों, खाद्य तेल, मसाले और ईंधन का खर्च शामिल होता है। 2016-17 के लिए खाना पकाने की लागत प्राथमिक कक्षा के छात्रों के लिए ₹ 4.13 प्रति छात्र प्रतिदिन और उच्च प्राथमिक शालाओं के बच्चों के लिए ₹ 6.16 प्रति छात्र प्रतिदिन पड़ती है। खाना पकाने का व्यय गैर-अनुपात में साझा किया जाता है, जबकि केंद्रशासित प्रदेशों में शत-प्रतिशत व्यय केंद्र द्वारा वहन किया जाता है।

- धान, गेहूँ एवं दालों के उत्पादन में वृद्धि के उद्देश्य से राष्ट्रीय खाद्य सुरक्षा मिशन वर्ष 2007-08 में आरम्भ किया गया। क्षेत्र विस्तार, उत्पादकता वृद्धि, मृदा की उर्वरता वृद्धि रोजगार सृजन एवं कृषि विकास के उद्देश्य से 11वीं योजना (2007-12) के अन्त तक धान, गेहूँ तथा दालों के उत्पादन में क्रमशः 10, 8, 2 मिलियन टन की वृद्धि का लक्ष्य निर्धारित किया गया था। 12वीं योजना (2012-17) के दौरान इस मिशन के अन्तर्गत 25 मिलियन टन अतिरिक्त खाद्यान्न उत्पादित करने का लक्ष्य रखा गया था जिसमें चावल 10 मिलियन टन, दालें 4 मिलियन टन तथा मोटा अनाज 3 मिलियन टन के अतिरिक्त उत्पादन का लक्ष्य सम्मिलित है।

  मिशन का मौलिक उद्देश्य एवं उसकी रणनीति उन्नत प्रौद्योगिकी के प्रयोग को कृषि क्षेत्र में प्रोत्साहित करना है। योजना के अन्तर्गत चयनित राज्यों में आन्ध्र प्रदेश, असम, बिहार, छत्तीसगढ़, गुजरात, हरियाणा, कर्नाटक, केरल, मध्य प्रदेश, महाराष्ट्र, ओडिशा, पंजाब, तमिलनाडु, उत्तर प्रदेश, पश्चिम बंगाल, झारखण्ड व राजस्थान शामिल हैं।

- **राष्ट्रीय बाँस मिशनः** देश में बाँस फसल की क्षमता का दोहन करने की दृष्टि से कृषि और सहकारिता विभाग, कृषि मंत्रालय देश के 27 राज्यों में 'राष्ट्रीय बाँस मिशन' नामक एक केन्द्र प्रायोजित योजना क्रियान्वित करता है। मिशन का उद्देश्य बाँस क्षेत्र में क्षेत्रवार समग्र विकास को प्रोत्साहित करना तथा क्षेत्र की आवश्यकता के अनुरूप योजना तैयार करना था।

- **आत्मनिर्भर भारत अभियान (एबीए):** प्रधानमंत्री नरेन्द्र मोदी द्वारा 12 मई, 2020 को घोषित नए भारत का विजन है। कृषि में इस योजना का उद्देश्य अवसंरचना, लॉजिस्टिक्स, क्षमता निर्माण आदि को मजबूत करना है।

प्रमुख फसलों के 3 शीर्ष उत्पादक राज्य (2020-21)

फसलें	राज्य
खाद्यान्न	
चावल	पश्चिम बंगाल, उत्तर प्रदेश, पंजाब
गेहूँ	उत्तर प्रदेश, मध्य प्रदेश, पंजाब
मक्का	कर्नाटक, मध्य प्रदेश, महाराष्ट्र
कुल मोटा अनाज	राजस्थान, कर्नाटक, महाराष्ट्र
चना	मध्य प्रदेश, महाराष्ट्र, राजस्थान
तूर	महाराष्ट्र, कर्नाटक, तेलंगाना
जोड़-दालें	मध्य प्रदेश, राजस्थान, महाराष्ट्र
जोड़-खाद्यान्न	उत्तर प्रदेश, मध्य प्रदेश, पंजाब
तिलहन	
मूँगफली	गुजरात, राजस्थान, तमिलनाडु
रैपसीड और सरसों	राजस्थान, मध्य प्रदेश हरियाणा
सोयाबीन	महाराष्ट्र, मध्य प्रदेश, राजस्थान
सूरजमुखी	कर्नाटक, हरियाणा, ओडिशा
कुल-तिलहन	राजस्थान, महाराष्ट्र, मध्य प्रदेश
अन्य नकदी फसलें	
गन्ना	उत्तर प्रदेश, महाराष्ट्र, कर्नाटक
कपास	महाराष्ट्र, गुजरात, तेलंगाना
जूट एवं मेस्ता	पश्चिम बंगाल, बिहार, असम

भारत में विभिन्न क्रान्तियाँ

नीली क्रान्ति	मत्स्यपालन
खाकी क्रान्ति	चमड़ा
भूरी क्रान्ति	रासायनिक उर्वरक तथा आवास विकास
हरित क्रान्ति	कृषि (खाद्यान्न उत्पादन)
गुलाबी क्रान्ति	प्याज, झींगा उत्पादन, औषधियाँ एवं फार्मास्यूटिकल्स
श्वेत क्रान्ति	दुग्ध उत्पादन
रजत क्रान्ति	अण्डा/कुक्कुट
रजत रेशा क्रान्ति	कपास
पीत क्रान्ति	तिलहन उत्पादन
कृष्ण क्रान्ति	पेट्रोलियम
स्वर्ण रेशा क्रान्ति	जूट (पटसन)
स्वर्ण क्रान्ति	बागवानी
लाल क्रान्ति	मांस एवं टमाटर उत्पादन
गोल क्रान्ति	आलू
सदाबहार क्रान्ति	समग्र कृषि विकास

राष्ट्रीय कृषक नीति, 2007

भारत सरकार ने राष्ट्रीय कृषक आयोग की सिफारिशों को मानते हुए और राज्य सरकारों से परामर्श करने के बाद राष्ट्रीय कृषक नीति 2007 को अपनाया है। राष्ट्रीय कृषक नीति में अन्य बातों के साथ-साथ फार्म क्षेत्र के विकास के लिए सम्पूर्ण पहुँच प्रदान कर दी है। इसकी कवरेज में व्यापक क्षेत्र शामिल हैं—

- उत्पादन और उत्पादकता पर ही किसानों के आर्थिक स्थिति में सुधार करने पर ध्यान केन्द्रित रहेगा।
- **परिसम्पत्ति में सुधारः** यह सुनिश्चित करना है कि गाँवों में कृषक परिवार के पास उत्पादक परिसम्पत्ति अथवा विपणन योग्य धारक है अथवा प्राप्त करनी है।
- **कुशलतापूर्वक जल का उपयोगः** जल की प्रति यूनिट से अधिकतम पैदावार और आय की अवधारणा को सभी फसल उत्पादक कार्यक्रमों में अपनाया जायेगा और जल के उपयोग से सम्बन्धी जागरूकता और कार्यकुशलता पर बल दिया जाएगा।
- **नई प्रौद्योगिकियाँ** जैव प्रौद्योगिकी सहित आसूचना और संचार प्रौद्योगिकी, नवीकरणीय ऊर्जा प्रौद्योगिकी, अंतरिक्ष अनुप्रयोग और नैनो-प्रौद्योगिकी इत्यादि भूमि और जल की प्रति यूनिट उत्पादकता बढ़ाने में सहायक हो सकती हैं।
- **राष्ट्रीय कृषि जैव-सुरक्षा प्रणाली** को समन्वित कृषि जैव-सुरक्षा कार्यक्रम को आयोजित करने के लिए स्थापित किया जाएगा।
- **बीज और मृदा स्थितिः** लघु कृषि उत्पादन को बढ़ाने में अच्छी गुणवत्ता के बीज, बीमारी मुक्त रोपण सामग्री व मृदा किस्म में सुधार की महत्वपूर्ण भूमिका है। प्रत्येक किसान को मृदा स्थिति पासबुक जारी की जानी है जिसमें फार्म की मिट्टी की समेकित जानकारी और अनुवर्ती परामर्श दिए होने चाहिए।
- **महिलाओं के लिए सहायता सेवाएंः** जब महिलाएं पूरे दिन खेतों और जंगलों में काम करती हैं, तो उन्हें उचित सहायता सेवाएं जैसे शिशुसदन बाल सेवा केन्द्र तथा पर्याप्त पोषण की आवश्यकता होती है।
- **ऋण व बीमाः** किसानों को उचित ब्याज दरों पर वित्तीय सेवाएं समय पर, पर्याप्त मात्रा में और आसानी से मुहैया करायी जाएंगी।

5. उद्योग
(INDUSTRY)

- देश की प्रथम औद्योगिक नीति की घोषणा 6 अप्रैल, 1948 को तत्कालीन केन्द्रीय उद्योग मंत्री डॉ. श्यामा प्रसाद मुखर्जी द्वारा की गयी थी।
- निजी एवं सार्वजनिक क्षेत्र के लिए स्पष्ट क्षेत्रों का बँटवारा करने वाली देश की पहली औद्योगिक नीति के द्वारा ही देश में मिश्रित एवं नियंत्रित अर्थव्यवस्था (Mixed and Controlled Economy) की नींव रखी गयी।
- समाजवादी ढंग से समाज (Socialistic Pattern of Society) की स्थापना के उद्देश्य से 30 अप्रैल, 1956 को दूसरी औद्योगिक नीति की घोषणा की गयी।
- 1956 की औद्योगिक नीति के प्रस्ताव के निम्नलिखित उद्देश्य थे–
  1. आर्थिक विकास की गति को तेज करना और औद्योगीकरण की प्रक्रिया में तेजी लाना।
  2. सार्वजनिक क्षेत्र का विस्तार।
  3. सहकारी क्षेत्र का विकास।
  4. मशीन बनाने वाले भारी उद्योगों की देश में स्थापना तथा विकास।
  5. सम्पत्ति तथा आय के वितरण की असमानताओं को कम करना।
  6. आर्थिक शक्ति के केन्द्रीकरण को रोकने के लिए निजी एकाधिकारियों की स्थापना को नियंत्रित करना।
- देश में औद्योगिक विकास की प्रक्रिया पर नियंत्रण रखने व उसका नियमन करने के दृष्टिकोण से अक्टूबर 1951 में संसद ने एक अधिनियम पास किया। उद्योग (विकास एवं नियमन) अधिनियम, 1951 नामक यह अधिनियम 8 मई, 1952 को लागू किया गया। यद्यपि इस अधिनियम का लक्ष्य निजी क्षेत्र का विकास व नियमन था तथापि इसमें अधिकतर 'नियमन' पर जोर दिया गया।
- औद्योगिक लाइसेंस नीति की आलोचनाओं के कारण सरकार ने 1970, 1973 तथा 1978 में इस नीति के उदारीकरण की दिशा में कई कदम उठाए। जुलाई 1980 में सरकार ने औद्योगिक नीति वक्तव्य (Industrial Policy Statement) की घोषणा की जिसके आधार पर 1980 के दशक में उदारीकरण के लिए कई कदम उठाए गए।
- 24 जुलाई, 1991 को घोषित नई औद्योगिक नीति में बहुत से उदारवादी कदम उठाए गए हैं– लाइसेंसिंग व्यवस्था को लगभग समाप्त कर दिया गया है, बहुत से आरक्षित उद्योगों के द्वार निजी क्षेत्र के लिए खोल दिए गए हैं, एकाधिकार और प्रतिबन्धक व्यापार अधिनियम के अधीन उद्योगों की परिसम्पत्ति सीमा समाप्त कर दी गयी है तथा विदेशी फर्मों को और रियायतें दी गयी हैं। इस नीति की मुख्य बातें निम्नलिखित हैं–

1. **औद्योगिक लाइसेंसिंग से मुक्ति (Abolition of industrial licensing)**— 1991 की नई औद्योगिक नीति में 18 उद्योगों को छोड़कर अन्य सभी उद्योगों को लाइसेंसिंग से मुक्त कर दिया गया। समय के साथ इनमें से भी बहुत से उद्योगों को अलग-अलग समय पर लाइसेंसिंग से मुक्त कर दिया गया है। अब केवल 5 उद्योगों के लिए लाइसेंसिंग अनिवार्य है। ये उद्योग हैं– शराब, सिगरेट, खतरनाक रसायन, सुरक्षा का समान तथा औद्योगिक विस्फोटक। इन उद्योगों को परिशिष्ट II में रखा गया है।
2. **सार्वजनिक क्षेत्र के महत्त्व में कमी (Public sector's role diluted)**— 1956 की औद्योगिक नीति में 17 उद्योग सार्वजनिक क्षेत्र के लिए आरक्षित रखे गए थे। नई नीति में इनकी संख्या घटाकर 8 कर दी गयी। बाद में 5 और उद्योगों को आरक्षण से मुक्त कर दिया गया। इस प्रकार अब केवल 2 उद्योग सार्वजनिक क्षेत्र के लिए आरक्षित रह गये हैं। ये उद्योग हैं–
   (*i*) परमाणु ऊर्जा
   (*ii*) रेल परिवहन

☛ नई औद्योगिक नीति में यह भी कहा गया है कि सार्वजनिक उद्यमों में सरकारी अंश के एक हिस्से को म्युचअल फंडों (Mutual funds), वित्तीय संस्थाओं, आम जनता तथा उद्योग में कार्यरत श्रमिकों को बेच दिया जाएगा ताकि ये उद्योग साधन जुटा सकें तथा इनकी गतिविधियों में और लोग भी भाग ले सकें। यह भी कहा गया कि जो सार्वजनिक उद्यम गंभीर रूप से बीमार हैं उनके लिए औद्योगिक व वित्तीय पुनर्निर्माण बोर्ड (Board for Industrial and Financial Reconstructions) से राय ली जाएगी ताकि पुनर्निर्माण की योजनाएं तैयार की जा सकें।

3. **MRTP परिसम्पत्ति सीमा समाप्त (MRTP assets limit goes) —** नई औद्योगिक नीति में एकाधिकार एवं प्रतिबन्धक व्यापार व्यवहार अधिनियम के अन्तर्गत आने वाली कम्पनियों की परिसम्पत्ति सीमा को समाप्त कर दिया गया है। इसलिए अब नई इकाइयों की स्थापना, विस्तार, विलयन, समामेलन (amalgamation) तथा अधीनीकरण (take over) के लिए तथा निदेशकों की नियुक्ति के लिए केन्द्र सरकार से पूर्व-अनुमति लेना आवश्यक नहीं रहा है।
4. **उद्योग स्थान-निर्धारण नीति का उदारीकरण (Industrial location policy liberalised) —** उद्योगों की स्थान निर्धारण नीति में भी परिवर्तन किया गया। नई नीति में यह व्यवस्था की गयी कि उन उद्योगों के अलावा जिनमें अनिवार्य रूप से लाइसेंस लेने की आवश्यकता है, अन्य उद्योगों की स्थापना के लिए केन्द्र सरकार से अनुमति लेने की आवश्यकता नहीं है। यदि ये उद्योग 10 लाख से कम जनसंख्या वाले शहरों में स्थापित किये जा रहे हों। यदि उद्योग 10 लाख से अधिक जनसंख्या वाले शहरों में लगाने हों और ये प्रदूषण फैलाने वाले हों तो इन्हें शहरी सीमा से 25 किलोमीटर बाहर स्थापित करना होगा।
5. **विदेशी निवेश एवं विदेशी प्रौद्योगिकी को प्रोत्साहन (Incentive to foreign investment and foreign technology) —** वर्तमान में अधिकतर सेक्टरों में स्वतः अनुमोदन आधार पर 100 प्रतिशत तक विदेशी प्रत्यक्ष निवेश करने का अधिकार है। केवल निम्नलिखित सेक्टरों में विदेशी प्रत्यक्ष निवेश पर प्रतिबन्ध है–
   (*i*) मल्टी ब्रांड रिटेल
   (*ii*) परमाणु ऊर्जा
   (*iii*) लॉटरी का धंधा
   (*iv*) जुआ एवं सट्टा

- सांख्यिकी और कार्यक्रम कार्यान्वयन मंत्रालय के केन्द्रीय सांख्यिकी कार्यालय (CSO) ने 1993-94 के आधार वाली औद्योगिक उत्पादन सूचकांक (IIP) शृंखला को प्रतिस्थापित करते हुए सरकार ने 2011-12 के नए आधार वाली नई औद्योगिक उत्पादन सूचकांक शृंखला जारी की है।
- वर्ष 2004-05 के आधार वाली नई औद्योगिक उत्पादन सूचकांक में 682 मदों को शामिल किया गया था। (पहले यह 538 थी)

सांख्यिकी गणनाओं से जुड़ी संस्थाएँ

- **केंद्रीय सांख्यिकी संगठन (CSO):** यह सांख्यिकी और कार्यक्रम कार्यान्वयन मंत्रालय के अंतर्गत भारत में एक सरकारी एजेंसी है, जो भारत में सांख्यिकी गतिविधियों के समन्वय और सांख्यिकी मानकों को विकसित करने और बनाए रखने के लिए उत्तरदायी है।
- **राष्ट्रीय नमूना सर्वेक्षण कार्यालय (NSSO):** यह राष्ट्रीय आय और अन्य समुच्चय के आकलन के लिए देश के आँकड़ों की आवश्यकताओं को पूरा करने के लिए बड़े पैमाने पर नमूना सर्वेक्षण करने के लिए प्रोफेसर पी.सी. महालनोबिस की सिफारिश पर वर्ष 1950 में स्थापित किया गया है।
- **राष्ट्रीय सांख्यिकी कार्यालय (NSO):** सरकार ने 23 मई, 2019 को सांख्यिकी और कार्यक्रम कार्यान्वयन मंत्रालय के अंतर्गत केंद्रीय सांख्यिकी संगठन और नमूना सर्वेक्षण संगठन को एक इकाई में मिला दिया।

- केन्द्रीय सार्वजनिक क्षेत्र के उद्यम (CPSE) को बढ़ी हुई वित्तीय तथा प्रचालन शक्तियों का प्रत्यायोजन करने के उद्देश्य से सरकार ने जुलाई 1997 में नवरत्न योजना प्रारंभ की।
- दिसम्बर, 2010 में सरकार ने CPSE को वित्तीय प्रत्यायोजन की बढ़ोतरी हेतु महारत्न योजना शुरू की।

- 31 मार्च, 2020 की स्थिति के अनुसार केन्द्रीय सार्वजनिक क्षेत्र के 366 उपक्रम थे, जिनमें 256 प्रचालनरत् तथा शेष निर्माणाधीन हैं।
- देश के 366 सार्वजनिक उपक्रमों में कुल चुकता पूँजी 31 मार्च, 2020 तक ₹ 21.58 लाख करोड़ थी।
- 1991 की औद्योगिक नीति में सार्वजनिक क्षेत्र की इकाइयों को निजी क्षेत्र की इकाइयों के समकक्ष लाकर खड़ा कर दिया गया तथा सार्वजनिक क्षेत्र की इकाइयों को भी औद्योगिक और वित्तीय पुनर्निर्माण बोर्ड (Board for Industrial and Financial Reconstruction) के दायरे में लाया गया।
- सार्वजनिक क्षेत्र के उद्यमों के क्षेत्र में समझौता ज्ञापन की शुरुआत 1988 में हुई थी। समझौता ज्ञापनों का उद्देश्य इन सार्वजनिक क्षेत्र के उद्यमों पर से सरकारी नियंत्रणों को कम करना तथा उद्यमों को अपने निष्पादन के लिए अधिक उत्तरदायी बनाना है।
- वस्त्र उद्योग (Textile Industry) आधुनिक भारत का सबसे बड़ा उद्योग है। यह सकल घरेलू उत्पाद (GDP) का लगभग 2.0 प्रतिशत तथा विनिर्मित औद्योगिक उत्पादन का लगभग 10 प्रतिशत प्रदान करता है। यह लगभग 4.5 करोड़ लोगों को रोजगार देता है तथा निर्यात आय का लगभग 13 प्रतिशत हिस्सा प्रदान करता है।
- 1 जनवरी, 2005 से टैक्सटाइल एंड क्लोथिंग समझौते (Agreement on Textiles and Clothing), 1995 के अनुरूप बहुफाइबर समझौते (MFA) को समाप्त कर दिया गया है। इसके परिणामस्वरूप वस्त्र व्यापार उद्योग के निर्यातों पर से सभी प्रकार के प्रतिबंध समाप्त कर दिये गये हैं।
- सार्वजनिक क्षेत्र में लोहा तथा इस्पात उद्योग की पहली इकाई भद्रावती में 1923 में स्थापित की गयी थी।
- भिलाई, राउरकेला और दुर्गापुर में सार्वजनिक क्षेत्र के लोहा एवं इस्पात उद्योग की स्थापना का कार्य द्वितीय पंचवर्षीय योजना में शुरू किया गया था।
- बोकारो स्टील प्लांट की स्थापना का कार्य तीसरे पंचवर्षीय योजना में आरंभ किया गया।
- स्टील अथॉरिटी ऑफ इंडिया लिमिटेड (SAIL) की स्थापना 1974 ई. में हुई थी।
- सार्वजनिक क्षेत्र के सभी इस्पात कारखानों का स्वामित्व व प्रबन्ध SAIL के हाथों में होता है।
- भारत सरकार ने अक्टूबर 2005 में राष्ट्रीय इस्पात नीति, 2005 की घोषणा की। इस नीति का उद्देश्य भारत के इस्पात उद्योग को आधुनिक और कुशल बनाना है ताकि वह अन्तर्राष्ट्रीय प्रतिस्पर्धा का सामना कर सके तथा बढ़ती हुई घरेलू मांग को पूरा कर सके।
- पूरे विश्व में भारत जूट वस्तुओं का सबसे बड़ा उत्पादक तथा दूसरा सबसे बड़ा निर्यातक देश है। देश में 89 जूट मिलें हैं।
- भारत सरकार ने पहली बार राष्ट्रीय जूट नीति, 2005 (National Jute Policy, 2005) की घोषणा की जिसका उद्देश्य उत्पादन बढ़ाना, किस्म में सुधार करना, कच्चे, जूट के उत्पादन में लगे किसानों को बेहतर कीमतें प्रदान करना तथा प्रति हैक्टेयर उत्पादकता बढ़ाना है।
- वस्त्र उद्योग के बाद, चीनी उद्योग देश का दूसरा सबसे बड़ा कृषि आधारित उद्योग है।
- 1991 में सीमेंट उद्योग को लाइसेंसिंग से मुक्त कर दिया गया।
- 2006 में माइक्रो, लघु तथा मध्यम उद्यम विकास अधिनियम (Micro, Small and Medium Enterprises Development Act) पारित होने के बाद लघु और मध्यम क्षेत्र को 2 अक्टूबर, 2006 से पुनः परिभाषित किया गया (अधिनियम में मध्यम क्षेत्र को पहली बार परिभाषित किया गया)। इनके अतिरिक्त विनिर्माण (Manufacturing) तथा सेवा (Services) उद्यमों के लिए अलग-अलग निवेश सीमाएं निर्धारित की गयी हैं। सभी परिभाषा निम्नलिखित हैं–

A. विनिर्माण क्षेत्र के उद्यम (Manufacturing Enterprises) :

(*i*) माइक्रो उद्यम जिसमें प्लांट व मशीनरी में अधिकतम 25 लाख रुपए तक का निवेश हो;

(*ii*) लघु उद्यम जिसमें प्लांट व मशीनरी में 25 लाख रुपए से अधिक परन्तु 5 करोड़ रुपए से कम निवेश हो; तथा

(*iii*) मध्यम उद्यम जिसमें प्लांट व मशीनरी में 5 करोड़ रुपए से अधिक परन्तु 10 करोड़ रुपए से कम निवेश हो।

B. सेवा क्षेत्र के उद्यम (Service Enterprises) :

(*i*) माइक्रो उद्यम जिसमें उपकरणों (equipments) में अधिकतम 10 लाख रुपए तक का निवेश हो;

(*ii*) लघु उद्यम जिसमें उपकरणों में निवेश 10 लाख रुपए से अधिक परन्तु 2 करोड़ रुपए से कम हो; तथा

(*iii*) मध्यम उद्यम जिसमें उपकरणों में निवेश 2 करोड़ रुपए से अधिक परन्तु 5 करोड़ रुपए से कम हो।

- देश के सकल घरेलू उत्पाद में लघु, अति लघु तथा मध्यम उद्योगों का योगदान 6.11 प्रतिशत है तथा विनिर्मित उत्पाद (manufactured output) का लगभग 33.4 प्रतिशत प्रदान करते हैं।
- निर्यात आय में लघु उद्योगों का हिस्सा लगभग 28.0 प्रतिशत है। यदि मध्यम औद्योगिक इकाइयों को भी शामिल कर लिया जाए तो निर्यात आय में मध्यम, लघु व अति लघु इकाइयों का हिस्सा लगभग 45 प्रतिशत है।
- 1947 में भारत सरकार ने कुटीर उद्योग बोर्ड (Cottage Industries Board) की स्थापना की। पहली पंचवर्षीय योजना में इसे तीन अलग-अलग बोर्डों में विभाजित कर दिया गया। नए स्थापित होने वाले बोर्ड थे– अखिल भारतीय हथकरघा बोर्ड (All India Handloom Board), अखिल भारतीय हस्तशिल्प बोर्ड (All India Handicrafts Board) तथा अखिल भारतीय खादी और ग्रामोद्योग बोर्ड (All India Khadi and Village Industries Board)। इसके अलावा तीन और बोर्ड स्थापित किए गए। ये बोर्ड थे– लघु उद्योग बोर्ड (Small Scale Industries Board), नारियल-जटा बोर्ड (Coir Board) तथा केन्द्रीय रेशम बोर्ड (Central Silk Board)। इस प्रकार पहली योजना के समाप्ति पर देश में छः बोर्ड काम कर रहे थे और उनके दायरे में सभी लघु और कुटीर उद्योग आते थे।
- 1954 में लघु उद्योग विकास निगम (Small Industries Development Organisation) स्थापित किया गया। लघु उद्योगों के सतत् व संगठित विकास के लिए नीति बनाने वाली तथा विभिन्न गतिविधियों के बीच तालमेल बिठाने वाली यह शीर्ष (apex) संस्था है।
- लघु उद्योग विकास निगम (Small Industries Development Organisation–SIDO) का नया नाम सूक्ष्म, लघु, तथा मध्यम उद्यम विकास निगम (Micro, Small and Medium Enterprises Development Organisation) है।
- 1955 में राष्ट्रीय लघु उद्योग निगम (National Small Industries Corporation) की स्थापना की गयी।
- मई 1979 में जिला उद्योग केन्द्र (District Industries Centres) का कार्यक्रम शुरू किया गया। इसकी स्थापना के पीछे उद्देश्य यह था कि देश के हर जिले में एक ऐसी संस्था बनाई जाए जिसका नाम जिला उद्योग केन्द्र हो और जो साख सुविधा, कच्चे माल, प्रशिक्षण, माल की बिक्री इत्यादि से सम्बंधित सारी व्यवस्था एक ही स्थान से कर सके तथा जो बेरोजगार पढ़े-लिखे युवा उद्यमियों को हर संभव सहायता प्रदान कर सके।
- लघु इकाइयों को अधिक ऋण उपलब्ध कराने के दृष्टिकोण से 1986 में लघु उद्योग विकास फंड (Small Industries Development Fund – SIDF), 1987 में राष्ट्रीय इक्विटी फंड (National Equity Fund – NEF) तथा 1988 में एक संस्था से ऋण लेने की योजना (Single Window Scheme) को लागू किया गया।
- भारतीय लघु उद्योग विकास बैंक (Small Industries Development Bank of India – SIDBI) की स्थापना 1989 में की गयी थी। यह लघु उद्योगों को वित्तीय सहायता प्रदान करने वाला एक शीर्ष बैंक (Apex Bank) है।
- अनारक्षण की नीति (Policy of dereservation) के परिणामस्वरूप लघु व कुटीर उद्योगों के लिए आरक्षित मदों की संख्या जो जुलाई 1989 में 836 तक पहुँच चुकी थी, कम होकर मार्च 2007 में 114 रह गयी। अप्रैल 2015 से सरकार ने उत्पादों के आरक्षण की व्यवस्था पूरी तरह समाप्त कर दी।
- एस.वी.एस. राघवन की अध्यक्षता में गठित समिति द्वारा मई, 2000 में प्रस्तुत अपनी रिपोर्ट में यह सुझाव दिया कि MRTP अधिनियम, 1969 को निरस्त कर

दिया जाए तथा उसके स्थान पर एक नया प्रतिस्पर्धा कानून (Competition Law) लाया जाए। समिति के सुझावों को मानते हुए सरकार ने संसद में प्रतिस्पर्धा बिल 2001 (Competition Bill, 2001) पेश किया जिसे दिसम्बर 2002 में पास कर दिया गया। इसे प्रतिस्पर्धा अधिनियम, 2002 (Competition Act, 2002) कहा जाता है।

- दिसम्बर 2002 में पारित किए गए कंपनीज एक्ट में अस्वस्थता की परिभाषा में काफी परिवर्तन किया गया है। इस एक्ट के अनुसार उस औद्योगिक कंपनी को अस्वस्थ माना जाएगा (1) जिसकी विचाराधीन वर्ष में कुल संचित हानि पिछले चार वर्षों में उसकी औसत निवल मालियत के 50 प्रतिशत से अधिक हो अथवा (2) जो देनकर्ता (Creditor) की मांग के बावजूद लगातार तीन तिमाही अवधियों (three consecutive quarters) में भी लिए गए ऋण की अदायगी न कर सके।
- 20 मार्च, 1985 की एक अधिसूचना के द्वारा सरकार ने भारतीय औद्योगिक पुनर्निर्माण निगम को जो कम्पनी अधिनियम के अन्तर्गत एक रजिस्टर्ड निगम था, एक सांविधिक निगम (Statutory corporation) में बदल दिया और उसका नाम भारतीय औद्योगिक पुनर्निर्माण बैंक रखा गया।
- भारतीय औद्योगिक पुनर्निर्माण बैंक की अधिकृत पूंजी 200 करोड़ रुपये और प्रदत्त पूंजी 50 करोड़ रुपये है। 27 मार्च, 1997 को भारतीय औद्योगिक पुनर्निर्माण बैंक को एक संपूर्ण सर्व उद्देशीय विकास संस्था का दर्जा दे दिया गया और उसका नया नाम भारतीय औद्योगिक निवेश बैंक लिमिटेड (Industrial Investment Bank of India Ltd.) रखा गया।
- सितंबर 2017 के अन्त में देश में 8 सार्वजनिक उपक्रमों को 'महारत्न' तथा 16 सार्वजनिक उपक्रमों को 'नवरत्न' का दर्जा प्राप्त है।
- **पूंजीगत वस्तु क्षेत्रक में लघु एवं मध्यम उद्यमों हेतु ₹ 20,000 करोड़ की योजनाः** प्रधानमंत्री नरेन्द्र मोदी के 'Make in India' आह्वान को साकार करने के लिए भारत सरकार ने पूंजीगत वस्तु क्षेत्रक में लघु एवं मध्यम उद्यमों की प्रतिस्पर्द्धात्मकता में वृद्धि लाने के लिए ₹ 20,000 करोड़ की एक नई योजना प्रारम्भ किए जाने की घोषणा 15 सितम्बर, 2014 को की। इस योजना के प्रमुख बिन्दु निम्नलिखित प्रकार हैं–
  – पहले चरण में ₹ 930 करोड़ से विशिष्टीकृत प्रौद्योगिकियों का विकास।
  – इस हेतु सूरत में टेक्सटाइल्स, बंगलौर में मशीन टूल्स तथा पंजाब में ऑटो हेतु विशेष केन्द्रों की स्थापना।
  – पहले चरण का कार्यकाल ढाई वर्ष का।

कम्पनी अधिनियम 2013 : मुख्य बिन्दु

- कम्पनियों के लिए अपने तीन वर्ष के औसत लाभ का न्यूनतम 2 प्रतिशत कॉर्पोरेट सोशल रिसपॉन्सिबिलिटी (CSR) के लिए खर्च करना अनिवार्य।
- 5 वर्ष के अन्तराल के पश्चात ऑडिटर बदलना अनिवार्य।
- कोई ऑडिटर एक समय में अधिकतम 20 कम्पनियों को ही सेवा दे सकेगा।
- किसी प्राइवेट कम्पनी के निदेशक मंडल में निदेशकों की अधिकतम संख्या अब 12 के स्थान पर 15 हो सकेगी (विशेष प्रस्ताव द्वारा इस संख्या में वृद्धि सम्भव)।
- निदेशकमंडल में न्यूनतम एक-तिहाई स्वतंत्र निदेशक होना अनिवार्य।
- निदेशकमंडल में कम-से-कम एक महिला होना आवश्यक।
- निदेशकों व कर्मचारियों के औसत वेतन में अन्तर का खुलासा करना अनिवार्य।
- लॉक आउट/कारोबार बन्द करने की स्थिति में कर्मचारियों को दो वर्ष वेतन देना अनिवार्य।

6. श्रम
(LABOUR)

- भारत में श्रमिकों को शोषण से बचाने के उद्देश्य से 1948 में न्यूनतम मजदूरी अधिनियम पास किया गया था। इस नियम के अन्तर्गत केन्द्रीय अथवा राज्य सरकारें न्यूनतम मजदूरी की दरें, अतिरिक्त कार्य के लिए मजदूरी, काम के घंटे, अवकाश की अवधि इत्यादि निर्धारित करती हैं।
- फैक्ट्री में कार्य की दशाओं का नियमन 1948 के फैक्ट्री अधिनियम के द्वारा होता है। इस अधिनियम के अनुसार फैक्ट्री में सप्ताह में काम के घण्टे 48 होने चाहिए। 14 वर्ष से कम आयु के बच्चों को फैक्ट्री में काम पर रखना गैर-कानूनी है।
- न्यूनतम मजदूरी अधिनियम, 1948 में केन्द्र और राज्य सरकारों के अन्तर्गत अनुसूचित रोजगारों में नियोजित श्रमिकों की न्यूनतम मजदूरी के निर्धारण, समीक्षा, संशोधन और क्रियान्वयन की व्यवस्था है।
- न्यूनतम मजदूरी अधिनियम, 1948 में स्त्री-पुरुष के बीच न्यूनतम मजदूरी या लिंग में किसी प्रकार का भेद नहीं किया जाता है। अधिनियम की सारी सुविधाएं स्त्री-पुरुष मजदूरों पर एक समान लागू होती हैं।
- वेतन-भुगतान अधिनियम, 1936 एक श्रमिक हितैषी अधिनियम है, जिसका प्राथमिक उद्देश्य वेतन का समय पर भुगतान तथा वेतन से अधिकृत कटौतियों के अतिरिक्त कोई अन्य कटौती न की जाए, यह सुनिश्चित करना है।
- बोनस भुगतान अधिनियम, 1965 में फैक्ट्री और अन्य संस्थाओं में जहाँ 20 से अधिक कामगार या व्यक्ति हों उन्हें बोनस का भुगतान करने का प्रावधान है। इसके अन्तर्गत न्यूनतम बोनस वेतन का 8.33% तथा अधिकतम बोनस वेतन का 20% निर्धारित किया गया है।
- श्रमजीवी पत्रकारों और समाचार प्रतिष्ठानों में कार्यरत अन्य लोगों की सेवा-शर्तें श्रमजीवी पत्रकार तथा अन्य समाचार-पत्र कर्मचारी (सेवा-शर्त) और विविध प्रावधान अधिनियम, 1955 द्वारा नियंत्रित होती है। इस अधिनियम में समाचार-पत्र/समाचार एजेंसियों में काम करने वाले श्रमजीवी पत्रकारों और गैर-पत्रकार कर्मचारियों के बारे में वेतन-दरें तय करने तथा उन्हें संशोधित करने के लिए वेतन आयोगों के गठन का प्रावधान है।
- बालश्रम (उन्मूलन एवं विनिमय) अधिनियम, 1986 के प्रावधानों के अनुसार 14 वर्ष से कम आयु के बच्चों के अधिसूचित खतरनाक व्यवसायों तथा प्रक्रियाओं में कार्य करने पर प्रतिबंध है। यह अधिनियम गैर खतरनाक व्यवसायों तथा कार्यों में भी बालश्रम पर रोक लगाता है। इस समय 16 व्यवसाय तथा 65 अन्य खतरनाक कार्य हैं, जिनमें बच्चों को काम पर लगाने पर प्रतिबंध है।
- बंधुआ मजदूरी प्रथा (उन्मूलन) अधिनियम, 1976 बंधुआ मजदूरी की प्रथा को समाप्त करने के लिए लाया गया।
- सामाजिक सुरक्षा अधिनियम, 2008, असंगठित क्षेत्र के श्रमिकों को सामाजिक सुरक्षा उपलब्ध कराती है।
- वी.वी. गिरी राष्ट्रीय श्रम संस्थान, नोएडा (उत्तर प्रदेश) एक स्वायत्त संस्थान है। यह संस्थान श्रमिकों से संबद्ध अनुसंधान कार्यों और श्रम प्रशासकों, मजदूर यूनियनों, सार्वजनिक क्षेत्र के प्रबंधकों तथा अन्य सरकारी संस्थानों के कर्मियों के प्रशिक्षण में लगा है। यहाँ समय-समय पर श्रम-संबंधी समस्याओं पर सेमिनार, कार्यशाला और कारखानों का आयोजन भी किया जाता है।
- संगठित, असंगठित तथा ग्रामीण क्षेत्र के श्रमिकों के लिए राष्ट्रीय, क्षेत्रीय तथा इकाई। ग्राम स्तर पर श्रमिक योजना लागू करने के लिए श्रम एवं रोजगार मंत्रालय, भारत सरकार ने सन् 1958 में केंद्रीय श्रमिक शिक्षा बोर्ड की स्थापना की। बोर्ड का मुख्यालय नागपुर में है।

श्रमिक सुरक्षा कानून

- कारखानों में काम करने वाले श्रमिकों के कल्याण, सुरक्षा तथा स्वास्थ्य संबंधी विभिन्न पहलुओं को विनियमित करने के लिए फैक्ट्री अधिनियम, 1948 प्रमुख कानून है।

इस अधिनियम के अन्तर्गत एक हजार या अधिक श्रमिकों वाली फैक्ट्रियों के लिए सुरक्षा अधिकारी और पाँच सौ या अधिक श्रमिकों वाली फैक्ट्रियों के लिए कल्याण अधिकारी नियुक्त करना अनिवार्य है।

- गोदी कर्मचारी (सुरक्षा, स्वास्थ्य और कल्याण) अधिनियम, 1986 और उसके अन्तर्गत निर्मित नियमों तथा विनियमों में गोदियों में कार्यरत कर्मचारियों की सुरक्षा, स्वास्थ्य और कल्याण से संबंधित प्रावधान रखे गए हैं। यह अधिनियम 15 अप्रैल, 1987 से लागू है।
- खान अधिनियम, 1952 और इसके तहत निर्मित नियमों और विनियमों में खानों में काम करने वाले श्रमिकों की सुरक्षा, स्वास्थ्य और कल्याण का प्रावधान रखा गया है।
- दुर्घटनाओं को रोकने, खतरों और मानव कष्टों को कम-से-कम करने तथा श्रमिकों में सुरक्षा के प्रति जागरूकता को प्रोत्साहन देने के उद्देश्य से 1966 में राष्ट्रीय सुरक्षा परिषद् की स्थापना की गयी।

औद्योगिक संबंध

- औद्योगिक विवाद अधिनियम, 1947 में विवादों की जाँच और निपटारे की व्यवस्था और प्रक्रिया उपलब्ध है। इस अधिनियम में 2010 में औद्योगिक विवाद (संशोधन) अधिनियम 2010 के जरिए संशोधन किया गया है।
- ट्रेड यूनियन अधिनियम, 1926 में कर्मचारियों और नियोक्ताओं के संघों (यूनियनों) के पंजीकरण का प्रावधान है।
- बागान श्रमिकों के कार्यस्थलों को नियमित करना तथा कल्याण के लिए बागान श्रमिक अधिनियम, 1951 लागू किया गया है। इस अधिनियम में 2010 में संशोधन किया गया है।
- सरकार ने असंगठित क्षेत्र के मजदूरों के लिए 1 अक्टूबर, 2007 से राष्ट्रीय स्वास्थ्य बीमा योजना आरंभ की है। इस योजना के तहत् लाभार्थी परिवार को नकदी भुगतान के बिना स्मार्टकार्ड के आधार पर प्रतिवर्ष 30,000 रुपये का बीमा उपलब्ध कराने का प्रावधान है जिसमें केन्द्र तथा राज्य की भागीदारी 75:25 है।

सामाजिक सुरक्षा

- भारत में सामाजिक सुरक्षा की शुरुआत 1923 में हुई जब श्रमिक क्षतिपूर्ति अधिनियम, 1923 पास किया गया। इस अधिनियम का दायरा बहुत विस्तृत है और इसके अन्तर्गत कारखानों के अलावा खनन, परिवहन, बागान, बिजली उत्पादन, भवन निर्माण आदि सभी उद्योग आते हैं।
- श्रमिक क्षतिपूर्ति अधिनियम, 1923 (Workmen's Compensation Act, 1923) उन उद्योगों और कारखानों पर लागू नहीं होता जिनके श्रमिक कर्मचारी राज्य बीमा अधिनियम, 1948 के अन्तर्गत सामाजिक सुरक्षा लिए हुए हैं।
- मातृत्व लाभ अधिनियम, 1961 (Maternity Benefit Act, 1961) महिला श्रमिकों को मातृत्व लाभ की व्यवस्था करता है। इस अधिनियम के अन्तर्गत महिला श्रमिकों को बच्चे के जन्म से 6 सप्ताह पहले और 6 सप्ताह बाद तक मजदूरी सहित छुट्टी पाने का अधिकार है। यह अधिनियम उन कारखानों, खानों, सर्कस, बागान, दुकानों व प्रतिष्ठानों पर लागू होता है जिनमें 10 या 10 से अधिक व्यक्ति काम करते हैं।
- मातृत्व लाभ अधिनियम, 1961 में लाभ प्राप्त करने के लिए मजदूरी संबंधी प्रतिबन्ध को समाप्त कर दिया गया है।
- सामाजिक सुरक्षा के क्षेत्र में सबसे महत्वपूर्ण कदम 1948 में उठाया गया जब कर्मचारी राज्य बीमा अधिनियम, 1948 (Employees' State Insurance Act, 1948) पास हुआ। इस अधिनियम के अन्तर्गत बिजली से चलने वाले वे गैर-मौसमी कारखानें (no-seasonal factories) आते हैं जिनमें 10 या 10 से अधिक श्रमिक काम करते हों और वे बिजली से न चलने वाले कारखाने हैं जिनमें 20 या 20 से अधिक श्रमिक काम करते हों।
- कर्मचारी भविष्य-निधि तथा विविध धारा अधिनियम, 1952 (Employees' Provident Fund and Miscellaneous Provisions Act, 1952) के अन्तर्गत कर्मचारियों को भविष्य निधि, परिवार पेंशन तथा जमाओं से जुड़े बीमा (deposit linked insurance) के रूप में सेवानिवृत

लाभ की व्यवस्था की गयी है। इस अधिनियम के दायरे में वे ही औद्योगिक इकाइयां आती हैं जिनमें 20 या उससे ज्यादा श्रमिक काम करते हैं।

- सामाजिक सुरक्षा की अन्य महत्त्वपूर्ण योजनाएं हैं–
  ⇒ कर्मचारी जमा सम्बद्ध बीमा योजना, 1976
  ⇒ ग्रेच्युटी भुगतान अधिनियम, 1972
  ⇒ कर्मचारी पेंशन योजना, 1995

अनुसंधान एवं प्रशिक्षण

केंद्रीय श्रमिक शिक्षा बोर्ड

- केंद्रीय श्रमिक शिक्षा बोर्ड (सीबीडब्लयूई) की स्थापना 1958 में की गई थी। यह एक त्रिपक्षीय समिति है जो श्रमिकों के शिक्षा कार्यक्रम को राष्ट्रीय, क्षेत्रीय तथा गांव स्तर पर लागू करती है। बोर्ड प्रशिक्षण कार्यक्रमों की जिम्मेदारी का निर्वहन करता है, ये कार्यक्रम संगठित और गैर संगठित क्षेत्रों के श्रमिकों और ग्रामीण तथा अनियमित क्षेत्रों के कर्मचारियों के लिए होते हैं।
- बोर्ड के प्रशिक्षण कार्यक्रमों का मुख्य उद्देश्य श्रमिक समाज के सभी लोगों के बीच जागरुकता फैलाना है। समन्वयक और प्रबंधक स्तरीय कैडर को भी संयुक्त शिक्षा कार्यक्रमों के माध्यम से कवर किया जाता है।
- नागपुर में इसका मुख्यालय होने के साथ बोर्ड के 50 क्षेत्रीय कार्यालय और 9 उप क्षेत्रीय महानिदेशालय पूरे देश में फैले हुए हैं। 6 क्षेत्रीय महानिदेशालय दिल्ली, गुवाहटी, कोलकाता, चेन्नई, मुंबई और भोपाल में स्थित हैं जो संबंधित जोन के क्षेत्रीय महानिदेशालयों की गतिविधियों पर नजर रखते हैं।
- बोर्ड का एक सर्वोच्च स्तरीय प्रशिक्षा संस्थान–भारतीय श्रमिक शिक्षा संस्थान मुंबई में स्थित है, जिसकी स्थापना 1970 में केंद्रीय श्रमिक संघ संगठनों, परिसंघों, स्वैच्छिक संगठनों के लिए राष्ट्रीय स्तर के प्रशिक्षण और बोर्ड अधिकारियों के प्रशिक्षण कार्यक्रमों के लिए की गई थी।
- 1970 से 2015 तक बोर्ड विभिन्न प्रकार के 1185 कार्यक्रम आयोजित कर चुका है। राष्ट्रीय स्तर पर आईआईडब्ल्यूई में 29,024 प्रतिभागी भाग ले चुके हैं। ग्रामीण क्षेत्रों में बोर्ड ने विभिन्न समयावधि के 4,55,435 कार्यक्रम आयोजित कर चुका है जिनमें 13564603 श्रमिक भाग ले चुके हैं।
- बोर्ड असंगठित क्षेत्र के बीच जागरुकता कार्यक्रम करता है, जिसमें विभिन्न श्रमिक कल्याण और विकास कार्यक्रमों द्वारा विभिन्न कल्याणकारी योजनाओं की जानकारी दी जाती है।
- सीबीडब्ल्यूई द्वारा 2012 में महात्मा गांधी राष्ट्रीय ग्रामीण रोजगार गारंटी योजना के लाभार्थियों के लिए विशेष कार्यक्रम शुरू किया गया।

श्रम संघ

- भारत में पहला श्रम संघ 1918 में बनाया गया था।
- प्रमुख श्रम संघ हैं–
  ⇒ भारतीय मजदूर संघ (BMS), भारतीय जनता पार्टी से सम्बद्ध।
  ⇒ इंडियन नेशनल ट्रेड यूनियन कांग्रेस (INTUC), कांग्रेस से सम्बद्ध।
  ⇒ ऑल इंडिया ट्रेड यूनियन कांग्रेस (AITUC), माकपा से सम्बद्ध
  ⇒ सेंटर ऑफ इंडियन ट्रेड यूनियंस (CITU), माकपा (CPM) से सम्बद्ध
- प्रथम राष्ट्रीय श्रम आयोग का गठन 1966 में किया गया था।
- 1999 में रविन्द्र वर्मा की अध्यक्षता में दूसरे राष्ट्रीय श्रम आयोग का गठन किया गया।
- **श्रम संघ (संशोधन) अधिनियम, 2001:** औद्योगिक संस्थाओं में श्रम संघों की बहुलता (Multiplicity of Trade Unions) को नियंत्रित करने, औद्योगिक प्रजातंत्र (Industrial Democracy) को बढ़ावा देने तथा श्रम संघों के सुव्यवस्थित विस्तार को बढ़ावा देने के उद्देश्य से 1926 के श्रम संघ अधिनियम में श्रम संघ (संशोधन) अधिनियम, 2001 द्वारा संशोधन किया गया।

7. आर्थिक आयोजन (ECONOMIC PLANNING)

- आर्थिक आयोजन से अभिप्राय है "राज्य के अभिकरणों द्वारा देश की आर्थिक सम्पदा और सेवाओं की एक निश्चित अवधि हेतु आवश्यकताओं का पूर्वानुमान लगाना।"
- वर्ष 1934 ई. में सर एम. विश्वेश्वरैया ने 'भारत के लिए नियोजित अर्थव्यवस्था' (Planned Economy for India) नामक पुस्तक लिखी।
- 1938 ई. में इंडियन नेशनल कांग्रेस ने पं. जवाहरलाल नेहरू की अध्यक्षता में एक राष्ट्रीय नियोजन समिति का गठन किया था।
- 1944 ई. में मुम्बई के प्रमुख 8 उद्योगपतियों ने एक 15 वर्षीय सूत्रबद्ध योजना 'बॉम्बे प्लान' प्रस्तुत की थी।
- महात्मा गांधी की आर्थिक विचारधारा से प्रेरणा पाकर श्रीमन्नारायण ने 1944 ई. में एक योजना निर्मित की जिसे 'गांधीवादी योजना' के नाम से जाना जाता है।
- श्री एम.एन. राय द्वारा अप्रैल 1945 ई. में जनयोजना (People's Plan) निर्मित की गयी थी।
- जनवरी 1950 में जयप्रकाश नारायण ने एक योजना 'सर्वोदय योजना' के नाम से प्रकाशित की थी।
- 15 मार्च, 1950 को भारत सरकार के एक प्रस्ताव द्वारा योजना आयोग (Planning Commission) का गठन किया गया।
- योजना आयोग के प्रथम अध्यक्ष तत्कालीन प्रधानमंत्री जवाहरलाल नेहरू थे।
- प्रधानमंत्री योजना आयोग का पदेन अध्यक्ष होता था।
- योजना आयोग के सदस्यों एवं उपाध्यक्ष का कोई निश्चित कार्यकाल नहीं होता था तथा इसके सदस्यों के लिए कोई निश्चित योग्यता निर्धारित नहीं थी।
- 1 जनवरी, 2015 से भारत में योजना आयोग का अस्तित्व समाप्त कर दिया गया तथा इसके स्थान पर 'नीति आयोग' संस्था बनाई गई है।
- इसका मुख्य कार्य आर्थिक विकास के लिए नीति का निर्माण करना है।
- प्रधानमंत्री की अध्यक्षता वाला यह आयोग सरकार के थिंक टैंक (बौद्धिक संस्थान) के रूप में कार्य करेगा तथा केन्द्र सरकार के साथ-साथ राज्य सरकारों के लिए भी नीति निर्माण करने वाले संस्थान की भूमिका यह निभाएगा।
- केंद्र व राज्य सरकारों को राष्ट्रीय व अन्तर्राष्ट्रीय महत्व के महत्वपूर्ण मुद्दों पर रणनीतिक व तकनीकी सलाह भी यह आयोग देगा।
- पंचवर्षीय योजनाओं के भावी स्वरूप आदि के संबंध में सरकार को सलाह भी यह आयोग देगा।
- सभी राज्यों के मुख्यमंत्रियों तथा केन्द्रशासित क्षेत्रों के उपराज्यपालों को नीति आयोग की अधिशासी परिषद् (Governing Council) में शामिल किया गया है। इस प्रकार नीति आयोग का स्वरूप योजना आयोग की तुलना में अधिक संघीय बनाया गया है।
- प्रधानमंत्री की अध्यक्षता वाले इस आयोग में एक उपाध्यक्ष व एक मुख्य कार्यकारी अधिकारी (Chief Executive Officer–CEO) का प्रावधान किया गया है।
- अमेरिका स्थित कोलम्बिया विश्वविद्यालय में कार्यरत रहे प्रो. अरविंद पनगढ़िया को नवगठित आयोग का उपाध्यक्ष बनाया गया है।
- प्रसिद्ध अर्थशास्त्री बिबेक देवराय व डीआरडीओ के पूर्व प्रमुख वी.के. सारस्वत नीति आयोग के पूर्णकालिक सदस्य बनाए गए हैं, जबकि 4 केन्द्रीय मंत्री–राजनाथ सिंह (गृह मंत्री), अरुण जेटली (वित्त एवं कॉरपोरेट मामलों के मंत्री), पियुष गोयल (रेल मंत्री) तथा राधा मोहन सिंह (कृषि मंत्री) इस आयोग के पदेन सदस्य बनाए गए हैं।

प्रथम पंचवर्षीय योजना (1951-1956)

- भारत की प्रथम पंचवर्षीय योजना 1 अप्रैल, 1951 से प्रारंभ हुई थी।

- प्रथम पंचवर्षीय योजना हैरोड-डोमर मॉडल (Harrod-Domer Model) पर आधारित थी।
- इस योजना में कृषि को उच्चतम प्राथमिकता प्रदान की गयी थी।
- प्रथम योजना काल में देश में मूल्य स्तर पर 13 प्रतिशत की कमी आयी थी।

द्वितीय पंचवर्षीय योजना (1956-1961)

- प्रो. पी.सी. महालनोबिस (P.C. Mahalnobis) मॉडल पर आधारित द्वितीय पंचवर्षीय योजना 1 अप्रैल, 1956 से लागू की गयी थी।
- इस योजना का मूलभूत उद्देश्य देश में औद्योगीकरण की प्रक्रिया प्रारंभ करना था, जिससे भारतीय अर्थव्यवस्था का सुदृढ़ आधार पर सर्वांगीण विकास किया जा सके।
- इस योजना में 1956 में घोषित की गयी औद्योगिक नीति में समाजवादी ढंग के समाज (Socialistic Pattern of Society) की स्थापना को स्वीकार किया गया।
- द्वितीय पंचवर्षीय योजना में भिलाई, राऊरकेला तथा दुर्गापुर में लोहा एवं इस्पात उद्योग की स्थापना का निर्णय लिया गया।

तृतीय पंचवर्षीय योजना (1961-1966)

- यह योजना 1 अप्रैल, 1961 को प्रारम्भ होकर 31 मार्च, 1966 को समाप्त हुई।
- आत्मनिर्भरता प्राप्त करने पर स्पष्ट रूप से जोर सर्वप्रथम तृतीय पंचवर्षीय योजना में किया गया था।
- इस योजना में बोकारो में लोहा एवं इस्पात उद्योग की स्थापना करने का निर्णय लिया गया।
- इस योजना में अर्थव्यवस्था को आर्थिक गतिशीलता की अवस्था (Take-off stage) तक पहुँचाने का लक्ष्य रखा गया था।
- तीसरी योजना में कृषि और औद्योगिक विकास के बीच सन्तुलन पर अधिक जोर दिया गया था।

चौथी पंचवर्षीय योजना (1969-1974)

- चौथी योजना का प्रारंभ 1 अप्रैल, 1969 को हुआ तथा 31 मार्च, 1974 को यह योजना समाप्त हो गयी थी।
- चौथी योजना के मूल उद्देश्य थे: स्थिरता के साथ आर्थिक विकास (Growth with Stability) तथा आत्मनिर्भरता की अधिकाधिक प्राप्ति।
- तीसरी पंचवर्षीय योजना (1961-66) तथा चौथी पंचवर्षीय योजना (1969-74) के बीच तीन वर्ष की अवधि को योजना अवकाश (Plan Holiday) की अवधि (1966-69) कहा जाता है। इस अवधि में तीन एकवर्षीय योजनाएं क्रियान्वित की गयीं।

पाँचवीं पंचवर्षीय योजना (1974-1979)

- पाँचवीं योजना 1 अप्रैल, 1974 को प्रारंभ हुई तथा 31 मार्च, 1979 को समाप्त होनी थी।
- इस योजना को जनता सरकार द्वारा समय से एक वर्ष पूर्व ही समाप्त कर दिया गया था।
- इस योजना का मुख्य उद्देश्य 'गरीबी का उन्मूलन और आत्मनिर्भरता' था।
- 'गरीबी हटाओ' का नारा इस योजना में ही दिया गया था।

छठी पंचवर्षीय योजना (1980-1985)

- जनता सरकार ने पांचवीं पंचवर्षीय योजना को उसकी अवधि के एक वर्ष पूर्व ही अर्थात् चार वर्षों (1974-78) में ही समाप्त करके 1 अप्रैल, 1978 से एक नई योजना प्रारंभ कर दी थी। इस योजना को अनवरत योजना (Rolling Plan) का नाम दिया गया।
- लेकिन 1980 में जनता सरकार द्वारा तैयार की गयी छठी योजना (अनवरत योजना) को इन्दिरा गांधी के नेतृत्व वाली कांग्रेस सरकार ने समाप्त कर दिया तथा एक नयी छठी योजना प्रारंभ की, जिसकी अवधि 1980-85 रखी गयी।
- जनता सरकार द्वारा तैयार की गयी पंचवर्षीय योजना 1978-83 में पहली बार रोजगार और आर्थिक संवृद्धि के बीच विरोध की सम्भावना को स्वीकार कर रोजगार को आर्थिक आयोजन का मुख्य उद्देश्य माना गया, लेकिन कांग्रेस के हाथ में सत्ता आने पर छठी पंचवर्षीय योजना (1980-85) में आर्थिक संवृद्धि को फिर मुख्य उद्देश्य मानकर रोजगार की चर्चा एक गौण उद्देश्य के रूप में की गयी।

सातवीं पंचवर्षीय योजना (1985-1990)

- यह योजना 1 अप्रैल, 1985 से प्रारंभ हो गयी थी। इस योजना की अवधि 1 अप्रैल, 1985 से 31 मार्च, 1990 तक रही।
- इस योजना में योजना परिव्यय की दृष्टि से पहली बार निजी क्षेत्र को सार्वजनिक क्षेत्र की तुलना में वरीयता दी गयी।

आठवीं पंचवर्षीय योजना (1992-1997)

- इस योजना में सर्वोच्च प्राथमिकता 'मानव संसाधन का विकास' अर्थात् रोजगार, शिक्षा व जनस्वास्थ्य को दिया गया।
- इस काल में प्रधानमंत्री रोजगार योजना (1993) की शुरुआत हुई।

नौवीं पंचवर्षीय योजना (1997-2002)

- न्यायपूर्ण वितरण एवं समानता के साथ विकास (Growth with Equity and Distributive Justice) को नौवीं पंचवर्षीय योजना का मुख्य लक्ष्य निर्धारित किया गया था। इस लक्ष्य को प्राप्त करने के लिए नौवीं पंचवर्षीय योजना में राज्य नीति के चार महत्वपूर्ण आयाम चिन्हित किए गये थे–

1. जीवन की गुणवत्ता
2. रोजगार संवर्द्धन
3. क्षेत्रीय सन्तुलन
4. आत्मनिर्भरता

दसवीं पंचवर्षीय योजना (2002-2007)

- दसवीं पंचवर्षीय योजना में विकास दर का लक्ष्य 8.0 प्रतिशत प्रतिवर्ष रखा गया जबकि उपलब्धि 7.6 प्रतिशत प्रतिवर्ष रही।
- इस योजना में मानव विकास को प्राथमिकता दी गयी।

ग्यारहवीं पंचवर्षीय योजना (2007-2012)

- ग्यारहवीं पंचवर्षीय योजना में 9 प्रतिशत की वार्षिक विकास दर का लक्ष्य रखा गया था जिसे बाद में घटाकर 8.1% कर दिया गया।
- इस योजना में तीव्रतर विकास के साथ अधिक समावेशी संवृद्धि (Inclusive Growth) पर जोर दिया गया।

बारहवीं पंचवर्षीय योजना (2012-2017)

- बारहवीं पंचवर्षीय योजना का कार्यकाल 1 अप्रैल, 2012 से 31 मार्च, 2017 तक था।

पंचवर्षीय योजना : एक दृष्टि में

योजना	*योजना अवधि*	*प्राथमिकता/अन्य विवरण*
पहली	1951-56	हैरॉड-डोमर मॉडल पर आधारित, कृषि को सर्वोच्च प्राथमिकता।
दूसरी	1956-61	महालनोबिस के चार क्षेत्रीय मॉडल पर आधारित, आधारभूत एवं भारी उद्योगों के विकास पर बल।
तीसरी	1961-66	पहली बार **आत्मनिर्भरता** पर जोर।
चौथी	1969-74	स्थिरता के साथ विकास एवं आत्म निर्भरता की प्राप्ति।
पांचवीं	1974-78	**पहली बार गरीबी उन्मूलन पर जोर,** समय से एक वर्ष पूर्व खत्म कर दी गयी।
छठी	1980-85	—
सातवीं	1985-90	सामाजिक न्याय एवं ऊर्जा का विकास।
आठवीं	1992-97	मानव संसाधन के विकास पर बल।
नौवीं	1997-2002	न्यायपूर्ण वितरण एवं समानता के साथ विकास।
दसवीं	2002-2007	मानव विकास एवं कल्याण में वृद्धि।
ग्यारहवीं	2007-2012	अधिक तीव्र और ज्यादा समावेशी संवृद्धि।
बारहवीं	2012-2017	त्वरित, सम्पोषणीय एवं अधिक समावेशी संवृद्धि।

विभिन्न योजनाओं में लक्षित एवं वास्तविक रूप से प्राप्त की गई वार्षिक विकास दर के तुलनात्मक आंकड़े

योजना	*लक्ष्य*	*प्राप्ति*
पहली योजना	2.1	3.7
दूसरी योजना	4.5	4.2
तीसरी योजना	5.6	2.8
चौथी योजना	5.7	3.4
पांचवीं योजना	4.4	4.9
छठी योजना	5.2	5.4
सातवीं योजना	5.0	5.6
आठवीं योजना	5.6	6.6
नौवीं योजना	6.5	5.7
दसवीं योजना	7.9	7.6
ग्यारहवीं योजना	8.1	7.9
बारहवीं योजना	8.0	N.A.

8. मुद्रा एवं बैंकिंग (MONEY AND BANKING)

- मुद्रा बाजार (Money Market) के अन्तर्गत उन समस्त व्यक्तियों व वित्तीय संस्थाओं को सम्मिलित किया जाता है, जो अल्पकाल के लिए मुद्रा उपलब्ध कराते हैं। इसके विपरीत पूंजी बाजार (Capital Market) में दीर्घकालीन वित्त उपलब्ध कराने वाली संस्थाओं को सम्मिलित किया जाता है।
- मुद्रा आपूर्ति के द्वितीय कार्यकारी दल (Second Working Group on Money Supply) की सिफारिशों के आधार पर भारतीय रिजर्व बैंक ने मुद्रा पूर्ति का आकलन निम्नलिखित चार संघटकों के आधार पर करना शुरू किया।

  M_1 = जनता के पास मुद्रा + बैंकों की मांग जमा + रिजर्व बैंक के पास अन्य जमा

  $M_2 = M_1$ + डाकखानों की बचत बैंक जमा

  $M_3 = M_1$ + बैंकों की सावधि जमा

  $M_4 = M_3$ + डाकखानों की समग्र जमाएं

  भारत में मुद्रा आपूर्ति के उपरोक्त संघटकों में M_3 सबसे अधिक महत्वपूर्ण है। इसे ही प्रायः विस्तृत मुद्रा (Broad Money) कहा जाता है।
- मौद्रिक नीति से तात्पर्य, उस नियंत्रण नीति से है जिसके द्वारा केन्द्रीय बैंक (Central Bank i.e., RBI) सामान्य आर्थिक नीति के लक्ष्यों को प्राप्त करने के उद्देश्य से मुद्रा की पूर्ति पर नियंत्रण रखता है।
- भारतीय रिजर्व बैंक (RBI) को मुद्रा तथा साख की मात्रा को नियंत्रित कर सकने के लिए विस्तृत अधिकार मिले हुए हैं। यह बैंक दर नीति, खुले बाजार की क्रिया तथा न्यूनतम नकद कोषों में परिवर्तन के द्वारा साख की मात्रा का परिमाणात्मक नियंत्रण (Quantitative Control) कर सकता है। बैंकिंग नियमन अधिनियम के अन्तर्गत रिजर्व बैंक को चयनात्मक साख नियंत्रण (Selective Credit Control) के संबंध में बहुत सारे अधिकार प्राप्त हैं।
- भारतीय रिजर्व बैंक भारत का केन्द्रीय बैंक है।
- रिजर्व बैंक ऑफ इंडिया (RBI) की स्थापना रिजर्व बैंक ऑफ इंडिया अधिनियम, 1934 के तहत् 1 अप्रैल, 1935 को 5 करोड़ रुपए की अधिकृत पूंजी से हुई थी।
- स्वतंत्रता के पश्चात् 1 जनवरी, 1949 को Reserve Bank Transfer to Public Ownership Act, 1948 के द्वारा RBI का राष्ट्रीयकरण कर दिया गया।
- रिजर्व बैंक का मुख्यालय मुम्बई में है। जहाँ पर RBI की अपनी शाखाएं नहीं हैं वहाँ भारतीय स्टेट बैंक उसके एकमात्र एजेन्ट के रूप में कार्य करता है।

भारतीय रिजर्व बैंक के गवर्नर

क्र.	गवर्नर	कार्यकाल
1.	सर ओसबोर्न स्मिथ	1-4-35 से 30-6-37
2.	सर जेम्स टेलर	1-7-37 से 17-2-43
3.	सर सी.डी. देशमुख	11-8-43 से 30-6-49
4.	सर बेनेगल रामाराउ	1-7-49 से 14-1-57
5.	के.जी. अंबेगांवकर	14-1-57 से 28-2-57
6.	एच.वी.आर. आयंगर	1-3-57 से 28-2-62
7.	पी.सी. भट्टाचार्य	1-3-62 से 30-6-67
8.	एल.के. झा	1-7-67 से 3-5-70
9.	बी.एन. अदारकर	4-5-70 से 15-6-70
10.	एस. जगन्नाथन	16-6-70 से 19-5-75
11.	एन.सी. सेनगुप्ता	19-5-75 से 19-8-75
12.	के.आर. पुरी	20-8-75 से 2-5-77
13.	एम. नरसिंहम	2-5-77 से 30-11-77
14.	आई.जी. पटेल	1-12-77 से 15-9-82
15.	डॉ. मनमोहन सिंह	16-9-82 से 14-1-85
16.	ए. घोष	15-1-85 से 4-2-85
17.	आर.एन. मल्होत्रा	4-2-85 से 22-12-90
18.	एस. वेंकटारमणन	22-12-90 से 21-12-90
19.	डॉ. सी. रंगराजन	22-12-92 से 21-11-97
20.	डॉ. बिमल जालान	22-12-97 से 6-9-03
21.	डॉ. वाई.वी. रेड्डी	6-9-03 से 5-9-03
22.	डी. सुब्बाराव	5-9-08 से 4-9-13
23.	रघुराम राजन	4-9-13 से 4-9-16
24.	उर्जित पटेल	4-9-16 से 10-12-18
25.	शक्तिकांत दास	12-12-18 से अब तक

- रिजर्व बैंक के प्रमुख कार्य निम्न हैं–
  1. नोटों का निर्गमन (Issue of Note)।
  2. सरकार का बैंकर के रूप में कार्य (Government's Banker)।
  3. बैंकों का बैंकर व अन्तिम ऋणदाता (Banker's Bank and Lender of Last Resort)।
  4. साख नियंत्रण (Credit Control)।
  5. आंकड़ों का संकलन और प्रकाशन (Collection and Publication of Data)।
  6. विदेशी विनिमय आरक्षणों का संरक्षण (Custodian of Foreign Exchange Reserves)।
- साख नियंत्रण (Credit Control) के परिमाणात्मक उपाय (Quantitative Control) के अन्तर्गत आते हैं–
  1. बैंक दर (Bank Rate)
  2. खुले बाजार की क्रियाएं (Open Market Operations)
  3. सांविधिक तरलता अनुपात (Statutory Liquidity Ratio)
  4. नकद आरक्षण अनुपात (Cash Reserve Ratio)
- साख नियंत्रण के गुणात्मक उपाय (Quantitative Control) के अन्तर्गत आते हैं–
  1. साख की राशनिंग
  2. उपभोक्ता साख का नियमन
  3. नैतिक दबाव
  4. मार्जिन आवश्यकताओं में परिवर्तन
  5. प्रत्यक्ष कार्यवाही
- **रेपो दर (Repo Rate)**—अल्पकालिक आवश्यकताओं की पूर्ति हेतु जिस ब्याज दर पर वाणिज्यिक बैंक रिजर्व बैंक से नकदी ऋण प्राप्त करते हैं। रेपो दर कहलाती है।
- **रिवर्स रेपो दर (Reverse Repo Rate)** — अल्पकालिक अवधि के लिए रिजर्व बैंक द्वारा वाणिज्यक बैंकों से जिस ब्याज दर पर नकदी प्राप्त की जाती है 'रिवर्स रेपो दर' कहलाती है।
- **नकद आरक्षित अनुपात (Cash Reserve Ratio–CRR)** — वाणिज्यिक बैंकों को अपनी कुल जमा राशि का एक निश्चित प्रतिशत अनिवार्य रूप से रिजर्व बैंक के पास जमा कराना पड़ता है। इसे ही नकद आरक्षित अनुपात कहते हैं। CRR की उच्चतम और न्यूनतम सीमा क्रमशः 15 प्रतिशत तथा 3 प्रतिशत है। CRR की दर जितनी ऊंची होती है, बैंकों की साख सृजन क्षमता उतनी ही कम होती है।
- **सांविधिक तरलता अनुपात (Statutory Liquidity Ratio–SLR)** — वाणिज्यिक बैंकों को अपनी कुल जमा राशि का कुछ प्रतिशत अपने पास अनिवार्य रूप से नकदी, स्वर्ण तथा विदेशी मुद्रा के रूप में अपने पास रखना पड़ता है। इसकी उच्चतम सीमा 40 प्रतिशत है।
- **बैंक दर (Bank Rate)** — बैंक दर से अभिप्राय उस दर से है, जिस पर केन्द्रीय बैंक (RBI) वाणिज्यिक बैंकों के प्रथम श्रेणी के बिलों की पुनर्कटौती करता है अथवा स्वीकार्य प्रतिभूतियों पर ऋण देता है। बैंक दर में परिवर्तन कर RBI देश में साख की मात्रा को प्रभावित कर सकता है।
- रिजर्व बैंक ऑफ इंडिया (RBI), 1949 के बैंकिंग नियमन अधिनियम, (Banking Regulation Act, 1949) के तहत् बैंकों का नियमन तथा नियंत्रण करता है।
- सरकार ने सांविधिक तरलता अनुपात (SLR) की न्यूनतम सीमा (जो पहले 25 प्रतिशत थी) को जनवरी, 2007 में समाप्त कर दिया है।
- भारतीय बैंकिंग पद्धति पर आधारित भारत का प्रथम बैंक विदेशी पूंजी के सहयोग से एलेक्जेण्डर एण्ड कम्पनी द्वारा बैंक ऑफ हिन्दुस्तान के नाम से 1770 में कलकत्ता में स्थापित किया गया था लेकिन यह बैंक शीघ्र ही असफल हो गया था।
- सन् 1806 में बैंक ऑफ बंगाल, सन् 1840 में बैंक ऑफ बॉम्बे तथा 1843 में बैंक ऑफ मद्रास की स्थापना की गयी। यह तीनों बैंक निजी शेयरहोल्डरों (विशेष रूप से विदेशी व्यक्तियों) के बैंक थे लेकिन इन तीनों बैंकों की शेयर पूंजी में सरकार का भी कुछ हिस्सा था। अतः सरकार इन तीनों बैंकों पर अपना नियंत्रण रखती थी।
- 1921 में, बैंक ऑफ बंगाल, बैंक ऑफ बॉम्बे तथा बैंक ऑफ मद्रास को मिलाकर इम्पीरियल बैंक ऑफ इंडिया (Imperial Bank of India) की स्थापना की गयी। 1 जुलाई, 1955 को राष्ट्रीयकरण के उपरान्त इसका नाम बदलकर स्टेट बैंक ऑफ इंडिया (State Bank of India) रख दिया गया।
- भारत सरकार द्वारा सन् 1860 में एक संयुक्त पूंजी कम्पनी अधिनियम पारित किया गया। इसके अन्तर्गत,

बैंकों का सीमित देयता (Limited Liability) के आधार पर गठन किया जा सकता था। इस कानून के फलस्वरूप भारत में संयुक्त पूंजी वाले बैंकों की स्थापना में बहुत सहायता मिली थी। परिणामतः देश में अनेक संयुक्त पूंजी बैंक स्थापित हो गए। उनमें प्रमुख थे– इलाहाबाद बैंक (1865), एलाइन्स बैंक ऑफ शिमला (1881), अवध कमर्शियल बैंक, (1881) तथा पंजाब नेशनल बैंक (1894)।

- पूर्णरूप से भारत का पहला बैंक पंजाब नेशनल बैंक था।
- सीमित देयता के आधार पर 1881 ई. में स्थापित अवध कमर्शियल बैंक भारतीयों द्वारा संचालित पहला बैंक था।
- करेन्सी नोट जारी करने के लिए वर्तमान में रिजर्व बैंक नोट प्रचालन की न्यूनतम निधि पद्धति (Minimum Reserve System) को अपनाता है। इस पद्धति के अन्तर्गत रिजर्व बैंक के पास स्वर्ण एवं विदेशी ऋण पत्र कुल मिलाकर किसी भी समय 200 करोड़ रुपए के मूल्य से कम नहीं होने चाहिए।
- 2008 में स्टेट बैंक ऑफ सौराष्ट्र का तथा 2010 में स्टेट बैंक ऑफ इंदौर का विलय भारतीय स्टेट बैंक में कर दिया गया।
- एसबीआई में 1 अप्रैल, 2017 को स्टेट बैंक ऑफ बीकानेर एंड जयपुर, स्टेट बैंक ऑफ हैदराबाद, स्टेट बैंक ऑफ मैसूर, स्टेट बैंक ऑफ पटियाला, स्टेट बैंक ऑफ त्रावणकोर के साथ ही भारतीय महिला बैंक का विलय हुआ। इससे बैंक का कुल ग्राहक आधार 37 करोड़ के स्तर पर पहुंच गया। साथ ही इसका 24000 शाखाओं का नेटवर्क हो गया है। पूरे देश में इसके 59000 एटीएम हो गए हैं। विलय के बाद स्टेट बैंक का कुल जमा आधार 26 लाख करोड़ रुपये से अधिक और ऋण स्तर 18.60 लाख करोड़ रुपये हो गया है।
- **बंधन बैंक एवं IDFC बैंकः** देश के निजी क्षेत्र में एक नए बैंक का शुभारम्भ 23 अगस्त, 2015 से हुआ। अगस्त 2015 में शुरू हुआ बैंक बंधन बैंक है, जिसके लिए 2001 से गैर-बैंकिंग वित्तीय कम्पनी के रूप में कार्यरत् रही बंधन फाइनेंशियल सर्विसेज लिमिटेड को लाइसेंस जून 2015 में रिजर्व बैंक ने प्रदान किया था जिसके आधार पर एक पूर्ण बैंक के रूप में यह रूपान्तरित हो गया है। 23 अगस्त, 2015 को कोलकाता में इस बैंक का उद्घाटन वित्त मंत्री अरुण जेटली ने किया। बंधन फाइनेंशियल सर्विसेज लिमिटेड के प्रबन्ध निदेशक चन्द्र शेखर घोष ही जहाँ बंधन बैंक के प्रबन्ध निदेशक व मुख्य कार्यकारी अधिकारी (MD और CEO) हैं, वहीं 2002-07 के दौरान भारत सरकार के प्रधान आर्थिक सलाहकार रहे अशोक लाहिड़ी इस बैंक के पहले गैर-कार्यकारी चेयरमैन (Non-Executive Chairman) बनाए गए। निजी क्षेत्र में एक और वाणिज्यक बैंक की स्थापना के लिए आधारिक संरचना क्षेत्र की फाइनेंस कम्पनी आईडीएफसी लिमिटेड को बैंकिंग लाइसेंस आरबीआई ने जुलाई 2015 में प्रदान किया था। आईडीएफसी बैंक निजी क्षेत्र के नए बैंकों की श्रेणी में नौवाँ वाणिज्यिक बैंक है। इस बैंक का औपचारिक उद्घाटन 19 अक्टूबर, 2015 को किया गया। बंधन बैंक एवं IDFC बैंक के अस्तित्व में आने से देश में निजी क्षेत्र में नए वाणिज्यक बैंको की संख्या नौ हो गई है। इनमें एक्सिस बैंक, बंधन बैंक, डेवलपमेंट क्रेडिट बैंक, एचडीएफसी बैंक, आईसीआईसीआई बैंक, इंडस इंड बैंक, कोटक महिन्द्रा बैंक व यस बैंक शामिल हैं।
- **19 जुलाई, 1969 को राष्ट्रीयकृत किए गए बैंक**– जुलाई, 1969 को राष्ट्रीयकृत किए गए बैंकों के नाम इस प्रकार हैं—

  1. सेन्ट्रल बैंक ऑफ इण्डिया
  2. पंजाब नेशनल बैंक
  3. बैंक ऑफ इण्डिया
  4. केनरा बैंक
  5. इलाहाबाद बैंक
  6. बैंक ऑफ बड़ौदा
  7. सिंडीकेट बैंक
  8. यूनाइटेड बैंक ऑफ इण्डिया
  9. यूनाइटेड कमर्शियल बैंक
  10. यूनियन बैंक ऑफ इण्डिया
  11. इंडियन बैंक
  12. बैंक ऑफ महाराष्ट्र
  13. देना बैंक
  14. इंडियन ओवरसीज बैंक

- **15 अप्रैल, 1980 को राष्ट्रीयकृत बैंक**– अप्रैल, 1980 को राष्ट्रीयकृत किए गए 6 बैंकों के नाम इस प्रकार हैं—

  1. आन्ध्रा बैंक
  2. कॉरपोरेशन बैंक

3. पंजाब एण्ड सिंध बैंक
4. ओरियंटल बैंक ऑफ कामर्स
5. विजया बैंक
6. न्यू बैंक ऑफ इंडिया

- सरकार द्वारा 4 सितम्बर, 1993 को न्यू बैंक ऑफ इंडिया का पंजाब नेशनल बैंक में विलय कर दिया गया। इससे देश में राष्ट्रीयकृत बैंकों की संख्या 20 से घटकर 19 रह गई। 1 अप्रैल, 2019 को विजया बैंक एवं देना बैंक का बैंक ऑफ बड़ौदा में विलय हो जाने के बाद राष्ट्रीयकृत बैंकों की संख्या 17 रह गई। वर्ष 2020 में ओरिएंटल बैंक ऑफ कॉमर्स और यूनाइटेड बैंक ऑफ इंडिया का पंजाब नेशनल बेंक में, सिंडीकेट बैंक का केनरा बैंक में, आन्ध्रा बैंक और कॉर्पोरेशन बैंक का यूनियन बैंक ऑफ इंडिया में तथा इलाहाबाद बैंक का इंडियन बैंक में विलय हो गया है। इस विलय के बाद एसबीआई सहित राष्ट्रीयकृत बैंकों की संख्या घटकर 12 रह गई है।
- देश के वाणिज्यिक बैंकिंग संस्थानों को निम्नलिखित दो वर्गों में विभाजित किया जा सकता है–

(अ) अनुसूचित बैंक (Scheduled Banks)– अनुसूचित बैंक वह बैंक है, जिसका नाम रिजर्व बैंक अधिनियम 1934 की अनुसूची द्वितीय में सम्मिलित किया गया है। इस अनुसूची में उन्हीं बैंकों को सम्मिलित किया जाता है, जोकि निम्नलिखित शर्तों की पूर्ति करते हैं–

(1) बैंक की प्रदत्त पूँजी और संचित कोष 5 लाख रुपए से कम न हो।
(2) भारतीय रिजर्व बैंक को इस बात की संतुष्टि हो कि बैंक का कोई भी कार्यकलाप जमाकर्ताओं के हित में हानिकारक नहीं होगा।

अनुसूचित बैंक को निम्नलिखित सुविधाएं प्राप्त हो जाती हैं–

(*i*) वह बैंक रिजर्व बैंक से बैंक दर पर ऋण प्राप्त करने के लिए अधिकृत हो जाता है।
(*ii*) प्रत्येक अनुसूचित बैंक स्वतः ही समाशोधन गृह की सदस्यता प्राप्त कर लेता है।
(*iii*) ऐसे बैंकों को रिजर्व बैंक प्रथम श्रेणी के विनिमय पत्रों की पुनर्कटौती की सुविधा भी प्रदान करता है, किन्तु इन सुविधाओं के बदले अनुसूचित बैंकों को भारतीय रिजर्व बैंक के पास उसके (RBI) द्वारा निर्धारित औसत दैनिक नकद कोष रखना पड़ता है तथा भारतीय रिजर्व बैंक अधिनियम, 1934 एवं बैंकिंग नियमन अधिनियम, 1949 के विभिन्न प्रावधानों के अन्तर्गत आवर्ती विवरण प्रस्तुत करना पड़ता है।

(ब) गैर-अनुसूचित बैंक (Non-scheduled Banks)– जो बैंक अनुसूचित नहीं होते हैं, वे गैर-अनुसूचित बैंक कहलाते हैं। इन बैंकों को भी सांविधिक नकद कोष शर्तों को मानना पड़ता है, लेकिन इस कोष को ये बैंक रिजर्व बैंक के पास रखने को बाध्य नहीं हैं। ये बैंक इस राशि को अपने पास रख सकते हैं। ये बैंक सामान्य कार्य उद्देश्यों हेतु रिजर्व बैंक से उधार लेने के अधिकारी नहीं होते, किन्तु असामान्य परिस्थितियों में ये रिजर्व बैंक से सम्पर्क करके उधार प्राप्त कर सकते हैं।

पूँजी पर्याप्तता निर्धारण में पूँजी से तात्पर्य

- वाणिज्यिक बैंकों, वित्तीय संस्थाओं तथा गैर बैंकिंग वित्तीय कम्पनियों की पूँजी दो प्रकार की होती है–

टीयर-I पूँजी या मुख्य पूँजी– वह पूँजी जो सर्वाधिक स्थायी तथा अनापेक्षित हानियों के विरुद्ध तत्काल उपलब्ध सहायता के रूप में होती है, टीयर-I या मुख्य पूँजी या कोर कैपीटल कहलाती है। इसके अन्तर्गत निम्नलिखित प्रकार की पूँजी आती हैं–

(*i*) चुकता शेयर पूँजी।
(*ii*) सांविधिक संचित निधियाँ।
(*iii*) शेयरों पर प्राप्त प्रीमियम।
(*iv*) आस्तियों की बिक्री से प्राप्त धनराशि जिसे पृथक् खातों में रखा गया है, से उत्पन्न पूँजी प्रारक्षित निधियाँ।
(*v*) अन्य सभी मुक्त निधियाँ जिन्हें घोषित कर दिया गया है।

उपर्युक्त निधियों के योग में से निम्नलिखित निधियों में किए गए निवेश को घटाया भी जाता है–

(*i*) सहायक कम्पनियों में किया गया निवेश।
(*ii*) अदृश्य आस्तियों में किया गया निवेश।
(*iii*) चालू हानियाँ एवं पुरानी अवधियों की कुल हानियाँ।

- ***टीयर-II पूँजी अथवा द्वितीय श्रेणी की पूँजी***–इसमें निम्नलिखित प्रकार की पूँजी को शामिल किया जाता है–

(*i*) घोषित न की गई संचित निधियाँ (Undisclosed Reserves)।

(ii) पूर्णरूप से चुकता क्रमिक प्राथमिकता शेयर पूँजी।

(iii) बैंक परिसर एवं विपणन योग्य प्रतिभूतियाँ, जो बैंकों के रिकॉर्ड में अधोमूल्यित हैं, के पुनर्मूल्यन से सृजित संचित निधियाँ।

(iv) सामान्य प्रावधानित एवं हानि संचित निधियाँ, जिनमें अनापेक्षित हानियों को पूरा करने के लिए उपलब्ध विशिष्ट आस्तियों को शामिल नहीं किया जाता है।

(v) हायब्रिड ऋण पूँजी प्रपत्र जिनमें इक्विटी एवं ऋण दोनों की विशिष्टताएं मौजूद होती हैं।

(vi) पूर्णरूपेण चुकता अनसीक्योर्ड अन्य उधार देने वालों के दावों के अधीनस्थ, प्रतिबन्धात्मक प्रावधानों से मुक्त तथा धारक की इच्छा पर भुगतान हो सकने वाले अधीनस्थ ऋण। यदि अधीनस्थ ऋण की परिपक्वता निर्धारित अवधि की है, तो इस पर प्रगतिशील दर से बट्टा लगाया जाना चाहिए तथा परिपक्वता अवधि पाँच वर्ष से कम नहीं होनी चाहिए।

पूँजी पर्याप्तता मानक निर्धारण के मामले में टीयर-II की पूँजी किसी भी दशा में किसी भी समय टीयर-I के 100 प्रतिशत से अधिक नहीं होनी चाहिए तथा अधीनस्थ ऋण इन्स्ट्रूमेन्ट्स टीयर-II पूँजी को 50 प्रतिशत से अधिक नहीं होनी चाहिए। पुनर्मूल्यित संचित निधियों को 55 प्रतिशत डिसकाउण्ट दर पर ही टीयर-II पूँजी में शामिल किया जाना चाहिए। सामान्य प्रावधानित/हानि संचित निधियाँ कुल जोखिम भारित आस्तियों के 1.25 प्रतिशत से अधिक नहीं होनी चाहिए।

- बैंक उधारियों (Bank Loans) के मामले में प्रधान ब्याज दर (Prime Landing Rate–PLR) के स्थान पर नई 'बेस रेट' व्यवस्था 1 जुलाई, 2010 से लागू हो गयी है। रिजर्व बैंक के दिशा-निर्देशों के तहत् शुरू की गयी इस व्यवस्था के तहत् बैंकों को अपनी उधारियों के लिए PLR के स्थान पर अधिक पारदर्शी आधार ब्याज दर (Base Interest Rate) घोषित करनी होगी।
- बेस दर (Base Rate) से तात्पर्य उस दर से है जिससे नीचे किसी भी ग्राहक को किसी भी तरह का ऋण बैंक द्वारा नहीं दिया जा सकेगा।
- रिजर्व बैंक ने जून 2000 में तरलता समायोजन सुविधा (Liquidity Adjustment Facility–LAF) को आरंभ किया।
- रिजर्व बैंक तरलता समायोजन सुविधा (Liquidity Adjustment Facility – LAF) के तहत् रेपो (Repo) प्रक्रियाओं के माध्यम से आर्थिक प्रणाली में तरलता को नियमित व नियंत्रित करके अल्पकालीन ब्याज दरों को प्रमाणित करता है।
- रिजर्व बैंक की मौद्रिक नीति में रेपो प्रक्रियाएं तथा LAF, अल्पकालीन तरलता प्रबन्धन के मुख्य अस्त्र हैं।
- अप्रैल 2004 में रिजर्व बैंक ने बाजार स्थिरीकरण योजना (Stabilisation Scheme) शुरू की। इससे रिजर्व बैंक को तरलता प्रबन्धन का नया अस्त्र प्राप्त हुआ और LAF पर पूँजी अन्तर्प्रवाहों के बुरे प्रभावों को निष्क्रिय करने का जो भार था उससे LAF को मुक्ति मिली।
- बाजार स्थिरीकरण योजना (Market Stabilisation Scheme – MSS) भारत सरकार तथा रिजर्व बैंक के बीच एक ऐसी व्यवस्था है जिसका उद्देश्य विदेशी मुद्रा भंडारों में होने वाली वृद्धि के परिणामस्वरूप जनित अतिरिक्त तरलता को इकट्ठा करना है ताकि पूँजी अन्तप्रर्वाहों के मौद्रिक प्रभावों को निष्क्रिय किया जा सके। इस योजना के तहत् रिजर्व बैंक ट्रेजरी बिलों/समय-अंकित सरकारी प्रतिभूतियों को नीलामी के माध्यम से जारी करता है तथा इसका खर्च केन्द्रीय सरकार उठाती है। सरकारी प्रतिभूतियों की बिक्री से तरलता को सोखने में तथा विदेशी मुद्रा बाजार में स्थायित्व सुनिश्चित करने में सहायता मिलती है।
- क्षेत्रीय ग्रामीण बैंकों की स्थापना, 1975 ई. में हुई थी।
- क्षेत्रीय ग्रामीण बैंकों की स्थापना भारत सरकार, राज्य सरकारों और व्यापारिक बैंकों के संयुक्त प्रयास से हुई है। जहाँ भी संस्थागत कृषि साख की व्यवस्था अपर्याप्त है लेकिन कृषि विकास की सम्भावनाएं काफी हैं वहाँ क्षेत्रीय ग्रामीण बैंक खोले जाते हैं। इनकी विशेष जिम्मेदारी यह है कि ये समाज के कमजोर वर्गों (जैसे छोटे व सीमांत किसान, खेतिहर मजदूर, दस्तकार इत्यादि) को वित्त प्रदान करें।
- सितम्बर 2005 में सरकार ने क्षेत्रीय ग्रामीण बैंकों के विलयन की प्रक्रिया शुरू की ताकि उन्हें मजबूत बनाया जा सके तथा उनके निष्पादन में सुधार किया जा सके।
- कृषि और ग्रामीण विकास के राष्ट्रीय बैंक (NABARD) की स्थापना 19 जुलाई, 1982 में हुई थी। इसका मुख्यालय मुम्बई में है।

- ग्रामीण साख के क्षेत्र में कृषि और ग्रामीण विकास का राष्ट्रीय बैंक शीर्ष संस्था के रूप में कार्य करता है।
- NABARD के तीन मुख्य कार्य हैं– पुनर्वित्त, संस्थात्मक विकास तथा अन्य बैंकों की कार्यविधि का निरीक्षण। परन्तु इस बैंक ने पुनर्वित्त पर ही ज्यादा जोर दिया है और अन्य दो कार्यों पर कम ध्यान दिया है।
- **गैर-निष्पादनीय परिसम्पत्तियाँ (Non-Performing Assets–NPA) —** बैंकों द्वारा वितरित ऐसे सभी ऋण और उस पर देय ब्याज गैर-निष्पादनीय परिसम्पत्ति के रूप में पहचाने जाते हैं जिनमें किसी वित्तीय वर्ष में मूलधन का भुगतान तथा ब्याज का भुगतान 90 दिन से अधिक दिनों तक रोक लिया जाता है।
- देश में औद्योगिक विकास की वित्तीय आवश्यकताओं को पूरा करने के लिए सरकार ने जुलाई 1964 में भारतीय औद्योगिक विकास बैंक (Industrial Development Bank of India Ltd.—IDBI) की स्थापना करने का निर्णय लिया। 1976 तक यह बैंक रिजर्व बैंक का एक अनुषंगी बैंक (Subsidiary Bank) था। 1976 में इसे रिजर्व बैंक से अलग कर दिया गया और इसका स्वामित्व भारत सरकार ने अपने हाथ में ले लिया।
- भारतीय लघु उद्योग विकास बैंक (Small Industries Development Bank of India–SIDBI) की स्थापना अप्रैल 1990 में की गयी थी। यह बैंक लघु उद्योगों की स्थापना, वित्त पोषण, विकास तथा ऐसे कार्यों में संलग्न अन्य संस्थाओं के कार्यों में समन्वय करने वाली प्रमुख वित्तीय संस्था है।
- SIDBI का मुख्यालय लखनऊ में हैं।
- भारतीय औद्योगिक वित्त निगम लिमिटेड (Industrial Finance Corporation of India Ltd.–IFCI) की स्थापना केन्द्रीय, बैंकिंग जाँच समिति के सुझाव पर एक विशेष अधिनियम द्वारा 1948 में हुई। इसका उद्देश्य देश के औद्योगिक प्रष्ठिानों के लिए मध्यकालीन एवं दीर्घकालीन साख की व्यवस्था करना है। 1 जुलाई, 1993 में इस निगम की प्रकृति में परिवर्तन करके इसे एक कम्पनी का रूप दे दिया गया।
- आधारिक संरचना क्षेत्र (Infrastructure Sector) के वित्तीयन हेतु स्थापित की जाने वाली देश की पहली संस्था 'इन्फ्रास्ट्रक्चर डेवलपमेन्ट फाइनेन्स कम्पनी लि.' (IDFC) का निगमन 31 जनवरी, 1997 को कम्पनी अधिनियम, 1956 के तहत् किया गया।
- भारतीय निर्यात-आयात बैंक (EXIM Bank) की स्थापना 1 जनवरी, 1982 को की गयी थी।
- Export-Import Bank–EXIM Bank का उद्देश्य निर्यातकों एवं आयातकों को वित्तीय सहायता प्रदान करना है।
- EXIM Bank न केवल भारत बल्कि तृतीय विश्व के देशों के लिए भी वस्तुओं तथा सेवाओं के निर्यात एवं आयात के लिए वित्त का प्रबन्ध करता है।

भारत की प्रमुख वित्तीय संस्थाओं के स्थापना वर्ष

संस्थान	स्थापना वर्ष
इम्पीरियल बैंक ऑफ इण्डिया	1921
भारतीय रिजर्व बैंक	1 अप्रैल, 1935
रिजर्व बैंक का राष्ट्रीयकरण	1 जनवरी, 1949
भारतीय औद्योगिक वित्त निगम (IFCI)	1948
भारतीय औद्योगिक ऋण व निवेश निगम	1 जनवरी, 1955
भारतीय स्टेट बैंक	1 जुलाई, 1955
भारतीय यूनिट ट्रस्ट (UTI)	1 फरवरी, 1964
भारतीय औद्योगिक विकास बैंक (IDBI)	जुलाई, 1964
कृषि एवं ग्रामीण विकास हेतु राष्ट्रीय बैंक (NABARD)	12 जुलाई, 1982
भारतीय औद्योगिक पुनर्निर्माण बैंक (IRBI)	20 मार्च, 1985
भारतीय लघु उद्योग विकास बैंक (SIDBI)	1990
भारतीय निर्यात-आयात बैंक (EXIM Bank)	1 जनवरी, 1982
राष्ट्रीय आवास बैंक (NHB)	जुलाई, 1988
भारतीय जीवन बीमा निगम (LIC)	सितम्बर, 1956
भारतीय साधारण बीमा निगम (GIC)	नवम्बर, 1972
क्षेत्रीय ग्रामीण बैंकों का प्रारम्भ	2 अक्टूबर, 1975
जोखिम पूँजी एवं टेक्नोलॉजी निगम (Risk Capital and Technology Finance Corporation Ltd.–RCTC)	मार्च, 1975
भारतीय तकनीकी विकास एवं सूचना कं. (Technology Development and Information Co. of India Ltd.–TDICI)	1989
अधःसंरचना पट्टेदारी एवं वित्त सेवा लि. (Infrastructure Leasing and Financial Services Ltd.)	1988
गृह विकास वित्त निगम लि. (Housing Development Finance Corporation Ltd.–HDFC)	1977

- राष्ट्रीय आवास बैंक (National Housing Bank–NHB) की स्थापना भारतीय रिजर्व बैंक की सहायक संस्था के रूप में जुलाई, 1988 में की गयी थी। यह बैंक देश में आवास सम्बंधी वित्त व्यवस्था के लिए शीर्षस्थ बैंक है।
- भारतीय जीवन बीमा निगम की स्थापना 1 सितम्बर, 1956 में की गयी थी। इसका मुख्यालय मुम्बई में है।
- भारतीय साधारण बीमा निगम (GIC) की स्थापना नवम्बर, 1972 में की गयी थी।
- बीमा क्षेत्र में निजी कम्पनियों के प्रवेश का मार्ग प्रशस्त करते हुए केन्द्र सरकार ने 'बीमा नियामक एवं विकास प्राधिकरण' (Insurance Regulatory Development Authority–IRDA) का गठन 19 अप्रैल, 2000 में किया था।
- देश में बीमा क्षेत्र का निजीकरण मल्होत्रा समिति की सिफारिशों के आधार पर किया गया है। इस समिति का गठन अप्रैल 1993 में केन्द्र सरकार द्वारा किया गया था।

भारत में प्रचलित मूल्य सूचकांकों के आधार वर्ष

मूल्य सूचकांक	आधार वर्ष	सूचकांक में शामिल वस्तुओं की संख्या
नया थोक मूल्य सूचकांक	2011-12	697
औद्योगिक कर्मचारियों का उपभोक्ता मूल्य सूचकांक	2001	260
औद्योगिक उत्पादन सूचकांक	2011-12	-----
शहरी शारीरिक श्रम भिन्न उपभोक्ता मूल्य सूचकांक	1984-85	180
खेतिहर मजदूर उपभोक्ता मूल्य सूचकांक	1986-87	60

- **भारत में प्रतिभूति-मुद्रण एवं सिक्कों का उत्पादन**
  1. **इण्डिया सिक्योरिटी प्रेस, नासिक (महाराष्ट्र)**–नासिक रोड स्थित भारत प्रतिभूति मुद्रणालय में डाक संबंधी लेखन सामग्री, डाक एवं डाक भिन्न टिकटों, अदालती एवं गैर-अदालती स्टाम्पों, बैंकों के चेकों, बॉण्डों, राष्ट्रीय बचत पत्रों, पोस्टल ऑर्डर, पासपोर्ट, इन्दिरा विकास पत्रों, किसान विकासपत्रों आदि के अलावा राज्य सरकारों, सरकारी क्षेत्र के उपक्रमों, वित्तीय निगमों आदि के प्रतिभूति पत्रों की छपाई की जाती है।
  2. **सिक्योरिटी प्रिन्टिंग प्रेस, हैदराबाद**–सिक्योरिटी प्रिन्टिंग प्रेस, हैदराबाद की स्थापना दक्षिण राज्यों की डाक लेखन सामग्री की माँगों को पूरा करने व पूरे देश की केन्द्रीय उत्पाद शुल्क स्टाम्प की माँग को पूरा करने के लिए 1982 में की गई थी, ताकि भारत प्रतिभूति मुद्रणालय, नासिक रोड के उत्पादन की अनुपूर्ति की जा सके।
  3. **करेन्सी नोट प्रेस, नासिक (महाराष्ट्र)**–नासिक रोड स्थित करेन्सी नोट प्रेस 10, 50, 100, 500, 1000 रुपए के बैंक नोट छापती है और उनकी पूर्ति करती है।
  4. **बैंक नोट प्रेस, देवास (मध्य प्रदेश)**–देवास स्थित बैंक नोट प्रेस 20 रुपए, 50 रुपए, 100 रुपए के और उच्च मूल्य वर्ग के नोट छापती है। बैंक नोट प्रेस का स्याही का कारखाना प्रतिभूति पत्रों की स्याही का निर्माण भी करता है।
  5. **शाहबनी (प. बंगाल) तथा मैसूर (कर्नाटक) के भारतीय रिजर्व बैंक नोट मुद्रण लिमिटेड**–दो नए एवं अत्याधुनिक करेन्सी नोट प्रेस मैसूर (कर्नाटक) तथा साल्वोनी (प. बंगाल) में स्थापित किए गए हैं, यहाँ RBI के नियंत्रण में करेन्सी नोट छापे जाते हैं।
  6. **सिक्यूरिटी पेपर मिल, होशंगाबाद (मध्य प्रदेश)**–बैंक और करेन्सी नोट कागज तथा नॉन-ज्यूडिशियल स्टाम्प पेपर की छपाई में प्रयोग होने वाले कागज का उत्पादन करने के लिए सिक्यूरिटी पेपर मिल, होशंगाबाद में 1967-68 में चालू की गई थी।
- **टकसाल (Mints)** — सिक्कों का उत्पादन करने तथा सोने और चांदी की परख करने एवं तमगों का उत्पादन करने के लिए भारत सरकार की चार टकसालें मुम्बई, कोलकाता, हैदराबाद तथा नोएडा में स्थित है। मुम्बई, हैदराबाद और कोलकाता की टकसालें काफी समय पहले क्रमशः 1830, 1903 और 1950 में स्थापित की गई थीं, जबकि नोएडा की टकसाल 1989 में स्थापित की गई थी। मुम्बई तथा कोलकाता की टकसालों में सिक्कों के अलावा विभिन्न प्रकार के पदकों (मेडल) का भी उत्पादन किया जाता है।

भारतीय बैंकिंग प्रणाली–एक दृष्टि में

क्र.स.	बैंक श्रेणी	प्रमुख विवरण
1.	भारतीय रिजर्व बैंक	देश में अप्रैल 1935 से कार्यरत् व 1 जनवरी, 1949 को राष्ट्रीयकरण हुआ। भारत के केन्द्रीय बैंक के रूप में करेन्सी नोटों का निर्गमन, सरकारी बैंकर, बैंकों पर नियन्त्रण, साख नियन्त्रण व विदेशी विनिमय नियन्त्रण आदि प्रमुख कार्य।
2.	भारतीय स्टेट बैंक	27 जनवरी, 1921 से इम्पीरियल बैंक के रूप में तथा 1 जुलाई, 1955 से भारतीय स्टेट बैंक के रूप में कार्यरत, 5 सहायक बैंकों सहित देश में सर्वाधिक शाखाओं वाला सबसे बड़ा बैंक। वर्ष 1973 से सामाजिक सेवा बैंकिंग के कार्य में भी संलग्न। 1 अप्रैल, 2017 को SBI समूह के सभी बैंकों का SBI में विलय।
3.	सार्वजनिक क्षेत्र के बैंक	स्टेट बैंक ऑफ इंडिया सहित देश में राष्ट्रीयकृत बैंकों की संख्या 12 है।
4.	निजी क्षेत्र के भारतीय बैंक	देश में कार्यरत वे बैंक जो निजी क्षेत्र में संचालित हैं। इनमें काफी पहले से संचालित बैंकों में जम्मू एवं कश्मीर बैंक, फेडरल बैंक, बैंक ऑफ राजस्थान, लक्ष्मी विलास बैंक तथा हाल के वर्षों में संचालित आई.सी.आई.सी.आई. बैंक, एक्सिस बैंक, कोटक महिन्द्रा जैसे बैंक शामिल हैं।
5.	विदेशों में कार्यरत् भारतीय बैंक	भारतीय बैंकों द्वारा विदेशों में अपनी शाखाएँ स्थापित की गई हैं, जो इस श्रेणी के अन्तर्गत आती हैं। इनमें वर्तमान में स्टेट बैंक ऑफ इंण्डिया, बैंक ऑफ बड़ौदा जैसे 12 सार्वजनिक तथा 3 निजी क्षेत्र को मिलाकर 15 बैंकों के 32 देशों में 185 शाखा कार्यालय कार्यरत् हैं।
6.	भारत में कार्यरत् विदेशी बैंक	भारत के विभिन्न शहरों में 45 विदेशी बैंकों द्वारा स्थापित की गई 286 बैंक शाखाएं इस श्रेणी के अन्तर्गत शामिल हैं।
7.	राष्ट्रीयकृत बैंक	देश में सर्वप्रथम 19 जुलाई, 1969 में 14 अग्रणी बैंकों के राष्ट्रीयकरण से एक अलग श्रेणी के रूप में इनका प्रादुर्भाव हुआ। 5 अप्रैल, 1980 को 6 अन्य बैंकों का पुनः राष्ट्रीयकरण हुआ। वर्तमान में 19 बैंक इस श्रेणी के अन्तर्गत हैं।
8.	अनुसूचित बैंक	रिजर्व बैंक अधिनियम, 1934 का अनुसूची-दो में सम्मिलित वे बैंक, जो रिजर्व बैंक से बैंक दर पर ऋण प्राप्त करने के लिए अधिकृत नहीं हैं। वर्तमान में इनकी संख्या में निरन्तर कमी आ रही है।
9.	गैर-अनुसूचित बैंक	रिजर्व बैंक अधिनियम, 1934 की अनुसूची-दो में सम्मिलित नहीं किए गए वे बैंक, जो रिजर्व बैंक से खास सुविधाओं के लिए अधिकृत नहीं हैं। वर्तमान में इनकी संख्या में निरन्तर कमी आ रही है।
10.	सहकारी बैंक	सम्बन्धित राज्य सरकारों द्वारा अपने राज्य की सीमाओं के अन्तर्गत् कार्यरत् रहने हेतु ही गठित वे बैंक, जो सहकारी संस्थाओं को आसान शर्तों पर ऋण की सुविधा उपलब्ध कराते हैं।

11.	क्षेत्रीय ग्रामीण बैंक	ग्रामीण क्षेत्रों में वर्ष 1975 में स्थापित किए गए ऐसे बैंक, जो विशेषकर लघु व सीमान्त किसानों, कृषि श्रमिकों, कारीगरों तथा ग्रामीण लघु उद्यमियों को आसान शर्तों पर ऋण की सुविधा उपलब्ध कराते हैं। वर्तमान में इनकी संख्या मात्र 56 रह गई है।
12.	भूमि विकास बैंक	वर्तमान में कृषि और ग्रामीण विकास बैंकों के रूप में कार्यरत् ऐसे बैंक, जो साधारणतया भूमि पर स्थायी सुधार करने के लिए, कृषि यन्त्रों की खरीद करने के लिए तथा पुराने ऋणों का भुगतान कर ग्रामवासियों को वित्तीय संसाधन आसान शर्तों पर प्रदान करते हैं।
13.	कृषि व ग्रामीण विकास का राष्ट्रीय बैंक (NABARD)	12 जुलाई, 1982 के अधिनियम के अन्तर्गत गठित ग्रामीण क्षेत्रों में संचालित विविध गतिविधियों के लिए वित्तीय व्यवस्था सुनिश्चित करने हेतु एक केन्द्रीय बैंक के रूप में कार्यरत् है।
14.	भारतीय लघु उद्योग विकास बैंक (SIDBI)	देश में 2 अप्रैल, 1990 से कार्यरत् विशेष बैंक, जो लघु उद्योग क्षेत्र को बड़े पैमाने पर वित्तीय व गैर-वित्तीय सहायता उपलब्ध कराने हेतु केन्द्र सरकार द्वारा संचालित किया गया।
15.	भारतीय निर्यात-आयात बैंक (EXIM Bank)	देश के विदेश व्यापार को वित्तीय सुविधाएं व प्रोत्साहन दिए जाने हेतु केन्द्र सरकार द्वारा गठित यह बैंक अपने उद्देश्यों को पूरा करने में काफी सफल सिद्ध हुआ है।
16.	राष्ट्रीय आवास बैंक (NHB)	भारतीय रिजर्व बैंक के पूर्ण स्वामित्व वाले सहायक प्रतिष्ठान के रूप में जुलाई 1988 से कार्यरत यह बैंक देश में आवास वित्त कम्पनियों का नियामक व पर्यवेक्षक के रूप में कार्यरत् है।
17.	भारतीय औद्योगिक-ऋण व निवेश विकास निगम (ICICI)	निजी क्षेत्रों में लघु तथा मध्यम उद्योगों के विकास हेतु औद्योगिक इकाइयों को उनके विकास कार्यक्रमों में सहयोग प्रदान करने हेतु 5 जनवरी, 1955 को भारतीय कम्पनी अधिनियम के अन्तर्गत इसे गठित किया गया।
18.	भारतीय औद्योगिक विकास बैंक (IDBI)	भारतीय औद्योगिक विकास बैंक अधिनियम, 1946 के अन्तर्गत गठित यह बैंक वर्ष 1976 से केन्द्र सरकार के पूर्ण स्वामित्व में है, जो देश में उद्योगों की स्थापना व विकास को प्रोत्साहित करने हेतु विविध दायित्वों का निर्वहन करता है।

9. पूँजी बाजार (CAPITAL MARKET)

- भारतीय पूंजी बाजार को मोटे तौर पर दो भागों में बाँटा जाता है– गिल्ट एज्ड बाजार (Gilt-Edged Market) एवं औद्योगिक प्रतिभूति बाजार।
- Gilt-Edged Market में रिजर्व बैंक के माध्यम से सरकारी और अर्द्ध-सरकारी प्रतिभूतियों का क्रय-विक्रय किया जाता है।
- औद्योगिक प्रतिभूति बाजार में नये स्थापित होने वाले या पहले से स्थापित औद्योगिक उपक्रमों के शेयरों और डिबेन्चरों का क्रय-विक्रय किया जाता है।
- यदि पूंजी बाजार में निजी निगम क्षेत्र के नये अंशों और डिबेन्चरों, सरकारी कम्पनियों की प्राथमिक प्रतिभूतियों या नयी प्रतिभूतियों तथा सार्वजनिक क्षेत्र के बाण्डों के निर्गमों का क्रय-विक्रय किया जाता है, तो ऐसे बाजार प्राथमिक पूंजी बाजार कहे जाते हैं।
- द्वितीयक पूंजी बाजार के अन्तर्गत स्टॉक एक्सचेंज में होने वाले क्रय-विक्रय तथा गिल्ट एज्ड बाजार में होने वाले क्रय-विक्रय आते हैं।
- अंश (Share) वह सबसे छोटी इकाई है जिसमें कम्पनी की कुल पूंजी विभाजित होती है। उदाहरणार्थ, जब एक कम्पनी अंशों के निर्गमन से पचास करोड़ रु. की पूंजी एकत्रित करना निश्चित करती है तब इस पूंजी को वह निश्चित मूल्य की इकाइयों में विभाजित कर सकती है जैसे– दस रुपये या सौ रुपये प्रति इकाई। प्रत्येक इकाई अंश कहलाती है। अंशधारकों (Shareholders) को प्रतिफल के रूप में लाभांश प्राप्त होता है।
- समता अंश (Equity Shares) वे अंश होते हैं जिनको लाभांश के भुगतान अथवा पूंजी के पुनः भुगतान के संबंध में कोई पूर्वाधिकार (Preferential Right) प्राप्त नहीं होता है।
- समता अंशधारकों को पूर्वाधिकार वाले अंशधारकों को लाभांश भुगतान करने के उपरान्त लाभांश प्राप्त होता है।
- समता अंशधारकों के लिए लाभांश की कोई निश्चित दर नहीं होती है। लाभांश की दर अतिरिक्त लाभ पर निर्भर करती है।
- समता अंशधारक कम्पनी के स्वामी होते हैं।
- पूर्वाधिकार अंश (Preferences Shares) वे अंश होते हैं जिनको लाभांश एवं पूंजी की वापसी के संबंध में अधिमान अधिकार प्राप्त होते हैं।
- पूर्वाधिकार अंशों पर लाभांश का भुगतान समता अंशों से पूर्व किया जाता है।
- पूर्वाधिकार अंशधारकों के पास कोई भी मताधिकार नहीं होता है इसलिए वह कम्पनी के प्रबन्ध में भाग नहीं ले सकते।
- ऋणपत्रों (Debentures) के निर्गमन से कम्पनियाँ दीर्घकालीन वित्त प्राप्त करती हैं। ऋण पत्र उधार ली गयी राशि की लिखित पावती है।
- ऋण पत्र (Debenture) धारक कम्पनी के ऋणदाता होते हैं एवं निश्चित ब्याज प्राप्त करने के लिए अधिकारी हैं, चाहे कम्पनी को लाभ प्राप्त हुआ है अथवा नहीं।
- शेयर बाजार में चलने वाले वृहद कारोबार को नियंत्रित और विनियमित करने का काम 'सिक्योरिटीज एण्ड एक्सचेंज बोर्ड ऑफ इण्डिया' अर्थात् सेबी (SEBI) द्वारा किया जाता है।
- भारत में पहला शेयर बाजार सन् 1875 में मुंबई में बॉम्बे स्टॉक एक्सचेंज के नाम से स्थापित किया गया। इसके बाद सन् 1894 में अहमदाबाद स्टॉक एक्सचेंज, 1908 में कलकत्ता स्टॉक एक्सचेंज और 1937 में मद्रास स्टॉक एक्सचेंज की स्थापना हुई।
- नेशनल स्टॉक एक्सचेंज (NSE) की स्थापना 1992 में 'फेरवानी समिति' के सुझावों के आधार पर हुई थी।

शेयर बाजार सूचकांक

एक शेयर बाज़ार सूचकांक बाज़ार-व्यवहार का एक बैरोमीटर (वायुदाब मापी) होता है। यह स्टॉक (शेयरों) के एक सेट के माध्यम से कुल मिलाकर बाज़ार के उतार-चढ़ाव को मापता है जो कि बाजार का प्रतिनिधित्व करते हैं। यह बाज़ार की दिशाओं को प्रतिबिंबित करता है तथा स्टॉक मूल्यों के

दिन-प्रतिदिन के उतार- चढ़ावों का संकेत देता है। एक आदर्श सूचकांक को निश्चित रूप से प्रतिभूतियों के मूल्य में बदलावों को प्रस्तुत करना चाहिए तथा बेहतर बाज़ार पुनः प्रस्तुतीकरण हेतु विशिष्ट शेयर की मूल्य गतिशीलता को बिंबित करना चाहिए। भारतीय बाजार में BSE संवेदी सूचकांक तथा NSE, निफ्टी महत्त्वपूर्ण सूचकांक है। कुछ महत्त्वपूर्ण वैश्विक शेयर बाजार सूचक निम्न हैं-

- संयुक्त राज्य अमेरिका में डाउजोंस इंडस्ट्रियल एवरेज सबसे पुराना कोटेड (भावबद्ध) बाजार सूचकांक है।
- नैसडेक शेयर बाजार में सूचीबद्ध शेयरों के लिए मूल्य के भारित बाजार पूँजीकरण के लिए नैसडेक संयुक्त सूचकांक है।
- एस एंड पी 500 सूचकांक यू.एस. की 500 विशालतम सार्वजनिक व्यापार कंपनियों से निर्मित है। यू.एस. शेयर बाज़ार के लिए प्रायः एस एंड पी 500 को एक छद्मावरण के रूप में प्रयुक्त किया जाता है।
- एफ.टी.एस.ई. 100 के अंतर्गत लंदन शेयर बाजार में सूचीबद्ध पूर्ण बाजार मूल्य की 100 विशालतम कंपनियों को समाहित किए हुए है। यह यूरोपीय बाज़ार का न्यायिक सूचकांक है।

कुछ सामान्य शेयर बाजार शब्दावली

बूर्सेसः यह शेयर बाज़ार के लिए अन्य शब्द है।

बुल एवं बीयर्सः यहाँ पर यह शब्द पशुओं (सांड व भालू) के बारे में नहीं संदर्भित करते हैं; बल्कि शेयर बाज़ार में निवेशकों के मनोभावों का प्रतीक है। एक बुलिश चरण आशावादिता (उछाल) की अवधि को संदर्भित करता है तथा बीयरिश चरण बूर्सेस (शेयर बाजार) की निराशावादिता (गिरावट) को संदर्भित करता है।

बदलाः यह निपटारे (भुगतान) को अग्रनयन (या आगे बढ़ाने की) प्रणाली को संदर्भित करता है, विशेष रूप से बी.एस.ई. में होता है। यह एक ऐसी सुविधा है जो एक निपटान अवधि से दूसरे में एक लेन-देन की भुगतान या डिलीवरी (देयता) को रोकने की अनुमति देता है।

ओड लाट ट्रेडिंग या न्यून खेप व्यापारः 100 शेयर या उससे कम के गुणकों में व्यापार

पेन्नी स्टॉक्स (शेयर): ये वे प्रतिभूतियाँ हैं जिनकी शेयर बाज़ार में कोई कीमत नहीं होती है, परन्तु उनका व्यापार सट्टेबाजी में भागीदारी निभाता है।

- ओ.टी.सी.ई.आई. (Over The Counter Exchange of India–OTCEI) भारतीय कंपनी अधिनियम, 1956 के अन्तर्गत निगमित एक कंपनी है। इसे लघु एवं मध्यम कंपनियों की पूंजी बाजार में पहुँच बनाने तथा लागत प्रभावी ढंग से पूंजी बाजार हेतु वित्त उगाहने के लिए सुविधा उपलब्ध कराने हेतु स्थापित किया गया था।
- OTCEI पूर्णतः कंप्यूटरीकृत, पारदर्शी, सिंगल विंडो एक्सचेंज है जिसने 1992 से व्यापार प्रारंभ किया था।
- भारतीय प्रतिभूति एवं विनिमय बोर्ड (SEBI) की स्थापना 12 अप्रैल, 1988 ई. को की गयी थी। बाद में 30 जनवरी, 1992 को एक अध्यादेश द्वारा इस संस्था को वैधानिक दर्जा भी प्रदान कर दिया गया।
- सेबी का मुख्यालय मुम्बई में है तथा इसके क्षेत्रीय कार्यालय कोलकाता, दिल्ली तथा चेन्नई में स्थापित किए गए हैं।
- भारतीय पूंजी बाजार को विनियमित करने की वैधानिक शक्तियाँ सेबी (SEBI) को प्राप्त है। किसी भी शेयर बाजार (Stock Exchange) को मान्यता प्रदान करने का अधिकार SEBI को है।
- सेबी (संशोधन) विधेयक 2002 के तहत् 'इनसाइडर ट्रेडिंग' के लिए 25 करोड़ रुपए तक जुर्माना सेबी द्वारा किया जा सकता है। इसी विधेयक में लघु निवेशकों के साथ धोखाधड़ी के मामलों में एक लाख रुपए प्रतिदिन की दर से एक करोड़ रुपए जुर्माना आरोपित करने का प्रावधान किया गया है।

भारत के प्रमुख शेयर मूल्य सूचकांक

1. BSE SENSEX—यह मुम्बई स्टॉक एक्सचेंज (The Stock Exchange Mumbai) का संवेदी शेयर सूचकांक है। यह 30 प्रमुख शेयरों का प्रतिनिधित्व करता है। इसका आधार वर्ष 1978-79 ई. है।
2. BSE 200—यह मुम्बई स्टॉक एक्सचेंज का 200 शेयरों का प्रतिनिधित्व करता है। इसका आधार वर्ष 1989-90 ई. है।
3. DOLLEX—BSE 200 सूचकांक का ही डॉलर मूल्य सूचकांक डॉलेक्स कहलाता है। इसका आधार वर्ष 1989-90 ई. है।
4. NSE–50—राष्ट्रीय स्टॉक एक्सचेंज (NSE) दिल्ली से संबंधित इस सूचकांक का नाम बदलकर S & P CNX Nifty रखा गया है।

विश्व के प्रसिद्ध शेयर बाजारों के प्रमुख शेयर मूल्य सूचकांक

डो जोन्स (Dow Jones)	न्यूयार्क
निक्की (Nikkei)	टोकियो
मिड डेक्स (Mid Dax)	फैंकफर्ट
हांग सेंग (Hang Seng)	हांगकांग
सिमेक्स (Simex)	स्ट्रेटस
टाइम्स (Straits Times)	सिंगापुर
कोस्पी (Kospi)	कोरिया
सेट (Set)	थाइलैंड
तेन (Taien)	ताईवान
शंघाई कॉम (Shanghai Com)	चीन
नासदाक (Nasdaq)	USA
एस. एण्ड पी. (S. & P.)	कनाडा
बोवेस्पा	ब्राजील
मिब्टेल	इटली
आई. पी. सी. (I.P.C.)	मैक्सिको

संवेदी सूचकांक (SENSEX) मुंबई शेयर बाजार का संवेदी सूचकांक

संवेदी सूचकांक बी॰एस॰ई॰ (BSE) सूचकांक का निर्देश (या तल) चिन्ह् है। चूँकि बी॰एस॰ई॰ भारतीय द्वितीयक बाजार का एक अग्रणी शेयर बाजार बन चुका है, इसलिए संवेदी सूचकांक भी भारतीय शेयर बाजार का एक महत्त्वपूर्ण संकेतक बन चुका है। शेयर बाजार की स्थिति के बारे में रिपोर्ट करने के लिए यह बहुत जल्दी-जल्दी प्रयुक्त किए जाने वाला संकेतक बन चुका है। एक सूचकांक का केवल एक काम होता है मूल्य गतिशीलता को पकड़ना। इस तरह से एक शेयर सूचकांक शेयरों की मूल्य गतिशीलता को प्रदर्शित करेगा जबकि बंधपत्र (बांड) सूचकांक उस ढंग को पकड़ता है जिस ढंग से बंधपत्र के मूल्य ऊपर या नीचे जाते हैं। यदि संवेदी सूचकांक चढ़ता (उठता) है तो यह संकेत देता है कि बाजार बढ़िया रहा है। चूँकि यह माना जाता है कि शेयर यही प्रतिबिंबित करते हैं जो कंपनी भविष्य में अर्जित करने की अपेक्षा रखती है। अतः एक ऊपर उठता सूचकांक वह संकेत देता है कि निवेशकों को कंपनियों से बेहतर कमाई की उम्मीद है, इसके साथ ही यह भारतीय अर्थव्यवस्था को भी मापता है। यदि भारतीय कंपनियों से अच्छा करने की उम्मीद की जाती है तो निश्चित ही अर्थव्यवस्था को भी अच्छा ही करना चाहिए।

संवेदी सूचकांक (SENSEX) को 1986 में, शेयर बाजार 30 सर्वाधिक सक्रियता से व्यापार किए जाने वाले शेयरों से बनाकर प्रारंभ किया गया था, वस्तुतः वे बी॰एस॰ई॰ बाज़ार पूँजीकरण का आधा हिस्सा रखते हैं। वे अर्थव्यवस्था के 13 क्षेत्रों का प्रतिनिधित्व करते हैं और अपने संबंधित उद्योगों के अग्रणी हैं।

- वायदा कारोबार (Commodity Exchange) में कच्चे तेल, खाद्य पदार्थों तथा सोना-चांदी जैसी वस्तुओं का ऑन लाइन व्यापार होता है।
- भारत के प्रमुख कमोडिटी एक्सचेंज हैं–

1. मल्टी कमोडिटी एक्सचेंज (MCX), मुम्बई।
2. नेशनल कमोडिटी एण्ड डेरिवेटिव्स एक्सचेंज (NCDEX) मुम्बई।
3. नेशनल मल्टी कमोडिटी एक्सचेंज (NMCE), अहमदाबाद।
4. इण्डिया कमोडिटी एक्सचेंज (ICEX), गुड़गांव।

सेबी से मान्यता प्राप्त स्टॉक एक्सचेंज

1. बॉम्बे स्टॉक एक्सचेंज लि. (BSE Ltd.), मुम्बई
2. कलकत्ता स्टॉक एक्सचेंज लि.
3. इण्डिया इण्टरनेशनल एक्सचेंज (India INX) GIFT City, गुजरात
4. इण्डियन कमोडिटी एक्सचेंज लि., नवी मुम्बई
5. मेट्रोपॉलिटन स्टॉक एक्सचेंज ऑफ इण्डिया लि., मुम्बई
6. मल्टीकमोडिटी एक्सचेंज ऑफ इण्डिया लि., मुम्बई
7. नेशनल कमोडिटी एण्ड डेरीवेटिव्स एक्सचेंज लि., मुम्बई
8. नेशनल स्टॉक एक्सचेंज ऑफ इण्डिया लि., मुम्बई
9. नेशनल स्टॉक एक्सचेंज आईएफएससी लि., गांधी नगर (गुजरात)

- भारत की प्रमुख क्रेडिट रेटिंग एजेंसियाँ हैं–

1. क्रेडिट रेटिंग इन्फॉर्मेशन सर्विसेज ऑफ इंडिया लि. (CRISIL)।
2. इन्वेस्टमेंट इन्फॉर्मेशन एण्ड क्रेडिट रेटिंग एजेंसी ऑफ इंडिया (ICRA)।

3. क्रेडिट एनालेसिस एण्ड रिसर्च लि. (CARE)।
4. डफ फेलप्स क्रेडिट रेटिंग इंडिया प्राइवेट लि. (DCR India)

- CRISIL कम्पनियों की ऋण वचनबद्धता की रेटिंग निर्धारित करने वाला देश का पहला अभिकरण (Agency) है, जिसने अपना कार्यकाल जनवरी 1988 से प्रारंभ किया था।

ओवर दी काउंटर एक्सचेंज ऑफ इण्डिया (OTCEI)

- नवम्बर 1992 में मुम्बई में स्थापित तथा लघु व मध्यम औद्योगिक इकाइयों के एक्सचेंज के रूप में मशहूर 'ओवर द काउंटर एक्सचेंज ऑफ इंडिया' (OTCEI) भारत में सर्वप्रथम ऑनलाइन ट्रेडिंग सुविधा सम्पन्न कम्प्यूटराइज्ड एक्सचेंज है। इसकी अवधारणा अमरीकी स्टॉक एक्सचेंज 'नैस्डेक' के आधार पर की गई है। नैस्डेक का कम्प्यूटर नेटवर्क पूरे अमरीका से जुड़े होने के कारण वहाँ की लघु व मध्यम औद्योगिक इकाइयाँ कहीं से भी तुरन्त उससे सम्पर्क स्थापित कर सकती हैं। भारत में भी वृहत स्तर पर इस प्रकार के ऑनलाइन नेटवर्क की स्थापना की आवश्यकता महसूस की जा रही है। OTCEI में उन कम्पनियों को सूचीबद्ध किया गया है, जिनकी पूँजी का स्तर ₹ 30 लाख से ₹ 25 करोड़ तक हो।

देश में पहला कॉमोडिटी इंडेक्स-NCDEXAGRI

- नेशनल कॉमोडिटी एण्ड डेरिवेटिव्स एक्सचेंज लिमिटेड (NCDEX) ने कृषिगत उत्पादों के लिए एक सूचकांक (Index) 3 मई, 2005 से प्रारम्भ किया है। NCDEXAGRI नाम का यह सूचकांक देश में पहला कॉमोडिटी इंडेक्स है।

ग्रीनेक्स: देश का पहला पर्यावरण अनुकूल शेयर मूल्य सूचकांक

- देश में हरित निवेश को बढ़ावा देने के लिए बम्बई शेयर बाजार ने देश का पहला पर्यावरण अनुकूल इक्विटी सूचकांक शुरू किया है। बीएसई ग्रीनेक्स नाम के इस सूचकांक का उद्घाटन कम्पनी मामलों के मंत्री वीरप्पा मोइली ने 22 फरवरी, 2012 को स्टॉक एक्सचेंज में घंटी बजाकर किया।

राष्ट्रीय आवास बैंक का रेसीडेक्स (RESIDEX) इण्डेक्स

- देश के विभिन्न भागों में भूमि (Land) के मूल्यों में होने वाले उतार-चढ़ाव पर निगरानी के लिए पहली बार एक सूचकांक राष्ट्रीय आवास बैंक (NHB) ने 11 जुलाई, 2007 से जारी किया था। रेसीडेक्स नाम के इस सूचकांक के द्वारा समान्तर अर्थव्यवस्था (काले धन की अर्थव्यवस्था) पर निगरानी में भी मदद मिलेगी, क्योंकि ऐसा माना जाता है कि काले धन को प्रायः जमीन की खरीद-फरोख्त में ही खपाया जाता है। प्रारम्भ में देश के पाँच प्रमुख शहरों—दिल्ली, बेंगलूरू, भोपाल, मुम्बई व कोलकाता के लिए 2001 से 2005 तक के लिए सूचकांक जून 2007 में जारी किए गए थे। अगले चरण में 10 लाख से अधिक जनसंख्या (2001 की जनगणनानुसार) वाले 35 शहरों के लिए तथा उसके पश्चात् जवाहरलाल नेहरू राष्ट्रीय शहरी नवीकरण मिशन के अधीन 63 शहरों के लिए यह सूचकांक जारी किए जाएंगे।

10. लोक वित्त
(PUBLIC FINANCE)

- प्रत्यक्ष कर (Direct Tax) हैं– आयकर, निगम कर, धन कर, एस्टेट ड्यूटी, उपहार कर, व्यय कर तथा ब्याज कर।
- अप्रत्यक्ष कर (Indirect Tax) हैं– सीमा शुल्क, उत्पाद शुल्क, बिक्री कर/व्यापार कर, विज्ञापन कर आदि।
- केन्द्रीय सरकार द्वारा लगाए जाने वाले करों में महत्वपूर्ण कर हैं– सीमा शुल्क (Customs Duties), केन्द्रीय उत्पाद शुल्क (Union Excise Duties), आय कर (Income Tax), निगम कर (Corporation Tax) और सेवा कर (Service Tax)।
- राज्य सरकारों द्वारा लगाये जाने वाले करों में महत्वपूर्ण हैं– राज्य मूल्य संवर्धन कर (State value added tax) जिसमें अब बिक्री कर का प्रतिस्थापन कर दिया है, माल गुजारी, राज्य उत्पादन शुल्क (State excise duties), कृषि आय पर कर और मनोरंजन कर।
- भारत में कुल कर राजस्व में सर्वाधिक हिस्सा निगम कर (Corporation Tax) का है।
- राज्य सरकारों को प्राप्त कर राजस्व में सर्वाधिक हिस्सा बिक्री कर (अब Value added tax) का है।
- भारत में अन्य देशों की भाँति आय कर की प्रकृति प्रगामी (progressive) है।
- **लैफर प्रभाव (Laffer Effect)**– कराधान की दर में कमी करने से कर राजस्व की प्राप्ति अनुपात से अधिक होती है।
- भारतीय आय कर बेलोच है और उसका आधार संकीर्ण (narrow) है।
- Minimum Alternative Tax—MAT कम्पनियों पर लगाये जाते हैं।
- संपदा शुल्क (Estate duty) भारत में पहली बार 1953 में लगाया गया था। यह कर किसी व्यक्ति की मृत्यु होने पर उत्तराधिकारियों को मिलने वाली पूंजी सम्पत्ति पर लगाया जाता था लेकिन 1 अप्रैल, 1985 से समाप्त कर दिया गया।
- सम्पत्ति पर कर (Tax on wealth) केल्डोर (Kaldor) की सिफारिश के आधार पर पहली बार मई 1957 में लगाया गया था। यह व्यक्तियों, संयुक्त हिन्दू परिवारों और कम्पनियों की कर मुक्त संपत्ति निकाल देने के बाद बचने वाली निवल संपत्ति (excess net wealth over exemption) पर लगाया जाता है।
- भारत में शराब और दूसरी नशीली चीजों जैसे अफीम, भांग, गांजा आदि को छोड़कर अन्य सभी वस्तुओं पर केन्द्रीय सरकार द्वारा उत्पादन शुल्क लगाया जाता है।
- राज्य सरकारों को शराब, भांग और गांजा आदि नशीली वस्तुओं पर उत्पादन शुल्क लगाने का अधिकार है।

योजनागत एवं गैर-योजनागत व्यय

बजट के खर्चों में योजनागत और गैर-योजनागत दोनों मदों को शामिल किया जाता है। योजनागत व्यय से तात्पर्य केन्द्रीय योजना पर होने वाले व्यय से होता है। इसके राजस्व व्यय तथा पूंजीगत व्यय पूंजीगत प्राप्तियों से किए जाते हैं। गैर-योजना व्यय सरकार द्वारा नियमित दायित्वों के निर्वहन पर किए जाने वाला व्यय होता है। इसे भी राजस्व व्यय तथा पूंजीगत व्यय नामक दो मदों में विभाजित किया जाता है। गैर-योजना राजस्व व्यय के अन्तर्गत ब्याज, सब्सिडी, किसानों को ऋण, सामाजिक, आर्थिक सेवाएं, राज्यों को अनुदान, विदेशों को अनुदान, पेंशन, रक्षा राजस्व पर किया जाने वाला व्यय होता है तथा गैर-योजना पूंजीगत व्यय में रक्षा पूंजी, सरकारी उद्यमों को ऋण, राज्य सरकारों को उधार, केन्द्रशासित प्रदेशों का व्यय तथा गैर योजना व्यय को जोड़कर या फिर राजस्व व्यय तथा पूंजीगत व्यय को जोड़कर निकाला जा सकता है।

- 1 अप्रैल, 2005 से सभी राज्यों/संघ राज्य क्षेत्रों ने वैट लगानी शुरू कर दिया है।
- भारत में पहली बार सेवा कर 1994-95 में शुरू किया गया था।
- हरियाणा पहला राज्य था जहाँ पर सर्वप्रथम 2003 में VAT लगाया गया था।

- MODVAT, 1986-87 के बजट में शुरू किया गया था।
- विदेशी मुद्रा बाजारों (Foreign Money Markets) में किये गये लेन-देन पर लगने वाले करों को टोबिन कर (Tobin Tax) कहा जाता है।
- भारत में पहली बार CENVAT, 2000-01 के बजट में लगाया गया था।
- सर्वप्रथम अमेरिका की संघीय सरकार ने 1951 में निष्पादक बजट (Performance Budget) अपनाया था।
- जीरोबेस बजट के जनक पीटर ए. पायर हैं तथा इसे सर्वप्रथम 1973 में अमेरिका के जॉर्जिया प्रांत के बजट में तत्कालीन गवर्नर जिमी कार्टर द्वारा अपनाया गया तथा बाद में 1979 में इसे अमेरिका के राष्ट्रीय बजट में राष्ट्रपति जिमी कार्टर द्वारा अपनाया गया।
- भारत में पहली बार 2005 में वित्त मंत्री द्वारा आउटकम बजट प्रस्तुत किया गया।
- केन्द्र से राज्यों को वित्तीय हस्तान्तरण हेतु दिशा-निर्देश सुझाने हेतु वित्त आयोग (Finance Commission) का गठन किया जाता है। संविधान के अनुच्छेद 280(1) में यह व्यवस्था है कि राष्ट्रपति द्वारा प्रत्येक पांच वर्ष के पश्चात् या आवश्यकता पड़ने पर उससे पूर्व एक वित्त आयोग का गठन किया जाएगा जिसमें अध्यक्ष के अतिरिक्त चार अन्य सदस्य होंगे।
- **गुड्स एंड सर्विसेस टैक्स (जीएसटी):** गुड्स एंड सर्विसेस टैक्स (जीएसटी) 30 जून, 2017 के आधी रात से देशभर में लागू हो गया। इसके साथ ही वन कंट्री वन टैक्स सिस्टम देश भर में लागू हो गया। लोकसभा द्वारा 8 अगस्त, 2016 को संविधान के 122वें (जीएसटी) संशोधन विधेयक-2014 को सर्वसम्मति से पारित किया गया था। इससे पहले वस्तु एवं सेवा कर (जीएसटी) संशोधन विधेयक 3 अगस्त, 2016 को राज्यसभा में पारित किया गया था। वस्तु और सेवा कर (जीएसटी) के अन्तर्गत 1211 वस्तुओं पर टैक्स तय कर लिया गया है। जीएसटी लागू होने से सेल्स टैक्स, सर्विस टैक्स, एक्साइज ड्यूटी, वैट आदि तमाम तरह के टैक्स हटा दिए गए।
- **जीएसटी क्या है?**
  जीएसटी पूरे देश के लिए एक अप्रत्यक्ष कर है जो भारत को एकीकृत साझा बाजार बना देगा। जीएसटी विनिर्माता से लेकर उपभोक्ता तक वस्तुओं और सेवाओं की आपूर्ति पर एक एकल कर है। जीएसटी वह वैट है जिसमें वस्तुओं और सेवाओं दोनों पर ही लागू किया गया। यह केंद्र और राज्य सरकारों की तरफ से लिए जा रहे 15 से अधिक अप्रत्यक्ष करों (Indirect Tax) के बदले में लगाया जा रहा है।
- **जीएसटी में टैक्स स्लैब:** जीएसटी लगने के बाद कई सेवाओं और वस्तुओं पर लगने वाले टैक्स समाप्त हो गए। देश में 'वन नेशन, वन टैक्स' का कॉन्सेप्ट अमल में आ गया। जीएसटी के तहत 5%, 12%, 18% और 28% के टैक्स स्लैब बनाए गए हैं। इसके अलावा, रफ डायमंड के लिए 0.25 फीसदी और गोल्ड पर 3 फीसदी का स्पेशल रेट है, जबकि सिगरेट जैसी चीजों पर एडिशनल सेस भी लगेगा।

जीएसटी से होने वाले लाभ:

- जीएसटी लागू होने से सबसे बड़ा फायदा आम आदमी को होगा। पूरे देश में किसी भी सामान को खरीदने के लिए एक ही टैक्स चुकाना होगा। यानी पूरे देश में किसी भी सामान की कीमत एक ही रहेगी।
- जीएसटी लागू होने से टैक्स का ढांचा पारदर्शी होगा जिससे काफी हद तक टैक्स विवाद कम होंगे। इसके लागू होने से राज्यों को मिलने वाला वैट, मनोरंजन कर, लग्जरी टैक्स, लॉटरी टैक्स, एंट्री टैक्स आदि समाप्त हो गए।
- जीएसटी लागू होने से निपुणता बढ़ने और कदाचार पर रोक लगने के कारण अधिकांश उपभोक्ता वस्तुओं पर समग्र कर भार कम होगा, जिससे उपभोक्ताओं को लाभ मिलेगा।
- व्यापार और उद्योग के लिए एक मजबूत और व्यापक सूचना प्रौद्योगिकी प्रणाली भारत में जीएसटी व्यवस्था की नींव होगी इसलिए पंजीकरण, रिटर्न, भुगतान आदि जैसी सभी कर भुगतान सेवाएं करदाताओं को ऑनलाइन उपलब्ध होंगी, जिससे इसका अनुपालन बहुत सरल और पारदर्शी होगा।

- व्यापार करने में लेन-देन लागत घटने से व्यापार और उद्योग के लिए प्रतिस्पर्धा में सुधार को बढ़ावा मिलेगा।

व्यापारियों पर जीएसटी का प्रभावः

व्यापारियों को 20 लाख रुपये से कम के सालाना टर्नओवर वाले कारोबारियों के लिए खुशखबरी है, उन्हें जीएसटी की व्यवस्था से छूट दी गई है। अब तक यह छूट 10 लाख तक ही सीमित थी। अगर सालाना टर्नओवर 20 लाख रुपये से ज्यादा है तो हर हाल में रजिस्ट्रेशन कराना होगा। जिसके बाद कारोबारी को जीएसटी के तहत कच्चे माल पर मिलने वाली टैक्स छूट का फायदा मिलेगा। 75 लाख रुपये से अधिक के सालाना टर्नओवर वाले ट्रेडर्स, मैन्युफैक्चरर्स और रेस्तरां कंपोजिशन स्कीम के तहत क्रमशः 1, 2 और 5 फीसदी अदा कर सकते हैं। हालांकि इन बिजनैस को इनपुट टैक्स क्रेडिट नहीं मिल सकेगा।

केंद्रीय करः

- सेंट्रल एक्साइज ड्यूटी
- एडीशनल एक्साइज ड्यूटी
- स्पेशल एडीशनल ड्यूट ऑफ कस्टम्स
- मेडिसिनल एंड टॉयलेट प्रिपरेशंस (एक्साइज ड्यूटी) एक्ट 1955 के तहत एक्साइज ड्यूटी
- सर्विस टैक्स
- एडीशनल कस्टम्स ड्यूटी
- सेंट्रल सरचार्ज व सेस

राज्य करः

- वैल्यू एडेड टैक्स (वैट)/सेल्स टैक्स
- लॉटरीज, बेटिंग व गैम्बिलिंग पर कर
- एंटरटेनमेंट टैक्स
- सेंट्रल सेल्स टैक्स
- ऑक्ट्रॉय व एंट्री टैक्स
- परचेज टैक्स
- लग्जरी टैक्स
- स्टेट सेस व सरचार्ज

भारत के वित्त आयोग

क्रमांक	गठन का वर्ष	अध्यक्ष का नाम	क्रियान्वयन वर्ष
पहला	1951	के.सी. नियोगी	1952-57
दूसरा	1956	के. सन्थानम	1957-62
तीसरा	1960	ए.के. चन्दा	1962-66
चौथा	1964	डॉ. पी.वी. राजामन्नार	1966-69
पाँचवाँ	1968	महावीर त्यागी	1969-74
छठा	1972	ब्रह्मानन्द रेड्डी	1974-79
सातवाँ	1977	जे.एम. शेलेट	1979-84
आठवाँ	1983	वाई.बी. चह्वाण	1984-89
नवाँ	1987	एन.के.पी. साल्वे	1989-95
दसवाँ	1992	के.सी. पन्त	1995-2000
ग्यारहवाँ	1998	ए.एम. खुसरो	2000-05
बारहवाँ	1 नवम्बर, 2002	सी. रंगराजन	2005-10
तेरहवाँ	नवम्बर, 2007	विजय एल. केलकर	2010-15
चौहदवाँ	2012	डॉ. वाई.वी. रेड्डी	2015-20
पंद्रहवाँ	2017	एन.के. सिंह	2020-25

केन्द्र सरकार के विभिन्न प्रकार के घाटे (Various Types of Deficits of the Central Government)

- भारत में बजट घाटे का अनुमान लगाने के लिए चालू एवं पूंजीगत दोनों खातों के आय-व्यय को ध्यान में रखा जाता है। इसका तात्पर्य है कि व्यय के अंतर्गत चालू एवं पूंजीगत दोनों खातों के भुगतान सम्मिलित किए जाते हैं और इसी प्रकार आय में भी चालू एवं पूंजीगत खातों की प्राप्तियों को सम्मिलित किया जाता है।
- केन्द्र सरकार के घाटों को निम्नलिखित रूपों में व्यक्त किया जा सकता है—

1. राजस्व घाटा (Revenue Deficit)
2. मौद्रिकृत घाटा (Monetised Deficit)
3. राजकोषीय घाटा (Fiscal Deficit)
4. प्राथमिक घाटा (Primary Deficit)
5. बजटीय घाटा (Budget Deficit)

- **राजस्व घाटा (Revenue Deficit):** यह घाटा केवल राजस्व प्राप्तियों तथा राजस्व व्यय के मध्य अन्तर को प्रदर्शित करता है।
- **मौद्रिकृत घाटा (Monetised Deficit) :** यह घाटा केन्द्र सरकार के लिए भारतीय रिजर्व बैंक की शुद्ध साख में होने वाली वृद्धि को बताता है।
- **राजकोषीय घाटा (Fiscal Deficit) :** केन्द्र सरकार के विभिन्न घाटों में राजकोषीय घाटे का महत्त्वपूर्ण स्थान है। यह घाटा राजस्व प्राप्तियों, अनुदानों तथा गैर-ऋण पूंजीगत प्राप्तियों (Non-debt Capital receipt) के ऊपर सरकार के कुल व्यय (राजस्व तथा पूंजीगत व्यय, जिसमें उधार लिए गए शुद्ध ऋणों की राशि भी सम्मिलित होती है) का अतिरेक होता है।
- **प्राथमिक घाटा (Primary Deficit) :** जब राजकोषीय घाटे में ब्याज अदायगियों को घटा दिया जाता है तो शेष राशि को प्राथमिक घाटा कहा जाता है।
- **बजटीय घाटा (Budget Deficit) :** यह घाटा राजस्व एवं पूंजीगत खाते के अंतर्गत दिखाई जाने वाली समस्त प्राप्तियों एवं समस्त व्यय का अन्तर होता है।
- **सरकारी घाटों के आकलन के सूत्र**

1. **बजटीय घाटा (Budgetary Deficit)** = कुल प्राप्तियां – कुल व्यय

   = (राजस्व प्राप्तियां + पूंजीगत प्राप्तियां) – (आयोजन भिन्न व्यय + आयोजन व्यय)

   = {(कर राजस्व + कर भिन्न राजस्व) + (ऋणों की वसूली + उधार और अन्य देयताएं)} – {(राजस्व खाते पर आयोजना भिन्न व्यय + पूंजी खाते पर आयोजना भिन्न व्यय) + (राजस्व खाते पर आयोजना व्यय + पूंजी खाते पर आयोजना व्यय)}

2. **राजस्व घाटा (Revenue Deficit)** = राजस्व प्राप्तियां – राजस्व व्यय

   = (कर राजस्व + कर भिन्न राजस्व) – (राजस्व खाते में आयोजना भिन्न व्यय + राजस्व खाते पर आयोजन व्यय)

3. **राजकोषीय घाटा (Fiscal Deficit)** = बजटीय घाटा + उधार और अन्य देयताएं

   = (राजस्व प्राप्तियां + ऋणों की वसूली + अन्य प्राप्तियां) – (कुल व्यय)

   = {(कर राजस्व + कर भिन्न राजस्व + ऋणों की वसूली + अन्य प्राप्तियां)} – (आयोजना भिन्न व्यय + आयोजना व्यय)

4. **प्राथमिक घाटा (Primary Deficit)** = राजकोषीय घाटा – ब्याज की अदायगियां

5. **मौद्रिकृत घाटा** = केन्द्र सरकार के लिए भारतीय रिजर्व बैंक की निबल साख (Net RBI Credit) में होने वाली वृद्धि

   = भारतीय रिजर्व बैंक के बकाया ट्रेजरी बिलों (Holdings of treasury bills of RBI) की शुद्ध वृद्धि + सरकार की बाजार उधार में रिजर्व बैंक का योगदान

महत्वपूर्ण समितियाँ

	समिति	कार्यक्षेत्र
1.	वांचू समिति	प्रत्यक्ष कर
2.	एल.के.झा समिति	अप्रत्यक्ष कर
3.	स्वामीनाथन समिति (1994)	जनसंख्या नीति
4.	भूतलिंगम समिति	मजदूरी, आय और कीमतें
5.	दंतेवाला समिति	बेरोजगारी के अनुमान
6.	सुखमय चक्रवर्ती समिति	मौद्रिक प्रणाली पर पुनर्विचार
7.	सरकारिया समिति	केन्द्र-राज्य संबंध
8.	महालनोबिस समिति	राष्ट्रीय आय
9.	राजा चेलैया समिति[1]	कर-सुधार
10.	जी.वी. रामकृष्णा समिति	सार्वजनिक क्षेत्र उपक्रमों के शेयरों का विनिवेश
11.	बलवन्त राय मेहता समिति	विकेन्द्रीकरण के लिए सुझाव
12.	नरसिम्हम समिति	वित्तीय (बैंकिंग) सुधार
13.	गोस्वामी समिति (1993)	औद्योगिक रुग्णता
14.	डॉ. मेहता समिति	आई.आर.डी.पी. की प्रगति पर पुनर्विचार
15.	रंगराजन समिति (1991)[1]	भुगतान सन्तुलन
16.	सेन गुप्ता समिति	शिक्षित बेरोजगारी
17.	डॉ. विजय केलकर समिति[1]	प्राकृतिक गैस मूल्य
18.	मालेगाम समिति (1995)	प्राथमिक पूँजी बाजार
19.	के.एन. काबरा समिति	फ्यूचर ट्रेडिंग
20.	चंद्रात्रे समिति (1997)	शेयर व प्रतिभूतियों की स्टॉक एक्सचेंजों में डीलिस्टिंग
21.	यू.के. शर्मा समिति (1998)	नाबार्ड द्वारा क्षेत्रीय ग्रामीण बैंकों की देखरेख
22.	चक्रवर्ती कमेटी (1985)[1]	मौद्रिक पद्धति के कार्यों की समीक्षा
23.	चक्रवर्ती समिति-2	बैंकिंग क्षेत्र सुधार
24.	एस.एस. तारापोर समिति (1997)[1]	पूँजी खाते की परिवर्तनशीलता
25.	महाजन समिति (मार्च 1997)	चीनी उद्योग
26.	तारापार समिति (जुलाई 2001)[2]	यू. टी. आई. के शेयर सौदों की जांच
27.	माशेलकर समिति (अगस्त 2003 में रिपोर्ट)[2]	नकली दवाओं का उत्पादन
28.	एन.एस. वर्मा समिति (1999)	वाणिज्यिक बैंकों की पुनर्संरचना
29.	पार्थ सारथी शोम समिति	कर नीति
30.	वाई.वी. रेड्डी समिति (अक्टूबर 2001)	आयकर छूटों की समीक्षा
31.	भूरेलाल समिति	मोटर वाहन करों में वृद्धि
32.	अभिजीत सेन समिति (जुलाई 2002)[1]	दीर्घकालीन अनाज नीति
33.	एन.आर. नारायण मूर्ति समिति (2003)	कार्पोरेट गवर्नेंस
34.	लाहिड़ी समिति (2005)	खाद्य तेलों के मूल्यों पर प्रशुल्क संरचना सम्बन्धी सिफारिश करना
35.	राजिन्दर सच्चर समिति-1	कम्पनीज एण्ड MRPT एक्ट
36.	सच्चर समिति-2 (2005)	मुस्लिमों की सामाजिक, आर्थिक व शैक्षणिक स्थिति का अध्ययन
37.	शंगलू समिति (2006)	सरदार सरोवर बाँध परियोजना के विस्थापितों के पुनर्वास की स्थिति की समीक्षा हेतु
38.	दीपक पारिख समिति (2007)	आधारिक संरचना के वित्तीय मामले में सुझाव देने हेतु
39.	तेन्दुलकर समिति (2008)	गरीबी रेखा के नीचे की लाइन की समीक्षा हेतु
40.	बी.के. चतुर्वेदी समिति (2008)	तेल कम्पनियों की वित्तीय स्थिति की समीक्षा हेतु

	समिति	कार्यक्षेत्र
41.	केलकर समिति	पिछड़ी जातियों पर पहली समिति
42.	मण्डल कमीशन	पिछड़ी जातियों के लिए सीटों का आरक्षण
43.	कोठारी कमीशन	शैक्षिक सुधार (Educational Reforms)
44.	आबिद हुसैन समिति	छोटे पैमाने के उद्योगों के सुझाव हेतु
45.	तेंदुलकर समिति	निर्धनता रेखा के आकलन हेतु
46.	सी. रंगराजन समिति (31 दिसम्बर, 2007 को गठित)	बचत एवं निवेश के आँकड़ों की समीक्षा
47.	अभिजीत सेन समिति (मार्च 2007 में गठित)	कृषिगत उत्पादों के थोक एवं खुदरा मूल्यों पर फ्यूचर ट्रेडिंग की समीक्षा
48.	सुब्बाराव समिति (जुलाई 2009)	मौद्रिक नीति पर तकनीकी सलाह हेतु
49.	डॉ. कीर्ति एस. पारीक समिति (अगस्त 2009)	पेट्रोलियम उत्पादों की मूल्य प्रणाली पर सुझाव देने हेतु
50.	डॉ. सी. रंगराजन समिति (अप्रैल 2010)	सार्वजनिक व्यय के बेहतर प्रबन्धन के लिए

अन्तर्राष्ट्रीय संगठन से सम्बन्धित महत्वपूर्ण तथ्य

संगठन	स्थापना वर्ष	मुख्यालय
अन्तर्राष्ट्रीय मुद्रा कोष	1945	वाशिंगटन डी. सी.
विश्व बैंक	1945	वाशिंगटन डी. सी.
(पुनर्निर्माण एवं विकास हेतु अन्तर्राष्ट्रीय बैंक (IBRD), अन्तर्राष्ट्रीय वित्त निगम (IFC), अन्तर्राष्ट्रीय विकास संघ (IDA) तथा बहुपक्षीय निवेश गारंटी एजेन्सी (MIGA) विश्व बैंक से ही सम्बद्ध संस्थाएं हैं। मूलतः स्थापित संस्था IBRD है जिसकी स्थापना 1945 में हुई। IFC की स्थापना 1956 में व IDA की 1960 में हुई।)		
एशियाई विकास बैंक	1966	मनीला
दक्षिण पूर्वी एशियाई देशों का संघ (ASEAN)	1967	जकार्ता
नाफ्टा (NAFTA)	1992	
एपेक (APEC)	1989	सिंगापुर
(एपेक ने सन् 2020 तक एशिया प्रशान्त क्षेत्र को स्वतंत्र व्यापार क्षेत्र बनाने की घोषणा की है। यह विश्व का सबसे बड़ा स्वतंत्र व्यापार क्षेत्र होगा।)		
यूरोपियन संघ	1958 में स्थापित EEC का परिवर्तित रूप	ब्रूसेल्स
मर्कोसुर (Mercosur)	1995	
(यह दक्षिणी अमेरिकी क्षेत्र में स्वतंत्र व्यापार क्षेत्र है।)		
ओपेक (OPEC)	1960	वियना (ऑस्ट्रिया)
दक्षेस (SAARC)	1985	काठमाण्डू
जी-15 (17 विकासशील देशों का संगठन)	1989	जेनेवा
आर्थिक सहयोग एवं विकास संगठन (OECD)	1948 में स्थापित यूरोपीय आर्थिक सहयोग संगठन का परिवर्तित रूप	पेरिस (फ्रांस)
एसेम (ASEM)	1996	
एशियाई क्लीयरिंग यूनियन (ACU)	1975	तेहरान
संयुक्त राष्ट्र संघ (UNO)	1945	न्यूयॉर्क

आर्थिक शब्दावली
(ECONOMIC GLOSSARY)

आर्बिट्रेज (Arbitrage)—आर्बिट्रेज शब्द का प्रयोग विदेशी विनिमय के संदर्भ में किया जाता है। स्वतंत्र विदेशी बाजारों में किसी स्थान पर कोई मुद्रा कम मूल्य पर क्रय करके तुरंत ही किसी अन्य स्थान पर ऊंचे मूल्य पर बेचने की प्रक्रिया को आर्बिट्रेज कहा जाता है।

अधिकृत पूंजी (Authorised Capital)—अधिकृत पूंजी किसी कंपनी की पूंजी की वह अधिकतम मात्रा है जिस सीमा तक कोई कंपनी अपने शेयर जारी कर सकती है। यह आवश्यक नहीं है कि कंपनी द्वारा जारी किए गए शेयरों का मूल्य अधिकृत पूंजी के बराबर ही हो। यह अधिकृत पूंजी के बराबर या उससे कम हो सकता है। परंतु अधिक नहीं।

अधिविकर्ष (Overdraft)—बैंकों से जमाकर्ता द्वारा अपनी जमा रकम से अधिक धन निकालना अधिविकर्ष कहलाता है।

अग्रणी बैंक (Lead Bank Scheme)—भारतीय अर्थव्यवस्था में सुधार लाने हेतु 1969 में अग्रणी बैंक योजना का शुभारंभ किया गया। अग्रणी बैंक योजना के अंतर्गत प्रत्येक जिले के लिए एक सार्वजनिक क्षेत्र के बैंक को अग्रणी बैंक घोषित कर दिया जाता है। अग्रणी बैंक जिला स्तर पर ऋणों की योजना बनाने, विशिष्ट एवं निश्चित कार्यक्रमों में अन्य बैंकों का सहयोग लेने तथा निश्चित कार्यक्रमों में ऋण संग्रहण में सभी वित्तीय संस्थाओं में समन्वय कायम करने का कार्य करता है।

अनुसूचित व्यापारिक बैंक (Scheduled Commercial Bank)—भारतीय रिजर्व बैंक की द्वितीय अनुसूची में सम्मिलित बैंकों को अनुसूचित व्यापारिक बैंक की संज्ञा प्रदान की जाती है। भारतीय रिजर्व बैंक की द्वितीय अनुसूची में बैंकों को कुछ निर्धारित शर्तों को पूरा करने पर ही सम्मिलित किया जाता है।

आर्थिक नियोजन (Economic Planning)—आर्थिक आयोजन का आशय उस विधि या प्रणाली से है जिसके अंतर्गत किसी अर्थव्यवस्था का संचालन स्वतन्त्र रूप से बाजार या कीमत तंत्र के आधार पर न होकर सरकार अथवा सत्ता प्राप्त केन्द्रीय आयोजन अधिकारी द्वारा निर्धारित सामाजिक उद्देश्यों के प्राप्ति के लिए प्रभावपूर्ण ढंग से योजनानुसार होता है।

अर्थमिति (Econometrics)—अर्थमिति अर्थशास्त्र के अध्ययन का वह क्षेत्र जिसमें आर्थिक सिद्धांतों का अध्ययन गणित एवं सांख्यकीय विधियों द्वारा किया जाता है।

गैर-कर राजस्व (Non-Tax Revenue)—गैर-कर राजस्व प्राप्तियों में ब्याज प्राप्तियां और प्रशासनिक प्राप्तियां सम्मिलित होती हैं। केंद्रीय गैर-कर राजस्व प्राप्तियों में विभागीय उपक्रमों से होने वाला लाभ सम्मिलित होता है। ध्यातव्य है कि केन्द्र से संबंधित विभागीय उपक्रमों में रेलवे, प्रेस एवं जनसंचार, मुद्रा टकसाल आदि तथा साथ में सार्वजनिक क्षेत्र के उपक्रम एवं वित्तीय संस्थाएं सम्मिलित भी होती हैं। राज्यों के गैर-कर राजस्व प्राप्तियों में विभागीय उपक्रमों यथा, विद्युत परिषदों एवं सिंचाई जो व्यापार के रूप में सम्मिलित की जाती है और वनों से प्राप्त लाभ सम्मिलित होता है।

गैर-योजना अनुदान (Non-Plan Grants)—गैर योजना अनुदान में भारतीय संविधान के अनुच्छेद 275(1) में निहित प्रावधानों के अंतर्गत वित्त आयोग के अनुमोदन पर दिया जाने वाला अुनदान जो विशिष्ट योजनाओं से संबद्ध होती है, को सम्मिलित किया जाता है।

गैर-योजना ऋण (Non-Plan Loan)—केन्द्र द्वारा राज्य सरकारों को अल्प बचत संग्रह के बदले दिया जाने वाला ऋण गैर-योजना ऋॆण होता है। गैर-योजना ऋण संघ शासित क्षेत्रों को अपने गैर-योजना अंतर को पूरा करने के लिए एवं सार्वजनिक क्षेत्र के उद्यमों को अपनी पूंजी हानियों को पूरा करे के लिए प्रदान किया जाता है।

गैर-योजना व्यय (Non-Plan Expenditure)—गैर-योजना व्यय में प्रतिरक्षा, ब्याज भुगतान, अनुदान और राजकीय सहायता सम्मिलित की जाती है। इसके अतिरिक्त गैर-योजना व्यय में पूर्ववर्ती योजनाओं द्वारा सृजित परिसम्पत्तियों के रक्षण तथा शिक्षा, स्वास्थ्य अनुसंधान योजनाओं को जारी रखने तथा ऊर्जा संस्थानों को चालू रखने के लिए किए गए व्यय भी सम्मिलित होते हैं।

ग्रेशम का नियम (Grasham's Law)—ग्रेशम के नियम के अनुसार यदि किसी देश में घटिया और बढ़िया दो प्रकार की मुद्राएं एक साथ चलन में हो तो घटिया मुद्राएं बढ़िया मुद्राओं को चलन से बाहर कर देती हैं।

गिफिन वस्तुएं (Giffin Goods)—गिफिन वस्तुएं निम्न कोटि की वस्तुएं होती हैं। गिफिन वस्तुओं पर मांग का नियम नहीं लागू होता है। मूल्य में वृद्धि होने पर गिफिन वस्तुओं की मांग बढ़ जाती है तथा मूल्य में कमी होने पर इसकी मांग कम हो जाती है। इस विरोधाभास को गिफिन विरोधाभास (Giffin Paradox) की संज्ञा प्रदान की गई है।

गुणक (Multiplier)—गुणक निवेश में हुई वृद्धि के कारण आय में वृद्धि का अनुपात है। गुणक का आकार सीमांत उपभोग प्रवृत्ति पर निर्भर करता है। सीमांत उपभोग प्रवृत्ति के अधिक होने पर गुणक भी अधिक होता है। इसके विपरीत यदि सीमांत उपभोग प्रवृत्ति का मान कम हो तो गुणक भी कम होगा इस प्रकार $k = 1/1 - MPC$ जहां k = गुणांक तथा MPC = सीमान्त उपभोग प्रवृत्ति।

घिसावट (Depreciation)—किसी वस्तु के निरंतर प्रचलन में होने के कारण अथवा सतत उपभोग के कारण उसके मूल्य में होने वाली गिरावट को घिसावट की संज्ञा प्रदान की जाती है।

घनत्व अनुपात (Density Ratio)—जनसंख्या एवं भू-भाग के क्षेत्रफल के मध्य निकाला गया अनुपात घनत्व अनुपात कहलाता है।

चक्रीय बेरोजगारी ((Cyclical Unemployment)—व्यापार चक्र के मंदी की स्थिति में उत्पन्न बेरोजगारी चक्रीय बेरोजगारी कहलाती है।

चैक कलेक्शन (Cheque Collection)—जब किसी चैक को भुगतान हेतु शहर से बाहर प्रेषित किया जाता है तो इसको चैक कलेक्शन की संज्ञा दी जाती है। ऐसे चैक का भुगतान प्राप्त करने के लिए बैंक ग्राहक से डाक व्यय एवं कमीशन लेती है।

चालू खाता (Current Account)—चालू खाता एक प्रकार का मांग जमा खाता है जिसमें से किसी भी कार्य दिवस में अनेक बार धनराशि को निकाला जा सकता है। इन खातों में जमा राशियों पर कोई ब्याज देय नहीं होता है। बल्कि बैंक लेन-देनों की संख्या के आधार पर कुछ सेवा शुल्क खाताधारी से वसूल करती है।

चुंगी (Octroi)—नगर में प्रवेश करने वाले सामनों पर नगर निगमों/नगरपालिकाओं द्वारा अध्यारोपित कर, चुंगी कहलाता है।

जीरो नेट एड (Zero Net Aid)—जब किसी देश विशेष की आर्थिक स्थिति आत्मनिर्भरता की स्थिति में पहुंच जाती है और उसे किसी विदेशी आर्थिक सहायता की आवश्यकता नहीं होती है तो यह स्थिति जीरो नेट एड कहलाती है।

जन्म दर (Birth Rate)—किसी क्षेत्र में किसी वर्ष प्रति हजार जनसंख्या पर जन्म लेने वाले शिशुओं की संख्या जन्म दर कहलाती है।

जीवन प्रत्याशा (Life Expectation)—किसी भी व्यक्ति के अधिकतम जीवित रहने की आशा/संभावना जीवन प्रत्याशा कहलाती है।

टैरिफ (Tariff)—किसी देश द्वारा आयातों पर लगाया गया कर टैरिफ (प्रशुल्क) कहलाता है।

डे आर्डर (Day Order)—जब किसी व्यक्ति को किसी कंपनी का शेयर क्रय करना होता है तब वह किसी शेयर दलाल के पास जाता है वहां वह व्यक्ति दलाल को शेयर खरीदने की इच्छा और शर्तें बताता है तो उसे डे आर्डर की संज्ञा प्रदान की जाती है। यह शेयर के विक्रय की स्थिति में भी लागू होता है।

तालाबंदी (Lockout)—जब सेवा नियोजकों द्वारा किसी कारखाना में तालाबंदी कर दी जाती है ताकि कर्मचारियों से उनके द्वारा निर्धारित शर्तों को मनवाया जा सके। यह स्थिति तालाबंदी कहलाती है।

दशांश मुद्रा (Decimal Coinage)—यह मुद्रा की वह प्रणाली है जिसके अंतर्गत प्रमाणित मुद्रा 100 छोटे-छोटे भागों में विभक्त की जाती है।

नकद कटौती (Cash Discount)—नकद कटौती उन व्यापारियों को प्रदान की जाती है जो एक निश्चित समय के पहले मूल्य का भुगतान नकदी में कर देते हैं। इसका लेखांकन किया जाता है। इसका उद्देश्य ग्राहकों को राशि का शीघ्र भुगतान हेतु प्रोत्साहित करना है।

निचले स्तर से नियोजन (Planning from Below)—निचले स्तर से नियोजन का आशय ऐसे नियोजन से है जिसमें नियोजन की प्रक्रिया निचले स्तर से शुरू की जाती है। इसका उद्देश्य समाज के निर्धन एवं पिछड़े वर्गों को योजना से सर्वाधिक लाभांवित कराना होता है। यह सामाजिक न्याय की अवधारणा पर आधारित है।

आकस्मिक कोष (Contingency Fund)—आकस्मिक व्ययों की पूर्ति के लिए राष्ट्रपति द्वारा प्रदत्त धन आकस्मिक कोष कहलाता है। परन्तु आकस्मिक आवश्यकताओं की पूर्ति के बाद इसे भी संसद की स्वीकृति लेना अनिवार्य होता है। परन्तु आकस्मिक आवश्यकताओं की पूर्ति के पश्चात संसद की

अनुमति से उतना ही धन संचित कोष से निकालकर पुनः आकस्मिक कोष में जमा करना पड़ता है।

अग्रिम कर (Advance Tax)—अग्रिम कर अर्जित आय के आधार पर देय (Pay as You Earn) सिद्धांत पर आधारित है। अग्रिम कर प्रत्येक वर्ष मार्च, सितम्बर एवं दिसंबर में देय होता है ताकि प्रत्येक वित्तीय वर्ष की समाप्ति के पूर्व ही आगामी वित्तीय वर्ष के बजट के संबंध में अपनी राजस्व प्राप्तियों से अवगत हो सकें।

आयकर (Income Tax)—एक वित्तीय वर्ष में एक व्यक्ति की आय प्राप्तियों पर लगने वाला कर आयकर कहलाता है। ध्यातव्य है कि भारत का वित्तीय वर्ष 1 अप्रैल से 31 मार्च तक होता है।

अतिरिक्त कर (Sur Tax)—शुद्ध आयकर में से दी गई निर्धारित कर छूटों को निकालने के पश्चात भी यदि आयकर राशि निर्धारत उच्च आय वर्ग में आती है तो इस पर निर्धारित आयकर प्रावधानों के अनुसार लगने वाले आयकर से अधिक आयकर की वसूली की जाती है जो अतिरिक्त कर कहलाती है। निर्धारित आयकर से अधिक आय की विभिन्न सीमाओं के लिए भिन्न-भिन्न अतिरिक्त आयकर वसूली पर निर्धारित की जाती है।

औसत उपभोग प्रवृत्ति (Average Propensity to Consume)—आय का वह भाग जो उपभोग पर व्यय होता है औसत उपभोग प्रवृत्ति कहलाता है। औसत उपभोग प्रवृत्ति ज्ञात करने के लिए उपभोग और आय का अनुपात निकाला जाता है।

औसत बचत प्रवृत्ति (Average Propensity to Saving)—किसी भी व्यक्ति/फर्म की आय का वह भाग जो बचा लिया जाता है, उसके दर को औसत बचत प्रवृत्ति की संज्ञा प्रदान की जाती है। औसत बचत प्रवृत्ति बचत और आय का अनुपात होता है।

आयात अभ्यंश (Import Quota)—आयात अभ्यंश का आशय वस्तु की उस निश्चित मात्रा अथवा मूल्य से है जिसका समय की एक निश्चित अवधि में आयात किया जा सकता है। आयात की जा सकने वाली मात्रा का निर्धारण पहले से ही कर दिया जाता है।

आश्रितता अनुपात (Dependency Ratio)—आश्रितता अनुपात आश्रित जनसंख्या और कार्यशील जनसंख्या का अनुपात है। आश्रितता अनुपात से यह ज्ञात होता है कि कार्यशील जनसंख्या पर किस सीमा तक अनुत्पादक जनसंख्या आधारित है। आश्रित जनसंख्या में बच्चों और वृद्ध व्यक्तियों को सम्मिलित किया जाता है।

आर्थिक विकास (Economic Development)—आर्थिक विकास एक दीर्घकालीन एवं सतत विकास प्रक्रिया है जिसमें अधिक उत्पादन के अतिरिक्त तकनीकी एवं संस्थागत व्यवस्था में भी परिवर्तन होता है। आर्थिक विकास का संबंध वास्तविक राष्ट्रीय आय से है।

आर्थिक संवृद्धि (Economic Growth)—आर्थिक संवृद्धि एक परिमाणात्मक संकल्पना है। आर्थिक संवृद्धि में केवल इस बात पर ध्यान केंद्रित किया जाता है कि क्या किसी समयावधि में इससे पहले की तुलना में मात्रात्मक रूप से अधिक उत्पादन हो रहा है या नहीं। आर्थिक संवृद्धि का तात्पर्य प्रति व्यक्ति आय अथवा सकल राष्ट्रीय आय से होता है।

आदेशात्मक नियोजन (Imperative Planning)—आदेशात्मक नियोजन में समस्त आर्थिक क्रियाएं और साधन राज्य के आदेशानुसार कार्य करते हैं। उत्पादन के समग्र संसाधनों पर राज्य का पूर्ण नियंत्रण होता है। इसके फलस्वरूप उत्पादन एवं वितरण पर भी सरकारी नियंत्रण होता है। देश के समस्त उपलब्ध साधनों को पूंजीगत विनियोजन में लगाया जाता है तथा योजना के लक्ष्यों की पूर्ति अनिवार्य होती है।

अचल परिसंपत्ति (Fixed Asset)—किसी भी व्यक्ति/फर्म की स्थायी संपत्ति यथा—भूमि, इमारतें, मशीनरी, गाड़ियां आदि अचल परिसंपत्ति कहलाती हैं।

अनैतिक बेरोजगारी (Involuntary Unemployment)—बेरोजगारी की यह स्थिति जिसमें लोग प्रचलित या उससे कुछ कम मजदूरी पर कार्य करने को तैयार रहते हैं। परन्तु कुल प्रभावी मांग में कमी के कारण उनको रोजगार नहीं मिलता है।

मुक्त द्वार नीति (Open door Policy)—वह नीति जिसमें एक देश अन्य देशों के साथ समानता के आधार पर व्यापार करता है। इसमें किसी प्रकार का कोई छिपाव नहीं होता है।

आयात प्रतिस्थापन (Import Substitution)—विदेश से आयातित की जाने वाली वस्तुओं की आवश्यकता को पूरा करने के लिए उस वस्तु का देश में ही उत्पादन करना आयात प्रतिस्थापन कहलाता है। आयात प्रतिस्थापन हेतु सरकार प्रत्यक्ष एवं अप्रत्यक्ष दोनों तरीका अपनाती है।

आय उपभोग वक्र (Income Consumption Curve)—उदासीनता वक्र विश्लेषण में वह रेखा जो उदासीनता वक्र पर कीमत रेखा के उन बिंदुओं को आपस में मिलती है जो आय में परिवर्तन होने पर कीमत में किसी प्रकार के परिवर्तन होने की प्रवृत्ति को प्रदर्शित करती है।

अनिवार्य रिजर्व (Required Reserve)—कानून द्वारा निर्धारित

वह रिजर्व जिसे भारतीय रिजर्व बैंक के पास रखना अनिवार्य होता है।

बिक्री कर (Sales Tax)—किसी भी विक्रेता द्वारा बेची जाने वाली वस्तुओं के विक्रय मूल्य पर आरोपित कर बिक्री कर कहलाता है।

बुल एंड बीयर (Bull and Bear)—शेयर बाजार में शेयरों की कीमतों के ऊंचा बढ़ने का विश्वास करने वाला सट्टेबाज बुल एवं कीमतों में गिरावट का विश्वास करने वाला सट्टेबाज बीयर कहलाता है।

वाहक (Bearer)—बिल या चैक पर लिखित यह शब्द स्पष्ट करता है कि इसको जारी करने वाले तथा बैंक में प्रस्तुत करने वाले व्यक्ति को एक समान अधिकार है।

व्यापार संतुलन (Balance of Trade)—किसी देश के समग्र निर्यात और आयात का अंतर व्यापार संतुलन कहलाता है। जब किसी देश का निर्यात उसके आयात की तुलना में अधिक होता है तो उस देश का व्यापार संतुलन उसके अनुकूल होता है। यदि निर्यात आयात से कम है तो व्यापार संतुलन प्रतिकूल होता है। ध्यातव्य है कि व्यापार संतुलन में केवल दृश्य मदें (visible items) ही सम्मिलित होते हैं।

बाई बैक (Buy Back)—बाई बैक से आशय सूचीबद्ध कंपनियों द्वारा अपने जारी किए गए शेयरों के एक अंश को वापस खरीदने से होता है। पुन: वापस क्रय किया गया अंश की चुकता पूंजी में सम्मिलित नहीं होता है। बाई बैंक के बाद कंपनी का पूंजी आधार कम हो जाता है।

बौद्धिक संपदा अधिकार (Intellactual Property Right)—बौद्धिक संपदा का अर्थ किसी डिजाइन, प्रौद्योगिकी एवं वस्तु का किसी व्यक्ति द्वारा या किसी निगम अथवा कंपनी द्वारा आविष्कार करना है और अधिकार का अर्थ आविष्कार का किसी अन्य के द्वारा प्रयोग किए जाने पर आविष्कारक से स्वीकृति प्राप्त करना तथा आविष्कारक को प्रतिफल लेने की वैधानिक व्यवस्था से है।

व्यापार संबंधी विनियोग शर्तें (Trade Related Investment Measures, TRIMS)—व्यापार संबंधी विनियोग शर्तों (ट्रिम्स) के अंतर्गत विभिन्न देशों में किए जाने वाले विदेशी विनियोग के मार्ग में उत्पन्न की जाने वाली कृत्रिम अवरोधों को समाप्त करने का प्रावधान होता है। ट्रिम्स में यह प्रावधान होता है कि मेजबान देश विदेशी पूंजी एवं निवेश तथा घरेलू पूंजी एवं निवेश में किसी प्रकार का कोई भेदभाव नहीं करेगा।

विनियोग बजट (Expenditure Budget)—विनियोग या व्यय बजट से तात्पर्य उस बजट से होता है जिसका प्रयोग सरकार द्वारा सरकारी विभागों एवं सेवाओं के लिए किया जाता है। सामान्यत: इसमें गैर-योजना व्यय सम्मिलित होता है।

वित्तीय घाटा (Fiscal Deficit)—वित्तीय घाटे का आशय उस स्थिति से है जब सरकार का कुल विनियोग कुल प्राप्तियों से अधिक होता है। सकल या कुल विनियोग से आशय राजस्व, पूंजी, ऋण आदि के रूप में पुनर्देयताओं से एवं इसके विपरीत कुल प्राप्तियों से तात्पर्य पूंजी एवं राजस्व से है। ध्यातव्य है कि उधार ली गई राशि इसमें सम्मिलित नहीं होती है परन्तु व्यवहार में कुल प्राप्तियों में यह भी समाहित रहता है। वित्तीय घाटा वास्तविक घाटा होता है। ध्यातव्य है कि वित्तीय घाटे को राजकोषीय घाटा भी कहा जाता है।

विकेन्द्रीयकृत नियोजन (Decentralised Planning)—विकेन्द्रीत नियोजन में आर्थिक नीतियों तथा कार्यक्रमों का निर्धारण केन्द्रीय स्तर पर न करके राज्य, जिला और गांव स्तर पर किया जाता है। इसमें आर्थिक शक्तियों का केन्द्रीयकरण नहीं होता है। आर्थिक शक्तियां विकेन्द्रित होती हैं।

विदेशी ऋण (Foreign Debt)—विदेशी ऋण से आशय विदेशी सरकारों एवं अंतर्राष्ट्रीय संस्थाओं से लिए गए ऋण से है। ऋण लेते समय दोनों देशों के मध्य निर्धारित ब्याज दर तथा अन्य शर्तों एवं दशाओं के आधार पर विदेशी मुद्रा या रुपए में अदायगी की जाती है।

विदेशी सहायता (Foreign Assistance)—विदेशी आर्थिक सहायता का आशय पूंजी और प्राविधिक (Technological) ज्ञान का रियायती शर्तों पर एक देश से दूसरे देश को हस्तांतरण से है। हस्तांतरण की यह प्रक्रिया विश्व पूंजी बाजार और श्रम बाजर में प्रचलित शर्तों से आसान शर्तों पर होती है।

व्यष्टि अर्थशास्त्र (Micro Economics)—व्यष्टि अर्थशास्त्र में समग्र अर्थव्यवस्था का अध्ययन नहीं किया जाता है। व्यष्टि अर्थशास्त्र व्यक्तियों एवं व्यक्तियों के छोटे समूह की आर्थिक क्रिया का अध्ययन है। व्यष्टि अर्थशास्त्र में विशेष फर्मों, विशेष परिवारों, व्यक्तिगत कीमतों, मजदूरी, आय, व्यक्तिगत उद्योगों और विशेष वस्तुओं का अध्ययन किया जाता है।

विदेशी प्रत्यक्ष निवेश (Foreign Direct Investment, FDI)—विदेशी निवेशकों द्वारा जब भौतिक संपदा यथा, कारखाने, भूमि, पूंजीगत वस्तुएं तथा आधारित संरचना वाले क्षेत्रों में निवेश किया जाता है तो इसे विदेशी प्रत्यक्ष निवेश कहा जाता है। विदेशी प्रत्यक्ष निवेश बहुराष्ट्रीय कंपनियों द्वारा किया जाता है।

बजटीय घाटा (Budget Deficit)—बजटीय घाटा राजस्व तथा पूंजीगत खातों के अंतर्गत दिखाई जाने वाली समस्त प्राप्तियों तथा समस्त व्यय का अंतर होता है।

बजटीय घाटा = राजस्व प्राप्तियां + पूंजीगत प्राप्तियां – आयोजन व्यय – गैर आयोजन व्यय

व्यापक आयोजन (Comprehensive Planning)—व्यापक आयोजन योजनाबद्ध अर्थव्यवस्था का वह रूप है जिसमें समस्त अर्थव्यवस्था का प्रत्यक्ष एवं पूरी तौर से सरकार या केन्द्रीय आयोजन अधिकारी द्वारा नियंत्रित एवं विनियमित किया जाता है।

भौतिक नियोजन (Physical Planning)—नियोजन प्रक्रिया के भौतिक रूप के अंतर्गत योजना के लक्ष्यों का निर्धारण भौतिक वस्तुओं और सेवाओं के उत्पादन के रूप में किया जाता है।

भारित सूचकांक (Weighted Index Number)—जीवन में काम आने वाली सभी वस्तुएं समान महत्त्व की नहीं होती हैं। कुछ वस्तुओं पर आय का अधिक भाग व्यय किया जाता है जबकि कुछ वस्तुओं पर कम। जिस वस्तु पर आय का जितना अधिक भाग व्यय किया जाता है उसे उतना ही महत्त्वपूर्ण माना जाता है और उसको उतना ही अधिक भार प्रदान किया जाता है। इस प्रकार विभिन्न वस्तुओं को उस पर किए जाने वाले व्यय के अनुपात में भार दिया जाता है। भारित सूचकांक बनाते समय साधारण सूचकांक की भांति आधार वर्ष के मूल्य को 100 मान लिया जाता है तथा इसमें निश्चित भार से गुणा करके भारित सूचकांक की गणना की जाती है।

भुगतान शेष (Balance of Payment)—किसी निश्चित अवधि में किसी देश का शेष विश्व के साथ किए गए मौद्रिक लेन-देन का विवरण भुगतान शेष कहलाता है। ध्यातव्य है कि भुगतान शेष सदैव संतुलित रहता है जबकि व्यापार शेष संतुलित अथवा असंतुलित दोनों रह सकता है।

मानव विकास सूचकांक (Human Development Index)—किसी भी देश में बुनियादी मानवीय योग्यता की औसत प्राप्ति ही मानव विकास सूचकांक है। मानव विकास सूचकांक जीवन प्रत्याशा, शैक्षणिक स्तर, प्रति व्यक्ति आय तथा क्रय शक्ति के आधार पर सृजित किया जाता है।

मूर्त संपत्तियां (Tangible Assets)—मूर्त संपत्तियां ऐसी संपत्तियां होती हैं जिन्हें देखा, परखा और अनुभव किया जा सकता है। यथा, कुर्सी, मेज, कार, स्कूटर, टीवी आदि।

अंतर्राष्ट्रीय मुद्रा कोष (International Monetary Fund)—1944 में यू.एन. द्वारा करेंसियों के विनिमय तथा बहुपक्षीय व्यापार के लिए स्थापित; विनिमय दर में स्थायित्व के राष्ट्र की अर्थव्यवस्था में उस लघुकालीन उतार-चढ़ाव को खत्म करने के लिए जो व्यापार में परिवर्तन या पूंजी की सट्टेबाजी में गतिशीलता के कारण आते हैं। करेंसी की विनिमय दर में परिवर्तन कोष की सहमति से होता है।

तरलता अधिमान (ब्याज का सिद्धान्त) Liquidity Preference (Theory of Interset)—जे.एम. केन्स का ब्याज का सिद्धान्त, नकदी की मांग तरलता के अधिमान के कारण तीन मंतव्यों से प्रेरित होती है : (1) लेन-देन प्रेरणा, (2) चौकसी प्रेरणा और (3) सट्टेबाजी प्रेरणा।

तरलता जाल (Liquidity Trap)—स्थिति जिसके अनुसार मुद्रा पूर्ति में वृद्धि के कारण ब्याज की दर में वृद्धि नहीं होगी क्योंकि इस दर पर मांग अनन्त मात्रा है, इस दर पर तरलता अधिमान वक्र आकार में क्षैतिज होगा।

सीमान्त लागत (Marginal Cost)—उत्पाद में एक इकाई परिवर्तन के फलस्वरूप कुल लागत में परिवर्तन।

सीमान्त उत्पाद (Marginal Product)—चल आगतों की मात्रा में एक इकाई परिवर्तन के कारण कुल उत्पाद में परिवर्तन।

सीमान्त उपयोगिता (Marginal Utility)—वस्तु की एक अतिरिक्त इकाई के उपभोग के फलस्वरूप कुल उपयोगिता में वृद्धि $MU = dU/dQ$

बाजार अर्थव्यवस्था (Market Economy)—आर्थिक व्यवस्था जिसमें अर्थव्यवस्था की मुख्य समस्याओं-क्या, कैसे और किसके लिए-का हल पूर्ति एवं मांग की खुला बाजार शक्तियों द्वारा निकाला जाता है।

एकाधिकारिक प्रतिस्पर्धा (Monopolistic Competition)—बाजार का एक रूप, एक विशिष्ट उत्पाद के बहुत बड़ी संख्या में खरीददार या विक्रेता होते हैं, इस बाजार रूप में उद्योग में फर्मों के आने पर कोई रुकावट नहीं होती। इस बाजार रूप में वैयक्तिक विक्रेता का मांग वक्र ऋणात्मक ढाल वाला होता है।

खुला बाजार प्रक्रिया (Open Market Operations)—केन्द्रीय बैंक द्वारा सरकारी सिक्योरिटियों की खरीद व बिक्री। खरीद का प्रसारक प्रभाव पड़ता है जबकि बिक्री से सिकुड़न प्रभाव पड़ता है।

अवसर लागत (Opportunity Cost)—छोड़ दिए गए विकल्पों की लागत; जो साधन अपने दूसरे सर्वश्रेष्ठ उपयोग से कमा सकता है।

कीमत भेद (Price Discrimination)—एक ही वस्तु के लिए

विभिन्न ग्राहकों से या विभिन्न उपयोगों के लिए ली गई विभिन्न कीमतें या एक ही ग्राहक से वस्तु की विभिन्न इकाइयों के लिए ली गई विभिन्न कीमतें; पूर्ण प्रतिस्पर्धा के अलावा अन्य बाजार स्थितियों में संभव।

कीमत रेखा (बजट रेखा) Price Line (Budget Line)—मांग के उदासीनता वक्र विश्लेषण में वह रेखा जो दो वस्तुओं के उन सब समायोजनों को दिखाती है जिन्हें उपभोक्ता एक विशेष समय पर खरीद सकता है; जबकि दोनों वस्तुओं की कीमतें और उपभोक्ता की मुद्रा आय (या बजट) दिए गए हों।

उत्पादन फलन (Production Function)—भौतिक आगतों और उत्पाद के बीच सम्बन्ध।

सार्वजनिक व्यय (Public Expenditure)—सार्वजनिक व्यय में रक्षा, प्रशासन, सामाजिक, सामुदायिक तथा आर्थिक सेवाएं, राज्यों को सहायता अनुदान, रेल, डाक एवं तार तथा नागरिक कार्यों पर होने वाले व्यय को सम्मिलित किया जाता है।

सार्वजनिक ऋण (Public Debt)—सार्वजनिक ऋण सरकार द्वारा लिया गया वह ऋण है जो किसी आकस्मिक एवं अस्थायी आवश्यकताओं, उत्पादन कार्यक्रमों एवं सामाजिक विकास कार्यक्रमों को पूरा करने के लिए लिया जाता है।

सामान्य बजट (General Budget)—सामान्य बजट का आशय उस बजट से है जिसमें आगामी वित्तीय वर्ष के लिए सकल आय एवं व्यय का (अनुमानित) लेखा-जोखा होता है। आगामी वित्तीय वर्ष के लिए बजट तैयार करने से पूर्व बीते हुए वर्ष की सामान्य आर्थिक दशाओं एवं नीतियों पर पुनर्विचार किया जाता है।

सार्वजनिक आय-व्यय का लेखा (Public Account)—सार्वजनिक खाते में सरकार द्वारा प्राप्त धन यथा, सरकारी कर्मचारियों द्वारा जमा किया गया भविष्य निधि, अल्प बचत संग्रहण एवं अन्य जमाएं जिसके लिए सरकार बैंक का कार्य करती है, को समाहित किया जाता है। सामान्यत: यह धन सरकार का नहीं होता है क्योंकि यह धन सरकार को पुन: जमाकर्ता को वापस करना पड़ता है। सार्वजनिक खाते से धन अदायगी हेतु सरकार को संसद की अनुमति की आवश्यकता नहीं पड़ती है।

सब्सिडी (Subsidy)—केन्द्र एवं राज्य सरकारों द्वारा पारिवारिक क्षेत्रों या व्यापार को सस्ती कीमतों पर उपभोग या उत्पादन हेतु प्रदत्त सहायता सब्सिडी कहलाती है। वस्तुत: सब्सिडी किसी वस्तु की लागत और उसके बाजार मूल्य का अंतर होती है।

हवाला (Hawala)—हवाला का अर्थ बताए गए या हवाला दिए गए निर्दिष्ट व्यक्ति को भुगतान करना है। इस लेन-देन में अनाधिकृत रूप से एक देश से दूसरे देश में विदेशी विनिमय किया जाता है। वस्तुत: विदेशी मुद्रा का एक स्थान से दूसरे स्थान पर गैर-कानूनी रूप से हस्तांतरण का नाम हवाला है।

हीनार्थ प्रबंधन (Deficit Financing)—जब सरकार का बजट घाटे का होता है अर्थात आय कम होती है परन्तु व्यय अधिक होता है तो इस स्थिति के समाधान हेतु सरकार केन्द्रीय बैंक से ऋण लेकर अथवा अतिरिक्त पत्र मुद्रा का निर्गमन करती है। हीनार्थ प्रबंधन की नीति अस्थायी रूप में प्रयोग की जानी चाहिए। हीनार्थ प्रबधंन को स्थायी रूप में अपनाना हानिकारक होता है।

हार्ड करेंसी (Hard Currency)—अंतर्राष्ट्रीय वित्तीय बाजार में जिस मुद्रा की पूर्ति उसकी मांग की तुलना में अधिक होती है उसे हार्ड करेंसी कहते हैं।

हॉट मनी (Hot Money)—हॉट मनी वह विदेशी मुद्रा होती है जिसमें शीघ्र पलायन कर जाने की प्रवृत्ति होती है। हॉट मनी वहां स्थानान्तरित हो जाती है जहां लाभार्जन की अधिक संभावना रहती है।

हुंडी (Promissory Notes)—एक व्यक्ति द्वारा किसी निश्चित तिथि पर किसी व्यक्ति को एक निश्चित रकम देने का वायदा हुंडी कहलाता है।

कुल मांग (Aggregate Demand)—वह राशि जिसे किसी विशेष समय पर परिवार, फर्म, और सरकार अर्थव्यवस्था के उत्पादन के लिए अदा करने के लिए तैयार है।

औसत लागत (Average Cost)—उत्पाद की प्रति इकाई औसत लागत, यानि कुल लागत को उत्पाद से भाग देने पर प्राप्त संख्या।

औसत स्थिर (अचल) लागत (Average Fixed Cost)—कुल स्थिर लागत को उत्पाद की मात्रा से भाग देने पर औसत स्थिर लागत प्राप्त की जाती है इसे औसत कुल लागत में से औसत चल लागत को घटाकर भी प्राप्त किया जा सकता है।

औसत-सीमान्त लागत सम्बन्ध (Average-Marginal Cost Relationship)—जब औसत लागत वक्र गिर रहा होता है तो उसका संगत सीमान्त लागत वक्र औसत लागत के नीचे होता है; जब औसत लागत वक्र न्यूनतम पर होता है तो संगत सीमान्त लागत वक्र उनके बराबर होता है; जब औसत लागत वक्र बढ़ रहा होता है तो उसका संगत सीमान्त लागत वक्र उसके ऊपर होता है।

औसत आगम (आय) (Average Revenue)—यह कुल

आगम को उत्पाद की कुल मात्रा द्वारा भाग देने पर प्राप्त होता है; औसत आगम सदा कीमत के बराबर होता है।

औसत आगम (आय) उत्पाद (Average Revenue Product)—औसत आगम उत्पाद कुल आगम को आगत (Inputs) की मात्रा से भाग देने पर प्राप्त होता है।

औसत कुल लागत (Average Total Cost)—कुल लागत को उत्पाद की कुल मात्रा से भाग देकर औसत कुल लागत प्राप्त की जाती है। औसत कुल लागत, औसत अचल लागत और औसत चल लागत के योग के बराबर होती है।

औसत परिवर्ती (चल) लागत (Average Variable Cost)—कुल परिवर्ती (चल) लागत को उत्पाद की मात्रा से भाग देकर औसत परिवर्ती लागत प्राप्त की जाती है। यह औसत कुल लागत में से औसत स्थिर (अचल) लागत को घटाने से प्राप्त मात्रा के बराबर है।

वस्तु विनिमय (Barter)—मुद्रा के प्रयोग के बिना एक वस्तु की दूसरी से अदला-बदली।

सस्ती मुद्रा (Cheap Money)—वह मुद्रा जिसको कम ब्याज दर पर प्राप्त किया जा सकता है सस्ती मुद्रा कहा जाता है।

समाशोधन गृह (Clearing House)—समाशोधन गृह वह स्थान है जहां विभिन्न बैंकों के प्रतिनिधि प्रतिदिन एकत्रित होते हैं तथा आपस में चैकों का आदान-प्रदान करते हैं। इस प्रकार अल्प समय में हजारों चैकों के आदान-प्रदान किया जाता है। समाशोधन गृह उन्हीं शहरों में होता है जहां 3-4 बैंकें होती हैं। भारत में जिन शहरों में भारतीय रिजर्व बैंक की शाखा है वहां समाशोधन गृह भारतीय रिजर्व बैंक में ही होता है। जहां भारतीय रिजर्व बैंक की शाखा नहीं है वहां यह कार्य सामान्यत: भारतीय स्टेट बैंक में होता है।

सरकारी प्रतिभूतियां (Government Securities)—सरकारी प्रतिभूतियों में सरकारी प्रतिज्ञा-पत्र, राष्ट्रीय बचत योजना, वाहक बंधन-पत्र आदि सम्मिलित किए जाते हैं। सरकारी प्रतिभूतियों की जमानत पर बैंकों द्वारा सरलता से ऋण उपलब्ध करा दिया जाता है। ध्यातव्य है कि सरकारी प्रतिभूतियां का मूल्य स्थिर होता है।

सावधि जमा (Time Deposit)—किसी निश्चित अवधि के लिए बैंकों में जमा राशि सावधि जमा होती है। यह जमा राशि विनिर्दिष्ट अवधि समाप्त होने पर ब्याज सहित देय होती है। बैंकों द्वारा सावधि जमाओं पर अधिक ब्याज दिया जाता है।

समपार्श्विक प्रतिभूति (Collateral Securities)—समपार्श्विक प्रतिभूति ऋण की सुरक्षा के दृष्टिकोण से प्राथमिक प्रतिभूति के अतिरिक्त ऋणी से प्राप्त की जाती है। यह प्रतिभूति तृतीय पक्षकार द्वारा उसकी जमानत स्वरूप अथवा ऋणी द्वारा अन्य प्रतिभूतियां प्रदान करके उपलब्ध की जाती है।

संचयी जमा खाता (Cumulative Deposit Account)—संचयी जमा खाता खोलने वाले व्यक्ति को एक निश्चित रकम एक निश्चित अवधि तक प्रति माह अपने खाते में जमा करनी होती है। संचयी जमा खाता एक प्रकार से सावधि खाता है। इस पर ब्याज दर बचत जमा खातों की तुलना में कुछ अधिक होती है।

स्वतंत्र व्यापार (Free Trade)—स्वतंत्र व्यापार वह नीति है जिसके अंतर्गत अंतर्राष्ट्रीय व्यापार अथवा देशों के मध्य वस्तुओं के आदान-प्रदान पर कोई रोक नहीं लगाई जाती है। ध्यातव्य है कि **एडम स्मिथ** स्वतंत्र व्यापार के जनक हैं।

सीमा शुल्क क्षेत्र (Custom Area)—सीमा शुल्क क्षेत्र वह भौगोलिक क्षेत्र है जिसके अंतर्गत वस्तुओं का आवागमन बिना किसी तटकर के होता है। इसमें न केवल एक देश का ही क्षेत्र सम्मिलित होता है बल्कि उस पर निर्भर दूरगामी क्षेत्र भी सम्मिलित होते हैं। सीमा शुल्क क्षेत्र में दो या दो से अधिक देश भी सम्मिलित हो सकते हैं। इन्हें सीमा शुल्क संघ (Custom Union) की संज्ञा प्रदान की जाती है।

शिशु मृत्यु दर (Infant Death Rate)—किसी निश्चित वर्ष में एक निर्धारित क्षेत्र के एक वर्ष से कम आयु के शिशुओं की मृत्यु संख्या को उस क्षेत्र में जन्में शिशुओं की कुल संख्या से विभाजित करके 1000 से गुणा करके शिशु मृत्यु दर प्राप्त की जाती है।

सावधि ऋण (Term Loan)—सावधि ऋण मध्यम अवधि और दीर्घकालीन अवधि के लिए प्रदान किए जाते हैं। ऋण भुगतान की अवधि पहले ही निर्धारित कर दी जाती है। ऋण के भुगतान के लिए अवधि के अनुसार, मासिक अथवा त्रैमासिक किश्तें निर्धारित की जाती हैं।

साक्षरता अनुपात—साक्षरता अनुपात को प्राय: प्रतिशत समानुपात के रूप में व्यक्त किया जाता है। साक्षरता का आशय पढ़ने-लिखने की क्षमता से लगाया जाता है। इस अनुपात में किसी क्षेत्र विशेष के साक्षरों की कुल संख्या को कुल जनसंख्या से विभाजित कर 100 से गुणा करके प्राप्त किया जाता है।

शिशु उद्योग तर्क (Infant industry argument)—नए उद्योगों को प्रारम्भिक विकास की अवस्था में विदेशी प्रतिस्पर्धा से बचाने के लिए संरक्षण प्रदान करने संबंधी तर्कों को शिशु उद्योग तर्क की संज्ञा प्रदान की जाती है।

संरक्षण (Protection)—संरक्षण एक ऐसी नीति है जिसके अंतर्गत सामान्य रूप से आयात कर लगाकर घरेलू उत्पादकों को आर्थिक सहायता प्रदान करके घरेलू उद्योगों को प्रोत्साहन दिया जाता है।

सीमान्त उपयोगिता (Marginal Utility)—वस्तु की एक अतिरिक्त इकाई के उपभोग के फलस्वरूप कुल उपयोगिता में वृद्धि को सीमांत उपयोगिता की संज्ञा प्रदान की जाती है।

समष्टि अर्थशास्त्र (Macro Economics)—समष्टि अर्थशास्त्र, अर्थशास्त्र का वह अंग है जिसमें समग्र अर्थव्यवस्था का अध्ययन किया जाता है। समष्टि अर्थशास्त्र में समग्र मांग, समग्र पूर्ति, समग्र रोजगार, समग्र निवेश तथा समग्र आय का अध्ययन किया जाता है।

संरचनात्मक बेरोजगारी (Structural Unemployment)—संरचनात्मक बेरोजगारी, बेरोजगारी की वह स्थिति है जो तकनीकी कारणों में परिवर्तन के फलस्वरूप उत्पन्न होती है।

सहकारी कृषि (Cooperative Farming)—सहकारी कृषि से आशय खेती की उस प्रणाली से है जिसमें कृषक अपने छोटे-छोटे खेतों एवं साधनों को एकत्रित करके संयुक्त रूप से खेती करते हैं और उपज से प्राप्त आय का वितरण भूमि तथा श्रम के अनुपात में कर लेते हैं।

सामूहिक कृषि (Collective Farming)—सामूहिक कृषि से तात्पर्य उस कृषि से है जिसमें किसी राजकीय नीति के अंतर्गत छोटे-छोटे भूखंडों को मिलाकर एक बड़ा भूखंड बना दिया जाता है तथा उस पर कृषि कार्य एक समिति को सौंप दिया जाता है। जिसे उस भूखंड का स्वामी माना जाता है। ऐसे भूखंड पर सभी सदस्य कृषि कार्य करते हैं तथा उनको पारिश्रमिक श्रम के आधार पर मजदूरी के रूप में वितरित किया जाता है।

सरकारी कृषि (Government Farming)—जब सरकार द्वारा सभी भूमियों का स्वामित्व अपने हाथ में ले लिया जाता है और उन भूमियों पर खेती श्रमिकों की सहायता से सरकारी कर्मचारी कराते हैं तो इस प्रकार की खेती को सरकारी कृषि या राजकीय कृषि की संज्ञा प्रदान की जाती है।

संघ अधिभार (Union Surcharge)—आयकर पर अध्यारोपित होने वाला वह अधिभार जो संघ सरकार (केन्द्र सरकार) के लिए लगाया जाता है तथा जिसका विभाजन राज्यों में नहीं किया जाता है संघ अधिभार कहलाता है।

सामाजिक सेवाएं (Social Services)—शिक्षा, स्वास्थ्य एवं परिवार कल्याण, सूचना एवं प्रसारण, श्रम कल्याण, सामाजिक सुरक्षा एवं कल्याण से संबंधित सेवाएं सामाजिक सेवाएं कहलाती हैं।

आर्थिक वस्तु (पण्य) (Economic Good)—दुर्लभ वस्तु, जिसकी कीमत होती है, मुक्त वस्तु का विलोम।

ऐंगल का सिद्धान्त (Engel's Law)—अर्नेस्ट ऐंगल एक 19वीं शताब्दी का जर्मन सांख्यिकीयविद था जिसने काम करने वाले परिवारों के बजट आंकड़ों का विश्लेषण करके परिवारों की आय और विभिन्न वस्तुओं पर उनके खर्च के बीच सम्बन्धों को स्थापित किया था। उसके सिद्धान्त के अनुसार एक परिवार की आय बढ़ने पर उसका खाने-पीने की वस्तुओं पर खर्च का प्रतिशत कम हो जाता है।

उद्यमवृत्ति (या उद्यम) Enterpreneurship (or Enterprise)—आधुनिक अर्थव्यवस्थाओं में उत्पादन का एक साधन, उत्पादन का संचालक-आवश्यक पूंजी जुटाना, व्यापार का संचालन, मैनेजमेंट, व्यापार के अनिवार्य फैसले, जोखिम उठाना, उसकी सफलता से लाभ और असफलता का नुकसान उठाना। जोसफ शुम्पीटर पूंजीवादी व्यवस्था में नवोत्पाद को उद्यमी का अनिवार्य काम मानते हैं।

सन्तुलन कीमत (Equilibrium Price)—बाजार में वस्तु की जिस कीमत पर मांग और पूर्ति बराबर होंगे, मांग और पूर्ति वक्र के प्रतिच्छेदन का बिन्दु, वह कीमत जिस पर फर्म के लाभ अधिकतम (या हानि न्यूनतम, यदि हानि पर भी उत्पादन करना अनिवार्य है तो) होते हैं।

अचल लागतें (Fixed Costs)—लागतें जो उत्पाद के परिवर्तित होने पर भी अपरिवर्ति रहती हैं। उदाहरण : उधार ली गई पूंजी पर ब्याज, सम्पत्ति कर, किराए का भुगतान, स्थायी कर्मचारियों की तनख्वाह का भुगतान आदि।

प्रतिरोधात्मक (अस्थायी) बेरोजगारी (Frictional Unemployment)—आर्थिक व्यवस्था में प्रतिरोध के कारण बेरोजगारी, मजदूर जो एक काम को छोड़कर दूसरे की ओर जाने की प्रक्रिया में हों, अपूर्ण श्रम गतिशीलता जो ज्ञान के अभाव के कारण, अवसरों के अभाव के कारण और अन्य ऐसे कारण जो व्यक्तियों और नौकरियों के निर्विघ्न मेल में बाधक हों।

प्रयोजी आय वितरण (Functional Income Distribution)—उत्पादन साधनों के स्वामियों को साधनों की सेवाओं के लिए किया गया भुगतान, श्रम को मजदूरी, भूमि को लगान, पूंजी पर ब्याज और उद्यमता के लिए लाभ।

अपूर्ण प्रतिस्पर्धा (Imperfect Competition)—बाजार स्थिति जो पूर्ण प्रतिस्पर्धा और एकाधिकार, की दो चरम सीमाओं के बीच की स्थिति है। यह अल्पाधिकार या एकाधिकारी प्रतिस्पर्धा के रूप में परिवर्तित हो सकती है।

अंतर्निहित लागत (Implicit Cost)—स्वपूर्ति किए गए उत्पादन साधन जिनको कम्पनी के सामान्यतया लेखे-जोखे में नहीं जोड़ा जाता। उदाहरण के लिए, मालिक पूंजी की पूर्ति भी कर सकता है और फर्म का मैनेजर भी हो सकता है। इन सेवाओं की अवसर लागतें अंतर्निहित लागतें होती हैं।

आय प्रभाव (Income Effect)—वस्तु की कीमत में परिवर्तन के फलस्वरूप खरीददार की वास्तविक आय में परिवर्तन के कारण वस्तु की मांगी गई मात्रा में परिवर्तन (प्रतिस्थापन प्रभाव से तुलना) करें।

अप्रत्यक्ष कर (Indirect Tax)—कर जिसे आरम्भ में लगाए व्यक्ति पर से किसी अन्य पर हस्तांतरित किया जा सकता है। उदाहरण : आबकारी शुल्क, बिक्री कर, आयात शुल्क।

शिशु उद्योग (Infant Industry)—नए उद्योग जो विदेशी प्रतिस्पर्धा को सहन नहीं कर सकते, इसलिए उन्हें सुरक्षा प्रदान करनी पड़ती है।

मुद्रा स्फीतिक खाई (अन्तराल) (Inflationary Gap)—पूर्ण रोजगार की स्थिति में सकल पूर्ति पर सकल मांग का आधिक्य जिसके कारण मुद्रास्फीति आती है।

पुनर्निर्माण और विकास अंतर्राष्ट्रीय बैंक (विश्व बैंक) International Bank for Reconstruction & Development (World Bank)—विश्व युद्ध के बाद 1945 में अर्थव्यवस्थाओं के पुनर्निर्माण तथा कम विकसित देशों के विकास को बढ़ाने के लिए यू.एन. द्वारा स्थापित बैंक, उधार सामान्यतया आधारभूत रचनात्मक विकास के लिए दिए जाते हैं।

मुद्रास्फीति (Inflation)—मुद्रास्फीति वह अवस्था है जिसमें मुद्रा का मूल्य गिरता है तथा वस्तुओं के मूल्य में वृद्धि होती है। मुद्रास्फीति से ऋणी को लाभ होता है। मुद्रास्फीति का सबसे अधिक नकारात्मक प्रभाव दैनिक श्रमिकों पर पड़ता है।

मुद्रा संकुचन (Deflation)—मुद्रा संकुचन वह स्थिति है जिसमें मुद्रा का मूल्य बढ़ता है तथा वस्तुओं का मूल्य गिरता है। मुद्रा संकुचन मुद्रास्फीति के विपरीत की स्थिति है।

मुद्रा अपस्फीति (Disinflation)—जब देश में मुद्रास्फीति की स्थिति उत्पन्न हो जाती है तो उसे सामान्य स्तर पर लाने के लिए मुद्रा की मात्रा में कमी की जाती है तो यह प्रक्रिया मुद्रा अपस्फीति कहलाती है। ध्यातव्य है कि मुद्रा संकुचन का प्रभाव देश में मंदी की स्थिति उत्पन्न कर देता है जबकि मुद्रा अपस्फीति मूल्य स्तर को सामान्य अवस्था में लाने के लिए की जाती है।

मौद्रिक नीति (Monetary Policy)—मौद्रिक नीति आर्थिक नीति की वह शाखा है जो रोजगार तथा कीमत, आर्थिक विकास तथा विदेशी भुगतान में संतुलन के उद्देश्य को प्राप्त करने के लिए मुद्रा की पूर्ति, ब्याज दर की संरचना तथा साख की उपलब्धता में परिवर्तन लाती है। मौद्रिक नीति का क्रियान्वयन केन्द्रीय बैंक द्वारा किया जाता है।

म्युचुअल फंड (Mutual Fund)—म्युचुअल फंड में जनसामान्य के निवेश योग्य धन को ऐच्छिक आधार पर एकत्रित करके विनियोग के बेहतर अवसरों में निवेश किया जाता है। म्युचुअल फंड की स्थापना निवेश तथा वित्तीय निर्णय लेने में दक्ष संस्थाओं द्वारा किया जाता है। यूनिट-64 भारत का पहला म्युचुअल फंड है जो 1964 में भारतीय यूनिट ट्रस्ट द्वारा जारी किया गया था।

मांग जमा (Demand Deposit)—मांग जमा में उन समग्र जमा राशियों को सम्मिलित किया जाता है जो जमाकर्ता द्वारा अपनी इच्छानुसार चाहे जब वापस मांगी जा सकती है। मांग जमा व्यापारिक बैंकों में चालू और बचत दोनों खातों में जमा की जाती है।

मिश्रित मांग (Composite Demand)—जब कोई वस्तु एक से अधिक उपयोगों में प्रयोग की जाती है तो ऐसी वस्तु की कुल मांग उसकी विविध उपयोगों हेतु मांग के कुल योग के बराबर होती है यह कुल मांग मिश्रित मांग कहलाती है।

मूल्य मांग (Price Demand)—किसी निश्चित मूल्य पर किसी समय में वस्तु की मांगी जाने वाली मात्रा उस मूल्य पर उस वस्तु की मांग कहलाती है।

मृत्यु दर (Death Rate)—किसी क्षेत्र विशेष में किसी वर्ष में प्रति हजार जनसंख्या पर मृतकों की संख्या मृत्यु दर कहलाती है।

मांग की कीमत लोच (Price Elasticity of Demand)—मांग की कीमत लोच किसी वस्तु की मांग की मूल्य परिवर्तन के प्रति संवेदनशीलता की माप है।

मांग की कीमत लोच = किसी वस्तु की मांग में सापेक्षिक परिवर्तन/उस वस्तु के मूल्य में सापेक्षिक परिवर्तन।

मांग की आड़ी लोच (Cross Elasticity of Demand)—किसी वस्तु के मूल्य में सापेक्षिक परिवर्तन के परिणामस्वरूप किसी अन्य वस्तु की मांग में सापेक्षिक परिवर्तन की दर मांग की आड़ी लोच कहलाती है।

मुद्रा बाजार (Money Market)—मुद्रा बाजार में मुद्रा का क्रय-विक्रय किया जाता है। मुद्रा बाजार के अंतर्गत उन समस्त व्यक्तियों एवं वित्तीय संस्थाओं को सम्मिलित किया जाता है जिनके द्वारा अल्प काल के लिए मुद्रा उपलब्ध करायी जाती है।

मोराटियम (Moratorium)—मोराटियम वह अवधि है जिसमें कानूनों द्वारा ऋणों का भुगतान टाल दिया जाता है।

मिश्रित अर्थव्यवस्था (Mixed Economy)—वह अर्थव्यवस्था जहां सार्वजनिक एवं निजी क्षेत्र का सहअस्तित्व होता है मिश्रित अर्थव्यवस्था कहलाती है।

मानक अर्थशास्त्र (Normative Economics)—मानक अर्थशास्त्र का संबंध समस्याओं के नैतिक पक्ष से है। इसमें समस्याओं का नैतिक मूल्यांकन किया जाता है। यह प्रत्यक्ष अर्थशास्त्र का विलोम है।

मौद्रिक मजदूरी (Money Wages)—जब मजदूरी का भुगतान नकदी के रूप में किया जाता है तो उसे मौद्रिक मजदूरी की संज्ञा प्रदान की जाती है।

मुद्रामान (Monetary Standard)—मुद्रामान से आशय ऐसी व्यवस्था से है जिसके अंतर्गत देश की मुद्रा का मूल्य किसी मूल्यवान धातु की इकाई में निश्चित किया जाता है और इसे स्थिर बनाए रखने का प्रयास किया जाता है।

मूल्य सूचकांक (Price Index)—विभिन्न वस्तुओं के मूल्यों के सापेक्षिक परिवर्तन को व्यक्त करने के लिए सृजित सूचकांक मूल्य सूचकांक होता है। मूल्य सूचकांक को प्रमुखत: उपभोक्ता मूल्य सूचकांक तथा थोक मूल्य सूचकांक में वर्गीकृत किया जाता है।

मौद्रिकृत घाटा (Monetised Deficit)—मौद्रिकृत घाटा केंद्र सरकार के लिए भारतीय रिजर्व बैंक की शुद्ध साख में होने वाली वृद्धि को बताता है।

यूरो (Euro)—यूरोपीय संघ के सदस्य देशों की एकल मुद्रा है, जो 1 जनवरी, 1999 से प्रचलन में आई।

राजस्व घाटा (Revenue Deficit)—जब राजस्व प्राप्तियां राजस्व व्यय से कम होती हैं तो इस रूप में होने वाला अतिरिक्त व्यय राजस्व घाटा कहलाता है।

राशनिंग (Rationing)—कम पूर्ति वाली वस्तुओं को निश्चित कीमत पर वितरित करने की विधि को राशनिंग कहते हैं।

रायल्टी (Royalty)—किसी पुस्तक, संस्थान अथवा संपत्ति को स्वामित्व के बदले अदा की जाने वाली एक निश्चित राशि रायल्टी कहलाती है।

राष्ट्रीय आय (National Income)—किसी देश की राष्ट्रीय आय साधारणत: वहां एक वर्ष में उत्पादित समस्त वस्तुओं एवं सेवाओं के मूल्य का योग होती है, जिसमें से वस्तुओं तथा सेवाओं के उत्पादन हेतु प्रयोग की गई मशीनों एवं पूंजी की घिसावट (Depreciation) को घटा दिया जाता है तथा विदेशों से प्राप्त विशुद्ध आय को जोड़ दिया जाता है।

राष्ट्रीयकरण (Nationalisation)—जब किसी निजी संस्था का स्वामित्व सरकार अपने हाथ में ले लेती है तो वह राष्ट्रीयकरण कहलाता है। राष्ट्रीयकरण का उद्देश्य सामाजिक न्याय तथा समाजवादी समाज की स्थापना होता है।

राजकोषीय नीति (Fiscal Policy)—सरकार की व्यय, कर तथा व्यापार चक्र में उतार-चढ़ाव रोकने संबंधी नीति राजकोषीय नीति कहलाती है।

ले आफ (Lay Off)—किसी औद्योगिक संस्थान में उत्पादन कम हो जाने या उस वस्तु की मांग कम हो जाने पर कर्मचारियों को नौकरी से पृथक करना ले आफ कहलाता है।

लाफर वक्र (Laffer Curve)—लाफर वक्र की मान्यता यह है कि यदि करारोपण की दर में कमी कर दिया जाय तो सरकार को प्राप्त होने वाला राजस्व बढ़ जाएगा। परन्तु राजस्व में यह वृद्धि एक सीमा तक ही होगी। करों की दरों में इस सीमा से अधिक कमी कर दिए जाने पर कर राजस्व में कमी आएगी।

अशोधित जन्म दर (Crude Birth Rate)—किसी एक वर्ष में प्रति हजार जनसंख्या के पीछे जीवित जन्में बच्चों की संख्या को अशोधित जन्म दर कहा जाता है।

उदासीनता वक्र (Indifference Curve)—दो वस्तुओं के ऐसे संयोगों या मात्राओं को प्रदर्शित करने वाला वक्र जिससे उपभोक्ता को समान संतुष्टि प्राप्त होती है, उदासीनता वक्र कहलाता है।

उपभोग फलन (Consumption Function)—किसी भी उपभोक्ता का उपभोग फलन उसकी आय पर निर्भर करता है। आय बढ़ने के साथ उपभोग भी बढ़ता है। परंतु एक सीमा के बाद आय में वृद्धि के बाद भी उपभोग स्थिर हो जाता है।

उपभोग की सीमांत प्रवृत्ति (Marginal Propensity to Consume)—किसी उपभोक्ता की आय में परिवर्तन के फलस्वरूप उपभोग में होने वाला परिवर्तन उपभोग की सीमांत प्रवृत्ति कहलाता है।

उपहार कर (Gift Tax)—किसी व्यक्ति को प्राप्त उपहार पर जो कर लगता है उसे उपहार कर कहा जाता है।

उपार्जित आय (Accured Income)—वह आय जो चालू वर्ष में अर्जित कर ली गई हो परंतु वर्ष के अंत तक प्राप्त नहीं हुई हो उपार्जित आय कहलाती है।

उत्पाद शुल्क (Excise Duty)—देश में उत्पादित समस्त वस्तुओं पर लगने वाला कर उत्पाद शुल्क कहलाता है। उत्पादन शुल्क एक वस्तु कर है जो वस्तु की वास्तविक बिक्री पर नहीं बल्कि वस्तु के उत्पादन पर लगाया जाता है।

उत्पाद पेटेंट (Product Patent)—उत्पाद पेटेंट के अंतर्गत उत्पाद पर पेटेंट प्रदान किया जाता है। इसका उत्पाद विधि से कोई संबंध नहीं होता है। यथा किसी भारतीय कंपनी द्वारा वियाग्रा औषधि का उत्पादन किया जाता है तो प्रत्येक स्थिति में उक्त भारतीय कंपनी के लिए अनिवार्य होगा कि वह सर्वप्रथम वियाग्रा का अनुसंधान कर विकसित करने वाली कंपनी से लाइसेंस प्राप्त करें एवं बाद में रायल्टी का भुगतान करें।

ऋण परिवर्तन (Debt Conversion)—किसी सार्वजनिक ऋण की परिपक्वता पर यदि सरकार उसका वास्तविक भुगतान न करके उसके स्थान पर दूसरे नये ऋण-पत्र को जारी करती है तो यह प्रक्रिया ऋण परिवर्तन कहलाती है।

ऋणशोधन निधि (Sinking Fund)—नियमित रूप से धनराशि जमा करके तैयार किया गया ऐसा कोष जिससे किसी ऋण की परिपक्वता पर सरलता से भुगतान किया जा सके, उसे ऋण शोधन निधि की संज्ञा प्रदान की जाती है।

एयर पाकेट (Air Pocket)—शेयरों के भाव में उतार-चढ़ाव की स्थिति का होना सामान्य बात है। यह कई कारणों से घटित होता है। यदि किसी कंपनी के विषय में कोई प्रतिकूल सूचना आती है तो कंपनी के शेयरों के भाव गिर जाते हैं। इस प्रकार की स्थिति में यदि पहले दिन के बंद भाव और दूसरे दिन के खुलने वाले भाव में काफी अंतर होता है तो वह स्थिति एयर पाकेट की होती है।

एल्फा शेयर (Alfa Share)—जिन शेयरों में अक्सर काफी मात्रा में कारोबार होता है उनको एल्फा श्रेणी के शेयर की संज्ञा प्रदान की गई है। ए श्रेणी और ब्लू चिप शेयर एल्फा श्रेणी के शेयर हैं। परन्तु अब बी श्रेणी के कुछ शेयर भी ऐल्फा की श्रेणी में आ गए हैं।

एड वेलोरम (Ad Valoram)—जब वस्तुओं पर कर उनकी मात्रा के आधार पर न लगाकर उनके मूल्यानुसार लगाया जाता है तो इस स्थिति को एड वेलोरम कहा जाता है।

एम्बार्गो (Embargo)—एम्बार्गो से तात्पर्य व्यापार प्रतिषेध से है जिसके अंतर्गत कोई राष्ट्र या कुछ राष्ट्र मिलकर किसी विशेष राष्ट्र के साथ अपना संपूर्ण व्यापार अथवा वस्तु का व्यापार निषिद्ध कर देते हैं। एम्बार्गो को धाटबंदी (नाकाबंदी) के रूप में भी प्रयोग किया जाता है जिसके अंतर्गत कोई राष्ट्र अथवा एक से अधिक राष्ट्र मिलकर किसी राष्ट्र के जलयानों के आवागमन पर रोक लगा देते हैं। ऐसी स्थिति में उन जलायानों को किसी बंदरगाह पर रोक दिया जाता है या किसी विशेष बंदरगाह पर पहुंचने नहीं दिया जाता है।

एडवांस डिक्लाइन (Advance Decline)—एडवांस डिक्लाइन शेयर बाजार की प्रवृत्ति को प्रदर्शित करने वाला एक माप है। किसी समयावधि में मूल्य वृद्धि को प्रदर्शित करने वाले शेयरों की संख्या का मूल्य ह्रास वाले शेयरों की संख्या के साथ अनुपात ही एडवांस डिक्लाइन कहलाता है।

एकाधिकार (Monopoly)—बाजार की वह स्थिति जिसमें किसी वस्तु का बाजार में केवल एक ही विक्रेता होता है। ऐसी स्थिति में बाजार में प्रतिस्पर्धा का अभाव होता है।

एर्गोनामिक्स (Egronomics)—एर्गोनामिक्स अर्थशास्त्र की वह शाखा है जिसमें किसी श्रमिक की कार्यक्षमता एवं उसके द्वारा किए जाने वाले वास्तविक कार्य के मध्य संबंध का अध्ययन किया जाता है।

क्लोजिंग स्टाक (Closing Stock)—वह माल जो व्यापार में वर्ष के अंत में प्रयोग होने अथवा विक्रय होने से बच जाता है को क्लोजिंग स्टाक की संज्ञा प्रदान की जाती है।

क्रेता बाजार (Buyer's Market)—जब किसी वस्तु की मांग कम तथा पूर्ति अधिक होती है तो क्रेता, विक्रेता की अपेक्षा लाभ की स्थिति में होता है। ऐसे बाजार को क्रेता बाजार की संज्ञा प्रदान की जाती है।

कोर सेक्टर (Core Sector)—अर्थव्यवस्था के विकास हेतु कुछ आधारभूत संरचनाओं की आवश्यकता होती है। यथा, सीमेंट, लोहा-इस्पात, पेट्रोलियम भारी मशीनरी आदि। इन आधारभूत उद्योगों का विकास करके ही अन्य उद्योगों की स्थापना की जा सकती है। इन उद्योगों को ही कोर सेक्टर का उद्योग कहा जाता है।

कर योग्य आय (Taxable Income)—वह आय जिस पर कर आरोपित किया जा सकें कर योग्य आय कहलाती है।

कार्टेल (Cartel)—एक समान व्यापार में लगी फर्मों, उद्योगों तथा निगमों का ऐसा संगठन जो मूल्यों के नियंत्रण करने एवं एकाधिकारी सुविधाएं भोगने के उद्देश्य से स्थापित किया जाता है को कार्टेल की संज्ञा प्रदान की जाती है।

क्रमागत उत्पादन ह्रास (Diminishing Return)—उत्पादन के साधनों, भूमि, पूंजी, श्रम आदि से निरंतर उत्पादन होते रहने की स्थिति में एक सीमा के अंदर उनकी प्रति इकाई उत्पादन में क्रमागत ह्रास होने लगता है।

काला बाजार (Black Market)—बाजार की वह स्थिति जिसमें जमाखोरों द्वारा बाजार में वस्तुओं की कृत्रिम कमी उत्पन्न करके वस्तुओं की कीमतें बढ़ाकर अधिक लाभार्जन किया जाता है।

काला धन (Black Money)—वह धन जिसको आयकर विभाग से छिपाकर रखा जाता है तथा जिनका कोई विवरण नहीं होता, काला धन कहलाता है।

कैश काऊ (Cash Cow)—जब कोई शेयर लगातार अच्छा लाभ देता है तो ऐसे शेयरों को कैश काउ की संज्ञा प्रदान की जाती है। इस शब्द का एक और अर्थ में प्रयोग होता है। कोई ऐसा व्यवसाय जिसमें वर्तमान में काफी लाभ हो रहा हो परंतु उसका भविष्य ठीक नहीं हो तो ऐसे व्यवसाय के स्वामी इससे लाभार्जन तो अवश्य करते हैं परंतु लाभ को उस व्यवसाय में नहीं लगाते हैं, बल्कि किसी अन्य व्यवसाय में विनियोजित करते हैं जिसका भविष्य अच्छा होता है।

निगम कर (Corporate Tax)—कंपनियों की आय पर अध्यारोपित कर, निगम कर कहलाता है।

नकद आरक्षण अनुपात (Cash Reserve Ratio, C.R.R.)—सभी व्यापारिक बैंकों अथवा गैर-बैंकिंग वित्तीय संस्थाओं को अपनी कुल जमा का एक निश्चित प्रतिशत भारतीय रिजर्व बैंक के पास नकद रूप में जमा करना होता है। C.R.R. कम से कम 3 प्रतिशत तथा अधिक से अधिक 15 प्रतिशत हो सकती है।

नकद साख खाता (Cash Credit Account)—नकद साख खाता एक ऋण खाता है। इसमें बैंक खातेधारी को एक निश्चित मात्रा तक ऋण प्राप्त करने का अधिकार प्रदान करता है। इसी सीमा के अंदर ऋणी अपनी आवश्यकतानुसार बैंक से रुपया लेता है और जमा भी करता है। ब्याज उसी राशि पर वसूला जाता है जो वस्तुत: ऋणी के पास रहता है।

निजी उपक्रम (Private Enterprise)—ऐसी व्यावसायिक संस्था जो बिना किसी सरकारी हस्तक्षेप अथवा नियंत्रण के अपने स्वामी के हित में कार्य करती हैं, निजी उपक्रम कहलाते हैं।

नैतिक प्रबोधन (Moral Suasion's)—केन्द्रीय बैंक द्वारा सदस्य बैंकों पर ऋण के प्रसार या सिकुड़न के लिए आरोपित नैतिक दबाव या अपील, जिसमें कानूनी अनिवार्यता नहीं होती है, को नैतिक प्रबोधन कहते हैं।

प्राक्सी (Proxy)—किसी व्यक्ति के अनुपस्थित होने पर जो व्यक्ति उसका प्रतिनिधित्व करता है, वह प्राक्सी कहलाता है।

प्रशासित मूल्य (Administered Price)—जब किसी वस्तु का मूल्य बाजार की स्वतंत्र शक्तियों द्वारा निर्धारित न होकर केन्द्रीय सत्ता द्वारा निर्धारित होता है तो वह प्रशासित मूल्य होता है।

पंचाट (Arbitration)—औद्योगिक विवादों को किसी निष्पक्ष व्यक्ति या समूह अथवा शासकीय अधिकरण द्वारा समाधान करना पंचाट अथवा पंच निर्णय कहलाता है।

प्राइमरी गोल्ड (Primary Gold)—24 कैरेट के शुद्ध सोने को प्राइमरी गोल्ड कहा जाता है।

पावक खाता चैक (Account Payee Cheque)—जब किसी चैक के बायीं ओर ऊपरी कोने में दो समानांतर रेखाओं के मध्य (Account Payee Only) लिख दिया जाता है तो उस चैक को पावक खाता चैक कहते हैं। इस चैक का भुगतान केवल उसी व्यक्ति या प्रतिष्ठान अथवा संस्थान के खाते में जमा करके किया जाता है जिसके नाम पर वह चैक जारी होता है। यह हस्तांतरणीय नहीं होता है।

प्रतिभूति (Security)—प्रतिभूति शब्द एक व्यापक शब्द है। इसका प्रयोग कई अर्थों में होता है। एक अर्थ में प्रतिभूति शब्द का प्रयोग प्रपत्रों के रूप में वित्तीय परिसंपत्तियों यथा—शेयर, डिबेंचर एवं अन्य ऋण-पत्रों आदि के लिए किया जाता है। बैंकिंग व्यवसाय में प्रतिभूति शब्द का प्रयोग जमानत के संदर्भ में किया जाता है जहां प्रतिभूति से अभिप्राय उस बीमित हित से होता है जो ऋण के भुगतान न होने की स्थिति में उत्पन्न होता है। बैंकों द्वारा ऋणी की व्यक्तिगत अथवा दृश्य प्रतिभूति के आधार पर ऋण प्रदान किया जाता है।

प्रधान ऋण (उधार) दर (Prime Lending Rate)—जब एक बैंक से दूसरे बैंकों द्वारा अग्रिम के रूप में धन लिया जाता है तो पहली बैंक को प्रदत्त ब्याज की दर प्रधान ऋण दर कहलाती है। प्रधान ऋण दर अलग-अलग बैंकों की अलग-अलग होती है।

प्रच्छन्न बेरोजगारी (Disguised Unemployment)—प्रच्छन्न बेरोजगारी से आशय यह है कि यदि किसी उत्पादन क्षेत्र से कुछ श्रमिकों को कार्य से हटा भी दिया जाए तो उत्पादन पर कोई प्रभाव नहीं पड़ता है। ऐसे श्रमिकों को छिपे हुए बेरोजगार की संज्ञा दी जाती है। कृषि के क्षेत्र में प्रच्छन्न बेरोजगारी की मात्रा अधिक होती है।

प्राथमिक घाटा (Primary Deficit)—जब राजकोषीय घाटे में से ब्याज अदायगियों को घटा दिया जाता है तो शेष राशि को प्राथमिक घाटा कहा जाता है।

प्राथमिक घाटा = राजकोषीय घाटा – ब्याज अदायगियां

प्रक्रिया पेटेंट (Process Patent)—प्रक्रिया पेटेंट के अंतर्गत किसी उत्पाद के निर्माण की विधि पर पेटेंट प्रदान किया जाता है। इसके अंतर्गत अनुसंधानकर्ता को पेटेंट का अधिकार प्रदान किया जाता है।

प्राथमिक क्षेत्र (Primary Sector)—अर्थशास्त्र का वह क्षेत्र

जिसमें कृषि, वानिकी, खनन एवं कच्चा माल को रखा गया है प्राथमिक क्षेत्र कहलाता है।

प्राथमिक रिजर्व (Primary Reserve)—केन्द्रीय या अन्य बैंकों के साथ बैंक के वैध रिजर्व जिनमें नकदी तथा जमा राशि सम्मिलित होती है प्राथमिक रिजर्व कहलाती है।

प्रत्यक्ष अर्थशास्त्र (Positive Economics)—अर्थशास्त्र की वह शाखा जिसका 'क्या होना चाहिए, के स्थान पर क्या है' से संबंध होता है प्रत्यक्ष अर्थशास्त्र कहलाता है। प्रत्यक्ष अर्थशास्त्र मानक अर्थशास्त्र के विपरीत है।

प्रतिस्थापनीय वस्तुएं (Substitute Goods)—वे वस्तुएं जो एक-दूसरे के स्थान पर प्रयुक्त की जा सकती हैं तथा दी गई आय पर एक की कीमत में परिवर्तन से दूसरे की मांग में परिवर्तन होता है।

पूंजी बाजार (Capital Market)—पूंजी बाजार वित्तीय बाजार की वह स्थिति है जिसमें केवल दीर्घकालीन प्रतिभूतियों का क्रय-विक्रय होता है।

प्रगामी कर (Progressive Tax)—करों की वह क्रमबद्ध व्यवस्था जिसमें अधिक आय श्रेणी वाले लोगों के लिए करों की दर अधिक होता है, प्रमागी कर कहलाती है। इसमें आय बढ़ने के साथ-साथ करों की दर भी बढ़ती जाती है।

परिव्यय लागत (Outlay Cost)—व्यापार में प्रत्यक्ष मुद्रा लागतें यथा, मजदूरी वेतन, लगान, कच्चे माल पर व्यय की गई मुद्रा को परिव्यय लागत कहा जाता है।

फ्री पोर्ट (Free Port)—जिस बंदरगाह पर पुन: निर्यात होने वाले सामान पर कोई कर नहीं लगाया जाता है, उसे फ्री पोर्ट (मुक्त बंदरगाह) कहा जाता है।

फिड्यूसियरी इश्यू (Fiduciary Issue)—बिना रिजर्व रखे कागजी मुद्रा का चलन में ले आना फिड्यूसियरी इश्यू कहलाता है।

फ्लोटिंग ऑफ करेंसी (Floating of Currency)—जब किसी मुद्रा के नियत मूल्य, जो विदेशी मुद्रा की तुलना में निश्चित है, को स्वतंत्र छोड़ देना ताकि मांग और पूर्ति की दशाओं के आधार पर वह नया मूल्य स्वयं निर्धारित कर सकें, फ्लोटिंग आफ करेंसी कहलाता है।

बूम (Boom)—अर्थव्यवस्था में बूम की स्थिति उस समय उत्पन्न होती है जब आर्थिक क्रियाओं का त्वरित गति से विस्तार होता है। यह मंदी की विलोम स्थिति है। मांग में वृद्धि के परिणामस्वरूप किसी उद्योग विशेष में भी बूम की स्थिति उत्पन्न हो सकती है।

ब्रिज लोन (Bridge Loan)—कंपनियों द्वारा अपने शेयर/ऋण-पत्र को गिरवी रखकर अल्पावधि के लिए बैंकों से लिया जाने वाला ऋण ब्रिज लोन कहलाता है। अन्य शब्दों में, कंपनियां प्राय: अपनी पूंजी का विस्तार करने के लिए नए शेयर तथा ऋण-पत्र निर्गमित करती हैं। कंपनी की इस प्रक्रिया से पूंजी एकत्र करने में 3 माह से अधिक का समय लग जाता है। इस समयावधि में अपना काम जारी रखने के लिए कंपनियां बैंकों से अंतरिम अवधि के लिए ऋण लेती हैं। यह ऋण ही ब्रिज लोन होता है।

वृद्धिमान पूंजी उत्पाद अनुपात (Increasing Capital Output Ratio)—किसी भी अर्थव्यवस्था में उत्पादन की एक अतिरिक्त इकाई प्राप्त करने के लिए पूंजी की जितनी अतिरिक्त इकाइयों की आवश्यकता होती है उसे वृद्धिमान पूंजी उत्पाद अनुपात अथवा वर्धमान पूंजी उत्पाद अनुपात कहा जाता है।

बफर स्टाक (Buffer Stock)—आपात स्थिति के लिए किसी वस्तु की कमी को पूरा करने के लिए उक्त वस्तु का स्टाक तैयार करना बफर स्टाक कहलाता है।

बहुराष्ट्रीय निगम (Multinational Corporation)—एक ऐसी कंपनी जिसका कार्यक्षेत्र एक से अधिक देशों में होता है और जिसका उत्पादन एवं सेवा सुविधाएं उस देश के बाहर भी संपन्न होती हैं, जहां इसका जन्म हुआ होता है, को बहुराष्ट्रीय निगम की संज्ञा प्रदान की जाती है।

विमुद्रीकरण (Demonetization)—देश में काला धन बढ़ने पर (जब वह अर्थव्यवस्था के लिए खतरा बन जाए) विमुद्रीकरण की विधि प्रचलन में लाई जाती है। विमुद्रीकरण में सरकार पुरानी मुद्रा को समाप्त करके नई मुद्रा प्रचलन में लाती है। जिसके पास काला धन होता है वह कर चोरी के आरोप के भय से उसके बदले में नई मुद्रा लेने का साहस नहीं कर पाता है।

विधि ग्राह्य मुद्रा (Legal Tender Money)—जिस मुद्रा में भुगतान करने पर लेनदार संवैधानिक रूप से स्वीकार करने से इंकार नहीं कर सकता है उसे विधि ग्राह्य मुद्रा कहते हैं। भारत की विधि ग्राह्य मुद्रा रुपया है।

विक्रेता बाजार (Seller's Market)—जब मांग अधिक होती है परंतु पूर्ति कम, तब इस स्थिति का लाभ उठाकर व्यापारी वर्ग वस्तुओं को मनमानी कीमतों पर बेचते हैं। बाजार की यह स्थिति विक्रेता बाजार कहलाती है।

विनिमय दर (Exchange Rate)—जिस दर पर देश की मुद्रा दूसरे देश की मुद्रा में विनिमय की जाती है उसे विनिमय दर कहा जाता है।

बैलेंस शीट (Balance Sheet)—बेलेंस शीट एक ऐसा लेखा-

पत्र होता है जिसमें किसी व्यापारिक संस्थान के किसी निश्चित तिथि को समस्त आस्तियों एवं देनदारियों को प्रदर्शित किया जाता है। बैलेंस शीट के आधार पर ही कंपनी अथवा फर्म की वित्तीय स्थिति का पता लगता है।

बैड डैट (Bad Debt)—वह ऋण जिसकी वसूली संभव न हो अथवा संदिग्ध हो बैड डैट कहलाता है।

ब्लू चिप (Blue Chip)—ब्लू चिप शब्द का प्रयोग उन कंपनियों के लिए किया जाता है जिनकी वित्तीय स्थिति काफी सुदृढ़ है तथा जिनका प्रबंध अति कुशल है। ब्लू चिप शेयरों को क्रय करने पर हानि की संभावना काफी कम होती है। इन्हें इच्छित समय पर उचित मूल्य पर बेचा जा सकता है।

विनिमय नियंत्रण (Exchange Control)—विनियम नियंत्रण का आशय मौद्रिक अधिकारी के उन सभी हस्तक्षेपों से होता है जो विनिमय दरों या उनसे संबंधित बाजारों को प्रभावित करने के लिए किया जाता है। अन्य शब्दों में, विनिमय नियंत्रण वह सरकारी नियमन है जो विदेशी विनिमय बाजार में आर्थिक शक्तियों को स्वतंत्र रूप से कार्य नहीं करने देते हैं।

बहु विनिमय दरें (Multiple Exchange Rates)—बहु विनिमय दर प्रणाली के अंतर्गत विभिन्न दरें निर्धारित की जाती हैं। इसका उद्देश्य निर्यातों में वृद्धि तथा आयातों में कटौती करके दुर्लभ विदेशी विनिमय को अधिक मात्रा में प्राप्त करना होता है। ध्यातव्य है कि बहु विनिमय दर का सर्वप्रथम प्रयोग 1920 में जर्मनी में किया गया था।

बॉंड (Bond)—बांड से आशय ऋण-पत्रों से होता है बांड केन्द्रीय सरकार, राज्य सरकार अथवा किसी संस्थान द्वारा ऋण लेकर जारी किया जाता है। संयुक्त पूंजी कम्पनियां ऋण प्राप्त करने के लिए अपने डिबेंचर जारी करती है। इन बांडों का हस्तांतरण भी किया जाता है बांड को जारी करने वाली संस्था बांड के धारक को ब्याज अदा करती है।

बचत बैंक खाता (Saving Bank Account)—बचत बैंक खाता उन व्यक्तियों के लिए है जो अपनी भावी आवश्यकताओं को पूरा करने के लिए अपनी वर्तमान आय का कुछ भाग बचाकर बैंक में रखना चाहते हैं। इस खाते में जमा राशि पर कुछ ब्याज भी देय होता है।

बैंक दर (Bank Rate)—केन्द्रीय बैंक व्यापारिक बैंकों की प्रथम श्रेणी के बिलों की पुनर्कटौती जिस दर पर करता है अथवा स्वीकार्य प्रतिभूतियों पर ऋण देता है, को बैंक दर की संज्ञा प्रदान की गई है। बैंक दर में परिवर्तन होने पर संपूर्ण साख प्रभावित होती है।

विदेशी मुद्रा (अनिवासी) खाता [Foreign Currency (Non Resident) Account]—भारतीय रिजर्व बैंक द्वारा विदेशी मुद्रा (अनिवासी) खाता खोलने की अनुमति विभिन्न बैंकों को 1 नवंबर, 1995 को प्रदान की गई। विदेशी मुद्रा (अनिवासी) खाते कुछ चयनित परिवर्तनशील मुद्राओं में ही खोले जा सकते हैं। नकद जमाओं के अतिरिक्त विदेशों में प्रवासरत भारतीय ड्राफ्ट, मेल ट्रांसफर, टेलीग्राफिक ट्रांसफर या चैक के द्वारा धनराशि भेज सकते हैं। जिस स्वीकृत मुद्रा में खाता रखा जाता है, ब्याज भी उसी मुद्रा में अदा किया जाता है। ब्याज पर भारतीय आयकर नहीं लगता है।

वित्त विधेयक (Finance Bill)—वित्त विधेयक में संपूर्ण वित्तीय वर्ष के लिए कर संबंधी प्रस्ताव सम्मिलित होता है। वित्त विधेयक में सरकार के लेवी समापन, करों की माफी या करों का नियमन सम्मिलित होता है। वित्त विधेयक को लागू करने के पूर्व संसद इस पर विचार करती है एवं आवश्यक संशोधन करके पारित करती है। स्मरण-पत्र (Memorandum) जिसमें वित्त विधेयक में निहित प्रावधानों का विस्तार से वर्णन होता है, बजट दस्तावेजों के साथ लोक सभा में प्रस्तुत किया जाता है। स्मरण-पत्र प्रस्तुत करने का उद्देश्य वित्त विधेयक में समाहित प्रस्तावों को सरलतम ढंग से प्रस्तुत करना होता है।

विनियोग विधेयक (Appropriation Bill)—अनुदान मांगों के लिए धन की व्यवस्था संचित कोष से की जाती है। परन्तु संचित कोष से तब तक कोई धन नहीं निकाला जा सकता है जब तक कि लोक सभा उसे पारित न कर दे। अत: अनुदान मांगों एवं भारित व्ययों को पूरा करने के लिए जो विधेयक लोक सभा में संचित कोष से धन प्राप्त करने के लिए प्रस्तुत किया जाता है, वह विनियोग विधेयक कहलाता है।

ब्याज कर (Interest Tax)—ब्याज कर वह कर होता है जो सकल ब्याज आय (Gross Interest Income) पर लगाया जाता है।

द्विपक्षीय एकाधिकार—बाजार की वह स्थिति जिसमें एकाधिकारी खरीददार का सामना एकाधिकारी विक्रेता से होता है।

सन्तुलन स्तर बिन्दु (Break Even Point)—बिन्दु जिस पर औसत आगम औसत लागत के बराबर होता है। अर्थशास्त्र में कुल लागत में सामान्य लाभ निहित होता है। इस प्रकार अर्थशास्त्र

की परिभाषा के अनुसार संतुलन स्तर बिन्दु का अर्थ शून्य लाभ नहीं है।

बजट आधिक्य (Budget Surplus)—वह बजट जिसमें कुल आगम, कुल खर्च से अधिक होता है।

व्यापार चक्र (Business Cycle)—विकसित औद्योगिक बाजार अर्थव्यवस्थाओं की सामान्य व्यापार और आर्थिक गतिविधियों में होने वाली कमोवेशी जो चक्रीय रूप में चलती है।

पूंजी (Capital)—मानव निर्मित उत्पादन का साधन, अतिरिक्त उत्पादन के लिए उत्पादित साधन—

(1) इसे आय देने वाली वास्तविक भौतिक सम्पत्ति के रूप में भी परिभाषित किया जाता है।

(2) मुद्रा, जिसे व्यवसायियों के कोष के रूप में पूंजी की वस्तुओं के उत्पादन में प्रयुक्त किया जाता है।

(3) व्यवसाय में शेयर होल्डरों के इक्विटी निवेशों का शुद्ध मूल्य।

मांग में परिवर्तन (Changes in Demand)—मांग में वृद्धि या कमी जो निम्न परिवर्तन के कारण आती है—

(1) खरीददारों की मुद्रा आय

(2) खरीददारों की रुचियां और अधिमान

(3) बाजार में खरीददारों की संख्या, और

(4) मांग में परिवर्तन को मांग वक्र के नई स्थिति पर खिसकने (Shift in Demand Curve) से इंगित किया जाता है।

मांगी गई मात्रा में परिवर्तन (Changes in Quantity Demanded)—किसी वस्तु की कीमत में परिवर्तन की प्रतिक्रिया में उसकी मांगी गई मात्रा का प्रसार या सिकुड़न, जिसे मांग वक्र के साथ गति द्वारा दिखाया जाता है। इसमें उपभोक्ता एक ही मांग वक्र पर गतिमान होता है।

पूरक वस्तुएं (Complementary Goods)—वस्तुएं जिनका आपस में सम्बन्ध इस प्रकार का होता है कि एक की मांग में वृद्धि से दूसरी की मांग बढ़ जाती है तथा एक की कीमत में बढ़ोत्तरी से दूसरे की मांग में भी कमी आ जाती है। उदाहरण के लिए—पैन और स्याही, डबल रोटी और मक्खन।

कार्पोरेशन (निगम) (Corporation)—एक प्रकार की व्यावसायिक संस्था, शेयर होल्डरों द्वारा कानूनी तौर पर बनाई गई संस्था जिसे अकृत्रिम व्यक्ति के रूप में कानून की मान्यता प्राप्त हो। इसकी मुख्य विशेषताएं हैं—शेयर होल्डरों के प्रति सीमित दायित्व, स्थायी अस्तित्व, तथा शेयरों और बाण्डों की बिक्री द्वारा पूंजी साधनों की बड़ी मात्रा जमा कर सकने की क्षमता।

लागत दबाव मुद्रास्फीति (Cost-push Inflation)—कीमतों में सामान्य वृद्धि की वह स्थिति जिसमें लागत (साधन स्वामियों को किया गया भुगतान) उत्पादकता या कुशलता से अधिक दर से बढ़ता है। आम उदाहरण मजदूरी दबाव और लाभ दबाव मुद्रास्फीति।

मन्द स्फीति (Creeping Inflation)—लम्बे वर्षों की अवधि में कीमतों के सामान्य स्तर में धीरे-धीरे किन्तु दृढ़ रूप से होने वाली वृद्धि।

करेंसी (मुद्रा) (Currency)—कागज मुद्रा जिसमें सिक्के शामिल नहीं होते।

मांग वक्र (Demand Curve)—किसी दिए गए समय में मांग के अन्य निर्धारकों के अपरिवर्तित रहने की दशा में, किसी वस्तु की मांगी गई मात्रा और उसकी कीमतों के बीच सम्बन्धों को दिखाने वाला वक्र।

मांग जमा (Demand Deposit)—बैंक में जमा राशि जिसे जमा करने वाला तुरन्त निकाल ले सकता है, इसे चैक-बुक मुद्रा भी कहते हैं।

मांग का सिद्धान्त (Law of Demand)—वह सिद्धान्त जो बताता है कि किसी वस्तु की मांगी गई मात्रा उसकी कीमत के विपरीत अनुपात के अनुसार बदलती है, यदि मांग के अन्य निर्धारक अपरिवर्तित रहें तो।

मांग अनुसूची (Demand Schedule)—मांग के अन्य निर्धारकों के अपरिवर्तित रहने की दशा में दिए गए समय में विभिन्न कीमतों पर वस्तुओं की मांगी गई मात्रा को दिखाने वाली तालिका।

व्युत्पन्न मांग (Derived Demand)—किसी उत्पाद या उत्पादन साधन की मांग जो किसी अन्य वस्तु जिसके उत्पादन में इसका प्रयोग किया जाता हो, की मांग से व्युत्पन्न हो। उदाहरण के लिए, ईंटों की मांग मकान बनाने की मांग से व्युत्पन्न मांग है और इस्पात की मांग आंशिक रूप से कारों की मांग से व्युत्पन्न है।

अवमूल्यन (Devaluation)—देश की करेंसी के विदेशी मूल्य में औपचारिक कटौती। उदाहरण के लिए यदि रुपए और डॉलर के बीच सरकारी विनिमय दर 7 रुपया = 1 डॉलर है और सरकार इस दर को 10 रुपया = 1 डॉलर करके रुपए के मूल्य में कटौती कर देती है तो यह अवमूल्यन होगा। यह देश के निर्यात को प्रोत्साहित करता है और आयात को हतोत्साहित।

ह्रासमान सीमान्त उपयोगिता का नियम (Law of Diminishing Marginal Utility)—वह सिद्धान्त जो बताता है कि किसी वस्तु की उपभोग बढ़ाने पर एक स्थिति ऐसी आ जाएगी जब अतिरिक्त उपभोग से ह्रासमान उपयोगिता प्राप्त होगी।

प्रत्यक्ष कर (Direct Tax)—वह कर जिसे आगे किसी दूसरे पर

खिसकाया नहीं जा सकता, प्रत्यक्ष कर का भार उसी व्यक्ति को सहना होता है जिस पर वह प्रारम्भ से लगाया जाता है। उदाहरण निजी आयकर, कर्मचारियों द्वारा दिया गया सामाजिक सुरक्षा कर, मृत्यु कर इत्यादि।

प्रयोज्य निजी आय (Disposable Personal Income)—निजी कर अदा करने के बाद बची आय।

द्वयअधिकार (Duopoly)—अल्पाधिकार में वह बाजार जिसमें केवल दो विक्रेता होते हैं।

लगान (Rent)—किसी भी उत्पादन साधन को उसकी न्यूनतम पूर्ति कीमत से अधिक अदायगी लगान कहलाती है। यथा कृषि भूमि पर देय लगान भूमि की उत्पादन साधन आय होती है।

वित्तीय बाजार (Financial Market)—वित्तीय बाजार से आशय मुद्रा बाजार तथा पूंजी बाजार से है। मुद्रा बाजार में अल्पकालीन प्रतिभूतियों का क्रय-विक्रय तथा पूंजी बाजार में दीर्घकालीन प्रतिभूतियों का क्रय-विक्रय होता है।

वर्ग संघर्ष (Class Struggle)—वर्ग संघर्ष **कार्ल मार्क्स** की प्रतिपादित अवधारणा है। मार्क्स के अनुसार पूंजीवादी व्यवस्था में परस्पर विरोधी वर्गों में संघर्ष होता रहता है। यह संघर्ष सर्वहारा (मजदूर) वर्ग तथा बुर्जुआ (पूंजीवादी) वर्ग के बीच होता है। वर्ग संघर्ष के द्वारा बुर्जुआ का उन्मूलन और समाजवाद की स्थापना की जा सकती है।

विनिवेश (Disinvestment)—विनिवेश से आशय सार्वजनिक क्षेत्र के उपक्रमों के अंशों का विक्रय करना है।

वास्तविक आय (Real Income)—मुद्रा आय की क्रय शक्ति। वास्तविक वस्तुओं और सेवाओं की मात्रा जिसे मुद्रा आय के द्वारा क्रय किया जा सकता है।

विशेष उत्तराधिकार (Special Drawing Rights, S.D.R.)—अंतर्राष्ट्रीय मुद्रा कोष के पास पूरक रिजर्व जो सदस्यों को कोटे के रूप में आवंटित किए जाते हैं और जो उत्तराधिकार के रूप में सर्वमान्य होते हैं। यह भुगतान शेष में घाटे के अर्थ प्रबंध में दिया जाता है। IMF (अंतर्राष्ट्रीय मुद्रा कोष) ने 1970 के प्रारम्भ में SDRs के निर्माण और जारी करने की स्कीम चलाई थी। पांच करेंसियों के समूह के आधार पर SDR का मूल्य हर रोज आकलित किया जाता है। ये करेंसियां हैं—अमेरिकी डॉलर, मार्क, पाउण्ड, फ्रैंक और येन।

विशुद्ध राष्ट्रीय उत्पाद (Net National Product, NNP)—सकल राष्ट्रीय उत्पाद में से मूल्य ह्रास या घिसाई व्यय को घटाने पर प्राप्त विशुद्ध राष्ट्रीय उत्पादन प्राप्त होता है। इसे बाजार मूल्य पर राष्ट्रीय आय भी कहा जाता है।

विशुद्ध राष्ट्रीय उत्पाद = सकल राष्ट्रीय उत्पाद –'घिसावट

शून्य बजट प्रणाली (Zero Base Budgeting)—शून्य बजट प्रणाली में गत वर्ष के व्यय का कोई उल्लेख नहीं होता है। शून्य बजट प्रणाली के पीछे यह तर्क दिया जाता है कि जो व्यय गैर-योजना व्यय के रूप में विकास कार्यों में किए जाते हैं उनका पूंजी निर्माण में कोई योगदान नहीं होता है। शून्य बजट प्रणाली का सर्वप्रथम प्रयोग सं.रा. अमेरिका में किया गया था। भारत में शून्य बजट प्रणाली मात्र एक बार 1985 में प्रचलन में लाई गई थी।

शुद्ध प्रतिस्पर्धा (Pure Competition)—वह बाजार स्थिति जिसमें कोई भी खरीददार या विक्रेता अपनी निजी निर्णयों से प्रचलित कीमत को प्रभावित नहीं कर सकता है, शुद्ध प्रतिस्पर्धा कहलाती है।

सट्टेबाजी स्वभाव (Speculative Nature)—परिसंपत्ति के अंश को मुद्रा के रूप में रखने की इच्छा जिससे ब्याज की दर से और इससे होने वाली परिसंपत्ति की कीमत में परिवर्तन का लाभ उठाया जा सके, सट्टेबाजी कहते हैं।

संसाधन बाजार (Resources Market)—उत्पादन साधनों के लिए बाजार जहां संसाधनों तथा आगतों का क्रय-विक्रय किया जाता है संसाधन बाजार कहते हैं।

सामान्य वस्तु (Normal Goods)—वह वस्तु जिसका उपभोग आय में वृद्धि के साथ बढ़ता है सामान्य वस्तु कहलाती है।

संविभाग निवेश (Portfolio Investment)—वित्तीय प्रपत्रों में अंतर्राष्ट्रीय निवेश को संविभाग निवेश कहते हैं। जब एक देश के निवेशक दूसरे देश की कंपनियों के अंशों, ऋण-पत्रों, बांडों तथा अन्य प्रतिभूतियों में धन लगाते हैं तो ऐसे निवेश को संविभाग निवेश कहते हैं।

साख संकुचन (Credit Squeeze)—साख संकुचन का अर्थ है कम मात्रा में ऋण वितरित करना। जब बैंकों द्वारा अधिक ऋण दे दिया जाता है तो बाजार में मुद्रा बढ़ जाती है। इससे वस्तुओं की मांग बढ़ जाती है, जिसके फलस्वरूप कीमतें बढ़ने लगती हैं और मुद्रास्फीति की स्थिति उत्पन्न होने लगती है। इसे रोकने के लिए केंन्द्रीय बैंक द्वारा साख संकुचन की विधि अपनायी जाती है।

स्वर्णमान (Gold Standard)—जब किसी देश की मुख्य मुद्रा स्वर्ण में परिवर्तनशील होती है अथवा मुद्रा के मूल्य को स्वर्ण में मापा जाता है तो इस मौद्रिक व्यवस्था को स्वर्णमान कहते हैं। ध्यातव्य है कि वर्तमान में किसी देश में अब स्वर्णमान नहीं है।

संयुक्त क्षेत्र (Joint Sector)—संयुक्त क्षेत्र में सरकार और निजी उद्योगपतियों का सह अस्तित्व होता है।

सार्वजनिक क्षेत्र (Public Sector)—ऐसे क्षेत्र जिनका नियमन सरकार द्वारा किया जाता है, को सार्वजनिक क्षेत्र कहा जाता है। इस क्षेत्र की समस्त आर्थिक संसाधनों पर सरकार का नियंत्रण तथा स्वामित्व होता है।

सॉफ्ट लोन (Soft Loan)—ऐसे ऋण जिन पर ब्याज की दर काफी कम होती है तथा उसको काफी लम्बे समय बाद लौटाना होता है सॉफ्ट लोन की संज्ञा प्रदान की जाती है।

स्टेगफ्लेशन (Stagflation)—अर्थव्यवस्था की वह स्थिति जिसमें मुद्रास्फीति के साथ-साथ मंदी (बेरोजगारी) की स्थिति उत्पन्न हो जाती है, स्टेगफ्लेशन कहा जाता है।

सेमी बोम्बला (Semi Bombla)—किसी देश के अर्थशास्त्रियों द्वारा तैयार किया प्रपत्र जिसके द्वारा काला धन, मुद्रा प्रसार, कीमत वृद्धि आदि की समस्याओं के समाधान हेतु सुझाव दिया जाता है को सेमी बोम्बला कहते हैं।

संपत्ति कर (Wealth Tax)—किसी व्यक्ति द्वारा संचित संपत्ति के आधार पर लगने वाले कर को संपत्ति कर की संज्ञा प्रदान की जाती है।

शुद्ध पुनरुत्पादन दर/शुद्ध प्रजनन दर (Net Re-production Rate)—शुद्ध प्रजनन दर वह दर है जिस पर किसी देश की महिला जनसंख्या स्वयं को प्रतिस्थापित करती है। यदि शुद्ध प्रजनन दर एक हो तो देश की जनसंख्या में स्थिरता की प्रवृत्ति होगी। शुद्ध प्रजनन दर के एक से अधिक होने पर जनसंख्या में वृद्धि की प्रवृत्ति तथा एक से कम होने पर जनसंख्या में कमी की प्रवृत्ति पाई जाती है।

सकल पुनरोत्पादन दर (Gross Re-production Rate)—सकल प्रजनन दर प्रजनन योग्य आयु की महिलाओं की मात्र बालिका जन्म पर आधारित आयु विशिष्ट प्रजननता दरों का योग है।

सामान्य प्रजनता दर (General Fertility Rate)—सामान्य प्रजनता दर का अभिप्राय प्रजनन योग्य आयु वाली प्रति हजार महिलाओं द्वारा जन्मित कुल जीवित शिशुओं की संख्या से है।

शाखा बैंकिंग (Branch Banking)—शाखा बैंकिंग प्रणाली के अंतर्गत किसी बैंक के एक प्रधान कार्यालय के अतिरिक्त उसकी अनेक शाखाएं संपूर्ण देश में फैली होती हैं। कभी-कभी कुछ शाखाएं देश के बाहर भी स्थापित की जाती हैं।

सकल घरेलू उत्पाद (Gross Domestic Product, GDP)—किसी देश द्वारा एक वित्तीय वर्ष में उत्पादित समस्त अंतिम वस्तुओं तथा सेवाओं के मूल्य के योग को सकल घरेलू उत्पाद की संज्ञा प्रदान की जाती है। ध्यातव्य है कि सकल घरेलू उत्पाद में विदेशों से अर्जित आय सम्मिलित नहीं होती है।

अभ्यास हेतु प्रश्न

1. पांचवें दशक के बीच के दौर में भारत द्वारा अपनाए गए महालनोबिस योजना मॉडल का लक्ष्य था—
A. दृढ़ रक्षा उद्योग के आधार का निर्माण
B. पूंजी प्रधान भारी उद्योगों की स्थापना
C. अर्थव्यवस्था में मुद्रास्फीति को रोकना
D. अल्प समय में बेरोजगारी दूर करना

2. भारत में जनसंख्या की संवृद्धि दर निम्नलिखित अवधि के दौरान ऋणात्मक थी—
A. 1901-11 B. 1911-21
C. 1921-31 D. 1931-41

3. भारत की क्रमिक पंचवर्षीय योजनाओं में आर्थिक आयोजन का सामान्य लक्ष्य निम्नलिखित में से माना जाना चाहिए—
A. तीव्र आर्थिक संवृद्धि को सुनिश्चित करना
B. रोजगार का विस्तार करना
C. आय और धन की विषमताओं को कम करना
D. आर्थिक शक्ति के केन्द्रीयकरण को रोकना

4. छठी योजना के दौरान निम्नलिखित में से किस अतिरिक्त ग्रामीण कार्यक्रम पर बल दिया गया था—
A. समन्वित ग्रामीण विकास
B. ग्रामीण साक्षरता विकास
C. ग्रामीण रेलें
D. उन्नत संचार साधन

5. भारत की द्वितीय पंचवर्षीय योजना के पूर्वार्ध की समाप्ति पर अदायगी शेष के विषय में निम्नलिखित में से कौन-सा कथन सही है—
A. आयातों की तुलना में निर्यात अधिक होने के कारण अधिशेष की स्थिति थी।
B. व्यापार से होने वाले घाटे की पूर्ति अदृश्य लेखे के अधिशेष से हुई।
C. अदायगी शेष यथावत् रहा और उसमें कोई नई समस्या खड़ी नहीं हुई।
D. विदेशी विनिमय की समस्या उठ खड़ी हुई।

6. भारत की नई कृषि प्रौद्योगिकी में हरित क्रान्ति लाने का सबसे महत्त्वपूर्ण संसाधन निम्नलिखित में से कौन-सा है—
A. उर्वरक B. HYV बीज
C. कृषि यंत्र D. सिंचाई

7. निम्नलिखित में से किस राज्य ने चकबन्दी के मामले में सबसे कम प्रगति की है—
A. बिहार B. उत्तर प्रदेश
C. पश्चिम बंगाल D. उड़ीसा

8. वर्ष 1982 से निम्नलिखित में से कौन-सी वित्तीय संस्था भारत में ग्रामीण उधार की पूर्ति एवं उसकी समग्र देखभाल में सबसे बड़ी भूमिका निभा रही है—
A. सहकारी उधार समितियां
B. क्षेत्रीय ग्रामीण बैंक
C. नाबार्ड
D. सार्वजनिक क्षेत्र के बैंक

9. सूची 1 का सूची 2 के साथ सुमेल कीजिए और सूचियों के नीचे दिए गए कूटों का उपयोग करते हुए सही उत्तर का चयन कीजिए—

सूची 1	*सूची 2*
(a) MRTP	1. विदेशी विनिमय का नियंत्रण
(b) FERA	2. औद्योगिक शांति को बढ़ावा
(c) औद्योगिक विवाद	3. अनुचित व्यापार व्यवहार का नियंत्रण
(d) धन कर	4. आर्थिक शक्ति के केन्द्रीयकरण को कम करना

कूट :	(a)	(b)	(c)	(d)
A.	1	2	3	4
B.	3	4	2	1
C.	2	4	1	3
D.	3	1	2	4

10. औद्योगिक कोटियों के अनुसार श्रमिकों के वितरण का निम्नलिखित प्रतिशत किस क्षेत्र से संबंधित है—

वर्ष	1951	1961	1971	1981
प्रतिशत	17	16	17	17

A. प्राथमिक क्षेत्र B. द्वितीयक क्षेत्र
C. तृतीयक क्षेत्र D. सरकारी क्षेत्र

11. भारत के थोक कीमत सूचकांक के निर्माण में एक नियत आधार वर्ष का प्रयोग किया जाता है। इससे आशय है—
A. आधार वर्ष में मात्राओं के नियत भार
B. आधार वर्ष में वस्तुओं की नियत कीमतें
C. वस्तुओं के परिवर्तनशील भार
D. अर्थव्यवस्था का परिवर्तनशील स्वरूप

12. लघु उद्योग के क्षेत्र में रोजगार रहा है—
A. कुल औद्योगिक रोजगार का लगभग 50%
B. आधुनिक उद्योगों द्वारा प्रदत्त रोजगार की आधी संख्या
C. कुल औद्योगिक रोजगार का लगभग 10%
D. कुल औद्योगिक रोजगार का केवल 20%

13. जुलाई, 1991 में भारत ने रुपए का अवमूल्यन किया—
A. लगभग 10% B. लगभग 15%
C. लगभग 23% D. लगभग 30%

14. 1951-2011 के दौरान भारत की GDP के क्षेत्रकीय गठन में होने वाले परिवर्तनों के बारे में निम्नलिखित में से कौन-सा सही है—
A. प्राथमिक क्षेत्रक का योगदान कम हो गया है और द्वितीयक तथा तृतीयक क्षेत्रकों के योगदान बढ़ गए हैं जिनमें से तृतीयक क्षेत्रक के योगदान में अपेक्षतया अधिक वृद्धि हुई है।
B. प्राथमिक क्षेत्रक का योगदान कम हो गया है और द्वितीयक तथा तृतीयक क्षेत्रकों के योगदान बढ़ गए हैं जिनमें द्वितीयक क्षेत्रक के योगदान में अपेक्षतया अधिक वृद्धि हुई है।
C. प्राथमिक, द्वितीयक तथा तृतीयक क्षेत्रकों के तुलनात्मक योगदानों में कोई मौलिक परिवर्तन नहीं हुआ है।
D. उपरोक्त में से कोई भी नहीं।

15. सातवें वेतन आयोग के अध्यक्ष कौन थे?
A. बी.के. चतुर्वेदी
B. सुबीर दत्ता
C. सुधाकर राव
D. इनमें से कोई नहीं

16. भारत में 1901-2011 की अवधि में स्त्री-पुरुष अनुपात 1000 से कम रहा है और इसमें गिरावट की ही प्रवृत्ति रही है जिसका कारण है—
A. इस विषय से संबंधित जैव मानक
B. शिशु जन्म के समय स्त्री को अतिरिक्त जोखिम
C. स्त्रियों की निम्न सामाजिक-आर्थिक स्थिति
D. पुरुष शारीरिक दृष्टि से स्त्रियों से अधिक मजबूत हैं इसलिए संख्या में उनसे ज्यादा हैं।

17. सूची 1 का सूची 2 के साथ सुमेल कीजिए और सूचियों के नीचे दिए गए कूटों का उपयोग करते हुए सही उत्तर का चयन कीजिए—

सूची 1 (पंचवर्षीय योजना)	*सूची 2 (योजना का स्वरूप)*
(a) दूसरी योजना	1. पुनर्वितरणमूलक योजनाओं के जरिए बेरोजगारी तथा गरीबी को कम करने की प्राथमिकता।
(b) चौथी योजना	2. भारी उद्योगों पर बल देते हुए तीव्र गति से औद्योगीकरण
(c) पांचवीं योजना	3. पंद्रह वर्षों के लिए परिप्रेक्षीय योजना
(d) छठी योजना	4. तुरन्त फलदायी परियोजनाओं तथा हल्के उद्योगों पर दिए जाने वाले बल में बदलाव।

कूट :	(a)	(b)	(c)	(d)
A.	2	4	1	3
B.	1	2	3	4
C.	3	4	1	2
D.	3	4	2	1

18. सेबी (SEBI) के ताजा दिशा-निर्देशों के तहत् कम्पनियों को अपने साधिकार निर्गम (Right Issues) की प्रक्रिया कितने दिनों में पूरी करनी होगी?
A. 33 B. 43
C. 63 D. 93

19. हाल ही में शुरू किए गये 'प्रोजेक्ट एटी' के तहत् निम्नलिखित में से किसका नवीकरण व आधुनिकीकरण किया जा रहा है?
A. छोटे बन्दरगाह B. क्षेत्रीय हवाई अड्डे
C. डाकघर D. सहकारी बैंक

20. भारत सरकार केन्द्रीय बजट से उर्वरकों पर सहायिकी की व्यवस्था कर रही है। उर्वरक सहायिकी के प्रभावों के विषय में निम्नलिखित में से कौन-सा कथन सही नहीं है—
A. इससे देश में उर्वरकों का आयात रुक गया है।
B. इसने बड़े और छोटे किसानों के बीच आय की विषमता को बढ़ा दिया है।
C. इसने कृषि विकास की क्षेत्रीय विषमता को बढ़ा दिया है।
D. इसके फलस्वरूप उर्वरकों के इस्तेमाल में वृद्धि हुई है।

21. औद्योगिक उत्पादन के सूचकांक को भारित करने की वर्तमान में प्रयुक्त व्यवस्था निम्नलिखित वर्ष के उद्योगों के वार्षिक सर्वेक्षण पर आधारित है—
A. 1980-81 B. 1960-61
C. 1970-71 D. 2011-12

22. बड़े पैमाने के उद्योगों के लिए औद्योगिक वित्त प्रदान करने का सर्वाधिक महत्त्वपूर्ण स्रोत हाल के वर्षों में रहा है—

A. पूंजी बाजार मे निर्गमित शेयर तथा डिबेंचर

B. जनता के निक्षेप

C. सार्वजनिक क्षेत्र की वित्तीय संस्थाएं

D. निजी क्षेत्र तथा विदेशी वित्तीय संस्थाएं

23. भारतीय लघु उद्योग विकास बैंक लघु उद्योगों को उधार देता है—

A. उनकी सावधि कर्ज की जरूरत का अधिक-से-अधिक 60%

B. उनकी सावधि कर्ज की जरूरत का अधिक-से-अधिक 70%

C. उनकी सावधि कर्ज की जरूरत का अधिक-से-अधिक 75%

D. उनकी सावधि कर्ज की जरूरत का अधिक-से-अधिक 80%

24. निम्नलिखित में से किस बैंक का विलय भारतीय स्टेट बैंक में कर दिया गया है?

A. स्टेट बैंक ऑफ मैसूर

B. स्टेट बैंक ऑफ सौराष्ट्र

C. स्टेट बैंक ऑफ पटियाला

D. उपरोक्त सभी

25. निम्नलिखित में से क्या मौद्रिक एवं साख नीति का इन्स्ट्रूमेंट नहीं है?

A. सार्वजनिक ऋण B. सांविधिक तरलता अनुपात

C. रेपो दर D. नकद आरक्षण अनुपात

26. भारत में वाणिज्यिक बैंकों के सांविधानिक तरलता अनुपात (SLR) को निम्नलिखित उच्चतम स्तर तक बढ़ाया जा सकता है—

A. 20% B. 25%

C. 35% D. 40%

27. निम्नलिखित घटनाओं का सही अनुक्रम क्या है—

1. आयात प्रतिस्थापन रणनीति
2. रुपए का द्वि-चरणी अवमूल्यन
3. रुपए की आंशिक परिवर्तनीयता

नीचे दिए गए कूटों का उपयोग करते हुए सही उत्तर का चयन कीजिए—

A. 1, 3, 2 B. 3, 1, 2

C. 1, 2, 3 D. 2, 1, 3

28. निम्नलिखित में से कौन-सा युग्म सही सुमेलित नहीं है—

A. EXIT नीति	आयात नियंत्रण
B. EXIM स्क्रिप	निर्यात सहायिकी
C. LERMS	रुपए की परिवर्तनीयता
D. EPZ	निर्यात संवर्धन

29. भारत के भुगतान संतुलन में निरन्तर घाटा निम्न कारण से है:

A. आयातों में निरन्तर वृद्धि

B. निर्यात में धीमी वृद्धि

C. विनिमय दर की अस्थिरता (चंचलता)

D. उपर्युक्त सभी

30. भारत में 1970 से मुद्रा की आपूर्ति की उच्च संवृद्धि का प्रमुख कारण रहा है—

A. विदेशों को दिए गए उधार में वृद्धि

B. विदेशों से लिए गए उधार में वृद्धि

C. RBI द्वारा सरकार को दिए गए उधार में वृद्धि

D. निजी क्षेत्र को बैंकों द्वारा दिए गए उधार में वृद्धि

31. सूची-I का सूची-II के साथ मिलान कीजिए और नीचे दिए कूटों में से अपना उत्तर चयन कीजिए:

सूची-I (संस्था)	सूची-II (स्थापना का वर्ष)
(a) भारतीय रिजर्व बैंक	1. 1935
(b) नाबार्ड	2. 1982
(c) योजना आयोग	3. 1950
(d) एफ.सी.आई. (F.C.I.)	4. 1964

कूट:

	(a)	(b)	(c)	(d)
A.	1	3	4	2
B.	3	4	2	1
C.	4	2	1	3
D.	2	1	3	4

32. स्वतंत्रता प्राप्ति के पश्चात भारत में GDP के प्रतिशत के रूप में प्रत्यक्ष करों का अंश—

A. लगभग 2.5% के आस-पास अवरुद्ध रहा है।

B. 50 के दशक के आरंभ में 2.5% था जो अब बढ़ते-बढ़ते लगभग 6% हो गया है।

C. 50 के दशक के आरंभ में लगभग 8% था जो अब घटकर लगभग 2.5% रह गया है।

D. कोई स्पष्ट प्रवृत्ति नहीं दर्शाता।

33. राउरकेला में इस्पात कारखाने की स्थापना किसके सहयोग से की गई है?

A. जर्मनी B. सोवियत रूस

C. जापान D. यू.के.

34. सरकार ने राजकोषीय घाटे की मात्रा को GDP के 5% तक सीमित रखने के महत्त्व पर बल दिया है। इस संदर्भ में राजकोषीय घाटे को इस रूप में परिभाषित किया गया है—

A. राजस्व और पूंजीगत दोनों प्रकार की सभी प्राप्तियों तथा व्यय का अन्तर

B. RBI द्वारा केन्द्रीय सरकार को दिए गए निवल उधार में वृद्धि

C. राजस्व प्राप्तियों, अनुदानों तथा ऋणेत्तर पूंजीगत प्राप्तियों के ऊपर कुल व्यय, जिसमें उधार को घटाने के बाद कर्जे शामिल हैं, का आधिक्य

D. राजस्व तथा पूंजीगत प्राप्तियों के ऊपर राजस्व व्यय का आधिक्य

35. भारत में राष्ट्रीय आय का अभिकलन करते समय निम्न-लिखित में से किन क्षेत्रों में Product Method का इस्तेमाल किया जाता है—

1. कृषि तथा उससे संबद्ध उद्योग
2. खनन तथा उत्खनन
3. पंजीकृत विनिर्माण
4. अपंजीकृत विनिर्माण

कूट:

नीचे दिए गए कूटों का उपयोग करते हुए सही उत्तर का चयन कीजिए—

A. 2, 3 और 4 B. 1, 2 और 3

C. 1 और 2 D. 1, 3, और 4

36. 'बिम्सटेक (BIMSTEC)' कितने देशों का पारस्परिक आर्थिक सहयोग के लिए बनाया गया संगठन है?

A. 5 B. 7

C. 9 D. 10

37. निम्नलिखित योजनाओं/कार्यक्रमों पर विचार कीजिए—

1. EAS (रोजगार आश्वासन योजना)
2. TRYSEM
3. JRY
4. RLEGP

उपर्युक्त योजनाओं/कार्यक्रमों के सूत्रपात का सही कालक्रम है—

A. 2, 4, 1, 3 B. 4, 2, 1, 3

C. 2, 4, 3, 1 D. 4, 2, 3, 1

38. विश्व बैंक की 'उदार ऋण प्रदान करने वाली खिड़की' किसे कहा जाता है?

A. अन्तर्राष्ट्रीय वित्त निगम (IFC)

B. अन्तर्राष्ट्रीय विकास संघ (IDA)

C. अन्तर्राष्ट्रीय मुद्रा कोष (IMF)

D. भारत सहायता क्लब

39. भारत में, खाद्यान्न के वितरण से संबंधित प्रादेशिक विषमाताओं के बारे में निम्नलिखित में से कौन-सा वक्तव्य सही है—

A. दक्षिणी राज्यों की तुलना में उत्तरी भारत के सभी राज्यों में खाद्यान्न की प्रति व्यक्ति उपलब्धता अधिक है।

B. भारत के राज्यों में खाद्यान्न की सर्वाधिक प्रति व्यक्ति उपलब्धता पंजाब में है।

C. भारत के राज्यों में खाद्यान्न की न्यूनतम प्रति व्यक्ति उपलब्धता असम में है।

D. दक्षिणी राज्यों में खाद्यान्न की प्रति व्यक्ति उपलब्धता राष्ट्रीय औसत से कम है।

40. निम्नलिखित में से कौन-सा भूमि सुधार उपाय भारत में पूरी तरह लागू किया जा चुका है—

A. काश्तकारी सुधार B. बिचौलियों की समाप्ति

C. भूमि-सीमा D. चकबंदी

41. सूची 1 का सूची 2 के साथ सुमेल कीजिए और सूचियों के नीचे दिए गए कूटों का उपयोग करते हुए सही उत्तर का चयन कीजिए—

सूची 1	*सूची 2*
(a) 1955	1. भारतीय निर्यात-आयात बैंक
(b) 1964	2. भारतीय औद्योगिक विकास बैंक
(c) 1982	3. भारतीय औद्योगिक वित्त निगम
(d) 1987	4. भारतीय औद्योगिक उधार तथा निवेश निगम
	5. औद्योगिक तथा वित्तीय पुनर्निर्माण बोर्ड

कूट :	(a)	(b)	(c)	(d)
A.	2	3	1	5
B.	4	2	3	1
C.	2	4	3	5
D.	4	2	1	5

42. भारत सरकार ने सार्वजनिक क्षेत्र के कतिपय उपक्रमों में अपने इक्विटी धारण का विनिवेश किया है। इससे उत्पन्न निधियों को—

A. उन उपक्रमों के विकास में खर्च कर दिया गया है।

B. सरकार ने राजकोषीय घाटे को कम करने के लिए इस्तेमाल कर लिया है।
C. सार्वजनिक क्षेत्र के उपक्रमों को कर्ज के तौर पर दे दिया है।
D. सार्वजनिक क्षेत्र के उपक्रमों के घाटों को पूरा करने के काम में किया गया है।

43. महात्मा गांधी रोजगार गारंटी अधिनियम सबसे पहले लागू की गई थी—
A. ओडिशा में B. आंध्र प्रदेश में
C. उत्तर प्रदेश में D. पंजाब में

44. जहां तक भारत का संबंध है, चालू खाते की परिवर्तनीयता के निम्नलिखित में से कौन-से प्रभाव होंगे—
1. सभी चालू व्यावसायिक व्यावहारों के लिए विदेशी मुद्रा की उपलब्धियों का पर्याप्त उदारीकरण
2. यात्रा के लिए विदेशी मुद्रा का उदारीकरण
3. पूंजीगत वस्तुओं के आयात उदारीकरण
4. विदेशी मुद्रा के हवाला लेन-देनों की समाप्ति में सहायता
नीचे दिए गए कूट का प्रयोग करते हुए सही उत्तर का चयन कीजिए—
A. 1, 2 और 4 B. 1, 2, 3 और 4
B. 3 और 4 D. 1 और 2

45. क्षेत्रीय ग्रामीण बैंक का प्रमुख उद्देश्य है—
A. ग्रामीण क्षेत्र के छोटे और सीमान्त किसानों, खेतिहर मजदूरों और शिल्पियों को उधार एवं अन्य सुविधाएं प्रदान करना।
B. ग्रामीण क्षेत्रों के आम आदमियों को उधार प्रदान करना।
C. भारतीय कृषि पुनर्वित्त निगम के कामों को अपने हाथ में ले लेना।
D. अनुसूचित वाणिज्यिक बैंकों के पूरक की भूमिका अदा करना

46. निम्नलिखित में से कौन-सा वर्ष भारत की किसी पंचवर्षीय योजना में शामिल नहीं था?
A. 1968-69 B. 1971-72
C. 1965-66 D. 1981-82

47. लंदन शेयर बाजार के शेयर बाजार सूचकांक का नाम .... है।
A. सेंसेक्स B. FTSE
C. निफ्टी D. इनमें से कोई नहीं

48. निम्नलिखित वित्त संस्थाओं पर विचार कीजिए—
1. IFCI 2. UTI
2. GIC 4. ICICI
इनके अस्तित्व में आने का सही कालक्रम है—
A. 1, 4, 3, 2 B. 4, 1, 2, 3
C. 4, 1, 3, 2 D. 1, 4, 2, 3

49. मुम्बई स्टॉक एक्सचेंज के संवेदी सूचकांक का आधार वर्ष है—
A. 1985-86 B. 1980-81
C. 1978-79 D. 1970-71

50. व्यावसायिक ढांचा से अभिप्राय है—
A. देश में रहने वाले श्रमिकों की संख्या
B. उद्योग क्षेत्रों में कार्यशील जनसंख्या का परिणाम
C. कार्यशील जनसंख्या का विभिन्न व्यवसायों के बीच वितरण
D. अर्थव्यवस्था के विभिन्न क्षेत्रों का स्वरूप

51. निम्नलिखित कानूनों पर विचार कीजिए—
1. भारतीय श्रमिक संघ अधिनियम
2. मजदूरी अदायगी अधिनियम
3. न्यूनतम मजदूरी अधिनियम
भारत में इन अधिनियमों का सही कालानुक्रम है—
A. 1, 3, 2 B. 1, 2, 3
C. 2, 1, 3 D. 2, 3, 1

52. केन्द्रीय मूल्यवर्द्धित कर (CENVAT) आरोपित किया जाता है—
A. सीधे उपभोक्ताओं पर
B. उत्पादन के केवल अन्तिम चरण पर
C. उत्पादन के केवल प्रारम्भिक चरण पर
D. उत्पादन और अन्तिम बिक्री के मध्य प्रत्येक चरण पर

53. सर्वप्रथम क्षेत्रीय ग्रामीण बैंक की शुरुआत कब हुई—
A. 1955 B. 1965
C. 1975 D. 1980

54. भारत में कागजी मुद्रा जारी करने का एकाधिकार किसे होता है—
A. व्यापारिक बैंक B. केन्द्रीय बैंक
C. वित्त मंत्रालय D. उपर्युक्त सभी

55. भारत की पहली औद्योगिक नीति की घोषणा हुई—
A. अप्रैल, 1948 B. मई, 1948
C. जून, 1948 D. मार्च, 1948

56. लीड बैंक योजना का मुख्य उद्देश्य है—
A. बड़े उद्योग को ऋण देना
B. कृषि क्षेत्र को ऋण देना
C. कुटीर उद्योगों को ऋण प्रदान करना
D. जिले में अग्रणी बैंक द्वारा साख नीतियों का नियोजन और नियमन करना

57. सबसे अधिक जन घनत्व वाला राज्य है—
A. महाराष्ट्र B. केरल
C. बिहार D. आन्ध्र प्रदेश

58. दूसरी योजना का मुख्य उद्देश्य था—
A. कृषि विकास
B. गरीबी उन्मूलन
C. आधुनिकीकरण
D. भारी और बुनियादी उद्योगों की स्थापना

59. राष्ट्रीय आयोजन समिति 1938 के अध्यक्ष थे—
A. दादाभाई नौरोजी B. वी.के.आर.वी. राव
C. पी.सी. महालनोविस D. जवाहरलाल नेहरू

60. भारत के सन्दर्भ में विकास की हिन्दू दर का विचार किसने दिया—
A. रामकृष्ण B. विश्वैसरैया
C. पी.आर. ब्रह्मानन्द D. इन्द्राणी रहमाण

61. भारत में सहकारी संस्थाओं का योगदान रहा है—
A. ग्रामीण विकास B. कृषि यंत्रीकरण
C. कृषि विपणन D. संस्थागत साख विस्तार

62. कृषि क्षेत्र में दीर्घकालीन साख (ऋण) देने वाली संस्था है—
A. प्राथमिक कृषि साख समितियां
B. भूमि विकास बैंक
C. वाणिज्यिक बैंक
D. क्षेत्रीय ग्रामीण बैंक

63. भारत में काश्तकारी सुधारों में शामिल है—
A. लगान का नियमन
B. काश्त अधिकार की सुरक्षा
C. काश्तकारों के स्वामित्व का अधिकार
D. उपरोक्त सभी

64. भारत में MODVAT कब से लागू किया गया—
A. 1985-86 B. 1984-85
C. 1986-87 D. 1987-88

65. कृषि आय पर कर कौन लगाता है—
A. केन्द्र सरकार B. राज्य सरकार
C. स्थानीय निकाय D. ग्राम पंचायत

66. भारत के पास कुल विश्व भूमि का कितना प्रतिशत है—
A. 2.4 B. 3.4
C. 1.4 D. 4.4

67. मुद्रा के मूल्य में परिवर्तन (मुद्रास्फीति) की माप करता है —
A. प्रतिभूति कीमत सूचकांक
B. उपभोक्ता मूल्य सूचकांक
C. थोक मूल्य सूचकांक
D. उत्पादन सूचकांक

68. शून्य शुद्ध विदेशी सहायता से अभिप्राय है—
A. योजनाओं की वित्तीय संसाधन जुटाने के लिए विदेशों पर निर्भर न रहना।
B. विदेशी ऋण पर आश्रित न होना
C. पुराने ऋणों का भुगतान करना
D. अंतर्राष्ट्रीय मौद्रिक संस्थाओं से ऋण न लेना

69. वर्तमान में केन्द्र सरकार के राजस्व की सर्वाधिक राशि किस मद पर खर्च होती है—
A. सुरक्षा B. अनुदान
C. ब्याज भुगतान D. शिक्षा

70. राष्ट्रीय आय समिति के अध्यक्ष थे—
A. जवाहरलाल नेहरू B. पी.सी. महालनोविस
C. डॉ. राजेन्द्र प्रसाद D. उपरोक्त में कोई नहीं

71. GDR का पूरा नाम है–
A. Gross Domestic Revenue
B. Global Domestic Ratio
C. Global Depository Receipts
D. Global Depository Revenue

72. औद्योगिक विकास नियमन अधिनियम बनाया गया—
A. 1950 B. 1951
C. 1952 D. 1953

73. ''वैल्यू एंड कैपिटल'' के लेखक है—
A. जे.आर. हिक्स B. हिगिन्स
C. जे.बी. क्लार्क D. स्टिगलर

74. भारत में साख नियंत्रण की कौन-सी विधि अधिक प्रभावी है ?
A. गुणात्मक B. मात्रात्मक
C. बैंक दर D. उपर्युक्त में से कोई नहीं

75. फेडरल रिजर्व .... का वित्तीय संगठन है।
A. यू.एस.ए. B. ब्रिटेन
C. फ्रांस D. जापान

76. कृषि कीमत आयोग की स्थापना कब हुई थी—
A. 1960 B. 1965
C. 1967 D. 1964

77. जिस कीमत पर FCI अपने खाद्यान्न को सार्वजनिक वितरण के लिए देता है उसे कहते हैं—
A. समर्थन कीमत B. वैधानिक न्यूनतम कीमत
C. जारी कीमत D. वसूली कीमत

78. प्रथम पंचवर्षीय योजना के सफलता का मुख्य कारण था—
A. भूमि सुधार B. मानसून की अनुकूलता
C. औद्योगिक विकास D. सिंचाई के साधनों में वृद्धि

79. तृतीय योजना के बाद तीन वर्षों के लिए एक वर्षीय योजना बनाने का मुख्य कारण था—
A. तृतीय योजना की सफलता
B. तीव्र अल्पकालीन विकास करना
C. साधनों का अभाव
D. उपरोक्त में से कोई नहीं

80. बैंकिंग नियमन अधिनियम के अनुसार रिजर्व बैंक नकद शेष (CRR) में अधिकतम परिवर्तन कर सकता है—
A. 13% B. 14%
C. 15% D. 16%

81. हरित क्रांति की सफलता का सर्वाधिक महत्त्वपूर्ण कारण है —
A. उर्वरक B. उन्नत किस्म के बीज
C. सिंचाई D. उपरोक्त में कोई नहीं

82. भारत में चीनी उद्योग की अवस्थिति प्रभावित होती है—
A. बाजार से B. कच्चे माल से
C. श्रम से D. उपरोक्त में कोई नहीं

83. भारत में सार्वजनिक क्षेत्र में घाटे का प्रमुख कारण माना जाता है—
A. अनुपयुक्त मूल्य नीति
B. प्रबंध-श्रम संबंध अच्छे न होना
C. प्रोत्साहन का अभाव
D. प्रोजेक्ट के क्रियान्वयन में विलम्ब तथा लागत में वृद्धि

84. भारत में निम्नलिखित में से कौन-सा संगठन बाजार विनियामक के रूप में जाना जाता है?
A. IBA B. SEBI
C. AMFI D. NSDL

85. सातवीं योजना में किन दो रोजगार योजना को मिलाकर जवाहर रोजगार योजना निर्मित की गई—
A. TRYSEM और SCP
B. IRDP और NREP
C. IRDP और RLEGP
D. NREP और RLEGP

86. नाबार्ड की स्थापना हुई थी—
A. मई, 1982 B. जून, 1982
C. जुलाई, 1982 D. अगस्त, 1982

87. निम्नलिखित में से किस पद का प्रयोग बैंकिंग क्षेत्र में नहीं होता है?
A. SLR B. NPA
C. क्रेडिट रेटिंग D. PURA

88. किस वर्ष एकीकृत ग्रामीण विकास कार्यक्रम की शुरुआत की गई—
A. 1977-78 B. 1978-79
C. 1979-80 D. 1980-81

89. RBI किस नोट को जारी नहीं करता—
A. एक रुपया B. दो रुपया
C. दस रुपया D. पांचे रुपया

90. MRTP कानून कब से लागू की गई—
A. 1968 B. 1969
C. 1970 D. 1971

91. RBI की स्थापना कब हुई—
A. 1935 B. 1940
C. 1923 D. 1950

92. नीति आयोग एक संस्था है—
A. संवैधानिक B. परामर्शवादी
C. कानूनी D. वाणिज्यिक

93. हरित क्रांति की शुरुआत हुई—
A. 1970-71 B. 1966-67
C. 1965-66 D. 1966-69

94. 1991 में रुपए का अवमूल्यन किया गया—
A. एक चरण में B. दो चरणों में
C. तीन चरणों में D. चार चरणों में

95. बैंकिंग क्षेत्र निम्नलिखित में से किस क्षेत्र के अन्तर्गत आएगा?
A. कृषि क्षेत्र B. सेवा क्षेत्र
C. विनिर्माण D. औद्योगिक क्षेत्र

96. राज्य सरकार के राजस्व का मुख्य स्रोत है—
A. बिक्रीकर B. भूमिकर
C. मनोरंजन कर D. राज्य उत्पादन शुल्क

97. भारत में सामुदायिक विकास कार्यक्रम की शुरुआत कब हुई—
A. 1955 B. 1962
C. 1950 D. 1952

98. वह खाता जिसमें शेयरों का इलेक्ट्रॉनिक रूप में व्यापार किया जाता है, उसे .... कहते हैं।
A. डिमैट खाता B. NRI खाता
C. NRIO खाता D. इनमें से कोई नहीं

99. भारत में बचत का मुख्य स्रोत है—
A. सार्वजनिक क्षेत्र B. निगमित क्षेत्र
C. विदेशी क्षेत्र D. घरेलू क्षेत्र

100. भारत में अधिकांश अदृश्य बेरोजगारी पाई जाती है—
A. कृषि में B. व्यापार में
C. उद्योग में D. यातायात में

101. भारत सरकार को सबसे अधिक आय मिलती है—
A. निगम कर B. सीमा शुल्क
C. आय कर D. उत्पाद शुल्क

102. कृषि उत्पादों के न्यूनतम समर्थन मूल्य का निर्धारण करता है—
A. कृषि मूल्य आयोग
B. योजना आयोग
C. कृषि लागत एवं मूल्य आयोग
D. वित्त मंत्रालय

103. भारतीय अर्थव्यवस्था है—
A. मिश्रित B. पूंजीवादी
C. समाजवादी D. साम्यवादी

104. वर्तमान में RBI निम्न पद्धति के आधार पर नोट जारी करता है—
A. न्यूनतम कोष पद्धति
B. शत-प्रतिशत कोष पद्धति
C. आनुपातिक कोष पद्धति
D. उपरोक्त में से कोई नहीं

105. निम्न पंचवर्षीय योजना में विकास दर अधिकतम रही है—
A. द्वितीय B. तृतीय
C. पांचवीं D. आठवीं

106. निम्न कर से प्राप्त आय राज्यों में नहीं बांटी जाती—
A. संघीय उत्पाद शुल्क B. आय कर
C. सम्पत्ति कर D. निगम कर

107. बजट एक यंत्र है—
A. राजकोषीय नीति का B. मौद्रिक नीति का
C. आर्थिक नीति का D. निर्यात नीति का

108. भारतीय मौद्रिक प्राधिकरण का मतलब है—
A. वित्त मंत्रालय B. नीति आयोग
C. भारतीय रिजर्व बैंक D. उपरोक्त में से कोई नहीं

109. स्टेट बैंक की स्थापना किसकी संस्तुति पर हुई—
A. ग्रामीण जांच आयोग
B. श्राफ समिति
C. गोरवाला समिति
D. बैंकिंग जांच आयोग

110. भारत में न्यूनतम आवश्यकता कार्यक्रम चलाया गया था—
A. द्वितीय पंचवर्षीय योजना में
B. तृतीय पंचवर्षीय योजना में
C. पांचवीं पंचवर्षीय योजना में
D. उपरोक्त में से कोई नहीं

111. भारत में सबसे बड़ा राष्ट्रीयकृत बैंक है—
A. सेंट्रल बैंक ऑफ इंडिया
B. रिजर्व बैंक ऑफ इंडिया
C. स्टेट बैंक ऑफ इंडिया
D. बैंक ऑफ इंडिया

112. वर्ष 1921 को भारत में 'बड़े विभाजन' के वर्ष के रूप में जाना जाता है, क्योंकि इस वर्ष में—
A. भारत के विनियोग की वृद्धि में उल्लेखनीय परिवर्तन हुआ।
B. भारत को औद्योगिक क्षेत्रों में विभाजित किया गया।
C. भारत को कृषि क्षेत्रों में विभाजित किया गया।
D. भारत की जनसंख्या की वृद्धि दर में उल्लेखनीय परिवर्तन हुआ।

113. चौदह बड़े वाणिज्य बैंकों का राष्ट्रीयकरण किया गया था—
A. जुलाई, 1969 में B. अगस्त, 1970 में
C. जुलाई, 1968 में D. जनवरी, 1969 में

114. भारत सबसे बड़ा उत्पादक एवं निर्यातक है—
A. रुई का B. तांबा का
C. चाय का D. माइका का

115. भारत सरकार के लिए राष्ट्रीय आय संकलन कौन तैयार करता है?
A. N.S.S.O. B. C.S.O.
C. वित्त मंत्रालय D. नीति आयोग

116. भारत में कृषि क्षेत्र के संस्थागत साख के स्रोत हैं—
A. क्षेत्रीय ग्रामीण बैंक B. सहकारी बैंक
C. वाणिज्यिक बैंक D. उपर्युक्त सभी

117. भारत का सबसे पुराना और बड़े पैमाने का उद्योग है—
A. लोहा और इस्पात उद्योग
B. सूती वस्त्र उद्योग

C. अभ्रक उद्योग
D. जूट उद्योग

118. निम्नलिखित में से कौन-सा बैंकों में जोखिम प्रबन्ध का एक उपाय नहीं है?
A. CRR B. RTGS
C. SLR D. जमा बीमा

119. निम्न में से किसने भारत में सर्वप्रथम निर्धनता के अनुमान लगाए?
A. राष्ट्रीय योजना आयोग
B. प्रो. दाण्डेकर एवं प्रो. रथ
C. प्रो. वी.के.आर.वी. राव
D. डॉ. मनमोहन सिंह

120. चाय भारत का परम्परागत निर्यात है। विदेशी बाजारों में इसकी मांग की आय लोच का मान होगा—
A. बहुत अधिक B. ऋणात्मक
C. अल्प D. अनंत

121. ग्रामीण विकास मंत्रालय के अन्तर्गत आने वाले एक स्वायत्त संगठन का संक्षिप्त नाम निम्नलिखित में से कौन-सा है?
A. NIMI B. IGNOU
C. CAPART D. NPCIL

122. भारत में हरितक्रांति किन फसलों के संदर्भ में सम्पन्न हुई है —
A. गेहूं, चना तथा दलहन
B. गेहूं, चना तथा मक्का
C. गेहूं, तिलहन तथा दलहन
D. गेहूं तथा चावल

123. ''एशियन ड्रामा'' के रचयिता हैं—
A. जे.के. ग्रेलब्रेथ B. एस. कुजनेट्स
C. जी. मिर्डल D. आर.के. नारायण

124. भारत में आदान-प्रदान (Input-Output) मॉडल का उपयोग प्रथम बार किस परियोजना के निर्माण में किया गया?
A. द्वितीय योजना B. तृतीय योजना
C. चतुर्थ योजना D. पांचवीं योजना

125. भारत के निर्यात व्यापार में निर्मित सामान का प्रतिशत हाल के वर्षों में रहा है—
A. 75% से अधिक
B. 70 से 75% के बीच
C. 60 और 70% के बीच
D. 50% से कम

126. निम्नलिखित में से कौन भारतीय अर्थव्यवस्था के वैश्वीकरण से जुड़ा हुआ नहीं है?
A. भारतीय रुपए को परिवर्तनीय बनाना
B. तटकरों को कम करना
C. सार्वजनिक क्षेत्र की पूंजी का विनियोग
D. WTO की सदस्यता स्वीकार करना

127. भारत में कर सुधारों का उद्देश्य निम्नांकित में से कौन-सा नहीं है?
A. सीमा शुल्क दरों की बहुलता में कमी।
B. कर अनुपालन में सुधार।
C. कर आधार को विस्तृत करना।
D. कुल कर राजस्व में अप्रत्यक्ष करों के भाग में वृद्धि करने के तरीकों को सुझाना।

128. भारत के निर्यात व्यापार में सबसे महत्त्वपूर्ण मद हाल के वर्षों में रही है—
A. सिले-सिलाए वस्त्र B. पेट्रोलियम उत्पाद
C. चमड़े के सामान D. हस्तशिल्प

129. भारत सरकार के लिए निम्नलिखित में से क्या सत्य है—
A. प्रत्यक्ष और अप्रत्यक्ष करों का कुल करों में हिस्सा बराबर है।
B. प्रत्यक्ष करों का हिस्सा बढ़ा है और अप्रत्यक्ष करों का हिस्सा तेजी से गिरा है।
C. प्रत्यक्ष करों का हिस्सा अप्रत्यक्ष करों के हिस्से की तुलना में दोगुना है।
D. प्रत्यक्ष करों का हिस्सा अप्रत्यक्ष करों के हिस्से की तुलना में एक-तिहाई है।

130. यदि सरकार द्वारा दिया गया ब्याज प्राथमिक घाटे में जोड़ दिया जाए तो वह बराबर होगा—
A. राजकोषीय घाटा के B. बजट घाटे के
C. मौद्रिक घाटे के D. राजस्व घाटे के

131. 'करेंसी फ्यूचर्स' कारोबार किस स्टॉक एक्सचेंज में सर्वप्रथम शुरू किया गया था?
A. बी.एस.ई.
B. एन.एस.ई.
C. एम.सी.एक्स एस एक्स
D. इनमें से कोई नहीं

132. हाल के वर्षों में भारत के संघीय बजट दिखाते हैं—
A. आगम खाते में संतुलन की स्थिति।
B. आगम खाते में अतिरेक जो पूंजी खाते में ले जाया गया।

C. आगम खाते में घाटा जिसको पूंजीगत प्राप्तियों से पूरा किया गया।
D. बाजार ऋणों पर घटती हुई निर्भरता

133. भारत की द्वितीय पंचवर्षीय योजना में निवेश का स्वरूप निर्धारित किया—
A. प्रो. एन. काल्डार ने B. वी.के.आर.वी. राव ने
C. हैरोड ने D. प्रो. पी.सी. महालनोविस ने

134. मानव विकास सूचकांक की दृष्टि से सबसे आगे रहने वाला राज्य है—
A. पंजाब B. महाराष्ट्र
C. केरल D. तमिलनाडु

135. 'ट्रेड एण्ड डेवलपमेंट रिपोर्ट' का प्रकाशन किस संस्था द्वारा किया जाता है?
A. अन्तर्राष्ट्रीय मुद्राकोष B. विश्व बैंक
C. विश्व व्यापार संगठन D. अंकटाड

136. भारतीय रिजर्व बैंक का राष्ट्रीयकरण हुआ—
A. 1935 में B. 1949 में
C. 1951 में D. 1956 में

137. हाल के वर्षों में भारत में प्रत्यक्ष कर सुधारों के पीछे मूल दर्शन रहा है—
A. नरम दरों का चयन करना
B. विस्तृत कर आधार प्राप्त करना
C. अधिक अच्छा कर प्रशासन सुनिश्चित करना
D. उपरोक्त सभी

138. भारत के पिछले 5 वर्षों में सरकारी आय में योगदान देने के दृष्टिकोण से निम्नांकित को अवरोही क्रम में रखिए तथा कूट के सही उत्तर संकेतिक कीजिए—
1. उत्पाद कर 2. आय कर
3. सीमा शुल्क 4. निगम कर
कूट—
A. 1, 2, 3 तथा 4 B. 4, 2, 1 तथा 3
C. 3, 1, 2, तथा 4 D. 2, 4, 1 तथा 3

139. भारत में गरीबी की परिभाषा का आधार है—
A. प्रतिव्यक्ति मौद्रिक आय
B. अनाज की प्रतिव्यक्ति उपलब्धि
C. खुराक की कैलोरी मात्रा
D. रोटी, कपड़ा और मकान

140. भारतीय अर्थव्यवस्था में किस काल में योजना अवकाश रहा?
A. 1947-51 B. 1963-66
C. 1966-69 D. 1977-79

141. हाल के वर्षों में भारतीय अर्थव्यवस्था के किस क्षेत्र में अपेक्षाकृत अधिक वृद्धि हुई है?
A. तृतीयक क्षेत्र B. द्वितीयक क्षेत्र
C. प्राथमिक क्षेत्र D. सार्वजनिक क्षेत्र

142. केन्द्र सरकार ने बी.के. चतुर्वेदी की अध्यक्षता में एक समिति का गठन किस क्षेत्र की कम्पनियों की आर्थिक स्थिति की समीक्षा के लिए किया था?
A. इलेक्ट्रॉनिक्स B. विद्युत
C. पेट्रोलियम D. संचार

143. भारत में निम्न में से किस राज्य में बैंकों की शाखाएं सर्वाधिक हैं?
A. महाराष्ट्र B. गुजरात
C. प. बंगाल D. उ.प्र.

144. केन्द्र सरकार द्वारा प्रत्येक रुपया उगाही में, निम्न में से किसका हिस्सा सर्वाधिक है?
A. आन्तरिक ऋण B. सीमा शुल्क
C. उत्पाद शुल्क D. आय कर

145. भारत की खाद्यान्न उत्पादन में निम्न में से किसका हिस्सा सर्वाधिक है?
A. चावल B. गेहूं
C. मोटा अनाज D. दाल

146. नाबार्ड (NABARD) की स्थापना की गई है—
A. किसानों को ऋण प्रदान करने के लिए
B. कृषि साख संस्थाओं को पुनर्वित्त प्रदान करने के लिए
C. कृषि विकास में सहायता के लिए
D. उपर्युक्त सभी कार्यों के लिए

147. पूर्व योजनाओं की अपेक्षा आठवीं पंचवर्षीय योजना में एक महत्त्वपूर्ण परिवर्तन रहा है—
A. सार्वजनिक क्षेत्र पर होने वाले व्यय में महत्त्वपूर्ण कमी
B. उपरिनिवेश के क्षेत्रों में सार्वजनिक विनियोग का संकेद्रण
C. निर्यात में वृद्धि के उद्देश्य से कृषि में भारी विनियोग
D. उन क्षेत्रों में, जिनमें चिरकालीन औद्योगिक रुग्णता है, भारी विनियोग

148. निम्नलिखित में से किस पंचवर्षीय योजना में मानव संसाधन के विकास को सभी विकास प्रयत्नों का केन्द्र बिन्दु माना गया है—
A. आठवीं योजना B. सातवीं योजना
C. पांचवीं योजना D. तृतीय योजना

149. भारत में वित्त आयोग सामान्यतया कितने वर्षों के पश्चात गठित किया जाता है?
A. पांच वर्ष
B. चार वर्ष

C. तीन वर्ष
D. इस संबंध में कोई निश्चित अवधि नहीं है।

150. भारत में कृषि आय कर निम्नलिखित सरकारों में से किस सरकार द्वारा लगाया जा सकता है—
A. सिर्फ केन्द्र सरकार द्वारा
B. सिर्फ राज्य सरकार द्वारा
C. केन्द्र एवं राज्य दोनों सरकारों द्वारा
D. न तो केन्द्र सरकार, न राज्य सरकार द्वारा

151. ''कार्य के बदले अनाज'' कार्यक्रम—
A. एक ऐसा कार्यक्रम है जिसमें श्रमिक से बिना कार्य लिए उसको अनाज खैरात में दे दिया जाता है।
B. एक ऐसा कार्यक्रम है जिसमें मजदूरी नकद रूप में नहीं दी जाती है बल्कि अनाज के रूप में दी जाती है।
C. एक ऐसा कार्यक्रम है जिसमें श्रमिकों को अनाज प्रदान करने पर बल दिया जाता है।
D. एक ऐसा कार्यक्रम है जिसमें अनाज कार्य की मात्रा को निर्धारित करता है।

152. 'ट्राई' (TRAI) निम्नलिखित में से किस क्षेत्र का नियामक निकाय है?
A. विद्युत् B. बीमा
C. पूँजी बाजार D. दूरसंचार

153. राष्ट्रीय आय समिति की नियुक्ति कब हुई—
A. 1949 में B. 1950 में
C. 1951 में D. 1952 में

154. योजना के उद्देश्य के रूप में आत्मनिर्भरता को प्रथम बार किस योजना में स्थान दिया गया—
A. द्वितीय योजना B. प्रथम योजना
C. तृतीय योजना D. चौथी योजना

155. स्वतंत्रता के बाद चीनी उद्योग के विकास की उल्लेखनीय प्रगति निम्नलिखित क्षेत्र में से किसमें हुई?
A. निजी क्षेत्र B. सार्वजनिक क्षेत्र
C. सहकारी क्षेत्र D. इनमें से कोई नहीं

156. RBI किस विधि द्वारा साख सृजन को संकुचित कर सकता है?
A. बैंक दर बढ़ा कर
B. नकद आरक्षण अनुपात कम करके
C. सरकारी प्रतिभूतियां बैंकों से खरीद कर
D. बैंक दर घटा कर

157. भारत में नीति आयोग का गठन कब हुआ?
A. 2015 में B. 1951 में
C. 1952 में D. 1949 में

158. प्रधानमंत्री रोजगार योजना किस वर्ष में प्रारंभ की गई थी?
A. 1984-85 B. 1987-88
C. 1990-91 D. 1993-94

159. चतुर्थ योजना की सही अवधि क्या थी?
A. 1969-74 B. 1967-72
C. 1968-73 D. 1970-75

160. विशेष आहरण अधिकार (SDR) मूलत: सम्बंधित है–
A. भारतीय स्टेट बैंक से
B. भारतीय रिजर्व बैंक से
C. विश्व बैंक से
D. अन्तर्राष्ट्रीय मुद्राकोष से

161. भारतीय संविधान के किस अनुच्छेद के अंतर्गत केन्द्रीय बजट पेश किया गया है?
A. 110 B. 111
C. 112 D. 122

162. निम्नलिखित में से कौन मानवीय विकास सूचकांक का तत्व नहीं है?
A. शिक्षा B. जीवन प्रत्याशा
C. समंजित प्रतिव्यक्ति आय D. निर्धनता रेखा

163. विश्व व्यापार संगठन की स्थापना हुई—
A. 1995 में B. 1994 में
C. 1993 में D. 1996 में

164. भारत में वित्तीय क्षेत्र के सुधारों में समाविष्ट है:
A. सी.आर.आर. तथा एस.एल.आर. को कम करना।
B. बीमा क्षेत्र में निजी फर्मों का प्रवेश।
C. ब्याज दर का विनियमन।
D. उपर्युक्त सभी।

165. भारत में पहली बार 'शून्य-आधार' बजट किस वित्त मंत्री के कार्यकाल में पारित हुआ?
A. पी. चिदम्बरम् B. डॉ. मनमोहन सिंह
C. वी.पी. सिंह D. जसवन्त सिंह

166. राष्ट्रीय ग्रामीण रोजगार गारण्टी अधिनियम (NREGA) कब प्रारंभ की गयी थी?
A. 2 फरवरी, 2006 B. 2 फरवरी, 2005
C. 2 फरवरी, 2004 D. 2 फरवरी, 2003

167. अन्नपूर्णा योजना को आरंभ किया गया है—
A. 1999-2000 के बजट में
B. 1998-1999 के बजट में
C. 1993-1994 के बजट में
D. 1977-1978 के बजट में

168. सार्वजनिक प्रतिष्ठानों के लिए विनिवेश आयोग की स्थापना की गई थी—

A. 1994 B. 1995
C. 1996 D. 1997

169. भारत के किस राज्य में अब जनगणना की तर्ज पर मौतों की गणना का कार्य भी पहली बार प्रारंभ किया गया है?

A. कर्नाटक में B. केरल में
C. महाराष्ट्र में D. राजस्थान में

170. योजना में कोर सैक्टर का तात्पर्य है–

A. कृषि
B. रक्षा
C. लोहा एवं इस्पात उद्योग
D. चयनित आधारभूत उद्योग

171. GNP और GDP में अन्तर है–

A. सकल विदेशी विनियोग का
B. शुद्ध विदेशी विनियोग का
C. शुद्ध निर्यात का
D. विदेशों से शुद्ध साधन आय का

172. राष्ट्रीय चीनी संस्थान किस शहर में स्थित है?

A. नासिक B. कानपुर
C. नई दिल्ली D. मुम्बई

173. भारतवर्ष में तदर्थ ट्रेजरी बिलों की पद्धति के स्थान पर अर्थोपाय प्रणाली (Wags and Mens Advances) लागू की गई—

A. 1995 B. 1996
C. 1997 D. 1998

174. भारतवर्ष की राष्ट्रीय आय का अनुमान, निम्नलिखित में से सर्वप्रथम किसने लगाया था?

A. के.एन. राज B. वी.के.आर.वी. राव
C. दादाभाई नौरोजी D. पी.सी. महालनोबिस

175. सन् 1980-81 से भारत के कृषि क्षेत्र में सार्वजनिक विनियोग लगातार—

A. बढ़ रहा है। B. घट रहा है।
C. स्थिर रहा है। D. अस्थिर है।

176. भारत में अल्प बचत संगठन द्वारा इकट्ठे किए गए संसाधनों का सबसे अधिक हिस्सा किसको प्राप्त होता है?

A. राज्य सरकारों को
B. संघ सरकार को
C. शहरी स्थानीय निकायों को
D. ग्राम पंचायतों को

177. स्थिर मूल्यों पर राष्ट्रीय आय का आकलन करने के लिए वर्तमान समय में आधार वर्ष है—

A. 2004-05 B. 1991-92
C. 1990-91 D. इनमें से कोई नहीं

178. 13वें वित्त आयोग की सिफारिशों के अनुसार शेयर किए जा सकने वाले केन्द्रीय करों की कुल आगम राशियों में राज्य सरकारों का हिस्सा कितना होगा?

A. 15% B. 20.5%
C. 22% D. 32.0%

179. वर्तमान में भारत के कुल निर्यात में कृषि उत्पाद के निर्यात का हिस्सा है—

A. 0.5% B. 6.10%
C. 11.15% D. 10%

180. गंगा कल्याण योजना का उद्देश्य है—

A. जल प्रदूषण को रोकना।
B. गरीबी रेखा के नीचे की महिलाओं की सहायता करना।
C. गरीब किसानों को सिंचाई की सुविधा उपलब्ध कराना।
D. उत्तर प्रदेश में शिशु मृत्यु-दर को कम करना।

181. निम्नलिखित करों में से कौन-सा एक कर केन्द्र द्वारा राज्य सरकारों के साथ बांटा जाता है?

A. आय कर पर अधिभार B. सीमा शुल्क
C. उत्पाद शुल्क D. सेवाओं पर कर

182. निर्यातोन्मुखी इकाई (EOU) योजना भारत में लागू की गई थी—

A. 1961 में B. 1971 में
C. 1981 में D. 1991 में

183. भारतीय अर्थव्यवस्था में वर्तमान में किस क्षेत्र की विकास गति सर्वाधिक है?

A. कृषि B. विनिर्माण
C. सेवाएं D. जंगल, मछली पालन

184. भारत में चालू खाते में रुपए को पूर्ण परिवर्तनीय बना दिया गया—

A. 1993 में B. 1994 में
C. 1995 में D. 1996 में

185. भारत में वर्तमान विदेशी विनिमय दर प्रणाली को कहा जाता है—

A. स्थिर विनिमय दर प्रणाली
B. तैरती विनिमय दर प्रणाली
C. अग्रिम विनिमय दर प्रणाली
D. प्रबंधित तैरती विनिमय दर प्रणाली

186. 'कर-विवाद समाधान' योजना कब अपनाई गई—

A. 1995-96 B. 1996-97
C. 1997-98 D. 1998-99

187. निम्नलिखित में से कौन-सा एक अवस्थापना (Infrastructure) में सम्मिलित नहीं किया जाता है?

A. ऊर्जा B. यातायात
C. बीमा D. शिक्षा

188. निम्नलिखित में से कौन-सा भारत सरकार द्वारा चलाया जा रहा एक सामाजिक क्षेत्र का कार्यक्रम नहीं है?

A. राष्ट्रीय ग्रामीण स्वास्थ्य मिशन
B. सर्वशिक्षा अभियान
C. एकीकृत बाल विकास सेवाएं
D. भारत निर्माण

189. भारत सरकार द्वारा राष्ट्रीय कृषि बीमा योजना कार्यान्वित की गई—

A. 1990 में B. 1995 में
C. 1997 में D. 1999 में

190. कापार्ट का सम्बन्ध है-

A. ग्रामीण कल्याण कार्यक्रमों की सहायता व मूल्यांकन से
B. कम्प्यूटर हार्डवेयर से
C. निर्यात वृद्धि हेतु परामर्शी सेवा से
D. बड़े उद्योगों में प्रदूषण के नियन्त्रण से

191. वर्तमान में, भारत का विश्व निर्यात में अंशदान—

A. 1–2 प्रतिशत है। B. 2–3 प्रतिशत है।
C. 3–4 प्रतिशत है। D. 5–7 प्रतिशत है।

192. राष्ट्रीय कृषि एवं ग्रामीण विकास बैंक (NABARD) की स्थापना किस समिति की सिफारिश के आधार पर की गई थी?

A. लोक लेखा समिति B. शिवरामन समिति
C. नरसिंहम समिति D. उपर्युक्त में से कोई नहीं

193. भारत में पंचायती राज प्रणाली निम्नलिखित में से किस कमेटी की सिफारिश पर पुनः आरंभ की गई?

A. अशोक मेहता कमेटी
B. बलवंत राय मेहता कमेटी
C. जी.टी. गोरवाला कमेटी
D. के.एन. राज कमेटी

194. भारत में सबसे अधिक गेहूं उत्पादन करने वाला राज्य है—

A. हरियाणा B. पंजाब
C. बिहार D. उत्तर प्रदेश

195. निम्नलिखित में से कौन-सा शहर भारत का पहला 100% ई-साक्षर शहर बनाया गया है?

A. पुणे B. हैदराबाद
C. कोजीकोडे D. जयपुर

196. अंतर्राष्ट्रीय मुद्रा कोष की स्थापना परिणाम था—

A. प्रशुल्क तथा व्यापार सम्बद्ध समझौते से
B. स्मिथ सोनियम समझौते से
C. यूरोपीय समझौते से
D. ब्रिटेन वुड्स समझौते से

197. भारत के खाद्यान्न उत्पादन में निम्नलिखित में से किसका हिस्सा सर्वाधिक है?

A. धान का B. गेहूं का
C. मोटे अनाज का D. दलहन का

198. गाडगिल फॉर्मूला किस पर लागू होता है?

A. योजना आयोग द्वारा प्रदत्त अनुदान पर
B. वित्त आयोग द्वारा प्रदत्त अनुदान पर
C. आर.बी.आई द्वारा प्रदत्त अनुदान पर
D. विदेशों द्वारा प्रदत्त अनुदान पर

199. निम्नलिखित में किसकी प्रतिव्यक्ति आय सर्वाधिक है?

A. महाराष्ट्र की B. दिल्ली की
C. हरियाणा की D. पंजाब की

200. IMF कब स्थापित हुआ—

A. 1939 B. 1944
C. 1947 D. 1961

201. भारत में निम्नलिखित चार दशकों में औसत वार्षिक जन्म दर सबसे ऊंची किस दशक में थी?

A. 1951-61 B. 1961-71
C. 1971-81 D. 1981-91

202. 2011 की जनगणना के अनुसार प्रति हजार पुरुषों की तुलना में महिलाओं की संख्या में विगत दस वर्षों में—

A. वृद्धि हुई है।
B. कमी हुई है।
C. कोई परिवर्तन नहीं हुआ
D. उपरोक्त में से कोई नहीं

203. निम्नलिखित में से कौन-सा कार्यक्रम ग्रामीण युवकों को रोजगार के लिए तकनीकी कौशल में प्रशिक्षण देने से संबंधित है?

A. TRYSEM B. IRDP
C. NREP D. MNP

204. डॉलर के सापेक्ष रुपए की विनिमय दर में वृद्धि से निम्नलिखित में से कौन-सा वर्ग लाभान्वित होता है?

A. आयातक
B. निर्यातक

C. उपर्युक्त A तथा B दोनों
D. इनमें से कोई नहीं

205. पंचवर्षीय योजनाओं की नीचे दी गई अवधियों में से कौन-सी सही नहीं हैं?
A. प्रथम योजना 1951-56
B. द्वितीय योजना 1956-61
C. तृतीय योजना 1961-66
D. चतुर्थ योजना 1966-67

206. भारत में सर्वाधिक प्रत्यक्ष रोजगार कौन-सा उद्योग प्रदान करता है?
A. सूती वस्त्र B. लोहा इस्पात
C. जूट D. चीनी

207. भारत की कुल जोतों में लघु एवं सीमान्त जोतों का प्रतिशत है लगभग—
A. 45% B. 55%
C. 65% D. 85%

208. औद्योगिक वित्त व्यवस्था हेतु कौन संस्था पहले स्थापित हुई?
A. भारतीय औद्योगिक वित्त निगम
B. राज्य वित्त निगम
C. राज्य औद्योगिक विकास निगम
D. IDBI

209. कृषि क्षेत्र की दीर्घकालीन साख आवश्यकताओं के लिए विशिष्ट संस्था कौन-सी है?
A. राज्य सहकारी बैंक B. क्षेत्रीय ग्रामीण बैंक
C. केन्द्रीय सहकारी बैंक D. भूमि विकास बैंक

210. कौन-सा लक्षण भारतीय अर्थव्यवस्था से संबंधित नहीं है?
A. असंतुलित व्यावसायिक ढांचा
B. कुशल एवं ईमानदार प्रशासन
C. जनसंख्या का भारी दबाव
D. विदेशी सहायता पर निर्भरता

211. निम्न में से कौन राष्ट्रीय विकास परिषद् का सदस्य नहीं होता?
A. प्रधानमंत्री B. योजना मंत्री
C. भारत के राष्ट्रपति D. राज्यों के मुख्यमंत्री

212. राष्ट्रीय विकास परिषद् (NDC) का गठन कब किया गया—
A. 1965 में B. 1955 में
C. 1952 में D. 1951 में

213. नीति आयोग का पदेन अध्यक्ष है—
A. योजना मंत्री B. वित्त मंत्री
C. राज्यपाल D. प्रधानमंत्री

214. ''इंदिरा आवास योजना'' कब आरंभ की गई थी—
A. 1984-85 में B. 1985-86 में
C. 1987-88 में D. 1988-89 में

215. भारत की जनसंख्या में 2011 में साक्षरता का प्रतिशत था—
A. 61.24 B. 62.44
C. 63.80 D. 73.0

216. ''केन्द्रीय भूमि सुधार समिति'' की नियुक्ति की गई—
A. सन् 1951 में B. सन् 1953 में
C. सन् 1955 में D. सन् 1960 में

217. भारत में सर्वाधिक सूती मिलें किस राज्य में हैं—
A. तमिलनाडु B. गुजरात
C. पश्चिम बंगाल D. कर्नाटक

218. इम्पीरियल बैंक ऑफ इंडिया का नाम स्टेट बैंक ऑफ इंडिया में कब परिवर्तित हुआ—
A. 1952 B. 1962
C. 1955 D. 1959

219. 2011 की जनगणना के अनुसार सबसे अधिक जनसंख्या वाला राज्य कौन-सा है?
A. उत्तर प्रदेश B. मध्य प्रदेश
C. बिहार D. महाराष्ट्र

220. भारत में जनसंख्या वृद्धि का कारण है—
A. नीची मृत्यु दर B. ऊंची जन्म दर
C. आर्थिक कारण D. इनमें से सभी

221. भारत में द्वितीय औद्योगिक नीति की घोषणा की गई थी—
A. 1951 में B. 1955 में
C. 1956 में D. 1961 में

222. संयुक्त क्षेत्र की संस्तुति किसने की—
A. दत्त कमेटी
B. योजना आयोग
C. औद्योगिक नीति, 1948
D. औद्योगिक नीति, 1956

223. भारतीय लघु उद्योग विकास बैंक को गठित करने संबंधी अधिनियम कब पारित हुआ?
A. 1986 B. 1987
C. 1988 D. 1989

224. एक रुपए के नोट पर हस्ताक्षर होते हैं—
A. भारतीय रिजर्व बैंक के गवर्नर के
B. वित्त मंत्री के
C. सचिव वित्त मंत्रालय के
D. भारत के राष्ट्रपति के

225. भारत में अधिकांशत: किस प्रकार की बेरोजगारी पायी जाती है?

A. मौसमी B. अदृश्य
C. संरचनात्मक D. प्रच्छन्न

226. निम्न में से कौन भारतीय पूंजी बाजार का अंग नहीं है?

A. बॉम्बे स्टॉक एक्सचेंज B. राष्ट्रीय स्टॉक एक्सचेंज
C. SEBI D. RBI

227. निम्नलिखित में से मुद्रा आपूर्ति की सर्वाधिक तरल माप क्या है?

A. M_1 B. M_2
C. M_3 D. M_4

228. 'गरीबी हटाओ' किस पंचवर्षीय योजना का मुख्य उद्देश्य रखा गया था?

A. तीसरी योजना B. पांचवीं योजना
C. छठी योजना D. सातवीं योजना

229. निम्न में से कौन-सा इस्पात संयंत्र भारत में सार्वजनिक क्षेत्र का सबसे पुराना है?

A. वी.आई.एस.एल. B. बोकारो
C. भिलाई D. दुर्गापुर

230. भारतीय यूनिट ट्रस्ट किस वर्ष में स्थापित हुई थी?

A. 1964 B. 1971
C. 1994 D. 1996

231. भारतीय बजट को किन-किन भागों में विभाजित किया जाता है?

A. राजस्व बजट
B. पूंजी बजट
C. इनमें से कोई नहीं
D. दोनों, राजस्व और पूंजी बजट

232. कर्मचारी भविष्य निधि अधिनियम कब लागू किया गया?

A. 1961 में B. 1952 में
C. 1950 में D. 1965 में

233. सर्वप्रथम मानव विकास सूचकांक भारत में किस राज्य ने तैयार किया?

A. उत्तर प्रदेश B. महाराष्ट्र
C. गुजरात D. मध्य प्रदेश

234. सूची-I को सूची-II से मिलान कीजिए और नीचे दिए गए कूटों से उत्तर का चयन कीजिए:

सूची-I	सूची-II
(a) जीवन चक्र परिकल्पना	1. फ्रैंको मोदीग्लियानी
(b) तरलता पाश:	2. जे. इयुजनबेरी
(c) रैचेट प्रभाव	3. ए.सी. पीगू
(d) वास्तविक शेष प्रभाव	4. जे.एम. कीन्स

कूट:

	(a)	(b)	(c)	(d)
A.	1	4	3	2
B.	1	2	3	4
C.	4	1	2	3
D.	1	4	2	3

235. नरसिम्हम समिति ने प्रस्तावित किया कि—

A. वैधानिक तरलता कोष अनुपात 25% पर घटा कर लाया जाए।
B. वैधानिक तरलता कोष अनुपात को परिवर्तित न किया जाए।
C. वैधानिक तरलता कोष अनुपात को 50% बढ़ा दिया जाए।
D. उपर्युक्त में से कोई नहीं।

236. भारत की नई जनसंख्या नीति का दूरगामी उद्देश्य क्या है?

A. 2045 तक स्थिर जनसंख्या के लक्ष्य को प्राप्त करना
B. लिंग परीक्षण पर रोक लगाना
C. जनसंख्या के लिए सामाजिक कोष स्थापित करना
D. शिशु मृत्यु-दर घटाना

237. निम्नलिखित में से किस राज्य ने भूमि सुधार में सबसे अधिक प्रगति की है?

A. मध्य प्रदेश B. प. बंगाल
C. उत्तर प्रदेश D. बिहार

238. निजी क्षेत्र का बैंक है-

A. इण्डियन ओवरसीज बैंक
B. विजया बैंक
C. यूनाइटेड कॉमर्शियल बैंक
D. इनमें से कोई नहीं

239. भारत की राष्ट्रीय आय की गणना निम्न में से किस रीति द्वारा की जाती है?

A. उत्पादन रीति B. व्यय रीति
C. उत्पादन एवं व्यय रीति D. उत्पादन एवं आय रीति

240. हरित क्रांति के जन्मदाता हैं—

A. नॉरमन ई. बोरलॉग B. ई. टोरी सेल्ली
C. एच.एल. बैकलैंड D. जे.आर. हिक्स

241. पंचवर्षीय योजना के प्रस्तावों को अंतिम रूप कौन देता है?

A. योजना आयोग B. योजना मंत्रालय
C. वित्त आयोग D. राष्ट्रीय विकास परिषद्

242. पंचवर्षीय योजनाओं का विचार किस राष्ट्र से लिया गया है?

A. अमेरिका B. इंग्लैंड
C. पूर्व सोवियत संघ D. जर्मनी

243. 'रोलिंग योजना' को किसने प्रारंभ किया—
A. कांग्रेस सरकार
B. लोकदल सरकार
C. जनता सरकार
D. उपरोक्त में से कोई नहीं

244. जवाहर रोजगार योजना कब प्रारंभ की गई?
A. 1969 B. 1979
C. 1986 D. 1989

245. चलैय्या समिति का संबंध है—
A. प्रतिभूति घोटाला B. अप्रत्यक्ष कर
C. मुद्रा नीति D. कर सुधार प्रणाली

246. "Planning the Poor" नामक पुस्तक का लेखक है—
A. बी.एस. मिन्हास B. एम.एल. दांत वाला
C. वी.एम. दांडेकर D. गुन्नार मिरडल

247. भारत की अर्थव्यवस्था की वार्षिक वृद्धि दर किस पंचवर्षीय योजना में अधिकतम रही है?
A. आठवीं B. तीसरी
C. सातवीं D. पांचवीं

248. कृषि में विकास दर कौन-सी पंचवर्षीय योजना में ऋणात्मक रही?
A. चौथी B. छठी
C. तीसरी D. दूसरी

249. मुद्रा स्फीति का प्रभाव किस पर नहीं पड़ेगा?
A. किसान B. वेतनभोगी
C. व्यापारी D. उपरोक्त सभी पर

250. गेहूं के लिए समर्थन मूल्य का उद्देश्य है—
A. एक सीमा के बाद कीमतों में गिरावट को रोकना
B. उपभोक्ताओं के हितों की रक्षा करना
C. अधिप्राप्ति को सरल करना
D. कीमतों में वृद्धि को रोकना

251. एल.के. झा समिति का संबंध है—
A. प्रत्यक्ष करों में सुधार
B. आर्थिक प्रशासन सुधारों से
C. निर्यात नीति से
D. पिछड़ा क्षेत्र विकास से

252. निम्नलिखित में से किसको राष्ट्रीय ऋण नहीं माना जाता है?
A. राष्ट्रीय बचत पत्र B. दीर्घावधि सरकारी बॉण्ड
C. बीमा पॉलिसी D. भविष्य निधि

253. जन्म-दर मापती है एक वर्ष के दौरान जन्मों की संख्या प्रति –
A. 100 आबादी B. 1000 आबादी
C. 10000 आबादी D. 100000 आबादी

254. भारत के लिए राष्ट्रीय आय का पहला अनुमान किसने तैयार किया था?
A. केन्द्रीय सांख्यिकीय संगठन (CSO)
B. राष्ट्रीय आय समिति
C. दादाभाई नौरोजी
D. NSSO

255. जनसंख्या की दृष्टि से भारत का विश्व में कौन-सा स्थान है?
A. पहला B. दूसरा
C. तीसरा D. चौथा

256. भारत में 2011 में पुरुष साक्षरता दर है—
A. 71% B. 72%
C. 73% D. इनमें से कोई नहीं

257. IR-20 और रत्ना दो प्रमुख किस्में हैं—
A. गेहूँ की B. बाजरा की
C. ज्वार की D. धान की

258. निम्न में से कौन-सा रिजर्व बैंक ऑफ इंडिया का कार्य नहीं है?
A. नोट निर्गमन
B. सरकार का बैंकर
C. समाशोधन कार्य
D. जनता से जमाएं स्वीकार करना

259. भारत में प्रति हेक्टेयर कृषि उत्पादकता में सर्वोच्च दो राज्य हैं —
A. केरल तथा तमिलनाडु B. पंजाब तथा हरियाणा
C. गुजरात तथा महाराष्ट्र D. आन्ध्र प्रदेश तथा कर्नाटक

260. भारतीय अर्थव्यवस्था में कौन-सा क्षेत्र 'बचत बाहुल्य' (Saving Surplus) क्षेत्र है?
A. घरेलू क्षेत्र B. निजी कॉर्पोरेट क्षेत्र
C. सरकारी क्षेत्र D. इनमें से कोई नहीं

261. भारत में जब भी औद्योगिक शिथिलता आती है उसके कारणों में निम्न में से कौन-सा नहीं है?
A. आयातों का दबाव।
B. हाल के वर्षों में पूंजीगत उद्योगों ने ठीक से प्रगति नहीं की।
C. खनन व खनन पर आधारित उद्योगों में कम वृद्धि हुई है।

D. कृषि से कच्चा माल कम आया व कृषकों की क्रय शक्ति में धीमी वृद्धि हुई।

262. निम्नलिखित में से कौन-सी, राष्ट्रीय आय के मापन की विधि नहीं है?

A. निवेश विधि B. आय विधि
C. मूल्य वर्धित विधि D. व्यय विधि

263. भारत में राष्ट्रीय आय की गणना के लिए व्यय संगणना विधि किस क्षेत्र में प्रयुक्त होती है—

A. कृषि क्षेत्र B. खनन क्षेत्र
C. निर्माण क्षेत्र D. परिवहन क्षेत्र

264. निम्नलिखित में से कौन-सा भारतीय पूंजी बाजार (Indian Capital Market) का अंग नहीं है?

A. BSE B. NSE
C. SEBI D. RBI

265. भारत में कर्मचारी राज्य बीमा योजना किस वर्ष प्रारंभ की गयी थी?

A. 1947 में B. 1952 में
C. 1955 में D. 1972 में

266. भारत में ऊर्जा का सबसे महत्त्वपूर्ण स्रोत है—

A. कोयला
B. गैस
C. जल विद्युत
D. पेट्रोलियम

267. निम्नलिखित में से कौन-सा एक भारतीय रिजर्व बैंक द्वारा अपनाया गया मात्रात्मक उधार नियंत्रण का उपाय नहीं है?

A. बैंक दर
B. विधिक नकद रिजर्व आवश्यकता (CRR)
C. विधिक तरलता अनुपात (SLR)
D. नैतिक प्रत्यायोजन

268. भारतीय रिजर्व बैंक द्वारा गठित पूंजीगत लेखा परिवर्तनीयता समिति 1997 के अध्यक्ष थे—

A. एस.एस. तारापुर
B. सी. रंगराजन
C. वी. रामकृष्णन
D. एन.के. सेनगुप्त

269. भारतीय बजट को किन-किन भागों में विभाजित किया जाता है?

A. राजस्व बजट B. पूंजी बजट
C. उपरोक्त दोनों में D. इनमें से कोई नहीं

270. सांकेतिक नियोजन का सिद्धांत पहली बार अपनाया गया था—

A. पांचवीं योजना में B. छठी योजना में
C. सातवीं योजना में D. आठवीं योजना में

271. गत 20 वर्षों में केन्द्रीय लोक व्यय में असाधारण वृद्धि के लिए निम्नलिखित में से कौन-सा एक कारण प्रमुख था?

A. मुद्रास्फीति की दर में वृद्धि
B. केन्द्र सरकार के कर्मचारियों की वेतन में वृद्धि
C. केन्द्र द्वारा लिए गए ऋणों की ब्याज अदायगी
D. रक्षा व्यय में वृद्धि

272. नियोजन काल में, भारतीय कृषि उत्पादन की प्रवृत्ति दर्शाती है कि वृद्धि की दर—

A. अधिक-से-अधिक जनसंख्या वृद्धि की दर के समतुल्य रही।
B. जनसंख्या वृद्धि की दर से बहुत कम रही।
C. जनसंख्या वृद्धि की दर से बहुत अधिक रही।
D. जनसंख्या वृद्धि की तुलना में स्थिर रही।

273. भारत में विभिन्न प्रकार के बैंक संस्थान हैं, जैसे कि—

1. SBI 2. RBI
3. RRB 4. NABARD

इनके स्थापित किए जाने का सही कालानुक्रम है

A. 1, 2, 3, 4 B. 3, 4, 2, 1
C. 2, 1, 3, 4 D. 4, 3, 2, 1

274. गरीबी रेखा के नीचे रहने वाली भारत की जनसंख्या—

A. सापेक्ष और निरपेक्ष रूप में बढ़ रही है।
B. सापेक्ष रूप में घट रही है और निरपेक्ष रूप में बढ़ रही है।
C. सापेक्ष और निरपेक्ष दोनों रूपों में घट रही है।
D. कोई परिवर्तन नहीं हुआ है।

275. भारत में निम्नलिखित में से कौन-सा एक सहकारी संगठन नहीं है?

A. प्राथमिक भूमि विकास बैंक
B. केन्द्रीय भूमि विकास बैंक
C. क्षेत्रीय ग्रामीण बैंक
D. राज्य सहकारी बैंक

276. निम्नलिखित में से कौन-सा एक भारत में वाणिज्यिक बैंकों द्वारा प्राथमिकता प्राप्त क्षेत्रक को उधार दान का द्योतक है?

A. भारी उद्योगों को उधारदान

B. कृषि, लघु उद्योगों और जनसंख्या के कमजोर वर्गों को उधारदान
C. विदेशी कम्पनियों को उधारदान
D. बाढ़ और सूखे जैसी आपात स्थितियों में राज्य सरकारों को उधारदान

277. **कथन (A):** भारत पश्चिमी 'व्यापार प्रक्रिया बाह्यस्रोत' के लिए प्रत्याशित स्थान है।
तर्क (R): भारत में अंग्रेजी बोलनेवालों का बड़ा संघ है।
A. दोनों **(A)** और **(R)** सही हैं तथा **(R)** उसकी व्याख्या है।
B. दोनों **(A)** और **(R)** गलत हैं।
C. **(A)** गलत है **(R)** सही है।
D. दोनों **(A)** और **(R)** सही हैं परन्तु **(R)** सही व्याख्या नहीं है।

278. निम्न में से कौन-सा एक वर्तमान में भारत के आयात की महत्त्वपूर्ण मद नहीं है?
A. खाद्यान्न B. खाद्य तेल
C. उर्वरक D. न्यूज प्रिंट

279. निम्नलिखित श्रम कानूनों में कौन-सा एक, भारत में कृषि श्रमिकों के हितों को संरक्षण प्रदान करने का प्रयत्न करता है—
A. कर्मचारी राज्य बीमा अधिनियम, 1948
B. न्यूनतम मजदूरी अधिनियम, 1948
C. कर्मचारी भविष्य निधि अधिनियम, 1952
D. कामगार क्षति पूर्ति अधिनियम, 1923

280. भारत में कुल रोजगार में कृषि क्षेत्र का लगभग कितना अंश है—
A. 49% B. 55%
C. 45% D. 40%

281. भारत में औद्योगीकरण की क्रिया किस पंचवर्षीय योजना में प्रारंभ की गई थी?
A. चौथी B. तीसरी
C. दूसरी D. पहली

282. विश्व बैंक की 'उदार ऋण प्रदान करने वाली खिड़की' किसे कहा जाता है?
A. अंतर्राष्ट्रीय वित्त निगम (IFC)
B. अंतर्राष्ट्रीय विकास संघ (IDA)
C. अंतर्राष्ट्रीय मुद्रा कोष (IMF)
D. भारत सहायता क्लब

283. मीरा सेठ समिति का संबंध किससे था?
A. हथकरघा के विकास से
B. रोजगार में लिंग भेद से
C. बाल श्रम की समाप्ति से
D. कार्यरत महिलाओं के कल्याण से

284. भारत में वित्त आयोग के गठन का प्रावधान संविधान के किस अनुच्छेद में है?
A. 256 B. 280
C. 293 D. 356

285. द्वीप विकास प्राधिकरण (Island Development Authority) का अध्यक्ष कौन होता है?
A. राष्ट्रपति B. प्रधानमंत्री
C. गृहमंत्री D. योजना मंत्री

286. बैंक नोट प्रेस कहां स्थित है?
A. नासिक B. देवास
C. नोएडा D. मुम्बई

287. NABARD की स्थापना किस समिति की सिफारिश के आधार पर की गई थी?
A. लोक लेखा समिति B. शिवारमन समिति
C. नरसिंह्म समिति D. उपर्युक्त में से कोई नहीं

288. 'कुटीर ज्योति योजना' से निम्नलिखित में कौन-सा कार्यक्रम सम्बंधित है?
A. ग्रामीण क्षेत्रों में कुटीर उद्योगों को प्रोत्साहन देना
B. ग्रामीण बेरोजगार युवकों को रोजगार दिलाना
C. ग्रामीण क्षेत्रों में गरीबी रेखा से नीचे जीवन यापन करने वाले परिवारों को विद्युत उपलब्ध कराना
D. उपर्युक्त सभी

289. वर्तमान में औद्योगिक श्रमिकों के लिए उपभोक्ता कीमत सूचकांक (CPI) का आधार वर्ष क्या है?
A. 1990 B. 2018
C. 2012 D. 2021

290. श्यामा प्रसाद मुखर्जी नेशनल रूर्बन मिशन की शुरुआत कब की गई थी?
A. 21 फरवरी, 2016 B. 4 मार्च, 2016
C. 1 मई, 2016 D. 25 जून, 2015

291. भारत में बजट घाटे की पूर्ति के लिए अपनाई जाने वाली तदर्थ ट्रेजरी बिल प्रणाली को कब से समाप्त कर दिया गया है?
A. 1997 B. 1996
C. 1992 D. 1995

292. भारतीय प्रतिभूति एवं विनिमय बोर्ड (SEBI) की स्थापना कब की गई थी?

A. 1993 में B. 1992 में
C. 1988 में D. 1990 में

293. सेल (SAIL) की स्थापना कब की गई थी?

A. 1974 में B. 1984 में
C. 1990 में D. 1964 में

294. मनी लाउंड्रिंग बिल का उद्देश्य है—

A. घरेलू बचतों को बढ़ाना।
B. अप्रत्यक्ष करों के प्रवाह प्रभाव को कम करना
C. अवैध रूप से प्राप्त किए गए धन की आवाजाही पर निगरानी रखना।
D. विदेशों में बसे भारतीयों को भारत में निवेश हेतु प्रोत्साहित करना।

295. भारत के किस राज्य में शिशु मृत्यु-दर सबसे कम है?

A. महाराष्ट्र B. गोवा
C. गुजरात D. केरल

296. **'मंदड़िया'** व **'तेजड़िया'** शब्दावली किससे संबंधित है?

A. शेयर बाजार B. घुड़सवारी
C. करारोपण D. सार्वजनिक व्यय

297. आर्थिक नियोजन विषय है—

A. संघ सूची में
B. राज्य सूची में
C. समवर्ती सूची में
D. किसी विशेष सूची में उल्लिखित नहीं है

298. इंडिया ब्राण्ड ईक्विटी फण्ड की स्थापना किस वर्ष में हुई?

A. 1996 में B. 1997 में
C. 2006 में D. 2008 में

299. भारत में कर्मचारियों के महंगाई भत्ता के निर्धारण का आधार है—

A. राष्ट्रीय आय B. उपभोक्ता मूल्य सूचकांक
C. जीवन स्तर D. प्रति व्यक्ति आय

300. भारत में गठित सबसे पहली सहकारी समितियां थी—

A. साख समितियां B. विपणन समितियां
C. कृषि समितियां D. गृह समितियां

301. भारत में बेरोजगारी की समस्या मूलत: है—

A. संरचनात्मक B. चक्रीय
C. मौसमी D. घर्षणात्मक

302. भारत में मान्यता प्राप्त शेयर बाजारों की संख्या कितनी है?

A. 19 B. 20
C. 21 D. 23

303. दलाल स्ट्रीट कहां पर स्थित है?

A. लंदन B. पेरिस
C. मुम्बई D. नई दिल्ली

304. निम्न में से किस बैंक में कोई व्यक्ति अपना व्यक्तिगत खाता नहीं खोल सकता है—

A. शहरी सहकारी बैंक B. क्षेत्रीय ग्रामीण बैंक
C. भारतीय रिजर्व बैंक D. अनुसूचित व्यापारिक बैंक

305. हवाला क्या है—

A. किसी विषय की पूर्ण जानकारी
B. विदेशी मुद्रा विनिमय का अवैध कारोबार
C. शेयर बाजारों में प्रतिभूतियों का अवैध लेन-देन
D. कर अपवंचन

306. निम्न में से कौन-सी पंचवर्षीय योजना अपनी अवधि पूरी होने के एक वर्ष पूर्व ही समाप्त घोषित की गई थी?

A. दूसरी B. तीसरी
C. पांचवीं D. चौथी

307. 'खादी एवं ग्रामीण उद्योग आयोग' की स्थापना किस पंचवर्षीय योजना के अंतर्गत की गई थी?

A. तीसरी B. चौथी
C. दूसरी D. पहली

308. विश्व बैंक का मुख्यालय निम्नलिखित में से किस स्थान पर स्थित है?

A. मनीला B. वाशिंगटन डी.सी.
C. न्यूयार्क D. जेनेवा

309. भारत में योजना व्यय मुख्यत: पूरा किया जाता है—

A. आन्तरिक उधार एवं अन्य साधनों से
B. भारत सहायता क्लब की सहायता से
C. I.M.F. की सहायता से
D. OECD देशों की सहायता से

310. निम्नलिखित में से कौन-सा कर पंचायत द्वारा एकत्रित किया जाता है?

A. बिक्री कर B. सीमा शुल्क
C. मेलों पर कर D. उत्पाद शुल्क

311. अंतर्राष्ट्रीय मुद्रा कोष (IMF) की मुद्रा S.D.R.—

A. नोटों के रूप में छपी होती है।
B. सोने के सिक्कों के रूप में होती है।
C. चांदी के सिक्कों के रूप में होती है।
D. बुक कीपिंग एंट्री होती है।

312. लिमिटेड कम्पनी से अभिप्राय है—
A. जिसमें शेयर होल्डरों का दायित्व उनकी चुकता पूंजी की सीमा तक सीमित हो।
B. जिसमें निश्चित शेयर निर्गमित किए गए हों।
C. सरकारी स्वामित्व की कम्पनी।
D. पंजीकृत कम्पनी।

313. भारत के कुल निर्यातों में सूक्ष्म, लघु एवं मध्यम उद्योगों का योगदान लगभग है—
A. 45% B. एक-चौथाई
C. 50% D. दो-तिहाई से अधिक

314. भारत में विद्युत उत्पादन का सर्वाधिक अंश किसका है ?
A. ताप विद्युत B. जल विद्युत
C. नाभिकीय विद्युत D. तीनों का अंश बराबर है।

315. **CRISIL** का संबंध निम्नलिखित में से किस कार्य से है—
A. कम्पनियों के साख पत्रों का मूल्यांकन करना
B. उद्योगों को वित्तीय सहायता उपलब्ध कराना
C. कृषि एवं ग्रामीण विकास हेतु वित्त व्यवस्था करना
D. निर्यात व्यापार हेतु वित्त व्यवस्था करना

316. भारत सरकार के सकल राजकोषीय घाटे को वित्त पोषित करने के लिए निम्नलिखित में से कौन-सा स्रोत सबसे महत्त्वपूर्ण है?
A. बाजार से उधार
B. राज्य सरकारों से ऋण
C. वित्तीय संस्थाओं से ऋण
D. भविष्य निधियों से ऋण

317. भारत के किस राज्य में क्षेत्रीय ग्रामीण बैंक अभी नहीं स्थापित किए गए हैं ?
A. सिक्किम तथा गोवा B. बिहार तथा राजस्थान
C. अरुणाचल प्रदेश D. नगालैंड

318. भारत में लघु उद्योग की परिभाषा आधारित है–
A. इकाइयों की बिक्री पर
B. मशीनों तथा संयंत्रों में निवेश पर
C. बाजार के विस्तार पर
D. निर्यात क्षमता पर

319. भारतीय औद्योगिक पुनर्निर्माण बैंक (IRBI) की स्थापना किस वर्ष में की गई थी ?
A. 1975 B. 1985
C. 1990 D. 1992

320. SIDBI का मुख्यालय कहां है ?
A. मुम्बई B. बेंगलुरू
C. नई दिल्ली D. लखनऊ

321. नरसिंह्म समिति ने देश में बैंकिंग ढांचे को कितने स्तरीय बनाने की संस्तुति की थी ?
A. दो B. तीन
C. चार D. पांच

322. 'ऑपरेशन फ्लड' कार्यक्रम का प्रारंभ कब हुआ था ?
A. 1951 B. 1970
C. 1975 D. 1985

323. भारत में 20 रुपए एवं इससे उच्च मूल्य वर्ग के नोटों की छपाई किस प्रेस में होती है—
A. करेंसी नोट प्रेस, नासिक रोड
B. बैंक नोट प्रेस, देवास
C. सिक्योरिटी प्रिंटिंग प्रेस, हैदराबाद
D. उपर्युक्त तीनों में

324. केन्द्रीय राजस्व बोर्ड का विभाजन करके केन्द्रीय उत्पाद शुल्क व सीमा शुल्क बोर्ड एवं 'केन्द्रीय प्रत्यक्ष कर बोर्ड' का गठन कब किया गया था ?
A. 1950 B. 1958
C. 1963 D. 1975

325. किस प्रकार के उर्वरकों की पूर्ति के लिए भारत पूर्णत: आयातों पर निर्भर है—
A. नाइट्रोजनी B. फॉस्फेटिक
C. पोटैशिक D. उपर्युक्त में से कोई नहीं

326. 'गोल्डन हैंड शेक स्कीम' किससे संबंधित है ?
A. विदेशी कम्पनियों को आमंत्रण
B. सार्वजनिक उद्यमों में निजी निवेश
C. भारतीय कम्पनियों द्वारा विदेशों में संयुक्त उपक्रमों की स्थापना
D. स्वैच्छिक सेवा निवृत्ति

327. अनवरत योजना (Rolling Plan) किस अवधि के लिए बनाई गई थी ?
A. 1971 से 1978 B. 1980 से 1985
C. 1978 से 1983 D. 1992 से 1997

328. निम्नलिखित में से कौन-सा भारत में वित्तीय प्रणाली की संरचना का एक भाग नहीं है?
A. औद्योगिक वित्त B. कृषि वित्त
C. सरकारी वित्त D. वैयक्तिक वित्त

329. विनिर्माण क्षेत्र के कुल उत्पादन में सूक्ष्म एवं लघु उद्योगों का अंश लगभग कितना है ?
A. 15% B. 25%
C. 33.4% D. 50%

330. निम्नलिखित में से कौन-सी स्कीम ग्रामीण विकास के लिए नहीं है?
A. TRYSEM B. JRY
C. IRDP D. CRY

331. सरकार की नई औद्योगिक नीति के अंतर्गत सार्वजनिक क्षेत्र के लिए आरक्षित उद्योगों की संख्या कितनी है?
A. 5 B. 2
C. 6 D. 7

332. भारत में आयकर प्रारंभ करने में कौन उत्तरदायी था?
A. सर चार्ल्स वुड B. लार्ड मैकाले
C. जेम्स विल्सन D. विलियम जोन्स

333. शून्य आधारित बजट का क्या अर्थ होता है?
A. असीमित घाटे की वित्त व्यवस्था
B. अनुत्पादक व्यय की कटौती न करना
C. नए कार्यक्रमों का मूल्यांकन न करना
D. हर बार नए सिरे से बजट तैयार करना

334. भारतीय खाद्य निगम (FCI) कब स्थापित हुआ था?
A. 1990 में B. 1965 में
C. 1966 में D. 1969 में

335. अन्त्योदय कार्यक्रम का उद्देश्य क्या था?
A. शहरी गरीबी दूर करना
B. अनुसूचित जातियों के स्तर में सुधार करना
C. अल्पसंख्यकों को उन्नत करना
D. गरीबों में सबसे अधिक गरीबों की मदद करना

336. दुर्गापुर इस्पात संयंत्र किसके सहयोग से बनाया गया था?
A. ब्रिटेन B. फ्रांस
C. यू.एस.ए. D. जर्मनी

337. निजी क्षेत्र में देश में पहला निर्यात प्रोसेसिंग क्षेत्र (EPZ) कहां स्थापित किया गया था?
A. कांडला B. विशाखापट्टनम
C. नोएडा D. सूरत

338. 'नीली क्रांति' का संबंध निम्नलिखित में से किससे है?
A. नील की खेती
B. मुर्गीपालन
C. मत्स्य पालन
D. पीने योग्य जल की उपलब्धि

339. भारत में सहकारिता आन्दोलन का प्रादुर्भाव कब हुआ?
A. 1934 में B. 1914 में
C. 1904 में D. 1947 में

340. प्राइमरी गोल्ड कितने कैरट का होता है?
A. 20 B. 22
C. 23 D. 24

341. भारत में रेलवे बजट को आम बजट के साथ कब मिला दिया गया?
A. 2017-18 B. 2015-16
C. 2005-06 D. 2010-11

342. राष्ट्रीय न्यादर्श सर्वेक्षण (NSSO) की स्थापना कब की गई थी?
A. 1950 B. 1951
C. 1952 D. 1947

343. औद्योगिक उत्पादन सूचकांक में सर्वाधिक भार किस क्षेत्र का है?
A. विनिर्माण B. खनन
C. विद्युत D. कृषि

344. 'कपार्ट' (Council for Advancement of People's Action and Rural Technology–CAPART) का मुख्यालय कहाँ स्थित है?
A. मुम्बई में B. कोलकाता में
C. नई दिल्ली में D. बेंगलुरू में

345. 1991 के उपरान्त भारत में विभिन्न व्यापार सुधार किसके द्वारा लागू किये गये?
A. मनमोहन सिंह B. सी.एन. वकील
C. पी.आर. ब्रह्मानंद D. जगदीश भगवती

346. निम्नलिखित में से कौन नीति आयोग का अध्यक्ष होता है—
A. प्रधानमंत्री B. योजना मंत्री
C. वित्त मंत्री D. उपर्युक्त में से कोई नहीं

347. कम्पनी द्वारा लाभांश की घोषणा की जाती है—
A. निर्गमित पूंजी पर
B. अधिकृत पूंजी पर
C. अभिदत्त (Subscribed) पूंजी पर
D. कुल प्रयुक्त पूंजी पर

348. हिन्दू वृद्धि दर किस वृद्धि दर से संबंधित है—
A. प्रतिव्यक्ति आय B. राष्ट्रीय आय
C. जनसंख्या D. साक्षरता

349. भारत में नोट निर्गमन की न्यूनतम कोष प्रणाली कब प्रारंभ हुई?
A. 1947 B. 1953
C. 1956 D. 1960

350. हरा सोना किसे कहा जाता है—
A. चाय B. कॉफी
C. सोना D. हरा कसीस

उत्तरमाला

1	2	3	4	5	6	7	8	9	10
B	B	B	A	D	B	A	C	D	B
11	12	13	14	15	16	17	18	19	20
B	A	C	A	C	C	A	B	C	A
21	22	23	24	25	26	27	28	29	30
D	A	C	D	A	D	C	A	D	D
31	32	33	34	35	36	37	38	39	40
A	A	A	C	B	B	C	B	B	B
41	42	43	44	45	46	47	48	49	50
D	B	B	A	A	A	D	D	C	C
51	52	53	54	55	56	57	58	59	60
B	D	C	B	A	D	C	D	D	A
61	62	63	64	65	66	67	68	69	70
D	B	D	C	B	A	C	A	C	B
71	72	73	74	75	76	77	78	79	80
C	A	A	B	A	B	C	B	C	C
81	82	83	84	85	86	87	88	89	90
B	B	A	B	D	C	D	C	A	C
91	92	93	94	95	96	97	98	99	100
A	B	B	C	B	A	D	A	D	A
101	102	103	104	105	106	107	108	109	110
A	C	A	A	D	D	A	C	A	C
111	112	113	114	115	116	117	118	119	120
C	D	A	C	B	D	B	B	A	A
121	122	123	124	125	126	127	128	129	130
C	D	C	D	A	C	D	B	B	A
131	132	133	134	135	136	137	138	139	140
B	C	D	C	D	B	D	B	C	C
141	142	143	144	145	146	147	148	149	150
A	C	D	A	A	D	A	A	A	B
151	152	153	154	155	156	157	158	159	160
B	D	A	C	C	A	A	C	A	D
161	162	163	164	165	166	167	168	169	170
C	D	A	D	C	A	A	C	A	D
171	172	173	174	175	176	177	178	179	180
D	B	C	C	B	A	D	D	D	C
181	182	183	184	185	186	187	188	189	190
C	C	C	B	D	C	C	A	D	A
191	192	193	194	195	196	197	198	199	200
A	B	B	D	C	D	A	A	B	B
201	202	203	204	205	206	207	208	209	210
B	A	A	A	D	A	D	A	D	B
211	212	213	214	215	216	217	218	219	220
C	C	D	B	D	B	A	A	A	D

221	222	223	224	225	226	227	228	229	230
C	D	D	C	C	D	A	B	A	A
231	**232**	**233**	**234**	**235**	**236**	**237**	**238**	**239**	**240**
D	B	D	D	A	A	B	D	D	A
241	**242**	**243**	**244**	**245**	**246**	**247**	**248**	**249**	**250**
D	C	C	D	D	A	A	C	C	A
251	**252**	**253**	**254**	**255**	**256**	**257**	**258**	**259**	**260**
A	C	B	C	B	D	D	D	B	A
261	**262**	**263**	**264**	**265**	**266**	**267**	**268**	**269**	**270**
C	A	C	D	B	A	D	A	C	D
271	**272**	**273**	**274**	**275**	**276**	**277**	**278**	**279**	**280**
C	A	C	B	C	B	A	A	B	A
281	**282**	**283**	**284**	**285**	**286**	**287**	**288**	**289**	**290**
C	B	A	B	B	B	B	C	C	A
291	**292**	**293**	**294**	**295**	**296**	**297**	**298**	**299**	**300**
A	C	A	C	D	A	C	A	B	A
301	**302**	**303**	**304**	**305**	**306**	**307**	**308**	**309**	**310**
A	D	C	C	B	C	D	B	A	C
311	**312**	**313**	**314**	**315**	**316**	**317**	**318**	**319**	**320**
D	A	A	A	A	A	A	B	B	D
321	**322**	**323**	**324**	**325**	**326**	**327**	**328**	**329**	**330**
B	B	B	C	C	D	C	D	C	D
331	**332**	**333**	**334**	**335**	**336**	**337**	**338**	**339**	**340**
B	C	D	B	D	A	D	C	C	D
341	**342**	**343**	**344**	**345**	**346**	**347**	**348**	**349**	**350**
A	A	A	C	B	A	C	B	C	A

यूनिट–X : MATHEMATICAL ECONOMICS

1. आगत-निर्गत विश्लेषण (INPUT-OUTPUT ANALYSIS)

आगत-निर्गत आयोजन की एक नयी तकनीक है जिसका आविष्कार *प्रोफेसर वैसिली* डब्ल्यू लियोनतिफ (Professor Wassily W. Leontief) ने 1951 में किया। अर्थव्यवस्था की परस्पर-निर्भरताओं तथा जटिलताओं को समझने के लिए **अन्तः उद्योग** (inter–industry) के सम्बंधों का विश्लेषण करने के लिए इसका प्रयोग किया जाता है और इस विश्लेषण से, इस प्रकार पूर्ति और मांग में संतुलन बनाए रखने की स्थितियों को समझा जा सकता है। इसे ''**अन्तः उद्योग विश्लेषण**'' भी कहते हैं।

आगत-निर्गत विधि का विश्लेषण करने से पहले 'आगत' तथा 'निर्गत' शब्दों का अर्थ समझ लेना जरूरी है। *प्रो. जे.आर. हिक्स* के अनुसार, आगत ''वह वस्तु है जिसे किसी फर्म के लिए खरीदा जाता है'' और निर्गत वह है ''जिसे फर्म बेचता है।'' आगतों के मुद्रा मूल्यों का जोड़ एक फर्म की कुल लागत होती है और निर्गतों के मुद्रा मूल्यों का जोड़ फर्म का कुल आगम (revenue) होता है।

आगत-निर्गत विश्लेषण यह बताता है कि समस्त आर्थिक व्यवस्था में औद्योगिक अन्तः संबंध और अन्तर्निर्भरताएं होती हैं। एक उद्योग की आगत दूसरे उद्योग की निर्गत होती है और विलोमत: भी, जिससे अन्त में उनके आपसी संबंधों के कारण समस्त अर्थव्यवस्था में पूर्ति और मांग का संतुलन स्थापित हो जाता है। 'इस्पात उद्योग' के लिए कोयला आगत है और कोयला उद्योग के लिए इस्पात आगत है, वैसे ये अपने-अपने उद्योग की निर्गतें हैं। अन्य शब्दों में, आगत-निर्गत विश्लेषण का अर्थ है कि संतुलन की स्थिति में, समस्त अर्थव्यवस्था के कुल उत्पादन का मुद्रा मूल्य अन्तः उद्योग आगतों के मुद्रा मूल्य की राशि तथा अन्तः उद्योग निर्गतों के मुद्रा मूल्यों की राशि के जोड़ के बराबर होना जरुरी है।

प्रमुख विशेषताएं (Main Features)

आगत-निर्गत विश्लेषण की प्रमुख विशेषताएं निम्नलिखित हैं—

1. आगत-निर्गत विश्लेषण उस अर्थव्यवस्था पर ध्यान केन्द्रित करता है जो संतुलन में हो। आंशिक संतुलन विश्लेषण पर यह लागू नहीं होता।
2. यह मांग-विश्लेषण से कोई वास्ता नहीं रखता। यह केवल उत्पादन की तकनीकी समस्याओं पर विचार करता है।
3. यह अनुभाविक अन्वेषण पर आधारित है।

मान्यताएं (Assumptions)

आगत-निर्गत विश्लेषण निम्नलिखित मान्यताओं पर आधारित है—

1. अर्थव्यवस्था दो क्षेत्रों में बंटा रहता है, 'अन्तः उद्योग क्षेत्रों' तथा 'अन्तिम मांग क्षेत्रों'। आगे इनको उपक्षेत्रों में विभाजन किया जा सकता है।
2. किसी-भी अन्तः उद्योग क्षेत्र के कुल उत्पादन का सामान्य रूप से आगतों के रूप में अन्य अन्तः उद्योग क्षेत्रों या उसी क्षेत्र और अन्तिम मांग क्षेत्रों द्वारा प्रयोग किया जा सकता है।
3. कीमत, मांग एवं पूर्ति दी हुई है।
4. पैमाने के प्रतिफल स्थिर होते हैं।
5. उत्पादन की बाह्य मितव्ययिताएं तथा अमितव्ययिताएं नही पायी जातीं।
6. किन्हीं दो वस्तुओं का संयुक्त उत्पादन नहीं होता। प्रत्येक उद्योग केवल एक समरूप वस्तु का उत्पादन करता है।
7. आगतों के संयोग स्थिर निश्चित अनुपातों में प्रयोग किए जाते हैं। आगतों-निर्गतों के स्तर स्थिर अनुपात में रहते हैं। इसका अर्थ है कि भिन्न-भिन्न वस्तुओं में स्थानापन्नता नहीं होती और न ही कोई प्रौद्योगिकी उन्नति होती है।

आयोजन में आगत-निर्गत मॉडल का प्रयोग (Use of Input-Output Model in Planning)

आगत-निर्गत गुणांक (Input-Output Coefficients)

आगत-निर्गत तालिक (Input-Output Table) किसी वर्ष विशेष में समस्त अर्थव्यवस्था से संबंध रखती है। यह भिन्न-

भिन्न उत्पादक क्षेत्रों के बीच वस्तुओं और सेवाओं के प्रवाहों के, विशेष रूप में अन्त: उद्योग प्रवाहों के, मूल्यों को प्रकट करती है।

उदाहरण के लिए एक त्रि-क्षेत्रीय अर्थव्यवस्था को लेते हैं जिसमें कृषि और उद्योग ये दो अन्त: उद्योग (Inter Industry) क्षेत्र हैं और तीसरा घरेलू क्षेत्र है जो कि अन्तिम मांग क्षेत्र (Final Demand Sector) है। आगे दी गयी तालिका 1 में ऐसी अर्थव्यवस्था का सरलीकृत चित्र प्रस्तुत किया गया है।

इस तालिका में कृषि, औद्योगिक क्षेत्रों तथा मूल्य-वृद्धि की कुल निर्गत को पंक्तियों (बाएं से दाएं) में रखा गया है और कृषि, औद्योगिक क्षेत्रों तथा मूल्य-वृद्धि (Value added) में बांट दिया गया है। इन क्षेत्रों की आगतों को स्तंभों में रखा गया है। प्रथम पंक्ति का जोड़ प्रकट करता है कि कृषि निर्गत का मूल्य प्रति वर्ष 300 है। इसमें से, पंक्ति (1) स्तंभ (1) यह दिखाता है कि 50 कृषि क्षेत्र द्वारा उत्पादित किया जाता है और कृषि क्षेत्र में ही उपभोग कर लिया जाता है। पंक्ति (1) तथा स्तंभ (2) की 150 की राशि कृषि द्वारा औद्योगिक क्षेत्र को बेची जाती है तथा पंक्ति (1) तथा स्तंभ (3) यह दिखाता है कि 100 की राशि कृषि द्वारा अन्तिम मांग या उपभोग के लिए बेची जाती है। इसी प्रकार, दूसरी पंक्ति औद्योगिक क्षेत्र की प्रति वर्ष 500 के मूल्य की कुल निर्गत के वितरण को प्रकट करती है। स्तंभ (1), (2), (3) से स्पष्ट है कि उत्पादन की गयी वस्तुओं की 100 इकाइयां कृषि को 250 उद्योग को स्वयं और 150 अन्तिम उपभोग के लिए घरेलू क्षेत्र को बेची जाती है।

तालिका 1 : आगत-निर्गत तालिका

(मूल्य के रूप में)

		क्रय क्षेत्र			
		(1)	(2)	(3)	
	क्षेत्र	***कृषि को आगत***	***उद्योग को आगत***	***अन्तिम मांग***	***कुल निर्गत***
विक्रय क्षेत्र					
1.	कृषि	50	150	100	300
2.	उद्योग	100	250	150	500
3.	मूल्य वृद्धि	150	100	0	250
	कुल आगत या कुल लागत	300	500	250	1050

उपरोक्त तालिका में पहला स्तंभ कृषि क्षेत्र की आगत या लागत ढांचे का विवरण बताता है। 300 मूल्य की कृषि क्षेत्र का उत्पादन, स्वयं कृषि क्षेत्र से 50, औद्योगिक क्षेत्र से 100, और श्रम तथा प्रबन्धक से की गयी 150 मूल्य की क्रय की गयी इकाइयों से होता है। अन्य शब्दों में कृषि क्षेत्र से 300 का आगम (Revenue) प्राप्त करने के लिए 300 लागत आती है। इसी प्रकार, दूसरा स्तंभ औद्योगिक क्षेत्र के आगत ढांचे की व्याख्या करता है। अन्तिम मांग स्तंभ (3) यह प्रकट करता है कि उपभोग और सरकारी खर्च के लिए क्या मिल सकता है। इस स्तम्भ के अनुरूप तीसरी पंक्ति को शून्य दिखाया गया है। इसका अर्थ है कि श्रम का सीधा उपभोग नहीं होता।

योजना की संभाव्यता और संगति (Feasibility and Consistency of the Plan)

दो प्रकार के संबंध उस ढंग को निर्धारित करते हैं, जिसमें अर्थव्यवस्था व्यवहार करती है और स्रोतों के प्रवाह के एक निश्चित नमूने को धारण कर लेती है। वे हैं—

(*i*) अर्थव्यवस्था के प्रत्येक क्षेत्र की आन्तरिक स्थिरता या संतुलन, तथा

(*ii*) प्रत्येक क्षेत्र या अन्तर्क्षेत्रीय संबंधों की बाह्य स्थिरता।

प्रोफेसर लियोनतिफ इन्हें **'संतुलन और संरचना'** में आधारभूत संबंध (fundamental relation of balance and structure) कहते हैं। इनकी गणितीय अभिव्यक्ति **'संतुलन समीकरण'** (balance equation) या **संरचनात्मक समीकरण** (structural equation) कहलाती है।

यदि i उद्योग की कुल निर्गत X_i को उद्योगों की विभिन्न संख्या 1, 2, 3, ... n में विभाजित करें तथा D_i अन्तिम मांग हो, तो संतुलन समीकरण यह बनता है–

$$X_i = x_{i_1} + x_{i_2} + x_{i_3} + ... + x_{i_n} + D_i \quad ....(1)$$

और मान लीजिए Y_i भाग, जो **'बाहरी क्षेत्र'** (outsider sector) में खप जाती है, को भी ध्यान में रखा जाए तो ith उद्योग का संतुलन समीकरण यह बन जाएगा :

$$X_i = x_{i_1} + x_{i_2} + x_{i_3} + ... + x_{i_n} + D_i + Y_i$$

अथवा,

$$\sum_{J=1}^{n} X_{i_J} + Y_i = X_i \quad ....(2)$$

यह ध्यान रहे कि उद्योग i की वस्तुओं के उपभोग, निदेश और निर्यात (आयातों को निकाल कर) इत्यादि के प्रवाहों के कुल जोड़ को X_i प्रकट करता है। इसे वस्तुओं का अन्तिम बिल (final bill of goods) भी कहते हैं जिसे भरना निर्गत का काम है। संतुलन समीकरण मांग और पूर्ति के बीच संतुलन की स्थितियों को दर्शाता है। यह एक उद्योग से अन्य उद्योगों को तथा अन्य उद्योगों से एक उद्योग को निर्गतों और आगतों के प्रवाहों को व्यक्त करता है।

चूंकि x_{i_2}, ith उद्योग के उत्पाद का फर्म 2 द्वारा उपभोग की गयी राशि को व्यक्त करता है, इससे निष्कर्ष निकलता है कि x_{i_J} ith उद्योग के उत्पाद का फर्म J द्वारा उपभोग की गयी राशि को व्यक्त करता है। फर्म i का "**तकनीकी गुणांक**" या "**आगत गुणांक**" ऐसे निर्दिष्ट किया जाता है—

$$a_{i_J} = \frac{x_{i_J}}{X_J} \quad \text{....(3)}$$

जहां x_{i_J} फर्म i से फर्म J की ओर प्रवाह है, तथा X_J फर्म J की कुल निर्गत है और a_{i_J} स्थिरांक है जिसे फर्म i में **तकनीकी गुणांक** या **प्रवाह गुणांक** कहते हैं। तकनीकी गुणांक एक फर्म के निर्गत की इकाइयों की संख्या जिन्हें अन्य उद्योग के निर्गत की एक इकाई उत्पादित करने को दर्शाता है।

किसी आगत-निर्गत तालिका (input–output table) के n क्षेत्रों के लिए उत्पादन के प्रौद्योगिकी गुणांकों (Technological Coefficient) का आव्यूह ($n \times n$) तत्वों का होगा। एक तालिका जिसके दो क्षेत्र हैं, जैसे कि हमारे उदाहरण में, तो आव्यूह के (2×2) प्रौद्योगिकी गुणांकों को निम्न ढंग से तालिका 2 में रखा जाएगा।

तालिका 2 : प्रौद्योगिकी आव्यूह

	कृषि	**उद्योग**
कृषि	a_{11}	a_{12}
उद्योग	a_{21}	a_{22}

तालिका 1 से a_{i_J} की गणना करने के लिए समीकरण (3) का प्रयोग करके हम प्रौद्योगिकी गुणांक आव्यूह प्राप्त करते हैं जिसे निम्न तालिका में दिखाया गया है।

तालिका 3 : प्रौद्योगिकी गुणांक आव्यूह

	कृषि	**उद्योग**
कृषि	$\frac{50}{300} = 0.17$	$\frac{150}{500} = 0.30$
उद्योग	$\frac{100}{300} = 0.33$	$\frac{250}{500} = 0.50$

तालिका 1 के पहले स्तंभ की प्रत्येक वस्तु को **पहली पंक्ति** के कुल जोड़ से विभक्त करके दूसरे स्तंभ की प्रत्येक **वस्तु को** दूसरी पंक्ति के कुल जोड़ से विभक्त करके, और इसी तरह आगे भी, इन गुणांकों को निकाला गया है। क्योंकि ये गुणांक स्थिर मान लिए गए हैं इसलिए आगत-निर्गत तालिका का प्रयोग कुल निर्गत में किसी क्षेत्रीय परिवर्तन के समस्त अर्थव्यवस्था पर पड़ने वाले प्रत्यक्ष तथा अप्रत्यक्ष प्रभावों को मापने के लिए किया जा सकता है।

लियोनतिफ हल (The Leontief Solution)

$$\sum_{J=1}^{n} x_{i_J} + Y_i = X_i \text{ जहां } i = 1, 2, 3, ... n.$$

उपरोक्त समीकरण बताता है कि सभी क्षेत्रों में उत्पादित समस्त वस्तु (X_i) या तो अन्य उद्योगों $\left(\sum_{J=1}^{n} x_{i_J}\right)$ द्वारा उपभोग कर ली जाती है या अन्तिम मांग (Y_i) कर्त्ताओं द्वारा।

प्रौद्योगिकी गुणांक के समीकरण (3) से x_{i_J} को समीकरण (2) में प्रतिस्थापित करके हम प्राप्त करते हैं–

$$\sum_{J=1}^{n} a_{iJ} X_J + Y_i = X_i$$

या

$$X_i - \sum_{J=1}^{n} a_{iJ} X_J = Y_i \quad \text{....(4)}$$

हमारे उदाहरण के अनुसार अर्थव्यवस्था में दो समीकरण हैं जिनको इस प्रकार व्यक्त किया जा सकता है—

$$x_1 - a_{11}x_1 - a_{12}x_2 = Y_1$$
$$x_2 - a_{21}x_2 - a_{22}x_2 = Y_2$$

संख्यात्मक रूप में (तालिका 1 तथा 2 से)

$$\left.\begin{aligned} 300 - 0.17\,(300) - 0.30\,(500) &= 100 \\ 500 - 0.33\,(300) - 0.50\,(500) &= 150 \end{aligned}\right\} \quad \text{–(5)}$$

समीकरण (5) को आव्यूह तथा स्तम्भ सदीशों (column vectors) के रूप में पुन: लिखा जा सकता है जो क्रमश: X एवं Y से प्रदर्शित किए जाते हैं—

$$X = \begin{bmatrix} X_1 \\ X_2 \end{bmatrix} \quad \text{तथा} \quad Y = \begin{bmatrix} Y_1 \\ Y_2 \end{bmatrix}$$

और प्रौद्योगिकी गुणांकों के आव्यूह को "A आव्यूह" कहा

जाता है जो है—

$$A = \begin{bmatrix} a_{11} & a_{12} \\ a_{21} & a_{22} \end{bmatrix}$$

आव्यूह रूप में खुला आगत-निर्गत मॉडल है

$$X = AX + Y$$
$$\Rightarrow X - AX = Y$$
$$\Rightarrow X(I - A) = Y$$
$$X = (I - A)^{-1} Y$$

जहां I इकाई (unit या identity) आव्यूह है। (I – A) को *लियोनतिफ* आव्यूह कहते हैं। समीकरण (5) के द्वारा दोनों क्षेत्रों की कुल निर्गतों की गणना इस प्रकार होगी।

$$A = \begin{bmatrix} 0.1 & 0.3 \\ 0.3 & 0.5 \end{bmatrix}$$

तथा $Y = \begin{bmatrix} 100 \\ 150 \end{bmatrix}$

तथा $I = \begin{bmatrix} 1 & 0 \\ 0 & 1 \end{bmatrix}$

$$\therefore \quad [I - A] = \begin{bmatrix} +0.9 & -0.3 \\ -0.3 & +0.5 \end{bmatrix}$$

और $[I - A]^{-1} = \dfrac{1}{0.36}\begin{bmatrix} 0.5 & 0.3 \\ 0.3 & 0.9 \end{bmatrix}$

$$\because \quad X = [I - A]^{-1} Y$$

$$\therefore \quad \begin{bmatrix} X_1 \\ X_2 \end{bmatrix} = \frac{1}{0.36}\begin{bmatrix} 0.5 & 0.3 \\ 0.3 & 0.9 \end{bmatrix}\begin{bmatrix} 100 \\ 150 \end{bmatrix}$$

X_1 (कृषि क्षेत्र की कुल निर्गत)

$$= \frac{0.5 \times 100 + 0.3 \times 150}{0.36} = 264$$

X_2 (उद्योग क्षेत्र की कुल निर्गत)

$$= \frac{0.3 \times 100 + 0.9 \times 150}{0.36} = 458$$

अब हम अन्त: उद्योग (inter–industry) वस्तुओं की आगत की गणना दोनों क्षेत्रों के कुल उत्पादन (निर्गत) के आधार पर कर सकते हैं—

कृषि क्षेत्र की निर्गत—

1. कृषि क्षेत्र को $= a_{11}x_1$
$= 0.1 \times 264$
$= 26$

2. औद्योगिक क्षेत्र को $= a_{21}x_2$
$= 0.3 \times 458$
$= 137$

$\therefore$ कुल अन्त: उद्योग आगत = 26 + 137 = 163

उद्योग क्षेत्र की निर्गत

1. कृषि क्षेत्र को $= a_{21}x_1$
$= 0.3 \times 264$
$= 79$

2. औद्योगिक क्षेत्र को $= a_{22}x_2$
$= 0.5 \times 458$
$= 229$

$\therefore$ कुल अन्त: उद्योग आगत = 79 + 229 = 308

अत: दोनों क्षेत्रों की अन्तिम मांग क्रमश: 100 एवं 150 तभी हो सकती है यदि इनकी आगतों का मूल्य क्रमश: 163 एवं 308 हो। ऐसा न होने पर पर उत्पादन लक्ष्यों का संशोधन करना पड़ेगा।

Example : You are given the following transactions matrix for a two sector economy.

Producing Sectors	*Purchasing Sector 1*	*2*	*Final Demand*	*Gross Output*
1.	4	3	13	20
2.	5	4	3	12
Primary Input	11	5		

1. Write the technology matrix.

2. Rewrite the new transactions matrix when the final demand for the output of sector 1 increases to 23 units.

Ans : From the question we get the transaction matrix to be

$$[X_{12}] = \begin{bmatrix} 4 & 3 \\ 5 & 4 \end{bmatrix}$$

The technology matrix can be derived from above given the gross output of each sector.

$$A = [a_{iJ}] = \frac{[X_{iJ}]}{X_J}$$

$$= \begin{bmatrix} 4/20 & 3/12 \\ 5/20 & 4/12 \end{bmatrix}$$

$$= \begin{bmatrix} 0.2 & 0.25 \\ 0.25 & 0.33 \end{bmatrix}$$

$$\text{अब, } [I - A] = \begin{bmatrix} 0.8 & -0.25 \\ -0.25 & 0.66 \end{bmatrix}$$

$$\therefore\ [I - A]^{-1} = \frac{1}{0.528 - 0.0625}\begin{bmatrix} 0.66 & 0.25 \\ 0.25 & 0.8 \end{bmatrix}$$

$$= \frac{1}{0.4655}\begin{bmatrix} 0.66 & 0.25 \\ 0.25 & 0.8 \end{bmatrix}$$

$$\because \quad X = [I - A]^{-1}\, Y$$

$$\Rightarrow \quad X = \frac{1}{0.4655}\begin{bmatrix} 0.66 & 0.25 \\ 0.25 & 0.8 \end{bmatrix}\begin{bmatrix} 23 \\ 3 \end{bmatrix}$$

$$\Rightarrow \quad X = \frac{1}{0.4655}\begin{bmatrix} 15.18 + 0.75 \\ 5.7 + 2.4 \end{bmatrix}$$

$$\Rightarrow \quad X = \frac{1}{0.4655}\begin{bmatrix} 15.93 \\ 8.10 \end{bmatrix}$$

$$X = \begin{bmatrix} 34.22 \\ 17.40 \end{bmatrix}$$

नया transaction matrix है,

$$[X_{ij}] = [a_{ij}]\,[X_J]$$

$$= \begin{bmatrix} 6.844 & 4.35 \\ 8.555 & 5.742 \end{bmatrix}$$

आगत-निर्गत विश्लेषण की सीमाएं (Limitations of Input–Output Analysis)

1. यह विश्लेषण लियोनतिफ की इस मूल धारणा पर आधारित है कि उत्पादन का आगत गुणांक स्थिर होता है, जो कि वास्तविकता से परे है।
2. फिर, उत्पादन के स्थिर गुणांक की यह मान्यता साधन स्थानापन्नता की संभाव्यताओं की उपेक्षा करती है। वास्तव में, अल्पकाल में भी कुछ स्थानापन्नताओं की सदैव संभाव्यताएं होती हैं, जबकि दीर्घकाल में स्थानापन्नता संभाव्यताएं सापेक्ष तथा अधिक होती है।
3. आगत-निर्गत विश्लेषण अत्यन्त सरलीकृत तथा सीमित हैं क्योंकि यह अर्थव्यवस्था के केवल उत्पादन पक्ष पर ही सारा बल देता है। यह हमें इस बारे में कुछ नहीं बताता कि अर्थव्यवस्था में केवल आगतें और निर्गतें एक विशेष ढांचे की ही क्यों होती है।
4. इस विश्लेषण में कीमत समायोजन संबंधी कोई यन्त्र नहीं पाया जाता, जो अव्यावहारिक है।
5. यह विश्लेषण प्रति इकाई निर्गत के उत्पादन के लिए आगत की एक स्थिर मात्रा के आधार पर क्रियाशील होता है, जो यथार्थिक नहीं है। क्योंकि साधन अधिकतर अविभाज्य होते हैं इसलिए निर्गतों में वृद्धियां सदैव आगतों में आनुपातिक वृद्धियां अपेक्षित नहीं रखती है।
6. अन्तिम, आगत-निर्गत मॉडल समीकरणों पर पनपता है जिन पर आसानी से नहीं पहुंचा जा सकता। पहली बात तो यह है कि समीकरणें का नमूना तैयार करना पड़ता है, फिर आवश्यक भारी-भरकम आंकड़ें इकट्ठे करने पड़ते हैं। समीकरणों के लिए ऊंचे गणित का ज्ञान अपेक्षित है और ठीक आंकड़ों को निश्चित करना भी उतना आसान नहीं है। इससे आगत-निर्गत मॉडल अमूर्त और कठिन बन जाता है।

महत्त्व (Importance)

परन्तु इन सीमाओं के बावजूद, आगत-निर्गत की धारणा अर्थशास्त्र में अत्यन्त व्यावहारिक मूल्य और महत्त्व रखती है।

1. आगत-निर्गत तालिका से एक उत्पादक उन वस्तुओं की किस्में और मात्राएं जान सकता है जिन्हें वह स्वयं तथा अन्य फर्में क्रय-विक्रय करती है। इस तरीके से वह आवश्यक समायोजन कर सकता है और उत्पादकों की तुलना में अपनी स्थिति को सुधार सकता है।
2. आगत-निर्गत तालिका से गुटबन्दी के प्रति सम्भव झुकावों के बारे में, फर्मों और उद्योगों के आपसी संबंधों का भी पता लगाया जा सकता है।
3. राष्ट्रीय आय का हिसाब लगाने के लिए भी आगत-निर्गत विश्लेषण का प्रयोग होने लगा है। ''क्योंकि यह समष्टि समूहों और मुद्रा प्रवाहों का अधिक विस्तृत हल प्रदान करता है।''

2. रेखीय प्रोग्रामिंग
(LINEAR PROGRAMMING)

रेखीय प्रोग्रामिंग एक गणितीय विधि है जिसका गणितज्ञ *जार्ज डैनजिग* (George Dantzig) ने सेनाओं को पूर्ति पहुंचाने की समस्या से संबंधित अमरीका की वायु सेना के विभिन्न कार्य-कलापों की योजना बनाने के लिए, 1946 में विकास किया था। फर्म के आर्थिक सिद्धांत, प्रबंधात्मक अर्थशास्त्र, अन्त: प्रादेशिक व्यापार, सामान्य संतुलन विश्लेषण, कल्याण अर्थशास्त्र और अन्त में, विकास आयोजन में प्रयोग के लिए भी इसका विकास हुआ है।

अधिकतमीकरण तथा न्यूनतमीकरण की समस्याओं को इष्टतमीकरण (optimisation) की समस्याएं भी कहते हैं। इन समस्याओं को हल करने के लिए अर्थशास्त्रीयों द्वारा जो तकनीक अपनायी जाती है उसे रेखीय प्रोग्रामिंग कहते हैं। गणितीय भाषा में, यह उन सब समस्याओं पर लागू होती है जिनमें, कुछ चरों के रूप में व्यक्त रेखीय असमानताओं को व्यवस्था के रहते हुए, अधिकतमीकरण (maximisation) तथा न्यूनतमीकरण (minimisation) के हलों की जरुरत होती है। यदि x और y दो चर (variables), z के फलन (function) हों, तो z का मूल्य उस समय अधिकतम होगा, जब उस बिन्दु से की गयी। किसी भी गति से z का मूल्य कम हो जाए। z का मूल्य उस समय न्यूनतम होता है, जबकि किसी भी गति से z का मूल्य अधिक हो जाए। जब निर्गत के आकार के साथ प्रति इकाई लागत और कीमत में परिवर्तन हो, तो समस्या रेखीय नहीं होती और यदि निर्गत के साथ उनमें परिवर्तन नहीं होता, तो समस्या रेखीय होती है। इस प्रकार प्रोग्रामिंग की परिभाषा इस प्रकार दी जा सकती है, *यह वह विधि है जो दी हुई निर्गत के उत्पादन के लिए साधनों के इष्टतम संयोग या दिए हुए प्लांट और उपकरण से उत्पादन की जाने वाली वस्तु के इष्टतम संयोग का निर्णय करती है।* एक वस्तु के उत्पादन में तकनीकी विविधता का निर्णय करने के लिए भी इसका प्रयोग होता है।

रेखीय प्रोग्रामिंग की महत्त्वपूर्ण अवधारणाएं
(Important Concepts of Linear Programming)

रेखीय प्रोग्रामिंग द्वारा किसी फर्म के उत्पादन अथवा अन्य समस्याओं के अनुकूलतम समाधान की व्याख्या करने के पूर्व इस विधि की अनेक अवधारणाओं का ज्ञान आवश्यक है, जो निम्न है–

1. प्रक्रियाएं तथा प्रक्रिया किरणें (Processes and Process Rays) : प्रक्रिया किसी कार्य को करने की विधि को कहते हैं अर्थात् किसी वस्तु का उत्पादन करने के लिए विशिष्ट साधनों के संयोग को ही उत्पादन प्रक्रिया (Production Process) कहा जाता है। किसी वस्तु के उत्पादन की कुछ प्रक्रियाएं अपेक्षाकृत श्रम-प्रधान (Labour intensive) तथा कुछ अपेक्षाकृत पूंजी-प्रधान (capital intensive) हो सकती है। अत: प्रक्रिया का स्वभाव तकनीकी (technological) होता है। *रेखीयता की मान्यता* (linearity assumption) के अनुसार चूंकि प्रत्येक प्रक्रिया में श्रम तथा पूंजी का अनुपात स्थिर रहता है अर्थात् साधन अनुपात (Factor-proportion) स्थिर रहता है, अत: प्रत्येक प्रक्रिया को सरल रेखा द्वारा प्रदर्शित किया जा सकता है। मूल बिन्दु से ऊपर दाहिनी ओर उठने वाली इस सरल रेखा को ही प्रक्रिया किरण (Process ray) कहते हैं। इसी प्रकार विभिन्न साधन अनुपात (Different factor proportion) को प्रदर्शित करने वाली सरल रेखाओं से अन्य प्रक्रिया किरणें प्राप्त हो जाती है। चिंत्र 1 में OA, OB, OC तथा OD सरल रेखाएं प्रक्रिया किरणें हैं जो किसी वस्तु के उत्पादन की क्रमश: अधिक श्रम-प्रधान प्रक्रियाओं (Labour-intensive processes) को प्रदर्शित करती है।

प्रक्रिया किरण OA एक विशिष्ट एवं निश्चित श्रम और पूंजी के संयोग अर्थात् विशेष उत्पादन प्रक्रिया को व्यक्त करती है। इसी प्रकार प्रक्रिया किरणें OB, OC तथा OD भिन्न-भिन्न उत्पादन प्रक्रियाओं अथवा श्रम और पूंजी के भिन्न-भिन्न संयोगों को प्रकट करती हैं। किंतु प्रत्येक प्रक्रिया किरण साधनों के एक निश्चित अनुपात को दर्शाती है। अर्थात् इसके किसी बिन्दु पर उत्पादन करने के साधनों (श्रम और पूंजी) का अनुपात समान रहता है। इसके अतिरिक्त, प्रक्रिया किरण OA पर लिये गये विभिन्न बिन्दु Q_1, Q_2, Q_3 तथा Q_4 क्रमश: यह पक्रट करते हैं कि उत्पादन प्रक्रिया से उत्पादन बढ़ाने पर श्रम और पूंजी की मात्राएं किस प्रकार बदलेंगी जबकि उनमें अनुपात समान रहता है।

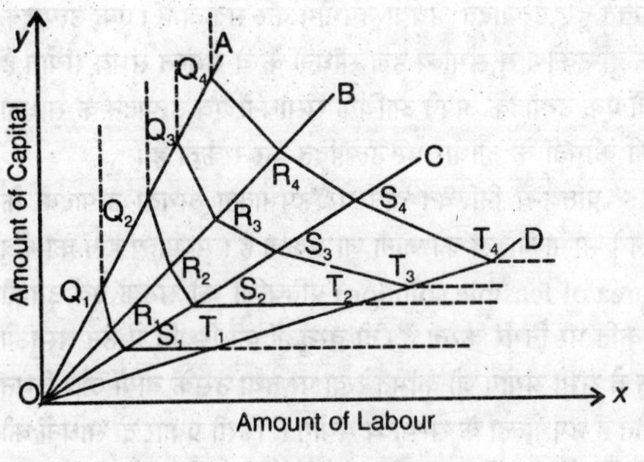

चित्र 1 : प्रक्रिया किरणें

जैसे-जैसे हम Q_1 से Q_2, Q_2 से Q_3, Q_3 से Q_4 को जायेंगे उत्पादन में वृद्धि होगी। चूंकि हम रेखीय प्रोग्रामिंग में केवल साधन (आगत) और उत्पादन (निर्गत) में रेखीय संबंधों (linear relationships) की मान्यता देते हैं, इसलिये जिस दर से साधन बढ़ाये जायेंगे उसी दर से उत्पादन में वृद्धि होगी अर्थात् पैमाने के स्थिर प्रतिफल प्राप्त होंगे। अतः Q_1, Q_2, Q_3, Q_4 जो कि एक दूसरे से समान दूरी पर हैं क्रमशः 10, 20, 30, 40 उत्पादन मात्राओं को व्यक्त कर सकती हैं अथवा इसी प्रकार की अन्य संख्याओं को जैसे 100, 200, 300, 400 आदि।

प्रक्रिया किरण OB पर बिन्दु R_1, R_2, R_3 तथा R_4 लिये गये हैं जो प्रक्रिया किरण A से भिन्न साधन अनुपात (अर्थात् श्रम और पूंजी के अनुपात) को व्यक्त करते हैं। यह ध्यान देने योग्य है कि यह आवश्यक नहीं कि विभिन्न प्रक्रिया किरणों पर समान उत्पादन प्राप्त करने के लिए उद्गम बिन्दु O से समान दूरी पर ही कार्य किया जाए अर्थात् यह आवश्यक नहीं कि प्रक्रिया किरण OA पर स्थित बिन्दु Q_1 पर जितना उत्पादन किया जाता है उतना प्रक्रिया OB से प्राप्त करने के लिए उद्गम बिन्दु से OR_1 की बराबर दूरी पर कार्य किया जाए। अतः साधनों का R_1 संयोग जो Q_1 संयोग के समान उत्पादन देता है, की उद्गम बिन्दु से दूरी बराबर होनी अनिवार्य नहीं इसी प्रकार OC प्रक्रिया पर S_1, S_2, S_3 तथा S_4 बिन्दु तथा OD प्रक्रिया किरण पर T_1, T_2, T_3, T_4 बिन्दु लिये गये हैं। S_1 से Q_1 अथवा R_1 के समान, S_2 से Q_2 अथवा R_2 के समान, S_3 से Q_3 अथवा R_3 के समान, S_4 से Q_4 अथवा R_4 के समान उत्पादन संभव होता है। इसी प्रकार प्रक्रिया किरण OD के बिन्दु T_1, T_2, T_3, T_4 क्रमशः Q_1, Q_2, Q_3, Q_4 के समान उत्पादन संभव बनाते हैं। Q_1, R_1, S_1 तथा T_1 बिन्दुओं को परस्पर सरल रेखाओं से मिलाने पर जो हमें Q_1 R_1 S_1 T_1 कोणदार वक्र (kinked curve) प्राप्त होता है उसे समोत्पाद वक्र (isoquant) कहा जाता है इसकी प्रायः चरम सीमाओं पर लम्ब रूप (vertical) तथा क्षैतिज (horizontal) रेखाओं द्वारा बढ़ा दिया जाता है जैसा कि उपरोक्त चित्र में दर्शाया गया है।

यह स्मरणीय है कि किसी विशेष प्रक्रिया में आगतों (साधनों) में प्रतिस्थापन सम्भव नहीं होता अर्थात् प्रत्येक प्रक्रिया में साधनों के निश्चित (स्थिर) अनुपात का प्रयोग होता है। किन्तु एक प्रक्रिया का दूसरी प्रक्रिया से प्रतिस्थापन संभव है। प्रक्रिया के स्तर (level of process) का अर्थ यह है कि साधनों के अनुपात को स्थिर रखते हुए पूंजी तथा श्रम की कितनी मात्राओं का प्रयोग होता है।

एक वस्तु के उत्पादन के लिए प्रायः एक से अधिक प्रक्रियाएं उपलब्ध होती हैं जिनके विभिन्न स्तरों पर कार्य करके वस्तु की विभिन्न मात्राओं को उत्पादित किया जा सकता है। किसी वस्तु के उत्पादन के लिए दो प्रक्रियाओं का भी प्रयोग किया जा सकता है : वस्तु का कुछ भाग एक प्रक्रिया से और कुछ भाग दूसरी प्रक्रिया से उत्पादित किया जा सकता है। ऐसा तब होता है जब उत्पादक समोत्पाद वक्र के किसी रेखा भाग (line segment) जैसे कि चित्र 1 में Q_2R_2, R_2S_2, S_2T_2 आदि रेखाओं के किसी बीच के बिन्दु पर उत्पादन कार्य किया जाए। इसे समझने के लिये चित्र 2 पर विचार कीजिये जिसमें तीन प्रक्रिया किरणें OA, OB तथा OC खींची गयी हैं और एक समोत्पाद वक्र (isoquant) QKRS बनाया गया है जो कल्पना कीजिए कि उत्पादन की 100 इकाइयों को व्यक्त करता है। एक बिन्दु K समोत्पाद वक्र के रेखीय भाग QR पर लिया गया है। बिन्दु K द्वारा व्यक्त वस्तु की मात्रा को उत्पादित करने कि लिए दो प्रक्रियाओं OA तथा OB का प्रयोग किया जायेगा। अब प्रश्न यह है कि उत्पादन प्रक्रियाओं OA तथा OB के किन स्तरों पर उत्पादन कार्य सम्पन्न किया जायेगा। यह जानने के लिए बिन्दु K से OB के समानान्तर रेखा खींचें जो OA को L पर मिलती है। अब KL दूरी के समान प्रक्रिया किरण OB पर OT दूरी लीजिए। इसका यह अर्थ है कि बिन्दु K द्वारा व्यक्त वस्तु की मात्रा उत्पादित करने के लिए उत्पादक प्रक्रिया A के OL स्तर पर तथा प्रक्रिया B के OT स्तर पर वस्तु का उत्पादन करेगा।

यह सिद्ध किया जा सकता है कि बिन्दु L तथा T पर श्रम और-पूंजी का प्रयोग बिन्दु K द्वारा व्यक्त साधनों की मांग जो OU श्रम तथा OV पूंजी है, के समान होगा। अर्थात् OG + OM = OU

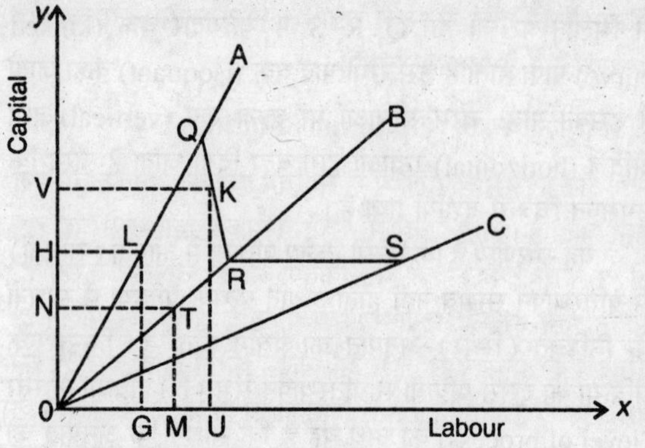

चित्र 2 : प्रक्रिया किरणें

तथा ON + OH = OV । इसी प्रकार समोत्पाद वक्र के रेखा भागों (line segments) RS पर स्थित किसी बीच के बिन्दु के अनुसार कार्य करने का अर्थ होगा उत्पादन प्रक्रियाओं B और C के संयोग से कार्य करना अर्थात् वस्तु का कुछ भाग प्रक्रिया B तथा कुछ भाग प्रक्रिया C से उत्पादित करना। किन्तु समोत्पाद वक्र के कोनों पर जैसे कि बिन्दु Q, R तथा S पर उत्पादन केवल एक ही प्रक्रिया द्वारा किया जायेगा ; Q पर उत्पादन प्रक्रिया A से, R पर उत्पादन केवल प्रक्रिया B से तथा S पर उत्पादन केवल प्रक्रिया C से किया जायेगा।

2. वस्तुपरक फलन (Objective Function)

फर्म जिस लक्ष्य को अधिकतम अथवा न्यूनतम करना चाहती है, उसे वस्तुपरक फलन (Objective Function) कहते हैं। इस प्रकार "वस्तुपरक फलन अधिकतम अथवा न्यूनतम की जाने वाली मात्रा के निर्धारक तत्वों की व्याख्या करता है, इसे मानदण्ड फलन (Criterion Function) भी कहते हैं।" यदि लाभ अथवा उत्पादन को अधिकतम करना उद्देश्य है तो यह फर्म का वस्तुपरक फलन होगा। इसी प्रकार लागत को न्यूनतम करना उद्देश्य होने पर वह वस्तुपरक फलन होता है। वस्तुपरक फलन के *प्रमुख* (Primal) तथा द्वैत (Dual) दो भाग होते हैं। यदि वस्तुपरक फलन में उत्पादन अधिकतम करना प्रमुख (Primal) है तो लागत न्यूनतम करना द्वैत (Dual) होता है।

3. संभाव्य हल (Feasible Solution)

संभाव्य हल वस्तुओं के उत्पादन अथवा उपभोग के उन विभिन्न अधिकतम अथवा अधिकतम से कम का उत्पादन अथवा उपभोग है जो कि एक उत्पादक अथवा उपभोक्ता क्रमशः साधनों की कीमत अथवा वस्तु की कीमत तथा साधनों की सीमितता को देखते हुए उत्पादित अथवा उपभोग कर सकता है। एक उत्पादक के दृष्टिकोण से संभाव्य हल साधनों के वे समस्त संभव संयोग हैं जो एक उत्पादक अपने आर्थिक संसाधनों एवं उत्पादन के साधनों की कीमतों के आधार पर उत्पादित कर सकता है।

प्रतिबन्ध निश्चित होने पर उपभोक्ता अथवा उत्पादक के लिये सम्भाव्य हल को जाना जा सकता है। सम्भाव्य हल का क्षेत्र (area of feasible solution) प्रतिबन्धों की संख्या एवं उनकी प्रकृति पर निर्भर करता है। दो वस्तुओं की स्थिति में उन वस्तुओं के वे सभी संयोग जो कीमत रेखा पर तथा उसके बायीं ओर स्थित होते हैं उपभोक्ता के सम्भाव्य संयोग हैं। इसी प्रकार दो साधनों की स्थिति में साधनों (आगतों) के वे सभी संयोग जो सम-लागत रेखा (Iso-cost line) पर अथवा उसके बायीं ओर स्थित होते हैं सम्भाव्य हल हैं। सम्भाव्य हल के क्षेत्र के अनेक उदाहरण दिये जा सकते हैं। कल्पना कीजिये कि एक वस्तु के उत्पादन के लिये दो साधनों श्रम और पूंजी की आवश्यकता है। उत्पादक के पास OC पूंजी की मात्रा तथा OL श्रम की मात्रा उपलब्ध है। पूंजी और श्रम की ये मात्राएं उत्पादक द्वारा उत्पादन करने के *प्रतिबन्ध* (Constraints) अथवा परिसीमाएं हैं। ऐसी स्थिति में सम्भाव्य हल के क्षेत्र को चित्र 3 में प्रदर्शित किया गया है जिसमें अक्ष-X पर श्रम की मात्रा तथा अक्ष-Y पर पूंजी की मात्रा दिखायी गयी है। चूंकि श्रम की OL मात्रा उपलब्ध है, इसलिए बिन्दु L के ऊपर लम्ब रूप सरल रेखा (vertical straight line) LL′ खींची गयी है। इसी प्रकार पूंजी की OM मात्रा उपलब्ध होने के कारण बिन्दु M से क्षितिज के समानान्तर रेखा MM′ खींची गयी है। ये दो रेखाएं परस्पर बिन्दु K पर काटती हैं। रेखा LL′ से दायीं ओर तथा MM′ से ऊपर श्रम और पूंजी के संयोग सम्भाव्य नहीं होंगे। अतः चित्र 3 में क्षेत्र OLKM जिसको रेखांकित किया गया है सम्भाव्य हल का क्षेत्र है।

सम्भाव्य हल के क्षेत्र का एक अन्य उदाहरण महत्वपूर्ण है। कल्पना कीजिए एक उत्पादक को दो वस्तुओं X और Y का उत्पादन करना है। एक मशीन जो उन दो वस्तुओं के उत्पादन में प्रयोग होती है, की उपलब्ध क्षमता दिन में 12 घण्टे कार्य करने की है और दूसरी मशीन B भी जो उसके उत्पादन में प्रयोग होती है, की उपलब्ध क्षमता दिन में 8 घण्टे कार्य करने की है। वस्तु X की प्रत्येक इकाई को उत्पादित करने के लिए दोनों मशीनों A तथा B का दो-दो घंटे कार्य करना आवश्यक है। वस्तु Y की एक इकाई उत्पादित करने के लिए मशीन A को 3 घण्टे तथा मशीन B

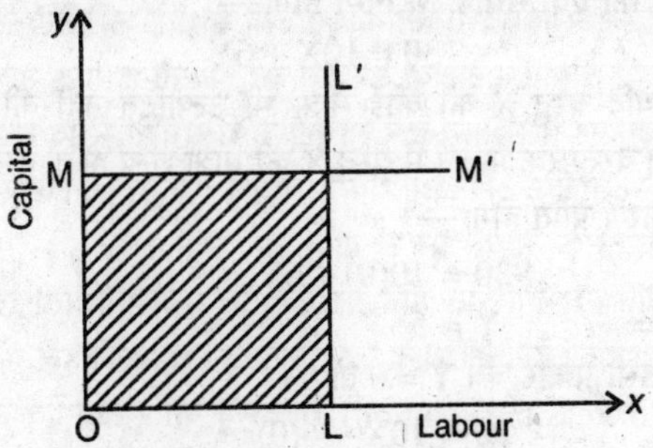

चित्र 3 : सम्भाव्य हल क्षेत्र

को एक घण्टा कार्य करना आवश्यक है। इन प्रतिबन्धों को हम इस प्रकार लिख सकते हैं—

$2X + 3Y \leq 12$

$2X + 1Y \leq 8$

इन प्रतिबन्धों को चित्र 4 में प्रदर्शित किया गया है। यदि मशीन A के 12 घण्टे की समस्त क्षमता वस्तु X के उत्पादन के लिए प्रयुक्त की जायें तो वस्तु X की 6 इकाइयों का उत्पादन होगा जबकि वस्तु Y का उत्पादन शून्य होगा। इसी प्रकार यदि मशीन A के समस्त 12 घण्टे की क्षमता वस्तु Y के उत्पादन में प्रयोग की जाय तो Y की 4 इकाइयां उत्पन्न होंगी और X की उत्पादन मात्रा शून्य होगी। अत: चित्र 4 में प्रतिबन्ध $2X + 3Y \leq 12$ को सरल रेखा AB द्वारा प्रदर्शित किया गया है जिसके बायीं ओर का क्षेत्र इस प्रतिबन्ध की दृष्टि से सम्भाव्य हल के क्षेत्र को व्यक्त करता है।

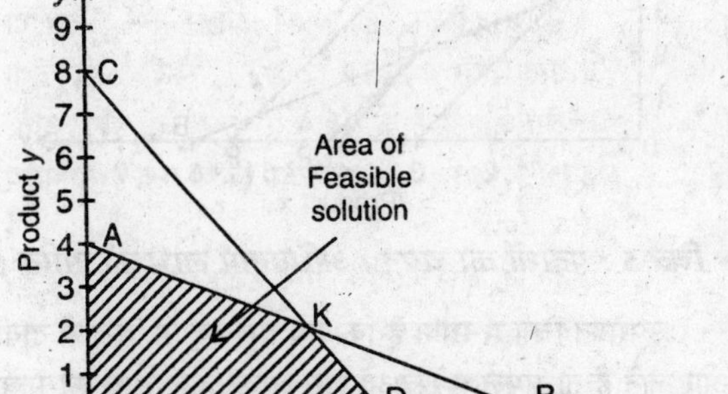

चित्र 4 : सम्भाव्य हल क्षेत्र

उपरोक्त चित्र में दूसरे प्रतिबन्ध $2X + 1Y \leq 8$ को सरल रेखा CD द्वारा दिखाया गया है जिसके बायीं ओर का क्षेत्र इस प्रतिबन्ध की दृष्टि से सम्भाव्य हल का क्षेत्र होगा। परन्तु दोनों प्रतिबन्धों की दृष्टि से स्थूल रेखा AKD के बायीं ओर का क्षेत्र सम्भाव्य रूप में दिखाया गया है।

4. अनुकूलतम हल (Optimum Solution)

अनेक सम्भाव्य हलों में से सर्वोत्तम हल को अनुकूलतम हल कहा जाता है। अन्य शब्दों में, सभी सम्भाव्य हलों में से वह हल जो वस्तुपरक फलन को अधिकतम अथवा न्यूनतम करता है, अनुकूलतम हल है। उदाहरणस्वरूप, यदि वस्तुपरक फलन दो वस्तुओं के उत्पादन से लाभ अधिकतम करना है तो वस्तुओं का वह संयोग (Combination) जिसको उत्पादित करने से फर्म के लाभ अधिकतम हों अनुकूलतम हल होगा। इसी प्रकार यदि वस्तुपरक फलन एक प्रक्रिया अथवा प्रक्रियाओं के संयोग के चयन से उत्पादन लागत को न्यूनतम करना है तो वह प्रक्रिया अथवा प्रक्रियाओं का वह संयोग जिससे वास्तव में लागत न्यूनतम बैठती है अनुकूलतम हल होगा। यह स्मरण रहे कि अनुकूलतम हल सम्भाव्य हलों के क्षेत्र के भीतर में से ही होता है।

रेखीय प्रोग्रामिंग में अनुकूलतम हल ज्ञात करने की दो वैकल्पिक विधियां हैं। प्रथम, अनुकूलतम हल मालूम करने की गैर-गणितीय अथवा रेखा चित्रीय विधि (graphical method) है। रेखा चित्रीय विधि द्वारा रेखीय प्रोग्रामिंग की केवल सरल समस्याओं का अनुकूलतम हल प्राप्त किया जा सकता है। रेखीय प्रोग्रामिंग की समस्या का अनुकूलतम हल ज्ञात करने की दूसरी विधि गणितीय प्रकार की है जिसे *सिंपलैक्स विधि* (Simplex method) की संज्ञा दी गयी है। इस सिंपलैक्स विधि के अन्तर्गत गणितीय समीकरणों द्वारा अनेक संभाव्य हलों की परीक्षा करके अपेक्षाकृत निर्बल हलों (अर्थात् गैर-अनुकूलतम हलों) को एक-एक करके त्याग दिया जाता है जब तक कि अनुकूलतम हल प्राप्त नहीं हो जाता। यद्यपि दोनों रेखाचित्रीय तथा सिंपलैक्स विधियां समस्या के अनुकूलतम हल प्राप्त करने के दो भिन्न तरीके हैं, वे एक ही परिणाम पर पहुंचाते हैं।

पदार्थों का चयन : अधिकतम लाभ की प्राप्ति
(Choice of Products : Maximization of Profits)

रेखीय प्रोग्रामिंग का एक महत्त्वपूर्ण उपयोग यह स्पष्ट करना है कि एक फर्म किस प्रकार विभिन्न पदार्थों के उत्पादन से अपने लाभ अधिकतम कर सकती है अर्थात् वह विभिन्न पदार्थों को कितनी-कितनी मात्रा में उत्पादित करे कि उसे अधिकतम लाभ प्राप्त हों। हम इस खण्ड में फर्म द्वारा दो पदार्थों के उत्पादन से अपने लाभ को अधिकतम करने की समस्या की व्याख्या करेंगे।

सर्वप्रथम हमें यह जानना आवश्यक है कि फर्म किन प्रतिबंधों के अन्तर्गत उत्पादन कर रही है। मान लीजिए की फर्म को दो वस्तुओं X तथा Y का उत्पादन करना है जिसके लिए दो मशीनों I तथा II की आवश्यकता है। मशीन I की उपलब्ध क्षमता एक दिन में 12 घण्टे कार्य करने की है जबकि मशीन II की 8 घण्टे कार्य करने की क्षमता है। इसके अतिरिक्त वस्तु X की प्रत्येक इकाई उत्पादित करने के लिए दोनों मशीनों I तथा II पर दो-दो घण्टे कार्य करने की आवश्यकता है और वस्तु Y की प्रत्येक इकाई के उत्पादन के लिए मशीन I पर 3 घण्टे तथा मशीन II पर एक घण्टा कार्य करना आवश्यक है। अत: फर्म के इन प्रतिबंधों को निम्न प्रकार लिखा जा सकता है :

$$2X + 3Y \leq 12 \quad \text{....}(i)$$

$$2X + 1Y \leq 8 \quad \text{....}(ii)$$

समीकरण (*i*) को चित्र 5 में एक सरल रेखा AB तथा समीकरण (*ii*) को अन्य सरल रेखा CD द्वारा दिखाया गया है। स्थूल वक्र DQA के बायें ओर का क्षेत्र सम्भाव्य हल क्षेत्र (area of feasible solutions) है। फर्म सम्भाव्य हल क्षेत्र में से कौन से हल का चयन करेगी अर्थात् वह वस्तु X तथा वस्तु Y के किस संयोग से उत्पादन करने का निश्चय करेगी ताकि उसके लाभ अधिकतम हो सके, की व्याख्या करने के लिए सम-लाभ वक्र (Iso-Profit Curve) की धारणा का समझना आवश्यक है। समलाभ रेखाएं खींचने के लिए पदार्थों की प्रति इकाई से प्राप्त लाभ जानना आवश्यक है। पदार्थों की प्रति इकाई से अर्जित लाभ जानने के लिए पदार्थों की प्रति इकाई कीमत से उसमें प्रयुक्त कच्चा माल, श्रम, ईंधन, बिजली आदि पर उठायी गयी लागत को घटाना होता है अर्थात् पदार्थ की कीमत में से औसत परिवर्तनशील लागत (Average Variable Cost) को घटा कर उत्पादन की प्रति इकाई से लाभ ज्ञात किये जाते हैं। कल्पना कीजिए कि वस्तु X की प्रति इकाई से 10 रुपये तथा वस्तु Y की प्रति इकाई से 6 रुपये लाभ अर्जित किये जाते हैं। अत: हम वस्तुपरक फलन को इस प्रकार लिख सकते हैं—

$$P = 10X + 6Y \quad \text{....}(iii)$$

जहां P कुल लाभ, X, वस्तु X की मात्रा तथा Y, वस्तु Y की मात्रा को दर्शाते हैं। समीकरण (*iii*) वस्तुपरक फलन है जिसको प्रतिबन्धों (constraints) [(*i*), (*ii*)] का उल्लंघन किए बिना अधिकतम करना है।

वस्तुपरक फलन को समलाभ वक्रों द्वारा प्रदर्शित करने के लिए हमें कुल लाभ (P) की राशियों को निश्चित करना होगा। यदि 30 रुपये के लाभ की सम-लाभ रेखा खींचनी है तो वस्तुपरक फलन का एक समीकरण निम्न होगा—

$$30 = 10X + 6Y$$

यदि वस्तु X की कोई मात्रा भी उत्पादित नहीं की जाती अर्थात् वस्तुपरक फलन में वस्तु X की मात्रा शून्य हो तो हमें निम्न समीकरण प्राप्त होगा—

$$30 = 10(0) + 6Y$$

$$\Rightarrow \quad Y = 5$$

इसी प्रकार जब Y = 0 तो

$$30 = 10X + 6(0)$$

$$\Rightarrow \quad X = 3$$

अत: 30 रुपये लाभ की समलाभ रेखा खींचने के लिए अक्ष-Y पर 5 और अक्ष-X पर 3 को अंकित किया जाय और फिर इन दोनों को सरल रेखा द्वारा जोड़ने से हमें P_1P_1 रेखा प्राप्त होती है। इस समलाभ रेखा P_1P_1 पर स्थित सभी बिन्दुओं अथवा दो वस्तुओं के सभी संयोगों से समान लाभ (30 रुपये) प्राप्त होगें। इसी प्रकार अन्य लाभ की मात्राओं को प्रदर्शित करने वाली अन्य समलाभ रेखाएं P_2P_2, P_3P_3 आदि खींची जा सकती हैं। ये समलाभ रेखाएं परस्पर समानान्तर होंगी।

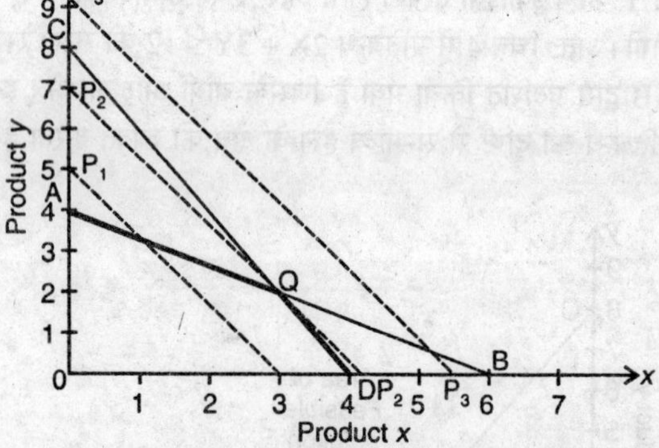

चित्र 5 : पदार्थों का चयन : अधिकतम लाभ की प्राप्ति

उपरोक्त चित्र से स्पष्ट है कि जब हम उद्गम बिन्दु से दायीं ओर जाते हैं तो समलाभ रेखाओं द्वारा व्यक्त कुल लाभ की मात्रा में वृद्धि होती जाती है। इसलिए एक विवेकशील उत्पादक जितना संभव होगा उच्चतर समलाभ रेखा तक पहुंचने की चेष्टा करेगा। किन्तु वह सम्भाव्य हल क्षेत्र से बाहर नहीं जा सकता क्योंकि प्रतिबन्ध उसे ऐसा करने से रोकते हैं। चित्र 5 से स्पष्ट है कि उत्पादक को बिन्दु Q पर अधिकतम संभव लाभ प्राप्त होंगे जहां पर कि समलाभ रेखा सम्भाव्य हल क्षेत्र से स्पर्श करती है। बिन्दु

Q सम्भाव्य हल क्षेत्र का एक कोणदार बिन्दु (Corner Point) है। इस बिन्दु Q से ऊपर उत्पादक नहीं जा सकता क्योंकि प्रतिबन्ध उसे ऐसा करने से रोकते हैं। बिन्दु Q से अतिरिक्त संभाव्य हल क्षेत्र पर तथा उसके भीतर के किसी अन्य बिन्दु अथवा संयोग का चयन उत्पादक नहीं करेगा क्योंकि Q संयोग की तुलना में वे निम्न स्तर की समलाभ रेखाओं पर स्थित होंगे। अत: हम इस निष्कर्ष पर पहुंचते हैं कि अधिकतम लाभ प्राप्त करने के लिए अर्थात् अनुकूलतम हल (Optimum Solution) की प्राप्ति के लिए उत्पादक बिन्दु Q द्वारा व्यक्त दो वस्तुओं के संयोग का उत्पादन करेगा। बिन्दु Q कोणदार बिन्दु है। स्मरण रहे कि जब समस्या का अनुकूलतम हल एक ही हो तो वह कोणदार बिन्दु पर ही होता है।

Example : Suppose there is a small manufacturer who produces different two products x and y on two different machines, A and B. Product x requires 3 hours on machine A and 2 hours on machine B, whereas product y requires 3 hours on machine A and 4 hours on machine B. Machine A can be operated for 18 hours a day while machine B can be operated for 16 hours a day. The producer earns a profit of Rs. 30 on each unit of product x and Rs. 40 on each unit of product y. How many units of each product should be manufacture per day so as to have the maximum profit?

For a better understanding the problem is presented in the following Table.

Table : Data for Profit Maximisation Problem

Machine	*Product* x	y	*Total working Time*
A	3 hours	3 hours	18 hours
B	2 hours	4 hours	16 hours
Profit from each	Rs. 30	Rs. 40	

For the graphic solution, this linear programming problem can be rested as—

Maximise, $P = 30x + 40y$

Subject to

$3x + 3y \leq 18$

$\Rightarrow \quad x + y \leq 6$ ....(*i*)

and $2x + 4y \leq 16$

$\Rightarrow \quad x + 2y \leq 8$ ....(*ii*)

By solving the equation $x + y = 6$ we have $x = 6$ and $y = 6$. This is shown as line AB in the given figure, where OA = $6y$ and OB = $6x$.

Similarly by solving the equation $x + 2y = 8$, we have $x = 8$ and $y = 4$. This is shown as line CD in the given figure, where OC = $4y$ and OD = $8x$.

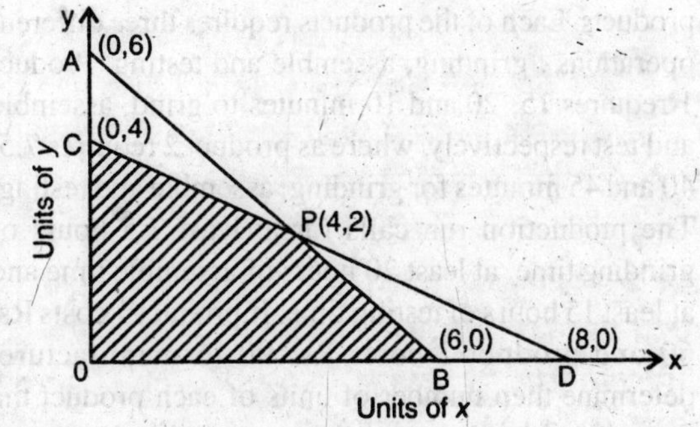

In the above figure the shaded area OBPC satisfies all the conditions of there two equations and is the feasibility region. In order to find out which of the corner points O, B, P or C represents the feasible solution when the profit is maximised. We treat the two equations as simultaneous equations and solve them as under :

$x + y = 6$ ....(*i*)

$x + 2y = 8$ ....(*ii*)

By multiplying equation (*i*) by (*ii*) and subtracting equation (*ii*) from it, we get

$$2x + 2y = 12$$
$$x + 2y = 8$$
$$- \quad - \quad -$$
$$x = 4$$

Substituting the value of $x = 4$ in equation (*i*), we have

$$4 + y = 6$$
$$\Rightarrow \quad y = 2$$

Thus the coordinates of point P are $x = 4$ and $y = 2$. As already calculated above the coordinates of point B are $x = 6$ and $y = 0$ and the coordinates of point C are $x = 0$ and $y = 4$.

In order to get the maximum profit we calculates the profit at the corners of the feasibility region, i.e., O, B, P and C with the help of the values of these coordinates. Profit at point O is zero.

Profit at point B = $30 \times 6 + 40 \times 0 = 180$

Profit at point P = $30 \times 4 + 40 \times 2 = 200$

Profit at point C = $30 \times 0 + 40 \times 4 = 160$

Thus the manufacturer will earn Rs. 200 as the maximum profit (at point P) by producing 4 units of x

and 2 units of y per day. The optimal solution is, therefore, $x = 4$, $y = 2$ and profit = Rs. 200.

Example : A small-scale manufacturer has production facilities for producing two different products. Each of the products requires three different operations : grinding, assemble and testing. Product 1 requires 15, 20 and 10 minutes to grind, assemble and test respectively, where as product 2 requires 7.5, 40 and 45 minutes for grinding, assemble and testing. The production run calls for at least 7.5 hours of grinding time, at least 20 hours of assemble time and at least 15 hours of testing time. If product 1 costs Rs. 60 and product 2 costs Rs. 90 to manufacture, determine then number of units of each product the firm should produce in order to minimize the cost of operations.

Ans : Mathematically, this problem may be formulated as follow:

Minimize Total Cost,

$C = 60x + 90y$

Subject to

$15x + 7.5y \geq 450$

$20x + 40y \geq 1200$

$10x + 45y \geq 900$

$x, y \geq 0$

The variables x, y indicates, respectively number of units of product 1 and number of units of product 2.

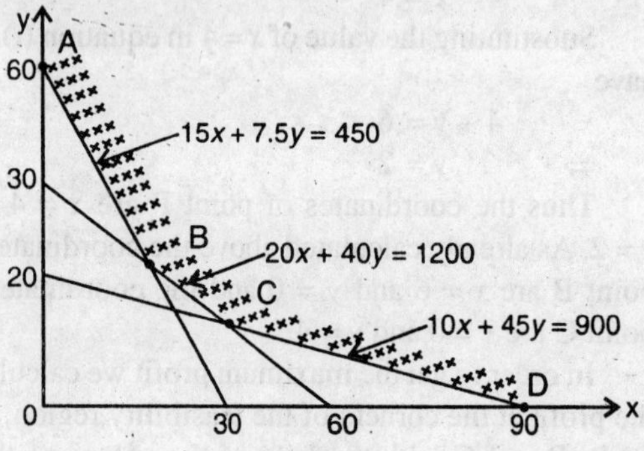

Graphical solution requires setting the first three inequalities as equalities and solving for extreme values of x and y in each case and then plotting the linear constraints. The feasible region is the shaded area above ABCD in the above figure.

The coordinates of the four vertices of unbounded convex region are given by A(0, 60), B(20, 20), C(36, 12) and D(90, 0).

We evaluate the objective function $C = 60x + 90y$ at each solution points.

$C_A = 5400$

$C_B = 3000$

$C_C = 3240$

$C_D = 5400$

Hence the optimum solution is at the point B(20, 20) i.e., the production of 20 units each of products 1 and 2, minimizes the cost.

रेखीय प्रोग्रामिंग द्वारा आहार की समस्या का समाधान (Solution of Diet Problem by Linear Programming)

आजकल रेखीय प्रोग्रामिंग की विधि का अनेक आर्थिक, व्यावसायिक एवं सामाजिक समस्याओं के सर्वोत्तम समाधान के लिए प्रयोग किया जा रहा है। एक महत्त्वपूर्ण समस्या जिसका अनुकूलतम हल प्राप्त करने के लिए रेखीय प्रोग्रामिंग का प्रयोग किया गया है, वह है पशुओं को न्यूनतम लागत पर संतुलित आहार प्रदान करने की समस्या। पशुओं को अच्छा आहार प्रदान करने की समस्या उनको विभिन्न प्रकार के अन्न (grains) कितनी-कितनी मात्रा में खिलाना है जिससे उनको स्वस्थ रखने के लिए आवश्यक पौष्टिक तत्व (nutritional requirements) मिल सके और साथ ही उनको यह आहार प्रदान करने की लागत भी न्यूनतम हो। विभिन्न अन्नों की कीमतें भिन्न-भिन्न होती हैं तथा प्रत्येक प्रकार के अन्न में पाये जाने वाले विभिन्न पोषक तत्वों की मात्रा में काफी अन्तर होता है। ये पोषक तत्व हैं कैलोरीज (calories), विटामिन, खनिज पदार्थ (minerals), प्रोटीन (proteins) आदि। अतएव समस्या है विभिन्न खाद्यान्नों का कौन-सा संयोग उन्हें खाने के लिए दिया जाय जिससे न्यूनतम लागत पर उनको आवश्यक न्यूनतम पोषक तत्व मिल सकें।

इस प्रकार विभिन्न खाद्यान्नों में निहित पोषक तत्व तथा पशुओं को स्वस्थ रखने के लिए न्यूनतम पोषक तत्वों की आवश्यक मात्रा आहार समस्या (diet problem) के प्रतिबन्ध (constraints) हैं तथा आहार की लागत को न्यूनतम करना वस्तुपरक फलन (objective function) है।

मान लीजिए कि एक किसान दो प्रकार के अन्न A तथा B अपने पशुओं को आहार के रूप में देता है। अपने पशुओं को

आहार देने की समस्या के विषय में उसके सम्मुख तीन प्रतिबन्ध ये हैं कि पशुओं को स्वस्थ रखने के लिए तीन पोषक तत्वों की क्रमशः N_1, N_2 तथा N_3 न्यूनतम मात्राएं देना आवश्यक है। इस संबंध में सम्भाव्य हल का क्षेत्र किस प्रकार का है तथा उसमें अनुकूलतम हल क्या होगा को चित्र 6 में दर्शाया गया है जिसके X–अक्ष पर अन्न A की मात्रा को तथा Y–अक्ष पर अन्न B की मात्रा को नापा गया है।

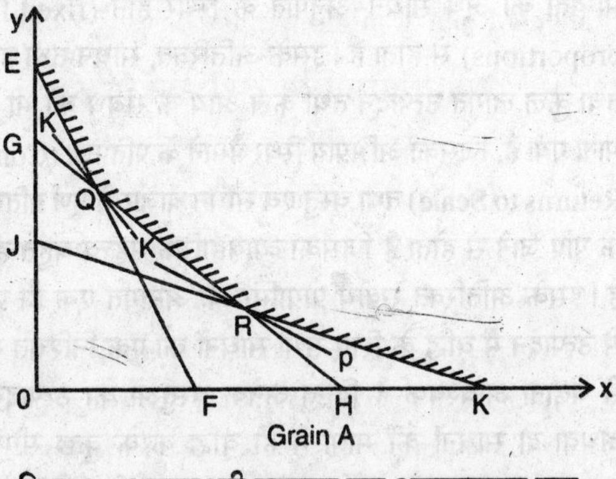

चित्र 6 : आहार की समस्या का अनुकूलतम हल

उपरोक्त चित्र में EF रेखा दो अन्नों A ओर B की उन विभिन्न मात्राओं का संयोग प्रदर्शित करती है जो प्रथम पोषक तत्व (N_1) की न्यूनतम आवश्यक मात्रा प्रदान करते हैं। इसके अनुसार पोशक तत्व N_1 की आवश्यक मात्रा अन्न A की OF मात्रा अथवा अन्न B की OE मात्रा अथवा EF रेखा पर पड़ने वाले दो अन्नों के किसी संयोग के उपयोग से प्राप्त होती है।

इसी प्रकार GH रेखा दो अन्नों की उन विभिन्न मात्राओं के संयोग को प्रदर्शित करती है जो दूसरे पोषक तत्व N_2 की न्यूनतम आवश्यक मात्रा प्रदान करते हैं तथा JK रेखा दो अन्नों के उन विभिन्न संयोगों को व्यक्त करती है जो तीसरे पोषक तत्व N_3 की न्यूनतम आवश्यक मात्रा प्रदान करते हैं। यह ध्यान देने योग्य है कि रेखा EF की अधिक ढ़ाल का अभिप्राय यह है कि A अन्न के एक पौंड में B अन्न की तुलना में पोषक तत्व N_1 अधिक मात्रा में पाया जाता है।

अब प्रश्न यह है कि इस आहार समस्या के विषय में सम्भाव्य हल का क्षेत्र क्या होगा। चूंकि दो अन्नों का कोई भी संयोग जो तीन रेखाओं EF, GH तथा JK जो कि क्रमशः तीन पोषक तत्वों की आवश्यक न्यूनतम मानों को व्यक्त करती है,के नीचे स्थित है आवश्यक न्यूनतम पोषक तत्व उपलब्ध नहीं करा पायेगा, इन तीनों रेखाओं के ऊपर स्थित भाग (segments) जिन्हें मोटा किया गया है एक सीमा निर्धारित करते हैं जिसके ऊपर अथवा उसके दायीं ओर स्थित दो अन्नों के संयोग सम्भाव्य हल का क्षेत्र है अर्थात् मोटी रेखा EQRK जो कि तीन रेखाओं के ऊपर के भागों से बनती है, के ऊपर तथा उसके दायीं ओर रेखांकित क्षेत्र वर्तमान स्थिति में सम्भाव्य हल का क्षेत्र है। इस सम्भाव्य हल के क्षेत्र में से दो अन्नों का कोई भी संयोग पशुओं को दिया जाय तो उन्हें तीन तत्वों की न्यूनतम आवश्यक मात्राएं प्राप्त होंगी। किन्तु किसान जो पशुओं को लाभ अर्जन हेतु पाल रहा है न्यूनतम आवश्यक आहार प्रदान करने की लागत को कम से कम करने की चेष्टा करेगा।

आहार की न्यूनतम लागत अथवा अनुकूलतम हल की व्याख्या के लिए हमें दो अन्नों की कीमतों को विश्लेषण में समाविष्ट करना होगा। कल्पना कीजिए कि दो अन्नों A तथा B की कीमतें ऐसी हैं जिन से रेखा *pp* की ढ़ाल के समान सम-लागत रेखाएं प्राप्त होती है। आहार की लागत को न्यूनतम करने के लिये किसान निम्नतम सम्भव सम-लागत वक्र तक पहुंचने की चेष्टा करेगा। चित्र 6 को देखने से ज्ञात होगा कि सम्भाव्य हल के क्षेत्र की सीमा-रेखा EQRK, समलागत रेखा *pp* को R बिन्दु पर स्पर्श करती है। अतएव रेखा *pp* द्वारा दर्शायी गयी अन्नों की कीमतें दी हुई होने पर बिन्दु R ही सम्भाव्य हल के क्षेत्र में निम्नतम लागत की दशा है अर्थात् अन्नों के दी हुई कीमत परिस्थिति में बिन्दु R द्वारा दर्शाया गया अन्नों का संयोग ही अनुकूलतम आहार (optimum diet) है।

उपरोक्त चित्र में सम लागत रेखा *pp* पर दृष्टिपात से यह मालमू होगा कि अन्न A की कीमत अन्न B की तुलना में कम है। इसलिए अनुकूलतम आहार में अन्न A की मात्रा अन्न B की तुलना में काफी अधिक है। अब कल्पना कीजिए कि अन्न B की कीमत घट जाती है और अन्न A की कीमत बढ़ जाती है जिससे KK रेखा के समान ढाल की समान-लागत रेखाएं प्राप्त होती हैं। चित्र 6 से स्पष्ट है कि रेखा KK द्वारा व्यक्त नयी कीमत परिस्थिति में बिन्दु Q द्वारा प्रदर्शित दो अन्नों का संयोग अनुकूलतम आहार होगा जिसमें अब अन्न B की मात्रा अपेक्षाकृत अधिक है।

रेखीय प्रोग्रामिंग का महत्त्व
(Importance of Linear Programming)

रेखीय प्रोग्रामिंग का विचार अनेक दृष्टिकोणों से उत्पादन सिद्धांत में महत्त्वपूर्ण है जो निम्न प्रकार है :

1. रेखीय प्रोग्रामिंग द्वारा सीमांत विश्लेषण की अनेक

व्यावहारिक कठिनाइयों को दूर करके उत्पादन का अधिक विवेकपूर्ण सिद्धांत प्रतिपादित किया गया है। इसके अन्तर्गत हमें विभिन्न उत्पादन के साधनों की सीमान्त उत्पादकता आदि का ज्ञान प्राप्त नहीं करना पड़ता है। उपलब्ध साधनों की सीमित मात्रा के आधार पर युगपत् समीकरणों (simultaneous equations) द्वारा न्यूनतम लागत पर अधिकतम उत्पादन प्राप्त करने के लिए प्रयोग किये जाने वाले साधनों (Input quantity) की मात्रा निर्धारण हो जाता है।

2. रेखीय प्रोग्रामिंग विश्लेषण में गणित का विस्तृत प्रयोग किया जाता है जिसके कारण उत्पादन निर्णयों में अपेक्षाकृत अधिक यथार्थता (exactness) आ जाती है।

3. रेखीय प्रोग्रामिंग तकनीक यातायात लागत (Transport cost), आहार की लागत तथा व्यावसायिक जगत में अनेक वस्तुओं की उत्पादन लागत को न्यूनतम करने में प्रयुक्त की जाती है।

4. अनेक सम्भाव्य हल में से एक अनुकूलतम हल का चुनाव फर्म साधनों के मूल्यानुपातों के आधार पर कर लेती है। साधनों के मूल्यों के आंकड़े बाजार में सरलतापूर्वक उपलब्ध होते हैं।

रेखीय प्रोग्रामिंग की सीमाएं
(Limitations of Linear Programming)

रेखीय प्रोग्रामिंग यद्यपि परम्परागत उत्पादन सिद्धान्त पर एक सुधार है किन्तु यह परिसीमाओं से स्वतंत्र नहीं है जिसके कारण इस तकनीक की आलोचनाएं की जाती है जो निम्न हैं—

रेखीय प्रोग्रामिंग विश्लेषण में अनेक युगपत् समीकरणों (simultaneous equations) को हल करने के लिए उच्च स्तर के गणित के ज्ञान की आवश्यकता होती है जो एक सामान्य व्यवसायी अथवा व्यक्ति को प्राप्त नहीं होता है। अतः इसका व्यावहारिक महत्त्व उस सीमा तक कम हो जाता है। रेखीय प्रोग्रामिंग की रेखीयता (linearity) की मान्यता भी अवास्तविक है। इस मान्यता का अर्थ साधन-अनुपात के स्थिर होने (fixed factor proportions) से होता है। इसके अतिरिक्त, साधन तथा उत्पादन तथा कुल लागत उत्पादन तथा कुल आय के संबंध को भी रेखीय माना गया है, जिसका अभिप्राय स्थिर पैमाने के प्रतिफल (Constant Returns to Scale) तथा वस्तु एवं साधन बाजार में पूर्ण प्रतियोगिता के पाए जाने से होता है जिसका व्यावहारिक महत्त्व बहुत ही कम है। इसके अतिरिक्त रेखीय प्रोग्रामिंग के अन्तर्गत एक ही प्रक्रिया से उत्पादन में वृद्धि के लिए सभी साधनों को एक निश्चित गुणांक से बढ़ाना आवश्यक है किन्तु अनेक वस्तुओं का उत्पादन एक अथवा दो साधनों की मात्रा में ही वृद्धि करके कुछ सीमा तक बढ़ाया जा सकता है अर्थात् साधन अनुपात परिवर्तित करके भी कुछ सीमा तक उत्पादन में वृद्धि की जा सकती है।

3. अवकलन तथा समाकलन का प्रयोग (APPLICATION OF DIFFERENTIAL AND INTEGRAL CALCULUS IN ECONOMIC THEORIES)

अवकलन के नियम (Rules of Differentiation)

1. यदि $y = ax^n$

$\therefore \quad \frac{dy}{dx} = anx^{n-1}$

2. यदि $y = c$

जहां c = स्थिर राशि है

$\therefore \quad \frac{dy}{dx} = 0$ (zero)

3. यदि $y = 7x^3 + 5x^5 - 3x^6 + 8$

$$\therefore \quad \frac{dy}{dx} = \frac{d}{dx}(7x^3) + \frac{d}{dx}(5x^5) - \frac{d}{dx}(3x^6) + \frac{d}{dx}(8)$$

$$= 21x^2 + 25x^4 - 18x^5$$

यदि $y = u + v + w$

तो $\frac{dy}{dx} = \frac{du}{dx} + \frac{dv}{dx} + \frac{dw}{dx}$

4. यदि y = UV

तो $\frac{dy}{dx} = \text{V}.\frac{d(\text{U})}{dx} + \text{U}.\frac{d(\text{V})}{dx}$

इसी तरह,

यदि y = SUVW

तो $$\frac{dy}{dx} = \text{SUV}.\frac{d(\text{W})}{dx} + \text{SUW}.\frac{d(\text{V})}{dx} + \text{SWV}.\frac{d(\text{U})}{dx} + \text{UVW}.\frac{d(\text{S})}{dx}$$

5. यदि $y = \frac{\text{U}}{\text{V}}$

तो $$\frac{dy}{dx} = \frac{\text{V}.\frac{d(\text{U})}{dx} - \text{U}.\frac{d(\text{V})}{dx}}{\text{V}^2}$$

Table

Form of Function	Function	Derivative (dy/dx)
1. Power terms	$y = ax^n$	anx^{n-1}
2. Constant	$y = c$	0(zero)
3. Sum and differences	$y = \text{U} \pm \text{V}$	$\frac{d(\text{U})}{dx} \pm \frac{d(\text{V})}{dx}$
4. Product	y = UV	$\text{V}.\frac{d(\text{U})}{dx} + \text{U}.\frac{d(\text{V})}{dx}$
5. Quotient	$y = \frac{\text{U}}{\text{V}}$	$\frac{\text{V}.\frac{d(\text{U})}{dx} - \text{U}.\frac{d(\text{V})}{dx}}{\text{V}^2}$
6. Exponential	$y = e^x$	e^x
	$y = e^{-x}$	$-e^{-x}$
	$y = e^{ax}$	ae^{ax}
	$y = a^x$	$a^x \log_e a$
7. Logarithmic	$y = \log x$	$1/x$

Derivatives of Higher Order

यदि $y = 8x^4$

$$\therefore \quad \frac{dy}{dx} = \frac{d(8x^4)}{dx} = 32x^3$$

तथा $$\frac{d^2y}{dx^2} = \frac{d}{dx}\left(\frac{d(8x^4)}{dx}\right)$$

$$= \frac{d(32x^3)}{dx}$$
$$= 96x^2$$

Some-Notations

If the given function is denoted by symbol : $y = f(x)$; then

First differential coefficient or first derivative is denoted by $f'(x)$.

Second differential coefficient or second derivative is denoted by $f''(x)$.

Third differential coefficient or third derivative is denoted by $f'''(x)$.

न्यूनतम और अधिकतम मान के लिए शर्त (Condition for Maximum–Minimum Values)

न्यूनतम मान के लिए शर्त (Conditions for minimum value)

1. First order condition (Necessary condition)

$f'(x) = 0$

2. Second order condition (Sufficient condition)

$f''(x) = 0$

अधिकत मान के लिए शर्त
(Conditions for maximum value)

1. First order condition is

$f'(x) = 0$

2. Second order condition

$f''(x) = 0$

Application of Derivatives in Economic Theory

Example : सिद्ध कीजिए कि सीमांत आगम को हमेशा $\left(p + x\frac{dp}{dx}\right)$ के रूप में व्यक्त किया जाता है। दिखाए कि जब सीमान्त आगम शून्य होता है तो मांग वक्र की ढ़ाल (*p/x*) के बराबर होता है। [Show that marginal revenue can always be expressed as $\left(p + x\frac{dp}{dx}\right)$. Deduce that the gradient of the demand curve is numerically equal to *p/x* at the output where MR is zero.

Ans : माना कि मांग फलन है—

$$p = f(x)$$

$$\because \quad TR = p \,.\, x$$
$$= x \,.\, f(x)$$

$$\therefore \quad MR = \frac{d(TR)}{dx}$$
$$= \frac{d}{dx}\{x\, f(x)\}$$
$$= x\frac{d}{dx}[f(x)] + f(x)\frac{d(x)}{dx}$$

$$MR = x\frac{dp}{dx} + p \qquad ....(i)$$

when MR = 0 putting in (*i*) we have

$$\therefore \quad \frac{dp}{dx} = -\frac{p}{x}$$

चूंकि $\frac{dp}{dx}$, मांग वक्र की ढ़ाल है अत: जब MR = 0 होता है तो मांग वक्र की ढ़ाल $\left(\frac{p}{x}\right)$ है।

Example : यदि कुल लागत फलन $\pi = \sqrt{ax + b + c}$ है तो सीमांत लाग ज्ञात कीजिए। दिखाएं कि उत्पाद के बढ़ने पर सीमांत लागत घटती जाती है।

[The total cost function is $\pi = \sqrt{ax + b + c}$. Find an expression for marginal cost and show that it decreases as out put increases.]

Ans : $\because \; \pi = \sqrt{ax + b + c}$

$$\therefore \quad MC = \frac{d(\pi)}{dx} = \frac{d\left(\sqrt{ax+b+c}\right)}{dx}$$

$$\Rightarrow \quad MC = \frac{d\left(\sqrt{ax+b}\right)}{dx} + \frac{d(c)}{dx}$$

$$\Rightarrow \quad MC = \frac{a}{2\sqrt{ax+b}}$$

$$\because \quad \frac{d(MC)}{dx} = -\frac{1}{4}(ax+b)^{3/2} < 0$$

Since the first derivative of the MC is negative it means that as *x* increases MC falls.

Example : यदि मांग का समीकरण $x = \frac{20}{p+1}$ है तो मांग की लोच ज्ञात करें जब कीमत (p) 3 के बराबर है।

Ans : हमें दिया हुआ है

$$x = \frac{20}{p+1}$$

$$\therefore \quad \frac{dx}{dp} = -\frac{20}{(p+1)^2}$$

यदि $p = 3, x = \frac{20}{3+1} = \frac{20}{4} = 5$

तथा $\frac{dx}{dp} = -\frac{20}{(3+1)^2} = -\frac{20}{4^2} = -\frac{5}{4}$

$\therefore$ मांग की लोच $= \frac{p}{x} \cdot \frac{dx}{dp}$

$$= \frac{3}{5} \cdot -\frac{5}{4} = -\frac{3}{4}$$

$$\therefore \quad |e_d| = \frac{3}{4}$$

जहां e_d = मांग की लोच

Example : एक फर्म की कुल लागत एवं मांग फलन निम्नलिखित है—

$$C = \frac{1}{2}Q^3 - 7Q^2 + 111Q + 50Q$$

और $\quad Q = 100 - p$

उत्पाद के उस स्तर को ज्ञात करें जिस पर लाभ अधिकतम हो तथा उत्पाद के उस स्तर पर लाभ को भी ज्ञात करें।

Ans : प्रश्न से,

$$Q = 100 - p$$

या, $\quad p = 100 - Q$

माना कि उत्पाद के Q स्तर पर लाभ अधिकतम हो जाता है।

$\therefore \quad TR = Q \times p \quad$ [TR = कुल आगम]

$$= Q(100 - Q)$$
$$= 100Q - Q^2$$

अब लाभ $(\pi) = TR - TC$

$$= (100Q - Q^2) - \left(\frac{1}{2}Q^3 - 7Q^2 + 111Q + 50\right)$$

$$= -\frac{1}{3}Q^3 + 6Q^2 - 11Q - 50$$

First order condition for maximising total profit:

$$\frac{d\pi}{dQ} = -Q^2 + 12Q - 11 = 0$$

$$\Rightarrow (Q - 1)(11 - Q) = 0$$

Profit will be maximum when either Q = 1 or Q = 11. To decide between the two quantities apply second order condition:

$$\frac{d^2\pi}{dQ^2} = -2Q + 12 \quad \text{which should be} < 0$$

(*a*) Substitute Q = 1, the inequality does not hold good.

(*b*) Substitute Q = 11, the inequality holds good.

Therefore, output level of 11 units is the only profit maximising level. The total profit at this level of output will be

$$\pi = \frac{1}{3}(11)^3 + 6(11)^2 - (11).11 - 50$$
$$= 111.33$$

Example : एक एकाधिकारी फर्म की कुल लागत तथा मांग फलन निम्न है–

$$C = aQ^2 + bQ + C$$
$$p = \beta - \alpha Q$$

लाभ अधिकतम उत्पाद क्या होगा जब मान लिया जाय कि फर्म उत्पाद को नियत करता है। यदि फर्म कीमत को निर्धारित करता है तो लाभ अधिकतम उत्पाद ज्ञात करें।

Ans :

1. When firm fixes the output level

$$TR = Qp$$
$$= Q(\beta - \alpha Q)$$

$$\therefore \quad MR = \frac{d(TR)}{dQ}$$

$$= \frac{d}{dQ}\left(Q(\beta - \alpha Q)\right)$$

$$= \beta - 2\alpha Q$$

$$\because \quad TC = C = aQ^2 + bQ + C$$

$$\therefore \quad MC = \frac{d(TC)}{dQ}$$

$$= 2aQ + b$$

Condition for profit maximising output level is

$$MR = MC$$

$$\Rightarrow \beta - 2\alpha Q = 2aQ + b$$

$$\beta - b = 2aQ + 2\alpha Q$$

$$\therefore \quad Q = \frac{\beta - b}{2(a+\alpha)}$$

Hence, profit maximising level of output is $\left\{\frac{\beta - b}{2(a+\alpha)}\right\}$.

2. When firm fixes the price.

Now TR and TC should be put in terms of price p.

$$\because \quad p = \beta - \alpha Q$$

$$Q = \frac{\beta - p}{\alpha}$$

$$\because \quad TR = Q \cdot p$$

$$= \left(\frac{\beta - p}{\alpha}\right) \cdot p$$

$$= \frac{\beta p - p^2}{\alpha}$$

$$\therefore \quad MR = \frac{d}{dp}(MR)$$

$$= \frac{1}{\alpha}(\beta - 2p)$$

$$\because \quad TC = a\left(\frac{\beta - p}{\alpha}\right)^2 + b\left(\frac{\beta - p}{\alpha}\right) + c$$

$$\therefore \quad MC = \frac{d(TC)}{dp}$$

$$= \left[-\frac{2a\beta + 2ap}{\alpha^2} - \frac{b}{\alpha}\right]$$

For profit maximisation

$$MR = MC$$

$$\therefore \frac{1}{\alpha}(\beta - 2p) = \left(-\frac{2a\beta + 2ap}{a^2} - \frac{b}{\alpha}\right)$$

$$\Rightarrow \quad p = \frac{2a\beta + \alpha\beta + \alpha b}{2(\alpha + a)}$$

$$\because \quad p = \beta - \alpha Q$$

$$\therefore \frac{2a\beta + \alpha\beta + \alpha b}{2(\alpha + a)} = \beta - \alpha Q$$

$$\Rightarrow \quad \alpha Q = \beta - \frac{2a\beta + \alpha\beta + \alpha b}{2(\alpha + a)}$$

$$Q = \frac{\beta - b}{2(\alpha + a)}$$

Which is the same level as when firm fixes the output.

Example : कॉब–डॉगलस फलन निम्न है–

$Q = aK^aL^{1-a}$

जहां Q, उत्पाद, K पूंजी, L श्रम तथा a स्थिर राशि है। सिद्ध करें

$$K\frac{dQ}{dK} + L\frac{dQ}{dL} = Q$$

Ans : $\because \; Q = aK^aL^{1-a}$

$$\therefore \quad \frac{dQ}{dK} = a^2K^{a-1}L^{1-a}$$

$$\text{तथा} \quad \frac{dQ}{dL} = a(1-a)\,K^aL^{-a}$$

$$\therefore K\frac{dQ}{dK} + L\frac{dQ}{dL} = K(a^2K^{a-1}L^{1-a})$$

$$+ L[a(1-a)\,K^aL^{-a}]$$

$$= a^2K^aL^{1-a} + a(1-a)\,K^aL^{1-a}$$

$$= aK^aL^{1-a}\,[a + (1-a)]$$

$= Q$; hence proved.

Example : दो वस्तुओं x और y का मांग फलन है—

$$p_1 = 8 - 2x$$

$$\text{तथा} \quad p_2 = 14 - y^2$$

तथा संयुक्त लागत फलन है—

$C = 10 + 4x + 2y$

फर्म के लाभ और उत्पाद को ज्ञात कीजिए।

Ans : लाभ $(\pi) = TR - TC$

$$= (p_1x + p_2y) - (10 + 4x + 2y)$$

$$= (8 - 2x)x + (14 - y^2)y -$$

$$(10 + 4x + 2y)$$
$$= -y^3 + 12y + 4x - 2x^2 - 10$$

First order condition

$$\frac{d\pi}{dx} = 4 - 4x = 0$$

तथा $$\frac{d\pi}{dy} = -3y^2 + 12 = 0$$

So we get $x = 1$ and $y = \pm 2$

To ensure the π is maximum at (1, 2), we apply second order condition.

$$\frac{d^2\pi}{dx^2} = -4 < 0$$

$$\frac{d^2\pi}{dy^2} = -6y = -6 \times 2 = -12 < 0$$

At $x = 1$ and $y = 2$,

$p_1 = 6$ and $p_2 = 10$

और, $\pi_{max} = (p_1x + p_2y) - (10 + 4x + 2y)$
$= 26 - 18$
$= 8$

The producer would fix the output levels of commodities x and y at 1 and 2 respectively to maximise his gross profit; which would be 8 with given prices 6 and 10 of the commodities in the market.

Example : Under discriminating monopoly the demand curve of a monopolist is made up of two parts:

$$P_1 = 140 - 7q_1$$

and $$P_2 = 90 - \frac{q_2}{2}$$

Total cost curve is given

$$C = 20 + 2q + 3q^2 \ (q = q_1 + q_2)$$

Assuming that the firm maximises profit, determine the prices it will set in the two markets.

Ans : Let, TR_1 and TR_2 represent the total revenues in the markets I and II respectively.

$$TR_1 = P_1q_1$$
$$\Rightarrow TR_1 = 140q_1 - 7q_1^2$$
$$\therefore MR_1 = \frac{d(TR_1)}{dq_1}$$
$$\Rightarrow MR_1 = 140 - 14q_1$$

Now, $TR_2 = P_2q_2$

$$\Rightarrow TR_2 = 90q_2 - \frac{q_2^2}{2}$$
$$\therefore MR_2 = \frac{d(TR_2)}{dq_2}$$
$$\Rightarrow MR_2 = 90 - q_2$$

and $$MC = \frac{d(C)}{dq} = 2 + 6q$$

Condition for profit maximisation for discriminating monopoly is

$$MR_1 = MR_2 = MC$$

But since MC involves q in its function ($MC = 2 + 6q$), we shall not be able to calculate the value of q_1 and q_2 using this condition directly. We follow the method by which we first obtain the value of q and then of q_1, q_2, p_1 and p_2.

$$MR_1 = 140 - 14q_1$$

and $$MR_2 = 90 - q_2$$

$$\therefore q_1 = 10 - \frac{MR_1}{14}$$

and $$q_2 = 90 - MR_2$$
$$q = q_1 + q_2$$
$$\Rightarrow q = 100 - \frac{MR_1}{14} - MR_2$$
$$\Rightarrow q = 100 - \frac{15}{14}MR$$

[$\because MR_1 = MR_2 = MR$]

For profit maximisation

$$MR = MC$$
$$\therefore q = 100 - \frac{15}{14}(MC)$$
$$\Rightarrow q = 100 - \frac{15}{14}(2 + 6q)$$

($\because MC = 2 + 6q$)

$$q = \frac{685}{52}$$

∴ फर्म लाभ अधिकतम करने के लिए दोनों बाजारों में कुल $\frac{685}{52}$ इकाई उत्पाद बेचेगी।

$$\because \quad MC = 2 + 6q$$

$$\Rightarrow \quad MC = 2 + 6\left(\frac{685}{52}\right)$$

$$MC = \frac{2107}{26}$$

For profit maximisation

$$MR_1 = MC$$

$$\frac{2107}{26} = 140 - 14q_1$$

$$q_1 = \frac{1533}{364}$$

Also, $P_1 = 140 - 7q_1$

$$= 140 - 7\left(\frac{1533}{364}\right)$$

$$\therefore \quad P_1 = \frac{5747}{52}$$

Again, $MR_2 = MC$

i.e., $\frac{2107}{26} = 90 - q_2$

or, $q_2 = \frac{233}{26}$

and $P_2 = 90 - \frac{q_2}{2}$

$$\Rightarrow \quad P_2 = 90 - \frac{233}{52}$$

$$\Rightarrow \quad P_2 = \frac{4447}{52}.$$

समाकलन का प्रयोग (Use of Integration)

समाकलन के नियम (Basic Rules of Integration)

1. $\int x^n\, dx = \frac{1}{n+1} x^{n+1} + C$

2. $\int e^x\, dx = e^x + C$

3. $\int \frac{1}{x}.dx = \log x + C$

4. $\int (x^3 - x + 1)\, dx = \int x^3\, dx - \int x\, dx + \int 1\, dx$

5. $\int 4x^3\, dx = 4\int x^3\, dx$

Example : $f'(x)$ सीमांत लागत फलन है। कुल लागत फलन ज्ञात करें जबकि स्थिर लागत 50 इकाई है तथा $f'(x) = 2 + x + x^2$.

Ans : कुल लागत $= \int f'(x)\, dx$

$$= \int (2 + x + x^2)\, dx$$

$$= 2x + \frac{x^2}{2} + \frac{x^3}{3} + C$$

∵ स्थिर लागत = 50, कुल लागत जब उत्पाद की मात्रा शून्य होगी, 50 होगा।

$$\therefore \quad f(0) = 0 + 0 + C = 50$$

$$\therefore \quad C = 50$$

Example : यदि सीमान्त लागत फलन

$f'(q) = 2 + 3\sqrt{q} + \frac{5}{\sqrt{q}}$ है तो कुल लागत फलन $F(q)$ ज्ञात करें जब $F(1) = 21$.

Ans : कुल लागत

$$F(q) = \int f'(q)\, dq$$

$$= \int \left(2 + 3\sqrt{q} + \frac{5}{\sqrt{q}}\right) dq$$

$$\therefore \quad TC = 2q + 3\frac{q^{3/2}}{3/2} + 5\frac{q^{1/2}}{1/2} + C$$

$$= 2q + 2q^{3/2} + 10q^{1/2} + C$$

जब $q = 1$ है तो $F(q) = 21$ दिया हुआ है।

$$\therefore \quad 21 = 2(1) + 2(1)^{3/2} + 10(1)^{1/2} + C$$

$$\Rightarrow \quad 21 = 14 + C$$

$\Rightarrow \quad C = 7 =$ कुल स्थिर लागत

$\therefore$ कुल लागत फलन

$F(q) = 2q + 2q^{3/2} + 10q^{1/2} + 7$

Example : यदि सीमान्त आय फलन $P_m = \left\{\frac{ab}{(x+b)^2} - C\right\}$ है तो दिखाएं कि मांग फलन $P = \left\{\frac{a}{x+b} - C\right\}$ होगा।

Ans : माना कि R कुल आगम है, P कीमत तथा x कुल उत्पाद है।

$\therefore \quad R = P \,.\, x$

तथा $\quad MR = \frac{dR}{dx}$

$\because \quad MR = P_m = \frac{dR}{dx} = \left\{\frac{ab}{(x+b)^2} - C\right\}$

$\therefore$ कुल आगम (R) $= \int \frac{dR}{dx}\, dx$

$\Rightarrow \quad R = \int \left\{\frac{ab}{(x+b)^2} - C\right\} dx$

$\Rightarrow \quad R = ab \,.\, \frac{(x+b)^{-1}}{-1} - Cx + A$

[A = constant]

लेकिन, $\quad R = P \,.\, x$

$\therefore \quad R = P.\, x = -\frac{ab}{x+b} - Cx + A \quad ....(i)$

यदि $R = 0$ तथा $x = 0$ को समी. (i) में रखा जाय तो

$0 = -\frac{ab}{b} + A$

$\Rightarrow \quad A = a$

अब समी. (i) होगा

$R = -\frac{ab}{x+b} - Cx + a = P \,.\, x$

$\Rightarrow \quad P \,.\, x = \left\{a - \frac{ab}{x+b}\right\} - Cx$

$\Rightarrow \quad P \,.\, x = \frac{ax}{x+b} - Cx$

$\Rightarrow \quad P = \left\{\frac{a}{x+b} - C\right\}$

Example : यदि $MR = 16 - x^2$, अधिकतम कुल आगम ज्ञात करें। कुल तथा औसत आगम को भी ज्ञात करें।

Ans : $\because MR = 16 - x^2$

TR अधिकतम तब होगा जब $MR = 0$

$\therefore \quad 16 - x^2 = 0$

$\Rightarrow \quad x = \pm 4$

अतः जब उत्पाद का स्तर 4 इकाई होगा तो कुल आगम अधिकतम होगा।

$$\therefore \quad TR = \int_0^4 (MR)\, dx$$

$$= \int_0^4 \left(16 - x^2\right) dx$$

$$= \left[16x - \frac{x^3}{3}\right]_0^4$$

$$= \frac{128}{3}$$

$\therefore \quad \frac{128}{3}$ कुल अधिकतम आय है।

अब,

कुल आगम (TR) $= \int \left(16 - x^2\right) dx$

$= 16x - \frac{x^3}{3} + C$

जब $\quad x = 0$ तो $TR = 0$

$\therefore \quad C = 0$

अतः $\quad TR = \left(16x - \frac{x^3}{3}\right)$

$\because$ औसत आगम (AR) $= \frac{AR}{\text{उत्पाद की कुल मात्रा}}$

$$\Rightarrow \quad AR = \frac{16x - \frac{x^3}{3}}{x}$$

$$\therefore \quad AR = \left(16 - \frac{x^2}{3}\right)$$

Example : यदि मांग फलन $P = 35 - 2x - x^2$ है तथा $x = 3$ है तो उपभोक्ता की बचत क्या होगी ?

Ans : $\because \quad P = 35 - 2x - x^2$

यदि $\quad x = 3$

तो $\quad P = 35 - 2 \times 3 - (3)^2$

$= 35 - 6 - 9$

$= 20$

$\therefore$ उपभोक्ता की बचत = Area of the curve below the demand from 0 to 3 − Area of rectangle OACD

$$= \int_0^3 \left(35 - 2x - x^2\right) dx - 60$$

$$= \left[35x - x^2 - \frac{x^3}{3}\right]_0^3 - 60$$

$= 105 - 9 - 9 - 60$

$= 27$ units

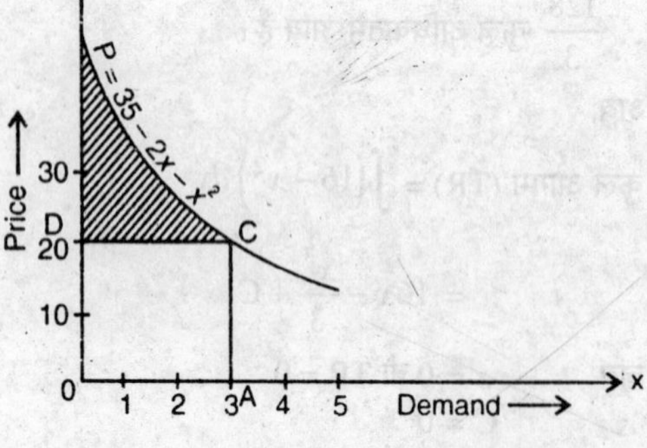

Example : चाय की मांग और पूर्ति फलन निम्न है–

$$x_d = \left\{120 - 2P + 5\frac{dP}{dt}\right\} \text{ kg. per week}$$

$$x_s = \left\{3P - 30 + 5\frac{dP}{dt}\right\} \text{ kg. per week}$$

जहां P = कीमत है।

यदि आरम्भिक कीमत 36 पैसे प्रति kg है तो संतुलन की शर्त ज्ञात करें।

Ans : संतुलन बिन्दु पर

Demand = Supply

$$\therefore 120 - 2P + 5.\frac{dP}{dt} = 3P - 30 + 5.\frac{dP}{dt}$$

$$\Rightarrow 45.\frac{dP}{dt} + 5P - 150 = 0$$

$$9.\frac{dP}{dt} + P = 30$$

या, $\frac{dP}{dt} + \frac{P}{9} = \frac{10}{3}$

This is the differential equation of the form

$\frac{dy}{dx} + ay = b$ of which the solution is,

$$y = \frac{b}{a} + \left(Y(0) - \frac{b}{a}\right)e^{-ax}$$

यहां, $a = \frac{1}{9}$ तथा $b = \frac{10}{3}$

अत: उपरोक्त समीकरण का हल इस प्रकार होगा–

$$P(t) = \frac{10}{3}.9 + \left[P(0) - 30\right]e^{-t/9}$$

$$P(t) = 30 + \left[P(0) - 30\right]e^{-t/9}$$

प्रश्न में दिया हुआ है कि जब $t = 0$ तो $P(0) = 36$

$\therefore \quad P(t) = 30 + (36 - 30)\, e^{-t/9}$

$= 30 + 6e^{-t/9}$

this is the time–path of price for tea.

वस्तुनिष्ठ प्रश्न

1. एक कम्पनी किराये तथा ब्याज पर 16,100 रु. खर्च करती है। यदि उत्पाद की एक इकाई की लागत 20 रु. है तथा प्रति इकाई 27 रु. में बेची जाती है तो सम-विच्छेद बिन्दु (Break Even Point) क्या होगी?

A. 2100 B. 2300
C. 2500 D. इनमें से कोई नहीं

2. यदि किसी फर्म की लागत फलन $C = 2x^2 + x - 5$ है तो औसत लागत क्या होगी यदि $x = 4$ हो तो–

A. 9.75 B. 8.75
C. 7.75 D. इनमें से कोई नहीं

3. यदि किसी फर्म की आगम फलन (Revenue function) $R(x) = 12x + 2x^2 + 6$ हो तो सीमान्त आगम क्या होगी यदि $x = 50$ हो तो–

A. 212 B. 333
C. 412 D. इनमें से कोई नहीं

4. एक एकाधिकारी फर्म की मांग फलन $p = 1500 - 2x - x^2$ है तो इस फर्म की सीमान्त आगम क्या होगी यदि $x = 20$ हो तो–

A. 400 B. 120
C. 220 D. इनमें से कोई नहीं

5. यदि किसी फर्म की लागत फलन $C = 2x^2 + 3x + 4$ हो तो सीमान्त लागत क्या होगी यदि $x = 5$ हो तो–

A. 23 B. 28
C. 33 D. इनमें से कोई नहीं

6. यदि किसी फर्म की कुल लागत फलन $C(x) = \frac{3}{4}x^2 - 7x + 27$ हो तो उत्पाद की किस मात्रा पर MC = AC होगा–

A. 6 B. 8
C. 10 D. इनमें से कोई नहीं

7. यदि किसी फर्म की लागत फलन $C(x) = x^3 - \frac{615x^2}{2} + 15750x + 18000$ (जहाँ x = उत्पाद की मात्रा को व्यक्त करता है) हो तो फर्म उत्पाद की कुल कितनी इकाई उत्पादित करेगी ताकि कुल लागत न्यूनतम बनी रहें–

A. 175 B. 275
C. 375 D. इनमें से कोई नहीं

8. यदि किसी फर्म की मांग फलन $x = 70 - 5p$ हो, जहाँ x = उत्पाद की इकाई तथा p = उत्पाद की प्रति इकाई कीमत; तो बतायें कि उत्पाद की किस मात्रा पर फर्म की कुल आगम अधिकतम होगी–

A. 35 B. 45
C. 65 D. इनमें से कोई नहीं

9. यदि मांग फलन $x = \frac{20}{p+1}$ हो तो मांग की लोच क्या होगी यदि $p = 3$ हो तो–

A. $\frac{5}{4}$ B. $\frac{3}{4}$
C. $\frac{8}{9}$ D. इनमें से कोई नहीं

10. यदि मांग फलन $P = 35 - 2x - x^2$ हो तो उपभोक्ता की बचत क्या होगी यदि मांग की मात्रा 3 हो तो–

A. 27 इकाई B. 28 इकाई
C. 44 इकाई D. इनमें से कोई नहीं

11. यदि मांग फलन $P = 85 - 4x - x^2$ हो तो उपभोक्ता की बचत क्या होगी यदि कीमत स्तर $P = 64$ हो तो–

A. 36 इकाई B. 38 इकाई
C. 40 इकाई D. इनमें से कोई नहीं

12. एक एकाधिकारी फर्म की मांग एवं लागत फलन निम्न है–

$P = 800 - 10Q$
$TC = 300Q + 2.5Q^2$

एकाधिकारी का लाभ अधिकतमीकरण मूल्य क्या होगा–

A. 300 रु. B. 20 रु.
C. 600 रु. D. 400 रु.

13. यदि कुल लागत फलन TC = 100 – 3Q + 5Q² है तथा उत्पादित वस्तु की इकाई 5 है तो सीमान्त लागत होगी–

A. 96 B. 75
C. 47 D. 26

14. यदि फर्म की मांग फलन Q = 100 – 2P हो तथा लागत फलन TC = 50 + 2Q। यदि फर्म द्वारा उत्पादित वस्तु की कुल मात्रा 12 हो तो फर्म का लाभ होगा–

A. 352 B. 426
C. 454 D. 472

15. किसी फर्म की उत्पादन फलन

$TPL = 10L - L^2$ है तो श्रम की किस मात्रा पर श्रम की सीमान्त उत्पादक्ता ऋणात्मक होगी–

A. 4 B. 6
C. 5 D. 10

16. एक फर्म की कुल लागत एवं मांग फलन निम्नलिखित है–

$$C = \frac{1}{2}Q^3 - 7Q^2 + 111Q + 50Q$$

और $Q = 100 - p$

उत्पाद के उस स्तर को ज्ञात करें जिस पर लाभ अधिकतम हो–

A. 12 B. 11
C. 10 D. इनमें से कोई नहीं

17. यदि मांग फलन $P = 35 - 2x - x^2$ है तथा $x = 3$ हैं तो उपभोक्ता की बचत क्या होगी?

A. 27 इकाई B. 50 इकाई
C. 35 इकाई D. इनमें से कोई नहीं

18. एक फर्म का उत्पाद फलन निम्न है–

$$TP = 30L^2 - L^3$$

तो श्रम का अधिकतम संभव उत्पाद क्या होगा?

A. 250 B. 245
C. 225 D. 200

19. एक पूर्ण प्रतियोगी फर्म अपनी उत्पाद की कीमत 10 रु. प्रतिइकाई निर्धारित करती है तथा उस फर्म की लागत फलन है–

$$TC = 4000 + 4Q + 0.02Q^2$$

उत्पाद के उस स्तर को निर्धारित कीजिए जिस पर लाभ अधिकतम हो–

A. 175 B. 150
C. 125 D. इनमें से कोई नहीं

20. एक फर्म की कुल लागत फलन

$TC = 20Q - 0.30Q^2 + 0.01Q^3$ है तो

उत्पाद के उस स्तर को ज्ञात कीजिए जिस पर सीमान्त लागत न्यूनतम हो–

A. 6 B. 7
C. 8 D. 10

21. यदि मैट्रिक्स

$$A = \frac{1}{3}\begin{bmatrix} 1 & 2 & 2 \\ 2 & 1 & -2 \\ x & 2 & y \end{bmatrix}$$ अवस्था $AA' = I_3$. को संतुष्ट करता है, तो x तथा y का मान है:

A. –4, –2 B. –2, –4
C. –1, –2 D. –2, –1

22. निर्धारक (Determinant) का मान ज्ञात करें:

$$\begin{vmatrix} 13 & 16 & 19 \\ 14 & 17 & 20 \\ 15 & 18 & 21 \end{vmatrix}$$

A. 1 B. 0
C. 2 D. 4

23. निर्धारक (Determinant) का मान ज्ञात करें:

$$\Delta = \begin{vmatrix} 1 & 18 & 72 \\ 2 & 40 & 148 \\ 2 & 45 & 150 \end{vmatrix}$$

A. –8 B. 8
C. –12 D. 12

24. मैट्रिक्स के एडजाइंट (Adjoint) का मान ज्ञात करें:

$$A = \begin{bmatrix} a & b \\ c & d \end{bmatrix}.$$

A. $\begin{bmatrix} c & -b \\ -d & a \end{bmatrix}$ B. $\begin{bmatrix} d & -b \\ -c & a \end{bmatrix}$

C. $\begin{bmatrix} -b & -d \\ a & c \end{bmatrix}$ D. $\begin{bmatrix} a & -b \\ -c & d \end{bmatrix}$

25. निम्न समीकरण व्यवस्था को मैट्रिक्स-प्रतिलोम विधि द्वारा हल करें :

$$2x + 8y + 5z = 5,$$
$$x + y + z = -2,$$
$$x + 2y - z = 2.$$

A. 1, –2, 3 B. 1, 2, –3
C. –3, 2, –1 D. –1, 2, –3

26. एक शुद्ध प्रतिस्पर्धा बाजार, जहाँ सभी वस्तुओं के मूल्य निर्धारित हैं, में तीन इलैक्ट्रॉनिक विक्रेता हैं जो रेडियो, टेपरिकार्डर तथा टेलिविजन बेचते हैं। यदि A प्रतिसप्ताह 48 रेडियो, 20 टेपरिकार्डर तथा 12 टेलिविजन बेचता है; B प्रतिसप्ताह 57 रेडियो, 17 टेपरिकार्डर तथा 15 टेलिविजन बेचता है तथा C प्रतिसप्ताह 35 रेडियो, 22 टेपरिकार्डर तथा 18 टेलिविजन बेचता है, तो उनके वार्षिक लाभ ज्ञात कीजिए, यदि रेडियो पर शुद्ध लाभ ₹ 500, टेपरिकार्डर पर ₹ 750 तथा टेलिविजन पर ₹ 2,500. हो।

A. 60,000, 78,750, 79,000
B. 79,000, 78,750, 60,000
C. 78,750, 79,000, 60,000
D. 78,750, 60,000, 79,000

27. ABC उत्पादक दो प्रकार के उत्पाद X तथा Y. का उत्पादन करता है। प्रत्येक उत्पाद पहले M_1 मशीन पर प्रोसेस करके M_2 मशीन पर फिनिशिंग के लिए भेजा जाता है। × की प्रत्येक इकाई को M_1 पर 20 मिनट तथा M_2 पर 10 मिनट समय की आवश्यकता होती है। प्रत्येक मशीन पर कुल उपलब्ध समय 600 मिनट है। AX = B की तरह के समीकरण मैट्रिक्स बनाकर व मैट्रिक्स प्रतिलोम विधि द्वारा हल करके दोनों प्रकार के उत्पादों की उत्पादित संख्या ज्ञात करें।

A. 10, 30 B. 20, 20
C. 30, 10 D. 15, 25

28. एक अर्थव्यवस्था में दो क्षेत्र हैं– उत्पादन तथा कृषि। एक इकाई उत्पादन निर्गम (output) के लिए 0.1 इकाई उत्पादित सामग्री 0.01 इकाई कृषि सामग्री की आदान (Input) के रूप में आवश्यकता होती है। कृषि निर्गम की एक इकाई के लिए 40 इकाई उत्पादित सामग्री तथा शून्य इकाई कृषि सामग्री की आवश्यकता होती है। एक इकाई उत्पादन निर्गम के लिए 4 व्यक्ति-घंटों (man-hours) श्रम तथा एक इकाई कृषि निर्गम के लिए 100 व्यक्ति-घंटों (man-hours) श्रम की आवश्यकता होती है। अंतिम खपत के लिए, कुल श्रम की आवश्यकता ज्ञात करें, यदि 50 मिलियन इकाई उत्पादित वस्तुएँ तथा 2 मिलियन इकाई कृषि वस्तुएँ उत्पादित करनी हों। यदि प्रति व्यक्ति-घंटे को मजदूरी-दर ₹ 10 हो तो उत्पादन सामग्री तथा कृषि-सामग्री के संतुलन-मूल्यों की गणना होगी:

A. 100, 5,000 B. 200, 5,000
C. 300, 5,000 D. 400, 5,000

29. दो संख्याओं का अंतर 100. है। बड़ी संख्या का वर्ग, छोटी संख्या के वर्ग के पाँच गुने से एक अधिकतम संख्या के बराबर अधिक है। संख्याएं है:

A. 25, 125 B. 125, 25
C. 45, 225 D. 45, 125

30. एक फर्म का उत्पादन फलन, निर्धारित उपकरणों के साथ इस प्रकार है:

$x = 50 + 0.5l^2 - 0.001l^3$ तथा मजदूरी दर ₹ 15 है। यदि $l = 150$. तो सीमांत मूल्य है:

A. 0.162 B. 0.172
C. 0.152 D. 0.182

31. एक विशेष कारखाने में प्रतिदिन उत्पादन में, q इकाइयों के उत्पादन की कुल लागत $C(q) = 0.2q^2 + q + 900$ रुपये है। अनुभव के द्वारा यह ज्ञात है कि लगभग $q(t) = t^2 + 100t$ इकाइयाँ उत्पादन के पहले t घंटे में उत्पादित होती हैं। उत्पादन आरंभ-होने के 2 घंटे बाद, कुल उत्पादन लागत में समय के साथ होने वाले बदलाव की दर होगी:

A. 8,590.4 B. 8,690.4
C. 8,490.4 D. 8,890.4

32. एक एकाधिकार मांग वक्र $p = 200 - 5q$ है। किस मूल्य पर सीमांत आय शून्य होगी?

A. 200 B. 300
C. 100 D. 400

33. एक कारखाने के समक्ष मांग अनुसूची $p = 12{,}000 - 900x$ है तथा इसका उत्पादन फलन $x = l^{1/3}$, है, जहाँ l श्रम है। वर्तमान में कारखाने में 64 श्रमिक नियुक्त हैं। श्रम का सीमांत आय उत्पाद ज्ञात करें।

A. 200　　B. 300
C. 100　　D. 400

34. यदि खपत फलन $C = 8 + \frac{3Y}{4} - \frac{\sqrt{Y}}{3}$, हो, तो सीमांत बचत प्रवृत्ति ज्ञात करें। जबकि, Y = 25.

A. 0.254　　B. 0.284
C. 0.244　　D. 0.264

35. आपूर्ति फलन $x = 3p^2 + 7$, के लिए आपूर्ति में लोच ज्ञात करें, जबकि $p = 5$.

A. 150/82　　B. 82/150
C. 125/44　　D. 44/125

36. माँग x, आय y के फलन के रूप में इस प्रकार है: $50x = 20 + 5y$. आय, माँग में लोच तथा उसके मूल्य के लिए अभिव्यक्ति ज्ञात कीजिए, जबकि $y = 400$.

A. 1,000/1,200　　B. 2,000/2,020
C. 1,020/1,000　　D. 2,020/2,000

37. फ्रिज के एक वितरक की मासिक बिक्री 1,200 फ्रिज है, प्रत्येक का विक्रय मूल्य ₹ 18,000 है। अपने पुराने अनुभव से वितरक जानता है कि एक महीने का विशेष प्रोत्साहन, उससे प्रत्येक ₹ 1,000 अवमूल्यन पर 150 अतिरिक्त फ्रिज बिकवा सकता है। अधिकतम लाभ कमाने के लिए प्रोत्साहन-मास में उसे प्रत्येक फ्रिज के लिए क्या मूल्य लेना चाहिए?

A. 13,000　　B. 12,000
C. 11,000　　D. 9,000

38. आय और लागत फलन

$R(q) = 1{,}000q - 2q^2$

तथा $C(q) = q^3 - 59q^2 + 1{,}315q + 2{,}000$ के लिए अधिकतम लाभ ज्ञात कीजिए।

A. 15　　B. 25
C. 35　　D. 45

39. पुरुषों की कमीजों का एक निर्माता पाता है कि उसके एक विशेष माडल 'एक्डीक्यूटिव' पर ₹ 5,000 लागत तथा ₹ 90 ऊपरी खर्च आता है। कमीजों का मूल्य उनकी विशेषता पर निर्भर करता है। लेखा-प्रबंधक अपने अनुभव से निम्न फलन का अनुमान लगाता है $p = 300 - 2\sqrt{q}$, जहाँ q विक्रय की गई कमीजों की संख्या है। निर्माता को अपना लाभ अधिकतम रखने के लिए कितनी कमीजों का उत्पादन करना चाहिए?

A. 4,200　　B. 4,600
C. 4,500　　D. 4,900

40. एक विशेष विपणन क्षेत्र में, एक नए उत्पाद के विज्ञापन ij i?fr Ø ; knusokysykslxd kvuqekr $(1 - e^{-0.3t})$ है, जहाँ t विज्ञापन चलने के दिनों की संख्या है। विपणन क्षेत्र में 4,00,000 संभावित ग्राहक हैं तथा विज्ञापन की प्रत्येक प्रतिक्रिया ₹ 2. का औसत लाभ उत्पन्न करती है। लाभ, विापन की लागत से अलग है। विज्ञापन बनाने की निर्धारित लागत ₹ 30,000 है तथा प्रत्येक दिन विज्ञापन चलाने की अस्थायी लागत ₹ 4,000 है। शुद्ध लाभ अधिकतम रखने के लिए विज्ञापन को कितने दिन चलाना चाहिए?

A. 11.5　　B. 12.8
C. 13.6　　D. 14.2

41. एक उत्पाद का कुल लागत फलन इस प्रकार है:

$$C(x) = x^3 - 315x^2 + 27{,}000x + 20{,}000;$$

जहाँ x उत्पादित इकाइयों की संख्या है। कुल लागत को न्यूनतम रखने के लिए कितनी इकाइयों का निर्माण करना चाहिए?

A. 350　　B. 150
C. 450　　D. 250

42. एक उत्पादक का सीमांत लागत फलन है:

$MC = \frac{500x}{\sqrt{x^2 + 40}}$, जहाँ x हजारों में इकाइयों की संख्या है। यदि x 3,000 इकाइयों से बढ़कर 9,000 इकाई हो जाए तो लागत में कुल बढ़ोतरी होगी:

A. 2,000　　B. 3,000
C. 4,000　　D. 5,000

43. एक उत्पाद को बनाने व बेचने में होने वाले सीमांत लाभ को दर्शाने वाला फलन

$MP = -6x + 750$ है, जहाँ x इकाइयों की संख्या तथा MP रुपयों में सीमांत लाभ है। जब 100 इकाई उत्पादित और विक्रय होती हैं तब कुल लाभ ₹ 25,000 होता है। कुल लाभ फलन है:

A. $P(x) = -3x^2 + 750x - 20{,}000$
B. $P(x) = -2x^2 + 550x - 10{,}000$

C. $P(x) = -5x^2 + 750x - 20,000$
D. $P(x) = -x^2 + 750x - 20,000$

44. एक छोटा व्यवसायी अपनी ईंधन की खपत कम करने के उद्देश्य से एक ऊर्जा बचाने वाला उपकरण खरीदने पर विचार कर रहा है। उपकरण की लागत ₹ 32,000 है। इंजीनियरिंग के अनुमान दर्शाते हैं कि उपकरण के प्रयोग से होने वाली बचत $s(t)$ रुपये प्रति वर्ष की दर से होगी, जहाँ $s(t) = 20,000\ e^{-0.5t}$ तथा t वर्षों में समय है। व्यवसायी को उपकरण की लागत वसूल करने में कितने वर्ष लगेंगे?

A. 4.22 B. 2.22
C. 1.22 D. 3.22

45. यदि A और B एक ही प्रकार के दो मैट्रिक्स हैं तथा A + B = B +A तो मैट्रिक्स का योग .... होगा।

A. क्रम विनिमेय B. योगात्मक प्रतिलोम
C. साहचर्य D. योगात्मक तत्समक

46. यदि निर्माता का लागत-फलन $C = 0.1x^2 + 3$ है (जहाँ C कुल लागत तथा x निर्गम है), तो सीमांत-लागत फलन होगाः

A. $0.5x$ B. $0.8x$
C. $0.4x$ D. $0.2x$

47. यदि निर्माता का लागत-फलन $C = 0.005x^3 - 0.02x^2 - 30x+5000$ है (जहाँ C कुल लागत तथा x निर्गम है), तो सीमांत औसत लागत फलन होगाः

A. $0.01 - 0.2x - (5000/x)$
B. $0.015x - 0.02 - (5000/x^2)$
C. $0.02x - 0.02 - (5000/x^2)$
D. $0.01x - 0.02 - (5000/x^2)$

48. एक फर्म को ज्ञात है कि उसके एक उत्पाद का माँग-फलन रैखिक है। वह यह भी जानती है कि जब मूल्य ₹ 4 प्रति इकाई हो तो वह 1000 इकाई बेच सकती है तथा जब मूल्य ₹ 2 प्रति इकाई हो तो वह 1500 इकाई बेच सकती है। फर्म का सीमांत आय फलन होगाः

A. $10 - (x/125)$ B. $8 - (x/125)$
C. $8 - (x/250)$ D. $4- (x/125)$

49. यदि माँग फलन $p = 4 - 5x$ है (जहाँ 'p' मूल्य तथा 'x' निर्गम है), तो x का वह मूल्य जिस पर माँग में इकाई लोच होगाः

A. (2/5) B. (5/2)
C. (3/5) D. इनमें से कोई नहीं

50. एक कार की प्रति मरम्मत औसत खर्च ₹ 320 है तथा मरम्मतों की संख्या $0.5t^{3/2}$ है, जहाँ t महीनों में समय है (जब से कार खरीदी गई है), प्रतिस्थापन मूल्य का अनुमान ₹ 80,000 है। इष्टतम प्रतिस्थापन की अवधि होगीः

A. 100 वर्ष B. 1000 महीने
C. 10 वर्ष D. 100 महीने

51. एक उत्पाद का उत्पादक जानता है कि प्रथम 500 इकाई उत्पादित करने तथा विक्रय करने पर लाभ ₹ 50 प्रति इकाई है। 500 से अधिक इकाइयों पर लाभ अतिरिक्त उत्पादित इकाइयों का 0.10 गुणा कम होता है। निर्गम का वह स्तर जहाँ लाभ अधिकतम होगाः

A. 250 इकाई B. 500 इकाई
C. 750 इकाई D. इनमें से कोई नहीं

52. दो वस्तुओं X तथा Y माँग फलन क्रमशः इस प्रकार हैं:

$x = (100/p^2q)$ तथा $y = (50/pq^2)$

जहाँ x तथा y क्रमशः x तथा y की माँगी गई मात्राएं हैं तथा p व q क्रमशः उनके मूल्य हैं। वह वस्तुएं हैं:

A. पूरक
B. असंबद्ध
C. प्रतियोगी
D. निर्धारित नहीं किया जा सकता

53. एक उत्पादन फलन इस प्रकार है:

$Q = AL^{1/3} K^{1/3}$

(जहाँ 'Q' कुल उत्पादन है 'A' स्थिर है तथा 'L' व 'K' क्रमशः श्रम व पूंजी को दर्शाते हैं)

उत्पादन फलन के लिए वापसी का पैमानाः

A. कम होगा
B. स्थिर होगा
C. बढ़ेगा
D. निर्धारित नहीं किया जा सकता

54. यदि C एक निर्गम x की कुल लागत है, यह विदित है कि सीमांत लागत MC सदैव औसत लागत AC के बराबर होती है। अतः कुल लागत C का एक स्थिर गुणांक है:

A. x^2 B. x^3
C. x D. $2x^2$

55. एक उत्पादक का सीमांत लागत फलन $MC = 4 - 2x + x^2$ है (जहाँ x निर्गम है)। यदि निर्धारित लागत ₹ 100 है तो कुल लागत फलन होगा:
A. $C = 4x - 2x^2 + (x^3/3) + 100$
B. $C = 4x - x^2 + (2x^3/3) + 100$
C. $C = 4x - x^2 + (x^3/3) + 100$
D. $C = 4x - x^2 + (x^3/3) + 1000$

56. एक उत्पादक का सीमांत आय फलन $MR = 2-6x$ है (जहाँ 'x' निर्गम है) मांग नियम होगा:
A. $p = 2 - 8x$ B. $p = 2 - 3x$
C. $x = 2 - 3p$ D. $p = 8 - 3x$

57. एक कंपनी की समय के संदर्भ में आय में बदलाव की दर तथा लागत क्रमशः इस प्रकार हैं: $R'(t) = 9 - t^{1/3}$ तथा $C'(t) = 1 + 3t^{1/3}$ (जहाँ t का मापन वर्षों में तथा R व C की गणना मिलियन रुपयों में है)। कंपनी का परिचालन कब तक जारी रखना चाहिए तथा उस अवधि में कितना लाभ अर्जित किया जा सकता है?
A. 8 वर्ष, 16 मिलियन रुपये
B. 16 वर्ष, 8 मिलियन रुपये
C. 8 वर्ष, 20 मिलियन रुपये
D. 16 वर्ष, 16 मिलियन रुपये

58. एक वस्तु की मांग में लोच p/x^3 है (जहाँ 'p' मूल्य तथा 'x' निर्गम है)। यदि मूल्य 2 पर माँग 3 हो तो माँग फलन होगा:
A. $p = 11 - (2x^3/3)$ B. $p = 10 - (x^3/3)$
C. $p = 11 - (4x^3/3)$ D. $p = 11 - (x^3/3)$

59. एक वस्तु के लिए माँग फलन इस प्रकार है: $p = 100 - 8x$ (जहाँ 'p' मूल्य तथा 'x' निर्गम है) $p = 4$ के लिए उपभोक्ता अधिशेष होगा:
A. 546 B. 456
C. 526 D. 576

60. निम्न में से कौन सा रैखिक प्रोग्रामिंग समस्या का अनिवार्य भाग नहीं है:
A. रैखिय व्यवरोध
B. एक स्वनिष्ठ क्रिया
C. अ-नकारात्मक प्रतिबंध
D. एक उद्देशीय क्रिया

उत्तरमाला

1	2	3	4	5	6	7	8	9	10
B	C	A	C	A	A	A	A	B	A
11	**12**	**13**	**14**	**15**	**16**	**17**	**18**	**19**	**20**
A	C	C	C	C	B	A	C	B	D
21	**22**	**23**	**24**	**25**	**26**	**27**	**28**	**29**	**30**
D	B	C	B	C	A	B	A	B	D
31	**32**	**33**	**34**	**35**	**36**	**37**	**38**	**39**	**40**
A	C	C	B	A	B	A	C	D	C
41	**42**	**43**	**44**	**45**	**46**	**47**	**48**	**49**	**50**
B	A	A	D	A	D	D	B	A	D
51	**52**	**53**	**54**	**55**	**56**	**57**	**58**	**59**	**60**
C	A	A	C	C	B	A	D	D	B

कुछ चुने हुए प्रश्नों के व्याख्यात्मक उत्तर

21. $AA' = \frac{1}{9}\begin{bmatrix} 1 & 2 & 2 \\ 2 & 1 & -2 \\ x & 2 & y \end{bmatrix} \times \begin{bmatrix} 1 & 2 & x \\ 2 & 1 & 2 \\ 2 & -2 & y \end{bmatrix}$

$= \frac{1}{9}\begin{bmatrix} 9 & 0 & x+4+2y \\ 0 & 9 & 2x+2-2y \\ x+4+2y & 2x+2-2y & x^2+4+y^2 \end{bmatrix}$

चूँकि अवस्था $AA' = I$ को संतुष्ट करता है

$\frac{1}{9}(x+4+2y) = 0 \Rightarrow x + 2y = -4$ ...(1)

$\frac{1}{9}(2x+2-2y) = 0 \Rightarrow x - y = -1$ ...(2)

$\frac{1}{9}(x^2+4+y^2) = 1 \Rightarrow x^2 + y^2 = 5$ ...(3)

समीकरण (1) तथा (2) को हल करने पर हम पाते हैं कि

$x = -2, y = -1.$

22. माना कि दिया गया निर्धारक Δ है।

तब

$\Delta = \begin{vmatrix} 13 & 3 & 3 \\ 14 & 3 & 3 \\ 15 & 3 & 3 \end{vmatrix}$

[क्रिया $C'_2 \to C_2 - C_1$ तथा $C'_3 \to C_3 - C_2$]

= 0 (चूँकि दोनों स्तम्भ सर्वसम हैं)

23. माना कि दिया गया निर्धारक Δ है।

तब

$\Delta = \begin{vmatrix} 1 & 18 & 72 \\ 0 & 4 & 4 \\ 0 & 5 & 2 \end{vmatrix}$

[क्रिया $R'_2 \to R_2 - 2R_1$ तथा $R'_3 \to R_3 - R_2$]

$= \begin{vmatrix} 4 & 4 \\ 5 & 2 \end{vmatrix}$ (प्रथम स्तम्भ का विस्तार करने पर)

$= 8 - 20 = -12.$

24. सारणिक में |A|, सहखण्ड *a*, *b*, *c* तथा *d* क्रमशः *d*, –*c*, –*b* तथा *a*. अतः A का सहखण्ड का आव्यूह है $C = \begin{bmatrix} d & -c \\ -b & a \end{bmatrix}$ तथा सहखण्डज $A = C' = \begin{bmatrix} d & -b \\ -c & a \end{bmatrix}$.

25. आव्यूह में दिये समीकरण को इस तरीके से लिख सकते हैं

$\begin{bmatrix} 2 & 8 & 5 \\ 1 & 1 & 1 \\ 1 & 2 & -1 \end{bmatrix}\begin{bmatrix} x \\ y \\ z \end{bmatrix} = \begin{bmatrix} 5 \\ -2 \\ 2 \end{bmatrix}$ AX = B,

जहाँ $A = \begin{bmatrix} 2 & 8 & 5 \\ 1 & 1 & 1 \\ 1 & 2 & -1 \end{bmatrix}$,

$X = \begin{bmatrix} x \\ y \\ z \end{bmatrix}$ तथा $B = \begin{bmatrix} 5 \\ -2 \\ 2 \end{bmatrix}$

अब $|A| = \begin{vmatrix} 2 & 8 & 5 \\ 1 & 1 & 1 \\ 1 & 2 & -1 \end{vmatrix}$

$= 2(-1-2) -8(-1-1) + 5(2-1) = 15$

चूँकि $|A| \neq 0$, A^{-1} निहित है

$\begin{bmatrix} x \\ y \\ z \end{bmatrix} = A^{-1}\begin{bmatrix} 5 \\ -2 \\ 2 \end{bmatrix}$

यह आसानी से दिखाया जा सकता है

∴ सहखण्डज $A = \begin{bmatrix} -3 & 18 & 3 \\ 2 & -7 & 3 \\ 1 & 4 & -6 \end{bmatrix}$ इस प्रकार A^{-1}

$= \frac{\text{सहखण्डज A}}{|A|} = \begin{bmatrix} -\frac{1}{5} & \frac{6}{5} & \frac{1}{5} \\ \frac{2}{15} & -\frac{7}{15} & \frac{1}{5} \\ -\frac{1}{15} & \frac{4}{15} & -\frac{2}{5} \end{bmatrix}$

$$\begin{bmatrix} x \\ y \\ z \end{bmatrix} = \frac{1}{15}\begin{bmatrix} -\frac{1}{5} & \frac{6}{5} & \frac{1}{5} \\ \frac{2}{15} & -\frac{7}{15} & \frac{1}{5} \\ -\frac{1}{15} & \frac{4}{15} & -\frac{2}{5} \end{bmatrix}\begin{bmatrix} 5 \\ -2 \\ 2 \end{bmatrix} = \begin{bmatrix} -3 \\ 2 \\ -1 \end{bmatrix}$$

अतः हल है:

$$x = -3,\ y = 2,\ \text{तथा}\ z = -1.$$

26. आव्यूह में तीनों विक्रेताओं का इस प्रकार चयन करते हैं

$$P = \begin{matrix} & R & T.R. & T.V. \\ A & 48 & 20 & 12 \\ B & 57 & 17 & 15 \\ C & 35 & 22 & 18 \end{matrix}$$

तथा प्रत्येक वस्तु का लाभ स्तम्भ में रखते हैं 3 × 1 जैसा नीचे दिखाया गया है

$$Q = \begin{matrix} R \\ T.R. \\ T.V. \end{matrix}\begin{bmatrix} 500 \\ 750 \\ 2500 \end{bmatrix}$$

∴ प्रत्येक विक्रेता का कुल लाभ 3 × 1 आव्यूह का गुणनफल

$$PQ = \begin{bmatrix} 48 & 20 & 12 \\ 57 & 17 & 15 \\ 35 & 22 & 18 \end{bmatrix}\begin{bmatrix} 500 \\ 750 \\ 2500 \end{bmatrix}$$

$$= \begin{bmatrix} 48\times500+20\times750+12\times2500 \\ 57\times500+17\times750+15\times2500 \\ 35\times500+22\times750+18\times2500 \end{bmatrix}$$

$$= \begin{bmatrix} 69,000 \\ 78,750 \\ 79,000 \end{bmatrix}$$

अतः A का लाभ ₹ 60,000; B का लाभ ₹ 78,750 तथा C का लाभ ₹ 79,000.

27. निम्नलिखित सारणी में रखा जाता है

	मशीन (समय मिनट में) M_1	M_2
उत्पादन X	20	10
उत्पादन Y	10	20
कुल उपलब्ध समय	600	600

माना कि x तथा y उत्पादन की संख्या X तथा Y उत्पादित करते हैं तब समीकरण मैट्रिक्स बनाकर इस प्रकार दर्शाते हैं

$$\begin{bmatrix} 20 & 10 \\ 10 & 20 \end{bmatrix}\begin{bmatrix} x \\ y \end{bmatrix} = \begin{bmatrix} 600 \\ 600 \end{bmatrix}$$

$$AX = B,$$

जहाँ $A = \begin{bmatrix} 20 & 10 \\ 10 & 20 \end{bmatrix}, X = \begin{bmatrix} x \\ y \end{bmatrix}$

तथा $B = \begin{bmatrix} 600 \\ 600 \end{bmatrix}$

चूंकि $|A| = \begin{bmatrix} 20 & 10 \\ 10 & 20 \end{bmatrix} = 300 \neq 0$, A^{-1} निहित है

AX = B का इकाई हल है

$$X = A^{-1}B = \left\{\frac{1}{|A|}\cdot \text{adj } A\right\}B \qquad ...(i)$$

यह आसानी से दर्शाया जा सकता है

$$\text{सहखण्डज } A = \begin{bmatrix} 20 & -10 \\ -10 & 20 \end{bmatrix}$$

(i) में मान रखने पर,

$$\begin{bmatrix} x \\ y \end{bmatrix} = \frac{1}{300}\begin{bmatrix} 20 & -10 \\ -10 & 20 \end{bmatrix}\begin{bmatrix} 600 \\ 600 \end{bmatrix}$$

$$= \frac{1}{300}\begin{bmatrix} 600 \\ 600 \end{bmatrix} = \begin{bmatrix} 2 \\ 2 \end{bmatrix}$$

$$\therefore \qquad x = 20,\ y = 20.$$

अतः X और Y का प्रत्येक 20 इकाई उत्पादन होना चाहिए।

28. माना कि A एक आव्यूह है

तब A का मान है $A = \begin{bmatrix} 0.1 & 40 \\ 0.01 & 0 \end{bmatrix}$

माना कि $X = \begin{bmatrix} x \\ y \end{bmatrix}$ अभीष्ट निर्गम

अन्तिम मांग $D = \begin{bmatrix} 50 \\ 2 \end{bmatrix}$.

तब X का मान : $X = [I - A]^{-1} D$

अब $I - A = \begin{bmatrix} 0.9 & -40 \\ -0.01 & 1 \end{bmatrix}$

$\Rightarrow \quad |I - A| = 0.9 - 0.4 = 0.5 \neq 0$

$\therefore \quad X = [I - A]^{-1} D$

$$= \frac{1}{0.5}\begin{bmatrix} 1 & 40 \\ 0.01 & 0.9 \end{bmatrix}\begin{bmatrix} 50 \\ 2 \end{bmatrix} = \begin{bmatrix} 260 \\ 4.6 \end{bmatrix}$$

अतः अर्थव्यवस्था के दोनों क्षेत्रों में 260 तथा अन्तिम मांग क्रमशः 4.6 मिलयन यूनिट

कुल मजदूर की आवश्यकता $= [4 \quad 100]\begin{bmatrix} 260 \\ 4.6 \end{bmatrix}$

$= [1{,}500]$

कुल मजदूरी 1,500 मिलयन व्यक्ति/घंटे :

$$\begin{bmatrix} p_1 \\ p_2 \end{bmatrix} = [(I - A)^{-1}]' \begin{bmatrix} l_1 w \\ l_2 w \end{bmatrix}$$

$$= \frac{1}{0.5}\begin{bmatrix} 1 & 0.01 \\ 40 & 0.9 \end{bmatrix}\begin{bmatrix} 40 \\ 1{,}000 \end{bmatrix} = \begin{bmatrix} 100 \\ 5{,}000 \end{bmatrix}$$

इस प्रकार, दोनों क्षेत्रों का संतुलन मूल्य क्रमशः ₹ 100 तथा ₹ 5,000 है।

29. माना कि दी गयी संख्याएँ x तथा y हैं तथा $x > y$.

निम्न आंकड़ों के अनुसार

$$x - y = 100 \qquad ...(1)$$

तथा $x^2 - 5y^2$ महत्तम है

माना कि $S = x^2 - 5y^2 = x^2 - 5(x - 100)^2$

$= -4x^2 + 1{,}000x - 50{,}000.$

चूँकि S महत्तम दिया गया है $dS/dx = 0$

तथा $d^2S/dx^2 < 0$ का मूल $dS/dx = 0$.

अब $\frac{dS}{dx} = 0 \Rightarrow -8x + 1{,}000 = 0,$

इसलिए $x = 125$

तथा $\frac{d^2S}{dx^2} = -8$, जो x के लिए ऋणात्मक है $= 125.$

चूँकि जब $x = 125,\ y = 125 - 100 = 25.$

अतः अभीष्ट संख्याएँ 125 तथा 25 हैं।

30. यहाँ $\frac{dx}{dl} = l - 0.003l^2$

तथा लागत

$$v = wl = 15l$$

$$MC = \frac{dv}{dx} = \frac{dv}{dl}\cdot\frac{dl}{dx} = \frac{15}{l - 0.003l^2}$$

जब $l = 150,$

$$MC = \frac{15}{150 - 67.5} = 0.182.$$

31. यहाँ $\frac{dC}{dq} = \frac{d}{dq}(0.2q^2 + q + 900) = 0.4q + 1$

तथा $\frac{dq}{dt} = \frac{d}{dt}(t^2 + 100t) = 2t + 100$

अब $\frac{dC}{dt} = \frac{dC}{dq}\cdot\frac{dq}{dt} = (0.4q + 1)(2t + 100)$

जब $t = 2,\ q = 4 + 200 = 204.$

$\therefore \quad \frac{dC}{dt} = [0.4\,(204) + 1]\,(104) = ₹\ 8{,}590.4.$

32. माना कि a एकाधिकार. मांग p तथा R एकाधिकार सीमांत हैं:

$$p = 200 - 5q \text{ तथा } R = q(200 - 5q)$$
$$= 200q - 5q^2$$

अब $MR = \frac{d}{dq}(200q - 5q^2)$

$$= 200 - 10q \qquad ...(1)$$

तथा $AR = \frac{R}{q} = 200 - 5q \qquad ...(2)$

q के सापेक्ष अनुकलन करने पर

का अभिलम्ब $MR = \frac{d}{dq}(200 - 10q) = -10 \qquad ...(3)$

का अभिलम्ब $AR = \frac{d}{dq}(200 - 5q) = -5 \qquad ...(4)$

इस प्रकार दोनों अभिलम्ब ऋणात्मक हैं

MR = 2 (अभिलम्ब AR) ...(5)

पुनः सीमांत आय, अगर अभिलम्ब (MR) 0 हो तो

$$200 - 10q = 0 \Rightarrow q = 20$$

तथा $q = 200 - 100 = 100.$

अतः सीमांत आय 0 है, तब

$p = 100. \qquad ...(6)$

33. कुल आय = R = $p.x.$ = $12000x - 900x^2$, जहाँ $x = l^{1/3}$.

सीमांत आय का उत्पाद बदलता है कुल आय जब मजदूर बढ़ते हैं

$$\text{MRP}_1 = \frac{dR}{dl} = \frac{dR}{dx}\cdot\frac{dx}{dl}$$

$$= (12,000 - 1,800l^{1/3}).\frac{1}{3}l^{-2/3}$$

$$= \frac{4,000}{l^{2/3}} - \frac{1,800}{3l^{1/3}}$$

$$= \frac{4,000}{16} - \frac{1,800}{12} = 100.$$

34. सीमान्त उपभोग प्रवृत्ति $= \frac{dC}{dY}$

$$= \frac{3}{4} - \frac{1}{6}\cdot\frac{1}{\sqrt{Y}}.$$

जब Y = 25,

$$\frac{dC}{dY} = \frac{3}{4} - \frac{1}{6}\cdot\frac{1}{\sqrt{125}} = \frac{43}{60} \simeq 0.716$$

मांग अनुसूची बचती है जब Y = 25 है : Y – 0.716 = 0.284.

35. अनुकूलन करने पर हम पाते हैं कि $x = 3p^2 + 7$ *w.r.t.* p,

हम पाते हैं $\frac{dx}{dp} = 6p$

$$\therefore \quad \eta_s = \frac{p}{x}\cdot\frac{dx}{dp} = \frac{p}{3p^2+7}\cdot(6p) = \frac{6p^2}{3p^2+7}$$

जब $p = 5$,

$$\eta_s = \frac{6(5)^2}{\{3(5)^2+7\}} = \frac{150}{82}.$$

36. अब $$\eta_y = \frac{y}{x}\cdot\frac{dx}{dy} = \frac{y}{\{(20+5y)/50\}}.\left(\frac{1}{10}\right)$$

$$= \frac{5y}{20+5y}$$

जब $y = 400$,

$$\eta_y = \frac{5\times 400}{20+5\times 400} = \frac{2,000}{2,020}.$$

37. माना कि x अतिरिक्त फ्रिज की संख्या 150 है तथा R महीने का विशेष प्रोत्साहन है

तब प्रत्येक फ्रिज की लागत

$$p = 18,000 - \frac{1,000}{150}(x - 1,200)$$

$$= 26,000 - \frac{20}{3}x$$

कुल आय, $R = px = 26,000x - \frac{20}{3}x^2$

अधिकतम आय $\frac{dR}{dx} = 0$ तथा $\frac{dR}{dx^2} < 0.$

अब $\frac{dR}{dx} = 26,000 - \frac{40}{3}x = 0 \Rightarrow x = 19,500$

तथा $\frac{d^2R}{dx^2} = -\frac{40}{3} < 0$ के सभी मान के लिए x.

∴ अधिकतम आय प्राप्त होती है जब प्रोत्साहन मास के लिए प्रत्येक फ्रिज का मूल्य:

$$p = 26,000 - \frac{20}{3}\times 19,500 = ₹\ 13,000.$$

38. लाभ P(q) दिया गया है

$$P(q) = R(q) - C(q)$$
$$= (1,000q - 2q^2) - (q^3 - 59q^2 + 1,315q + 2,000)$$

अधिकतम लाभ के लिए पहली शर्त है:

$$\frac{dP}{dx} = 0 \Rightarrow 1000 - 4q - 3q^2 + 118q - 1,315$$

$$= 0 \text{ or } q^2 - 38q + 105 = 0$$

$$\Rightarrow q = \frac{38 \pm \sqrt{(38)^2 - 4\times 1\times 105}}{2} = 35 \text{ or } 3$$

दूसरी शर्त अधिकतम लाभ के लिए $\frac{d^2P}{dx^2} < 0.$

पर $q = 3,\ \frac{d^2P}{dq^2} = [-6q + 114]_{q=3}$

$$= -6 \times 3 + 114 > 0$$

तथा पर $q = 35,\ \frac{d^2P}{dq^2} = -6\times 35 + 114 < 0$

अतः अधिकतम लाभ होता है जब 35 इकाई हो जाता है।

39. दिये गये सूचना से हम पाते हैं:

लागत फलन $C(q) = 5,000 + 90q$

आय फलन:

$$R(q) = (300 - 2\sqrt{q})q = 300q - 2q^{3/2}$$

लाभ फलन:

$P(q) = R(q) - C(q) = 210q - 2q^{3/2} - 5,000$

पहली शर्त अधिकतम लाभ के लिए है:

$$\frac{dP}{dq} = 0 \Rightarrow 210 - 3\sqrt{q} = 0 \text{ or } \sqrt{q} = 70,$$

इसलिए $q = 4,900$

दूसरी शर्त अधिकतम लाभ के लिए है $\frac{d^2P}{dq^2} < 0.$

अब $\frac{d^2P}{dq^2} = -\frac{3}{2\sqrt{q}} < 0,$ जब $q = 4,900$

इस प्रकार अधिकतम लाभ है जब निर्माता 4,900 कमीजें बनाएगा। 4,900 कमीजों के उत्पादन करने पर कुल लाभ

$$P = 210 \times 4,900 - 2 \times (4,900)^{3/2} - 5,000$$
$$= 10,29,000 - 2 \times (70)^3 - 5,000$$
$$= ₹\ 3,38,000$$

इसलिए प्रत्येक की कीमत होगी

$$P = 300 - 2 \times 70 = ₹\ 160$$

40. माना कि विज्ञापन चलने के दिनों की संख्या t है

शुद्ध लाभ:

$4,00,000\,(1 - e^{-0.3t})\,2 - (30,000 + 4,000t) = y,$

पहली शर्त अधिकतम लाभ के लिए:

$$\frac{dy}{dt} = 0 \Rightarrow 24,000\, e^{-0.3t} - 4,000 = 0$$

or $e^{-0.3t} = 60$

$$t = \frac{\log t}{0.3 \log e} = \frac{1.7782}{0.1303} = 13.6 \text{ days.}$$

दूसरी शर्त अधिकतम लाभ के लिए $\frac{d^2y}{dt^2} < 0.$

अब $\frac{d^2y}{dt^2} = -7200\, e^{-0.3t} < 0,$ for $t = 13.6$

अतः t^* अधिकतम लाभ के लिए विज्ञापन कों 13.6, दिनों तक चलाना चाहिए।

41. x के सापेक्ष अनुकलन करने पर हम पाते हैं $C(x) = x^3 - 315x^2 + 27,000x + 20,000$ *w.r.t.*

$$\frac{dC}{dx} = 3x^2 - 630x + 27,000$$

तथा $\frac{d^2C}{dx^2} = 6x - 630$

पहली शर्त लागत को न्यूनतम रखने के लिए :

$$\frac{dC}{dx} = 0 \Rightarrow 3x^2 - 630x + 27,000 = 0$$

$\Rightarrow \quad x = 150$ or 60

दूसरी शर्त लागत न्यूनतम रखने के लिए $\frac{d^2C}{dx^2} > 0.$

अब $\frac{d^2C}{dx^2} = 6x - 630$ जो कि

$$\begin{cases} > 0, \text{ जब } x = 150 \\ < 0, \text{ जब } x = 60 \end{cases}$$

$\therefore$ न्यूनतम लागत होती है जब $x^* = 150.$

कुल लागत को न्यूनतम रखने के लिए 150 इकाइयों का निर्माण करना चाहिए।

42. हमें लागत में कुल बढ़ोतरी निकालनी है जब x 3,000 से बढ़कर 9,000 हो

$$C(9) - C(3) = \int_3^9 \frac{dC}{dx}dx = \int_3^9 \frac{500x}{\sqrt{x^2+40}}dx$$

$$= 250\int_{49}^{121} \frac{1}{\sqrt{t}}\,dt,$$

जहाँ $x^2 + 40 = t$

$$= \left|250\, 2\sqrt{t}\right|_{49}^{121} = 500\left(\sqrt{121} - \sqrt{49}\right) = ₹\ 2,000.$$

43. कुल लाभ फलन, हमें पहले सीमांत लाभ को दर्शाने वाला फलन निकालना है

$$P(x) = \int(-6x + 750)dx = -3x^2 + 750x + k \quad ...(*)$$

दिया गया है $C(100) = 25,000$; k, का मान ज्ञात किया जा सकता है जो एक दाम प्रदर्शित करता है

$$25,000 = -3(100)^2 + 750(100) + k$$

$\Rightarrow \quad k = -20{,}000$

विशेष फलन उत्पादन तथा उत्पादित कुल लाभ को प्रदर्शित करता है :

$$P(x) = -3x^2 + 750x - 20{,}000.$$

44. चूँकि बचत दर $S(t)$

$= 20{,}000\, e^{-0.5t}$ तथा उपकरण की लागत ₹ 32,000 है, अगर व्यवसायी को लागत वसूल करने में x वर्ष लगते हैं तब

$$\int_0^n 20{,}000\, e^{-0.5t}\, dt = 32{,}000$$

$$\Rightarrow \quad 20{,}000 \left|\frac{e^{-0.5t}}{-0.5}\right|_0^n = 32{,}000$$

$\Rightarrow -40{,}000\, (e^{-0.5n} - 1) = 32{,}000$

या $1 - e^{-0.5n} = 0.8$, *i.e.*, $e^{0.5n} = 5$

दोनों तरफ लघुगुणक लेने पर, हम पाते हैं

$0.5n \log e = \log 5$

$$\therefore n = \frac{\log 5}{0.5 \log e} = \frac{0.6990}{0.4343} \times 2 = 3.22 \text{ वर्ष}$$

45. आव्यूह योग के गुण

(i) आव्यूहों का योग क्रम विनिमय होता है इसलिए
$A + B = B + A$

(ii) आव्यूहों का योग साहचर्य होता है इसलिए
$(A + B) + C = A + (B + C)$

(iii) योगात्मक तत्समक
दिया गया आव्यूह $A = [a_{ij}]_{m \times n}$ तथा O योगात्मक तत्समक है

$$A + O = O + A = A$$

(iv) योगात्मक व्युत्क्रम
माना कि $A = [a_{ij}]_{m \times n}$ कोई आव्यूह है, तब दूसरा आव्यूह

$$-A = -[a_{ij}]_{m \times n}$$

इस प्रकार

$$A + (-A) = (-A) + A = 0.$$

46. सीमांत लागत $= \dfrac{dc}{dx}$

$$= \frac{d}{dx}(0.1x^2 + 3) = 0.2x.$$

47. चूँकि कुल लागत फलन है

$$TC = 0.005\, x^3 - 0.02x^2 - 30x + 5000$$

जहाँ 'x' निर्गम है

$\therefore$ औसत लागत फलन है

$$AC = \frac{TC}{x}$$

$$= \frac{0.005x^3 - 0.02x^2 - 30x + 5000}{x}$$

$$= 0.005x^2 - 0.02x - 30 + \frac{5000}{x}$$

अतः सीमांत औसत लागत $= \dfrac{d(AC)}{dx}$

$$= \frac{d}{dx}\left(0.005x^2 - 0.02x - 30 + \frac{5000}{x}\right)$$

$$= 0.01x - 0.02 - \frac{5000}{x^2}.$$

48. माना कि माँग फलन है

$$P = ax + b \qquad ...(1)$$

(जहाँ P मूल्य, x वस्तुएँ तथा 'a' तथा 'b' स्थिर हैं)

जब $P = ₹\,4$ तथा $x = 1000$

$\therefore \quad 4 = 1000a + b$ (समीकरण (1) से)

तथा जब

$P = ₹\,2$ तथा $x = 1500$

तब $2 = 1500a + b$ (समीकरण (1) से)

समीकरणों को हल करने पर

$4 = 1000a + b$

तथा $2 = 1500a + b$

हम पाते हैं $a = -\dfrac{1}{250}$ तथा $b = 8$

$\therefore$ मांग फलन को व्यक्त करते हैं

$$P = 8 - \frac{x}{250}$$

$\therefore$ कुल आय (TR) $= P.x$

$$= \left(8 - \frac{x}{250}\right)x$$

$$= 8x - \frac{x^2}{250}$$

$\therefore \quad MR = \dfrac{d(TR)}{dx} = 8-2\times\dfrac{x}{250}$

$= 8-\dfrac{x}{125}$.

49. चूँकि माँग लोच = $-\dfrac{p}{x}\cdot\dfrac{dx}{dp}$

दिया गया है $\quad p = 4 - 5x$

$\therefore \quad \dfrac{dp}{dx} = -5$

$\therefore \quad$ लोच = $-\dfrac{p}{x}\cdot\dfrac{dx}{dp}$

$1 = -\dfrac{4-5x}{x}\cdot\dfrac{1}{-5}$

(लोच = 1 दिया गया है)

$\Rightarrow \quad 1 = \dfrac{4-5x}{5x}$

$\Rightarrow \quad 5x = 4 - 5x$

$\Rightarrow \quad x = \dfrac{4}{10} = \dfrac{2}{5}$.

50. प्रतिमाह औसत मरम्मत खर्च

$= \dfrac{\text{मरम्मतों की औसत संख्या}}{\text{माह}} \times$ औसत मरम्मत खर्च

$= \left(\dfrac{0.5t^{3/2}}{t}\right)320 = 160t^{1/2}$

तथा प्रतिस्थापन मूल्य का औसत = $\dfrac{80000}{t}$

पहली तथा दूसरी शर्त न्यूनतम के लिए AC हैं

$\dfrac{dy}{dt} = 0 \quad$ तथा $\quad \dfrac{d^2y}{dt^2} > 0$

अब $\quad \dfrac{dy}{dt} = 80t^{-1/2} - \dfrac{80000}{t^2} = 0$

$\Rightarrow \quad 80t^{-1/2} = \dfrac{80000}{t^2}$

$\Rightarrow \quad t^{3/2} = 1000 = 10^3$

$\therefore \quad t = 100$

इसी प्रकार $\quad \dfrac{d^2y}{dt^2} = \dfrac{40}{t^{3/2}} + \dfrac{160000}{t^3} > 0$,

जब $\quad t = 100$

अतः इष्टतम प्रतिस्थापन की अवधि

$t = 100$ माह

52. दो वस्तुएँ पूरक हैं अगर तथा सिर्फ दोनों $\left(\dfrac{dx}{dq}\right)$ तथा $\left(\dfrac{dy}{dp}\right)$ दोनों ऋणात्मक हैं

तथा दो वस्तुएँ प्रतियोगी हैं अगर तथा सिर्फ अगर $\left(\dfrac{dx}{dq}\right)$ तथा $\left(\dfrac{dy}{dp}\right)$ दोनों धनात्मक हैं।

53. एक उत्पादन फलन इस प्रकार है कि

$$Q = AL^{\alpha}K^{\beta}$$

$A, \alpha, \beta > 0$, जहाँ L श्रम तथा K पूँजी को दर्शाते हैं उत्पादन फलन का योग α तथा β पर निर्भर करता है

$\Rightarrow$ यदि $\alpha + \beta > 1$, तब वापसी का पैमाना बढ़ता है

$\Rightarrow$ यदि $\alpha + \beta = 1$, तब वापसी का पैमाना स्थिर होता है

$\Rightarrow$ यदि $\alpha + \beta < 1$, तब वापसी का पैमाना घटता है।

55. दिया गया है

$MC = 4 - 2x + x^2$

$\therefore \quad TC = \int(MC)dx + K$

$= \int(4-2x+x^2)dx + K$

$= 4x - x^2 + \dfrac{x^3}{3} + K$

निर्धारित लागत = 100 दिया गया है।

$\therefore \quad TC = 4x - x^2 + \dfrac{x^3}{3} + 100$.

56. दिया गया है $MR = 2 - 6x$

$\therefore \quad TR = \int(MR)dx + K$

$= \int(2-6x)\,dx + K$

$$= 2x - \frac{6x^2}{2} + K$$
$$= 2x - 3x^2 + K$$

चूँकि TR = 0, जब $x = 0$, K = 0

$\therefore \quad TR = 2x - 3x^2$

$\because \quad TR = px$

$$\therefore \quad p = \frac{TR}{x}$$
$$= \frac{2x - 3x^2}{x}$$
$$= 2 - 3x.$$

57. मशीन का उपयोग तब तक सही रहेगा जब तक आय खर्च से ज्यादा है

$$R'(t) = C'(t)$$
$$\Rightarrow \quad 9 - t^{1/2} = 1 + 3t^{1/3}$$
$$\Rightarrow \quad 8 = 4t^{1/3}$$
$$\Rightarrow \quad t^{1/3} = 2 \Rightarrow t = 8 \text{ वर्ष}$$

मशीन को 8 वर्षों तक जारी रखना चाहिए, दूसरे आठ वर्ष में लाभ निश्चित अवकलन द्वारा प्रस्तुत करते हैं

$$\int_0^8 R'(t) - C'(t)dt$$
$$= \int_0^8 \left[(9 - t^{1/3}) - (1 + 3t^{1/3})\right]dt$$
$$= \int_0^8 (8 - 4t^{1/3})dt$$
$$= \left|8t - 4\frac{t^{4/3}}{4/3}\right|_0^8$$
$$= \left[8 \times 8 - \frac{4 \times 3}{4} \times 8^{4/3}\right]$$
$$= 64 - 3 \times 2^4$$
$$= 64 - 48$$

= ₹ 16 मिलियन रुपये

59. यदि $p = 4$

तब $p = 100 - 8x$

$\Rightarrow \quad 4 = 100 - 8x$

$\Rightarrow \quad 8x = 96$

$\Rightarrow \quad x = \frac{96}{8} = 12$ इकाइयाँ

$\therefore$ उपभोक्ता अधिशेष (CS)

$$= \int_0^{12} (100 - 8x)dx - 12 \times 4$$
$$= \left|100x - 4x^2\right|_0^{12} - 48$$
$$= 1200 - 576 - 48$$
$$= 576.$$

YOUR SPACE

YOUR SPACE

महत्त्वपूर्ण वस्तुनिष्ठ प्रश्न

महत्त्वपूर्ण वस्तुनिष्ठ प्रश्न

1. एक कॉब डॉग्लस उत्पादन विधेय :

$q = AK^{\alpha}L^{\beta}$ जो 4 डिग्री का समघातीय विधेय है। इसके सीमान्त उत्पाद विधेय (mpl और mpk) अर्थात् $\frac{\delta_q}{\delta L}, \frac{\delta_q}{\delta K}$ निम्न डिग्री के समघातीय विधेय हैं?

A. 4 B. 3
C. 2 D. 1

2. विश्व व्यापार संगठन के अधीन ग्रीन बॉक्स उपदान की आज्ञा दी गई है क्योंकि इन्हें समझा जाता है :

A. न्यूनतम व्यापार विकृति करता है।
B. विकसित देशों में उच्चतर और अविकसित देशों में सापेक्षतया निम्नतर है।
C. वे कृषि क्षेत्र तक सीमित हैं।
D. वे गैट (जी.ए.टी.टी.) के उपबन्धों से सम्बन्धित हैं।

3. मांग की किमत लोचकता का मापक नीचे में से कौन-सा है?

A. $\frac{\Delta Q_x}{\Delta P_x} \cdot \frac{P_x}{Q_x}$ B. $\frac{\Delta P_x}{\Delta Q_x} \cdot \frac{P_x}{Q_x}$
C. $\frac{\Delta Q_x}{\Delta P_x} \cdot \frac{Q_x}{P_x}$ D. $\frac{\Delta P_x}{\Delta Q_x}$

4. सेण्ट्रल बैंक जिस दर पर बिल पर छूट देती है उस दर को कहते हैं :

A. छूट का दर B. बिल का दर
C. ब्याज दर D. ऋण दर

5. यदि अर्थतन्त्र तरलता पिंजर में होता है तो :

A. वित्तीय नीति अधिक प्रभावशाली होती है।
B. मुद्रा नीति अधिक प्रभावशाली होती है।
C. मुद्रा नीति और वित्तीय नीति दोनों को क्राउडिंग आऊट इफैक्ट प्रभावी बनाती है।
D. उपरोक्त में से कोई नहीं।

6. यदि किसी भी वस्तु का मूल्य उपभोग वक्र पीछे को जाता है तो वह वस्तु अवश्य होगी :

A. घटिया वस्तु
B. पूर्णतया लोचकीय वस्तु
C. सामान्य वस्तु
D. गिफन वस्तु

7. आई एस वक्र प्रतिनिधित्व करता है :

A. वस्तु बाजार की समतुला
B. मुद्रा बाजार की समतुला
C. बांड मार्किट की समतुला
D. श्रम बाजार की समतुला

8. ''फ्रीडम एज डेवलपमेंट'' यह पुस्तक किसके द्वारा लिखी गई है?

A. केन्स B. अमर्त्य कुमार सेन
C. श्रीमती जॉन रोबिनसन D. गुनर मिरडल

9. तेरहवें वित्त आयोग के अध्यक्ष हैं :

A. डॉ. विजय केलकर B. डॉ. एम. गोबिन्द राव
C. डॉ. सी. रंगराजन D. डॉ. अतुल सरमा

10. 'ह्यूमन डेवलपमेंट इंडेक्स' को बनाने वाला है :

A. विश्व बैंक B. अन्तर्राष्ट्रीय मुद्रा फंड
C. यू.एन.टी.ए.डी. D. यू.एन.डी.पी.

11. हेक्सचर-ओहलिन सिद्धान्त में सबसे महत्वपूर्ण कारण सापेक्ष वस्तुओं की कीमत और व्यापार में जो अन्तर होता है वही अन्तर व्यापार करने वाले राष्ट्रों के बीच होता है :

A. साधनों की प्राप्ति
B. प्रौद्योगिकी
C. अभिरुचि
D. उपरोक्त में से कोई भी नहीं

12. ''समाविष्ट वृद्धि'' का उद्देश्य कौन-से योजना दस्तावेज में दिया गया है?

A. नौवीं पंचवर्षीय योजना
B. दसवीं पंचवर्षीय योजना
C. ग्यारहवीं पंचवर्षीय योजना
D. बारहवीं पंचवर्षीय योजना

13. उपभोक्ता बचत के सिद्धान्त की परिकल्पना इनमें से किसके द्वारा प्रतिपादित की गयी–
A. रिकार्डो B. फिशर
C. मार्शल D. पिगु

14. क्रिटिकल न्यूनतम प्रयास के सिद्धान्त का प्रतिपादक कौन है?
A. लेबिनस्टाइन B. रोजिनटिन रोडान
C. आर्थर लेविस D. मार्क्स

15. आर्थिक विकास की प्रक्रिया सम्बन्धित है :
A. प्रतिव्यक्ति आय में वृद्धि
B. प्रतिशत जी.डी.पी. में वृद्धि
C. अर्थव्यवस्था के ढाँचे में परिवर्तन
D. उपरोक्त में से कोई नहीं

16. प्रतिश्रेयण (रिग्रेशन) में r^2 (आर^2) के बीच का अनुपात है :
A. व्याख्यायित एवं कुल विचरण
B. व्याख्यायित एवं अव्याख्यायित विचरण
C. अव्याख्यायित एवं कुल विचरण
D. उपरोक्त में से कोई नहीं

17. निरपेक्ष विचलन न्यूनतम होता जब इसकी गणना की जाती है :
A. माध्य B. बहुलक
C. हरात्मक माध्य D. माध्यिका

18. सार्वजनिक वितरण व्यवस्था का मुख्य उद्देश्य है :
A. खाद्यान्न का निर्यात B. खाद्यान्न का आयात
C. खाद्य सुरक्षा D. खाद्यों की गुणवत्ता

19. सिक्यूरिटीज एण्ड एक्सचेंज बोर्ड ऑफ इण्डिया (एस.ई.बी.आई.) नियन्त्रित करता है :
A. कम्पनियों द्वारा लाए गए सार्वजनिक निर्गम (पब्लिक इश्यू)
B. स्टॉक एक्सचेंज को विनियमित करना
C. आन्तरिक एवं बाहरी व्यापारिक सौदों को नियंत्रित करना
D. उपरोक्त सभी

20. भारत में कृषि धारक कर लगाने की सिफारिश किस कमेटी ने की है?
A. टण्डन कमेटी B. राज कमेटी
C. केलकर कमेटी D. दांतेवाला कमेटी

निर्देशः *निम्न अभिकथनों को ध्यान से पढ़िए और प्रश्न **21** से **30** तक का उत्तर देने के लिए दिये गये कूट से सही उत्तर का चयन कीजिए। (अभिकथन और तर्क सम्बन्धी प्रश्न)*

कूट :
A. **(A)** और **(R)** दोनों सही हैं और **(A)** का **(R)** सही स्पष्टीकरण है।
B. **(A)** और **(R)** दोनों सही हैं और **(A)** का **(R)** सही स्पष्टीकरण नहीं है।
C. **(A)** सही है परन्तु **(R)** गलत है।
D. **(A)** गलत है परन्तु **(R)** सही है।

21. **अभिकथन (A) :** उपभोग उच्च होता है जब बचत उच्च हो।
तर्क (R) : आय उच्च होती है जब निवेश उच्च हो।

22. **अभिकथन (A) :** केन्स के सिद्धान्तानुसार, निवेश स्तर ब्याज दर पर निर्भर करता है।
तर्क (R) : कम्पनी का उत्पादन लागत ब्याज दर है।

23. **अभिकथन (A) :** अप्रकट बेरोजगारी भारत में विद्यमान है।
तर्क (R) : हाशिये पर कृषि उत्पादन शून्य (जीरो) के बराबर है।

24. **अभिकथन (A) :** गरीबी को दूर करना भारत की आयोजना के लिए केंद्रीय विषय बना हुआ है।
तर्क (R) : विकास केवल कारखानों, डैम तथा अन्य मूलभूत ढाँचे से सम्बद्ध नहीं होता, मूल रूप में यह मानव से सम्बन्धित होता है।

25. **अभिकथन (A) :** अवमूल्यन से व्यापार के सन्तुलन में सुधार आयेगा।
तर्क (R) : अवमूल्यन से निर्यात की कीमतें बढ़ेंगी।

26. **अभिकथन (A) :** मंदी के दौरान ब्याज दर घट जाते हैं।
तर्क (R) : मंदी के दौरान लोग निराशावादी हो जाते हैं।

27. **अभिकथन (A) :** रिजर्व बैंक ऑफ इंडिया मुद्रा बाजार से प्रतिभूतियाँ (सिक्योरिटी) खरीद कर मुद्रा आपूर्ति को बढ़ाता है।
तर्क (R) : मुद्रा-आपूर्ति के बढ़ने से निवेश और रोजगार में विस्तार हो सकता है।

28. **अभिकथन (A) :** विषमता नियतसंबंध को मापती है।
तर्क (R) : क्यूर्टोसिस आवृत्ति वक्र रेखा के शिखर पर समतलता को मापती है।

29. **अभिकथन (A) :** भारत में लिंग अनुपात 1000 से निम्न है।
तर्क (R) : केरल में लिंग अनुपात 1000 से ऊपर है।

30. **अभिकथन (A) :** माँग वक्र रेखा ऊर्ध्वा होती है जब मांग की लचक शून्य हो।
तर्क (R) : किसी वस्तु की सीमान्त उपयोगिता बढ़ती है।

निर्देशः *प्रश्न संख्या 31 से 40 तक के प्रश्नों को कालानुसार क्रमबद्ध कीजिए। इसके लिए प्रदत्त कूट का प्रयोग कीजिए :*

31. (*i*) एन एन्क्वायरी इन टू दि नेचर एण्ड काजिज ऑफ वेल्थ ऑफ नेशनंस
(*ii*) एन एन्क्वायरी इन टू दि नेचर एण्ड काजिज ऑफ पावर्टी ऑफ नेशनंस
(*iii*) जनर्ल थ्योरी ऑफ एम्प्लायमेंट, इंटरेस्ट एण्ड मनी
(*iv*) दि थ्योरी ऑफ पापुलेशन

कूट :

A.	(*iv*)	(*iii*)	(*i*)	(*ii*)
B.	(*i*)	(*iv*)	(*iii*)	(*ii*)
C.	(*ii*)	(*i*)	(*iii*)	(*iv*)
D.	(*i*)	(*iii*)	(*iv*)	(*ii*)

32. (*i*) इंटरनेशनल मोनेटरी फण्ड
(*ii*) इंटरनेशनल फाइनेंस कोर्पोरेशन
(*iii*) वर्ल्ड ट्रेड आर्गेनाइजेशन
(*iv*) जर्नल एग्रीमेंट ऑन टैरिफस एंड ट्रेड

कूट :

A.	(*iv*)	(*i*)	(*iii*)	(*ii*)
B.	(*i*)	(*ii*)	(*iv*)	(*iii*)
C.	(*i*)	(*iv*)	(*ii*)	(*iii*)
D.	(*ii*)	(*iii*)	(*i*)	(*iv*)

33. (*i*) साम्राज्यवाद
(*ii*) वाणिज्यवाद
(*iii*) पूँजीवाद
(*iv*) सामन्तवाद

कूट :

A.	(*ii*)	(*iv*)	(*iii*)	(*i*)
B.	(*iv*)	(*iii*)	(*ii*)	(*i*)
C.	(*iii*)	(*iv*)	(*ii*)	(*i*)
D.	(*iv*)	(*ii*)	(*i*)	(*iii*)

34. (*i*) फ्रेडमैन्स क्वांटिटी थ्योरी ऑफ मनी
(*ii*) फिशर'स इक्वेशन ऑफ एक्सचेंज
(*iii*) कैम्बरिज इक्वेशन ऑफ एक्सचेंज
(*iv*) डॉन पाटिनकिन्स् थ्योरी ऑफ मनी

कूट :

A.	(*ii*)	(*iii*)	(*iv*)	(*i*)
B.	(*i*)	(*ii*)	(*iii*)	(*iv*)
C.	(*ii*)	(*iii*)	(*i*)	(*iv*)
D.	(*iii*)	(*iv*)	(*ii*)	(*i*)

35. भारतीय रिजर्व बैंक के गवर्नर हैं :
(*i*) डॉ. सी. रंगराजन
(*ii*) डॉ. आई.जी. पटेल
(*iii*) डॉ. डी. सुब्बा राव
(*iv*) डॉ. मनमोहन सिंह

कूट :

A.	(*iv*)	(*ii*)	(*iii*)	(*i*)
B.	(*ii*)	(*iv*)	(*i*)	(*iii*)
C.	(*iv*)	(*i*)	(*ii*)	(*iii*)
D.	(*ii*)	(*i*)	(*iv*)	(*iii*)

36. अर्थतंत्र के आकार के अनुसार :
(*i*) चीन (*ii*) भारत
(*iii*) यू.एस.ए. (*iv*) जापान

कूट :

A.	(*i*)	(*iv*)	(*iii*)	(*ii*)
B.	(*ii*)	(*ii*)	(*iv*)	(*iii*)
C.	(*iii*)	(*i*)	(*iv*)	(*ii*)
D.	(*iv*)	(*iii*)	(*i*)	(*ii*)

37. (*i*) सेक्यूलर डीटीरिओरेशन हाइपोथिसस
(*ii*) थ्योरी ऑफ कम्पैरिटिव कॉस्टस
(*iii*) फेक्टर एण्डोमेंट थ्योरी
(*iv*) फेक्टर-प्राइस इक्वलाइजेशन थ्योरम

कूट :

A.	(*i*)	(*ii*)	(*iii*)	(*iv*)
B.	(*iv*)	(*iii*)	(*ii*)	(*i*)
C.	(*ii*)	(*iv*)	(*iii*)	(*i*)
D.	(*ii*)	(*iii*)	(*iv*)	(*i*)

38. (*i*) राज कमेटी ऑन टैक्सेशन ऑफ एग्रीकल्चरल वेल्थ एण्ड इंकम
(*ii*) चेल्लैया टैक्स रिफार्म कमेटी
(*iii*) टैक्सेशन इन्क्वायरी कमीशन
(*iv*) दी इनडायरेक्ट टैक्स इन्क्वायरी कमेटी

कूट :

A.	(*i*)	(*ii*)	(*iii*)	(*iv*)
B.	(*iii*)	(*i*)	(*iv*)	(*ii*)
C.	(*iii*)	(*iv*)	(*i*)	(*ii*)
D.	(*ii*)	(*i*)	(*iii*)	(*iv*)

39. (*i*) ह्यूमन पावर्टी इंडेक्स
(*ii*) ह्यूमन डेवलपमेंट इंडेक्स
(*iii*) फिजीकल क्वालिटी ऑफ लाइफ इंडेक्स
(*iv*) हेड काउंट इंडेक्स (केलोरी माप)

कूट :

A.	(*i*)	(*ii*)	(*iii*)	(*iv*)
B.	(*ii*)	(*i*)	(*iii*)	(*iv*)
C.	(*iv*)	(*iii*)	(*ii*)	(*i*)
D.	(*i*)	(*ii*)	(*iv*)	(*iii*)

40. (*i*) ग्लोबल फाइनेंशियल क्राइसिस
(*ii*) ग्लोबलाइजेशन
(*iii*) ग्रेट डीप्रेशन
(*iv*) गोल्ड स्टैण्डर्ड मैकेनिज्म

कूट :

A.	(*iii*)	(*iv*)	(*i*)	(*ii*)
B.	(*i*)	(*ii*)	(*iv*)	(*iii*)
C.	(*iii*)	(*iv*)	(*ii*)	(*i*)
D.	(*iv*)	(*iii*)	(*ii*)	(*i*)

निर्देशः *निम्नलिखित प्रश्न संख्या 41 से 46 तक के प्रश्नों का सूची-I से सूची-II के मदों के साथ सुमेलित कीजिए :*

41.

सूची-I	सूची-II
(*a*) कनज्यूमर सरप्लस	(*i*) आपूर्ति निर्णय
(*b*) उपयोगिता सिद्धान्त	(*ii*) विज्ञापन की कला
(*c*) लागत विश्लेषण	(*iii*) प्रगतिशील कर प्रथा
(*d*) वस्तु वैविध्याता	(*iv*) कल्याण अर्थशास्त्र

कूट :

	(*a*)	(*b*)	(*c*)	(*d*)
A.	(*iv*)	(*iii*)	(*i*)	(*ii*)
B.	(*iv*)	(*iii*)	(*ii*)	(*i*)
C.	(*iii*)	(*iv*)	(*ii*)	(*i*)
D.	(*iii*)	(*iv*)	(*i*)	(*ii*)

42.

सूची-I	सूची-II
(*a*) एम$_1$	(*i*) C + DD + OD + SD
(*b*) एम$_2$	(*ii*) C + DD + OD
(*c*) एम$_3$	(*iii*) C + DD + OD + TD + TD of post office
(*d*) एम$_4$	(*iv*) C + DD + OD + TD

कूट :

	(*a*)	(*b*)	(*c*)	(*d*)
A.	(*i*)	(*ii*)	(*iii*)	(*iv*)
B.	(*ii*)	(*i*)	(*iv*)	(*iii*)
C.	(*iii*)	(*iv*)	(*i*)	(*ii*)
D.	(*iv*)	(*i*)	(*ii*)	(*iii*)

43.

सूची-I	सूची-II
(*a*) केन्स के वितरण का सिद्धान्त	(*i*) डब्ल्यू.एस. जेवान्स
(*b*) ब्याज का समय अधिमान का सिद्धान्त	(*ii*) जे.एम. केन्स
(*c*) सन स्पाट् व्यापार चक्र का सिद्धान्त	(*iii*) एन. कालडर
(*d*) आय निर्धारण का आधुनिक सिद्धान्त	(*iv*) बोहम बावर्क

कूट :

	(*a*)	(*b*)	(*c*)	(*d*)
A.	(*ii*)	(*i*)	(*iv*)	(*iii*)
B.	(*ii*)	(*iv*)	(*i*)	(*iii*)
C.	(*iii*)	(*iv*)	(*i*)	(*ii*)
D.	(*iii*)	(*i*)	(*iv*)	(*ii*)

44.

सूची-I	सूची-II
(*a*) वित्तीय घाटा	(*i*) राजस्व और ब्याज प्राप्तियाँ–(ऋण चिह्न) राजस्व व्यय
(*b*) राजस्व घाटा	(*ii*) राजस्व प्राप्तियाँ और ऋणों की वापिसी तथा अन्य प्राप्तियाँ–(ऋण चिह्न) कुल व्यय।
(*c*) बजटरी घाटा	(*iii*) प्राप्तियाँ–(ऋण चिह्न) पूँजीखाते से संवितरण
(*d*) पूंजी घाटा	(*iv*) कुल प्राप्तियाँ–(ऋण चिह्न) कुल संवितरण

कूट :

	(*a*)	(*b*)	(*c*)	(*d*)
A.	(*i*)	(*ii*)	(*iii*)	(*iv*)
B.	(*ii*)	(*i*)	(*iv*)	(*iii*)
C.	(*iii*)	(*ii*)	(*iv*)	(*i*)
D.	(*iv*)	(*iii*)	(*i*)	(*ii*)

45.

सूची-I	सूची-II
(*a*) एडम स्मिथ	(*i*) उपलब्धता सिद्धान्त
(*b*) डेविड रिकार्डो	(*ii*) एन्डोमेंट सिद्धान्त
(*c*) ओहलिन	(*iii*) निरपेक्ष लाभ का सिद्धान्त
(*d*) आई.बी. क्राविस	(*iv*) तुलनात्मक लाभ का सिद्धान्त

कूट :

	(a)	(b)	(c)	(d)
A.	(i)	(ii)	(iii)	(iv)
B.	(iii)	(iv)	(ii)	(i)
C.	(ii)	(iv)	(iii)	(i)
D.	(iv)	(iii)	(i)	(ii)

46. *सूची-I* *सूची-II*

सूची-I	सूची-II
(a) परिकल्पना को रद्द करते हैं जब यह सच हो	(i) सामान्य यादृच्छिक निदर्श
(b) समष्टि समरूप होने पर	(ii) प्रकार I की त्रुटियाँ नकारात्मक हों
(c) माध्य स्वतन्त्रता की कोटि के समान है	(iii) विषम वितरण होने पर
(d) माध्य > बहुलक	(iv) (X^2) वितरण

कूट :

	(a)	(b)	(c)	(d)
A.	(ii)	(iv)	(iii)	(i)
B.	(ii)	(i)	(iv)	(iii)
C.	(ii)	(iv)	(i)	(iii)
D.	(iv)	(i)	(ii)	(iii)

निर्देश : निम्नलिखित गद्यांश को ध्यान से पढ़िए और इसके आधार पर प्रश्न 47 से 50 का उत्तर दीजिए :

1940 में ब्रेटन वुडस संस्थानों का जन्म 1920 और 1930 के धूमिल अनुभव का सीधा परिणाम था। द्वितीय युद्ध के भयावने दिनों के विनाश का सर्वेक्षण करने वालों में से जॉन मेनार्ड केन्स था जो उस समय का प्रबल आर्थिक विचारक था। उसने बहुत ही सरल सा परिणाम निकाला कि विश्व को ईमानदार रेफरियों की आवश्यकता है। यह सरकार की किसी एकल-पाश्विक क्रिया अथवा किसी अनियमित अन्तर्राष्ट्रीय बाजार के चलन के भरोंसे नहीं छोड़ा जा सकता है। इसलिए आर्थिक शासन के लिए एकल-पाश्विक संस्थानों की आवश्यकता है जो प्रत्येक राष्ट्र के लिए परस्पर सहमति से अपने कार्य को चलाने के लिए नियम बना सकें। इस प्रकार अन्तर्राष्ट्रीय मुद्रा फंड (आई. एम. एफ.) पुन:निर्माण एवं विकास अन्तर्राष्ट्रीय बैंक (आई.बी.आर.डी.) अथवा विश्व बैंक और व्यापार सम्बन्धी सामान्य इकरारनामा गैट (जी.ए.टी.टी.) अस्तित्व में आये।

47. 1920 और 1930 के दशकों में विश्व आर्थिकता के धूमिल निष्पादन ने जन्म दिया :

A. विश्व व्यापार संगठन
B. संयुक्त राष्ट्र
C. आई.एम.एफ.
D. यूरोपियन इकोनॉमिक यूनियन

48. ब्रेटन वुडस के जुडवां हैं :

A. यू.एस.ए. और यू.के.
B. आई.एम.एफ. और वर्ल्ड बैंक
C. आई.टी.ओ. और डब्ल्यू.टी.ओ.
D. गैट (जी.ए.टी.टी.) और यूनेस्को (यू.एन.ई.एस.सी.ओ.)

49. ब्रेटन वुडस वार्तालाप में ईमानदार रेफरी था :

A. एडम स्मिथ B. अमर्त्य कुमार सेन
C. जे.आर. हिक्स D. जे.एम. केन्स

50. ब्रेटन वुडस वार्ता का परिणाम था :

A. एकल पाश्विक संस्थानों के स्थान पर बहु-पाश्विक संस्थानों की स्थापति।
B. बहु-पाश्विक संस्थानों के स्थान पर एकल पाश्विक संस्थानों की स्थापति।
C. लचकीले विनिमय दरों के स्थान पर स्थायी विनिमय दरों की स्थापना।
D. अन्तर्राष्ट्रीय व्यापार संगठन के स्थान पर आईबीआरडी को स्थापित करना।

51. उपभोक्ता व्यवहार का प्रकटित अधिमान सिद्धान्त इस पर आधारित है:

A. संगतता
B. प्रबल क्रमण
C. मांग की धनात्मक आय लोच
D. उपर्युक्त सभी

52. एक व्यक्ति का श्रम आपूर्ति वक्र पीछे की ओर झुकेगा यदि

A. मजदूरी दर में वृद्धि का प्रतिस्थापन प्रभाव उसके आय प्रभाव से अधिक है।
B. मजदूरी दर में वृद्धि का आय प्रभाव उसके प्रतिस्थापन प्रभाव की तुलना में ज्यादा और ऋणात्मक है।
C. फुरसत (Leisure) गिफिन वस्तु है।
D. मजदूरी दर में वृद्धि के प्रतिस्थापन एवं आय प्रभाव एक दूसरे को बढ़ाते हैं।

53. पूर्ण प्रतिस्पर्धा के अंतर्गत फर्म का अल्पकालिक आपूर्ति वक्र होता है

A. सीमान्त लागत वक्र

B. औसत परिवर्ती लागत वक्र से ऊपर सीमान्त लागत वक्र
C. औसत परिवर्ती लागत वक्र
D. औसत कुल लागत वक्र

54. **सूची-I** का **सूची-II** से मिलान कीजिये और नीचे दिये कोडों से उत्तर का चयन कीजियेः

सूची-I	**सूची-II**
A. आभास लगान	1. हिक्स
B. प्रतिस्थापन की लोच	2. चेम्बरलिन
C. एकाधिकारी प्रतिस्पर्धा	3. न्युमैन
D. क्रीड़ा का सिद्धान्त	4. मार्शल

कोडः

	A	**B**	**C**	**D**
A.	4	1	3	2
B.	2	1	4	3
C.	2	1	3	4
D.	4	1	2	3

55. सीमान्त उत्पाद के मूल्य और सीमान्त आगम उत्पाद के मूल्य के बीच अन्तर सिर्फ तभी उत्पन्न होता है, जब
A. औसत आगम सीमान्त आगम के बराबर नहीं है।
B. औसत लागत सीमान्त लागत के बराबर नहीं है।
C. कुल आगम कुल लागत के बराबर नहीं है।
D. औसत लागत औसत आगम के बराबर नहीं है।

निर्देशः *निम्न पाँच प्रश्नों (56-60) में प्रत्येक में एक **अभिकथन** A. तथा एक **तर्क (R)** दिया हुआ है। आपको इनका ध्यानपूर्वक परीक्षण करना है तथा नीचे दिये हुए कोडों से सही उत्तर को छाँटना है।*

56. **अभिकथन (A):** अल्पकाल में, एक उत्पादक प्रतिफल ह्रास नियम की सिर्फ अवस्था-II में कार्य प्रचालन करता है जहाँ परिवर्ती उपादान का औसत उत्पाद कम हो रहा होता है।

तर्क (R): अवस्था-I अवस्था-II में, स्थिर एवं परिवर्ती उपादानों के सीमान्त उत्पाद क्रमशः ऋणात्मक होते हैं।

कोडः
A. **(A)** सत्य है और **(R)** असत्य है।
B. **(A)** और **(R)** दोनों सत्य हैं और **(R), (A)** की सही व्याख्या है।
C. **(A)** और **(R)** दोनों सत्य हैं, परन्तु **(R), (A)** की सही व्याख्या नहीं है।
D. **(A)** असत्य है और **(R)** सत्य है।

57. **अभिकथन (A):** एकाधिकारी प्रतियोगिता में फर्म दीर्घकाल में सिर्फ सामान्य लाभ ही अर्जित करती है।

तर्क (R): एकाधिकारी प्रतियोगिता में फर्म द्वारा निर्मित वस्तु का कोई निकट प्रतिस्थानापन्न नहीं होता है।

कोडः
A. **(A)** और **(R)** दोनों सत्य हैं और **(R), (A)** की सही व्याख्या है।
B. **(A)** और **(R)** दोनों सत्य हैं, परन्तु **(R), (A)** की सही व्याख्या नहीं है।
C. **(A)** सत्य है परन्तु **(R)** असत्य है।
D. **(A)** असत्य है परन्तु **(R)** सत्य है।

58. **अभिकथन (A):** सामान्य तौर पर निर्यातों को बढ़ाने के लिए अवमूल्यन किया जाता है।

तर्क (R): यह निर्यात को ज्यादा सस्ता कर देता है।

कोडः
A. **(A)** और **(R)** दोनों सही हैं।
B. **(A)** सही है, परन्तु **(R)** सही नहीं है।
C. **(A)** और **(R)** दोनों गलत हैं।
D. **(A)** गलत है, परन्तु **(R)** सही है।

59. **अभिकथन (A):** विकासशील अर्थव्यवस्था में मौद्रिक नीति की भूमिका सामान्यतः संवृद्धि की ज्यादा उच्च दर प्राप्त करना है।

तर्क (R): यह लोगों को ऋण ज्यादा सस्ती ब्याज दर पर उपलब्ध कराती है।

कोडः
A. **(A)** सही है, परन्तु **(R), (A)** की सही व्याख्या नहीं है।
B. **(A)** और **(R)** दोनों गलत हैं।
C. **(A)** गलत है, परन्तु **(R)** सही है।
D. **(A)** और **(R)** दोनों सही हैं।

60. **अभिकथन (A):** पिछले दो दशकों के दौरान भारत में अप्रत्यक्ष करों का विस्तार और औसत आकार कम हो गया है।

तर्क (R): इस अवधि के दौरान भारत में कर जी.डी.पी. अनुपात गिरा है।

कोडः
A. **(A)** और **(R)** दोनों सत्य हैं और **(R), (A)** की व्याख्या है।

B. **A.** और **(R)** दोनों सत्य हैं, परन्तु **(R), A.** की सही व्याख्या नहीं है।

C. **A.** सत्य है, परन्तु **(R)** असत्य है।

D. **A.** असत्य है, परन्तु **(R)** सत्य है।

61. उत्पादन और रोजगार निर्धारण का क्लासीकल विश्लेषण कहलाता है

A. स्थैतिक विश्लेषण

B. तुलनात्मक स्थैतिक विश्लेषण

C. गत्यात्मक विश्लेषण

D. उपर्युक्त सभी

62. "उपभोग अनुत्क्रमणीय (Irreversible) होता है।" यह निम्नांकित परिकल्पनाओं में से किसमें अंतर्निहित है?

A. निरपेक्ष आय परिकल्पना

B. तुलनात्मक आय परिकल्पना

C. जीवन चक्र परिकल्पना

D. स्थायी आय परिकल्पना

63. मुद्रा के लिए विनिमय मांग हेतु स्टॉक सूची सिद्धान्त दृष्टिकोण का प्रतिपादन किसने किया है?

A. जे.एम.कीन्स B. मिल्टल फ्रीडमैन

C. डॉन पेटिन्किन D. डब्ल्यू.जे. बामोल

64. तरलता पाशः की स्थिति वह है जिसमें मुद्रा के लिए मांग

A. शून्य लोच की होती है।

B. इकाई लोच की होती है।

C. तुलनात्मक रूप से ज्यादा लोचदान होती है।

D. पूर्णतया लोचदार होती है।

65. सूची-I को सूची-II से मिलान कीजिए और नीचे दिए कोडों से उत्तर का चयन कीजियेः

सूची-I	**सूची-II**
A. विनिमय का समीमरण	1. मिल्टन फ्रीडमैन
B. मौद्रिक मजदूरी अनम्यता	2. नॉन म्यूथ
C. बेरोजगारी की प्राकृतिक दर	3. जे.एम. कीन्स
D. युक्तिसंगत प्रत्याशा परिकल्पना	4. इरविंग फिशर

कोडः

	A	B	C	D
A.	3	4	1	2
B.	4	3	2	1
C.	4	3	1	2
D.	4	1	3	2

66. व्यापार चक्रों के कालडर मॉडल के सम्बन्ध में निम्नांकित कथनों में से कौन-सा गलत है?

A. उसकी नींव आय निर्धारण के कीन्स के सिद्धान्त में पाई जा सकती है।

B. इसकी मान्यता है कि बचत और निवेश फलन दोनों (या कम से कम दोनों में से एक) अरेखीय होते हैं।

C. व्यापार चक्रों को उत्पन्न करने के लिए यह निवेश-गुणक अंतक्रिया का उपयोग करता है।

D. यह पूँजी स्टॉक समायोजन सिद्धान्त पर आधारित है।

67. सूची-I को सूची-II से मिलान कीजिए और नीचे दिए कोडों से उत्तर का चयन कीजियेः

सूची-I	**सूची-II**
A. जीवन चक्र परिकल्पना	1. फ्रैंको मोदीग्लियानी
B. तरलता पाशः	2. जे. ड्युजनबेरी
C. रैचेट प्रभाव	3. ए.सी. पीगू
D. वास्तविक शेष प्रभाव	4. जे.एम. कीन्स

कोडः

	A	B	C	D
A.	1	4	3	2
B.	1	2	3	4
C.	4	1	2	3
D.	1	4	2	3

68. धारणीय विकास का प्रत्यय सर्वप्रथम किसके द्वारा प्रतिपादित किया गया?

A. ब्रडलैंड B. किंडलबर्गर

C. रॉल प्रेविश D. कीन्स

69. हैरोड-डोमर का वारे संवृद्धि दर का समीकरण, $\overline{g} = \left(\frac{s/y}{1/k}\right)$ में, पूँजी-उत्पादन अनुपात किसके द्वारा दर्शाया जाता है?

A. $\overline{g}$ B. 1/k

C. s/y D. y/s

70. भू-मंडलीकरण का संकेतक निम्नांकित में से कौन-सा नहीं है?

A. अप्रतिबन्धित आयात एवं निर्यात के लिए अर्थव्यवस्था को खोलना।

B. राष्ट्रों के बीच निर्बाध (मुक्त) पुँजी गतिशीलता की अनुमति देना।

C. राष्ट्रों के बीच प्रौद्योगिकी की मुक्त गति।
D. विनिमय दर स्थायित्व प्राप्त करना।

71. निर्धनता का संकेतक निम्नांकित में से कौन-सा है?
A. हैड काउन्ट सूचकांक
B. निर्धनता अंतराल अनुपात
C. निर्धनता वर्ग अंतराल अनुपात
D. उपर्युक्त सभी

72. असंतुलित संवृद्धि व्यूहरचना किसके द्वारा अपनाई गई?
A. रेगनर नर्कसे B. एच. लीबेनस्टीन
C. ए.ओ. हर्षमैन D. आर. रोडेन

73. अंतर्राष्ट्रीय व्यापार के अवसर लागत सिद्धान्त को निम्नांकित में से किसने प्रतिपादित किया?
A. हैबरलर B. एडम स्मिथ
C. रिकार्डो D. हेक्सर-ओहलिन

74. अन्तरा-उद्योग व्यापार का प्रत्यय किसने प्रतिपादित किया?
A. बलासा B. मीड
C. जगदीश भगवती D. जे.एस. मिल

75. निम्नांकित में से ऋणेतर विदेशी निवेश अंतर्वाह अर्जक कोई एक समझा जाता है:
A. बाह्य सहायता
B. विदेशी प्रत्यक्ष सहायता
C. अंतर्राष्ट्रीय मुद्रा कोष से उधार
D. वाणिज्यिक उधार

76. 1991 के उपरान्त भारत में विभिन्न व्यापार सुधार किसके द्वारा लागू किये गये?
A. मनमोहन सिंह B. सी.एन. वकील
C. पी.आर. ब्रह्मानंद D. जगदीश भगवती

77. वर्ष 1971 में ब्रेट्टनवुड्स व्यवस्था के विफल होने का मोटे तौर पर कारण था
A. स्वर्णमान का पतन
B. स्वर्ण के मूल्य में वृद्धि
C. अंतर्राष्ट्रीय तरलता के प्रबन्धन की विफलता
D. अतिरेक विदेशी मुद्रा वाले देशों ने अपनी करेन्सी का पुनर्मूल्यन तथा विदेशी मुद्रा घाटे वाले देशों के अपनी करेन्सी का अवमूल्यन नहीं किया।

78. क्रय शक्ति संमता सिद्धान्त किसने प्रतिपादित किया था?
A. हेबरलर B. जे.एस. मिल
C. जे.ई. मीड D. गुस्ताव केसिल

79. भारत में नोट निर्गमन की न्यूनतम कोष प्रणाली कब प्रारंभ हुई?
A. 1947 B. 1953
C. 1956 D. 1960

80. भारत में मौद्रिक नीति का निम्नांकित में से कौन सा एक उद्देश्य नहीं है?
A. आर्थिक विकास की गति बढ़ाना।
B. कीमत स्थिरता प्रापत करना।
C. विदेशी व्यापार को विनियमित करना।
D. विनिमय दर को स्थिर करना।

81. भारत के भुगतान संतुलन में निरन्तर घाटा निम्न कारण से है:
A. आयातों में निरन्तर वृद्धि
B. निर्यात में धीमी वृद्धि
C. विनिमय दर की अस्थिरता (चंचलता)
D. उपर्युक्त सभी

82. मन्दी के दौरान करेन्सी युद्ध किससे सम्बन्धित है?
A. करेन्सी अधोमूल्यन
B. करेन्सी अधिमूल्यन
C. करेन्सी का तटस्थ मूल्यन
D. उपर्युक्त में से कोई नहीं

83. अल्पविकसित देशों में छद्म बेरोजगारी का अर्थ है
A. कुछ व्यक्तियों की सीमान्त उत्पादकता शून्य है।
B. कुछ व्यक्तियों की सीमान्त उत्पादकता शून्य से ज्यादा है।
C. कुछ व्यक्तियों की सीमान्त उत्पादकता उच्च है।
D. कुछ व्यक्तियों की सीमान्त उत्पादकता इकाई है।

84. सूची-I का सूची-II के साथ मिलान कीजिए और नीचे दिए कोडों में से अपना उत्तर चयन कीजिए:

	सूची-I		सूची-II
A.	मुक्त सामान्य लाइसेंस (ओ जी एल)	1.	रोजगार
B.	ट्रायसेम	2.	बाह्य व्यापार
C.	थोक कीमत सूचकांक	3.	ऋण नियन्त्रण
D.	नकदी रिजर्व अनुपात	4.	मुद्रा स्फीति

कोडः

	A	B	C	D
A.	2	1	4	3
B.	2	4	3	1
C.	4	3	2	1
D.	3	2	1	4

85. सूची-I का सूची-II के साथ मिलान कीजिए और नीचे दिए कोडों में से अपना उत्तर चयन कीजिएः

सूची-I	**सूची-II**
A. जे.एम. कीन्स	1. इकोनोमिक्स ऑफ इम्परफेक्ट कॉम्पिटिशन
B. डेविड रिकार्डो	2. जनरल थ्योरी ऑफ एम्प्लॉयमेन्ट, इंट्रेस्ट एण्ड मनी
C. एडम स्मिथ	3. प्रिंसिपल्स ऑफ पोलिटिकल इकोनोमी
D. श्रीमती जे. रोबिन्स	4. वेल्थ ऑफ नेशंस

कोडः

	A	B	C	D
A.	2	3	4	1
B.	3	4	1	2
C.	4	1	2	3
D.	1	2	3	4

86. सूची-I का सूची-II के साथ मिलान कीजिए और नीचे दिए कोडों में से अपना उत्तर चयन कीजिएः

सूची-I (संस्था)	**सूची-II (स्थापना का वर्ष)**
A. भारतीय रिजर्व बैंक	1. 1935
B. नाबार्ड	2. 1982
C. योजना आयोग	3. 1950
D. एफ.सी.आई. (F.C.I.)	4. 1964

कोडः

	A	B	C	D
A.	1	3	4	2
B.	3	4	2	1
C.	4	2	1	3
D.	2	1	3	4

87. भारत के संदर्भ में निम्नांकित में से कौन-सा सही सुमेलित नहीं है?

A. राजस्व व्यय : राजस्व प्राप्तियाँ + राजस्व घाटा

B. प्राथमिक घाटा : राजस्व घाटा – ब्याज भुगतान

C. कुल प्राप्तियाँ : राजस्व प्राप्तियाँ + पूँजीगत प्राप्तियाँ

D. राजस्व प्राप्तियाँ : कर राजस्व – करेतर राजस्व

88. विक्रय कर का करापात विक्रेता पर पड़ता है यदि

A. उत्पाद का मांग वक्र आयताकार हाइपरबोला है।

B. उत्पाद का मांग वक्र पूर्णतः लोचदार है।

C. उत्पाद का मांग वक्र पूर्णतः बेलोचदार है।

D. उत्पाद का मांग वक्र औसतन रूप से लोचदार है।

89. प्रगतिशील आय कर का आशय है कि

A. आय में वृद्धि के साथ कर की मात्रा कम होती है।

B. आय में वृद्धि के साथ कर की दर बढ़ती है।

C. A. तथा B. दोनों।

D. आय में वृद्धि के साथ कर की दर कम होती है।

90. भारतीय संविधान के किस अनुच्छेद के अंतर्गत भारत के राष्ट्रपति द्वारा वित्त आयोग नियुक्त किया जाता है?

A. अनुच्छेद 279 B. अनुच्छेद 280

C. अनुच्छेद 281 D. अनुच्छेद 282

91. गुणक तथा प्रवर्धक के बीच अंतरव्यवहार अनवरत चक्रिक उतार-चढ़ाव उत्पन्न करता है, यह किसने कहा है?

A. हैरोड - डोमार B. कालडर - मिरलिस

C. सैमुएल्स - हिक्स D. जॉन - रोबिन्स - स्राफा

92. सूची-I का सूची-II के साथ मिलान कीजिए और नीचे दिए कोडों में से अपना उत्तर चयन कीजिएः

सूची-I	**सूची-II**
A. विस्तार	1. मानक विचलन का वर्ग
B. विचरण गुणांक	2. सीमित जानकारी का उपयोग करता है।
C. प्रसरण	3. अपकिरण का सापेक्ष माप
D. अंतर्चतुर्थक विस्तार	4. विस्तार की तुलना में छोटा

कोडः

	A	B	C	D
A.	4	3	1	2
B.	3	1	2	4
C.	2	3	1	4
D.	1	2	3	4

93. किस माध्य और प्रसरण का वितरण बराबर है?

A. पायसन B. द्विपदीय

C. सामान्य D. गामा

94. सममितीय बंटन के लिए वैषम्य (β_1) होता है

A. 3 B. 0
C. 1 D. 2

95. किन्हीं दिये हुये पदों के विचलनों के वर्गों का योग न्यूनतम होता है यदि ये विचलन लिये जाते हैं

A. बहुलक से B. माध्यिका से
C. प्रसरण से D. माध्य से

96. तत्त्व उत्क्रमण परीक्षण निम्नांकित में से किसके द्वारा संतुष्ट किया जाता है?

A. लास्पेयर्स का सूचकांक
B. फिशर का सूचकांक
C. मार्शल-एजवर्थ सूचकांक
D. पाशे का सूचकांक

97. टाइप I त्रुटि की इस तरह व्याख्या की जाती है:

A. जब H_0 मित्या हो और उसे अस्वीकृत कर दें।
B. जब H_0 सत्य हो और उसे अस्वीकृत करे दें।
C. जब H_0 सत्य हो और उसे स्वीकार कर लिया जाता है।
D. जब H_0 असत्य है और उसे स्वीकार कर लिया जाता है।

निर्देशः *नीचे दिया परिच्छेद पढ़िए और प्रश्न संख्या 98 से 100 तक का उत्तर दीजिए:*

एक नियोक्ता अतिरिक्त कामगार को तभी भाड़े पर रखने के लिए इच्छुक होता है जबकि वह मजदूरी से अधिक मूल्य का योगदान करेगा और इसलिए सीमान्त कामगार का योगदान मजदूरी का अच्छा सन्निकटन है। भूमि के एक दिए टुकड़े पर, यदि आप ज्यादा से ज्यादा कामगारों को रखते हैं, तो प्रत्येक का सीमान्त योगदान कम होगा और इसलिए उत्पादकता और भूमि-से-श्रम अनुपात के साथ मजदूरी बढ़ती है। जिन क्षेत्रों में कृषि सम्बन्धी उत्पादकता और भूमि-से-श्रम अनुपात उच्च है (उदाहरण के लिए पंजाब, हरियाणा) वहाँ मजदूरी तुलनात्मक रूप से ज्यादा होती है और विलोमतः भी (उदाहरण के लिये बिहार, उड़ीसा)। उत्पादकता का निर्धारण प्रौद्योगिकी - बीज, सिंचाई, उर्वरक इत्यादि द्वारा होता है। भूमि-से-श्रम अनुपात का निर्धारण उस कृषि श्रम बल जिन्हें भूमि का उपयोग करना है, के परिमाण द्वारा होता है। वो क्षेत्र जहाँ जनसंख्या का घनत्व अधिक है, अर्थात् वे क्षेत्र जिन्होंने लम्बे समय तक जनसंख्या, संवृद्धि की उच्च दरों का अनुभव किया है, वहाँ भूमि-से-श्रम अनुपात निम्न होंगे और इसलिए मजदूरी निम्न होगी, और यदि अर्थव्यवस्था में सुविकसित विनिर्माणकारी एवं सेवा क्षेत्र है जिससे कि कृषि से बाहर काफी रोजगार है, तो फिर इसके अनुरूप कृषि में कम श्रम होता है। फलस्वरूप, कृषि में भूमि-से-श्रम अनुपात और इसीलिए मजदूरी अधिक होती है। रोजगार के पैटर्न और निर्धनता के बीच यह मुख्य कड़ी है।

98. नियोक्ता एक अतिरिक्त कामगार को तभी मजदूरी पर रखने कर इच्छुक होता है,

A. जब इस कामगार का योगदान मजदूरी की दर से ज्यादा है।
B. जब इस कामगार का योगदान मजदूरी की दर से कम है।
C. A. और B. दोनों।
D. उपर्युक्त में से कोई नहीं।

99. कृषि क्षेत्र में मजदूरी की दर निर्भर करती है

A. उत्पादकता पर B. प्रौद्योगिकी पर
C. भूमि-श्रम अनुपात पर D. उपर्युक्त सभी पर

100. अन्य बातों के समान रहने पर, जिन क्षेत्रों में सुविकसित विनिर्माणकारी एवं सेवा क्षेत्र विद्यमान हैं वहाँ कृषि क्षेत्र में मजदूरी की दर अधिक होगी, क्योंकि वहाँ पर

A. श्रम भूमि अनुपात सापेक्षिक रूप से कम होता है।
B. श्रम उत्पादकता सापेक्षिक रूप से अधिक है।
C. A. और B. दोनों।
D. उपर्युक्त में से कोई नहीं।

101. मार्शल का उपभोक्ता व्यवहार सिद्धान्त आधारित है :

A. योगात्मक उपयोगिताओं की परिकल्पना पर
B. स्वतन्त्र उपयोगिताओं की परिकल्पना पर
C. A और B दोनों पर
D. कमजोर क्रम-स्थापन पर

102. निम्नांकित कथनों पर ध्यान दीजिए :

(*i*) सामान्य वस्तुओं के मामले में आय प्रभाव धनात्मक होता है।
(*ii*) उत्कृष्ट वस्तुओं के मामले में आय प्रभाव शून्य होता है।
(*iii*) सारी गिफिन वस्तुएँ निकृष्ट वस्तुएँ हैं, परन्तु सारी निकृष्ट वस्तुएँ गिफिन वस्तुएँ नहीं हैं।
(*iv*) निकृष्ट वस्तुओं के मामले में आय प्रभाव ऋणात्मक होता है।

उपर्युक्त में से कौन सा/से सही है?

A. सिर्फ (*i*)　　B. सिर्फ (*ii*)

C. (*iii*) और (*iv*)　　D. (*i*), (*iii*) और (*iv*)

103. लाभ अधिकतम करने वाली फर्म अल्पकाल में उत्पादन रोक देगी, यदि कीमत :

A. औसत परिवर्तनशील लागत की तुलना में कम है।

B. सीमान्त लागत से कम है।

C. औसत कुल लागत से कम है।

D. औसत कुल लागत के बराबर है।

104. निम्नांकित कथनों पर ध्यान दीजिए :

(*i*) जब सीमान्त लागत वक्र औसत लागत वक्र के नीचे रहता है, तो औसत लागत वक्र ऊपर चढ़ रहा होना चाहिए।

(*ii*) जब सीमान्त लागत वक्र औसत लागत वक्र के ऊपर है, तो औसत लागत वक्र आवश्यक रूप से नीचे की ओर जाना चाहिए।

(*iii*) सीमान्त लागत वक्र औसत लागत वक्र को उस बिन्दु पर काटता है जहाँ औसत लागत स्थिर है।

उपर्युक्त कथनों में से कौन सा/से सही है?

A. सिर्फ (*iii*)　　B. (*i*) और (*ii*)

C. उपर्युक्त सभी　　D. (*i*) और (*iii*)

105. अतिरेक क्षमता का सिद्धान्त निम्नांकित में से किसके साथ दीर्घकाल में सम्बन्धित नहीं है?

A. एकाधिकार

B. अल्पाधिकार

C. एकाधिकारी प्रतियोगिता

D. पूर्ण प्रतियोगिता

106. बहुत से परिवर्तनशील कारकों के लिए फर्म का माँग वक्र निकालने के लिए निम्नांकित का ध्यान रखना आवश्यक है :

A. कारक कीमत में परिवर्तन का बाह्य प्रभाव

B. कारक कीमत में परिवर्तन का आंतरिक प्रभाव

C. एकाधिकारी शोषण

D. क्रेताधिकारी शोषण

107. एजवर्थ उत्पादन बॉक्स में, संतुलन की संभावित स्थितियों में :

A. सम उत्पादक वक्र एक दूसरे को स्पर्श करते हैं।

B. सम उत्पादक वक्र एक दूसरे को काटते हैं।

C. आगतों का सीमान्त उत्पाद बराबर है।

D. B और C दोनों।

108. कीन्स के उपभोग फलन के मनोवैज्ञानिक नियम के सम्बन्ध में निम्नांकित में कौन-सा कथन सही नहीं है?

A. जब प्रयोज्य आय बढ़ती है, तो उपभोग भी बढ़ता है; परन्तु आनुपातिक रूप से कम।

B. उपभोग की सीमान्त प्रवृत्ति धनात्मक होती है; परन्तु इकाई से कम होती है।

C. जब प्रयोज्य आय बढ़ती है, तो उपभोग करने की औसत प्रवृत्ति कम होती है और इसके विलोमतः।

D. आय के सब स्तरों पर उपभोग की औसत प्रवृत्ति उपभोग की सीमान्त प्रवृत्ति के बराबर होती है।

109. संतुलित बजट गुणक के सम्बन्ध में निम्नांकित में से कौन-सा कथन गलत है?

A. स्वायत्त करों के मामले में संतुलित बजट गुणक का मूल्य इकाई के बराबर होता है।

B. आनुपातिक करों के मामले में संतुलित बजट गुणक का मूल्य इकाई से कम होता है।

C. संतुलित बजट गुणक का मूल्य सदैव इकाई के बराबर होता है चाहे कर स्वायत्त हो या आनुपातिक।

D. सरकारी व्यय गुणक का मूल्य कर गुणक के मूल्य से ज्यादा होता है।

110. निम्नांकित कथनों पर ध्यान दीजिए :

1. साख का सृजन नकदी रिजर्व अनुपात के विपरीत दिशा में परिवर्तित होता है।
2. साख सृजन नकदी रिजर्व अनुपात के साथ धनात्मक रूप से परिवर्तित होता है।
3. बंध पत्र कीमत और ब्याज की दर प्रतिलोमतः सम्बन्धित हैं।
4. बंध पत्र कीमत और ब्याज की दर धनात्मक रूप से सम्बन्धित हैं।

निम्नांकित में से कौन-सा सही है?

A. 1 और 3　　B. 1 और 4

C. 2 और 3　　D. 2 और 4

111. यह दिए होने पर कि C = लोगों के पास करेन्सी; DD = मांग जमा; TD = सावधिक जमा; और R = वाणिज्यिक

बैंकों के पास नकदी शेष है, तो उच्च स्तरीय (हाई पावर्ड) मुद्रा की व्याख्या इस तरह से की जाती है :

A. C + DD　　B. C + R
C. C + TD　　D. C + DD + TD

112. यह अवधारणा कि मौद्रिक मजदूरी-स्फीति और बेरोजगारी के बीच विपरीत सम्बन्ध है, मूलतः किसने प्रतिपादित की?

A. ए.डब्लू. फिलिप　　B. मिल्टन फ्रीडमैन
C. फिलिप कैगेन　　D. रॉबर्ट लूकास

113. त्वरक-गुणक पारस्परिक क्रिया पर आधारित व्यापार चक्रों से सम्बन्धित किसका सिद्धान्त 'निरोधित व्यापार चक्र' उत्पन्न करता है?

A. हिक्स　　B. काल्डर
C. सैम्युल्सन　　D. बाउमॉल

114. निम्नांकित कथनों में से कौन-सा गलत है?

A. जब निवेश की ब्याज लोच निम्न होती है (निवेश बचत वक्र अतिप्रवण होती है), तो मौद्रिक नीति तुलनात्मक रूप से प्रभावहीन होती है।
B. जब मुद्रा के लिए माँग की ब्याज लोच अधिक होती है (एल.एम. वक्र सपाट होता है), तो मौद्रिक नीति तुलनात्मक रूप से प्रभावहीन होती है।
C. जब मुद्रा के लिए माँग की निवेश लोच निम्न होती है (एल.एम. वक्र अतिप्रवण होता है), तो राजकोषीय नीति तुलनात्मक रूप से प्रभाबहीन होती है।
D. जब निवेश की ब्याज लोच निम्न होती है (आई.एस. वक्र अतिप्रवण है), तो राजकोषीय नीति तुलनात्मक रूप से प्रभावहीन होती है।

115. खुली अर्थव्यवस्था में हस्तांतरण कीमत निर्धारण (ट्रांसफर प्राइसिंग) को निम्न के द्वारा व्यवहार में लाया जाता है :

A. म्युच्युअल फंड्स　　B. संस्थागत निवेशकर्ता
C. बहुराष्ट्रीय निगम　　D. निजी बैंक

116. संवृद्धि की वांछित दर का हैरोड मॉडल समीकरण, निम्न के द्वारा निरूपित होता है :

A. $\frac{S/y}{l/k}$　　B. $\frac{S}{y}$
C. $\frac{l}{k}$　　D. उपर्युक्त में से कोई नहीं

117. एच.डी.आई. सूचकांक सर्वप्रथम किसने विकसित किया?

A. UNDP　　B. IMF
C. यूनिसेफ　　D. अंकटाड (UNCTAD)

118. निम्नांकित में से कौन-सा राजकोषीय नीति का उपकरण नहीं है?

A. सार्वजनिक आय
B. सार्वजनिक व्यय
C. सार्वजनिक ऋण
D. नकदी रिजर्व अनुपात (CRR)

119. वर्तमान समय में HDI को मापा जाता है :

A. स्वतंत्रतावादी परिप्रेक्ष्य　　B. आदर्शवादी परिप्रेक्ष्य
C. अधिप्राप्ति परिप्रेक्ष्य　　D. वंचनकारकारी परिप्रेक्ष्य

120. वैश्वीकरण के अंतर्गत सरकार की भूमिका क्या होती है?

A. शून्य　　B. अधिकतम
C. न्यूनतम　　D. मध्यम

121. भारत में राज्य सरकार के राजस्व का सर्वाधिक महत्त्वपूर्ण स्रोत निम्नांकित में से कौन-सा है?

A. भू-राजस्व
B. विक्रय कर
C. स्टैम्प एवं पंजीकरण फीस
D. राज्य उत्पाद शुल्क

122. किस सिद्धान्त का अनुप्रयोग करने से करारोपण में सर्वाधिक समता प्राप्त की जा सकती है?

A. सम निरपेक्ष त्याग　　B. लाभ
C. समान सीमान्त त्याग　　D. समान आनुपातिक त्याग

123. भारत में राजकोषीय घाटे का सही माप निम्नांकित में से कौन-सा है?

A. कुल राजस्व प्राप्तियों की तुलना में कुल राजस्व व्यय का आधिक्य।
B. कुल राजस्व प्राप्तियाँ जमा ऋणेतर पूँजी प्राप्तियों की तुलना में कुल व्यय का आधिक्य।
C. कुल प्राप्तियों की तुलना में कुल व्यय का आधिक्य।
D. कुल ब्याज भुगतानों की तुलना में कुल व्यय का आधिक्य।

124. शुद्ध सार्वजनिक वस्तु की सीमान्त लागत है :

A. शून्य या शून्य के निकट
B. एक
C. A तथा B दोनों
D. बहुत अधिक

125. भारत में कर सुधारों का उद्देश्य निम्नांकित में से कौन-सा नहीं है?

A. सीमा शुल्क दरों की बहुलता में कमी।
B. कर अनुपालन में सुधार।
C. कर आधार को विस्तृत करना।
D. कुल कर राजस्व में अप्रत्यक्ष करों के भाग में वृद्धि करने के तरीकों को सुझाना।

126. जब किसी वस्तु के लिए माँग की कीमत लोच निम्नांकित होती है, तो उत्पादन शुल्क का पूरा भार क्रेता वहन करते हैं :

A. ∞ B. 0
C. 1 D. 1 और ∞ के बीच

127. निम्नांकित प्रश्न में एक अभिकथन (A) और एक तर्क (R) दिया है। इसे ध्यानपूर्वक परीक्षण करके नीचे दिए कूटों से उत्तर का चयन कीजिए :

अभिकथन (A) : अप्रत्यक्ष कर आय के वितरण में असमानता बढ़ाते हैं।

तर्क (R) : अप्रत्यक्ष करों का भार निर्धनों पर ज्यादा पड़ता है।

कूट :

A. (A) सत्य है, परन्तु (R) असत्य है।
B. (A) और (R) दोनों सत्य हैं तथा (R), (A) की सही व्याख्या है।
C. (A) असत्य है, परन्तु (R) सत्य है।
D. (A) और (R) दोनों असत्य हैं।

128. अंतर्राष्ट्रीय व्यापार का फैक्टर-एनडाउमेंट सिद्धान्त किसने प्रतिपादित किया?

A. हेक्सचर-ओहलिन B. हैबरलर
C. रॉल-प्रेबिश D. जगदीश भगवती

129. व्यापार की शर्तों की एकल कारक एवं द्विकारक अवधारणाएँ किसने प्रतिपादित की?

A. हैबरलर B. जैकोब वाइनर
C. स्नाइडर D. स्केमल

130. विदेशी व्यापार गुणक का समीकरण है

A. रुपया – डॉलर अनुपात
B. mpm + mps
C. कर – सकल घरेलू उत्पाद अनुपात
D. $\dfrac{1}{\text{mpm} + \text{mps}}$

131. भारत में व्यापार नीति सम्बन्धी सुधारों में समाविष्ट है :

A. विनिवेश
B. सीमा शुल्कों को कम करना
C. एस.एल.आर. (सांविधिक तरलता अनुपात) मे वृद्धि
D. प्रत्यक्ष एवं अप्रत्यक्ष करों में कमी

132. निम्नांकित में से कौन-सा देश आसियान (ASEAN) समूह का सदस्य है?

A. चीन B. भारत
C. श्रीलंका D. थाइलैंड

133. आतिवादियों के लिए विकास तथा अल्पविकास है :

A. आनुक्रमिक B. सह उपस्थित
C. सह जातिय D. सह अंतक

134. 6 लाल, 4 हरी और 5 काली गेंदों से भरे थैले में से एक गेंद यादृच्छिक ढंग से निकाली जाती है। यह गेंद लाल या हरी है इस तथ्य की प्रायिकता ज्ञात कीजिए।

A. $\dfrac{{}^6C_1 + {}^4C_1}{{}^{15}C_1}$ B. $\dfrac{6}{15}$
C. $\dfrac{4}{15}$ D. ${}^6C_1 \times {}^4C_1 \times {}^{15}C_1$

135. सूची-I का सूची-II से मिलान कीजिए तथा नीचे दिए कूटों से उत्तर का चयन कीजिए :

सूची-I	सूची-II
1. सामान्य वक्र के अंतर्गत कुल क्षेत्र	(*i*) $\beta_1 = 0$
2. प्रमाप विचलन का वर्ग	(*ii*) 1
3. सम्मित वितरण	(*iii*) $\dfrac{\sigma}{X} \times 100$
4. विचलन गुणांक	(*iv*) प्रसरण

कूट :

	1	2	3	4
A.	(*iii*)	(*iv*)	(*i*)	(*ii*)
B.	(*ii*)	(*iv*)	(*i*)	(*iii*)
C.	(*iv*)	(*i*)	(*ii*)	(*iii*)
D.	(*i*)	(*ii*)	(*iii*)	(*iv*)

136. मानक सामान्य वक्र के अंतर्गत –3 और +3 के बीच क्षेत्र है

A. 1 B. 0.9973
C. 0.95 D. 0.6826

137. यदि निर्धारण गुणांक 0.12 है और एक प्रतीपगमन गुणक 0.3 है, तो दूसरे प्रतीपगमन गुणक का मूल्य क्या है?

A. 0.4 B. 0.36
C. 0.9 D. 0.15

138. एक बड़े प्रतिदर्श में $\sigma_x = 2, r_{xy} = 0.8$ है, तो b_{xy} की मानक त्रुटि होगी

A. 1.1 B. 2.1
C. 1.2 D. 1.6

139. मानक प्रसामान्य चर के माध्य और प्रसरण क्रमशः हैं

A. 0, 0 B. 0, 1
C. 1, 0 D. 1, 2

140. दिए गए समुच्चय के पदों का, उनके गणितीय माध्य से विचलनों का बीजगणितीय योग है

A. ∞ B. 1
C. –1 D. 0

141. भारत में वृद्धि में क्षेत्रीय असंतुलन का कारण है

A. भिन्न राज्यों को केन्द्रीय सरकार द्वारा असमान बजटीय सहायता।
B. औद्योगिक इकाइयों का स्थानिक वितरण।
C. कुछ राज्यों में असमान विकासात्मक बुनियादी ढाँचा।
D. उपर्युक्त सभी।

142. निम्नांकित में से कौन-सा संकेतक मानव विकास सूचकांक में नही लिया गया है?

A. जीवन प्रत्याशा
B. प्रौढ़ साक्षरता
C. प्रति व्यक्ति सकल घरेलू उत्पाद
D. प्रति व्यक्ति खाद्य पदार्थों का उपभोग

143. भारतीय संविधान के किस अनुच्छेद के अंतर्गत केन्द्रीय बजट पेश किया गया है?

A. 110 B. 111
C. 112 D. 122

144. भारत में वित्तीय क्षेत्र के सुधारों में समाविष्ट है :

A. सी.आर.आर. तथा एस.एल.आर. को कम करना।
B. बीमा क्षेत्र में निजी फर्मों का प्रवेश।
C. ब्याज दर का विनियमन।
D. उपर्युक्त सभी।

145. कृषि सम्बन्धी नवीन रणनीति ने :

A. धनी एवं निर्धन खेतीहरों के बीच अंतराल को विस्तृत किया है।
B. केवल कुछ ही फसलों के उत्पादन में वृद्धि की है।
C. क्षेत्रीय विषमताओं में वृद्धि की है।
D. उपर्युक्त सभी।

146. सूची-I का सूची-II से मिलान कीजिए और नीचे दिए कूटों से उत्तर का चयन कीजिए :

सूची-I	**सूची-II**
1. थ्योरी ऑफ बिग पुश	*(i)* हार्वे लेबिन्स्टीन
2. श्रम की असीमित आपूर्ति	*(ii)* लेविस
3. संवृद्धि के इंजन के रूप में व्यापार	*(iii)* एमेरी
4. आर्थिक संवृद्धि की अवधारणा	*(iv)* कुज़नेट्स

कूट :

	1	**2**	**3**	**4**
A.	*(iv)*	*(iii)*	*(ii)*	*(i)*
B.	*(i)*	*(ii)*	*(iii)*	*(iv)*
C.	*(ii)*	*(iii)*	*(iv)*	*(i)*
D.	*(iii)*	*(iv)*	*(i)*	*(ii)*

147. यदि देश के भुगतान शेष में निभावी (एकोमोडेटिंग) पूँजी शून्य है, तो :

A. भुगतान शेष में संतुलन होगा।
B. भुगतान शेष में असंतुलन होगा।
C. भुगतान शेष में घाटा होगा।
D. भुगतान शेष में अतिरेक होगा।

निर्देशः *नीचे दिया परिच्छेद पढ़िए और इसके आधार पर प्रश्न संख्या **148** से प्रश्न संख्या **150** तक के उत्तर दीजिए :*

जहाँ तक जी.डी.पी. वृद्धि का प्रश्न है 1990 के दशक के वर्ष भारत के लिए श्रेष्ठ थे। यह भारतीय सरकार के वार्षिक आर्थिक सर्वेक्षण द्वारा प्रदान किए आँकड़ों से स्पष्ट है। 2001 तक के दशक के लिए, साधन लागत पर वास्तविक जी.डी.पी. में 6.1 प्रतिशत से और प्रति व्यक्ति जी.डी.पी. में 4 प्रतिशत से वृद्धि हुई। यह 3.5 प्रतिशत की दुराग्रही 'संवृद्धि की हिन्दू दर', जिसने 1970 के दशक के बिल्कुल अन्त तक हमारे ऐश्वर्य को अवरुद्ध रखा, पर निश्चित रूप से सुधार है : 1950-51 से 1980-81 तक की अवधि के लिए जी.डी.पी. की संवृद्धि की औसत दर 3.5 प्रतिशत थी और प्रति व्यक्ति जी.डी.पी. मुश्किल

से 1.5 प्रतिशत। वास्तव में, 1981 तक के दशक के लिए, प्रति व्यक्ति जी.डी.पी. सिर्फ 0.8 प्रतिशत से बढ़ी। इसमें कोई संदेह नहीं है कि संवृद्धि के सम्बन्ध में, भारत पहले से ज्यादा अच्छा कर रहा है।

तथापि, उन्नत संवृद्धि निष्पादन के साथ-साथ रोजगार सृजन उन्नत नहीं हुआ। इसके विपरीत, 1990 के दशक में रोजगार की संवृद्धि दर तेजी से गिरी। नेशनल सैम्पल सर्वे (NSS) के आँकड़ों के अनुसार, जबकि 1983 से 1993-94 तक की अवधि के लिए, रोजगार प्रति वर्ष 2.72 प्रतिशत से बढ़ा, 1993-94 से 1999-2000 तक की अवधि के लिए समवर्ती अंक मात्र 1.02 था। रोजगार संवृद्धि में इस तीव्र गिरावट ने बेरोजगारों की संख्या को 1993-94 में 20 मिलियन से 1999-2000 में 27 मिलियन तक बढ़ा दिया।

148. 1981 तक के दशक के लिए, प्रति व्यक्ति सकल घरेलू उत्पादन की औसत संवृद्धि की दर थी :

A. 4.0 प्रतिशत B. 3.5 प्रतिशत
C. 0.8 प्रतिशत D. 2.0 प्रतिशत

149. 2001 तक के दशक के लिए, साधन-लागत पर वास्तविक सकल घरेलू उत्पाद और प्रति व्यक्ति सकल घरेलू उत्पाद :

A. 1981 तक के दशक के लिए जो था उससे कम था।
B. 1970 तक के दशक के लिए जो था उससे कम था।
C. 1950-51 से 1980-81 के बीच के काल के लिए जो था उससे ज्यादा था।
D. उपर्युक्त में से कोई नहीं।

150. 1993-94 से 1999-2000 तक की अवधि के लिए रोजगार संवृद्धि की दर :

A. इस अवधि के दौरान सकल घरेलू उत्पाद में सापेक्षिक उच्च वृद्धि दर को नहीं दर्शाती।
B. 1983 से 1993-94 तक की अवधि के लिए रोजगार संवृद्धि से कम थी।
C. A और B दोनों।
D. उपर्युक्त में से कोई नहीं।

151. पैमाने का ह्रासमान प्रतिफल नियम किस काल में लागू होता है?

A. बाजार-काल B. अल्प-काल
C. दीर्घ-काल D. सुदीर्घकाल

152. श्रम के लिए फर्म की मांग व्युत्पन्न मांग है क्योंकि वो निम्नांकित पर निर्भर है :

A. वस्तुओं एवं सेवाओं, जिनका उत्पादन करने में श्रम मदद करता है, की मांग
B. श्रम और उत्पादन के अन्य कारकों के बीच प्रतिस्थापन की डिग्री
C. श्रम की मांग की लोच
D. उत्पादन के अन्य कारकों की मांग

153. सामाजिक कल्याण फलन की मान्यतायें

A. सैद्धान्तिक हैं B. अभिगृहीतीय हैं
C. प्राक्काल्पनिक हैं D. आनुभविक हैं

154. क्लासीकल सिद्धान्त में, मुद्रा आपूर्ति में वृद्धि किस ओर प्रवृत्त करती है?

A. कीमत स्तर में गिरावट
B. बचतों में वृद्धि
C. निवेश में कमी
D. कीमत स्तर में वृद्धि

155. LM वक्र में खिसकाव किस कारण होता है?

A. स्वायत्त निवेश में वृद्धि
B. मुद्रा की आपूर्ति में वृद्धि
C. उपभोग में वृद्धि
D. बचत की दर में वृद्धि

156. फिलिप वक्र किनके बीच सम्बन्ध दर्शाती है?

A. आय और उपभोग
B. आय और कीमत स्तर
C. आय और निवेश
D. मुद्रा स्फीति और बेरोजगारी

157. रोलिंग प्लान की अवधारण किसके द्वारा प्रतिपादित की गई?

A. गुन्नार मिर्डाल B. जे.के. गॉलब्रेथ
C. पॉल ए. सैम्युलसन D. ए.के. सेन

158. 'वर्द्धमान पूंजी-उत्पादन अनुपात' प्रतीकात्मक रूप से कैसे लिखा जाता है?

A. K/L B. $\Delta K/\Delta L$
C. $\Delta K/\Delta Y$ D. K/Y

159. असन्तुलित संवृद्धि के सिद्धान्त की हिमायत किसने नहीं की?

A. एच.डब्ल्यू. सिंगर B. डब्ल्यू.ए. लेविस
C. ए.ओ. हर्षमैन D. सी.पी. किंडलबर्गर

160. विकासशील देशों के हितों का प्रतिनिधित्व कौन-सा समूह करता है?

A. G – 7 B. G – 10
C. G – 77 D. G – 80

161. जो निधियाँ सरकार की सम्पत्ति नहीं हैं, क्या कहलाती हैं?

A. आकस्मिकता निधि (कोष)
B. समेकित निधि
C. निजी लेखा
D. सार्वजनिक लेखा

162. जिस घाटे के बजट में घाटे को करों के जरिये पूरा किया जाता है क्या कहलाता है?

A. संतुलित बजट
B. असंतुलित बजट
C. अतिरेक या रोकड़ बाकी बजट
D. शून्य-आधार (ज़ीरो-बेस) बजट

163. रॉल प्रेबिश का तर्क, किस पर, व्यापार चक्रों के प्रभावों से सम्बद्धित है?

A. व्यापार की शर्तें B. भुगतान संतुलन
C. उत्पादन D. उपभोग

164. सेवाओं के निर्यात और आयात के बीच अन्तर क्या कहलाता है?

A. व्यापार संतुलन B. अदृश्य चीजों का शेष
C. चालू खाते का शेष D. पूँजीगत खाते का शेष

165. भारत में सार्वजनिक उद्यमों का विकास सिर्फ .... उद्योगों में हुआ है

A. उपभोक्ता वस्तुओं के उद्योग
B. मुख्य और मूलभूत उद्योग
C. सेवा उद्योग
D. सभी प्रकार के उद्योग

166. IRR ह्रास की वह दर है जो बनाती है:

A. PVC = PVB B. PVC > PVB
C. PVC < PVB D. $PVB/PVC > 1$

167. निम्नलिखित में से कौन सा स्थाई अवस्था वृद्धि के अनुरूप नहीं है?

A. हैरोड तटस्थता B. हिक्स तटस्थता
C. हैरोड अतटस्था D. हिक्स अतटस्थता

168. वास्तविक 'छुरी की धार' समस्या से अभिप्राय है:

A. $g_n \neq g_w$
B. g_n और g_w की स्वतंत्रता
C. g_n और g_w की अस्थिरता
D. स्वयं g_w की अस्थिरता

169. दो चरों के बीच सम्बन्ध की डिग्री निर्धारित करने वाली सांख्यिकीय तकनीक क्या कहलाती है?

A. बिखराव (प्रकीर्णन) B. सूचकांक
C. सम्बन्ध/संयोजन D. सहसम्बन्ध

170. किस सूचकांक विधि में उर्ध्वगामी अभिनीत (झुकाव) है?

A. लेसपेयरस की विधि B. पाशे की विधि
C. बॉउले की विधि D. फिशर की विधि

निर्देश: *नीचे दो कथन दिए गए हैं। प्रश्न संख्या 171 से 180 तक (अभिकथन और तर्क प्रकार के) के लिए नीचे दिए कोडों से सही उत्तर का चयन करें।*

171. **अभिकथन (A) :** MR और AR के गिरने की स्थिति में AR की तुलना में MR के गिरने की दर ज्यादा होती है।
तर्क (R) : MR और AR दोनों वक्र रेखीय और नकारात्मक रूप से ढ़लवाँ होती हैं।

कोड :

A. **(A)** और **(R)** दोनों सत्य हैं परन्तु **(R)**, **(A)** का सही स्पष्टीकरण नहीं है
B. **(A)** और **(R)** दोनों सत्य हैं परन्तु **(R)**, **(A)** का सही स्पष्टीकरण है
C. **(A)** असत्य है, परन्तु **(R)** सत्य है
D. **(A)** सत्य है, परन्तु **(R)** दोनों असत्य है

172. **अभिकथन (A) :** एकाधिकार प्रतिस्पर्धा के अंतर्गत, फर्म का दीर्घकालीक औसत आगम, दीर्घकालीक औसत लागत वक्र के नकारात्मक रूप से ढलवाँ भाग को स्पर्श करता है।
तर्क (R) : एकाधिकारी प्रतिस्पर्धा के अंतर्गत, फर्म की मांग वक्र तुलनात्मक रूप से ज्यादा लोचनीय होती है।

कोड :

A. **(A)** और **(R)** दोनों सत्य हैं और **(R)**, **(A)** का सही स्पष्टीकरण है
B. **(A)** सत्य है परन्तु **(R)** असत्य है
C. **(A)** और **(R)** दोनों असत्य हैं
D. **(A)** और **(R)** दोनों असत्य हैं परन्तु **(R)**, **(A)** का सही स्पष्टीकरण नहीं है

173. **अभिकथन (A) :** मिल्टन फ्रीडमैन के अनुसार, दीर्घकालिक फिलिप वक्र का ढलान ऊर्ध्वाकार होता है।

तर्क (R) : भावी मुद्रा स्फीति के बारे में प्रत्याशाएँ ही दीर्घकाल में मुद्रा स्फीति और बेरोज़गारी के बीच विकल्प की गैर-मौजूदगी का मूलभूत कारण है।

कोड :

A. **(A)** और **(R)** दोनों सत्य हैं, परन्तु **(R), (A)** का सही स्पष्टीकरण नहीं है

B. **(A)** और **(R)** दोनों सत्य हैं और **(R), (A)** का सही स्पष्टीकरण है

C. **(A)** और **(R)** दोनों असत्य हैं

D. **(A)** सत्य है, परन्तु **(R)** असत्य है

174. **अभिकथन (A) :** जीवन वक्र प्राक्कल्पना, अल्पकालिक अनानुपातिक और दीर्घकालिक अनुपातिक उपभोग फलनों का सामंजस्य स्थापित करने की चेष्टा करती है।

तर्क (R) : अल्पकालिक अनानुपातिक उपभोग फलन से तात्पर्य है कि जब आय बढ़ती है तो APC गिरती है।

कोड :

A. **(A)** सत्य है परन्तु **(R)** असत्य है

B. **(A)** और **(R)** दोनों असत्य हैं

C. **(A)** और **(R)** दोनों असत्य हैं परन्तु **(R), (A)** का सही स्पष्टीकरण नहीं है

D. **(A)** और **(R)** दोनों सत्य हैं और **(R), (A)** का सही स्पष्टीकरण है

175. **अभिकथन (A) :** गुन्नार मिर्डाल के अनुसार अल्प-विकसित देशों में चक्रीय और संचयी कार्यकारण भाव विद्यमान रहता है।

तर्क (R) : निम्न जीवन निर्वाह स्तर और निम्न उत्पादकता के बीच परस्पर संबलित करने वाली अंतःक्रिया होती है।

कोड :

A. **(A)** सत्य है परन्तु **(R)** असत्य है

B. **(A)** और **(R)** दोनों असत्य हैं

C. **(A)** और **(R)** दोनों असत्य हैं परन्तु **(R), (A)** का सही स्पष्टीकरण नहीं है

D. **(A)** और **(R)** दोनों सत्य हैं और **(R), (A)** का सही स्पष्टीकरण है

176. **अभिकथन (A) :** हैरोड-डोमर मॉडल की मान्यता अनुसार पूँजी स्टॉक और आय प्रवाह के बीच स्थिर प्रौद्योगिकीय सम्बन्ध है।

तर्क (R) : यह मॉडल, पूँजी-उत्पादन अनुपात परिवर्तनीय मानता है।

कोड :

A. **(A)** सत्य है परन्तु **(R)** सत्य हैं

B. **(A)** और **(R)** दोनों असत्य हैं परन्तु **(R), (A)** का सही स्पष्टीकरण नहीं है

C. **(A)** और **(R)** दोनों असत्य हैं

D. **(A)** सत्य है परन्तु **(R)** असत्य है

177. **अभिकथन (A) :** समयोपरि, आत्म निर्भरता का लक्ष्य भारतीय अर्थव्यवस्था में भ्रान्तिजनक सिद्ध हुआ है।

तर्क (R) : POL (पेट्रोलियम ऑयल लुब्रीकेंट्स) के आयातों की वजह से भुगतान संतुलन की समस्याएँ उत्पन्न हो रही हैं।

कोड :

A. **(A)** और **(R)** दोनों असत्य हैं

B. **(A)** सत्य है परन्तु **(R)** असत्य है

C. **(A)** और **(R)** दोनों सत्य हैं, परन्तु **(R), (A)** का सही स्पष्टीकरण नहीं है

D. **(A)** और **(R)** दोनों सत्य हैं, परन्तु **(R), (A)** का सही स्पष्टीकरण है

178. **अभिकथन (A) :** लैस्परे का सूचकांक ऊर्ध्वगामी झुकाव रखता है।

तर्क (R) : पास्चे का सूचकांक अधोगामी झुकाव रखता है।

कोड :

A. **(A)** और **(R)** दोनों सत्य हैं और **(R), (A)** का सही स्पष्टीकरण है

B. **(A)** और **(R)** दोनों सही हैं परन्तु **(R), (A)** का सही स्पष्टीकरण नहीं है

C. **(A)** सत्य है, किन्तु **(R)** असत्य है

D. **(A)** असत्य है, किन्तु **(R)** सत्य है

179. **अभिकथन (A) :** घंटाकार वितरण वक्र में, माध्य, माध्यिका और बहुलक एक-समान होंगे।

तर्क (R) : इसमें कोई वैषम्य (स्क्यूनैस) नहीं है।

कोड :

A. **(A)** और **(R)** दोनों सत्य हैं परन्तु **(R), (A)** का सही स्पष्टीकरण नहीं है

B. **(A)** और **(R)** दोनों सही हैं किन्तु **(R), (A)** का सही स्पष्टीकरण नहीं है

C. **(A)** सत्य है, किन्तु **(R)** असत्य है

D. **(A)** असत्य है, किन्तु **(R)** सत्य है

180. अभिकथन (A) : कॉलिन क्लार्क की प्राक्कल्पना के अनुसार करारोपण की सुरक्षित उच्चतर सीमा राष्ट्रीय आय का 25 प्रतिशत है।

तर्क (R) : यदि यह 25 प्रतिशत की सीमा से परे जाता है तो करारोपण का ज्यादा भारत बहुत अधिक हो सकता है।

कोड :

A. **(A)** सत्य है, किन्तु **(R)** असत्य है

B. **(A)** और **(R)** दोनों सत्य हैं

C. **(A)** और **(R)** दोनों सत्य हैं और **(R), (A)** का सही स्पष्टीकरण है

D. **(A)** और **(R)** दोनों असत्य हैं

निर्देश: *प्रश्न संख्या 181 से 188 तक के लिए, परीक्षार्थियों को सही कालानुक्रमिक क्रम के विकल्प का चयन करना है।*

181. (*i*) वैल्यु एण्ड कैपीटल

(*ii*) प्रिंसीपल्स ऑफ पोलिटिकल इकोनॉमी एण्ड टैक्सेशन

(*iii*) ए रिवीज़न ऑफ डिमांड थ्योरी

(*iv*) दी जनरल थ्योरी ऑफ एंप्लॉयमेंट, इंटरेस्ट एण्ड मनी

कोड :

A. (*iii*) (*iv*) (*i*) (*iii*)
B. (*iii*) (*i*) (*iv*) (*ii*)
C. (*iv*) (*iii*) (*i*) (*ii*)
D. (*i*) (*iv*) (*iii*) (*ii*)

182. (*i*) मॉडवैट (MODVAT) का प्रारम्भ

(*ii*) अनुषंगी (वेतनेतर) हितलाभ कर का प्रारम्भ

(*iii*) व्यय कर का प्रारम्भ

(*iv*) संपदा शुल्क समापन

कोड :

A. (*ii*) (*iii*) (*i*) (*iv*)
B. (*iii*) (*iv*) (*i*) (*ii*)
C. (*iv*) (*i*) (*iii*) (*ii*)
D. (*i*) (*iv*) (*ii*) (*iii*)

183. (*i*) सापेक्ष आय प्राक्कल्पना

(*ii*) जीवन-चक्र प्राक्कल्पना

(*iii*) निरपेक्ष आय प्राक्कल्पना

(*iv*) स्थायी आय प्राक्कल्पना

कोड :

A. (*iii*) (*i*) (*iv*) (*ii*)
B. (*ii*) (*iv*) (*i*) (*iii*)
C. (*i*) (*iii*) (*ii*) (*iv*)
D. (*iv*) (*ii*) (*iii*) (*i*)

184. (*i*) आधुनिकीकरण

(*ii*) तेज एवं अन-समावेशी संवृद्धि

(*iii*) निर्धनता और आत्म-निर्भरता का निष्कासन

(*iv*) तेज और बड़े पैमाने पर औद्योगिकीकरण

कोड :

A. (*i*) (*ii*) (*iv*) (*iii*)
B. (*ii*) (*iv*) (*i*) (*iii*)
C. (*iv*) (*ii*) (*iii*) (*i*)
D. (*iv*) (*iii*) (*i*) (*ii*)

185. (*i*) WTO का निर्माण

(*ii*) GATT का उरुग्वे राउन्ड

(*iii*) GATT का निर्माण

(*iv*) UNCTAD का निर्माण

कोड :

A. (*i*) (*iii*) (*ii*) (*iv*)
B. (*iv*) (*iii*) (*ii*) (*i*)
C. (*iii*) (*iv*) (*ii*) (*i*)
D. (*ii*) (*iv*) (*i*) (*iii*)

186. (*i*) प्रधानमंत्री ग्रामोदय योजना (PMGY)

(*ii*) स्वर्णजयन्ती ग्राम स्वरोजगार योजना (SGSY)

(*iii*) जवाहर रोजगार योजना (JRY)

(*iv*) इंटीग्रेटिड रूरल डेवलेपमेंट प्रोग्राम (IRDP)

कोड :

A. (*iii*) (*iv*) (*ii*) (*i*)
B. (*ii*) (*iii*) (*iv*) (*i*)
C. (*i*) (*ii*) (*iii*) (*iv*)
D. (*iv*) (*iii*) (*ii*) (*i*)

187. (*i*) SDR की रचना

(*ii*) IMF का निर्माण

(*iii*) अंतर्राष्ट्रीय मुद्रा प्रणाली का विध्वंस

(*iv*) स्वर्णमान का प्रारम्भ

कोड :

A. (*ii*) (*iii*) (*i*) (*iv*)
B. (*iii*) (*iv*) (*i*) (*ii*)
C. (*ii*) (*iv*) (*iii*) (*i*)
D. (*iv*) (*ii*) (*i*) (*iii*)

188. वित्त आयोग का अध्यक्ष :

(*i*) के.सी. पंत

(*ii*) के ब्रह्मानंदा रैडी

(*iii*) ए.एम. खुसरो

(*iv*) के. सांथानन

कोड :

A.	(*i*)	(*iii*)	(*ii*)	(*iv*)
B.	(*ii*)	(*i*)	(*iii*)	(*iv*)
C.	(*iv*)	(*ii*)	(*i*)	(*iii*)
D.	(*iii*)	(*ii*)	(*i*)	(*iv*)

निर्देश: *सुमेलित मद (प्र.सं. 189 से 195) इस खड में सूचियाँ दी गई हैं। सूची-I में घटनाएँ/सिद्धान्त/मॉडल/अभिकथन, इत्यादि दिए गए हैं और सूची-II में लेखक और वर्ष। परीक्षार्थी को सूची-I में दी मदों को सूची-II में मदों के साथ सुमेलित करना है और कोड में दिए विकल्प का सही चयन करना है।*

189. **सूची-I** — **सूची-II**

1. एकाधिकार सिद्धान्त डिग्री — (*i*) टी. सिटोव्सकी
2. दुहरा मापदंड — (*ii*) हालैंड हिच
3. फ़र्म का व्यवहार परक सिद्धान्त — (*iii*) एम. कैलेकी
4. औसत लागत कीमत निर्धारण — (*iv*) हर्बर्ट साइमन

कोड :

	1	2	3	4
A.	(*iii*)	(*i*)	(*iv*)	(*ii*)
B.	(*ii*)	(*iii*)	(*iv*)	(*i*)
C.	(*iv*)	(*ii*)	(*i*)	(*iii*)
D.	(*iii*)	(*ii*)	(*iv*)	(*i*)

190. **सूची-I** — **सूची-II**

1. क्षतिपूर्ति मापदंड — (*i*) विलियमसन
2. असम्भाव्य सिद्धान्त — (*ii*) एफ.एच. नाईट
3. प्रबन्धकीय विवेक मॉडल — (*iii*) काल्डर-हिक्स
4. लाभ का अनिश्चितता सिद्धान्त — (*iv*) कैनेथ ऐरो

कोड :

	1	2	3	4
A.	(*iv*)	(*i*)	(*iii*)	(*ii*)
B.	(*iii*)	(*iv*)	(*i*)	(*ii*)
C.	(*ii*)	(*iii*)	(*i*)	(*iv*)
D.	(*iii*)	(*ii*)	(*iv*)	(*i*)

191. **सूची-I** — **सूची-II**

1. निरपेक्ष प्राक्कल्पना — (*i*) एन. ग्रीगॉरी मैनकिव
2. तर्कसंगत प्रत्याशा प्राक्कल्पना — (*ii*) जे.एम. कीन्स
3. सापेक्ष आय प्राक्कल्पना — (*iii*) रॉबर्ट लुकस
4. नव कीन्सवादी मॉडल — (*iv*) जेम्स ड्युज़नबेरी

कोड :

	1	2	3	4
A.	(*iv*)	(*iii*)	(*ii*)	(*i*)
B.	(*ii*)	(*i*)	(*iv*)	(*iii*)
C.	(*ii*)	(*iii*)	(*iv*)	(*i*)
D.	(*iii*)	(*ii*)	(*i*)	(*iv*)

192. **सूची-I** — **सूची-II**

1. मुद्रा की मांग फलन का स्थायित्व — (*i*) बेंट हेन्सन
2. मांग मुद्रा स्फीति सिद्धान्त — (*ii*) मिल्टन फ्रीडमैन
3. राकड़ के लिये देन मांग की ब्याज लोच — (*iii*) डॉन पैटिंकिन
4. वास्तविक शेष प्रभाव — (*iv*) जेम्स टॉबिन

कोड :

	1	2	3	4
A.	(*ii*)	(*iii*)	(*i*)	(*iv*)
B.	(*ii*)	(*i*)	(*iv*)	(*iii*)
C.	(*iii*)	(*ii*)	(*i*)	(*iv*)
D.	(*ii*)	(*iii*)	(*iv*)	(*i*)

193. **सूची-I** — **सूची-II**

1. संवृद्धि की नियमित दर — (*i*) पी.आर. ब्रह्मानंद
2. स्वर्णिम युग — (*ii*) जोसफ शुम्पीटर
3. श्रमिक वस्तु मॉडल — (*iii*) आर.एम. सोलो
4. आर्थिक जीवन का चक्रीय प्रवाह — (*iv*) श्रीमती जॉन रोबिन्सन

कोड :

	1	2	3	4
A.	(*ii*)	(*iii*)	(*iv*)	(*i*)
B.	(*iii*)	(*i*)	(*ii*)	(*iv*)
C.	(*i*)	(*ii*)	(*iv*)	(*iii*)
D.	(*iii*)	(*iv*)	(*i*)	(*ii*)

194. **सूची-I** — **सूची-II**

1. निरपेक्ष लाभ का सिद्धान्त — (*i*) रिबसिस्की
2. व्यापार पर उपादन एनडाऊमेंट परिवर्तनों का प्रभाव — (*ii*) सेम्युलसन
3. पारस्परिक मांग सिद्धान्त — (*iii*) एडम स्मिथ
4. उपादन कीमत समकारी सिद्धान्त — (*iv*) जे.एस. मिल

कोड :

	1	2	3	4
A.	*(iii)*	*(ii)*	*(iv)*	*(i)*
B.	*(iv)*	*(ii)*	*(i)*	*(iii)*
C.	*(iii)*	*(i)*	*(iv)*	*(ii)*
D.	*(iii)*	*(iv)*	*(ii)*	*(i)*

195. ***सूची-I*** ***सूची-II***

सूची-I	सूची-II
1. ऐच्छिक विनिमय उपागम	*(i)* पीकॉक वाइज़मैन
2. स्थानीय सार्वजनिक वस्तुओं का सिद्धान्त	*(ii)* ए.सी. पीगू
3. सार्वजनिक व्यय संवृद्धि का टाईम-पैटर्न	*(iii)* विकसेल लिण्डाल
4. लघुत्तम समग्र त्याग सिद्धान्त	*(iv)* चार्ल्स टाइबूट

कोड :

	1	2	3	4
A.	*(iii)*	*(iv)*	*(i)*	*(ii)*
B.	*(iii)*	*(i)*	*(iv)*	*(ii)*
C.	*(iii)*	*(ii)*	*(i)*	*(iv)*
D.	*(iv)*	*(ii)*	*(iii)*	*(i)*

196. दीर्घकाल में हमेशा एकाधिकारात्मक फर्म (Monopolistic Firm) कमाती है–

A. सामान्य लाभ B. अधिक लाभ
C. हानि D. कुछ नहीं

निर्देश: *अधोलिखित अनुच्छेद को पढ़िए और इसे समझने के लिए पश्चात् प्रश्न 197 से 200 तक का उत्तर दीजिए।*

आर्थिक एकीकरण के सिद्धान्त से अभिप्राय है कि केवल उन देशों के बीच जो इकट्ठा होना चाहते हैं में वाणिज्य अवरोधकों को बिना भेदभाव के दूर करने अथवा कम करने के लिए वाणिज्य नीति को अपनाया जाए। आर्थिक एकीकरण की मात्रा अधिमानी वाणिज्य प्रबन्धों से स्वतन्त्र वाणिज्य क्षेत्रों, सीमा शुल्क, यूनियन, सांझे बाजार और आर्थिक संगठनों तक फैला हुआ है। अधिमानी वाणिज्य का सर्वोत्तम उदाहरण है कामनवैल्थ अधिमान योजना जिसे 1932 में स्थापित किया गया था। स्वतन्त्र वाणिज्य क्षेत्र आर्थिक एकीकरण का एक रूप है जिसके अन्तर्गत सदस्य-राष्ट्रों के लिए वाणिज्य में प्रत्येक प्रकार के अवरोधकों को हटा लिया जाता है। मगर ऐसा प्रत्येक सदस्य अन्य गैर-सदस्यों के लिए अपने देश में अपने अवरोधकों को बनाये रखता है। इसी आधार पर वह गैर-सदस्यों से वाणिज्य सम्बन्ध रखता है। इसके सर्वोत्तम उदाहरण हैं यूरोपियन फ्री ट्रेड एसोसिएशन (ई एफ टी ए) है जिसकी स्थापना 1960 में हुई और नार्थ अमेरिकन फ्री ट्रेड एग्रीमेंट (एन ए एफ टी ए) है जो 1993 में स्थापित हुई इसका उदाहरण सदर्न कॉमन मार्किट (मेरोसुर) भी है जिसकी स्थापना 1991 में हुई थी। सीमा शुल्क संघ सदस्य-राष्ट्रों के बीच किसी प्रशुल्क अथवा अन्य अवरोधकों की आज्ञा नहीं देता। इस सम्बन्ध में सबसे प्रसिद्ध उदाहरण है यूरोपियन यूनियन (ई यू) अथवा यूरोपियन कॉमन मार्किट है जिसकी स्थापना 1957 में हुई। एक साझा बाजार सीमा शुल्क संघ से भी परे जाता है जब यह सदस्य-राष्ट्रों में श्रम और पूंजी के स्वतन्त्र गति की आज्ञा देता है। एक आर्थिक संघ इससे आगे बढ़ जाता है जब यह सदस्य-राष्ट्रों की मौद्रिक एवं वित्तीय नीतियों में तादातम्य अथवा एकीकृत करने तक को जाता है। यह आर्थिक एकीकरण की सर्वोच्च अवस्था है।

197. अधोलिखित में से कौन-सा स्वतन्त्र वाणिज्य क्षेत्र नहीं है?

A. नार्थ अमेरिकन फ्री ट्रेड एग्रीमेंट
B. सदर्न कॉमन मार्किट
C. यूरोपियन कॉमन मार्किट
D. यूरोपियन फ्री ट्रेड एसोसिएशन

198. निम्नलिखित में से कौन-सा सदस्य-राष्ट्रों के बीच श्रम और पूँजी की मुक्त गति की आज्ञा देता है?

A. अधिमानी वाणिज्य प्रबन्ध
B. सीमा-शुल्क संघ
C. आर्थिक संघ
D. साझा बाजार

199. आर्थिक संघ आर्थिक एकीकरण का सर्वोच्च रूप है।

A. यह सदस्य-राष्ट्रों के बीच मौद्रिक एवं वित्तीय नीतियों में एक्य लाता है
B. सदस्य-राष्ट्रों के बीच वाणिज्य में यह किसी प्रकार के प्रशुल्क अवरोधक की आज्ञा नहीं देता
C. सदस्य-राष्ट्रों के बीच यह श्रम और पूँजी की मुक्त गति की आज्ञा देता है
D. यह सदस्य-राष्ट्रों के बीच किसी प्रकार के प्रशुल्क अवरोधकों की आज्ञा नहीं देता और बाकी के राष्ट्रों के लिए साझा प्रशुल्क नीति का पालन किया जाता है

200. आर्थिक एकीकरण का सर्वाधिक उन्नत रूप कौन-सा है?

A. आर्थिक संघ B. सीमा-शुल्क संघ
C. साझा बाजार D. मुक्त व्यापार क्षेत्र

201. कॉब-डगलस के उत्पादन फलन का मानना है कि प्रतिस्थापन लोचः

A. एक है B. दो है
C. तीन है D. चार है

202. उपभोक्ता उस बिन्दु पर अपना सन्तुलन प्राप्त करता है जहाँ:
A. कुल उपयोगिता = कीमत
B. सीमान्त उपयोगिता > कीमत
C. सीमान्त उपयोगिता < कीमत
D. सीमान्त उपयोगिता = कीमत

203. पैरेटो ऑप्टीमेलिटी (इष्टतमत्व) किस वक्र के किसी भी बिन्दु पर स्थापित हो सकता है:
A. लैफ्फर वक्र B. एन्जल वक्र
C. कॉन्ट्रेक्ट वक्र D. लोरेन्ज वक्र

204. से के नियम के अनुसार, बेरोजगारी किस के द्वारा समाप्त की जा सकती है:
A. मजदूरी में बढ़ौतरी
B. मजदूरी में गिरावट
C. मजदूरी पर कर लगाना
D. मजदूरी के साथ आर्थिक सहायता देना

205. निम्नांकित में से किसी सामान्यतया 'मुद्रा आपूर्ति का ज्यादा व्यापक माप' कहा जाता है?
A. M_1 B. M_2
C. M_3 D. M_4

206. उपभोग और आय के बीच समानुपाती सम्बन्ध की स्थिति में:
A. APC > MPC B. APC = MPC
C. APC < MPC D. APC = MPS

207. सांकेतिक योजना क्या है:
A. दुर्नम्य B. व्यापक
C. निरंकुश D. लचीली

208. संवृद्धि के हैरोड-डोमर और सोलो मॉडलों के बीच मुख्य अन्तर किस में स्थित है:
A. श्रम और पूंजी के बीच प्रतिस्थापनीयता
B. पैमाने के प्रतिफल
C. परिवर्ती कारक के प्रतिफल
D. आय की संवृद्धि

209. अल्प-विकसित देश के संदर्भ में, 'निर्धनता के दुष्चक्र' के थीसिस के निर्कसियन प्रतिपादन में, निवेश करने की अभिप्रेरणा किस के द्वारा सीमाबद्ध होती है:
A. बचतों का अभाव
B. निवेश अवसरों का अभाव
C. बाज़ार का आकार
D. सरकार की नीति

210. करों को बढ़ाने से प्राप्त धन किस कोश में जाता है:
A. समेकित कोष B. आकस्मिकता कोष
C. सार्वजनिक कोष D. निजी लेखा

211. आवर्ती प्रकृति की मदें किस बजट के अन्तर्गत आती है:
A. पूंजीगत घाटा B. आगम घाटा
C. राजस्व घाटा D. एकीकृत बजट

212. कुल आगम और कुल व्यय के बीच अन्तर क्या कहलाता है:
A. पूंजीगत घाटा B. आगम घाटा
C. राजस्व घाटा D. बजटीय घाटा

213. विदेशियों से उधार लेने को क्या कहा जाता है:
A. वस्तुओं का निर्यात
B. एक तरफी या अप्रतिदत्त प्राप्तियां
C. पूंजीगत प्राप्तियां
D. चालु प्राप्तियां

214. देश के द्वारा आयात पर परिमाणात्मक प्रतिबंध किस ओर प्रवृत्त करते हैं:
A. आयातित उत्पादों के लिए मांग में ह्रास
B. आयातित उत्पादों के लिए मांग में वृद्धि
C. आयातित उत्पादों की आपूर्ति में वृद्धि
D. आयातित उत्पादों की आपूर्ति में ह्रास

215. भारत के प्रथम वित्त आयोग का गठन किसकी अध्यक्षता में किया गया था?
A. के.सी. नियोगी B. के. सन्थानम
C. ए.के. चन्दा D. सी. रंगराजन

216. भारत के संविधान के प्रावधानों के अंतर्गत निम्नलिखित में कौन सा केन्द्रीय वित्त में आय का स्रोत नहीं है?
A. निगम कर B. सीमा शुल्क अधिभार
C. आयकर D. भू-राजस्व

217. निम्नलिखित में से कौन सा प्रनियम एडम स्मिथ से संबंधित है?
A. लोच का प्रनियम
B. उत्पादकता का प्रनियम
C. निश्चितता का प्रनियम
D. समीचीनता का प्रनियम

218. स्वर्ण मानकों के अंतर्गत, निम्नलिखित में से किसके परिवर्तन द्वारा भुगतान संतुलन में स्वयमेव समायोजन लाया जाता है?

A. कीमतों का सामान्य स्तर
B. विनिमय की दरें
C. कीमतों का सामान्य स्तर तथा विनियमय की दरें
D. आय

219. X और Y के प्रतिगमन समीकरण में, bxy किसके बराबर है:

A. byx B. $\sqrt{r}$
C. r D. $\frac{r^2}{byx}$

220. निम्नांकित औसतों में से 'मूल-माध्य-वर्ग' (रूट-मीन-स्क्वेयर) कौनसा है?

A. द्विघाती माध्य B. हार्मोनिक माध्य
C. ज्यामितिक माध्य D. मिश्रित माध्य

निर्देश: *निम्नांकित कथानों पर ध्यान दें और 221 से 230 प्रश्नों (अभिकथन और तर्क प्रकार के प्रश्न) के लिये नीचे दिए कोडों से सही उत्तर का चयन करें।*

221. **अभिकथन (A) :** अल्पाधिकार के अंतर्गत, समस्त फर्में अपनी अंतःनिर्भरता के प्रति जागरूक होती हैं।
तर्क (R) : अल्पाधिकर के अंतर्गत फर्मों के मध्य व्यक्तिगत प्रतिद्वंदिता विद्यमान नहीं होती है।

A. **(A)** और **(R)** दोनों असत्य हैं।
B. **(A)** और **(R)** दोनों सत्य हैं, परन्तु **(R), (A)** का स्पष्टीकरण नहीं है।
C. **(A)** सत्य है, परन्तु **(R)** असत्य है।
D. **(A)** असत्य है, परन्तु **(R)** सत्य है।

222. **अभिकथन (A) :** गिफिन गुडस् का मांग वक्र धनात्मक रूप से ढ़लवां होता है।
तर्क (R) : उनकी स्थिति में, धनात्मक प्रतिस्थापन प्रभाव, नकारात्मक आय प्रभाव द्वारा बहुत कुछ निष्प्रभावित कर दिया जाता है।

A. **(A)** और **(R)** दोनों सत्य हैं और **(R), (A)** का सही स्पष्टीकरण है।
B. **(A)** सत्य है, परन्तु **(R)** असत्य है।
C. **(A)** और **(R)** दोनों असत्य हैं।
D. **(A)** और **(R)** दोनों सत्य हैं, परन्तु **(R), (A)** का सही स्पष्टीकरण नहीं है।

223. **अभिकथन (A) :** हिक्स के अनुसार, व्यापार चक्र गुणक और त्वरण के बीच अंतःक्रिया की वजह से उत्पन्न होते हैं।
तर्क (R) : हिक्सीयन व्यापार चक्र सिद्धान्त में, त्वरक मंदी के चरण में शक्तिहीन होता है।

A. **(A)** और **(R)** दोनों सत्य हैं और **(R), (A)** का सही स्पष्टीकरण है।
B. **(A)** और **(R)** दोनों सत्य हैं, परन्तु **(R), (A)** का सही स्पष्टीकरण नहीं है।
C. **(A)** और **(R)** दोनों असत्य है।
D. **(A)** सत्य है, परन्तु **(R)** असत्य है।

224. **अभिकथन (A) :** ड्यूजनबरी ने प्राक्कल्पना की है कि उपभोग आय सम्बन्ध अप्रत्यावर्तनीय है।
तर्क (R) : उपभोग न सिर्फ वर्तमान आय पर परन्तु पिछली अधिकतम आय पर भी निर्भर करता है।

A. **(A)** और **(R)** दोनों सत्य हैं, परन्तु **(R), (A)** का सहीं स्पष्टीकरण नहीं है।
B. **(A)** और **(R)** दोनों सत्य हैं और **(R), (A)** का सही स्पष्टीकरण है।
C. **(A)** सत्य है, परन्तु **(R)** असत्य है।
D. **(A)** और **(R)** दोनों असत्य है।

225. **अभिकथन (A) :** 'बैकवॉश अफेक्टस्' का अभिप्राय अल्पविकसित देशों में उत्पन्न प्रतिकूल स्थिति से है।
तर्क (R) : देशी विनिर्माण की संवृद्धि की लागत पर कच्चे माल के निर्यातों पर अनावश्यक जोर।

A. **(A)** सत्य है, परन्तु **(R)** असत्य है।
B. **(A)** और **(R)** दोनों असत्य हैं।
C. **(A)** और **(R)** दोनों सत्य हैं और **(R), (A)** का सही स्पष्टीकरण है।
D. **(A)** और **(R)** दोनों सत्य हैं, परन्तु **(R), (A)** का स्पष्टीकरण नहीं है।

226. **अभिकथन (A) :** अल्पविकसित देशों में श्रम उत्पादकता के निम्न स्तर मौजूद रहते हैं।
तर्क (R) : यह भौतिक पूंजी के अभाव की वजह से होता है।

A. **(A)** और **(R)** दोनों असत्य हैं।
B. **(A)** सत्य है, परन्तु **(R)** असत्य है।

C. (A) और (R) दोनों सत्य हैं और (R), (A) का सही स्पष्टीकरण है।

D. (A) और (R) दोनों सत्य हैं, परन्तु (R), (A) का स्पष्टीकरण नहीं है।

227. अभिकथन (A) : भारत में, ज्याद से ज्यादा किसान (कृषक) खेती से जबरन बाहर होते जा रहें हैं।

तर्क (R) : उनका भूमि आधार ज्यादा छोटा होता जा रहा है।

A. (A) सत्य है, परन्तु (R) असत्य है।

B. (A) और (R) दोनों असत्य हैं।

C. (A) और (R) दोनों सत्य हैं और (R), (A) का सही स्पष्टीकरण है।

D. (A) और (R) दोनों सत्य हैं, परन्तु (R), (A) का स्पष्टीकरण नहीं है।

228. अभिकथन (A) : जगदीश भगवती ने कहा है कि एक देश, अपनी संवृद्धि प्रक्रिया में 'इम्मीसराइजिंग ग्रोथ' और 'व्यापार शर्तों' में अवनति का अनुभव करेगा।

तर्क (R) : देश के निर्यातों के लिए मांग की आय लोच अधिक होती है।

A. (A) और (R) दोनों सत्य हैं।

B. (A) असत्य है, परन्तु (R) सत्य है।

C. (A) और (R) दोनों सत्य हैं और (R), (A) का सही स्पष्टीकरण है।

D. (A) सत्य है, परन्तु (R) असत्य है।

229. अभिकथन (A) : समवर्ती विचलनों के गुणांक की गणना विचलनों की दिशा के बीच की जाती है उनके विस्तार के बीच नहीं।

तर्क (R) : यदि दो श्रैणियों/श्रंखलाओं के बीच सहसम्बन्ध को बहुत नैमित्तिक रूप से अध्ययन करना वांछित है।

A. (A) असत्य है, परन्तु (R) सत्य है।

B. (A) सत्य है, परन्तु (R) असत्य है।

C. (A) और (R) दोनों सत्य हैं, परन्तु (R), (A) का स्पष्टीकरण नहीं है।

D. (A) और (R) दोनों सत्य हैं और (R), (A) का सही स्पष्टीकरण है।

230. अभिकथन (A) : जेम्स बुकानन के विचारानुसार सार्वजनिक ऋण का प्राथमिक भार भावी पीढ़ियों को स्थानांतरित हो गया है।

तर्क (R) : सार्वजनिक ऋण का भुगतान भावी पीढ़ी पर कर लगा कर किया जाता है।

A. (A) सत्य है, परन्तु (R) असत्य है।

B. (A) असत्य है, परन्तु (R) सत्य है।

C. (A) और (R) दोनों असत्य हैं।

D. (A) और (R) दोनों सत्य हैं और (R), (A) का सही स्पष्टीकरण है।

निर्देश: *प्रश्न संख्या 231 से 238 तक के लिए, परीक्षार्थियों को सही कालानुक्रम क्रम के विकल्प पर चिन्ह लगाना है।*

231. (i) एकाधिकारी प्रतिस्पर्धा का सिद्धान्त

(ii) गुरनोट का द्वि-अधिकार का सिद्धान्त

(iii) मार्शल का आभास-लगान का सिद्धान्त

(iv) स्वीजी का विकुंचित मांग वक्र विश्लेषण

कोड:

A. (iv) (iii) (i) (ii)
B. (i) (iii) (ii) (iv)
C. (ii) (iii) (i) (iv)
D. (iii) (i) (iv) (ii)

232. (i) पीकॉक-वाइजमैन प्राक्कल्पना

(ii) बुकानन का क्लबों का आर्थिक सिद्धान्त

(iii) वेगनर प्राक्कल्पना

(iv) फिंडले शिर्‌रास के सार्वजनिक व्यय के प्रनियम

कोड:

A. (i) (iii) (ii) (iv)
B. (iii) (i) (iv) (ii)
C. (ii) (iv) (iii) (i)
D. (iii) (iv) (i) (ii)

233. (i) इनवेंटरी थ्योरिटिक एप्रोच

(ii) रिस्टेटमेंट ऑफ दी क्वांटिटी थ्योरी ऑफ मनी

(iii) फिशरस् इक्वेशन ऑफ एक्सचेंज

(iv) टेबलो इकोनोमिक

कोड:

A. (i) (iii) (ii) (iv)
B. (iii) (ii) (i) (iv)
C. (iv) (iii) (i) (ii)
D. (ii) (i) (iv) (iii)

234. (i) रोलिंग प्लान का प्रारम्भ

(ii) नियोजन से बाजार यंत्रावली (क्रियाविधि) की ओर संचलन

(iii) फेल्डमैन-महालेनोबिस मॉडल
(iv) योजना अवकाश की घोषणा

कोड:

A.	(i)	(iii)	(iv)	(ii)
B.	(ii)	(iv)	(i)	(iii)
C.	(iii)	(iv)	(i)	(ii)
D.	(i)	(iii)	(ii)	(iv)

235. (i) विशिष्ट टारगेट-ग्रुप उन्मुख कार्यक्रम
(ii) परिवार नियोजन का प्रारम्भ
(iii) प्रत्यक्ष निर्धनता-विरोधी कार्यक्रम
(iv) न्यूनतम आवश्यकता कार्यक्रम

कोड:

A.	(ii)	(i)	(iv)	(iii)
B.	(i)	(iii)	(ii)	(iv)
C.	(iv)	(iii)	(i)	(ii)
D.	(iii)	(ii)	(iv)	(i)

236. (i) केनकन में WTO का मंत्रीमंडलीय बैठक
(ii) हांगकाँग में WTO का मंत्रीमंडलीय बैठक
(iii) सिंगापुर में WTO का मंत्रीमंडलीय बैठक
(iv) दोहा में WTO का मंत्रीमंडलीय बैठक

कोड:

A.	(i)	(iii)	(ii)	(iv)
B.	(iii)	(iv)	(i)	(ii)
C.	(ii)	(iii)	(i)	(iv)
D.	(iv)	(ii)	(iii)	(i)

237. (i) नेशनल रूरल एंपलॉयमेंट गारन्टी प्रोग्राम (N.R.E.G.P.)
(ii) सम्पूरण ग्रामीण रोजगार योजना (S.G.R.Y.)
(iii) अंत्योदय अन्न योजना (A.A.Y.)
(iv) प्रधान मंत्री ग्राम सड़क योजना (P.M.G.S.Y.)

कोड:

A.	(i)	(iv)	(iii)	(ii)
B.	(iii)	(i)	(ii)	(iv)
C.	(iv)	(ii)	(iii)	(i)
D.	(iii)	(iv)	(ii)	(i)

238. वित्त आयोग का अध्यक्ष:
(i) एन.के.पी. साल्वे (ii) सी. रंगाराजन
(iii) पी.वी. राजमन्नर (iv) के.सी. नियोगी

कोड:

A.	(i)	(iv)	(iii)	(ii)
B.	(iv)	(iii)	(i)	(ii)
C.	(iv)	(i)	(ii)	(iii)
D.	(iii)	(i)	(iv)	(ii)

निर्देश: इस खंड में दो सूची दी गई है एक में घटनायें/ सिद्धान्त/ मॉडल/ कथन दिए गए हैं और दूसरी में लेखक/वष। परीक्षार्थियों को सूची-I में दी मदों को सूची-I में दी मदों के साथ मेलित करना है और सही मेलित विकल्प पर चिन्ह लगाना है।

239.

सूची-I	सूची-II
(a) सीमा कीमत निर्धारण सिद्धान्त	(i) इ.एच. चैम्बरलिन
(b) विक्रय लागतें	(ii) रॉबिन मॉरिस
(c) बिक्री अधिकतमीकरण मॉडल	(iii) जे.एस. बेन
(d) फर्म का संवृद्धि अधिकतमीकरण मॉडल	(iv) विलियम बॉमोल

कोड:

	(a)	(b)	(c)	(d)
A.	(iii)	(i)	(iv)	(ii)
B.	(ii)	(iv)	(i)	(iii)
C.	(ii)	(i)	(iv)	(iii)
D.	(iii)	(ii)	(iv)	(i)

240.

सूची-I	सूची-II
(a) पैमाने के वर्द्धमान प्रतिफल	(i) $\beta_1, \beta_2 < 1$
(b) पैमाने के ह्रासमान प्रतिफल	(ii) $\beta_1 + \beta_2 > 1$
(c) पैमाने के स्थिर प्रतिफल	(iii) $\beta_1 + \beta_2 < 1$
(d) कारकों के ह्रासमान प्रतिफल	(iv) $\beta_1 + \beta_2 = 1$

कोड:

	(a)	(b)	(c)	(d)
A.	(i)	(iv)	(iii)	(ii)
B.	(iv)	(i)	(ii)	(iii)
C.	(ii)	(iii)	(iv)	(i)
D.	(ii)	(iii)	(i)	(iv)

241. *सूची-I* का *सूची-II* से मिलान करिए:

सूची-I	सूची-II
(a) प्रकटित अधिमान प्राक्कल्पना	(i) ए. बर्गसन
(b) आभासी लगान	(ii) बी.एस. मिन्हास
(c) प्रतिस्थापन की लोच	(iii) ए. मार्शल
(d) सामाजिक कल्याण फलन	(iv) पी.ए. सैम्युलसन

कोड:

	(a)	(b)	(c)	(d)
A.	(iii)	(i)	(ii)	(iv)
B.	(iv)	(iii)	(ii)	(i)

C. (iv) (i) (ii) (iii)
D. (ii) (iii) (iv) (i)

242. **सूची-I** **सूची-II**

(a) टेबलो इकोनोमिक (i) रिचर्ड स्टोन
(b) जीवन चक्र प्राक्कल्पना (ii) रॉबर्ट मुंडेल
(c) IS-LM मॉडल का खुली अर्थव्यवस्था संस्करण (iii) फ्रेंकोइस क्वैने
(d) राष्ट्रीय आय लेखकरण (iv) फ्रेंको मोदिग्लिआनी

कोड:

	(a)	(b)	(c)	(d)
A.	(ii)	(iii)	(iv)	(i)
B.	(iii)	(i)	(ii)	(iv)
C.	(iii)	(iv)	(ii)	(i)
D.	(iv)	(iii)	(i)	(ii)

243. **सूची-I** **सूची-II**

(a) जीवन सूचकांक की भौतिक गुणवत्ता (i) डब्लु.डब्लु. रोस्टो
(b) पूंजी का जैव संयोजन (ii) आर.एफ. हैरोड
(c) संवृद्धि की आश्वासित दर (iii) मॉरिस डी. मॉरिस
(d) संवृद्धि सिद्धान्त की अवस्थायें (iv) कार्ल मार्क्स

कोड:

	(a)	(b)	(c)	(d)
A.	(iv)	(iii)	(i)	(ii)
B.	(iii)	(iv)	(i)	(ii)
C.	(ii)	(iii)	(i)	(iv)
D.	(iii)	(iv)	(ii)	(i)

244. **सूची-I** **सूची-II**

(a) अवमूल्यनों का आय प्रभाव (i) अवमूल्यन
(b) अवमूल्यन का कीमत प्रभाव (ii) लोच उपागम
(c) B.O.P. में असंतुलन को ठीक करने का माप (iii) S D Rs
(d) अंतर्राष्ट्रीय तरलता (iv) अवशोषण उपागम

कोड:

	(a)	(b)	(c)	(d)
A.	(ii)	(i)	(iii)	(iv)
B.	(iv)	(iii)	(ii)	(i)
C.	(iv)	(ii)	(i)	(iii)
D.	(iii)	(ii)	(i)	(iv)

245. **सूची-I** **सूची-II**

(a) पूंजी बाजार का विनियमन (i) C A C P
(b) चयनात्मक साख नियन्त्रण (ii) गाडगिल फार्मूला
(c) न्यूनतम समर्थन कीमत (iii) R B I
(d) योजना अंतरण (iv) S E B I

कोड:

	(a)	(b)	(c)	(d)
A.	(iv)	(i)	(ii)	(iii)
B.	(iv)	(iii)	(ii)	(i)
C.	(ii)	(iii)	(iv)	(i)
D.	(iv)	(iii)	(i)	(ii)

246. **सूची-I** **सूची-II**

(a) n_{c_r} (i) $\frac{\lfloor n}{\lfloor r}$
(b) n_{p_r} (ii) $\lfloor n$
(c) $n_{c_r} \times \lfloor n-r$ (iii) $\frac{\lfloor n}{\lfloor n-r \lfloor r}$
(d) $n_{p_r} \times \lfloor n-r$ (iv) $\frac{\lfloor n}{\lfloor n-r}$

कोड:

	(a)	(b)	(c)	(d)
A.	(ii)	(iii)	(iv)	(i)
B.	(iii)	(i)	(ii)	(iv)
C.	(iv)	(ii)	(i)	(iii)
D.	(iii)	(iv)	(i)	(ii)

निर्देश: *नीचे दिया परिच्छेद पढ़िए और परिच्छेद की अपनी समझ के आधार पर प्रश्न संख्या 247 से 250 तक का उत्तर दीजिए।*

सूक्ष्म आर्थिक छानबीन के समर्थन में संरक्षण के लिये जो तर्क दिया जाता है वो शिशु उद्योग का तर्क है। इसका अर्थ है कि राष्ट्र को वस्तु में सम्भाव्य तुलनात्मक लाभ हो सकता है परन्तु ज्ञान के अभाव की वजह से और उत्पादन (आगत) का प्रारम्भिक छोटा स्तर की वजह से उद्योग, ज्यादा मजबूत विदेशी फर्मों के साथ सफलतापूर्वक प्रतिस्पर्धा नहीं कर सकता है। संरक्षण के लिए, शिशु-उद्योग तर्क सही है परन्तु उसे कई महत्वपूर्ण योग्यताओं की आवश्यकता है। पहला, ऐसा तर्क विकासोन्मुख राष्ट्रों के लिये ज्यादा न्यायसंगत ठहरता है जहां पूंजीगत बाजार शायद उचित रूप से कार्य नहीं करेंगे। दुसरा, जैसा कि अनुभव ने यह दर्शाया है कि एक बार दी गई सुरक्षा को हटाना कठिन होता है। तृतिय,

आयात प्रशुल्क के रूप में दी गई वाणिज्य सुरखा की अपेक्षा उसके बराबर का दिया गया परिदान (सब्सिडी) शिशु-उद्योग के लिए कहीं बेहतर सिद्ध हो सकता है। इसका कारण यह है कि ऐसा विशुद्ध घरेलू विरूपण को विशुद्ध घरेलू नौति से दूर कियां जाए। इसके लिए शिशु-उद्योग को प्रत्यक्ष उत्पादन-सब्सिडी से अपनाया जा सकता है। उत्पादन सब्सिडी अनुदान का अधिक प्रत्यक्ष रूप है और इसे आयात-प्रशुल्क की अपेक्षा आसानी से हटाया जा सकता है। उद्योग को प्रत्यक्ष सब्सिडी प्रदान करना सिमा शुल्क देने से बेहतर नीति होगी। यह उन क्रियाओं के जो बाह्य निरर्थकारीताओं को हतोत्साहित करने के लिए दिया जाता है क्योंकि ऐसे कर से अनुपातिक मूल्यों और उपभोग में विकृति नहीं आती।

247. ज्यादा मजबूत विदेशी फर्मों के साथ प्रतिस्पर्धा करने में उद्योग को किस वजह से बाधायें आती हैं :

A. ज्ञान और प्रौद्योगिकी का अभाव
B. पूंजी का अभाव और प्रारम्भिक उत्पादन का निम्न स्तर
C. ज्ञान का अभाव और उत्पादन का प्रारम्भिक निम्न स्तर
D. लचीलेपन का अभाव

248. विकासोन्मुख देश किस के द्वारा चरित्रांकित होते हैं:

A. मुद्रा बाजार की गलत कार्यकारिता
B. पूंजी बाजारों की अनुपस्थिति
C. मुद्रा बाजार और पूंजी बाजार दोनों की अनुपस्थिति
D. पूंजी बाजार की गलत कार्यकारिता

249. व्यापार संरक्षण का उपयुक्त रूप क्या है?

A. निर्यात शुल्क
B. आयात शुल्क
C. निर्यात के लिये आर्थिक सहायता
D. गैर-शुल्क बाधाएं

250. निम्नांकित में से कौनसी गतिविधि बाह्य सुलाभ को उत्पन्न करने के लिए उपयुक्त है?

A. प्रत्यक्ष कर
B. सीमा शुल्क
C. व्यापार नीतियां
D. उत्पादन के लिए आर्थिक सहायता

251. उपभोक्ता बचत के सिद्धान्त की परिकल्पना इनमें से किसके द्वारा प्रतिपादित की गयी?

A. रिकार्डो B. फिशर
C. मार्शल D. पिगु

252. पूरक वस्तुओं के लिए अनधिमान वक्र (indifference curve) का आकार इनमें से किस प्रकार का होता है?

A. सीधी रेखा
B. नीचे की ओर ढ़ालू रेखा
C. समकोण
D. ऋणात्मक ढ़ालू वक्र

253. पॉल.एम. स्विजी ने इनमें से किसकी व्याख्या करने के लिए किंक मांग वक्र का प्रयोग किया था?

A. अल्पाधिकार में कीमत निर्धारण
B. अल्पाधिकार में कीमत अनम्यता (Price rigidity)
C. अल्पाधिकार में लाभ अधिकतमकरण
D. अल्पाधिकार में कीमत निर्गत निर्धारण

254. फिलिप्स वक्र के अनुसार जब मुद्रा स्फीति की दर अधिक होती है तबः

A. बेरोजगारी भी बढ़ी है
B. बेरोजगारी की दर कम होती है
C. बेराजगारी स्थिर रहेगी
D. पूर्ण रोजगार की स्थिति होगी

255. मिल्टन फ्रीडमैन के अनुसार मुद्रा का परिमाणात्मक सिद्धान्त से सम्बन्धित है?

A. कीमत का सिद्धान्त
B. आय का सिद्धान्त
C. मुद्रा के लिए मांग का सिद्धान्त
D. मुद्रा की पूर्ति का सिद्धान्त

256. तर्क संगत प्रत्याशाओं की प्राक्कल्पना के अनुसार भावी नीति का अनुमान लगाने के लिए आर्थिक एजेंटः

A. हमेशा सही होते हैं
B. हमेशा गलत होते हैं
C. व्यवस्थित त्रुटियाँ करते हैं
D. यादृच्छिक त्रुटियाँ करते हैं

257. मार्क्स के अनुसार पूँजी के सावयव संयोजन (organic composition of capital) में वृद्धि इनमें से किसकी ओर अग्रसर करती है?

A. अर्थव्यवस्था की विकास दर में वृद्धि
B. रोजगार में वृद्धि

C. लाभ की दर में कमी

D. लाभ की दर में वृद्धि

258. अविकसित देशों में निम्नलिखित में कौन-सा लक्षण सर्वत्र नहीं मिलता?

A. प्रतिव्यक्ति अल्पतम आय

B. जनसंख्या का उच्च घनत्व

C. सकल घरेलु उत्पाद में कृषि का ऊँचा प्रभाग (G.D.P.)

D. निम्न साक्षरता दर

259. निम्नलिखित में से किस मॉडल (पद्धति) में मानव-पूँजी की महत्वपूर्ण भूमिका होती है?

A. नव-संस्थापक मॉडल

B. अन्तर्जात विकास मॉडल

C. मार्क्सवाद मॉडल

D. हरॉड-दोमर मॉडल

260. भारत में पहली बार 'शून्य-आधार' बजट किस वित्त मंत्री के कार्यकाल में पारित हुआ।

A. पी. चिदम्बरम् B. मनमोहन सिंह

C. वी.पी. सिंह D. जसवन्त सिंह

261. गाडगिल फॉर्मूला किस पर लागू होता है?

A. योजना आयोग द्वारा प्रदत्त अनुदान पर

B. वित्त आयोग द्वारा प्रदत्त अनुदान पर

C. आर.बी.आई द्वारा प्रदत्त अनुदान पर

D. विदेशों द्वारा प्रदत्त अनुदान पर

262. कर के अतिरिक्त भार का मतलब है:

A. कर से निवल कल्याण की हानि

B. बहुत अधिक भार

C. मुद्रा भार के ऊपर और भार

D. मुद्रा भार और वास्तविक भार

263. संयुक्त राज्य अमरीका के आयात-निर्यात में उत्पाद साधन संरचना संदर्भ में ल्योनतिफ विरोधाभास:

A. हैक्सहर - ओलिन पद्धति का समर्थन करता है

B. हैक्सहर - ओलिन पद्धति का खण्डन करता है

C. प्रेबिश - सिंगर पद्धति का समर्थन करता है

D. प्रेबिश - सिंगर पद्धति का खंडन करता है

264. भारत ने कितने देशों को वैधानिक, स्वास्थ्य, सामाजिक और नियुक्तियाँ आदि सेवाओं की आपूर्ति के लिये प्रस्ताव किया?

A. 30 देश B. 27 देश

C. 49 देश D. 5 देश

265. व्यापार सुधार के लिए एक महत्वपूर्ण तत्व है:

A. निर्यात कर (शुल्क) में वृद्धि

B. आयात कर (शुल्क) में कमी

C. निर्यात कर (शुल्क) को स्थिर रखना

D. आयात कर शुल्क को स्थिर रखना

266. नवीन उद्योग नीति का प्रमुख बल __________ की अधिकतम भागीदारी आमंत्रित करता है।

A. सार्वजनिक क्षेत्र B. स्टॉक धारक

C. निजी क्षेत्र D. बैंक

267. यदि दो चरों के बीच सहसंबंध गुणांक -1 के बराबर है, तो ये चर __________ है।

A. असहसंबंधित

B. औसत् दर्जे के सहसंबंधित

C. उच्चस्तरीय सहसंबंधित

D. पूर्ण रूप में सहसंबंधित

268. प्रायिकता बंटन जिसमें माध्य (औसत) और चर बराबर होते है:

A. पॉइसजन B. बाइनॉमियल

C. नार्मल D. काई-रक्वेयर (x^2)

269. $H_0 : \mu = \mu_0$ को $H_1 : \mu \neq \mu_0$ के विरोध में परीक्षण के लिए यदि $N(\mu, \sigma^2)$, जबकि σ^2 मालूम हो, तब H_0 को स्वीकार नहीं किया जाएगा यदि:

A. $|\bar{x} - \mu_0| > \frac{\sigma}{\sqrt{n}} z_{\alpha/2}$

B. $|\bar{x} - \mu_0| \leq \frac{\sigma}{\sqrt{n}} z_{\alpha/2}$

C. $|\bar{x} - \mu_0| \geq \frac{s}{\sqrt{n}} t_{\alpha/2}(n-1)$

D. $|\bar{x} - \mu_0| < \frac{s}{\sqrt{n}} t_{\alpha/2}(n-1)$

270. प्रतिगामी गुणांक इनमें से किससे स्वतंत्र होता है?

A. उत्पत्ति (origin) और अनुमाप का परिवर्ततन

B. केवल उत्पत्ति का परिवर्तन

C. केवल अनुमाप का परिवर्तन

D. न उत्पत्ति के और न अनुमाप के परिवर्तन से

निर्देशः *प्रश्न संख्या 271 से 280 के लिये निम्नलिखित कथनों पर विचार कीजिये तथा दिये गये कूट से सही उत्तर छाँटिये।*

271. कथन (A) : लाँग रन फिलिप वक्र एन ए आई आर यू की परिस्थिति में खड़ी रेखा है।

तर्क (R) : बेरोजगार की स्फीति दर का अत्वरण, लगभग, मान लिया गया है।

A. दोनों **(A)** और **(R)** गलत हैं।

B. दोनों **(A)** और **(R)** सही है और **(R)** इसका कारण नहीं है।

C. दोनों **(A)** और **(R)** सही है और **(R)** सही व्याख्या है।

D. **(A)** सही है, **(R)** गलत है।

272. कथन (A) : उत्पाद का स्तर निर्धारित करने में साधन कीमत अनुपात महत्वहीन है।

तर्क (R) : निर्धारित गुणांक उत्पादन प्रकार्य करता है।

A. दोनों **(A)** और **(R)** सही है परन्तु **(R)** व्याख्या नहीं है।

B. दोनों **(A)** और **(R)** गलत हैं।

C. दोनों **(A)** और **(R)** सही है और **(R)** व्याख्या है।

D. **(A)** सही है, परन्तु **(R)** गलत है।

273. कथन (A) : विकास की संतुलित स्थिति की पद्धति के संदर्भ में अतटस्थ प्रौद्योगिकीय प्रगति की एक ब्रांड उतनी ही ठीक है जितनी कि दूसरी।

तर्क (R) : उत्पादन विधेय में प्रतिस्थापन की लोच एक है।

A. दोनों **(A)** और **(R)** गलत हैं।

B. दोनों **(A)** और **(R)** सही हैं।

C. **(A)** सही है **(R)** गलत है।

D. **(A)** गलत है, **(R)** सही है।

274. कथन (A) : योजना के स्वर्णिम काल में अमर्त्य सेन ने भारत के लिए गहन पूँजी प्रौद्योगिकी का विकल्प स्थापित किया।

तर्क (R) : भारत सापेक्षतया श्रम-प्रधान देश था।

A. दोनों **(A)** और **(R)** सही है तथा **(R)** उसकी व्याख्या है।

B. **(A)** सही हैं परन्तु **(R)** गलत हैं।

C. दोनों **(A)** और **(R)** सही हैं परन्तु **(R)** सही व्याख्या नहीं हैं।

D. **(A)** गलत है, परन्तु **(R)** सही हैं।

275. कथन (A) : भारत पश्चिमी 'व्यापार प्रक्रिया बाह्यस्रोत' के लिए प्रत्याशित स्थान है।

तर्क (R) : भारत में अंग्रेजी बोलनेवालों का बड़ा संघ है।

A. दोनों **(A)** और **(R)** सही है तथा **(R)** उसकी व्याख्या है।

B. दोनों **(A)** और **(R)** गलत हैं।

C. **(A)** गलत है **(R)** सही है।

D. दोनों **(A)** और **(R)** सही हैं परन्तु **(R)** सही व्याख्या नहीं है।

276. कथन (A) : सुधारोत्तर समय में भारतीय अर्थव्यवस्था विकास प्रक्षेप पथ के उच्चतर स्थिति पर है।

तर्क (R) : व्यापार विकास का इंजन है।

A. **(A)** सही है और **(R)** गलत है।

B. दोनों **(A)** और **(R)** सही हैं परन्तु **(R)** सही व्याख्या नहीं है।

C. दोनों **(A)** और **(R)** सही हैं और **(R)** उसकी व्याख्या है।

D. दोनों **(A)** और **(R)** सही हैं।

277. कथन (A) : व्यापार-चक्र अनुभव सिद्ध यथार्थ हैं।

तर्क (R) : नवप्रवर्तन 'सर्जनात्मक विनाश' के कार्य हैं।

A. दोनों **(A)** और **(R)** गलत है।

B. दोनों **(A)** और **(R)** सही हैं परन्तु **(R)** उसकी व्याख्या हो यह आवश्यक नहीं है।

C. दोनों **(A)** और **(R)** सही हैं और **(R)** उसकी व्याख्या है।

D. **(A)** गलत है **(R)** सही हैं।

278. कथन (A) : तटस्थ कर व्यावहारिक (feasible) होते हैं।

तर्क (R) : तटस्थ कर अतिरिक्त (excess) बोझ नहीं होते।

A. दोनों **(A)** और **(R)** सही हैं और **(R)** व्याख्या है।

B. दोनों **(A)** और **(R)** सही हैं परन्तु **(R)** सही व्याख्या नहीं है।

C. **(A)** गलत है परन्तु **(R)** सही है।

D. **(A)** सही है परन्तु **(R)** गलत हैं।

279. **कथन (A) :** Z-टैस्ट जनसंख्या औसत जाँचने के लिए प्रयुक्त किया जाता है।

तर्क (R) : सभी सांख्यकी वितरण सैंट्रल लिमिट थ्योरम के अनुसार होते हैं।

A. दोनों **(A)** और **(R)** सही है और **(R), (A)** की व्याख्या है।

B. दोनों **(A)** और **(R)** सही हैं परन्तु **(R), (A)** की सही व्याख्या नहीं हैं।

C. **(A)** सही है, परन्तु **(R)** गलत है।

D. **(A)** गलत है, परन्तु **(R)** सही है।

280. **कथन (A) :** भारत को स्वास्थ्य सेवाओं पर बहुत पैसा लगाना होगा।

तर्क (R) : भारत में बीमारु राज्य हैं।

A. दोनों **(A)** और **(R)** सही हैं।

B. **(A)** सही है **(R)** गलत है।

C. दोनों **(A)** और **(R)** सही हैं और **(R)** व्याख्या है।

D. दोनों **(A)** और **(R)** सही हैं परन्तु **(R)** उसकी व्याख्या नहीं है।

निर्देशः *प्रश्न संख्या 281 से 288 के लिये कालक्रमानुसार (विकास की दृष्टि से) निम्नलिखित का सही क्रम बताइए:*

281. (i) स्वप्रकाशित अधिमान सिद्धान्त

(ii) एकेरलोफ (Akerlof) लैमन'स् मंडी

(iii) क्रमसूचक उपयोगिता विश्लेषण

(iv) एन.एम. उपयोगिता विश्लेषण

कोड:

A.	(ii)	(i)	(iii)	(iv)
B.	(i)	(iv)	(ii)	(iii)
C.	(iii)	(ii)	(iv)	(i)
D.	(iv)	(ii)	(i)	(ii)

282. (i) गुणक-त्वरण (Multiplier - Accelerator interaction) अन्योन्य क्रिया एवं व्यापार चक्र

(ii) व्यापार चक्र का केन्स का सिद्धान्त

(iii) व्यापार चक्र का सनस्पॉट सिद्धान्त

(iv) व्यापार चक्र का (Hawtrey's) हौट्रे का मुद्रा सिद्धान्त

कोड:

A.	(ii)	(iii)	(iv)	(i)
B.	(iii)	(iv)	(ii)	(i)
C.	(i)	(ii)	(iv)	(iii)
D.	(iv)	(ii)	(i)	(iii)

283. (i) फाइ-रानिस पद्धति

(ii) लुईस की दोहरी (Duel) आर्थिक पद्धति

(iii) टोडारो की ग्रामीण-शहरी प्रवसन पद्धति

(iv) द्वैत पद्धति का जार्जनसन (Jorgenson) द्वारा परीक्षण

कोड:

A.	(iii)	(i)	(ii)	(iv)
B.	(i)	(ii)	(iii)	(iv)
C.	(ii)	(i)	(iv)	(iii)
D.	(iv)	(ii)	(i)	(iii)

284. (i) अंतरा-उद्योग व्यापार पद्धति

(ii) तुलनात्मक लागत सिद्धान्त

(iii) लियोनटिफ पैराडाक्स

(iv) हैक्सर - ओहेलिन थ्योरम

कोड:

A.	(ii)	(iv)	(iii)	(i)
B.	(i)	(ii)	(iii)	(iv)
C.	(iv)	(iii)	(ii)	(i)
D.	(iii)	(ii)	(i)	(iv)

285. (i) योजना आयोग

(ii) महलनेबिस पद्धति

(iii) प्लॅन हौलिडे

(iv) रोलिंग प्लॅन

कोड:

A.	(ii)	(iii)	(i)	(iv)
B.	(iv)	(ii)	(iii)	(i)
C.	(i)	(ii)	(iii)	(iv)
D.	(iii)	(i)	(iv)	(ii)

286. (i) डबल्यू.टी.ओ.

(ii) जी.ए.टी.टी.

(iii) हांगकांग शिखर सम्मेलन

(iv) डंकल ड्राफ्ट

कोड:

A.	(i)	(ii)	(iii)	(iv)
B.	(iv)	(i)	(iii)	(ii)
C.	(iii)	(iv)	(i)	(ii)
D.	(ii)	(iii)	(iv)	(i)

287. (i) वालरस (ii) विकसेल

(iii) जे.एस. मिल (iv) मार्शल

कोड:

A.	(iii)	(i)	(iv)	(ii)
B.	(i)	(ii)	(iii)	(iv)
C.	(iv)	(iii)	(ii)	(i)
D.	(ii)	(iii)	(i)	(iv)

288. (i) तटस्थ राजकोषीय नीति
(ii) प्रकार्यात्मक वित्त
(iii) संतुलित बजट
(iv) प्रतिपूरक राजकोषीय नीति

कोड:

A.	(i)	(ii)	(iii)	(iv)
B.	(ii)	(iii)	(i)	(iv)
C.	(iv)	(i)	(iii)	(ii)
D.	(i)	(iii)	(iv)	(ii)

निर्देशः *मिलान के मद (प्रश्न सं. 289 से 296 तक): इसमें दो सूचियाँ दी गई हैं। एक में घटनाएँ/सिद्धान्त/मॉडल एवं कथन आदि दिए गए हैं और दूसरी में लेखक/वर्ष दिए गए हैं। अभ्यार्थियों को सूची I में दिए गए मदों को सूची II में दिए गए मदों को दी गई कोड की सहायता से सही मेल का चयन करके मिलाना है।*

289. **सूची-I** — **सूची-II**
(a) असंतुलित विकास — (i) हर्षमन, ए.ओ
(b) R और D एवं विकास — (ii) मार्क्स, के
(c) मानव पूँजी और विकास — (iii) रोमर, पी
(d) बेशी मूल्य तथा संचय — (iv) आर. ल्यूकस

कोड:

	(a)	(b)	(c)	(d)
A.	(i)	(ii)	(iii)	(iv)
B.	(iv)	(iii)	(ii)	(i)
C.	(i)	(iii)	(iv)	(ii)
D.	(ii)	(iv)	(i)	(iii)

290. **सूची-I** — **सूची-II**
(a) निर्यात निराशावाद — (i) एम्मनयुअल, ए.
(b) असमान विनिमय — (ii) प्रबिश, आर
(c) समीक्षात्मक न्यूनतम प्रयत्न अभिधारणा — (iii) शूमपीटर, जे
(d) नवप्रवर्तन उद्यमवृति — (iv) एच. लायबेनस्टेन

कोड:

	(a)	(b)	(c)	(d)
A.	(i)	(ii)	(iii)	(iv)
B.	(ii)	(i)	(iv)	(iii)
C.	(iii)	(iv)	(ii)	(i)
D.	(iv)	(iii)	(i)	(ii)

291. **सूची-I** — **सूची-II**
(a) रिजर्व बैंक आफ इंडिया — (i) 1968
(b) प्रथम वित्त आयोग — (ii) 1950
(c) गाडगिल फार्मूला — (iii) 1935
(d) योजना आयोग — (iv) 1952

कोड:

	(a)	(b)	(c)	(d)
A.	(ii)	(i)	(iv)	(iii)
B.	(i)	(ii)	(iii)	(iv)
C.	(iii)	(iv)	(i)	(ii)
D.	(iv)	(iii)	(ii)	(i)

292. **सूची-I** — **सूची-II**
(a) निवेश गुणक — (i) आर.एफ. काहन् (Kahn)
(b) रोजगार गुणक — (ii) मिल्टन फ्रीडमन
(c) मुद्रा-मूल्य सिद्धान्त का पुनर्कथन — (iii) ए. लाफ्फर
(d) आपूर्तिपक्ष का अर्थशास्त्र — (iv) जे.एम.केन्स

कोड:

	(a)	(b)	(c)	(d)
A.	(iv)	(i)	(ii)	(iii)
B.	(i)	(ii)	(iii)	(iv)
C.	(iv)	(iii)	(ii)	(i)
D.	(ii)	(iv)	(i)	(iii)

293. **सूची-I** — **सूची-II**
(a) सीमांत क्रांति — (i) सैमुअलसन
(b) गुणक त्वरक मॉडल — (ii) जे.आर. हिक्स
(c) IS - LM वक्र — (iii) शुमपीटर
(d) पूँजीवाद, समाजवाद तथा जनतंत्र — (iv) जेवन्स

कोड:

	(a)	(b)	(c)	(d)
A.	(iv)	(i)	(ii)	(iii)
B.	(iii)	(ii)	(iv)	(i)
C.	(ii)	(iii)	(i)	(iv)
D.	(i)	(iv)	(iii)	(ii)

294. **सूची-I** — **सूची-II**
(a) उत्पाद विभेदन (Product Differentiation) — (i) सराफा
(b) द्वि-अधिकार विश्लेषण — (ii) मौडीग्लियनी

(c) वस्तुओं द्वारा वस्तुओं का उत्पादन (Production of commodities by means of commodities) (iii) कोरनाट

(d) जीवन चक्र परिक्कल्पना (Life cycle Hypothesis) (iv) चैम्बरलिन

कोड:

	(a)	(b)	(c)	(d)
A.	(iv)	(iii)	(i)	(ii)
B.	(iii)	(iv)	(ii)	(i)
C.	(ii)	(i)	(iii)	(iv)
D.	(i)	(ii)	(iv)	(iii)

295. सूची-I — सूची-II

(a) $H_0 : \mu = \mu_0$, $H_1 : \mu > \mu_0$ — (i) वितरण के सभी आयाम महत्वपूर्ण है।

(b) सरल परिक्कल्पना — (ii) बिंदु प्राक्कलन

(c) एकरूपता — (iii) एक पक्षीय टैस्ट

(d) $P_{01} \times P_{10} = 1$ — (iv) काल विपर्यय टैस्ट

कोड:

	(a)	(b)	(c)	(d)
A.	(ii)	(iii)	(i)	(iv)
B.	(i)	(iv)	(ii)	(iii)
C.	(iii)	(i)	(ii)	(iv)
D.	(iii)	(iv)	(ii)	(i)

296. सूची-I — सूची-II

(a) स्वतंत्र घटनाओं A तथा B के लिए — (i) $P(A \cap B) = 0$

(b) परस्पर व्यावर्तक घटनाओं A तथा B के लिए — (ii) $P(A \cap B) = P(A).P(B)$

(c) $A \subseteq B$ — (iii) बेयीस (Bayes) थ्योरम

(d) सोपाधिक सम्भाव्यता — (iv) $P(B) \geq P(A)$

कोड:

	(a)	(b)	(c)	(d)
A.	(ii)	(iv)	(i)	(iii)
B.	(ii)	(i)	(iv)	(iii)
C.	(i)	(ii)	(iv)	(iii)
D.	(iv)	(i)	(ii)	(ii)

निर्देशः *नीचे दिए गए परिच्छेद पढ़िए और इसको समझकर इस पर आधारित 297 से 300 प्रश्नों के उत्तर दीजिए:*

वर्तमान स्थिति मुझे विश्व की 70 वर्ष पहले की स्थिति की याद कराती है। जब विश्व महा मंदी (ग्रेट डिप्रेशन) की स्थिति के कारण नीचे की ओर आ रहा था, निर्बाध बाजार के समर्थकों ने कहा, "चिंता की कोई बात नहीं है, बाजार का स्व-नियमन होता है, तथा समय के साथ, आर्थिक समृद्धि पुनः प्राप्त होगी।" दूरके भविष्य में समृद्धि आयेगी ऐसा सोचके बेरोजगारी की वजह से वर्तमान में जिनकी जिंदगी दुःखी हो रही है इनकी चिंता करने की जरुरत नहीं है। केन्स का मानना था कि बाजार का स्वतः नियंत्रण शक्य नहीं है या कम से कम निर्धारित समय में सुधार नहीं होता। (जैसा कि उसका कथन प्रचलित है, "दीर्घावधि में, हम सबको मरना है।") बेरोजगारी कुछ वर्षों तक रह सकती थी तथा इसके लिए सरकारी हस्तक्षेप की आवश्यकता थी। केन्स का उपहास किया गया- उसको समाजवाद से जोड़ा गया, बाजार का आलोचक कहा गया। यद्यपि एक दृष्टि से वह कट्टर रूढ़िवादी था। उसका बाजार में मूलभूत विश्वास था, यदि केवल सरकार उसे सही कर सकती है तो यह एक असफलता है, अर्थव्यवस्था अच्छी तरह संतुलित ढंग से कार्य कर सकती है। वह बाजार व्यवस्था का पूरी तरह से प्रतिस्थापन नहीं चाहता था, परन्तु वह यह जानता था कि जब तक इस मूलभूत समस्याओं की ओर ध्यान नहीं दिया जाएगा तब तक भारी लोकमत का दबाव बना रहेगा। केन्स के इन विचारों (मान्यताओं) ने काम किया, द्वितीय विश्व-युद्ध के बाद, संयुक्त राज्य अमरीका जैसे देशों ने उनका अनुकरण किया, उन्हें बहुत कम एवं लघु अवधि के लिए ही मंदी का सामना करना पड़ा, उनका पहले से अधिक विस्तार हुआ।

297. महा मंदी (ग्रेट डिप्रेशन) के समय, निर्बाध बाजार के समर्थकों ने तर्क दिया कि:

A. बाजार असफल होने की ओर प्रवृत होते हैं।

B. बाजारों का स्वनियमन होता हैं।

C. सरकार को मुद्रा नीति के द्वारा हस्तक्षेप करना चाहिए।

D. सरकार को राजकोषीय नीति के द्वारा हस्तक्षेप करना चाहिए।

298. महा-मंदी (ग्रेट डिप्रेशन) के समय केन्स निम्नलिखित में से क्या थे?

A. निर्बाध बाजार के समर्थक के रूप में जुड़े थे।

B. सक्रिय मुद्रा नीति के समर्थक के रूप में जुड़े थे।

C. एक समाजवादी के रूप में जुड़े थे।

D. निष्क्रिय मुद्रा नीति के समर्थक के रूप में जुड़े थे।

299. केन्स निम्नलिखित में से किसके पक्ष में थे?

A. बाजार व्यवस्था का पूरी तरह से प्रतिस्थापन
B. विश्व के लिए समाजवादी व्यवस्था का विस्तार किया जाय
C. अविनियमित बाजार व्यवस्था
D. बाजार व्यवस्था का पूरी तरह से प्रतिस्थापन नहीं चाहते थे।

300. केन्स द्वारा निर्धारित नीति का अनुसरण करके:

A. विश्व अर्थव्यवस्था को दीर्घ मंदी से क्षति हुई।
B. विश्व अर्थव्यवस्था को मुद्रा स्फीति की उच्च दर से क्षति हुई।
C. अमरीका की कम तथा लघु-जीवी मंदी का अनुभव रहा।
D. अमरीका में द्वितीय विश्वस युद्ध के बाद बेरोजगारी की दर ऊँची थी।

301. चैम्बरलिन ने लागत की अवधारणा को निम्न रूप में प्रस्तुत किया:

A. स्थायी लागत
B. चलायमान/अस्थिर लागत
C. विक्रय लागत
D. परिवर्ती लागत

302. यदि वस्तुएं पूर्ण स्थानापन्न हों तो तटस्थता वक्र बन जाती है:

A. अधोमुखी ढलाऊं वक्र
B. नकारात्मक ढ़लान सहित सीधी रेखा
C. समकोण
D. समकोणीय अतिपरवलय

303. C E S उत्पादन फलन निम्नलिखित में से एक के नाम के साथ सम्बन्धित है:

A. जोन रोबिनसन B. बी.एस. मिन्हास्
C. मनमोहन सिंह D. ए.के. सेन

304. उपभोग का मनोवैज्ञानिक नियम किस ने दिया?

A. मिल्टन फ्रीडमेन B. पीगू
C. टॉबिन D. कीन्स

305. जब मुद्रा की मांग की ब्याज लोच शून्य होती है तो L - M वक्र:

A. Y - अक्ष के लम्बरुप समान्तर होती है
B. X - अक्ष के क्षितिजीय समान्तर होती है।
C. सकारात्मक ढ़लवां सीधी रेखा
D. नकारात्मक ढ़लवा सीधी रेखा

306. बेरोजगारी की प्राकृतिक दर वो दर है जहाँ पर:

A. मुद्रा स्फीति की दर स्थिर होती है
B. मुद्रा स्फीति की दर अस्थिर है
C. मुद्रा स्फीति की दर गिर रही है
D. मुद्रा स्फीति की दर बढ़ रही है

307. छुरी-धार (Knife - edge) समस्या किस मॉडल में है?

A. सोलो मॉडल
B. काल्डर मॉडल
C. जोन रोबिन्सन मॉडल
D. हैरोड-डोमर मॉडल

308. असंतुलित वृद्धि का सिद्धान्त किस ने प्रतिपादित किया?

A. इ. डोमर B. ए.के. सेन
C. ए.ओ. हर्षमैन D. डब्लु.ए. लिविस

309. अर्द्ध विकसित देशों में सामाजिक कारक:

A. वृद्धि को शिथिल करते हैं
B. वृद्धि को बढ़ावा देते हैं
C. वृद्धि को अधिकतम करते हैं
D. निम्न वृद्धि की ओर प्रवृत्त करते हैं

310. अपवर्ज़न सिद्धान्त इन पर लागू नहीं होता:

A. योग्यता (मेरिट) वस्तुयें
B. सामाजिक वस्तुयें
C. निजी वस्तुयें
D. समग्र वस्तुयें

311. कर के अति भार से बचने के लिये यह होना चाहियेः

A. कर की निम्न सीमान्त दर
B. कर की शून्य सीमान्त दर
C. कर की मर्यादित/औसत दर्जे की दर
D. कर की युक्तिसंगत सीमान्त दर

312. सार्वजनिक ऋण के शोधन का अर्थ है:

A. सार्वजनिक ऋण की चुकती/अदायगी
B. सार्वजनिक ऋण का भुगतान करने से मना करना
C. सार्वजनिक ऋण को विदेशी मुद्रा के सम्बन्ध में पुनः परिभाषित करना
D. सार्वजनिक ऋण का मुद्रा स्फीति की दर के साथ जोड़ना

313. विश्व व्यापार में स्थायी विनियम दर किस काल के दौरान प्रचलित थी?

A. 1919 - 1939 B. 1919 - 1971

C. 1946 - 1971 D. 1971 से आगे

314. WTO समझौता के अनुसार, भारत को अपने कुछ आयात को कितने प्रतिशत खाद्यान्न आयात करना पड़ेगा?

A. 5 प्रतिशत B. 10 प्रतिशत

C. 15 प्रतिशत D. 30 प्रतिशत

315. यू.एस. डालर के विरुद्ध रुपये की जारी दृढ़ीकरण प्रक्रिया के कारणः

A. अमेरिका को भारतीय निर्यात में वृद्धि होगी

B. अमेरिका को भारतीय निर्यात में कमी होगी

C. अमेरिका से भारत को आयात स्थिर रहेंगे

D. अमेरिका को भारतीय निर्यात स्थिर रहेंगे

316. औद्योगिक लाइसेन्सिंग नीति जांच कमेटी 1967 में किस की अध्यक्षता में बनी थी?

A. आर.के. हजारी B. पी.सी. महलानोबिस

C. दत्त एस. D. बी.के.आर.वी. राव

317. 'हिन्दु वृद्धि' दर किसके द्वारा प्रतिपादित की गई?

A. गाडगिल B. चक्रवर्ती

C. भगवती D. राजकृष्णा

318. यदि $\beta_2 > 3$, तो वक्र कहलाता है :

A. प्लेटीकुर्टिक

B. लेप्टोकुर्टिक

C. मेसोकुर्टिक

D. उपरोक्त में से कोई नहीं

319. यदि दो प्रतिगमन गुणक (– 0.45) और (–0.8) द्वारा दिये गये हैं, तो सहसम्बन्ध का गुणकः

A. 0.6 B. 0.36

C. –0.6 D. –0.36

320. साधन विपर्यय परीक्षण किस को सन्तुष्ट करता है?

A. लेसपेयस का सूचकांक न.

B. मार्शल एजवर्थ का सूचकांक न.

C. फिशर का सूचकांक नं.

D. पाशे का सूचकांक नं.

निर्देशः *नीचे दो कथन दिये गये हैं एक अभिकथन (A) का, और दूसरे को तर्क (R) का नाम दिया है। प्रश्न संख्या 321 से 330 का उत्तर दिये कोड में से दे।*

321. **अभिकथन (A) :** व्यक्ति विनियोग के औसत प्रतिफलन को महत्व देता है परन्तु उसके प्रतिसरण को पसंद नहीं करता।

तर्क (R) : सामान्यतः व्यक्ति जोखिम के प्रति अनिच्छुक रहते हैं।

निम्न में से सही उत्तर का चयन करेंः

कोड:

A. (A) और (R) दोनों सत्य हैं और (R), (A) की सही व्याख्या है।

B. (A) और (R) दोनों सत्य हैं परन्तु (R), (A) की सही व्याख्या नहीं है।

C. (A) सत्य है परन्तु (R) असत्य है।

D. (A) असत्य है परन्तु (R) सत्य है

322. **अभिकथन (A) :** प्रतिस्पर्धात्मक संतुलन में सम्पूर्ण आउटपुट कारकों के भुगतानों में खाली हो जाता है।

तर्क (R) : प्रतियोगी स्थितियों में पैमाने के प्रतिफल स्थिर होते हैं।

निम्न में से सही उत्तर का चयन करेंः

कोड:

A. (A) और (R) दोनों स्त्य हैं और (R), (A) की सही व्याख्या है।

B. (A) सत्य है परन्तु (R) असत्य है।

C. (A) और (R) दोनों असत्य है।

D. (A) और (R) दोनों सत्य हैं परन्तु (R), (A) सही व्याख्या नहीं है।

323. **अभिकथन (A) :** संवृद्धि के नव-क्लासीकल मॉडल, संवृद्धि की स्थिरक स्थिति की भविष्यवाणी करते हैं।

तर्क (R) : बचत विनियोग में समता की कल्पना की गई है।

निम्न में से सही उत्तर का चयन करेंः

कोड:

A. (A) और (R) दोनों सत्य हैं और (R), (A) की सही व्याख्या है।

B. (A) और (R) दोनों असत्य है।

C. (A) और (R) दोनों सत्य हैं परन्तु (R), (A) की सही व्याख्या है।

D. (A) सत्य है परन्तु (R) असत्य है।

324. अभिकथन (A) : सेन का P-माप हेड-काउंट रेशो और पावर्टी गेप रेशो दोनों से ज्यादा पसन्द किया जाता है।

तर्क (R) : सेन को नोबल पुरस्कार मिला।

निचे दिये गये कथनों में सही उत्तर का चयन करें।

कोड:

A. (A) और (R) दोनों सत्य हैं और (R), (A) की सही व्याख्या है।

B. (A) और (R) दोनों सत्य है परन्तु (R), (A) की सही व्याख्या नहीं है।

C. (A) असत्य है परन्तु (R) सत्य है।

D. (R) और (R) दोनों असत्य है।

325. अभिकथन (A) : उदासीनता वक्र शिक्षिजः के उत्तल/उदुब्ज होती हैं।

तर्क (R) : ह्रासमान सीमान्त उपयोगिता का नियम अर्थशास्त्र के क्षेत्र में अपवर्जित है।

निचे दिये गये कथनों में सही उत्तर का चयन करें।

कोड:

A. (A) और (R) दोनों सत्य हैं परन्तु (R), (A) की सही व्याख्या नहीं है।

B. (A) और (R) दोनों असत्य है।

C. (A) और (R) दोनों सत्य है और (R), (A) की सही व्याख्या है।

D. (A) असत्य है परन्तु (R) सत्य है।

326. अभिकथन (A) : भू-मंडलीय आय समानता से प्रवृत्ति दर्शाया है।

तर्क (R) : प्रेबिश-सिंगर ने प्राथमिक उत्पादकों और निर्यातकों के लिये व्यापार की शर्तों में सतत गिरावट की परिकल्पना दी।

निम्नलिखित में से सही उत्तर का चयन करें:

कोड:

A. (A) असत्य है परन्तु (R) सत्य है

B. (A) और (R) दोनों असत्य हैं।

C. (A) और (R) दोनों सत्य हैं और (R), (A) की सही व्याख्या है।

D. (A) और (R) दोनों सत्य हैं (R), (A) की सही व्याख्या नहीं है।

327. अभिकथन (A) : पेशेवरों के लिये श्रम की आपूर्ति वक्र दीर्घीकृत आकार की अवलोकित पायी जाती है।

तर्क (R) : मजदूरी अनुपयोगिता देती है इसलिये आय क्षतिपूर्ति की आवश्यकता है।

नीचे दिये कथनों से सही उत्तर का चयन करें:

A. (A) असत्य है परन्तु (R) सत्य है।

B. (A) और (R) दोनों सत्य हैं परन्तु, (R), (A) की सही व्याख्या नहीं है।

C. (A) और (R) दोनों सत्य हैं और (R), (A) की सही व्याख्या है।

D. (A) सत्य हैं और परन्तु (R) असत्य है।

328. अभिकथन (A) : कीमत नेतृत्व अव्यक्त है।

तर्क (R) : खुले कपटमय समझौते अधिकांश देशों में गैर कानूनी है।

निम्न दिये कथनों में से सही उत्तर दें:

कोड:

A. (A) और (R) दोनों सत्य हैं परन्तु (R), (A) की सही व्याख्या नहीं है।

B. (A) और (R) दोनों सत्य हैं और (R), (A) की सही व्याख्या है।

C. (A) सत्य है परन्तु (R) असत्य है।

D. (A) असत्य है परन्तु (R) सत्य है।

329. अभिकथन (A) : बड़े आकार के सैम्पल के लिये सब वितरण, सामान्य वितरण (Normal distribution) हो जाते हैं।

तर्क (R) : सभी यथार्थ सैम्पल परीक्षणों में मूलभूत मान्यता है कि मूल जनसंख्या जिसमें से सैम्पल लिया गया है, सामान्य नहीं है।

निम्न दिये कथनों में से सही उत्तर का चयन करें:

कोड:

A. (A) और (R) दोनों सत्य हैं और (R), (A) की सही व्याख्या है।

B. (A) और (R) दोनों सत्य हैं परन्तु (R), (A) की सही व्याख्या नहीं है।

C. (A) सत्य है परन्तु (R) असत्य है

D. (A) असत्य है परन्तु (R) सत्य है

330. **अभिकथन (A) :** झारखंड, छत्तीसगढ़, उड़ीसा, भारत के निर्धनता अभिभूत राज्य हैं

तर्क (R) : यह राज्य खनिज संसाधनों में समृद्ध हैं। निम्नलिखित में से सही उत्तर का चयन करें:

कोड:

A. (A) असत्य है परन्तु (R) सत्य है।

B. (A) और (R) दोनों सत्य हैं और (R), (A) की सही व्याख्या है।

C. (A) और (R) दोनों सत्य हैं परन्तु (R), (A) की सही व्याख्या नहीं है।

D. (A) सत्य हैं परन्तु (R) असत्य है।

निर्देश: *प्रश्न संख्या 331 से 338 के लिये (√) चिह्न लगाना है, सही कालानुक्रमिक क्रम का विकल्प चुनें।*

331. (i) कृषि, सम्बन्धी लागतों और कीमतों पर आयोग
(ii) खाद्यान्न जांच समिति
(iii) खाद्यान्नों का राजकीय व्यापार
(iv) खाद्यान्न नीति समिति

कोड:

A.	(i)	(ii)	(iii)	(iv)
B.	(iv)	(iii)	(ii)	(i)
C.	(i)	(ii)	(iii)	(iv)
D.	(ii)	(i)	(iv)	(iii)

332. (i) जनरल थ्योरी ऑफ एम्प्लॉयमेंट, इन्टरेस्ट एण्ड मनी
(ii) एफ्लूएंट सोसाइटी
(iii) वेल्थ ऑफ नेशनस्
(iv) प्रिंसीपलस् ऑफ इकॉनॉमिक्स

कोड:

A.	(iii)	(iv)	(i)	(ii)
B.	(iv)	(iii)	(ii)	(i)
C.	(i)	(ii)	(iii)	(iv)
D.	(ii)	(i)	(iv)	(iii)

333. (i) वोन-न्युमान (ii) केनेथ ऐरो
(iii) रॉबर्ट लुकास (iv) रॉबर्ट सोलो

कोड:

A.	(ii)	(i)	(iv)	(iii)
B.	(i)	(ii)	(iii)	(iv)
C.	(i)	(iv)	(ii)	(iii)
D.	(iii)	(ii)	(i)	(iv)

334. (i) पीकॉक-वाइजैमैन परिकल्पना
(ii) एच्छिक विनिमय उपागम
(iii) लैफ्फर वक्र
(iv) करारोपण का प्रनियम

कोड:

A.	(i)	(ii)	(iii)	(iv)
B.	(iv)	(ii)	(i)	(iii)
C.	(iv)	(iii)	(ii)	(i)
D.	(ii)	(iii)	(iv)	(i)

335. (i) दु-धातुक प्रमानक
(ii) स्वर्ण विनियम प्रमानक
(iii) स्वर्ण प्रमानक
(iv) डॉलर प्रमानक

कोड:

A.	(ii)	(iv)	(i)	(iii)
B.	(iii)	(ii)	(iv)	(i)
C.	(iv)	(i)	(ii)	(iii)
D.	(i)	(iii)	(ii)	(iv)

336. विनियोग का स्पष्टीकरण:
(i) ब्याज की दर पर
(ii) लाभ के स्तर पर
(iii) पूंजी की सीमान्त क्षमता
(iv) बचत का स्तर

कोड:

A.	(i)	(ii)	(iii)	(iv)
B.	(iii)	(iv)	(i)	(ii)
C.	(iv)	(i)	(iii)	(ii)
D.	(ii)	(iii)	(iv)	(i)

337. (i) मिल्टन फ्रीडमेन उपागम
(ii) फिशर का उपागम
(iii) स्टाक बेलेंस उपागम
(iv) कीन्स का उपागम

कोड:

A.	(ii)	(iii)	(iv)	(i)
B.	(i)	(ii)	(iii)	(iv)
C.	(iii)	(i)	(ii)	(iv)
D.	(iv)	(iii)	(i)	(ii)

338. (i) भूमि राजस्व का स्थायी बन्दोबस्त
(ii) समन्वित ग्रामीण विकास कार्यक्रम
(iii) ज्यादा खाद्यान्न उपजाओं अभियान
(iv) हरित क्रान्ति

कोड:

A.	(ii)	(i)	(iii)	(iv)
B.	(iv)	(iii)	(ii)	(i)
C.	(i)	(iii)	(iv)	(ii)
D.	(iii)	(ii)	(i)	(iv)

निर्देशः *दो सूचियां दी गई हैं, एक घटनाओं/सिद्धान्तों/मॉडलों/कथनों इत्यादि की है और दूसरी लेखकों/वर्षों की है। एक का दूसरी सूची से मिलान करें और नीचे दिये कोडों से प्रश्न संख्या 339 से 346 तक के उत्तर का चयन करें:*

339.

सूची-I	सूची-II
(a) कार्य करते हुए सीखना	(i) आर.आर. नेलसन
(b) श्रम विभाजन	(ii) जॉन स्टुवर्ट मिल
(c) स्थिरावस्था आनन्द के रूप में	(iii) एडम स्मिथ
(d) निम्न स्तर का सन्तुलन फंदा	(iv) के.जे. एरो

कोड:

	(a)	(b)	(c)	(d)
A.	(iv)	(ii)	(iii)	(i)
B.	(i)	(ii)	(iii)	(iv)
C.	(iv)	(iii)	(ii)	(i)
D.	(ii)	(iv)	(iii)	(i)

340.

सूची-I	सूची-II
(a) बड़ा दाब	(i) जोन रोबिनसन
(b) 'छुरी-धार'	(ii) आर. रोडन
(c) स्वर्णिम युग	(iii) ई. फेल्पस्
(d) संचयन का स्वर्णिम शासन	(iv) आर.एफ. हारोड

कोड:

	(a)	(b)	(c)	(d)
A.	(i)	(ii)	(iii)	(iv)
B.	(ii)	(iv)	(i)	(iii)
C.	(iv)	(iii)	(ii)	(i)
D.	(iii)	(iv)	(i)	(ii)

341. निम्नलिखित का मिलान करें:

सूची-I	सूची-II
(a) Ho द्वारा अस्वीकृति जब कि वो सत्य है	(i) स्तरित यादृच्छिक प्रतिचयन
(b) माध्य डिग्री ऑफ फ्रीडम के बराबर है	(ii) टाईप-I त्रुटि
(c) जनसंख्या विषमजातीय है	(iii) धनात्मक रूप से स्क्युड् वितरण
(d) माध्य > बहुलक	(iv) x^2 वितरण

कोड:

	(a)	(b)	(c)	(d)
A.	(ii)	(iv)	(iii)	(i)
B.	(i)	(ii)	(iii)	(iv)
C.	(ii)	(iv)	(i)	(iii)
D.	(iv)	(i)	(ii)	(iii)

342. निम्नलिखित का मिलान करें:

सूची-I	सूची-II
(a) वेल्थ ऑफ नेशनस्	(i) डेविड रिकार्डो
(b) ट्रीटीस ऑन मनी	(ii) जगदीश भगवती
(c) इन डिफेंस ऑफ ग्लोबलाईजेशन	(iii) एडम स्मिथ
(d) प्रिंसिपलस् ऑफ पोलिटिकल इकोनिमी एण्ड टेक्सेशन	(iv) कीन्स

कोड:

	(a)	(b)	(c)	(d)
A.	(iii)	(iv)	(ii)	(i)
B.	(i)	(ii)	(iii)	(iv)
C.	(iv)	(iii)	(ii)	(i)
D.	(ii)	(i)	(iv)	(iii)

343. निम्नलिखित का मिलान करें:

सूची-I	सूची-II
(a) विस्तृत होती अर्थव्यवस्था के लिये नियोजन	(i) वी.के.आर.वी. राव
(b) भारत का औद्योगिक क्रम विकास	(ii) दादाभाई नौरोजी
(c) ड्रेन थ्योरी	(iii) डी.आर. गाडगील
(d) भारत की राष्ट्रीय आय	(iv) वकील एवं ब्रह्मानंद

कोड:

	(a)	(b)	(c)	(d)
A.	(iii)	(i)	(iv)	(ii)
B.	(i)	(ii)	(iii)	(iv)
C.	(iv)	(iii)	(ii)	(i)
D.	(i)	(iv)	(iii)	(ii)

344. निम्नलिखित का मिलान करें:

सूची-I	सूची-II
(a) जनरल थ्योरी ऑफ एम्पलायमेंट इन्टरेस्ट एण्ड मनी	(i) डेविड ह्यूम
(b) इकॉनॉमिक्स ऑफ इम्परफेक्ट कम्पीटीशन	(ii) डब्ल्यू.डब्ल्यू. रोस्टो

(c) स्टेजस् ऑफ इकॉनॉमिक्स ग्रोथ (iii) जोन रोबिनसन

(d) स्पैसि फ्लो मैकेनिज्म (iv) जे.एम. कीन्स

कोड:

	(a)	(b)	(c)	(d)
A.	(iv)	(iii)	(ii)	(i)
B.	(i)	(ii)	(iii)	(iv)
C.	(iii)	(i)	(iv)	(ii)
D.	(ii)	(iv)	(i)	(iii)

345. निम्नलिखित का मिलान करें:

सूची-I	सूची-II
(a) कम्युनिस्ट मैनीफेस्टो	(i) रोबर्ट मुन्डल
(b) ग्लोबलाइजेशन एण्ड इटस् डिसकांटेंटस्	(ii) जॉसफ स्टिगलिट्ज
(c) थ्योरी ऑफ ऑप्टीमम करेन्सी एरिया	(iii) कार्ल मार्क्स एवं एंजेल्स्
(d) एसेस् इन पोजिटिव इकॉनॉमिक्स	(iv) मिल्टन फ्रीडमेन

कोड:

	(a)	(b)	(c)	(d)
A.	(ii)	(i)	(iii)	(iv)
B.	(i)	(ii)	(iii)	(iv)
C.	(iii)	(ii)	(i)	(iv)
D.	(iii)	(i)	(iv)	(ii)

346. निम्नलिखित का मिलान करें:

सूची-I	सूची-II
(a) प्रवृत्ति	(i) ((S.D)/मीन)×100
(b) परिवर्तन का गुणांक	(ii) सामान्य
(c) माध्य = np	(iii) समय सारिणी
(d) सममित वितरण	(iv) द्विपद

कोड:

	(a)	(b)	(c)	(d)
A.	(ii)	(iv)	(i)	(ii)
B.	(i)	(iii)	(iv)	(ii)
C.	(iv)	(i)	(iii)	(ii)
D.	(iii)	(i)	(iv)	(ii)

निर्देश: *नीचे दिया गया परिच्छेद पढ़ें और अपनी समझ के अनुसार प्रश्न संख्या 347 से 350 का उत्तर दें:*

भू-मंडलीय आर्थिक सुरक्षा सुनिश्चित करने का ज्यादां कठिन कार्य आई.एम.एफ. (IMF) को सौंपा गया था। जिन देशों ने ब्रेटन वुडस् का आयोजन किया था, उनके मस्तक में 1930 की भूमंडलीय मन्दी का विचार बैठा हुआ था। तकरीबन, तीन-चौथाई शताब्दी पूर्व, पूंजीवाद को, आज तक के सर्वाधिक प्रबल संकट का सामना करना पड़ा था। महामंदी ने पूरे विश्व को अपनी चपेट में ले लिया था और बेरोजगारी में अभूतपूर्व वृद्धि कर दी थी। सबसे बुरे वक्त पर, अमरिका की एक-चौथाई श्रमिक संख्या बेरोजगार थी। ब्रिटिश अर्थशास्त्री, जॉन मेनार्ड कीन्स, जो ब्रेटन वुड्स में मुख्य सहभागी था, ने सरल व्याख्या और सहवर्ती मान्यताओं का नुस्खा प्रस्तुत किया। पर्याप्त सकल मांग का अभाव आर्थिक मन्दी का महत्वपूर्ण कारण है, सरकारी नीतियां सकल मांग को उत्प्रेरित करने में मदद कर सकती हैं। यदि मुद्रा नीति अ-प्रभावशील है, तो ऐसी स्थिति में, सरकारें वित्तीय नीति में परिवर्तन द्वारा मदद कर सकती हैं, या तो व्यय में वृद्धि करके और या करों में कटौती करके। जब कि कीन्स विश्लेषण में अंतर्निहित मॉडलों की बाद में आलोचना की गई और उनको संशोधित किया गया और ज्यादा गहन समझ लाई गई थी कि, क्यों बाजार शक्तियां अर्थव्यवस्था को पूर्ण रोजगार से समायोजित करने के लिये जल्दी से कार्य नहीं करती हैं, मूलभूत सीख मान्य बनी रही।

347. IMF को निम्नलिखित में से कौन सा कार्य दिया गया?

A. विश्व की आर्थिक संवृद्धि त्वरित करने का कार्यभार

B. विश्व अर्थव्यवस्था में मुद्रा स्फीति नियंत्रित करने का कार्यभार

C. विश्व अर्थव्यवस्था में आर्थिक स्थायित्व सुनिश्चित करने का कार्यभार

D. अमेरिका से असंतुलन मिटाने का कार्यभार

348. महा मंदी के दौरान:

A. विश्व में बेरोजगारी की दर 25% थी

B. इंगलैंड में बेरोजगारी की दर 20% थी

C. अमरिका में बेरोजगारी की दर 25% थी

D. भारत में बेरोजगारी की दर 20% थी

349. कीन्स के अनुसार 1930 के असाधारण भू-मंडलीय मन्दी के कारण:

A. अमरिका में उच्च ब्याज दर

B. इंगलैंड में निम्न ब्याज दर

C. स्वर्ण मान का टूटना

D. प्रर्याप्त समग्र मांग का अभाव

350. भू-मंडल में मंदी से लड़ने के लिये कीन्स का सुझाव था:

A. सरकार को सक्रिय मौद्रिक नीति को अपनाना चाहिए।

B. सरकार को राजकोषीय नीति और मुद्रा नीति के मिश्रण को अपनाना चाहिए।

C. जहां मुद्रा नीति अप्रभावपूर्ण है, वहां सरकार को वित्तीय नीति अपनानी चाहिए।

D. सरकार को संतुलित बजट की नीति अपनानी चाहिए।

351. निम्नलिखित का मिलान करें:

(a) सम-लाभ वक्र — (i) आदम स्मिथ

(b) विक्रय अधिकतम सिद्धान्त — (ii) ई.वी. स्टैकेलबर्ग

(c) विक्रय लागतें — (iii) डब्ल्यू. बॉमोल

(d) कुल लाभ का सिद्धान्त — (iv) एडवर्ड चैम्बरलिन

नीचे दिए गए कूटों में से सही उत्तर चुनें:

कूट:

	(a)	(b)	(c)	(d)
A.	(ii)	(iii)	(iv)	(i)
B.	(i)	(iv)	(ii)	(iii)
C.	(iii)	(ii)	(i)	(iv)
D.	(iv)	(i)	(iii)	(ii)

352. **कथन (A) :** यदि मांग में वृद्धि बहुत अधिक है तथा यह दीर्घकाल तक बना रहता है तो अल्पाधिकारियों का मांग वक्र विपर्यस्त (उल्टा) होगा।

कारण (R) : घाटा के प्रति प्रतिस्पर्धी कम चिंतित होंगे तथा अपनी क्षमता के आस-पास ही अपने व्यापार का संचालन करेंगे।

नीचे दिए गए कूटों में से सही उत्तर चुनें :

कूट:

A. **(A)** तथा **(R)** दोनों सही हैं और **(R), (A)** की सही व्याख्या है।

B. **(A)** तथा **(R)** दोनों सही हैं लेकिन **(R), (A)** की सही व्याख्या नहीं है।

C. **(A)** सही है लेकिन **(R)** गलत है।

D. **(A)** गलत है लेकिन **(R)** सही है।

353. प्रकेटित वरीयता सिद्धांत का उपयोग किया जा सकता है:

A. एक तटस्थता वक्र की उन्तोदरता करने के लिए।

B. कीमत-प्रभाव को अलग करने के लिए।

C. मांग के नियम के मूलभूत साध्य (प्रस्ताव) को सिद्ध करने के लिए।

D. इनमें से सभी के लिए।

354. पूर्ण स्थानापन्नों के होने पर तटस्थता वक्र ____ है।

A. समकोणीय

B. रेखीय उर्ध्वगामी चढ़ाव

C. रेखीय अधोगामी ढ़लान

D. मूलबिन्दु से नतोदर

355. एक रिजलाइन ऐसे बिन्दुओं का बिन्दुपथ है जहाँ फैक्टर इंपुट की उपांतीय उत्पादकता इस प्रकार होती है :

A. शून्य के बराबर B. शून्य से अधिक

C. ऋणात्मक D. एक के बराबर

356. निम्नलिखित में से कौन पैरेटो द्वारा प्रतिपादित ईष्टतमता की पूर्वधारणा ***नहीं*** है?

A. पूर्ण प्रतिस्पर्धा का विद्यमान होना

B. बहिर्मुखता का अभाव

C. उपयोगिता की संख्यासूचक प्रकृति

D. उपयोगिता क्रमसूचक है

357. जब ऋणात्मक आय प्रभाव स्थानापन्न प्रभाव से भारी हो तो सम्बन्धित वस्तु है :

A. गिफिन वस्तु

B. निम्नकोटि की वस्तु

C. सामान्य वस्तु

D. इनमें से कोई नहीं

358. मुद्रास्फीति को नान-एक्सेलरेटिंग इंफ्लेशन रेट ऑफ अनइंप्लायमेंट (NAIRU) के नीचे बलात् ले जाने के प्रयास से ऐसी स्थिति होगी :

A. रोजगार या उत्पादन में बिना किसी परिवर्तन के मुद्रास्फीति का त्वरण

B. रोजगार तथा उत्पादन के बढ़ने के साथ मुद्रास्फीति का अवत्वरण

C. रोजगार तथा उत्पादन का यथावत् हुए मुद्रास्फीति का अवत्वरण

D. रोजगार तथा उत्पादन के साथ मुद्रास्फीति का अपरिवर्तित रहना

359. मुद्रा-मांग के वर्गमूल परिसूत्र का विकास इनमें से किसके द्वारा किया गया?

(i) मिल्टन फ्रीडमैन (ii) जेम्स टॉबिन
(iii) ए.सी. पीगू (iv) विलियम बॉमोल

नीचे दिए गए कोड से उपरोक्त नामों में से सही उत्तर चुनें :

कोड:

A. (i) तथा (ii) सही हैं
B. (i) तथा (iii) सही हैं
C. (ii) तथा (iv) सही हैं
D. (ii) तथा (iii) सही हैं

360. रोजगार के शास्त्रीय मॉडेल में उत्पादन तथा रोजगार को प्रभाविता नहीं करने वाले कुछ कारकों पर विचार करें:

(i) मुद्रा का परिमाण
(ii) सरकारी व्यय का स्तर
(iii) उत्पादन फलन ऊर्ध्वगामी बदलाव
(iv) निवेश वस्तुओं के लिए मांग का स्तर

इनमें से :

कोड:

A. (i), (ii) तथा (iv) सही हैं।
B. (i), (ii) तथा (iii) सही हैं।
C. (i), (iii) तथा (iv) सही हैं।
D. (ii), (iii) तथा (iv) सही हैं।

361. उपभोग के सरल जीवन चक्र मॉडेल से संबंधित कुछ विशेषताओं पर विचार करें:

(i) उपभोग व्यय जीवन काल की आय द्वारा वित्तपोषित होता है।
(ii) वर्तमान उपभोग व्यय जीवन काल की आय तथा वर्तमान धन पर आधारित होता है।
(iii) प्रति वर्ष उपभोग व्यक्ति की आयु प्रत्याशा पर निर्भर होता है।
(iv) किसी व्यक्ति का वर्तमान उपभोग उसकी वर्तमान आमदनी पर निर्भर होता है।

इनमें से:

कोड:

A. (i) तथा (ii) सही हैं
B. (ii) तथा (iii) सही हैं
C. (i) तथा (iii) सही हैं
D. (iii) तथा (iv) सही हैं

362. उपभोग फलन की कुछ परिकल्पनाओं पर विचार करें:

(i) स्थायी आय प्राक्कल्पना
(ii) सापेक्षिक आय प्राक्कल्पना
(iii) जीवन-चक्र प्राक्कल्पना
(iv) पूर्ण-आय प्राक्कल्पना

इन्हें इनके उद्भव के कालानुक्रम के अनुसार व्यवस्थित करते हुए निम्नलिखित कूटों में से सही उत्तर चुनेः

कोड:

A. (i), (iii), (iv) तथा (ii)
B. (iv), (i), (iii) तथा (ii)
C. (iv), (ii), (iii) तथा (i)
D. (iii), (i), (iv) तथा (ii)

363. केन्स के अनुसार ब्याज का भुगतान इनके लिए किया जाता है:

A. तरलता का त्याग
B. लेन-देन के उद्देश्य से मुद्रा रखना
C. परिसम्पत्ति के रूप में मुद्रा रखना
D. अनिश्चितता पर काबू पाने के लिए मुद्रा रखना

364. राष्ट्रीय लेखा में व्यय-योग्य आय की गणना इस रूप में किया जाता है:

A. जी.डी.पी. + विदेश से प्राप्त शुद्ध आय + हस्तांतरण भुगतान – कर – अवितरित लाभ
B. जी.एन.पी. + विदेश से प्राप्त शुद्ध आय + हस्तांतरण भुगतान – कर + अवितरित लाभ
C. जी.डी.पी. – विदेश से प्राप्त शुद्ध आय + हस्तांतरण भुगतान – कर + अवितरित लाभ
D. जी.एन.पी. – विदेश से प्राप्त शुद्ध आय + हस्तांतरण भुगतान – कर + अवितरित लाभ

365. आर्थिक विकास से संबंधित कुछ कारकों पर विचार करें:

(i) बृहत्तर आदानों के लिए बृहत्तर निवेश
(ii) तकनीकी तथा सांस्थानिक परिवर्तन जिसके द्वारा उपादान उत्पादित होता है
(iii) बृहत्तर उपादान के उत्पादन का कार्यक्षमता तथा दक्षता का स्तर
(iv) उपादान का विविधीकरण

आर्थिक विकास में से निम्नलिखित शामिल हैं:

A. (i), (iii) तथा (iv)
B. केवल (i) तथा (iii)
C. (i), (ii) तथा (iii)
D. (i), (ii), (iii) तथा (iv)

366. 'गरीबी का दुष्चक्र' की प्राक्कल्पना इनके बीच अन्तरसंबंध को इंगित करता है।

A. उत्पादकता तथा आय
B. आय तथा जनसंख्या
C. मुद्रास्फीति तथा उच्च उपभोग
D. श्रम आधिक्य तथा प्रच्छन्न बेरोजगारी

367. फीजिकल क्वालिटी ऑफ लाइफ इंडेक्स (POLI) का परिकलन इनके द्वारा किया गया :

A. महबूबुल हक   B. मीयर जी. एम.
C. मौरिस डी.   D. इनमें से कोई नहीं

368. एक बाजारोन्मुखी अर्थव्यवस्था में आर्थिक नियोजन में निम्नलिखित में से कौन अप्रासंगिक है?

A. सांकेतिक नियोजन
B. आधारभूत संरचना का विकास
C. किसी सरकार द्वारा आर्थिक नीति
D. विनिमय तथा नियंत्रण

369. असंतुलित विकास के सिद्धांत में हर्षमैन द्वारा निम्नलिखित में से किस एक पहलू पर बल ***नहीं*** दिया गया है।

A. पश्चवर्ती तथा अग्रवर्ती संयाजन
B. प्रत्यक्ष उत्पादकीय गतिविधियाँ
C. सामाजिक उपरि व्यय
D. विभिन्न क्षेत्रों में साम्यावस्था

370. निम्नलिखित में से कौन सा राजकोषीय नीति कउ उद्देश्य ***नहीं*** है?

A. परिनियमित तरलता अनुपात निर्धारित करना
B. उपभोग-बचत अनुपात को प्रभाति करना
C. मुद्रास्फीति तथा मंदी को रोकना
D. आय तथा धन के वितरण में विसंगतता को कम करना

371. निम्नलिखित में से कौन सा भूमण्डलीकरण का माप नहीं है?

A. सीमा शुल्क के शीर्ष-दर को कम करना
B. किसी देश में विदेशी सांस्थानिक निवेशों के अन्तर्प्रवाह का आकार
C. सार्वजनिक क्षेत्र के इक्विटी का विनिवेश
D. बृहत्तर विदेशी सहायता

372. निम्नलिखित में से कौन सा युग्म सही सुमेलित नहीं है?

A. उत्पादन फलन में अविभाज्यता – बिग पुश सिद्धान्त
B. क्रांतिक न्यूनतक प्रयास – आर.आर. नेलसन
C. वर्तुल कार्यकारण – जी. मिर्डल
D. दीर्घकालिक असाम्यावस्था – हैरोड मॉडेल

373. यदि मांग का लोच (निम्न में से कोई) है, तो वस्तु कर का बोझ पूर्णरूपेण उपभोक्ताओं पर पड़ेगा :

A. 1 के बराबर
B. एक से कम किंतु शून्य से अधिक
C. शून्य के बराबर
D. 1 से अधिक

374. निम्नलिखित में से कौन पूंजी बजट में शामिल नहीं है?

A. परिसम्पत्ति निर्माण पर व्यय
B. ब्याज भुगतान
C. सार्वजनिक कर्ज से प्राप्त राशि
D. सरकार द्वारा लघु बचत से संग्रह

375. संतुलित बजट गुणक का संख्यात्मक मान है :

A. 1
B. 1 से कम पर शून्य से अधिक
C. 1 से अधिक
D. शून्य

376. 'कार्यशील वित्त' लोक वित्त की किस शाखा से संबंधित है?

A. आवंटन   B. वितरण
C. स्थिरीकरण   D. उपर्युक्त सभी से

377. यदि करों को 'भुगतान करने की क्षमता' के अनुसार निर्धारत किया जाय तो यह होगा:

A. समनुपातिक कर
B. प्रगतिशील कर
C. प्रतिगामी कर
D. सभी व्यक्ति पर कर की समान मात्रा

378. कर भार के आवंटन के लाभ सिद्धान्त इनमें से किसके द्वारा किया गया है:

A. डाल्टन B. पिगू

C. सेलिगमैन D. लिंढल

379. इनमें से कौन 'मेरिट गुड' ***नहीं*** है?

A. डाक सेवाएँ

B. दूरसंचार सेवाएँ

C. कृषि उत्पाद

D. रेलवेज

380. A तथा B परस्पर अपवर्जी घटनाएं हैं। निम्नांकित पर विचार करें :

(a) $P(A \cup B) = P(A) + P(B)$

(b) $P(A \cup B) = P(A) \times P(B)$

(c) $P(A \cap B) = 0$

(d) A तथा B आपस में स्वतंत्र घटनाएं हैं। सही कूट चुनें :

A. (a) और (b) ही सत्य हैं।

B. (b) और (c) ही सत्य हैं।

C. (c) और (d) ही सत्य हैं।

D. (a) और (c) ही सत्य हैं।

381. भारत में गरीबी रेखा से नीचे के लोगों की संख्या के आकलन के लिए योजना आयोग द्वारा अपनाये गये कुछ कारकों पर विचार करें :

(i) प्रति व्यक्ति आय

(ii) ग्रामीण तथा शहरी क्षेत्रों में कैलोरी इनटेक

(iii) पारिवारिक व्यय

(iv) प्रति व्यक्ति उपभोग

उपर्युक्त में से:

कोड:

A. (i), (ii) और (iii) सही हैं।

B. केवल (ii) और (iii) सही हैं।

C. केवल (i) और (iv) सही हैं।

D. (i), (iii) और (iv) सही हैं।

382. यादृच्छिक चर है :

A. एक स्वतन्त्र चर

B. एक अन्तर्जात पर

C. यादृच्छिकरूप से चुना गया मूल्य

D. प्रकृति की अवस्थाओं का फलन

383. निम्नलिखित में मेल बैठाइये :

समूह-I जांच करने के लिये	**समूह-II हम निम्न का उपयोग करते हैं**
(a) विदित प्रसरण के सहित समष्टि माध्य	(i) t-वितरण
(b) अविदित प्रसरण के सहित समष्टि माध्य	(ii) F-वितरण
(c) प्रसरणों की तुलना	(iii) X^2 वितरण
(d) एक आक्षेप की समंजन सुष्ठता	(iv) z-वितरण

कूट:

	(a)	(b)	(c)	(d)
A.	(i)	(ii)	(iii)	(iv)
B.	(ii)	(i)	(iv)	(iii)
C.	(iv)	(i)	(ii)	(iii)
D.	(iii)	(i)	(ii)	(iv)

384. भारत में स्थिर कीमतों पर जी.डी.पी. का आकलन करने के लिए वर्तमान में आधार वर्ष है :

A. 1993-94 B. 1996-97

C. 2004-05 D. 2001-02

385. निम्नलिखित में से कौन-सा उपाय भारतीय रिजर्व बैंक द्वारा साख नियंत्रण के लिए अपनाए गए उपायों में से नहीं है?

A. पूंजी पर्याप्तता अनुपात

B. नगद आरक्षण अनुपात

C. वैधानिक तरलता अनुपात

D. नगद जमा अनुपात

386. भारत में उद्योगों तथा विदेशी मुद्रा के लिए निम्नलिखित में से कुछ अधिनियमों पर विचार करें :

(i) विदेशी मुद्रा प्रबंधन अधिनियम (FEMA)

(ii) आद्योगिक विकास एवं विनियमन अधिनियम (IDRA)

(iii) एकाधिकार एवं प्रतिबंधात्मक व्यापार व्यवहार अधिनियम (MRTP)

(iv) विदेशी मुद्रा एवं विनियमन अधिनियम (FERA)

उपरिलिखित अधिनियमों को सही कालानुक्रम में व्यवस्थित करें:

A. (iii), (ii), (iv) तथा (i)

B. (ii), (iii), (iv) तथा (i)

C. (ii), (iv), (iii) तथा (i)

D. (i), (iv), (ii) तथा (iii)

387. निम्नलिखित में से कौन अंतरराष्ट्रीय व्यापार के 'तुलनात्मक लागत' सिद्धांत की अवधारणा ***नहीं*** है?

A. मूल्य का श्रम सिद्धांत

B. पूर्ण प्रतियोगिता

C. रेखीय समरूप उत्पादन फलन

D. अपूर्ण प्रतियोगिता

388. किसी देश के भुगतान संतुलन में आधिक्य होगा यदि:

A. समायोजित करनेवाली पूँजी ऋणात्मक है

B. समायोजित करनेवी पूँजी धनात्मक है

C. समायोजित करनेवाली पूँजी शून्य है

D. इनमें से कोई नहीं

389. पूर्वी-एशिया मुद्रा संकट में मुद्रा के ह्रास के मामले में निम्नलिखित में से किस देश को सबसे कम नुकसान हुआ?

A. थाइलैंड B. सिंगापुर

C. इंडोनेशिया D. फिलीपिंस

390. डब्लू.टी.ओ. के कैनकून सम्मेलन का आयोजन किस वर्ष में किया गया?

A. 2003 B. 2004

C. 2005 D. 2006

391. निम्नलिखित में से किस समिति ने सबसे पहले पूँजी खाता परिवर्तनीयता की जाँच की?

A. मेहरोत्रा समिति B. रंगराजन समिति

C. तारापोर समिति D. चैलैया समिति

392. विदेशी मुद्रा बाजार में सुरक्षा (हेजिंग) किसे इंगित करता है?

A. अवमूल्यन करना

B. भविष्य में विदेशी मुद्रा के जोखिम से रक्षा *नहीं* करना

C. भविष्य में विदेशी मुद्रा के जोखिम से रक्षा करना

D. इनमें से कोई नहीं

393. व्यापार की एकल कारक शर्तें इनके द्वारा दी गई है:

A. $\left(\frac{PX}{PM}\right)(QX)$ B. $\left(\frac{PX}{PM}\right)(ZX)$

C. $\left(\frac{PM}{PX}\right)\left(\frac{ZX}{ZM}\right)$ D. $\left(\frac{PX}{PM}\right)\left(\frac{ZM}{ZX}\right)$

जहाँ परिसूत्रों का स्थापित अर्थ है।

394. द्विपत वितरण का माध्य और प्रसरण इसके बराबर होता है:

A. $\sqrt{np}, \sqrt{npq}$ B. $\sqrt{n^2p}, \sqrt{n.2p^2q^2}$

C. $\sqrt{npq}, n^2p^2$ D. np, npq

395. यदि किसी दिए गए वितरण का माध्य 6.0 तथा मानक विचलन 0.50 है तो प्रसरण का सहगुणांक होगा :

A. 4.0 प्रतिशत B. 8.3 प्रतिशत

C. 16.0 प्रतिशत D. इनमें से कोई नहीं

396. एक बैग में 7 लाल, 12 सफेद तथा 4 हरी गेंदें हैं। बैग में से एक गेंद निकाल ली गई। इसके सफेद होने की गुंजाइश कितनी है?

A. 12/23 B. 7/23

C. 4/23 D. 23/12

397. यदि X पर Y पर X निम्नलिखित दो प्रतिपगमन रेखाएँ हो,

$3X + 2Y = 26.0$

$6X + Y = 31.0$

तो इनका (r) इसके बराबर होगा :

A. 0.4 B. 0.5

C. 0.6 D. 0.7

398. किसी दी गई प्राक्कल्पना की जाँच में अधिकतम संभाव्यता जिससे I प्रकार की त्रुटि का जोखिम उठाना चाहते हैं, उसे यह कहते हैं:

A. रद्द (नल) प्राक्कल्पन B. बिन्दु आकलन

C. सार्थकता का स्तर D. मध्यांतर आकलन

399. 'मेसोकुरटोटिक डिस्ट्रीब्यूशन' को यह भी कहते हैं:

A. गाम डिस्ट्रीब्यूशन B. X^2 डिस्ट्रीब्यूशन

C. बिटा डिस्ट्रीब्यूशन D. नार्मल डिस्ट्रीब्यूशन

400. एक पासा को दो बार फेंकने पर 12 की कुल प्राप्ति हो (यदि E घटना है) तो 12 से कम की कुल प्राप्ति की क्या संभाव्यता है?

A. 1/3 B. 1/6

C. 35/36 D. 1/18

401. यदि दो पण्य-पदार्थ उत्तम स्थानापन्न हैं तो तटस्थ वक्र–
A. एक सीधी रेखा के रूप में होगा
B. एक समकोण की ओर जाएगा
C. एक सीधी रेखा की ओर जाएगा
D. ऊर्ध्वगामी होगा

402. आधुनिक विश्व में फर्मों द्वारा आरक्षित क्षमता का उपयोग किया जाता है।
A. कार्यसंचालन में अधिक लचीलापन सुनिश्चित करने के लिए
B. कीमतों को कम करने के लिए
C. मजदूरी को कम करने के लिए
D. करों को कम करने के लिए

403. यदि फर्म औसत कीमत सिद्धान्त के आधार पर व्यवहार कर रही हैं तो सुव्यवस्थित समन्वयन को बहुधा इसके द्वारा प्राप्त किया जाता है :
A. कीमत नेतृत्व
B. कीमत में कटौती
C. उच्च-कीमत फर्म
D. इनमें से किसी के द्वारा नहीं

404. दी गई किन्हीं वैयक्तिक वरीयताओं जो परावर्ती, संक्रामी तथा पूर्ण हैं– के लिए बहुसंख्यक नियम आधारित सामाजिक वरीयताएँ हैं:
(i) परावर्ती
(ii) संक्रामी
(iii) पूर्ण
सही कोड चुनेः
कोड :
A. उपरोक्त सभी सही हैं
B. केवल (i) सभी (iii) सही हैं
C. केवल (i) सभी (ii) सही हैं
D. केवल (ii) सभी (iii) सही हैं

405. यदि मांग वक्र एक आयताकार अतिपरवलय का आकार ले लेता है तो मूल्य लोच इसके बराबर होगाः
A. शून्य B. एक से कम
C. एक से अधिक D. एक

406. यदि उपभोग फलन C = Rs. 30 + 0.80 Y और निवेश व्यय I = Rs. 70 – 2i, यहाँ i ब्याज की दर है तो स्वायत्त निवेश में 30 रु. की बढ़ौती से IS वक्र में:
A. 150 रु. से बायें को स्थानांतरण होगा
B. 150 रु. से दायें को स्थानांतरण होगा
C. 30 रु. से दायें को स्थानांतरण होगा
D. 30 रु. से बायें को स्थानांतरण होगा

407. मिल्टन फ्रीडमैन के अनुसार मुद्रा के मात्रात्मक सिद्धान्त का संबंध इससे है :
A. कीमतों B. आय
C. मुद्रा की आपूर्त्ति D. मुद्रा की मांग

408. गुणक की अवधारणा को सबसे पहले बतलाने वाले का नाम है :
A. आर. एफ. काह्न B. जे. एम. केन्स
C. आर. एफ. हारोड D. वी. के. आर. वी. राव

409. धारणीय विकास इनमें से किसको संबोधित है :
A. वर्तमान पीढ़ी की आवश्यकताएँ
B. आगामी पीढ़ी की आवश्यकताएँ
C. आगामी पीढ़ियों की आवश्यकताओं से समझौते किए बिना वर्तमान पीढ़ी की आवश्यकताएँ
D. वर्तमान पीढ़ी की आवश्यकताओं से समझौता किए बिना आगामी पीढ़ियों की आवश्यकताएँ

410. सेन द्वारा सुझाए गये गरीबी की माप निम्नलिखित शामिल हैं:
A. हेड-काउंट रेशियो
B. हेड काउंट रेशियो तथा पावर्टी-गैप रेशियो
C. पावर्टी-गैप रेशियो तथा गरीबों के बीच आय का वितरण
D. हेड-काउंट रेशियो, पावर्टी-गैप रेशियो तथा गरीबों के बीच आय के वितरण का रेशियो

411. एक नियोजक के लिए तकनीकों के चयन के संदर्भ में, तकनीक का औचित्य इसके द्वारा निर्धारित होता है।
A. फैक्टर इन्डोमेण्ट (साधन सम्पन्नता)
B. विकास का स्तर
C. तकनीकी प्रगति का अभिलक्षण
D. योजना के उद्देश्य

412. उत्पादन की रीति संदर्भित करती है :
A. उत्पादन के बल
B. उत्पादन की विधियाँ

C. उत्पादन के सम्बंध

D. उत्पादन के बलों ओर उत्पादन के संबंधों के मध्य द्वैधता

413. श्रम की असीमित आपूर्ति पूर्वानुमान करती है :

A. श्रम की अलोची आपूर्त्ति

B. श्रम की अपरिमित लोची आपूत्ति

C. श्रम की आवश्यकता से अधिकता

D. छद्म बेरोजगारी

414. निम्नलिखित में से 'लॉ ऑफ इंक्रिजिंग स्टेट ऐंक्टिविटिज' का प्रतिपादक कौन है?

A. मस्ग्रेव B. वाइजमैन पीकॉक

C. वेगनर D. डाल्टन

415. निम्नलिखित में से कौन राज्य का विकास-व्यय नहीं है?

A. चिकित्सा एवं स्वास्थ्य B. शिक्षा

C. ऋण सेवाएँ D. कृषि का विकास

416. डाल्टन के अनुसार, सकल सामाजिक लाभ अधिकतम हो जाता है जब कर रोपण और व्यय को उस बिन्दु तक ले जाया जाय जहाँ :

A. सीमांत सामाजिक कुर्बानी (MSS) > सीमांत सामाजिक लाभ (MSB)

B. सीमांत सामाजिक कुर्बानी (MSS) < सीमांत सामाजिक लाभ (MSB)

C. सीमांत सामाजिक कुर्बानी (MSS) = सीमांत सामाजिक लाभ (MSB)

D. इनमें से कोई नहीं

417. अवमूल्यन भुगतान घाटा के संतुलन में सुधार करेगा, यदि अवमूल्यन करने वाले देश के निर्यात और आयात के लोचों का योग है :

A. एक से अधिक B. एक से कम

C. शून्य के बराबर D. नकारात्मक

418. अप्रैल 1999 से जवाहर रोजगार योजना का नया नाम है:

A. जवाहर ग्राम समृद्धि योजना

B. जवाहर स्वर्ण जयन्ती योजना

C. जवाहर समृद्धि योजना

D. जवाहर ग्रामीण विकास योजना

419. सीमित् मूल्य निर्धारण के साईलोस मोडेल में मांग की लोच :

A. ऐकिक लोच B. पूर्णरूपेण अलोच

C. पूर्णरूपेण लोच D. अस्थिर

420. निम्नलिखित में से कौन विक्षेपण का माप नहीं है?

A. विचलनों का माप B. प्रसरण

C. रेंज D. अंतर-चतुर्थक रेंज

421. GDP डिफ्लेटर किस प्रकार का इंडेक्स है :

A. पाशे इंडेक्स B. लासपाइरेस इंडेक्स

C. फिशर इंडेक्स D. डिविसिया इंडेक्स

422. एक कक्षा में 50 छात्र हैं। उनके वजन का माध्य, $\mu = 55$kg तथा मानक विचलक $\sigma = 17$ kg है। उस कक्षा में दो छात्र जिनके वजन 47 kg तथा 58 kg हैं स्कूल छोड़ देते हैं, तथा दो नये छात्र जिनके वजन 50 kg तथा 55 kg हैं, कक्षा में आ जाते हैं। तब वजन का नया माध्य, μ_1 तथा मानक विचलक, σ_1 हैं :

A. $\mu_1 = 55, \sigma = 17$ B. $\mu_1 = 55, \sigma < 17$

C. $\mu_1 < 55, \sigma_1 > 17$ D. $\mu_1 > 55, \sigma_1 = 17$

निर्देश: *निम्नलिखित उद्धरण को पढ़े तथा प्रश्न संख्या 423-425 के उत्तर इस उद्धरण के आधार पर दें :*

मांग वक्र के किसी खंड के अंतर्गत कीमत में परिवर्तन उपभोक्ता के सकल व्यय को अपरिवर्तित छोड़ देगा यदि, और केवल यदि चाप लोच इकाई के बराबर है। पुनः कीमत में कोई मध्यवर्ती परिवर्तन उपभोक्ता के सकल व्यय को अपरिवर्तित रखेगा। यदि मांग वक्र के प्रत्येक बिन्दु-लोच इकाई के बराबर है।

423. निम्नलिखित में से कौन सा चाप-लोच का प्रतिनिधित्व करता है?

A. $\frac{\Delta q}{\Delta p} \cdot \frac{\text{कीमतों का योग}}{\text{मात्राओं का योग}}$

B. $\frac{\Delta p}{\Delta q} \cdot \frac{p_1 + p_2}{q_1 + q_2}$

C. $\frac{\Delta q}{\Delta p} \cdot \frac{p_1 - p_2}{q_1 + q_2}$

D. $\frac{\Delta q}{\Delta p} \cdot \frac{p_1 + p_2}{q_1 - q_2}$

424. यदि एक अरेखीय मांग वक्र का लोच सदा ही स्थिर रहता है तो वक्र का ढलाप :

A. धनात्मक होगा
B. अपरिवर्तित रहेगा
C. बिन्दु-दर बिन्दु बदलेगा
D. इनमें से कुछ नहीं होगा

425. यदि कीमत का कोई परिवर्तन कीमत के उठाव तथा गिरावट में हमें लोच के विभिन्न मूल्य देता है तो हम निम्नलिखित का प्रयोग कर रहे हैं :

A. बिन्दु विधि
B. चाप विधि
C. सकल लागत (टोटल आउटले) विधि
D. व्यय विधि

426. सबसे पहले वाले से प्रारम्भ करते हुए, निम्नलिखित को संतुलन के सामान्य सिद्धान्त के विकास के कालानुक्रम में व्यवस्थित करें

A. आर. कैण्टीलोन   B. एफ. क्वेंसने
C. एल. वाल्रस   D. डब्लू. लिओंटीफ

427. सबसे पहले वाले से प्रारम्भ करते हुए, निम्नलिखित लेखकों को, कल्याण अर्थशास्त्र में उनके योगदान के कालक्रमानुसार व्यवस्थित करें :

(i) जे. बेंथम   (ii) वाई. पेरेटो
(iii) एम. मार्शल   (iv) जे. हिक्स

कोड:

A. (iii) (ii) (iv) (i)
B. (i) (iii) (ii) (iv)
C. (iv) (i) (iii) (ii)
D. (ii) (iv) (i) (iii)

428. निम्न वितरणों पर विचार कीजिये :

(a) z-वितरण   (b) t-वितरण
(c) बायनामियल वितरण   (d) F-वितरण

उपरोक्त में से कौन प्रतिदर्शी वितरण नहीं है?

A. केवल (a)
B. केवल (c)
C. (a) तथा (b) दोनों
D. (a) तथा (d) दोनों

429. निम्नलिखित को, वर्ष 2009-10 में विश्व निर्यात में उनके शेयर के अवरोही क्रम में व्यवस्थित करें

(i) चीन   (ii) हांग-कांग
(iii) इण्डोनेशिया   (iv) मलेशिया

कोड:

A. (iii) (iv) (ii) (i)
B. (i) (ii) (iv) (iii)
C. (iv) (i) (iii) (ii)
D. (ii) (iii) (i) (iv)

430. सबसे पहले वाले से प्रारम्भ करते हुए, अल्पाधिकारवाद के सिद्धांत के संदर्भ में, निम्नलिखित लेखकों को कालानुक्रम में व्यवस्थित करें :

(i) ई. स्टेकेलबर्ग   (ii) पी. स्वीजी
(iii) जे. बरट्राण्ड   (iv) ए. कौरनॉट

कोड:

A. (ii) (i) (iii) (iv)
B. (iv) (iii) (ii) (i)
C. (i) (ii) (iv) (iii)
D. (iii) (iv) (i) (ii)

431. भारत में 2011 में राज्यानुसार साक्षरता दर के संदर्भ में निम्नलिखित राज्यों को अवरोही क्रम में व्यवस्थित करें।

(i) केरल   (ii) मिजोरम
(iii) त्रिपुरा   (iv) गोवा

कोड:

A. (iv) (iii) (i) (ii)
B. (i) (ii) (iii) (iv)
C. (ii) (i) (iv) (iii)
D. (iii) (iv) (ii) (i)

432. उपभोक्ता-व्यवहार के सिद्धान्त के किस के संदर्भ में, सबसे पहले वाले से प्रारंभ कर निम्नलिखित को कालानुक्रम में व्यवस्थित करें।

(i) मांग सिद्धान्त का संशोधन
(ii) उद्घाटित वरीयता का सिद्धान्त
(iii) तटस्थ वक्र विश्लेषण
(iv) उपभोक्ता-व्यवहार का मार्शल द्वारा प्रतिपादित सिद्धान्त

कोड:

A. (iii) (iv) (i) (ii)
B. (i) (ii) (iii) (iv)
C. (ii) (i) (iv) (iii)
D. (iv) (iii) (ii) (i)

433. पहलेवाले से प्रारम्भ कर, निम्नलिखित योजनाओं को कालक्रमानुसार व्यवस्थित करें

(i) प्रधानमंत्री रोज़गार योजना

(ii) ग्रामीण रोजगारोत्पादक कार्यक्रम

(iii) सम्पूर्ण ग्रामीण रोजगार योजना

(iv) राष्ट्रीय भोजन एवं कार्य योजना

कोड:

A. (i) (ii) (iii) (iv)
B. (iv) (ii) (iii) (i)
C. (iii) (iv) (ii) (i)
D. (i) (iii) (ii) (iv)

434. सुमेलित कीजिए :

(a) जे. आर. हिक्स — (i) विभेदक किराया
(b) कार्ल मार्क्स — (ii) उपभोक्ता आधिक्य के चार माप
(c) प्रांसिस क्वेस्मे — (iii) उत्पादन की रीति
(d) डेविड रिकार्डो — (iv) टैब्ल्यू एकोनॉमीक
(v) ट्रांस्फर अर्निंग्स

कोड:

	(a)	(b)	(c)	(d)
A.	(i)	(iv)	(ii)	(iii)
B.	(ii)	(iii)	(iv)	(i)
C.	(iii)	(v)	(i)	(ii)
D.	(v)	(ii)	(iii)	(iv)

435. सुमेलित कीजिए :

(a) एडम स्मिथ — (i) वास्तविक संतुलन प्रभाव
(b) हेक्सर ओह्लिन — (ii) उपभोक्ता आधिक्य
(c) ई. वान स्टेकेलबर्ग — (iii) श्रम का विभाजन
(d) डी. पटिंकिन — (iv) व्यापार का फैक्टर एन्डोमेण्ट सिद्धांत
(v) Iso-लाभ वक्र

कोड:

	(a)	(b)	(c)	(d)
A.	(i)	(iii)	(iv)	(ii)
B.	(ii)	(iv)	(iii)	(i)
C.	(iv)	(v)	(ii)	(iii)
D.	(iii)	(iv)	(v)	(i)

436. सुमेलित कीजिए :

(a) विक्रय लागत — (i) जे. आर. हिक्स
(b) किंकी मांग वक्र — (ii) पूर्ण प्रतिस्पर्धा
(c) स्थानापन्न प्रभाव — (iii) ई. चैम्बरलिन
(d) पूर्ण ज्ञान — (iv) अल्पाधिकार
(v) चरम लाभ

कोड:

	(a)	(b)	(c)	(d)
A.	(v)	(i)	(iii)	(iv)
B.	(ii)	(iii)	(v)	(i)
C.	(iii)	(iv)	(i)	(ii)
D.	(i)	(ii)	(iv)	(v)

437. सुमेलित कीजिए :

(a) रोजगार, ब्याज तथा मुद्रा का सामान्य सिद्धान्त — (i) पी. सैम्युल्सन
(b) आधिक्य मूल्य — (ii) जे.एम. किन्स
(c) उद्घाटित वरीयता सिद्धान्त — (iii) वाल्रस
(d) सामान्य समतुल्यता — (iv) हार्सेन
(v) कार्ल मार्क्स

कोड:

	(a)	(b)	(c)	(d)
A.	(i)	(ii)	(iii)	(iv)
B.	(ii)	(v)	(i)	(iii)
C.	(iv)	(i)	(ii)	(v)
D.	(iii)	(iv)	(v)	(i)

438. सुमेलित कीजिए :

(a) उल्टा U-आकारी वक्र — (i) जोन रॉबिन्सन
(b) धुरी की धार समस्या — (ii) आर.जी.डी. एलेन
(c) स्वर्णिम युग — (iii) हैरोड डोमर
(d) सशक्त व्यवस्थापन — (iv) एस. कुजेण्ट्स
(v) पी. सैम्युल्सन

कोड:

	(a)	(b)	(c)	(d)
A.	(ii)	(i)	(iii)	(iv)
B.	(i)	(ii)	(iv)	(iii)
C.	(iv)	(iii)	(i)	(v)
D.	(iii)	(iv)	(ii)	(i)

439. सुमेलित कीजिए :

(a) सार्वजनिक सामग्री — (i) जे.ए शुंपीटर
(b) नवप्रवर्तन — (ii) डब्लू. लियोंटिफ
(c) लाभ की अनिश्चितता का सिद्धान्त — (iii) डब्लू.डब्लू. रोस्टो
(d) आगत-निर्गत विश्लेषण — (iv) एफ. नाइट
(v) मुस्ग्रेव

कोड:

	(a)	(b)	(c)	(d)
A.	(ii)	(iii)	(i)	(iv)
B.	(v)	(i)	(iv)	(ii)
C.	(i)	(ii)	(iii)	(v)
D.	(iii)	(iv)	(v)	(i)

440. सुमेलित कीजिए :

(a) रोमर, पॉल एम.	(i) करने के द्वारा छोड़ना
(b) लुकास, रॉबर्ट ई जुनियर	(ii) शोध एवं विकास
(c) ऐरो, केनेथ जे.	(iii) मानव पूंजी
(d) सोला, रॉबर्ट एम.	(iv) नवप्रवर्तन
	(v) बहिर्जात तकनीकी प्रगति

कोड:

	(a)	(b)	(c)	(d)
A.	(ii)	(iii)	(i)	(v)
B.	(iii)	(iv)	(ii)	(i)
C.	(iv)	(ii)	(iii)	(v)
D.	(i)	(v)	(iv)	(ii)

441. सुमेलित कीजिए :

(a) विदेश व्यापार नीति	(i) न्यूनतम समर्थन मूल्य
(b) औद्योगिक नीति	(ii) संतुलित बजट
(c) कृषीय नीति	(iii) सीमांत उपयोगिता
(d) वित्तीय नीति	(iv) एफ. ई. एम. ए.
	(v) एक्जिम नीति

कोड:

	(a)	(b)	(c)	(d)
A.	(ii)	(i)	(iii)	(iv)
B.	(v)	(iv)	(i)	(ii)
C.	(i)	(ii)	(v)	(iii)
D.	(iii)	(iv)	(iii)	(i)

442. सुमेलित कीजिए :

(a) कोर्नोट का डुओपोली मोडेल	(i) प्राक्कल्पित क्षतिपूर्ति
(b) पेरेटो इष्टमता	(ii) सीमित कीमत रखना
(c) नव्य कल्याण मत	(iii) सीमित अनुप्रयुक्ति
(d) बेन का मोडेल	(iv) उप इष्टतम समाधान
	(v) असीमित अनुप्रयुक्ति

कोड:

	(a)	(b)	(c)	(d)
A.	(i)	(v)	(iv)	(iii)
B.	(iv)	(iii)	(i)	(ii)
C.	(iii)	(i)	(v)	(iv)
D.	(ii)	(v)	(iii)	(i)

निर्देश: *443 से 450 तक के प्रश्न कथन और कारण प्रकार के हैं। इनमें से प्रत्येक प्रश्न के लिए नीचे दिये विकल्पों में से सही कूट चुनिए :*

कोड:

A. **(A)** और **(R)** दोनों सही हैं तथा **(R), (A)** की सही व्याख्या है

B. **(A)** और **(R)** दोनों सही है परन्तु **(R), (A)** की सही व्याख्या नहीं है

C. **(A)** सही है, परन्तु **(R)** गलत है

D. **(A)** गलत है, परन्तु **(R)** सही है

443. कथन (A) : एक अधोगामी रेखीय मांग वक्र पर कीमत की लोच एक बिन्दु से दूसरे बिन्दु पर बदलती रहती है।

कारण (R) : लोच मांग वक्र के ढलाव पर निर्भर नहीं करती।

444. कथन (A) : स्तरित संयोगजन्य प्रतिचयन का उपयोग सामाजिक-आर्थिक सर्वेक्षणों में बहुधा किया जाता है।

कारण (R) : सामाजिक स्तरीकरण एक सामाजिक वास्तविकता है।

445. कथन (A) : स्थायी विनिमय दर प्रणाली तथा स्थिर आंतरिक कीमत और ब्याज दर वाली खुली अर्थव्यवस्था में होता है:

(i) $S = I_d$ = रुपये 100 तथा $X = M$ = रुपये 300 at Y_E = रुपये 1000, I_d तथा X स्वायत्त है तथा

(ii) एम.पी.एस. = एम.पी.एम = 0.25

यदि X स्थायी रूप में रुपये 100 बढ़ जाता है तो आय रुपया 200 बढ़ जायेगी।

कारण (R) : गुणक है $\frac{1}{2\text{ एम.पी.एस.}} = \frac{1}{2\text{ एम.पी.एम.}}$

446. कथन (A) : हाल के भारतीय अनुभव के अनुसार रोजगार के अवसर उत्पन्न होने की दर में गिरावट का संबंध आर्थिक वृद्धि की दर में गिरावट से हैं।

कारण (R) : ओकन का नियम कार्य कर रहा है।

447. कथन (A) : जब आई.एस. वक्र उर्ध्व नहीं है, तो मौद्रिक नीति सकल मांग के स्तर को नहीं बदल सकती।

कारण (R) : अपनी सफलता के लिए मौद्रिक नीति किसी हित या रुचि-सोच विचार व्यय पर निर्भर है।

448. कथन (A) : कालडोर के अनुसार स्थिर अवस्था वाला संतुलन सदा बना रहेगा।

कारण (R) : मजदूरी-कीमत नमनीयता यह सुनिश्चित करेगी कि वितरण में परिवर्तन के माध्यम से पूर्व-निधारित निवेश के साथ बचत निष्क्रिय अनुक्रिया करती है।

449. कथन (A) : एक रैखिक प्रोग्रामन समस्या में कोई-न-कोई 'कोण-बिन्दु' इष्टतम समाधान सं संबंधित होगा।

कारण (R) : इष्टतम समाधान एक आख्यांतर समाधान नहीं हो सकता।

450. कथन (A) : कॉब-डुग्लास उत्पादन क्रिया

$$Y_t = A_t K_t^{1-\alpha}$$

हिक्स तथा हैरोड दोनों की निष्पक्षता को स्वीकार करती है।

कारण (R) : यह एक डिग्री के समघात है।

451. सार्वजनिक वस्तुओं की बाजार मांग उदग्र योग द्वारा प्राप्त की जाती है, क्योंकि सार्वजनिक वस्तुऐं :

A. निशुल्क वस्तुएँ होती है
B. उनकी पूर्ति असीमित होती है
C. उनके उपयोग में प्रतिरोधी नहीं होता
D. उनका स्वामित्व सार्वजनिक क्षेत्र में होता है

452. मेल बैठाइए:

समूह-I	**समूह-II**
(a) चार उपभोक्ता अधिक्य	(i) डेविट रिकार्डो
(b) भेदात्मक लगान	(ii) जे. आर. हिक्स
(c) प्रवेश निषेध मूल्य	(iii) पी. ए. सैम्यूलसन
(d) मजबूत क्रमबद्धता	(iv) जे. एस. बेन
	(v) आर. माल्थस

कूट:

	(a)	(b)	(c)	(d)
A.	(i)	(ii)	(iii)	(iv)
B.	(ii)	(i)	(iv)	(iii)
C.	(iii)	(iv)	(i)	(ii)
D.	(iv)	(iii)	(ii)	(v)

453. मार्शल के मांग वक्र को प्रगटित अधिमान द्वारा प्राप्त किया जा सकता है यदि निम्नलिखित में से किसी एक की उपेक्षा कर दी जाय :

A. मूल्य प्रभाव
B. आय प्रभाव
C. प्रतिस्थापन प्रभाव
D. मांग प्रभाव

454. यदि दो वस्तुएँ अनपयुक्त प्रतिस्थापी हैं तो तटस्थता वक्र :

A. एक सीधी रेखा होगा
B. सीधी रेखा के समीप होगा
C. समकोण के समीप होगा
D. ऊपर की ओर झुकता होगा

455. दिये गये मूल्यों पर उपलब्ध साधन आगतों पर कुल परिव्यय प्रतिबिंबत होता है :

A. सम-आगम रेखा द्वारा
B. सम-लागत रेखा द्वारा
C. सम-उत्पत्ति रेखा द्वारा
D. उत्पत्ति संभावना वक्र द्वारा

456. द्विधाधिकार के स्टेकलबर्ग माडल के अन्तर्गत यदि दोनों विक्रेता अनुगामी होकर कार्य करें तो प्राप्त होता है:

A. कुर्नो हल
B. विक्रेताओं के मध्य मूल्य-युद्ध
C. असंतुलन की स्थिति
D. विक्रेताओं के मध्य सांठ गांठ

457. प्रगटित अधिमान सिद्धान्त की पूर्व सिद्धान्तों पर अच्छाई यह है कि यह उपभोग्ता व्यवहार की बगैर संदर्भ व्याख्या करता है :

A. उपयोगिता के
B. उपभोक्ता की आय के
C. उपभोक्ता अधिमानों के
D. विवेक मान्यता के

458. एक उपभोक्ता का उपयोगिता फलन उपलब्ध किसी एक वस्तु के उपभोग की मात्राओं में एक स्वरीय रूप से वृद्धि कर रहा है। यह उपयोगिता फलन सदैव ही होगा :

A. एक नतोदार फलन
B. एक दृढतः अर्ध-नतोदर फलन
C. एक दृढतः नतोदर फलन
D. एक रेखीय फलन

459. मुद्रा परिमाण सिद्धान्त का पुनः कथन है :

A. ब्याज दर सिद्धान्त
B. आय निर्धारण सिद्धान्त
C. मुद्रा-मांग का सिद्धान्त
D. उपभोग मांग का सिद्धान्त

460. निम्न में से कौन सम्भाव्य उत्पादन वृद्धि का स्रोत्र नहीं है?
A. पूँजी विस्तार
B. श्रम विस्तार
C. टैक्नालाजी में सुधार
D. मौद्रिक व्यवस्था में सुधार

461. विवेकशील प्रत्याशा संकल्पना की मान्यता से यह परिणाम निकलता है कि :
A. अधिकांश बेरोजगारी स्वेच्छित है
B. मौद्रिक नीति अल्पकाल में कार्य कर सकती है
C. राजकोषीय नीति अल्पकाल में कार्य कर सकती है
D. समस्त पूर्वानुमेय नीतियाँ निष्प्रभावी है

462. एक व्यक्ति जो काम की तलाश नहीं कर रहा उसे समझा जाता है :
A. संरचनात्मक रूप से बेरोजगार
B. घर्षात्मक रूप से बेरोजगार
C. अल्प रोजगार
D. उपरोक्त में से कोई भी नहीं

463. व्यापारिक बैंक वित्तीय बिचौलियों की सबसे बड़ी श्रेणी हैं, अन्य हैं :
A. जीवन बीमा कम्पनियाँ
B. पेंशन कोष
C. बचत एवं ऋण संस्थाऐं
D. उपरोक्त सभी

464. रिजर्व अनिवार्यता में वृद्धि से :
A. वित्तीय मध्यस्थता की लागत में वृद्धि होती है
B. वित्तीय मध्यस्थता के लाभ में वृद्धि होती है
C. वित्तीय मध्यस्थता के परिमाण में वृद्धि होती है
D. उपरोक्त सभी

465. यदि कोई मांग अथवा पूर्ति प्रघात नहीं है तो :
A. वास्तविक मुद्रा प्रसार लगभग शून्य तक गिर जायेगा
B. वास्तविक मुद्रा प्रसार, अपेक्षित दर से नीचे गिर जायेगा
C. वास्तविक मुद्रा प्रसार, अपेक्षित दर से ऊपर हो जाएगा
D. वास्तविक मुद्रा प्रसार, अपेक्षित दर के बराबर होगा

466. त्रणमूल (Grass Root) नियोजन से अर्थ है :
A. पंचायत राज
B. भू राजस्व पद्धति
C. समुदायिक विकास कार्यक्रम
D. क्षेत्रीय प्राथमिकताओं को महत्व

467. सोलोव के मतानुसार, एक विकसित अर्थव्यवस्था में दीर्घकालीन संवृद्धि की दर, बराबर होती है, हैरोड के:
A. प्राकृतिक संवृद्धि दर
B. आश्वासित संवृद्धि दर
C. वास्तविक संवृद्धि दर
D. तकनीकी प्रगति की आश्वासित दर

468. बंधित सहायता का सबसे महत्वपूर्ण लक्षण है :
A. इसे निजी क्षेत्र में ही उपयोग किया जा सकता है
B. इसे निजी और सार्वजनिक क्षेत्रों द्वारा समानरुप से बांट लिया जाता है
C. इसे केवल सार्वजनिक क्षेत्र में ही उपयोग किया जाता है
D. इसे उसी उद्देश्य के लिये उपयोग किया जा सकता है जिसके लिये यह दी गई है तथा निध ारित स्रोतों से साधन प्राप्त करने के लिये ही उपयोगी की जाती है

469. संतुलित विकास का अर्थ है :
A. सभी क्षेत्रों को आबंटित साधनों में समान वृद्धि
B. अर्थव्यवस्था के सभी क्षेत्रों में समान प्रतिशत वृद्धि
C. अर्थव्यवस्था के विभिन्न क्षेत्रों का संतुलित विकास
D. अर्थव्यवस्था के विभिन्न क्षेत्रों का समान विकास

470. प्रति व्यक्ति पूँजी घट जाती है यदि प्रति व्यक्ति विनियोग :
A. जनसंख्या वृद्धि दर से कम है
B. जनसंख्या वृद्धि दर से अधिक है
C. प्रति व्यक्ति बचतों से अधिक है
D. प्रति व्यक्ति बचतों से कम है

471. परम्परावादी विकास माडल के अन्तर्गत, सीमान्त बचत प्रवृत्ति में वृद्धि :

A. प्रति व्यक्ति स्थिर-अवस्था उत्पादन में वृद्धि करती है

B. स्थिर-अवस्था उत्पादन विकास दर में वृद्धि करती है

C. स्थिर-अवस्था प्रति व्यक्ति पूँजी में वृद्धि करती है

D. (A) तथा (C) दोनों

472. प्रति श्रमिक उत्पादन फलन की मान्यता है :

A. पैमाने के स्थिर प्रतिफल तथा बढ़ते हुए सीमान्त प्रतिफल

B. पैमाने के स्थिर प्रतिफल तथा घटते हुए सीमानत प्रतिफल

C. पैमाने के बढ़ते हुए प्रतिफल तथा घटते हुए प्रतिफल

D. पैमाने के घटते हुए प्रतिफल तथा घटते हुए प्रतिफल

473. निम्न में से कौन कर पद्धति, अधिक समांन आय वितरण को प्रोत्साहित करती है?

A. प्रगामी B. प्रतिगामी

C. अनुपातिक D. अप्रत्यक्ष

474. लेफर वक्र सम्बंध का अध्ययन करता है :

A. कर-दर तथा कर आय के बीच

B. कर-दर तथा व्यय के बीच

C. कर-दर तथा उपभोग के बीच

D. कर-दर तथा कल्याण के बीच

475. उत्तराधिकार में प्राप्त धन पर उदाहरण है :

A. बिक्री कर का B. आय कर का

C. सम्पत्ति कर का D. व्हेंट (VAT) का

476. सरकार द्वारा आय कर के रूप में लिया गया कुल आय का प्रतिशत कहलाता है :

A. संपूर्ण कर B. औसत कर-दर

C. सीमान्त कर D. सीमान्त कर-दर

477. गतिहीन अर्थव्यवस्था में सरकार को चाहिये :

A. अधिक व्यय करना, कम कर लगाना तथा/अथवा संकुचनकारी मौद्रिक नीति का अनुसरण करना

B. कम व्यय करना, कम कर लगाना तथा/अथवा विस्तारवादी मौद्रिक नीति का अनुसरण करना

C. अधिक व्यय करना, कम कर लगाना तथा/अथवा विस्तारवादी मौद्रिक नीति का अनुसरण करना

D. अधिक कर लगाना, कम व्यय करना तथा/अथवा विस्तारवादी मौद्रिक नीति का अनुसरण करना

478. बारहवें वित्त आयोग का चैयरमैन कौन थे?

A. वी.आर. पंचमुखी B. सी. रंगराजन

C. बिमल जालान D. ए. एम. खुसरो

479. राजकीय ऋण का विस्तार उत्पन्न कर सकता है :

A. बचत में गिरावट B. ब्याज दरों में वृद्धि

C. विनियोग में कमी D. उपरोक्त सभी

480. यह किस अर्थ शास्त्री का कथन है कि अन्तर्राष्ट्रीय व्यापार निरपेक्ष लाभ के सिद्धान्त पर आधारित है?

A. जे.एस. मिल B. एडम स्मिथ

C. बर्टिल ओहलिन D. डेविड रिकार्डो

481. संरक्षणवादी टैरिफ तथा कोटे बहुधा :

A. सस्ते विदेशी आयातों के ज्वार को रोकने में थोड़ी ही मदद करते हैं

B. संरक्षित श्रमिकों तथा उपभोक्ताओं की वास्तविक आय को कम कर देते हैं।

C. एक राष्ट्र का पूर्ण आर्थिक अलगाव कर देते हैं

D. विश्वव्यापी उत्पादन क्षमता में वृद्धि करते हैं

482. दो वस्तुऐं, दो राष्ट्र तथा तुलनात्मक लाभ का सरल सिद्धान्त निर्धारित नहीं करने देगा :

A. मूल्य अनुपात की ऊपरी तथा निचली सीमाओं को जिस पर व्यापार के पश्चात वस्तुओं का विनिमय होगा

B. निश्चित कीमत अनुपात को जिस पर व्यापार के पश्चात वस्तुओं का विनिमय होना चाहिये

C. भौगोलिक विशिष्टीकरण का प्रारूप

D. कौन राष्ट्र किस वस्तु का निर्यात करता है

483. दो राष्ट्रों में यदि एक राष्ट्र को सभी वस्तुओं के उत्पादन में निरपेक्ष लाभ प्राप्त हैं तो :

A. कोई तुलनात्मक लाभ नहीं होगा और इसीलिये व्यापार भी नहीं होगा

B. व्यापार से कुशल राष्ट्र को लाभ होगा लेकिन अकुशल को नहीं

C. व्यापार से अकुशल राष्ट्र को लाभ होगा लेकिन कुशल को नहीं
D. उपरोक्त में से कोई नहीं

484. तुलनात्मक लाभ के तहद, दो राष्ट्रों के बीच विशिष्ट वस्तुओं के मुक्त व्यापार से होगी :
A. सम्पूर्ण आर्थिक कार्यक्षमता में कमी
B. दो राष्ट्रों में से किसी एक राष्ट्र की वास्तविक मजदूरी के स्तर में कमी
C. दोनों राष्ट्रों के वास्तविक मजदूरी के स्तरों में वृद्धि
D. दो राष्ट्रों में से केवल एक राष्ट्र की वास्तविक मजदूरी के स्तर में वृद्धि

485. ब्रेटन वुडस व्यवस्था :
A. नें करेंसियों के स्थिर समता मूल्यों को स्थापित किया
B. को समायोजित पैग्स (Pegs) की पद्धति होना था
C. से आशा थी किं लगातार अतिरेक वाले देश अपनी करेंसियों का अवमूल्यन करेंगें
D. द्वितीय विश्वयुद्ध के पश्चात मुद्रा प्रसार को कम करने के लिये स्थापित की गई थी

486. भारत में पंचवर्षीय योजनाओं को इनके अनुमोदन के पश्चात अंतिम रुप दिया जाता है :
A. राष्ट्रपति तथा प्रधानमंत्री द्वारा
B. राज्य सभा द्वारा
C. राष्ट्रीय विकास परिषद द्वारा
D. लोक सभा द्वारा

487. यदि मदों के एक सेट में प्रत्येक मद का अपना एक निश्चित् स्थान हो तब वह :
A. कमजोर क्रमण है
B. सशक्त क्रमण है
C. (A) तथा (B) दोनों सही हैं
D. उपरोक्त में से कोई सही नहीं है

488. भारत में राष्ट्रीय आय की गणना की जाती है :
A. वित्त आयोग द्वारा
B. केन्द्रीय सांख्यिकी संगठन द्वारा
C. योजना आयोग द्वारा
D. वित्त मंत्रालय

489. दीर्घकालीन राजकोषीय नीति के अन्तर्गत निम्न में से किस कर को प्रस्तावित किया गया था?
A. माडवैट (MODVAT)
B. वाट (VAT)
C. लाभ कर
D. उत्तराधिकार कर

490. किसानों को ऋणों में राहत देना भाग है :
A. योजना-व्यय का
B. गैर-योजना व्यय का
C. विकास व्यय का
D. रक्षा व्यय का

491. भारत में ग्रामीण क्षेत्रों में गरीब की रेखा का निर्धारण न्यूनतम औसत केलोरीज के उपभाग के आधार पर किया जाता है जो है :
A. 2000
B. 2700
C. 2500
D. 2400

492. भारतीय योजना आयोग है :
A. एक संसदीय संस्था
B. तदर्थ संस्था
C. गैर वैधानिक संस्था
D. संवैधानिक संस्था

493. भारत में कौन से राज्य का मानव विकास सूचकांक सर्वाधिक है?
A. आन्ध्र प्रदेश
B. दिल्ली
C. केरल
D. उत्तर प्रदेश

494. $\hat{B}_{xy}$ तथा $\hat{B}_{yx}$, x का y पर तथा y का x पर प्रतीपगमन के ढाल को बताते हैं तो x और y के बीच सहसम्बंध गुणांक होगा :
A. $\sqrt{\hat{B}_{xy} \cdot \hat{B}_{yx}}$ के बराबर
B. $(\hat{B}_{xy} + \hat{B}_{yx})/2$ के बराबर
C. $\hat{B}_{xy} / \hat{B}_{yx}$ के बराबर
D. x के y पर प्रतीगमन अथवा y के x पर प्रतीगमन से असम्बंधित

495. एक रुपये तथा पाँच रुपये के सिक्कों को एक साथ उछाला जाता है। यदि दोनों में से एक सिक्का चित (head) आ गया है तो दोनों सिक्को के चित आने की संभावना है :
A. $\frac{1}{2}$
B. $\frac{1}{3}$
C. $\frac{1}{4}$
D. $\frac{2}{3}$

496. $x_1, x_2, ..., x_n$ एक समष्टि में से यादृच्छिक रुप से चुने गये न्यादर्श हैं। $(x_{min} + x_{max})/2$ तथा $\bar{x}$ जनसंख्या काध्य के क्रमशः दो आकलक $\hat{\mu}_1$ तथा $\hat{\mu}_2$ हैं, तो :

A. $\hat{\mu}_1$ अमिनत है लेकिन $\hat{\mu}_2$ अनमिनत है

B. $\hat{\mu}_1$ अनमिनत है लेकिन $\hat{\mu}_2$ अमिनत है

C. दोनों $\hat{\mu}_1$ तथा $\hat{\mu}_2$ अनमिनत है लेकिन केवल $\hat{\mu}_1$ (BLUE) है।

D. दोनों $\hat{\mu}_1$ तथा $\hat{\mu}_2$ अनमिनत है लेकिन केवल $\hat{\mu}_2$ (BLUE) है

497. निम्न में से कौन न्यादर्श वितरण है?

A. पायसन B. बायनामियल

C. मानक सामान्य D. समरुप

498. सही कूट को चुनिये :

कथन (A) : चल माध्य प्रद्धति के अन्तर्गत, सम्मिलित अवधियों की संख्या जितनी ज्यादा सम्भव हो सकें, होनीं चाहिये।

कारन (R) : चल माध्य समयावधियों को सम्मिलित करने से, संमकों को ज्यादा स्मूथ (smooth) किया जा सकता है।

A. दोनों (A) तथा (R) सही हैं और (R), (A) की सही व्याख्या है

B. दोनों (A) तथा (R) सही हैं और (R), (A) की सही व्याख्या नहीं है

C. (A) सही है लेकिन (R) गलत है

D. (A) गलत है लेकिन (R) सही है

499. फिशर के सूचकांक बनाने के सूत्र को आदर्श कहा जाता है क्योंकि :

A. यह चालू वर्ष तथा आधार वर्ष दोनों की कीमतों और मात्राओं पर आधारित है

B. यह समय उत्क्राम्यता तथा तत्व उत्क्राम्यता दोनों को संतुष्ट करता है

C. यह ज्यामीतिय माध्य पर आधारित है जो दो समयावधियों के बीच परिवर्तन की दरों का अध्ययन करने के लिये उपयुक्त है

D. उपरोक्त सभी

500. (a, b) समष्टि माध्य μ का 99% विश्वास्यता अंतराल है, इसका अर्थ है कि :

(a) a तथा b के बीच 99% समष्टि है

(b) इस बात का 99% अवसर है कि μ, a तथा b के बीच है

(c) अंतरालोका 99% जैसे कि, (a, b) में μ मिलता है।

सही कूट चुनियें :

A. (a), (b) तथा (c) सही हैं

B. केवल (c) सही है

C. केवल (b) सही है

D. दोनों (a) तथा (b) सही हैं

501. मेल बैठाइए:

समूह-I	**समूह-II**
(a) प्रगटित अधिमान सिद्धान्त	(i) कार्ल मार्क्स
(b) अतिरिक्त मूल्य	(ii) पाल स्वीजी
(c) विकुंचित (किंकड़ू) मांग वक्र	(iii) पी.ए. सैम्यूलसन
(d) नियंत्रित परमानंद बिन्दु	(iv) एडम स्मिथ
	(v) ए. बर्गसन

कूट:

	(a)	(b)	(c)	(d)
A.	(i)	(iv)	(iii)	(ii)
B.	(iv)	(i)	(ii)	(iii)
C.	(v)	(ii)	(iv)	(i)
D.	(iii)	(i)	(ii)	(v)

502. उपभोग की गैर प्रतिद्वंदी वस्तुओं को कहते हैं :

A. निजी वस्तुऐं B. निशुल्क वस्तुऐं

C. सार्वजनिक वस्तुऐं D. गैर आर्थिक वस्तुऐं

503. जब एक प्रतियोगी फर्म, उत्पादन बाजार में दीर्घकालीन संतुलन प्राप्त करती है तब :

A. AR = MR B. MR = AC

C. MR = MC D. मूल्य = AR

504. अल्पाधिकार के स्वीजी माडल के अन्तर्गत, मांग में वृद्धि, मांग वक्र के ऊपरी भाग को बनायेगी :

A. अधिक लोचदार B. कम लोचदार

C. ऐकात्मक लोचदार D. उपरोक्त से कोई नहीं

505. यह कथन कि कल्याणकारी अर्थशास्त्र का क्षतिपूर्ति सिद्धान्त विरोधी निष्कर्ष दे सकता है, इनके नाम से जुड़ा है :

A. टी. सिटोवस्की B. ए. परेटो

C. ए. बर्गसन D. पी.ए. सैम्यूलसन

506. निम्न में से कौन सा कारक, एक अल्पाधिकारी उद्योग में, अन्य फर्मों के प्रवेश को बाधित नहीं करेगा :

A. वर्तमान फर्मों द्वारा भारी विज्ञापन व्यय
B. पैमाने की बचतें
C. टेक्नौलाजी
D. मांग में वृद्धि

507. अनिश्चित परिणामों के बीच चयन करने वाला एक विवेकपूर्ण उपभोक्ता, अपना चयन करेगा :

A. अपेक्षित मौद्रिक लाभों के आधार पर
B. अपेक्षित उपयोगिता के आधार पर
C. अपेक्षित कीमतों के आधार पर
D. भविष्य में अपेक्षित आयों के आधार पर

508. निम्न में से कौन, विक्रय लागत का भाग नहीं है?

A. विक्रयकर्ता का वेतन
B. विज्ञापन पर किये गये व्यय
C. यातायात लागत
D. सामान प्रदर्शन (window displays) पर व्यय

509. समग्र मूल्य स्तर का सर्वाधिक व्यापक माप है :

A. उपभोक्ता मूल्य सूचकांक
B. उत्पादक मूल्य सूचकांक
C. सकल राष्ट्रीय उत्पाद अपस्फीतक
D. थोक मूल्य सूचकांक

510. कीन्स का अर्थशास्त्र अधिक बल देता है :

A. मौद्रिक नीति पर
B. राजकोषीय नीति पर
C. ब्याज दर निर्धारण पर
D. मुक्त व्यापार यन्त्रविन्यास पर

511. उच्चशक्ति द्रव्य के उत्पादक है :

A. व्यापारिक बैंक
B. सहकारी बैंक
C. वित्त मंत्रालय
D. रिजर्व बैंक आफ इन्डिया

512. एक व्यक्ति जो अन्य कार्य तलाशने के लिये, काम छोड़ता है वह है :

A. आंशिक रूप से बेरोजगार
B. संरचनात्मक रूप से बेरोजगार
C. चक्रीय रूप से बेरोजगार
D. श्रम शक्ति में सम्मिलित नहीं

513. निम्न में से किस कथन से मिल्टन फ्रीडमेन असहमत होगा?

A. वास्तविक अर्थ व्यवस्था पर मौद्रिक नीति के थोड़े ही अल्पकालीन प्रभाव होते हैं।
B. दीर्घकाल में, मुद्रा की आपूर्ति में परिवर्तन प्राथमिकरूप मूल्यस्तर को प्रभावित करते हैं।
C. व्यापार चक्रों को निष्कोण (smooth) करने में, मौद्रिक नीति के सक्रिय उपयोग के लिये सीमित क्षेत्र है।
D. व्यापार चक्रों को प्रभावी ढंग से निष्कोण (smooth) करने के लिये रिजर्व बैंक पर विश्वास नहीं किया जा सकता।

514. मुद्रा गुणक वांछित कोष अनुपात का गुणनात्मक प्रतिलोम तभी तक है जब तक कि :

A. चलन और/अथवा विदेशी बाजारों में मुद्रा रिसाव नहीं होता है
B. बैंक अतिरिक्त कोष नहीं रखते हैं
C. वांछित कोष अनुपात, उन कोषों से ज्यादा है जिसे बैंक अपनी जमाओं के आधार पर रखना विवेकपूर्ण समझते हैं।
D. उपरोक्त सभी

515. मुद्रा प्रसार तथा बेरोजगारी के बीच अदला-बदली (trade-off) स्थिर रहती है :

A. स्टेग फ्लेशन की अवधि के दौरान
B. जब मुद्रा प्रसार की अकर्मण्य दर अपरिवर्तित रहती है
C. मन्द मांग की अवधि के दौरान
D. दीर्घकाल में

516. 'गरीबी का दुश्चक्र' प्रतिपादित किया था:

A. ए. मार्शल द्वारा
B. जे.एम. कीन्स द्वारा
C. रगेनर नर्कसी द्वारा
D. एम. फ्रीडमेन द्वारा

517. द्वितीय पंचवर्षीय योजना किसके द्वारा विकसित माडल पर आधारित थी?

A. सी.एच. हनुमंतराव
B. पी.सी. महालोनोबिस
C. एं.के. सेन
D. के.एन. राज

518. असीमित श्रम पूर्ति सिद्धान्त प्रतिपादित किया गया था:

A. जे.एम. कीन्स द्वारा
B. रार्बट सोलोव द्वारा
C. ऐ. लेविस द्वारा
D. रॉय हेरोड द्वारा

519. हैरोड-डोमर माडल के अन्तर्गत यदि आय की वृद्धि दर 5% है और पूंजी उत्पाद अनुपात 3% है तो बचत दर होगी

A. 5% B. 3%
C. 8% D. 15%

520. प्रतिव्यक्ति पूंजी कम हो जाती है प्रति व्यक्ति निवल विनियोग :

A. जनसंख्या वृद्धि दर से कम है
B. जनसंख्या वृद्धि से अधिक है
C. प्रति व्यक्ति बचतों से अधिक है
D. प्रति व्यक्ति बचतों से कम है

521. नव-परम्परावादी विकास माडल में, सीमान्त बचत प्रवृति में वृद्धि :

A. प्रति व्यक्ति स्थिर अवस्था उत्पादन में वृद्धि करती है
B. स्थिर अवस्था उत्पादन विकास दर में वृद्धि करती है
C. प्रति व्यक्ति स्थिर-अवस्था पूंजी में वृद्धि करती है
D. (A) तथा (C) दोनों

522. रिज लाइन वह बिन्दु पथ है जहाँ समुचित् साधन की सीमान्त उत्पादकता है :

A. एक के बराबर B. शून्य के बराबर
C. एक से अधिक D. एक से कम

523. केन्द्रीय उत्पाद शुल्क भाग हैं, केन्द्रीय सरकार की :

A. गैर कर आय के
B. कर आय के
C. पूंजी प्राप्तियों के
D. उपरोक्त में से कोई नहीं

524. 'नल चालन' (Pump priming) का प्रयोग किया जाना चाहिये :

A. मुद्रा प्रसार के समय
B. मुद्रा संकुचन के समय
C. पूर्णप्रसार के समय
D. उपरोक्त में से कोई नहीं

525. वैट (VAT) लगाया जाता है:

A. उत्पादन के अंतिम चरण पर
B. उत्पादन के प्रथम चरण पर
C. सीधे उपभोक्ताओं पर
D. उत्पादन तथा उपभोग के बीच प्रत्येक चरण पर

526. सीमान्त कर-दर की अस्थायी वृद्धि :

A. रोजगार में वृद्धि करेगी
B. उत्पादन में वृद्धि करेगी
C. घाटे को बढ़ायेगी
D. उत्पादन में कमी करेगी

527. उत्तराधिकार में प्राप्त धन पर कर उदाहरण है :

A. बिक्री कर का B. आयकर का
C. सम्पत्ति कर का D. वाट (VAT) का

528. जब सरकार का व्यय, उसकी कुल प्राप्तियों अधिक हो जाता है, तो बजटीय घाटा होता है :

A. धनात्मक B. ऋणात्मक
C. शून्य D. अनिर्धारित

529. लेफर वक्र सम्बंध प्रदर्शित करता है :

A. मुद्रा प्रसार और नामीय (nominal) ब्याज दर के बीच
B. कर-दर तथा कूल आय कर के बीच
C. वास्तविक ब्याज दर तथा विनियोग मांग के बीच
D. उपरोक्त में से कोई नहीं

530. बाजार शक्तियों द्वारा किसी एक वर्ष में, रुपये की विनिमय दर प्रति यू.एस. डालर रु 44 से परिवर्तित होकर रु. 46 हो जाती है। इसका अभिप्राय है :

A. रुपये की मूल्य वृद्धि
B. रुपये का मूल्य ह्रास
C. रुपये का अवमूल्यन
D. विनिमय की दर लगभग वही रहती है

531. निम्न में मेल बैठाइये :

समूह-I	समूह-II
(a) शिशु उद्योग तर्क	(i) एडम स्मिथ
(b) साधन मूल्य समता प्रमेय	(ii) जी वॉन हेबर्लर
(c) अवसर लागत का सिद्धान्त	(iii) फ्रेडरिक लिस्ट
(d) निरपेक्ष लागता लाभ	(iv) हैक्सचर ओहलिन
	(v) डी. रिकार्डो

कूट:

	(a)	(b)	(c)	(d)
A.	(i)	(v)	(iii)	(ii)
B.	(ii)	(i)	(v)	(iv)
C.	(iii)	(iv)	(ii)	(i)
D.	(iv)	(ii)	(i)	(iii)

532. अवमूल्यन, अन्य बातें समान रहने पर, किसी देश के भुगतान संतुलन को बदतर कर देगा, यदि अवमूल्यन कर्ता देश के आयातों तथा निर्यातों की लोचः

A. एक से अधिक है

B. एक से कम है

C. एक के बराबर है

D. उपरोक्त में से कोई नहीं

533. व्यापार शर्तों में चक्रीस ह्रास की संकल्पना को सर्वप्रथम प्रस्तुत किया था :

A. रॉल प्रेबिश ने B. जे.एम. कीन्ज ने

C. एडम स्मिथ ने D. जे.एस. मिल ने

534. ब्रेटनवुडस व्यवस्था, विश्व स्तर पर, अंतिम रूप से ध्वस्त हो गई थी :

A. 1970 में B. 1971 में

C. 1972 में D. 1973 में

535. अन्तर्राष्ट्रीय व्यापर का हैक्सचर-ओहलिन, सिद्धान्त भागीदार देशों में व्यापार के आविर्भाव को समझाता है जिसका आधार है :

A. अंतः क्षेत्रीय व्यापार

B. अपूर्ण प्रतियोगी

C. अन्तर क्षेत्रीय व्यापार

D. रूचि एवंम टेक्नालाजी में परिवर्तन

536. उपभोग के मनोवैज्ञानिक नियम का संबंध किससे है?

A. जे.एम. केन्स

B. मिलटन फ्रिडमैन

C. जे.आर. ड्युसेनबरी

D. एफ. मोडीग्लियानी

537. भारत में नवीन कृषि रणनीति (हरित क्रांति) लागू की गई थी :

A. वर्ष 1969 में B. वर्ष 1966 में

C. वर्ष 1970 में D. वर्ष 1960 में

538. निम्नांकित में किस क्षेत्र को दसवीं योजना व्यय में सर्वाधिक आवंटन किया गया है :

A. ऊर्जा B. परिवहन

C. ग्रामीण विकास D. सामाजिक सेवाएं

539. भारत में नई आर्थिक नीति लागू की गई थी :

A. 1981 में B. 1971 में

C. 1991 में D. 2001 में

540. 100 प्रेक्षणों के एक प्रतिदर्श के आधार पर x और y के मध्य सहसंबंध गुणक शून्य के लगभग पाया गया/अत :

A. x और y निश्चित रूप से असंबंधित हैं।

B. x और y के मध्य रेखीय संबंध

C. x और y के मध्य परस्पर गैर-रेखीय संबंध हो सकता है।

D. x और y के मध्य मिथ्या सहसंबंध है।

541. सरल यादृच्छिक प्रतिचयन के अन्तर्गत, जब प्रतिदर्श आमाप बढ़ाया जाता है, तो :

A. नैकायिक त्रुटियों का परिमाण बढ़ता है लेकिन प्रतिदर्शिक त्रुटियों का परिमाण घटता है।

B. नैकायिक त्रुटियों का परिमाण घटता है लेकिन प्रतिदर्शिक त्रुटियों का परिमाण गढ़ता है।

C. नैकायिक तथा प्रतिदर्शिक दोनों त्रुटियों का परिमाण घटता है।

D. नैकायिक तथा प्रतिदर्शिक दोनों त्रुटियों का परिमाण बढ़ता है।

542. निहित सकल घरेलू उत्पाद अप्रसारक होता है :

A. चालू वर्ष भारित सूचकांक

B. आधार वर्ष भारित सूचकांक

C. (A) तथा (B) का समांतर माध्य

D. (A) तथा (B) का ज्यामितीय माध्य

543. बैरोमैट्रिक नेतृत्व का निहितार्थ है :

A. कम कीमत फर्म का नेतृत्व

B. उच्च कीमत फर्म का नेतृत्व

C. सर्वाधिक अनुभवी फर्म का नेतृत्व

D. न्यूनतम अनुभवी फर्म का नेतृत्व

544. केन्स के अनुसार रोजगार का स्तर निर्भर करता है :

A. समग्र माँग पर

B. समग्र आपूर्ति पर

C. माँग एवं आपूर्ति का संतुलन

D. प्रभावी माँग

545. यदि मुद्रा की आपूर्ति $\overline{M}$ के बराबर है तथा मुद्रा के लिए मांग ky – hi द्वारा दी गई है, तब ब्याज दर (i) के परिप्रेक्ष्य में LM का समीकरण होगा :

A. $i=\frac{k}{h}y-\frac{\overline{M}}{h}$ B. $i=\frac{k}{h}y+\frac{\overline{M}}{h}$

C. $i=ky+\overline{M}$ D. $i=ky-\overline{M}$

546. निम्न में से कौन प्रायिकता प्रतिचयन है?

A. सुविधा प्रतिचयन B. सोद्देश्यात्मक प्रतिचयन
C. क्रमबद्ध प्रतिचयन D. कोटा प्रतिचयन

निर्देश: *निम्नलिखित उद्धरण को पढ़ें तथा प्रश्न से 547 से 551 के उत्तर इस उद्धरण के आधार पर दें–*

संयुक्त राज्य अमेरिका का वास्तविक घरेलू सकल उत्पाद पिछले 40 वर्षों में 3% की औसत दर से बढ़ा। इस वृद्धि को कैसे समझा जा सकता है? वह एक ऐसी तकनीक का विकास जिसे वृद्धि लेखाकरण कहा जा सकता है और जो उत्पादन में वृद्धि को तीन अलग-अलग स्रोतों में विभाजित करती है : पूंजी में वृद्धि; श्रम में वृद्धि और प्राद्योगिकी में प्रगति। इसे समझने के लिए, हम उत्पादन फलन को लिखें,

$Y = A \cdot F(K, L)$

जहाँ A निवर्तमान प्रोद्योगिकी के स्तर का एक माप है, जिसे संपूर्ण साधन उत्पादकता कहा जाता है। अब उत्पादन में वृद्धि इस प्रकार आर्थिक वृद्धि की समीकरण बन जाती है :

$$\frac{\Delta Y}{Y}=\propto\cdot\frac{\Delta K}{K}+(1-\propto)\frac{\Delta L}{L}+\frac{\Delta A}{A}$$

उत्पादन में वृद्धि दर = पूंजी का योगदान + श्रम का योगदान + संपूर्ण साधन उत्पादकता में वृद्धि

जबकि $\propto$ पूंजी का तथा $(1-\propto)$ श्रम का उत्पादन में हिस्सा है।

चूंकि संपूर्ण साधन उत्पादकता प्रत्यक्ष रूप से प्रेक्षणीय नहीं है, अतः इसे अप्रत्यक्ष रूप से मापा जाता है। हम संपूर्ण साधन उत्पादकता में वृद्धि को इस प्रकार अभिकलित (compute) कर सकते हैं जिससे आर्थिक वृद्धि में सभी का योग गणना में आ जाये।

$\frac{\Delta A}{A}$ उत्पादन में वह बदलाव बताता है जिसे आगतों (inputs) में बदलाव से नहीं आंका जा सकता। $\frac{\Delta A}{A}$ को रॉबर्ट सोलो के नाम पर अक्सर सोलो अवशेष भी कहा जाता है क्योंकि सर्वप्रथम सोलो ने ही बताया था कि इसका अभिकलन कैसे किया जाय।

संपूर्ण साधन उत्पादकता में बदलाव कई कारणों से हो सकता है। ये बदलाव बहुत या उत्पादन के तरीकों के विषय में ज्ञान में वृद्धि से आते हैं और सोलो अवशेष को अक्सर प्रोद्योगिकीय प्रगति को मापने के लिए इस्तेमाल किया जाता है। तथापि, शिक्षा तथा सरकारी विनियमन (government regulation) जैसे अन्य कारक भी संपूर्ण साधन उत्पादकता को प्रभावित करते हैं।

547. A इसका माप है–

A. प्रोद्योगिकी में बदलाव
B. पूंजी की उत्पादकता में बदलाव
C. श्रम की उत्पादकता में बदलाव
D. संपूर्ण साधन उत्पादकता

548. आगतों (inputs) में बिना किसी बलाव के, यदि A में 1% वृद्धि हो तो उत्पादन में वृद्धि होगी–

A. 1 प्रतिशत
B. 1 प्रतिशत से अधिक
C. 1 प्रतिशत से कम
D. एक अनिश्चित प्रतिशत

549. सोलो अवशेष है–

A. A B. $\frac{\Delta A}{A}$

C. $\propto\cdot\frac{\Delta K}{K}$ D. $(1-\propto)\frac{\Delta L}{L}$

550. सोलो अवशेष इनका माप है–

A. संपूर्ण साधन उत्पादकता
B. तकनीकी प्रगति
C. अज्ञान की मात्रा
D. उपर्युक्त में से कोई नहीं

551. नवीन वृद्धि सिद्धान्त का मुख्य बल इस पर है–

A. $\frac{\Delta A}{A}$ के स्रोतों का कूटवाचन (deciphering)
B. नियो-केन्सीय वृद्धि सिद्धान्त का खंडन
C. कनवर्जेंस का स्पष्टीकरण
D. डाइवर्जेंस का स्पष्टीकरण

552. निवेश आउटपुट के सिद्धांत में निम्नलिखित को आरोही क्रम में व्यवस्थित करें :

(i) केन्स का सिद्धांत
(ii) गतिवर्धक का सिद्धांत
(iii) गतिवर्धक का लचीला सिद्धांत

(iv) टोबिन का क्यू सिद्धांत

कूटः

A.	(iv)	(i)	(ii)	(iii)
B.	(ii)	(iii)	(iv)	(i)
C.	(i)	(ii)	(iii)	(iv)
D.	(iii)	(iv)	(i)	(ii)

553. भारतीय बजट के अध्ययन के लिए निम्नलिखित अवधारणों को आरोही क्रम में व्यवस्थित करें।

(i) आय का घाटा (ii) बजटीय घाटा
(iii) वित्तीय घाटा (iv) प्राथमिक घाटा

कूटः

A.	(i)	(ii)	(iii)	(iv)
B.	(iv)	(iii)	(ii)	(i)
C.	(ii)	(iv)	(i)	(iii)
D.	(iii)	(i)	(iv)	(ii)

554. क्षेत्रीय गुटों के सिद्धांत में निम्नलिखित को आरोही क्रम में व्यवस्थित करे।

(i) आर्थिक संघ (ii) आम-बाजार
(iii) सीमा-शुल्क संघ (iv) खुला व्यापार क्षेत्र

कूटः

A.	(iii)	(iv)	(i)	(ii)
B.	(ii)	(i)	(iv)	(iii)
C.	(i)	(ii)	(iii)	(iv)
D.	(iv)	(iii)	(ii)	(i)

555. मुद्रा के लिए मांग के सिद्धांत में निम्नलिखित को आरोही क्रम में व्यवस्थित करें।

(i) मुद्रा की एहतियाती मांग के लिए लेन-देन संबंधी मांग
(ii) मुद्रा के लिए अनुमानित मांग
(iii) मुद्रा के लिए सकल परिसम्पत्ति मांग
(iv) मुद्रा के लिए फ्रीडमैन द्वारा प्रस्तावित मांग

कूटः

A.	(i)	(ii)	(iii)	(iv)
B.	(iv)	(iii)	(i)	(ii)
C.	(ii)	(iv)	(iii)	(i)
D.	(iii)	(i)	(ii)	(iv)

556. जनगणना 2011 के अनुसार निम्नलिखित राज्यों को अवरोही क्रम में व्यवस्थित करें।

(i) महाराष्ट्र (ii) पश्चिम-बंगाल
(iii) उत्तर प्रदेश (iv) बिहार

कूटः

A.	(i)	(iii)	(ii)	(iv)
B.	(iv)	(ii)	(i)	(iii)
C.	(iii)	(i)	(iv)	(ii)
D.	(ii)	(iv)	(iii)	(i)

557. भुगतान में संतुलन के सिद्धांत में निम्नलिखित को आरोही क्रम में व्यवस्थित करें।

(i) लोची उपागम
(ii) अवशोषण उपागम
(iii) एल.एम. तथा आई.एस. उपागम
(iv) मौद्रिक उपागम

कूटः

A.	(i)	(ii)	(iii)	(iv)
B.	(ii)	(iii)	(iv)	(i)
C.	(iv)	(i)	(ii)	(iii)
D.	(iii)	(iv)	(i)	(ii)

558. निम्नलिखित को कालक्रमानुसार व्यवस्थित करें।

(i) (AAY) अन्त्योदय अन्न योजना
(ii) (SJSRY) स्वर्ण जयन्ती शहरी रोजगार योजना
(iii) (VAMBAY) वाल्मीकि अम्बेडकर आवास योजना
(iv) (IAY) ग्रामीण आवास - इन्दिरा आवास योजना

कूटः

A.	(ii)	(iv)	(i)	(iii)
B.	(i)	(ii)	(iii)	(iv)
C.	(iv)	(iii)	(ii)	(i)
D.	(iii)	(i)	(iv)	(ii)

559. दो पण्य-पदार्थों के बण्डलों पर कठोर रूप से उत्तल एवं एकलयी वरीयताओं को मानने पर यह लगता है कि बण्डल (10, 18) तथा (6, 30) के बीच उपभोक्ता तटस्थ है। निम्नलिखित बण्डलों पर विचार करें।

(i) (10, 18) (ii) (8, 24)
(iii) (6, 29) (iv) (5, 18)

न्यूनतम वरीय से अधिकतम वरीय के क्रम में इन बण्डलों को व्यवस्थित करें।

कूटः

A.	(iv)	(iii)	(i)	(ii)
B.	(iv)	(i)	(ii)	(iii)
C.	(iii)	(iv)	(i)	(ii)
D.	(iv)	(i)	(iii)	(ii)

560. मेल बैठाइए :

(a) डब्लू. डब्लू. रोस्टो (i) प्रभावी मांग
(b) रागनर नर्कसे (ii) दुर्बल क्रम
(c) जे.आर. हिक्स (iii) संतुलित वृद्धि
(d) जे.एम. केन्स (iv) वृद्धि की अवस्थाएँ
(v) संरक्षणवाद

कूट:

	(a)	(b)	(c)	(d)
A.	(i)	(ii)	(iii)	(v)
B.	(v)	(i)	(iv)	(ii)
C.	(iv)	(iii)	(ii)	(i)
D.	(iii)	(v)	(i)	(iv)

561. मेल बैठाइए:

(a) डब्लू.जे. बॉमोल (i) एथिक्स आफ इकानॉमिक्स
(b) बी. अहिलन (ii) इण्टर-रीजनल एण्ड इण्टर-नेशनल ट्रेड
(c) गुन्नार मिर्डाल (iii) ऐन इन्क्वायरी इन्टू नेचर एण्ड कॉजेस् ऑफ वेल्थ ऑफ नेशन्स
(d) ए.के. सेन (iv) एशियन ड्रामा
(v) इकानॉमिक थिअरी एण्ड ऑपरेशन एनालिसिस

कूट:

	(a)	(b)	(c)	(d)
A.	(i)	(iii)	(v)	(ii)
B.	(v)	(ii)	(iv)	(i)
C.	(iii)	(i)	(ii)	(iv)
D.	(ii)	(v)	(i)	(iv)

562. मेल बैठाइए :

(a) कररोपण का प्रनियम (i) अल्फ्रेड मार्शल
(b) संरक्षणवाद (ii) मुश्ग्रेव
(c) विभेदक घटना (iii) ए. काण्टिलोन
(d) माँग का लोच (iv) मर्केण्टीलिज्म
(v) एडम स्मिथ

कूट:

	(a)	(b)	(c)	(d)
A.	(i)	(ii)	(iv)	(iii)
B.	(iii)	(iv)	(v)	(ii)
C.	(ii)	(i)	(iii)	(v)
D.	(v)	(iv)	(ii)	(i)

563. मेल बैठाइए :

(a) सापेक्षिक आय प्राक्कल्पना (i) मिल्टन फ्रिडमैन
(b) स्थायी आय प्राक्कल्पना (ii) जे.एम. केन्स
(c) पूँजी की सीमांत कार्यक्षमता (iii) डी. रिकार्डो
(d) तुलनात्मक कीमत फायदा (iv) जे.एस्. ड्युसेनबरी
(v) आर. कैंटीलोन

कूट:

	(a)	(b)	(c)	(d)
A.	(iv)	(i)	(ii)	(iii)
B.	(v)	(ii)	(iii)	(iv)
C.	(i)	(iii)	(iv)	(v)
D.	(ii)	(iv)	(i)	(ii)

564. मेल बैठाइए :

(a) वितरण का सीमांत उत्पादकता सिद्धांत (i) मूल्य का श्रम सिद्धांत
(b) तुलनात्मक लागत सिद्धांत (ii) अतृप्तता का अनुमान
(c) तटस्थ वक्र विश्लेषण (iii) उत्पाद विभेद
(d) एकाधिकारी प्रतिस्पर्धा (iv) पूर्ण प्रतिस्पर्धा
(v) तरलता की वरीयता

कूट:

	(a)	(b)	(c)	(d)
A.	(v)	(ii)	(iii)	(i)
B.	(i)	(iii)	(ii)	(v)
C.	(iii)	(iv)	(v)	(ii)
D.	(iv)	(i)	(ii)	(iii)

565. मेल बैठाइए :

(a) पूर्ण प्रतिस्पर्धा (i) मुद्रा की ह्रासमान सीमान्त उपयोगिता
(b) बर्नोली का प्रमेय (ii) मजदूरी दर की लचक
(c) रोजगार का शास्त्रीय सिद्धांत (iii) संसाधनों की पूर्ण गतिशीलता
(d) किराया संबंधी रिकार्डो का सिद्धांत (iv) लचीली विनिमय दर
(v) ह्रासमान सीमान्त मुनाफा

कूट:

	(a)	(b)	(c)	(d)
A.	(i)	(ii)	(iii)	(iv)
B.	(iv)	(v)	(ii)	(iii)
C.	(iii)	(i)	(ii)	(v)
D.	(ii)	(iii)	(iv)	(i)

566. मेल बैठाइए :

(a) टोबिन, जेम्स तथा नार्डोस, विलियम — (i) प्रामाणिक विकास
(b) सेन, अमर्त्य के. — (ii) आर्थिक सम्पन्नता की माप
(c) गोउलेट डी. — (iii) मानव विकास प्रतिवेदन
(d) महबूब-उल-हक़ — (iv) विकास आजादी के रूप में
(v) चयनात्मक समतावाद

कूट:

	(a)	(b)	(c)	(d)
A.	(ii)	(iv)	(i)	(iii)
B.	(i)	(ii)	(iii)	(v)
C.	(v)	(i)	(ii)	(iv)
D.	(iv)	(iii)	(v)	(i)

567. मेल बैठाइए :

(a) स्थानापन्नता की ह्रासमान सीमांतक दर — (i) द्वैध अर्थव्यवस्था मॉडेल
(b) श्रम की सीमांतक उत्पादकता — (ii) पूँजीगत संकट का मार्क्सवादी सिद्धांत
(c) अनुपातहीनता तथा अल्प उपभोग — (iii) रिकार्डो द्वारा प्रतिपादित स्थिर अवस्था
(d) सार्वभौम ह्रासमान सीमांतक फलन — (iv) तटस्थ वक्र विश्लेषण
(v) चक्रीय प्रवाह

कूट:

	(a)	(b)	(c)	(d)
A.	(v)	(ii)	(iii)	(i)
B.	(i)	(iii)	(iv)	(v)
C.	(iv)	(i)	(ii)	(iii)
D.	(iii)	(iv)	(i)	(ii)

निर्देश: *प्रश्न सं. 568–575 कथन और कारण प्रकार के है। इनमें से प्रत्येक प्रश्न के लिए नीचे दिये विकल्पों में से सही कूट चुनिए।*

कूट:

A. **(A)** और **(R)** दोनों सही हैं तथा **(R), (A)** की सही व्याख्या है

B. **(A)** और **(R)** दोनों सही है परन्तु **(R), (A)** की सही व्याख्या नहीं है

C. **(A)** सही है, परन्तु **(R)** गलत है

D. **(A)** गलत है, परन्तु **(R)** सही है

568. कथन (A) : यद्यपि किसी एक सैम्पुल के लिए $\overline{X}$ तथा X_{min} दोनों जनसंख्या माध्य के अनभिनत आकलक हैं, $\overline{X}$ ही वरीय आकलक है

कारण (R) : X_{min} की तुलना में $\overline{X}$ अधिक कार्यक्षम है।

569. कथन (A) : मानवपूँजी को बढ़ाने के लिए हमें सामाजिक क्षेत्र में अपने खर्च को बढ़ाने की आवश्यकता है।

कारण (R) : राज्य के क्रियाकलापों की वर्धनशीलता के वेग्नर्स के सिद्धांत की यही माँग है।

570. कथन (A) : आजकल ज्ञान के उत्पादक प्रिमियम पर हैं।

कारण (R) : आग्मेण्टेड कुजनेट्स कर्व की यह मान्यता है।

571. कथन (A) : कर्ज के बढ़ते हुए बोझ के कारण कृषक आत्महत्या कर रहे हैं।

कारण (R) : यदि उत्पादन फलन प्रथम डिग्री का समघात है तो $F(K,L) = \frac{\partial F}{\partial K}K + \frac{\partial F}{\partial L}L$

572. कथन (A) : भारत में सार्वजनिक वितरण प्रणाली (PDS) से उठाही घट गयी है।

कारण (R) : सरकारी आकलनों के अनुसार भारत में गरीबी घट गयी है।

573. कथन (A) : अवमूल्यन एक देश के भुगतान संतुलन में घाटे को कम करने में सहायक है जबकि अन्य सभी चीजें वही रहें।

कारण (R) : अवमूल्यन से निर्यातों के मूल्य कम होते हैं और आयातों के मूल्य बढ़ जाते हैं।

574. कथन (A) : एक विकासशील देश, जिसका वर्तमान उपभोग पर जोर हो, वह श्रम घनित तकनीकों को चुनेगा।

कारण (R) : कीमतों को कम रखने हेतु, एक देश उस उत्पादन कारक का घनित उपयोग चुनता है जिसकी उसके पास बहुलता हो।

575. कथन (A) : वैश्विक प्रति व्यक्ति आयों में अपसरण (divergence) हो रहा है।

कारण (R) : राष्ट्रों के बीच बचत दरें तथा जनसंख्या वृद्धि की दरें भिन्न-भिन्न हैं।

उत्तरमाला

1	2	3	4	5	6	7	8	9	10
B	C	A	A	A	A	A	B	A	D
11	**12**	**13**	**14**	**15**	**16**	**17**	**18**	**19**	**20**
A	C	C	A	C	A	D	C	D	B
21	**22**	**23**	**24**	**25**	**26**	**27**	**28**	**29**	**30**
D	B	A	B	C	A	A	D	B	C
31	**32**	**33**	**34**	**35**	**36**	**37**	**38**	**39**	**40**
B	C	D	C	B	C	D	B	C	D
41	**42**	**43**	**44**	**45**	**46**	**47**	**48**	**49**	**50**
A	B	B	B	B	B	C	B	D	B
51	**52**	**53**	**54**	**55**	**56**	**57**	**58**	**59**	**60**
D	A	B	D	A	B	C	A	D	D
61	**62**	**63**	**64**	**65**	**66**	**67**	**68**	**69**	**70**
A	B	D	D	C	C	D	A	B	D
71	**72**	**73**	**74**	**75**	**76**	**77**	**78**	**79**	**80**
D	C	A	C	B	A	D	D	C	D
81	**82**	**83**	**84**	**85**	**86**	**87**	**88**	**89**	**90**
D	A	A	A	A	A	A	B	B	B
91	**92**	**93**	**94**	**95**	**96**	**97**	**98**	**99**	**100**
C	C	A	A	D	B	B	A	D	C
101	**102**	**103**	**104**	**105**	**106**	**107**	**108**	**109**	**110**
C	D	A	A	C	A	A	D	C	A
111	**112**	**113**	**114**	**115**	**116**	**117**	**118**	**119**	**120**
B	A	A	C	C	B	A	D	C	C
121	**122**	**123**	**124**	**125**	**126**	**127**	**128**	**129**	**130**
B	D	B	A	D	B	B	A	B	D
131	**132**	**133**	**134**	**135**	**136**	**137**	**138**	**139**	**140**
B	D	B	A	B	B	A	C	B	D
141	**142**	**143**	**144**	**145**	**146**	**147**	**148**	**149**	**150**
D	D	C	D	D	B	D	B	C	D
151	**152**	**153**	**154**	**155**	**156**	**157**	**158**	**159**	**160**
C	A	C	B	B	D	A	C	B	C
161	**162**	**163**	**164**	**165**	**166**	**167**	**168**	**169**	**170**
C	A	A	B	D	A	C	C	D	A
171	**172**	**173**	**174**	**175**	**176**	**177**	**178**	**179**	**180**
B	A	B	C	D	D	C	B	D	C
181	**182**	**183**	**184**	**185**	**186**	**187**	**188**	**189**	**190**
A	C	A	C	C	D	D	C	A	B
191	**192**	**193**	**194**	**195**	**196**	**197**	**198**	**199**	**200**
C	B	D	C	A	B	C	D	A	A

201	202	203	204	205	206	207	208	209	210
A	D	C	B	C	B	B	A	A	A
211	212	213	214	215	216	217	218	219	220
B	D	C	D	A	D	B	B	D	A
221	222	223	224	225	226	227	228	229	230
C	A	A	A	C	D	C	D	D	C
231	232	233	234	235	236	237	238	239	240
C	D	C	C	A	B	D	B	A	C
241	242	243	244	245	246	247	248	249	250
B	C	D	C	D	D	C	D	C	D
251	252	253	254	255	256	257	258	259	260
C	C	B	B	C	A	C	B	D	C
261	262	263	264	265	266	267	268	269	270
A	A	B	D	B	C	D	A	A	B
271	272	273	274	275	276	277	278	279	280
C	B	B	C	A	B	B	B	D	D
281	282	283	284	285	286	287	288	289	290
C	B	C	A	C	C	A	D	C	B
291	292	293	294	295	296	297	298	299	300
C	A	A	A	C	B	B	B	D	C
301	302	303	304	305	306	307	308	309	310
C	C	B	D	A	A	D	C	A	B
311	312	313	314	315	316	317	318	319	320
B	A	C	D	B	C	D	B	A	C
321	322	323	324	325	326	327	328	329	330
B	A	A	B	C	D	C	A	C	C
331	332	333	334	335	336	337	338	339	340
B	A	C	B	D	C	A	C	A	B
341	342	343	344	345	346	347	348	349	350
C	A	C	A	C	D	C	A	D	C
351	352	353	354	355	356	357	358	359	360
A	A	C	C	A	C	A	A	C	A
361	362	363	364	365	366	367	368	369	370
A	D	A	A	D	A	C	C	D	A
371	372	373	374	375	376	377	378	379	380
C	B	C	B	A	A	B	D	C	D
381	382	383	384	385	386	387	388	389	390
B	A	C	C	D	B	D	C	B	A
391	392	393	394	395	396	397	398	399	400
C	C	A	D	B	A	B	A	D	C
401	402	403	404	405	406	407	408	409	410
A	A	A	A	D	C	D	A	C	D

411	412	413	414	415	416	417	418	419	420
A	D	B	C	C	C	A	A	A	B
421	422	423	424	425	426	427	428	429	430
A	A	D	C	A	C	B	A	B	B
431	432	433	434	435	436	437	438	439	440
B	D	A	B	D	C	B	C	B	B
441	442	443	444	445	446	447	448	449	450
B	B	B	A	A	A	D	A	A	A
451	452	453	454	455	456	457	458	459	460
C	B	B	C	C	B	A	D	C	D
461	462	463	464	465	466	467	468	469	470
D	D	D	A	D	A	A	D	A	A
471	472	473	474	475	476	477	478	479	480
D	B	A	A	C	D	C	B	D	B
481	482	483	484	485	486	487	488	489	490
B	B	C	C	A	C	B	B	B	B
491	492	493	494	495	496	497	498	499	500
D	C	C	A	A	C	D	A	D	D
501	502	503	504	505	506	507	508	509	510
D	C	B	B	A	D	B	C	D	A
511	512	513	514	515	516	517	518	519	520
D	A	C	D	D	C	B	C	D	A
521	522	523	524	525	526	527	528	529	530
C	B	B	B	D	D	C	B	B	B
531	532	533	534	535	536	537	538	539	540
C	B	A	B	C	A	A	A	C	C
541	542	543	544	545	546	547	548	549	550
A	B	C	D	A	C	D	A	B	B
551	552	553	554	555	556	557	558	559	560
A	C	D	D	A	C	A	C	A	C
561	562	563	564	565	566	567	568	569	570
B	D	D	D	C	A	C	B	A	B
571	572	573	574	575					
B	A	A	A	D					